Reichert
GmbH & Co. KG

Reichert
GmbH & Co. KG

Herausgegeben von Prof. Dr. Jochem Reichert

Bearbeitet von

Florian Bortfeldt, Dr. Anja Breitfeld, Dr. Alexander Düll,
Dr. Marcus Heinrich, Dr. Hans-Christoph Ihrig, Dr. Thomas Liebscher,
Dr. Jan Markus Mai, Dr. Julia Maier-Reinhardt,
Prof. Dr. Jochem Reichert, Dr. Carsten A. Salger, Prof. Dr. Michael Schlitt,
Dr. Kristin Ullrich

7., überarbeitete Auflage 2015

C.H.BECK

www.beck.de

ISBN 978 3 406 65155 7

© 2015 Verlag C.H.Beck oHG
Wilhelmstraße 9, 80801 München

Druck und Bindung: Druckerei C.H.Beck Nördlingen
(Adresse wie Verlag)

Satz: ottomedien, Darmstadt

Gedruckt auf säurefreiem, alterungsbeständigem Papier
(hergestellt aus chlorfrei gebleichtem Zellstoff)

Vorwort

Die GmbH & Co. KG, deren Entwicklung ausgehend von steuerrechtlichen Erwägungen ihren Anfang nahm, ist eine gesellschaftsrechtliche Mischform zweier Gesellschaftstypen, die es ermöglicht, die strukturellen Vorzüge von Personengesellschaft und Kapitalgesellschaft zu kombinieren. Indem eine GmbH als Komplementärin der unternehmenstragenden KG eingesetzt wird, kann sich der Unternehmer einerseits der kapitalgesellschaftsrechtlichen Haftungsbeschränkung und der Möglichkeit zur Fremdorganschaft bedienen, ohne aber andererseits auf die Flexibilität der Personengesellschaft und die ihr immanenten weitreichenden Gestaltungsspielräume verzichten zu müssen. Hauptsächlich aus diesem Grund sind die Verbreitung und die Beliebtheit der GmbH & Co. KG namentlich bei mittelständischen Unternehmen und bei Familiengesellschaften nach wie vor ungebrochen. Die GmbH & Co. KG ist und bleibt ein ebenso wichtiger wie integraler Bestandteil der Gestaltungs- und Beratungspraxis. Das gilt auch, nachdem der Anwendungsbereich verschiedener gesellschafts-, bilanz- und steuerrechtlicher Regelungen, die ursprünglich nur für die GmbH galten, durch Gesetzgeber oder Rechtsprechung auf die GmbH & Co. KG ausgedehnt wurde.

Aus Sicht der Beratungspraxis bringt die Rechtsform der GmbH & Co. KG verschiedene Herausforderungen mit sich, die sich aus der Notwendigkeit ergibt, zwei unterschiedliche Gesellschaftstypen zu verbinden und personen- und kapitalgesellschaftsrechtliche Strukturen im Rahmen einer einheitlichen Vertragsgestaltung in einer Weise zu verzahnen, die den Unternehmens- und Unternehmerinteressen Rechnung trägt. Zur Bewältigung der sich in diesem Zusammenhang stellenden gesellschaftsrechtlichen und steuerrechtlichen Fragen ist das von Dr. Heinrich Sudhoff begründete Handbuch ein Arbeits- und Hilfsmittel für Notare, Rechtsanwälte, Justitiare, Steuerberater, Richter, aber auch für Unternehmer und Manager.

Auch die vorliegende 7. Auflage legt Wert darauf, eine integrierte Darstellung von Gesellschaftsrecht und Steuerrecht sowie deren Ergänzung durch ausführliche Vertragsmuster, die dem einschlägig befassten Berater gangbare und unmittelbar umsetzbare vertragliche Gestaltungserwägungen, zur Verfügung zu stellen.

Seit Erscheinen der Vorauflage sind nunmehr beinahe 10 Jahre vergangen, in denen der Gesetzgeber nicht untätig war. Aus der gesetzgeberischen Tätigkeit, die Auswirkungen auf die GmbH & Co. KG entfaltet, sei etwa an das Gesetz zur Modernisierung des GmbH-Rechts und zur Bekämpfung von Missbräuchen (MoMiG), das Bilanzrechtsmodernisierungsgesetz (BilMoG) oder das Gesetz über steuerliche Begleitmaßnahmen zur Einführung der Europäischen Gesellschaft und zur Änderung weiterer steuerrechtlicher Vorschriften (SEStEG) erinnert. Ferner war eine Vielzahl höchst- und obergerichtlicher Gerichtsentscheidungen sowie Beiträge aus der Literatur zu

Vorwort

berücksichtigen und in ihren Auswirkungen auf das gesellschafts- und steuerrechtliche Gefüge der GmbH & Co. KG zu würdigen.

Auch der Kreis der Autoren hat sich seit der Vorauflage verändert. Ausgeschieden sind Dr. Martin Eberhard sowie Prof. Dr. Axel Jäger, denen auch an dieser Stelle für ihre bisherige Mitarbeit gedankt sei. Dem Autorenteam neu hinzugetreten sind Florian Bortfeld, Dr. Marcus Heinrich, Dr. Jan Markus Mai, Dr. Julia Maier-Reinhardt und Dr. Kristin Ullrich. Das Autorenteam setzt sich damit weiterhin aus Rechtsanwälten und Steuerberatern zusammen, die über langjährige Erfahrung mit der Rechtsform der GmbH & Co. KG verfügen. Das Handbuch wurde „von Praktikern für Praktiker" geschrieben und bearbeitet.

Für Anregungen und Kritik, die zur Verbesserung des Werkes beitragen, bin ich dankbar.

Mannheim, im September 2014 *Prof. Dr. Jochem Reichert*

Herausgeber und Bearbeiter dieser Auflage

Prof. Dr. Jochem Reichert, Rechtsanwalt
SZA Schilling, Zutt & Anschütz Rechtsanwalts AG, Mannheim
Honorarprofessor an der Friedrich-Schiller-Universität, Jena

Florian Bortfeldt, Rechtsanwalt, Wirtschaftsmediator (CVM)
Hogan Lovells International LLP, München

Dr. Anja Breitfeld, Rechtsanwältin, Fachanwältin für Arbeitsrecht
SALGER Rechtsanwälte Partnerschaftsgesellschaft, Frankfurt a.M.

Dr. Alexander Düll, Dipl.-Kfm., Wirtschaftsprüfer und Steuerberater
FALK & Co Wirtschaftsprüfungsgesellschaft Steuerberatungsgesellschaft, Heidelberg

Dr. Marcus Heinrich, Rechtsanwalt
Allen & Overy LLP, Frankfurt a.M.

Dr. Hans-Christoph Ihrig, Rechtsanwalt
Allen & Overy LLP, Mannheim

Dr. Thomas Liebscher, Rechtsanwalt
SZA Schilling, Zutt & Anschütz Rechtsanwalts AG, Mannheim

Dr. Jan Markus Mai, Dipl.-Kfm., Steuerberater
FALK & Co Wirtschaftsprüfungsgesellschaft Steuerberatungsgesellschaft, Heidelberg

Dr. Julia Maier-Reinhardt, Rechtsanwältin, Dipl.-Betriebswirtin (BA)
Morrison & Foerster LLP, Berlin

Dr. Carsten A. Salger, LL.M., Rechtsanwalt, Fachanwalt für Bank- und Kapitalmarktrecht
SALGER Rechtsanwälte Partnerschaftsgesellschaft, Frankfurt a.M.

Prof. Dr. Michael Schlitt, Rechtsanwalt
Hogan Lovells International LLP, Frankfurt a.M.
Honorarprofessor an der an der Universität zu Köln

Dr. Kristin Ullrich, Rechtsanwältin, Wirtschaftsmediatorin (MuCDR)
SZA Schilling, Zutt & Anschütz Rechtsanwalts AG, Mannheim

Das Sachverzeichnis wurde erstellt von Rechtsanwalt *Günther Hagen*, München.

Inhaltsübersicht

Bearbeiterverzeichnis VII
Abkürzungsverzeichnis XIII

1. Kapitel. Gesellschaftsrechtliche Grundlagen

§ 1	Wesen und Zweck der GmbH & Co. KG	1
§ 2	Bedeutung der GmbH & Co. KG	6
§ 3	Erscheinungsformen der GmbH & Co. KG	44

2. Kapitel. Besteuerungskonzeption der GmbH & Co. KG

§ 4	Grundlagen	65
§ 5	Gewinnermittlung bei der GmbH & Co. KG	79
§ 6	Besteuerung des steuerlichen Ergebnisses der GmbH & Co. KG	119
§ 7	Verlustausgleichsbeschränkung gem. § 15a EStG	135
§ 8	Die GmbH & Co. KG im Umsatzsteuerrecht	163
§ 9	Die GmbH & Co. KG im Grunderwerbsteuerrecht	177

3. Kapitel. Entstehung der Gesellschaft

§ 10	Neugründungstatbestände	201
§ 11	Entstehung der GmbH & Co. KG durch Rechtsformwechsel außerhalb des Umwandlungsgesetzes	222
§ 12	Haftung im Gründungsstadium der GmbH & Co. KG	227
§ 13	Steuerliche Konsequenzen bei der Gründung einer GmbH & Co. KG	244

4. Kapitel. Firma, Unternehmensgegenstand und Sitz

§ 14	Firma	273
§ 15	Unternehmensgegenstand und Sitz	292

5. Kapitel. Organisationsverfassung

§ 16	Geschäftsführung und Vertretung	301
§ 17	Gesellschafterversammlung und Beschlussfassung in der GmbH & Co. KG sowie der Komplementär-GmbH	363
§ 18	Beschlussmängelrecht der GmbH & Co. KG und ihrer Komplementär-GmbH	426
§ 19	Aufsichtsrat, Beirat	463

Inhaltsübersicht

6. Kapitel. Kapital, Gewinn, Rechnungslegung

§ 20	Kapital und Kapitalaufbringung	531
§ 21	Gesellschafterkonten, Kapitalanteile	551
§ 22	Kapitalveränderungen	573
§ 23	Rechnungslegung und Publizität	577
§ 24	Gewinn- und Verlustbeteiligung, Entnahmen	600

7. Kapitel. Nicht vermögensbezogene Rechte

§ 25	Die Informationsrechte der Gesellschafter	615
§ 26	Die Treuepflicht	652
§ 27	Wettbewerbsverbot	675

8. Kapitel. Wechsel im Gesellschafterbestand unter Lebenden

§ 28	Eintritt	713
§ 29	Anteilsübertragung/Umwandlung der Gesellschafterstellung	730
§ 30	Ausscheiden eines Gesellschafters	768
§ 31	Austritt, Ausschluss	796
§ 32	Abfindung und Abfindungsbeschränkung	838
§ 33	Steuerliche Behandlung des entgeltlichen Gesellschafterwechsels	858

9. Kapitel. Tod des Gesellschafters

§ 34	Tod des Gesellschafters: Gesetzliche Grundlage	891
§ 35	Regelungen im Gesellschaftsvertrag und in letztwilligen Verfügungen	896
§ 36	Abfindungsbeschränkungen	921
§ 37	Steuerfolgen beim Übergang des Gesellschaftsanteils von Todes wegen	926

10. Kapitel. Belastung von Gesellschaftsanteilen

§ 38	Verpfändung von Gesellschaftsanteilen	965
§ 39	Nießbrauch an Gesellschaftsanteilen	980
§ 40	Unterbeteiligung, Treuhand und stille Beteiligung	1004
§ 41	Steuerliche Konsequenzen der Belastung des Kommanditanteils	1046

11. Kapitel. Haftung der Gesellschafter

§ 42	Haftung des Komplementärs	1079
§ 43	Haftung der Kommanditisten	1092

12. Kapitel. Prozesse und Zwangsvollstreckung

§ 44	Die GmbH & Co. KG im Prozess	1103
§ 45	Die GmbH & Co. KG in der Zwangsvollstreckung	1129

13. Kapitel. Auflösung und Liquidation der Gesellschaft

§ 46	Auflösung der GmbH & Co. KG	1145
§ 47	Liquidation der GmbH & Co. KG	1168
§ 48	Steuerliche Aspekte der Beendigung der Tätigkeit der GmbH & Co. KG	1200

14. Kapitel. Insolvenz der Gesellschaft

§ 49	Gesellschaftsrecht in der Insolvenz der GmbH & Co. KG	1213
§ 50	Steuern in der Insolvenz der GmbH & Co. KG	1272

15. Kapitel. Die Gesellschaft im Konzern

§ 51	Die GmbH & Co. KG als Konzernbaustein	1287

16. Kapitel. Umwandlungssituationen: Verschmelzung, Spaltung und Formwechsel

§ 52	Umwandlungsrechtliche Grundlagen der Verschmelzung	1357
§ 53	Steuerliche Konsequenzen der Verschmelzung	1373
§ 54	Umwandlungsrechtliche Grundlagen der Spaltung	1436
§ 55	Steuerliche Konsequenzen der Spaltung einer Personengesellschaft	1449
§ 56	Umwandlungsrechtliche Grundlagen des Formwechsels	1469
§ 57	Steuerrechtliche Konsequenzen der formwechselnden Umwandlung	1504

17. Kapitel. Formulare

§ 58	Einfacher Gesellschaftervertrag einer GmbH & Co. KG und der zugehörigen Komplementär-GmbH	1539
§ 59	Ausführlicher Gesellschaftsvertrag der GmbH & Co. KG und der zugehörigen Komplementär-GmbH	1554
§ 60	Ausführlicher Gesellschaftsvertrag einer Familien-GmbH & Co. KG und Satzung der zugehörigen Komplementär-GmbH	1584
§ 61	Gesellschaftsvertrag einer GmbH & Co. KG als Einheitsgesellschaft	1629
§ 62	Übertragung von Gesellschaftsanteilen; Beitritt eines Gesellschafters	1641
§ 63	Geschäftsführung	1664

Sachverzeichnis 1673

Abkürzungsverzeichnis

aA	anderer Ansicht
aaO	am angegebenen Ort
abgedr.	abgedruckt
abl.	ablehnend
ABl.	Amtsblatt
ABlEG	Amtsblatt der Europäischen Gemeinschaften
Abs.	Absatz
Abschn.	Abschnitt
AcP	Archiv für die civilistische Praxis
aE	am Ende
aF	alte Fassung
AfA	Absetzung für Abnutzung
AG	Aktiengesellschaft; Die Aktiengesellschaft (Zeitschrift); Amtsgericht
AGB	Allgemeine Geschäftsbedinungen
AktG	Aktiengesetz
allg.	allgemein
AnfG	Gesetz betreffend die Anfechtung von Rechtshandlungen außerhalb des Konkursverfahrens
Anh.	Anhang
Anm.	Anmerkung
AO	Abgabenordnung
AP	Arbeitsrechtliche Praxis (Nachschlagwerk des BAG)
ArbGG	Arbeitsgerichtsgesetz
Art.	Artikel
Aufl.	Auflage
ausf.	ausführlich
Baumbach/Hopt	*Baumbach/Hopt*, Handelsgesetzbuch, 36. Aufl. 2014
Baumbach/Hueck GmbHG	*Baumbach/Hueck*, GmbH-Gesetz, 20. Aufl. 2013
Bay.	Bayerisches
BAG	Bundesarbeitsgericht
BB	Betriebs-Berater (Zeitschrift)
Bd.	Band
BeBiKo	Beck'scher Bilanzkommentar, 9. Aufl. 2014
Beck-Hdb GmbH/ Bearbeiter	*Müller/Winkeljohann* (Hrsg.): Beck'sches Handbuch der GmbH, 4. Aufl. 2009
Beck-Hdb Personengesellschaften/ Bearbeiter	*Prinz/Hoffmann* (Hrsg.): Beck'sches Handbuch der Personengesellschaften, 4. Aufl. 2014
BeckFormB BHW	Beck'sches Formularbuch zum Bürgerlichen Handels- und Wirtschaftsrecht, 11. Aufl. 2013
Begr./begr.	Begründung/begründet
Beil.	Beilage

Abkürzungsverzeichnis

Beschl.	Beschluss
BetrAVG	Gesetz zur Verbesserung der betrieblichen Altersversorgung
BetrVG	Betriebsverfassungsgesetz
BewG	Bewertungsgesetz
BFH	Bundesfinanzhof
BFH/NV	Sammlung der amtlich nicht veröffentlichten Entscheidungen des BFH
BGB	Bürgerliches Gesetzbuch
BGBl.	Bundesgesetzblatt
BGH	Bundesgerichtshof
BGHZ	Amtliche Sammlung der Entscheidungen des BGH in Zivilsachen
Binz/Sorg	*Binz/Sorg*, Die GmbH & Co. KG, 11. Aufl. 2010
USt-Hdb.	*Birkenfeld/Wäger*, Das große Umsatzsteuerhandbuch, 1992/1996
BiRiLiG	Bilanzrichtliniengesetz
Blaurock Stille Gesellschaft	*Blaurock*, Handbuch Stille Gesellschaft, 7. Auf. 2010
Blümich/Bearbeiter	*Blümich*, Kommentar zu EStG, KStG, GewStG und Nebengesetze (Loseblatt, Stand Oktober 2013)
BMF	Bundesfinanzministerium
BPatG	Bundespatentgericht
Boruttau/Bearbeiter	*Boruttau*, Grunderwerbsteuergesetz, 15. Aufl. 2002
BR	Bundesrat
BR-Drs.	Bundesratsdrucksache
BSG	Bundessozialgericht
Bsp.	Beispiel
BStBl.	Bundessteuerblatt
BT	Bundestag
BT-Drs.	Bundestagsdrucksache
BVerfG	Bundesverfassungsgericht
BVerfGE	Entscheidungen des BVerfG
BVerwG	Bundesverwaltungsgericht
BW	Baden-Württemberg
bzw.	beziehungsweise
cic	culpa in contrahendo
DB	Der Betrieb
DBA	Doppelbesteuerungsabkommen
Dehmer	*Dehmer*, Umwandlungsrecht und Umwandlungssteuerrecht, 1. Aufl. 1998
ders.	derselbe
dh	das heißt
dies.	dieselbe
diff.	differenzierend
DIHT	Deutscher Industrie- und Handelstag
DJZ	Deutsche Juristen-Zeitung
DNotZ	Deutsche Notarzeitung
Dötsch/Pung/Möhlenbrock	*Dötsch/Pung/Möhlenbrock*, Die Körperschaftsteuer (Loseblatt, Stand Dezember 2013)
Drs.	Drucksache
DStBl.	Deutsches Steuerblatt
DStR	Deutsches Steuerrecht (Zeitschrift)

DStZ	Deutsche Steuerzeitung
Düringer/Hachenburg/*Bearbeiter*	*Düringer/Hachenburg*, Das Handelsgesetzbuch vom 10. Mai 1897 (unter Ausschluss des Seerechts) auf der Grundlage des Bürgerlichen Gesetzbuches, 3. Aufl. 1930 ff.
DZWiR	Deutsche Zeitschrift für Wirtschafts- und Insolvenzrecht
E	Entwurf
Ebenroth/Boujong/Joost/Strohn	*Ebenroth/Boujong/Joost/Strohn*, Handelsgesetzbuch, 3. Aufl. 2013
EFG	Entscheidungen der Finanzgerichte
EG	Einführungsgesetz
EGInsO	Einführungsgesetz zur Insolvenzordnung
Eickhoff	*Eickhoff*, Die Praxis der Gesellschafterversammlung bei GmbH und GmbH & Co., 3. Aufl. 2001
Einl.	Einleitung
Emmerich/Habersack	Emmerich/Habersack, Aktien- und GmbH-Konzernrecht – Kommentar, 7. Aufl. 2013
Entw.	Entwurf
ErbStG	Erbschaftsteuer- und Schenkungsteuergesetz
ErfK	Erfurter Kommentar zum Arbeitsrecht, 4. Aufl. 2004
Ermann/*Bearbeiter*	Erman, Handkommentar zum Bürgerlichen Gesetzbuch, 11. Aufl. hg. von Harm Peter Westermann, 2004
EStDV	Einkommensteuer-Durchführungsverordnung
EStG	Einkommensteuergesetz
EStR	Einkommensteuerrichtlinien
EU	Europäische Union
EuGH	Gerichtshof der Europäischen Gemeinschaften
EuroEG	Gesetz zur Einführung des Euro
EuZW	Europäische Zeitschrift für Wirtschaftsrecht
eV	eingetragener Verein
EWG	Europäische Wirtschaftsgemeinschaft
EWIV	Europäische wirtschaftliche Interessenvereinigung
EWiR	Entscheidungen zum Wirtschaftsrecht
f., ff.	folgende
FamRZ	Zeitschrift für das gesamte Familienrecht, Ehe und Familie im privaten und öffentlichen Recht
Fezer	*Fezer*, Markenrecht – Kommentar zum Markengesetz, 4. Aufl. 2009
FG	Finanzgericht
FamFG	Gesetz über das Verfahren in Familiensachen und in den Angelegenheiten der freiwilligen Gerichtsbarkeit
Flume	*Flume*, Allgemeiner Teil des Bürgerlichen Rechts, Erster Band, Erster Teil, Die Personengesellschaft, 1977
FM	Finanzministerium
FN	Fachnachrichten des IDW
Fn.	Fußnote
Form.	Formular
FR	Finanz-Rundschau (Zeitschrift)
FS	Festschrift
G	Gesetz; Gericht
GBl.	Gesetzblatt
GBO	Grundbuchordnung

Abkürzungsverzeichnis

GbR	Gesellschaft bürgerlichen Rechts
gem.	gemäß
GesO	Gesamtvollstreckungsordnung
GesR	Gesellschaftsrecht
GesRZ	Der Gesellschafter (Zeitschrift)
GewStG	Gewerbesteuergesetz
GG	Grundgesetz für die Bundesrepublik Deutschland
ggf.	gegebenenfalls
Glanegger/Güroff	*Glanegger/Güroff*, Gewerbesteuergesetz, Kommentar, 8. Aufl. 2014
GmbH	Gesellschaft mit beschränkter Haftung
GmbHG	Gesetz betreffend die GmbH
GmbHR	GmbH-Rundschau (Zeitschrift)
GmbH-Stbr	GmbH-Steuerberater (Zeitschrift)
Grds./grds.	Grundsätze/grundsätzlich
GrEStG	Grunderwerbsteuergesetz
Grunewald Gesellschaftsrecht	*Grunewald*, Gesellschaftsrecht, 8. Aufl. 2011
GrS	Großer Senat
GRUR	Gewerblicher Rechtsschutz und Urheberrecht (Zeitschrift)
GRUR Int.	Gewerblicher Rechtsschutz und Urheberrecht, Internationaler Teil (Zeitschrift)
GuV	Gewinn und Verlust
GWB	Gesetz gegen Wettbewerbsbeschränkungen
H.	Hinweise
Hmb.	Hamburgisches
HansGZ	Hanseatische Rechts- und Gerichtszeitschrift
Haritz/Menner	*Haritz/Menner*, Kommentar zum Umwandlungssteuergesetz, 3. Aufl. 2010
Hdb.	Handbuch
Henn	*Henn*, Schiedsverfahrensrecht, 3. Aufl. 2000
Herrmann/Heuer/ Raupach	*Herrmann/Heuer/Raupach*, Kommentar zur Einkommensteuer und Körperschaftsteuer (Loseblatt, Stand Januar 2014)
HTM-T	Hesselmann/Tillmann/Mueller-Thuns, Handbuch der GmbH & Co. KG, 20. Aufl. 2009
HFA	Hauptfachausschuss
HFR	Höchstrichterliche Finanzrechtsprechung
HGB	Handelsgesetzbuch
hins.	hinsichtlich
hrsg.	herausgegeben
hM	herrschende Meinung
Hopt	*Hopt*, Vertrags- und Formularbuch zum Handels-, Gesellschafts-, Bank- und Transportrecht, 4. Aufl. 2013
HRefG	Handelsrechtsreformgesetz
HRV	Handelsregisterverfügung
Hs	Halbsatz
Hübschmann/Hepp/ Spitaler	*Hübschmann/Hepp/Spitaler,* Kommentar zur Abgabenordnung und Finanzgerichtsbarkeit (Loseblatt, Stand Dezember 2013)
Hüffer	*Hüffer*, Aktiengesetz, 10. Aufl. 2012
idF	in der Fassung
idR	in der Regel

idS	in diesem Sinne
IDW	Institut der Wirtschaftsprüfer in Deutschland eV
IDW/FN	Fachnachrichten des IDW
iE	im Ergebnis
IHK	Industrie- und Handelskammer
iHv	in Höhe von
iL	in Liquidation
INF	Die Information über Steuer und Wirtschaft (Zeitschrift)
insbes.	insbesondere
InsO	Insolvenzordnung
iSd	im Sinne des
IStR	Internationales Steuerrecht (Zeitschrift)
iÜ	im Übrigen
iVm	in Verbindung mit
IWB	Internationale Wirtschafts-Briefe
Jacobs	*Jacobs*, Unternehmensbesteuerung und Rechtsform, 7. Aufl. 2011
Jauernig/Bearbeiter	*Jauernig*, Kommentar zum Bürgerlichen Gesetzbuch, 15. Aufl. 2014
JbFfSt.	Jahrbuch der Fachanwälte für Steuerrecht
jew.	jeweils
JMBl.	Justizministerialblatt
JuS	Juristische Schulung (Zeitschrift)
JW	Juristische Wochenschrift
JZ	Juristen-Zeitung
Kallmeyer	*Kallmeyer*, Umwandlungsgesetz, 5. Aufl. 2013
Kap.	Kapitel
Kap&Co.RiLiG	Kapitalgesellschaften & Co.-Richtlinie-Gesetz
KapHerG	Gesetz über die Kapitalerhöhung aus Gesellschaftsmitteln und über die Verschmelzung von Gesellschaften mit beschränkter Haftung
Kapp/Ebeling	*Kapp/Ebeling*, Erbschaftsteuer und Schenkungsteuer Kommentar (Stand November 2013)
KG	Kommanditgesellschaft; Kammergericht
KGaA	Kommanditgesellschaft auf Aktien
KGJ	Jahrbuch für Entscheidungen des Kammergerichts
Kirchhof	*Kirchhof* (Hrsg.); EStG, Kompaktkommentar, 12. Aufl. 2013
KO	Konkursordnung
Köhler/Bornkamm	*Köhler/Bornkamm*, Gesetz gegen den unlauteren Wettbewerb: UWG mit PAngV, UKlaG, DL-InfoV, 32. Aufl. 2014
Kölner Schriften	Arbeitskreis für Insolvenz- und Schiedsgerichtswesen e. V., Kölner Schriften zur Insolvenzordnung, 2. Aufl. 2000
KöKo/Bearbeiter	Kölner Kommentar zum Aktiengesetz, hg. von Zöllner, 2. Aufl. 1986
KÖSDI	Kölner Steuerdialog (Zeitschrift)
Koller/Roth/Morck	*Koller/Roth/Morck*, Handelsgesetzbuch, 4. Aufl. 2003
krit.	kritisch
KSchG	Kündigungsschutzgesetz
KStG	Körperschaftsteuergesetz
KStR	Körperschaftsteuerrichtlinien
KTS	Zeitschrift für Insolvenzrecht (Konkurs, Treuhand, Sanierung)
Uhlenbruck	*Uhlenbruck*, Insolvenzordnung, 13. Aufl. 2010

Abkürzungsverzeichnis

LAG	Landesarbeitsgericht
LG	Landgericht
Lenski/Steinberg	Lenski/Steinberg, Kommentar zum Gewerbesteuergesetz (Loseblatt, Stand Dezember 2013)
Lit.	Literatur
lit.	Buchstabe (littera)
Littmann/Bitz/Pust	Littmann/Bitz/Pust, Kommentar zum Einkommensteuerrecht, Loseblattausgabe (Stand Februar 2014)
LM	Nachschlagwerk des BGH in Zivilsachen
LöschG	Löschungsgesetz
Lutter, UmwG	Lutter, Umwandlungsgesetz, 5. Aufl. 2014
Lutter/Hommelhoff	Lutter/Hommelhoff, GmbH-Gesetz, Kommentar, 18. Aufl. 2012
LwAnpG	Landwirtschaftsanpassungsgesetz
m.	mit
MarkenG	Markengesetz
mdH.	mit dem Hinweis
mH	mit Hinweisen
MDR	Monatsschrift für Deutsches Recht
MHdb GesR I–IV/ Bearbeiter	Münchener Handbuch des Gesellschaftsrechts, Bd. 1, BGB Gesellschaft, OHG, Partnerschaftsgesellschaft, EWIV, 3. Aufl. 2009; Bd. 2, Kommanditgesellschaft, GmbH & Co. KG, Publikums-KG, Stille Gesellschaft, 3. Aufl. 2009, Bd. 3, Gesellschaft mit beschränkter Haftung, 4. Aufl. 2012, Bd. 4, Aktiengesellschaft, 3. Aufl. 2007
Michalski/Bearbeiter	Michalski, Kommentar zum Gesetz über die Gesellschaften mit beschränkter Haftung (GmbH-Gesetz), 2. Aufl. 2010
Mio.	Million(en)
MitbestG	Mitbestimmungsgesetz
MittBayNot	Mitteilungen des Bayerischen Notarvereins, der Notarkasse und der Landesnotarkammer Bayern
MittRhNotK	Mitteilungen der Rheinischen Notarkammer
mN	mit Nachweisen
MSchG	Mutterschutzgesetz
Mülbert	Mülbert, Aktiengesellschaft, Unternehmensgruppe und Kapitalmarkt, 2. Aufl. 1996
MüKoAktG/ Bearbeiter	Münchener Kommentar zum Aktiengesetz, Bd. 2: §§ 53a–75, 2. Aufl. 2003
MüKoBGB/ Bearbeiter	Münchener Kommentar zum Bürgerlichen Gesetzbuch, hrsg. von Rebmann/Säcker, 6. Aufl. 2012
MüKoHGB/ Bearbeiter	Münchener Kommentar zum Handelsgesetzbuch, hrsg. von K. Schmidt, 3. Aufl. 2010
MüKoInsO/Bearbeiter	Münchener Kommentar zur Insolvenzordnung, 3 Bde. hrsg. von Hans-Peter Kirchhof, 3. Aufl. 2013
MVH/Bearbeiter	Münchener Vertragshandbuch, Bd. 1, Gesellschaftsrecht, 7. Aufl., hrsg. von Haidenhain/Meister, 2011; Bd. 3, Wirtschaftsrecht II, 6. Aufl., hrsg. von Schütze/Weipert, 2009
mwN.	mit weiteren Nachweisen
N.	Nachweis(e)
NachhBG	Nachhaftungsbegrenzungsgesetz

Nds	Niedersachsen
nF	neue Fassung
NJOZ	Neue Juristische Online-Zeitung
NJW	Neue Juristische Wochenschrift (Zeitschrift)
NJW-RR	NJW-Rechtsprechungsreport-Zivilrecht (Zeitschrift)
Nr.	Nummer
NWB	Neue Wirtschafts-Briefe (Zeitschrift)
NZA	Neue Zeitschrift für Arbeitsrecht
NZG	Neue Zeitschrift für Gesellschaftsrecht
NZI	Neue Zeitschrift für das Recht der Insolvenz und Sanierung
OFD	Oberfinanzdirektion
OHG	Offene Handelsgesellschaft
OLG	Oberlandesgericht
OLGE	Die Rechtsprechung der Oberlandesgerichte auf dem Gebiet des Zivilrechts
OLGZ	Entscheidungen der Oberlandesgerichte in Zivilsachen einschließlich der Freiwilligen Gerichtsbarkeit
Pahlke	*Pahlke*, Grunderwerbsteuergesetz, 4. Aufl. 2010
Palandt/*Bearbeiter*	Palandt, Bürgerliches Gesetzbuch, 73. Aufl. 2014
PartGG	Partnerschaftsgesellschaftsgesetz
Picot/*Bearbeiter*	*Picot*, Unternehmenskauf und Restrukturierung, 4. Aufl. 2013
PSV	Pensionssicherungsverein
PublG	Publizitätsgesetz
Raiser/Veil, Kapitalgesellschaften	*Raiser/Veil*, Recht der Kapitalgesellschaften, 5. Aufl. 2010
Raiser/Veil, MitbestG	*Raiser/Veil*, Mitbestimmungsgesetz und Drittelbeteiligungsgesetz, 5. Aufl. 2009
Rau/*Bearbeiter*	*Rau/Dürrwächter*, Kommentar zum Umsatzsteuergesetz (Loseblatt, Stand Dezember 2013)
RdA	Recht der Arbeit (Zeitschrift)
RefE	Referentenentwurf
RegBegr.	Regierungsbegründung
RegE	Regierungsentwurf
Reichert/Harbarth	*Reichert/Harbarth*, Der GmbH-Vertrag, 3. Aufl. 2001
RFH	Reichsfinanzhof
RFHE	Entscheidungen des RFH
RG	Reichsgericht
RGBl.	Reichsgesetzblatt
RGRK	Das BGB mit besonderer Berücksichtigung der Rspr. des RG und des BGH, Kommentar von Mitgliedern des BGH, 12. Aufl. 1982
RGZ	Amtliche Sammlung von Entscheidungen des RG in Zivilsachen
Rh	Rheinland
Rn.	Randnummer
Röhricht/ Graf von Westphalen	*Röhricht/Graf von Westphalen*, Handelsgesetzbuch, Kommentar, 4. Aufl. 2014
Roth/Altmeppen	*Roth/Altmeppen*, GmbH-Gesetz, Kommentar, 7. Aufl. 2012
Rowedder/*Bearbeiter*	*Rowedder/Schmidt-Leithoff*, GmbHG, Kommentar, 5. Aufl. 2013
Rpfleger	Der Deutsche Rechtspfleger (Zeitschrift)
Rspr.	Rechtsprechung

Abkürzungsverzeichnis

RStBl.	Reichssteuerblatt
S.	Satz; Seite
s.	siehe
Sagasser/Bula/Brünger	*Sagasser/Bula/Brünger*, Umwandlungen, 4. Aufl. 2011
Schaub	*Schaub*, Arbeitsrechts-Handbuch, 15. Aufl. 2013
SchiedsVfG	Gesetz zur Neuregelung des Schiedsverfahrensrechts
K. Schmidt Handelsrecht	*K. Schmidt*, Handelsrecht, 6. Aufl. 2014
K. Schmidt Gesellschaftsrecht	*K. Schmidt*, Gesellschaftsrecht, 4. Aufl. 2002
Schmidt/*Bearbeiter*	L. Schmidt, Kommentar zum EStG, 33. Aufl. 2014
Schmitt/Hörtnagel/Stratz	*Schmitt/Hörtnagel/Stratz*, Umwandlungsgesetz, Umwandlungssteuergesetz, 6. Aufl. 2013
Schulze zur Wiesche/Ottersbach	*Schulze zur Wiesche/Ottersbach*, GmbH und Co. KG, 3. Aufl. 2005
Schwab/Walter	*Schwab/Walter*, Schiedsgerichtsbarkeit, 7. Aufl. 2005
SchwbG	Schwerbehindertengesetz
SG	Sozialgericht
SGB	Sozialgesetzbuch
Sölch/Ringleb	*Sölch/Ringleb*, Umsatzsteuergesetz mit Durchführungsbestimmungen und Ergänzungsvorschriften (Loseblatt, Stand November 2013)
Soergel/*Bearbeiter*	*Soergel*, Kommentar zum Bürgerlichen Gesetzbuch, 13. Aufl. 2000 ff.
sog.	sogenannt
Sommer	*Sommer*, Die Gesellschaftsverträge der GmbH & Co., 4. Aufl. 2012
Sp.	Spalte
StKongRep	Steuer-Kongress-Report
SpTrUG	Gesetz über die Spaltung der von der Treuhand verwalteten Unternehmen
StÄndG	Steueränderungsgesetz
StAnpG	Steueranpassungsgesetz
Staudinger/*Bearbeiter*	Staudinger, Kommentar zum Bürgerlichen Gesetzbuch, 13. Aufl. 1993 ff., 12. Aufl. 1978 ff.
Stbg	Die Steuerberatung (Zeitschrift)
StbJb	Steuerberater-Jahrbuch
StBp	Steuerliche Betriebsprüfung (Zeitschrift)
Stein/Jonas/*Bearbeiter*	*Stein/Jonas*, Kommentar zur Zivilprozessordnung, 22. Aufl. 2002 ff.
StGB	Strafgesetzbuch
stGes	stille Gesellschaft
str.	strittig
stRspr	ständige Rechtsprechung
Streck/*Bearbeiter*	*Streck*, Kommentar zum Körperschaftsteuergesetz, 8. Aufl. 2014
StSenkG	Gesetz zur Senkung der Steuersätze und zur Reform der Unternehmensbesteuerung
StuW	Steuer und Wirtschaft (Zeitschrift)
teilw.	teilweise
Tipke/Lang	*Tipke/Lang*, Steuerrecht, 21. Aufl. 2013

Troll/Gebel/Jülicher	Troll/Gebel/Jülicher, Erbschaftsteuer – und Schenkungsteuergesetz (Loseblatt, Stand September 2013)
Tz.	Textziffer
ua	und andere; unter anderem
uä	und ähnliches
uE	unseres Erachtens
uH	unter Hinweis
Ulmer/Schäfer	Ulmer/Schäfer, Gesellschaft des bürgerlichen Rechts und Partnerschaftsgesellschaft (Sonderausgabe aus Bd. 5 zum MüKo zum BGB), 6. Aufl. 2013
Ulmer/Habersack/Henssler	Ulmer/Habersack/Henssler, Kommentar zum Mitbestimmungsgesetz, 3. Aufl. 2013
UmwG	Umwandlungsgesetz
UmwStG	Umwandlungssteuergesetz
UR	Umsatzsteuer-Rundschau (Zeitschrift)
Urt.	Urteil
UStG	Umsatzsteuergesetz
UWG	Gesetz gegen den unlauteren Wettbewerb
v.	vom
VerglO	Vergleichsordnung
VersR	Versicherungsrecht (Zeitschrift)
vgl.	vergleiche
VStG	Vermögensteuergesetz
Wagner/Rux	Wagner/Rux, Die GmbH & Co. KG, 12. Aufl. 2013
Westermann Personengesellschaften	Westermann, Handbuch der Personengesellschaften (Loseblatt, Stand November 2013)
WiB	Wirtschaftsrechtliche Beratung (Zeitschrift)
Widmann/Mayer	Widmann/Mayer, Kommentar zum Umwandlungsrecht (Loseblatt, Stand September 2013),
Windbichler	Windbichler, Gesellschaftsrecht, 23. Aufl. 2013
wistra	Zeitschrift für Wirtschaft, Steuer, Strafrecht
WM	Zeitschrift für Wirtschafts- und Bankrecht – Wertpapiermitteilungen
wN	weitere Nachweise
WPg.	Die Wirtschaftsprüfung (Zeitschrift)
WP-Hdb.	Wirtschaftsprüfer-Handbuch
Wlotzke/Wißmann/Koberski/Kleinsorge	Wlotzke/Wißmann/Koberski/Kleinsorge, Mitbestimmungsrecht, 3. Aufl. 2011
zB	zum Beispiel
ZEV	Zeitschrift für Erbrecht und Vermögensnachfolge
ZGR	Zeitschrift für Unternehmens- und Gesellschaftsrecht
ZHR	Zeitschrift für das gesamte Handels- und Wirtschaftsrecht
Ziff.	Ziffer
ZIP	Zeitschrift für das Wirtschaftsrecht
zit.	zitiert
ZNotP	Zeitschrift für die Notarpraxis
Zöller	Zöller, Kommentar zur Zivilprozessordnung, 30. Aufl. 2014
ZPO	Zivilprozessordnung
ZRP	Zeitschrift für Rechtspolitik
zT	zum Teil

Abkürzungsverzeichnis

zust. . . . . zustimmend
zutr. . . . . zutreffend
zzgl. . . . . zuzüglich
ZZP . . . . Zeitschrift für Zivilprozess

Monografien zu Spezialthemen sowie insolvenzrechtliche Literatur sind nur in den Schrifttumshinweisen vor den einzelnen Paragrafen nachgewiesen

1. Kapitel. Gesellschaftsrechtliche Grundlagen

§ 1 Wesen und Zweck der GmbH & Co. KG

Übersicht

	Rn.		Rn.
I. Begriff	1	1. Handelsrechtliche Anerkennung	10
II. Das Grundproblem der Typenvermischung	3	2. Steuerrechtliche Anerkennung	16
III. Rechtliche Anerkennung der GmbH & Co. KG	9		

Schrifttum:[1] *Knobbe/Keuk*, Das Steuerrecht – eine unerwünschte Rechtsquelle des Gesellschaftsrechts, 1986; *Mertens*, GmbH & Co. und Gesellschaftsrechtsdogmatik, GmbHR 1967, 45; *Schilling*, Rechtspolitische Gedanken zur GmbH & Co., in FS Kunze, 1969, 189; *K. Schmidt*, Die GmbH & Co. – eine Zwischenbilanz, GmbHR 1984, 272; *Zielinski*, Grundtypenvermischung und Handelsgesellschaftsrecht, 1925.

I. Begriff

Gesellschafter einer Personenhandelsgesellschaft kann anerkanntermaßen auch eine juristische Person sein; juristische Personen können an einer KG sowohl als Kommanditisten als auch als Komplementäre beteiligt sein (sog. „Kapitalgesellschaft & Co. KG").[2] In der Praxis hat sich besonders stark die Beteiligung einer GmbH an einer KG als regelmäßig einzigem „Vollhafter" durchgesetzt, während die unternehmenstragenden natürlichen Personen sich an der Gesellschaft nur als „Beschränkthafter", also als Kommanditisten beteiligen. Angesichts der Häufigkeit dieser Erscheinungsform hat sich der Begriff der „GmbH & Co." bzw. – exakter – der **„GmbH & Co. KG"** eingebürgert, für **eine KG, deren – zumeist – alleiniger Komplementär eine GmbH ist**; heute sollte man von einer „GmbH & Co. KG" und nicht bloß von „GmbH & Co." sprechen, da seit In-Kraft-Treten der Handelsrechtsreform die Bezeichnung „KG" oder „Kommanditgesellschaft" im Rahmen der Firmierung geführt werden muss (vgl. § 19 Abs. 1 Nr. 3 HGB). 1

Die GmbH & Co. KG ist also eine KG, deren regelmäßig einziger persönlich haftender Gesellschafter eine GmbH, die so genannte Komplementär- 2

---

[1] Die Schrifttumshinweise vor den einzelnen Paragraphen enthalten nur Aufsätze und Spezialliteratur. Standardwerke des Gesellschafts- und Steuerrechts sind im Abkürzungsverzeichnis nachgewiesen.
[2] Allgemein von „Kapitalgesellschaft & Co." sprechen etwa *Raiser/Veil* Kapitalgesellschaften § 1 Rn. 5 ff.; *K. Schmidt* Gesellschaftsrecht § 56 I 1.

1. Kapitel. Gesellschaftsrechtliche Grundlagen

GmbH, ist, so dass im Ergebnis keine natürliche Person den Gläubigern der KG gegenüber unbeschränkt mit ihrem Privatvermögen haftet.

II. Das Grundproblem der Typenvermischung

3   Im Falle einer GmbH & Co. KG bzw. allgemeiner einer Kapitalgesellschaft & Co. KG werden also **zwei grundverschiedene Gesellschaftstypen**, nämlich einerseits eine Personenhandelsgesellschaft und andererseits eine Kapitalgesellschaft (regelmäßig eine GmbH) **für ein einziges Unternehmen**, dh für eine einzige gewerbliche Betätigung, miteinander verbunden, ohne dass die beteiligten Gesellschaften ihre rechtliche Selbständigkeit einbüßen.[3]

4   Das Phänomen und zugleich das Grundproblem der Kapitalgesellschaft & Co. KG wird daher schlagwortartig als **„Grundtypenvermischung"** bezeichnet.[4] Erklärtes Ziel dieser Kombination von Personen- und Kapitalgesellschaft ist es, die jeweils mit diesen Gesellschaftstypen verbundenen Vorteile optimal zur Geltung zu bringen.

5   Die GmbH & Co. KG als typischer Fall dieser Grundtypenvermischung ist also **kein eigenständiger Gesellschaftstyp**, sondern ein künstliches Gebilde, bei dem zwei Handelsgesellschaften – eine KG und eine Komplementär-GmbH – für die Organisation eines einzigen Unternehmens verwandt werden. Basis dieser Kombination ist die KG, die auch unmittelbar am Markt auftritt und das Handelsgewerbe des Unternehmens betreibt. Die GmbH soll demgegenüber als persönlich haftende Gesellschafterin der KG deren Geschäftsführung und Vertretung wahrnehmen und vor allem als Haftungsschott fungieren, also verhindern, dass eine natürliche Person persönlich und unbeschränkt für die Verbindlichkeiten der Personenhandelsgesellschaft mit ihrem Privatvermögen einstehen muss.

6   Die GmbH & Co. KG und die aus den bisherigen dürren Ausführungen deutlich zu Tage tretende Grundproblematik dieser „Grundtypenvermischung" fordert jede juristische Disziplin heraus. Herausgefordert ist zunächst die Kautelarjurisprudenz, deren Erfindung die GmbH & Co. KG ist und der vor allem die Aufgabe zukommt, die Verbandsverfassungen der KG und der Komplementär-GmbH optimal aufeinander abzustimmen (so genannte **„Verzahnung" der KG- und GmbH-Verfassung**). Hierdurch sollen die Vorteile dieser Gesellschaftsformen bestmöglich zur Geltung kommen, ohne dass zugleich für die Gesellschafter der beiden Gesellschaften, die häufig identisch sind, aus der Verbindung zweier grundverschiedener Gesellschaftstypen Schwierigkeiten erwachsen, die die erstrebten Vorteile in Frage stellen oder ihnen Nachteile und Probleme entgegensetzen, welche die Vorzüge aufzehren. Es bedarf einiges Geschicks, Weitblicks und der Kenntnis der Bedürfnisse der Initiatoren, um die Gesellschaftsverträge der KG und der GmbH gut aufeinander abzustimmen. Werden die Gesellschafter nicht gut beraten, so können sie sich mit der gesetzlich als Gesellschaftsform nicht

---

[3] GK/*Schilling* HGB § 161 Rn. 21 ff.
[4] Geprägt wurde dieser Begriff von *Zielinski* Grundtypenvermischung.

vorgesehenen GmbH & Co. KG ganz erhebliche Probleme aufladen. Denn undurchdachte Vertragsgestaltungen bergen große Risiken.

Herausgefordert sind allerdings auch die anderen juristischen Disziplinen. Rechtsprechung und juristisches Schrifttum hatten zunächst die Frage der **Zulässigkeit** dieser Grundtypenvermischung zu beantworten, die schon früh bejaht wurde (hierzu → Rn. 9 ff.). Hiermit begannen allerdings erst die juristischen Probleme, die sich in Anbetracht des Phänomens der GmbH & Co. KG stellen. Denn diese Kombination von zwei Gesellschaftstypen wirft insbesondere im Hinblick auf den **Gläubigerschutz**, aber – vor allem in Anbetracht der Publikumsgesellschaft (hierzu → § 3 Rn. 29 ff.) – auch hinsichtlich des **Anlegerschutzes** eine Vielzahl von Rechtsfragen auf, die sach- und interessengerecht zu lösen sind. Angesichts dieser Rechtsfragen ist nicht zuletzt der Gesetzgeber aufgerufen, Sonderregelungen zu schaffen, die Zweifelsfragen abschließend klären und Rechtssicherheit schaffen. 7

Rechtsprechung, Literatur und Gesetzgeber haben sich diesen Aufgaben angenommen und so, obwohl die GmbH & Co. KG keine eigenständige Rechtsform ist, ein **Sonderrecht der GmbH & Co. KG** geschaffen, welches neben den wichtigen bzw. gar entscheidenden Fragen der Vertragsgestaltung Gegenstand der folgenden Erörterungen ist. Im Zentrum der nachfolgenden Ausführungen steht die Aufgabe der Kautelarjurisprudenz, eine bestmögliche GmbH & Co. KG unter Beachtung des von Justiz, Schrifttum und Gesetzgebung geschaffenen Sonderrechts der GmbH & Co. KG zu kreieren. 8

III. Rechtliche Anerkennung der GmbH & Co. KG

Bevor jedoch auf die Probleme der Vertragsgestaltung und die insoweit zu beachtenden Sonderregeln eingegangen wird, soll zunächst in einem kurzen Exkurs ein rechtshistorischer Rückblick auf die Entstehung der GmbH & Co. KG und ihre rechtliche Anerkennung vorangestellt werden. 9

1. Handelsrechtliche Anerkennung

Bereits im 19. Jahrhundert, kurz nach Schaffung der auch heute im Grundsatz noch gültigen Rechtsgrundlagen des Gesellschaftsrechts, wurde darüber gestritten, ob eine Kapitalgesellschaft Gesellschafter oder gar geschäftsführender Gesellschafter einer Personengesellschaft sein kann.[5] Die Streitfrage blieb jedoch zunächst vornehmlich, wenn auch nicht ausschließlich, akademischer Natur. 10

Große **praktische Bedeutung** gewann diese Streitfrage erst **aufgrund steuerrechtlicher Motive** im ersten Viertel des 20. Jahrhunderts. 1910 wurde zunächst in Bayern, später auch in den anderen Ländern des Deutschen Reiches und im Jahre 1920 reichsweit die Körperschaftsteuer für GmbHs und andere Kapitalgesellschaften eingeführt und so eine steuerliche 11

---

[5] Vgl. etwa KGJ 11, 20 ff.; OLG Hamburg HansGZ 1891, 22; RGZ 36, 139; *Holdheim* Holdheims Wochenzeitschrift des Aktienrechts und Bankwesens 1 (1892), 195.

1. Kapitel. Gesellschaftsrechtliche Grundlagen

Doppelbelastung für die GmbH (deren Gewinne mit Körperschaftsteuer belastet wurden) und deren Gesellschafter (deren ausgeschüttete Gewinnanteile zusätzlich mit Einkommensteuern belastet wurden) begründet. Um einerseits diese steuerliche Doppelbelastung zu vermeiden und andererseits den Vorteil der Haftungsbeschränkung zu bewahren, ersann die Beratungspraxis die GmbH & Co. KG.

12   Zwar setzten die Registergerichte der Eintragung einer KG mit einer GmbH als (einziger) persönlich haftender Gesellschafterin zunächst heftigen Widerstand entgegen.[6] Jedoch wurde die Zulässigkeit dieser Kombination aus Personen- und Kapitalgesellschaft bereits 1912 vom BayObLG,[7] im Folgejahr auch vom KG Berlin[8] und gegen den Widerstand des OLG Hamburg[9] im Jahre 1922 auch vom RG anerkannt.[10] Auch der BGH hat sich der Auffassung des RG angeschlossen.[11]

13   Heute ist die **Zulässigkeit** der GmbH & Co. KG **unbestritten**, zumal auch der Gesetzgeber durch eine Vielzahl von Bestimmungen (vgl. zB §§ 19 Abs. 2, 125a Abs. 1 S. 2, 129a, 130a, 172 Abs. 6, 177a HGB, 4 MitbestG) die Anerkennung der GmbH & Co. KG dokumentiert hat.

14   Die GmbH & Co. KG kann entstehungsgeschichtlich also mit *K. Schmidt* als „Kind der Gesetzesumgehung" bezeichnet werden,[12] wenngleich hervorzuheben ist, dass sich die GmbH & Co. KG längst von ihren Wurzeln entfernt hat und heute regelmäßig ganz andere Motive als die Erzielung von Steuervorteilen im Rahmen der Wahl dieser Rechtsform im Vordergrund stehen. Vor allem die Doppelbesteuerung der Kapitalgesellschaften und der Kapitalgesellschafter ist zunächst 1977 durch das Anrechnungsverfahren des § 36 Abs. 2 S. 2 Nr. 3 EStG in der bis 2000 geltenden Fassung beseitigt worden. Das Anrechnungsverfahren wurde 2001 durch das Halbeinkünfteverfahren abgelöst; seit der Unternehmensteuerreform 2008 wird die Doppelbesteuerung in typisierter Form durch die Abgeltungssteuer gemäß §§ 43 Abs. 5, 43a Abs. 1 EStG und das Teileinkünfteverfahren nach § 3 Nr. 40 EStG vermieden.

15   Die GmbH & Co. KG ist ein gutes Beispiel dafür, wie sich eine gesellschaftsrechtliche Gestaltungsform von ihrem faktischen Entstehungsgrund entfernt, sie sich gegenüber diesen Wurzeln verselbständigt und sich als nutzbar für ganz andere Zwecke erweist als denen, für die sie ursprünglich ersonnen wurde. Anhand der GmbH & Co. KG lässt sich ferner aufzeigen, dass der Gesetzgeber gut daran tat, eine Vielzahl von Gesellschaftsformen zur Verfügung zu stellen, ohne einen „Numerus clausus" zu schaffen, und deren innere Ordnung weitgehend flexibel den praktischen Bedürfnissen, dh der Vielgestaltigkeit des Wirtschaftslebens, angepasst werden kann. Es zeigt sich weiter, dass trotz des weiten gestalterischen Spielraums für die vertragliche

---

[6] Vgl. zur Entstehungsgeschichte HTM/*Mueller-Thuns* GmbH & Co. KG § 1 Rn. 10 ff.
[7] BayObLG OLGE 27, 331.
[8] KG DJZ 1913, 1500.
[9] OLG Hamburg OLGE 30, 385.
[10] RGZ 105, 161 ff.
[11] BGH WM 1956, 61 (63).
[12] *K. Schmidt* Gesellschaftsrecht § 56 I 3b bb.

Ausgestaltung einer Gesellschaft die gesetzlich vorgegebenen Organisationsformen den Bedürfnissen der modernen Wirtschaft nicht genügen, so dass auch die Möglichkeit einer Grundtypenvermischung, dh der Verbindung grundsätzlich divergierend erscheinender Gesellschaftsformen, notwendig und geboten ist.[13] Zurückhaltung oder Skepsis gegenüber der GmbH & Co. KG, die auch heute noch verschiedentlich geäußert werden,[14] ist mithin verfehlt, so dass man sich ganz auf die **Bewältigung der** mit diesem Phänomen einhergehenden **Schwierigkeiten** und unbestreitbar bestehenden **Gefahren** konzentrieren sollte.

2. Steuerrechtliche Anerkennung

Auch das Steuerrecht erkennt die GmbH & Co. KG als das an, was sie ist: **16** eine Personengesellschaft. Der RFH hatte die GmbH & Co. KG ursprünglich als „ungewöhnliche Gesellschaftsform"[15] und ihre Gewinne als Erträge der Komplementär-GmbH angesehen und dort der Körperschaftsteuer unterworfen.[16] Diese Einschätzung wurde jedoch bereits vom RFH aufgegeben.[17] Der BFH[18] hat mit Zustimmung der Literatur[19] diese Rechtsprechung fortgeführt und die GmbH & Co. KG im Einkommensteuerrecht als echte Personengesellschaft anerkannt. Er hat an dieser Rechtsprechung trotz Anfang der 80er Jahre geäußerter Kritik, wonach zumindest Publikums-Kommanditgesellschaften gem. § 1 Abs. 1 Nr. 5 KStG körperschaftsteuerpflichtig seien,[20] festgehalten.[21] Die **GmbH & Co. KG** ist somit im Sinne des Einkommen- und Körperschaftsteuerrechts **kein Steuersubjekt** und damit weder einkommensteuer- noch körperschaftsteuerpflichtig.[22] Die von der GmbH & Co. KG erwirtschafteten **Erträge** werden vielmehr pro rata der Beteiligung **bei deren Gesellschaftern der Besteuerung unterworfen.**

---

[13] So sehr anschaulich HTM/*Mueller-Thuns* GmbH & Co. KG § 1 Rn. 1 ff.
[14] So etwa *K. Schmidt* Gesellschaftsrecht § 56 I 3b ee („Unbehagen").
[15] RFH v. 30.6.1922, RFHE 10, 65 ff.
[16] RFH v. 15.7.1925, RFHE 17, 91 ff.
[17] RFH v. 13.3.1929, RStBl. 1929, 329; RFH v. 18.12.1933, RStBl. 1933, 375 mwN; RFH v. 29.4.1942, RStBl. 1942, 497.
[18] BFH v. 22.8.1951, BStBl. III 1951, 181; BFH v. 3.7.1956, BStBl. III, 1956, 308; BFH v. 16.9.1958, BStBl. III 1958, 462; BFH v. 14.3.1961, BStBl. III, 161, 363; BFH v. 17.3.1966, BStBl. III 1958, 462; BFH v. 14.3.1961, BStBl. III, 161, 363; BFH v. 17.3. 1966, BStBl. III 1966, 267; BFH v. 3.8.1972, BStBl. II, 1972, 799; BFH v. 10.11.1977, BStBl. II 1978, 15; BFH v. 13.3.1980, BStBl. II, 1980, 499; BFH v. 13.11.1980, BStBl. II 1981, 272.
[19] *Binz/Sorg* § 16 Rn. 1 ff.; HTM/*Mueller-Thuns* GmbH & Co. KG § 1 Rn. 35 ff.; *L. Schmidt* EStG § 15 Rn. 705.
[20] So *Uelner* JbFfSt. 1980/81, 359; *Uelner* DStZ 1980, 363; vgl. auch *Groh* BB 1982, 1233.
[21] GrS BFH v. 25.6.1984, BFHE 141, 405 ff.; zust. *Binz/Sorg* § 16 Rn. 4; *L. Schmidt* EStG § 15 Rn. 705.
[22] Außerhalb des Ertragsteuerrechts ist die GmbH & Co. KG allerdings für einige Steuerarten Steuersubjekt, so etwa für die Gewerbesteuer, Umsatzsteuer, Grund- und Grunderwerbsteuer sowie für die Verbrauchsteuern.

§ 2 Bedeutung der GmbH & Co. KG

Übersicht

	Rn.			Rn.
I. Rechtstatsächliche Bedeutung	1		d) Erleichterte Kapitalbeschaffung	76
II. Bedeutung im Rahmen der Rechtsformwahl	4		e) Privatautonome Gestaltung der Kompetenzordnung und der Einflussnahmemöglichkeiten der Gesellschafter	81
1. Steuerrechtliche Überlegung	8			
a) Grundlagen	9			
b) Ertragbesteuerung	17			
c) Substanzbesteuerung	28			
d) Leistungsbeziehungen zwischen Gesellschaft und Gesellschaftern	30		f) Rechnungslegung, Publizität und Mitbestimmung	90
e) Besonderheiten bei Grundbesitz	34		g) Sicherung der Unternehmenskontinuität	92
f) Wechsel im Gesellschafterbestand	40	III.	Die GmbH & Co. KG in der Unternehmenspraxis	95
			1. Neugründung	96
g) Schenkung und Erbgang	44		2. Umwandlung eines bestehenden Unternehmens in eine GmbH & Co. KG	99
h) Steuerlicher Belastungsvergleich	50			
i) Alternative Gestaltungen	54		a) Einzelkaufmännische Unternehmen/Personengesellschaften	100
2. Gesellschaftsrechtliche Überlegungen	62			
a) Grundlagen	63		b) GmbH	105
b) Personengesellschaft mit beschränkter Haftung	68		3. Sanierung Not leidender Unternehmen	106
c) Drittorganschaft; Trennung von Management und persönlicher Haftung	71		4. Zusammenschluss zu einer Interessengemeinschaft	107

Schrifttum: *Barz,* Die vertragliche Entnahmeregelung bei OHG und KG, in FS für Knur, 1972, 25; *Binz,* Unternehmensteuerreform 2008: Rechtsformspezifische Steuerwirkungen im Überblick, DStR 2007, 1692; *Boesebeck,* Die kapitalistische Kommanditgesellschaft, 1938; *Blumenberg/Benz,* Die Unternehmensteuerreform 2008, 2007; *Brinkmann/Schmidtmann,* Gewerbesteuerliche Belastung bei der Veräußerung von Mitunternehmeranteilen durch Kapitalgesellschaften, DStR 2003, 93; *Courage,* Fiktiver Vermögensübergang und Grunderwerbsteuer bei Formwechsel zwischen Kapital- und Personengesellschaft?, DB 1995, 1102; *Felix,* Formwechsel nach §§ 190 UmwG und Grunderwerbsteuer – „Rechtsform-Häutung" als steuerlicher Erwerbsvorgang?, NJW 1995, 1137; *Heinhold,* Die neue Ertragsbesteuerung von Unternehmen – ein weiterer Verstoß gegen das Postulat der Rechtsformneutralität, GmbHR 1995, 23; *Herzig,* Steuerliche Optimierung der Rechtsform durch Rechtsformwechsel, Stbg. 1966, 49; *Herzig,* Aspekte der Rechtsformwahl für mittelständische Unternehmen nach der Steuerreform, Wpg 2001, 253; *Hey,* Unternehmensteuerreform: das Konzept der Sondertarifierung des § 34a EStG-E: Was will der Gesetzgeber und was hat er geregelt?, DStR 2007, 925; *Homburg,* BB-Forum: Die Steuerreform-Vorschläge der Stiftung Marktwirtschaft, BB 2005, 2382; *Jorde/Götz,* Maßgebende Gesichtspunkte der Rechtsformwahl unter Steuer-, Liquiditäts- und

Bewertungsaspekten, BB 2003, 1813; *König/Sureth*, Der Einfluss der Unternehmenssteuerreform auf die rechtsformspezifische Steuerbelastung, StuB 2001, 117; *Keßler*, Unternehmensformen auf dem Prüfstand, 28. Jahres-Arbeitstagung, Recht und Besteuerung der Familienunternehmen, 1995, 21; *Niehus/Wilke*, Die Besteuerung der Personengesellschaften, 5. Aufl. 2010; *Märkle*, Beratungsschwerpunkt Betriebsaufspaltung – neueste Rechtsprechung und Verwaltungsanweisungen, Teil I und II, DStR 2002, 1109 und 1153; *Piltz*, Der steuerliche Einfluss der Rechtsform auf das Schenken und Vererben von unternehmerischem Vermögen, StbJb. 1994/95, 41; *Robisch*, Optimale Schütt-aus-hol-zurück-Politik von Kapitalgesellschaften und Wandel der Tarifstruktur, DStR 1994, 334; *Rödder/Schumacher*, Das Steuervergünstigungsabbaugesetz, DStR 2003, 806; *Scheffler*, Neue Vorschriften zur Rechnungslegung, Prüfung und Offenlegung nach dem Kapitalgesellschaften & Co.-Richtliniengesetz, DStR 2000, 529; *Schiffers*, Änderung der ertragsteuerlichen Rahmenbedingungen für die GmbH und die GmbH & Co. KG zum 1.1.2004 – Eine erste Bestandsaufnahme, GmbHR 2004, 69; *Schneeloch*, Steuerplanerische Überlegungen zur Betriebsaufspaltung, DStR 1991, 955 (990); *Schönle*, Das Problem der Grundtypenvermischung im neuen Recht, 1938; *Thiel*, Die neue Erbschaft- und Schenkungsteuer, DB 1997, 64; *Tipke/Lang*, Steuerrecht, 21. Aufl. 2013; *Wilk*, BB-Forum: Anforderungen an Reformvorschläge zur Unternehmensbesteuerung, BB 2006, 245; *Wittmann*, Neuregelung der Bewertung von Grundbesitz für die Erbschaftsteuer ab 1. Januar 1996, BB 1997, 548; *Wochinger/Dötsch*, DB 1994, Bel. 14, 31; *Zimmermann/Hottmann/Kiebele/Schaeberle/Scheel*, Die Personengesellschaft im Steuerrecht, 11. Aufl. 2013.

I. Rechtstatsächliche Bedeutung

Es wurde bereits dargelegt, dass der GmbH & Co. KG seit dem ersten Viertel dieses Jahrhunderts eine erhebliche praktische Bedeutung zukommt (s.o. → § 1 Rn. 9 ff.), wobei ihre Häufigkeit während des Dritten Reiches zeitweilig rückläufig war, da gegen diese Grundtypenvermischung aus ideologischen Gründen Einwendungen erhoben wurden.[1] Nach dem letzten Weltkrieg nahmen die Neugründungen wieder stark zu. Diese Entwicklung hält nach wie vor trotz Beseitigung der steuerlichen Doppelbelastung der Kapitalgesellschaften bei der Körperschaftsteuer und trotz Abschaffung der Vermögensteuer an. In den letzten Jahren hat die GmbH & Co. KG eine Renaissance erlebt. Mitursächlich mag hierfür auch die Einführung der Tarifbegrenzung für gewerbliche Einkünfte gemäß § 32c EStG aF gewesen sein, die mit dem StÄndG 2001 durch § 35 EStG zugunsten einer pauschalen Anrechenbarkeit der Gewerbesteuer in Höhe des 1,8fachen des individuellen Gewerbesteuer-Messbetrages auf die Einkommensteuer des Gewerbetreibenden ersetzt wurde. Infolge der Unternehmensteuerrechtsreform 2008 ist die tarifliche Einkommensteuer mittlerweile sogar um das 3,8fache des nach § 14 GewStG festgesetzten Gewerbesteuer-Messbetrages zu mindern, wobei der Abzug auf tatsächlich zu zahlende Gewerbesteuer beschränkt ist. 1

---

[1] Vgl. einerseits *Schönle*, Grundtypenvermischung; andererseits – vernünftig abwägend – *Boesebeck*, Kapitalistische KG; s. hierzu auch *K. Schmidt* Gesellschaftsrecht § 56 I 2a.

1. Kapitel. Gesellschaftsrechtliche Grundlagen

2   Im Jahre 1977 hat der Deutsche Industrie- und Handelstag in einer Untersuchung einen Bestand von 42.500 GmbH & Co. KGs ermittelt.[2] Bis zum Jahr 1991 war deren Bestand auf gut 63.500 gestiegen. Am 1. Januar 2007 hatten nach einer Zusammenstellung des Deutschen Industrie- und Handelstages bereits ca. 154.700 Unternehmen die „Rechtsform" der GmbH & Co. KG gewählt. In der Umsatzsteuerstatistik des statistischen Bundesamtes aus dem Jahre 2008 wurden rund 116.500 Kommanditgesellschaften mit einer GmbH als Komplementär steuerlich erfasst.[3] Die aufgezeigte Differenz zwischen den verschiedenen Erhebungen lässt sich dadurch erklären, dass eine Vielzahl der GmbH & Co. KGs in der Umsatzsteuerstatistik nicht erfasst werden, da zum einen Unternehmen mit einem Umsatz bis zu 17.500 Euro nicht aufgeführt werden und zum anderen sowohl im Ausland erwirtschaftete, als auch steuerbefreite Umsätze unberücksichtigt bleiben.[4] Im Zuge einer bundesweiten Handelsregisterauswertung hat die Industrie- und Handelskammer Berlin am 15. Januar 2009 die Anzahl der Kapitalgesellschaft & Co. KGs auf knapp 200.000 geschätzt. Zum 1. Januar 2012 existieren ca. 245.000 Kommanditgesellschaften und ca. 1.071.000 GmbHs.[5] Jüngste Erhebungen vom 29. Februar 2012 haben ergeben, dass bereits 4613 Kommanditgesellschaften mit einer Unternehmergesellschaft (haftungsbeschränkt) als Komplementär (zu dieser durch das MoMiG ermöglichten Gestaltungsvariante der GmbH & Co. KG s.u. → § 3 Rn. 40 ff.) in das Handelsregister eingetragen wurden.[6]

3   Insbesondere mittelständische Unternehmen wählen die Unternehmensform der GmbH & Co. KG, da sie gerade für kleinere und mittlere Betriebe mit überschaubarem, regelmäßig familiär verbundenem Gesellschafterkreis gut geeignet ist. Ebenfalls eignet sich diese Unternehmensform zur Kapitalaufbringung für ein unternehmerisches Engagement mittleren Zuschnitts. Möchten die Gründer zB im Rahmen eines Startups ihren Eigenkapitaleinsatz auf einen Beitrag begrenzen, der unter der für die GmbH erforderlichen Stammkapitalziffer von 25.000 Euro (§ 5 Abs. 1 GmbHG) liegt, so bietet sich die UG mit dem Mindeststammkapital von lediglich einem Euro (§§ 5a Abs. 1, 5 Abs. 2 GmbHG) als Komplementär an (s.u. → § 3 Rn. 40 ff.).

II. Bedeutung im Rahmen der Rechtsformwahl

4   In Anbetracht dieses Befundes ist die Frage nach den Gründen, die (vor allem mittelständische) Unternehmen und deren rechtliche und wirtschaft-

---

[2] DIHT GmbHR 1977, 264.

[3] Eine detaillierte und differenzierte Auflistung aller besteuerten Rechtsformen findet sich in dem auf der Website des Statistischen Bundesamtes abrufbaren Dokument: Umsatzsteuerstatistik 2008, Eckdaten – Zeitreihenergebnisse und Strukturdaten, Tabellen 2.2. und 2.5., abrufbar unter: https://www.destatis.de/DE/Publikationen/Thematisch/FinanzenSteuern/Steuern/Umsatzsteuer/UmsatzsteuerstatistikEckdaten5733104087004.pdf?__blob=publicationFile.

[4] Vgl. *Binz/Sorg* § 1 Rn. 37.

[5] *Kornblum* GmbHR 2012, 728 (729).

[6] *Miras* NZG 2012, 486 (487).

liche Berater dazu veranlassen, die „Rechtsform" der GmbH & Co. KG zu wählen bzw. zu empfehlen, aufgeworfen. Als alternative Rechtsform kommt vor allem die – ebenfalls für mittlere Unternehmen weit verbreitete und geeignete – GmbH in Betracht. Insoweit sind in der Praxis insbesondere **steuerrechtliche Überlegungen** von Bedeutung, die allerdings hier nur gestreift werden sollen, da sogleich unter → §§ 4 ff. die steuerrechtlichen Grundlagen der GmbH & Co. KG eingehend erörtert werden.

Überhaupt sollten sich Unternehmen, obwohl ein **rechtsformspezifischer steuerlicher Belastungsvergleich** unzweifelhaft **wichtig** ist, keinesfalls im Rahmen der Rechtsformwahl allein von steuerrechtlichen Erwägungen leiten lassen. Gesellschaftsrechtliche Überlegungen sind mindestens ebenso wichtig. In diesem Zusammenhang ist nicht nur auf die Kurzlebigkeit des Steuerrechts[7] hinzuweisen, sondern vor allem auch darauf, dass Rechtsformwahl und Gestaltung des Gesellschaftsvertrages einem ganzen Bündel von Zielen zu dienen haben und das anerkennenswerte Ziel der Steuerersparnis nur ein Gestaltungsgesichtspunkt von vielen ist. Eine für das konkrete Unternehmen nicht passende Rechtsform kann ebenso wie eine – damit regelmäßig einhergehende – undurchdachte Vertragsgestaltung eine Vielzahl ganz erheblicher, für das Unternehmen unter Umständen gar existenzbedrohender Risiken in sich bergen. 5

Man muss im Rahmen der Rechtsformwahl und der Ausgestaltung der Gesellschaft vor allem folgende weitere Gesichtspunkte im Blick haben: Die Erfahrung zeigt, dass vor allem anhaltende Streitigkeiten zwischen Gesellschaftern oder Gruppen von Gesellschaftern ein Unternehmen zu lähmen vermögen, mit allen damit verbundenen Folgen für das Unternehmen selbst, aber auch für seine Gesellschafter und seine Arbeitnehmer. Daher ist im Rahmen der Rechtsformwahl und damit einhergehend im Rahmen der Vertragsgestaltung Konfliktvorsorge notwendig. Eine solche Vorsorge darf sich nicht auf eine Momentaufnahme beschränken, sondern ist in die Zukunft gerichtet, so dass vor allem die Unternehmensnachfolge mit in die Betrachtung einzubeziehen ist. Denn das Unternehmen selbst soll regelmäßig die Lebenszeit der unternehmenstragenden Einzelpersönlichkeiten überdauern. Gerade die Frage der Nachfolgeregelung birgt realiter die Konflikte und Gefahren der Zukunft in sich, so dass eine Rechtsform gewählt werden muss, die eine Überleitung des Unternehmens in die nächste Führungsgeneration erlaubt. Es ist daher im Rahmen der Rechtsformwahl als erstem Schritt der Vertragsgestaltung bereits notwendig, die konkreten Bedürfnisse des Unternehmens, welches als GmbH & Co. KG organisiert werden soll, und der Unternehmer zu kennen. Dies vor allem deshalb, weil bei einer GmbH & Co. KG im Rahmen der Vertragsgestaltung die Gesellschaftsverträge von KG und GmbH optimal aufeinander abgestimmt werden müssen. Letzteres ist nur möglich und kann nur gelingen, wenn die ins Auge gefassten gesellschaftsvertraglichen Regelungen zugleich den konkreten Erfordernissen des Einzelfalls hinreichend Rechnung tragen. Gerade angesichts des Problems der Verzahnung von KG- und GmbH-Verfassung muss ferner das 6

---

[7] *Crezelius* Personengesellschaft Rn. III. 15; HTM/*Mueller-Thuns* GmbH & Co. KG § 2 Rn. 36.

1. Kapitel. Gesellschaftsrechtliche Grundlagen

Bewusstsein geschärft sein für das, was später im Rahmen der Ausgestaltung des Gesellschaftsverhältnisses durchsetzbar ist. Denn naturgemäß müssen im Rahmen der Vertragsgestaltung divergierende Interessen der verschiedenen beteiligten Personen ausgeglichen werden. **Gesellschaftsrechtliche Erwägungen** sind beim ersten Schritt der Schaffung einer GmbH & Co. KG, nämlich der Überlegung, welche Rechtsform dem unternehmerischen Engagement gegeben werden soll, mithin **von großer Wichtigkeit**.

7   Nur in der Zusammenschau steuerrechtlicher und gesellschaftsrechtlicher Überlegungen kann die Bedeutung der GmbH & Co. KG als **Gestaltungsmittel in der** deutschen **Unternehmenspraxis** sachgerecht erfasst werden, wobei der Schwerpunkt auf den gesellschaftsrechtlichen Gesichtspunkten liegen sollte. Denn diese sind von Dauer und gewährleisten eine zukunftsorientierte, über die Lebenszeit der unternehmenstragenden Einzelpersönlichkeiten hinausreichende Unternehmensplanung; diese ist unerlässlich, da nur so das Lebenswerk der Gründergeneration dauerhaft gesichert und fortgeführt werden kann.

1. Steuerrechtliche Überlegungen

8   Das **deutsche Steuerrecht** ist **rechtsformspezifisch ausgestaltet**. Es orientiert sich am Zivilrecht und somit vor allem im Ertragsteuerrecht an der gewählten Rechtsform.

9   **a) Grundlagen.** Trotz Abschaffung der steuerlichen Doppelbelastung der Kapitalgesellschaften zunächst durch das frühere körperschaftsteuerliche Anrechnungsverfahren, an dessen Stelle mittlerweile die Abgeltungssteuer und, für Kapitalerträge, die gemäß § 20 Abs. 8 EStG nicht den Einkünften aus Kapitalvermögen zuzuordnen sind, das Teileinkünfteverfahren getreten ist, und trotz Beseitigung der Vermögensteuer gibt es **grundlegende Besteuerungsunterschiede** zwischen Personengesellschaften einerseits und Kapitalgesellschaften andererseits. Dies gilt insbesondere, da der Steuergesetzgeber nur natürliche und juristische Personen als Steuersubjekte anerkennt, so dass im Falle einer Personengesellschaft nicht die Gesellschaft, sondern deren Gesellschafter mit ihren Gewinnanteilen besteuert werden. Personengesellschafter werden in der Regel steuerrechtlich als „Mitunternehmer" qualifiziert, vgl. § 15 Abs. 1 S. 1 Nr. 2 EStG (im Einzelnen → § 4 Rn. 1 u. 4 ff.). Die Mitunternehmerschaft unterliegt vollkommen anderen Besteuerungsgrundsätzen als eine Kapitalgesellschaft.

10   Die **Besteuerungskonzeption der Kapitalgesellschaft** wird vom so genannten Trennungsprinzip zwischen Kapitalgesellschaft und Anteilseigner beherrscht. Insoweit setzt sich die zivilrechtliche Qualifikation der Kapitalgesellschaft als verselbständigte juristische Person im Steuerrecht fort, so dass die Kapitalgesellschaft steuerlich ein eigenes Steuerrechtssubjekt mit eigenständigem Vermögen und eigenständigen Einkünften ist. Die Einkommenssphäre der Gesellschafter wird erst im Zeitpunkt der Dividendenausschüttung durch die Kapitalgesellschaft berührt und Verluste der Gesellschaft sind – vom Sonderfall der Organschaft abgesehen – für die Einkunftssituation des Gesellschafters unerheblich. Leistungsbeziehungen zwischen der Kapitalgesellschaft und ihrem Gesellschafter sind in Anbetracht des Trennungsprinzips

auch steuerlich anzuerkennen, sofern die sonstigen Kriterien, wie Angemessenheit und Ordnungsmäßigkeit der Bezüge, eingehalten werden, so dass sie auf der Ebene der Kapitalgesellschaft die steuerliche Bemessungsgrundlage für die Körperschaftsteuer und die Gewerbesteuer vom Ertrag mindern. Auf der Ebene des Gesellschafters führt das entsprechende Entgelt für die Leistungsbeziehungen zu eigenständigen Einkunftstatbeständen, wie zB Einkünfte aus nichtselbständiger Tätigkeit, Einkünfte aus Kapitalvermögen usw.

Demgegenüber ist eine **Mitunternehmerschaft** kein selbständiges Steuerrechtssubjekt im Ertragsteuerrecht. Die Gesellschaft unterliegt nicht eigenständig der Besteuerung, sondern das Vermögen bzw. die Erträge der Gesellschaft werden den Gesellschaftern anteilig zugerechnet, unabhängig von dem Ausschüttungsverhalten der Personengesellschaft. Die anteiligen Erträge der Gesellschaft werden unmittelbar durch den bzw. die Gesellschafter versteuert. Lediglich in den Bereichen der Gewerbesteuer, Grundsteuer, Grunderwerbsteuer, den Verbrauchssteuern sowie im Bereich der Umsatzsteuer ist die GmbH & Co. KG als eigenständiges Steuerrechtssubjekt anzusehen. Eventuell von der Gesellschaft im Rahmen von Leistungsbeziehungen zu Gesellschaftern geleistete Entgelte gelten als Einkünfte des Gesellschafters aus Gewerbebetrieb (sog. Sonderbetriebseinnahmen) und fließen dadurch in den steuerlichen Gesamtgewinn der Gesellschaft gemäß § 15 Abs. 1 S. 1 Nr. 2 EStG ein. Materielle Auswirkungen dieser Anrechnung ergeben sich insbesondere dadurch, dass die entsprechenden Vergütungen bei der Gesellschaft in die Bemessungsgrundlage für die Gewerbesteuer vom Ertrag einzubeziehen sind. Damit einhergehend kann jedoch der Gesellschafter gemäß § 35 EStG die Gewerbesteuer in Höhe des 3,8fachen des individuellen Gewerbesteuermessbetrags auf seine Einkommensteuer anrechnen, sofern die Einkommensteuer anteilig auf im zu versteuernden Einkommen enthaltene gewerbliche Einkünfte entfällt, § 35 Abs. 2 EStG. Dabei unterstellt § 35 EStG einen Hebesatz von 380%. Ist die tatsächlich zu zahlende Gewerbesteuer niedriger, beschränkt sich der Abzug auf diesen Betrag; ist sie höher, bleibt es beim Abzug des 3,8fachen Gewerbesteuermessbetrags und es kommt zu einer Mehrbelastung. Die anteilige Zurechnung der Gesellschaftserträge an den Gesellschafter bewirkt zudem, dass auch Verluste der Gesellschaft mit anderen positiven Einkünften des Gesellschafters in den Grenzen des § 15a EStG verrechnet werden können.

Diese rechtsformspezifischen Unterschiede des Steuerrechts führen dazu, dass eine Personengesellschaft wie eine GmbH & Co. KG bzw. eine Kapitalgesellschaft je nach Sachverhaltssituation Vor- bzw. Nachteile für die Gesellschafter mit sich bringen können. Die **Belastungsunterschiede** zwischen Personen- und Kapitalgesellschaften in der laufenden Ertragbesteuerung **bestehen auch nach der Unternehmensteuerreform 2008 fort**, obwohl sich der Gesetzgeber entsprechend den Forderungen der Wirtschaft und der Literatur[8] ausweislich der Begründung des Entwurfs eines UntStREfG 2008[9] zum Ziel gesetzt hatte, eine Belastungsneutralität der unterschiedlichen

---

[8] Vgl. *Herzig* WPg 2001, 253; *Wilk* BB 2006, 245 ff.; *Homburg* BB 2005, 2382 (2385 f.); *Hey* DStR 2007, 925 (929 ff.); *Hey* StuB 2006, 267 ff.
[9] BT-Drs. 220/07, 54 f.

1. Kapitel. Gesellschaftsrechtliche Grundlagen

Rechtsformen zu erreichen. Die massiven Strukturveränderungen, die mit der Einführung der Thesaurierungsbegünstigung in § 34a EStG, der Abgeltungsteuer und dem Teileinkünfteverfahren sowie den Veränderungen bei der Gewerbesteuer einhergehen, führen zu außerordentlich differenzierten Belastungswirkungen.[10] Der Dualismus der Unternehmensbesteuerung – das Transparenzprinzip für Personengesellschaften sowie das Trennungsprinzip für Kapitalgesellschaften – und die daraus resultierenden Belastungsunterschiede bleiben bestehen, auch wenn versucht wurde, in Bezug auf die Tarifbelastung thesaurierter und entnommener Gewinne eine Annäherung zu erreichen.[11]

13   Vor allem hat die Unternehmensteuerreform 2008[12] in letzter Zeit zu erheblichen **Änderungen für die Besteuerung der Unternehmen** geführt. Im Kern stellt sich die Rechtslage unter Hervorhebung der wichtigsten Änderungen wie folgt dar: Der **Körperschaftsteuersatz**, der sich bis einschließlich für das Jahr 2007 auf 25 % belief, wurde auf 15 % gesenkt, § 23 Abs. 1 KStG. Bei einem Gewerbesteuerhebesatz von 400 % führt dies zu einer Absenkung des nominalen Steuersatzes für Kapitalgesellschaften von bislang 38,65 % auf nunmehr 29,82 %. Mit dieser Herabsetzung des Steuersatzes auf der Ebene der Kapitalgesellschaften einher geht die Abschaffung des Halbeinkünfteverfahrens, das gerade erst durch die Unternehmensteuerreform 2001 eingeführt wurde, und die **Einführung der Abgeltungssteuer sowie des Teileinkünfteverfahrens** auf Ebene der Anteilsinhaber. Bei Einkünften aus Kapitalvermögen, die sich nicht mehr nur aus laufenden Erträgen, sondern auch aus Gewinnen aus der Veräußerung von Kapitalanlagen zusammensetzen (vgl. § 20 Abs. 2 EStG), muss seit Geltung der Unternehmensteuerreform grob gesagt zwischen Kapitalanlagen im Betriebsvermögen und Kapitalanlagen im Privatvermögen unterschieden werden. Sind die Einkünfte gemäß § 20 Abs. 8 EStG vorrangig einer anderen Einkunftsart zuzuordnen, ergibt sich die Anwendbarkeit des Teileinkünfteverfahrens aus § 3 Nr. 40 EStG; 60 % dieser Einkünfte sind danach steuerpflichtig. Sofern eine solche vorrangige Qualifizierung der Einkünfte jedoch ausscheidet – insbesondere, weil die Anteile im Privatvermögen gehalten werden oder im Falle einer Veräußerung eine 1 %-ige Beteiligung innerhalb von 5 Jahren vor der Veräußerung nicht überschritten wurde (§ 17 Abs. 1 S. 1 EStG) – kommt die Abgeltungssteuer in Höhe von 25 % zur Anwendung, § 32d EStG. Gemäß § 43 Abs. 5 EStG ist die Einkommensteuer mit dem pauschalen Kapitalertragsteuerabzug abgegolten; auch ein Werbungskostenabzug ist ausgeschlossen, § 20 Abs. 9 S. 1 aE EStG. Handelt es sich bei dem Anteilsinhaber um eine Kapitalgesellschaft, bleiben Gewinnausschüttungen und Veräußerungsgewinne gemäß § 8b Abs. 1–3, 5 KStG zu 95 % steuerfrei, sodass es nur zu einer geringfügigen Doppelbelastung mit Körperschaftsteuer kommt (sog. „Schachtelprivileg"). Von dieser Freistellung sind jedoch neuerdings Streubesitzdividenden ausgenommen, § 8b Abs. 4 KStG nF. Wenn die Betei-

---

[10] Vgl. Tipke/Lang/*Montag* § 13 Rn. 19; HTM/*Mueller-Thuns* GmbH & Co. KG § 2 Rn. 35 ff.; *Binz* DStR 2007, 1692 ff.; *Hey* DStR 2007, 925 (927 ff.).
[11] *Hey* DStR 2007, 925 (926 f.).
[12] Unternehmensteuerreformgesetz 2008 v. 14.8.2007, BGBl. I 2007, 1912.

ligung zu Beginn des Kalenderjahres weniger als 10% des Grund- oder Stammkapitals betragen hat, sind Bezüge, die nach dem 28.2.2013 zufließen, bei der Ermittlung des Einkommens vollständig zu berücksichtigen.

Um für den Fall einer **Thesaurierung von Gewinnen bei Personengesellschaften** Bedingungen zu schaffen, die mit denen der Kapitalgesellschaft trotz des Unterschieds zwischen Trennungs- und Transparenzprinzip vergleichbar sind, wurde in § 34a EStG eine **Thesaurierungsbegünstigung** eingeführt. Nicht entnommene Gewinne können danach auf Antrag des Steuerpflichtigen ganz oder teilweise einem Steuersatz in Höhe von 28,25% (einschließlich Solidaritätszuschlag: 29,8%) unterliegen, wenn der Gewinnanteil des Mitunternehmers mindestens 10% beträgt oder 10.000 Euro übersteigt. Entfällt dieser Begünstigungsgrund infolge einer Entnahme des thesaurierten Gewinns in den folgenden Jahren, kommt es gemäß § 34a Abs. 4 EStG zu einer Nachversteuerung mit einem Steuersatz von 25% (einschließlich Solidaritätszuschlag 26,375%). Das Ziel einer Belastungsneutralität wurde jedoch auch mit dieser Thesaurierungsbegünstigung nicht erreicht. Zwar orientiert sich der ermäßigte Steuersatz in § 34a EStG an der für Kapitalgesellschaften geltenden Belastung; die Bemessungsgrundlagen werden jedoch weiterhin nach unterschiedlichen Grundsätzen ermittelt und die tarifliche Gleichstellung von Personengesellschaften tritt nur dann ein, wenn sämtliche Gewinne thesauriert werden und die „Thesaurierungsbegünstigung" nach § 34a EStG gewählt wird, die für Personengesellschafter im Falle der Nachversteuerung mitunter erhebliche Nachteile mit sich bringen kann (hierzu sogleich → Rn. 18). Es bleibt dabei: unter Fortgeltung des Trennungs- und Transparenzprinzips lässt sich eine vergleichbare steuerliche Gesamtbelastung nur schwerlich erreichen.[13]

Weitere bedeutsame Änderungen durch die Unternehmensteuerreform 2008 sind die Einführung der Zinsschranke in § 4h EStG, § 8a KStG sowie die Verschärfung der Regelung über den Mantelkauf in § 8c KStG.[14]

Ob in Anbetracht der bestehenden grundlegenden Besteuerungsunterschiede im Rahmen der Besteuerung des Unternehmens die eine oder die andere Rechtsform für das konkrete unternehmerische Engagement vorteilhaft ist, kann nur im Einzelfall durch einen konkreten **Belastungsvergleich** ermittelt werden. Als alternative Gestaltungsformen kommen ferner eine Betriebsaufspaltung und die Beteiligung an einer GmbH als stiller Gesellschafter in Betracht, die darauf abzielen, die steuerrechtlichen Vorteile der Personengesellschaft mit denen der Kapitalgesellschaft – unter Vermeidung der jeweiligen Nachteile – zu vereinen. Im Folgenden sollen daher und in Anbetracht der Tatsache, dass den konkreten steuerrechtlichen Fragen jeweils ein eigenes Kapitel gewidmet wurde, nur grobe Orientierungspunkte unter Berücksichtigung der neueren Rechtsentwicklung vermittelt werden. Die Darstellung kann sich mit Blick auf die deutsche Steuergesetzgebung wieder nur auf eine Momentaufnahme stützen. Das Steuerrecht verfügt leider nur über knapp bemessene „Halbwertszeiten".

---

[13] *Hey* DStR 2007, 925 (926 ff.); *Kessler/Ortmann-Babel/Zipfel* BB 2007, 523 (526 f.); *Dörfler/Graf/Reichl* DStR 2007, 645 ff.; *Knief/Nienaber* BB 2007, 1309 (1311).
[14] Ausführlich hierzu *Blumenberg/Benz*, Unternehmensteuerreform 2008, passim.

17 **b) Ertragbesteuerung.** Im Rahmen des Belastungsvergleichs ist insbesondere die **unterschiedliche Tarifstruktur von Körperschaftsteuer und Einkommensteuer** im Rahmen der Rechtsformwahl zu berücksichtigen. Die Erträge einer Personengesellschaft, wie der GmbH & Co. KG, werden mit dem individuellen Steuersatz der Personengesellschafter besteuert, wobei der Einkommensteuertarif, der in dem vergangenen Jahrzehnt häufigen Änderungen unterlag, seit 2007 gemäß § 32a Abs. 1 EStG auf 45 % begrenzt ist. Für die steuerliche Belastung von Personengesellschaften ist seit der Unternehmensteuerreform 2008 im Ergebnis zudem von großer Bedeutung, ob die Gewinne thesauriert oder ausgeschüttet werden. Es können weiterhin insbesondere steuerliche Freibeträge oder günstige Progressionen einzelner Gesellschafter (insbesondere von an dem Unternehmen als Kommanditisten beteiligter Kinder des unternehmenstragenden Gesellschafters oder sonstiger potentieller Nachfolger) ausgenutzt werden, um die Steuerlast des Unternehmens – auch bzw. vor allem für nicht ausgeschüttete Gewinne – zu senken.

18 Demgegenüber beträgt die **steuerliche Gesamtbelastung** einer GmbH mit thesaurierten Gewinnen und einem Gewerbesteuerhebesatz von 400 % unabhängig vom individuellen Einkommensteuersatz der GmbH-Gesellschafter seit 2009 29,83 % (vor 2009: 38,65 %); im Fall der Ausschüttung max. 49,82 % (vor 2009: 53,22 %). Neben der pauschalen Körperschaftsteuer in Höhe von 15 % ist noch der Solidaritätszuschlag von 5,5 % auf die zu zahlende Körperschaftsteuer zu berücksichtigen. Im Vergleich dazu beträgt die steuerliche Gesamtbelastung bei einer gewerblichen Personengesellschaft ab 2009 bei einem Gewerbesteuerhebesatz von 400 % im Falle der vollständigen Thesaurierung 29,77 %[15], bei einer späteren Gewinnausschüttung infolge der Nachbesteuerung 48,48 %.[16] Auf den ersten Blick scheint die steuerliche Gesamtbelastung von Personen- und Kapitalgesellschaften bei einer **Gewinnthesaurierung** nahezu gleich zu laufen. Hierbei ist jedoch zu berücksichtigen, dass sich diese Parallelität nur dann einstellt, wenn die Gewinne vollständig thesauriert werden und der Anteilseigner einer Personengesellschaft die Option für eine Sondertarifierung nach § 34a EStG wählt. Die Thesaurierungsbegünstigung kann für den Mitunternehmer jedoch im Falle der Nachversteuerung zu einer erheblichen Mehrbelastung führen, sofern sein individueller Steuersatz unter dem Spitzensteuersatz von 45 % liegt. Der Personengesellschafter steht daher vor der schwierigen Gestaltungsfrage, die Gewinne entweder langfristig im Unternehmen zu belassen und eine im Vergleich zu seinem individuellen Steuersatz zunächst günstigere Besteuerung nach § 34a Abs. 1 EStG zu wählen oder die Gewinne sogleich unter Anwendung seines persönlichen Steuersatzes zu versteuern und hierdurch

---

[15] Die vollständige Thesaurierung ist insofern unrealistisch, als der Gesellschafter die auf seinen Gewinnanteil anfallenden Steuern in der Regel aus diesem Gewinn bezahlen wird. Entnimmt er den für seine Steuerpflicht erforderlichen Teil, ergibt sich eine Belastung in Höhe von 36,16 % und bei späterer Nachversteuerung von 47,99 %, vgl. Tipke/Lang/*Montag* § 13 Rn. 21; HTM/*Müller-Thuns* GmbH & Co. KG § 2, Rn. 55.

[16] *Knief/Nienaber* BB 2007, 1309, 1311; Tipke/Lang/*Montag* § 13 Rn. 21.

das Risiko einer nachteiligen Nachversteuerung zu vermeiden. Nur für den Fall, dass der persönliche Steuersatz des Mitunternehmers ohnehin den Spitzensteuersatz erreicht, stellt die Thesaurierungsbegünstigung in § 34a EStG eine deutliche Verbesserung der Investitionsbedingungen dar, da die steuerliche Gesamtbelastung unter Berücksichtigung eines Zinsvorteils selbst im Falle der Nachversteuerung der Belastung unter Anwendung des persönlichen Steuersatzes gleichkommt. Es bleibt somit aus Sicht des Anteilseigners mit einem persönlichen Einkommensteuersatz zwischen 28,25 und 45 % – vorbehaltlich der etwaigen Ausnutzung von Freibeträgen und günstigen Progressionen einzelner oder aller Personengesellschafter – grundsätzlich bei einem Steuervorteil der Kapitalgesellschaft in Bezug auf langfristig thesaurierte Gewinne, auch wenn über § 34a EStG eine (risikobehaftete) tarifliche Gleichstellung gewählt werden kann.[17]

Für **ausgeschüttete Gewinnanteile** ergibt sich indes in der Regel ein Steuervorteil zugunsten der Personengesellschaft: Neben der definitiven Steuerbelastung der Kapitalgesellschaft mit Körperschaft- und Gewerbesteuer sowie dem Solidaritätszuschlag unterliegen die Ausschüttungen der Gewinnanteile entweder der Abgeltungssteuer in Höhe von 25 % (Gesamtbelastung: 48,33 %) oder dem Teileinkünfteverfahren, nach dem 60 % der Dividende erneut besteuert wird (Gesamtbelastung: max. 49,82 %). Zwar hat die Unternehmensteuerreform 2008 mit der Absenkung des Steuertarifs für Kapitalgesellschaften auch hier zu einer Annäherung geführt; dennoch ist die Personengesellschaft im Fall der sofortigen Ausschüttung mit Blick auf die anwendbaren Steuersätze die steuerlich günstigere Gesellschaftsform (Gesamtbelastung: max. 47,44 %). 19

Im Ergebnis hat die frühere Tarifentlastung nach § 32c EStG sowie nunmehr die Steuerermäßigung nach § 35 EStG in Bezug auf die Gewerbesteueranrechnung die Steuerbelastung der Personengesellschaft nachhaltig verringert, zumal die Gewerbesteuer mit Einführung von § 4 Abs. 5b EStG nicht mehr als Betriebsausgaben abgezogen werden kann und sich somit in voller Höhe auf die Kapitalgesellschaften auswirkt.[18] Es kann nicht mehr von einer Gewerbesteuermehrbelastung der Personengesellschaft im Vergleich zu Kapitalgesellschaften gesprochen werden. Unterschiede ergeben sich weiterhin daraus, dass die Sondervergütungen bei der Personengesellschaft im Gegensatz zur Kapitalgesellschaft in der Regel zum Gewerbeertrag gehören und nicht als Betriebsausgabe abgezogen werden können und bei im Betriebsvermögen gehaltenen Anteilen an Kapitalgesellschaften das Schachtelprivileg zur Vermeidung einer gewerbesteuerlichen Doppelbelastung erst bei einer Beteiligungsquote von mindestens 15 % eingreift, § 9 Nr. 2a GewStG.[19] Ferner unterliegt der Veräußerungsgewinn aus dem Verkauf von Mitunternehmeranteilen bei Kapitalgesellschaften gem. § 7 S. 2 Nr. 2 GewStG der Gewerbesteuer.[20] 20

---

[17] *Hey* DStR 2007, 925 (930); *Binz* DStR 2007, 1692 (1695).
[18] Vgl. HTM/*Mueller-Thuns* GmbH & Co. KG § 2 Rn. 39 ff.
[19] Tipke/Lang/*Montag* § 13 Rn. 15 ff.
[20] Tipke/Lang/*Montag* § 13 Rn. 45 ff.

21 Nachteilig für die Gesellschafter einer Personengesellschaft ist die Verpflichtung zur sofortigen Versteuerung der erwirtschafteten Erträge im laufenden Geschäftsjahr, unabhängig davon, ob und wann sie den Gesellschaftern zugeflossen sind. Zwar kann mit Ausübung des Wahlrechts aus § 34a Abs. 1 EStG im Falle der Gewinnthesaurierung eine steuerliche Begünstigung erreicht werden; doch auch in diesem Fall ist der Gesellschafter persönlich der Steuerpflichtige und muss die, wenn auch reduzierte Steuerlast persönlich tragen. Steuerliche Härten werden im Rahmen der Vertragsgestaltung regelmäßig durch ein Steuerentnahmerecht eines Personengesellschafters, welches ihm Entnahmen von zur Begleichung von Steuerschulden erforderlichen Beträgen gestattet, abgemildert;[21] insoweit besteht grundsätzlich gesellschaftsvertraglicher Regelungsbedarf.

22 Ein weiteres nicht unerhebliches Motiv zur Gründung einer GmbH & Co. KG liegt in der **Möglichkeit zur Verrechnung von Verlusten** der KG mit anderen positiven Einkünften des Kommanditisten. Im Gegensatz zu einer Kapitalgesellschaft – insbesondere einer GmbH – werden die von einer Personengesellschaft erlittenen Verluste, ebenso wie die Gewinne, den Gesellschaftern unmittelbar pro rata ihrer Beteiligung zugerechnet. Die Kommanditisten der GmbH & Co. KG können die ihnen zugewiesenen Verluste sofort mit positiven Einkünften aus anderen Erwerbsquellen in den Grenzen des § 15a EStG verrechnen. Demgegenüber kommt eine Verlustverrechnung bei einer GmbH auf Gesellschafterebene nur im Falle der Organschaft mit Gewinnabführungsvertrag im Sinne der §§ 14, 17 KStG sowie im Falle der atypisch stillen Beteiligung der Gesellschafter an der GmbH in Betracht.[22] Die bei einer Kapitalgesellschaft anfallenden Verluste können idR nur von der Gesellschaft selbst als Verlustrück- oder -vortrag geltend gemacht werden (vgl. § 10d EStG). Die betragsmäßige Obergrenze des **Verlustrücktrags** wurde am 20.2.2013 von 511.500 auf 1.000.000 Euro heraufgesetzt und findet gem. § 52 Abs. 25 S. 7 nF EStG erstmals auf negative Einkünfte, die im Veranlagungszeitraum 2013 nicht ausgeglichen wurden, Anwendung.[23] Der **Verlustvortrag** gemäß § 10d Abs. 2 EStG ist unbeschränkt bis 1.000.000 Euro, darüber hinaus nur bis zu 60% des 1.000.000 Euro übersteigenden Gesamtbetrags der Einkünfte vor Abzug von Sonderausgaben, außergewöhnlichen Belastungen und sonstigen Abzugsbeträgen zulässig (sog. **„Mindestbesteuerung"**).

23 Die Möglichkeit des **Verlustabzugs** auf Ebene der Gesellschafter bei einer Personengesellschaft hat insbesondere die Erscheinungsform der so genannten Abschreibungsgesellschaften hervorgebracht, bei denen durch hohe Abschreibungen (in den ersten Geschäftsjahren) immense Verluste erwirtschaftet werden sollen, um den Kapitalanlegern, die ihre Einkünfte regelmäßig mit dem Spitzensteuersatz versteuern müssen, erhebliche steuerliche Vorteile zu vermitteln, die eine Art „Zusatzdividende" darstellen. Dadurch konnten Kommanditisten Steuervorteile erlangen, die im Einzelfall weit

---

[21] Vgl. hierzu *Barz*, FS Knur, 25, 28 f.; vgl. MHdB KG/stGes/*v. Falkenhausen/H. C. Schneider* § 24 Rn. 59 ff.
[22] Vgl. *Binz/Sorg* § 22 Rn. 32 ff.
[23] BGBl. I 2013, 285.

höher waren als die geleistete Kommanditeinlage. Diese vor allem von Publikums- und Kapitalanlagegesellschaften ausgenutzten steuerrechtlichen Gegebenheiten sind jedoch durch die Regelung der §§ 15a, 15b EStG beschränkt worden. Hiernach scheidet ein Ausgleich des Kommanditisten mit seinem Anteil am Verlust der KG gegenüber anderen Einkünften aus, soweit ein negatives Kapitalkonto des Kommanditisten entsteht oder sich erhöht. Im Übrigen dürfen Verluste, die über den Betrag der Einlage des Kommanditisten hinausgehen, erst mit späteren Gewinnen der KG verrechnet werden, vgl. § 15a Abs. 2 EStG. Durch die Regelungen der §§ 15a, 15b EStG ist die Attraktivität der GmbH & Co. KG für Zwecke der Verlustzuweisung erheblich eingeschränkt worden. Die Verbreitung dieser Gesellschaftsform als Abschreibungs- oder Verlustzuweisungsgesellschaft ist rückläufig;[24] in Einzelfällen ist sie jedoch nach wie vor geeignet, den Kapitalanlegern Steuervorteile zu vermitteln.

Die **Verlustverrechnungsmöglichkeit** auf Gesellschafterebene stellt trotz der Regelungen der §§ 15a, 15b EStG einen **rechtsformspezifischen Vorteil** der GmbH & Co. KG dar, auch wenn es um die Beteiligung an einem Unternehmen geht, welches nicht der Begründung von Abschreibungspotentialen dient, sondern das ein ganz gewöhnliches gewerbliches Unternehmen darstellt. Die Verlustverrechnungsmöglichkeit ist insbesondere dann von Vorteil, wenn das Unternehmen in den einzelnen Geschäftsjahren erheblichen Ertragsschwankungen unterliegt oder wenn eine mittelständische Unternehmensgruppe mit sehr unterschiedlichen Ertragschancen der Einzelunternehmen derart organisiert ist, dass mehrere GmbH & Co. KGs (regelmäßig mit identischem Gesellschafterkreis) am Markt tätig sind; im letztgenannten Fall können Verluste und Gewinne der Einzelunternehmen steuerwirksam in den Grenzen der §§ 15a, 15b EStG miteinander verrechnet werden.

24

Ferner wurden früher vor allem die körperschaftsteuerrechtlichen **Grundsätze der verdeckten Gewinnausschüttung** als rechtsformspezifischer Nachteil der Kapitalgesellschaft angesehen, da bei der Personengesellschaft gemäß § 15 Abs. 1 S. 1 Nr. 2 EStG alle Zahlungen, die eine Personengesellschaft an ihre Gesellschafter leistet, zu den gewerblichen Einkünften der Personengesellschafter gezählt werden. Die Problematik der verdeckten Gewinnausschüttung ist mit der Umstellung des Systems des körperschaftsteuerlichen Anrechnungsverfahrens zum klassischen Körperschaftsteuersystem entschärft worden (Besteuerung der Dividenden mit der Abgeltungssteuer).[25]

25

Schließlich ist zu beachten, dass Personengesellschaften im Rahmen der Gewerbeertragsteuer gemäß § 11 Abs. 1 S. 3 Nr. 1 GewStG ein Freibetrag in Höhe von 24.500 Euro für die Gewinnberechnung zusteht, einer GmbH hingegen überhaupt kein Freibetrag gewährt wird. Die Steuermesszahl für den Gewerbeertrag beträgt bei der GmbH und bei Personengesellschaften gem. § 11 Abs. 2 GewStG nunmehr einheitlich stets 3,5 %.

26

---

[24] *Binz/Sorg* § 1 Rn. 6.
[25] Vgl. *Binz/Sorg* § 22 Rn. 42 ff. und insbesondere Rn. 65; HTM/*Mueller-Thuns* GmbH & Co. KG § 2 Rn. 67.

1. Kapitel. Gesellschaftsrechtliche Grundlagen

27   Im Rahmen der Ertragsbesteuerung erweist sich mithin **vielfach die GmbH & Co. KG** als **vorteilhaft**, wobei allerdings nochmals hervorzuheben ist, dass ein rechtsformspezifischer Belastungsvergleich für das konkret in Rede stehende Unternehmen unerlässlich ist, um zu ermitteln, ob tatsächlich durch eine bestimmte Rechtsformwahl Steuervorteile entstehen.

28   **c) Substanzbesteuerung.** Demgegenüber sind die früheren Steuervorteile zugunsten der GmbH & Co. KG im Rahmen der Substanzbesteuerung mit **Wegfall der Vermögensteuer** zum 1. Januar 1997 entfallen. Bis Ende 1996 bestand ein nicht unerheblicher rechtsformspezifischer Nachteil der Kapitalgesellschaften gegenüber den Personengesellschaften infolge der bis dahin bestehenden vermögensteuerrechtlichen Doppelbelastung. Die Kapitalgesellschaften waren nämlich zum einen selbst im Rahmen der Vermögensbesteuerung Steuersubjekt (vgl. § 1 Abs. 1 Nr. 2 VStG); zum anderen mussten die Gesellschafter auf ihren Geschäftsanteil nochmals Vermögensteuer entrichten. Diese Steuerkumulation wurde zusätzlich dadurch verschärft, dass die Kapitalgesellschaften die gezahlte Vermögensteuer nicht als Betriebsausgaben abziehen konnten (vgl. § 10 Nr. 2 KStG), so dass die gezahlte Vermögensteuer zusätzlich mit Körperschaftsteuer belastet war.[26]

29   Durch Wegfall der Vermögensteuer zum 1. Januar 1997 ist diese steuerliche Benachteiligung der Kapitalgesellschaften obsolet geworden, so dass die Wahl einer Personengesellschaft, insbesondere einer GmbH & Co. KG, insoweit **keine Steuervorteile mehr** bietet. Jedoch war die „Abschaffung" der Vermögensteuer politisch sehr umstritten. Seitens der damaligen Opposition wurde diese Steuer heftig verteidigt und ihr Wegfall als sozialpolitisch unausgewogen bezeichnet. Dies obwohl diese Steuerart zu Recht vielfach für rechtspolitisch verfehlt gehalten und die bisherige vermögensteuerrechtliche Regelung vom Bundesverfassungsgericht wegen der übermäßigen steuerlichen Gesamtbelastung für verfassungswidrig erklärt wurde.[27] Der Versuch, diese Steuer und gegebenenfalls auch die vermögensteuerliche Doppelbelastung der Kapitalgesellschaft wieder einzuführen, kann nicht ausgeschlossen werden, da die Vermögensteuer immer wieder gerne in die politische Diskussion eingebracht wird, um das eigene (vermeintliche) sozialpolitische Profil zu schärfen.[28]

30   **d) Leistungsbeziehungen zwischen Gesellschaft und Gesellschaftern.** Kapitalgesellschaften bieten allerdings auch gewichtige steuerrechtliche Vorteile, vor allem im Rahmen von Rechtsbeziehungen zwischen Gesellschaftern und Gesellschaft. Denn **Gesellschaftervergütungen für Dienstleistungen und Vergütungen für die Gewährung von Krediten oder Überlassung von Wirtschaftsgütern** durch die Personengesellschaft an einen Personengesellschafter dürfen den steuerlichen Gewinn der Personengesellschaft nicht mindern. Solche Leistungsvergütungen zählen als **Son-**

---

[26] *Hesselmann/Tillmann* GmbH & Co. KG (17. Aufl. 1991) Rn. 68 ff.; *Tipke/Lang/Seer* § 16 Rn. 61 ff.
[27] BVerfG GmbHR 1995, 668.
[28] Vgl. zB Anträge von DIE LINKE v. 19.1.2010, BT-Drs. 17/453; v. 29.2.2012, BT-Drs. 17/8792.

derbetriebseinnahmen im Sinne des § 15 Abs. 1 S. 1 Nr. 2 2. Halbsatz EStG zu den Einkünften aus Gewerbebetrieb. Sie erhöhen so insbesondere die Gewerbeertragsteuerbelastung der Gesellschaft und führen dazu, dass einkunftsartspezifische Freibeträge nicht in Anspruch genommen werden können, wobei die nachteilige Gewerbesteuerbelastung durch die überwiegende Anrechenbarkeit nach § 35 EStG deutlich abgemildert wird.

Demgegenüber ist anerkannt, dass solche Leistungsbeziehungen zwischen einer Kapitalgesellschaft und ihren Gesellschaftern steuerrechtlich abzugsfähige Betriebsausgaben seitens der Kapitalgesellschaft darstellen, so dass sie insbesondere die Gewerbesteuerlast des Unternehmens reduzieren und den Gesellschaftern, denen diese Leistungen zufließen, die Möglichkeit eröffnen, gegebenenfalls bestimmte einkunftsartspezifische Freibeträge in Anspruch zu nehmen. Die Folgewirkungen auf Gesellschafterebene sind durch die weitgehende Anrechnung der Gewerbesteuer auf die persönliche Einkommensteuerschuld der Gesellschafter weitgehend eliminiert worden. **31**

Die steuerrechtlichen Vorteile einer Kapitalgesellschaft gegenüber einer Personengesellschaft im Hinblick auf Leistungsbeziehungen zwischen Gesellschaft und Gesellschaftern sind umso gravierender, je mehr Gesellschafter in der Gesellschaft tätig sind bzw. je mehr sonstige Leistungsbeziehungen zwischen der Gesellschaft und ihren Gesellschaftern bestehen und je höher die wechselseitigen Leistungen seitens der Gesellschaft zu vergüten sind. Ob insoweit nennenswerte Steuervorteile im Falle der Wahl einer Kapitalgesellschaft zu erzielen sind, kann nur anhand des konkreten Einzelfalls ermittelt werden, vor allem da die Steuervorteile zugunsten einer Kapitalgesellschaft im Spitzensteuerbereich des Gesellschafters durch die Gewerbesteueranrechnung des § 35 EStG weitgehend, jedoch regelmäßig nicht vollständig, kompensiert werden.[29] **32**

Auch hier zeigt sich, dass ein unternehmensspezifischer Belastungsvergleich unerlässlich ist, um zu ermitteln, welche Rechtsform im konkreten Fall steuerliche Vorteile begründet, wobei allerdings steuerliche Überlegungen nicht allein leitend sein sollten. **33**

e) Besonderheiten bei Grundbesitz. Die meisten GmbH & Co. KGs entstehen nicht im Wege der Neugründung, sondern vielmehr wird sehr häufig ein bestehendes Unternehmen, welches bis dato einzelkaufmännisch oder in einer anderen Unternehmensform geführt wurde, umorganisiert. Die Frage nach der zweckmäßigen und steuerrechtlich günstigen Rechtsform bzw. Unternehmensform stellt sich mithin vielfach im Falle der **Umgründung existierender Unternehmen**, bei denen zudem vielfach bereits Rechtsbeziehungen zwischen Gesellschaft und Gesellschaftern bestehen. **Besonderes Augenmerk** ist im Rahmen solcher Umstrukturierungsvorgänge **auf Grundstücke**, die nicht im Eigentum der Gesellschaft stehen, zu richten. Denn auch insoweit kann sich die unterschiedliche Besteuerungskonzeption von Personen- und Kapitalgesellschaften auswirken. Soll etwa eine Personengesellschaft umorganisiert werden, so ist zu beachten, dass Grundbesitz, der der Gesellschaft von den Gesellschaftern zur Verfügung ge- **34**

---

[29] Vgl. *Binz/Sorg* § 22 Rn. 44.

1. Kapitel. Gesellschaftsrechtliche Grundlagen

stellt wurde, als Sonderbetriebsvermögen des Gesellschafters behandelt wird. Wird die Personengesellschaft nun in eine GmbH umgewandelt, ohne dass auf die Gesellschaft der volle Grundbesitz übertragen wurde, besteht die **Gefahr**, dass die im Grundbesitz ruhenden **stillen Reserven aufgelöst** werden, da der Grundbesitz womöglich durch die Umwandlung seine Eigenschaft als Betriebsvermögen verliert.[30]

35 Ist ein Grundstück hingegen in die Gesellschaft zu Eigentum eingebracht worden, so kann – anders als nach alter Rechtslage – eine Kapitalgesellschaft in eine Personengesellschaft ohne Auflösung der stillen Reserven umgewandelt werden (vgl. § 3 UmwStG); der umgekehrte Weg war schon immer möglich.

36 Die formwechselnde Umwandlung unterliegt mangels Rechtsträgerwechsels auch nicht der Grunderwerbsteuer;[31] die Finanzverwaltung hat ihre ursprünglich abweichende Auffassung, die im Schrifttum nahezu einheitlich abgelehnt wurde, aufgegeben.[32] Das gilt auch, wenn dem formwechselnden Rechtsträger Anteile an einer Kapitalgesellschaft oder Anteile an einer anderen Personengesellschaft gehören.[33]

37 Schließlich erweist sich die Unternehmensform der GmbH & Co. KG als günstiger, wenn **Grundstücke von einem Gesellschafter auf die Gesellschaft übertragen werden**. Bei Grundstücksübertragungen auf eine Kapitalgesellschaft ist für die Grunderwerbsteuer nämlich die volle Bemessungsgrundlage maßgebend, wohingegen die Steuer bei der Übertragung auf eine Personengesellschaft pro rata der Beteiligung des übertragenden Gesellschafters nicht erhoben wird (vgl. § 5 Abs. 2 GrEStG), wobei allerdings § 5 Abs. 3 GrEStG zu beachten ist. Vorsicht ist jedoch bei Veränderungen im Gesellschafterbestand einer Personengesellschaft geboten. Nach § 1 Abs. 2a Satz 1 GrEStG wird, wenn zum Vermögen einer Personengesellschaft ein inländisches Grundstück gehört und sich innerhalb von fünf Jahren der Gesellschafterbestand dergestalt ändert, dass mindestens 95% des Gesellschaftsvermögens auf neue Gesellschafter übergeht, dies als ein die Grunderwerbsteuer auslösendes Rechtsgeschäft fingiert. Dies gilt zwar nach § 1 Abs. 2a Satz 2 GrEStG nicht im Erbfall. Vereinigen sich jedoch mindestens 95% der Anteile an der Gesellschaft in einer Hand, gilt dieser grunderwerbsteuerpflichtige Vorgang auch im Erbfall; die Befreiungsvorschrift des § 3 Nr. 2 GrEStG greift nicht ein.[34]

38 Für die Personengesellschaft sprechen schließlich die **Gestaltungsmöglichkeiten im Zusammenhang mit der Übertragung von Wirtschaftsgütern** im Rahmen des § 6 Abs. 5 EStG. Zwischenzeitlich hatte der Gesetzgeber die Regelung **des Mitunternehmererlasses**, wonach ein Transfer einzelner Wirtschaftsgüter zwischen verschiedenen Betriebsvermö-

---

[30] HTM/*Müller-Thuns* GmbH & Co. KG § 2 Rn. 111.
[31] BFH BStBl. II 97, 661 f.; SHS/*Schmitt* UmwStG § 9 Rn. 46; Boruttau/*Fischer* GrEStG § 1 Rn. 540 ff.
[32] AA ursprünglich FM Bad-Württ. v. 12.12.1994, DB 1995, 82.
[33] SHS/*Schmitt* § 9 UmwStG Rn. 46; Boruttau/*Fischer* GrEStG Rn. 540 ff.
[34] Koord. Ländererlass FM Bad-Württ. v. 18.12.2009, DStR 2010, 114; kritisch hierzu SHS/*Meßbacher-Hönsch* GrEStG § 3 Rn. 120.

gen zu Buchwerten möglich war, dh ohne Aufdeckung stiller Reserven, was sich wiederum vor allem bei der Übertragung von Grundbesitz günstig auswirkte, durch das StEntlG 1999/2000/2002 abgeschafft. Der Zwang zur Auflösung stiller Reserven stieß auf starke Kritik und wurde vom Gesetzgeber wieder beseitigt, indem durch das StSenkG und das UntStFG die Übertragung von Wirtschaftsgütern des (Sonder-)Betriebsvermögens – nunmehr zwingend – zu Buchwerten ermöglicht wurde.[35] Zu beachten sind allerdings die Missbrauchsregelungen gemäß § 6 Abs. 5 S. 4 bis 6 EStG, die zum rückwirkenden Teilwertansatz führen können.[36] Ähnlich verhält es sich im Fall der Auseinandersetzung der Personengesellschaft im Wege der Realteilung. Die Teilung des Gesellschaftsvermögens „in natura" führte zwangsweise zur Aufdeckung der stillen Reserven. Mit dem UntStFG erfolgte die erforderliche Korrektur: Die Übertragung einzelner Wirtschaftsgüter im Rahmen der Realteilung ist nunmehr zwingend zu Buchwerten vorzunehmen, § 16 Abs. 3 S. 2 EStG. In § 16 Abs. 3 S. 3 bis 4 EStG findet sich nahezu identisch die Missbrauchsregelung des § 6 Abs. 5 S. 4 bis 6 EStG wieder.

Die Rechtsform der **Kapitalgesellschaft** erweist sich mithin vielfach als **nachteilig im Rahmen des Grundstücksverkehrs** zwischen Gesellschafter und Gesellschaft sowie im Rahmen einer Umstrukturierung, namentlich im Falle der Umwandlung einer bestehenden Personengesellschaft in eine GmbH. 39

f) Wechsel im Gesellschafterbestand. Steuerrechtliche Unterschiede im Rahmen des Wechsels im Gesellschafterbestand zwischen Personengesellschaften einerseits und Kapitalgesellschaften andererseits bestehen zunächst im Falle der **Veräußerung der Gesellschaftsbeteiligung durch einen Gesellschafter.** Die Veräußerung einer Kommanditbeteiligung kann sich je nach den Gegebenheiten des Einzelfalls im Vergleich zur Veräußerung insbesondere von GmbH-Geschäftsanteilen sowohl als vorteil- als auch als nachteilhaft erweisen. Ein Unterschied resultiert vor allem daraus, dass der bei der Veräußerung einer Kommanditbeteiligung erzielte **Veräußerungsgewinn** in jedem Fall mit Einkommensteuer in Höhe des persönlichen Steuersatzes des Steuerpflichtigen, sofern nicht die altersbedingte Tarifermäßigung des § 16 EStG zum Tragen kommt, nicht jedoch mit Gewerbesteuer vom Ertrag **versteuert** werden muss. 40

Demgegenüber unterfällt ein aus der Veräußerung einer **im Privatvermögen gehaltenen GmbH-Beteiligung** erzielter Gewinn gemäß § 20 Abs. 2 Satz 1 Nr. 1 EStG der Abgeltungssteuer mit dem festen Steuersatz von 25%, sofern der Veräußerer nicht innerhalb der vorausgehenden fünf Jahre zu mindestens 1% am Kapital der Gesellschaft unmittelbar oder mittelbar beteiligt war, § 17 EStG. Die wesentliche Beteiligung im Sinne des § 17 EStG, die eine Teileinkünftebesteuerung gemäß § 3 Nr. 40 EStG zur Folge hat, wurde von ursprünglich 25% auf 10% zum 1.1.1999 und auf die besagten 1% seit dem 1.1.2001 herabgesetzt. Vor- oder Nachteile bei der Besteuerung hängen somit maßgeblich von dem persönlichen Steuersatz des Steu- 41

---

[35] Vgl. *Niehus/Wilke,* 180 ff. und *Zimmermann* Personengesellschaft, 322.
[36] Hierzu *Zimmermann* Personengesellschaft, 323 ff.

erpflichtigen ab. Die Veräußerung einer Beteiligung an einer GmbH & Co. KG erweist sich also heute gegenüber der Veräußerung einer GmbH-Beteiligung diesbezüglich nicht per se als nachteilig.

42 Im Rahmen der Geschäftsanteilsveräußerung ergibt sich sogar ein rechtsformspezifischer Vorteil der Personengesellschaften gegenüber Kapitalgesellschaften, der – obwohl er nicht auf den ersten Blick erkennbar ist – nicht unterbewertet werden darf. **Anteile an Personengesellschaften** sind nämlich für den Geschäftsanteilserwerber eventuell steuerrechtlich attraktiver als GmbH-Geschäftsanteile, da dieser den **Kaufpreis, soweit er den Buchwert des übernommenen Kapitalkontos übersteigt**, in einer positiven Ergänzungsbilanz als Anschaffungskosten für die Anteile an den Wirtschaftsgütern des Gesellschaftsvermögens aktivieren und so in den Folgejahren **Abschreibungen** geltend machen kann; dies gilt auch dann, wenn der Mehrpreis für den Firmenwert der GmbH & Co. KG gezahlt wurde.[37]

43 Demgegenüber kann der Erwerber von GmbH-Geschäftsanteilen ohne weitere Gestaltungsmaßnahmen einen über den Buchwert hinausgehenden Kaufpreis für den Erwerb der Beteiligung nicht während der Dauer seiner Mitgliedschaft steuermindernd geltend machen; Letzteres kann sich in einem niedrigeren Kaufpreis für GmbH-Geschäftsanteile niederschlagen.

44 **g) Schenkung und Erbgang.** Rechtsformspezifische Unterschiede zwischen GmbH und GmbH & Co. KG bestehen trotz der grundlegenden Änderung des Erbschaft- und Schenkungsteuerrechts durch das Jahressteuergesetz 1997 sowie durch das Erbschaftsteuerreformgesetz 2009 auch im Rahmen der Schenkung und des Erbgangs. Hintergrund der **Reformen** waren jeweils Entscheidungen des BVerfG, durch die das geltende Erbschaftsteuerrecht im Hinblick auf den Gleichheitssatz in Art. 3 Abs. 1 GG für verfassungswidrig erklärt wurden.[38] Nachdem der Gesetzgeber es nicht geschafft hatte, entsprechend den Vorgaben des BVerfG in dem sog. „Einheitswertbeschluss" ein verfassungskonformes Erbschaftsteuergesetz zu entwerfen, werden auch nach der jüngsten umfassenden Reform durch das ErbStRG 2009 erhebliche verfassungsrechtliche Zweifel geäußert, die von der Bundesregierung jedoch nicht geteilt werden.[39] Die rechtsformabhängigen Unterschiede im Zusammenhang mit der Bewertung von Betriebsvermögen wurden zwar durch die jüngste Reform im Ausgangspunkt beseitigt; **rechtsformabhängige Differenzierungen bestehen** aber in Bezug auf den Verschonungsabschlag, der für begünstigtes Vermögen gewährt wird, **fort**.

45 Die Vorgabe des BVerfG, dass die Bewertungsebene bereits aus verfassungsrechtlichen Gründen für eine Verfolgung außerfiskalischer Lenkungszwecke nicht geeignet sei, wurde dadurch umgesetzt, dass nunmehr sowohl Anteile an einer Personengesellschaft als auch Anteile an einer Kapitalgesellschaft, die nicht an einer deutschen Börse zum Handel im regulierten Markt

---

[37] Vgl. MHdB KG/stGes/*Inhester* § 26 Rn. 43; HTM/*Mueller-Thuns* GmbH & Co. KG § 2 Rn. 137; *Sommer*, 31.
[38] BVerfGE 93, 121 ff.; 165 ff.; 117, 1 ff.
[39] Vgl. BT Drs. 17/9249, 91 f.; zu der fortbestehenden Reformbedürftigkeit: Tipke/Lang/*Montag* § 13 Rn. 51 sowie Tipke/Lang/*Seer* § 15 Rn. 5 f.; *Binz/Sorg* § 20 Rn. 56 ff., die für eine Abschaffung der Erbschaftsteuer plädieren.

zugelassen sind, im Grundsatz **rechtsformneutral** mit dem **gemeinen Wert** zu bewerten sind, §§ 1, 12 Abs. 2, Abs. 5 ErbStG. Hierbei kann ein vereinfachtes Ertragswertverfahren angewendet werden, soweit sich der gemeine Wert nicht aus Verkäufen unter Dritten innerhalb des vorangegangenen Jahres ergibt, §§ 11 Abs. 2 S. 4, §§ 199 ff. BewG. Die beträchtlichen Unterschiede, die vor der Erbschaftsteuerreform auf der Bewertungsebene bestanden[40], wurden somit beseitigt.

Nicht unerhebliche Unterschiede zwischen Personengesellschaften und Kapitalgesellschaften ergeben sich jedoch aus den **Steuerbefreiungen** für Betriebsvermögen und Anteile an Personen- und Kapitalgesellschaften, die ebenso wie nach bisherigem Recht erbschaftsteuerlich begünstigt sind. Gemäß §§ 13a Abs. 1, 13b Abs. 4 ErbStG wird ein **Verschonungsabschlag in Höhe von 85%** gewährt. Während Beteiligungen an Personengesellschaften unabhängig von der Beteiligungshöhe zum begünstigten Vermögen gezählt werden, fallen Anteile an Kapitalgesellschaften im Privatvermögen nur dann hierunter, wenn die unmittelbare Beteiligung am Nennkapital mehr als 25% beträgt oder eine sog. Poolvereinbarung besteht, § 13b Abs. 1 Nr. 2, 3 ErbStG. Sowohl bei der Personen- als auch bei der Kapitalgesellschaft setzen die Begünstigungen der Options- bzw. Regelverschonung nach §§ 13a und 13b EStG voraus, dass schädliches Verwaltungsvermögen nur bis zu einem bestimmten Umfang vorhanden ist. Gemäß § 13a Abs. 8 ErbStG kann der Steuerpflichtige eine 100%-ige Befreiung erreichen, wenn er ua nachweist, dass der Anteil des Verwaltungsvermögens weniger als 10% beträgt. 46

Die Gewährung des Verschonungsabschlags knüpft sich an mehrere Bedingungen, die gewährleisten sollen, dass der Betrieb vom Erwerber unter Erhalt der Arbeitsplätze fortgeführt wird und produktiven Zwecken dient. Bei diesen Bedingungen wird abermals zwischen Beteiligungen an Personengesellschaften und Kapitalgesellschaftsanteilen unterschieden. Neben den Voraussetzungen, dass innerhalb der Lohnsummenfrist eine Mindestlohnsumme eingehalten wird (§ 13a Abs. 1 ErbStG) und die Behaltensfristen nicht verletzt werden (§ 13a Abs. 5 ErbStG), ist erforderlich, dass das betriebliche Vermögen zu nicht mehr als 50% aus sog. Verwaltungsvermögen besteht (§ 13b Abs. 2 ErbStG). Während **Anteile am Nennkapital von Kapitalgesellschaften, die 25% oder weniger betragen** als **schädliches Verwaltungsvermögen** gelten, handelt es sich bei Beteiligungen an Personengesellschaften unabhängig von der Beteiligungshöhe nicht um schädliches Verwaltungsvermögen. Beträgt das Verwaltungsvermögen mehr als 50% oder liegt eine der übrigen Voraussetzungen nicht vor, entfällt die Steuervergünstigung gänzlich („Alles-oder-Nichts-Prinzip"). Darüber hinaus ist zu berücksichtigen, dass Verwaltungsvermögen, welches dem Betrieb im Besteuerungszeitpunkt weniger als zwei Jahre zuzurechnen war (sog. junges Verwaltungsvermögen), in jedem Fall nicht zum begünstigten Vermögen gezählt wird. 47

Auf den nach Abzug des 85%-igen Verschonungsabschlags verbleibenden Wert des betrieblichen Vermögens ist darüber hinaus ein gleitend abzubau- 48

---

[40] Vgl. hierzu die Vorauflage unter § 2 Rn. 38 ff.

1. Kapitel. Gesellschaftsrechtliche Grundlagen

ender Abzugsbetrag in Höhe von 150.000 Euro anzuwenden, § 13a Abs. 2 ErbStG. Der verbleibende Betrag wird voll versteuert. Bei Erwerbern der Steuerklassen II und III kann jedoch zusätzlich noch ein Entlastungsbetrag nach § 19a ErbStG zur Anwendung kommen.

49 Die durch das Erbschaftsteuerreformgesetz erfolgten Änderungen zielen primär auf die Erhaltung von Arbeitsplätzen und die Verschonung des Vermögens von Familienunternehmen ab. Ob die hierbei vorgenommenen Differenzierungen diese Ziele erreichen und in verfassungskonformer Weise ausgestaltet wurden, darf bezweifelt werden. Vor dem Hintergrund, dass die Definition des schädlichen Verwaltungsvermögens zB unter Ausnahme von Bankguthaben und Festgelder nicht willkürfrei ist, erscheint der Unterschied zwischen der 85%-igen Verschonung und der vollständigen Besteuerung, sobald die Voraussetzungen der Steuerbefreiung nicht gegeben sind, sehr drastisch. Problematisch ist auch die unterschiedliche Behandlung von Anteilen an Personen- und Kapitalgesellschaften in Höhe von bis zu 25%. Gerade für **Minderheitsgesellschafter**, die zu weniger als 25% beteiligt sind, ist daher die **Personengesellschaft erbschaft- und schenkungsteuerrechtlich günstiger** als eine Kapitalgesellschaft, da die Beteiligung an einer Personengesellschaft unabhängig von der Beteiligungshöhe in den Genuss des Verschonungsabschlags kommt und zudem nicht als schädliches Verwaltungsvermögen gilt. Die umständlichen Vorschriften zur Begünstigung von betrieblichem Vermögen in §§ 13a ff. ErbStG sind in höchstem Maße gestaltungsanfällig und bergen erhebliche Steuerrisiken.[41] Die Regelungen des ErbStG dürften somit weiterhin Gegenstand von Reformdiskussionen sein und die Sinnhaftigkeit der Erbschaftsteuer steht vor diesem Hintergrund einmal mehr zur Debatte.[42]

50 **h) Steuerlicher Belastungsvergleich.** Die vorstehende Gegenüberstellung rechtsformspezifischer steuerrechtlicher Besonderheiten von Personen- und Kapitalgesellschaften unter Einbeziehung der jüngsten Rechtsänderungen zeigt, dass frühere Steuervorteile der Personengesellschaft im Rahmen der Vermögensteuer entfallen bzw. Steuervorteile im Rahmen der Schenkung und des Erbgangs reduziert, zugleich aber auch Steuernachteile im Rahmen der Ertragbesteuerung durch die Steuerermäßigung gemäß § 35 EStG gemildert bzw. hierdurch neue Vorteile geschaffen wurden. In den letzten Jahren haben sich mithin die **Akzente einer steueroptimalen Gestaltung verschoben**, ohne dass die grundlegenden Besteuerungsunterschiede entfallen oder gar denkbare Steuervorteile bei Wahl der einen oder anderen Rechtsform beseitigt worden wären.

51 Pauschale Empfehlungen, ob der einen oder der anderen Rechtsform der Vorzug zu geben ist, können – gerade vor dem Hintergrund der erstrebten Erzielung von Steuervorteilen – nicht erteilt werden. Vielmehr muss in jedem konkreten Einzelfall anhand eines **betriebsindividuellen Belastungsvergleichs** von den wirtschaftlichen Beratern des Unternehmens geprüft werden, ob die eine oder die andere Rechtsform Steuervorteile für das kon-

---

[41] Tipke/Lang/Seer § 15 Rn. 6.
[42] Binz/Sorg § 20 Rn. 56 ff.

krete Unternehmen im Hinblick auf sich konkret abzeichnende Entwicklungen bietet. Steuerlich motivierte Entscheidungen über die Rechtsform des Unternehmens erfordern also eine eingehende, auf den Einzelfall, die konkreten Verhältnisse und Bedürfnisse des Unternehmens abstellende Analyse der Steuersituation.[43]

Wichtig sind insoweit vor allem auch die Motive, die den Strukturüberlegungen des Unternehmens bzw. der unternehmenstragenden Persönlichkeiten zugrunde liegen. Im Rahmen der Steueranalyse bzw. der Motivforschung kann sich ergeben, dass ein bestimmter Gesichtspunkt für das konkrete Unternehmen oder die beteiligten Gesellschafter von so großer Wichtigkeit ist, dass dieser mit der Gestaltung eventuell verbundene steuerrechtliche Nachteile weit überwiegt. So ist es etwa denkbar, dass vor dem Hintergrund einer anstehenden Unternehmensnachfolge durch die Wahl der Rechtsform einer (gewerblich geprägten) Personengesellschaft erzielbare Steuervorteile im Rahmen der Übertragung von Geschäftsanteilen so groß sind, dass etwaige Steuernachteile im Rahmen der Ertragbesteuerung oder im Rahmen des Leistungsverkehrs zwischen Gesellschaftern bei weitem aufgewogen werden. Auch andere vorstehend aufgeführte steuerrechtliche Gesichtspunkte können derart dominierend sein, dass sie allein eine bestimmte Rechtsform als wirtschaftlich außerordentlich günstig oder gar als allein sinnvoll erscheinen lassen.[44] 52

Zu beachten ist aber, dass jenseits dieser Extremfälle steuerrechtliche Überlegungen nicht überbewertet werden dürfen. In der Regel heben sich nämlich die mit einzelnen Gesellschaftsformen verbundenen steuerrechtlichen Vor- und Nachteile weitgehend auf. Darüber hinaus ist das Steuerrecht ständig im Fluss; ein bestimmter Steuervorteil, der momentan reizvoll erscheint, kann schon mit dem nächsten Jahressteuergesetz entfallen. Steuerrechtliche Motive rechtfertigen daher eine bestimmte Gestaltung allein dann, wenn sie nachweisbar zu einer erheblichen Steuerentlastung führen. Aufgrund steuerrechtlicher Erwägungen sollten keinesfalls gravierende gesellschaftsrechtliche Nachteile in Kauf genommen werden; kein monetärer Steuervorteil kann die Risiken einer undurchdachten und konfliktträchtigen Vertragsgestaltung aufwiegen.[45] 53

i) Alternative Gestaltungen. Schließlich ist zu beachten, dass sich unter Umständen Steuervorteile auch durch andere Gestaltungsmöglichkeiten erzielen lassen, wobei teilweise auf diesem Weg die Steuervorteile von Personen- und Kapitalgesellschaften noch besser kombiniert und die jeweiligen Nachteile weitgehend vermieden werden können. 54

Als solche Gestaltungsalternative kommt vor allem die **Betriebsaufspaltung** in Betracht. Hierbei wird ein einheitliches Unternehmen in zwei Gesellschaften getrennt, nämlich in eine Personengesellschaft, auf die das Betriebsvermögen übertragen wird (so genannte Besitzgesellschaft), und in eine Kapitalgesellschaft, regelmäßig eine GmbH, die den operativen Geschäftsbe- 55

---

[43] Vgl. HTM/*Mueller-Thuns* GmbH & Co. KG § 2 Rn. 35 ff.; Tipke/Lang/*Montag* § 13 Rn. 1 ff.
[44] HTM/*Mueller-Thuns* GmbH & Co. KG § 2 Rn. 37.
[45] HTM/*Mueller-Thuns* GmbH & Co. KG § 2 Rn. 36.

trieb führt (so genannte Betriebsgesellschaft), wobei das von der Besitz-Personengesellschaft gehaltene Betriebsvermögen an die Betriebs-GmbH verpachtet wird.

56 Diese Gestaltung vermied vor allem die nach früherem Recht bestehende vermögensteuerrechtliche Benachteiligung der GmbH, da sich das Betriebsvermögen in einer Personengesellschaft befand; wie dargelegt ist dieses Motiv mittlerweile mit Wegfall der Vermögensteuer nicht mehr relevant. Weiterhin werden hierdurch nach wie vor die Nachteile der Personengesellschaft im Rahmen von Leistungsbeziehungen zwischen Gesellschaft und Gesellschafter vor allem im Hinblick auf Tätigkeitsvergütungen der Geschäftsführer der Betriebs-GmbH vermieden; diese sind dort als Betriebsausgaben abzugsfähig, wohingegen sie bei einer Personengesellschaft als Vorabgewinn zu den gewerblichen Einkünften zählen.

57 Die Gestaltung hat aber auch Nachteile, vor allem ist ein Verlustausgleich zwischen Gewinnen der Besitz-Gesellschaft und Verlusten der Betriebs-GmbH nicht möglich. Zu nennen ist weiterhin die Gefahr einer zwangsweisen Realisierung aller stillen Reserven, wenn die Voraussetzungen der steuerlichen Anerkennung der Betriebsaufspaltung, nämlich die personelle und sachliche Verflechtung der beiden Unternehmen, entfallen.[46] Letzteres kann infolge Anteilsübertragungen oder Erbgang, aber auch infolge sonstiger Umstände geschehen, ohne dass dieses Risiko durch eine sorgfältige Vertragsgestaltung mit letzter Sicherheit ausgeschlossen werden kann.[47]

58 Zwischenzeitlich war die steuerneutrale Begründung der Betriebsaufspaltung durch das StEntlG 1999/2000/2002 praktisch erledigt. Seit dem 1.1.2001 ist dies zumindest für die **mitunternehmerische Betriebsaufspaltung**, bei der die Betriebsgesellschaft eine Personengesellschaft ist, wieder möglich. Dennoch gehört wohl die Glanzzeit der Betriebsaufspaltung der Vergangenheit an, wenn auch auf diesem Wege im Einzelfall noch durchaus interessante Steuervorteile erzielt werden können, abgesehen davon, dass eine Trennung von Betrieb und Vermögen vor allem aus Gründen der Risikobegrenzung, aber auch zur Vorbereitung einer Realteilung des Unternehmens zum Zwecke der Auseinandersetzung der Miteigentümer durchaus sinnvoll sein kann. Zu weit ginge es jedenfalls, das Ende des Rechtsinstituts der Betriebsaufspaltung heraufzubeschwören, denn Totgesagte leben bekanntlich länger.[48]

59 Als weitere Gestaltungsmöglichkeit ist eine stille Beteiligung an einer GmbH in die Betrachtung miteinzubeziehen (**sog. GmbH & Still**), bei der sich ein Kapitalgeber (zB ein Gesellschafter der GmbH) an dem Unterneh-

---

[46] Vgl. zur steuerrechtlichen Behandlung *Binz/Sorg* § 23 Rn. 46 ff.; *Tipke/Lang/Montag* § 13 Rn. 88 mwN.

[47] *Binz/Sorg* § 25 Rn. 50 ff.; aA *Schneeloch* DStR 1991, 955 (990, 994): Gewinnrealisierung lasse sich bei „sorgfältiger Planung" vermeiden.

[48] *Baumert/Schmidt-Leithoff* DStR 2008, 888; aA wohl *Binz/Sorg* § 23 Rn. 58; *Drygala* ZIP 1990, 1026: „Abschied" von der Betriebsaufspaltung; *Lehmann/Marx* FR 1989, 506, sowie L. *Schmidt* FR 1989, 19: „sanftes" bzw. „nahes Ende" der Betriebsaufspaltung; *Kessler-Teufel* BB 2001, 17: „Wegfall der steuerplanerischen und steuersystematischen Geschäftsgrundlage"; *Märkle* DStR 2002, 1109: „Prestigeverlust"; *Jacobs*, Unternehmensbesteuerung und Rechtsform, 568.

men beteiligt, ohne nach außen in Erscheinung zu treten, dh es wird eine reine Innengesellschaft gebildet.[49] Hierdurch konnten früher insbesondere vermögensteuerrechtliche Nachteile der GmbH vermieden werden, die heute nicht mehr von Bedeutung sind. Vorteile ergeben sich jedoch auch heute noch im Rahmen der Ertragbesteuerung. Insbesondere sind die Gewinnanteile der typischen stillen Gesellschafter bei der Gewinnermittlung der Kapitalgesellschaft grundsätzlich als Betriebsausgaben im Sinne des § 4 Abs. 4 EStG abzugsfähig. Bei atypisch stiller Beteiligung wird im Rahmen der einheitlichen Gewinnfeststellung der Gewinnanteil der atypisch stillen Gesellschafter diesen sogleich zugerechnet, so dass der auf die GmbH entfallende Gewinn von vornherein um diesen Betrag gemindert ist. Ertragsteuerliche Vorteile können sich ferner in der Regel bei der Veräußerung der GmbH & Still ergeben. Weiterhin bietet die stille Beteiligung ertragsteuerrechtliche Vorteile im Falle der Beteiligung eines ausländischen Gesellschafters an einer inländischen GmbH. Allerdings ist im Falle dieser Gestaltung ebenso wie im Falle der Betriebsaufspaltung die Gefahr einer verdeckten Gewinnausschüttung gegeben.[50]

Bedeutung kommt der stillen Beteiligung an einer GmbH insbesondere **60** im Rahmen der Kapitalbildung zu. Nach In-Kraft-Treten der Abgeltungssteuer bzw. des Teileinkünfteverfahrens unterliegen unter Berücksichtigung der steuerlichen Situation des Gesellschafters ausgeschüttete Gewinne bei der GmbH einer höheren Besteuerung als thesaurierte Gewinne. Diese Diskrepanz kann mit der GmbH & Still entschärft werden. Dies kann geschehen, indem der Gewinnanteil des stillen Gesellschafters dem an sich zur Ausschüttung vorgesehenen Betrag entspricht. Dadurch kann der Bilanzgewinn in vollem Umfang thesauriert werden.[51] Ferner können die bei Errichtung einer GmbH häufig entstehenden Startverluste für Gesellschafter genutzt werden. Denn wenn Kapital nicht in das Stammkapital der GmbH fließt, sondern im Rahmen einer Parallelgesellschaft als Einlagen stiller Gesellschaft aufgebracht wird, können bei entsprechender Vertragsgestaltung die Verluste der GmbH auf ihre Gesellschafter übertragen werden. Diese Verluste können die Gesellschafter dann mit gleichartigen steuerpflichtigen Einkünften verrechnen.[52]

Seit der Abschaffung des körperschaftsteuerlichen Anrechnungsverfahrens **61** ist die Nutzung des von der Kautelarjurisprudenz entwickelten, so genannten „Schütt-aus/Hol-zurück-Verfahren" (auch Ausschütt/Rückhol-Verfahren (ARV) genannt) nicht mehr zu empfehlen. Bei diesem Verfahren wurden ausgeschüttete Gewinne zulässig in die Gesellschaft „zurückgeschleust". Dadurch unterlagen sie der Besteuerung des Gesellschafters, nicht der Besteuerung der Gesellschaft. Der Austausch der Körperschaftsteuerbelastung mit

---

[49] Vgl. zusammenfassend zu den steuerrechtlichen Besonderheiten *Binz/Sorg* § 24 Rn. 16ff.; *Blaurock* Stille Gesellschaft, 447ff. u. 451ff.; *Tipke/Lang/Montag* § 13 Rn. 93ff.
[50] Vgl. hierzu: *Binz/Sorg* § 24 Rn. 21; HTM/*Mueller-Thuns* GmbH & Co. KG § 2 Rn. 185; *Blaurock* Stille Gesellschaft, 453 f.
[51] HTM/*Mueller-Thuns* GmbH & Co. KG § 2 Rn. 185.
[52] MHdB KG/stGes/*Bezzenberger/Keul* § 72 Rn. 29.

der individuellen Einkommensteuerbelastung ist jetzt nicht mehr möglich, da sowohl thesaurierte wie ausgeschüttete Gewinne auf Ebene der Gesellschaft einheitlich mit 15 % besteuert werden.[53] Vielmehr wird man Gewinne, die im Unternehmen verbleiben sollen, als Gewinnrücklagen stehen lassen. In gewissen Grenzen kann sich jedoch das Schütt-aus/Hol-zurück-Verfahren anbieten, um ein Körperschaftsteuerguthaben, das eine GmbH aufgrund der Umwandlung von tarifbelastetem verwendbarem Eigenkapital besitzt und das innerhalb eines Zeitraums von 15 Jahren verrechnet sein muss, abzubauen, wenn die Gewinne im Unternehmen verbleiben sollen.[54]

2. Gesellschaftsrechtliche Überlegungen

62 Die GmbH & Co. KG erfreut sich nach wie vor großer Beliebtheit; dies nicht allein aus Gründen des (sich schnell ändernden) dynamischen Steuerrechts, sondern gerade auch aufgrund ihrer gesellschaftsrechtlichen Vorzüge, die auch nach Erlass des MoMiG fortbestehen. Gerade diese **gesellschaftsrechtlichen Vorzüge** der GmbH & Co. KG haben dazu geführt, dass die GmbH & Co. KG so häufig als Unternehmensform gewählt wird und sie zur vorherrschenden „Rechtsform" in der Neugründungspraxis der KG geworden ist.[55]

63 a) **Grundlagen.** Entscheidend ist, dass die **rechtsformspezifischen Vorteile der GmbH** – zu nennen sind heute vor allem die Haftungsbeschränkung, die Drittorganschaft und die Möglichkeit der Einmann-Gesellschaft – **mit denjenigen einer Personengesellschaft** – nämlich der weitreichenden gesellschaftsvertraglichen Gestaltungsfreiheit, der Möglichkeit der erleichterten Kapitalbeschaffung, der flexiblen Verteilung der Kompetenzen und Entscheidungszuständigkeiten, der Entnahmemöglichkeiten auch ohne Gewinnwirtschaftung sowie der Vermeidung unternehmerischer Mitbestimmung der Arbeitnehmer im Aufsichtsrat – **kombiniert** werden können und sollen.[56] Insoweit ist vor allem von entscheidendem Gewicht, dass all diejenigen rechtsformspezifischen Vorzüge gesellschaftsrechtlicher Natur, die durch die Grundtypenvermischung optimal zur Geltung kommen sollen, von Dauer sind, es also anders als im Hinblick auf die steuerrechtlichen Vorzüge der einen oder anderen Rechtsform, nicht zu erwarten ist, dass der Gesetzgeber diese alsbald in Frage stellt. Leitend im Rah-

---

[53] *Hottmann/Grobshäuser/Hübner/Meermann/Schaeberle/Zimmermann* Die GmbH im Steuerrecht, 2003, 1076 Rn. 32 f.; *Schulze zur Wiesche* Die GmbH & Still, 4. Aufl. 2003, Rn. 426; vgl. hinsichtlich des Anrechungsverfahrens zur krit., marginalen Einkommensteuerbelastung, bis zu welcher das „Schütt-aus-hol-zurück-Verfahren" lohnt, *Robisch* DStR 1994, 334; *Schneider* DB 1994, 544.

[54] Hierzu sowie zu den Einschränkungen *Schulze zur Wiesche* Die GmbH & Still Rn. 426.

[55] *Cuny/Haberstroh* BW 1983, 717; *Heymann/Horn* HGB § 161 Rn. 117; *Meyer* GmbHR 2002, 177 ff.

[56] Vgl. zusammenfassend *Baumbach/Hopt/Hopt* HGB Anh. § 177a Rn. 3; *Binz/Sorg* § 1 Rn. 17 ff.; *Grunewald* Gesellschaftsrecht Kap. 1.C. Rn. 65 ff.; HTM/*Mueller-Thuns* GmbH & Co. KG § 2 Rn. 22 ff.; *Heymann/Horn* HGB § 161 Rn. 119; *K. Schmidt* Gesellschaftsrecht § 56 I 4.

§ 2 *Bedeutung der GmbH & Co. KG*

men der Wahl der Unternehmensform sollten daher gesellschaftsrechtliche Erwägungen sein, wohingegen steuerrechtliche Überlegungen – obwohl auch sie wichtig sind – nicht allein ausschlaggebend sein sollten.

Strukturiert man die vorstehend angedeuteten gesellschaftsrechtlichen Vorzüge der GmbH & Co. KG, so kann man die entscheidenden gesellschaftsrechtlichen Überlegungen in zwei Gruppen zusammenfassen:[57] 64

Die erste Gruppe betrifft strukturelle **Unterschiede zu einer gewöhnlichen Personengesellschaft**, in der alle (so bei der OHG) oder zumindest eine der an der Gesellschaft beteiligten natürlichen Personen (so bei der KG) für die Verbindlichkeiten des Unternehmens persönlich unbeschränkt mit ihrem gesamten Privatvermögen haften und die organschaftliche Geschäftsführung und Vertretung der Gesellschaft allein diesen persönlich haftenden Gesellschaftern obliegt (Selbstorganschaft). Demgegenüber bietet die GmbH & Co. KG die Möglichkeit, die Haftung der natürlichen Personen zu vermeiden, sowie persönliche Haftung und Managementfunktion voneinander zu trennen. 65

Die zweite Gruppe der maßgebenden gesellschaftsrechtlichen Überlegungen betrifft **Unterschiede zu einer** als alternative Rechtsform eines (regelmäßig mittelständischen) unternehmerischen Engagements in Betracht kommenden **GmbH**. Zu dieser Gruppe zählen die Möglichkeit einer flexibleren Gestaltung des Gesellschaftsvertrages, namentlich im Rahmen der Kapitalbeschaffung und der internen Kompetenzordnung bzw. der Einflussmöglichkeiten der Beteiligten. Zu dieser Gruppe zählen weiterhin mitbestimmungsrechtliche und rechnungslegungsrechtliche Unterschiede zwischen Personen- und Kapitalgesellschaften. 66

Vor In-Kraft-Treten der Handelsrechtsreform kamen noch die Gesichtspunkte der Firmierung (Möglichkeit einer Sachfirma) und der Gewährleistung der Kontinuität der Gesellschaft im Falle des Gesellschafterwechsels hinzu. Diese sollen nur gestreift werden, da durch das Handelsrechtsreformgesetz insoweit früher bestehende rechtsformspezifische Unterschiede zwischen Personen- und Kapitalgesellschaften weitgehend beseitigt wurden. 67

b) Personengesellschaft mit beschränkter Haftung. Das Ziel der Beschränkung der Haftung der unternehmenstragenden natürlichen Personen ist die zentrale, wichtigste Überlegung gesellschaftsrechtlicher Art, die dazu führt, dass die Anzahl der GmbH & Co. KGs ständig zunimmt (hierzu → Rn. 2).[58] Denn die GmbH & Co. KG ist im Ergebnis die **einzige Möglichkeit**, sich an einer Personengesellschaft als natürliche Person selbst unmittelbar zu beteiligen und zugleich für jede natürliche Einzelpersönlichkeit die Haftung für Gesellschaftsverbindlichkeiten auszuschließen. Eine aus juristischen Personen bestehende GbR oder OHG ist keine Alternative, da dann die natürlichen unternehmenstragenden Persönlichkeiten nur an den Kapitalgesellschaften, also den juristischen Personen, beteiligt sind und allenfalls mittelbar Einfluss auf die Geschicke des Unternehmens nehmen können. 68

---

[57] HTM/*Mueller-Thuns* GmbH & Co. KG § 2 Rn. 3 ff.
[58] Vgl. hierzu *Binz/Sorg* § 1 Rn. 39 f.; *Grunewald* Gesellschaftsrecht Kap. 1.C. Rn. 66; HTM/*Mueller-Thuns* GmbH & Co. KG § 2 Rn. 3; Baumbach/Hopt/*Hopt* HGB Anh. § 177a Rn. 3.

1. Kapitel. Gesellschaftsrechtliche Grundlagen

Die GmbH & Co. KG ist mithin die einzige Form einer Personengesellschaft, bei der **trotz** Wahl dieser Rechtsform und trotz **unmittelbarer Beteiligung von natürlichen Personen keine** natürliche Person die **unbeschränkte persönliche Haftung** für die Schulden der Gesellschaft übernehmen muss.

69 Dies heißt jedoch selbstverständlich nicht, dass bei einer GmbH & Co. KG kein persönlich haftender Gesellschafter vorhanden wäre. Im Gegenteil: Dies wäre rechtlich, da die persönliche Haftung wenigstens eines Personengesellschafters für die Gesellschaftsverbindlichkeiten wesentliches Strukturelement einer Personengesellschaft ist, gar nicht möglich. Auch die GmbH & Co. KG verfügt über einen Komplementär, nämlich die (als **Haftungsschott** fungierende) GmbH, die als juristische Person rechtlich selbständig ist und eigene Rechtspersönlichkeit entfaltet. Die **Komplementär-GmbH** haftet wie bei jeder KG für die Schulden der Gesellschaft persönlich unbeschränkt. Aber für die Schulden der GmbH und damit im Ergebnis auch für die Verbindlichkeiten der KG haftet eben nur deren Gesellschaftsvermögen und nicht das Privatvermögen der an der Personengesellschaft beteiligten natürlichen Personen. Die Sonderstellung der GmbH & Co. KG resultiert mithin aus der **Beschränkung der Haftung der beteiligten natürlichen Personen**. Ihre Haftung entspricht derjenigen eines Gesellschafters einer Kapitalgesellschaft. Sowohl in ihrer Eigenschaft als Kommanditisten als auch gegebenenfalls in ihrer Eigenschaft als Gesellschafter der Komplementär-GmbH ist die Haftung der natürlichen Personen beschränkt auf die Kommanditeinlage – bzw. exakter auf die im Handelsregister verlautbarte Haftsumme – bei der KG und auf die übernommene Stammeinlage bei der Komplementär-GmbH. Im Ergebnis können die Gläubiger der GmbH & Co. KG nur auf das Vermögen der KG und der GmbH unbeschränkt zugreifen, nicht jedoch auf das Vermögen der – zumeist personengleichen – GmbH-Gesellschafter und Kommanditisten.

70 Durch Wahl der Unternehmensform der GmbH & Co. KG kann mithin in haftungsrechtlicher Hinsicht dasjenige erreicht werden, was nach der Grundkonzeption des deutschen Gesellschaftsrechts eigentlich allein durch Gründung einer Kapitalgesellschaft erreicht werden kann. Die durch Wahl einer GmbH & Co. KG erreichte Haftungsbeschränkung unterscheidet sich jedoch grundlegend von derjenigen, die bei Gründung einer Kapitalgesellschaft – namentlich einer GmbH – erzielt worden wäre. Denn hierdurch wird erreicht, dass für die eigentliche unternehmerische Betätigung am Markt eine Personenhandelsgesellschaft zur Verfügung steht, auf die handels- und steuerrechtlich andere Rechtsregeln Anwendung finden und die vielfach sehr viel flexibler ausgestaltet werden kann, als eine (kleine) Kapitalgesellschaft. In haftungsrechtlicher Sicht ist **zentrales Anliegen** der Bildung einer GmbH & Co. KG mithin, **für eine Personengesellschaft den Vorteil der Beschränkung der Haftung der** hinter der Personengesellschaft stehenden **natürlichen Personen zu erschließen** und so das Privatvermögen aller unternehmenstragender Persönlichkeiten gegen die allgemeinen Risiken des Wirtschaftslebens abzusichern, ohne zugleich die rechtsformspezifischen Vorzüge einer Personengesellschaft aufgeben zu müssen.

c) Drittorganschaft; Trennung von Management und persönli- 71
cher Haftung. Das Recht der Personengesellschaften ist geprägt von dem Grundsatz der Selbstorganschaft. Nach dem gesetzlichen Leitbild korrespondiert mit der persönlich unbeschränkten Haftung der oder zumindest eines Personengesellschafters das Recht zur Geschäftsführung und Vertretung der Gesellschaft. Im Falle einer KG ist hierzu allein der Komplementär befugt, während die Kommanditisten von der organschaftlichen – nicht von der rechtsgeschäftlichen[59] – Vertretung der Gesellschaft ausgeschlossen sind.

Dieses Grundprinzip des Personengesellschaftsrechts erweist sich vor allem 72
im Rahmen der **Unternehmens- und Führungsnachfolge** als hinderlich für eine gedeihliche Entwicklung des Unternehmens. Mittelständische Unternehmen werden häufig von dem Gründer des Unternehmens, der regelmäßig als persönlich haftender Gesellschafter die Geschäftsführungs- und Vertretungsbefugnisse wahrnimmt, geprägt. Die Schaffenskraft und Lebenszeit dieser Persönlichkeiten ist – anders als die Lebenszeit des Unternehmens selbst, welches typischerweise den Gründer überdauern soll – begrenzt. Sollte die bisherige Führungspersönlichkeit nicht mehr über den Willen oder die Fähigkeit, das Unternehmen zu führen, verfügen, so bringt dieser Führungswechsel für eine idealtypische Personengesellschaft erhebliche rechtliche Schwierigkeiten mit sich: Denn die Suche nach einem neuen Manager impliziert dann, da ja eine Fremdgeschäftsführung ausscheidet und am Markt nicht ohne weiteres eine erfahrene Führungspersönlichkeit angeworben werden kann, dass die KG selbst erheblich umstrukturiert werden muss, was im Normalfall eine Änderung des Gesellschaftsvertrages mit Zustimmung aller Gesellschafter voraussetzt; ein Weg, der sich oftmals – etwa in Anbetracht der vielfach divergierenden Vorstellungen der Beteiligten – nicht oder nur schwerlich praktizieren lässt. Zudem können vor allem bei Familiengesellschaften Bedenken gegen die Aufnahme von bestimmten Personen in den Gesellschafterkreis bestehen. Abgesehen hiervon stellt sich die Frage, ob derjenige – etwa ein Mitgesellschafter – der zur Führung der Gesellschaft bereit ist, überhaupt persönlich haftender Gesellschafter mit allen Risiken werden will.

In einer normal verfassten KG beinhaltet mithin jeder Führungswechsel 73
nicht nur den üblichen Konfliktstoff, insbesondere die häufig streitige Frage danach, wer die vakante Führung übernehmen soll, sondern der Führungswechsel erfordert zugleich gesellschaftsvertragliche Neuverhandlungen und grundsätzlich das Einvernehmen aller Gesellschafter. Der schlichte Führungswechsel kann sich mithin schnell zum Streit zwischen allen Gesellschaftern und somit zur Krise des Unternehmens selbst ausweiten, eben weil im gesetzlichen Regelfall die Stellung des persönlich haftenden Gesellschafters und des „Geschäftsführers" untrennbar miteinander verbunden sind.

Gerade vor dem Hintergrund der Unternehmens- und Führungsnach- 74
folge bietet hier die GmbH & Co. KG einen einfachen Ausweg aus dem drohenden Dilemma. Geschäftsführung und Vertretung liegen hier bei der Komplementär-GmbH, wodurch einerseits der **Grundsatz der Selbstor-**

---

[59] Einem Kommanditisten kann unstreitig rechtsgeschäftliche Vertretungsmacht, zB durch Einräumung einer Prokura, erteilt werden.

1. Kapitel. Gesellschaftsrechtliche Grundlagen

ganschaft formal gewahrt wird, andererseits **jedoch** ein **Führungswechsel** ebenso **leicht möglich** wird wie bei einer GmbH; namentlich eine Fremdgeschäftsführung kann etabliert werden, so dass auch ein außenstehender Fachmann (typischerweise durch Mehrheitsbeschluss der Gesellschafterversammlung der Komplementär-GmbH) zum Geschäftsführer berufen werden kann. Die zur Geschäftsführung und Vertretung der KG befugte Komplementär-GmbH wird nämlich von dem GmbH-Geschäftsführer vertreten, so dass dieser zugleich die Geschäfte der KG führt. Jede Veränderung in der Person des Geschäftsführers der GmbH führt so zugleich zur Auswechslung der die KG führenden Persönlichkeit. Eine Verknüpfung der Unternehmensführung mit der Gesellschafterstellung sowie der Übernahme der persönlichen Haftung für die Schulden der KG besteht nicht. Im Ergebnis werden auf diese Weise trotz formalem Festhaltens am Grundsatz der Selbstorganschaft die Vorteile der Fremdorganschaft für die Personengesellschaft erreicht, indem die **Vertretungsmacht von** der persönlichen **Haftung gelöst und** das **Management** gegenüber dem Kapital **verselbständigt** wird.[60]

75 Aus den vorgenannten Gründen muss die **Möglichkeit einer** solchen **Fremdgeschäftsführung** jedoch **frühzeitig geschaffen** werden. Steht der Führungswechsel unmittelbar bevor oder ist er bereits aktuell, ist es regelmäßig zu spät, um die vorstehend genannten Probleme und Konflikte zu vermeiden. Denn dann erfordert die vorgesehene Umstrukturierung des Unternehmens die Zustimmung aller Gesellschafter und die Autorität der bisherigen Führungspersönlichkeit, die es regelmäßig vermag, solche Umstrukturierungen auch gegen den Widerstand opponierender Kommanditisten – regelmäßig Familienmitglieder, insbesondere Kinder – durchzusetzen. Besonders problematisch erweist es sich, wenn die bisherige Führungspersönlichkeit bereits verstorben oder ihre Autorität in Anbetracht des angekündigten Führungswechsel geschwächt ist. Gerade eine Unternehmens- und Führungsnachfolge muss sorgfältig geplant und gut vorbereitet sein. Vor diesem Hintergrund ist zu empfehlen, alle insoweit erforderlichen Maßnahmen so früh wie möglich einzuleiten. Denn nur so können in Zukunft Konflikte, die die Existenzfähigkeit des Unternehmens insgesamt bedrohen können, bereits von vornherein ausgeschlossen oder abgemildert werden.

76 **d) Erleichterte Kapitalbeschaffung.** Im Vergleich mit einer Kapitalgesellschaft, insbesondere einer GmbH, erweist sich eine GmbH & Co. KG vor allem auch deshalb als vorteilhaft, weil für den Gesellschaftsvertrag einer Personengesellschaft beinahe **unbeschränkte Gestaltungsfreiheit** besteht, wohingegen die innere Verbandsverfassung einer GmbH, obwohl auch insoweit grundsätzlich Satzungsfreiheit existiert, in stärkerem Maße zwingendem Recht unterliegt.[61] Insbesondere die **Kapitalbeschaffung** kann in einer KG

---

[60] *Binz/Sorg* § 1 Rn. 24 ff.; *Grunewald* Gesellschaftsrecht Kap. 1.C. Rn. 67; HTM/*Mueller-Thuns* GmbH & Co. KG § 2 Rn. 3 ff.; *MüKoHGB/Grunewald* § 161 Rn. 49.

[61] HTM/*Mueller-Thuns* GmbH & Co. KG § 2 Rn. 13 ff.; *K. Schmidt* Gesellschaftsrecht § 5 III; eine Inhaltskontrolle des Gesellschaftsvertrages der GmbH & Co. KG findet grundsätzlich nicht statt, da die mit dem Grundsatz der gesellschaftsvertraglichen Gestaltungsfreiheit einhergehende Privatautonomie grundsätzlich die Richtig-

§ 2 Bedeutung der GmbH & Co. KG

erheblich leichter bewerkstelligt werden als bei einer GmbH, da die kapitalgesellschaftsrechtlichen Grundsätze der Kapitalaufbringung und -erhaltung im Personengesellschaftsrecht keine Anwendung finden.[62]

Als wesentliche Vorzüge der Personengesellschaft gegenüber einer GmbH sind insoweit zu nennen: Es bedarf keiner gesetzlichen Mindesteinzahlung der Kommanditeinlage; dies ist insbesondere dann von Vorteil, wenn für das von der Gesellschaft zu betreibende Handelsgewerbe ein erheblicher Kapitalbedarf besteht, der jedoch sukzessive und flexibel aufgebracht werden soll. Denn bei einer GmbH muss gemäß § 7 Abs. 2 GmbHG auf jede Stammeinlage mindestens 1/4 und insgesamt müssen mindestens EUR 12.500 eingezahlt werden, wobei dieser Betrag so zu bewirken ist, dass er endgültig zur freien Verfügung der Geschäftsführer steht (vgl. § 8 Abs. 2 GmbHG). Weiterhin müssen bei einer GmbH alle Sacheinlagen vor Anmeldung der Gesellschaft bereits an die Gesellschaft bewirkt worden sein (vgl. § 7 Abs. 3 GmbHG), wohingegen bei einer Personengesellschaft eine etwa versprochene Sacheinlage auch später erbracht werden kann.[63] Allerdings ist zu beachten, dass das Kapital der Komplementär-GmbH selbständig nach den vorstehend genannten Grundsätzen aufgebracht werden muss. Jedoch wird die als Haftungsschott fungierende GmbH regelmäßig mit einem sehr viel geringeren Kapital ausgestattet als die operativ tätige Gesellschaft, und Sacheinlagen werden insoweit üblicherweise nicht vorgesehen. 77

Weiterhin kann grundsätzlich der **Gegenstand der Einlage** bei einer Personengesellschaft sehr viel **freier** gestaltet werden. Insoweit ist es insbesondere denkbar, nicht nur Bar- und Sacheinlagen zu vereinbaren, sondern als Einlagegegenstand auch bereits erbrachte Arbeitsleistungen – anders als bei der GmbH[64] – vorzusehen; Letzteres ist allerdings bei der Personengesellschaft strittig.[65] Die Kommanditeinlage kann darüber hinaus auch durch Stehenlassen von Gewinnen geleistet werden. Letzteres ist bei der GmbH ebenfalls nicht möglich, sondern hier müssen die Gewinne mit allen steuerlichen Konsequenzen entweder vorgetragen oder ausgeschüttet und ggf. von den Gesellschaftern wieder eingelegt werden.[66] 78

---

keit der entsprechenden Vereinbarungen gewährleistet. Etwas anderes wird von der Rspr. u. hM einzig und allein im Hinblick auf die Gesellschaftsverträge von reinen Publikumsgesellschaften angenommen, vgl. BGHZ 104, 50 (53); 102, 172 (177); 84, 11; 64, 338.

[62] Vgl. zum kapitalgesellschaftsrechtlichen Kapitalaufbringungs- und -erhaltungsgrundsatz im Hinblick auf eine GmbH *Grunewald* Gesellschaftsrecht Kap. 2.F. Rn. 112 ff.; Baumbach/Hueck/*Fastrich* GmbHG Einl. Rn. 7; *K. Schmidt* Gesellschaftsrecht § 37, jew. mwN.

[63] Vgl. zusammenfassend zu Bar- und Sachgründung einer GmbH *Grunewald* Gesellschaftsrecht Kap. 2.F. Rn. 18 ff.; *Raiser/Veil* Kapitalgesellschaften § 26 Rn. 38 ff. u. 54 ff.; *K. Schmidt* Gesellschaftsrecht § 37 II 3, jew. mwN.

[64] Vgl. statt aller *Raiser/Veil* Kapitalgesellschaften § 26 Rn. 58 aE (ganz hM).

[65] Bejahend Baumbach/Hopt/*Hopt* HGB § 171 Rn. 6; Heymann/*Horn* § 161 HGB Rn. 79; aA HTM/*Mueller-Thuns* GmbH & Co. KG § 2 Rn. 14; KRM/*Koller* HGB §§ 171, 172 Rn. 4, 14; MüKoHGB/*K. Schmidt* §§ 171, 172 Rn. 9; *K. Schmidt* Gesellschaftsrecht § 20 II 3 a bb.

[66] HTM/*Mueller-Thuns* GmbH & Co. KG § 2 Rn. 14; Heymann/*Horn* § 171 HGB Rn. 15; GK/*Schilling* HGB § 171 Rn. 6.

1. Kapitel. Gesellschaftsrechtliche Grundlagen

79 Freiheit besteht bei Personengesellschaften auch im Hinblick auf eine **Änderung des Einlagegegenstandes**; dieser kann einvernehmlich jederzeit ausgetauscht werden. So kann etwa beschlossen werden, dass ein Gesellschafter anstatt einer ursprünglich zugesagten Bareinlage eine Sacheinlage erbringt oder umgekehrt. Diese Freiheit gewinnt vor allem im Hinblick auf die vorstehend geschilderte Möglichkeit der Umwandlung von thesaurierten Gewinnen in Kapitalbeiträge eine erhebliche Bedeutung.[67]

80 Schließlich ist es den Personengesellschaftern einfacher möglich, auch in Verlustjahren **Entnahmen** aus dem Gesellschaftsvermögen zu tätigen, als bei einer GmbH, da die GmbH-rechtlichen Grundsätze der Kapitalerhaltung keine Anwendung finden.[68] Sowohl laufende Gewinne als auch thesaurierte Gewinne können grundsätzlich **leichter** aus dem Gesellschaftsvermögen entnommen werden und auch eine Kapitalherabsetzung ist leichter **zu bewerkstelligen** als bei einer Kapitalgesellschaft. Diese Möglichkeit ist insbesondere dann von Bedeutung, wenn die Gesellschafter aus den Zahlungen der Gesellschaft ihren Lebensunterhalt bestreiten.

81 **e) Privatautonome Gestaltung der Kompetenzordnung und der Einflussnahmemöglichkeiten der Gesellschafter.** Sowohl im Personengesellschaftsrecht als auch im GmbH-Recht besteht – anders als im vom Grundsatz der Satzungsstrenge geprägten Aktienrecht (vgl. § 23 Abs. 5 AktG) – weitgehende **gesellschaftsvertragliche Gestaltungsfreiheit**. Die statutarische Kompetenzordnung und die Einflussmöglichkeiten der Gesellschafter können flexibel gestaltet werden. Insoweit bestehen im Grundsatz keine wesentlichen, im Detail allerdings durchaus rechtsformspezifische Unterschiede, die im Rahmen der Gestaltung der Gesellschaftsverträge von KG und Komplementär-GmbH beachtet werden müssen. Im Rahmen der Abstimmung der Gesellschaftsverträge bestehen zwei grundsätzliche Möglichkeiten:

82 Zum einen kann ein weitgehender **Gleichlauf** der Kompetenzordnungen der jeweiligen Gesellschaften und der damit einhergehenden Einflussmöglichkeiten der jeweiligen Gesellschafter von KG und Komplementär-GmbH herbeigeführt werden. Dies ist insbesondere dann zweckmäßig und geboten, wenn an der KG und an der Komplementär-GmbH dieselben Personen zu gleichen Beteiligungsquoten beteiligt sind, da diese dann auch in beiden Gesellschaften die gleichen Mitspracherechte haben sollen (so genannte **personengleiche GmbH & Co. KG**).

83 Gesellschafterkreis und Beteiligungsquoten innerhalb der operativ tätigen KG und in der die Geschäftsführung der KG wahrnehmenden GmbH können jedoch auch (bewusst) voneinander abweichen (so genannte **nicht personengleiche GmbH & Co. KG**). Auf diesem Wege wird bestimmten Gesellschaftern ein erheblich größerer Einfluss auf die Geschäftsführung und Vertretung des Gesamtunternehmens eingeräumt als anderen. Die Rechts-

---

[67] Vgl. BGH NJW 1992, 241 (242); NJW-RR 1992, 930; HTM/*Mueller-Thuns* GmbH & Co. KG § 2 Rn. 14; KRM/*Koller* §§ 171, 172 HGB Rn. 4, 14.

[68] Vgl. zu den GmbH-rechtlichen Grundsätzen der Kapitalerhaltung *Grunewald* Gesellschaftsrecht Kap. 2.F. Rn. 115 ff.; *Raiser/Veil* Kapitalgesellschaften § 37 Rn. 1 ff.; *K. Schmidt* Gesellschaftsrecht § 37 III.

§ 2 Bedeutung der GmbH & Co. KG

stellung des persönlich haftenden Gesellschafters ist nämlich eine wesentlich stärkere als die eines Kommanditisten, so dass diejenigen Personen, die allein Gesellschafter der Komplementär-GmbH sind, allein durch die unterschiedliche Ausgestaltung der Beteiligungsverhältnisse in KG und Komplementär-GmbH einen erheblichen Einfluss auf das Gesamtunternehmen gewinnen, wohingegen der Einfluss der Nur-Kommanditisten begrenzt ist.

Durch eine solche nicht personenidentische GmbH & Co. KG kann also erreicht werden, dass diejenigen, die allein als Kommanditisten an der KG beteiligt sind, ohne zugleich GmbH-Gesellschafter der Komplementärin zu sein, weitgehend zu **reinen Kapitalgebern mit geringem Einfluss** auf das Management werden. Demgegenüber können diejenigen Personen, die Gesellschafter der GmbH sind, die Geschäftsführung und Vertretung der GmbH & Co. KG bestimmen, auch wenn sie selbst an der KG nicht oder nicht mehrheitlich beteiligt sind. Die Rechtsform der GmbH & Co. KG bietet mithin die **Möglichkeit der Beherrschung** des Gesamtunternehmens **ohne Kapitalmehrheit**; dies wird schlagwortartig vielfach als „Herrschaft ohne Majorität" bezeichnet.[69] Denn bei der Komplementär-GmbH können deren Gesellschafter den Geschäftsführer, der auch die Geschäfte der KG führt, bestellen sowie abberufen (vgl. § 38 GmbHG) und ihm grundsätzlich in beliebigem Umfang Weisungen hinsichtlich der Geschäftsführung erteilen (so genannte Omnipotenz der Gesellschafterversammlung).[70] Die GmbH-Gesellschafter haben darüber hinaus ein nicht abding- oder einschränkbares Auskunfts- und Informationsrecht (vgl. § 51a GmbHG), so dass sie sich alle für eine entsprechende Einflussnahme notwendigen Informationen jederzeit beschaffen können, auch wenn sie selbst die Geschäftsführerposition nicht einnehmen. 84

Demgegenüber können die Kommanditisten der KG im gesetzlichen Regelfall auf die laufende Geschäftsführung des persönlich haftenden Gesellschafters keinen Einfluss nehmen. Lediglich bei Maßnahmen, die über den gewöhnlichen Geschäftsbetrieb hinausreichen, besteht gemäß § 164 HGB ein Widerspruchsrecht, wobei auch dieses Recht durch gesellschaftsvertragliche Regelungen weitgehend abbedungen werden kann.[71] Auch die Informationsrechte der Kommanditisten sind sehr viel schwächer ausgeprägt als diejenigen der GmbH-Gesellschafter. Deren Kontrollrechte beschränken sich nämlich gemäß § 166 HGB auf die abschriftliche Mitteilung des Jahresabschlusses und die Prüfung seiner Richtigkeit.[72] 85

Ist ein solcher unterschiedlicher Einfluss der am Gesamtunternehmen beteiligten Personen gewollt, müssen flankierend die Gesellschaftsverträge von KG und GmbH so ausgestaltet werden, dass der Einfluss der Mehrheit der 86

---

[69] Vgl. zum Begriff Binz/Sorg § 1 Rn. 27 ff.
[70] Roth/Altmeppen/*Altmeppen* GmbHG § 37 Rn. 3 ff.; Rowedder/Schmidt-Leithoff/*Koppensteiner/Gruber* GmbHG § 37 Rn. 26 ff.; Scholz/*Schneider* GmbHG § 37 Rn. 30 ff.; Baumbach/Hueck/*Zöllner/Noack* GmbHG § 37 Rn. 17 ff.
[71] BGH WM 1993, 18 (23); Baumbach/Hopt/*Hopt* HGB § 164 Rn. 6; *Grunewald* Gesellschaftsrecht Kap. 1.C. Rn. 14 aE; MüKoHGB/*Grunewald* § 164 Rn. 29.
[72] *Grunewald* ZGR 1989, 545 (549); MüKoHGB/*Grunewald* § 166 Rn. 12; EBJS/*Weipert* HGB § 166 Rn. 23 (hM); aA KRM/*Koller* HGB § 166 Rn. 6; Roth/Altmeppen/*Roth* GmbHG § 51a Rn. 44; *Schießl* GmbHR 1985, 109 ff.

1. Kapitel. *Gesellschaftsrechtliche Grundlagen*

Kommanditisten innerhalb der KG sinnvoll begrenzt, der Einfluss der GmbH-Gesellschafter innerhalb der GmbH jedoch stark ausgeprägt wird. Diese Umstände können nun in vielfältiger Weise fruchtbar gemacht werden, um den Interessen der Gesellschaft zu dienen. Insbesondere wird die Möglichkeit eröffnet, **reine Kapitalgeber** in die Gesellschaft aufzunehmen, die an einer gewinnbringenden Geldanlage interessiert sind und keinen unternehmerischen Einfluss nehmen wollen oder sollen – eine Gestaltungsmöglichkeit, von der gerade Publikums- und Abschreibungsgesellschaften vielfältig Gebrauch machen, bei denen die Initiatoren vielfach überhaupt nicht kapitalmäßig an der KG beteiligt, sondern alleinige GmbH-Gesellschafter sind.

87 Aber gerade auch im Rahmen der **Unternehmensnachfolge** insbesondere **in Familiengesellschaften** lässt sich diese Gestaltungsmöglichkeit variabel und im Ergebnis im Interesse aller Gesellschafter einsetzen. Die Lebenszeit eines gewerblichen Unternehmens ist – wie ausgeführt – grundsätzlich nicht beschränkt; es soll vielmehr regelmäßig viele Generationen überdauern. Durch Versterben der Gründer- und Führungsgeneration rücken in deren Gesellschafterstellung dann regelmäßig deren Ehegatten oder Nachkommen ein, wobei die Erben vielfach entweder nicht Willens oder nicht in der Lage sind, sich innerhalb des Unternehmens unternehmerisch zu betätigen oder sinnvoll unternehmerischen Einfluss zu nehmen. Zudem zersplittern sich die Beteiligungen von Erbfall zu Erbfall und von Generation zu Generation typischerweise immer weiter, so dass der Gesellschafterkreis groß und unüberschaubar wird, ganz abgesehen von der Gefahr von Streitigkeiten zwischen den einzelnen Familienstämmen, die im Kampf um Wissen, Einfluss und Geld zu einer Lähmung des Unternehmens führen können. Gerade vor diesem Hintergrund ist es sinnvoll und notwendig, durch gestalterische Vorsorge eine Weiterführung des Unternehmens durch eine starke Geschäftsführung (sei es durch einen Fremdgeschäftsführer, sei es durch einen unternehmerisch befähigten Nachkommen) zu gewährleisten. Dies lässt sich durch die Wahl der „Rechtsform" der GmbH & Co. KG und entsprechende gesellschaftsvertragliche und erbrechtliche Regelungen sicherstellen, indem die unternehmerisch weniger befähigten oder gar ungeeigneten Erben lediglich Kommanditisten der operativ tätigen KG werden, die zukünftigen unternehmenstragenden Persönlichkeiten hingegen neben ihrer KG-Beteiligung zugleich die Geschäftsanteile der Komplementär-GmbH erhalten. Die Unternehmerpersönlichkeiten können dann, ohne mehrheitlich an dem Unternehmen beteiligt zu sein, ungehindert die Geschäfte der Gesellschaft führen und zum Gewinn aller das Vermögen des Familienunternehmens sichern und mehren. Hierzu muss keiner der Nachkommen vermögensmäßig benachteiligt werden, da die relevanten Werte des Gesamtunternehmens ja der KG zustehen.

88 Die durch die „Rechtsform" der GmbH & Co. KG ermöglichte „Herrschaft ohne Majorität" ist mithin ein probates Mittel gerade im Rahmen der **vorausschauenden Planung der Unternehmensnachfolge**. Eine solche tut Not, denn eine starke Unternehmensleitung, die von latenten oder jedenfalls nicht vermeidbaren Spannungen innerhalb eines im Laufe der Zeit naturgemäß größer werdenden Gesellschafterkreises unbeeindruckt und vor

§ 2 Bedeutung der GmbH & Co. KG

allem – zumindest im Tagesgeschäft – unbeeinflusst ist, ist grundsätzlich (von Fällen des Macht- und Einflussmissbrauchs abgesehen) die beste Gewähr für eine gedeihliche Unternehmensentwicklung.

Dies gilt natürlich unter dem Vorbehalt, dass die Führungsposition von einer geeigneten Führungspersönlichkeit eingenommen wird; dieses Problem, einen solchen Unternehmer zu finden, besteht allerdings unabhängig von Rechtsformüberlegungen. Jedoch kann auch diese Auswahl durch die „Rechtsform" der GmbH & Co. KG erleichtert werden. Vielfach bietet es sich nämlich für einen Unternehmer an, einen Nachkommen bereits zu Lebzeiten an dem Unternehmen zu beteiligen. Hierfür sprechen schon steuerrechtliche Erwägungen. Abgesehen hiervon ist es sinnvoll, die Nachkommen frühzeitig an das Unternehmen heranzuführen, insbesondere dann, wenn diese (regelmäßig als Angestellte) in dem Unternehmen bereits tätig sind oder auf eine solche Tätigkeit vorbereitet werden sollen. Hierdurch wird den Nachkommen Einblick in das Unternehmen gewährt, ergebnis- und eigenverantwortliches Handeln gefördert und die Chance zur Bewährung geboten, was die spätere Auswahl eines geeigneten Führungsnachfolgers erleichtert. Zugleich hat die bisher unternehmenstragende Persönlichkeit natürlich das Interesse, sich seines Einflusses auf die Geschicke des Unternehmens nicht zu begeben. Dies kann trotz kapitalmäßiger Beteiligung der Nachkommen gewährleistet werden, etwa indem das Unternehmen als nicht personenidentische GmbH & Co. KG ausgestaltet und der bisherige Unternehmer Alleingesellschafter der Komplementär-GmbH wird und der designierte Nachfolger von Todes wegen in diese Position einrückt. 89

f) Rechnungslegung, Publizität und Mitbestimmung. Kapitalgesellschaften unterliegen grundsätzlich wesentlich strengeren Rechnungslegungs- und Publizitätsvorschriften als Personengesellschaften. Es bestand nach früherem Recht nur für Kapitalgesellschaften eine Verpflichtung, ihre Jahresabschlüsse zu prüfen und zu publizieren. Auch die GmbH & Co. KG wurde von den speziell für Kapitalgesellschaften geltenden Vorschriften über die **Rechnungslegung** (§§ 264 ff. HGB) nicht erfasst. Nach der sog. GmbH & Co. KG-Richtlinie der EU[73] sind nun jedoch KGs, deren Komplementäre keine natürlichen Personen, sondern GmbHs oder AGs sind, denselben Publizitäts- und Prüfungsregeln zu unterwerfen wie Kapitalgesellschaften. Die Richtlinie wurde durch das Kapitalgesellschaften & Co. Richtlinie-Gesetzes (KapCoRiLiG), welches am 4. Februar 2000 vom Bundestag beschlossen wurde, umgesetzt (vgl. §§ 264a, b, c HGB), so dass die bis dahin bestehenden bilanzrechtlichen, rechtsformspezifischen Unterschiede weitgehend entfallen sind.[74] 90

---

[73] Richtlinie v. 8.11.1990 (90/605/EWG) AblEG Nr. L 317/60.
[74] Vgl. BGBl. 2000, 154; s. hierzu *Bihr* BB 1999, 1862 ff.; *Scheffler* DStR 2000, 529 ff.; *Strobel* BB 1999, 1054 ff.; *Binz/Sorg* § 15 Rn. 19 ff. Der Europäischen Gerichtshof hat auf Vorlage zweier deutscher Gerichte entschieden, dass kein Raum für vernünftige Zweifel an der Rechtmäßigkeit der sich aus der Richtlinie ergebenden Sanktionsmöglichkeiten bei unterlassener Offenlegung existiert, da das Daihatsu-Urteil (EuGH DStR 1998, 214) insoweit eindeutig sei; EuGH GmbHR 2004, 1436 ff.

91 Echte Vorteile bietet die GmbH & Co. KG hingegen im Hinblick auf die **Mitbestimmung.** Ein Aufsichtsrat unter Arbeitnehmerbeteiligung ist bei einer GmbH & Co. KG, bzw. exakter bei der Komplementär-GmbH, erst dann zu bilden, wenn das Unternehmen (also die GmbH und die KG zusammengenommen) mehr als 2.000 Arbeitnehmer beschäftigt, wobei weitere Voraussetzung ist, dass in der KG und der Komplementär-GmbH die gleichen Gesellschafter mehrheitlich beteiligt sind (vgl. §§ 1, 4 MitbestG).[75] Demgegenüber ist für eine GmbH mit mehr als 500 Arbeitnehmern ein drittelparitätisch-mitbestimmter Aufsichtsrat nach § 1 Abs. 1 Nr. 3 DrittelbG zu bilden. GmbH & Co. KGs mit mehr als 500 und weniger als 2000 Mitarbeitern bzw. nicht personenidentische GmbH & Co. KGs, an denen nicht dieselben Personen Mehrheitsbeteiligungen an der KG und der Komplementär-GmbH halten, bieten somit mitbestimmungsrechtliche Vorteile gegenüber einer GmbH.

92 **g) Sicherung der Unternehmenskontinuität.** Über die genannten Vorteile im Rahmen der Sicherung der Unternehmensnachfolge bot die GmbH & Co. KG früher weitere Vorteile im Rahmen der Sicherung der Unternehmenskontinuität, die auf einem früheren Nachteil sonstiger Personenhandelsgesellschaften beruhten und mit der Handelsrechtsreform entfallen sind. Personengesellschaften waren früher, anders als Kapitalgesellschaften, im Grundsatz in ihrem Fortbestand von der unveränderten Zusammensetzung ihres Gesellschafterkreises abhängig. So führte insbesondere der Tod eines persönlich haftenden Gesellschafters im gesetzlichen Regelfall zur Auflösung der Gesellschaft (vgl. § 727 Abs. 1 BGB, § 131 Nr. 4 HGB aF iVm § 161 HGB aF). Dies deshalb, weil der Zusammenschluss in einer Personengesellschaft nach der Grundidee des Gesetzes auf dem persönlichen Einsatz der Gesellschafter für das Unternehmen und dem persönlichen Vertrauen zwischen den Personengesellschaftern beruht. Diese Rechtsfolge war jedoch nicht zwingend. Es wurde in Personengesellschaftsverträgen insoweit typischerweise vereinbart, dass die Gesellschaft bei Tod des persönlich haftenden Gesellschafters entweder zwischen den verbleibenden Gesellschaftern (Fortsetzungsklausel) oder den Erben (Nachfolgeklausel) fortgesetzt wird.

93 Dieser frühere Gesetzesgrundsatz ist durch das Handelsrechtsreformgesetz umgekehrt worden. Gemäß § 131 Abs. 3 S. 1 Nr. 1 HGB führt der Tod des Gesellschafters mangels abweichender gesellschaftsvertraglicher Bestimmung nicht zur Auflösung der Gesellschaft, sondern zum Ausscheiden des entsprechenden Gesellschafters. Allerdings ist zu beachten, dass dann, wenn der einzige Komplementär einer KG gestorben ist und keine Nachfolgeklausel existiert, die Gesellschaft als werbende KG nur fortgesetzt werden kann, wenn ein neuer Komplementär eintritt; andernfalls ist die Gesellschaft aufge-

---

[75] Nach zutr. ganz hM ist § 4 Abs. 1 MitbestG auch im Fall der sog. Einheitsgesellschaften, dh auf eine GmbH & Co. KG, bei der die KG alle Geschäftsanteile der Komplementär-GmbH inne hat, (jedenfalls entsprechend) anwendbar, so OLG Celle DB 1979, 2502; OLG Bremen DB 1980, 1332; *Kunze* ZGR 1978, 321 (335); MHdB KG/stGes/*Mutter* § 53 Rn. 11; *Raiser/Veil* MitbestG § 4 Rn. 13; UHH/*Ulmer/Habersack* MitbestG § 4 Rn. 17 sowie nunmehr auch *Binz/Sorg* § 14 Rn. 74 ff., jeweils mwN.

löst.⁷⁶ Im Zweifel ist eine ergänzende Auslegung des Gesellschaftsvertrages dahin gehend geboten, dass die Kommanditisten zumutbare Anstrengungen unternehmen müssen, um die Auflösung der Gesellschaft zu verhindern, zB durch Gründung einer Komplementär-GmbH, die in die Gesellschaft als Komplementärin eintritt. Führen die Kommanditisten hingegen die Gesellschaft ohne (neuen) Komplementär fort – statt die Liquidation zu betreiben – so wird die Gesellschaft regelmäßig zur OHG.⁷⁷ Ist eine Nachfolgeregelung getroffen worden, kann der Nachfolger eines persönlich haftenden Gesellschafters allerdings seinen Verbleib in der Gesellschaft von der Einräumung der Stellung eines Kommanditisten abhängig machen (vgl. § 139 HGB).

Es kann mithin beim Tod des persönlich haftenden Gesellschafters auch bei vertraglicher Vorsorge die Notwendigkeit entstehen, einen neuen persönlich haftenden Gesellschafter zu etablieren, da jedenfalls ein Gesellschafter die persönlich unbeschränkte Haftung für die Verbindlichkeiten der Gesellschaft übernehmen muss. Allein aus diesem Grunde bietet es sich an, **als persönlich haftenden Gesellschafter eine GmbH** einzusetzen, denn diese ist grundsätzlich **unsterblich**, so dass der Fortbestand des Unternehmens dauerhaft gesichert wird. Die vorgesehene Komplementär-GmbH kann an die Stelle des bisherigen persönlich haftenden Gesellschafters treten, neben ihn oder auch erst beim Ableben des Komplementärs in dessen Stellung einrücken (so genannte Reserve-GmbH). 94

III. Die GmbH & Co. KG in der Unternehmenspraxis

Vorstehend wurde eine Vielzahl von Gestaltungsgesichtspunkten aufgezeigt, deren Relevanz und Gewichtung im Einzelfall sehr unterschiedlich sein können. In der Unternehmenspraxis gibt es einige Situationen, in denen die Wahl der „Rechtsform" der GmbH & Co. KG in besonderem Maße in Betracht kommt, wobei jeweils dieser Rechtsformwahl typischerweise nur ein Teil der vorgenannten Überlegungen zugrunde liegen. Diese Gesichtspunkte werden nachstehend zusammengestellt. Allerdings verbieten sich auch insoweit Pauschalurteile. Die **Entscheidung** zugunsten einer bestimmten Rechtsform beruht regelmäßig auf einem **vielschichtigen Motivbündel**. Die Auswahl der für das konkrete unternehmerische Engagement passenden Rechtsform ist eine diffizile, aber zugleich sehr wichtige Aufgabe. Es kann hier daher nur ein Grobraster von typischen Entscheidungskriterien geboten werden: 95

1. Neugründung

Soll ein gewerbliches Unternehmen neu gegründet werden, spielen die **gesellschaftsrechtlichen Überlegungen** regelmäßig eine eher untergeordnete Rolle, mit Ausnahme der erstrebten **Vermeidung** einer **persönlichen Haftung** der Unternehmensgründer. 96

---

⁷⁶ Vgl. KRM/*Koller* HGB § 131 Rn. 8.
⁷⁷ Vgl. BGH JZ 1987, 95; NJW 1979, 1705 f.; KRM/*Koller* HGB § 131 Rn. 8 aE.

1. Kapitel. Gesellschaftsrechtliche Grundlagen

97 Relevanz kann insoweit aber auch eine denkbare **Trennung zwischen Managementfunktion und Kapitalgeberfunktion** innerhalb des Unternehmens gewinnen. Der Kapitalbedarf für das neue Unternehmen kann vielfach (ohne dass zusätzliche persönliche oder dingliche Sicherheiten geleistet werden) nur schwer über Kredite aufgebracht werden. Die Bereitschaft der Banken Kredite für zukunftsträchtige, innovative Projekte mit großen Chancen und Risiken auszureichen, erscheint unsicherer den je. Insbesondere die infolge der Finanzkrise verschärfte Bankenregulierung[78] und die anhaltende Staatsschuldenkrise[79] lassen die Finanzinstitute von der Fremdmittelvergabe absehen. Es kann daher zweckmäßig sein, das neue Unternehmen auf eine breite Eigenkapitalbasis zu stellen[80] und private Kapitalgeber zu suchen, die bereit sind, in das Unternehmen gegen Gewährung einer nichtunternehmerischen Gesellschafterstellung zu investieren. Hier bietet sich – abgesehen von einer AG, die jedoch nach dem gesetzlichen Leitbild auf Großunternehmen mit großem Kapitalbedarf zugeschnitten und wegen ihrer sehr förmlichen, schwer handhabbaren Unternehmensstruktur nicht ernsthaft als Alternative in Betracht kommt[81] – allein die GmbH & Co. KG als geeignete „Rechtsform" an. Dies vor allem auch deshalb, weil die GmbH & Co. KG den Anlegern neben der Chance, an dem Wertzuwachs des Unternehmens zu partizipieren, noch immer die Möglichkeit bietet, interessante Steuervorteile zu erzielen.

98 Jenseits dieser Fallgestaltung spielt die **kapitalmäßige Flexibilität** der Personengesellschaft gegenüber der GmbH im Rahmen der Entscheidung zur Neugründung einer GmbH & Co. KG eine Rolle. Im Übrigen dürften jedoch wohl steuerrechtliche Überlegungen, aber auch emotionale Gründe im Rahmen der Neugründungspraxis leitend sein.[82]

---

[78] Zu den erwarteten Auswirkungen der Implementierung von Basel III auf die Unternehmensfinanzierung *Becker/Böttger/Ergün/Müller* DStR 2011, 375 ff.; *Schmitt* BB 2011, 105 (107).

[79] Zwar entwickelten sich die Finanzierungsbedingungen laut der KfW-Unternehmensbefragung bis in das Jahr 2012 insgesamt positiv, allerdings sahen sich kleine, junge sowie innovative Unternehmen bei der Kreditaufnahme mit erheblichem Problemen konfrontiert, BB 2012, 1460.

[80] Eine hohe Eigenkapitalquote des Unternehmens wirkt sich dabei wiederum positiv auf dessen Ratingnote und damit auf die Bereitschaft der Banken zur Kreditvergabe an dieses aus; *Hillmer* BC 2012, 30 ff.

[81] Dies gilt trotz der vom Gesetzgeber durch das „Gesetz für kleine AG und zur Deregulierung des Aktienrechts" v. 2.8.1994 (BGBl. I, 1961) eingeführten Erleichterungen für sog. „kleine AG". Für derartige Gesellschaften wurden zwar Sonderbestimmungen über die Einpersonengründung (vgl. § 2 AktG), über die freiere Ergebnisverwendung (§ 58 Abs. 2 S. 2 AktG) und über eine vereinfachte Hauptversammlung bei bekanntem Aktionärskreis (§§ 121 Abs. 4, 124 Abs. 1 AktG) geschaffen, jedoch hat sich hierdurch die für mittelständische Unternehmen schwere Handhabbarkeit der AG nicht grundlegend geändert, vgl. *K. Schmidt* Gesellschaftsrecht § 26 III 2b aE: „die ‚Einführung' der ‚kleinen AG' ist nichts als eine teleologische Korrektur einzelner Gesetzesnormen innerhalb eines erstarrten Aktiengesetzes".

[82] HTM/*Mueller-Thuns* GmbH & Co. KG § 2 Rn. 23 ff.

2. Umwandlung eines bestehenden Unternehmens in eine GmbH & Co. KG

Wird ein bestehendes Unternehmen in eine GmbH & Co. KG „umgewandelt",[83] so hängen die maßgebenden Überlegungen von der ursprünglichen Rechtsform des „umgewandelten" Unternehmens ab: 99

a) **Einzelkaufmännische Unternehmen/Personengesellschaften.** Ein einzelkaufmännisches Unternehmen oder eine (weitgehend) strukturtypische OHG/KG wird regelmäßig vor allem zur **Herbeiführung einer Haftungsbeschränkung** zugunsten der unternehmerisch engagierten natürlichen Personen in eine GmbH & Co. KG umgewandelt. 100

Von Bedeutung ist insoweit weiterhin, dass diese Änderung der „Rechtsform" regelmäßig **ohne großen Aufwand** durch Aufnahme der Komplementär-GmbH, die zudem relativ einfach im Wege der Bargründung gegründet werden kann, zu bewerkstelligen ist. Die einfache Handhabung des Unternehmens im Hinblick auf die gesellschaftsvertragliche Ausgestaltung der inneren Ordnung und im Rahmen von Kapitalmaßnahmen sowie hinsichtlich der Tätigung von Entnahmen bleibt erhalten. Die andersartigen kapitalgesellschaftsrechtlichen Regeln sind unmittelbar nur im Hinblick auf die weitgehend vermögenslose Komplementär-GmbH zu beachten. Einzig die Vorschriften zur Rechnungslegung können nun auch auf die KG Anwendung finden, vgl. §§ 264 ff. HGB. Steuerrechtlich ändert sich – abgesehen davon, dass die Besteuerung etwaiger Gewinne der Komplementär-GmbH nun nach den für Kapitalgesellschaften geltenden Regeln erfolgt – nicht viel. Es kann mithin das Unternehmen weitgehend unverändert fortgeführt werden; ein Vorteil, der nicht zu unterschätzen ist. 101

Leitend sind insoweit weiterhin Überlegungen im Hinblick auf die **Sicherung der Unternehmenskontinuität** und vor allem im Hinblick auf die **Erbfolge**. Gerade vor dem Hintergrund einer kapitalmäßigen Beteiligung von Nachkommen an dem Unternehmen bietet sich die „Rechtsform" der GmbH & Co. KG an. Eine solche frühzeitige Übertragung von Geschäftsanteilen auf Nachkommen ist bereits aus Gründen der **Erbschaft- und Schenkungsteuer** angezeigt, da die steuerlichen Freibeträge in Zeitabschnitten von mehr als zehn Jahren mehrfach ausgenutzt werden können (vgl. § 14 ErbStG), so dass eine teilweise vorweggenommene Erbfolge bereits bei durchschnittlichem Betriebsvermögen des Unternehmens für die Nachkommen erhebliche Steuervorteile bietet; gerade im Hinblick auf Steuerbelastungen aufgrund Schenkung von Todes wegen bietet die Personengesellschaft Vorteile. Die allgemeine Bedeutung einer vorausschauenden Unternehmensnachfolgeplanung wurde vorstehend eindringlich und wiederholt betont. Gerade für mittelständische Unternehmen und Familiengesellschaften bietet sich die GmbH & Co. KG an, um die mit einem Generationswechsel typischerweise verbundenen Schwierigkeiten und Probleme zu 102

---

[83] Rechtstechnisch kann eine solche „Umwandlung" im Wege des Formwechsels nach dem UmwG bzw. nach den anderen umwandlungsrechtlichen Rechtsregeln, aber auch in anderer Weise, etwa durch Ausgründung des operativen Geschäftsbetriebes oder Ähnliches, erfolgen.

vermeiden bzw. vorweg zu lösen, damit sich der Tod der unternehmenstragenden Persönlichkeit nicht zur Unternehmenskrise und Gefährdung des Lebenswerkes des Firmengründers ausweitet.

103 Aber auch wenn solche antizipierten Regelungen nicht getroffen wurden und sich im Unternehmen bereits (rivalisierende) Familienstämme gebildet haben, kann sich der Wechsel in eine GmbH & Co. KG anbieten, um den Konflikten die Schärfe zu nehmen und um Kompromisse zu finden, die ein gedeihliches Zusammenwirken zwischen den Beteiligten ermöglichen. Vor allem die Einsetzung eines **Fremdgeschäftsführers**, wie sie durch die Wahl dieser „Rechtsform" möglich wird, kann zielführend sein und die für die Streitenden bestehende Gefahr eines Vermögensverlustes mindern.

104 **Steuerrechtliche Überlegungen** dürften demgegenüber beim Wechsel eines einzelkaufmännischen Unternehmens bzw. einer Personengesellschaft in die GmbH & Co. KG **eher in den Hintergrund** treten.

105 **b) GmbH.** Demgegenüber dürften beim Wechsel von der GmbH in die GmbH & Co. KG umgekehrt **gesellschaftsrechtliche Gesichtspunkte** regelmäßig **nicht entscheidend** sein. Denn Haftungsbeschränkung und Möglichkeit zur Einsetzung eines Fremdmanagements bestehen bereits. Allenfalls die etwas größere Flexibilität der Personengesellschaft und mitbestimmungsrechtliche Überlegungen können eine (regelmäßig eher untergeordnete) Rolle spielen. Der Wechsel von der GmbH in die GmbH & Co. KG steht vielmehr typischerweise ganz im Zeichen der **Erzielung etwaiger steuerrechtlicher Vorteile**. Insbesondere die denkbaren Steuervorteile einer Personengesellschaft im Rahmen der Ertragsbesteuerung sowie im Rahmen des Gesellschafterwechsels von Todes wegen bzw. im Wege der Schenkung können insoweit entscheidendes Gewicht haben (→ Rn. 9 ff.).

3. Sanierung Not leidender Unternehmen

106 Auch im Zusammenhang von Sanierungsbemühungen kann es angezeigt sein, ein in eine Schieflage geratenes Unternehmen in eine GmbH & Co. KG umzuwandeln. Oftmals besteht nämlich seitens der Gläubiger ein Interesse daran, die überschuldete Gesellschaft durch Zuführung neuen Kapitals zu sanieren. Dies insbesondere dann, wenn für die in Liquiditätsschwierigkeiten geratene Gesellschaft eine positive Fortführungsprognose besteht, so dass die Gläubiger die Chance haben, durch Kapitalzufuhr im Ergebnis drohende Verluste, die im Falle eines Konkurses entstehen würden, langfristig zu verhindern oder zumindest zu minimieren. Da jedoch die finanziellen Reserven des sanierungsbedürftigen Unternehmens erschöpft sind und auch keine zusätzlichen Sicherheiten für neue Kredite zur Verfügung gestellt werden können, bietet es sich an, die **Gläubiger an dem Unternehmen** als Kommanditisten **zu beteiligen** und, falls das Vertrauen in die Geschäftsführung in Anbetracht der Unternehmenskrise erschüttert ist, durch Aufnahme einer Komplementär-GmbH die **Geschäftsführung** in die Hand eines Fremdgeschäftsführers, regelmäßig eines **erfahrenen Sanierers**, zu legen. Der bzw. die bisherigen Inhaber verbleiben dann regelmäßig als Kommanditisten in der Gesellschaft.[84]

---

[84] HTM/*Mueller-Thuns* GmbH & Co. KG § 2 Rn. 28 f.

4. Zusammenschluss zu einer Interessengemeinschaft

Häufig schließen sich im Wirtschaftsleben gewerbliche Unternehmen zur Verfolgung gemeinsamer Ziele zusammen, um sich im Wettbewerb besser behaupten zu können. Die Kooperationsformen sind vielgestaltig. Die Palette reicht von schlichten obligatorischen Kooperationsverträgen bis zum Zusammenschluss bestimmter Unternehmensaktivitäten in Gemeinschaftsunternehmen, in die bestimmte Unternehmensbereiche regelmäßig als Sacheinlage eingebracht werden, oder im Wege der Verschmelzung. **107**

In der Mitte zwischen diesen Extremen steht die so genannte Interessengemeinschaft, bei der mehrere selbständige Unternehmen zusammen eine Gesellschaft gründen, die bestimmte Unternehmensfunktionen – etwa den Einkauf oder den Vertrieb – übernimmt, ohne dass die Eigenständigkeit der Einzelbetriebe aufgegeben wird.[85] Für einen derartigen Zusammenschluss mehrerer selbständiger Unternehmen zu einer Interessengemeinschaft bietet sich regelmäßig die Rechtsform der GmbH & Co. KG an. Hierdurch kann nämlich – anders als bei einer strukturtypischen Personenhandelsgesellschaft – das **Risiko einer persönlichen unbeschränkten Haftung** der zusammengeschlossenen Unternehmen für die Verbindlichkeiten der Interessengemeinschaft **vermieden** werden.[86] Zugleich wird sichergestellt, dass – anders als regelmäßig im Fall einer GmbH – der von der Interessengemeinschaft **erwirtschaftete Gewinn ohne große Schwierigkeiten entnommen** und von den einzelnen Gesellschaftern in ihren eigenen Betrieben verwandt werden kann.[87] **108**

---

[85] Vgl. zur Interessengemeinschaft K. *Schmidt* Gesellschaftsrecht § 58 III 7e.
[86] S. hierzu auch HTM/*Mueller-Thuns* GmbH & Co. KG § 2 Rn. 30 f.
[87] Vgl. HTM/*Mueller-Thuns* GmbH & Co. KG § 2 Rn. 31.

§ 3 Erscheinungsformen der GmbH & Co. KG

Übersicht

	Rn.
I. Personengleiche und nicht personengleiche GmbH & Co. KG	2
1. „Echte" GmbH & Co. KG	3
2. „Unechte" GmbH & Co. KG	5
II. Einmann-GmbH & Co. KG	7
III. Einheitsgesellschaft	9
1. Gesellschaftsinterne Willensbildung	11
2. Haftungsprobleme	13
3. Grundsatz	19
IV. Mehrstufige GmbH & Co. KG	20
V. Kapitalgesellschaftsähnliche GmbH & Co. KG	27
1. Publikums-KG	29
2. Sonstige atypisch verfasste, kapitalistische GmbH & Co. KGs	35
VI. Die KG mit Komplementären anderer Rechtsform	39
1. Unternehmergesellschaft (haftungsbeschränkt)	40
2. Ausländische juristische Person	43
3. Aktiengesellschaft und SE	49
4. Stiftung	53
VII. Die GmbH & Co. KG aA	55
1. Grundstruktur	56
2. Zulässigkeit	59
3. Sonderregeln für die kapitalistische KGaA	61
4. Die GmbH & Co. KGaA als Alternative zur GmbH & Co. KG	63

Schrifttum: *Ammon*, Gesellschaftsrechtliche und sonstige Neuerungen im Handelsrechtsreformgesetz, DStR 1998, 1476; *Bahnsen*, Gestaltung einer GmbH & Co. KG als Einheitsgesellschaft, GmbHR 2002, 186 ff.; *Bayer/Hoffmann*, Die Unternehmergesellschaft (haftungsbeschränkt) des MoMiG zum 1.1.2009 – eine erste Bilanz, GmbHR 2009, 124; *Henze* in FS Kellermann 1991, 141 ff.; *Hunscha*, Die GmbH & Co. KG als Alleingesellschafterin ihrer Komplementärin; Möglichkeiten und Grenzen der wechselseitigen Beteiligung von GmbH & KG, 1974; *Ippen*, Die GmbH & Co. KG als Inhaberin sämtlicher Geschäftsanteile ihrer allein persönlich haftenden GmbH-Komplementärin, 1967; *Klammroth*, Auswirkungen des MitbestG auf die GmbH & Co. KG, BB 1977, 305; *Lutter*, AcP 180 (1980), 84 ff.; *Lutter*, ZHR 153 (1989), 446 ff.; *Pfander/v. Stumm*, Nochmals: Kann eine Personenhandelsgesellschaft Gesellschafterin einer anderen Personenhandelsgesellschaft sein? DB 1973, 2499 ff.; *Römermann/Passarge*, Die GmbH & Co. KG ist tot – es lebe die UG & Co. KG!, ZIP 2009, 1479; *Schilling* in FS Barz, 1974, 74; *K. Schmidt*, Handelsrechtliche Probleme der doppelstöckigen GmbH & Co. KG, DB 1990, 93; *K. Schmidt*, HGB-Reform und gesellschaftsrechtliche Gestaltungspraxis, DB 1998, 61 ff.; *Timm*, ZGR 1986, 403 ff.; *Wachter*, Auswirkungen der GmbH-Reform auf die GmbH & Co. KG, Stbg 2008, 554; *Zöllner*, Die Schranken mitgliedschaftlicher Stimmrechtsmacht bei den privatrechtlichen Personenverbänden, 1963.

1 Die praktischen Erscheinungsformen der GmbH & Co. KG sind vielgestaltig, was darin begründet liegt, dass die Zwecke, zu denen diese Mischform aus Personen- und Kapitalgesellschaft einsetzbar ist und de facto eingesetzt wird, ebenso mannigfaltig sind.

§ 3 Erscheinungsformen der GmbH & Co. KG

I. Personengleiche und nicht personengleiche GmbH & Co. KG

Die realiter anzutreffenden GmbH & Co. KGs können zunächst nach den Gesellschafterkreisen der operativ tätigen KG und ihrer Komplementär-GmbH unterschieden werden. Denn – wie ausgeführt – kann die Ausgestaltung der Beteiligungsverhältnisse bewusst als Gestaltungselement eingesetzt werden, um das Unternehmen auf die konkreten Bedürfnisse der Beteiligten zuzuschneiden:

1. „Echte" GmbH & Co. KG

Vorherrschend ist die personen- bzw. beteiligungsgleiche GmbH & Co. KG (sog. „echte GmbH & Co. KG"), bei der Kommanditisten und GmbH-Gesellschafter regelmäßig mit der gleichen Beteiligungsrelation personenidentisch sind und mithin in beiden Gesellschaften über den gleichen Einfluss verfügen. Diese Gestaltungsform führt zu einem weitgehenden Gleichlauf innerhalb der KG und der GmbH und bewirkt in Anbetracht der Beteiligungsproportionalität bereits eine faktische Verzahnung der beiden Gesellschaften, auch wenn die **inneren Ordnungen** von KG und GmbH gleichwohl gesellschaftsvertraglich **harmonisiert** werden müssen; dies gilt namentlich für die gesellschaftsinterne Willensbildung, so dass die unterschiedlichen, dispositiven gesetzlichen Beschlusserfordernisse für KG und GmbH aufeinander abgestimmt werden müssen.

Noch wichtiger ist es, den Umfang der Beteiligungen und damit den Einfluss auf die Geschäftsführung für die Zukunft zu sichern, indem im Rahmen der Vertragsgestaltung die **fortdauernde Parallelität der Beteiligungsverhältnisse** in GmbH und KG gewährleistet wird. Es muss also vor allem gesellschaftsvertraglich Vorsorge dafür getroffen werden, dass von Todes wegen, bei Austritt, Ausschluss, Anteilsveräußerung und Ähnlichem die Personengleichheit und die Beteiligungsproportionalität in KG und GmbH gewahrt bleiben.[1]

2. „Unechte" GmbH & Co. KG

Auch die nicht personenidentische GmbH & Co. KG ist praktisch bedeutsam. Bei dieser Erscheinungsform sind die Kommanditisten und die Gesellschafter der GmbH entweder personenverschieden oder die Beteiligungsrelationen weichen voneinander ab, etwa indem nur ein Teil der Kommanditisten zugleich GmbH-Gesellschafter ist. Sinn und Zweck dieser Gestaltungsform ist es, bestimmte (oder alle) Kommanditisten der KG vom Einfluss auf die Geschäftsführung weitgehend auszuschließen, etwa weil diese als reine Kapitalgeber fungieren sollen oder der Firmengründer die Unternehmensnachfolge vorbereitet und er seine Nachkommen an dem

---

[1] Vgl. MüKoHGB/*Grunewald* § 161 Rn. 94; Heymann/*Horn* HGB § 161 Rn. 120, 134; HTM/*Lüke* GmbH & Co. KG § 3 Rn. 182; *K. Schmidt* Gesellschaftsrecht § 56 II 3c.

1. Kapitel. Gesellschaftsrechtliche Grundlagen

Unternehmen zwar beteiligen, er die Geschäftsführung jedoch vorübergehend weiterhin allein wahrnehmen will bzw. weil er nur bestimmte, geeignete Personen an der Geschäftsführung partizipieren lassen will.

6   Auch hier ist es wichtig, die Willensbildungsprozesse in beiden Gesellschaften aufeinander abzustimmen, hier allerdings regelmäßig derart, dass der **Einfluss der Kommanditisten beschränkt** und auf Kontrollrechte begrenzt und demgegenüber der **Einfluss der Gesellschafter der Komplementär-GmbH gestärkt** wird. Häufig wird sich auch die Installation eines eigenständigen Kontroll- und Beratungsorgans für die Geschäftsführung, regelmäßig eines Beirates, anbieten, wobei wiederum GmbH- und KG-Verfassung aufeinander abgestimmt werden müssen.[2]

II. Einmann-GmbH & Co. KG

7   Ein Sonderfall der personengleichen GmbH & Co. KG ist die Einmann GmbH & Co. KG, bei der der Alleingesellschafter der GmbH zugleich einziger Kommanditist der KG ist, so dass im Ergebnis an der GmbH & Co. KG nur eine einzige natürliche Person beteiligt ist. Auch diese Gestaltungsform ist heute allgemein anerkannt (vgl. §§ 1, 35 Abs. 3 GmbHG).[3]

8   Probleme können bei der Einmann GmbH & Co. KG dann auftreten, wenn der Alleingesellschafter der GmbH zugleich Geschäftsführer derselben ist, denn gemäß § 35 Abs. 3 GmbHG findet die Bestimmung des § 181 BGB auf Rechtsgeschäfte eines Einmann-Gesellschafters mit „seiner" Gesellschaft Anwendung. Daher ist es zweckmäßig eine **Befreiung von dem Selbstkontrahierungsverbot** in den Gesellschaftsvertrag der Komplementär-GmbH aufzunehmen, die nach vorherrschender Auffassung in das Handelsregister eingetragen werden muss, um wirksam zu sein.[4]

III. Einheitsgesellschaft

9   Es wurde bereits dargelegt, dass eine der zentralen Aufgaben der Vertragspraxis die Verzahnung der Gesellschaftsverträge der KG und der Komplementär-GmbH ist. Deshalb war die Kautelarpraxis bemüht, auch eine **beteiligungsmäßige Verflechtung zwischen KG und Komplementär-GmbH** herzustellen, um die gesellschaftsrechtliche Doppelorganisation der GmbH & Co. KG zu verfestigen, die Verzahnungsprobleme – insbesondere im Rahmen der Willensbildung – zu vereinfachen und eine Aufsplitterung der verschiedenen Gesellschaftsanteile zu vermeiden. Diese Zielsetzung lässt sich am einfachsten realisieren, wenn sämtliche Geschäftsanteile an der

---

[2] Vgl. Baumbach/Hopt/*Hopt* HGB Anh § 177a Rn. 7.
[3] Vgl. Heymann/*Horn* HGB § 161 Rn. 121; *Windbichler* Gesellschaftsrecht § 37 II 1b; Baumbach/Hopt/*Hopt* HGB Anh § 177a Rn. 6.
[4] Vgl. BGHZ 87, 59 (60); Baumbach/Hopt/*Hopt* HGB Anh. § 177a Rn. 39f.; Binz/Sorg § 4 Rn. 10ff.; HTM/*Mussaeus* GmbH & Co. KG § 4 Rn. 294ff.; Heymann/*Horn* HGB § 161 Rn. 121; *K. Schmidt* Gesellschaftsrecht § 56 II 3d, jew. mwN.

§ 3 Erscheinungsformen der GmbH & Co. KG

GmbH auf die GmbH & Co. KG übertragen werden, so dass die KG Alleingesellschafterin „ihrer" Komplementär-GmbH wird und es innerhalb des einheitlichen aus KG und Komplementär-GmbH gebildeten Unternehmens im Ergebnis nur noch Kommanditisten gibt.[5]

Diese Gestaltungsform wird als **„Einheitsgesellschaft"** bezeichnet;[6] ihre **Zulässigkeit** ist heute **unbestritten**, zumal die Einheitsgesellschaft in § 172 Abs. 6 S. 1 HGB gesetzlich anerkannt ist.[7] Auch wenn die Einheitsgesellschaft bei oberflächlicher Betrachtung als ein einfaches Instrument zur Bewältigung der Abstimmungsprobleme zwischen KG- und GmbH-Gesellschaftsvertrag erscheint, so wirft sie gleichwohl schwierige Geschäftsführungs- und Haftungsprobleme auf.

1. Gesellschaftsinterne Willensbildung

Das erste Problem entsteht aus der Tatsache, dass im Falle einer Einheitsgesellschaft eine **wechselseitige Beteiligung** zwischen KG und Komplementär-GmbH im Sinne des § 19 AktG besteht:[8] Da die Geschäftsführung der KG dem Geschäftsführer der Komplementär-GmbH obliegt, fällt in seinen Aufgabenbereich grundsätzlich auch die Ausübung von Beteiligungsrechten der KG, also auch die Willensbildung in der Gesellschafterversammlung der GmbH, an der allein die KG beteiligt ist. Auf diese Weise könnte der **Geschäftsführer der Komplementär-GmbH über seine eigene Entlastung und Abberufung entscheiden**.[9] Die neuere Rechtsprechung löst dieses Problem, indem sie eine solche Entscheidung die Mitgeschäftsführer des betroffenen Geschäftsführers treffen lässt.[10] Es erfolgt keine Zuweisung der entsprechenden Willensbildung auf die Kommanditisten in (doppelter) Analogie zu §§ 71b, 71d AktG.[11] Vielmehr bleibt es dabei, dass die Geschäftsführer entsprechend der gesetzlichen Regelung berechtigt sind, die KG als Gesellschafterin der Komplementär-GmbH zu vertreten, sofern gesellschaftsvertraglich nicht eine andere Vertretungsregelung getroffen wurde.[12]

Die wohl hM hält, um derartige Interessenkonflikte der Geschäftsführer zu vermeiden, eine gesellschaftsvertragliche Regelung, durch die den Ge-

---

[5] Zu anderen Möglichkeiten der Verzahnung beider Gesellschaftsformen vgl. *Binz/Sorg* § 7 Rn. 41–69.
[6] Die Bezeichnung stammt von *Sudhoff* GmbH & Co. KG (1. Aufl. 1967), 47.
[7] Vgl. BayObLG DB 1974, 962; Baumbach/Hopt/*Hopt* HGB Anh. § 177a Rn. 8; *Binz/Sorg* § 8 Rn. 1 ff.; HTM/*Lüke* GmbH & Co. KG § 2 Rn. 391 ff.; MüKoHGB/ *Grunewald* § 161 Rn. 95; *K. Schmidt* Gesellschaftsrecht § 56 II 3e.
[8] Aus diesem Grunde wird die Einheitsgesellschaft teilweise für bedenklich gehalten, vgl. Scholz/*K. Schmidt* GmbHG Anh. § 45 Rn. 58 ff.; GK/*Schilling* HGB § 161 Rn. 26; Schlegelberger/*Martens* HGB § 161 Rn. 100.
[9] Vgl. zu dieser Problemumschreibung *Bülow* GmbHR 1982, 121; MüKoHGB/ *Grunewald* § 161 Rn. 98; *Bahnsen* GmbHR 2001, 186.
[10] BGH BB 2007, 1914 mit Anm. *Gehrlein* BB 2007, 1915.
[11] So noch die mit beachtlichen Argumenten vertretene Meinung in der Vorauflage, vgl. Sudhoff/*Liebscher* GmbH & Co. KG, 6. Aufl. 2005, § 3 Rn. 11.
[12] *Gehrlein* BB 2007, 1915, der auf die vergleichbare Lage in der Einpersonengesellschaft verweist.

1. Kapitel. Gesellschaftsrechtliche Grundlagen

schäftsführern der GmbH ihre Geschäftsführungsbefugnis für die KG in der Gesellschafterversammlung der GmbH entzogen und den Kommanditisten übertragen wird, für erforderlich, wobei die Kommanditisten für die Ausübung des Stimmrechts in der Gesellschafterversammlung gesellschaftsvertraglich bevollmächtigt werden müssen.[13] Die Kautelarpraxis hat sich diesem Gestaltungsvorschlag weitgehend angeschlossen.

2. Haftungsprobleme

13   Daneben wirft die Einheits-GmbH & Co. KG jedoch auch erhebliche **Probleme des Gläubigerschutzes** auf. Für die im Geschäftsbetrieb der GmbH & Co. KG begründeten Verbindlichkeiten haftet keine natürliche Person mit ihrem Privatvermögen persönlich unbeschränkt, sondern die Komplementär-GmbH ist (regelmäßig alleiniger) persönlich haftender Gesellschafter, dh deren Stammkapital ist neben den Haftsummen der Kommanditisten wesentliche Haftungsgrundlage der KG-Gläubiger. Der Gläubigerschutz gebietet es, dass das **Stammkapital der** als „Vollhafter" der KG fungierenden **GmbH und die Hafteinlagen der Kommanditisten nebeneinander aufgebracht** werden und erhalten bleiben, da beide zusammen die Haftungsgrundlage der Gläubiger der Einheitsgesellschaft bilden. Beide Haftungsmassen müssen also unvermischt nebeneinander bestehen. Im Falle einer Einheitsgesellschaft, in der die KG ja die Geschäftsanteile ihrer Komplementär-GmbH erwirbt, besteht aus Sicht der Gesellschaftsgläubiger die Gefahr, dass die von den GmbH-Gesellschaftern aufgebrachten Stammeinlagen über den Erwerb der Geschäftsanteile durch die GmbH & Co. KG letztlich wieder zurückerstattet werden bzw. dass das Haftkapital der KG und deren Kommanditisten im Ergebnis nicht geleistet wird.[14] Im Interesse des Verkehrs- und Gläubigerschutzes gelten daher folgende Regeln:

14   Als allgemeiner Grundsatz gilt, dass der Erwerb der Geschäftsanteile der GmbH durch die KG unabhängig davon, ob die GmbH-Anteile von Kommanditisten oder Dritten erworben werden, nur aus freiem, dh die Haftsummen der Kommanditisten übersteigendem Vermögen erfolgen darf.[15] Das Gleiche gilt, wenn die KG selbst die Komplementär-GmbH gründet, so dass sie die Stammeinlage nur aus freiem Vermögen einzahlen darf. Übernimmt die KG teileingezahlte GmbH-Geschäftsanteile, so haften die Kommanditisten der KG der GmbH gegenüber für die Resteinzahlung persönlich unbeschränkt und gesamtschuldnerisch neben der KG.[16]

---

[13] Vgl. MüKoHGB/*Grunewald* § 161 Rn. 99; GK/*Schilling* HGB § 161 Rn. 35; Scholz/*K. Schmidt* GmbHG Anh. § 45 Rn. 59.

[14] Vgl. zu dieser Umschreibung *Binz/Sorg* § 7 Rn. 26 ff.; MüKoHGB/*Grunewald* § 161 Rn. 96; GK/*Schilling* HGB § 161 Rn. 36; *Schilling* FS Barz, 74; *Bahnsen* GmbHR 2001, 186 ff.

[15] Heymann/*Horn* HGB § 161 Rn. 122; MüKoHGB/*Grunewald* § 161 Rn. 96; GK/*Schilling* HGB § 161 Rn. 36; aA *Hunscha*, GmbH & Co. KG als Alleingesellschafterin, S. 100 ff.; *Ippen*, GmbH & Co. KG als Inhaberin sämtlicher Geschäftsanteile, 75 ff.: analoge Anwendung des § 33 Abs. 1 GmbHG.

[16] Vgl. Heymann/*Horn* HGB § 161 Rn. 122 aE.; GK/*Schilling* HGB § 161 Rn. 36 aE.

§ 3 Erscheinungsformen der GmbH & Co. KG

Die Kommanditeinlage der Kommanditisten kann auch nicht mit haftungsausschließender Wirkung mit GmbH-Anteilen des Kommanditisten an der Komplementär-GmbH erbracht werden, dh die Kommanditeinlage des entsprechenden Kommanditisten gilt als nicht geleistet, wenn sie in Anteilen am persönlich haftenden Gesellschafter bewirkt wird; dies ist gesetzlich geregelt (vgl. § 172 Abs. 6 HGB). Im Falle einer solchen Gestaltung haftet der die GmbH-Anteile einbringende Kommanditist persönlich bis zur Höhe seiner Einlage.

15

Umgekehrt gilt die Einlage des am Stammkapital der Komplementär-GmbH beteiligten Kommanditisten als zurückbezahlt, wenn er seine Anteile an der Komplementär-GmbH gegen Entgelt auf die KG überträgt, so dass die Kommanditistenhaftung gemäß § 172 Abs. 4 HGB insoweit wieder auflebt.[17]

16

Schließlich unterliegen Zahlungen der GmbH an die KG, etwa zur Zahlung einer Kapitaleinlage der Komplementär-GmbH an der KG, den §§ 30, 31 GmbHG. Gleiches gilt für Leistungen der GmbH unmittelbar an die Kommanditisten. Die Kommanditisten sind daher verpflichtet, Leistungen der GmbH an die KG gemäß § 31 GmbHG zurückzuerstatten.[18] Umgekehrt unterliegen Zahlungen einer GmbH & Co. KG, an der die Komplementär-GmbH zugleich kapitalmäßig beteiligt ist, an die Kommanditisten dann §§ 30, 31 GmbHG, wenn hierdurch mittelbar das Vermögen der GmbH, welches in der Beteiligung an der KG besteht, unter den Nennbetrag des Stammkapitals herabsinkt. Auch hier besteht gegen die Kommanditisten also ein Rückzahlungsanspruch gemäß § 31 GmbHG.[19]

17

Zur Vermeidung der vorstehend geschilderten Haftungsprobleme bei einer Einheits-GmbH & Co. KG bietet sich eine **unentgeltliche Übertragung der GmbH-Geschäftsanteile** auf die GmbH & Co. KG an, da dann in jedem Falle eine Beeinträchtigung des aus dem Stammkapital der GmbH und den Haftsummen der Kommanditisten bestehenden Haftkapitals der Einheits-GmbH & Co. KG vermieden wird.[20]

18

3. Grundsatz

Zusammenfassend ist mit *Wolfgang Schilling* festzuhalten, dass die **Einheits-GmbH & Co. KG von zwei Grundsätzen beherrscht** wird. Im inneren Verhältnis bilden die beiden Gesellschaftsformen eine organisatorische Einheit, deren Willensträger allein die Kommanditisten sind. Nach außen, im Verhältnis zu den Gläubigern, darf das Haftungspotential beider Teilgesellschaften, dh das Stammkapital der GmbH und die Kommanditeinlagen

19

---

[17] *Binz/Sorg* § 7 Rn. 29; HTM/*Lüke* GmbH & Co. KG § 2 Rn. 397; MüKoHGB/*Grunewald* § 161 Rn. 96; *Schilling* FS Barz, 70 (75).
[18] HTM/*Schiessl* GmbH & Co. KG § 5 Rn. 102ff.; GK/*Schilling* HGB § 161 Rn. 37.
[19] Grundlegend BGHZ 60, 324 (328); vgl. auch HTM/*Schiessl* GmbH & Co. KG § 5 Rn. 102ff.; GK/*Schilling* HGB § 161 Rn. 37 aE.
[20] Vgl. HTM/*Schiessl* GmbH & Co. KG § 5 Rn. 102ff.; *Bahnsen* GmbHR 2001, 186ff.

1. Kapitel. Gesellschaftsrechtliche Grundlagen

der KG, durch ihre Vereinigung zur Einheitsgesellschaft nicht beeinträchtigt werden.[21]

IV. Mehrstufige GmbH & Co. KG

20 Im Falle einer so genannten mehrstufigen oder **doppelstöckigen GmbH & Co. KG** ist Komplementärin der operativ tätigen KG eine weitere GmbH & Co. KG. Es sind also insgesamt mindestens drei Gesellschaften beteiligt, nämlich die unternehmenstragende KG, die Komplementär-GmbH & Co. KG dieser ersten KG und die Komplementär-GmbH der zwischengeschalteten (Komplementär-) GmbH & Co. KG. Eine solche mehrstufige GmbH & Co. KG ist **zulässig**.[22] Allerdings wurden gegen diese Gestaltung wegen der Unübersichtlichkeit der Beteiligungsverhältnisse rechtspolitische Bedenken erhoben.[23]

21 Die praktische Bedeutung dieser Form der GmbH & Co. KG resultierte zunächst aus steuerrechtlichen Erwägungen, später spielte sie bei Umwandlungen einer GmbH in eine GmbH & Co. KG eine große Rolle, da § 1 Abs. 2 UmwG 1969 eine Umwandlung einer Kapitalgesellschaft in eine Personengesellschaft nicht zuließ, wenn an der Gesellschaft, in die umgewandelt wurde, eine Kapitalgesellschaft als Gesellschafter beteiligt war. Dies schloss insbesondere die unmittelbare Umwandlung einer Kapitalgesellschaft in eine GmbH & Co. KG aus. Als Ausweg bot sich eine Umwandlung der Kapitalgesellschaft in eine doppelstöckige GmbH & Co. KG an.[24]

22 Diese Umwandlungssperre ist in die Neufassung des Umwandlungsgesetzes im Jahre 1994 nicht übernommen worden. Nach §§ 190ff., 226ff. UmwG kann nun eine Kapitalgesellschaft einen Formwechsel in eine KG vornehmen, an der ausschließlich eine Kapitalgesellschaft die Stellung des Komplementärs einnimmt. Umstritten ist allerdings, ob es Voraussetzung für den **unmittelbaren Formwechsel in eine GmbH & Co. KG** ist, dass die als Komplementärin vorgesehene Kapitalgesellschaft bereits vor dem Formwechsel Gesellschafterin des formwechselnden Rechtsträgers ist. Tendenziell scheint die Rechtsprechung sich nunmehr der hM anzuschließen, dass ein unmittelbarer Formwechsel mit dem gleichzeitigen Eintritt von Gesellschaftern möglich ist, zumal dies im UmwG nicht ausdrücklich verboten ist und auch keine allgemeinen Bedenken bestehen.[25]

23 Probleme hinsichtlich der Ausgestaltung einer mehrstufigen GmbH & Co. KG ergaben sich nach früherem Recht insbesondere daraus, dass nach herr-

---

[21] Grundlegend *Schilling* FS Barz, 70 ff.; GK/*Schilling* HGB § 161 Rn. 34 aE.
[22] Baumbach/Hopt/*Hopt* HGB Anh. § 177a Rn. 9; *Binz/Sorg* § 2 Rn. 22 f.; MüKoHGB/*Grunewald* § 161 Rn. 100, jew. mwN; *K. Schmidt* Gesellschaftsrecht § 56 II 3 f.; aA *Klamroth* BB 1977, 305.
[23] Vgl. Heymann/*Horn* HGB § 161 Rn. 123; *K. Schmidt* Gesellschaftsrecht § 56 II 3 f; *K. Schmidt* DB 1990, 93.
[24] Vgl. hierzu HTM/*Klotz* GmbH & Co. KG § 7 Rn. 534 ff.; *Binz/Sorg* § 2 Rn. 20 f.; *K. Schmidt* Gesellschaftsrecht § 56 II 3a.
[25] Vgl. BGH DStR 2005, 1835 (1541) in einem eindeutigen obiter dictum; hierzu SHS/*Stratz* UmwG § 226 Rn. 3; *Priester* ZHR 172 (2008), 8 ff. jew. mwN.

§ 3 Erscheinungsformen der GmbH & Co. KG

schender Meinung im Schrifttum gefordert wurde, dass die **als Komplementärin fungierende GmbH & Co. KG** neben der Geschäftsführung in der unternehmenstragenden KG **ein eigenes Handelsgewerbe** betreibt.[26] Zur Eintragung einer mehrstufigen GmbH & Co. KG musste daher für die Komplementär-GmbH & Co. KG – außer der Haftungsübernahme in der unternehmenstragenden GmbH & Co. KG – der Betrieb eines Grundhandelsgewerbes in vollkaufmännischer Art zum Geschäftsgegenstand gehören, worauf im Rahmen der Vertragsgestaltung zu achten war.

Durch das Handelsrechtsreformgesetz sind die Zweifel an der Anerkennung der doppelstöckigen GmbH & Co. KG ausgeräumt worden. Denn im HGB wurde nunmehr klargestellt, dass die Rechtsform der Personenhandelsgesellschaft auch rein vermögensverwaltenden Gesellschaften offen steht (vgl. § 105 Abs. 2 HGB nF).[27] Da die Komplementär-GmbH & Co. KG in der unternehmenstragenden KG die Geschäftsführungsfunktion wahrnimmt, also streng genommen nicht nur eigenes Vermögen verwaltet, wäre die Anerkennung der doppelstöckigen GmbH & Co. KG nach heute geltendem Recht nur dann fraglich, wenn man § 105 Abs. 2 HGB, der auf die Verwaltung „nur eigenen Vermögens" abstellt, dahin gehend verstehen wollte, dass sich jede zusätzliche nicht-gewerbliche Tätigkeit als eintragungsschädlich erweist.[28] Eine solche Interpretation ist indes verfehlt, da der entsprechende Passus richtigerweise dahin gehend auszulegen ist, dass er von dem ansonsten bestehenden Erfordernis einer gewerblichen Betätigung befreit.[29] 24

Die o.g. Diskussion hat nun nur noch bezüglich der Frage Bedeutung, ob die Komplementär-GmbH & Co. KG, die kein zusätzliches Handelsgewerbe betreibt, erst aufgrund der Eintragung in das Handelsregister als KG entsteht oder ob bereits ihre Stellung als persönlich haftende Gesellschafterin in der unternehmenstragenden KG für ihre Kaufmannseigenschaft ausreicht. Soweit man mit der bislang hM davon ausgeht, dass die Stellung als persönlich haftender Gesellschafter in OHG oder KG die Kaufmannseigenschaft begründet,[30] muss dies auch für die GmbH & Co. KG gelten. 25

Die doppel- oder auch dreistöckige GmbH & Co. KG ist in § 4 Abs. 1 S. 2 und 3 MitbestG geregelt, so dass eine Umgehung der Mitbestimmungsrechte durch eine mehrstöckige GmbH & Co. KG vermieden wird: Nur wenn keine Mehrheitsidentität zwischen Ober- und Unter-GmbH & Co. KG be- 26

---

[26] Vgl. HTM/*Lüke* GmbH & Co. KG § 2 Rn. 441; MüKoHGB/*Grunewald* § 161 Rn. 100; *K. Schmidt* Gesellschaftsrecht § 56 II 3f.; *K. Schmidt* DB 1990, 94; aA Baumbach/Hopt/*Hopt* HGB Anh. § 177a Rn. 9; *Binz* GmbH & Co. KG, 8. Aufl. § 13 Rn. 6 ff., jew. mwN.
[27] Der klarstellende Hinweis in § 105 Abs. 2 HGB war nötig, da die Eintragungsoption nach § 2 HGB das Vorliegen eines Gewerbebetriebs weiterhin voraussetzt; der RefE hatte eine solche Ausweitung noch nicht vorgesehen, vgl. *Weber/Jacob* ZRP 1997, 153.
[28] So KRM/*Koller* HGB § 105 Rn. 10; *Ammon* DStR 1998, 1476.
[29] *Schlitt* NZG 1998, 581; *K. Schmidt* ZIP 1997, 916; *K. Schmidt* BB 1998, 61 f.; *Binz/Sorg* § 2 Rn. 26; *Schaefer* DB 1998, 1273 f.; ähnlich *Schön* DB 1998, 1169; Baumbach/Hopt/*Hopt* HGB Anh. § 177a Rn. 9.
[30] BGHZ 45, 282 (284); 34, 293 (296 f.); *Binz/Sorg* § 2 Rn. 26; EBJS/*Wertenbruch* HGB § 105 Rn. 37; aA Baumbach/Hopt/*Hopt* HGB § 105 Rn. 19 ff.

1. Kapitel. Gesellschaftsrechtliche Grundlagen

steht oder die Ober-GmbH & Co. KG in einem eigenen Geschäftsbetrieb mehr als 500 Arbeitnehmer beschäftigt, gelten die Arbeitnehmer der Unter-GmbH & Co. KG nicht als Arbeitsnehmer der Obergesellschaft im Sinne des Mitbestimmungsgesetzes.[31]

V. Kapitalgesellschaftsähnliche GmbH & Co. KG

27 Die GmbH & Co. KG ist als Personenhandelsgesellschaft grundsätzlich eine Gesellschaftsform, die dem personalistischen Strukturtypus zuzurechnen ist, dh sie stellt nach dem gesetzlichen Leitbild eine auf wechselseitigem Vertrauen der Mitglieder beruhende Arbeits- und Haftungsgemeinschaft dar. Die abstrakte Definition einer solchen (typischen) Realstruktur fällt zwar schwer, jedoch lehrt die Erfahrung, dass entsprechend strukturierte Gesellschaften trotz der Schwierigkeit abstrakter Definitionen in der Regel leicht zu identifizieren sind. Eine griffige Umschreibung lieferte der Vorschlag der EG-Mittelstandsrichtlinie, die personalistisch strukturierte Gesellschaften als „kleine, geschlossene Gesellschaften" umschrieb.[32] Wichtige Indizien sind insoweit, dass die Gesellschafter natürliche Personen sind und sich jedenfalls teilweise gleichzeitig als Geschäftsführer oder leitende Angestellte unmittelbar in das Unternehmen einbringen, die entsprechenden Anteile vinkuliert sind und die Zahl der Gesellschafter überschaubar ist. Häufig kommt hinzu, dass die unternehmerischen Aktivitäten – jedenfalls der meisten Gesellschafter – in der entsprechenden Gesellschaft konzentriert sind und diese – jedenfalls anfänglich – keine externen Interessen verfolgen. Auch realiter entsprechen die existierenden GmbH & Co. KGs häufig diesem Strukturtypus, insbesondere da viele Familiengesellschaften und auch junge unternehmerische Engagements so organisiert sind.

28 Zwingend ist eine solche Ausgestaltung des Gesellschaftsverhältnisses indes nicht. Denn die innere Ordnung einer Personengesellschaft unterliegt der gesellschaftsvertraglichen Gestaltungsfreiheit. In der Praxis existiert eine Vielzahl von GmbH & Co. KGs, die sich ihrer gesellschaftsvertraglichen Ordnung nach von diesem Leitbild mehr oder weniger entfernt und sich einer kapitalistischen Binnenstruktur angenähert haben, bis hin zu einer reinen Publikums-KG, an der sich – wie bei einer strukturtypischen AG – ausschließlich anonymisierte Kapitalgeber beteiligen; gerade die letztgenannte Gestaltungsform ist aus steuerrechtlichen Gründen häufig anzutreffen.

1. Publikums-KG

29 Praktisch und in der juristischen Diskussion bedeutsam ist vor allem die Publikums-KG. Für diese Sonderform ist charakteristisch, dass die GmbH & Co. KG allein als **Kapitalsammelbecken** fungiert, dh die künftigen Gesellschafter auf dem (grauen) Kapitalmarkt durch Prospekte oder Anzeigen geworben werden und als reine Kapitalgeber fungieren. Die Gesellschaftsver-

---

[31] Vgl. *Binz/Sorg* § 2 Rn. 22.
[32] EG-Abl. Nr. C 287 v. 1.11.1988, 5/6; vgl. auch MHdB GmbH/*Decher/Kiefner* § 68 Rn. 9.

§ 3 Erscheinungsformen der GmbH & Co. KG

träge der GmbH & Co. KG sind typischerweise standardisiert und vorformuliert. Die Initiatoren des Projekts leiten die Publikums-KG typischerweise als Geschäftsführer und sind zumeist auch (alleinige) Gesellschafter der Komplementär-GmbH, ohne dass sie kapitalmäßig an der KG beteiligt wären. Das Interesse der Kommanditisten (sog. Anleger) ist dagegen typischerweise auf eine Kapitalanlage und die eventuell damit verbundenen Steuervorteile gerichtet. Wirtschaftlich handelt es sich um eine Kapitalgesellschaft im „Kleid" einer KG.[33]

Es existieren verschiedene Gestaltungsmöglichkeiten für eine solche Publikums-KG.[34] Allen gemeinsam ist jedoch, dass die **Mitwirkungsrechte** der Anleger – die entweder Kommanditisten sind oder nur über einen Treuhänder an der KG beteiligt sind – praktisch **auf null reduziert** werden. Eine weitere Besonderheit ist, dass der Eintritt eines neuen Gesellschafters aus Praktikabilitätsgründen nicht durch Vertragsschluss des Eintretenden und allen Gesellschaftern erfolgen kann. Daher wird entweder die Gesellschaft selbst gesellschaftsvertraglich zur Aufnahme weiterer Kommanditisten ermächtigt[35] oder die Komplementär-GmbH erhält eine rechtsgeschäftliche Vollmacht zum Abschluss des Aufnahmevertrages.[36] Eine derart atypisch strukturierte, dem gesetzlichen Leitbild einer Personenhandelsgesellschaft geradezu diametral widersprechende GmbH & Co. KG ist **zulässig**.[37] Die von der so genannten „Lehre vom Institutionenmissbrauch" vertretene Gegenansicht hat sich zu Recht nicht durchgesetzt.[38]

In Anbetracht der Besonderheiten der Publikumsgesellschaft und wegen der Vielzahl von (betrügerischen) Missbräuchen dieser Erscheinungsform der GmbH & Co. KG haben Rechtsprechung und Schrifttum für die Publikumsgesellschaft eine Vielzahl besonderer Regeln entwickelt, so dass sich inzwischen ein umfangreiches **Sonderrecht der Publikumsgesellschaft** herausgebildet hat. Die Sonderregeln, die dem Recht der Kapitalgesellschaften – vor allem dem Aktienrecht – angenähert sind, beruhen zum einen auf der vom gesetzlichen Leitbild abweichenden, **körperschaftlichen Struktur** der Publikumsgesellschaft und zum anderen auf Erwägungen des **Anlegerschutzes**.

So wird insbesondere, da die Gesellschaftsverträge typischerweise nicht individuell ausgehandelt werden, der **Gesellschaftsvertrag** einer Publikums-KG einer **gerichtlichen Inhaltskontrolle** gemäß § 242 BGB, die sich vielfach am AktG sowie am Leitbild ausgewogener Anlegerchancen und -risiken orientiert, unterworfen.[39]

Ferner wurde eine eigene Haftung der Initiatoren der Publikums-KG und deren Berater gegenüber den Anlegern entwickelt (so genannte **Prospekt-**

---

[33] Vgl. etwa BGHZ 64, 238 (241); BGH NJW 1988, 971; *Bälz* ZGR 1980, 2 f.
[34] Vgl. hierzu *Binz/Sorg* § 13 Rn. 12 ff.
[35] BGH NJW 1987, 1000; *K. Schmidt* Gesellschaftsrecht § 57 II 1a.
[36] BGH NJW 1983, 1117; *Binz/Sorg* § 13 Rn. 18 ff.; *Schiefer* DStR 1997, 164.
[37] Vgl. hierzu *Binz/Sorg* § 13 Rn. 2; *K. Schmidt* Gesellschaftsrecht § 57 I 3a.
[38] Vgl. zutr. *Mertens* NJW 1966, 1049; *Sudhoff* GmbH & Co. (3. Aufl.) S. 50; aA *Sack* DB 1974, 369.
[39] Vgl. BGHZ 104, 50; 102, 172; 84, 15; 64, 241; *Binz/Sorg* § 13 Rn. 22 ff., der auch eine Anwendung der §§ 305 ff. BGB in Betracht zieht.

1. Kapitel. Gesellschaftsrechtliche Grundlagen

haftung). Die Initiatoren, Gründer und sonstigen maßgeblichen Hintermänner einer Publikumsgesellschaft, die für die Geschicke der KG und vor allem für die Herausgabe des Prospekts bzw. des Werbematerials, durch welches die Anleger auf dem (grauen) Kapitalmarkt geworben werden, verantwortlich sindhben für die Richtigkeit und Vollständigkeit der Angaben in dem entsprechenden Werbematerial gegenüber den Anlegern einzustehen.[40] Insbesondere müssen in dem Prospekt auch etwaige den Gründern gewährte **Sondervorteile** wie Tätigkeitsvergütung oder Haftungserleichterungen genannt werden.[41]

34 Schließlich wird der Tatsache, dass an der KG eine Vielzahl, oftmals hunderte von Kommanditisten beteiligt sind, dadurch Rechnung getragen, dass erhebliche Abweichungen von den im gesetzlichen Regelfall bestehenden Regelungen zugelassen wurden. Insbesondere wurde der so genannte **Bestimmtheitsgrundsatz**, wonach eine gesellschaftsvertragliche Mehrheitsklausel nur anwendbar ist, wenn sie die Beschlussgegenstände, für die Mehrheitsentscheidungen zugelassen werden, mit hinreichender Deutlichkeit erkennen lässt, vom BGH ausdrücklich **für eine Publikums-KG aufgegeben** und stattdessen eine **materielle Beschlusskontrolle** vorgesehen.[42]

2. Sonstige atypisch verfasste, kapitalistische GmbH & Co. KGs

35 Neben dem Extremfall einer – im Ergebnis mit einer AG vergleichbaren – Publikums-Gesellschaft existiert eine Vielzahl von Unternehmen, die sich – auch wenn sie nicht als reine Kapitalsammelbecken mit atomisierter Kommanditbeteiligung ausgestattet sind – im Ergebnis vom gesetzlichen Leitbild so weit entfernt haben, dass sie als kapitalistisch verfasst anzusehen sind, was auch bei der Lösung von konkreten Rechtsfragen nicht ohne Auswirkungen bleiben kann, da die Realstruktur der Gesellschaft neben der Rechtsform zutreffenderweise als zweiter bestimmender Faktor für die Auflösung gesellschaftsrechtlicher Konflikte angesehen wird. Dieser Umstand wird von *Karsten Schmidt* als die „Frage typusgerechter Rechtsanwendung" bezeichnet.[43] Die **Realstruktur der Gesellschaft** prägt mithin nicht nur die tatsächliche Verbundenheit der Gesellschafter zur Gesellschaft bzw. der Gesellschafter untereinander, sondern **beeinflusst auch alle Rechtspflichten des einzelnen Mitglieds** und wirkt zumindest mittelbar auf alle denkbaren gesellschaftsrechtlichen Konfliktfälle und deren rechtliche Lösung ein. Aufgrund dessen müssen personalistisch und kapitalistisch verfasste Gesellschaften an-

---

[40] BGH NJW 1992, 242; NJW-RR 1990, 229; NJW 1988, 1584; NJW-RR 1986, 968; NJW-RR 1986, 1159; NJW 1984, 865; NJW 1984, 2523; NJW 1982, 1095; NJW 1981, 1449; NJW 1980, 41; NJW 1980, 1840; *Binz/Sorg* § 13 Rn. 34 ff.
[41] BGH NJW 1995, 130; WM 1985, 533, 534; *Binz/Sorg* § 13 Rn. 51 ff.
[42] Grundlegend BGHZ 71, 53 (58); BGH NJW 1991, 692; WM 1985, 195; *Binz/Sorg* § 13 Rn. 67 ff.
[43] Vgl. *K. Schmidt* Gesellschaftsrecht § 5 II 4c; zur Bedeutung der Realstruktur einer Gesellschaft im Hinblick auf Reichweite und Intensität der gesellschafterlichen Treuepflicht vgl. *Henze* FS Kellermann, 150 ff.; *Lutter*, AcP 180, 102 ff.; *Lutter* ZHR 153, 452 ff.; *Timm* ZGR 1986, 403 (409); *Wiedemann* DB 1993, 141 (144); *Zöllner*, Schranken mitgliedschaftlicher Stimmrechtsmacht, 349 ff.

§ 3 Erscheinungsformen der GmbH & Co. KG

hand sachgerechter Kriterien voneinander abgegrenzt werden; insbesondere im Falle einer GmbH & Co. KG, die in ihrer Realstruktur regelmäßig erheblich vom gesetzlichen Leitbild einer Personengesellschaft abweicht, ist eine derartige Abgrenzung notwendig. Entscheidend ist insoweit die sich aus einer Gesamtschau aller gesellschaftsvertraglicher Regelungen ergebende konkrete Ausgestaltung des Gesellschaftsverhältnisses, wobei insbesondere die **gesellschaftsinterne Kompetenzordnung** und **die konkrete Beteiligungsstruktur** von erheblichem Gewicht sind:

Sind die (Minderheits-) Gesellschafter primär Kapitalgeber, die allenfalls bei Grundsatz- und Strukturentscheidungen Mitwirkungsrechte haben bzw. über eine Sperrminorität verfügen, legt dies eine kapitalistische Gesellschaftsstruktur nahe. Anders ist dies, wenn der Gesellschaftsvertrag den Gesellschaftern Einfluss auf spezifisch unternehmerische Entscheidungen gewährt. Es kommt also darauf an, ob die Gesellschafter im Unternehmen mitunternehmerisch tätig sind bzw. ihnen zumindest mitunternehmerischer Einfluss über die Gesellschafterversammlung eröffnet ist. Regelmäßig fehlt es an einer solchen unternehmerischen Entscheidungsteilhabe der Gesellschafter, wenn die Gesellschaft nach ihrer statutarischen Ordnung über eine weitgehend autonome Geschäftsführung, ein eigenständiges Kontrollorgan (etwa einen Aufsichtsrat oder Beirat) verfügt und die Gesellschafterversammlung nur in Grundsatzfragen zur Mitwirkung berufen sowie insoweit Mehrheitsentscheidungen und eine Abstimmung nach Kapitalanteilen angeordnet sind. Weitere Indizien sind, ob der Mitgliederwechsel von Restriktionen freigestellt wird oder die Geschäftsanteile vinkuliert sind. 36

Eine Vinkulierung dürfte als notwendige, aber nicht hinreichende Voraussetzung einer personalistischen Gesellschaftsstruktur anzusehen sein. Indizieller Charakter kommt auch der Anzahl der Gesellschafter zu, da ein kleiner Gesellschafterkreis eher für eine personalistische, ein großer Gesellschafterkreis eher für eine kapitalistische Gesellschaftsstruktur spricht. 37

Charakteristische Merkmale einer personalistisch strukturierten Gesellschaft sind mithin eine geringe Anzahl von Gesellschaftern, die Bindung der Gesellschafter an die Gesellschaft und die mitunternehmerische Tätigkeit der Gesellschafter in der Gesellschaft bzw. ein mitunternehmerischer Einfluss der Gesellschafter auf das Tagesgeschäft bzw. zumindest auf außergewöhnliche Maßnahmen der Geschäftsführung. Für kapitalgesellschaftsähnliche, kapitalistisch verfasste Gesellschaften sind demgegenüber typisch die mehrheitliche Abstimmung innerhalb der Gesellschafterversammlungen nach Kapitalbeteiligungen, wobei Zuständigkeiten der Gesellschafterversammlung nur in Grundsatzfragen bestehen, ein Gesellschafterwechsel ohne Folgen für den Bestand der Gesellschaft, wobei vielfach die Veräußerung von Geschäftsanteilen von Restriktionen freigestellt wird, das Bestehen eines besonderen Kontrollorgans etwa eines Aufsichtsrates oder Beirates bzw. das Pooling der Mitgliedschaftsrechte durch Einschaltung eines Treuhänders oder durch konsortialvertragliche Bindungen zwischen den Gesellschaftern. 38

VI. Die KG mit anderen Komplementären

39 Als Komplementäre einer KG kommen neben der GmbH auch andere juristische Personen in Betracht. Voraussetzung ist stets die Rechtsfähigkeit des Komplementärs und die Zulässigkeit dieser Stellung in der KG. Mögliche Komplementäre sind demnach die Unternehmergesellschaft, ausländische Gesellschaften, die Aktiengesellschaft und Stiftungen.

1. Unternehmergesellschaft (haftungsbeschränkt)

40 Durch das am 1.11.2008 in Kraft getretene MoMiG wurde die Unternehmergesellschaft (haftungsbeschränkt), kurz UG[44], als Rechtsformvariante durch den § 5a in das GmbHG eingeführt. Mit dem Stammkapital ab einem Euro soll sie Existenzgründern als **kostengünstige Haftungsbeschränkung** dienen. Sie ist die Antwort des deutschen Gesetzgebers auf die englische Limited[45], die sich in den letzten Jahren einiger Beliebtheit erfreute (zu der rechtstatsächlichen Verbreitung → § 2 Rn. 2).

41 Die UG kann entgegen einer anders lautenden Literaturansicht[46] auch ohne am Gewinn einer Kommanditgesellschaft beteiligt zu sein, als deren Komplementärin fungieren. Der Umstand, dass es der UG in dieser Konstellation mangels der Erwirtschaftung eines Jahresüberschusses verwehrt bleibt, die in § 5a Abs. 3 GmbHG vorgesehenen Rückstellungen zu bilden und damit sukzessive das Haftpolster aufzubauen, führt nicht dazu, dass die Gestaltungsvariante der UG & Co. KG als unzulässig oder gar als nach § 134 BGB nichtig ist.[47] § 5a Abs. 3 GmbHG geht zwar von dem Aufbau des Haftungsfonds aus dem anteiligen Jahresüberschuss aus, schreibt aber, was auch betriebswirtschaftlich unsinnig bzw. unmöglich wäre, einen solchen Jahresüberschuss nicht zwingend vor.[48]

42 Für die Behandlung der UG als Komplementärin kann entsprechend auf die Ausführungen zur GmbH verwiesen werden (→ Rn. 2 ff.).

2. Ausländische juristische Person

43 Eine ausländische Gesellschaft kann dann als Komplementärin fungieren, wenn sie **rechtsfähig** ist. An dieser Stelle kommt nun bereits nicht nur das Internationale Privatrecht, sondern auch das Europarecht ins Spiel. Allge-

---

[44] In der Praxis ist stets auf die korrekte Firmierung, insbesondere auf den Zusatz „haftungsbeschränkt" zu achten, um die andernfalls drohende Rechtsscheinhaftung zu vermeiden, vgl. *Wachter* NZG 2009, 1263 (1265).

[45] Private company limited by shares (kurz Limited oder Ltd.), dazu *Römermann* NJW 2006, 2065 ff.; *Kadel* MittBayNot 2006, 102 ff.; *Just* BC 2006, 25 ff.; *Müller* BB 2006, 837 ff.; *Happ/Holler* DStR 2004, 730 ff.

[46] Vgl. *Veil* GmbHR 2007, 1080 (1084); *Wicke* GmbHG § 5a Rn. 19.

[47] Vgl. *Stenzel* NZG 2009, 168 (169 ff.); *Hennrichs* NZG 2009, 1161 (1166); *Römermann* NJW 2010, 905 (910); *Heeg* DB 2009, 719 (722); Roth/Altmeppen/*Roth* GmbHG § 5a Rn. 19; Lutter/Hommelhoff/*Lutter* GmbHG § 5a Rn. 19.

[48] Lutter/Hommelhoff/*Lutter* GmbHG § 5a Rn. 18; Roth/Altmeppen/*Roth* GmbHG § 5a Rn. 26.

§ 3 Erscheinungsformen der GmbH & Co. KG

mein ist Voraussetzung, dass die Gesellschaft nach deutschem Recht komplementärfähig ist und sie auch nach ihrem Gründungsrecht als Komplementärin dienen kann. Innerhalb der **Europäischen Union** ist nach den Entscheidungen des EuGH in Sachen „*Centros*"[49], „*Überseering*"[50], „*Inspire Art*"[51] und „*Sevic*"[52] geklärt, dass sich die Rechtspersönlichkeit einer Gesellschaft nach ihrem **Gründungsstatut** richtet und jede Anwendung inländischen Gesellschaftsrechts nach der Sitztheorie eine Beschränkung der Niederlassungsfreiheit aus den Art. 54, 49 AEUV darstellt und besonderer Rechtfertigung aufgrund zwingender Gemeinwohlinteressen bedarf.[53] Damit ist die Beteiligung europäischer juristischer Personen an einer KG zulässig.

In der Entscheidung „*Trabrennbahn*"[54] hat der BGH indes klargestellt, dass in Bezug auf Gesellschaften aus dem **sonstigen Ausland** die **Sitztheorie** weiterhin Anwendung findet. Die Rechtsfähigkeit von Gesellschaftsformen, die nicht dem Recht eines EU Mitgliedstaates entstammen, richtet sich nach deutschem Recht, wenn sie ihren Verwaltungssitz im Inland haben.[55] Kommt das deutsche Recht zu ihrer Rechtsfähigkeit, so steht ihrer Zulässigkeit als Komplementärin einer KG nichts entgegen.[56] Um den Gläubigerschutz zu gewährleisten, können die Registergerichte zum einen die vertretungsberechtigten Organe in das Handelsregister eintragen lassen[57] und ein dem deutschen Mindestkapital entsprechendes Nennkapital verlangen, zum anderen eine unmissverständliche Firmenbezeichnung fordern, aus der sich die ausländische Gesellschaftsbezeichnung ergibt.[58]

44

Ausländische Kapitalgesellschaften als Haftungsschott in der KG können gegenüber der GmbH den Vorteil eines niedrigeren Stammkapitals oder einfacherer Gründungsvorschriften haben. In praxi wurden derartige Vorteile insbesondere durch die Gründung der **Limited & Co. KG** genutzt. Diese erfreute sich in der Vergangenheit stetig wachsender Popularität, so waren am 1.1.2010 5038 Kommanditgesellschaften mit einer Limited als Komplementär zum Handelsregister angemeldet.[59] Jedoch bringt die Limited als Komplementär einer Kommanditgesellschaft auch eine **Vielzahl von Nachteilen** mit sich. Genannt seien an dieser Stelle nur die **Rechtsunsicherheit** aufgrund Anwendung englischen Rechts, die **doppelten Bilanzierungskosten**, das **gesteigerte Haftungsrisiko** der Geschäftsleiter und das **Misstrauen** welches der in Deutschland ansässige Geschäftsverkehr den

45

---

[49] EuGH NJW 1999, 2027.
[50] EuGH NJW 2002, 3614.
[51] EuGH NJW 2003, 3331.
[52] EuGH NJW 2006, 425.
[53] *Behrens* IPRax 2004, 20 (25).
[54] BGH NZG 2009, 68.
[55] BGH NZG 2009, 68; BGHZ 151, 204 (209) = DB 2002, 2039; *Wöhlert* GWR 2009, 161; *Weller* IPRax 2003, 324.
[56] Str. vgl. *Binz/Sorg* § 25 Rn. 122 mwN.
[57] BayObLG DB 1986, 1325 (1327).
[58] OLG Saarbrücken GmbHR 1990, 348–350.
[59] *Kornblum* GmbHR 2010, R 53 f.

1. Kapitel. Gesellschaftsrechtliche Grundlagen

Limiteds entgegenbringt.[60] Da die UG nach § 5a GmbHG ebenfalls mit einem niedrigen Stammkapital aufwarten kann und nach § 2 Abs. 1a GmbHG die Möglichkeit einer beschleunigten Gründung im vereinfachten Verfahren besteht, ist die **UG & Co. KG** der Limited & Co. KG grundsätzlich **vorzuziehen**. Dass diese Einschätzung auch von der Praxis geteilt wird, zeigt der stark rückläufige Bestand von Limited & Co. KG, der Anfang 2012 noch 3585 betrug und folglich in den letzten zwei Jahren um ein Drittel zurückgegangen ist.[61] Es verwundert nicht, dass sukessive immer mehr Inhaber von Limiteds eine Umwandlung in eine GmbH oder UG wünschen. Durch die im Jahre 2007 erfolgte Umsetzung der Verschmelzungsrichtlinie in deutsches sowie englisches Recht besteht die Möglichkeit, eine englische Limited im Wege der Verschmelzung nach § 122a ff. UmwG auf eine deutsche GmbH zu überführen.[62] Seit der EUGH-Entscheidung in der Rechtssache „*VALE*"[63] ist darüber hinaus von der Zulässigkeit des Formwechsels durch eine einfache Umwandlung unter Beibehaltung der Rechtspersönlichkeit auszugehen.[64] Diese ist durch eine entsprechende unionsrechtskonforme Auslegung und Anwendung des §§ 190 ff. UmwG zu bewerkstelligen. Der Charme dieser rechtsformerhaltenden Umwandlung gegenüber der Verschmelzung nach den §§ 122a UmwG liegt in der Vermeidung der bei letzterer regelmäßig anfallenden Grunderwerbsteuer nach § 1 Abs. 1 Nr. 3 GEStG.[65] Allerdings gilt es zu beachten, dass die Umwandlung einer EU-Auslandsgesellschaft in einer UG ausscheidet, da ein solcher Formwechsel im Hinblick auf das Sacheinlageverbot des § 5a Abs. 2 S. 2 GmbHG nicht zulässig ist.[66]

46 Allerdings entfalten die auf Anteilseignerseite oftmals als lästig empfundenen Regeln der **Arbeitnehmermitbestimmung** nach § 4 Abs. 1 MitbestG gegenüber ausländischen Komplementären **keine Wirkung**, weil diese nach § 1 Abs. 1 MitbestG nicht in den Anwendungsbereich des Mitbestimmungsgesetzes fallen. Dieser Umstand bildet weiterhin ein Attraktivitätsmerkmal von ausländischen juristischen Personen als Komplementär.

47 Bezüglich der **Publizitätspflichten** in Deutschland haben ausländische Komplementärgesellschaften dagegen keine weit reichenden Vorteile: Aufgrund des durch das KapCoRiLiG eingeführten § 264b HGB bestehen für Personenhandelsgesellschaften Publizitätspflichten in Deutschland auch dann, wenn sie in den Konzernabschluss eines europäischen Komplementärunternehmens einbezogen sind; die Unterlagen müssen in diesem Fall in deutscher Sprache auch zum Handelsregister der KG eingereicht werden.

---

[60] Zu diesen und weiteren Nachteilen: *Tebben/Tebben* DB 2007, 2355 ff.; *Römermann* NJW 2006, 2065 ff.; *Schall* DStR 2006, 1229 ff.; *Wachter*, DStR 2005, 1817 ff.; *Happ/Holler* DStR 2004, 730 ff.
[61] *Kornblum* GmbHR 2012, 728 (729).
[62] Dazu näher *Herrler/Schneider* DStR 2009, 2433 ff.; *Tebben/Tebben* DB 2007, 2355 ff.
[63] EuGH NZG 2012, 871.
[64] *Wicke* DStR 2012, 1756 ff.; *Weller* LMK 2012, 336113; *Klett* GWR 2012, 319.
[65] *Weller* LMK 2012, 336113; allgemein zwischen den Vor- und Nachteilen der verschiedenen Gestaltungsvarianten abwägend *Wicke* DStR 2012 1756 (1759).
[66] *Wicke* DStR 2012, 1756 (1758); *Wicke* GmbHG § 5a Rn. 18 mwN.

§ 3 Erscheinungsformen der GmbH & Co. KG

Nach dem zum jetzigen Zeitpunkt noch nicht konkret absehbaren, jedoch bereits vieldiskutierten Erlass eines Statuts für eine Europäische Privatgesellschaft[67], sollte auch diese als Komplementärin in Erwägung gezogen werden. **48**

3. Aktiengesellschaft und SE

Um die unbeschränkte Haftung einer natürlichen Person zu vermeiden, kann auch die AG als Komplementärin dienen. Ebenso wie bei der GmbH & Co. KG ist zwischen der KG als Hauptgesellschaft und der AG als Komplementärgesellschaft **rechtlich zu trennen**. Auf die Rechtsverhältnisse der AG bleibt bei dieser Stellung das Aktiengesetz anwendbar. Die Organe der AG sind Vorstand, Hauptversammlung und Aufsichtsrat. Der Vorstand vertritt die AG, § 78 Abs. 1 AktG, und somit mittelbar die KG, §§ 125, 161 Abs. 2 HGB. **49**

Die „**Verzahnung**" bei personenidentischer AG & Co. KG kann entweder dadurch erreicht werden, dass die Kommanditisten gleichzeitig die alleinigen Aktionäre der AG sind, oder durch die Ausgestaltung als Einheitsgesellschaft (vgl. → Rn. 9), was in diesem Fall bedeutet, dass die KG sämtliche Aktien der AG hält. Beschränkungen bezüglich der Gestaltungsform der Einheitsgesellschaft könnten sich hier allerdings aus § 71d S. 2 AktG ergeben, wonach ein abhängiges Unternehmen Aktien der AG nur unter den Bedingungen erwerben oder besitzen darf, unter denen es der AG selbst nach § 71 AktG gestattet wäre. Die KG kann jedoch im Normalfall nicht als von ihrer Komplementärin abhängiges Unternehmen charakterisiert werden: Eine teleologische Interpretation des Unternehmensbegriffs ergibt, dass für ein herrschendes Unternehmen neben der Möglichkeit zur Einflussnahme auf das beherrschte Unternehmen gleichzeitig eine anderweitige wirtschaftliche Interessenbindung erforderlich ist.[68] Soweit die AG jedoch keinen eigenen Geschäftsbetrieb hat und nicht an anderen Unternehmen beteiligt ist, verfolgt sie kein unternehmerisches Eigeninteresse, so dass die §§ 71d, 71 AktG der Einheitsgesellschaft nicht entgegenstehen.[69] **50**

Bei der Rechtsformwahl ist bei der AG insbesondere die **Satzungsstrenge** des Aktiengesetzes zu bedenken: Die Nichtbeachtung der aktienrechtlichen Formvorschriften führt regelmäßig zur Nichtigkeit der betroffenen Maßnahme. Nur für die sog. kleinen AGs gelten inzwischen Vereinfachungen (zB §§ 121 Abs. 4, 130 Abs. 1 S. 3 AktG). Andererseits eröffnet die Rechtsform den **Zugang zur Börse** und bietet den mit der AG bislang noch verbundenen **Imagevorteil**. Sie ist daher auch als Übergangsform zur AG gut geeignet.[70] **51**

---

[67] Vgl. ua *Wedemann* EuZW 2010, 534 ff.
[68] *Hüffer* AktG § 15 Rn. 8.
[69] *Binz/Sorg* § 25 Rn. 64 ff.
[70] *Binz/Sorg* § 25 Rn. 79; zu den steuerrechtlichen Besonderheiten vgl. auch Rn. 73 ff.

1. Kapitel. Gesellschaftsrechtliche Grundlagen

52 Seit Inkrafttreten der SE-VO und des zugehörigen SE-Ausführungsgesetzes (SEAG) in Deutschland Ende 2004[71] besteht nunmehr auch die Möglichkeit, eine Europäische Aktiengesellschaft (SE) als Komplementärin zu nutzen. Die SE & Co. KG ist weitgehend mit der AG & Co. KG vergleichbar, so dass auf die vorhergehenden Ausführungen verwiesen werden kann. Unterschiede ergeben sich lediglich insoweit, als die SE sich von der AG unterscheidet.[72]

4. Stiftung

53 Auch für Stiftungen kann die KG eine interessante Rechtsform darstellen. Wegen geringerer Einflussnahmemöglichkeiten der staatlichen Stiftungsaufsicht und höherer Freibeträge bei der Erbschaftsteuer bietet sich insbesondere eine **Familienstiftung** als Komplementärin an. Hierbei handelt es sich um eine besondere Art Stiftung deren Zweck die Förderung der Familie des Stifters darstellt.

54 Die Stiftung wird durch die **staatliche Anerkennung** rechtsfähig und kann auch erst ab diesem Zeitpunkt Komplementärin einer KG werden. Die Voraussetzungen für die Anerkennung einer Stiftung sind abschließend in § 80 BGB geregelt. Ein Mindestkapital wie für die GmbH ist nicht vorgeschrieben, jedoch ist für die Anerkennung erforderlich, dass die nachhaltige Erfüllung des Stiftungszwecks gesichert ist.[73]

VII. Die GmbH & Co. KGaA

55 Bei einer KGaA handelt es sich um eine Gesellschaft, bei der Strukturelemente einer Kommanditgesellschaft und einer Aktiengesellschaft miteinander kombiniert werden. Die KGaA als juristische Person hat zwei Arten von Gesellschaftern, nämlich den persönlich haftenden Gesellschafter (Komplementär), der mit seinem Privatvermögen unbeschränkt für die Gesellschaftsschulden haftet und der nach dem gesetzlichen Ideal eine natürliche Person ist, sowie die Kommanditaktionäre, die als reine Kapitalgeber ohne persönliches Haftungsrisiko fungieren. Es wird mithin der persönliche Kredit des Komplementärs mit der Funktion der AG als Kapitalsammelbecken und Publikumsgesellschaft kombiniert, wobei die Gesellschaft ihrer Grundstruktur nach wie eine Aktiengesellschaft ausgestaltet ist und vom Gesetzgeber bestimmte Anpassung der Gesellschaftsstruktur aufgrund des Vorhandenseins eines persönlich haftenden Gesellschafters vorgenommen wurden, die an das gesetzliche Leitbild einer natürlichen Person als Komplementär einer KGaA anknüpfen:

---

[71] Verordnung (EG) Nr. 2157/2001 des Rates v. 8.10.2001 über das Statut der Europäischen Gesellschaft (SE), ABl. EU L 249, 1, in Kraft getreten am 8.10.2004; Gesetz zur Einführung der Europäischen Gesellschaft v. 22.12.2004 (BGBl. I 3675), in Kraft getreten am 29.12.2004.
[72] Vgl. *Binz/Sorg* § 25 Rn. 95 f.
[73] Ausführlich *Binz/Sorg* § 25 Rn. 1–50.

1. Grundstruktur

Die KGaA ist in den §§ 278 ff. AktG geregelt. Nach der Legaldefinition des § 278 Abs. 1 AktG handelt es sich um eine Gesellschaft mit eigener Rechtspersönlichkeit, bei der mindestens ein Gesellschafter unbeschränkt haftet (persönlich haftender Gesellschafter) und die übrigen an dem in Aktien zerlegten Grundkapital beteiligt sind, ohne persönlich für die Verbindlichkeiten der Gesellschaft zu haften (Kommanditaktionäre). Die Organe der KGaA stimmen mit der AG überein; jedoch tritt bzw. treten neben Aufsichtsrat und Hauptversammlung an die Stelle des Vorstands der bzw. die persönlich haftenden Gesellschafter. Aufgrund dieser Merkmale wird die KGaA als **Mischform zwischen KG und AG** und als „hybride Rechtsform" bezeichnet.[74] 56

Das Verhältnis der Gesellschafter untereinander orientiert sich nach § 278 Abs. 2 AktG an den Vorschriften des HGB über die KG. Im Übrigen steht die KGaA jedoch der AG näher, so dass die aktiengesetzlichen Regeln Anwendung finden. Dadurch gilt einerseits für die Unternehmensführung durch die Komplementäre der Grundsatz der Vertragsfreiheit, andererseits für die Kapitalstruktur die Satzungsstrenge des AktG.[75] Aufgrund der Vertragsfreiheit im Hinblick auf das Verhältnis zwischen den Gesellschaftern kann die ohnehin starke Stellung des Komplementärs noch weiter ausgebaut werden. So kann das den Kommanditaktionären über § 278 Abs. 2 AktG i.V.m. § 164 HGB zustehende Widerspruchsrecht im Hinblick auf über den gewöhnlichen Geschäftsbetrieb hinausgehende Geschäfte durch die Satzung ausgeschlossen und das Vetorecht der Komplementäre aus § 285 Abs. 2 S. 1 AktG durch die Satzung auf alle Hauptversammlungsbeschlüsse ausgedehnt werden. Auch die Stellung des Aufsichtsrats der KGaA ist im Vergleich zur AG schwach ausgestattet; er hat insbesondere keine Personal- und Geschäftsordnungskompetenz, kein Zustimmungsrecht nach § 111 Abs. 4 AktG und keine Kompetenz zur Feststellung des Jahresabschlusses.[76] 57

Steuerrechtlich ist zwischen den **verschiedenen Steuersubjekten** zu unterscheiden: Die Besteuerung der KGaA entspricht der der AG; besteuert wird das Einkommen der Gesellschaft, nicht der Gewinnanteil der persönlich haftenden Gesellschafter, § 9 Abs. 1 Nr. 1 KStG. Die Vergütung der Komplementäre für ihre Geschäftsführungstätigkeit werden dabei wie gewinnmindernde Betriebsausgaben behandelt.[77] Weiterhin wird der Komplementär besteuert; er wird nach § 15 Abs. 1 Nr. 3 EStG wie ein Mitunternehmer behandelt und hat entweder Einkommensteuer oder, wenn es sich um eine juristische Person handelt, Körperschaftsteuer zu zahlen. Bezüglich der Aktien beziehen die Kommanditaktionäre Einkünfte aus Kapitalvermögen, welche als solche zu versteuern sind.[78] 58

---

[74] *Arnold*, Die GmbH & Co. KGaA, 1; *Hüffer* § 278 AktG Rn. 1; *Schaumburg/Schulte*, Die KGaA, 3; Schütz/Bürgers/Riotte/*Göz*, Die Kommanditgesellschaft auf Aktien, § 2 Rn. 6; *Binz/Sorg* § 26 Rn. 2.
[75] *Schaumburg/Schulte*, Die KGaA, 4.
[76] Schütz/Bürgers/Riotte/*Göz*, Die Kommanditgesellschaft auf Aktien, § 2 Rn. 1.
[77] MHdB AG/*Kraft* § 81 Rn. 10; *Binz/Sorg* § 26 Rn. 25.
[78] Vgl. ausführlich MHdB AG/*Kraft* § 81; *Binz/Sorg* § 26 Rn. 25 ff.

2. Zulässigkeit

59 Ursprünglich ging man davon aus, dass nur natürliche Personen persönlich haftender Gesellschafter einer KGaA sein könnten. Für diese Annahme, die sich am „Leitbild des Gesetzgeber" orientierte, gab es jedoch keine Hinweise im Gesetz. Insbesondere verweisen die §§ 278 ff. AktG nicht auf § 76 Abs. 3 S. 1 AktG, nach dem Mitglieder des Vorstands nur natürliche Personen sein können. Dementsprechend hat der **BGH die Zulässigkeit der GmbH & Co. KGaA anerkannt**.[79] Denn in Abwesenheit zwingender gesetzlicher Regelungen gebietet der Grundsatz der Privatautonomie unter Beachtung der Interessen des Rechtsverkehrs die Zulassung von gesellschaftsrechtlichen Mischformen.[80]

60 Der Bundesgerichtshof hat in seinem Grundsatzurteil lediglich gefordert, dass die Gesellschaft durch die Firmierung deutlich machen müsse, dass für ihre Verbindlichkeiten keine natürliche Person einsteht. Daraufhin hat der Gesetzgeber durch die Neufassung des § 279 Abs. 2 AktG die aufgezeigte Gesetzeslücke geschlossen und damit gleichzeitig die GmbH & Co. KGaA, die entsprechend firmieren muss, anerkannt.

3. Sonderregeln für die kapitalistische KGaA

61 Zwar wurde die Zulässigkeit der GmbH & Co. KGaA vom BGH ausdrücklich anerkannt. Die weitgehende Satzungsfreiheit hinsichtlich des Verhältnisses der Komplementäre zu den Kommanditaktionären fußt jedoch auf dem Gedanken, dass die dadurch mögliche Machtverschiebung zugunsten der Komplementäre ihre Rechtfertigung in der unmittelbaren, unbeschränkten persönlichen Haftung derselben findet.[81] Daher hat der BGH in einem obiter dictum gleichzeitig Einschränkungen dieser Satzungsfreiheit für die GmbH & Co. KGaA angedeutet.[82] Der BGH erwägt an dieser Stelle, ob zum **Schutze der Kommanditaktionäre vor einer „Minderheitenherrschaft"** der Satzungsfreiheit gerade in Bezug auf die sonst möglichen Beschränkungen der Kommanditaktionärsrechte und der Ausweitung des Vetorechts des Komplementärs Grenzen zu setzen sind und verweist auf die Grundsätze für Publikumskommanditgesellschaften. Denn es droht eine Übermacht der GmbH-Gesellschafter und hierdurch eine „Majorisierung durch Minoritäten".[83]

62 Dieser Ansatz ist umstritten. Teile der Literatur vertreten mit dem BGH eine Beschränkung der Satzungsautonomie im o.g. Sinne,[84] während andere

---

[79] BGHZ 134, 392 = NJW 1997, 1923.
[80] Für die Zulassung bereits zuvor: *Priester* ZHR 160 (1996), 250 ff.; *Mertens* FS Ritter, 1997, 731 ff.
[81] *Schaumburg/Schulte*, Die KGaA, 7; *Schütz/Bürgers/Riotte/Fett* § 3 Rn. 11.
[82] BGHZ 134, 392 (399 f.); BB 1997, 1220 (1222) mit Hinweis auf *Priester* ZHR 160 (1996), 250 (262).
[83] Vgl. *K. Schmidt* Gesellschaftsrecht § 32 IV 2a aE; *K. Schmidt* ZHR 160 (1996), 281.
[84] Vgl. neben den Vorgenannten: *Priester* ZHR 160 (1996), 250 (262); *Arnold*, Die GmbH & Co. KGaA, 60 ff.; *Halascz/Kloster/Kloster* GmbHR 2002, 77 (79); *Ihrig/Schlitt* ZHR-Beiheft 67, 33 (57); *Schaumburg/Schulte*, Die KGaA, 36 ff.

§ 3 Erscheinungsformen der GmbH & Co. KG

auf die regulierende Funktion des Kapitalmarkts vertrauen und im Übrigen die gesellschaftsrechtliche Treuepflicht als ausreichendes Korrektiv ansehen, da diese mit erhöhten Einflussmöglichkeiten zugunsten des Komplementärs eine verstärkte Rücksichtnahme auf die Interessen der Kommanditaktionäre erfordert.[85] Auch der BGH sieht die gesellschaftsrechtliche Treuepflicht als ein wichtiges Schutzinstrumentarium zugunsten des Kommanditaktionäre an.[86] Unabhängig davon, welche Ansicht sich durchsetzen wird, spricht daher viel dafür, dass die Vertragsfreiheit bei der GmbH & Co. KGaA – entweder aufgrund einer direkten Satzungskontrolle oder mittelbar durch die gesellschaftsrechtliche Treuepflicht – an Grenzen stößt, und die Gesellschaft nicht entgegen den Interessen der Kommanditaktionäre geführt werden kann.

4. Die GmbH & Co. KGaA als Alternative zur GmbH & Co. KG

Erst seit der Entscheidung des BGH zur Zulässigkeit der GmbH & Co. 63 KGaA ist die KGaA als Rechtsformalternative von praktischem Interesse. Denn solange man noch davon ausging, dass zumindest eine natürliche Person persönlich haftender Gesellschafter sein musste, war die KGaA schon aus diesem Grund nicht attraktiv. Allerdings hat die GmbH & Co. KGaA realiter auch in den letzten Jahren nicht erheblich an Bedeutung zugewonnen. Aufgrund ihrer komplizierteren Gestaltung stellt die GmbH & Co. KGaA regelmäßig keine ernsthafte Alternative zur GmbH & Co. KG dar, sondern tritt im Fall erhöhten Kapitalbedarfs eher in **Konkurrenz zur AG**. In Betracht kommt sie insbesondere für Unternehmen mit einem hohen Kapitalbedarf, die die Unternehmensführung einer kleinen Gruppe vorbehalten wollen.

Im Rahmen der Rechtsformwahl werden folgende Merkmale der KGaA 64 als Vorteile wahrgenommen: Als wichtigstes Kriterium für die Wahl dieser Rechtsform wird in der Regel die Möglichkeit zur Deckung eines hohen Kapitalbedarfs genannt. Die KGaA eröffnet durch die Fungibilität der Kommanditaktien den **Zugang zur Börse**; sie ist daher in Bezug auf einen geplanten Börsengang eine echte Rechtsformalternative zur Aktiengesellschaft.[87] Unabhängig von ihrem Anteil am Gesamtkapital ermöglicht die KGaA zudem den **Komplementären** bzw. den Gesellschaftern der GmbH **ihre Machtstellung innerhalb des Unternehmens aufrechtzuerhalten**. Geeignet ist die GmbH & Co. KGaA daher oft für Unternehmerfamilien, die sich ihren Einfluss auf die Gesellschaft erhalten möchten, aber gleichzeitig einen sehr hohen Kapitalbedarf haben. Auch für die Profiabteilungen der Vereine der Fußballbundesliga kommt die KGaA als Alternative in Betracht, um so dem Verein seinen Einfluss auf das Unternehmen zu sichern.[88]

Weiterhin wird die Abmilderung der Folgen der **Mitbestimmung** ver- 65 breitet als Vorteil empfunden. Das Mitbestimmungsgesetz entfaltet aufgrund der beschränkten Kompetenzen des Aufsichtsrats nur geringe Wirkung für die KGaA. Der Aufsichtsrat hat in der KGaA keine Personalkompetenz, so dass nach § 33 Abs. 1 S. 2 MitbestG kein Arbeitsdirektor zu bestellen ist und

---

[85] Schütz/Bürgers/Riotte/*Reger* § 5 Rn. 101; MüKoAktG/*Perlitt* § 278 Rn. 360.
[86] BGHZ 134, 392 (399), BB 1997, 1220 (1222).
[87] Schütz/Bürgers/Riotte/*Wieneke*/*Fett* § 10 Rn. 4.
[88] *Arnold*, Die GmbH & Co. KGaA, 8; *Siebolt*/*Wichert* SpuRt 1998, 139 ff.

1. Kapitel. Gesellschaftsrechtliche Grundlagen

die Arbeitnehmer daher vor allem keinen Einfluss auf die Besetzung von Führungspositionen haben. Weiterhin findet das MitbestErgG und das MontanMitbestG keine Anwendung.

66 Demgegenüber weist die Besteuerung der KGaA gegenüber der AG oder der GmbH & Co. KG **keine generellen steuerrechtlichen Vorteile** auf. Nachdem die jüngste Erbschaftsteuerreform die Bewertungsbasis für Personen- und Kapitalgesellschaften vereinheitlicht hat, ergeben sich auch erbschaftsteuerrechtlich keine grundsätzlichen Vorteile zwischen einer Kapitalgesellschaft und einer Personengesellschaft – typischerweise eine GmbH & Co. KG – als Komplementär.

67 Es bleibt mithin im Ergebnis festzuhalten, dass die GmbH & Co. KGaA sich zwar ihrer Struktur nach auch an der Kommanditgesellschaft orientiert, dennoch aber wesentlich eher eine Alternative zur AG als zur GmbH & Co. KG darstellt. Aufgrund ihres Gestaltungs- und Handlingaufwandes ist die GmbH & Co. KGaA nämlich nur im Hinblick auf einen geplanten Börsengang attraktiv.[89] Daneben kommt sie auch als **Übergangsform** zwischen Personenhandelsgesellschaft und Aktiengesellschaft beispielsweise im Zuge eines Generationswechsels oder bei einem Unternehmen, bei dem der Anteilsbesitz beispielsweise durch die Vielzahl von Erbgängern zersplittert ist, in Betracht.[90]

---

[89] *Binz/Sorg* § 26 Rn. 34.
[90] MüKoAktG/*Perlitt* Vor § 278 Rn. 3.

2. Kapitel. Besteuerungskonzeption der GmbH & Co. KG

§ 4 Grundlagen

Übersicht

	Rn.		Rn.
I. Mitunternehmerinitiative und Mitunternehmerrisiko als Grundvoraussetzung für die Qualifikation als Mitunternehmer	5	II. Faktische Mitunternehmerschaft bei atypischen Vertragsbeziehungen	24
1. Mitunternehmerinitiative	7	III. Gewerblich geprägte Mitunternehmerschaft gemäß § 15 Abs. 3 Nr. 2 EStG	30
2. Mitunternehmerrisiko	16		
3. Gesamtbild der Verhältnisse	21	IV. Mitunternehmerstellung bei doppelstöckiger Personengesellschaft	43

Schrifttum: *Autenrieth,* Brennpunkte der Beratung, Gewerbliche Prägung bei doppelstöckiger GmbH & Co. KG und Verlustverrechnung, DStZ 1987, 121; *Dötsch,* Mitunternehmer und Mitunternehmerschaft, in Dötsch/Herlinghaus/Hüttemann/Lüdicke/Schön, Die Personengesellschaft im Steuerrecht, 2011; *Groh,* Nutzungseinlage, Nutzungsentnahme und Nutzungsausschüttung, DB 1988, 514; *Groh,* Sondervergütungen in der doppelstöckigen Personengesellschaft, DB 1991, 879; *Herzig/Kessler,* Tatbestandsmerkmale und Anwendungsbereich des Gepräge-Gesetzes, DStR 1986, 456; *Hoffmann/Sauter,* Der Jahresabschluß der KG als Exerzierfeld einer Bilanzrevolution (?), DStR 1996, 967; *Märkle,* Doppelstöckige Personengesellschaften im Ertragsteuerrecht nach dem Beschluss des Großen Senats GrS 7/89, StbJb 1991/92, 247; *Paus,* Die GmbH & Co GbR – eine unendliche Geschichte?, DStZ 2002, 66; *Priester,* Die faktische Mitunternehmerschaft – Ein gesellschaftsrechtliches Problem, in Ertragsbesteuerung, FS Ludwig Schmidt, 1993, 348; *Raupach,* Gewinnanteil und Sondervergütungen der Gesellschafter von Personengesellschaften, StuW 1991, 278; *L. Schmidt,* Steuerrechtliche Gewinnermittlung und -zurechnung bei doppelstöckigen Personengesellschaften – Versuch einer Bestandsaufnahme für die Praxis, in Bilanzrecht und Kapitalmarkt, FS Adolf Moxter, 1994, 1111; *Schulze zur Wiesche,* Mitunternehmerschaft und Mitunternehmerstellung, DB 1997, 244; *Schön/Kreile, Stuw* 1996, 286, DStZ 1986, 6.

Einschlägige Norm für die Besteuerung des Gesellschafters einer GmbH 1 & Co. KG ist § 15 EStG, hier insbesondere § 15 Abs. 1 S. 1 Nr. 2 mit dem als Einkünfte aus Gewerbebetrieb bestimmt werden „Die Gewinnanteile der Gesellschafter einer [...] Kommanditgesellschaft oder einer anderen Gesellschaft, bei der der Gesellschafter als Unternehmer (Mitunternehmer) anzusehen ist und die Vergütungen, die der Gesellschafter im Dienst der Gesellschaft oder für die Hingabe von Darlehen oder für die Überlassung von Wirtschaftsgütern bezogen hat." Die Vorschrift geht also aus von einer

2. Kapitel. Besteuerungskonzeption der GmbH & Co. KG

Kommanditgesellschaft, die eine eigengewerbliche Betätigung ausübt und bei der der Gesellschafter qualitativ das Merkmal eines Mitunternehmers erfüllt. Liegen diese Voraussetzungen vor, handelt es sich bei der GmbH & Co. KG steuerlich um eine Mitunternehmerschaft. Dieser Begriff ist weitgehend, jedoch nicht vollständig deckungsgleich mit dem gesellschaftsrechtlichen Begriff der Personenhandelsgesellschaft. „Mitunternehmerschaft" ist grundsätzlich ein eigenständiger steuerlicher Begriff[1], der allein nach steuerlichen Kriterien beurteilt werden muss.

2 Generell kann davon ausgegangen werden, dass der Gesellschafter einer GmbH & Co. KG auch gleichzeitig als Mitunternehmer anzusehen ist. Es sind jedoch auch Konstellationen denkbar, in denen der Gesellschafter soweit in seinen Rechten beschnitten ist, dass er trotz der Gesellschafterstellung nicht das Kriterium eines Mitunternehmers erfüllt.[2] Umgekehrt ist es auch möglich, dass ein Nichtgesellschafter die Stellung als Mitunternehmer erreichen kann, wenn ihm trotz fehlender Gesellschafterstellung besonders starke Einwirkungs- und Vermögensrechte auf die Gesellschaft zustehen.[3]

3 Obwohl der Begriff des Mitunternehmers für die Besteuerung des Gesellschafters einer Personengesellschaft eine zentrale Bedeutung hat, ist der Begriff im Gesetz nicht definiert. Die Merkmale dieses Begriffes sind im Laufe der Jahre durch die höchstrichterliche Rechtsprechung herausgearbeitet worden.[4] Insgesamt kann dabei festgehalten werden, dass der Mitunternehmerbegriff nicht genau definiert ist, sondern es sich um einen Typusbegriff handelt, der anhand verschiedener Merkmale ausgelegt werden muss.[5]

4 Ist der Gesellschafter einer GmbH & Co. KG als Mitunternehmer anzusehen, leiten sich hieraus sämtliche steuerliche Konsequenzen ab, die mit seiner Person in Verbindung stehen. Er erhält die anteiligen Ergebnisse der Mitunternehmerschaft für steuerliche Zwecke zugerechnet und die Sondervergütungen, die er von der Mitunternehmerschaft erhält, werden dem steuerlichen Gewinn der Mitunternehmerschaft hinzugerechnet.

Die Mitunternehmerstellung beeinflusst nicht nur die laufende Besteuerung des Gesellschafters, sondern auch die steuerlichen Konsequenzen in Umwandlungssituationen. Eine steuerneutrale Umstrukturierung einer GmbH & Co. KG setzt regelmäßig bei den beteiligten Gesellschaftern eine Mitunternehmerstellung voraus. Die erbschaft- und schenkungsteuerliche Begünstigung der unentgeltlichen Übertragung eines Mitunternehmeranteils setzt nach den §§ 13a, 13b ErbStG voraus, dass der Erbe bzw. der Beschenkte Mitunternehmer wird.

---

[1] Blümich/*Bode* EStG § 15 Rn. 341.
[2] Vgl. zB BFH v. 11.10.1988, BStBl. II 1989, 762.
[3] Vgl. zB BFH v. 2.9.1985, BStBl. II 1986 10.
[4] Vgl. zB BFH v. 25.6.1984, GrS 4/82, BStBl. II 1984 751.
[5] Vgl. HHLS/*Dötsch,* 27.

I. Mitunternehmerinitiative und Mitunternehmerrisiko als Grundvoraussetzung für die Qualifikation als Mitunternehmer

Der Gesellschafter einer Personengesellschaft ist im Regelfall auch gleichzeitig als Mitunternehmer im Sinne des § 15 EStG anzusehen. Die Finanzrechtsprechung hat hierzu die eigenständigen Merkmale Mitunternehmerinitiative und Mitunternehmerrisiko entwickelt.[6]

Das Verständnis des Mitunternehmerrisikos sowie der Mitunternehmerinitiative orientiert sich an dem gesetzlichen **Grundtypus des Kommanditisten** einer Kommanditgesellschaft bzw. des Gesellschafters einer Offenen Handelsgesellschaft.[7] Immer dann, wenn sich nach dem Gesamtbild der Verhältnisse erhebliche Einschränkungen dieser gesetzlichen Grundvorstellung ergeben, kann die Mitunternehmerstellung des Gesellschafters in Frage gestellt werden. Immer dann, wenn sich für einen **Nicht**gesellschafter aufgrund der gesamten Vertragsgestaltung Rechte ergeben, die dem Grundtypus eines Gesellschafters einer Personengesellschaft entsprechen, kann sich auch für einen Nichtgesellschafter eine Mitunternehmerstellung ergeben.

1. Mitunternehmerinitiative

Die Mitunternehmerinitiative orientiert sich regelmäßig an der Möglichkeit, an der unternehmerischen Entscheidung mitzuwirken.[8] Hiervon zu unterscheiden sind die Entscheidungs- und Mitwirkungsmöglichkeiten aus einer eventuellen Stellung als **Geschäftsführer** der Komplementär-GmbH. Entscheidend sind ausschließlich die Mitwirkungs- und Entscheidungsmöglichkeiten aufgrund der Stellung als **Gesellschafter** der Personengesellschaft. In Einzelfällen können dabei durchaus Abgrenzungsprobleme bestehen. Die Mitunternehmerinitiative kann sich aufgrund folgender Kriterien ergeben:
– Stimmrecht in der Gesellschafterversammlung,
– Ausübung des Kontrollrechts sowie
– Möglichkeit der Ausübung des Widerspruchsrechts bei außergewöhnlichen Geschäftsvorfällen gemäß § 164 Abs. 2 HGB.

Der Kommanditist ist kraft seiner Gesellschafterstellung nicht zur Geschäftsführung der Gesellschaft befugt. Die **Ausübung des Stimmrechts** in der Gesellschafterversammlung bildet deshalb den zentralen Ausdruck für die Gesellschafterrechte.[9] Die Befugnisse der Gesellschafterversammlung orientieren sich nach dem Gesetz, insbesondere auch nach dem Gesellschaftsvertrag. In die **Kompetenz der Gesellschafterversammlung** fallen zunächst die Grundlagenentscheidungen wie zB Änderung des Gesellschaftsvertrages, Aufnahme neuer Gesellschafter, Ausschluss von Gesellschaftern, Feststellung der Bilanz und evtl. Mitwirkung bei der Bestellung der Ge-

---

[6] BFH v. 25.6.1984, BStBl. II 751; BFH v. 3.5.1993, BStBl. II 616.
[7] Blümich/*Bode* EStG § 15 Rn. 351.
[8] BFH v. 29.4.1992, BFH/NV 803.
[9] Blümich/*Bode* § 15 EStG Rn. 351.

schäftsführung der Komplementär-GmbH. Gesellschaftsvertraglich können sich weitere Kompetenzen ergeben.

9   Das Stimmrecht des Gesellschafters ergibt sich aus dem Gesellschaftsvertrag, im Regelfall entspricht dieses dem Anteil am Festkapital. Ist der Gesellschafter uneingeschränkt in der Lage entsprechend dieser Beteiligung sein Stimmrecht in der Gesellschafterversammlung auszuüben, spricht dies für das Vorliegen einer **Mitunternehmerinitiative**. Es ist nicht erforderlich, dass der betreffende Gesellschafter seinen Willen in der Gesellschafterversammlung auch durchsetzen kann, etwa in Form einer Mehrheitsbeteiligung.

10 Von besonderer Bedeutung ist dabei die grundsätzliche Kompetenz der Gesellschafterversammlung zur Feststellung des Jahresabschlusses. Die Erstellung des Jahresabschlusses erfolgt durch die Komplementär-GmbH[10] bzw. deren Geschäftsführung und wird, sofern die Größenkriterien einer mittelgroßen Gesellschaft gemäß § 267 HGB erfüllt sind, durch einen Abschlussprüfer geprüft. Mit der Feststellung des Jahresabschlusses durch die Gesellschafterversammlung kann diese sich auch mit den Bilanzierungsentscheidungen befassen. Stimmt die Gesellschafterversammlung nicht mit den Vorstellungen der Geschäftsführung zur Bilanzierung überein, kann dies im Zuge der Feststellung des Jahresabschlusses korrigiert werden.

11 Ist im Gesellschaftsvertrag keine Bestimmung über die Verwendung des Jahresergebnisses enthalten, wird mit der Feststellung des Jahresabschlusses im Regelfall auch eine Entscheidung über die Verwendung des Jahresergebnisses getroffen, so dass insoweit auch gleichzeitig eine Verbindung zu der **Erfolgsbeteiligung** als wesentliches Merkmal des Mitunternehmerrisikos besteht. Die Feststellung des Jahresabschlusses im Rahmen der Gesellschafterversammlung einer Kommanditgesellschaft unter entsprechender Mitwirkung der Kommanditisten hat damit eine zentrale Bedeutung für die Beurteilung einer Mitunternehmerinitiative.[11]

12 Nach § 166 Abs. 1 HGB hat der Kommanditist das Recht, eine abschriftliche Mitteilung des Jahresabschlusses zu verlangen und dessen Richtigkeit unter Einsicht der Bücher und Papiere zu prüfen, wobei ein allgemeines Recht auf laufende Unterrichtung über die Geschäftsvorfälle nicht besteht. Im Regelfall hat dieses **gesetzliche Kontrollrecht des Kommanditisten** keine erhebliche praktische Relevanz, da wegen der Personenbezogenheit der Rechtsform im Normalfall die Gesellschafter über den aktuellen Geschäftsverlauf unterrichtet sind. Bei Publikumsgesellschaften mit einer Vielzahl von Kommanditisten kann dem Kontrollrecht nach § 166 Abs. 1 HGB jedoch eine große Bedeutung zukommen. Eine satzungsgemäße Einschränkung dieses Kontrollrechts kann gegen ein Vorliegen einer Mitunternehmerinitiative für einen Nur-Kommanditisten sprechen.

13 Die **Befugnis zur laufenden Geschäftsführung** obliegt bei einer GmbH & Co. KG der Komplementärin bzw. deren Geschäftsführern. Ein Kommanditist ist kraft seiner Gesellschafterstellung nicht zur Geschäftsführung befugt. Obschon der Begriff der Mitunternehmerinitiative das Recht auf Geschäftsführung nahelegt, hat die Möglichkeit der tatsächlichen Einwir-

---

[10] BGH v. 29.3.1996, DB 1996, 926.
[11] *Hoffmann/Sauter* DStR 1996, 972; *Schulze zur Wiesche* DB 1997, 246.

kung auf laufende Geschäftsführungsmaßnahmen lediglich eine geringe Bedeutung für die Beurteilung der Mitunternehmerinitiative.[12] Ist ein Kommanditist in Personalunion auch Geschäftsführer der Komplementär-GmbH, kann dies neben anderen Merkmalen durchaus als weiteres Kriterium für das Vorliegen einer Mitunternehmerinitiative sprechen.

Der Kommanditist hat aufgrund seiner Gesellschafterstellung zwar grundsätzlich keine Einwirkungsmöglichkeiten auf laufende Geschäftsführungsmaßnahmen. Ihm steht jedoch nach § 164 Abs. 2 HGB ein **Widerspruchsrecht bei Maßnahmen zu, die über die laufende Geschäftsführung hinausgehen.** Enthält der Gesellschaftsvertrag keine gegenteilige Regelung, muss die entsprechende Maßnahme im Falle des Widerspruchs eines Kommanditisten unterbleiben. Der Gesellschaftsvertrag kann das Widerspruchsrecht gemäß § 164 Abs. 2 HGB allerdings ausschließen. Das uneingeschränkte Widerspruchsrecht des Kommanditisten ist ein starkes Indiz für das Vorliegen einer Mitunternehmerinitiative. Ist dieses Recht durch Gesellschaftsvertrag ausgeschlossen, kann dies **neben** anderen Merkmalen gegen das Vorliegen einer Mitunternehmerinitiative sprechen.[13] Allein der Ausschluss des Widerspruchrechts nach § 164 Abs. 2 HGB bei ansonsten uneingeschränkten Gesellschafterrechten führt jedoch nicht bereits dazu, dass die Mitunternehmerinitiative nicht gegeben ist. 14

Im **Ergebnis** lässt sich danach festhalten, dass das Kriterium der Mitunternehmerinitiative nicht das Recht eines Kommanditisten betrifft, sich aktiv am Wirtschaftsleben zu beteiligen. Die eigentliche Unternehmerinitiative obliegt der Gesellschaft selbst, die sich als Rechtssubjekt am Wirtschaftsleben beteiligt.[14] Ungeachtet dessen beschreibt das Kriterium der Mitunternehmerinitiative das **Verhältnis der Gesellschafter untereinander** und damit im Grunde lediglich das Recht des Einzelnen auf die Ausübung seiner Rechte im Rahmen des Gesellschaftsverhältnisses.[15] 15

2. Mitunternehmerrisiko

Neben dem Kriterium der Mitunternehmerinitiative muss außerdem das Mitunternehmerrisiko vorliegen.[16] Das Mitunternehmerrisiko kann an folgenden Merkmalen gemessen werden: 16
– Beteiligung am Gewinn
– Beteiligung am Verlust
– Beteiligung an den stillen Reserven im Gesellschaftsvermögen
– Beteiligung am Firmenwert.

Die **Erfolgsbeteiligung des Gesellschafters** ist ein Kernelement des Mitunternehmerrisikos.[17] Die Berechtigung eines Gewinnanteils entsprechend der Beteiligungsquote ist ein wesentlicher Beleg für das Vorliegen 17

---

[12] *Schulze zur Wiesche* DB 1997, 246.
[13] BFH v. 25.6.1981, BStBl. II 779.
[14] *Schön* StuW 1996, 286.
[15] HHLS/*Dötsch*, 32.
[16] BFH v. 25.6.1984, BStBl. II 769.
[17] BFH v. 28.10.1999 BStBl. II 2000 184.

eines Mitunternehmerrisikos[18]. Mit der Gewinnbeteiligung nimmt der Gesellschafter teil am wirtschaftlichen Erfolg der Gesellschaft.[19] Das Recht auf Gewinnbeteiligung leitet sich aus der Beteiligung am Eigenkapital der Gesellschaft ab. Die Komplementär-GmbH ist üblicherweise nicht am Eigenkapital der Kommanditgesellschaft beteiligt, so dass ihr aus der Beteiligung idR auch kein Gewinnanteil zusteht. Dies führt jedoch nicht schlechthin dazu, dass die Mitunternehmerstellung der Komplementärin versagt wird. Das Mitunternehmerrisiko ergibt sich aus anderen Elementen, wie zB aus der Stellung als Vollhafter der Gesellschaft.

18 Bestandteil der Erfolgsbeteiligung ist auch die **Beteiligung an einem** eventuellen **Verlust** der Gesellschaft. Damit besteht für den Kommanditisten das Risiko, dass das eingesetzte Kapital verloren geht. Auch die Verlustbeteiligung ist deshalb ein wesentliches Kriterium für das Vorliegen eines Mitunternehmerrisikos, auch wenn der Kommanditist grundsätzlich nicht zum Nachschuss in das Gesellschaftsvermögen verpflichtet ist.[20] Eine Begrenzung bzw. ein Ausschluss der Verlustzuweisung führt zwar nicht schlechthin zur Versagung des Merkmals des Mitunternehmerrisikos[21], kann diese allerdings in Frage stellen. Ist der Gesellschafter zwar nicht am Erfolg der Gesellschaft beteiligt, haftet jedoch im Außenverhältnis unbeschränkt, liegt ein Mitunternehmerrisiko vor, auch wenn im Innenverhältnis ein Ausgleichsanspruch gegen die übrigen Gesellschafter vorliegen sollte.[22] Diese Konstellation liegt üblicherweise bei der Komplementärgesellschaft vor.

19 Das Mitunternehmerrisiko kann sich außerdem aus der **Beteiligung an den stillen Reserven** der Gesellschaft ergeben. Für die Beurteilung wird hier insbesondere auf den Totalgewinn aus der Gesamtdauer der Gesellschaft bzw. der Beteiligung abgestellt. Die Beteiligung an den stillen Reserven im Anlage- und Umlaufvermögen ergibt sich insbesondere aus der Beteiligung am Liquidationserlös im Falle der Liquidation der Gesellschaft.[23] Von der Liquidation der Gesellschaft ist allerdings der Fall des Ausscheidens (Kündigung, Ausschluss) zu unterscheiden. Ist in der Satzung für den Fall des Ausscheidens eine Abfindung zum Buchwert des bilanziellen Eigenkapitals oder eines Bruchteils hiervon vorgesehen, hat der ausscheidende Gesellschafter grundsätzlich keine Beteiligung an den stillen Reserven. Eine Buchwertabfindung für den Fall des freiwilligen Ausscheidens aus einer Gesellschaft wurde durch die Rechtsprechung im Zusammenhang mit der Beurteilung des Mitunternehmerrisikos allerdings als unschädlich angesehen[24]. Ist allerdings für jegliches Ausscheiden aus der Gesellschaft, uU auch nur für einzelne Gesellschaftergruppen, eine Abfindung zum Buchwert vorgesehen, kann dies gegen das Vorliegen eines Mitunternehmerrisikos sprechen. Ungeachtet der gesellschaftsrechtlichen Problematik der Wirksamkeit von Buch-

---

[18] Schmidt/*Wacker* EStG § 15 Rn. 264.
[19] BFH v. 28.1.1986, BStBl. II 599.
[20] Blümich/*Bode* EStG § 15 Rn. 264; Rn. 360.
[21] BFH v. 6.7.1995, BStBl. II 1996, 269; BFH v. 26.3.1987, BFH/NV 1988, 699.
[22] BFH v. 25.4.2006, BStBl. II 595.
[23] BFH v. 5.7.1979, BStBl. II 670.
[24] BFH v. 5.7.1979, BStBl. II 670.

wertklauseln können sich also auch Auswirkungen auf die steuerliche Stellung als Mitunternehmer ergeben.

Die **Beteiligung am Firmenwert** ist im Zusammenhang mit der Beteiligung an den stillen Reserven in der Gesellschaft zu sehen. In Gesellschaftsverträgen wird vereinzelt zwischen den stillen Reserven im Gesellschaftsvermögen und dem Goodwill unterschieden. So sind bei der Formulierung von Abfindungsklauseln Bestimmungen zu finden, wonach ein Anspruch auf eine Beteiligung am Firmenwert bzw. dem Goodwill nicht besteht. Dies könnte gegen das Kriterium des Mitunternehmerrisikos sprechen, insbesondere wenn hiervon nicht die Gesellschafter allgemein, sondern nur einzelne Gesellschafter betroffen sind. Umgekehrt ist der anteilige Anspruch auf den Firmenwert ein starkes Indiz für das Vorliegen des Mitunternehmerrisikos, wobei für den Fall des Ausscheidens aus der Gesellschaft eine pauschale Abfindung nicht ausreicht.[25] Entscheidungsunerheblich dürfte die in der Satzung vorgegebene Berechnungsmethode für die Ermittlung des Goodwills sein.[26]

20

3. Gesamtbild der Verhältnisse

Die Rechtsprechung zu der Bestimmung einer Mitunternehmerstellung ist durch eine starke Kasuistik geprägt. Beide Merkmale des Mitunternehmerrisikos und der Mitunternehmerinitiative müssen nicht in gleichem Maße und mit der gleichen Intensität vorliegen. Entscheidend ist vielmehr **das Gesamtbild der Verhältnisse**.[27] Bei der Gesamtbeurteilung der Mitunternehmerstellung wird auf den **gesetzlichen Grundtypus des Kommanditisten** einer Kommanditgesellschaft bzw. auf den Gesellschafter einer Offenen Handelsgesellschaft abgestellt.[28] Ist nach dem Gesamtbild der Verhältnisse eine Einschränkung dieser Gesellschafterrechte gegeben, kann uU die Mitunternehmerstellung versagt werden. Die Einschränkung einzelner Rechte aus dem Bereich der Mitunternehmerinitiative bzw. aus dem Bereich des Mitunternehmerrisikos führt allerdings nicht schlechthin zur Versagung der Mitunternehmerstellung.

21

Grundsätzlich stehen **beide Kriterien gleichberechtigt** nebeneinander, so dass nur bei Erfüllung beider Kriterien der betreffende Gesellschafter als Mitunternehmer anzusehen ist. Im Einzelfall kann sich allerdings ein Übergewicht des einen oder anderen Merkmals ergeben. Auch müssen die Umstände des Einzelfalles beachtet werden. So wird beispielsweise eine Mitunternehmerstellung auch dann anzunehmen sein, wenn der Gesellschaftsvertrag für den Fall des Ausscheidens aus einer Gesellschaft eine Vergütung lediglich eines geringen Teils der stillen Reserven vorsieht, wenn ansonsten die Gesellschaftsrechte weitgehend dem gesetzlichen Grundtypus eines Kommanditisten entsprechen. Demgegenüber ist die Qualifikation als Mitunternehmer dann in Gefahr, wenn bei voller Beteiligung an den stillen Reserven eine wesentliche Einschränkung der gesellschaftsrechtlichen Mitwirkungs-

22

---

[25] BFH v. 29.4.1981, BStBl. II 663.
[26] *Schulze zur Wiesche* DB 1997, 244.
[27] BFH v. 13.7.1993, BStBl. II 1994, 282.
[28] Blümich/*Bode* EStG § 15 Rn. 360.

2. Kapitel. Besteuerungskonzeption der GmbH & Co. KG

rechte erfolgt, etwa durch Ausschluss des Widerspruchsrechts des Kommanditisten gemäß § 164 Abs. 2 HGB.[29] Kommt in diesem Fall eine Dominanz eines anderen Gesellschafters durch andere gesellschaftsrechtliche Elemente hinzu, ist die Mitunternehmerstellung des betreffenden Gesellschafters gefährdet.

23 Enthält der Gesellschaftsvertrag einer Kommanditgesellschaft für die Kommanditisten einen Katalog von Gesellschaftsrechten, die weitgehend dem gesetzlichen Grundtypus entsprechen, kann im Allgemeinen davon ausgegangen werden, dass sowohl die Komplementärin als auch die Kommanditisten als Mitunternehmer anzusehen sind. Immer dann, wenn im **Gesellschaftsvertrag atypische Regelungen** enthalten sind bzw. die Gesellschafterrechte in besonderem Maß eingeschränkt sind, ist eine nüchterne Überprüfung der Mitunternehmerstellung anhand der allgemeinen Kriterien sinnvoll. Dies gilt insbesondere auch bei atypischen Vertragsgestaltungen bei Familiengesellschaften, bei denen die Rechte einzelner Familienstämme besonders gestärkt bzw. besonders eingeschränkt sind. Das Gleiche gilt auch bei dem Einbezug von minderjährigen Kindern in die Gesellschaft und den in diesem Zusammenhang getroffenen Vereinbarungen.

II. Faktische Mitunternehmerschaft bei atypischen Vertragsbeziehungen

24 § 15 Abs. 1 Nr. 2 EStG als Kernbestimmung für die Besteuerung einer Mitbestimmung geht begrifflich von dem Bestehen eines Gesellschaftsverhältnisses aus.[30] Bei einer Kommanditgesellschaft liegt diese Bedingung zunächst vor. Eine Mitunternehmerschaft ist im Regelfall also eine reine Außengesellschaft. Sie kann jedoch auch bei einer **Innengesellschaft** entstehen. Durch die Rechtsprechung wurde das Institut der sog **faktischen Mitunternehmerschaft** oder **verdeckten Mitunternehmerschaft** geschaffen, bei der eine Person, die nicht Gesellschafter einer Personengesellschaft ist, gleichwohl als Mitunternehmer angesehen werden kann. Lassen atypische Vertragsgestaltungen eine gesellschaftsähnliche Struktur entstehen, bei der der Betroffene unternehmerische Initiative hat und unternehmerisches Risiko trägt, kann es sich nach der Gesamtheit der Verträge um eine Innengesellschaft handeln. Solch eine relevante Innengesellschaft kann beispielsweise durch die atypische Ausgestaltung eines Dienstvertrages, eines Darlehenvertrages, eines Pachtvertrages usw entstehen, wobei es auf die Bezeichnung des Vertragswerkes naturgemäß nicht ankommt.[31]

25 Die Überprüfung der **allgemeinen Kriterien einer Mitunternehmerstellung** kann sich bei einer Innengesellschaft durchaus schwierig gestalten. Angesichts des Umstandes, dass keine Außengesellschaft vorliegt, die den Wertungen des HGB unterliegt, müssen die Kriterien der Mitunternehmerinitiative und des Mitunternehmerrisikos stark ausgeprägt sein, wenn hieraus

---

[29] BFH v. 11.10.1988, BStBl. II 1989, 762.
[30] HHLS/*Dötsch*, 12.
[31] Schmidt/*Wacker* EStG § 15 Rn. 280.

trotz fehlendem Gesellschaftsverhältnis eine Qualifikation als Mitunternehmer folgen soll. Die Schwierigkeiten der Einordnung zeigt folgender Beispielsfall:
Der BFH[32] hatte über die Mitunternehmerstellung des alleinigen Gesellschafter-Geschäftsführers eine Komplementär-GmbH zu einer GmbH & Co. KG zu entscheiden. Kommanditist der KG war der Ehegatte des Gesellschafter-Geschäftsführers. Dem Gesellschafter der Komplementär-GmbH wurde ein unangemessen hohes Gehalt zu Lasten des Ergebnisses der Kommanditgesellschaft gewährt. Wesentlicher Bestandteil des Gehalts war eine relativ hohe gewinnabhängige Vergütung aus dem erzielten Erfolg der Kommanditgesellschaft. Der Geschäftsführer hatte außerdem die Möglichkeit bei der KG Privatentnahmen zu tätigen, die auf einem Verrechnungskonto erfasst wurden, wobei der Stand des Verrechnungskontos allerdings verzinst wurde. Aufgrund dieser Vertragsbeziehungen wurde ein faktisches Mitunternehmerverhältnis zur Kommanditgesellschaft angenommen. 26

Die **Mitunternehmerinitiative** wurde im Urteilsfall aus den Handlungsmöglichkeiten als alleiniger Gesellschafter-Geschäftsführer der Komplementär-GmbH abgeleitet, nach der alle unternehmerischen Entscheidungen der KG durch den Geschäftsführer allein getroffen wurden. Eine Einschränkung der Entscheidungsbefugnisse war weder im Gesellschaftsvertrag der KG noch in seinem Anstellungsvertrag enthalten. Das **Mitunternehmerrisiko** wurde darin gesehen, dass der Gesellschafter-Geschäftsführer über die gewinnabhängige Tantieme einen erheblichen Teil des erwirtschafteten Gewinns für sich beanspruchen konnte. Obwohl der KG noch erhebliche Gewinnteile verblieben, sah der BFH ein ausgewogenes Verhältnis zwischen Arbeitsleistung und gewinnabhängiger Vergütung nicht mehr als gegeben an.[33] Die Tantieme hatte also den Charakter einer Gewinnabschöpfung. Im Urteilsfall war unerheblich, dass der Geschäftsführer nicht an den stillen Reserven der Gesellschaft beteiligt war. 27

Auch zivilrechtlich kann uU eine **(verdeckte) Innengesellschaft** bestehen, wenn durch eine atypische Ausgestaltung der eigentliche Austauschvertrag verfremdet wird, so dass faktisch die Gesellschaft auf gemeinsame Rechnung geführt wird[34]. Dies ist insbesondere dann der Fall, wenn Inhalt und tatsächliche Durchführung der Leistungsbeziehungen nicht ihrem gesetzlichen Leitbild entsprechen. Da die Ausprägungsform der Austauschverträge im Wirtschaftsleben vielfältig sind, wie zB partiarisches Darlehen, modifizierte Gewinnbeteiligung in einem Anstellungsvertrag usw dürfte die eindeutige Qualifikation als Innengesellschaft äußerst schwierig sein. Entsprechend kasuistisch ist die Rechtsprechung zur faktischen Mitunternehmerschaft[35]. 28

Liegt solch eine faktische Mitunternehmerschaft vor, werden die Einkünfte als Einkünfte aus Gewerbebetrieb umqualifiziert. Daneben ist auch die Qualifikation von Sonderbetriebsvermögen möglich, etwa wenn der 29

---

[32] BFH v. 21.9.1995, BStBl. II 1996, 66.
[33] BFH v. 22.10.1987, BStBl. II 1988, 62.
[34] *Priester* FS Schmidt, 348.
[35] Schmidt/*Wacker* EStG § 15 Rn. 287.

2. Kapitel. Besteuerungskonzeption der GmbH & Co. KG

(faktische) Mitunternehmer der Gesellschaft Vermögensgegenstände zur Nutzung überlässt, wie zB Grund und Boden sowie Gebäude. In diesem Fall führt die Einordnung als faktische Mitunternehmerschaft neben der Umqualifikation der Einkünfte auch zu einer Umqualifikation des Vermögens und damit zu einer steuerlichen Verhaftung der stillen Reserven des betreffenden Vermögensgegenstandes. In diesem Fall können sich also für die Beteiligten äußerst tückische Rechtsfolgen ergeben.

III. Gewerblich geprägte Mitunternehmerschaft gemäß § 15 Abs. 3 Nr. 2 EStG

30 § 15 Abs. 1 EStG geht begrifflich davon aus, dass die Gesellschaft eine eigengewerbliche Tätigkeit ausübt. Dies ist dann der Fall, wenn die Tätigkeit folgende Merkmale erfüllt:
- Selbstständigkeit
- Nachhaltigkeit
- Gewinnerzielungsabsicht
- Keine Land- und Forstwirtschaft
- Keine Vermögensverwaltung
- Keine freiberufliche Tätigkeit

31 Ist eine Personengesellschaft **vermögensverwaltend** tätig, liegt **keine gewerbliche Tätigkeit** vor. Damit sind die Voraussetzungen des § 15 Abs. 1 EStG zunächst nicht gegeben. Eine Ausnahme von diesem Grundsatz galt nach der früheren Rechtsprechung dann, wenn an einer vermögensverwaltend tätigen Personengesellschaft eine Kapitalgesellschaft beteiligt ist, die der Personengesellschaft als einzige persönlich haftende und geschäftsführende Gesellschaft das gewerbliche Gepräge gibt.[36] Diese Rechtsprechung, als Geprägetheorie bezeichnet, wurde im Urteil vom 25. Juni 1984[37] aufgegeben. Die ursprüngliche Rechtslage wurde allerdings durch die Einführung des § 15 Abs. 3 Nr. 2 EStG mit dem Steuerbereinigungsgesetz 1986 wieder hergestellt.[38] Als Gewerbebetrieb gilt nunmehr stets und in vollem Umfang die Tätigkeit einer Personengesellschaft, die zwar nicht eigengewerblich tätig ist, an der jedoch
- ausschließlich eine oder mehrere Kapitalgesellschaften persönlich haftende Gesellschafter sind **und**
- nur diese zur Geschäftsführung befugt sind bzw. lediglich Personen, die nicht gleichzeitig Gesellschafter der Personengesellschaft sind **und**
- die Tätigkeit insgesamt mit Einkünfteerzielungsabsicht unternommen wird (keine Liebhaberei).

32 Diese im Gesetz genannten Voraussetzungen müssen kumulativ vorliegen.
33 Eine wesentliche Teilbestandsvoraussetzung für die gewerbliche Prägung gemäß § 15 Abs. 3 Nr. 2 EStG ist damit die beschränkte Haftung der Gesellschafter, die natürliche Personen sind. Ursprünglich ging man davon aus, dass

---

[36] BFH v. 17.3.1966, BStBl. III 171.
[37] BFH v. 25.6.1984, BStBl. II 762.
[38] Überblick der Entwicklung bei Blümich/*Bode* EStG § 15 Rn. 272 ff.

auch bei einer nicht im Handelsregister eingetragenen BGB-Gesellschaft die Haftung der Gesellschafter auf das Gesellschaftsvermögen beschränkt sein kann. Diese Beurteilung hat die BGH jedoch aufgegeben[39]. Die Beschränkung der persönlichen Haftung und damit die Anwendbarkeit der gewerblichen Prägung gem. § 15 Abs. 3 Nr. 2 EStG setzt also die Eintragung der Gesellschaft als Kommanditgesellschaft im Handelsregister voraus[40].

Voraussetzung für die Anwendung des § 15 Abs. 3 Nr. 2 EStG ist, dass **ausschließlich** eine oder mehrere **Kapitalgesellschaften persönlich haftende Gesellschafter** sind. Das Begriffsmerkmal der Kapitalgesellschaft ist wiederum grundsätzlich nach gesellschaftsrechtlichen Normen zu begreifen. Kapitalgesellschaften sind hiernach 34
- Aktiengesellschaft, Societas Europea SE, GmbH, Kommanditgesellschaft auf Aktien, mit Sitz im Inland,
- Kapitalgesellschaft mit Sitz im Ausland,
- Vorgesellschaft einer Kapitalgesellschaft, sofern die Eintragung später im Handelsregister erfolgt.

Keine Kapitalgesellschaften sind dagegen 35
- Genossenschaften,
- Stiftungen, Vereine usw.[41]

Wird die **Vollhafterfunktion** durch eine weitere **GmbH & Co. KG** ausgeübt, ist § 15 Abs. 3 Nr. 2 EStG bei einer wörtlichen Auslegung nicht erfüllt, da es sich bei einer GmbH & Co. KG um eine Personengesellschaft handelt. Die ursprüngliche Gepräger echtsprechung und die sich daran anschließenden Gesetzesänderung in § 15 Abs. 3 Nr. 2 EStG verweist auf den Umstand, dass durch die rechtliche Konstruktion der GmbH & Co. KG die Funktion des Vollhafters ausschließlich durch eine Kapitalgesellschaft ausgeübt wird, die dem gesamten rechtlichen Gebilde das Gepräge gibt. Dies ist letztlich auch der Fall, wenn die Komplementärfunktion durch eine GmbH & Co. KG ausgeübt wird. Die gewerbliche Prägung nach § 15 Abs. 3 Nr. 2 EStG muss also auch auf eine Kommanditgesellschaft Anwendung finden[42], bei der eine GmbH & Co. KG persönlich haftende Gesellschafterin ist. 36

Der Komplementär einer Kommanditgesellschaft haftet aufgrund seiner Gesellschafterstellung persönlich und unbeschränkt für die Schulden der Gesellschaft. Die Haftung für Gesellschaftsverbindlichkeiten auf schuldrechtlicher Basis, etwa in Form einer **Bürgschaft**, entspricht nicht diesem gesellschaftsrechtlichen Leitbild. Selbst wenn ein Kommanditist über seine Kommanditeinlage hinaus für Verbindlichkeiten der Gesellschaft haften sollte, ist daher die Haftung nicht persönlich und unbeschränkt, sondern umfasst lediglich **bestimmte Verbindlichkeiten** der Gesellschaft. Auch wenn diese Haftung ein erhebliches wirtschaftliches Gewicht haben sollte, bleibt es grundsätzlich bei der Stellung als beschränkt haftender Gesellschafter.[43] 37

---

[39] BGH v. 27.9.1999, DStR 1999, 1704.
[40] Schmidt/*Wacker* EStG § 15 Rn. 227; *Paus* DStZ 2002, 66.
[41] Schmidt/*Wacker* EStG § 15 Rn. 216.
[42] *Autenrieth* DStZ 1987, 121; Schmidt/*Wacker* EStG § 15 Rn. 217 BFH v. 8.6.2000, DStR 2001, 20; aA *Herzig/Kessler* DStR 1986, 456.
[43] BFH v. 17.12.1992, BStBl. II 1994, 492.

38 § 15 Abs. 3 Nr. 2 EStG verlangt außerdem, dass nur die persönlich haftende Gesellschafterin oder eine natürliche Person, die nicht gleichzeitig Kommanditist ist, zur **Geschäftsführung** berechtigt ist. Ist neben der Kapitalgesellschaft aufgrund der gesellschaftsvertraglichen Regelung ein weiterer Kommanditist zur Geschäftsführung befugt, liegt keine gewerbliche Prägung nach § 15 Abs. 3 Nr. 2 EStG vor, gleichgültig, ob die Möglichkeit der Geschäftsführung lediglich gemeinsam mit der Kapitalgesellschaft oder allein besteht.[44]

39 Zunächst geht es um die **Geschäftsführungskompetenz**. Diese wird nach dem Gesellschaftsvertrag bzw. nach dem Gesetz der Komplementärin zugewiesen. Wird die Geschäftsführung der Komplementär-GmbH wiederum durch eine Person ausgeübt, die gleichzeitig Gesellschafter der Kommanditgesellschaft ist, ist trotzdem der Tatbestand des § 15 Abs. 3 Nr. 2 EStG erfüllt, da die Geschäftsführung der Kommanditgesellschaft auch in diesem Fall durch die Komplementär-GmbH ausgeübt wird.[45]

40 Nach dem Wortlaut des § 15 Abs. 3 Nr. 2 EStG ist es außerdem unschädlich, wenn **neben** der persönlich haftenden Gesellschafterin auch eine natürliche Person zur Geschäftsführung der Kommanditgesellschaft befugt ist, die **nicht** gleichzeitig Kommanditist ist. Fraglich ist allerdings, welche Fallgestaltung hierdurch abgedeckt werden soll, da gesellschaftsrechtlich eine Fremdorganschaft bei einer Kommanditgesellschaft nicht vorgesehen ist.[46]

41 Ist der Anstellungsvertrag des Geschäftsführers, der auch Kommanditist ist, mit der Kommanditgesellschaft abgeschlossen, spricht dies auf den ersten Blick dafür, dass damit die gewerbliche Prägung gem. § 15 Abs. 3 Nr. 2 EStG aufgehoben wird. Es ist jedoch streng zwischen dem Anstellungsverhältnis und der **organschaftlichen Rolle als Geschäftsführer** zu unterscheiden[47], so dass die Begründung eines Anstellungsverhältnisses des Kommanditisten mit der Kommanditgesellschaft nicht gegen § 15 Abs. 3 Nr. 2 EStG verstößt, selbst wenn die Dienstpflicht ua darin besteht, die organschaftliche Funktion des Geschäftsführers der Komplementär-GmbH auszuüben[48].

42 Auch wenn § 15 Abs. 3 Nr. 2 EStG vorrangig mit dem Ziel geschaffen wurde, die zu Zeiten der „Geprägerechtsprechung" gebildeten stillen Reserven weiterhin steuerlich zu erfassen bzw. negative Kapitalkonten von Kommanditisten besteuern zu können, sollte hierdurch dem Wirtschaftsleben auch ein Gestaltungsmittel erhalten bleiben, um die ungewollte Auflösung von stillen Reserven vermeiden zu können.[49] Das Vorliegen oder Nichtvorliegen der Tatbestandsvoraussetzungen des § 15 Abs. 3 Nr. 2 EStG ist relativ leicht herzustellen bzw. zu vermeiden. Damit kann je nach Zielsetzung die Tätigkeit einer vermögensverwaltenden Kommanditgesellschaft als gewerbliche Mitunternehmerschaft gestaltet werden. Genauso einfach ist es jedoch auch, die gewerbliche Prägung zu vermeiden, so dass es trotz einer bestehen-

---

[44] BFH v. 22.11.1994, BStBl. II 1996, 93.
[45] *Herzig/Kessler* DStR 1986, 456; *Schmidt/Wacker* EStG § 15 Rn. 223.
[46] *Herzig/Kessler* DStR 1986, 456.
[47] BFH v. 23.5.1996, BStBl. II 1996, 526.
[48] *Schmidt/Wacker* EStG § 15 Rn. 222.
[49] *Kreile* DStZ 1986, 8.

den Haftungsbegrenzung der Gesellschafter bei der steuerlichen Grundwertung der Vermögensverwaltung verbleibt, mit allen damit in Verbindung stehenden Konsequenzen hinsichtlich der laufenden Besteuerung der Einkünfte sowie der Erfassung und Besteuerung von stillen Reserven. Wegen dieser weitgehenden Gestaltungsfreiheit wird deshalb auch teilweise von einem „Gewerbebetrieb auf Antrag" gesprochen.[50] **Typische Erscheinungsformen** der gewerblich geprägten Personengesellschaft sind solche, die im Grunde eine vermögensverwaltende Betätigung ausüben, beispielsweise eine Grundstücks-Objektgesellschaft eines geschlossenen Immobilienfonds. Ein weiterer Anwendungsfall betrifft die Vermeidung der drohenden Auflösung von stillen Reserven im Sonderbetriebsvermögen, falls sich der Gesellschafter zwar von seiner Beteiligung, nicht jedoch von dem von ihm gehaltenen Sonderbetriebsvermögen trennen möchte (→ § 32 Rn. 19 ff.).

IV. Mitunternehmerstellung bei doppelstöckiger Personengesellschaft

Die Frage der Mitunternehmerstellung stellt sich aufgrund der unmittelbaren Gesellschafterstellung einer Personengesellschaft als Außengesellschaft bzw. bei einer Innengesellschaft. Ergibt sich hierbei nach allgemeinen Kriterien für den Gesellschafter eine Mitunternehmerstellung, wird dieser auf Ebene der Personengesellschaft in die steuerliche Gewinnermittlung gemäß § 15 EStG einbezogen. 43

Ist eine Personengesellschaft selbst wiederum Gesellschafterin einer weiteren Personengesellschaft, ist die Obergesellschaft Mitunternehmerin bei der Untergesellschaft. Es entsteht eine **doppelstöckige Personengesellschaft**. Fraglich ist, wie das Rechtsverhältnis des Gesellschafters der Obergesellschaft zur Untergesellschaft zu werten ist. Als Konsequenz der in der Rechtsprechung entwickelten Grundsätze zur Einheit der Personengesellschaft, insbesondere die Betonung als eigenständiges Subjekt der Gewinnerzielung,[51] hat der BFH in der grundlegenden Entscheidung vom 25. Februar 1991[52] festgestellt, dass der Gesellschafter der Obergesellschaft aufgrund seiner Gesellschafterstellung nicht gleichzeitig als Mitunternehmer der Untergesellschaft zu sehen ist. Als Konsequenz hieraus wären alle Vergütungen aus Leistungsbeziehungen zwischen Gesellschafter der Obergesellschaft und der Untergesellschaft bei dieser als Betriebsausgaben abzugsfähig, ohne dass eine Hinzurechnung im Rahmen der steuerlichen Gewinnermittlung erfolgt[53]. 44

Die vom BFH entwickelten Grundsätze zur Behandlung der doppelstöckigen Personengesellschaft sind allerdings durch eine Änderung des § 15 Abs. 1 S. 1 Nr. 2 EStG wiederum aufgehoben und der alte Rechtszustand wieder hergestellt worden. Hiernach ist ein **mittelbar** über eine oder mehrere Personengesellschaften **beteiligter Gesellschafter** dem unmittelbar 45

---

[50] Kirchhoff/Reiß § 15 Rn. 132.
[51] Schmidt, FS Moxter, 1112.
[52] BFH v. 25.2.1991, BStBl. II 1991, 691.
[53] Groh DB 1991, 879; Märkle StbJb 1991/92, 247; Raupach StuW 1991, 278.

beteiligten Gesellschafter gleichgestellt und ist als Mitunternehmer des Betriebs der Untergesellschaft anzusehen, sofern er bei der Obergesellschaft als Mitunternehmer anzusehen ist. Die Mitunternehmerstellung des Gesellschafters wird aufgrund dieser gesetzlichen Fiktion aus dem Rechtsverhältnis zur Obergesellschaft abgeleitet. Ist insoweit eine Mitunternehmerstellung gegeben, gilt der Gesellschafter nach § 15 Abs. 1 S. 1 Nr. 2 EStG gleichzeitig als Mitunternehmer bei der Untergesellschaft.[54] Konsequenzen ergeben sich insbesondere für die steuerliche Gewinnermittlung der Untergesellschaft, da die Vergütungen aus Leistungsbeziehungen mit dem Gesellschafter der Obergesellschaft den steuerlichen Gewinn der Untergesellschaft erhöhen.

---

[54] Schmidt/*Wacker* EStG § 15 Rn. 295.

§ 5 Gewinnermittlung bei der GmbH & Co. KG

Übersicht

	Rn.
I. Ergebnisanteil aus der Gesamthandsbilanz	10
1. Korrekturvorschriften zur Gewinnermittlung	10
2. Zurechnung des anteiligen Ergebnisses	18
3. Einschränkung des Schuldzinsenabzugs	21
a) Eingeschränkter Schuldzinsenabzug bei Überentnahmen	21
b) Allgemeine Einschränkung des Steuerabzugs für Zinsaufwendungen (Zinsschranke)	34
II. Ergänzungsbilanzen	41
III. Sonderbetriebsvermögen	49
1. § 15 EStG – Qualifikationsnorm oder Zurechnungsnorm	49
2. Ausweis der Vermögensgegenstände und Schulden in der Sonderbilanz	52
3. Leistungsbeziehungen zwischen Gesellschaft und Gesellschafter	59
a) Gesellschafterkonten	59
b) Verpachtung eines Vermögensgegenstandes	68
c) Geschäftsführervergütungen	71
d) Pensionszusagen an Geschäftsführer	76
e) Aufwendungsersatzanspruch der Komplementär-GmbH	86
IV. Übertragung von Wirtschaftsgütern zwischen Gesellschaft und Gesellschafter	90
1. Zivilrechtliche Grundlagen für die Übertragung von Wirtschaftsgütern zwischen Gesellschaft und Gesellschafter	93
2. Übertragung von Einzelwirtschaftsgütern in des Gesamthandsvermögen	100
a) Übertragung aus dem Privatvermögen	100
b) Übertragung aus einem Betriebsvermögen	108
3. Übertragung von Einzelwirtschaftsgütern aus der GmbH & Co. KG	127

Schrifttum: *Bordewin,* Pensionszusage für tätige Mitunternehmer FR 1990, 526; *Brandenberg,* Besteuerung der Personengesellschaften – unpraktikabel und realitätsfremd, FR 2010, 731; *Brandenberg,* Grundfälle zur Überlassung von Wirtschaftsgütern zwischen Schwesterpersonengesellschaften, FR 1997, 87; *Brandenberg,* Wiedereinführung des Mitunternehmererlasses?, FR 2000, 1182; *Dötsch,* Mitunternehmer und Mitunternehmerschaft, in Dötsch/Herlinghaus/Hüttemann/Lüdicke/Schön, Die Personengesellschaft im Steuerrecht, Köln 2011, *Düll,* Übertragung von Vermögen bei Personengesellschaften-Alternativen, Rechtsfolgen, Normkonkurrenzen, StbJb 2002/03, 118; *Düll/Fuhrmann/Eberhard,* Unternehmenssteuerreform 2001. Die Neuregelung des § 6 Abs. 5 S. 3 EStG – sog. Weidereinführung des Mitunternehmererlasses, DStR 2000, 1713; *Engelhardt,* Pensionsrückstellung für tätige Mitunternehmer, BB 1990, 882; *Frotscher,* Zu den Wirkungen des § 8a KStG nF, DStR 2004, 754; Die Bilanzen der Mitunternehmerschaft, StuW 1995, 383; *Frotscher,* Sondervergütungen und Sonderbetriebsvermögen bei Leistungen zwischen Schwesterpersonengesellschaften, DStZ 1996, 673; *Gosch,* „Zoff im BFH" Die vorläufig weggenommene Divergenzanrufung, DStR 2010, 1173; *Gschwendtner,* Ergänzungsbilanz und Sonderbilanz II in der Rechtsprechung des BFH, DStR 1993, 817; *Gschwendtner,* Korrespon-

2. Kapitel. Besteuerungskonzeption der GmbH & Co. KG

dierende Bilanzierung bei Pensionszusagen einer Personengesellschaft an einen Gesellschafter, DStZ 1998, 777; *Heubeck/Schmanck*, Rückstellungen für Pensionszusagen an Gesellschafter-Geschäftsführer von Personengesellschaften, BB 1991, 1903; *Hollatz*, Die Abgrenzung von Gesamthandsvermögen und Sonderbetriebsvermögen bei Kapitalüberlassung eines Personengesellschafters DStR 1994, 1673; *Kempermann*, Mitunternehmerschaft, Mitunternehmer und Mitunternehmeranteil – Steuerrechtliche Probleme der Personengesellschaft aus Sicht des BFH, GmbHR 2002, 200; *Kloster/Kloster*, Auslegungs- und Anwendungsprobleme bei der Restrukturierung von Mitunternehmerschaften. Die „Reform der Reform" des § 6 Abs. 5 EStG durch das UntStFG, GmbHR 2002, 717; *Korn/Strahl*, Rückwirkende Neukonzeption des Schuldzinsenabzugsverbotes nach § 4 Abs. 4a EStG, KÖSDI 2000, 12281; *Ley*, Gesellschafterkonten der OHG und KG: Gesellschaftsrechtliche und steuerrechtliche Charakterisierung und Bedeutung, KÖSDI 1994, 9972; *Ley*, Die Ermittlung von Über- und Unterentnahmen iSd § 4 Abs. 4a EStG bei Mitunternehmerschaften, DStR 2001, 1014; *Ley*, Zur steuerlichen Behandlung der Gesellschafterkonten sowie Forderungen und Verbindlichkeiten zwischen einer gewerblichen Personengesellschaft und ihren Gesellschaftern, KÖSDI 2002, 13466; *Neumann*, Einkünfteermittlung und Bilanzierung in Personengesellschaften, GmbHR 1997, 621; *Pyszka*, Forderungsverzicht des Gesellschafters gegenüber seiner Personengesellschaft, BB 1998, 1557; *Raupach*, Konsolidierte oder strukturierte Gesamtbilanz der Mitunternehmerschaft oder additive Ermittlung der Einkünfte aus Gewerbebetrieb der Mitunternehmer mit oder ohne korrespondierende Bilanzierung?, DStZ 1992, 692; *Ritzrow*, Änderung der Gewinnverteilung bei Personengesellschaften, StBp 1999, 29; *Schulze zur Wiesche*, Die Übertragung von Einzelwirtschaftsgütern nach dem UntStFG, DStZ 2002, 742; Schulze zur Wiesche, Neue Rechtsprechung zur Einbringung von Einzelwirtschaftsgütern und zur Übertragung von Mitunternehmeranteilen, DStR 2012, 2414; *Seitz/Düll*, Übertragung von Wirtschaftsgütern und betrieblichen Sachgesamtheiten in Mitunternehmerschaften, StBJb 2011/12, 107; *Thiel*, Die Gesamtbilanz der Mitunternehmerschaft, StuW 1984, 108; Siegmund/Ungemach, Einbringung von Wirtschaftsgütern in eine Personengesellschaft, NWB 2011, 2853; *Tiede*, Kein passiver Ausgleichsposten für Mehrabführungen bei nach § 15a EStG nur verrechenbaren Verlusten, STuB 2011, 606; *van Lishaut*, Einzelübertragung bei Mitunternehmerschaften, DB 2001, 1519; *von Kanitz*, Rechnungslegung bei Personengesellschaften, WPg 2003, 333; *Wacker*, Einbringung von Mitunternehmeranteilen in eine GmbH, NWB 2010, 2382; *Weber-Grellet*, Das hässliche Bilanzsteuerrecht, DB 1998, 2435; *Wendt*, Übertragung von Wirtschaftsgütern zwischen Mitunternehmerschaft und Mitunternehmer, FR 2002, 58.

1   Obschon § 15 Abs. 1 S. 1 Nr. 2 EStG als zentrale Vorschrift für die Gewinnermittlung bei Mitunternehmerschaften nahezu seit Jahrzehnten unverändert ist, hat das dogmatische Verständnis dieser Vorschrift in Rechtsprechung und Literatur in der Vergangenheit mehrere Wendungen erfahren. Ursprünglich wurde die Besteuerungskonzeption von Mitunternehmerschaften nach der **Bilanzbündeltheorie** verstanden. Nach dieser Betrachtungsweise wurden die einzelnen Konsequenzen von der Vorstellung abgeleitet, dass der einzelne Gesellschafter dem seinem Anteil am Betrieb entsprechenden Umfang am Gesellschaftsvermögen einen eigenen Betrieb führen würde. Der Große Senat des Bundesfinanzhofs hat sich im Jahr 1984 bewusst von der Bilanzbündeltheorie gelöst. Eine Personengesellschaft unterläge zwar nicht eigenständig der Besteuerung mit Einkommensteuer und sei insoweit auch kein Steuersubjekt. Dennoch komme ihr insoweit Steuer-

§ 5 *Gewinnermittlung bei der GmbH & Co. KG*

rechtsubjektfähigkeit zu, als in der Einheit ihrer Gesellschafter die Merkmale des Besteuerungstatbestands verwirklicht werden.[1]

In der Folgezeit hat der Große Senat des Bundesfinanzhofs allerdings seine Haltung zur partiellen Steuerrechtsubjektfähigkeit einer Mitunternehmerschaft wieder relativiert und die Gesellschafter bzw. deren Besteuerungselemente wieder stärker in den Vordergrund gerückt. Der Große Senat des BFH ist nun der Auffassung, dass die **Gesellschafter** der Personengesellschaft die **Träger des Gewerbebetriebes** seien. Da sie als Mitunternehmer anzusehen seien und der Betrieb auf ihre Rechnung geführt wird, werden ihnen auch die Ergebnisse der gemeinschaftlichen Tätigkeit anteilig als originäre Einkünfte zugerechnet.[2] Zusammengefasst wird diese Überlegung durch den BFH wie folgt: „Der Grundsatz der Einheit der Personengesellschaft muss […] gegenüber dem Gedanken der Vielheit der Gesellschafter zurücktreten, wenn andernfalls eine sachlich zutreffende Besteuerung des Gesellschafters nicht möglich wäre."[3]

Die uneinheitliche Haltung der höchstrichterlichen Finanzrechtsprechung zu der **Dogmatik der Gewinnermittlung** bei Mitunternehmerschaften spiegelt sich auch in dem Theorienstreit in der Fachliteratur.[4] Ungeachtet des dogmatischen Verständnisses des § 15 Abs. 1 Nr. 2 EStG finden sich in der praktischen Auslegung Elemente beider Lager wieder. Zum einen nimmt die Personengesellschaft selbst als Rechtssubjekt am Wirtschaftsleben teil und erfüllt insoweit die Merkmale der gewerblichen Betätigung unmittelbar. Zum anderen wird die steuerliche Gewinnermittlung der Mitunternehmerschaft von persönlichen Besteuerungsmerkmalen bzw. vom persönlichen Verhalten der Gesellschafter beeinflusst. Insoweit fließen gesellschafterbezogene Besteuerungsmerkmale in die steuerliche Gewinnermittlung ein und treffen insoweit nicht nur den betreffenden Gesellschafter, sondern auch die Gesamtheit der Gesellschafter, wie zB die gesellschafterbezogene Beurteilung einer steuerfreien Rücklage nach § 6b EStG.

Insgesamt erscheint die Besteuerungskonzeption der Mitunternehmerschaften noch nicht endgültig ausgereift, so dass auch für die Zukunft weitere Nuancen und Änderungen durch die Rechtsprechung, aber auch durch Eingriffe des Gesetzgebers erwartet werden können. Auch das gegenwärtige Erscheinungsbild der **Konzeption der Gewinnermittlung** bei Mitunternehmerschaften ist von dem Theorienstreit der vergangenen Jahre, aber auch durch punktuelle Eingriffe des Gesetzgebers beeinflusst worden und folgt damit nicht mehr einem einheitlichen systematischen Konzept. Dies muss bei der Beurteilung einzelner Elemente beachtet werden.

Ungeachtet des dogmatischen Verständnisses des § 15 Abs. 1 Nr. 2 EStG setzt sich der steuerliche Gewinn eines Mitunternehmers aus verschiedenen Komponenten zusammen. Die Gewinnermittlung erfolgt in einer zweistufi-

---

[1] BFH v. 25.6.1984, GrS 4/82, BStBl. II, 751 (761); BFH v. 25.2.1991 GrS 7/89, BStBl. II, 691.
[2] BFH v. 3.5.1993, GrS 3/92, BStBl. II, 616; BFH v. 3.7.1995 GrS 1/93, BStBl. II, 617.
[3] BFH v. 3.7.1995, GrS 1/93, BStBl. II, 617.
[4] Vgl. die umfassende Darstellung bei HHLS/*Dötsch*, 43 ff.

2. Kapitel. Besteuerungskonzeption der GmbH & Co. KG

gen Berechnung.⁵ Das Ergebnis der Gesamthandsbilanz wird in der **ersten Stufe** nach den allgemeinen steuerlichen Gewinnermittlungsvorschriften der §§ 4ff. EStG ermittelt. Die Gewinnermittlung in dieser ersten Stufe orientiert sich im Allgemeinen an dem Ergebnis der Handelsbilanz, obwohl die ursprünglich bestehende Maßgeblichkeit der Handelsbilanz für die Steuerbilanz stark eingeschränkt worden ist und faktisch nicht mehr besteht. Die Bilanzansätze in der Handelsbilanz müssen daher die mittlerweile umfangreichen Vorschriften zu Ansatz und Bewertung in der **Steuerbilanz** in den §§ 5, 6 EStG berücksichtigen bzw. müssen entsprechend korrigiert werden.

6 Das anteilige Ergebnis des Mitunternehmers richtet sich dabei nach den Gewinnverteilungsregelungen im Gesellschaftsvertrag. Der ersten Stufe der Gewinnermittlung ist außerdem noch das Ergebnis einer eventuell vorhandenen **Ergänzungsbilanz des Gesellschafters** zugeordnet. Die Wertansätze in der Ergänzungsbilanz sind systematisch als Korrekturposten zu den Vermögensgegenständen und Schulden der Gesamthandsbilanz zu sehen.⁶

7 In einer **zweiten Stufe** werden nach § 15 Abs. 1 Nr. 2 EStG Ergebnisse einer eventuell vorhandenen Sonderbilanz bzw. Sondervergütungen der Gesellschaft an den Mitunternehmer erfasst. In der Sonderbilanz eines Gesellschafters werden beispielsweise Vermögensgegenstände ausgewiesen, die im persönlichen Eigentum eines der Gesellschafter stehen und der Gesellschaft zur Nutzung überlassen werden.⁷ Bei der Zurechnung können auch individuelle Aufwendungen, die der Gesellschafter im Zusammenhang mit seiner Beteiligung an der Personengesellschaft getragen hat, als sog Sonderbetriebsausgaben geltend gemacht werden, zB Beratungskosten im Zusammenhang mit gesellschaftsrechtlichen Fragen, Reisekosten zu Gesellschafterversammlungen usw.

8 Die Summe aus dem anteiligen Ergebnis der Gesamthands- (Steuer-) Bilanz, dem Ergebnis der Ergänzungsbilanz, dem Ergebnis der Sonderbilanz sowie eventueller Sondervergütungen bzw. Sonderbetriebsausgaben ergibt den **steuerlichen Ergebnisanteil des Mitunternehmers** für das betreffende Geschäftsjahr.⁸

9 Die **additive Gewinnermittlung** ergibt sich nach folgendem Schema:

	Anteiliges Ergebnis lt. Handels-/Steuerbilanz der Gesellschaft
+/−	außerbilanzielle Korrekturen der steuerlichen Gewinnermittlung gem. §§ 4ff. EStG (zB nicht abzugsfähige Betriebsausgaben (Geschenke > 35 EUR, 30% der Bewirtungskosten usw)
=	Zwischensumme
+/−	Gewinn/Verlust lt. Ergänzungsbilanz
=	**Ergebnis der ersten Gewinnermittlungsstufe**
+/−	Ergebnis lt. Sonderbilanz
+	Sondervergütungen (zB Gehalt, Zinsen), soweit nicht in Sonderbilanz erfasst
−	Sonderbetriebsausgaben (zB Beratungskosten), soweit nicht in Sonderbilanz erfasst
=	**Ergebnis der zweiten Gewinnermittlungsstufe**

---

⁵ Schmidt/*Wacker* § 15 EStG Rn. 401; *Gschwendtner* DStR 1993, 817f.; *Groh* StuW 1995, 383.
⁶ Kirchhof/Söhn/*Reiß* § 15 EStG Rn. E 51.
⁷ Kirchhof/Söhn/*Reiß* § 15 EStG Rn. E 52.
⁸ BFH v. 10.11.1980, BStBl. II 1981, 164; BMF v. 3.12.1993, BStBl. I 1994, 282.

§ 5 Gewinnermittlung bei der GmbH & Co. KG

I. Ergebnisanteil aus der Gesamthandsbilanz

1. Korrekturvorschriften zur Gewinnermittlung

Bis zum Jahr 2009 war der Grundsatz der Maßgeblichkeit der Handelsbilanz für die Steuerbilanz in § 5 Abs. 1 S. 2 EStG verankert. Dies hatte zur Folge, dass Grundlage der steuerlichen Gewinnermittlung das Ergebnis der Handelsbilanz war, das um bestimmte steuerliche Modifikationen im Regelfall außerbilanziell korrigiert wurde. Im Zusammenhang mit den handelsrechtlichen Neuregelungen durch das Bilanzrechtsmodernisierungsgesetz wurde das **Prinzip der Maßgeblichkeit der Handelsbilanz für die Steuerbilanz aufgegeben**[9]. 10

Die **Abweichungen zwischen Handels- und Steuerbilanz** bestehen im Wesentlichen folgendermaßen[10]: 11
- Abweichungen bei der **Bilanzierung dem Grunde nach**
  - Kein Ansatz selbstgeschaffener immaterieller Vermögenswerte gem § 248 Abs. 2 HGB in der Steuerbilanz
  - Keine Rückstellung für drohende Verluste aus schwebenden Geschäften gem. § 249 Abs. 1 S. 1 HGB in der Steuerbilanz
  - Kein Ansatz von steuerfreien Rücklagen (zB § 6b EStG) in der Handelsbilanz
- Abweichungen bei der **Bilanzierung der Höhe nach**
  - Abzinsungspflicht für zinslose Verbindlichkeiten in der Steuerbilanz gem. § 6 Abs. 1 Nr. 3a lit f EStG
  - Bewertung der Pensionsverpflichtungen gem. § 6a EStG in der Steuerbilanz
  - Zwingende Abschreibung eines derivativ erworbenen Firmenwertes nicht über die voraussichtliche Nutzungsdauer, sondern über 15 Jahre in der Steuerbilanz
  - Keine Bewertung von Vermögensgegenständen des Umlaufvermögens über den Anschaffungskosten gem. § 256a HGB in der Steuerbilanz.
- Unterschiedlicher **Bilanzausweis**
  - Saldierungsverbot zwischen Vermögensgegenständen und Schulden gem. § 5a EStG

Wegen dieser zahlreichen Änderungen ist es mittlerweile sachgerecht, neben einer Handelsbilanz eine **gesonderte Steuerbilanz** zu erstellen. Dies gilt nicht zuletzt auch deshalb, weil eine für die Handelsbilanz gebotene Erfassung einer **aktiven oder passiven Steuerlatenz** nach § 273 HGB nur bei Erstellung einer gesonderten Steuerbilanz sachgerecht ermittelt werden kann. 12

Unverändert im EStG sind besondere Korrekturvorschriften zur steuerlichen Gewinnermittlung enthalten, die idR außerbilanziell, dh auch außerhalb der Steuerbilanz vorgenommen werden. Wesentlicher Teil der außerbilanziell vorzunehmenden Korrekturen sind die Betriebsausgaben, die 13

---

[9] BMF v. 15.5.2009, BStBl. I 2009, 650.
[10] Vgl. Übersicht in Merkblatt Nr. 1635, DWS Verlag.

2. Kapitel. Besteuerungskonzeption der GmbH & Co. KG

aufgrund eines gesonderten Gesetzesbefehls steuerlich **nicht** als **Betriebsausgaben** zugelassen sind, auch wenn diese eindeutig im Interesse des Unternehmens geleistet werden. Die wesentlichen Positionen der nichtabzugsfähigen Ausgaben sind
- Gewerbesteueraufwand und steuerliche Nebenleistungen ab dem Geschäftsjahr 2009 gem. § 4 Abs. 5b EStG,
- Einschränkung des Betriebsausgabenabzugs für Bewirtungen und Geschenke gem. § 4 Abs. 5 Nr. 1 und 2 EStG und
- Strafen und Bußgelder gem. § 4 Abs. 5 Nr. 8 EStG.

14 In den Gewinnermittlungsvorschriften der §§ 4 ff. EStG sind bereits Korrekturvorschriften hinsichtlich der **Entnahmen/Einlagen** enthalten. Entnahmen dürfen hiernach ungeachtet der Behandlung in der Handelsbilanz den steuerlichen Gewinn nicht mindern. Einlagen des Gesellschafters führen auch nicht zu einem steuerpflichtigen Gewinn, auch wenn diese in der Handelsbilanz als Ertrag ausgewiesen werden. Die Korrekturvorschriften der Entnahmen und Einlagen erfassen zunächst reine Geschäftsvorfälle, die auf dem Privatkonto gutgeschrieben/belastet werden. Unter dem Begriff der Entnahmen und Einlagen können jedoch auch Vorgänge erfasst werden, die die Privatsphäre des Unternehmers berühren. So führt beispielsweise das Gehalt einer Hilfskraft, die zuständig ist für die Pflege der Reitpferde des Unternehmers, nicht zu steuerlich abzugsfähigen Betriebsausgaben. Die Vorschriften der Entnahmen und Einlagen sind sinngemäß auch auf die steuerliche Gewinnermittlung einer GmbH & Co. KG anzuwenden. Es bedarf hierfür keiner besonderen Regelung in § 15 EStG. Sofern also durch die Personengesellschaft Aufwendungen im Interesse eines oder mehrerer Gesellschafter getragen werden, werden diese als **(verdeckte) Entnahmen** dem steuerlichen Gewinn der Gesellschaft wieder hinzugerechnet, da die betriebliche Veranlassung fehlt.[11] Gleichermaßen können in der Handelsbilanz als Ertrag erfasste Vorgänge als **(verdeckte) Einlagen** bei der steuerlichen Gewinnermittlung abzuziehen sein, beispielsweise der Darlehensverzicht eines Gesellschafters zu Sanierungszwecken.

15 Die Vorschriften der Entnahmen und Einlagen sind steuersystematisch der **Trennung zwischen der Einkommensermittlung und Einkommensverwendung** zuzuordnen. Bei einer Kapitalgesellschaft erfolgt diese Einkommenskorrektur durch die Institute der **verdeckten Gewinnausschüttung** (§ 8 Abs. 3 KStG) bzw. der **verdeckten Einlage**. Eine verdeckte Gewinnausschüttung liegt insbesondere dann vor, wenn ein „ordentlicher und gewissenhafter Geschäftsleiter der Kapitalgesellschaft" unter sonst gleichen Umständen die Leistungsbeziehung nicht zu gleichen Konditionen abgeschlossen hätte.[12] Typische Anwendungsfälle der verdeckten Gewinnausschüttung sind Veräußerungen von Betriebsvermögen an einen Gesellschafter bzw. an eine nahe stehende Person zu einem unangemessenen niedrigen Preis, Gewährung von zinslosen Darlehen,[13] die Gewährung einer Pensionszusage zu unangemessenen Bedingungen an den Gesellschafter usw.

---

[11] Blümich/*Bode* § 15 EStG Rn. 487.
[12] ZB BFH v. 16.5.1967, BStBl. III 626.
[13] BFH v. 9.6.1994, BFH/NV 1995, 103.

§ 5 Gewinnermittlung bei der GmbH & Co. KG

Im Rahmen der Gewinnermittlung einer GmbH & Co. KG finden die Grundsätze der verdeckten Gewinnausschüttung insoweit Anwendung, als sich durch eine unangemessene Leistungsbeziehung zwischen der Personengesellschaft und einem Gesellschafter sich der steuerliche Gewinnanteil einer Kapitalgesellschaft vermindert, weil diese an der Mitunternehmerschaft beteiligt ist.[14] Erhält also beispielsweise die Komplementär-GmbH einen **quotalen Anteil** aus dem Ergebnis der Kommanditgesellschaft, kommen insoweit (anteilig) die **Grundsätze für die verdeckten Gewinnausschüttung** zur Anwendung. 16

Die Vorschriften der Entnahmen und Einlagen bzw. verdeckte Gewinnausschüttungen und verdeckte Einlagen haben gleichermaßen die Intention, die Privatsphäre der Gesellschafter von der betrieblichen Sphäre der Gesellschaft zu trennen. Der Anwendungsbereich der verdeckten Gewinnausschüttung ist jedoch nicht deckungsgleich zu Entnahmen/Einlagen, da bei Leistungsbeziehungen zwischen Kapitalgesellschaft und Gesellschafter besondere **Formvorschriften** eingehalten werden müssen, bspw. das Verbot des Verstoßes gegen das Selbstkontrahierungsverbot, Beachtung der Vertretungsbefugnisse der Gesellschaft[15] usw Nach bisheriger Rechtslage führt ein Verstoß gegen Formvorschriften bei Leistungsbeziehungen einer Personengesellschaft mit dem Gesellschafter für sich allein noch nicht zu der Anwendung der Entnahmeregularien im Rahmen der steuerlichen Gewinnermittlung. 17

2. Zurechnung des anteiligen Ergebnisses

Die Zurechnung des anteiligen Ergebnisses der Gesamthandsbilanz richtet sich grundsätzlich nach den Bestimmungen des Gesellschaftsvertrages, entspricht also im Regelfall der Beteiligungsquote.[16] Die **gesellschaftsrechtliche Gewinnverteilungsabrede** wird grundsätzlich auch für die steuerliche Ergebnisermittlung zugrunde gelegt.[17] Denkbar ist, dass die gesellschaftsrechtliche Gewinnverteilungsabrede von der Kapitalbeteiligungsquote der Gesellschafter abweicht. Hierdurch können bestimmte Sonderleistungen eines Gesellschafters zugunsten der Gesellschaft ausgeglichen werden, wie zB unentgeltliche Arbeitsleistung als Geschäftsführer, unentgeltliche Zurverfügungstellung eines Vermögensgegenstandes, Übernahme einer Bürgschaft für Gesellschaftsschulden usw. Weicht die Gewinnverteilungsabrede zwischen den Gesellschaftern jedoch willkürlich von dem Gewinnverteilungsschlüssel lt. Gesellschaftsvertrag ab, wird diese Ergebnisverteilung für steuerliche Zwecke nicht anerkannt werden können.[18] Eine willkürliche Abweichung wird immer dann anzunehmen sein, wenn für die Abweichung keine wirtschaftlichen oder rechtlich zwingenden Gründe vorliegen.[19] 18

Änderungen der Gewinnverteilungsabrede erfolgen häufig im Zusammenhang mit dem **Ein- und Austritt von Gesellschaftern** in die Perso- 19

---

[14] BFH v. 6.8.1985, BStBl. II 1986, 17.
[15] BFH v. 14.3.1990, BStBl. II 795; BFH v. 8.4.1997, BFH/NV 902.
[16] BFH v. 10.11.1980, BStBl. II 1981, 164.
[17] BFH v. 22.5.1990, BStBl. II 1990, 965.
[18] Blümich/*Stuhrmann* § 15 EStG Rn. 543.
[19] *Hellwig*, FS Döllerer, 205.

nengesellschaft. So ist es beispielsweise üblich, dass im Zusammenhang mit der Veräußerung eines Kommanditanteils eine Abrede über die anteilige Ergebnisbeteiligung des laufenden Wirtschaftsjahres getroffen wird. Nicht selten wird vereinbart, dass der Gewinn des laufenden Geschäftsjahres in vollem Umfang dem Erwerber des Kommanditanteils zusteht. Für steuerliche Zwecke wird diese zivilrechtlich wirksame Gewinnverteilungsabrede nur insoweit anerkannt, als sie nur für eine kurze Zeit besteht und nur eine technische Bedeutung hat.[20] Im Allgemeinen wird von der Finanzverwaltung[21] im Zusammenhang mit der Veräußerung eines Kommanditanteils eine Rückbeziehung der Gewinnverteilungsabrede auf einen Zeitraum von maximal drei Monaten anerkannt. Wird dieser Zeitraum überschritten, ist die im Kaufvertrag getroffene Gewinnverteilungsabrede zivilrechtlich wirksam. Für steuerliche Zwecke wird diese Gewinnverteilungsabrede allerdings **nicht** anerkannt, dh dem Altgesellschafter wird bis zum Veräußerungszeitpunkt steuerlich das anteilige Ergebnis der Gesellschaft zugerechnet. Die Nichtanerkennung dieser Form der Gewinnverteilungsabrede bewirkt allerdings lediglich eine Verschiebung zwischen Veräußerungsgewinn/-verlust und laufendem Ergebnisanteil. Materielle Bedeutung hat diese Unterscheidung insbesondere dann, wenn für den ausscheidenden Gesellschafter die Voraussetzungen für die Anwendung des ermäßigten Einkommensteuersatzes auf Veräußerungsgewinne gem. §§ 16, 34 EStG vorliegen.

20   Eine von dem Kapitalanteil abweichende Gewinnverteilungsabrede wird außerdem dann anzuerkennen sein, wenn im Zusammenhang mit dem Beitritt von neuen Gesellschaftern während eines Wirtschaftsjahres vereinbart wird, dass später eintretenden Gesellschaftern vorab ein Verlust zugewiesen wird, bis die Verlustbeteiligung aller Gesellschafter ihrem Kapitalanteil entspricht.[22] Entsprechende Gewinnverteilungsabreden finden sich häufig in Gesellschaftsverträgen von **Publikums-KGs**, deren Grundkonzeption auf der Zuweisung von steuerlichen Verlustanteilen an die Gesellschafter beruht. Da sich die Vermarktung der geschlossenen Fonds in der Rechtsform der GmbH & Co. KG im Regelfall über mehrere Monate hinzieht, ist diese Regelung erforderlich, um die Fondszeichner insgesamt gleichzustellen. Voraussetzung hierfür ist jedoch, dass der Jahresverlust der Gesellschaft ab dem Zeitpunkt des Eintritts des neuen Gesellschafters ausreicht, die Verlustzuweisung abzudecken.[23]

3. Einschränkungen für den Schuldzinsenabzug

21   **a) Eingeschränkter Schuldzinsenabzug bei Überentnahmen.** Die steuerliche Gewinnermittlung im Rahmen der Gesamthandsbilanz einer GmbH & Co. KG richtet sich nach den allgemeinen Gewinnermittlungsregeln gem. §§ 4 ff. EStG. Eine der steuerlichen Gewinnermittlungsvorschrif-

---

[20] BFH v. 23.1.1986 BStBl. II, 623.
[21] DB 1988, 1037.
[22] BFH v. 7.7.1983, BStBl. II 1984, 53; Littmann/*Bitz* § 15 EStG Rn. 69; Blümich/*Bode* § 15 EStG Rn. 552.
[23] BFH v. 17.3.1987, BStBl. II 558.

ten betrifft die Einschränkung des Schuldzinsenabzugs bei sog Überentnahmen gem. § 4 Abs. 4a EStG.

§ 4 Abs. 4a EStG ist zunächst eine spezielle steuerliche Gewinnermittlungsvorschrift, die nach dem Wortlaut vordergründig auf einen Einzelunternehmer ausgerichtet ist. **Ziel der Vorschrift** ist, den steuerlichen Abzug von Schuldzinsen insoweit zu versagen, als diese durch übermäßige Privatentnahmen des Einzelunternehmers verursacht sind. Eine Überentnahme iSd § 4 Abs. 4a EStG liegt hiernach vor, wenn die Entnahmen im Laufe eines Wirtschaftsjahres höher sind als der Gewinn zzgl. etwaiger Einlagen. Berücksichtigt werden jedoch auch eventuelle „Unterentnahmen" aus vorangegangenen Jahren, wenn also in den Vorjahren das zulässige Entnahmepotential nicht völlig ausgeschöpft worden ist. Entnahmen in den letzten drei Monaten eines Jahres können durch Einlagen der ersten drei Monate des Folgejahres ausgeglichen werden. Eine kurzfristige Einlage finanzieller Mittel vor dem Bilanzstichtag und deren Abzug nach dem Bilanzstichtag gilt allerdings als missbräuchlich und mindert nicht die Überentnahmen.[24] Wenn also im Zeitablauf mehr Entnahmen getätigt werden als es dem steuerlichen Gewinnanteil entspricht, liegt ein Tatbestand der Überentnahme iSd § 4 Abs. 4a EStG vor. Zu beachten ist jedoch, dass die Regelung erst ab dem Jahr 1998 gilt. Gewinnanteile, die vor diesem Zeitpunkt erwirtschaftet worden sind, bleiben nach. § 52 Abs. 11 S. 2 EStG bei der Ermittlung der Überentnahmen außer Betracht.[25]

§ 4 Abs. 4a EStG ist der Höhe nach auf den Betrag der Schuldzinsen im Gesamthandsvermögen und dem Sonderbetriebsvermögen des Gesellschafters beschränkt. Der pauschalen Kürzung unterliegen außerdem nicht diejenigen Zinsaufwendungen, die im Zusammenhang mit der Finanzierung von Anlagevermögen stehen. Dies gilt selbst dann, wenn die Anschaffungs- oder Herstellungskosten der Wirtschaftsgüter des Anlagevermögens über ein Kontokorrentkonto finanziert worden sind.[26]

In dem Maß, in dem schädliche Überentnahmen vorliegen, wird der abzugsfähige Zinsaufwand im Rahmen der steuerlichen Gewinnermittlung gekürzt. Der Kürzungsbetrag beträgt **pauschal 6% der schädlichen Überentnahmen**, maximal jedoch die insgesamt gezahlten Schuldzinsen.

Auch wenn § 4 Abs. 4a EStG nach seinem Wortlaut auf ein Einzelunternehmen ausgerichtet ist, der zudem den Gewinn als Überschuss der Einnahmen über die Betriebsausgaben ermittelt (§ 4 Abs. 3 EStG), gilt die Vorschrift gleichermaßen für die **Gewinnermittlung der GmbH & Co. KG**. Dies gilt selbst dann, wenn an der GmbH & Co. KG keine natürliche Person beteiligt ist, sondern ausschließlich eine oder mehrere Kapitalgesellschaften.[27] Unter Umständen kann sich bei dieser Konstellation, bei der augenscheinlich keine privat veranlassten Entnahmen vorliegen können, das absurde Ergebnis einer pauschalen Kürzung von Zinsaufwendungen ergeben.

---

[24] BFH v. 21.8.2012, FR 2013, 26.
[25] BFH v. 9.5.2012, DStR 2012, 1430; BMF v. 12.6.2006, BStBl. I, 416.
[26] BFH v. 23.2.2012, DStR 2012, 1125.
[27] FG Düsseldorf v. 8.4.2010, EFG 2010, 1398, bestätigt durch BFH v. 12.2.2014, DStR 2014, 1216.

2. Kapitel. Besteuerungskonzeption der GmbH & Co. KG

26 **Grundlage für die Ermittlung der Überentnahmen** ist dabei nicht nur die Gesamthandsbilanz der Kommanditgesellschaft, sondern auch die steuerliche Gesamtbilanz, es sind also auch die Ergänzungs- und Sonderbilanzen der Gesellschafter einzubeziehen.[28] Betrachtet man zunächst allein die Verhältnisse der Gesamthandsbilanz, ist die konkrete Anwendbarkeit des § 4 Abs. 4a EStG davon abhängig, welche Gesellschafterkonten geführt werden bzw. welche Regelung der Gesellschaftsvertrag für den Fall vorsieht, dass die Gesellschafterkonten aus Sicht des Gesellschafters negativ werden. Denkbar ist beispielsweise, dass der Gesellschaftsvertrag eine Verzinsung dieser Gesellschafterkonten zugunsten der Gesellschaft vorsieht. Denkbar ist jedoch auch, dass der Stand der Gesellschafterkonten gänzlich unberücksichtigt bleibt, unabhängig davon, ob das Gesellschafterkonto aus Sicht des Gesellschafters einen positiven oder einen negativen Stand hat.

27 Die Anwendbarkeit des § 4 Abs. 4a EStG auf die Gewinnermittlung einer GmbH & Co. KG ist dann augenscheinlich berechtigt, wenn der Gesellschaftsvertrag **keine** Verzinsung eines eventuell negativen Gesellschafterkontos vorsieht, so dass übermäßige Privatentnahmen des Gesellschafters letztlich zu Zinsaufwand in der Gesamthandsbilanz führen. Durch § 4 Abs. 4a EStG wird der steuerliche Abzug von Schuldzinsen insoweit in nachvollziehbarer Weise eingeschränkt. Sieht der Gesellschaftsvertrag dagegen eine **Verzinsung der Gesellschafterkonten** vor, muss unterschieden werden, ob es sich um ein Konto mit Forderung-/Verbindlichkeiten- oder Kapitalcharakter handelt. Hat die GmbH & Co. KG eine Forderung gegenüber dem Gesellschafter und wird diese Forderung verzinst, führen die Zinsen zu Betriebseinnahmen der GmbH & Co. KG und erhöhen mithin den steuerlichen Gewinn der Gesellschaft. Dieser steuerliche Gewinn steht den eventuell gezahlten Schuldzinsen gegenüber, so dass kein Raum für die Anwendung des § 4 Abs. 4a EStG verbleibt.

28 Handelt es sich bei dem betreffenden Konto dagegen nach allgemeinen Kriterien um ein (steuerliches) Kapitalkonto, bilden die hierauf berechneten Zinsen keine Betriebseinnahmen der Gesellschaft.[29] Die dennoch für diese negativen Gesellschafterkonten berechneten Zinsen gelten für steuerliche Zwecke nicht als Betriebseinnahmen, sondern als Teil der Gewinnverteilungsabrede,[30] gelten also als negativer Gewinn vorab.[31] In diesem Fall besteht das Problem, dass privat veranlasste Entnahmen des Gesellschafters die Finanzkraft der Gesellschaft mindern und hierfür uU durch die Gesellschaft Zinsaufwendungen getragen werden müssen. Stehen diese in Zusammenhang mit dem negativen Kapitalkonto des Gesellschafters, sind diese Refinanzierungszinsen im Allgemeinen ohnehin nicht als Betriebsausgaben abzugsfähig.[32] Auch insoweit bedarf es grundsätzlich nicht der Abzugsbeschränkung des § 4 Abs. 4a EStG. Sofern ein unmittelbarer Zusammenhang zwischen Darlehensaufnahme durch die Gesellschaft und Privatentnahmen des Gesell-

---

[28] BMF v. 7.5.2008, BStBl. I, 588.
[29] BFH v. 4.5.2000, BStBl. II 2001, 171.
[30] Schmidt/*Wacker* § 15 EStG Rn. 632.
[31] *Kempermann* FR 2000, 1070.
[32] BFH v. 5.3.1991, BStBl. II 516; *Ley* KÖSDI 2002, 13471.

§ 5 Gewinnermittlung bei der GmbH & Co. KG

schafters nicht hergestellt werden kann, kommt dagegen im Falle negativer Gesellschafter (Kapital-) Konten eine Kürzung der Schuldzinsen gem. § 4 Abs. 4a EStG in Betracht.

Die **schädlichen Überentnahmen** bei einer GmbH & Co. KG sind grundsätzlich **bezogen auf jeden Gesell**schafter zu ermitteln.[33] Unter Einbezug der Gesamthandsbilanz, der Ergänzungsbilanz sowie der Sonderbilanz ergibt sich dabei eine unübersichtliche und komplizierte Berechnung der schädlichen Überentnahmen. Aus diesem Grund wird für die Ermittlung der Überentnahmen für die Gesellschafter einer GmbH & Co. KG eine vereinfachte Berechnung vorgeschlagen,[34] bei der jeweils der Stand der steuerlichen Gesamtbilanz, dh der zusammengefassten Gesamthands-, der Ergänzungs- und der Sonderbilanz, zu Beginn und zum Ende des Jahres miteinander abgeglichen werden. In dieser Veränderung des zusammengefassten Kapitals spiegelt sich die Veränderung durch Entnahmen/Einlagen und durch anteilige Gewinne wider. Modifikationen sind allerdings im Hinblick auf die außerbilanziellen Hinzurechnungen sowie bei eventuellen Verlusten erforderlich.

Bezugsgröße für den Abgleich der Entnahmen eines Gesellschafters ist das steuerliche Ergebnis aus der GmbH & Co. KG, also den Ergebnissen aus der Gesamthandsbilanz. Besteht für den Gesellschafter einer GmbH & Co. KG eine Ergänzungsbilanz, etwa aus einem Anteilserwerb, mindern die dort vorgenommenen Abschreibungen den steuerlichen Gewinnanteil. Entnimmt nun der betreffende Gesellschafter jeweils den Gewinnanteil aus der Gesamthandsbilanz, liegen regelmäßig Überentnahmen iSd § 4 Abs. 4a EStG vor, da der steuerliche Gewinn durch die Abschreibungen aus der Ergänzungsbilanz gemindert ist, mithin die Entnahmen höher sind als das steuerliche Ergebnis.

Beispiel: A ist Alleingesellschafter einer GmbH & Co. KG, deren Anteile er erworben hat. Aus diesem Erwerbsvorgang resultiert eine Ergänzungsbilanz. Die Abschreibungen aus der Ergänzungsbilanz betragen jährlich 1.000 T-EUR. Die Gesellschaft erzielt einen steuerlichen Gewinn von 3.000 T-EUR, der von A in vollem Umfang entnommen wird.

Ergebnis: Die Entnahmen des A betragen 3.000 T-EUR bei einem steuerlichen Ergebnis von 2.000 T-EUR. Es liegen Überentnahmen von 1.000 T-EUR vor. Der steuerliche Abzug des Zinsaufwandes wird um 60 T-EUR gekürzt.

Wird hiernach für einen Gesellschafter eine schädliche Überentnahme ermittelt, wird diese Kürzung der Betriebsausgaben dem steuerlichen Gewinn außerbilanziell hinzugerechnet. Auch wenn eine individuelle Hinzurechnung zu dem betroffenen Gesellschafter sachgerecht wäre, dürfte dies jedoch ohne eine entsprechende gesellschaftsvertragliche Regelung schwierig sein.[35] Erfolgt keine individuelle Hinzurechnung, sind von der Kürzung der Betriebsausgaben alle Gesellschafter entsprechend dem Gewinnverteilungsschlüssel betroffen.

---

[33] BMF v. 22.5.2000, BStBl. I, 588; Kirchhof/*Crezelius* § 4 EStG Rn. 121. Korn/*Strahl* KÖSDI 2000, 12281.
[34] *Ley* DStR 2001, 1014.
[35] *Ley* DStR 2001, 1014.

2. Kapitel. Besteuerungskonzeption der GmbH & Co. KG

32 Der pauschale Betriebsausgabenabzug nach § 4 Abs. 4a EStG ermittelt sich auf der Grundlage einer statistischen Fortschreibung von Entnahmen und Einlagen des betreffenden Gesellschafters unter Berücksichtigung der steuerlichen Ergebnisse der Gesellschaft, nicht dagegen nach dem Eigenkapital laut steuerlicher Gesamtbilanz. Gerade bei Übertragungsvorgängen muss daher geklärt werden, ob es sich um Entnahmen bzw. Einlagen iSd § 4 Abs. 4a EStG handelt. So führt beispielsweise die geänderte Zuordnung eines Wirtschaftsgutes während des Bestehens einer mitunternehmerischen Betriebsaufspaltung weder zu einer Entnahme bei dem abgebenden Betrieb, noch zu einer Einlage bei dem aufnehmenden Betrieb.[36]

33 Im Falle der unentgeltlichen Übertragung des Mitunternehmeranteils nach § 6 Abs. 3 EStG wird ein **eventueller Bestand von Über- oder Unterentnahmen** des Übergebers durch den Übernehmer des Mitunternehmeranteils **fortgeführt**. Die Übertragung führt beim Übergeber des Mitunternehmeranteils nicht zu einer Entnahme und bei dem Übernehmer des Mitunternehmeranteils nicht zu einer Einlage iSd § 4 Abs. 4a EStG.[37] Die Finanzverwaltung geht davon aus, dass auch bei Umwandlungssachverhalten ein eventuell vorhandener Bestand von Über- bzw. Unterentnahmen nach § 4 Abs. 4a EStG durch den Übernehmer des Mitunternehmeranteils fortgeführt wird.[38] Im Falle der Einlage eines Mitunternehmeranteils nach § 20 UmwStG in eine Kapitalgesellschaft gegen Gewährung von Gesellschaftsrechten würde danach ein eventueller Bestand einer Über- bzw. einer Unterentnahme nach § 4 Abs. 4a EStG des einlegenden Gesellschafters von der Kapitalgesellschaft fortgeführt.

34 **b) Allgemeine Einschränkung des Steuerabzugs für Zinsaufwendungen (Zinsschranke).** § 4h EStG enthält eine **allgemeine Einschränkung** für den Betriebsausgabenabzug von Zinsaufwendungen für alle Unternehmen, gleich welcher Rechtsform. Die Vorschrift gilt also auch grundsätzlich für die steuerliche Gewinnermittlung einer GmbH & Co. KG. Zinsaufwendungen sind hiernach zunächst uneingeschränkt in Höhe der von der Gesellschaft erwirtschafteten Zinserträge steuerlich abzugsfähig. Ein darüber hinausgehender Betrag ist grundsätzlich nur in Höhe von 30% des von der Gesellschaft erwirtschafteten EBITDA (**E**arnings **B**efore **I**nterest, **T**axes, **D**epreciation and **A**mortization) zum Abzug zugelassen. Erreichen die abzugsfähigen Zinsen nicht in vollem Umfang den maximal möglichen Spielraum, kann der EBITDA-Überhang grundsätzlich in die folgenden 5 Jahre vorgetragen werden **(EBITDA-Vortrag)** und kann in diesem Zeitraum das Betriebsausgabenvolumen für Zinsaufwendungen erhöhen.

35 Soweit dennoch der Saldo zwischen Zinsaufwendungen und -erträgen die Grenze von 30% des EBITDA übersteigt, ist der übersteigende Betrag nicht als Betriebsausgabe abzugsfähig. Die nicht abziehbaren Zinsaufwendungen können jedoch in die folgenden Wirtschaftsjahre vorgetragen werden **(Zins-**

---

[36] BFH v. 22.9.2011, DStR 2011, 2137; BMF v. 18.2.2013, DStR 2013, 415.
[37] BFH v 22.9.2011, DStR 2011, 2137.
[38] OFD Frankfurt v. 4.4.2013, Lexinform Nr. 5234453 Rn. 32eff.

vortrag) und können in den Folgejahren steuerlich geltend gemacht werden, wenn in den betreffenden Jahren nach der vorgenannten Regelung ein Spielraum für den Zinsabzug verbleibt.

Die komplizierte Regelung bedingt auch verfahrensrechtlich eine besondere Behandlung. Sowohl der EBITDA-Vortrag als auch der Zinsvortrag sind nach § 4h Abs. 4 **gesondert festzustellen und fortzuschreiben.** Scheidet ein Mitunternehmer aus der Gesellschaft aus, gehen auch eventuell bestehende EBITDA-Vorträge und Zinsvorträge gemäß § 4h EStG anteilig unter.

36

Diese relativ komplizierte Regelung ist jedoch nicht schlechthin auf jegliche Unternehmen anzuwenden. § 4h Abs. 2 EStG enthält **wichtige Ausnahmen** für die Anwendung dieser unübersichtlichen Regelung wie folgt:

37

– der Saldo zwischen Zinsaufwendungen und Zinserträgen beträgt im betreffenden Wirtschaftsjahr weniger als 3 Mio. EUR,
– der Betrieb gehört nicht oder nur anteilmäßig zu einem Konzern **oder**
– die Gesellschaft zu einem Konzern gehört und seine Eigenkapitalquote am Schluss des vorangegangenen Bilanzstichtages gleich hoch oder höher ist als die Eigenkapitalquote in dem Konzern.

Ein Unterschreiten der Eigenkapitalquote des Konzerns um bis zu 2%-Punkte ist dabei unschädlich. Für den Eigenkapitalvergleich ist dabei grundsätzlich für einen nach IFRS-Grundsätzen erstellten Konzernabschluss auszugehen. In Ausnahmefällen können auch Konzernabschlüsse herangezogen werden, die nach dem Handelsrecht eines EU-Mitgliedsstaates oder nach US GAAP erstellt worden sind.

38

Gerade bei mittelständischen Unternehmen hat dabei die vorgegebene Grenze des Zinssaldos in Höhe von 3 Mio. EUR für die Anwendung der komplizierten Vorschrift die größte praktische Relevanz. Weniger häufig dürften Fallgestaltungen sein, dass eine GmbH & Co. KG in einen Konzernabschluss einbezogen ist, für den die Eigenkapitalquote als Vergleichsmaßstab heranzuziehen ist.

39

Handelt es sich bei der GmbH & Co. KG selbst wiederum um die Spitze eines Konzerns, ist die Komplementär GmbH als Konzernspitze anzusehen (→ § 23 Rn. 83). Da die Komplementär GmbH häufig nicht bzw. nur in geringem Umfang am Kapital der Kommanditgesellschaft beteiligt ist, wird in diesem Fall das Konzerneigenkapital als Kapitalanteile von außenstehenden Gesellschaftern ausgewiesen. Frage ist dabei, ob in diesem Fall nicht der Eigenkapitalvergleich nach § 4h Abs. 2 regelmäßig zugunsten der Personengesellschaft ausfällt.

40

II. Ergänzungsbilanzen

Eine Besonderheit der Besteuerungskonzeption der Personengesellschaft ist die sog Ergänzungsbilanz. In der Ergänzungsbilanz werden die **Vermögensgegenstände und Schulden der Gesamthandsbilanz** ganz oder teilweise **abgebildet**, soweit im Einzelnen Korrekturen erforderlich sind. Dogmatisch handelt es sich um Korrekturposten zu den Vermögensgegen-

41

2. Kapitel. Besteuerungskonzeption der GmbH & Co. KG

ständen und Schulden der Gesamthandsbilanz.[39] Eine Ergänzungsbilanz entsteht im Regelfall in folgenden Fällen.[40]
- bei dem entgeltlichen Erwerb eines Mitunternehmeranteils mit einem Kaufpreis über oder unter dem anteiligen steuerlichen Eigenkapital
- bei Einbringung eines Mitunternehmeranteils in eine Personengesellschaft (§ 24 UmwStG) oder in eine Kapitalgesellschaft (§ 20 UmwStG) mit einem Wertansatz über dem anteiligen steuerlichen Eigenkapital
- bei Inanspruchnahme von personenbezogenen Steuervergünstigungen einer Personengesellschaft durch einzelne Gesellschafter (zB § 6b EStG)
- bei der Einlage eines Einzelwirtschaftsgutes in eine Personengesellschaft gem. § 6 Abs. 5 S. 3 EStG unter Vermeidung des Überspringens von stillen Reserven

42 Der Hauptanwendungsfall einer Ergänzungsbilanz betrifft die erste Fallgestaltung, dh der **Erwerb des Anteils einer Personengesellschaft**, wobei ein Preis gezahlt wird, der über dem anteiligen Eigenkapital liegt. Obschon Gegenstand des Erwerbs zivilrechtlich ein Gesellschaftsanteil ist, wird dieser steuerlich nicht als Vermögensgegenstand betrachtet.[41] Der Anteil an der Personengesellschaft ist aus steuerlicher Sicht transparent, so dass auf die Vermögensgegenstände und Schulden der Gesamthandsbilanz bzw. auf die dort enthaltenen stillen Reserven "durchgesehen" wird. Der Unterschiedsbetrag zwischen den Anschaffungskosten für den Gesellschaftsanteil und dem Betrag des übernommenen anteiligen Eigenkapitals wird in die Ergänzungsbilanz des betreffenden Gesellschafters eingestellt und auf die Vermögensgegenstände und Schulden der Gesamthandsbilanz entsprechend deren stillen Reserven abgebildet.[42] Der Veräußerer des Mitunternehmeranteils hat die durch den Unterschiedsbetrag repräsentierten stillen Reserven im Gesellschaftsanteil durch den Veräußerungsvorgang bereits versteuert. Der Erwerber des Gesellschaftsanteils hat im Rahmen des Anteilsverkaufs ein anteiliges Entgelt für diese stillen Reserven entrichtet und braucht deshalb bei der Realisierung der stillen Reserven im normalen Geschäftsgang bzw. bei der eventuellen Weiterveräußerung des Anteils den Gewinn aus der Auflösung der stillen Reserven nicht erneut zu versteuern.[43]

43 Demgegenüber wird im Rahmen einer **negativen Ergänzungsbilanz** ein negativer Unterschiedsbetrag zwischen Anschaffungskosten auf den Gesellschaftsanteil und dem anteiligen Eigenkapital ausgewiesen. Ein negatives Ergänzungskapital mindert das steuerliche Eigenkapital des Gesellschafters.[44]

Beispiel: A und B sind an einer GmbH & Co. KG mit einem Kommanditkapital von jeweils T-EUR 100 beteiligt. B veräußert seinen Kommanditanteil an C zu einem Preis von 500 T-EUR. Wertbestimmend für den Kaufpreis der Anteile waren folgende stille Reserven im Gesamthandsvermögen der Personengesellschaft:

---

[39] BFH v. 28.9.1995, BStBl. II 1996, 68.
[40] Schmidt/*Wacker* § 15 EStG Rn. 460; Blümich/*Bode* § 15 EStG Rn. 553.
[41] BFH v. 25.2.1991, BStBl. II, 691; Schmidt/*Wacker* § 15 EStG Rn. 461; aA Kirchhof/Söhn/Mellinghoff/*Reiß* § 16 EStG Rn. C 42.
[42] Blümich/*Bode* § 15 EStG Rn. 556.
[43] Littmann/Bitz/Helmig/*Bitz* § 15 EStG Rn. 64.
[44] Kirchhof/Söhn/Mellinghoff/*Reiß* § 15 EStG Rn. E 19.

§ 5 Gewinnermittlung bei der GmbH & Co. KG

	Buchwert T-EUR	Verkehrswert T-EUR	Stille Reserven T-EUR
Grundstücke	200	400	200
Gebäude	1.000	1.400	400
Maschinen	600	800	200

C hat für den Kommanditanteil einen Preis gezahlt, der um 400 T-EUR **44** über dem Wert des steuerlichen Kapitalkontos liegt. Durch die Anteilsveräußerung verändert sich die Gesamthandsbilanz der GmbH & Co. KG nicht. Der Unterschiedsbetrag zwischen Kaufpreis für den Gesellschaftsanteil und dem anteiligen Eigenkapital wird in eine Ergänzungsbilanz eingestellt. Der Unterschiedsbetrag wird im Verhältnis der stillen Reserven der sich im Gesamthandsvermögen der Personengesellschaft befindlichen Vermögensgegenstände aufgeteilt. Es entsteht demnach im Beispielsfall folgende Ergänzungsbilanz:

Ergänzungsbilanz C

Grundstücke	100	Ergänzungskapital	400
Gebäude	200		
Maschinen	100		
	400		400

Die in der Ergänzungsbilanz abgebildeten Mehrwerte können nach allge- **45** meinen steuerlichen Regeln (§§ 7 ff. EStG) abgeschrieben werden. Die Nutzungsdauer/Abschreibungsart orientiert sich dabei grundsätzlich an den in der Gesamthandsbilanz ausgewiesenen Vermögensgegenständen.[45] Üblicherweise werden jedoch im Rahmen der Abschreibungsbemessung branchenspezifisch typisierende Nutzungsdauern zugrunde gelegt, sofern nicht eine Zuordnung auf ein bestimmtes Wirtschaftsgut der Gesamthandsbilanz erfolgt. Im Beispielsfall kommen folgende Abschreibungen in Frage:

Grundstücke	0 %
Gebäude	2 %
Maschinen	20 %

Für C ergibt sich hiernach folgender Abschreibungsverlauf in den ersten 6 Jahren:

	t1	t2	t3	t4	t5	t6
Grundstücke	0	0	0	0	0	0
Gebäude	4	4	4	4	4	4
Maschinen	20	20	20	20	20	0
Gesamt	24	24	24	24	24	4

Die **Möglichkeit der steuerlichen Geltendmachung** von Abschrei- **46** bungen aus dem anteiligen (Mehr-) Kaufpreis für den Erwerber ist ein **wesentlicher Vorteil** gegenüber dem Erwerb von Anteilen an einer Kapitalgesellschaft. Bei dem Erwerb des Anteils an einer Kapitalgesellschaft kann der

---

[45] Blümich/*Bode* § 15 EStG Rn. 556a; Littmann/Bitz/Pust/*Bitz* § 15 EStG Rn. 64.

2. Kapitel. Besteuerungskonzeption der GmbH & Co. KG

Kaufpreis steuerlich nicht geltend gemacht werden. Der Erwerber des Anteils an einer Personengesellschaft hat also in der Folgezeit erhebliche **Liquiditätsvorteile** aus der steuerlichen Verwertung der Abschreibungsbeträge. Je größer der Anteil der stillen Reserven ist, der auf eher kurzlebige Wirtschaftsgüter entfällt, umso größer ist der Steuer- und Liquiditätsvorteil in der ersten Zeit nach dem Anteilserwerb. Die Zuordnung von stillen Reserven auf geringwertige Wirtschaftsgüter bzw. den Maschinenbestand findet allerdings ihre Grenze in deren nach objektiven Kriterien gemessenem Verkehrswert. Ein über die Summe aller stillen Reserven hinausgehender Mehrbetrag wird als Firmenwert erfasst. Im Regelfall lohnt es sich jedoch, auch in diesem Bereich gezielt den Vermögensbereich „Firmenwert" zu analysieren. Auch dieser kann in einzelne Wirtschaftsgüter abgeschichtet werden, die eine unterschiedliche betriebsgewöhnliche Nutzungsdauer haben, wie zB

Patente	6–8 Jahre
Warenzeichen[46]	3–5 Jahre
Auftragsbestand[47]	bei Erfüllung der Aufträge
restliche immaterielle Werte, wie zB Kundenstamm	15 Jahre

47 Die Ergänzungsbilanz zur Gesamthandsbilanz geht zurück auf die ursprünglichen Grundvorstellung der **Bilanzbündeltheorie**,[48] nach der eine Personengesellschaft steuerlich letztlich das Bündel von Einzelbilanzen der Gesellschafter sei. Aus diesem Grund wird der Erwerb eines Anteils einer Personengesellschaft steuerlich grundsätzlich wie der anteilige Erwerb von Einzelwirtschaftsgütern gewertet.

48 Gleichwohl ergibt sich hier ein gewisser Widerspruch zur Unternehmenswirklichkeit. Im Regelfall wird bei der Akquisition eines Unternehmens bzw. eines Gesellschaftsanteils weniger auf die anteiligen stillen Reserven in den Vermögensgegenständen der Gesellschaft (**Substanzwert**) als vielmehr auf deren langfristige Ertragskraft (**Ertragswert**) geachtet. Diese hängt wiederum nur mittelbar von der Werthaltigkeit der im Betriebsvermögen enthaltenen Vermögensgegenstände ab. Nach dieser, der betriebswirtschaftlichen Unternehmensbewertung angenäherten Vorstellung müsste im Grunde im Rahmen einer Ergänzungsbilanz ein kapitalisierter Ertragswert abgebildet werden, der über die Folgezeit aufgelöst und gegen die tatsächlich erzielten Erträge verrechnet wird. Diese Betrachtungsweise hat sich allerdings noch nicht durchgesetzt, so dass weiterhin davon ausgegangen werden muss, dass eine Abbildung der (Substanz-) Mehrwerte auf Einzelwirtschaftsgüter erfolgt, obschon diese bei der Bemessung des Kaufpreises im Regelfall nicht ausschlaggebend waren.

---

[46] Abschreibung zweifelhaft, BFH v. 4.9.1996, BStBl. II, 586; BMF v. 12.7.1999, DStR 1999, 1317, Nutzungsdauer 15 Jahre.
[47] FG Düsseldorf v. 20.2.2003, EFG, 1290.
[48] BFH v. 25.6.1984, BStBl. II 751; Kirchhof/Söhn/Mellinghoff/*Reiß* § 15 EStG Rn. E 28, mittlerweile aufgegeben.

III. Sonderbetriebsvermögen

1. § 15 EStG – Qualifikationsnorm oder Zurechnungsnorm

§ 15 Abs. 1 Nr. 2 EStG behandelt in der zweiten Gewinnermittlungsstufe 49 lediglich Vergütungen der Gesellschaft an den Gesellschafter. Eine Aussage über Vermögensgegenstände, die der Gesellschafter der Gesellschaft zur Nutzung überlässt, die also die (Vermögens-) Grundlage für die betreffende Vergütung sind, ist jedoch nicht getroffen. Entsprechend der Regelung über das Entgelt für Leistungsbeziehungen sind die betreffenden Vermögensgegenstände, die im Eigentum eines Gesellschafters stehen und von der Gesellschaft genutzt werden, wie zB ein Betriebsgrundstück, im Rahmen einer **Sonderbilanz** zu erfassen.[49]

Das Verständnis des § 15 Abs. 1 Nr. 2 EStG ist mit der Fragestellung ver- 50 bunden, ob die Vorschrift als Zurechnungsnorm oder als Qualifikationsnorm zu verstehen ist. Die Interpretation des § 15 Abs. 1 Nr. 2 EStG als eine **Zurechnungsnorm** bedingt, dass ein Vermögensgegenstand, der von der Personengesellschaft genutzt wird, zwingend dem Sonderbetriebsvermögen dieser Personengesellschaft zuzurechnen ist. Sofern dagegen die Vorschrift als **Qualifikationsnorm** verstanden wird, die subsidiär nur dann zur Anwendung kommt, wenn der betreffende Vermögensgegenstand nicht bereits die Eigenschaft eines steuerlichen Betriebsvermögens hat (sog **Subsidiaritätsthese**), erfolgt eine Zurechnung zu der steuerlichen Sphäre der Personengesellschaft nur dann, wenn hierdurch die Betriebsvermögenseigenschaft für den betreffenden Vermögensgegenstand begründet wird. Während die Vorschrift in der Vergangenheit von der Rechtsprechung eher als Zurechnungsnorm interpretiert wurde,[50] hält die Rechtsprechung an der Auslegung im Sinne der der Subsidiaritätsthese fest.

Die Auslegung des § 15 Abs. 1 Nr. 2 EStG im Sinne der **Subsidiaritäts-** 51 **these** führt allerdings **nicht** schlechthin dazu, dass eine Zuordnung zum Sonderbetriebsvermögen einer Personengesellschaft unterbleibt, wenn der betreffende Vermögensgegenstand bereits Bestandteil eines Betriebsvermögens ist.[51] Die Zuordnung zum Sonderbetriebsvermögen der nutzenden Mitunternehmerschaft hat dennoch grundsätzlich Vorrang.[52] Eine Auslegung im Sinne der Subsidiaritätsthese ergibt sich im Zusammenhang mit der Nutzungsüberlassung zwischen Schwesterpersonengesellschaften. In diesem Fall erfolgt die Nutzungsüberlassung nicht unmittelbar durch einen Mitunternehmer, sondern durch eine Personengesellschaft, an der dieser lediglich beteiligt ist. Überlässt also eine Personengesellschaft einen Vermögensgegenstand zur Nutzung an eine Schwesterpersonengesellschaft (mitunternehmerische Betriebsaufspaltung) hat die Zuordnung zum eigenen Betriebsvermö-

---

[49] Blümich/*Bode* § 15 EStG Rn. 464.
[50] zB BFH v. 11.12.1986, BStBl. II 1987, 553; BFH v. 13.7.1993, BStBl. II 1994, 282.
[51] Schmidt/*Wacker* § 15 EStG Rn. 534; *Brandenberg* FR 1997, 88; *Märkle* DStR 1997, 247.
[52] BFH v. 13.11.1997, BStBl. II 1998, 254; BMF v. 18.1.1996, BStBl. I 1998, 583.

gen Vorrang vor der Qualifikation als Sonderbetriebsvermögen bei der nutzenden Personengesellschaft.[53]

2. Ausweis der Vermögensgegenstände und Schulden in der Sonderbilanz

52 Bei der Qualifikation als Sonderbetriebsvermögen wird begrifflich dahingehend unterschieden, ob die im Eigentum des Gesellschafters stehenden Vermögensgegenstände dem Betrieb der Personengesellschaft unmittelbar dienen. In diesem Fall handelt es sich um Sonderbetriebsvermögen I.[54] Dienen die Vermögensgegenstände dagegen lediglich mittelbar der Kommanditbeteiligung des Gesellschafters, handelt es sich um Sonderbetriebsvermögen II.[55]

53 Die Unterscheidung zwischen Sonderbetriebsvermögen I und II hat **keine grundlegende Bedeutung.** Die steuerlichen Konsequenzen der Qualifikation als Sonderbetriebsvermögen sind vielmehr unabhängig von der Klassifizierung in die Gruppe I oder Gruppe II.[56] Die betreffenden Vermögensgegenstände sind also in beiden Fällen als steuerliches Betriebsvermögen zu behandeln, mit allen sich hieraus ergebenden Konsequenzen. Die **Dividende** der Komplementär GmbH führt beispielsweise für den Gesellschafter nicht zu Einkünften aus Kapitalvermögen, sondern zu Sonderbetriebseinnahmen und damit zu **Einkünften aus Gewerbebetrieb**, wobei die anteiligen Einkünfte gem. § 3 Nr. 40 EStG dennoch der Besteuerung nach dem Teileinkünfteverfahren unterliegen.

54 Eventuelle Mieteinnahmen für der Gesellschaft überlassene Vermögensgegenstände sind in der **Sondergewinn- und Verlustrechnung** als Betriebseinnahmen zu erfassen, wohingegen die Abschreibungen auf das Betriebsgebäude als Sonderbetriebsausgaben gelten. Das **Sonderbetriebsvermögen** hat steuerlich den Status von Betriebsvermögen. Wertveränderungen dieser Vermögensgegenstände werden steuerlich erfasst. Es gelten hier die allgemeinen Regeln der steuerlichen Gewinnermittlung. Dies bedeutet beispielsweise, dass die Abschreibungen nach § 7 Abs. 4 Nr. 1 EStG in Höhe von 3% p.a. auf Gebäude des Betriebsvermögens auch dann anzuwenden sind, wenn sich das Gebäude im Sonderbetriebsvermögen eines Gesellschafters befindet. Im gleichen Maß sind auch Abschreibungen auf den niedrigen Teilwert in den Grenzen von § 6 Abs. 1 Nr. 1 S. 2 EStG möglich. Für den Ausweis der Vermögensgegenstände und Schulden in der Sonderbilanz gelten im Grundsatz die allgemeinen Bilanzierungsregeln der §§ 5, 6 EStG.[57] Besonderheiten können sich allerdings im Verhältnis zum Gesamthandsvermögen ergeben, wie zB dem Ausweis von Gesellschafterkonten.

55 Ungeachtet der Abschaffung der Maßgeblichkeit der Handelsbilanz für die Steuerbilanz ab dem Jahr 2009 wird bei mittelständischen Gesellschaften häu-

---

[53] BFH v. 16.6.1994, BStBl. II 1996, 82; BFH v. 23.4.1996 BStBl. II 1998, 325.
[54] Blümich/*Bode* § 15 EStG Rn. 458.
[55] BFH v. 18.12.1991, BStBl. II 1992, 585.
[56] Schmidt/*Wacker* § 15 EStG Rn. 509.
[57] Blümich/*Bode* § 15 EStG Rn. 529.

§ 5 Gewinnermittlung bei der GmbH & Co. KG

fig nicht zwischen Handels- und Steuerbilanz unterschieden. Es wird vielmehr eine sog **Einheitsbilanz** erstellt, in die vorwiegend steuerliche Wertungen eingehen. Hierdurch ergeben sich in der Praxis zum Teil **erhebliche Fehlerquellen**. In der „Bilanz" der Gesellschaft werden unter Umständen Vermögensgegenstände ausgewiesen, die im Eigentum eines Gesellschafters stehen, ohne nach Gesamthandsvermögen bzw. Sonderbetriebsvermögen zu unterscheiden. Dies ist nicht selten eine der Hauptursachen für Missverständnisse und Zwistigkeiten im Gesellschafterkreis. Ein Problem kann sich beispielsweise dann ergeben, wenn die Gesellschaft auf dem Grund und Boden eines Gesellschafters ein Gebäude errichtet. Grund und Boden und Gebäude werden gemeinsam in der (Einheitssteuer-) Bilanz der Gesellschaft ausgewiesen. Nachträgliche Auseinandersetzungen im Gesellschafterkreis über die tatsächlichen Eigentumsverhältnisse bzw. die tatsächlichen Vermögensansprüche enden in diesem Fall regelmäßig vor Gericht. Auch Sachverständigen fällt es in diesen Fällen schwer, hier (nachträglich) eine vernünftige und zutreffende Trennungslinie zu schaffen.

Überlässt ein Gesellschafter der Gesellschaft einen Vermögensgegenstand zur Nutzung, handelt es sich um positives Sonderbetriebsvermögen[58] des Gesellschafters. Hat der Gesellschafter dagegen Verbindlichkeiten im Interesse der Gesellschaft bzw. im Zusammenhang mit seiner Beteiligung an der Personengesellschaft aufgenommen, handelt es sich um negatives Sonderbetriebsvermögen. Dieses negative Sonderbetriebsvermögen ist auch in der Sonderbilanz des Gesellschafters auszuweisen. Entsprechende Aufwendungen im Zusammenhang mit dem negativen Sonderbetriebsvermögen, wie zB Zinsen für das Bankdarlehen, mindern als Sonderbetriebsausgaben den Gewinn der Sonderbilanz bzw. erhöhen dessen Verlust. Es ist hier jedoch zu beachten, dass **keine willkürliche Zuordnung** als negatives Sonderbetriebsvermögen durch den Gesellschafter einer GmbH & Co. KG erfolgen kann.[59] Ähnlich einem Einzelunternehmen gilt hier die **strikte Trennung** zwischen **Privat- und Betriebsvermögenssphäre**.

Beispiele für negatives Sonderbetriebsvermögen sind:
– Darlehensaufnahme zur Finanzierung des Erwerbs eines Kommanditanteils
– Darlehensaufnahme zur Finanzierung des Erwerbs/Herstellung von positiven Sonderbetriebsvermögen, wie zB zur Finanzierung eines neuen Fabrikgebäudes, das pachtweise der Gesellschaft zur Nutzung überlassen wird
– Darlehensaufnahme zur Weiterleitung in Form eines Gesellschafterdarlehens an die Kommanditgesellschaft
– Darlehensaufnahme und Weiterleitung der finanziellen Mittel als Gesellschaftereinlage.

Kein negatives Sonderbetriebsvermögen liegt dagegen in folgenden Fällen vor:
– Darlehensaufnahme für private Zwecke/Absicherung durch eine Grundschuld auf einem Grundstück des Sonderbetriebsvermögens

---

[58] BFH v. 10.3.1993, BStBl. II 510.
[59] Schmidt/*Wacker* § 15 EStG Rn. 521; Blümich/*Bode* § 15 EStG Rn. 456.

2. Kapitel. Besteuerungskonzeption der GmbH & Co. KG

– Darlehensaufnahme zur Ablösung einer privat veranlassten Schuld (Entnahme) des Gesellschafters gegenüber der Gesellschaft
– Darlehensaufnahme und Weitergabe der finanziellen Mittel in Form eines Darlehens an einen Mitgesellschafter.

57 Auch die von einem Gesellschafter gehaltenen Anteile an einer Kapitalgesellschaft können Sonderbetriebsvermögen bei der GmbH & Co. KG werden, wenn diese Beteiligung dem Betrieb der Personengesellschaft zumindest mittelbar dient.[60]

58 Eine besondere Fragestellung ist, ob die Anteile der Komplementärgesellschaft als Sonderbetriebsvermögen gelten oder nicht. Zum Sonderbetriebsvermögen II können auch Anteile an einer Kapitalgesellschaft gehören, wenn zu der Personengesellschaft eine enge wirtschaftliche Verflechtung besteht.[61] Für die Qualifikation als Sonderbetriebsvermögen reicht jedoch eine bloße Geschäftsbeziehung nicht aus, wie sie auch mit anderen Unternehmen bestehen.[62] Es reicht ferner nicht aus, dass die Mitunternehmerschaft der Kapitalgesellschaft dient.[63] Die Frage der Zuordnung zum notwendigen Sonderbetriebsvermögen wurde für den Fall der Anteile an der Komplementärin einer GmbH & Co. KG in den vergangenen Jahren durch den I. und IV. Senat des Bundesfinanzhofs unterschiedlich beantwortet.[64] Generell wird jedoch davon auszugehen sein, dass die Anteile der Komplementärin als Sonderbetriebsvermögen II der Gesellschafter bei der Mitunternehmerschaft gelten.

3. Leistungsbeziehungen zwischen Gesellschaft und Gesellschafter

59 **a) Gesellschafterkonten.** Forderungen eines Gesellschafters gegenüber der Personengesellschaft sind als Sonderbetriebsvermögen I zu werten. Wird durch den Gesellschafter dagegen ein Darlehen an die Komplementär-GmbH oder eine Tochterkapitalgesellschaft der Personengesellschaft gegeben, handelt es sich nicht unbedingt um Sonderbetriebsvermögen I. Je nach Umständen des Einzelfalles kommt hier auch eine Qualifikation als Sonderbetriebsvermögen II in Betracht. Dies wird dann der Fall sein, wenn die Tochtergesellschaft für den Betrieb der Personengesellschaft eine wichtige Funktion ausübt, zB Vertriebsgesellschaft, Einkaufsgesellschaft uÄ.

60 Die Forderung des Gesellschafters gegenüber der GmbH & Co. KG ist in der Sonderbilanz auszuweisen. Dieser Forderung steht eine Verbindlichkeit der Gesellschaft in der Gesamthandsbilanz gegenüber. Nach dieser steuerlichen Gesamtschau ist es daher grundsätzlich unerheblich, ob der Gesellschafter einer GmbH & Co. KG der Gesellschaft Eigenkapital oder Fremdkapital zur Verfügung stellt.[65] Die der Gesellschaft zur Verfügung gestellten finanzi-

---

[60] *Schulze zur Wiesche* GmbHR 2012, 785.
[61] zB BFH v. 14.1.2010, BFH/NV 2010, 1096.
[62] BFH v. 3.3.1998, BStBl. II 383.
[63] BFH v. 31.8.2006, BFH/NV 2006 2257.
[64] zB BFH v. 25.11.2009, BStBl. II 2010 471; BFH v. 16.12.2009, BFH/NV 2010, 1208.
[65] BFH v. 19.1.1993, BStBl. II, 594; *Hollatz* DStR 1994, 1673; *Bordewin* DStR 1994, 673.

§ 5 *Gewinnermittlung bei der GmbH & Co. KG*

ellen Mittel werden immer als steuerliches Betriebsvermögen qualifiziert. Auswirkungen können sich allerdings hinsichtlich des Verlustausgleichspotentials gem. § 15a EStG ergeben.

In diesem Zusammenhang ist von Bedeutung, dass nach gängiger Vertragspraxis im Gesellschaftsvertrag einer GmbH & Co. KG verschiedene Gesellschafter- bzw. Kapitalkonten genannt werden (zB Kapitalkonto I, II, III usw), die je nach Ausgestaltung der Satzung gesellschaftsrechtlich den Charakter von Eigenkapital bzw. von Forderungen/Verbindlichkeiten haben. Eine zutreffende Zuordnung als Kapital bzw. als Forderung/Verbindlichkeit ist weniger wegen der grundsätzlichen Qualifikation als Betriebsvermögen als vielmehr für die Ermittlung des **Verlustausgleichsvolumens** gemäß **§ 15a EStG** von Bedeutung (→ § 7 Rn. 12ff.). Nach § 15a EStG kann der anteilige Verlust einer GmbH & Co. KG nur so weit dem Kommanditisten als ausgleichsfähiger Verlust zugerechnet werden, als dieser der Gesellschaft Eigenkapital zur Verfügung gestellt hat. Insofern kann die jeweilige Zuordnung der Gesellschafterkonten eine erhebliche materielle Bedeutung haben.

Es stellt sich die Frage, ob in der Sonderbilanz mit steuerlicher Wirkung **61** eine **Wertberichtigung der Darlehensforderung** vorgenommen werden kann, falls dies beispielsweise wegen einer Krisensituation der Personengesellschaft sachlich geboten ist. Eine mögliche Abschreibung der Forderung hätte in diesem Fall für den Gesellschafter wegen der damit verbundenen Verlustverrechnungsmöglichkeit mit anderen Einkünften uU eine erhebliche Liquiditätsentlastung zur Folge. Im Verhältnis von Sonderbetriebsvermögen und Gesamthandsbilanz gilt nach herrschender Auffassung das Korrespondenzprinzip.[66] Eine Forderung des Gesellschafters gegenüber der Kommanditgesellschaft wird in der Sonderbilanz danach in der gleichen Höhe ausgewiesen wie die entsprechende Verbindlichkeit in der Gesamthandsbilanz, auch wenn nach allgemeinen Bilanzierungsregeln eine Abwertung geboten wäre.[67] Eine gewinnmindernde Teilwertabschreibung der entsprechenden Forderung soll deshalb nicht möglich sein.[68] Als Grund für diese restriktive Auffassung wird genannt, dass der Gesellschafter über die einheitliche und gesonderte Gewinnfeststellung die Verluste der Personengesellschaft unmittelbar zugewiesen bekommt. Dies ist allerdings nur bedingt richtig, da § 15a EStG dies nur insoweit zulässt, als Eigenkapital der Gesellschaft zur Verfügung gestellt worden ist. Die in der Sonderbilanz auszuweisende Darlehensforderung des Gesellschafters erfüllt diese Kriterien gerade nicht.

In der Literatur werden unterschiedliche Rechtsauffassungen über die **62** Möglichkeit der Wertberichtigung einer Darlehensforderung eines Gesellschafters gegenüber der Personengesellschaft diskutiert.[69] Ein einheitlicher Trend lässt sich hierbei noch nicht feststellen. Aus der Entwicklung der Rechtsprechung zur Besteuerungskonzeption der Personengesellschaft lässt

---

[66] BFH v. 12.12.1995, BStBl. II 1996, 219.
[67] Schmidt/*Wacker* § 15 Rn. 404; Kirchhof/*Reiß* § 15 EStG Rn. 313.
[68] BFH v. 12.12.1996, BStBl. II 1998, 180.
[69] *Thiel* StuW 1984, 108; Schmidt/*Wacker* § 15 EStG Rn. 546; Kirchhof/*Reiß* § 15 EStG Rn. 313; *Groh* StuW 1995, 388; *Weber-Grellet* BB 1995, 243.

2. Kapitel. Besteuerungskonzeption der GmbH & Co. KG

sich jedoch eine **Tendenz der Verselbständigung der Personengesellschaft** mit einer gegenüber der Vergangenheit klareren Berücksichtigung der gesellschaftsrechtlichen Grundlagen erkennen. Dies kann uE auch in der hier diskutierten Fragestellung nicht unberücksichtigt bleiben. Handelt es sich bei dem fraglichen Gesellschafterkonto nicht um Eigenkapital, sondern um Fremdkapital, muss innerhalb der zweiten Gewinnermittlungsstufe der Personengesellschaft eine **Abwertung der Forderung** auch mit steuerlicher Wirkung möglich sein, wenn dies wirtschaftlich geboten ist. Eine andere Lösung würde für den Gesellschafter ein unbilliges Ergebnis bedeuten, da im Regelfall bei einer Krise der Gesellschaft kein ausreichendes Eigenkapital im Sinne des § 15a EStG zur Verfügung steht, die Verluste der Gesellschaft also nicht ausgleichsfähig sind. Auch der Hinweis einer später möglichen Verlustverrechnung, spätestens zum Zeitpunkt der Liquidation der Gesellschaft, geht ins Leere, da bis zu diesem Zeitpunkt noch ein langer Zeitraum verstreichen kann.

63 Verzichtet ein Gesellschafter auf eine Darlehensforderung gegenüber der Gesellschaft, ist dieser Vorgang im Regelfall gesellschaftsrechtlich veranlasst und gestaltet sich insgesamt erfolgsneutral.[70] Hat der Darlehensverzicht dagegen eine eigenbetriebliche Ursache für den Gesellschafter, sollen die zum Darlehensverzicht bei Kapitalgesellschaften[71] entwickelten Grundsätze zur Anwendung kommen, dh auf Ebene der Gesellschaft soll ein steuerpflichtiger Ertrag in Höhe des nichtwerthaltigen Teils der Forderung entstehen. In Höhe des werthaltigen Teils der Forderung soll eine erfolgsneutrale Einlage bestehen.[72] Diese Behandlung überzeugt dann nicht, wenn eine erfolgswirksame Abwertung einer Forderung in der Sonderbilanz nicht für zulässig erachtet wird. Solange zwischen Gesamthands- und Sonderbilanz das Korrespondenzprinzip gilt, kann bei einem Darlehensverzicht eines Gesellschafters nicht zwischen dem werthaltigen und nicht werthaltigen Teil der Forderung unterschieden werden.

64 **Forderungen der Gesellschaft** an den Gesellschafter[73] sind dagegen **nicht zwingend negatives Sonderbetriebsvermögen** des Gesellschafters. Eine Qualifikation als Sonderbetriebsvermögen kommt nur dann in Betracht, wenn die Forderung der Gesellschaft durch deren Belange verursacht ist, wie zB eine Entnahme zur Deckung von Sonderbetriebsausgaben.[74] Ist die Forderung dagegen durch Entnahmen des Gesellschafters für **private Zwecke** entstanden, wie zB Entnahmen zur Finanzierung einer privaten Immobilieninvestition, Entnahmen für Einkommensteuerzahlungen usw, kommt eine Qualifikation als (negatives) Sonderbetriebsvermögen **nicht** in Betracht. Sollte die Forderung der Gesellschaft an den Gesellschafter uneinbringlich werden, mindert dieser (handelsrechtliche) Aufwand **nicht** die steuerliche Bemessungsgrundlage.[75]

---

[70] Schmidt/*Wacker* § 15 EStG Rn. 550.
[71] BFH v. 9.6.1997, BStBl. II 1998, 307.
[72] *Pyszka* BB 1998, 1557; aA *Ley* KÖSDI 2002, 13464.
[73] OFD Münster v. 18.2.1994, DStR 1994, 582.
[74] *Ley* KÖSDI 2002, 13466.
[75] BFH v. 9.5.1996, GmbHR 1996, 792.

§ 5 Gewinnermittlung bei der GmbH & Co. KG

Wird von der Gesellschaft ein Darlehen hinsichtlich Verzinsung, Sicherheitengestellung, Tilgung usw zu fremdüblichen Bedingungen an den Gesellschafter ausgereicht, ist dieses betrieblich veranlasst. Die Zinsen sind Betriebseinnahmen der Gesellschaft[76] und gelten uU als Sonderbetriebsausgaben des Gesellschafters. Eine eventuell erforderliche Teilwertabschreibung dieser Forderung ist grundsätzlich auch steuerlich anzuerkennen.[77] Wurde das Darlehen der Gesellschaft allerdings **nicht zu fremdüblichen Konditionen** gewährt, wie zB Darlehen ohne Sicherheit, niedrige Verzinsung usw ist fraglich, ob das Darlehen aus steuerlicher Sicht insgesamt Privatvermögen wird oder ob sich die steuerlichen Konsequenzen lediglich auf eine Korrektur der Differenz zwischen vereinbarten und üblichen Konditionen beschränken.[78] Entscheidend dürfte hierbei eine Gesamtschau der Verhältnisse sein, insbesondere auch die Beachtung der Ursache der Darlehensgewährung. 65

Die von dem Gesellschafter an die Gesellschaft gezahlten **Zinsen** können durch den Gesellschafter nur dann als Sonderbetriebsausgaben geltend gemacht werden, wenn eine betriebliche Veranlassung für das Darlehen besteht. 66

Fraglich ist, ob dies auch dann gilt, wenn die Verzinsung der Gesellschafterkonten im Rahmen der Gewinnverteilung erfolgt, wenn also dem Gesellschafter bei negativen Gesellschafterkonten vorab Zinsen belastet werden. Die Minderung des Gewinnanteils hat keinen anderen Effekt als wenn die betreffenden Zinsen erfolgswirksam in der Gewinn- und Verlustrechnung erfasst werden. Unseres Erachtens besteht kein Unterschied darin, ob die Schuldzinsen auf der Grundlage der Gewinnverteilung oder auf der Grundlage eines Darlehensvertrages berechnet werden.[79] Es muss also auf die **Ursache des negativen Gesellschafterkontos** abgestellt werden. Ist das negative Gesellschafterkonto durch private Zwecke des Gesellschafters verursacht, sind auch die Zinsen privat veranlasst und können steuerlich nicht geltend gemacht werden. Ist der negative Stand des Gesellschafterkontos durch die Gesellschaft verursacht, steht einer Qualifikation als Sonderbetriebsausgaben nichts entgegen. Auf Ebene der Gesellschaft kann sich allerdings eine Korrektur des steuerlichen Betriebsausgabenabzugs aus § 4 Abs. 4a EStG ergeben. 67

b) Verpachtung eines Vermögensgegenstandes. Bei der Verpachtung eines Vermögensgegenstandes kann es sich um ein Grundstück mit Gebäude[80] um die Überlassung von beweglichen Wirtschaftsgütern, wie zB einer Maschine, einer Produktionsanlage usw sowie um die Überlassung eines immateriellen Vermögensgegenstandes, wie zB einer Lizenz,[81] handeln. Dieser Vermögensgegenstand sowie die damit im Zusammenhang stehenden Verbindlichkeiten werden als Sonderbetriebsvermögen I in der Sonderbilanz des Gesellschafters ausgewiesen.[82] Die erfolgswirksamen Geschäftsvorfälle 68

---

[76] *Ley* KÖSDI 2002, 13467.
[77] BFH v. 28.10.1999, BStBl. II 2000, 390.
[78] *Ley* KÖSDI 2002, 13468 mwN.
[79] Ähnlich BFH v. 4.5.2000, BStBl. II 2001, 171, für den Fall des negativen Gesellschaftskapitals.
[80] BFH v. 11.3.1992, BStBl. II, 797.
[81] BFH v. 5.4.1979, BStBl. II 554.
[82] Blümich/*Bode* § 15 EStG Rn. 527.

führen zu **Sonderbetriebseinnahmen** bzw. **Sonderbetriebsausgaben** des Gesellschafters.

69 Steht das vermietete Wirtschaftsgut **nicht** im Alleineigentum des Gesellschafters, stellt sich die Frage, welchen Einfluss dies auf den steuerlichen Status des betreffenden Vermögensgegenstandht. In diesem Fall wird in der Sonderbilanz des Gesellschafters nicht das betreffende Wirtschaftsgut, sondern lediglich der **Miteigentumsanteil** an dem Vermögensgegenstand ausgewiesen. Sind die anderen Miteigentümer keine Gesellschafter der Personengesellschaft, handelt es sich bei den weiteren Miteigentumsanteilen an dem betreffenden Vermögensgegenstand um Privatvermögen.[83]

70 Denkbar ist, dass im Rahmen der Verpachtung von Vermögensgegenständen an die GmbH & Co. KG eine so genannte **mitunternehmerische Betriebsaufspaltung** entsteht. Dies ist dann der Fall, wenn der oder die Gesellschafter der Besitzgesellschaft ihren Willen in der Betriebsgesellschaft durchsetzen können **(persönliche Voraussetzung)**. Voraussetzung für eine mitunternehmerische Betriebsaufspaltung ist weiterhin, dass durch die Besitzgesellschaft eine wesentliche Betriebsgrundlage an die Betriebsgesellschaft zur Nutzung überlassen wird **(sachliche Voraussetzung)**. Dies hat zur Folge, dass die Besitzgesellschaft als gewerbliches Unternehmen qualifiziert wird. Die zur Nutzung überlassenen Vermögensgegenstände werden entgegen § 15 Abs. 1 Nr. 2 EStG nicht dem Sonderbetriebsvermögen der nutzenden Personengesellschaft, sondern dem **Betriebsvermögen der Verpachtungsgesellschaft** zugerechnet,[84] da die Nutzungsüberlassung nicht durch den Gesellschafter selbst, sondern durch eine Personengesellschaft erfolgt, an der er lediglich beteiligt ist. Mit der Qualifikation als mitunternehmerische Betriebsaufspaltung wird die Besitzgesellschaft als Gewerbebetrieb fingiert, auch wenn es sich lediglich um eine Verpachtungstätigkeit handelt. Materiell bedeutsam ist dies insbesondere für die Gesellschafter der Besitzgesellschaft, die nicht gleichzeitig an der Betriebsgesellschaft beteiligt sind. Insoweit entsteht durch das Vorliegen einer mitunternehmerischen Betriebsaufspaltung auch für diese Gesellschafter eine gewerbliche Beteiligung, mit allen sich hieraus ergebenden Konsequenzen, wie zB Qualifikation als Einkünfte aus Gewerbebetrieb[85] und der steuerlichen Erfassung von Wertänderungen der Vermögensgegenstände. Es ergeben sich weiterhin unterschiedliche Konsequenzen im Bereich der Gewerbesteuer vom Ertrag, da mit der Besitzgesellschaft nunmehr ein eigenständiges Gewerbesteuersubjekt entsteht.

71 **c) Geschäftsführervergütungen.** Der Komplementär einer Kommanditgesellschaft ist zur **Führung der Geschäfte** befugt. Bei einer GmbH & Co. KG kommt diese Funktion der Komplementär-GmbH zu. Der Geschäftsführer einer GmbH & Co. KG ist deshalb regelmäßig zum Geschäftsführer der Komplementär-GmbH bestellt. Er muss nicht notwendigerweise auch Kommanditist bei der Kommanditgesellschaft oder auch Gesellschafter

---

[83] ZB Blümich/*Bode* EStG § 15 Rn. 459.
[84] BFH v. 16.6.1994, BStBl. II 1996, 82; *Söffing* DB 1995, 1582; *Rose* FR 1995, 763; aA *Gosch* StBp 1995, 213; BMF v. 18.1.1996, BStBl. I 1996, 86.
[85] Blümich/*Bode* EStG § 15 Rn. 635.

§ 5 Gewinnermittlung bei der GmbH & Co. KG

der Komplementär-GmbH sein. Die steuerliche Behandlung der Geschäftsführerbezüge auf der Ebene der Gesellschaft sowie auf der Ebene des Geschäftsführers ist davon abhängig, ob er Kommanditist der Kommanditgesellschaft und/oder Gesellschafter der Komplementär-GmbH ist.

Im Gesellschaftsvertrag der Kommanditgesellschaft ist für die Komplementärgesellschaft regelmäßig **ein Anspruch auf Ersatz von Aufwendungen** verankert, die im Zusammenhang mit der Geschäftsführung entstehen. Dieser Aufwendungsersatzanspruch umfasst auch das Entgelt für den oder die Geschäftsführer. In der Praxis werden Geschäftsführerbezüge oftmals unmittelbar durch die Kommanditgesellschaft gezahlt, unabhängig davon, ob es sich um einen Fremdgeschäftsführer oder um einen Gesellschafter-Geschäftsführer handelt. Die Vergütungen an den Geschäftsführer werden hierbei unmittelbar in der Gewinn- und Verlustrechnung der Kommanditgesellschaft als Personalkosten ausgewiesen. Besteht das Anstellungsverhältnis mit der Komplementär-GmbH, ist es jedoch sachgerecht, das Gehalt des Geschäftsführers in den Aufwendungsersatzanspruch der Komplementär-GmbH einzubeziehen. Dieser Aufwendungsersatzanspruch bildet auf der Ebene der Kommanditgesellschaft für die Komplementär-GmbH eine **Sondervergütung** gemäß § 15 Abs. 1 Nr. 2 EStG, die im Rahmen der einheitlichen und gesonderten Gewinnfeststellung der Kommanditgesellschaft zu erfassen ist. Die Komplementär-GmbH trägt ihrerseits unmittelbar Aufwendungen in Form des Geschäftsführergehaltes, um die Geschäftsführertätigkeit erfüllen zu können. Diese Aufwendungen bilden für die Komplementär-Gesellschaft **Sonderbetriebsausgaben**, die den hinzugerechneten Sonderbetriebseinnahmen (Aufwendungsersatzanspruch) gegenüberstehen.[86]

72

Bei personenbezogenen Gesellschaften ist zum **Geschäftsführer** der Komplementär-GmbH im Regelfall ein Gesellschafter bestellt. Vergütungen für die Geschäftsführertätigkeit bilden zunächst Betriebsausgaben bei der GmbH & Co. KG, werden jedoch im Rahmen der zweiten Gewinnermittlungsstufe als Sondervergütungen nach § 15 Abs. 1 Nr. 2 EStG dem Gewinn der Gesellschaft wieder hinzugerechnet.[87] Die Hinzurechnung zum steuerlichen Gewinn der Gesellschaft erfolgt unabhängig davon, ob das **Anstellungsverhältnis** des Gesellschafters mit der Kommanditgesellschaft oder mit der Komplementär-GmbH besteht.[88] Üblicherweise erfolgt die Hinzurechnung der Geschäftsführerbezüge im Rahmen der einheitlichen und gesonderten Gewinnfeststellung der Kommanditgesellschaft unmittelbar zu dem Gesellschafter-Geschäftsführer, ohne für die Komplementär-GmbH Sonderbetriebseinnahmen einerseits und Sonderbetriebsausgaben andererseits in Höhe der Geschäftsführerbezüge zu erfassen. Diese vereinfachte Methode führt trotz der abgekürzten Darstellung zu einem zutreffenden Ergebnis.

73

Durch die Hinzurechnung der Geschäftsführervergütung wird diese Bestandteil des steuerlichen Gewinns der Kommanditgesellschaft und erhöht die Bemessungsgrundlage für die **Gewerbesteuer.** Dementsprechend führt der Einbezug der Geschäftsführervergütungen in den steuerlichen Gewinn

74

---

[86] BFH v. 13.7.1993, BStBl. II 1994, 282.
[87] BFH v. 24.1.1980, BStBl. II 271; BFH v. 23.4.1996, BStBl. II 515.
[88] Blümich/*Bode* § 15 EStG Rn. 518; Schmidt/*Wacker* § 15 EStG Rn. 582.

der GmbH & Co. KG zu **einer Umqualifikation der Einkünfte** aus Gewerbebetrieb auf der Ebene des Gesellschafter-Geschäftsführers. Diese gewerblichen Einkünfte berechtigen grundsätzlich zu der pauschalen Anrechnung der Gewerbesteuer auf die persönliche Einkommensteuerschuld (→ § 6 Rn. 8).

75 Ist der Geschäftsführer der Komplementär-GmbH nicht gleichzeitig Kommanditist, wird das Geschäftsführergehalt dem steuerlichen Gewinn der Kommanditgesellschaft **nicht** hinzugerechnet. Eine Ausnahme von dieser generellen Aussage kann sich allerdings dann ergeben, wenn die Vertragsgestaltungen mit dem Geschäftsführer der Komplementär-GmbH insgesamt untypisch sind. Gerade bei Familien-GmbH & Co. KGs finden sich teilweise **untypische Vertragsgestaltungen**, bei der der Geschäftsführer des Unternehmens zwar nicht gleichzeitig Kommanditist bei der GmbH & Co. KG ist, jedoch zu einem Großteil persönlich am wirtschaftlichen Erfolg des Unternehmens partizipiert. Überschreitet die Vertragskonzeption in ihrer Gesamtheit hinsichtlich der Erfolgsbeteiligung und den unternehmerischen Entscheidungsmöglichkeiten die Grenze der Üblichkeit, kann sich hier unter Umständen eine **faktische Mitunternehmerschaft** ergeben (→ § 4 Rn. 24),[89] mit der Konsequenz, dass der Geschäftsführer als Mitunternehmer bei der Kommanditgesellschaft zu behandeln ist. Dies ist jedoch eher als Sonderfall zu sehen.

76 **d) Pensionszusagen an Geschäftsführer.** Nicht selten erhält der Geschäftsführer einer GmbH & Co. KG neben laufenden Bezügen auch eine Pensionszusage. Die Pensionszusage ist idR Ausfluss des Anstellungsvertrages, wird also von dem Dienstherrn, der Komplementär-GmbH, erteilt. Es ist deshalb sachgerecht wenn der Pensionsverpflichtete, nämlich die Komplementär-GmbH, auch die Pensionsverpflichtung in ihrer Bilanz ausweist. Für die Dotierung der Pensionszusage gelten im Grundsatz die gleichen Regeln wie für laufende Geschäftsführerbezüge. Sind die Vorgaben des § 6a EStG eingehalten (Schriftform, Angemessenheit), kann die Pensionsrückstellung bei der Komplementär-GmbH auch mit steuerlicher Wirkung gebildet werden. Dies gilt zumindest dann, wenn die Pensionszusage an einen Fremdgeschäftsführer gegeben wird.

77 Für die Bewertung der Gewinnverpflichtungen in der Steuerbilanz gilt § 6a EStG mit den dort vorgegebenen Parametern. In der Handelsbilanz erfolgt die Bewertung auf der Grundlage des § 249 HGB. Es ergibt sich hieraus zwangsläufig eine **Wertabweichung zwischen Handels- und Steuerbilanz**.

78 Während der **Ansparzeit** führt die Pensionszusage für den Pensionsverpflichteten lediglich zu Aufwendungen, nicht jedoch zu Auszahlungen. Über den Aufwendungsersatzanspruch erhält die Komplementär-GmbH die jeweiligen Zuführungsbeträge zur Pensionsrückstellung von der Kommanditgesellschaft erstattet, ohne dass dem Auszahlungen für Pensionen gegenüberstehen. Dies führt zwangsläufig dazu, dass sich bei der Komplementär-GmbH entweder ein Liquiditätsbestand ansammelt oder dass sich eine Forderung in

---

[89] BFH v. 21.9.1995, BStBl. II 1996, 66.

§ 5 Gewinnermittlung bei der GmbH & Co. KG

Höhe der Pensionsverpflichtung gegenüber der Kommanditgesellschaft aufbaut. Die steuerliche Abzugsfähigkeit der Zuführungsbeträge zur Pensionsrückstellung ist von der gesellschaftsrechtlichen Stellung des Geschäftsführers abhängig. Ist der **Geschäftsführer** gleichzeitig **Kommanditist** bei der Kommanditgesellschaft, werden die Zuführungsbeträge zur Pensionsrückstellung in der zweiten Gewinnermittlungsstufe dem steuerlichen Ergebnis der Kommanditgesellschaft hinzugerechnet.[90]

79

Die steuerliche Nichtabzugsfähigkeit der Pensionsrückstellung an den Gesellschafter-Geschäftsführer einer GmbH & Co. KG kann methodisch über zwei Wege erfolgen. Die ältere Auffassung ging davon aus, dass der **Zuführungsbetrag** zur Pensionsrückstellung **dem Gewinn der Personengesellschaft** außerbilanziell schlicht wieder **hinzugerechnet** wird, so dass sich der steuerliche Gewinn insgesamt erhöht. Der Zuführungsbetrag wird damit durch alle Gesellschafter der Personengesellschaft entsprechend ihrem Gewinnverteilungsschlüssel getragen.[91] Zum Zeitpunkt der Pensionszahlung erhält der Geschäftsführer die Pension als Sondervergütung, die den steuerlichen Gewinnanteil der übrigen Gesellschafter wiederum mindert, so dass sich insgesamt nach Ablauf der Pensionszahlung ein Ausgleich ergibt. Während der Ansparzeit der Pensionsrückstellung ergibt sich bei dieser Betrachtungsweise jedoch eine unterschiedliche Steuerbelastung der Gesellschafter, so dass ein Ausgleich dieser latenten Steuerbelastung in Betracht kommt.[92]

80

Eine andere Betrachtungsweise[93] geht davon aus, dass die Pensionszusage im Rahmen der ersten Gewinnermittlungsstufe zunächst anerkannt wird, sich für die Personengesellschaft also ein Aufwand ergibt. Ist der Pensionsberechtigte gleichzeitig Gesellschafter der Kommanditgesellschaft, wird der Zuführungsbetrag zur Pensionsrückstellung steuerlich dadurch neutralisiert, dass der Pensionsberechtigte den Pensionsanspruch **korrespondierend** in einer **Sonderbilanz** aktiviert.[94] Sachgerecht ist dabei, dass der Aktivierungsbetrag dem nach § 6a EStG ermittelten Wert aus der Steuerbilanz entspricht. Der Pensionsberechtigte erhält also den Zuführungsbetrag auch für steuerliche Zwecke unmittelbar zugerechnet.[95] Ab dem Zeitpunkt des Pensionseintritts führen die Pensionszahlungen nicht in voller Höhe zu Sondervergütungen im Sinne des § 15 Abs. 1 Nr. 2 EStG. Der aktive Wertansatz in der Sonderbilanz wird vielmehr entsprechend den versicherungsmathematischen Grundsätzen aufgelöst, so dass der Pensionsempfänger nur den Differenzbetrag als Sondervergütung nach § 15 Abs. 1 Nr. 2 EStG zu versteuern hat.

81

---

[90] BMF v. 16.7.1986, BStBl. I 359.
[91] BFH v. 16.2.1967, BStBl. III 222; BFH v. 21.12.1972, BStBl. II 1973, 298; wohl auch BFH v. 2.12.1997, DStR 1998, 520, jedoch Differenz zwischen Leitsatz und Urteilsgründen.
[92] *Autenrieth* NWB 4/1999, 1.
[93] BFH v. 14.12.1988, BStBl. II 1989, 323; *Heubeck/Schmanck* BB 1991, 1903; *Gosch* BetrAV 1994, 269.
[94] BFH v. 16.12.1992, BStBl. II 1993, 792.
[95] Blümich/*Bode* § 15 Rn. 521; Schmidt/*Wacker* § 15 EStG Rn. 586; *Bordewin* FR 1990, 526.

2. Kapitel. Besteuerungskonzeption der GmbH & Co. KG

Beispiel: Der Gesellschafter-Geschäftsführer einer GmbH & Co. KG hat einen Pensionsanspruch. Der Teilwert der Pensionszusage beträgt zu Beginn der Pension 1.000 T-EUR. Die jährliche Pensionszahlung beträgt 100 T-EUR. Der Teilwert der Pensionsverpflichtung beträgt nach dem ersten Jahr der Pensionszahlung 920 T-EUR.

82 Der Beispielsfall lässt sich vereinfacht wie folgt darstellen:

Phase I: Ansparzeit (in T-EUR)

Sonderbilanz		Sondergewinn- und Verlustrechnung	
Pensionsanspruch 1.000		Gewinn (insgesamt) 1.000	Erhöhung Pensionsanspruch 1.000

Phase II: Pensionszahlungen

Sonderbilanz		Sondergewinn- und Verlustrechnung	
Pensionsanspruch 1.000	Minderung Pensionsanspruch 80	Minderung Pensionsanspruch 80 Gewinn 20	Pensionszahlung 100

83 Die Darstellung zeigt, dass der Pensionsempfänger in der Ansparzeit Sondervergütungen in Höhe von insgesamt 1.000 T-EUR zugewiesen bekommt. Mit dem Pensionseintritt erhält er eine jährliche Pension von 100 T-EUR, wohingegen im Beispielsfall lediglich steuerpflichtige Einkünfte von 20 T-EUR entstehen. Dies liegt daran, dass der Pensionsanspruch in der Ansparzeit durch den Pensionsberechtigten bereits versteuert worden ist.[96] Die Minderung des Pensionsanspruchs, ermittelt nach versicherungsmathematischen Grundsätzen, kürzt den steuerpflichtigen Ertrag des Mitunternehmers/Pensionärs.

84 Die als zweite Alternative dargestellte Methodik führt zu einem sachgerechten Ergebnis, das in Übereinstimmung mit den allgemeinen Grundsätzen der Gewinnermittlung bei Mitunternehmerschaften steht. Es ist mit den Grundsätzen der zweistufigen Gewinnermittlung nicht vereinbar, dass der Zuführungsbetrag für eine Pensionszusage an einen Mitgesellschafter gleichbehandelt wird wie eine nichtabzugsfähige Betriebsausgabe. Da der Pensionsanspruch direkt einem Gesellschafter zugerechnet werden kann, ist es auch systematisch sachgerecht, dass der betreffende Gesellschafter diesen Anspruch an die Gesellschaft im Rahmen einer Sonderbilanz erfasst. Dies führt wiederum zwangsläufig zu einer direkten Zuordnung des Erhöhungsbetrages für den betreffenden Gesellschafter als Sondervergütung nach § 15 Abs. 1 Nr. 2 EStG.

85 Wird ein **Angestellter** der Personengesellschaft zum Mitunternehmer, kann eine bis zu diesem Zeitpunkt gebildete **Pensionsrückstellung** auch mit steuerlicher Wirkung **weitergeführt** werden.[97] In der Sonderbilanz des Gesellschafters sind lediglich diejenigen Zuführungsbeträge zur Pensionsrückstellung zu erfassen, die ab dem Zeitpunkt seiner Mitunternehmerstellung entstehen. Da die Berechnung der Pensionsrückstellung nach versiche-

---

[96] *Heubeck/Schmanck* BB 1991, 1903; *Engelhardt* BB 1990, 882.
[97] *Blümich/Bode* § 15 EStG Rn. 521.

§ 5 *Gewinnermittlung bei der GmbH & Co. KG*

rungsmathematischen Grundsätzen erfolgt, ist in der Pensionsrückstellung eine Abzinsung des künftigen Rentenbarwertes erfasst. Dieser anteilige Zinsbetrag auf die Pensionsrückstellung zum Zeitpunkt des Eintritts in die Mitunternehmerschaft ist auch mit steuerlicher Wirkung in den späteren Jahren erhöhend bei der Pensionsrückstellung zu berücksichtigen. In der Sonderbilanz des Mitunternehmers sind also nur diejenigen Zuführungsbeträge zu erfassen, die um den Zinseffekt bereinigt sind.[98]

e) Aufwendungsersatzanspruch der Komplementär-GmbH. Im Gesellschaftsvertrag der GmbH & Co. KG ist für die Komplementär-GmbH üblicherweise ein **Aufwendungsersatzanspruch** verankert. Die Komplementär-GmbH hat hiernach Anspruch auf Ersatz aller ihrer Aufwendung, soweit diese durch die Geschäftsführung für die KG entstanden sind. Diese Aufwendungen, insbesondere die Vergütungen für den Geschäftsführer der Komplementär-GmbH, bilden auf der Ebene der Kommanditgesellschaft für die Komplementär-GmbH eine Sondervergütung nach § 15 Abs. 1 Nr. 2 EStG. Durch die höchstrichterliche Rechtsprechung wird in diesem Zusammenhang differenziert, ob die Komplementär-GmbH aufgrund des Gesellschaftsvertrages zur Geschäftsführung verpflichtet ist oder nicht. Ergibt sich die Verpflichtung zur Geschäftsführung aus dem Gesellschaftsvertrag soll der Aufwendungsersatz einen Vorabgewinn darstellen.[99] Nur dann, wenn im Gesellschaftsvertrag keine entsprechende Verpflichtung verankert ist, soll es sich um Sondervergütungen nach § 15 Abs. 1 Nr. 2 EStG handeln. Die eigenen Aufwendungen der Komplementär-GmbH bilden unabhängig davon Sonderbetriebsausgaben und mindern somit insgesamt das steuerliche Ergebnis, wenn diese Aufwendungen, zB das Geschäftsführergehalt, an einen Nichtgesellschafter gezahlt werden.[100] 86

Aufwendungen der Komplementär-GmbH mindern allerdings nur insoweit den steuerlichen Gewinn der Kommanditgesellschaft, als diese unmittelbar mit der Geschäftsführung in Verbindung stehen.[101] Dies gilt nicht schlechthin für alle Aufwendungen der Komplementär-GmbH. Die originären Aufwendungen der Gesellschaft, etwa persönliche Steuern (zB Körperschaftsteuer) sowie sonstige Kosten (zB Kosten der Erstellung/Prüfung des Jahresabschlusses sowie der Erstellung der Steuererklärungen) sind nicht Bestandteil des Aufwendungsersatzanspruches und können damit nicht durch die Kommanditgesellschaft getragen werden. 87

Eine besondere Problematik stellt sich dann, wenn für die GmbH & Co. KG ein **Beirat** bestellt ist. Nicht selten ist dieser Beirat ausschließlich im Gesellschaftsvertrag der Komplementär-GmbH installiert und nicht auch bei der Kommanditgesellschaft. Ist der Beirat der aktienrechtlichen Stellung des Aufsichtsrates nachgebildet, obliegt diesem die Kontrolle und Überwachung der Geschäftsführung. In diesem Fall sind die Kosten des Beirates möglicherweise nicht den durch die Geschäftsführung verursachten Aufwendungen zuzuordnen, so dass im Grunde insoweit für die Komplementärgesellschaft 88

---

[98] BMF v. 20.12.1977, BStBl. I 1978, 8 Rn. 85 (zu Pensionsrückstellungen).
[99] BFH v. 13.7.1993, BStBl. II 1994, 282.
[100] Schmidt/*Wacker* § 15 EStG Rn. 713.
[101] OV DStR 1996, 14.

kein Aufwendungsersatzanspruch besteht.[102] Trägt die Kommanditgesellschaft trotzdem die entsprechenden Aufwendungen, können diese grundsätzlich nicht den steuerlichen Gewinn der Kommanditgesellschaft mindern.

89 Auf der Ebene der Komplementär-GmbH besteht die Problematik, dass die Beiratskosten uU unter das Abzugsverbot des § 10 Nr. 4 KStG für die hälftigen Beirats- und Aufsichtsratskosten fallen, sofern der Beirat die Funktion der Überwachung der Geschäftsführung innehat.[103] In diesem Fall mindern die betreffenden Aufwendungen lediglich zur Hälfte den steuerlichen Gewinn der Komplementärgesellschaft. Zur Vermeidung dieser steuerlichen Nachteile sollte in jedem Fall darauf geachtet werden, dass ein Beirat der GmbH & Co. KG zumindest auch im Gesellschaftsvertrag der Kommanditgesellschaft verankert wird, so dass sich insoweit bereits eine Berechtigung zur steuerlichen Abzugsfähigkeit entsprechender Aufwendungen ergibt.

IV. Übertragung von Wirtschaftsgütern zwischen Gesellschaft und Gesellschafter

90 Die steuerrechtlichen Grundlagen für die Übertragung von Wirtschaftsgütern zwischen einer Personengesellschaft und ihrem Gesellschafter ist in den vergangenen Jahren mehrfach grundlegend geändert worden. Ursprünglich richteten sich die Grundsätze für die Übertragung von Wirtschaftsgütern zwischen Gesellschaft und Gesellschaftern nach dem sog Mitunternehmererlass.[104] Der Mitunternehmererlass ist durch eine Änderung der §§ 6 Abs. 5 bzw. 16 Abs. 3 EStG zum Steuerentlastungsgesetz 1999/2000/200 f. aktisch abgeschafft worden. Kurz danach sollte die ursprünglich bestehende Rechtslage durch das Steuersenkungsgesetz ab dem Jahr 2000 wieder eingeführt werden, auch wiederum durch eine grundlegende Änderung der §§ 6 Abs. 5 bzw. 16 Abs. 3 EStG.[105]

91 Die noch immer bestehenden Zweifelsfragen sollten schließlich durch das Unternehmenssteuerfortentwicklungsgesetz ab dem Jahr 2002 beseitigt werden. Diese zahlreichen Änderungen bewirkten, dass bei der Beurteilung der Übertragung von Wirtschaftsgütern in und aus Mitunternehmerschaften folgende zeitliche Phasen unterschieden werden müssen:
– Bis 1998: Mitunternehmererlass
– 1999/2000: Steuerentlastungsgesetz 1999/2000/2002
– 2001: Steuersenkungsgesetz
– Ab 2002: Unternehmenssteuerfortentwicklungsgesetz (UntStFG).

92 Die folgenden Ausführungen beziehen sich grundsätzlich auf die Rechtslage, wie sie sich nach dem UntStFG ab dem Jahr 2002 ergibt.

---

[102] FG Niedersachsen v. 17.4.1973, EFG 1973, 512.
[103] DPPM/*Graffe* § 10 KStG Rn. 63 f.; *Streck* § 10 KStG Rn. 31.
[104] BMF v. 20.12.1977, BStBl. I 1978, 8.
[105] Zu den bestehenden Zweifelsfragen *Düll/Fuhrmann/Eberhard* DStR 2000, 1713; *van Lishaut* DB 2000, 1784; *Brandenberg* FR 2000, 1182.

1. Zivilrechtliche Grundlagen für die Übertragung von Wirtschaftsgütern zwischen Gesellschaft und Gesellschafter

Eine **Mitunternehmerschaft ist aus steuerlicher Sicht grundsätzlich transparent,** so dass keine strikte Trennung zwischen der Sphäre der Gesellschaft von der Sphäre des Gesellschafters besteht. Ausdruck dieser Transparenz ist beispielsweise das Vorhandensein von sog Sonderbetriebsvermögen. Bei der Übertragung von Wirtschaftsgütern zwischen Gesellschaft und Gesellschafter muss dennoch danach unterschieden werden, ob ein Rechtsträgerwechsel vorliegt oder lediglich ein Wechsel in der steuerlichen Sphäre des Gesellschafters. 93

Um einen Rechtsträgerwechsel handelt es sich beispielweise, wenn ein Wirtschaftsgut aus dem Eigentum eines Mitunternehmers in das Gesamthandsvermögen einer GmbH & Co. KG gelangt. Ein Rechtsträgerwechsel liegt dagegen nicht vor, wenn sich lediglich die steuerliche Sphäre des betreffenden Wirtschaftsgutes verändert, wenn es also von einem Betriebsvermögen eines Steuerpflichtigen in ein anderes (Sonder-)Betriebsvermögen des selben Steuerpflichtigen **überführt** wird. Es handelt sich dann zwar um die Entnahme aus einem Betriebsvermögen und eine gleichzeitige Einlage in ein aufnehmendes Betriebsvermögen, allerdings ohne dass sich der Rechtsträger ändert. Für diesen Fall schreibt § 6 Abs. 5 S. 1 EStG den Buchwertansatz vor, sofern die Besteuerung der stillen Reserven sichergestellt ist[106]. Dabei ist es unerheblich, ob es sich um einen Vermögensgegenstand des Anlage- oder des Umlaufvermögens handelt. Auch die gleichzeitige Übernahme von Verbindlichkeiten ändert nichts an dem Ansatz zu Buchwerten.[107] Da die stillen Reserven in dem betreffenden Wirtschaftsgut bei dem gleichen Steuersubjekt verstrickt sind, ist die Überführung zum Buchwert auch nicht mit einer Sperrfrist behaftet. 94

Wird dagegen ein Wirtschaftsgut aus dem Eigentum eines Mitunternehmers in das Gesamthandsvermögen einer Mitunternehmerschaft übertragen, liegt ein Rechtsträgerwechsel vor. Die steuerlichen Konsequenzen dieses Vorgangs richten sich nicht zuletzt nach deren zivilrechtlichen Grundlagen. Es gibt hierzu folgende Möglichkeiten: 95

- Übertragung gegen Gewährung von Gesellschaftsrechten,
- Unentgeltliche Übertragung sowie
- Verkauf.

Die **Übertragung gegen Gewährung von Gesellschaftsrechten** liegt dann vor, wenn sich als Gegenleistung für die Übertragung des Wirtschaftsgutes in das Gesamthandsvermögen der Personengesellschaft die Gesellschafterrechte des einlegenden Gesellschafters erhöhen. Konkret bedeutet dies, dass die entsprechende Gutschrift auf dem Eigenkapitalkonto (zB Konto I) erfolgt, das die Gesellschaftsrechte repräsentiert.[108] Bei einer atypischen Gestaltung des Gesellschaftsvertrages können sich hierbei durchaus Zweifelsfra- 96

---

[106] vgl. Düll/Seitz StBJb 2011/2012, 109.
[107] BMF v. 8.12.2011, BStBl. I 2011, 1279 Rn. 3.
[108] Düll StbJb 2002/03, 121; BMF v. 26.11.2004, DStR 2005, 26.

gen ergeben, falls beispielsweise der Gewinnverteilungsschlüssel nicht mit dem Verhältnis der Gesellschaftsrechte korrespondiert.[109]

97 Eine **unentgeltliche Übertragung** von Wirtschaftsgütern in das Gesamthandsvermögen zeichnet sich dadurch aus, dass das betreffende Wirtschaftsgut zwar in das Gesamthandsvermögen der Personengesellschaft gelangt, der einlegende Gesellschafter jedoch keine Gegenleistung erhält. Im Eigenkapital der Gesellschaft erfolgt keine Gutschrift auf dem Festkapitalkonto, sondern auf einem sonstigen Eigenkapitalkonto, wie zB in Form einer gesamthänderischen Rücklage. Für Zwecke der Darstellung in der Handelsbilanz ist ein Ausweis als Rücklagekonto gem. § 264c Abs. 2 HGB auch dann möglich, wenn die Rücklagekonten individuell für die einzelnen Gesellschafter geführt werden.[110]

98 Eine **Veräußerung** liegt dann vor, wenn der übertragende Gesellschafter als Gegenleistung einen Geldbetrag oder eine Forderung erhält bzw. sich eine Verbindlichkeit reduziert. Erfolgt als Gegenleistung für die Übertragung eines Wirtschaftsgutes in das Gesamthandsvermögen einer Personengesellschaft eine Gutschrift auf einem Gesellschafterkonto, das als Forderung/Verbindlichkeit anzusehen ist, führt dies zu einem als Geld zu bewertenden Anspruch des Gesellschafters und damit zu einer Qualifikation als entgeltlicher Vorgang, ähnlich einem Verkauf.

99 Werden im Zuge eines Übertragungsvorganges mehrere Gesellschafterkonten angesprochen, kann sich die Beurteilung je nach Fallgestaltung hiernach teilweise als gesellschaftsrechtliche Einlage, teilweise auch als Veräußerung ergeben.

2. Übertragung von Einzelwirtschaftsgütern in das Gesamthandsvermögen

100 a) **Übertragung aus dem Privatvermögen.** Auch bei der Übertragung eines Wirtschaftsgutes aus dem Privatvermögen eines Gesellschafters in das Gesamthandsvermögen einer Personengesellschaft kommt es auf die **zivilrechtlichen Grundlagen des Übertragungsvorgangs** an. Entscheidend für die steuerliche Behandlung ist insbesondere, ob der einlegende Gesellschafter als Gegenleistung für die Einlage weitere Gesellschaftsrechte erhält, ob die Gutschrift auf einem Verrechnungskonto oder auf einem Rücklagekonto erfolgt. Denkbar ist ferner, dass bei einem Einlagevorgang auch **gemischte Vorgänge** stattfinden, dh dass eine Gutschrift teilweise auf einem Kapitalkonto, teilweise auf einem Verrechnungskonto erfolgt. Die Finanzverwaltung hat ihre Auffassung zu den einzelnen Fallgestaltungen in einem umfangreichen BMF-Schreiben zusammengetragen.[111] Damit reagierte sie auf die zwischenzeitlich geänderte Rechtsprechung.[112] In dem BMF-Schreiben werden folgende Fallgestaltungen behandelt:
– Gutschrift auf Kapitalkonto I
– Gutschrift auf variablem Kapitalkonto II

---

[109] IDW v. 25.9.2002, WPg 2002, 1091; *Schulze zur Wiesche* DStZ 2002, 742.
[110] *von Kanitz* WPg 2003, 333; BMF v. 26.11.2004, DStR 2005, 26.
[111] BMF v. 11.7.2011, BStBl. I 713.
[112] BFH v. 24.1.2008, BStBl. II 2011, 617; BFH v. 17.7.2008, BStBl. II 2009, 464.

§ 5 Gewinnermittlung bei der GmbH & Co. KG

– Gutschrift teilweise auf Kapitalkonto I und teilweise auf variablem Kapitalkonto II
– Gutschrift teilweise auf Kapitalkonto I und teilweise auf gesamthänderisch gebundenem Rücklagekonto
– Gutschrift auf gesamthänderisch gebundenen Rücklagekonto.

Die Übertragung eines Einzelwirtschaftsgutes aus dem Privatvermögen eines Gesellschafters in das Gesamthandsvermögen einer Personengesellschaft gegen **Gewährung von Gesellschaftsrechten** (Gutschrift auf Kapitalkonto I) ist grundsätzlich als **tauschähnlicher Vorgang** anzusehen, der wie ein Veräußerungsvorgang behandelt wird, mithin grundsätzlich zu einer Auflösung von stillen Reserven führt.[113] Für den einlegenden Gesellschafter kann dies uU zu einem steuerpflichtigen Veräußerungsgewinn führen, wenn es sich bei dem eingelegten Wirtschaftsgut
– um einen Spekulationsvorgang gem. § 23 EStG
– um eine wesentliche Beteiligung gem. § 17 EStG
handelt. 101

Lediglich dann, wenn die Gutschrift für den Einlagevorgang ausschließlich auf einem **gesamthänderisch gebundenen Rücklagekonto** erfolgt, soll es sich bei dem Einlagevorgang um einen **unentgeltlichen Vorgang** handeln, der nicht zu einer Realisierung von stillen Reserven führt. 102

Ggf. ergibt sich dabei eine Beschränkung des Einlagewertes aus § 6 Abs. 1 Nr. 5 EStG. So kann beispielsweise eine **wesentliche Beteiligung** an einer Kapitalgesellschaft iSd § 17 EStG gem. § 6 Abs. 1 Nr. 5b EStG nur mit ihren ursprünglichen Anschaffungskosten in das Gesamthandsvermögen einer Personengesellschaft eingelegt werden. Dies gilt selbst dann, wenn der Verkehrswert der Beteiligung deutlich über deren Anschaffungskosten liegt. Weitere Begrenzungen ergeben sich für Wirtschaftsgüter, die erst innerhalb eines Zeitraums von drei Jahren vor der Einlage erworben worden sind. 103

Die Qualifikation einer Einlage gegen Gutschrift auf dem Rücklagekonto als unentgeltlicher Vorgang hat jedoch auch eine Wechselwirkung zur Erbschaft- und Schenkungsteuer. Handelt es sich bei der aufnehmenden Personengesellschaft um eine mehrgliedrige Gesellschaft, bedingt die **unentgeltliche Einlage** in das Gesamthandsvermögen unter Vermeidung einer Auflösung von stillen Reserven unter Umständen einen **schenkungsteuerbaren Vorgang**, da Begünstigte des Einlagevorgangs die Mitgesellschafter des einlegenden Gesellschafters sind. 104

Wird durch § 6 Abs. 1 Nr. 4 und 5 EStG keine **Begrenzung des Einlagewertes** vorgegeben, erfolgt die Einlage grundsätzlich zum Teilwert. Wirtschaftsgüter, die außerhalb Anwendungsbereichs des § 23 EStG liegen, können zum Teilwert in das Betriebsvermögen einer Personengesellschaft eingelegt werden, ohne dass dies zu einer steuerpflichtigen Gewinnrealisierung führt. Eine Versteuerung erfolgt allerdings dann, wenn das betreffende Wirtschaftsgut innerhalb eines 10-Jahres-Zeitraums nach der Anschaffung veräußert wird.[114] 105

---

[113] BFH v. 24.1.2008, BStBl. II 2011, 617, BFH v. 17.7.2008, BStBl. II 2009, 464.
[114] § 23 Abs. 1 Satz 5 Nr. 1 EStG; BMF v. 29.3.2000, BStBl. I 462.

2. Kapitel. Besteuerungskonzeption der GmbH & Co. KG

106 Handelt es sich bei der Einlage in das Gesamthandsvermögen einer Personengesellschaft um einen **gemischten Vorgang**, bei dem teilweise das Kapitalkonto I und teilweise das gesamthänderisch gebundene Rücklagenkonto angesprochen sind, soll der Vorgang nicht aufzuteilen sein in einen entgeltlichen und einen unentgeltlichen Teil, sondern es soll sich in diesem Fall um einen voll entgeltlichen Vorgang handeln.[115] Dabei ergibt sich insbesondere gegenüber der vollständigen Einlage auf einem gesamthänderisch gebundenen Rücklagekonto ein unbefriedigendes Ergebnis.[116]

107 Erfolgt die **Einlage** in das Gesamthandsvermögen nicht mit dem Verkehrswert, sondern mit einem Wert **unterhalb des Verkehrswerts** bei gleichzeitiger Gutschrift auf dem Kapitalkonto I, handelt es sich grundsätzlich um einen entgeltlichen Vorgang. Dies gilt allerdings nur insoweit, wie es dem Verhältnis des Einlagewerts zum Verkehrswert entspricht. Die Finanzverwaltung bietet die Möglichkeit, von der bisherigen Verwaltungsauffassung[117] auszugehen und diesen Vorgang aufzuteilen in einen entgeltlichen und einen unentgeltlichen Teil[118]. Soweit also der Einlagewert dem Kapitalkonto I gutgeschrieben wirdhndelt es sich um einen entgeltlichen Vorgang, in Höhe der Differenz zwischen Einlagewert und Verkehrswert soll es sich um eine verdeckte Einlage handeln, die als unentgeltlicher Vorgang zu werten ist[119].

108 **b) Übertragung aus einem Betriebsvermögen.** Die steuerlichen Konsequenzen der Übertragung von Einzelwirtschaftsgütern aus einem Betriebsvermögen in das Gesamthandsvermögen einer Personengesellschaft richten sich grundsätzlich nach den Bestimmungen des § 6 Abs. 5 S. 3 EStG. Diese Vorschrift hat folgenden Regelungsgehalt, bei der eine Übertragung von Wirtschaftsgütern **zwingend zum Buchwert** zu erfolgen hat:

109 – Übertragung aus einem Betriebsvermögen/Sonderbetriebsvermögen des Mitunternehmers in das Gesamthandsvermögen einer Mitunternehmerschaft und umgekehrt.
 – Gegen Gewährung von Gesellschaftsrechten
 – Unentgeltlich

110 – Übertragung aus dem Sonderbetriebsvermögen in das Gesamthandsvermögen einer anderen Mitunternehmerschaft und umgekehrt.
 – Gegen Gewährung von Gesellschaftsrechten
 – Unentgeltlich

111 – Unentgeltliche Übertragung zwischen verschiedenen Sonderbetriebsvermögen bei derselben Mitunternehmerschaft.

112 Liegen die in § 6 Abs. 5 S. 3 EStG genannten Fallgestaltungen vor, erfolgt die **Übertragung zwingend zum Buchwert**, also ohne Auflösung von stillen Reserven. Dies ist jedoch nur dann der Fall, wenn entweder keine Gegenleistung für die Einlage des Wirtschaftsguts erbracht wird oder diese ausschließlich in der Gewährung von Gesellschaftsrechten besteht. Erbringt

---

[115] BFH v. 17.7.2008, BStBl. II 2009, 464; BMF v. 11.7.2011, BStBl. I 2011, 713.
[116] Kritisch: *Düll/Seitz* StBJB 2011/2012, 121; *Tiede* StuB 2011, 612.
[117] BMF v. 29.3.2000, BStBl. I 2000, 462.
[118] BMF v. 11.7.2011, BStBl. I 2011, 713.
[119] vgl. *Siegmund/Ungemach* NWB 2011, 2859.

§ 5 Gewinnermittlung bei der GmbH & Co. KG

die Personengesellschaft demgegenüber weitere Leistungen, etwa durch Gutschrift auf dem Verrechnungskonto des Gesellschafters oder durch Übernahme von Verbindlichkeiten, liegt insoweit ein entgeltlicher Vorgang vor, der zu einer **teilweisen Auflösung von stillen Reserven** führt. Der Einlagevorgang ist damit im Verhältnis des Werts der Gegenleistung zum Verkehrswert des eingelegten Wirtschaftsguts aufzuteilen in einen entgeltlichen und einen unentgeltlichen Vorgang. Dies kann an folgendem **Beispiel** verdeutlicht werden:

A und B sind mit je 50% an der A&B GmbH & Co. KG beteiligt. A und B haben ein Festkapital von jeweils 50 T-EUR. In der Gesellschaft bestehen stille Reserven von 200 T-EUR, der anteilige Unternehmenswert von A und B beträgt also jeweils 150 T-EUR. A überlässt der Gesellschaft ein Grundstück zur Nutzung, das in der Sonderbilanz ausgewiesen wird. Das Grundstück hat einen Buchwert von 200 bei einem Verkehrswert von 300 T-EUR. Die Verbindlichkeiten valutieren noch mit 150 T-EUR. Der Wert des Sonderbetriebsvermögens beträgt also saldiert 150 T-EUR. A überträgt das Grundstück in das Gesamthandsvermögen und erhält eine weitere Gutschrift auf Kapital I von 50 T-EUR. Die Gesellschaft übernimmt die bestehende Verbindlichkeit.

Lösungshinweis: Es handelt sich um einen Einlagevorgang nach § 6 Abs. 5 S. 3 EStG aus dem Sonderbetriebsvermögen in das Gesamthandsvermögen soweit Gesellschaftsrechte gewährt werden. Soweit jedoch von der Gesellschaft Schulden übernommen werden (150/300 ≙ 50%) handelt es sich um einen entgeltlichen Vorgang. Die Gewinnrealisierung beträgt 50 T-EUR (Verkehrswert 300 T-EUR abzgl. Buchwert 200 T-EUR) x 50%.

Die Beurteilung einer teilentgeltlichen Übertragung eines Einzelwirtschaftsgutes aus einem Betriebsvermögen des Gesellschafters in das Gesamthandsvermögen nach der Trennungstheorie, dh der Aufteilung in einen entgeltlichen und einen unentgeltlichen Vorgang, ist **mittlerweile allerdings aufgeweicht** worden. Der BFH hat für den Fall der Übertragung eines Wirtschaftsgutes aus dem Sonderbetriebsvermögen eines Gesellschafters in das Gesamthandsvermögen einer Personengesellschaft entschieden, dass die Übertragung nach § 6 Abs. 5 S. 3 EStG mit dem Buchwert zu erfolgen habe, wenn die Gegenleistung der Gesellschaft unter dem Buchwert des Wirtschaftsgutes liegt.[120] Im oben genannten Beispiel würde sich nach Auffassung des BFH also keine Gewinnrealisierung ergeben, da die übernommenen Schulden unter dem Buchwert des Grundstücks liegen.[121]

Die in § 6 Abs. 5 Satz 3 EStG angesprochenen Fallgestaltungen erfassen nach ihrem Wortlaut nicht die **Übertragung von Wirtschaftsgütern zwischen Schwester-Personengesellschaften**. Die Anwendbarkeit des § 6 Abs. 5 Satz 3 EStG und damit die Buchwertübertragung von Einzelwirtschaftsgütern zwischen Schwester-Personengesellschaften ist sowohl in der Rechtsprechung als auch in der Literatur höchst umstritten. Einerseits wird die Auffassung vertreten, dass die Fallgestaltung im Gesetzgebungsverfahren[122]

---

[120] BFH v. 19.2.2012, DStR 2012, 2051.
[121] Differenzierend zwischen teilentgeltlichem Vorgang und Mischentgelt vgl. *Schulze zur Wiesche* DStR 2012, 2415.
[122] BR-Drs. 638/1/01, 14.

ausdrücklich angesprochen und abgelehnt worden sei.[123] Demgemäß enthalte § 6 Abs. 5 S. 3 Nr. 1 bis 3 EStG eine abschließende Aufteilung aller Fallgestaltungen, bei denen eine Buchwertübertragung möglich sei.[124] Demgegenüber wird darauf verwiesen, dass steuersystematisch kein grundlegender Unterschied zwischen der Übertragung eines Einzelwirtschaftsgutes zwischen einer Schwester-Personengesellschaft und den in § 6 Abs. 5 Satz 3 EStG aufgegriffenen Fallgestaltungen, nämlich der Übertragung aus einem Betriebsvermögen des Gesellschafters in das Gesamthandsvermögen einer Personengesellschaft gegeben ist.[125] Zumindest dann, wenn es sich um beteiligungsidentische Schwestergesellschaften handele, könne wegen des bestehenden Gleichheitsgrundsatzes die Buchwertübertragung nicht versagt werden.[126] Die ganz überwiegende Meinung im Schrifttum schließt sich dabei der Auffassung des IV. Senats des BFH an.[127] Die Finanzverwaltung bleibt allerdings bei ihrer ablehnenden Haltung.[128] Nicht zuletzt wegen der unterschiedlichen Rechtsauffassung in den einzelnen Senaten des BFH ist zwischenzeitlich die Fragestellung vor dem BVerfG anhängig, ob ein Verstoß gegen das Gleichheitsprinzip vorliegt.[129] Ungeachtet des theoretischen Streites über diese Fragestellung dürfte eine Buchwertübertragung von Einzelwirtschaftsgütern zwischen Schwester-Personengesellschaften auch durch langfristige Stufenlösungen als Kettenübertragung möglich sein. Denkbar ist weiterhin bei Grundstücken der Einsatz von steuerfreien Rücklagen gem. § 6b EStG.[130]

115 Liegen die Voraussetzungen des § 6 Abs. 5 S. 3 EStG vor, erfolgt die Übertragung von Wirtschaftsgütern zwingend zu Buchwerten. In § 6 Abs. 5 Satz 4 und 5 EStG sind jedoch **Missbrauchsregelungen** enthalten, nach denen der **Buchwertansatz dann nicht** gelten soll,

116 – sofern innerhalb einer Sperrfrist von drei Jahren das eingelegte Wirtschaftsgut veräußert wird,

117 – soweit innerhalb von sieben Jahren ein Anteil einer Kapitalgesellschaft begründet wird oder sich erhöht.

118 § 6 Abs. 5 Satz 4 EStG enthält eine Missbrauchsregelung dergestalt, dass für den Fall der Übertragung eines Einzelwirtschaftsgutes in das Gesamthandsvermögen einer Personengesellschaft ein **rückwirkender Ansatz mit dem Teilwert** erfolgt, dh die in dem betreffenden Wirtschaftsgut enthaltenen stillen Reserven aufgelöst werden, wenn dieses innerhalb einer Sperrfrist von 3 Jahren durch die Personengesellschaft veräußert wird. Hierdurch soll ein Überspringen von stillen Reserven zwischen dem einlegenden Gesellschafter und seinen Mitgesellschaftern vermieden werden, falls innerhalb ei-

---

[123] *Brandenberg* DStZ 2002, 555; *Wendt* FR 2002, 65; *Schulze zur Wiesche* DStZ 2002, 744.
[124] BFH v. 25.11.2009, BStBl. II 2010 471.
[125] *Schmidt/Kulosa* EStG § 6 Rn. 702; *Rödder/Schumacher* DStR 2001, 1636; *Strahl* KÖSDI 2002, 13168.
[126] BFH v. 15. 4.2010, BStBl. 971.
[127] *Kanzler* FR 2010, 761; *Wacker* NWB 2010, 2382; *Wendt* FR 2010, 386; aA *Gosch* DStR 2010, 1173; *Brandenberg* FR 2010, 731.
[128] BFH v. 8.12.2011, BStBl. I 1279, Rn. 18.
[129] BFH v. 10.4.2013, FR 2013, 1084.
[130] *Düll/Seitz* StBJB 2011/12, 112.

§ 5 Gewinnermittlung bei der GmbH & Co. KG

nes überschaubaren Zeitraums nach der Einlage ein Realisierungsvorgang erfolgt.[131] Wird das betreffende Wirtschaftsgut innerhalb der Sperrfrist entnommen oder veräußert, wird rückwirkend auf den Zeitpunkt der Einlage der Teilwert angesetzt.[132] Dabei kommt es nicht auf die Ursache des Realisierungsvorgangs an. Bei einer Einmann GmbH & Co. KG führt eine Verletzung der Sperrfrist allerdings nicht zu einer nachträglichen Auflösung von stillen Reserven.[133] Zu beachten ist, dass der 3-Jahres-Zeitraum nicht mit dem Zeitpunkt der Einlage des Wirtschaftsgutes, sondern mit der Einreichung der einheitlichen und gesonderten Gewinnfeststellung der Personengesellschaft beginnt.[134]

Der nachträgliche Ansatz zum Teilwert soll allerdings dann nicht erfolgen, wenn im Zuge der Einlage durch die **Bildung von Ergänzungsbilanzen** ein Überspringen der stillen Reserven vermieden wird.[135] Wird für den einlegenden Gesellschafter eine Ergänzungsbilanz aufgestellt, wird der steuerliche Gewinn aus der Auflösung der stillen Reserven allein dem einlegenden Gesellschafter zugerechnet.[136]

Beispiel: Gesellschafter A und B sind mit einem Kapitalkonto von je 100 an der A+B GmbH & Co. KG beteiligt. Im Betriebsvermögen sind keine stillen Reserven vorhanden. Die A+B GmbH & Co. KG hat folgende Bilanz:

A & B GmbH & Co. KG

Maschinen	250	Kapital A	100
Umlaufvermögen	350	Kapital B	100
		Verbindlichkeiten	400
	600		400

Der Gesellschafter A hat im Sonderbetriebsvermögen ein wertvolles Grundstück mit einem steuerlichen Buchwert von 100 und einem Verkehrswert von 150. Dieses wird zur Stärkung der Kapitalbasis in die GmbH & Co. KG gegen Gewährung von Gesellschaftsrechten eingelegt. Gemäß § 6 Abs. 5 Satz 4 EStG wird für A eine Ergänzungsbilanz gebildet. Die Bilanzen stellen sich nach der Einlage wie folgt dar:

A & B GmbH & Co. KG				Ergänzungsbilanz A		
Grundstück	150	Kapital A	250	Minder-kapital		Abstockungs-wert Grundstück
Maschinen	250	Kapital B	100		50	50
Umlauf-vermögen	350	Verbind-lichkeiten	400			
	750		750		50	50

---

[131] Zu Einzelheiten vgl. *Düll/Seitz* StBJB 2011/12, 115.
[132] BMF v. 8.12.2011, BStBl. I 2011, 1279 Rn. 23.
[133] BFH v. 31.7.2013, FR 2013, 1132.
[134] Zu den praktischen Anwendungsproblemen *Wendt* FR 2002, 60; *Kloster/Kloster* GmbHR 2002, 721.
[135] *Ley/Strahl* DStR 2001, 2006.
[136] *Rödder/Schumacher* DStR 2001, 1637; *Wendt* FR 2002, 63; *Hoffmann* GmbHR 2002, 132.

120 Wird das Grundstück später zum geschätzten Verkehrswert von 150 veräußert, entsteht in der Gesamthandsbilanz weder ein Gewinn noch ein Verlust. Die Ergänzungsbilanz A wird jedoch aufgelöst, so dass der Ertrag (steuerlich) dem A zugerechnet wird. Erfolgt die Veräußerung zu einem über dem Einlagewert liegenden Veräußerungspreis, entsteht ein Veräußerungsgewinn in Höhe der Differenz zwischen Einlagewert und Veräußerungserlös. Dieser steht gesellschafts- und steuerrechtlich den Gesellschaftern im Verhältnis der Gesellschaftsrechte zu.

121 Besonderheiten können sich dann ergeben, wenn sich – bezogen auf den Beispielsfall – auch stille Reserven im Betriebsvermögen der A & B GmbH & Co. KG befinden.[137] In diesem Fall muss dafür Sorge getragen werden, dass mit dem Einlagevorgang durch die Bildung einer Ergänzungsbilanz nicht nur stille Reserven auf den anderen Gesellschafter überspringen, sondern sich auch die Vermögensverhältnisse der Gesellschafter untereinander nicht verschieben.

122 In § 6 Abs. 5 Satz 6 EStG ist daneben noch eine weitere Missbrauchsvorschrift enthalten, die im Zuge der Einlage eines Einzelwirtschaftsgutes in eine Personengesellschaft zu einer Auflösung von stillen Reserven führen kann. Erhöht sich mit der Übertragung eines Einzelwirtschaftsgutes zum Buchwert in eine Personengesellschaft der **ideelle Anteil einer Kapitalgesellschaft** an dem Wirtschaftsgut oder wird dieser **neu begründet**, erfolgt gemäß § 6 Abs. 5 Satz 6 EStG eine anteilige Auflösung von stillen Reserven.[138] Ist der einlegende Gesellschafter allerdings selbst wiederum eine Kapitalgesellschaft, soll dies insoweit nicht gelten.[139] Durch diese weitere Missbrauchsvorschrift soll vermieden werden, dass stille Reserven in den **Anwendungsbereich des Körperschaftsteuerrechts** gelangen mit der Folge, dass aufgelöste stille Reserven lediglich mit dem Körperschaftsteuersatz von 15% zzgl. Solidaritätszuschlag belastet werden, wohingegen die Auflösung von stillen Reserven bei einer natürlichen Person mit dem „normalen" Einkommensteuertarif besteuert wird.

123 Die schädliche Rechtsfolge ergibt sich allerdings nicht nur dann, wenn eine Kapitalgesellschaft zum Zeitpunkt der Einlage an der Personengesellschaft beteiligt ist und damit eine ideelle Beteiligung an den stillen Reserven des eingelegten Wirtschaftsguts begründet wird oder sich erhöht, sondern gemäß § 6 Abs. 5 Satz 6 EStG auch dann, wenn dies innerhalb eines 7-Jahres-Zeitraums erfolgt. Tritt also eine Kapitalgesellschaft einer Personengesellschaft als Gesellschafter bei, können hierdurch Einlagevorgänge der vergangenen 7 Jahre berührt werden.[140]

124 Anders als bei der Missbrauchsregelung in § 6 Abs. 5 Satz 4 ist in § 6 Abs. 5 Satz 5 EStG nicht die Möglichkeit angesprochen, das Überspringen von stillen Reserven durch **die Bildung einer Ergänzungsbilanz** vermeiden zu können. Nach dem Sinn und Zweck der Vorschrift muss dies jedoch auch

---

[137] *Autenrieth* NWB 2/2003, 6.
[138] *Hoffmann* GmbHR 2002, 132; *Wendt* FR 2002, 58.
[139] BMF v. 7.2.2002, GmbHR 455; OFD Hannover v. 24.7.2003, DStR 1754.
[140] Kritisch zur Rechtslage des Steuersenkungsgesetzes *Düll/Fuhrmann/Eberhard* DStR 2000, 1713.

§ 5 Gewinnermittlung bei der GmbH & Co. KG

für den Fall der Beteiligung an einer Kapitalgesellschaft gelten,[141] da hierdurch wie auch für die Fallgestaltung der § 6 Abs. 5 S. 5 EStG ein Überspringen von stillen Reserven vermieden werden kann.

Wie bereits erwähnt, greift § 6 Abs. 5 Satz 6 EStG dann, wenn sich innerhalb eines 7-Jahres-Zeitraums nach der Einlage des Wirtschaftsguts der ideelle Anteil einer Kapitalgesellschaft begründet wird oder sich erhöht. UU greift diese Bestimmung auch dann, wenn die GmbH & Co. KG innerhalb eines 7-Jahres-Zeitraums in einen **Umwandlungsvorgang einbezogen** ist, etwa durch Einlage des Mitunternehmeranteiles in eine Kapitalgesellschaft oder durch formwechselnde Umwandlung der GmbH & Co. KG in eine GmbH. Nach seinem Wortlaut wäre in diesem Fall § 6 Abs. 5 Satz 6 EStG erfüllt, so dass sich rückwirkend eine Auflösung von stillen Reserven ergeben würde, obschon die grundsätzlich anzuwendende Norm des § 20 UmwStG eine Abwicklung der Transaktion zu Buchwerten zulässt. Maßgebend ist in diesem Fall jedoch nicht der eigentliche Umwandlungsvorgang, sondern die Bezugnahme auf die ursprüngliche Einlage des Wirtschaftsgutes.

125

Die Übertragung eines Einzelwirtschaftsgutes aus dem Sonderbetriebsvermögen in das Gesamthandsvermögen einer anderen Mitunternehmerschaft erfolgt oftmals in Zusammenhang mit der unentgeltlichen Übertragung des Mitunternehmeranteils, wenn beispielsweise im Rahmen einer vorweggenommenen Erbfolge ein Wirtschaftsgut des Sonderbetriebsvermögens und der Gesellschaftsanteil in der nächsten Generation unterschiedlich zugeordnet werden sollen. Die unentgeltliche Übertragung aus dem Sonderbetriebsvermögen in das Gesamthandsvermögen einer Mitunternehmerschaft erfolgt nach § 6 Abs. 5 S. 3 EStG zwingend zum Buchwert. Auch die unentgeltliche Übertragung eines Mitunternehmeranteils erfolgt nach § 6 Abs. 3 EStG zum Buchwert. Beide Normen verfolgen also den gleichen Regelungszweck, nämlich die Vermeidung der Auflösung von stillen Reserven im Falle der Übertragung eines Einzelwirtschaftsgutes bzw. eines Mitunternehmeranteils.[142] **Beide gesetzlichen Normen können unabhängig voneinander angewandt werden**, auch wenn dies in zeitlichem Zusammenhang erfolgt. Wird also im Vorfeld einer unentgeltlichen Übertragung eines Mitunternehmeranteils ein Wirtschaftsgut des Sonderbetriebsvermögens in das Gesamthandsvermögen einer anderen Mitunternehmerschaft übertragen, hindert dies nicht, beide Vorgänge zum Buchwert abzuwickeln.[143]

126

3. Übertragung von Einzelwirtschaftsgütern aus der GmbH & Co. KG

§ 6 Abs. 5 Satz 3 EStG regelt nicht nur die Übertragung von Einzelwirtschaftsgütern in eine Mitunternehmerschaft, sondern gleichermaßen auch die Übertragung von Einzelwirtschaftsgütern aus einer Mitunternehmerschaft. Wird im Zuge der Übertragung von Einzelwirtschaftsgütern aus einer GmbH & Co. KG die **Gesellschaft aufgelöst**, richtet sich die Beurteilung

127

---

[141] Rödder/Schumacher DStR 2001, 1637; van Lishaut DB 2001, 1525; aA BMF v. 7.2.2002 GmbHR 20; Wendt FR 2002, 65.
[142] Vgl. Schulze zur Wiesche DStR 2012, 2416.
[143] BFH v. 2.8.2012, DStR 2012, 2118.

2. Kapitel. Besteuerungskonzeption der GmbH & Co. KG

nicht nach § 6 Abs. 5 Satz 3 EStG, sondern nach den sog Realteilungsgrundsätzen gem. § 16 Abs. 3 Satz 2 EStG. **Besteht dagegen die GmbH & Co. KG fort**, richtet sich die Beurteilung nach § 6 Abs. 5 Satz 3 EStG.

128 Wird das betreffende Wirtschaftsgut hiernach aus dem Gesamthandsvermögen der GmbH & Co. KG gegen **Minderung der Gesellschaftsrechte** in das Sonderbetriebsvermögen oder ein anderes Betriebsvermögen des Gesellschafters übertragen, erfolgt diese Transaktion zwingend zum Buchwert. Unentgeltlich ist die Transaktion dann, wenn mit dem Entnahmevorgang ein Gesellschafterkonto belastet ist, das nach allgemeinen Grundsätzen als Eigenkapital zu werten ist, beispielsweise ein gesamthänderisches Rücklagenkonto. Die unentgeltliche Übertragung eines Einzelwirtschaftsgutes aus einer GmbH & Co. KG mag zumindest bei einer mehrgliedrigen Gesellschaft theoretischer Natur sein, da begrifflich die Gesellschaftsrechte des entnehmenden Gesellschafters nicht berührt werden. Der Mitgesellschafter wäre durch den Entnahmevorgang mithin entreichert, so dass dieser im Regelfall einer entsprechenden Entnahme wohl nicht zustimmt.

129 Folgt die **Entnahme** eines einzelnen Wirtschaftsgutes aus dem Gesamthandsvermögen einer GmbH & hierzu KG in **das Privatvermögen** eines Gesellschafters, führt dies zwingend zu einer Realisierung von stillen Reserven. Das Gleiche gilt, wenn dem Übertragungsvorgang ein **entgeltliches Geschäft** wie unter fremden Dritten zugrunde liegt. Unabhängig davon, ob das betreffende Wirtschaftsgut in ein Betriebs- oder Privatvermögen des Gesellschafters erworben wird, führt dies zwingend zu einer Auflösung von stillen Reserven.

§ 6 Besteuerung des steuerlichen Ergebnisses der GmbH & Co. KG

Übersicht

	Rn.		Rn.
I. Besteuerungsebene der GmbH & Co KG	4	4. Gesellschaftsvertragliche Konsequenzen.	19
1. Berechnungsschema der Gewerbesteuer	4	II. Besteuerungsebene des Gesellschafters	25
2. Pauschalierte Anrechnung der Gewerbesteuer auf die Einkommensteuer	8	1. Überblick	25
		2. Ausübung der Option zur Thesaurierungsbesteuerung	31
3. Aufteilung des Ermäßigungsbetrages bei einer GmbH & Co. KG	14	3. Gesellschaftsvertragliche Konsequenzen	42

Schrifttum: *Binz/Sorg,* Die GmbH & Co. KG, 11. Aufl. München 2010; *Dörfler/ Graf/Reichl,* Die geplante Besteuerung von Personenunternehmen ab 2008 – Ausgewählte Problembereiche des § 34 EStG im Regierungsentwurf, DStR 2007, 645; *Dressler,* Gewerbesteueranrechnung bei unterjährigem Gesellschafterwechsel, DStR 2014,131*; Forst/Schaaf,* Die Thesaurierungsbegünstigung für Personengesellschaften, EStB 2007, 263; *Förster,* Kauf und Verkauf von Unternehmen nach dem UntStFG, DB 2002, 1394; *Füger/Rieger,* Veräußerung von Mitunternehmeranteilen und Gewerbesteuer, DStR 2002, 933; *Heine,* Gemeindefinanzreform – Ende des Richtungsstreites bei der Reform der kommunalen Steuerbasis?, KStZ 2003, 145; *Herzig/Briesemeister,* Systematische und grundsätzliche Anmerkungen zur Einschränkung des steuerlichen Verlustnutzung, DStR 1999, 1377; *Herzig/Lochmann,* Die Steuerermäßigung für gewerbliche Einkünfte bei der Einkommensteuer nach dem Entwurf zum Steuersenkungsgesetz, DB 2000, 1192; *Herzig/Lochmann,* Steuersenkungsgesetz: Die Steuerermäßigung für gewerbliche Einkünfte bei der Einkommensteuer in der endgültigen Regelung, DB 2000, 1734; *Hey,* Von der Verlegenheitslösung des § 35 EStG zur Reform der Gewerbesteuer?, FR 2001, 870; *Kirchhoff,* EStG 12. Aufl. 2013; *Neu,* Aktuelles Beratungs-Know-how Personengesellschaftsbesteuerung, DStR 2002, 1078; *Neu,* Praxis- und Zweifelsfragen zur pauschalierten Anrechnung der Gewerbesteuer auf die Einkommensteuer, StbJb 2002/03, 147; *Neu,* Unternehmensteuerreform 2001: Die pauschalierte Gewerbesteueranrechnung nach § 35 EStG, DStR 2000, 1933; *Ortmann-Babel/Zipfel,* Unternehmensteuerreform 2008 Teil II: Besteuerung von Personengesellschaften insbesondere nach der Einführung der Thesaurierungsbegünstigung, BB 2007, 2209; *Pflüger,* Unternehmensteuerreform 2008 – Erste Gestaltungsüberlegungen für die Praxis, GStB 2007, 89; *Reichert/Düll,* Gewinnthesaurierung bei Personengesellschaften nach der Unternehmensteuerreform 2008, ZIP 2008, 1249; *Ritzer/Stangel,* Das Anwendungsschreiben zu § 35 EStG – Grundlegende Aussagen und Auswirkungen auf Einzelunternehmen, DStR 2002, 1072; *Schiffers,* Steuerermäßigung bei Einkünften aus Gewerbebetrieb nach § 35 EStG, Stbg 2001, 403; *Wendt,* StSenkG: Pauschale Gewerbesteueranrechnung bei Einzelunternehmen, Mitunternehmerschaft und Organschaft, FR 2000, 1173.

2. Kapitel. Besteuerungskonzeption der GmbH & Co. KG

1 Der anteilige Gewinn des Gesellschafters einer GmbH & Co. KG ermittelt sich auf der Grundlage des § 15 EStG. Hierbei sind die Besonderheiten aus der Besteuerungskonzeption der Mitunternehmerschaft zu beachten, insbesondere soweit diese auf Rechtsverhältnisse zwischen Gesellschaft und Gesellschafter zurückzuführen sind. Anders als bei einer Kapitalgesellschaft kann die steuerliche Situation des Gesellschafters die steuerliche Veranlagung der Gesellschaft beeinflussen, beispielsweise bei dem Vorhandensein einer Ergänzungsbilanz.

2 Ausgehend von der Intention der Rechtsformneutralität der Besteuerung, dh einer Gesamtsteuerbelastung der Gewinne weitgehend unabhängig von der Rechtsform als Personen- oder Kapitalgesellschaft zu gestalten, wurden in den vergangenen Jahren mehrere Anläufe zur Änderung der Besteuerungskonzeption der Personengesellschaft unternommen. Diese Anläufe standen auch nicht zuletzt im Zusammenhang mit der Absicht der Reform der Gewerbesteuer. Nach dem Bericht der Kommission zur Reform der Gemeindefinanzen[1] wurde noch zum Jahresende 2003 ernsthaft darüber diskutiert, ob die Gewerbesteuer insgesamt durch einen Zuschlag zur Einkommen- und Körperschaftsteuer ersetzt[2] oder sowohl hinsichtlich des Kreises der Steuerpflichtigen als auch hinsichtlich der Ermittlung der Bemessungsgrundlage noch weiter „ertüchtigt" werden sollte[3]. Alle diese Modelle sind letztlich nicht bzw. nicht vollständig umgesetzt worden. Geblieben ist die Anrechnung der Gewerbesteuer auf die persönliche Einkommensteuerschuld des Mitunternehmers in pauschaler Form.

3 Der Steuerbilanzgewinn der Personengesellschaft unter Berücksichtigung der Besonderheiten auf Gesellschafterebene, wie zB das Ergebnis einer eventuell vorhandenen Sonder- oder Ergänzungsbilanz, unterliegt auf Ebene der Gesellschaft der Besteuerung mit Gewerbesteuer vom Ertrag. Der gleiche Gewinn wird ebenfalls unter Berücksichtigung der Besonderheiten auf der Gesellschafterebene den Gesellschaftern zugerechnet und unterliegt dort der Besteuerung mit Einkommensteuer und Solidaritätszuschlag. Ist Gesellschafter der GmbH & Co. KG eine Körperschaft, unterliegt der Gewinnanteil der Besteuerung mit Körperschaftsteuer. Insbesondere im Falle der Beteiligung einer natürlichen Person als Gesellschafter einer GmbH & Co. KG ergeben sich Wechselwirkungen zwischen beiden Besteuerungsebenen, die bei der Gesamtschau der Besteuerung berücksichtigt werden müssen.

I. Besteuerungsebene der GmbH & Co. KG

1. Berechnungsschema der Gewerbesteuer

4 Die Gewerbesteuer vom Ertrag wird auf der Grundlage des sog. **Gewerbeertrages** erhoben. Für die Berechnung des Gewerbeertrages verweist § 7 GewStG auf den nach den Vorschriften des Einkommensteuergesetzes bzw.

---

[1] Zusammenfassung durch *Heine* KStZ 2003, 145.
[2] Sog. BDI/VCI-Modell.
[3] Sog. Nordrhein-Westfalen-Modell.

des Körperschaftsteuergesetzes ermittelten Gewinn aus Gewerbebetrieb. Von besonderer Bedeutung ist dabei, dass alle Betriebsausgaben die für Zwecke der Einkommen- und Körperschaftsteuer nicht zum Abzug zugelassen sind, auch nicht die Bemessungsgrundlage der Gewerbesteuer mindern. Dies gilt beispielsweise auch für die Gewerbesteuer selbst, die nicht mehr als Betriebsausgabe abzugsfähig ist. Dieser Ausgangsbetrag wird um gewerbesteuertypische Hinzurechnungen gem. § 8 GewStG erhöht sowie um gewerbesteuertypische Kürzungen gem. § 9 GewStG gemindert. Dieser fortgerechnete Ausgangsbetrag ergibt den **Gewerbeertrag**.

Dieser Gewerbeertrag wird zunächst gemindert um einen **Freibetrag** gem. § 11 Abs. 1 Nr. 1 GewStG in Höhe von 24.500 EUR.

Auf den so ermittelten Gewerbeertrag wird die **Steuermesszahl** gem. § 11 Abs. 2 GewStG angewendet. Dieser beträgt 3,5 %.

Der nach diesem Schlüssel ermittelte Gewerbesteuermessbetrag ist wiederum Grundlage für die Ermittlung der eigentlichen Gewerbesteuer durch die Gemeinde. Auf den Gewerbesteuermessbetrag wird der gemeindeindividuelle **Gewerbesteuerhebesatz** angewendet, woraus sich dann die individuelle Gewerbesteuer ergibt.

2. Pauschalierte Anrechnung der Gewerbesteuer auf die Einkommensteuer

Der Gewerbeertrag unterliegt auf Ebene der Gesellschaft der Besteuerung mit Gewerbesteuer. Diese ist ab dem Jahr 2009 nicht mehr als Betriebsausgabe abzugsfähig, dh es ergibt sich weder bei der Berechnung der Gewerbesteuer selbst noch bei der Einkommensteuer eine Entlastungswirkung. Die Doppelbesteuerung der gewerblichen Einkünfte einerseits durch Gewerbesteuer und andererseits durch Einkommensteuer wird durch die **pauschale Anrechnung der Gewerbesteuer** in Höhe des 3,8-fachen des Gewerbesteuermessbetrages auf die persönliche Einkommensteuerschuld des Steuerpflichtigen gemindert. Die Anrechnung der Gewerbesteuer erfolgt jedoch nur bei Einkommensteuer-, nicht bei Körperschaftsteuerpflichtigen. Eine Kapitalgesellschaft als Gesellschafter einer GmbH & Co. KG ist also von der Anrechnung der Gewerbesteuer ausgeschlossen. Die pauschale Anrechnung der Gewerbesteuer auf die Einkommensteuer hat Einfluss auf den Vorteilhaftigkeitsvergleich der Gesamtsteuerbelastung einer GmbH & Co. KG im Vergleich zu einer Kapitalgesellschaft.

Die Gesamtsteuerbelastung von Kapitalgesellschaft einerseits und Personengesellschaft andererseits lässt sich vereinfacht an folgendem **Beispiel** zeigen (s. die nachfolgende Seite):

2. Kapitel. Besteuerungskonzeption der GmbH & Co. KG

	Kapitalgesellschaft		GmbH & Co. KG
	Thesaurierung	Vollausschüttung	
Ebene der Gesellschaft:			
Gewinn vor Gewerbesteuer	100,00	100,00	100,00
./. GewSt	14,00	14,00	14,00
Gewinn nach Gewerbesteuer	86,00	86,00	100,00
Körperschaftsteuer	15,00	15,00	–
Solidaritätszuschlag	0,83	0,83	–
Jahresüberschuss	70,17	70,17	86,00
Ebene des Gesellschafters:			
Einkünfte	–	70,17	100,00
Einkommensteuer (45%)/ Abgeltungsteuer (25%)	–	17,54	45,00
Solidaritätszuschlag	–	0,96	1,74
Ermäßigungsbeitrag gem. § 35 EStG	–		–13,30
Steuerbelastung des Gesellschafters	–	18,50	33,44
Gesamtsteuerbelastung	29,83	48,33	47,44
Nettoertrag nach Steuern	–	51,67	52,56

10   Die Darstellung der Gesamtsteuerbelastung zeigt, dass **keine eindeutige Aussage über die Vorteilhaftigkeit** der Rechtsform einer Kapitalgesellschaft oder einer GmbH & Co. KG möglich ist. Obschon die von einer Kapitalgesellschaft erzielten Gewinne von der pauschalen Anrechnung der Gewerbesteuer auf Ebene des Gesellschafters ausgeschlossen sind, ist die Steuerbelastung einer Kapitalgesellschaft dann geringer, wenn die Erträge thesauriert werden. Die von einer GmbH & Co. KG erzielten Erträge unterliegen auf Ebene des Gesellschafters demgegenüber in vollem Umfang der Besteuerung mit Einkommensteuer, auch wenn die betreffenden Erträge thesauriert werden (wegen der Möglichkeit zur Thesaurierungsbesteuerung siehe → § 6 Rn. 31). Berücksichtigt man dagegen bei einer Kapitalgesellschaft bei einer Ausschüttung die Steuerfolgen auf Ebene des Gesellschafters, ist die Gesamtsteuerbelastung einer Personengesellschaft geringer.

11   Die Spalte „GmbH & Co. KG" zeigt vereinfacht die Gesamtsteuerbelastung der von der Gesellschaft erzielten Gewinne mit Gewerbesteuer einerseits und Einkommensteuer andererseits. Der Nettoertrag nach Steuern beträgt 52,56% der ursprünglich erzielten Erträge, dh im Beispielsfall liegt die Gesamtsteuerbelastung bei ca. 47,44%. Dies wiederum zeigt, dass bei dem im Beispielsfall angenommenen Hebesatz von 400% eine weitgehende Entlas-

§ 6 *Besteuerung des steuerlichen Ergebnisses der GmbH & Co. KG*

tungswirkung von der Gewerbesteuer erfolgt. Die Steuerbelastung ohne Gewerbesteuer würde im Beispielsfall 46,74 % betragen (Einkommensteuer und Solidaritätszuschlag).

Das Ermäßigungsvolumen der Einkommensteuer auf Ebene der Gesellschafter beträgt nach § 35 EStG insgesamt das 3,8-fache des Gewerbesteuermessbetrages. Der Gewerbesteuermessbetrag wird durch den Gewerbesteuermessbescheid auf Ebene der Gesellschaft festgestellt und beträgt 3,5 % des Gewerbeertrages. Die Bezugnahme auf den Gewerbesteuermessbetrag bewirkt, dass die gewerbesteuerlichen Hinzu- und Abrechnungen jeweils Eingang in die Ermittlung des Ermäßigungsbetrages finden. Auf Ebene des Gesellschafters wird allerdings der 3,8fache anteilige Gewerbesteuermessbetrag nicht schlechthin von der Einkommensteuerschuld des Gesellschafters abgesetzt. Es ist vielmehr jeweils noch der **absolute** sowie der **relative Ermäßigungshöchstbetrag** zu beachten.[4] Das Anrechnungsvolumen der Gewerbesteuer wird durch die tarifliche Einkommensteuer, abzüglich der anzurechnenden ausländischen Steuer gemäß § 34c Abs. 1 und 6 EStG und § 12 AStG nach oben begrenzt. Eine Erstattung eines darüber hinausgehenden Anrechnungsbetrages ist in § 35 EStG nicht vorgesehen. Das Gleiche gilt für einen eventuellen Vor- bzw. Rücktrag des Ermäßigungsbetrages, etwa nach dem Muster der Verlustverrechnung gemäß § 10d EStG.[5] Erzielt demnach ein Gesellschafter aus anderen Einkunftsquellen negative Einkünfte oder über einen Verlustvortrag gem. § 10d EStG, kann die Entlastungswirkung der pauschalen Anrechnung der Gewerbesteuer im Extremfall ins Leere gehen.

12

Neben dem absoluten Betrag der Ermäßigung ist auch die **relative Grenze der Einkommensteuerermäßigung** zu beachten. Die Ermäßigung der tariflichen Einkommensteuer ist hiernach begrenzt auf die Einkommensteuer, die anteilig auf im zu versteuernden Einkommen enthaltene gewerbliche Einkünfte entfällt.[6] Das Verständnis der Finanzverwaltung ist es, dass der relative Anrechnungshöchstbetrag durch die gewerblichen Einkünfte iSd § 15 EStG begrenzt ist, ohne Berücksichtigung eventueller weiterer gewerblicher Einkünfte gemäß § 16 bzw. § 17 EStG. Die Bezugnahme auf den Begriff des Gewerbesteuermessbetrages bei der Berechnung des Ermäßigungsbetrages spricht für die Rechtsauffassung der Finanzverwaltung, dass also die Entlastungswirkung des Ermäßigungsbetrages nur diejenigen Einkommensteile erfasst, die zuvor einer Belastung mit Gewerbesteuer unterlegen haben.[7] Darüber hinaus geht die Finanzverwaltung davon aus, dass die gewerblichen Einkünfte iSd § 35 EStG zu der Gesamtsumme aller Einkünfte ins Verhältnis zu setzen sind. Im Ergebnis bedeutet dies, dass insbesondere die Ermittlung dieses relativen Ermäßigungshöchstbetrages dann zu einer **außerordentlich komplexen Berechnung** führt, wenn der Steuerpflichtige

13

---

[4] BMF v. 15.5.2002, DStR 2002, 906.
[5] BMF v. 15.5.2002, DStR 2002, 906 Rn. 16.
[6] BMF v. 15.5.2002, DStR 2002, 906 Rn. 10.
[7] Schmidt/*Wacker* § 35 EStG Rn. 5, 12; *Wendt* FR 2000, 1179; aA; *Neu* DStR 2002, 1080; *Ritzer/Stangel* DStR 2002, 1072.

3. Aufteilung des Ermäßigungsbetrages bei einer GmbH & Co. KG

14   Der auf der Grundlage der Gewerbesteuerveranlagung der GmbH & Co. KG ermittelte Gewerbesteuermessbetrag steht den Gesellschaftern einer GmbH & Co. KG nicht einzeln, sondern nur insgesamt zu. Nach § 35 Abs. 3 Satz 2 EStG entspricht der Anteil eines Mitunternehmers an dem betreffenden Gewerbesteuermessbetrag der Personengesellschaft grundsätzlich seinem **Anteil am Gewinn** nach Maßgabe des allgemeinen Gewinnverteilungsschlüssels. Dieser richtet sich nach der gesetzlichen Regelung (§ 722 BGB, § 121 HGB) oder einer individuellen gesellschaftsvertraglichen Regelung.[9] Die Finanzverwaltung geht dabei zutreffend davon aus, dass Sondervergütungen iSd § 15 Abs. 1 Satz 1 Nr. 2 EStG (Gehalt des Gesellschafter-Geschäftsführers uÄ), Ergebnisse aus Sonder- und Ergänzungsbilanzen sowie gewinnunabhängige Vorabgewinnanteile im Rahmen dieses allgemeinen Gewinnverteilungsschlüssels nicht zu berücksichtigen sind.[10] Handelt es sich um gewinnabhängige Sondervergütungen beispielsweise eine gewinnabhängige Tantieme des Gesellschafter/Geschäftsführers, sollen diese nach Auffassung der Finanzverwaltung in den allgemeinen Gewinnverteilungsschlüssel einzubeziehen sein, mithin die Zuordnung des Ermäßigungsbetrages beeinflussen.[11] Die Rechtsprechung geht demgegenüber davon aus, dass sämtliche Vorabgewinnanteile bei der Aufteilung des Ermäßigungsbetrages unberücksichtigt bleiben müssen, unabhängig davon, ob diese gewinnabhängig sind oder nicht.[12]

Beispiel: An der XYZ GmbH & Co. KG sind X, Y und Z mit einem Kommanditkapital von jeweils 100 TEUR beteiligt. Die Komplementär-GmbH ist nicht am Kapital der Gesellschaft beteiligt. X ist als Gesellschafter/Geschäftsführer tätig. Er erhält ein festes Jahresgehalt von 200 TEUR und eine gewinnabhängige Tantieme von weiteren 100 TEUR. Y überlässt der Gesellschaft ein Betriebsgrundstück zur Pacht und erhält eine Vergütung von 150 TEUR pa. Z hat seine Beteiligung erworben. Aus diesem Erwerb verfügt Z über eine Ergänzungsbilanz. Die jährlichen Abschreibungen aus der Ergänzungsbilanz betragen 50 TEUR. Z erhält von der Gesellschaft keine Sondervergütung. Das Jahresergebnis der Gesellschaft vor Gewerbesteuer beträgt 900 TEUR.

Lösungshinweis: Der steuerliche Gewinn der XYZ GmbH & Co. KG errechnet sich wie folgt:

---

[8] *Herzig/Briesemeister* DStR 1999, 1382; *Neu* StbJb 2002/03, 149.
[9] *Kirchhof/Gosch*, EStG § 35 Rn. 16.
[10] BMF v. 15.5.2002, DStR 2002, 906 Rn. 21 zum Begriff des Vorabgewinnanteils vgl. BFH v. 5.6.2014, DStR 2014, 1484.
[11] BMF v. 22.12.2009, BStBl. I 2010, 43.
[12] BFH v. 7.4.2009, BStBl. II 2010, 116; BFH v. 9.2.2011, BFH/NV 2011, 1120.

§ 6 Besteuerung des steuerlichen Ergebnisses der GmbH & Co. KG

	T-EUR	T-EUR
Jahresüberschuss vorläufig		900,0
Z: Abschreibungen Ergänzungsbilanz		–50,0
		850,0
Sondervergütungen gemäß § 15 Abs. 1 Nr. 2 EStG:		
X: Festgehalt	200,0	
Tantieme	100,0	300,0
Y: Pacht		150,0
steuerlicher Gewinn vor Gewerbesteuer		1.300,0
hierauf Gewerbesteuer (-Hebesatz 400%) ca.		182,0
Handelsrechtlicher Jahresüberschuss		718,0
Gewerbesteuermessbetrag (1.300 × 3,5%)		45,5
gesamter Ermäßigungsbetrag also		172,9

Für die Aufteilung dieses Ermäßigungsbetrages bestehen folgende Möglichkeiten 15

	X TEUR	Y TEUR	Z TEUR	Gesamt TEUR
Verteilung entsprechend den anteiligen gewerblichen Einkünften	600	450	250	1.300
	46,2%	34,6%	19,2%	100,0%
Verteilung entsprechend dem allgemeinen Gewinnverteilungsschlüssel	239	239	240	718
	33,3%	33,3%	33,3%	100,0%
Verteilung entsprechend dem allgemeinen Gewinnverteilungsschlüssel zzgl. gewinnabhängigen Vergütungen	339	239	240	818
	41,4%	29,3%	29,3%	100,0%

Die Aufstellung zeigt, dass sich je nach Zugrundelegung eines Aufteilungsschlüssels unterschiedliche Prozentsätze für die einzelnen Mitunternehmer ergeben können. Die Finanzverwaltung vertritt die Auffassung, dass bei der Aufteilung des anteiligen Gewerbesteuermessbetrages der Zuordnungsschlüssel Gewinnverteilung zzgl. gewinnabhängige Vergütung (Fall-Gruppe 3) zugrunde zu legen ist. Dieses Ergebnis unterscheidet sich im Wesentlichen von den Zuordnungsschlüsselungen, wie sie zuvor in der Literatur diskutiert wurden.[13] Der von der Finanzverwaltung vorgeschlagene Aufteilungsschlüssel ist daher auch zu Recht kritisiert worden.[14] Nur die Aufteilung entsprechend dem allgemeinen steuerlich anerkannten Gewinnverteilungsschlüssel (Fallgruppe 2) führt zu einem sachgerechten Ergebnis, da die Gewerbesteuer als Betriebsausgabe von allen Gesellschaftern entsprechend dem Gewinnverteilungsschlüssel getragen wird. Die Haltung der Rechtsprechung, dh die Zuordnung des Ermäßigungsbetrages nach dem allgemeinen Gewinnverteilungsschlüssel[15], ist also sachgerecht. In Sonderfällen kann sich dabei eine Abweichung von dem handelsrechtlichen Gewinnverteilungs- 16

---

[13] *Hey* FR 2001, 874; *Schiffers* Stbg 2001, 407; *Wendt* FR 2000, 1179.
[14] *Neu* StbJb 2002/03, 151; Schmidt/*Glanegger* § 35 EStG Rn. 23.
[15] BFH v. 7.4.2009, BStBl. II 2010, 116.

schlüssel ergeben, falls Gesellschafter beteiligt sind, die keine Mitunternehmerstellung haben.[16]

17 Ergibt sich im Verlauf eines Wirtschaftsjahres ein **Wechsel im Gesellschafterkreis**, etwa durch unterjährige Veräußerung des Mitunternehmeranteils, wird die Gewerbesteuer des betreffenden Geschäftsjahres wirtschaftlich teilweise von dem Altgesellschafter, teilweise von dem Neugesellschafter getragen. Gewöhnlich findet sich dabei in Anteilskaufverträgen die Regelung, dass der Verkäufer der Gesellschaftsanteile wirtschaftlich alle Steuern der Gesellschaft bis zum Zeitpunkt des Übergangs des Gesellschaftsanteils zu tragen hat. Gerade bei einem unterjährigen Gesellschafterwechsel stellt sich bei der Frage nach dem sachgerechten Aufteilungsschlüssel folgende Problemkreis[17]:
- Unterjährige Aufteilung bei unterschiedlichem Ergebnisverlauf (zB saisonaler Geschäftsverlauf) und
- Berücksichtigung von Sondereinflüssen (zB evtl. Gewerbesteuerpflicht des Veräußerungsgewinns).

18 Die Aufteilung nach dem allgemeinen Gewinnverteilungsschlüssel führt nicht zu einem schlüssigen Ergebnis[18], da gerade im Falle eines unterjährigen Verkaufs im Allgemeinen Sonderabreden über die Zuordnung des anteiligen Ergebnisses bestehen. Die Finanzverwaltung geht dabei davon aus, dass die Aufteilung des Ermäßigungsbetrages zwischen Käufer und Verkäufer zeitanteilig zu erfolgen habe[19]. Gerade in den Fällen, in denen der Verkäufer die Gewerbesteuer-Schuld der Gesellschaft inklusive der eventuellen Gewerbesteuer auf einen Veräußerungsgewinn wirtschaftlich trägt, ist dies nicht sachgerecht und erfordert besondere vertragliche Abreden zwischen Käufer und Verkäufer im Anteilskaufvertrag[20].

4. Gesellschaftsvertragliche Konsequenzen

19 Bedingt durch ihren Objektsteuercharakter ist die Gewerbesteuer eine Steuer, die die Mitunternehmerschaft trifft. Sie ist Adressat des Gewerbesteuermessbescheides bzw. des Gewerbesteuerbescheides. Die Gewerbesteuer ist damit zunächst von der Gesellschaft zu tragen. Hierbei können gesellschafterspezifische Merkmale vorliegen, die die Gewerbesteuerbelastung auf Ebene der Gesellschaft uU erheblich nach oben oder nach unten verändern können. Die wesentlichen gesellschafterspezifischen Einflussfaktoren auf die Gewerbesteuer sind:
- Ergebnisauswirkungen aus einer Ergänzungsbilanz, zB Abschreibungen
- Sondervergütungen gemäß § 15 Abs. 1 Nr. 2 EStG, wie zB Gehalt des Gesellschafter-Geschäftsführers, Zinsen auf Gesellschafterdarlehen usw.
- Ergebnisauswirkungen aus einer **Sonderbilanz**, wie zB Finanzierungskosten im Zusammenhang mit einem Anteilserwerb, Gewinn aus der Veräußerung eines Grundstücks des Sonderbetriebsvermögens

---

[16] Schmidt/*Wacker* § 35 EStG Rn. 23.
[17] *Dreßler* DStR 2014, 132.
[18] Korn/*Schiffers* EStR § 35 Rn. 73.
[19] BMF v. 19.9.2007, BStBl. I 2007, 701; FG Rheinland-Pfalz v. 16.11.2012, DStRE 2013, 1439.
[20] *Dreßler* DStR 2014, 135.

- Gewinn aus der **Veräußerung des Mitunternehmeranteils** gemäß § 7 Satz 2 Ziffer 2 GewStG, falls der Gesellschafter eine Kapitalgesellschaft oder eine GmbH & Co. KG ist
- Gewinn aus der Veräußerung eines Mitunternehmeranteils innerhalb der 5-Jahres-Frist gemäß § 18 Abs. 4 UmwStG.

Gemeinsames Merkmal der gesellschafterindividuellen Einflussfaktoren ist, dass der wirtschaftliche Aufwand bzw. der wirtschaftliche Ertrag lediglich einem Gesellschafter zufällt bzw. von einem Gesellschafter getragen wird, wohingegen der Ertrag bzw. der Aufwand die Höhe der Gewerbesteuer auf Ebene der Gesellschaft beeinflusst.

Ist im Gesellschaftsvertrag keine Regelung darüber enthalten, inwieweit die gesellschafterindividuellen Einflussfaktoren auf die Gewerbesteuer zwischen den Gesellschaftern auszugleichen ist, dürfte die Gewerbesteuer als Betriebsteuer vollumfänglich von der Gesellschaft zu tragen sein.[21] Es handelt sich wohl um den Regelfall in der Vertragspraxis, der relativ einfach zu handhaben ist. Der Nachteil der Konstellation besteht darin, dass sich uU erhebliche wirtschaftliche Verwerfungen innerhalb des Gesellschafterkreises ergeben können.

Trifft man eine Regelung im Gesellschaftervertrag, so könnte vorgesehen werden, **alle gesellschafterindividuellen Besteuerungsfaktoren** für die Gewerbesteuer im Rahmen der Gewinnverteilung zwischen den Gesellschaftern vorab **auszugleichen**. Hierzu ist es erforderlich, eine Schattenveranlagung durchzuführen, um die Veränderung der Gewerbesteuer durch die jeweiligen gesellschafterindividuellen Faktoren zu ermitteln. Dabei können uU auch die Entlastungswirkungen durch die pauschalierte Gewerbesteueranrechnung auf der Ebene der Gesellschafter berücksichtigt werden. Der Vorteil dieser Betrachtungsweise liegt in einem relativ genauen wirtschaftlichen Ausgleich zwischen den Gesellschaftern. Nachteilig ist allerdings, dass sich die Berechnung im Einzelfall als außerordentlich komplex herausstellen kann.

Alternativ hierzu wird in der Literatur ein **Kombinationsmodell** vorgeschlagen.[22] Hiernach beschränkt sich der wirtschaftliche Ausgleich zwischen den Gesellschaftern lediglich auf den **Ausgleich eventueller Anrechnungsüberhänge** aus der Gewerbesteuerabrechnung. Der Ausgleich im Rahmen der Vorabgewinnverteilung würde sich dann betragsmäßig lediglich auf die Differenz zwischen tatsächlicher Gewerbesteuerbelastung und Entlastungswirkung aus Betriebsausgabenabzug und pauschalierte Anrechnung auf Ebene der Gesellschafter beschränken.

Welches dieser Modelle letztlich im Rahmen eines Gesellschaftsvertrages umgesetzt wird, ist von den Verhältnissen des Einzelfalles abhängig, ob beispielsweise eine Kapitalgesellschaft an der GmbH & Co. KG beteiligt ist oder nicht, ob in größerem Ausmaß Ergebniswirkungen aus dem Sonderbetriebsvermögen zu erwarten sind oder nicht. Sind in größerem Umfang gesellschafterindividuelle Ergebniswirkungen zu erwarten, so empfiehlt es sich

---

[21] *Binz/Sorg* GmbH & Co. KG § 17 Rn. 39.
[22] *Herzig/Lochmann* DB 2000, 1734; *Neu* StbJb 2002/03, 163.

durchaus, eine entsprechende Regelung in den Gesellschaftsvertrag aufzunehmen.

II. Besteuerungsebene des Gesellschafters

1. Überblick

25 Der steuerliche Gewinn der GmbH & Co. KG wird unter Berücksichtigung der Auswirkungen einer eventuell bestehenden Sonder- oder Ergänzungsbilanz den Gesellschaftern entsprechend dem Gewinnverteilungsschlüssel zugerechnet. Dieser steuerliche Gewinnanteil unterliegt auf Ebene des **Gesellschafters der Besteuerung mit Einkommensteuer.** Handelt es sich bei dem Gesellschafter um eine Körperschaft, erfolgt eine Besteuerung mit Körperschaftsteuer. Ist Gesellschafter einer GmbH & Co. KG eine natürliche Person, erfolgt nach § 35 Abs. 1 eine **pauschale Anrechnung der anteiligen von der Gesellschaft gezahlten Gewerbesteuer** auf die Einkommensteuerschuld. Die Steuerermäßigung beträgt pauschal das 3,8fache des anteiligen Gewerbesteuermessbetrages der Gesellschaft. Durch die Minderung der Einkommensteuerschuld des Gesellschafters ergibt sich auf dieser Besteuerungsebene eine deutliche Entlastungswirkung der Besteuerung der anteiligen gewerblichen Einkünfte.

26 Der anteilige steuerliche Gewinn der Gesellschaft wird den Gesellschaftern durch die einheitliche und gesonderte Gewinnfeststellung zugerechnet. Dies gilt unabhängig davon, ob der Gewinnanteil entnommen wird oder nicht. Durch die **unmittelbare Zurechnung des anteiligen steuerlichen Ergebnisses** entsteht zunächst ein deutlicher Belastungsunterschied zwischen der Besteuerung einer Kapitalgesellschaft oder einer Personengesellschaft in den Fällen, in denen ein Gewinn nicht in voller Höhe entnommen wird. Zur Angleichung der steuerlichen Auswirkungen zwischen der Besteuerungskonzeptionen von Personen- und Kapitalgesellschaften wurde daher mit Wirkung ab dem Jahr 2008 durch § 34a EStG die Möglichkeit eingeräumt, für den nicht entnommenen Gewinn bei der Personengesellschaft zu einem besonderen Thesaurierungssteuersatz zu optieren. Der Thesaurierungssteuersatz beträgt 28,25 %. Werden die betreffenden Gewinnanteile zu einem späteren Zeitpunkt entnommen, wird der entnommene Betrag mit einer Nachsteuer von 25 % zuzüglich Solidaritätszuschlag belastet.

27 Die nachfolgende Übersicht gibt einen Überblick über die Entlastungswirkung der Thesaurierungsbegünstigung. Gegenübergestellt werden zunächst die Besteuerung von Personengesellschaften bei voller Gewinnentnahme (Spalte 1) bzw. voller Gewinnthesaurierung und vollständiger Optionsausübung (Spalte 2). Dabei wird der Spitzensteuersatz von 45 % zugrunde gelegt und ein Gewerbesteuerhebesatz von 400 % unterstellt:[23]

---

[23] Vgl. bereits *Dörfler/Graf/Reichl* DStR 2007, 645.

§ 6 Besteuerung des steuerlichen Ergebnisses der GmbH & Co. KG

Vollentnahme – keine Thesaurierungsbesteuerung	
Gewinn	100,00
– GewSt (400%)	14,00
= Gewinn n. GewSt	86,00
– ESt (45%)	45,00
+ GewSt-Anr. (380%)	13,30
– SolZ	1,74
= Gewinn n. Steuern	52,56
Steuerbelastung:	**47,44**

zunächst vollständige Thesaurierung/ spätere Entnahme	
Gewinn	100,00
– GewSt (400%)	14,00
= Gewinn n. GewSt	86,00
– ESt (Thes: 28,25%)	28,25
+ GewSt-Anr. (380%)	13,30
– SolZ	0,82
= Gewinn n. Steuern	70,23
Steuerbelastung:	**29,77**

Entnahme	70,23
– ESt (25% Nachversteuerung)	17,56
– Solz	0,97
Einkünfte n. Steuern	51,70
Steuerbelastung	**48,30**

Die Darstellung zeigt, dass sich mit dem Antrag auf Thesaurierungs- 28 begünstigung die Steuerbelastung des anteiligen (thesaurierten) Gewinns deutlich reduziert. Ohne Antrag auf Thesaurierungsbesteuerung beträgt die Gesamtsteuerbelastung des anteiligen Ergebnisses im Spitzeneinkommensteuerbereich 47,44%, wohingegen im Falle der Thesaurierungsbegünstigung die Steuerbelastung bei 29,77% liegt. Dieser Wert ist vergleichbar mit der Steuerbelastung einer Kapitalgesellschaft.

Zu beachten ist, dass das Besteuerungsniveau von 29,77% in jedem Fall 29 entsteht, also **unabhängig von den individuellen Einkommensverhältnissen** der Gesellschafter. Werden die betreffenden Gewinnanteile zu einem späteren Zeitpunkt entnommen, wird die Gesamtsteuerbelastung dieser Gewinnanteile auf insgesamt 48,3% erhöht. Dieser Wert übersteigt die Gesamtsteuerbelastung der anteiligen Gewinnanteile aus der Personengesellschaft, wenn kein Antrag auf Thesaurierungsbesteuerung gestellt wird. Der Antrag auf Thesaurierungsbesteuerung gewährt also **keinen endgültigen Steuersatzvorteil**, sondern lediglich einen Zinsvorteil, der umso größer ist, je größer die Differenz zwischen dem persönlichen Grenzsteuersatz des Gesellschafters und der Thesaurierungsbesteuerung mit 29,77% ist. Je größer diese Differenz ist, desto größer ist auch der Zinsvorteil[24]. Je geringer der Grenzsteuersatz eines Gesellschafters ist, umso weniger vorteilhaft ist der Antrag auf Thesaurierungsbesteuerung.

Die schematische Darstellung vermittelt den Eindruck, als ob die Besteu- 30 erung der von einer GmbH & Co. KG erwirtschafteten Gewinnanteile in einer vergleichbaren Größenordnung wie bei einer Kapitalgesellschaft besteuert werden, sofern die betreffenden Gewinnanteile nicht entnommen werden. Bezogen auf die tatsächlich thesaurierten Gewinnanteile ist diese

---

[24] Vgl. *Pflüger* GStB 2007, 390 (397); *Forst/Schaaf* EStB 2007, 263 (266).

Aussage zutreffend. Zu beachten ist allerdings, dass die von der Gesellschaft gezahlte Gewerbesteuer nicht als Betriebsausgabe abzugsfähig ist, diese jedoch dennoch entrichtet werden muss. Die Gewerbesteuer und andere nicht abzugsfähige Betriebsausgaben können daher nicht thesauriert werden, werden also im vorgestellten System mit dem vollen Einkommensteuersatz des Gesellschafters belastet. Zu beachten ist ferner, dass die Gesellschafter auch für den Fall, dass der Antrag auf Thesaurierungsbesteuerung gestellt wird, die (pauschalierte) Einkommensteuer auch entrichten müssen. Wird diese Einkommensteuer aus der Gesellschaft entnommen, entfällt auch insoweit die Möglichkeit der Thesaurierung, so dass sich das **Volumen** des anteiligen Gewinnes **reduziert**, der mit dem Thesaurierungssatz besteuert werden kann[25].

2. Ausübung der Option zur Thesaurierungsbesteuerung

31 Die Anwendung des Thesaurierungssteuersatzes auf anteilige gewerbliche Einkünfte setzt einen entsprechenden Antrag des Gesellschafters voraus. Bei einer GmbH & Co. KG ist dabei jeder einzelne Gesellschafter gesondert antragsberechtigt[26]. Der Antrag kann gemäß § 34a Abs. 1 S. 3 EStG allerdings nur von einem Gesellschafter gestellt werden, der am Gesamtgewinn mit mindestens 10 % beteiligt ist oder der Gesamtgewinn 10.000 EUR übersteigt. Der Antrag auf Thesaurierungsbesteuerung kann dabei für jeden Veranlagungszeitraum getrennt gestellt werden.

32 Der Betrag, für den ein Antrag auf Thesaurierungsbesteuerung gestellt werden kann, ist der anteilige steuerliche Gewinn des Gesellschafters, vermindert um den positiven Saldo der Entnahmen und Einlagen des Wirtschaftsjahres. Von Bedeutung ist hierbei, dass auch Entnahmen aus einem Sonderbetriebsvermögen berücksichtigt werden. Sind in dem Gewinn der Personengesellschaft auch steuerfreie Erträge enthalten, bezieht sich der Saldo zwischen Entnahmen und Einlagen lediglich auf den steuerpflichtigen Anteil der Einkünfte.

33 Dieser kann nach folgender Formel ermittelt werden[27]:

	Steuerbilanzergebnis
+/−	Ergänzungsbilanzergebnis
+/−	Sonderbilanzergebnis
=	Steuerlicher Gewinnanteil
./.	Entnahmen
+	Einlagen
./.	Steuerfreie Einnahmen
=	**Nicht entnommener Gewinn iSd § 34a Abs. 2 EStG**

Werden die betreffenden Erträge, für die der Antrag auf Thesaurierungsbesteuerung gestellt worden ist, zu einem späteren Zeitpunkt entnommen, müssen diese pauschal nachversteuert werden. Der Pauschalierungssteuersatz beträgt 25 % zuzüglich Solidaritätszuschlag. Eine Nachversteuerung ergibt

---

[25] Vgl. *Reichert/Düll* ZIP 2008, 1251.
[26] *Ortmann-Barbel/Zipfel* BB 2007, 2209.
[27] Vgl. *Forst/Schaaf* EStB 2007, 264.

sich nach § 34a Abs. 4 EStG dann, wenn der Saldo zwischen Entnahmen und Einlagen in einem bestimmten Wirtschaftsjahr den anteiligen steuerlichen Gewinn ergibt. Es ist also eine zweistufige Vorgehensweise geboten. Zunächst ist festzustellen, ob die Entnahmen die Einlagen übersteigen. Ist dies der Fall, ist in einem weiteren Schritt ein Abgleich mit dem anteiligen steuerlichen Gewinn vorzunehmen.[28] Die Auswirkung der Nachversteuerung kann anhand des folgenden stark vereinfachten Beispiels verdeutlicht werden[29].

	t_1	t_2	t_3
Differenz zwischen Betriebsvermögen am Schluss des Wirtschaftsjahres und dem vorangegangen Wirtschaftsjahres	100	100	–50
+ Entnahmen	+150	+100	+100
./. Einlagen	–100	–150	–50
= steuerlicher Gewinn[30]	150	50	0
Saldo Entnahme/Einlagen	–50	0	–50
nicht entnommener Gewinn	100	50	–
Nachversteuerungsbetrag	–	–	50

Im Beispielfall können in den Jahren t_1 und t_2 Thesaurierungsbeträge mit dem Sondersteuersatz versteuert werden. Im Jahr t_3 ergibt sich eine Nachversteuerung auf den Entnahmebetrag von 50. **34**

Bei der Ermittlung des nachversteuerungspflichtigen Betrages ist zu beachten, dass auch **Bewegungen auf Gesellschafterkonten** zu Entnahmen/Einlagen führen, da es sich insoweit um Sonderbetriebsvermögen, mithin um einen Bestandteil der steuerlichen Gesamthand handelt. Auch die Rückzahlung des Darlehens eines Gesellschafters kann insoweit ungewollt zu einem Nachversteuerungstatbestand führen, wenn in Vorjahren ein Antrag auf Thesaurierungsbesteuerung gestellt worden ist. **35**

Zur korrekten Ermittlung einer eventuellen Nachversteuerung ist eine Erfassung und **Fortschreibung** des so genannten **nachversteuerungspflichtigen Betrags** erforderlich. Das ist derjenige Betrag, für den in Vorjahren die Thesaurierungsbegünstigung in Anspruch genommen worden ist. Dieser Betrag ist für jeden Gesellschafter zu erfassen und statistisch fortzuschreiben. Nach § 34a Abs. 3 S. 2 EStG ist der Begünstigungsbetrag zunächst um die auf ihn entfallende Steuerbelastung mit Einkommensteuer und Solidaritätszuschlag zu kürzen. Der nachversteuerungspflichtige Betrag des Vorjahres ist bei der Berechnung hinzuzuzählen und ein eventueller Nachver- **36**

---

[28] Vgl. Dörfler/Graf/Reichl DStR 2007, 648.
[29] Vgl. Reichert/Düll ZIP 2008, 1251.
[30] Der steuerliche Gewinn durch Bestandsvergleich ist weiterhin zu korrigieren, um die steuerlichen Gewinnermittlungsvorschriften, wie zB zur Nichtabzugsfähigkeit der Gewerbesteuer als Betriebsausgabe gem. § 4 Abs. 5b EStG, diese Beträge reduzieren das Thesaurierungsvolumen.

steuerungsbetrag abzuziehen. Dieser errechnet sich also nach folgender Formel[31]:

  Begünstigungsbetrag des VZ
./. EStG (28,25%) zzgl. Solidaritätszuschlag
+ nachversteuerungspflichtiger Betrag des Vorjahres
./. nachversteuerungsbetrag des laufenden VZ
+ ggf. auf den Mitunternehmeranteil übertragener nachversteuerungspflichtiger Betrag
./. ggf. Übertrag auf einen anderen Mitunternehmeranteil
= **nachversteuerungspflichtiger Betrag zum Ende des VZ**

37   Führt man das Beispiel fort, so sind durch die Thesaurierung eines Betrages von 100 im Jahr t_1 und von 50 im Jahr t_2 folgende nachversteuerungspflichtige Beträge entstanden:

38   Ermittlung des nachversteuerungspflichtigen Betrages im Beispielsfall[32]:

	t_1	t_2	t_3
Begünstigungsbetrag des VZ	100,00	50,00	0,00
./. ESt (28,25%) zzgl. Soli	29,80	14,91	–
+ nachversteuerungspflichtiger Betrag des Vorjahres	–	70,20	–
./. Nachversteuerungsbetrag des laufenden Jahres	–	–	–50,00
= **nachversteuerungspflichtiger Betrag zum Ende des Wirtschaftsjahres**	70,20	105,29	55,29

39   Die Gesamtsteuerbelastung sieht demnach in den Jahren t_1 bis t_3 wie folgt aus:

40   Gesamtsteuerbelastung im Beispielsfall

	t_1	t_2	t_3
Gesellschaftsebene			
Steuerlicher Gewinn	150,00	50,00	0,00
darin berücksichtigt Gewerbesteuer	21,00	7,00	0,00
Gesellschafterebene			
ESt (45%) vor Begünstigung	67,50	22,50	0,00
Minderung durch § 34a Abs. 4 EStG	–16,75	–8,38	0,00
Gewerbesteueranrechnung	–19,95	–6,65	0,00
Nachsteuer (25,00%)	–	–	12,50
SolZ	1,69	0,41	0,69
Steuerbelastung auf Gesellschafterebene	32,49	7,88	13,19

---

[31] Ortmann-Barbel/Zipfel BB 2007, 2.212.
[32] Reichert/Düll, ZIP 2008, 1251.

Die Nachversteuerung kann sowohl durch Entnahmen als auch durch 41
einen entsprechenden **Antrag** ausgelöst werden. Eine Nachversteuerung erfolgt aber auch in Situationen, in denen die Mitunternehmerschaft beendet wird. Dies kann im Falle einer Liquidation, einer Insolvenz, aber auch bei Umwandlungsvorgängen geschehen, falls die Personengesellschaft in eine Kapitalgesellschaft überführt wird. Je nach Fallgestaltung kann sich hieraus unter Umständen ein erhebliches Umwandlungshindernis ergeben.

3. Gesellschaftsvertragliche Konsequenzen

Wie bereits erwähnt, ist die Thesaurierungsbesteuerung ein antrags- 42
gebundenes Wahlrecht, das von jedem Gesellschafter unabhängig von den Mitgesellschaftern ausgeübt werden kann. Die Vorteilhaftigkeit eines entsprechenden Antrags ist zudem abhängig von den persönlichen Einkommensverhältnissen der Gesellschafter. Je höher der persönliche Grenzsteuersatz eines Gesellschafters ist, umso größer ist die Differenz zwischen Thesaurierungssteuersatz und persönlichem Einkommensteuersatz. Umso größer ist auch ein möglicher Zinsvorteil aus der Inanspruchnahme des Wahlrechts.[33] Wegen der grundsätzlichen Unabhängigkeit der Wahlrechtsausübung zwischen den einzelnen Gesellschaftern und der gleichzeitig bestehenden Abhängigkeit einer Vorteilhaftigkeit der Wahlrechtsausübung von dem individuellen Einkommensverhältnissen der Gesellschafter ist im Grunde eine **gesellschaftsvertragliche Bestimmung** zur Inanspruchnahme des Wahlrechts **nicht erforderlich**.

Ungeachtet dessen muss beachtet werden, dass die persönliche Einkom- 43
mensteuerbelastung auf Gewinnanteile der Personengesellschaft im Regelfall durch die Gesellschaft aufgebracht werden muss, damit die Gesellschafter zumindest in Höhe der persönlichen Einkommensteuerbelastung entsprechende Entnahmen tätigen können. Häufig findet sich deshalb in den Gesellschaftsverträgen ein **Steuerentnahmerecht der Gesellschafter**. Wird nun von den Gesellschaftern das Wahlrecht zur Thesaurierungsbesteuerung ausgeübt, sind die erforderlichen Entnahmen für Steuerzahlungen geringer, so dass der Gesellschaft insoweit mehr Liquidität zur Verfügung steht. Vor diesem Hintergrund könnte sich anbieten, bestehende **Entnahmebeschränkungen im Gesellschaftsvertrag** um die Verpflichtung der Gesellschafter zu ergänzen, gleichzeitig auch das Wahlrecht zur Thesaurierungsbesteuerung auszuüben.[34] Sinnvoll kann eine entsprechende Regelung in den Fällen sein, in denen der Gesellschaftsvertrag bereits eine Ergebnisverwendungsklausel enthält, nach der die Gesellschafter einen bestimmten Teil des Jahresergebnisses nicht entnehmen dürfen und der nichtentnahmefähige Gewinnanteil einer Rücklage zugeführt wird. In diesen Fällen ist im Gesellschaftsvertrag bereits angelegt, dass ein Teil des erzielten Jahresergebnisses der Gesellschaft dauerhaft zur Verfügung stehen soll. Bei dieser Fallgestaltung kann es sinnvoll sein, auch gleichzeitig eine Regelung zur Optionsausübung zu treffen.

---

[33] *Forst/Schaaf* EStB 2007, 266; *Pflüger* EStB 2007, 392.
[34] Vgl. *Reichert/Düll* ZIP 2008, 1253 ff.

44 Gibt der Gesellschaftsvertrag dagegen keine Vorgaben hinsichtlich der Ergebnisverwendung, wird den Gesellschaftern das erzielte Jahresergebnis mit Auflauf des Jahres bereits auf den Verrechnungskonten gutgeschrieben und steht damit in deren Disposition. Wird der Stand des Verrechnungskontos nicht entnommen, besteht insoweit grundsätzlich die Möglichkeit für den betreffenden Gesellschafter, die Thesaurierungsbesteuerung in Anspruch zu nehmen. Eine gesellschaftsrechtliche Vorgabe über eine einheitliche Ausübung des Wahlrechts kann in diesen Fällen allerdings zu **ungewollten steuerlichen Auswirkungen** führen, da die Verrechnungskonten im Falle einer fehlenden Entnahmebeschränkung in voller Dispositionsfreiheit der Gesellschafter liegen. Liegt der Saldo zwischen Entnahmen und Einlagen eines Geschäftsjahres unbeabsichtigt über dem anteiligen steuerpflichtigen Gewinn des betreffenden Geschäftsjahres, kann hierdurch eine pauschale Nachversteuerung ausgelöst werden, wenn in Vorjahren das Wahlrecht ausgeübt worden ist. Zu beachten ist hierbei, dass in diesen Fällen die Gesamtsteuerbelastung über dem Wert liegt, der sich ohne Inanspruchnahme der Thesaurierungsbesteuerung ergeben würde.

§ 7 Verlustausgleichsbeschränkung gemäß § 15a EStG

Übersicht

	Rn.		Rn.
I. Wirkungsweise der Verlustausgleichsbeschränkung	1	1. Wechsel vom Kommanditisten zum unbeschränkt haftenden Gesellschafter	48
II. Verlustausgleichsvolumen gemäß § 15a EStG	12	2. Wechsel vom Komplementär zum Kommanditisten	50
1. Steuerliches Kapitalkonto im Sinne des § 15a EStG	12	V. § 15a EStG bei Wechsel im Gesellschafterbestand	51
2. Überschießende Außenhaftung nach § 171 HGB	27	1. Unentgeltliche bzw. teilentgeltliche Übertragung des Kommanditanteils	52
III. Fiktive Gewinnzurechnung durch Entnahmen	34	2. Entgeltliche Übertragung des Gesellschaftsanteils	57
IV. § 15a EStG bei Wechsel vom Kommanditisten zum unbeschränkt haftenden Gesellschafter und umgekehrt	47	VI. Verlustverrechnung bei doppelstöckigen Personengesellschaften	66

Schrifttum: *Autenrieth*, Verlustübernahme bei Personengesellschaften, NWB Blickpunkt Steuern 3/2004, 809; *Biergans*, Zur Neuregelung der Einkommensbesteuerung beschränkt haftender Personengesellschafter, DStR 1981, 3; *Bordewin*, Gesetz zur Änderung des Einkommensteuergesetzes, des Körperschaftsteuergesetzes und anderer Gesetze, BB 1980, 1033; *Bordewin*, Verlustausgleich und Verlustabzug bei Personengesellschaften – insbesondere nach neuester Rechtsprechung des Bundesfinanzhofs, DStR 1994, 673; *Claudy/Steger*, Einlagen und § 15a EStG – Zur Notwendigkeit eines außerbilanziellen Korrekturpostens, DStR 2004, 1504; *Dörfler/Zerbe*, Lock-in-Effekte durch § 15a EStG bei Veräußerungen von Anteilen an doppelstöckigen Personengesellschaften, DStR 2012, 1212; *Fischer/Lackum*, Probleme mit der Nicht-Vererbbarkeit von Verlustvorträgen, DStR 2014, 302; *Gail/Düll/Heß-Emmerich/Fuhrmann*, Aktuelle Entwicklungen des Unternehmenssteuerrechts, DB 1998, Beilage 19; *Gschwendtner*, Veräußerung eines Kommanditanteils und negatives Kapitalkonto in der Gesamtbilanz der Mitunternehmerschaft, DStR 1995, 914; *Heißenberg*, Verluste bei beschränkter Haftung, KÖSDI 2001, 12948; *Hempe/Huber*, Die Reihenfolge der Verlustverrechnung beim Zusammentreffen von Veräußerungsgewinnen mit laufenden und § 15a-EStG-Verlusten, DStR 2013, 1217; *Heuermann*, „Nachträgliche" Einlagen – Neue steuerliche Regeln zur Einlagefinanzierung bei Personengesellschaften – ein Beispiel für Kommunikationsstörungen zwischen staatlichen Gewalten, NZG 2009, 321; *Hollatz*, Die Abgrenzung von Gesamthandsvermögen bei Kapitalüberlassung eins Personengesellschafters, DStR 1994, 1673; *Kempermann*, § 15a im Spiegel der neuen Rechtsprechung, StbJb 1996/97, 317; *Kempermann*, Neue Rechtsprechung zu § 15a EStG: Einlagen bei negativem Kapitalkonto und Wechsel der Gesellschafterstellung, DStR 2004, 1515; *Kempf/Hillringhaus*, § 15a EStG als Hemmschuh bei Unternehmensreorganisationen und Unternehmensverkäufen?, DB 1996, 12; *Kolbeck*, Der Begriff des Kapitalkontos im Sinne des § 15a EStG – Auswirkungen des BFH-Urteils vom 14. Mai 1991 VIII R 31/88 –, DB 1992, 2060; *Kratsch*, Unzulässige Passivierung bei Rangrücktritt, KSR Nr. 4 v. 6.4.2012, S. 3; *Kurth/Delhaes*, Die Entsperrung kapitalersetzender Darlehen, DB 2000, 2577; *Ley*, Gesellschafterkonten der

Mai 135

2. Kapitel. Besteuerungskonzeption der GmbH & Co. KG

OHG und KG: Gesellschaftsrechtliche und steuerrechtliche Charakterisierung und Bedeutung, KÖSDI 1994, 9972; *Kurth/Delhaes*, Besteuerungsfragen bei „doppelstöckigen" Personengesellschaften, KÖSDI 1996, 10923; *Kurth/Delhaes*, Die Anwendung von § 15a EStG auf doppelstöckige Personengesellschaften, DStR 2004, 1498; *Mayer*, Steuerbilanzielle Behandlung von Mehrwerten bei Erwerb einer Beteiligung an einer doppelstöckigen Personengesellschaft – Anwendung der Spiegelbildmethode in der Steuerbilanz, DB 2003, 2034; *Nickel/Bodden*, Verlustausgleich und Verlustverrechnung nach § 15a EStG bei doppelstöckigen Kommanditgesellschaften, FR 2003, 391; *Niehus/Wilke*, Einlagen des Kommanditisten bei negativem Kapitalkonto sowie Haftungsausweitung aufgrund Wechsels der Rechtsstellung, FR 2004, 677; *Prinz/Thiel*, § 15a EStG und Sonderbetriebsvermögen, DStR 1994, 341; *Pyszka*, Ernstliche Zweifel am Saldierungsverbot des § 15a EStG – Anmerkung zum Beschluß des BFH vom 12.9.1996, BB 1997, 2153; *Rätke*, Der Rangrücktritt im Insolvenz- und Steuerrecht – Fallstricke bei der Formulierung von Rangrücktrittsvereinbarungen, BBK Nr. 1 v. 4.1.2013, S. 27; *Rodewald*, Erhöhung des ausgleichsfähigen Verlusts nach § 15a EStG, GmbHR 2004, 563; *Ruban*, Zum Begriff der Einlagenminderung in § 15a III EStG, in Steuerrecht, Verfassungsrecht, Finanzpolitik, FS F. Klein, 781; *Sahrmann*, Das negative Kapitalkonto des Kommanditisten nach § 15a EStG, DStR 2012, S. 1109; *Schmidt*, Steuerrechtliche Gewinnermittlung und -zurechnung bei doppelstöckigen Personengesellschaften – Versuch einer Bestandsaufnahme für die Praxis, in: Bilanzrecht und Kapitalmarkt, FS A. Moxter, 1116; *Söffing/Wrede*, Das Gesetz zur Änderung des EStG, des KStG und anderer Gesetze (Teil I), FR 1980, 365; *Söffing*, Das negative Kapitalkonto im Einkommensteuerrecht, NWB F.3, 8805; *Sundermeier*, Die mehrstöckige Personengesellschaft im Licht des § 15a EStG, DStR 1994, 1477; *Theisen*, Gewinne der dritten Art? – Anmerkungen zum „Saldierungsverbot" nach § 15a Abs. 2 EStG, DStR 1998, 99; *Tipke/Lang*, Steuerrecht, 21. Auflage 2012; *Uelner*, Aktuelles zu steuerbegünstigten Kapitalanlagen aus der Sicht der Finanzverwaltung, StbJb 1981/82, 107; *Uelner/Dankmeyer*, Die Verrechnung von Verlusten mit anderen positiven Einkünften nach dem Änderungsgesetz vom 20. August 1980 (sog. § 15a-Gesetz), DStZ 1981, 12; *van Lishaut*, § 15a EStG nach der Ausgliederung des Sonderbetriebsvermögens, FR 1994, 273; *Wacker*, Anmerkung zu BFH-Urteil vom 14.10.2003 VIII R 32/01, HFR 2004, 135; *Wacker*, „Vorgezogenen Einlagen" und § 15a EStG – Erste Anmerkungen zum BFH-Urteil vom 14.10.2003 VIII R 32/01, DB 2004, 11; *Wassermeyer*, § 15a EStG: Eine Herausforderung für den steuerlichen Berater – Gestaltungshinweise für das Nutzbarmachen steuerlicher Verluste, DB 1985, 2634.

I. Wirkungsweise der Verlustausgleichsbeschränkung

1   Tragendes Element der Besteuerungskonzeption von Mitunternehmerschaften ist das sog. Feststellungsprinzip. Gewinne und Verluste der Personengesellschaft werden dem Mitunternehmer entsprechend dem Gewinnverteilungsschlüssel unmittelbar zugerechnet. Anteilige Verluste aus der Mitunternehmerschaft können hiernach auf der Ebene der Gesellschafter mit anderen positiven Einkünften verrechnet werden. Bei steuerlich orientierten Investitionen wird diese Verlustverrechnungsmöglichkeit gezielt als Gestaltungselement verwendet. Ausgelöst durch die sog. **Verlustzuweisungsgesellschaften** wurde deshalb die Verlustausgleichsbeschränkung gemäß § 15a EStG für **beschränkt haftende Gesellschafter** von Personengesellschaften eingefügt. Diese restriktive Vorschrift ist ab dem Jahr 1980

§ 7 Verlustausgleichsbeschränkung gemäß § 15a EStG

allgemein für alle Gesellschaften anzuwenden,[1] ist also nicht mehr auf Verlustzuweisungsmodelle beschränkt. Für sog. Steuerstundungsmodelle gilt die Verlustausgleichsbeschränkung des § 15b EStG.

Obschon die Ursache für die Aufnahme des § 15a EStG in das Gesetz der Kampf gegen Steuersparmodelle war, hat dieser Anwendungsbereich mittlerweile an Bedeutung verloren. Hauptanwendungsfall des § 15a EStG ist mittlerweile die „normale" Personengesellschaft in der Rechtsform der GmbH & Co. KG. Die finanzgerichtliche Interpretation der Vorschrift hat außerdem dazu geführt, dass sich § 15a EStG zu einer großen Belastung für mittelständische Personengesellschaften entwickelt hat. Die wirtschaftlichen Nachteile stehen in keinem Verhältnis und in keiner Beziehung zu dem ursprünglich verfolgten Gesetzeszweck.

Grundgedanke der Verlustausgleichsbeschränkung nach § 15a EStG ist, dass ein beschränkt haftender Gesellschafter Verluste nur insoweit mit anderen positiven Einkünften verrechnen kann, als er durch die Verluste der Personengesellschaft wirtschaftlich belastet ist.[2] Der beschränkt haftende Gesellschafter haftet den Gläubigern der Personengesellschaft gegenüber nur bis zur Höhe seiner im Handelsregister eingetragenen Einlage (§§ 171 Abs. 1, 172 Abs. 1 HGB). Die Haftung ist ausgeschlossen, soweit die Einlage geleistet ist (§ 171 Abs. 1 2. Hs. HGB). Eine wirtschaftliche Belastung des beschränkt haftenden Gesellschafters durch Verluste der Gesellschaft ist mithin gegeben, wenn der Gesellschaft **steuerliches Eigenkapital** zur Verfügung gestellt worden ist bzw. falls der Gesellschafter im **Außenverhältnis** gemäß § 171 Abs. 1 2. Hs. HGB **haftet**. Überschreiten die anteiligen Verluste der Personengesellschaft die Grenze der wirtschaftlichen Belastung, entstehen sog. **verrechenbare Verluste**. Die verrechenbaren Verluste werden gem. § 15a Abs. 2 EStG auf der Ebene der Personengesellschaft gespeichert und können nur mit späteren Gewinnanteilen aus der Beteiligung an der Personengesellschaft ausgeglichen werden. Eine Verlustverrechnung auf der Ebene des Gesellschafters ist nicht möglich. Verfahrensrechtlich werden die verrechenbaren Verluste gesondert und ggf. einheitlich festgestellt (§ 15a Abs. 4 EStG). Der Feststellungsbescheid eines Jahres kann nur insoweit vom Steuerpflichtigen mittels Rechtsbehelfs angegriffen werden, als sich der verrechenbare Verlust dieses Jahres gegenüber dem verrechenbaren Verlust des Vorjahres verändert hat. Die Feststellung des verrechenbaren Verlustes kann mit der gesonderten und einheitlichen Gewinnfeststellung verbunden werden (§ 15a Abs. 4 Satz 5 EStG).

Beispiel: A ist mit 100% am Kapital der A-GmbH & Co. KG beteiligt. Sein steuerliches Kapitalkonto am Jahresanfang t1 beträgt T-EUR 400. Die steuerlichen Ergebnisse aus der Gesellschaft entwickeln sich wie folgt:

Steuerliches Ergebnis:

t1	− 300 TEUR
t2	− 200 TEUR
t3	− 200 TEUR

---

[1] BFH v. 9.5.1996, GmbHR 1997, 45; krit. hierzu *Kirchhof/Söhn/v.Beckerath* § 15a EStG Rn. A 245–248; BFH v. 19.4.2007, BStBl. II 2007, 868.
[2] BR-Drs. 511/79.

2. Kapitel. Besteuerungskonzeption der GmbH & Co. KG

t4   + 150 TEUR
t5   + 350 TEUR

Lösungshinweis:

	t0	t1	t2	t3	t4	t5
Stand des steuerlichen Kapitalkontos zum Jahresende	400	100	−100	−300	−150	+200
Steuerlicher Ergebnisanteil A-GmbH & Co. KG		−300	−200	−200	+150	+350
Veränderung der verrechenbaren Verluste gemäß § 15a EStG:		0	100	200	−150	−150
Ergebnisverrechnung auf der Ebene des Gesellschafters		−300	−100	0	0	+200

4   Die vereinfachte Darstellung zeigt, dass dem Gesellschafter die steuerlichen Ergebnisanteile der A-GmbH & Co. KG in vollem Umfang zugerechnet werden. Durch die Speicherfunktion des § 15a EStG wird jedoch die unmittelbare Verlustverrechnung eingeschränkt und auf spätere Zeiträume verlagert.

5   § 15a EStG ist keine Verlustverrechnungsvorschrift, sondern eine Regelung über das Schicksal des Verlustanteils eines Gesellschafters, der diesem entsprechend den allgemeinen Regeln anteilig aus der Personengesellschaft zugewiesen worden ist.[3] Verluste sind einem Mitunternehmer also auch dann zuzurechnen, wenn diese Verluste nicht **ausgleichsfähig**, sondern lediglich **verrechenbar** im Sinne des § 15a EStG sind. Eine Vereinbarung im Gesellschaftsvertrag, nach der ein Kommanditist über den Betrag seines Kapitalkontos hinaus keine Verluste zugewiesen bekommt, erfolgt außerhalb des Regelungsbereichs des § 15a EStG. Diese Vereinbarung berührt vielmehr die Ermittlung des anteiligen Ergebnisanteils aus der Personengesellschaft.[4]

6   Unabhängig von der Verlustausgleichsbeschränkung nach § 15a EStG können Verluste der Personengesellschaft dem beschränkt haftenden Kommanditisten nur so lange zugewiesen werden, wie die Aussicht besteht, dass ein bestehendes negatives Kapitalkonto durch zukünftige Gewinne ausgeglichen werden kann. Sobald feststeht, dass ein **Ausgleich** des bestehenden **negativen Kapitalkontos** durch Zuweisung von Gewinnen **nicht** mehr erfolgen kann, ergeben sich folgende **Konsequenzen**:[5]

– Dem Kommanditisten wird kein anteiliger Verlust des Geschäftsjahres zugewiesen. Dies gilt allerdings nicht für Verluste aus einem eventuell vorhandenen Sonderbetriebsvermögen.[6]

---

[3] BFH v. 8.9.1992, BStBl. II 1993, 281; vgl. auch BFH v. 23.1.2001, BStBl. II 2001, 621.
[4] *Herrmann/Heuer/Raupach* § 15a EStG Rn. 79.
[5] L. *Schmidt/Wacker* § 15a EStG Rn. 17; OFD Frankfurt v. 16.7.2003 EStK § 15 EStG Fach 2 Karte 2; OFD München/Nürnberg v. 7.5.2004, FR 2004, 731.
[6] BFH v. 14.11.1985, BStBl. II 1986, 58.

§ 7 Verlustausgleichsbeschränkung gemäß § 15a EStG

– Das negative Kapitalkonto des Kommanditisten wird aufgelöst und führt in voller Höhe zu einem steuerlichen Gewinn des Kommanditisten,[7] der jedoch mit etwaigen verrechenbaren Verlusten ausgeglichen werden kann.
– Dem persönlich haftenden Gesellschafter wird in Höhe des negativen Kapitalkontos ein Verlust zugewiesen. Dies gilt auch für beschränkt haftende Gesellschafter, soweit dies nach dem Stand der Kapitalkonten noch möglich ist.

Auch diese Rechtsprechung ist letztlich durch extreme Gestaltungen im Bereich der Verlustzuweisungsgesellschaften beeinflusst worden. Sie entspringt dem Grundprinzip des Einkommensteuerrechts, dass Verluste nur derjenige verrechnen darf, der diese Verluste wirtschaftlich auch getragen hat.[8] Diese Prinzipien sind grundsätzlich **unabhängig** von dem Geltungsbereich des § 15a EStG.[9] Im Allgemeinen führt die Anwendung dieser Grundsätze für die Beteiligten nicht zu einem Nachteil, da einer Gewinnzurechnung aus der Auflösung des negativen Kapitalkontos üblicherweise in gleicher Höhe ein Bestand an verrechenbaren Verlusten gemäß § 15a EStG gegenübersteht. 7

Die Verlustausgleichsbeschränkung des § 15a EStG erfasst lediglich die anteiligen Verluste der Gesamthandsbilanz sowie der Ergänzungsbilanz. **Nicht erfasst** werden dagegen **Verluste aus dem Bereich des Sonderbetriebsvermögens**.[10] Erfasst werden somit die anteiligen Ergebnisse der ersten Gewinnermittlungsstufe.[11] Verluste aus dem Bereich des Sonderbetriebsvermögens können unabhängig von § 15a EStG unbegrenzt mit anderen positiven Einkünften des Gesellschafters verrechnet werden.[12] 8

Auf der anderen Seite vertritt die Finanzverwaltung die Auffassung, dass für Verluste aus der ersten Gewinnermittlungsstufe für Zwecke des § 15a EStG ein **Saldierungsverbot** mit Gewinnen aus dem Sonderbetriebsvermögen besteht.[13] Hiernach soll § 15a EStG auch dann greifen, wenn sich im Bereich der **ersten Gewinnermittlungsstufe** ein Verlust ergibt, dem jedoch aus dem Bereich des Sonderbetriebsvermögens, also der **zweiten Gewinnermittlungsstufe**, ein positives Ergebnis gegenübersteht. Die Auffassung der Finanzverwaltung ist durch das BFH-Urteil vom 13.10.1998[14] bestätigt worden. Der BFH kommt zu dem Ergebnis, dass für Zwecke des § 15a EStG Verluste aus dem Gesamthandsvermögen bzw. einer evtl. vorhandenen Ergänzungsbilanz nicht mit Gewinnen aus dem Sonderbetriebsvermögen des gleichen Geschäftsjahres verrechnet werden dürfen. 9

---

[7] BFH v. 10.12.1991, BStBl. II 1992, 650; vgl. auch BFH v. 30.6.2005, BStBl. II 2005, 809.
[8] Tipke/Lang § 8 Rn. 63.
[9] Vgl. die zur Rechtslage vor Einführung des § 15a EStG ergangenen Entscheidungen des BFH v. 10.11.1980, BStBl. II 1981, 164 und v. 19.11.1964, BStBl. III 1965, 111.
[10] Blümich/*Heuermann* § 15a EStG Rn. 49; Littmann/*Bitz* § 15a EStG Rn. 12.
[11] *Prinz/Thiel* DStR 1994, 346.
[12] R 15a Abs. 2 EStR.
[13] BMF v. 15.12.1993, BStBl. I 1993, 976; *L. Schmidt/Wacker* § 15a EStG Rn. 104; krit. *Bordewin* DStR 1994, 678; *Theisen* DStR 1998, 1896.
[14] BFH v. 13.10.1998, BStBl. II 1999, 163; BFH v. 11.7.2006, BStBl. II 2007, 96.

2. Kapitel. Besteuerungskonzeption der GmbH & Co. KG

Beispiel: B ist zu 100% an der B-GmbH & Co. KG als Kommanditist beteiligt. Das steuerliche Kapitalkonto beträgt zum Anfang des Jahres t1 100. Das Ergebnis der Gesellschaft beträgt im Jahr t1 −200. Für das Jahr t1 erhält B von der GmbH & Co. KG ein Gehalt in Höhe von 250, das im handelsrechtlichen Jahresabschluss der Gesellschaft als Aufwand behandelt ist.

Lösungshinweis:

Steuerliche Gewinnermittlung gemäß § 15 EStG:

Ergebnis lt. 1. Gewinnermittlungsstufe	−200
Ergebnis lt. 2. Gewinnermittlungsstufe (Gehalt)	+250
Steuerlicher Ergebnisanteil für das Jahr t1	+ 50

Für Zwecke des § 15a EStG ergibt sich folgende Berechnung:

Ergebnis aus der 1. Gewinnermittlungsstufe	−200
davon verrechenbarer Verlust	100
davon ausgleichsfähig gemäß § 15a EStG	−100
Ergebnis lt. 2. Gewinnermittlungsstufe (Gehalt)	+250
Einkünfte aus Gewerbebetrieb in t1	+150

10 Die Darstellung zeigt, dass das nach § 15a EStG bestehende Verbot der Saldierung von Verlusten der ersten Gewinnermittlungsstufe mit Gewinnen der zweiten Gewinnermittlungsstufe zu einer Erhöhung des im betreffenden Veranlagungszeitraum zu versteuernden Gewinnanteils aus der Beteiligung führt. Die Verlustverrechnung wird auf spätere Zeiträume, in denen Gewinne der ersten Gewinnermittlungsstufe anfallen, verlagert.

11 Die in der dargestellten Konstellation eintretende Verlustausgleichsbeschränkung kann grundsätzlich dadurch vermieden werden, dass die Tätigkeitsvergütung nicht auf schuldrechtlicher Basis, sondern auf gesellschaftsrechtlicher Basis als Vorabgewinn vereinbart wird. Im oben angeführten Beispiel würde das Ergebnis der Gesellschaft nicht −200, sondern +50 betragen. Dieses Ergebnis von +50 wäre von B zu versteuern Allerdings stellt sich die Frage, ob B bei einem Ergebnis von + 50 dennoch einen „Vorabgewinn" von 250 erhalten kann. Ist die Entnahmefähigkeit von B gesellschaftsvertraglich auf sein Kapitalkonto beschränkt, würde uE bei einer über das positive Kapitalkonto hinausgehenden Auszahlung an B eine Forderung der B-GmbH & Co. KG gegenüber B entstehen. Es bliebe bei einem zu versteuernden Gewinnanteil von + 50. Wird entgegen dieser Auffassung in der über das Kapitalkonto hinausgehenden Auszahlung an B eine zulässige Entnahme gesehen, sind die Grundsätze der fiktiven Gewinnzurechnung bei Entnahmen nach § 15a Abs. 3 EStG zu beachten (siehe dazu → Rn. 34 ff.).

II. Verlustausgleichsvolumen gemäß § 15a EStG

1. Steuerliches Kapitalkonto im Sinne des § 15a EStG

12 Die Zusammensetzung des steuerlichen Kapitalkontos im Sinne des § 15a EStG war lange Zeit umstritten. Aufgrund der eindeutigen Rechtsprechung des BFH ist nunmehr entschieden, dass als Kapitalkonto im Sinne des § 15a EStG lediglich das Kapitalkonto der Gesamthandsbilanz zuzüglich einer etwa

§ 7 Verlustausgleichsbeschränkung gemäß § 15a EStG

bestehenden Ergänzungsbilanz zu verstehen ist.[15] Eventuell vorhandenes positives oder negatives **Sonderbetriebsvermögen** ist bei der Berechnung des Verlustausgleichsvolumens nach § 15a EStG **außer Acht** zu lassen. Diese Entscheidung wurde aus dem Normzweck des § 15a EStG abgeleitet, dass die Verlustverrechnung nur in dem Maß zulässig sein solle, wie eine Haftung für Verbindlichkeiten der Gesellschaft besteht.[16] Da die von dem Gesellschaftsvermögen getrennte Vermögenssubstanz gerade kennzeichnend für den Bereich des Sonderbetriebsvermögens ist, verändert das Sonderbetriebsvermögen nicht das Volumen der ausgleichsfähigen Verluste aus der Gesellschaft.

Verluste der Personengesellschaft sind mit Ausnahme des Kapitals lt. Ergänzungsbilanz nur in der Höhe ausgleichsfähig, in der in der Gesamthandsbilanz der Gesellschaft für den Gesellschafter ein Kapitalkonto geführt wird. Es ist üblich, dass im Gesellschaftsvertrag einer GmbH & Co. KG für die Gesellschafter **unterschiedliche Konten** geführt werden. Teilweise werden diese Konten als Kapitalkonto I, Kapitalkonto II, Kapitalkonto III usw. geführt. Die schlichte Bezeichnung als **Kapitalkonto** führt für sich allein allerdings noch **nicht** zu einer Qualifikation als steuerliches Kapitalkonto im Sinne des § 15a EStG. Es ist vielmehr anhand der Regelungen im Gesellschaftsvertrag zu untersuchen, ob das betreffende Konto den Charakter von **Eigenkapital** oder eher den Charakter einer **Forderung/Verbindlichkeit** hat. Als Abgrenzungskriterien kommen beispielsweise in Betracht:
– Gesamthänderische Bindung bzw. Verfügbarkeit,
– Verzinsung des Kapitalkontos sowie
– Verrechnung mit Verlusten der Gesellschaft.[17]

Die Charakterisierung entspricht im Wesentlichen der handelsrechtlichen Problematik des Ausweises von Gesellschafterkonten in der Handelsbilanz der Gesellschaft unter der Position „Eigenkapital" bzw. unter Position „Forderungen/Verbindlichkeiten"[18] (vgl. dazu → § 23 Rn. 27 ff.). Im Zweifel kommt eine Qualifikation als Eigenkapital dann in Betracht, wenn nach den Regelungen des Gesellschaftsvertrags eine **Verrechnung von Verlusten** der Gesellschaft mit dem betreffenden Konto erfolgen kann.[19] Wegen dieser besonderen Problematik sollte unbedingt darauf geachtet werden, dass im Gesellschaftsvertrag der Kommanditgesellschaft der Charakter der jeweiligen Kapitalkonten klar und eindeutig herausgearbeitet ist und gegebenenfalls der Charakter als Eigenkapital oder als Fremdkapital eindeutig bestimmt wird.

Darlehen eines Gesellschafters an die Kommanditgesellschaft sind Sonderbetriebsvermögen des Kommanditisten und bilden **kein steuerliches Kapitalkonto** im Sinne des § 15a EStG.[20] Dies gilt unabhängig davon, ob

---

[15] BFH v. 30.3.1993, BStBl. II 1993, 706; BFH v. 13.10.1998, BStBl. II 1999, 163; BFH v. 8.2.2013, BFH/NV 2013, 1226.
[16] van Lishaut FR 1994, 275; krit. Bordewin DStR 1994, 676.
[17] Prinz/Thiel DStR 1994, 344; van Lishaut FR 1994, 276; Hollatz DStR 1994, 1673.
[18] HFA 2/1993, WPg 1994, 22.
[19] BMF v. 30.5.1997, BStBl. I 1997, 627; van Lishaut FR 1994, 276; Ley KÖSDI 1994, 9972; Kempermann StbJb 1996/97, 318.
[20] Prinz/Thiel DStR 1994, 343.

2. Kapitel. Besteuerungskonzeption der GmbH & Co. KG

das Darlehen auf einem Darlehenskonto oder auf einem Kapitalkonto erfasst und ausgewiesen ist. Darlehen des Gesellschafters gehörten auch dann nicht zu dem Kapitalkonto iSd § 15a EStG, wenn es sich um eigenkapitalersetzende Darlehen iSd §§ 172a HGB aF, 32a, 32b GmbH aF handelte, da auch solche Darlehen in der Handels- und Steuerbilanz der KG auf der Passivseite als „echtes" Fremdkapital auszuweisen waren.[21] Entsprechend gehören auch Gesellschafterdarlehen als Fremdkapital nicht zum Kapitalkonto, welche – nach Abschaffung des Eigenkapitalersatzrechts durch das MoMiG – nachrangig gem. §§ 39 I Nr. 5, IV, V, 135 InsO nF sind.[22]

16 Gemessen an der **Zwecksetzung** des § 15a EStG, die Verlustverrechnung für einen Kommanditisten insoweit zuzulassen, als dieser den Gläubigern der Gesellschaft haftet, müsste die gesellschaftsrechtliche Qualifikation als Eigenkapitalersatz nach §§ 172a HGB aF, 32a, 32b GmbH aF bzw. die Nachrangigkeit gem. §§ 39 I Nr. 5, IV, V, 135 InsO nF auch im Anwendungsbereich des § 15a EStG gelten. Ein sog. erweiterter Verlustausgleich aufgrund einer über das Kapitalkonto hinausgehenden Außenhaftung ist jedoch nach der ständigen BFH-Rechtsprechung auf den Fall der Haftung des Kommanditisten nach § 171 Abs. 1 HGB beschränkt.[23]

17 Die Grundsätze für eigenkapitalersetzende Darlehen gelten sinngemäß für Gesellschafterdarlehen mit vereinbartem Rangrücktritt, die nach hL ebenfalls in Handels- und Steuerbilanz als Fremdkapital auszuweisen sind.[24] Dies gilt sowohl für den einfachen als auch den qualifizierten Rangrücktritt.[25] Die Bilanzierung einer nachrangigen Verbindlichkeit als Fremdkapital in der Steuerbilanz setzt aber – jedenfalls im Fall des einfachen Rangrücktritts[26] – voraus, dass sie aus zukünftigen Gewinnen, einem zukünftigen Liquidationsüberschuss sowie aus **sonstigem freien Vermögen** getilgt werden kann. Ist eine nachrangige Verbindlichkeit hingegen **nur** aus zukünftigen Gewinnen und einem zukünftigen Liquidationsüberschuss zu tilgen, so ist sie mangels wirtschaftlicher Belastung der Gesellschaft gem. § 5 Abs. 2a EStG nicht in der Steuerbilanz anzusetzen.[27] Wurde die Verbindlichkeit vor der Vereinbarung des Rangrücktritts bilanziert, so ist sie mit Abschluss der Rangrücktrittsvereinbarung ertragswirksam auszubuchen. Eine Einlage des Gesellschafters, welchem die nachrangige Forderung zusteht, soll nicht in Betracht kommen.[28] Dies hat zur Folge, dass sich der Gewinn und damit auch die Kapitalkonten der Gesellschafter entsprechend erhöhen. Durch entsprechende Formulierung der Rangrücktrittsvereinbarung können demnach die

---

[21] BFH v. 28.3.2000, BStBl. II 2000, 347; BFH v. 6.10.2009 BStBl. II 2010, 177; BFH v. 1.8.2011 BStBl. II 2013, 210; *L. Schmidt/Wacker* § 15a EStG Rn. 88; kritisch dazu *Kurth/Delhaes* DB 2000, 2584.
[22] *L. Schmidt/Wacker* § 15a EStG Rn. 88; *Blümich/Heuermann* § 15a EStG, Rn. 46a.
[23] BFH v. 14.12.1999 BStBl. II 2000, 265 mwN.
[24] *L. Schmidt/Wacker* § 15a EStG Rn. 90.
[25] *L. Schmidt/Wacker* § 15a EStG Rn. 90.
[26] *Kratsch* KSR Nr. 4 v. 6.4.2012, 3.
[27] BFH v. 30.11.2011, BStBl. II 2012, 332.
[28] BFH v. 30.11.2011, BStBl. II 2012, 332; kritisch *Rätke* BBK Nr. 1 v. 4.1.2013, 27.

§ 7 *Verlustausgleichsbeschränkung gemäß § 15a EStG*

Bilanzierung der nachrangigen Verbindlichkeit in der Steuerbilanz sowie die Höhe der Kapitalkonten der Gesellschafter beeinflusst werden.

Ein planmäßig in die Finanzierung der Gesellschaft einbezogenes Darlehen (sog. Finanzplandarlehen) bzw. ein Darlehen, das die Gesellschafter zusammen mit Einlagen als Gesellschafterbeitrag gewähren müssen (sog. gesplittete Einlage), gehört nach der Rechtsprechung des BFH – unabhängig vom Ausweis in der Handelsbilanz – zum Eigenkapital iSd § 15a EStG, wenn es nach den vertraglichen Vereinbarungen während des Bestehens der Gesellschaft vom Gesellschafter nicht gekündigt werden kann und wenn die Forderung des Gesellschafters im Falle seines Ausscheidens oder der Liquidation der Gesellschaft mit einem eventuell bestehenden negativen Kapitalkonto zu verrechnen ist.[29] Diese Voraussetzungen sind im Wege einer Einzelfallbetrachtung anhand der jeweiligen Darlehensbedingungen zu prüfen. **18**

Da das Verlustausgleichsvolumen somit auf „echte" Eigenkapitalkonten in der Gesamthandsbilanz – ggf. korrigiert um Ergänzungsbilanzen – beschränkt ist, sollte das voraussichtliche Jahresergebnis der Gesellschaft rechtzeitig vor dem Jahresende mit dem Stand des Verlustausgleichsvolumens abgeglichen werden. Ergibt sich bei diesem Abgleich ein Anpassungsbedarf für das Kapital, muss entweder noch vor dem Bilanzstichtag eine Einlage geleistet oder eine erweiterte Außenhaftung nach § 171 Abs. 1 S. 2 HGB begründet werden. Da im Regelfall keine Einwirkungsmöglichkeit auf die Arbeit des Handelsregisters besteht, dürfte die Leistung einer Einlage in das Gesellschaftsvermögen noch vor dem Bilanzstichtag die Alternative mit den größten Erfolgsaussichten bilden. Zu beachten ist jedoch, dass die Einlage in das Gesellschaftsvermögen **nicht** einem **variablen Kapitalkonto** des Gesellschafters gutgebracht wird, welches nach allgemeinen Kriterien den Charakter einer Forderung/Verbindlichkeit hat. **19**

Des Weiteren ist stellt sich die Frage, in welcher Form die Einlage zu tätigen ist, damit eine Erhöhung des Verlustausgleichsvolumens anerkannt wird. Eine Bareinlage erhöht das Verlustausgleichsvolumen. Gleiches gilt grundsätzlich auch für eine Sacheinlage, zB die Einlage eines Grundstücks.[30] Die Werthaltigkeit der Sacheinlage ist zu untersuchen. Eine Sacheinlage in Form einer bloßen Verlustübernahmeerklärung im Innenverhältnis zwischen der Personengesellschaft und dem Kommanditisten reicht hingegen für die Erhöhung des Verlustausgleichsvolumens grundsätzlich nicht aus. Es muss eine echte wirtschaftliche Belastung dahingehend hinzukommen, dass sich auch Dritte auf die Verlustübernahmeerklärung berufen können. Dies ist beispielsweise der Fall, wenn die eingebrachte Forderung auf Verlustübernahme im Außenverhältnis abgetreten wird.[31] **20**

Eine **Einlage** in das Gesellschaftsvermögen führt allerdings nur dann zu einem erhöhten Verlustausgleichsvolumen nach § 15a EStG, wenn diese Ein- **21**

---

[29] BFH v. 7.4.2005, BStBl. II 2005, 598; *Schmidt/Wacker*, § 15a EStG Rn. 91; R 15a EStH, Stichwort „Kapitalkonto".
[30] BFH v. 11.10.2007, BStBl. II 2009, 135.
[31] BFH v. 18.12.2003, BStBl. II 2004, 231; BFH v. 19.10.2007, BFH/NV 2008, 211; *Autenrieth* NWB Blickpunkt Steuern 3/2004, 809; *Rodewald*, GmbHR 2004, 564; *Kempermann*, DStR 2004, 1517.

lage noch **vor dem Jahresende** tatsächlich geleistet wird.[32] Eine Einlage in einem späteren Wirtschaftsjahr führt nach ständiger BFH-Rechtsprechung nicht zu einer Umwandlung von verrechenbaren Verlusten in ausgleichsfähige Verluste.[33] Diese ständige Rechtsprechung des BFH ist nunmehr in § 15a Abs. 1a EStG kodifiziert. Dies gilt unabhängig davon, ob die Einlage in einem späteren Wirtschaftsjahr freiwillig geleistet wurde oder aber die erhöhte Pflichteinlage im Verlustjahr zwar eingefordert, aber noch nicht eingezahlt worden ist.

22 Die nachträgliche Einlage wirkt sich jedoch insofern einkommensmindernd aus, als sie das Verlustausgleichsvolumen für künftige Verluste erhöht. Soweit die nachträgliche Einlage zu einem positiven Kapitalkonto des Kommanditisten führt, ergibt sich dies unmittelbar aus der Systematik des § 15a EStG. Soweit das Kapitalkonto durch die nachträgliche Einlage nicht positiv wird, ist die Auswirkung der nachträglichen Einlage auf das Verlustausgleichsvolumen davon abhängig, ob die nachträgliche Einlage bis zum oder nach dem 24.12.2008 erfolgte.

23 Der BFH hat in seinem Urteil vom 14.10.2003 festgestellt, dass Einlagen, die zum Ausgleich eines negativen Kapitalkontos geleistet und im Wirtschaftsjahr der Einlage nicht durch ausgleichsfähige Verluste verbraucht werden, regelmäßig zum Ansatz eines Korrekturpostens führen mit der weiteren Folge, dass – abweichend vom Wortlaut des § 15a Abs. 1 Satz 1 EStG – Verluste späterer Wirtschaftsjahre bis zum Verbrauch dieses Postens auch dann als ausgleichsfähig zu qualifizieren sind, wenn hierdurch (erneut) ein negatives Kapitalkonto entsteht oder sich erhöht.[34] Der BFH begründet seine Auffassung damit, dass es dem Gesetzeszweck widersprechen würde, wenn dem Kommanditisten zwar dann ein ausgleichsfähiger Verlust zugerechnet würde, wenn er erst im Wirtschaftsjahr der Verlustentstehung eine Einlage leistet (zeitkongruente Einlage), ihm diese aber allein aufgrund des Umstands verwehrt wird, dass er den betreffenden Betrag am Ende des vorangegangenen Wirtschaftsjahres eingelegt und damit sein Kapitalkonto ausgeglichen hat, so dass aufgrund des Verlusts im folgenden Wirtschaftsjahr ein negatives Kapitalkonto entsteht oder sich erhöht (vorgezogene Einlage). Des Weiteren begründet der BFH seine Auffassung damit, dass nur durch den Ansatz eines Korrekturpostens, der für Verluste späterer Wirtschaftsjahre zur Verfügung steht, eine Gleichbehandlung der vorgezogenen Einlagen mit der Erhöhung einer Haftsumme und des damit verbundenen erweiterten Verlustausgleichs gewährleistet wird.

24 Trotz der mit der Bildung und insbesondere der Fortführung eines (weiteren) Korrekturpostens verbundenen Probleme in der Praxis,[35] ist das BFH-Urteil aus systematischer Sicht überzeugend[36] und auch insofern für die Pra-

---

[32] BFH v. 19.5.1987 BStBl. II 1988, 9.
[33] BFH v. 14.12.1995, BStBl. II 1996, 226; BFH v. 28.3.2000 BStBl. II 2000, 347.
[34] BFH DB 2004, 45 = DStR 2004, 24.
[35] Kritisch zur „Endlos-Reihe" von Korrekturposten i. Zsh. d. § 15a EStG HG, DStR 2004, 28.
[36] Ebenso *Niehus/Wilke* FR 2004, 684; *Wacker* HFR 2004, 135; *Wacker* DB 2004, 11.

xis vorteilhaft, als eine Einlage zum Jahresende nicht immer exakt in der erforderlichen Höhe geleistet werden kann und eine „überschießende" Einlage nach diesem Urteil auch dann das künftige Verlustausgleichsvolumen erhöht, wenn das Kapitalkonto durch diese Einlage nicht positiv wird. Die Finanzverwaltung reagierte auf das Urteil des BFH vom 14.10.2003 mit einem Nichtanwendungserlass.[37] Nach Bestätigung des Urteils des BFH vom 14.10.2003 durch ein weiteres Urteil des BFH vom 26.6.2007[38] änderte die Finanzverwaltung ihre Auffassung und wendete die Rechtsprechung des BFH an.[39] Hierauf reagierte der Gesetzgeber mit einem Nichtanwendungsgesetz, welches in § 15a Abs. 1a EStG die Folgen der nachträglichen Einlagen auf das Verlustausgleichsvolumen zum Nachteil des beschränkt haftenden Gesellschafters abweichend von der vorstehend genannten Rechtsprechung des BFH regelt.[40] § 15a Abs. 1a EStG ist anzuwenden auf nachträglich Einlagen, welche nach dem 24.12.2008 erfolgten (§ 52 Abs. 33 S. 6 EStG). Wurden für bis zum 24.12.2008 geleistete nachträgliche Einlagen Korrekturposten entsprechend dem Urteil des BFH vom 14.10.2003 gebildet, so bleiben diese erhalten und sind für die Zeit nach dem 24.12.2008 entsprechend der Grundsätze des Urteils des BFH vom 14.10.2003 fortzuentwickeln.[41]

25

Nach § 15a Abs. 1a EStG führen nachträgliche Einlagen nicht zu einer Ausgleichs- und Abzugsfähigkeit des dem Gesellschafter mit beschränkter Haftung zuzurechnenden Anteils am Verlust eines zukünftigen Wirtschaftsjahres, soweit durch diesen Verlust ein negatives Kapitalkonto des Gesellschafters entsteht oder sich erhöht. Die nachträglichen Einlagen können aber bei Veräußerung der Gesellschaftsbeteiligung zu zusätzlichem Verlustausgleichsvolumen führen (siehe dazu → Rn. 59, 56). Wird die Beteiligung veräußert, so ist zunächst der Veräußerungsgewinn um einen noch vorhandenen verrechenbaren Verlust zu mindern. Verbleibt nach dieser Verrechnung ein verrechenbarer Verlust, so wird dieser bis zur Höhe der nachträglichen Einlagen als ausgleichs- und abzugsfähiger Verlust berücksichtigt (§ 15a Abs. 2 S. 2 EStG). Die nachträglichen Einlagen wirken sich demnach spätestens im Zeitpunkt der Veräußerung steuermindernd aus, soweit verrechenbare Verluste nach Verrechnung mit dem Veräußerungsgewinn verbleiben. Entsprechendes gilt für den Fall der Aufgabe des Mitunternehmeranteils an der Gesellschaft.

26

2. Überschießende Außenhaftung nach § 171 HGB

Das Verlustausgleichsvolumen nach § 15a EStG besteht unabhängig von der Höhe der geleisteten Einlage auch insoweit, als der Kommanditist den

27

---

[37] BMF v. 14.4.2004, BStBl. I 2004, 463.
[38] BFH v. 26.6.2007, BStBl. II 2007, 934.
[39] BMF v. 19.11.2007, BStBl. I 2007, 832.
[40] Es bestehen Zweifel an der Verfassungsmäßigkeit des § 15a Abs. 1a EStG, vgl. Schmidt/*Wacker* § 15a EStG Rn. 184; *Heuermann* NZG 2009, 321. Ansonsten ist von der Verfassungsmäßigkeit der Regelung des § 15a EStG auszugehen, vgl. BFH v. 14.12.1999, BStBl. II 2000, 265; BVerfG v. 14.7.2006, HFR 2007, 274.
[41] Blümich/*Heuermann* § 15a EStG Rn. 58.

Gläubigern nach § 171 Abs. 1 HGB haftet (§ 15a Abs. 1 S. 2 EStG). Soweit sich das Verlustausgleichsvolumen aus § 15a Abs. 1 S. 2 EStG ergibt, ist umstritten, ob sich aus dem Wortlaut der Regelung „... können ausgeglichen werden..." ein Wahlrecht zu dessen Inanspruchnahme ergibt.[42] Die im Handelsregister eingetragene Haftsumme bildet die Mindestgröße, nach der ein Kommanditist den Gläubigern der Gesellschaft im Außenverhältnis haftet. Diese Haftsumme muss nicht mit der Pflichteinlage nach dem Gesellschaftsvertrag übereinstimmen. § 15a Abs. 1 S. 3 EStG knüpft das Verlustausgleichsvolumen bei dieser Alternative jedoch an die **Bedingungen, dass**
– der Kommanditist im Handelsregister eingetragen ist,
– das Bestehen der Haftung nachgewiesen wird und
– die bestehende Haftung weder durch Vertrag ausgeschlossen noch nach Art und Weise des Geschäftsbetriebs unwahrscheinlich ist.

Die Außenhaftung nach § 171 Abs. 1 HGB besteht dann, wenn im Handelsregister für den betreffenden Kommanditisten eine Haftsumme eingetragen ist.[43] Denkbar ist, dass die Einlageverpflichtung nach dem Gesellschaftsvertrag zwar mit der im Handelsregister eingetragenen Haftsumme übereinstimmt, diese Einlage in das Gesellschaftsvermögen jedoch noch nicht in vollem Umfang geleistet oder die Einlage zurückgewährt worden ist und deshalb nach § 172 Abs. 4 HGB gegenüber den Gläubigern als nicht geleistet gilt.[44] Soweit die Einlage durch den Gesellschafter geleistet ist, entfällt die Außenhaftung gem. § 171 Abs. 1 2. Hs. HGB. Der BFH erkennt jedoch eine negative Tilgungsbestimmung an, mit der der Gesellschafter bestimmen kann, dass eine Einlage nicht auf die im Handelsregister eingetragene Haftsumme geleistet wird.[45] In diesem Fall erhöht die mit der negativen Tilgungsbestimmung versehene Einlage das Kapitalkonto, so dass insoweit Verlustausgleichsvolumen entsteht. Daneben besteht weiterhin das Verlustausgleichsvolumen gem. § 15a Abs. 1 S. 2 EStG aufgrund Außenhaftung.

Beispiel: Der Kommanditist A ist an der A-GmbH & Co. KG beteiligt. Seine Einlage nach dem Gesellschaftsvertrag beträgt 200, von der durch die Gesellschaft erst 100 eingefordert und durch A auch geleistet worden sind. Die im Handelsregister eingetragene Haftsumme beträgt 150. Der anteilige Jahresverlust der Gesellschaft beträgt in t1 180.

Lösungshinweis: Das Verlustausgleichsvolumen nach § 15a Abs. 1 S. 1 EStG besteht zunächst in Höhe der tatsächlich geleisteten Einlage in Höhe von 100. Die im Gesellschaftsvertrag vereinbarte Einlage ist unerheblich, soweit diese noch nicht geleistet ist. Im Handelsregister ist jedoch eine höhere Haftsumme von 150 eingetragen. Der verrechenbare Verlust ermittelt sich demnach wie folgt:

---

[42] Für ein Wahlrecht: Littmann/Bitz/*Pust* § 15a EStG Rn. 29; L. Schmidt/*Wacker* § 15a EStG Rn. 123; gegen ein Wahlrecht: Herrmann/Heuer/Raupach, § 15a EStG Rn. 116; KSM/*v. Beckerath* § 15a EStG Rn. 230 ff.
[43] Blümich/*Heuermann* § 15a EStG Rn. 34.
[44] *Kirchhof/Söhn/v. Beckerath* § 15a EStG Rn. C 42; Herrmann/Heuer/Raupach § 15a EStG Rn. 105114.
[45] BFH v. 17.3.2009, BStBl. II 2009, 272; BFH v. 11.10.2007, BStBl. II 2009, 135; aA L. Schmidt/*Wacker* § 15a EStG Rn. 121; Sahrmann DStR 2012, 1109.

Anteiliger Verlust des Geschäftsjahres	180
davon ausgleichsfähig	150
davon verrechenbar	30

Der erweiterte Verlustausgleich kommt nicht in Betracht, wenn sich die Haftung des Kommanditisten aus anderen Vorschriften als § 171 Abs. 1 HGB ergibt.[46] Kapitalersetzende Darlehen iSd §§ 172a HGB aF, 32a, 32b GmbH aF begründen keine Außenhaftung nach § 171 Abs. 1 HGB.[47] Gleiches gilt für gem. §§ 39 I Nr. 5, 135 InsO nF nachrangige Darlehen.[48] Ebenso wenig erhöht die **Bürgschaftserklärung** eines Kommanditisten für Verbindlichkeiten der Gesellschaft das Verlustausgleichsvolumen nach § 15a EStG. Zahlungen aus einer Bürgschaftsinanspruchnahme durch einen Gläubiger der Gesellschaft führen für den Gesellschafter im Zeitpunkt der Beendigung der KG zu Sonderbetriebsausgaben, wenn von der Gesellschaft kein Ersatz zu erlangen ist.[49] Schließlich begründen die im Interesse des gemeinsamen Unternehmens eingegangenen Verpflichtungen eines BGB-Innengesellschafters gegenüber Gläubigern des Geschäftsinhabers keinen erweiterten Verlustausgleich.[50]

28

Trotz der Eintragung im Handelsregister kann gleichwohl ein Verlustausgleich ausgeschlossen sein, wenn die **Haftung** des Kommanditisten **durch vertragliche Vereinbarung ausgeschlossen** ist. Dies ist beispielsweise dann der Fall, wenn dem betreffenden Kommanditisten eine Bankbürgschaft zu Lasten der KG gewährt wird, mittels derer die Differenz zwischen Einlage lt. Gesellschaftsvertrag und der im Handelsregister eingetragenen Haftsumme abgesichert wird.[51] Diese Vertragsgestaltung dürfte allerdings eher untypisch sein.

29

Der Verlustausgleich in Höhe der im Handelsregister eingetragenen Haftsumme setzt außerdem voraus, dass die tatsächliche **Haftungsinanspruchnahme** nach Art und Weise des Geschäftsbetriebs **nicht „unwahrscheinlich"** ist. Regelmäßig ist von der Wahrscheinlichkeit der Inanspruchnahme auszugehen.[52] Sofern jedoch die Ertrags- und Liquiditätsprognosen der Gesellschaft eine finanzielle Inanspruchnahme des Kommanditisten nahezu ausschließen, kommt trotz Eintragung einer erweiterten Haftsumme im Handelsregister ein erhöhtes Verlustausgleichsvolumen gemäß § 15a EStG nicht in Betracht.[53] Die Unwahrscheinlichkeit der Inanspruchnahme wird beispielsweise widerleglich vermutet bei Gesellschaften, die von gewerblich tätigen Initiatoren mit finanzieller Gesamtkonzeption gegründet werden, nach der das Haftungsrisiko auf die Einlage beschränkt ist.[54]

30

---

[46] BFH v. 14.12.1999, BStBl. II 2000, 265.
[47] BFH v. 28.3.2000, BStBl. II 2000, 347; BFH v. 1.9.2011, BStBl. II 2013, 210.
[48] L. Schmidt/*Wacker*, § 15a EStG Rn. 128.
[49] L. Schmidt/*Wacker* § 15a EStG Rn. 181.
[50] BFH v. 5.2.2002, BStBl. II 2002, 464; BFH v. 16.10.2007, BStBl. II 2008, 126.
[51] *Herrmann/Heuer/Raupauch* § 15a EStG Rn. 124; *Uelner* StbJb 1981/82, 118.
[52] L. Schmidt/*Wacker* § 15a EStG Rn. 135.
[53] BFH v. 27.9.1991, BStBl. II 1992, 164; BMF v. 20.2.1992, BStBl. I 1992, 123; BMF v. 30.6.1994, BStBl. I 1994, 355.
[54] *L. Schmidt/Wacker* § 15a EStG Rn. 138.

31 Problematisch hierbei ist, dass die Beurteilung, ob zu einem bestimmten Zeitpunkt eine finanzielle Inanspruchnahme des Kommanditisten aufgrund **zukünftiger** Ertragsaussichten der Gesellschaft wahrscheinlich ist oder nicht, im Regelfall erst im **Nachhinein** vorgenommen wird. Aufgrund der tatsächlich eingetretenen Entwicklung der Gesellschaft könnte versucht werden den (Anscheins-)Beweis der fehlenden Inanspruchnahme des Kommanditisten unter Hinweis auf die tatsächliche Entwicklung der Gesellschaft zu führen. Dies ist jedoch nicht sachgerecht. Eine Inanspruchnahme des Kommanditisten ist in der Regel nur dann ausgeschlossen, wenn die Gesellschaft über **sichere Ertrags- und Liquiditätserwartungen** verfügt. Dies ist bei einer operativen Gesellschaft im Allgemeinen nicht der Fall. Selbst wenn zum Zeitpunkt der Eintragung der erhöhten Haftungssumme in das Handelsregister Verträge abgeschlossen sind, welche die zukünftigen Erträge der Gesellschaft absichern, kann dennoch nicht davon ausgegangen werden, dass eine finanzielle Inanspruchnahme des Kommanditisten nahezu ausgeschlossen ist. Problematisch könnte insoweit allerdings eine Vereinbarung mit den Gläubigern sein, dass die Verbindlichkeiten der Gesellschaft ausschließlich durch zukünftige Gewinne zu tilgen sind.[55]

32 Nach der Konzeption des § 15a EStG kann der Kommanditist Verluste insgesamt bis zur Höhe seiner Einlage und einer überschießenden Außenhaftung ausgleichen. Daher kann das Verlustausgleichsvolumen aufgrund der überschießenden Außenhaftung nur einmal in Anspruch genommen werden, auch wenn die Haftung des Kommanditisten über mehrere Bilanzstichtage besteht. Auch eine Einlage in Höhe der überschießenden Außenhaftung schafft kein zusätzliches Verlustausgleichspotential. Ist das Verlustausgleichsvolumen bereits voll ausgeschöpft worden, kann somit eine aufgrund von Entnahmen nach § 172 Abs. 4 Satz 2 HGB wiederauflebende Außenhaftung nicht zu neuem Verlustausgleichspotential führen.[56] Neues Verlustausgleichsvolumen kann lediglich durch – über die überschießende Außenhaftung hinausgehende – Einlagen oder durch eine Erhöhung der Haftsumme entstehen.

Fortsetzung Beispiel von Rn. 27: Der Kommanditist A leistet in t2 eine Einlage in Höhe von 50. Der anteilige Jahresverlust in t2 beträgt 50. In t3 wird die Kommanditeinlage in Höhe von 30 zurückbezahlt. Der anteilige Jahresverlust in t3 beträgt 20.

Lösungshinweis: Der ausgleichsfähige Verlust in t2 beträgt 0, da das Verlustausgleichsvolumen bereits in t1 in voller Höhe ausgeschöpft wurde.

Anteiliger Verlust in t2	50
davon ausgleichsfähig	0
davon verrechenbar	50

In t3 lebt die Außenhaftung zwar wieder aufgrund der Einlageminderung in Höhe von 30 auf. Da das Verlustausgleichsvolumen jedoch bereits in t1 in voller Höhe ausgeschöpft wurde, beträgt der ausgleichsfähige Verlust in t3 0.

---

[55] *Bordewin* BB 1980, 1038; *Biergans* DStR 1981, 13; *Blümich/Heuermann* § 15a EStG Rn. 67 ff.
[56] R 15a Abs. 3 Sätze 6–9 EStR.

§ 7 Verlustausgleichsbeschränkung gemäß § 15a EStG

Anteiliger Verlust in t3	20
davon ausgleichsfähig	0
davon verrechenbar	20

Ähnlich einer Einlage des Gesellschafters in das Gesellschaftsvermögen nach Ablauf des Geschäftsjahres, führt die Eintragung einer erweiterten **Haftsumme** nach § 171 HGB **nach Ablauf** des Geschäftsjahres nicht zu einer Umqualifikation von verrechenbaren Verlusten in ausgleichsfähige Verluste. Dies ist beispielsweise dann der Fall, wenn die erweiterte Außenhaftung vor Ablauf des Geschäftsjahres zwar dem Handelsregister angezeigt worden ist, die Eintragung jedoch nicht rechtzeitig erfolgt ist.[57] Die Eintragung der erweiterten Haftsumme in einem späteren Kalenderjahr führt dennoch für **zukünftige Verluste** der Gesellschaft zu einem erhöhten Verlustausgleichspotential.   33

III. Fiktive Gewinnzurechnung durch Entnahmen

Die relativ komplizierte Regelung des § 15a EStG basiert auf der Grundregel, dass Verluste aus der Gesellschaft durch einen beschränkt haftenden Kommanditisten nur insoweit mit anderen positiven Einkünfte ausgeglichen werden können, als dieser der Gesellschaft Eigenkapital zur Verfügung gestellt hat bzw. im Außenverhältnis für Verbindlichkeiten der Gesellschaft haftet. Es wird hierbei jeweils auf die Verhältnisse am **Ende des Geschäftsjahres** abgestellt. Unterjährige Unterdeckungen bleiben danach unberücksichtigt. Es ist daher sinnvoll, rechtzeitig vor dem Jahresende einen Abgleich des verbleibenden Verlustausgleichspotentials mit dem voraussichtlich eintretenden Jahresergebnis vorzunehmen und erforderliche Anpassungen durchzuführen.   34

In § 15a Abs. 3 EStG ist eine Regelung enthalten, die sicherstellen soll, dass der Gesellschaft zur Sicherung der Verlustverrechnung nicht lediglich **kurzfristig** über den Bilanzstichtag hinaus Eigenkapital zur Verfügung gestellt wird. In diesem Fall sollen im Ergebnis die gleichen Rechtsfolgen eintreten, als ob die kurzfristige Kapitalzuführung nicht erfolgt wäre.[58]   35

§ 15a Abs. 3 EStG ist an folgende **Voraussetzungen** geknüpft:[59]   36
– Durch eine Entnahme des Kommanditisten entsteht bzw. erhöht sich ein negatives steuerliches Kapitalkonto.
– Durch die Entnahme entsteht keine überschießende Außenhaftung.
– In den vorangegangenen 10 Wirtschaftsjahren haben sich ausgleichsfähige Verluste für den Kommanditisten ergeben.

Sind diese Voraussetzungen gegeben, ergeben sich folgende **Konsequenzen**:   37
– Dem Kommanditisten wird in Höhe der Entnahme **fiktiv** ein **Gewinn** hinzugerechnet.
– Der fiktive Gewinn ist auf die Höhe der ausgleichsfähigen Verluste der vorangegangenen 10 Jahre begrenzt.

---

[57] R 15a Abs. 3 Sätze 1–3 EStR.
[58] *L. Schmidt/Wacker* § 15a EStG Rn. 150.
[59] Blümich/*Heuermann* § 15a EStG Rn. 83 ff.

2. Kapitel. Besteuerungskonzeption der GmbH & Co. KG

– Die verrechenbaren Verluste werden um den Betrag der fiktiven Gewinnzurechnung erhöht.

Beispiel: A ist an der A-GmbH & Co. KG beteiligt. Die im Handelsregister eingetragene Haftsumme entspricht der Einlage lt. Gesellschaftsvertrag. Zum Jahresanfang t1 hat das steuerliche Kapitalkonto den Stand von 100. Das voraussichtliche anteilige Jahresergebnis t1 beträgt – 180. Aus diesem Grund leistet A noch vor dem Jahresende t1 eine zusätzliche Einlage von 80. Das anteilige Jahresergebnis t2 beträgt 0. Im Jahr t2 entnimmt A die geleistete Einlage von 80 in voller Höhe.

Lösungshinweis: Die Ergebniszurechnung entwickelt sich wie folgt:

Jahr t1
anteiliges Jahresergebnis	180
davon ausgleichsfähig	180
verrechenbarer Verlust	0

Jahr t2
anteiliges Jahresergebnis	0
Entnahme/fiktive Gewinnzurechnung gemäß § 15a Abs. 3 EStG	80
verrechenbarer Verlust	80

38 Das Beispiel zeigt, dass den ausgleichsfähigen Verlusten im Jahr t1 ein fiktiver Gewinn des Jahres t2 in gleicher Höhe gegenübersteht. Durch § 15a Abs. 3 EStG werden die gleichen Rechtsfolgen hergestellt, als ob die kurzfristige Einlage im Jahr t1 nicht geleistet worden wäre.

39 Dem Ziel, den Kommanditisten so zu stellen, als wenn sein Kapitalkonto von Anfang an um die Entnahme gemindert worden wäre und Verlustanteile deswegen nicht ausgleichsfähig gewesen wären, dient auch die Zurechnungsgrenze des § 15a Abs. 3 Satz 2 EStG. Danach darf der als Gewinn hinzuzurechnende Betrag den Betrag der Anteile am Verlust der KG nicht übersteigen, der im Wirtschaftsjahr der Einlageminderung und in den 10 vorangegangenen Wirtschaftsjahren ausgleichs- oder abzugsfähig gewesen ist. In seinem Urteil vom 20.3.2003[60] hat der BFH festgestellt, dass die einem Kommanditisten als fiktiver Gewinn zuzurechnende Einlageminderung nicht nur durch die ausgleichsfähigen Verlustanteile des Jahres der Einlageminderung und der 10 vorangegangenen Jahre begrenzt wird. Vielmehr seien diese ausgleichsfähigen Verlustanteile zuvor mit den Gewinnanteilen zu saldieren, mit denen sie hätten verrechnet werden können, wenn sie mangels eines ausreichenden Kapitalkontos nicht ausgleichsfähig, sondern lediglich verrechenbar gewesen wären. So könnte ein Kommanditist, der Verlustanteile des Jahres 01 nicht abziehen kann, weil sie ein negatives Kapitalkonto herbeigeführt oder erhöht haben, diese Verlustanteile mit etwa entstehenden Gewinnanteilen des Jahres 02 und der folgenden 9 Jahre verrechnen. In Höhe der Gewinnanteile hätten sich die zunächst nur verrechenbaren Verluste nach Ablauf des 11-Jahreszeitraums steuermindernd ausgewirkt. Der Kommanditist hingegen, der im Jahr 01 eine Einlage geleistet und diese Einlage innerhalb des 11-Jahres-Zeitraums rückgängig gemacht hat, würde sich nach dem Wortlaut des § 15a Abs. 3 EStG insofern schlechter stellen, als er

---

[60] BFH v. 20.3.2003, DStR 2003, 1653.

zwar im Jahr 01 seinen Verlustanteil in Höhe seiner Einlage zur Verrechnung mit anderen Einkünften verwenden könnte, jedoch im Jahr der Entnahme einen Gewinn in Höhe der Einlageminderung versteuern müsste. Daher sei die Vorschrift des § 15a Abs. 3 EStG teleologisch dahingehend zu reduzieren, dass die ausgleichsfähigen Verlustanteile des 11-Jahres-Zeitraums mit etwaigen Gewinnanteilen zu saldieren wären. Allerdings kämen für eine Saldierung nur die Gewinne in Betracht, die für eine Verrechnung mit den jeweiligen Verlusten zur Verfügung gestanden hätten. Es könne demnach nicht ein Verlustanteil fiktiv mit dem Gewinnanteil eines vorangegangen Jahres verrechnet werden.[61]

Auch die fiktive Gewinnzurechnung nach § 15a Abs. 3 EStG orientiert **40** sich ausschließlich an der Veränderung des steuerlichen Kapitalkontos. Veränderungen im positiven oder negativen **Sonderbetriebsvermögen** haben damit **keinen Einfluss** auf den Regelungsbereich der Vorschrift. Entnahmen aus dem Sonderbetriebsvermögen führen also nicht zu einer fiktiven Gewinnzurechnung gemäß § 15a Abs. 3 EStG.[62] **Entnahmen** können aber auch vorliegen, wenn betriebliche Vermögensgegenstände zu Lasten des Kapitalkontos entnommen werden. Eine Entnahme zu Lasten des Kapitalkontos iSd § 15a EStG ist gegeben, wenn ein Wirtschaftsgut aus dem Gesamthandsvermögen in das Sonderbetriebsvermögen oder ein anderes Betriebsvermögen des Kommanditisten überführt wird.[63] Des Weiteren führen unentgeltliche Leistungen der Gesellschaft zugunsten des Gesellschafters zu Entnahmen. Die Einlageminderung ergibt sich insofern aus dem Aufwand für die unentgeltliche Leistung.[64] Problematisch ist die **Leistungsentnahme** dann, wenn sie erst im Rahmen einer steuerlichen Außenprüfung im Nachhinein festgestellt wird.

Die fiktive Gewinnzurechnung nach § 15a Abs. 3 EStG erfolgt auch dann, **41** wenn sich die Gesellschaft insgesamt in einer Verlustsituation befindet. Ist nach den Regelungen des Gesellschaftsvertrages vorgesehen, dass Entnahmen und Einlagen des Gesellschafters auf einem **variablen Kapitalkonto** erfasst werden, das nach den allgemeinen Kriterien den Charakter einer Forderung bzw. einer Verbindlichkeit hat, handelt es sich jedoch uE nicht um eine Entnahme im Sinne des § 15a Abs. 3 EStG, da der Gesellschaft eine entsprechende Forderung zusteht. Die gilt jedenfalls, wenn die Gesellschaft dem Gesellschafter ein Darlehen zu fremdüblichen Bedingungen gewährt.[65] Die Gewährung eines Darlehens durch die Gesellschaft an den Gesellschafter zu fremdunüblichen Bedingungen kann aber dazu führen, dass die Darlehensforderung steuerlich als Privatvermögen der Gesellschaft zu behandeln ist. Insoweit wird allen Gesellschaftern anteilig eine Entnahme zugerechnet.[66] Dies kann zu einer Einlageminderung iSd § 15a Abs. 3 EStG führen. Erfolgt die Entnahme dagegen durch eine Minderung des festen Kapitalkon-

---

[61] BFH v. 20.3.2003, DStR 2003, 1653; *L. Schmidt/Wacker* § 15a EStG Rn. 159.
[62] Blümich/*Heuermann* § 15a EStG Rn. 96.
[63] *L. Schmidt/Wacker* § 15a EStG Rn. 154.
[64] *Ruban* FS Klein, 799; *Kolbeck* DB 1992, 2060.
[65] *L. Schmidt/Wacker* § 15a EStG Rn. 154.
[66] *L. Schmidt/Wacker* § 15 EStG Rn. 631.

tos, befindet man sich grundsätzlich im Regelungsbereich des § 15a Abs. 3 EStG.[67]

42 Hat sich durch eine Entnahme eine fiktive Gewinnzurechnung nach § 15a Abs. 3 EStG ergeben, entstehen verrechenbare Verluste. Auch diese können durch **Einlagen** in einem späteren Wirtschaftsjahr **nicht** wieder in ausgleichsfähige Verluste umgewandelt werden. Ein verrechenbarer Verlust kann vielmehr grundsätzlich nur mit späteren Gewinnen aus der Gesellschaft verrechnet werden. Entnahmen und Einlagen im Laufe eines Geschäftsjahres können dagegen miteinander verrechnet werden.[68]

43 Nach dem eindeutigen Wortlaut kommt § 15a Abs. 3 EStG nur insoweit zur Anwendung, als sich durch die Entnahme des Gesellschafters aus dem Gesellschaftsvermögen keine **erhöhte Außenhaftung** nach § 171 HGB für den Kommanditisten ergibt.[69] Dies ist allein nach den Regelungen des Gesellschaftsrechts zu beurteilen. Mindert sich durch die Entnahme die Einlage lt. Gesellschaftsvertrag, gilt diese gegenüber den Gläubigern als nicht geleistet, so dass insoweit die Haftung des Kommanditisten gemäß § 172 Abs. 4 HGB wieder auflebt.[70] Eine erweiterte Außenhaftung entsteht durch die Entnahme jedoch dann nicht, wenn über die gesellschaftsrechtliche Einlage und über die im Handelsregister eingetragene Haftsumme hinaus Kapitalteile bestehen, die Bestandteil des steuerlichen Kapitalkontos im Sinne des § 15a EStG sind, wie zB Kapitalrücklagen.

Beispiel: B ist an der B-GmbH & Co. KG beteiligt. Seine gesellschaftsrechtliche Einlage beträgt 100. Diese stimmt auch überein mit der im Handelsregister eingetragenen Haftsumme. Der Stand des steuerlichen Kapitalkontos ist am Jahresanfang t1 50. Der anteilige Verlust im Jahre t1 beträgt – 80. Im Jahr t2 tätigt B eine Entnahme von 50, die als Minderung des Festkapitals behandelt wird.

Lösungshinweis: Die Einkünfte werden wie folgt ermittelt:

Jahr t1
anteiliges Jahresergebnis	./. 80
davon ausgleichsfähig	50
verrechenbare Verluste	30

Jahr t2
anteiliges Jahresergebnis	0
fiktive Gewinnzurechnung nach § 15a Abs. 3 EStG	0
zu versteuern	0

44 Durch die Entnahme im Jahr t2 ergibt sich für B eine Außenhaftung gemäß § 172 Abs. 4 HGB. Deshalb erfolgt trotz der Entnahme keine fiktive Gewinnzurechnung nach § 15a Abs. 3 EStG. Die erweiterte Außenhaftung schränkt die Anwendung des § 15a Abs. 3 EStG ein.

45 Die vorstehenden Ausführungen gelten im Grundsatz sinngemäß auch dann, wenn die im Handelsregister eingetragene **Haftsumme** des Kom-

---

[67] *L. Schmidt/Wacker* § 15a EStG Rn. 154.
[68] *Wassermeyer* DB 1985, 2637.
[69] *L. Schmidt/Wacker* § 15a EStG Rn. 156.
[70] *Blümich/Heuermann* § 15a EStG Rn. 88.

manditisten **nachträglich gemindert** wird (§ 15a Abs. 3 S. 3 EStG). Eine Minderung der Haftung im Sinne des § 15a Abs. 3 EStG liegt allerdings dann nicht vor, wenn die Minderung der Haftung im Handelsregister einer entsprechenden Einlage des Kommanditisten in das Gesellschaftsvermögen gegenübersteht.[71] Haben sich jedoch in einem früheren Wirtschaftsjahr aufgrund der überschießenden Außenhaftung der im Handelsregister eingetragenen Haftsumme des Kommanditisten ausgleichsfähige Verluste ergeben, führt die Minderung dieser Haftung im Außenverhältnis im Grundsatz zu einer fiktiven Gewinnzurechnung gemäß § 15a Abs. 3 EStG.[72]

§ 15a Abs. 3 S. 3 EStG sieht außerdem vor, dass der Zurechnungsbetrag insoweit gekürzt wird, als der Kommanditist aufgrund der im Handelsregister eingetragenen Haftsumme von den **Gläubigern** der Gesellschaft tatsächlich **in Anspruch genommen** worden ist.[73]

IV. § 15a bei Wechsel vom Kommanditisten zum unbeschränkt haftenden Gesellschafter und umgekehrt

Die dargestellte Verlustverwertungsbeschränkung des § 15a EStG gilt nur für beschränkt haftende Gesellschafter, nicht hingegen für unbeschränkt haftende Gesellschafter. Es stellt sich daher die Frage, welche Konsequenzen sich ergeben, wenn sich ein Wechsel in der Rechtsstellung des Gesellschafters vollzieht. In Betracht kommen sowohl Fälle der Haftungsbeschränkung, beispielsweise bei Umwandlung einer OHG in eine KG, als auch Fälle der Haftungserweiterung, beispielsweise durch den Wechsel eines Kommanditisten in die Rechtsstellung eines Komplementärs.

1. Wechsel vom Kommanditisten zum unbeschränkt haftenden Gesellschafter

Beim Wechsel eines Kommanditisten in die Rechtsstellung eines unbeschränkt haftenden Gesellschafters stellt sich zum einen die Frage, ob der für ihn bisher festgestellte verrechenbare Verlust iSd § 15a Abs. 4 EStG aufgrund der Umwandlung der Rechtsstellung in einen ausgleichsfähigen Verlust umzuqualifizieren ist. Der BFH hat diese Frage in seinem Urteil vom 14.10. 2003[74] mit der Begründung verneint, dass auch eine nachträgliche Haftungserweiterung nicht zu einer Umqualifizierung des verrechenbaren Verlusts in einen ausgleichsfähigen Verlust führt.[75] Die Verluste sind aber mit Gewinnen aus der Beteiligung als persönlich haftender Gesellschafter zu saldieren.

Da eine Umqualifikation der verrechenbaren Verluste aufgrund des Statuswechsels des Gesellschafters nach Auffassung des BFH sowie der Finanzverwaltung[76] nicht in Betracht kommt, stellt sich des Weiteren die Frage, ob

---

[71] BFH v. 1.6.1989, BStBl. II 1989, 1018.
[72] *Kirchhof/Söhn/v. Beckerath* § 15a EStG Rn. E 136.
[73] *L. Schmidt/Wacker* § 15a EStG Rn. 171.
[74] BFH v. 14.10.2003, DStR 2004, 31.
[75] Bestätigt durch BFH v. 12.2.2004, BFH/NV 2004, 1228.
[76] H 15a EStR, Stichwort „Wechsel der Rechtsstellung eines Gesellschafters".

bei einem Wechsel von der Stellung als Kommanditist in die Stellung als persönlich haftender Gesellschafter innerhalb des Wirtschaftsjahres der gesamte Anteil am Verlust ausgleichsfähig ist, oder ob der Verlustanteil zeitanteilig in einen verrechenbaren und einen ausgleichsfähigen Verlustanteil aufzuteilen ist. In seinem Urteil vom 12.2.2004 hat der BFH[77] die Auffassung der Finanzverwaltung bestätigt, dass die Verlustausgleichsbeschränkung des § 15a EStG bei einem unterjährigen Wechsel für das gesamte Wirtschaftsjahr nicht mehr anzuwenden ist. Der BFH hat in diesem Urteil des Weiteren ausgeführt, dass der Wechsel des Kommanditisten in die Rechtsstellung eines persönlich haftenden Gesellschafters im Zeitpunkt des betreffenden Gesellschafterbeschlusses stattfindet. Wird der Beschluss vor Ende des Wirtschaftsjahres zivilrechtlich wirksam gefasst, unterliegen die dem Gesellschafter zuzurechnenden Verlustanteile dieses Wirtschaftsjahres nicht der Ausgleichsbeschränkung des § 15a EStG, auch wenn der Antrag auf Eintragung ins Handelsregister erst nach Ablauf des Wirtschaftsjahres gestellt wird.[78]

2. Wechsel vom Komplementär zum Kommanditisten

50 In einem weiteren Urteil vom 14.10.2003 hat der BFH ebenfalls die Auffassung der Finanzverwaltung bestätigt, wonach bei einem Wechsel eines Komplementärs in die Rechtsstellung eines Kommanditisten während des Wirtschaftsjahres die Verlustausgleichsbeschränkung des § 15a EStG für das gesamte Wirtschaftsjahr und damit für den dem Gesellschafter insgesamt zuzurechnenden Anteil am Verlust der KG zu beachten ist.[79] Der BFH hat seine Auffassung damit begründet, dass sich aus dem Wortlaut des § 15a Abs. 1 Satz 1 EStG, dem Zusammenhang zu den weiteren Regelungen dieser Bestimmung sowie ihrer Entstehungsgeschichte ergebe, dass die Vorschrift an die Verhältnisse am Ende des Wirtschaftsjahres der Verlustentstehung anknüpfe. Der BFH hat in seinem Urteil weiterhin ausgeführt, dass auch die sog. Nachhaftung des Kommanditisten keinen erweiterten Verlustausgleich iSv § 15a Abs. 1 Satz 2 EStG begründen könne, da nicht sämtliche Haftungstatbestände in die Regelung des § 15a EStG einzubeziehen seien. Demgemäß sei weder eine Außenhaftung des Kommanditisten für eine noch nicht ins Handelsregister eingetragene Haftsummenerhöhung nach § 172 Abs. 2 HGB noch die Haftung des in eine Handelsgesellschaft eintretenden Kommanditisten für die zwischen seinem Eintritt und dessen Eintragung ins Handelsregister begründeten Verbindlichkeiten gem. § 176 Abs. 2 HGB geeignet, dem Kommanditisten ausgleichsfähige Verluste zu vermitteln. Nichts anderes könne aber für die Haftung des Kommanditisten nach § 160 Abs. 3 HGB gelten.

---

[77] BFH v. 12.2.2004, BStBl. II 2004, 423.
[78] *Kempermann* DStR 2004, 516; H 15a EStR, Stichwort „Wechsel der Rechtsstellung eines Gesellschafters".
[79] BFH v. 14.10.2003, DStR 2004, 29; H 15a EStR, Stichwort „Wechsel der Rechtsstellung eines Gesellschafters".

V. § 15a bei Wechsel im Gesellschafterbestand

Der Gesellschaftsanteil an einer Personengesellschaft kann entweder unentgeltlich, entgeltlich oder teilentgeltlich übertragen werden. Je nach Fallgestaltung ergeben sich hierbei unterschiedliche steuerliche Konsequenzen. Dies gilt insbesondere auch dann, wenn zum Zeitpunkt der Anteilsübertragung ein negatives Kapitalkonto und/oder ein verrechenbarer Verlust im Sinne des § 15a EStG besteht.

51

1. Unentgeltliche bzw. teilentgeltliche Übertragung des Kommanditanteils

Die unentgeltliche Übertragung eines Kommanditanteils im Wege der **Schenkung unter Lebenden** oder im Wege der **Erbfolge** wird auch steuerlich als unentgeltlicher Vorgang behandelt. Der Rechtsnachfolger in dem Gesellschaftsanteil hat nach § 6 Abs. 3 EStG die steuerlichen Buchwerte der Vermögensgegenstände des Gesamthandsvermögens unverändert fortzuführen, so dass durch die Anteilsübertragung grundsätzlich weder ein Veräußerungsgewinn beim Übertragenden noch neues Abschreibungspotential beim Rechtsnachfolger entsteht. Dies gilt auch dann, wenn lediglich ein Teil eines Mitunternehmeranteils übertragen wird, auch wenn eventuell vorhandenes Sonderbetriebsvermögen nicht quotal mitübertragen würde. Ist das Kapitalkonto negativ, muss danach differenziert werden, ob der Anteil des bisherigen Gesellschafters an den stillen Reserven und dem Firmenwert höher oder niedriger ist als das negative Kapitalkonto. Für den Fall, dass die anteiligen stillen Reserven und der anteilige Firmenwert das negative Kapitalkonto übersteigen, tritt der Nachfolger in die Rechtsstellung des bisherigen Gesellschafters ein, so dass ein eventuell bestehendes **negatives steuerliches Kapitalkonto** durch den Rechtsnachfolger **fortgeführt** wird und die Entnahmefähigkeit für zukünftige Gewinnanteile schmälert.[80] Ein womöglich bestehender verrechenbarer Verlust nach § 15a EStG geht in vollem Umfang auf den Rechtsnachfolger über.[81] Hieran ist auch nach der Entscheidung des BFH[82], wonach Verlustvorträge iSd § 10d EStG nicht vererblich sind, festzuhalten.[83] Zukünftige Gewinne aus der Gesellschaft können mit diesem Bestand an verrechenbaren Verlusten aufgerechnet werden.[84] Es entsteht hier die außergewöhnliche Situation, dass eine Verlustverrechnungsmöglichkeit im Wege der Schenkung oder des Erbgangs auf einen Rechtsnachfolger übertragen werden kann. Die Übertragung von einkom-

52

---

[80] L. Schmidt/Wacker § 15a EStG Rn. 229, 230; *Wassermeyer* DB 1985, 2634; *Söffing* FR 1980, 373.
[81] BFH v. 16.5.2001, BStBl. II 2002, 487; BFH v. 15.7.1986 BStBl. II 1986, 896.
[82] BFH v. 17.12.2007, BStBl. II 2008, 608.
[83] L. Schmidt/Wacker § 15a EStG Rn. 234; FinMin Schleswig-Holstein v. 23.3.2011, DStR 2011, 1427.
[84] BFH v. 11.5.1995, BB 1995, 1520; BFH v. 10.3.1998, BStBl. II 1999, 269; BFH v. 18.1.2007 BFH/NV 2007, 888.

2. Kapitel. Besteuerungskonzeption der GmbH & Co. KG

mensteuerlichen Verlustvorträgen iSd § 10d EStG ist dagegen nicht möglich.[85]

Beispiel: C ist an der C-GmbH & Co. KG beteiligt. Sein steuerliches Kapitalkonto beträgt 100. Der anteilige Verlust des Geschäftsjahres t1 beträgt 200. C schenkt mit Wirkung zum 1.1.2002 seiner Tochter T den gesamten Kommanditanteil. Der anteilige Gewinn des Jahres t2 beträgt 150.

Lösungshinweis: Die Einkünfte aus dem Kommanditanteil ermitteln sich wie folgt:

Jahr t1 (Einkünftezurechnung für C)	
anteiliges Jahresergebnis	./. 200
davon ausgleichsfähig	100
verrechenbarer Verlust gemäß § 15a EStG	100
Jahr t2 (Einkünftezurechnung für T)	
anteiliges Jahresergebnis	+ 150
Ausgleich mit verrechenbaren Verlusten	100
Einkünfte aus Gewerbebetrieb	50

53 Das Beispiel zeigt, dass im Wege der Schenkung ein **Verlustverrechnungspotential** von C auf T **übertragen** worden ist. T kann das positive Jahresergebnis t2 mit dem übernommenen Bestand an verrechenbaren Verlusten ausgleichen. Aus der vereinfachten Darstellung im Beispiel wird deutlich, dass hieraus auch ein Gestaltungsspielraum entsteht. Hätte C noch vor dem Jahresende t1 eine Einlage in das Gesellschaftsvermögen geleistet, wären in Höhe des Jahresergebnisses t1 ausgleichsfähige Verluste entstanden, die auf Ebene des C möglicherweise zu persönlichen einkommensteuerlichen Verlustvorträgen geführt hätten. Diese Verlustvorträge können im Wege der Schenkung unter Lebenden **nicht** übertragen werden. Sofern sich also im zeitlichen Zusammenhang mit einer geplanten Anteilsübertragung ein negatives Jahresergebnis abzeichnet, kann § 15a EStG gezielt eingesetzt werden, um ein Verlustverrechnungspotential im Wege der Schenkung zu übertragen oder bei dem Schenker zu belassen. Allerdings ist zu berücksichtigen, dass eine Einlage vor der Schenkung auch zu einer Verschiebung zwischen übertragenen und zurückbehaltenen Vermögenswerten führt und Auswirkungen auf die schenkungsteuerliche Bemessungsgrundlage der übertragenen Kommanditbeteiligung hat.

54 Soweit das negative Kapitalkonto höher ist als die anteiligen stillen Reserven, ist die Anteilsübertragung in Höhe der anteiligen stillen Reserven unentgeltlich iSv § 6 Abs. 3 EStG. In Höhe des Wegfalls des restlichen negativen Kapitalkontos entsteht beim Übertragenden ein Veräußerungsgewinn. Der Erwerber hat einen aktiven Ausgleichs- bzw. Merkposten zur Neutralisierung künftiger Gewinnanteile anzusetzen.[86]

55 Wird ein negatives Kapitalkonto übernommen und zusätzlich ein Entgelt (zB Gleichstellungsgeld) gewährt und sind das negative Kapitalkonto sowie das zusätzlich Entgelt zusammen jedoch niedriger als die anteiligen stillen Reserven einschließlich anteiliger Firmenwert, liegt eine teilentgeltliche

---

[85] BFH v. 17.12.2007, BStBl. II 2008, 608.
[86] L. Schmidt/*Wacker* § 15a EStG Rn. 232; Littmann/*Bitz* § 15a EStG Rn. 57.

Übertragung vor. In diesen Fällen ist das Rechtsgeschäft entsprechend der Einheitstheorie nicht in einen entgeltlichen und einen unentgeltlichen Teil aufzuteilen.[87] Dementsprechend ist dem Veräußerungserlös der Buchwert des Kapitalkontos gegenüberzustellen. Dabei ist unerheblich, ob der Buchwert einen positiven oder negativen Wert hat.[88] Dies bedeutet, dass bereits ein geringfügiges Entgelt dazu führt, dass beim bisherigen Gesellschafter neben diesem Entgelt als Veräußerungsgewinn das gesamte negative Kapitalkonto zu versteuern ist. Für den Erwerber entstehen – ebenso wie beim vollentgeltlichen Erwerb – entsprechende Anschaffungskosten, die in einer Ergänzungsbilanz zu aktivieren sind (vgl. dazu → Rn. 61).

Ein bei der teilentgeltlichen Übertragung entstehender Veräußerungsgewinn kann mit vorhandenen verrechenbaren Verlusten aufgerechnet werden. Soweit nach einer Verrechnung mit dem Veräußerungsgewinn ausnahmsweise noch ein verrechenbarer Verlust verbleibt, geht dieser verbleibende Betrag uE nicht auf den Rechtsnachfolger über, da die teilentgeltliche Übertragung nach der Einheitstheorie wie ein entgeltlicher Vorgang zu behandeln ist, wenn das Entgelt das (negative) Kapitalkonto übersteigt.[89] Der Rechtsvorgänger kann den verrechenbaren Verlust jedoch gem. § 15a Abs. 2 S. 2 EStG bis zur Höhe von nachträglich geleisteten Einlagen iSd § 15a Abs. 1a EStG als ausgleichsfähigen Verlust geltend machen (vgl. dazu → Rn. 59, 25 f.). 56

2. Entgeltliche Übertragung des Gesellschaftsanteils

Erfolgt die Übertragung des Kommanditanteils auf der Grundlage eines **Verkaufs**, berührt dies nicht den Stand der übertragenen Kapitalkonten lt. Gesamthandsbilanz. Ein fremder Dritter wird nur dann bereit sein, ein Entgelt für einen Kommanditanteil mit einem negativen Kapitalkonto in der Gesamthandsbilanz zu bezahlen, wenn die anteiligen stillen Reserven im Gesellschaftsanteil höher sind als der Stand des negativen Kapitalkontos. Aus dieser Überlegung heraus ist es sachgerecht, dass für den Altgesellschafter in Höhe des vereinnahmten Entgelts ein Veräußerungsgewinn entsteht, der um den Stand des negativen Kapitalkontos **erhöht** ist.[90] Dies gilt unabhängig davon, aus welchem Grund das negative Kapitalkonto entstanden ist, ob also durch Verlustzurechnung oder durch Entnahmen.[91] 57

Der Veräußerungsgewinn kann von dem Veräußerer zunächst mit dem Bestand an verrechenbaren Verlusten gemäß § 15a EStG aufgerechnet werden. Ist das negative steuerliche Kapitalkonto durch Verlustzurechnung entstanden, wird im **Regelfall die Höhe** des negativen steuerlichen Kapitalkontos mit dem Bestand an verrechenbaren Verlusten **übereinstimmen**. Es können sich jedoch auch **Abweichungen** ergeben. Der Bestand der verrechenbaren Verluste kann beispielsweise deshalb **geringer** sein als der Stand 58

---

[87] BFH v. 10.7.1986, BStBl. II 1986, 811; BFH v. 16.12.1992, BStBl. II 1993, 436.
[88] BFH v. 16.12.1992, BStBl. II 1993, 436; BFH v. 10.3.1998, BStBl. II 1999, 269.
[89] So wohl auch L. Schmidt/*Wacker* § 15a EStG Rn. 24, 231.
[90] L. Schmidt/*Wacker* § 15a EStG Rn. 224; Blümich/*Heuermann* § 15a EStG Rn. 110.
[91] BFH v. 27.7.1994, BStBl. II 1995, 112.

des negativen Kapitalkontos, weil eine überschießende Außenhaftung nach § 171 Abs. 1 HGB bestand oder weil das negative Kapitalkonto vor Einführung des § 15a EStG entstanden ist. Die verrechenbaren Verluste können deshalb **höher** sein als der Stand des negativen Kapitalkontos, weil nach dem Entstehen von verrechenbaren Verlusten durch den Altgesellschafter eine Einlage in das Gesellschaftsvermögen geleistet worden ist.

59 Ist der Bestand der verrechenbaren Verluste höher als ein entstehender Veräußerungsgewinn, kann der verbleibende Betrag gem. § 15a Abs. 2 S. 2 EStG von dem Altgesellschafter zum Zeitpunkt der Veräußerung bis zur Höhe der nachträglichen Einlagen iSd § 15a Abs. 1a EStG als ausgleichsfähiger Verlust geltend gemacht werden (vgl. hierzu → Rn. 25 f.). Dies ist insofern sachgerecht, als der Altgesellschafter in Höhe der zur Verminderung eines negativen Kapitalkontos geleisteten Einlagen den für ihn festgestellten verrechenbaren Verlust tatsächlich trägt.

60 Für den Freibetrag gem. § 16 Abs. 4 EStG ist der Gewinn nach Ausgleich mit dem verrechenbaren Verlust maßgebend.[92]

61 Erfolgt keine abweichende Regelung im Kaufvertrag, übernimmt der Erwerber des Kommanditanteils alle **Kapitalkonten** der Gesamthandsbilanz. Der Kaufpreis für den Kommanditanteil bildet für den Erwerber dessen Anschaffungskosten. Wurde mit dem Kommanditanteil ein negativer Stand der Kapitalkonten übernommen, hat der Erwerber in Höhe der Unterdeckung zusätzliche Anschaffungskosten.[93] Der Kaufpreis für den Kommanditanteil, erhöht um den Stand des negativen Kapitalkontos, ist für den Erwerber in eine **Ergänzungsbilanz** einzustellen[94] und ist im Verhältnis der stillen Reserven der Vermögensgegenstände aufzuteilen.[95] Es ist hingegen **nicht** möglich, dass der Erwerber in Höhe des negativen Kapitalkontos einen **sofort abzugsfähigen** Verlust geltend machen kann,[96] da im Regelfall entsprechende stille Reserven im Kommanditanteil bestehen.

62 Anders als bei der unentgeltlichen Übertragung des Kommanditanteils generiert der Erwerber aus dem Kauf **eigene Anschaffungskosten** für den Kommanditanteil. Er tritt damit **nicht** in die Rechtsstellung des Altgesellschafters ein. Damit kann auch **nicht** ein eventueller **Bestand** an **verrechenbaren Verlusten** gemäß § 15a EStG **übernommen** werden. Da auch das negative steuerliche Kapitalkonto in die Ermittlung des Veräußerungsgewinns einbezogen wird, erfolgt der Ausgleich der verrechenbaren Verluste in der Person des Altgesellschafters, ggf. durch Umwandlung der verrechenbaren Verluste in ausgleichsfähige Verluste (vgl. hierzu → Rn. 58 f.).

63 Ein Sonderfall der entgeltlichen Veräußerung entsteht dann, wenn der Altgesellschafter **entschädigungslos** aus der Gesellschaft **ausscheidet**. Der Gesellschaftsanteil wächst den übrigen Gesellschaftern entsprechend deren Kapitalanteil zu. Scheidet der Gesellschafter entschädigungslos mit einem ne-

---

[92] R 15a Abs. 4 EStR; aA Littmann/*Bitz* § 15a EStG Rn. 50.
[93] L. Schmidt/*Wacker* § 15a EStG Rn. 225; H 15a EStR, Stichwort „Übernahme des negativen Kapitalkontos".
[94] BFH v. 26.5.1981, BStBl. II 1981, 795.
[95] BFH v. 21.4.1994, BStBl. II 1994, 748.
[96] BFH v. 26.5.1981, BStBl. II 1981, 795.

gativen steuerlichen Kapitalkonto aus der Gesellschaft aus, welches durch Zurechnung ausgleichs- und abzugsfähiger Verluste entstanden ist, bestimmt § 52 Abs. 33 S. 3, 4 EStG, dass der Bestand des verbleibenden negativen steuerlichen Kapitalkontos für den Ausscheidenden als Veräußerungsgewinn gilt, denn dann werden die Verluste durch die verbleibenden Gesellschafter getragen.[97] Anders als beim Verkauf des Kommanditanteils entstehen für die verbleibenden Gesellschafter jedoch nur insoweit zusätzliche **Anschaffungskosten**, als in dem übernommenen Anteil stille Reserven enthalten sind. In Höhe des Teilbetrags des negativen Kapitalkontos, der die stillen Reserven einschließlich des Firmenwerts übersteigt, sind bei den übernehmenden Mitunternehmern Verlustanteile anzusetzen.[98]

§ 52 Abs. 33 S. 3, 4 EStG ist allerdings nur bei dem **entschädigungslosen** 64 **Ausscheiden** eines Gesellschafters aus der Gesellschaft anzuwenden, **nicht** auf die anteilige Veräußerung an einen oder mehrere Mitgesellschafter. Im Falle des Verkaufs eines Kommanditanteils kommen auch hier die allgemeinen Regeln zur Anwendung, dh der erwerbende Mitgesellschafter kann durch den Kauf im Erwerbszeitpunkt keine Verluste generieren.[99] Die unterschiedliche zivilrechtliche Gestaltung führt auch hier wiederum zu unterschiedlichen steuerlichen Konsequenzen. Bei dem Erwerb eines Kommanditanteils wird unterstellt, dass dies wegen der stillen Reserven im Gesellschaftsanteil geschieht. Das entschädigungslose Ausscheiden aus der Gesellschaft beruht dagegen im Grundsatz auf § 167 Abs. 3 HGB, demzufolge für einen beschränkt haftenden Gesellschafter keine Nachschusspflicht besteht.[100] Diese unterschiedliche steuerliche Beurteilung bietet jedoch gleichzeitig einen **Gestaltungsspielraum** für entsprechende Sachverhalte.

§ 52 Abs. 33 S. 3, 4 EStG ist nicht anzuwenden, soweit das negative Kapi- 65 talkonto durch die Zurechnung von verrechenbaren Verlusten entstanden ist.[101] Insoweit führt der Wegfall des negativen Kapitalkontos aufgrund des Ausscheidens des Gesellschafters zu einem Veräußerungsgewinn, der mit seinen verrechenbaren Verlusten aufgerechnet wird. Eine Verlustzurechnung zu den verbleibenden Gesellschaftern erfolgt insoweit nicht.

VI. Verlustverrechnung bei doppelstöckigen Personengesellschaften

Ist eine Personengesellschaft an einer weiteren Personengesellschaft betei- 66 ligt, gilt der Gesellschafter der Muttergesellschaft nach § 15 Abs. 1 Nr. 2 EStG auf der Ebene der Tochtergesellschaft als Mitunternehmer. Hierdurch steht der mittelbar beteiligte Gesellschafter dem unmittelbar an der Personengesellschaft beteiligten Gesellschafter gleich. Der Gesellschafter der

---

[97] BFH v. 14.6.1994, BStBl. II 1995, 246.
[98] L. Schmidt/*Wacker* § 15a EStG Rn. 222; R 15a Abs. 6 S. 3–4 EStR.
[99] *Kempermann* StbJb 1996/97, 328; *Gschwendtner* DStR 1995, 914.
[100] *Herrmann/Heuer/Raupach* § 15a EStG Rn. 141; BFH v. 14.6.1994, BStBl. II 1995, 246.
[101] Blümich/*Heuermann* § 15a EStG, Rn. 119.

2. Kapitel. Besteuerungskonzeption der GmbH & Co. KG

Obergesellschaft hat der Untergesellschaft allerdings kein Eigenkapital zur Verfügung gestellt, so dass sich gemäß § 15a EStG kein Verlustausgleichspotential ergibt.

67 Bei einem **doppelstöckigen Aufbau** der Beteiligungsstruktur ist die **Verlustverrechnung** auf jeder Ebene der Personengesellschaften **gesondert** zu beurteilen. Erzielt die Tochtergesellschaft einen Verlust, richtet sich die Verlustverrechnungsmöglichkeit, dh die Qualifikation in ausgleichsfähige und verrechenbare Verluste für die als Kommanditistin beteiligte Muttergesellschaft, ausschließlich nach den Verhältnissen auf der Ebene der Tochtergesellschaft.[102] Eine Zurechnung von ausgleichsfähigen Verlusten auf die Muttergesellschaft ist nur insoweit möglich, als diese bei der Untergesellschaft über ein positives steuerliches Kapitalkonto verfügt bzw. eine erweiterte Außenhaftung nach § 171 Abs. 1 HGB besteht. Der **ausgleichsfähige Verlust** der Untergesellschaft wird der Muttergesellschaft zugerechnet und ist dort **Bestandteil des steuerlichen Gewinns**.[103]

68 Verbleibt auf der Ebene der Tochtergesellschaft **ein verrechenbarer Verlust**, kann dieser **nicht** auf die Obergesellschaft zugerechnet werden und somit nicht von den Gesellschaftern der Muttergesellschaft verwertet werden. Die Tochtergesellschaft entfaltet insoweit eine **Abschirmwirkung**.[104] Eine Umqualifizierung des auf der Ebene der Tochtergesellschaft festgestellten verrechenbaren Verlustes in einen ausgleichsfähigen Verlust auf der Ebene der Muttergesellschaft ist mithin nicht möglich.[105] Dies gilt auch dann, wenn der Gesellschafter der Muttergesellschaft für die Verbindlichkeiten der Muttergesellschaft beispielsweise als Komplementär unbeschränkt haftet.[106] Umgekehrt ist es aber möglich, dass ein der Muttergesellschaft zugewiesener ausgleichsfähiger Verlust der Tochtergesellschaft beim beschränkt haftenden Gesellschafter der Muttergesellschaft in einen verrechenbaren Verlust umqualifiziert wird.[107]

69 In der Handelsbilanz der Obergesellschaft wird die Beteiligung an der Untergesellschaft als eigenständiger Vermögensgegenstand ausgewiesen, der einer gesonderten Bewertung unterliegt.[108] In der **Steuerbilanz** wird die Beteiligung an der Untergesellschaft **nicht** als **eigenständiger Vermögensgegenstand** erfasst.[109] Der Beteiligungsbuchwert entspricht vielmehr der anteiligen Summe der Vermögensgegenstände und Schulden der Untergesellschaft, zeigt also den **spiegelbildlichen Ausweis** des Eigenkapitals der Untergesellschaft. Steuerliche Verluste der Untergesellschaft beeinflussen damit das steuerliche Kapitalkonto der Gesellschafter der Obergesellschaft,

---

[102] BFH v. 18.12.2003, BStBl. II 2004, 231; BFH v. 19.10.2007 BFH/NV 2008, 211.
[103] *L. Schmidt* FS Moxter, 1116.
[104] *Sundermeier* DStR 1994, 1478.
[105] OFD Frankfurt/Main v. 23.7.2013, DStR 2013, 2699.
[106] *Uelner/Dankmeyer* DStZ 1981, 12.
[107] *L. Schmidt/Wacker* § 15a EStG Rn. 61.
[108] HFA 1/1991, WPg 1991, 334.
[109] BFH v. 23.7.1975, BStBl. II 1976, 73; BFH v. 13.10.1976, BStBl. II 1977, 260; BFH v. 22.6.2006 BStBl. II 2006, 838; *Ley* KÖSDI 1996, 10 934; *Ley* DStR 2004, 1499; *L. Schmidt* § 15 EStG Rn. 622.

§ 7 Verlustausgleichsbeschränkung gemäß § 15a EStG

auch wenn sich auf Ebene der Untergesellschaft eine Verlustausgleichsbeschränkung gemäß § 15a EStG ergibt. Durch diese Minderung des steuerlichen Kapitalkontos kann sich für die Gesellschafter der Obergesellschaft eine Einschränkung des Verlustausgleichspotentials ergeben.[110] Im Ergebnis haben die steuerlichen Verluste der Untergesellschaft damit eine doppelte Auswirkung. Die Verluste sind auf Ebene der Untergesellschaft nicht ausgleichsfähig, können gleichwohl das Verlustausgleichspotential der Gesellschafter bei der Obergesellschaft mindern. Da diese doppelte Einschränkung dem Sinn und Zweck des § 15a EStG widerspricht, lässt die Finanzverwaltung zu, außerbilanziell einen Korrekturposten zum steuerlichen Eigenkapital der Obergesellschaft zu bilden, in dem die verrechenbaren Verluste der Untergesellschaft abgebildet werden, so dass sich auf Ebene der Obergesellschaft im Ergebnis insoweit keine Verminderung des Verlustausgleichsvolumens gemäß § 15a EStG ergibt.[111]

Beispiel: D ist alleiniger Kommanditist der D-GmbH & Co. KG. Die Komplementär-GmbH ist nicht am Kapital beteiligt. Sein steuerliches Kapitalkonto bei der D-GmbH & Co. KG beträgt zum Jahresanfang t1 1000. Die D-GmbH & Co. KG ist wiederum an der E-GmbH & Co. KG beteiligt. Das steuerliche Kapitalkonto bei der E-GmbH & Co. KG beträgt zum Jahresanfang t1 500.
Der anteilige Jahresverlust der Tochtergesellschaft beträgt im Jahr t1 −700. Das anteilige Jahresergebnis der D-GmbH & Co. KG beträgt ohne Berücksichtigung des Jahresfehlbetrages der Tochtergesellschaft im Jahr t1 −400.

Lösungshinweis: Das steuerliche Kapitalkonto des D bei der D-GmbH & Co. KG entwickelt sich wie folgt:

Stand des Kapitalkontos Jahresanfang	1.000
Anteiliges Jahresergebnis D-GmbH & Co. KG	− 400
Anteiliges Jahresergebnis E-GmbH & Co. KG	− 700
	− 1.100
Stand des Kapitalkontos Jahresende	− 100
Außerbilanzielle Merkposten für Zwecke des § 15a EStG (= verrechenbare Verluste der Untergesellschaft)	200
Ausgleichspotential für künftige Verluste der D-GmbH & Co. KG (= für die Anwendung von § 15a EStG maßgebliches Kapital zum Jahresende)[112]	100

Die steuerliche Ergebnisentwicklung stellt sich wie folgt dar:

E-GmbH & Co. KG	
anteiliges Jahresergebnis t1	− 700
davon ausgleichsfähig	− 500
davon verrechenbar	− 200

---

[110] Gail/Düll/Heß-Emmerich/Fuhrmann DB 1998 Beil. 19, 21; Ley DStR 2004, 1500; L. Schmidt/Wacker § 15a EStG Rn. 61; aA Sundermeier DStR 1994, 1477.
[111] OFD Frankfurt/Main v. 23.7.2013, DStR 2013, 2699; OFD Bremen v. 19.10.1995, DB 1996, 900; OFD Chemnitz v. 5.2.1998, GmbHR 1998, 394.
[112] OFD Chemnitz v. 5.2.1998, GmbHR 1998, 394; so auch OFD Frankfurt/Main v. 23.7.2013, DStR 2013, 2699.

2. Kapitel. Besteuerungskonzeption der GmbH & Co. KG

D-GmbH & Co. KG
Jahresergebnis – 400
Jahresergebnis E-GmbH & Co. KG – 700

Für D sind folgende Besteuerungsgrundlagen einheitlich und gesondert festzuhalten:
steuerliches Ergebnis im Jahr t1 – 1.100
davon ausgleichsfähig – 900
davon verrechenbar – 200

70 Die Darstellung zeigt, dass durch die Bilanzierung der Beteiligung der Untergesellschaft nach der sog. Spiegelbildmethode[113] die anteiligen Verluste der Untergesellschaft in vollem Umfang auch das steuerliche Eigenkapital der Gesellschafter der Obergesellschaft mindern, unabhängig davon, ob die Verluste auf Ebene der Untergesellschaft ausgleichsfähig oder lediglich verrechenbar gemäß § 15a EStG sind. Durch die Bildung des außerbilanziellen Ausgleichspostens auf Ebene der Obergesellschaft wird das Volumen der ausgleichsfähigen Verluste auf Ebene der Obergesellschaft wiederum erhöht. Sowohl die künftigen originären Verluste der Obergesellschaft als auch die von der Untergesellschaft künftig als ausgleichsfähig zugerechneten Verluste sind in Höhe des verbleibenden Ausgleichspostens ausgleichsfähig.

71 Bei Veräußerung der Beteiligung an der Untergesellschaft durch die Obergesellschaft gelten für die Behandlung des verrechenbaren Verlustes die allgemeinen Regelungen (vgl. hierzu → Rn. 57 ff.). Wird die Beteiligung an der Obergesellschaft veräußert, so kann ein verrechenbarer Verlust aus der Untergesellschaft mit dem Gewinn aus der Veräußerung der Beteiligung an der Obergesellschaft verrechnet werden, soweit ihm stille Reserven im Betriebsvermögen der Untergesellschaft gegenüber stehen oder er auf der Auflösung eines negativen Kapitalkontos der Obergesellschaft bei der Untergesellschaft beruht.[114]

---

[113] OFD Frankfurt/Main v. 23.7.2013, DStR 2013, 2699; vgl. allgemein zur Spiegelbildmethode Schmidt/*Wacker* § 15 EStG Rn. 622; *Mayer* DB 2003, 2034.
[114] OFD Frankfurt/Main v. 23.7.2013, DStR 2013, 2699.

§ 8 Die GmbH & Co. KG im Umsatzsteuerrecht

Übersicht

	Rn.
I. Unternehmereigenschaft	5
1. Die GmbH & Co. KG und deren Gesellschafter als umsatzsteuerliche Unternehmer	5
2. Umsatzsteuerliche Organschaft	16
II. Leistungsbeziehungen zwischen Kommanditgesellschaft und den Gesellschaftern	22
1. Leistungen eines Gesellschafters an die Gesellschaft	22
2. Leistungen der Gesellschaft an die Gesellschafter	28
III. Umsatzsteuer bei aperiodischen Vorgängen	32
1. Umsatzsteuer bei Unternehmensveräußerung durch die Personengesellschaft	33
2. Umsatzsteuer bei der Übertragung von Gesellschaftsanteilen	39

Schrifttum: *Behrens/Schmitt*, Umsatzsteuer auf die Geschäftsführung und Übernahme der unbeschränkten Haftung durch die Komplementät-GmbH, GmbHR 2003, 269; *Birkenfeld*, Beginn, Abwicklung und Ende des Unternehmens, UR 1992, 29; Birkenfeld, Gedanken zur grenzberschreitenden Organschaft, UR 2010, 198; *Centraler-Gutachterdienst*, Vergütung: Umsatzsteuerbarkeit der Geschäftsführerbezüge bei GmbH & Co. KG, GmbHR 2004, 489; *Dziadkowski*, Der Unternehmer „in der Umsatzsteuer", UVR 1990, 195 ff.; *Full*, Immobilientransaktionen in der Umsatzsteuer – Neues zur vorsorglichen Option bei angenommener Geschäftsveräußerung, DStR 2013, 881; *Gerz*, Umsatzsteuerrechtliche Behandlung der Leistungen eines Geschäftsführers, SteuK 2012, 10; *Heidner*, Änderung der Rechtsprechung zur umsatzsteuerlichen Behandlung von Geschäftsführerleistungen durch Gesellschafter-Geschäftsführer an die Gesellschaft, DStR 2002, 1890; *Hubertus/Fetzer*, Umsatzsteuerliche Organschaft: Personengesellschaft kann Organgesellschaft sein, DStR 2013, 1468; *Küffner/Zugmaier*, Gesellschaften und Gesellschafter im Umsatzsteuerrecht – Erste Anmerkungen zu den BMF-Schreiben vom 4.10.2006, 30.11.2006 sowie vom 26.1.2007, DStR 2007, 472; *Merzrath*, Umsatzsteuer auf Haftungsvergütungen – Besprechung des Urteils des BFH vom 3.3.2011, V R 24/10, DStR 2011, 1203; *Meyer*, Die umsatzsteuerrechtliche Behandlung der Werbegemeinschaften, UR 1986, 317; *Meyer-Burow/Connemann*, Grundstücksverkauf und „bedingte" Option zur Umsatzsteuer, MwStR 2013, 267; *Robisch*, Geänderte Rechtsprechung des BFH zu Geschäftsführerleistungen bei Personengesellschaften – dargestellt am Beispiel einer GmbH & Co. KG, UVR 2002, 361; *Schmidt*, Vorsteuerabzug eines Personengesellschafters bei betrieblicher Nutzung des eigenen PKW, UR 1994, 221; *Spilker*, Juristische Personen des Privatrechts im Sinne des UStG – insbesondere vor dem Hintergrund der Neueinführung des § 3a Abs. 2 Satz 3 UStG zum 1.1.2010, IStR 2009, 838; *Stadie*, Der Mitunternehmer im Umsatzsteuerrecht, UR 1986, 137; *Stadie*, Umsatzbesteuerung der Geschäftsführung bei Personengesellschaften – Zugleich kritische Anmerkungen zum BFH-Urteil vom 3.3. 2011 – V R 24/10 –, UR 2011, 569; *von Streit/Duyfjes*, „Eingliederungsvoraussetzungen" bei der umsatzsteuerlichen Organschaft – Vorlagepflicht der nationalen Gerichte?, DStR 2014, 399; *Wagner*, Beginn, Ruhen und Ende eines Unternehmens, StuW 1991, 61; *Weiß*, Rechtsprechung, UR 1986, 63; *Weiß*, Urteilsanmerkung zu BFH vom 17.7.1980, UR 1980, 203; *Zugmaier*, Umsatzsteuerliche Behandlung der Geschäftsführerleistungen bei Personengesell-

2. Kapitel. Besteuerungskonzeption der GmbH & Co. KG

schaften, INF 2003, 309; *Zugmaier,* Geschäftsführungs- und Vertretungsleistungen der Gesellschafter, DStR 2004, 124.

1 Im Gegensatz zu dem Ertragsteuerrecht gibt es im Umsatzsteuerrecht keine steuerliche Mitunternehmerschaft.[1] Die GmbH & Co. KG bzw. die beteiligten Gesellschafter, die Komplementär-GmbH sowie die Kommanditisten sind getrennte Steuersubjekte für Zwecke der Umsatzsteuer. Durch die Beteiligung an einer Personengesellschaft wird der Gesellschafter noch nicht zum Unternehmer im Sinne des Umsatzsteuerrechts.[2] Er muss vielmehr eigenständig die Kriterien eines Unternehmers erfüllen.

2 Sofern ein Unternehmer im Inland Lieferungen oder sonstige Leistungen gegen Entgelt erbringt, handelt es sich grundsätzlich um eine **umsatzsteuerbare Leistung** gemäß § 1 Abs. 1 Nr. 1 UStG. Einer Lieferung gegen Entgelt (§ 3 Abs. 1 UStG) werden gem. § 3 Abs. 1b UStG gleichgestellt die Entnahme eines Gegenstandes für private Zwecke des Unternehmers, die unentgeltliche Zuwendung eines Gegenstandes an das Personal für dessen privaten Bedarf sowie andere unentgeltliche Zuwendungen, sofern der Gegenstand zum Vorsteuerabzug berechtigt hat. Entsprechend werden einer sonstigen Leistung gegen Entgelt (§ 3 Abs. 9 UStG) gem. § 3 Abs. 9a UStG gleichgestellt die Verwendung eines dem Unternehmen zugeordneten Gegenstandes, der zum Vorsteuerabzug berechtigt hat, für private Zwecke des Unternehmers oder seines Personals sowie die unentgeltliche Erbringung einer anderen sonstigen Leistung für nicht unternehmerische Zwecke oder für den privaten Bedarf seines Personals.

3 Liegt eine umsatzsteuerbare Lieferung oder sonstige Leistung vor, muss im nächsten Schritt geprüft werden, ob ggf. eine **Befreiungsvorschrift** gemäß § 4 UStG zur Anwendung kommt. Ist dies nicht der Fall, handelt es sich um eine umsatzsteuerbare und umsatzsteuerpflichtige Leistung, die grundsätzlich zur Berechnung und Abführung von Umsatzsteuer verpflichtet.

4 Die Ausführung von umsatzsteuerpflichtigen Lieferungen und Leistungen bewirkt gleichzeitig den Einbezug des Unternehmers in das System der Umsatzsteuerabrechnung. Dies hat ua zur Folge, dass die in Rechnung gestellte Umsatzsteuer als so genannte **Vorsteuer** geltend gemacht werden kann (§ 15 UStG). Der Vorsteuerabzug ist aber ausgeschlossen, soweit die vom Unternehmer umsatzsteuerpflichtig bezogenen Leistungen zur Erbringung umsatzsteuerfreier Ausschlussumsätze verwendet werden. Die Zahllast gegenüber der Finanzverwaltung umfasst danach lediglich die Differenz zwischen der Umsatzsteuerschuld auf die erbrachten Lieferungen und Leistungen abzüglich der verauslagten abzugsfähigen Vorsteuerbeträge (Saldierung gem. § 16 Abs. 2 UStG).

---

[1] BFH v. 9.3.1989 BStBl. II 1989, 580; BFH v. 18.12.1980 BStBl. II 1981, 408; BFH v. 27.6.1995 BStBl. II 1995, 915; BFH v. 16.5.2002, BFH/NV 2002, 1347; BFH v. 1.9.2010, BFH/NV 2010, 2140; *Korn* in Bunjes UStG § 2 Rn. 16.
[2] BFH v. 15.1.1987 BStBl. II 1987, 512; A 2.3 Abs. 2 UStAE; aA *Stadie* UR 1986, 137.

I. Unternehmereigenschaft

1. Die GmbH & Co. KG und deren Gesellschafter als umsatzsteuerliche Unternehmer

Die Unternehmereigenschaft hat eine zentrale Bedeutung für die Beurteilung der Frage, ob eine umsatzsteuerbare Leistung vorliegt. Unternehmer im Sinne des Umsatzsteuerrechts gem. § 2 Abs. 1 UStG ist derjenige, der im Rahmen einer gewerblichen oder beruflichen Tätigkeit **selbständig und nachhaltig** Leistungen gegen Entgelt mit der Absicht der Einnahmeerzielung ausführt.[3] Die Absicht der Gewinnerzielung ist hierbei nicht erforderlich. Es ist außerdem nicht erforderlich, dass eine Tätigkeit ausgeübt wird, die nach ertragsteuerlichen Kriterien als gewerblich (§ 15 EStG) oder als selbständig (§ 18 EStG) gewertet wird.[4] So kann beispielsweise eine im Ertragsteuerrecht als vermögensverwaltend zu beurteilende Tätigkeit wie die Vermietung eines Grundstücks zu einer unternehmerischen Betätigung im Sinne des UStG führen.

5

Die **Kommanditgesellschaft** ist üblicherweise die eigentliche operative Einheit bei einer GmbH & Co. KG. Die Unternehmereigenschaft ist deshalb für die Gesellschaft im Regelfall gegeben. Dies gilt selbst dann, wenn Gesellschaftszweck nach ertragsteuerlichen Kriterien lediglich eine vermögensverwaltende Tätigkeit ist.[5]

6

Ob ein **Gesellschafter** der Kommanditgesellschaft Unternehmer im Sinne des Umsatzsteuerrechts ist, ist nach den Kriterien des § 2 Abs. 1 UStG zu beurteilen. Die ertragsteuerliche Qualifikation als Mitunternehmer ist für die umsatzsteuerliche Unternehmereigenschaft nicht maßgeblich.

7

Das bloße Erwerben, Halten und Veräußern von gesellschaftsrechtlichen Beteiligungen stellt in der Regel keine unternehmerische Tätigkeit dar.[6] Durch die Gesellschafterstellung für sich genommen wird der Gesellschafter der Kommanditgesellschaft daher nicht umsatzsteuerlicher Unternehmer. Das Erwerben, Halten und Veräußern von gesellschaftsrechtlichen Beteiligungen ist aber als unternehmerische Tätigkeit zu qualifizieren im Fall des gewerblichen Wertpapierhandels, wenn die Beteiligung nicht um ihrer selbst Willen gehalten wird, sondern der Förderung einer bestehenden oder beabsichtigten unternehmerischen Tätigkeit dient (zB Sicherung günstiger Absatz- oder Einkaufskonditionen, Verschaffung von Einfluss bei potentiellen Konkurrenten) oder soweit die Beteiligung, abgesehen von der Ausübung der Rechte als Gesellschafter, zum Zweck des unmittelbaren Eingreifens in die Verwaltung der Gesellschaften, an denen die Beteiligung besteht, erfolgt, wobei die Eingriffe dabei zwingend durch unternehmerische Leistungen im

8

---

[3] A 2.1 Abs. 1 S. 1 UStAE; BFH v. 4.7.1965 BStBl. III 1956, 275; Klenk in Sölch/Ringleb § 2 UStG Rn. 6; Stadie in Rau/Dürrwächter § 2 UStG Rn. 454 ff.; Wagner StuW 1991, 61; Dziadkowski UVR 1990, 195.
[4] Weiß UR 1980, 203; BFH v. 5.9.1963 BStBl. III 1963, 520.
[5] BFH v. 18.12.1980 BStBl. II 1981, 408.
[6] A 2.3 Abs. 2 S. 1 UStAE; vgl. auch EuGH v. 29.4.2004, DStRE 2004, 1095 – EDM; BFH v. 26.4.2012, DStR 2012, 965; Klenk in Sölch/Ringleb UStG § 2 Rn. 180.

2. Kapitel. Besteuerungskonzeption der GmbH & Co. KG

Sinne der § 1 Abs. 1 Nr. 1 und § 2 Abs. 1 UStG erfolgen müssen, zB durch das entgeltliche Erbringen von administrativen, finanziellen, kaufmännischen und technischen Dienstleistungen an die jeweilige Beteiligungsgesellschaft.[7] Außer im Fall des gewerblichen Wertpapierhandels stellt das Halten einer gesellschaftsrechtlichen Beteiligung nur dann eine unternehmerische Tätigkeit dar, wenn die Beteiligung im Zusammenhang mit einem unternehmerischen Grundgeschäft gehalten wird, es sich beim Halten der Beteiligung also um ein Hilfsgeschäft handelt.[8] Die Qualifikation des Haltens der Beteiligung an einer Kommanditgesellschaft als unternehmerische Tätigkeit setzt demnach voraus, dass der Gesellschafter bereits aus anderen Gründen umsatzsteuerlicher Unternehmer ist.

9   Der Gesellschafter kann seine Unternehmereigenschaft im Verhältnis zur Kommanditgesellschaft dadurch begründen, dass er Lieferungen oder sonstige Leistungen gegenüber der Kommanditgesellschaft tätigt, soweit er hierbei selbständig tätig wird und die erbrachten Lieferungen oder sonstigen Leistungen nicht als Gesellschafterbeitrag zu werten sind (vgl. hierzu → Rn. 22 ff.).[9] So wird er beispielsweise dann zum Unternehmer iSd Umsatzsteuerrechts, wenn er Gegenstände an die Kommanditgesellschaft gegen Entgelt vermietet.[10]

10   Dem Merkmal der Selbständigkeit kommt insbesondere in dem Fall Bedeutung zu, in dem **natürliche Personen** Geschäftsführungs- und Vertretungsleistungen an die Personengesellschaft erbringen. Das BMF sah in seinem Schreiben vom 13.12.2002 natürliche Personen, die als Gesellschafter Geschäftsführungs- und Vertretungsleistungen an eine Personengesellschaft erbringen, als selbständig an, da der Gesellschafter Mitunternehmer iSd § 15 Abs. 1 Satz 1 Nr. 2 EStG ist und die Frage der Selbständigkeit natürlicher Personen für die Umsatzsteuer, Einkommensteuer und Gewerbesteuer nach denselben Grundsätzen zu beurteilen sei.[11] Insbesondere könne deswegen eine Weisungsgebundenheit iSd § 2 Abs. 2 Nr. 1 UStG in diesen Fällen nicht vorliegen. Demgegenüber wurden natürliche Personen als Gesellschafter, die Geschäftsführungs- und Vertretungsleistungen an eine Kapitalgesellschaft erbringen, grundsätzlich nicht als selbständig tätig iSd Umsatzsteuerrechts angesehen. Dies galt vor allem dann, wenn sie für diese Tätigkeit Einkünfte aus nichtselbständiger Arbeit nach § 19 EStG erzielten.

11   An der im Schreiben vom 13.12.2002 geäußerten Auffassung hält das BMF mittlerweile nicht mehr fest. Für die Frage, ob Geschäftsführungs- und Vertretungsleistungen, die ein Gesellschafter an eine Personengesellschaft erbringt, als selbständig anzusehen sind, kommt es nach der geänderten Auffassung nicht auf die ertragsteuerliche Mitunternehmerstellung iSd § 15 Abs. 1 Satz 1 Nr. 2 EStG an.[12] Dies gilt auch für den Kommanditisten, der Ge-

---

[7] A 2.3 Abs. 3 S. 5 UStAE.
[8] A 2.3 Abs. 4 S. 1 UStAE.
[9] Vgl. zur Abgrenzung zwischen Leistungsaustausch und Gesellschafterbeitrag BMF v. 31.5.2007, BStBl. II 2007, 503; A 1.6 Abs. 3 ff. UStAE.
[10] A 1.6 Abs. 7 Nr. 1 UStAE.
[11] BMF v. 13.12.2002, BStBl. I 2003, 68.
[12] A 2.2 Abs. 2 S. 2 UStAE; BMF v. 31.5.2007, BStBl. I 2007, 503; so auch BFH v. 14.4.2010, BStBl. II 2011, 433.

schäftsführungs- und Vertretungsleistungen gegenüber der Komplementär-GmbH erbringt.[13] Keine selbständige Tätigkeit liegt demnach vor, wenn zwischen dem Gesellschafter und der Personengesellschaft ein Arbeitsvertrag geschlossen wurde, der ua feste Arbeitszeiten, Weisungsgebundenheit, einen Urlaubsanspruch und Lohnfortzahlung im Krankheitsfall regelt.[14] Im Ergebnis sind Gesellschafter von Personen- und Kapitalgesellschaften im Hinblick auf das Kriterium der Selbständigkeit bei der Erbringung von Geschäftsführungs- und Vertretungsleistungen nunmehr gleich gestellt, was der Rechtsformneutralität der Umsatzsteuer entspricht.

Die Funktion der **Komplementär-GmbH** beschränkt sich üblicherweise auf die Ausübung der Komplementärstellung bei der Kommanditgesellschaft, mithin auf Handlungen aufgrund der organschaftlichen Stellung. Eine weitere eigengewerbliche Betätigung der Komplementär-GmbH ist zwar durchaus möglich, ist jedoch eher untypisch. Die Unternehmereigenschaft der Komplementär-GmbH hängt somit davon ab, ob die von der Komplementär-GmbH an die Kommanditgesellschaft zu erbringenden Leistungen, insbesondere die Übernahme der persönlichen Haftung sowie die Ausübung der Geschäftsführertätigkeit, im Rahmen eines umsatzsteuerlichen Leistungsaustausches oder als nichtsteuerbarer Gesellschafterbeitrag erfolgt.[15]

12

Der BFH hat mit Urteil vom 6.6.2002[16] seine langjährige Rechtsprechung aufgegeben, nach der die Ausübung der Mitgliedschaftsrechte nicht als Leistung eines Gesellschafters an die Gesellschaft zu beurteilen ist.[17] Diese Leistungen sind – sofern sie gesondert vergütet werden – nun umsatzsteuerbar. Das BMF hat sich unter Gewährung von Übergangsfristen der Auffassung des BFH angeschlossen.[18] Das BMF führt in seinem Schreiben vom 23.12. 2003 sowie in seinem Schreiben vom 31.5.2007 in Bezug auf die Komplementär-GmbH aus, dass juristische Personen als Gesellschafter grundsätzlich selbständig tätig werden, wenn sie Geschäftsführungs- und Vertretungsleistungen an die Gesellschaft erbringen. Die Tätigkeit wird lediglich dann nicht selbständig ausgeübt, wenn die juristische Person im Rahmen der Organschaft nach § 2 Abs. 2 Nr. 2 UStG (vgl. hierzu → Rn. 16 ff.) in ein anderes Unternehmen eingegliedert ist. Eine Komplementär-GmbH, die an einer Kommanditgesellschaft als persönlich haftende Gesellschafterin beteiligt ist, kann jedoch nicht als Organgesellschaft in das Unternehmen dieser Kommanditgesellschaft eingegliedert sein.[19] Lediglich bei der sog. Einheits-GmbH & Co. KG, bei der die KG alleinige Inhaberin der Geschäftsanteile an der GmbH ist, kommt eine umsatzsteuerliche Organschaft in Betracht.[20]

13

---

[13] A 2.2 Abs. 2, Beispiel 3 UStAE; BMF v. 31.5.2007, BStBl. I 2007, 503.
[14] A 2.2 Abs. 2, Beispiel 2 UStAE; BMF v. 31.5.2007, BStBl. I 2007, 503.
[15] Zur Abgrenzung siehe Beispiele bei A 1.6 Abs. 6 und Abs. 7 UStAE.
[16] BFH v. 6.6.2002, BStBl. II 2003, 36; vgl. auch BFH v. 14.5.2008, BStBl. II 2008, 912; BFH v. 19.9.2011, BFH/NV 2012, 283.
[17] BFH v. 17.7.1980, BStBl. II 1980, 622.
[18] BMF v. 13.12.2002, BStBl. I 2003, 68; BMF v. 17.6.2003, BStBl. I 2003, 378; BMF v. 23.12.2003, BStBl. I 2004, 240; BMF v. 31.5.2007, BStBl. II 2007, 503.
[19] BFH v. 14.12.1978, BStBl. II 1979, 288; A 2.8 Abs. 2 S. 3 UStAE; aA *Heidner* DStR 2002, 1893.
[20] A 2.2 Abs. 6 S. 3 UStAE.

2. Kapitel. Besteuerungskonzeption der GmbH & Co. KG

14 Die Finanzverwaltung ging auch nach der Entscheidung des BFH vom 6.6.2002 davon aus, dass die bloße Haftungsübernahme durch die Komplementär-GmbH gegen Haftungsvergütung nicht im Rahmen eines steuerbaren Leistungsaustauschverhältnisses erfolgt, da sie unabdingbare Rechtsfolge des Gesellschaftsverhältnisses sei.[21] Die Haftungsvergütung war demnach grundsätzlich nicht steuerbar. Eine pauschale Haftungsvergütung an einen persönlich haftenden Gesellschafter, der auch steuerbare Geschäftsführungsleistungen erbringt, sollte jedoch als – ggf. zusätzliches – Entgelt für die Geschäftsführungsleistungen gewertet werden. Mit Urteil vom 3.3.2011[22] entschied der BFH, dass die Haftungsübernahme durch den persönlich haftenden Gesellschafter als umsatzsteuerbare Leistung zu werten sei. Erbringt der Gesellschafter neben der Haftungsübernahme zudem Geschäftsführungs- und Vertretungsleistungen, liegt nach Auffassung des BFH eine einheitliche Leistung vor, welche die Geschäftsführung, die Vertretung und die Haftung umfasst. Die Finanzverwaltung hat sich der in der Literatur kritisierten[23] Auffassung des BFH angeschlossen.[24] Die Grundsätze des Urteils des BFH vom 3.3.2011 sind ab dem 1.1.2012 anzuwenden.[25]

15 Sofern die Komplementär-GmbH und/oder der Kommanditist neben der GmbH & Co. KG auch Unternehmer iSd Umsatzsteuerrechts sind, müssen sämtliche Beteiligten ihre Umsatzsteuerpflichten, insbesondere die Pflicht zur Abgabe der Umsatzsteuervoranmeldungen und -erklärungen sowie zur Entrichtung der Umsatzsteuer, eigenständig erfüllen. Des Weiteren ist bei Eingangsleistungen darauf zu achten, dass die Rechnungen als Rechnungsadressaten den jeweiligen Leistungsempfänger ausweisen. Denn Voraussetzung für den Vorsteuerabzug ist eine Eingangsrechnung, die an den zutreffenden Leistungsempfänger adressiert ist.[26]

2. Umsatzsteuerliche Organschaft

16 Eine gewerbliche oder berufliche Tätigkeit wird gem. § 2 Abs. 2 Nr. 2 UStG nicht selbständig ausgeübt, wenn eine juristische Person (insb. Kapitalgesellschaft) im Rahmen einer umsatzsteuerlichen Organschaft als Organgesellschaft nach dem Gesamtbild der Verhältnisse finanziell, wirtschaftlich und organisatorisch in das Unternehmen eines anderen Unternehmers, des Organträgers, eingegliedert ist. Das Vorliegen einer Organschaft setzt mithin nach § 2 Abs. 2 Nr. 2 UStG ein Über- und Unterordnungsverhältnis voraus. Allerdings ist fraglich, ob dies mit den Vorgaben der europäischen Mehrwertsteuersystemrichtlinie vereinbar ist oder ob vielmehr nach der Mehrwertsteuersystemrichtlinie gegenseitige wirtschaftliche Beziehungen ausreichend sind.[27]

---

[21] BMF v. 31.5.2007, BStBl. II 2007, 503; kritisch *Radeisen* in Schwarz/Widmann/Radeisen § 2 UStG Rn. 151.
[22] BFH v. 3.3.2011, BStBl. II 2011, 950.
[23] *Stadie* in Rau/Dürrwächter § 2 UStG Rn. 521 ff.; *Stadie* UR 2011, 569; *Merzrath* DStR 2011, 1203.
[24] BMF v. 14.11.2011, BStBl. I 2011, 1158; A 1.6 Abs. 6 UStAE.
[25] BMF v. 14.11.2011, BStBl. I 2011, 1158.
[26] Siehe für die Voraussetzungen auch A 15.2 Abs. 2 UStAE.
[27] BFH v. 11.12.2013, DStR 2014, 466; *von Streit/Duyffes* DStR 2014, 399.

§ 8 Die GmbH & Co. KG im Umsatzsteuerrecht

Die wesentliche Folge des Vorliegens einer umsatzsteuerlichen Organschaft besteht darin, dass die gewerbliche oder berufliche Tätigkeit der Organgesellschaft umsatzsteuerlich dem Organträger zuzurechnen ist. Dieser ist Steuerschuldner für die Umsätze des gesamten Organkreises, da er für alle im Organkreis zusammengeschlossenen Unternehmungen der Unternehmer ist. Umsätze innerhalb des Organkreises sind nicht umsatzsteuerbare Innenumsätze.[28] Dies kann dann von Vorteil sein, wenn die Organgesellschaft nicht zum Vorsteuerabzug berechtigende Umsätze ausführt, da dann die vom Organträger an die Organgesellschaft erbrachten Leistungen nicht mit Umsatzsteuer belastet sind. Gem. § 73 AO haftet die Organgesellschaft für Steuern des Organträgers, für welche die Organschaft steuerlich von Bedeutung ist.

17

Finanzielle Eingliederung ist der Besitz der Anteilsmehrheit an der Organgesellschaft, die es dem Organträger ermöglicht, durch Mehrheitsbeschlüsse seinen Willen in der Ogangesellschaft durchzusetzen.[29] Nach langjähriger Rechtsprechung des BFH war es für die finanzielle Eingliederung einer Kapitalgesellschaft in das Unternehmen einer Personengesellschaft ausreichend, wenn die mehrheitlich an der Personengesellschaft beteiligten Anteilseigner auch die zur Durchsetzung ihres Willens erforderliche Stimmenmehrheit in der Kapitalgesellschaft hatten.[30] Dies betraf insbesondere den Fall der Betriebsaufspaltung. Dem lag auch die einkommensteuerliche Wertung der Beteiligung an der Kapitalgesellschaft als Sonderbetriebsvermögen der Personengesellschaft zu Grunde. Nach einer Änderung der Rechtsprechung des BFH im Jahr 2010[31] ist es nunmehr für die finanzielle Eingliederung einer Kapitalgesellschaft in das Unternehmen einer Personengesellschaft erforderlich, dass die Personengesellschaft die Mehrheitsbeteiligung im Gesamthandsvermögen hält. Es reicht hingegen nicht aus, dass die mehrheitlich an der Personengesellschaft beteiligten Gesellschafter auch mehrheitlich an der Kapitalgesellschaft beteiligt sind.[32] Die Finanzverwaltung hat sich der geänderten Rechtsprechung des BFH angeschlossen.[33] Sie ist ab dem 1.1.2012 anzuwenden.[34]

18

Wirtschaftliche Eingliederung ergibt sich aus der wirtschaftlichen Verflechtung zwischen Organgesellschaft und Organträger.[35] Die Verpachtung einer wesentlichen Betriebgrundlage durch den Organträger an die Organgesellschaft führt regelmäßig zur wirtschaftlichen Eingliederung. Organisatorische Eingliederung setzt voraus, dass die mit der finanziellen Eingliederung verbundene Möglichkeit der Beherrschung der Tochtergesellschaft durch die

19

---

[28] Für Rechtsfolgen der Organschaft siehe auch *Korn* in Bunjes § 2 UStG 138 ff.; *Klenk* in Sölch/Ringleb § 2 UStG Rn. 140 ff. jeweils mwN aus Literatur und Rechtsprechung.
[29] A 2.8 Abs. 5 S. 1 UStAE.
[30] BFH v. 22.11.2001, BStBl. II 2002, 167; BFH v. 14.2.2008, BFH/NV 2008, 1365.
[31] BFH v. 22.4.2010, BStBl. II 2011, 597; BFH v. 10.6.2010, BFH/NV 2011, 79.
[32] BFH v. 22.4.2010, BStBl. II 2011, 597; BFH v. 10.6.2010, BFH/NV 2011, 79.
[33] A 2.8 Abs. 5 S. 6 ff. UStAE.
[34] BMF v. 5.7.2011, BStBl. I 2011, 703.
[35] A 2.8 Abs. 6 UStAE.

2. Kapitel. Besteuerungskonzeption der GmbH & Co. KG

Muttergesellschaft tatsächlich wahrgenommen wird.[36] Dies ist insbesondere bei Personenidentität der Geschäftsführung von Tochter- und Muttergesellschaft gegeben.[37]

20 Gem. § 2 Abs. 2 Nr. 2 UStG können Kapitalgesellschaften sowohl Organgesellschaften als auch Organträger sein, Personengesellschaften können hingegen ausschließlich Organträger sein. So kann beispielsweise bei der Einheitsgesellschaft die Komplementär-GmbH als Organgesellschaft in die GmbH & Co. KG eingegliedert sein (vgl. hierzu → Rn. 13).[38] Die GmbH & Co. KG kann hingegen nicht gem. § 2 Abs. 2 Nr. 2 UStG Organgesellschaft eines Gesellschafters sein. Es ist jedoch fraglich, ob dies mit dem europarechtlichen Gebot der Neutralität der Umsatzsteuer in der Ausprägung der Rechtsformneutralität vereinbar ist.[39] In der Literatur wird die Auffassung vertreten, dass jedenfalls bei Vorliegen einer kapitalistisch strukturierten GmbH & Co. KG, bei der der einzige Kommanditist zugleich Alleingesellschafter der Komplementär-GmbH ist oder bei der ausschließlich Kapitalgesellschaften Gesellschafter sind, die GmbH & Co. KG als Organgesellschaft in das Unternehmen ihres Gesellschafters eingegliedert sein könne.[40] Weitergehend wird auch die generelle Eignung von Personengesellschaften als Organgesellschaften bejaht.[41]

21 Das FG München hat in einer Entscheidung vom 13.3.2013[42] im Fall einer kapitalistisch strukturierten GmbH & Co. KG (Ein-Mann GmbH & Co. KG) die Eingliederung der GmbH & Co. KG als Organgesellschaft in das Unternehmen des Kommanditisten bejaht. Die Regelung des § 2 Abs. 2 Nr. 2 UStG sei insoweit nach Auffassung des FG München europarechtskonform zu erweitern. Das FG München hat in der Entscheidung vom 13.3. 2013 die Revision zum BFH zugelassen.[43] Der BFH hat hiervon unabhängig in einem vergleichbaren Fall dem EuGH die Frage zur Entscheidung vorgelegt, ob es mit europäischem Recht vereinbar ist, dass nach § 2 Abs. 2 Nr. 2 UStG lediglich Kapitalgesellschaften, nicht jedoch Personengesellschaften als Organgesellschaften in das Unternehmen eines Organträgers eingegliedert sein können.[44] Die weitere Rechtsprechung zu dieser Frage bleibt abzuwarten.

---

[36] A 2.8 Abs. 7 S. 1 UStAE.
[37] A 2.8 Abs. 7 S. 2 UStAE.
[38] A 2.8 Abs. 2 S. 3 UStAE mwN aus der Rechtsprechung.
[39] *Stadie* in Rau/Dürrwächter § 2 UStG Rn. 839.
[40] *Stadie* in Rau/Dürrwächter § 2 UStG Rn. 840.
[41] *Birkenfeld* UR 2010, 198.
[42] FG München v. 13.3.2013, EFG 2013, 1434; s. hierzu *Hubertus/Fetzer* DStR 2013, 1468.
[43] Revision anhängig unter BFH, V R 25/13.
[44] BFH v. 11.12.2013, DStR 2014, 466.

II. Leistungsbeziehungen zwischen Kommanditgesellschaft und den Gesellschaftern

1. Leistungen eines Gesellschafters an die Gesellschaft

Ein Gesellschafter kann Leistungen gegenüber der Kommanditgesellschaft sowohl aufgrund eines gesellschaftsrechtlichen Beitragsverhältnisses als auch aufgrund eines schuldrechtlichen Austauschverhältnisses erbringen. Die umsatzsteuerliche Behandlung dieser Leistungen richtet sich danach, ob es sich um Leistungen handelt, die als Gesellschafterbeitrag durch die Beteiligung am Gewinn oder Verlust der Gesellschaft abgegolten werden, oder um Leistungen, die gegen Sonderentgelt ausgeführt werden und damit auf einem Leistungsaustausch gerichtet sind. Dabei ist die tatsächliche Ausführung des Leistungsaustausches und nicht allein die gesellschaftsrechtliche Verpflichtung maßgebend.[45] Werden die Leistungen gegen Sonderentgelt erbracht, liegt also ein Leistungsaustausch vor, so sind die Leistungen umsatzsteuerbar, sofern sie der Gesellschafter selbständig erbringt (vgl. hierzu → Rn. 9 ff.). 22

Für die Frage, ob die **Leistungen gegen Sonderentgelt** ausgeführt werden, ist maßgebend, ob die vereinbarte Gegenleistung im Rahmen der Ergebnisermittlung bei der Handelsbilanz als Aufwand behandelt wird. Auf die Bezeichnung der Gegenleistung zB als Aufwendungsersatz, als Umsatzbeteiligung, als Kostenerstattung oder Gewinnvorab kommt es hingegen nicht an.[46] Ist die Vergütung für die Leistung des Gesellschafters als Teil der Ergebnisverwendung geregelt, liegt allerdings dennoch ein Leistungsaustausch vor, wenn sich aus den geschlossenen Vereinbarungen und deren tatsächlicher Durchführung ergibt, dass die Leistungen nicht lediglich durch eine Beteiligung am Gewinn und Verlust der Gesellschaft abgegolten sind, sondern gegen Sonderentgelt ausgeführt werden.[47] Wird neben einem Sonderentgelt auch eine gewinnabhängige Vergütung bezahlt (sog. Mischentgelt), sind das Sonderentgelt und die gewinnabhängige Vergütung umsatzsteuerrechtlich getrennt zu beurteilen. Das Sonderentgelt wird im Rahmen eines umsatzsteuerlichen Leistungsaustausches gezahlt, die gewinnabhängige Vergütung stellt hingegen kein Entgelt dar.[48] 23

Die Gesellschafter können somit im Ergebnis selbst bestimmen, ob sie ihre Leistungen im Rahmen eines umsatzsteuerlichen Leistungsaustausches oder als Gesellschafterbeitrag erbringen. Bei Kommanditgesellschaften mit Berechtigung zum Vorsteuerabzug (steuerpflichtige Ausgangsumsätze) ergibt sich bei einer Umsatzsteuerbarkeit von Gesellschafterleistungen keine Umsatzsteuerbelastung, wenn sichergestellt wird, dass die Kommanditgesellschaft aus den umsatzsteuerpflichtigen Leistungen ihres Gesellschafters den Vorsteuerabzug geltend macht. Der Gesellschafter muss der Kommanditgesellschaft eine Rechnung iSd § 14 UStG mit gesondertem Umsatzsteuerausweis 24

---

[45] BMF v. 31.5.2007, BStBl. II 2007, 503; A 1.6 Abs. 3 S. 3 UStAE.
[46] BMF v. 31.5.2007, BStBl. II 2007, 503; A 1.6 Abs. 4 S. 1 UStAE.
[47] BMF v. 31.5.2007, BStBl. II 2007, 503; A 1.6 Abs. 4 S. 6 UStAE.
[48] BMF v. 31.5.2007, BStBl. II 2007, 503; A 1.6 Abs. 5 UStAE.

ausstellen.[49] Die Umsatzsteuerpflicht der Geschäftsführungsleistungen der Komplementär-GmbH führt zwar auf der einen Seite aufgrund der erforderlichen Rechnungsstellungen sowie der Abgabe von Umsatzsteuervoranmeldungen und -erklärungen zu einem höheren Verwaltungsaufwand; auf der anderen Seite ermöglicht die umsatzsteuerpflichtige Tätigkeit der Komplementär-GmbH dieser den Vorsteuerabzug aus Eingangsleistungen, wie zB Steuerberatungsleistungen für die Erstellung des Jahresabschlusses sowie der Steuererklärungen.

25 Bei Kommanditgesellschaften mit Ausschlussumsätzen kann sich hingegen aus der Umsatzsteuerbarkeit der von den Gesellschaftern erbrachten Leistungen eine Belastungswirkung ergeben, da der Umsatzsteuerpflicht auf Ebene der Gesellschafter kein entsprechender Vorsteuerabzug auf Ebene der Kommanditgesellschaft gegenübersteht. In solchen Fällen bietet es sich beispielsweise an, dass die Komplementär-GmbH für ihre Geschäftsführungstätigkeit lediglich ein erfolgsabhängiges Gewinnvorab erhält, das nicht als Aufwand im Rahmen der handelsrechtlichen Ergebnisermittlung behandelt wird. Die Tätigkeitsvergütung wird dann als nichtsteuerbarer Gesellschafterbeitrag qualifiziert. Sollte jedoch eine Mindestvergütung vereinbart sein, so ist diese Sonderentgelt.[50]

26 Hinsichtlich der **Haftungsvergütung** der Kommanditgesellschaft an die Komplementär-GmbH gehen der BFH und das BMF davon aus, dass diese im Rahmen eines Leistungsaustauschverhältnisses gewährt wird (vgl. hierzu → Rn. 14).[51] Fraglich ist, ob die Haftungsübernahme durch den Komplementär eine gem. § 4 Nr. 8 Buchst. g UStG steuerfreie Leistung darstellt. Der BFH sowie das BMF verneinen dies mit der Begründung, dass die Haftungsübernahme nicht den Charakter eines Finanzgeschäfts iSd § 4 Nr. 8 Buchst. g UStG habe.[52] In Teilen der Literatur wird hingegen vertreten, dass eine Haftungsvergütung der Komplementär-GmbH gem. § 4 Nr. 8 Buchst. g UStG umsatzsteuerfrei ist.[53] Aus der Umsatzsteuerpflicht der Haftungsvergütung ergeben sich für die Kommanditgesellschaft nur dann negative umsatzsteuerliche Folgen, wenn sie steuerfreie Ausschlussumsätze ausführt, da dann die Umsatzsteuer auf die Haftungsvergütung von der Kommanditgesellschaft nicht als Vorsteuer abgezogen werden kann. Umgekehrt besteht für die Komplementär-GmbH der Vorteil, dass sie bei Umsatzsteuerpflicht der Haftungsvergütung die Vorsteuern auf bezogene Eingangsleistungen vollständig abziehen kann, was bei einer Steuerbefreiung der Haftungsvergütung nicht der Fall wäre. Würde sich insgesamt betrachtet aus einer Steuerbefreiung der Haftungsvergütung gem. § 4 Nr. 8 Buchst. g UStG ein Nachteil ergeben, so könnte die Komplementär-GmbH allerdings nach § 9 UStG zur Umsatzsteuerpflicht optieren.

---

[49] *Zugmaier* INF 2003, 311.
[50] BMF v. 31.5.2007, BStBl. II 2007, 503; A 1.6 Abs. 5 UStAE.
[51] BFH v. 3.3.2011, BStBl. II 2011, 950; BMF v. 14.11.2011, BStBl. I 2011, 1158; A 1.6 Abs. 6 UStAE.
[52] BFH v. 3.3.2011, BStBl. II 2011, 950; BMF v. 14.11.2011, BStBl. I 2011 1158; A 1.6 Abs. 6 UStAE.
[53] *Zugmaier* DStR 2004, 125; *Behrens/Schmitt* GmbHR 2003, 274; *Robisch* UVR 2002, 362; *Merzrath* DStR 2011, 1203.

Die **unentgeltliche Nutzungsüberlassung** an die Gesellschaft begründet für sich allein noch nicht die Unternehmereigenschaft des Gesellschafters. Etwas anderes gilt nur dann, wenn der Gesellschafter seinerseits bereits unternehmerisch tätig ist und die unentgeltliche Nutzungsüberlassung zugunsten der Kommanditgesellschaft aus seinem unternehmerischen Bereich erfolgt. In diesem Fall kommt uU die Qualifikation als unentgeltliche Wertabgabe gemäß § 3 Abs. 9a Nr. 1 UStG in Betracht.[54]

27

2. Leistungen der Gesellschaft an die Gesellschafter

Bei **entgeltlichen Lieferungen oder Leistungen** einer Kommanditgesellschaft handelt es sich um umsatzsteuerbare Vorgänge, selbst wenn der Empfänger der Lieferung oder Leistung ein Gesellschafter ist. Dies gilt gem. § 2 Abs. 1 S. 3 UStG selbst dann, wenn die Personengesellschaft Leistungen ausschließlich gegenüber ihren Gesellschaftern erbringt. Soweit keine Umsatzsteuerbefreiung greift, ist die umsatzsteuerbare Lieferung oder Leistung auch umsatzsteuerpflichtig. Eine Steuerbarkeit der Leistungen der Personengesellschaft scheidet dagegen dann aus, wenn die Personengesellschaft **im Interesse aller Gesellschafter** handelt und hierfür keine gesonderte Gegenleistung erhält. Es fehlt hier die Verbindung von Leistung und Gegenleistung.[55]

28

Bemessungsgrundlage für die Umsatzsteuer ist grundsätzlich das vereinbarte Entgelt. Bei Leistungsbeziehungen zwischen der Kommanditgesellschaft und ihren Gesellschaftern bzw. nahe stehenden Personen muss beachtet werden, dass hierfür ein **angemessenes Entgelt** berechnet wird. Ist dies nicht der Fall, kommt gemäß § 10 Abs. 5 Nr. 1 iVm § 10 Abs. 4 UStG die sog. **Mindestbemessungsgrundlage** zur Anwendung, wonach als Bemessungsgrundlage für die Umsatzsteuer nicht das (verbilligte) Entgelt, sondern bei Lieferungen der Einkaufspreis zuzüglich Nebenkosten bzw. die Selbstkosten, jeweils zum Zeitpunkt des Umsatzes und bei sonstigen Leistungen die entstandenen Ausgaben zugrunde zu legen sind. Die Kommanditgesellschaft ist in diesen Fällen gem. § 14 Abs. 4 S. 2 UStG berechtigt, die Mindestbemessungsgrundlage des § 10 Abs. 5 iVm § 10 Abs. 4 UStG sowie den darauf entfallenden Steuerbetrag in der Rechnung an den Gesellschafter auszuweisen. Der erwerbende Gesellschafter kann dann – unter den allgemeinen Voraussetzungen des § 15 UStG – den Vorsteuerabzug in Höhe der auf die Mindestbemessungsgrundlage entfallenden Umsatzsteuer geltend machen, so dass der Vorgang insgesamt umsatzsteuerlich neutral durchgeführt werden kann.[56]

29

Erfolgt dagegen die Lieferung oder sonstige Leistung **unentgeltlich**, handelt es sich um eine unentgeltliche Wertabgabe iSd § 3 Abs. 1b, 9a UStG. **Bemessungsgrundlage** für die unentgeltliche Leistung der Gesellschaft an den Gesellschafter sind wiederum der Einkaufspreis/Selbstkosten bzw. die entstandenen Kosten gemäß § 10 Abs. 4 UStG.

30

---

[54] A 1.6 Abs. 7 Nr. 2 UStAE.
[55] *Husmann* in Rau/Dürrwächter § 1 UStG Rn. 306 ff.; BFH v. 7.5.1981 BStBl. II 1981, 495; BFH v. 20.1.1988 BFH/NV 1988, 528; BFH v. 4.7.1985 BStBl. II 1986, 153; BFH v. 28.11.2002, BStBl. II 2003, 443; BFH v. 3.11.2005, HFR 2006, 500.
[56] A 14.9 Abs. 1 UStAE.

31 Die Abgrenzung einer unentgeltlichen von einer entgeltlichen Lieferung oder Leistung kann in der Praxis schwierig sein. Muss zB der Gesellschafter für die Überlassung eines Gegenstandes der Personengesellschaft an ihn zwar kein Entgelt entrichten, wird die private Nutzung des firmeneigenen Gegenstandes (zB Firmen-PKW) jedoch in der kaufmännischen Buchführung dem Privatkonto des Gesellschafters – wie allgemein üblich – belastet, so wird in dieser Belastung des Privatkontos ein Entgelt gesehen.[57] Eine unentgeltliche Lieferung oder Leistung der Personengesellschaft an ihre Gesellschafter dürfte in der Praxis somit nur vorkommen, wenn die Lieferung oder Leistung in der Buchführung überhaupt nicht erfasst wird.

III. Umsatzsteuer bei aperiodischen Vorgängen

32 Als aperiodische Vorgänge sind aus umsatzsteuerlicher Sicht die Gründung bzw. Kapitalerhöhung, die Unternehmensveräußerung durch die Personengesellschaft sowie die Übertragung von Gesellschaftanteilen relevant. Im Folgenden werden die umsatzsteuerlichen Konsequenzen bei der Unternehmensveräußerung sowie bei der Übertragung von Gesellschaftsanteilen dargestellt. Hinsichtlich der umsatzsteuerlichen Konsequenzen bei Gründung und Kapitalerhöhung wird auf → § 13 Rn. 73 ff. verwiesen.

1. Umsatzsteuer bei Unternehmensveräußerung durch die Personengesellschaft

33 Eine Geschäftsveräußerung im Sinne des § 1 Abs. 1a UStG liegt vor, wenn die wesentlichen Grundlagen eines Unternehmens oder eines gesondert geführten Betriebs an einen Unternehmer für dessen Unternehmen übertragen werden, wobei die unternehmerische Tätigkeit des Erwerbers auch erst mit dem Erwerb des Unternehmens oder des gesondert geführten Betriebs beginnen kann.[58] Veräußert die Personengesellschaft die wesentlichen Grundlagen des Unternehmens oder eines gesondert geführten Betriebs oder bringt sie ihren Betrieb bzw. einen Teilbetrieb in eine andere Gesellschaft ein,[59] liegt eine nichtsteuerbare Geschäftsveräußerung iSd § 1 Abs. 1a UStG vor. Der Vorgang unterliegt daher nicht der Umsatzsteuer.

34 Eine nicht steuerbare Geschäftsveräußerung kann auch dann vorliegen, wenn nicht alle wesentlichen Wirtschaftsgüter, insbesondere Grundstücke, mit dinglicher Wirkung übertragen werden, sondern an den Erwerber vermietet oder verpachtet werden und eine dauerhafte Fortführung des Unternehmens bzw. des Betriebs durch den Erwerber gewährleistet ist. Eine langfristige Vermietung oder Verpachtung (zB von 8 Jahren) wird von der Finanzverwaltung als ausreichend angesehen, ebenso eine Vermietung oder

---

[57] A 10.7 Abs. 1 Beispiel 1 UStAE.
[58] A 1.5 Abs. 1 S. 1 UStAE.
[59] Ein steuerbarer Leistungsaustausch liegt hingegen vor, wenn die Wirtschaftsgüter eines Unternehmens in mehrere Gesellschaften gegen Erhalt von Gesellschaftsrechten eingebracht werden, vgl. BFH v. 6.10.2005, BFH/NV 2006, 834; vgl. auch A 1.6 Abs. 2 UStAE.

§ 8 Die GmbH & Co. KG im Umsatzsteuerrecht

Verpachtung auf unbestimmte Zeit, auch wenn eine kurzfristige Kündigungsmöglichkeit für das Miet- bzw. Pachtverhältnis besteht.[60]

Die Abgrenzung einer nichtsteuerbaren (Teil-)Geschäftsveräußerung von einer umsatzsteuerbaren Lieferung von einzelnen Gegenständen ist in der Praxis mitunter schwierig. Insbesondere bei vermögensverwaltenden Gesellschaften stellt sich die Frage, ob die Veräußerung einer vermieteten Immobilie als nichtsteuerbare Teilgeschäftsveräußerung zu qualifizieren ist. Die Finanzverwaltung geht bei einer Übertragung einer vermieteten Immobilie, bei der der neue Eigentümer in die bestehenden Mietverträge eintritt und somit die unternehmerische Tätigkeit fortsetzen kann, von einer nichtsteuerbaren Teilgeschäftsveräußerung aus.[61] **35**

Vom Vorliegen einer Geschäftsveräußerung kann es uU auch abhängen, ob der Veräußerer der Wirtschaftsgüter aufgrund der Veräußerung eine Vorsteuerberichtigung gem. § 15a Abs. 8, 9 UStG vorzunehmen hat. Der Vorsteuerabzug ist entsprechend der beabsichtigten Verwendung eines umsatzsteuerpflichtig erworbenen Wirtschaftsguts für den Vorsteuerabzug nicht ausschließende Umsätze und steuerfreie Ausschlussumsätze vorzunehmen. Ändern sich die für den ursprünglichen Vorsteuerabzug maßgeblichen Verhältnisse innerhalb eines Berichtigungszeitraums von 5 Jahren bzw. bei Grundstücken von 10 Jahren ab dem Zeitpunkt der erstmaligen Verwendung, so ist der Vorsteuerabzug gem. § 15a UStG zu berichtigen. Eine Vorsteuerberichtigung wäre beispielsweise gem. § 15a Abs. 8, 9 UStG vorzunehmen, wenn ein Unternehmer ein Grundstück umsatzsteuerpflichtig erwirbt (§ 4 Nr. 9 Buchst. a UStG iVm § 9 UStG) oder ein Gebäude errichten lässt, den Vorsteuerabzug vornimmt und das Grundstück innerhalb von 10 Jahren nach der erstmaligen Verwendung umsatzsteuerfrei gem. § 4 Nr. 9 Buchst. a UStG weiterveräußert. Der Veräußerer könnte die Vorsteuerberichtigung jedoch bei Veräußerung an einen anderen Unternehmer iSd § 2 Abs. 1 UStG vermeiden, indem er gem. § 9 UStG zur Umsatzsteuerpflicht der Grundstücksveräußerung optiert. **36**

Erfolgt die Grundstücksveräußerung im Rahmen einer nichtsteuerbaren Geschäftsveräußerung, so erfolgt keine Vorsteuerberichtigung beim Veräußerer, der Erwerber tritt in den Vorsteuerberichtigungszeitraum des Veräußerers ein.[62] Ist in Fällen, in denen neben anderen wesentlichen Wirtschaftsgütern auch ein Grundstück veräußert wird, unklar, ob eine nichtsteuerbare Geschäftsveräußerung vorliegt, so wurde oftmals die Veräußerung als nichtsteuerbare Geschäftsveräußerung behandelt und vertraglich vereinbart, dass für den Fall, dass die Finanzverwaltung – beispielsweise im Rahmen einer Betriebsprüfung – die Nichtsteuerbarkeit des Vorgangs nicht anerkennt, gem. § 9 UStG für die Umsatzsteuerpflicht der Grundstücksveräußerung optiert wird. Diese Vorgehensweise wurde in der Vergangenheit durch die Finanzverwaltung anerkannt.[63] **37**

---

[60] A 1.5 Abs. 3 UStAE.
[61] OFD Karlsruhe/Stuttgart v. 28.4.2000, UStK § 1 Abs. 1a UStG Karte 1; OFD Frankfurt v. 25.5.2000, UStK § 1 UStG S 7100b Karte 2; A 1.5 Abs. 2 S. 2 UStAE.
[62] A 15a.10 UStAE.
[63] *Full* DStR 2013, 881.

2. Kapitel. Besteuerungskonzeption der GmbH & Co. KG

38 Nach einer Entscheidung des BFH vom 10.12.2008, der sich die Finanzverwaltung angeschlossen hat, ist die Option zur Umsatzsteuerpflicht zeitlich nur bis zur formellen Bestandskraft der Jahressteuerfestsetzung möglich.[64] Die Finanzverwaltung vertritt nunmehr die Position, dass Vertragsklauseln, in denen die Option zur Umsatzsteuerpflicht der Grundstücksveräußerung für den Fall vereinbart wird, dass die Finanzverwaltung die nichtsteuerbare Geschäftsveräußerung nicht anerkennt, eine bedingte Option darstellt, welche erst mit Bedingungseintritt, dh Nichtanerkennung der Geschäftsveräußerung durch die Finanzverwaltung, erfolgt. Ist zum Zeitpunkt des Bedingungseintritts die Jahressteuerfestsetzung bereits formell bestandskräftig, so kann die Option daher nicht mehr wirksam ausgeübt werden.[65] Es wird jedoch durch die Finanzverwaltung anerkannt, im Kaufvertrag eine unbedingte Option zur Umsatzsteuerpflicht der Grundstücksveräußerung zu erklären und gleichzeitig zu vereinbaren, die Veräußerung als Geschäftsveräußerung im Ganzen zu behandeln.[66] Es ist daher auf eine entsprechend Formulierung der kaufvertraglichen Vereinbarungen zu achten.[67]

2. Umsatzsteuer bei der Übertragung von Gesellschaftsanteilen

39 Die Übertragung von Gesellschaftsanteilen an der Kommanditgesellschaft durch die Gesellschafter auf neue Gesellschafter stellt grundsätzlich einen umsatzsteuerbaren Vorgang dar, sofern der übertragende Gesellschafter Unternehmer ist, die Anteile an der Kommanditgesellschaft zu seinem umsatzsteuerlichen Unternehmen gehören und die Gesellschaftsanteile nicht im Rahmen einer Geschäftsveräußerung im Ganzen veräußert werden. Umsätze mit Gesellschaftsanteilen sind gemäß § 4 Nr. 8 UStG umsatzsteuerfrei.[68] Sofern der Umsatz gegenüber einem anderen Unternehmer erbracht wird, kann der veräußernde Gesellschafter gemäß § 9 Abs. 1 UStG auf die Umsatzsteuerbefreiung verzichten und zur Umsatzsteuer optieren. Eine Option zur Umsatzsteuer hat für den veräußernden Gesellschafter den Vorteil, dass er die in Rechnung gestellte Umsatzsteuer auf Eingangsleistungen, die im Zusammenhang mit der Veräußerung der Gesellschaftsanteile stehen, als Vorsteuer geltend machen kann.

40 Ist der Veräußerer Unternehmer und tritt der Erwerber der Beteiligung in Rechtsverhältnisse ein, durch die das Halten der Beteiligung beim Veräußerer als unternehmerisch veranlasst anzusehen war, so erfolgt die Veräußerung der Beteiligung im Rahmen einer Geschäftsveräußerung im Ganzen und ist dann nicht steuerbar.[69]

41 Ist der veräußernde Gesellschafter nicht Unternehmer oder ist die Beteiligung nicht seinem Unternehmen zuzuordnen, so ist die Veräußerung der Beteiligung nicht umsatzsteuerbar.

---

[64] BFH v. 10.12.2008, BStBl. II 2009, 1026; A 9.1 Abs. 3 S. 1 UStAE.
[65] OFD Frankfurt/M. v. 11.3.2013, DB 2013, 967.
[66] OFD Frankfurt/M. v. 11.3.2013, DB 2013, 967; BMF v. 23.10.2013, DStR 2013, 2345.
[67] Full DStR 2013, 881; Meyer-Burow/Connemann MwStR 2013, 267.
[68] A 4.8.10 UStAE.
[69] A 1.5 Abs. 9 S. 3 UStAE.

§ 9 Die GmbH & Co. KG im Grunderwerbsteuerrecht

Übersicht

	Rn.		Rn.
I. Übertragung eines Grundstücks zwischen Gesellschaft und Gesellschafter	6	II. Übertragung von Anteilen an der Personengesellschaft	32
1. Übertragung eines Grundstücks von dem Gesellschafter in die Kommanditgesellschaft	6	1. Überblick über die Ersatztatbestände	32
		2. Wesentliche Veränderung im Gesellschafterbestand	38
2. Übertragung eines Grundstücks von der Kommanditgesellschaft auf den Gesellschafter	16	3. Übergang von mindestens 95% der Anteile einer grundbesitzhaltenden Gesellschaft	50
3. Anwendung personenbezogener Steuerbefreiungen bei Übertragung eines Grundstücks zwischen Gesellschaft und Gesellschafter	28	4. Vereinigung von mindestens 95% der Anteile	53
		5. Innehaben einer wirtschaftlichen Beteiligung von mindestens 95%	61
		6. Gemeinsame Aspekte der Ersatztatbestände	69

Schrifttum: *Behrens,* Mittelbare Anteilsübertragung bei § 1 Abs. 2a GrEStG, UVR 2004, 27; *Behrens,* Grunderwerbsteuer auf Umstrukturierungen bei doppelstöckigen Personengesellschaften, DStR 2003, 2093; *Behrens,* Neue RETT-Blocker-Vermeidungsvorschrift in § 1 Abs. 3a GrEStG durch AmtshilfeRLUmsG – Rechtliche Anteilsvereinigung aufgrund „Innehabens" von (ggf. durchgerechnet) mindestens 95 % an grundbesitzender Gesellschaft, DStR 2013, 1405; *Behrens,* Anmerkungen zum koordinierten Länder-Erlass zu § 1 Abs. 2a GrEStG vom 25.2.2010 (DStR 2010, 697), DStR 2010, 777; *Binz/Freudenberg/Sorg,* Grunderwerbsteuerliche Probleme der Anteilsvereinigung bei der GmbH & Co. KG, DStR 1990, 753; *Eggers/Fleischer/Wischott,* DStR-Fachliteraturauswertung: Grunderwerbsteuer, DStR 1999, 1301; *Eder,* Die Grunderwerbsteuer im Konzern, DStR 1994, 739; *Gail/Düll/Heß-Emmerich/Fuhrmann,* Aktuelle Entwicklung des Unternehmenssteuerrechts, DB 1998 Beil. 19, 17; *Gottwald,* Aktuelle Entwicklungen des Grunderwerbsteuerrechts 2012/2013, MittBayNot 2014, 1; *Grotherr,* Grunderwerbsteuerliche Probleme bei der Umstrukturierung von Unternehmen und Konzernen, BB 1994, 1970; *Heine,* Wird, was lange währt endlich gut? Das neue Grunderwerbsteuerrecht im Jahressteuergesetz 1997, UVR 1997, 87; *Joechs,* Gesellschafterwechsel als Grunderwerbsteuertatbestand (§ 1 Abs. 2a GrEStG), BB 1997, 1921; *Kroschewski,* Grunderwerbsteuer bei der GmbH & Co. KG, GmbHR 2003, 757; *Salzmann/Loose,* Anteilsvereinigung im Sinne des § 1 Abs. 3 Nr. 1 und 2 GrEStG bei Personengesellschaften, DStR 2005, 53; *Schmidt,* § 1 Abs. 2a GrEStG Chancen und Risiken, DB 1997, 848; *Scheifele/Müller,* Die mittelbare Änderung des Gesellschafterbestands iS des § 1 Abs. 2a GrEStG – Zugleich Besprechung des BFH-Urteils vom 24.4.2013, II R 17/10, DStR 2013, 1805; *Spelthann,* § 1 Abs. 2a GrEStG Chancen und Risiken, DB 1997, 2571; *Stahl,* Grunderwerbsteuerpflichtige Anteilsvereinigung und Steuerbefreiung bei der Einmann-GmbH & Co. KG, StuW 1979, 237; *Teiche,* Anteilsvereinigung im Sinne des § 1 Abs. 3 Nr. 1 und 2 GrEStG bei Personengesellschaften, DStR 2005, 49; *Viskorf,* Neubewertung des Grundvermögens?, DStR 1994, 1; *Viskorf,* Wegfall der Gesamthänderstellung durch

2. Kapitel. Besteuerungskonzeption der GmbH & Co. KG

Verschmelzung führt zum Wegfall der Steuervergünstigungen nach § 5 Abs. 2 GrEStG, KFR 2004, 45; *Wrenger*, Grunderwerbsteuerbarkeit der vollständigen oder wesentlichen Änderung des Gesellschafterbestands bei werbenden Personengesellschaften, DB 1998, 798; *Wrenger*, Verschmelzung von Kapitalgesellschaften mit dem Vermögen eines Alleingesellschafters bei fehlender Eintragungsfähigkeit in das Handelsregister, BB 1997, 1905; *Wiese*, § 1 Abs. 2a GrEStG und die „werbende" Personengesellschaft, UVR 2004, 5.

1 Anders als das Einkommensteuerrecht orientiert sich die Grunderwerbsteuer stark am Bürgerlichen Recht.[1] Für Grunderwerbsteuerzwecke muss hiernach streng zwischen den Ebenen der Kommanditgesellschaft, der Komplementär-GmbH sowie der Kommanditisten unterschieden werden. Der Einbezug des Gesellschafters in die steuerliche Sphäre der Kommanditgesellschaft, wie sie etwa durch § 15 EStG vorgenommen wird, ist dem Grunderwerbsteuergesetz fremd.

2 Bei der Auslegung der Tatbestände des Grunderwerbsteuergesetzes ist vordergründig auf die zugrunde liegenden zivilrechtlichen Vorgänge, nicht dagegen auf eine wirtschaftliche Betrachtungsweise abzustellen.[2] Dies betrifft insbesondere die Frage der Wirksamkeit eines Vertrages sowie die Auslegung von Willenserklärungen.[3] Es kommt lediglich darauf an, dass sich im Hinblick auf ein Grundstück eine Rechtsänderung ergibt.[4] Der Besteuerung mit Grunderwerbsteuer unterliegt beispielsweise auch die Sicherungsübereignung eines Grundstücks[5] an einen Gläubiger, die Einräumung einer Treuhänderstellung an einem Grundstück oder einem Gesellschaftsanteil[6] oder der Übergang eines Grundstücks auf einen anderen Rechtsträgers im Rahmen eines Umwandlungsvorgangs iSd UmwG oder eines Einbringungsvorgangs.[7]

3 Das Grunderwerbsteuergesetz enthält verschiedene **Steuertatbestände**, bei deren Vorliegen eine Grunderwerbsteuerbelastung entsteht. Die Grunderwerbsteuer knüpft dabei insbesondere an Verträge, die auf die **Übereignung von Grundstücken** gerichtet sind, sog. Grundtatbestand gemäß § 1 Abs. 1 GrEStG. Grunderwerbsteuer kann im Zusammenhang mit einer GmbH & Co. KG jedoch auch dann entstehen, wenn mindestens 95 % der **Anteile einer grundbesitzhaltenden Gesellschaft** übergehen bzw. wenn sich mindestens 95 % der **Anteile** an einer grundbesitzhaltenden Gesellschaft in der Hand eines Gesellschafters **vereinigen**. Es handelt sich insoweit um sog. Ersatztatbestände gemäß § 1 Abs. 3, 3a GrEStG. Grunderwerbsteuer kann auch nach § 1 Abs. 2a GrEStG entstehen, wenn innerhalb eines Zeitraums von 5 Jahren mindestens 95 % der Anteile einer grundbesitzhaltenden Personengesellschaft übertragen werden.

---

[1] *Pahlke/Franz* GrEStG Einl. Rn. 26.
[2] BFH v. 3.4.1974, BStBl. II 1974, 643; BFH v. 14.10.2008, BFH/NV 2009, 214.
[3] BFH v. 5.8.1969, BStBl. II 1969, 689.
[4] *Boruttau/Fischer* GrEStG Vorb. Rn. 135.
[5] BFH v. 22.10.1952, BStBl. III 1952, 310; vgl. auch FG München v. 8.10.2004, BeckRS 2004, 26016968.
[6] Gleich lautender Ländererlass v. 12.10.2007, BStBl. I 2007, 757; Gleich lautender Ländererlass v. 12.10.2007, BStBl. I 2007, 761.
[7] Gleich lautender Ländererlass v. 12.12.1997, Beck'sche Steuererlasse, 600, § 1/7.

Der **Steuersatz** für die Grunderwerbsteuer ist länderabhängig. Er beträgt 4
derzeit (Stand 1.1.2014) zwischen 3,5 % (Bayern, Sachsen) und 6,5 % (Schleswig-Holstein). Die **Bemessungsgrundlage** für die Grunderwerbsteuer
richtet sich gemäß § 8 Abs. 1 GrEStG nach dem **Wert der Gegenleistung**.
Dies ist beispielsweise der Kaufpreis für ein Grundstück. Im Falle der sog.
Ersatztatbestände nach § 1 Abs. 2a, 3, 3a GrEStG, also der Anteilsvereinigung
bzw. dem Übergang von mindestens 95 % der Anteile einer grundbesitzhaltenden Gesellschaft, bei Umwandlungen im Sinne des UmwG, bei Einbringungen sowie sonstigen Erwerbsvorgängen auf gesellschaftsrechtlicher
Grundlage ist Bemessungsgrundlage gemäß § 8 Abs. 2 GrEStG demgegenüber der sog. Bedarfswert der Grundstücke im Sinne des § 138 Abs. 2 bis 4
BewG. Die Wertermittlung der Grundstücke nach dem Bedarfswert führt im
Regelfall zu einem Wert, der unter dem Verkehrswert liegt. Der BFH hat
allerdings mit Beschluss vom 2.3.2011 das Bundesverfassungsgericht angerufen, weil wegen Verstoßes gegen den Gleichheitssatz von der Verfassungswidrigkeit der Bewertung der Grundstücke mit dem Bedarfswert gem. § 8
Abs. 2 GrEStG auszugehen sei.[8] Das Verfahren ist derzeit beim BVerfG anhängig.[9]

Aufgrund der Wertunterschiede zwischen einem Kaufpreis einerseits und 5
dem Bedarfswert andererseits sind Einbringungen auf gesellschaftsrechtlicher
Grundlage von entgeltlichen Grundstücksübertragungen abzugrenzen. Bei
einer Einbringung gegen Erhöhung des Kommanditkapitals liegt ein Erwerbsvorgang auf gesellschaftsvertraglicher Grundlage vor, so dass der Bedarfswert zum Ansatz kommt.[10] Sofern dem Einbringenden hingegen eine
Forderung auf seinem Verrechnungskonto gutgeschrieben wird, bemisst sich
die Grunderwerbsteuer nach dem Wert der gutgeschriebenen Forderung.
Dies gilt auch dann, wenn diese unter dem Verkehrswert des Grundstücks
liegt.[11] Wird hingegen lediglich ein symbolischer Kaufpreis, zB von 1 EUR,
vereinbart – und dem Gesellschafter als Forderung gutgeschrieben –, der
zum Wert des Grundstücks außer Verhältnis steht, so ist mangels Vorliegens
einer Gegenleistung gem. § 8 Abs. 2 S. 1 Nr. 1 GrEStG der Bedarfswert anzusetzen.[12] Im Falle der Einbringung eines Grundstücks gegen Erhöhung der
Rücklagen liegt kein Erwerbsvorgang auf gesellschaftsrechtlicher Grundlage
vor, da die Gesellschafterstellung rechtlich nicht verändert wird.[13] Da keine
Gegenleistung vorhanden ist, bemisst sich die Grunderwerbsteuer gem. § 8
Abs. 2 Nr. 1 GrEStG nach dem Bedarfswert. Im Ergebnis besteht in diesem
Fall somit kein Unterschied zu einer Einbringung auf gesellschaftsrechtlicher
Grundlage. Der Bedarfswert ist auch anzusetzen bei Anwachsung des Gesellschaftsvermögens auf den nach Austritt der weiteren Gesellschafter aus der

---

[8] BFH, Beschluss v. 2.3.2011, BStBl. II 2011, 932. Das BVerfG hat bereits die Unvereinbarkeit der Bedarfsbewertung mit der Verfassung mit Beschluss v. 7.11.2006, BStBl. II 2007, 192 für das ErbStG festgestellt.
[9] BVerfG, 1 BvL 13/11.
[10] *Kroschewski* GmbHR 2003, 758.
[11] BFH v. 26.2.2003, BStBl. II 2003, 485; BFH v. 6.12.1989, BStBl. II 1990, 187.
[12] Boruttau/Viskorf, § 8 GrEStG Rn. 42.
[13] BFH v. 26.2.2003, BStBl. II 2003, 485; Boruttau/*Viskorf* § 8 GrEStG Rn. 81; *Kroschewski* GmbHR 2003, 758.

Gesellschaft verbleibenden Gesellschafter, hingegen nicht bei Anwachsung des Gesellschaftsvermögens auf den Erwerber aller Gesellschaftsanteile.[14]

I. Übertragung eines Grundstücks zwischen Gesellschaft und Gesellschafter

1. Übertragung eines Grundstücks von dem Gesellschafter in die Kommanditgesellschaft

6   Die Übertragung eines Grundstücks durch den Gesellschafter in die Kommanditgesellschaft kann entweder auf der Grundlage eines Kaufvertrages oder auf der Grundlage eines gesellschaftsrechtlichen Einlagevorganges gegen Gewährung von Gesellschaftsrechten erfolgen. Beide Vorgänge sind zunächst steuerbar gemäß § 1 Abs. 1 GrEStG, da der Gesellschafter sowie die GmbH & Co. KG für Grunderwerbsteuerzwecke als getrennte Rechtsträger gelten.

7   Bei der Übertragung eines Grundstücks auf die Kommanditgesellschaft ist § 5 GrEStG zu beachten. Diese Vorschrift stellt die Übertragung eines Grundstücks **insoweit** von der Besteuerung mit Grunderwerbsteuer **frei**, als ein Grundstückseigentümer vor und nach der Grundstücksübertragung mit einem ideellen Anteil an dem Grundstück beteiligt ist. Voraussetzung für die Anwendung des § 5 GrEStG ist jedoch, dass die Personengesellschaft auch Eigentümerin des Grundstücks wird.[15]

8   Die Ursache der Grundstücksübertragung, ob es sich also um einen Grundstücksverkauf oder um eine gesellschaftsrechtliche Einlage handelt, ist für die Anwendung des § 5 GrEStG ohne Bedeutung.[16]

Beispiel: X legt ein Grundstück, das in seinem Alleineigentum steht, in die XY GmbH & Co. KG ein. X ist am Kapital der XY GmbH & Co. KG zu 60% beteiligt.

Lösungshinweise: Die Einlage des Grundstücks ist ein grunderwerbsteuerbarer Vorgang gemäß § 1 Abs. 1 GrEStG. Die Grunderwerbsteuer bleibt jedoch gemäß § 5 GrEStG zu 60% unerhoben.

9   § 5 GrEStG kommt unabhängig davon zum Tragen, ob sich das Grundstück vor der Übertragung zuvor im Alleineigentum (§ 5 Abs. 2 GrEStG) oder im Miteigentum (§ 5 Abs. 1 GrEStG) befand. Die Grunderwerbsteuer bleibt insoweit unerhoben, wie der ideelle Anteil des einzelnen Gesellschafters nach der Überführung des Grundstücks in die GmbH & Co. KG dem vorherigen (Mit-)Eigentum entspricht.

Beispiel: A ist zu 50% Miteigentümer eines Grundstücks. A ist außerdem Gesellschafter der X GmbH & Co. KG mit einem Kapitalanteil von 30%. Die Miteigentümergemeinschaft verkauft ein Grundstück an die X GmbH & Co. KG.

---

[14] Boruttau/*Viskorf* § 8 GrEStG Rn. 77–78.
[15] Boruttau/*Viskorf* § 5 GrEStG Rn. 15.
[16] *Pahlke/Franz* § 5 GrEStG Rn. 1; Boruttau/*Viskorf* § 5 GrEStG Rn. 13; aA Nieders. FG v. 9.10.1985 EFG 1986, 196.

§ 9 Die GmbH & Co. KG im Grunderwerbsteuerrecht

Lösungshinweise: Der Verkauf des Grundstücks ist ein grunderwerbsteuerbarer Vorgang gemäß § 1 Abs. 1 GrEStG. Die Grunderwerbsteuer bleibt jedoch gemäß § 5 Abs. 1 GrEStG in Höhe von 30 % unerhoben.

§ 5 GrEStG vergleicht den ideellen Grundstücksanteil des bzw. der Gesell- **10** schafter vor und nach der Grundstücksübertragung. Es ist hierbei nach dem Gesetzeswortlaut auf die Beteiligung des Gesellschafters am Vermögen der Gesellschaft abzustellen. Diese ergibt sich regelmäßig aus dem Gesellschaftsvertrag. Sofern im Gesellschaftsvertrag eine vom Kapitalverhältnis **abweichende Gewinnverteilungsabrede** enthalten ist, ist dies ohne Bedeutung für die Anwendung des § 5 GrEStG. Es ist vielmehr ausschließlich auf die Beteiligung am Vermögen abzustellen,[17] die zum Zeitpunkt der Übertragung bestand.[18]

Die Beteiligungsquote des Gesellschafters kann sich auch aus variablen **11** Kapitalkonten ergeben[19], insbesondere wenn lediglich ein einheitliches Kapitalkonto für jeden Gesellschafter geführt wird. Regelmäßig sind jedoch im Gesellschaftsvertrag feste Kapitalanteile vereinbart, wobei diese Kapitalanteile durch feste Kapitalkonten (Kapitalkonto I, vgl. hierzu → § 23 Rn. 27 ff.) repräsentiert werden. Diese Kapitalanteile sind dann unabhängig von weiteren für die Gesellschafter geführten Kapitalkonten für § 5 GrEStG maßgeblich. Es können Sondervereinbarungen bestehen, wonach für einzelne, zum Gesellsch GmbH & Co. KG aftsvermögen gehörende Grundstücke von dem allgemeinen Anteilsverhältnis abweichende Beteiligungsverhältnisse festgelegt sind. Derartige Sondervereinbarungen werden für die Anwendung des § 5 GrEStG anerkannt.[20]

Für die Beurteilung der Beteiligungsquote kommt es hierbei nur auf die **12** Kommanditgesellschaft an. Eine eventuelle **mittelbare Beteiligung** über die Komplementär-GmbH, die ihrerseits am Vermögen der Kommanditgesellschaft beteiligt ist, bleibt für die Anwendung des § 5 GrEStG unberücksichtigt.[21]

§ 5 GrEStG ist eine **sachliche Befreiungsvorschrift**, die den Veräußerer **13** bzw. den Einlegenden sowie den Erwerber des Grundstücks gleichermaßen betrifft.[22] Es ist hier zu berücksichtigen, dass Erwerber und Veräußerer des Grundstücks üblicherweise Gesamtschuldner für die Grunderwerbsteuer sind (§ 13 Nr. 1 GrEStG). Die Grunderwerbsteuer trifft mithin beide Parteien, soweit keine vertragliche Vereinbarung getroffen wird, wer die Grunderwerbsteuer letztlich trägt.

Mit Wirkung ab dem Jahr 2000 ist in § 5 Abs. 3 GrEStG eine Sperrfrist **14** eingeführt worden[23], nach der die Befreiungsvorschrift nur noch insoweit

---

[17] *Pahlke/Franz* § 5 GrEStG Rn. 14.
[18] BFH v. 10.7.1996, BStBl. II 1996, 533; BFH v. 15.12.2004, BStBl II 2005, 303.
[19] *Pahlke/Franz*, § 5 GrEStG Rn. 51, 52.
[20] BFH v. 31.5.1972, BStBl. II 1972, 833; Boruttau/*Viskorf* § 5 GrEStG Rn. 40; *Pahlke/Franz* § 5 GrEStG Rn. 53, 54.
[21] *Hesselmann/Tillmann* GmbH & Co. KG Rn. D IV, 340; Boruttau/*Viskorf* § 5 GrEStG Rn. 19.
[22] BFH v. 10.11.1965, BStBl. III 1966, 41; BFH v. 25.9.2013, DStR 2014, 141.
[23] BGBl. I 1999, 2676.

greifen soll, als sich der Anteil des Veräußerers am Vermögen der Gesamthand innerhalb von 5 Jahren nach dem Übergang des Grundstücks auf die Gesamthand nicht vermindert. Eine Minderung des Anteils des Grundstücksveräußerers am Vermögen der Gesamthand isd § 5 Abs. 3 GrEStG ergibt sich durch (vollständige oder anteilige) Veräußerung des Gesellschaftsanteils, durch Ausscheiden des Gesellschafters aus der Gesellschaft oder durch Beitritt eines weiteren Gesellschafters mit vermögensmäßiger Beteiligung. § 5 Abs. 3 GrEStG bewirkt weiterhin, dass eine formwechselnde Umwandlung der GmbH & Co. KG in eine Kapitalgesellschaft innerhalb des 5-Jahreszeitraumes zu einer Grunderwerbsteuerbelastung eines vorangegangenen Einlagevorgangs führen kann.[24] Bestimmt sich der Anteil am Gesellschaftsvermögen nach variablen Kapitalkonten, so ist er laufenden Änderungen unterworfen. Es ist nicht abschließend geklärt, ob durch variable Kapitalkonten bedingte Änderungen des Anteils am Gesellschaftsvermögen in den Anwendungsbereich des § 5 Abs. 3 GrEStG fallen.[25]

15 Bereits vor der Einführung der gesetzlichen Sperrfrist ab dem Jahr 2000 wurde von der Rechtsprechung die **Steuerbegünstigung** durch § 5 GrEStG versagt, wenn in sachlichem oder zeitlichem Zusammenhang mit der Übertragung des Grundstücks auf die GmbH & Co. KG der einbringende Gesellschafter ganz oder teilweise aus der Gesellschaft ausschied.[26] Ein sachlicher Zusammenhang zwischen der Grundstücksübertragung einerseits und dem Ausscheiden aus der Gesellschaft andererseits war dann anzunehmen, wenn aufgrund der Verhältnisse des Einzelfalles Anhaltspunkte vorlagen, die auf einen vorgefassten Plan schließen ließen.[27] Einseitige Vorstellungen des Gesellschafters waren hierbei unbeachtlich, da es auf das Zusammenwirken aller Beteiligten ankam.[28] Ein schädlicher **zeitlicher Zusammenhang** konnte nur nach den Umständen des Einzelfalles beurteilt werden. Durch die Rechtsprechung wurde herbei ein Zeitraum zwischen Einbringung und Austritt aus der Gesellschaft von immerhin 7 Monaten als schädlich für die Anwendung von § 5 GrEStG angesehen.

2. Übertragung eines Grundstücks von der Kommanditgesellschaft auf den Gesellschafter

16 Auch die Übertragung eines Grundstücks von der GmbH & Co. KG auf einen oder mehrere Gesellschafter ist grundsätzlich ein grunderwerbsteuerbarer Vorgang gemäß § 1 Abs. 1 GrEStG. Es ist hierbei unerheblich, ob die

---

[24] OFD Nordrhein-Westphalen v. 22.8.2013, EStB 2013, 380; Boruttau/*Viskorf* § 5 GrEStG Rn. 97; Zu der Rechtslage bis 1999 *Gail/Düll/Heß-Emmerich/Fuhrmann* DB 1998 Beil. 19, 17.
[25] Boruttau/*Viskorf* § 5 GrEStG Rn. 87; *Pahlke/Franz* § 5 GrEStG Rn. 52; *Hofmann* § 5 GrEStG Rn. 27.
[26] BFH v. 10.7.1996, BStBl. II 1996, 533; BFH v. 6.10.1982, BStBl. II 1983, 138; BFH v. 31.5.1978, BStBl. II 1978, 577; BFH v. 7.6.1989, BStBl. II 1989, 803; BFH v. 24.3.1993, BFH/NV 1994, 342; BFH v. 30.10.1996, BStBl. II 1997, 87.
[27] BFH v. 16.1.1991, BStBl. II 1991, 374; BFH v. 23.9.2009, BFH/NV 2010, 680; *Pahlke/Franz* § 5 GrEStG Rn. 20, 21.
[28] BFH v. 30.10.1996, BStBl. II 1997, 87; *Viskorf* DStR 1994, 1.

§ 9 Die GmbH & Co. KG im Grunderwerbsteuerrecht

Übertragung aus dem Gesamthandsvermögen in das Vermögen eines oder mehrerer Gesellschafter auf der Grundlage eines Kaufvertrages oder auf gesellschaftsrechtlicher Grundlage erfolgt.[29] Wie bei der Grundstücksübertragung durch einen Gesellschafter in das Gesamthandsvermögen wird auch bei der Grundstücksübertragung aus dem Gesamthandsvermögen heraus auf einen oder mehrere Gesellschafter berücksichtigt, dass der oder die Gesellschafter bereits vor der Übertragung wirtschaftlich an dem betreffenden Grundstück beteiligt sind. § 6 Abs. 1 und 2 GrEStG stellen hiernach den Vorgang **insoweit** von der Besteuerung mit Grunderwerbsteuer **frei**, als der oder die neuen Grundstückseigentümer zuvor mit einem ideellen Anteil am Grundstück beteiligt waren. Weicht die Auseinandersetzungsquote vom Beteiligungsverhältnis ab, so ist die Auseinandersetzungsquote maßgeblich, wenn ein Grundstück im Rahmen der Auflösung der Gesellschaft übertragen wird.

§ 6 GrEStG ist eine **sachliche Befreiungsvorschrift**, die gleichermaßen 17 für die übertragende Kommanditgesellschaft, wie auch für den oder die Erwerber gilt.[30]

Beispiel: A und B sind an der X-GmbH & Co. KG mit jeweils 50% am Kommanditkapital beteiligt. Der Gesellschafter B erwirbt ein Grundstück von der X-GmbH & Co. KG.

Lösungshinweis: Es handelt sich um einen grunderwerbsteuerbaren Vorgang gemäß § 1 Abs. 1 GrEStG. Die Grunderwerbsteuer bleibt nach § 6 Abs. 2 GrEStG in Höhe von 50% unerhoben.

§ 6 Abs. 2 GrEStG ist auch dann anwendbar, wenn das Grundstück mit 18 dem gesamten Gesellschaftsvermögen im Wege der **Anwachsung** auf einen einzelnen Gesellschafter übergeht (§ 1 Abs. 1 Nr. 3 GrEStG), etwa wenn die übrigen Gesellschafter sowie die Komplementär-GmbH aus der Gesellschaft austreten.[31]

Auch der Übergang eines Grundstücks aus dem Gesamthandsvermögen 19 einer GmbH & Co. KG in das **Miteigentum** mehrerer Personen ist gemäß § 6 Abs. 1 GrEStG von der Besteuerung freigestellt, soweit die Erwerber zuvor am Vermögen der Kommanditgesellschaft beteiligt sind. Es ist dabei unbedeutend, ob alle Miterwerber des Grundstücks auch zuvor Gesellschafter der Personengesellschaft waren.[32]

Beispiel: A, B, C sind mit jeweils $33^1/_3$% am Kommanditkapital der Y-GmbH & Co. KG beteiligt. Im Gesellschaftsvermögen der Kommanditgesellschaft befindet sich ein Grundstück. Dieses wird an eine Grundstücksgemeinschaft veräußert, an der A zu 50%, C zu 25% und D zu 25% Miteigentümer sind.

Lösungshinweise: Es handelt sich um einen grunderwerbsteuerbaren Vorgang gemäß § 1 Abs. 1 GrEStG. Die Grunderwerbsteuer bleibt insoweit unerhoben, als A und C zuvor am Kapital der Gesellschaft beteiligt sind (§ 6 Abs. 3 GrEStG). Dies betrifft A in Höhe von $33^1/_3$% sowie C mit der Beteiligungsquote auf Erwerberseite von 25%. Die Grunderwerbsteuer bleibt also in Höhe von $58^1/_3$% unerhoben.

---

[29] Boruttau/*Viskorf* § 6 GrEStG Rn. 7; *Hofmann* § 6 GrEStG Rn. 4.
[30] *Pahlke/Franz* § 6 GrEStG Rn. 3.
[31] BFH v. 19.1.1977, BStBl. II 1977, 359.
[32] BFH v. 21.11.1979, BStBl. II 1980, 217.

2. Kapitel. Besteuerungskonzeption der GmbH & Co. KG

Personengesellschaften gelten im Bereich des Grunderwerbsteuerrechts als eigenständige Rechtsträger. Aus diesem Grund ist die **Übertragung** eines Grundstücks von einer **Gesamthandsgemeinschaft auf eine andere Gesamthandsgemeinschaft** im Grundsatz ein grunderwerbsteuerbarer Vorgang, selbst wenn am Kapital der übertragenden sowie am Kapital der erwerbenden Personengesellschaft die gleichen Personen in gleichem Umfang beteiligt sind.[33] Eine Grunderwerbsteuerbelastung könnte dadurch vermieden werden, dass das Grundstück zunächst von der übertragenden Personengesellschaft in das Eigentum des oder der Gesellschafter übertragen und von dort in die erwerbende Personengesellschaft eingelegt wird. Diese Vorgänge könnten unter Anwendung der Befreiungsvorschriften der § 6 Abs. 1 und Abs. 2 bzw. § 5 GrEStG insoweit grunderwerbsteuerfrei gestellt werden, als am Kapital der übertragenden sowie übernehmenden Personengesellschaft die gleichen Personen beteiligt sind.[34] Aus diesem Grund ist in § 6 Abs. 3 GrEStG ein weiterer Befreiungstatbestand enthalten, nach der bei der Übertragung eines Grundstücks von einer Gesamthand auf eine andere Gesamthand die Grunderwerbsteuer insoweit unerhoben bleibt, als die Gesellschafter der erwerbenden Personengesellschaft am Kapital der übertragenen Personengesellschaft beteiligt sind.

Beispiel: A und B sind zu je 50% Gesellschafter der X-GmbH & Co. KG. Im Gesellschaftsvermögen befindet sich ein Grundstück, das an die Y-GmbH & Co. KG veräußert wird. Gesellschafter der Y-GmbH & Co. KG sind A, C und D zu je $1/3$.

Lösungshinweis: A ist an der übertragenden sowie an der erwerbenden Gesellschaft beteiligt. Insoweit wird die Grunderwerbsteuer nicht erhoben, als der ideelle Anteil an dem Grundstück vor und nach der Übertragung gleichbleibt. Dies entspricht der Beteiligungsquote an der erwerbenden Gesellschaft. Die Grunderwerbsteuer wird also gemäß § 6 Abs. 3 GrEStG zu $33^1/_3\%$ nicht erhoben.

20 Die Vorschrift des § 6 Abs. 3 GrEStG findet auch auf Grundstücksübertragungen zwischen Mutter- und Tochtergesellschaft bei doppelstöckigen Personengesellschaften Anwendung. § 6 Abs. 3 GrEStG ist somit vorrangig vor § 5 Abs. 2 GrEStG.[35]

21 Mit Wirkung vom 1.1.2002[36] ist in § 6 Abs. 3 Satz 2 GrEStG eine – dem § 5 Abs. 3 GrEStG entsprechende – Sperrfrist eingeführt worden, wonach die (anteilige) Steuerbefreiung bei der Übertragung von Grundvermögen zwischen (zT) beteiligungsidentischen Personengesellschaften unter den Vorbehalt gestellt wird, dass die beteiligungsidentischen Gesellschafter ihre Beteiligung am Vermögen der grundstückserwerbenden Gesellschaft nicht innerhalb von 5 Jahren reduzieren.[37] Auch der Formwechsel der das Grundstück erwerbenden Personengesellschaft in eine Kapitalgesellschaft innerhalb

---

[33] *Boruttau/Viskorf* § 6 GrEStG Rn. 35.
[34] *Pahlke/Franz* § 6 GrEStG Rn. 14.
[35] Koordinierter Ländererlass, FM Bayern v. 5.2.1999 StEK GrEStG 1993 § 5 Nr. 6; *Kroschewski* GmbHR 2003, 759; *Boruttau/Viskorf* § 6 GrEStG Rn. 38; *Pahlke/Franz* § 6 GrEStG Rn. 16.
[36] BGBl. I 2001, 3794.
[37] *Korschewski* GmbHR 2003, 757.

der Frist des § 6 Abs. 3 Satz 2 GrEStG löst den Wegfall der Steuerbefreiung des § 6 Abs. 3 GrEStG aus.[38]

Die **Begünstigungen** des § 6 Abs. 1 bis Abs. 3 GrEStG sind gemäß § 6 Abs. 4 GrEStG insoweit **ausgeschlossen**, als der betreffende Gesamthänder bzw. sein Rechtsvorgänger den Anteil an der Kommanditgesellschaft innerhalb von 5 Jahren vor dem Grundstückserwerb durch den Gesamthänder bzw. im Fall des § 6 Abs. 3 GrEStG durch die das Grundstück übertragende Gesamthandsgemeinschaft durch Rechtsgeschäft unter Lebenden erworben hat bzw. als eine vom Beteiligungsverhältnis abweichende Auseinandersetzungsquote innerhalb der letzten 5 Jahre vor der Auflösung der Gesamthand vereinbart worden ist. § 6 Abs. 4 GrEStG soll Umgehungen verhindern,[39] durch die der wirtschaftliche Erwerb eines Grundstücks unter Zwischenschaltung des Erwerbs von Gesellschaftsanteilen grunderwerbsteuerfrei gestellt würde.[40] **22**

Keine rechtsgeschäftliche Veränderung der Beteiligungsquote liegt vor, wenn der Gesellschafter den Anteil der Kommanditgesellschaft unentgeltlich im Wege der **Erbfolge** erhalten hat. In die Berechnung des 5-Jahres-Zeitraums ist danach auch die Besitzzeit des Rechtsvorgängers einzubeziehen,[41] da es sich insoweit nicht um ein Rechtsgeschäft unter Leben handeln kann. **23**

Die **5-Jahres-Frist** beginnt zu dem Zeitpunkt, zu dem die Beteiligung an der Kommanditgesellschaft wirksam erworben worden ist. Die Grunderwerbsteuer entsteht insoweit, als innerhalb des 5-Jahres-Zeitraums eine nach § 1 GrEStG steuerbare Grundstücksübertragung auf den/die Gesellschafter bzw. eine andere Gesamthand stattfindet, wobei es auf den Zeitpunkt der Entstehung der Grunderwerbsteuer nicht ankommt.[42] **24**

Sofern die übertragende Personengesellschaft vor dem Übertragungszeitpunkt allerdings noch keine 5 Jahre bestanden hat, kommt es für die Anwendung der Begünstigungsvorschriften in § 6 Abs. 1 bis Abs. 3 GrEStG nicht darauf an, dass der volle 5-Jahres-Zeitraum erfüllt ist. Es ist vielmehr in diesem Fall auf den Zeitpunkt der **Gründung der Gesellschaft** abzustellen.[43] Die Steuerbefreiung des § 6 GrEStG ist – mangels Umgehungsmöglichkeit – auch dann nicht wegen § 6 Abs. 4 GrEStG zu versagen, wenn innerhalb von 5 Jahren der Gesellschafter zunächst den Gesellschaftsanteil erwirbt, anschließend die Gesellschaft ein Grundstück erwirbt und danach der Gesellschafter das Grundstück von der Gesellschaft erwirbt.[44] **25**

Ein Sonderproblem besteht dann, wenn die Personengesellschaft durch eine **formwechselnde Umwandlung** aus einer Kapitalgesellschaft entstanden ist. Der Formwechsel einer Kapitalgesellschaft in eine Personengesellschaft unterliegt nicht der Besteuerung mit Grunderwerbsteuer, falls sich ein Grundstück im Gesellschaftsvermögen befindet, da es sich nicht um einen **26**

---

[38] BFH v. 25.9.2013, DStR 2014, 32.
[39] Boruttau/*Viskorf* § 6 GrEStG Rn. 72; *Hofmann* § 6 GrEStG Rn. 23.
[40] BFH v. 18.5.1994, BFH/NV 1995, 267; BFH v. 23.5.1973, BStBl. II 1973, 802; BFH v. 25.9.2013, DStR 2014, 32.
[41] *Pahlke/Franz* § 6 GrEStG Rn. 32; Boruttau/*Viskorf* § 6 GrEStG Rn. 100.
[42] *Pahlke/Franz* § 6 GrEStG Rn. 32.
[43] BFH v. 5.2.1969, BStBl. II 1969, 400; BFH v. 23.5.1973, BStBl. II 1973, 802.
[44] *Pahlke/Franz* § 6 GrEStG Rn. 33; Boruttau/*Viskorf* § 6 GrEStG Rn. 96, 97.

Wechsel des Rechtsträgers handelt.[45] Sofern nun eine Personengesellschaft ohne grunderwerbsteuerliche Auswirkungen durch Formwechsel aus einer Kapitalgesellschaft entstanden ist, stellt sich die Frage, ob im nächsten Schritt das Grundstück grunderwerbsteuerfrei an die Gesellschafter unter Anwendung der Vorschriften des § 6 Abs. 1 bis Abs. 3 GrEStG übertragen werden kann. Diese Frage ist grds. zu bejahen.

27 Fraglich ist weiterhin, ob in die Berechnung der 5-Jahres-Frist gemäß § 6 Abs. 4 GrEStG auch die Gesellschafterstellung bei der Kapitalgesellschaft einzubeziehen ist. Die Frage ist dahin gehend zu beantworten, dass es bei der Berechnung der 5-Jahres-Frist **allein auf die Zeit der Gesellschafterstellung bei der Personengesellschaft** ankommt.[46] So hat der BFH mit seinem Urteil vom 4.4.2001 für den Transfer eines Grundstücks auf eine Schwesterpersonengesellschaft im Anschluss an einen Formwechsel einer Kapitalgesellschaft in eine Personengesellschaft die Steuerbefreiung nach § 6 Abs. 3 GrEStG nicht gewährt, da der Grundstückstransfer innerhalb von 5 Jahren seit dem Formwechsel stattgefunden hat.[47] Der Beginn der 5-Jahres-Frist dürfte hierbei im Zeitpunkt der Eintragung des Formwechsels in das Handelsregister zu sehen sein.[48]

3. Anwendung personenbezogener Steuerbefreiungen bei Übertragung eines Grundstücks zwischen Gesellschaft und Gesellschafter

28 In § 3 GrEStG sind personenbezogene Grunderwerbsteuerbefreiungen normiert. So ist beispielsweise der Erwerb eines Grundstücks durch Verwandte in gerader Linie (§ 3 Nr. 6 GrEStG), der Erwerb eines Grundstücks durch den Ehegatten (§ 3 Nr. 4 GrEStG), der Erwerb eines Grundstücks im Zuge eine Erbauseinandersetzung (§ 3 Nr. 3 GrEStG) oder der Erwerb eines Grundstücks durch Schenkung oder Erbfall von der Grunderwerbsteuer befreit (§ 3 Nr. 2 GrEStG).

29 Geht ein Grundstück von einem Verkäufer auf eine Gesellschaft über, an der dessen Ehegatte bzw. dessen Kinder beteiligt sind, so sind die personenbezogenen Steuerbefreiungen des § 3 GrEStG nicht unmittelbar anwendbar. Auch eine Steuerbefreiung allein gem. § 5 GrEStG scheidet aus, soweit der Verkäufer nicht an der Gesellschaft beteiligt ist. Gleiches gilt für den Übergang eines Grundstücks von der Gesellschaft auf einen Käufer. Die Rechtsprechung lässt es jedoch in diesen Fällen zu, der Gesamthand die persönlichen Eigenschaften der Gesamthänder quotal zuzurechnen.[49] Die Steuerbefreiung ergibt sich dann aus dem Zusammenwirken der §§ 5, 6 GrEStG mit § 3 GrEStG.

---

[45] BFH v. 4.12.1996, GmbHR 1997, 136; BFH v. 9.4.2008, BFH/NV 2008, 1526; Gleich lautender Ländererlass v. 12.12.1997, Beck'sche Steuererlasse, 600, § 1/7.
[46] BFH v. 4.4.2001, BStBl. II 2001, 587; Boruttau/*Viskorf* § 6 GrEStG Rn. 87; *Pahlke/Franz* § 6 GrEStG Rn. 36.
[47] BFH v. 4.4.2001, BStBl. II 2001, 587.
[48] *Pahlke/Franz* § 6 GrEStG Rn. 32; Boruttau/*Viskorf* § 6 GrEStG Rn. 80; *Grotherr* BB 1994, 1970; *Hofmann* § 6 GrEStG Rn. 24.
[49] Boruttau/*Viskorf* § 5 GrEStG Rn. 61 ff., § 6 GrEStG Rn. 33, 34, jeweils mwN; *Pahlke/Franz* § 5 GrEStG Rn. 65, § 6 GrEStG Rn. 53.

§ 9 Die GmbH & Co. KG im Grunderwerbsteuerrecht

Beispiel: A ist seit mehr als 5 Jahren zu 50 % am Vermögen der A-GmbH & Co. KG beteiligt. Im Gesellschaftsvermögen befindet sich ein Grundstück, das an B, den Sohn des A, veräußert wird.

Lösungshinweis: A ist Vater des B. Diese persönliche Eigenschaft wird der A-GmbH & Co. KG quotal zu 50 % zugerechnet. Die Grunderwerbsteuer aufgrund des Grundstückserwerbs durch B wird gem. § 6 Abs. 2 GrEStG iVm § 3 Nr. 6 GrEStG zu 50 % nicht erhoben.

Die Sperrfristen des § 5 Abs. 3 GrEStG bzw. des § 6 Abs. 3 S. 2 GrEStG **30** sollen Steuerumgehungsmöglichkeiten durch Grundstücksübertragung auf die Gesellschaft und anschließende Veräußerung der Gesellschaftsanteile an Dritte verhindern. Soweit jedoch bereits die unmittelbare Grundstücksübertragung auf den Dritten gem. § 3 GrEStG grunderwerbsteuerbefreit wäre, bestehen derartige Steuerumgehungsmöglichkeiten nicht. Daher sind § 5 Abs. 3 GrEStG bzw. § 6 Abs. 3 S. 2 GrEStG einschränkend dahin gehend auszulegen, dass die Minderung des Anteils des Gesellschafters am Vermögen der Gesellschaft für die Steuerbefreiungen der §§ 5, 6 Abs. 3 GrEStG unschädlich sind, soweit beispielsweise Gesellschaftsanteile auf Ehegatten oder Verwandte in gerader Linie übergehen oder soweit die Übertragung der Gesellschaftsanteile durch Schenkung erfolgt.[50] Der Anteilserwerber tritt in diesen Fällen in die Sperrfrist des ursprünglichen Gesellschafters ein.[51]

Beispiel: A ist zu 100 % am Vermögen der A-GmbH & Co. KG beteiligt. Im Jahr 01 veräußert er ein Grundstück an die A-GmbH & Co. KG. Im Jahr 02 veräußert er seinen Gesellschaftsanteil an seinen Sohn. Dieser veräußert im Jahr 04 50 % seines Gesellschaftsanteils an einen Dritten.

Lösungshinweis: Die Grundstücksveräußerung des A an die A-GmbH & Co. KG ist gem. § 5 Abs. 2 GrEStG zu 100 % von der Grunderwerbsteuer befreit. Die Anteilsveräußerung an den Sohn im Jahr 02 würde grundsätzlich zur Versagung der Steuerbefreiung gem. § 5 Abs. 3 GrEStG führen. § 5 Abs. 3 GrEStG kommt vorliegend aber nicht zur Anwendung, da die Anteilsübertragung auf den gem. § 3 Nr. 6 GrEStG begünstigten Sohn erfolgt. Die Anteilsveräußerung durch den Sohn im Jahr 04 erfolgt innerhalb von 5 Jahren seit der Grundstücksveräußerung des A an die A-GmbH & Co. KG. Da der Sohn in die Sperrfrist des A eingetreten ist, ist aufgrund der Anteilsveräußerung durch den Sohn die ursprünglich gewährte Steuerbefreiung gem. § 5 Abs. 3 GrEStG zu 50 % zu versagen.

Auch die 5-Jahresfrist des § 6 Abs. 4 GrEStG (Vorbesitzzeit) dient der Verhinderung von Steuerumgehungen, welche ausgeschlossen sind, wenn der Erwerber der Anteile an der Personengesellschaft eine gem. § 3 GrEStG begünstigte Person ist bzw. wenn eine Anteilsschenkung gem. § 3 Nr. 2 GrEStG vorliegt. Für die Anwendung der 5-Jahresfrist § 6 Abs. 4 GrEStG sind daher in diesen Fällen die Besitzzeiten des Anteilserwerbers und seines Rechtsvorgängers zusammenzurechnen.[52] **31**

---

[50] BFH v. 25.9.2013, DStR 2014, 32; OFD Nordrhein-Westphalen v. 22.8.2013, EStB 2013, 380; FM Baden-Württemberg v. 14.2.2002, Beck'sche Steuererlasse, 600 § 5/5 Tz. 3; Boruttau/*Viskorf* § 5 GrEStG Rn. 84, § 6 GrEStG Rn. 54.
[51] BFH v. 25.9.2013, DStR 2014, 32; OFD Nordrhein-Westphalen v. 22.8.2013, EStB 2013, 380.
[52] Boruttau/*Viskorf* § 6 GrEStG Rn. 101 ff.; BFH v. 25.9.2013, DStR 2014, 32.

II. Übertragung von Anteilen an der Personengesellschaft

1. Überblick über die Ersatztatbestände

32 Da eine Personengesellschaft im Grunderwerbsteuerrecht als eigenständiger Rechtsträger gilt, führt die Veränderung im Gesellschafterbestand der Personengesellschaft grundsätzlich **nicht** zu einer **Übertragung eines Grundstücks**. Gleichwohl berücksichtigt das Grunderwerbsteuerrecht in gewisser Weise die Transparenz einer Personengesellschaft und damit die wirtschaftliche Zuordnung der Grundstücke, so dass sog. **Ersatztatbestände** in § 1 Abs. 3, 3a bzw. § 1 Abs. 2a GrEStG aufgenommen worden sind. Unter bestimmten Voraussetzungen kann hiernach auch die Veränderung im Gesellschafterbestand einer Personengesellschaft zu einer Belastung mit Grunderwerbsteuer führen, wenn sich im Gesamthandsvermögen ein inländisches Grundstück befindet.[53]

33 Werden Anteile an einer Personengesellschaft übertragen, so ist vorrangig § 1 Abs. 2a GrEStG anzuwenden. Subsidiär zu § 1 Abs. 2a GrEStG kommt § 1 Abs. 3 GrEStG zur Anwendung. Die Anwendung des § 1 Abs. 3 GrEStG wird durch § 1 Abs. 2a GrEStG auch dann ausgeschlossen, wenn nach dessen Satz 3 oder einer Befreiungsvorschrift die Steuer nicht erhoben wird.[54] § 1 Abs. 3a GrEStG ist subsidiär zu § 1 Abs. 2a und Abs. 3 GrEStG anzuwenden.[55]

34 Die Ersatztatbestände dienen der Verhinderung der Umgehung der Grunderwerbsteuer, welche darin besteht, dass nicht das Grundstück veräußert wird, sondern Anteile an einer das Grundstück haltenden Personen- bzw. Kapitalgesellschaft. Derartige Gestaltungen wurden durch Ersatztatbestände immer weiter eingeschränkt, wobei die Ersatztatbestände teilweise auch die Verhinderung der Umgehung eines anderen Ersatztatbestandes zum Ziel haben.

35 Der zeitlich zuerst eingeführte § 1 Abs. 3 GrEStG betrifft die Übertragung aller, ab dem Jahr 2000 von mindestens 95%, der Anteile an einer grundbesitzhaltenden Gesellschaft auf einen Gesellschafter sowie die Vereinigung aller, ab dem Jahr 2000 von mindestens 95%, der Anteile an einer grundbesitzhaltenden Gesellschaft in der Hand eines Gesellschafters.

36 Im Jahr 1997 wurde als weiterer Ersatztatbestand § 1 Abs. 2a GrEStG eingeführt, welcher den Übergang von mindestens 95% des Anteils am Vermögen einer Personengesellschaft auf neue Gesellschafter der Grunderwerbsteuer unterwirft. Zum Zeitpunkt der Einführung des § 1 Abs. 2a GrEStG lag beim Wechsel im Gesellschafterbestand einer Personengesellschaft allenfalls dann ein grunderwerbsteuerbarer Vorgang gemäß § 1 Abs. 3 Nr. 3 bzw. Nr. 4 GrEStG vor, wenn **alle** Anteile der Personengesellschaft an **einen** Erwerber übertragen wurden. Die Zurückbehaltung eines Zwerganteils führte dazu, dass kein grunderwerbsteuerbarer Tatbestand gegeben war. Eine Belas-

---

[53] BFH v. 31.3.1982, BStBl. II 1982, 424; BFH v. 20.10.1993, BStBl. II 1994, 121.
[54] Gleich lautender Ländererlass v. 25.2.2010, BStBl. I 2010, 245 Tz. 6.
[55] Gleich lautender Ländererlass v. 9.10.2013, DStR 2013, 2765 Tz. 3.

tung mit Grunderwerbsteuer entstand nur dann, wenn die Anteilsübertragung als Missbrauch von steuerlichen Gestaltungsmöglichkeiten im Sinne des § 42 AO gewertet werden konnte.[56] Im Gegensatz zu § 1 Abs. 3 GrEStG erfasst § 1 Abs. 2a GrEStG auch den Beteiligungsübergang auf **mehrere** Erwerber.[57]

Ab dem 7.6.2013 ist § 1 Abs. 3a GrEStG anzuwenden, nach dem als Anteilsvereinigung iSd § 1 Abs. 3 GrEStG ein Rechtsvorgang gilt, aufgrund dessen ein Rechtsträger unmittelbar oder mittelbar eine wirtschaftliche Beteiligung von mindestens 95 % an einer grundbesitzhaltenden Gesellschaft innehat. Mit § 1 Abs. 3a GrEStG sollen Gestaltungsmöglichkeiten (sog. RETT-Blocker-Gestaltungen) verhindert werden, welche durch Zwischenschaltung einer GmbH & Co. KG auf Erwerberseite eine Vermeidung des Anfalls von Grunderwerbsteuer nach den Regelungen des § 1 Abs. 3 GrEStG ermöglichten.[58] 37

2. Wesentliche Veränderung im Gesellschafterbestand (§ 1 Abs. 2a GrEStG)

Mit Wirkung ab dem Jahr 1997 ist der Steuertatbestand des § 1 Abs. 2a GrEStG in das Grunderwerbsteuergesetz eingefügt worden. Ein grunderwerbsteuerbarer Vorgang lag demnach auch dann vor, wenn sich innerhalb von 5 Jahren der Gesellschafterbestand einer grundbesitzhaltenden Personengesellschaft ganz oder wesentlich veränderte. Eine **wesentliche Veränderung im Gesellschafterbestand** war insbesondere dann gegeben, wenn mindestens 95 % der Kommanditanteile auf neue Gesellschafter übergingen. 38

Nach der Gesetzesfassung ab dem 1.1.2000 ist ein grunderwerbsteuerbarer Vorgang auch dann gegeben, wenn sich der Gesellschafterbestand mittelbar ändert.[59] Außerdem ist die Grunderwerbsteuerpflicht ausschließlich daran geknüpft, dass mindestens 95 % der Anteile am Gesellschaftsvermögen auf neue Gesellschafter übergehen. 39

Die Vorschrift ist in das Grunderwerbsteuergesetz eingefügt worden, um missbräuchlichen Steuergestaltungen entgegenzuwirken, wenn mit der Übertragung von Anteilen an grundbesitzhaltenden Personengesellschaften bei wirtschaftlicher Betrachtungsweise letztlich die Übertragung eines Grundstücks beabsichtigt ist.[60] Fraglich ist, ob § 1 Abs. 2a GrEStG hiernach auf alle Personengesellschaften anzuwenden ist, oder ob die Anwendung der Vorschrift auf sog. **Objektgesellschaften** beschränkt ist, deren Gesellschaftsvermögen nahezu ausschließlich aus Grundstücken besteht. Der Wortlaut des § 1 Abs. 2a GrEStG geht davon aus, dass alle grundbesitzhaltenden Personengesellschaften betroffen sind, wohingegen die Gesetzesbegründung 40

---

[56] BFH v. 13.11.1991, BStBl. II 1992, 202; BFH v. 31.7.1991, BFH/NV 1992, 134; BFH v. 4.3.1987, BStBl. II 1987, 394; BFH v. 29.2.2012, BStBl. II 2012, 917.
[57] Gleich lautender Ländererlass v. 25.2.2010, BStBl. I 2010, 245 Tz. 3.
[58] *Behrens* DStR 2013, 1405.
[59] Nach der bis zum 31.12.1999 geltenden Fassung waren Änderungen im Gesellschafterbestand einer Gesellschafterin der Personengesellschaft nicht zu berücksichtigen. BFH v. 30.4.2003 BStBl. II 2003, 890.
[60] BR-Drs. 804/96, 14.

2. Kapitel. Besteuerungskonzeption der GmbH & Co. KG

auf Objektgesellschaften abzielt. Die Finanzverwaltung[61] sowie ein Großteil der Literatur[62] gehen davon aus, dass durch § 1 Abs. 2a GrEStG **alle Personengesellschaften** erfasst werden. Teilweise wird jedoch auch die Auffassung vertreten, dass die Vorschrift im Wege der teleologischen Reduktion auf nicht werbend tätige Personengesellschaften eingeschränkt werden sollte.[63] Der BFH hat mittlerweile in einem Beschluss vom 11.9.2002 festgestellt, dass es nicht ernstlich zweifelhaft ist, das § 1 Abs. 2a GrEStG auf alle Personengesellschaften, dh auch auf solche Anwendung findet, deren Zweck sich nicht im Halten und Verwalten von inländischen Grundstücken erschöpft.[64]

41 Im Gegensatz zu § 1 Abs. 3 GrEStG erfasst § 1 Abs. 2a GrEStG auch die **Anteilsübertragung an verschiedene Erwerber**, wenn innerhalb des 5-Jahres-Zeitraum mehr als 95% der Gesellschaftsanteile übertragen werden.[65]

42 Die Anwendung des § 1 Abs. 2a GrEStG setzt voraus, dass innerhalb eines Zeitraums von 5 Jahren mindestens 95% der Anteile am Gesellschaftsvermögen unmittelbar oder mittelbar auf neue Gesellschafter übergehen. Änderungen der Beteiligung am Gesellschaftsvermögen der Altgesellschafter im Verhältnis zueinander werden hingegen von § 1 Abs. 2a GrEStG nicht erfasst. Der Abgrenzung von Altgesellschaftern und Neugesellschaftern kommt mithin entscheidende Bedeutung zu. Hierzu hat die Finanzverwaltung ausführlich Stellung genommen.[66] Altgesellschafter sind demnach beispielsweise die Gründungsgesellschafter, die Gesellschafter, die zum Zeitpunkt des Erwerbs des Grundstücks an der Gesellschaft unmittelbar oder mittelbar beteiligt waren, sowie die Gesellschafter, die ihren Gesellschaftsanteil bereits seit 5 Jahren halten. Neugesellschafter sind Gesellschafter, die durch Beitritt, Anteilserwerb oder Umwandlung – mit Ausnahme des Formwechsels – in die Gesellschaft eintreten. Neugesellschafter werden mit Ablauf von 5 Jahren zu Altgesellschaftern.

43 Bezüglich des **mittelbaren Anteilseignerwechsels** differenziert die Finanzverwaltung nach Personen- bzw. Kapitalgesellschaften als Anteilseigner der Personengesellschaft.[67] Ist Gesellschafter der Personengesellschaft wiederum eine Personengesellschaft, so wird bezüglich der Abgrenzung von Alt- und Neugesellschaftern auf die Gesellschafter dieser Personengesellschaft abgestellt. Dies gilt entsprechend bei mehrstöckigen Personengesellschaften auf jeder Ebene. Ist der Gesellschafter der Personengesellschaft eine Kapitalgesellschaft, so ist diese als Neugesellschafter zu qualifizieren, wenn sich innerhalb von 5 Jahren der Gesellschafterbestand der Kapitalgesellschaft zu 95% ändert. Entsprechendes gilt für mittelbar beteiligte Kapitalgesellschaf-

---

[61] Gleich lautender Ländererlass v. 25.2.2010, BStBl. I 2010, 245 Tz. 2.
[62] *Heine* UVR 1997, 87; *Joechs* BB 1997, 1921; *Schmidt* DB 1997, 848; *Spelthann* DB 1997, 2571; *Boruttau/Fischer* § 1 GrEStG Rn. 818; *Pahlke/Franz* § 1 GrEStG Rn. 273.
[63] *Wrenger* BB 1997, 1905.
[64] BFH v. 11.9.2002, BStBl. II 2002, 777; BFH v. 24.4.2013, BStBl. II 2013, 833.
[65] Gleich lautender Ländererlass v. 25.2.2010, BStBl. I 2010, 245 Tz. 3.
[66] Gleich lautender Ländererlass v. 25.2.2010, BStBl. I 2010, 245 Tz. 2.
[67] Gleich lautender Ländererlass v. 25.2.2010, BStBl. I 2010, 245 Tz. 2.

ten.[68] Der BFH hat hiervon abweichend mit Urteil vom 24.4.2013 entschieden, dass ein mittelbarer Gesellschafterwechsel nur zu berücksichtigen sei, wenn sich innerhalb von 5 Jahren bei einer an der Personengesellschaft unmittelbar oder mittelbar beteiligten Personengesellschaft oder Kapitalgesellschaft der Gesellschafterbestand unmittelbar oder mittelbar vollständig geändert hat.[69] Die Finanzverwaltung wendet das Urteil des BFH vom 24.4.2013 über den entschiedenen Einzelfall hinaus nicht an.[70]

Beispiel: Am Vermögen der grundstückshaltenden A-GmbH & Co. KG ist die B-GmbH zu 100% als Kommanditistin beteiligt. Komplementärin der A-GmbH & Co. KG ist die A-GmbH mit 0% Beteiligung am Vermögen, deren Alleingesellschafterin die B-GmbH ist. Alleingesellschafterin der B-GmbH ist B. B veräußert 95% der Anteile an der B-GmbH an C.

Lösungshinweis: Der Gesellschafterbestand der B-GmbH ändert sich zu 95% innerhalb von 5 Jahren.
Wird der Auffassung der Finanzverwaltung zur Anwendung des § 1 Abs. 2a GrEStG gefolgt, so ist die B-GmbH als Neugesellschafter der A-GmbH & Co. KG zu qualifizieren. Die Beteiligung am Vermögen der A-GmbH & Co. KG ändert sich daher mittelbar zu 100% innerhalb von 5 Jahren, so dass die Voraussetzungen des § 1 Abs. 2a GrEStG vorliegen.
Nach Auffassung des BFH wird die B-GmbH durch die Änderung des Gesellschafterbestands von 95% jedoch nicht zum Neugesellschafter der A-GmbH & Co. KG. § 1 Abs. 2a GrEStG ist demnach nicht anzuwenden. Es ist aber zu prüfen, ob die zu § 1 Abs. 2a GrEStG subsidiären Ersatztatbestände des § 1 Abs. 3, 3a GrEStG greifen (vgl. zur Fortsetzung des Beispiels → Rn. 50).

Die Verkürzung einer aus Kapitalgesellschaften bestehenden Beteiligungskette ohne Änderung der unmittelbaren Beteiligung an der Personengesellschaft führt nach Verwaltungsauffassung nicht zum Gesellschafterwechsel.[71] Dies wird durch den BFH im Urteil vom 24.4.2013 im Ergebnis bestätigt.[72] Ändert sich durch die Verkürzung der Beteiligungskette hingegen die unmittelbare Beteiligung an der Personengesellschaft, so ist insoweit von einem Gesellschafterwechsel auszugehen.[73] Gleiches gilt nach dem Urteil des BFH vom 24.4.2013 für die Verlängerung der Beteiligungskette. **44**

Bei dem Tatbestand des § 1 Abs. 2a GrEStG bleiben **Anteilserwerbe** unberücksichtigt, die **von Todes wegen** erfolgt sind (§ 1 Abs. 2a S. 2 GrEStG). Dagegen führt die Schenkung unter Lebenden grundsätzlich zu einer Anteilsübertragung, die im Rahmen des § 1 Abs. 2a GrEStG zu berücksichtigen ist. Bei Anteilsübertragung im Rahmen einer Schenkung kommt aber eine personenbezogene Steuerbefreiung in Betracht (vgl. hierzu → Rn. 28 ff., 47). **45**

Sofern vor der Anteilsübertragung ein Gesellschafter ein Grundstück in die Personengesellschaft eingelegt hat, ist die Grunderwerbsteuer nach § 5 **46**

---

[68] Gleich lautender Ländererlass v. 25.2.2010, BStBl. I 2010, 245 Tz. 2.
[69] BFH v. 24.4.2013, BStBl. II 2013, 833; *Scheifele/Müller* DStR 2013, 1805.
[70] Gleich lautender Ländererlass v. 9.10.2013, BStBl. I 2013, 1278.
[71] Gleich lautender Ländererlass v. 25.2.2010, BStBl. I 2010, 245 Tz. 2.
[72] *Scheifele/Müller* DStR 2013, 1805.
[73] BFH v. 24.4.2013, BStBl. II 2013, 833; vgl. zur unklaren Rechtslage vor der Entscheidung des BFH v. 24.4.2013 *Behrens* DStR 2010, 777.

GrEStG zunächst nicht erhoben worden, soweit sich die wirtschaftliche Zurechnung des Grundstücks nicht geändert hat. Ein Wechsel im Gesellschafterbestand innerhalb der 5-jährigen Sperrfrist führt zum einen zu einer Nacherhebung der Grunderwerbsteuer auf den Einlagevorgang gem. § 5 Abs. 3 GrEStG, zum anderen zu einem grunderwerbsteuerbaren Vorgang nach § 1 Abs. 2a GrEStG, sofern die übrigen Voraussetzungen dieser Vorschrift vorliegen. Zur Vermeidung einer doppelten Berücksichtigung der Änderung des Gesellschafterbestandes bestimmt § 1 Abs. 2a Satz 3 GrEStG, dass auf die nach § 8 Abs. 2 Satz 1 Nr. 3 GrEStG ermittelte Bemessungsgrundlage die Bemessungsgrundlage aus der Nacherhebung der Grunderwerbsteuer nach § 5 Abs. 3 GrEStG anzurechnen ist. Entsprechendes gilt, wenn vor dem Gesellschafterwechsel ein Grundstück auf eine – zumindest teilweise – gesellschafteridentische Personengesellschaft übertragen wurde, so dass die Grunderwerbsteuer gem. § 6 Abs. 3 S. 1 GrEStG nicht erhoben wurde, und im Rahmen des Gesellschafterwechsels die Grunderwerbsteuer nach § 6 Abs. 3 S. 2 GrEStG nachzuerheben ist.

47 § 1 Abs. 2a GrEStG fingiert den Übergang des im Gesamthandsvermögen der GmbH & Co. KG befindlichen Grundstücks auf eine neue Personengesellschaft. Daher sind die Steuerbefreiung der §§ 5, 6 Abs. 3 GrEStG sowie die personenbezogenen Steuerbefreiungen des § 3 GrEStG anwendbar.[74]

Beispiel: Am Vermögen der grundstückshaltenden A-GmbH & Co. KG ist A zu 100% als Kommanditist beteiligt. Die Komplementär-GmbH ist nicht am Vermögen der A-GmbH & Co. KG beteiligt. A veräußert innerhalb von 5 Jahren 50% der Beteiligung am Vermögen der A-GmbH & Co. KG an seinen Sohn und 45% an einen fremden Dritten.

Lösungshinweis: Der Gesellschafterbestand der A-GmbH & Co. KG ändert sich zu 95% innerhalb von 5 Jahren, so dass § 1 Abs. 2a GrEStG greift. Der Vorgang ist aber zu insgesamt 55% von der Grunderwerbsteuer befreit. A bleibt zu 5% an der A-GmbH & Co. KG beteiligt. Insoweit bleibt die Grunderwerbsteuer nach § 6 Abs. 3 GrEStG unerhoben. Soweit die Beteiligung an den Sohn des A veräußert wird, greift die personenbezogene Steuerbefreiung des § 3 Nr. 6 GrEStG in Verbindung mit § 6 Abs. 3 GrEStG.

48 **Steuerschuldner** der aufgrund § 1 Abs. 2a GrEStG zu erhebenden Grunderwerbsteuer ist gemäß § 13 Nr. 6 GrEStG die Personengesellschaft, bei der sich die Beteiligungsverhältnisse innerhalb von 5 Jahren um 95% ändern.

3. Übergang von mindestens 95% der Anteile einer grundbesitzhaltenden Gesellschaft

49 In § 1 Abs. 3 Nr. 3 und 4 GrEStG sind jeweils Besteuerungstatbestände enthalten, die den unmittelbaren oder mittelbaren **Übergang von mindestens 95% der Anteile** (bis 1999 aller Anteile) einer grundbesitzhaltenden Gesellschaft beinhalten. Entscheidend ist, dass im Gesamthandsvermögen ein

---

[74] Gleich lautender Ländererlass v. 25.2.2010, BStBl. I 2010, 245 Tz. 7, 8; s. auch OFD Nordrhein-Westfalen v. 22.8.2013, EStB 2013, 380 zur Anwendung der Behaltensfristen der §§ 5, 6 GrEStG.

§ 9 Die GmbH & Co. KG im Grunderwerbsteuerrecht

inländisches Grundstück enthalten ist. Steuerbar ist der Übergang der Anteile allerdings nur dann, wenn mindestens 95% der Gesellschaftsanteile **in einer Hand** zusammen bleiben.[75] Der Übergang der Gesellschaftsanteile an verschiedene Erwerber unterliegt nicht der Besteuerung mit Grunderwerbsteuer nach § 1 Abs. 3 Nr. 3 bzw. Nr. 4 GrEStG.[76] Allerdings könnte ein solcher Vorgang gem. § 1 Abs. 2a GrEStG grunderwerbsteuerbar sein (vgl. → Rn. 38 ff.).

Da für die Vorschrift des § 1 Abs. 3 GrEStG die gesamthänderische Mitberechtigung am Gesellschaftsvermögen und nicht die vermögensmäßige Beteiligung maßgebend ist,[77] kann es bei einer GmbH & Co. KG aufgrund der Mitberechtigung der – ggf. nicht am Vermögen beteiligten – Komplementär-GmbH nicht zu einem **unmittelbaren** Übergang aller Anteile kommen. Allerdings ist auch der **mittelbare** Übergang von mindestens 95% der Anteile für die Verwirklichung des grunderwerbsteuerbaren Vorgangs ausreichend. Sofern zusammen mit der mindestens 95%igen Kommanditbeteiligung auch mindestens 95% an der Komplementär-GmbH auf einen neuen Gesellschafter übertragen wird, liegt ein grunderwerbsteuerbarer Vorgang iSd § 1 Abs. 3 Nr. 3 bzw. 4 GrEStG vor. Aufgrund der Vorrangigkeit des § 1 Abs. 2a GrEStG dürfte die Anwendung des § 1 Abs. 3 Nr. 3 und 4 GrEStG bei Personengesellschaften oftmals ausgeschlossen sein. § 1 Abs. 3 Nr. 3 und 4 GrEStG kann aber insbesondere in Konstellationen greifen, in denen nach dem Urteil des BFH vom 24.4.2013 die Anwendung des § 1 Abs. 2a GrEStG ausgeschlossen ist. 50

Beispiel: Fortsetzung des Beispiels zu § 1 Abs. 2a GrEStG (vgl. hierzu → Rn. 43).

Lösungshinweis: Zu prüfen ist, ob die Voraussetzungen des § 1 Abs. 3 Nr. 3, 4 GrEStG vorliegen. Der B-GmbH ist die 100%-Beteiligung an der A-GmbH grunderwerbsteuerlich zuzurechnen. Die B-GmbH hält daher unmittelbar und mittelbar alle Anteile an der A-GmbH & Co. KG. Durch die Veräußerung von 95% der Anteile an der B-GmbH durch den bisherigen Alleingesellschafter B an den Erwerber C wird der Tatbestand des § 1 Abs. 3 Nr. 3 bzw. 4 GrEStG in Bezug auf die B-GmbH unmittelbar verwirklicht. Mittelbar werden demnach alle Anteile an der A-GmbH & Co. KG übertragen, so dass § 1 Abs. 3 Nr. 3 bzw. 4 GrEStG auch in Bezug auf die A-GmbH & Co. KG verwirklicht ist.

§ 1 Abs. 3 Nr. 3 bzw. 4 GrEStG ist jedoch nur anzuwenden, wenn nicht der vorrangige § 1 Abs. 2a GrEStG greift. Dies hängt – wie vorstehend dargestellt (vgl. hierzu → Rn. 43) – davon ab, ob die Auffassung der Finanzverwaltung oder der Auffassung des BFH zu § 1 Abs. 2a GrEStG gefolgt wird.

Ein Erwerb kann sich auch vollziehen durch Anteilserwerb kraft Gesetzes, zB durch einen Übergang im Erbwege oder aufgrund einer Umwandlung.[78] Bei einer Übertragung von mindestens 95% der Anteile ist davon auszugehen, dass der Erwerber die Grundstücke von dem früheren zu mindestens 95% beteiligten Gesellschafter und nicht von der Gesellschaft erwirbt, da die Grundstücke grunderwerbsteuerlich dem zu mindestens 95% beteiligten 51

---

[75] BFH v. 2.2.1955, BStBl. III 1955, 90.
[76] Pahlke/Franz § 1 GrEStG Rn. 392.
[77] BFH v. 8.8.2001, BStBl. II 2002, 158; Teiche DStR 2005, 50 mwN.
[78] Boruttau/Fischer § 1 GrEStG Rn. 972.

2. Kapitel. Besteuerungskonzeption der GmbH & Co. KG

Gesellschafter zugerechnet werden.[79] Für den grunderwerbsteuerlichen Vorgang können daher die Befreiungsvorschriften des § 3 Nr. 2 GrEStG (Grundstückserwerb von Todes wegen und Grundstücksschenkungen unter Lebenden) bzw. die personenbezogenen Befreiungsvorschriften des § 3 Nr. 4, 5 und 6 GrEStG angewendet werden.[80] Auch ist § 6 Abs. 2, 3 GrEStG, ggf. in Verbindung mit den personenbezogenen Befreiungsvorschriften des § 3 GrEStG (vgl. hierzu → Rn. 28 ff., 59), anwendbar.[81]

52 **Steuerschuldner** sind gemäß § 13 Nr. 1 GrEStG der Erwerber und der Veräußerer der Gesellschaftsanteile als Gesamtschuldner.[82]

4. Vereinigung von mindestens 95 % der Anteile

53   Ein weiterer grunderwerbsteuerbarer Tatbestand liegt vor, wenn bei einer Übertragung von Anteilen an einer grundbesitzhaltenden Gesellschaft **mindestens 95 % der Anteile** (bis 1999 alle Anteile) in der Hand eines Erwerbers vereinigt werden. Es handelt sich dann um eine steuerpflichtige **Anteilsvereinigung** im Sinne des § 1 Abs. 3 Nr. 1 und Nr. 2 GrEStG. Auch die Vereinigung von mindestens 95 % der Anteile einer grundbesitzhaltenden Gesellschaft ist ein sog. **Ersatztatbestand**, durch den der Übergang eines Grundstücks für Zwecke der Grunderwerbsteuer fingiert wird.

54   Im Gegensatz zu den Tatbeständen der §§ 1 Abs. 2a, 5 und 6 GrEStG, bei denen auf den „Anteil am Gesellschaftsvermögen" Bezug genommen wird, stellt § 1 Abs. 3 GrEStG auf den „Anteil an der Gesellschaft" ab. Damit ist für § 1 Abs. 3 GrEStG die sachenrechtliche Ebene der Gesamthand und nicht der Umfang der vermögensmäßigen (schuldrechtlichen) Beteiligung maßgebend. Eine solche gesamthänderische Mitberechtigung am Gesellschaftsvermögen steht jedem Gesellschafter zu, unabhängig davon, ob er am Wert des Gesellschaftsvermögens beteiligt ist oder nicht.[83] Dies bedeutet im Ergebnis, dass es bei einer Personengesellschaft nicht zu einer **unmittelbaren** Anteilsvereinigung kommen kann, da an einer Personengesellschaft mindestens zwei Gesellschafter beteiligt sind.[84] Bei einer GmbH & Co. KG kann somit der Tatbestand einer unmittelbaren Anteilsvereinigung nicht verwirklicht werden, selbst wenn die Komplementär-GmbH nicht am Vermögen der KG beteiligt ist. Seit 1.1.2000 genügt jedoch bereits, dass die Anteile an der Gesellschaft **mittelbar** in einer Hand vereinigt sind. Durch eine regelmäßig nicht am Vermögen beteiligte Komplementär-GmbH wird somit bei einem Erwerb der Kommanditanteile von den Mitgesellschaftern eine Anteilsverei-

---

[79] Boruttau/Fischer § 1 GrEStG Rn. 907; Pahlke/Franz § 1 GrEStG Rn. 390.
[80] Gleich lautender Erlass betr. Anwendung der §§ 3 und 6 GrEStG in den Fällen des § 1 Abs. 3 GrEStG v. 6.3.2013. BStBl. I 2013, 773 Tz. 3.
[81] Gleich lautender Erlass betr. Anwendung der §§ 3 und 6 GrEStG in den Fällen des § 1 Abs. 3 GrEStG v. 6.3.2013. BStBl. I 2013, 773 Tz. 3; s. auch OFD Nordrhein-Westphalen v. 22.8.2013, EStB 2013, 380 zur Anwendung der Behaltensfristen der §§ 5, 6 GrEStG Tz. 2.5.
[82] Pahlke/Franz § 13 GrEStG Rn. 14; Hofmann § 13 GrEStG Rn. 10.
[83] BFH v. 8.8.2001, BStBl. II 2002, 158; Boruttau/Fischer § 1 GrEStG Rn. 938; Teiche DStR 2005, 50; Salzmann/Loose DStR 2005, 53.
[84] Teiche DStR 2005, 52.

§ 9 Die GmbH & Co. KG im Grunderwerbsteuerrecht

nigung nur dann verhindert, wenn der alleinige Kommanditist an der Komplementär-GmbH zu weniger als 95% beteiligt bleibt,[85] da die Beteiligung an der Komplementär-GmbH dem Kommanditisten grunderwerbsteuerlich zuzurechnen ist, wenn sie mindestens 95% beträgt.[86] Anteilsvereinigungen können sowohl unmittelbar als auch mittelbar über eine andere Gesellschaft oder teilweise unmittelbar und teilweise mittelbar über eine andere Gesellschaft erfolgen.

Beispiel: An der grundbesitzhaltenden X-GmbH & Co. KG sind A und die Y-GmbH zu je 50% beteiligt. Gesellschafter der Y-GmbH sind A und B je zur Hälfte. A ist demnach zu 50% unmittelbar und zu 25% mittelbar an der X-GmbH & Co. KG beteiligt. A erwirbt die bisher von B an der Y-GmbH gehaltenen Anteile.

Alternative: A erwirbt von der Y-GmbH einen 40%-Anteil an der X-GmbH & Co. KG. Die Y-GmbH ist anschließend nur noch mit 10% beteiligt.

Lösung: Durch den Erwerb werden 100% (50% unmittelbar, 50% mittelbar) in der Hand von A vereinigt, mit der Folge, dass hinsichtlich des zum Vermögen der X-GmbH & Co. KG gehörenden Grundstücks Grunderwerbsteuer entsteht. In der **Alternative** ist A rechnerisch zwar auch zu 95% beteiligt (90% unmittelbar, 5% mittelbar). Nach einem koordinierten Ländererlass vom 14. 2. 2000 werden mittelbare Beteiligungen jedoch nur berücksichtigt, wenn diese zu mind. 95% von der betreffenden Person gehalten werden. Im Beispielsfall kommt es somit nicht zu einer Anteilsvereinigung.[87] Es liegt aber ein Fall des zu § 1 Abs. 3 GrEStG subsidiären § 1 Abs. 3a GrEStG vor (vgl. hierzu → Rn. 61 ff.).

Bei der Ermittlung der (mittelbaren) Beteiligungsquote bleiben von einer Kapitalgesellschaft gehaltene eigene Anteile unberücksichtigt.[88] Ebenso bleiben bei wechselseitiger Beteiligung nach Auffassung des BFH Anteile unberücksichtigt, die eine 100%ige Tochterkapitalgesellschaft an der Kapitalgesellschaft hält.[89] Die Beteiligungsquote an der Kapitalgesellschaft ergibt sich mithin, indem die Anteile des Erwerbers zu den insgesamt vorhandenen Anteilen abzüglich der nicht zu berücksichtigenden Anteile ins Verhältnis gesetzt werden.

Die Verstärkung einer schon bestehenden Anteilsvereinigung löst den Besteuerungstatbestand des § 1 Abs. 3 Nr. 1 oder 2 GrEStG nicht aus. Sofern bis zum 31.12.1999 bereits mindestens 95% der Anteile in einer Hand vereinigt waren und diese Beteiligung nach dem 31.12.1999 aufgestockt wird, kann dadurch der Grunderwerbsteuertatbestand des § 1 Abs. 3 Nr. 1 oder 2 GrEStG nicht mehr verwirklicht werden, da im Anwendungszeitpunkt der Neuregelung die Anteilsvereinigung iHv mind. 95% bereits eingetreten war.[90]

---

[85] *Hofmann* § 1 GrEStG Rn. 158.
[86] FinMin Baden-Württemberg v. 14.2.2000, DStR 2000, 430.
[87] Koordinierter Ländererlass FM Baden-Württemberg v. 14.2.2000, DStR 2000, 430.
[88] Boruttau/*Fischer* § 1 GrEStG Rn. 942; BFH v. 18.9.2013, DStR 2014, 265.
[89] BFH v. 18.9.2013, DStR 2014, 265.
[90] Gleich lautender Ländererlass v. 2.12.1999, BStBl. I 1999, 991. *Teiche* DStR 2005, 51 weist zu Recht darauf hin, dass mittelbare Anteilsvereinigungen im Bereich von mindestens 95%, aber weniger als 100% allenfalls in Extremfällen denkbar sind.

2. Kapitel. Besteuerungskonzeption der GmbH & Co. KG

58 Der Übergang von einer mittelbaren Anteilsvereinigung zu einer unmittelbaren Anteilsvereinigung führt nach dem Wortlaut des § 1 Abs. 3 Nr. 1 GrEStG erneut zu einem grunderwerbsteuerbaren Vorgang. Da die Änderung dergestalt, dass aus einer mittelbaren Beteiligung eine unmittelbare Beteiligung wird, für den **Rechtsträger keine erhebliche gesellschaftsrechtliche Verstärkung** der Position als Alleingesellschafter bewirkt, wird § 1 Abs. 3 Nr. 1 GrEStG einschränkend dahingehend ausgelegt, dass nicht erneut eine Belastung mit Grunderwerbsteuer entsteht.[91]

59 Der Ersatztatbestand des § 1 Abs. 3 Nr. 1 und Nr. 2 GrEStG fingiert einen Grundstückserwerb durch den Gesellschafter der Personengesellschaft. Aus diesem Grund ist auch die sachliche **Befreiungsvorschrift** des § 6 GrEStG auf diesen Fall anwendbar.[92] Da der Kommanditgesellschaft auch die Besteuerungsmerkmale ihrer Gesellschafter zum Teil zugerechnet werden, kommen insoweit auch die **personenbezogenen Befreiungsvorschriften** des § 3 GrEStG zur Anwendung.[93] Sofern sich also beispielsweise eine Anteilsvereinigung im Zuge einer Erbauseinandersetzung ergibt, kommt die Steuerbefreiung des § 3 Nr. 3 GrEStG zum Tragen. Erfolgt die Anteilsvereinigung durch Ehegattenerwerb, kommt § 3 Nr. 4 GrEStG zur Anwendung.

60 **Steuerschuldner** ist im Fall des § 1 Abs. 3 Nr. 1, 2 GrEStG gemäß § 13 Nr. 5a GrEStG der Rechtsträger, in dessen Hand sich die Anteilsvereinigung vollzieht.

5. Innehaben einer wirtschaftlichen Beteiligung von mindestens 95 %

61 Ab dem 7.6.2013 ist § 1 Abs. 3a GrEStG anzuwenden, nach dem als Anteilsvereinigung iSd § 1 Abs. 3 Nr. 1, 2 GrEStG bzw. als Anteilserwerb iSd. § 1 Abs. 3 Nr. 3, 4 GrEStG ein Rechtsvorgang gilt, aufgrund dessen ein Rechtsträger unmittelbar oder mittelbar eine wirtschaftliche Beteiligung von mindestens 95 % an einer grundbesitzhaltenden Gesellschaft innehat. Die wirtschaftliche Beteiligung ergibt sich aus der Summe der unmittelbaren und mittelbaren Beteiligungen am Kapital oder am Vermögen der Gesellschaft. Für Kapitalgesellschaften ist zur Ermittlung der wirtschaftlichen Beteiligung auf die Beteiligung am Kapital, für Personengesellschaften auf die Beteiligung am Gesellschaftsvermögen abzustellen.[94] Für die Ermittlung der mittelbaren Beteiligungen sind die Beteiligungen am Kapital oder am Vermögen auf jeder Beteiligungsebene prozentual durchzurechnen.

---

[91] BFH v. 20.10.1993, BStBl. II 1994, 121; gleich lautender Ländererlass v. 2.12.1999, BStBl. I 1999, 991.

[92] *Pahlke/Franz* § 3 GrEStG Rn. 12; Gleich lautender Erlass betr. Anwendung der §§ 3 und 6 GrEStG in den Fällen des § 1 Abs. 3 GrEStG v. 6.3.2013, BStBl. I 2013, 773; s. auch OFD Nordrhein-Westphalen v. 22.8.2013, EStB 2013, 380 zur Anwendung der Behaltensfristen der §§ 5, 6 GrEStG.

[93] FG Münster v. 27.11.1992, EFG 1993, 536; Gleich lautender Erlass betr. Anwendung der §§ 3 und 6 GrEStG in den Fällen des § 1 Abs. 3 GrEStG v. 6.3.2013, BStBl. I 2013, 773.

[94] *Behrens* DStR 2013, 2726; *Behrens* DStR 2013, 1405.

§ 9 Die GmbH & Co. KG im Grunderwerbsteuerrecht

Beispiel: A ist zu 50% am Vermögen der A-GmbH & Co. KG und zu 30% an der X-GmbH beteiligt. Die X-GmbH ist zu 50% am Vermögen der X-GmbH & Co. KG beteiligt, welche wiederum zu 40% am Vermögen der A-GmbH & Co. KG beteiligt ist. Zu bestimmen ist die wirtschaftliche Beteiligung des A an der A-GmbH & Co. KG iSd § 1 Abs. 3a GrEStG.

Lösungshinweis: A ist zu 50% unmittelbar beteiligt. Die mittelbare Beteiligung beträgt 6% (= 30% * 50% * 40%). Die wirtschaftliche Beteiligung ergibt sich demnach zu 56%.

Mit § 1 Abs. 3a GrEStG sollen Gestaltungsmöglichkeiten (sog. RETT-Blocker-Gestaltungen) verhindert werden, welche insbesondere bei Erwerb einer Kapitalgesellschaft durch Zwischenschaltung einer GmbH & Co. KG auf Erwerberseite eine Vermeidung des Anfalls von Grunderwerbsteuer nach den Regelungen des § 1 Abs. 3 GrEStG ermöglichten.[95]

62

Beispiel: A beabsichtigt den Erwerb von 100% der Anteile an der grundbesitzenden X-GmbH. Dies würde Grunderwerbsteuer gem. § 1 Abs. 3 GrEStG auslösen. A strukturiert den Erwerbsvorgang wie folgt: Er erwirbt 94% der Anteile an der X-GmbH unmittelbar. Die verbleibenden 6% der Anteile an der X-GmbH werden von der A-GmbH & Co. KG erworben, an deren Vermögen A zu 100% als Kommanditist beteiligt ist. An der Komplementär-GmbH der A-GmbH & Co. KG ist A zu 94,9% und ein Dritter zu 5,1% beteiligt.

Lösungshinweis: Für eine grunderwerbsteuerliche Zurechnung der Beteiligung an der Komplementär-GmbH zu A wäre eine Beteiligung von mindestens 95% erforderlich. Die Beteiligung von 94,9% an der Komplementär-GmbH ist A grunderwerbsteuerlich daher nicht zuzurechnen. Dies hat zur Folge, dass A insgesamt mittelbar und unmittelbar nicht mindestens 95% der Gesellschaftsanteile an der A-GmbH & Co. KG grunderwerbsteuerlich zuzurechnen sind. Dem A ist mithin auch die von der A-GmbH & Co. KG gehaltene Beteiligung von 6% an der X-GmbH grunderwerbsteuerlich nicht zuzurechnen. Eine Anteilsvereinigung von mindestens 95% der Anteile an der X-GmbH in der Hand des A erfolgt mithin nicht, so dass der Tatbestand des § 1 Abs. 3 GrEStG nicht erfüllt ist. Im Ergebnis konnte A sich bei wirtschaftlicher Betrachtung teils unmittelbar und teils mittelbar zu insgesamt 100% an der X-GmbH beteiligen, ohne dass Grunderwerbsteuer ausgelöst wird. Ab dem 7.6.2013 ist auf derartige Gestaltungen § 1 Abs. 3a GrEStG anzuwenden, nach dem die Beteiligungsquoten durchzurechnen sind. Im vorliegenden Fall würde daher Grunderwerbsteuer gem. § 1 Abs. 3a GrEStG ausgelöst, wenn der Erwerb nach dem 7.6.2013 erfolgt.

§ 1 Abs. 3a GrEStG ist auch auf die Übertragung von Anteilen an Personengesellschaften anzuwenden. Die Aufstockung einer bereits vor dem 7.6.2013 bestehenden wirtschaftlichen Anteilsvereinigung führt nicht dazu, dass Grunderwerbsteuer gem. § 1 Abs. 3a GrEStG ausgelöst wird.[96] § 1 Abs. 3a GrEStG fingiert den Übergang des Grundstücks der Gesellschaft von der Gesellschaft auf den Erwerber, in dessen Hand sich die Anteile wirtschaftlich vereinigen, bzw. von dem Gesellschafter, in dessen Hand die Anteile bereits wirtschaftlich vereinigt waren, auf den Erwerber der bereits ver-

63

---

[95] Gleich lautender Ländererlass v. 9.10.2013, DStR 2013, 2765 Tz. 1; *Behrens* DStR 2013, 1405.
[96] Gleich lautender Ländererlass v. 9.10.2013, DStR 2013, 2765 Tz. 2.

2. Kapitel. Besteuerungskonzeption der GmbH & Co. KG

einigten Anteile. Die Steuerbefreiungen der §§ 5, 6 GrEStG sowie die personenbezogenen Steuerbefreiungen gem. § 3 GrEStG kommen daher zur Anwendung, wobei die für § 1 Abs. 3 GrEStG entwickelten Anwendungsgrundsätze maßgeblich sind.[97]

64 Aufgrund der Subsidiarität gegenüber § 1 Abs. 2a GrEStG kommt § 1 Abs. 3a GrEStG zur Anwendung, wenn innerhalb eines Zeitraums von mehr als 5 Jahren mindestens 95 % des Anteils am Vermögen an einer Personengesellschaft in mehreren Tranchen erworben werden, ohne dass die Voraussetzungen des § 1 Abs. 2a GrEStG erfüllt sind.[98]

Beispiel: A und B sind zu je 50 % am Vermögen der X-GmbH & Co. KG als Kommanditisten beteiligt, sowie zu je 50 % an der Komplementär-GmbH, die zu 0 % am Vermögen der X-GmbH & Co. KG beteiligt ist. C erwirbt im Jahr 01 den Kommanditanteil und die Beteiligung an der Komplementär-GmbH von A. Im Jahr 07 erwirbt C einen Anteil von 45 % am Vermögen der X-GmbH & Co. KG von B, jedoch keine weiteren Anteile an der Komplementär-GmbH.

Lösungshinweis: C wird im Jahr 06, dh 5 Jahre nach dem Erwerb der Kommanditbeteiligung des A, zum Altgesellschafter iSd § 1 Abs. 2a GrEStG der X-GmbH & Co. KG. Die Aufstockung der Kommanditbeteiligung des C auf 95 % am Vermögen der X-GmbH & Co. KG im Jahr 07 fällt daher nicht unter § 1 Abs. 2a GrEStG. Auch eine Anteilsvereinigung iSd § 1 Abs. 3 GrEStG liegt nicht vor, da C die Komplementär-GmbH grunderwerbsteuerlich nicht zuzurechnen ist. Die Aufstockung erfüllt aber den Tatbestand des § 1 Abs. 3a GrEStG, da C nach Aufstockung des Kommanditanteils eine Beteiligung von 95 % am Vermögen der X-GmbH & Co. KG innehat. Da § 1 Abs. 3a GrEStG den Übergang des Grundstücks von der X-GmbH & Co. KG auf C fingiert, bleiben nach § 6 Abs. 2 GrEStG 50 % der Grunderwerbsteuer unerhoben, da C im Jahr 07 bereits seit mehr als 5 Jahren zu 50 % an der X-GmbH & Co. KG beteiligt war.

65 § 1 Abs. 3a GrEStG kann auch zur Anwendung kommen, wenn eine Anteilsvereinigung iSd § 1 Abs. 3 Nr. 1, 2 GrEStG bzw. eine Übertragung von iSd § 1 Abs. 3 Nr. 3, 4 GrEStG vereinigter Anteile nicht vorliegt.

Beispiel: Gründungsgesellschafter A ist zu 94 % am Vermögen der X-GmbH & Co. KG als Kommanditist und zu 100 % an der Komlementär-GmbH beteiligt, welche zu 6 % am Vermögen der X-GmbH & Co. KG beteiligt ist. B erwirbt von A einen Anteil von 93 % am Vermögen der X-GmbH & Co. KG sowie eine Beteiligung von 93 % an der Komplementär-GmbH.

Lösungshinweis: § 1 Abs. 2a GrEStG kommt nicht zur Anwendung, da B eine Beteiligung von lediglich 93 % am Vermögen der X-GmbH & Co. KG erwirbt und die Komplementär-GmbH durch den Anteilserwerb des B von 93 % nicht zum Neugesellschafter iSd § 1 Abs. 2a GrEStG wird. Auch eine Anteilsvereinigung in der Hand des B gem. § 1 Abs. 3 GrEStG liegt aufgrund der weiterhin bestehenden gesamthänderischen Mitberechtigung des A und der Komplementär-GmbH an der X-GmbH & Co. KG nicht vor. Es liegt jedoch eine wirtschaftliche Anteilsvereinigung gem. § 1 Abs. 3a GrEStG vor, da B nach den Erwerbsvorgängen zu 93 % unmittelbar und zu 5,56 % (= 6 % * 93 %) mittelbar über die Komplementär-GmbH, insgesamt also zu 98,56 %, am Vermögen der X-GmbH & Co. KG beteiligt ist.

---

[97] Gleich lautender Ländererlass v. 9.10.2013, DStR 2013, 2765 Tz. 7.
[98] Gleich lautender Ländererlass v. 9.10.2013, DStR 2013, 2765 Tz. 5.

§ 9 Die GmbH & Co. KG im Grunderwerbsteuerrecht

Fraglich ist, wie wechselseitige Beteiligungen im Rahmen der Ermittlung 66
der wirtschaftlichen Beteiligung iSd § 1 Abs. 3a GrEStG zu berücksichtigen sind, insbesondere ob aufgrund der prozentualen Durchrechnung Endlosschleifen denkbar sind.[99] Auch ist ungeklärt, inwieweit die Rechtsprechung des BFH zu § 1 Abs. 3 GrESG,[100] wonach die Anteile, die von einer 100%igen Tochterkapitalgesellschaft gehalten werden, für die Ermittlung der Beteiligungsquote unberücksichtigt bleiben, auf die Ermittlung der wirtschaftlichen Beteiligung iSd § 1 Abs. 3a GrEStG übertragen werden kann.

Fraglich ist weiterhin, ob der Formwechsel einer Personengesellschaft in 67
eine Kapitalgesellschaft (oder umgekehrt) den Tatbestand des § 1 Abs. 3a GrEStG erfüllen kann.[101] Dies könnte damit begründet werden, dass der zu mindestens 95% beteiligte Gesellschafter nach dem Formwechsel erstmals eine Beteiligung von mindestens 95% an der durch Formwechsel entstandenen Gesellschaft innehat. Nach – uE zutreffender – Auffassung von Behrens[102] ist § 1 Abs. 3a GrEStG auf den Formwechsel nicht anzuwenden, da der Gesellschafter bereits an der vor dem Formwechsel bestehenden Gesellschaft zu mindestens 95% beteiligt war und sich durch den Formwechsel die Beteiligungsverhältnisse nicht ändern.

Steuerschuldner ist der Rechtsträger, der aufgrund des gem. § 1 Abs. 3a 68
GrEStG steuerbaren Rechtsvorgangs die wirtschaftliche Beteiligung von mindestens 95% an der grundbesitzenden Gesellschaft innehat (§ 13 Nr. 7 GrEStG).

6. Gemeinsame Aspekte der Ersatztatbestände

Bemessungsgrundlage bei Realisierung eines der Ersatztatbestände des 69
§ 1 Abs. 2a, 3, 3a GrEStG ist gem. § 8 Abs. 2 S. 1 Nr. 3 GrEStG jeweils der Bedarfswert iSd § 138 Abs. 2 bis 4 BewG (vgl. hierzu → Rn. 4).

Es ist möglich, dass zeitlich aufeinander folgend mehrere Ersatztatbestände 70
sowie Tatbestände gem. § 1 Abs. 1, 2 GrEStG durch einen Erwerber bezogen auf das gleiche Grundstück verwirklicht werden. Insoweit liegen jeweils eigenständige grunderwerbsteuerbare Vorgänge vor. So kann insbesondere ein Vorgang gem. § 1 Abs. 3a GrEStG verwirklicht werden, nachdem bereits gem. § 1 Abs. 3 GrEStG Grunderwerbsteuer ausgelöst wurde.[103] Gem. § 1 Abs. 6 GrEStG ist jedoch für den Fall, dass ein Rechtsvorgang iSd § 1 Abs. 1, 2, 3, 3a GrEStG auf einen anderen dieser Rechtsvorgänge folgt und Grundstücksidentität sowie Erwerberidentität[104] vorliegt, die Grunderwerbsteuer für den zweiten Rechtsvorgang nur insoweit zu erheben, als die Bemessungsgrundlage für den späteren Rechtsvorgang die Bemessungsgrundlage für den früheren Rechtsvorgang übersteigt.[105] § 1 Abs. 6 GrEStG ist nicht anzuwen-

---

[99] *Behrens* DStR 2013, 2726.
[100] BFH v. 18.9.2013, DStR 2014, 265.
[101] *Behrens* DStR 2013, 2726.
[102] *Behrens* DStR 2013, 2726.
[103] Gleich lautender Ländererlass v. 9.10.2013, DStR 2013, 2765 Tz. 6.
[104] Boruttau/*Fischer* § 1 GrEStG Rn. 1131.
[105] Boruttau/*Fischer* § 1 GrEStG Rn. 1123 ff.; Gleich lautender Ländererlass v. 9.10.2013, DStR 2013, 2765 Tz. 6.

2. Kapitel. Besteuerungskonzeption der GmbH & Co. KG

den, wenn auf einen Rechtsvorgang iSd § 1 Abs. 1, 2, 3, 3a GrEStG ein im jeweils gleichen Absatz geregelter Rechtsvorgang folgt.[106] § 1 Abs. 6 GrEStG wäre mangels Erwerberidentität nicht auf § 1 Abs. 2a GrEStG anzuwenden. § 1 Abs. 2a GrEStG ist daher in § 1 Abs. 6 GrEStG nicht genannt.[107]

71 Wird einer der **Ersatztatbestände** des § 1 Abs. 2a, 3, 3a GrEStG verwirklicht, so ist jeweils zu prüfen, ob und ggf. in welchem Umfang die Gewährung einer personenbezogenen Steuerbefreiung gem. § 3 GrEStG bzw. einer Steuerbefreiung gem. § 6 GrEStG in Betracht kommt. Ist die GmbH & Co. KG Bestandteil eines Konzerns, ist zudem zu prüfen, ob eine Grunderwerbsteuerbefreiung aufgrund der grunderwerbsteuerlichen Konzernklausel gem. § 6a GrEStG zu gewähren ist. Die grunderwerbsteuerliche Konzernklausel des § 6a GrEStG wird allerdings von der Finanzverwaltung restriktiv ausgelegt.[108]

72 Nach § 16 GrEStG wird ua bei Rückerwerben von Grundstücken innerhalb von 2 Jahren seit Entstehung der Steuer oder bei Rückgängigmachung von Grundstückserwerben die Grunderwerbsteuer auf Antrag nicht festgesetzt bzw. die bereits erfolgte Festsetzung der Grunderwerbsteuer aufgehoben. Diese Regelungen gelten auch für die Ersatztatbestände des § 1 Abs. 2a, 3, 3a GrEStG unter der Voraussetzung, dass diese Vorgänge ordnungsgemäß entsprechend der §§ 18, 19 GrEStG angezeigt wurden (§ 16 Abs. 5 GrEStG). Für die Anwendung des § 16 GrEStG ist es nach der Rechtsprechung des BFH ausreichend, dass ein Teil der erworbenen Beteiligung zurückübertragen wird, so dass der für die Steuerentstehung maßgebliche Ersatztatbestand des § 1 Abs. 2a, 3 GrEStG nicht mehr erfüllt ist.[109] Für § 1 Abs. 3a GrEStG gelten die Grundsätze zur Anwendung des § 16 GrEStG in den Fällen des § 1 Abs. 3a GrEStG entsprechend.[110]

Beispiel: B erwirbt vom Gründungsgesellschafter A im Jahr 01 eine 100%-ige Kommanditbeteiligung an der X GmbH & Co. KG. Der Erwerbsvorgang wird ordnungsgemäß angezeigt. Im Jahr 02 erwirbt A 6% der an B veräußerten Kommanditbeteiligung zurück.

Lösungshinweis: Der Erwerb der 100%-igen Kommanditbeteiligung an der X GmbH & Co. KG löst gem. § 1 Abs. 2a GrEStG Grunderwerbsteuer aus, die im Jahr 01 entsteht. Der Rückerwerb erfolgt innerhalb von 2 Jahren nach Entstehung der Steuer. Nach dem Rückerwerb von 6% der Kommanditbeteiligung durch A ist B nur noch zu 94% an der X GmbH & Co. KG beteiligt. Da durch den Rückerwerb somit die für § 1 Abs. 2a GrEStG maßgebliche Beteiligungsquote von 95% unterschritten wird, ist auf Antrag die Grunderwerbsteuer nicht festzusetzen oder eine bereits erfolgte Grunderwerbsteuerfestsetzung aufzuheben.

---

[106] *Pahlke/Franz* § 1 GrEStG Rn. 396; kritisch *Eggers/Fleischer/Wischott* DStR 1998, 1903.
[107] *Pahlke/Franz* § 1 GrEStG Rn. 400.
[108] Gleich lautender Ländererlass v. 19.6.2012, BStBl. I 2012, 662.
[109] BFH v. 18.4.2012, BStBl. II 2012, 830; BFH v. 11.6.2013, BStBl. II 2013, S752.
[110] Gleich lautender Ländererlass v. 9.10.2013, DStR 2013, 2765 Tz. 9.

3. Kapitel. Entstehung der Gesellschaft

§ 10 Neugründungstatbestände

Übersicht

	Rn.
I. Überblick über die Entstehungsmöglichkeiten der GmbH & Co. KG	1
1. Neugründung und Formwechsel	1
2. Unternehmensgründung	5
3. KG-Vertrag	6
4. Handelsrechtsreform 1998	7
II. Zwingende Bestandteile jedes Entstehungstatbestands	8
1. KG-Vertrag zwischen Komplementär-GmbH und Kommanditist	8
2. Betrieb eines Handelsgewerbes oder Eintragung im Handelsregister	10
3. Firma	12
III. Der Grundfall der Neugründung durch Vertragsabschluss	13
1. Vertragscharakter	13
2. Abschluss des KG-Vertrags	14
a) Angebot und Annahme	14
b) Stellvertretung	15
c) Befristung, Bedingung	16
d) Abschlussmängel	17
3. Form	19
4. Gesellschafter	22
a) Komplementär-GmbH	22
b) Kommanditist	25
5. Entstehung im Innen- und Außenverhältnis	27
a) Innenverhältnis	27
b) Außenverhältnis	28
6. Vorvertrag	29
7. Eintragungsverfahren	30

	Rn.
a) Verpflichtung zur Eintragung, Wirkung der Eintragung	30
b) Anmeldung	32
c) Anzumeldende Tatsachen	34
d) Wegfall der Firmenzeichnung	36
e) Eintragung	37
f) Bekanntmachung	38
IV. Besonderheiten bei Verschmelzung und Spaltung zur Neugründung einer GmbH & Co. KG	39
1. Grundsätzliches	39
2. Verweis auf die allgemeinen Gründungsregeln	43
a) Grundsatz	43
b) Zwecke im Sinne von § 105 Abs. 1 oder 2 HGB	44
c) KG-Vertrag als Bestandteil von Verschmelzungsvertrag oder Spaltungsplan	45
d) Zuweisung der Komplementär- und der Kommanditistenrolle	46
V. Sonderfälle	47
1. Eintritt in das Geschäft eines Einzelkaufmanns nach § 28 HGB	47
a) Überblick	47
b) Neugründungstatbestand	48
c) Anwendungsbereich	49
d) Vertragsabschluss	50
e) Rechtsfolgen	51
2. Unternehmensfortführung durch eine Erbengemeinschaft	52

Schrifttum: *Binz/Mayer,* Beurkundungspflichten bei der GmbH & Co. KG, NJW 2002, 3054; *Blaurock,* Unterbeteiligung und Treuhand an Gesellschaftsanteilen, 1981; *Brodersen,* Die Beteiligung der BGB-Gesellschaft an den Personenhandelsgesellschaf-

3. Kapitel. Entstehung der Gesellschaft

ten, 1988; *Hartmann/Hartmann*, Zur Frage der Beteiligung einer Gesellschaft bürgerlichen Rechts an Personengesellschaften, FS Werner, 1984, 217; *Immenga*, Die personalistische Kapitalgesellschaft, 1970; *John*, Die organisierte Rechtsperson, 1977; *Kuhn*, Zur werdenden GmbH & Co. KG, FS für Hefermehl, 1976, 159; *Michalski*, Gesellschaftsrechtliche Gestaltungsmöglichkeiten zur Perpetuierung von Unternehmen, 1980; *Morck*, Die vertragliche Gestaltung der Beteiligung an Personen-Handelsgesellschaften, 1980; *Nitschke*, Die körperlich strukturierte Personengesellschaft, 1970; *Priester* DB 1995, 693; *Priester*, Mitgliederwechsel im Umwandlungszeitpunkt. Die Identität des Gesellschafterkreises – ein zwingender Grundsatz?, DB 1997, 560; *Reiff*, Die Haftungsverfassung nicht rechtsfähiger unternehmenstragender Verbände, 1996; *Reuter*, Privatrechtliche Schranken der Perpetuierung von Unternehmen, 1973; *Rittner*, Die werdende juristische Person, 1973; *Schaefer*, DB 1998, 1269, Das Handelsrechtsreformgesetz nach dem Abschluss des parlamentarischen Verfahrens; *Schlitt*, Die Auswirkungen des Handelsrechtsreformgesetzes auf die Gestaltung von GmbH & Co. KG-Verträgen, NZG 1998, 580; *K. Schmidt*, Zur Stellung der OHG im System der Handelsgesellschaften, 1972; *K. Schmidt*, HGB-Reform und gesellschaftsrechtliche Gestaltungspraxis, DB 1998, 61; *K. Schmidt*, Woher – wohin? ADHGB, HGB und die Besinnung auf den Kodifikationsgedanken, ZHR 1997, 2; *K. Schmidt*, HGB-Reform im Regierungsentwurf, ZIP 1997, 909; *K. Schmidt*, „Deklaratorische" und „konstitutive" Registereintragungen nach §§ 1 ff. HGB, ZHR 1999, 87; *K. Schmidt*, Formwechsel zwischen GmbH und GmbH & Co. KG, GmbHR 1995, 693; *K. Schmidt*, Analoge Anwendung von § 28 HGB auf die Sachgründung freiberuflicher und gewerbetreibender BGB-Gesellschaften?, BB 2004, 785; *Schön*, Die vermögensverwaltende Personenhandelsgesellschaft – Ein Kind der HGB-Reform, DB 1998, 1169; *Schünemann*, Grundprobleme der Gesamthandsgesellschaft, 1975; *Schulze-Osterloh*, Das Prinzip der gesamthänderischen Bindung, 1972; *Schulze-Osterloh*, Der gemeinsame Zweck der Personengesellschaft, 1973; *Schwintowski*, Grenzen der Anerkennung der fehlerhaften Gesellschaft, NJW 1988, 937; *Teichmann*, Gestaltungsfreiheit in Gesellschaftsverträgen, 1970; *H. P. Westermann*, Vertragsfreiheit und Typengesetzlichkeit im Recht der Personengesellschaften, 1970; *Huber*, Vermögensanteil, Kapitalanteil und Gesellschaftsanteil von Personengesellschaften des Handelsrechts, 1970; *Wiedemann*, Die Übertragung und Vererbung von Mitgliedschaftsrechten bei Handelsgesellschaften, 1965; *Wiedemann*, Anteilsumwandlung und Mehrfachbeteiligung der Personengesellschaft, FS Zöllner, 1999, 635; *Wiesner*, Die Lehre von der fehlerhaften Gesellschaft, 1980; *Witt*, Formbedürftigkeit und Heilung von Formmängeln bei der gleichzeitigen Einbringung von KG- und GmbH-Anteilen in eine Holdinggesellschaft, ZIP 2000, 1033; *Zöllner*, Schranken mitgliedschaftlicher Stimmrechtsmacht bei den privatrechtlichen Personenverbänden, 1963.

I. Überblick über die Entstehungsmöglichkeiten der GmbH & Co. KG

1. Neugründung und Formwechsel

1   Die Wege in die GmbH & Co. KG sind zahlreich. Typisierend lassen sich zwei Grundformen der Entstehung voneinander sondern: Die Etablierung der GmbH & Co. KG als neuer Rechtsträger, der ein Handelsgeschäft neu beginnt oder ein bestehendes Unternehmen aufnimmt und fortführt, einerseits (Neugründungstatbestände), und der Formwechsel eines bestehenden Rechtsträgers in die Rechtsform der GmbH & Co. KG (Umwandlungsfälle) andererseits.

Grundfall der **Neugründungstatbestände** ist die Errichtung der GmbH 2
& Co. KG durch Abschluss eines KG-Vertrags zwischen einer (schon bestehenden oder zu diesem Zweck gegründeten) GmbH als Komplementärin und mindestens einem Mitgesellschafter als Kommanditist (dazu → Rn. 13 ff.). Ein Neugründungstatbestand kann auch Bestandteil einer Umwandlung nach den Bestimmungen des Umwandlungsgesetzes sein. So liegt es bei einer Verschmelzung im Wege der Neugründung durch Übertragung der Vermögen zweier oder mehrerer Rechtsträger (übertragende Rechtsträger) auf eine GmbH & Co. KG als neuen, dadurch gegründeten Rechtsträger im Sinne von § 2 Nr. 2 UmwG oder bei einer Auf- oder Abspaltung zur Neugründung auf eine GmbH & Co. KG als neuen, aufnehmenden Rechtsträger im Sinne von § 123 Abs. 1 Nr. 2 und Abs. 2 Nr. 2 UmwG (dazu → Rn. 37 ff.). Eine Neugründung ist schließlich auch dann gegeben, wenn eine GmbH im Sinne von § 28 HGB in das Geschäft eines Einzelkaufmanns unter Errichtung einer GmbH & Co. KG als Komplementärin eintritt oder eine Personenvereinigung, zB eine Erbengemeinschaft, ein Handelsgeschäft als Sacheinlage in eine zu diesem Zweck errichtete GmbH & Co. einbringt (dazu → Rn. 45 ff. V.).

Zu den **Umwandlungsfällen** gehört insbesondere der (echte) Formwechsel in die GmbH & Co. KG nach Maßgabe der §§ 190 ff. UmwG (dazu 3 → § 55). Außerhalb des Umwandlungsgesetzes sind darüber hinaus insbesondere zu nennen der Wechsel von der Gesellschaft bürgerlichen Rechts in die GmbH & Co. KG, der Rücktritt eines OHG-Gesellschafters in die Kommanditistenrolle unter Übernahme der Komplementär-Stellung durch eine schon dem Gesellschafterkreis angehörende oder zu diesem Zweck der Gesellschaft beitretende GmbH sowie die Übertragung der Komplementär-Stellung in einer KG durch eine natürliche Person auf eine GmbH; im ersten Fall wird aus einer GbR eine GmbH & Co. KG, im zweiten Fall aus einer OHG eine GmbH & Co. KG und im dritten Fall aus einer einfachen KG die GmbH & Co. KG (dazu im Einzelnen → § 11).

In allen Gründungsvarianten kann die Entstehung der GmbH & Co. KG 4 mit der **Errichtung ihrer Komplementär-GmbH** einhergehen, diese kann auch schon als Vorgesellschaft vor Eintragung im Handelsregister die Komplementärrolle übernehmen (dazu → Rn. 23). Schon aus Haftungsgründen (→ § 12) vorzugswürdig ist indessen die Beteiligung einer bereits bestehenden, im Handelsregister eingetragenen GmbH.

2. Unternehmensgründung

Von der Gründung der GmbH & Co. KG als Rechtsträger ist die Unter- 5 nehmensgründung zu sondern.[1] Die Errichtung der Gesellschaft kann mit der **Gründung** eines Unternehmens unter Aufnahme eines neuen Handelsgeschäfts einhergehen. Die Gründung der GmbH & Co. KG kann aber auch auf die **Fortführung** eines bestehenden Unternehmens gerichtet sein, das im Wege der Sacheinlage in die GmbH & Co. KG eingebracht wird oder –

---

[1] Eingeh. zur Sonderung von Unternehmen und Unternehmensträger *K. Schmidt* Handelsrecht § 4 (S. 57 ff.), dort insbesondere § 4 IV 2 (S. 74 ff.) und ferner § 5 (S. 81 ff.).

3. Kapitel. Entstehung der Gesellschaft

bei der Verschmelzung oder Spaltung zur Neugründung – im Wege der umfassenden oder der partiellen Gesamtrechtsnachfolge auf die GmbH & Co. KG übergeht oder das in den Umwandlungsfällen dem Rechtsträger, der in die Rechtsform der GmbH & Co. KG wechselt, bereits zugeordnet ist.

3. KG-Vertrag

6   In allen Entstehungsvarianten ist unverzichtbarer Kern der GmbH & Co. KG der KG-Vertrag, der **kraft Rechtsgeschäfts** einem Gesellschafter die Kommanditistenrolle und der GmbH die Komplementärrolle in einer Personenhandelsgesellschaft zuweist. Allein kraft Rechtsformzwangs kann die KG, anders als die GbR oder die OHG, demgegenüber nicht entstehen, weil sich die Beteiligten jedenfalls auf die Verteilung der unterschiedlichen Haftbeiträge verständigen müssen. Generelle Empfehlungen, welcher Entstehungsvariante der Vorzug zu geben ist, verbieten sich. Hierüber ist je nach Lage des Einzelfalles namentlich unter Berücksichtigung auch der steuerlichen und haftungsrechtlichen Konsequenzen zu entscheiden.

4. Handelsrechtsreform 1998

7   Mit dem Handelsrechtsreformgesetz[2] ist der **Zugang zur Rechtsform** der KG und damit der Kreis möglicher Entstehungstatbestände **signifikant erweitert** worden.[3] Während bis dahin der gemeinsame Zweck der KG notwendig auf den Betrieb eines Grundhandelsgewerbes im Sinne von § 1 Abs. 2 HGB aF oder eines sollkaufmännischen Gewerbebetriebes im Sinne von § 2 HGB aF oder eines land- und forstwirtschaftlichen Unternehmens im Sinne von § 3 HGB aF, die nach Art und Umfang einen in kaufmännischer Weise eingerichteten Geschäftsbetrieb erforderten, gerichtet sein musste, kann seit der Gesetzesnovellierung nach § 105 Abs. 2 HGB nF auch die Personengesellschaft, die einen kleingewerblichen Betrieb betreibt oder deren Zweck sich auf die Verwaltung des eigenen Vermögens beschränkt, für die Eintragung als Personenhandelsgesellschaft im Handelsregister optieren und so kraft Eintragung zur KG werden (dazu näher → § 11 Rn. 3).

II. Zwingende Bestandteile jedes Entstehungstatbestands

1. KG-Vertrag zwischen Komplementär-GmbH und Kommanditist

8   Für die Entstehung der GmbH & Co. KG bedarf es notwendig der Mitwirkung von wenigstens **zwei Gesellschaftern**. Sie ist unverzichtbar, weil es keine Einmann-Gesamthand gibt und weil die KG notwendig zwei Arten von Gesellschaftern, den Komplementär und den Kommanditisten, voraus-

---

[2] HRefG v. 22.6.1998, BGBl. I 1474.
[3] Vgl. dazu Schaefer DB 1998, 1269; K. Schmidt DB 1998, 61; K. Schmidt ZHR 1997, 2; K. Schmidt ZIP 1997, 909; K. Schmidt ZHR 1999, 87; Schön DB 1998, 1169; zur Auswirkung des HRefG auf die Gestaltung von GmbH & Co. KG-Verträgen vgl. eingehend *Schlitt* NZG 1998, 580.

setzt. Wegen des Prinzips der Einheitlichkeit der Mitgliedschaft[4] kann eine Rechtsperson in derselben KG aber nicht gleichzeitig Komplementär und Kommanditist sein. Die Entstehung der GmbH & Co. KG setzt demgemäß die Bereitschaft einer GmbH voraus, als Komplementärin den Gesellschaftsgläubigern wie ein OHG-Gesellschafter gemäß § 161 Abs. 1 und 2 iVm § 128 HGB persönlich und summenmäßig unbeschränkt zu haften. Hinzutreten muss mindestens ein weiterer Gesellschafter, der als Kommanditist seine Haftung gegenüber den Gesellschaftsgläubigern auf den Betrag einer von ihm versprochenen Vermögenseinlage beschränkt.

Als Gesellschaft setzt die GmbH & Co. KG ein vertragliches Schuldverhältnis im Sinne von § 705 BGB voraus; die GmbH & Co. KG kann deshalb nur bei Abschluss (zur Trennung von Innen- und Außenverhältnis und zur Bedeutung der Handelsregistereintragung → Rn. 25 f.) eines **Gesellschaftsvertrages** entstehen, der als **Mindestinhalt** enthalten muss (1.) die Bestimmung eines gemeinsamen Zwecks,[5] der entweder auf den gemeinsamen Betrieb eines Handelsgewerbes[6] (§ 105 Abs. 1 HGB) oder auf den Betrieb eines Kleingewerbes oder auf die Verwaltung des eigenen Vermögens als im Handelsregister eingetragene KG gerichtet sein muss, (2.) die Verpflichtung, diesen Zweck zu fördern,[7] (3.) die Bestimmung der GmbH als persönlich haftender Gesellschafter, (4.) die Bestimmung der Person, die als Kommanditist beschränkt auf den Betrag ihrer Vermögenseinlage haftet, und (5.) die Angabe des Betrags, auf den sich die Kommanditistenhaftung beschränkt (dazu im Einzelnen → Rn. 10 ff.). Demgegenüber gehört die Bestimmung der Firma nicht zu den essentialia negotii,[8] doch scheidet die Eintragung der Gesellschaft im Handelsregister ohne Firma aus. Ist der KG-Vertrag mangelbehaftet, kann nach den Grundsätzen der **fehlerhaften Gesellschaft** (eingehend dazu → Rn. 17 f.) gleichwohl eine GmbH & Co. KG entstehen. Fehlt der Vertrag gänzlich, scheidet die Entstehung einer Gesellschaft aus.[9]

2. Betrieb eines Handelsgewerbes oder Eintragung im Handelsregister

Die KG ist Handelsgesellschaft, aber nicht Kaufmann kraft Rechtsform nach § 6 Abs. 2 HGB.[10] Die Gesellschaft entsteht als KG, wenn sie ein **Handelsgewerbe** nach § 1 Abs. 2 HGB betreibt. Das setzt voraus, dass das Un-

---

[4] Dazu *Wiedemann* FS Zöllner, 635; aus der Rspr. BGHZ 58, 316 (318); 66, 98 (101); 101, 123 (129); BGH NJW 1984, 363; ZIP 1989, 1052 (1053). Vgl. hierzu auch MüKoHGB/*Grunewald* § 161 Rn. 4 f.; *K. Schmidt*, Gesellschaftsrecht, § 45 I 2b (S. 1312 f.).
[5] Instruktives Beispiel BGH BB 1998, 1279.
[6] Einschließlich des land- und forstwirtschaftlichen Betriebes iSv § 3 HGB.
[7] Vgl. zum gemeinsamen Zweck und der hierauf gerichteten Förderpflicht der Gesellschafter als unverzichtbares Element jeder Personengesellschaft eingeh. MüKoBGB/*Ulmer/Schäfer* § 705 Rn. 128, 142 ff., 153 ff.; GK/*Schäfer* § 105 Rn. 20 ff.
[8] Zutr. GK/*Schäfer* § 105 HGB Rn. 35/157; *Koller/Roth/Morck* § 105 HGB Rn. 11; dazu und zum − notwendigen und fakultativen − Inhalt des Vertrags → Rn. 12.
[9] Vgl. nur *Koller/Roth/Morck* § 105 HGB Rn. 4.
[10] Vgl. *Baumbach/Hopt* § 6 HGB Rn. 2, 7.

3. Kapitel. Entstehung der Gesellschaft

ternehmen nach Art und Umfang einen in kaufmännischer Weise eingerichteten Geschäftsbetrieb erfordert. Fehlt es daran, weil der Zweck nur auf den Betrieb eines Kleingewerbes gerichtet ist oder weil die Gesellschaft nur eigenes Vermögen verwaltet, entsteht sie als KG nur und erst dann, wenn sie als solche im Handelsregister eingetragen wird.[11] Bis dahin ist die Gesellschaft eine GbR.

11 Richtet sich der Zweck der Gesellschaft auf den Betrieb eines Handelsgewerbes, entsteht die Gesellschaft als KG mit **Abschluss des Gesellschaftsvertrages**, ohne dass es auf die vollständige Geschäftsaufnahme oder auf die insoweit nur deklaratorische Eintragung im Handelsregister ankommt.[12] Dasselbe gilt bei Fortführung eines im Handelsregister bereits eingetragenen Handelsgewerbes, das in die Gesellschaft eingebracht wird, oder bei Eintritt in das Geschäft eines eingetragenen Kaufmanns (auch Kleingewerbetreibenden) nach § 28 HGB unter gleichzeitigem Abschluss eines KG-Vertrages.[13] Dass das Handelsgewerbe bei Vertragsabschluss bereits betrieben wird oder bereits Dimensionen erreicht hat, dass nach Art und Umfang ein in kaufmännischer Weise eingerichteter Geschäftsbetrieb erforderlich ist, ist nicht notwendig; es reichen die gemeinsame Absicht der Gesellschafter und das Vorliegen von Anhaltspunkten, dass das Unternehmen eine entsprechende Ausgestaltung alsbald erfahren wird. Fehlt es auch hieran, setzt die Entstehung der GmbH & Co. KG demgegenüber notwendig die – insofern konstitutiv wirkende – **Eintragung im Handelsregister** voraus;[14] diese ist nicht vom Erfordernis eines nach Art und Umfang in kaufmännischer Weise eingerichteten Geschäftsbetriebs abhängig, sondern kommt nach § 105 Abs. 2 HGB auch in Betracht, wenn der Zweck von vornherein nur auf den Betrieb eines Kleingewerbes oder die Verwaltung des eigenen Vermögens beschränkt ist.[15]

3. Firma

12 Nach § 161 Abs. 1 HGB ist die KG – wie die OHG – eine Gesellschaft, deren Zweck auf den Betrieb eines Handelsgewerbes oder eines Unternehmens nach § 105 Abs. 2 HGB unter **gemeinschaftlicher Firma** gerichtet ist. Daraus folgt entgegen verbreiteter Auffassung[16] aber nicht, dass die KG ohne gemeinsame Firma nicht entstehen kann.[17] Ist ihr Zweck auf ein Handelsgewerbe gerichtet, macht dessen Betrieb die Gesellschaft auch ohne Einigung über die gemeinsame Firma zu einer Außengesellschaft, die unbeschadet ihrer Eintragung bei Vorliegen der KG-Voraussetzungen im Übrigen bereits

---

[11] Dasselbe gilt für land- oder forstwirtschaftliche Unternehmen iSv § 3 HGB.
[12] Vgl. hierzu MüKoHGB/*K. Schmidt* § 105 Rn. 107; *Röhricht/Graf von Westphalen/v. Gerkan/Haas* § 105 HGB Rn. 8.
[13] Dazu näher GK/*Ulmer* § 105 Rn. 25.
[14] Vgl. BayObLG NJW 1985, 982, GK/*Ulmer* § 105 HGB Rn. 28; vgl. ferner *Röhricht/Graf von Westphalen/v. Gerkan/Haas* § 105 HGB Rn. 10.
[15] Vgl. *Schäfer* DB 1998, 1269 (1273 f.); *Schlitt* NZG 1998, 580 (581).
[16] Vgl. MHdB GesR II/*Happ/Möhrle* KG § 2 Rn. 89; vgl. hierzu auch MüKoHGB/*Grunewald* § 161 Rn. 8.
[17] Vgl. nur *Koller/Roth/Morck* § 161 HGB Rn. 11.

KG sein kann.[18] Das kann etwa der Fall sein, wenn bei Abschluss des KG-Vertrages lediglich die Bestimmung über die Firma wegen Gesetzesverstoßes nichtig oder aus sonstigen Gründen, etwa wegen Dissenses der Parteien, nicht vereinbart worden ist. Die Notwendigkeit der Firmierung folgt dann aus § 29 HGB iVm § 161 Abs. 1 HGB; sie ist **Voraussetzung** für die (gebotene) **Eintragung** der Gesellschaft im Handelsregister. In den Fällen des Betriebs eines kleingewerblichen Unternehmens oder der Beschränkung auf die Verwaltung des eigenen Vermögens ist die Bildung der gemeinschaftlichen Firma deshalb unverzichtbare Entstehungsvoraussetzung, weil ohne Firma die – hier konstitutive – Handelsregistereintragung nicht erlangt werden kann.[19] Zu den Einzelheiten der Firmenbildung in der GmbH & Co. KG siehe § 14.

III. Der Grundfall der Neugründung durch Vertragsabschluss

1. Vertragscharakter

Der Gesellschaftsvertrag ist ein Dauerschuldverhältnis mit **organisationsrechtlichen und schuldvertraglichen Elementen**.[20] Als Organisationsvertrag bildet er die Grundlage für die Gesamthand als gemeinsame Wirkungseinheit der Gesellschafter. Als Schuldverhältnis begründet er wechselseitige, der Gesamthand gegenüber geschuldete Verpflichtungen der Gesellschafter und ist auf die Errichtung einer Interessengemeinschaft gerichtet. Von reinen Austauschverträgen wie Kauf oder Miete ist der Gesellschaftsvertrag deshalb zu sondern.[21] Das den Vertragscharakter kennzeichnende Gemeinschaftselement bildet die Grundlage für die Ableitung (ungeschriebener) gesellschaftsrechtlicher Grundsätze wie das Gleichbehandlungsprinzip und die Treuepflicht (dazu → § 26). Zum notwendigen Inhalt des Gesellschaftsvertrages vgl. → Rn. 9 und eingehend → Rn. 10 ff., zur sachgerechten Gestaltung des Gesellschaftsvertrags vgl. → §§ 64, 67.

13

2. Abschluss des KG-Vertrags

a) Angebot und Annahme. Der Abschluss des Gesellschaftsvertrages folgt den Regeln über den **Vertragsschluss nach §§ 145 ff. BGB**. Er kommt durch übereinstimmende Willenserklärungen zustande, die auf den Beitritt zur Gesellschaft unter Zustimmung zum Gesellschaftsvertrag gerichtet sind und allen anderen Vertragspartnern, die zu Mitgesellschaftern werden sollen, zugehen müssen.[22] Eine gleichzeitige Abgabe ist nicht erforder-

14

---

[18] Zutr. MüKoHGB /K.Schmidt § 105 Rn. 43 ff.; GK/Ulmer § 105 HGB Rn. 35; Röhricht/Graf von Westphalen/v. Gerkan/Haas § 105 HGB Rn. 13; Ebenroth/Boujong/Joost/Strohn/Wertenbruch § 105 HGB Rn. 29, jew. zur OHG.
[19] Vgl. Baumbach/Hopt § 105 HGB Rn. 12; Röhricht/Graf von Westphalen/v. Gerkan/Haas § 105 HGB Rn. 10.
[20] Eingeh. dazu GK/Schäfer § 105 HGB Rn. 138 ff.; MüKoHGB/K.Schmidt § 105 Rn. 114.
[21] Zur Frage, inwieweit bei Leistungsstörungen eine entspr. Anwendung von §§ 320 ff. BGB in Betracht kommt, vgl. → § 19 Rn. 29.
[22] Vgl. aber MHdB GesR II/Happ/Möhrle KG § 2 Rn. 2 m. N.

3. Kapitel. Entstehung der Gesellschaft

lich; bei zeitlich gestaffelter Zustimmung zum Gesellschaftsvertrag kommt dieser mit Zugang der letzten Willenserklärung der als Gesellschafter vorgesehenen Personen bei den übrigen Beteiligten zustande. Die für GbR und OHG bejahte Möglichkeit des konkludenten Vertragsschlusses dürfte für die KG kaum je praktisch werden.[23]

15 **b) Stellvertretung.** Stellvertretung beim Vertragsabschluss ist nach allgemeinen Regeln **zulässig**. Die Vollmacht bedarf auch dort keiner Form, wo der Gesellschaftsvertrag selbst (→ Rn. 19 f.) einem Formgebot unterliegt, vgl. § 167 Abs. 2 BGB. Die Prokura umfasst den Abschluss des KG-Vertrages für den Kaufmann, nicht aber die Begründung einer Einlageverpflichtung, die auf Einbringung eines Grundstücks oder des ganzen Unternehmens des Kaufmanns[24] gerichtet ist. Grundsätzlich zulässig ist auch die Beteiligung an der Gründung unter Einschaltung eines **Treuhänders**. Er wird mit allen Rechten und Pflichten nach außen und innen Gesellschafter.

16 **c) Befristung, Bedingung.** Der Abschluss des Gesellschaftsvertrages und damit die Entstehung der KG im Innenverhältnis kann **aufschiebend befristet oder bedingt** erfolgen.[25] Erfolgt der Abschluss unter **auflösender Bedingung**, liegt hierin die Vereinbarung der automatischen Auflösung der Gesellschaft bei Eintritt der Bedingung. Nach Vollzug des Gesellschaftsvertrags kommt allerdings nur noch eine Auflösung ex nunc in Betracht.[26] Eine Rückbeziehung des Gesellschaftsvertrags ist nur schuldrechtlich dergestalt möglich, dass sich die Gesellschafter untereinander so stellen, als hätte die Gesellschaft schon zu einem früheren Zeitpunkt begonnen.[27] Von praktischer Bedeutung ist die Rückbeziehung insbesondere in den Fällen, in denen die GmbH durch Verschmelzung oder Spaltung zur Neugründung entsteht (vgl. → Rn. 37 ff.).

17 **d) Abschlussmängel.** Die Folgen von **Willensmängeln** bei Abschluss des Gesellschaftsvertrages bestimmen sich grundsätzlich nach allgemeinen Regeln. Allerdings ist die Geltendmachung von Anfechtungsgründen, Vertretungsmängeln, fehlender Willensübereinstimmung uÄ nach der Lehre von der fehlerhaften Gesellschaft eingeschränkt; vorbehaltlich Fällen bloßer Teilnichtigkeit ist danach beim anfechtbaren oder nichtigen Gesellschaftsvertrag nach Invollzugsetzen der Gesellschaft eine Berufung auf Abschlussmängel nur noch ex nunc möglich, sofern nicht einer rechtlichen Anerkennung der Gesellschaft im Einzelfall vorrangig schutzwürdige Interessen entgegenstehen.[28]

---

[23] Vgl. *Röhricht/Graf von Westphalen/v. Gerkan/Haas* § 161 HGB Rn. 6.
[24] Vgl. zu Einzelheiten GK/*Schäfer* § 105 HGB Rn. 165 f.
[25] Vgl. BGH NJW 1985, 1080; WM 1979, 613; RG JW 1936, 2065; *Koller/Buchholtz* DB 1982, 2172; MüKoHGB/*K.Schmidt* § 105 Rn. 107, 127.
[26] Zutr. GK/*Schäfer* § 105 HGB Rn. 163; zur Parallele des unter auflösender Bedingung erklärten Beitritts zur Gesellschaft (GbR) vgl. BGH DStR 1995, 1316 m. Anm. *Goette*.
[27] Vgl. BGH NJW 1978, 264; MüKoHGB/*K.Schmidt* § 105 Rn. 127.
[28] Vgl. umfassend GK/*Schäfer* § 105 HGB Rn. 328 ff.; *Röhricht/Graf von Westphalen/v. Gerkan/Haas* § 105 HGB Rn. 38 ff.; *Ebenroth/Boujong/Joost/Strohn/Wertenbruch* § 105 HGB Rn. 76, 177 ff.

§ 10 Neugründungstatbestände

Im Falle **objektiver Teilnichtigkeit** des Gesellschaftsvertrages (Verstoß **18** einzelner Vertragsteile gegen § 134 oder § 138 BGB oder gegen zwingende Grundsätze des Gesellschaftsrechts) ist entgegen der Auslegungsregel von § 139 BGB nicht von der Regelfolge der Gesamtnichtigkeit auszugehen, sondern vorrangig zu prüfen, ob nach dem Willen der Beteiligten von der Wirksamkeit der Vertragsbestimmungen im Übrigen, gegebenenfalls unter Lückenfüllung im Wege ergänzender Vertragsauslegung, auszugehen ist.[29] Entsprechendes kann sich im Falle **subjektiver Teilnichtigkeit** bei fehlerhafter Beteiligung eines von mehreren Kommanditisten ergeben, wenn die Auslegung ergibt, dass die übrigen Beteiligten den Vertrag auch ohne den fehlerhaft Beigetretenen abgeschlossen hätten.[30]

3. Form

Der KG-Vertrag bedarf **keiner Form**. Zur Vermeidung von Zweifeln **19** über den Vertragsinhalt empfiehlt sich aber dringend zumindest die Schriftform. Ein gesetzliches Formerfordernis kann sich im Einzelfall aber namentlich aus der Eigenart der in dem Vertrag begründeten Verpflichtungen, insbesondere aus dem Gegenstand der von einem Gesellschafter geschuldeten Einlage, ergeben.[31] Beispiele sind die Verpflichtung zur Einbringung eines Grundstücks (§ 311b Abs. 1 S. 1 BGB)[32] oder eines GmbH-Geschäftsanteils (§ 15 Abs. 4 GmbHG).[33] Sieht der Gesellschaftsvertrag vor, dass bei Ausscheiden aus der KG auch die Beteiligung an der Komplementär-GmbH übertragen werden muss, führt dies ebenfalls zum Formerfordernis nach § 15 Abs. 4 GmbHG. Dasselbe gilt entgegen dem insoweit unklaren Wortlaut von § 15 Abs. 4 GmbHG für die Begründung der Verpflichtung, unter bestimmten Voraussetzungen einen GmbH-Anteil übernehmen zu müssen.[34]

Wird die **Komplementär-GmbH** zusammen mit dem Abschluss des **20** KG-Vertrags errichtet, kann sich das **Formerfordernis** nach § 2 Abs. 1 S. 1 GmbHG auf den KG-Vertrag erstrecken, wenn nach dem Willen der Beteiligten das eine Gesellschaftsverhältnis nicht ohne das andere begründet worden wäre.[35] Ist der Zweck der Gesellschaft auf den Erwerb und die Veräußerung von Grundstücken gerichtet, ohne dass der Vertrag zu Lasten der

---

[29] Vgl. BGH NJW 1976, 1027 (1029); BGH NJW 1968, 1378; BGHZ 123, 281 (286) = BB 1993, 2265; BB 1986, 421; *Hueck* Recht der OHG § 7 Fn 10; GK/*Schäfer* § 105 HGB Rn. 183.
[30] Vgl. dazu näher GK/*Schäfer* § 105 HGB Rn. 184f.
[31] Vgl. hierzu *Binz/Mayer* NJW 2002, 3043; *Wiesbrock* DB 2002, 2311 (2313f.); *Witt* ZIP 2000, 1033.
[32] Eingeh. mit ausf. Kasuistik MüKoHGB/*K.Schmidt* § 105 Rn. 133ff.; GK/*Schäfer* § 105 HGB Rn. 170ff.; aus der Rspr. BGH NJW 1978, 2506. Vgl. ferner *Röhricht/ Graf von Westphalen/v. Gerkan/Haas* § 105 HGB Rn. 22.
[33] Vgl. MüKoHGB/*K.Schmidt* § 105 Rn. 139; *Röhricht/Graf von Westphalen/v. Gerkan/Haas* § 105 HGB Rn. 23.
[34] Vgl. nur *Baumbach/Hueck/Fastrich* § 15 GmbHG Rn. 32ff. mwN.
[35] Vgl. zur vergleichbaren Fragestellung bei der Abtretung von GmbH & Co. KG-Anteilen aber BGH DB 1986, 1513; RGZ 103, 295; zum Meinungsstand in der Lit. namentlich *Wiesner* NJW 1984, 95.

Ihrig

3. Kapitel. Entstehung der Gesellschaft

Gesellschafter auf Grundstücke bezogene Einbringungspflichten begründet, greift § 311b Abs. 1 BGB nicht ein.[36] Zur Frage einer Formbedürftigkeit bei Vereinbarung eines Schiedsgerichts vgl. § 1031 ZPO.

21 Ist ein Formgebot einschlägig, bezieht es sich auf den gesamten Vertrag.[37] Ein **Formmangel** führt deshalb, vorbehaltlich einer Heilung nach § 311b Abs. 1 S. 2 BGB oder § 15 Abs. 4 S. 2 GmbHG, zur **Nichtigkeit des Vertrags** insgesamt, einschließlich aller nach dem Willen der Vertragspartner mit ihm unmittelbar im Zusammenhang stehenden Zusatzabreden.[38] Die verbreitete Auffassung, aus § 139 BGB könne eine Beschränkung der Nichtigkeitsfolge auf die die Formbedürftigkeit begründende Einbringungsverpflichtung abgeleitet werden,[39] ist mit dem grundsätzlich umfassenden und unteilbaren Eingreifen des Formerfordernisses auf den gesamten Vertrag unvereinbar. Über die Gesamtnichtigkeit hilft auch eine salvatorische Klausel nicht hinweg; sie ist ihrerseits nichtig. Kommt bei einer den Formzwang auslösenden Einlageverpflichtung keine Umdeutung in eine Bareinlageverpflichtung in Betracht, greifen aber bei Vollzug der Gesellschaft die Grundsätze über die fehlerhafte Gesellschaft ein (dazu → Rn. 17).

4. Gesellschafter

22 **a) Komplementär-GmbH.** Die Zulässigkeit der Übernahme der Komplementärstellung durch eine GmbH als **juristische Person** ist seit der Entscheidung des Reichsgerichts[40] höchstrichterlich anerkannt und inzwischen in zahlreichen Gesetzesbestimmungen (vgl. nur §§ 19 Abs. 2, 125a Abs. 1 S. 2, 129a, 130a, b, 172 Abs. 6, 172a, 177a HGB) vorausgesetzt. Die Fähigkeit zur Übernahme der Komplementärrolle beruht ausschließlich auf der uneingeschränkten Rechtsfähigkeit der GmbH als juristischer Person; auf den Unternehmensgegenstand der GmbH kommt es für den wirksamen Abschluss des KG-Vertrages nicht an, doch sollte er sachgerechterweise die Übernahme der persönlichen Haftung und Geschäftsführung als Komplementärin der KG vorsehen. Die GmbH muss nach der Rechtsprechung in ihrem Unternehmensgegenstand zusätzlich den Tätigkeitsbereich der KG selbst kenntlich machen.[41] Eine darüber hinausgehende Verfolgung **eigener Geschäftstätigkeit** steht der Übernahme der Komplementärrolle nicht entgegen. Wegen der mit der Komplementärrolle verbundenen unbeschränkten Haftung ist eine Beschränkung auf die Komplementärfunktion allerdings regelmäßig vorzugswürdig. Auch eine als Unternehmergesellschaft (haftungsbeschränkt)

---

[36] Vgl. BGH NJW 1996, 1279; NJW 1978, 2505; GK/*Schäfer* § 105 HGB Rn. 171 f. mwN zum Meinungsstand.
[37] Im Grundsatz unstr., vgl. BGH NJW 1978, 2505; MüKoHGB/*K. Schmidt* § 105 Rn. 137; *Wiesner* NJW 1984, 95; vgl. auch Palandt/*Ellenberger* § 125 Rn. 12; Palandt/ *Grüneberg* § 311b Rn. 45 .
[38] Zutr. GK/*Ulmer* § 105 HGB Rn. 171.
[39] Vgl. – sämtlich kein GesVerh. betr. – BGH NJW 1983, 565; NJW 1966, 1747; NJW 1981, 222; MüKoHGB/*K.Schmidt* § 105 Rn. 137.
[40] RGZ 105, 101.
[41] OLG Hamburg BB 1968, 267; BayObLG NJW 1976, 1694; aA *Baumbach/Hopt* Anh. § 177a HGB Rn. 13.

iSv § 5a Abs. 1 GmbHG bestehende GmbH kann nach richtiger Auffassung Komplementärin einer GmbH & Co. KG sein.[42] Schon die **Vor-GmbH** kann die Komplementärrolle übernehmen.[43] Daraus folgt vor allem zweierlei: erstens ist die auf den Betrieb eines Handelsgewerbes oder – nach Eintragung – auf den Betrieb eines Unternehmens im Sinne von § 105 Abs. 2 HGB nF gerichtete Gesellschaft schon eine KG, bevor ihre Komplementärin als GmbH im Handelsregister eingetragen ist, und zweitens kann die Eintragung der KG im Handelsregister vor Eintragung der Komplementär-GmbH erfolgen.[44] Es sprechen aber die damit verbundenen Haftungsrisiken dagegen, vor Eintragung der GmbH die Geschäfte aufzunehmen (vgl. zu den Haftungsverhältnissen im Gründungsstadium → § 11).[45] Im Regelfall hat die GmbH keine Einlagen zu leisten und ist am Gewinn und Verlust der KG nicht beteiligt. **23**

24

b) Kommanditist. Die Beteiligung an der KG als Kommanditist steht jeder Rechtsperson, die Träger von Rechten und Pflichten sein kann, offen. **Juristische Personen** können deshalb unabhängig von ihrem satzungsgemäßen Zweck Kommanditist sein; das gilt auch für die Vorgesellschaft.[46] Auch **natürliche Personen** können Kommanditist werden, und zwar unabhängig davon, ob sie in ihrer Geschäftsfähigkeit beschränkt sind oder unter Betreuung stehen. **Geschäftsunfähige** oder **beschränkt Geschäftsfähige** bedürfen bei Abschluss des KG-Vertrags der Mitwirkung ihrer gesetzlichen Vertreter sowie der Genehmigung des Vormundschaftsgerichts nach §§ 1643 I, 1822 Nr. 3 BGB. Übernimmt der gesetzliche Vertreter selbst ebenfalls einen Kommanditanteil, bedarf es wegen § 181 BGB der Einsetzung eines Ergänzungspflegers. Unter **Betreuung** stehende Personen können, wenn sich die Betreuung auf die Vermögenssorge erstreckt, nach § 1902 BGB von ihrem Betreuer vertreten werden. Die Mitwirkung des Betreuers ist zwingend, sofern ein Einwilligungsvorbehalt nach § 1903 Abs. 1 BGB angeordnet ist. Darüber hinaus ist nach § 1908i BGB iVm § 1822 Nr. 3 BGB die Genehmigung des Vormundschaftsgerichts erforderlich. Auch die unentgeltliche Beteiligung wird von der Genehmigungspflicht erfasst.[47] **25**

---

[42] Siehe die Antwort der Bundesregierung auf eine kleine Anfrage zur Umsetzung des Gesetzes zur Modernisierung des GmbH-Rechts und zur Bekämpfung von Missbräuchen, BT-Drs. 16/10739 v. 31.10.2008; MüKoGmbHG/*Rieder*, 2010, § 5a Rn. 53; MHdB GesR/*Gummert*, Bd. I, 3. Aufl. 2009, § 49 Rn. 14; *Stenzel* NZG 2009, 168, 172; aA für den Fall, dass die Komplementärin nicht am Gewinn beteiligt ist, *Wachter* GmbHR-Sonderheft 10/2008, 87 (88 f.); *Veil* GmbHR 2007, 1080 (1084).
[43] Vgl. BGHZ 80, 129 (132); BGH GmbHR 1981, 114; WM 1985, 165 f.; dazu *Ulmer* ZGR 1981, 593 (614); vgl. ferner *Baumbach/Hopt* Anh. § 177a HGB Rn. 15; zur überholten, gegenteiligen Auffassung der Rspr. vgl. BayObLG GmbHR 1967, 9 (10); OLG Hamm DB 1976, 1859.
[44] BGH NJW 1985, 736; Scholz/*K.Schmidt* § 11 GmbHG Rn. 162.
[45] Zur Beteiligung einer der GmbH vergleichbaren juristischen Person ausländischen Rechts vgl. MHdB GesR II/*Happ/Möhrle* KG § 2 Rn. 65 ff.; *Koller/Roth/Morck* § 105 HGB Rn. 17.
[46] Zum Ganzen GK/*Ulmer/Schäfer* § 105 HGB Rn. 95.
[47] Vgl. BayObLG DB 1997, 924.

3. Kapitel. Entstehung der Gesellschaft

26 Anerkannt ist auch die Beteiligungsfähigkeit von **OHG und KG**.[48] Für die GbR und den nicht rechtsfähigen Verein wurde sie früher wegen der fehlenden Registerpublizität überwiegend verneint.[49] Nach heutiger Rechtsprechung des BGH[50] ist die Beteiligungsfähigkeit der GbR dagegen zu bejahen. Analog den §§ 162 Abs. 3 und 1 sowie 106 Abs. 2 HGB sind die der GbR zum Zeitpunkt des Beitritts angehörenden Gesellschafter mit Namen, Geburtstag und Wohnort in das Handelsregister einzutragen. Für den nichtrechtsfähigen Verein wird nichts anderes gelten.[51] Die **Erbengemeinschaft** scheidet dagegen weiterhin als Gründerin aus.[52] Das gilt auch dann, wenn über den Nachlass Testamentsvollstreckung angeordnet ist.[53]

5. Entstehung im Innen- und Außenverhältnis

27 **a) Innenverhältnis.** Im Verhältnis der Gesellschafter zu einander entsteht die Gesellschaft **mit Abschluss des KG-Vertrages**.[54] Sie ist, wenn der gemeinsame Zweck auf den Betrieb eines Handelsgewerbes oder die Fortführung eines bereits im Handelsregister eingetragenen Unternehmens gerichtet ist, von Anfang an KG. Richtet sich der gemeinsame Zweck auf den Betrieb eines bislang nicht eingetragenen kleingewerblichen Unternehmens oder auf die Verwaltung des eigenen Vermögens, entsteht die Personengesellschaft richtigerweise zunächst als GbR; sie wird erst mit der – insoweit konstitutiven – Eintragung im Handelsregister zur KG.[55] Es liegt insoweit nach der Handelsrechtsreform ebenso wie nach alter Rechtslage in Fällen eines noch nicht eingetragenen, sollkaufmännischen Unternehmens. Insoweit ist verbreitet allerdings angenommen worden, die Gesellschaft entstehe bereits von Anfang an als OHG, wenn nur die Handelsregistereintragung von allen Gesellschaftern gewollt sei.[56] Dem stand nach richtiger Auffassung[57] aber entgegen, dass das den Gegenstand der Gesellschaft bildende Gewerbe erst mit der Handelsregistereintragung zum Handelsgewerbe wurde.[58] Das gilt nach neuer Rechtslage jetzt entsprechend für die noch nicht eingetra-

---

[48] Vgl. nur MüKoHGB/*K. Schmidt* § 105 Rn. 93; GK/*Ulmer/Schäfer* § 105 HGB Rn. 96 f.; *Ebenroth/Boujong/Joost/Strohn/Wertenbruch* § 105 HGB Rn. 96.
[49] Vgl. BGH NJW-RR 1987, 416; NJW 1967, 826; aA mit gewichtigen Gründen namentlich MüKoHGB/*K.Schmidt* § 105 Rn. 99; GK/*Ulmer* § 105 HGB Rn. 98 f. mwN.
[50] BGHZ 148, 291 ff. im Anschluss an BGHZ 146, 341 ff.; ebenso bereits BayObLG ZIP 2000, 2165 (2166); zustimmend und mwN *Ebenroth/Boujong/ Strohn/Wertenbruch* § 105 HGB Rn. 97, 99; MHdB GesR II/*Happ/Möhrle* KG § 2 Rn. 53.
[51] So auch MHdB GesR II/*Happ/Schäfer* KG § 2 Rn. 61.
[52] Vgl. BGH BB 1987, 809; BGHZ 68, 225 (237); GK/Schäfer § 105 HGB Rn. 100; MHdB GesR II/*Happ/Möhrle* KG § 2 Rn. 54 f.
[53] Zutr. MHdB GesR II/*Happ/Möhrle* KG § 2 Rn. 56 mN.
[54] Vgl. RGZ 112, 280; GK/*Schäfer* § 105 HGB Rn. 49.
[55] Zur Grundbuchfähigkeit einer sog. „Vor-KG" vgl. LG Hildesheim GmbHR 1997, 799.
[56] Vgl. *Hueck* Recht der OHG § 5 I 2.
[57] Vgl. GK/*Schäfer* § 105 HGB Rn. 50.
[58] Vgl. BayObLG NJW 1985, 982; GK/*Schäfer* § 105 HGB Rn. 50.

§ 10 Neugründungstatbestände

gene, auf ein Kleingewerbe oder auf die Verwaltung des eigenen Vermögens beschränkte Gesellschaft. Zutreffend ist aber, dass im Verhältnis zueinander der übereinstimmende Wille der Gesellschafter auch in diesen Fällen regelmäßig auf die sofortige Geltung des KG-Rechts gerichtet sein wird; erfasst sind hiervon alle Vorschriften des OHG/KG-Rechts, die privatautonom auch außerhalb der KG (oder OHG) vereinbart werden können. Ausgeschlossen hiervon sind deshalb vor allem die Regelungen über die Gestaltungsklagen nach §§ 117, 127, 133, 140 und 142 HGB.

b) Außenverhältnis. Im Außenverhältnis entsteht die KG als solche immer und spätestens **mit der Eintragung** im Handelsregister, auch wenn sie ihre Geschäfte noch nicht aufgenommen hat, § 123 Abs. 1 HGB. Nimmt die Gesellschaft ihre Geschäfte bereits vor der Eintragung im Handelsregister auf,[59] entsteht sie nach § 123 Abs. 2 HGB bereits zu diesem Zeitpunkt, wenn die Geschäfte auf den Betrieb eines Handelsgewerbes gerichtet sind.[60] Andernfalls bleibt sie bis zur Eintragung GbR (s. o. → Rn. 10). Entgegenstehende Vereinbarungen sind Dritten gegenüber unwirksam, § 123 Abs. 3 HGB. 28

6. Vorvertrag

Der Entstehung der GmbH & Co. KG kann ein Vorvertrag vorausgehen, in dem sich die zukünftigen Gesellschafter verpflichten, unter den im Vorvertrag genannten Voraussetzungen an der Errichtung der GmbH & Co. KG mitzuwirken. Der Vorvertrag muss, wenn er durchsetzbare Mitwirkungspflichten begründen soll, die **wesentlichen Grundlagen** des zukünftigen Gesellschaftsverhältnisses, insbesondere das zu betreibende Geschäft und die Beitragspflichten der Beteiligten, hinreichend bestimmbar festlegen. Ist der zukünftige Gesellschaftsvertrag formbedürftig, unterliegt auch der Vorvertrag regelmäßig dem Formgebot.[61] Die gerichtliche Durchsetzung der vorvertraglichen Verpflichtungen erfolgt nach § 894 ZPO.[62] 29

7. Eintragungsverfahren

a) Verpflichtung zur Eintragung, Wirkung der Eintragung. Nach § 162 Abs. 1 HGB iVm § 106 Abs. 1 HGB ist die Gesellschaft zur Eintragung in das Handelsregister anzumelden. Damit stellt das Gesetz entsprechend dem in § 29 HGB für den Kaufmann verankerten Grundsatz sicher, dass alle für die Rechtsverhältnisse des Unternehmensträgers wichtigen Umstände für jedermann einsehbar sind. 30

---

[59] Für den Beginn der Geschäfte genügen bereits erste, dem Geschäftszweck dienende, einem Dritten gegenüber vorgenommene Rechtshandlungen, auch wenn sie nur Vorbereitungshandlungen sind; vgl. nur *Ebenroth/Boujong/Joost/Strohn/Hillmann* § 123 HGB Rn. 16 sowie BGH BB 2004, 1357 f.
[60] *Röhricht/Graf von Westphalen/v. Gerkan/Haas* § 123 HGB Rn. 9; *Koller/Roth/Morck* § 123 HGB Rn. 4.
[61] Vgl. GK/*Schäfer* § 105 HGB Rn. 202 m. Fn. 640; zu § 15 IV GmbHG vgl. *Baumbach/Hueck/Fastrich* § 15 GmbHR Rn. 32.
[62] Vgl. GK/*Schäfer* § 105 HGB Rn. 207; zur Kündigung des Vorvertrags aus wichtigem Grund vgl. BGH DB 1958, 955.

3. Kapitel. *Entstehung der Gesellschaft*

31 Die Eintragung der Gesellschaft in das Handelsregister hat, wenn sie auf den Betrieb eines Handelsgewerbes im Sinne von § 1 Abs. 2 HGB nF gerichtet ist und ihre Geschäfte bereits aufgenommen hat, nur **deklaratorische**, rechtsbekundende Bedeutung. Hat die Gesellschaft ihre Geschäfte noch nicht begonnen oder sind sie lediglich auf einen kleingewerblichen Betrieb oder die Verwaltung eigenen Vermögens gerichtet, entsteht die GmbH & Co. KG im Verhältnis zu Dritten dagegen erst mit der Eintragung im Handelsregister, die insofern **konstitutive** Wirkung hat.[63] Die Handelsregistereintragung ist insbesondere Voraussetzung dafür, dass sich bei vorzeitiger Geschäftsaufnahme die Kommanditisten gegenüber hiervon nicht unterrichteten Dritten auf die Beschränkung ihrer Haftung auf die Hafteinlage berufen können, § 176 Abs. 1 HGB, dazu im Einzelnen § 11 Rn. 6.

32 **b) Anmeldung.** Die Anmeldung ist eine verfahrensrechtliche Erklärung in Form eines Antrages auf Eintragung, die in gewissem Umfang auch materiell-rechtliche Wirkungen hat, indem die Anmeldenden den Inhalt des Angemeldeten billigen und daran gebunden sind.[64] Die Anmeldung obliegt **allen Gesellschaftern** gemeinsam, auch den Kommanditisten, § 161 Abs. 2 iVm §§ 106 bis 108 HGB. Die Anmeldung bedarf der öffentlichen Beglaubigung, § 12 Abs. 1 HGB. Sie hat bei dem für den Sitz der Gesellschaft zuständigen Gericht zu erfolgen. Für die Komplementär-GmbH handeln dabei ihre organschaftlichen Vertreter. **Stellvertretung** bei der Anmeldung ist zulässig, § 12 Abs. 2 S. 1 HGB, § 13 FGG. Die Vollmacht bedarf der öffentlichen Beglaubigung, § 12 Abs. 2 HGB.

33 Die Verpflichtung zur Anmeldung als öffentlich-rechtliche Pflicht **zur Sicherung der Registerpublizität**[65] knüpft an die tatsächliche Geschäftsaufnahme an, sofern der Zweck der Gesellschaft auf den Betrieb eines Handelsgewerbes gerichtet ist. Bei kleingewerblichem Geschäftsbetrieb oder der Verwaltung eigenen Vermögens besteht demgegenüber keine öffentlich-rechtliche Anmeldepflicht.[66] Die Möglichkeit der (fakultativen) Eintragung ist hier nur eine Option, um mit der Eintragung den Status der Personenhandelsgesellschaft zu erlangen. Wird von ihr nicht Gebrauch gemacht, besteht die Gesellschaft als Gesellschaft bürgerlichen Rechts.

34 **c) Anzumeldende Tatsachen.** Der Inhalt der Anmeldung bestimmt sich nach § 106 Abs. 2 und § 162 Abs. 1 HGB. Danach sind anzumelden die Gesellschaft unter Angabe der **Firma**, des **Sitzes** und **des Zeitpunkts ihres Beginns**, § 106 Abs. 2 Nr. 2 und Nr. 3 HGB. § 106 Abs. 2 Nr. 1 HGB verlangt weiter die Anmeldung von Namen, Vornamen, Geburtsdatum und Wohnort jedes **Gesellschafters**. Das passt nur für natürliche Personen, nicht aber für die GmbH als Komplementärin der GmbH & Co. KG. Bei ihr ist

---

[63] Vgl. Ebenroth/Boujong/Joost/Strohn/Wertenbruch § 105 HGB Rn. 17; Röhricht/Graf von Westphalen/v. Gerkan/Haas § 105 HGB Rn. 10.
[64] BGHZ 15, 324 (329) = NJW 1955, 230.
[65] Zur davon zu sondernden privatrechtlichen Mitwirkungspflicht der Gesellschafter untereinander vgl. GK/Schäfer § 108 HGB Rn. 4 f.; Röhricht/Graf von Westphalen/v. Gerkan/Haas § 108 HGB Rn. 6.
[66] Vgl. GK/Schäfer § 106 HGB Rn. 8.

stattdessen zur Identifizierung die Angabe von Firma und Sitz erforderlich und ausreichend.[67] Erfolgt die Anmeldung der GmbH & Co. KG vor Eintragung ihrer Komplementär-GmbH, ist die GmbH in Gründung (Vor-GmbH) als Komplementärin anzumelden.

Nach § 162 Abs. 1 HGB sind in der Anmeldung des Weiteren die nur beschränkt haftenden Gesellschafter als **Kommanditisten** zu bezeichnen, außerdem ist der Betrag der von jedem Kommanditisten zu leistenden Einlage anzugeben. Damit ist die **Hafteinlage**, nicht die Pflichteinlage gemeint (vgl. → § 42 Rn. 3). Gegebenenfalls anzumelden sind außerdem, bei der GmbH & Co. KG allerdings selten relevant, der Ausschluss eines persönlich haftenden Gesellschafters von der Vertretung der Gesellschaft und die Anordnung echter oder unechter Gesamtvertretung, § 125 Abs. 4 HGB. Trotz Fehlens einer hierauf gerichteten gesetzlichen Bestimmung ist die Befreiung eines vertretungsberechtigten Gesellschafters vom Verbot des Selbstkontrahierens anmeldepflichtig und eintragungsfähig.[68] Das gilt insbesondere für die Befreiung der Komplementär-GmbH von § 181 BGB im Verhältnis zur KG. 35

d) **Wegfall der Firmenzeichnung.** Nach § 161 Abs. 2 HGB iVm § 108 Abs. 2 HGB a.F. hatte die Komplementär-GmbH als zur Vertretung der GmbH & Co. KG befugte, persönlich haftende Gesellschafterin mit der Anmeldung die Firma der KG zu zeichnen und die Namensunterschriften aller Geschäftsführer beizufügen.[69] Durch das Gesetz über elektronische Handelsregister und Genossenschaftsregister sowie das Unternehmensregister (EHUG) vom 10.11.2006 (BGBl. I 2553) wurde § 108 Abs. 2 HGB mit Wirkung vom 1.1.2007 ersatzlos gestrichen. Die Pflicht zur Einreichung einer Unterschriftsprobe ist damit weggefallen. Zurückzuführen ist diese Gesetzesänderung auf mehrere EU-Richtlinien[70], die die Umstellung auf eine elektronische Registerführung vorschreiben.[71] Der deutsche Gesetzgeber hat sich, um der Missbrauchsgefahr vorzubeugen, dafür entschieden, keine Unterschriftsproben online einsehbar zu machen, sondern auf die Firmenzeichnung ganz zu verzichten.[72] 36

e) **Eintragung.** Die Eintragung kann nur aufgrund der Anmeldung nach § 106 HGB erfolgen; eine Eintragung von Amts wegen scheidet aus.[73] Eingetragen werden alle anmeldepflichtigen Tatsachen. Das Registergericht überprüft den Inhalt der Anmeldung auf ihre **Schlüssigkeit** und ihre **Glaubwürdigkeit** nach der allgemeinen Lebens- und Geschäftserfahrung.[74] Nur wenn sich Anhaltspunkte für die sachliche Unrichtigkeit oder das Fehlen erforderlicher Angaben ergeben, bedarf es einer weiteren Nachprüfung. 37

---

[67] Vgl. GK/*Schäfer* § 106 HGB Rn. 15.
[68] Vgl. OLG Hamm DB 1983, 982; OLG Hamburg DB 1986, 1451.
[69] Vgl. BayObLG DNotZ 1973, 123; GK/Schilling § 162 HGB Rn. 7.
[70] RL 2003/58/EG; 2004/109/EG.
[71] Begr. RegE, BT-Drs. 16/960, 1.
[72] MüKoHGB/*Krafka* § 12 Rn. 11; Begr. RegE, BT-Drs. 16/960, 47.
[73] Zum Erzwingungsverfahren nach §§ 14 HGB, 388 ff. FamFG.
[74] Vgl. ausf. GK/*Schäfer* § 106 HGB Rn. 27 ff.; *Röhricht/Graf von Westphalen/Gerkan/Haas* § 106 HGB Rn. 17.

3. Kapitel. Entstehung der Gesellschaft

Dabei gilt der Amtsermittlungsgrundsatz nach § 12 FGG. Gegenstand der Prüfung ist die formelle und materielle Ordnungsmäßigkeit der Gründung und die wirksame Beteiligung der Gesellschaft an ihr, außerdem die Einhaltung der Anmeldeformalien.

38 **f) Bekanntmachung.** Die Eintragung wird nach § 10 Abs. 1 HGB, §§ 32 ff. HRV öffentlich, nämlich im Bundesanzeiger und in den von dem Registergericht bestimmten Blättern, bekanntgemacht. Die Bekanntmachung umfasst den **Inhalt der Eintragung**, nicht aber die Namen der Kommanditisten und ihre Haftsummen.

IV. Besonderheiten bei Verschmelzung und Spaltung zur Neugründung einer GmbH & Co. KG

1. Grundsätzliches

39 Kommanditgesellschaften können nach § 3 Abs. 1 Nr. 1 UmwG als neuer Rechtsträger an Verschmelzungen und nach § 124 Abs. 1 iVm § 3 Abs. 1 Nr. 1 UmwG als neuer Rechtsträger auch an Spaltungen beteiligt sein. Diese **Entstehungstatbestände** der GmbH & Co. KG sind **neu**, sie waren bis zur Neufassung des Umwandlungsrechts mit dem zum 1.1.1995 in Kraft getretenen UmwG unbekannt. Bis dahin war die Verschmelzung nur zur Neugründung auf Kapitalgesellschaften als neue Rechtsträger möglich; Spaltungen waren, sieht man von den Möglichkeiten des Gesetzes über die Spaltung der von der Treuhand verwalteten Unternehmen[75] ab, gänzlich ausgeschlossen.

40 § 2 Nr. 2 UmwG definiert die **Verschmelzung** im Wege der **Neugründung** als Übertragung der Vermögen zweier oder mehrerer Rechtsträger (übertragende Rechtsträger) jeweils als Ganzes auf einen neuen, von ihnen dadurch gegründeten Rechtsträger gegen Gewährung von Anteilen oder Mitgliedschaften des neuen Rechtsträgers an die Anteilsinhaber der übertragenden Rechtsträger als Gesellschafter, die mit Wirksamwerden der Verschmelzung liquidationslos erlöschen. Demgemäß kann eine GmbH & Co. KG als neuer Rechtsträger im Wege der Verschmelzung durch Neugründung entstehen, wenn an einem der übertragenden Rechtsträger eine GmbH beteiligt ist, der im Verschmelzungsvertrag die Komplementärbeteiligung an der neuen GmbH & Co. KG zugewiesen wird. Es reicht aus, wenn die für die Komplementärstellung vorgesehene GmbH, auch Vor-GmbH, ihre Beteiligung an einem der übertragenden Rechtsträger spätestens im Zeitpunkt des Abschlusses des Verschmelzungsvertrags erworben hat.[76]

41 Die **Spaltung zur Neugründung** begegnet nach § 123 UmwG in den drei Varianten der **Aufspaltung** zur Neugründung als gleichzeitige Übertragung der Vermögensteile des sich aufspaltenden Rechtsträgers (übertragender Rechtsträger) jeweils als Gesamtheit auf andere, von ihm dadurch neu gegründete Rechtsträger gegen Gewährung von Anteilen oder Mitglied-

---

[75] SpTrUG v. 5.4.1991, BGBl. I 1.
[76] Zur Frage, ob ein Beitritt auf den Zeitpunkt des Wirksamwerdens der Verschmelzung mit Eintragung im Handelsregister ausreicht, vgl. → § 51.

schaften dieser Rechtsträger an die Anteilsinhaber des übertragenden Rechtsträgers, der dadurch liquidationslos erlischt (§ 123 Abs. 1 Nr. 2 UmwG), der **Abspaltung** zur Neugründung als Übertragung eines Teils des Vermögens des abspaltenden Rechtsträgers als Gesamtheit auf einen oder mehrere von ihm dadurch neu gegründete Rechtsträger gegen Gewährung von Anteilen des neuen Rechtsträgers an die Anteilsinhaber des übertragenden Rechtsträgers (§ 123 Abs. 2 Nr. 2 UmwG) und der **Ausgliederung** zur Neugründung durch Übertragung eines Vermögensteils des übertragenden Rechtsträgers als Gesamtheit auf einen neuen, dadurch gegründeten Rechtsträger gegen Gewährung von Anteilen dieses Rechtsträgers an den übertragenden Rechtsträger (§ 123 Abs. 3 Nr. 2 UmwG).

Im Wege der Spaltung zur Neugründung kann eine GmbH & Co. als 42 neuer, aufnehmender Rechtsträger danach **jedenfalls** in den Fällen der **Auf- und Abspaltung** entstehen. Voraussetzung hierfür ist, dass an dem übertragenden Rechtsträger als Gesellschafter eine GmbH beteiligt ist, die nach dem Spaltungsplan (§ 136 UmwG) die Komplementärstellung in der neuen GmbH & Co. KG übernimmt, und mindestens ein weiterer Gesellschafter, dem die Kommanditbeteiligung an der GmbH & Co. KG gewährt wird. Demgegenüber steht einer Ausgliederung zur Neugründung einer GmbH & Co. KG entgegen, dass der übertragende Rechtsträger als Destinatär der Anteile an dem neuen Rechtsträger mit sich selbst keine Gesamthandsgesellschaft gründen kann. Eine Ausgliederung zur Neugründung einer GmbH & Co. KG kommt deshalb nur in Betracht, wenn man den Beitritt der Komplementär-GmbH auf den Zeitpunkt der Eintragung der Ausgliederung zuläßt.[77] Demgegenüber ist es nicht möglich, zwei Ausgliederungen zweier Rechtsträger zur Neugründung dergestalt zusammenzufassen, dass der eine Rechtsträger die Komplementärrolle und der andere die Kommanditistenrolle übernimmt.[78] Fraglich könnte schließlich sein, ob ein übertragender Rechtsträger eine Ausgliederung und eine Abspaltung zum Zwecke der Neugründung einer GmbH & Co. dergestalt kombinieren kann, dass er selbst die Komplementär-Rolle und seine Gesellschafter – als Inhaber der für das abgespaltene Vermögen zu gewährenden neuen Anteile – die Kommanditisten-Rolle übernehmen. Das wird richtigerweise zu verneinen sein.[79]

2. Verweis auf die allgemeinen Gründungsregeln

a) **Grundsatz.** Bei den Umwandlungen zur Neugründung handelt es 43 sich um **echte Neugründungstatbestände**, bei denen ein neuer Rechtsträger unter Vermögensübergang kraft vollständiger oder partieller Gesamtrechtsnachfolge entsteht. § 36 Abs. 2 UmwG für die Verschmelzung und

---

[77] Dazu (bejahend) *K. Schmidt* GmbHR 1995, 693; *Priester* DB 1997, 560.
[78] Vgl. *Lutter/Teichmann* § 123 UmwG Rn. 32 unter zutr. H. darauf, dass die Regelung in § 123 Abs. 4 des RefE, wonach die Spaltung auch durch gleichzeitige Beteiligung mehrerer Rechtsträger erfolgen könne, nicht Gesetz geworden ist; außerdem *Karollus* in Kölner Umwandlungsrechtstage, 162.
[79] Vgl. *Karollus* in Kölner Umwandlungsrechtstage, 162; aA *Kallmeyer* DB 1995, 81 (82f.); *Lutter/Teichmann* § 123 UmwG Rn. 30; wN bei *Kallmeyer/Sickinger* § 123 UmwG Rn. 13.

3. Kapitel. Entstehung der Gesellschaft

§ 135 Abs. 2 UmwG für die Spaltung erklären deshalb die für die Rechtsform des neuen Rechtsträgers geltenden (allgemeinen) Gründungsvorschriften für anwendbar, soweit sich aus dem UmwG nichts anderes ergibt. Dabei stehen den Gründern der oder die übertragenden Rechtsträger gleich, §§ 36 Abs. 2 S. 2, 135 Abs. 2 UmwG, was indessen nichts daran ändert, dass Gesellschafter der im Wege der Verschmelzung oder Spaltung zur Neugründung entstehenden GmbH & Co. KG nicht der oder die übertragenden Rechtsträger sind, sondern zwingend die Gesellschafter des oder der übertragenden Rechtsträger. Das bedeutet in haftungsrechtlicher Hinsicht, dass es für die **haftungsbefreiende Einlageleistung** der Kommanditisten auf die Deckung der von ihnen übernommenen Haftsumme durch das anteilig auf sie entfallende Gesellschaftsvermögen ankommt. Für die Verschmelzung und Spaltung zur Neugründung einer GmbH & Co. KG hat der **Verweis auf die Gründungsvorschriften** in §§ 36 Abs. 2 S. 2, 135 Abs. 2 S. 2 UmwG insbesondere die folgenden Konsequenzen:

44   b) **Zwecke im Sinne von § 105 Abs. 1 oder 2 HGB.** Eine GmbH & Co. KG kann auch im Wege der Verschmelzung oder Spaltung zur Neugründung nur entstehen, wenn ihr Zweck entweder ein Handelsgewerbe oder auf den Betrieb eines Kleingewerbes oder die Verwaltung des eigenen Vermögens gerichtet ist. Fehlt es daran, kommt eine Eintragung nicht in Betracht.

45   c) **KG-Vertrag als Bestandteil von Verschmelzungsvertrag oder Spaltungsplan.** Unverzichtbarer Kern auch der Neugründungtatbestände bei Verschmelzung und Spaltung ist weiter der KG-Vertrag für die GmbH & Co. KG als neuer Rechtsträger. Er muss nach § 37 UmwG „in dem Verschmelzungsvertrag enthalten sein oder festgestellt werden". Dasselbe gilt aufgrund des Verweises in § 125 S. 1 UmwG für die Spaltung zur Neugründung, bei der an die Stelle des Verschmelzungsvertrages der Spaltungsplan (§ 136 UmwG) tritt. Daraus folgt, dass der sonst formfreie (s. → Rn. 19) KG-Vertrag bei der Verschmelzung oder Spaltung im Wege der Neugründung einer GmbH & Co. KG von dem für den Verschmelzungsvertrag und den Spaltungsplan geltenden Erfordernis der **notariellen Beurkundung** nach § 6 UmwG erfasst wird. Ausreichend ist es gemäß § 9 Abs. 1 S. 2 BeurkG aber, wenn im Verschmelzungsvertrag oder Spaltungsplan auf den KG-Vertrag verwiesen und dieser der notariellen Urkunde als Anlage beigefügt wird.[80]

46   d) **Zuweisung der Komplementär- und der Kommanditistenrolle.** Die Bestimmung, welche Anteilsinhaber der übertragenden Rechtsträger bei der neuen KG die Stellung eines persönlich haftenden Gesellschafters erwerben und welche Kommanditisten werden, muss nach § 40 Abs. 1 S. 1 UmwG im Verschmelzungsvertrag und nach § 125 S. 1 UmwG im Spaltungsplan erfolgen. Festzuhalten ist dort außerdem die Einlage jedes Gesellschafters, § 40 Abs. 1 S. 2 UmwG und § 125 S. 1 UmwG. Wegen der Spezifika von Verschmelzung und Spaltung im Übrigen vgl. eingehend §§ 51, 53.

---

[80] Vgl. Schmitt/Hörtnagel/Stratz § 37 UmwG Rn. 3.

V. Sonderfälle

1. Eintritt in das Geschäft eines Einzelkaufmanns nach § 28 HGB

a) Überblick. Nach § 28 Abs. 1 HGB haftet die Gesellschaft, wenn jemand als persönlich haftender Gesellschafter oder als Kommanditist in das Geschäft eines Einzelkaufmanns eintritt, für alle im Betrieb des Geschäfts entstandenen Verbindlichkeiten des früheren Geschäftsinhabers, auch wenn sie die Firma nicht fortführt.[81] Die Norm regelt die **Rechtsfolgenseite** eines Entstehungstatbestands einer (Personenhandels-) Gesellschaft, indem sie eine an die Unternehmenskontinuität anknüpfende Haftung des neuen Unternehmensträgers anordnet. Die Norm kann, wie Abs. 3 beweist, auch in der Variante verwirklicht werden, dass eine GmbH in das Geschäft als persönlich haftender Gesellschafter eintritt und der Kaufmann die Rolle als Kommanditist übernimmt. 47

b) Neugründungstatbestand. Auch wenn das Gesetz vom „Eintritt" in das Geschäft des Einzelkaufmanns spricht, geht es in den Fällen des § 28 HGB der Sache nach um die **Gründung einer Personenhandelsgesellschaft** unter Beteiligung des „Altunternehmers", der sein bisher von ihm als Einzelkaufmann betriebenes Geschäft als Einlage in die Gesellschaft einbringt.[82] Es liegt also eine Neugründung vor. Erfolgt die Errichtung unter Beteiligung einer GmbH als persönlich haftendem Gesellschafter[83] und übernimmt der bisherige Einzelkaufmann die Rolle als Kommanditist, handelt es sich um eine echte Neugründung einer GmbH & Co. KG, für die die in → Rn. 13 ff. dargestellten Grundsätze gelten. 48

c) Anwendungsbereich. § 28 HGB setzt voraus, dass der bisherige Geschäftsinhaber eine Gesellschafterstellung, im Fall der GmbH & Co. KG also die Kommanditistenrolle, übernimmt. Fehlt es daran, etwa weil der bisherige Geschäftsinhaber sein Unternehmen an eine schon bestehende oder im Zuge des Erwerbs neu errichtete Gesellschaft veräußert, ohne selbst eine Beteiligung zu übernehmen, ist § 28 HGB nicht einschlägig; die Haftung der aufnehmenden Gesellschaft kann dann aber aus § 25 HGB folgen.[84] Die Anwendung der Norm setzt die **Kaufmannseigenschaft** des bisherigen Geschäftsinhabers voraus; dabei ist nach der Neuordnung des Kaufmannsbegriffs durch das Handelsrechtsreformgesetz die Frage, ob auch Minderkaufleute einzubeziehen sind,[85] obsolet. Ob der Kaufmann im Handelsregister eingetragen ist oder nicht, ist unerheblich. Der nach altem Recht geführte Streit, ob die Norm anwendbar ist, wenn ein nicht im Handelsregister als Kaufmann eingetragener Sollkaufmann im Sinne von § 2 HGB aF sein Un- 49

---

[81] Vgl. dazu *Lieb* FS Westermann, 309; *K. Schmidt* ZHR 145 (1981) 2.
[82] Vgl. nur *Röhricht/Graf von Westphalen/Ammon/Ries* § 28 HGB Rn. 2; *Koller/Roth/Morck* § 28 HGB Rn. 3.
[83] Vgl. zur Zulässigkeit schon RGZ 123, 289.
[84] Vgl. *Röhricht/Graf von Westphalen/Ammon/Ries* § 28 HGB Rn. 5 f.
[85] Dafür BGH NJW 1966, 1917.

3. Kapitel. Entstehung der Gesellschaft

ternehmen in eine Personengesellschaft einbringt,⁸⁶ ist infolge der Neuordnung des Kaufmannsbegriffs durch das Handelsrechtsreformgesetz überholt. Für Kleingewerbetreibende, die von der Eintragungsoption nach § 2 S. 2 HGB nF keinen Gebrauch gemacht haben, gilt § 28 HGB nicht unmittelbar. § 28 HGB ist aber entsprechend anwendbar, auch wenn die aufnehmende Gesellschaft nur als GbR entsteht, und zwar unabhängig davon, ob sie von der Eintragungsoption nach § 105 Abs. 2 HGB iVm § 2 HGB Gebrauch machen will oder nicht.⁸⁷

50 **d) Vertragsabschluss.** Ohne Errichtung einer Personengesellschaft, das heißt Abschluss eines Gesellschaftsvertrages unter Einbringung des bislang einzelkaufmännisch geführten Unternehmens, kommt § 28 HGB nicht in Betracht; insbesondere ist die Norm bei Eintritt in eine **bereits bestehende Gesellschaft** nicht einschlägig. Ob der frühere Geschäftsinhaber in der neuen Gesellschaft die Rolle des persönlich haftenden Gesellschafters oder eine Kommanditistenstellung einnimmt, ist unerheblich. § 28 HGB ist deshalb auch einschlägig, wenn eine GmbH den von ihr betriebenen Geschäftsbetrieb in eine GmbH & Co. KG einbringt, etwa unter Beteiligung ihrer Gesellschafter als Kommanditisten, und sie selbst die Komplementärrolle übernimmt.⁸⁸ Anders als § 25 HGB setzt § 28 HGB **nicht** die **Fortführung der Firma** des bisherigen Einzelkaufmanns voraus.⁸⁹ Es ist auch nicht erforderlich, dass das Geschäftsvermögen dinglich in die Gesamthandsberechtigung der Personenhandelsgesellschaft übertragen wird. Es reicht aus, wenn die Überlassung zur Nutzung erfolgt, insbesondere auf der Basis einer Unternehmenspacht.⁹⁰

51 **e) Rechtsfolgen.** Ist der Tatbestand von § 28 HGB verwirklicht, so tritt die den Geschäftsbetrieb fortführende Gesellschaft als Schuldner an die Seite des bisherigen Geschäftsinhabers für die im Geschäftsbetrieb begründeten Verbindlichkeiten. Es liegt ein gesetzlicher Schuldbeitritt vor, der zum Entstehen eines **Gesamtschuldverhältnisses** führt.⁹¹ Die Haftung kann nach § 28 Abs. 2 HGB durch Verlautbarung im Handelsregister ausgeschlossen werden. Wird der bisherige Geschäftsinhaber in der neuen Gesellschaft Kommanditist, gilt die Enthaftungsregel nach § 26 HGB entsprechend. Demgemäß gilt alsdann eine **fünfjährige Enthaftungsfrist**, die mit dem Ende des Tages beginnt, an dem die neue Gesellschaft in das Handelsregister

---

⁸⁶ Dagegen BGHZ 31, 397 (400); dafür *Lieb* FS H. Westermann, 309 (315); *K. Schmidt* ZHR 145 (1981), 2 (21).
⁸⁷ Vgl. idS allerdings auf der Basis des alten Rechts, *K. Schmidt* ZHR 145 (1981) 21 ff.; GK/*Hüffer* (4. Aufl.) § 28 HGB Rn. 28 f.; *Röhricht/Graf von Westphalen/Ammon* (2. Aufl.) § 28 Rn. 10 sowie nunmehr *K. Schmidt* BB 2004, 785 (787 f.); MüKo BGB/ *Thiessen* § 28 Rn. 14; *Röhricht/Graf von Westphalen/Ammon/Ries* § 28 Rn. 10. AA mwN *Ebenroth/Boujong/Joost/Strohn/Zimmer* § 28 HGB Rn. 16/17; GK/*Burgard* § 28 HGB Rn. 21.
⁸⁸ Zu den steuerlichen Konsequenzen dieses Einbringungsvorgangs vgl. → § 12.
⁸⁹ Vgl. GK/*Burgard* § 28 HGB Rn. 35; *Koller/Roth/Morck* § 28 HGB Rn. 8.
⁹⁰ Vgl. GK/*Burgard* § 28 HGB Rn. 34.
⁹¹ Vgl. *Koller/Roth/Morck* § 28 HGB Rn. 10; GK/*Burgard* § 28 HGB Rn. 38; *Heymann/Emmerich* § 28 HGB Rn. 23 f.

§ 10 Neugründungstatbestände

eingetragen wird. Das Enthaftungsprivileg gilt auch dann, wenn der in die Kommanditistenrolle zurücktretende frühere Geschäftsinhaber als geschäftsleitender Kommanditist Geschäftsführungsfunktion übernimmt.

2. Unternehmensfortführung durch eine Erbengemeinschaft

Will eine Erbengemeinschaft ein ererbtes Handelsgeschäft fortführen, bietet sich zur Vermeidung der persönlichen Haftung die Überführung auf eine GmbH & Co. KG an. Es bedarf hierfür der Errichtung einer neuen Gesellschaft, in die das Handelsgeschäft eingebracht wird.[92] Erforderlich ist also der Abschluss eines Gesellschaftsvertrages unter **Errichtung** einer neuen GmbH & Co. KG. Hierfür gelten die in → Rn. 13 ff. dargestellten Grundsätze. Demgegenüber gibt es keinen automatischen Eintritt in die Personenhandelsgesellschaft, wenn die Erbengemeinschaft das ererbte Handelsgeschäft fortsetzt.[93] Erforderlich ist vielmehr immer eine Übertragung des Geschäftsvermögens unter zumindest teilweiser Auseinandersetzung des Nachlasses. Das Vorstehende gilt gleichermaßen für Fälle, in denen sich ein Handelsgeschäft in **ehelicher Gütergemeinschaft** oder schlichter **Rechtsgemeinschaft** befindet oder aus einer stillen Gesellschaft eine KG werden soll.

52

---

[92] Vgl. BGHZ 92, 259 (263); GK/*Schäfer* § 105 HGB Rn. 58 ff.
[93] Zu den Einzelheiten vgl. GK/*Schäfer* § 105 HGB Rn. 58 ff., 62 mwN.

§ 11 Entstehung der GmbH & Co. KG durch Rechtsformwechsel außerhalb des Umwandlungsgesetzes

Übersicht

	Rn.		Rn.
I. Übersicht	1	III. Formwechsel aus der Partnerschaft?	8
II. Wechsel von der GbR in die GmbH & Co. KG	2	1. Grundsatz	8
1. Kein Formwechsel kraft Rechtsformzwang	2	2. Einzelfälle	9
2. Formwechsel in den Fällen des § 105 Abs. 2 HGB nF	3	IV. Rücktritt eines OHG-Gesellschafters in die Kommanditistenrolle unter Aufnahme einer GmbH als Komplementär	10
a) Eintragungsoption	3		
b) Gesellschaftsvertragsänderung	4	V. Wechsel aus anderen Personenvereinigungen?	11
c) Anwendungsbereich	5		

Schrifttum: *Bydlinski*, Zentrale Änderungen des HGB durch das Handelsrechtsreformgesetz, ZIP 1998, 1169; *Battes*, Rechtsformautomatik oder Willensherrschaft?, AcP 174 (1974), 429; *Beyerle*, Gesetzliche Umwandlung einer OHG oder KG in eine Gesellschaft bürgerlichen Rechts, NJW 1971, 1698; *Habersack* in Die Reform des Handelsstandes und der Personengesellschaften, 1999, 73 ff.; *Hennrichs*, Formwechsel und Gesamtrechtsnachfolge bei Umwandlungen, 1995; *Henssler*, Gewerbekaufmann und Unternehmens, ZHR 1961 (1997), 13 ff.; *Limmer*, Die identitätswahrende Umwandlung einer BGB-Gesellschaft in eine GmbH & Co. KG, DStR 2000, 1230; *Mertens*, Umwandlung und Universalsukzession, 1993; *Schaefer*, Das Handelsrechtsreformgesetz nach dem Abschluß des parlamentarischen Verfahrens, DB 1998, 1269; *K. Schmidt*, HGB-Reform und gesellschaftsrechtliche Gestaltungspraxis, HGB 1998, 61; *K. Schmidt*, HGB-Reform im Regierungsentwurf, ZIP 1997, 909; *K. Schmidt*, „Deklaratorische" und „konstitutive" Registereintragung nach § 1 ff. HGB, ZHR 163 (1999), 87 ff.; *K. Schmidt*, Zur Stellung der OHG im System der Handelsgesellschaften, 1972; *K. Schmidt*, Universalsukzession kraft Rechtsgeschäfts, AcP 191 (1991), 495; *Schön*, Die vermögensverwaltende Personenhandelsgesellschaft – ein Kind der HGB-Reform, DB 1998, 1169; siehe außerdem die Schrifttumsnachweise vor → § 10.

I. Übersicht

1 Von den in → § 10 behandelten echten Neugründungsfällen zu sondern sind die Entstehungstatbestände der GmbH & Co. KG, in denen ein *bereits bestehender* Unternehmensträger seine Rechtsform in diejenige der GmbH & Co. KG überführt. Soweit es dabei um den echten **Formwechsel nach Maßgabe** der Bestimmungen **des UmwG** geht, ist auf die Ausführungen zur GmbH & Co. KG in Umwandlungsfällen zu verweisen (s. → § 56). Im Folgenden sind demgegenüber die **sonstigen Fälle** des Formwechsels in die GmbH & Co. KG unter Einschluss von Sonderkonstellationen zu behandeln.

II. Wechsel von der GbR in die GmbH & Co. KG

1. Kein Formwechsel kraft Rechtsformzwang.

Allein kraft Rechtsformzwang kann aus einer GbR zwar eine OHG, nicht aber eine KG werden. Erstarkt ein von einer Gesellschaft bürgerlichen Rechts betriebenes Kleingewerbe zu einem Unternehmen, das nach Art und Umfang einen in kaufmännischer Weise eingerichteten Geschäftsbetrieb erfordert, wird die Gesellschaft unabhängig von ihrer Eintragung im Handelsregister nach § 105 Abs. 2 iVm § 1 Abs. 2 HGB zwingend zur OHG. KG kann sie demgegenüber nur werden, wenn die Gesellschafter sich auf das **Zurücktreten** mindestens eines von ihnen **in die Rolle des Kommanditisten** einigen; dies setzt eine Änderung des Gesellschaftsvertrags voraus, die grundsätzlich der zustimmenden Mitwirkung aller Gesellschafter bedarf. Wird eine Gesellschaft bürgerlichen Rechts kraft Rechtsformzwanges zur OHG, bedarf es also einer entsprechenden Anpassung des Gesellschaftsvertrages, um die Rechtsform der KG zu etablieren. Eine GmbH & Co. KG kann in diesen Fällen entstehen, wenn alle als Gesellschafter beteiligten natürlichen Personen in die Position des Kommanditisten zurücktreten und gleichzeitig eine schon beteiligte oder zu diesem Zweck beitretende GmbH die Komplementärrolle übernimmt.

2. Formwechsel in den Fällen des § 105 Abs. 2 HGB

a) Eintragungsoption. Für Personengesellschaften ist entsprechend der Bestimmung in § 2 HGB nF für Einzelgewerbebetreibende die Option eröffnet, kraft Handelsregistereintragung die Rechtsform der Personenhandelsgesellschaft einschließlich der KG und damit bei Beteiligung einer GmbH auch der GmbH & Co. KG zu erlangen, auch wenn der Gesellschaftszweck nur auf den Betrieb eines **Kleingewerbes** oder auf die **Verwaltung des eigenen Vermögens** beschränkt ist, § 105 Abs. 2 HGB.[1] Bis dahin als Gesellschaft bürgerlichen Rechts verfasste Gesamthandsgesellschaften können danach durch Eintragung im Handelsregister den Formwechsel in die Personenhandelsgesellschaft vollziehen. Es handelt sich dabei um einen identitätswahrenden Rechtsformwechsel außerhalb der Regelungen des Umwandlungsrechts. Die **Rechtsträgeridentität** findet ihre manifeste Ausprägung insbesondere in der Vermögenskontinuität: die gesamthänderische Zuordnung des Vermögens der Gesellschaft bleibt vom Wechsel der Rechtsform unberührt.

b) Gesellschaftsvertragsänderung. Die erforderliche Anmeldung zur Eintragung als Personenhandelsgesellschaft im Handelsregister setzt die Mitwirkung aller Gesellschafter voraus, § 161 Abs. 2 iVm § 108 HGB. Damit ist aber noch nicht über die Frage entschieden, ob es hierfür auch eines Gesellschafterbeschlusses bedarf und wenn ja, mit welchen Mehrheiten dieser zu fassen ist. Richtigerweise obliegt die Entscheidung für den Wechsel in die

---

[1] Dazu instruktiv *Habersack* in Reform des Handelsstandes, 73 ff.

3. Kapitel. Entstehung der Gesellschaft

Personenhandelsgesellschaft wegen des grundlegenden Strukturwechsels zwingend der Beschlussfassung unter **Zustimmung aller Gesellschafter**. Der Sache nach geht es dabei um eine Änderung des Gesellschaftsvertrages, an der alle Gesellschafter mitwirken müssen.[2] Ob der Vertrag abweichend hiervon auch auf eine Mehrheitsentscheidung abstellen kann, bestimmt sich richtigerweise analog § 217 UmwG. Danach kann der Vertrag für die Entscheidung für den Formwechsel eine Mehrheit von mindestens drei Vierteln der abgegebenen Stimmen ausreichen lassen. Für den Formwechsel aus der Gesellschaft bürgerlichen Rechts in die GmbH & Co. KG wird man in diesem Fall aber jedem Gesellschafter das Recht einräumen müssen, in die Rolle des beschränkt haftenden Kommanditisten zurücktreten zu können.

5   c) **Anwendungsbereich.** Die Option, durch fakultative und alsdann konstitutiv wirkende Eintragung in die Rechtsform der Personenhandelsgesellschaft zu wechseln, ist zum einen für **Kleingewerbebetreibende** von Interesse, also für solche Personengemeinschaften, deren gemeinsame gewerbliche Tätigkeit keinen nach Art und Umfang kaufmännisch eingerichteten Geschäftsbetrieb erfordert; sie waren nach altem Recht von der Personenhandelsgesellschaft ausgeschlossen und auf die Gesellschaft bürgerlichen Rechts verwiesen. Darüber hinaus steht jetzt auch den **nur vermögensverwaltenden Gesellschaften** die Personenhandelsgesellschaft und damit auch die GmbH & Co. KG offen. Das zielt vor allem auf die Besitz- und Objektgesellschaften, insbesondere auch in den Fällen der Betriebsaufspaltung, sowie auf (Immobilien-)Verwaltungsgesellschaften und Holdinggesellschaften, bei denen das Vorliegen eines Gewerbebetriebs und damit der Zugang zu den Personenhandelsgesellschaften bislang zweifelhaft war.[3] Für reine Holdinggesellschaften ebenso wie für Besitzgesellschaften bei der Betriebsaufspaltung ist auf der Grundlage des überkommenen Kaufmannsrechts die Frage, ob ein Gewerbebetrieb gegeben und damit die Personenhandelsgesellschaft mögliche Rechtsform war, nämlich uneinheitlich beantwortet worden. Nach einer starken, auch in der Rechtsprechung zugrunde gelegten Auffassung wurde das Vorliegen eines Gewerbebetriebs mit guten Gründen verneint.[4] Nach anderer Auffassung wurde das Vorliegen eines Gewerbebetriebs bejaht, wobei dabei allerdings teilweise zu Unrecht von dem Erfordernis einer kaufmännischen Einrichtung auf das Vorliegen eines Handelsgewerbes geschlossen wurde.[5] Dies hatte eine uneinheitliche Praxis der Registergerichte bei der Eintragungsentscheidung und eine erhebliche Rechtsunsicherheit auch und gerade für diejenigen Gesellschaften zur Folge, die (womöglich zu Unrecht) die Eintragung als Personenhandelsgesellschaft im Handelsregister erlangt haben.

---

[2] Vgl. *Habersack* in Reform des Handelsstandes, 81; *Schlitt* NZG 1998, 581.
[3] Vgl. Begr. RegE, BT-Drs. 13/8444, 40 f.
[4] Vgl. BGH WM 1990, 586; OLG Hamm WM 1993, 1796; GK/*Ulmer* (4. Aufl.) § 105 HGB Rn. 26; *K. Schmidt* DB 1990, 94.
[5] Vgl. *Baumbach/Hopt* 29. Aufl. § 2 HGB Rn. 2 m. § 1 Rn. 2; OLG München NJW 1988, 1036; *Hopt* ZGR 1997, 171; *Binz* GmbH & Co. § 18 Rn. 18.

§ 11 *Entstehung der GmbH & Co. KG*

Nach neuer Rechtslage steht Holding- und Besitzgesellschaften nach dem **6** erklärten Willen des Gesetzgebers[6] und der einhelligen Auffassung in der Literatur[7] der Zugang zur Personenhandelsgesellschaft ganz unabhängig vom Vorliegen eines Gewerbebetriebes offen.

Ausgeschlossen bleiben von der Möglichkeit des Rechtsformwechsels **7** kraft Eintragungsoption demgegenüber auch weiterhin die Fälle der nur **privaten Vermögensverwaltung**, wie zB bei Ehegatten-Grundstücksgesellschaften bürgerlichen Rechts.[8] Dagegen ist die Möglichkeit des Rechtsformwechsels kraft Eintragungsoption solchen Gesellschaften eröffnet, die sich nicht auf das Halten und Verwalten des eigenen Vermögens beschränken, sondern am Markt Leistungen erbringen oder ihre Vermögenswerte kontinuierlich umschichten, wenn sie nicht schon nach ihrer Größe bereits kraft Gesetzes Handelsgesellschaften sind. Dagegen sind Gesellschaften, die lediglich ein im Wesentlichen konstantes Vermögen verwalten und nutzen, unabhängig von ihrem Geschäftsumfang berechtigt, nicht aber verpflichtet, die Form der OHG oder KG zu erlangen.[9]

III. Formwechsel aus der Partnerschaft?

1. Grundsatz

Die Partnerschaft nach Maßgabe des Partnerschaftsgesellschaftsgesetzes ist **8** als **Personengesellschaft** ohne Mindesthaftungsfonds eine Sonderform der GbR, weil es an einer Haftungskanalisierung auf das Gesellschaftsvermögen und erst recht an einer rechtlichen Verselbständigung zu juristischen Personen fehlt.[10] Unter Wahrung der Rechtsträgeridentität kann deshalb auch die Partnerschaft – außerhalb der Regeln des UmwG – zur Personenhandelsgesellschaft und damit auch zur GmbH & Co. KG werden. Da nach § 1 Abs. 1 Satz 3 PartGG Angehörige einer Partnerschaft nur natürliche Personen sein können, setzt dies allerdings voraus, dass die Komplementär GmbH der Gesellschaft auf den Zeitpunkt des Wirksamwerdens des Rechtsformwechsels als Komplementärin beitritt.[11]

2. Einzelfälle

Im Einzelnen kommt danach der Rechtsformwechsel außerhalb des Um- **9** wandlungsgesetzes von der Partnerschaft in die GmbH & Co. KG in Be-

---

[6] Vgl. RegBegr. zu § 105 Abs. 2 HGB nF, BT-Drs. 13/8444, 40f., 63f., die explizit den Zugang zur Personenhandelsgesellschaft kraft fakultativer Eintragung im Handelsregister eröffnen will.
[7] Vgl. GK/*Schäfer* § 105 HGB Rn. 29; *Habersack* in Reform des Handelsstandes, 9; *Schön* DB 1998, 1169 (1173f.); MüKo/K. *Schmidt* § 105 HGB Rn. 55f.; *Ebenroth/ Boujong/Joost/Strohn/Wertenbruch* § 105 HGB Rn. 22f.
[8] Vgl. *Schön* DB 1998, 1169 (1174).
[9] Zutreffend *Schön* DB 1998, 1169 (1173f.); *Habersack* in Reform des Handelsstandes, 73. Vgl. weiter die bei GK/*Schäfer* § 105 HGB Rn. 29 genannten GbR-Beispiele.
[10] Vgl. statt aller MüKoBGB/*Schäfer* § 1 PartGG Rn. 7.
[11] Zu den damit verbundenen Rechtsproblemen vgl. näher → § 55.

tracht bei einem Wechsel zur gewerblichen Tätigkeit. Demgegenüber ausgeschlossen ist der Rechtsformwechsel für Partnerschaften der klassischen freien Berufe, wie zB Ärzte, Rechtsanwälte oder Wirtschaftsprüfer.

IV. Rücktritt eines OHG-Gesellschafters in die Kommanditistenrolle unter Aufnahme einer GmbH als Komplementär

10   Eine GmbH & Co. KG kann auch dadurch entstehen, dass die persönlich haftenden Gesellschafter einer OHG in die Kommanditistenrolle zurücktreten und eine GmbH die Rolle des Komplementärs übernimmt. Der danach zweiaktige Tatbestand kann zeitlich zusammenfallen. Es handelt sich um eine **Gesellschaftsvertragsänderung**, die der Zustimmung aller Gesellschafter bedarf, sofern nicht, was zulässig ist, der OHG-Vertrag hierfür Mehrheitsklauseln enthält.

V. Kein Wechsel aus anderen Personenvereinigungen

11   Im Wege des Rechtsformwechsels außerhalb des UmwG kann eine GmbH & Co. KG aus anderen Personenvereinigungen nicht entstehen. Der Weg aus der Erbengemeinschaft, ehelichen Gütergemeinschaft oder schlichten Rechtsgemeinschaft ist nur unter Errichtung einer neuen Gesamthandsgesellschaft und Einbringung des Vermögens als Sacheinlage möglich. Es handelt sich dabei um echte Neugründungstatbestände, für die die in § 9 erläuterten Grundsätze gelten. Entsprechendes gilt für die stille Gesellschaft. Insoweit ist aber denkbar, dass der stille Gesellschafter seine stille Beteiligung als Kommanditeinlage in eine dadurch neu errichtete Gesellschaft, die GmbH & Co. sein kann, einbringt.

§ 12 Haftung im Gründungsstadium der GmbH & Co. KG

Übersicht

	Rn.		Rn.
I. Die besondere Problematik der Haftung im Gründungsstadium und ihre Ursachen	1	c) Die Haftung der Geschäftsführer der Komplementär-GmbH	12
1. Aufnahme der Geschäftstätigkeit vor Handelsregistereintragung	1	III. Die Haftungssituation in der GmbH während der Gründungsphase	14
a) Kommanditgesellschaft	1	1. Die Abgrenzung zur sog. Vorgründungsgesellschaft	15
b) Komplementär-GmbH	2		
2. Aufnahme der Geschäftstätigkeit nach Handelsregistereintragung	3	2. Die Gründerhaftung in der Vorgesellschaft	16
		a) Die Vorgesellschaft und ihre Handlungsfähigkeit	16
II. Die Haftungssituation in der KG während der Gründungsphase	4	b) Die Unterbilanzhaftung	18
1. Haftung bei Betrieb eines Handelsgewerbes	4	c) Die Verlustdeckungshaftung	20
a) Die Haftung der Komplementär-GmbH	5	3. Die Handelndenhaftung nach § 11 Abs. 2 GmbHG	22
b) Die Haftung der Kommanditisten	6	a) Meinungsstand	23
		b) Stellungnahme	24
2. Bei Betrieb eines Kleingewerbes oder Beschränkung auf die Verwaltung eigenen Vermögens	7	c) Die Handelnden	26
		d) Haftungsvoraussetzungen	27
		e) Haftungsumfang	28
a) Die Haftung der Komplementär-GmbH	9	f) Erstattungsansprüche des Geschäftsführers	29
b) Die Haftung der Kommanditisten	10	4. Sonderfälle	31
		a) Verwendung eines GmbH-Mantels	31
		b) Die Einmann-Gründung	32

Schrifttum: *Ahrens,* Kapitalgesellschaftliche Mantelverwertung und Vorgesellschafterhaftung, DB 1998, 1069; *Altmeppen,* Das unvermeidliche Scheitern des Innenhaftungskonzeptes in der Vor-GmbH, NJW 1997, 3272; *Bänwaldt/Schabacker,* Keine Angst vor Mantel- und Vorratsgesellschaften, GmbHR 1998, 1005; *Baumann,* Die GmbH in Anwartschaft – ein neues Konzept zur Gründerhaftung, JZ 1998, 597; *Beuthien,* Vertretungsmacht bei der Vor-GmbH – erweiterbar oder unbeschränkbar?, NJW 1997, 565; *Binz,* Haftungsverhältnisse im Gründungsstadium der GmbH & Co. KG, 1976; *Clauss/Fleckner,* Die Kommanditgesellschaft in der Gründung, WM 2003, 1790; *Dauner-Lieb,* Die Kommanditistenhaftung vor Eintragung (§ 176 Abs. 1 HGB), FS für Marcus Lutter, 2000, 835; *Derwisch/Ottenberg,* Die Haftungsverhältnisse der Vor-GmbH, 1988; *Flume,* Die Rechtsprechung zur Haftung der Gesellschafter der Vor-GmbH und die Problematik der Rechtsfortbildung, DB 1998, 45; *Grottke,* Die Vorgründungsgesellschaft der GmbH, Rechtliche Struktur und Haftungsfragen, 1992; *Gummert,* Die Haftungsverfassung der Vor-GmbH nach der jüngsten Rechtsprechung des BGH, DStR 1997, 1007; *Hartmann,* Gründerhaftung in der Vor-GmbH, WiB 1997, 66; *Ihrig,* Die Verwertung von GmbH-Mänteln, BB 1988, 1197; *Jäger,* Die per-

3. Kapitel. Entstehung der Gesellschaft

sönliche Gesellschafterhaftung in der werdenden GmbH, 1993; *Klein*, Der Rückgriffsanspruch des Handelnden gegen die Gründer einer Vor-GmbH, 1993; *Kleindiek*, Zur Gründerhaftung in der Vor-GmbH, ZGR 1997, 427; *Knoche*, Gründerhaftung und Interessenausgleich bei der Vor-GmbH, 1990; *Lutter*, Haftungsrisiken bei der Gründung einer GmbH, JuS 1998, 1073; *Lutter*, Europäisches Unternehmensrecht, 4. Aufl., 1996; *Michalski*, Haftung nach § 11 GmbHG für rechtsgeschäftsähnliches Handeln, NZG 1998, 248; *Michalski/Barth*, Außenhaftung der Gesellschafter einer Vor-GmbH, NZG 1998, 525; *Peters*, Der GmbH-Mantel als gesellschaftsrechtliches Problem, 1989; *Roth*, Die Gründerhaftung im Recht der Vor-GmbH, ZGR 1984, 597; *K. Schmidt*, Was wird aus der unbeschränkten Kommanditistenhaftung nach § 176 HGB?, GmbHR 2002, 341; *K. Schmidt*, Haftung aus Rechtsgeschäften vor Errichtung einer GmbH, GmbHR 1998, 613; *K. Schmidt*, Außenhaftung und Innenhaftung bei der Vor-GmbH, ZIP 1996, 353; *K. Schmidt*, Zur Haftungsverfassung der Vor-GmbH, ZIP 1997, 671; *K. Schmidt*, Die Vor-GmbH als Unternehmerin und Komplementärin, NJW 1981, 1345; *Stimpel*, Unbeschränkte oder beschränkte, Außen- oder Innenhaftung der Gesellschafter der Vor-GmbH, FS für Fleck, 345; *Sudhoff*, Rechte und Pflichten des Kommanditisten, 3. Aufl., 1986; *Theobald*, Vor-GmbH und Gründerhaftung, 1984; *Ulmer*, Abschied vom Vorbelastungsverbot im Gründungsstadium der GmbH, ZGR 1981, 593; *Ulmer*, Zur Haftungsverfassung in der Vor-GmbH, ZIP 1996, 733; *Ulmer/Ihrig*, Die Rechtsnatur der Einmann-Gründungsorganisation, GmbHR 1988, 373; *Wiegand*, Offene Fragen zur neuen Gründerhaftung in der Vor-GmbH, BB 1998, 1065.

I. Die besondere Problematik der Haftung im Gründungsstadium und ihre Ursachen

1. Aufnahme der Geschäftstätigkeit vor Handelsregistereintragung

1 **a) Kommanditgesellschaft.** Die Entstehung einer GmbH & Co. KG setzt voraus, dass sowohl die KG selbst als ihre Komplementär-GmbH wirksam entstanden sind. Die KG entsteht in dem für die Beurteilung der Haftungsfragen maßgeblichen **Außenverhältnis** nach §§ 123, 161 Abs. 2 HGB. Danach tritt die Wirksamkeit der KG nach außen spätestens mit der Eintragung der Gesellschaft im Handelsregister ein (§ 123 Abs. 1, 3 HGB). Beginnt die Gesellschaft ihre Geschäfte schon vor der Eintragung, so tritt die Wirksamkeit nach § 123 Abs. 2 HGB bereits mit dem Zeitpunkt des Geschäftsbeginns ein, soweit sich nicht aus § 2 oder aus § 105 Abs. 2 HGB etwas anderes ergibt. Bei Geschäftsaufnahme vor der Eintragung bedarf es somit einer Differenzierung nach Art der jeweiligen Geschäftstätigkeit. Während in den Fällen, in denen der Gegenstand der Gesellschaft auf den Betrieb eines Handelsgewerbes nach § 1 Abs. 2 HGB gerichtet ist, die KG schon mit der Geschäftsaufnahme als solche nach außen wirksam wird, § 123 Abs. 2 HGB, tritt die Wirksamkeit bei einer Betätigung nach § 2 oder § 105 Abs. 2 HGB, also bei dem Betrieb eines Kleingewerbes oder bei Beschränkung auf die Verwaltung des eigenen Vermögens, erst mit der Eintragung der Gesellschaft als KG im Handelsregister ein.

2 **b) Komplementär-GmbH.** Auch bei der Komplementär-GmbH leitet der Abschluss des Gesellschaftsvertrages nur die Phase der sog. Vor-GmbH

§ 12 *Haftung im Gründungsstadium der GmbH & Co. KG*

ein. Als **juristische Person** entsteht die GmbH erst mit ihrer Eintragung im Handelsregister (§ 11 Abs. 1 GmbHG). Bis zum Vollzug der Eintragung im Handelsregister kann ebenso wie bei der KG ein nicht unerheblicher Zeitraum verstreichen,[1] dessen Ablauf aus wirtschaftlichen Gründen vor Aufnahme der Geschäfte vielfach nicht abgewartet wird. Eine vorzeitige Geschäftsaufnahme vor der Eintragung von Komplementär-GmbH und KG im Handelsregister führt jedoch zu besonderen Haftungsrisiken.

2. Aufnahme der Geschäftstätigkeit nach Handelsregistereintragung

Demgegenüber vergleichsweise unproblematisch gestaltet sich die Haftung, wenn die Geschäftstätigkeit erst nach Eintragung der KG wie auch der GmbH aufgenommen wird, weil die GmbH & Co. KG dann wirksam entstanden ist.[2] Wo die Eintragung mindestens einer der beiden Gesellschafter noch aussteht, ergeben sich hingegen Schwierigkeiten. Insoweit sind verschiedene Haftungskonstellationen voneinander zu unterscheiden: 3

II. Die Haftungssituation in der KG während der Gründungsphase

1. Haftung bei Betrieb eines Handelsgewerbes

Betreibt die KG ein Handelsgewerbe im Sinne des § 1 Abs. 2 HGB, so tritt 4 sie Dritten schon mit dem Zeitpunkt ihres Geschäftsbeginns als Kommanditgesellschaft entgegen (§ 123 Abs. 2). Der Eintragung ins Handelsregister kommt in diesen Fällen nur deklaratorische Bedeutung zu (vgl. → § 10 Rn. 25 f.). Das KG-Recht ist deshalb uneingeschränkt schon vor der Eintragung der Gesellschaft im Handelsregister einschlägig.

a) Die Haftung der Komplementär-GmbH. Die Haftung der Kom- 5 plementär-GmbH bestimmt sich in diesen Fällen uneingeschränkt nach §§ 128, 161 Abs. 1 HGB. Neben die Haftung der KG mit ihrem Gesellschaftsvermögen tritt demgemäß die unmittelbare, primäre und **unbeschränkte Haftung** der Komplementär-GmbH für alle Verbindlichkeiten der KG unabhängig davon, auf welchem Rechtsgrund sie beruhen.[3] Die Haftung der Gesellschafter in der Komplementär-GmbH hängt ihrerseits davon ab, in welcher Phase des Gründungsprozesses sich die GmbH befindet (vgl. dazu → Rn. 13 ff.).

b) Die Haftung der Kommanditisten. Steht die Eintragung der Ge- 6 sellschaft noch aus, aber hat die Gesellschaft ihre Geschäfte bereits aufgenommen, bestimmt sich die Haftung der Kommanditisten nach § 176 Abs. 1 HGB. Danach trifft diejenigen Kommanditisten, die dem vorzeitigen Ge-

---

[1] Vgl. zur GmbH die Angaben bei *Ulmer* ZIP 1996, 733 (735).
[2] Vgl. zur Haftung der Gesellschafter in diesem Stadium → § 42.
[3] Vgl. *Ebenroth/Boujong/Joost/Strohn/Weipert* § 161 HGB Rn. 10; *Binz/Sorg* GmbH & Co. § 3 Rn. 74, 83; vgl. ausf. zur Haftung des Komplementärs → § 41.

Ihrig 229

3. Kapitel. Entstehung der Gesellschaft

schäftsbeginn zugestimmt haben, für bis zur Eintragung der Gesellschaft begründete Verbindlichkeiten die strenge, unbeschränkte Haftung eines persönlich haftenden Gesellschafters, wenn nicht dem Gläubiger die Beteiligung als Kommanditist bekannt war.[4] Die Vorschrift dient dem **Schutz** des abstrakten **Vertrauens der Gläubiger**. Es kommt deshalb nicht darauf an, dass der Gläubiger konkret von der Gesellschaftereigenschaft des Inanspruchgenommenen wusste. Bei Auftreten als GmbH & Co. KG im Rechtsverkehr kann der Gläubiger aber nicht auf eine unbegrenzte Haftung beteiligter natürlicher Personen vertrauen, sondern muss sich Kenntnis von der Beteiligung als Kommanditist entgegenhalten lassen.[5] Die Kommanditisten haften deshalb in der GmbH & Co. KG richtigerweise nur nach § 171 Abs. 1 HGB, also bis zur Höhe der vereinbarten Haftsumme.[6] Erfolgt das Auftreten demgegenüber nicht mit dem Hinweis auf die Verfassung als GmbH & Co., haftet der Kommanditist im Außenverhältnis gemäß § 176 Abs. 1 HGB gleich einem persönlich haftenden Gesellschafter; im Innenverhältnis können dann Regressansprüche bestehen.[7] Bei kraft Gesetzes begründeten Verbindlichkeiten bewendet es demgegenüber bei der beschränkten Kommanditistenhaftung.[8] Trotz Verwendung einer GmbH & Co.-Firma sollte angesichts verbleibender Unsicherheiten in der Rechtsprechung deshalb von einem vorzeitigen Geschäftsbeginn abgesehen werden.

2. Bei Betrieb eines Kleingewerbes oder Beschränkung auf die Verwaltung eigenen Vermögens

7   Betreibt die Gesellschaft kein Handelsgewerbe im Sinne von § 1 Abs. 2 HGB, so wird sie nach §§ 123 Abs. 2, 161 HGB noch nicht mit Geschäftsbeginn, sondern **erst mit der Eintragung** nach außen als KG wirksam. Ab dem Zeitpunkt der Eintragung bemisst sich die Haftung nach den allgemeinen Haftungsregeln der KG (vgl. dazu unten → §§ 42 f.); die Haftung der Komplementär-GmbH wird ihrerseits durch den Stand der GmbH-Gründung bestimmt (dazu sogleich → Rn. 13 ff., III).

8   Vor der Eintragung besteht in diesen Fällen die Gesellschaft noch nicht als KG, sondern ist Gesellschaft bürgerlichen Rechts.[9] Die Haftung bestimmt sich bis zur Eintragung deshalb im Ausgangspunkt nach den für die GbR geltenden Grundsätzen. Erfolgt die Eintragung ins Handelsregister, gehen die Rechte und Pflichten der GbR auf die KG über, ohne dass es hierzu besonderer Übertragungsakte bedürfte.[10]

---

[4] Die Beweislast hierfür obliegt dem Gesellschafter.
[5] Vgl. BGH NJW 1983, 2258 (2260) m. Anm. *K. Schmidt*; *K. Schmidt* Gesellschaftsrecht § 56 III 3b; *K. Schmidt* GmbHR 2002, 341 (344); str. aA zB *Koller/Roth/Morck* § 176 HGB Rn. 4; ebenso noch BGH NJW 1980, 54.
[6] Vgl. *MüKoHGB/K.Schmidt* § 176 Rn. 16.
[7] Vgl. *K. Schmidt* Gesellschaftsrecht § 56 III 3b.
[8] Vgl. BGH NJW 1982, 883; aA aber BSG MDR 1976, 259.
[9] Vgl. *Binz/Sorg* GmbH & Co. § 3 Rn. 65; *K. Schmidt* Gesellschaftsrecht § 56 III 3c; vgl. ferner *Baumbach/Hopt* § 123 HGB Rn. 17.
[10] Vgl. BGHZ 69, 95 (101).

a) Die Haftung der Komplementär-GmbH. Werden im Namen der 9
GmbH & Co. in diesem Stadium Rechtsgeschäfte getätigt, sollte nach der
vormals herrschenden Doppelverpflichtungslehre neben der Verpflichtung
der GbR als solcher im Zweifel zugleich eine Verpflichtung der Gesellschafter und damit auch eine solche der künftigen Komplementärin begründet
werden,[11] und zwar unabhängig davon, ob die Firma der (im Außenverhältnis noch nicht entstandenen KG) verwendet wird oder nicht. Die Verpflichtung der Gesellschafter erforderte jedoch, dass die Geschäftsführer auch gegenüber den Gesellschaftern persönlich über **Vertretungsmacht** verfügten;
dies war regelmäßig anzunehmen, sofern der Gesellschaftsvertrag nichts Abweichendes vorsah und wenn – wie regelmäßig – der GmbH-Geschäftsführer handelte. Nach neuer Rechtsprechung des BGH haften die Gesellschafter
einer GbR kraft Gesetzes zwingend und ohne Rücksicht auf die von den
Mitgesellschaftern erteilte Vertretungsmacht für die Verbindlichkeiten der
GbR akzessorisch mit ihrem Privatvermögen; eine Beschränkung der Haftung auf das Gesellschaftsvermögen ist grundsätzlich möglich, setzt aber eine
individualvertragliche Vereinbarung mit dem Geschäftspartner voraus.[12]
Fehlt es an einer haftungsbeschränkenden Vereinbarung, haftet die Komplementär-GmbH also für alle Verbindlichkeiten der Gesellschaft entsprechend
§ 128 HGB akzessorisch.

b) Die Haftung der Kommanditisten. Schwierigkeiten bereitet die 10
Beurteilung der Haftung des „Kommanditisten". Da die KG noch nicht
wirksam entstanden ist, vielmehr eine GbR vorliegt, handelt es sich auch bei
„Kommanditisten" um BGB-Gesellschafter. Grundsätzlich haften BGB-Gesellschafter für die rechtsgeschäftlich begründeten Gesellschaftsverbindlichkeiten nicht nur mit ihrem Anteil am Gesellschaftsvermögen, sondern auch
mit ihrem Privatvermögen. Die zur Verpflichtung der BGB-Gesellschafter
nach der vormals herrschenden Doppelverpflichtungslehre erforderliche
Vertretungsmacht der geschäftsführenden Komplementär-GmbH ist, wenn
der Gesellschaftsvertrag die Gründung einer KG zum Ziel hatte, jedoch dahin ausgelegt worden, dass sie hinsichtlich der Verpflichtung der „Kommanditisten" auf deren Anteil am Gesellschaftsvermögen beschränkte. Nach der
neueren Rechtsprechung des BGH ist dies so jedoch nicht mehr vertretbar[13]
Gleichwohl wäre eine unbeschränkte Haftung der Kommanditisten bei einer Gesellschaft, die erst bei ihrer Eintragung zur KG wird, nicht gerechtfertigt. Zwar bestimmt § 176 Abs. 1 Satz 2, dass das Haftungsprivileg nach § 176
Abs. 1 Satz 1 HGB (beschränkte Haftung, wenn die Beteiligung als Kommanditist dem Gläubiger bekannt ist) keine Anwendung findet. Indessen ist,
nachdem nunmehr der BGH von einer akzessorischen Haftung der GbR-
Gesellschafter entsprechend § 128 HGB ausgeht, § 176 HGB entsprechend
anzuwenden, sobald eine als Kommanditgesellschaft eintragungsfähige Ge-

---

[11] Ausführlich *Habersack* JuS 1993, 1; vgl. hierzu auch *MüKoBGB/Schäfer* § 714 Rn. 31 ff.
[12] BGHZ 142, 315; BGHZ 146, 341; BGHZ 154, 88; BGHZ 154, 370; vgl. ferner *MüKoBGB/Schäfer* § 714 Rn. 31 ff., 66 f.; *Hesselmann/Tillmann/Mueller-Thuns/Lüke* GmbH & Co. § 3 Rn. 201 f.
[13] Vgl. hierzu *Binz/Sorg* GmbH & Co. § 3 Rn. 79 sowie BGHZ 142, 315.

3. Kapitel. Entstehung der Gesellschaft

sellschaft gebildet ist und das Eintragungsverfahren betrieben wird. Die Normsituation hat sich nämlich grundlegend gewandelt.[14] § 176 Abs. 1 HGB erfüllte früher die Funktion einer *Verschärfung* der Kommanditistenhaftung bei nicht eingetragenen, ein Handelsgewerbe betreibenden Kommanditgesellschaften. Mit der haftungsrechtlichen Gleichstellung von GbR und OHG durch den BGH führt § 176 HGB nunmehr die gegenteilige Funktion einer *Privilegierung* der nicht eingetragenen KG im Verhältnis zu der GbR, bei der eine Haftungsbeschränkung einzelner Gesellschafter nur durch individualvertragliche Vereinbarung und nicht bereits – wie bei § 176 Abs. 1 HGB möglich – durch eine schlichte Mitteilung an den Vertragspartner erfolgen kann.[15] Ist die Gesellschaft auf den Betrieb eines Kleingewerbes gerichtet oder beschränkt sich ihre Geschäftstätigkeit auf die Verwaltung des eigenen Vermögens, und betreiben die Gesellschafter die Eintragung, so findet § 176 Abs. 1 Satz 1 HGB nach der hier vertretenen Auffassung auf die Haftung der Gesellschafter analoge Anwendung, mit der Konsequenz, dass sich die Kommanditisten auf die beschränkte Haftung berufen können, sofern die Beteiligung als Kommanditist dem Gläubiger bekannt gemacht worden ist. Es gilt insofern dasselbe wie bei dem Betrieb eines Handelsgewerbes im Sinne von § 1 Abs. 2 HGB.[16] Bei einer Verwendung der Firma GmbH & Co. findet also § 176 Abs. 1 Satz 1 HS. 2 HGB entsprechende Anwendung.[17]

11 Sofern die Gesellschafter keine eintragungsfähige Kommanditgesellschaft gegründet haben, sich aber gleichwohl als Kommanditisten gerieren, haften sie entsprechend § 128 HGB unbeschränkt, selbst wenn eine GmbH & Co.-Firma Verwendung findet. Nach einer verbreiteten Auffassung sollte § 176 HGB zwar **kraft Rechtsscheins** auf eine scheinkaufmännische Gesellschaft anzuwenden sein.[18] Der BGH[19] hatte eine analoge Anwendung von § 176 HGB in ständiger Rechtsprechung abgelehnt. Das ist im Lichte der Haftungsverfassung der Gesellschaft bürgerlichen Rechts jetzt zutreffend. Durch die bloße Verlautbarung, es sei eine GmbH & Co. KG gegeben, kann das Haftungsprivileg nach § 176 HGB nicht erreicht werden.[20]

---

[14] Vgl. hierzu ausf. MüKoHGB/*K. Schmidt* § 176 Rn. 3, 6.
[15] Siehe v.a. MüKoHGB/*K. Schmidt* § 176 Rn. 6; *Binz/Sorg* GmbH & Co. § 3 Rn. 80.
[16] Dazu überzeugend *K. Schmidt* GesR § 55 I 2; MüKoHGB/*K. Schmidt* § 176 Rn. 6; *Binz/Sorg* GmbH & Co. § 3 Rn. 80; in dieselbe Richtung *Mülbert* ACP 199 (1999), 96 ff.; eingehend *K. Schmidt* GmbHR 2002, 341 ff.; kritisch, aber zustimmend ab Stellung des Eintragungsantrags *Dauner/Lieb* FS für Stimpel, 835 (846); aA die nach wie vor hM, vgl. *Clauss/Fleckner* WM 2003, 1790 (1793 f.); Baumbach/*Hopt* § 176 Rn. 6; *Matheus/Schwab* ZGR 2008, 65 (87 f.).
[17] Vgl. *Binz/Sorg* GmbH & Co. § 3 Rn. 80; *Hesselmann/Tillmann/Mueller-Thuns/Lüke* GmbH & Co. § 3 Rn. 202; *MüKo/K. Schmidt* § 123 HGB Rn. 18; ähnlich *Ebenroth/Bonjong/Joost/Strohn* § 176 HGB Rn. 22, der auf die „typische Verkehrserwartung" abstellt.
[18] So OLG Nürnberg WM 1961, 124 (126); *MüKo/K. Schmidt* § 176 HGB Rn. 7.
[19] Vgl. BGHZ 61, 59 (66 f.), 69, 95 (98); ebenso *Baumbach/Hopt* § 176 HGB Rn. 7; *Heymann/Horn* § 176 HGB Rn. 10; *Kollhosser* ZGR 1976, 231 (235).
[20] So mit Recht *K. Schmidt* Gesellschaftsrecht § 56 III 3c.

c) Die Haftung der Geschäftsführer der Komplementär-GmbH.

Daneben stellt sich die Frage, ob der GmbH-Geschäftsführer für die eingegangenen **Verpflichtungen** persönlich in Anspruch genommen werden kann, wenn er als Vertreter der „Komplementärin" für die künftige KG in der Phase **vor der Eintragung** im Rechtsverkehr tätig wird. Der BGH stellte im Leitsatz einer älteren Entscheidung[21] fest, wer im Namen einer noch nicht entstandenen GmbH & Co. KG als deren Gründer einen Vertrag schließe, hafte entsprechend § 179 Abs. 1 BGB unbeschränkt auf Erfüllung, wenn die Gesellschaft nicht existent werde oder den Vertrag nicht genehmige. In einer späteren Entscheidung[22] hat der BGH aber mit Recht klargestellt, dass die Verpflichtung der KG nur dann von einer nachträglichen Genehmigung abhängen kann, wenn die Verpflichtung ausnahmsweise an diese Genehmigung geknüpft worden sei.

Für die Fälle, in denen die KG nicht zur Entstehung gelangt, weil ihre Eintragung scheitert, stellt sich die Frage nach der **persönlichen Haftung** des handelnden GmbH-Geschäftsführers aber noch immer. Zwar ist in der Rechtsprechung im Grundsatz anerkannt, dass § 179 Abs. 1 BGB dann entsprechend anzuwenden ist, wenn jemand im Namen einer nicht existierenden Person vertragliche Vereinbarungen trifft.[23] In der hier betrachteten Konstellation ist eine solche Haftung aber nicht gerechtfertigt, weil die Gesellschaftsgläubiger im Ergebnis haftungsmäßig nicht schlechter stehen, als wenn die vertretene GmbH & Co. KG bereits entstanden wäre.[24] Der von § 179 Abs. 1 S. 1 BGB bezweckte Schutz des Geschäftspartners gebietet folglich **keine Haftung** des Vertreters. Gleichwohl muss dem GmbH-Geschäftsführer angesichts der in diesem Bereich nach wie vor bestehenden Rechtsunsicherheit davon abgeraten werden, im Namen der noch nicht existenten KG im Geschäftsverkehr tätig zu werden, ohne dies nach außen kundzutun. Stellt der Geschäftsführer gegenüber dem Geschäftspartner klar, dass die KG also solche mangels Eintragung noch nicht entstanden ist, kommt eine persönliche Inanspruchnahme des GmbH-Geschäftsführers nicht in Betracht, weil es sich entweder schon um keine Vertretung der GbR – und damit um keine Vertretung der inexistenten KG – handelt oder weil § 179 Abs. 3 S. 1 BGB eingreift.

III. Die Haftungssituation in der GmbH während der Gründungsphase

Hat die Komplementär-GmbH für die Verbindlichkeiten der wirksam entstandenen KG oder der noch nicht wirksam entstandenen KG, bei der es sich in Wirklichkeit um eine GbR handelt, einzustehen, hängt die Haftungssituation in der GmbH davon ab, in welchem Stadium des Gründungsprozes-

---

[21] BGHZ 63, 45.
[22] BGHZ 69, 95 (101 f.).
[23] So BGHZ 105, 283 (285).
[24] Vgl. *Binz/Sorg* GmbH & Co. § 3 Rn. 81/82; *Heymann/Horn* § 176 HGB Rn. 10.

ses sie sich befindet. Keine Schwierigkeiten bestehen, wenn die GmbH in das Handelsregister eingetragen ist. Mit der **Eintragung** entsteht die GmbH als juristische Person, § 11 Abs. 1 GmbHG. Nach § 13 Abs. 1 GmbH haftet für die Verbindlichkeiten der Gesellschafter dann nur das Gesellschaftsvermögen; eine **persönliche Haftung** der Gesellschafter **scheidet aus**. Schwieriger gestaltet sich die Rechtslage hingegen dann, wenn die GmbH noch nicht eingetragen ist; gemäß § 11 Abs. 1 GmbHG besteht die Gesellschaft dann noch nicht als GmbH. Trotz mehrerer richtungweisender höchstrichterlicher Entscheidungen ist die Haftungsverfassung in der Vorgesellschaft noch immer umstritten.

1. Die Abgrenzung zur sog. Vorgründungsgesellschaft

15 Abzugrenzen sind die Fälle der sog. **Vorgesellschaft** zunächst von denen der sog. Vorgründungsgesellschaft. Als Vorgesellschaft bezeichnet man die noch nicht wirksam entstandene GmbH im Gründungsstadium, das mit dem Abschluss des notariell beurkundeten (§ 2 Abs. 1 S. 1 GmbHG) Gesellschaftsvertrages beginnt und mit der Eintragung im Handelsregister endet.[25] Demgegenüber ist die **Vorgründungsgesellschaft** das rechtliche Gebilde, das entsteht, wenn sich die Gesellschafter schon vor Abschluss des förmlichen Gesellschaftsvertrages zum Zwecke der Gründung der GmbH vertraglich zusammenschließen.[26] Auf die Vorgründungsgesellschaft findet das Recht der Vorgesellschaft keine Anwendung.[27]

2. Die Gründerhaftung in der Vorgesellschaft

16 **a) Die Vorgesellschaft und ihre Handlungsfähigkeit.** Bei der Vorgesellschaft handelt es sich um eine notwendige Durchgangsstufe auf dem Wege zur Entstehung der GmbH; sie stellt eine Organisationsform sui generis dar.[28] Mit der Eintragung der GmbH und der damit verbundenen Entstehung als juristische Person gehen sämtliche Rechte und Pflichten von der Vorgesellschaft auf die GmbH über, ohne dass es hierzu eines besonderen Übergangsaktes bedürfte.[29] Ist die Eintragung als GmbH nicht oder nicht mehr beabsichtigt, oder ist die Eintragung endgültig gescheitert, handelt es

---

[25] Vgl. *Lutter/Hommelhoff* /*Bayer* § 11 GmbHG Rn. 5; *Rowedder/Schmidt-Leithoff* § 11 GmbHG Rn. 4.
[26] Ausführlich dazu *Grottke*, Vorgründungsgesellschaft; *Lutter/Hommelhoff/Bayer* § 11 GmbHG Rn. 2; *Rowedder/Schmidt-Leithoff* § 2 GmbHG Rn. 87/88; *Lutter* JuS 1998, 1075.
[27] Vgl. *Lutter/Hommelhoff/Bayer* § 11 GmbHG Rn. 2 m. ausf. Darstellung des Rechts der Vorgründungsgesellschaft.
[28] Vgl. BGH WM 1980, 955 (956); *Hesselmann/Tillmann/Mueller-Thuns/Lüke* GmbH & Co. § 3 Rn. 207; *Lutter/Hommelhof/Bayerf* § 11 GmbHG Rn. 5; *Baumann* JZ 1998, 597 (599); BAG BB 1997, 1208; Anm. *Goette* EWiR 1997, 849.
[29] Vgl. *Hesselmann/Tillmann/Mueller-Thuns/Lüke* GmbH & Co. KG § 3 Rn. 209; *Rowedder/Schmidt-Leithoff* § 11 GmbHG Rn. 32; *K. Schmidt* Gesellschaftsrecht § 34 III 4a; BGHZ 80, 129 (139 f.); das gilt für die Vorgründungsgesellschaft nicht, vgl. BGH MDR 1998, 607; *Gehrlein* NJW 1998, 2651; *K. Schmidt* GmbHR 1998, 613; *Reinersdorff* NZG 1998, 383; *Dreher/Kreiling* EWiR 1998, 417.

§ 12 *Haftung im Gründungsstadium der GmbH & Co. KG*

sich um eine sog. **unechte Vorgesellschaft**, auf die die Regeln der OHG oder der GbR anzuwenden sind.[30]

Während die Rechtsprechung[31] für die GmbH zunächst von einem Vorbelastungsverbot ausging (eine Verpflichtung der werdenden GmbH war danach nur möglich, soweit es sich um gründungsnotwendige Geschäfte handelte), um sicherzustellen, dass das Stammkapital der Gesellschaft nicht schon vor der Eintragung der Gesellschaft vermindert wird, hat der BGH das Vorbelastungsverbot zugunsten einer **Vorbelastungs-** oder **Unterbilanzhaftung** aufgegeben.[32] Heute ist allgemein anerkannt, dass die Vorgesellschaft voll handlungsfähig ist[33] und sie somit Gesellschafterin einer GbR wie auch Komplementärin einer KG sein kann.[34] Allerdings bedarf es einer entsprechenden Erweiterung der Vertretungsmacht der Geschäftsführer, damit die Vorgesellschaft Gesellschafterin der KG werden kann.[35] 17

b) Die Unterbilanzhaftung. Auch nach Aufgabe des Vorbelastungsverbots muss im Interesse des Gläubigerschutzes die ordnungsgemäße Kapitalaufbringung mit der Folge sichergestellt werden, dass das Kapital im Zeitpunkt der Entstehung der GmbH vollständig vorhanden sein muss (sog. **Unversehrtheitsgrundsatz**). Zu diesem Zweck hat die Rechtsprechung die sog. Vorbelastungs- bzw. Unterbilanzhaftung entwickelt: Unterschreitet das Nettoreinvermögen der GmbH im Augenblick der Eintragung ins Handelsregister die Stammkapitalziffer, so haften die Gesellschafter, sofern sie mit der Geschäftstätigkeit vor Eintragung einverstanden waren,[36] nach dem Verhältnis ihrer Geschäftsanteile auf Ausgleich der Differenz in Geld.[37] Sind einzelne Gesellschafter zur Leistung ihres Anteils an der Verlustausgleichspflicht nicht in der Lage, findet die Ausfallhaftung nach § 24 GmbHG entsprechende Anwendung.[38] Die Haftung ist auch nicht auf den Betrag 18

---

[30] Näher *Rowedder/Schmidt-Leithoff* § 11 GmbHG Rn. 22 mwN; zur Abgrenzung von echter und unechter Vorgesellschaft: *Eckardt*, Die Vor-GmbH im zivilprozessualen Erkenntnisverfahren und in der Einzelvollstreckung, 17; *Knoche*, Gründerhaftung und Interessenausgleich, 1990, 59; *Wiegand* BB 1998, 1065 (1070); *Boujong* NZG 1998, 745 (747); BAG GmbHR 1998, 39; Anm. *Kohte* EWiR 1998, 373; LG Dresden Anm. *Seeger* EWiR 1999, 171.
[31] Vgl. BGHZ 45, 338 (342 f.); 65, 378 (383).
[32] BGHZ 80, 129; im Anschluss namentlich an *Ulmer* ZGR 1981, 593; dazu außerdem *Hartmann* WiB 1997, 66 (67); vgl. auch *Goette* DStR 1997, 924 f.
[33] BGH Beschl. v. 16.3.1992 – II ZB 17/91, BGHZ 117, 323 (326) = NJW 1992, 1824; *Lutter/Hommelhoff* § 11 GmbHG Rn. 3 mwN.
[34] Näher *Binz/Sorg* GmbH & Co. § 3 Rn. 70; *Ulmer* ZGR 1981, 593 (614).
[35] Näher *Rowedder/Schmidt-Leithoff* § 11 GmbHG Rn. 170; aA *Scholz/K.Schmidt* § 11 GmbHG Rn. 72; *Wiegand* BB 1998, 1065 (1071).
[36] Vgl. *Grunert* DStR 1997, 1007 (1009); *Goette* DStR 1997, 924; *Wiegand* BB 1998, 1065 (1071); *Beuthien* NJW 1997, 565 (566 f.).
[37] Vgl. *Baumbach/Hueck/Fastrich* § 11 GmbHG Rn. 25 ff., 29; vgl. hierzu auch *Lutter/Hommelhoff/Bayer* § 11 GmbHG Rn. 20; *Goette* DStR 1997, 924 (925). Zu der zu erstellenden Vorbelastungsbilanz BGH BB 1997, 2475, Anm. *Goette* DStR 1997, 1859; *Wilken* EWiR 1998, 33; BGH DB 1998, 37, Anm. *Goette* DStR 1999, 207; *Salje* NZG 1999, 209; KG GmbHR 1997, 1066; *Kleindiek* ZGR 1997, 426 (443).
[38] Vgl. BGHZ 80, 129 (141); *Ulmer* ZGR 1981, 593 (611).

des Stammkapitals beschränkt, sie geht vielmehr auf vollen Verlustausgleich.[39]

19 Die Unterbilanzhaftung ist Innenhaftung, also Haftung gegenüber der Gesellschaft.[40] Ansprüche hieraus verjähren allerdings – abweichend von der normalen 30-jährigen Frist für Einlageforderungen – wegen der Herleitung der Haftung aus der Differenzhaftung nach § 9 GmbHG in fünf Jahren.[41]

20 **c) Die Verlustdeckungshaftung.** Neben der Unterbilanzhaftung stellt sich die weitere Frage nach einer unmittelbaren Inanspruchnahme der Gründungsgesellschafter für die in der Gründungsphase eingegangenen Verbindlichkeiten der Vor-GmbH. Ihr kommt in den Fällen Bedeutung zu, in denen die Eintragung der Gesellschaft ausbleibt, da die Unterbilanzhaftung an die Eintragung der Gesellschaft und an die Differenz zwischen dem Nettoreinvermögen und der Kapitalziffer im Zeitpunkt der Eintragung anknüpft. Der BGH[42] befürwortete insoweit zunächst eine auf den Betrag der übernommenen, aber noch nicht erfüllten Einlageverpflichtung begrenzte **Außenhaftung** der Gründer gegenüber den Gesellschaftsgläubigern, die mit der Eintragung der GmbH ins Handelsregister erlöschen sollte. Auch insoweit sollte die Ausfallhaftung nach § 24 GmbHG entsprechende Anwendung finden. In der Literatur war dieser Standpunkt höchst umstritten. Während einige Autoren für eine unbeschränkte Außenhaftung der Gesellschaft eintraten,[43] plädierten andere[44] für ein System der (beschränkten oder unbeschränkten) Innenhaftung.[45]

21 Dieser Auffassung hat sich der BGH mit Urteil vom 27.1.1997[46] angeschlossen.[47] Danach sind die Gesellschafter einer Vorgesellschaft bei Scheitern der Eintragung verpflichtet, die bei dieser Gelegenheit entstandenen, nicht vom Gesellschaftsvermögen gedeckten Anlaufverluste durch Leistung an die Gesellschaft auszugleichen.[48] Die **Verlustdeckungshaftung** besteht

---

[39] BGH GmbHR 1982, 235; vgl. *Baumbach/Hueck/Fastrich* § 11 GmbHG Rn. 25; zur Haftung bei Anteilsübertragung vgl. *K. Schmidt* GmbHR 1997, 869 (874).

[40] Vgl. BGH DStR 1997, 625; *Kleindiek* ZGR 1997, 427 (442); *Boujong* NZG 1998, 745 (747).

[41] BGHZ 80, 129 (141); 105, 300 ff. Zur Frage der Darlegungs- und Beweislast hinsichtlich Unversehrtheit des Stammkapitals bei Inanspruchnahme von einem Gläubiger aus Unterbilanzhaftung vgl. LG Frankfurt GmbHR 1998, 245 f.; vom Konkursverwalter dagegen *Boujong* NZG 1998, 745 (746).

[42] BGHZ 72, 45 (49 f.).

[43] So *Roth* ZGR 1984, 597 (609); *K. Schmidt* Gesellschaftsrecht § 34 III 3c; *K. Schmidt* ZIP 1996, 353.

[44] *Stimpel* FS Fleck, 345 (361); *Ulmer* ZIP 1996, 733 (738).

[45] Umfassende Darstellung des Meinungsstandes bei *Hartmann* WiB 1997, 66 (68 f.); vgl. auch die ausf. Darstellung bei *Jäger*, Persönliche Gesellschafterhaftung, 30 ff.

[46] BGHZ 134, 333 = ZIP 1997, 679; vgl. auch die ausf. Urteilsanalyse von *Kleindiek* ZGR 1997, 427 m. Anm. *Wilken* GmbHR 1997, 409 f.; *Goette* DStR 1997, 628; *Gummert* WiB 1997, 465 f.; *Fleischer* EWiR 1997, 463 f.; *K. Schmidt* ZIP 1997, 671.

[47] Zur Entwicklung der Rspr. vgl. *Flume* DB 1998, 45; *Gummer*, DStR 1997, 1007.

[48] Zum Inhalt und Umfang der Haftung vgl. *Wiegand* BB 1998, 1065 (1068); *Gummert* DStR 1997, 1007 (1009). Zur Haftung bei Anteilsübertragung vgl. *K. Schmidt* GmbHR 1997, 869 (874).

entsprechend dem jeweiligen Beteiligungsverhältnis und allein **gegenüber der Vorgesellschaft**.[49] Der praktische Unterschied zwischen den beiden Haftungskonzepten tritt in den Fällen der **masselosen Insolvenz** zutage. Während Gläubiger im Falle einer Außenhaftung gleichwohl Befriedigung durch die Gesellschafter erhalten, können die Gesellschafter bei Anwendung der Innenhaftung nur im Wege des Haftungsdurchgriffs in Anspruch genommen werden.[50] Mindestens zweifelhaft dürfte sein, ob dem BGH auch insoweit zu folgen ist, als er die Haftung erst mit dem Scheitern der Eintragung entstehen lässt,[51] oder ob die Haftung richtigerweise bereits ab dem Zeitpunkt der einvernehmlichen Geschäftsaufnahme besteht.[52] Folgt man dem BGH, so können die Gläubiger ihre Ansprüche erst durchsetzen, wenn das Scheitern der Eintragung feststeht.[53] Entstehen die Ansprüche der Vor-GmbH gegen die Gründer hingegen schon mit der Geschäftsaufnahme, können die Gläubiger ab diesem Zeitpunkt im Wege der Zwangsvollstreckung auf diese Ansprüche zugreifen.

3. Die Handelndenhaftung nach § 11 Abs. 2 GmbHG

Nach § 11 Abs. 2 GmbHG haften die Handelnden persönlich und solidarisch für Verbindlichkeiten der GmbH, wenn vor ihrer Eintragung im Namen der Gesellschaft gehandelt worden ist. Ob diese Vorschrift auch dann anzuwenden ist, wenn der Geschäftsführer der nicht eingetragenen GmbH als Komplementärin Rechtsgeschäfte im Namen der KG abschließt, ist umstritten.[54] 22

a) Meinungsstand. Die h. M. bejaht in diesen Fällen die Anwendbarkeit des § 11 Abs. 2 GmbHG mit dogmatisch abweichenden Begründungen. Der BGH bejaht eine **analoge Anwendung** der Handelndenhaftung, weil der GmbH-Geschäftsführer durch sein Handeln für die KG die akzessorische Haftung der Vor-GmbH nach § 128 HGB auslöse.[55] Nach einer im Schrifttum vertretenen Auffassung ist § 11 Abs. 2 GmbHG unmittelbar anwendbar, weil es um die Haftungsfolgen aus dem Handeln des Geschäftsführers als Vertreter der Vor-GmbH gehe.[56] Eine dritte Ansicht hingegen lehnt sowohl eine unmittelbare als auch eine analoge Anwendung von § 11 Abs. 2 GmbHG ab.[57] 23

---

[49] Dem BGH nicht folgend LSG Bad.-Württ. ZIP 1997, 165; LAG Köln DStR 1998, 178; krit. *Michalski/Barth* NZG 1998, 525; *Altmeppen* NJW 1997, 3272.
[50] Näher dazu *Kleindiek* ZGR 1997, 427 (439); *Ulmer* ZIP 1996, 733 (735 f.).
[51] BGHZ 134, 333 (340 f.) = BGH DStR 1997, 625 (628); zur Außenhaftung bei der unechten Vorgesellschaft vgl. auch BGHZ 143, 314 (320 f.) = NJW 2000, 1193 (1194) = DB 2000, 564 (565).
[52] Dafür *Ulmer* ZIP 1996, 733 (738).
[53] Zur Festlegung dieses Zeitpunkts *Wiegand* BB 1995, 1065 (1067).
[54] Vgl. die ausf. Darstellung des Streitstandes bei *Hachenburg/Ulmer* § 11 GmbHG Rn. 139 ff.
[55] Vgl. BGHZ 80, 129 (133); ebenso GK/*Ulmer/Habersack* § 11 GmbHG Rn. 167 f.; *Roth/Altmeppen* § 11 GmbHG Rn. 94.
[56] So *Huber* FS Hefermehl, 127 (156); *K. Schmidt* NJW 1981, 1345 (1346 f.); *Baumbach/Hueck/Fastrich* § 11 GmbHG Rn. 70; aA *Hennerkes/Binz* DB 1982, 1971 f.
[57] So *Binz/Sorg* GmbH & Co. § 3 Rn. 92 ff.; *so wohl auch Hesselmann/Tillmann/Mueller-Thuns/Lüke* GmbH & Co. § 3 Rn. 216 f.

3. Kapitel. Entstehung der Gesellschaft

24 **b) Stellungnahme.** Sofern mit unterschiedlichen Erwägungen in der Literatur eine Anwendung von § 11 Abs. 2 GmbH abgelehnt wird, ist dem zu **widersprechen**. Insbesondere das Argument, die Anwendung von § 11 Abs. 2 GmbH scheitere daran, dass die Gesellschaftsgläubiger sonst in ungerechtfertigter Weise besser gestellt würden, als wenn die GmbH bereits entstanden und darum unmittelbar und allein verpflichtet worden wäre,[58] kann nicht überzeugen. Hinsichtlich des Haftungsumfangs ist es aber gerechtfertigt, den Gläubiger nicht besser zu stellen, als wenn die GmbH bei Vertragsschluss bereits eingetragen gewesen wäre.[59] Die Anwendung des § 11 Abs. 2 GmbHG als solche führt hingegen nicht zu einer Besserstellung der Gläubiger, sondern kompensiert **Defizite im Gläubigerschutz**, die im Stadium der Gründung der GmbH bestehen (dazu sogleich). Sofern die Ablehnung der Anwendung von § 11 Abs. 2 GmbHG damit begründet wird, dass es hier kein unmittelbares Handeln des Geschäftsführers im Namen der GmbH gebe, es sich vielmehr nur um eine Vertretung der GmbH & Co. handele, die nur zu einer mittelbaren Haftung der GmbH führe,[60] lassen sich daraus jedenfalls keine Einwände gegen eine an der Kompensation von Gläubigerschutzdefiziten orientierte analoge Anwendung der Rechtsnorm herleiten.

25 Richtigerweise ist § 11 Abs. 2 GmbHG zumindest analog anwendbar.[61] Der Zweck des § 11 Abs. 2 GbmHG liegt darin, dem Gläubiger der Vorgesellschaft einen Ausgleich dafür zu gewähren, dass die Kapitalgrundlage der Vorgesellschaft anders als die der eintragenden GmbH gerichtlich noch nicht kontrolliert und sichergestellt ist.[62] Dieses **Schutzbedürfnis** besteht auch für die Gläubiger der GmbH & Co. KG. In den Fällen, in denen die GmbH als Komplementärin fungiert, haftet sie dem Gläubiger der KG bzw. der GbR nach § 13 Abs. 2 GmbHG nur mit ihrem Gesellschaftsvermögen. Diese Haftungsbegrenzung bei der GmbH geht nach der gesetzlichen Konzeption mit vielfältigen Schutzmechanismen des **Rechts der Kapitalaufbringung** einher,[63] die sicherstellen sollen, dass der Haftungsfonds, auf den die Gläubiger zugreifen können, vollständig aufgebracht wird. Im Stadium vor Eintragung der GmbH, in dem die Prüfung des Registerrichters nach § 9c GmbHG noch nicht stattgefunden hat, greift dieser Schutzmechanismus jedoch noch nicht voll ein. Die daraus resultierenden Gläubigerschutzdefizite im Stadium der Vorgesellschaft sollen durch die **persönliche Haftung** derer ausgeglichen werden, die für die Gesellschaft in diesem Zeitraum rechtsgeschäftlich

---

[58] So *Binz*, Haftungsverhältnisse, 354; aA zu Recht GK/*Ulmer/Habersack* § 11 GmbHG Rn. 167 f.

[59] Vgl. auch *Baumbach/Hueck/Fastrich* § 11 GmbHG Rn. 70 mit Rn. 45; GK/*Ulmer/Habersack* § 11 GmbHG Rn. 167 f.; *Roth/Altmeppen* § 11 GmbHG Rn. 94.

[60] So *Binz/Sorg* GmbH & Co. § 3 Rn. 95.

[61] *Scholz/K. Schmidt* § 11 GmbHG Rn. 188 mwN zu Stimmen, die eine unmittelbare oder eine analoge Anwendung befürworten. Für eine analoge Anwendung bspw. *Hachenburg/Ulmer* § 11 GmbHG Rn. 141.

[62] Vgl. BGHZ 80, 129 (133); *Hachenburg/Ulmer* § 11 GmbHG Rn. 98; *Knoche*, Gründerhaftung und Interessenausgleich, 179; *Lutter/Hommelhoff/Bayer* § 11 GmbHG Rn. 24 m. Darstellung überholter Ansichten zum Normzweck.

[63] Vgl. *Theobald*, Vor-GmbH, 84 ff.

handeln. Aus diesem Grund muss § 11 Abs. 2 GmbH auch in der hier zu betrachtenden Konstellation Anwendung finden.[64]

c) **Die Handelnden.** Unter den Begriff der Handelnden im Sinne des § 11 Abs. 2 GmbHG fallen die **Geschäftsführer** der GmbH, wobei es weder auf die Wirksamkeit ihrer Bestellung noch auf ihre Vertretungsmacht beim Handeln für die Gesellschaft ankommt.[65] Im Übrigen wird der Begriff des Handelnden **eng ausgelegt.** Gründer, die der Geschäftsaufnahme durch die Geschäftsführer zugestimmt haben, unterliegen der Haftung aus § 11 Abs. 2 GmbHG nicht,[66] es sei denn sie treten nach Art von Geschäftsführern auf.[67] Auch Bevollmächtigte oder sonstige Hilfspersonen, derer sich der Geschäftsführer bedient, sind keine Handelnden im Sinne des § 11 Abs. 2 GmbHG.[68] Der Geschäftsführer selbst haftet indes, wenn er einen **Bevollmächtigten** für sich handeln lässt.[69] Fraglich ist allerdings, ob die Handelndenhaftung des GmbH-Geschäftsführers auch dann eingreift, wenn auf Veranlassung des GmbH-Geschäftsführers ein Bevollmächtigter im Namen der KG auftritt, oder ob die Haftung des GmbH-Geschäftsführers auf diesem Weg umgangen werden kann. Von Letzterem gehen zumindest Teile der Literatur aus.[70] Klar ist, dass jedenfalls der Bevollmächtigte selbst nicht haftet. Für die Haftung des Geschäftsführers in solchen Fällen sprechen jedoch gewichtige und überzeugende Gründe.[71] Wenn der Geschäftsführer einer Vor-GmbH eine Person bevollmächtigt, für die KG zu handeln, treten die genannten Defizite im Gläubigerschutz genauso zutage, wie wenn der Geschäftsführer sich eines für die GmbH handelnden Bevollmächtigten bedient, so dass im Ergebnis nichts anderes gelten kann. Der Umstand, dass der Bevollmächtigte nur Vertretungsmacht besitzt, die KG, nicht aber unmittelbar die GmbH zu vertreten, steht dieser Beurteilung nicht entgegen. Die teilweise[72] geäußerte Befürchtung, die Handelndenhaftung könne durch die Bestellung eines für die KG bzw. für die GbR handelnden Vertreters umgangen werden und ein Wertungswiderspruch eintreten, ist unbegründet.

26

---

[64] 68/151/EWG abgedr. bei *Lutter,* Europäisches Unternehmensrecht, 107; so auch *Scholz/K. Schmidt* § 11 GmbHG Rn. 188; ob, wie teilweise vertreten wird, de lege ferenda eine Streichung der Handelndenhaftung in Betracht kommt, ist im Hinblick auf Art. 7 der Ersten Richtlinie v. 9.3.1968 zweifelhaft.

[65] Vgl. BGHZ 53, 210 (216); *Hachenburg/Ulmer* § 11 GmbHG Rn. 105; *Rowedder/Schmidt-Leithoff* § 11 GmbHG Rn. 112, 116; zur Haftung bei Unterlassen AG Holzminden NJW-RR 1997, 871 (872).

[66] Vgl. BGHZ 47, 25 (28 f.); *Lutter/Hommelhoff/Bayer* § 11 GmbHG Rn. 26; AG Holzminden NJW-RR 1997, 872.

[67] Dazu näher *Hachenburg/Ulmer* § 11 GmbHG Rn. 107.

[68] BGHZ 66, 359 (361); *Scholz/K.Schmidt* § 11 GmbHG Rn. 105.

[69] BGHZ 53, 206 (208); *Lutter/Hommelhoff/Bayer* § 11 GmbHG Rn. 26; *Rowedder/Schmidt-Leithoff* § 11 GmbHG Rn. 111; BGHZ 65, 378, zit. von *Sudhoff,* Rechte und Pflichten, 146.

[70] So *Binz/Sorg* GmbH & Co. § 3 Rn. 93; *Hesselmann/TillmannMueller-Thuns/Lüke* GmbH & Co. § 3 Rn. 219.

[71] Vgl. hierzu nur und mwN *Baumbach/Hueck/Fastrich* § 11 GmbHG Rn. 47; *Scholz/K. Schmidt* § 11 GmbHG Rn. 113.

[72] Vgl. *Binz/Sorg* GmbH & Co. § 3 Rn. 93.

3. Kapitel. Entstehung der Gesellschaft

27   **d) Haftungsvoraussetzungen.** Die Haftung nach § 11 Abs. 2 GmbHG greift grundsätzlich nur für **rechtsgeschäftlich** begründete Verbindlichkeiten ein,[73] nicht hingegen für Sozialversicherungsbeiträge[74] oder Steuern[75] und auch nicht für Altschulden bei Fortführung eines Handelsgeschäfts.[76] Demgegenüber ist bei Ansprüchen aus gesetzlichen Schuldverhältnissen darauf abzustellen, ob diese ihre Grundlage in einer rechtsgeschäftlichen Beziehung haben.[77] Bei **mehreren Geschäftsführern** hängt die Haftung des einzelnen Geschäftsführers auch von der Aufgabenverteilung zwischen den Geschäftsführern im Innenverhältnis ab.[78] Nach ihrem Schutzzweck kann die Handelndenhaftung nur gegenüber **Dritten**, nicht aber gegenüber Gesellschaftern eingreifen.[79]

28   **e) Haftungsumfang.** Die Haftung des Handelnden nach § 11 Abs. 2 GmbHG ist grundsätzlich akzessorisch zur Verpflichtung der Vorgesellschaft. Der Geschäftsführer kann sich auf alle der Vorgesellschaft zustehenden Einwendungen und Einreden berufen; § 129 Abs. 1 bis 3 HGB gilt entsprechend.[80] **Mit der Eintragung** ins Handelsregister **erlischt** die Handelndenhaftung.[81] Der Geschäftsführer kann seine Haftung durch Vereinbarung mit dem Vertragspartner der Gesellschaft ausschließen.[82]

29   **f) Erstattungsansprüche des Geschäftsführers.** Wird der Geschäftsführer von Gläubigern gemäß § 11 Abs. 2 GbmHG in Anspruch genommen, hat er aus §§ 611, 675, 670 BGB bis zur Eintragung einen Erstattungsanspruch gegen die *Vorgesellschaft*, danach einen solchen gegen die GmbH. Droht die Inanspruchnahme, richtet sich der Anspruch auf **Schuldbefreiung** nach § 257 BGB. Hat der Geschäftsführer seine Befugnisse überschritten, steht ihm nur ein Anspruch nach den Regeln der Geschäftsführung ohne Auftrag zu.[83]

---

[73] Vgl. *Baumbach/Hueck/Fastrich* § 11 GmbHG Rn. 49; LAG Berlin GmbHR 1999, 181 f.; aA *Derwisch/Ottenberg*, Haftungsverhältnisse der Vor-GmbH, 58; *Sudhoff*, Rechte und Pflichten, 146; für Ansprüche aus rechtsgeschäftsähnlichem Handeln OLG Karlsruhe BB 1998, 497.

[74] BSG ZIP 1986, 645 f.; *Michalski* NZG 1998, 248.

[75] BFH GmbH-Stpr 1997, 133.

[76] *Rowedder/Schmidt-Leithoff* § 11 GmbHG Rn. 120.

[77] Näher *Hachenburg/Ulmer* § 11 GmbHG Rn. 108.

[78] Ausf. *Hachenburg/Ulmer* § 11 GmbHG Rn. 110.

[79] *Lutter/Hommelhoff/Bayer* § 11 GmbHG Rn. 28; *Rowedder/Schmidt-Leithoff* § 11 GmbHG Rn. 121.

[80] Ausf. *Hachenburg/Ulmer* § 11 GmbHG Rn. 113 ff. auch zu den bei fehlender Vertretungsmacht zu beachtenden Besonderheiten; *Grunert* DStR 1997, 1007 (1011); zur Frage der Vertretungsmacht bei der Vor-GmbH vgl. *Beuthien* NJW 1997, 565; *Wiegand* BB 1998, 1065 (1071); vgl. hierzu auch *Rowedder/Schmidt-Leithoff* § 11 GmbHG Rn. 123 ff.; *Scholz/K. Schmidt* § 11 GmbHG Rn. 123.

[81] BGHZ 80, 182; *Scholz/K.Schmidt* § 11 GmbHG Rn. 130; krit. *Schulz* JuS 1982, 732 (738 f.).

[82] Vgl. *Rowedder/Schmidt-Leithoff* § 11 GmbHG Rn. 126; *Sudhoff*, Rechte und Pflichten, 146.

[83] Vgl. *Baumbach/Hueck/Fastrich* § 11 GmbHG Rn. 54; *Hachenburg/Ulmer* § 11 GmbHG Rn. 121 f.; *Rowedder/Schmidt-Leithoff* § 11 GmbHG Rn. 129.

§ 12 *Haftung im Gründungsstadium der GmbH & Co. KG*

Schwierig zu beantworten ist die Frage, ob auch Regressansprüche **gegen** 30
die Gesellschafter persönlich bestehen. Verbreitet wird dies – wenn auch
mit unterschiedlicher Begründung und mit unterschiedlichen Einschränkungen – bejaht.[84] Doch zum einen steht der Geschäftsführer nur mit der
Vor-GmbH, nicht aber auch mit deren Gesellschaftern in vertraglichen Beziehungen, zum anderen besteht angesichts der in diesem Stadium bestehenden Innenhaftung der Gesellschafter (dazu ausführlich Rn. 7 ff.) auch kein
Bedürfnis für eine Haftung der Gesellschafter gegenüber den Handelnden.
Eine Regresshaftung der Gründer ist deshalb abzulehnen.[85]

4. Sonderfälle

a) Verwendung eines GmbH-Mantels. Erfolgt die Gründung der 31
GmbH & Co. KG unter Verwendung eines GmbH-Mantels,[86] so haben die
Neugründer der GmbH die Differenz zwischen dem gesetzlichen Mindeststammkapital und dem Gesellschaftsreinvermögen, die sich im Zeitpunkt der
Eintragung des satzungsändernden Beschlusses nach § 76 GmbHG aus den
seit der Geschäftsaufnahme angefallenen Neuverlusten ergibt, auszugleichen.[87] Unterbleibt die Eintragung hingegen, trifft die Gesellschafter eine
unbegrenzte Verlustausgleichspflicht im Innenverhältnis (vgl. dazu →
Rn. 18 ff.) pro rata ihrer Beteiligung.[88] Der zur Anknüpfung für die Haftung
relevante Zeitpunkt lässt sich mit der Eintragung des Beschlusses nach § 76
GmbHG unschwer bestimmen. Unterbleibt die Eintragung, ist für die Bemessung der Verlustausgleichungspflicht der Zeitpunkt der Aufnahme der
neuen Tätigkeit maßgebend.[89] Auch die Handelndenhaftung nach § 11
Abs. 2 GmbHG ist in diesen Fällen bis zum Zeitpunkt der Eintragung des
Beschlusses anwendbar, denn auch bei der Mantelverwertung bestehen dieselben Defizite im Gläubigerschutz, die nach der gesetzgeberischen Rege-

---

[84] So *Klein*, Rückgriffsanspruch des Handelnden, 131 ff.; *Rowedder/Schmidt-Leithoff* § 11 GmbHG Rn. 129.
[85] Vgl. dazu und zu Ausnahmen *Hachenburg/Ulmer* § 11 GmbHG Rn. 123; vgl. auch *Baumbach/Hueck/Fastrich* § 11 GmbHG Rn. 54; kritisch *Scholz/K. Schmidt* § 11 GmbHG Rn. 127 f., s. auch BGHZ 86, 122 (125 f.).
[86] Zur Abgrenzung gegenüber einer bloßen Umorganisation *Hachenburg/Ulmer* § 3 GmbHG Rn. 35; vgl. AG Duisburg NZG 1998, 194 m. Anm. *Mennicke/Rawert* EWiR 1998, 223; weiterhin etwa OLG Thüringen BB 2004, 2206 f.
[87] OLG Frankfurt GmbHR 1999, 32, spricht aber von Einbringung des satzungsgemäßen Stammkapitals; ebenso *Ahrens* DB 1998, 1069 (1071); *Lübbert* BB 1998, 2221 (2223 f.); nur Mindestkapital: *Keil* EWiR 1999, 359 (360); AG Duisburg NZG 1998, 194; KG NZG 1998, 73; aA: BayObLG GmbHR 1999, 607, das eine registerrechtliche Kontrolle der Unversehrtheit des Stammkapitals bei Mantelverwertungen ablehnt. Gegen eine Vorbelastungshaftung auch *Bärwaldt/Schabacker*, GmbHR 1998, 1005 (1012); *Banerjea* GmbHR 1998, 814 (815). Zur Erstreckung der Haftung auf sog. Altfälle OLG Thüringen BB 2004, 2206 (2207 f.).
[88] Vgl. *Ihrig* BB 1988, 1197 (1203); zum Meinungsstand vgl. außerdem *Hachenburg/Ulmer* § 3 GmbHG Rn. 41; *Peters*, GmbH-Mantel, 121; *Lübbert* BB 1998, 2221 (2224); vgl. auch *Gummert* DStR 1997, 1007 (1011).
[89] Vgl. *Lutter/Hommelhoff/Bayer* § 3 GmbHG Rn. 20.

3. Kapitel. Entstehung der Gesellschaft

lungskonzeption eine Anwendung von § 11 Abs. 2 GmbHG erfordern.[90] Der BGH hat inzwischen die Gründungsvorschriften der GmbH sowohl auf die Verwendung des Mantels einer auf Vorrat gegründeten GmbH, als auch auf die Wiederverwendung eines „alten" Mantels einer existenten, im Rahmen ihres früheren Unternehmensgegenstandes tätig gewesenen, jetzt aber unternehmenslosen GmbH für anwendbar erklärt.[91] Dabei ist die Versicherung nach § 8 Abs. 2 GmbHG jeweils erneut abzugeben und die Wiederverwendung eines zwischenzeitlich leer gewordenen GmbH-Mantels dem Registergericht gegenüber offen zu legen.[92]

32 b) Die Einmann-Gründung. In vielen Fällen wird die künftige Komplementär-GmbH nur einen Gesellschafter haben. Nach § 1 GmbHG ist eine Einmann-Gründung zulässig. Eine Vorgesellschaft im dargestellten Sinne kann wegen ihres Gesamthandscharakters, der die Beteiligung mindestens zweier Gesellschafter voraussetzt, dann aber nicht entstehen.[93] Im Zeitraum zwischen der Errichtungserklärung und der Eintragung der Gesellschaft liegt im Falle der Einmann-Gründung eine Organisation vor, die sich zutreffend als **Sondervermögen** des Gründers qualifizieren lässt.[94] Angesichts der Nähe des Gründers zum Sondervermögen müssen die Übertragungsvorgänge zum Zwecke der Einlageleistung so objektiviert werden, dass sie für Dritte erkennbar sind.[95] Wird die Gründung später aufgegeben oder die Eintragung im Handelsregister abgelehnt, fallen alle Vermögenswerte ipso iure an den Gründer zurück.[96] Bei der Einmann-Gründung können die Gläubiger zunächst auf das Sondervermögen zugreifen.[97] Daneben greift auch hier die Vorbelastungs- bzw. Unterbilanzhaftung ein, wenn das Nettoreinvermögen der Gesellschaft die Kapitalziffer im Zeitpunkt der Eintragung unterschreitet.[98] Im Zeitraum vor der Eintragung besteht indes ein Unterschied zur Mehrpersonen-Gründung. Aufgrund der erhöhten Gläubigerrisiken bei der Einmann-Gründung findet bis zur Eintragung eine **unbeschränkte Außenhaftung** des Gründers für die vom Geschäftsführer

---

[90] Näher *Ihrig* BB 1988, 1197 (1203); ebenso *Hachenburg/Ulmer* § 11 GmbHG Rn. 103; *Baumbach/Hueck/Fastrich* § 11 GmbHG Rn. 46 mwN; *Peters*, GmbH-Mantel, 113; *Rowedder/Schmidt-Leithoff* § 11 GmbHG Rn. 109; OLG Stuttgart MDR 1999, 621 mwN; LG Hamburg NJW-RR 1997, 671 m. Anm. *Gummert* WiB 1997, 646 f.; KG NZG 1998, 73; *Scholz/K. Schmidt* § 11 GmbHG Rn. 109; *Ahrens* DB 1998, 1069 (1073); *Gummert* DStR 1997, 1007 (1033); *Bärwaldt/Schabacker* GmbHR 1998, 1005 (1012).
[91] BGHZ 153, 158 (160 f.); BGHZ 155, 318 (321 f.) mit mit zustimmender Anmerkung *Peetz* GmbHR 2003, 1928.
[92] Vgl. die zuvor Genannten.
[93] Ausf. dazu *Ulmer/Ihrig* GmbHR 1988, 373.
[94] Ausf. *Ulmer/Ihrig* GmbHR 1988, 373 (376); *Hachenburg/Ulmer* § 11 GmbHG Rn. 15 ff.; vgl. hierzu auch *Scholz/K. Schmidt* § 11 GbmHG Rn. 167, 169.
[95] Vgl. *Lutter/Hommelhoff/Bayer* § 11 GbmHG Rn. 31; *Rowedder/Schmidt-Leithoff* § 11 GmbHG Rn. 147; *Roth/Altmeppen* § 11 GmbHG Rn. 86.
[96] Vgl. *Ulmer/Ihrig* GmbHR 1988, 373 (383 f.).
[97] Vgl. *Lutter/Hommelhoff/Bayer* § 11 GmbHG Rn. 31; *Baumbach/Hueck/Fastrich* § 11 GmbHG Rn. 40; *Scholz/K. Schmidt* § 11 GmbHG. Rn. 169.
[98] Vgl. *Rowedder/Schmidt-Leithoff* § 11 GmbHG Rn. 150.

§ 12 Haftung im Gründungsstadium der GmbH & Co. KG

begründeten Verbindlichkeiten des Sondervermögens statt.[99] Auch § 11 Abs. 2 GmbHG ist in den Fällen der Einmann-Gründung anwendbar. Danach haftet auch der Geschäftsführer im Zeitraum zwischen der Abgabe der notariellen Errichtungserklärung und der Eintragung der GmbH.[100]

---

[99] Ausf. *Hachenburg/Ulmer* § 11 GmbHG Rn. 68; *Ulmer/Ihrig* GmbHR 1988, 373 (382); *Baumbach/Hueck/Fastrich* § 11 GmbHG Rn. 44; *Flume* DB 1998, 45 (47); *Roth/Altmeppen* § 11 GmbHG Rn. 87. Vgl. hierzu auch BGH Urt. v. 27.1.1997 – II ZR 123/94, BGHZ 134, 333 (341) = NJW 1997, 1507.

[100] BGH WM 1984, 929; *Baumbach/Hueck/Fastrich* § 11 GmbHG Rn. 43; *Lutter/Hommelhoff/Bayer* § 11 GmbHG Rn. 31; *Rowedder/Schmidt/Leithoff* § 11 GmbHG Rn. 150; *Ulmer/Ihrig* GmbHR 1988, 373 (381).

§ 13 Steuerliche Konsequenzen der Gründung einer GmbH & Co. KG

Übersicht

	Rn.		Rn.
I. Ertragsteuerliche Konsequenzen bei Einlage eines einzelnen Vermögensgegenstandes	4	c) Besteuerungsrecht der Bundesrepublik Deutschland	39
1. Einlage aus dem Privatvermögen	4	d) Bestehendes Potential an Über-/Unterentnahmen gem. § 4 Abs. 4a EStG	41
2. Einlage aus dem Betriebsvermögen	9	3. Gegenstand der Einlage	45
a) Wertansatz der übertragenen Wirtschaftsgüter	9	a) Einbringung eines Betriebes	45
b) Bestehende Sperrfristen	16	b) Einbringung eines Teilbetriebs	47
c) Bestehendes Potential an Über-/Unterentnahmen gem. § 4 Abs. 4a EStG	21	c) Einbringung eines Mitunternehmeranteils	53
II. Ertragsteuerliche Konsequenzen bei Einbringung eines Betriebes, Teilbetriebes oder Mitunternehmeranteils	23	d) Einlage der Beteiligung an einer Kapitalgesellschaft	57
1. Allgemeines	23	4. Beitritt eines weiteren Gesellschafters	60
2. Wertansatz der Vermögensgegenstände und Schulden	26	III. Verkehrsteuerliche Konsequenzen	73
a) Antrag auf Buchwertansatz	26	1. Umsatzsteuerliche Konsequenzen	73
b) Ausgabe von Gesellschaftsrechten	31	2. Grunderwerbsteuerliche Konsequenzen	77

Schrifttum: *Brandenberg*, Besteuerung der Personengesellschaften – unpraktikabel und realitätsfremd, FR 2010, 731; *Dötsch/Patt/Pung/Möhlenbrock*, Umwandlungssteuerrecht, 6. Aufl. 2007; *Gosch* „Zoff im BFH": Die vorläufige vorweggenommene Divergenzanrufung, DStR 2010, 1173; *Hoffmann*, Der Transfer von Einzel- Wirtschaftsgütern gemäß § 6 Abs. 5 EStG nach Verabschiedung des UntStFG, GmbHR 2002, 125; *Jorde/Grünwald*, BB 2004, 744; *Kanzler*, Kommentar zur Rechtsprechung, FR 2010, 761; *Kirchhoff/Söhn/Mellinghoff*, EStG, Heidelberg und Stand 2013; *Kloster/Kloster*, Auslegungs- und Anwendungsprobleme bei der Restrukturierung von Mitunternehmerschaften, GmbHR 2002, 717; *Ley/Brandenberg*, Praxisfragen von Umstrukturierungen bei Personengesellschaften; StBJB 2012/2013, 161; *Ley*, Die Beschränkung des Schuldzinsenabzugs bei Mitunternehmerschaften, KÖSDI 2006, 15287; *Ley/Strahl*, Steuerlicher Handlungsbedarf zum Jahreswechsel 2001/2002, DStR 2001, 2006; *Lohse*, BB 2003, 1714; *Neumann*, Spaltung von Kapitalgesellschaften nach dem UmwSt-Erlass 2011, GmbHR 2012, 145; *Rasche*, Einbringung von Unternehmensanteilen in Kapitalgesellschaften oder Genossenschaften nach dem UmwSt-Erlass 2011, GmbHR 2012, 151; *Rau/Dürrwächter*, UStG, Köln Stand 2013; *Reiß*, Kein Renditefonds – Zur Begründung der jüngeren EuGH Rechtsprechung zur 6. EG Richtlinie, UR 2003, 428; *Rödder/Herlinghaus/van Lishaut*, UmwStG, 2. Aufl. 2013; *Rödder/Schumacher*, DStR 2001, 1636; *Schmidt*, EStG, 32. Aufl. 2013; *Schmitt/Hörtnagl/Stratz*, UmwG/UmwStG, 6. Aufl. 2013; *Schneider-Ruoff/Sistermann*, Brennpunkte des Um-

§ 13 Steuerliche Konsequenzen der Gründung einer GmbH & Co. KG

wandlungsteuererlasses 2011, FR 2012, 9; *Schumacher/Neitz-Hackstein*, Verschmelzung und Spaltung zwischen inländischen Kapitalgesellschaften, UBG 2011, 415; *Seitz/ Düll*, Übertragung von Wirtschaftsgütern und betrieblichen Sachgesamtheiten in Mitunternehmerschaften, StBJB 2011/12, 114; *Siegmund/Ungemach*, Einbringung von Wirtschaftsgütern in eine Personengesellschaft NWB 2011, 2859; *Strahl*, Fortentwicklung der Unternehmenssteuerreform: Hinweise zu Gesetzesänderungen, KÖSDI 2002, 13164; *Strahl*, Einbringung in Personengesellschaften, Ubg 2011, 438; *Ulrich/ Teiche*, Die Aufnahme von Gesellschaftern in eine (Publikums-) Personengesellschaft und ihre umsatzsteuerlichen Konsequenzen, DStR 2005, 97; *van Lishaut*, Einzelübertragung von Mitunternehmerschaften, DB 2001, 1525; *Wacker*, Einbringung von Mitunternehmerschaften in eine GmbH, NBW 2010, 2382; *Wendt*, Übertragung von Wirtschaftsgütern zwischen Mitunternehmerschaft und Mitunternehmer, FR 2002, 53; *Wendt*, Kommentar, FR 2010, 386; Widmann/Mayer, UmwG/UmwStG, Bonn, Stand 2013.

Die zivilrechtlichen Gestaltungsvarianten zur Errichtung einer GmbH & 1
Co. KG sind vielfältig. Der zivilrechtliche Hintergrund des Gründungsvorgangs hat einen erheblichen Einfluss auf dessen steuerliche Behandlung. Dies betrifft zunächst die Fragen, ob durch den Gründungsvorgang eine Realisierung von stillen Reserven erfolgt oder ob die Gründung der GmbH & Co. KG zu der Vernichtung von steuerlichen Verlustvorträgen führt. Neben den ertragsteuerlichen Konsequenzen müssen jedoch auch verkehrsteuerliche Folgen beachtet werden, ob die Gründung der GmbH & Co. KG beispielsweise zu einer Belastung mit Grunderwerbsteuer oder einer Belastung mit Umsatzsteuer führt.

Die Neugründung einer GmbH & Co. KG ist aus steuerlicher Sicht 2
grundsätzlich unproblematisch. Die Errichtung einer GmbH & Co. KG führt dann zu **keinen nennenswerten steuerlichen Konsequenzen**, wenn es sich bei der Komplementär-GmbH sowie der Kommanditgesellschaft um eine **Bargründung** handelt. Wird dagegen eine **Sacheinlage** geleistet, können sich hieraus ertragsteuerliche, grunderwerbsteuerliche und umsatzsteuerliche Konsequenzen ergeben. Diese sind im Wesentlichen davon abhängig, welchen steuerlichen Status der eingebrachte Vermögensgegenstand vor der Einbringung hatte, ob es sich um Privat- oder Betriebsvermögen handelt, ob die Vermögensgegenstände bislang für unternehmerische oder nichtunternehmerische Zwecke genutzt wurden usw.

Die Gründung einer GmbH & Co. KG durch Einbringung eines **beste-** 3
henden Handelsgewerbes kann gem. § 24 UmwStG grds. ohne Realisierung von stillen Reserven erfolgen. Besonderheiten ergeben sich allerdings dann, wenn mit der Errichtung der GmbH & Co. KG auch weitere Gesellschafter eintreten und gegebenenfalls Ausgleichszahlungen für stille Reserven geleistet werden. Je nach Fallgestaltung kann sich hier eine Auflösung von stillen Reserven ergeben. Sofern sich ein Grundstück im Betriebsvermögen befindet, kann sich durch die Errichtung der GmbH & Co. KG unter Beitritt eines weiteren Gesellschafters außerdem eine Belastung mit Grunderwerbsteuer ergeben.

I. Ertragsteuerliche Konsequenzen bei Einlage eines einzelnen Vermögensgegenstandes

1. Einlage aus dem Privatvermögen

4   Wird im Zuge der Gründung einer GmbH & Co. KG durch den Gesellschafter ein Einzelwirtschaftsgut aus dem **Privatvermögen** in das Gesamthandsvermögen gegen **Gewährung von Gesellschaftsrechten** eingelegt, ist dies grundsätzlich als **tauschähnlicher Vorgang** anzusehen. Dieser wird wie ein Veräußerungsvorgang[1] behandelt und führt mithin grundsätzlich zu einer Auflösung von stillen Reserven.[2] Für den einlegenden Gesellschafter kann dies uU zu einem steuerpflichtigen Veräußerungsgewinn führen, wenn es sich bei dem eingelegten Wirtschaftsgut
– um einen Spekulationsvorgang gem. § 23 EStG oder
– um eine wesentliche Beteiligung iSd § 17 EStG
handelt. Der Einlagewert entspricht damit dem Teilwert.

5   UU ergibt sich dabei eine Beschränkung des steuerlichen Einlagewertes aus § 6 Abs. 1 Nr. 5 EStG. So kann beispielsweise eine **wesentliche Beteiligung** an einer Kapitalgesellschaft iSd § 17 EStG nach § 6 Abs. 1 Nr. 5b EStG nur mit ihren ursprünglichen Anschaffungskosten in das Gesamthandsvermögen einer Personengesellschaft eingelegt werden. Dies gilt selbst dann, wenn der Verkehrswert der Beteiligung deutlich über deren Anschaffungskosten liegt. Weitere Begrenzungen ergeben sich für Wirtschaftsgüter, die erst innerhalb eines Zeitraums von drei Jahren vor der Einlage erworben worden sind. Wird handelsrechtlich ein höherer Wertansatz gewählt, ist dieser für Zwecke der Steuerbilanz wieder abzustocken.

6   Wird durch § 6 Abs. 1 Nr. 4 und 5 EStG **keine Begrenzung des Einlagewertes** vorgegeben, erfolgt die Einlage grundsätzlich zum Teilwert. Wirtschaftsgüter, die außerhalb des Anwendungsbereichs des § 23 EStG liegen, können im Zusammenhang der Gründung der Gesellschaft zum Teilwert in das Betriebsvermögen der Gesellschaft eingelegt werden, ohne dass dies auf Ebene des Gesellschafters zu einer steuerpflichtigen Gewinnrealisierung führt. Eine Versteuerung erfolgt nach § 23 Abs. 1 S. 5 Nr. 1 EStG allerdings dann, wenn das betreffende Wirtschaftsgut innerhalb eines 10-Jahres-Zeitraums nach der Anschaffung veräußert wird.[3]

7   Handelt es sich bei der Einlage in das Gesamthandsvermögen einer Personengesellschaft um einen **gemischten Vorgang,** bei dem teilweise das Kapitalkonto I und teilweise das gesamthänderisch gebundene Rücklagenkonto angesprochen sind, soll der Vorgang nicht aufzuteilen sein in einen entgeltlichen und einen unentgeltlichen Teil, sondern es soll sich in diesem Fall um einen voll entgeltlichen Vorgang handeln.[4]

8   Erfolgt die **Einlage** in das Gesamthandsvermögen nicht mit dem Verkehrswert, sondern mit einem Wert **unterhalb des Verkehrswerts** bei

---

[1] BMF v. 11.7.2011, BStBl. I 2011, 713.
[2] BFH v. 24.1.2008, BStBl. II 2011, 617, BFH v. 17.7.2008, BStBl. II 2009, 464.
[3] BMF v. 29.3.2000, BStBl. I 2000, 462.
[4] BFH v. 17.7.2008, BStBl. II 2009, 464; BMF v. 11.7.2011, BStBl. I 2011, 713.

§ 13 *Steuerliche Konsequenzen der Gründung einer GmbH & Co. KG*

gleichzeitiger Gutschrift auf dem Kapitalkonto I, handelt es sich grundsätzlich um einen entgeltlichen Vorgang. Dies gilt allerdings nur insoweit, wie es dem Verhältnis des Einlagewerts zum Verkehrswert des eingelegten Wirtschaftsguts entspricht. Die Finanzverwaltung bietet die Möglichkeit, von der bisherigen Verwaltungsauffassung[5] auszugehen und diesen Vorgang aufzuteilen in einen entgeltlichen und einen unentgeltlichen Teil[6]. Soweit also der Einlagewert dem Kapitalkonto I gutgeschrieben wirdhndelt es sich um einen entgeltlichen Vorgang. In Höhe der Differenz zwischen Einlagewert und Verkehrswert soll es sich um eine verdeckte Einlage handeln, die als unentgeltlicher Vorgang zu werten ist[7]. Insoweit kann also auf Ebene des einlegenden Gesellschafters eine evtl steuerpflichtige Realisation von stillen Reserven vermieden werden.[8]

2. Einlage aus einem Betriebsvermögen

a) Wertansatz der übertragenen Wirtschaftsgüter. Die Gründung 9 einer GmbH & Co. KG durch Übertragung eines Wirtschaftsguts an dem Betriebsvermögen betrifft die Fallgestaltung der Gründung durch einen Einzelunternehmer, den Gesellschafter einer bzw. die Mitunternehmerschaft selbst sowie durch eine Kapitalgesellschaft. Bei allen diesen Fallgestaltungen kann im Zuge der Gründung ein einzelnes Wirtschaftsgut aus einem Betriebsvermögen auf die GmbH & Co. KG übertragen werden. Die steuerlichen Konsequenzen der Übertragung von Einzelwirtschaftsgütern aus einem Betriebsvermögen in das Gesamthandsvermögen einer Personengesellschaft richten sich nach den Bestimmungen des § 6 Abs. 5 S. 3 EStG:
– Übertragung aus einem Betriebsvermögen/Sonderbetriebsvermögen des 10 Mitunternehmers in das Gesamthandsvermögen einer Mitunternehmerschaft und umgekehrt.
 – Gegen Gewährung von Gesellschaftsrechten
 – Unentgeltlich
– Übertragung aus dem Sonderbetriebsvermögen in das Gesamthandsver- 11 mögen einer anderen Mitunternehmerschaft und umgekehrt.
 – Gegen Gewährung von Gesellschaftsrechten
 – Unentgeltlich
– Unentgeltliche Übertragung zwischen verschiedenen Sonderbetriebsver- 12 mögen bei derselben Mitunternehmerschaft.
Liegen die in § 6 Abs. 5 S. 3 EStG genannten Fallgestaltungen vor, erfolgt 13 für Zwecke der Steuerbilanz die **Übertragung zwingend zum Buchwert,** also ohne Auflösung von stillen Reserven. Dies gilt unabhängig davon, welcher Einlagewert für handelsrechtliche Zwecke im Einlagevertrag bestimmt worden ist. Der zwingende Buchwertansatz erfolgt jedoch nur dann, wenn entweder keine Gegenleistung für die Einlage des Wirtschaftsguts erbracht wird oder diese ausschließlich in der Gewährung von Gesellschaftsrechten besteht. Erbringt die Personengesellschaft im Zuge der Gründung

---

[5] BMF v. 29.3.2000, BStBl. I 2000, 462.
[6] BMF v. 11.7.2011, BStBl. I 2011, 713.
[7] Vgl. *Siegmund/Ungemach* NWB 2011, 2859.
[8] *Seitz/Düll* StbJB 2011/12.

Düll 247

3. Kapitel. Entstehung der Gesellschaft

weitere Leistungen, etwa durch Gutschrift auf dem Verrechnungskonto des Gesellschafters oder durch Übernahme von Verbindlichkeiten, liegt insoweit ein (teil-) entgeltlicher Vorgang vor, der zu einer **teilweisen Auflösung von stillen Reserven** führt. Der Einlagevorgang ist damit im Verhältnis des Werts der Gegenleistung zum Verkehrswert des eingelegten Wirtschaftsguts aufzuteilen in einen entgeltlichen und einen unentgeltlichen Vorgang.

Beispiel: A ist Einzelunternehmer. Im Betriebsvermögen des Einzelunternehmens befindet sich ein Grundstück mit einem Buchwert von 200 T-EUR bei einem Verkehrswert von 300 T-EUR. Die Verbindlichkeiten valutieren noch mit 120 T-EUR. A gründet die A GmbH & Co. KG. A überträgt das Grundstück mit Verbindlichkeit in das Gesamthandsvermögen der Kommanditgesellschaft und erhält eine Gutschrift auf Kapital I von 80 T-EUR. Die Gesellschaft übernimmt die bestehende Verbindlichkeit.

Lösungshinweis: Es handelt sich um einen Einlagevorgang nach § 6 Abs. 5 S. 3 EStG aus dem Betriebsvermögen in das Gesamthandsvermögen einer Mitunternehmerschaft soweit Gesellschaftsrechte gewährt werden. Soweit jedoch von der Gesellschaft Schulden übernommen werden (120/300 ≙ 40 %) handelt es sich um einen entgeltlichen Vorgang. Die Gewinnrealisierung beträgt 40 T-EUR (Verkehrswert 300 T-EUR abzgl. Buchwert 200 T-EUR × 40 %).

14 Die in § 6 Abs. 5 S. 3 EStG angesprochenen Fallgestaltungen erfassen nach ihrem Wortlaut nicht die **Übertragung von Wirtschaftsgütern zwischen Schwester-Personengesellschaften**. Die Anwendbarkeit des § 6 Abs. 5 S. 3 EStG und damit die Buchwertübertragung von Einzelwirtschaftsgütern zwischen Schwester-Personengesellschaften ist sowohl in der Rechtsprechung als auch in der Literatur höchst umstritten. Einerseits wird die Auffassung vertreten, dass § 6 Abs. 5 S. 3 Nr. 1 bis 3 EStG eine abschließende Aufteilung aller Fallgestaltungen enthält, bei denen eine Buchwertübertragung möglich sei.[9] Demgegenüber wird darauf verwiesen, dass steuersystematisch kein grundlegender Unterschied zwischen der Übertragung eines Einzelwirtschaftsgutes zwischen einer Schwester-Personengesellschaft und den in § 6 Abs. 5 S. 3 EStG aufgegriffenen Fallgestaltungen, nämlich der Übertragung aus einem Betriebsvermögen des Gesellschafters in das Gesamthandsvermögen einer Personengesellschaft vorliegt.[10] Zumindest dann, wenn es sich um beteiligungsidentische Schwestergesellschaften handele, könne wegen des bestehenden Gleichheitsgrundsatzes die Buchwertübertragung nicht versagt werden.[11] Nicht zuletzt wegen der bestehenden Meinungsunterschiede innerhalb der einzelnen Senate des BFH und der Fachliteratur ist die Fragestellung vor dem BVerfG anhängig.[12]

15 Soll in Zusammenhang mit der Gründung einer GmbH & Co. KG ein Betriebsgrundstück auf die Kommanditgesellschaft übertragen werden, in dem hohe stille Reserven bestehen, kann die **steuerpflichtige Auflösung**

---

[9] BFH v. 25.11.2009, BStBl. II 2010 471.
[10] *Schmidt/Kulosa* EStG § 6 Rn. 702; *Kanzler* FR 2010, 761; *Wacker* NWB 2010, 2382; *Wendt* FR 2010, 386; aA *Gosch* DStR 2010, 1173; *Brandenberg* FR 2010, 731; *Rödder/Schumacher* DStR 2001, 1636; *Strahl* KÖSDI 2002, 13768.
[11] BFH v. 15.4.2010, BStBl. 971.
[12] BFH v. 10.4.2013, FR 2013, 1084.

§ 13 Steuerliche Konsequenzen der Gründung einer GmbH & Co. KG

der stillen Reserven unter Umständen im Ergebnis durch § 6b EStG vermieden werden. Grundstücke und Gebäude gehören zu den Wirtschaftsgütern, die grundsätzlich durch § 6b EStG begünstigt sind. Voraussetzung ist nach § 6b Abs. 4 S. 1 Nr. 2 EStG allerding, dass das betreffende Grundstück mindestens 6 Jahre lang zu dem Anlagevermögen einer inländischen Betriebsstätte gehört hat. § 6b EStG ist **gesellschafterbezogen** ausgestaltet. Ein Mitunternehmer kann daher eine anteilige steuerfreie Rücklage auf ein Wirtschaftsgut im Gesamthandsvermögen einer Personengesellschaft übertragen, an der er beteiligt ist.[13] Die Veräußerung eines Betriebsgrundstücks an eine Mitunternehmerschaft, an der der Veräußerer beteiligt ist, stellt für Zwecke des § 6b EStG damit zugleich eine (steuerpflichtige) Veräußerung und eine (begünstigte) Anschaffung des Mitunternehmers dar. Es ist hierbei unerheblich, dass die steuerfreie Rücklage auf das gleiche Wirtschaftsgut übertragen wird, aus dem die aufgelösten stillen Reserven resultieren.[14] Vor dem Hintergrund dieser Regelung kann der bestehende Meinungsstreit bei der Übertragung von Wirtschaftsgütern zwischen Schwester-Personengesellschaften auch durch Ansatz einer steuerfreien Rücklage nach § 6b EStG vermieden werden.[15]

Beispiel: A und B sind an der A&B OHG mit jeweils 50% beteiligt. Im Betriebsvermögen der OHG befindet sich ein Grundstück mit einem Buchwert von 400 und einem Verkehrswert von 600. Das Grundstück ist noch finanziert mit Verbindlichkeiten in Höhe von 300. A und B beschließen, dass Grundstück in eine neu gegründete A & B GmbH & Co. KG zu übertragen. Im Zusammenhang mit der Übertragung sollen handelsrechtlich die stillen Reserven aufgedeckt werden. Steuerlich soll die Aufdeckung von stillen Reserven durch § 6b EStG vermieden werden.

Lösungshinweis: Es handelt sich um die Übertragung des Grundstücks auf eine Schwester-Personengesellschaft. Die Anwendung des § 6 Abs. 5 S. 3 EStG ist strittig. Im Zuge der Übertragung werden die stillen Reserven aufgelöst in Höhe von 200 (600 ./. BW 400). Dieser Gewinn wird A und B zu je 50% zugerechnet. A und B sind an der A und B GmbH & Co. KG zu jeweils 50% beteiligt. Da § 6b EStG gesellschafterbezogen ausgestaltet ist, können die aufgelösten stillen Reserven nach § 6b EStG auf die A & B GmbH & Co. KG bzw das im Betriebsvermögen gehaltene Grundstück übertragen werden. Für A und B sind jeweils Ergänzungsbilanzen zu erstellen, in denen der Buchwert des Grundstücks von 600 zu jeweils 100 abgestockt wird.

b) Bestehende Sperrfristen. Liegen die Voraussetzungen des § 6 Abs. 5   **16** S. 3 EStG vor, erfolgt die Übertragung von Wirtschaftsgütern zwingend zu Buchwerten. In § 6 Abs. 5 S. 4 und 5 EStG sind jedoch **Missbrauchsregelungen** enthalten, nach denen der **Buchwertansatz dann nicht** gelten soll,
- wenn innerhalb einer Sperrfrist von drei Jahren das eingelegte Wirtschaftsgut veräußert wird,
- soweit innerhalb der Frist von sieben Jahren ein Anteil einer Kapitalgesellschaft begründet wird oder sich erhöht.

Liegt ein Verstoß gegen die Missbrauchsregelung vor, erfolgt **rückwir-**   **17** **kend der Ansatz mit dem Teilwert.** Erfolgte die Einlage in eine Ein-

---

[13] R 6b Abs. 7 EStR.
[14] Koordinierter Ländererlass v. 17.11.2004, Lexinform Nr. 0578665.
[15] Seitz/Düll StbJB 2011/12, 114.

Düll   249

mann-GmbH & Co. KG, führt eine Verletzung der Sperrfrist allerdings nicht zu einer nachträglichen Auflösung der stillen Reserven.[16] Durch die Sperrfrist von drei Jahren soll ein **Überspringen von stillen Reserven** zwischen dem einlegenden Gesellschafter und seinen Mitgesellschaftern vermieden werden, falls innerhalb eines überschaubaren Zeitraums nach der Einlage ein Realisierungsvorgang erfolgt.[17] Wird das betreffende Wirtschaftsgut innerhalb der Sperrfrist entnommen oder veräußert, wird rückwirkend auf den Zeitpunkt der Einlage der Teilwert angesetzt.[18] Dabei kommt es nicht auf die Ursache des Realisierungsvorgangs an. Zu beachten ist, dass der 3-Jahres-Zeitraum nicht mit dem Zeitpunkt der Einlage des Wirtschaftsgutes, sondern mit der Einreichung der einheitlichen und gesonderten Gewinnfeststellung der Personengesellschaft beginnt.[19]

18 Der nachträgliche Ansatz zum Teilwert soll allerdings dann nicht erfolgen, wenn im Zuge der Einlage durch die **Bildung von Ergänzungsbilanzen** ein Überspringen der stillen Reserven vermieden wird.[20] Wird für den einlegenden Gesellschafter eine Ergänzungsbilanz aufgestellt, wird der steuerliche Gewinn aus der Auflösung der stillen Reserven allein dem einlegenden Gesellschafter zugerechnet.[21]

19 In § 6 Abs. 5 S. 6 EStG ist eine weitere Missbrauchsvorschrift enthalten, die im Zuge der Einlage eines Einzelwirtschaftsgutes in eine Personengesellschaft zu einer Auflösung von stillen Reserven führen kann. Erhöht sich mit der Übertragung eines Einzelwirtschaftsgutes zum Buchwert in eine Personengesellschaft der **ideelle Anteil einer Kapitalgesellschaft** an dem Wirtschaftsgut oder wird dieser **neu begründet,** erfolgt nach § 6 Abs. 5 S. 6 EStG eine anteilige Auflösung von stillen Reserven.[22] Ist der einlegende Gesellschafter allerdings selbst wiederum eine Kapitalgesellschaft, soll dies insoweit nicht gelten.[23]

20 Ist eine Kapitalgesellschaft als Gesellschafterin kapitalmäßig an der GmbH & Co. KG beteiligt, kann sich durch den Einlagevorgang eines Mitgesellschafters also eine anteilige Auflösung von stillen Reserven ergeben. Anders als bei der Sperrfristregelung in § 6 Abs. 5 S. 4 ist in § 6 Abs. 5 S. 5 EStG nicht die Möglichkeit angesprochen, das Überspringen von stillen Reserven durch **die Bildung einer Ergänzungsbilanz** vermeiden zu können. Nach dem Sinn und Zweck der Vorschrift muss dies jedoch auch für den Fall der Beteiligung an einer Kapitalgesellschaft gelten,[24] dh hierdurch wie auch für die

---

[16] BFH v. 31.7.2013, FR 2013, 1132.
[17] Zu Einzelheiten vgl. *Düll/Seitz* StbJB 2011/12, 115.
[18] BMF v. 8.12.2011, BStBl. I 2011, 1279, Rn. 23.
[19] Zu den praktischen Anwendungsproblemen *Wendt* FR 2002, 60; *Kloster/Kloster* GmbHR 2002, 721.
[20] *Ley/Strahl* DStR 2001, 2006.
[21] *Rödder/Schumacher* DStR 2001, 1637; *Wendt* FR 2002, 63; *Hoffmann* GmbHR 2002, 132.
[22] *Hoffmann* GmbHR 2002, 132; *Wendt* FR 2002, 58.
[23] BMF v. 7.2.2002, GmbHR 2002, 455; OFD Hannover v. 24.7.2003, DStR 2003, 1754.
[24] *Rödder/Schumacher* DStR 2001, 1637; *van Lishaut* DB 2001, 1525; aA BMF v. 7.2.2002, GmbHR 2002, 20; *Wendt* FR 2002, 65.

Fallgestaltung der § 6 Abs. 5 S. 4 EStG ein Überspringen von stillen Reserven vermieden werden kann.

c) Bestehendes Potential an Über-/Unterentnahmen gem. § 4 Abs. 4a EStG. Durch § 4 Abs. 4a EStG wird der Betriebsausgabenabzug von grundsätzlich betrieblich veranlassten Schuldzinsen eingeschränkt. Die Vorschrift basiert grundsätzlich auf dem sogenannten Eigenkapitalmodell, dh das vorhandenen Eigenkapital eines Einzelunternehmens bildet die Obergrenze dessen, was durch den Unternehmer entnommen werden kann.[25] Allerdings wird bei der Beurteilung von schädlichen Entnahmen nicht schlechthin auf die Gesamtsumme des Eigenkapitals abgestellt, sondern auf das Vorliegen von sogenannten Überentnahmen. Überentnahmen liegen vor, wenn die Entnahmen eines Geschäftsjahres höher sind als der Gewinn, gemindert um Entnahmen des Geschäftsjahres, korrigiert um den Saldo aus bestehenden Über-/Unterentnahmen aus Vorjahren. Ergibt sich hieraus eine Überentnahme, wird der Betriebsausgabenabzug der Schuldzinsen typisiert um 6% der Überentnahmen gekürzt.[26]

Wird nun ein einzelnes Wirtschaftsgut aus dem Betriebsvermögen eines Einzelunternehmens auf der Grundlage des § 6 Abs. 5 S. 3 EStG in das Betriebsvermögen einer GmbH & Co. KG eingelegt, stellt sich die Frage, wie dieser Vorgang im Kontext des § 4 Abs. 4a EStG zu beurteilen ist. Durch die Einlage eines einzelnen Wirtschaftsgutes aus einem Betriebsvermögen des Steuerpflichtigen in eine GmbH & Co. KG bleibt das Wirtschaftsgut in der betrieblichen Sphäre, so dass im Grunde keine Entnahmehandlung vorliegt, wie dies beispielsweise bei der Entnahme in den Privatbereich gegeben wäre. Bei einer betriebsübergreifenden Betrachtung wäre danach die Vermögensübertragung zwischen zwei Betriebsvermögenssphären eines Steuerpflichtigen im Kontext des § 4 Abs. 4a EStG weder eine Entnahme noch eine Einlage.[27] Da § 4 Abs. 4a EStG jedoch eine pauschalierte Gewinnkorrektur im Falle des Vorliegens von Überentnahmen für einen Betrieb beabsichtigt, für den eine eigenständige Gewinnermittlung vorgenommen wird, ist § 4 Abs. 4a EStG nach Einschätzung des BFH ausschließlich betriebsbezogen auszulegen. Hiernach führt jede Überführung oder Übertragung eines Wirtschaftsgutes aus dem betrieblichen Bereich des Steuerpflichtigen in einen anderen betrieblichen Bereich desselben Steuerpflichtigen zu einer Entnahme beim abgebenden und einer Einlage bei dem aufgebenden Betrieb im Sinne des § 4 Abs. 4a S. 2 EStG.[28]

Beispiel: Einzelunternehmer B betreibt ein Einzelunternehmen. Das Einzelunternehmen weist ein Eigenkapital aus in Höhe von 1.000. Im Betriebsvermögen wird ein Grundstück ausgewiesen mit einem Buchwert von 500. C beabsichtigt, das Grundstück zum Buchwert in eine neugegründete B Vermögensverwaltung GmbH & Co. KG zu übertragen.

---

[25] BFH v. 21.9.2005, BStBl. II 2006, 125.
[26] Der Kürzungsbetrag ist nach oben begrenzt durch die Höhe der tatsächlichen Schuldzinsen, gemindert um Schuldzinsen aus Investitionen in das Anlagevermögen sowie gemindert um einen Freibetrag von EUR 2.050.
[27] Vgl Ley KÖSDI 2006, 15284.
[28] BFH v. 22.9.2011, BStBl. II 2012, 10.

3. Kapitel. Entstehung der Gesellschaft

Lösungshinweis: Die Übertragung des Grundstücks auf die B Vermögensverwaltung GmbH & Co. KG kann nach § 6 Abs. 5 S. 3 EStG zum Buchwert erfolgen. Im Kontext des § 4 Abs. 4a EStG tätigt B im Einzelunternehmen eine Entnahme von 500. B Vermögensverwaltung GmbH & Co. KG hat als Anfangsbestand eine Unterentnehme von 500, die mit späteren Überentnahmen verrechnet werden kann.

II. Ertragsteuerliche Konsequenzen bei Einbringung eines Betriebes, Teilbetriebes oder Mitunternehmeranteils

1. Allgemeines

23   Die Einbringung eines Betriebes, Teilbetriebes oder Mitunternehmeranteils in eine GmbH & Co. KG kann durch unterschiedliche Anlässe ausgelöst werden. Die Einbringung eines Betriebes kann beispielsweise anlässlich der „Umwandlung" eines bisherigen Einzelunternehmens in eine Einmann-GmbH & Co. KG erfolgen. Je nach Anlass und Vorgehensweise können hierbei folgende Unterscheidungen getroffen werden:[29]

24   Gründung einer GmbH & Co. KG im Wege einer **Einzelrechtsnachfolge**
- Einbringung eines bestehenden Einzelunternehmens in eine GmbH & Co. KG/Beitritt der Komplementär-GmbH
- Aufnahme eines weiteren Gesellschafters in ein bestehendes Einzelunternehmen/Beitritt der Komplementär-GmbH
- Zusammenschluss von mehreren Einzelunternehmen zu einer Personengesellschaft/Beitritt der Komplementär-GmbH
- Beitritt eines Neugesellschafters in eine bereits bestehende GmbH & Co. KG gegen Leistung einer Einlage
- Einlage aller Gesellschaftsanteile einer Personengesellschaft in eine neu gegründete GmbH & Co. KG/Anwachsung des Gesellschaftsvermögens

25   Neben den Fällen der Einzelrechtsnachfolge sind auch Gestaltungen der Gesamtrechtsnachfolge denkbar durch
- Verschmelzung einer Personengesellschaft auf eine andere Personengesellschaft nach §§ 2, 39 ff. UmwG sowie
- Spaltung oder Ausgliederung aus einer Körperschaft, Personengesellschaft oder einem Einzelunternehmen auf eine GmbH & Co. KG nach § 123 Abs. 3 UmwG.

2. Wertansatz der Vermögensgegenstände und Schulden

26   **a) Antrag auf Buchwertansatz.** Wird im Zuge der Gründung einer GmbH & Co. KG ein Betrieb, Teilbetrieb oder ein Mitunternehmeranteil in die GmbH & Co. KG eingelegt, richten sich die steuerlichen Konsequenzen des Einlagevorgangs nach § 24 UmwStG. Auch für den Anwendungsbereich des § 24 UmwStG gilt die grundsätzliche Wertung des UmwStG in der Fassung des SEStEG, wonach jegliche Einbringung, Ausgliederung oder Umwandlung einen tauschähnlichen Vorgang darstellt, der zu einer Auflösung

---

[29] Rödder/Herlinghaus/van Lishaut/*Rasche* UmwStG § 24 Rn. 9.

§ 13 Steuerliche Konsequenzen der Gründung einer GmbH & Co. KG

von stillen Reserven führt. Bei der Übertragung eines Betriebs auf eine Personengesellschaft gegen Gewährung von Gesellschaftsrechten handelt es sich also grundsätzlich um einen **tauschähnlichen Vorgang**, der zu einer **Aufdeckung von stillen Reserven** führt[30], dh die Wirtschaftsgüter sind mit ihrem gemeinen Wert anzusetzen.

Liegen im Einzelnen die Voraussetzungen des § 24 UmwStG vor, kann auf **Antrag** die Einlage mit dem Buchwert oder einem Zwischenwert angesetzt werden. In diesem Fall kommt das sog. **Nettoprinzip** zur Anwendung, dh die Einzelbestandteile der Sachgesamtheit, die bestehenden Vermögensgegenstände und Schulden können jeweils mit ihrem steuerlichen Buchwert übernommen werden, wie die von dem einlegenden Gesellschafter in der Schlussbilanz der übertragenden Einheit angesetzt worden sind. Der Antrag auf Buchwertansatz ist durch die übernehmende Personengesellschaft spätestens mit der Abgabe der steuerlichen Schlussbilanz bei dem für sie zuständigen Finanzamt zu stellen.[31] 27

Die Einlage eines Betriebes oder Teilbetriebes in eine Mitunternehmerschaft gegen Gewährung von Gesellschaftsrechten gilt **handelsrechtlich** aus Sicht der Personengesellschaft als **Anschaffungsvorgang**, der es erlaubt, die erworbenen Vermögenswerte mit ihren Anschaffungskosten anzusetzen. Als Anschaffungspreis (Gegenleistung) gelten dabei die ausgegebenen neuen Gesellschaftsrechte bzw. deren Verkehrswert. In der Handelsbilanz der aufnehmenden Mitunternehmerschaft wird der eingelegte Betrieb oder Teilbetrieb bzw. die zugrundeliegenden Vermögensgegenstände und Schulden mit dem Verkehrswert bzw mit dem im Einbringungsvertrag genannten Wert angesetzt. 28

Für steuerliche Zwecke kann von der handelsrechtlichen Behandlung abgewichen werden. Liegen die Voraussetzungen des § 24 UmwStG vor, kann der Übertragungsvorgang steuerlich zu Buchwerten erfolgen. Werden hiernach handelsrechtlich im Zuge der Übertragung stille Reserven des Betriebes oder Teilbetriebes aufgedeckt, können diese für steuerliche Zwecke durch eine **Ergänzungsbilanz** wieder **abgestockt** werden. Eine Gewinnrealisierung unterbleibt, sofern der zusammengefasste Buchwert aus Gesamthands- und Ergänzungsbilanz dem Buchwert der steuerlichen Schlussbilanz des einlegenden Gesellschafters entspricht. Zu beachten ist lediglich, dass in der Handelsbilanz eine Rückstellung für passive latente Steuerbelastung nach § 253 HGB entsteht. 29

Beispiel: C betreibt ein Einzelunternehmen. Das steuerliche Eigenkapital beträgt 100. Im Betriebsvermögen wird ein Grundstück ausgewiesen mit einem Buchwert von 400 und einem Verkehrswert von 1000. Weitere stille Reserven sind im Betriebsvermögen nicht enthalten. Das Einzelunternehmen hat folgende Bilanz:

Einzelunternehmen C			
Grundstück	400	Eigenkapital	100
Umlaufvermögen	1.200	Verbindlichkeiten	1.500
	1.600		1.600

[30] Vgl. DPPM/*Patt* UmwStR: § 24 Rn. 81 ff.
[31] Rödder/Herlinghaus/van Lishaut/*Rasche* UmwStG § 24 Rn. 72.

3. Kapitel. Entstehung der Gesellschaft

C beabsichtig, das Einzelunternehmen in eine GmbH & Co. KG „umzuwandeln". Im Zuge der Umwandlungen sollen handelsrechtlich die stillen Reserven im Grundvermögen aufgelöst werden. Für steuerliche Zwecke soll die Einlage zu Buchwerten erfolgen.

Lösungshinweis: Für die Gesellschaft ergibt sich damit folgende Handelsbilanz:

Handelsbilanz C GmbH & Co. KG			
Grundstück	1.000	Festkapital	610
		Rückstellung für latente Steuern	90
Umlaufvermögen	1.200	Verbindlichkeiten	1.500
	2.200		2.200

Wird nach § 24 UmwStG der Antrag auf Buchwertansatz gestellt, kann der handelsrechtliche Buchwert durch eine negative Ergänzungsbilanz abgestockt werden wie folgt:

Ergänzungsbilanz C zu C GmbH & Co. KG			
Minderkapital	600	Minderwert Grundstück	600

30 Im Ergebnis können also in der Handelsbilanz die stillen Reserven des Betriebes aufgedeckt werden, ohne dass dies auf Ebene des einlegenden Gesellschafters zu einer Steuerbelastung führt. Zu beachten ist allerdings, dass im Falle der Bildung einer negativen Ergänzungsbilanz gleichzeitig in der Handelsbilanz der aufnehmenden GmbH & Co. KG eine Rückstellung für latente Steuern zu bilden ist. Im Beispielsfall wurde ein Wert angenommen von 90, der das Eigenkapital der aufnehmenden GmbH & Co. KG entsprechend vermindert.

31 **b) Ausgabe von Gesellschaftsrechten.** Voraussetzung für die Anwendung des § 24 UmwStG ist allerdings, dass dem Einlegenden Gesellschaftsrechte an der aufnehmenden Gesellschaft eingeräumt werden. Die Einlage ist auf dem **Festkapital (Kapitalkonto I)** bzw. zusätzlich auf einem **gesamthänderisch gebundenen Rücklagekonto** zu verbuchen.[32] Die Buchung muss also auf dem Kapitalkonto erfolgen, das Gesellschaftsrechte repräsentiert oder es müssen weitere Gesellschaftsrechte eingeräumt werden.[33] Dabei bleibt allerdings offen, was unter „weiteren Gesellschaftsrechten" in diesem Zusammenhang zu verstehen ist, wie zB zusätzliche Stimmrechte, erhöhter Anteil am Liquidationserlös oä. Erfolgt eine Gutschrift auf dem **Gesellschafterverrechnungskonto**, handelt es sich insoweit um einen entgeltlichen Vorgang, der grundsätzlich zu einer (Teil-)Aufdeckung von stillen Reserven führt.[34]

32 Anders als in § 20 UmwStG ist in § 24 UmwStG als Voraussetzung für die Möglichkeit eines Buchwertantrags die Möglichkeit der Gewährung eines

---
[32] Vgl. BMF v. 11.11.2011, BStBl. I 2011, 1314 Rn. 24.07.
[33] BFH v. 25.4.2006, BStBl. II 2006, 847.
[34] Schmitt/Hörtnagl/*Stratz* UmwG/UmwStG § 24 Rn. 140; PPPM/*Patt* UmwStR § 24 Rn. 59.

sonstigen Entgelts neben der Ausgabe von Gesellschaftsrechten nicht angesprochen. Die Finanzverwaltung und ein Teil der Literatur gehen daher davon aus, dass im Falle der Gewährung eines **Mischentgelts**, dh einer Verbuchung der Einlage eines Betriebes oder Teilbetriebes auf einem Gesellschafterkonto, das Gesellschaftsrechte repräsentiert, und daneben auf einem Verrechnungskonto zu einem **entgeltlichen Vorgang** führt. Der Einbringungsvorgang sei aufzuteilen in einen erfolgsneutralen und einen erfolgswirksamen Teil.[35] Diese Rechtsauffassung der Finanzverwaltung und insbesondere auch die Ungleichbehandlung zu Einbringungsvorgängen nach § 20 UmwStG war in der Literatur lange Zeit umstritten. Vorgetragen wurde beispielsweise, dass im Falle der Bebuchung eines Verrechnungskontos dieses zwingend zum Sonderbetriebsvermögen des Gesellschafters werde, mithin der steuerlichen Sphäre der Personengesellschaft zuzurechnen sei.[36] Nach anderer Auffassung soll die Gutschrift auf einem Verrechnungskonto des Gesellschafters dann nicht zu einer Gewinnrealisierung führen, wenn die Summe aus dem Nominalbetrag der Gutschrift auf dem Kapitalkonto und der Gutschrift auf dem Verrechnungskonto den Buchwert des eingebrachten Betriebsvermögens nicht übersteigt.[37] Der BFH hat sich dabei der letztgenannten Auffassung angeschlossen und geht davon aus, das im Falle der Einbringung eines Betriebes oder Teilbetriebes in einer Personengesellschaft gegen ein Mischentgelt solange keine Gewinnrealisierung erfolgt, als die Summe der Gutschrift auf dem Kapitalkonto und dem Verrechnungskonto den Buchwert des eingebrachten Betriebes oder Teilbetriebes nicht übersteigt.[38]

Beispiel: Der Einzelunternehmer B beabsichtigt, sein Einzelunternehmen in eine GmbH & Co. KG einzubringen. Das Einzelunternehmen verfügt über ein bilanzielles Eigenkapital von 2.500. Im Zuge der Einbringung soll bei der GmbH & Co. KG das Kapitalkonto I (Gesellschaftsrechte) in Höhe vom 1.500 und daneben ein Gesellschafterverrechnungskonto in Höhe von 1.000 gebildet werden.

Lösungshinweis: Nach den Grundsätzen des BFH-Urteils vom 18.9.2013 ist die Gegenleistung an B insgesamt mit 2.500 zu bewerten. Es erfolgt eine Gutschrift auf dem Kapitalkonto in Höhe von 1.500 und eine Gutschrift auf dem Verrechnungskonto in Höhe von 1.000. Da die Summe des Nominalbetrages der Gutschrift auf dem Kapitalkonto und dem gemeinen Wert der Gutschrift auf dem Darlehenskonto den steuerlichen Buchwert des eingebrachten Betriebes nicht übersteigt, kommt es nicht zu einer Gewinnrealisierung.

Der Rechtsauffassung des BFH ist zuzustimmen, da die stillen Reserven in dem eingebrachten Einzelunternehmen nach wie vor und in gleicher Höhe steuerverhaftet sind. Betriebliche Umstrukturierungsvorgänge unter Einbezug von Personengesellschaften wurden hierdurch deutlich vereinfacht. 33

Ein Lösungsansatz zur Vermeidung unerwünschter Realisierungsvorgänge kann ferner darin bestehen, einzelne Vermögenswerte gezielt dem **Sonder-** 34

---

[35] BMF v. 11.11.2011, BStBl. I 2011, 1314 Rn. 24.07; DPPM/*Patt* UmwStR § 24 Rn. 60.
[36] Widmann/Mayer/*Fuhrmann* UmwStR § 24 Rn. 583, 826.
[37] *Strahl* StBg 2011, 156.
[38] BFH v. 18.9.2013, DStR 2013, 2380.

3. Kapitel. Entstehung der Gesellschaft

betriebsvermögen der Mitunternehmerschaft zuzuweisen[39], so dass ein Verrechnungskonto zugunsten des Gesellschafters vermieden wird. Dies kann anhand folgenden Beispiels verdeutlicht werden:

Beispiel: Einzelunternehmer A beabsichtigt, sein Einzelunternehmen in eine GmbH & Co. KG „umzuwandeln". Das Einzelunternehmen hat ein Eigenkapital von 1.500 und einen Verkehrswert von 3.000.

1. Alternative: Das gesamte Einzelunternehmen inkl. Betriebsgrundstück wird auf die A GmbH & Co. KG übertragen.
2. Alternative: A behält das Grundstück in seinem Eigentum zurück und verpachtet das Betriebsgrundstück an die A GmbH & Co. KG.

	Ausgangssituation	1. Alternative	2. Alternative	
			Gesamthand	SoBV
Anlagevermögen				
Grundvermögen	1.000	1.000		1.000
Sonstiges AV	1.700	1.700	1.700	
Umlaufvermögen	1.300	1.300	1.300	
Aktiva Gesamt	**4.000**	**4.000**	**3.000**	**1.000**
Eigenkapital	1.500	500	500	1.000
Verbindlichkeiten	2.500	2.500	2.500	
Verrechnungskonto		1.000		
Passiva Gesamt	**4.000**	**4.000**	**3.000**	**1.000**

35 Das Beispiel zeigt, dass bei der ersten Alternative ein Verrechnungskonto zugunsten des einlegenden Gesellschafters entsteht, was zu einer Teilgewinnrealisierung führt. Diese unerwünschte Folge kann dadurch vermieden werden, dass das Grundstück im Eigentum des Gesellschafters zurückbehalten wird. Wird das Grundstück an die aufnehmende Personengesellschaft zur Nutzung überlassen, handelt es sich um Sonderbetriebsvermögen. Die teilweise Übertragung von notwendigem Betriebsvermögen in Sonderbetriebsvermögen hindert nicht die Anwendung des § 24 UmwStG[40].

36 Bei **Alternative 1** handelt es sich um eine Einlage gegen Mischentgelt, das anteilig zu einer Realisierung von stillen Reserven führt.

Gegenleistung:	Nominal	Wert	anteilig
Kapitalkonto I	500	2.000	66,67 %
Verrechnungskonto	1.000	1.000	33,33 %
		3.000	
Veräußerungsgewinn			
Verrechnungskonten		1.000	
./. 33,33 % v. Buchwert		167	
steuerpflichtig also		833	

---

[39] Vgl. *Düll/Seitz* StbJB 2011/2012, 128.
[40] *Strahl* Ubg 2011, 438.

§ 13 Steuerliche Konsequenzen der Gründung einer GmbH & Co. KG

Bei der **Alternative 2** entsteht keine Gegenleistung. Die Übertragung in das SoBV ist ausreichend[41]. 37

Gesellschafterkonten einer Personengesellschaft sind häufig als Kapitalkonto I, Kapitalkonto II, Kapitalkonto III usw. bezeichnet, ohne den Begriff als Rücklage, Verrechnungskonto usw. zu verwenden. Die Bezeichnung eines Kontos als Kapitalkonto schafft für sich betrachtet noch nicht die Übereinstimmung mit dem in § 24 UmwStG verwendeten Begriff des Kapitalkontos. Der **Charakter des Kapitalkontos** muss vielmehr anhand allgemeiner Kriterien beurteilt werden. Als entscheidendes Merkmal kommt auch für steuerliche Zwecke die **mögliche Verrechnung mit künftigen Verlusten** der Gesellschaft in Betracht.[42] 38

c) Besteuerungsrecht der Bundesrepublik Deutschland. Wie in § 20 UmwStG ist auch in § 24 Abs. 2 UmwStG als **Voraussetzung** für die Möglichkeit eines Antrags auf Buchwertfortführung aufgenommen worden, dass bei Ausübung des Bewertungswahlrechts das **Besteuerungsrecht der Bundesrepublik Deutschland** hinsichtlich des eingebrachten Betriebsvermögens nicht ausgeschlossen oder beschränkt wird. Die Personengesellschaft selbst ist lediglich Steuersubjekt für die Gewerbesteuer. Das Besteuerungsrecht für den Bereich der Gewerbesteuer erstreckt sich auf inländisches Betriebsvermögen. Dieses Besteuerungsrecht besteht vor und nach der Einbringung eines Betriebes oder Teilbetriebes uneingeschränkt fort. Insoweit dürfte sich im Normalfall keinerlei Einschränkung des Besteuerungsrechts aus dem Bereich der Gewerbesteuer ergeben. 39

Das Besteuerungsrecht für das Betriebsvermögen der Mitunternehmerschaft besteht jedoch auch auf Ebene der Mitunternehmer. Eine Einschränkung des Besteuerungsrechts ist grundsätzlich dann denkbar, wenn der eingebrachte Betrieb oder Teilbetrieb über eine **ausländische Betriebsstätte** verfügt. Keine Einschränkung des deutschen Besteuerungsrechts liegt allerdings dann vor, wenn der oder die Mitunternehmer der GmbH & Co. KG in Deutschland unbeschränkt steuerpflichtig sind oder die Gesellschafter zwar ihren Wohnsitz im Ausland haben, jedoch in Deutschland über § 49 Abs. 1 Nr. 1–3 EStG beschränkt steuerpflichtig sind und das Besteuerungsrecht auch nicht durch ein bestehendes Doppelbesteuerungsabkommen eingeschränkt wird.[43] Denkbar sind allerdings Konstellationen, in denen ein Gesellschafter mit Wohnsitz außerhalb Deutschlands an der GmbH & Co. KG beteiligt ist und sich im Verhältnis zum Belegenheitsstaat einer uU bestehenden ausländischen Betriebsstätte oder einem im Ausland belegenen Grundstück eine Einschränkung des deutschen Besteuerungsrechts ergibt. Da es sich insofern allerdings um einen Sonderfall handelt, sollen diese Überlegungen nicht weiter vertieft werden. 40

d) Bestehendes Potential an Über-/Unterentnahmen gem. § 4 Abs. 4a EStG. Durch § 4 Abs. 4a EStG wird der Betriebsausgabenabzug 41

---

[41] BMF v. 11.11.2011, BStBl. I 2011, 1314 Rn. 24.05.
[42] Vgl. BMF v. 11.11.2011, BStBl. I 2011, 1314 Rn. 24.07 iVm BMF v. 30.5.1997, BStBl. I 1997, 627; BMF v. 11.7.2011, BStBl. I 2011, 713; Strahl Ubg 2011, 439.
[43] Rödder/Herlinghaus/van Lishaut/*Rasche* UmwStG § 24 Rn. 84.

3. Kapitel. Entstehung der Gesellschaft

von Schuldzinsen eines Betriebes dann eingeschränkt, wenn der Betriebsinhaber „Überentnahmen" getätigt hat. Überentnahmen liegen vor, wenn die Entnahmen eines Geschäftsjahres höher sind als der Gewinn und die Einlagen eines Geschäftsjahres, gemindert um den Bestand von bestehenden Über-/Unterentnahmen aus Vorjahren. Der Begriff der Entnahmen und Einlagen im Sinne des § 4 Abs. 4a EStG ist mangels einer besonderen Definition in der Vorschrift entsprechend der Legaldefinition in § 4 Abs. 1 S. 2 EStG zu bestimmen.[44]

42   Entsprechend dem Zweck des § 4 Abs. 4a EStG, für jede betriebliche Einheit, für die eine eigenständige Gewinnermittlung vorgenommen wird, den Betrag der Über- oder Unterentnahmen eines Steuerpflichtigen zu ermitteln, ist die Fortschreibung der Über- und Unterentnahmen betriebsbezogen auszulegen, dh die Ermittlung erfolgt nicht betriebsübergreifend für jeden Steuerpflichtigen, sondern getrennt für jeden Betrieb des Steuerpflichtigen.[45] Handelt es sich um eine Mitunternehmerschaft, ist die Fortrechnung für jeden Mitunternehmeranteil eigenständig vorzunehmen.[46]

43   Fraglich ist nun, wie die Einlage eines gesamten Betriebes auf der Grundlage des § 24 UmwStG in eine GmbH & Co. KG im Kontext des § 4 Abs. 4a EStG zu werten ist. Die unentgeltliche Übertragung eines Betriebs oder eines Mitunternehmeranteils löst nach Auffassung der Rechtsprechung keine Entnahme bzw Einlage im Sinne des § 4 Abs. 4a EStG aus.[47] Die Finanzverwaltung geht davon aus, dass die Einlage eines Betriebes in eine GmbH & Co. KG auf der Grundlage des § 24 UmwStG auf Ebene des Einbringenden keine Entnahme und bei der Zielgesellschaft keine Einlage im Sinne des § 4 Abs. 4a EStG bildet. Allerdings soll der Bestand an Über- oder Unterentnahmen sowie ein möglicherweise vorhandenes Verlustpotential bei der Zielgesellschaft fortzuführen sein.[48]

Beispiel: A betreibt ein Einzelunternehmen. Der Buchwert des Eigenkapitals beträgt T-EUR 500. Die Entnahme im Geschäftsjahr 01 betragen T-EUR 200, der Gewinn des Geschäftsjahres T-EUR 100 und die Einlagen T-EUR 60. Zum 31.12.00 beträgt der Bestand der Überentnahmen T-EUR 10. Zum 1.1.2002 soll das Einzelunternehmen in die A GmbH & Co. KG eingebracht werden.

Lösungshinweis: Für das Einzelunternehmen sind die Über-/Unterentnahmen fortzuschreiben wir folgt:

Entnahmen	200
Gewinn	100
Einlagen	60
Überentnahme	40
Überentnahme Übertrag	10
Überentnahme zum 31.12.2001	50

---

[44] BFH v. 22.9.2011, BStBl. II 2012, 10.
[45] BFH v. 22.9.2011, BStBl. II 2012, 10.
[46] BFH v. 29.3.2007, BStBl. II 2008, 420.
[47] BFH v. 22.9.2011, BStBl. II 2012, 10.
[48] OFD Frankfurt a.M. v. 4.4.2013, Lexinform Nr. 5234453 Rn. 32e.

§ 13 Steuerliche Konsequenzen der Gründung einer GmbH & Co. KG

Unter Zugrundelegung der Rechtsauffassung der Finanzverwaltung ist trotz des positiven Eigenkapitals der A GmbH & Co. KG in Höhe von 500 die Überentnahme aus dem Einzelunternehmen in Höhe von 50 bei der GmbH & Co. KG fortzuführen. **44**

3. Gegenstand der Einbringung

a) Einbringung eines Betriebes. Als Betrieb wird ein betrieblicher Organismus verstanden, in dem eine Tätigkeit entfaltet werden kann, die zu gewerblichen Einkünften führt.[49] Diese Begriffsdefinition ist allerdings im konkreten Einzelfall wenig hilfreich. Es kann davon ausgegangen werden, dass zu einem Betrieb alle Wirtschaftsgüter gehören, die durch den Unternehmer zur Erzielung von Gewinneinkünften eingesetzt werden und dem Inhaber zuzurechnen sind. Dabei ist allerdings nicht erforderlich, dass alle im Betrieb eingesetzten Wirtschaftsgüter tatsächlich übertragen werden, jedoch müssen die **wesentlichen Grundlagen**, die für die Ausübung des Betriebes erforderlich sind, Gegenstand der Einlage sein.[50] Voraussetzung für die Anwendung des § 24 UmwStG auf die Einlage eines Betriebes ist hiernach, dass alle wesentlichen Betriebsgrundlagen des Betriebes mitübertragen werden. **45**

Wird eine wesentliche Betriebsgrundlage durch den Betriebsinhaber zurückbehalten, liegt kein Anwendungsfall des § 24 UmwStG vor, so dass es sich um eine Betriebsaufgabe iSd § 16 Abs. 3 EStG handelt.[51] Ob allerdings eine wesentliche Betriebsgrundlage vorliegt oder nicht, kann im konkreten Einzelfall durchaus strittig sein. Die Fachliteratur geht zutreffend davon aus, dass es bei der Beurteilung einer wesentlichen Betriebsgrundlage vorrangig auf die rein **funktionale Betrachtungsweise** ankommt. Dies gilt zumindest für den Anwendungsbereich der §§ 20, 24 UmwStG.[52] Die Finanzverwaltung vertritt dabei eine eher differenzierte Haltung. Wird im Zusammenhang mit der Einlage eines Betriebes der Buchwertansatz gewählt, soll es bei der Beurteilung einer wesentlichen Betriebsgrundlage nicht auf die Höhe der stillen Reserven ankommen. Wird dagegen der Teilwertansatz gewählt, soll auch der **quantitative Ansatz** zur Anwendung kommen, dh auch Wirtschaftsgüter mit hohen stillen Reserven zu übertragen sein.[53] Fraglich ist allerdings, ob die Finanzverwaltung ihre Haltung auch nach dem neuen Umwandlungssteuererlass beibehalten wird.[54] Es muss allerdings bezweifelt werden, dass diese Streitfrage eine hohe praktische Relevanz hat. Wird im Zuge der Gründung einer GmbH & Co. KG ein bestehender Betrieb auf die GmbH & Co. KG übertragen, sollte sichergestellt sein, dass alle funktional wesentlichen Betriebsgrundlagen übergehen. Sollte dies im Einzelfall nicht gewünscht sein, muss zumindest sichergestellt werden, dass die betreffenden Vermögensgegenstände der Personengesellschaft zur Nutzung überlassen **46**

---

[49] BFH v. 17.11.1991, BStBl. II 1992, 380.
[50] BFH v. 12.6.1996, BStBl. II 1996, 527.
[51] Rödder/Herlinghaus/van Lishaut/*Rasche* UmwStG § 24 Rn. 32.
[52] Für eine normspezifische Auslegung vgl. BFH v. 2.10.1997, BStBl. II 1998, 104.
[53] BMF v. 16.8.2000, BStBl. I 2000, 1253.
[54] Vgl. *Rasche* GmbHR 2012, 151; DPPM/*Patt* UmwStR § 24 Rn. 90.

3. Kapitel. Entstehung der Gesellschaft

werden, so dass diese in das Sonderbetriebsvermögen der Gesellschaft überführt werden.

47 **b) Einbringung eines Teilbetriebes.** Klassischer Anwendungsbereich für § 24 UmwStG ist **die Einbringung eines Betriebes** in eine Personengesellschaft. Voraussetzung dabei ist, das der Betrieb mit allen Aktiven und Passiven auf die Personengesellschaft übergeht. Von nicht minder praktischer Bedeutung ist die **Übertragung eines Teilbetriebes** auf die Personengesellschaft. Anlass für eine Übertragung eines Teilbetriebes kann die Schaffung einer Holding-Struktur, die Vorbereitung für die Gründung eines joint ventures oder die Vorbereitung eines Verkaufsvorgangs sein. Bei der Übertragung eines Teilbetriebes ist nach § 24 Abs. 2 UmwStG ein **Buchwertantrag** möglich, die Übertragung kann also ohne Realisierung von stillen Reserven erfolgen. Voraussetzung dabei ist allerdings, dass die zu übertragende Einheit einen Teilbetrieb darstellt.

48 Im Kontext des § 16 Abs. 1 EStG wird als **Teilbetrieb** ein organisch geschlossener, mit einer gewissen Selbstständigkeit ausgestatteter Teil eines Gesamtbetriebes verstanden, der für sich allein lebensfähig ist.[55] Ob nun ein bestimmter Geschäftsbereich hinreichend selbstständig ist, ist nach dem Gesamtbild der Verhältnisse zu beurteilen.[56] Bei der Beurteilung dieser Selbstständigkeit ist auf allgemeine Kriterien abzustellen, wie zB organisatorische Verselbständigung, eigenes Rechnungswesen, eigenes Personal, eigener Kundenstamm, eigenes Produktportfolio, räumliche Trennung vom Gesamtbetrieb sowie eigenständige Verwaltung. Entscheidend dürfte dabei sein, dass der Betriebsteil eine hinreichende Verselbstständigung aufweist, die es ihm ermöglicht, sich eigenständig am Markt als betriebliche Einheit zu behaupten. Bei der Übertragung der einem Teilbetrieb zuordenbaren Wirtschaftsgüter müssen zumindest alle **funktional wesentlichen Betriebsgrundlagen** mitübertragen werden. Es dürften hier im Grundsatz die gleichen Zuordnungsregeln wie bei der Übertragung eines Betriebes gelten.[57]

49 Nach dem bisherigen Verständnis des nationalen Steuerrechts umfasst der **Begriff des Teilbetriebes** ein mit einer gewissen Selbständigkeit ausgestatteter, organisatorisch geschlossener Teil eines Gesamtbetriebes, der für dich allein lebensfähig ist. Der Begriff des Teilbetriebes umfasst dabei alle funktional wesentlichen Betriebsgrundlagen der Einheit.[58] Für die Anwendung des UmwStG in der Fassung des SEStEG vertritt vorrangig die Finanzverwaltung die Auffassung, dass für sämtliche Umwandlungen unter Einbezug von Teilbetrieben nicht der bisherige (nationale) Teilbetriebsbegriff anzuwenden sei, sondern der **EU-Teilbetriebsbegriff** nach Artikel 2j der Fusionsrichtlinie. Diese soll nach Auffassung der Finanzverwaltung nicht nur für Umwandlungen mit internationalem Bezug, sondern auch für rein nationale Umwandlungen gelten.[59] Die Anwendung des EU-Teilbetriebsbegriffs auf rein nationale Umwandlungen wird in der Fachliteratur mit überzeugenden

---

[55] Vgl. zB BFH v. 2.8.1978, BStBl. II 1997, 15.
[56] Vgl. zB BFH v. 15.3.1984, BStBl. II 1984, 486.
[57] Rödder/Herlinghaus/van Lishaut/*Rasche* UmwStG § 24 Rn. 40.
[58] Vgl. Schmidt/*Wacker* EStG § 16 Rn. 141 ff.
[59] BMF v. 11.11.2011, BStBl. I 2011 1341, Rn. 15.02, 20.06 und 24.03.

§ 13 Steuerliche Konsequenzen der Gründung einer GmbH & Co. KG

Gründen überwiegend abgelehnt.[60] Dies gilt insbesondere für die Anwendung des Europäischen Teilbetriebsbegriffs im Anwendungsbereich des § 24 UmwStG.[61]

Die Rechtsauffassung der Finanzverwaltung bringt für die Unternehmenswirklichkeit **erhebliche Unsicherheit** mit sich, da der EU-Teilbetriebsbegriff nicht deckungsgleich ist mit dem Begriff des Teilbetriebes nach nationalem Recht. Der europäisierte Teilbetriebsbegriff umfasst danach die Gesamtheit der in einem Unternehmensteil einer Gesellschaft vorhandenen aktiven und passiven Wirtschaftsgüter, die in organisatorischer Hinsicht einen selbstständigen Betrieb, dh eine funktionsfähige Einheit darstellen. Hierzu gehören alle funktional wesentlichen Betriebsgrundlagen sowie alle nach wirtschaftlichen Zusammenhängen zuordenbaren aktiven und passiven Wirtschaftsgüter.[62] Im Gegensatz zu dem rein nationalen Teilbetriebsbegriff umfasst der europäisierte Teilbetriebsbegriff auch die Wirtschaftsgüter, die zwar nicht wesentlich, jedoch zuordenbar sind. Zu beachten ist dabei, dass es sich bei den **zuordenbaren Wirtschaftsgütern** um alle materiellen und alle immateriellen Vermögenswerte des Betriebes handelt, unabhängig davon, ob diese bilanzierungsfähig sind oder nicht.

50

Aus diesem unscharfen Verständnis könnten sich für die **praktische Anwendung** erhebliche Unsicherheiten ergeben. Hierbei sollen folgende **Zuordnungsregeln** zur Anwendung kommen:

51

	Behandlung im Übertragungsvorgang
Direkt zuordenbare Wirtschaftsgüter	Unabhängig davon, ob die Wirtschaftsgüter funktional wesentlich oder nicht wesentlich sind, sind alle zuordenbaren Wirtschaftsgüter zu übertragen
Alle zuordenbaren Verbindlichkeiten	Dem Teilbetrieb zuordenbaren Verbindlichkeiten liegen vor, wenn diese durch den Teilbetrieb verursacht sind, alle zuordenbaren Verbindlichkeiten sind daher zu übertragen
Gemischt genutzte Grundstücke	Gemischt genutzte Grundstücke sind grundsätzliche real zu teilen. Ist dies nicht möglich, soll eine ideelle Teilung in Bruchteilseigentum zulässig sein.[63]
Forderungen und Verbindlichkeiten aus Lieferungen und Leistungen	Forderungen und Verbindlichkeiten aus Lieferungen und Leistungen können im Regelfall dem Teilbetrieb direkt zurechenbar sein. Erfolgt die Einbringung durch eine Einzelrechtsnachfolge, ist eine Zustimmung des Schuldners, bzw. des Gläubigers erforderlich. Erfolgt eine Ausgliederung nach den Vorschriften des UmwG ist eine Zustimmung nicht erforderlich. Im ersten Fall soll auch ein Schuldbeitritt des Übernehmers ausreichen, auch wenn der Gläubiger der Übertragung er Verbindlichkeiten nicht zugestimmt hat.[64]

---

[60] Rödder/Herlinghaus/van Lishaut UmwStG § 24 Rn. 41; *Schumacher/Neitz-Hackstein* UBG 2011, 415, *Schneider-Ruoff/Sistermann* FR 2012. 9.
[61] *Rasche* GmbHR 2012, 153.
[62] BMF v. 11.11.2011, BStBl. I 2011, 1314 Rn. 15.02.
[63] BMF v. 11.11.2011, BStBl. I 2011, 1314 Rn. 20.06 iVm Rn. 15.08.
[64] BFH v. 26.4.2012, BFH/NV 2012, 1248.

3. Kapitel. Entstehung der Gesellschaft

	Behandlung im Übertragungsvorgang
Kundenstamm	Der Kundenstamm ist üblicherweise zwingender Bestandteil eines Teilbetriebes, muss also mit übertragen werden. UU kann der Kundenstamm Teil des allgemeinen Firmenwertes sein. Wird der Kundenstamm ganz oder teilweise durch verschiedene Geschäftsbereiche beliefert, soll es bei der Zuordnung nach den Grundsätzen bei gemischter Veranlassung verbleiben.[65]
Forderungen und Verbindlichkeiten aus einem Cash-Pool	Forderungen bzw. Verbindlichkeiten sind in der Höhe zu übertragen, in der sie durch den betreffenden Teilbetrieb wirtschaftlich verursacht sind. Ist eine zweifelsfreie Zurechnung nach wirtschaftlicher Verursachung nicht möglich, muss diese anhand objektiv nachprüfbarer Kriterien erfolgen.
Zentralfunktionen, wie zB Finanzbuchhaltung, Controlling, Einkauf, Verkauf, Forschung und Entwicklung	In Konzernen werden häufig Zentralfunktionen durch zentrale Dienste einheitlich ausgeübt. Auch für diese Bereiche gilt grundsätzlich, dass alle zuordenbaren Vertragsverhältnisse mit übergehen müssen.[66] Handelt es sich bei den zentralen Diensten allerdings um Standardleistungen, die auch durch einen fremden Dienstleister erfüllt werden könnten, dürfte die Zurückbehaltung dieser zentralen Dienste für die Qualifikation als Teilbetrieb unschädlich sein. Bei für das Unternehmen bedeutsamen Diensten, wie zB Forschung und Entwicklung dürfte diese generelle Regel allerdings nicht gelten. Hier muss davon ausgegangen werden, dass die für den Teilbetrieb bedeutsame Forschung- und Entwicklungsaktivität mit übertragen wird.
Patente, Warenzeichen, Marken, Rezepturen uä	Stehen Patente, Warenzeichen, Rezepturen, Marken uä in Verbindung zum Teilbetrieb, dürfen diese zuordenbar sein, sie sind deshalb zwingend mit zu übertragen.
Laufende Arbeitsverhältnisse	Sind Mitarbeiter einem Betrieb zurechenbar, sind auch die bestehenden Arbeitsverhältnisse uneingeschränkt mit dem Teilbetrieb mit zu übertragen
Pensionsverpflichtungen	Grundlegendes Merkmal eines Teilbetriebs ist das Vorhandensein von eigenem Personal. Im Zuge der Übertragung eines Teilbetriebs gehen alle Verpflichtungen gegenüber dem vorhandenen Personal ohnehin nach § 613a BGB über. Dies gilt jedoch nicht im Hinblick auf bereits ausgeschiedene Mitarbeiter. Sind bestehende Pensionsverpflichtungen gegenüber ausgeschiedenen Mitarbeitern des Teilbetriebs zuordenbar, sind auch diese zu übertragen.

52 Die vorstehend beschriebenen Beispiele zeigen die Schwierigkeit der Abgrenzung eines Teilbetriebs im konkreten Einzelfall. Wegen der Abgrenzungsschwierigkeit ist dringend zu empfehlen, das Vorliegen einer Teilbe-

---

[65] Vgl. *Ley/Brandenberg* StbJB 2012/2013, 179.
[66] *Ley/Brandenberg* StbJB 2012/2013, 179.

§ 13 Steuerliche Konsequenzen der Gründung einer GmbH & Co. KG

triebseigenschaft im Wege einer verbindlichen Auskunft vorab mit der Finanzverwaltung abzuklären.[67] In jedem Fall sollte jedoch in den Einbringungsverträgen eine sogenannte „Catch-All-Klausel" aufgenommen werden, nach der grundsätzlich alle Wirtschaftsgüter Gegenstand der Übertragung auch dann sind, wenn der wirtschaftliche Zusammenhang mit dem Teilbetrieb erst nachträglich festgestellt wird.

c) Einbringung eines Mitunternehmeranteils. Ein Mitunternehmeranteil kann ein selbstständiger Einbringungsgegenstand sein.[68] Wird also im Zuge der Gründung einer GmbH & Co. KG ein Betrieb oder Teilbetrieb in die GmbH & Co. KG eingebracht, kann ein daneben bestehender Mitunternehmeranteil zurückbehalten werden.[69] Ein Mitunternehmeranteil gilt damit **nicht als funktional wesentliche Betriebsgrundlage** eines Betriebes oder Teilbetriebes. Dies gilt selbst dann, wenn die GmbH & Co. KG einen Vermögenswert des Gesamthandsvermögens, zB ein Grundstück eines anderen Betriebsteils, zur Nutzung überlässt.[70] 53 54

Wird im Zusammenhang mit der Gründung einer GmbH & Co. KG ein Mitunternehmeranteil übertragen, richten sich die steuerlichen Konsequenzen nach § 24 UmwStG. Verfügt der einlegende Gesellschafter über Sonderbetriebsvermögen an der Mitunternehmerschaft, deren Anteil eingelegt wird, ist dieses Sonderbetriebsvermögen grundsätzlich mit zu übertragen, da das Sonderbetriebsvermögen und der Mitunternehmeranteil eine Einheit bilden. Erforderlich ist allerdings nicht, die Übertragung des Sonderbetriebsvermögens in das Gesamthandsvermögen der aufnehmenden Personengesellschaft. Ausreichend ist vielmehr, wenn das Sonderbetriebsvermögen wiederum zum Sonderbetriebsvermögen der aufnehmenden Personengesellschaft wird.[71] 55

Handelt es sich um **mehrstöckige Personengesellschaftsstrukturen**, ist der Gesellschafter der Obergesellschaft auch gleichzeitig Mitunternehmer bei der Untergesellschaft. Bringt die Obergesellschaft ihren Betrieb oder Teilbetrieb in eine Untergesellschaft ein, muss diese Einbringung auch eventuell vorhandenes Sonderbetriebsvermögen des Gesellschafters der Obergesellschaft mitumfassen. Die reine Zuordnung zum Sonderbetriebsvermögen der Obergesellschaft dürfte für die Anwendung des § 24 UmwStG wohl nicht ausreichen, da Einbringende die Obergesellschaft ist.[72] 56

d) Einlage der Beteiligung an einer Kapitalgesellschaft. Bestandteil eines Betriebes oder Teilbetriebes können auch Anteile an einer Kapitalgesellschaft sein, falls die Kapitalgesellschaft Rechtsbeziehungen zu dem Betrieb oder Teilbetrieb unterhält. Dies kann zB bei Anteilen an einer ausländischen Vertriebsgesellschaft sein, über die die Produkte des betreffenden Geschäftsbereichs vertrieben werden. Ist dies der Fall, sind die Anteile der 57

---

[67] Ley/Brandenberg StbJB 2012/2013, 181.
[68] BMF v. 11.11.2012, BStBl. 2011 I, 1314 Rn. 20.12.
[69] Neumann GmbHR 2012, 145.
[70] Ley/Brandenberg StbJB 2012/2013, 180.
[71] BMF v. 11.11.2011, BStBl. I 2011, 1314 Rn. 24.05.
[72] Vgl. Rödder/Herlinghaus/van Lishaut/Rasche UmwStG § 24 Rn. 44.

3. Kapitel. Entstehung der Gesellschaft

Kapitalgesellschaft dem Betrieb bzw. dem Teilbetrieb zuordenbar und müssen im Zusammenhang mit der Gründung der GmbH & Co. KG mit übertragen werden. Dies gilt unabhängig von dem Umfang der Beteiligung.

58 Soll lediglich die Beteiligung an einer Kapitalgesellschaft im Zuge der Gründung auf eine GmbH & Co. KG übertragen werden, stellt sich die Frage nach der möglichen Rechtsgrundlage. Eine 100%-ige Beteiligung an einer Kapitalgesellschaft wird in § 16 Abs. 1 S. 1 Nr. 1 S. 2 EStG als Teilbetrieb fingiert. Für Zwecke der Anwendung des § 24 UmwStG **fingiert** die Finanzverwaltung eine **100%-ige Beteiligung** an einer Kapitalgesellschaft entsprechend als **Teilbetrieb**.[73] Dies gilt zumindest für eine 100%-ige Beteiligung an einer Kapitalgesellschaft, die in einem Betriebsvermögen gehalten wird. Die Anwendung des § 24 UmwStG auf die Einlage einer 100%-igen Beteiligung an einer Kapitalgesellschaft wird allerdings teilweise abgelehnt,[74] da § 16 Abs. 1 S. 1 Nr. 1 S. 2 EStG eine normspezifische Fiktion darstellen würde.[75] Selbst wenn hiernach die Einlage einer 100%-igen Beteiligung an der Kapitalgesellschaft auf der Grundlage des § 24 UmwStG nicht möglich sein sollte, wäre sie mangels einer Qualifikation als Teilbetrieb als einzelnes Wirtschaftsgut anzusehen. Dieses könnte dann auf der Grundlage des § 6 Abs. 5 S. 3 EStG ebenfalls zum Buchwert in die Personengesellschaft eingelegt werden.

59 Auch die Übertragung lediglich eines **Bruchteils eines Mitunternehmeranteils** ist grundsätzlich durch § 24 UmwStG begünstigt. Im Zuge der Gründung einer GmbH & Co. KG muss daher der Gründer nicht seinen gesamten Mitunternehmeranteil einbringen, auch die Einlage eines Teils des Mitunternehmeranteils ist möglich.[76] Hält der Einbringende Sonderbetriebsvermögen ist dieses Quotal mit einzubringen.[77]

4. Beitritt eines weiteren Gesellschafters

60 Tritt im Zuge der Einbringung eines Betriebes oder Teilbetriebes in eine GmbH & Co. KG ein weiterer Gesellschafter in die Gesellschaft ein, stellt sich das Problem des Interessenausgleichs zwischen dem einbringenden und dem neu hinzutretenden Gesellschafter, falls in dem eingebrachten Betriebsvermögen stille Reserven enthalten sind. Denkbar ist beispielsweise, dass der Einbringende eine entsprechend erhöhte Einlage in das Gesellschaftsvermögen der GmbH & Co. KG leistet. Denkbar ist jedoch auch, dass außerhalb des Betriebsvermögens der GmbH & Co. KG ein Wertausgleich zwischen den Gesellschaftern erfolgt. Dies führt jeweils zu unterschiedlichen steuerlichen Konsequenzen.

61 Der Beitritt eines weiteren Gesellschafters in eine GmbH & Co. KG gegen Zahlung einer Bareinlage wird steuerlich nach § 24 UmwStG behandelt. Der Beitritt eines außenstehenden Gesellschafters wird als **Gründung einer neuen, vergrößerten Mitunternehmerschaft** gesehen, bei der die bishe-

---

[73] BMF v. 11.11.2011, BStBl. I 2011, 1314 Rn. 24.02.
[74] Rödder/Herlinghaus/van Lishaut/*Rasche* UmwStG § 24 Rn. 42.
[75] Schmidt/*Wacker* EStG § 16 Rn. 161.
[76] BMF v. 11.11.2011, BStBl. I 2011, 1314 Rn. 24.03.
[77] DPPM/*Patt* UmwStR § 24 Rn. 94.

§ 13 Steuerliche Konsequenzen der Gründung einer GmbH & Co. KG

rigen Gesellschafter ihre Mitunternehmeranteile nach § 24 UmwStG in die neue Mitunternehmerschaft einbringen und der hinzutretende Gesellschafter eine Bareinlage leistet.[78] Die vom BFH entwickelte Beurteilung ist zu § 24 UmwStG in der ursprünglichen Fassung entwickelt worden, dürfte jedoch auch für § 24 UmwStG in der Fassung des SESTEG weiter gelten. Die Anwendung des § 24 UmwStG bedingt allerdings auch für den Fall des Beitritts eines weiteren Gesellschafters, dass die durch § 24 UmwStG vorgegebenen Formalien eingehalten werden, hier insbesondere der **Antrag auf Buchwertansatz** nach § 24 Abs. 2 UmwStG.

Erfolgt die Überführung eines Betriebs oder Teilbetriebs in eine GmbH & Co. KG lediglich durch einen Gesellschafter, sollte ein neu beitretender Gesellschafter grundsätzlich eine **Einlage in das Gesellschaftsvermögen** in Höhe des Wertes des Betriebes oder Teilbetriebs leisten, um den gleichen gesellschaftsrechtlichen Beitrag wie der einlegende Gesellschafter zu bringen. Liegt der **Verkehrswert** des eingebrachten Betriebs oder Teilbetriebs **über dessen Buchwert**, muss die Einlage des beitretenden Gesellschafters über dem Nominalbetrag der Kapitaleinlage liegen. Die Gutschrift dieses den Nominalbetrag übersteigenden Teils der Einlage erfolgt sinnvollerweise auf einem gesamthänderisch gebundenen Rücklagenkonto, nicht dagegen auf dem Kapitalkonto des Einbringenden.

Beispiel: A betreibt ein Einzelunternehmen. Das Einzelunternehmen hat zum 31.12.2001 folgende Bilanz:

Handelsbilanz A

Grundstücke	100	Kapital	200
Maschinen	1.000	Verbindlichkeiten	900
	1.100		1.100

Das Einzelunternehmen enthält stille Reserven in Höhe von 1.000, die in Höhe von 800 auf die Grundstücke und in Höhe von 200 auf Maschinen entfallen. Der Wert des Gesamtunternehmens beträgt demnach 1.200. A beabsichtigt, das Einzelunternehmen zu Buchwerten in die A-GmbH & Co. KG einzubringen. Gleichzeitig soll der Gesellschafter B als gleichberechtigter Gesellschafter aufgenommen werden. B verpflichtet sich seinerseits, eine Bareinlage in das Gesellschaftsvermögen von 1.200 zu bringen. Nach der Einbringung stellt sich die Eröffnungsbilanz der A-GmbH & Co. KG wie folgt dar:

Bilanz 1.1.2002

Grundstücke	100	Kapital A	200
Maschinen	1.000	Kapital B	200
Bank	1.200	Rücklage	1.000
		Verbindlichkeiten	900
	2.300		2.300

Nach der Gründung der A-GmbH & Co. KG haben beide Gesellschafter A und B jeweils ein anteiliges Kapital von 700, das sich aus dem Bestand des Festkapitals und dem anteiligen Betrag der Rücklage zusammensetzt. Aus

---

[78] BFH v. 23.5.1985, BStBl. II 1985, 695.

3. Kapitel. Entstehung der Gesellschaft

Sicht des Gesellschafters A ist deshalb die Einbringung des Einzelunternehmens **nicht** zum steuerlichen Buchwert erfolgt.[79] Für das ursprüngliche steuerliche Eigenkapital von 200 hat A ein steuerliches Eigenkapital bei der A-GmbH & Co. KG erhalten in Höhe von 700. Dies ist einer Einlage des Einzelunternehmens zu **Zwischenwerten** gleichzusetzen, so dass sich für A ein **Einbringungsgewinn** ergibt. Da im Zuge der Einbringung nicht alle stille Reserven des Unternehmens aufgelöst worden sindhndelt es sich um einen **laufenden Gewinn**, der keiner steuerlichen Begünstigung unterliegt.[80]

Für B stellt sich die Situation wie folgt dar:
B leistet eine Einlage in das Gesellschaftsvermögen von 1.200 und erhält dafür ein anteiliges steuerliches Kapital von 700. Der Mehrbetrag von 500 ist für B im Rahmen einer steuerlichen Ergänzungsbilanz abzubilden:

Ergänzungsbilanz B A-GmbH & Co. KG			
Grundstücke	400	Ergänzungskapital	500
Maschinen	100		
	500		500

64 Die gezeigten negativen Auswirkungen für den vormaligen Einzelunternehmer A bei gleichzeitiger Buchwertfortführung in der Gesamthandsbilanz der A-GmbH & Co. KG können dadurch vermieden werden, dass für A in Höhe des Differenzbetrages seines steuerlichen Kapitalkontos vor der Einbringung und dem Kapitalkonto **nach** der Einbringung und des Beitritts von B eine Abstockung im Rahmen einer **negativen Ergänzungsbilanz** erfolgt.[81] Die Verhältnisse stellen sich hiernach im Beispielfall wie folgt dar:

Gesamthandelsbilanz			
Grundstücke	100	Kapital A	200
Maschinen	1.000	Kapital B	200
Bank	1.200	Kapitalrücklage	1.000
		Verbindlichkeiten	900
	2.300		2.300

Ergänzungsbilanz A A-GmbH & Co. KG			
Ergänzungskapital	500	Grundstück	400
		Maschinen	100
	500		500

---

[79] BMF v. 11.11.2011, BStBl. I 2011, 1314 Rn. 24.14.
[80] Widmann/Mayer § 24 UmwStG Rn. 190.
[81] BMF v. 11.11.2011, BStBl. I 2011, 1314 Rn. 24.14.

Ergänzungsbilanz B
A-GmbH & Co. KG

Grundstücke	400	Ergänzungskapital B	500
Maschinen	100		
	500		500

Das **steuerliche Eigenkapital** des A setzt sich in diesem Fall zusammen aus dem anteiligen Eigenkapital lt. Gesamthandsbilanz in Höhe von 700 sowie dem Kapital lt. Ergänzungsbilanz in Höhe von −500 so dass sich ein steuerliches Eigenkapital in Höhe von 200 ergibt. Dieses steuerliche Eigenkapital entspricht genau dem ursprünglichen Stand des Eigenkapitals im vormaligen Einzelunternehmen.

Die Buchwerte des Einzelunternehmens werden in der Gesamthandsbilanz der A-GmbH & Co. KG unverändert fortgeführt. Im Rahmen der **negativen Ergänzungsbilanz** ergibt sich für A über die Nutzungsdauer der Grundstücke und Maschinen ein **jährlicher Ertrag** aus der Auflösung des Minderungsbetrags. Gegenüber der ursprünglichen Situation des Einzelunternehmens wird A also für steuerliche Zwecke über die Nutzungsdauer der Vermögensgegenstände ein erhöhter steuerlicher Ertrag zugewiesen. Dies ist insofern gerechtfertigt, als mit der Gründung der A-GmbH & Co. KG der Gesellschafter A einen höheren Anteil am steuerlichen Eigenkapital zugewiesen bekommt, der in der Folgezeit steuerneutral entnommen werden könnte.[82]

Alternativ zu der dargestellten Vorgehensweise könnte das von A eingebrachte Betriebsvermögen in der Eröffnungsbilanz der Personengesellschaft nicht mit seinem Buchwert von 200, sondern mit seinem Teilwert von 1200 angesetzt werden. In diesem Fall würden die Kapitalkonten von A und B mit je 1200 ausgewiesen werden. A könnte zur Vermeidung eines Veräußerungsgewinns eine negative Ergänzungsbilanz mit einem Minderkapital von 1000 aufstellen. Für B entfiele in diesem Fall eine Ergänzungsbilanz.[83]

Wird als Ausgleich für die Differenz zwischen Buchwert und Teilwert des Einzelunternehmens für den Einbringenden in der Folgezeit ein **erhöhter Gewinnanteil** vereinbart, soll dies nicht als Veräußerungsentgelt anzusehen sein.[84] Hat das erhöhte Gewinnbezugsrecht seine Ursache in dem Einbringungsvorgang, ist diese Vorgehensweise jedoch außerordentlich bedenklich. Die Überlassung eines erhöhten Gewinnbezugsrechts ist ein Vermögenswert, der durchaus entgeltähnlichen Charakter hat.[85] Auch im Hinblick auf klare Rechtsverhältnisse unter den Gesellschaftern sollte darauf geachtet werden, möglicherweise missverständliche und auslegungsfähige Regelungen im Gesellschaftsvertrag zu vermeiden.

Erhält der Einbringende neben dem Mitunternehmeranteil an der Personengesellschaft eine **Zuzahlung in das Privatvermögen**, so ist davon aus-

---

[82] *Widmann/Mayer* § 24 UmwStG Rn. 191; krit. zur Behandlung in Handels- und Steuerbilanz *Kirchhoff/Söhn/Reiß* § 15 EStG Rn. E 287.
[83] BMF v. 11.11.2011, BStBl. I 2011, 1314 Rn. 24.14.
[84] *Widmann/Mayer* § 24 UmwStG Rn. 187.
[85] *Schmidt* StuW 1970, 435.

3. Kapitel. Entstehung der Gesellschaft

zugehen, dass der Einbringende Eigentumsanteile an den Wirtschaftsgütern des Betriebs veräußert und die ihm verbliebenen Eigentumsanteile für eigene Rechnung, sowie die veräußerten Eigentumsanteile für Rechnung des zuzahlenden Gesellschafters in das Betriebsvermögen der Personengesellschaft einlegt.[86] Der Gewinn, der durch eine Zuzahlung in das Privatvermögen des Einbringenden entsteht, kann nicht durch Erstellung einer negativen Ergänzungsbilanz vermieden werden.[87] Der bei der Veräußerung der Anteile an den Wirtschaftsgütern erzielte Gewinn ist als laufender, nicht nach §§ 16, 34 EStG begünstigte Gewinn des einzubringenden Betriebs zu versteuern. Da nur Miteigentumsanteile an den Wirtschaftsgütern des Betriebs veräußert werden, liegt weder eine Veräußerung eines Betriebs iSd § 16 EStG noch eine Veräußerung eines Mitunternehmeranteils vor, da eine Mitunternehmerschaft im Zeitpunkt der Veräußerung der Miteigentumsanteile noch nicht besteht, sondern durch den Vorgang erst begründet wird.[88]

70   Eine Zuzahlung in das Privatvermögen des einbringenden Gesellschafters kann auch dann anzunehmen sein, wenn die Zuzahlung **zunächst Betriebsvermögen der Personengesellschaft** wird und erst später entnommen wird. Nach den Vereinbarungen der Parteien kann eine solche Vorgehensweise den gleichen wirtschaftlichen Gehalt haben wie eine Zuzahlung, die unmittelbar an den Einbringenden erfolgt.[89]

71   Wird eine natürliche Person unentgeltlich in ein bestehendes Einzelunternehmen aufgenommen, kann dies nach § 6 Abs. 3 S. 1 EStG zum Buchwert erfolgen. Das gleiche gilt, wenn Mitunternehmeranteile unentgeltlich übertragen werden. Bringt nun ein Einzelunternehmer seinen Betrieb gegen Gewährung von Gesellschaftsrechten in eine GmbH & Co. KG ein und beteiligt in diesem Zusammenhang bislang außenstehende Personen unentgeltlich an der GmbH & Co. KG, war bislang strittig, ob dieser Vorgang ausschließlich nach § 6 Abs. 3 EStG[90] oder gleichzeitig nach § 6 Abs. 3 EStG und nach § 24 UmwStG zu beurteilen ist.[91] Da es sich bei der Übertragung eines Einzelunternehmens auf eine Personengesellschaft gegen Gewährung von Gesellschafterechten und die unentgeltliche Beteiligung von bislang außenstehenden Personen um zwei getrennte Rechtsvorgänge handelt, hat der BFH seine Auffassung bekräftigt, dass dieser Vorgang aufzuspalten ist in eine unentgeltliche Anteilsübertragung nach § 6 Abs. 3 EStG und die Übertragung eines Einzelunternehmens gegen Gewährung von Gesellschafterrechten nach § 25 UmwStG.[92] Insgesamt ist dieser Vorgang also erfolgsneutral möglich.

---

[86] BFH v. 16.12.2005, BStBl. II 2005, 554; BMF v. 11.11.2011 BStBl. I 2011, Rn. 24.08.
[87] BFH v. 8.12.1994 BStBl. II 1994, 599.
[88] BMF v. 25.3.1998 BStBl. I 1998, 268 Rn. 24.11 in der durch BMF v. 21.8.2001, BStBl. I 2001, 543 geänderten Fassung.
[89] BMF v. 11.11.2011, BStBl. I 2011, 1341 Rn. 24.11.
[90] DPPM/*Patt* UmwStR § 24 Rn. 72; Rödder/Herrlinghaus/van Lishaut/*Rasche* UmwStG § 24 Rn. 15; Kirchhoff/Söhn/Mellinghoff/*Werndl*: EStG § 6 Rn. J8.
[91] BFH v. 12.10.2005, BFH/NV 2006, 521; Wittmann/Mayer/*Fuhrmann*: UmwStR § 24 Rn. 164, 26.
[92] BFH v. 18.9.2013, DStR 2013, 2380.

§ 13 Steuerliche Konsequenzen der Gründung einer GmbH & Co. KG

Die Aufstockung eines bereits bestehenden Mitunternehmeranteils durch die **disquotale Kapitalerhöhung** lediglich eines Gesellschafters fällt grundsätzlich nicht in den Anwendungsbereich des § 24 UmwStG.[93] Im Gegensatz zu dem Beitritt eines außenstehenden Gesellschafters im Wege der Kapitalerhöhung bleibt der Gesellschafterkreis in diesem Fall unverändert, so dass die vom BFH entwickelten Grundsätze zur Anwendung des § 24 UmwStG[94] auf den Fall wohl nicht anwendbar sind. Ist danach § 24 UmwStG nicht anzuwenden, handelt es sich dann konsequenterweise um die entgeltliche Veräußerung von Teilen eines Mitunternehmeranteils durch die nicht an der Kapitalerhöhung teilnehmenden Gesellschafter[95]. Durch eine disquotale Kapitalerhöhung erhöht lediglich ein Gesellschafter seinen Anteil an der Mitunternehmerschaft gegen entsprechende Zuzahlung in das Eigenkapital. Die Beteiligungsquoten der übrigen Gesellschafter reduzieren sich entsprechend, so dass keiner der Gesellschafter durch die einseitige Kapitalerhöhung be- oder entreichert wird. Eine Veräußerung liegt damit zunächst nicht vor, weil keiner der nicht an der Kapitalerhöhung teilnehmenden Gesellschafter ein Entgelt erhält. Allerdings muss beachtet werden, dass sich im Zuge der Kapitalerhöhung lediglich eines Gesellschafters das Eigenkapital der Personengesellschaft erhöht, an dem auch die nicht an der Kapitalerhöhung teilnehmenden Gesellschafter mit ihrer nun reduzierten Quote partizipieren. Ist das durchgerechnete Eigenkapital für die einzelnen Gesellschafter vor und nach der Kapitalerhöhung erhöht, liegt insoweit ein Entgelt vor, das zu einem laufenden, nicht begünstigten Veräußerungsgewinn führt.

72

III. Verkehrssteuerliche Konsequenzen

1. Umsatzsteuerliche Konsequenzen

Bei Gründung der Kommanditgesellschaft bzw. bei einer Kapitalerhöhung leistet der Gesellschafter eine Geld- oder Sacheinlage und erhält dafür Anteile an der Kommanditgesellschaft. Es stellt sich die Frage, ob die **Ausgabe der Kommanditanteile** einen **steuerbaren Leistungsaustausch** darstellt. Der EuGH hat mit Urteil vom 26. 6. 2003 entschieden, dass die Aufnahme eines neuen Gesellschafters in eine Personengesellschaft keine Erbringung einer (steuerfreien) Dienstleistung der Gesellschaft gegen Entgelt an den Gesellschafter darstellt.[96] Der BFH[97] hat in seiner Nachfolgeentscheidung zu dem EuGH-Urteil entsprechend entschieden, dass eine Personengesellschaft bei Aufnahme eines Gesellschafters gegen Bareinlage an diesen keinen steuerbaren Umsatz und damit auch keinen nach § 4 Nr. 8f UStG steuerfreien Umsatz erbringt. Dies gilt auch bei der Gründung der Personengesellschaft durch die ursprünglichen Gesellschafter. Die Personengesellschaft kann daher die in Rechnung gestellte Umsatzsteuer auf Eingangsleistungen, die im

73

---

[93] Rödder/Herlinghaus/van Lishaut/*Rasche* UmwStG § 24 Rn. 9.
[94] BFH v. 23.5.1985, BStBl. II 1985, 695.
[95] DPPM/*Patt* UmwStR § 24 Rn. 80.
[96] EuGH v. 26.6.2003, UR 2003, 443.
[97] BFH v. 1.7.2004, BStBl. II 2004, 1022.

3. Kapitel. Entstehung der Gesellschaft

Zusammenhang mit der Gründung bzw. der Kapitalerhöhung stehen, wie beispielsweise Beratungsleistungen, als Vorsteuer abziehen, soweit sie steuerpflichtige Umsätze tätigt.[98]

74 Unabhängig von der – vom EuGH und vom BFH verneinten – Frage, ob die Personengesellschaft eine Leistung im umsatzsteuerlichen Sinne an die Gesellschafter bewirkt, ist zu prüfen, ob die Gesellschafter umgekehrt eine Leistung an die Personengesellschaft bewirken. Aus der Nichtsteuerbarkeit der Gewährung von Gesellschaftsrechten durch die Personengesellschaft kann somit nicht geschlossen werden, dass auch die Einlagen der Gesellschafter stets nicht umsatzsteuerbar sind.[99] Leisten die Gesellschafter Bareinlagen, sind diese – wie alle Geldzahlungen – nicht umsatzsteuerbar.[100] Bei Sacheinlagen des Gesellschafters hängt die Umsatzsteuerbarkeit der **Sacheinbringung** davon ab, ob der Gesellschafter Unternehmer ist (vgl. → § 8 Rn. 7 ff.).

75 Ist der Gesellschafter **kein Unternehmer**, wird er durch die einmalige Lieferung eines Gegenstands nicht zum Unternehmer, da seine Tätigkeit nicht nachhaltig ist. Die Sacheinlage ist in diesem Fall nicht umsatzsteuerbar. Erfolgt die Sacheinlage hingegen aus einem **Unternehmen im umsatzsteuerlichen Sinne**, handelt es sich um einen steuerbaren Leistungsaustausch. Die Bemessungsgrundlage für die Umsatzsteuer ist der Wert der erhaltenen Anteile. Die Personengesellschaft kann die in Rechnung gestellte Umsatzsteuer als Vorsteuer geltend machen.

76 Bringt der Gesellschafter sein ganzes Unternehmen bzw. einen Teilbetrieb in die Personengesellschaft ein, liegt eine sog. nichtsteuerbare (Teil-) Geschäftsveräußerung i.S.v. § 1 Abs. 1a UStG vor. Der Gesellschafter darf für die Einbringung des (Teil-)Betriebs keine Umsatzsteuer in Rechnung stellen. Die Personengesellschaft tritt gemäß § 1 Abs. 1a S. 3 UStG an die Stelle des einbringenden Gesellschafters. Dies hat insbesondere für etwaige Vorsteuerkorrekturen nach § 15a UStG innerhalb des Berichtigungszeitraums Bedeutung.

2. Grunderwerbsteuerliche Konsequenzen

77 Bei der Überführung eines **einzelnen Vermögensgegenstandes** in das Betriebsvermögen einer GmbH & Co. KG handelt es sich nicht selten um ein Grundstück. Bei der Übertragung erfolgt ein Wechsel des Rechtsträgers. Dies ist grundsätzlich ein grunderwerbsteuerbarer Vorgang gemäß § 1 Abs. 1 GrEStG. Es ist hier jedoch die Befreiungsvorschrift des § 5 GrEStG zu beachten. Soweit der übertragende Gesellschafter an der aufnehmenden Personengesellschaft beteiligt ist, erfolgt eine **anteilige Befreiung** des Übertragungsvorgangs von der Besteuerung mit Grunderwerbsteuer. Ist also der Gesellschafter zu 100% am Kommanditkapital der aufnehmenden GmbH & Co. KG beteiligt, führt die Übertragung eines Grundstücks in das Betriebsvermögen der GmbH & Co. KG nicht zu einer Belastung mit Grunderwerbsteuer. Ist der übertragende Gesellschafter nur zu einem Teil an der Per-

---

[98] BFH v. 1.7.2004, HFR 2004, 537.
[99] Ebenso *Ulrich/Teiche* DStR 2005, 97; *Reiß* UR 2003, 436; *Lohse* BB 2003, 1714; *Jorde/Grünwald* BB 2004, 744.
[100] Rau/*Husmann* § 1 UStG Rn. 251.

§ 13 Steuerliche Konsequenzen der Gründung einer GmbH & Co. KG

sonengesellschaft beteiligt, greift die Befreiungsvorschrift lediglich in Höhe seiner Beteiligungsquote. Die Befreiungsvorschrift greift gem. § 5 Abs. 3 GrEStG nur insoweit, als sich der Anteil des Einbringenden am Vermögen der Gesamthand innerhalb von 5 Jahren nach dem Übergang des Grundstücks auf die Gesamthand nicht vermindert (vgl. dazu ausführlich → § 9 Rn. 14 ff.).

Ist unter Berücksichtigung der anteiligen Befreiungsvorschrift des § 5 GrEStG noch ein grunderwerbsteuerpflichtiger Vorgang gegeben, ist als **Bemessungsgrundlage** nach § 8 Abs. 2 GrEStG der anteilige Bedarfswert des Grundstücks heranzuziehen. 78

Ist ein Grundstück Bestandteil eines Betriebes oder Teilbetriebes, ist die Einlage in die GmbH & Co. KG nicht anders zu beurteilen. Es handelt sich um einen Vorgang, der gemäß § 1 Abs. 1 GrEStG **grunderwerbsteuerbar** ist. Es kommt auch in diesem Fall die anteilige Befreiungsvorschrift des § 5 GrEStG zum Tragen. 79

4. Kapitel. Firma, Unternehmensgegenstand und Sitz

§ 14 Firma

Übersicht

	Rn.		Rn.
I. Bedeutung der Firma	2	4. Allgemeine Grundsätze zulässiger Firmenbildung	24
1. Rechtliche Bedeutung	3	a) Kennzeichnungs- und Unterscheidungskraft	25
2. Wirtschaftliche Bedeutung	5	b) Unterscheidbarkeit	32
II. Grundsätze der Firmenbildung der GmbH & Co. KG und ihrer Komplementär-GmbH	8	c) Allgemeines Täuschungsverbot und weitere Schranken	35
1. Einleitung	9	III. Verwendung der Firma im Rechtsverkehr	49
2. Firmenbildung bei Neugründung und Firmenänderung	12	1. Angabe auf Geschäftsbriefen	50
a) Firma der GmbH & Co. KG	13	2. Firmenzeichnung	54
b) Firma der Komplementär-GmbH	18	3. Schutz der Firma	56
3. Firmenfortführung	19	IV. Gefahr der Rechtsscheinhaftung	60

Schrifttum: *Ammon,* Gesellschaftsrechtliche und sonstige Neuerungen im Handelsrechtsreformgesetz – ein Überblick, DStR 1998, 1474 (1477); *Aschenbrenner,* Die Firma der GmbH & Co. KG, 1976; *Bokelmann,* Die Neuregelungen im Firmenrecht nach dem Regierungsentwurf des Handelsrechtsreformgesetzes, GmbHR 1998, 57; *Fezer,* Liberalisierung und Europäisierung des Firmenrechts, ZHR 161 (1997), 52; *Gustavus,* Die Neuregelungen im Gesellschaftsrecht nach dem Regierungsentwurf eines Handelsrechtsreformgesetzes, GmbHR 1998, 17; *Jung,* Firmen von Personenhandelsgesellschaften nach neuem Recht, ZIP 1998, 677; *Kögel,* Entwurf eines Handelsrechtsreformgesetzes, BB 1997, 793, 794; *Kögel,* Neues Firmenrecht und alte Zöpfe: Die Auswirkungen der HGB-Reform, BB 1998, 1645; *Lutter/Welp,* Das neue Firmenrecht der Kapitalgesellschaften, ZIP 1999, 1073; *Müther,* Überlegungen zum neuen Firmenbildungsrecht bei der GmbH, GmbHR 1998, 1058; *Schaefer,* Das Handelsrechtsreformgesetz nach dem Abschluß des parlamentarischen Verfahrens, DB 1998, 1269; *Schlitt,* Die Auswirkungen des Handelsrechtsreformgesetzes auf die Gestaltung von GmbH & Co.-Verträgen, NZG 1998, 580; *K. Schmidt,* Das Handelsrechtsreformgesetz, NJW 1998, 2161; *Schmitt,* Der Entwurf eines Handelsrechtsreformgesetzes, WiB 1997, 1113; *Sudhoff,* Der Gesellschaftsvertrag der GmbH & Co. KG, 4. Aufl. 1979; *Teplitzky,* Verwechslungsgefahr und Markenähnlichkeit im neuen Markenrecht, GRUR 1996, 1.

Durch das **Handelsrechtsreformgesetz** im Jahre 1998 wurde das Firmenrecht grundlegend reformiert, flexibilisiert und liberalisiert. Hierdurch wurde auch die Firmierung der GmbH & Co. KG **entscheidend erleichtert** und somit zugleich den Bedürfnissen der Wirtschaft Rechnung getragen. 1

> # 4. Kapitel. Firma, Unternehmensgegenstand und Sitz

I. Bedeutung der Firma

2 Die gesetzliche Regelung beschränkt sich heute darauf, den rechtlichen Funktionen der Firma Rechnung zu tragen. Jenseits dieser unabdingbaren Schranken gewährt sie im Interesse der Unternehmen Freizügigkeit und verzichtet – anders als das frühere Recht – auf kleinliche Beschränkungen der **Wahlfreiheit**, die der wirtschaftlichen Bedeutung der Firma nicht gerecht wurden. Da die Firma eines Unternehmens einen ganz erheblichen wirtschaftlichen Wert darstellen kann, kommt bereits der vorgelagerten Entscheidung über die Wahl des Firmennamens eine nicht zu unterschätzenden Bedeutung zu.

1. Rechtliche Bedeutung

3 Die **Firma** ist der **Name, unter dem Kaufleute**, wie sie die GmbH & Co. KG und die GmbH im Ergebnis kraft Rechtsform sind, **am Rechtsverkehr teilnehmen**, insbesondere ihre Geschäfte und Zivilprozesse betreiben (vgl. § 17 HGB). Entgegen dem allgemeinen Sprachgebrauch, der die Firma in der Regel mit dem Gesamtunternehmen gleichsetzt, handelt es sich mithin bei der Firma um den Namen, der den Unternehmensträger als solchen identifiziert. Dieser Name dient der Individualisierung des Unternehmens sowie dessen Unterscheidbarkeit von seinen Konkurrenten bzw. anderen Teilnehmern des Rechtsverkehrs.

4 Die wichtigsten **firmenrechtlichen Grundsätze** sind die Grundsätze der Firmenklarheit und Firmenwahrheit gemäß § 18 Abs. 2 HGB, der Firmenbeständigkeit, der seinen Ausdruck in den §§ 22 ff. HGB findet, und der Firmenausschließlichkeit gemäß § 30 HGB. Mit **Firmenklarheit und -wahrheit** ist gemeint, dass die Firma einerseits zur Kennzeichnung des Unternehmensträgers geeignet sein und Unterscheidungskraft besitzen muss, sie andererseits jedoch keine Angaben enthalten darf, die ersichtlich über die für die angesprochenen Verkehrskreise wesentlichen geschäftlichen Verhältnisse irreführen. **Firmenausschließlichkeit** bedeutet, dass jede Firma individualisierbar und unterscheidbar sein muss, sie sich insbesondere von allen am selben Ort existierenden Firmen deutlich abheben muss. Der Grundsatz der **Firmenbeständigkeit** besagt, dass im Falle der Übernahme eines existierenden Handelsgeschäfts der bisherige Firmenkern unverändert fortgeführt und so die „Firma" von dem Erwerber weiterbetrieben werden darf; hierdurch wird im Ergebnis die Veräußerung der Firma und die Realisierung des vom Unternehmensträger geschaffenen Firmenwertes, der ganz erheblich sein kann, ermöglicht.[1]

2. Wirtschaftliche Bedeutung

5 Ihre wirtschaftliche Bedeutung gewinnt die Firma insbesondere aufgrund ihrer Eigenschaft als **Kennzeichnungs- und Kommunikationsmittel** des Unternehmens im Rechtsverkehr. Eine einprägsame, zugkräftige und damit

---

[1] Vgl. zu den Grundsätzen des Firmenrechts KRM/*Roth* HGB § 17 Rn. 13 ff.

werbewirksame Firmenbezeichnung ist ein sehr wertvolles Marketingelement und geeignet, die Wettbewerbsposition des Unternehmens zu verbessern. Insoweit erfüllt die Firma eine ähnliche Funktion wie ein besonders publikumswirksames Logo oder die Verwendung einer besonders klangvollen Marke. Zudem prägt die Firma die Corporate Identity, der heute als Mittel zur Motivierung der Mitarbeiter eine große Bedeutung zukommt.

Hat sich eine Firma erst einmal am Markt durchgesetzt, so stellt sie wegen des Kundenstamms und der Kundenbindung, aber gerade auch wegen des erworbenen „guten Rufs" einen ganz **erheblichen Vermögenswert** dar, der den Wert des Gewerbebetriebs als solchen weit übersteigen kann. 6

Aufgrund dessen ist im **Insolvenzfall** im Grundsatz auch anerkannt, dass die Firma des Gemeinschuldners in die Insolvenzmasse fällt und vom Insolvenzverwalter zur Realisierung des Firmenwertes im Interesse der Gläubigerbefriedigung veräußert werden darf. Einschränkungen, die insoweit zum Schutz namensrechtlicher Interessen von Gesellschaftern, die insbesondere bei Personengesellschaften nach früherem Recht der Gesellschaft ihren Namen zur Firmenbildung „leihen" mussten, bestehen, kommen im Hinblick auf die GmbH & Co. KG nach der Rechtsprechung nicht zum Tragen und dürften – meines Erachtens – zukünftig angesichts der Lockerungen im Rahmen der Firmenbildung aufgrund des Handelsrechtsreformgesetzes allenfalls noch in Ausnahmefällen anzuerkennen sein[2]. Einschränkungen der Befugnis des Insolvenzverwalters zur Verfügung über die Firma zum Schutz namensrechtlicher Interessen von namensgebenden Gesellschaftern werden nämlich von der Rechtsprechung nur insoweit anerkannt, als nach früherem Recht ein Zwang zur Verwendung des Familiennamens eines Gesellschafters im Rahmen der Firmenbildung bestand. Dieser Zwang existierte bereits nach früherem Recht bei Kapitalgesellschaften nicht und die Firma der GmbH & Co. KG wurde nach früherem Recht in Anlehnung an den Namen ihrer Komplementär-GmbH gebildet, so dass bei GmbH & Co. KGs der Name von Gesellschaftern allenfalls freiwillig zur Firmenbildung verwandt wurde; insoweit genießt er nach der höchstrichterlichen Rechtsprechung keinen Schutz.[3] Da nach heute geltendem Firmenrecht eine Verpflichtung zur Bildung von Personenfirmen auch bei Einzelkaufleuten und Personenhandelsgesellschaften nicht mehr besteht, ist der Insolvenzverwalter generell als befugt anzusehen, die Firma zu verwerten.[4] Eine im Vordringen befindliche Auffassung in der Literatur stützt dieses Ergebnis zudem auf eine Abwägung, die den wirtschaftlichen Interessen der Insolvenzgläubiger den Vorrang vor dem Schutzbedürfnis des namensgebenden Insolvenzschuldners einräumt.[5] 7

---

[2] Diese Ausnahmefälle beschreibt GK/*Burgard* HGB § 22 Rn. 65.
[3] Vgl. BGHZ 109, 364 (368); OLG Koblenz NJW 1992, 2101 f.; s. ferner Baumbach/Hopt/*Hopt* HGB § 17 Rn. 47; MüKoHGB/*Heidinger* § 22 Rn. 86; K. *Schmidt* Handelsrecht § 12 I 3 c.
[4] So auch MüKoHGB/*Heidinger* § 22 Rn. 86; aA *Wertenbruch* ZIP 2002, 1931 (1936).
[5] EBJS/*Zimmer* HGB § 22 Rn. 43, 46; MüKoHGB/*Heidinger* § 22 Rn. 86; Oetker/*Schlingloff* HGB § 22 Rn. 23.

II. Grundsätze der Firmenbildung der GmbH & Co. KG und ihrer Komplementär-GmbH

8   Durch das Handelsrechtsreformgesetz wurde das Firmenrecht stark vereinfacht und – dies ist für die Firma der GmbH & Co. KG und ihrer Komplementär-GmbH von entscheidender Bedeutung – vereinheitlicht, so dass insbesondere **keine wesentlichen rechtsformspezifischen Unterschiede** zwischen der Firmenbildung einer Personengesellschaft und einer Kapitalgesellschaft mehr bestehen. Es sind insbesondere im Rahmen der Firmenwahl sowohl seitens der GmbH & Co. KG, als auch seitens ihrer Komplementärin die gleichen Schranken zu beachten.

1. Einleitung

9   Die **Grundfunktionen eines Firmennamens** beschränken sich seit dem zum 1. Juni 1998 in Kraft getretenen Handelsrechtsreformgesetz auf die Unterscheidungskraft der Firma und die damit einhergehende Kennzeichnungswirkung, die Ersichtlichkeit eines etwaigen Gesellschaftsverhältnisses und die Offenlegung der Haftungsverhältnisse. Jede diese drei Kriterien erfüllende Firma ist eintragungsfähig, so dass die Firma nach Verwirklichung des Reformvorhabens vor allem Namensfunktionen zu erfüllen hat; sie dient demgegenüber nicht mehr der Information des Rechtsverkehrs über den Unternehmensinhaber bzw. den Gegenstand des Unternehmens.

10 Durch die Reform des Jahres 1998 wurde auch das firmenrechtliche **Irreführungsverbot** des § 18 Abs. 2 HGB **konkretisiert**, um hierdurch einer „Versteinerung" der Irreführungsmaßstäbe in Anbetracht der kaum mehr überschaubaren Kasuistik der Rechtsprechung entgegenzuwirken und den sich wandelnden Verbrauchererwartungen Rechnung zu tragen.[6]

11 Die Novellierung des Firmenrechts führte im Ergebnis im Hinblick auf die allgemein anerkannten Firmengrundsätze zu einer erheblichen **Schwerpunktverlagerung**, nämlich zu einer Aufwertung der Kennzeichnungsfunktion der Firma und damit des Grundsatzes der Firmenunterscheidbarkeit einerseits und zu einem spürbaren Bedeutungsverlust des Grundsatzes der Firmenwahrheit. Die Neuregelung ist im Schrifttum beinahe einhellig begrüßt worden.[7]

2. Firmenbildung bei Neugründung und Firmenänderung

12 Für die Wahl der Firma im Rahmen der Gründung einer GmbH & Co. KG und ihrer Komplementär-GmbH bzw. im Rahmen der Umfirmierung sind folgende Grundsätze maßgebend:

---

[6] Vgl. Begr. des RegE zum HRefG BR-Drs. 340/97, 35.
[7] Vgl. *Ammon* DStR 1998, 1477; *Bokelmann* GmbHR 1998, 57; *Fezer* ZHR 161, 60; *Gustavus* GmbHR 1998, 22; *Jung* ZIP 1998, 678; *Krebs* DB 1996, 2016; *Lutter/Welp* ZIP 1999, 1083; *K. Schmidt* NJW 1998, 2169; *Schmitt* WiB 1997, 1123; teilw. krit. *Kögel* BB 1997, 794 ff.

a) Firma der GmbH & Co. KG. Personenhandelsgesellschaften 13
können heute nach freier Wahl Personen-, Sach- oder Phantasiefirmen bilden. Vorausgesetzt wird lediglich die Unterscheidungskraft der Firma; zudem ist das (entschärfte) Täuschungsverbot zu beachten. Dementsprechend sind der Phantasie der Gründer einer GmbH & Co. KG im Rahmen der Firmenbildung im Ergebnis nur die allgemeinen Grenzen der Firmenbildung (vgl. insbesondere des Irreführungsverbots des § 18 Abs. 2 HGB) gesetzt.

Die Firmierung der Gesellschaft darf sich nach heute geltendem Recht 14 auch an den **Namen eines Nur-Kommanditisten** anlehnen. Die Aufnahme des Namens eines Kommanditisten einer GmbH & Co. KG in die Firma erfüllt nicht den Irreführungstatbestand des § 18 Abs. 2 HGB, da insoweit ein hinreichender Bezug zwischen der Gesellschaft selbst und dem in der Firma der Gesellschaft auftauchenden Namen besteht und der Rechtsverkehr seit der Firmenrechtsnovelle des Jahres 1998 mit der Aufnahme des Namens einer bestimmten Person in die Firma nicht mehr die Vorstellung verbinden kann, dass diese Person für Verbindlichkeiten der Gesellschaft persönlich hafte, zumal die GmbH & Co. KG im Rahmen ihrer Firmierung einen die Haftungsbeschränkung klarstellenden Zusatz führen muss.[8]

Entgegen zahlreicher Erleichterungen durch die Reform des Jahres 1998, 15 sind die Anforderungen an die Rechtsformzusätze verschärft worden. **Jede Firma**, insbesondere auch eine Personenhandelsgesellschaft, muss einen klaren Rechtsformzusatz beinhalten. Somit ist in Anbetracht der Neuregelung die früher oftmals anzutreffende Firmierung „GmbH & Co." unzulässig geworden, da sie die konkrete Rechtsform der Gesellschaft nicht erkennen lässt. Zulässig sind deshalb – obwohl das Gesetz nicht eindeutig vorschreibt, welche Bezeichnung konkret zu führen ist – die Zusätze „GmbH & Co. KG" oder „GmbH & Co. Kommanditgesellschaft".

Als geklärt dürfte im Rahmen des § 19 Abs. 1 HGB die Frage gelten, wel- 16 cher Rechtsformzusatz zu wählen ist, wenn es sich bei der Komplementär-GmbH um eine Unternehmergesellschaft nach § 5a GmbHG handelt, bei der das Stammkapital den in § 5 GmbHG genannten Mindestbetrag von 25.000 EUR unterschreiten kann. Bereits der Wortlaut des § 5a GmbHG trägt insoweit zur Klärung dieser Frage bei. Hiernach muss eine Gesellschaft, die mit eingeschränktem Stammkapital gegründet wird, den Zusatz „Unternehmergesellschaft (haftungsbeschränkt)" oder „UG (haftungsbeschränkt)" führen. Dies muss unabhängig davon gelten, ob die Unternehmergesellschaft in ihrer rechtlichen „Reinform" oder als Komplementärin einer Kommanditgesellschaft am Marktgeschehen teilnimmt. In Rechtsprechung[9] und Literatur[10] wird deshalb die Verpflichtung zur Kenntlichmachung der UG rich-

---

[8] HTM/*Lüke* GmbH & Co. KG § 3 Rn. 67; MükoHGB/*Heidinger* § 18 Rn. 100; so zutr. *Binz/Sorg* § 10 Rn. 7; *Schlitt* NZG 1998, 582: Im Rahmen einer möglichen Verkehrsverwirrung komme es allein darauf an, ob durch die Aufnahme eines bestimmten Namens in die Firma der Gesellschaft unzulässigerweise der Anschein der Gesellschafterstellung des Betroffenen erweckt wird, so dass die Aufnahme des Namens des Kommanditisten in die Firma zulässig ist; krit. allerdings *Bokelmann* GmbHR 1998, 59; *Jung* ZIP 1998, 680 f.; *Kögel* BB 1997, 796.
[9] KG NZG 2009, 1159.
[10] *Miras* NZG 2012, 486 (489); *Wachter* NZG 2009, 1263.

tigerweise weithin vertreten und – soweit ersichtlich – nicht ernsthaft in Frage gestellt. Zu den Rechtsfolgen eines Verstoßes → Rn. 60 ff.

17 Die **Firmierung der GmbH & Co. KG muss** eine die **Haftungsbeschränkung verdeutlichende Bezeichnung** aufweisen, wenn innerhalb der KG keine natürliche Person persönlich haftet (vgl. § 19 Abs. 2 HGB). Mit der allgemein verständlichen Firmierung[11] als „GmbH & Co. KG" wird diesem Erfordernis genügt. In diesem Zusammenhang stellt § 19 Abs. 2 HGB klar, dass das Erfordernis eines Haftungsbeschränkungszusatzes dann nicht gilt, wenn auf irgendeiner Stufe der Gesellschaft einer der persönlich haftenden Gesellschafter eine natürliche Person ist. Die Klarstellung erfolgte vor dem Hintergrund so genannter mehrstöckiger GmbH & Co. KGs bzw. mehrstufigen Gesellschaften, bei denen ausnahmsweise die Situation bestehen kann, dass aufgrund der Gesellschaftsverhältnisse doch auf irgendeiner Stufe im Ergebnis für die Verbindlichkeiten der Gesellschaft eine natürliche Person haftet. Denkbar ist dies etwa, wenn Komplementärin der GmbH & Co. KG eine GmbH & Co. OHG ist, an der als persönlich haftender Gesellschafter eine natürliche Person beteiligt ist. Der Wortlaut des § 19 Abs. 2 HGB führt einen überkommenen Meinungsstreit einer Klärung zu[12], wobei der Gesetzgeber sich der vom BayObLG vertretenen Auffassung angeschlossen hat[13].

18 **b) Firma der Komplementär-GmbH.** Das Recht der Firmenbildung der GmbH wurde – ebenso wie das anderer Gesellschaftsformen – im Zuge des Handelsrechtsreformgesetzes im Jahre 1998 einer grundlegenden Reform unterzogen. Für die GmbH gilt seitdem ebenfalls der **Grundsatz der freien Firmenbildung**, so dass sich die GmbH neben Personen-, Sach- oder Mischfirmen auch reiner Phantasiefirmen bedienen kann. Im Rahmen der Wahl einer Sachfirma kommt es nach der Firmenrechtsnovelle nicht mehr darauf an, ob sich die Firmenbildung ausreichend am Gegenstand des Unternehmens orientiert und diesen klar genug abbildet, vielmehr ist allein entscheidend, ob die Sachfirma eine hinreichende Kennzeichnungs- und Unterscheidungskraft besitzt.[14] In jedem Fall muss allerdings die Komplementär-GmbH gemäß § 4 GmbHG einen **Rechtsformzusatz** in ihrer Firma führen. Es muss die Bezeichnung „Gesellschaft mit beschränkter Haftung" oder eine allgemein verständliche Abkürzung dieser Bezeichnung verwandt werden.

3. Firmenfortführung

19 Entsprechend dem **Grundsatz der Firmenkontinuität** darf derjenige, der ein bestehendes Handelsgeschäft übernimmt, für dieses Geschäft die **bisherige Firma** mit oder ohne Beifügung eines das Nachfolgeverhältnis an-

---

[11] OLG Frankfurt NZG 2007, 625 (626).
[12] Insoweit hatte nach altem Recht das KG DNotZ 1989, 250 auch in dieser Situation den Zusatz einer die Haftungsbeschränkung andeutenden Bezeichnung im Rahmen der Firmierung gefordert; aA BayObLGZ 1994, 252.
[13] Vgl. Begr. zum RegE HRefG BR-Drs. 340/97, 56; *Ammon* DStR 1998, 1478; *Bokelmann* GmbHR 1998, 59; *Schlitt* NZG 1998, 582.
[14] Baumbach/Hueck/*Hueck*/*Fastrich* HGB § 4 Rn. 6 ff.; Lutter/Hommelhoff/ *Bayer* GmbHG § 4 Rn. 6 ff.; MüKoGmbH/*J. Mayer* § 4 Rn. 22 ff.

deutenden Zusatzes **fortführen**, wenn der übertragende Rechtsträger in die Fortführung der Firma einwilligt (§ 22 HGB). Weiter haben Änderungen im Bereich der Inhaber oder Gesellschafter auf die im Handelsregister eingetragene Firma keine Auswirkungen, wobei beim Ausscheiden eines für die Firma namensgebenden Gesellschafters einer Personengesellschaft zur Fortführung der Firma seine Einwilligung (vgl. § 24 Abs. 2 HGB) erforderlich ist.

Wird eine bereits bestehende Personengesellschaft oder ein einzelkaufmännisches Unternehmen durch Eintritt einer GmbH als (einzigen) persönlich haftenden Gesellschafter in eine GmbH & Co. KG umgewandelt, kann die Firma unverändert fortgeführt werden. Gleiches gilt, wenn die bereits gegründete GmbH & Co. KG ein anderes Handelsgeschäft erwirbt. Allerdings ist zu beachten, dass in diesen Fällen die übernommene Firma einen Zusatz enthalten muss, die die durch Betrieb des entsprechenden Handelsgeschäfts durch eine GmbH & Co. KG eingetretene Haftungsbeschränkung im Rechtsverkehr deutlich macht. Dies ist in § 19 Abs. 2 HGB ausdrücklich geregelt. Insoweit wird der Grundsatz der Firmenkontinuität gemäß §§ 22, 24 HGB im Interesse der Sicherheit des Rechtsverkehrs eingeschränkt. Das Gleiche gilt, wenn die GmbH & Co. KG ein bestehendes Handelsgeschäft aufgrund eines Nießbrauchs, eines Pachtvertrages oder eines ähnlichen Verhältnisses übernimmt (vgl. § 22 Abs. 2 HGB).[15] Die gleichen Grundsätze kommen im Rahmen des Umwandlungsrechts gemäß §§ 18, 200 UmwG im Rahmen der Verschmelzung und des Formwechsels zur Anwendung, wobei früher geltende Beschränkungen für die Firmenfortführung durch Personengesellschaften in Umwandlungssituationen durch das Handelsrechtsreformgesetz beseitigt wurden. 20

Problematisch ist, ob der **übernommene Firmenname variiert** werden kann. Zum alten Recht war die hM insoweit der Auffassung, dass die abgeleitete Firma nur im Wesentlichen unverändert fortgeführt werden dürfe, so dass der Erwerber der Firma – mit Ausnahme notwendiger Rechtsformzusätze – nichts hinzufügen oder weglassen durfte. Abweichungen waren insoweit lediglich für unwesentliche Änderungen, zB in der Schreibweise oder im Hinblick auf die Streichung eines abgekürzten Vornamens möglich.[16] Diese Auffassung wird trotz völlig veränderter gesetzliche Rahmenbedingungen weiterhin überwiegend vertreten.[17] 21

Ob die vorgenannten Grundsätze, die unter der Geltung des alten Rechts entwickelt wurden, heute noch unbesehen angewandt werden können, ist meines Erachtens zweifelhaft. Soweit im Schrifttum hierzu Stellung genommen wird, wird die grundsätzliche Verpflichtung des Übernehmers zur weitgehend unveränderten Fortführung der übernommenen Firma bejaht.[18] Meines Erachtens indes zu Unrecht. Auf der Grundlage der Firmenrechtsno- 22

---

[15] Vgl. etwa *Kögel* BB 1998, 1648.
[16] Vgl. Baumbach/Hopt/*Hopt* 29. Aufl. HGB § 22 Rn. 15; MüKoHGB/*Bokelmann* § 22 Rn. 65 ff.; Heymann/*Emmerich* HGB § 22 Rn. 18 ff.; KRM/*Roth* HGB § 22 Rn. 17; GK/*Hüffer* HGB § 22 Rn. 44 ff. mwN insb. zur Rspr.
[17] Baumbach/Hopt/*Hopt* HGB § 22 Rn. 15;
[18] Vgl. *Kögel* BB 1998, 1648 f.; KRM/*Roth* HGB § 22 Rn. 17; Baumbach/Hopt/ *Hopt* HGB § 22 Rn. 15.

velle und der dort zugelassenen freien Firmenwahl ist es zulässig, die übernommene Firma im Wege der Firmenänderung zu variieren; im Rahmen der Firmenänderung ist allein das abgeschwächte Irreführungsverbot gemäß § 18 Abs. 2 HGB zu beachten. Nach meiner Überzeugung ist einer lediglich variiert übernommenen Firma eine Irreführungseignung selbst dann abzusprechen, wenn in der übernommenen (und modifizierten) Firma ein Personenname enthalten ist, da auch im Falle der schlichten Firmenfortführung an dem Unternehmen der Namensträger nicht beteiligt ist. Lässt man indes die Änderung einer übernommenen Firma zu, ist nicht ersichtlich, warum der Übernehmer nicht berechtigt sein soll, die zu übernehmende Firma von vornherein zu ändern.[19] Der Übernehmer kann an einer solchen Variation ein erhebliches Interesse haben, zB dann, wenn er anders als der Vorinhaber nicht nur reiner Zwischenhändler, sondern auch Hersteller bestimmter Produkte ist und er sich für dieses angestammte Geschäftsfeld den vom Vorinhaber erworbenen Ruf zu Nutze machen will. Die Zulassung solcher Modifikationen liegt im Übrigen ganz auf der Linie der Intentionen des Gesetzes, welches die Aussagekraft und Werbewirksamkeit der Firmierung des Unternehmens stärken will.

23   In jedem Fall ist im Rahmen der Firmenfortführung als Durchbrechung des Kontinuitätsprinzips zu beachten, dass die **fortgeführte Firma keinesfalls irreführend** im Sinne des § 18 Abs. 2 S. 1 HGB sein darf. So sind etwa akademische Grade des früheren Firmeninhabers grundsätzlich wegzulassen oder durch Nachfolgezusatz zu neutralisieren. Auch ein Inhaberzusatz beim Namen des Vorinhabers darf nicht beibehalten werden. In der Firmierung enthaltene Ortsangaben müssen gegebenenfalls geändert werden, wenn das Unternehmen an einem anderen Ort fortgesetzt werden soll. Der Rechtsformzusatz einer Aktiengesellschaft muss zur Vermeidung einer Irreführung entfallen, wenn die Firma der Aktiengesellschaft namensgebender Bestandteil einer GmbH & Co. KG werden soll.[20]

4. Allgemeine Grundsätze zulässiger Firmenbildung

24   Die **Schranken** zulässiger Firmenbildung folgen insbesondere aus dem Gebot der Kennzeichnungs- und Unterscheidungskraft gemäß § 18 Abs. 1 HGB, dem Gebot der Unterscheidbarkeit gemäß § 30 Abs. 1 HGB und dem Täuschungsverbot gemäß § 18 Abs. 2 HGB, da nur unter Beachtung dieser Grundsätze die Firma die ihr zugedachte Namensfunktion ohne Verletzung berechtigter öffentlicher Belange oder Interessen Dritter wahrnehmen kann; im Einzelnen:

25   **a) Kennzeichnungs- und Unterscheidungskraft.** Der Firma kommt insbesondere eine **Individualisierungsfunktion** im Hinblick auf das die Firma führende Unternehmen zu. Daher muss der Firma **Kennzeichnungseignung** zukommen und sie darf nicht so farblos sein, dass sie nicht

---

[19] Ähnlich Kögel BB 1998, 1649; LG Koblenz DB 2001, 530: Firmenfortführung unter Fortfall des Namens des bisherigen Inhabers zulässig, solange der prägende Teil der Firma erhalten bleibt.
[20] OLG Stuttgart DB 2001, 695.

§ 14 Firma

von branchengleichen oder ähnlichen Unternehmen unterschieden werden kann, so dass das Risiko von Verwechslungen besteht. In besonderem Maße unterscheidungskräftig sind **Phantasiebezeichnungen**; sie sind naturgemäß originell und besonders einprägsam.[21]

Als **problematisch** erweisen sich demgegenüber **farblose Sach- oder** 26 **Gattungsfirmen** uÄ, in denen ohne weitere individualisierende Zusätze eine Branchenbezeichnung, eine rein geographische Angabe oder ein Begriff der Umgangs- bzw. Fachsprache verwandt wird. Firmen wie einer „Fabrikations OHG", „Mannheim GmbH" oder „Telefon AG" fehlt jede Trennschärfe. Darüber hinaus ist zu berücksichtigen, dass zugunsten anderer, sich branchenähnlich betätigender Kaufleute insoweit ein Freihaltebedürfnis anzuerkennen ist. Dementsprechend sind solche Gestaltungen in der Regel unzulässig.

Ebenso ist die Eintragungsfähigkeit von **Allerweltsnamen** wie „Maier", 27 „Müller", „Schmidt" ohne weitere Individualisierung durch Hinzufügung eines Vornamens oder einer sonstigen individualisierenden Sach- oder Phantasiebezeichnung unzulässig.[22] Im Ergebnis ist mithin bei der Wahl solcher Bezeichnungen eine Kombination mit weiteren unterscheidungskräftigen Zusätzen notwendig.

Im Rahmen der Firmenbildung dürfen hingegen **fremdsprachliche Be-** 28 **zeichnungen** verwandt werden; ein Bedürfnis nach Schutz der deutschen Sprache im Rahmen der Firmenbildung ist in Anbetracht einer globalisierten Welt und des Eingangs fremdsprachlicher Bezeichnungen in den allgemeinen Sprachgebrauch nicht ersichtlich. Beachtet werden muss allerdings, dass teilweise für bestimmte Begriffe, die sich zwischenzeitlich durchgesetzt haben, kein deutsches Synonym mehr besteht und im Hinblick auf allgemein geläufige fremdsprachliche Bezeichnungen ein allgemeines Freihaltebedürfnis anzuerkennen ist. Insoweit gelten dann die vorgenannten Grundsätze.

Einprägsame Kürzel von Gattungs- und Branchenbezeichnungen be- 29 sitzen hingegen Unterscheidungskraft und sind daher eintragungsfähig.[23] **Werbeslogans und originelle Firmenbezeichnungen**, wie „Namenlos" oder „No-Name" sind aufgrund ihrer großen Werbewirksamkeit ebenfalls eintragungsfähig.[24]

Kennzeichnungskraft haben weiterhin **Buchstabenfolgen**, und zwar un- 30 abhängig davon, ob sie eine Abkürzung darstellen oder eine Phantasiebezeichnung sind (etwa „MBB", „BMW", „BASF" einerseits oder „ABC", „XYZ" andererseits). Dies wird damit begründet, dass solche Buchstaben-

---

[21] Vgl. Begr. des RegE HRefG BR-Drs. 340/97, 52; Lutter/Hommelhoff/*Bayer* GmbHG § 4 Rn. 9; *Lutter/Welp* ZIP 1999, 1074; KRM/*Roth* HGB § 18 Rn. 4; Baumbach/Hopt/*Hopt* HGB § 18 Rn. 4.
[22] Vgl. BGH NJW 1987, 438 („Video-Rent"); GRUR 1991, 565 („Leasing-Partner"); NJW-RR 1994, 1255 („Schwarzwald-Sprudel"); *Kögel* BB 1998, 1646; Lutter/Hommelhoff/*Bayer* GmbHG § 4 Rn. 11; *Lutter/Welp* ZIP 1999, 1074f.; KRM/*Roth* HGB § 18 Rn. 4.
[23] Vgl. etwa BayObLG NZG 1999, 761 („Meditec"); LG Flensburg HGB R 1999, 483 („Printware Supplies"); *Lutter/Welp* ZIP 1999, 1075f.
[24] *Bülow* DB 1999, 270; *Kögel* BB 1998, 796; Lutter/Hommelhoff/*Bayer* GmbHG § 4 Rn. 17; *Lutter/Welp* ZIP 1999, 1079.

kürzel besonders einprägsam seien, so dass sie auch ohne vorherige Verkehrsgeltung als namensfähig anzuerkennen seien.[25] In Anbetracht des offenen Meinungsstandes ist allerdings im Hinblick auf reine Buchstabenfolgen im Rahmen der Firmenbildung Vorsicht geboten; insoweit sollte vorherige Abstimmung mit dem Registergericht gesucht werden. Vor dem Hintergrund der Ziele der Firmenrechtsnovelle sind meines Erachtens auch nur aus Buchstaben und/oder Ziffern gebildete Firmen, denen man eine Originalität und Prägnanz nicht absprechen kann, eintragungsfähig.[26] Die Grenze des Zulässigen wird allerdings bei endlos langen, nicht mehr sprechbaren Buchstabenblöcken und Zahlenreihen (etwa einer vielstelligen Telefonnummer in einer Großstadt nebst Vorwahl) erreicht.[27]

31 **Bildzeichen** werden, auch dann, wenn sie sprechbar und allgemein bekannt sind, als unzulässig angesehen; Gleiches soll für **nicht-lateinische Schriftzeichen** gelten.[28] Für die Praxis ist daher zu empfehlen, von solchen Bildzeichen Abstand zu nehmen, obwohl man meines Erachtens bei allgemein bekannten, sprechbaren Zeichen angesichts der Intentionen der Handelsrechtsnovelle nicht so kleinlich verfahren sollte. Zu denken ist insoweit insbesondere an allgemein bekannte mathematische Zeichen oder das inzwischen sehr gebräuchliche „@"-Zeichen. Dessen Eintragungsfähigkeit ist mittlerweile anerkannt, da ein Wandel in der Bekanntheit der Aussprachefunktion eingesetzt hat und es von weiten Kreisen der Bevölkerung als Wortzeichen mit spezifischer Bedeutung (englisch gesprochenes „at") aufgefasst wird.[29]

32 **b) Unterscheidbarkeit.** Während es im Rahmen der Kennzeichnungs- und Unterscheidungskraft um die generelle Eignung des gewählten Firmennamens zur Unterscheidung des Unternehmens von anderen – insbesondere branchenähnlichen bzw. branchengleichen Unternehmen – geht, geht es im Rahmen der **Unterscheidbarkeit** darum, dass die konkret gewählte Firma sich von anderen bereits existierenden Firmen anderer Unternehmen, die ihren Sitz am gleichen Ort haben, im Einzelfall hinreichend abhebt, § 30 Abs. 1 HGB. Hierdurch sollen Verwechslungen im Rechtsverkehr aufgrund ähnlicher Firmenbezeichnungen vermieden werden. Im Rahmen einer hinreichenden Unterscheidbarkeit von anderen Firmen im Registerbezirk

---

[25] So Lutter/Hommelhoff/*Bayer* GmbHG § 4 Rn. 15; *Lutter/Welp* ZIP 1999, 1079; *Schulenburg* NZG 2000, 1157 f.; aA BGH DB 1997, 2611 („RDB"); *Kögel* BB 1998, 1645; *Müther* GmbHR 1998, 1060; KRM/*Roth* HGB § 18 Rn. 3.

[26] Ebenso Lutter/Hommelhoff/*Bayer* GmbHG § 4 Rn. 15; *Lutter/Welp* ZIP 1999, 1078 f., unter Hinw. auf die beim Handelsregister Koblenz eingetragene „1&1 AG & Co. KGaA", die an der Börse zugelassen wurde; *Schulenburg* NZG 2000, 1158; aA *Kögel* DB 1998, 1646; *Müther* GmbHR 1998, 1060.

[27] Vgl. OLG Celle DB 1999, 40 („AAA AAA AAA AB Life-Sex-TV.de GmbH"); OLG Frankfurt a.M. NZG 2002, 588 („A.A.A.A.A."); im Ergebnis zustimmend *Schulenburg* NZG 2000, 1158.

[28] Vgl. Lutter/Hommelhoff/*Bayer* GmbHG § 4 Rn. 15, 19; *Lutter/Welp* ZIP 1999, 1077; *Müther* GmbHR 1998, 1059; Roth/Altmeppen/*Roth* GmbHG § 4 Rn. 26.

[29] LG München I MittBayNot 2009, 315; LG Berlin NJW-RR 2004, 835; Lutter/Hommelhoff/*Bayer* GmbHG § 4 Rn. 19; anders hingegen noch: BayObLG NJW 2001, 2337.

kommt es auf den **Gesamteindruck** der Firmenbezeichnung an, wobei insbesondere auf das **Wort- und Klangbild** abzustellen ist.[30]

Probleme können sich insoweit insbesondere im Hinblick auf sehr attraktive und im allgemeinen Sprachgebrauch **gebräuchliche Phantasiebezeichnungen** bzw. hinsichtlich sehr **kurzer**, einfach gehaltener **Firmenbezeichnungen** ergeben. Denn solche Bezeichnungen sind einerseits sehr werbewirksam, andererseits sperrt die Wahl der entsprechenden Kurzbezeichnung diese für andere Unternehmen im gleichen Registerbezirk. Hinzu kommt, dass im Hinblick auf die mit dem Erfordernis der Unterscheidbarkeit einhergehenden Sperrwirkung – wie dargelegt – auf das Klangbild abzustellen ist, so dass es beispielsweise nicht genügt, lediglich die Schreibweise leicht zu modifizieren, etwa Zahlworte durch Ziffern zu ersetzen. Hierbei handelt es sich jedoch im Kern um eine Frage der Kennzeichnungs- und Unterscheidungskraft der gewählten Firmenbezeichnung. 33

Ist diese im Rahmen der erstmaligen Wahl einer entsprechenden Firmenbezeichnung erfüllt und handelt es sich bei dem oder den für die Firmenbildung verwandten Begriffen um kein Allgemeingut, für welches ein generelles Freihaltebedürfnis anzuerkennen ist oder welches von vornherein nicht hinreichend unterscheidungsfähig ist, so dass es nur iVm Zusätzen verwandt werden darf, ist meines Erachtens ein weiter gehendes **Freihaltebedürfnis allein aufgrund** der **Attraktivität** der gewählten Bezeichnung **nicht anzuerkennen**. Vielmehr gilt insoweit der Grundsatz der zeitlichen Priorität. Derjenige, der eine attraktive Phantasiebezeichnung oder eine besonders werbewirksame Kurzbezeichnung als Erster wählt, genießt Vorrang gegenüber all denjenigen, die später eine klangähnliche, prägnante Firma wählen wollen, denn: „Wer zu spät kommt, den bestraft das Leben". Somit muss derjenige, der eine einer bereits vorhandenen Firmenbezeichnung ähnliche Firmenbezeichnung wählen will, dafür Sorge tragen, dass sich diese deutlich von bereits vorhandenen Firmen im Sinne von § 30 Abs. 1 HGB unterscheidet, wobei die an die Unterscheidbarkeit zu stellenden Anforderungen umso höher sind, je branchenähnlicher die betreffenden Unternehmen sind.[31] 34

c) Allgemeines Täuschungsverbot und weitere Schranken. Das allgemeine Täuschungsverbot des im Rahmen des Handelsrechtsreformgesetzes neu gefassten § 18 Abs. 2 HGB stellt nach wie vor die **wichtigste Schranke** des Rechts zur Firmenbildung dar. Nach dieser Vorschrift darf die Firma „keine Angaben enthalten, die geeignet sind, über geschäftliche Verhältnisse, die für die angesprochenen Verkehrskreise wesentlich sind, irrezuführen". 35

Das Täuschungsverbot bezieht sich auf sämtliche Firmenbestandteile. Es stellt eine abstrakte normative Beschränkung des grundsätzlichen Rechts zur 36

---

[30] RGZ 104, 341 (342); BGHZ 46, 7 (12); GK HGB/*Burgard* § 30 Rn. 15; KRM/*Roth* HGB § 30 Rn. 5; MüKoHGB/*Heidinger* § 30 Rn. 22 ff. mit Bsp. von der Rspr. für verwechslungsfähig bzw. für deutlich unterscheidbar gehaltener Firmen in Rn. 33 ff.; Lutter/Hommelhoff/*Bayer* GmbHR § 4 Rn. 20 ff.
[31] Ähnlich Lutter/Hommelhoff/*Bayer* GmbHG § 4 Rn. 22; zurückhaltend im Hinblick auf attraktive Phantasie- und Kurzbezeichnungen hingegen *Kögel* BB 1997, 796.

4. Kapitel. Firma, Unternehmensgegenstand und Sitz

freien Firmenwahl dar; Verstöße gegen das Irreführungsverbot setzen weder eine Täuschungsabsicht, noch ein Täuschungsbewusstsein des Firmenverwenders voraus. Die **Prüfung der Täuschungseignung** einer Firma **ist jedoch in zweierlei Hinsicht eingeschränkt**:

37 Zum einen muss es sich um einen „wesentlichen Umstandhndeln; das **Wesentlichkeitserfordernis** führt im Ergebnis dazu, dass nunmehr die Irreführungseignung der gewählten Firmenbezeichnung nicht mehr empirisch, sondern objektiv aus der Sicht eines Durchschnittsbetrachters zu bestimmen ist; damit entfällt die Bedeutung der nach früherem Recht regelmäßig eingeholten empirischen Feststellungen der IHKs, die notwendig waren, da eine Täuschungseignung im Hinblick auf 10 % bis 15 % der angesprochenen Verkehrskreise als ausreichend erachtet wurde.[32]

38 Zum anderen ergibt sich eine Einschränkung der Täuschungsprüfung daraus, dass diese nach dem Gesetzeswortlaut „ersichtlich" sein muss. Das Erfordernis der **Ersichtlichkeit** führt zu einer Absenkung des Prüfungsmaßstabes des Registergerichts im Rahmen der Eintragung der Firma, welches im Rahmen der Prüfung der Täuschungseignung einer Firma insoweit nur ein „Grobraster" anlegen muss. Ein Einschreiten kommt wohl nur noch dann in Betracht, wenn eine Täuschungseignung nahe liegend ist und diese ohne umfangreiche Beweiserhebung festgestellt werden kann; insoweit lehnt sich die Neuregelung an § 37 Abs. 3 MarkenG an.[33]

39 Die **Feinsteuerung**, dh die weitergehende Prüfung, ob die Firmierung in der konkreten Verwendungsform bzw. aufgrund entfernter liegender Möglichkeiten zur Irreführung geeignet ist, soll im Ergebnis **wettbewerbsrechtlichen Streitigkeiten** (vgl. insbesondere das Unterlassungsgebot nach § 3 UWG) **überlassen** bleiben, so dass eine Firma registerrechtlich zulässig, aber aus anderen Gründen, insbesondere des Wettbewerbs-, aber auch des Namens- oder Kennzeichnungsrechts unzulässig sein kann.[34] Insoweit ist allerdings zu berücksichtigen, dass der bisher von der Rechtsprechung im Rahmen des § 3 UWG herangezogene Maßstab des „flüchtigen Betrachters" sowohl im Hinblick auf die Rechtsprechung des EuGH, als auch im Hinblick auf das in § 18 HGB eingeführte Merkmal der „Wesentlichkeit" aufgegeben wurde, so dass im Rahmen der wettbewerbsrechtlichen Prüfung der Zulässigkeit einer bestimmten Firmierung allein auf das Verständnis des „aufgeklärten Verbrauchers" abzustellen ist.[35]

---

[32] Vgl. Begr. des RegE HRefG BR-Drs. 340/97, 53; *Bokelmann* GmbHR 1998, 60f.; Lutter/Hommelhoff/*Bayer* GmbHG § 4 Rn. 29; *Lutter/Welp* ZIP 1999, 1079; *Schäfer* DB 1998, 1272f.; *K. Schmidt* NJW 1998, 2177; *Schmitt* WiB 1997, 1119f.; aA im Hinblick auf die Notwendigkeit empirischer Feststellungen seitens der IHK LG Flensburg GmbHR 1999, 482f.; krit. auch *Müther* GmbHR 1998, 1060.

[33] Vgl. Begr. des RegE HRefG BR-Drs. 340/97, 54; *Ammon* DStR 1998, 1478f.; *Fezer* ZHR 161, 59f.; *Krebs* DB 1996, 2017; Lutter/Hommelhoff/*Bayer* GmbHG § 4 Rn. 30; *Lutter/Welp* ZIP 1999, 1080; *K. Schmidt* NJW 1998, 2167.

[34] Vgl. hierzu Begr. des RegE HRefG BR-Drs. 340/97, 37, 53f.; *Fezer* ZHR 161, 58f.; *Lutter/Welp* ZIP 1999, 1082; KRM/*Roth* HGB § 18 Rn. 10 aE; *K. Schmidt* NJW 1998, 2167; *Wolff* DZWiR 1997, 402.

[35] Siehe *Bokelmann* GmbHR 1998, 61f.; *Krebs* DB 1996, 2017; KRM/*Roth* HGB § 18 Rn. 9 mwN.

Vor dem Hintergrund des Täuschungsverbots sind zukünftig allerdings weiterhin **Angaben problematisch**, die eine **unzutreffende Vorstellung** der angesprochenen Verkehrskreise über **Art, Umfang und Größe des Geschäfts oder** über die **Verhältnisse des Unternehmensträgers hervorrufen**.[36] In diesen Fällen geht es insbesondere um unseriöse Geschäftspraktiken, die ihren Niederschlag in der Firmierung finden und ersichtlich darauf zielen, bei den Verbrauchern Fehlvorstellungen hervorzurufen. **40**

Im Hinblick auf die **Art des Geschäfts** ist insoweit vor allem an Zusätze zu denken, die einen amtlichen, karitativen oder wissenschaftlichen Charakter der geschäftlichen Aktivität vortäuschen. Zu nennen sind ferner unzutreffende Firmenbezeichnungen, die Vorstellungen im Hinblick auf einen anderen als den tatsächlichen Branchenbezug des Unternehmens oder eine nicht vorhandene Spezialisierung hervorrufen. **41**

Im Hinblick auf **Umfang und Größe des Geschäfts** geht es insbesondere um Zusätze, die von Kleinunternehmen geführt werden und den unzutreffenden Eindruck hervorrufen, es handele sich hierbei um ein Großunternehmen. Im Hinblick auf das neu eingeführte Kriterium der Wesentlichkeit und das in den vergangenen Jahren gewandelte Verkehrsverständnis dürfte allerdings davon auszugehen sein, dass eine Vielzahl von früher als problematisch angesehenen Bezeichnungen heute von dem nunmehr maßgebenden verständigen Durchschnittsadressaten nicht mehr ohne weiteres missverstanden wird.[37] Fehlvorstellungen im Hinblick auf die Größe und den Umfang des Geschäfts können nach wie vor durch geographische Hinweise, insbesondere Orts- und Gebietsangaben, aber auch den Hinweis auf einen nationalen oder internationalen Geschäftsumfang hervorgerufen werden.[38] **42**

Täuschende Zusätze im Hinblick auf die **Verhältnisse des Unternehmensträgers** finden sich insbesondere im Rahmen der Verwendung akademischer Grade oder Berufsbezeichnungen. Ferner geht es um Zusätze, die das Vorhandensein einer größeren Vereinigung oder eines Gesellschaftsverhältnisses vortäuschen. **43**

Weitere Probleme im Zusammenhang mit dem Täuschungsverbot ergeben sich im Hinblick auf die **Aufnahme von Personennamen von Nichtgesellschaftern in die Firma**. Eine solche Aufnahme der Namen von Nichtgesellschaftern wird im Schrifttum verschiedentlich als unzulässig erachtet, da sich mit der Aufnahme des Namens in die Firmierung die Vorstellung verbinde, der Genannte sei Unternehmensträger bzw. (persönlich haftender) Gesellschafter.[39] Indes enthält das Firmenrecht kein generelles **44**

---

[36] Vgl. Lutter/Hommelhoff/*Bayer* GmbHG § 4 Rn. 29; MüKoHGB/*Heidinger* § 18 Rn. 111 ff.; KRM/*Roth* HGB § 18 Rn. 11 ff.
[37] Vgl. hierzu Lutter/Hommelhoff/*Bayer* GmbHG § 4 Rn. 29; *Lutter/Welp* ZIP 1999, 1079 f. m. Bsp. von nach neuem Recht nicht mehr täuschungsgeeigneten Bezeichnungen.
[38] Mit den Anforderungen an die Bedeutung des Unternehmens im Hinblick auf eine Ortsangabe ist jedoch zunehmend behutsam umzugehen; regelmäßig ist in einer nachgestellten Ortsangabe regelmäßig nur noch ein Hinweis auf den Sitz des Unternehmens zu sehen. Vgl. OLG Stuttgart DB 2001, 698.
[39] Vgl. *Bokelmann* GmbHR 1998, 59; *Jung* ZIP 1998, 680 ff.; *Kögel* BB 1997, 796; *Kögel* BB 1998, 1647; zur GmbH LG Frankfurt/O. GmbHR 2002, 966 ff. mit Anmer-

4. Kapitel. *Firma, Unternehmensgegenstand und Sitz*

Verbot der Aufnahme der Namen von Nichtgesellschaftern und ebenso wenig ein Gebot, dass die Firma nur die Namen persönlich haftender Gesellschafter enthalten dürfe (→ Rn. 14).

45 Eine im Rahmen des § 18 Abs. 2 S. 1 HGB beachtliche Täuschung liegt vielmehr nur dann vor, wenn durch die entsprechende Firmierung der Anschein eines Bezugs einer ganz konkreten Persönlichkeit zu der entsprechenden Gesellschaft erweckt wird, der in Wirklichkeit nicht besteht. Dies gilt insbesondere im Hinblick auf die Verwendung des Namens einer **Person des öffentlichen Lebens**, der von den angesprochenen Verkehrskreisen (insbesondere im Zusammenhang mit einem bestimmten Tätigkeitsbereich) ein besonderes Vertrauen entgegengebracht wird und so der Eindruck erweckt wird, diese Person stehe hinter dem entsprechenden Unternehmen und seinen Produkten.[40] Fraglich ist in diesem Zusammenhang weiterhin, ob insbesondere eine Person des öffentlichen Lebens – etwa ein bekannter Sportler für ein Sportartikelgeschäft oder einen Sportartikelhersteller – seinen Namen gegen Zahlung einer Lizenz im Rahmen der Firmenbildung zur Verfügung stellen kann. Meines Erachtens ist dies möglich, da Kern der Unzulässigkeit der Namensverwendung in den vorgenannten Fallgestaltungen die im Rechtsverkehr erweckte Fehlvorstellung ist, dass die entsprechende Person mit ihrem Namen hinter dem entsprechenden Unternehmen steht; gewährt die entsprechende Person freiwillig die Namensverwendung, so ist die entsprechende Vorstellung der angesprochenen Verkehrskreise zutreffend, so dass es an einer relevanten Täuschung fehlt.

46 Im Übrigen dürfte die Verwendung von **Namen** berühmter, bereits seit langer Zeit **verstorbener Persönlichkeiten** ebenso wie die **Verwendung mythologischer Namen** unter dem Gesichtspunkt des Täuschungsverbots zulässig sein.[41]

47 Weitere Schwierigkeiten können sich bei der **Verwendung einer Sachfirma ohne** (erkennbaren) **Bezug zum Unternehmensgegenstand** des entsprechenden Unternehmens ergeben. Insoweit geht die ganz hM – zu Recht – davon aus, dass, wenn das entsprechende Unternehmen eine Sachfirma verwendet, diese einen hinreichenden Bezug zum tatsächlichen Unternehmensgegenstand des Unternehmens aufweisen muss, da mit der Verwendung einer Sachfirma eine entsprechende Assoziation der angesprochenen Verkehrskreise einhergeht. Über den konkreten Tätigkeitsbereichs des Unternehmens darf der Rechtsverkehr nicht in die Irre geführt werden.[42]

48 Weitere Schranken im Rahmen der Firmenbildung bestehen aufgrund der **allgemeinen Regeln zum Schutz der öffentlichen Ordnung und der guten Sitten**. Ersichtliche Verstöße gegen diese allgemeinen Regeln im

---

kung von *Möller*: keine Bildung einer Personenfirma mit dem Namen eines Angestellten.

[40] Vgl. *Jung* ZIP 1998, 681 (684); *Kögel* BB 1998, 1647; Lutter/Hommelhoff/*Bayer* GmbHG § 4 Rn. 35; *Lutter/Welp* ZIP 1999, 1081; *Müther* GmbHR 1998, 1060.
[41] Vgl. *Jung* ZIP 1998, 681; Lutter/Hommelhoff/*Bayer* GmbHG § 4 Rn. 35 aE; *Lutter/Welp* ZIP 1999, 1081.
[42] Vgl. Begr. des RegE HRefG BR-Drs. 340/97, 75; *Bokelmann* GmbHR 1998, 59; *Jung* ZIP 1998, 682; *Kögel* BB 1997, 797; *Kögel* BB 1998, 1646; Lutter/Hommelhoff/*Bayer* GmbHG § 4 Rn. 36; *Lutter/Welp* ZIP 1999, 1081.

§ 14 Firma

Rahmen der Firmenbildung sind vom Registergericht zu beachten, da dieses Verstößen gegen die öffentliche Ordnung und sittenwidrigem Verhalten keinen Vorschub leisten darf. Insoweit geht es insbesondere um rassistische, sexistische und ähnliche anstößige Firmenbezeichnungen und um die Verwendung religiöser Bezeichnungen.[43] Anstößige Firmenbezeichnungen können mithin aller Werbewirksamkeit und Prägnanz zum Trotz ungeachtet der Liberalisierung des Firmenrechts nicht benutzt werden.

III. Verwendung der Firma im Rechtsverkehr

Im Hinblick auf die Verwendung der Firma der GmbH & Co. KG im Rechtsverkehr sind folgende Grundsätze zu beachten: 49

1. Angabe auf Geschäftsbriefen

Die **Pflichtangaben im Schriftverkehr der Gesellschaft** sind in §§ 125a, 177a HGB geregelt. Hiernach müssen auf allen Geschäftsbriefen der GmbH & Co. KG gleichviel welcher Form, die an einen bestimmten Empfänger gerichtet werden, Angaben zu Rechtsform und Sitz der Gesellschaft, zum Registergericht des Sitzes der Gesellschaft, zur Handelsregisternummer der GmbH & Co. KG und zu den Namen bzw. zur Firma aller persönlich haftenden Gesellschafter gemacht werden. Der Begriff „Geschäftsbrief" ist weit auszulegen. Entscheidend ist, dass das entsprechende Schriftstück an einen bestimmten Empfänger gerichtet ist. Es kann sich auch um eine Postkarte oder ein Fax uÄ handeln. Seit Inkrafttreten des „Gesetz[es] über elektronische Handelsregister und Genossenschaftsregister sowie das Unternehmensregister (EHUG)" bestehen keine Zweifel mehr, dass E-Mails dem Begriff des Geschäftsbriefs unterfallen.[44] Geschäftsbriefe sind etwa Offerten und Annahmen, Mängelrügen, Erklärungen über Rücktritt und Minderung, Bestellscheine und Rechnungen, Quittungen, Kündigungen an Arbeitnehmer uÄ; nicht unter diesen Begriff fallen zB Drucksachen, Postwurfsendungen, allgemeine Rundschreiben an alle Kunden, Telefonate uÄ.[45] 50

Bei der Firma des persönlich haftenden Gesellschafters, die auf den Geschäftsbriefen der GmbH & Co. KG angegeben werden muss, sind zudem die nach § 35a GmbHG vorgeschriebenen Angaben über die Komplementär-GmbH, nämlich Rechtsform und Sitz der Gesellschaft, Registergericht und Registernummer und weitere Angaben über die Organmitglieder (Geschäftsführer und gegebenenfalls Vorsitzender des Aufsichtsrates) zu machen.[46] 51

---

[43] Vgl. BGH GRUR 1995, 595 („Busengrapscher"); BPatG GRUR 1994, 377 („Messias"); *Jung* ZIP 1998, 683; Lutter/Hommelhoff/*Bayer* GmbHG § 4 Rn. 40; *Lutter/Welp* ZIP 1999, 1082; K. *Schmidt* ZIP 1997, 915.
[44] *Gabel* BB 2007, 1744 ff.; KRM/*Roth* HGB § 37a Rn. 2; MüKoHGB/K. *Schmidt* § 125a Rn. 5;
[45] Vgl. Baumbach/Hopt/*Hopt* HGB § 37a Rn. 4; KRM/*Roth* HGB § 37a Rn. 2; *Schaffland* BB 1980, 1502.
[46] HTM/*Lüke* GmbH & Co. KG § 3 Rn. 73.

4. Kapitel. Firma, Unternehmensgegenstand und Sitz

52 Nach §§ 37a, 125a HGB müssen alle kaufmännischen Unternehmensträger – auch Einzelkaufleute und gesetzestypische Personengesellschaften – auf Geschäftsbriefen die entsprechenden Pflichtangaben machen.[47]

53 Weiterhin ist darauf hinzuweisen, dass bei Personengesellschaften ohne natürlichen persönlich haftenden Gesellschafter eine **Rechtsscheinhaftung oder eine c.i.c.-Haftung gemäß § 280 Abs. 1 iVm § 311 Abs. 2 o. 3 BGB** des Handelnden in Betracht kommt, wenn die notwendigen Angaben auf den Geschäftsbriefen nicht oder nicht vollständig gemacht werden bzw. die entsprechenden Angaben aufgrund einer Veränderung der tatsächlichen Verhältnisse unrichtig werden. Weiterhin kann das Registergericht in diesen Fällen gemäß § 125a Abs. 2 HGB die Vertreter der Gesellschaft mit Zwangsgeldern belegen.[48]

2. Firmenzeichnung

54 Die Zeichnungspflicht nach § 108 Abs. 2 HGB aF wurde infolge des EHUG zum 1.1.2007 aufgehoben.[49]

55 Eine wirksame Vertretung der GmbH & Co. KG setzt allein voraus, dass für den Geschäftspartner ersichtlich wird, dass der Unterzeichner für die GmbH & Co. KG handeln will, ohne dass hierfür eine genauere Darlegung der Rechtsbeziehungen (Geschäftsführer der Komplementär-GmbH vertritt diese, während diese ihrerseits die GmbH & Co. KG vertritt) erforderlich wäre.[50]

3. Schutz der Firma

56 Wie bereits dargelegt (→ Rn. 39) sind zivilrechtliche Abwehransprüche zum Schutz der Firma im registerrechtlichen Verfahren unerheblich. Zivilrechtlich genießt eine bestimmte Firma nach folgenden Vorschriften Schutz:[51]

57 Gegen die Aufnahme einer nicht deutlich abweichenden Firma durch einen anderen Kaufmann am gleichen Ort wird dieser nach § 30 HGB geschützt; in diesem und in anderen Fällen **verletzender Firmenführung** eines anderen besteht die Möglichkeit von Maßnahmen des Registergerichts nach § 37 Abs. 1 HGB; daneben besteht für den Verletzten das Klagrecht nach § 37 Abs. 2 HGB.

58 Nach **namensrechtlichen Regelungen** genießt die Firma Schutz nach § 12 BGB; dies gilt auch dann, wenn die Firma keinen bürgerlichen Namen enthält, da die Firma selbst der Name des Kaufmanns im Rechtsverkehr ist. Darüber hinaus genießt die Firma zivilrechtlichen Schutz nach §§ 823 Abs. 1 und 2, 826 BGB.

---

[47] Vgl. hierzu *K. Schmidt* NJW 1998, 2168; *Schmitt* WiB 1997, 1118.
[48] Vgl. *Binz/Sorg* § 10 Rn. 41; HTM/*Lüke* GmbH & Co. KG § 3 Rn. 76; KRM/*Roth* HGB § 125a Rn. 1 aE; *K. Schmidt* NJW 1998, 2168.
[49] *Binz/Sorg* § 12 Rn. 69.
[50] *Binz/Sorg* § 12 Rn. 71 f.; HTM/*Lüke* GmbH & Co. KG § 3 Rn. 71.
[51] Zusammenfassend Baumbach/Hopt/*Hopt* HGB § 17 Rn. 32 ff.

Schließlich genießt die Firma **wettbewerbsrechtlichen Schutz**. Gegen 59
die Benutzung verwechslungsfähiger Kennzeichen durch einen anderen im
geschäftlichen Verkehr schützt § 16 UWG. Weiterhin kommen **markenrechtliche Abwehransprüche** gemäß §§ 3, 4, 5, 14, 15 MarkenG in Betracht.

IV. Gefahr der Rechtsscheinhaftung

Wie dargelegt, muss die GmbH & Co. KG im Rechtsverkehr mit einem 60
die Haftungsbeschränkung kenntlich machenden Zusatz auftreten (vgl. § 19
Abs. 2 HGB) und die Haftungsverhältnisse auf ihren Geschäftsbriefen sowie
an ihren Ladenlokalen unter den gewerberechtlichen Voraussetzungen klarstellen. Wird seitens der GmbH & Co. KG gegen diese Verpflichtung verstoßen, indem die Gesellschaft insbesondere in ihrer geschäftlichen Korrespondenz nicht darauf hinweist, dass für die Geschäftsverbindlichkeiten im
Ergebnis keine natürliche Person persönlich unbeschränkt haftet, so kann
nach der ständigen Rechtsprechung des BGH im Rechtsverkehr der **Anschein** eines einzelkaufmännischen Gewerbes bzw. einer normalen Personengesellschaft mit mindestens einem unbeschränkt haftenden natürlichen
Gesellschafter erweckt werden.[52] Entsprechendes gilt, wenn eine UG & Co.
KG am Markt als GmbH & Co. KG in Erscheinung tritt (→ Rn. 16), da insoweit die gleichen Grundsätze greifen wie im Falle, dass für eine Unternehmergesellschaft (haftungsbeschränkt) mit dem unrichtigen Zusatz „GmbH"
gehandelt wird.[53] An dem gesetzten Rechtsschein müssen sich all diejenigen
festhalten lassen, denen dieser Rechtsschein zurechenbar ist, so dass diese
Personen dann für die Gesellschaftsverbindlichkeiten nach den Grundsätzen
der Rechtsscheinhaftung persönlich unbeschränkt einstehen müssen.

Verstöße gegen die Verpflichtung zur Führung eines Haftungsbeschrän- 61
kungszusatzes sind mithin für die Geschäftsführer und Gesellschafter der
GmbH & Co. KG brandgefährlich, so dass penibel darauf geachtet werden
muss, dass die Gesellschaft im Rechts- und Geschäftsverkehr ihre wahren
Haftungsverhältnisse offen legt, da sich die Gesellschaft Dritten gegenüber
insbesondere auch nicht darauf berufen kann, dass sie zutreffend im Handelsregister eingetragen ist und somit die wahren Haftungsverhältnisse aus dem
Register ersichtlich sind. Denn in Rechtsprechung und Schrifttum ist anerkannt, dass der durch die Setzung eines **speziellen Rechtsscheins** hervorgerufene Vertrauenstatbestand **gegenüber den Verlautbarungen des
Handelsregisters vorrangig** ist.[54]

Problematisch ist, wer nach Rechtsscheingrundsätzen innerhalb der 62
GmbH & Co. KG in Anspruch genommen werden kann. Der Rechtsschein
einer unbeschränkten Haftung aufgrund der Führung einer Firma ohne gebotenen Rechtsformzusatz wird grundsätzlich von demjenigen gesetzt, der

---

[52] Vgl. BGHZ 62, 216 (227); BGH GmbHR 1990, 212 f.
[53] BGH NJW 2012, 2871 Rn. 8 ff.
[54] Vgl. Baumbach/Hopt/*Hopt* HGB § 15 Rn. 15; *Binz/Sorg* § 11 Rn. 54 f.; HTM/
Schiessl GmbH & Co. KG § 5 Rn. 111; KRM/*Roth* HGB § 15 Rn. 24, 36 ff.

für die Gesellschaft handelt, so dass **insbesondere der Geschäftsführer** der Komplementär-GmbH der GmbH & Co. KG, der im Ergebnis auch die Geschäfte der KG führt, nach Rechtsscheingrundsätzen in Anspruch genommen werden kann.

63 Auch **sonstige rechtsgeschäftlich Bevollmächtigte**, zB Prokuristen, sollen nach der Rechtsprechung des BGH als Anspruchsgegner in Betracht kommen können; dies ist indes zweifelhaft, da der Geschäftspartner gerade nicht auf die unbeschränkte Haftung eines solchen Vertreters vertraut, sondern auf diejenige des hinter ihm stehenden Geschäftsherrn, dem unter Umständen der gesetzte Anschein nicht zurechenbar ist.[55]

64 Demgegenüber können Rechtsscheingrundsätze im Falle der nicht ordnungsgemäßen Führung des Haftungsbeschränkungszusatzes **grundsätzlich keine Ansprüche gegen** die **Kommanditisten** der GmbH & Co. KG **und** die **Gesellschafter** der Komplementär-GmbH begründen, da diesen ein vom Geschäftsführer gesetzter Rechtsschein nicht ohne Weiteres zugerechnet werden kann. Allerdings sind besondere Fallgestaltungen denkbar, in denen im Rechtsverkehr sowohl der Anschein einer persönlichen Haftung dieses Personenkreises erweckt wird, als auch ein Zurechnungstatbestand erfüllt ist. Dies etwa dann, wenn in der Firma der Gesellschaft der Name eines Kommanditisten oder eines GmbH-Gesellschafters enthalten ist und dieser Gesellschafter gegen das ihm erkennbare oder bekannte Auftreten der Gesellschaft ohne Haftungsbeschränkungszusatz nicht einschreitet, wobei allerdings zukünftig in Anbetracht der Tatsache, dass auch die Namen nicht persönlich haftender Gesellschafter nach neuem Firmenrecht in die Firma aufgenommen werden können, genau geprüft werden muss, ob in der konkreten Situation tatsächlich der Anschein einer persönlichen Haftung einer in der Firma der Gesellschaft genannten Person erweckt worden ist.

65 Weiterhin ist zu beachten, dass **besondere Aufklärungspflichten** bestehen, wenn ein einzelkaufmännisches **Unternehmen** oder eine Personengesellschaft mit natürlichen Personen durch Aufnahme einer Komplementär-GmbH und Ausscheiden oder Zurücktreten des bisherigen persönlich haftenden Gesellschafters in die Kommanditistenstellung **in eine GmbH & Co. KG „umgewandelt"** werden. Die höchstrichterliche Rechtsprechung geht nämlich in einer solchen Situation davon aus, dass die Gesellschaft gegenüber Vertragspartnern, mit denen sie in Geschäftsverbindung steht, zur Aufklärung über die Änderung der Haftungsstruktur des Unternehmens verpflichtet ist. In dieser Situation gewährt die Rechtsprechung den Vertragspartnern einer ständigen Geschäftsbeziehung, insbesondere von Dauerschuldverhältnissen, ein außerordentliches Kündigungsrecht. Dies wird damit begründet, dass die Umwandlung eines einzelkaufmännischen Unternehmens oder einer normalen Personengesellschaft in eine GmbH & Co. KG eine wesentliche Erhöhung des üblichen Geschäftsrisikos zur Folge habe, so dass den Geschäftspartnern die Chance gewährt werden müsse, sich aus der entsprechenden Geschäftsverbindung zu lösen.[56] Wird gegen diese Aufklä-

---

[55] Vgl. hierzu BGH NJW 1981, 2569 (2570); BGH NJW 1991, 2627 f.; ferner, dem BGH iE zustimmend: Binz/Sorg § 11 Rn. 64; MüKoHGB/J. Mayer § 4 Rn. 146.
[56] BGH NJW 1978, 416.

rungspflichten verstoßen, kommt wiederum eine persönlich unbeschränkte Haftung der bisherigen persönlich haftenden Gesellschafter bzw. des ehemaligen Einzelkaufmanns nach Rechtsscheingrundsätzen in Betracht.[57]

---

[57] Vgl. hierzu Baumbach/Hopt/*Hopt* HGB Anh. § 177a Rn. 14; *Binz/Sorg* § 11 Rn. 68.

§ 15 Unternehmensgegenstand und Sitz

Übersicht

	Rn.		Rn.
I. Unternehmensgegenstand	1	II. Sitz	9
1. Unternehmensgegenstand der GmbH & Co. KG	2	1. Bedeutung des Gesellschaftssitzes	10
2. Unternehmensgegenstand der Komplementär-GmbH	6	2. Mögliche Ortswahl	13
		a) Komplementär-GmbH	14
a) Der typische Unternehmensgegenstand einer Komplementär-GmbH	7	b) GmbH & Co. KG	16
		3. Sitzverlegung	18
		a) Komplementär-GmbH	19
b) Besonderheiten beim eigenen Geschäftsbetrieb der Komplementär-GmbH	8	b) GmbH & Co. KG	26

Schrifttum: *Forsthoff*, EuGH fördert Vielfalt im Gesellschaftsrecht, DB 2002, 2471 ff.; *Gustavus*, Die Neuregelung im GmbHR nach dem Regierungsentwurf eines Handelsrechtsreformgesetzes, GmbHR 1998, 17; *Kobelt*, Internationale Optionen deutscher Kapitalgesellschaften nach MoMiG, „Cartesio" und „Trabrennbahn" – zur Einschränkung der Sitztheorie, GmbHR 2009, 808 ff.; *Kögel*, Der Sitz der GmbH und seine Bezugspunkte, GmbHR 1998, 1108 ff.; *Otte/Rietschel*, Freifahrtschein für den grenzüberschreitenden Rechtsformwechsel nach „Cartesio"?, GmbHR 2009, 983 ff.; *Paefgen*, Gezeitenwechsel im Gesellschaftskollisionsrecht, WM 2003, 561 ff., § 4 II 3; *Schmitt*, Der Entwurf des Handelsrechtsreformgesetzes, WiB 1987, 1113; *Weller*, EuGH: Grenzüberschreitende Umwandlung einer Gesellschaft – VALE, LMK 2012, 336113; *Zimmer/Naendrup*, Das Cartesio-Urteil des EuGH: Rück- oder Fortschritt für das internationale Gesellschaftsrecht?, NJW 2009, 545 ff.

I. Unternehmensgegenstand

1 Wesensmerkmal einer jeden Gesellschaft ist es, dass sich die Gesellschafter mit dem Abschluss des Gesellschaftervertrages gegenseitig verpflichten, die Erreichung eines gemeinsamen Zwecks in einer bestimmten Art und Weise zu fördern (vgl. § 705 BGB). Innerhalb dieses weit gesteckten Rahmens des Gesellschaftszwecks bestimmt der Unternehmensgegenstand, der üblicherweise im Gesellschaftsvertrag definiert wird, das konkrete Betätigungsfeld der Gesellschaft. Der Unternehmensgegenstand hat eine nach innen und nach außen gerichtete Funktion. Er dient nicht nur dazu, die interessierten Verkehrskreise über das Betätigungsfeld der Gesellschaft zu informieren, sondern bezweckt insbesondere auch den Schutz der Gesellschaft im Verhältnis zur Geschäftsführung, da der Unternehmensgegenstand im Innenverhältnis die Geschäftsführungsbefugnis der geschäftsführenden Gesellschafter begrenzt. Der Unternehmensgegenstand der operativ tätigen KG hat im Falle einer GmbH & Co. KG eine ganz andere Funktion und Gestalt als der Unternehmensgegenstand der Komplementär-GmbH.

1. Unternehmensgegenstand der GmbH & Co. KG

Da die GmbH & Co. KG die Trägerin des operativen Unternehmens ist, spiegelt ihr Unternehmensgegenstand insbesondere die Art des von der Gesellschaft betriebenen Handelsgewerbes und die hierfür vorgesehenen Tätigkeiten und sonstigen Maßnahmen wider. Unerheblich ist, ob die Festlegung des Unternehmensgegenstandes schriftlich innerhalb des Gesellschaftsvertrages oder nur mündlich oder in anderer Form erfolgt. Insoweit bestehen im Personengesellschaftsverhältnis keine förmlichen Vorgaben, auch wenn eine schriftliche Fixierung des Unternehmensgegenstandes ratsam ist.[1]

Die Definition des Unternehmensgegenstandes hat erhebliche Bedeutung für die Gesellschaft und ihre Gesellschafter. Sie definiert nicht nur die Förderpflicht der Gesellschafter, sondern dient zugleich der Auslegung des Umfangs des Wettbewerbsverbots der Gesellschafter nach § 112 HGB[2], welches auf den Handelszweig der Gesellschaft beschränkt ist, und hilft den Bereich des Tagesgeschäfts, über den die Komplementäre frei verfügen dürfen, von dem Bereich der außergewöhnlichen und im gesetzlichen Regelfall zustimmungsbedürftigen Geschäftsführungsmaßnahmen (vgl. §§ 116 Abs. 2, 164 HGB) zu unterscheiden[3].

Selbst wenn die im gesetzlichen Regelfall bestehenden Zustimmungsrechte der nicht geschäftsführungsberechtigten Gesellschafter abbedungen sind, kommt dem Unternehmensgegenstand eine große Bedeutung zu. Es ist allgemein anerkannt, dass es den geschäftsführungsberechtigten, persönlich haftenden Gesellschaftern untersagt ist, sich außerhalb des satzungsmäßig vorgegebenen Tätigkeitsbereiches, dh vor allem branchenfremd zu betätigen. Dieses Verbot gilt konzernweit; die konzerndimensionale Geltung des Unternehmensgegenstandes des Mutterunternehmens ist allgemein anerkannt. Betätigt sich die Gesellschaft demgegenüber unmittelbar oder mittelbar außerhalb des statutarisch definierten, „historisch geprägten" Betätigungsfeldes der Gesellschaft, so dass der durch den Unternehmensgegenstand gesteckte Rahmen über- oder unterschritten wird, verhält sich die Geschäftsführung nach heute ganz herrschender Meinung kompetenzwidrig, so dass Abwehransprüche der Gesellschafter und insbesondere auch der nichtgeschäftsführungsbefugten Gesellschafter bestehen. Eine derartige „faktische" Verletzung des Unternehmensgegenstandes kann sowohl dadurch verwirklicht werden, dass sich die Geschäftsführung in satzungsmäßig nicht vorgeprägten Bereichen engagiert, als auch dadurch, dass sie statutarisch vorgesehene bzw. unternehmensprägende Bereiche, die nicht nur fakultativ vorgegeben sind, brachliegen lässt.[4]

---

[1] MHdB KG/stGes/*Happ/Möhrle* § 2 Rn. 116.
[2] EBJS/*Goette* HGB § 112 Rn. 9; MüKoHGB/*Langhein* § 116 Rn. 11.
[3] Vgl. Staub/*Schäfer* HGB § 116 Rn. 5, wonach Geschäfte, die sich im Rahmen des Unternehmensgegenstandes bewegen, grundsätzlich in den Bereich der Geschäftsführungsbefugnis fallen.
[4] Vgl. etwa *Emmerich/Habersack* AktG vor § 311 Rn. 7; BeckHdb AG/*Liebscher* § 15 Rn. 44; *Lutter/Leinekugel* ZIP 1998 225 (227 f.); *Priester* ZHR 162 (1998), 187 (193); MHdB AG/*Krieger* § 69 Rn. 5.

4. Kapitel. Firma, Unternehmensgegenstand und Sitz

5 Weiterhin wird verbreitet für ein mittelbares Tätigwerden der Gesellschaft über Tochter- und Beteiligungsgesellschaften eine statutarische Ermächtigung in Form einer so genannten Konzernklausel, die in der Satzungsbestimmung über den Unternehmensgegenstand enthalten sein muss, gefordert. Gemeint ist eine Klausel, in der klargestellt wird, dass die Gesellschaft auch berechtigt ist, Tochter- und Beteiligungsgesellschaften zu erwerben und zu gründen und über diese die unternehmensgegenständlich definierten Ziele zu verfolgen.[5]

2. Unternehmensgegenstand der Komplementär-GmbH

6 Der Gegenstand des Unternehmens einer GmbH gehört nach § 3 Abs. 1 Nr. 2 GmbHG zum Mindestinhalt des Gesellschaftsvertrages. Insoweit gilt im Grundsatz das Gleiche wie für die unternehmenstragende KG, jedoch muss der Unternehmensgegenstand der Komplementärin deren besonderer (der KG dienender) Funktion gerecht werden;[6] im Einzelnen:

7 **a) Der typische Unternehmensgegenstand einer Komplementär-GmbH.** Unternehmensgegenstand einer Komplementär-GmbH ist typischerweise die Beteiligung als persönlich haftende Gesellschafterin und die Übernahme der Geschäftsführung an einer bestimmten KG. Aus dieser Angabe im Gesellschaftsvertrag der GmbH lässt sich allerdings noch nicht erkennen, womit sich die KG als Unternehmensträgerin – und damit mittelbar auch die GmbH – befasst. Im Fall einer Komplementär-GmbH verlangte die Rechtsprechung daher zur Konkretisierung des Unternehmensgegenstandes darüber hinaus bisher die Angabe der KG-Beteiligung, der damit verbundenen Geschäftsführungstätigkeit und die Angabe des Unternehmensgegenstandes der KG.[7] Diese Anforderungen werden in der Literatur weitgehend abgelehnt, da dadurch mittelbar von der KG verlangt werde, ihren Unternehmensgegenstand anzumelden, wozu sie sonst nicht verpflichtet ist.[8] Auch werden dadurch die Geschäftsbereiche der GmbH und der KG vermischt, was zu unklaren Angaben und damit zu praktischen Schwierigkeiten führen kann.[9] Eine Angabe des Unternehmensgegenstandes der KG ist daher zwar zulässig, jedoch nicht bereits nach den §§ 3 Abs. 1 Nr. 2, 10 GmbHG erforderlich. Inzwischen ist insoweit auch in der Rechtsprechung ein Umschwung zu erkennen.[10] Da allerdings nicht abzusehen ist, inwieweit sich diese Auffassung auch bei allen Registergerichten durchsetzen wird, ist für die Praxis zur Vermeidung von Beanstandungen des Registergerichts und

---

[5] OLG Frankfurt GmbHR 1987, 231; OLG Köln ZIP 1993, 110, 114; *Emmerich/Sonnenschein/Habersack* § 9 I 1; *Liebscher* Konzernbildungskontrolle, 68 ff.; BeckHdb AG/*Liebscher* § 15 Rn. 45.
[6] *K. Schmidt* Gesellschaftsrecht § 4 II 3.
[7] BayObLG NJW 1976, 1694; OLG Hamburg BB 1968, 267.
[8] Scholz/*Emmerich* GmbHG § 3 Rn. 17; UHW/*Ulmer* GmbHG § 3 Rn. 19; Baumbach/Hueck/*Hueck/Fastrich* GmbHG § 3 Rn. 9.
[9] Baumbach/Hueck/*Hueck/Fastrich* GmbHG § 3 Rn. 9; *Binz/Sorg* § 3 Rn. 30; Rowedder/Schmidt-Leithoff/*Schmidt-Leithoff* GmbHG § 3 Rn. 11.
[10] BayObLG GmbHR 1995, 722 (obiter dictum); OLG Frankfurt GmbHR 1987, 231.

§ 15 Unternehmensgegenstand und Sitz

Zusatzkosten weiterhin der Empfehlung zu folgen, bei der Angabe des Unternehmensgegenstands der Komplementär-GmbH aus praktischen Gründen auch den Unternehmensgegenstand der KG zu benennen[11]; will man dies nicht, sollte man sich in jedem Fall zuvor mit dem zuständigen Registergericht abstimmen.

b) Besonderheiten beim eigenen Geschäftsbetrieb der Komplementär-GmbH. Neben der Beteiligung als Komplementärin an einer KG kann die Komplementär-GmbH auch einen eigenen Geschäftsbetrieb unterhalten. In diesem Fall gehören zu ihrem Unternehmensgegenstand zum einen die Beteiligung an und die Geschäftsführung der KG, zum anderen ihr eigener operativer Betrieb. Beides ist dementsprechend auch im Gesellschaftsvertrag und im Handelsregister anzugeben. Soweit die GmbH ursprünglich nur selbst geschäftlich tätig war und sich nun an einer KG beteiligen möchte, stellt sich die Frage, inwieweit die Beteiligung an einer KG als Komplementärin eine Änderung des Unternehmensgegenstandes darstellt und eine Satzungsänderung erfordert. Zwar erfordert nicht jede geringe Ausdehnung des Geschäftsbereichs eine Satzungsänderung, jedoch kann es sich bei der Beteiligung als Komplementärin an einer KG schon aufgrund der unbeschränkten Haftung für deren Aktivitäten nie um eine solche unbedeutende Änderung handeln. Eine Überschreitung der im Innenverhältnis – auf den Unternehmensgegenstand – beschränkten Geschäftsführungsbefugnis durch die Geschäftsführer der GmbH ist nach den allgemeinen Regeln zu beurteilen: Grundsätzlich ist die GmbH aufgrund der im Außenverhältnis unbeschränkbaren Vertretungsmacht an den Gesellschaftsvertrag zur Gründung der KG oder zum Eintritt in die KG gebunden. Etwas anderes gilt nur beim kollusiven Zusammenwirken mit den am Vertrag beteiligten Kommanditisten.[12]

8

II. Sitz

Sowohl die GmbH & Co. KG, als auch ihre Komplementär-GmbH müssen über einen Sitz verfügen. Für die KG ist insoweit gesetzlich vorgesehen, dass der Gesellschaftssitz im Rahmen der Anmeldung der Gesellschaft zum Handelsregister angegeben werden (§§ 106 Abs. 2 Nr. 2, 161 Abs. 2 HGB) und Sitzänderungen zum Handelsregister angemeldet werden müssen (§§ 107, 161 Abs. 2 HGB). Bei der Komplementär-GmbH zählt die Sitzangabe zum Mindestinhalt des Gesellschaftsvertrages (§ 3 Abs. 1 Nr. 1 GmbHG), wobei die insoweit stark einschränkende Regelung des § 4 a Abs. 2 GmbHG entfallen ist.

9

1. Bedeutung des Gesellschaftssitzes

Der Sitz der Gesellschaft ist für vielfältige Fragen des Verbandslebens bzw. der Tätigkeit der beiden Gesellschaften von entscheidender Bedeutung. In-

10

---

[11] Binz/Sorg § 3 Rn. 30.
[12] Ausführlich zu diesem konkreten Fall und den Folgen der Unwirksamkeit *Binz/Sorg* GmbH & Co. KG § 3 Rn. 37 ff.

4. Kapitel. *Firma, Unternehmensgegenstand und Sitz*

soweit sind insbesondere **Zuständigkeiten**, vor allem staatlicher Stellen, für die Gesellschaft und gesellschaftsinterne Angelegenheiten zu nennen:[13]

11 Im Hinblick auf diverse Zuständigkeiten sind insbesondere die **örtliche Zuständigkeit des Registergerichts** für die GmbH & Co. KG (§§ 106 Abs. 1, 161 Abs. 2, 13 ff. HGB) und der Komplementär-GmbH (vgl. § 7 Abs. 1 GmbHG) sowie die der Industrie- und Handelskammer zu nennen. Weiterhin richtet sich der allgemeine Gerichtsstand gemäß § 17 Abs. 1 ZPO nach dem Gesellschaftssitz.

12 Im Hinblick auf die gesellschaftsinternen Verhältnisse ist darauf hinzuweisen, dass sich nach dem Sitz der Gesellschaft der **Erfüllungsort** für die Rechte und Pflichten der Gesellschaften gegenüber ihren Organmitgliedern, insbesondere gegenüber dem Geschäftsführer, richtet. Weiterhin hat die **Gesellschafterversammlung** sowohl der Komplementär-GmbH als auch der GmbH & Co. KG selbst im Zweifel, wenn der Gesellschaftsvertrag keine anderweitige Regelung trifft, am Sitz der Gesellschaft stattzufinden. Weiterhin müssen gemäß § 125a HGB iVm §§ 177a HGB, 35a GmbHG der Sitz der KG und der Sitz ihrer Komplementär-GmbH auf allen **Geschäftsbriefen** der GmbH & Co. KG angegeben werden.

2. Mögliche Ortswahl

13 Durch die EuGH-Rechtsprechung zur Niederlassungsfreiheit und das MoMiG ist in den vergangenen Jahren hinsichtlich der Sitzwahl von Gesellschaften vieles in Bewegung geraten.

14 **a) Komplementär-GmbH.** Die durch das HRefG 1999 eingeführten Beschränkungen hinsichtlich der Sitzwahl einer GmbH, die in der Vorauflage beschrieben wurden, erfuhren durch das MoMiG im Jahre 2008 eine erneute Reform. Für die GmbH bestimmt § 4a GmbHG nunmehr, dass der durch den Gesellschaftsvertrag gewählte Sitz der Gesellschaft zwar zwingend im Inland liegen muss. Die Sitzwahl innerhalb Deutschlands unterliegt jedoch keinen weiteren Einschränkungen, insbesondere muss keine Übereinstimmung mit dem operativen Sitz oder dem Sitz der Verwaltung bestehen.[14] Nach Streichung des § 4a Abs. 2 GmbHG steht es deutschen Gesellschaften mit beschränkter Haftung darüber hinaus offen, für ihren Verwaltungssitz einen vom Satzungssitz abweichenden Ort, der auch im Ausland liegen darf, zu wählen.[15] Eine Möglichkeit der Amtslöschung bei Divergenz von Satzungs- und Verwaltungssitz besteht mithin nicht mehr.[16] Dahinter steht die gesetzgeberische Intention, die durch die EuGH-Urteile zur Gründungstheorie eröffneten Zuzugsmöglichkeiten für ausländische Kapitalgesellschaften nach Deutschland spiegelbildlich auf deutsche Gesellschaften zu übertra-

---

[13] Zur Bedeutung des Sitzes der Gesellschaft: Henssler/Strohn/*Wamser* GmbHG § 4a Rn. 3; Michalski/*Michalski*/*Funke* GmbHG § 4a Rn. 3 ff.; MüKoGmbHG/*J. Mayer* § 4a Rn. 5; Scholz/*Emmerich* GmbHG § 4a Rn. 8 f.; UHW/*Ulmer* GmbHG § 4a Rn. 12 f.

[14] Baumbach/Hueck/*Hueck*/*Fastrich* GmbHG § 4a Rn. 1.

[15] Michalski/*Michalski*/*Funke* GmbHG § 4a Rn. 9;

[16] *Franz*/*Laeger* BB 2008, 678 (680).

gen.[17] Denn die Frage, was mit einer nach nationalem Recht gegründeten Gesellschaft geschieht, die ins europäische Ausland zieht, beantworten die Urteile des EuGH nicht, sondern bleibt den nationalen Rechtsordnungen überlassen. Folge dieser Liberalisierung der Regelungen zum Sitz einer GmbH ist, dass die Komplementär-GmbH nicht am gleichen Ort wie die GmbH & Co. KG selbst ihren Sitz zu haben braucht.[18] Die in der Vorauflage noch apostrophierte Problematik der hinreichenden Unterscheidbarkeit der Firmen von GmbH & Co. KG und Komplementär-GmbH (§ 30 Abs. 1 HGB), die nach altem Recht regelmäßig am gleichen Ort domizilieren mussten, stellt sich daher nicht mehr in derselben Dringlichkeit.

Verstöße gegen die früher geltende (bedeutend strengere) Rechtslage können mangels Existenz von Übergangsvorschriften nicht mehr verfolgt werden.[19] Fehlen im Gesellschaftsvertrag Regelungen zum Satzungssitz oder verstoßen die getroffenen Vereinbarungen gegen die geltende Rechtslage (Satzungssitz zu unbestimmt, Satzungssitz im Ausland) steht § 9c GmbHG einer Eintragung der Gesellschaft ins Handelsregister entgegen. Erfolgt trotz entsprechender Verstöße eine Eintragung, eröffnet § 399 Abs. 4 FamFG ein Auflösungsverfahren von Amts wegen.[20]

b) GmbH & Co. KG. Als Sitz der KG ist nach wohl noch herrschender Meinung derjenige Ort anzusehen, von dem aus tatsächlich die Geschäfte der Gesellschaft geleitet werden und wo sich der Schwerpunkt der geschäftlichen Tätigkeit befindet, ohne dass es insoweit auf den Willen der Gesellschafter ankäme.[21] Maßgebend ist hiernach der **Ort der Hauptverwaltung**, so dass dieser als Gesellschaftssitz einzustufen ist, wenn die Gesellschaft von mehreren Orten aus geleitet wird.[22] Eine im Vordringen befindliche Auffassung befürwortet hingegen in Folge der Gründungstheorie einen vom tatsächlichen Sitz der Gesellschaft verschiedenen satzungs- bzw. gesellschaftsvertraglichen Sitz auch für Personengesellschaften und eine freie Wahlmöglichkeit der Gesellschafter insoweit.[23] Begründet wird dies damit, dass auch im Kapitalgesellschaftsrecht infolge des MoMiG der Satzungssitz vom Verwaltungssitz vollständig entkoppelt worden sei.[24] Meines Erachtens sollte jedoch an der bisherigen Auffassung zumindest solange festgehalten werden, bis der Gesetzgeber sich auch für die Personengesellschaften zu einer ausdrücklichen Festlegung durchringt.[25]

---

[17] MüKoGmbHG/*J. Mayer* § 4a Rn. 9.
[18] *Schulze zur Wiesche/Breithaupt* in Kompendium GesR, Teil 2, D, Rn. 466.
[19] Baumbach/Hueck/*Hueck/Fastrich* GmbHG § 4a Rn. 1.
[20] Michalski/*Michalski/Funke* GmbHG § 4a Rn. 8; Scholz/*Emmerich* GmbHG § 4a Rn. 18.
[21] BGH WM 1957, 999 f.; EBJS/*Märtens* HGB § 106 Rn. 13; KRM/*Koller* HGB § 106 Rn. 2; MüKoHGB/*Langhein* § 106 Rn. 26; Oetker/*Weitemeyer* HGB § 106 Rn. 22.
[22] MüKoHGB/*Langhein* § 106 Rn. 26.
[23] Baumbach/Hopt/*Hopt* HGB § 106 Rn. 8; GK/*Koch* HGB § 13 Rn. 44 f.; GK/*Schäfer* HGB § 106 Rn. 19; *Koch* ZHR 173 (2009), 101 ff.; *Zimmer/Naendrup* NJW 2009, 545 (548).
[24] So etwa GK/*Schäfer* HGB § 106 Rn. 19.
[25] Ähnlich *Goette* DStR 2009, 63.

4. Kapitel. Firma, Unternehmensgegenstand und Sitz

17 Weiterhin ist die hM der Auffassung, dass es bei einer Personengesellschaft einen Doppelsitz nicht bzw. nur in besonderen Ausnahmefällen geben kann und die für Kapitalgesellschaften anerkannten Ausnahmen nicht greifen.[26]

3. Sitzverlegung

18 Die Wahl des Sitzes der GmbH & Co. KG und ihrer Komplementär-GmbH beinhaltet keine statische Festlegung; vielmehr ist es dem Unternehmen selbstverständlich ohne weiteres möglich, seinen regionalen Tätigkeitsbereich und damit – nach noch herrschender Auffassung – einhergehend den Gesellschaftssitz unter Beachtung der für die Sitzwahl maßgebenden Grundsätze zu verlagern; im Einzelnen:

19 **a) Komplementär-GmbH.** Bei der Komplementär-GmbH erfordert die Sitzverlegung eine **Satzungsänderung** nach § 53 GmbHG, die zum Handelsregister des alten Sitzes gemäß § 54 GmbHG anzumelden ist. Sie wird vom entsprechenden Registergericht dem Gericht des neuen Sitzes mitgeteilt, welches die Prüfung und gegebenenfalls Eintragung der Sitzänderung vornimmt (vgl. im Einzelnen § 13h HGB).[27]

20 Die Sitzverlegung einer deutschen GmbH ins Ausland bzw. die Verlegung des Sitzes einer ausländischen Kapitalgesellschaft ins Inland wurden in der Vergangenheit außerordentlich kontrovers diskutiert. Mittlerweile besteht als Folge verschiedener Entscheidungen des EuGH und des BGH teilweise rechtliche Klarheit, teilweise sind hingegen nach wie vor viele Fragen offen. Zu unterscheiden sind Wegzugs- und Zuzugsfälle sowie die Verlegung des Satzungs- und des Verwaltungssitzes. Im Einzelnen:

21 Da § 4a GmbHG für eine GmbH einen **Satzungssitz** in Deutschland verlangt, wurde und wird ein auf **Verlegung des Satzungssitzes** ins Ausland gerichteter Beschluss der Gesellschafterversammlung vielerorts als Auflösungsbeschluss qualifiziert.[28] Diese recht einhellig vertretene Meinung wurde jedoch durch das „Cartesio"-Urteil des EuGH vom 16.2.2008 zumindest in Frage gestellt, da der Gerichtshof festhielt, dass der Gründungsstaat eine Gesellschaft nicht an einem ihre Identität wahrenden Wegzug in einen anderen Mitgliedstaat **unter Änderung des anwendbaren Rechts** hindern dürfe, sofern im Zielstaat ein entsprechender Zuzug **rechtlich möglich** sei.[29] Obgleich noch viele Einzelheiten insoweit ungeklärt sind, steht fest, dass ein

---

[26] *Scholz/Emmerich GmbHG* § 4a Rn. 16; Baumbach/Hopt/*Hopt* HGB § 106 Rn. 9; KRM/*Koller* HGB § 106 Rn. 2; MüKoHGB/*Langhein* § 106 Rn. 26; EBJS/ Märtens HGB § 106 Rn. 13; Oetker/*Weitemeyer* HGB § 106 Rn. 22; aA GK/*Ulmer* HGB, 4. Aufl., § 106 Rn. 22, der die kapitalgesellschaftsrechtlichen Ausnahmen auch auf Personengesellschaften erstrecken will; anders aber insoweit Ulmers „Nachfolger" in der Kommentierung, der den Doppelsitz gleichfalls nur in Ausnahmefällen zulassen will: GK/*Schäfer* HGB § 106 Rn. 21.

[27] Vgl. hierzu und zu weiteren Einzelheiten MüKoHGB/*Krafka* § 13h Rn. 6; *Kögel* GmbHR 1998, 1112; Lutter/Hommelhoff/*Bayer* GmbHG § 4a Rn. 7 ff.; Roth/Altmeppen/*Roth* GmbHG § 4a Rn. 19 ff.; Michalski/*Michalski/Funke* GmbHG § 4a Rn. 13 ff.

[28] OLG München NZG 2007, 915.

[29] EuGH NJW 2009, 569 (571) Rn. 111 ff.

§ 15 Unternehmensgegenstand und Sitz

identitätswahrender Wegzug einer GmbH bei gleichzeitigem Wechsel der „Nationalität" der Gesellschaft dem Grunde nach möglich sein muss.[30]

Einen weiteren Aspekt der europaweiten Unternehmensmobilität nimmt die sog. VALE-Entscheidung des EuGH in den Blick. Hier hielt der EuGH fest, dass ein mitgliedsstaatliches Umwandlungsregime, das inländischen Gesellschaften den Rechtsformwechsel ermöglicht, aufgrund der Niederlassungsfreiheit auch zu Gunsten zuziehender EU-Auslandsgesellschaften gelten muss.[31] 22

Eine Gesellschaft, die in einem Mitgliedstaat der EU oder des EWR oder der USA gegründet wurde, kann ihren Satzungssitz unter Beibehaltung ihres heimischen Gesetzesstatuts nach Deutschland verlegen, sofern ihr Heimatstaat dies zulässt. Verlegt hingegen eine Gesellschaft aus einem Drittstaat ihren Sitz nach Deutschland, verbleibt es bei der Geltung der Sitztheorie. Dies hat zur Folge, dass die Gesellschaft zumindest dann als Personengesellschaft zu qualifizieren ist, wenn die Gesellschaft auch ihren Verwaltungssitz hierher verlegt.[32] 23

Durch das MoMiG 2008 wurde die Koppelung von Satzungs- und Verwaltungssitz aufgehoben, so dass eine im Inland gegründete GmbH die Möglichkeit hat, ihren Verwaltungssitz ins Ausland zu verlegen.[33] Folge hieraus ist, dass die Gesellschaft unter Wahrung ihrer Rechtsnatur in jeden Staat verlegt werden kann, in dem die Gründungstheorie gilt oder in dem die EuGH-Rechtsprechung zum Vorrang der Niederlassungsfreiheit vor abweichenden Regelungen des nationalen Rechts greift.[34] 24

Das vom EuGH aufgestellte Vorrangverhältnis der Niederlassungsfreiheit gegenüber abweichenden nationalen Regelungen kommt Gesellschaften aus EU- und EWR-Staaten dann zugute, wenn diese ihren Verwaltungssitz nach Deutschland verlegen. Auch sie können dann in Deutschland unter Beibehaltung ihrer Rechtsform rechtlich aktiv werden. Gesellschaften aus Drittstaaten – auch der Schweiz – bleibt dieser Vorteil hingegen verwehrt.[35] 25

b) GmbH & Co. KG. Im Gegensatz zur GmbH erfolgt die Sitzverlegung der GmbH & Co. KG nach in der Literatur mittlerweile überwiegend bestrittener Auffassung der Rechtsprechung durch **tatsächliche Verlegung der Geschäftsführung** im Zweifel auch ohne Gesellschafterbeschluss.[36] Die Sitzverlegung ist in das Handelsregister nach Maßgabe der §§ 107, 161 Abs. 2 HGB einzutragen, wobei der Eintragung jedoch rein deklaratorische Wirkung zukommt.[37] 26

---

[30] Scholz/Emmerich GmbHG § 4a Rn. 26; Kobelt GmbHR 2009, 808 (812f.); Otte/Rietschel GmbHR 2009, 983 (985).
[31] EuGH NJW 2012, 2715 (2716) Rn. 33 ff. – VALE; Weller LMK 2012, 336113.
[32] Scholz/Emmerich GmbHG § 4a Rn. 27.
[33] Weller LMK 2012, 336113.
[34] Scholz/Emmerich GmbHG § 4a Rn. 28.
[35] BGH NJW 2009, 289f. – Trabrennbahn.
[36] Ausführlich zum Meinungsstand: Baumbach/Hopt/Hopt HGB § 106 Rn. 8 und 10.
[37] Baumbach/Hopt/Hopt HGB § 106 Rn. 10; anders (Zustimmung der Gesellschafter erforderlich) wenn man der im Vordringen befindlichen Auffassung folgt, die

4. Kapitel. *Firma, Unternehmensgegenstand und Sitz*

Die Folgen der Sitzverlegung einer deutschen GmbH & Co. KG ins Ausland hängen davon ab, ob man von einer Anwendbarkeit der Gründungstheorie auch auf Personengesellschaften ausgeht. Die deutsche Rechtsprechung zieht bei Personengesellschaften anders als die überwiegende Meinung im Schrifttum[38] weiterhin die Sitztheorie heran[39]. Konsequenz hieraus ist in der Regel die Auflösung der Gesellschaft bei Sitzverlegung ins Ausland.[40]

---

auch Personengesellschaften eine Wahlfreiheit hinsichtlich des Sitzes zugestehen möchte: GK/*Schäfer* § 106 Rn. 18 f., § 107 HGB Rn. 5.

[38] Baumbach/Hopt/*Hopt* HGB Einl. v. § 105 Rn. 29; EBJS/*Märtens* HGB § 106 Rn. 14; EBJS/*Wertenbruch* HGB § 105 Rn. 212.

[39] BGH NJW 2009, 289 (290) – *Trabrennbahn*.

[40] Vgl. Zimmer/Naendrup NJW 2009, 545 (548).

5. Kapitel. Organisationsverfassung

§ 16 Geschäftsführung und Vertretung

Übersicht

	Rn.
I. Einführung	1
II. Geschäftsführung und Vertretung bei der GmbH & Co. KG	5
1. Begrifflichkeiten	5
2. Begründung und Beendigung von Geschäftsführungs- und Vertretungsbefugnis	7
3. Umfang der Geschäftsführungsbefugnis	13
4. Umfang der Vertretungsbefugnis	18
a) Vertretung durch den Komplementär	18
b) Sonstige Vertretung	19
c) Selbstkontrahieren	23
III. Der Geschäftsführer als Organ der Komplementär-GmbH	25
1. Begründung und Beendigung der Organstellung	30
a) Bestellung	30
b) Abberufung	44
c) Amtsniederlegung	54
d) Sonstige Beendigungsgründe des Geschäftsführeramtes	56
e) Eintragung	59
2. Geschäftsführung und Vertretung bei der GmbH	60
a) Geschäftsführungsbefugnis	61
b) Vertretung	70
IV. Die dienstvertragliche Stellung des Geschäftsführers	73
1. Mögliche Vertragspartner des Anstellungsvertrages	74
2. Rechtsnatur des Anstellungsvertrages	82
3. Sozialversicherungsrechtliche Stellung des Geschäftsführers	85
4. Inhalt des Anstellungsvertrages	88

	Rn.
a) Übersicht	88
b) Vergütungsregelungen	90
c) Versorgungszusage	95
d) Wettbewerbsverbot	105
5. Laufzeit und Beendigung	116
a) Ordentliche Kündigung	117
b) Außerordentliche Kündigung	121
c) Koppelung von Abberufung und Kündigung	129
d) Kündigungskompetenz	130
e) Aufleben eines früheren Arbeitsvertrags?	133
6. Streitigkeiten	137
V. Die Haftung des Geschäftsführers	145
1. Haftung gegenüber der KG	147
a) Begründung der vertraglichen Haftung	148
b) Anspruchsvoraussetzungen	150
c) Haftung mehrerer Geschäftsführer	163
d) Verjährung	164
2. Haftung gegenüber KG- und GmbH-Gesellschaftern	165
3. Haftung gegenüber Gesellschaftsgläubigern	168
a) Rechtsscheinhaftung	170
b) Verschulden bei Vertragsschluss	172
c) Deliktische Haftung	176
d) Haftung für nicht abgeführte Steuern und Sozialabgaben	179
4. Haftung in Sondersituationen	182
5. Strafrechtliche Verantwortlichkeit	189

5. Kapitel. Organisationsverfassung

Schrifttum: *Bauer*, Arbeitsrechtliche Aufhebungsverträge, 8. Aufl. 2007; *Bauer/Diller*, Wettbewerbsverbote, 6. Aufl. 2012; *Drescher*, Die Haftung des GmbH-Geschäftsführers, 7. Auflage 2013; *Ek*, Die Haftung des GmbH-Geschäftsführers, 2010,; *Heubeck/Schmauck*, Die Altersversorgung der Geschäftsführer bei GmbH und GmbH & Co., 4. Aufl. 1998; *Hopt*, Zur Abberufung des GmbH-Geschäftsführers bei der GmbH & Co., insbesondere der Publikumskommanditgesellschaft, ZGR 1979, 1 ff.; *Jaeger*, Der Anstellungsvertrag des GmbH-Geschäftsführers, 5. Aufl. 2009; *Jaeger*, Die Zuständigkeit der Arbeitsgerichte und die Geltung des Kündigungsschutzes für Geschäftsführer, NZA 1998, 691; *Louven*, Aus der Rechtsprechung des BSG zum sozialrechtlichen Status des GmbH-Geschäftsführers, DB 1999, 1061 ff.; *Overlack*, Der Einfluß der Gesellschafter auf die Geschäftsführung in der mitbestimmten GmbH, ZHR 141 (1977), 135; *Priester*, Vertragsgestaltung bei der GmbH & Co., 4. Aufl. 2010; *Reichert/Winter*, Die „Abberufung" und Ausschließung des geschäftsführenden Gesellschafters der Publikums-Personengesellschaft, BB 1988, 981; *Reuter/König*, Mitbestimmung und gesellschaftsrechtliche Gestaltungsfreiheit, ZHR 140 (1976), 494; *Röder/Lingemann*, Schicksal von Vorstand und Geschäftsführer bei Unternehmensumwandlungen und Unternehmensveräußerungen, DB 1993, 1341; *Schneider*, Die Abberufung des Gesellschafter-Geschäftsführers einer zweigliedrigen GmbH, ZGR 1983, 535; *Spitaler/Niemann*, Die Angemessenheit der Bezüge geschäftsführender Gesellschafter einer GmbH, 7. Aufl. 1999; *Stein*, Das faktische Organ, 1984; *Tillmann/Mohr*, Der GmbH-Geschäftsführer, 10. Aufl. 2013.

I. Einführung

1 Dem Grundmodell der KG als Personengesellschaft entsprechend obliegt die Führung ihrer Geschäfte und ihre Vertretung nach außen dem (oder den) persönlich haftenden Gesellschafter(n), wohingegen die Kommanditisten von der Geschäftsführung im Hinblick auf den laufenden Geschäftsbetrieb sowie generell im Hinblick auf die Vertretung der KG Dritten gegenüber ausgeschlossen sind. Ist – wie regelmäßig – einzige Komplementärin der GmbH & Co. KG die GmbH, obliegt dieser die Führung der Geschäfte der KG und deren Vertretung nach außen.

2 Nachdem die GmbH als juristische Person selbst nicht handeln kann, sondern sich hierzu ihres Geschäftsführers bedienen muss, werden die Geschäfte der KG mittelbar von den Geschäftsführern der GmbH geführt. Die Gesellschaftsform der GmbH & Co. KG ermöglicht es also, eine Personengesellschaft durch an ihr nicht beteiligte natürliche Personen führen zu lassen, so dass im praktischen Ergebnis der im Personengesellschaftsrecht geltende Grundsatz der Selbstorganschaft[1] verlassen ist. Die Führung der Geschäfte liegt in den Händen einer Person, welche nicht dem Risiko der persönlichen Haftung für die Schulden der KG ausgesetzt ist.

3 Für den Geschäftsführer der GmbH bedeutet die mittelbare Führung der Geschäfte der KG, dass er bei seinem organschaftlichen Handeln für die GmbH stets auch die Pflichten der GmbH in ihrer Funktion als geschäftsführender Komplementärin der KG zu beachten hat.

4 Die Tatsache, dass die Hauptaufgabe des Geschäftsführers der Komplementär-GmbH in der Führung der Geschäfte der KG besteht, führt schließ-

---

[1] Hierzu K. *Schmidt*, Gesellschaftsrecht, § 14 II 2.

lich in der Praxis nicht selten dazu, dass der Anstellungsvertrag des Geschäftsführers nicht mit der GmbH, deren Organ er ist, sondern mit der KG abgeschlossen wird.[2]

II. Geschäftsführung und Vertretung bei der GmbH & Co. KG

1. Begrifflichkeiten

Bei allen im Rechtsverkehr nach außen auftretenden Gesellschaften wird zwischen der Führung der Geschäfte der Gesellschaft und der Vertretung der Gesellschaft unterschieden. Während als **Geschäftsführung** jede Tätigkeit rechtsgeschäftlicher oder tatsächlicher Art bezeichnet wird, die in Erfüllung des Gesellschaftszwecks aufgrund der im Innenverhältnis der Gesellschaft bestehenden Kompetenzverteilung ausgeführt wird,[3] betrifft die **Vertretung** die Vornahme rechtsgeschäftlicher Handlungen für die Gesellschaft im Verhältnis zu gesellschaftsfremden Dritten.[4] Die Geschäftsführungskompetenz beschreibt also das rechtliche Dürfen im Innenverhältnis zu den Gesellschaftern, die Vertretungsbefugnis demgegenüber die Rechtsmacht, die Gesellschaft Dritten gegenüber zu verpflichten oder für sie Rechte zu begründen. Beides muss nicht übereinstimmen; die Vertretungsbefugnis kann stärker beschränkt sein als die Geschäftsführungsbefugnis, sie kann diese aber auch übersteigen.

Da die GmbH & Co. KG durch eine Kapitalgesellschaft als regelmäßig einzige Komplementärin vertreten wird, diese aber wiederum nicht selbst, sondern durch den Geschäftsführer handelt und die Geschäftsführungs- und Vertretungskompetenzen bei der KG als Personengesellschaft und der GmbH als Kapitalgesellschaft auseinander fallen können, erfordert die Beurteilung der Geschäftsführungs- und Vertretungsverhältnisse bei dieser Gesellschaft eine genaue Differenzierung danach, in welcher Eigenschaft eine Handlung vorgenommen und dementsprechend welchen Rechtsgrundsätzen sie unterworfen ist.

2. Begründung und Beendigung von Geschäftsführungs- und Vertretungsbefugnis

Kraft ihrer Stellung als Komplementärin übernimmt die GmbH mit ihrem Eintritt in die KG deren Geschäftsführung (§ 164 HGB) und Vertretung (§ 170 HGB). Auch eine VorGmbH kann schon Komplementärin sein und Geschäftsführung und Vertretung übernehmen.[5] Da die Geschäftsführungs- und Vertretungsbefugnis grundsätzlich kraft Gesetzes mit der Komplementärstellung verknüpft sind (§§ 114 Abs. 1, 125 Abs. 1, 161 Abs. 2 HGB), bedarf es **keines gesonderten Bestellungsakts**.

---

[2] Diese Möglichkeit ist in der Rspr. anerk., vgl. nur BGH NJW 1980, 595; BAG AP Nr. 1 zu § 14 KSchG; BAG DB 1995, 2271.
[3] *K. Schmidt*, Gesellschaftsrecht, § 47 V 1.
[4] *K. Schmidt*, Gesellschaftsrecht, § 7 I 3I.
[5] BGHZ 80, 129, 132 ff.; BGH WM 1985, 165.

5. Kapitel. Organisationsverfassung

8 Gemäß § 163 HGB kann die Geschäftsführung abweichend von § 164 HGB dem oder den Kommanditisten übertragen werden[6], jedoch ändert dies nichts an der zwingenden Vertretung der KG nach außen durch die Komplementärin; § 170 HGB ist nicht abdingbar.[7] Daher können Kommanditisten die KG nur als nicht organschaftliche Vertreter kraft rechtsgeschäftlich erteilter Vollmacht, zB als Prokuristen oder Generalbevollmächtigte, vertreten. Um dem Grundsatz der Selbstorganschaft Genüge zu tun, muss jedoch immer eine Vertretungsmöglichkeit durch die Komplementärin ohne Mitwirkung von Dritten möglich bleiben.[8]

9 Die Stellung der GmbH als geschäftsführende und vertretungsberechtigte Komplementärin endet mit ihrem **Ausscheiden aus der KG**, welches sich nach den allgemeinen Regelungen über das Ausscheiden aus Personenhandelsgesellschaften richtet (vgl. → §§ 30 ff.). Darüber hinaus enthält zweckmäßigerweise der Gesellschaftsvertrag Bestimmungen über die Voraussetzungen, unter denen die GmbH ihre Geschäftsführerstellung aufgeben darf bzw. muss.

10 Auch ohne Ausscheiden der GmbH als Komplementärin der KG kann ihr vorbehaltlich einer abweichenden Regelung im Gesellschaftsvertrag nach §§ 161 Abs. 2, 117 HGB **die Geschäftsführungsbefugnis** auf Antrag der Kommanditisten durch gerichtliches Gestaltungsurteil vollständig oder teilweise[9] **entzogen** werden, wenn ein wichtiger Grund vorliegt. Das ist der Fall, wenn den übrigen Gesellschaftern auf Grund der Umstände des Einzelfalles und nach Abwägung aller beteiligten Interessen eine Geschäftsführung seitens der Komplementärin nicht weiter zugemutet werden kann, weil sonst wichtige Belange der Gesellschaft gefährden würden.[10] Dies gilt insbesondere bei einer groben Pflichtverletzung (zB der hartnäckigen Nichtbeachtung der Mitwirkungsrechte anderer Gesellschafter, Blockierung der Geschäftsführung der Gesellschaft,[11] Verstoß gegen das Wettbewerbsverbot des § 112 HGB[12]) oder im Fall einer Unfähigkeit der GmbH bzw. der für sie handelnden Geschäftsführer zur ordnungsmäßigen Geschäftsführung.[13] In diesem Zusammenhang muss die GmbH sich das Verhalten ihres Geschäftsführers zurechnen lassen.[14] Hierbei kann die Geschäftsführung auch dann entzogen werden, wenn nur ein einziger geschäftsführender Gesellschafter vorhanden ist, in diesem Fall fällt die Geschäftsführung im Zweifel an die

---

[6] MüKoHGB/*Grunewald* § 164 Rn. 25 ff.
[7] BGHZ 51, 198 (200); kritisch MüKoHGB/*Grunewald* § 170 Rn. 13.
[8] Baumbach/*Hopt* § 170 HGB Rn. 1; *Binz/Sorg*, GmbH & Co. KG, § 5 Rn. 1.
[9] MüKoHGB/*Jickeli* § 117 Rn. 19, allerdings hat das Gericht bei der Teilentziehung keine eigene Gestaltungskompetenz, MüKoHGB/*Jickeli* § 117 Rn. 20 f.
[10] MüKoHGB/*Jickeli* § 117 Rn. 28.
[11] BGH LM § 709 BGB Nr. 7.
[12] Baumbach/*Hopt* § 117 HGB Rn. 4.
[13] Der Grund hierfür ist ohne Bedeutung. Ein Verschulden ist nicht notwendig. In Betracht kommen ebenso fehlende Fachkenntnisse des GmbH-Geschäftsführers wie eine länger andauernde Krankheit, vgl. MHdB GesR II/*Wirth* KG § 11 Rn. 19 ff.
[14] BGH WM 1977, 500 (502); zur Wissenszurechnung an die KG BGH ZIP 1995, 1082.

§ 16 *Geschäftsführung und Vertretung*

Gesamtheit der Gesellschafter.[15] Wird die Geschäftsführungsbefugnis im Gesellschaftsvertrag in Abweichung von § 164 HGB einem Kommanditisten übertragen, kann ihm dieses Recht auch nur nach Maßgabe des § 117 HGB entzogen werden.[16]

Die **Entziehung der Vertretungsmacht** richtet sich nach §§ 127, 161 Abs. 2 HGB. Die hiernach bestehende Notwendigkeit einer gerichtlichen Entscheidung wird allerdings häufig durch abweichende gesellschaftsvertragliche Regelungen entbehrlich. Zwingend ist das Gesetz nur insoweit, als ein Entzug der Vertretungsmacht bei Vorliegen eines wichtigen Grundes nicht ausgeschlossen werden darf.[17] Jedoch ist eine Entziehung der Vertretungsmacht nach hM nicht möglich, wenn bei der KG lediglich ein einziger Komplementär vorhanden ist, anderenfalls wäre eine organschaftliche Vertretung der Gesellschaft nicht möglich.[18] Die Kommanditisten können daher nach hM nur nach den §§ 133, 140, 161 Abs. 2 HGB vorgehen und Auflösungs- oder Ausschließungsklagen erheben.[19] 11

Eine **Niederlegung** der Geschäftsführung und der Vertretungsmacht ist gesetzlich nicht geregelt. Eine echte Niederlegung, wie dies bei einem GmbH-Geschäftsführer in Betracht kommt, ist nicht möglich, wenn nur ein Komplementär vorhanden ist.[20] Liegt ein wichtiger Grund im Sinne des § 127 HGB vor, bleibt nach wohl überwiegender Meinung nur die Möglichkeit, die Mitgesellschafter zu einer Neuregelung des Gesellschaftsverhältnisses zu bewegen oder eine Auflösungsklage zu erheben.[21] 12

3. Umfang der Geschäftsführungsbefugnis

Hat eine Personenhandelsgesellschaft mehrere Komplementäre, ist – vorbehaltlich abweichender Regelungen im Gesellschaftsvertrag – jeder von ihnen einzelgeschäftsführungsbefugt (§§ 161 Abs. 2, 114 Abs. 1, 115 Abs. 1 HGB). Im Regelfall der GmbH & Co. KG ist die GmbH jedoch einzige Komplementärin, so dass bereits aus diesem Grund **Einzelgeschäftsführungsbefugnis** besteht. 13

Die Reichweite der Geschäftsführungskompetenz der Komplementär-GmbH richtet sich nach §§ 116, 161 Abs. 2 iVm § 164 HGB. Hiernach umfasst die Geschäftsführungsbefugnis sämtliche Geschäfte, die der gewöhnliche Betrieb des Handelsgewerbes mit sich bringt. Dies sind diejenigen Geschäfte, die in dem von der konkreten GmbH & Co. KG betriebenen Handelsge- 14

---

[15] BGHZ 51, 198 (201 f.); vgl. auch *Reichert/Winter* BB 1988, 981; *Hopt* ZGR 1979, 1 ff.
[16] RGZ 110, 418; BGHZ 17, 392 (395); *Bork* AcP 184 (1984), 469 ff.; Baumbach/Hopt § 117 HGB Rn. 3.
[17] BGH NJW 1998, 1225 (1226).
[18] BGHZ 41, 367 (369); 51, 198 (200); Baumbach/*Hopt* § 127 HGB Rn. 3; *K. Schmidt*, Gesellschaftsrecht, § 53 IV 2.
[19] BGHZ 51, 198 (200); Baumbach/*Hopt* § 127 HGB Rn. 3, MüKoHGB/*K. Schmidt*, § 127 Rn. 7.
[20] Baumbach/*Hopt* § 127 HGB Rn. 4; MHdB GesR II/*Wirth* KG § 11 Rn. 5.
[21] MHdB GesR II/*Wirth* KG § 11 Rn. 5.

werbe normalerweise vorkommen.[22] Ob ein **gewöhnliches Geschäft** vorliegt, hängt in starkem Maße von Art und Umfang des Geschäftsbetriebs der Gesellschaft ab. Da eine trennscharfe Abgrenzung praktisch nicht möglich ist, findet sich regelmäßig eine Negativabgrenzung im Gesellschaftsvertrag der KG durch Bezeichnung der zustimmungsbedürftigen, weil außerhalb der gewöhnlichen Geschäftstätigkeit liegenden Geschäfte.

15 Hinsichtlich der gewöhnlichen Geschäfte bestehen nach dem HGB für die Kommanditisten weder Eingriffsmöglichkeiten noch Weisungsrechte gegenüber dem Komplementär (arg e contrario aus § 164 S. 1, 2. Hs. HGB).[23] Dies rechtfertigt sich daraus, dass die Kommanditisten – anders als der geschäftsführende Komplementär – nicht persönlich für Verbindlichkeiten der KG haften (§ 171 HGB). Gleichwohl lassen Rechtsprechung[24] und das überwiegende Schrifttum[25] es zu, den Kommanditisten im Gesellschaftsvertrag abweichend von § 164 HGB ein Weisungsrecht gegenüber dem Komplementär einzuräumen. Anders als die im Außenverhältnis zwingend dem Komplementär garantierte Vertretungsbefugnis sei die Verteilung der Geschäftsführungskompetenzen dispositiv ausgestaltet. Dem Schutz des Komplementärs werde im Wesentlichen durch eine Begrenzung des Weisungsrechts bei gesetzes-, sitten- und treupflichtwidrigen Weisungen Rechnung getragen.[26]

16 Bei Handlungen, die über den gewöhnlichen Betrieb des Handelsgewerbes der Gesellschaft hinausgehen, den sog. **außergewöhnlichen Geschäften**, steht den Kommanditisten entgegen des insoweit missverständlichen Wortlauts des § 164 HGB nicht etwa nur ein Widerspruchsrecht zu, vielmehr bedarf die Vornahme außergewöhnlicher Geschäfte der Zustimmung aller Gesellschafter, also auch der Kommanditisten.[27] Diese Auslegung des § 164 HGB beruht darauf, dass ein bloßes Widerspruchsrecht den Kommanditisten keine genügende Sicherheit gegen eine Gefährdung ihrer Einlage durch ein eigenmächtiges Verhalten des Komplementärs bietet, da der Komplementär den Kommanditisten vor Ausführung der streitigen Maßnahme nicht informieren muss, sondern ihn vielmehr vor vollendete Tatsachen stellen kann. Außerdem würde der Kommanditist, dem lediglich ein Widerspruchs-, nicht aber ein Zustimmungsrecht zugestanden wird, schlechter gestellt als ein von der Geschäftsführung ausgeschlossener Gesellschafter einer OHG, ohne dass hierfür ein sachlicher Grund ersichtlich wäre.[28] Die fehlende Zustimmung der Kommanditisten berührt die Vertretungsmacht des Komplementärs im Außenverhältnis nicht.[29]

17 In die Entscheidungszuständigkeit aller Gesellschafter der KG fallen weiter – vorbehaltlich einer Übertragung auf andere Organe (zB einen Beirat) – die

---

[22] Baumbach/Hopt § 116 HGB Rn. 1 f.
[23] K. Schmidt, Gesellschaftsrecht; § 53 III 2b.
[24] BGHZ 45, 204 (209); OLG Stuttgart ZIP 2010, 131/132.
[25] Binz-Sorg, GmbH & Co. KG, § 4 Rn. 11; Baumbach/Hopt § 164 HGB Rn. 7.
[26] Hierzu im Einzelnen Konzen NJW 1989, 2977 (2983).
[27] RGZ 158, 302 (305); Baumbach/Hopt § 164 HGB Rn. 2; MüKoHGB/Grunewald § 164 Rn. 10; K. Schmidt, Gesellschaftsrecht, § 53 III 2b; Binz/Sorg GmbH & Co. KG § 5 Rn. 1.
[28] RGZ 158, 302 (307).
[29] Baumbach/Hopt § 164 HGB Rn. 2.

§ 16 *Geschäftsführung und Vertretung*

sog. **Grundlagengeschäfte.** Zu diesen das Gesellschaftsverhältnis und seine Ausgestaltung betreffenden Geschäften gehören beispielsweise die Änderung des Gesellschaftsvertrags, die Auflösung der Gesellschaft oder – in der Regel – die Veräußerung des Handelsgeschäfts.

Benötigt der Komplementär für außergewöhnliche oder für Grundlagengeschäfte die Zustimmung der Kommanditisten, hat er für die Einberufung einer Gesellschafterversammlung und deren ordnungsgemäße Durchführung Sorge zu tragen (s. hierzu → § 17).

4. Umfang der Vertretungsbefugnis

a) Vertretung durch den Komplementär. Die KG wird nach §§ 125– 127, 161 Abs. 2 HGB durch den Komplementär vertreten; die Kommanditisten sind von der organschaftlichen Vertretung ausgeschlossen (§ 170 HGB). Diese Regelung ist zwingend.[30] Sie gilt unabhängig davon, ob der Komplementär im Innenverhältnis zu seinen Mitgesellschaftern vor seinem Tätigwerden nach außen deren Zustimmung einzuholen hat.[31] Sie gilt allerdings nicht für Grundlagengeschäfte.[32] Aus diesem Grund kommt eine Entziehung der Vertretungsmacht nach § 127 HGB nach hM nicht in Betracht, wenn der Gesellschaft nur ein einziger Komplementär angehört (s. → Rn. 11). 18

b) Sonstige Vertretung. Neben der bei dem Komplementär liegenden organschaftlichen Vertretung kann die KG andere Vertreter bestellen, beispielsweise Generalbevollmächtigte oder Prokuristen.[33] Im Fall einer unechten Gesamtvertretung, also einer Vertretung der KG durch Prokurist und organschaftlichen Vertreter, kann die Vertretung durch den Prokuristen zwar an die Mitwirkung des Komplementärs, nicht jedoch an die Mitwirkung eines „gesamtvertretungsberechtigten Geschäftsführers des Komplementärs" gebunden werden.[34] Die Anordnung einer Gesamtvertretung durch Komplementär und Prokurist ist jedenfalls dann unzweckmäßig, wenn bei dem Komplementär Gesamtvertretung gilt, denn dann wären drei Unterschriften erforderlich.[35] 19

Prokura für die KG kann auch einem Kommanditisten erteilt werden.[36] Die Prokuraerteilung erfolgt durch den Komplementär bzw., wenn es mehrere gibt, durch alle Komplementäre gemeinsam, auch wenn im Übrigen Einzelvertretungsbefugnis besteht (§ 164 S. 2 iVm § 116 Abs. 3 HGB). Eine Mitwirkung der Kommanditisten ist nicht erforderlich, es sei denn, die Prokuraerteilung ist ein über den gewöhnlichen Geschäftsbetrieb der Gesellschaft hinausgehendes Geschäft.[37] 20

---

[30] BGHZ 51, 198 (200); K. *Schmidt,* Gesellschaftsrecht; § 53 III 2a; Baumbach/Hopt § 170 HGB Rn. 1.
[31] *Sudhoff,* Rechte und Pflichten, 159.
[32] Baumbach/Hopt § 164 HGB Rn. 4.
[33] *Binz/Sorg,* GmbH & Co. KG, § 4 Rn. 3 ff.; *Sudhoff,* Rechte und Pflichten, 160.
[34] OLG Frankfurt GmbHR 2001, 346; BayObLG NJW 1994, 2965.
[35] *Priester,* Vertragsgestaltung bei der GmbH & Co, 35.
[36] BGHZ 17, 392; Baumbach/Hopt § 170 Rn. 3.
[37] Baumbach/Hopt § 164 HGB Rn. 5.

5. Kapitel. *Organisationsverfassung*

21 Für den **Widerruf** der Prokura reicht demgegenüber grundsätzlich die Erklärung eines einzelnen (einzelvertretungsbefugten) Komplementärs aus.[38] Ist die **Prokura** jedoch **im Gesellschaftsvertrag an einen Kommanditisten** erteilt worden, muss zur Wirksamkeit ihres Widerrufs im Innenverhältnis ein wichtiger Grund im Sinne der §§ 117, 127, 161 Abs. 2 HGB vorliegen.[39] Die Anforderungen an den Widerruf liegen damit ebenso hoch wie beim Entzug der Geschäftsführungs- und Vertretungsbefugnis des Komplementärs. Der Grund hierfür liegt darin, dass der als Prokurist tätige Kommanditist nicht wie ein Angestellter in einem Abhängigkeitsverhältnis, sondern in Ausübung seiner (vertraglich erweiterten) Gesellschafterrechte und -pflichten tätig wird. Unabhängig hiervon ist der Widerruf im Rechtsverkehr wirksam, da der Komplementär insoweit vertretungsberechtigt ist und ein Dritter die internen Zusammenhänge bezüglich der Erteilung und des Widerrufs der Prokura auch nicht übersehen könnte.[40] Der Schutz des Rechtsverkehrs hat daher Vorrang. Bei Fehlen eines wichtigen Grundes für den Widerruf der Prokura besteht jedoch Anspruch auf deren Wiedererteilung.[41]

22 Beruht die Prokuraerteilung allerdings auf einer anderen Rechtsgrundlage als dem KG-Vertrag, beispielsweise auf dem **Arbeitsvertrag** eines Kommanditisten mit der Gesellschaft, greifen vorgenannte Restriktionen nicht ein.[42]

23 **c) Selbstkontrahieren.** In der Praxis bestehen zwischen der KG und ihrem Komplementär häufig diverse Rechtsbeziehungen, zB durch Dienstleistungs- oder Nutzungsverträge. Wenn – wie typischerweise bei einer GmbH & Co. KG – nur ein einziger Komplementär vorhanden ist, dessen Geschäftsführer als Vertreter sowohl der GmbH als auch – mittelbar – der KG handelt, werden regelmäßig Konflikte mit dem in § 181 BGB statuierten Verbot des Selbstkontrahierens auftreten.[43] Es empfiehlt sich daher, hierzu in den Gesellschaftsverträgen sowohl der KG als auch der GmbH eine Regelung zu treffen.[44] Ob eine pauschale Befreiung von § 181 BGB zweckmäßig ist, ob die Befreiung auf bestimmte Geschäfte oder auf Rechtsgeschäfte mit bestimmten Personen/Gesellschaften[45] begrenzt oder in die Gesellschaftsverträge nur eine später durch einfachen Mehrheitsbeschluss auszufüllende Ermächtigung aufgenommen werden sollte, hängt vom Geschäftsbetrieb der KG und dem Umfang der internen Rechtsbeziehungen zwischen der GmbH und der KG ab. Die Gestattung durch späteren Beschluss ist jedoch selbst wieder mit dem Problem behaftet, dass die KG dabei durch die GmbH

---

[38] Baumbach/*Hopt* § 126 HGB Rn. 9.
[39] BGHZ 17, 392 ff.; Baumbach/*Hopt* § 170 HGB Rn. 4; abweichend Ebenroth/Boujong/*Weigert* HGB § 170 Rn. 5 ff.
[40] BGHZ 17, 392 (396); *K. Schmidt,* Gesellschaftsrecht, § 53 III 2a.
[41] BGHZ 17, 392 (394).
[42] Baumbach/*Hopt* § 170 HGB Rn. 4.
[43] *Sudhoff,* Rechte und Pflichten, 162 ff.; speziell zu Fragen i. Zush. m. der Gründung s. *Binz/Sorg* GmbH & Co. KG § 4 Rn. 16 ff.
[44] Vgl. a. OLG Hamm GmbHR 1998, 682.
[45] ZB für Geschäfte zwischen KG und GmbH; auch diese Beschränkungen sind eintragungsfähig, OLG Düsseldorf NJW-RR 1995, 488.

vertreten wird, die daran durch § 181 BGB gehindert ist. Deshalb bleibt der KG nur die Möglichkeit, durch Änderung des Gesellschaftsvertrags den Komplementär bzw. dessen Organ für ein bestimmtes Geschäft von § 181 BGB zu befreien.[46] Jedenfalls seit Inkrafttreten des § 106 Abs. 2 Nr. 4 HGB ist die Befreiung vom Verbot des Selbstkontrahierens eintragungspflichtig.[47] Über die Eintragung der Befreiung des Komplementärs hinaus kommt nach dem BayObLG[48] auch die Eintragung, dass „die Geschäftsführer der Komplementärin von den Beschränkungen des § 181 BGB befreit sind", in Betracht.

24

III. Der Geschäftsführer als Organ der Komplementär-GmbH

Die GmbH als Komplementärin der KG bedient sich bei der Erfüllung ihrer Aufgaben, also auch bei der Führung der Geschäfte der KG, ihrer Geschäftsführer. Damit handelt im Ergebnis auch die GmbH & Co. KG durch den/die Geschäftsführer der Komplementär-GmbH.

25

Die **Zahl der Geschäftsführer** wird von den Gesellschaftern der GmbH bestimmt, lediglich nach MitbestG mitbestimmte Gesellschaften müssen mindestens 2 Geschäftsführer haben,[49] da das Gesetz „als gleichberechtigtes Mitglied des zur gesetzlichen Vertretung berufenen Organs" einen Arbeitsdirektor, dem die Geschäftsführung in Personal- und Sozialfragen übertragen ist, zwingend vorschreibt (§ 33 MitbestG).

26

Die Gesellschafter können auch **stellvertretende Geschäftsführer** bestellen (§ 44 GmbHG). Diese haben im Außenverhältnis die gleiche Vertretungsmacht wie ordentliche Geschäftsführer. Aufgrund dieser Gleichstellung ist die Stellvertretereigenschaft nicht im Handelsregister eintragungsfähig.[50] Eine Beschränkung von Kompetenzen im Innenverhältnis[51] enthebt den stellvertretenden Geschäftsführer nicht von der Wahrnehmung der Plichten, die ihm gegenüber dem Staat und der Allgemeinheit obliegen (insb. die Pflichten aus § 43 Abs. 3 GmbHG).[52] Ob ihn darüber hinaus in gleicher

27

---

[46] BGHZ 58, 115; ausführlich a. *Binz/Sorg,* GmbH & Co. KG, § 4 Rn. 21 ff.
[47] OLG Frankfurt NZG 2006, 830; Baumbach/*Hopt* § 106 Rn. 12; Ebenroth/Boujong/*Märtens* HGB § 106 Rn. 16.
[48] OLG Frankfurt NZG 2006, 830; BayObLGNZG 2000, 684. Demgegenüber soll eine Eintragung, dass „der derzeitige Geschäftsführer B" befreit ist oder dass der Geschäftsführer, solange er Alleingesellschafter ist, befreit ist, nicht zulässig sein, weil sie nicht aus sich heraus verständlich und eindeutig sei, sondern durch eine Eintragung im Register der GmbH unrichtig werde.
[49] Hanau/*Ulmer* MitbestG, § 30 Rn. 6; MüKoAktG/*Gach* § 33 MitbestG Rn. 21; *Raiser,* MitbestG, § 33 Rn. 6; aA *Overlack* ZHR 1977, 125 (129); *Binz/Sorg,* GmbH & Co. KG, § 14 Rn. 8.
[50] MüKoGmbHG/*Goette* § 44 Rn. 22.
[51] Ob sich eine solche bereits aus der Bezeichnung als Stellvertreter ergibt, wird unterschiedlich beurteilt; dafür Baumbach/Hueck/*Zöllner/Noack* § 44 GmbH Rn. 4; Henssler/Strohn/*Oetker* § 44 GmbHG Rn. 3; dagegen bspw. MüKoGmbHG/*Goette* § 44 Rn. 18.
[52] Allg. Meinung, vgl. nur MüKoGmbHG/*Goette* § 44 Rn. 18.

5. Kapitel. Organisationsverfassung

Weise wie die ordentlichen Geschäftsführer die Verantwortung für die Geschäftsführung als Ganzes und die Pflicht zur Kontrolle der übrigen Mitglieder der Geschäftsführung bei der Leitung ihrer Ressorts trifft, ist streitig.[53] Nach anderer Ansicht[54] ist ein stellvertretender Geschäftsführer zwar hinsichtlich der gegenüber der dem Staat und der Allgemeinheit bestehenden Pflichten (ins. § 43 Abs. 3 GmbHG) einem ordentlichen Geschäftsführer gleichgestellt; darüber hinaus treffe ihn aber keine allgemeine Kontrollpflicht hinsichtlich der Ressorts, die seiner Geschäftsführungsmacht entzogen seien. Jedenfalls soweit die Verantwortung des stellvertretenden Geschäftsführers reicht, muss er sich, ggf. auch gegen den Willen anderer Geschäftsführer, informieren[55] und darf daher von dem Zugang zu den für seine Tätigkeit erforderlichen Unterlagen und der gleichberechtigten Teilnahme an Geschäftsführersitzungen nicht ausgeschlossen werden.

28   Die Position eines GmbH-Geschäftsführers ist durch seine **Doppelstellung** einerseits als Organ der Gesellschaft und andererseits als Dienstnehmer entweder dieser oder einer dritten Gesellschaft, bei einer GmbH & Co. KG häufig der KG, gekennzeichnet. Die Organstellung ist Grundlage für die Geschäftsführungs- und Vertretungsbefugnis, während der Anstellungsvertrag die schuldrechtliche Beziehung zwischen der Anstellungsgesellschaft und dem Geschäftsführer regelt, insbesondere die geschuldete Tätigkeit, die Vergütung, die Kündigung etc. (s. hierzu → Rn. 74 ff.).

29   Eine getrennte Betrachtung beider Rechtsverhältnisse ist unerlässlich, da sie unterschiedlichen gesetzlichen Regelungen unterliegen und sich daher nicht notwendig gleich entwickeln. Insbesondere kann der Anstellungsvertrag trotz Beendigung der Organstellung fortdauern.

1. Begründung und Beendigung der Organstellung

30   a) **Bestellung.** Das Organverhältnis zur GmbH wird durch die Bestellung begründet. Hierbei handelt es sich um ein **einseitiges Rechtsgeschäft**, welches mit seiner Bekanntgabe an den Bestellten und dessen – gegebenenfalls auch konkludent erteiltem – Einverständnis wirksam wird.[56]

31   Die Bestellung des Geschäftsführers kann entweder schon im Gesellschaftsvertrag selbst oder durch einen gesonderten **Beschluss der Gesellschafterversammlung** nach § 46 Nr. 5 GmbHG, welcher grundsätzlich mit einfacher Mehrheit[57] gefasst werden kann, erfolgen. Bei der Beschlussfassung müssen die Gesellschafter ordnungsgemäß vertreten sein. Wird ein Vertreter eines Gesellschafters mit den Stimmen der von ihm vertretenen Person zum Geschäftsführer bestellt, findet § 181 BGB Anwendung, dessen Nichtbeachtung zwar grundsätzlich nur zur Anfechtbarkeit des Beschlusses,

---

[53] Für eine solche umfassende Verantwortung : Roth/Altmeppen/*Altmeppen* § 44 GmbHG Rn. 4.
[54] MüKoGmbHG/*Goette* § 44 Rn. 21; Michalski/*Terlau* § 44 Rn. 9; Baumbach/Hueck/Zöllner/Noack § 44 GmbHG Rn. 12.
[55] Baumbach/Hueck/Zöllner/Noack § 44 GmbHG Rn. 11, 12.
[56] Baumbach/Hueck/Zöllner/Noack § 35 GmbHG Rn. 10.
[57] Vgl. § 47 Abs. 1 GmbHG; der Gesellschaftsvertrag kann andere Mehrheiten festlegen.

§ 16 Geschäftsführung und Vertretung

bei einer Einmann-GmbH jedoch zu dessen Nichtigkeit führt.[58] Zu beachten ist, dass bei einer Einmann-GmbH, deren Geschäftsführer zugleich Gesellschafter ist, die Befreiung von § 181 BGB nur im Gesellschaftsvertrag erfolgen kann.[59] Wird eine mehrgliedrige GmbH später zu einer Einmann-GmbH, erlischt grundsätzlich die eingetragene Befreiung von § 181 BGB und muss neu erteilt werden.[60]

Da das AGG nach § 6 Abs. 3 AGG auf Geschäftsführer anwendbar ist, soweit es die Bedingungen für den Zugang zur Erwerbstätigkeit oder den beruflichen Aufstieg betrifft, dürfen sich die Gesellschafter bei ihrer Auswahl des Geschäftsführers nicht von den in § 1 AGG genannten Benachteiligungsmerkmalen (Rasse, ethnische Herkunft, Geschlecht, Religion, Weltanschauung, Behinderung, Alter, sexuelle Identität) leiten lassen. Anderenfalls drohen Entschädigungs- oder sogar Schadenersatzansprüche.[61]   32

Die Kommanditisten haben auf die Bestellung des GmbH-Geschäftsführers grundsätzlich keine Einflussnahmemöglichkeit. Lediglich dann, wenn erhebliche Gründe gegen die Person des Geschäftsführers bestehen, können sie die Bestellung unter dem Gesichtspunkt der gesellschaftlichen Treuepflicht verhindern.[62]   33

Abweichend von der gesetzlichen Grundregel einer Zuständigkeit der Gesellschafterversammlung kann die Bestellung des Geschäftsführers anderen Organen übertragen sein, zB bei dem MitbestG unterliegenden Gesellschaften dem Aufsichtsrat (§ 31 Abs. 1 MitbestG) oder kraft entsprechender Regelung im Gesellschaftsvertrag der GmbH einem freiwillig gebildeten Aufsichtsrat oder Beirat.[63] In dringenden Fällen kann das für den Gesellschaftssitz zuständige Amtsgericht analog § 29 BGB auf Antrag einen Notgeschäftsführer bestellen.[64]   34

Die Bestellung kann **auf Lebenszeit** (vgl. aber § 38 Abs. 2 GmbHG), **unbefristet** oder **befristet** geschehen. Letzteres ist für den Geltungsbereich des MitbestG zwingend vorgeschrieben, die Dauer der Bestellung beträgt hier maximal 5 Jahre (§ 31 Abs. 1 MitbestG).   35

Zu Geschäftsführern dürfen nur **voll geschäftsfähige natürliche Personen** bestellt werden (§ 6 Abs. 2 S. 1 GmbHG), die nicht zum Kreis der Gesellschafter der GmbH gehören müssen (§ 6 Abs. 3 GmbHG). Je nachdem, ob eine gesellschaftsrechtliche Beteiligung besteht, unterscheidet man zwischen Gesellschafter-Geschäftsführern und Fremdgeschäftsführern. Für Gesellschaften, in denen nach dem MitbestG oder dem Drittelbeteiligungsgesetz ein Aufsichtsrat zu bilden ist, darf der Geschäftsführer nicht zugleich Mitglied des Aufsichtsrats sein (§ 6 Abs. 2 MitbestG, § 1 Abs. 1 Nr. 3 Drit-   36

---

[58] BayObLG NZG 2001, 128.
[59] BGHZ 87, 59.
[60] BayObLG NJW-RR 1990, 420.
[61] BGH NZA 2012, 797.
[62] *Binz/Sorg* GmbH & Co. KG, § 9 Rn. 2; *Hopt* ZGR 1979, 1 ff.
[63] Hierzu s. → § 19.
[64] Näher hierzu OLG Zweibrücken NZG 2012, 424; OLG Frankfurt NZG 2011, 1277; zur Abberufung eines Notgeschäftsführers OLG Düsseldorf NZG 2002, 338.

5. Kapitel. Organisationsverfassung

telbG, jeweils iVm § 105 Abs. 1 AktG).[65] Streitig ist, ob die Bestellung eines Nicht-EU-Ausländers zum Geschäftsführer davon abhängig gemacht werden kann, dass er die ausländerrechtlichen Bestimmungen erfüllen und jederzeit nach Deutschland einreisen kann.[66]

37 **Gesetzlich ausgeschlossen** von der Bestellung zum GmbH-Geschäftsführer ist für die Dauer von 5 Jahren nach Rechtskraft des Urteils, wer wegen Insolvenzverschleppung, einer Insolvenzstraftat[67] oder einer anderen in § 6 Abs. 2 Nr. 3 GmbHG einzeln aufgezählten Wirtschaftsstraftat verurteilt ist.[68] Ausgeschlossen ist auch derjenige, gegen den durch gerichtliches Urteil oder durch vollziehbaren Bescheid einer Verwaltungsbehörde ein Berufs- oder Gewerbeverbot verhängt wurde, sofern der Unternehmensgegenstand der GmbH mit den von dem Berufs- oder Gewerbeverbot umfassten Tätigkeiten übereinstimmt (§ 6 Abs. 2 Nr. 2 GmbHG). Das Fehlen solcher Bestellungshindernisse hat der Geschäftsführer nach Belehrung über seine unbeschränkte Auskunftspflicht gegenüber dem Gericht in der Anmeldung zum Handelsregister zu versichern (§ 8 Abs. 3 S. 1 GmbHG). In dieser Versicherung sind die gesetzlichen Hindernisse unter Berücksichtigung des Unternehmensgegenstands einzeln aufzuführen und zu verneinen.[69]

38 Weitere Eignungsvoraussetzungen können im Gesellschaftsvertrag festgelegt werden, zB Alter, bestimmte Ausbildung oder die Zugehörigkeit zu einem bestimmten Familienstamm.[70] Bei mitbestimmten Gesellschaften darf durch Art oder Kumulation der Eignungsvoraussetzungen jedoch das Auswahlermessen des Aufsichtsrats nicht unverhältnismäßig eingeengt[71] oder der Zweck des MitbestG unterlaufen[72] werden.

39 **Fehlt** eine der **gesetzlichen Eignungsvoraussetzungen**, ist die Bestellung des Geschäftsführers von Anfang an nichtig.[73] Tritt dieser Mangel zu einem Zeitpunkt nach der Bestellung ein, endet das Amt zu diesem Zeitpunkt von selbst.[74] Eine Heilung eines bei Bestellung vorhandenen, später

---

[65] Lediglich eine auf maximal 1 Jahr begrenzte Entsendung eines Aufsichtsratsmitglieds als Stellvertreter von fehlenden oder verhinderten Geschäftsführern ist möglich, §§ 52 Abs. 1 GmbHG, 105 Abs. 2 AktG.

[66] So unter Bejahung einer entsprechenden Prüfungspflicht des Registergerichts OLG Köln GmbHR 1999, 182; OLG Hamm ZIP 1999, 1919; OLG Celle NJW-RR 2007, 1679; aA mit ausführlicher Begründung OLG Zweibrücken – 3 W 70/10, BeckRS 2010, 24704 unter Aufgabe seiner früheren Rechtsprechung; OLG Düsseldorf NZG 2009, 678; OLG München NJW-RR 2010, 338; OLG Dresden GmbHR 2003, 537; OLG Frankfurt NJW 1977, 1595.

[67] Dies sind §§ 283–283d StGB: Bankrott, Verletzung der Buchführungspflicht, Gläubigerbegünstigung, Schuldnerbegünstigung.

[68] Eine analoge Ausdehnung auf andere Strafrechtsnormen ist nicht möglich, s. LG Köln NJW-RR 1995, 553.

[69] Dabei ist es nicht erforderlich, die in § 6 II 2 Nr. 3 GmbHG genannten Straftatbestände einzeln aufzuführen BGH NZG 2010, 829; wegen Details s. *Wicke* § 8 GmbHG Rn. 15; vgl. aber auch OLG Frankfurt NJOZ 2013, 497.

[70] Baumbach/Hueck/*Fastrich* § 6 GmbHG Rn. 8.
[71] Baumbach/Hueck/*Zöllner/Noack* § 35 GmbHG Rn. 25.
[72] Näher dazu MüKoAktG/*Gach* § 31 MitbestG Rn. 8.
[73] Baumbach/Hueck/*Fastrich* § 6 GmbHG Rn. 17.
[74] BGHZ 115, 78 (80).

§ 16 *Geschäftsführung und Vertretung*

jedoch weggefallenen Mangels ist nicht möglich,[75] vielmehr bedarf es einer Neubestellung. Die Nichtbeachtung einer **im Gesellschaftsvertrag zusätzlich festgelegten Eignungsvoraussetzung** für den Geschäftsführer berührt die Wirksamkeit der Bestellung demgegenüber nicht, der Bestellungsbeschluss ist aber anfechtbar.[76] Der spätere Wegfall einer Eignungsvoraussetzung begründet einen wichtigen Grund für die Abberufung des Geschäftsführers.[77]

Ist die **Bestellung** einer Person als Geschäftsführer einer GmbH **unwirksam**, so folgen für den Bestellten aus der unwirksamen Bestellung als solcher keinerlei Rechte und Pflichten. Dritte, denen gegenüber die unwirksam bestellte Geschäftsführer für die Gesellschaft auftritt, sind nach § 15 Abs. 3 HGB und darüber hinaus bei Vorliegen der Voraussetzungen einer Duldungs- oder Anscheinsvollmacht geschützt.[78] 40

Ob den unwirksam bestellten Geschäftsführer aus anderen Gründen als der (fehlerhaften) Bestellung die Rechte und Pflichten eines wirksam bestellten Geschäftsführers treffen, wenn er nicht nur die Bestellung angenommen, sondern das angetragene **Amt tatsächlich angetreten** und die Organstellung durch konkrete Geschäftsführungshandlungen tatsächlich eingenommen hat **(faktischer Geschäftsführer)**, lässt sich nicht allgemein beurteilen.[79] Maßgeblich ist die konkret in Frage stehende Geschäftsführerpflicht. Beispielsweise wird das Bestehen der Buchführungspflicht[80] und der Insolvenzantragspflicht[81] bejaht, nicht jedoch eine Pflicht zur Geschäftsführung. 41

Die Bestellung eines Geschäftsführers ist ins Handelsregister einzutragen (§ 39 Abs. 1 GmbHG). Die Antragstellung muss seitens der(s) Geschäftsführer(s) erfolgen. Dem Antrag, der heute von den Notaren elektronisch beim Registergericht gestellt wird, muss zunächst der Bestellungsbeschluss im Original oder in beglaubigter Abschrift beigefügt werden. Ggf. sind Vertretungsnachweise für die Personen, die in Vertretung der Gesellschafter den Bestellungsbeschluss gefasst haben, mit einzureichen. Gerade bei ausländischen Unternehmen als Gesellschafter ist dies nicht immer einfach. Weiter müssen die neuen Geschäftsführer versichern, dass keine gesetzlichen Bestellungshindernisse nach § 6 Abs. 2 S. 2 Nr. 2 und 3 und S. 3 GmbHG bestehen und dass sie über ihre unbeschränkte Auskunftspflicht gegenüber dem Gericht belehrt worden sind. 42

Die Eintragung des Geschäftsführers ins **Handelsregister** ist lediglich von deklaratorischer Bedeutung.[82] Wirksam ist die Bestellung auch vor der Eintragung, allerdings ist die negative Publizitätswirkung des Handelsregisters (§ 15 Abs. 1 und 2 HGB) zu beachten: Die GmbH kann sich vor der 43

---

[75] Baumbach/Hueck/*Fastrich* § 6 GmbHG Rn. 17; BayObLG GmbHR 1993, 223.
[76] Baumbach/Hueck/*Zöllner/Noack* § 35 GmbHG Rn. 25.
[77] Str., so auch Baumbach/Hueck/*Zöllner/Noack* § 35 GmbHG Rn. 25; Rowedder/*Koppensteiner* § 35 GmbHG Rn. 75.
[78] Baumbach/Hueck/*Fastrich* § 6 GmbHG Rn. 12; vgl. ferner BGHZ 115, 78.
[79] Hierzu ausführlich *Stein,* Das faktische Organ.
[80] Baumbach/Hueck/*Haas* § 41 GmbHG Rn. 6 ff.
[81] Baumbach/Hueck/*Haas* § 64 GmbHG Rn. 9 ff.
[82] BGH NJW-RR 1994, 105; OLG Köln GmbHR 1993, 155.

5. Kapitel. Organisationsverfassung

Eintragung einem Dritten gegenüber nicht darauf berufen, dass die handelnde Person ihr Geschäftsführer ist, es sei denn dem Dritten ist die Bestellung bekannt. Von besonderer Bedeutung ist dies bei der Vornahme einseitiger Willenserklärungen durch den Geschäftsführer, zB beim Ausspruch einer Kündigung, welche – anders als ein Vertrag – nicht nachträglich genehmigt werden kann. Hier besteht die Gefahr einer Zurückweisung nach § 174 BGB, welche die abgegebene Willenserklärung unheilbar nichtig macht.

44 **b) Abberufung.** Nach § 38 Abs. 1 GmbHG kann die Bestellung des Geschäftsführers grundsätzlich **jederzeit widerrufen** werden, ohne dass es hierzu eines Grundes bedürfte. Die Abberufung wird grundsätzlich mit Bekanntgabe an den Geschäftsführer wirksam; sie beendet nur das Geschäftsführeramt, den Bestand des Dienstvertrags des Geschäftsführers lässt sie grundsätzlich unberührt.[83] Lautet der Vertrag jedoch auf eine Beschäftigung als Geschäftsführer, kann der Abberufene seinerseits Rechte aus der Nichterfüllung des Vertrags herleiten, insbesondere kann er selbst wegen Vertragsverletzung seitens der Gesellschaft fristlos kündigen.[84] Auf diese Weise beendet der Geschäftsführer die Bindung an den fortbestehenden Anstellungsvertrag und das damit verbundene Wettbewerbsverbot.

45 Der Grundsatz der freien Abberufbarkeit ist für nach MitbestG **mitbestimmte Gesellschaften** durch eine Verweisung auf § 84 AktG, welcher eine Abberufung nur bei Vorliegen eines wichtigen Grundes zulässt, durchbrochen (§ 31 MitbestG). Ein wichtiger Grund liegt vor, wenn das Verbleiben des Geschäftsführers im Amt unzumutbar ist.[85] Er ist also nicht deckungsgleich mit einem wichtigen Grund nach § 626 BGB, bei dem es um die Unzumutbarkeit der Fortdauer des Anstellungsverhältnisses bis zum vereinbarten Vertragsende oder dem Ablauf der ordentlichen Kündigungsfrist geht.[86] Zur Feststellung der Unzumutbarkeit des Verbleibens im Amt bedarf es einer Abwägung der Interessen der Gesellschaft mit denjenigen des Geschäftsführers.[87] Als Beispielsfälle für einen wichtigen Grund benennt § 84 Abs. 3 AktG eine grobe Pflichtverletzung, die Unfähigkeit zur ordnungsgemäßen Geschäftsführung sowie den Vertrauensentzug durch die Gesellschafterversammlung, sofern dieser nicht offensichtlich unsachlich ist. Beispielsfälle sind die Annahme von Schmiergeldern, die Fälschung von Buchungsunterlagen, andauernde Krankheit oder ein persönliches Zerwürfnis der Geschäftsführer untereinander.[88] Die Abberufung aus wichtigem Grund ist nicht an eine feste Frist, beispielsweise eine 2-Wochen-Frist wie

---

[83] Roth/*Altmeppen* § 38 GmbHG Rn. 5; Baumbach/Hueck/*Zöllner/Noack* § 38 GmbHG Rn. 2.
[84] Siehe unten → Rn. 123.
[85] Allg. M., vgl. nur BGH NZG 2007, 189.
[86] Dazu noch unten → Rn. 121 ff.
[87] KG – 23 U 102/06, BeckRS 2007, 12065; OLG Stuttgart AG 2003, 211; *Hüffer* § 84 AktG Rn. 26; Henssler/Strohn/*Dauner-Lieb*, Gesellschaftsrecht, § 84 AktG Rn. 31; *Janzen* NZG 2003, 469 (470); demgegenüber nur auf die Interessen der Gesellschaft abstellend MüKoAktG/*Spindler* § 84 Rn. 117; *Spindler/Stilz* AktG § 84, 101.
[88] Zahlreiche weitere Bsp. bei MüKoAktG/*Spindler* § 84 R. 19.

die Kündigung des Anstellungsverhältnisses gemäß § 626 Abs. 2 BGB gebunden, allerdings kann eine Verwirkung in Betracht kommen.[89] Ebenfalls abweichend von § 38 Abs. 1 GmbHG kann der **Gesellschafts-** **46** **vertrag** die Abberufbarkeit der Geschäftsführer an qualifizierte Voraussetzungen beliebigen Inhalts knüpfen, beispielsweise eine Abberufung nur aus sachlichen Gründen zulassen oder sie gar auf das Vorliegen eines wichtigen Grundes (§ 38 Abs. 2 GmbHG) beschränken.[90] Die Abberufbarkeit aus wichtigem Grund ist zwingend, kann also nicht gesellschaftsvertraglich abbedungen werden.[91] Hieraus folgt zugleich, dass bestimmte Umstände, die objektiv einen wichtigen Grund darstellen, nicht als Grund für eine Abberufung ausgeschlossen werden dürfen. Umgekehrt kann der Gesellschaftsvertrag jedoch Umstände, die an sich unwichtig sind, als wichtigen Grund bezeichnen, da die Gesellschafter es ohnehin bei der freien Abberufbarkeit belassen könnten.[92]

Auf das Vorliegen eines wichtigen Grundes beschränkt ist auch die Abbe- **47** rufung eines **Gesellschafter-Geschäftsführers**, wenn diesem im Gesellschaftsvertrag als echter Satzungsbestandteil[93] das Geschäftsführungsrecht eingeräumt ist und er der Abberufung nicht zustimmt. Anhaltspunkt für das Bestehen eines echten statutarischen Geschäftsführungsrechts sind nicht schon dessen Begründung im Gesellschaftsvertrag, sondern darüber hinausgehend eine besondere Ausgestaltung wie zB eine Geschäftsführung auf Lebenszeit oder für die Dauer der Gesellschafterstellung.[94] Nach einem Beschluss des BGH vom 29.11.1993[95] soll bei einem an der Gesellschaft maßgeblich beteiligten und seit langem tätigen Geschäftsführer selbst dann, wenn eine entsprechende Vereinbarung im Gesellschaftsvertrag nicht getroffen wurde, die Abberufung einer sachlichen Rechtfertigung bedürfen.

Zuständig für die Abberufung als einseitigem rechtsgestaltenden Akt ist **48** nach § 46 Nr. 5 GmbHG, ebenso wie für die Bestellung, die **Gesellschafterversammlung**. Die Festlegung anderer Zuständigkeiten im Gesellschaftsvertrag ist möglich. Bei einer nach MitbestG mitbestimmten Gesellschaft[96] ist die zwingende Zuständigkeit des (gesamten) Aufsichtsrats zu beachten. Bei hinsichtlich der Kompetenzverteilung lückenhaften Gesellschaftsverträgen wird im Zweifel angenommen, dass das Gesellschaftsorgan, welches die Bestellung vornimmt, auch für die Abberufung zuständig ist.[97] Ist die Abberufungszuständigkeit einem anderen Organ als der Gesellschafterversammlung übertragen, ist dieses jedoch funktionsunfähig und weiteres Zuwarten

---

[89] BGH NJW-RR 1992, 292; NJW-RR 1993, 1253.
[90] Baumbach/Hueck/Zöllner/Noack § 38 GmbHG Rn. 7.
[91] BGH NJW 1969, 1483 (allg. M.).
[92] Baumbach/Hueck/Zöllner/Noack § 38 GmbH Rn. 7.
[93] Hierzu MüKoGmbHG/*Stephan*/*Tieves* § 38 Rn. 73ff.; *Wicke* § 38 GmbHG Rn. 8.
[94] Baumbach/Hueck/Zöllner/Noack § 38 GmbHG Rn. 8.
[95] BGH DStR 1994, 214 m. Anm. *Goette*; krit. *Meilicke* DB 1994, 1761.
[96] Bei einer nach DrittelbeteiligungsG mitbestimmten Gesellschaft verbleibt es demgegenüber bei der Zuständigkeit der Gesellschafterversammlung.
[97] OLG Düsseldorf NJW 1990, 1122.

5. Kapitel. Organisationsverfassung

nicht zumutbar, so lebt die Zuständigkeit der Gesellschafterversammlung wieder auf.[98]

49 Wie für die Bestellung genügt – vorbehaltlich abweichender Regelung im Gesellschaftsvertrag – für die Abberufung die **einfache Mehrheit** der abgegebenen Stimmen (§ 47 Abs. 1 GmbHG). Hierbei hat der abzuberufende Gesellschafter-Geschäftsführer bei einer nicht an besondere Gründe geknüpften Abberufung ebenfalls ein Stimmrecht.[99] Bei einer Abberufung aus wichtigem Grund ist der Gesellschafter-Geschäftsführer demgegenüber von der Abstimmung (nicht jedoch von der Teilnahme an der Versammlung und der Beratung) ausgeschlossen.[100] Der Stimmrechtsausschluss bei wichtigem Grund entspricht dem allgemeinen Grundsatz, dass ein Gesellschafter als „Richter in eigener Sache" vom Stimmrecht ausgeschlossen ist, wenn über bedeutsame Maßnahmen **gegen** ihn beschlossen werden soll.[101] Streitig ist jedoch, ob für den Stimmrechtsausschluss die Behauptung eines als wichtiger Grund qualifizierbaren Sachverhalts ausreicht[102] oder ob ein wichtiger Grund tatsächlich vorliegen muss.[103] Die Ergebnisse beider Meinungen unterscheiden sich bei Sachverhalten, in denen das Vorliegen eines wichtigen Grundes unklar ist. Nach der Meinung, die die Behauptung eines wichtigen Grundes ausreichen lässt, besteht ein Stimmrechtsausschluss,[104] nach der Gegenansicht darf der Gesellschafter-Geschäftsführer mitstimmen.[105] Nach einer dritten Meinung soll der betroffene Gesellschafter-Geschäftsführer mitstimmen dürfen; seine Abberufung sei aber nur dann als zunächst wirksam zu behandeln, wenn sich unter Einbeziehung der Stimmen des Gesellschafter-Geschäftsführers eine rechnerische Mehrheit für die Abberufung ergeben habe.[106]

50 Ist der Geschäftsführer bei der Beschlussfassung nicht anwesend, muss ihm die Abberufung mitgeteilt werden. Hat die GmbH mehrere Gesellschafter,

---

[98] BGHZ 12, 337 (340); Roth/*Altmeppen* § 38 GmbHG Rn. 13; Baumbach/Hueck/*Zöllner/Noack,* § 38 GmbHG Rn. 25.
[99] BGHZ 18, 205 (210); BGH NJW 1969, 1483; OLG Düsseldorf ZIP 1989, 1554.
[100] BGHZ 86, 177 f.; OLG München – 23 U 43344/11; OLG Düsseldorf DB 2000, 1956. Gleiches gilt für den Gesellschafter, dem vorgeworfen wird, gemeinsam mit dem Geschäftsführer die zur Abberufung aus wichtigem Grund führende Pflichtverletzung begangen zu haben BGH NZG 2009, 707.
[101] BGHZ 86, 177 f; BGH NZG 2009, 707.
[102] So zB MüKoGmbHG/*Stephan/Tieves* § 38 Rn. 78 ff.; *Scholz/Schmidt* § 46 GmbHG Rn. 76; Michalski/*Terlau,* § 38 GmbHG Rn. 61.
[103] Baumbach/Hueck/*Zöllner/Noack* § 38 GmbHG Rn. 35: Fehle ein wichtiger Grund, sei der Beschluss formell rechtswidrig und anfechtbar. Ebenfalls eine Behauptung eines wichtigen Grundes nicht für ausreichend hält Roth/*Altmeppen* § 38 GmbHG Rn. 48 ff.; der aber weitergehend differenziert hinsichtlich der Wirksamkeit des Beschlusses nach seinem Zustandekommen mit oder mit rechnerischer Mehrheit (dann sei Abberufung grds. bis zu anderslautender Gerichtsentscheidung wirksam) oder ohne rechnerische Mehrheit (hier müssten diejenigen, die sich auf den wichtigen Grund beriefen, ggf. vorläufigen Rechtsschutz in Anspruch nehmen, wobei das Gericht nach Maßgabe des materiellen Rechts zu entscheiden habe).
[104] MüKoGmbHG/*Stephan/Tieves* § 38 Rn. 78; Michalski/*Terlau,* § 38 Rn. 61.
[105] Baumbach/Hueck/*Zöllner/Noack* § 38 GmbHG Rn. 36.
[106] Roth/*Altmeppen* § 38 GmbHG Rn. 48 ff.; insb. Rn. 59 f.

empfiehlt es sich, in dem Abberufungsbeschluss zugleich eine Person, welche dem Geschäftsführer den Beschluss bekannt geben soll, zu benennen und sie entsprechend zu bevollmächtigen. Dabei sollte der Gesellschafterbeschluss dem Geschäftsführer im Original ausgehändigt werden.

Hinsichtlich der **Folgen der Abberufung** aus wichtigem Grund ist zu **51** differenzieren: Wird in einer Gesellschaft, deren Gesellschaftsvertrag die Abberufung an das Vorliegen eines wichtigen Grundes knüpft, ein **Fremdgeschäftsführer** abberufen, obwohl tatsächlich ein wichtiger Grund nicht vorliegt, so ist die Abberufung gleichwohl analog § 84 Abs. 3 S. 4 AktG mit Zugang der Erklärung wirksam.[107] Der Fremdgeschäftsführer kann sich grundsätzlich nicht gegen die Abberufung wehren, da ihm für eine Anfechtungsklage die Anfechtungsbefugnis fehlt, selbst wenn der Gesellschaftsvertrag eine Abberufung nur aus wichtigem Grund vorsieht, denn diese Regelung entfaltet keine Schutzwirkung zu seinen Gunsten.[108] In Ausnahmefällen mag allerdings aus dem Dienstvertrag ein Recht auf Wiederbestellung bestehen.[109]

Bei einem Gesellschafter-Geschäftsführer, der **kein satzungsmäßiges** **52** **Geschäftsführungsrecht hat**, endet nach der Meinung, nach der die Behauptung eines wichtigen Grundes ausreicht, das Geschäftsführungsamt mit Zugang der Abberufungserklärung, wobei der Gesellschafter-Geschäftsführer den Abberufungsbeschluss jedoch innerhalb eines Monats (§ 246 AktG analog) mit der Begründung anfechten kann, es fehle am wichtigen Grund.[110] Nach der Meinung, die das tatsächliche Vorliegen eines wichtigen Grundes verlangt, gilt gleiches, wenn der Versammlungsleiter das Beschlussergebnis verbindlich festgestellt hat. Fehlt es daran, dürfe der Geschäftsführer bis zur gerichtlichen Feststellung weiter amtieren; hier sind die Parteien auf eine Feststellungsklage zur Klärung des Inhalts des Gesellschafterbeschlusses verwiesen. Schon vor Erhebung der Anfechtungsklage, aber auch während des schwebenden Anfechtungsprozesses, ist eine vorläufige Regelung durch einstweilige Verfügung möglich.[111] Bei erfolgreicher Anfechtungsklage ist die Abberufung von Anbeginn unwirksam.[112] Vertreten wird die Gesellschaft in dem Rechtsstreit durch denjenigen gesetzlichen Vertreter, der bei Abweisung der Anfechtungs- oder Nichtigkeitsklage materiell-rechtlich als Vertreter anzusehen wäre.[113]

---

[107] BGHZ 86, 180 f.; *Schneider* ZGR 1983, 542.
[108] Baumbach/Hueck/*Zöllner*/*Noack* § 38 GmbHG Rn. 67; Roth/*Altmeppen* § 38 GmbHG Rn. 63; MüKoGmbHG/*Stephan*/*Tieves* § 38 Rn. 130 f.; daher ist auch eine einstweilige Verfügung gegen die Abberufung nicht möglich, OLG Hamm NZG 2002, 51.
[109] Roth/*Altmeppen* § 38 GmbHG Rn. 64; aA MüKoGmbHG/*Stephan*/*Tieves* § 38 Rn. 131.
[110] Scholz/*Schneider* § 38 GmbHG Rn. 58 ff.
[111] Zu den diversen Konstellationen im Einzelfall s. Baumbach/Hueck/*Zöllner*/ *Noack* § 38 GmbHG Rn. 47 ff.
[112] Baumbach/Hueck/*Zöllner*/*Noack* § 38 GmbHG Rn. 45 u. Anh. § 47 Rn. 177; Lutter/Hommelhof/*Kleindiek* § 38 GmbHG Rn. 30.
[113] OLG Köln NJW-RR 2003, 758.

53 Ist dem Gesellschafter-Geschäftsführer demgegenüber im Gesellschaftsvertrag ein **Sonderrecht auf Geschäftsführung** eingeräumt worden, so greift eine Abberufung, die nicht durch wichtige Gründe gerechtfertigt ist, in das Mitgliedschaftsrecht des Gesellschafter-Geschäftsführers ein und ist wegen fehlender Zustimmung unwirksam. Geschäftsführungsbefugnis und Vertretungsmacht des sonderberechtigten Gesellschafter-Geschäftsführers, der sich mit seiner Abberufung nicht abfindet, enden deshalb erst in dem Zeitpunkt, in dem die Berechtigung der Abberufung rechtskräftig festgestellt ist.[114]

54 c) **Amtsniederlegung.** Will der Geschäftsführer sein Amt als Organ der GmbH nicht mehr ausüben, kann er es durch eine keiner besonderen Form bedürftige Erklärung[115] niederlegen. Hierbei ist er – vorbehaltlich abweichender Regelungen im Gesellschaftsvertrag – an das Vorliegen bestimmter Gründe oder die Einhaltung von Fristen nicht gebunden.[116] Ausreichend ist es, dass die Niederlegung einzelnen Gesellschaftern bzw. einzelnen Mitgliedern des Bestellungsorgans gegenüber erklärt wird.[117] Unterbleibt die Bestellung eines Nachfolgers und wird die Gesellschaft infolge der Amtsniederlegung führungslos, wird die Gesellschaft nach § 35 Abs. 1 S. 2 GmbHG durch die Gesellschafter passiv vertreten.[118]

55 Von der Wirksamkeit der Niederlegung zu trennen ist die Frage, ob der Geschäftsführer mit der Niederlegung seinen Dienstvertrag verletzt.[119] Sollte kein wichtiger, den Geschäftsführer zur außerordentlichen Kündigung berechtigender Grund vorliegen (s. dazu → Rn. 123), hat er seinen Vertrag zu erfüllen und kann sein Amt ohne Vertragsbruch erst zum Vertragsende niederlegen.[120]

56 d) **Sonstige Gründe der Beendigung des Geschäftsführeramts.** Wurde der Geschäftsführer für eine begrenzte Zeitdauer bestellt, so endet sein Amt mit **Ablauf** der im Vorhinein bestimmten **Amtszeit**, welche für nicht dem MitbestG unterliegende Gesellschaften frei gewählt werden kann.

57 Darüber hinaus endet das Geschäftsführeramt bei verschiedenen Fällen der Rechtsnachfolge nach dem **Umwandlungsgesetz**, namentlich bei einem Rechtsformwechsel, bei einer Aufspaltung und für die übertragende GmbH im Fall einer Verschmelzung,[121] wobei in diesen Fällen der Anstellungsver-

---

[114] So Lutter/Hommelhoff/*Kleindiek* § 38 GmbHG Rn. 34; Scholz/*Schneider* § 38 GmbHG Rn. 66; Baumbach/Hueck/*Zöllner/Noack* § 38 GmbHG Rn. 63.
[115] BGHZ 121, 257 (262).
[116] BGHZ 121, 262; 78, 82; Baumbach/Hueck/*Zöllner/Noack* § 38 GmbHG Rn. 86.
[117] BGH NZG 2002, 43; nicht ausreichend ist Zugang an einen Mitgeschäftsführer, OLG Düsseldorf NZG 2005, 632.
[118] Durch die ausdrückliche gesetzliche Regelung des § 35 Abs. 1 S. 2 GmbHG dürfte sich die bis zum Inkrafttreten des MoMiG bestehende Diskussion um die Unwirksamkeit der Niederlegung erledigt haben, siehe auch Roth/*Altmeppen* § 38 GmbHG Rn. 79.
[119] BGHZ 78, 82.
[120] BGH NJW 1978, 1435.
[121] *Röder/Lingemann* DB 1993, 1341; Baumbach/Hueck/*Zöllner/Noack* § 38 GmbHG Rn. 92.

trag des Geschäftsführers mit einer lediglich formwechselnde Gesellschaft bestehen bleibt bzw. bei Aufspaltung und Verschmelzung auf den Gesamtrechtsnachfolger übergeht.[122] Schließlich endet das Geschäftsführeramt, wenn der Geschäftsführer stirbt oder die **unbeschränkte Geschäftsfähigkeit verliert.**[123] 58

e) Eintragung. Die Beendigung des Geschäftsführeramtes ist nach § 39 Abs. 1 GmbHG ins Handelsregister einzutragen. Der Anmeldung sind die Urkunden über die Beendigung der Vertretungsbefugnis beizufügen. Die Anmeldung muss durch die Geschäftsführung erfolgen; als Grundlagengeschäft kann sie nicht Prokuristen oder Handlungsbevollmächtigten übertragen werden, auch nicht, wenn die Beendigung des Amtes auf einer Amtsniederlegung des Geschäftsführers beruht.[124] 59

2. Geschäftsführung und Vertretung bei der GmbH

Dem Geschäftsführer obliegt sowohl die Führung der Geschäfte der Gesellschaft als auch deren gerichtliche und außergerichtliche Vertretung. 60

a) Geschäftsführungsbefugnis. Die Geschäftsführungsbefugnis des Geschäftsführers umfasst grundsätzlich alle rechtsgeschäftlichen und tatsächlichen Maßnahmen, die erforderlich sind, um den Unternehmensgegenstand mit den zur Verfügung stehenden personellen, sachlichen und finanziellen Ressourcen zu verwirklichen („Tagesgeschäft").[125] Hierbei weist das Gesetz dem Geschäftsführer ausdrücklich eine Vielzahl von Einzelaufgaben zu, beispielsweise das Stammkapital vor verbotener Auszahlung zu bewahren (§§ 30, 43 Abs. 3 GmbHG), den verbotenen Erwerb eigener Anteile zu verhindern (§§ 33, 43 Abs. 3 GmbHG), für eine ordnungsgemäße Buchführung der Gesellschaft zu sorgen (§ 41 GmbHG), den Jahresabschluss aufzustellen (§ 264 Abs. 1 HGB), die Gesellschafterversammlung einzuberufen (§ 49 GmbHG) und ggf. Insolvenzantrag zu stellen (§ 15a Abs. 1 InsO). 61

Während in die gesetzliche Zuständigkeit des Geschäftsführers nicht durch Gesellschafterweisung eingegriffen werden kann, sind – vorbehaltlich abweichender gesetzlicher oder gesellschaftsvertraglicher Regelungen – die Gesellschafter für außerhalb des gewöhnlichen Geschäftsbetriebs der Gesellschaft liegende Maßnahmen, einschließlich der Festlegung der Grundsätze der Unternehmenspolitik,[126] zuständig. Dies sind nach ausdrücklicher Anordnung des Gesetzes insbesondere die Feststellung des Jahresabschlusses (§§ 42a Abs. 2, 46 Nr. 1 GmbHG), die Ergebnisverwendung (§§ 29 Abs. 2, 46 Nr. 1 GmbHG), die Bestellung und Abberufung der Geschäftsführer (§ 46 62

---

[122] Vgl. zB Lutter/*Grunewald* § 20 UmwG Rn. 26; Henssler/Strohn/*Heidinger*, Gesellschaftsrecht, § 20 UmwG Rn. 34.
[123] Baumbach/Hueck/*Zöllner/Noack* § 38 GmbHG Rn. 82 f.; BGHZ 115, 78, 80 zur Verpflichtung der Gesellschaft aus dem Handeln eines geschäftsunfähigen Geschäftsführers unter dem Gesichtspunkt des Vertrauensschutzes.
[124] OLG Düsseldorf – I-3 Wx 296/11.
[125] Lutter/Hommelhoff/*Kleindiek* § 37 GmbHG Rn. 3 f.; Scholz/*Schneider* § 37 GmbHG Rn. 11.
[126] Scholz/*Schneider* § 37 GmbHG Rn. 10 mwN.

5. Kapitel. *Organisationsverfassung*

Nr. 5 GmbHG) und die Bestellung von Prokuristen und Generalhandlungsbevollmächtigten (§ 46 Nr. 7 GmbHG). Daneben obliegt den Gesellschaftern die Entscheidung über sonstige außerhalb des gewöhnlichen Geschäftsbetriebs liegende Maßnahmen, insbesondere solche, die über den Unternehmensgegenstand hinausgehen, die den von den Gesellschaftern festgelegten Grundsätzen der Geschäftspolitik widersprechen bzw. denen die Gesellschafter vermutlich widersprechen würden oder die wegen ihrer Bedeutung oder wegen besonderer Risiken Ausnahmecharakter haben.[127] Welche Maßnahmen außerhalb des gewöhnlichen Geschäftsbetriebs liegen, richtet sich nach Art und Umfang des Geschäftsbetriebs der Gesellschaft, regelmäßig findet sich auch hier ein entsprechender Katalog im Gesellschaftsvertrag der GmbH. Dies ist sinnvoll, um eine möglichst trennscharfe Abgrenzung zwischen normalen – und damit dem Geschäftsführer obliegenden – und außergewöhnlichen – und damit in die Zuständigkeit der Gesellschafterversammlung fallenden – Geschäftsführungsmaßnahmen sicherzustellen. Auch außerhalb eines solchen Katalogs können die Gesellschafter bzw. andere durch Gesetz oder Gesellschaftsvertrag bestimmte Organe bestimmte Geschäfte an sich ziehen und dem Geschäftsführer Weisungen erteilen.[128] Noch nicht einmal das laufende Tagesgeschäft ist den Geschäftsführern als unentziehbarer Kernbereich zugewiesen.[129] Letzterer beschränkt sich vielmehr auf die Vertretung der Gesellschaft nach außen sowie auf die dem Geschäftsführer zwingend vom Gesetz auferlegten Aufgaben.[130] Die zur Wahrnehmung dieser Aufgaben erforderlichen Informationen kann der Geschäftsführer in jedem Fall beanspruchen.[131]

63 Streitig ist, ob abweichend hiervon bei nach dem MitbestG mitbestimmten Gesellschaften ein Kernbereich der Zuständigkeit der Geschäftsführer anzuerkennen ist. Hiergegen spricht zum einen, dass die Mitbestimmungsgesetze auf der Grundlage des Gesellschaftsrechts aufbauen sollten, sowie zum anderen die fehlende Inbezugnahme des § 119 Abs. 2 AktG in § 25 MitbestG.[132] Sonderregelungen gelten allerdings für den Arbeitsdirektor, dem ein

---

[127] Scholz/*Schneider* § 37 GmbHG Rn. 12; Lutter/Hommelhoff//*Kleindiek* § 37 GmbHG Rn. 11; aA Baumbach/Hueck/*Zöllner/Noack*. § 37 GmbHG Rn. 7: Geschäftsführer sind mangels restriktiver Satzungsbestimmung auch für außergewöhnliche Geschäftsführungsmaßnahmen so lange kompetent, bis ein abweichender Gesellschafterbeschluss vorliegt.

[128] Scholz/*Schneider* § 37 GmbHG Rn. 30.

[129] Jedoch kann die Beschränkung der Geschäftsführungsbefugnisse den Anstellungsvertrag verletzen und den Geschäftsführer zur außerordentlichen Kündigung berechtigen, vgl. OLG Frankfurt GmbHR 1993, 288 ff.; s. auch BGH NJW 2012, 1556.

[130] OLG Düsseldorf ZIP 1984, 1478; OLG Nürnberg BB 2000, 2170; Lutter/Hommelhoff/*Kleindiek* § 37 GmbHG Rn. 12; weitergehend Baumbach/Hueck/*Zöllner/Noack* § 37 GmbHG Rn. 9; MüKoGmbHG/*Liebscher* § 45 Rn. 105.

[131] *Lutter* ZIP 1986, 1196; *Sina* GmbHR 1990, 67, weitergehend OLG Koblenz NZG 2008, 397, nach dem das Recht des Geschäftsführers, sich über alle Angelegenheiten der Gesellschaft zu informieren, zwingend auch dann besteht, wenn diese einem anderen Geschäftsführer alleinverantwortlich zugewiesen sind.

[132] Scholz/*Schneider* § 37 GmbHG Rn. 41 f.; *Overlack* ZHR 141, 135; aA *Reuter/König* ZHR 140, 508; *Vollmer* ZRP 1979, 142: Die Regelung des Verhältnisses der

§ 16 *Geschäftsführung und Vertretung*

unentziehbares, auf andere Geschäftsführer nicht übertragbares Mindestressort im Bereich der Personal- und Sozialangelegenheiten bleiben muss.[133] Die Gesellschafter bzw. das an ihrer Stelle im Gesetz oder Gesellschaftsvertrag bestimmte Organ dürfen **Weisungen** nur in Übereinstimmung mit dem Gesetz und dem Gesellschaftsvertrag erteilen. Solange diese äußersten Grenzen nicht verletzt sind, muss der Geschäftsführer auch solche Weisungen befolgen, die der Gesellschaft offensichtlich wirtschaftlich nachteilig sind.[134] Liegt die Weisungsberechtigung, wie im Regelfall, bei den Gesellschaftern, haben sie ihre Entscheidung grundsätzlich in einer Gesellschafterversammlung zu treffen, so dass Minderheitsgesellschafter an der Willensbildung teilnehmen können. 64

Bei der sich anschließenden Frage, ob der Geschäftsführer verpflichtet ist, ihm erteilte Weisungen, die den vorgenannten Voraussetzungen nicht genügen, zu befolgen, muss differenziert werden: Ist der Beschluss wegen inhaltlicher Mängel nichtig (insbesondere bei Verstoß gegen gesetzliche Vorschriften, die ausschließlich oder überwiegend dem Schutz der Gesellschaftsgläubiger dienen (zB § 30, 43 Abs. 3 GmbHG))[135] oder die sonst im öffentlichen Interesse zu befolgen sind, darf der Geschäftsführer die Weisung nicht befolgen. Ist der Beschluss demgegenüber nur aus verfahrensrechtlichen Gründen nichtig, zB mangelhafte Ladung der Gesellschafter zur Gesellschafterversammlung,[136] steht es dem Geschäftsführer frei, eine entsprechende Maßnahme in eigener Verantwortung auszuführen.[137] 65

Einen anfechtbaren Beschluss hat der Geschäftsführer jedenfalls nach Ablauf der Anfechtungsfrist auszuführen. Solange die Anfechtungsfrist noch läuft, wird eine Pflicht zur Ausführung des Beschlusses überwiegend bejaht, wenn der Geschäftsführer davon auszugehen hat, dass eine Anfechtung nicht erfolgt.[138] Im Übrigen muss der Geschäftsführer in eigener Verantwortung entscheiden, ob er die Maßnahme durchführt.[139] 66

Sind mehrere Geschäftsführer bestellt, kann ihnen die Geschäftsführung entweder als **Einzelgeschäftsführungsbefugnis** oder als **Gesamtgeschäftsführungsbefugnis** zustehen. Fehlen Satzungsregelungen, so ist von einer Gesamtgeschäftsführungsbefugnis auszugehen,[140] wobei die Geschäftsführungsentscheidungen von den Geschäftsführern grundsätzlich einstimmig 67

Organe in der mitbestimmten GmbH entspreche derjenigen der AG; vermittelnd *Wlotzke/Wißmann/Koberski/Kleinsorge* § 25 MitbestG Rn. 63; *Säcker* DB 1977, 1845: Weisungen im Bereich des Tagesgeschäfts seien unzulässig.
[133] *Wlotzke/Wißmann/Koberski/Kleinsorge* § 33 MitbestG Rn. 31 ff. mwN; hierzu a. OLG Frankfurt DB 1985, 1459.
[134] OLG Frankfurt ZIP 1997, 450.
[135] BGH NJW 1992, 1166.
[136] BGHZ 36, 207 = NJW 1962, 538.
[137] *Fleck* GmbHR 1974, 227; *Scholz/Schneider* § 43 GmbHG Rn. 127.
[138] *Scholz/Schneider* § 43 GmbHG Rn. 131; *Ebenroth/Lange* GmbHR 1992, 73.
[139] Zu den haftungsrechtlichen Konsequenzen vgl. unten → V Rn. 145 ff.
[140] So die hM, vgl. *Scholz/Schneider* § 37 GmbHG Rn. 21; Lutter/Hommelhoff/ *Kleindiek* § 37 GmbHG Rn. 28; Baumbach/Hueck/*Zöllner/Noack* § 37 GmbHG Rn. 29.

und nicht im Wege einer Mehrheitsentscheidung zu treffen sind.[141] Den Gesellschaftern bzw. dem durch Gesetz oder Gesellschaftsvertrag bestimmten Organ steht es frei, hiervon abweichend allen oder einzelnen unter mehreren Geschäftsführern Einzelgeschäftsführungsbefugnis zu übertragen.

68 Mehrere Geschäftsführer sind verpflichtet, kollegial zum Wohle der Gesellschaft zusammenzuarbeiten. Zu diesem Zweck besteht insbesondere eine Verpflichtung zur gegenseitigen Information, und zwar auch dann, wenn den Geschäftsführern unterschiedliche Ressorts zugewiesen sind,[142] denn dies entlastet die Geschäftsführer nicht, sich davon zu überzeugen, dass ihre Geschäftsführer-Kollegen ihre Geschäftsbereiche ordnungsgemäß leiten. Kommt ein Geschäftsführer zu dem Ergebnis, dass dies nicht der Fall ist, muss er eingreifen.[143] Ist ein Geschäftsführer mit einer Maßnahme seiner Mitgeschäftsführer nicht einverstanden, kann er dem widersprechen.[144] Dies entbindet allerdings nicht von der Verpflichtung, Maßnahmen von größerer Bedeutung im Vorhinein unter den Geschäftsführern abzustimmen.

69 In der Praxis bestehen häufig Geschäftsordnungen, in denen die Gesellschafter bzw. das durch Gesetz oder Gesellschaftsvertrag zuständige Organ die Verteilung der Ressorts und die interne Entscheidungsfindung innerhalb der Geschäftsführung verfahrensmäßig regeln. In Betracht kommt auch die Bestimmung eines Vorsitzenden oder Sprechers der Geschäftsführung.

70 **b) Vertretung.** Nach der – zwingenden – Regelung des § 35 Abs. 1 GmbHG obliegt dem Geschäftsführer die Vertretung der GmbH im Rechtsverkehr. Mehrere Geschäftsführer sind – vorbehaltlich einer abweichenden Bestimmung im Gesellschaftsvertrag – gesamtvertretungsberechtigt (§ 35 Abs. 2 S. 2 GmbHG) und zwar alle gemeinsam. Fällt hier einer von zwei Geschäftsführern weg, erhält der verbleibende Geschäftsführer automatisch Alleinvertretungsmacht.[145] Bei einer im Gesellschaftsvertrag angeordneten Gesamtvertretung entsteht demgegenüber keine Alleinvertretungsmacht, vielmehr muss ggf. ein Notgeschäftsführer bestellt werden.[146] Für die Entgegennahme von Willenserklärungen ist trotz Gesamtvertretung in Bezug auf die Aktivvertretung eine Einzelvertretungsbefugnis gegeben (§ 35 Abs. 2 S. 3 GmbHG). Bei Führungslosigkeit der Gesellschaft liegt die passive Einzelvertretungsmacht bei den Gesellschaftern (§ 35 Abs. 1 S. 2 GmbHG).

71 Darüber hinaus ist es möglich, eine Vertretung der Gesellschaft durch Geschäftsführer und Prokurist vorzusehen (sog. unechte Gesamtvertretungsbefugnis), vorausgesetzt die Vertretung ist so gestaltet, dass sie stets auch ohne Prokuristen nur die Geschäftsführer stattfinden kann. Bei einer Gesellschaft, die nur einen Geschäftsführer hat, darf also die wirksame Vertretung der Ge-

---

[141] *Scholz/Schneider* § 37 GmbHG Rn. 21.
[142] OLG Koblenz NZG 2008, 397.
[143] Lutter/Hommelhoff/*Kleindiek* § 37 GmbHG Rn. 32.
[144] BGH WM 1968, 1329; Scholz/*Schneider* § 37 GmbHG Rn. 26; *Roth* ZGR 1985, 267.
[145] Baumbach/Hueck/*Zöllner/Noack* § 35 GmbHG Rn. 103; Lutter/Hommelhoff/*Kleindiek* § 35 GmbHG Rn. 26.
[146] Baumbach/Hueck/*Zöllner/Noack* § 35 GmbHG Rn. 112; Lutter/Hommelhoff/*Kleindiek* § 35 GmbHG Rn. 34; /*Schneider* § 35 GmbHG Rn. 78.

sellschaft nicht an die Zustimmung eines Prokuristen geknüpft werden. In diesem Fall muss der Geschäftsführer vielmehr stets Einzelvertretungsbefugnis haben.[147]

Die Vertretung im Außenverhältnis liegt auch dann bei den Geschäftsführern, wenn im Innenverhältnis die Zustimmung der Gesellschafter einzuholen ist. Die Geschäftsführer können die GmbH also wirksam verpflichten, auch wenn sie mangels Einholung der Zustimmung der Gesellschafter gegen den Gesellschaftsvertrag verstoßen. Lediglich für nicht zum Außenverkehr gehörende Rechtsgeschäfte, insbesondere für gesellschaftsrechtliche Rechtsgeschäfte und satzungsändernde Erklärungen,[148] fehlt den Geschäftsführern die Vertretungsmacht. Dies gilt auch für den rechtsgeschäftlichen Verkehr mit (gegenwärtigen oder früheren) Geschäftsführern. Für die Vertretung der GmbH in Rechtsstreitigkeiten mit aktuellen und richtigerweise auch früheren Geschäftsführern müssen die Gesellschafter (vgl. § 46 Nr. 8 GmbHG), ggf. stillschweigend, einen besonderen Vertreter bestimmen.[149] Unterlassen sie dies, bleibt es bei der Zuständigkeit der aktuellen Geschäftsführer.[150] Ist bei der GmbH ein Aufsichtsrat gebildet, wird die Gesellschaft nach §§ 52 Abs. 1 GmbHG, 112 AktG durch den Aufsichtsrat vertreten.[151]

72

IV. Die dienstvertragliche Stellung des Geschäftsführers

Neben dem durch die Bestellung des Geschäftsführers begründeten Organverhältnis zur GmbH, die den Geschäftsführer zugleich zum (mittelbaren) Vertreter der KG werden lässt, besteht regelmäßig noch eine schuldrechtliche Beziehung (sog. Doppelstellung des GmbH-Geschäftsführers)[152], auf deren Grundlage der Geschäftsführer für die Gesellschaft tätig wird und aus der sich weitere Pflichten ergeben (können), die aber vor allem die Rechte des Geschäftsführers in Bezug auf seine Anstellung regelt.

73

1. Mögliche Vertragspartner des Anstellungsvertrags

Partner des Geschäftsführers beim Abschluss des Anstellungsvertrags kann sowohl die GmbH sein, deren Organ der Geschäftsführer ist, als auch – sog. Drittanstellung – die KG oder eine dritte, regelmäßig konzernverbundene Gesellschaft. Die Drittanstellung[153] ist unabhängig davon zulässig, ob der Geschäftsführer ausschließlich für die GmbH bzw. die GmbH & Co. KG tätig wird oder ob die Geschäftsführung nur Teil einer umfassenderen Aufgabe in

74

---

[147] Dafür Scholz/*Schneider* § 35 GmbHG Rn. 72, dagegen/*Koppensteiner/Gruber*, § 35 GmbHG Rn. 57.
[148] Baumbach/Hueck/*Zöllner/Noack* § 35 GmbHG Rn. 78 ff.
[149] BGH DStR 1993, 843, 844; ausführlich MüKoGmbHG/*Liebscher* § 46 Rn. 261 ff.
[150] MüKoGmbHG/*Liebscher* § 46 Rn. 288.
[151] OLG München NZG 2003, 634.
[152] St. Rspr., vgl. nur BAG NZA 1999, 839.
[153] BAG ZIP 1992, 1496; BGH NZA 1995, 1070 (betr. Anstellungsvertrag mit KG).

einem Konzern ist.[154] Für den Abschluss des Anstellungsvertrags bei der anstellenden Gesellschaft ist das für diese jeweils handlungsberechtigte Organ zuständig.

75 Wird also der Anstellungsvertrag des Geschäftsführers **mit der GmbH** geschlossen, so ist mangels abweichender gesellschaftsvertraglicher Regelungen analog § 46 Nr. 5 GmbHG die Gesellschafterversammlung für den Abschluss des Vertrags[155] und etwaige spätere Änderungen der Anstellungsbedingungen[156] zuständig. Dies gilt mangels einer § 31 Abs. 1 MitbestG entsprechenden Norm auch für dem **DrittelbeteiligungsG** unterliegende Gesellschaften.[157]

76 Bei nach **MitbestG** mitbestimmten Gesellschaften ist abweichend hiervon der Aufsichtsrat zuständig. Obwohl § 31 Abs. 1 MitbestG nur hinsichtlich der Bestellung und des Widerrufs der Bestellung auf § 84 AktG verweist, bilden Bestellung und Abschluss des Anstellungsvertrags einen zusammengehörigen Vorgang, der nur einheitlich bei einem Organ angesiedelt sein kann. Anderenfalls könnte durch die Ausgestaltung des Vertrags oder gar durch dessen Kündigung der Tätigkeit des vom Aufsichtsrat bestellten Geschäftsführers der Boden entzogen werden.[158] Anders als Bestellung und Abberufung kann der Abschluss des Anstellungsvertrags aber auf einen Ausschuss des Aufsichtsrats übertragen werden,[159] jedoch ist zu beachten, dass die Festsetzung der Gesamtbezüge des einzelnen Geschäftsführers und die Festlegung einer Vergütungsstruktur dem Aufsichtsratsplenum obliegt (§§ 25 MitbestG, 107 Abs. 3 S. 3, 87 Abs. 1 AktG).[160]

77 Die Zuständigkeit der Gesellschafterversammlung bzw. des Aufsichtsrats zur Vertretung der Gesellschaft beim Abschluss des Geschäftsführer-Anstellungsvertrags erstreckt sich unter dem Gesichtspunkt der Annexkompetenz[161] auch auf eine Änderung oder die Aufhebung eines zu diesem Zeitpunkt schon bestehenden Arbeitsverhältnisses.

78 Bei Abschluss des Anstellungsvertrags **mit der KG** wird die KG durch die GmbH vertreten. Hat die GmbH neben dem Geschäftsführer, dessen Vertrag geschlossen werden soll, weitere vertretungsberechtigte Geschäftsführer, wird die KG (mittelbar) durch diese vertreten.[162] Der Geschäftsführer, dessen Anstellungsvertrag abgeschlossen werden soll, darf nur dann selbst tätig werden, wenn im KG-Vertrag oder durch einen mit satzungsändernder

---

[154] BAG NZG 2008, 193.
[155] Vgl. BGH NJW 1991, 1727 f.; Lutter/Hommelhoff/*Kleindiek* Anh. § 6 GmbHG Rn. 6.
[156] BGH NJW 1991, 1680 f.
[157] MüKoGmbHG/*Jaeger* § 35 Rn. 260.
[158] BGHZ 89, 48 (52); *Wlotzke/Wißmann/Koberski/Kleinsorge* § 6 MitbestG Rn. 35 mwN.
[159] *Hüffer* § 107 AktG Rn. 18a; Henssler/Strohn/*Henssler*, Gesellschaftsrecht, § 107 Rn. 28.
[160] MüKoGmbHG/*Jaeger* § 35 Rn. 258; allg. zum Delegationsverbot *Hüffer* § 107 AktG Rn. 18.
[161] Hess. LAG 17 Sa 1673/10; LAG Hamburg, 4 Ta 20/08, bestätigt durch BAG NJW 2009, 2078.
[162] So für den Fall der Kündigung BGH NZG 2007, 751.

§ 16 Geschäftsführung und Vertretung

Mehrheit ergangenen Gesellschafterbeschluss der KG das Selbstkontrahieren im Einzelfall gestattet wird.[163] Fehlt eine solche Gestattung des Insichgeschäfts durch die KG, obliegt es der GmbH, das Hindernis zu beseitigen, dass ihr Geschäftsführer nach § 181 BGB eine Vereinbarung nicht treffen kann und sie insoweit ohne gesetzlichen Vertreter ist. Der Mangel kann entweder durch die Bestellung eines weiteren Geschäftsführers oder durch einen auf den Vertragsabschluss gerichteten Gesellschafterbeschluss der GmbH behoben werden.[164]

Wird der Anstellungsvertrag **mit einer Konzerngesellschaft** geschlossen, sind die für deren Vertretung zuständigen Organe zum Abschluss des Vertrags berechtigt. Teilweise wird darüber hinaus für erforderlich gehalten, dass die Gesellschafterversammlung der GmbH der **Drittanstellung** zustimmt, um Divergenzen zwischen vertraglichen und organschaftlichen Pflichten zu vermeiden.[165] 79

Ob in einer **paritätisch mitbestimmten Gesellschaft** eine Drittanstellung zulässig ist, ist streitig[166]. Schließt man dies nicht grundsätzlich aus, muss jedoch der Einfluss des Aufsichtsrats der mitbestimmten Gesellschaft[167] dadurch sichergestellt werden, dass der Anstellungsvertrag, obwohl nicht mit der mitbestimmten Gesellschaft abgeschlossen, in jedem Fall seiner Zustimmung des Aufsichtsrats der mitbestimmten Gesellschaft bedarf.[168] 80

War die anstellende Gesellschaft beim Vertragsschluss nicht ordnungsgemäß vertreten oder scheitert der wirksame Vertragsschluss aus anderen Gründen und werden diese Mängel nicht im Nachhinein beseitigt,[169] liegt lediglich ein sog **faktischer Anstellungsvertrag** vor. Nach Aufnahme der Tätigkeit durch den Geschäftsführer wird dieser zwar zunächst als wirksam behandelt.[170] Er kann jedoch von jeder Seite durch einfache Erklärung ohne Einhaltung einer Frist mit Wirkung für die Zukunft beendet werden, ohne dass es eines Kündigungsgrundes bedarf oder eine für den Fall der Vertragsbeendigung vereinbarte Abfindung geschuldet wäre.[171] 81

2. Rechtsnatur des Anstellungsvertrags

Abgesehen von den Ausnahmefällen, in denen ein Geschäftsführer aufgrund eines unentgeltlichen Auftrags tätig wird,[172] handelt es sich bei dem 82

---

[163] BGH DB 1970, 389.
[164] BGH DB 1970, 389.
[165] MüKoGmbHG/*Jaeger* § 35 Rn. 252; Lutter/Hommelhoff/*Kleindiek* Anh. § 6 GmbHG Rn. 9; *Fleck* ZHR 1985, 388; aA Scholz/*Schneider/Sethe* § 35 GmbHG Rn. 193: keine Zustimmung erforderlich.
[166] Dagegen bspw. Ulmer/Habersack/*Henssler* § 30 MitbestG Rn. 15 und § 31 MitbestG Rn. 39; MüKoGmbHG/*Jaeger* § 35 Rn. 252.
[167] Zu diesem Erfordernis siehe BGH NJW 1984, 733.
[168] So bspw. MHdB AG/*Wiesner* § 21 Rn. 3.
[169] So zum Beispiel in dem der Entscheidung des OLG Stuttgart 9 U 102/10, zugrunde liegenden Sachverhalt.
[170] BGH NJW 1995, 1158.
[171] BGH NJW 2000, 2983.
[172] Vgl. nur Lutter/Hommelhoff/*Kleindiek* Anh. § 6 GmbHG Rn. 2.

5. Kapitel. Organisationsverfassung

Anstellungsvertrag des Geschäftsführers entweder um einen (freien) Dienstvertrag oder um einen Arbeitsvertrag.

83 Besteht der Geschäftsführer-**Anstellungsvertrag mit der GmbH**, zu deren Organ der Geschäftsführer bestellt ist, entsprach es ursprünglich der ständigen Rechtsprechung sowohl des BGH[173] als auch des BAG,[174] dass ein Dienstvertrag und kein Arbeitsvertrag vorliege, unabhängig davon, wie weitgehend die Weisungsgebundenheit des Geschäftsführers im Innenverhältnis ausgestaltet war.[175] Hiervon hat das BAG sich durch Urteil vom 26.5.1999[176] gelöst und ausgeführt, das Anstellungsverhältnis einer (stellvertretenden) GmbH-Geschäftsführerin könne im Einzelfall ausnahmsweise ein Arbeitsverhältnis sein. Die Abgrenzung richte sich nach den allgemeinen Kriterien zur Abgrenzung freier Dienstverhältnisse von Arbeitsverträgen.[177] Es könne nicht davon ausgegangen werden, dass der Inhalt der vom GmbH-Geschäftsführer geschuldeten Dienste eine Weisungsabhängigkeit gegenüber der Gesellschaft im arbeitsrechtlichen Sinne ausschließe. Hierbei werde nicht berücksichtigt, dass die Repräsentation der Gesellschaft, die unternehmerische Willensbildung und die Wahrnehmung von Arbeitgeberfunktionen auch dann möglich seien, wenn einzelne Mitglieder der Geschäftsführung wegen entsprechender Weisungsabhängigkeit materiellrechtlich als Arbeitnehmer anzusehen seien.[178] Auf der Grundlage des Urteils des BAG vom 26.5.1999 wird es damit erforderlich, bei allen Schutznormen, für welche eine gesetzliche Regelung über die (Nicht-)Geltung für Organmitglieder (wie sie zB in §§ 5 Abs. 1 S. 2 ArbGG, 14 Abs. 1 Nr. 1 KSchG, 5 Abs. 2 Nr. 1 BetrVG enthalten ist) fehlt (zB Kündigungsschutz nach SGB IX, MSchG, BErzGG), den Rechtscharakter des Vertrags nach Maßgabe der allgemeinen Kriterien zu beurteilen. Entscheidend hierfür ist der Grad der persönlichen Abhängigkeit bei der Erbringung der Dienstleistung: Arbeitnehmer ist, wer die vertraglich geschuldete Arbeitsleistung im Rahmen einer von seinem Vertragspartner bestimmten Arbeitsorganisation erbringt, in welcher er einem umfassenden Weisungsrecht seines Vertragspartners in Bezug auf Inhalt, Durchführung, Zeit, Dauer, Ort und sonstige Modalitäten der Tätigkeit unterliegt. Kann der Geschäftsführer diese Modalitäten seiner Tätigkeit demgegenüber im Wesentlichen frei gestalten und unterliegt er nur dem unternehmerischen Weisungsrecht der Gesellschafter, ist er Dienstnehmer.[179]

---

[173] BGH NJW 1978, 1434 f.; 1984, 2528; NZA 2010, 889.
[174] Vgl. nur BAG NZA 1986, 68; 1986, 792.
[175] Vgl. hierzu a. *Schwab* NZA 1987, 839 f.
[176] BAG NZA 1999, 987.
[177] Ebenso *Kamanabrou* DB 2002, 146 (147 f.).
[178] Der Senat konnte von der Vorlage an den Gem. Senat der Obersten Gerichtshöfe des Bundes nur deshalb absehen, weil die Beantwortung dieser Frage letztlich nicht entscheidungserheblich war, nachdem das Gericht unter Abwägung aller Umstände zu dem Ergebnis kam, zwischen den Parteien bestehe ein freies Dienstverhältnis. Wenn der 5. Senat des BAG gleichwohl die Frage nicht offen gelassen, sondern im Gegensatz zu der bisherigen Rspr. sowohl des BAG als auch des BGH entschieden hat, ist davon auszugehen, dass er seine Rspr. künftig in diesem Sinne fortsetzen wird.
[179] BAG NZA 1999, 987; zur Fragwürdigkeit der Abgrenzung zwischen einem gesellschaftsrechtlichem Weisungsrecht und einem arbeitgeberischen Weisungsrecht,

§ 16 *Geschäftsführung und Vertretung*

Vorstehendes gilt entsprechend für einen **mit der KG** abgeschlossenen Anstellungsvertrag, da der Geschäftsführer der Komplementär-GmbH (mittelbarer) gesetzlicher Vertreter der KG ist.[180] Für alle anderen Fälle der Drittanstellung sind die auf den Organstatus abstellenden o.g. generellen Ausnahmen vom Anwendungsbereich arbeitsrechtlicher Gesetze nicht mehr einschlägig und es bedarf ohne Ausnahme einer in jedem Einzelfall vorzunehmenden Abgrenzung zwischen Arbeits- und Dienstvertrag.[181]

84

3. Sozialversicherungsrechtliche Stellung des Geschäftsführers

Der Geschäftsführer unterliegt der gesetzlichen Sozialversicherungspflicht dann, wenn er in einem abhängigen Beschäftigungsverhältnis im Sinne des § 7 SGB IV steht.[182] Hierbei sind die arbeitsrechtliche und die sozialversicherungsrechtliche Bewertung nicht notwendig deckungsgleich.[183]

85

Nach der Rechtsprechung des BSG[184] steht jedenfalls ein Geschäftsführer, der am Kapital der Gesellschaft so erheblich beteiligt ist, dass er ihm unerwünschte Weisungen verhindern kann (in der Regel also bei einer Kapitalbeteiligung von mehr als 50% oder − bei einer Minderheitsbeteiligung − wenn eine besonders ausgestaltete Sperrminorität besteht), nicht in einem sozialversicherungsrechtlichen Beschäftigungsverhältnis. Demgegenüber sind Fremdgeschäftsführer und regelmäßig auch minderheitsbeteiligte Geschäftsführer typischerweise abhängig beschäftigt iSd § 7 SGB IV. Nur in außergewöhnlichen Konstellationen,[185] wenn der Geschäftsführer nach den vertraglichen Vereinbarungen, so wie sie im Rahmen des rechtlich Zulässigen tatsächlich vollzogen werden,[186] keinen Weisungen der Gesellschafter unterliegt, liegt eine selbständige Tätigkeit vor, die vor allem durch das eigene Unternehmerrisiko, die Verfügungsmöglichkeit über die eigene Arbeitskraft und die im Wesentlichen freie Gestaltung der Tätigkeit und Arbeitszeit gekennzeichnet ist.[187]

86

Zweifelsfälle in Bezug auf die sozialversicherungsrechtliche Einordnung des Geschäftsführer-Anstellungsverhältnisses können durch ein bei der Deut-

87

---

das sich mehr auf die arbeitsbegleitenden und verfahrensorientierte Weisungen beziehen soll, s. MüKoGmbHG/*Jaeger* § 35 Rn. 279.
[180] BAG NZA 2003, 1108.
[181] Instruktiv LAG Hamm − 18 Sa 845/00; siehe auch BAG NZG 2008, 193.
[182] IVm § 5 Abs. 1 Nr. 1 SGB IV für die Krankenversicherung, § 20 Abs. 1 Nr. 1 SGB XI für die Pflegeversicherung, § 1 Nr. 1 SGB VI für die Rentenversicherung und § 24 Abs. 1 SGB III für die Arbeitslosenversicherung.
[183] *Louven* DB 1999, 1069; BAG NZA 1999, 987 (989).
[184] BSG BB 1987, 406f.; NZA 1990, 911f.; 1990, 950ff.; 1991, 869f.; B 12 KR 30/04; LAG Berlin-Brandenburg − L 9 KR 664/07; Bay. LSG − L 5 R 767/10; ferner *Louven* DB 1999, 1061ff. Zum Insolvenzausfallgeld sa BGH ZIP 2003, 1662 teilw. abweichend vom BSG.
[185] ZB LSG Baden-Württemberg − L 4 KR 3725/11; LSG Berlin-Brandenburg − L 1 KR 355/12 B ER.
[186] BSG − B 12 KR 25/10 R; LSG Berlin-Brandenburg − L 9 KR 4/11.
[187] BSG − B 12 KR 25/10 R; B 12 KR 30/04; LAG Berlin-Brandenburg − L 9 KR 664/07; Bay. LSG − L 5 R 767/10.

5. Kapitel. Organisationsverfassung

sche Rentenversicherung Bund durchzuführendes Statusfeststellungsverfahren nach § 7a SGB IV geklärt werden.

4. Inhalt des Anstellungsvertrags

88 a) **Übersicht.** Obwohl der Geschäftsführer-Anstellungsvertrag keiner gesetzlichen Formvorschrift unterliegt, sollte er in jedem Fall zur Vermeidung von Unklarheiten über die Bedingungen der Anstellung schriftlich abgeschlossen werden. Für Gesellschafter-Geschäftsführer ist dies darüber hinaus deshalb geboten, damit der gegenüber dem Finanzamt für die Anerkennung des Geschäftsführergehalts als Betriebsausgabe notwendige Nachweis des Bestehens eines Anstellungsvertrags geführt werden kann.[188]

89 Üblicherweise enthält der Anstellungsvertrag zunächst Regelungen über die Geschäftsführungs- und Vertretungsbefugnis des Geschäftsführers und seine Verpflichtungen im Verhältnis zu den Gesellschaftern. Häufig findet sich ein Katalog derjenigen Geschäfte, bei denen der Geschäftsführer die Zustimmung der Gesellschafterversammlung einzuholen hat. Solche vertraglich niedergelegten Kataloge dürfen dem Geschäftsführer keinen weiteren Spielraum lassen als im Gesellschaftsvertrag vorgesehen. Demgegenüber sind weitergehende Restriktionen seiner Kompetenz zulässig.[189] Darüber hinaus enthält der Anstellungsvertrag üblicherweise Regelungen zu Arbeitszeit, Vergütung (inklusive etwaiger betrieblicher Altersversorgung), Urlaub, ggf. Versicherungen, Vertragsdauer und Beendigung. Nicht selten finden sich außerdem Abreden über Nebentätigkeiten, Wettbewerb während der Vertragsdauer, Herausgabe von Unterlagen und Geheimhaltung. Teilweise werden auch nachvertragliche Wettbewerbsverbote vereinbart. Im Folgenden können lediglich die zentralen Punkte eines Anstellungsvertrags dargestellt werden.[190]

90 b) **Vergütungsregelungen.** Den Vertragsparteien steht bei der Festlegung der Vergütung des Geschäftsführers für seine Tätigkeit ein weiter Gestaltungsspielraum zu. Dieser wird näher bestimmt durch Schwierigkeit und Umfang der vom Geschäftsführer wahrzunehmenden Aufgaben sowie die damit verbundene Verantwortung, aber auch durch die wirtschaftlichen Verhältnisse der Gesellschaft; schließlich sollte das Gehaltsgefüge der sonstigen Mitarbeiter nicht völlig außer Betracht gelassen werden. Die Regelungen des § 87 AktG finden keine Anwendung, auch nicht auf eine dem MitbestG unterliegende GmbH.[191]

91 Die Zahlung eines unangemessen hohen Gehalts an einen Gesellschafter-Geschäftsführer stellt sich steuerrechtlich als **verdeckte Gewinnausschüttung** dar.[192] Allgemeine Regeln dafür, bis zu welcher Höhe die Bezüge angemessen sind, existieren nicht. Vielmehr muss in jedem Einzelfall geprüft werden, ob die Gehaltszahlungen angemessen sind, so dass sie als abzugsfä-

---

[188] *Tillmann/Mohr*, Geschäftsführer, Rn. 186; MüKoGmbHG/*Jaeger* § 35 Rn. 262.
[189] *Jaeger*, Anstellungsvertrag, 73 und 82.
[190] Ein ausführlich kommentiertes Muster findet sich bei *Jaeger*, Anstellungsvertrag.
[191] MüKoGmbHG/*Jaeger*, § 35 Rn. 303 ff.
[192] Details bei *Jaeger*, Anstellungsvertrag, 124 ff.

hige Betriebsausgaben anerkannt werden.¹⁹³ Handelt es sich dagegen um Zahlungen, die dem Grunde oder der Höhe nach über das hinausgehen, was ein ordentlicher und gewissenhafter Geschäftsleiter einer Kapitalgesellschaft einem Geschäftsführer als Tätigkeitsentgelt versprechen würde, liegt eine verdeckte Gewinnausschüttung vor. In die Angemessenheitsprüfung sind sämtliche geldwerten Leistungen der Gesellschaft für ihren Geschäftsführer einzubeziehen.¹⁹⁴

Um das Interesse des Geschäftsführers an dem wirtschaftlichen Ergebnis der Gesellschaft zu steigern, wird häufig neben laufenden Festbezügen eine **erfolgsabhängige variable Vergütung** vereinbart. Auch hier stehen weitreichende Gestaltungsmöglichkeiten zur Verfügung. Wohl am häufigsten wird eine Tantieme vereinbart, deren Höhe an das wirtschaftliche Ergebnis¹⁹⁵ der Gesellschaft anknüpft. Weit verbreitet sind auch Bonusregelungen, welche die Höhe der variablen Vergütung von der Erreichung von Budgetvorgaben oder persönlichen Zielen abhängig macht. In jedem Fall sollte bei der Abfassung des Vertrags stets auf objektiv nachprüfbare Kriterien Wert gelegt werden. Gerade bei neu bestellten Geschäftsführern wird in der Praxis häufig eine Mindesttantieme oder ein Mindestbonus vereinbart, welche(r) zu einem späteren Zeitpunkt durch eine in voller Höhe variable Zahlung abgelöst wird. Bei einem Geschäftsführer, dessen Anstellungsvertrag mit der Komplementär-GmbH einer GmbH & Co. KG besteht, ist zu berücksichtigen, dass das operative Geschäft von der KG geführt wird und der Gewinnanteil der Komplementär-GmbH regelmäßig relativ niedrig liegt. Für eine angemessene Bewertung der Tätigkeit des Geschäftsführers in Bezug auf die Tantieme sollte daher die Berechnungsgrundlage nicht das Ergebnis der GmbH, sondern dasjenige der GmbH & Co. KG sein. 92

In der Praxis wird dem Geschäftsführer häufig außerdem ein **Dienstwagen** zur Verfügung gestellt. Wird dabei das Recht, den Dienstwagen auch zu privaten Zwecken zu benutzen, eingeräumt, so handelt es sich hierbei um einen Teil der Geschäftsführervergütung. Der geldwerte Vorteil der Privatnutzung ist mangels abweichender Regelungen vom Geschäftsführer zu versteuern. Der zu versteuernde Pauschalbetrag wird üblicherweise ermittelt aus 1% des Listenpreises und einer Kilometerpauschale für die Fahrten zur Arbeitsstätte.¹⁹⁶ Zur Vermeidung von Streitigkeiten ist eine detaillierte Regelung der Nutzungsberechtigung des Geschäftsführers sinnvoll. Dies betrifft zum einen den Umfang der Nutzung während der normalen Vertragsabwicklung¹⁹⁷ sowie ggf. Regelungen über die Weiternutzung des Dienstwagens im Fall einer 93

---

¹⁹³ Zum Inhalt der Prüfung der Finanzverwaltung siehe BMF-Schreiben v. 14.10. 2002, NZG 2002, 1102.; dazu auch MüKoGmbHG/*Jaeger* § 35 Rn. 309 ff.
¹⁹⁴ Vgl. zB zu Tantieme BFH GmbHR 1995, 385; BFH – I 223/03; BFH DB 2004, 409; FG Köln – 6 K 417/04 K, F.
¹⁹⁵ Eine am Umsatz bemessene Tantieme wird von der Finanzverwaltung regelmäßig als verdeckte Gewinnausschüttung beargwöhnt, BFH GmbHR 1999, 484; *Tillmann/Mohr*, Geschäftsführer, Rn. 296.
¹⁹⁶ Lohnsteuer-Richtlinien 2011/2013 § 8 .1 (9, 10).
¹⁹⁷ Es sollte zB geregelt werden, ob die Gesellschaft die Kosten für alle durch die Privatnutzung anfallenden Kosten übernimmt oder ob nur eine eingeschränkte Kostenübernahme erfolgt.

5. Kapitel. Organisationsverfassung

Freistellung des Geschäftsführers von seinen Dienstpflichten. Fehlt im Geschäftsführervertrag eine Regelung zu dem letztgenannten Punkt, steht dem Geschäftsführer die Berechtigung zur Nutzung des Dienstwagens als einseitig nicht entziehbarer Vergütungsbestandteil auch dann zu, wenn er von seinen Dienstpflichten freigestellt ist.[198] Aus Gesellschaftssicht empfiehlt es sich daher, in den Vertrag eine Regelung aufzunehmen, wonach bei einer Freistellung des Geschäftsführers von den Dienstpflichten der Dienstwagen (entschädigungslos) zurückzugeben ist.[199] Wird dem Geschäftsführer ohne eine solche Regelung der Dienstwagen entzogen, liegt eine Vertragsverletzung vor, welche die Gesellschaft grundsätzlich zum Schadensersatz[200] in Höhe der steuerlichen Bewertung der privaten Nutzungsmöglichkeit,[201] also derzeit von 1 % des Bruttolistenpreises, verpflichtet.

94 Typischerweise ebenfalls vertraglich geregelt wird der Anspruch auf **Entgeltfortzahlung im Krankheitsfall**. In nahezu jedem Geschäftsführer-Anstellungsvertrag findet sich ein Anspruch auf eine mindestens 6-wöchige Fortzahlung des Entgelts.[202] Zahlreiche Geschäftsführer-Anstellungsverträge sehen darüber hinaus eine Ausdehnung der Entgeltfortzahlung auf einen längeren, zwischen 3 und 12 Monaten liegenden Zeitraum vor, teilweise schließt sich an die volle Entgeltfortzahlung auch ein Zeitraum an, in dem die Gesellschaft dem Geschäftsführer nur noch einen Zuschuss zum Krankengeld gewährt.[203] Bei Geschäftsführer-Anstellungsverträgen, welche eine an das Unternehmensergebnis anknüpfende variable Vergütung vorsehen, sollte darüber hinaus geregelt werden, ob und wie diese durch eine länger andauernde Arbeitsunfähigkeit tangiert wird. In Betracht kommt hier insbesondere eine anteilige Kürzung bei einer Arbeitsunfähigkeit, die über einen bestimmten Zeitraum hinaus andauert, weil hier davon ausgegangen werden kann, dass der Beitrag des Geschäftsführers zu dem wirtschaftlichen Ergebnis der Gesellschaft gemindert ist.

95 c) **Versorgungszusage.** Gegenstand eines Geschäftsführer-Anstellungsvertrags ist häufig auch eine Ruhegeldzusage. Diese gewinnt umso mehr an Bedeutung als die Rente aus der gesetzlichen Rentenversicherung immer weniger ausreicht, den Lebensstandard aus der aktiven Berufstätigkeit auch nur annähernd zu erhalten. Für die Ausgestaltung der Versorgungszusage kommen im Wesentlichen folgende Durchführungswege in Betracht (vgl. § 1 BetrAVG):

– Bei einer **Direktzusage** werden die späteren Ruhegeldzahlungen unmittelbar vom Unternehmen an den Geschäftsführer geleistet. In der Praxis schließen Unternehmen, die eine Direktzusage erteilt haben, nicht selten Rückdeckungsversicherungen ab, um auf diese Weise Vorsorge für die

---

[198] BAG NZA 1996, 415.
[199] Zur Wirksamkeit dieser Klausel s. BAG NZA 2012, 616.
[200] BAG NZA 1996, 415 zur Schadensberechnung bei Inanspruchnahme eines Ersatzfahrzeugs.
[201] BAG NZA 2007, 809; 2012, 616.
[202] Ohne vertragliche Rechtsgrundlage wäre der Anspruch aus § 616 BGB abzuleiten. Das EFzG gilt mangels Arbeitnehmerstatus des Geschäftsführers nicht.
[203] Vgl. *Jaeger*, Anstellungsvertrag, 139, 141.

später fällig werdenden Versorgungsleistungen zu treffen. Zur Absicherung gegen Insolvenz werden solche Versicherungen häufig an den Geschäftsführer und etwa weiter berechtigte Angehörige verpfändet.

– Die Leistungen können von einer **Unterstützungskasse**, einer **Pensionskasse** oder einem **Pensionsfonds** erbracht werden, welche ihre Mittel ganz oder teilweise von der Gesellschaft erhalten. Dieser Durchführungsweg spielt in der Praxis für Geschäftsführer eher eine geringe Rolle.

– Schließlich kann das Unternehmen eine **Direktversicherung** zugunsten des Geschäftsführers abschließen. Die Auszahlung der Versorgungsleistungen nimmt im Versorgungsfall die Versicherungsgesellschaft vor.

Die Direktversicherungslösung hat den Vorteil, dass sowohl die Höhe der **96** Beiträge der Gesellschaft als auch die spätere Versorgungsleistung an den Geschäftsführer durch die vereinbarte Versicherungssumme festliegen und dass das Unternehmen nicht später mit der administrativen Abwicklung der Versorgungszusage einschließlich etwa erforderlicher Anpassungsprüfungen belastet wird.

Als **Versorgungsfälle** werden in der Regel das Erreichen einer bestimm- **97** ten Altersgrenze, Erwerbsminderung sowie – in Bezug auf die Hinterbliebenenversorgung – der Tod festgelegt. Die Altersgrenze für den Bezug der Altersrente sollte der für den Geschäftsführer geltenden individuellen Altersgrenze für den Bezug von Regelaltersrente entsprechen.

Sind einem GmbH-Geschäftsführer Leistungen der Alters-, Invaliditäts- **98** oder Hinterbliebenenversorgung aus Anlass seiner Tätigkeit für ein Unternehmen zugesagt worden, unterliegt diese Versorgungszusage nach dem Wortlaut des § 17 Abs. 1 S. 2 BetrAVG den Regelungen des **BetrAVG**. Trotz des weiten Wortlauts nimmt die Rechtsprechung vom Geltungsbereich des BetrAVG jedoch Zusagen an solche Organmitglieder aus, die selbst Unternehmer sind, dh sowohl vermögens- als auch einflussmäßig mit der Gesellschaft so sehr verbunden sind, dass sie das Unternehmen als ihr eigenes betrachten könnten (sog. **Unternehmer-Geschäftsführer**). Dies trifft insbesondere auf als Geschäftsführer tätige Alleingesellschafter[204] und Mehrheitsgesellschafter[205] zu sowie nach dem BGH ausnahmsweise auf Minderheitsgesellschafter-Geschäftsführer, wenn diese zusammen mit anderen minderheitsbeteiligten Geschäftsführern über die Mehrheit der Stimmrechte verfügen[206] oder wenn diese durch die Hinzurechnung der Stimmen anderer Gesellschafter (zB aufgrund von Stimmbindungsverträgen) eine beherrschende Stellung einnehmen. Diese Rechtsprechung zu Minderheitsgesellschafter-Geschäftsführern begründet der BGH damit, dass die Geschäftsführer in diesem Fall zusammen die Geschicke des Unternehmens bestimmen können, dessen Gewinn- und Verlustrisiko sie infolge ihrer kapitalmäßigen

---

[204] BGHZ 77, 94 (101).
[205] BGHZ 77, 94 (102); nach *Höfer* BetrAVG Rn. 5593, soll der zu genau 50% beteiligte Geschäftsführer aus dem Anwendungsbereich des BetrAVG ausgeschlossen sein, weil er die Möglichkeit hat, alle ihm nicht genehmen Entscheidungen zu blockieren; idS auch obiter dictum BGHZ 77, 233 (242); LG Köln ZIP 2001, 1649 zu einer sich aus einem Treuhandverhältnis ergebenden Mehrheit.
[206] BGHZ 77, 241; 108, 333; krit. Scholz/*Schneider* § 35 GmbHG Rn. 260.

5. Kapitel. Organisationsverfassung

Bindung überwiegend tragen, so dass sie nach der Verkehrsanschauung als typische Mitunternehmer anzusehen sind.[207] Für Geschäftsführer einer GmbH & Co. KG werden dabei dessen Beteiligungen an der GmbH und der KG zusammengerechnet.[208]

99 Die Anwendbarkeit des BetrAVG hat Bedeutung insbesondere für die Geltung der **Unverfallbarkeitsregeln** des § 1b BetrAVG[209], der Möglichkeit zur **früheren Inanspruchnahme der Versorgungsleistung** (§ 6 BetrAVG), des **Insolvenzschutzes** (§§ 7 ff. BetrAVG) sowie der **Anpassungsverpflichtung** (§ 16 BetrAVG). Für Unternehmer-Geschäftsführer, die nicht unter den Geltungsbereich des BetrAVG fallen, dürfte jedoch an die frühere Rechtsprechung des BAG anzuknüpfen sein, wonach die Zusage eines Ruhegehalts spätestens nach 20-jähriger Unternehmenszugehörigkeit unverfallbar wird.[210]

100 Selbst wenn das BetrAVG nach oben Gesagtem auf eine Pensionszusage eines Geschäftsführers anwendbar ist, sind seine Regelungen nach Ansicht des BAG einfacher **abdingbar** als für Arbeitnehmer. Dort, wo das BetrAVG eine Abweichung durch Tarifvertrag erlaube, könne sie mit einem Organmitglied individualvertraglich vereinbart werden.[211] Denn sonst seien Organmitglieder, auf die Tarifverträge keine Anwendung fänden, stärker geschützt als Arbeitnehmer. Außerdem bestehe bei Organmitgliedern – wie bei den Tarifvertragsparteien – typischerweise keine Verhandlungsunterlegenheit.[212] Der BGH ist demgegenüber stets, wenn auch stillschweigend, von einer unbeschränkten Anwendbarkeit des BetrAVG auf Fremdgeschäftsführer ausgegangen, hatte aber dabei – soweit ersichtlich – immer über Aspekte zu entscheiden, in denen das BetrAVG ohnehin keine Abweichung durch Tarifvertrag zuließ. Folgt man dem BAG, ergeben sich größere Regelungsspielräume im Anstellungs- oder Pensionsvertrag, vor allem aber auch in einem Aufhebungsvertrag, zB bei einer vollständigen oder teilweisen Abfindung der Anwartschaft oder einer Regelung zur Anpassung der Pension nach § 16 BetrAVG.

101 In seltenen Ausnahmefällen kann eine Versorgungszusage unter dem Gesichtspunkt des Rechtsmissbrauchs **widerrufen** werden. Voraussetzung dafür ist, dass der Geschäftsführer seine Pflichten in so grober Weise verletzt hat, dass sich die von ihm erbrachte Betriebstreue als wertlos oder zumindest

---

[207] BGHZ 77, 240; 108, 333; BGH NJW 1980, 2254; siehe auch BGH NZA 1997, 1055.
[208] *Tillmann/Mohr*, Geschäftsführer, Rn. 418; *Höfer* BetrAVG Rn. 5614.
[209] Nach BAG NZA 2005, 927 zählen für die gesetzliche Unverfallbarkeit nur die Zeiten, die aufgrund vertraglicher Beziehung zwischen dem Empfänger der Versorgungszusage und dem Unternehmen erbracht werden. Daraus folgt, dass Zeiten, die zunächst in einem Arbeitsverhältnis mit der KG und anschließend in einem Anstellungsverhältnis mit der GmbH erbracht werden, nicht zusammengerechnet werden. Es reicht nicht aus, dass die Tätigkeit der GmbH der KG wirtschaftlich zugute kommt.
[210] BAGE 24, 177; Scholz/*Schneider* § 35 GmbHG Rn. 272.
[211] BAG AP Nr. 20 zu § 1 BetrAVG Beamtenversorgung.
[212] Zustimmend *Diller/Arnold/Kern* GmbHR 2010, 281; *Thüsing/Granetzny* NZG 2010, 449.

erheblich entwertet herausstellt.²¹³ Bejaht wurde dies bisher nur dann, wenn die Gesellschaft durch die Pflichtverletzung in eine ihre Existenz bedrohende Lage gebracht wurde.²¹⁴ Dementsprechend reichen typischerweise Gründe, die eine fristlose Kündigung rechtfertigen, ebenso wenig aus wie die Tatsache, dass der Geschäftsführer sich gegenüber der Gesellschaft schadensersatzpflichtig gemacht oder Strafrechtsnormen verletzt hat. Gleiches gilt für eine Konkurrenztätigkeit nach Eintritt des Versorgungsfalls, sofern diese nicht ruinös ist.²¹⁵

Versorgungsleistungen aus einem Vertragsverhältnis im Geltungsbereich **102** des BetrAVG sind nach § 16 BetrAVG grundsätzlich in 3-jährigem Rhythmus darauf zu überprüfen, ob nach billigem Ermessen eine Anpassung erforderlich ist. Im Rahmen dieser Prüfung sind die Belange des Versorgungsempfängers mit denjenigen des Unternehmens abzuwägen. Erstere sind ausreichend berücksichtigt, wenn die Erhöhung dem Anstieg des Preisindexes für die Lebenshaltung eines 4-Personen-Haushalts mit mittlerem Einkommen oder dem Anstieg der Nettoeinkommen vergleichbarer „Arbeitnehmer" des Unternehmens entspricht (vgl. § 16 Abs. 2 BetrAVG). Von einer hierdurch vorgegebenen Anhebung der Versorgungsleistung kann abgesehen werden, wenn die wirtschaftliche Lage des Unternehmens die Anpassung nicht zulässt, weil die Anpassungsbeträge nicht aus den Erträgen des Unternehmens und seinem Wertzuwachs finanzierbar sind.²¹⁶ Die **Anpassungsprüfungspflicht** entfällt gemäß § 16 Abs. 3 BetrAVG, wenn entweder das Unternehmen sich zu einer Anpassung der laufenden Leistungen von jährlich 1 % verpflichtet oder wenn die Versorgungszusage über eine Direktversicherung oder eine Pensionskasse durchgeführt wird, ab Rentenbeginn alle auf den Rentenbestand entfallenden Überschussanteile zur Erhöhung der laufenden Leistungen verwendet werden und zur Berechnung der garantierten Leistung der nach § 65 Abs. 1 Nr. 1a VAG festgesetzte Höchstzinssatz zur Berechnung der Deckungsrückstellung nicht überschritten wird.

Während Versorgungszusagen für Fremdgeschäftsführer **steuerlich** wie **103** solche für Arbeitnehmer behandelt werden, so dass für Direktzusagen Rückstellungen gebildet werden können und die Beiträge für Direktversicherungen als Betriebsausgaben abzugsfähig sind,²¹⁷ muss bei Zusagen an Geschäftsführer, die zugleich GmbH-Gesellschafter sind, zur Vermeidung der Annahme einer verdeckten Gewinnausschüttung besonders auf die Erdienbarkeit der Pension, die Üblichkeit der Versorgungszusage und die Angemessenheit der Höhe der Pensionsleistungen geachtet werden.²¹⁸

Ist der Geschäftsführer gleichzeitig Kommanditist, gelten besondere Re- **104** geln: Beschränkt sich die GmbH auf die Funktion als Komplementär der KG, dann finden unabhängig davon, ob die Versorgung von der GmbH oder

---

²¹³ BGH NJW 2000, 1197; OLG München DB 2009, 951.
²¹⁴ BAG BB 2013, 819; BGH NZA 2002, 511; vgl. ferner BAG DB 1982, 2411; BGH NJW 1984, 1529; NZA-RR 1997, 147.
²¹⁵ BGH NZA 2001, 612.
²¹⁶ St. Rspr., vgl. BAG BB 2013, 2100; NZA 1985, 496; NZA 1989, 744.
²¹⁷ *Heubeck/Schmauck*, Altersversorgung, Rn. 256.
²¹⁸ Ausführl. *Jaeger*, Anstellungsvertrag, 217 f.

5. Kapitel. Organisationsverfassung

der KG zugesagt wird, steuerrechtlich die für Mitunternehmer geltenden Grundsätze (§ 15 EStG) auch auf die Versorgungszusage Anwendung. Die Beiträge zu einer Direktversicherung sind nicht als Betriebsausgaben abzugsfähig. Übt die GmbH über ihre Funktion als Komplementär noch eine eigene deutlich abgrenzbare gewerbliche Tätigkeit aus, so wird für diesen Bereich die Versorgungszusage steuerlich anerkannt, selbst wenn der Geschäftsführer an der KG beteiligt ist und im Übrigen die Grundsätze des § 15 EStG gelten.[219]

105 **d) Wettbewerbsverbot.** Aufgrund der zwischen Geschäftsführer und Gesellschaft bestehenden Treuepflicht unterliegt der Geschäftsführer auch ohne gesonderte Vereinbarung **während der Dauer seines Anstellungsvertrags** einem Wettbewerbsverbot. Dieses untersagt ihm, ein konkurrierendes Handelsgewerbe zu betreiben oder auch nur einzelne Geschäfte im Geschäftszweig der Gesellschaft auszuführen.[220] Ebenso wenig darf der Geschäftsführer persönlich haftender Gesellschafter einer konkurrierender Handelsgesellschaft oder beherrschender Gesellschafter einer konkurrierenden Kapitalgesellschaft werden. Ob darüber hinaus auch eine Minderheitsbeteiligung, bei der auch aus anderem Grund kein maßgeblicher Einfluss auf die Geschäftsführung ausgeübt werden kann, kraft Gesetzes unzulässig ist, wird nicht einheitlich beurteilt.[221] Es empfiehlt sich daher, eine im konkreten Fall sachgerechte Regelung im Anstellungsvertrag zu treffen. Schließlich ist es dem Geschäftsführer nach hM untersagt, Geschäftschancen, die er für die Gesellschaft wahrnehmen könnte, zu seinen eigenen Gunsten oder zugunsten Dritter zu nutzen, soweit der Bereich des satzungsmäßigen Unternehmensgegenstandes oder des über den Gesellschaftsvertrag hinaus tatsächlich wahrgenommenen Gegenstands der Geschäftstätigkeit der Gesellschaft reicht.[222]

106 Das Wettbewerbsverbot beginnt mit Aufnahme der vertraglichen Tätigkeit. Mangels Vereinbarung eines nachvertraglichen Wettbewerbsverbots endet es jedenfalls mit der Beendigung des Anstellungsvertrags.[223] Ausnahmsweise sind Wettbewerbshandlungen des Geschäftsführers zulässig, wenn ihm die jeweils zuständigen Gesellschafter entweder generell oder im Einzelfall gestatten, konkurrierend tätig zu werden.[224]

---

[219] *Tillmann/Mohr*, Geschäftsführer, Rn. 418 ff.
[220] *Jaeger*, Anstellungsvertrag, 165 ff.; *Tillmann/Mohr*, Geschäftsführer, Rn. 209 ff.
[221] Für zulässig halten dies zB *Tillmann/Mohr*, Geschäftsführer, Rn. 212; *Scholz/Schneider*, GmbHG § 43 Rn. 165; für unzulässig zB *Jaeger*, Anstellungsvertrag, 165.
[222] *Lutter/Hommelhoff/Kleindiek* Anh. § 6 GmbHG Rn. 20 ff.; Baumbach/Hueck/*Zöllner/Noack* § 35 GmbHG Rn. 42; BGH GmbHR 1983, 300; 1986, 42 f.; 1989, 365 ff.
[223] Davon geht jedenfalls BGH ZIP 1988, 47 aus. Ob das Verbot schon vorher endet, wenn der Geschäftsführer abberufen und während des Laufs der Kündigungsfrist freigestellt wird, ist unklar. Dafür zB OLG Oldenburg NZG 2000, 1038.
[224] Baumbach/Hueck/*Zöllner/Noack* § 35 GmbHG Rn. 43; Lutter/Hommelhoff/*Kleindiek* Anh. § 6 GmbHG Rn. 23. Im Fall eines Gesellschafter-Geschäftsführers kann die Gestattung einer Wettbewerbstätigkeit eine verdeckte Gewinnausschüttung darstellen, vgl. hierzu *Jaeger*, Anstellungsvertrag, 166.

§ 16 *Geschäftsführung und Vertretung*

Vorstehende Regelungen gelten entsprechend zugunsten der GmbH & 107
Co. KG, da der Geschäftsführer der Komplementär-GmbH einer GmbH &
Co. KG verpflichtet ist, keine Handlungen vorzunehmen, welche der GmbH
& Co. KG schaden könnten.[225] Unabhängig hiervon sollte schon zum Zwecke des Hinweises des Geschäftsführers auf seine Verpflichtungen ein Wettbewerbsverbot auch zugunsten der GmbH & Co. KG in den Anstellungsvertrag des GmbH-Geschäftsführers aufgenommen werden.[226]

Verstößt der Geschäftsführer gegen das vertragliche Wettbewerbsverbot, 108
muss er mit der Geltendmachung eines Unterlassungsanspruchs oder einer
fristlosen Kündigung seines Anstellungsvertrags und ggf. der Geltendmachung von Schadensersatzansprüchen bzw. – soweit vertraglich vereinbart –
einer Vertragsstrafe rechnen. Alternativ kann die Gesellschaft die Herausgabe
der vom Geschäftsführer aus der Wettbewerbstätigkeit gezogenen Vorteile
verlangen.[227]

Einer besonderen Vereinbarung bedarf die anstellungsvertragliche Ver- 109
pflichtung[228] des Geschäftsführers zur Einhaltung eines Wettbewerbsverbots
für die Zeit nach Beendigung des Anstellungsvertrags. Da jedenfalls Fremdgeschäftsführer in der Regel nur gegen Zahlung einer Karenzentschädigung
bereit sind, ein **nachvertragliches Wettbewerbsverbot** zu vereinbaren,
sollte stets genau geprüft werden, ob ein solches Wettbewerbsverbot tatsächlich erforderlich ist, um nennenswerte Wettbewerbsnachteile auszuschließen.

Für nachvertragliche Wettbewerbsverbote mit Organen juristischer Perso- 110
nen existieren keine gesetzlichen Regelungen. Eine entsprechende Anwendung der für Arbeitnehmer geltenden §§ 74 ff. HGB, die von weiten Teilen
des Schrifttums unter Hinweis auf die bei Fremdgeschäftsführern typischerweise bestehende wirtschaftliche und soziale Abhängigkeit befürwortet
wird,[229] schließt die Rechtsprechung des BGH aus:[230] Nach Ansicht des
BGH ist die den HGB-Vorschriften zugrunde liegende Abwägung zwischen
den Arbeitgeber- und den Arbeitnehmerinteressen mit der Interessenlage
zwischen Gesellschaft und Organmitglied nicht vergleichbar, da das Organmitglied weitaus mehr als der Angestellte die Gesellschaft repräsentiere und
sich geschäftliche Beziehungen auf dessen Person konzentrierten. Die Gefahr der Schädigung des Unternehmens aus einer Konkurrenztätigkeit sei
daher bei einem Geschäftsführer sehr viel stärker als bei einem Arbeitnehmer.[231] Statt nach HGB ermittelt der BGH die Grenzen nachvertraglicher
Wettbewerbsverbote mit Organmitgliedern aus § 138 BGB iVm Art. 2 und
12 GG. Dies bedeutet nach Ansicht des BGH allerdings nicht, dass nicht
doch einzelne Regelungen aus den §§ 74 ff. HGB angewendet werden können. Im Gegenteil, diejenigen Regelungen, deren Ziel in der Wahrung der
besonderen Interessen des Unternehmens besteht, sollen anwendbar sein,

---

[225] Hesselmann/Tillmann/*Mueller-Thuns*/*Mussaeus*, GmbH & Co., § 4 Rn. 275.
[226] Hesselmann/Tillmann/*Mueller-Thuns*/*Mussaeus*, GmbH & Co., § 4 Rn. 276.
[227] Baumbach/Hueck/*Zöllner*/*Noack* § 35GmbHG Rn. 47.
[228] Gesellschafter-Geschäftsführer können auch einem *gesellschaftsvertraglichen*
Wettbewerbsverbot unterliegen. Hierzu s. → § 27.
[229] *Bauer/Diller*, Wettbewerbsverbote, 1038 mwN.
[230] BGHZ 91, 1 ff. = NJW 1984, 2366; NZG 2008, 664; 2008, 753.
[231] BGHZ 91, 1 (4).

während die Vorschriften aus §§ 74 ff. HGB, die dem Schutz des Geschäftsführers dienen, nur zur Ausfüllung der Generalklausel des § 138 BGB herangezogen werden können. So hat der BGH[232] dem Unternehmen die Möglichkeit eröffnet, sich trotz fehlender Regelung über einen Verzicht auf das Wettbewerbsverbot entsprechend § 75a HGB von einer Wettbewerbsabrede zu lösen. Allerdings hat der BGH diese Differenzierung in der Folgezeit nicht durchgehalten,[233] so dass der Ausgang von Gerichtsverfahren, auch auf der Ebene der OLG's, kaum mehr vorhersehbar ist.[234] Darüber hinaus ist die Argumentation des BGH deshalb zweifelhaft, weil auch bei Anwendung der Regelungen der §§ 74 ff. HGB ein ausreichender Schutz des Unternehmens vor einer vom Geschäftsführer ausgehenden und möglicherweise stärkeren Beeinträchtigung der Unternehmensinteressen möglich ist. Damit rechtfertigt die Prämisse einer stärkeren Gefährdung des Gesellschaftsinteresses durch einen Geschäftsführer als durch einen Arbeitnehmer nicht die Herausnahme des in wirtschaftlich und sozial abhängiger Stellung beschäftigten Fremdgeschäftsführers aus dem Anwendungsbereich der §§ 74 ff. HGB.[235]

111 Unter Zugrundelegung der BGH-Rechtsprechung sind Wettbewerbsverbote mit Organmitgliedern zulässig, wenn sie dem Schutz eines berechtigten Interesses des Unternehmens dienen und die Berufsausübung sowie die wirtschaftliche Betätigung des Organmitglieds nicht unbillig erschweren.[236] Das **berechtigte Interesse der Gesellschaft** besteht bereits dann, wenn es Anlass zu der Befürchtung gibt, der Geschäftsführer werde seine durch die Geschäftsführertätigkeit erlangten geschäftlichen Kenntnisse und Beziehungen verwerten, um in die Geschäftsbeziehungen der Gesellschaft mit Kunden und/oder Lieferanten einzubrechen.[237] Entsteht eine Gefährdung der Interessen des Unternehmens allein aus einem Einbrechen des Geschäftsführers in den Kundenkreis der Gesellschaft, so kann dem mit einer Kundenschutzklausel begegnet werden; für ein Wettbewerbsverbot fehlt dann ein berechtigtes Interesse. Eine unbillige Erschwerung der beruflichen Tätigkeit des Geschäftsführers ist anzunehmen, wenn der zeitliche, räumliche oder gegenständliche Geltungsbereich des Verbots zu weit gefasst ist. Als zeitliche Höchstgrenze für die Vereinbarung eines Wettbewerbsverbotes sieht der BGH[238] idR den Zeitraum von 2 Jahren. In gegenständlicher und räumlicher Hinsicht ist das Wettbewerbsverbot zu beschränken auf die Geschäftsgegenstände und Gebiete, in denen die Gesellschaft tätig ist. Ob bei einem

---

[232] BGH NJW 1992, 1892.
[233] Vgl. bspw. zum Verzicht auf das nachvertragliche Wettbewerbsverbot die Entscheidung BGH NZG 2002, 475, aus der nicht deutlich wird, ob der kurz vor Vertragsende erklärte Verzicht als solcher oder nur der daraus resultierende Wegfall der Karenzentschädigungspflicht unwirksam sei. Eine dogmatische Begründung der Entscheidung unter Berücksichtigung der Frage der Anwendbarkeit der §§ 74 ff. HGB fehlt.
[234] *Bauer/Diller*, Wettbewerbsverbote, Rn. 1037.
[235] Eingehend *Bauer/Diller*, Wettbewerbsverbote, Rn. 1038.
[236] BGHZ 91, 1 (5); BGH NZG 2002, 475; *Bauer/Diller*, Wettbewerbsverbote, Rn. 1046 ff.; *Jaeger*, Anstellungsvertrag, 168 ff.
[237] *Jaeger*, Anstellungsvertrag, 168; vgl. a. OLG Düsseldorf DB 1990, 1960.
[238] BGHZ 91, 1 (6); GmbHR 1990, 77 (79).

zu weitreichenden Wettbewerbsverbot eine geltungserhaltende Reduktion der Wettbewerbsabrede auf das zulässige Maß in Betracht kommt, ist streitig,[239] in jedem Fall sollte eine salvatorische Klausel vertraglich vereinbart werden. Auf Basis der Nichtanwendbarkeit der §§ 74 ff. HGB besteht nach der Rechtsprechung keine grundsätzliche Pflicht, einem Geschäftsführer als Gegenleistung für das Wettbewerbsverbot eine Karenzentschädigung zu versprechen.[240] Allerdings könne ein entschädigungsloses Wettbewerbsverbot nach § 138 BGB iVm Art. 12 GG unwirksam sein.[241] Dies nimmt die herrschende Literaturmeinung zwar nicht für eine bloße Kundenschutzabrede, wohl aber für ein branchenbezogenes Konkurrenzverbot für einen Fremdgeschäftsführer an.[242] Gerade der Fremdgeschäftsführer verfüge nämlich häufig über branchenspezifische Kenntnisse, die es sehr schwierig erscheinen ließen, eine auch nur einigermaßen angemessene Tätigkeit in einer fremden Branche zu finden. Über diesen Grundkonsens hinaus gehen die Ansichten über die Höhe der geschuldeten Entschädigung jedoch auseinander. Mangels Geltung der §§ 74 ff. HGB soll sie nach überwiegender Meinung an den Umständen des Einzelfalls bemessen werden. Dabei spielt vor allem der Grad der Einschränkung der künftigen beruflichen Tätigkeit eine Rolle.[243] Ob die Karenzentschädigung nur an der Festvergütung bemessen werden darf, also insbesondere variable Bezüge außer Betracht bleiben dürfen, soll sich auch nach der Höhe dieser Leistungen im Verhältnis zur Gesamtvergütung richten. Mache die variable Vergütung einen wesentlichen Anteil aus, könne ihre Ausklammerung aus der Berechnung der Karenzentschädigung unbillig sein.[244] Für die vertragsgestaltende Praxis ist festzuhalten, dass eine Orientierung an § 74 Abs. 2 HGB zumindest im Regelfall sicherstellt, dass die Wirksamkeit eines nachvertraglichen Wettbewerbsverbots nicht an der Höhe der Karenzentschädigung scheitert.[245] Ist eine Karenzentschädigung vereinbart, ihre Höhe aber unzureichend, führt dies nach § 138 BGB zur Unwirksamkeit des Wettbewerbsverbots[246], es sei denn, die Regelung verweist hilfsweise auf die §§ 74 ff. HGB, damit also auch auf § 74a HGB, wonach das Verbot unverbindlich ist, so dass der Geschäftsführer – wie ein Arbeitnehmer – wählen kann, entweder den Wettbewerb zu unterlassen und die (vereinbarte)

112

---

[239] Vgl. Darstellungen bei *Jaeger*, Anstellungsvertrag, 173 ff. und *Bauer/Diller*, Wettbewerbsverbote, Rn. 1046 ff.; OLG Düsseldorf GmbHR 1999, 120 (122).
[240] BGHZ 91, 1 (5); NZG 2002, 475; demgegenüber sprechen sich für eine analoge Anwendung des § 74 Abs. 2 HGB auf Fremdgeschäftsführer zB Baumbach/Hueck/*Zöllner/Noack*, § 35 GmbHG Rn. 202; Scholz/*Schneider* § 43 GmbHG Rn. 182.
[241] BGHZ 91, 1 (5); NZG 2002, 475.
[242] *Bauer/Diller*, Wettbewerbsverbote, Rn. 1073, 1074; MüKoGmbHG/*Jaeger* § 35 Rn. 379.
[243] *Bauer/Diller*, Wettbewerbsverbote, Rn. 1077; MüKoGmbHG/*Jaeger* § 35 Rn. 380.
[244] *Jaeger*, Anstellungsvertrag, 172 f.
[245] MüKoGmbHG/*Jaeger* § 35 Rn. 380.
[246] BGH NZG 2008, 753; OLG Düsseldorf GmbHR 1990, 180 f.; *Jaeger*, Anstellungsvertrag, 175; *Bauer/Diller*, Wettbewerbsverbote, Rn. 1084.

5. Kapitel. Organisationsverfassung

113 Karenzentschädigung zu verlangen oder Wettbewerb zu betreiben.[247] Ein Anspruch auf eine erhöhte Karenzentschädigung besteht jedenfalls nicht.[248] Obwohl der BGH in seinem Urteil vom 17.2.1992[249] angenommen hat, dass die gesetzlichen Bestimmungen der §§ 74 ff. HGB jedenfalls dann entsprechend anwendbar seien, wenn sie die Wahrung der Unternehmensinteressen verfolgten, hat er eine Anwendung des § 74c HGB über die Anrechnung anderweitigen Erwerbseinkommens auf eine vereinbarte Karenzentschädigung abgelehnt und dies ua damit begründet, dass eine Karenzentschädigung nicht zwingend versprochen werden müsse. Werde jedoch eine Entschädigung vereinbart, dann unterlägen auch die Anrechnung als solche und ihr Ausmaß der Vereinbarung der Parteien.[250]

114 **Verstößt der Geschäftsführer** gegen das vereinbarte Wettbewerbsverbot, kann die Gesellschaft ihn, ggf. im Wege der einstweiligen Verfügung, auf **Unterlassung** in Anspruch nehmen. Solange der Wettbewerbsverstoß andauert, braucht die Karenzentschädigung nicht gezahlt zu werden (§ 323 Abs. 5 S. 1 BGB).[251] Denkbar ist auch die Forderung von **Schadenersatz**. Da Schadensersatzansprüche aus Wettbewerbsverstößen vor allem im Hinblick auf den Nachweis eines kausal durch den Wettbewerbsverstoß verursachten Schadens problematisch sind, empfiehlt sich, die Wettbewerbsvereinbarung mit einer Vertragsstrafenabrede zu verbinden. Dies ist grundsätzlich auch in vorformulierten Dienstverträgen möglich, jedoch sind für nicht mehrheitsbeteiligte bzw. mit einer Sperrminorität ausgestattete Geschäftsführer die Regelungen der §§ 305 ff. BGB zu beachten. Eine besondere Rolle spielen dabei das Transparenzgebot (§ 307 Abs. 1 S. 2 BGB), das eine klare Abgrenzung zwischen mehrfachen Zuwiderhandlungen und einem Dauerverstoß verlangt,[252] und das Verbot der unangemessenen Benachteiligung (§ 307 Abs. 1 S. 1 BGB), das gerade auch im Hinblick auf die Höhe der Vertragsstrafe zu beachten ist. Während für nachvertragliche Wettbewerbsverbote mit Arbeitnehmern eine Strafe von einem Bruttomonatsgehalt als jedenfalls unbedenklich gilt,[253] dürfte für einen Geschäftsführer abhängig von den Umständen des Einzelfalls auch ein höherer Betrag zulässig sein, da von dessen Wettbewerbsverstößen typischerweise ein höherer Schaden droht und die Höhe der zulässigen Vertragsstrafe insbesondere durch eine angemessene Relation zum drohenden Schaden determiniert wird.[254]

---

[247] Bauer/Diller, Wettbewerbsverbote, Rn. 1084.
[248] Bauer/Diller, Wettbewerbsverbote, Rn. 1084, BGH NZG 2008, 753 für den Fall eines entschädigungslosen Wettbewerbsverbots.
[249] BGHZ 91, 1 ff.
[250] NZG 2008, 664; kritisch hierzu MüKoGmbHG/Jaeger § 35 Rn. 381.
[251] BAG DB 1968, 2041.
[252] BAG NZA 2008, 170.
[253] Bauer/Diller, Wettbewerbsverbote, Rn. 941; auch für Geschäftsführer angemessen, aber auch ausreichend hält dies Jaeger, Anstellungsvertrag, 183.
[254] BAG NZA 2004, 727; anders Bauer/Diller, Wettbewerbsverbote, Rn. 1114, nach denen § 307 BGB nicht gelten solle, weil es keine gesetzliche Regelung gebe, von der abgewichen werde. Ein Verstoß gegen § 307 soll daher nur bei einer exorbitant überzogenen Vertragsstrafe vorliegen, sonst sei die Vertragsstrafe auch bei Formularverträgen nach § 343 BGB herabzusetzen.

Bei der Auswahl der Sanktionen im Fall der Verletzung des Wettbewerbsverbots ist zu beachten, dass die Geltendmachung einer Vertragsstrafe für einen bestimmten Zeitraum die Geltendmachung eines Unterlassungsanspruchs für den gleichen Zeitraum ausschließt.[255] **115**

5. Laufzeit und Beendigung

Schon infolge des Ausschlusses von Organvertretern aus dem Anwendungsbereich des KSchG (§ 14 Abs. 1 KSchG) ist die Position eines GmbH-Geschäftsführers idR weitaus ungesicherter als diejenige eines Arbeitnehmers. Dem sich daraus ergebenden Bedürfnis des Geschäftsführers an einer Sicherung zumindest seiner materiellen Lebensgrundlage wird in der Praxis auf verschiedene Weise Rechnung getragen: Eher selten findet sich bereits im Anstellungsvertrag eine Vereinbarung über eine bei Vertragsende zu zahlende Abfindung. In der Regel wird entweder der Anstellungsvertrag befristet oder es werden lange Kündigungsfristen vereinbart, ggf. kombiniert mit einer Beschränkung auf bestimmte Kündigungstermine.[256] Die Befristung des Vertrags bedeutet mangels anderer Abrede, dass während der Laufzeit des Vertrags für beide Seiten eine ordentliche Kündigung ausgeschlossen ist.[257] Nur dann, wenn der Vertrag auf eine längere Zeit als 5 Jahre abgeschlossen ist, darf der Geschäftsführer als Dienstverpflichteter gemäß der zwingenden[258] Regelung des § 624 BGB nach Ablauf von 5 Jahren mit 6-monatiger Frist kündigen. Bei Geschäftsführern, die vor ihrer Bestellung bereits in einem Arbeitsverhältnis zur Gesellschaft standen, finden sich gelegentlich auch Abreden, dass dieses Arbeitsverhältnis während der Dauer der Organstellung ruht und nach deren Beendigung wieder auflebt. **116**

a) Ordentliche Kündigung. Geschäftsführeranstellungsverträge, die **mit der GmbH**, deren Organ der Geschäftsführer ist, abgeschlossen sind, unterliegen kraft ausdrücklicher gesetzlicher Anordnung nicht dem gesetzlichen Kündigungsschutz des KSchG (§ 14 Abs. 1 KSchG). Eine ordentliche Kündigung setzt deshalb grundsätzlich nur die Einhaltung der Kündigungsfrist, nicht aber das Bestehen eines Kündigungsgrundes voraus. Der Ausschluss der Anwendbarkeit des KSchG gilt auch, wenn bei einer GmbH & Co. KG der Geschäftsführervertrag mit der KG geschlossen ist.[259] **117**

Ob ein Geschäftsführer von der Berufung auf etwaigen Sonderkündigungsschutz (zB nach § 85 SBG IX oder § 9 MSchG) ausgeschlossen ist,[260] ist durch das BAG-Urteil vom 26.5.1999[261] zweifelhaft geworden. Dort hat das BAG es für ausnahmsweise möglich gehalten, dass ein Geschäftsführer **118**

---

[255] *Bauer/Diller*, Wettbewerbsverbote, Rn. 966 ff.; *Jaeger*, Anstellungsvertrag, 184.
[256] Vgl zu den untersch. Vertragsfassungen *Jaeger*, Anstellungsvertrag, 148 ff.
[257] St. Rspr., vgl. BGH NJW 1990, 387 f.
[258] ErfK/*Müller-Glöge* § 624 BGB Rn. 1.
[259] NZA 2003, 1108 zu der im Wesentlichen gleich lautenden Rechtswegregelung des § 5 Abs. 1 S. 3 ArbGG. Für § 14 Abs. 1 KSchG kann nichts anderes gelten.
[260] AA *Neumann/Pahlen/Majerski-Pahlen*, SGB IX, § 85 Rn. 26 iVm § 73 Rn. 46; *Buchner/Becker*, MSchG/BErzGG, § 1 Rn. 94; *Scholz/Schneider* § 35 GmbHG Rn. 322 mwN.
[261] BAG NZA 1999, 987; hierzu → Rn. 83.

5. Kapitel. Organisationsverfassung

Arbeitnehmer der Gesellschaft ist (siehe oben → Rn. 83). Ist das der Fall, finden Sonderkündigungsschutz gewährende Gesetze, die keine dem § 14 Abs. 1 KSchG entsprechende Ausnahmeregelung haben, Anwendung. Selbst außerhalb eines solchen Ausnahmefalls iSd Rechtsprechung des BAG ist Geschäftsführerinnen auf der Basis der Rechtsprechung des EuGH[262] aus europarechtlichen Gründen der gleiche Mutterschutz wie Arbeitnehmerinnen zu gewähren. Eine Erstreckung des § 85 SGB IX auf schwerbehinderte Geschäftsführer hat das OLG Düsseldorf abgelehnt.[263]

119 Für einen Geschäftsführer, dessen **Anstellungsvertrag mit einer anderen Gesellschaft** als der KG oder der GmbH, zu deren Organ er bestellt ist, abgeschlossen wurde, greift der generelle Ausschluss der Anwendbarkeit des KSchG nicht ein, vielmehr ist in jedem Einzelfall zu prüfen, ob der Geschäftsführer ausreichend selbständig agieren kann, um als (freier) Dienstnehmer angesehen zu werden.[264] Anderenfalls ist die Kündigung eines länger als 6 Monate und in einem Betrieb mit mehr als 10 Arbeitnehmern (vgl. §§ 1, 23 KSchG) bestehenden Vertragsverhältnisses nur wirksam, wenn ein Kündigungsgrund nach dem KSchG vorliegt, die Kündigung also personen- oder verhaltensbedingt oder durch dringende betriebliche Gründe gerechtfertigt ist (vgl. § 1 Abs. 2 KSchG).[265]

120 Als **gesetzliche Mindestkündigungsfrist** ist mangels einer Vereinbarung über eine längere Kündigungsfrist sowohl gegenüber dem Fremdgeschäftsführer[266] wie gegenüber dem nicht mehrheitsbeteiligten Gesellschafter-Geschäftsführer[267] die gesetzliche Mindestkündigungsfrist von 4 Wochen zum 15. oder zum Ende eines Monats (§ 622 Abs. 1 BGB) einzuhalten. Fremdgeschäftsführer und minderheitsbeteiligte Gesellschafter-Geschäftsführer können sich nach hM darüber hinaus auf die verlängerten Kündigungsfristen des § 622 Abs. 2 BGB berufen.[268]

121 **b) Außerordentliche Kündigung.** Eine außerordentliche (fristlose) Kündigung ist berechtigt, wenn Umstände vorliegen, die nach Abwägung aller Umstände des Einzelfalls einer der Vertragsparteien das **Festhalten am Vertrag** bis zum Ablauf der ordentlichen Kündigungsfrist oder der vereinbarten Befristung **nicht mehr zumutbar** erscheinen lassen (§ 626 Abs. 1 BGB). Dies kommt grundsätzlich nur bei schweren Pflichtverstößen in Betracht, beispielsweise der Aufstellung irreführender Bilanzen, der groben Missachtung von Gesellschafterweisungen oder der Begehung von Straftaten

---

[262] NZA 2011, 143; dazu *Bauer* GWR 2010, 586, *Baeck/Winzer* NZG 2011, 101; *Reiserer* DB 2011, 2262.
[263] GmbHR 2012, 1347.
[264] BAG AP Nr. 1 zu § 14 KSchG; BAG ZIP 1992, 1496.
[265] Auf die hier im Einzelnen bestehenden Anforderungen kann an dieser Stelle nicht eingegangen werden, vgl. vielmehr die Kommentierungen zum KSchG, zB *Hueck/von Hoyningen-Huene*, KSchG.
[266] BGHZ 79, 291 = NJW 1981, 1270.
[267] BGHZ 91, 217 (219) = NJW 1984, 2528.
[268] *Jaeger*, Anstellungsvertrag, 220 m. Fn. 302; LG Berlin DB 2001, 640; LAG Köln NZA-RR 1999, 300.

§ 16 Geschäftsführung und Vertretung

zum Nachteil der Gesellschaft.[269] In besonderen Fällen kann auch der dringende Verdacht einer Straftat oder einer gravierenden Pflichtverletzung einen ausreichenden Grund für eine außerordentliche Kündigung darstellen. Voraussetzung hierfür ist in jedem Fall die vorherige Anhörung des zu Kündigenden, um diesem die Möglichkeit zur Entkräftung der vorliegenden Verdachtsmomente zu geben.[270] Nach der Rechtsprechung des BGH[271] bedarf es vor der fristlosen Kündigung eines Geschäftsführers grundsätzlich keiner vorherigen Abmahnung, da der Geschäftsführer nicht einem Arbeitnehmer vergleichbar schutzbedürftig sei und er sich außerdem über die ihm obliegenden Pflichten und über die Tragweite etwaiger Pflichtverletzungen auch ohne besondere Hinweise und Ermahnungen im Klaren sein müsse.

Eine unwirksame außerordentliche Kündigung kann im Regelfall in eine ordentliche Kündigung umgedeutet werden, wenn eine solche nach dem Anstellungsvertrag zulässig ist.[272] 122

Auch der Geschäftsführer ist bei einer groben Pflichtverletzung durch die Gesellschaft zur außerordentlichen Kündigung des Vertrags berechtigt. Eine solche Situation kann insbesondere bei gesetzeswidrigen Weisungen der Gesellschafter eintreten.[273] Auch ein Widerruf der Geschäftsführerbestellung kann einen wichtigen Grund zur Kündigung des Dienstvertrags durch den Geschäftsführer darstellen.[274] Ob dem Geschäftsführer nach einer solchen Kündigung ein **Schadensersatzanspruch nach § 628 BGB** zusteht, wird von BGH und BAG unterschiedlich beurteilt. Gelte weder aufgrund Gesellschaftsvertrags noch aufgrund des Anstellungsvertrags[275] eine Beschränkung der freien Abberufbarkeit des Geschäftsführers, so trifft die Gesellschaft nach Ansicht des BGH[276] im Regelfall kein Auflösungsverschulden, mithin entfalle ein Anspruch nach § 628 BGB. Demgegenüber bejahte das BAG[277] in dem Fall einer entgegen vertraglicher Vereinbarung nicht erfolgten Bestellung zum Geschäftsführer ein Auflösungsverschulden bereits deshalb, weil 123

---

[269] Kasuistik bei Baumbach/Hueck/Zöllner/Noack § 35 GmbHG Rn. 220; Lutter/Hommelhoff/*Kleindiek* Anh. § 6 GmbHG Rn. 57 ff.

[270] Vgl. zB OLG Karlsruhe NZG 2011, 987; OLG Frankfurt NJW-RR 1993, 1259.

[271] NZG 2002, 46; BGH NJW 2000, 1638.

[272] BGH NJW 1998, 76.

[273] Lutter/Hommelhoff/*Kleindiek* Anh. § 6 GmbHG Rn. 56; MHdB GesR III/*Marsch-Barner/Diekmann* § 43 Rn. 97, jew. mwN.

[274] Vgl. BGH NJW 2003, 351; *Jaeger*, Anstellungsvertrag, 199.

[275] Eine schuldrechtliche Beschränkung des Widerrufs der Bestellung im Anstellungsvertrag muss dabei unmissverständlich zum Ausdruck gebracht werden. Aus einer Befristung des Vertrags oder allgemeinen Standardformulierungen über die Pflichten des Geschäftsführers kann eine Beschränkung der freien Abberufbarkeit nicht abgeleitet werden. Zu beachten ist außerdem, dass die Abrede über eine beschränkte Abberufbarkeit von dem insoweit vertretungsberechtigten Organ der Gesellschaft abgeschlossen worden sein muss, OLG Dresden Urt. v. 4.12.2001 – 2 U 1145/01, NJOZ 2003, 3301.

[276] NJW 2003, 351 und Vorinstanz OLG Karlsruhe NZG 2003, 480; bestätigt durch BGH NZG 2012, 502.

[277] NZA 2002, 1323.

5. Kapitel. Organisationsverfassung

die Nichtbestellung ein vertragswidriges Verhalten der Gesellschaft darstelle.[278]

124 Der Entzug von Kompetenzen ist regelmäßig als Grund für eine fristlose Kündigung nicht ausreichend, da das Organisationsrecht der GmbH diese berechtigt, Kompetenzen anders zu ordnen und auch große Teile der Zuständigkeit zu entziehen.[279]

125 Das Recht zur außerordentlichen Kündigung kann vertraglich nicht abbedungen werden.[280] Auch Vereinbarungen, die dem Geschäftsführer bei einer Kündigung aus wichtigem Grund eine Abfindung gewähren, sind als unzumutbare Erschwerung der Vertragsbeendigung unwirksam (§ 134 BGB).[281] Es können jedoch im Anstellungsvertrag bestimmte Umstände definiert werden, bei denen das Recht zur außerordentlichen Kündigung gegeben sein soll, zB die Eröffnung des Insolvenzverfahrens über das Vermögen der Gesellschaft, die Vornahme von Wettbewerbshandlungen oder schwere Verstöße gegen Weisungen der Gesellschafter. Tritt einer dieser Tatbestände ein und ist er grundsätzlich geeignet, einen wichtigen Grund für eine fristlose Kündigung darzustellen, bedarf es keiner zusätzlichen Abwägung der Einzelfallumstände. Genügt der definierte Sachverhalt demgegenüber den gesetzlichen Vorgaben für einen wichtigen Grund im Sinne des § 626 BGB nicht, soll das Vertragsverhältnis unter Wahrung der gesetzlichen Mindestkündigungsfrist enden.[282]

126 Dringend zu beachten ist, dass eine außerordentliche Kündigung nur wirksam ist, wenn sie innerhalb von **2 Wochen ab Kenntniserlangung** von dem zur Kündigung berechtigenden Grund dem Erklärungsempfänger zugeht (§ 626 Abs. 2 BGB). Wird diese sog. Kündigungserklärungsfrist versäumt, ist eine fristlose Kündigung ungeachtet der Schwere des Vertragsverstoßes ausgeschlossen. Die Frist beginnt zu laufen, sobald diejenigen Umstände bekannt sind, welche die notwendige Grundlage für eine Entscheidung über eine außerordentliche Kündigung bilden.[283] Lediglich dann, wenn noch weitere Ermittlungen erforderlich sind, um eine Beurteilung des zur Kündigung veranlassenden Verhaltens vornehmen zu können, wird die 2-Wochen-Frist zunächst gehemmt.[284] Bedarf es im Hinblick auf eine in Erwägung gezogene Verdachtskündigung einer Anhörung des zu Kündigenden, ist diese im Regelfall innerhalb von 1 Woche durchzuführen.[285] Entscheidend für die Kenntnis auf Gesellschaftsseite ist die Kenntnis des zur Kündigung berechtigten Organs. Ist dieses – wie regelmäßig – ein Kollegialorgan, ist grundsätzlich auf die Kenntnis aller Mitglieder abzustellen.[286] Dabei löst nach dem

---

[278] Ausführlich zu beiden Entscheidungen *Bauer/Diller/Krets* DB 2003, 2687.
[279] BGH NZG 2012, 502.
[280] Allg. M., vgl. Palandt/*Weidenkaff* § 626 BGB Rn. 2.
[281] BGH NJW 2000, 2983.
[282] BGH NJW 1989, 2683.
[283] Vgl. nur BGH NJW 1996, 1403.
[284] BAG DB 2003, 1685.
[285] OLG Stuttgart – 9 U 102/10.
[286] BGH NZG 2013, 615; NJW 1998, 3274f.; OLG Thüringen NZG 2010, 226; s.a. BGH GmbHR 1993, 33f.: Zurechnung der Kenntnis eines Mitgeschäftsführers zu den Gesellschaftern kommt nicht in Betracht; zur Zurechnung der Kenntnis eines

Urteil des BGH vom 15.6.1998[287] – entgegen dessen früherer Rechtsprechung[288] – nicht schon eine außerhalb der Gesellschafterversammlung, sondern erst die nach deren Zusammentritt erlangte Kenntnis der für die Kündigung maßgeblichen Tatsachen den Beginn der Frist aus. Wird allerdings die Einberufung der Gesellschafterversammlung nach Kenntniserlangung von den zu ihrer Einberufung berechtigten Mitgliedern unangemessen verzögert, so muss die Gesellschaft sich so behandeln lassen, als wäre die Gesellschafterversammlung mit der billigerweise zumutbaren Beschleunigung einberufen worden. Hierdurch möchte der BGH dem kündigungsberechtigten Organ die Kündigungserklärungsfrist als echte Überlegungsfrist belassen, sie also nicht durch Zeiten aufzehren, die zB aufgrund von Ladungsfristen für die Einberufung des zur Kündigung berechtigten Organs erforderlich waren. Nach Ansicht des OLG München[289] besteht ein gewichtiges Indiz für die Annahme einer unangemessenen Verzögerung der Einberufung der Gesellschafterversammlung, wenn die Ermittlungen zum Kündigungssachverhalt mehr als 2 Wochen in Stillstand geraten.

Sachverhalte, die bei Ausspruch der Kündigung bereits vorlagen, aber noch nicht länger als 2 Wochen bekannt waren, können auf der Basis eines Beschlusses des zuständigen Gesellschaftsorgans zur Rechtfertigung der Kündigung nachgeschoben werden.[290]   127

Nicht zwingend ein wichtiger Grund für die außerordentliche Kündigung des Anstellungsvertrags sind die Gründe, bei deren Vorliegen der Geschäftsführer einer mitbestimmten Gesellschaft nach §§ 31 MitbestG, 84 Abs. 1 AktG abberufen werden kann.[291] Für mitbestimmte Gesellschaften ist deshalb aus Gesellschaftssicht eine Regelung zu empfehlen, nach welcher entweder der Anstellungsvertrag mit Wirksamwerden der Abberufung nach § 84 AktG automatisch endet bzw. mindestens für den Fall einer Abberufung mit einer kurzen Frist gekündigt werden kann.   128

c) Koppelung von Abberufung und Kündigung. In zahlreichen Geschäftsführer-Anstellungsverträgen wird der Trennung von Organstellung und Anstellungsverhältnis dadurch Rechnung getragen, dass eine Abberufung als Kündigung zum nächstmöglichen Zeitpunkt[292] gilt, gelegentlich wird die Abberufung weitergehend sogar als Grund für eine sofortige Beendigung des Vertragsverhältnisses bezeichnet. Während gegen die erste Alternative keine rechtlichen Bedenken bestehen,[293] stellt die zweite Variante ins-   129

Aufsichtsratsmitglieds, wenn dieses als anwaltlicher Vertreter der Gesellschaft bereits früher Kenntnis erlangt hat, vgl. zur KG NZG 2000, 101.

[287] BGH NJW 1998, 3278.
[288] Fristbeginn auch bei Kenntniserlangung durch alle Organmitglieder außerhalb einer Gesellschafterversammlung BGH NJW 1980, 2411 f.; DStR 1997, 1338.
[289] 7 U 4774/08.
[290] BGH NJW 2004, 1528; OLG Stuttgart 9 U 102/10.
[291] *Fitting/Wlotzke/Wissmann* § 31 MitbestG Rn. 40.
[292] *Jaeger,* Anstellungsvertrag, 155; s. auch BGH NJW 1999, 3263.
[293] Bei einem befristeten Vertrag, der nicht ordentlich kündbar ist, endet der Vertrag dann jedoch erst mit Ablauf der Befristung, sofern nicht eine außerordentliche Kündigung wirksam wäre, vgl. BGH NJW 1999, 3263.

besondere bei GmbH's, deren Gesellschaftsvertrag entsprechend § 38 Abs. 1 GmbHG eine freie und jederzeitige Abberufbarkeit des Geschäftsführers vorsieht, eine auflösende Bedingung dar. Soweit der Anstellungsvertrag im Übrigen eine Kündigungsregelung oder eine Befristung aufweist, dürfte eine solche auflösende Bedingung in einem Vertrag mit einem Fremd- bzw. minderheitsbeteiligten Geschäftsführer regelmäßig bereits gegen das Verbot überraschender Klauseln nach § 305c BGB und das Verbot unangemessener Benachteiligung nach § 307 Abs. 1 S. 2 BGB verstoßen. Außerdem liegt eine unzulässige Umgehung des § 626 BGB vor, denn die Koppelung führt im Ergebnis zu einer ordentlichen Kündigung ohne Einhaltung irgendeiner Kündigungsfrist bzw. zu einer außerordentlichen Kündigung ohne wichtigen Grund.[294] Daher ist eine solche Regelung unwirksam.[295] Hier wird sich die Frage stellen, ob ersatzweise die vertraglich vereinbarte Frist[296] bzw. die gesetzliche Mindestkündigungsfrist[297] anzuwenden ist.

130   d) **Kündigungskompetenz.** Die Kündigung eines mit der GmbH abgeschlossenen Anstellungsvertrags hat aufgrund eines **Beschlusses der GmbH-Gesellschafter** zu erfolgen, sofern nicht eine andere Regelung im Gesellschaftsvertrag oder für mitbestimmte Gesellschaften in § 31 MitbestG iVm § 84 AktG getroffen ist. Fehlt eine Regelung, so ist im Zweifel das Organ zuständig, welches den Anstellungsvertrag abgeschlossen hat und welches auch für die Bestellung und Abberufung des Geschäftsführers zuständig ist.[298] Besteht der Anstellungsvertrag des GmbH-Geschäftsführers mit der KG, ist die Kündigung durch die KG, vertreten durch ihre Komplementärin, zu erklären. Dies wird dann problematisch, wenn die Komplementär-GmbH zur ordnungsgemäßen Vertretung gerade auf die Mitwirkung des Geschäftsführers angewiesen ist, dessen Vertragsverhältnis gekündigt werden soll. Wie beim Abschluss des Vertrags muss in dieser Situation wieder auf die Gesellschafter der Komplementär-GmbH zurückgegriffen werden.[299]

131   In der Regel, aber nicht notwendig, wird der Beschluss zum Ausspruch der Kündigung zusammen mit der Abberufung gefasst. Ist der Geschäftsführer bei der Beschlussfassung über die Kündigung nicht zugegen, muss die Kündigung gesondert erklärt werden. Hierzu empfiehlt es sich dringend, in dem Beschluss über die Kündigung eine Person zu bevollmächtigen, welche namens der Gesellschaft die Kündigung erklärt. Zur Vermeidung einer Zurückweisung der Kündigung wegen fehlenden Nachweises der Vertretungs-

---

[294] MüKoGmbHG/*Jaeger* § 35 Rn. 394; vgl. auch BGH NJW 1998, 1480.
[295] BGH NJW 1998, 1480; anders aber bei gleichzeitig entstehendem Abfindungsanspruch OLG München – 23 U 3673/10; zur Unwirksamkeit wegen Verstoßes gegen das Verbot überraschender Klauseln und gegen das Transparenzgebot siehe MüKoGmbHG/*Jaeger* § 35 Rn. 394.
[296] Vgl. BGH NJW 1999, 3263.
[297] BGH NJW 1989, 2683 für das Anstellungsverhältnis eines Vorstands einer AG; bei einem Verstoß gegen § 305c BGB kommt diese aber wohl nicht in Betracht, vgl. MüKoGmbHG/*Jaeger* § 35 Rn. 394 Fn. 6.
[298] Vgl. nur Lutter/Hommelhoff/*Kleindiek* Anh. § 6 GmbHG Rn. 51.
[299] BGH DB 1970, 389, dazu → Rn. 78.

macht (§ 174 BGB) ist der Kündigungserklärung ein Original dieses Beschlusses beizufügen.

Die Kündigung selbst sollte zu Nachweiszwecken auch dann, wenn der Vertrag einen Schriftformzwang nicht vorsieht, schriftlich abgefasst werden. Hierbei ist die Angabe von Gründen nicht erforderlich, lediglich bei einer außerordentlichen Kündigung müssen auf Nachfrage Gründe mitgeteilt werden.[300]

e) Aufleben eines früheren Arbeitsvertrags?

War ein Geschäftsführer vor seiner Bestellung Arbeitnehmer der Gesellschaft, ist stets eine klare Regelung zum Schicksal des Arbeitsverhältnisses zu empfehlen. Anderenfalls drohen Rechtsstreitigkeiten und unliebsame Überraschungen. Zu unterscheiden sind hier im Wesentlichen zwei Konstellationen:

- Aus Anlass der Bestellung wird zwar ein schriftlicher Geschäftsführer-Anstellungsvertrag abgeschlossen, diesem fehlt aber eine Regelung in Bezug auf das Arbeitsverhältnis. Entgegen seiner früheren Rechtsprechung[301] geht das BAG jetzt davon aus, dass das bestehende Arbeitsverhältnis hiermit im Zweifel aufgehoben worden sei.[302] Das Schriftformerfordernis für die Aufhebung von Arbeitsverhältnissen (§ 623 BGB) sei durch den schriftlich abgeschlossenen Geschäftsführer-Anstellungsvertrag gewahrt.[303] Dies funktioniert aber nur, wenn der Anstellungsvertrag mit gerade der Gesellschaft geschlossen wird, mit der auch der Arbeitsvertrag besteht. Ein Geschäftsführer-Anstellungsvertrag mit der Komplementär-GmbH kann einen Arbeitsvertrag mit der KG nicht aufheben.
- Wird kein neuer schriftlicher Vertrag abgeschlossen, bleibt das Arbeitsverhältnis bestehen. Daneben, so das BAG in einer Entscheidung vom 11.3.2011[304], werde mit der Bestellung zum Geschäftsführer „notwendig" eine weitere vertragliche Vereinbarung begründet, typischerweise ein Dienstvertrag. Dieser mündlich oder stillschweigend geschlossene Vertrag erfüllt allerdings das Schriftformerfordernis für die Aufhebung des Arbeitsverhältnisses nicht, so dass dieses neben dem Geschäftsführer-Anstellungsverhältnis ruhend fortbesteht. Obiter Dictum führt das BAG aus, dass sich an diesem Ergebnis selbst dann nichts ändern würde, wenn man eine mündliche Abrede über eine Änderung des Arbeitsverhältnis in ein freies Dienstverhältnis annähme, denn auch eine solche Änderung unterliege dem Schriftformgebot. Dies ergebe sich aus dem Sinn und Zweck des § 623 BGB, der Schutz vor Übereilung gewähre und eine Klarstellungs- und Beweisfunktion habe. Nicht ausgeschlossen ist jedoch auch, dass das

---

[300] Ein Verstoß macht die Kündigung allerdings nicht unwirksam, es können lediglich Schadensersatzansprüche drohen, falls der Geschäftsführer in Kenntnis der wahren Kündigungsgründe keinen Prozess angestrengt hätte, vgl. ErfK/*Müller-Glöge* § 626 BGB Rn. 239. Lt. LG Zweibrücken GmbHR 2009, 1159 kann der Anspruch auf Mitteilung der Gründe mit einer Leistungsklage selbständig eingeklagt werden.
[301] BAG NZA 1986, 792.
[302] BAG NZA 2007, 1095 mit umfangr. Nachweisen; NZA 2009, 669; 2006, 1154.
[303] Hierzu vgl. *Krause* ZIP 2000, 2284; *Holthausen/Steinkraus* NZA-RR 2002, 281 (287); *Haase* GmbHR 2004, 279.
[304] NZA 2011, 2684.

ursprüngliche Arbeitsverhältnis oder ein konkludent neu abgeschlossenes Arbeitsverhältnis die Grundlage für die Geschäftsführertätigkeit bildet, wie es das BAG in einem Beschluss vom 23.8.2011[305] betr. § 5 Abs. 3 ArbGG auf der Grundlage des Klägervortrags angenommen und daher für während der Geschäftsführerbestellung entstandene vertragliche Ansprüche die Zuständigkeit der Arbeitsgerichte bejaht hat. Die Zivilgerichte seien in einem solchen Fall nur bei einer während der Dauer der Bestellung erhobenen Klage zuständig.

136 Um für klare Verhältnisse Sorge zu tragen, empfiehlt es sich in der Praxis, eine ausdrückliche Regelung über entweder eine Fortdauer des Arbeitsverhältnisses oder aber dessen Aufhebung in einen Geschäftsführer-Anstellungsvertrag aufzunehmen.

6. Streitigkeiten

137 Sofern die Parteien nicht nach § 2 Abs. 4 ArbGG den Rechtsweg zu den Arbeitsgerichten vereinbart haben, sind Streitigkeiten aus einem Anstellungsvertrag zwischen der **GmbH und dem bei ihr bestellten Geschäftsführer** vor dem Landgericht, hier der Kammer für Handelssachen (§ 95 Abs. 1 Nr. 4a GVG), auszutragen.

138 Die Eröffnung des Rechtswegs zu den Zivilgerichten beruht darauf, dass nach § 2 Abs. 1 Nr. 3 ArbGG Arbeitsgerichte nur für Streitigkeiten zwischen Arbeitgebern und Arbeitnehmern zuständig sind, wobei § 5 Abs. 1 S. 3 ArbGG bestimmt, dass „Personen, die kraft Gesetzes oder Gesellschaftsvertrags allein oder als Mitglied des Vertretungsorgans zur Vertretung der juristischen Person berufen sind", keine Arbeitnehmer sind. Dies gilt selbst dann, wenn der Bestellung zum Geschäftsführer eine Probezeit vorgeschaltet ist[306] oder das Vertragsverhältnis bei materieller Betrachtungsweise wegen starker interner Weisungsabhängigkeit unstreitig als Arbeitsverhältnis anzusehen ist.[307] Nur dann, wenn der Rechtsstreit nicht das der Organstellung zugrunde liegende Rechtsverhältnis, sondern eine weitere Rechtsbeziehung (zB ein fortdauerndes ruhendes Arbeitsverhältnis oder ein nach Abberufung des Geschäftsführers neu begründetes Arbeitsverhältnis) betrifft, greift die Fiktion des § 5 Abs. 1 S. 3 ArbGG nicht ein,[308] ist also der Rechtsweg zu den Arbeitsgerichten eröffnet.

139 In Abkehr von seiner früheren Rechtsprechung[309] wendet das BAG die den Rechtsweg zu den Arbeitsgerichten ausschließende Fiktion des § 5 Abs. 1 S. 3 ArbGG jetzt auch auf **Rechtsstreitigkeiten aus einem zwischen dem Geschäftsführer der Komplementär-GmbH und der KG**

---

[305] AP Nr. 69 zu § 5 ArbGG 1979.
[306] BAG NZA 1997, 1363; LAG Köln v. 12.1.2012 – 12 Ta 274/11; anders nach LAG Rheinland-Pfalz v. 8.12.2011 – 11 Ta 230/11, bei einer ausdrücklicher Vereinbarung einer mehrmonatigen Tätigkeit „als leitender Angestellter" vor der vorgesehenen Bestellung.
[307] BAG Beschl. v. 25.5. 1999 – 5 AZB 30/98; BAG NZA 1996, 952.
[308] BAG NZA 1999, 839; 2002, 52; 2003, 1108.
[309] BAG DB 1983, 1442; NZA 1995, 1070.

geschlossenen Anstellungsvertrag an.[310] Zur Begründung weist das Gericht zutreffend darauf hin, dass der mittelbare Geschäftsführer in gleicher Weise wie der bei der GmbH angestellte GmbH-Geschäftsführer den Arbeitgeber organschaftlich vertrete (siehe → Rn. 84), so dass ein Rechtsstreit im „Arbeitgeberlager" vorliege, der nach dem Willen des Gesetzgebers nicht vor den Arbeitsgerichten geführt werden solle.

Besteht der Anstellungsvertrag des Geschäftsführers demgegenüber **mit einer anderen Gesellschaft** als der GmbH, zu deren Organ er bestellt ist, oder der KG, deren mittelbarer Geschäftsführer er ist, zB mit der Konzernmuttergesellschaft, greift § 5 Abs. 1 S. 3 ArbGG nicht ein.[311] Ob der Rechtsweg zu den Arbeitsgerichten eröffnet ist, richtet sich nach der im Einzelfall zu ermittelnden Rechtsnatur des Vertragsverhältnisses als Dienstvertrag, als Arbeitsvertrag oder als arbeitnehmerähnliches Rechtsverhältnis[312]. 140

Besteht nicht bereits im Gesellschaftsvertrag[313] oder durch das MitbestG eine Regelung über die Vertretung der Gesellschaft im Prozess[314], obliegt es den Gesellschaftern nach § 46 Nr. 8 GmbHG, über die Vertretung der Gesellschaft in einem (Aktiv- oder Passiv-)Prozess mit einem Geschäftsführer zu entscheiden. Wenn und solange keine (ausdrückliche oder konkludente) Entscheidung hierzu getroffen ist, ist nach hM[315] zu differenzieren: Gibt es keinen (vertretungsberechtigten) Geschäftsführer, der an dem Prozess nicht als Partei beteiligt ist, ist die Gesellschaft handlungsunfähig und es muss ggf. ein Prozesspfleger oder Notgeschäftsführer bestellt werden. Gibt es noch am Prozess unbeteiligte vertretungsberechtigte Geschäftsführer in ausreichender Zahl, bleibt es bis zu einem anderweitigen Gesellschafterbeschluss bei der Vertretung durch diese(n) Geschäftsführer. Dies gilt unabhängig davon, ob der Geschäftsführer, mit dem der Prozess geführt wird, noch im Amt ist oder nicht.[316] Ein Vertretungsmangel kann in jeder Lage des Verfahrens geheilt werden, insbesondere dadurch, dass sich der richtige Vertreter an dem Prozess beteiligt.[317] 141

Gehen die Auffassungen der Vertragsparteien über die Rechtsnatur des Vertrags auseinander (ohne dass ein Fall der Fiktion des § 5 Abs. 1 S. 3 ArbGG vorliegt) und rügt eine Partei die Eröffnung des Rechtswegs zu dem angerufenen Gericht, muss dieses hierüber in einem Vorabentscheidungsverfah- 142

---

[310] BAG NZA 2003, 1108.
[311] BAG Beschluss v. 7.7.1998 – 5 AZB 46/97.
[312] MüKoGmbHG/*Jaeger* § 35 Rn. 295 iV, Rn. 253.
[313] OLG München NZG 2003, 634.
[314] Zur gesetzlichen Zuständigkeit des Aufsichtsrats für Streitigkeiten zwischen Aktiengesellschaft und Vorstand siehe BAG NJW 2002, 1444.
[315] BGH NZG 2012, 502; ausführlich MüKoGmbHG/*Liebscher* § 46 Rn. 285 ff.
[316] So BGH NJW 1959, 355, bestätigt durch BGH NJW 1992, 977, aA bspw. OLG Brandenburg: Geltung nur für amtierende Geschäftsführer, NZG 1998, 446 und Urteil v. 6 U 79/09; im Detail s. MüKoGmbHG/*Liebscher* § 46 Rn. 268 ff.
[317] OLG Frankfurt ZIP 2011, 2008; OLG Thüringen NZG 2010, 226; OLG München NZG 2003, 633, welches einen Eintritt, der ohne Billigung der Prozessführung durch die Geschäftsführung allein zur Geltendmachung des Vertretungsmangels erfolgt, für unbeachtlich hält mit der Folge, dass die Heilung des Vertretungsmangels eintritt und die Klage damit zulässig wird.

ren[318] beschließen. Hierbei ist stark umstritten, inwieweit im Rahmen der Rechtswegprüfung die Tatbestandsmerkmale „Arbeitnehmer" bzw. „Arbeitsverhältnis" zu prüfen sind.[319]

143 Nach der BAG-Rechtsprechung[320] gilt Folgendes: Stützt sich der klageweise geltend gemachte Anspruch ausschließlich auf eine arbeitsrechtliche Grundlage, ist also die Behauptung des Klägers vom Bestehen eines Arbeitsverhältnisses sowohl in Bezug auf den Rechtsweg als auch in Bezug auf die Begründetheit der Klage gleichermaßen relevant (zB die Arbeitnehmereigenschaft bei der Geltendmachung von Kündigungsschutz nach § 1 Abs. 2 KSchG), sog. *sic-non-Fall*,[321] bejaht das BAG den Rechtsweg zu den Arbeitsgerichten bereits dann, wenn der klagende Geschäftsführer nur die Behauptung aufstellt, Arbeitnehmer zu sein. Eine Beweiserhebung sei für die Bejahung des Rechtswegs nicht notwendig, auf diese komme es erst im Rahmen der Begründetheit der Klage an. Ergebe sich, dass der Kläger nicht Arbeitnehmer sei, so sei die Klage als unbegründet abzuweisen.

144 Macht der Geschäftsführer Ansprüche geltend, die entweder auf eine arbeitsrechtliche oder auf eine bürgerlich-rechtliche Anspruchsgrundlage gestützt werden können, die sich gegenseitig jedoch ausschließen (zB Zahlung der Vergütung, sog. *aut-aut-Fall*) oder die sowohl auf eine arbeitsrechtliche als auch eine bürgerlich-rechtliche Anspruchsgrundlage (Klage gegen eine außerordentliche Kündigung, § 626 BGB, sog. *et-et-Fall*) gestützt werden, fehlt bislang eine Entscheidung des BAG. In der Literatur wird es überwiegend für erforderlich gehalten, bereits im Vorabentscheidungsverfahren über den Rechtsweg Beweis über die für die Beurteilung des Status maßgeblichen Tatsachen zu erheben.[322] Ggf. kann in diesen Konstellationen (nicht jedoch in Zusammenhang mit einem *sic-non-Fall*)[323] eine Zusammenhangszuständigkeit nach § 2 Abs. 3 ArbGG angenommen werden.

V. Die Haftung des Geschäftsführers

145 Kehrseite der Verantwortung des Geschäftsführers für die Leitung des Geschäftsbetriebs der GmbH und damit mittelbar der GmbH & Co. KG ist seine Haftung für aus der Geschäftsführung entstandene Schäden. Hierbei nimmt die Haftung des GmbH-Geschäftsführers in der Rechtsprechung seit

---

[318] § 48 Abs. 1 ArbGG iVm. §§ 17 ff. GVG.
[319] Ausführlich *Jaeger* NZA 1998, 962 f., ferner *Holthausen/Steinkraus* NZA-RR 2002, 281; *Kamanabrou* DB 2002, 146.
[320] BAG NZA 2001, 285; 1996, 1005; 1997, 674; 1997, 509; zustimmend auch BGH EWiR 2010, 569.
[321] Kritisch zur BAG-Rechtsprechung in *sic-non-Fällen* LAG Düsseldorf Urteil v. 12.1.2011 – 12 Sa 1411/10.
[322] So ua *Jaeger* NZA 1998, 963; *Kissel* NZA 1995, 353; *Ascheid*, Urteils- und Beschlussverfahren, Rn. 90 ff.; Für einen aut-aut-Fall die Notwendigkeit einer Beweiserhebung bejahend BGH NZA-RR 2010, 99. Offen gelassen in BAG NZA 1997, 674, jedenfalls nicht ausreichend sei aber die bloße Rechtsansicht des Klägers, es bestehe ein Arbeitsverhältnis.
[323] BAG NZA 2003, 1163; LAG Hamm Beschluss v. 2 Ta 163/12.

Jahren breiten und zunehmenden Raum ein. Dies liegt weniger daran, dass die Gesellschaften ihre Geschäftsführer häufiger als früher für Fehler zur Verantwortung ziehen, sondern beruht eher darauf, dass Insolvenzverwalter oder Gläubiger der Gesellschaft zunehmend Ansprüche der Gesellschaft gegen den Geschäftsführer geltend machen.

In systematischer Hinsicht ist zu differenzieren zwischen der **Innen-** **haftung** (gegenüber der KG) und der **Außenhaftung** (gegenüber Gesellschaftern und gesellschaftsfremden Dritten) sowie zwischen **vertraglichen, quasivertraglichen und deliktischen Anspruchsgrundlagen**. Daneben existieren gesetzliche **Haftungstatbestände für Sondersituationen** der Gesellschaft, insbesondere im Gründungsstadium und in der Krise. Angesichts der kaum noch überschaubaren Kasuistik können nachstehend nur die wesentlichen Leitlinien der Haftung dargelegt werden. 146

1. Haftung gegenüber der KG

Die KG kann gegen den Geschäftsführer sowohl vertragliche wie deliktische Ansprüche haben. Neben den umfangreichen vertraglichen Geschäftsführungspflichten spielt die deliktische Haftung, welche insbesondere bei strafrechtsrelevantem Verhalten des Geschäftsführers zusätzlich eingreift,[324] nur eine untergeordnete Rolle. Nachfolgende Ausführungen konzentrieren sich daher auf die vertraglichen Haftungsansprüche. 147

a) **Begründung der vertraglichen bzw. quasivertraglichen Haftung**. Die Geschäftsführerhaftung bei einer GmbH & Co. KG unterliegt im Grundsatz den gleichen Regeln wie bei einer GmbH. Besteht der Anstellungsvertrag des Geschäftsführers unmittelbar mit der KG, so leuchtet ein, dass diese Gläubigerin etwaiger Ersatzansprüche gegen den Geschäftsführer wegen einer Verletzung der ihm vertraglich obliegenden Geschäftsführungspflichten ist. Nichts anderes gilt jedoch, wenn der Anstellungsvertrag mit der Komplementär-GmbH abgeschlossen wurde. Hier entfaltet dieser Vertrag nach ständiger Rechtsprechung des BGH[325] eine Schutzwirkung zugunsten der KG, wenn – wie dies regelmäßig der Fall ist – die wesentliche Aufgabe der GmbH darin besteht, die Geschäfte der KG zu führen. Daran kann es fehlen, wenn die GmbH über die Funktion als Komplementärin hinaus auch selbst operativ nach außen auftritt.[326] Ist die KG in den Schutzbereich des Anstellungsvertrags einbezogen, so ist ihr auch ohne unmittelbare eigene Vertragsbeziehung zum Geschäftsführer ein unmittelbarer Anspruch aus § 43 Abs. 2 GmbHG gegen diesen eingeräumt.[327] Eines „Umwegs" über die GmbH und deren Haftung für ihre Organe nach § 31 BGB bedarf es daher nicht. Entsprechendes gilt für die durch die Bestellung begründete organschaftliche Sonderrechtsbeziehung zwischen der Komplementärin und ih- 148

---

[324] Vgl. BGH GmbHR 1987, 304 f.
[325] Zunächst nur für die Publikumsgesellschaft BGHZ 75, 321 ff., dazu auch BGH NZG 2013, 1021; später erweitert durch BGHZ 76, 326 (337 f.).
[326] Vgl. BGH NZG 2002, 568.
[327] Krit. zB *K. Schmidt,* Gesellschaftsrecht, § 56 IV 3b; *Hüffer* ZGR 1981, 354 ff.

5. Kapitel. Organisationsverfassung

rem Geschäftsführer, die ebenfalls drittschützende Wirkung zugunsten der Kommanditgesellschaft entfaltet.[328]

149 Für die Geltendmachung von Ersatzansprüchen gegen GmbH-Geschäftsführer durch die KG ist ein besonderer Gesellschafterbeschluss der KG nicht erforderlich. Dies ergibt sich aus dem Fehlen einer § 46 Nr. 8 GmbHG vergleichbaren Bestimmung für die KG.[329] Auch eines Beschlusses der GmbH-Gesellschafter bedarf es nicht, da die KG nach der Rechtsprechung des BGH einen eigenen Anspruch geltend macht.[330]

150 b) **Anspruchsvoraussetzungen.** Nach § 43 Abs. 2 GmbHG haften Geschäftsführer, die ihre Obliegenheiten verletzen, der Gesellschaft gesamtschuldnerisch für den entstandenen Schaden. Als eigene Anspruchsgrundlage[331] erfasst § 43 Abs. 2 GmbHG jede Pflichtverletzung, die der Geschäftsführer bei der Ausübung seiner Geschäftsführertätigkeit begeht. Der Geschäftsführer haftet also, wenn er durch positives Tun oder pflichtwidriges Unterlassen schuldhaft eine ihm als Geschäftsführer obliegende Pflicht verletzt und hierdurch einen Schaden verursacht. Dabei trägt die Gesellschaft in einem Prozess die Darlegungs- und Beweislast nur dafür, dass und inwieweit ihr aus einem Verhalten des Geschäftsführers in dessen Pflichtenkreis ein Schaden entstanden ist, wobei ihr die Erleichterungen des § 287 ZPO zugute kommen können. Anschließend obliegt es dem Geschäftsführer, darzulegen und erforderlichenfalls nachzuweisen, dass er seinen Sorgfaltspflichten nach § 43 Abs. 1 GmbHG nachgekommen ist, ihn kein Verschulden trifft oder der Schaden auch bei pflichtgemäßem Alternativverhalten eingetreten wäre.[332] Keine Pflichtverletzung liegt vor, wenn dem Handeln oder Unterlassen des Geschäftsführers eine unternehmerische Entscheidung zugrundeliegt, die von seinem unternehmerischen Ermessen gedeckt ist, weil er auf der Basis angemessener Informationen vernünftigerweise annehmen durfte, zum Wohle der Gesellschaft zu handeln (,,**business judgement rule**" analog § 93 Abs. 1 S. 2 AktG).[333] Dies setzt voraus, dass der Geschäftsführer alle angesichts der Tragweite der Entscheidung, der Kosten der Informationsbeschaffung, der Relevanz der Information und der vorhandenen Zeit verfügbaren Informationsquellen tatsächlicher und rechtlicher Art ausschöpft, auf dieser Grundlage die Vor- und Nachteile der bestehenden Handlungsoptionen sorgfältig abschätzt und den erkennbaren Risiken Rechnung trägt.[334] Die Darlegungs- und Beweislast trägt der Geschäftsführer.

151 Zur Feststellung von **Pflichtverletzungen** ist die Einteilung der Geschäftsführerpflichten in Pflichtenkreise hilfreich:

---

[328] BGH NZG 2013, 1021.
[329] BGHZ 76, 321 (338); OLG Hamm GmbHR 1993, 294 f.; OLG Karlsruhe ZIP 2013, 1767.
[330] OLG Karlsruhe ZIP 2013, 1767, nach dem dies selbst dann gilt, wenn die GmbH einen von der KG abgetretenen Anspruch geltend macht.
[331] Baumbach/Hueck/Zöllner/Noack § 43 GmbHG Rn. 1.
[332] BGH ZIP 2002, 2314; NZG 2013, 1021.
[333] Im Detail siehe *Ek*, Die Haftung des GmbH-Geschäftsführers, 25 ff.; *Tillmann/Mohr*, GmbH-Geschäftsführer, Rn. 528 ff.
[334] BGH NZG 2013, 1021.

§ 16 Geschäftsführung und Vertretung

- **Pflicht zur Unternehmensleitung:** Hierher gehört insbesondere die 152
Verpflichtung, für ein rechtmäßiges Verhalten der Gesellschaft im Außenverhältnis Sorge zu tragen und die internen Organisationsstrukturen so auszugestalten, dass dies gewährleistet ist, ferner die Beratung der Gesellschafter bei der Bestimmung der Unternehmenspolitik, die Umsetzung der von den Gesellschaftern beschlossenen Unternehmenspolitik und von Einzelweisungen, das Treffen der sonstigen unternehmerischen Entscheidungen und die Ausrichtung der internen Organisation des Unternehmens an Gesetz und Gesellschaftsvertrag.[335]
- **Pflicht zur aktiven Verfolgung des Gesellschaftszwecks** (Treue- 153
pflicht): Bei der Ausführung seiner Tätigkeit muss der Geschäftsführer ausschließlich das Wohl der Gesellschaft, nicht jedoch seinen eigenen Nutzen im Auge haben.[336] Er darf deshalb zB Geschäftschancen der Gesellschaft nicht für eigene Zwecke[337] bzw. für eine andere von ihm vertretene Gesellschaft[338] nutzen. Daneben hat der Geschäftsführer Schaden von der Gesellschaft abzuwenden.[339]
- **Pflicht zur Kooperation mit anderen Organen der Gesellschaft:** 154
Im Verhältnis zu den Mitgeschäftsführern besteht – unbeschadet einer Ressortaufteilung – die Verpflichtung, diese über bedeutsame Geschäftsvorfälle unterrichtet zu halten und sich selbst auch über deren Ressorts zu informieren, da die Ressortaufteilung nicht von der Überwachungspflicht entlastet (vgl. → Rn. 68). Auf Nachfrage sind Auskünfte zu erteilen.

Beispielhaft sind folgendhufig eine Geschäftsführerhaftung auslösende 155
Pflichtverletzungen zu nennen:
- Rechtmäßige Weisungen der Gesellschafter oder satzungsmäßige Zustimmungsvorbehalte werden nicht beachtet.
- Das dem Geschäftsführer obliegende Wettbewerbsverbot wird verletzt.
- Die Verpflichtung, für eine ordnungsgemäße Buchführung (§ 41 GmbHG) und die Aufstellung des Jahresabschlusses (§ 264 HGB) Sorge zu tragen, wird nicht beachtet.
- Entgegen der Verschwiegenheitspflicht werden Geheimhaltungsinteressen der Gesellschaft verletzt.
- Vor der Vergabe erheblicher Warenkredite erfolgt keine ausreichende Bonitätsprüfung des Schuldners.[340]

Eine Pflichtverletzung führt nur dann zu einem Schadensersatzanspruch, 156
wenn sie **schuldhaft**, dh vorsätzlich oder fahrlässig (§ 276 BGB), erfolgt. § 43 Abs. 1 GmbHG konkretisiert dies für einen GmbH-Geschäftsführer dahin, dass er **in den Angelegenheiten der Gesellschaft die Sorgfalt eines ordentlichen Geschäftsmanns** anzuwenden hat. Da der Geschäftsführer

---

[335] Lutter/Hommelhoff/*Kleindiek* § 43 GmbHG Rn. 12; Scholz/*Schneider* § 43 GmbHG Rn. 46; MHdB GesR III/*Marsch-Barner/Diekmann* § 46 Rn. 7.
[336] Lutter/Hommelhoff/*Kleindiek* § 43 GmbHG Rn. 19; BGH ZIP 1997, 1063 f.; zur KG NZG 2001, 129.
[337] *Tillmann*, Geschäftsführervertrag, Rn. 402. MHdB GesR III/*Marsch-Barner/Diekmann* § 46 Rn. 6.
[338] KG GmbHR 2010, 869.
[339] OLG Zweibrücken NZG 1999, 506.
[340] Weitere Beispiele bei *Tillmann/Mohr*, GmbH-Geschäftsführer, Rn. 536 ff.

5. Kapitel. Organisationsverfassung

fremde Vermögensinteressen wahrnimmt, gelten für ihn höhere Anforderungen als für einen ordentlichen Geschäftsmann, der in eigenen Angelegenheiten tätig wird.[341] Maßstab für den Geschäftsführer ist grundsätzlich die Stellung eines Verwalters fremden Vermögens.[342] Seit dem für eine Publikumsgesellschaft ergangenen Urteil des BGH vom 12.11.1979[343] gilt nach wohl überwiegender Auffassung dieser Sorgfaltsmaßstab auch für den (mittelbaren) Geschäftsführer einer GmbH & Co. KG, § 708 BGB ist daneben unanwendbar.[344]

157 Den Geschäftsführer trifft nach § 43 Abs. 1 GmbHG eine objektive Sorgfaltspflicht. Er kann sich grundsätzlich nicht darauf berufen, dass ihm persönlich die Kenntnisse zur ordnungsgemäßen Führung der Geschäfte der Gesellschaft fehlen.[345] Lediglich wenn die Gesellschafter wussten oder wissen mussten, dass der Geschäftsführer nicht die erforderlichen Fähigkeiten zur ordnungsgemäßen Ausführung seiner Organpflichten besitzt, kommt eine Berücksichtigung im Rahmen des Mitverschuldens der Gesellschaft in Betracht.[346] Auch wenn die Sorgfaltspflicht des Geschäftsführers eine objektive ist, bedeutet dies nicht, dass für alle Geschäftsführer ein und derselbe Maßstab gelten würde. Die Anforderungen sind vielmehr auf das geleitete Unternehmen abzustellen, seine Art, Größe und seine wirtschaftliche Lage; sie sind daher bei einem kleinen Handwerksunternehmen deutlich anders als bei einem großen Industrieunternehmen.[347]

158 Die **Haftung** des Geschäftsführers ist **ausgeschlossen**, wenn der Geschäftsführer aufgrund einer bindenden Weisung eines anderen weisungsberechtigten Gesellschaftsorgans handelte.[348] Auch ein stillschweigendes Einverständnis der Gesellschafter ist zum Ausschluss der Haftung des Geschäfts-

---

[341] *Tillmann/Mohr*, Geschäftsführer, Rn. 519 f.
[342] OLG Bremen GmbHR 1964, 8 f.; OLG Koblenz GmbHR 1991, 416 f.
[343] BGHZ 75, 321 (327).
[344] Str., Hesselmann/Tillmann/*Mussaeus*, GmbH & Co., § 4 Rn. 7 u. *Sudhoff*, Rechte und Pflichten, 167, halten nur § 708 BGB für anwendbar, weil den Geschäftsführer keine weitergehende Haftung als die GmbH treffen könne, diese jedoch hafte als Komplementärin nur nach § 161 Abs. 2, 105 HGB, 708 BGB. Dagegen spricht, dass die GmbH nur durch den Geschäftsführer handeln kann, für den der Sorgfaltsmaßstab in § 43 Abs. 1 GmbHG festgelegt ist, so dass die Sorgfalt in eigenen Angelegenheiten (§ 708 BGB) letztlich durch § 43 Abs. 1 GmbHG bestimmt wird, BGHZ 75, 321 (327). Diese Argumentation des BGH für Publikumsgesellschaften ist übertragbar. Ebenso Scholz/*Schneider* § 43 GmbHG Rn. 433; Rowedder/*Koppensteiner* § 43 GmbHG Rn. 66; diff. MHdB GesR II/*Wirth*, KG, § 7 Rn. 20: Für Fremdgeschäftsführer greife § 43 Abs. 1 GmbHG ein, während für einen Geschäftsführer aus dem Kreis der Kommanditisten, der aufgrund des Gesellschaftsvertrags der KG zu bestellen ist, lediglich § 708 BGB gelte. Ähnlich, allerdings ohne konkrete Abgrenzung *Hüffer* ZGR 1981, 361 f.
[345] BFH GmbHR 2000, 1211.
[346] MHdB GesR III/*Marsch-Barner/Diekmann* § 46 Rn. 15; Baumbach/Hueck/*Zöllner/Noack* § 43 GmbHG Rn. 29.
[347] *Tillmann/Mohr*, Geschäftsführer, Rn. 520.
[348] BGH NJW 2010, 64; MHdB GesR III/*Marsch-Barner/Diekmann* § 46 Rn. 34; Lutter/Hommelhoff/*Kleindiek* § 43 GmbHG Rn. 40; Baumbach/Hueck/*Zöllner/Noack* § 43 GmbHG Rn. 25.

führers ausreichend.[349] Voraussetzung ist dafür allerdings in jedem Fall, dass die Gesellschafter in Bezug auf die in Rede stehende Pflicht des Geschäftsführers dispositionsbefugt sind.[350] Bei der GmbH & Co. KG fehlt ein pflichtwidriges Verhalten des Geschäftsführers sowohl bei einem Einverständnis der GmbH-Gesellschafter als auch bei einem Einverständnis der Gesellschafter der KG.[351]

Die Ersatzpflicht des Geschäftsführers setzt schließlich voraus, dass der Gesellschaft ein **Schaden**, also eine Minderung des geldwerten Gesellschaftsvermögens, entstanden ist.[352]

Das hohe Haftungsrisiko des Geschäftsführers wirft die Frage auf, ob und ggf. unter welchen Voraussetzungen Haftungserleichterungen vereinbart werden dürfen (insbesondere durch eine Abmilderung des Haftungsmaßstabs oder eine summenmäßige Obergrenze). Dies ist von umso größerer Bedeutung, als die von der arbeitsgerichtlichen Rechtsprechung ursprünglich zur gefahrgeneigten Arbeit aufgestellten, später aber auf alle betrieblich veranlassten Tätigkeiten ausgedehnten Grundsätze der Haftungsmilderung[353] nach überwiegender Meinung nicht auf Geschäftsführer übertragen werden können,[354] jedenfalls nicht, soweit er innerhalb seines typischen unternehmerischen Aufgabenbereichs tätig wird.[355] Eine Haftungsminderung kommt nicht in Betracht für Ansprüche, auf welche die Gesellschaft nicht verzichten kann.[356] Außerhalb dieses Bereichs ist die Zulässigkeit einer **vertraglichen Haftungsminderung** streitig.[357] Da die Haftung des Geschäftsführers nach hM durch das Vorliegen einer wirksamen Gesellschafterweisung ausgeschlossen ist (vgl. → Rn. 158), die Gesellschafter dem Geschäftsführer auch trotz gewisser Unstimmigkeiten Entlastung erteilen oder ganz auf Ansprüche verzichten können, scheint eine gänzliche Ablehnung der vertraglichen Haftungsmilderung, auch für Pflichten, die dem Geschäftsführer lediglich im Interesse der Gesellschaft obliegen, nicht geboten.[358] Vielmehr spricht dies für eine vermittelnde Lösung dahin, eine Haftungsmilderung bis hin zur groben Fahrlässigkeit jedenfalls für Pflichten, die dem Geschäftsführer nicht im Inte-

---

[349] BGH NJW-RR 2003, 895.
[350] Lutter/Hommelhoff/*Kleindiek* § 43 GmbHG Rn. 42.
[351] BGH NZG 2013, 1021.
[352] MHdB GesR III/*Marsch-Barner/Diekmann* § 46 Rn. 17 ff.
[353] BAG NZA 1994, 1083.
[354] Gegen die Übertragung spricht auch die Begründung der Haftungserleichterung mit einem Mitverschulden durch die Stellung der fremdbestimmten betrieblichen Organisation. Diese Argumente treffen auf den Geschäftsführer als Repräsentanten des Arbeitgebers idR nicht zu (*Tillmann/Mohr* Geschäftsführer Rn. 627; Scholz/*Schneider* § 43 GmbHG Rn. 256).
[355] Anders evtl. außerhalb eines solchen Zusammenhangs, zB bei Unfall mit Dienst-Pkw, s. Scholz/*Schneider* § 43 GmbHG Rn. 257 mwN.
[356] Lutter/Hommelhoff/*Kleindiek* § 43 GmbHG Rn. 64. Drescher, Haftung des GmbH-Geschäftsführers, Rn. 402.
[357] Zum Meinungsstand *Fleischer* BB 2011, 2435 ff.; Lutter/Hommelhoff/*Kleindiek* § 43 Rn. 60 ff.
[358] Dafür spricht auch die Entscheidung BGH GmbHR 2000, 187, die abweichende Verjährungsvereinbarungen für zulässig erklärt, sofern sie nicht zu Gläubigerbenachteiligung führen.

resse des Schutzes der Gesellschaftsgläubiger obliegen, anzuerkennen.³⁵⁹ Voraussetzung hierfür ist jedoch stets, dass der Haftungserleichterung, sei sie im Gesellschaftsvertrag oder im Anstellungsvertrag geregelt, alle Gesellschafter zugestimmt haben.³⁶⁰ Bei konsequenter Anwendung der Begründung des BGH für die unmittelbare Haftung des GmbH-Geschäftsführers gegenüber der GmbH & Co. KG muss diese die Haftungsbeschränkung gegen sich gelten lassen.

161 Zunehmend üblich in der Praxis sind Vermögensschaden-Haftpflichtversicherungen (sog. **D&O-Versicherungen**), welche die Gesellschaft als Versicherungsnehmer zugunsten des Geschäftsführers als versicherte Person für den Fall abschließt, dass dieser auf Basis persönlicher Haftungstatbestände in Anspruch genommen wird. Der Versicherungsschutz umfasst die Befriedigung berechtigter Ansprüche ebenso wie die mit der Abwehr von Ansprüchen verbundenen Kosten.

162 Eine – nachträgliche – Befreiung des Geschäftsführers von Ersatzansprüchen durch **Verzicht** erfolgt mit dem **Entlastungsbeschluss**, der grundsätzlich in der Zuständigkeit der Gesellschafter liegt (§ 46 Nr. 5 GmbHG). Er erfasst allerdings nur Ansprüche, die für die Gesellschafter unter Berücksichtigung der ihnen zugänglich gemachten Unterlagen erkennbar waren bzw. allen Gesellschaftern im Zeitpunkt der Beschlussfassung privat bekannt waren.³⁶¹ Keine Rechtswirkung kommt der Entlastung zu, soweit die Ersatzansprüche der Gesellschaft gegen den Geschäftsführer zur Befriedigung der Gesellschaftsgläubiger erforderlich sind (§ 9b GmbHG) oder soweit ein Verzicht wegen Verstoßes gegen §§ 30 GmbHG oder 43 Abs. 3 GmbHG nicht zulässig ist.³⁶²

163 **c) Haftung mehrerer Geschäftsführer.** Nach § 43 Abs. 2 GmbHG haften mehrere Geschäftsführer, welche ihre Obliegenheiten schuldhaft verletzen, **gesamtschuldnerisch** (vgl. §§ 421 ff. BGB) für den entstandenen Schaden.³⁶³ Eine Ressortaufteilung in der Geschäftsführung entlastet die ressortfremden Geschäftsführer von ihrer Mitverantwortung nur dann, wenn sie ihrer Überwachungspflicht nachgekommen sind.³⁶⁴ Haften mehrere Geschäftsführer, so erfolgt der interne Ausgleich unter ihnen im Regelfall anteilig. Hat jedoch einer der Geschäftsführer pflichtwidrig gehandelt, während der andere nur seinen Überwachungspflichten nicht nachgekommen ist, trägt der Handelnde den Schadensersatz im Innenverhältnis allein.³⁶⁵

---

³⁵⁹ *Tillmann/Mohr*, Geschäftsführer, Rn. 630; Lutter/Hommelhoff/*Kleindiek* § 43 GmbHG Rn. 64 ff.

³⁶⁰ *Tillmann/Mohr*, Geschäftsführer, Rn. 632.

³⁶¹ BGH NJW 1986, 2250; OLG Nürnberg GmbHR 1993, 594; anders aber bei einer Generalbereinigung, wie sie häufig in Aufhebungsverträgen vereinbart wird, die einen Verzicht auf sämtliche denkbaren Ersatzansprüche bis zu Grenze des rechtlich Zulässigen beinhaltet, siehe *Drescher*, Haftung des GmbH-Geschäftsführers, Rn. 414.

³⁶² BGH NZG 2003, 528.

³⁶³ BGH NZG 2012, 667.

³⁶⁴ FG München BB 2011, 227; BGH NZG 2001, 320.

³⁶⁵ MHdB GesR III/*Marsch-Barner/Diekmann* § 46 Rn. 22.; zurückhaltender *Drescher*, Haftung des GmbH-Geschäftsführers, Rn. 302.

§ 16 Geschäftsführung und Vertretung

d) Verjährung. Die Verjährung von Ersatzansprüchen beträgt gemäß § 43 Abs. 4 GmbHG 5 Jahre ab Entstehung des Anspruchs.[366]   164

2. Haftung gegenüber den KG- und GmbH-Gesellschaftern

Die Schutzpflichten des GmbHG, insbesondere die Verpflichtung zur ordnungsgemäßen Unternehmensleitung (§ 43 GmbHG), obliegen dem Geschäftsführer grundsätzlich nicht gegenüber den GmbH-Gesellschaftern.[367] Nur in Ausnahmefällen können daher Gesellschafter der GmbH oder der KG aus eigenem Recht Schadensersatz vom Geschäftsführer verlangen. So haben nach § 31 Abs. 6 GmbHG die GmbH-Gesellschafter gegen die Geschäftsführer Anspruch auf die Erstattung einer Zahlung, die sie nach § 31 Abs. 3 GmbHG zur Befriedigung von Gesellschaftsgläubigern erbringen mussten, nachdem zuvor entgegen § 30 GmbHG zur Erhaltung des Stammkapitals erforderliches Vermögen an andere Gesellschafter ausgezahlt wurde.   165

Aufgrund der in der Regel fehlenden vertraglichen Beziehung zwischen dem Geschäftsführer und den Gesellschaftern der KG oder der GmbH und mangels Einbeziehung der Gesellschafter in die Schutzwirkung des Geschäftsführervertrags[368] verbleiben im Übrigen nur deliktische Tatbestände als Anspruchsgrundlagen (insbesondere § 823 Abs. 1 und Abs. 2 BGB) für die Gesellschafter. Da ein reiner Vermögensschaden eine Ersatzpflicht nach § 823 Abs. 1 BGB nicht begründet,[369] kommt § 823 Abs. 2 BGB eine höhere Bedeutung zu. Dieser verpflichtet denjenigen zum Schadensersatz, der gegen ein zugunsten des Geschädigten geltendes Schutzgesetz rechtswidrig und schuldhaft verstößt. Als Schutzgesetze zugunsten der Gesellschafter der KG oder der GmbH sind neben verschiedenen Strafgesetzen (insbesondere Untreue, § 266 StGB) beispielsweise §§ 9a, 82 GmbHG, nicht aber § 43 GmbHG[370] anerkannt.   166

Ist der Geschäftsführer zugleich Kommanditist, kommt eine Haftung wegen Verletzung von Gesellschafterpflichten in Betracht.[371]   167

3. Haftung gegenüber Gesellschaftsgläubigern

Da der Geschäftsführer keine eigene Vertragsbeziehung zu Gesellschaftsgläubigern hat und die Pflicht zur ordnungsgemäßen Unternehmensführung   168

---

[366] BGH NZG 2008, 908; Lutter/Hommelhoff/*Kleindiek* § 43 GmbHG Rn. 67; Tillmann/Mohr, Geschäftsführer, Rn. 539.
[367] MHdB GesR III/*Marsch-Barner/Diekmann* § 46 Rn. 60; Lutter/Hommelhoff/ *Kleindiek* § 43 GmbHG Rn. 49; Baumbach/Hueck/Zöllner/*Noack* § 43 GmbHG Rn. 64; weitergehend Scholz/*Schneider* § 43 GmbHG Rn. 301 f.: Rechnungslegungs- und Auskunftspflichten auch gegenüber den Gesellschaftern.
[368] *Hesselmann/Tillmann*, GmbHG & Co., § 4 Rn. 80; MHdB GesR III/*Marsch-Barner/Diekmann* § 46 Rn. 60.
[369] Zur Frage, ob das Mitgliedschaftsrecht ein absolutes Recht ist, dessen Verletzung nach § 823 Abs. 1 BGB zum Schadensersatz verpflichtet, s. *Habersack*, Mitgliedschaft; Lutter/Hommelhoff/*Kleindiek* § 43 GmbHG Rn. 49 mwN.
[370] Ganz hM, vgl. nur *Hesselmann/Tillmann*, GmbHG & Co., § 4 Rn. 80; Baumbach/Hueck/Zöllner/*Noack* § 43 GmbHG Rn. 64.
[371] BGH NJW 1982, 2869.

5. Kapitel. Organisationsverfassung

gemäß § 43 GmbHG ihm lediglich im Verhältnis zur Gesellschaft, nicht aber im Verhältnis zu Gesellschaftsgläubigern obliegt,[372] scheiden vertragliche Schadensersatzansprüche Dritter gegen ihn in der Regel aus. Lediglich dann, wenn der Geschäftsführer durch sein eigenes Handeln einen falschen Rechtsschein setzt oder ihn persönlich ein Verschulden bei Vertragsabschluss trifft, kann er von Gesellschaftsgläubigern neben oder anstelle der Gesellschaft haftbar gemacht werden. Daneben können Dritte eine persönliche Inanspruchnahme des Geschäftsführers nur auf eine Schadensersatzpflicht aus Delikt oder eine zu ihren Gunsten bestehende besondere gesetzliche Anspruchsgrundlage stützen.

169 Von dieser unmittelbaren Inanspruchnahme des Geschäftsführers zu unterscheiden sind Konstellationen, in denen Gläubiger einen Anspruch der GmbH oder der KG gegen den Geschäftsführer pfänden und sich zur Einziehung überweisen lassen.[373] Mittelbar können sie den Geschäftsführer auf diese Weise doch wegen eines Verstoßes gegen § 43 Abs. 1 GmbHG in Anspruch nehmen. Gerade in Fällen einer Insolvenz der Gesellschaft spielt diese Möglichkeit des Vorgehens eine Rolle. Bei der Durchsetzung des Anspruchs muss die Gesellschaft und mit ihr der Geschäftsführer nach § 836 Abs. 3 ZPO an der Aufklärung des Sachverhalts mitwirken.[374]

170 **a) Rechtsscheinhaftung.** Legt der Geschäftsführer nicht offen, dass er als Vertreter handelt, und liegt nicht erkennbar ein sog. unternehmensbezogenes Geschäft[375] vor, so haftet der Geschäftsführer persönlich auf die Vertragserfüllung.[376] Gleiches gilt, wenn der Geschäftsführer durch sein Auftreten im Rechtsverkehr den Rechtsschein erweckt, er vertrete einen unbeschränkt persönlich haftenden Firmeninhaber.[377] Dies kommt vor allem in Betracht, wenn der Geschäftsführer einen Rechtsformzusatz entweder überhaupt weglässt oder ihn auf „KG" verkürzt. Für die Rechtsscheinhaftung ist es bedeutungslos, ob der Geschäftspartner den Geschäftsführer für den Firmeninhaber oder nur für einen Angestellten gehalten hat.[378]

171 Der Geschäftsführer kann sich von der Rechtsscheinhaftung lediglich durch den Nachweis entlasten, dass der Vertragspartner das Fehlen einer unbeschränkt haftenden natürlichen Person kannte oder kennen musste.[379] Ist ihm dies nicht möglich, haftet er gesamtschuldnerisch neben der Gesellschaft und nicht nur subsidiär für den Fall, dass diese nicht zahlungsfähig ist.[380]

172 **b) Verschulden bei Vertragsschluss.** Abweichend von dem Grundsatz, dass aus Verschulden bei Vertragsschluss (§§ 311 Abs. 2, 280 Abs. 1 BGB)

---

[372] BGHZ 31, 258 (278).
[373] So zB im Fall BGH NZG 2003, 528.
[374] *Drescher*, Haftung des GmbH-Geschäftsführers, Rn. 59.
[375] BGH NJW 1990, 2678; 1991, 2627; OLG Köln GmbHR 1995, 661; 1999, 410; OLG Naumburg GmbHR 1997, 445.
[376] BGH NJW 2000, 2984.
[377] Gegen eine Rechtsscheinhaftung *Haas* NJW 1997, 2857, der allerdings § 35 Abs. 3 GmbHG als Schutzgesetz iSd § 823 BGB ansieht.
[378] *Drescher*, Haftung des GmbH-Geschäftsführers, Rn. 887.
[379] BGH NJW 1990, 2678.
[380] BGH NJW 1990, 2678; 1991, 2627; 2012, 2871.

§ 16 Geschäftsführung und Vertretung

grundsätzlich derjenige zum Schadensersatz verpflichtet ist, der Vertragspartner geworden ist oder werden sollte, haftet ausnahmsweise der Vertreter, wenn er in besonderem Maße persönliches Vertrauen in Anspruch genommen hat oder wenn er dem Verhandlungsgegenstand besonders nahe steht, weil er wirtschaftlich selbst stark an dem Vertragsabschluss interessiert ist und aus dem Geschäft einen eigenen Nutzen erstrebt.[381] Nach diesen Grundsätzen kommt auch eine persönliche Haftung des Geschäftsführers der Komplementär-GmbH einer GmbH & Co. KG gegenüber Dritten in Betracht.

Besonderes Vertrauen wird dem Geschäftsführer entgegengebracht, **173** wenn er dem Geschäftspartner eine zusätzliche, gerade von seiner Person ausgehende Gewähr für die Richtigkeit und Vollständigkeit seiner Erklärungen und die Erfüllung des in Aussicht genommenen Rechtsgeschäfts bietet. Der Hinweis auf seine persönliche Sachkunde genügt hierfür nicht,[382] vielmehr muss der Geschäftsführer sich mit einer gewissen Selbständigkeit neben die Gesellschaft stellen;[383] seine Erklärung muss im Vorfeld einer Garantiezusage liegen.[384]

In Sonderfällen kommt auch eine Haftung des Geschäftsführers aufgrund **174** eines echten eigenständigen Garantieversprechens in Betracht.[385]

Ein **erhebliches wirtschaftliches Eigeninteresse** liegt vor, wenn der **175** Geschäftsführer „gleichsam in eigener Sache verhandelt".[386] Hierfür genügt allerdings – entgegen früherer extensiver Rechtsprechung – allein das Beteiligungsinteresse des (Gesellschafter-)Geschäftsführers nicht,[387] ebenso wenig dass der (Gesellschafter-)Geschäftsführer sich für die Gesellschaftsverbindlichkeiten persönlich verbürgt[388] oder andere wesentliche Kreditsicherheiten stellt.[389] Damit kommt seit dem Urteil des BGH vom 6.6.1994[390] eine Eigenhaftung des Geschäftsführers wegen erheblichen wirtschaftlichen Eigeninteresses nur noch in Ausnahmefällen in Betracht.[391]

c) Deliktische Haftung. Der Geschäftsführer haftet für Schäden, die **176** Dritten aufgrund einer ihnen von ihm begangenen unerlaubten Handlung entstehen. Eine Ersatzpflicht wegen vorsätzlicher sittenwidriger Schädigung (§ 826 BGB)[392] wird zB angenommen, wenn der Geschäftsführer eines insolvenzgefährdeten Unternehmens einem Dritten gegenüber selbst behauptet,

---

[381] BGHZ 56, 81 (84); 71, 284 (287); BGH NJW 1986, 587; BAG NZG 2011, 1422.
[382] BGH GmbHR 1990, 287.
[383] Lutter/Hommelhoff/*Kleindiek* § 43 GmbHG Rn. 74.
[384] BGHZ 126, 181 (189); s. a. BGH NZG 2002, 779.
[385] BGH ZIP 2001, 1496.
[386] BGHZ 56, 81 (84); BGH ZIP 1987, 175 (177).
[387] BGH NJW 1986, 586; 1988, 2234; 1989, 292.
[388] BGHZ 126, 187 entgegen BGH NJW 1986, 586.
[389] BGH NJW-RR 2002, 1309; BGHZ 126, 187 entgegen BGH NJW 1988, 2234.
[390] BGHZ 126, 187; bestätigt durch BGH NJW 1995, 1544.
[391] Lutter/Hommelhoff/*Kleindiek* § 43 GmbHG Rn. 76; *Drescher*, Haftung des GmbH-Geschäftsführers, Rn. 855/858.
[392] Hierzu s. zB BGH ZIP 1992, 694f.; GmbHR 1994, 464f.; BGHZ 124, 152 (162).

5. Kapitel. *Organisationsverfassung*

die Gesellschaft sei leistungsfähig, oder nachgeordnete Arbeitnehmer dies behaupten lässt, ohne hiergegen einzuschreiten, sofern der Dritte durch den daraufhin erfolgten Vertragsschluss einen Schaden erleidet.

177 Eine Schadensersatzpflicht wegen einer Verletzung von Schutzgesetzen nach § 823 Abs. 2 BGB spielt insbesondere bei strafrechtlich relevantem Verhalten des Geschäftsführers eine Rolle,[393] darüber hinaus ist § 15a InsO (Insolvenzantragspflicht → Rn. 183) von erheblicher Bedeutung.

178 Im Rahmen des § 823 Abs. 1 BGB berücksichtigt der BGH nicht nur deliktische Tatbestände, die der Geschäftsführer durch eigenes unmittelbares Handeln oder Unterlassen verwirklicht, er dehnt die deliktische Eigenhaftung des Geschäftsführers vielmehr auf Fälle der Verletzung von ihn persönlich treffenden Verkehrspflichten aus. Nach einem Urteil des 6. Senats des BGH vom 5.12.1989[394] soll der Geschäftsführer Dritten gegenüber bereits dann für Eingriffe in fremde Schutzgüter einstehen, die Mitarbeiter der Gesellschaft ohne sein Wissen begehen, wenn er innerhalb der Gesellschaft für die Organisation und Leitung des Geschäftsbetriebs zuständig ist. Diese Organisationspflicht sei nicht nur eine interne Pflicht gegenüber der Gesellschaft, sondern beinhalte auch Außenstehenden gegenüber die Verpflichtung, diese drohenden Verkehrspflichtverletzungen zu steuern und abzuwenden. Mit dieser Argumentation hat der BGH aufgrund einer Garantenstellung des Geschäftsführers dessen deliktische Eigenhaftung dafür bejaht, dass Mitarbeiter der Gesellschaft ohne sein Wissen unter verlängertem Eigentumsvorbehalt stehende Ware verarbeiten ließen, ohne zu beachten, dass aufgrund eines Abtretungsverbots des Erwerbers der verlängerte Eigentumsvorbehalt ins Leere laufen würde. Diese Rechtsprechung ist auf erhebliche Kritik gestoßen,[395] weil mit ihr der Grundsatz, dass die Organisationspflichten nur der Gesellschaft gegenüber bestehen, im Wesentlichen aufgehoben wird.[396] Das OLG Schleswig-Holstein[397] beschränkt daher eine persönliche Haftung des Geschäftsführers gegenüber Außenstehenden aufgrund einer Garantenstellung auf den Fall, dass der Geschäftsführer den Betrieb so organisiert habe, „dass Eigentumsverletzungen zu Lasten Dritter unweigerlich auftreten müssten". Demgegenüber fehle es an einer Garantenstellung, wenn eine aus der Tätigkeit potenziell folgende Gefahr zum „regelmäßigen Geschäftsbetrieb" gehöre. Sei die haftungsauslösende Tätigkeit (konkret: Umbau eines Kfz) also dem Kernbereich der Tätigkeit der Gesellschaft (Kfz-Werkstatt) zuzuordnen, hafte der Geschäftsführer nicht. Ob sich diese restriktivere Tendenz durchsetzt, bleibt abzuwarten, zwei neuere Entscheidungen des BGH[398] und des KG[399] könnten in diese Richtung deuten, allerdings betreffen sie – anders als

---

[393] Häufig in diesem Zusammenhang auftretende Delikte sind § 266 StGB (Untreue), § 264 StGB (Subventionsbetrug), § 266a StGB (Vorenthaltung von Sozialabgaben).
[394] BGHZ 109, 297 = NJW 1990, 976.
[395] Lutter/Hommelhoff/*Kleindiek* § 43 GmbHG Rn. 82 f.
[396] So obiter dictum BGHZ 125, 366 (375 f.) (II. Senat).
[397] OLG Schleswig-Holstein NZG 2012, 104.
[398] NZG 2012, 992.
[399] NZG 2013, 586.

§ 16 Geschäftsführung und Vertretung

das Urteil vom 5.12.1989 – keine Verletzung absoluter Rechte iSd § 823 Abs. 1 BGB, sondern reine Vermögensschäden.[400]

d) Haftung für nicht abgeführte Steuern und Sozialabgaben. Gemäß §§ 69, 34 AO haftet der Geschäftsführer für **Steuerschulden** der Gesellschaft, wenn diese infolge seiner vorsätzlichen oder grob fahrlässigen Pflichtverletzung nicht oder nicht rechtzeitig erfüllt werden.[401] Hierbei handelt es sich um eine Schadensersatz-, nicht um eine Ausfallhaftung. Der Geschäftsführer hat alle Verpflichtungen des Steuersubjekts, also sowohl der GmbH als auch der KG, zu erfüllen. Hierzu gehören die Führung der Bücher, die Abgabe der Steuererklärung, die Erteilung von Auskünften, die Entrichtung der Steuern, der Einbehalt von Steuern für Rechnung eines Dritten und deren Abführung an das Finanzamt.

Nach § 28e Abs. 1 SGB IV ist der Arbeitgeber zur Abführung des Gesamtsozialversicherungsbeitrags, also der Arbeitgeber- und der Arbeitnehmeranteile verpflichtet. Wird diese Verpflichtung in Bezug auf die **Arbeitnehmeranteile** vorsätzlich[402] nicht erfüllt, macht der Geschäftsführer sich strafbar nach §§ 266 a, 14 Abs. 1 Nr. 1 StGB[403] und zwar auch dann, wenn tatsächlich kein Arbeitsentgelt gezahlt wird.[404] Da § 266a StGB ein Schutzgesetz zugunsten der Sozialversicherung ist,[405] ist der Geschäftsführer zudem nach § 823 Abs. 2 BGB schadensersatzpflichtig.[406]

Die sich aus den genannten steuer- und sozialrechtlichen Normen ergebende Zahlungspflicht kann **in der Krise** der Gesellschaft in Widerspruch zu § 64 GmbHG bzw. 130a HGB stehen, nach welchen der Geschäftsführer/ organschaftliche Vertreter der Gesellschaft nach Eintritt der Zahlungsunfähigkeit oder Feststellung der Überschuldung keine Zahlungen mehr leisten darf, es sei denn, die Zahlung ist auch nach diesem Zeitpunkt noch mit der Sorgfalt eines ordentlichen und gewissenhaften Geschäftsleiters vereinbar. Unter Aufgabe seiner früheren Rechtsprechung[407] löst der BGH[408] diesen Konflikt jetzt dahin auf, dass der Geschäftsführer, der den sozial- oder steuerrechtlichen Normbefehlen folgt und die Arbeitnehmeranteile zur Sozialversicherung und die Lohnsteuer abführt, mit der Sorgfalt eines ordentlichen und gewissenhaften Geschäftsleiters handelt und daher nicht ersatzpflichtig

---

[400] *Gärtner* BB 2013, 2242 (2244); ausführlich zu der Haftung aus Organisationsverschulden auch *Drescher*, Haftung des GmbH-Geschäftsführers, Rn. 952 ff.
[401] Ausführlich bei *Tillmann/Mohr*, Geschäftsführer, Rn. 551 ff.
[402] Vorsatz liegt auch vor, wenn der Geschäftsführer billigend in Kauf nimmt, dass eine Beitragsabführung nicht mehr möglich sein wird.
[403] BGH NZG 2005, 892.
[404] So jetzt ausdrücklich formuliert in § 266a Abs. 1 StGB.
[405] Lutter/Hommelhoff/*Kleindiek* § 43 GmbHG Rn. 91.
[406] BGH NJW 2002, 1123 zur Darlegungs- und Beweislast; die Schadenersatzpflicht erstreckt sich aber nicht auf Säumniszuschläge BGH NZG 2008, 867.
[407] BGH BB 2004, 348.
[408] BGH NZG 2007, 545; bestätigt durch BGH NZG 2011, 303 (betr. bei Eintritt der Insolvenzreife bereits rückständige Zahlungen). In diese Richtung geht auch die Entscheidung des OLG München NZG 2011, 465, wonach Zahlungen an das Finanzamt auf Grund eines Pfändungs- und Überweisungsbeschlusses keine Haftung nach 64 S. 1 GmbHG auslösen.

ist. Begründet wird dies mit dem Grundsatz der Einheit der Rechtsordnung, dem es zuwiderliefe, dem Geschäftsführer einerseits die Zahlung zu verbieten und ihn andererseits strafrechtlich zu verfolgen bzw. zivilrechtlich in die Haftung zu nehmen, wenn er die an sich verbotene Zahlung nicht vornimmt.

4. Haftung in Sondersituationen

182 Für Situationen, in denen die Interessen der Gläubiger der GmbH potentiell besonders gefährdet sind, bestehen besondere Haftungstatbestände. Abgesehen vom Gründungsstadium trifft dies vor allem auf die Gesellschaft **in der Krise** zu. Obgleich die rechtlichen Regelungen über die Insolvenz zwischen beiden Gesellschaften zu trennen sind und die Verfahren durchaus nicht aufeinander abgestimmt sind,[409] fallen in der Praxis die Insolvenzen beider Gesellschaften in aller Regel zusammen.

183 § 15a Abs. 1 S. 1 InsO verpflichtet den Geschäftsführer, im Fall der Zahlungsunfähigkeit oder Überschuldung der GmbH unverzüglich **Insolvenzantrag zu stellen**. Die gleiche Pflicht besteht nach § 15 Abs. 1 S. 2, Abs. 2 InsO bei Zahlungsunfähigkeit oder Überschuldung der KG, auch hier trifft die Antragspflicht den Geschäftsführer der Komplementär-GmbH. Zahlungen dürfen nur noch geleistet werden, wenn sie „mit der Sorgfalt eines ordentlichen Geschäftsmanns" (§ 64 S. 2 GmbHG für die GmbH) bzw. „mit der Sorgfalt eines ordentlichen und gewissenhaften Geschäftsleiters" (§ 130a Abs. 1 S. 2 HGB für die KG) zu vereinbaren sind. Bei der Beurteilung der Insolvenztatbestände darf der Geschäftsführer sich auf die Beratung zuverlässiger Spezialisten (zB Steuerberater, Wirtschaftsprüfer) stützen, sofern er bei gewissenhafter Ausübung seiner Überwachungspflichten keinen Anlass zu Beanstandungen hat.[410] Dabei kann der Geschäftsführer sich nicht damit entlasten, dass ihm hierfür die notwendigen Fachkenntnisse fehlen; erforderlichenfalls muss er sich diese verschaffen, auch um die Arbeit der Spezialisten einer Plausibilitätskontrolle unterziehen zu können.[411] Die 3-Wochen-Frist, welcher der Geschäftsführer nicht durch Niederlegung seines Amts entfliehen kann,[412] darf jedoch nur bei berechtigten Sanierungsaussichten ausgeschöpft werden. Fehlen solche, darf der Antrag nicht weiter hinausgezögert werden.[413]

184 Eine Verletzung dieser Antragspflicht führt zu **Schadensersatzansprüchen der Gläubiger**, da § 15a InsO ein Schutzgesetz im Sinne des § 823 Abs. 2 BGB ist.[414]

185 Entgegen seiner früheren Rechtsprechung[415] differenziert der BGH seit seinem Urteil vom 6.6.1994[416] im **Umfang des Schadensersatzes** zwischen Alt- und Neugläubigern: Während **Altgläubiger**, deren Anspruch

---

[409] Hesselmann/Tillmann, GmbH & Co., § 10 Rn. 3.
[410] BFH BB 1995, 238 (240).
[411] OLG Schleswig-Holstein NZI 2010, 492.
[412] AllgM., vgl. nur Lutter/Hommelhoff/*Kleindiek* Anh. zu § 64 GmbHG Rn. 83.
[413] BGHZ 75, 96 (113).
[414] BGH NJW 2012, 3510.
[415] BGHZ 100, 19 (23): Sowohl Alt- wie Neugläubiger haben nur Anspruch auf den Quotenschaden.
[416] BGHZ 126, 181 ff.

§ 16 *Geschäftsführung und Vertretung*

gegen die Gesellschaft schon entstanden war, als noch kein Anlass für die Stellung des Insolvenzantrags vorlag, nur den sog. Quotenschaden ersetzt verlangen können, also die Schlechterstellung durch die wegen späterer Antragstellung verminderte Quote, haben **Neugläubiger** Anspruch darauf, so gestellt zu werden, als hätten sie den Vertrag nicht abgeschlossen (sog. negatives Interesse).[417] Die Haftung des Geschäftsführers ist allerdings ausgeschlossen, wenn ihn kein Verschulden an der Versäumung der Antragstellung trifft.[418] Um dem Verschuldensvorwurf zu entgehen, muss der Geschäftsführer bei Anzeichen einer Krise den Vermögensstand der Gesellschaft besonders genau überwachen.

Nach §§ 64 S. 1 GmbHG, 130a Abs. 2 HGB sind die Geschäftsführer **der Gesellschaft zum Ersatz von Zahlungen** verpflichtet, die nach Eintritt der Zahlungsunfähigkeit der Gesellschaft oder nach Feststellung ihrer Überschuldung geleistet werden.[419] Durch diesen Anspruch wird die Gläubigergesamtheit vor Schmälerungen der Insolvenzmasse durch Zahlungen nach Insolvenzreife geschützt.[420] § 64 S. 1 GmbHG betrifft nicht nur Geldzahlungen der Gesellschaft, sondern auch sonstige Minderungen des Gesellschaftsvermögens durch Lieferungen oder Leistungen der Gesellschaft.[421]   186

Die Ersatzpflicht tritt nicht ein für Zahlungen, die zwar vor Insolvenzeröffnung geleistet werden, aber trotz Insolvenzreife mit der Sorgfalt eines ordentlichen Geschäftsmanns zu vereinbaren sind. Dies sind Zahlungen, die nicht zu einer Schmälerung der Insolvenzmasse führen, wie Zahlungen an absonderungsberechtigte Gläubiger bis zur Höhe des Werts des Sicherungsguts, Zahlungen bei vollwertiger Gegenleistung, Zahlungen aufgrund gesetzlicher Verpflichtung[422] und Zahlungen, die erforderlich sind, um einen sofortigen Zusammenbruch der Gesellschaft zu verhindern oder um Vergleichs- oder Sanierungsmaßnahmen innerhalb der 3-Wochen-Frist nicht zu gefährden.[423]   187

Die Haftung nach § 64 S. 1 GmbHG setzt ein Verschulden des Geschäftsführers, also mindestens Fahrlässigkeit voraus. Die Darlegungs- und Beweislast trifft den Geschäftsführer.[424] Eine positive Kenntnis der Überschuldung ist nach der Rechtsprechung nicht erforderlich.[425]   188

---

417 Str. ist, ob das negative Interesse auch den entgangenen Gewinn umfasst, so *Kübler* ZGR 1995, 491; *Altmeppen* ZIP 1997, 1180.
418 § 130a Abs. 2 S. 2 HGB legt den Entlastungsbeweis ausdrücklich dem Geschäftsführer auf. Für die GmbH geht der BGH (NZG 2007, 678) ebenfalls von einer Beweislastumkehr zu Lasten des Geschäftsführers aus.
419 Zum Verhältnis dieser Norm zur strafbewehrten Nichtabführung von Sozialabgaben s.o. → Rn. 179.
420 BGH NJW 1974, 1088 f.
421 Baumbach/Hueck/*Zöllner*/*Noack* § 64 GmbHG Rn. 50 mwN; Lutter/Hommelhoff/*Kliendiek* § 64 GmbHG Rn. 7.
422 Arbeitnehmeranteile zur Sozialversicherung, s.o. → Rn. 179.
423 Baumbach/Hueck/*Zöllner*/*Noack* § 64 GmbHG Rn. 51.
424 BGH NZG 2012, 940, dort auch zur Pflicht zur laufenden Beobachtung der wirtschaftlichen Lage des Unternehmens.
425 BGHZ 75, 97 (111); BGHZ 126, 181 (199); aA *Schulze-Osterloh* AG 1984, 143: positive Kenntnis der Antragsvoraussetzungen erforderlich, für die übrigen Anspruchsvoraussetzungen reicht jedoch Fahrlässigkeit aus.

5. Strafrechtliche Verantwortlichkeit

189 Bei nicht ordnungsgemäßer Führung der Geschäfte der Gesellschaft kann der Geschäftsführer zusätzlich einer strafrechtlichen Verfolgung ausgesetzt sein.[426] Zahlreiche Vorschriften des StGB, aber auch der strafrechtlichen Nebengesetze haben für ihn Bedeutung.

190 Aus dem StGB gehören hierher insbesondere die Betrugs- und Untreuedelikte (§§ 263 ff. StGB), die Insolvenzstraftaten (§§ 283 ff. StGB) sowie die Straftaten gegen die Umwelt (§§ 324 ff. StGB). Auch in zivilrechtlichen Gesetzen finden sich Strafvorschriften, beispielsweise in § 82 GmbHG (falsche Angaben über die Verhältnisse der Gesellschaft), § 84 GmbHG (Pflichtverletzung bei Verlust, Zahlungsunfähigkeit oder Überschuldung) und § 85 GmbHG (Verletzung der Geheimhaltungspflicht), ferner § 130b HGB (Unterlassen der Stellung eines Insolvenzantrags) und § 331 HGB (unrichtige Wiedergabe oder Verschleierung der Verhältnisse der GmbH in der Eröffnungsbilanz, im Jahresabschluss oder im Lagebericht). Hinzu kommen Strafvorschriften ua aus dem Bereich des Steuerrechts, des Kreditwesens, der Versicherungen und des Börsenhandels, des unlauteren Wettbewerbes, der gewerblichen Schutzrechte und des Arbeitsrechts.

---

[426] Weitergehend *Schäfer* GmbHR 1993, 717 ff. und 780 ff.

§ 17 Gesellschafterversammlung und Beschlussfassung in der GmbH & Co. KG sowie der Komplementär-GmbH

Übersicht

	Rn.
I. Überblick über die gesetzlichen Regelungsmodelle	3
1. Komplementär-GmbH	4
2. GmbH & Co. KG	7
II. Aufgabe des Beraters im Rahmen der Gestaltung der statutarischen Regelungen über die interne Willensbildung	9
1. Ausschöpfung der gesellschaftsvertraglichen Gestaltungsfreiheit	10
a) Anpassung des gesetzlichen Regelungsmodells der GmbH	11
b) Schaffung eines förmlichen Beschlussverfahrens in der KG	14
2. Abstimmung von Satzung und Gesellschaftsvertrag auf die Besonderheiten der GmbH & Co. KG	16
a) Personengleiche GmbH & Co. KG	18
b) Personenverschiedene GmbH & Co. KG	21
III. Zuständigkeiten der Gesellschafterversammlung	24
1. Komplementär-GmbH	25
a) Satzungs- und Strukturänderungen	26
b) Sonstige Angelegenheiten	29
c) Reflexwirkungen	32
d) Statutarische Regelungen	49
2. GmbH & Co. KG	56
a) Änderungen des Gesellschaftsvertrages und Strukturänderungen	57
b) Sonstige Angelegenheiten	59
c) Gesellschaftsvertragliche Regelungen	64
IV. Einberufung der Gesellschafterversammlung	72

	Rn.
1. Komplementär-GmbH	75
a) Zuständigkeit zur Einberufung	76
b) Einberufungsgründe	80
c) Modalitäten der Einberufung	87
2. GmbH & Co. KG	98
a) Zuständigkeit zur Einberufung und Einberufungsgründe	100
b) Modalitäten der Einberufung	104
V. Ablauf der Gesellschafterversammlung	110
1. Komplementär-GmbH	113
a) Teilnahmerecht	114
b) Sonstige Förmlichkeiten	119
2. GmbH & Co. KG	126
a) Teilnahmerecht	127
b) Sonstige Förmlichkeiten	132
3. Einheitsgesellschaft, Einheitsversammlung und Repräsentativverfassung	135
VI. Abstimmung und Gesellschafterbeschlüsse	140
1. Komplementär-GmbH	143
a) Stimmrecht	144
b) Stimmverbote	152
c) Stimmrechtsmissbrauch und Stimmpflichten	160
d) Beschlussfähigkeit und Beschlussmehrheiten	167
2. GmbH & Co. KG	174
a) Stimmrecht, -verbot und -pflicht sowie Stimmrechtsmissbrauch	175
b) Beschlussmehrheit insbesondere Bestimmtheitsgrundsatz und Kernbereichslehre	183

5. Kapitel. Organisationsverfassung

Schrifttum: *Bahnsen,* Der Stimmrechtsausschluß der Komplementärin in einer GmbH & Co. KG, GmbHR 2001, 317; *Barner,* Die Entlastung als Institut des Verbandsrechts, 1990; *Blasche,* Praxisfragen und Gestaltungsmöglichkeiten bei der Beschlussfassung ohne Gesellschafterversammlung, GmbHR 2011, 232; *Böttcher/Grewe,* Der Versammlungsleiter in der Gesellschaft mit beschränkter Haftung – Kompetenzen, Bestellung und Abberufung, NZG 2002, 1086; *Bungert,* Die Treuepflicht des Minderheitsaktionärs, DB 1995, 1749; *Grauer,* Konzernbildungskontrolle im GmbH-Recht, 1991; *Hadding,* Mehrheitsbeschlüsse in der Publikums-KG, ZGR 1979, 236; *Heckschen,* Gelöste und ungelöste zivilrechtliche Fragen des GmbH-Konzernrechts, DB 1989, 29; *Immenga,* FS 100 Jahre GmbH-Gesetz, 1992, 189; *Lutter,* in *Hommelhoff ua* (Hrsg.), Entwicklungen im GmbH-Konzernrecht, 2. Deutsch-Österreichisches Symposium zum Gesellschaftsrecht vom 21. und 22. Februar in Landshut (aus der Reihe: Zeitschrift f. Unternehmens- und Gesellschaftsrecht. – Sonderheft 6), 1986, 192; *Priester* in FS für Werner, 1984, S. 657; *Reichert* in *Habersack/Koch/Winter* (Hrsg.), Die Spaltung im neuen Umwandlungsrecht und ihre Rechtsfolgen, 1998, 25; *K. Schmidt,* Mehrheitsklauseln in GmbH & Co.-Verträgen: Verständnis oder Mißverständnis des „Bestimmtheitsgrundsatzes"?, ZHR 158 (1994), 205; *K. Schmidt,* Stimmrechtsvollmachten bei der GmbH oder GmbH & Co.: ein Formproblem, GmbHR 2013, 1177: *Schneider/U. H. Schneider,* Die Organisation der Gesellschafterversammlung bei Personengesellschaften, in FS Möhring, 1975, 271; *Scholz,* Steuerrecht und Gesellschaftsrecht als Gestaltungsaufgabe, in Freundesgabe für Haas, 1996, 313; *Vogel,* Die Praxis der Gesellschafterversammlung bei GmbH und GmbH & Co., 1976; *Vogel,* Gesellschafterbeschlüsse und Gesellschafterversammlung, 2. Aufl. 1986; *Weinhardt,* Stimmverbote bei der GmbH & Co. KG, DB 1989, 2417; *Winter,* Mitgliedschaftliche Treuebindungen im GmbH-Recht, 1988; *Wolff,* Die Verbindlichkeit der Gesellschafterliste für Stimmrecht und Beschlussverfahren, BB 2010, 454; *Zietzmann,* Vorlagepflichten des GmbH-Geschäftsführers, 1991; *Zöllner,* Die Schranken mitgliedschaftlicher Stimmrechtsmacht bei den privatautonomen Personenvereinigungen, 1963; *Zöllner,* Zu Schranken und Wirkung von Stimmbindungsverträgen, insbesondere bei der GmbH, ZHR 155 (1991), 168.

1 Eines der wichtigsten Gestaltungsprobleme der Kautelarjurisprudenz ist die **Harmonisierung und Koordinierung der internen Willensbildung** der GmbH & Co. KG und ihrer Komplementär-GmbH. Nach dem gesetzlichen Ideal ist bei einer strukturtypischen GmbH und Personengesellschaft die Gesamtheit der Gesellschafter das „oberste Willensbildungsorgan" der Gesellschaft.[1] Alle wesentlichen Geschäfte und die allgemeinen Richtlinien der Geschäftspolitik sowie die gesellschaftsinterne Ordnung sind diesem „obersten Willensbildungsorgan" vorbehalten.

2 Die notwendige Harmonisierung und Koordination der internen Willensbildung bereitet allerdings erhebliche Schwierigkeiten. Denn es muss die **Willensbildung in zwei Gesellschaften unterschieden** werden, die zudem ihrem gesetzlichen Leitbild nach über **unterschiedliche, weitgehend dispositive Regelungskonzepte** betreffend die Bildung des Gesellschaftswillens verfügen. Insoweit müssen im Rahmen der Vertragsgestaltung Widersprüchlichkeiten hinsichtlich der internen Willensbildung in der einen und der anderen Gesellschaft verhindert und es muss zugleich den Interessen der Gesellschafter Rechnung getragen werden, die darauf gerichtet sein können, einen völligen Gleichlauf der internen Willensbildung in beiden Gesell-

---

[1] HTM/*Mussaeus* GmbH & Co. KG § 4 Rn. 92.

§ 17 Gesellschafterversammlung und Beschlussfassung in der GmbH & Co. KG

schaften zu erreichen oder einer Gesellschaftergruppe einen größeren Einfluss auf die Geschicke des Unternehmens einzuräumen als anderen Verbandsmitgliedern.

I. Überblick über die gesetzlichen Regelungsmodelle

Eine ausdifferenzierte gesellschaftsvertragliche Regelung über die Durchführung einer Gesellschafterversammlung und die Beschlussfassung tut vor allem deshalb Not, weil im Falle einer GmbH & Co. KG zwei verschiedene Gesellschaftstypen mit einem sehr unterschiedlichen gesetzlichen Regelungsgrad so aufeinander abgestimmt werden müssen, dass im Ergebnis eine **reibungslose Bildung eines** entsprechenden **Geschäftswillens** des am Markt einheitlich auftretenden Unternehmens sichergestellt ist. Die gesetzlichen Ordnungen stellen sich vergröbernd wie folgt dar: 3

1. Komplementär-GmbH

Die Bildung des Gesellschafterwillens innerhalb einer GmbH ist **gesetzlich vorgeprägt** (vgl. insbesondere §§ 45 bis 51, 53 GmbHG). Das GmbH-Recht kennt zwei notwendige Organe der Gesellschaft, nämlich den Geschäftsführer als Vertretungs- und Geschäftsführungsorgan und die Gesellschafterversammlung als oberstes Willensbildungsorgan. Im gesetzlichen Regelfall obliegen der Gesellschafterversammlung gesetzlich zugewiesene Aufgaben (vgl. insbesondere §§ 46, 53 GmbHG) und auch die Vorbereitung und Durchführung einer Gesellschafterversammlung sowie die Beschlussfassung sind weitgehend gesetzlich determiniert (vgl. §§ 47 bis 51 GmbHG). Die Entscheidungen werden in aller Regel nach der Mehrheit der abgegebenen Stimmen getroffen, wobei sich die Mehrheitsverhältnisse innerhalb der Gesellschafterversammlung nach der Kapitalbeteiligung der GmbH-Gesellschafter richten (§ 47 Abs. 1 und 2 GmbHG).   4

Allerdings kann der Gesellschaftsvertrag sowohl die gesetzliche Zuständigkeitsordnung der GmbH, als auch das Willensbildungsverfahren erheblich modifizieren (**Grundsatz der Satzungsautonomie bzw. der gesellschaftsvertraglichen Gestaltungsfreiheit**). Es kann einerseits die Gesellschafterversammlung gestärkt werden, andererseits ist es aber auch denkbar, ihre Stellung zugunsten einer größeren Unabhängigkeit des Managements abzuschwächen.[2]   5

Von dieser Vertragsgestaltungsfreiheit wird in der Praxis insbesondere bei einer Komplementär-GmbH einer GmbH & Co. KG in beträchtlichem Umfang Gebrauch gemacht, um die notwendige Verzahnung der KG- und der GmbH-Verfassung herbeizuführen. Insoweit ist insbesondere zu berücksichtigen, dass die Komplementär-GmbH selbst nicht operativ geschäftlich tätig ist, sondern sie sich darauf beschränkt, Geschäftsführungs- und Vertretungsorgan der KG zu sein, so dass innerhalb der GmbH insbesondere ge-   6

---

[2] Rowedder/Schmidt-Leithoff/*Koppensteiner/Gruber* GmbHG § 37 Rn. 35 f.; *Raiser/Veil* Kapitalgesellschaften § 31 Rn. 3; Scholz/*Schneider* GmbHG § 37 Rn. 20; Baumbach/Hueck/*Zöllner* GmbHG § 45 Rn. 1 ff., jew. mwN.

schäftliche Entscheidungen der KG vorberaten und insoweit Beschlüsse herbeigeführt werden.

2. GmbH & Co. KG

7   Demgegenüber besteht im gesetzlichen Regelfall innerhalb einer Personengesellschaft kein formalisiertes Willensbildungsverfahren; gesetzliche Regelungen über eine Gesellschafterversammlung existieren nicht und es bedarf mangels entsprechender gesellschaftsvertraglicher Regelungen nicht einmal einer solchen Versammlung. Dies liegt darin begründet, dass Personengesellschaften nach dem gesetzlichen Ideal auf wechselseitigem Vertrauen beruhende Arbeits- und Haftungsgemeinschaften sind, bei denen alle persönlich haftenden Gesellschafter die Befugnis zur Geschäftsführung und Vertretung der Gesellschaft haben und den Geschäftsführungsentscheidungen der anderen Gesellschafter widersprechen können (§§ 161 Abs. 2, 115 Abs. 1 HGB). Die Gesellschaft verliert ihre personalistische Struktur, die ein formalisiertes Beschlussverfahren nach dem gesetzlichen Ideal entbehrlich macht, nicht dadurch, dass unter Umständen einzelne Gesellschafter gesellschaftsvertraglich oder kraft Gesetzes, wie bei der KG die Kommanditisten, von der Geschäftsführung ausgeschlossen sind. Zwar besteht für solche nicht geschäftsführungsberechtigten Gesellschafter kein Widerspruchsrecht gegen Geschäftsführungsentscheidungen der persönlich haftenden Gesellschafter (vgl. § 164 S. 1 HGB), allerdings bedürfen so genannte außergewöhnliche Geschäftsführungsentscheidungen, also solche, die über den gewöhnlichen Betrieb des Handelsgewerbes der Gesellschaft hinausgehen, gemäß §§ 116, 164 HGB einer Zustimmung sämtlicher Gesellschafter.[3] Daneben gibt es noch einige weitere Fälle, in denen das HGB den Gesellschaftern einer Personengesellschaft Entscheidungen zuweist. Aber auch derartige Entscheidungen aller Gesellschafter bedürfen im gesetzlichen Regelfall keiner förmlichen Gesellschafterversammlung und auch keiner formalisierten Beschlussfassung. Vielmehr genügt ein schriftliches Beschlussverfahren oder eine stillschweigende Übereinkunft zwischen den Gesellschaftern in der Regel den Bedürfnissen einer auf personelle Verbundenheit zugeschnittenen Personengesellschaft.[4] Weiterhin geht das Personengesellschaftsrecht im Grundsatz davon aus, dass alle Entscheidungen der Gesellschafter einvernehmlich zu treffen sind, so dass – soweit eine Gesellschafterentscheidung erforderlich ist – jeder einzelne Gesellschafter der Entscheidung zustimmen muss, damit sie vorgenommen werden kann (vgl. § 119 Abs. 1 HGB).

8   Allerdings wurde auch im Personengesellschaftsrecht weitgehend auf zwingende gesetzliche Regeln verzichtet. Dies gilt namentlich für die Orga-

---

[3] Obwohl der Wortlaut eigentlich nur auf ein Widerspruchsrecht der Kommanditisten hindeutet, wird § 164 HGB heute dahin gehend ausgelegt, dass den Kommanditisten ein Zustimmungsrecht zusteht, da ein bloßes Widerspruchsrecht mangels hinreichender Informationsmöglichkeiten (vgl. § 166 HGB) keinen ausreichenden Interessenschutz bieten würde, vgl. BGHZ 76, 160 (164); 65, 93 (100); RGZ 158, 302 (305) (stRspr); Baumbach/Hopt/*Hopt* HGB § 164 Rn. 2; MüKoHGB/*Grunewald* § 164 Rn. 10f.; KRM/*Koller* HGB § 164 Rn. 4, jew. mwN (ganz hM).

[4] HTM/*Mussaeus* GmbH & Co. KG § 4 Rn. 110 aE.

nisationsstruktur der Gesellschaft, denn **im Innenverhältnis herrscht Vertragsfreiheit**; die Beteiligten können ihre Beziehungen zueinander grundsätzlich nach freiem Belieben regeln.[5] Dementsprechend besteht bei der Personengesellschaft die Möglichkeit, dass die Rechtsbeziehungen der Gesellschafter insbesondere abweichend von §§ 116 Abs. 2, 164 HGB ausgestaltet werden und auch außergewöhnliche Geschäftsführungsmaßnahmen den geschäftsführenden Gesellschaftern allein überlassen bleiben. Eine Mitwirkung der Gesamtheit der Gesellschafter wäre dann nur im Falle eines so genannten Grundlagengeschäfts, insbesondere bei Änderungen des Gesellschaftsvertrages, erforderlich.[6] Umgekehrt kann eine dem gesetzlichen Regelfall der GmbH entsprechende oder ähnliche Zuständigkeitsordnung mit einem formalisierten Willensbildungsverfahren etabliert werden. Darüber hinaus kann im Gesellschaftsvertrag vorgesehen werden, dass generell oder in bestimmten Fällen über außergewöhnliche Geschäftsführungsmaßnahmen und/oder Grundlagenfragen mit einfacher oder qualifizierter Mehrheit entschieden werden soll. Bei Einführung des Mehrheitsprinzips wird zudem meist vereinbart, dass die Mehrheit entgegen § 119 Abs. 2 HGB nach Kapitalanteilen anstatt nach Köpfen zu berechnen ist.[7]

II. Aufgabe des Beraters im Rahmen der Gestaltung der statutarischen Regelungen über die interne Willensbildung

Die gesetzlichen Organisationsregelungen von Kapitalgesellschaften und Personengesellschaften unterscheiden sich mithin stark. Während für eine GmbH die Kompetenzordnung gesetzlich vorstrukturiert und die interne Willensbildung in ihren Grundzügen formalisiert wurde, fehlen im Personengesellschaftsrecht solche Regeln, da das Gesetz unterstellt, dass alle Gesellschafter in der Personengesellschaft persönlich, gleichberechtigt und vertrauensvoll zusammenarbeiten. 9

1. Ausschöpfung der gesellschaftsvertraglichen Gestaltungsfreiheit

Allerdings ist das gesetzliche Modell der geschäftsführenden (Komplementär-)GmbH und der operativ tätigen KG – wie gezeigt – weitestgehend nachgiebiges Recht. Daher ist es erste und vornehmlichste Aufgabe des Beraters, diese gesellschaftsvertragliche Gestaltungsfreiheit auszuschöpfen und insbesondere die Kompetenzordnung und das Beschlussverfahren in der GmbH & Co. KG und in der Komplementär-GmbH auf die individuellen Bedürfnisse der Gesellschafter, aber auch auf die Notwendigkeiten, die aus der mit der Gründung einer GmbH & Co. KG einhergehenden Grundty- 10

---

[5] Vgl. statt aller Baumbach/Hopt/*Hopt* HGB § 109 Rn. 2f.; MüKoHGB/*Enzinger* § 109 Rn. 1; KRM/*Koller* HGB § 105 Rn. 25.
[6] BGHZ 76, 160 (164); 76, 338 (342); RGZ 163, 370 (374); Baumbach/Hopt/ *Hopt* HGB § 116 Rn. 3; Heymann/*Horn* HGB § 164 Rn. 7; GK/*Schilling* HGB § 164 Rn. 5 ff.; MüKoHGB/*Jickeli* § 116 Rn. 6.
[7] Vgl. zB *Wiedemann* Gesellschaftsrecht Bd. 1 § 8 I 1.

penvermischung resultieren, zuzuschneiden. Die Aufgaben des Beraters im Rahmen der Gestaltung der inneren Ordnung der Komplementär-GmbH und der GmbH & Co. KG selbst sind insoweit sehr unterschiedlich:

11 **a) Anpassung des gesetzlichen Regelungsmodells der GmbH.** Der Berater findet bei der Komplementär-GmbH bereits ein (modifizierbares) gesetzliches Regelungsmodell mit einer vorgegebenen Kompetenzordnung und einem vorstrukturierten Willensbildungsverfahren vor. Bei der Komplementär-GmbH besteht seine Aufgabe mithin darin, in geeigneten Fällen von dem gesetzlichen **Leitbild abzuweichen** bzw. die vorgegebenen **Regelungen sinnvoll zu ergänzen**, wobei er insoweit eher punktuell ansetzen wird. Denn gerade eine GmbH & Co. KG erfordert in aller Regel insgesamt – also sowohl in der KG als auch in der GmbH – eine innere Ordnung, die den Vorstellungen des Gesetzgebers von einer GmbH entspricht bzw. dieser zumindest sehr ähnlich ist. Der Berater wird also die gesetzliche Ordnung nicht revolutionieren, sondern lediglich vereinzelt modifizieren. Es ist außerordentlich selten gewünscht und zweckmäßig, die innere Ordnung der GmbH & Co. KG der Ordnung einer gesetzestypischen Personengesellschaft mit allseitigem Geschäftsführungsrecht und dem Erfordernis einer einvernehmlichen Willensbildung anzupassen.

12 Weiterhin muss beachtet werden, dass sich die Funktion der GmbH im Falle einer Komplementär-GmbH einer GmbH & Co. KG von dem typischen Gesellschaftszweck einer solchen Gesellschaft unterscheidet. Die GmbH soll im Ergebnis dazu dienen, die Geschäftsführung und Vertretung der operativ tätigen KG wahrzunehmen. Aufgabe der Komplementär-GmbH ist es mithin, die **unternehmerischen Ziele der KG zu verwirklichen**, so dass die KG-Belange von der Komplementär-GmbH zu wahren sind (**Grundsatz der Interessenwahrung**). Auch dies muss im Rahmen der Vertragsgestaltung berücksichtigt werden. Die Verpflichtung der Komplementär-GmbH, die Interessen der KG zu beachten, sollte – abgesehen von sinnvollen Einzelregelungen, die Ausfluss dieses Grundsatzes sind – in der GmbH-Satzung, und zwar am besten in der Bestimmung über den Unternehmensgegenstand und/oder (gegebenenfalls nochmals) im Rahmen der Regelungen über die Geschäftsführung ausdrücklich niedergelegt werden.[8]

13 Man kann die **Aufgabe des Beraters** im Rahmen der Ausgestaltung der Verfassung der Komplementär-GmbH daher schlagwortartig als „Modifikation der GmbH-Versammlung unter Berücksichtigung der Unternehmensträgerschaft der KG" bezeichnen.

14 **b) Schaffung eines förmlichen Beschlussverfahrens in der KG.** Demgegenüber ist die Aufgabenstellung des Beraters im Rahmen der Gestaltung der internen Willensbildung der KG gerade umgekehrt. Er muss dort eine Kompetenzordnung und ein formalisiertes Beschlussverfahren kreieren, da eine derartige Verfassung für die typische Ausgestaltung einer GmbH & Co. KG notwendig ist und sie im gesetzlichen Regelfall gerade

---

[8] HTM/*Mussaeus* GmbH & Co. KG § 4 Rn. 103 aE; Scholz/K. Schmidt GmbHG Anh. § 45 Rn. 2f.

§ 17 *Gesellschafterversammlung und Beschlussfassung in der GmbH & Co. KG*

fehlt. Es muss daher zunächst entschieden werden, welche (Geschäftsführungs-)Entscheidungen die Komplementär-GmbH ohne Mitwirkung der Kommanditisten treffen darf und welche einer Beschlussfassung der Gesellschafterversammlung bedürfen. Sodann muss das Beschlussverfahren im Einzelnen ausgearbeitet werden. Insoweit sind Regelungen erforderlich über die Einberufung und den Ablauf der Gesellschafterversammlung sowie über die Abstimmung und die Fassung von Gesellschafterbeschlüssen. Es bedarf vor allem einer eingehenden Regelung der erforderlichen Beschlussmehrheiten für die einzelnen der Gesellschafterversammlung zugewiesenen Gegenstände. Denn im Rahmen der Einführung von Mehrheitsbeschlüssen wird von der Rechtsprechung noch immer vertreten, dass eine in einem Gesellschaftsvertrag einer Personengesellschaft vorgesehene Mehrheitsklausel einen konkreten Beschlussgegenstand nur dann erfasst, wenn sich der der Mehrheitsentscheidung unterliegende Gegenstand hinlänglich konkret aus dem Klauseltext ergibt (so genannter Bestimmtheitsgrundsatz).[9]

Die **Aufgabe des Beraters** im Rahmen der Gestaltung der gesellschaftsvertraglichen Ordnung der KG lässt sich daher schlagwortartig umschreiben als „Begründung einer KG-Verfassung mit formeller Zuständigkeits- und Verfahrensordnung". 15

2. Abstimmung von Satzung und Gesellschaftsvertrag auf die Besonderheiten der GmbH & Co. KG

Im Rahmen der privatautonomen Ausgestaltung der Verfassung der GmbH & Co. KG und ihrer Komplementär-GmbH muss der Berater weiterhin beachten, dass er es mit zwei verschiedenen Gesellschaften zu tun hat, die im Ergebnis ein und demselben wirtschaftlichen Zweck dienen. Es soll ein operatives Geschäft von der KG betrieben werden, deren Geschäftsführung und Vertretung jedoch die GmbH wahrnimmt. Die Kompetenzordnungen und die interne Willensbildung innerhalb dieser beiden Gesellschaften müssen daher harmonisiert und Diskrepanzen vermieden werden. Gerade insoweit bergen undurchdachte und widersprüchliche Vertragsgestaltungen für die Beteiligten erhebliche Risiken in sich. Denn solche Diskrepanzen stiften nicht nur Verwirrung, sie sind darüber hinaus Quelle späterer Streitigkeiten und bieten bei anderweitigen Meinungsverschiedenheiten der Gesellschafter Angriffsflächen für die Anstrengung langwieriger, zeitraubender und kostenintensiver gerichtlicher Auseinandersetzungen. 16

Allerdings muss gerade vor dem Hintergrund der notwendigen **Verzahnung der KG- und der GmbH-Verfassung** beachtet werden, dass deren Ziel durchaus unterschiedlich sein kann. Denn die „Rechtsform" der GmbH & Co. KG bietet gerade wegen der Einschaltung zweier Gesellschaften für ein und dasselbe unternehmerische Engagement die Möglichkeit, den Einfluss der beteiligten Personen (bewusst und gewollt) sehr unterschiedlich zu gewichten: 17

---

[9] BGH NJW 2009, 669 (671); NJW 2007, 1685 (Otto); NJW 1988, 411; BGHZ 85, 351 (355); 61, 303 (304); 48, 251 (253 ff.); 20, 363 (369); 8, 35 (41 f.); RGZ 163, 385 (391); 151, 321 (327); 91, 166 (167 f.) (stRspr.).

5. Kapitel. Organisationsverfassung

18 **a) Personengleiche GmbH & Co. KG.** Sind die Kommanditisten und die GmbH-Gesellschafter mit den gleichen Beteiligungsrelationen personenidentisch, sollen diese Personengruppen regelmäßig in beiden Gesellschaften über den gleichen Einfluss verfügen. Bei einer solchen personengleichen GmbH & Co. KG müssen daher die **Voraussetzungen für die interne Willensbildung in beiden Gesellschaften übereinstimmend ausgestaltet** werden. Insoweit muss eine dauerhafte personelle Verzahnung, also gleiche Beteiligungsverhältnisse in beiden Gesellschaften, gleiche Mehrheitserfordernisse bei GmbH- und KG-Beschlüssen und ein einheitliches Einberufungs- und Beschlussverfahren sowohl in der GmbH als auch in der KG sichergestellt werden, um die erstrebte Harmonisierung zu erreichen.[10] Zugleich sollte das Stimmrecht der GmbH in der Gesellschafterversammlung der KG, an der sie ja als Komplementärin beteiligt ist, ausgeschlossen werden.[11] Weiterhin sollte in einer personengleichen GmbH & Co. KG der KG-Vertrag – insbesondere im Hinblick auf die Regelungen über die interne Willensbildung – **weitestgehend am Recht der GmbH ausgerichtet** werden.[12]

19 Werden die vorstehenden Besonderheiten beachtet, so spielt de facto die richtige Zuordnung der Beschlüsse zu der richtigen Gesellschaft im Rahmen des Verbandslebens eine zumindest sehr untergeordnete Rolle.

20 Der **Berater** hat hier mithin die **Aufgabe** der „Schaffung einer einheitlichen Verfassung der GmbH & Co. KG durch Harmonisierung der Einzelverfassungen von Komplementär-GmbH und KG", er muss im Ergebnis durch Abstimmung und Harmonisierung der statutarischen Ordnungen „aus zwei eins machen".

21 **b) Personenverschiedene GmbH & Co. KG.** Komplizierter stellen sich die Verhältnisse bei einer personenverschiedenen GmbH & Co. KG dar, bei der die Kommanditisten der KG und die Gesellschafter der GmbH entweder personenverschieden sind oder die Beteiligungsrelationen erheblich voneinander abweichen, etwa indem nur ein Teil der Kommanditisten zugleich GmbH-Gesellschafter ist. Diese Gestaltung dient regelmäßig dazu, bestimmte Personen (die „Nur-Kommanditisten") vom Einfluss auf die Geschäftsführung weitestgehend auszuschließen. Hier dient die **Abstimmung der Willensbildungsprozesse** in beiden Gesellschaften dazu, den **Einfluss der „(Nur-)Kommanditisten" zu beschränken**. Demgegenüber soll der Einfluss der GmbH-Gesellschafter, die die Maßnahmen der GmbH, die regelmäßig zugleich (Geschäftsführungs-)Entscheidungen der KG sind, vorberaten und lenken, gestärkt werden.

22 Auch dieses Ziel kann nur erreicht werden, wenn die internen Willensbildungsprozesse innerhalb der KG und der GmbH optimal aufeinander abgestimmt sind, wobei dann zugleich die Frage, innerhalb welcher Gesellschaft welche Entscheidung getroffen wird, von entscheidender Bedeutung ist.

---

[10] Heymann/*Horn* HGB § 161 Rn. 139; *K. Schmidt* Gesellschaftsrecht § 56 IV 2a; *K. Schmidt* Freundesgabe Haas, 313 ff.
[11] Heymann/*Horn* HGB § 161 Rn. 139; *K. Schmidt* Gesellschaftsrecht § 56, IV 2a; *H. Schneider/U. H. Schneider* FS Möhring, 271, *Bahnsen* GmbHR 2001, 317 ff.
[12] Vgl. etwa *K. Schmidt* Gesellschaftsrecht § 56 IV 2a.

§ 17 *Gesellschafterversammlung und Beschlussfassung in der GmbH & Co. KG*

Hier besteht die **Berateraufgabe** also in der „Einflussbegründung und 23
-begrenzung durch Ausnutzung der Beteiligung zweier Rechtssubjekte an
einem einheitlichen unternehmerischen Engagement".

III. Zuständigkeiten der Gesellschafterversammlung

Die Zuständigkeitsordnungen von GmbH und Personengesellschaften, die 24
das Gesetz voraussetzt, müssen in einer personengleichen GmbH & Co. KG
derart angepasst werden, dass sie einander vollständig entsprechen und bei
nichtpersonengleichen GmbH & Co. KGs regelmäßig – es sei denn, die Beteiligten halten eine anderweitige Gestaltung für zweckmäßig – derart, dass
den GmbH-Gesellschaftern weitgehender Einfluss auf die Geschäftsführungsangelegenheiten (des Gesamtunternehmens) eröffnet wird und die
„(Nur-)Kommanditisten" (bezogen auf das Gesamtunternehmen) nur in
Grundsatzfragen des Verbandslebens zur Mitwirkung berufen sind. Jedoch
können auch insoweit die Interessen der Beteiligten sehr unterschiedlich
sein, so dass deren Motive und Wille exakt erfasst und in geeignete gesellschaftsvertragliche Bestimmungen umgesetzt werden müssen. Auszugehen ist
in allen Fällen von dem **gesetzlichen Leitbild**, welches **sachgerecht** im
Rahmen der gesellschaftsvertraglichen Gestaltungsfreiheit **zu modifizieren**
ist.

1. Komplementär-GmbH

Im Hinblick auf die gesetzestypische GmbH-Verfassung ist zwischen 25
Grundlagenkompetenzen und sonstigen Zuständigkeiten der Gesellschafterversammlung zu unterscheiden. Ausgehend von dem gesetzlichen
Regelungsmodell sind dann die zum reibungslosen Zusammenspiel von
Komplementär-GmbH und GmbH & Co. KG notwendigen bzw. zweckmäßigen statutarischen Modifikationen unter Berücksichtigung der Interessen
der Unternehmensträger vorzunehmen.

a) Satzungs- und Strukturänderungen. Alle Grundlagenentscheidun- 26
gen des Verbandslebens, die die Komplementär-GmbH betreffen, sind den
GmbH-Gesellschaftern kraft Gesetzes zugewiesen: Nach §§ 53 ff. GmbHG
erfolgt die Änderung des Gesellschaftsvertrages einschließlich Kapitalerhöhung und -herabsetzung durch Beschluss der Gesellschafter. Einer Gesellschafterentscheidung bedarf ferner die Auflösung der GmbH sowie die Bestellung und Abberufung der Liquidatoren (vgl. §§ 60 Abs. 1 Nr. 2, 66 Abs. 1
GmbHG). Andere Grundlagenentscheidungen wie die Verschmelzung, der
Formwechsel und die Spaltung der Gesellschaft bedürfen ebenfalls eines Gesellschafterbeschlusses (vgl. §§ 13, 193, 125 UmwG). Zu den der Gesellschafterversammlung zugewiesenen Strukturentscheidungen zählt weiterhin die
Zustimmung zum Abschluss von Unternehmensverträgen in der herrschenden GmbH analog § 293 Abs. 2 AktG[13] und in der beherrschten GmbH
wegen der einer Satzungsänderung entsprechenden Auswirkungen auf Ge-

---

[13] Grundlegend BGHZ 105, 324 (333 ff.) (Supermarkt).

sellschaftszweck, Zuständigkeitsordnung und Gewinnbezugsrecht.[14] Auch vergleichbare Strukturentscheidungen obliegen der Gesellschafterversammlung als oberstem Gesellschaftsorgan. Zu beachten ist allerdings, dass es in den vorbezeichneten Fällen immer nur um **Grundlagen- und Strukturentscheidungen** geht, die die GmbH selbst betreffen.

27 Stehen **solche Entscheidungen auf der Ebene der KG** an, ist keine unmittelbare Zuständigkeit der GmbH-Gesellschafterversammlung nach den vorstehenden Vorschriften begründet. Denn es geht dann um eine Frage der internen Willensbildung innerhalb der KG. Allerdings kann sich **reflexiv** auch die **Notwendigkeit einer Beschlussfassung innerhalb der GmbH** ergeben. Insoweit ist aber zu beachten, dass eine Umstrukturierung der KG nicht notwendigerweise zugleich eine Angelegenheit der geschäftsführenden Komplementär-GmbH ist. Insoweit geht es – auf die KG bezogen – nicht um eine dem persönlich haftenden Gesellschafter der KG grundsätzlich zugewiesene Geschäftsführungsmaßnahme, so dass eine Mitwirkung der GmbH an der internen Willensbildung der KG nur insoweit in Betracht kommt, als die GmbH stimmberechtigte Gesellschafterin der KG ist. Ist dies der Fall, muss innerhalb der GmbH regelmäßig Beschluss über das Abstimmungsverhalten in der Gesellschafterversammlung der KG gefasst werden, sofern es sich – was in der Regel der Fall ist – bezogen auf die GmbH, um eine außergewöhnliche Geschäftsführungsentscheidung handelt.[15] Ist dies hingegen nicht der Fall, wird die Komplementär-GmbH nur im Rahmen der Vorbereitung und Durchführung der Umstrukturierung tätig.

28 In welchem Umfang Geschäftsführungsentscheidungen der GmbH- Geschäftsführer, die Rückwirkungen auf die GmbH & Co. KG bzw. gar Auswirkungen auf die Gesamtstruktur des Unternehmens haben, einen Zustimmungsbeschluss der GmbH-Gesellschafterversammlung erfordern, kann und sollte die Satzung der GmbH klar definieren.

29 **b) Sonstige Angelegenheiten.** Die übrigen den Gesellschaftern der GmbH zugewiesenen Aufgaben sind insbesondere in **§ 46 GmbHG geregelt**. Nach dem nicht abschließenden und grundsätzlich dispositiven Zustimmungskatalog des § 46 GmbHG obliegt den Gesellschaftern die Entscheidung über:
– die Feststellung des von den Geschäftsführern aufgestellten Jahresabschlusses und die Entscheidung über die Ergebnisverwendung (§§ 46 Nr. 1, 42a, 29 GmbHG);
– die Entscheidung über die Offenlegung eines Einzelabschlusses nach internationalen Rechnungslegungsstandards (vgl. § 325 Abs. 2a HGB) und über die Billigung des von den Geschäftsführern aufgestellten Abschlusses bzw. Konzernabschlusses (§§ 46 Nr. 1a, 1b, 42a Abs. 4 GmbHG);

---

[14] Grundlegend BGHZ 105, 324, (331 f.) (Supermarkt); s. zusammenfassend Emmerich/Habersack/*Emmerich* § 32.
[15] Diese Problematik wird üblicherweise im Kontext mit den vom BGH im Holzmüller-Urteil entwickelten Grundsätzen der Konzernleitungskontrolle (vgl. BGHZ 83, 122 (140)) diskutiert, gilt aber allgemein, vgl. BGH AG 1991, 235 f.; OLG Frankfurt AG 1988, 335; Emmerich/Habersack/*Habersack* § 9 III; Scholz/*Emmerich* GmbHG Anh. § 13 Rn. 64 ff. mwN.

§ 17 *Gesellschafterversammlung und Beschlussfassung in der GmbH & Co. KG*

- die Einforderung noch ausstehender Einzahlungen auf das Stammkapital (§ 46 Nr. 2 GmbHG);
- die Rückzahlung von Nachschüssen (§ 46 Nr. 3 GmbHG);
- die Genehmigung der Teilung und die Erklärung der Einziehung von Geschäftsanteilen (§ 46 Nr. 4 GmbHG);
- die Bestellung und Abberufung sowie die Entlastung der Geschäftsführer (§ 46 Nr. 5 GmbHG);
- die Prüfung und Überwachung der Geschäftsführung (§ 46 Nr. 6 GmbHG);
- die Bestellung von Prokuristen und Generalbevollmächtigten (§ 46 Nr. 7 GmbHG);[16]
- die Geltendmachung von Ersatzansprüchen der Gesellschaft gegen Geschäftsführer oder Gesellschafter (§ 46 Nr. 8 GmbHG).

Darüber hinaus ist anerkannt, dass die Gesellschafterversammlung der GmbH jede andere Angelegenheit an sich ziehen und sie dem oder den Geschäftsführern in beliebigem Umfang Weisungen und allgemeine Handlungsanweisungen erteilen kann. Es sind im gesetzlichen Regelfall sowohl allgemeine Richtlinien etwa hinsichtlich der allgemeinen Geschäftspolitik als auch konkrete Handlungsanweisungen, zB hinsichtlich der Vornahme eines bestimmten Geschäfts, denkbar (vgl. § 37 Abs. 1 GmbHG, **sog. Omnipotenz der Gesellschafterversammlung**).[17] 30

Ähnlich wie bei einer Personengesellschaft (vgl. §§ 116 Abs. 2, 164 HGB) fallen darüber hinaus Maßnahmen, die wegen ihrer Bedeutung und den damit einhergehenden Gefahren Ausnahmecharakter haben, in den Kompetenzbereich der Gesellschafterversammlung. **Außergewöhnliche Geschäfte und** auch **die allgemeine Unternehmenspolitik** sind der Befugnis der Geschäftsführer mangels abweichender statutarischer Regelung entzogen, wenn eine Entscheidung der Gesellschafterversammlung nach § 49 Abs. 2 GmbHG erforderlich erscheint.[18] In den Zuständigkeitsbereich der 31

---

[16] Der Widerruf einer Prokura sowie der Abschluss, die Änderung und die Kündigung des Anstellungsvertrages mit dem Prokuristen bzw. Generalhandlungsbevollmächtigten können dagegen von den Geschäftsführern eigenständig vorgenommen werden, wobei die Geschäftsführer gegenüber den Gesellschaftern insoweit jedoch nicht illoyal handeln dürfen, vgl. BGH GmbHR 1990, 33 f.; MHdB GmbH/*Wolff* § 37 Rn. 52; Rowedder/Schmidt-Leithoff/*Koppensteiner/Gruber* GmbHG § 46 Rn. 39; Lutter/*Hommelhoff/Bayer* GmbHG § 46 Rn. 33; Scholz/K. *Schmidt* GmbHG § 46 Rn. 123; Baumbach/Hueck/*Zöllner* GmbHG § 46 Rn. 53 f.; MüKoGmbHG/ *Liebscher* § 46 Rn. 219.
[17] Sog. Grundsatz der Weisungsabhängigkeit vgl. BGHZ 31, 258, 278; Roth/Altmeppen/*Altmeppen* GmbHG § 37 Rn. 3, 13 ff.; Rowedder/Schmidt-Leithoff/*Koppensteiner/Gruber* GmbHG § 37 Rn. 26 ff.; Hachenburg/*Mertens* GmbHG § 37 Rn. 20; UHW/*Paefgen* GmbHG § 37, Rn. 18 ff.; *Raiser/Veil* Kapitalgesellschaften § 32 Rn. 2; Scholz/*Schneider* GmbHG § 37 Rn. 30 ff., jew. mwN.
[18] BGH DB 1984, 661 f.; Roth/Altmeppen/*Altmeppen* GmbHG § 37 Rn. 22 ff.; Rowedder/Schmidt-Leithoff/*Koppensteiner/Gruber* GmbHG § 37 Rn. 10 ff.; Lutter/ Hommelhoff/*Kleindiek* GmbHG § 37 Rn. 8 ff.; Scholz/*Schneider* GmbHG § 37 Rn. 12 ff.; UHW/*Paefgen* GmbHG § 37 Rn. 8 f.; aA Hachenburg/*Mertens* GmbHG § 37 Rn. 11; *Zietzmann*, Vorlagepflichten, S. 85 ff., 90; *Baumbach/Hueck/Zöllner/Noack* GmbHG § 37 Rn. 7 ff.

5. Kapitel. *Organisationsverfassung*

Gesellschafterversammlung der GmbH fallen zudem grundsätzlich auch satzungsauslegende Beschlüsse, mit denen über die fragliche Satzungskonformität bestimmter Maßnahmen entschieden werden soll.[19]

32 **c) Reflexwirkungen.** Zu beachten ist im Hinblick auf diesen Kompetenzkatalog der GmbH-Gesellschafterversammlung – ebenso wie im Falle von strukturändernden Maßnahmen – jedoch, dass sich die entsprechenden Zuständigkeiten auf die GmbH beziehen, die innerhalb der GmbH & Co. KG (nur) die Geschäftsführung und Vertretung wahrnimmt, wohingegen die KG eigentliche Unternehmensträgerin ist. Ist im Gesellschaftsvertrag nichts Anderweitiges geregelt, kommt es insoweit allein auf die Verhältnisse innerhalb der GmbH an; die Verhältnisse der KG bleiben bei der Anwendung der vorgenannten Bestimmungen grundsätzlich außer Betracht, es sei denn, sie wirken sich reflexiv auf die maßgebende Rechtslage bei der GmbH aus.

33 Solche Reflexwirkungen bestehen allerdings **in beträchtlichem Umfang**:[20] Die Interessen der KG sind typischerweise bei Entscheidungen der GmbH-Gesellschafterversammlung tangiert, die sich auf die Geschäftsführung, namentlich auf die Personen der Geschäftsführer beziehen. Bei solchen Entschließungen der GmbH-Gesellschafterversammlung sind die Interessen der KG zu berücksichtigen, wobei dies insbesondere bei unechten, nicht personenidentischen GmbH & Co. KGs von erheblicher praktischer Bedeutung ist. In der Regel empfiehlt es sich, die aufgezeigten **Problemsituationen gesellschaftsvertraglich klar zu regeln**, um späteren Konflikten und Auseinandersetzungen vorzubeugen; im Einzelnen:

34 KG-Interessen sind im besonderen Maße berührt bei der **Entscheidung über die Bestellung und Abberufung von Geschäftsführern** (vgl. § 46 Nr. 5 GmbHG), da die GmbH-Geschäftsführer gleichzeitig (mittelbar) die Geschäftsführungsfunktion in der KG für die Komplementär-GmbH wahrnehmen. Die KG und deren Gesellschafter haben grundsätzlich keinen Einfluss auf die Bestellung und Abberufung eines Geschäftsführers der Komplementär-GmbH; die Personalhoheit obliegt den Gesellschaftern der GmbH und die (Nur-)Kommanditisten können lediglich der Komplementär-GmbH bei schwerwiegenden Pflichtverletzungen die Geschäftsführungs- und Vertretungsbefugnis oder die Gesellschafterstellung im Verfahren nach §§ 161 Abs. 2, 117, 127, 140 HGB entziehen.[21] Gerade auf diesem Umstand basiert der entscheidende Einfluss derjenigen Personen, die (auch) GmbH-Gesellschafter sind, in der unechten, nicht personen- und beteiligungsidentischen GmbH & Co. KG. Diese Machtposition wird noch verstärkt durch den Grundsatz der freien Abberufbarkeit der GmbH-Geschäftsführer. Bei Fehlen anderweitiger statutarischer Regelungen kann die GmbH-Gesellschafterver-

---

[19] BGH GmbHR 2003, 171.
[20] HTM/*Mussaeus* GmbH & Co. KG § 4 Rn. 103 ff.; Scholz/*K. Schmidt* GmbHG Anh. § 45 Rn. 4 ff.; MüKoGmbHG/*Liebscher* § 46 Rn. 302 ff.
[21] Anders ist dies jedoch im Falle der sog. Einheits-GmbH & Co. KG, wenn die Gesellschafterrechte bei der Komplementär-GmbH unmittelbar von den Kommanditisten wahrgenommen werden.

§ 17 *Gesellschafterversammlung und Beschlussfassung in der GmbH & Co. KG*

sammlung die Geschäftsführer jederzeit – auch ohne Gründe – nach freiem Belieben abberufen.[22]

Diese Grundsätze erfahren bei einer GmbH & Co. KG eine Einschränkung dahin gehend, dass die Interessen der KG im Rahmen der Entscheidung über die Bestellung des Geschäftsführers und den Widerruf derselben angemessen zu berücksichtigen sind. Die GmbH kann also von der allein ihr (also nicht auf Dritte einschließlich der KG übertragbaren) Befugnis zur Geschäftsführerbestellung nicht schrankenlos Gebrauch machen. Sie muss vielmehr bereits aufgrund ihrer gesellschafterlichen Treuepflicht innerhalb der KG, die aufgrund ihres großen Einflusses auf die Geschicke der GmbH & Co. KG intensiv ausgeprägt ist, auf die Interessen der KG und ihrer Mitgesellschafter innerhalb der KG, also der (Nur-)Kommanditisten, angemessen Rücksicht nehmen. Dies bedeutet, dass nicht nur eine aus Sicht der KG geeignete Geschäftsführerpersönlichkeit ausgewählt werden muss, sondern auch, dass gegen den Willen der Kommanditisten keine Geschäftsführer berufen werden dürfen, gegen deren Bestellung aus Sicht der GmbH & Co. KG (sonstige) wichtige Gründe vorliegen. Umgekehrt muss ein Geschäftsführer auch dann abberufen werden, wenn ein wichtiger Abberufungsgrund aus dem Blickwinkel der KG existiert, insbesondere wenn sich dieser schwerwiegende Pflichtverstöße gegenüber der KG bzw. den Kommanditisten hat zu Schulden kommen lassen.[23] Allerdings ist zu beachten, dass hierdurch der grundsätzlich bestehende Einfluss der GmbH-Gesellschafter im Falle einer unechten GmbH & Co. KG nicht entscheidend geschmälert wird. Jenseits von Gründen, die die Bestellung oder ein Verbleiben eines Geschäftsführers bei objektiver Betrachtung der KG bzw. ihren Kommanditisten unzumutbar erscheinen lassen (sog. wichtiger Grund), besteht für die GmbH-Gesellschafter im Hinblick auf die Person des Geschäftsführers Auswahl- und Abberufungsfreiheit.

35

Ähnliche Grundsätze wie im Falle der Geschäftsführerbestellung gelten im Hinblick auf die **Bestellung von Prokuristen und Generalhandlungsbevollmächtigten** der GmbH (vgl. § 46 Nr. 7 GmbHG). Die Komplementär-GmbH ist Kaufmann (vgl. § 13 Abs. 3 GmbHG, § 6 Abs. 1 HGB) und daher zur Bestellung derartiger Vertreter befähigt. Als „Vertreter-Vertreter" kann etwa ein Prokurist der GmbH auch die GmbH & Co. KG im rechtsgeschäftlichen Bereich wirksam vertreten, so dass auch eine solche Bestellungsentscheidung Rückwirkungen auf die KG hat. Auch gegen von der Komplementär-GmbH bestellte Prokuristen und Generalhandlungsbevollmächtigte dürfen – aus Sicht der GmbH & Co. KG – keine gewichtigen Gründe streiten.[24]

36

---

[22] Vgl. statt aller Roth/Altmeppen/*Altmeppen* GmbHG § 38 Rn. 2f.; Raiser/Veil Kapitalgesellschaften § 32 Rn. 54ff.; Baumbach/Hueck/Zöllner/Noack GmbHG § 38 Rn. 3.
[23] *Binz/Sorg* § 9 Rn. 2ff.; HTM/*Mussaeus* GmbH & Co. KG § 4 Rn. 42, 104; Scholz/K. *Schmidt* GmbHG Anh. § 45 Rn. 6; MüKoGmbHG/*Liebscher* § 46 Rn. 304f.
[24] MüKoGmbHG/*Liebscher* § 46 Rn. 306; HTM/*Mussaeus* GmbH & Co. KG § 4 Rn. 104; s. auch Scholz/K. *Schmidt* GmbHG Anh. § 45 Rn. 9, der zugleich vertritt, die Bestellung solcher Vertreter der GmbH sei nicht sinnvoll, sofern nicht die Komplementär-GmbH ausnahmsweise einen eigenen Geschäftsbetrieb unterhalte; regelmä-

5. Kapitel. Organisationsverfassung

37 Der Grundsatz der Berücksichtigungsfähigkeit und -notwendigkeit von KG-Belangen beansprucht ferner Geltung im Rahmen der den GmbH-Gesellschaftern zugewiesenen **Entscheidung über die Entlastung der Geschäftsführer** (§ 46 Nr. 5 GmbHG). Die Entlastung als ein im Verbandsrecht eingebürgerter kooperationsrechtlicher Akt, durch den der Geschäftsführung von den Gesellschaftern das Vertrauen bekundt wird, ist zwar kein „Generalbereinigungsvertrag",[25] jedoch von haftungsrechtlicher Bedeutung, da mit der Erteilung der Entlastung eine Präklusionswirkung, also ein Verzicht auf etwaige Ersatzansprüche gegen die Geschäftsführer und auf (außerordentliche) Kündigungsgründe einhergeht, soweit es um Ersatzansprüche und Kündigungsgründe geht, die sich aus der Geschäftsführung ableiten und die der Gesellschafterversammlung bei sorgfältiger Prüfung aller Vorlagen und Berichte erkennbar sind oder von denen alle Gesellschafter privat Kenntnis haben.[26]

38 Die mit der Entlastung einhergehende Präklusionswirkung umfasst zunächst nur Ansprüche der GmbH selbst gegenüber ihrem Geschäftsführer; bei fehlerhaften Geschäftsführungsmaßnahmen hätte die KG ihrerseits bei isolierter Betrachtung zweier Gesellschaften einen Ersatzanspruch gegen ihre geschäftsführende Gesellschafterin, die Komplementär-GmbH, da die KG typischerweise von Fehlern im Rahmen der Geschäftsführung der Komplementär-GmbH tangiert wird und ihr entsprechende Schäden entstehen. Allerdings wird auch insoweit von der herrschenden Meinung eine Einheitsbetrachtung vertreten, wonach der KG unmittelbar Schadensersatzansprüche gegen den GmbH-Geschäftsführer zustehen, da das Geschäftsführungsverhältnis im Falle einer GmbH & Co. KG Schutzwirkung zugunsten der KG entfaltet.[27]

ßig sollten Prokuristen und Handlungsbevollmächtigte durch die Komplementär-GmbH für die KG als Unternehmensträgerin bestellt werden. Ohne K. Schmidt prinzipielle Bedenken unterstellen zu wollen (so aber Scholz/K. Schmidt GmbHG Anh. § 45 Rn. 9, Fn. 2), ist hierzu klarstellend anzumerken, dass aus diesen Zweckmäßigkeitserwägungen keine prinzipiellen Bedenken gegen eine Vertreterbestellung durch die Komplementär-GmbH hergeleitet werden können. Namentlich in einer unechten GmbH & Co. KG können, selbst wenn die Bestellung eines Prokuristen in der KG nicht durchsetzbar wäre, gegen die Bestellung derselben Person durch die Komplementär-GmbH keine rechtlichen Bedenken seitens der (Nur-)Kommanditisten der KG geltend gemacht werden, sofern keine wichtigen Gründe vorliegen, denn die Möglichkeit der Prokuristenbestellung gegen den Willen der (Nur-)Kommanditisten ist Ausfluss der gewählten Gesellschaftsstruktur einer nicht personen- und -beteiligungsidentischen GmbH & Co. KG.

[25] Scholz/K. Schmidt GmbHG § 46 Rn. 91, 103.
[26] BGHZ 97, 382 (384); BGH WM 1985, 1200; MüKoGmbHG/*Liebscher* § 46 Rn. 144 ff.; Rowedder/Schmidt-Leithoff/*Koppensteiner/Gruber* GmbHG § 46 Rn. 31; *Raiser/Veil* Kapitalgesellschaften § 33 Rn. 8; Roth/Altmeppen/*Roth* GmbHG § 46 Rn. 30 ff.; Scholz/K. *Schmidt* GmbHG § 46 Rn. 93 f.; Baumbach/Hueck/*Zöllner* GmbHG § 46 Rn. 41 ff.; stark einschränkend *Barner*, Entlastung als Institut des Verbandsrechts, 71 ff.; *Tellis* ZHR 156 (1992), 256 ff.
[27] BGHZ 75, 321 ff. (Publikums-KG); 76, 326 (337 f.); BGH BB 2002, 1164 ff.; BGH DB 2002, 1150; zuletzt KG GmbHR 2011, 477 (478 f.); OLG Köln NZG 2009, 1223; Roth/Altmeppen/*Altmeppen* GmbHG § 43 Rn. 99; *Binz/Sorg* § 9 Rn. 16 ff.

Zweifelhaft ist vor diesem Hintergrund die Wirkung einer von den 39
GmbH-Gesellschaftern dem Geschäftsführer erteilten Entlastung.
Insoweit wird zu Recht vertreten, dass diese Entlastungsentscheidung dann auch Ansprüche der KG unter den genannten Voraussetzungen ausschließt, wenn und soweit sich die KG und ihre Kommanditisten diese Entscheidung entgegenhalten lassen müssten. Letzteres ist insbesondere im Falle einer echten GmbH & Co. KG aufgrund der Personen- und Beteiligungsidentität zwischen Komplementär-GmbH und KG zu bejahen, wohingegen andernfalls – also im Falle einer unechten GmbH & Co. KG – eine Entlastungswirkung nur dann anerkannt wird, wenn die entsprechende Entlastungsentscheidung von den Gesellschaftern der KG getroffen wird.[28] Für die Praxis ist daher insbesondere im Falle einer unechten GmbH & Co. KG zu empfehlen, stets auch eine Entlastungsentscheidung der KG herbeizuführen und diese statutarisch im Gesellschaftsvertrag der GmbH & Co. KG vorzusehen.

Ähnliche Probleme ergeben sich im Rahmen der **Entscheidung** der 40
GmbH-Gesellschafterversammlung **über die Geltendmachung von Ersatzansprüchen** der GmbH **aus fehlerhaften Geschäftsführungsmaßnahmen** einschließlich der Vertretung der GmbH in Prozessen, die wegen derartigen Pflichtverletzungen gegen die Geschäftsführer angestrengt werden (vgl. § 46 Nr. 8 GmbHG), sowie im Hinblick auf einen denkbaren **Verzicht auf oder Vergleich über solche Ansprüche**, wobei Vergleich und Verzicht in Analogie zu § 46 Nr. 8 GmbHG einen Gesellschafterbeschluss voraussetzen.[29]

Zu berücksichtigen ist zunächst, dass die Entscheidung der GmbH-Gesell- 41
schafter über die Geltendmachung von Ersatzansprüchen im Prozess Außenwirkung hat, so dass die Klage gegen den Geschäftsführer unbegründet ist, wenn ein Ermächtigungsbeschluss fehlt;[30] gleiches gilt hinsichtlich der Entscheidung über einen Verzicht oder Vergleich.[31] Ferner ist zu beachten, dass die entsprechende Entscheidung der GmbH-Gesellschafterversammlung die Ansprüche der GmbH, nicht jedoch solche der KG betrifft. Denn in einmal entstandene Schadensersatzansprüche der KG aufgrund der Grundsätze eines

---

Grunewald BB 1981, 581 ff.; HTM/*Mussaeus* GmbH & Co. KG § 4 Rn. 69 ff.; Baumbach/Hueck/*Zöllner/Noack* GmbHG § 43 Rn. 66.
[28] *Scholz/K. Schmidt* GmbHG Anh. § 45 Rn. 8 u. GmbHG § 46 Rn. 108; MüKoGmbHG/*Liebscher* § 46, Rn. 308.
[29] Vgl. statt aller MüKoGmbHG/*Liebscher* § 46 Rn. 244; *Hasselbach* DB 2010, 2037; Roth/Altmeppen/*Roth* GmbHG § 46 Rn. 63; Lutter/Hommelhoff/*Bayer* GmbHG § 46 Rn. 41; Baumbach/Hueck/*Zöllner/Noack* GmbHG § 43 Rn. 47.
[30] Dies wird damit begründet, dass bei Streitigkeiten über die Haftung von Geschäftsführern das Ansehen der Gesellschaft in der Öffentlichkeit insb. ihre Kreditwürdigkeit Schaden nehmen kann; ob dieses Risiko in Kauf genommen oder auf den Ersatzanspruch de facto verzichtet werden soll, hat die Gesellschafterversammlung bindend zu entscheiden. Vgl. BGH NZG 2004, 962, 964; MüKoGmbHG/*Liebscher* § 46 Rn. 256; UHW/*Hüffer* GmbHG § 46 Rn. 101; Lutter/Hommelhoff/*Bayer* GmbHG § 46 Rn. 40; Baumbach/Hueck/*Zöllner/Noack* GmbHG § 46 Rn. 61 (ganz hM); jew. mwN (auch zur aA).
[31] MüKoGmbHG/*Liebscher* § 46 Rn. 256; UHW/*Hüffer* GmbHG § 46 Rn. 102; Baumbach/Hueck/*Zöllner/Noack* GmbHG § 43 Rn. 47.

5. Kapitel. Organisationsverfassung

Rechtsverhältnisses mit Schutzwirkung zugunsten Dritter kann die GmbH nicht nachträglich eingreifen. Es ist allerdings davon auszugehen, dass sich in einer typischen GmbH & Co. KG mit Gesellschafteridentität die KG eine Entscheidung der GmbH-Gesellschafterversammlung über die Anspruchserhebung bzw. über einen Vergleich oder Verzicht entgegenhalten lassen muss.[32]

42 Interessenberührungen im vorstehenden Sinne existieren ferner im Rahmen der Beschlussfassung der GmbH-Gesellschafterversammlung gemäß § 46 Nr. 1 GmbHG und gemäß § 46 Nr. 6 GmbHG sowie bei allgemeinen Weisungsbeschlüssen der GmbH-Gesellschafterversammlung in Geschäftsführungsfragen (vgl. § 37 Abs. 1 GmbHG); diese wirken sich namentlich in einer unechten GmbH & Co. KG aus:

43 Die **Entscheidung über Jahresabschluss und Ergebnisverwendung** (§ 46 Nr. 1 GmbHG) bezieht sich allein auf die Komplementär-GmbH. KG-Gewinne schlagen sich nur mittelbar (quotal) im Ergebnis der Komplementär-GmbH nieder und dies auch nur dann, wenn die Komplementär-GmbH kapitalmäßig an der KG beteiligt ist, was sie nicht sein muss;[33] ist sie dies nicht, erhält die Komplementär-GmbH regelmäßig von der KG nur Ersatz derjenigen Aufwendungen, die ihr durch die Geschäftsführung entstanden sind (§§ 161 Abs. 2, 110 HGB), gegebenenfalls zuzüglich einer Vergütung für die Geschäftsführungs- und Haftungsübernahme regelmäßig in Form eines Gewinnvoraus oÄ.

44 Allerdings ist eine darüber hinausgehende Zuständigkeit der GmbH-Gesellschafterversammlung im Rahmen der Wahrnehmung von Beteiligungsrechten denkbar; dies betrifft etwa Weisungsbeschlüsse hinsichtlich des Abstimmungsverhaltens der GmbH in der Gesellschafterversammlung der KG über deren Ergebnisverwendung, wenn die Komplementär-GmbH an der KG kapitalmäßig beteiligt ist und ihr Stimmrecht nicht ausgeschlossen wurde bzw. hinsichtlich eines der Komplementärin etwa vorbehaltenen Gewinnverwendungsvorschlages. Insoweit muss vor allem bei einer nicht personenidentischen GmbH & Co. KG auf die Belange der (Nur-)Kommanditisten angemessen Rücksicht genommen werden.[34] Unzulässig wäre es beispielsweise, bei einer entsprechenden Vertragsgestaltung über ein der Komplementärin etwa vorbehaltenes Vorschlagsrecht hinsichtlich der Gewinnverwendung oder über ein Recht zur Rücklagendotierung durch übermäßige Gewinnthesaurierung die (Nur-)Kommanditisten „auszuhungern", etwa weil die GmbH-Gesellschafter zugleich GmbH-Geschäftsführer sind und deshalb – insbesondere in Anbetracht ihrer Geschäftsführervergütung – auf Erträge aus ihrer regelmäßig daneben bestehenden Kommanditbeteiligung nicht angewiesen sind.

45 Entsprechende Grundsätze gelten im Allgemeinen für die **Maßnahmen der GmbH-Gesellschafter im Rahmen der Prüfung und Überwachung**

---

[32] HTM/*Mussaeus* GmbH & Co. KG § 4 Rn. 104; Scholz/*K. Schmidt* GmbHG Anh. § 45 Rn. 8.
[33] Vgl. statt aller *Binz/Sorg* § 4 Rn. 28 ff.
[34] HTM/*Mussaeus* GmbH & Co. KG § 4 Rn. 104; Scholz/*K. Schmidt* GmbHG Anh. § 45 Rn. 5.

der **Geschäftsführung** (vgl. § 46 Nr. 6 GmbHG) und im Rahmen der **Erteilung allgemeiner Weisungen** (vgl. § 37 Abs. 1 GmbHG). Interessen und Geschäftsführungsmaßnahmen der GmbH sind in der typischen GmbH & Co. KG, in der die Komplementär-GmbH ausschließlich die Geschäfte der KG führt, zugleich solche der KG. Die auf die Geschäftsführung der GmbH bezogenen Kompetenzen der GmbH-Gesellschafterversammlung erstrecken sich hier naturgemäß auch auf die KG, so dass deren Verhältnisse stets angemessen zu berücksichtigen sind.[35]

Meines Erachtens dürften ähnliche Grundsätze gelten, falls die **Komplementär-GmbH einen Beherrschungsvertrag** (§ 291 Abs. 1 S. 1 AktG analog) **mit einem Drittunternehmen abschließt**, da sich hierdurch der Geschäftsführer der Komplementär-GmbH gemäß § 308 AktG analog dem Weisungsrecht eines Dritten unterwirft, wobei auch nachteilige Weisungen, die im Konzerninteresse liegen, zulässig sind. Aufgrund eines entsprechenden Unternehmensvertrages wird die Komplementär-GmbH mithin im Ergebnis fremdbestimmt. 46

Bei der Entscheidung, ob eine solche Fremdbestimmung eingegangen werden soll oder nicht, sind die **Interessen der GmbH & Co. KG** angemessen zu berücksichtigen. Darüber hinaus spricht viel dafür, dass die entsprechende Maßnahme im Innenverhältnis zwischen Komplementär-GmbH und GmbH & Co. KG nur zulässig ist, wenn auch die Kommanditistenversammlung der Begründung des Vertragskonzerns zwischen der Komplementär-GmbH und einem Drittunternehmen zugestimmt hat bzw. die Nichteinholung eines Zustimmungsbeschlusses keinen wichtigen Grund zur Entziehung der Geschäftsführungs- und Vertretungsbefugnis der nunmehr beherrschungsvertraglich gebundenen Komplementär-GmbH begründet (vgl. §§ 117, 127, 161 Abs. 2 HGB). Denn die Komplementär-GmbH dient einzig und allein dazu, die Geschäfte der GmbH & Co. KG zu führen, so dass die aufgrund des Beherrschungsvertrages nunmehr fremdbestimmte Komplementär-GmbH die KG-Geschäfte unter einem fremden unternehmerischen Einfluss führt. Hierdurch entsteht ein Dauergefährdungstatbestand. Denn der GmbH-Geschäftsführer ist nach allgemeinen konzernrechtlichen Regeln auch zur Befolgung solcher Weisungen verpflichtet, die sich im internen Verhältnis zwischen GmbH & Co. KG und ihrer Komplementär-GmbH als pflichtwidrig erweisen könnten. 47

An dieser Bewertung ändert sich auch nichts dadurch, dass die Komplementär-GmbH im Ergebnis für die Verbindlichkeiten der KG haftet und das herrschende Unternehmen im Vertragskonzern (gegenüber der Komplementär-GmbH) analog § 302 AktG zum Verlustausgleich verpflichtet ist. Die Auswirkungen eines Vertragskonzerns zwischen Komplementär-GmbH und einem Dritten beschränken sich nicht allein auf die haftungsrechtlichen Folgen, sondern es handelt sich im Ergebnis – auf die Ebene der KG bezogen – um eine legitimationsbedürftige Strukturmaßnahme, zumal auch jenseits der Verursachung von Verlusten schädigende Eingriffe, die sich gewinnmindernd auswirken, denkbar sind. 48

---

[35] HTM/*Mussaeus* GmbH & Co. KG § 4 Rn. 104; Scholz/K. *Schmidt* GmbHG Anh. § 45 Rn. 7; MüKoGmbHG/*Liebscher* § 46, Rn. 309.

5. Kapitel. Organisationsverfassung

49 **d) Statutarische Regelungen.** Die Ausgestaltung der Verwaltungsrechte und der Organzuständigkeiten insbesondere der Gesellschafterversammlung ist primär Gegenstand der Satzungsautonomie, dh der Gesellschaftsvertrag kann die gesetzliche Zuständigkeitsordnung der GmbH erheblich modifizieren. Es kann einerseits die Gesellschafterversammlung noch weiter gestärkt werden, wobei jedoch in Anbetracht der umfassenden gesetzlichen Zuständigkeiten der Gesellschafter die Zuweisung zusätzlicher Kompetenzen kraft Satzung nur begrenzt vorstellbar ist.[36]

50 Zweckmäßig ist es regelmäßig vor allem, in die Satzung der GmbH im Hinblick auf besonders gewichtige Geschäftsvorfälle **ausdrückliche Zustimmungsvorbehalte** zugunsten der Gesellschafterversammlung aufzunehmen. Derartige Zustimmungsvorbehalte werden typischerweise vorgesehen, insbesondere für die Verabschiedung von Unternehmensplänen, vor allem der Jahresplanung (Ergebnis-, Finanz- und Investitionsplanung), wichtige Personalentscheidungen (insbesondere betreffend leitende Angestellte bzw. ab einer bestimmten Gehaltsgrenze), Investitionsentscheidungen, Kreditaufnahmen und Kreditgewährungen ab einer bestimmten Wertgrenze, Errichtung und Aufgabe von Zweigniederlassungen, Erwerb und Veräußerung von Unternehmen sowie von Beteiligungen und Grundstücken uÄ.

51 Durch einen solchen Katalog werden für die Geschäftsführer, die kraft Gesetzes verpflichtet sind, „außergewöhnliche Geschäftsführungsmaßnahmen" der Gesellschafterversammlung vorzulegen, klare **Grenzen ihrer Geschäftsführungsbefugnis** bestimmt, da diese bei einer in den statutarischen Katalog fallenden Geschäftsführungsmaßnahme im Innenverhältnis verpflichtet sind, die Zustimmung der Gesellschafter einzuholen. Im Umkehrschluss ist dann davon auszugehen, dass Maßnahmen, die von einem Einzeltatbestand ausdrücklich nicht erfasst sind, von den Geschäftsführern nach freiem unternehmerischen Ermessen getroffen werden können, wobei allerdings zu berücksichtigen ist, dass es im Rahmen von solchen Zuständigkeitskatalogen üblich ist, auch „sonstige außergewöhnliche Geschäftsführungsmaßnahmen" einem Zustimmungsvorbehalt zu unterwerfen. Die Befugnis der Gesellschafter, im Einzelfall auch die Entscheidung über Geschäfte unterhalb der Schwelle der satzungsmäßig angeordneten Genehmigungsbedürftigkeit an sich zu ziehen, bleibt durch derartige Klauseln im Zweifel allerdings unberührt.[37] Ein Katalog zustimmungspflichtiger Maßnahmen dient daher regelmäßig zwar auch der Rechtsklarheit und -sicherheit, primär wird hierdurch jedoch die Information und der Schutz der Gesellschafter über die wichtigsten geschäftlichen Entscheidungen bezweckt. Zustimmungskataloge im vorstehenden Sinne sind nicht nur weit verbreitet, sondern auch uneingeschränkt zulässig.[38] Sie sind vor allem dann zweckmäßig, wenn nicht alle GmbH-Gesellschafter Geschäftsführungsfunktionen

---

[36] MüKoGmbHG/*Liebscher* § 46 Rn. 7 ff.; MHdB GmbH/*Wolff* § 37 Rn. 76 ff.; Rowedder/Schmidt-Leithoff/*Koppensteiner/Gruber* GmbHG § 45 Rn. 6 ff.; Scholz/ *K. Schmidt* GmbHG § 46 Rn. 2; Baumbach/Hueck/*Zöllner* GmbHG § 46 Rn. 5 f. u. 92 ff.
[37] MHdB GmbH/*Wolff* § 37 Rn. 30.
[38] Vgl. MHdB GmbH/*Wolff* § 37 Rn. 63 ff.

§ 17 Gesellschafterversammlung und Beschlussfassung in der GmbH & Co. KG

wahrnehmen, können aber auch dann – etwa zur Kompetenzab- bzw. Begrenzung – sinnvoll sein, wenn alle GmbH-Gesellschafter im Unternehmen tätig sind.

Ein entsprechender Zustimmungskatalog kann sehr engmaschig und detailliert sein oder sich eher auf die ganz zentralen unternehmerischen Entscheidungen der Geschäftsführung beziehen und den Geschäftsführern größeren Spielraum für eigene unternehmerische Initiative belassen. Welches Modell gewählt wirdhngt in besonderem Maße von den besonderen Umständen des Einzelfalls und den individuellen Bedürfnissen der Unternehmenseigner ab. Allerdings ist in der Regel von der satzungsmäßigen Festlegung zu enger Grenzen abzuraten, wenn die GmbH-Gesellschafter zumindest teilweise nicht fähig oder willens sind, sich um unternehmerische Einzelentscheidungen der Gesellschaft zu kümmern, was typischerweise dann der Fall ist, wenn diese nicht sämtlichst aktiv im Unternehmen selbst mitarbeiten, sondern (jedenfalls teilweise) vornehmlich kapitalistisch beteiligte Kapitalgeber vorhanden sind, was insbesondere nach Erbgängen häufig der Fall ist. Denn die eigentlichen unternehmerischen Entscheidungen werden in einer solchen Situation von den (Fremd-)Geschäftsführern getroffen; unternehmerisches Handeln verlangt Verantwortungsbewusstsein, Kreativität und Entscheidungsfreude. Dies erfordert eine hinreichende Selbständigkeit im Rahmen der Entwicklung der maßgebenden Führungsentscheidungen und Entscheidungsmaßstäbe. Weiterhin ist im Rahmen extrem engmaschiger Zustimmungsvorbehalte zu beachten, dass nach zutreffender Meinung die Geschäftsführung den Geschäftsführern nicht vollständig entzogen werden darf. Denn in Anbetracht der besonderen Pflichtenstellung und der Verantwortung der Geschäftsführer begegnet eine Gestaltung, die diese zur „reinen Vertretungsmarionette" ohne jede Autorität gegenüber dem Personal des Unternehmens machen würde, Bedenken.[39]

Umgekehrt ist es allerdings auch möglich, dass die Satzung die Stellung der Geschäftsführer stärkt, indem sie diesen einen weiten Bereich der Geschäftsführung zur eigenen Entscheidung sichert und die Zuständigkeiten der Gesellschafterversammlung entsprechend beschränkt. Dies ist selbst dann möglich, wenn ein Katalog zustimmungspflichtiger gewichtiger Geschäftsführungsmaßnahmen in die Satzung aufgenommen wurde, indem etwa formuliert wird, dass „ausschließlich" die in der Satzung im Einzelnen aufgeführten Geschäftsführungsmaßnahmen einen Zustimmungsbeschluss der Gesellschafterversammlung erfordern und in diesem Kontext darauf verzich-

52

53

---

[39] Hierdurch würde die Erfüllung ihrer zwingenden gesetzlichen Aufgaben insb. im Rahmen der Buchführung und Bilanzierung (§§ 41, 42 GmbHG), Kapitalerhaltung und -sicherung (§§ 30, 33, 43a sowie §§ 49 Abs. 3, 84 Abs. 1 Nr. 1 GmbHG), der Handelsregisteranmeldungen (§ 78 GmbHG), der Insolvenzantragspflicht (§§ 64, 84 Abs. 1 Nr. 2 GmbHG), der Erfüllung der steuerlichen und sozialversicherungsrechtlichen Pflichten des Unternehmens (§§ 34 AO, 266a StGB) sowie im Rahmen der Einhaltung sonstiger öffentlich-rechtlicher Vorschriften (insb. gewerbe-, bau-, umwelt- und polizeirechtlicher Natur) gefährdet und von dem Gesetz zugrunde gelegte GmbH-Verfassung pervertiert. Vgl. zutr. Hachenburg/Mertens § 37 GmbHG Rn. 16 ff.; UHW/Paefgen GmbHG § 37 Rn. 14; Baumbach/Hueck/Zöllner/Noack GmbHG § 37 Rn. 18 u. § 46 Rn. 93.

5. Kapitel. Organisationsverfassung

tet wird, auch „sonstige außergewöhnliche Geschäftsführungsmaßnahmen" in den Zustimmungskatalog mit einzubeziehen.

54 Ferner kann die Satzung auch die meisten der in § 46 GmbHG genannten Zuständigkeiten der Gesellschafterversammlung **abbedingen** und so für diese Maßnahmen eine Zuständigkeit der Geschäftsführer begründen.[40] Es ist beispielsweise möglich, nicht nur die Aufstellung, sondern auch die Feststellung des Jahresabschlusses bzw. die Billigung des Konzernabschlusses (vgl. § 46 Nr. 1, 1a, 1b GmbHG) den Geschäftsführern zu überlassen.[41] Dies gilt allerdings nicht für den Gewinnverwendungsbeschluss; insoweit sind zwar kompetenzverlagernde Bestimmungen der Satzung nicht vollkommen ausgeschlossen (insbesondere die Delegation der Entscheidung auf ein fakultatives Gesellschaftsorgan, zB einen Beirat oder Aufsichtsrat ist möglich); allerdings sind wegen der Bedeutung des mitgliedschaftlichen Rechts auf Gewinnteilhabe entsprechende Regelungen nur zulässig, wenn eine hinreichende Einflussnahme der Gesellschafter gewahrt bleibt.[42] Die Einforderung von Einzahlungen auf die Stammeinlagen (vgl. § 46 Nr. 2 GmbHG) und die Rückforderung von Nachschüssen (vgl. § 46 Nr. 3 GmbHG) kann statutarisch den Geschäftsführern zugewiesen werden; zwingend ist dagegen § 26 Abs. 1 GmbHG, der die Einforderung von Nachschüssen betrifft; insoweit ist stets ein Einforderungsbeschluss der Gesellschafterversammlung notwendig.[43] Desgleichen ist die Übertragung der Entscheidung über die Teilung und Einziehung von Geschäftsanteilen (§ 46 Nr. 4 GmbHG) und über die Bestellung von Prokuristen und Generalhandlungsbevollmächtigen (§ 46 Nr. 7 GmbHG) auf die Geschäftsführer übertragbar.[44] Die Entscheidung über die Bestellung und Abberufung von Geschäftsführerkollegen (vgl. § 46 Nr. 5 GmbHG) kann nach zutreffender Ansicht ebenfalls auf die Mitgeschäftsführer übertragen werden.[45] Demgegenüber ist es allerdings nicht möglich, dass die Geschäftsführer die Entscheidung über ihre Entlastung selbst treffen (vgl. § 46 Nr. 5 GmbHG), ihre Geschäftsführungsmaßnahmen selbst prüfen und überwachen (vgl. § 46 Nr. 6 GmbHG) und die Entscheidung über die Geltendmachung von Ersatzansprüchen gegen Gesellschafter und gegen Geschäftsführer treffen (vgl. § 46 Nr. 8 GmbHG). Denn dies liefe auf eine vollständige Entmündigung der Gesellschafter hinaus und würde

---

[40] Hachenburg/*Mertens* GmbHG § 37 Rn. 5 aE; UHW/*Paefgen* GmbHG § 37 Rn. 23; Scholz/K. *Schmidt* GmbHG § 46 Rn. 2; Baumbach/Hueck/*Zöllner* GmbHG § 46 Rn. 5 f. u. 92 ff.; MüKoGmbHG/*Liebscher* § 46 Rn. 8 ff.
[41] UHW/*Hüffer* GmbHG § 46 Rn. 22 f.; Scholz/K. *Schmidt* § 46 GmbHG Rn. 46; Baumbach/Hueck/*Zöllner* GmbHG § 46 Rn. 16 u. 93; MüKoGmbHG/*Liebscher* § 46 Rn. 57.
[42] Vgl. zB UHW/*Hüffer* GmbHG § 46 Rn. 23; Baumbach/Hueck/*Zöllner* GmbHG § 46 Rn. 93; MüKoGmbHG/*Liebscher* § 46 Rn. 60.
[43] UHW/*Hüffer* GmbHG § 46 Rn. 33, 37; Baumbach/Hueck/*Zöllner* GmbHG § 46 Rn. 93; MüKoGmbHG/*Liebscher* § 46 Rn. 73 u. 80.
[44] UHW/*Hüffer* GmbHG § 46 Rn. 40, 89; **Baumbach/Hueck**/*Zöllner* GmbHG § 46 Rn. 93; MüKoGmbHG/*Liebscher* § 46 Rn. 95 u. 225.
[45] MüKoGmbHG/*Liebscher* § 46 Rn. 179, 183; Scholz/K. *Schmidt* § 46 Rn. 72; aA UHW/*Hüffer* GmbHG § 46 Rn. 76 ff., 83, 117; Baumbach/Hueck/*Zöllner* GmbHG § 46 Rn. 93.

§ 17 *Gesellschafterversammlung und Beschlussfassung in der GmbH & Co. KG*

diese der Willkür der Geschäftsführung aussetzen.[46] Nicht möglich sind ferner Kompetenzübertragungen auf die Geschäftsführer im Hinblick auf die der Gesellschafterversammlung zugewiesenen Satzungs- und Strukturänderungen (→ Rn. 26).[47]

Demgegenüber ist der statutarische Gestaltungsspielraum im Hinblick auf die **Verlagerung der in § 46 GmbHG genannten Kompetenzen** der Gesellschafterversammlung **auf andere Organe** als die Geschäftsführer sehr viel größer. Insoweit kommen insbesondere Kompetenzübertragungen auf fakultative Überwachungs- und Beratungsgremien wie einen Aufsichtsrat, Beirat oder Gesellschafterausschuss in Betracht. Auf solche Organe können durch entsprechende Regelungen in der Satzung im Grundsatz sämtliche in § 46 GmbHG genannte Zuständigkeiten übertragen werden, auch diejenigen, die sich auf die Geschäftsführer beziehen (vgl. § 46 Nr. 5, 6 und Nr. 8 GmbHG).[48] Auch im Übrigen ist eine Kompetenzverlagerung auf andere Gesellschaftsorgane – soweit nicht zwingendes GmbH-Recht entgegensteht, wie dies insbesondere im Falle strukturändernder Beschlüsse in Betracht kommt – grundsätzlich zulässig, wobei allerdings die Gesellschafterversammlung trotz etwaiger Zuständigkeitsregelungen zugunsten anderer (fakultativer) Gesellschaftsorgane einen Kernbestand eigener Zuständigkeiten behalten muss.[49] 55

2. GmbH & Co. KG

Ein **ausdifferenzierter gesetzlicher Zuständigkeitskatalog** von Angelegenheiten, die einer Beschlussfassung durch die Gesellschafter einer Personengesellschaft bedürfen, **fehlt** im Personengesellschaftsrecht, welches davon ausgeht, dass die Personengesellschafter als Mitglieder einer Arbeits- und Haftungsgemeinschaft ihren Willen einstimmig bilden und sich in allen Angelegenheiten der Gesellschaft eng miteinander abstimmen. Im gesetzlichen Idealfall sind daher Gesellschafterbeschlüsse in allen Angelegenheiten der Gesellschaft zulässig und verbindlich. Notwendig sind Gesellschafterbeschlüsse allerdings nur in den Fällen, in denen dies durch Gesetz oder Gesellschaftsvertrag ausdrücklich vorgeschrieben ist.[50] 56

a) Änderungen des Gesellschaftsvertrages und Strukturänderungen. Insbesondere für Änderungen des Gesellschaftsvertrages einschließlich des Beitritts und Ausscheidens von Gesellschaftern sowie der Übertragung der Mitgliedschaft und für sonstige Strukturänderungen sind grundsätzlich **alle Gesellschafter zuständig**. Für die Umwandlung von Personenhan- 57

---

[46] UHW/*Hüffer* GmbHG § 46 Rn. 76 ff., 83, 117; Baumbach/Hueck/*Zöllner* GmbHG § 46 Rn. 93; MüKoGmbHG/*Liebscher* § 46 Rn. 187, 203 u. 290.
[47] Vgl. statt aller Baumbach/Hueck/*Zöllner* GmbHG § 46 Rn. 93 aE.
[48] UHW/*Hüffer* GmbHG § 46 Rn. 3; Roth/Altmeppen/*Roth* GmbHG § 45 Rn. 3 ff.; Scholz/K. *Schmidt* GmbHG § 45 Rn. 6 ff.; Baumbach/Hueck/*Zöllner* GmbHG § 46 Rn. 94.
[49] Vgl. im Einzelnen Scholz/K. *Schmidt* GmbHG § 45 Rn. 178 ff.; Baumbach/Hueck/*Zöllner* GmbHG § 46 Rn. 94.
[50] Vgl. Heymann/*Emmerich* HGB § 119 Rn. 1a.; Baumbach/Hopt/*Hopt* HGB § 119 Rn. 1.

5. Kapitel. Organisationsverfassung

delsgesellschaften ist dies in §§ 43, 125, 217 Abs. 1 UmwG ausdrücklich vorgesehen; dies gilt jedoch allgemein:

58 Bei Änderungen des Gesellschaftsvertrages handelt es sich – soweit nicht eine mehrheitlich beschließende Gesellschafterversammlung gesellschaftsvertraglich vorgesehen wurde – um einen mehrseitigen Änderungsvertrag im Sinne des § 311 Abs. 1 BGB, der zustande kommt, wenn die letzte entsprechende Willenserklärung allen Mitgesellschaftern zugegangen ist.[51]

59 **b) Sonstige Angelegenheiten.** Weitere spezielle gesetzliche Zuständigkeitsregelungen zugunsten der Gesamtheit der Gesellschafter der KG sind im HGB nur rudimentär enthalten. Im Wesentlichen geht es um die Fälle der §§ 113 Abs. 2, 116 Abs. 2, 117, 122 Abs. 2, 127, 131 Abs. 1 Nr. 2, Abs. 3 S. 1 Nr. 6, 144 Abs. 1, 146 Abs. 1, 147, 161 Abs. 2, 164 HGB. Als allgemeine Aussage ist den vorgenannten Vorschriften zu entnehmen, dass die Gesellschafter der KG über ungewöhnliche Geschäfte (§§ 116 Abs. 2, 164 HGB), über die Auflösung der Gesellschaft sowie die Bestellung und Abberufung der Liquidatoren (§§ 131 Abs. 1 Nr. 2, 146 Abs. 1, 147, 161 Abs. 2 HGB), über den Fortbestand der Gesellschaft bei Gesellschaftsinsolvenz (§§ 144 Abs. 1, 161 Abs. 2 HGB) sowie über die Geltendmachung von Ansprüchen wegen Verletzung des gesetzlichen Wettbewerbsverbots gegen den persönlich haftenden Gesellschafter (§§ 113 Abs. 2, 164 Abs. 2 HGB) entscheiden. Gemeinsames Vorgehen aller Gesellschafter wird zudem gesetzlich vorausgesetzt für die Durchführung des Ausschließungsverfahrens gemäß §§ 140 Abs. 1 S. 1, 161 Abs. 2 HGB, welches die Erhebung einer entsprechenden Gestaltungsklage durch die „übrigen Gesellschafter" voraussetzt, sowie für das Verfahren zur Entziehung der Geschäftsführungs- und Vertretungsmacht des persönlich haftenden Gesellschafters gemäß §§ 117, 127, 161 Abs. 2 HGB.

60 Vor diesem Hintergrund wird teilweise von einer „**auf Grundlagenentscheidungen beschränkten Allzuständigkeit der Gesellschafter**" gesprochen.[52] Im Ergebnis kann man, ausgehend vom gesetzlichen Regelfall, zwei Arten von Beschlussgegenständen unterscheiden, die der Gesamtheit der Gesellschafter der KG zugewiesen sind.[53]

61 Nämlich zum einen diejenigen **Entscheidungen, die auf den gesellschaftsrechtlichen Bereich ausgerichtet sind**, also diejenigen Beschlüsse, die eine Änderung des Gesellschaftsverhältnisses oder des Gesellschaftsvertrages zum Inhalt haben; hierzu zählen neben den unmittelbaren Vertrags- und Strukturänderungen (→ Rn. 57 f.) insbesondere auch die gesetzlich genannten Zuständigkeiten über die Auflösung und den Fortbestand der Gesellschaft bzw. die Durchführung von Maßnahmen gegen Mitgesellschafter aus wichtigem Grund.

62 Zum anderen geht es um diejenigen Gesellschafterbeschlüsse, die **außergewöhnliche Geschäftsführungsmaßnahmen** betreffen. Dem letztgenannten Bereich kommt in einer gesetzestypischen GmbH & Co. KG besondere Bedeutung zu, da im Bereich der Geschäftsführung die Komman-

---

[51] Heymann/Emmerich HGB § 119 Rn. 2; Scholz/K. Schmidt GmbHG Anh. § 45 Rn. 18.
[52] So Scholz/K. Schmidt GmbHG Anh. § 45 Rn. 16 aE.
[53] *Sudhoff* GmbH & Co. 4. Aufl. 1979, 224.

ditisten – anders als die GmbH-Gesellschafter, die dem Geschäftsführer in der Regel in Geschäftsführungsangelegenheiten beliebig Weisungen erteilen dürfen – von einer Mitwirkung ausgeschlossen sind, soweit es nicht um außergewöhnliche Maßnahmen im Sinne des § 164 HGB geht. Auf die gewöhnliche Geschäftsführung haben die Kommanditisten mithin im Normalfall keinerlei Einfluss. Ihnen sind lediglich solche Geschäftsführungsmaßnahmen vorzulegen, die nach Inhalt und Zweck über den Rahmen des bisherigen Geschäftsbetriebs hinausgehen oder wegen ihrer Bedeutung und den damit verbundenen Risiken Ausnahmecharakter haben, wobei für die Abgrenzung der gewöhnlichen von den ungewöhnlichen Geschäften jeweils die speziellen Verhältnisse der einzelnen Gesellschaft maßgebend sind. Zweck dieser Regelung ist es, einerseits die ungestörte Geschäftsführung durch den persönlich haftenden Gesellschafter zu sichern und andererseits den nicht geschäftsführenden Gesellschaftern im Geschäftsführungsbereich eine Restkompetenz zu sichern.[54] Demgegenüber handelt es sich bei den im Ergebnis der Komplementär-GmbH zugewiesenen gewöhnlichen Handlungen um alle Maßnahmen, die zum Normal- und Routinebetrieb des konkreten Unternehmens gehören; auch die Bestellung eines Prokuristen hängt nicht von der Beschlussfassung der Kommanditisten ab (vgl. §§ 116 Abs. 3, 164 S. 2 HGB).

Würde man die Regel des § 164 S. 1 HGB, wonach die Kommanditisten von der Führung der Geschäfte der Gesellschaft generell ausgeschlossen sind, konsequent anwenden, könnten die Kommanditisten der GmbH & Co. KG an der Bilanzfeststellung nicht mitwirken. Dementsprechend gestand die früher hM den Kommanditisten gegenüber der von der Komplementär-GmbH vorzunehmenden Bilanzfeststellung nur ein Prüfungs- und Beanstandungsrecht nach § 166 HGB zu.[55] Durchgesetzt hat sich demgegenüber die Gegenauffassung, wonach alle Gesellschafter einschließlich der **Kommanditisten an dem Bilanzfeststellungsbeschluss mitwirken**, da die Jahresbilanz die Grundlage der Gewinnermittlung bildet und dem Bilanzfeststellungsbeschluss mithin der Charakter eines Grundlagengeschäfts zukommt, welches der zwingenden Zuständigkeit der Gesamtheit aller Gesellschafter unterliegt.[56] Demgegenüber ist die Aufstellung, dh die Vorbereitung des Jahresabschlusses bis zur Beschlussreife einschließlich der Entscheidung über die Ausübung von Bilanzierungs- und Bewertungswahlrechten allein Sache des geschäftsführenden persönlich haftenden Gesellschafters, vorliegend also der Komplementär-GmbH und deren Geschäftsführer.[57]

63

---

[54] BGHZ 76, 160 (162f.); RGZ 158, 302 (308); Baumbach/Hopt/*Hopt* HGB § 164 Rn. 1; *K. Schmidt* Gesellschaftsrecht § 47 V 1c; MüKoHGB/*Grunewald* § 164 Rn. 9ff.
[55] So insb. Heymann/*Horn* HGB § 167 Rn. 2 aE; *Sudhoff* Rechte und Pflichten § 7 I 3 mwN.
[56] Grundlegend BGHZ 132, 263ff.; NZG 2007, 259; vgl. auch Baumbach/Hopt/*Hopt* HGB § 164 Rn. 3; HTM/*Mussaeus* GmbH & Co. KG § 4 Rn. 121; GK/*Schilling* HGB § 167 Rn. 3; *K. Schmidt* Gesellschaftsrecht § 53 III 2c; MüKoHGB/*Grunewald* § 167 Rn. 2.
[57] BGH BB 1980, 121; Baumbach/Hopt/*Hopt* HGB § 164 Rn. 3; MüKoHGB/ *Grunewald* § 167 Rn. 1.

5. Kapitel. Organisationsverfassung

64 **c) Gesellschaftsvertragliche Regelungen.** Allerdings können durch den Gesellschaftsvertrag die **Zuständigkeiten** der Gesellschafter der GmbH & Co. KG **erweitert oder beschränkt** werden, da die Zuständigkeiten der Gesellschafter der gesellschaftsvertraglichen Gestaltungsfreiheit unterliegen.

65 Zulässig sind insbesondere auch vom gesetzlichen Regelfall **abweichende Bestimmungen über die Geschäftsführung**; dies folgt hinsichtlich der Geschäftsführung der persönlich haftenden Gesellschafter aus §§ 161 Abs. 2, 109 HGB, hinsichtlich der Geschäftsführung der Kommanditisten aus § 163 HGB. Für derartige abweichende gesellschaftsvertragliche Regelungen bestehen nur sehr weite Grenzen, die im Ergebnis durch die Unzulässigkeit einer vollständigen Entrechtung der Kommanditisten einerseits und die Unzulässigkeit einer fremdbestimmten Haftung zu Lasten des Komplementärs andererseits markiert werden. Allerdings dürfte es vor allem im Falle einer GmbH & Co. KG nur in extrem seltenen Fällen angemessen sein und den Interessen der Gründer der Gesellschaft entsprechen, die Kommanditistenrechte so weitgehend zu beschneiden bzw. umgekehrt so weit zu stärken, dass problematische Vertragsgestaltungen in Betracht kommen. Vielmehr geht es in aller Regel im Rahmen der Ausgestaltung des Umfangs der Gesellschafterkompetenzen, dh der Befugnisse der Kommanditistenversammlung darum, entweder eine weitgehende Verzahnung der Kompetenzregelungen innerhalb der GmbH & Co. KG und der Komplementär-GmbH zu erreichen (beteiligungsproportionale GmbH & Co. KG) oder einen angemessenen Ausgleich zwischen den Einflussrechten der GmbH-Gesellschafter einerseits und der (Nur-)Kommanditisten andererseits (nicht beteiligungsproportionale GmbH & Co. KG) herzustellen.

66 Nur der Vollständigkeit halber ist daher darauf hinzuweisen, dass es überwiegend als zulässig erachtet wird, durch den Gesellschaftsvertrag in Abweichung von der gesetzlichen Regel den Komplementär aus der Geschäftsführung zugunsten der Kommanditisten zu verdrängen bzw. seine Befugnisse stark einzuschränken und den **Kommanditisten** im weiten Umfang **gesellschaftsvertragliche Geschäftsführungs- oder Weisungsrechte gegenüber dem Komplementär einzuräumen**.[58] Diese interne Kompetenzverteilung kann gegebenenfalls mit rechtsgeschäftlicher Vertretungsmacht, etwa in Form der Prokura, zugunsten der Kommanditisten verbunden werden. Organschaftliche Vertretungsmacht hingegen kann den Kommanditisten nicht eingeräumt werden; vielmehr muss diese zwingend mindestens einem Komplementär verbleiben.[59] Bei solchen Extremgestaltungen wird jedoch – zu Recht – vertreten, dass dem Komplementär zumindest bei außergewöhnlichen Geschäften ein Widerspruchsrecht verbleiben und seine hinreichende Information über alle haftungsrelevanten Geschäftsvorfälle sichergestellt sein muss, da diesem andernfalls eine fremdbestimmte persönliche Haftung dro-

---

[58] BGHZ 51, 198 (201); 45, 204 (206) („Rektor-Fall"); Baumbach/Hopt/*Hopt* HGB § 164 Rn. 7; Heymann/*Horn* HGB § 164 Rn. 10 f.; KRM/*Koller* HGB § 164 Rn. 1, 3; GK/*Schilling* HGB § 164 Rn. 9.
[59] BGHZ 41, 367 (369); 51, 198 (200); Baumbach/Hopt/*Hopt* HGB § 170 Rn. 1; Heymann/*Horn* HGB § 170 Rn. 1; KRM/*Koller* HGB § 170 Rn. 1; GK/*Schilling* HGB § 170 Rn. 4; MüKoHGB/*Grunewald* § 170 Rn. 10 f.

hen würde.[60] Zudem wird teilweise vertreten, dass geschäftsführenden oder weisungsbefugten Kommanditisten Dritten gegenüber aus diesem Grunde eine unbeschränkte persönliche Haftung drohe, wenn der Komplementär ersichtlich vermögenslos und von einer eigenständigen Geschäftsführung ausgeschlossen sei.[61] Ob dem zu folgen ist, was zweifelhaft ist,[62] kann dahinstehen. Denn gerade im Falle einer GmbH & Co. KG besteht – wie dargelegt – kein sachlicher Grund für derartige Extremgestaltungen, da durch geschickten Einsatz des Umstandes, dass an dem Unternehmen im Ergebnis zwei Gesellschaften beteiligt sind, iVm einer entsprechenden Ausgestaltung der Gesellschaftsverträge von GmbH & Co. KG einerseits und Komplementär-GmbH andererseits, die Einflussrechte innerhalb des im Ergebnis einheitlichen Unternehmens beliebig verteilt werden können, ohne in das grundsätzliche Geschäftsführungsrecht der Komplementär-GmbH einzugreifen.

Die gesellschaftsvertragliche Regelung des Umfangs der Gesellschafterkompetenzen dient mithin dem Ziel der Schaffung einer austarierten Kompetenzordnung und der differenzierten Verteilung von Einfluss- und Letztentscheidungsrechten der Gesellschafter bzw. Gesellschaftergruppen innerhalb des einheitlichen, aus GmbH & Co. KG und Komplementär-GmbH bestehenden Unternehmens. Da insbesondere die Regelung des § 164 HGB dispositiv ist, können die **Kommanditistenrechte** insbesondere dadurch **eingeschränkt** werden, dass der Gesellschaftsvertrag bestimmt, dass die **Zustimmung der Kommanditisten zur Vornahme ungewöhnlicher Geschäfte** durch die Komplementär-GmbH generell **nicht erforderlich** ist. 67

Eine solche vollständige Verdrängung der (Nur-)Kommanditisten aus dem Entscheidungsbereich in Geschäftsführungsangelegenheiten ist **grundsätzlich zulässig**, sofern die Gestaltung nicht zu einer völligen Entrechtung der Kommanditisten führt, insbesondere soweit gewährleistet ist, dass diesen im Übrigen effiziente Kontrollrechte verbleiben und die geschäftsführende Komplementär-GmbH durch verlässliche Entscheidungsmaßstäbe gebunden ist. Die kritische Grenze wird in der Regel erst dann überschritten, wenn der Ausschluss des Einflusses der Kommanditisten auf die Geschäftsführung mit einer weitgehenden Einschränkung von deren Informationsrechten einhergeht und der persönlich haftenden Gesellschafterin bzw. deren Gesellschaftern im Ergebnis ein extensiver Freiraum zur Regelung aller Geschäftsführungsangelegenheiten eingeräumt wird, wobei allerdings ein etwaiges Kontroll- und Informationsdefizit unter Umständen auch durch anderweitige Ausgleichsmechanismen, etwa ein jederzeitiges Austrittsrecht mit äquivalenter Abfindung der Gesellschaftsbeteiligung oder durch Schaffung eines eigenständigen Kontrollorgans, etwa eines Beirates, aufgewogen werden kann.[63] Allerdings dürfte eine solch weit gehende Beschneidung des Einflusses der (Nur-)Kommanditisten und Stärkung der GmbH-Gesellschafter 68

---

[60] Vgl. insb. MüKoHGB/*Grunewald* § 164 Rn. 23; KRM/*Koller* HGB § 164 Rn. 3; aA BGHZ 51, 198 (201).
[61] So KRM/*Koller* HGB § 164 Rn. 3.
[62] Baumbach/Hopt/*Hopt* HGB § 164 Rn. 9; GK/*Schilling* HGB § 164 Rn. 12; MüKoHGB/*Grunewald* § 164 Rn. 24.
[63] Vgl. hierzu eingehend MüKoHGB/*Grunewald* § 164 Rn. 29.

5. Kapitel. Organisationsverfassung

ebenfalls nur in Ausnahmefällen gewünscht und zweckmäßig sein, da die Interessen der Beteiligten im Falle einer typischen GmbH & Co. KG darauf gerichtet sind, durch Regelung des Umfangs der Gesellschafterkompetenzen die Einfluss- und Mitspracherechte der verschiedenen Gesellschafter entsprechend ihrer Stellung und Funktion innerhalb der Gesellschaft (zB als nicht unternehmerisch engagierte Kapitalgeber einerseits und innerhalb der Gesellschaft mitarbeitende und mitgestaltende Gesellschafter andererseits) ausgewogen zu verteilen.

69 Insbesondere dort, wo die einzelnen Gesellschafter unterschiedliche Funktionen innerhalb der Gesellschaft wahrnehmen und hieran anknüpfend ihr Einfluss auf die Geschicke des Unternehmens vor allem durch fehlende Personen- und/oder Anteilsidentität innerhalb der GmbH & Co. KG und der Komplementär-GmbH differenziert ausgestaltet werden soll, ist es angezeigt, die **Kompetenzen der Gesellschafterversammlung der KG klar und eindeutig zu regeln.** Typischerweise wird die Kompetenzordnung dahin gehend ausgestaltet, dass alle Grundsatzfragen des Verbandslebens und alle Geschäftsführungsentscheidungen von ganz zentraler Bedeutung einer Zustimmung der Gesellschafterversammlung der GmbH & Co. KG bedürfen, wohingegen sonstige Maßnahmen – auch gewichtigere, die nach allgemeinen Grundsätzen außergewöhnliche Geschäftsführungsmaßnahmen im Sinne der §§ 116, 164 HGB darstellen – von der Komplementär-GmbH zustimmungsfrei vorgenommen werden können und allenfalls einer Zustimmung der GmbH-Gesellschafter aufgrund der Satzung der Komplementär-GmbH bedürfen. Insoweit sollten die der Gesellschafterversammlung der KG verbleibenden Kompetenzen in einem sprachlich eindeutig gefassten, enumerativen Zustimmungskatalog aufgezählt und zugleich der abschließende Charakter dieses Katalogs klargestellt werden. Dies aus einem doppelten Grunde: Zum einen deshalb, weil typischerweise im KG-Vertrag zugleich abweichend vom gesetzlichen Regelfall Mehrheitsentscheidungen über die der Zuständigkeit der Gesellschafterversammlung unterliegenden Angelegenheiten zugelassen werden und diese Mehrheitsregelungen nach dem von der Rechtsprechung vertretenen Bestimmtheitsgrundsatz nur dann zur Anwendung gelangen, wenn die dem Mehrheitsprinzip unterworfenen Entscheidungen eindeutig geregelt sind (→ dazu Rn. 14, 186). Zum anderen deshalb, weil teilweise vertreten wird, dass ein Katalog von Geschäften, die der Zustimmung der Gesellschafterversammlung bedürfen, im Zweifel als nicht abschließend anzusehen sei.[64]

70 Demgegenüber wird der Umfang der **Gesellschafterkompetenzen** bei personenidentischen, echten GmbH & Co. KGs typischerweise **über den gesetzlichen Umfang hinaus** in enger Anlehnung an das GmbH-Recht

---

[64] GK/*Schilling* HGB § 164 Rn. 7 aE; aA zutr. Baumbach/Hopt/*Hopt* HGB § 164 Rn. 6; Schlegelberger/*Martens* HGB § 164 Rn. 17: Katalog zustimmungspflichtiger Geschäfte im Gesellschaftsvertrag, in dem der abschließende Charakter nicht ausdrücklich klargestellt wird, sei insoweit auslegungsbedürftig und eine relative Vollständigkeit des Katalogs lege die Vermutung nahe, eine abschließende Regelung sei gewollt, während eine lückenhafte Regelung auf einen beispielhaften, nicht abschließenden Katalog hindeute.

erweitert. Da das Innenrecht der KG weitestgehend dispositiv ist, ist es unzweifelhaft zulässig, die Gesellschafterversammlung der KG – wie die der Komplementär-GmbH – mit einer **Allzuständigkeit** auszustatten. Allerdings erfordert auch dies eine eindeutige gesellschaftsvertragliche Regelung, so dass auch dann, wenn ein vollständiger Gleichlauf der Zuständigkeiten der Gesellschafterversammlungen der Komplementär-GmbH und der GmbH & Co. KG gewollt ist, eine enumerative Aufzählung aller der Gesellschafterversammlung übertragenen oder gegebenenfalls entzogenen konkreten Aufgaben sinnvoll ist, auch wenn eine minutiöse Auflistung nach der jüngsten Rechtsprechung im Zusammenhang mit der Reichweite von Mehrheitsklauseln nicht notwendigerweise vorausgesetzt wird (→ Rn. 186).[65] Höchstfürsorglich sollten auch Generalklauseln und Auffangtatbestände möglichst konkret und sprachlich exakt gefasst werden.[66] Im Ergebnis wird mithin die im Falle einer echten GmbH & Co. KG erforderliche vollständige Verzahnung der Organisationen der Komplementär-GmbH und der KG durch eine gleiche Formulierung der Zuständigkeitskataloge der jeweiligen Gesellschafterversammlungen sichergestellt.

Demgegenüber hat sich in der Rechtsprechung die von *K. Schmidt* vertretene Auffassung,[67] wonach es genügen soll, in dem KG-Vertrag die Regelung aufzunehmen, dass die **Grundsätze des GmbH-Rechts** auch **für die Kommanditistenversammlung gelten** sollen, noch nicht endgültig durchgesetzt,[68] so dass man meines Erachtens eine entsprechende Regelung allenfalls **ergänzend** – zum Zwecke der Klarstellung – in den KG-Vertrag neben einem möglichst vollständigen Katalog der Zuständigkeiten der Gesellschafterversammlung aufnehmen sollte, um im Falle von Unklarheiten oder Lücken den Willen der Gesellschafter nach einem Gleichlauf der Zuständigkeiten von KG- und GmbH-Gesellschafterversammlung zu dokumentieren.

IV. Einberufung der Gesellschafterversammlung

Jeder Gesellschafterversammlung, und zwar unabhängig davon, ob es sich um eine Zusammenkunft der Gesellschafter der Komplementär-GmbH oder der GmbH & Co. KG selbst handelt, hat grundsätzlich eine **förmliche Einberufung durch Einladung** vorauszugehen. Jedoch sind für die Komplementär-GmbH die wesentlichen Förmlichkeiten der Einberufung im GmbHG geregelt, wohingegen sich das für die GmbH & Co. KG einschlägige HGB zu den Förmlichkeiten der Einladung verschweigt.

Es muss jedoch für beide Gesellschaften ein möglichst **einheitliches Einberufungsverfahren** geschaffen werden, insbesondere bei personengleichen GmbH & Co. KGs, aber auch bei unechten. Denn ein geordnetes Verbands-

---

[65] Vgl. BGH NJW 2007, 1685 (1686) (Otto); HTM/*Mussaeus* GmbH & Co. KG § 4 Rn. 124; Scholz/K. *Schmidt* GmbHG Anh. § 45 Rn. 22.
[66] HTM/*Mussaeus* GmbH & Co. KG § 4 Rn. 124.
[67] *K. Schmidt* ZHR 158 (1994), 218 ff.; Scholz/K. *Schmidt* GmbHG Anh. § 45 Rn. 26.
[68] Vgl. BGH NJW 2007, 1685 ff. (Otto); NZG 2009, 183 (185).

5. Kapitel. Organisationsverfassung

leben erfordert klare Vorgaben für die Vorbereitung von Zusammenkünften der Gesellschafter und zur Beratung sowie Beschlussfassung über gesellschaftsinterne Maßnahmen.

74 Ohne ordnungsgemäße Einberufung ist hingegen eine Beschlussfassung der Gesamtheit der Gesellschafter in beiden Gesellschaften nur bei Anwesenheit sämtlicher Gesellschafter einschließlich der nicht stimmberechtigten Anteilsinhaber möglich (sog. **Vollversammlung**) und dies auch nur dann, wenn sich alle Gesellschafter mit der Beschlussfassung einverstanden erklärt haben. Bei der Komplementär-GmbH ist dies wiederum gesetzlich geregelt (vgl. § 51 Abs. 3 GmbHG). Bei der KG folgt die Zulässigkeit von Vollversammlungen aus allgemeinen gesellschaftsrechtlichen Prinzipien.

1. Komplementär-GmbH

75 Die Einzelheiten der Einberufung der Gesellschafterversammlung der Komplementär-GmbH sind gesetzlich in den §§ 49 bis 51 GmbHG geregelt. Das gesetzliche Modell, welches regelmäßig angemessen ist, steht allerdings weitgehend zur Disposition des Gesellschaftsvertrages; in der Regel sollte von ihm allenfalls punktuell abgewichen werden.

76 **a) Zuständigkeit zur Einberufung.** Ordentliches Einberufungsorgan sind gemäß § 49 Abs. 1 GmbHG die **Geschäftsführer**. Auch dann, wenn nur Gesamtgeschäftsführungs- und Vertretungsbefugnis der Geschäftsführer besteht, genügt nach zutreffender hM die Einberufung durch einen Geschäftsführer. Denn die Einberufung einer Gesellschafterversammlung dient insbesondere auch dazu, bei Zweifeln oder Streitigkeiten zwischen den Geschäftsführern hinsichtlich der Zweckmäßigkeit einer Maßnahme oder darüber, ob die Einberufung einer Gesellschafterversammlung veranlasst ist, den einzelnen Geschäftsführern die Herbeiführung einer verbindlichen Entschließung des obersten Willensbildungsorgans der GmbH zu ermöglichen, zumal eine verbindliche Gesellschafterentscheidung die Geschäftsführer auch von Haftungsrisiken insbesondere gemäß § 43 GmbHG entlastet, soweit es sich nicht um Geschäftsführungsaufgaben handelt, die den Geschäftsführern gesetzlich zugewiesen und von diesen (ausnahmsweise) eigenverantwortlich wahrzunehmen sind.[69]

77 Nach überwiegender, indes bestrittener Meinung, ist gemäß § 121 Abs. 2 S. 2 AktG analog auch derjenige Geschäftsführer einberufungsbefugt, der – etwa weil bereits ein Abberufungsbeschluss gefasst wurde – zu Unrecht im Handelsregister eingetragen ist, sofern er die Geschäftsführung tatsächlich noch wahrnimmt. Begründet wird dies zutreffend mit Rechtssicherheitsgesichtspunkten. Denn zwar führt die Einberufung durch einen Unzuständigen zur Nichtigkeit der in der Versammlung gefassten Beschlüsse, es sei denn, alle Gesellschafter sind mit der Beschlussfassung einverstanden. Jedoch ist etwa bei Streitigkeiten über die Wirksamkeit der Abberufung vollkommen unklar,

---

[69] MüKoGmbHG/*Liebscher* § 49 Rn. 17; UHW/*Hüffer* GmbHG § 49 Rn. 5; Rowedder/Schmidt-Leithoff/*Koppensteiner/Gruber* GmbHG § 49 Rn. 2; *Raiser/Veil* Kapitalgesellschaften § 33 Rn. 14; Scholz/K. *Schmidt/Seibt* GmbHG § 49 Rn. 4; Baumbach/Hueck/*Zöllner* GmbHG § 49 Rn. 3.

§ 17 Gesellschafterversammlung und Beschlussfassung in der GmbH & Co. KG

ob eine wirksame Einberufung vorliegt oder nicht; insoweit muss der formelle Ausweis im Handelsregister im Hinblick auf die Klärung der Zweifelsfrage genügen, da andernfalls bei Auseinandersetzungen der Gesellschafter über die Person eines Geschäftsführers die Verhältnisse vollkommen undurchschaubar werden. Die Gesellschaftermehrheit muss sich hierauf einstellen, dh zu einer anberaumten Gesellschafterversammlung erscheinen und dann in dieser missliebige Beschlüsse durch entsprechende Stimmrechtsausübung verhindern.[70]

Daneben besteht gemäß § 50 Abs. 1 und 2 GmbHG **für Gesellschafter,** **78** die **wenigstens 10% des Stammkapitals** der Komplementär-GmbH **repräsentieren**, die Möglichkeit, die Einberufung einer Gesellschafterversammlung oder die Ankündigung bestimmter Tagesordnungspunkte für eine bereits einberufene Versammlung zu verlangen. Die Einberufung bzw. Ankündigung selbst erfolgt bei einem solchen Minderheitsverlangen primär durch die Geschäftsführer. Weigern sich diese jedoch, dem Minderheitsverlangen zu genügen, kann die 10%ige Gesellschafterminderheit die Einberufung im Wege der **Selbsthilfe** bewirken, ohne gerichtliche Hilfe in Anspruch nehmen zu müssen (vgl. § 50 Abs. 3 GmbHG). In der im Wege der Selbsthilfe einberufenen Gesellschafterversammlung bzw. im Hinblick auf die hierdurch angekündigten Tagesordnungspunkte können dann wirksam Gesellschafterbeschlüsse gefasst werden.

Die Einberufungszuständigkeit umfasst im Übrigen auch die **Kompetenz** **79** **zur Absage** einer einberufenen Gesellschafterversammlung bzw. zur Absetzung von angekündigten Tagesordnungspunkten. Es kann daher immer nur derjenige wirksam absagen bzw. absetzen, der einberufen bzw. angekündigt hat. Das bedeutet, dass alle Geschäftsführer diese Handlung vornehmen müssen, sofern alle einberufen bzw. angekündigt haben, dass diese Kompetenz einem einzelnen Geschäftsführer zusteht, sofern er ursprünglich allein handelte, und dass bei Minderheitsverlangen gemäß § 50 GmbHG auch nur diese Minderheit die Absage oder Absetzung vornehmen kann.[71]

b) Einberufungsgründe. Abgesehen von einem Minderheitsverlangen **80** nach § 50 GmbHG ist eine Gesellschafterversammlung einzuberufen, sofern dies **statutarisch oder gesetzlich ausdrücklich bestimmt** ist (vgl. § 49 Abs. 2 GmbHG), dh wenn eine Entscheidung ansteht, die, etwa weil ein entsprechender satzungsmässiger Zustimmungsvorbehalt existiert, in die Zuständigkeit der Gesellschafterversammlung fällt.

Weiterhin ist eine Gesellschafterversammlung nach § 49 Abs. 3 GmbHG **81** unverzüglich, ohne schuldhaftes Zögern (vgl. § 121 Abs. 1 S. 1 BGB), einzu-

---

[70] BGHZ 18, 334 (340); OLG Düsseldorf, NZG 2004, 916 (921); KG OLGZ 1971, 480 (481 f.); AG Syke GmbHR 1985, 26 f. (GmbH); MüKoGmbHG/*Liebscher* § 49 Rn. 15 f.; Lutter/Hommelhoff/*Bayer* GmbHG § 49 Rn. 2; Scholz/K. *Schmidt/ Seibt* GmbHG § 49 Rn. 5; aA UHW/*Hüffer* GmbHG § 49 Rn. 7; MHdB GmbH/ *Wolff* § 39 Rn. 13; Michalski/*Römermann* GmbHG § 49 Rn. 26.
[71] AllgM RGZ 166, 129 (133); OLG München GmbHR 1994, 406 (408); MüKo-GmbHG/*Liebscher* § 49 Rn. 23; UHW/*Hüffer* GmbHG § 51 Rn. 3 aE; Rowedder/Schmidt-Leithoff/*Koppensteiner/Gruber* GmbHG § 49 Rn. 6; Scholz/K. *Schmidt/Seibt* GmbHG § 49 Rn. 13.

berufen, wenn das **Eigenkapital** in der Jahresbilanz oder in einer Zwischenbilanz **auf den Betrag des halben Stammkapitals abgesunken** ist. Der unglückliche Wortlaut der Vorschrift erfordert zwei Klarstellungen:

82 Ein Verlust in Höhe eines das halbe Stammkapital entsprechenden Betrages (beim gesetzlichen Mindeststammkapital entspricht dies einem Betrag von 12.500 EUR) genügt hierfür nicht. Denn Verluste in dieser Größenordnung sind nichts Ungewöhnliches und unschädlich, wenn die Gesellschaft über hinreichende anderweitige Reserven verfügt, die diesen Verlust abdecken. Gemeint ist vielmehr, dass das Gesamtvermögen der GmbH nur noch die Hälfte der Stammkapitalziffer deckt.[72]

83 Weiterhin besteht über den Wortlaut von § 49 Abs. 3 GmbHG hinaus jedoch auch dann eine Einberufungspflicht, wenn die Geschäftsführer von einem entsprechenden Absinken des Eigenkapitals anderweitig – ohne Aufstellung eines Jahresabschlusses oder einer Zwischenbilanz – Kenntnis erlangen. Sind den Geschäftsführern Umstände bekannt, die den Verdacht eines Verlustes des hälftigen Stammkapitals nahe legen, sind sie verpflichtet, sich durch Aufstellung einer entsprechenden (groben) Zwischenbilanz zu vergewissern, ob die Einberufungspflicht des § 49 Abs. 3 GmbHG besteht oder nicht. Denn in diesem Fall sollen die Gesellschafter schnellstmöglich über diese Situation informiert werden und Gelegenheit erhalten, die notwendigen Abwehrmaßnahmen zu treffen.[73] Versäumen es die Geschäftsführer, den Gesellschaftern einen entsprechenden Verlust zur Kenntnis zu bringen, machen sie sich gemäß § 84 Abs. 1 Nr. 1 GmbHG strafbar.

84 Schließlich ordnet die Generalklausel des § 49 Abs. 2 GmbHG an, dass eine Gesellschafterversammlung einzuberufen ist, wenn dies **im Interesse der Gesellschaft erforderlich** erscheint. Die Generalklausel des § 49 Abs. 2 GmbHG gewährt den Geschäftsführern einen Ermessensspielraum. Sie haben pflichtgemäß (vgl. § 43 GmbHG) zu prüfen, ob die Voraussetzungen erfüllt sind, wobei die generelle Kompetenzverteilung nach dem Gesetz oder dem Gesellschaftsvertrag als Richtschnur dient.[74] Die Voraussetzungen des § 49 Abs. 2 GmbHG liegen immer dann vor, wenn ohne Abhaltung der Gesellschafterversammlung nicht unerhebliche Nachteile drohen. Die Einberufungspflicht kommt vor allem bei außergewöhnlichen Geschäftsvorfällen und strukturändernden Maßnahmen in Betracht sowie bei umstrittenen Geschäften, bei denen die Zustimmung der Gesellschafter zweifelhaft ist.[75] Bei einer GmbH & Co. KG ist – eine entsprechende Ausgestaltung des KG-Vertrages vorausgesetzt – vor allem an die Situation zu denken, dass die

---

[72] Unstr. vgl. MüKoGmbHG/*Liebscher* § 49 Rn. 57; UHW/*Hüffer* GmbHG § 49 Rn. 21; Scholz/K. *Schmidt*/Seibt GmbHG § 49 Rn. 23; Baumbach/Hueck/*Zöllner* GmbHG § 49 Rn. 19.

[73] Ganz hM vgl. MüKoGmbHG/*Liebscher* § 49 Rn. 56; UHW/*Hüffer* GmbHG § 49 Rn. 22; Scholz/K. *Schmidt*/Seibt GmbHG § 49 Rn. 25; Baumbach/Hueck/*Zöllner* GmbHG § 49 Rn. 20; aA scheinbar MMN/*Meyer-Landrut* GmbHG § 49 Rn. 13.

[74] Vgl. MüKoGmbHG/*Liebscher* § 49 Rn. 48; UHW/*Hüffer* GmbHG § 49 Rn. 20; *Raiser*/*Veil* Kapitalgesellschaften § 33 Rn. 17; Scholz/K. *Schmidt*/Seibt GmbHG § 49 Rn. 20.

[75] BGH NJW 1984, 1461 f.; MüKoGmbHG/*Liebscher* § 49 Rn. 48 ff.; UHW/*Hüffer* GmbHG § 49 Rn. 20; Lutter/Hommelhoff/*Bayer* GmbHG § 49 Rn. 13; *Raiser*/*Veil* Kapitalgesellschaften § 33 Rn. 17; Scholz/K. *Schmidt*/Seibt GmbHG § 49 Rn. 22.

Gesellschafterversammlung der KG zu einem besonders risikoträchtigen Geschäft angewiesen hat, durch welches die Komplementär-GmbH bei Verwirklichung der Gefahr existenzbedrohender Haftungsrisiken ausgesetzt ist.

Zweifelhaft ist das Verhältnis der Einberufungspflichten der Geschäftsführer insbesondere nach § 49 Abs. 2 GmbHG in beiden Alternativen (statutarische bzw. gesetzliche Versammlungsnotwendigkeit und Versammlungsnotwendigkeit im Gesellschaftsinteresse) zu § 48 Abs. 2 GmbHG, wonach es der Abhaltung einer Versammlung nicht bedarf, wenn sämtliche Gesellschafter schriftlich mit der zu treffenden Bestimmung oder mit der schriftlichen Abgabe der Stimmen einverstanden sind. Insoweit gilt, dass die Einberufungspflicht unter den Voraussetzungen des § 48 Abs. 2 GmbHG obsolet wird, so dass die Geschäftsführer stets auch eine schriftliche Gesellschafterentscheidung herbeiführen können; insbesondere in dringenden Fällen ist dies vielfach auch erforderlich, da im schriftlichen Verfahren der notwendige Gesellschafterwille sehr viel zügiger gebildet werden kann, als im Wege der Einberufung einer Gesellschafterversammlung.

Allerdings bleibt die Pflicht zur Einberufung einer Gesellschafterversammlung in jedem Fall dann bestehen, wenn die Geschäftsführer ein schriftliches Abstimmungsverfahren vergeblich versucht haben. Denn die eine Einberufungspflicht auslösenden Tatbestände erfordern regelmäßig eine eingehende Diskussion der anstehenden Maßnahme und eine sachgerechte Abwägung der für und wider streitenden Gesichtspunkte. Die Geschäftsführer verletzen daher ihre Einberufungspflichten, wenn sie durch Maßnahmen, die auf eine nicht realisierbare Beschlussfassung nach § 48 Abs. 2 GmbHG hinauslaufen, eine unvermeidliche Gesellschafterversammlung hinauszögern.[76] Häufig ist es daher erforderlich, bei dringlichen und besonders gewichtigen Entscheidungen eine Gesellschafterversammlung formell einzuberufen und parallel hierzu den Versuch zu unternehmen, eine schriftliche Entscheidung der Gesellschafter gemäß § 48 Abs. 2 GmbHG herbeizuführen; kommt die schriftliche Entscheidung zustande, so kann die formell geladene Gesellschafterversammlung wieder abgesagt werden.

c) Modalitäten der Einberufung. Nach § 51 GmbHG müssen Gesellschafterversammlungen durch eine **förmliche Ladung** einberufen werden. Ohne ordnungsgemäße Einberufung erlaubt § 51 Abs. 3 GmbHG die Beschlussfassung nur bei Anwesenheit sämtlicher Gesellschafter, einschließlich der nicht stimmberechtigten, wobei diese sich darüber hinaus mit einer Beschlussfassung einverstanden erklären müssen (**sog. Vollversammlung**).

Adressaten der Ladung sind alle gemäß § 16 GmbHG legitimierten teilnahmeberechtigten[77] Gesellschafter unabhängig von ihrer Stimmberech-

---

[76] Vgl. UHW/*Hüffer* GmbHG § 49 Rn. 15 f. u. 20; Rowedder/Schmidt-Leithoff/ Koppensteiner/Gruber GmbHG § 49 Rn. 13; Scholz/K. Schmidt/Seibt GmbHG § 49 Rn. 18.
[77] Str. ist die Frage der Teilnahmeberechtigung insb. im Falle der Verpfändung oder Pfändung von Geschäftsanteilen und der Nießbrauchsbestellung; nach zutr. Ansicht hat weder der Pfandrechtsgläubiger noch der Nießbraucher ein Teilnahmerecht vgl. MüKoGmbHG/*Liebscher* § 51 Rn. 9; Baumbach/Hueck/*Zöllner* GmbHG § 51 Rn. 9; Scholz/K. Schmidt/Seibt GmbHG § 51 Rn. 7; aA im Hinblick auf den Nieß-

tigung.[78] Einzuladen ist grundsätzlich der entsprechende Gesellschafter persönlich. Bei ungeteilter Mitberechtigung mehrerer an einem Geschäftsanteil gilt § 18 Abs. 3 GmbHG, so dass die Ladung irgendeines Mitberechtigten genügt, solange noch kein gemeinsamer Vertreter bestellt ist. Wird der Gesellschafter gesetzlich oder organschaftlich vertreten, ist die Einladung an den Vertreter zu richten. Weiterhin kann der Gesellschafter der Gesellschaft schriftlich einen zur Stimmrechtsausübung Bevollmächtigten (vgl. § 47 Abs. 3 GmbHG) als Ladungsempfänger mitteilen, so dass dann dessen Ladung dem Einberufungserfordernis genügt.[79] Sind Gesellschafter verstorben, sind – falls bekannt – seine Erben unter deren Adresse zu laden.

89 Maßgebende **Ladungsanschrift**, an die diese zu senden ist, ist die von dem Gesellschafter zuletzt mitgeteilte Anschrift, wobei allerdings eine zuverlässige Kenntnis von einer Adressenänderung nicht unberücksichtigt bleiben darf.[80] Wie im Falle unbekannter oder unerreichbarer Gesellschafter bzw. bei sonstigen Unklarheiten hinsichtlich des Empfängerkreises zu verfahren ist, ist streitig. Teilweise wird für eine öffentliche Zustellung nach § 132 Abs. 2 BGB bzw. für die Bestellung eines Pflegers gemäß § 1913 BGB plädiert.[81] Dies ist für den Fall, dass der Gesellschafter unbekannt ist, zutreffend, da den Gesellschafter dafür in der Regel kein Verschulden trifft. Hiervon ist jedoch der Fall zu unterscheiden, dass der Gesellschafter unerreichbar ist. Der Gesellschafter hat dafür zu sorgen, dass ihm Einladungen zu Gesellschafterversammlungen und sonstige auf die Gesellschaft bezogene Erklärungen übermittelt werden können. Daher muss die Gesellschaft bei nicht von ihr zu vertretenden Ungewissheiten keine besonderen Anstrengungen im Rahmen der Versendung des Einladungsschreibens unternehmen. Es genügt vielmehr die Übersendung des Einladungsschreibens an die zuletzt mitgeteilte Anschrift des Gesellschafters.[82]

---

braucher im Falle eines mitgliedschaftsspaltenden Nießbrauchs UHW/*Hüffer* GmbHG § 47 Rn. 51 u. § 51 Rn. 13.

[78] BGH NJW 1971, 2225; WM 1985, 567 f.; MüKoGmbHG/*Liebscher* § 51 Rn. 7; UHW/*Hüffer* GmbHG § 51 Rn. 6; Scholz/K. *Schmidt/Seibt* GmbHG § 51 Rn. 6; Baumbach/Hueck/*Zöllner* GmbHG § 51 Rn. 3.

[79] Da allerdings eine bloße Stimmrechtsvollmacht das Teilnahmerecht eines Gesellschafters nicht zum Ruhen bringt, ist im Falle einer bloßen Übermittlung einer Stimmrechtsvollmacht der Gesellschafter persönlich zu laden, wohingegen eine formelle Ladung auch des Bevollmächtigten – ungeachtet ihrer Zweckmäßigkeit – gesetzlich nicht vorgeschrieben ist, vgl. MüKoGmbHG/*Liebscher* § 51 Rn. 16; UHW/*Hüffer* GmbHG § 51 Rn. 13; Scholz/K. *Schmidt/Seibt* GmbHG § 51 Rn. 7; Baumbach/Hueck/*Zöllner* GmbHG § 51 Rn. 8.

[80] MüKoGmbHG/*Liebscher* § 51 Rn. 12; UHW/*Hüffer* GmbHG § 51 Rn. 6.

[81] OLG Düsseldorf WM 1990, 1022 (1024); MüKoGmbHG/*Liebscher* § 51 Rn. 13; UHW/*Hüffer* GmbHG § 51 Rn. 7; MHdB GmbH/*Wolff* § 39 Rn. 39; Scholz/K. *Schmidt/Seibt* GmbHG § 51 Rn. 8; Michalski/*Römermann* GmbHG § 51 Rn. 32.

[82] MüKoGmbHG/*Liebscher* § 51 Rn. 14; UHW/*Hüffer* GmbHG § 51 Rn. 8; MHdB GmbH/*Wolff* § 39 Rn. 38; Lutter/Hommelhoff/*Bayer* GmbHG § 51 Rn. 6; Baumbach/Hueck/*Zöllner* GmbHG § 51 Rn. 4a; Scholz/K. *Schmidt/Seibt* § 51 GmbHG Rn. 8; Michalski/*Römermann* GmbHG § 51 Rn. 34.

Form und Inhalt der Einladung sind ebenfalls gesetzlich geregelt. Die 90
Einberufung der Gesellschafterversammlung hat gemäß § 51 Abs. 1 S. 1
GmbHG mittels Einschreibens zu erfolgen. Weitere Förmlichkeiten sind
nicht vorgeschrieben. Das Einberufungsschreiben muss lediglich den Einberufenden ausweisen, wobei es allerdings zweckmäßig und anzuraten ist, dass
der Einberufende das Einberufungsschreiben eigenhändig unterschreibt und
er einen Zusatz anbringt, aus dem sich die Einberufungsbefugnis ergibt,
dherdurch die Gefahr von Streitigkeiten vermieden wird.[83]

Neben der Person des Einberufenden muss sich aus der Einladung, damit 91
diese ihrem Zweck (ordnungsgemäße Vorbereitung der Versammlung) genügen kann, Folgendes für den Empfänger unmissverständlich ergeben: Es muss
klargestellt sein, dass eine Gesellschafterversammlung der **konkret bezeichneten Gesellschaft** abgehalten werden soll, und es müssen in der Einladung
Ort, Datum und Uhrzeit der Versammlung angegeben werden, damit
diese von den Gesellschaftern problemlos aufgesucht werden kann.[84] Ort der
Gesellschafterversammlung soll grundsätzlich der Sitz der Gesellschaft sein
(vgl. § 121 Abs. 5 S. 1 AktG analog), wobei die Satzung Abweichendes regeln
bzw. die Gesellschafterversammlung im Einvernehmen aller Gesellschafter an
jedem anderen beliebigen Ort stattfinden kann. Sollten Schwierigkeiten bestehen, die Gesellschafterversammlung am Sitz der Gesellschaft oder am satzungsmäßigen Ort abzuhalten, muss ein anderer geeigneter, den Gesellschaftern zumutbarer Ort gewählt werden. Die Einberufung muss dann das
Versammlungslokal exakt bezeichnen. Weiterhin muss die Versammlungszeit
verkehrs- und ortsüblich sein, insbesondere darf das Recht der Gesellschafter
zur Teilnahme an der Gesellschafterversammlung nicht durch die Wahl des
Versammlungszeitpunktes unzumutbar erschwert werden.

Gemäß § 51 Abs. 2 GmbHG soll in der Einladung weiterhin bereits die 92
Tagesordnung mit den Beschlussgegenständen enthalten sein. Allerdings
gestattet § 51 Abs. 4 GmbHG ein Nachschieben der Tagesordnung bis drei
Tage vor der Versammlung, so dass spätestens drei Tage vor der Gesellschafterversammlung die Gegenstände der beabsichtigten Beschlussfassung mittels
Einschreibebriefs gegenüber dem schon für die Einberufung maßgebenden
Adressatenkreis angekündigt werden können. Die Ankündigung der Tagesordnung dient dem Schutz der Gesellschafter. Es soll diesen eine sachgerechte Entscheidung über den Besuch der Versammlung sowie eine zielführende Vorbereitung der Diskussionen und Abstimmungen ermöglicht
werden.

Daher sind an die **Ankündigung der Tagesordnung** strenge Anforde- 93
rungen zu stellen. Denn eine sinnvolle Ausübung des Teilnahmerechts, zu

---

[83] MüKoGmbHG/*Liebscher* § 51 Rn. 20; UHW/*Hüffer* GmbHG § 51 Rn. 4;
Scholz/K. *Schmidt/Seibt* GmbHG § 51 Rn. 9; Michalski/*Römermann* GmbHG § 51
Rn. 36 ff.; aA (eigenhändige Unterschrift stets erforderlich) BGH NZG 2006, 349
(350); Lutter/Hommelhoff/*Bayer* GmbHG § 51 Rn. 11; MMN/*Meyer-Landrut*
GmbHG § 51 Rn. 3; Baumbach/Hueck/*Zöllner* GmbHG § 51 Rn. 11.
[84] MüKoGmbHG/*Liebscher* § 51 Rn. 34; UHW/*Hüffer* GmbHG § 51 Rn. 17; Rowedder/Schmidt-Leithoff/*Koppensteiner/Gruber* GmbHG § 51 Rn. 8; Lutter/Hommelhoff/*Bayer* GmbHG § 51 Rn. 16; Scholz/K. *Schmidt/Seibt* GmbHG § 51 Rn. 13;
Baumbach/Hueck/*Zöllner* GmbHG § 51 Rn. 14 f.

5. Kapitel. Organisationsverfassung

dem auch das Recht auf Aussprache gehört, ist nur gewährleistet, wenn die Gesellschafter genaue Kenntnis darüber haben, worüber auf der Gesellschafterversammlung verhandelt und entschieden werden soll.[85] Das Einberufungsorgan sollte im Hinblick auf die Ankündigung der Tagesordnung für ein „Optimum an Klarheit" sorgen; in der Praxis des Öfteren verfolgte „Überraschungsstrategien" sollten vermieden werden, da sie einen Ankündigungs- und Beschlussmangel begründen.[86] Insbesondere die Bezeichnung der Beschlussthemen hat so eindeutig zu erfolgen, dass auch nicht ständig mit den Gesellschaftsangelegenheiten befasste Gesellschafter Gegenstand und Bedeutung der Beschlussfassung zu erkennen vermögen.[87] Im Ergebnis muss der angekündigte Tagesordnungspunkt so genau bezeichnet und ausformuliert sein, dass für den Empfängerkreis der Beratungs- und Beschlussfassungsgegenstand eindeutig erkennbar wird.

94 Anders als im Aktienrecht braucht allerdings die Ankündigung keine Beschlussvorschläge oder -anträge zu enthalten; selbst bei avisierten Satzungsänderungen braucht der ins Auge gefasste Wortlaut der Änderung – ebenfalls anders als im Aktienrecht – nicht mitgeteilt zu werden. Allerdings sind entsprechende Mitteilungen in hohem Maße zweckmäßig und sie können – meines Erachtens – im Einzelfall durchaus auch rechtlich geboten sein, so dass höchst fürsorglich zu jedem Tagesordnungspunkt, über den voraussichtlich lediglich beraten wird, eine kurze Erläuterung gegeben und zu Tagesordnungspunkten, zu denen ein Beschluss gefasst werden soll, ein Beschlussvorschlag zur Meidung rechtlicher Risiken unterbreitet werden sollte.

95 Dies gilt insbesondere im Hinblick auf gewichtige Grundlagen- und Strukturentscheidungen, wie Satzungsänderungen, Kapitalerhöhungen, Unternehmensverträge uÄ.[88] Bei solchen Strukturmaßnahmen müssen die Gesellschafter zudem über den wesentlichen Inhalt der Maßnahme und etwaiger abzuschließender Verträge hinreichend unterrichtet werden. Im Umwandlungsrecht ist dies gesetzlich geregelt (vgl. § 47 UmwG); diese gesetzliche Regelung hat Leitbildfunktion für anderweitige, nicht dem UmwG unterfallende Strukturentscheidungen. In Anbetracht des umfassenden Informationsrechts der GmbH-Gesellschafter gemäß § 51a GmbHG dürfte es demgegenüber zu weit gehen, eine strikte Anwendbarkeit der für Aktiengesellschaften im UmwG vorgesehenen Förmlichkeiten zu fordern.[89]

96 Das Gesetz schreibt in § 51 Abs. 1 S. 2 GmbHG eine einwöchige **Ladungsfrist** vor. Für die Fristberechnung gelten die allgemeinen Bestimmungen (§§ 186 ff. BGB). Gleiches gilt für die Berechnung der Drei- Tages-Frist

---

[85] MüKoGmbHG/*Liebscher* § 51 Rn. 39 ff.; UHW/*Hüffer* GmbHG § 51 Rn. 22; Scholz/K. *Schmidt/Seibt* GmbHG § 51 Rn. 17 ff.; Baumbach/Hueck/*Zöllner* GmbHG § 51 Rn. 24.
[86] LG München GmbHR 1993, 664; MüKoGmbHG/*Liebscher* § 51 Rn. 40; UHW/*Hüffer* GmbHG § 51 Rn. 22; Scholz/K. *Schmidt/Seibt* GmbHG § 51 Rn. 19; BeckHdB GmbH/*Fischer/Gerber* § 4 Rn. 32.
[87] So sehr anschaulich MHdB GmbH/*Wolff* § 39 Rn. 47 ff.
[88] Vgl. zu Einzelfällen MüKoGmbHG/*Liebscher* § 51 Rn. 42 ff.; UHW/*Hüffer* GmbHG § 51 Rn. 23 ff.; Scholz/K. *Schmidt/Seibt* GmbHG § 51 Rn. 20 f.; Baumbach/Hueck/*Zöllner* GmbHG § 51 Rn. 25 ff.
[89] So zutr. *Reichert* in Spaltung im neuen Umwandlungsrecht, 62 f.

§ 17 *Gesellschafterversammlung und Beschlussfassung in der GmbH & Co. KG*

für die Ankündigung der Tagesordnung gemäß § 51 Abs. 4 GmbHG. Der Fristbeginn wird markiert durch denjenigen Tag, an dem der Einschreibebrief bei ordnungsgemäßer Zustellung dem letzten Gesellschafter unter normalen Umständen zugegangen wäre.[90] Dementsprechend ist ausgehend vom Zeitpunkt der Absendung des Einschreibebriefs die voraussichtliche Postlaufdauer für Einschreibebriefe (wohl zwei bis drei Tage) hinzuzurechnen.

Fällt das Fristende auf einen Wochenend- oder Feiertag, so stellt sich darüber hinaus die Frage, ob § 193 BGB entsprechend anwendbar ist, mit der Folge, dass die Gesellschafterversammlung erst am folgenden Werktag stattfinden könnte. Entgegen der wohl überwiegenden Auffassung gilt meines Erachtens indes § 193 BGB nicht. Denn es geht im Rahmen des § 51 Abs. 1 S. 2 GmbHG lediglich darum, den Gesellschaftern eine hinreichende Vorbereitungszeit einzuräumen, abgesehen davon, dass eine Gesellschafterversammlung auch an einem „Ruhetag" abgehalten werden kann.[91] Gleichwohl sollte die Praxis, um Anfechtungsrisiken zu meiden, die hM zugrunde legen und § 193 BGB beachten. 97

2. GmbH & Co. KG

Gesetzliche Vorschriften über die Einberufung einer Gesellschafterversammlung einer Personengesellschaft fehlen (→ Rn. 72). Das Recht der GmbH & Co. KG unterliegt insoweit dem Prinzip der „Formfreiheit und Formlosigkeit".[92] Die Willensbildung der KG-Gesellschafter kann sowohl in, als auch – im allseitigen Einvernehmen – außerhalb von Versammlungen erfolgen; der Gesellschaftsvertrag sollte zweckmäßigerweise auch die Möglichkeit einer einvernehmlichen schriftlichen Beschlussfassung vorsehen und die insoweit zu beachtenden Förmlichkeiten festlegen. Sind alle Gesellschafter anwesend bzw. vertreten und mit einer Beschlussfassung einverstanden, kann bereits nach allgemeinen Grundsätzen nach den für Vollversammlungen geltenden Regeln eine Gesellschafterversammlung unter Verzicht auf die Förmlichkeiten der Einberufung und Ladung abgehalten werden. 98

Im Rahmen der Vertragsfreiheit sollte der **Gesellschaftsvertrag** ferner **geeignete Einberufungsregeln vorsehen**; insoweit ist es zweckmäßig, die entsprechenden gesellschaftsvertraglichen Bestimmungen eng an die für die Abhaltung einer Gesellschafterversammlung der Komplementär-GmbH maßgebenden GmbH-rechtlichen Regeln anzulehnen. 99

---

[90] So die hM, vgl. BGHZ 100, 264 (267); MüKoGmbHG/*Liebscher* § 51 Rn. 25; UHW/*Hüffer* GmbHG § 51 Rn. 16; Rowedder/Schmidt-Leithoff/*Koppensteiner*/ *Gruber* GmbHG § 51 Rn. 10; Lutter/Hommelhoff/*Bayer* GmbHG § 51 Rn. 14; Baumbach/Hueck/*Zöllner* GmbHG § 51 Rn. 19; Michalski/*Römermann* GmbHG § 51 Rn. 41 ff.; aA zB MMN/*Meyer-Landrut* GmbHG § 51 Rn. 7.
[91] So überzeugend *Loritz* GmbHR 1992, 792 f.; MüKoGmbHG/*Liebscher* § 51 Rn. 28; Baumbach/Hueck/*Zöllner* GmbHG § 51 Rn. 20; aA UHW/*Hüffer* GmbHG § 51 Rn. 15; Scholz/K. *Schmidt*/*Seibt* GmbHG § 51 Rn. 11; Rowedder/Schmidt-Leithoff/*Koppensteiner*/*Gruber* GmbHG § 51 Rn. 10 aE; Lutter/Hommelhoff/*Bayer* GmbHG § 51 Rn. 13; Michalski/*Römermann* GmbHG § 51 Rn. 47 ff.
[92] HTM/*Mussaeus* GmbH & Co. KG § 4 Rn. 128; Scholz/K. *Schmidt* GmbHG Anh. § 45 Rn. 29.

5. Kapitel. Organisationsverfassung

100 **a) Zuständigkeit zur Einberufung und Einberufungsgründe.** Schweigt der Gesellschaftsvertrag über die Frage der Einberufungsberechtigung, ist **in der Regel allein die Komplementär-GmbH** als einzige geschäftsführende Gesellschafterin vertreten durch jeden einzelnen ihrer Geschäftsführer einberufungsberechtigt.[93] Demgegenüber steht den Kommanditisten und gegebenenfalls weiteren nicht geschäftsführungsberechtigten Komplementären grundsätzlich kein ordentliches Einberufungsrecht zu, so dass durch diese Personen eine Gesellschafterversammlung der GmbH & Co. KG nur aus wichtigem Grund einberufen werden kann, wobei unter diesen Voraussetzungen auch eine Einberufung im Wege der Selbsthilfe entsprechend § 50 Abs. 3 GmbHG in Betracht kommt.[94]

101 Allerdings kann der Gesellschaftsvertrag in beliebigem Umfang anderweitige Regelungen treffen und insbesondere einzelnen Kommanditisten oder Kommanditisten, die einen bestimmten Anteil am Gesellschaftskapital repräsentieren, ein entsprechendes Minderheitenrecht zur Einberufung der Gesellschafterversammlung gewähren.

102 Strittig ist, ob ohne eine entsprechende gesellschaftsvertragliche Regelung die Vorschrift des § 50 Abs. 1 GmbHG analog anwendbar ist, so dass Kommanditisten, die 10% des Kommanditkapitals repräsentieren, berechtigt wären, die Einberufung einer Gesellschafterversammlung zu verlangen. Die hM lehnt eine entsprechende Analogie ab,[95] so dass der Gesellschaftsvertrag hinreichend bestimmt regeln sollte, ob und unter welchen Voraussetzungen Kommanditisten berechtigt sind, als Einberufungsorgan zu fungieren bzw. die Einberufung einer KG-Versammlung zu verlangen.

103 Auch die **Einberufungsgründe** sind primär Gegenstand der Regelungen des Gesellschaftsvertrages. Schweigt der Gesellschaftsvertrag hierzu, ist eine KG-Versammlung immer dann einzuberufen, wenn dies nach Gesetz erforderlich ist oder das Gesellschaftsinteresse die Herbeiführung einer Gesellschafterentscheidung gebietet.

104 **b) Modalitäten der Einberufung.** Gleiches gilt hinsichtlich der sonstigen Modalitäten der Einberufung. Auch insoweit sollte der Gesellschaftsvertrag präzise Regelungen über Form, Inhalt und Frist der Einberufung enthalten und so für Rechtsklarheit sorgen. Trifft der Gesellschaftsvertrag insoweit keine Bestimmungen, richten sich die Einberufungsmodalitäten nach deren **Funktion und Ziel**, nämlich der Gewährleistung einer **angemessenen Vorbereitung des Gesellschafters** auf die Versammlung bzw. die dort zu treffenden Entschließungen. Im Ergebnis müssen die Komman-

---

[93] *Eickhoff* Rn. 344; HTM/*Mussaeus* GmbH & Co. KG § 4 Rn. 126; Scholz/ *K. Schmidt* GmbHG Anh. § 45 Rn. 32; *Vogel,* 188; *Vogel* Praxis der Gesellschafterversammlung, 40.
[94] BGHZ 102, 172; HTM/*Mussaeus* GmbH & Co. KG § 4 Rn. 127; Scholz/ *K. Schmidt* GmbHG Anh. § 45 Rn. 32; *H. Schneider/U. H. Schneider* FS Möhring, 271 (288).
[95] HTM/*Mussaeus* GmbH & Co. KG § 4 Rn. 127; Scholz/*K. Schmidt* GmbHG Anh. § 45 Rn. 32.

ditisten in den Stand versetzt werden, an der Versammlung teilzunehmen und dort ihr Stimmrecht sachgerecht auszuüben.

Bei der Ladung handelt es sich um eine empfangsbedürftige Erklärung. Im Hinblick auf die **Adressaten der Ladung** gilt im Wesentlichen das zur Komplementär-GmbH Dargelegte. Die Ladung muss den Gesellschaftern so rechtzeitig zugehen, dass diese noch hinreichend disponieren können, und zwar sowohl im Hinblick auf ihre eigene Terminplanung und ihre Anreise zum Versammlungsort als auch im Hinblick auf die Willensbildung hinsichtlich der angekündigten Diskussions- und Tagesordnungspunkte, was unter Umständen auch die Einholung rechtlichen Rats erfordern kann.

In jedem Fall muss der Ladung eindeutig entnommen werden können, worüber verhandelt und beschlossen werden soll. Aus diesem Grunde sollte die Ladung eine **Tagesordnung** enthalten, die sprachlich so klar gefasst ist, dass jeder Gesellschafter weiß, was Gegenstand der Diskussion sein wird und worüber Beschlüsse gefasst werden können. Denn es ist allgemein anerkannt, dass selbst in Vollversammlungen Beschlüsse ohne hinreichende Ankündigung nur im allseitigen Einvernehmen gefasst werden können und Satzungsbestimmungen unwirksam sind, die die Fassung von Mehrheitsbeschlüssen ohne hinreichende Ankündigung zulassen; auch bei einstimmigen Entscheidungen wird die Nennung der Tagesordnungspunkte in der Ladung – zu Recht – grundsätzlich als erforderlich angesehen, um eine Überrumpelung der Gesellschafter und hieraus resultierende spätere rechtliche Auseinandersetzungen zu vermeiden.

Eine besondere **Form der Ladung** ist gesetzlich nicht vorgeschrieben. Auch kann § 51 GmbHG auf die GmbH & Co. KG nicht entsprechend angewandt werden, so dass ohne entsprechende gesellschaftsvertragliche Regelung eine Einladung in Form eines eingeschriebenen Briefes nicht notwendig ist. Allerdings ist es in aller Regel zweckmäßig, sich im Rahmen der Ausgestaltung des Gesellschaftsvertrages am Vorbild des § 51 GmbHG zu orientieren.

Schließlich müssen **Ort und Zeit der Gesellschafterversammlung** in der Ladung so eindeutig genannt werden, dass das Versammlungslokal und der festgesetzte Termin eindeutig bestimmt sind. Grundsätzlich muss die Gesellschafterversammlung – es sei denn, der Gesellschaftsvertrag bestimmt etwas anderes – am Sitz der Gesellschaft abgehalten werden; hiervon kann nur mit Zustimmung der Gesellschafter abgewichen werden, außer es bestehen zwingende Gründe (zB Raumprobleme), die ein Ausweichen auf einen anderen geeigneten und ebenso gut erreichbaren Versammlungsort rechtfertigen. Im

---

[96] Scholz/K. *Schmidt* GmbHG Anh. § 45 Rn. 33.
[97] KG Berlin GmbHR 1995, 524 (Nichtigerklärung eines Ausschließungsbeschlusses der Gesellschafterversammlung einer GmbH & Co. KG mangels hinreichender Ankündigung in der Ladung); HTM/*Mussaeus* GmbH & Co. KG § 4 Rn. 130; Scholz/K. *Schmidt* GmbHG Anh. § 45 Rn. 33; H. Schneider/U. H.Schneider FS Möhring, 291 f.; U. H. Schneider ZGR 1978, 22 f.
[98] Scholz/K. *Schmidt* GmbHG Anh. § 45 Rn. 33; H. Schneider/U. H. Schneider FS Möhring, 291.
[99] HTM/*Mussaeus* GmbH & Co. KG § 4 Rn. 129; Scholz/K. *Schmidt* GmbHG Anh. § 45 Rn. 31.

Übrigen muss – dies gilt auch bei einem gesellschaftsvertraglich begründeten Auswahlermessen des Einberufungsberechtigten – der Versammlungsort und die Versammlungszeit den Gesellschaftern, gemessen an der Orts- und Verkehrsüblichkeit, zumutbar sein, denn durch eine (rechtsmissbräuchliche) Bestimmung von Ort und Zeit der Versammlung darf die Teilnahme der Gesellschafter nicht willkürlich erschwert werden.[100]

109 Für die **Einberufungsfrist** sollte der Gesellschaftsvertrag klare Vorgaben enthalten; üblicherweise wird insoweit eine (längere) Regeleinberufungsfrist vorgesehen, die in Eilfällen abgekürzt werden kann. Fehlen gesellschaftsvertragliche Vorgaben, ist eine nach Maßgabe der Übung der Gesellschaft angemessene Einladungsfrist einzuhalten.[101] Die in § 51 GmbHG vorgesehene Frist sollte – auch bei gesellschaftsvertraglicher Regelung der Einberufungsfristen – als Mindestfrist eingehalten werden; ohne gesellschaftsvertragliche Regelung gilt hingegen die Frist des § 51 GmbHG für die Einladung zu einer Gesellschafterversammlung der GmbH & Co. KG nicht.[102]

V. Ablauf der Gesellschafterversammlung

110 Aufgrund des Umstandes, dass die GmbH & Co. KG im Ergebnis aus zwei Gesellschaften besteht, müssen grundsätzlich die Gesellschafterversammlungen der Komplementär-GmbH und der KG strikt voneinander unterschieden werden, was insbesondere für die Frage der Teilnahmeberechtigung sowie für den allgemeinen Ablauf und die Leitung der Versammlungen von Bedeutung ist. Dieser Unterscheidung muss sowohl im Rahmen des Verbandslebens, als auch im Rahmen der Vertragsgestaltung Rechnung getragen werden.

111 Dies gilt namentlich für nicht personen- und beteiligungsidentische GmbH & Co. KGs, da dort nicht nur verschiedene Rechtsträger ihren Willen bilden, sondern auch die Gesellschafterkreise verschieden sind und zudem in der Regel bewusst und gewollt unterschiedliche Gesellschafterzuständigkeiten existieren.

112 Demgegenüber wird bei echten GmbH & Co. KGs nicht nur ein Gleichlauf der Gesellschafterkreise und der Beteiligungshöhe, sondern auch ein Gleichlauf der Gesellschafterzuständigkeiten erstrebt, so dass die Tatsache der Beteiligung zweier Gesellschaften am einheitlichen unternehmerischen Engagement und deren (im Ergebnis auf das gleiche Ziel gerichtete) Willensbildung in den Hintergrund tritt. Vor allem bei echten GmbH & Co. KGs stellt sich die Frage, wie man mit der im Ergebnis funktionslosen Unterscheidung zweier Gesellschafterversammlungen im Interesse einer reibungslosen Gestaltung der verbandsinternen Willensbildungsprozesse umgeht und

---

[100] OLG Saarbrücken GmbHR 2007, 143; HTM/*Mussaeus* GmbH & Co. KG § 4 Rn. 129; Scholz/K. *Schmidt* GmbHG Anh. § 45 Rn. 31 aE.
[101] Scholz/K. *Schmidt* GmbHG Anh. § 45 Rn. 33.
[102] HTM/*Mussaeus* GmbH & Co. KG § 4 Rn. 128; Scholz/K. *Schmidt* GmbHG Anh. § 45 Rn. 33; aA offenbar *Eickhoff* Rn. 96 ff., 346.

ob bzw. inwieweit es durch geeignete Vertragsregelungen möglich ist, diese zu überwinden.

1. Komplementär-GmbH

Die für die Komplementärin geltenden GmbH-rechtlichen Regeln weisen keine wesentlichen Besonderheiten gegenüber einer operativ tätigen Gesellschaft auf, mit Ausnahme der Frage nach einer Teilnahmeberechtigung der Nur-Kommanditisten bei einer „unechten GmbH & Co. KG": 113

a) **Teilnahmerecht.** „Geborene" Teilnehmer der Gesellschafterversammlung der Komplementär-GmbH sind die **GmbH-Gesellschafter**. Das Teilnahmerecht der GmbH-Gesellschafter besteht unabhängig von der Stimmberechtigung der einzelnen Gesellschafter, so dass auch nicht stimmberechtigte oder gemäß § 47 Abs. 4 GmbHG einem Stimmverbot unterliegende Gesellschafter an der Gesellschafterversammlung teilnehmen dürfen. Denn das **Teilnahmerecht** ist **grundsätzlich unentziehbar** und unabhängig von der Frage einer etwaigen fehlenden Stimmberechtigung müssen alle Gesellschafter in der Lage sein, ihre Argumente vorzutragen und so auf die Willensbildung Einfluss zu nehmen.[103] 114

Ein Ausschluss des Teilnahmerechts ist nur aus überwiegenden sachlichen Gründen im Interesse der Gesellschaft möglich, beispielsweise dann, wenn zu besorgen ist, dass ein Gesellschafter die zu einem bestimmten Tagesordnungspunkt gewonnenen Informationen zu gesellschaftsfremden Zwecken einsetzt und er so der Gesellschaft einen nicht unerheblichen Nachteil zufügt; insbesondere kann der Gesellschaftsvertrag das Teilnahmerecht für solche Konfliktfälle hinsichtlich bestimmter Beschluss- und Beratungsgegenstände ausschließen oder eine Vertretung in der Stimmrechtsausübung vorschreiben.[104] Im Übrigen gilt, dass das Teilnahmerecht durch die Satzung nicht generell ausgeschlossen werden kann, so dass ein statutarischer Vertretungszwang, der einem Gesellschafter generell das Recht zur persönlichen Teilnahme nimmt, regelmäßig unzulässig ist.[105] 115

Gesetzliche **Vertreter** von Gesellschaftern und Amtsverwalter von Geschäftsanteilen haben ein originäres Teilnahmerecht und Stellvertreter von Gesellschaftern ein derivatives, aus der Stimmrechtsvollmacht abgeleitetes 116

---

[103] BGH NZG 2006, 349 (350); WM 1985, 567 f.; GmbHR 1971, 207; UHW/ *Hüffer* GmbHG § 48 Rn. 13; MHdB GmbH/*Wolff* § 39 Rn. 34, 65; Lutter/Hommelhoff/*Bayer* GmbHG § 48 Rn. 2; Scholz/K. *Schmidt/Seibt* GmbHG § 48 Rn. 13; Baumbach/Hueck/*Zöllner* GmbHG § 48 Rn. 6; MüKoGmbHG/*Liebscher* § 48 Rn. 9, 11.
[104] UHW/*Hüffer* GmbHG § 48 Rn. 24 f.; MHdB GmbH/*Wolff* § 39 Rn. 67; Rowedder/Schmidt-Leithoff/*Koppensteiner/Gruber* GmbHG § 48 Rn. 9; Lutter/Hommelhoff/*Bayer* GmbHG § 48 Rn. 3; Roth/Altmeppen/*Roth* GmbHG § 48 Rn. 4; Baumbach/Hueck/*Zöllner* GmbHG § 48 Rn. 7; MüKoGmbHG/*Liebscher* § 48 Rn. 13 ff.
[105] RGZ 88, 220 (221); 167, 65 (73 f.); BGH GmbHR 1989, 120 f.; OLG Frankfurt GmbHR 1984, 99 f.; UHW/*Hüffer* GmbHG § 48 Rn. 23; MHdB GmbH/*Wolff* § 39 Rn. 66; Scholz/K. *Schmidt/Seibt* GmbHG § 48 Rn. 18; MüKoGmbHG/*Liebscher* § 48 Rn. 12 ff.

5. Kapitel. Organisationsverfassung

Teilnahmerecht, welches grundsätzlich das Teilnahmerecht des vertretenen Gesellschafters bis zum Widerruf der Stimmrechtsvollmacht (die allerdings grundsätzlich jederzeit erfolgen kann) verdrängt.[106] Nach hM besteht zudem nicht ohne Weiteres ein Recht der Gesellschafter, einen **Berater** oder Beistand zu der Versammlung beizuziehen, so dass diese Frage grundsätzlich in der Satzung geregelt werden sollte.[107]

117 Demgegenüber sind **Nichtgesellschafter**, auch wenn sie Geschäftsführer oder Mitglieder eines sonstigen Organs der Gesellschaft sind, grundsätzlich **nicht teilnahmeberechtigt**, falls diesen Personen nicht durch die Satzung oder durch Gesellschafterbeschluss ein Teilnahmerecht eingeräumt wird.[108] Dementsprechend ist auch der (Fremd-)Geschäftsführer in der GmbH-Gesellschafterversammlung grundsätzlich nicht teilnahmeberechtigt, es sei denn, die Satzung regelt anderes oder er wird im Einzelfall zur Versammlung zugelassen.

118 Dieser allgemein anerkannte Rechtsgrundsatz bereitet bei der unechten GmbH & Co. KG, bei der keine Identität der Gesellschafterkreise der KG einerseits und der Komplementär-GmbH andererseits existiert, Probleme, da der Grundsatz dazu führt, dass die (Nur-)Kommanditisten an den Willensbildungsprozessen der Komplementär-GmbH nicht teilnehmen können. In aller Regel kommt hinzu, dass die Kompetenzen der GmbH-Gesellschafterversammlung sehr viel weiter reichen, als diejenigen der Kommanditistenversammlung, so dass die (Nur-)Kommanditisten nicht nur von der Beschlussfassung in der Komplementär-GmbH ausgeschlossen sind, sondern sie nicht einmal in der Lage sind, auf die Willensbildung innerhalb der Gesellschafterversammlung der Komplementär-GmbH durch Artikulierung ihrer Vorstellungen Einfluss zu nehmen. Diesem Umstand kommt insbesondere deshalb große Bedeutung zu, da gerade bei unechten GmbH & Co. KGs in der Gesellschafterversammlung der Komplementär-GmbH über Angelegenheiten Beschluss gefasst wird, die insbesondere für die operativ tätige KG von Bedeutung sind. Gleichwohl ist ein **Recht der (Nur-)Kommanditisten auf Zulassung zur GmbH-Versammlung ohne ausdrückliche Satzungsgrundlage nicht anzuerkennen**; ein entsprechendes Recht kann man auch nicht daraus herleiten, dass Entscheidungen der Komplementär-GmbH Rechte und Interessen der Kommanditisten berühren können bzw. sogar typischerweise Angelegenheiten der KG betreffen. Sinn und Zweck einer nicht personenidentischen GmbH & Co. KG ist es gerade, dass die

---

[106] MHdB GmbH/*Wolff* § 39 Rn. 62; Baumbach/Hueck/*Zöllner* GmbHG § 48 Rn. 8; MüKoGmbHG/*Liebscher* § 48 Rn. 26 ff.

[107] OLG Stuttgart GmbHR 1994, 257 (259); OLG Düsseldorf GmbHR 1992, 610 f.; LG Köln NJW 1975, 981 f. (KG); MüKoGmbHG/*Liebscher* § 48 Rn. 38 f.; UHW/*Hüffer* GmbHG § 48 Rn. 25 f.; Rowedder-Schmidt-Leithoff/*Koppensteiner/Gruber* GmbHG § 48 Rn. 10; Lutter/Hommelhoff/*Bayer* GmbHG § 48 Rn. 8; MHdB GmbH/*Wolff* § 39 Rn. 69 f.; *Sina* GmbHR 1993, 139 f., die jedenfalls die Begleitung des Gesellschafters durch einen Rechtsanwalt als stets zulässig anerkennen wollen.

[108] UHW/*Hüffer* GmbHG § 48 Rn. 20 ff.; MHdB GmbH/*Wolff* § 39 Rn. 68 f.; Lutter/Hommelhoff/*Bayer* GmbHG § 48 Rn. 5 ff.; Scholz/K. *Schmidt/Seibt* GmbHG § 48 Rn. 20 ff.; Baumbach/Hueck/*Zöllner* GmbHG § 48 Rn. 12; MüKoGmbHG/*Liebscher* § 48 Rn. 40 ff.

§ 17 Gesellschafterversammlung und Beschlussfassung in der GmbH & Co. KG

(Nur-)Kommanditisten nicht alle Rechte derjenigen Anteilseigner haben sollen, die (in der Regel zugleich) GmbH-Gesellschafter sind. Diese von den Gründern der GmbH & Co. KG herbeigeführte Machtverteilung kann nicht durch ein originäres Teilnahmerecht der (Nur-)Kommanditisten an der Gesellschafterversammlung der Komplementär-GmbH konterkariert werden.[109] Grundsätzlich ist es im Übrigen – von Sondersituationen abgesehen – auch nicht angezeigt, statutarisch ein Teilnahmerecht der (Nur-)Kommanditisten zu begründen.

b) Sonstige Förmlichkeiten. Die Satzung der Komplementär-GmbH 119
sollte Regelungen über die **Leitung und den Gang der Gesellschafterversammlung** treffen; dies ist vor allem deshalb zweckmäßig, um den Ausgang etwaiger Abstimmungen zu dokumentieren. Denn die Beschlussfeststellung ist im GmbH-Recht, insbesondere im Rahmen von Rechtsstreitigkeiten über etwaige Beschlussmängel, von großer Bedeutung.[110]

Typische Aufgabe des **Versammlungsleiters** sind die Eröffnung und Be- 120
endigung der Sitzung, die Wahrnehmung der allgemeinen Ordnungsbefugnisse zur Sicherstellung eines geordneten Ablaufs der Gesellschafterversammlung, die allgemeine Ordnung des Gangs der Versammlung, die Feststellung der Präsenz, Beschlussfähigkeit und Abstimmungsergebnisse uÄ.[111] Allerdings besteht keine gesetzliche Notwendigkeit zur Bestellung eines Versammlungsleiters, da Organisation und Ablauf der Gesellschafterversammlung gesetzlich nicht geregelt sind und seine Erforderlichkeit sich auch nicht aus allgemeinen Grundsätzen ergibt.[112] Schweigt die Satzung zu dieser Frage, kann die Gesellschafterversammlung mit einfacher Mehrheit über die Frage des Vorsitzes und die Person des Vorsitzenden Beschluss fassen.[113]

Weiterhin sollte der Gesellschaftsvertrag die Anfertigung einer **Sitzungs-** 121
niederschrift in Form einer Ergebnisniederschrift **und** die schriftliche **Protokollierung aller Beschlüsse** zur Pflicht machen, insbesondere um Streitigkeiten der Gesellschafter über den Beschlussinhalt, die zu Feststellungs- und Anfechtungsklagen und zu Rechtsunsicherheiten über das Beschlussergebnis – auch über die Anfechtungsfrist hinaus – führen können, zu

---

[109] Vgl. insbes. Scholz/*K. Schmidt* GmbHG Anh. § 45 Rn. 12.
[110] Vgl. statt aller MHdB GmbH/*Wolff* § 39 Rn. 81 ff.; MüKoGmbHG/*Liebscher* § 48 Rn. 117 f.
[111] Vgl. ausführlich MüKoGmbHG/*Liebscher* § 48 Rn. 111 ff.; UHW/*Hüffer* GmbHG § 48 Rn. 32 ff.; MHdB GmbH/*Wolff* § 39 Rn. 72a; Scholz/*K. Schmidt*/*Seibt* GmbHG § 48 Rn. 36; *Vogel*, Praxis der Gesellschafterversammlung, 144 ff.; Baumbach/Hueck/*Zöllner* GmbHG § 48 Rn. 17 f.; Lutter/Hommelhoff/*Bayer* GmbHG § 48 Rn. 16.
[112] MüKoGmbHG/*Liebscher* § 48 Rn. 106; UHW/*Hüffer* GmbHG § 48 Rn. 29; Scholz/*K. Schmidt*/*Seibt* GmbHG § 48 Rn. 32; Baumbach/Hueck/*Zöllner* GmbHG § 48 Rn. 16; Lutter/Hommelhoff/*Bayer* GmbHG § 48 Rn. 15.
[113] BGH NZG 2009, 1309; MüKoGmbHG/*Liebscher* § 48 Rn. 107; UHW/*Hüffer* GmbHG § 48 Rn. 29; Scholz/*K. Schmidt*/*Seibt* GmbHG § 48 Rn. 32; MHdB GmbH/*Wolff* § 39 Rn. 72; Lutter/Hommelhoff/*Bayer* GmbHG § 48 Rn. 15; aA OLG Frankfurt NZG 1999, 406: Bei Fehlen gesellschaftsvertraglicher Regelungen setze die Frage der Versammlungsleitung einen Konsens aller Gesellschafter voraus; einschränkend auch Baumbach/Hueck/*Zöllner* GmbHG § 48 Rn. 16.

5. Kapitel. Organisationsverfassung

vermeiden.[114] Allerdings ist darauf hinzuweisen, dass zwar die überwiegende Meinung die statutarische Anordnung einer schriftlichen Protokollierung des Verlaufs der Gesellschafterversammlung – anders als ein statutarisches Beurkundungsgebot – nur als Ordnungsvorschrift ansieht, jedoch in Rechtsprechung und Literatur teilweise davon ausgegangen wird, dass sämtliche Verstöße gegen satzungsmäßige Protokollierungsregeln zur Unwirksamkeit der gefassten Gesellschafterbeschlüsse führen.[115]

122 Ohne Satzungsgrundlage besteht dagegen – zumindest nach hM – keine generelle Protokollierungspflicht des Versammlungsleiters.[116] Dies ändert selbstverständlich nichts daran, dass aus den dargelegten Gründen eine schriftliche Protokollierung des Versammlungsverlaufs selbst bei Fehlen einer statutarischen Regelung dringend anzuraten ist.

123 Unabhängig von dem Vorhandensein einer gesellschaftsvertraglichen Regelung besteht allerdings ein Beurkundungszwang gemäß § 53 Abs. 2 GmbHG für Satzungsänderungen sowie für Verschmelzungs-, Spaltungs- und Formwechselbeschlüsse gemäß §§ 13 Abs. 3, 125, 193 Abs. 3 UmwG.

124 Nur der Vollständigkeit halber ist ferner darauf hinzuweisen, dass im Übrigen grundsätzlich über jeden Beschlussgegenstand auch im **schriftlichen Verfahren nach § 48 Abs. 2 GmbHG** im allseitigen Einvernehmen abgestimmt werden kann. Die Satzung kann und sollte das schriftliche Verfahren näher ausgestalten und klarstellen, dass eine schriftliche Entscheidung auch unter Zuhilfenahme moderner Kommunikationsmittel herbeigeführt werden kann.

125 Zwingend in einer Gesellschafterversammlung zu fassen sind allerdings die Beschlüsse über eine Verschmelzung, Spaltung und einen Formwechsel nach dem UmwG.[117] Die heute hM geht – entgegen der älteren Rechtsprechung[118] – hingegen davon aus, dass satzungsändernde Beschlüsse im schriftlichen Umlaufverfahren gefasst werden können.[119] Im Anschluss an die gemäß §§ 5a Abs. 4, 49 Abs. 3 GmbHG vorgeschriebene Einberufung einer

---

[114] Vgl. Lutter/Hommelhoff/*Bayer* GmbHG § 48 Rn. 18; MüKoGmbHG/*Liebscher* § 48 Rn. 128.

[115] Vgl. zur hM RGZ 122, 367 (369); OLG Stuttgart NZG 1998, 994 (995); MüKoGmbHG/*Liebscher* § 48 Rn. 132; MHdB GmbH/*Wolff* § 39 Rn. 81, 86; Rowedder/Schmidt-Leithoff/*Koppensteiner/Gruber* GmbHG § 48 Rn. 17; Scholz/ K. Schmidt/*Seibt* GmbHG § 48 Rn. 51; Baumbach/Hueck/*Zöllner* GmbHG § 48 Rn. 22; Lutter/Hommelhoff/*Bayer* GmbHG § 48 Rn. 18; UHW/*Hüffer* GmbHG § 48 Rn. 39; aA (für Wirksamkeitserfordernis) BayObLG GmbHR 1992, 306 f.

[116] Vgl. MüKoGmbHG/*Liebscher* § 48 Rn. 129; UHW/*Hüffer* GmbHG § 48 Rn. 39; MHdB GmbH/*Wolff* § 39 Rn. 86; Lutter/Hommelhoff/*Bayer* GmbHG § 48 Rn. 18; aA Scholz/K. Schmidt/*Seibt* GmbHG § 48 Rn. 39; Baumbach/Hueck/*Zöllner* GmbHG § 48 Rn. 22: Pflicht des Versammlungsleiters zur Protokollerstellung auch ohne Satzungsgrundlage.

[117] MüKoGmbHG/*Liebscher* § 48 Rn. 144; Baumbach/Hueck/*Zöllner* GmbHG § 48 Rn. 28; Scholz/K. Schmidt/*Seibt* GmbHG § 48 Rn. 55; MHdB GmbH/*Wolff* § 39 Rn. 95; UHW/*Hüffer* GmbHG § 48 Rn. 56.

[118] BGHZ 15, 324 (328) (obiter dictum); KG NJW 1959, 1446 f.

[119] MüKoGmbHG/*Liebscher* § 48 Rn. 145; UHW/*Hüffer* GmbHG § 48 Rn. 57; MHdB GmbH/*Wolff* § 39 Rn. 95; Scholz/K. Schmidt/*Seibt* GmbHG § 48 Rn. 55; Baumbach/Hueck/*Zöllner* GmbHG § 48 Rn. 28.

Gesellschafterversammlung bei Verlust der Hälfte des Stammkapitals oder gemäß § 50 Abs. 1 GmbHG im Falle eines Minderheitsverlangens ist ebenfalls ein Beschluss im schriftlichen Umlaufverfahren möglich, da zwischen der Einberufungspflicht und der Versammlungspflicht zu unterscheiden ist.[120]

2. GmbH & Co. KG

Ganz ähnliche Grundsätze wie für die Komplementär-GmbH gelten für den Ablauf der Gesellschafterversammlung der GmbH & Co. KG, wobei dort insbesondere die Frage der Teilnahmeberechtigung der Komplementär-GmbH und ihrer Gesellschafter in den Blick zu nehmen ist. **126**

a) Teilnahmerecht. Auch bei der GmbH & Co. KG gilt, dass grundsätzlich **nur deren Gesellschafter teilnahmeberechtigt** sind und das Teilnahmerecht in seiner Substanz unentziehbar ist.[121] Im Hinblick auf die Teilnahme von Vertretern und Beratern der Gesellschafter gilt ebenfalls das zur Komplementär-GmbH bereits Ausgeführte, wobei jedoch eine gewillkürte Stellvertretung nach herrschender Meinung gesellschaftsvertraglich oder im Einzelfall zugelassen werden muss (→ Rn. 178).[122] **127**

Diese Grundsätze haben zur Folge, dass Personen, die nur Gesellschafter der Komplementär-GmbH sind, an der Gesellschafterversammlung der GmbH & Co. KG nicht teilnehmen dürfen, es sei denn, der Gesellschaftsvertrag lässt dies ausdrücklich zu. In Praxi dürfte diese Situation allerdings in der Regel kaum vorkommen, da auch bei unechten GmbH & Co. KGs regelmäßig die GmbH-Gesellschafter zugleich Kommanditisten der KG sind. **128**

Bedeutsamer ist die Frage der **Teilnahmeberechtigung der Komplementär-GmbH** selbst an der Gesellschafterversammlung der GmbH & Co. KG, da diese persönlich haftende Gesellschafterin der KG und als solche im Grundsatz teilnahmeberechtigt ist. Dementsprechend nimmt der GmbH-Geschäftsführer – anders als bei der Komplementär-GmbH, bei der die Zulassung der Geschäftsführer zur Gesellschafterversammlung eine entsprechende statutarische Regelung bzw. die Zustimmung der Gesellschafterversammlung voraussetzt – im Regelfall an der KG-Versammlung teil, da die Beteiligungsrechte der Komplementär-GmbH an der KG vom Vertretungsorgan der Komplementär-GmbH wahrgenommen werden. **129**

Allerdings kann im Gesellschaftsvertrag der KG eine **reine Kommanditistenversammlung** vorgesehen und so die Komplementär-GmbH von der Abstimmung ausgeschlossen werden. Das gleiche Ergebnis kann erreicht werden, sofern das Stimmrecht der KG-Gesellschafter an Kapitalanteile ge- **130**

---

[120] MüKoGmbHG/*Liebscher* § 48 Rn. 146; MHdB GmbH/*Wolff* § 39 Rn. 95; Scholz/K. *Schmidt*/*Seibt* GmbHG § 48 Rn. 55; aA UHW/*Hüffer* GmbHG § 48 Rn. 56.
[121] Ganz hM MüKoGmbHG/*Liebscher* § 48 Rn. 201; Scholz/K. *Schmidt* GmbHG Anh. § 45 Rn. 34; K. *Schmidt* Gesellschaftsrecht, § 16 III 3a; GK/C. *Schäfer* HGB § 119 Rn. 20; HTM/*Mussaeus* GmbH & Co. KG § 4 Rn. 116.
[122] Vgl. MüKoGmbHG/*Liebscher* § 48 Rn. 201; Baumbach/Hopt/*Hopt* HGB § 119 Rn. 30; HTM/*Mussaeus* GmbH & Co. KG § 4 Rn. 116; aA Scholz/K. *Schmidt* GmbHG Anh. § 45 Rn. 34; GK/C. *Schäfer* HGB § 119 Rn. 20 f.

knüpft und die Komplementär-GmbH nicht am Gesellschaftsvermögen der KG beteiligt wird.[123] In diesem Falle dürfte meines Erachtens auch das Teilnahmerecht der Komplementär-GmbH entfallen, wenn der Gesellschaftsvertrag nichts anderes vorsieht oder diese im Einzelfall zur Kommanditisten-Versammlung zugelassen wird. Praktische Bedeutung erlangt die Frage der Teilnahmeberechtigung der Komplementär-GmbH in der KG-Versammlung allerdings nur im Falle einer nicht personenidentischen GmbH & Co. KG, da bei einer echten GmbH & Co. KG mit Gesellschafter- und Beteiligungsidentität die Willensbildungsprozesse innerhalb der KG-Versammlung und der GmbH-Gesellschafterversammlung kongruent verlaufen und die GmbH-Gesellschafterversammlung den Geschäftsführern, die im Ergebnis ein etwaiges Stimmrecht der Komplementär-GmbH in der Gesellschafterversammlung der KG ausüben, im beliebigen Umfang Weisungen erteilen kann.

131 Weiterhin ergibt sich jedenfalls in der gesetzestypischen Personengesellschaft ein weiterer Unterschied gegenüber der Komplementär-GmbH, da dort nach dem gesetzlichen Ideal Gesellschafterbeschlüsse einstimmig zu fassen sind, so dass Gesellschafterbeschlüsse der KG-Versammlung bereits bei Abwesenheit eines Gesellschafters nicht zustande kommen können. In Anbetracht dieser Umstände wird bei der gesetzestypischen Personengesellschaft davon ausgegangen, dass der Gesellschafter an einer einberufenen Gesellschafterversammlung teilnehmen und dort abstimmen muss; dies soll im Übrigen auch dann gelten, wenn durch den Gesellschaftsvertrag zwar das Mehrheitsprinzip eingeführt wurde, jedoch gesellschaftsvertraglich kein bestimmtes Quorum für die Beschlussfähigkeit der Gesellschafterversammlung vorgesehen ist, da gesetzliche Beschlussfähigkeitsregelungen im Personengesellschaftsrecht fehlen.[124]

132 **b) Sonstige Förmlichkeiten.** Die Leitung und der Ablauf der Gesellschafterversammlung der GmbH & Co. KG und die folgende Beschlussfassung sind gesetzlich nicht geregelt, so dass – ebenso wie bei der Komplementär-GmbH – entsprechende statutarische Anordnungen dringend zu empfehlen sind.

133 Verschweigt sich der Gesellschaftsvertrag zu diesen Fragen, gilt im Wesentlichen das zur Komplementär-GmbH bereits Ausgeführte. Insbesondere sollte zur Gewährleistung einer geordneten Durchführung der Gesellschafterversammlung von dieser ein **Versammlungsleiter** gewählt werden, wobei die Entscheidung allerdings bei einer gesetzestypischen Personengesellschaft von den Gesellschaftern einstimmig gefasst werden muss. Ohne gesellschaftsvertragliche Regelung kann hingegen nicht davon ausgegangen werden, dass dem Geschäftsführer oder Alleingesellschafter der Komplementär-GmbH das Recht zur Versammlungsleitung zusteht.[125]

---

[123] Vgl. MüKoGmbHG/*Liebscher* § 48 Rn. 203; HTM/*Mussaeus* GmbH & Co. KG § 4 Rn. 119; Scholz/K. *Schmidt* GmbHG Anh. § 45 Rn. 21, 34.
[124] MüKoGmbHG/*Liebscher* § 48 Rn. 204; Heymann/*Emmerich* HGB § 119 Rn. 16; Scholz/K. *Schmidt* GmbHG Anh. § 45 Rn. 34 aE.
[125] MüKoGmbHG/*Liebscher* § 48 Rn. 205; HTM/*Mussaeus* GmbH & Co. KG § 4 Rn. 134.

§ 17 Gesellschafterversammlung und Beschlussfassung in der GmbH & Co. KG

Auch ohne vertragliche Regelung empfiehlt sich zudem die Erstellung eines **Versammlungsprotokolls**, welches den wesentlichen Verlauf der Versammlung wiedergibt und in dem insbesondere die von den Gesellschaftern gefassten Beschlüsse ihrem Wortlaut nach festgehalten werden, um Streitigkeiten über den Beschlussinhalt soweit irgend möglich auszuschließen.[126] Allerdings ist darauf hinzuweisen, dass – anders als im Recht der GmbH, bei der der protokollierte Beschlussinhalt verbindlich fixiert wird – im Personengesellschaftsrecht jedenfalls ohne besondere gesellschaftsvertragliche Anordnung das wirklich Beschlossene maßgebend ist, so dass dem protokollierten Beschlussinhalt keine Verbindlichkeit zukommt.[127] 134

3. Einheitsgesellschaft, Einheitsversammlung und Repräsentativverfassung

Gerade die Regeln über die Gesellschafterversammlungen der GmbH & Co. KG und ihrer Komplementär-GmbH offenbaren die Schwierigkeiten, die sich aus der Verzahnung einer Kapital- und einer Personengesellschaft zu einer GmbH & Co. KG ergeben. Im Ergebnis müssen alle Regelungskomplexe (Zuständigkeiten, Einberufung, Ablauf, Beschlussfassung, etc.) exakt unter Berücksichtigung der gesetzlichen Vorgaben aufeinander abgestimmt werden, wobei bereits geringfügige Unachtsamkeiten zu Widersprüchlichkeiten und Diskrepanzen mit unter Umständen weit reichenden Konsequenzen führen können. Um diese „Verzahnungsprobleme" zu lösen, werden in der Literatur verschiedene Vorschläge unterbreitet, die die Willensbildungsprozesse innerhalb der GmbH & Co. KG und der Komplementär-GmbH vereinfachen und im Ergebnis zu einem einzigen, einheitlichen Willensbildungsprozess zusammenführen sollen. 135

Diesem Bestreben der Kautelarpraxis nach einer optimalen Verzahnung der Gesellschaftsverträge der GmbH und der KG dient insbesondere die Begründung einer **Einheitsgesellschaft** durch Übertragung der Geschäftsanteile an der GmbH auf die GmbH & Co. KG. Im Zusammenhang der Einheitsgesellschaft wird insbesondere die Schaffung einheitlicher Organe der Gesellschaft empfohlen, indem die KG ihren Kommanditisten Vollmacht für die Ausübung des Stimmrechts in der GmbH erteilt oder indem eine Kommanditistenversammlung eingerichtet wird, die nicht nur Organ der KG, sondern auch – statt der Gesellschafterversammlung – Organ der GmbH ist. Allerdings begegnen beide Gestaltungswege rechtskonstruktiven Schwierigkeiten.[128] 136

Daneben wird in der Literatur zur Überwindung der mit der Verzahnung der GmbH- und KG-Verfassungen verbundenen Schwierigkeiten teilweise die Schaffung einer beide Gesellschaften umfassenden **Einheitsgesellschafterversammlung** vorgeschlagen, soweit es sich um eine „echte GmbH & Co. KG" handelt, die bereits durch Identität der Gesellschafterkreise beteili- 137

---

[126] MüKoGmbHG/*Liebscher* § 48 Rn. 205; HTM/*Mussaeus* GmbH & Co. KG § 4 Rn. 135.
[127] Vgl. MüKoGmbHG/*Liebscher* § 48 Rn. 205; Scholz/*K. Schmidt* GmbHG Anh. § 45 Rn. 38.
[128] Vgl. zusammenfassend *Binz/Sorg* § 8 Rn. 15 ff.; HTM/*Lüke* GmbH & Co. KG § 2 Rn. 401 ff.; Scholz/*K. Schmidt* GmbHG Anh. § 45 Rn. 58 ff.

5. Kapitel. Organisationsverfassung

gungsmäßig verzahnt ist.[129] Dieser Vorschlag hat in der Tat viel für sich, da dann, wenn die GmbH & Co. KG und ihre Komplementär-GmbH durch Gesellschafteridentität miteinander de facto verzahnt sind, die Versammlungen beider Gesellschaften realiter ohnehin gleichzeitig stattfinden, ohne dass sich die Gesellschafter große Gedanken darum machen, ob sich die von ihnen gefassten Beschlüsse auf die KG oder die Komplementär-GmbH beziehen.

138 Schließlich wird intensiv die Frage einer **Repräsentativverfassung** einer GmbH & Co. KG zur Abmilderung der Abstimmungsprobleme diskutiert. Gemeint ist hiermit eine Gestaltung, in der die Kontroll- und Entscheidungsrechte der Gesellschafter weitgehend auf eigenständige Organe, wie einen „Beirat" oder einen „Gesellschafterausschuss", der personenidentisch für die KG und deren Komplementär-GmbH geschaffen wird, verlagert werden.[130] Solche Repräsentativorgane sind grundsätzlich ein geeignetes Mittel, insbesondere um die Kontrollbefugnisse sachgerecht zu kanalisieren und gesellschaftsinterne Entscheidungsabläufe zu effektivieren; durch ihren maßvollen Einsatz können insbesondere auch die aus der Notwendigkeit der Verzahnung von KG- und GmbH-Verfassung resultierenden Schwierigkeiten abgemildert werden.

139 Allerdings stößt eine konsequent durchgeführte Repräsentativverfassung meines Erachtens sowohl auf rechtliche Schwierigkeiten als auch auf faktische Bedenken, da die Gefahr besteht, dass insbesondere im Falle einer Repräsentativverfassung, bei der die Zuständigkeiten des „Beirats" oder „Gesellschafterausschusses" nicht nur auf Maßnahmen der laufenden Verwaltung, sondern auch auf grundsätzliche Strukturänderungen der Gesellschaft ausgedehnt werden sollen, diese zum Instrument zur Schmälerung der Individualrechte der Gesellschafter degeneriert: Im Ergebnis dürfte die weitgehende Verlagerung von grundsätzlichen Gesellschafterzuständigkeiten auf solche Repräsentativorgane bei Gesellschaften mit kleinem überschaubarem Gesellschafterkreis rechtlich zweifelhaft sein; weniger problematisch ist eine solche Ausweitung der Entscheidungsbefugnisse, die allerdings nicht in den Kernbereich der Mitgliedschaftsrechte eingreifen darf, bei Publikumsgesellschaften bzw. bei sonstigen kapitalistisch verfassten Kommanditgesellschaften, bei denen etwa infolge Erbgangs der Gesellschafterkreis stark zersplittert ist.

VI. Abstimmung und Gesellschafterbeschlüsse

140 Rechtsformspezifische Besonderheiten des GmbH- und Personengesellschaftsrechts, die im Falle einer GmbH & Co. KG gesellschaftsvertragliche Vorkehrungen zur Sicherstellung einer reibungslosen internen Willensbildung erforderlich machen, bestehen schließlich insbesondere im Rahmen der Abstimmung der Gesellschafter von Komplementär-GmbH und GmbH & Co. KG zur Fassung von Gesellschafterbeschlüssen.

---

[129] Vgl. HTM/*Mussaeus* GmbH & Co. KG § 4 Rn. 94; Scholz/K. *Schmidt* GmbHG Anh. § 45 Rn. 55 ff.
[130] Vgl. MüKoGmbHG/*Liebscher* § 48 Rn. 212 f.; Scholz/K. *Schmidt* GmbHG Anh. § 45 Rn. 62 ff. mwN.

§ 17 Gesellschafterversammlung und Beschlussfassung in der GmbH & Co. KG

Insbesondere die Frage der Beschlussfähigkeit und die Beschlussmehrheiten müssen geregelt und aufeinander abgestimmt werden, da sich insoweit die gesetzlichen Modelle des GmbH- und Personengesellschaftsrechts grundlegend unterscheiden. Bei typischen „echten GmbH & Co. KGs" muss insoweit wiederum ein möglichst vollständiger Gleichlauf der Beschlussregeln herbeigeführt werden, wohingegen bei nicht beteiligungsproportionalen Gesellschaften die Bestimmungen über die Beschlussmehrheiten in den verschiedenen Rechtsträgern Instrumente zur Feinabstimmung des Einflusses der beteiligten Gesellschaftergruppen sind, welche zur entsprechenden Differenzierung eingesetzt werden. 141

Demgegenüber gelten für die Stimmberechtigung, die Stimmrechtsausübung – auch durch Vertreter –, die Frage von Stimmverboten sowie von Stimmpflichten und missbräuchlichem Stimmverhalten ähnliche Regeln im GmbH- und Personengesellschaftsrecht. 142

1. Komplementär-GmbH

Die Grundsätze der Stimmabgabe und Beschlusserfordernisse sind für die Komplementär-GmbH weitgehend gesetzlich vorgeprägt, so dass insoweit das gesetzliche Modell lediglich punktuell an die individuellen Bedürfnisse der Beteiligten angepasst werden muss; im Einzelnen: 143

a) **Stimmrecht.** Gemäß § 47 Abs. 1 GmbHG entscheidet die Gesellschafterversammlung der Komplementär-GmbH durch Beschluss, wobei insoweit **nach Kapitalbeteiligungen** und nicht nach Köpfen **abgestimmt** wird; jeder Euro eines Geschäftsanteils gewährt gemäß § 47 Abs. 2 GmbHG eine Stimme,[131] wobei das Stimmrecht aus ein und demselben Geschäftsanteil auch dann, wenn dieser mehrere Stimmen verschafft, nur einheitlich ausgeübt werden kann, wohingegen derjenige, der mehrere Geschäftsanteile hält, nach hM aus den verschiedenen Geschäftsanteilen in gleicher Sache unterschiedlich abstimmen darf.[132] 144

Die Regelung des § 47 Abs. 2 GmbHG steht allerdings zur Disposition der Satzung, so dass die Stimmrechtsausübung etwa von der Einlagenleistung oder deren Höhe abhängig gemacht, ein Stimmrecht nach Köpfen vorgesehen werden, bzw. Mehr- und Höchststimmrechte geschaffen werden können; auch die Schaffung stimmrechtsloser Anteile ist möglich. Weiterhin kann statutarisch etwa im Falle von Stimmengleichheit ein Stichentscheid eines Gesellschafters oder auch eines Dritten (Geschäftsführer oder sonstiges Organ der Gesellschaft, Sitzungsleiter uÄ) vorgesehen werden. Möglich ist auch die satzungsmäßige Begründung der Notwendigkeit der Zustimmung eines bestimmten Gesellschafters (nicht eines Dritten);[133] solche Bestimmun- 145

---

[131] Vgl. zur Euro-Umstellung MHdB GmbH/*Wolff* § 38 Rn. 28a f.
[132] RGZ 157, 52 (57); BGHZ 104, 66 (74); UHW/*Hüffer* GmbHG § 47 Rn. 57 ff.; MHdB GmbH/*Wolff* § 38 Rn. 30 ff.; Rowedder/Schmidt-Leithoff/*Koppensteiner*/*Gruber* GmbHG § 47 Rn. 39 ff.; *Raiser*/*Veil* Kapitalgesellschaften § 33 Rn. 34; Baumbach/Hueck/*Zöllner* GmbHG § 47 Rn. 20.
[133] Baumbach/Hueck/*Zöllner* § 47 GmbHG Rn. 29 f.; aA MHdB GmbH/*Wolff* § 39 Rn. 90.

5. Kapitel. Organisationsverfassung

gen erfreuen sich vor allem zugunsten der Gründer großer Beliebtheit, beispielsweise wenn Nachfolgegenerationen zu Lebzeiten am Unternehmen beteiligt werden. Sie bedürfen allerdings einer eindeutigen Satzungsgrundlage.[134] Derartige Stimmrechtsregelungen – insbesondere die Anordnung von Höchst- und Mehrfachstimmrechten – unterliegen im Übrigen nicht den aktienrechtlichen Beschränkungen.

146 **Stimmrechtsinhaber** ist grundsätzlich der nach Maßgabe des § 16 GmbHG legitimierte Inhaber des Geschäftsanteils, so dass im Falle einer Geschäftsanteilsübertragung, falls diese nicht gemäß § 16 Abs. 1 GmbH in der im Handelsregister aufgenommenen Gesellschafterliste (§ 40 GmbHG) eingetragen ist, der bisherige Gesellschafter das Stimmrecht ausüben kann. Bei Verpfändung, Pfändung oder Nießbrauch geht das Stimmrecht nicht auf den Inhaber des beschränkt dinglichen Rechts über, sondern der Gesellschafter bleibt stimmberechtigt.[135] Gemäß § 18 Abs. 1 GmbHG kann das Stimmrecht aus einem einer Bruchteils- oder Gesamthandsgemeinschaft zustehenden Anteil von den Mitberechtigten nur gemeinsam ausgeübt werden, sofern nicht rechtsgeschäftlich ein gemeinsamer Vertreter bestellt ist. Sind an der Gesellschaft juristische Personen oder Personengesellschaften beteiligt, wird das Stimmrecht aus deren Anteilen von deren Vertretungsorganen ausgeübt.

147 Unterliegt ein Geschäftsanteil einer Amtsverwaltung (etwa durch einen Insolvenzverwalter oder Testamentsvollstrecker), wird das Stimmrecht von dem Amtsverwalter ausgeübt.

148 Häufig werden zudem Geschäftsanteile von Gesellschaftern aus steuerrechtlichen Gründen zu Lebzeiten auf minderjährige Kinder übertragen; die gesellschafterlichen Rechte solcher minderjährigen Gesellschafter werden nach allgemein bürgerlich-rechtlichen Regeln durch den gesetzlichen Vertreter ausgeübt. In dieser Konstellation entsteht ein Sonderproblem dadurch, dass die Eltern als gesetzliche Vertreter selbst vielfach zugleich an der Gesellschaft beteiligt sind und so in der Gesellschafterversammlung im eigenen Namen aus ihren eigenen Geschäftsanteilen und im Namen ihrer Kinder aus den auf diese übertragenen Geschäftsanteile abstimmen. Hier stellt sich die Frage, ob dies gemäß §§ 1629 Abs. 2 S. 1, 1795 Abs. 2 iVm § 181 BGB zulässig ist. Die heute hM differenziert im Hinblick auf die Anwendung des Verbots des Insichgeschäfts danach, ob es um Satzungsänderungen und Grundlagenbeschlüsse oder um Beschlüsse zur Geschäftsführung geht. Im letztgenannten Fall soll § 181 BGB nicht eingreifen, wohingegen im erstgenannten Fall für den Minderjährigen gemäß § 1909 BGB ein Ergänzungspfleger bestellt werden muss. Einer familiengerichtlichen Genehmigung bedarf es hingegen im Rahmen der Stimmrechtsausübung nicht.[136]

---

[134] UHW/*Hüffer* GmbHG § 47 Rn. 91 f.; Scholz/K. *Schmidt* GmbHG § 47 Rn. 12; Baumbach/Hueck/*Zöllner* GmbHG § 47 Rn. 30, jew. mwN.

[135] Vgl. *Raiser/Veil* Kapitalgesellschaften § 33 Rn. 35; Baumbach/Hueck/*Zöllner* GmbHG § 47 Rn. 35; Rowedder/Schmidt-Leithoff/*Koppensteiner/Gruber* GmbHG § 47 Rn. 19.

[136] UHW/*Hüffer* GmbHG § 47 Rn. 115; *Raiser/Veil* Kapitalgesellschaften § 33 Rn. 36; Baumbach/Hueck/*Zöllner* GmbHG § 47 Rn. 60 ff. (anders noch die 15. Aufl.).

Eine Verpflichtung zur persönlichen Stimmrechtsausübung besteht grund- **149** sätzlich nicht; vielmehr kann ein Gesellschafter zur Stimmabgabe einen rechtsgeschäftlich bestellten **Vertreter** gemäß § 47 Abs. 3 GmbHG einschalten. Die Vollmacht muss in Textform erteilt werden (§ 126b BGB). Einer notariellen Beurkundung bedarf es hingegen selbst dann nicht, wenn der Bevollmächtigte zur Stimmrechtsausübung im Rahmen von Beschlüssen bestellt ist, die der notariellen Beurkundung (etwa gemäß § 53 Abs. 2 GmbHG im Falle der Satzungsänderung) bedürfen. Etwas anderes gilt nur bei der Teilnahme an der Gesellschaftsgründung und im Hinblick auf die Übernahmeerklärung im Falle einer Kapitalerhöhung (vgl. §§ 2 Abs. 2, 55 Abs. 1 GmbHG). Nach hM stellt die Formvorschrift des § 47 Abs. 3 GmbHG ein Gültigkeitserfordernis für die Vollmacht auf, wobei im Einzelfall eine Berufung auf den Formmangel gemäß § 242 BGB ausgeschlossen sein kann, wenn sämtliche Gesellschafter die formunwirksame Vollmachtserteilung kennen und keiner der Stimmabgabe des Vertreters widerspricht.[137]

Demgegenüber kann Nichtgesellschaftern das Stimmrecht weder durch **150** Satzung eingeräumt, noch kann einem Mitgesellschafter das Stimmrecht ohne gleichzeitige Übertragung des Geschäftsanteils übertragen werden; bei diesem so genannten **Abspaltungsverbot** handelt es sich um ein allgemeines gesellschaftsrechtliches Prinzip, wonach die einzelnen Mitverwaltungsrechte eines Gesellschafters untrennbar mit der Mitgliedschaft verbunden sind.[138] Ferner ist nach (wohl) hM auch die im Aktienrecht gemäß § 129 Abs. 3 AktG zulässige Ermächtigung zur Ausübung eines fremden Stimmrechts im eigenen Namen im GmbH-Recht unzulässig.[139] Aus dem gleichen Grunde ist auch die Erteilung einer unwiderruflichen Stimmrechtsvollmacht unzulässig; eine Stimmrechtsvollmacht kann daher zu jeder Zeit gemäß § 47 Abs. 3 GmbHG erteilt werden, dies jedoch grundsätzlich nur in widerruflicher Form. Jedenfalls endet die Stimmrechtsvollmacht, wenn das zugrunde liegende Rechtsverhältnis endet oder ein sonstiger wichtiger Widerrufsgrund gegeben ist.[140]

---

[137] BGHZ 49, 183, 194; UHW/*Hüffer* GmbHG § 47 Rn. 99; Lutter/Hommelhoff/*Bayer* GmbHG § 47 Rn. 25; Roth/Altmeppen/*Roth* GmbHG § 47 Rn. 32; Baumbach/Hueck/*Zöllner* GmbHG § 47 Rn. 52; aA Rowedder/Schmidt-Leithoff/ *Koppensteiner/Gruber* GmbHG § 47 Rn. 46f.; Scholz/*K. Schmidt* GmbHG § 47 Rn. 85: Schriftform lediglich Legitimationserfordernis.
[138] RGZ 132, 149 (159); BGHZ 43, 261 (267); UHW/*Hüffer* § 47 GmbHG Rn. 52f.; einschränkend MHdB GmbH/*Wolff* § 38 Rn. 5ff.; Lutter/Hommelhoff/ *Bayer* GmbHG § 47 Rn. 2; Scholz/*K. Schmidt* GmbHG § 47 Rn. 20; Baumbach/ Hueck/Zöllner GmbHG § 47 Rn. 40, jew. mwN.
[139] *Raiser/Veil* Kapitalgesellschaften § 33 Rn. 50; Scholz/*K. Schmidt* GmbHG § 47 Rn. 21; Baumbach/Hueck/*Zöllner* GmbHG § 47 Rn. 41; offen gelassen von OLG Hamburg NJW 1989, 1865 (1867); BayObLG GmbHR 1986, 87f.; aA OLG Celle NZG 2007, 391 (dazu offen lassend BGH NZG 2008, 468); MüKoGmbHG/*Drescher* § 47 Rn. 78; UHW/*Hüffer* GmbHG § 47 Rn. 55; Rowedder/Schmidt-Leithoff/*Koppensteiner/Gruber* GmbHG § 47 Rn. 27.
[140] Vgl. BGH GmbHR 1977, 244 (246); UHW/*Hüffer* § 47 GmbHG Rn. 95; MHdB GmbH/*Wolff* § 38 Rn. 13 aE; Baumbach/Hueck/*Zöllner* GmbHG § 47 Rn. 50; Lutter/Hommelhoff/*Bayer* GmbHG § 47 Rn. 24.

5. Kapitel. *Organisationsverfassung*

151 Für die vorgenannten problematischen Gestaltungen, die man in der Praxis vermeiden sollte, besteht im Übrigen im GmbH-Recht auch kein Bedürfnis, da sich weitgehend gleiche Bindungen – sollten diese gewünscht sein – auch durch **Stimmbindungsverträge** erzielen lassen, die grundsätzlich zulässig sind, wobei insoweit allerdings im neueren Schrifttum verbreitet vertreten wird, dass Stimmrechtsbindungen gegenüber Nichtgesellschaftern, die sich auf Satzungsänderungen und andere wichtige Strukturmaßnahmen beziehen, als unzulässige Drittbindungen anzusehen seien.[141] Stimmbindungsvereinbarungen unterscheiden sich allerdings in ihren Wirkungen von den vorstehend erörterten Gestaltungen dadurch, dass ihnen lediglich eine schuldrechtliche Wirkung zukommt, so dass der Berechtigte ein bindungsgemäßes Stimmverhalten des gebundenen Gesellschafters nur dadurch erzwingen kann, dass er gerichtlich eine Verurteilung des Gebundenen zu einer inhaltlich bestimmten Stimmabgabe nach § 894 ZPO durchsetzt.

152 **b) Stimmverbote.** Die Frage von Stimmverboten zu Lasten von Gesellschaftern ist für die Komplementär-GmbH in **§ 47 Abs. 4 GmbHG** gesetzlich geregelt. Die Stimmverbote nach dieser Vorschrift betreffen grundsätzlich allein die GmbH-Gesellschafter und insoweit ist im Grundsatz allein auf die Verhältnisse innerhalb der GmbH abzustellen. Bei der Anwendung dieser Stimmverbote im Einzelfall kann allerdings die Interessenverflechtung zwischen der Komplementär-GmbH und der GmbH & Co. KG zum Tragen kommen.

153 Der gesetzliche Stimmrechtsausschluss gemäß § 47 Abs. 4 GmbHG betrifft vier in der gesetzlichen Vorschrift im Einzelnen aufgeführte Fälle der Interessenkollision. Die Vorschrift ist Ausdruck eines **allgemeinen gesellschaftsrechtlichen Rechtsprinzips**. Die gesetzlich genannten Fälle beruhen im Ergebnis auf **zwei Grundprinzipien**, nämlich zum einen dem **Gedanken des Verbots des Insichgeschäfts** gemäß § 181 BGB, wenn der Gesellschafter mit sich selbst Rechtsgeschäfte abschließt bzw. er im Ergebnis auf beiden Seiten der Maßnahme beteiligt ist und zum anderen auf dem Gedanken, dass **niemand „Richter in eigener Sache"** sein kann.

154 Die Verbote des § 47 Abs. 4 GmbHG betreffen nur das Stimmrecht des Gesellschafters; sein Recht zur Teilnahme an der Gesellschafterversammlung wird von dem Verbot nicht tangiert (→ Rn. 114). Entsprechend diesem Grundgedanken ist § 47 Abs. 4 GmbHG nicht anwendbar, wenn sämtliche Gesellschafter in gleicher Weise betroffen sind; gleiches gilt im Falle

---

[141] Vgl. zur grds. Zulässigkeit von Stimmbindungsverträgen BGHZ 48, 163 (167); BGH NJW 1987, 1890 (1892); ZIP 1983, 432 f.; NJW 1983, 1910 f.; notarielle Form ist selbst bei Bezug auf Satzungsänderung nicht erforderlich, s. OLG Köln GmbHR 2003, 416; s. ferner aus der neueren Lit., welche grds. von der Unzulässigkeit von Drittbindungen im Hinblick auf Satzungs- und Strukturänderungen ausgeht *Priester*, FS Werner, 659 ff.; UHW/*Hüffer* GmbHG § 47 Rn. 78; Lutter/Hommelhoff/*Bayer* GmbHG § 47 Rn. 16; Scholz/K. *Schmidt* GmbHG § 47 Rn. 42; kritisch MHdB GmbH/*Wolff* § 38 Rn. 84 f.; aA Baumbach/Hueck/*Zöllner* GmbHG § 47 Rn. 113; *Zöllner* ZHR 155 (1991), 179 ff.; MüKoGmbHG/*Drescher* § 47 Rn. 240 f.

der Einmanngesellschaft, bei der das Stimmverbot naturgemäß gegenstandslos ist; dies kann auch bei einer GmbH & Co. KG gegeben sein.¹⁴²

Im Einzelnen betrifft § 47 Abs. 4 GmbHG folgende **Fälle**: Ein Gesellschafter hat kein Stimmrecht, wenn über seine eigene Entlastung – insbesondere als Gesellschafter-Geschäftsführer – Beschluss gefasst wird (§ 47 Abs. 4 S. 1 Alt. 1 GmbHG), da er andernfalls die mit der Entlastung einhergehende Präklusionswirkung selbst herbeiführen könnte. Ferner greift aufgrund der gleichen Erwägung das Stimmverbot ein, wenn der Gesellschafter von einer Verbindlichkeit befreit werden soll (§ 47 Abs. 4 S. 1 Alt. 2 GmbHG); dieses Verbot erfasst insbesondere die Fälle, in denen es um den Verzicht auf Schadensersatzansprüche gegen den Gesellschafter, etwa wegen einer Haftung wegen Pflichtverletzung in seiner Eigenschaft als Geschäftsführer (§ 43 GmbHG), geht. Gleiches gilt bei Beschlüssen der Gesellschafterversammlung über die Einleitung oder Erledigung eines Rechtsstreits gegen den Gesellschafter (vgl. § 47 Abs. 4 S. 2 Alt. 2 u. 3 GmbHG) und bei Beschlüssen, die Rechtsgeschäfte zwischen der Gesellschaft und einem Gesellschafter – typischerweise Liefer- und Kreditgeschäfte und die Bestellung von Sicherheiten durch die Gesellschaft für Schulden des Gesellschafters – betreffen (vgl. § 47 Abs. 4 S. 2 Alt. 1 GmbHG). Im Hinblick auf die besondere Situation bei einer GmbH & Co. KG wird insoweit davon ausgegangen, dass die KG der Komplementär-GmbH im Rahmen der Anwendung des § 47 Abs. 4 GmbHG gleich steht, so dass der Stimmrechtsausschluss auch dann eingreift, wenn es beispielsweise um einen Rechtsstreit oder Vertrag zwischen einem Gesellschafter und der KG geht.¹⁴³

§ 47 Abs. 4 GmbHG dient dazu, typische Konfliktfälle zwischen dem Eigeninteresse eines Gesellschafters und dem Gesellschaftsinteresse dadurch zu lösen, dass die Willensbildung der GmbH allein durch die unbefangenen Gesellschafter erfolgt und so die Gesellschaft sowie die anderen Gesellschafter vor der Einflussnahme des Sonder- und Eigeninteressen verfolgenden Gesellschafters geschützt werden. Gleichwohl enthält § 47 Abs. 4 GmbHG kein allgemeines Stimmverbot bei jeglicher Interessenkollision; daher scheidet eine extensive Anwendung der Vorschrift aus. Eine Ausdehnung des Anwendungsbereichs ist vielmehr nur in Fällen gerechtfertigt, in denen ein Interessenkonflikt besteht, der demjenigen, der den gesetzlich geregelten Fällen zugrunde liegt, entspricht.¹⁴⁴ Diese Voraussetzungen sind allerdings nach einhelliger Auffassung erfüllt, wenn die Gesellschafterversammlung über **Maßnahmen aus wichtigem Grund gegen einen Gesellschafter** zu entscheiden hat, da in dieser Situation die für das Stimmverbot maßgeblichen Gründe vollumfänglich einschlägig sind. Es geht insoweit insbesondere um

---

¹⁴² BGHZ 105, 324 (333); BGH ZIP 1992, 992 (994); UHW/*Hüffer* GmbHG § 47 Rn. 126 f.; MHdB GmbH/*Wolff* § 38 Rn. 52 f.; Roth/Altmeppen/*Roth* GmbHG § 47 Rn. 78; Scholz/K. *Schmidt* GmbHG § 47 Rn. 104 ff.; Baumbach/Hueck/*Zöllner* GmbHG § 47 Rn. 94.
¹⁴³ Vgl. insb. Scholz/K. *Schmidt* GmbHG Anh. § 45 Rn. 13 u. § 47 Rn. 183; *Weinhardt* DB 1989, 2417 ff.
¹⁴⁴ BGHZ 68, 107 (109); 97, 28 (33); UHW/*Hüffer* § 47 GmbHG Rn. 121 ff.; Scholz/K. *Schmidt* GmbHG § 47 Rn. 101; Baumbach/Hueck/*Zöllner* GmbHG § 47 Rn. 44.

5. Kapitel. Organisationsverfassung

die Abberufung eines Gesellschafter-Geschäftsführers aus wichtigem Grund oder die Ausschließung eines Störenfrieds.[145]

157 Demgegenüber werden so genannte **Sozialakte** generell vom Stimmverbot des § 47 Abs. 4 GmbHG **nicht erfasst**, selbst wenn ein Gesellschafter an den entsprechenden Maßnahmen beteiligt ist und er im Rahmen der Abstimmung Sonder- und Eigeninteressen verfolgt. Tragende Erwägung dieses Ausnahmetatbestandes ist, dass die Stimmrechtsausübung bei Entscheidungen, die im mitgliedschaftlichen Bereich wurzeln, nicht eingeschränkt werden kann, da einem Gesellschafter – selbst bei einer etwaigen Kollision mit Eigeninteressen – die Verfolgung überwiegend mitgliedschaftlicher Interessen stets unbenommen bleiben muss. Die Abgrenzung von Privat- und Sozialakten bereitet im Einzelfall zwar erhebliche Schwierigkeiten. Jedoch hat sich inzwischen in der Rechtsprechung und Literatur überwiegend die Überzeugung durchgesetzt, dass alle Entscheidungen der Gesellschafterversammlung struktureller Art, insbesondere über Satzungsänderungen, Kapitalerhöhungen und ähnliche Strukturmaßnahmen, als Sozialakte aufzufassen sind, so dass selbst bei einer unmittelbaren Beteiligung eines Gesellschafters an diesen Vorgängen dieser stimmberechtigt bleibt.[146] Als Sozialakte in diesem Sinne werden in der Rechtsprechung und Literatur weiterhin die Bestellung und Abberufung von Gesellschaftsorganen, insbesondere von Geschäftsführern – einschließlich der Festlegung der Anstellungsbedingungen – angesehen, so dass der Gesellschafter-Geschäftsführer an diesen Entscheidungen mitwirken kann, es sei denn, es geht um die Abberufung des Gesellschafter-Geschäftsführers aus wichtigem Grund.[147]

158 Weiterhin kann nach § 47 Abs. 4 GmbHG der einem Stimmverbot unterliegende Gesellschafter auch nicht für einen anderen das Stimmrecht ausüben; darüber hinausgehend ist anerkannt, dass das **Stimmverbot** gemäß § 47 Abs. 4 GmbHG auch **nicht** anderweitig **umgangen** werden kann, etwa indem der befangene Gesellschafter für sich einen Vertreter oder Treuhänder abstimmen lässt.[148] Auch im Übrigen ist § 47 Abs. 4 GmbHG interessenorientiert anzuwenden, so dass es im Rahmen der Anwendung der Vorschrift im Ergebnis allein darauf ankommt, ob der in § 47 Abs. 4 GmbHG vorausgesetzte Interessenkonflikt besteht oder nicht, so dass die Vorschrift bei

---

[145] Vgl. BeckHdB GmbH/*Fischer/Gerber* § 4 Rn. 10; *Raiser/Veil* Kapitalgesellschaften § 33 Rn. 58.
[146] Vgl. hierzu RGZ 74, 276 (278); BGHZ 18, 205 (210); 48, 163 (167); 51, 209 (216); OLG Stuttgart NZG 1998, 601 (603) (Dornier-Logo) (stRspr); UHW/*Hüffer* GmbHG § 47 Rn. 149; MHdB GmbH/*Wolff* § 38 Rn. 74 ff.; MMN/*Meyer-Landrut* GmbHG § 47 Rn. 45; Scholz/*K. Schmidt* GmbHG § 47 Rn. 110; Baumbach/Hueck/ Zöllner GmbHG § 47 Rn. 82 ff.
[147] Vgl. BGHZ 18, 205 (210); 51, 209 (215); 112, 339 (341 f.); UHW/*Hüffer* GmbHG § 47 Rn. 171 ff.; MHdB GmbH/*Wolff* § 38 Rn. 45 ff.; Rowedder/Schmidt-Leithoff/*Koppensteiner/Gruber* GmbHG § 47 Rn. 77; Scholz/*K. Schmidt* GmbHG § 47 Rn. 118; Baumbach/Hueck/Zöllner GmbHG § 47 Rn. 85; vgl. zur Zulässigkeit einer entsprechenden Satzungsklausel OLG Hamm BB 2003, 438.
[148] Vgl. UHW/*Hüffer* GmbHG § 47 Rn. 129 f.; *Raiser/Veil* Kapitalgesellschaften § 33 Rn. 63; Scholz/*K. Schmidt* GmbHG § 47 Rn. 158 f.; Baumbach/Hueck/Zöllner GmbHG § 47 Rn. 95.

Bestehen einer entsprechenden Interessenkollision ungeachtet der Zwischenschaltung weiterer Gesellschaften gegebenenfalls anzuwenden ist; dies betrifft insbesondere Situationen, in denen ein Befangenheitstatbestand im Hinblick auf eine Gesellschaft verwirklicht wird, auf die ein Gesellschafter in Anbetracht eines Konzerntatbestandes oder weil er ein Organmitglied der Drittgesellschaft ist, maßgeblichen Einfluss nehmen kann.[149]

Abweichende Satzungsregelungen sind nur in eingeschränktem Umfang möglich. Die Stimmverbote, die auf dem Gedanken beruhen, dass niemand „Richter in eigener Sache" sein darf, sind nicht abdingbar. Demgegenüber ist eine Abbedingung des § 47 Abs. 4 GmbHG möglich, soweit die Vorschrift auf dem Gedanken des Verbots des Insichgeschäfts beruht.[150] Umgekehrt sind Erweiterungen und Präzisierungen der gesetzlichen Stimmverbote möglich. 159

c) **Stimmrechtsmissbrauch und Stimmpflichten.** Bei der Stimmrechtsausübung durch den Gesellschafter innerhalb der Gesellschafterversammlung handelt es sich grundsätzlich um eine freie Ermessensentscheidung, in der sich der Gesellschafter von seinen eigenen Zweckmäßigkeitserwägungen, aber auch von anderen Gesichtspunkten leiten lassen kann. Allerdings muss er insoweit stets auch das Unternehmensinteresse in den Blick nehmen, so dass im Rahmen der Stimmrechtsausübung nicht nur die (starren) gesetzlichen Stimmverbote des § 47 Abs. 4 GmbHG, sondern daneben auch die allgemeinen Missbrauchsgrenzen jeder Rechtsausübung zu beachten sind, die durch die gesellschaftsrechtlichen Bindungen sowie die allgemeinen gesellschaftsrechtlichen Grundsätze, vor allem die gesellschafterliche Treuepflicht und den Gleichbehandlungsgrundsatz als **bewegliche Schranken des Stimmrechts**, verstärkt werden. 160

Insbesondere den **Treuebindungen** der Gesellschafter sowohl im Verhältnis zur Gesellschaft, als auch im Verhältnis zu den Mitgesellschaftern, die heute nicht mehr diskussionsbedürftig sind, kommt insoweit entscheidende Bedeutung zu, wobei zudem allgemein anerkannt ist, dass die Intensität der gesellschafterlichen Treuepflicht durch die Realstruktur des Verbandes und den Einfluss des einzelnen Gesellschafters determiniert wird. Insoweit gilt: Je personalistischer die Gesellschaft strukturiert ist, desto größer ist die Bedeutung der Treuepflicht und je größer der Einfluss eines Gesellschafters in einer konkreten Konfliktsituation ist, desto stärkeren Bindungen unterliegt er im Hinblick auf sein gesamtes, auf die Gesellschaft bezogenes Handeln. Darüber hinaus ist im Hinblick auf die Bindungen, die die gesellschafterliche Treuepflicht den Gesellschaftern auferlegt, danach zu unterscheiden, ob die konkret in Rede stehenden Maßnahmen eigennützige oder uneigennützige Mitgliedschaftsrechte betreffen; bei gesellschafterlichen Befugnissen, die dem Gesellschafter im Verbandsinteresse verliehen sind, steht dessen Bindung an das Gesellschaftsinteresse im Vordergrund, wohingegen dieses in den Hintergrund tritt, soweit ihm der Gesellschaftsvertrag oder das Gesellschaftsverhält- 161

---

[149] Vgl. zu diesem Zurechnungsdurchgriff insb. UHW/*Hüffer* GmbHG § 47 Rn. 133ff.; Scholz/K. *Schmidt* GmbHG § 47 Rn. 163ff.

[150] Vgl. UHW/*Hüffer* GmbHG § 47 Rn. 193f.; MHdB GmbH/*Wolff* § 38 Rn. 68; Lutter/Hommelhoff/*Bayer* GmbHG § 47 Rn. 33; Baumbach/Hueck/*Zöllner* GmbHG § 47 Rn. 106.

nis eigene Ansprüche (zB auf Ausschüttung der Gesellschaftsgewinne) einräumen.[151]

162 Im Ergebnis ist allgemein anerkannt, dass sämtliche Gesellschafterrechte – insbesondere solche, die dem Gesellschafter eine starke Einwirkungsmöglichkeit auf die Interessen der Gesellschaft und der Mitgesellschafter verleihen – unter dem Vorbehalt stehen, dass sie nicht unter Verletzung der vom Gesellschafter geschuldeten Rücksichtnahme und Loyalität gegenüber der Gesellschaft und den Mitgesellschaftern ausgeübt werden dürfen. Zwar muss der Gesellschafter seine eigenen Interessen nicht per se hinter die der Gesellschaft bzw. der Mitgesellschafter zurückstellen, jedoch ist ihm umgekehrt eine rücksichtslose Ausnutzung einer Mehrheitsposition oder auch nur einer Sperrminorität untersagt. Weiterhin muss im Grundsatz jede gesellschaftsbezogene Handlung eines Gesellschafters von sachlichen, im Interesse der Gesellschaft liegenden Erwägungen getragen sein; keinesfalls darf ein Gesellschafter von der ihm verliehenen Rechtsmacht in dysfunktionaler Weise, etwa mit dem Ziel, finanzielle Sondervorteile durchzusetzen, auf die er keinen Anspruch hat, Gebrauch machen. Weiterhin darf die Ausübung seiner Rechte nicht zu völlig unverhältnismäßigen Nachteilen für das Unternehmen selbst und die anderen Anteilsinhaber führen.

163 Ein gegen die der Gesellschaft und den Mitgesellschaftern geschuldete Rücksichtnahme und Loyalität verstoßendes Verhalten eines Gesellschafters führt zur **Unbeachtlichkeit des entsprechenden Verhaltens**, insbesondere zur Nichtigkeit der betreffenden Stimme, falls sich die Treuwidrigkeit im Stimmverhalten des Gesellschafters niederschlägt. Jede Rechtsausübung, die gegen Treu und Glauben und erst recht gegen die gesteigerten Treuebindungen innerhalb eines Gesellschaftsverhältnisses verstößt, ist rechtsmissbräuchlich.[152] Wird die rechtsmissbräuchlich abgegebene Stimme bei der Feststellung des Beschlussergebnisses dennoch mitgezählt, wozu der Versammlungsleiter nicht verpflichtet ist,[153] so ist der entsprechende Mehrheitsbeschluss anfechtbar.[154]

164 Ein Gesellschafter, der seine Rechtsposition unter Verletzung der vorgenannten Bindungen in gesellschaftsschädigender Weise ausübt, hat insbeson-

---

[151] Umfassend zu den gesellschafterlichen Treuepflichten im GmbH-Recht: *Winter*, Mitgliedschaftliche Treuebindungen, 1988; allg. *Lutter* AcP 180 (1980), 102 ff.; *K. Schmidt* Gesellschaftsrecht § 20 IV, § 35 I.; *Immenga* FS 100 Jahre GmbHG, 1992, 189 ff.

[152] Vgl. BGHZ 102, 172 (176); BGH ZIP 1991, 23 f.; OLG Stuttgart BB 1999, 2316 (2318 f.) (Blockadevehikel); OLG Hamburg GmbHR 1992, 43 (47); LG Düsseldorf DB 1994, 1028 f.; MHdB GmbH/*Wolff* § 38 Rn. 74; *Raiser/Veil* Kapitalgesellschaften § 33 Rn. 70; *K. Schmidt* GmbHR 1992, 13; Baumbach/Hueck/*Zöllner* GmbHG § 47 Rn. 108; *Zöllner* Schranken mitgliedschaftlicher Stimmrechtsmacht, 366 ff.

[153] Scholz/*K. Schmidt/Seibt* GmbHG § 47 Rn. 32 u. § 48 Rn. 50; Baumbach/Hueck/*Zöllner* GmbHG Anh. § 47 Rn. 121 ff. mwN; *Zöllner* ZGR 1982, 626 f.; *Zöllner/Noack* ZGR 1989, 527.

[154] Vgl. nur BGHZ 88, 320 (328 ff.); 80, 69 (71); 76, 352 (357); 14, 25 (37 f.) (stRspr); s. ferner MHdB GmbH/*Wolff* § 38 Rn. 81; *Raiser/Veil* Kapitalgesellschaften § 33 Rn. 70; UHW/*Hüffer* GmbHG § 47 Rn. 199 f.

dere auch für die der Gesellschaft hierdurch zugefügten Schäden und für die Kosten einer durch sein Verhalten veranlassten rechtlichen Auseinandersetzung im Unterliegensfalle einzustehen.[155] Nur aufgrund dieser **Korrelation zwischen Herrschaft und Verantwortlichkeit** ist gewährleistet, dass Gesellschafter die ihnen eingeräumten Befugnisse eigenverantwortlich und verantwortungsbewusst, in sachgerechter Abwägung der widerstreitenden eigenen Belange und der berechtigten Interessen der Gesellschaft und der Mitgesellschafter ausüben.[156]

Ist ein bestimmter Beschluss im Interesse der Gesellschaft – insbesondere zum Erhalt des Unternehmens – dringend geboten und genügt die bloße Nichtberücksichtigung rechtsmissbräuchlicher Gegenstimmen nicht, vor allem weil besondere Beschlussfähigkeits- und Mehrheitserfordernisse erreicht werden müssen, so können sich die bei der Stimmrechtsausübung zu beachtenden Loyalitäts- und Rücksichtnahmepflichten zu einer **positiven Stimmpflicht** verdichten.[157] 165

Bei der GmbH & Co. KG kommen in Anbetracht der Unternehmensträ- 166
gerschaft der KG solche positiven Stimmpflichten der Gesellschafter der Komplementär-GmbH insbesondere dann in Betracht, wenn das Interesse der KG die Zustimmung zu einer bestimmten Maßnahme gebietet; meines Erachtens gilt dies in Anbetracht der Unternehmensstruktur selbst dann, wenn – ausnahmsweise – ein GmbH-Gesellschafter nicht zugleich Kommanditist der GmbH & Co. KG ist, da auch ein solcher GmbH-Gesellschafter an einer Komplementär-GmbH beteiligt ist, deren Unternehmenszweck in der Regel allein auf die operativ tätige KG hin ausgerichtet ist.

d) Beschlussfähigkeit und Beschlussmehrheiten. Wurde die Gesell- 167
schafterversammlung ordnungsgemäß einberufen und in der Satzung keine Regelung über die Frage der Beschlussfähigkeit getroffen, ist die Gesellschafterversammlung der Komplementär-GmbH beschlussfähig, wenn auch nur ein einziger stimmberechtigter Gesellschafter erscheint bzw. die ordnungsgemäß geladenen Mitgesellschafter vor dem offiziellen Ende der Versammlung diese verlassen und somit von den eingeräumten Mitwirkungsrechten keinen Gebrauch machen.[158] Dies gilt nach dem Gesetz selbst bei Gesellschafterver-

---

[155] Vgl. zu der durch schuldhafte Treuepflichtverletzungen begründeten Schadensersatzpflicht gegenüber der Gesellschaft BGHZ 129, 136 (158) (Girmes); 65, 15 (21); OLG Stuttgart BB 1999, 2316 (2318f.) (Blockadevehikel); *Bungert* DB 1995, 1749ff.; Baumbach/Hueck/Zöllner GmbHG § 47 Rn. 109; UHW/*Hüffer* GmbHG § 47 Rn. 200; Scholz/K. *Schmidt* GmbHG § 47 Rn. 33; Lutter/Hommelhoff/*Bayer* GmbHG § 47 Rn. 53, jew. mwN.

[156] Unzulässig ist es demgegenüber, sich dieser Verantwortlichkeit von vornherein durch Einschaltung eines vermögenslosen Blockadevehikels zur risikolosen Geltendmachung vermeintlicher Blockaderechte zu bedienen, s. den Fall OLG Stuttgart BB 1999, 2316ff. (Blockadevehikel); vgl. ferner obiter LG München ZIP 1999, 2152 (2155) (Hypo-Vereinsbank).

[157] Vgl. MHdB GmbH/*Wolff* § 38 Rn. 80; Rowedder/Schmidt-Leithoff/*Koppensteiner/Gruber* GmbHG § 47 Rn. 20; *Raiser/Veil* Kapitalgesellschaften § 33 Rn. 70; Scholz/K. *Schmidt* GmbHG § 47 Rn. 31; Baumbach/Hueck/*Zöllner* GmbHG § 47 Rn. 111.

[158] OLG Köln BB 2002, 218.

sammlungen, in denen über Satzungsänderungen und Strukturmaßnahmen Beschluss gefasst werden soll.[159]

168 Allerdings ist es möglich und ratsam, in der Satzung Regelungen über die Beschlussfähigkeit der Versammlung zu treffen, etwa eine Mindestanzahl der erschienen Gesellschafter oder eine Mindestbeteiligungshöhe, die in der Gesellschafterversammlung repräsentiert sein muss, vorzusehen. Wird eine derartige Beschlussfähigkeitsregelung in die Satzung aufgenommen, sollte diese zudem vorsehen, dass nach einer beschlussunfähigen Versammlung binnen einer bestimmten Frist eine zweite Versammlung mit gleicher Tagesordnung einberufen werden muss, die ungeachtet der Präsenz in jedem Fall beschlussfähig ist, da andernfalls Beschlüsse der Komplementär-GmbH durch Fernbleiben von Gesellschaftern verhindert werden könnten, was zur Handlungsunfähigkeit der Gesellschaft führen könnte.

169 Die **Beschlussmehrheiten** für Entschließungen der Gesellschafterversammlungen der Komplementär-GmbH sind gesetzlich geregelt. Soweit keine besonderen statutarischen Regelungen getroffen wurden, gilt nach § 47 Abs. 1 GmbHG in der Komplementär-GmbH – anders als in der gesetzestypischen Personengesellschaft, die vom Einstimmigkeitsgrundsatz geprägt wird – das **Mehrheitsprinzip**, wobei grundsätzlich die einfache Mehrheit der abgegebenen Stimmen ausreichend ist; Stimmenthaltungen und ungültige Stimmen sind nicht mitzuzählen.[160] Bei Stimmengleichheit gilt der Antrag nach einhelliger Auffassung als abgelehnt, wobei die Satzung jedoch einen Stichentscheid bei Stimmengleichheit vorsehen kann.[161] Eine **qualifizierte Mehrheit** von ¾ der abgegebenen Stimmen ist insbesondere bei Satzungsänderungen und Kapitalerhöhungsbeschlüssen (§§ 53 Abs. 2, 57c Abs. 4, 58a Abs. 5 GmbHG) bei der Auflösung der Gesellschaft (§ 60 Abs. 1 Nr. 2 GmbHG) und bei Umwandlungsmaßnahmen nach dem Umwandlungsgesetz (§§ 50 Abs. 1, 125, 233 Abs. 2 S. 1, 240 Abs. 1 S. 1 UmwG) sowie nach (wohl) hM bei Zustimmung zu Unternehmensverträgen (analog § 293 AktG) erforderlich.[162]

---

[159] MHdB GmbH/*Wolff* § 39 Rn. 73; *Raiser/Veil* Kapitalgesellschaften § 33 Rn. 32; Scholz/K. *Schmidt/Seibt* GmbHG § 48 Rn. 43; Baumbach/Hueck/*Zöllner* GmbHG § 48 Rn. 3.

[160] BGHZ NZG 2011, 1142 (1143); 104, 66 (74); 83, 35 f.; 80, 212 (215); 76, 154 (156); MHdB GmbH/*Wolff* § 39 Rn. 6; UHW/*Hüffer* GmbHG § 47 Rn. 14; Rowedder/Schmidt-Leithoff/*Koppensteiner/Gruber* GmbHG § 47 Rn. 9; Lutter/Hommelhoff/*Bayer* GmbHG § 47 Rn. 7; Scholz/K. *Schmidt* § 47 GmbHG Rn. 3; Baumbach/Hueck/*Zöllner* GmbHG § 47 Rn. 23.

[161] UHW/*Hüffer* GmbHG § 47 Rn. 14; MHdB GmbH/*Wolff* § 39 Rn. 6; Rowedder/Schmidt-Leithoff/*Koppensteiner/Gruber* GmbHG § 47 Rn. 9; Scholz/K. *Schmidt* GmbHG § 47 Rn. 3; Baumbach/Hueck/*Zöllner* GmbHG § 47 Rn. 23.

[162] Für die beherrschte GmbH ist dies allerdings str. Für satzungsändernde Mehrheit etwa *Heckschen* DB 1989, 29 f.; Rowedder/Schmidt-Leithoff/*Koppensteiner/Schnorbus* GmbHG Anh. § 52 Rn. 95; *Lutter* in Hommelhoff, Entwicklungen im GmbH-Konzernrecht, 196 ff.; Lutter/Hommelhoff/*Lutter/Hommelhoff* GmbHG Anh § 13 Rn. 65 f.; *Grauer*, Konzernbildungskontrolle, 168 ff.; offen gelassen in BGHZ 105, 324 (332) (Supermarkt); aA (für Einstimmigkeit) MüKoGmbHG/*Liebscher* Anh. § 13 Rn. 716; Scholz/*Emmerich* Anh. Konzernrecht Rn. 155 f.; Roth/Altmeppen/*Altmep-*

Weiterhin sind für **Satzungsänderungen** und andere Grundlagenentscheidungen weitere besondere Regelungen einzuhalten, da die entsprechenden Gesellschafterbeschlüsse in der Regel **notariell zu beurkunden und** in das Handelsregister **einzutragen** sind (vgl. §§ 53 Abs. 2, 54 GmbHG). Einer Beschlussfassung der Gesellschafterversammlung bedarf es im Gegensatz zu § 179 Abs. 1 S. 2 AktG auch dann, wenn es lediglich um redaktionelle Änderungen geht.[163] 170

In Einzelfällen können die GmbH-Gesellschafter, wenn sie von der Satzung abweichen wollen, von einer förmlichen Satzungsänderung nach den Grundsätzen der Satzungsdurchbrechung absehen. **Satzungsdurchbrechende Gesellschafterbeschlüsse** erfordern nach allgemeiner Meinung ebenfalls einen qualifizierten, notariell zu beurkundenden Mehrheitsbeschluss. Problematisch ist, inwieweit satzungsdurchbrechende Beschlüsse, die eine Dauerregelung enthalten, zulässig sind und inwieweit satzungsdurchbrechende Beschlüsse in das Handelsregister eingetragen werden müssen; die hM bejaht – soweit ein satzungsdurchbrechender Beschluss im Einzelfall zulässig ist – eine Eintragungsbedürftigkeit, wobei allerdings teilweise insoweit danach differenziert wird, ob sich die Wirkung des Beschlusses in einem punktuellen Vorgang erschöpft oder zeitlich länger andauert.[164] 171

Weiterhin kann im Einzelfall zu bestimmten Gesellschafterbeschlüssen die **individuelle Zustimmung** einzelner oder aller betroffener Gesellschafter notwendig sein. Im gesetzlichen Regelfall betrifft dies insbesondere die Fälle des § 53 Abs. 3 GmbHG, wenn die einem Gesellschafter nach dem Gesellschaftsvertrag obliegenden Leistungen vermehrt werden sollen. Die Vorschrift ist erweiternd auszulegen und erfasst nicht nur die Einführung und Erhöhung von Nachschuss- und Nebenleistungspflichten, sondern auch andere vergleichbare Belastungen der Gesellschafter, wie beispielsweise die nachträgliche Einführung oder Verschärfung von Vinkulierungsklauseln oder Wettbewerbsverboten. Der Einstimmigkeit bedarf ferner eine Änderung des Zwecks der Gesellschaft, der in aller Regel auf Gewinnerzielung gerichtet ist; Zweckänderungen dürfen nicht mit Änderungen des Unternehmensgegenstandes verwechselt werden, die eine schlichte, nicht zustimmungsbedürftige Satzungsänderung darstellen.[165] 172

Die statutarischen **Beschlussmehrheitsregelungen** sind **überwiegend dispositiv**, wobei die ¾-Mehrheit für Satzungsänderungen allerdings gemäß § 53 Abs. 2 GmbHG nur verschärft, nicht hingegen abgemildert werden 173

---

pen GmbHG Anh. § 13 Rn. 40; UHW/*Casper* GmbHG Anh. § 77 Rn. 191; Baumbach/Hueck/Zöllner/*Beurskens* GmbH Anh. GmbH-Konzernrecht Rn. 54.
[163] Zu den für die Umstellung, insbesondere des Stammkapitals, auf Euro gemäß Art. 3 § 3 des Euro-EG geltenden Besonderheiten vgl. die 6. Auflage § 16 Rn. 153 mwN.
[164] Vgl. hierzu Lutter/Hommelhoff/*Bayer* GmbHG § 53 Rn. 27 ff.; *Raiser/Veil* Kapitalgesellschaften § 33 Rn. 41; Scholz/K. *Schmidt* GmbHG § 45 Rn. 34; Baumbach/Hueck/Zöllner/*Noack* GmbHG § 53 Rn. 42 ff.; MüKoGmbHG/*Harbarth* § 53 Rn. 44 ff.
[165] Vgl. zusammenfassend zu zustimmungsbedürftigen Gesellschafterbeschlüssen BeckHdB GmbH/*Fischer/Gerber* § 4 Rn. 150 ff.; MHdB GmbH/*Wolff* § 39 Rn. 87 ff.; *Raiser/Veil* Kapitalgesellschaften § 33 Rn. 47 mwN.

kann. In der Regel ist es allerdings nicht sinnvoll, zu hohe Beschlussmehrheitsregelungen oder gar Einstimmigkeit für bestimmte Gesellschafterentscheidungen bzw. Zustimmungsvorbehalte zugunsten einzelner Gesellschafter vorzusehen, wenn nicht zwingende Gründe dies gebieten; in Sondersituationen, etwa im Zusammenhang mit einer schrittweisen Unternehmensnachfolge, bei der sich die Gründergeneration entsprechende Sonderrechte vorbehält, kann etwas anderes gelten. Im Übrigen sollte von sehr hohen Mehrheitserfordernissen und Veto-Rechten nur sehr zurückhaltend Gebrauch gemacht werden. Demgegenüber kann es im Einzelfall sinnvoll sein, im Rahmen der der Gesellschafterversammlung zur Beschlussfassung zugewiesenen Beschlussgegenstände zwischen gewichtigen und weniger gewichtigen Gesellschafterentscheidungen zu differenzieren und insoweit abgestufte Mehrheitserfordernisse vorzusehen.

2. GmbH & Co. KG

174 Während im Hinblick auf die Fragen, die im Zusammenhang mit dem Stimmrecht der Gesellschafter stehen, bei der GmbH & Co. KG im Wesentlichen die gleichen Grundsätze zur Anwendung gelangen wie im GmbH-Recht, ist im Hinblick auf die Beschlussmehrheitserfordernisse zu beachten, dass das Personengesellschaftsrecht nach seinem gesetzlichen Leitbild vom Grundsatz der Einstimmigkeit geprägt ist. Die typische Struktur einer GmbH & Co. KG erfordert allerdings insoweit eine Abweichung vom gesetzlichen Leitbild durch die umfassende Zulassung von Mehrheitsentscheidungen in allen Verbandsangelegenheiten. Dem muss im Rahmen der Vertragsgestaltung insbesondere unter Berücksichtigung des zur Einschränkung der Reichweite unspezifizierter Mehrheitsklauseln entwickelten Bestimmtheitsgrundsatzes Rechnung getragen werden; im Einzelnen:

175 **a) Stimmrecht, -verbot und -pflicht sowie Stimmrechtsmissbrauch.** Selbst wenn der Gesellschaftsvertrag der KG im Einzelfall abweichend von § 119 Abs. 1 HGB Mehrheitsbeschlüsse zulässt, ist die Mehrheit im Zweifel nach der Zahl der Gesellschafter zu berechnen, da § 119 Abs. 2 HGB insoweit – mangels abweichender Regelung im Gesellschaftsvertrag – eine Mehrheit nach Köpfen vorsieht. Demgegenüber ist es allerdings unzweifelhaft **zulässig und** im Falle einer GmbH & Co. KG auch dringend **geboten**, von dieser gesetzlichen Regelung abzuweichen und das **Stimmrecht** der Gesellschafter entsprechend § 47 Abs. 2 GmbHG im Gesellschaftsvertrag **an die Kapitalbeteiligung der Kommanditisten zu knüpfen**.

176 Wird eine entsprechende Regelung getroffen, können weitere Differenzierungen vorgenommen werden, etwa Mehr- oder Höchststimmrechte oder stimmrechtslose Anteile geschaffen werden uÄ.[166] Auch wenn im Schrifttum teilweise vertreten wird, dass eine Mehrheitsberechnung anhand der Kapitalbeteiligung im Wege der ergänzenden Vertragsauslegung in Betracht komme, wenn die Gesellschaft infolge nachträglicher Veränderungen

---

[166] Vgl. Baumbach/Hopt/*Hopt* HGB § 119 Rn. 41; Heymann/*Emmerich* HGB § 119 Rn. 28; Scholz/K. *Schmidt* GmbHG Anh. § 45 Rn. 23, 40; *Sommer* GmbH & Co. KG, 2012, 82; GK/*C. Schäfer* HGB § 119 Rn. 51.

§ 17 Gesellschafterversammlung und Beschlussfassung in der GmbH & Co. KG

eine kapitalistische Struktur mit stark unterschiedlichen Beteiligungsverhältnissen aufweist,[167] sollte diese Frage in jedem Falle im Gesellschaftsvertrag ausdrücklich klargestellt werden.

Stimmberechtigt innerhalb der KG-Versammlung sind allein die **KG-** 177 **Gesellschafter**, wobei das Stimmrecht der Komplementär-GmbH im Gesellschaftsvertrag selbst dann ausgeschlossen werden kann, wenn die Komplementär-GmbH am Kommanditkapital beteiligt ist; üblich ist allerdings die Gestaltung, dass das Stimmrecht an die Kapitalbeteiligungen der Gesellschafter gebunden und der Komplementär-GmbH kein Kapitalanteil eingeräumt wird. Abgesehen von diesem Sonderfall sind allerdings Stimmrechtsausschlüsse problematisch, soweit es um Entscheidungen geht, die in die Rechtsstellung des Gesellschafters nach den Grundsätzen der Kernbereichslehre eingreifen.[168]

Gesetzliche **Stellvertretung** bei der Stimmrechtsausübung und die 178 Wahrnehmung der Gesellschafterrechte durch Amtsverwalter ist bei Personengesellschaften unproblematisch möglich. Als problematisch erweist sich demgegenüber die gewillkürte Stellvertretung, da insoweit eine gesellschaftsvertragliche Zulassung oder Billigung durch die anderen Gesellschafter gefordert wird. Diesen Grundsätzen sollte im Rahmen der Vertragsgestaltung in jedem Fall Rechnung getragen werden, indem der Gesellschaftsvertrag entsprechend § 47 Abs. 3 GmbHG eine Vertretung im Rahmen der Stimmrechtsausübung ausdrücklich zulässt.[169] Für die Vertretung Minderjähriger durch ihre Eltern, wenn diese zugleich ebenfalls Gesellschafter sind, gelten die bereits bei der Komplementär-GmbH dargestellten Grundsätze (→ Rn. 148).[170]

Weiterhin ist auch im Personengesellschaftsrecht das **Abspaltungsverbot** 179 zu berücksichtigen, so dass die Überlassung des Stimmrechts zur Ausübung ohne gleichzeitige Übertragung der Mitgliedschaft nicht möglich ist; auch die GmbH & Co. KG ist von dem Verbot nicht ausgenommen.[171] Zulässig sind demgegenüber auch in der GmbH & Co. KG Stimmbindungsverträge[172] sowie gesellschaftsvertragliche Regelungen, wonach für bestimmte Gesellschafter eine obligatorische Gruppenvertretung vorgesehen ist, insbesondere um einer Zersplitterung der Willensbildung bei Familiengesellschaften im Zuge von Erbgängen entgegenzuwirken, wobei bei GmbH & Co.

---

[167] So GK/C. Schäfer HGB § 119 Rn. 51.
[168] BGHZ 20, 363 (368); BGH NJW 1993, 2100; Baumbach/Hopt/Hopt HGB § 119 Rn. 13; HTM/Mussaeus GmbH & Co. KG § 4 Rn. 141; Scholz/K. Schmidt GmbHG Anh. § 45 Rn. 40; GK/C. Schäfer HGB § 119 Rn. 66 f.
[169] RGZ 123, 298 f.; BGHZ 65, 93 (99); Heymann/Emmerich HGB § 119 Rn. 23; Scholz/K. Schmidt GmbHG Anh. § 47 Rn. 42; großzügiger MHdB GbR/OHG/Weipert § 57 Rn. 62 ff.; MüKoHGB/Enzinger § 119 Rn. 19.
[170] Vgl. GK/C. Schäfer HGB § 119 Rn. 61 f.; MüKoHGB/Enzinger § 119 Rn. 19.
[171] Vgl. BGHZ 20, 363 (364); 3, 354 (359); KRM/Koller HGB § 119 Rn. 4; Scholz/K. Schmidt GmbHG Anh. § 45 Rn. 43; GK/C. Schäfer HGB § 119 Rn. 68 f.; Baumbach/Hopt/Hopt HGB § 119 Rn. 19 f.
[172] Baumbach/Hopt/Hopt HGB § 119 Rn. 17 f.; Heymann/Emmerich HGB § 119 Rn. 26 ff.; KRM/Koller HGB § 119 Rn. 5; GK/C. Schäfer HGB § 119 Rn. 70 ff.; MüKoHGB/Enzinger § 119 Rn. 36 f.

5. Kapitel. Organisationsverfassung

KGs hinzukommt, dass durch eine entsprechende Klausel – soweit ein Anteil eigentlich einer Erbengemeinschaft zufallen würde, was in einer Personengesellschaft nicht möglich ist – im Ergebnis die im GmbH-Recht gemäß § 18 GmbHG bestehende Situation herbeigeführt werden kann.[173]

180 **Stimmverbote** sind im Personengesellschaftsrecht der Sache nach gesetzlich nur rudimentär geregelt. Dies betrifft insbesondere die Fälle der Geltendmachung von Ansprüchen wegen Verletzung des gesetzlichen Wettbewerbsverbots, über die die übrigen Gesellschafter gemäß § 113 Abs. 2 HGB beschließen, und Anträge auf Entziehung der Geschäftsführungsbefugnis bzw. der Vertretungsmacht sowie die Ausschließung eines Gesellschafters aus wichtigem Grund gemäß §§ 117, 127, 140 HGB, die die übrigen Gesellschafter stellen. Allerdings gilt das Stimmverbot des § 47 Abs. 4 GmbHG sinngemäß auch in der Gesellschafterversammlung der GmbH & Co. KG, da es sich bei dem Verbot des „Richtens in eigener Sache" um ein allgemeines gesellschaftsrechtliches Prinzip handelt, so dass nach ganz hM der Gesellschafter auch dann vom Stimmrecht ausgeschlossen ist, wenn über seine Entlastung, über die Befreiung von einer Verbindlichkeit, über die Einleitung oder Beendigung eines Rechtsstreits mit ihm oder über ein Rechtsgeschäft zwischen ihm und der Gesellschaft Beschluss gefasst werden soll; Entsprechendes gilt bei vergleichbaren Interessenkollisionen, wobei das Stimmverbot – wie im GmbH-Recht – bei so genannten Sozialakten keine Geltung beansprucht.[174]

181 Sollte die Komplementär-GmbH stimmberechtigtes Mitglied der GmbH & Co. KG sein, betrifft der Stimmrechtsausschluss entsprechend § 47 Abs. 4 GmbHG insbesondere sie; Gleiches gilt für Gesellschafter-Geschäftsführer. Verschiedentlich wird – obwohl die vorgenannten Grundsätze allgemein anerkannt sind – empfohlen, im Gesellschaftsvertrag die Frage des Stimmrechtsausschlusses ausdrücklich klarzustellen.[175] Entgegen Stimmen im älteren Schrifttum beruhen auch die Stimmverbote wegen „Insichgeschäfts" entsprechend § 181 BGB auf allgemeinen gesellschaftsrechtlichen Grundsätzen, so dass auch diese auf die Beschlussfassung der KG-Versammlung Anwendung finden.[176]

182 Die zur Komplementär-GmbH dargestellten Grundsätze über **bewegliche Stimmrechtsschranken und positive Stimmpflichten** beruhen ebenfalls auf allgemeinen gesellschaftsrechtlichen Grundsätzen, insbesondere den Treuebindungen der Gesellschafter und dem gesellschaftsrechtlichen

---

[173] Vgl. hierzu und zur Willensbildung innerhalb der Gesellschaftergruppe unter Berücksichtigung der Kernbereichslehre BGHZ 46, 291 (294); Baumbach/Hopt/*Hopt* HGB § 163 Rn. 10; Heymann/*Horn* HGB § 161 Rn. 59; GK/*Schilling* HGB § 163 Rn. 15; Scholz/*K. Schmidt* GmbHG Anh. § 45 Rn. 44; GK/*C. Schäfer* HGB § 119 Rn. 63.
[174] Baumbach/Hopt/*Hopt* HGB § 119 Rn. 12; HTM/*Mussaeus* GmbH & Co. KG § 4 Rn. 115 aE; *Sommer* GmbH & Co. KG, 2012, 168; GK/*C. Schäfer* HGB § 119 Rn. 64 f.; MüKoHGB/*Enzinger* § 119 Rn. 30 ff.; Scholz/*K. Schmidt* GmbHG Anh. § 45 Rn. 46.
[175] Vgl. *Sommer*, GmbH & Co. KG, 2012, 168 aE.
[176] Vgl. Scholz/*K. Schmidt* GmbHG Anh. § 45 Rn. 46; GK/*C. Schäfer* HGB § 119 Rn. 62; MüKoHGB/*Enzinger* § 119 Rn. 30.

Gleichbehandlungsgrundsatz, so dass sich insoweit keine rechtsformspezifischen Besonderheiten ergeben. In Anbetracht des grundsätzlich bestehenden personengesellschaftsrechtlichen Grundsatzes, dass Gesellschafterentscheidungen einstimmig zu fassen sind, stehen allerdings im gesetzlichen Regelfall positive Stimmpflichten im Vordergrund, wenn der beantragte Beschluss objektiv notwendig und dem Gesellschafter subjektiv zumutbar ist.[177] Sieht der Gesellschaftsvertrag hingegen – wie regelmäßig – Mehrheitsentscheidungen vor, gewinnen die insbesondere aus der gesellschafterlichen Treuepflicht abgeleiteten beweglichen Stimmrechtsschranken an Bedeutung.[178]

b) Beschlussmehrheit, insbesondere Bestimmtheitsgrundsatz und Kernbereichslehre. Enthält der Gesellschaftsvertrag der GmbH & Co. KG keine Regelung über die Zulässigkeit von Mehrheitsbeschlüssen, müssen alle Personengesellschafter die zur Beschlussfassung gestellten Anträge mittragen. Es gilt der **Grundsatz der Einstimmigkeit**, so dass im Ergebnis auch alle Gesellschafter an der Gesellschafterversammlung teilnehmen müssen, damit diese beschlussfähig ist. Durch diesen Einstimmigkeitsgrundsatz wird die innere gesellschaftliche Willensbildung erheblich erschwert, so dass bereits bei kleineren Meinungsverschiedenheiten zwischen den Gesellschaftern Handlungsunfähigkeit der Gesellschaft droht.

Gerade bei einer GmbH & Co. KG besteht daher ein dringendes **Bedürfnis**, dass die Gesellschafter von der gesellschaftsvertraglichen Gestaltungsfreiheit Gebrauch machen und **Mehrheitsbeschlüsse zulassen**, wobei zugleich wegen § 119 Abs. 2 HGB ausdrücklich klargestellt werden muss, dass es im Rahmen der Beschlussfassung auf die **Kapitalmehrheiten** und nicht auf die Kopfmehrheiten ankommt.

Insoweit sind insbesondere in Anbetracht des im Personengesellschaftsrecht geltenden Bestimmtheitsgrundsatzes **klare Vertragsregelungen unbedingt zu empfehlen**. Der Gesellschaftsvertrag muss eindeutig klarstellen, über welche Kapitalanteile die einzelnen Gesellschafter verfügen, welche Stimmen diese kapitalmäßige Beteiligung den einzelnen Gesellschaftern gewährt und es muss im Gesellschaftsvertrag eindeutig aufgeführt werden, bei welchen Entscheidungen das Mehrheitsprinzip Geltung beansprucht und welche Mehrheit insoweit maßgebend ist. Denn andernfalls droht im Einzelfall die Mehrheitsklausel zu versagen, da ihre Reichweite einschränkend ausgelegt wird; als weitere Schranke der Mehrheitsherrschaft im Personengesellschaftsrecht ist die so genannte Kernbereichslehre zu beachten; im Einzelnen:

Die Möglichkeit, anstelle des Einstimmigkeitsprinzips Mehrheitsbeschlüsse zuzulassen, wird von der Rechtsprechung – jedenfalls bei einer dem gesetzlichen Leitbild entsprechenden Personengesellschaft – dadurch eingeschränkt, dass eine im Gesellschaftsvertrag vorgesehene Mehrheitsklausel einen konkreten Beschlussgegenstand nur dann erfasst, wenn sich der Mehrheitsentscheidung unterliegende Gegenstand hinlänglich konkret aus dem Klau-

---

[177] Vgl. Heymann/Emmerich HGB § 119 Rn. 17ff.; Scholz/K. Schmidt GmbHG Anh. § 45 Rn. 47 aE.
[178] BGH NZG 2005, 129; Baumbach/Hopt/Hopt HGB § 119 Rn. 11; Heymann/Emmerich HGB § 119 Rn. 35; GK/C. Schäfer HGB § 119 Rn. 55; Scholz/K. Schmidt GmbHG Anh. § 45 Rn. 47.

seltext ergibt (**sog. Bestimmtheitsgrundsatz**), dh es muss hiernach aufgrund der Textfassung des Gesellschaftsvertrages zweifelsfrei gesichert sein, dass ein bestimmter Beschlussgegenstand nach dem Willen der Gesellschafter von der Mehrheitsklausel erfasst sein soll. Hintergrund dieses Erfordernisses ist die Vorstellung, dass bei der Einführung der Mehrheitsherrschaft jeder Gesellschafter damit rechnen muss, überstimmt zu werden und sich so innerhalb der Gesellschaft nicht durchsetzen zu können; dies wird er typischerweise nur insoweit hinnehmen wollen, wie er dieses Risiko bei Vereinbarung der Klausel erkennen kann. Die Rechtsprechung versucht also mittels Auslegung der Mehrheitsklausel, die Minderheitsgesellschafter gegen eine schrankenlose Unterwerfung unter die Mehrheitsherrschaft zu schützen, wobei sie nach der Bedeutung der jeweiligen Beschlussgegenstände differenziert: Eine pauschale Mehrheitsklausel deckt nur Beschlüsse über laufende Geschäfte. Lässt die Klausel allgemein mehrheitliche Änderungen des Gesellschaftsvertrages zu, so werden nur gewöhnliche Vertragsänderungen erfasst. Weitergehende Modifikationen werden nur erfasst, wenn sich die Geltung der Mehrheitsklausel für diesen Beschlussgegenstand unzweideutig aus der gesellschaftsvertraglichen Regelung ergibt.[179] Erstrecken sich die Mehrheitsbeschlüsse zu Lasten der Vertragsbestimmung hiernach nicht auf den zur Debatte stehenden Beschlussgegenstand, bleibt es beim Einstimmigkeitsprinzip, so dass im Rahmen der Vertragsgestaltung darauf geachtet werden muss, ein Optimum an Eindeutigkeit und Klarheit der einzelnen Beschlussgegenstände, die der Mehrheitsherrschaft unterliegen sollen, zu erreichen. Auch wenn die jüngste Rechtsprechung nicht verlangt, dass eine Mehrheitsklausel die betroffenen Beschlussgegenstände stets minutiös auflisten müsse[180], sollten – um Rechtsunsicherheiten so weit wie möglich auszuschließen – die dem Mehrheitsprinzip unterworfenen Beschlussgegenstände in einem Katalog möglichst vollständig erfasst und sprachlich exakt geregelt werden, wobei man allerdings in Anbetracht der Vielgestaltigkeit der Rechtswirklichkeit nicht restlos alle denkbaren Fälle erfassen kann, so dass möglichst umfassende Generalklauseln angefügt werden sollten, falls die Gesellschafter eine durchgängige Geltung des Mehrheitsprinzips erstreben. Der von der Rechtsprechung vertretene Bestimmtheitsgrundsatz ist allerdings anerkanntermaßen auf **Publikumsgesellschaften** sowie auf sonstige körperschaftlich strukturierte Personengesellschaften unanwendbar.[181] Hier wird der Gesellschafterschutz primär über die beweglichen Stimmrechtsschranken verwirklicht.

187   Schließlich wird unter dem Stichwort „**Kernbereichslehre**" seit den fünfziger Jahren eine weitere Einschränkung der Vertragsgestaltungsfreiheit im Personengesellschaftsrecht diskutiert. Nach dieser Rechtsfigur gibt es für

---

[179] Vgl. zur Rspr. die Nachweise in Fn. 9; s. ferner aus der Lit. Baumbach/Hopt/ *Hopt* HGB § 119 Rn. 37 ff.; HTM/*Mussaeus* GmbH & Co. KG § 4 Rn. 139 ff.; KRM/*Koller* HGB § 119 Rn. 11; Scholz/K. *Schmidt* GmbHG Anh. § 45 Rn. 24 ff.; MüKoHGB/*Enzinger* § 119 Rn. 81.
[180] BGH NJW 2007, 1685 (1686).
[181] BGHZ 85, 350 (353); 71, 53 (57 ff.); 69, 160 (165 ff.); 66, 82 (85); Baumbach/ Hopt/*Hopt* HGB § 119 Rn. 40, Anh. § 177a Rn. 69; Heymann/*Emmerich* HGB § 119 Rn. 32; GK/C. *Schäfer* HGB § 119 Rn. 48.

jeden Gesellschafter einen Mindestbestand an mitgliedschaftlichen Rechten, in den auch der Gesellschaftsvertrag nicht eingreifen darf. Ursprünglich wurde die Kernbereichslehre von der Rechtsprechung im Zusammenhang mit vertraglichen Stimmrechtsausschlüssen zu Lasten einzelner Gesellschafter entwickelt. Allerdings hat die Kernbereichslehre inzwischen einen Bedeutungswandel erfahren. Denn heute wird überwiegend in Anlehnung an §§ 35 BGB, 53 Abs. 3 GmbHG, wonach rechtsverkürzende und pflichterhöhende Gesellschafterbeschlüsse nur mit Zustimmung aller betroffener Gesellschafter zulässig sind, davon ausgegangen, dass die Rechte des Kernbereichs nicht nur stimmrechts-, sondern auch mehrheitsfest sind. Man unterscheidet insoweit insbesondere zwischen unverzichtbaren und unentziehbaren Rechten. Zu den unverzichtbaren Rechten gehören die Grundrechte eines Gesellschafters, die auch als „unentbehrliche Basisrechte" bezeichnet werden, vor allem das Auskunfts- und Informationsrecht, das Teilnahmerecht im Hinblick auf die Gesellschafterversammlung inklusive des Rederechts, das Austrittsrecht aus wichtigem Grund und das Klagrecht gegen fehlerhafte Gesellschafterbeschlüsse bzw. nach den Grundsätzen der actio pro socio. Zu den unentziehbaren Gesellschafterrechten werden insbesondere Vorzugs- und Sonderrechte des Gesellschafters und der Zweck der Gesellschaft gezählt.[182]

---

[182] BGH NJW 2007, 1685 (1687); NJW 1985, 972f. u. 974f.; BGHZ 20, 363 (368 ff.); Heymann/*Emmerich* HGB § 119 Rn. 37 ff.; GK/C. *Schäfer* HGB § 119 Rn. 39 ff.; MüKoHGB/*Enzinger* § 119 Rn. 64 ff.

§ 18 Beschlussmängelrecht der GmbH & Co. KG und ihrer Komplementär-GmbH

Übersicht

	Rn.		Rn.
I. Übersicht	1	a) Nichtigkeitsklage	64
1. Unterschiede der Regelungsmodelle	8	b) Anfechtungsklage	68
		c) Feststellungsklagen	78
2. Gesellschaftsvertragliche Gestaltungsmöglichkeiten	12	d) Einstweiliger Rechtsschutz	82
II. Fehlerhafte Gesellschafterbeschlüsse	16	e) Freigabeverfahren	90
		2. GmbH & Co. KG	94
1. Komplementär-GmbH	17	3. Schiedsvereinbarungen	102
a) Nichtigkeitsgründe	25	a) Vorteile der Schiedsgerichtsbarkeit	104
b) Anfechtungsgründe	32		
2. GmbH & Co. KG	52	b) Schiedsfähigkeit von Beschlussstreitigkeiten	109
III. Gerichtliche Geltendmachung der Fehlerhaftigkeit	62	c) Inhalt des Schiedsvertrages	121
1. Komplementär-GmbH	63		

Schrifttum: *Albrecht,* Offene Fragen zu Schiedsfähigkeit II, NZG 2010, 486; *Bauschatz,* Zur Reichweite der mit einer Anfechtungsklage verbundenen positiven Beschlussfeststellungsklage im GmbH-Recht, NZG 2002, 317 *Bayer/Lieder,* Das aktienrechtliche Freigabeverfahren für die GmbH, NZG 2011, 1170; *Bayer,* Schiedsfähigkeit von GmbH-Streitigkeiten, ZIP 2003, 881; Beck'sches Handbuch der GmbH, 4. Aufl. 2009; *Borris,* Die Schiedsfähigkeit gesellschaftsrechtlicher Streitigkeiten in der Aktiengesellschaft, NZG 2010, 481; *Böttcher/Fischer,* Einbeziehung von Schiedsordnungen in die Satzung einer GmbH, NZG 2011, 601; *Böttcher/Helle,* Zur Schiedsfähigkeit von Beschlussmängelstreitigkeiten – Schiedsfähigkeit II, NZG 2009, 700; *Casper/Risse,* Mediation von Beschlussmängelstreitigkeiten, ZIP 2000, 437; Ebbing, Schiedsvereinbarungen in Gesellschaftsverträgen, NZG 1998, 281; *Ebbing,* Satzungsmäßige Schiedsklauseln, NZG 1999, 754; *Emde,* Die Bestimmtheit von Gesellschafterbeschlüssen, ZIP 2000, 59; *Fehrenbach,* Der fehlerhafte Gesellschafterbeschluss in der GmbH, 2011; *Fleischer,* Das Beschlussmängelrecht in der GmbH, GmbHR 2013, 1289; *Goette,* Neue Entscheidung des Bundesgerichtshofes: Beschlussmängelstreitigkeiten im GmbH-Recht sind schiedsfähig, GWR 2009, 103; *Goette,* Satzungsdurchbrechung und Beschlußanfechtung, in Henze/Timm/Westermann, Gesellschaftsrecht 1995, 1996, 113; *Grunewald,* Die Gesellschafterklage in der Personengesellschaft und der GmbH, 1990; *Hausschild/Böttcher,* Schiedsvereinbarungen in Gesellschaftsverträgen, DNotZ 2012, 577; *Henze,* Aspekte und Entwicklungstendenzen der aktienrechtlichen Anfechtungsklage in der Rechtsprechung des BGH, ZIP 2002, 97; *Hüffer,* Beschlussmängel im Aktienrecht und im Recht der GmbH – eine Bestandsaufnahme unter Berücksichtigung der Beschlüsse von Leitungs- und Überwachungsorganen, ZGR 2001, 833; *Koester,* Anfechtungs- und Nichtigkeitsklage gegen Gesellschafterbeschlüsse bei OHG und KG, 1982; *Noack,* Fehlerhafte Beschlüsse in Gesellschaften und Vereinen, 1989; *Nolting,* Schiedsfähigkeit von Beschlussmängelstreitigkeiten bei der GmbH, SchiedsVZ 2011, 319; *Reichert/Harbarth,* Statutarische Schiedsklauseln, NZG 2003, 379; *Reichert/Winter,* Vinkulierungsklauseln und gesellschafterliche Treuepflicht, in FS 100 Jahre GmbHG, 1992, 209; *Rensen,* Die Benachrichtigung der GmbH-Gesellschafter von

§ 18 *Beschlussmängelrecht der GmbH & Co. KG und ihrer Komplementär-GmbH*

Beschlussmängelstreitigkeiten, NZG 2011, 569 ff.; *Riegger/Wilske*, Auf dem Weg zu einer allgemeinen Schiedsfähigkeit von Beschlussmängelstreitigkeiten?, ZGR 2010, 733; *Saenger/Splittgerber*, Gesellschafterstreitigkeiten im Kapitalgesellschaftsrecht – Zur Perspektive der schiedsgerichtlichen Streitbeilegung, DZWIR 2010, 177; *K. Schmidt*, Rechtsschutz gegen Beschlüsse in der (Publikums-)Kapitalgesellschaft & Co., DB 1993, 2167; *K. Schmidt*, Schiedsklauseln und Schiedsverfahren im Gesellschaftsrecht als prozessuale Legitimationsprobleme – Ein Beitrag zur Verzahnung von Gesellschafts- und Prozessrecht, BB 2001, 1857; *Scholz*, Die Beschlussanfechtungsklage bei Vereinen und Personengesellschaften, in FS Stimpel, 1985, 217; *Scholz*, Rechtsschutz gegen Beschlüsse in der (Publikums-)Kapitalgesellschaft & Co., BB 1993, 2167; *Schröder*, Neue Konzepte zum Beschlussmängelrecht der GmbH und der Personengesellschaften, GmbHR 1994, 532; *Semler/Asmus*, Der stimmlose Beschluss, NZG 2004, 881; *Timm*, Beschlussanfechtungsklage und Schiedsfähigkeit bei personalistisch strukturierten Gesellschaften, in FS Fleck, 1988, 365 ff.; *Timm*, Vergleichs- und Schiedsfähigkeit der Anfechtungsklage im Kapitalgesellschaftsrecht, ZIP 1996, 445; *Vogel*, Die Praxis der Gesellschafterversammlung bei GmbH und GmbH & Co., 1976; *Winter*, Gesellschafterkonflikte in der GmbH, in K. Schmidt/Riegger, Gesellschaftsrecht 1999 (Tagungsband zum RWS-Forum), 2000, 37; *Winter*, Organisationsrechtliche Sanktionen bei der Verletzung schuldrechtlicher Gesellschaftervereinbarungen?, ZHR 154 (1990), 259; *Witte/Hafner*, Schiedsfähigkeit von Beschlussmängelstreitigkeiten im Recht der GmbH am Maßstab der neuen BGH-Rechtsprechung und ihre Auswirkungen, DStR 2009. 2052; *Wolff*, Beschlussmängelstreitigkeiten im Schiedsverfahren, NJW 2009, 2021.

I. Übersicht

Erhebliche Rechtsprobleme resultieren bei einer GmbH & Co. KG unter Zugrundelegung der überkommenen Rechtsauffassung daraus, dass sich die **Rechtsschutzmodelle** zugunsten der Gesellschafter einer Kapital- und einer Personengesellschaft im Hinblick auf die Geltendmachung der Fehlerhaftigkeit einer Entscheidung der Gesellschafterversammlung **grundlegend voneinander unterscheiden**. 1

Die existierenden Unterschiede des GmbH- und personengesellschaftsrechtlichen Beschlussmängelrechts sind insbesondere deshalb für die Gesellschafter der GmbH & Co. KG besonders misslich, da diese in Anbetracht der Verzahnung der Verfassungen der Komplementär-GmbH und der GmbH & Co. KG vielfach **inhaltlich identische Gesellschafterbeschlüsse** in den beiden beteiligten Gesellschaften fassen, jedoch der **Rechtsschutz** gegen eine etwaige Fehlerhaftigkeit der entsprechenden Entschließung **nicht einheitlich ausgestaltet** ist. 2

Dieser Gesichtspunkt spielt insbesondere für die echte GmbH & Co. KG eine große Rolle, an der die gleichen Gesellschafterkreise beteiligungsproportional beteiligt sind und in beiden Gesellschaften typischerweise inhaltlich identische Beschlüsse über ein und denselben Gegenstand gefasst werden. 3

Das Problem besteht allerdings auch bei unechten, nicht beteiligungsproportionalen GmbH & Co. KGs, bei denen ebenfalls häufig die Situation entsteht, dass sowohl in der GmbH & Co. KG als auch in der Komplementär-GmbH über denselben Beschlussgegenstand Beschluss gefasst werden muss, 4

Liebscher 427

5. *Kapitel. Organisationsverfassung*

wobei bei der unechten GmbH & Co. KG für diejenigen Gesellschafter, die an beiden Gesellschaften beteiligt sind, das Problem der richtigen Zuordnung des anzugreifenden Gesellschafterbeschlusses zur richtigen Gesellschaft bzw. falls in beiden Gesellschaften identische Gesellschafterbeschlüsse gefasst wurden, das Problem der Wahl des richtigen Rechtsbehelfs hinzukommt.

5   Diesen **Schwierigkeiten** kann **auch im Rahmen der Vertragsgestaltung** – ausgehend vom tradierten Beschlussmängelrecht – **nicht perfekt begegnet** werden. Auch Tendenzen in der Literatur, ein rechtsformübergreifendes, einheitliches Beschlussmängelrecht der Kapital- und Personengesellschaften zu begründen und so insbesondere das Recht zur Geltendmachung der Fehlerhaftigkeit von Beschlüssen der Gesellschafterversammlung in Anlehnung an das aktienrechtliche Regelungsmodell zu vereinheitlichen, vermögen es nicht, diese Probleme überzeugend zu lösen.

6   Es ist allerdings möglich, im Rahmen der Vertragsgestaltung Vorkehrungen zu treffen, die jedenfalls die gravierendsten Auswirkungen dieses Befundes entscheidend abmildern. Denjenigen, die eine GmbH & Co. KG gründen wollen, ist dringend anzuempfehlen, sich dieser Gestaltungsmittel zu bedienen, da andernfalls Zweifelsfragen und Rechtsunsicherheiten entstehen können. Zu Lasten desjenigen Gesellschafters, der sich gegen eine bestimmte Gesellschafterentscheidung wendet, besteht insbesondere die Gefahr, dass er seine Rechtsschutzmaßnahmen gegen die falsche Partei richtet und er so Rechtseinbußen erleidet. Zu Lasten derjenigen Gesellschafter, die die angegriffene Entscheidung befürworten und verteidigen, besteht ohne gesellschaftsvertragliche Vorkehrungen insbesondere die Gefahr, dass eine streitige Gesellschafterentscheidung unerwartet lang zulässigerweise gerichtlich angegriffen werden kann und so die mit einer Auseinandersetzung im Gesellschafterkreis ohnehin einhergehenden Rechtsunsicherheiten unnötig vergrößert werden.

7   Das Beschlussmängelrecht und das Recht zur prozessualen Durchsetzung der Fehlerhaftigkeit von Gesellschafterbeschlüssen ist weder im GmbH-Recht noch im Personengesellschaftsrecht gesetzlich geregelt. Allerdings werden nach heute allgemeiner Meinung die §§ 241 ff. AktG auf die die Wirksamkeit GmbH-rechtlicher Beschlüsse betreffenden Klagen entsprechend angewandt, soweit nicht Besonderheiten des GmbH-Rechts entgegenstehen.[1] Obwohl im Schrifttum teilweise dafür plädiert wird, für sämtliche Mehrheitsbeschlüsse von parteifähigen Verbänden das **aktienrechtliche Klagmodell** zu übernehmen,[2] geht die hM in Rechtsprechung und Litera-

---

[1] BGHZ 101, 113 (116 ff.); 51, 209 (210 f.); 36, 207 (210 f.); 11, 231 (235 f.); RGZ 166, 129 (131) (stRspr.); Rowedder/Schmidt-Leithoff/*Koppensteiner/Gruber* GmbHG § 47 Rn. 85 ff.; Lutter/Hommelhoff/*Bayer* GmbHG Anh. § 47 Rn. 1; MüKoGmbHG/ *Wertenbruch* Anh. § 47 Rn. 1; Roth/Altmeppen/*Roth* GmbHG § 47 Rn. 91; *Raiser/ Veil* Kapitalgesellschaften § 33 Rn. 71; *K. Schmidt* Gesellschaftsrecht § 36 III 4; Baumbach/Hueck/*Zöllner* GmbHG Anh. § 47 Rn. 1 ff., jew. mwN.

[2] Vgl. *K. Schmidt* Gesellschaftsrecht § 15 II 3b; MHdB KG/stGes/*Weipert* § 14 Rn. 137 ff.; MüKoHGB/*Enzinger* § 119 Rn. 106 ff.; ähnlich *Schröder* GmbHR 1994, 532 (537); tendenziell auch *Koester*, Anfechtungs- und Nichtigkeitsklage, 1982, 118 ff.; *Timm* FS Fleck, 1988, 370 ff.

tur davon aus, dass im Personengesellschaftsrecht für eine Analogie zu den aktienrechtlichen Gestaltungsklagen kein Raum sei.³

1. Unterschiede der Regelungsmodelle

Dementsprechend muss ein GmbH-Gesellschafter gegen fehlerhafte Gesellschafterbeschlüsse mit den **aktienrechtlichen Gestaltungsklagen**, die **gegen die Gesellschaft** und nicht gegen die den Beschluss befürwortenden Gesellschafter zu richten sind, vorgehen. Fehlerhafte Beschlüsse sind zudem in der Regel **nur anfechtbar**, dh fehlerunabhängig wirksam und nur auf ein einer Anfechtungsklage gemäß §§ 243 ff. AktG analog stattgebendes Urteil hin (allerdings mit Rückwirkung auf den Zeitpunkt der Beschlussfassung) aufhebbar. Darüber hinaus ist die **Klage fristgebunden**. Wird der Beschluss nicht rechtzeitig angefochten, so wird er trotz seiner Fehlerhaftigkeit bestandskräftig, es sei denn, er leidet an einem extrem schwerwiegenden, gemäß § 241 AktG analog zur Nichtigkeit führenden Mangel, wobei die Nichtigkeit eintragungsbedürftiger Beschlüsse analog § 242 AktG ebenfalls durch Zeitablauf (3 Jahre seit Eintragung im Handelsregister) geheilt werden kann (→ Rn. 31 u. 67). 8

Demgegenüber sind fehlerhafte Gesellschafterbeschlüsse einer **Personengesellschaft** – anders als im Kapitalgesellschaftsrecht – nicht lediglich anfechtbar, sondern in der Regel **nichtig**. Soll im Klagewege die Nichtigkeit eines Beschlusses der GmbH & Co. KG gerügt werden, ist **Klage auf Feststellung** der Beschlussunwirksamkeit gemäß § 256 ZPO zu erheben; bei dieser Klage handelt es sich um keine Gestaltungsklage, so dass fehlerhafte Beschlüsse der KG – gerade anders als im GmbH-Recht – nicht fehlerunabhängig wirksam sind. Zudem ist die Klage – anders als im GmbH-Recht – nicht gegen die Gesellschaft, sondern gegen diejenigen Gesellschafter zu richten, welche die Unwirksamkeit des Beschlusses bestreiten. Außerdem ist die Feststellungsklage grundsätzlich **nicht fristgebunden**; es besteht lediglich die Möglichkeit einer Verwirkung des Klagerechts bei übermäßiger Verzögerung der Klagerhebung, die allerdings nicht zu einer Heilung des Mangels führt, sondern den opponierenden Gesellschafter lediglich nach Verwirkungsgrundsätzen daran hindert, sich gegenüber der Gesellschaftermehrheit auf die Unwirksamkeit des Beschlusses zu berufen oder die Behebung des Mangels zu verlangen. Problematisch ist bei Personengesellschaften zudem, ob bei fehlerhaften Änderungen des Gesellschaftsvertrages die Grundsätze über die fehlerhafte Gesellschaft anzuwenden sind (→ Rn. 94 ff.). 9

Bereits dieser knappe Aufriss der maßgeblichen Regelungsmodelle des für die Komplementär-GmbH und die GmbH & Co. KG einschlägigen Beschlussmängelrechts offenbaren das Dilemma und die Gefahren, denen sich die Gesellschafter der GmbH & Co. KG, seien sie nun nur an einer der beiden Gesellschaften oder an beiden beteiligt, gegenüber sehen. Gesellschafter, die sich gegen Gesellschafterbeschlüsse wenden, müssen zunächst, wenn sie an beiden Gesellschaften beteiligt sind, exakt **bestimmen, in welcher Ge-** 10

---

³ Baumbach/Hopt/*Hopt* HGB § 119 Rn. 31; Heymann/*Emmerich* HGB § 119 Rn. 10a; KRM/*Koller* HGB § 119 Rn. 15; EBJS/*Goette* HGB § 119 Rn. 75; *Noack*, Fehlerhafte Beschlüsse, 1989, 171 f.; GK/C. *Schäfer* HGB § 119 Rn. 77.

5. Kapitel. Organisationsverfassung

sellschaft der entsprechende **Gesellschafterbeschluss gefasst** wurde, wobei zudem die Möglichkeit besteht, dass er identisch in beiden Gesellschaften gefasst worden ist, ohne dass dies stets eindeutig erkennbar sein muss, da Gesellschafterversammlungen der GmbH & Co. KG sowie der Komplementär-GmbH jedenfalls bei identischen Gesellschafterkreisen vielfach gleichzeitig abgehalten werden. Je nachdem, in welcher Gesellschaft der streitige Beschluss gefasst wurde, sieht sich der opponierende Gesellschafter sodann der Situation gegenüber, dass er sich bei Gesellschafterbeschlüssen der Komplementär-GmbH **gegen die GmbH selbst** und bei Beschlüssen der KG **gegen die Mitgesellschafter**, die die Wirksamkeit der entsprechenden Entschließung behaupten, wenden muss. Auch bei der Bestimmung des richtigen Klagegegners kann man sich schnell vertun, zumal die GmbH & Co. KG und die Komplementär-GmbH typischerweise ganz ähnlich firmieren, so dass es bereits bei einer geringfügigen Unachtsamkeit zu Verwechslungen kommen kann und auch in praxi immer wieder kommt. Dies ist insbesondere deshalb besonders misslich, da die Anfechtungsklage gegen Beschlüsse der GmbH-Gesellschafterversammlung zudem **fristgebunden** ist und im KG-Recht jedenfalls die **Verwirkungsgrundsätze** eingreifen, so dass in dem Zeitpunkt, in dem der Fehler bemerkt wird (oft erst nach Klagerhebung auf Rüge des Gegners hin) die Frist zur Geltendmachung des Beschlussmangels bereits abgelaufen sein kann (sehr zur Freude des Prozessgegners, der häufig mit seiner Rüge – nach vielfach wiederholter Verlängerung prozessualer Fristen – wartet, bis die Frist möglichst rechtssicher verstrichen ist).

11 Umgekehrt sehen sich allerdings auch die **Geschäftsführung und die Gesellschaftermehrheit** des im Ergebnis einheitlichen Unternehmens angesichts der rechtsformspezifischen Unterschiede der Klagmodelle **Schwierigkeiten** gegenüber. Diese manifestieren sich insbesondere an den unterschiedlichen Klagfristen für die Geltendmachung von Mängeln der Beschlüsse der Komplementär-GmbH einerseits und der GmbH & Co. KG andererseits. Denn die im GmbH-Recht geltende Anfechtungsfrist orientiert sich im Grundsatz an der im Aktienrecht geltenden Monatsfrist und wird üblicherweise mit längstens 2 bis 3 Monaten angegeben; ein Zeitraum, innerhalb dessen eine Verwirkung des Klagrechts in der GmbH & Co. KG jedenfalls nicht ohne weiteres begründbar ist. Insbesondere bei inhaltlich identischen Gesellschafterentscheidungen innerhalb der beiden beteiligten Unternehmen kann also die Situation entstehen, dass ein und derselbe Beschluss infolge Zeitablaufs in der Komplementär-GmbH nicht mehr, in der KG hingegen sehr wohl noch angegriffen werden kann.

2. Gesellschaftsvertragliche Gestaltungsmöglichkeiten

12 Das aktienrechtliche Beschlussmängelrecht, welches im Ergebnis auf die GmbH angewandt wird, **steht** – obwohl im Schrifttum verschiedentlich dafür plädiert wird, im GmbH-Recht die Möglichkeit zu eröffnen, Beschlussmängel auch außerhalb von Anfechtungsklagen geltend machen zu können[4]

---

[4] Vgl. UHW/*Raiser* GmbHG Anh. § 47 Rn. 10 ff.; Baumbach/Hueck/*Zöllner* GmbHG Anh. § 47 Rn. 3 ff.; differenzierend *Casper* ZHR 163 (1999), 54 (66 ff.).

§ 18 Beschlussmängelrecht der GmbH & Co. KG und ihrer Komplementär-GmbH

– **nicht zur Disposition der Satzung**.[5] Dementsprechend kann das GmbH-rechtliche Rechtsschutzmodell nicht an die für Personengesellschaften geltenden Grundsätze durch statutarische Regelungen angepasst werden. Lediglich Randkorrekturen des aktienrechtlichen Modells sind möglich. So kann etwa statutarisch die Anfechtungsfrist exakt bestimmt werden, wobei allerdings die aktienrechtliche Vorgabe des § 246 Abs. 1 AktG von einem Monat nicht unterschritten werden darf.[6] Eine solche statutarische Festlegung der Anfechtungsfrist ist in der Regel empfehlenswert.

Demgegenüber ist es möglich, das **Klagsystem** im Hinblick auf Beschlussmängel innerhalb der GmbH & Co. **KG dem GmbH-rechtlichen Regelungsmodell anzunähern**.[7] Insbesondere kann der Gesellschaftsvertrag vorsehen, dass der Beschlussmangel gerichtlich nicht gegenüber Mitgesellschaftern, sondern gegenüber der Gesellschaft als Beklagter nach Art einer Anfechtungsklage geltend gemacht werden muss, wobei der Gesellschaftsvertrag zugleich klarstellen sollte, dass der Ausgang des Prozesses auch die Mitgesellschafter bindet.[8] Weiterhin kann der Gesellschaftsvertrag für die Geltendmachung von Beschlussmängeln eine Klagfrist vorsehen, wobei wiederum die Monatsfrist des § 246 Abs. 1 AktG nicht unterschritten werden darf. Folge einer Überschreitung einer solchen gesellschaftsvertraglichen Klagfrist ist, dass eine verspätet erhobene Klage wegen Präklusion als unbegründet abzuweisen ist.[9]

Durch solche gesellschaftsvertraglichen Regelungen, die dringend zu empfehlen sind, können die auf die Geltendmachung von Mängeln innerhalb der GmbH & Co. KG und ihrer Komplementär-GmbH zu fassenden Gesellschafterbeschlüsse anzuwendenden Klagmodelle im Hinblick auf die sensibelsten Punkte sehr stark aneinander angenähert werden, indem festgelegt wird, dass alle Klagen über Beschlussmängel gegen die jeweilige Gesellschaft zu richten sind und einheitliche Klagfristen bestimmt werden. Demgegenüber ist es nach herrschender Meinung **nicht möglich**, im Gesellschaftsvertrag der GmbH & Co. KG vorzusehen, dass auf sämtliche Beschlussmängelklagen der KG **das aktienrechtliche Klagmodell** anwendbar sei; dies soll auch für reine Publikumsgesellschaften gelten.[10]

---

[5] Vgl. Lutter/Hommelhoff/*Bayer* GmbHG Anh. § 47 Rn. 1 ff.; Scholz/K. *Schmidt* GmbHG § 45 Rn. 36.
[6] BGHZ 104, 66 (71 f.); UHW/*Raiser* GmbHG Anh. § 47 Rn. 196; Scholz/K. *Schmidt* GmbHG § 45 Rn. 144; MHdB GmbH/*Wolff* § 40 Rn. 113; *Hüffer* ZGR 2001, 865; MüKoGmbHG/*Wertenbruch* Anh. § 47 Rn. 209; Roth/Altmeppen/*Roth* GmbHG § 47 Rn. 144.
[7] Vgl. hinsichtlich der Möglichkeit der gesellschaftsvertraglichen Einschränkung bzw. Abmilderung der Beschlussmängel: MHdB GmbH/*Wolff* § 40 Rn. 110 f.
[8] BGHZ 85, 350 (353); BGH WM 1983, 785 f.; WM 1966, 1036; Heymann/*Emmerich* HGB § 119 Rn. 12; *Hueck* Recht der OHG § 11 V 2d; MüKoHGB/*Enzinger* § 119 Rn. 97; MüKoBGB/*Ulmer*/C. *Schäfer* § 709 Rn. 114.
[9] BGHZ 112, 339 (344); 68, 212 (216); Baumbach/Hopt/*Hopt* HGB § 119 Rn. 31; Heymann/*Emmerich* HGB § 119 Rn. 11; MüKoHGB/*Enzinger* § 119 Rn. 97; MüKoBGB/*Ulmer*/C. *Schäfer* § 709 Rn. 114; GK/C. *Schäfer* HGB § 119 Rn. 93.
[10] Die Rspr. legt Klauseln in dem Gesellschaftsvertrag einer KG, die eine „Anfechtungsklage" gegen Gesellschafterbeschlüsse vorsehen, als Zulassung einer Feststel-

5. Kapitel. Organisationsverfassung

15 Eine weitere Alternative zur Abstimmung und Harmonisierung der für die Komplementär-GmbH und die GmbH & Co. KG geltenden Klagsysteme ist die **Vereinbarung eines Schiedsgerichts**, welches über sämtliche Gesellschafterstreitigkeiten innerhalb der GmbH & Co. KG einschließlich Beschlussmängelstreitigkeiten entscheidet. Bei der Verfassung einer solchen Schiedsklausel ist jedoch die jüngste höchstrichterliche Rechtsprechung im GmbH-Recht zu dem Mindestinhalt einer Vereinbarung eines (einheitlichen, sowohl für Streitigkeiten in einer der beteiligten Gesellschaften, als auch für Streitigkeiten, die beide Gesellschaften betreffen, zuständigen) Schiedsgerichts zu beachten (→ Rn. 102 ff.).

II. Fehlerhafte Gesellschafterbeschlüsse

16 Vor dem Hintergrund der grundverschiedenen Systematik des GmbH- und personengesellschaftsrechtlichen Beschlussmängelrechts, welches vorstehend bereits in seinen Grundzügen dargelegt wurde und das gerade bei einer GmbH & Co. KG Schwierigkeiten bereitet, wird im Folgenden ein Abriss der wesentlichen Fehlergründe und ihrer rechtlichen Behandlung in der Komplementär-GmbH und der GmbH & Co. KG unter Berücksichtigung der Besonderheiten der „Rechtsform" der GmbH & Co. KG gegeben.[11]

1. Komplementär-GmbH

17 Das GmbH-rechtliche Beschlussmängelrecht, welches sich eng an die Vorgaben der §§ 241 ff. AktG anlehnt, unterscheidet zwischen Nichtigkeit und Anfechtbarkeit von Beschlüssen der Gesellschafterversammlung.

18 Die Nichtigkeitsfolge ist nur für besonders schwerwiegende Mängel, die abschließend gesetzlich aufgezählt sind (vgl. insbesondere den Katalog des § 241 AktG sowie die Sondertatbestände der §§ 250, 253, 256 AktG), vorgesehen. Gesellschafter können die Nichtigkeit von Gesellschafterbeschlüssen durch **Nichtigkeitsklage** analog § 249 AktG, bei der es sich um eine Gestaltungsklage handelt, geltend machen; Dritte können die Nichtigkeit mittels Nichtigkeitsfeststellungsklage gemäß § 256 ZPO gerichtlich geltend machen, sofern der Dritte insoweit ein Rechtsschutzinteresse hat.[12]

19 Anderweitige Beschlussmängel tangieren hingegen die Wirksamkeit des Beschlusses nicht und können allenfalls zur Anfechtbarkeit analog § 243 Abs. 1 AktG führen. Der entsprechende Gesetzes- oder Satzungsverstoß kann von den Gesellschaftern mittels **Anfechtungsklage**, die gegen die Ge-

---

lungsklage gegen die Gesellschaft aus, BGH WM 1990, 675 f.; GK/*C. Schäfer* HGB § 119 Rn. 95; zur Publikumsgesellschaft BGH NJW 1999, 3113 (3115); Röhricht/Graf v. Westphalen/*v. Gerkan/Haas* HGB § 161 Rn. 125; aA *K. Schmidt* DB 1993, 2167 f.
[11] Zu dem Fehlergrund der Unbestimmtheit und dessen Behandlung in der verschiedenen Gesellschaftsformen vgl. *Emde* ZIP 2000, 59 ff.
[12] Baumbach/Hueck/*Zöllner* GmbHG Anh. § 47 Rn. 71; Lutter/Hommelhoff/*Bayer* GmbHG Anh. § 47 Rn. 30; Scholz/*K. Schmidt* GmbHG § 45 Rn. 134; UHW/*Raiser* GmbHG Anh. § 47 Rn. 215.

sellschaft zu richten ist, geltend gemacht werden; die erfolgreiche Beschlussanfechtung führt zur Nichtigerklärung des Beschlusses analog §§ 246, 248 AktG, wobei allerdings nicht jede Rechtsverletzung – insbesondere nicht jeder Verfahrensfehler – zur Beschlussaufhebung durch das Kassationsgericht führt.

Daneben kann es im GmbH-Recht jedoch zu weiteren Situationen kommen, in denen seitens eines Gesellschafters ein Bedürfnis nach gerichtlicher Klärung im Zusammenhang mit Gesellschafterbeschlüssen besteht. Insoweit werden folgende **weitere Fehlerkategorien** erörtert: 20

Zum einen ist es im Rahmen der Durchführung einer Beschlussfassung 21 möglich, dass das **Beschlussergebnis nicht feststeht**. Denn anders als im Aktienrecht ist bei Gesellschafterbeschlüssen einer GmbH eine förmliche Feststellung und Verkündung des Beschlussergebnisses zur Beschlusswirksamkeit nicht erforderlich, wenngleich – wie dargelegt – allgemein empfohlen wird, eine entsprechende Beschlussfeststellung vorzusehen (→ § 17 Rn. 134). Ein solcher Streit über das Beschlussergebnis, also darüber, ob die für die Annahme oder Ablehnung eines Antrags erforderliche Stimmenzahl zustande gekommen ist, etwa deshalb, weil über die Gültigkeit bestimmter Stimmen oder das Beschlussmehrheitserfordernis gestritten wird, kann prozessual im Rahmen eines Feststellungsprozesses gegen die Gesellschaft entschieden werden.[13]

Daneben wird die Fallgruppe **(schwebend) unwirksamer Beschlüsse** 22 diskutiert. Eine solche Situation kann insbesondere bei Beschlüssen eintreten, die der Zustimmung einzelner Gesellschafter etwa aufgrund eines entsprechenden statutarischen Sonderrechts oder aufgrund von § 53 Abs. 3 GmbHG bedürfen. Insoweit wird davon ausgegangen, dass die fehlende Wirksamkeit des entsprechenden Beschlusses – unter der Voraussetzung des Bestehens eines Feststellungsinteresses – von jedermann durch Feststellungsklage geltend gemacht werden kann.[14]

Daneben werden in der Literatur weitere Fehlerkategorien diskutiert, die 23 überwiegend als **Nicht- oder Scheinbeschlüsse** bezeichnet werden und denen in der Regel keine eigenständige Bedeutung zukommt.[15]

Vorliegend sind demgegenüber – gerade im Hinblick auf Besonderheiten 24 der GmbH & Co. KG – primär die Fehler von Bedeutung, die Nichtigkeits- und Anfechtungsgründe begründen:

a) Nichtigkeitsgründe. Die zur Nichtigkeit eines Beschlusses der 25 GmbH-Gesellschafterversammlung führenden Gründe sind gesetzlich **enumerativ aufgeführt**. Bei den entsprechenden Nichtigkeitsgründen handelt es sich um Kardinalfehler, bei denen Besonderheiten, die aus der Struktur des

---

[13] Vgl. BGHZ 104, 66 (68); 76, 154 (156); 51, 209 (211 ff.); 14, 25 (35 f.); MHdB GmbH/*Wolff* § 40 Rn. 89 ff.; UHW/*Raiser* GmbHG Anh. § 47 Rn. 273; Baumbach/ Hueck/*Zöllner* GmbHG Anh. § 47 Rn. 181.
[14] MHdB GmbH/*Wolff* § 40 Rn. 7; Lutter/Hommelhoff/*Bayer* GmbHG Anh. § 47 Rn. 4 f.; UHW/*Raiser* GmbHG Anh. § 47 Rn. 23; Scholz/K. *Schmidt* GmbHG § 45 Rn. 59; Baumbach/Hueck/*Zöllner* GmbHG Anh. § 47 Rn. 22.
[15] Vgl. Scholz/K. *Schmidt* GmbHG § 45 Rn. 50 f.; UHW/*Raiser* GmbHG Anh. § 47 Rn. 27 ff.; Baumbach/Hueck/*Zöllner* GmbHG Anh. § 47 Rn. 25 ff.

Unternehmens als Komplementär-GmbH einer GmbH & Co. KG resultieren, in der Regel nicht zum Tragen kommen. Daher ist lediglich auf Folgendes hinzuweisen:

26 Analog § 241 Nr. 1 AktG begründen **schwerwiegende Einberufungsmängel**, die insbesondere im Ergebnis dazu führen, dass die Gesellschafter nicht in der Lage sind, an der Gesellschafterversammlung teilzunehmen, die Nichtigkeit. Beispielhaft zu nennen ist etwa die Unterlassung der Einberufung, die Nichtladung einzelner Gesellschafter oder falsche bzw. fehlende Angaben zu Versammlungsort und -zeitpunkt. Andere Ladungsfehler, insbesondere Form-, Frist- und Ankündigungsmängel führen demgegenüber in der Regel lediglich zur Anfechtbarkeit.[16] Im Hinblick auf eine GmbH & Co. KG ist insoweit lediglich darauf hinzuweisen, dass die Nichtladung teilnahmeberechtigter Nichtgesellschafter, etwa der Nur-Kommanditisten, wenn deren Teilnahmeberechtigung statutarisch vorgesehen ist, nach herrschender Meinung lediglich einen Anfechtungsgrund begründet.[17]

27 Weiterhin ist ein Gesellschafterbeschluss gemäß § 241 Nr. 2 AktG analog nichtig, wenn eine **gesetzlich vorgeschriebene notarielle Beurkundung** des Beschlusses unterbleibt. Die Verletzung des Protokollierungsgebots des § 48 Abs. 3 GmbHG im Falle der Einmann-Gesellschaft bzw. lediglich statutarischer Form- und Protokollierungsbestimmungen führt dagegen nicht zur Nichtigkeit.[18]

28 Dem Grundsatz folgend, dass lediglich extreme Mängel eine Nichtigkeit begründen können, ist ein Beschluss weiterhin dann nichtig, wenn er an einem **schweren Inhaltsmangel** leidet, er insbesondere mit dem Wesen der GmbH unvereinbar ist, er in Widerspruch zu gläubigerschützenden oder sonst im öffentlichen Interesse liegenden Vorschriften steht oder inhaltlich gegen die guten Sitten verstößt (vgl. § 241 Nr. 3 und 4 AktG analog). Diese Nichtigkeitsgründe betreffen extreme Ausnahmefälle.[19]

29 **Weitere Nichtigkeitstatbestände** gelten unter den Voraussetzungen des § 250 AktG analog für die Nichtigkeit von Aufsichtsratswahlen, für die Abschlussfeststellung und Ergebnisverwendung unter den Voraussetzungen der §§ 253, 256 AktG analog (jeweils unter Berücksichtigung der entsprechen-

---

[16] Vgl. zusammenfassend MHdB GmbH/*Wolff* § 40 Rn. 13 ff.; Lutter/Hommelhoff/*Bayer* GmbHG Anh. § 47 Rn. 11 ff.; UHW/*Raiser* GmbHG Anh. § 47 Rn. 35 ff.; Scholz/K. *Schmidt* GmbHG § 45 Rn. 64; Baumbach/Hueck/*Zöllner* GmbHG Anh. § 47 Rn. 45 ff.; MüKoGmbHG/*Wertenbruch* Anh. § 47 Rn. 18 ff.; Roth/Altmeppen/*Roth* GmbHG § 47 Rn. 102.

[17] OLG Stuttgart NJW 1973, 2027 (2028) (Aufsichtsratsmitglieder); UHW/*Raiser* GmbHG Anh. § 47 Rn. 39 aE.

[18] Vgl. Rowedder/Schmidt-Leithoff/*Koppensteiner/Gruber* GmbHG § 47 Rn. 99; Lutter/Hommelhoff/*Bayer* GmbHG Anh. § 47 Rn. 15; UHW/*Raiser* GmbHG Anh. § 47 Rn. 48; Scholz/K. *Schmidt* GmbHG § 45 Rn. 67; Baumbach/Hueck/*Zöllner* GmbHG Anh. § 47 Rn. 49; MüKoGmbHG/*Wertenbruch* Anh. § 47 Rn. 40; Roth/Altmeppen/*Roth* GmbHG § 47 Rn. 101.

[19] Vgl. zu Einzelheiten MHdB GmbH/*Wolff* § 40 Rn. 18 ff.; UHW/*Raiser* GmbHG Anh. § 47 Rn. 49 ff.; Scholz/K.*Schmidt* GmbHG § 45 Rn. 72 ff.; Baumbach/Hueck/*Zöllner* GmbHG Anh. § 47 Rn. 50 ff.; MüKoGmbHG/*Wertenbruch* Anh. § 47 Rn. 43 ff.; Roth/Altmeppen/*Roth* GmbHG § 47 Rn. 95 ff.

den GmbH-rechtlichen Besonderheiten) und für Kapitalerhöhungsbeschlüsse gemäß §§ 57j S. 2, 57n Abs. 2 S. 4, 58e Abs. 3, 58f Abs. 2 GmbHG.[20] Die **Nichtigkeit** von Beschlüssen der Komplementär-GmbH kann – wie dargelegt – grundsätzlich von jedermann geltend gemacht werden. Sie ist **allgemein beachtlich**, so dass der Geschäftsführer entsprechende Beschlüsse nicht ausführen bzw. zum Handelsregister anmelden und sie der Registerrichter auch nicht ins Handelsregister eintragen darf. Ein gleichwohl eingetragener Beschluss kann unter Umständen von Amts wegen nach § 398 FamFG gelöscht werden.[21] 30

Ist der Beschluss allerdings gleichwohl eingetragen worden, kommt unter den Voraussetzungen des § 242 Abs. 1 AktG analog eine **Heilung** der Nichtigkeit in Betracht; Beurkundungsmängel im Sinne des § 241 Nr. 2 AktG analog können mit Eintragung des Gesellschafterbeschlusses ins Handelsregister nicht mehr geltend gemacht werden. Im Übrigen tritt Heilung nach Ablauf von drei Jahren seit Eintragung ins Handelsregister ein, es sei denn, es wurde analog § 249 AktG Nichtigkeitsklage innerhalb der Drei-Jahres-Frist erhoben.[22] 31

b) Anfechtungsgründe. Alle übrigen Verletzungen von Gesetz oder Satzung können demgegenüber allenfalls entsprechend § 243 Abs. 1 AktG eine Anfechtbarkeit des Beschlusses der Komplementär-GmbH begründen. Diejenigen Gesellschafterbeschlüsse, die nicht an einem zur Beschlussnichtigkeit führenden Mangel leiden, sind mithin – obwohl sie fehlerhaft sind – zunächst rechtswirksam; ihre Nichtigkeit kann allein durch ein kassatorisches Gestaltungsurteil im Anfechtungsprozess herbeigeführt werden. 32

Zur Anfechtbarkeit führen **Gesetzes- oder Satzungsverstöße**. Die gesetzlichen Anfechtungsgründe können durch die Satzung nicht eingeschränkt werden, da das Anfechtungsrecht zu den unverzichtbaren Mitgliedschaftsrechten der GmbH-Gesellschafter gehört. Allerdings ist zu beachten, dass die **Missachtung bloßer Ordnungsvorschriften** keinen Anfechtungsgrund begründet und die Satzung, wenn sie eine bestimmte – insbesondere verfahrensmäßige – Anordnung trifft, die nicht durch zwingende gesetzliche Vorschriften determiniert ist, den Charakter einer bestimmten Regelung als bloße Ordnungsvorschrift zum Ausdruck bringen kann.[23] 33

Im Wege der Anfechtungsklage können grundsätzlich sämtliche Mängel eines Gesellschafterbeschlusses gerügt werden. Im **Umwandlungsrecht** ist die Geltendmachung der Rüge, dass das Umtauschverhältnis bzw. die vorgesehene Gewährung von Anteilen an dem übernehmenden Rechtsträger 34

---

[20] Vgl. im Einzelnen MüKoGmbHG/*Wertenbruch* Anh. § 47 Rn. 71 ff.; UHW/*Raiser* GmbHG Anh. § 47 Rn. 68 ff. mwN.
[21] Vgl. zu den Rechtsfolgen UHW/*Raiser* GmbHG Anh. § 47 Rn. 67; Scholz/*K Schmidt* § 45 GmbHG Rn. 81 ff.
[22] Vgl. zusammenfassend Baumbach/Hueck/*Zöllner* GmbHG Anh. § 47 Rn. 73 ff.; MüKoGmbHG/*Wertenbruch* Anh. § 47 Rn. 71 ff.; UHW/*Raiser* GmbHG Anh. § 47 Rn. 85 ff.; Scholz/*K.Schmidt* GmbHG § 45 Rn. 84 ff.
[23] UHW/*Raiser* GmbHG Anh. § 47 Rn. 108; Baumbach/Hueck/*Zöllner* GmbHG Anh. § 47 Rn. 84 f.; Michalski/*Römermann* GmbHG Anh. § 47 Rn. 259; Lutter/Hommelhoff/*Bayer* GmbHG Anh. § 47 Rn. 43.

unzureichend sei, jedoch gemäß §§ 14 Abs. 2, 195 Abs. 2 UmwG bei Verschmelzungs- und Umwandlungsbeschlüssen ausgeschlossen, da die betroffenen Anteilsinhaber ihre Interessen durch das in § 15 iVm §§ 305 ff. UmwG vorgesehene Spruchstellenverfahren wahren können. Diese Ausnahme wird in § 243 Abs. 4 S. 2 AktG auf Informationspflichtverletzungen im Zusammenhang mit Bewertungsfragen erstreckt. Das GmbH-Recht sieht für Bewertungsfragen kein Spruchverfahren vor, so dass diese Vorschrift an sich keine Anwendung findet. Es stellt sich jedoch die Frage, ob dieser Grundsatz, dass Bewertungsrügen in ein Spruchverfahren zu verweisen sind, nicht auch für andere Strukturmaßnahmen wie beispielsweise den Abschluss eines Beherrschungs- und Ergebnisabführungsvertrages gem. § 291 AktG Geltung beansprucht; immerhin hat der BGH in anderem Zusammenhang ungeschriebene Spruchverfahren anerkannt.[24]

35   Im Übrigen ist im Rahmen der Anfechtung eines Gesellschafterbeschlusses der Komplementär-GmbH im Hinblick auf die denkbaren Fehlerquellen zwischen **Verfahrensfehlern und Inhaltsmängeln zu differenzieren**, da Fehler im Rahmen der Vorbereitung der Beschlussfassung, der Durchführung der Versammlung der Abstimmung und der Ermittlung des Beschlussergebnisses (sog. Verfahrensmängel) die Anfechtbarkeit nur dann begründen, wenn der verfahrensrechtliche Verstoß Relevanz für das Beschlussergebnis erlangt hat, wohingegen Inhaltsmängel stets als Anfechtungsgrund beachtlich sind; im Einzelnen:

36   Im Rahmen der **Verfahrensverstöße** kann insbesondere eine Gesetzes- oder Satzungsverletzung im Zusammenhang mit der Beschlussvorbereitung, -durchführung und -feststellung Relevanz erlangen:

37   Rechtsverstöße bei der **Beschlussvorbereitung** können insbesondere Einberufungs- und Ankündigungsmängel sowie eine unzureichende Information der Gesellschafter über den Beschlussgegenstand sein. Als Einberufungsmängel sind zB die Einberufung zur Unzeit, eine zu kurz bemessene Ladungsfrist, die Nichtladung teilnahmeberechtigter Nicht-Gesellschafter und Ankündigungsmängel, vor allem die unzureichende oder nicht fristgerechte Mitteilung der Tagesordnung, zu nennen.

38   Als Fehler bei der **Durchführung der Versammlung und der Abstimmung** kommen insbesondere unberechtigte Ordnungsmaßnahmen, die Abstimmung trotz statutarischer Beschlussunfähigkeit, eine unzureichende Aussprache über die Tagesordnungspunkte, die unberechtigte Auskunftsverweigerung und die Nichtzulassung teilnahmeberechtigter Personen in Betracht.

39   Im Hinblick auf die **Ermittlung des Beschlussergebnisses** können schließlich vor allem Zählfehler, die unrichtige Zugrundelegung eines bestimmten Mehrheitserfordernisses und Irrtümer im Rahmen der Bewertung

---

[24] Vgl. BGHZ 153, 47 (57 f.) (Macroton) für den Fall des Delistings einer AG; für Erweiterung des Anwendungsbereichs des Spruchverfahrens auf GmbH-rechtliche Beherrschungs- und Ergebnisabführungsverträge: *Emmerich/Habersack* § 32 II 6d; Emmerich/Habersack/*Emmerich* AktG § 304 Rn. 13 u. SpruchG § 1 Rn. 8. Vgl. hierzu *Noack/Zetzsche* ZHR 170 (2006), 218 (245).

der Gültigkeit abgegebener Stimmen (vor allem Eingreifen bzw. Nichteingreifen von Stimmverboten) gerügt werden.[25]

Allerdings ist im Rahmen der **Verfahrensverstöße** zu beachten, dass 40 nicht jeder Gesetzes- oder Satzungsverstoß eine erfolgreiche Anfechtbarkeit des entsprechenden Beschlusses begründet. Vielmehr ist erforderlich, dass dem Verfahrensverstoß **Relevanz** zukommt. Der Beschluss muss mithin zumindest insoweit auf dem Verfahrensverstoß beruhen, als die Möglichkeit besteht, dass der Anfechtungsgrund für das Beschlussergebnis kausal geworden ist.

Im Rahmen der Bestimmung der Relevanz des Verfahrensverstoßes darf 41 allerdings nicht unbesehen auf das relative Stimmgewicht des Gesellschafters abgestellt werden, da eine solche Betrachtungsweise dazu führen würde, dass Minderheitsgesellschafter niemals erfolgreich Beschlüsse anfechten könnten. Insoweit muss man sich vielmehr vergegenwärtigen, dass die **Möglichkeit der Ursächlichkeit des Verstoßes genügt**, so dass insbesondere bei Verstößen gegen das Recht des Gesellschafters auf Teilhabe an und Beeinflussung der Willensbildung, etwa Verletzungen des Teilnahme-, Rede- und Auskunftsrechts, die Kausalität regelmäßig zu bejahen ist. Denn es kann nicht ausgeschlossen werden, dass bei ordnungsgemäßer Erfüllung dieser Verpflichtungen auch andere Gesellschafter im Rahmen der Beschlussfassung anders votiert hätten.[26] Dementsprechend ist, wenn die Satzung den Nur-Kommanditisten ein Teilnahmerecht an der Gesellschafterversammlung der Komplementär-GmbH gewährt, eine Nichteinladung oder eine Ausschließung eines teilnahmeberechtigten Kommanditisten in der Regel ein relevanter, zur Anfechtung berechtigender Verfahrensverstoß, da auch der nicht stimmberechtigte, teilnahmeberechtigte Kommanditist durch seine Wortmeldungen das Abstimmungsverhalten der GmbH-Gesellschafter hätte beeinflussen können.

Verfahrensfehler können analog § 244 AktG **durch Neuvornahme oder** 42 **Bestätigung** des Beschlusses unter Meidung des zur Anfechtung berechtigenden Verfahrensverstoßes **geheilt** werden; daneben kommt – soweit ein zur Anfechtung berechtigender Verfahrensmangel zur Disposition eines einzelnen Gesellschafters steht, wie etwa dessen fehlerhafte Ladung – eine Heilung des Mangels durch Zustimmung des Betroffenen in Betracht.[27]

---

[25] Vgl. zu denkbaren Verfahrensfehlern MHdB GmbH/*Wolff* § 40 Rn. 37 ff.; Rowedder/Schmidt-Leithoff/*Koppensteiner/Gruber* GmbHG § 47 Rn. 121; UHW/*Raiser* GmbHG Anh. § 47 Rn. 108 ff.; Lutter/Hommelhoff/*Bayer* GmbHG Anh. § 47 Rn. 45 ff.; Roth/Altmeppen/*Roth* GmbHG § 47 Rn. 125 ff.; Baumbach/Hueck/*Zöllner* GmbHG Anh. § 47 Rn. 112 ff.; Michalski/*Römermann* GmbHG Anh. § 47 Rn. 268 ff.; MüKoGmbHG/*Wertenbruch* Anh. § 47 Rn. 113 ff.
[26] BGHZ 49, 209 (211); 36, 112 (139); 14, 264 (267 f.); MHdB GmbH/*Wolff* § 40 Rn. 40 ff.; Lutter/Hommelhoff/*Bayer* GmbHG Anh. § 47 Rn. 50 ff.; UHW/*Raiser* GmbHG Anh. § 47 Rn. 110 f.; Scholz/K. *Schmidt* GmbHG § 45 Rn. 100 ff.; Baumbach/Hueck/*Zöllner* GmbHG Anh. § 47 Rn. 125 ff.
[27] MHdB GmbH/*Wolff* § 40 Rn. 51 f.; Rowedder/Schmidt-Leithoff/*Koppensteiner/Gruber* GmbHG § 47 Rn. 136; Lutter/Hommelhoff/*Bayer* GmbHG Anh. § 47 Rn. 60 f.; Scholz/K. *Schmidt* GmbHG § 45 Rn. 119 ff.

43 Demgegenüber berechtigen **Inhaltsmängel** des Beschlusses der GmbH-Gesellschafterversammlung stets zur Anfechtung, da diese immer für das Abstimmungsergebnis relevant sind. Insoweit geht es insbesondere um **Verletzungen der beweglichen, flexiblen Stimmrechtsschranken**, die ihren Ausdruck in der allgemeinen gesellschafterlichen Loyalitäts- und Rücksichtnahmepflicht des Gesellschafters gegenüber der Gesellschaft und dem in § 53a AktG verankerten Gleichbehandlungsgrundsatz finden. Der bedeutendste Maßstab einer Inhaltskontrolle von Gesellschafterbeschlüssen ist die allgemein anerkannte gesellschaftliche Treuepflicht, die insbesondere eine Schranke der Mehrheitsherrschaft gegen unverhältnismäßige Übergriffe in die Rechte der Minderheit bzw. den Interessen der Gesellschaft zuwiderlaufendes Verhalten beinhaltet.

44 Ausfluss der allgemeinen gesellschafterlichen Treuepflicht ist die **materielle Beschlusskontrolle**, wonach mehrheitliche Gesellschafterbeschlüsse, jedenfalls solche von grundlegender Bedeutung, prinzipiell am Grundsatz der Verhältnismäßigkeit zu messen sind, wobei allerdings eine Abstufung des Kontrollmaßstabes insbesondere auch im Hinblick auf die Realstruktur des Verbandes besteht, also vor allem im Hinblick darauf, ob die Gesellschaft personalistisch oder kapitalistisch strukturiert ist, die Gesellschafter also primär reine Anlegerinteressen verfolgen oder das Gesellschaftsverhältnis auf wechselseitigem Vertrauen und persönlicher Mitarbeit der Gesellschafter innerhalb des Unternehmens beruht. Realiter weist die Komplementär-GmbH in der Regel eine personalistische Realstruktur auf.

45 Die materielle Beschlusskontrolle im vorstehenden Sinne greift jedoch nicht bei sog. **gesetzlich vorgeprägten Beschlusssituationen** ein, oder in Fällen, in denen für einen Mehrheits-/Minderheitskonflikt gesetzlich anderweitige Ausgleichsmechanismen (etwa qualifizierte Mehrheitserfordernisse in Verbindung mit sonstigen Schutzkauteln zugunsten der überstimmten Minderheit) geschaffen wurden.

46 Als weitere Inhaltsverstöße kommen insbesondere ein Verstoß einzelner Gesellschafter gegen das Verbot des Erstrebens von Sondervorteilen (vgl. § 243 Abs. 2 AktG analog) und inhaltliche Verstöße gegen die Satzung, insbesondere gegen den statutarischen Unternehmensgegenstand, in Betracht.[28]

47 Im Hinblick auf die Besonderheiten im Rahmen einer GmbH & Co. KG ist in diesem Zusammenhang darauf hinzuweisen, dass grundsätzlich bezüglich etwaiger Inhaltsmängel nur auf die **Verhältnisse innerhalb der Komplementär-GmbH** abzustellen ist, so dass die Beeinträchtigung legitimer Interessen der GmbH & Co. KG und ihrer (Nur-)Kommanditisten nicht ohne weiteres ein Anfechtungsrecht begründet. Somit kann in einer solchen Situation eine Anfechtbarkeit eines Beschlusses der Gesellschafterversammlung der Komplementär-GmbH nur dann begründet sein, wenn diese Interessenbeeinträchtigung im Hinblick auf die KG und ihre Kommanditisten

---

[28] MHdB GmbH/*Wolff* § 40 Rn. 44 f.; Rowedder/Schmidt-Leithoff/*Koppensteiner/Gruber* GmbHG § 47 Rn. 122 ff.; Lutter/Hommelhoff/*Bayer* GmbHG Anh. § 47 Rn. 53 ff.; UHW/*Raiser* GmbHG Anh. § 47 Rn. 124 ff.; Michalski/*Römermann* GmbHG Anh. § 47 Rn. 305 ff.; Baumbach/Hueck/*Zöllner* GmbHG Anh. § 47 Rn. 83 ff.

gegen das (Satzungs-)Recht der GmbH oder die Treuepflichten der GmbH-Gesellschafter verstößt. Insoweit kann die Satzung der Komplementär-GmbH meines Erachtens vorschreiben, dass die Komplementär-GmbH generell auf die Interessen der KG und der (Nur-)Kommanditisten gehörig Rücksicht nehmen muss, so dass eine nicht gerechtfertigte Außerachtlassung der Belange der KG stets eine Anfechtbarkeit von Beschlüssen der GmbH-Gesellschafterversammlung begründet. Selbst wenn eine solche ausdrückliche statutarische Anordnung fehlt, die in Anbetracht des Umstandes, dass der Geschäftsbetrieb der Komplementär-GmbH im Ergebnis regelmäßig vollständig auf die GmbH & Co. KG ausgerichtet ist, ratsam ist, verbleibt die Möglichkeit, dass sich die Interessen der KG und ihrer Gesellschafter gleichwohl in Pflichten der GmbH-Gesellschafter niederschlagen; insbesondere da die Funktion der Komplementär-GmbH als Geschäftsführungsorgan und Haftungsschott für den von der KG betriebenen operativen Geschäftsbetrieb regelmäßig im Unternehmensgegenstand der Komplementär-GmbH verankert ist.[29]

Im Falle einer solchen Beeinträchtigung legitimer Interessen des Gesamtunternehmens durch Beschlüsse der GmbH-Gesellschafterversammlung ist allerdings zu berücksichtigen, dass **allein die GmbH-Gesellschafter anfechtungsberechtigt** sind; eine Anfechtungsberechtigung der Nur-Kommanditisten ist rechtlich nicht begründbar, da zur Geltendmachung von Beschlussmängeln allein die Gesellschafter desjenigen Verbandes berechtigt sind, der die angegriffene Entschließung gefasst hat.[30] 48

Ein Sonderproblem ergibt sich, falls – was bei GmbH & Co. KGs, insbesondere bei Familiengesellschaften, häufiger vorkommen dürfte – zwischen den Gesellschaftern konsortialvertragliche Vereinbarungen getroffen wurden, da sich in dieser Situation die Frage stellt, inwieweit eine Anfechtungsklage auch auf die **Verletzung** solcher **schuldrechtlicher Nebenabreden** zwischen den Gesellschaftern untereinander gestützt werden kann. Insoweit hat der BGH in zwei älteren Entscheidungen im Hinblick auf Stimmbindungsvereinbarungen der Gesellschafter untereinander vertreten, dass eine GmbH-rechtliche Anfechtungsklage auf die Verletzung eines rein schuldrechtlichen Stimmbindungsvertrages gestützt werden könne, wenn (und nur dann) diese vertragliche Verpflichtung zur einheitlichen Stimmabgabe alle Gesellschafter trifft, es sich mithin um eine omnilaterale Gesellschaftervereinbarung handelt; dies soll hingegen bei Verstößen gegen konsortialvertragliche Absprachen, an denen nicht alle Gesellschafter beteiligt sind, nicht gelten.[31] 49

---

[29] Vgl. Scholz/K. *Schmidt* GmbHG Anh. § 45 Rn. 14.
[30] Vgl. Scholz/K. *Schmidt* GmbHG Anh. § 45 Rn. 14 aE.
[31] Vgl. BGH NJW 1983, 1910 f.; NJW 1987, 1890 (1892). Die erstgenannte Entscheidung betrifft den Fall, dass der Stimmbindungsvertrag selbst inhaltlich das Abstimmungsverhalten im Sinne einer Unterlassung bestimmter Entscheidungen festlegt; der letztgenannte Fall betrifft eine Vereinbarung zwischen allen Gesellschaftern darüber, dass der Gesellschafter-Geschäftsführer nur mit seiner Zustimmung abberufen werden soll; in neueren Entscheidung dem BGH zustimmend: OLG Saarbrücken GmbHR 2005, 546 (548); OLG Hamm GmbHR 2000, 674 mwN zum Meinungsstand im Schrifttum.

5. Kapitel. Organisationsverfassung

50 Es ist meines Erachtens bereits zweifelhaft, ob diese Rechtsprechung – wie dies im Schrifttum häufig geschieht – dahin gehend ausgelegt werden kann, dass sie davon ausgeht, dass die Satzung einer GmbH allgemein von omnilateralen schuldrechtlichen Vereinbarungen der Gesellschafter überlagert werde. Denn in den beiden Entscheidungen ging es jeweils um Fälle, in denen das konkrete Stimmverhalten der Gesellschafter allseits bindend im Hinblick auf eine ganz konkrete Entscheidung geregelt wurde.

51 Ungeachtet dessen wird die vorbezeichnete Rechtsprechung von der hM im Schrifttum zu Recht generell abgelehnt. Die hM hält an der klaren Trennung der organisationsrechtlichen Ebene (dh der Satzung) einerseits von schuldrechtlichen (Neben-)Abreden andererseits fest. Die Position der Rechtsprechung ist nicht nur dogmatisch angreifbar, indem sie den grundsätzlichen Unterschied zwischen organisations- und schuldrechtlichen Regelungen überspringt und Letzteren eine satzungsgleiche, dh organisationsrechtliche Qualität gewährt, ohne dass die allgemeinen Voraussetzungen dafür, nämlich die Registerpublizität, erfüllt sind. Sie ist auch im Ergebnis nicht überzeugend. Wenn die Gesellschafter es für richtig halten, eine Regelung außerhalb der Satzung zu treffen und damit auf die Publizität und Rechtsbeständigkeit einer Regelung der Satzung zu verzichten, so haben sie die hieraus resultierenden Folgen, nämlich dass die entsprechende Streitigkeit in ihrem Verhältnis untereinander und nicht auf Kosten der Gesellschaft auszutragen ist, in Kauf zu nehmen.[32]

2. GmbH & Co. KG

52 Anders als im GmbH-Recht ist im Personengesellschaftsrecht nach ganz herrschender Meinung nicht zwischen bloß anfechtbaren und nichtigen Beschlüssen der Gesellschafterversammlung zu differenzieren; eine Analogie zum Kapitalgesellschaftsrecht, also zu den §§ 241 ff. AktG, kann hiernach nicht gezogen werden. Vielmehr sind **mangelhafte Beschlüsse** der Gesellschafterversammlung der GmbH & Co. KG **nichtig**. Die Nichtigkeit kann – ein Feststellungsinteresse vorausgesetzt, welches regelmäßig nur bei den Gesellschaftern gegeben ist – gerichtlich festgestellt werden.[33] Kraft Gesetzes ausgeschlossen sind wiederum die in §§ 14 Abs. 2, 195 Abs. 2 UmwG genannten Rügen im Hinblick auf das Umtauschverhältnis bei Verschmelzungs- und Umwandlungsbeschlüssen.

53 Etwas anderes soll nach (wohl) herrschender Meinung nur für fehlerhafte Beschlüsse über die **Änderung des Gesellschaftsvertrages** und für diesen gleichstehende Strukturänderungen gelten. Insoweit sind – wie dargelegt – nach vorherrschendem Verständnis die **Grundsätze der fehlerhaften Gesellschaft** anzuwenden, was zur Folge hat, dass der Mangel nach Vollzug nur

---

[32] So überzeugend Goette Gesellschaftsrecht, 1996, 113 (119); UHW/*Hüffer* GmbHG § 47 Rn. 84; UHW/*Raiser* GmbHG Anh. § 47 Rn. 152 ff.; *Winter* ZHR 154 (1990), 259 (286); aA Scholz/K. *Schmidt* GmbHG § 45 Rn. 116; Baumbach/Hueck/ *Zöllner* GmbHG § 47 Rn. 118; MüKoGmbHG/*Drescher* § 47 Rn. 250.

[33] Vgl. Baumbach/Hopt/*Hopt* HGB § 119 Rn. 31; *Eickhoff* Rn. 359; Heymann/ *Emmerich* HGB § 119 Rn. 10; HTM/*Mussaeus* GmbH & Co. KG § 4 Rn. 144; *Hueck* Recht der OHG § 11 V 2a; aA Scholz/K. *Schmidt* GmbHG Anh. § 45 Rn. 52 ff.

§ 18 Beschlussmängelrecht der GmbH & Co. KG und ihrer Komplementär-GmbH

durch Auflösungs- oder Übernahmeklage entsprechend §§ 117, 127, 133, 140 HGB geltend gemacht werden kann.[34]

Diese Auffassung wird im Grundsatz von der Rechtsprechung geteilt, die allerdings insoweit zurückhaltender verfährt. Hiernach werden die Regeln über die fehlerhafte Gesellschaft bei mangelhaften Vertragsänderungen nur dann angewandt, wenn durch die Änderung des Gesellschaftsvertrages der „Status" der Gesellschaft verändert wird, was beispielsweise bei fehlerhaftem Ein- und Austritt von Gesellschaftern und der mangelhaften Erweiterung von Geschäftsführungs- und Vertretungsbefugnissen angenommen wird.[35] Der Streit ist hiernach, wie auch im Allgemeinen und in den Fällen der §§ 117, 127, 133, 140 HGB, im Verhältnis der Gesellschafter untereinander auszutragen. Eine der kapitalgesellschaftsrechtlichen Anfechtungsklage entsprechende Situation entsteht durch die vorgenannten Rechtsgrundsätze nicht.[36]

Die **Fehlergründe**, die im Ergebnis zur Nichtigkeit von Gesellschafterbeschlüssen der KG bzw. zur Anwendung der Grundsätze über die fehlerhafte Gesellschaft bei mangelhaften Vertragsänderungen führen, sind im Wesentlichen dieselben wie im GmbH-Recht. Wiederum kommen sowohl Verfahrensverstöße, wie vor allem Fehler bei der Beschlussvorbereitung sowie -durchführung und – soweit eine solche erfolgt – bei der Beschlussfeststellung, als auch Inhaltsmängel, wie vor allem Verstöße gegen die gesellschafterliche Treuepflicht und den Gleichbehandlungsgrundsatz, in Betracht.[37]

Im Hinblick auf **Verfahrensverstöße** ist allerdings Folgendes zu beachten: Da im Personengesellschaftsrecht das Beschlussverfahren gesetzlich weitgehend ungeregelt geblieben ist, kommen insoweit vor allem Verstöße gegen gesellschaftsvertragliche Regelungen in Betracht. Solche Verstöße führen nur dann zur Nichtigkeit, sofern es sich bei den verfahrensmäßigen Anordnungen im Gesellschaftsvertrag nicht um bloße Ordnungsvorschriften handelt und zudem der Beschluss auf dem Verstoß beruht, er mithin für das Beschlussergebnis kausal geworden ist.[38] Nach allgemeinen gesellschaftsrechtlichen Prinzipien gilt im Übrigen im Hinblick auf die Heilung insbesondere von Verfahrensverstößen das Gleiche wie bei der Komplementär-GmbH, so dass bei Schutzvorschriften zugunsten einzelner Gesellschafter Heilung durch Zustimmung des Geschützten eintritt und im Übrigen eine fehlerfreie

---

[34] Baumbach/Hopt/*Hopt* HGB § 105 Rn. 91 ff.; Heymann/*Emmerich* HGB § 105 Rn. 99 ff.; MüKoHGB/*K. Schmidt* § 105 Rn. 252; *K. Schmidt* Gesellschaftsrecht § 6 IV 2; GK/*Ulmer* HGB § 105 Rn. 352 ff. u. § 119 Rn. 77 u. 94.
[35] BGHZ 62, 20 (26 ff.); BGH WM 1955, 1702 (1703 f.).
[36] Vgl. zu den Grundsätzen über die fehlerhafte Gesellschaft allg. und die anerkannten Ausnahmen Baumbach/Hopt/*Hopt* HGB § 105 Rn. 75 ff.; Heymann/*Emmerich* HGB § 105 Rn. 69 ff.; MüKoHGB/*K. Schmidt* § 105 Rn. 228 ff.; GK/*C. Schäfer* HGB § 105 Rn. 315 ff.
[37] Vgl. zu denkbaren Fehlerquellen MüKoHGB/*Enzinger* § 119 Rn. 95 f.; GK/ *C. Schäfer* HGB § 119 Rn. 79 ff.
[38] BGH WM 1983, 1407; NJW 1987, 1262 f.; WM 1988, 23 f.; Baumbach/Hopt/ *Hopt* HGB § 119 Rn. 31; Heymann/*Emmerich* HGB § 119 Rn. 10b; *Hueck* Recht der OHG § 11 V 2a; MüKoHGB/*Enzinger* § 119 Rn. 95 f.; GK/*C. Schäfer* HGB § 119 Rn. 82.

5. Kapitel. Organisationsverfassung

Neuvornahme oder Bestätigung des verfahrensfehlerhaft zustande gekommenen Beschlusses in Betracht kommt.[39]

57 Im Zusammenhang mit etwaigen **Inhaltsmängeln**, insbesondere bei Verstößen gegen die allgemeine gesellschafterliche Rücksichtnahmepflicht, ist zu beachten, dass Beschlüsse der KG, etwa wenn die Komplementär-GmbH zulässigerweise nach Maßgabe des Gesellschaftsvertrages zur Vornahme bestimmter Geschäftsführungsmaßnahmen angewiesen werden soll, in besonderem Maße geeignet sind, Interessen der Komplementär-GmbH und gegebenenfalls auch der GmbH-Gesellschafter zu beeinträchtigen. Dies ist insbesondere bei besonders risikoträchtigen, vor allem mit Haftungsgefahren verbundenen Geschäften der Fall, da die Komplementär-GmbH als persönlich haftende Gesellschafterin der GmbH & Co. KG für sämtliche Gesellschaftsverbindlichkeiten persönlich uneingeschränkt haftet, so dass die Veranlassung besonderer Haftungsgefahren sogar Insolvenzrisiken zu Lasten der Komplementärin heraufbeschwören kann.

58 Auf solche **Belange der Komplementär-GmbH**, die auch unmittelbar auf die GmbH-Gesellschafter durchschlagen können, etwa weil diese Geschäftsführungsfunktionen wahrnehmen und sich so selbst unter Umständen schadensersatzpflichtig machen können oder weil diese – wie dies insbesondere bei kleineren Unternehmen vor allem von Bankengläubigern häufig gefordert wird – persönliche Sicherheiten für die Verbindlichkeiten der GmbH und damit im Ergebnis für die GmbH & Co. KG gestellt haben, müssen die Kommanditisten im Rahmen ihres Abstimmungsverhaltens innerhalb der Gesellschafterversammlung der GmbH & Co. KG aufgrund der gesellschafterlichen Treuepflicht **angemessen Rücksicht nehmen**.

59 Insoweit ist zu berücksichtigen, dass die Komplementär-GmbH notwendigerweise Gesellschafterin der GmbH & Co. KG ist, so dass die entsprechenden Treuebindungen unmittelbar im Verhältnis zwischen den Kommanditisten und der Komplementär-GmbH existieren; typischerweise sind zudem auch die GmbH-Gesellschafter selbst Kommanditisten der KG, so dass in aller Regel auch insoweit unmittelbare Treuebindungen zwischen den Nur-Kommanditisten und denjenigen Kommanditisten, die auch Gesellschafter der GmbH sind, existieren. Hierdurch werden zugleich etwaige Rechtsschutzprobleme, wie sie im umgekehrten Falle einer Beeinträchtigung der KG-Belange durch Entschließungen der Gesellschafter der Komplementär-GmbH bei einer nichtbeteiligungsproportionalen GmbH & Co. KG bestehen, abgemildert. Denn sowohl die **Komplementär-GmbH**, als auch (in der Regel) diejenigen **Kommanditisten, die zugleich GmbH-Gesellschafter sind**, können sich unmittelbar gegen Gesellschafterbeschlüsse der KG wenden, die berechtigte Belange der Komplementär-GmbH und ihrer Gesellschafter beeinträchtigen.

60 Die entsprechenden Bindungen gegenüber der Komplementär-GmbH bestehen im Übrigen unabhängig davon, ob diese kapitalmäßig an der KG beteiligt ist bzw. ob deren Stimm- und Teilnahmerecht innerhalb der KG-Gesellschafterversammlung gesellschaftsvertraglich ausgeschlossen wurde. Ungeachtet dessen ist die Komplementär-GmbH stets in der Lage, im Rah-

---

[39] Vgl. GK/C. *Schäfer* HGB § 119 Rn. 89.

men eines Feststellungsprozesses die Unwirksamkeit eines Gesellschafterbeschlusses der KG-Gesellschafterversammlung geltend zu machen.

Da im Übrigen die Fehlerhaftigkeit von Beschlüssen der KG-Versammlung im Rahmen eines Feststellungsstreits geltend gemacht werden kann, wird man wohl auch diejenigen **Gesellschafter der Komplementär-GmbH, die nicht zugleich Kommanditisten der KG sind**, als berechtigt ansehen müssen, sich gegen Beschlüsse der KG-Versammlung zu wenden, die ihre Interessen verletzen. Denn im Rahmen eines reinen Feststellungsprozesses kommt es allein darauf an, dass dem Kläger ein hinreichendes Feststellungsinteresse zusteht; Letzteres ist meines Erachtens regelmäßig der Fall, da sich eine nichtgehörige Rücksichtnahme der KG-Versammlung auf Belange der Komplementär-GmbH zumindest in Form einer entsprechenden Minderung des Vermögens der Komplementär-GmbH, an der ein (Nur-)GmbH-Gesellschafter beteiligt ist, niederschlägt. Jedenfalls besteht ein Feststellungsinteresse, wenn der GmbH-Gesellschafter als Geschäftsführer oder Sicherungsgeber unmittelbar von der Entscheidung der KG berührt wird. 61

III. Gerichtliche Geltendmachung der Fehlerhaftigkeit

Fragen des Rechtsschutzes gegen fehlerhafte Gesellschafterbeschlüsse sind von großer praktischer Bedeutung, da Gesellschaftern, wenn sie problematische Entschließungen unbeanstandet lassen, einschneidende Rechts- und Vermögenseinbußen drohen, die im Extremfall – insbesondere dann, wenn der Gesellschafter aus seiner Beteiligung an oder Betätigung in der Gesellschaft seinen Lebensunterhalt bestreitet oder er für Gesellschaftsverbindlichkeiten persönliche Sicherheiten stellt – existenzbedrohend sein können. Im Rahmen der praktischen Rechtsdurchsetzung kommt den rechtsformspezifischen Besonderheiten des GmbH- und personengesellschaftsrechtlichen Rechtsschutzsystems entscheidende Bedeutung zu. Werden diese bereits skizzierten Unterschiede nicht hinreichend beachtet, drohen dem Gesellschafter nicht nur erhebliche, unnütz aufgewandte Prozesskosten, sondern auch weitere Rechtsnachteile, da die Situation entstehen kann, dass er einen bestehenden materiellen oder verfahrensrechtlichen Rechtsverstoß aus formellen Gründen, etwa wegen Versäumung von zu beachtenden Klagefristen, nicht mehr geltend machen kann. 62

1. Komplementär-GmbH

Bei der Komplementär-GmbH ist – wie dargelegt – insbesondere zwischen der Nichtigkeitsklage gemäß § 249 AktG analog und der Anfechtungsklage gemäß §§ 243 ff. AktG analog zu unterscheiden. Daneben kommen in bestimmten Situationen Beschlussfeststellungsklagen in Betracht. Ferner sind Fragen des einstweiligen Rechtsschutzes in den Blick zu nehmen: 63

a) Nichtigkeitsklage. Auf die Nichtigkeitsgründe des § 241 AktG kann man sich – wie dargelegt – auch ohne die Nichtigkeitsklage entsprechend § 249 AktG zu erheben, berufen, da an einem Nichtigkeitsmangel leidende 64

Beschlüsse der Komplementär-GmbH unwirksam und nicht lediglich anfechtbar sind. Allerdings entfaltet das auf eine Nichtigkeitsklage hin ergehende Urteil, durch das die Nichtigkeit des angegriffenen Beschlusses festgestellt wird, analog §§ 248 Abs. 1 S. 1, 249 Abs. 1 S. 1 AktG **Rechtskraft inter omnes**; aufgrund dieser erweiterten Rechtskraftwirkung genießt die Nichtigkeitsklage, soweit sie von einer bestimmten Person erhoben werden kann, Vorrang vor sonstigen Rechtsbehelfen, insbesondere einer allgemeinen Feststellungsklage.

65 Nach herrschender Meinung steht die Nichtigkeitsklage neben den Gesellschaftern auch insbesondere den Geschäftsführern zur Verfügung, da diesen die Möglichkeit offen stehen muss, im Falle eines Vorliegens der in § 241 AktG genannten gravierenden Rechtsverstöße, die einer Beschlussdurchführung entgegenstehen, für Rechtsklarheit zu sorgen. Die Nichtigkeitsklage ist gegen die Gesellschaft zu richten. Ausschließlich **zuständig** für die Klage ist das Landgericht am Sitz der Gesellschaft, und zwar dort die Kammer für Handelssachen (§§ 246 Abs. 3 S. 1, 2, 249 Abs. 1 S. 1 AktG analog).

66 Im Prozess wird die Gesellschaft grundsätzlich **von den Geschäftsführern vertreten**; klagt allerdings ein Geschäftsführer, so können die Gesellschafter nach § 46 Nr. 8 GmbHG einen besonderen Vertreter bestellen.[40] Unterbleibt dies, ist ein Prozessvertreter nach § 57 ZPO zu berufen.

67 Eine **Klagefrist** für die Erhebung der Nichtigkeitsklage besteht **nicht**; allerdings können bestimmte Nichtigkeitsgründe mit Eintragung in das Handelsregister und Ablauf der Drei-Jahres-Frist entsprechend § 242 Abs. 2 AktG geheilt werden, wodurch eine verspätet erhobene Klage unbegründet wird.[41] Darüber hinaus bleiben selbstverständlich die allgemeinen Grundsätze zur Verwirkung und zum Rechtsmissbrauch anwendbar. Durch die geplante Aktienrechtsnovelle, die voraussichtlich Mitte 2013 in Kraft treten wird, könnte nunmehr eine relative Klagefrist von einem Monat nach Erhebung und Bekanntmachung der ersten Nichtigkeitsklage in § 249 Abs. 3 AktG aufgenommen werden. Hierdurch soll verhindert werden, dass Nichtigkeitsklagen bewusst zweckwidrig hinausgezögert werden und das Klagerecht auf diese Weise missbraucht wird.[42] Ob eine solche Regelung auch auf die GmbH im Wege der Analogie Anwendung findet wird, ist noch völlig offen.[43]

68 **b) Anfechtungsklage.** Demgegenüber besteht im Hinblick auf die Anfechtungsgründe des § 243 AktG analog der bereits dargestellte Grundsatz, dass der **fehlerhafte Beschluss** zunächst ungeachtet seiner Mangelhaftigkeit wirksam ist und er durch richterliches Gestaltungsurteil beseitigt werden muss.

---

[40] Roth/Altmeppen/*Roth* GmbHG § 46 Rn. 54; MüKoGmbHG/*Liebscher* § 46 Rn. 261 ff.
[41] Hierzu MHdB GmbH/*Wolff* § 40 Rn. 33; Lutter/Hommelhoff/*Bayer* GmbHG Anh. § 47 Rn. 26; UHW/*Raiser* GmbHG Anh. § 47 Rn. 87 f., 93; Scholz/*K.Schmidt* GmbHG § 45 Rn. 146.
[42] Begründung zum Gesetzesentwurf, BT-Drs. 17/8989, 19.
[43] Lutter/Hommelhoff/*Bayer* GmbHG Anh. § 47 Rn. 29; ausführlich zu dem Regierungsentwurf *Bayer* AG 2012, 141 ff.

§ 18 *Beschlussmängelrecht der GmbH & Co. KG und ihrer Komplementär-GmbH*

Das der Anfechtungsklage stattgebende Urteil erklärt gemäß § 248 Abs. 1 **69**
S. 1 AktG analog den Beschluss für nichtig; es handelt sich um ein Gestaltungsurteil, welches mit Eintritt der Rechtskraft zur rückwirkenden Vernichtung des Beschlusses mit Wirkung **inter omnes** führt, so dass der Beschluss von jedermann, insbesondere von den Gesellschaftern und Organmitgliedern, nicht mehr beachtet werden darf. Demgegenüber wirkt das die Anfechtungsklage abweisende Urteil nur zwischen den Prozessparteien. Darüber hinaus haben die Geschäftsführer das Anfechtungsurteil zum Handelsregister einzureichen, welches, wenn die Beschlussanfechtung einen eintragungsbedürftigen Beschluss betrifft, in das Handelsregister einzutragen ist (§ 248 Abs. 1 S. 1 und 3, Abs. 2 AktG analog).

Allerdings ist zu beachten, dass **Außenvertretungsakte** der Geschäftsfüh- **70**
rer, die auf der angegriffenen Entscheidungen beruhen, aus Gründen des Verkehrs- und Vertrauensschutzes von der erfolgreichen Beschlussanfechtung nicht berührt werden. Denn bis zu dem der Klage stattgebenden Anfechtungsurteil haben die entsprechenden Beschlüsse als fehlerunabhängig wirksam zu gelten; etwas anderes kann allenfalls unter dem Gesichtspunkt des Missbrauchs der Vertretungsmacht in Betracht kommen, wenn dem Geschäftsgegner die Notwendigkeit des Ermächtigungsbeschlusses und seine Fehlerhaftigkeit bekannt waren.[44]

Die **Anfechtungsbefugnis** steht allein den GmbH-Gesellschaftern zu, **71**
wobei die Anfechtungsbefugnis entfällt, wenn der opponierende Gesellschafter für den fehlerhaften Beschluss votiert oder er nachträglich das Beschlussergebnis gebilligt hat.[45]

Anders als bei der Nichtigkeitsklage wird demgegenüber von der hM eine **72**
Anfechtungsbefugnis von Organmitgliedern, insbesondere der Geschäftsführer nicht anerkannt; etwas anderes soll nach vorherrschender Meinung, die in der Rechtsprechung noch nicht bestätigt wurde, nur gelten, wenn sich die Geschäftsführer durch die Ausführung des anfechtbaren Beschlusses strafbar oder schadensersatzpflichtig machen würden. Weiterhin wird von der hM davon ausgegangen, dass Organmitgliedern durch statutarische Anordnung die Anfechtungsbefugnis verliehen werden könne.[46]

Die Anfechtungsbefugnis eines Gesellschafters kann dieser verwirken, ins- **73**
besondere dann, wenn er die Anfechtungsklage nur deshalb erhebt, weil er einen Lästigkeitswert aufbauen und sich diesen von der Gesellschaft abkau-

---

[44] Vgl. zu den Urteilswirkungen MHdB GmbH/*Wolff* § 40 Rn. 79 ff.; Rowedder/ Schmidt-Leithoff/*Koppensteiner/Gruber* § 47 GmbHG Rn. 155 ff.; UHW/*Raiser* GmbHG Anh. § 47 Rn. 261 ff.; Scholz/K. *Schmidt* GmbHG § 45 Rn. 168 ff.; Baumbach/Hueck/*Zöllner* GmbHG Anh. § 47 Rn. 176 ff.

[45] Vgl. MHdB GmbH/*Wolff* § 40 Rn. 63 ff.; UHW/*Raiser* GmbHG Anh. § 47 Rn. 168 ff.; Scholz/K. *Schmidt* GmbHG § 45 Rn. 127 ff.; Baumbach/Hueck/*Zöllner* GmbHG Anh. § 47 Rn. 136 ff.

[46] Vgl. BGHZ 76, 154 (159): keine Anfechtungsbefugnis der Geschäftsführer; zur hM s. MHdB GmbH/*Wolff* § 40 Rn. 66; Rowedder/Schmidt-Leithoff/*Koppensteiner/ Gruber* GmbHG § 47 Rn. 147; UHW/*Raiser* GmbHG Anh. § 47 Rn. 177 ff.; Scholz/ K. *Schmidt* GmbHG § 45 Rn. 134 f.; zu anderen Differenzierungen im Schrifttum vgl. Roth/Altmeppen/*Roth* GmbHG § 47 Rn. 139 f. mwN.

fen lassen will (sog. **räuberische Anfechtungsklage**).[47] Eine Verwirkung des Anfechtungsrechts ist darüber hinaus auch in anderen Situationen denkbar, etwa dann, wenn sich ein Gesellschafter zwecks wirtschaftlicher Vereitelung von Schadensersatz- und Kostenerstattungsansprüchen zur Geltendmachung von Anfechtungs- und Blockaderechten einer **vermögens- und funktionslosen Kleinst-GmbH** bedient.[48] Ob bei missbräuchlichen Anfechtungsklagen gegen einen Beschluss über Kapitalmaßnahmen oder einen Unternehmensvertrag das Freigabeverfahren nach § 246a AktG entsprechend auf die GmbH angewandt werden kann, wird unterschiedlich beurteilt.[49] Das Fehlen oder der Verlust der Anfechtungsbefugnis führt zur Abweisung der Klage als unbegründet.[50]

74 Die Anfechtungsklage ist **allein gegen die Gesellschaft zu richten** und kann nicht auf die den Beschluss befürwortenden Gesellschafter erstreckt werden; dies folgt aus § 246 Abs. 2 S. 1 AktG analog. Die beklagte Gesellschaft wird im Anfechtungsprozess grundsätzlich von ihren Geschäftsführern vertreten, es sei denn, Anfechtungskläger ist ein (Gesellschafter-)Geschäftsführer; im letztgenannten Falle gilt das Gleiche wie bei der Nichtigkeitsklage (→ Rn. 66).

75 Insbesondere die Passivlegitimation der Gesellschaft im Rahmen des Anfechtungsprozesses muss bei GmbH & Co. KGs penibel beachtet werden, da es in Anbetracht der grundsätzlichen Passivlegitimation der den Beschluss befürwortenden Gesellschafter innerhalb der GmbH & Co. KG im Rahmen der Beanstandung von KG-Beschlüssen leicht zu Verwechslungen kommen kann.

76 Weiterhin ist – insbesondere dann, wenn keine statutarischen Anordnungen im Hinblick auf die Klagfrist im Gesellschaftsvertrag der Komplementär-GmbH und der GmbH & Co. KG getroffen wurden – die für die Anfechtung von Gesellschafterbeschlüssen der Komplementär-GmbH geltende **Anfechtungsfrist** besonders zu beachten. Zwar gilt die strikte Monatsfrist des § 246 Abs. 1 AktG ohne statutarische Anordnung im GmbH-Recht nicht, allerdings stellt die Monatsfrist einerseits die absolute Untergrenze einer gesellschaftsvertraglichen Klagfrist und andererseits zugleich das Leitbild für die im GmbH-Recht zu beachtende angemessene Frist, die dem opponierenden Gesellschafter auferlegt, mit der ihm zumutbaren Beschleunigung vorzugehen, dar. In Anbetracht dieser Grundsätze ist einem anfechtungswilligen GmbH-Gesellschafter dringend zu empfehlen, regelmäßig die Monatsfrist des § 246 Abs. 1 AktG einzuhalten und keinesfalls länger als drei Monate

---

[47] Ständige Rspr zur AG: BGHZ 112, 9 (20) (Pfälz. Hyp.bank/Dt. Hyp.bank); 107, 296 (308 ff.) (Kochs-Adler); BGH NJW 1992, 569 (Dt. Bank); AG 1991, 102 (104) (SEN); NJW 1990, 322 ff. (DAT/Altana I); OLG Frankfurt NZG 2009, 222; Lutter/Hommelhoff/*Bayer* GmbHG Anh. § 47 Rn. 82; UHW/*Raiser* GmbHG Anh. § 47 Rn. 186 ff.; Scholz/K. *Schmidt* GmbHG § 45 Rn. 137; *Henze* ZIP 2002, 100 f.

[48] Grundlegend OLG Stuttgart BB 1999, 2316 ff. (Blockadevehikel); s. ferner obiter LG München ZIP 1999, 2152 (2155) (Hypo-Vereinsbank).

[49] Siehe ausführlich hierzu unten → Rn. 80a ff.

[50] BGH NJW-RR 2008, 289 (290); Lutter/Hommelhoff/*Bayer* GmbHG Anh. § 47 Rn. 75; UHW/*Raiser* GmbHG Anh. § 47 Rn. 167; aA Scholz/K. *Schmidt* GmbHG § 45 Rn. 127.

zuzuwarten, wobei eine Überschreitung der Monatsfrist allenfalls bei der Notwendigkeit zur Klärung schwierigster Rechtsfragen und ähnlichen Situationen, die ein Zuwarten gerechtfertigt erscheinen lassen, in Betracht gezogen werden sollte. Die Anfechtungsfrist beginnt im Übrigen grundsätzlich mit der Fassung des angegriffenen Beschlusses; unter Umständen kann allerdings auch auf den Zeitpunkt der Kenntniserlangung des Anfechtungsklägers von dem Beschluss bzw. von den anfechtungsbegründenden Umständen abzustellen sein.[51] Bei Verschmelzungs-, Spaltungs- und Umwandlungsbeschlüssen gilt allerdings auch ohne besondere statutarische Anordnung allein die einmonatige Klagfrist gemäß §§ 14 Abs. 1, 125 S. 1, 195 Abs. 1 UmwG.

Im Hinblick auf die **weiteren Verfahrensfragen** gilt das bereits zur Nichtigkeitsklage Ausgeführte. Ausschließlich zuständig ist mithin das LG am Sitz der Gesellschaft und zwar dort die Kammer für Handelssachen. Für die Bestimmung des Streitwertes gilt grundsätzlich § 247 AktG, wobei allerdings nach herrschender Meinung die Streitwertobergrenze des § 247 Abs. 1 S. 2 AktG von 500.000 EUR nicht anzuwenden ist, da diese Vorschrift auf Kleinaktionäre zugeschnitten ist.[52] 77

c) Feststellungsklagen. Feststellungsklagen im Zusammenhang mit fehlerhaften Beschlüssen einer GmbH-Gesellschafterversammlung kommen nur in bestimmten Situationen in Betracht. Zu denken ist insoweit insbesondere an die **Ergebnisfeststellungsklage,** wenn das Beschlussergebnis streitig ist und dieses nicht vom Versammlungsleiter festgestellt wurde. Als Kläger einer solchen Klage kommen Gesellschafter, Organmitglieder und unter Umständen auch die Gesellschaft selbst in Betracht. Richtiger Beklagter ist grundsätzlich die Gesellschaft, es sei denn, die Gesellschaft selbst klagt; im letztgenannten Fall dürfte wohl die Klage gegen denjenigen zu richten sein, der aus dem unklaren Beschlussergebnis meint, Ansprüche herleiten zu können. Die Klage ist im Übrigen nicht fristgebunden; allenfalls eine Verwirkung des Klagrechts wegen Zeitablauf kommt in Betracht, wobei insoweit allerdings längere Fristen verstreichen müssen, als die reguläre Anfechtungsfrist.[53] 78

Weitere Besonderheiten sind **bei negativen, einen Beschlussantrag ablehnenden Beschlüssen** zu beachten. Begehrt ein Gesellschafter eine bestimmte positive Entscheidung, beispielsweise die Zustimmung zur Abtretung seines Geschäftsanteils (vgl. § 15 Abs. 5 GmbHG), und wird der entspre- 79

---

[51] Vgl. BGHZ 111, 224 (225 f.); 104, 66 (70 ff.); 101, 113 (117 f.); BGH GmbHR 1992, 801; OLG Hamm GmbHR 1995, 736 (738); GmbHR 1992, 458 f.; vgl. hierzu MHdB GmbH/*Wolff* § 40 Rn. 71 ff.; Lutter/Hommelhoff/*Bayer* GmbHG Anh. § 47 Rn. 62; *Raiser/Veil* Kapitalgesellschaften § 33 Rn. 77 f.; Scholz/*K. Schmidt* GmbHG § 45 Rn. 141 ff.; Baumbach/Hueck/*Zöllner* GmbHG Anh. § 47 Rn. 144 ff.

[52] So OLG Karlsruhe GmbHR 1995, 302; OLG Celle Rpfleger 1974, 233; OLG Frankfurt NJW 1968, 2112; Lutter/Hommelhoff/*Bayer* GmbHG Anh. § 47 Rn. 83; Roth/Altmeppen/*Roth* GmbHG § 47 Rn. 151; Baumbach/Hueck/*Zöllner* GmbHG Anh. § 47 Rn. 171; aA Scholz/*K. Schmidt* GmbHG § 45 Rn. 153; MHdB GmbH/ *Wolff* § 40 Rn. 82; offen lassend BGH NZG 1999, 999.

[53] Vgl. zur Beschlussfeststellungsklage BGHZ 104, 66 (68); 76, 154 (156); 51, 206 (211 ff.); 14, 25 (35 f.); s. ferner MHdB GmbH/*Wolff* § 40 Rn. 89 ff.; UHW/*Raiser* GmbHG Anh. § 47 Rn. 277 ff.; Baumbach/Hueck/*Zöllner* GmbHG Anh. § 47 Rn. 181 ff.

5. Kapitel. Organisationsverfassung

chende Antrag (treuwidrig) abgelehnt, so hilft ihm die bloße Anfechtung des (eventuell) fehlerhaften ablehnenden Beschlusses nicht weiter. Durch ein klagstattgebendes Anfechtungsurteil entfiele nur die ablehnende Entscheidung und es würde nicht zugleich eine positive, das Begehren des Gesellschafters billigende Entscheidung herbeigeführt.

80 Das Rechtsschutzbegehren des entsprechenden Gesellschafters muss daher darauf gerichtet sein, über die bloße Anfechtung des ablehnenden Beschlusses hinaus einen positiven Zustimmungsbeschluss herbeizuführen. Dieses Ziel kann dadurch erreicht werden, dass die die Zustimmung treuwidrig versagenden Mitgesellschafter auf Abgabe einer entsprechenden Zustimmungserklärung verklagt werden, wenn diese Stimmen zur Erreichung eines zustimmenden Beschlusses erforderlich gewesen wären. Das Rechtsschutzbegehren einer entsprechenden Klage ist auf Abgabe einer Willenserklärung (zustimmende Stimmabgabe in der Gesellschafterversammlung) gerichtet; eine rechtskräftige Verurteilung zur Zustimmung ersetzt gemäß § 894 ZPO die zustimmende Stimmabgabe des beklagten Mitgesellschafters, wobei die Klage mit der Anfechtungsklage gegen den ablehnenden Hauptversammlungsbeschluss verbunden werden kann und sollte.

81 Weiterhin besteht in einer solchen Situation das Bedürfnis, das Gericht feststellen zu lassen, dass der zustimmende Gesellschafterbeschluss tatsächlich zustande gekommen ist; diesem Rechtsschutzbegehren kann durch die sog. **positive Beschlussfeststellungsklage**, gerichtet gegen die Gesellschaft, Rechnung getragen werden, wobei die positive Beschlussfeststellungsklage – ebenso wie die Anfechtungsklage – fristgebunden ist, so dass sie regelmäßig binnen Monatsfrist erhoben werden muss. Da die entsprechende Klage jedoch darauf gestützt wird, dass die Mitgesellschafter treuwidrig und rechtsmissbräuchlich gegen den von dem klagenden Gesellschafter begehrten Antrag gestimmt haben, müssen diese nach den dargelegten Grundsätzen zugleich auf positive Stimmabgabe mitverklagt werden. Letzteres ist allerdings nur dann erforderlich, wenn sich der Gesellschafter gegen eine treuwidrige Versagung der Zustimmung durch die Mitgesellschafter wendet. Ist der Beschluss hingegen eigentlich zustande gekommen, jedoch aufgrund eines Zählfehlers oder einer unrichtigen Beurteilung des Beschlussmehrheitserfordernisses durch den Versammlungsleiter als abgelehnt festgestellt worden, so genügt die Erhebung einer Anfechtungsklage iVm einer positiven Beschlussfeststellungsklage.[54] Ist durch den angefochtenen Beschluss einem entsprechenden Beschlussantrag stattgegeben und das Abstimmungsergebnis vom Versammlungsleiter förmlich festgestellt worden, ist indes eine mit der Anfechtungsklage verbundene Beschlussfeststellungsklage unzulässig.[55]

82 **d) Einstweiliger Rechtsschutz.** Beschlussmängelstreitigkeiten sind erfahrungsgemäß außerordentlich langwierige rechtliche Auseinandersetzungen, die mit viel Engagement geführt werden und oft die Klärung komplexer

---

[54] Vgl. im Einzelnen MHdB GmbH/*Wolff* § 40 Rn. 98 f.; UHW/*Raiser* GmbHG Anh. § 47 Rn. 273 ff.; *Reichert*/M. *Winter* FS 100 Jahre GmbHG, 1992, 209 (225 f.); Scholz/K. *Schmidt* GmbHG § 45 Rn. 178 ff.; *Winter* Gesellschafterkonflikte, 2000, 39 ff.
[55] BGH BB 2003, 493.

§ 18 Beschlussmängelrecht der GmbH & Co. KG und ihrer Komplementär-GmbH

rechtlicher und tatsächlicher Fragestellungen erfordern. Während des mit dem anhängigen Rechtsstreit einhergehenden **Schwebezustands** bestehen regelmäßig erhebliche Rechtsunsicherheiten, durch die die Handlungsfähigkeit der Gesellschaft oder auch die Handlungsbereitschaft ihrer Geschäftsführer erheblich eingeschränkt sein kann:

Vielfach spitzen sich Streitsituationen, da sie sich negativ auf die laufende Geschäftstätigkeit auswirken, zu Unternehmenskrisen zu. Umgekehrt kann allerdings auch eine Maßnahme streitig sein, die die wirtschaftliche Existenzgrundlage eines Gesellschafters in Frage stellt. Besonders kritisch sind Streitigkeiten, in denen es um die Bestellung oder Abberufung von Geschäftsführern[56] oder um den Ausschluss von Gesellschaftern geht, da diese Streitigkeiten weitere ganz erhebliche Folgeprobleme nach sich ziehen. Beispielhaft sei in diesem Zusammenhang nur die Situation genannt, dass die Gesellschafterversammlung die Ausschließung eines Gesellschafters beschlossen hat und der (vermeintliche) Störenfried – woran die Mitgesellschafter ein erhebliches Interesse haben – nicht mehr zu den Gesellschafterversammlungen eingeladen wird; erweist sich die nur als ultima ratio in Betracht kommende Ausschließung im Nachhinein als unwirksam, so sind sämtliche Folgebeschlüsse, an denen der zu Unrecht Ausgeschlossene nicht mitwirken konnte, ebenfalls fehlerhaft. Die vorstehend beschriebene Situation führt vielfach zu einer ungeheuren Prozesslawine.

Umgekehrt können allerdings auch Maßnahmen der Gesellschaft Gegenstand eines anzufechtenden Beschlusses sein, die im Ergebnis, wenn sie auf der Grundlage des angegriffenen Mehrheitsbeschlusses vollzogen werden, dazu führen, dass vollendete Tatsachen geschaffen werden. Eine Revision der entsprechenden Maßnahme im Falle einer erst nach Jahren feststehenden erfolgreichen Beschlussanfechtung kommt realiter vielfach nicht mehr in Betracht, da die Rückgängigmachung der Maßnahme zu unwiderbringlichen Schäden zu Lasten der Gesellschaft führen würden.

In all diesen Situationen besteht ein dringendes Bedürfnis dafür, dass die gesellschaftsinternen Verhältnisse **durch einstweilige gerichtliche Maßnahmen vorläufig geregelt** werden. Im Rahmen solcher einstweiligen Rechtsschutzmaßnahmen kommen insbesondere Maßnahmen, die den Vollzug von Gesellschafterentscheidungen betreffen und Maßnahmen, die sich auf die Beschlussfassung selbst beziehen, in Betracht.[57]

Auf der **Vollzugsebene** geht es um die Verhinderung der Durchführung oder des Wirksamwerdens, unter Umständen – unter Beachtung des grundsätzlichen Verbots der Vorwegnahme der Hauptsache im einstweiligen Rechtsschutzverfahren – auch um die Rückgängigmachung von Durchführungsmaßnahmen; es steht außer Zweifel, dass die Durchführung eines rechtswidrigen Beschlusses im Wege der einstweiligen Verfügung untersagt werden kann.[58] Demgegenüber wird von der herrschenden Meinung davon

---

[56] Vgl. insb. M. Winter Gesellschafterkonflikte, 2000, 44 ff.
[57] Vgl. insb. M. Winter Gesellschafterkonflikte, 2000, 53 ff. mwN.
[58] Strittig ist dies einzig und allein im Hinblick auf die Entscheidung zur Abberufung des Geschäftsführers. Die ganz herrschende Meinung lässt auch insoweit im einstweiligen Rechtsschutz eine Aussetzung der Abberufungsentscheidung zu, soweit

5. Kapitel. Organisationsverfassung

ausgegangen, dass eine Beschlussfassung der Gesellschafterversammlung mit Rücksichtnahme auf das Verbot der Vorwegnahme der Hauptsache nur dann verboten werden kann, wenn die Rechtslage eindeutig ist, der Antragsteller ein überragendes Schutzbedürfnis geltend machen kann oder kein geringerer Eingriff zur Verfügung steht, durch den dem Rechtsschutzbedürfnis des Antragstellers Rechnung getragen werden kann, insbesondere die Verweisung des Antragstellers auf die Untersagung der Durchführung des Beschlusses, die wie dargelegt immer möglich ist, keinen Sinn macht.[59] Auf **Beschlussebene** ist in der Regel an Verbote im Hinblick auf die Stimmabgabe oder Beschlussfassung, ausnahmsweise – wiederum unter Beachtung des grundsätzlichen Verbots der Vorwegnahme der Hauptsache – auch an Gebote zur Stimmabgabe zu denken. Demgegenüber kommt die Nichtigerklärung von Gesellschafterbeschlüssen in Anbetracht glaubhaft gemachter Beschlussmängel im einstweiligen Verfügungsverfahren nicht in Betracht.

87 Im Hinblick auf die Erwirkung einer bestimmten Maßnahme dürften allerdings in der Regel sehr **hohe Anforderungen an den Verfügungsgrund** gemäß § 940 ZPO und an dessen **Glaubhaftmachung** zu stellen sein, da insoweit stets eine Vorwegnahme der Hauptsache droht. Gleiches gilt tendenziell auch im Hinblick auf die Verhinderung der Ausführung von Gesellschafterbeschlüssen, wobei allerdings insoweit auch zu berücksichtigen sein kann, dass durch die Durchführung des Beschlusses womöglich irreversible, vollendete Tatsachen geschaffen werden.[60]

88 Schließlich ist es in einstweiligen Rechtsschutzsituationen auch denkbar, dass die Gesellschaft oder die Mitgesellschafter eine **Blockadeposition eines einzelnen Gesellschafters**, etwa weil dieser über eine Sperrminorität verfügt oder die Gesellschafterentscheidung sogar seiner Zustimmung bedarf, **überwinden** müssen. Typisch für solche Situationen ist, dass die von den Mitgesellschaftern erstrebte Maßnahme in der Regel endgültig scheitert bzw. sich durch Zeitablauf erledigt, wenn zunächst ein langwieriger, jahrelanger Rechtsstreit geführt werden muss. Andererseits wird durch den im Wege der einstweiligen Verfügung zugelassenen Vollzug der Maßnahme zu Lasten des blockierenden Gesellschafters ein realer irreversibler Zustand geschaffen.

89 In solchen Konfliktsituationen ist es schwierig, Maßstäbe für die Abwägung zu finden, wem das „Fehlentscheidungsrisiko" zuzuweisen ist, da eine Vorwegnahme der Hauptsache sowohl bei Erlass der einstweiligen Verfügung als auch bei deren Unterbleiben droht. Insoweit bietet es sich an, eine **Parallele zu § 16 Abs. 3 UmwG** zu ziehen, wonach eine Beschlussanfech-

---

die Anfechtungsklage bei summarischer Prüfung hinreichende Aussicht auf Erfolg hat: vgl. BGHZ 82, 183 ff. Lutter/Hommelhoff/*Kleindiek* GmbHG § 38 Rn. 36; Baumbauch/Hueck/*Zöllner*/*Noack* GmbHG § 38 Rn. 69; aA unter Berufung auf § 84 Abs. 3 S. 4 AktG analog: Scholz/*Schneider* GmbHG § 38 Rn. 75 ff.

[59] Michalski/*Römermann* GmbGH Anh. § 47 Rn. 603 ff.; Lutter/Hommelhoff/ *Bayer* GmbHG Anh. § 47 Rn. 89 ff.; Scholz/*K. Schmidt* GmbHG § 45 Rn. 183; – aA indes (generelle Ablehnung einer Untersagung der Beschlussfassung im eV-Verfahren): Rowedder/Schmidt/Leithoff/*Koppensteiner*/*Gruber* § 47 GmbHG Rn. 93.

[60] Vgl. hierzu MHdB GmbH/*Wolff* § 40 Rn. 101 ff.; UHW/*Raiser* GmbHG Anh. § 47 Rn. 285 ff.; Scholz/*K. Schmidt* GmbHG § 45 Rn. 183; BeckHdB GmbH/*Fischer*/ *Gerber* § 4 Rn. 215 ff.; Baumbach/Hueck/*Zöllner* GmbHG Anh. § 47 Rn. 194 ff.

tungsklage bei gewissen Umstrukturierungsmaßnahmen von Gesetzes wegen eine Registersperre und damit die Undurchführbarkeit der beschlossenen Umstrukturierungsmaßnahme auslöst. In dieser Situation drohen typischerweise durch Vollzug und durch Nichtvollzug des Gesellschafterbeschlusses irreversible Zustände einzutreten. Die Registersperre kann im sog. Unbedenklichkeitsverfahren bzw. Freigabeverfahren überwunden werden, wenn die entsprechende Anfechtungsklage evident unzulässig oder unbegründet ist oder wenn durch die Blockade wesentliche Nachteile zu Lasten der Gesellschaft eintreten würden, die gegenüber der drohenden Rechtsbeeinträchtigung zu Lasten des Anfechtenden überwiegen.[61] Streitet im Einzelfall eine formelle Blockadeposition eines Gesellschafters gegen eine im Interesse der Gesellschaft dringend gebotene Maßnahme oder drohen der Gesellschaft bzw. den Mitgesellschaftern anderweitige erhebliche Nachteile, insbesondere Vermögenseinbußen, so genießt das Vollzugsinteresse der Gesellschaft entsprechend dieser gesetzlichen Wertung auch außerhalb des unmittelbaren Anwendungsbereich des § 16 Abs. 3 UmwG Vorrang. Diese gesetzliche Wertung ist meines Erachtens deshalb auch außerhalb des UmwG bei Konfliktfällen der vorbezeichneten Art in einstweiligen Rechtsverfahren zu beachten, weil alle Gesellschafter aufgrund der gesellschaftlichen Treuepflicht vor allem dem Gesellschaftsinteresse verpflichtet sind und sie auch in Konfliktsituationen angemessene Rücksichtnahme auf die Belange der Mitgesellschafter schulden. Daher hat das Suspensivinteresse des Anfechtenden gegenüber dem Vollzugsinteresse der Gesellschaft und der Mehrheit zurückzustehen, wenn sich durch den Nichtvollzug erhebliche wirtschaftliche Nachteile, etwa Steuerbelastungen zu Lasten des Gesellschaftsvermögens oder des Vermögens der Mitgesellschafter verwirklichen und diese Nachteile nicht durch anderweitige wirtschaftliche oder rechtliche Einbußen zu Lasten des Anfechtenden im Falle des Vollzugs deutlich überwogen werden.[62]

e) Freigabeverfahren (§ 246a AktG analog). Eine dem § 16 Abs. 3 UmwG entsprechende Regelung wurde nunmehr durch das UMAG[63] in § 246a AktG eingeführt. Nach dieser kann auf Antrag festgestellt werden, ob die gegen einen Hauptversammlungsbeschluss über eine Kapitalmaßnahme oder einen Unternehmensvertrag erhobene Anfechtungsklage einer Eintragung entgegensteht und Beschlussmängel die Wirkung der Eintragung unberührt lassen. Die Ausweitung des Rechtsgedankens aus § 16 Abs. 3 UmwG erfolgte primär mit dem Ziel, missbräuchlichen Anfechtungsklagen zu begegnen. Das Freigabeverfahren beseitigt die durch eine Anfechtungsklage regelmäßig bewirkte faktische Registersperre und ermöglicht der Gesell-

90

---

[61] Vgl. OLG Düsseldorf ZIP 1999, 793; OLG Hamm ZIP 1999, 798 (Thyssen/Krupp); fraglich ist, ob die mit der Umsetzung der Aktionärsrichtlinie (ARUG) v. 30.7.2009 (BGBl. I 2479) in § 16 Abs. 3 Nr. 2 UmwG eingeführte Alternative auf die GmbH Anwendung findet; das Freigabeverfahren ist danach erfolgreich, wenn der Anfechtungskläger nicht eine betragsmäßige Beteiligung in Höhe von mindestens EUR 1.000 nachweist. Siehe hierzu → Rn. 80d.
[62] So de lege ferenda auch *M. Winter* Gesellschafterkonflikte, 2000, 56 f. mwN.
[63] Gesetz zur Unternehmensintegrität und Modernisierung des Anfechtungsrechts v. 22.9.2005, BGBl. I 2802.

5. Kapitel. Organisationsverfassung

schaft dadurch zielgenau gegen missbräuchliche Anfechtungsklagen vorzugehen. Ob dieses Verfahren auch bei Anfechtungsklagen gegen Beschlüsse in einer GmbH über eine Kapitalmaßnahme oder einen Unternehmensvertrag anwendbar ist, wird unterschiedlich beurteilt.[64]

91 Das KG Berlin hat jüngst mit knapper Begründung die Anwendbarkeit des § 246a AktG auf Beschlussmängelstreitigkeiten innerhalb der GmbH abgelehnt.[65] Eine planwidrige Regelungslücke liege nicht vor, da der Gesetzgeber ausdrücklich auf missbräuchliche Anfechtungsklagen von Aktionären Bezug genommen hat und damit deutlich gemacht habe, dass sich der Regelungsinhalt darin erschöpfe. Weiterhin habe der Gesetzgeber bei der späteren Novellierung des GmbHG durch das MoMiG[66] trotz Kenntnis der Problematik keine Regelung hierzu getroffen. Ob im Bereich des GmbH-Rechts angesichts der unterschiedlichen Realstruktur ein ähnlich starkes Bedürfnis nach einem Freigabeverfahren besteht, könne nur der Gesetzgeber entscheiden.

92 Der strukturelle Unterschied zwischen einer AG mit zahlreichen Kleinaktionären und einer eher personalistisch geprägten GmbH ist zwar im Grundsatz anzuerkennen; der Schluss, dass daher kein Bedürfnis bestünde, missbräuchlichen Anfechtungsklagen entgegenzutreten, kann daraus hingegen nicht gezogen werden. Auch wenn die Gefahr missbräuchlicher Anfechtungsklagen in der GmbH deutlich geringer ist, existiert auch hier grundsätzlich die Problematik der faktischen Blockadewirkung von missbräuchlichen Anfechtungsklagen und das Bedürfnis nach einer schnellen und rechtssicheren Lösung. Dem Schweigen des Gesetzgebers kann keinesfalls entnommen werden, dass das Freigabeverfahren ausschließlich auf die AG angewandt werden soll. Vor dem Hintergrund, dass das Freigabeverfahren in § 16 Abs. 3 UmwG unterschiedslos auf die GmbH Anwendung findet, ist nicht nachvollziehbar, warum etwas anderes für das identisch ausgestaltete Verfahren nach § 246a AktG gelten soll.[67]

93 Bei einer analogen Anwendung von § 246a AktG auf Beschlussmängelstreitigkeiten der GmbH ist jedoch ebenso wie bei der Anwendung der §§ 241 ff. AktG insgesamt den Besonderheiten der GmbH im Vergleich zu der AG Rechnung zu tragen.[68] So sprechen gute Gründe dafür, die Voraus-

---

[64] Befürwortend Baumbach/Hueck/Zöllner/Noack GmbHG § 54 Rn. 29; *Bayer/Lieder* NZG 2011, 1170 ff.; UHW/*Raiser* GmbHG Anh. § 47 Rn. 188, 210; Roth/Altmeppen/*Roth* GmbHG § 57 Rn. 14; Lutter/Hommelhoff/*Bayer* GmbHG Anh. § 47 Rn. 88; *Harbarth* GmbHR 2005, 966 ff.; UHW/*Ulmer* GmbHG § 54 Rn. 57; de lege ferenda für ein Freigabeverfahren bei der GmbH noch vor dem UMAG: *M. Winter* FS Ulmer 2003, 699 (722); ablehnend KG Berlin NZG 2011, 1068 ff.; *Sauerbruch* GmbHR 2007, 189 ff.; *Fleischer* DB 2011, 2132 ff.; MüKoGmbHG/*Wertenbruch* Anh. § 47 Rn. 191.

[65] KG Berlin NZG 2011, 1068 f.

[66] Gesetz zur Modernisierung des GmbH-Rechts und zur Bekämpfung von Missbräuchen (MoMiG) v. 23.10.2008.

[67] MüKoGmbHG/*Lieder* § 57 Rn. 62; Baumbach/Hueck/*Zöllner* GmbHG § 54 Rn. 29; UHW/*Raiser* GmbHG Anh. § 47 Rn. 188; *Harbarth* GmbHR 2005, 966 (969).

[68] *Bayer/Lieder* NZG 2011, 1170 (1174).

setzung einer betragsmäßigen Beteiligung von mindestens 1.000 EUR in § 246a Abs. 2 Nr. 2 AktG nicht analog anzuwenden. Das Stammkapital der GmbH ist in der Regel deutlich niedriger als in der AG und Gesellschafter mit durchaus gewichtiger Beteiligung würden daher vorschnell ausgeschlossen sein. Weiterhin ist bei der Anwendung der Abwägungsklausel in § 246a Abs. 2 Nr. 3 AktG die im Vergleich zu Aktionären in der Regel bedeutendere Stellung des Gesellschafters in der GmbH zu berücksichtigen.

2. GmbH & Co. KG

Fehler in der Beschlussfassung einer Personengesellschaft können im Personengesellschaftsrecht – obwohl dies im Schrifttum teilweise vertreten wird (→ Rn. 7 m. Fn. 2) – nicht nach Art einer aktienrechtlichen Anfechtungsklage gegen die Gesellschaft selbst geltend gemacht werden. Vielmehr erfolgt die gerichtliche Geltendmachung des Mangels nach ganz herrschender Meinung im Wege einer **Feststellungsklage**;[69] das erforderliche Feststellungsinteresse ist zugunsten der Gesellschafter der GmbH & Co. KG stets zu bejahen, auch wenn diese in der Gesellschafterversammlung nicht stimmberechtigt sind bzw. – wie es im Falle der Komplementär-GmbH möglich ist – diesen sogar eine Teilnahme an der Gesellschafterversammlung untersagt ist. Die Klagbefugnis ist ein unverzichtbares Mitgliedschaftsrecht, so dass diese gesellschaftsvertraglich nicht eingeschränkt werden kann. Dies gilt nach herrschender Meinung auch in einer Publikumsgesellschaft.[70]

94

Diese Feststellungsklage richtet sich grundsätzlich – anders als im GmbH-Recht – nicht gegen die Gesellschaft, sondern **gegen diejenigen Gesellschafter, die die Unwirksamkeit des Beschlusses bestreiten**, wobei allerdings im Gesellschaftsvertrag die Passivlegitimation der Gesellschaft geregelt werden kann.[71] Wird gesellschaftsvertraglich nicht die Passivlegitimation der Gesellschaft vorgesehen, ist zu berücksichtigen, dass sich mit dem im Feststellungsprozess ergehenden Urteil **keine Rechtskrafterstreckung** auf Dritte etwa auf an den Rechtsstreit nicht beteiligte Gesellschafter, verbindet. Auch eine notwendige Streitgenossenschaft zwischen den übrigen, die Wirksamkeit des Beschlusses behauptenden Gesellschaftern besteht nicht.

95

Daher kann der Gesellschafter im Rahmen seiner Klage aus dem Kreis der die Wirksamkeit behauptenden Gesellschafter nicht willkürlich einen Prozessgegner – etwa den Wortführer – herausziehen und nur diesen verklagen, sondern er muss seine Klage gegen alle Mitgesellschafter richten, die seine Rechtsposition gefährden, indem sie der Unwirksamkeit des Beschlusses entgegentreten oder sich trotz Aufforderung insoweit nicht eindeutig artikulie-

96

---

[69] Siehe nur BGH NZG 2011, 544.
[70] Vgl. BGH NJW-RR 1992, 227; 1990, 474; RGZ 151, 321 (329); 122, 266 (269); OLG Köln NJW-RR 1994, 491; Baumbach/Hopt/*Hopt* HGB § 119 Rn. 32; Heymann/*Emmerich* HGB § 119 Rn. 11; HTM/*Mussaeus* GmbH & Co. KG § 4 Rn. 144; *Hueck* Recht der OHG § 11 V 2d; KRM/*Koller* HGB § 119 Rn. 15.
[71] BGHZ 85, 351 (353); BGH NJW 1995, 12 (18); WM 1966, 1036; Baumbach/Hopt/*Hopt* HGB § 119 Rn. 32; Heymann/*Emmerich* HGB § 119 Rn. 12; *Hueck* Recht der OHG § 11 V 2d; MüKoHGB/*Enzinger* § 119 Rn. 97; GK/C. *Schäfer* HGB § 119 Rn. 91 f.

ren, es sei denn, die anderen Gesellschafter haben sich dem Prozessausgang unterworfen. Eine solche nur gegen einen Gesellschafter gerichtete Feststellungsklage dürfte mangels Feststellungsinteresses unzulässig sein, da sie zu keiner endgültigen Klärung der strittigen Rechtsfrage führt. Allerdings kann meines Erachtens eine solche Unterwerfung auch im Gesellschaftsvertrag erfolgen, indem angeordnet wird, dass alle Gesellschafter eine gerichtliche Feststellung der Unwirksamkeit eines Gesellschafterbeschlusses in einem Rechtsstreit zwischen einzelnen Gesellschaftern generell gegen sich gelten lassen. Eine solche antizipierte Akzeptierung des Prozessergebnisses dürfte allerdings grundsätzlich voraussetzen, dass die anderen Gesellschafter über den Prozess unterrichtet werden und ihnen so die Chance gegeben wird, auf der einen oder anderen Seite des Rechtsstreits beizutreten, um ihren Rechtsstandpunkt vorbringen zu können. Eine solche Information dürfte auch dann erforderlich sein, wenn der Beschlussmängelstreit kraft gesellschaftsvertraglicher Anordnung gegenüber der Gesellschaft auszutragen ist; die entsprechende Regelung ist dahin gehend auszulegen, dass sich alle Gesellschafter generell dem Ergebnis des Beschlussmängelprozesses zwischen dem den Mangel behauptenden Gesellschafter und der Gesellschaft unterwerfen.[72]

97 Wie dargelegt, sind solche statutarischen Vorkehrungen im Hinblick auf die Passivlegitimation der Gesellschaft oder wenigstens im Hinblick auf eine antizipierte Unterwerfung unter den Prozessausgang eines nur zwischen einem Teil der Gesellschafter geführten Feststellungsstreits dringend anzuraten. Dies auch deshalb, da sich in einer mehrgliedrigen Gesellschaft vielfach bestimmte Gesellschaftergruppen gegenüberstehen und sich erfahrungsgemäß vielfach ein Teil der Mitgesellschafter neutral verhält. Fehlen vertragliche Regelungen im vorgenannten Sinne, besteht die Gefahr, dass sich die bzw. der sich gegen einen Gesellschafterbeschluss wendende Gesellschafter, um Zulässigkeitsrisiken im Hinblick auf seine Klage zu vermeiden, auch gegen die neutralen Gesellschafter wenden muss und so der Streit eskaliert bzw. die neutralen Gesellschafter in das Lager der anderen Gruppe getrieben werden.

98 Die Erhebung der entsprechenden Feststellungsklage ist grundsätzlich **nicht fristgebunden**, wobei allerdings der Gesellschaftsvertrag eine Klagfrist, die nicht weniger als einen Monat betragen darf (vgl. § 246 Abs. 1 AktG), anordnen kann. Auch die gesellschaftsvertragliche Anordnung einer entsprechenden Klagfrist ist aus den dargelegten Gründen dringend zu empfehlen. Fehlt eine entsprechende gesellschaftsvertragliche Regelung, so folgt hieraus allerdings nicht, dass sich die Gesellschafter eine beliebig lange Zeit auf einen ihnen bekannten Beschlussmangel berufen können. Sie sind vielmehr gehalten, innerhalb einer angemessenen Frist die entsprechende Feststellungsklage zu erheben; dies wird aus der gesellschafterlichen Treuepflicht abgeleitet. Die Fristversäumung führt allerdings nicht zu einer Heilung des Mangels, sondern lediglich nach Verwirkungsgrundsätzen dazu, dass eine Berufung auf den Beschlussmangel ausscheidet.[73]

---

[72] Vgl. Heymann/*Emmerich* HGB § 119 Rn. 12; *Hueck* Recht der OHG § 11 V 2d; MüKoHGB/*Enzinger* § 119 Rn. 97; GK/C. *Schäfer* HGB § 119 Rn. 92 aE.

[73] BGHZ 112, 339 (344); 68, 212 (216); BGH DB 1987, 88f.; WM 1985, 701 (706); WM 1966, 1036; Baumbach/Hopt/*Hopt* HGB § 119 Rn. 32; Heymann/*Em-*

Weiterhin ist im Zusammenhang mit dem personengesellschaftsrecht- 99
lichen Beschlussmängelrecht, welches auf Fehler der Beschlussfassung der
GmbH & Co. KG Anwendung findet, zu beachten, dass im HGB für bestimmte Fälle im gesetzlichen Regelfall keine Beschlussfassung der Gesellschafterversammlung, sondern eine Geltendmachung der entsprechenden Maßnahme im Wege einer **Gestaltungsklage** vorgesehen ist. Es handelt sich insoweit um die Fälle der Entziehung der Geschäftsführungsbefugnis (§ 117 HGB) und Vertretungsmacht (§ 127 HGB) sowie um die Fälle der Auflösung der Gesellschaft (§ 133 HGB) und der Ausschließung von Gesellschaftern (§ 140 HGB) jeweils aus wichtigem Grund. Allerdings sind die vorgenannten Regelungen dispositiv, so dass im Gesellschaftsvertrag anstelle der gesetzlich vorgesehenen Gestaltungsklage auch eine Durchführung der entsprechenden Maßnahmen aufgrund eines Gesellschafterbeschlusses, der dann – im Falle seiner Mangelhaftigkeit – Gegenstand einer Feststellungsklage im vorgenannten Sinne wäre, angeordnet werden kann. Auch insoweit ist der Kautelarpraxis zu empfehlen, entsprechende gesellschaftsvertragliche Regelungen vorzusehen und diese an die in der Komplementär-GmbH geltenden Regelungen anzupassen.[74]

Weiterhin plädiert – wie dargelegt (→ Rn. 53 ff.) – die hM in der Litera- 100
tur dafür, auf **fehlerhafte Vertragsänderungen** die Regeln über die fehlerhafte Gesellschaft anzuwenden, so dass diese Fehler ebenfalls nur im Wege einer richterlichen **Gestaltungsklage** analog §§ 117, 127, 133, 140 HGB geltend gemacht werden könnten, soweit die fehlerhafte Änderung des Gesellschaftsvertrages bereits in Vollzug gesetzt wurde. Die Frage, ob der Gesellschaftsvertrag insoweit etwas anderes vorsehen kann, ist meines Erachtens in Anbetracht der gesellschaftsvertraglichen Gestaltungsfreiheit zu bejahen.

Auch im Personengesellschaftsrecht kommen **einstweilige Verfügungen** 101
in Beschlussmängelangelegenheiten in Betracht; insoweit kommen im Wesentlichen die gleichen Grundsätze wie im GmbH-Recht zum Tragen, wobei allerdings teilweise davon ausgegangen wird, dass einstweilige Verfügungen nur in engen Grenzen, bei eindeutiger Rechtslage oder besonderem Schutzbedürfnis zB gegen den Vollzug nichtiger Beschlüsse möglich seien.[75]

3. Schiedsvereinbarungen

Um den vorstehend im Einzelnen aufgezeigten Schwierigkeiten im Zu- 102
sammenhang mit der Geltendmachung von Beschlussmängeln bei der
GmbH & Co. KG zu begegnen, die insbesondere aus den verschiedenen

---

merich HGB § 119 Rn. 10b ff.; HTM/*Mussaeus* GmbH & Co. KG § 4 Rn. 145; KRM/
Koller HGB § 119 Rn. 15; *Sommer* GmbH & Co. KG, 2012, 169; *Vogel* Praxis der
Gesellschafterversammlung, 1976, 223.
[74] Vgl. zur Dispositivität der §§ 117, 127, 133, 140 HGB: Baumbach/Hopt/*Hopt*
HGB § 117 Rn. 11 f.; § 127 Rn. 11 f.; § 133 Rn. 18 ff.; § 140 Rn. 28 ff.; Heymann/
Emmerich HGB § 117 Rn. 25 ff.; § 127 Rn. 9; § 133 Rn. 21 ff.; § 140 Rn. 30 ff.;
MüKoHGB/*Jickeli* § 117 Rn. 79 ff.; MüKoHGB/*K. Schmidt* § 127 Rn. 10; § 133
Rn. 62 ff.; § 140 Rn. 88 ff.
[75] Vgl. Baumbach/Hopt/*Hopt* HGB § 119 Rn. 32 aE; Heymann/*Emmerich* HGB
§ 119 Rn. 12a; KRM/*Koller* HGB § 119 Rn. 15 aE.

5. Kapitel. *Organisationsverfassung*

Rechtsschutzsystemen für Beschlussmängel der Entschließungen der Gesellschafterversammlungen der Komplementär-GmbH und der GmbH & Co. KG resultieren, bietet es sich im Grundsatz an, eine Schiedsgerichtsvereinbarung sowohl im KG-Vertrag, als auch im GmbH-Vertrag zu treffen, wonach alle Streitigkeiten zwischen den Gesellschaftern bzw. den Gesellschaftern und der Gesellschaft einschließlich Beschlussmängelstreitigkeiten von einem (ein und demselben) Schiedsgericht zu entscheiden sind.

103 Auch insoweit errichten allerdings rechtsformspezifische Besonderheiten des GmbH-rechtlichen Rechtsschutzsystems erhebliche Hürden. Die **Anforderungen, die die Rechtsprechung an eine wirksame Schiedsvereinbarung** stellt, unterscheiden sich stark zwischen einer Personengesellschaft und einer GmbH. Während die Schiedsfähigkeit personengesellschaftsrechtlicher Beschlussmängelstreitigkeiten weitgehend unbestritten ist, hat der BGH die Möglichkeit kassatorischer Schiedsverfahren im GmbH-Recht lange Zeit grundsätzlich abgelehnt. Mittlerweile hat der BGH zwar dem Drängen der Literatur nachgegeben und die Schiedsfähigkeit von Beschlussmängelstreitigkeit im Grundsatz bejaht; eine Schiedsklausel, die Beschlussmängelstreitigkeiten der GmbH-Gesellschafter erfasst, ist aber nur dann wirksam, wenn sie vier vom BGH aufgestellte Gleichwertigkeitskriterien erfüllt (→ Rn. 113 ff.).[76]

104 **a) Vorteile der Schiedsgerichtsbarkeit.** Schiedsvereinbarungen im Hinblick auf Streitigkeiten zwischen Gesellschaftern bieten eine Vielzahl von Vorteilen:

105 Zu nennen ist insbesondere die Möglichkeit, dass die gesellschaftsinternen Streitigkeiten der Gesellschafter durch Personen entschieden werden, die das Vertrauen der Parteien genießen und die über die erforderliche auch wirtschaftliche Sachkunde verfügen. Schiedsvereinbarungen sind in aller Regel so ausgestaltet, dass jede Partei einen Parteischiedsrichter ernennt und sich die Parteischiedsrichter auf einen dritten neutralen Schiedsrichter einigen.

106 Weiterhin können Schiedsgerichtsverfahren im Vergleich zu einem über drei Instanzen geführten Rechtsstreit kostengünstiger sein. Zu beachten ist allerdings, dass dieser Kostenvorteil in der Regel nur gegenüber durch mehrere Instanzen geführten Rechtsstreitigkeiten vor den ordentlichen Gerichten besteht, da die Schiedsrichter üblicherweise nach Maßgabe des RVG entlohnt werden, so dass im Vergleich zur ersten Instanz regelmäßig höhere Kosten anfallen.

107 Ferner zeigt die Erfahrung, dass die Schiedsgerichte – zumindest in der Regel – die Rechtsstreitigkeiten der Parteien schneller als die ordentlichen Gerichte entscheiden, so dass die mit einer rechtlichen Auseinandersetzung einhergehenden Rechtsunsicherheiten schneller behoben werden.

108 Schließlich ist darauf hinzuweisen, dass die Schiedsgerichte – anders als die Staatsgerichte – nicht öffentlich verhandeln, so dass die Streitigkeit diskreter abgewickelt wird, was insbesondere dann von Bedeutung ist, wenn im Laufe eines Verfahrens Gesellschaftsinterna und Geschäftsgeheimnisse offen gelegt und kontrovers diskutiert werden (müssen). Gerade in Anbetracht dieses

---

[76] BGHZ 180, 221 ff.

§ 18 Beschlussmängelrecht der GmbH & Co. KG und ihrer Komplementär-GmbH

Umstandes erfreuen sich Schiedsvereinbarungen in der Praxis großer Beliebtheit.[77]

b) Schiedsfähigkeit von Beschlussstreitigkeiten. Die Schiedsfähigkeit von **personengesellschaftsrechtlichen** Beschlussmängelstreitigkeiten steht außer Zweifel, da Feststellungsstreitigkeiten schiedsfähig sind[78] und Beschlussmängelstreitigkeiten im Personengesellschaftsrecht im Wege eines solchen Feststellungsstreits auszutragen sind.[79]

Im **GmbH-Recht** wurde die Schiedsfähigkeit kassatorischer Beschlussanfechtungsstreitigkeiten hingegen lange Zeit kontrovers beurteilt. In der älteren Rechtsprechung und im älteren Schrifttum wurde die Schiedsfähigkeit insbesondere unter Hinweis darauf abgelehnt, dass den Prozessparteien eine Disposition über den Streitgegenstand durch Vergleich nicht möglich sei, so dass es an der objektiven und subjektiven Vergleichsfähigkeit fehle.[80] Außerdem sei gesetzlich die zwingende Zuständigkeit der Landgerichte für derartige kassatorische Klagen vorgesehen. Demgegenüber bejaht die heute ganz hM im Schrifttum die Schiedsfähigkeit von Anfechtungsstreitigkeiten im GmbH-Recht.[81]

Zu der Frage der Möglichkeit kassatorischer Schiedsgerichtsprozesse im GmbH-Recht hat der BGH jüngst in zwei viel beachteten[82] Entscheidungen Stellung genommen. In der ersten, nachträglich mit „Schiedsfähigkeit I" bezeichneten Grundsatzentscheidung, hat der BGH zunächst den vormals gegen die Schiedsfähigkeit von Anfechtungsklagen vorgebrachten generellen Einwendungen betreffend insbesondere die objektive und subjektive

109

110

111

---

[77] Ob auch das alternative Streitbeilegungsverfahren der Wirtschaftsmediation auf dem Gebiet der Beschlussmängelstreitigkeiten in Zukunft zum Einsatz kommen wird, bleibt zu beobachten, vgl. hierzu *Casper/Risse* ZIP 2000, 437 ff.; *Wozniewski* NZG 2008, 410 ff.; krit. hierzu Michalski/*Römermann* GmbHG Anh. § 47 Rn. 562 ff.; UHW/*Raiser* GmbHG Anh. § 47 Rn. 237.
[78] Vgl. BGHZ 132, 278 (280) (Bild/Herder): bejaht die Zulässigkeit von „einfachen Feststellungsschiedsklagen" ausdrücklich; s. ferner zur Schiedsfähigkeit von Feststellungsklagen BGH GmbHR 1979, 202; NJW 1966, 1458; *Schütze/Tscherning/Wais* Rn. 380, jew. mwN.
[79] Vgl. *Ebbing* NZG 1999, 167 f.; *K. Schmidt* ZGR 1988, 523 (538); *Sommer* GmbH & Co. KG, 2012, 169; GK/C. *Schäfer* HGB § 119 Rn. 90.
[80] Vgl. etwa BGH WM 1979, 886 (888); WM 1966, 1132 f.; OLG Hamm GmbHR 1992, 759 (zur GmbH & Co. KG); MHdB GmbH/*Ingerl* 1. Aufl. § 40 Rn. 62; Rowedder/Schmidt-Leithoff/*Koppensteiner/Gruber* GmbHG § 47 Rn. 143.
[81] Vgl. etwa OLG Karlsruhe GmbH 1995, 455; *Reichert* FS Ulmer, 2003, 511 (519 ff.); MHdB GmbH/*Wolff* § 40 Rn. 115 ff.; Lutter/Hommelhoff/*Bayer* GmbHG Anh. § 47 Rn. 95 ff.; *Timm* FS Fleck, 1988, 365 (374); Baumbach/Hueck/*Zöllner* GmbHG Anh. § 47 Rn. 32 ff.; UHW/*Raiser* GmbHG Anh § 47 Rn. 233 ff.; MüKoGmbHG/*Wertenbruch* Anh. § 47 Rn. 272 ff.; Michalski/*Römermann* GmbHG Anh. § 47 Rn. 553 ff.
[82] Vgl. nur *Hausschild/Böttcher* DNotZ 2012, 577; *v. Hase* BB 2011, 1993; *Witte/Hafner* DStR 2009. 2052; *Saenger/Splittgerber* DZWIR 2010, 177; *Goette* GWR 2009, 103; *Habersack* JZ 2009, 797; *Duve/Keller* NJW 2009, 1966 f.; *Wolff* NJW 2009, 2021; *Böttcher/Helle* NZG 2009, 700; *Borris* NZG 2010, 481; *Borris* SchiedsVZ 2009, 299 ff.; *Albrecht* NZG 2010, 486 ff.; *Riegger/Wilske* ZGR 2010, 733 ff.; *Kröll* SchiedsVZ 2010, 144 ff.; *Borris* NJW 2011, 1265; *Nolting* SchiedsVZ 2011, 319.

Liebscher 457

Schiedsfähigkeit und die ausschließliche Zuständigkeit der Landgerichte analog § 246 Abs. 3 S. 1 AktG eine klare Absage erteilt. Nichtsdestotrotz wurde die Beschlussmängelstreitigkeit in dem konkreten Einzelfall als unzulässig angesehen, da der BGH durchgreifende Bedenken bezüglich der Rechtskrafterstreckung entsprechend § 248 Abs. 1 S. 1 AktG auf nicht am Verfahren beteiligte Gesellschafter und Gesellschaftsorgane in einem Schiedsgerichtsverfahren hatte.[83] Eine entsprechende Anwendung des § 248 Abs. 1 S. 1 AktG auf Schiedsgerichtsverfahren sei ohne vergleichbare Grundbedingungen wie vor einem staatlichen Gericht nicht möglich. In Anbetracht der seinerzeit anstehenden Neuregelung des Schiedsverfahrensrechts der ZPO appellierte der BGH an den Gesetzgeber, auch die Voraussetzungen kassatorischer Schiedsverfahren zu regeln.[84]

112 Der Gesetzgeber seinerseits hat den ihm zugespielten Ball im Schiedsverfahrens-Neuregelungsgesetz zurückgespielt, indem er den Appell des BGH nicht aufgegriffen, sondern es umgekehrt Rechtsprechung und Rechtswissenschaft überlassen hat, Lösungen für die schiedsgerichtliche Behandlung von Beschlussmängelstreitigkeiten zu entwickeln.[85]

113 Der BGH hat sich dieser Aufgabe nunmehr in der sog. „Schiedsfähigkeit II" – Entscheidung angenommen und vier Voraussetzungen formuliert, die eine dem Rechtsschutz durch staatliche Gerichte gleichwertige Ausgestaltung des schiedsgerichtlichen Verfahrens gewährleisten.[86] Eine wirksame Schiedsvereinbarung, die auch Beschlussmängelstreitigkeiten erfassen soll, muss demnach die folgenden Bedingungen erfüllen, die das Gericht aus § 138 BGB als materielle Gültigkeitsgrenzen des Prozessvertrages[87] abgeleitet hat:

– Die Schiedsabrede muss mit Zustimmung sämtlicher Gesellschafter in der Satzung verankert oder alternativ außerhalb der Satzung unter Mitwirkung sämtlicher Gesellschafter und der Gesellschaft getroffen werden.
– Wegen des Rechts auf rechtliches Gehör (Art. 103 Abs. 3 GG) muss neben den Gesellschaftsorganen jeder Gesellschafter über die Einleitung und den Verlauf des Schiedsverfahrens informiert und dadurch in die Lage versetzt werden, dem Verfahren zumindest als Nebenintervenient beizutreten.
– Sämtlichen Gesellschaftern muss die Möglichkeit eingeräumt werden, an der Auswahl und Bestellung der Schiedsrichter mitzuwirken. Alternativ kann die Auswahl auch durch eine neutrale Stelle erfolgen.
– Es muss gewährleistet sein, dass alle denselben Streitgegenstand betreffenden Beschlussmängelstreitigkeiten bei einem Schiedsgericht konzentriert werden.

114 Zu beachten ist, dass diese „Gleichwertigkeitskautelen" vor Beginn des Prozesses erfüllt sein müssen. Eine nach Beginn des Prozesses erfolgende Korrektur kann keine Wirksamkeit der Schiedsvereinbarung mehr bewirken.

---

[83] BGHZ 132, 278.
[84] BGHZ 132, 278 (Bild/Herder); hierzu *Henze* ZIP 2002, 99.
[85] S. RegBegr. SchiedsverfahrensneuregelungsG, BT-Drs. 13/5274, insbes. 34 re. Sp. unten/35 li. Sp.
[86] BGHZ 180, 221 ff.
[87] Krit. zu dieser dogmatischen Verortung *Wolff* NJW 2009, 2021 (2021 f.).

Diese Entscheidung ist insofern zu begrüßen, als sie die Schiedsfähigkeit **115** von Beschlussmängelstreitigkeiten klarstellt und die Voraussetzungen ausdrücklich benennt, die bei der Verfassung von Schiedsvereinbarungen zu berücksichtigen sind. Die seit der Entscheidung ergangene obergerichtliche Rechtsprechung zeigt jedoch, dass die Gerichte bei der Handhabung dieser Kriterien strenge Maßstäbe anlegen und bei der Formulierung der Schiedsklauseln somit größte Vorsicht geboten ist.[88] Aus dem Urteil ergeben sich zudem einige Folgefragen, die der BGH zum Teil ausdrücklich offen gelassen hat.

Erstens stellt sich die Frage, inwieweit lückenhafte Schiedsvereinbarungen **116** durch ergänzende Vertragsauslegung geschlossen werden können. Angesichts der nunmehr klar formulierten Voraussetzungen, erscheint eine ergänzende Vertragsauslegung möglich, sofern der hypothetische Parteiwille eindeutig ergibt, dass auch Beschlussmängelstreitigkeiten erfasst sein sollen.[89] In der seit dem BGH Urteil ergangenen obergerichtlichen Rechtsprechung ist die ergänzende Vertragsauslegung jedoch nicht einmal erwähnt worden.[90]

Zweitens wurde die Frage offen gelassen, ob die Gesellschafter aufgrund **117** ihrer gesellschafterlichen Treuepflichten an der Anpassung einer fehlerhaften Schiedsvereinbarung mitwirken müssen und ob eine ¾-Mehrheit nach § 53 Abs. 2 S. 1 GmbHG für eine solche Änderung ausreicht.[91] Jedenfalls soweit die bisherige Klausel Beschlussmängelstreitigkeiten erfasst hat, ist von einer derartigen Mitwirkungspflicht der Gesellschafter auszugehen.[92] Der BGH hat hierzu nur klargestellt, dass die gesellschafterlichen Treuepflichten jedenfalls nicht so weit gehen, dass die Kläger in einem bereits rechtshängigen Verfahren an der Geltendmachung der Nichtigkeit der Klausel gehindert wären.[93]

Der BGH hat drittens ausdrücklich keine Position zu der Frage bezogen, **118** ob die Nichtigkeit der Schiedsvereinbarung in Bezug auf Beschlussmängelstreitigkeiten eine Nichtigkeit der gesamten Schiedsvereinbarung nach § 139 BGB nach sich zieht.[94] Insoweit empfiehlt es sich, einen für die Erhaltung der übrigen Vereinbarung erforderlichen Willen in der Schiedsabrede zum Ausdruck zu bringen.

Unklarheit besteht viertens noch bezüglich der Frage, welche Folgen eine **119** mangelhafte Umsetzung einer den Anforderungen des BGH entsprechenden Schiedsvereinbarung hat. Ist zB die Benachrichtigung der Gesellschafter trotz der in der Schiedsklausel vorgesehenen Informationspflicht unzureichend, ist davon auszugehen, dass die betroffenen Gesellschafter die Möglichkeit haben,

---

[88] OLG Frankfurt NZG 2011, 629 ff.; OLG Bremen NZG 2010, 230 f.
[89] *Riegger/Wilske* ZGR 2010, 733 (744).
[90] OLG Frankfurt NZG 2011, 629 ff.; OLG Bremen NZG 2010, 230 f.
[91] Befürwortend: *Reichert* FS Ulmer, 2003, 511 (533); *Reichert/Harbarth* NZG 2003, 379 (380 f.); Lutter/Hommelhoff/*Bayer* GmbHG Anh. § 47 Rn. 98; Scholz/ K. *Schmidt* GmbHG § 45 Rn. 150.
[92] *Reichert/Harbarth* NZG 2003, 379 (380 f.); MüKoGmbHG/*Wertenbruch* Anh. § 47 Rn. 28; Scholz/K. *Schmidt* GmbHG § 45 Rn. 150.
[93] BGHZ 180, 221 (227).
[94] BGHZ 180, 221 (227).

einen Antrag auf gerichtliche Aufhebung des Schiedsspruchs nach § 1059 Abs. 2 Nr. 1 d ZPO innerhalb von drei Monaten zu stellen.[95]

120 Angesichts der umfangreichen Ausführungen des BGH in der „Schiedsfähigkeit I"-Entscheidung über die Auswahl der Schiedsrichter und dessen große Bedeutung für den Verlauf des Schiedsverfahrens[96] ist letztlich noch überraschend, dass der BGH in der „Schiedsfähigkeit II" – Entscheidung nunmehr ohne weitere Begründung lediglich eine mehrheitliche Auswahl des Schiedsrichters genügen lässt, wenn auf einer Seite des Streitverhältnisses mehrere Gesellschafter beteiligt sind.[97]

121 c) **Inhalt des Schiedsvertrages.** Die Erfordernisse einer gleichberechtigten Möglichkeit zur Beteiligung am Schiedsverfahren und zur Mitwirkung an der Auswahl der Schiedsrichter ist insbesondere deshalb von Bedeutung, weil es sich bei gesellschaftsrechtlichen Streitigkeiten über die Wirksamkeit von Gesellschafterbeschlüssen typischerweise um **Mehrparteienschiedsverfahren** handelt, bei denen einer Seite kein Übergewicht bei der Schiedsrichterbenennung zukommen darf.

122 Typischerweise wird in Schiedsvereinbarungen vorgesehen, dass die Seite der Schiedskläger und der Schiedsbeklagten je einen Parteischiedsrichter ernennen und sich die beiden Parteischiedsrichter auf einen Dritten (neutralen) Schiedsrichter verständigen. Dieses sog. Dreier-Schiedsgericht ist auch das Leitbild der schiedsverfahrensrechtlichen Regelungen in der ZPO, die durch das Schiedsverfahrensneuregelungsgesetz neu gefasst wurden (vgl. § 1034 Abs. 1 S. 2, § 1035 Abs. 3 S. 2 ZPO). Dies hat bei Mehrparteienschiedsverfahren zur Folge, dass sich die verschiedenen auf Kläger- und/oder Beklagtenseite stehenden Personen im Rahmen der Auswahl eines Parteischiedsrichters auf eine Person einigen müssen. In der Schiedsvereinbarung wird typischerweise vorgesehen, dass im Falle einer Beteiligung mehrerer Personen auf Kläger- oder Beklagtenseite sich die Benennungsfrist für die Schiedsrichter verlängert, um eine Verständigung zwischen den Beklagten bzw. Klägern zu ermöglichen, wobei im Nichteinigungsfalle eine Benennung des entsprechenden Parteischiedsrichters durch eine neutrale Instanz erfolgt.

123 Derartige Klauseln entsprechen verbreiteter Praxis; sie werden als privatautonome Regelung allgemein für zulässig gehalten.[98] Meines Erachtens ist eine solche im Ergebnis einen Einigungszwang einer Mehrzahl von Klägern oder Beklagten begründende Regelung auch bei Schiedsvereinbarungen betreffend GmbH-rechtliche Beschlussmängelstreitigkeiten zulässig; eine Schiedsrichterernennung ausschließlich durch eine neutrale Instanz (in der Regel von einem im Schiedsvertrag benannten Gericht oder Gerichtspräsidenten) ist jedenfalls im Falle einer Nichteinigung auf Beklagten- oder Klä-

---

[95] Riegger/Wilske ZGR 2010, 733 (746).
[96] BGHZ 132, 278 (288 f.).
[97] Krit. hierzu Wolff NJW 2009, 2021 (2022); Riegger/Wilske ZGR 2010, 733 (743).
[98] Berger RIW 1993, 705; Zöller/Geimer ZPO § 1034 Rn. 10; Reichert FS Ulmer, 2003, 511 (524 ff.); der Aspekts des Primats der Parteiautonomie wird ferner in § 1035 Abs. 1 ZPO hervorgehoben und auch in BGHZ 132, 278 (280) betont.

gerseite nicht erforderlich. Dies deshalb, da die Verfahrensbeteiligten insbesondere bei Beschlussmängelstreitigkeiten gleich gelagerte Interessen haben. Denn insoweit besteht allein die Alternative der Mangelhaftigkeit oder Nichtmangelhaftigkeit des Beschlusses (sog. „Zweier-Alternativen"), so dass keine Rede davon sein kann, dass durch die gemeinsame Schiedsrichterbenennung die eine oder andere Seite benachteiligt oder bevorteilt werde.[99] Sollte dies ausnahmsweise doch der Fall sein, was ich als ausgeschlossen erachte, so gibt § 1034 Abs. 2 S. 1 ZPO den Parteien des Schiedsverfahrens die Möglichkeit, gerichtlich eine abweichende personelle Zusammensetzung des Schiedsgerichts zu beantragen.

Im Rahmen der **Vertragsgestaltung** sollte penibel darauf geachtet werden, dass die entsprechende Schiedsvereinbarung eindeutig klarstellt, dass auch Beschlussmängelstreitigkeiten von der Schiedsvereinbarung erfasst werden. Weiterhin müssen die vier vom BGH aufgestellten „Gleichwertigkeitskautelen" eindeutig geregelt werden.[100] **124**

Es besteht Einigkeit, dass Schiedsklauseln auch nachträglich in eine GmbH-Satzung aufgenommen werden können. Nach der vom BGH nunmehr bestätigten ganz überwiegenden Auffassung bedarf es dazu der Zustimmung jedes einzelnen Gesellschafters. Gleiches ist dementsprechend auch für die nachträgliche Änderung der Schiedsklausel zu verlangen, sofern es sich hierbei um eine Erweiterung der Zuständigkeit des Schiedsgerichts handelt.[101] Indes ist nach zutreffender Ansicht die nachträgliche Aufhebung einer Schiedsklausel – vorbehaltlich anders lautender Satzungsbestimmungen – mit ¾-Mehrheit möglich. Das Recht auf Zugang zu den Schiedsgerichten kann nicht dem Kernbereich der Mitgliedschaft zugerechnet werden; insoweit können die verfassungsrechtlichen Vorgaben, die nur das Recht auf Zugang zu staatlichen Gerichten schützen, keine Ausstrahlungswirkung entfalten.[102] **125**

Im Übrigen ist zu beachten, dass die **Schiedsvereinbarung** gemäß § 1031 ZPO stets formgebunden ist; sie muss **schriftlich fixiert** werden. In der Regel dürfte für GmbH-Gesellschafter und Kommanditisten weiterhin die Sondervorschrift des § 1031 Abs. 5 S. 3 ZPO Anwendung finden, wonach die Schiedsvereinbarung gesondert abgefasst werden muss, sie mithin keine darüber hinausgehenden Regelungen enthalten darf. Dieses Erfordernis gilt allerdings gemäß § 1031 Abs. 5 S. 3 aE ZPO nicht, wenn der entsprechende Vertrag notariell beurkundet wird. Die Sonderregelung des § 1031 Abs. 5 S. 3 findet mithin von vornherein keine Anwendung auf eine statutarische Schiedsklausel, die im Gesellschaftsvertrag der GmbH enthalten ist, da der Gesellschaftsvertrag gemäß § 2 Abs. 1 GmbHG notariell zu beurkunden ist. Anderes gilt im Hinblick auf die GmbH & Co. KG selbst, da der Abschluss eines Gesellschaftsvertrages einer Kommanditgesellschaft grundsätzlich nicht **126**

---

[99] So auch *Reichert* FS Ulmer, 2003, 511 (521 ff.); *Winter* Gesellschafterkonflikte, 2000, 71.
[100] Vgl. zum Inhalt der entsprechenden Schiedsvereinbarung ergänzend Lutter/ Hommelhoff/*Bayer* GmbHG Anh. § 47 Rn. 97 ff. mwN.
[101] So auch *Reichert/Harbarth* NZG 2003, 379 (381).
[102] *Reichert/Harbarth* NZG 2003, 379 (381).

formbedürftig ist. Sollte man allerdings eine Schiedsklausel in den Gesellschaftsvertrag aufnehmen, sollte man die Kosten einer notariellen Beurkundung des Gesellschaftsvertrages nicht scheuen, da andernfalls Formprobleme drohen, die nur durch eine gesonderte Abfassung und Unterzeichnung des Schiedsvertrages unter Bezugnahme auf eine eher allgemein gehaltene Schiedsklausel im Gesellschaftsvertrag vermieden werden können.

§ 19 Aufsichtsrat, Beirat

Übersicht

	Rn.
I. Obligatorischer Aufsichtsrat	1
1. Zurechnung der Arbeitnehmer gemäß § 4 MitbestG	2
a) Voraussetzungen in Bezug auf die Komplementär-GmbH	3
aa) Einsatz ausländischer Kapitalgesellschaften als Komplementäre	4
bb) Weitere persönlich haftende Gesellschafter	8
b) Erfordernis der Mehrheitsidentität	9
c) Kein eigenständiger Geschäftsbetrieb	13
d) Einheitsgesellschaft	16
e) Mehrstöckige GmbH & Co. KG	17
2. Zurechnung der Arbeitnehmer gemäß § 5 MitbestG	18
a) GmbH & Co. KG als Konzern	19
b) KG als abhängiges Unternehmen einer dritten Gesellschaft	23
c) GmbH & Co. KG als Konzernspitze	24
3. Zusammensetzung des Aufsichtsrats	25
4. Innere Ordnung und Beschlussfassung	26
5. Bestellung und Abberufung der Geschäftsführer	28
6. Kontrollrechte des Aufsichtsrats	33
7. Zwingende Geschäftsführungsbefugnis	39
II. Fakultativer Beirat	42
1. Funktionen	42
a) Fakultatives Organ	42
b) Gründe für die Einrichtung eines Beirats	45
2. Rechtsgrundlagen	53
a) Verankerung	53
b) Beirat auf gesellschaftsvertraglicher Grundlage	57
c) Beirat auf schuldrechtlicher Grundlage	58
d) Gruppenbeirat	61
3. Übertragung von Kompetenzen auf den Beirat	62
a) Grenzen der Gestaltungsfreiheit	62
b) Beratung	70
c) Aufsicht	72
d) Zustimmungsvorbehalte	77
e) Weisungsbefugnisse	82
f) Entscheidungsbefugnisse	85
g) Personalentscheidungen	87
h) Bilanzfeststellung, Ergebnisverteilung, Entnahmen	89
i) Veränderung des Gesellschafterkreises	90
j) Schiedsfunktion	93
4. Zusammensetzung	97
a) Bedeutung der Zusammensetzung	97
b) Mitgliederzahl und persönliche Voraussetzungen	98
c) Bestellung der Beiratsmitglieder	105
aa) Benennung im Gesellschafts- oder einem Konsortialvertrag	106
bb) Wahl	107
cc) Vorschlagsrechte	110
dd) Entsendungsrecht	111
ee) Beschränkungen	112
d) Amtszeit	113
e) Unabhängigkeit der Mitglieder	120
5. Innere Ordnung	124
a) Regelungsnotwendigkeit	124
b) Regelungsinhalte	125
6. Rechte und Pflichten der Beiratsmitglieder	129
a) Rechtsverhältnisse zwischen Beiratsmitgliedern und der Gesellschaft	129
b) Wahrnehmung des Gesellschaftsinteresses; Treuepflicht	130

	Rn.		Rn.
c) Vergütung	137	ii) Besonderheiten bei der Publikumsgesellschaft	160
d) Haftung der Beiratsmitglieder	138	jj) Beirat einer Gesellschaftergruppe	163
aa) Rechtsgrundlagen	139	kk) Verhältnis von Schadensersatzansprüchen und Anfechtungsklage	164
bb) Pflichtverletzung	142	7. Fehlerhafte Beiratsbeschlüsse	165
cc) Verschulden	147	a) Voraussetzungen	165
dd) Darlegungs- und Beweislast	150	b) Rechtsfolgen fehlerhafter Beschlüsse	169
ee) Verjährung	151	aa) Beirat in der KG	170
ff) Haftungsausschluss, Haftungsbeschränkungen und Haftungsverschärfungen	154	bb) Beirat in der GmbH	172
gg) Aktivlegitimation	157		
hh) Passivlegitimation	159		

Schrifttum: *Bayer*, Die Haftung des Beirats im Recht der GmbH und der GmbH & Co. KG, in FS für U. H. Schneider, 2011, 75; *Bayer/Schmidt*, Das Vale-Urteil des EuGH: Die endgültige Bestätigung der Niederlassungsfreiheit als „Formwechselfreiheit", ZIP 2012, 1481; *Beinert/Hennerkes/Binz*, Die GmbH & Co. – ein mitbestimmungspflichtiger In-sich-Konzern?, DB 1979, 68; *Boewer/Gaul/Otto*, Zweites Gesetz zur Vereinfachung der Wahl der Arbeitnehmervertreter in den Aufsichtsrat und seine Auswirkungen auf die GmbH, GmbHR 2004, 1065; *Eberspächer*, Unternehmerische Mitbestimmung in zugezogenen Auslandsgesellschaften: Regelungsmöglichkeiten des deutschen Gesetzgebers?, ZIP 2008, 1951; *Erker*, Beiräte – Der institutionalisierte Einfluss Dritter – Konfliktvermeidung in Familienunternehmen, DStR 2014, 105; *Fleischer*, Aktuelle Entwicklungen der Managerhaftung, NJW 2009, 2337; *Gaugler/Heimburger*, Beiräte mittelständischer Unternehmen, 1985; *Götze/Winzer/Arnold*, Unternehmerische Mitbestimmung – Gestaltungsoptionen und Vermeidungsstrategien, ZIP 2009, 245; *Großfeld/Brondics*, Die Stellung des fakultativen Aufsichtsrates (Beirat) in der Gesellschaft mit beschränkter Haftung und in der GmbH & Co. KG, AG 1987, 293; *Grote*, Anlegerschutz bei der Publikums-KG durch Einrichtung eines Beirats, 1995; *Grunewald*, Grenzen der Gestaltungsfreiheit bei der Einrichtung von Beiräten und der Schaffung von Vertreterklauseln im Recht der Kommanditgesellschaft, ZEV 2011, 283; *Haack*, Der Beirat der GmbH & Co. KG, BB 1993, 1607; *Habersack*, Die Konzernmitbestimmung nach § 5 MitbestG und § 2 DrittelbG, AG 2007, 641; *Hennerkes/Binz/May*, Die Steuerungsfunktion des Beirates in der Familiengesellschaft, DB 1987, 469; *Hölters*, Sonderprobleme des Beirats der GmbH & Co. KG, DB 1980, 2225; *Hölters*, Der Beirat der GmbH und GmbH & Co. KG, 1979; *Hölters*, Der Beirat in der GmbH – Verantwortlichkeit, Haftung und Rechtsschutz, insbesondere unter dem Gesichtspunkt des Minderheitenschutzes, BB 1977, 105; *Hofbauer*, Die Kompetenzen des (GmbH)-Beirats, 1996; *v. Hoyningen-Huene/Powietzka*, Unterrichtung des Aufsichtsrats in der mitbestimmten GmbH, BB 2001, 529; *H. Huber*, Beirat und Beiratsmitglied – praxisrelevante Aspekte für ihre Tätigkeit, GmbHR 2004, 772; *H. Huber*, Der Beirat, 2004; *Hüffer*, Die leitungsbezogene Verantwortung des Aufsichtsrats, NZG 2007, 47; *Hüffer*, Organpflichten und Haftung in der Publikums-Personengesellschaft, ZGR 1981, 348; *Hüffer*, Der Aufsichtsrat in der Publikumsgesellschaft, ZGR 1980, 320; *Immenga*, Zuständigkeiten des mitbestimmten Aufsichtsrats, ZGR 1977, 249; *Kiethe*, Persönliche Haftung von Organen der AG und der GmbH – Risikovermeidung durch D&O-Versicherung, BB 2003, 537; *Kindler*, GmbH-Reform und internationales Gesellschaftsrecht, AG 2007, 721; *Klamroth*, Auswirkungen des Mitbestimmungsgesetzes auf die GmbH & Co. KG, BB 1977, 305; *Klett*, Die Institutionalisierung der GmbH und GmbH & Co. KG durch Zusatzgremien, 2000; *Koeberle-Schmid/Groß/Lehmann-Tölkmitt*, Der Beirat als Garant guter Governance im Familienunternehmen, BB 2011, 899; *Lange*, Der Beirat als Element der Corporate Governance in Familienunternehmen, GmbHR 2006, 897; *Lutter*, Die Business Judgment Rule und ihre praktische Anwendung, ZIP 2007, 841; *Lutter*, Interessenkonflikte und Business Judgment Rule, in FS für Canaris, 2007, Band II, 245; *Lutter/Krieger/Verse*, Rechte und Pflichten des Aufsichtsrats, 6. Aufl. 2014; *Maulbetsch*, Beirat und Treuhand in der Publikumspersonengesellschaft, 1984; *Mertens*, Der Beirat in der GmbH – besonders der mitbestimmten –, in FS für Stimpel, 1985, 417; *Neumann/Böhme*, Die Haftung des Beirats in der Publikumsgesellschaft, DB 2007, 844; *Onstein*, Der Beirat einer mittelständischen GmbH als Instrument guter Unternehmensführung, 2010; *Paefgen*, Die Darlegungs- und Beweislast bei der Business Judgment Rule, NZG 2009, 891; *Peus*, Der Aufsichtsratsvorsitzende, 1983; *Raiser*, Geklärte und ungeklärte Fragen der Konzernmitbestimmung, in FS für Kropff, 1997, 243; *Reichert*, Der Beirat als Element der Organisationsverfassung einer Familiengesellschaft, in FS für Maier-Reimer, 2010, 543; *Reichert*, Die Strukturierung der Arbeit von Beiräten im Familienunternehmen, in Lange/Leible, Governance in Familienunternehmen, 2010, 139; *Reichert*, Das Zustimmungserfordernis zur Abtretung von Geschäftsanteilen in der GmbH, 1984; *Reichert/Harbarth*, Statutarische Schiedsklauseln – Einführung, Aufhebung und umwandlungsrechtliche Behandlung, NZG 2003, 379; *Reichert/M. Winter*, Vinkulierungsklauseln und gesellschafterliche Treupflicht, in FS 100 Jahre GmbH-Gesetz, 1992, 209; *Rinze*, Die Haftung von Beiratsmitgliedern einer personalistischen GmbH & Co. KG, NJW 1992, 2790; *Rohleder*, Die Übertragbarkeit von Kompetenzen auf GmbH-Beiräte, 1991; *U. H. Schneider*, Sonderrecht für Publikumspersonengesellschaften, ZHR 142 (1978), 228; *U. H. Schneider*, GmbH und GmbH & Co. KG in der Mitbestimmung, Korreferat, ZGR 1977, 335; *U. H. Schneider*, Die Änderung des Gesellschaftsvertrages einer Personengesellschaft durch Mehrheitsbeschluß, ZGR 1972, 357; *Seibt*, Drittelbeteiligungsgesetz und Fortsetzung der Reform des Unternehmensmitbestimmungsrechts, NZA 2004, 767; *Semrau*, Die Dritteinflussnahme auf die Geschäftsführung von GmbH und Personengesellschaften, 2001; *Settele/v. Eichborn*, Der Steuerberater als Beirat/Aufsichtsrat, DStR 2010, 1444; *Sigle*, Beiräte, NZG 1998, 619; *Skibbe*, Die „dreistufige" GmbH & Co. KG im Gesellschafts-, Mitbestimmungs- und Umwandlungsrecht, WM 1978, 890; *Spindler/Kepper*, Funktionen, rechtliche Rahmenbedingungen und Gestaltungsmöglichkeiten des GmbH-Beirats (Teil I), DStR 2005, 1738; *Spindler/Kepper*, Funktionen, rechtliche Rahmenbedingungen und Gestaltungsmöglichkeiten des GmbH-Beirats (Teil II), DStR 2005, 1775; *Stenzel*, Mehrheitsidentität in der Mitbestimmung nach § 4 Abs. 1 Satz 1 Mitbestimmungsgesetz, DB 2009, 439; *Stimpel*, Anlegerschutz durch Gesellschaftsrecht in der Publikums-Kommanditgesellschaft, in FS für R. Fischer, 1979, 771; *Teubner*, Der Beirat zwischen Verbandssouveränität und Mitbestimmung – Zu den Schranken der Beiratsverfassung in der GmbH –, ZGR 1986, 565; *Voormann*, Der Beirat im Gesellschaftsrecht, 2. Aufl. 1990; *Wälzholz*, Der Beirat im mittelständischen Unternehmen – Chancen, Grenzen und Probleme, DStR 2003, 511; *Weipert/Oepen*, Der Beirat in Organersatzfunktion bei der Kommanditgesellschaft, ZGR 2012, 585; *Weller*, Das Internationale Gesellschaftsrecht in der neuesten BGH-Rechtsprechung, IPRax 2003, 324; *A. Wiedemann/Kögel*, Beirat und Aufsichtsrat im Familienunternehmen, 2008; *H. Wiedemann*, Beiratsverfassung in der GmbH, in FS für Lutter, 2000, 801; *H. Wiedemann*, Verbandssouveränität und Außeneinfluss, in FS für Schilling, 1973, 105; *Zöllner*, GmbH und GmbH & Co. KG in der Mitbestimmung, Referat, ZGR 1977, 319.

5. Kapitel. Organisationsverfassung

I. Obligatorischer Aufsichtsrat

1 Die **KG** ist zur Bildung eines Aufsichtsrats auch dann **nicht verpflichtet**, wenn es sich um eine GmbH & Co. KG handelt. Dies hat seinen Grund in der Entscheidung des Gesetzgebers, Personengesellschaften angesichts der persönlichen Haftung ihrer Gesellschafter nicht der Mitbestimmung zu unterwerfen.[1] Zwar wäre es im Hinblick auf die funktionelle Strukturähnlichkeit der GmbH & Co. KG mit den Kapitalgesellschaften[2] in Betracht gekommen, auch die GmbH & Co. KG in die Mitbestimmung einzubeziehen.[3] Infolge der Vielfalt der Gestaltungsformen der GmbH & Co. KG hat sich der Gesetzgeber bezüglich der paritätischen Mitbestimmung des MitbestG jedoch für einen anderen Weg entschieden.[4] Danach soll die **Mitbestimmung ausschließlich bei der Komplementär-GmbH** stattfinden. Zur Einrichtung eines Aufsichtsrats ist eine GmbH nach §§ 1 Abs. 1, 6 Abs. 1 MitbestG jedoch nur verpflichtet, wenn sie in der Regel[5] mehr als 2.000

---

[1] MHdB KG/*Mutter* § 53 Rn. 1; *K. Schmidt* Gesellschaftsrecht § 56 IV 5 a, 1651.
[2] Vgl. UHH/*Ulmer/Habersack* MitbestG § 4 Rn. 1; *Zöllner* ZGR 1977, 319 (330).
[3] *Hoffmann/Lehmann/Weinmann* MitbestG § 4 Rn. 1.
[4] Eine Pflicht zur Einrichtung eines Aufsichtsrats kann sich auch aus dem Montan-MitbestG v. 21.5.1951 (BGBl. I 347), dem MontanMitbestErgG v. 7.8.1956 (BGBl. I 707) und dem DrittelbG v. 18.5.2004 (BGBl. I 974) ergeben. Diese Bestimmungen sind hier jedoch nur von geringer Relevanz. Das MontanMitbestG und das MontanMitbestErgG betreffen nur den Montanbereich. Das DrittelbG, das am 1.7.2004 in Kraft getreten ist, hat die §§ 76–87a BetrVG 1952 abgelöst. Wesentlicher Inhalt des Gesetzes ist die redaktionelle Neufassung der Vorschriften des BetrVG 1952 sowie die Vereinfachung des Wahlverfahrens, vgl. *Seibt* NZA 2004, 767. Nach § 1 Abs. 1 Nr. 3 DrittelbG (§ 77 Abs. 1 BetrVG 1952 aF) ist die GmbH zur Einrichtung eines drittelparitätisch besetzten Aufsichtsrats verpflichtet, wenn sie in der Regel mehr als 500 Arbeitnehmer beschäftigt. Diese Voraussetzung wird bei der Komplementär-GmbH nur selten erfüllt sein, weil sie selbst regelmäßig nur wenige Arbeitnehmer beschäftigt und eine Zurechnung der bei der KG beschäftigten Arbeitnehmer nicht erfolgt. Der Aufsichtsrat nach dem DrittelbG besteht zu einem Drittel aus Arbeitnehmervertretern (§ 4 Abs. 1 DrittelbG). Die Wahl der Arbeitnehmervertreter erfolgt nach den §§ 5ff. DrittelbG. Im Übrigen sind gemäß § 1 Abs. 1 Nr. 3 DrittelbG hinsichtlich der Zusammensetzung sowie der Rechte und Pflichten des Aufsichtsrats §§ 90 Abs. 3, 4, 5 S. 1 u. 2, 95 bis 114, 116, 118 Abs. 3, 125 Abs. 3 u. 4, 170, 171, 268 Abs. 2 AktG maßgebend. Anders als das BetrVG 1952 verweist das DrittelbG nunmehr ausdrücklich auf die aktienrechtlichen Vorschriften der §§ 125 Abs. 4, 170 AktG. Die fehlende Verweisung in § 77 Abs. 1 S. 2 BetrVG 1952 auf § 125 Abs. 4 AktG stellte lediglich ein Redaktionsversehen dar, vgl. *Lutter/Hommelhoff* GmbHG, 16. Aufl. 2004, § 52 Rn. 31. Durch die ausdrückliche Verweisung auf § 170 AktG, der die Vorlagepflicht des Jahresabschlusses und des Lageberichts an den Aufsichtsrat normiert, wird nunmehr sichergestellt, dass der Aufsichtsrat seine Prüfungsrechte aus § 1 Abs. 1 Nr. 3 DrittelbG iVm § 171 AktG tatsächlich wahrnehmen kann, vgl. *Boewer/Gaul/Otto* GmbHR 2004, 1065 (1066).
[5] „In der Regel" bedeutet in diesem Zusammenhang, dass die Zahl der Arbeitnehmer nach der Unternehmungsplanung für einen überschaubaren Zeitraum zu bestimmen ist. Dies soll sicherstellen, dass die Mitbestimmung nicht durch kurzfristige Schwankungen der Arbeitnehmerzahl verhindert wird, vgl. *Raiser/Veil* MitbestG § 1 Rn. 18.

Arbeitnehmer[6] beschäftigt. Diese Voraussetzung wird die Komplementär-GmbH kaum je erfüllen. Unter bestimmten, im Folgenden näher zu betrachtenden Voraussetzungen findet aber eine **Zurechnung der Arbeitnehmer der KG zur GmbH** statt. Dies kann dazu führen, dass die GmbH auch dann einen Aufsichtsrat mit Arbeitnehmervertretern einrichten muss, wenn sie selbst nicht einen einzigen Arbeitnehmer beschäftigt.[7]

1. Zurechnung der Arbeitnehmer gemäß § 4 MitbestG

Die Zurechnung nach § 4 MitbestG rechtfertigt sich aus der **Einheit des Unternehmens** von KG und Komplementär-GmbH. Dafür stellt das Gesetz darauf ab, ob eine Mehrheitsidentität der Gesellschafter von GmbH und KG besteht und ob sich die GmbH im Wesentlichen auf die Führung der Geschäfte der KG beschränkt.[8]

a) **Voraussetzungen in Bezug auf die Komplementär-GmbH.** § 4 Abs. 1 S. 1 MitbestG setzt voraus, dass ein gemäß § 1 MitbestG mitbestimmungspflichtiges Unternehmen Komplementär einer KG ist. Die GmbH darf nicht unter das MontanMitbestG (§ 1 Abs. 2 Nr. 1 MitbestG) oder unter das MontanMitbestErgG (§ 1 Abs. 2 Nr. 2 MitbestG) fallen. Es darf sich bei ihr ferner um kein Tendenzunternehmen (§ 1 Abs. 4 S. 1 MitbestG) und um keine Religionsgemeinschaft handeln (§ 1 Abs. 4 S. 2 MitbestG). Aber auch wenn die KG ein Tendenzunternehmen betreibt, sind die Regelungen des MitbestG auf die Komplementär-GmbH nicht anwendbar, weil sonst die Regelungen über den Tendenzschutz mittelbar beeinträchtigt würden.[9]

aa) *Einsatz ausländischer Kapitalgesellschaften als Komplementäre.* Aus der abschließenden Aufzählung mitbestimmungspflichtiger Gesellschaftsformen in § 1 Abs. 1 Nr. 1 MitbestG wird abgeleitet, dass nur inländische Komplementär-Kapitalgesellschaften der unternehmerischen Mitbestimmung unterliegen.[10]

Verlegt eine **ausländische Komplementär-Kapitalgesellschaft**,[11] die in einem Staat gegründet worden ist, der weder Mitglied der EU noch auf Grund eines internationalen Abkommens einem solchen im Hinblick auf die Niederlassungsfreiheit (Art. 49, 54 AEUV) gleichgestellt ist, ihren Verwaltungssitz ins Inland (sogenannter **Zuzugsfall**), so ist für das anzuwendende Recht nach der Rechtsprechung des BGH der Ort der tatsächlichen Verwaltung maßgebend **(Sitztheorie).**[12] Dagegen ist für Gesellschaften, die in einem EU-Mitgliedstaat gegründet worden sind, und deshalb unter dem

---

[6] Zum Begriff „Arbeitnehmer" vgl. *Raiser/Veil* MitbestG § 1 Rn. 17 ff.
[7] Vgl. *Kunze* ZGR 1978, 321 (324).
[8] Vgl. die Begründung des Gesetzentwurfs, BT-Drs. 7/2172, 20.
[9] *Raiser/Veil* MitbestG § 4 Rn. 5b; MHdB KG/*Mutter* § 53 Rn. 3.
[10] OLG Stuttgart ZIP 1995, 1004; WWKK/*Koberski* MitbestG § 1 Rn. 16 f.
[11] Die Zulässigkeit einer ausländischen Gesellschaft als Komplementärin einer KG ist allgemein anerkannt, vgl. nur OLG Frankfurt a.M. ZIP 2008, 1286 (1287) u. BayObLGZ 1986, 61 (65) für eine nach englischem Recht errichtete Limited; OLG Stuttgart ZIP 1995, 1004 (1006) für eine schweizerische juristische Person; *K. Schmidt* Gesellschaftsrecht § 1 II 8b, 29 u. § 56 VII 2, 1662 f.; *Mülsch/Nohlen* ZIP 2008, 1358.
[12] BGH NZG 2009, 68 (69 f.); 2003, 531.

5. Kapitel. Organisationsverfassung

Schutz der Art. 49, 54 AEUV stehen, nach der Rechtsprechung des EuGH, der sich auch der BGH angeschlossen hat,[13] die **Gründungstheorie** maßgebend: Die jeweilige Gesellschaft ist nach dem Recht des Staates, in dem sie gegründet wurde, zu behandeln.[14] Entsprechendes gilt nach der Rechtsprechung des BGH für eine Gesellschaft, die in einem Staat gegründet worden ist, der auf Grund eines internationalen Abkommens bezüglich der Niederlassungsfreiheit aus Art. 49, 54 AEUV einem EU-Mitgliedstaat gleichgestellt ist.[15] Das MitbestG findet auf eine solche ausländische Komplementärin de lege lata keine Anwendung; dies ist bei echten Auslandsgesellschaften mit Verwaltungssitz im Ausland ganz hM.[16] Eine analoge Anwendung der §§ 1, 4 MitbestG auf zugezogene „Scheinauslandsgesellschaften" mit tatsächlichem Sitz in Deutschland ist ebenso abzulehnen.[17] Die Frage, ob eine Erstreckung der Mitbestimmungspflicht auf EU-ausländische Komplementär-Gesellschaften durch den deutschen Gesetzgeber mit der Niederlassungsfreiheit aus Art. 49, 54 AEUV vereinbar wäre, ist zu verneinen, da eine solche zu einem ungerechtfertigten Eingriff in die Niederlassungsfreiheit führen würde.[18]

6 Im Bereich der sogenannten **Wegzugsfälle** ist zu differenzieren: Seit der Streichung von § 4a Abs. 2 GmbHG a. F. durch das MoMiG vom 23.10.2008[19] kann eine GmbH ihren **Verwaltungssitz** und damit ihre Geschäftstätigkeit ins Ausland verlegen,[20] was nach bisherigem innerstaatlichen Recht nicht zulässig war.[21] Das Gesetz verlangt in § 4a GmbHG n. F. lediglich, dass eine GmbH ihren **Satzungssitz** im Inland haben muss, um als solche von der nationalen Rechtsordnung anerkannt zu werden.[22] Verlegt demnach die

---

[13] BGH NZG 2011, 1114 (1115 f.); 2009, 68 (69); 2005, 974.
[14] Vgl. zum deutschen internationalen Gesellschaftsrecht nach der Rspr. des EuGH („Centros", „Überseering", „Inspire-Art") BGH NZG 2011, 1114 (1115 f.); MüKo-GmbHG/*Weller* Einleitung Rn. 350 ff.; *Weller* IPRax 2003, 324 mwN; *Bayer* BB 2003, 2357; siehe auch *Götze/Winzer/Arnold* ZIP 2009, 245 (248).
[15] So entsprechen etwa Art. 31, 34 EWR-Abkommen im Wesentlichen Art. 49, 54 AEUV und sind deshalb wie diese auszulegen und anzuwenden, vgl. BGH NZG 2005, 974 (975); siehe ferner BGH NZG 2003, 531; *Kindler* AG 2007, 721 (725).
[16] Vgl. *Binz/Sorg* GmbH & Co. KG § 14 Rn. 32; *Müller-Bonanni* GmbHR 2003, 1235 (1238).
[17] UHH/*Ulmer* MitbestG Einl. Rn. 43; MüKoAktG/*Altmeppen/Ego* Europäische Niederlassungsfreiheit Rn. 587; *Veit/Wichert* AG 2004, 14 (16 f.) mwN; *Götze/Winzer/Arnold* ZIP 2009, 245 (248).
[18] Vgl. *Veit/Wichert* AG 2004, 14 (18); *Habersack* AG 2007, 641 (648); *Götze/Winzer/Arnold* ZIP 2009, 245 (248); *Riegger* ZGR 2004, 510 (521); *Junker* ZfA 2005, 1 (15); eingehend *Eberspächer* ZIP 2008, 1951.
[19] BGBl. I 2026.
[20] Dies gilt nach der Streichung von § 5 Abs. 2 AktG aF nunmehr auch für die AG. Eine Aufgabe der Sitztheorie ist mit der Neufassung der beiden Vorschriften nach der Rspr. des BGH jedoch nicht verbunden, vgl. BGH NZG 2009, 68 (70); *Paefgen* WM 2009, 529 (531); *Kindler* AG 2007, 529 (725); krit. *Koch/Eickmann* AG 2009, 73 (74 f.); *Hoffmann* ZIP 2007, 1581 (1587).
[21] Vgl. nur BayObLGZ 1992, 113 (116); OLG Brandenburg ZIP 2005, 489 (490); *Pafgen* WM 2009, 529 (532) mwN.
[22] Zur Bedeutung des satzungsmäßigen Sitzes vgl. UHL/*Ulmer/Löbbe* GmbHG § 4a Rn. 11 ff.

Komplementär-GmbH nur ihren Verwaltungssitz ins Ausland, unterliegt sie gemäß § 1 Abs. 1 Nr. 1 MitbestG dem Geltungsbereich des MitbestG und bei Vorliegen der übrigen Voraussetzungen der unternehmerischen Mitbestimmung. Etwas anderes gilt jedoch, wenn sie neben dem Verwaltungsauch ihren Satzungssitz ins Ausland verlegt. Da eine Verlegung des Satzungssitzes ins Ausland unter gleichzeitiger Beibehaltung der Rechtsform als deutsche GmbH nach § 4a GmbHG nF auch weiterhin nicht möglich ist,[23] geht dies zwangsläufig mit einem Rechtsformwechsel einher (**„grenzüberschreitender Rechtsformwechsel"**).[24] Nach dem Rechtsformwechsel ist die ehemalige GmbH Auslandsgesellschaft und entzieht sich dem Geltungsbereich des MitbestG.

Wird dagegen nur ein inländischer (Teil-)Betrieb einer Komplementär- 7 GmbH auf eine EU-Kapitalgesellschaft übertragen, so kann der Mitbestimmungsfreiheit das MitbestBeiG[25] entgegenstehen, das für den Bereich der Mitbestimmung den Übertragungsvorgang in bestimmten Fällen als „nicht geschehen" fingiert.[26]

bb) Weitere persönlich haftende Gesellschafter. Umstritten ist, ob und unter wel- 8 chen Voraussetzungen § 4 Abs. 1 S. 1 MitbestG anwendbar ist, wenn außer der GmbH noch weitere persönlich haftende Gesellschafter an der KG beteiligt sind. Unproblematisch sind dabei die Fälle, in denen es sich bei diesem Gesellschafter ebenfalls um eine in § 1 Abs. 1 Nr. 1 MitbestG aufgezählte Gesellschaft handelt. Dann sind die Arbeitnehmer der KG auch ihr gemäß § 4 Abs. 1 S. 1 MitbestG zuzurechnen; hingegen findet keine wechselseitige Zu-

---

[23] Siehe nur Lutter/Hommelhoff/*Bayer* GmbHG § 4a Rn. 17; MüKoGmbHG/*J. Mayer* § 4a Rn. 66. Dies steht im Übrigen der Niederlassungsfreiheit nicht entgegen, da die Kompetenz hinsichtlich der Bestimmung derjenigen Anknüpfungstatsachen, nach denen sich die Gründung und Existenz einer Gesellschaft richten (satzungsmäßiger Sitz, Hauptverwaltung, Hauptniederlassung), bei den einzelnen Mitgliedsstaaten liegt, vgl. EuGH NJW 1989, 2186 (2187f.) – Daily Mail; NZG 2009, 61 (67) – Cartesio; NZG 2012, 114 (115) – National Grid Indus; NZG 2012, 871 (873) – Vale.
[24] Lutter/Hommelhoff/*Bayer* GmbHG § 4a Rn. 17; *Böttcher/Kraft* NJW 2012, 2701 (2703); *Behme* NZG 2012, 936 (938). Bei einer Umwandlung der Komplementär-GmbH in die Gesellschaftsform eines anderen EU-Mitgliedstaats ist der Zuzugsstaat, wenn und soweit er über ein entsprechendes Umwandlungsregime verfügt, nach dem klarstellenden Urteil des EuGH v. 12.7.2012, NZG 2012, 871 („Vale") aufgrund der Niederlassungsfreiheit verpflichtet, sein innerstaatliches Recht zur Ermöglichung einer identitätswahrenden Umwandlung zu öffnen. Zugleich ist es dem Wegzugsstaat verwehrt, die Auflösung und Liquidation der Gesellschaft zu verlangen, vgl. EuGH NZG 2009, 61 (67) – Cartesio (obiter dictum), bestätigt durch EuGH NZG 2012, 871 – Vale; siehe *Bayer/Schmidt* ZIP 2012, 1481 (1490) mwN; *Wicke* DStR 2012, 1756 (1758); *Zimmer/C. Naendrup* NJW 2009, 545 (547 f.); *Frobenius* DStR 2009, 487 (488). Insoweit sind Beschränkungen der Niederlassungsfreiheit nach den vorgenannten Entscheidungen des EuGH nur aus „zwingenden Gründen des Allgemeininteresses" zulässig.
[25] Mitbestimmungs-Beibehaltungsgesetz v. 23.8.1994, BGBl. I 2228; näher Widmann/D. Mayer/*Wissmann* Umwandlungsrecht, Anh. 2 Rn. 126ff.; WHSS/*Seibt* Umstrukturierung, Kap. F Rn. 160ff.
[26] Dazu WHSS/*Seibt* Umstrukturierung, Kap. F Rn. 160; *Müller-Bonanni* GmbHR 2003, 1235 (1239).

rechnung der Arbeitnehmer der in § 1 Abs. 1 Nr. 1 MitbestG genannten Gesellschaften statt.[27] Handelt es sich demgegenüber um eine natürliche Person, so ist umstritten, ob § 4 Abs. 1 S. 1 MitbestG Anwendung finden kann. Dies hätte nämlich zur Folge, dass die natürliche Person trotz ihrer unbeschränkten Haftung dem Mitbestimmungseinfluss der mitbestimmungspflichtigen Komplementär-GmbH ausgesetzt wird, obwohl die persönliche Haftung der Gesellschafter den Hauptgrund bildet, Personengesellschaften nicht der Mitbestimmung zu unterwerfen. Deshalb stößt eine Anwendung von § 4 Abs. 1 S. 1 MitbestG in dieser Konstellation vereinzelt auf Ablehnung.[28] Die ganz überwiegende Meinung hält § 4 Abs. 1 S. 1 MitbestG indes auch hier für anwendbar.[29] Dieser Auffassung ist nicht nur angesichts des Gesetzeswortlauts, sondern auch im Hinblick auf die Gesetzgebungsgeschichte[30] der Vorzug zu geben. Zudem eröffnet die gegenteilige Ansicht Raum für Umgehungen der Mitbestimmung durch Einschaltung einer natürlichen Person.[31]

9 **b) Erfordernis der Mehrheitsidentität.** Weitere Voraussetzung für die Anwendbarkeit von § 4 Abs. 1 S. 1 MitbestG ist, dass die Mehrheit der Kommanditisten, berechnet nach der Mehrheit der Anteile oder der Stimmen, die **Mehrheit der Anteile oder der Stimmen** in der Komplementär-GmbH besitzt. Dieses Erfordernis wurzelt in der Vorstellung des Gesetzgebers, dass die GmbH und die KG ein einheitliches Unternehmen betreiben. Die unterschiedlichen Mehrheitsarten sind dabei gleichwertig.[32] Ausreichend ist es, wenn dieselben Personen in der einen Gesellschaft über die Mehrheit der Stimmen, in der anderen über die Mehrheit der Anteile verfügen.[33] Nicht erforderlich ist hingegen, dass die Gesellschafter in beiden Gesellschaften die gleichen Anteile oder die gleiche Stimmenzahl besitzen.[34]

10 Für die Berechnung der Mehrheit ist primär auf die **gesellschaftsvertraglichen Abreden** abzustellen.[35] Fehlen solche Bestimmungen, ist die gesetzliche Regelung der jeweiligen Rechtsform entscheidend.[36] Danach richtet sich bei der **GmbH** die Anteilsmehrheit nach dem Nennbetrag der Geschäftsanteile. Nach § 47 Abs. 2 GmbHG gewährt jeder Euro eines Geschäftsanteils eine Stimme. Bei der **Kommanditgesellschaft** ist für die Anteilsmehrheit die Höhe der kapitalmäßigen Beteiligung des Kommanditisten entscheidend. Die Stimmenmehrheit bestimmt sich nach der Kopfzahl der Kommanditisten, §§ 161 Abs. 2, 119 Abs. 2 HGB.

---

[27] MHdB KG/*Mutter* § 53 Rn. 5.
[28] MHdB KG/*Mutter* § 53 Rn. 4; *Wiesner* GmbHR 1981, 36 (39).
[29] WWKK/*Koberski* MitbestG § 4 Rn. 34; UHH/*Ulmer/Habersack* MitbestG § 4 Rn. 9; *Raiser/Veil* MitbestG § 4 Rn. 7; HTM/*Mussaeus* GmbH & Co. KG § 4 Rn. 166.
[30] Vgl. BT-Drs. 7/2172, 21.
[31] *Raiser/Veil* MitbestG § 4 Rn. 7.
[32] UHH/*Ulmer/Habersack* MitbestG § 4 Rn. 13; *Hölters* DB 1977, 2232; *Stenzel* DB 2009, 439 (440); für den Vorrang des Stimmrechts hingegen *Kunze* ZGR 1978, 321 (326 f.).
[33] MHdB KG/*Mutter* § 53 Rn. 9; *Raiser/Veil* MitbestG § 4 Rn. 9.
[34] *Raiser/Veil* MitbestG § 4 Rn. 9.
[35] Näher MHdB KG/*Mutter* § 53 Rn. 9.
[36] Vgl. zur Mehrheitsberechnung GK-MitbestG/*P. Naendrup* § 4 Rn. 20; *Hölters* DB 1977, 2232.

Bei der Ermittlung der Mehrheitsverhältnisse sind auch **mittelbare Beteiligungen** zu berücksichtigen. Dies entspricht der Intention des Gesetzgebers, durch § 4 Abs. 1 S. 1 MitbestG der Umgehung der Mitbestimmung Einhalt zu gebieten.[37] Dazu sind die Grundsätze aus § 16 Abs. 2 bis 4 AktG als Ausdruck allgemeiner unternehmensrechtlicher Regeln heranzuziehen.[38] Eigene Anteile der Komplementär-GmbH werden bei der Berechnung ebenso wenig berücksichtigt wie die der von ihr abhängigen Unternehmen; für die Stimmenmehrheit gilt Entsprechendes (§ 16 Abs. 2 S. 2 und 3, Abs. 3 S. 2 AktG analog).[39] Den Kommanditisten werden mittelbare Beteiligungen an der Komplementär-GmbH entsprechend § 16 Abs. 4 AktG zugerechnet.[40] Bei einer treuhänderischen Ausübung der Beteiligung ist der Anteil bei eigennütziger Treuhand dem Treuhänder, bei fremdnütziger Treuhand dem Treugeber zuzurechnen.[41] Zwar wird vertreten, dass nur solche mittelbaren Beteiligungen, die gerade zum Zweck der Umgehung der Mitbestimmung eingeräumt wurden, bei der Mehrheitsermittlung mitzuzählen seien.[42] Ein solcher Umgehungswille lässt sich jedoch nur schwer nachweisen, weswegen eine derartige Differenzierung nicht sachgerecht erscheint. Rein tatsächliche oder auch familienrechtliche Beziehungen reichen für eine Zurechnung regelmäßig nicht aus.[43] Bei Stimmbindungsverträgen ist auf die konkrete Einzelregelung abzustellen.[44] Familienrechtliche Beziehungen und Stimmbindungsverträge können jedoch Anhaltspunkte für ein bestehendes Treuhandverhältnis liefern.[45]

Hat die KG einen weiteren Komplementär, so sind dessen Anteile und Stimmen bei der Berechnung der Mehrheitsverhältnisse zu berücksichtigen.[46] Auch in diesem Fall müssen die Kommanditisten mehr als die Hälfte aller Stimmen bzw. Geschäftsanteile an der Kommanditgesellschaft innehaben. Nur so lässt sich ermitteln, ob die Mehrheitsverhältnisse eine Unternehmenseinheit ergeben, die die Zurechnung nach § 4 Abs. 1 S. 1 MitbestG trägt.[47]

---

[37] Vgl. GK-MitbestG/*P. Naendrup* § 4 Rn. 22.
[38] UHH/*Ulmer/Habersack* MitbestG § 4 Rn. 14; GK-AktG/*Oetker* MitbestG § 4 Rn. 6; *Raiser/Veil* MitbestG § 4 Rn. 10.
[39] UHH/*Ulmer/Habersack* MitbestG § 4 Rn. 14.
[40] MHdB KG/*Mutter* § 53 Rn. 10; UHH/*Ulmer/Habersack* MitbestG § 4 Rn. 14; *Raiser/Veil* MitbestG § 4 Rn. 10.
[41] Vgl. UHH/*Ulmer/Habersack* MitbestG § 4 Rn. 18; *Wiesner* GmbHR 1981, 36 (40), auch zu Indizien für das Vorliegen einer fremdnützigen Treuhand.
[42] *Binz/Sorg* GmbH & Co. KG § 14 Rn. 27 f.; *Raiser/Veil* MitbestG § 4 Rn. 11 (differenzierend zwischen der Treuhand zum ernsthaften Zweck und dem Zweck der Mitbestimmungsumgehung).
[43] Vgl. *Raiser/Veil* MitbestG § 4 Rn. 12; *Wiesner* GmbHR 1981, 36 (40); vgl. auch *Hölters* DB 1977, 2232 (2233): nur bei nachweislich gleichgerichteten unternehmerischen Interessen.
[44] Vgl. *Raiser/Veil* MitbestG § 4 Rn. 12 mwN; MHdB KG/*Mutter* § 53 Rn. 10.
[45] GK-AktG/*Oetker* MitbestG § 4 Rn. 6; UHH/*Ulmer/Habersack* MitbestG § 4 Rn. 15.
[46] MHdB KG/*Mutter* § 53 Rn. 10; zur Anwendbarkeit von § 4 Abs. 1 S. 1 MitbestG in diesem Fall → Rn. 6.
[47] UHH/*Ulmer/Habersack* MitbestG § 4 Rn. 16; vgl. den Beispielsfall bei *Hölters* DB 1977, 2232 (2234); aA *Hoffmann/Lehmann/Weinmann* MitbestG § 4 Rn. 16 f.

13 **c) Kein eigenständiger Geschäftsbetrieb.** Die Komplementär-GmbH darf schließlich keinen eigenen Geschäftsbetrieb mit in der Regel[48] mehr als **500 Arbeitnehmern** haben. Dem liegt die gesetzgeberische Vorstellung zugrunde, dass dann kein einheitliches Unternehmen vorliegt, das eine Zurechnung rechtfertigen könnte.[49] Um einen **eigenen Geschäftsbetrieb** handelt es sich dann, wenn die Komplementär-GmbH über ein eigenes Unternehmen verfügt, das vom Unternehmen der KG abgegrenzt werden kann.[50] Nicht ausreichend ist, dass die Komplementär-GmbH einen eigenen Betrieb führt und eigene Arbeitnehmer beschäftigt.[51] Als Indizien für die Entscheidung, ob zwei unterschiedliche Unternehmen vorliegen, können ua ein getrenntes Rechnungswesen, unterschiedliche Produktionen, ein möglicher Wettbewerb zwischen den Unternehmen und verschiedene Unternehmensziele herangezogen werden.[52] Um verschiedene Unternehmen handelt es sich auch dann, wenn die Komplementär-GmbH Holdingfunktionen für mehrere Kommanditgesellschaften ausübt.[53] Einen eigenen Geschäftsbetrieb kann die Komplementär-GmbH auch durch abhängige Unternehmen betreiben.[54]

14 Bei der Berechnung der im Geschäftsbetrieb der GmbH beschäftigten Arbeitnehmer sind die Arbeitnehmer anderer eigenständiger Kommanditgesellschaften, die **nach § 4 Abs. 1 S. 1 MitbestG zugerechnet** werden, ebenso mitzuzählen wie die Arbeitnehmer von Unternehmen, die selbst von der GmbH abhängig sind und ihr nach § 5 Abs. 1 S. 1 MitbestG zugerechnet werden, nicht aber solche Arbeitnehmer, die bei der GmbH zur Wahrnehmung der Komplementär-Aufgaben eingesetzt werden.[55]

15 § 4 Abs. 1 S. 1 MitbestG enthält eine **Beweislastumkehr** („sofern nicht") zu Lasten dessen, der die Freistellung von der Mitbestimmung behauptet.[56] Liegen die Voraussetzungen für einen eigenständigen Betrieb mit in der Regel mehr als 500 Arbeitnehmern vor, so entfällt die Pflicht zur Einrichtung des paritätisch besetzten Aufsichtsrats nach § 4 Abs. 1 S. 1 MitbestG. Die GmbH muss in diesen Fällen aber einen Aufsichtsrat nach § 1 Abs. 1 Nr. 3 DrittelbG einrichten (→ Fn. 4).

16 **d) Einheitsgesellschaft.** Seinem Wortlaut nach ist § 4 Abs. 1 S. 1 MitbestG in den Fällen der sogenannten Einheitsgesellschaft, also dann, wenn sämtliche Anteile der GmbH bei der KG liegen, nicht erfüllt. Jedoch sind die Kommanditisten dann mittelbar über die KG an der GmbH beteiligt (→ Rn. 11). Angesichts der **tatsächlich bestehenden Identität** ist § 4 Abs. 1

---

[48] Zur Bedeutung des Begriffs „in der Regel" → Fn. 5.
[49] *Raiser/Veil* MitbestG § 4 Rn. 16.
[50] Vgl. *Raiser/Veil* MitbestG § 4 Rn. 16a; näher WWKK/*Koberski* MitbestG § 4 Rn. 26.
[51] Vgl. *Raiser/Veil* MitbestG § 4 Rn. 16a; UHH/*Ulmer/Habersack* MitbestG § 4 Rn. 19.
[52] *Raiser/Veil* MitbestG § 4 Rn. 16a.
[53] Vgl. *Grossmann* BB 1976, 1391 (1394); *Kunze* ZGR 1978, 321 (326).
[54] MHdB KG/*Mutter* § 53 Rn. 8.
[55] UHH/*Ulmer/Habersack* MitbestG § 4 Rn. 20; MHdB KG/*Mutter* § 53 Rn. 8.
[56] *Raiser/Veil* MitbestG § 4 Rn. 16a; aA *Binz/Sorg* GmbH & Co. KG § 14 Rn. 36.

S. 1 MitbestG auch auf diese Konstellation anzuwenden.⁵⁷ Dies gilt jedenfalls dann, wenn die einheitliche Willensbildung und Entscheidung in beiden Gesellschaften durch rechtliche Vereinbarungen abgesichert ist, zB dann, wenn den Kommanditisten Stimmrechte bei der GmbH eingeräumt sind.⁵⁸

e) Mehrstöckige GmbH & Co. KG.⁵⁹ Würden der GmbH nur diejenigen Arbeitnehmer zugerechnet, die von einer KG beschäftigt werden, an der sie unmittelbar beteiligt ist, ließen sich die Mitbestimmungsvorschriften leicht dadurch umgehen, dass die Komplementärfunktion in der KG von einer GmbH & Co. KG ausgeübt würde. Dies soll **§ 4 Abs. 1 S. 2 und 3 MitbestG** verhindern.⁶⁰ Ist die GmbH & Co. KG **(Obergesellschaft)** persönlich haftender Gesellschafter einer anderen KG **(Untergesellschaft)**, so gelten danach auch die Arbeitnehmer der Untergesellschaft als Arbeitnehmer der Komplementär-GmbH (§ 4 Abs. 1 S. 2 MitbestG). Gleiches gilt, wenn sich die Verbindung von Kommanditgesellschaften in dieser Weise fortsetzt (§ 4 Abs. 1 S. 3 MitbestG). Umstritten ist, ob es in diesen Fällen auch der weiteren Zurechnungsvoraussetzungen des § 4 Abs. 1 S. 1 MitbestG bedarf (kongruente Mehrheitsverhältnisse auch in der Ober- und Untergesellschaft, kein eigener Geschäftsbetrieb der Obergesellschaft mit in der Regel mehr als 500 Arbeitnehmern, der gegenüber der Untergesellschaft eigenständig ist). Vor dem Hintergrund der Zielsetzung des § 4 Abs. 1 S. 1 MitbestG, für die Zurechnung auf das Vorliegen einer Unternehmenseinheit abzustellen,⁶¹ ist dies zu bejahen. Regelungszweck von § 4 Abs. 1 S. 2 und 3 MitbestG ist es, eine Gesetzesumgehung zu verhindern. Daher wäre es nicht sachgerecht, auf die weiteren Erfordernisse des § 4 Abs. 1 S. 1 MitbestG zu verzichten und somit die Zurechnungsvoraussetzungen zu erleichtern.

2. Zurechnung der Arbeitnehmer gemäß § 5 MitbestG

Mit § 5 MitbestG soll sichergestellt werden, dass die unternehmerische Mitbestimmung dort stattfindet, wo die Konzernleitung ausgeübt wird, nämlich **beim herrschenden Unternehmen**.⁶² Die Vorschrift bewirkt eine Zurechnung der Arbeitnehmer der abhängigen Unternehmen zur Konzernspitze. Für die GmbH & Co. KG kann die Norm in drei Konstellationen relevant werden:

a) GmbH & Co. KG als Konzern. Fehlt es an einer der Voraussetzungen des § 4 Abs. 1 MitbestG und ist die Norm auf die GmbH & Co. KG deshalb nicht anwendbar, beschäftigen die GmbH und die KG zusammen aber mehr als in der Regel 2.000 Arbeitnehmer, stellt sich die sehr umstrit-

---

⁵⁷ OLG Celle DB 1979, 2502; *WWKK/Koberski* MitbestG § 4 Rn. 23; *UHH/Ulmer/Habersack* MitbestG § 4 Rn. 17; *Raiser/Veil* MitbestG § 4 Rn. 13; *Hölters* DB 1977, 2232 (2233 f.); *Kunze* ZGR 1978, 321 (335); *Stenzel* DB 2009, 439 (440).
⁵⁸ OLG Bremen DB 1980, 1332 (1333); *Binz/Sorg* GmbH & Co. KG § 14 Rn. 75.
⁵⁹ Dazu in diesem Band → *Liebscher* § 3 IV, Rn. 20 ff.
⁶⁰ MHdB KG/*Mutter* § 53 Rn. 12.
⁶¹ Vgl. BT-Drs. 7/2172, 20.
⁶² *Raiser/Veil* MitbestG § 5 Rn. 1; *Habersack* AG 2007, 641; *U. H. Schneider* ZGR 1977, 335 (345).

5. Kapitel. Organisationsverfassung

tene Frage, ob die GmbH & Co. KG einen Unterordnungskonzern darstellt, sodass eine Zurechnung nach § 5 Abs. 1 S. 1 MitbestG gerechtfertigt ist. Dagegen wird teilweise eingewendet, bei § 4 Abs. 1 MitbestG handele es sich um eine abschließende Regelung, die der Anwendbarkeit von § 5 Abs. 1 S. 1 MitbestG in dieser Konstellation entgegenstünde.[63] Dies ist jedoch schon deshalb nicht überzeugend, weil der Regelungsgegenstand beider Normen differiert. Während § 4 Abs. 1 MitbestG die Frage der Einheit des Unternehmens von GmbH und KG zum Gegenstand hat, ist Zurechnungsgrund bei § 5 Abs. 1 S. 1 MitbestG die Beherrschung eines Unternehmens. § 5 Abs. 1 S. 1 MitbestG findet mithin auch in dieser Konstellation Anwendung.[64]

20 § 5 Abs. 1 S. 1 MitbestG verweist auf den aktienrechtlichen Konzernbegriff des § 18 Abs. 1 AktG. In seinem originären konzernrechtlichen Anwendungsbereich verlangt § 18 Abs. 1 AktG, dass ein Gesellschafter eine **anderweitige wirtschaftliche Interessenbindung** außerhalb der Gesellschaft hat;[65] nur dann drohen die Interessenkonflikte, vor denen das Konzernrecht Gläubiger und Minderheitsgesellschafter schützen soll.[66] Im Normalfall der GmbH & Co. KG beschränkt sich die Komplementär-GmbH jedoch auf die Geschäftsführung der KG, weswegen nach teilweise vertretener Ansicht eine Zurechnung nach § 5 Abs. 1 S. 1 MitbestG iVm § 18 Abs. 1 AktG ausscheiden soll.[67] Durch die Verweisung auf § 18 Abs. 1 AktG soll indes nur der Verlagerung des Entscheidungszentrums Rechnung getragen und gewährleistet werden, dass die Mitbestimmung an der Konzernspitze stattfindet.[68] Ob das herrschende Unternehmen noch anderweitige Interessen verfolgt, ist für diesen Regelungszweck unerheblich. Somit ist hier ein abweichender Konzernbegriff anzuwenden: § 5 Abs. 1 S. 1 MitbestG iVm § 18 Abs. 1 AktG findet auf die GmbH & Co. KG auch dann Anwendung, wenn die Komplementär-GmbH keine eigene unternehmerische Tätigkeit entfaltet.[69] Ebenso wenig setzt der Begriff des herrschenden Unternehmens iSd MitbestG die Beschäftigung eigener Arbeitnehmer voraus.[70]

---

[63] So OLG Celle DB 1979, 2502 (2503); zust. OLG Bremen DB 1980, 1332 (1334f.) für eine AG & Co. KG; *Beinert/Hennerkes/Binz* DB 1979, 68; *Hölters* RdA 1979, 335 (338).

[64] Vgl. *Raiser/Veil* MitbestG § 5 Rn. 21; vgl. MHdB KG/*Mutter* § 53 Rn. 16; *U. H. Schneider* ZGR 1977, 335 (345f.).

[65] BGHZ 69, 334 (337); BGH NJW 2001, 2973 (2974); *Emmerich*/Habersack AktG § 15 Rn. 10.

[66] Vgl. *Hüffer* AktG § 15 Rn. 3.

[67] OLG Bremen DB 1980, 1332 (1334f.); *Hoffmann/Lehmann/Weinmann* MitbestG § 5 Rn. 13; HTM/*Mussaeus* GmbH & Co. KG § 4 Rn. 178; *Beinert/Hennerkes/Binz* DB 1979, 68 (69).

[68] BayObLG NZG 1998, 509 (510); MHdB KG/*Mutter* § 53 Rn. 14; *Raiser*, FS Kropff, 1997, 243 (247f.); *U. H. Schneider* ZGR 1977, 335 (345); zur Konzernvermutung im Mitbestimmungsrecht vgl. BayObLGZ 2002, 46 (51).

[69] Vgl. OLG Frankfurt a.M. WM 2008, 1030 (1032); BayObLG NZG 1998, 509; OLG Stuttgart AG 1990, 168 (169); *Raiser/Veil* MitbestG § 5 Rn. 5; UHH/*Ulmer/Habersack* MitbestG § 5 Rn. 16.

[70] Vgl. OLG Frankfurt a.M. WM 2008, 1030 (1032); UHH/*Ulmer/Habersack* MitbestG § 5 Rn. 16.

Über § 18 Abs. 1 AktG verweist das MitbestG mittelbar auf § 17 AktG. 21
Voraussetzung ist mithin, dass die KG von der Komplementär-GmbH abhängig ist. Dafür reicht schon die Möglichkeit einer unmittelbaren oder mittelbaren Einflussnahme aus.[71] Steht die KG im Mehrheitsbesitz der GmbH, begründet § 17 Abs. 2 AktG die widerlegliche Vermutung der Abhängigkeit.

Schließlich muss die KG unter der einheitlichen Leitung der GmbH stehen. 22
Selbst wenn man mit der herrschenden Meinung jedenfalls im Bereich des MitbestG genügen lässt, dass das herrschende Unternehmen einzelne Sparten des abhängigen Unternehmens leitet (sogenannter weiter Konzernbegriff),[72] ergeben sich bei der GmbH & Co. KG Zweifel. Denn beim gesetzlichen Regelfall der GmbH & Co. KG verbleibt den Kommanditisten nach § 164 S. 1 Hs. 2 HGB iVm §§ 161 Abs. 2, 116 Abs. 2 HGB ein Zustimmungsrecht bei der Vornahme von Geschäftsführungsmaßnahmen, die über den gewöhnlichen Betrieb des Handelsgewerbes der Gesellschaft hinausgehen.[73] Kann die GmbH somit mangels abweichender Gestaltung im Gesellschaftsvertrag[74] nur die laufende Geschäftsführung selbständig ausüben, verfügt sie noch nicht über die konzernrechtliche Leitungsmacht.[75]

b) KG als abhängiges Unternehmen einer dritten Gesellschaft. § 5 23
Abs. 1 S. 2 MitbestG enthält eine Zurechnungsnorm für die Fälle, in denen zwar die KG, nicht aber die Komplementär-GmbH ein abhängiges Konzernunternehmen ist. Dann sind auch die Arbeitnehmer der Komplementärgesellschaft dem konzernherrschenden Unternehmen zuzurechnen.[76]

c) GmbH & Co. KG als Konzernspitze. Ist eine GmbH & Co. KG 24
Konzernspitze, so scheitert eine Zurechnung nach § 5 Abs. 1 S. 1 MitbestG daran, dass die KG selbst nicht der Mitbestimmung unterfällt. Diese Lücke füllt **§ 5 Abs. 2 S. 1 MitbestG** durch eine Zurechnung nicht zur herrschenden KG, sondern weitergehend zu ihrer Komplementär-GmbH, sofern bei der GmbH & Co. KG die Voraussetzungen des § 4 Abs. 1 MitbestG erfüllt sind. Aufgrund der Verweisung in § 5 Abs. 2 S. 2 MitbestG auf § 4 Abs. 2 MitbestG kann dies nicht umgangen werden, indem die mitbestimmte GmbH von der Geschäftsführung ausgeschlossen wird.[77]

---

[71] Dazu näher *Hüffer* AktG § 17 Rn. 4 ff.
[72] So für das MitbestG BayObLG NZG 1998, 509 (510); *Raiser/Veil* MitbestG § 5 Rn. 13 mwN; vgl. aber auch OLG Düsseldorf NZG 2007, 77 (78); zum umstrittenen Konzernbegriff *Hüffer* AktG § 18 Rn. 8 ff.
[73] Entgegen seinem Wortlaut normiert § 164 S. 1 Hs. 2 HGB kein bloßes Widerspruchsrecht, sondern es ist die Zustimmung der Kommanditisten erforderlich; vgl. *Baumbach/Hopt* HGB § 164 Rn. 2.
[74] Vgl. zu entsprechenden Möglichkeiten *Baumbach/Hopt* HGB § 164 Rn. 6.
[75] Vgl. *Raiser/Veil* MitbestG § 4 Rn. 21; MHdB KG/*Mutter* § 53 Rn. 16; *Zöllner* ZGR 1977, 319 (334); aA aber OLG Celle DB 1979, 2502 (2503); *Sigle*, FS Peltzer, 2001, 539 (550); *U. H. Schneider* ZGR 1977, 335 (347).
[76] Vgl. UHH/*Ulmer/Habersack* MitbestG § 5 Rn. 34; GK-AktG/*Oetker* § 5 MitbestG Rn. 24.
[77] Zu § 4 Abs. 2 MitbestG → Rn. 40 f.

5. Kapitel. Organisationsverfassung

3. Zusammensetzung des Aufsichtsrats

25 Der Aufsichtsrat besteht in der dem MitbestG unterfallenden GmbH aus mindestens **zwölf Mitgliedern**. Bei in der Regel mehr als 10.000 Arbeitnehmern erhöht sich die Zahl auf 16, und bei in der Regel mehr als 20.000 auf **20 Mitglieder**, vgl. § 7 Abs. 1 S. 1 MitbestG. Im Gesellschaftsvertrag kann jedoch bei Gesellschaften mit in der Regel nicht mehr als 10.000 Arbeitnehmern auch eine Zahl von 16 oder 20 Aufsichtsratsmitgliedern (§ 7 Abs. 1 S. 2 MitbestG), bei Gesellschaften mit in der Regel mehr als 10.000, nicht aber mehr als 20.000 Arbeitnehmern eine Zahl von 20 Aufsichtsratsmitgliedern bestimmt werden (§ 7 Abs. 1 S. 3 MitbestG).[78] Berechnungsgrundlage ist dabei die Zahl der bei der Komplementär-GmbH beschäftigten sowie der ihr zuzurechnenden Arbeitnehmer. All diesen Arbeitnehmern steht das aktive und passive Wahlrecht zu. Die eine Hälfte der Aufsichtsratsmitglieder wird von den Arbeitnehmern nach §§ 9 ff. MitbestG gewählt, die andere von den Gesellschaftern der Komplementär-GmbH.[79] In § 7 Abs. 2 MitbestG wird festgelegt, dass sich, abhängig von der Aufsichtsratsgröße, unter den Aufsichtsratsmitgliedern der Arbeitnehmer eine bestimmte Zahl von Arbeitnehmern des Unternehmens und eine bestimmte Zahl von Gewerkschaftsvertretern befinden müssen. Bei den Aufsichtsratsmitgliedern der Gesellschafter kann im Gesellschaftsvertrag der GmbH das für die Wahl zuständige Organ festgelegt werden (§ 8 Abs. 1 MitbestG).[80]

4. Innere Ordnung und Beschlussfassung

26 Die innere Ordnung, die Beschlussfassung und die Rechtsstellung des Aufsichtsrats bestimmt sich nach §§ 27 bis 29, 31, 32 MitbestG und, soweit diese Vorschriften dem nicht entgegenstehen, nach §§ 90 Abs. 3, 4 und 5 S. 1 und 2, 107 bis 116, 118 Abs. 3, 125 Abs. 3 und 4, 170, 171, 268 Abs. 2 AktG (vgl. § 25 Abs. 1 S. 1 Nr. 2 MitbestG). Anders als nach dem AktG bedarf es zur Wahl des Aufsichtsratsvorsitzenden und seines Stellvertreters jedoch einer Zwei-Drittel-Mehrheit (§ 27 Abs. 1 MitbestG). In einem **eventuellen zweiten Wahlgang** wählen die Aufsichtsratsmitglieder der Anteilseigner den Vorsitzenden und die Aufsichtsratsmitglieder der Arbeitnehmer den Stellvertreter jeweils mit der Mehrheit der abgegebenen Stimmen (§ 27 Abs. 2 S. 2 MitbestG).[81]

27 Beschlüsse des Aufsichtsrats bedürfen gemäß § 29 Abs. 1 MitbestG grundsätzlich der Mehrheit der abgegebenen Stimmen. Dabei handelt es sich um zwingendes Recht. Insbesondere ist es nicht zulässig, in der Satzung oder der

---

[78] Weitergehende Abweichungen im Gesellschaftsvertrag sind unzulässig, da es sich insoweit um abschließende Vorschriften handelt, vgl. BGH NZG 2012, 347 (348); MüKoAktG/*Gach* MitbestG § 7 Rn. 6.
[79] MHdB KG/*Mutter* § 53 Rn. 19 mwN.
[80] Vgl. UHH/*Ulmer/Habersack* MitbestG § 8 Rn. 3; *Raiser/Veil* MitbestG § 8 Rn. 1.
[81] Zur Rechtsstellung des Aufsichtsratsvorsitzenden eingehend *Peus* Der Aufsichtsratsvorsitzende, 425 ff.

Geschäftsordnung höhere Mehrheitserfordernisse festzuschreiben.[82] Kommt es zur Stimmengleichheit, hat der Aufsichtsratsvorsitzende, wenn auch eine erneute Abstimmung Stimmengleichheit ergibt, zwei Stimmen, vgl. § 29 Abs. 2 S. 1 MitbestG. Auch diese Bestimmung ist zwingend, sie kann durch Regelungen in der Satzung oder der Geschäftsordnung nur ergänzt, nicht aber modifiziert werden.[83]

5. Bestellung und Abberufung der Geschäftsführer

Nach § 31 **MitbestG** ist der Aufsichtsrat zuständig für die Bestellung der **28** Mitglieder der Geschäftsführung und für den Widerruf ihrer Bestellung.

Im ersten Wahlgang bedarf es hierzu einer Mehrheit von mindestens zwei **29** Dritteln der Stimmen der Aufsichtsratsmitglieder (§ 31 Abs. 2 MitbestG). Wird diese nicht erreicht, hat der Vermittlungsausschuss nach §§ 31 Abs. 3 S. 1, 27 Abs. 3 MitbestG tätig zu werden. In einem anschließenden zweiten Wahlgang bedarf es dann nur noch der Mehrheit der Stimmen der Aufsichtsratsmitglieder (§ 31 Abs. 3 S. 2 MitbestG), in einem eventuell erforderlichen dritten Wahlgang hat der Aufsichtsratsvorsitzende zwei Stimmen (§ 31 Abs. 4 S. 1 Hs. 1 MitbestG). Einschränkungen hinsichtlich der Auswahl der Personen und der Festsetzung der Anstellungsbedingungen können die Gesellschafter nur vornehmen, soweit das Auswahlermessen des Aufsichtsrats unter Berücksichtigung der besonderen Verhältnisse der betroffenen Gesellschaft nicht unverhältnismäßig eingeschränkt wird.[84]

Der Widerruf der Bestellung, der gemäß § 31 Abs. 1 S. 1 MitbestG iVm **30** § 84 Abs. 3 S. 1 AktG nur aus wichtigem Grund möglich ist, erfolgt nach dem gleichen Verfahren, vgl. § 31 Abs. 5 MitbestG.

Die Geschäftsführung der Komplementär-GmbH muss aus mindestens **31** zwei Personen bestehen. Darunter muss als gleichberechtigtes Organmitglied ein **Arbeitsdirektor** sein (§ 33 Abs. 1 S. 1 MitbestG).[85] Die Bestimmung der Aufgaben des Arbeitsdirektors überlässt das Gesetz der Geschäftsordnung (§ 33 Abs. 2 S. 2 MitbestG), für deren Erlass regelmäßig die Gesellschafterversammlung zuständig ist.[86] Ein Kernbereich an Zuständigkeiten in Personal- und Sozialangelegenheiten muss aufgrund der Wertung von § 33 MitbestG jedoch beim Arbeitsdirektor verbleiben.[87] Allerdings sind in der Geschäftsordnung auch Bestimmungen zulässig, aufgrund derer der Arbeitsdirektor in diesem Bereich überstimmt werden kann.[88] Neben diesen Zuständigkeiten

---

[82] UHH/*Ulmer*/*Habersack* MitbestG § 29 Rn. 8; *Raiser*/*Veil* MitbestG § 29 Rn. 7.
[83] Vgl. *Raiser*/*Veil* MitbestG § 29 Rn. 14.
[84] Eingehend UHH/*Ulmer*/*Habersack* MitbestG § 31 Rn. 10ff.; MHdB KG/*Mutter* § 53 Rn. 21.
[85] WWKK/*Koberski* MitbestG § 33 Rn. 14; UHH/*Ulmer*/*Habersack* MitbestG § 30 Rn. 6; *Immenga* ZGR 1977, 249 (254); *Klamroth* BB 1977, 305 (308); aA *Binz*/*Sorg* GmbH & Co. KG § 14 Rn. 8: der GmbH-Geschäftsführer kann in einer Person zugleich die Aufgaben des Arbeitsdirektors wahrnehmen; siehe auch *Overlack* ZHR 141 (1977), 125 (128).
[86] MHdB KG/*Mutter* § 53 Rn. 22.
[87] BGHZ 89, 48 (59); UHH/*Ulmer*/*Habersack* MitbestG § 30 Rn. 12; eingehend *Raiser*/*Veil* MitbestG § 33 Rn. 16ff.
[88] BGHZ 89, 48 (59); näher MHdB KG/*Mutter* § 53 Rn. 22.

im Personal- und Sozialbereich können dem Arbeitsdirektor jedoch auch zusätzliche Aufgaben aus anderen Geschäftsbereichen übertragen werden.[89]

32 Der Aufsichtsrat ist daneben auch für Abschluss, Änderung und Beendigung der Dienstverträge mit den Geschäftsführern zuständig.[90] Die Beschlussfassung und das Verfahren bestimmen sich insoweit nach den allgemeinen Regeln über die Beschlussfassung im mitbestimmten Aufsichtsrat (§§ 25 Abs. 1 S. 1, 28, 29 MitbestG).[91]

6. Kontrollrechte des Aufsichtsrats

33 Nach § 25 Abs. 1 S. 1 Nr. 2 MitbestG iVm § 111 Abs. 1 AktG hat der Aufsichtsrat die Geschäftsführung zu überwachen. Unmittelbar bezieht sich dies nur auf die Geschäftsführung in der GmbH. Die Überwachungsaufgabe umfasst die Geschäftsführung in der GmbH aber auch, soweit sich diese auf die Tätigkeit für die KG bezieht.[92]

34 Der Aufsichtsrat kann die **Bücher und Schriften** der GmbH nach § 25 Abs. 1 S. 1 Nr. 2 MitbestG iVm § 111 Abs. 2 S. 1 AktG einsehen, auch soweit sie die Rechtsbeziehungen zur KG betreffen. Er ist jedoch nicht befugt, selbst die Bücher und Schriften der KG einzusehen.[93] Ähnliches gilt hinsichtlich der **Berichtspflicht** gemäß § 90 AktG.[94] Danach ist zwar nicht die KG selbst berichtspflichtig; die Berichtspflicht der GmbH-Geschäftsführer erstreckt sich aber auf Vorgänge in der KG, die auch für die GmbH von Relevanz sind.[95]

35 Gemäß § 25 Abs. 1 S. 1 Nr. 2 MitbestG iVm § 111 Abs. 4 S. 2 AktG muss der Aufsichtsrat oder der Gesellschaftsvertrag solche Arten von Geschäften[96] festlegen, die nur mit Zustimmung des Aufsichtsrats vorgenommen werden dürfen. Jedoch ist dabei der Zuständigkeitsordnung der GmbH Rechnung zu tragen. Der Zustimmungskatalog soll die Überwachung des Aufsichtsrats über die Geschäftsführung, nicht dagegen über die Gesellschafterversammlung sicherstellen.[97] Ebenso wenig darf er sich auf Maßnahmen der laufenden Geschäftsführung erstrecken, zu denen der Geschäftsführer von den Ge-

---

[89] Näher UHH/*Henssler* MitbestG § 33 Rn. 42.
[90] Vgl. BGHZ 89, 48 (50); WWKK/*Koberski* MitbestG § 31 Rn. 34 f.; MHdB KG/*Mutter* § 53 Rn. 21.
[91] Vgl. UHH/*Ulmer/Habersack* MitbestG § 31 Rn. 41; *Raiser/Veil* MitbestG § 31 Rn. 27.
[92] MHdB KG/*Mutter* § 53 Rn. 24; *Raiser/Veil* MitbestG § 4 Rn. 20.
[93] Vgl. *Raiser/Veil* MitbestG § 4 Rn. 20.
[94] Zum Umfang der Berichtspflicht vgl. *Thümmel* AG 2004, 83 (86); *v. Hoyningen-Huene/Powietzka* BB 2001, 529 (531 f.); *Gaul/Otto* GmbHR 2003, 6 (7 f.); zur Frage, ob die Verpflichtung zur unaufgeforderten Berichterstattung durch den Geschäftsführer entspr. § 90 Abs. 1 u. 2 AktG bei der GmbH besteht, obwohl eine Verweisung in § 25 Abs. 1 S. 1 Nr. 2 MitbestG fehlt, vgl. *v. Hoyningen-Huene/Powietzka* BB 2001, 529; *Gaul/Otto* GmbHR 2003, 6 (7 f.).
[95] MHdB KG/*Mutter* § 53 Rn. 26.
[96] Vgl. den Vorschlag eines Zustimmungskatalogs für eine AG bei *Lutter/Krieger/Verse* § 3 Rn. 118.
[97] *Gaul/Otto* GmbHR 2003, 6 (11).

sellschaftern angewiesen wurde.[98] Geschäftsführungsmaßnahmen in der KG kann der Aufsichtsrat der GmbH zwar nicht unmittelbar einem **Zustimmungserfordernis** unterwerfen. Da die Geschäftsführung in der KG jedoch regelmäßig bei der GmbH als Komplementärin liegt, kann er dieses Ergebnis mittelbar dadurch erreichen, dass er die Vornahme bestimmter Geschäfte der GmbH für die KG von seiner Zustimmung abhängig macht.[99] Ratsam kann dies unter Umständen im Hinblick auf Gesellschafterbeschlüsse in der KG sein. Die Geschäftsführer haben allerdings entsprechend § 111 Abs. 4 S. 3 AktG die Möglichkeit, bei Verweigerung der Zustimmung die Angelegenheit der GmbH-Gesellschafterversammlung vorzulegen, welche sodann – entgegen dem Wortlaut von § 111 Abs. 4 S. 4 AktG – mit einfacher Mehrheit über die Zustimmung entscheidet.[100]

Der Zustimmungsvorbehalt stellt indes nur ein Instrument dar, bestimmte Geschäftsführungshandlungen zu verhindern. Dem Aufsichtsrat steht hingegen nicht das Recht zu, die Geschäftsführer zur Vornahme bestimmter Handlungen anzuweisen.[101] Eine Ausnahme hiervon normiert **§ 32 MitbestG**. Danach unterliegen die Geschäftsführer bei der Ausübung bestimmter Beteiligungsrechte gegenüber der mitbestimmten Untergesellschaft, sofern die Beteiligung bei mindestens 25% liegt,[102] dem Votum des Aufsichtsrats. Dabei bedürfen die Beschlüsse des Aufsichtsrats jedoch nur der Mehrheit der Stimmen der Aufsichtsratsmitglieder der Anteilseigner (§ 32 Abs. 1 S. 2 Hs. 1 MitbestG); insoweit kommt es also zu einer Einschränkung der Mitbestimmung. Inhaltlich betrifft dies die Rechte der GmbH bei der Bestellung, dem Widerruf der Bestellung[103] oder der Entlastung von Verwaltungsträgern,[104] bei der Beschlussfassung über die Auflösung oder Umwandlung der Untergesellschaft, den Abschluss von Unternehmensverträgen zwischen der Ober- und Untergesellschaft, über die Fortsetzung nach der Auflösung der Untergesellschaft oder über deren Übertragung. Sinn der Vorschrift ist es, eine Potenzierung der Mitbestimmung zu verhindern und bestimmte Grundlagenentscheidungen der Entscheidung der Anteilseignervertreter zu überlassen.[105] **36**

Nach § 25 Abs. 1 S. 1 Nr. 2 MitbestG iVm § 118 Abs. 3 S. 1 AktG sollen die **Aufsichtsratsmitglieder** an der Gesellschafterversammlung der GmbH **37**

---

[98] *Gaul/Otto* GmbHR 2003, 6 (11 f.); *Lutter/Krieger/Verse* § 15 Rn. 1127.
[99] MHdB KG/*Mutter* § 53 Rn. 27.
[100] Vgl. Scholz/*U. H. Schneider* GmbHG § 52 Rn. 147; Baumbach/Hueck/*Zöllner/Noack* GmbHG § 52 Rn. 300, 254; MHdB KG/*Mutter* § 53 Rn. 27 mwN; *Hommelhoff* ZGR 1978, 119 (145 f.); aA UHH/*Ulmer/Habersack* MitbestG § 25 Rn. 66: Drei-Viertel-Mehrheit.
[101] *Binz/Sorg* GmbH & Co. KG § 14 Rn. 18.
[102] Zur Berechnung *Raiser/Veil* MitbestG § 32 Rn. 7.
[103] Gemeint ist damit die Wahl oder Entsendung von Aufsichtsratsmitgliedern der Anteilseigner, nicht aber die Wahl oder Abberufung von Mitgliedern des Vertretungsorgans, vgl. *Raiser/Veil* MitbestG § 32 Rn. 10.
[104] Dies kann nicht nur die Entlastung der Aufsichtsratsmitglieder, sondern auch jene der Mitglieder des Vertretungsorgans betreffen, vgl. *Raiser/Veil* MitbestG § 32 Rn. 11.
[105] Näher UHH/*Ulmer/Habersack* MitbestG § 32 Rn. 2; *Habersack* AG 2007, 641 (642).

5. Kapitel. Organisationsverfassung

teilnehmen. Hingegen sind sie zur Teilnahme an der Gesellschafterversammlung der KG nicht berechtigt.[106] Auch die Prüfung des Jahresabschlusses, Lageberichts und Vorschlags für die Verwendung des Bilanzgewinns gemäß § 25 Abs. 1 S. 1 Nr. 2 MitbestG iVm § 171 AktG bezieht sich nur auf die GmbH, nicht aber auf die KG. Der Aufsichtsrat hat jedoch die Möglichkeit, die Zustimmung der GmbH zur Feststellung des KG-Jahresabschlusses einem Zustimmungsvorbehalt zu unterwerfen (§ 25 Abs. 1 S. 1 Nr. 2 MitbestG iVm § 111 Abs. 4 S. 2 AktG).[107]

38 Bei Auflösung der GmbH hat der Aufsichtsrat nach § 25 Abs. 1 S. 1 Nr. 2 MitbestG iVm § 268 Abs. 2 S. 2 AktG deren Liquidatoren zu überwachen, bei Liquidation der KG hat er nur die Tätigkeit der GmbH im Rahmen dieser Liquidation zu überwachen.[108]

7. Zwingende Geschäftsführungsbefugnis

39 Die Regeln über die Geschäftsführung in der KG sind grundsätzlich dispositiv.[109] Deshalb ließe sich erwägen, die mitbestimmungspflichtige Komplementär-GmbH von der Geschäftsführung in der KG auszuschließen, um auf diesem Weg die auf die GmbH bezogene Mitbestimmung auszuhebeln. Dieser Erwägung schiebt § 4 Abs. 2 MitbestG jedoch einen Riegel vor. Danach kann die GmbH nämlich nicht von der Führung der Geschäfte der KG ausgeschlossen werden.

40 Die Bestimmung des § 4 Abs. 2 **MitbestG** betrifft nach ihrem Wortlaut zwar nur die Geschäftsführung, gilt aber entsprechend für die Vertretungsmacht.[110] § 4 Abs. 2 MitbestG verhindert allerdings nicht, dass neben der Komplementär-GmbH auch weitere Gesellschafter mit der Geschäftsführung betraut werden können. Dabei muss der GmbH jedoch ein gleichberechtigter Einfluss verbleiben. Unzulässig sind Regelungen, bei denen der Einfluss der GmbH rechtlich oder tatsächlich hinter dem anderer geschäftsführender Gesellschafter zurückbleibt.[111] Dem Zustimmungsvorbehalt der Kommanditisten nach § 164 S. 1 Hs. 2 HGB steht § 4 Abs. 2 MitbestG nicht entgegen,[112] doch darf er nicht auf den Bereich der laufenden Geschäftsführung ausgedehnt werden.[113] Ein Weisungsrecht der KG-Gesellschafterversammlung oder der Kommanditisten gegenüber der Komplementär-GmbH

---

[106] Vgl. MHdB KG/*Mutter* § 53 Rn. 29.
[107] Vgl. MHdB KG/*Mutter* § 53 Rn. 29.
[108] Vgl. MHdB KG/*Mutter* § 53 Rn. 30.
[109] Vgl. *K. Schmidt* Gesellschaftsrecht § 53 III 2a, 1537 f.; *Kraft/Kreutz* Gesellschaftsrecht (11. Aufl.) E II 2a, 237.
[110] UHH/*Ulmer/Habersack* MitbestG § 4 Rn. 27; *Raiser/Veil* MitbestG § 4 Rn. 25; handelsrechtlich wäre ein Ausschluss der Vertretungsmacht ohnehin nur dann möglich, wenn die KG mindestens über einen weiteren Komplementär verfügt.
[111] Eingehend MHdB KG/*Mutter* § 53 Rn. 32; vgl. zu gesellschaftsvertraglichen Gestaltungsmöglichkeiten in *Binz/Sorg* GmbH & Co. KG § 14 Rn. 43 ff.
[112] WWKK/*Koberski* MitbestG § 4 Rn. 46; UHH/*Ulmer/Habersack* MitbestG § 4 Rn. 29; MHdB KG/*Mutter* § 53 Rn. 33.
[113] Vgl. UHH/*Ulmer/Habersack* MitbestG § 4 Rn. 29; *Klett* Institutionalisierung, 109, 94 ff.

in laufenden Angelegenheiten ist nicht mit § 4 Abs. 2 MitbestG vereinbar.[114] Demgegenüber sind Weisungsrechte der GmbH-Gesellschafter gegenüber den Geschäftsführern möglich.[115] Weil mit § 4 Abs. 2 MitbestG nur eine vertragliche Aushöhlung der Rechtsstellung der GmbH verhindert werden soll, erfasst er auch nicht die Fälle einer Entziehung der Geschäftsführungs- oder Vertretungsbefugnis der GmbH aus wichtigem Grund durch gerichtliche Entscheidung oder Beschluss der anderen Gesellschafter.[116]

Umstritten ist, ob § 4 Abs. 2 MitbestG im Fall der **mehrstöckigen** 41 **GmbH & Co. KG** (→ Rn. 17) dazu führt, dass die Obergesellschaft nicht von der Geschäftsführung bei der Untergesellschaft ausgeschlossen werden darf.[117] Zwar bezieht sich § 4 Abs. 2 MitbestG unmittelbar nur auf die Gesellschaft, die selbst nach § 1 Abs. 1 MitbestG der Mitbestimmung unterliegt, mithin die Komplementär-GmbH. Ihren Zweck kann die Vorschrift in der mehrstöckigen GmbH & Co. KG jedoch nur erfüllen, wenn sie analog auch auf die zwischengeschaltete KG angewendet wird, um zu verhindern, dass die Untergesellschaft vom mittelbaren Einfluss des mitbestimmten Aufsichtsrats der Komplementär-GmbH abgekoppelt wird.[118]

II. Fakultativer Beirat

1. Funktionen

a) **Fakultatives Organ.** Sowohl bei der KG als auch bei der Komple- 42 mentär-GmbH ist es möglich, einen **Beirat** einzurichten. Ein Beirat kann auch in beiden Gesellschaften vorgesehen werden (→ Rn. 53 ff.). Der Beirat ist kein obligatorisches, sondern ein fakultatives Organ. Anstelle des Begriffs Beirat sind auch andere Bezeichnungen wie **Verwaltungsrat, (fakultativer) Aufsichtsrat, Gesellschafterausschuss** oder bei Familiengesellschaften auch **Familienrat** verbreitet.[119] Rückschlüsse auf unterschiedliche Funktionen oder Aufgaben lassen die unterschiedlichen Bezeichnungen indessen nur ausnahmsweise zu. Die Aufgaben und Befugnisse können nämlich unabhängig von der gewählten Bezeichnung in den Gesellschaftsverträgen individuell gestaltet werden. Fehlen entsprechende Bestimmungen, weist die

---

[114] Vgl. UHH/*Ulmer/Habersack* MitbestG § 4 Rn. 30; MHdB KG/*Mutter* § 53 Rn. 33.
[115] WWKK/*Koberski* MitbestG § 4 Rn. 46; UHH/*Ulmer/Habersack* MitbestG § 4 Rn. 30; MHdB KG/*Mutter* § 53 Rn. 33.
[116] Vgl. *Binz/Sorg* GmbH & Co. KG § 14 Rn. 53; MHdB KG/*Mutter* § 53 Rn. 34 (vor allem zum Vorliegen eines wichtigen Grundes); WWKK/*Koberski* MitbestG § 4 Rn. 44.
[117] So UHH/*Ulmer/Habersack* MitbestG § 4 Rn. 27; aA *Binz/Sorg* GmbH & Co. KG § 14 Rn. 83 f.; *Skibbe* WM 1978, 890 (891).
[118] Diesen „Kunstgriff" befürworten dagegen *Binz/Sorg* GmbH & Co. KG § 14 Rn. 84.
[119] Zur Terminologie UHW/*Raiser/Heermann* GmbHG § 52 Rn. 308; *H. Wiedemann*, FS Schilling, 1973, 105; *Hofbauer* Kompetenzen des Beirats, 84 ff.; *Spindler/Kepper* DStR 2005, 1738.

5. Kapitel. Organisationsverfassung

Verwendung des Begriffs **Aufsichtsrat** darauf hin, dass dem Organ aufsichtsratsähnliche Kontrollbefugnisse zustehen sollen. Aus der Bezeichnung als **Gesellschafterausschuss** lässt sich, sofern der Gesellschaftsvertrag keine abweichenden Regelungen enthält, schließen, dass dem Gremium ausschließlich Gesellschafter angehören sollen. Ihm sind typischerweise **Kompetenzen der Gesellschafterversammlung** übertragen. Für einen **Beirat** ist eher eine die Geschäftsführung beratende, häufig auch beaufsichtigende Kompetenz typisch; oft werden jedoch auch Zustimmungserfordernisse zu Geschäftsführungsmaßnahmen zu seinen Gunsten begründet und Gesellschafterversammlungskompetenzen auf ihn übertragen. Ebenfalls ambivalent ist die Bezeichnung als **Verwaltungsrat**, die sowohl überwachende als auch beratende und entscheidende Kompetenzen signalisieren kann.[120]

43   Zu unterscheiden sind Beiratsgremien von einem **obligatorischen Aufsichtsrat**. In der KG besteht keine Pflicht, einen Aufsichtsrat einzurichten. Anderes kann für die Komplementär-GmbH gelten. Bei ihr muss unter den Voraussetzungen des DrittelbG ein zu einem Drittel aus Arbeitnehmervertretern bestehender und unter den Voraussetzungen des MitbestG ein paritätisch besetzter Aufsichtsrat gebildet werden (→ Rn. 1 ff.).

44   Die Verpflichtung, ein dem Beirat entsprechendes Überwachungsorgan vorzusehen, wird teilweise für die **Publikumspersonengesellschaft** angenommen.[121] Zum Schutz der Anleger bedürfe es eines Überwachungsorgans, dem Mindestkontroll- und Mitwirkungsrechte vorzubehalten seien. Der BGH ist dem bisher nicht gefolgt.[122] Immerhin stellt er an die Ausgestaltung eines Beirats als Organ der Gesellschaft bei der Publikumsgesellschaft ähnliche Anforderungen wie an einen Aufsichtsrat in der AG oder GmbH.[123] Gibt es auch keine Verpflichtung zur Einrichtung eines Beirats, so sprechen doch gute Gründe dafür, dass die Kommanditisten einer Publikumsgesellschaft zumindest mit qualifizierter Mehrheit die Einrichtung eines Beirats auch dann beschließen können, wenn die Initiatoren einen solchen nicht vorgesehen haben.[124]

45   **b) Gründe für die Einrichtung eines Beirats.** Die Frage, ob es sinnvoll ist, einen fakultativen Beirat einzurichten, und die weitere Frage, mit welchen Kompetenzen man ihn ausstattet (→ Rn. 62 ff.), lassen sich nicht generell, sondern nur im Einzelfall beantworten. Die Bedürfnisse für einen Beirat sind außerordentlich vielgestaltig.[125] Es lassen sich die folgenden **Fallgruppen** bilden:

---

[120] → Nachweise in Fn. 119.
[121] *H. Wiedemann* Gesellschaftsrecht, Bd. I, § 9 III 2c, 504; *U. H. Schneider* ZHR 142 (1978), 228 (258), nur de lege ferenda.
[122] BGHZ 64, 238 (245).
[123] BGH WM 1979, 1425 (1426); BGHZ 87, 84 (87); eingehend zum Beirat der Publikums-KG *Grote* Anlegerschutz, 234 ff.
[124] GK/*Schäfer* HGB § 109 Rn. 59; *Stimpel*, FS R. Fischer, 1979, 771 (778); *Hüffer* ZGR 1980, 320 (357).
[125] Zu den Funktionen UHW/*Raiser/Heermann* GmbHG § 52 Rn. 310 ff.; *Hölters* Beirat, 3 f.; *Voormann* Beirat im Gesellschaftsrecht, 5 ff.; *H. Wiedemann*, FS Schilling, 1973, 105; *Hennerkes/Binz/May* DB 1987, 469.

§ 19 *Aufsichtsrat, Beirat*

Bisweilen werden Beiräte nur zu **Repräsentationszwecken** gebildet. Sie haben den Zweck, den Kontakt zu Persönlichkeiten, die für die Gesellschaft von Bedeutung sind (oft Kunden oder Lieferanten) zu pflegen; mitunter soll auch das **Image** der Gesellschaft durch die Etablierung eines mit hochkarätigen Persönlichkeiten besetzten Beirats (**„Prominentenbeirat"**)[126] verbessert werden. **46**

Meist verbinden die Gesellschafter mit der Einrichtung eines Beirats darüber hinausgehende Ziele. Der Beirat kann die Funktion haben, die Geschäftsführung, bisweilen auch zusätzlich oder an deren Stelle die Gesellschafter, zu beraten (→ Rn. 70 ff.). Der **beratende Beirat** ist meist mit Personen besetzt, die über besondere Sachkunde verfügen und das Vertrauen der Gesellschafter oder einzelner Gesellschaftergruppen genießen (→ Rn. 101 ff.). **47**

Neben der Beratung geht es häufig auch um die **Überwachung der Geschäftsführung** (→ Rn. 72 ff.). Ein mit diesem Ziel eingerichteter aufsichtsratsähnlicher Beirat hat die Aufgabe, die Geschäftsführung nicht nur zu beraten, sondern auch zu kontrollieren. Mit der Etablierung einer Kontrollinstanz kann sich zugleich eine **Einschränkung** der Entscheidungsbefugnisse der Geschäftsführung verbinden; dies gilt insbesondere dann, wenn bestimmte Geschäftsführungsmaßnahmen an **Zustimmungserfordernisse** des Beirats gebunden werden (→ Rn. 77 ff.). Dem Beirat können auch gewisse **Gesellschafterbefugnisse** übertragen werden, so etwa die Bestellung der Geschäftsführung oder die Ausübung von Weisungsbefugnissen gegenüber der Geschäftsführung, bis hin zur Bilanzfeststellung und Entscheidung über die Gewinnverwendung (→ Rn. 85 ff.). **48**

Beiräte mit weitgehenden Kontroll-, Zustimmungs- oder Entscheidungsbefugnissen kommen in Betracht, wenn der Handlungsspielraum der Geschäftsführung eingeschränkt werden soll, während die oder Teile der Gesellschafter die damit verbundenen Überwachungs- und Entscheidungsbefugnisse nicht – oder nicht ausschließlich – selbst wahrnehmen wollen oder können. Die Betrauung eines Beirats mit solchen Aufgaben kann zu einer **Erhöhung der Kompetenz**, einer Versachlichung der Diskussion sowie einer gegenüber der Zuständigkeit der Gesellschafterversammlung größeren Flexibilität führen. **49**

Verbreitet sind Beiräte bei Unternehmen, die in der Komplementär-GmbH eine **Fremdgeschäftsführung** installiert haben. Häufig finden sich solche Gestaltungen auch bei Familiengesellschaften, insbesondere in Situationen der Unternehmensnachfolge, wenn sich die Senioren aus der operativen Geschäftsführung zurückgezogen haben, jedoch auf absehbare Zeit noch gewisse Kontrollbefugnisse ausüben wollen.[127] Aber auch in anderen Unternehmen bis hin zu **Gemeinschaftsunternehmen** besteht häufig Bedarf, Kontroll- und Mitwirkungsbefugnisse auf einen Beirat zu übertragen. Bei Gesellschaften mit einem großen Gesellschafterkreis dient der Beirat häufig dem Zweck, die Schwerfälligkeit der Entscheidungsfindung in Gesellschaf- **50**

---

[126] *Voormann* Beirat im Gesellschaftsrecht, 9; *Spindler/Kepper* DStR 2005, 1738.
[127] *A. Wiedemann/Kögel* Beirat und Aufsichtsrat § 4 Rn. 24; *Reichert*, FS Maier-Reimer, 2010, 543 (546).

terversammlungen zu vermeiden. Meist werden die einzelnen **Gesellschaftergruppen** – etwa die Familienstämme bei Familienunternehmen oder die Mutter- und Obergesellschaften bei Gemeinschaftsunternehmen – im Beirat durch Beiratsmitglieder **repräsentiert**, auf deren Auswahl ihnen ein bestimmender Einfluss zukommt (Benennungs- und Entsendungsrechte; zu den Einzelheiten → Rn. 110 ff.). Dem Beirat kommt in solchen Fällen die Funktion eines **Repräsentativorgans** zu.[128]

51 Eine weitere typische Funktion, die einem Beirat zukommen kann, ist die **Schiedsfunktion** (→ Rn. 93 ff.). Wenn eine Gesellschaft nach ihrem Stimmgewicht gleich starke Gesellschafter oder Gesellschaftergruppen aufweist, liegt die Etablierung eines Beirats mit Schiedsfunktion nahe, um drohende **Blockadesituationen** zu **vermeiden**. Solche können durch originäre Entscheidungsbefugnisse des Beirats vermieden werden. Stattdessen kann sich die Kompetenz des Beirats auch auf den Fall beschränken, dass sich die rivalisierenden Gesellschaftergruppen nicht einigen können. Eine **Ersatzzuständigkeit** des Beirats kommt auch in Betracht, um in den Gesellschaftsverträgen vorgesehene Einstimmigkeits- oder qualifizierte Mehrheitserfordernisse zu lockern; in solchen Fällen ordnet der Gesellschaftsvertrag an, dass die für einen Gesellschafterbeschluss aufgestellten dispositiven Erfordernisse durch ein positives Beiratsvotum ersetzt werden können. Wesentlich für die Funktionsfähigkeit eines solchen Zwecken dienenden Beirats ist, dass er über **neutrale**, vom Vertrauen sämtlicher Gesellschafter getragene **Mitglieder** verfügt.

52 Die Besetzung des Beirats – und damit zusammenhängend die Bestimmungen über die **Auswahl der Beiratsmitglieder** – spielt generell für die Erfüllung der mit der Einrichtung eines Beirats verfolgten Zwecke eine entscheidende Rolle.

2. Rechtsgrundlagen

53 **a) Verankerung.** Der Beirat kann bei der Komplementär-GmbH, der KG oder bei beiden Gesellschaften verankert werden. Die Frage, welche Gestaltung zweckmäßig ist, hängt von den Funktionen des Beirats ab.[129]

54 Sollen dem Beirat ausschließlich Aufgaben übertragen werden, die normalerweise den Gesellschaftern der KG obliegen, ist er **bei der KG** anzusiedeln. Die Verankerung bei der KG hat darüber hinaus meist steuerliche Vorteile, insbesondere wenn der Beirat mit der Überwachung der Geschäftsführung beauftragt ist.[130] Während die Abzugsfähigkeit der Beiratsvergütung bei der Komplementär-GmbH in diesem Fall auf die Hälfte der Vergütung beschränkt ist (§ 10 Nr. 4 KStG), kann die KG die an ihre Beiratsmitglieder

---

[128] Näher *Voormann* Beirat im Gesellschaftsrecht, 28 ff.
[129] MHdB KG/*Mutter* § 8 Rn. 5; *Voormann* Beirat im Gesellschaftsrecht, 16 f.; eingehend auch unter Berücksichtigung haftungsrechtlicher Aspekte *Hölters* DB 1980, 2225.
[130] Zur steuerlichen Behandlung von Zahlungen an Beiratsmitglieder vgl. *H. Huber* Der Beirat, 91 ff.; MHdB KG/*Mutter* § 8 Rn. 76; *A. Wiedemann/Kögel* Beirat und Aufsichtsrat § 11 Rn. 40 ff.; siehe ferner FG Hessen BB 2012, 1134 m. Anm. *Behrens*; Blümich/*Hofmeister* KStG § 10 Rn. 80 ff.

geleistete Vergütung in voller Höhe absetzen.¹³¹ Darüber hinaus wird die steuerliche Doppelbelastung vermieden, die bei Einrichtung eines Beirats in der Komplementär-GmbH dadurch entsteht, dass die Vergütung des Beirats – ohne Anrechnung auf die Steuerpflicht des Beiratsmitglieds – zur Hälfte dem steuerlichen Gewinn der GmbH zugerechnet wird.

Gleichwohl ist der Beirat **bei der Komplementär-GmbH** zu errichten, 55 wenn ihm Aufgaben zugewiesen werden sollen, die den Gesellschaftern oder Geschäftsführern der GmbH zustehen. Dies gilt etwa, wenn ihm die Bestellung und Abberufung der Geschäftsführer der Komplementär-GmbH, denen der Sache nach die Geschäftsführung der KG obliegt, übertragen werden soll oder ihm diesen gegenüber Weisungsbefugnisse zustehen sollen.¹³² Die Bildung des Beirats bei der GmbH ist darüber hinaus immer dann empfehlenswert, wenn einem überwiegend mit Nichtgesellschaftern besetzten Beirat umfassende Weisungs- oder Entscheidungsbefugnisse in Geschäftsführungsfragen übertragen werden sollen, um eine Kollision mit dem für die KG geltenden Grundsatz der Selbstorganschaft zu vermeiden.¹³³

Sollen dem Beirat sowohl die GmbH als auch die KG betreffende Befug- 56 nisse, die nicht allein die der GmbH obliegende Geschäftsführungsbefugnisse bei der KG betreffen, zustehen, muss er **in beiden Gesellschaften** etabliert werden (→ Formulare § 60 II, § 14; § 60 IV, § 9). In der Praxis finden sich häufig Bestimmungen, die einen gemeinsamen Beirat beider Gesellschaften vorsehen. Solche Regelungen ändern indessen nichts daran, dass es sich um zwei rechtlich selbständige Organe handelt. Gleichwohl ist es, insbesondere bei Identität der Beteiligungsverhältnisse, meist zweckmäßig, die Zusammensetzung und **innere Ordnung** beider Gremien zu **parallelisieren**, so dass sie **personenidentisch** besetzt sind¹³⁴ und gemeinsam tagen können (→ Formulare § 60 II, § 14 Abs. 1 für die KG und § 60 IV, § 9 für die GmbH).

b) Beirat auf gesellschaftsvertraglicher Grundlage. Der Beirat wird 57 regelmäßig im Gesellschaftsvertrag der KG bzw. der Satzung der GmbH verankert. Für die GmbH folgt seine Zulässigkeit aus § 52 GmbHG, für die KG aus der Dispositivität der Bestimmungen über die Gestaltung des KG-Vertrags (§ 109 HGB iVm § 161 Abs. 2 HGB). Die Verankerung des Beirats im Gesellschaftsvertrag ist zwingend, um ihn als **Gesellschaftsorgan** zu etablieren und ihm über eine reine Beratungsfunktion hinausgehende Kompetenzen zu übertragen.¹³⁵ Umgekehrt folgt aus der Verankerung eines Beirats im Gesellschaftsvertrag oder der Satzung nicht zwingend, dass es sich um ein organschaftliches Gremium handelt. Bisweilen wird angenommen, einem

---

[131] Vgl. HHR/*Hollatz* KStG § 10 Rn. 125 mwN; siehe auch OFD Magdeburg, Vfg. v. 12.11.2002, GmbHR 2003, 52.
[132] Vgl. *H. Huber* Der Beirat, 56.
[133] Ebenso MHdB KG/*Mutter* § 8 Rn. 5; vgl. dagegen *Grunewald* ZEV 2011, 283 (284).
[134] MHdB KG/*Mutter* § 8 Rn. 5.
[135] *Lutter*/Hommelhoff GmbHG § 52 Rn. 110 f.; GK/*Schäfer* § 109 HGB Rn. 50; Hölters Beirat, 5; *Voormann* Beirat im Gesellschaftsrecht, 53; *Hofbauer* Kompetenzen des Beirats, 47; *Reichert*, FS Maier-Reimer, 2010, 543 (545); *Reichert* in Lange/Leible, Governance in Familienunternehmen, 2010, 139 (143).

rein beratenden Beirat, dem weder Aufsichts- noch Kontrollbefugnisse zustünden, fehle die Organqualität.[136] Indessen spricht die Aufnahme entsprechender Bestimmungen in den Gesellschaftsvertrag bzw. in die Satzung dafür, dass es sich um echte Organisationsnormen handelt, dem Beirat also **Organqualität** zukommt.[137]

58 **c) Beirat auf schuldrechtlicher Grundlage.** Ein Beirat kann auch lediglich auf schuldrechtlicher Grundlage, also ohne Einbindung in das Organisationsgefüge der Gesellschaft, gebildet werden.[138] Er wird in diesem Fall durch Verträge zwischen der Gesellschaft und den einzelnen Beiratsmitgliedern eingerichtet.[139] Handelt es sich um einen Beirat, der lediglich eine bestimmte Gesellschaftergruppe repräsentiert (→ Rn. 61), erfolgt seine Einrichtung durch Vertrag zwischen den Mitgliedern des Beirats und den von ihnen repräsentierten Gesellschaftern.[140]

59 Beiräte, die nur auf schuldrechtlicher Basis begründet werden, sind keine Gesellschaftsorgane. Ihnen können **keine unmittelbaren Mitwirkungsbefugnisse** bei der Willensbildung der Gesellschaft übertragen werden.[141] Sie kommen daher allenfalls als Gremien in Betracht, in denen die **Repräsentation** (Kontaktpflege mit Kunden oder Verbesserung des Images der Gesellschaft) oder die **Beratung** im Vordergrund steht.[142] Sie sind daher weniger verbreitet als gesellschaftsvertraglich legitimierte Beiratsorgane. Anwendungsfelder sind etwa aus Anlass einer Sanierung gebildete **Gläubigerbeiräte**, zu deren regelmäßiger Information sich Gesellschaft und Gesellschafter verpflichten.[143]

60 Bei Abschluss, Änderung und Beendigung schuldrechtlicher Beiratsverträge wird die KG durch die Komplementär-GmbH vertreten, die jedoch, soweit der Gesellschaftsvertrag keine abweichenden Regelungen trifft, der **Zustimmung der Kommanditisten** nach § 164 S. 1 Hs. 2 HGB bedarf. Bei der Einrichtung eines Beirats handelt es sich nämlich selbst dann regelmäßig um ein außergewöhnliches Geschäft, wenn dem Beirat nur beratende

---

[136] GK/*Schäfer* § 109 HGB Rn. 50; *Hofbauer* Kompetenzen des Beirats, 49; dagegen *Hölters* Beirat, 6.
[137] *Hölters* Beirat, 6; *Bayer*, FS U. H. Schneider, 2011, 75 (76 f.); *Spindler/Kepper* DStR 2005, 1738 (1739); zur Unterscheidung zwischen echten und unechten Satzungsbestandteilen BGHZ 18, 205 (207); UHW/*Ulmer* GmbHG § 53 Rn. 9; *Hölters* Beirat, 5 f.
[138] GK/*Schäfer* § 109 HGB Rn. 50; UHW/*Raiser/Heermann* GmbHG § 52 Rn. 318 ff.; MHdB KG/*Mutter* § 8 Rn. 6; *Hölters* Beirat, 5; *Voormann* Beirat im Gesellschaftsrecht, 53; *Hofbauer* Kompetenzen des Beirats, 51; *H. Wiedemann*, FS Schilling, 1973, 105 (107); zur vertraglichen Ausgestaltung vgl. *H. Huber* Der Beirat, 32.
[139] Siehe auch *Spindler/Kepper* DStR 2005, 1738 (1739).
[140] MHdB KG/*Mutter* § 8 Rn. 6.
[141] UHW/*Raiser/Heermann* GmbHG § 52 Rn. 318; MHdB KG/*Mutter* § 8 Rn. 6; *Hofbauer* Kompetenzen des Beirats, 51; *H. Wiedemann*, FS Schilling, 1973, 105 (107).
[142] UHW/*Raiser/Heermann* GmbHG § 52 Rn. 320; MHdB KG/*Mutter* § 8 Rn. 6; *Reichert*, FS Maier-Reimer, 2010, 543 (545).
[143] Vgl. GK/*Schäfer* § 109 HGB Rn. 50; zum sog. Großgläubigerbeirat siehe *Hofbauer* Kompetenzen des Beirats, 83.

Funktion zukommen soll.¹⁴⁴ Anders stellt sich die Lage indes für die GmbH dar: Selbst wenn man mit der überwiegenden Ansicht bei ungewöhnlichen Maßnahmen die Zustimmung der Gesellschafterversammlung für erforderlich hält, erscheint es doch im Hinblick auf die strukturellen Unterschiede von GmbH und KG zweifelhaft, ob es sich auch bei der GmbH insoweit um eine ungewöhnliche Maßnahme handelt.¹⁴⁵

d) Gruppenbeirat. Vom Beirat als Organ der Gesellschaft zu unterscheiden ist ein Beirat, der lediglich als Sachwalter einer Interessengruppe fungiert.¹⁴⁶ Auch ein solcher **Gruppenbeirat** kann entweder auf schuldrechtlicher oder gesellschaftsvertraglicher Grundlage etabliert werden. Sollen ihm über eine rein beratende Funktion hinaus Befugnisse, die einer bestimmten Gesellschaftergruppe (zB der Gruppe der Kommanditisten) zustehen, übertragen werden, muss er im Gesellschaftsvertrag verankert sein. Auch unter dieser Voraussetzung ist er **kein Gesellschaftsorgan**.¹⁴⁷ Die bisweilen gewählte Bezeichnung als Gruppenorgan¹⁴⁸ ist irreführend, da er – anders als ein Gesellschaftsorgan – nicht Sachwalter der Gesellschaftsinteressen, sondern Repräsentant partikularer Gruppeninteressen ist. 61

3. Übertragung von Kompetenzen auf den Beirat

a) Grenzen der Gestaltungsfreiheit. Die Gesellschafter sind bei der Auswahl der einem Beirat zuzuweisenden Rechte und Pflichten im Grundsatz frei. Grenzen ergeben sich indessen aus zwingenden gesetzlichen Vorschriften oder Grundsätzen des Gesellschaftsrechts.¹⁴⁹ 62

Die Gesellschafter müssen oberster Souverän der Gesellschaft bleiben. Sie müssen über die Grundlagen der Gesellschaft selbst bestimmen. Dieser als **Verbandssouveränität** bezeichnete Grundsatz, nach dem das Schicksal der Gesellschaft „nicht wirksam in die Hände Dritter gelegt werden (darf)",¹⁵⁰ ist **nicht disponibel**. Für die GmbH folgt daraus, dass die Gesellschafter grundsätzlich materielle Satzungsänderungen nicht von der Mitwirkung anderer Organe als der Gesellschafterversammlung und insbesondere nicht von der 63

---

¹⁴⁴ MHdB KG/*Mutter* § 8 Rn. 6.
¹⁴⁵ Nach hA muss der Geschäftsführer der GmbH bei ungewöhnlichen Maßnahmen auch dann die Zustimmung der Gesellschafterversammlung einholen, wenn dies in der Satzung nicht ausdrücklich bestimmt ist, vgl. dazu BGH NJW 1984, 1461 (1462); OLG Frankfurt a.M. GmbHR 1989, 254 (255); ferner Lutter/Hommelhoff/ *Kleindiek* GmbHG § 37 Rn. 10f.
¹⁴⁶ UHW/*Raiser/Heermann* GmbHG § 52 Rn. 322f.; MHdB KG/*Mutter* § 8 Rn. 8; vgl. zum Streitstand *Bayer*, FS U. H. Schneider, 2011, 75 (77).
¹⁴⁷ Vgl. *Hüffer* ZGR 1980, 320 (321f.); aA MHdB KG/*Mutter* § 8 Rn. 8; *Onstein* Beirat einer mittelständischen GmbH, 67f.
¹⁴⁸ MHdB KG/*Mutter* § 8 Rn. 8; *H. Wiedemann*, FS Schilling, 1973, 105 (108f., 124).
¹⁴⁹ GK/*Schäfer* § 109 HGB Rn. 51ff.; UHW/*Raiser/Heermann* GmbHG § 52 Rn. 328ff.; Lutter/Hommelhoff GmbHG § 52 Rn. 117ff.; MüKoGmbHG/*Spindler* § 52 Rn. 670ff.; *H. Wiedemann*, FS Schilling, 1973, 105 (109); *Weipert/Oepen* ZGR 2012, 585 (588f.); *Spindler/Kepper* DStR 2005, 1738 (1742f.).
¹⁵⁰ Vgl. *K. Schmidt* Gesellschaftsrecht § 5 I 3, 85.

5. Kapitel. Organisationsverfassung

Zustimmung von Nichtgesellschaftern abhängig machen dürfen.[151] Demgegenüber kann der Beirat bei der KG zu Vertragsänderungen und Grundlagenentscheidungen in dem Umfang ermächtigt werden, in dem die Gesellschafter, die nicht Mitglied des Gesellschafterausschusses (→ Rn. 42) sind, vom Stimmrecht ausgeschlossen werden könnten.[152] Was den **GmbH-Beirat** anbelangt, stößt eine solche Gestaltung schon im Hinblick auf § 53 Abs. 1 und 2 GmbHG auf Schranken. Der Sinn und Zweck des Mindesterfordernisses eines mit Drei-Viertel-Mehrheit zu beschließenden Gesellschafterversammlungsbeschlusses würde unterlaufen, wenn man es für zulässig halten wollte, einen Gesellschafterausschuss zu solchen Maßnahmen zu ermächtigen.

64 Sollen in der GmbH **Satzungsänderungskompetenzen** auf bestimmte Gesellschafter beschränkt werden, kann dies im Wege des Stimmrechtsausschlusses einzelner Gesellschafter in der Satzung geschehen. Auch wenn derartige Konstruktionen im Ergebnis zu ähnlichen Strukturen wie die Einrichtung eines Gesellschafterausschusses führen, haben sie damit nichts zu tun.[153] Sie führen nicht zur Bildung eines neuen Gremiums in Form eines Beirats oder Gesellschafterausschusses, sondern beschränken Gesellschafter im Stimmrecht oder schließen sie vom Stimmrecht aus.[154]

65 Denkbar sind demgegenüber Gestaltungen, die einem Beirat auch bei **Grundlagengeschäften** Mitwirkungsbefugnisse einräumen, die durch ein qualifiziertes oder einstimmiges **Votum der Gesellschafter** derogiert werden können.[155] Es bestehen demgemäß keine Bedenken, bestimmte Grundlagenentscheidungen sowohl von einem qualifizierten Mehrheitsbeschluss der Gesellschafter als auch einem Zustimmungsbeschluss eines Beirats abhängig zu machen, sofern Letzterer aufgrund ausdrücklicher gesellschaftsvertraglicher Bestimmung durch ein einstimmiges Votum der Gesellschafter ersetzt werden kann.[156]

66 **Unzulässig** wäre freilich, einem solchen Gremium einen **Eingriff in Kernrechte** einzuräumen.[157] Darüber hinaus wäre bei einer Übertragung von derart weitreichenden Kompetenzen der **Bestimmtheitsgrundsatz** zu berücksichtigen.[158] Insgesamt ist gegenüber derartigen Gestaltungen Zu-

---

[151] Ganz hM, vgl. nur RGZ 137, 305 (308); BGHZ 43, 261 (264); UHW/*Ulmer* GmbHG § 53 Rn. 95; Lutter/Hommelhoff/*Bayer* GmbHG § 53 Rn. 7 f.; *Spindler/ Kepper* DStR 2005, 1738 (1742).
[152] Vgl. GK/*Schäfer* HGB § 109 Rn. 51; MHdB KG/*Mutter* § 8 Rn. 28; *Grunewald* ZEV 2011, 283 (286).
[153] Ebenso *Onstein* Beirat einer mittelständischen GmbH, 95 f.
[154] Zum Stimmrechtsausschluss vgl. BGHZ 14, 264 (269); Baumbach/Hueck/ Zöllner GmbHG § 47 Rn. 33 f.; UHW/*Hüffer* GmbHG § 47 Rn. 56, 91 f.
[155] *Klett* Institutionalisierung, 168 f.; *H. Wiedemann*, FS Lutter, 2000, 801 (811).
[156] Dann trifft der von *Hofbauer* Kompetenzen des Beirats, 163 f. vorgebrachte Einwand nicht zu, die Gesellschafterversammlung begebe sich ihrer Entscheidungsgewalt.
[157] BGH NJW 1985, 972 (973); zu der im Personen- wie im Kapitalgesellschaftsrecht geltenden Kernbereichslehre vgl. GK/*Schäfer* HGB § 119 Rn. 38 ff.; *H. Huber* Der Beirat, 40 ff. mwN.
[158] Zum Bestimmtheitsgrundsatz vgl. GK/*Schäfer* HGB § 119 Rn. 34 ff.; *Klett* Institutionalisierung, 156 ff.

rückhaltung geboten. Zulässig erscheint eine solche Gestaltung im Ergebnis nur dann, wenn im Beirat die Gesellschafter den überwiegenden Einfluss behalten.[159]
Der Beirat ist auch **kein Geschäftsführungs- oder Vertretungsorgan** der Gesellschaft. Ihm kann weder die organschaftliche Vertretung der KG, die zwingend der Komplementärin obliegt,[160] noch die organschaftliche Vertretung der GmbH, die zwingend deren Geschäftsführern obliegt,[161] übertragen werden. Eine Übertragung ist allerdings möglich für Aufgaben, die typischerweise zum Bereich der Geschäftsführung gehören.[162] Seine Befugnisse brauchen sich nicht auf **Zustimmungserfordernisse** (→ Rn. 77 ff.) zu Geschäftsführungsmaßnahmen zu beschränken. Ihm können vielmehr auch **Entscheidungsbefugnisse** (→ Rn. 85 f.) über einzelne Geschäftsführungsmaßnahmen zugewiesen werden.[163] Darüber hinaus kann er mit **Weisungsbefugnissen** (→ Rn. 82 ff.) ausgestattet werden.[164] Soweit es den **GmbH-Beirat** betrifft, liegt in Letzterem nicht einmal eine Beschränkung der Geschäftsführungsbefugnisse; der Beirat nimmt in solchen Fällen vielmehr Kompetenzen wahr, die von Gesetzes wegen der Gesellschafterversammlung gemäß § 37 Abs. 1 GmbHG zustehen.[165] Auch in der KG können den Gesellschaftern Weisungsbefugnisse gegenüber den geschäftsführungs- und vertretungsberechtigten Gesellschaftern eingeräumt werden.[166] Gleichwohl unterliegt die Übertragung von Weisungs- und Entscheidungsbefugnissen auf den **KG-Beirat** engeren Grenzen, weil es dort zu Berührungen mit dem für die Personengesellschaft geltenden Grundsatz der **Selbstorganschaft** kommt. Von daher ist die Etablierung eines Beirats mit weitgehenden Weisungs- und Geschäftsführungsbefugnissen in der KG jedenfalls dann pro- 67

---

[159] Vgl. MHdB KG/*Mutter* § 8 Rn. 27 ff.; restriktiv MüKoHGB/*Grunewald* § 161 Rn. 163.
[160] GK/*Schäfer* HGB § 109 Rn. 34; MüKoHGB/*Enzinger* § 109 Rn. 19.
[161] UHW/*Raiser*/*Heermann* GmbHG § 52 Rn. 350; *Hölters* Beirat, 14; *Spindler*/ *Kepper* DStR 2005, 1775.
[162] UHW/*Raiser*/*Heermann* GmbHG § 52 Rn. 349; GK/*Schäfer* HGB § 109 Rn. 51; MHdB KG/*Mutter* § 8 Rn. 22; *Hölters* Beirat, 13 f.; *Voormann* Beirat im Gesellschaftsrecht, 67 ff.
[163] MHdB KG/*Mutter* § 8 Rn. 22 ff.; *Hölters* Beirat, 14; *Hofbauer* Kompetenzen des Beirats, 155 ff.; *Reichert* in Lange/Leible, Governance in Familienunternehmen, 2010, 139 (149); *Spindler*/*Kepper* DStR 2005, 1775; dazu tendenziell kritisch, wenn der Gesellschaftsvertrag der Gesellschafterversammlung eine wirksame Einwirkungsmöglichkeit auf den Aufsichtsrat nimmt, *Großfeld*/*Brondics* AG 1987, 293 (298 f.).
[164] UHW/*Raiser*/*Heermann* GmbHG § 52 Rn. 349; MHdB KG/*Mutter* § 8 Rn. 24; *Hofbauer* Kompetenzen des Beirats, 151 ff.; *Reichert*, FS Maier-Reimer, 2010, 543 (546); allerdings wird verbreitet erwogen, der Geschäftsführung einen unentziehbaren Mindestbereich weisungsfreier Geschäftsführung zuzugestehen, vgl. *Hommelhoff* ZGR 1978, 119 (127); *Lutter* ZIP 1986, 1195 (1196); insoweit abl. UHW/*Raiser*/ *Heermann* GmbHG § 52 Rn. 351.
[165] *Reichert* in Lange/Leible, Governance in Familienunternehmen, 2010, 139 (150).
[166] Vgl. Baumbach/*Hopt* HGB § 164 Rn. 7 mwN; MHdB KG/*Mutter* § 8 Rn. 24.

blematisch, wenn ihm nicht ganz oder zumindest mehrheitlich Gesellschafter angehören.[167]

68 Soll der Beirat in einer GmbH errichtet werden, die nach zwingendem Recht einen **mitbestimmten Aufsichtsrat** zu bilden hat, dürfen die dem Aufsichtsrat kraft Gesetzes obliegenden Befugnisse nicht beeinträchtigt oder ausgehöhlt werden.[168] Demgemäß kann in einer nach dem MitbestG mitbestimmten GmbH die Geschäftsführerbestellungskompetenz nicht auf den Beirat übertragen werden; sie steht zwingend dem mitbestimmten Aufsichtsrat zu.[169] Im Hinblick auf das DrittelbG, das die Bestellungskompetenz der Gesellschafterversammlung unberührt lässt, ergeben sich demgegenüber keine Bedenken, einem Beirat Entscheidungsbefugnisse bei der Geschäftsführerbestellung zu übertragen.

69 Zum Teil wird indessen die **Etablierung eines Beirats** neben einem obligatorischen Aufsichtsrat, insbesondere in den dem **MitbestG** unterliegenden Fällen, **kritisch** gesehen. Dies gilt vor allem, wenn ihm Zustimmungs-, Entscheidungs- oder gar Weisungsbefugnisse in Geschäftsführungsangelegenheiten übertragen werden sollen.[170] Mit der Schaffung eines mit solchen Befugnissen ausgestatteten Beirats werde eine **Repräsentativverfassung** eingeführt; zugleich werde die personalistische Struktur aufgehoben, die der Grund dafür sei, in der GmbH **Weisungsbefugnisse** der Gesellschafter trotz bestehender Mitbestimmung fortgelten zu lassen.[171] Diese Auffassung überzeugt nicht. Der Gesetzgeber hat die Weisungsbefugnisse der Gesellschafter – unabhängig von der Realstruktur der Gesellschaft – in der

---

[167] MHdB KG/*Mutter* § 8 Rn. 24; zu weit dürfte es jedoch gehen, wenn man verlangt, dem Beirat müssten ausschließlich Gesellschafter angehören, so aber GK/*Schäfer* HGB § 109 Rn. 52. Sofern die Gesellschafter über die Mehrheit verfügen, dürfte der Grundsatz der Selbstorganschaft noch gewahrt sein; vgl. auch BGHZ 26, 330 (332 f.), wonach in der Personenhandelsgesellschaft „stets eine Vertretung allein durch die persönlich haftenden Gesellschafter, durch einen oder mehrere, möglich sein muß". Weitergehend *H. Huber* Der Beirat, 37 mwN, der die Grenze der Selbstorganschaft auch bei einem überwiegend mit gesellschaftsfremden Dritten besetzten Beirat erst überschritten sieht, wenn die Gesellschafter auf jede Einflussmöglichkeit verzichten bzw. sich jeder Möglichkeit begeben, den Beirat wieder loszuwerden. Vgl. MüKo-HGB/*Grunewald* § 161 Rn. 159. Auch in der GmbH wird teilweise erwogen, ob einer Kumulation von Entscheidungsbefugnissen in den Händen eines Beirats institutionelle Grenzen gesetzt sind; zu Recht krit. UHW/*Raiser/Heermann* GmbHG § 52 Rn. 330.

[168] UHW/*Raiser/Heermann* GmbHG § 52 Rn. 358; eingehend *Teubner* ZGR 1986, 565 (573); *Reichert*, FS Maier-Reimer, 2010, 543 (545); *Mertens*, FS Stimpel, 1985, 417 (427); *Spindler/Kepper* DStR 2005, 1738 (1743).

[169] UHW/*Raiser/Heermann* GmbHG § 52 Rn. 359.

[170] Nach zutr. hA kann indessen ein generelles Verbot, Beiräte zu bestellen, aus dem MitbestG nicht abgeleitet werden, vgl. UHW/*Raiser/Heermann* GmbHG § 52 Rn. 359; UHH/*Ulmer/Habersack* MitbestG § 25 Rn. 142; *Raiser/Veil* MitbestG § 25 Rn. 147 f.; *Hölters* Beirat, 24; *Bayer*, FS U. H. Schneider, 2011, 75 (77 f.); *Mertens*, FS Stimpel, 1985, 417 (424); *Teubner* ZGR 1986, 565 (573); *Säcker* DB 1977, 1845 (1846); *Koeberle-Schmid/Groß/Lehmann-Tolkmitt* BB 2011, 899; enger *Voormann* Beirat im Gesellschaftsrecht, 61 ff.

[171] UHW/*Raiser/Heermann* GmbHG § 52 Rn. 361 f.

mitbestimmten GmbH aufrechterhalten; es muss den Gesellschaftern daher unbenommen bleiben, sie auch auf andere, neben dem Aufsichtsrat zu etablierende Organe zu übertragen.[172] Demgegenüber darf die Einrichtung eines Beirats nicht zu einer Beeinträchtigung der dem mitbestimmten Aufsichtsrat übertragenen **Informations- und Kontrollbefugnisse** führen.[173] Eine Beeinträchtigung folgt indessen nicht allein daraus, dass man zulässt, neben einem mitbestimmten Aufsichtsrat einen mit aufsichtsratsähnlichen Kontrollbefugnissen ausgestatteten Beirat zu installieren.[174] Es ist jedoch dafür Sorge zu tragen, dass die Handhabung dieser Bestimmungen nicht zu einer Aushöhlung der Aufsichtsratsfunktionen führt.[175]

b) Beratung. Die Aufgabe eines Beirats kann sich in der Beratung der Geschäftsführung und/oder der Gesellschafter erschöpfen. Auch wenn ihm nur Beratungs- und keine Kontrollfunktion zukommt, sollte dafür Sorge getragen werden, dass der Beirat über wesentliche Vorgänge **unterrichtet** und regelmäßig **konsultiert** wird. Es ist zweckmäßig, dies durch entsprechende Bestimmungen im Gesellschaftsvertrag und der Satzung sicherzustellen. 70

Das Motiv für die Errichtung eines rein beratenden Beirats ist in der Praxis meist der Wunsch, **externes Know-how** zu **nutzen** und den Gedankenaustausch mit kompetenten Gesprächspartnern zu betreiben, um die im Unternehmen vorhandenen Ressourcen zu verbessern oder zu ergänzen.[176] Häufig ist die Beschränkung auf die Beratung auch nur Vorstufe für weitere Kompetenzen, die dem Beirat bei Eintreten bestimmter Ereignisse (etwa dem Tod des Seniorgesellschafters) zukommen sollen.[177] 71

c) Aufsicht. Häufig werden dem Beirat **aufsichtsratsähnliche Aufgaben** übertragen. Er soll die Geschäftsführung überwachen. In solchen Fällen gilt es, den Inhalt und den Umfang der Überwachungsbefugnisse und die damit korrespondierenden Pflichten zu bestimmen.[178] 72

Zweckmäßigerweise werden darüber Regelungen im Gesellschaftsvertrag getroffen. Es bietet sich an, sich dabei an § 52 Abs. 1 GmbHG iVm den dort in Bezug genommenen aktienrechtlichen Bestimmungen zu orientieren.[179] Bisweilen ist es auch zweckmäßig, die **Initiativlast** für die **Informationserteilung** entsprechend § 90 Abs. 1 und 2 AktG der Geschäftsführung auf- 73

---

[172] *Mertens*, FS Stimpel, 1985, 417 (426).
[173] UHW/*Raiser*/*Heermann* GmbHG § 52 Rn. 360.
[174] UHW/*Raiser*/*Heermann* GmbHG § 52 Rn. 360; MHdB KG/*Mutter* § 8 Rn. 15; enger wohl UHH/*Ulmer*/*Habersack* MitbestG § 25 Rn. 143.
[175] UHW/*Raiser*/*Heermann* GmbHG § 52 Rn. 360; *Lutter*/*Hommelhoff* GmbHG § 52 Rn. 122.
[176] *Reichert* in Lange/Leible, Governance in Familienunternehmen, 2010, 139 (147).
[177] Zur Bedeutung von Beiräten als Mittel der Bestandssicherung bei der Unternehmensnachfolge *Voormann* Beirat im Gesellschaftsrecht, 39 ff.; vgl. zu Gestaltungsmöglichkeiten *A. Wiedemann*/*Kögel* Beirat und Aufsichtsrat § 7 Rn. 16 ff.
[178] MHdB KG/*Mutter* § 8 Rn. 19 ff.; *Hölters* Beirat, 12.
[179] → Formular § 60 IV, § 10 Abs. 1.

5. Kapitel. Organisationsverfassung

zuerlegen.[180] Dem Beirat kann auch das Recht eingeräumt werden, selbst – meist im Rahmen einer **Geschäftsordnung** – darüber zu bestimmen, in welcher Form er zu unterrichten ist.[181]

74   Enthalten Gesellschaftsvertrag und Satzung keine Regelungen über den Umfang der Informations- und Überwachungsbefugnisse, sind sie durch Auslegung zu ermitteln. Dabei ist davon auszugehen, dass die dem Beirat übertragenen Kontrollrechte nur dann wirksam ausgeübt werden können, wenn ihm entsprechende **Informationsrechte** und der Geschäftsführung damit korrespondierende Informationsverpflichtungen auferlegt werden.[182] Zur näheren Bestimmung wird man bei einem aufsichtsratsähnlichen GmbH-Beirat auf § 52 Abs. 1 GmbHG zurückgreifen.[183] Auch einem mit Kontrollbefugnissen ausgestatteten KG-Beirat wird man in aller Regel weitergehende Rechte als die in § 118 Abs. 1 HGB verankerten Einsichtsrechte zuzubilligen haben. Zu einer **effektiven Kontrolle** bedarf es einer regelmäßigen Information durch die Geschäftsführung; es spricht daher vieles dafür, auch ohne ausdrückliche gesellschaftsvertragliche Bestimmung einem im Gesellschaftsvertrag verankerten KG-Beirat das Recht auf regelmäßige Berichterstattung in Anlehnung an § 90 AktG zuzubilligen.[184]

75   Inhaltlich erfasst die Kontrollbefugnis, soweit keine abweichende Regelung getroffen wird, sämtliche Maßnahmen, die **materiell zur Geschäftsführung** zählen.[185] Dies gilt auch für solche, die durch nicht geschäftsführende Gesellschafter beschlossen oder initiiert werden. Die Aufgabe, die Geschäftsführung zu überwachen, schließt auch die Prüfung des Jahresabschlusses ein.[186]

76   Besondere Befugnisse hat die Rechtsprechung des BGH für den Beirat einer **Publikumsgesellschaft** entwickelt.[187] Seine Rechte und Pflichten entsprechen, selbst wenn die vertraglichen Vereinbarungen dahinter zurückbleiben, im Wesentlichen denjenigen des Aufsichtsrats in der GmbH (§ 52 Abs. 1 GmbHG).[188]

77   **d) Zustimmungsvorbehalte.** Verbreitet sehen Gesellschaftsverträge und Satzungen vor, dass bestimmte Geschäftsführungsmaßnahmen der **vorheri-**

---

[180] MHdB KG/*Mutter* § 8 Rn. 19; *Spindler/Kepper* DStR 2005, 1738 (1740); vgl. auch die Formulierungsbeispiele in BeckFormB WirtschR/*Blaum/Scholz* VIII. D. 7, 1735 f.; MVHdB GesR/*Götze* III. 10, 294 ff.
[181] MHdB KG/*Mutter* § 8 Rn. 19.
[182] *Reichert*, FS Maier-Reimer, 2010, 543 (554 f.).
[183] UHW/*Raiser/Heermann* GmbHG § 52 Rn. 326; Roth/*Altmeppen* GmbHG § 52 Rn. 73.
[184] MHdB KG/*Mutter* § 8 Rn. 19.
[185] Gegenstand der Überwachung ist sowohl die nachträgliche Kontrolle der Rechtmäßigkeit der Geschäftsführung als auch die Prüfung der künftigen Geschäftspolitik auf Plausibilität und Zweckmäßigkeit, vgl. BGHZ 114, 127 (129 f.); *Thümmel* AG 2004, 83 (87).
[186] MHdB KG/*Mutter* § 8 Rn. 19.
[187] BGH WM 1979, 1425 (1426); dazu *Voormann* Beirat im Gesellschaftsrecht, 162 ff.
[188] Eingehend *Hüffer* ZGR 1981, 348 (351 f.).

gen **Zustimmung** des Beirats bedürfen.[189] Die Funktion des Beirats beschränkt sich damit nicht allein auf eine Ex-post-Kontrolle von Geschäftsführungsmaßnahmen; Zustimmungserfordernisse etablieren vielmehr eine **Ex-ante-Kontrolle**.[190] Sie gehen jedoch insoweit über eine Kontrollbefugnis hinaus, als sie dem Beirat nicht allein ermöglichen, unvertretbare Maßnahmen zu untersagen, sondern – sofern der Gesellschaftsvertrag nichts Gegenteiliges bestimmt – die Versagung in sein **unternehmerisches Ermessen** stellen.[191] Von Weisungsbefugnissen (→ Rn. 82 ff.) unterscheiden sich Zustimmungserfordernisse dadurch, dass sie dem Beirat **kein Initiativrecht** verschaffen. Er kann keine Maßnahmen veranlassen oder initiieren; er kann lediglich durch Versagung seiner Zustimmung die Durchführung zustimmungspflichtiger Maßnahmen verhindern. Zustimmungserfordernisse bleiben daher auch hinter echten Entscheidungsbefugnissen zurück, wie sie dem Beirat in einzelnen Geschäftsführungsfragen ebenfalls übertragen werden können (→ Rn. 85 f.).[192]

Typisch sind Bestimmungen, die **außergewöhnliche Geschäfte** an ein Zustimmungserfordernis des Beirats binden.[193] Auch unterhalb außergewöhnlicher Maßnahmen werden häufig Mitwirkungserfordernisse des Beirats vorgesehen. Typisch sind **Katalogtatbestände** in den Gesellschaftsverträgen, die, sofern nichts Gegenteiliges bestimmt wird, meist beispielhaft und nicht abschließend sind. Sie beziehen sich häufig auf Investitionsentscheidungen, soweit sie einen bestimmten Betrag überschreiten, die Veräußerung oder Stilllegung des Betriebs oder von Betriebsteilen, die Aufgabe wesentlicher Tätigkeitsbereiche, die Gründung, den Erwerb oder die Veräußerung von Unternehmensbeteiligungen, den Erwerb und die Veräußerung oder Belastung von Grundstücken und grundstücksgleichen Rechten, die Aufgabe und Vergabe von Krediten, soweit sie über einen bestimmten Betrag hinausgehen, oder die Eingehung von Bürgschaften bzw. Wechselverbindlichkeiten oder auf Personalentscheidungen, sofern sie von einer gewissen Bedeutung sind. Zweckmäßig sind auch Regelungen, die ein Mitwirkungserfordernis des Beirats bei der Aufstellung des **jährlichen Investitions- und Finanzplans** vorsehen.[194] Sie unterwerfen typischerweise solche Geschäfte der Zustimmung des Beirats, die in diesen Plänen nicht vorgesehen sind, einer ausdrücklichen Zustimmung vorbehalten wurden oder zu einer nicht unerheblichen Abweichung von diesen Plänen führen.

Wird die Zustimmung zu einem Rechtsgeschäft versagt, fragt sich, ob die Versagung der Zustimmung des Beirats durch ein positives Votum der Ge-

---

[189] *Hölters* Beirat, 13; MHdB KG/*Mutter* § 8 Rn. 23; *Lange* GmbHR 2006, 897 (900 f.); *Erker* DStR 2014, 105, 105 f.; vgl. das Formulierungsbeispiel für Zustimmungsvorbehalte zugunsten des GmbH-Beirats bei *Reichert/Harbarth* GmbH-Vertrag, 57 f.
[190] Vgl. BGH NZG 2007, 187 (188) zum fakultativen Aufsichtsrat einer GmbH.
[191] BGH NZG 2007, 187 (188).
[192] Zu den Grenzen einer Verlagerung von Kompetenzen auf einen Beirat → Nachweise in Fn. 149, 208.
[193] Kritisch mit Blick auf die mitunter schwierige Handhabung derartiger Generalklauseln *Binz/Sorg* GmbH & Co. KG § 10 Rn. 29; *Lange* GmbHR 2006, 897 (900 f.).
[194] Vgl. das Formulierungsbeispiel bei *Reichert/Harbarth* GmbH-Vertrag, 57 f.

sellschafterversammlung ersetzt werden kann. Wird sie erteilt, kann ferner fraglich sein, ob es möglicherweise zusätzlich einer Zustimmung der Gesellschafter bedarf. Bei der Vertragsgestaltung ist darauf zu achten, das **Verhältnis** zwischen **Gesellschafterkompetenzen und den Beiratskompetenzen** präzise zu regeln. Für den GmbH-Beirat kann ausdrücklich bestimmt werden, dass die Weisungskompetenz der Gesellschafterversammlung in Angelegenheiten, die einem Zustimmungserfordernis des Beirats unterliegen, ausgeschlossen ist.[195] Denkbar ist auch, dass die Satzung ein **doppeltes Zustimmungserfordernis**, nämlich ein solches der Gesellschafterversammlung und des Beirats vorsieht. Die Satzung kann schließlich – in Anlehnung an § 111 Abs. 4 S. 3 AktG – bestimmen, dass die Zustimmung des Beirats auf Antrag der Geschäftsführung durch die Gesellschafterversammlung ersetzt werden kann.[196] Im Einzelnen besteht ein erheblicher Gestaltungsspielraum; dieser betrifft sowohl die Frage der für einen Gesellschafterversammlungsbeschluss erforderlichen Mehrheit als auch die Frage, ob sie von sich aus oder nur auf Initiative der Geschäftsführung tätig werden kann. Die vorstehenden Ausführungen gelten in gleicher Weise für den KG-Beirat. Unterschiede ergeben sich für die Vertragsgestaltung nur daraus, dass in der KG ein Weisungsrecht der Kommanditisten nicht von Gesetzes wegen, sondern nur auf besonderer vertraglicher Grundlage besteht.[197]

80 Regelt der Gesellschaftsvertrag die **Abgrenzung zwischen Beirats- und Gesellschafterkompetenzen** nicht präzise, ergeben sich **Auslegungsschwierigkeiten** in zweierlei Hinsicht: Zum einen fragt sich, inwieweit eine fehlende Zustimmung oder Mitwirkung des Beirats durch einen Gesellschafterbeschluss ersetzt werden kann.[198] Zum anderen bedarf der Klärung, ob Zustimmungserfordernisse des Beirats den Gesellschaftern zustehende disponible Mitwirkungsbefugnisse, wie etwa die den Kommanditisten nach § 164 HGB zustehenden Rechte, ersetzen. Letztlich wird man diese Fragen, sofern der Gesellschaftsvertrag nicht präzise ist, nur durch Auslegung im Einzelfall entscheiden können. Tendenziell spricht vieles dafür, zumindest das Recht der Gesellschafter zu bejahen, ein Beiratsvotum durch – ggf. satzungs- oder gesellschaftsvertragsdurchbrechenden Beschluss – zu ersetzen.[199] Umgekehrt muss sich der Ausschluss von Mitwirkungsbefugnissen der Gesellschafter mit hinreichender Deutlichkeit aus dem Gesellschaftsvertrag ergeben.

81 Die Beiratsmitglieder haben das ihnen übertragene **Entscheidungsermessen** pflichtgemäß auszuüben. Sie haben dabei das Gesellschaftsinteresse

---

[195] *Hofbauer* Kompetenzen des Beirats, 154f.; zu den Schranken der Übertragung von Weisungsbefugnissen auf KG-Beiräte → Rn. 67, 84.
[196] *Hofbauer* Kompetenzen des Beirats, 155; *Spindler/Kepper* DStR 2005, 1738 (1741).
[197] MüKoHGB/*Grunewald* § 164 Rn. 23 mwN; GK/*Schilling* HGB § 164 Rn. 14.
[198] Vgl. H. Wiedemann, FS Lutter, 2000, 801 (814) bei Beschlussunfähigkeit des GmbH-Beirats.
[199] Vgl. OLG Köln GmbHR 2001, 112 (113) für den GmbH-Beirat; Baumbach/Hueck/*Zöllner* GmbHG § 45 Rn. 19; Roth/*Altmeppen* GmbHG § 52 Rn. 79; *Lange* GmbHR 2006, 897 (901 f.); aA *Hofbauer* Kompetenzen des Beirats, 112f.

zu beachten.²⁰⁰ Sie unterliegen denselben Rechten und Pflichten wie diejenigen Gesellschafter, die ohne Einsetzung eines Beirats zuständig gewesen wären und sind daher insbesondere an die **gesellschafterliche Treuepflicht**²⁰¹ gebunden. Zu den Folgen eines Verstoßes gegen diese Grundsätze → Rn. 130 ff., 138 ff., 165 ff.

e) Weisungsbefugnisse. Dem KG-Beirat kann die Befugnis eingeräumt werden, der Komplementär-GmbH als Geschäftsführerin Weisungen zu erteilen,²⁰² dem Beirat der Komplementär-GmbH die Befugnis, der **Geschäftsführung** der GmbH Weisungen zu erteilen.²⁰³ Die Weisungsbefugnisse können nicht weiter reichen als die Befugnisse, die den Gesellschaftern zustehen oder eingeräumt werden können. Die Weisungsbefugnisse, die dem Beirat der Komplementär-GmbH eingeräumt werden, sind daher, soweit sie sich auf Geschäftsführungsmaßnahmen in der KG beziehen, stets durch den Umfang der der Komplementär-GmbH aufgrund des KG-Vertrags eingeräumten Geschäftsführungskompetenz beschränkt.

Das Weisungsrecht unterscheidet sich von bloßen Zustimmungserfordernissen in zweierlei Hinsicht: Zum einen erstreckt es sich (wenn es nicht ausdrücklich beschränkt wird) auf **sämtliche Geschäftsvorfälle**; zum anderen verleiht es dem Beirat ein **Initiativrecht**, welches es dem Gremium ermöglicht, von sich aus in die Geschäftsführung einzugreifen.

Die Übertragung umfassender Weisungsbefugnisse auf den KG-Beirat kollidiert jedenfalls dann mit dem **Grundsatz der Selbstorganschaft**, wenn dem Beirat nicht allein oder überwiegend KG-Gesellschafter angehören.²⁰⁴ Folgt man einer im Vordringen befindlichen Meinung, wonach der **Komplementär** weder rechtlich noch faktisch vollständig von den Weisungen der Gesellschafter abhängen darf,²⁰⁵ könnte man sogar annehmen, dass ein mit umfassenden Kompetenzen in Geschäftsführungsfragen ausgestatteter Beirat nicht allein oder überwiegend aus Kommanditisten konstituiert sein darf, sondern vom Komplementär beherrscht werden muss.²⁰⁶ Sollen einem auch für **Nichtgesellschafter** offenen Beirat Kompetenzen der Gesellschafter verdrängende Weisungsbefugnisse eingeräumt werden, sollte dieser daher, um die **Gefahr einer Kollision** mit dem Grundsatz der Selbstorganschaft auszuschließen, bei der Komplementärin selbst gebildet werden. Das Binnenrecht der **Komplementär-GmbH** folgt nämlich GmbH-rechtlichen Grundsätzen: Ebenso wie in der GmbH eine Fremdgeschäftsführung

---

²⁰⁰ Baumbach/*Hopt* HGB § 163 Rn. 15; MHdB KG/*Mutter* § 8 Rn. 24; *H. Wiedemann*, FS Schilling, 1973, 105 (109); *Hölters* BB 1977, 105 (106 f.); nach der Funktion des Beirats in der Gesellschaft differenzierend *Voormann* Beirat im Gesellschaftsrecht, 146 ff.
²⁰¹ *Voormann* Beirat im Gesellschaftsrecht, 151 f.; *Lange* GmbHR 2006, 897 (903).
²⁰² MHdB KG/*Mutter* § 8 Rn. 24.
²⁰³ UHW/*Raiser/Heermann* GmbHG § 52 Rn. 349; *Onstein* Beirat einer mittelständischen GmbH, 92 f.
²⁰⁴ MHdB KG/*Mutter* § 8 Rn. 24; vgl. auch *Weipert/Oepen* ZGR 2012, 585 (592 f.).
²⁰⁵ *H. Wiedemann* Gesellschaftsrecht, Bd. I, § 6 III 2, 334; vgl. hierzu MHdB KG/*Mutter* § 8 Rn. 24.
²⁰⁶ MHdB KG/*Mutter* § 8 Rn. 24.

eingesetzt werden kann, können auch Weisungsbefugnisse über Geschäftsführungsmaßnahmen auf einen mit Nichtgesellschaftern besetzten Beirat übertragen werden. Ihre Grenze findet die Weisungsbefugnis indes, wo sie in zwingende Geschäftsführungskompetenzen, wie etwa Buchführungspflichten oder die Bilanzaufstellungspflicht, eingreifen würde.

85 **f) Entscheidungsbefugnisse.** Bisweilen werden einem Beirat neben oder anstelle allgemeiner Weisungsrechte Entscheidungsbefugnisse über einzelne Geschäftsführungsmaßnahmen übertragen. Sie bleiben in ihrer sachlichen Reichweite hinter einem Weisungsrecht zurück, verlagern jedoch die Initiativlast, im Einzelfall die Entschließung des Beirats herbeizuführen, auf die Geschäftsführung. Von bloßen Zustimmungserfordernissen unterscheiden sie sich dadurch, dass der Beirat nicht allein ein Vetorecht, sondern eine Gestaltungsbefugnis hat. Mitunter wird angenommen, dem Beirat könne sogar die **organschaftliche Geschäftsführung** selbst eingeräumt werden.[207] Gegenüber solchen Gestaltungen ist jedoch **Zurückhaltung** geboten. Für den KG-Beirat ist bereits die Übertragung einer Entscheidungszuständigkeit in einzelnen Geschäftsführungsangelegenheiten unter dem Gesichtspunkt der Selbstorganschaft problematisch.[208] Selbst wenn sich der Beirat jedoch ausschließlich aus Gesellschaftern zusammensetzt, sollte die Komplementär-GmbH nicht vollständig von der Geschäftsführung ausgeschlossen werden. Zulässig wäre es jedenfalls, die Geschäftsführung einem mehrheitlich mit persönlich haftenden Gesellschaftern besetzten Beirat zu übertragen.[209] Dabei würde es sich jedoch letztlich nicht mehr um ein Beirats-, sondern um ein Geschäftsführungsgremium handeln.

86 Häufig betreffen Entscheidungsbefugnisse jedoch nicht den Bereich der Geschäftsführungsmaßnahmen, sondern Entscheidungen, die die **Gesellschafterebene** betreffen. Beispiele sind Fragen der Geschäftsführerbestellung (→ Rn. 88), der Ergebnisverwendung bzw. Ergebnisverteilung und Entnahme (→ Rn. 89) oder der Veränderung des Gesellschafterkreises (→ Rn. 90 ff.). Verbreitet sind auch Bestimmungen, die dem Beirat eine Entscheidungsbefugnis nur ersatzweise für den Fall einräumen, dass sich die Gesellschafter nicht einigen können (→ Rn. 93 ff.).

87 **g) Personalentscheidungen.** Dem Beirat können **Mitwirkungsbefugnisse** in Personalangelegenheiten eingeräumt werden.[210] Es kann sich um bloße **Zustimmungserfordernisse** (→ Rn. 77 ff.) oder um echte **Entscheidungsbefugnisse** (→ Rn. 85 f.) handeln. Sie können sich auf die Einstellung und Entlassung von Mitarbeitern sowie den Abschluss, die Änderung und Aufhebung von Arbeits- und Dienstverträgen beziehen; meist beschränken sie sich auf Personalentscheidungen, die für das Unternehmen

---

[207] MHdB KG/*Mutter* § 8 Rn. 25.
[208] Vgl. GK/*Schäfer* § 109 HGB Rn. 52; eingehend *Semrau* Dritteinflussnahme, 329 ff.; → ferner Rn. 67, 84.
[209] Weiter die wohl hM, die eine Besetzung des Beirats auch nur mit Kommanditisten genügen lässt; vgl. Baumbach/*Hopt* HGB § 164 Rn. 7; MüKoHGB/*Grunewald* § 161 Rn. 159; *dies.* ZEV 2011, 283 (285); siehe ferner die Nachweise bei *Voormann* Beirat im Gesellschaftsrecht, 69 ff.
[210] UHW/*Raiser/Heermann* GmbHG § 52 Rn. 353; *Hölters* Beirat, 22.

von besonderer Bedeutung sind. Beispiele hierfür sind der Abschluss und die Beendigung von außertariflichen Verträgen, Verträgen ab einem gewissen Jahreseinkommen oder die Begründung oder Änderung von Versorgungszusagen.

Dem **GmbH-Beirat** kann darüber hinaus die Befugnis übertragen werden, die Geschäftsführer der Komplementär-GmbH zu bestellen und abzuberufen[211] sowie Dienstverträge mit ihnen abzuschließen, zu ändern und zu beenden. Eine Betrauung des Beirats mit dieser Befugnis scheidet aus, sofern die Gesellschaft einen Aufsichtsrat nach dem MitbestG bilden muss, dem diese Befugnis zwingend zusteht (→ Rn. 68). 88

h) Bilanzfeststellung, Ergebnisverteilung, Entnahmen. Mitunter besteht ein Bedürfnis, einen Beirat auch an Entscheidungen über die Feststellung der Bilanz und die Verwendung des Ergebnisses der GmbH bzw. über die Feststellung der Bilanz, die Ergebnisverteilung und die Entnahmen in der KG zu beteiligen.[212] Das nach dem Gesetz bestehende oder im Gesellschaftsvertrag modifizierte **Entscheidungsermessen**,[213] das normalerweise den Gesellschaftern zustünde, kann durch den Gesellschaftsvertrag **ganz oder teilweise auf den Beirat** übertragen werden. Typisch sind Bestimmungen, wonach ein Teil des Jahresergebnisses an die Gesellschafter auszuzahlen ist, während der Beirat darüber zu entscheiden hat, ob der verbleibende Teil thesauriert, auf neue Rechnung vorgetragen oder ausgeschüttet werden soll.[214] Solche Regelungen sind insbesondere dann zweckmäßig, wenn zu besorgen ist, dass sich die Gesellschafter andernfalls aufgrund der bestehenden Stimmverhältnisse über die Gewinnverwendung bzw. Entnahmen nicht einigen können. Bisweilen bietet sich ein Mitwirkungserfordernis des Beirats an, um einen angemessenen Ausgleich zwischen den typischerweise auf Thesaurierung gerichteten Interessen der Geschäftsführer und den typischerweise auf Ausschüttung gerichteten Interessen derjenigen Gesellschafter herbeizuführen, die der Gesellschaft ferner stehen. 89

i) Veränderung des Gesellschafterkreises. Die Gesellschaftsanteile der KG sind nach dem dispositiven Regelungsmodell des Gesetzes **nicht** oder **nur mit Zustimmung** sämtlicher Gesellschafter **übertragbar**. Der Gesellschaftsvertrag kann die Übertragbarkeit im Grundsatz zulassen, jedoch bestimmte Zustimmungserfordernisse statuieren (→ § 29 Rn. 22 ff.). Ebenso wie die Übertragung von Gesellschaftsanteilen von der Zustimmung aller oder einzelner bestimmter Gesellschafter bzw. der Gesellschafterversamm- 90

---

[211] Für die Abberufung aus wichtigem Grund kann dem Beirat indes nur eine konkurrierende Zuständigkeit eingeräumt werden, vgl. *Hofbauer* Kompetenzen des Beirats, 135 ff.; *Spindler/Kepper* DStR 2005, 1738 (1741).
[212] GK/*Schäfer* HGB § 109 Rn. 53; MHdB KG/*Mutter* § 8 Rn. 30 ff.; *Hofbauer* Kompetenzen des Beirats, 122 ff.; *Weipert/Oepen* ZGR 2012, 585 (599); zu den Anforderungen an eine Übertragung der Kompetenz zur Feststellung des Jahresabschlusses auf einen KG-Beirat vgl. BGH NJW 1996, 1678.
[213] UHW/*Hüffer* GmbHG § 46 Rn. 11; Lutter/Hommelhoff/*Bayer* GmbHG § 46 Rn. 4.
[214] Vgl. für die GmbH die Formulierungsvorschläge bei *Reichert/Harbarth* GmbH-Vertrag, 156 mit Erläuterung S. 159.

lung abhängig gemacht werden kann, kann die Entscheidung hierüber grundsätzlich auch einem Beirat übertragen werden.[215] Gehören dem Beirat auch Dritte an, sollte jedoch im Gesellschaftsvertrag ausdrücklich vorgesehen werden, dass eine negative Entscheidung des Beirats durch die Zustimmung sämtlicher Gesellschafter ersetzt werden kann. Dem KG-Beirat können auch Mitwirkungsbefugnisse bei der **Aufnahme** neuer Gesellschafter übertragen werden (→ § 28 Rn. 11).[216] In Gesellschaften, die nicht – wie etwa Publikumsgesellschaften – von vornherein auf die Aufnahme einer Vielzahl von Gesellschaftern ausgerichtet sind, wäre allerdings eine völlig unspezifizierte Ermächtigung problematisch.[217] Demgegenüber dürfte es wohl zulässig sein, einem Beirat die Befugnis einzuräumen, aus mehreren Abkömmlingen eines Gesellschafters einen auszuwählen, der als Gesellschafter aufgenommen werden soll.[218] Problematisch sind Bestimmungen, die den Beirat zur **Ausschließung** eines Gesellschafters ermächtigen. Dies wird zum Teil zumindest dann zugelassen, wenn sich die Ermächtigung auf eine Ausschließung aus wichtigem Grund beschränkt. In solchen Fällen biete eine Beschlussfassung unter Beteiligung sämtlicher Gesellschafter gerade keine größere Richtigkeitsgewähr; im Gegenteil eröffne die Übertragung der Entscheidungskompetenz auf den Beirat meist eine größere Chance, dass eine sachliche und abgewogene Entscheidung getroffen werden könne.[219] Daran ist zwar richtig, dass einem Beirat in solchen Situationen durchaus eine **Vermittlungsaufgabe** zukommt und auch im Gesellschaftsvertrag zugewiesen werden kann. Die Entscheidung selbst ist jedoch ein **Grundlagengeschäft** und sollte daher den Gesellschaftern vorbehalten bleiben.[220]

---

[215] Da es zulässig ist, auch ohne Zustimmungserfordernisse der Gesellschafter übertragbare Gesellschaftsanteile zu schaffen, bestehen im Grundsatz gegen Zustimmungserfordernisse eines mit Nichtgesellschaftern besetzten Beirats keine grundlegenden Bedenken. Dem Einwand, dieser Gestaltung stehe der Grundsatz der Verbandssouveränität entgegen, kann durch den ausdrücklichen Hinweis auf die Zulässigkeit einer Ersetzung des Mitwirkungserfordernisses durch einvernehmlichen Gesellschafterbeschluss vorgebeugt werden. Nach aA berühren Entscheidungen bzgl. der Zusammensetzung des Gesellschafterkreises den unentziehbaren Kern der Gesellschafterrechte, weshalb sie einem Beirat nicht überlassen werden können, vgl. *Weipert/Oepen* ZGR 2012, 585 (594).

[216] Die hM geht von einem weiten Gestaltungsspielraum bzgl. Aufnahmeermächtigungen in Gesellschaftsverträgen aus, vgl. nur RGZ 128, 172 (176); MHdB KG/*Piehler/Schulte* § 34 Rn. 17; *U. H. Schneider* ZGR 1972, 357 (376). Daher wird überwiegend auch eine Übertragung dieser Befugnis auf einen Beirat befürwortet, vgl. *Baumbach/Hopt* HGB § 105 Rn. 67; MHdB KG/*Mutter* § 8 Rn. 36; *Grunewald* ZEV 2011, 283 (286); restriktiver hingegen *Voormann* Beirat im Gesellschaftsrecht, 91 f.

[217] Ebenso *Grunewald* ZEV 2011, 283 (286).

[218] MHdB KG/*Mutter* § 8 Rn. 36; *Voormann* Beirat im Gesellschaftsrecht, 92. Dem Einwand, wegen des Grundlagencharakters sei eine Übertragung nicht möglich, lässt sich entgegenhalten, dass die eigentliche Grundlagenentscheidung über die Aufnahme eines Gesellschafters bereits gefallen und dem Beirat lediglich die Auswahl übertragen ist.

[219] MHdB KG/*Mutter* § 8 Rn. 37; anders *Voormann* Beirat im Gesellschaftsrecht, 93.

[220] *Voormann* Beirat im Gesellschaftsrecht, 93.

Dem **GmbH-Beirat** können ebenfalls Befugnisse im Hinblick auf die **91**
Übertragbarkeit von GmbH-Geschäftsanteilen eingeräumt werden.[221] Beschränkt die Satzung die Abtretbarkeit von Geschäftsanteilen, was in Abweichung vom Gesetz und dem darin vorgesehenen dispositiven Normalstatut heute dem Regelfall entspricht (→ § 29 Rn. 3), kann anstelle der Statuierung eines Zustimmungserfordernisses der Gesellschafterversammlung, einzelner oder aller Gesellschafter die **Zustimmungskompetenz** auch auf den **Beirat** übertragen werden.[222] In diesem Fall hat der Beirat zu entscheiden, ob die Zustimmung zu einer Übertragung des Geschäftsanteils erteilt wird. Ebenso wie im KG-Beirat kann das **Entscheidungsermessen des Beirats** durch die Satzung eingeschränkt werden. Mitunter werden Bestimmungen getroffen, wonach die Zustimmung nur aus bestimmten Gründen versagt werden kann. Möglich sind auch generelle Einschränkungen; die Versagung der Zustimmung kann nur aus wichtigem Grund zugelassen werden. Enthält der Gesellschaftsvertrag keine Einschränkungen, muss der Beirat nach **pflichtgemäßem Ermessen** entscheiden. Aus der gesellschafterlichen Treuepflicht, der auch die Mitglieder des Beirats unterliegen, kann sich im Einzelfall eine Einschränkung des Ermessens ergeben.[223]

Demgegenüber ist es nach zutreffender, wenn auch umstrittener Auffassung unzulässig, dem GmbH-Beirat Entscheidungsbefugnisse über den **Ausschluss** eines Gesellschafters oder die **Einziehung** von Geschäftsanteilen zu übertragen, da solche Entscheidungen erhebliche Auswirkungen auf das zwischen sämtlichen Gesellschaftern bestehende Rechtsverhältnis haben und daher ihnen vorbehalten sein müssen.[224] **92**

j) Schiedsfunktion. Eine Schiedsfunktion des Beirats kann sich im Ergebnis daraus ergeben, dass ihm **Entscheidungs- oder Ersatzentscheidungsbefugnisse** für den Fall übertragen werden, dass eine Einigung unter den Gesellschaftern oder Geschäftsführern nicht zustande kommt.[225] Typisch sind solche Regelungen in Gesellschaften, in denen zwei Gesellschaftergruppen oder Gesellschafter über je 50% der Stimmen verfügen und sich aufgrund der nach dem Gesellschaftsvertrag bzw. der Satzung geltenden Mehrheitserfordernisse gegenseitig blockieren.[226] Allerdings ist darauf zu achten, **93**

---

[221] Dazu in diesem Band → *Reichert/Ullrich* § 29 Rn. 28 ff.
[222] UHL/*Löbbe* GmbHG § 15 Rn. 251; *Reichert/Harbarth* GmbH-Vertrag, 131; *Hofbauer* Kompetenzen des Beirats, 158.
[223] UHL/*Löbbe* GmbHG § 15 Rn. 255 f.; *Reichert* Zustimmungserfordernis, 224 ff.; *Reichert/M. Winter*, FS 100 Jahre GmbH-Gesetz, 1992, 209 (215).
[224] Zutreffend daher UHW/*Raiser/Heermann* GmbHG § 52 Rn. 353; zum Ausschluss eines Gesellschafters wie hier auch *Voormann* Beirat im Gesellschaftsrecht, 106; *Großfeld/Brondics* AG 1987, 293 (295); aA *Hölters* Beirat, 21 f.; zur Einziehung von Geschäftsanteilen wie hier auch *Onstein* Beirat einer mittelständischen GmbH, 99 f.; *Hofbauer* Kompetenzen des Beirats, 129 ff.; *Voormann* Beirat im Gesellschaftsrecht, 105; *Rohleder* Übertragbarkeit, 41 ff.; aA UHW/*Ulmer* GmbHG § 34 Rn. 115; *Lutter/Hommelhoff* GmbHG § 34 Rn. 20; Baumbach/*Hueck/Fastrich* GmbHG § 34 Rn. 14; Scholz/*Westermann* GmbHG § 34 Rn. 42.
[225] *Reichert* in Lange/Leible, Governance in Familienunternehmen, 2010, 139 (151).
[226] *Voormann* Beirat im Gesellschaftsrecht, 37; *Reichert*, FS Maier-Reimer, 2010, 543 (546);

dass die dem Beirat eingeräumten Entscheidungsbefugnisse keine zwingenden Mitwirkungserfordernisse der Gesellschafter verletzen. Dies gilt insbesondere bei Satzungsänderungen und anderen Strukturentscheidungen. So kann etwa in der GmbH, in der Satzungsänderungen zwingend einer Drei-Viertel-Mehrheit bedürfen (§ 53 Abs. 2 S. 1 GmbHG), einem Beirat allenfalls dann eine Mitwirkungsbefugnis eingeräumt werden, wenn die gesetzlich erforderliche Drei-Viertel-Mehrheit erreicht ist und es nur darum geht, eine in der Satzung vorgesehene höhere Mehrheit durch ein positives Beiratsvotum zu ersetzen (→ Rn. 65). In der Personengesellschaft ist bei gesellschaftsvertraglichen Regelungen, die Grundlagen- und Strukturentscheidungen betreffen, darüber hinaus der Bestimmtheitsgrundsatz zu beachten (→ Rn. 66).

94 Neben der Konfliktlösung durch Stichentscheid kann dem Beirat auch die Aufgabe eines **Schlichters** zugewiesen werden. Es kann angeordnet werden, dass vor Einleitung eines Gerichtsverfahrens ein Schlichtungsversuch unter Mitwirkung des Beirats unternommen werden muss.[227]

95 Dem Beirat kann auch die Funktion eines **Schiedsgutachters** übertragen werden, wenn im Verhältnis unter den Gesellschaftern Tatsachen streitig werden. Beispielsweise kann ihm das Recht übertragen werden, als Schiedsgutachter über die Abfindung eines ausscheidenden Gesellschafters zu befinden (§§ 317 ff. BGB).[228]

96 Nicht empfehlenswert, indessen unter gewissen Voraussetzungen denkbar, ist es schließlich, einem Beirat die **Funktion eines Schiedsgerichts** zu übertragen.[229] Dies setzt die Beachtung der allgemein für den Abschluss von Schiedsverträgen geltenden Grundsätze voraus.[230] Die Beiratsmitglieder werden jedoch für die Aufgaben eines Schiedsgerichts in aller Regel **nicht hinreichend qualifiziert** sein.[231] Da sie mit den streitigen Maßnahmen meist in irgendeiner Weise befasst sind, genügen sie darüber hinaus nicht dem **Gebot der Überparteilichkeit**.[232]

4. Zusammensetzung

97 a) **Bedeutung der Zusammensetzung.** Die personelle Zusammensetzung des Beirats und die Regeln darüber, wer über die Besetzung des Beirats

---

[227] *Voormann* Beirat im Gesellschaftsrecht, 36.
[228] *Hölters* Beirat, 19 f.; *Voormann* Beirat im Gesellschaftsrecht, 36 f.
[229] *Hölters* Beirat, 17 ff.; *Voormann* Beirat im Gesellschaftsrecht, 35 f; zu statutarischen Schiedsklauseln vgl. *Reichert/Harbarth* NZG 2003, 379.
[230] Soweit Beschlussmängelstreitigkeiten innerhalb der Komplementär-GmbH Gegenstand eines Schiedsverfahrens sein sollen, sind bzgl. der Ausgestaltung des schiedsgerichtlichen Verfahrens zudem die vom BGH (NZG 2009, 620) aufgestellten Mindestanforderungen zu beachten.
[231] Bei der Auswahl der Beiräte zählt die Sachkenntnis in unternehmerischen und fachlichen Fragen; die Schiedsgerichte sollte man möglichst mit Volljuristen besetzen. Zweckmäßigerweise sieht ein Schiedsvertrag vor, dass zumindest der Obmann über eine Qualifikation zum Richteramt verfügen muss, vgl. das Formulierungsbeispiel bei *Reichert/Harbarth* GmbH-Vertrag, 197.
[232] Niemand kann Schiedsrichter in eigener Angelegenheit sein, vgl. *H. Huber* Der Beirat, 66 mwN.

entscheidet und in welcher Form dies geschieht, sind für die Funktion eines solchen Gremiums von ausschlaggebender Bedeutung. Welche der vielfältigen Gestaltungsmöglichkeiten sich empfehlen, hängt entscheidend von der dem Beirat zugedachten Funktion ab. Soll der Beirat nicht Steuerungsinstrument der Mehrheit sein, ist darauf zu achten, dass auch die Minderheitsgesellschafter zumindest einen gewissen Einfluss auf die Zusammensetzung des Beirats haben und dort vertreten werden. Dies kann etwa durch Etablierung von **Vorschlags- oder Entsendungsrechten** (→ Rn. 110f.) oder dadurch verwirklicht werden, dass das für eine Wahl von Beiratsmitgliedern angeordnete **Mehrheitserfordernis** zu einem **Einigungszwang** unter den Gesellschaftern führt. Letzteres kann auch dann von Vorteil sein, wenn sichergestellt werden soll, dass die Beiratsmitglieder nicht der verlängerte Arm einzelner Gesellschafter oder Gesellschaftergruppen sind, sondern der Beirat sich aus neutralen Persönlichkeiten zusammensetzt. Demgegenüber ist auch denkbar, dass die einzelnen Gesellschaftergruppen – bei Familiengesellschaften etwa die einzelnen Stämme – im Beirat durch von ihnen zu benennende Repräsentanten vertreten werden.[233] Sollen einem Beirat Schiedsfunktionen zukommen, ist darauf zu achten, dass, wenn nicht sämtliche, so doch zumindest die für die Beiratsentscheidung ausschlaggebenden Beiratsmitglieder nicht von einer der Gesellschaftergruppen ausgewählt, sondern von beiden gemeinsam oder den von ihnen benannten Beiratsmitgliedern berufen werden (→ Rn. 103). Letztlich hängt es entscheidend von der Ausgestaltung der Bestimmungen über die Zusammensetzung des Beirats, die Wahl bzw. Entsendung seiner Mitglieder, deren Amtszeit sowie von den Regelungen über die Abberufungsmöglichkeiten ab, ob der Beirat lediglich eine „verkleinerte" bzw. personell nur anders besetzte Gesellschafterversammlung ist, oder ob er ein neutrales, aufsichtsratsähnliches, bisweilen auch zwischen den einzelnen Interessengruppen vermittelndes Gremium ist, dessen Mitglieder nicht nur de iure, sondern auch de facto von einzelnen Gesellschaftern und Gesellschaftergruppen unabhängig sind.

b) Mitgliederzahl und persönliche Voraussetzungen. Der Gesellschaftsvertrag kann die **Zahl der Mitglieder** frei festlegen; die gesetzlichen Mindestanforderungen, die § 95 S. 1 AktG bezüglich der Mitgliederzahl des Aufsichtsrats und § 108 Abs. 2 S. 3 AktG für dessen Beschlussfähigkeit anordnen, gelten für den Beirat nicht.[234] Bei der Vertragsgestaltung ist darauf zu achten, dass das Gremium effektiv arbeiten kann. Insbesondere leidet die Effizienz, wenn Gremien eine zu große Mitgliederzahl aufweisen. In mittelständischen Unternehmen überwiegt die Anzahl von Beiräten, die mit drei Mitgliedern besetzt sind.[235] Tatsächlich dürfte eine Beiratsstärke von drei bis

98

---

[233] A. Wiedemann/Kögel Beirat und Aufsichtsrat § 4 Rn. 22; Reichert, FS Maier-Reimer, 2010, 543 (549); Erker DStR 2014, 105 (106).
[234] MHdB KG/Mutter § 8 Rn. 46; aA im Hinblick auf die Beschlussfähigkeit A. Wiedemann/Kögel Beirat und Aufsichtsrat § 10 Rn. 15, die die Anwesenheit von mindestens drei Mitgliedern als zwingend ansehen.
[235] Nach einer empirischen Untersuchung haben in der Praxis gut ein Drittel der Beiräte drei Mitglieder und gut ein weiteres Drittel vier bzw. fünf Mitglieder, vgl. Gaugler/Heimburger Beiräte mittelständischer Unternehmen, 85 f.

sechs Mitgliedern häufig den Bedürfnissen entsprechen[236]; bei Beiräten, denen Entscheidungsbefugnisse zugedacht sind, sollte überdies auf eine ungerade Zahl geachtet werden, um **Pattsituationen** bei Beschlussfassungen zu **vermeiden**.[237] Mitunter finden sich auch Konstruktionen, in denen ein kleinerer Beirat – etwa aus zwei oder vier Mitgliedern – im Falle einer Pattsituation um ein oder drei weitere Mitglieder erweitert wird (sogenannter erweiterter Beirat), falls das Gremium in seiner ordentlichen Besetzung nicht zu einer Entscheidung gelangt.[238]

99 Beiratsmitglied kann grundsätzlich jede **natürliche, unbeschränkt geschäftsfähige Person**[239] sein. Vereinzelt wird angenommen, auch eine juristische Person könne Beiratsmitglied sein.[240] Eine Mitgliedschaft juristischer Personen ist richtigerweise unzulässig, wenn sie nicht ausdrücklich im Gesellschaftsvertrag zugelassen ist. Sieht der Gesellschaftsvertrag indessen eine entsprechende Bestimmung vor, bestehen jedoch – entgegen der wohl herrschenden Auffassung – keine durchgreifenden Bedenken gegen die Ausübung des Amtes durch eine juristische Person. Zugleich sollte jedoch bestimmt werden, ob die Gesellschaft notwendigerweise durch ihr Vertretungsorgan oder durch einen von ihr nach den Regeln ihres Binnenrechts zu benennenden Vertreter im Beirat repräsentiert wird.

100 Inkombatibilitätsregeln für Beiratsmitglieder nach dem Vorbild der §§ 100 Abs. 2 S. 1 Nr. 2, 105 AktG sind dem Gesetz fremd, sodass auch gesetzliche Vertreter von abhängigen Unternehmen und Geschäftsführer Beiratsmitglied werden können.[241] Mangels gesetzlicher Regelung gibt es für ein generelles Verbot keine ausreichende Rechtsgrundlage.[242] Die aktienrechtlichen Regelungen sind nicht ohne weiteres übertragbar, weil die Aufgaben eines Beirats – im Gegensatz zum Aufsichtsrat – nicht notwendigerweise die Überwa-

---

[236] *Reichert*, FS Maier-Reimer, 2010, 543 (552); *Reichert* in Lange/Leible, Governance in Familienunternehmen, 2010, 139 (145).

[237] So auch MHdB KG/*Mutter* § 8 Rn. 46. Lässt sich eine ungerade Anzahl nicht durchsetzen, sollte zumindest für den Beiratsvorsitzenden gesellschaftsvertraglich das Recht zum Stichentscheid vorgesehen werden, vgl. *H. Huber* Der Beirat, 74.

[238] *Reichert*, FS Maier-Reimer, 2010, 543 (553).

[239] Ein Betreuter, der bei der Besorgung seiner Vermögensangelegenheiten ganz oder teilweise einem Einwilligungsvorbehalt nach § 1903 BGB unterliegt, kann nicht Mitglied eines Beirats sein, vgl. *Scholz/U. H. Schneider* GmbHG § 52 Rn. 255.

[240] So MHdB KG/*Mutter* § 8 Rn. 47; Baumbach/Hueck/*Zöllner/Noack* GmbHG § 52 Rn. 34: bei entsprechender Satzungsbestimmung; aA mit Verweis auf die höchstpersönliche und eigenverantwortliche Tätigkeit des Beiratsmitglieds *Voormann* Beirat im Gesellschaftsrecht, 136; vgl. UHW/*Raiser/Heermann* GmbHG § 52 Rn. 337; *Lutter*/Hommelhoff GmbHG § 52 Rn. 114.

[241] *Reichert*, FS Maier-Reimer, 2010, 543 (551); *Reichert* in Lange/Leible, Governance in Familienunternehmen, 2010, 139 (144); differenzierend *Voormann* Beirat im Gesellschaftsrecht, 137; vgl. stellvertretend zur Rechtslage im GmbH-Recht UHW/*Raiser/Heermann* GmbHG § 52 Rn. 337; *Lutter*/Hommelhoff GmbHG § 52 Rn. 114; *Roth*/Altmeppen GmbHG § 52 Rn. 74; aA MHdB KG/*Mutter* § 8 Rn. 48; *Lange* GmbHR 2006, 897 (902f.).

[242] Stellvertretend zur Rechtslage im GmbH-Recht UHW/*Raiser/Heermann* GmbHG § 52 Rn. 337.

chung der Geschäftsführung umfasst.²⁴³ Im Einzelfall können Interessenkollisionen allerdings zu einem Stimmverbot führen; so etwa in Fällen, in welchen der Beirat über Maßnahmen beschließt, die zur Überwachung der Geschäftsführung zu rechnen sind.²⁴⁴ Insoweit gilt der Grundsatz, dass niemand sein eigener Kontrolleur sein kann.²⁴⁵

Die Gesellschafter sind indessen frei, im Rahmen der Privatautonomie bestimmte Voraussetzungen festzuschreiben, die ein Beiratsmitglied zu erfüllen hat.²⁴⁶ Soll es sich bei dem Beirat um einen Ausschuss der Gesellschafter handeln, ist zu bestimmen, dass ihm nur Gesellschafter angehören können; soll er gerade umgekehrt zwischen den Gesellschaftern vermitteln und diese beraten, kann bestimmt werden, dass ihm gerade keine Gesellschafter angehören können.²⁴⁷ Typischerweise werden solche Inkompatibilitäten dann auch auf Angehörige der Gesellschafter ausgedehnt. Eine besondere Inkompatibilitätsregelung gilt für Beiräte mit „schiedsrichterlicher" Funktion: Hier ist der allgemeine Rechtssatz zu beachten, dass niemand Richter in eigener Sache sein kann (→ Rn. 94).²⁴⁸ **101**

Häufig stellt der Gesellschaftsvertrag **bestimmte Qualifikationsmerkmale** für Beiräte auf. So kann er etwa vorschreiben, dass ihm ein in Vertriebsfragen besonders versiertes, unternehmerisch erfahrenes Mitglied, ein in Fragen der Produktion besonders erfahrenes Mitglied, ein in wirtschaftlichen Fragen erfahrener Jurist sowie ein Angehöriger der wirtschaftsprüfenden oder steuerberatenden Berufe²⁴⁹ angehören soll.²⁵⁰ **102**

Soll dem Beirat **Schiedsfunktion** zukommen, so ist darauf zu achten, dass das Gremium **neutral besetzt** wird, etwa dadurch, dass jede der gleich starken Gesellschaftergruppen ein Beiratsmitglied benennt und diese sich auf ein drittes einigen. **103**

Empfehlenswert ist schließlich, im Gesellschaftsvertrag klarzustellen, dass dem Beirat keine Personen angehören, die für ein **Wettbewerbsunternehmen** tätig sind oder dort entsprechende Beiratsfunktionen innehaben; fehlt eine solche Bestimmung, führt dies nach herrschender Auffassung gleichwohl nicht automatisch zu einer Inkompatibilität (→ Rn. 134). **104**

---

²⁴³ Stellvertretend zur Rechtslage im GmbH-Recht *Lutter/Hommelhoff* GmbHG § 52 Rn. 114.
²⁴⁴ Stellvertretend zur Rechtslage im GmbH-Recht UHW/*Raiser/Heermann* GmbHG § 52 Rn. 337; *Lutter/Hommelhoff* GmbHG § 52 Rn. 114; *Roth/Altmeppen* GmbHG § 52 Rn. 74; vgl. *Voormann* Beirat im Gesellschaftsrecht, 137 f.
²⁴⁵ UHW/*Raiser/Heermann* GmbHG § 52 Rn. 337; *Voormann* Beirat im Gesellschaftsrecht, 137 f.
²⁴⁶ Vgl. MHdB KG/*Mutter* § 8 Rn. 49; *Reichert*, FS Maier-Reimer, 2010, 543 (551); *Reichert* in Lange/Leible, Governance in Familienunternehmen, 2010, 139 (144).
²⁴⁷ Mit dem Wegfall einer solchen persönlichen Voraussetzung endet auch das Amt als Beiratsmitglied, siehe MHdB KG/*Mutter* § 8 Rn. 54; *Hofbauer* Kompetenzen des Beirats, 216.
²⁴⁸ UHW/*Raiser/Heermann* GmbHG § 52 Rn. 337; *Voormann* Beirat im Gesellschaftsrecht, 138; *Hölters* Beirat, 35.
²⁴⁹ Zum Steuerberater als Beirat vgl. *Settele/v. Eichborn* DStR 2010, 1444.
²⁵⁰ *Reichert*, FS Maier-Reimer, 2010, 543 (551).

105 **c) Bestellung der Beiratsmitglieder.** Die Gesellschafter können die Form, in der die Beiratsmitglieder bestellt werden, grundsätzlich frei regeln. Im Wesentlichen stehen **vier Grundtypen** zur Verfügung, die auch beliebig kombiniert werden können: Beiratsmitglieder können bereits durch den Gesellschaftsvertrag festgelegt werden, sie können gewählt werden, ferner kann einzelnen Gesellschaftern oder Gesellschaftergruppen ein **Vorschlagsrecht** oder ein echtes **Entsendungsrecht** (→ Formular § 60 IV, § 9 Abs. 2) eingeräumt werden.[251]

106 *aa) Benennung im Gesellschafts- oder einem Konsortialvertrag.* Die Benennung im Gesellschaftsvertrag selbst oder in einer neben dem Gesellschaftsvertrag bestehenden bzw. diesen ergänzenden Vereinbarung (etwa in der Konsortialvereinbarung) erfolgt etwa in Fällen, in denen ein Beirat für den Fall etabliert werden soll, dass der derzeitige geschäftsführende Gesellschafter durch plötzlichen Tod wegfällt; für diesen Fall kann ein Beirat vorgesehen werden, dessen Mitglieder der bisherige geschäftsführende Gesellschafter bereits ausgewählt und benannt hat bzw. auf die er sich, soweit Mitgesellschafter vorhanden sind, mit diesen geeinigt hat. Auch wenn ein Gesellschafter beabsichtigt, das Unternehmen auf die nachfolgende Generation überzuleiten, wird häufig ein Beirat installiert,[252] dem etwa die Gründungsgesellschafter als geborene Mitglieder angehören. Daneben können langjährige Berater oder enge Vertraute als weitere **geborene Beiratsmitglieder** vorgesehen werden; denkbar ist aber auch, eine Festlegung im Gesellschaftsvertrag nur für einen Teil der Beiratsmitglieder zu treffen, während die übrigen Beiratsmitglieder gewählt werden oder von Gesellschaftern bzw. Gesellschaftergruppen, denen insoweit ein Vorschlags- oder Entsendungsrecht zugestanden wird, benannt werden.

In jedem Fall muss ein Gesellschaftsvertrag, in dem einzelne oder sämtliche Beiratsmitglieder benannt werden, zusätzlich festlegen, ob die Benennung auf Lebenszeit oder nur für eine bestimmte Amtsperiode erfolgt, ob und unter welchen Voraussetzungen die Beiratsmitglieder abberufen werden können, und wie eine durch Wegfall eines Beiratsmitglieds entstehende Vakanz ausgeglichen wird. Werden Beiratspositionen zugunsten verdienter Gesellschafter oder langjähriger Berater vorgesehen, sollen diese häufig nicht nur für eine auf einige Jahre begrenzte Amtsperiode berufen werden, sondern dem Unternehmen langfristig als Berater, meist auch als Kontrolleure der Geschäftsführung, und nicht selten als mit Entscheidungs- oder Mitentscheidungsbefugnissen in Geschäftsführungsfragen betraute Entscheidungsträger zur Verfügung stehen. Gleichwohl ist von Regelungen, die einen **Beirat auf Lebenszeit** etablieren, abzuraten; meist dürfte es zweckmäßiger sein, die **feste Amtszeit** mit Vollendung eines bestimmten Lebensalters auslaufen zu lassen und Verlängerungsmöglichkeiten vorzusehen. Dafür, wie die durch Wegfall eines geborenen Beiratsmitglieds entstehenden Lücken zu schließen sind, gibt es wiederum verschiedene Regelungsmodelle. Es können von vornherein **Ersatzmitglieder** vorgesehen werden; stattdessen kann auch

---

[251] Vgl. GK/*Schäfer* HGB § 109 Rn. 55; MHdB KG/*Mutter* § 8 Rn. 49.
[252] Vgl. dazu *Voormann* Beirat im Gesellschaftsrecht, 39 ff.; *A. Wiedemann/Kögel* Beirat und Aufsichtsrat § 7 Rn. 16 ff.

den verbleibenden Beiratsmitgliedern die Aufgabe übertragen werden, ein neues Beiratsmitglied zu bestimmen. Denkbar ist jedoch auch, dass nach Beendigung der Amtszeit eines geborenen Beiratsmitglieds die Bestellungskompetenz auf die Gesamtheit der Gesellschafter bzw. auf die Gesellschafterversammlung, die darüber mit einer bestimmten Mehrheit Beschluss zu fassen hat, übertragen wird. Eine weitere Variante besteht darin, denjenigen Gesellschaftern, die dem geborenen Beiratsmitglied besonders nahe standen (etwa dem Familienstamm, dem er angehörte, seinen Abkömmlingen oder der Gesellschaft, deren Organ er war), ein Ersatzbestellungsrecht einzuräumen.

bb) Wahl. In der Praxis wohl am häufigsten werden die Mitglieder des Beirats **durch Beschluss der Gesellschafterversammlung** gewählt.[253] Der Gesellschaftsvertrag kann Einstimmigkeit oder qualifizierte Mehrheit vorsehen, aber auch die einfache Mehrheit genügen lassen;[254] denkbar – wenn auch nicht empfehlenswert – wäre es sogar, bei einer Gruppenwahl die relative Mehrheit ausreichen zu lassen. Soll verhindert werden, dass ein Beiratsmitglied einer der Gesellschaftergruppen besonders nahe steht – eine derartige Situation stellt sich de facto häufig dann ein, wenn es von einer bestimmten Gruppe vorgeschlagen und nur mit deren Stimmen gewählt wurde –, werden die **Mehrheitserfordernisse** meist so gestaltet, dass ein Beiratsmitglied nur mit Zustimmung sämtlicher Gesellschafter bzw. der relevanten Gesellschaftergruppen gewählt werden kann. Von daher besteht zwischen den einzelnen Gesellschaftern ein Einigungszwang. Dies kann dazu führen, dass die gewählten Beiratsmitglieder keiner der Gesellschaftergruppen besonders nahe stehen; möglich ist indes auch, dass jede der Gruppen einen ihr besonders nahe stehenden Kandidaten durchsetzt. 107

Daneben kann der Gesellschaftsvertrag wiederum besondere **Anforderungen an die Qualifikation** oder Herkunft der Beiratsmitglieder stellen; er kann bestimmen, dass es sich um Gesellschafter oder um Nichtgesellschafter handeln muss, er kann Sperrklauseln auch zu Lasten von Angehörigen und Mitgliedern der Familien der Gesellschafter vorsehen oder positiv bestimmen, welche besonderen Qualifikationen Beiratsmitglieder aufweisen müssen; solche Qualifikationen kann er auch für jede einzelne Mitgliedschaft festlegen (zB ein Jurist, ein Steuerberater, ein mit der spezifischen Branche der Gesellschaft besonders Vertrauter usw.). 108

Problematisch sind vertragliche Bestimmungen, die keine ausdrückliche Anordnung über die zur Wahl eines Beiratsmitglieds erforderliche Mehrheit treffen. Man wird diese Frage aufgrund einer Auslegung des Vertrags im Einzelfall zu entscheiden haben. Sind keine speziellen Bestimmungen getroffen, wird man im Allgemeinen nach den Regeln zu verfahren haben, die nach den Bestimmungen des Gesellschaftsvertrags für Beschlussfassungen der Gesellschafter allgemein gelten. Für die KG gilt, sofern der Vertrag keine Mehr- 109

---

[253] Siehe *Gaugler/Heimburger* Beiräte mittelständischer Unternehmen, 103 f.; *A. Wiedemann/Kögel* Beirat und Aufsichtsrat § 9 Rn. 6.
[254] MHdB KG/*Mutter* § 8 Rn. 51; siehe ferner GK/*Schäfer* HGB § 109 Rn. 55, der mangels einer anderweitigen Regelung im Gesellschaftsvertrag einfache Mehrheit genügen lässt.

heitsklausel enthält, der Grundsatz der Einstimmigkeit, für die GmbH der Grundsatz der einfachen Mehrheit.

110 *cc) Vorschlagsrechte.* Häufig bietet es sich an, nicht darauf zu vertrauen, dass ein Einigungszwang unter den Gesellschaftern zu einer angemessenen Repräsentanz der einzelnen Gesellschafter bzw. Gesellschaftergruppen im Beirat führt, sondern dies mithilfe von Vorschlagsrechten zu erleichtern oder mithilfe von Entsendungsrechten sicherzustellen. Vorschlagsrechte gewähren einzelnen Gesellschaftern bzw. einer bestimmten Gesellschaftergruppe (zB einem Familienstamm) oder auch beliebigen Gesellschaftern, die über eine bestimmte Mehrheit verfügen (zB Gesellschaftern, die mehr als 25% der Stimmen innehaben), das Recht, ein Beiratsmitglied vorzuschlagen. Die schwächere Form eines solchen Vorschlagsrechts[255] gewährt den Gesellschaftern die Möglichkeit, das vorgeschlagene Beiratsmitglied **nach eigenem Ermessen** zu wählen oder abzulehnen. Die weitergehende Variante des Vorschlagsrechts geht von der Verpflichtung der Gesellschafter zur Wahl des vorgeschlagenen Beiratsmitglieds aus, sofern dem keine sachlichen Gründe entgegenstehen. Es kann darüber hinaus auch als sogenanntes Präsentationsrecht ausgestaltet werden, bei dem die Stimme nur aus wichtigem Grund versagt werden kann. Der Gesellschaftsvertrag sollte die Frage, ob und in welcher Form eine Bindung an Wahlvorschläge besteht, klar und detailliert regeln.

111 *dd) Entsendungsrecht.* Weiter als ein Vorschlagsrecht reicht ein Entsendungsrecht, das dem berechtigten Gesellschafter oder der berechtigten Gesellschaftergruppe entsprechend § 101 Abs. 2 AktG das Recht gewährt, ein oder mehrere Beiratsmitglieder zu bestellen.[256] So kann beispielsweise in einer GmbH & Co. KG, die aus drei gleich stark beteiligten Gesellschaftern oder Gesellschaftergruppen besteht, bestimmt werden, dass einem oder mehreren Gesellschaftern, die allein oder gemeinsam über mindestens 25,1% der Stimmen verfügen, pro 25,1% der Stimmen das Recht zur Entsendung eines Beiratsmitgliedes zusteht. Eine Beschränkung, wie sie § 101 Abs. 2 S. 4 AktG für den Aufsichtsrat der AG vorsieht, wonach insgesamt höchstens für ein Drittel der sich aus dem Gesetz oder der Satzung ergebenden Zahl der Aufsichtsratsmitglieder der Aktionäre Entsendungsrechte eingeräumt werden können, gilt für einen fakultativen Beirat nicht, gleichgültig, ob er in der GmbH oder der KG gebildet wird.[257]

112 *ee) Beschränkungen.* Beschränkungen für die Bestellung der Beiratsmitglieder können sich jedoch aus der Funktion des Beirats ergeben. So wäre es nicht nur sinnlos, sondern schlechthin unzulässig, unverzichtbare Kontroll-

---

[255] Vgl. zur Abstufung der Vorschlagsrechte Lutter/Hommelhoff/*Bayer* GmbHG § 46 Rn. 25.

[256] Eingehend *H. Huber* Der Beirat, 77 ff.; *Voormann* Beirat im Gesellschaftsrecht, 127; krit. zum Entsendungsrecht *A. Wiedemann/Kögel* Beirat und Aufsichtsrat § 9 Rn. 10 f.

[257] Vgl. für die KG MHdB KG/*Mutter* § 8 Rn. 50, anders jedoch bei der Publikumsgesellschaft; für die Anwendbarkeit von § 101 Abs. 2 S. 4 AktG auf die Publikumsgesellschaft auch *Maulbetsch* Beirat, 84; vgl. für die GmbH UHW/*Raiser/Heermann* GmbHG § 52 Rn. 42; Scholz/*U. H. Schneider* GmbHG § 52 Rn. 221.

und Mitwirkungsrechte der Kommanditisten unter deren Ausschluss auf ein Organ zu übertragen, das in seiner Zusammensetzung nicht maßgeblich von dieser Gesellschaftergruppe bestimmt ist.[258] Ebenso wenig Sinn würde es ergeben, einen Beirat zur Überwachung der Geschäftsführung einzusetzen, der allein oder maßgeblich von den geschäftsführenden Gesellschaftern bestimmt wird. Eine Besonderheit ist ferner bei der Publikumsgesellschaft zu beachten: Anders als bei der gewöhnlichen GmbH und KG wird man hier die Beschränkungen des § 101 Abs. 2 S. 4 AktG analog heranziehen können;[259] die Rechtsprechung hat jedenfalls Bestimmungen für unwirksam erachtet, die den Gründungsgesellschaftern bei der Wahl eines aufsichtsratsähnlichen Beirats eine Sperrminorität sichern sollten.[260]

d) Amtszeit. Eine Regelung über die Amtszeit ist de iure nicht zwingend erforderlich;[261] gleichwohl empfiehlt es sich, die Amtszeit für Beiratsmitglieder **im Gesellschaftsvertrag festzulegen.** Dabei wird häufig in Anlehnung an die aktienrechtlichen Regelungen bestimmt, dass die Zeit der Beiratsmitgliedschaft mit Beendigung der Gesellschafterversammlung endet, in der über die Entlastung für das vierte Geschäftsjahr nach dem Beginn der Amtszeit Beschluss zu fassen ist, wobei das Geschäftsjahr, in dem die Amtszeit beginnt, nicht mitgerechnet wird, vgl. § 102 Abs. 1 AktG (→ Formular § 60 IV, § 9 Abs. 3). Nicht selten finden sich jedoch auch Bestimmungen, wonach die Wahl oder Entsendung auf **unbestimmte Zeit** erfolgt; letzteres wird insbesondere für verdiente Seniorgesellschafter oder langjährige Berater der Gesellschafter, die bis auf Weiteres als Berater oder Kontrolleure zur Verfügung stehen sollen, vorgesehen. Schweigt der Gesellschaftsvertrag, ist meist davon auszugehen, dass Beiratsmitglieder auf unbestimmte Zeit bestellt werden und durch einen actus contrarius zu ihrer Bestellung abberufen und nach den für ihre Berufung geltenden Regeln neue Mitglieder bestellt werden, die an ihre Stelle treten.[262] Problematisch ist die Ersetzung sogenannter geborener Beiratsmitglieder, falls der Gesellschaftsvertrag darüber keine besondere Regelung trifft (→ Rn. 106). 113

In jedem Fall sollte der Gesellschaftsvertrag **detaillierte Regelungen über die Abberufung** der Beiratsmitglieder vorsehen. Enthält die Satzung keine Regelungen, dürfte ein für unbestimmte Zeit bestelltes Beiratsmitglied grundsätzlich auf die gleiche Weise und mit derselben Mehrheit abberufen werden können, wie es bestellt wurde.[263] Schwieriger ist die Beurteilung der Rechtslage dann, wenn die Bestellung nur für eine befristete Amtszeit erfolgte. In diesem Fall bedarf es der Auslegung, ob die Regelung nur dazu dienen soll, die Tätigkeit der Gewählten zeitlich zu begrenzen und die Ab- 114

---

[258] MHdB KG/*Mutter* § 8 Rn. 50.
[259] MHdB KG/*Mutter* § 8 Rn. 50; *Maulbetsch* Beirat, 84.
[260] Vgl. BGH WM 1983, 1407.
[261] Vgl. *H. Huber* Der Beirat, 83; *Hölters* Beirat, 30; *A. Wiedemann/Kögel* Beirat und Aufsichtsrat § 9 Rn. 20.
[262] MHdB KG/*Mutter* § 8 Rn. 53; *Voormann* Beirat im Gesellschaftsrecht, 132; *Hölters* Beirat, 30f.; *H. Huber* Der Beirat, 83f.
[263] MHdB KG/*Mutter* § 8 Rn. 55; *H. Wiedemann*, FS Lutter, 2000, 801 (813) für den GmbH-Beirat.

5. Kapitel. *Organisationsverfassung*

berufung deshalb auch ohne wichtigen Grund möglich ist, oder ob sie die Rechtsstellung der Beiratsmitglieder stärken soll und deshalb die Abberufung nur aus wichtigem Grund[264] gestattet.[265] Die damit verbundenen Unsicherheiten lassen sich nur durch klare Satzungsbestimmungen verhindern (→ Formular § 60 IV, § 9 Abs. 4).

115 Die Bestimmung einer festen Amtszeit, in der eine Abberufung nur aus wichtigem Grund in Betracht kommt, stärkt die Beiratsmitglieder und fördert ihre Unabhängigkeit. Von daher ist an entsprechende Regelungen selbst dann zu denken, wenn Beiratsmitglieder von bestimmten Gesellschaftern oder Gesellschafterstämmen entsandt wurden. Gleichwohl ist es zulässig – und bei Beiräten, denen die Funktion eines Repräsentativorgans der Gesellschafter zukommt, auch durchaus üblich –, im Falle eines Entsendungsrechts dem Entsendungsberechtigten auch während einer im Vertrag festgelegten Amtszeit das Recht zuzubilligen, das Beiratsmitglied abzuberufen und an seiner statt ein anderes Beiratsmitglied zu entsenden. Sieht der Gesellschaftsvertrag eine feste Amtsdauer vor, räumt er indessen einzelnen Gesellschaftern oder Gesellschaftergruppen ein Entsendungsrecht ein, ist im Einzelfall durch Vertragsauslegung unter Berücksichtigung der spezifischen Beiratsfunktion zu ermitteln, ob der Entsendungsberechtigte auch während der Amtszeit berechtigt ist, den Entsandten ohne wichtigen Grund abzuberufen. Immerhin sprechen die Wertungen des § 103 Abs. 2 AktG dafür, dass man aus der Festlegung der Amtszeit nicht ohne Weiteres auf einen Ausschluss eines ordentlichen Abberufungsrechts während der Amtszeit schließen kann.

116 Auch der Umstand, dass mit dem Entsendungsrecht regelmäßig dem besonderen Interesse des Entsendungsberechtigten, eine Person seines Vertrauens im Beirat zu wissen, entsprochen werden soll, spricht für die Gewährung des ordentlichen Abberufungsrechts. Wo die Satzung nichts anderes besagt, dürfte deshalb die Abberufung auch ohne wichtigen Grund möglich sein. Im Interesse der Rechtssicherheit ist allerdings eine Klarstellung im Gesellschaftsvertrag geboten.[266]

117 Ist im Gesellschaftsvertrag nichts Gegenteiliges geregelt, wird man es für zulässig halten müssen, ein Beiratsmitglied jedenfalls unter den Voraussetzungen auch ohne wichtigen Grund abberufen zu können, unter denen der Beirat insgesamt durch Änderung des Gesellschaftsvertrags beseitigt werden kann.[267] Einer Änderung des Gesellschaftsvertrags bzw. der Satzung bedarf es ohnehin, wenn Mitglieder im Gesellschaftsvertrag als geborene Mitglieder des Beirats bestimmt wurden.[268] In aller Regel handelt es sich bei diesen Bestimmungen darüber hinaus um Sonderrechte der benannten Gesellschafter, so dass neben den Voraussetzungen einer Gesellschaftsvertragsänderung auch das Erfordernis ihrer Zustimmung zu beachten ist.[269]

---

[264] Zum Begriff des wichtigen Grundes *Hölters* Beirat, 31.
[265] Für die zweite Möglichkeit MHdB KG/*Mutter* § 8 Rn. 55; differenzierend *Voormann* Beirat im Gesellschaftsrecht, 133.
[266] → Formulierungsvorschlag § 60 IV, § 9 Abs. 4.
[267] So auch MHdB KG/*Mutter* § 8 Rn. 55.
[268] Vgl. *Voormann* Beirat im Gesellschaftsrecht, 135.
[269] Vgl. MHdB KG/*Mutter* § 8 Rn. 55; GK/*Schäfer* HGB § 109 Rn. 56: außer bei wichtigem Grund.

Auch die **Amtsniederlegung** sollte im **Gesellschaftsvertrag** geregelt **118** werden. Es sollte ausdrücklich klargestellt werden, dass jedes Beiratsmitglied sein Amt niederlegen kann, sofern die Niederlegung nicht zur **Unzeit** erfolgt.[270] Es ist nämlich nicht sinnvoll, ein Beiratsmitglied, das amtsmüde ist und aus welchen Gründen auch immer – etwa wegen Arbeitsüberlastung, sich anbahnender Interessenkollision oder Überforderung durch die sich im Beirat stellenden Aufgaben – aus dem Beirat ausscheiden möchte, an seinem Amt festzuhalten. Fehlen indessen entsprechende Bestimmungen im Gesellschaftsvertrag, ist streitig, ob und unter welchen Voraussetzungen ein Beiratsmitglied sein Amt niederlegen kann.

Anerkannt ist, dass eine Amtsniederlegung unabhängig von der Satzungs- **119** regelung bei Vorliegen eines wichtigen Grundes möglich ist.[271] Prinzipiell möglich ist eine Amtsniederlegung auch ohne wichtigen Grund, wenn der Gesellschaftsvertrag keine besondere Amtsdauer vorsieht.[272] Schwierigkeiten bereiten hingegen Fälle, in denen gesellschaftsvertraglich eine bestimmte Amtsdauer vorgesehen ist. Eine verbreitete Auffassung differenziert hier zwischen entgeltlicher und unentgeltlicher Amtsführung des Beiratsmitglieds. Während im ersten Fall entsprechend §§ 675, 620 f., 624, 626 f. BGB ein wichtiger Grund erforderlich sei, komme die Amtsniederlegung bei Unentgeltlichkeit entsprechend § 671 Abs. 1 BGB jederzeit – außer zur Unzeit – in Betracht.[273] Ein wichtiger Grund wäre in einem solchen Fall etwa die Unmöglichkeit der Amtsausübung durch Krankheit oder dauernde Gebrechlichkeit. Diese Differenzierung überzeugt nicht. In aller Regel ist es nicht interessengerecht, ein Beiratsmitglied, das kein Interesse an einer Fortsetzung seiner Tätigkeit hat, an dieser Position festzuhalten; eine Ausnahme von diesem Grundsatz gilt nur dann, wenn die Niederlegung zur Unzeit erfolgt.[274]

e) Unabhängigkeit der Mitglieder. Bisweilen sind die Mitglieder eines **120** Beirats Gesellschafter oder Repräsentanten der Gesellschafter (zB eines Familienstamms), die in Form einer „**kleinen Gesellschafterversammlung**" typische Gesellschafteraufgaben wahrnehmen. Derartige Organe werden auch als **Gesellschafterausschuss** bezeichnet.[275] Mitunter sollen solche Familienrepräsentanten oder Repräsentanten anderer Gesellschaftergruppen an **Weisungen** der Gesamtheit der von ihnen repräsentierten Gesellschaftergruppen gebunden sein. Dies sollte jedoch im Gesellschaftsvertrag ausdrücklich zum Ausdruck gebracht werden.

---

[270] Grundsätzlich besteht aber auch die Möglichkeit, die Amtsniederlegung vom Vorliegen eines wichtigen Grundes bzw. zusätzlich von einem konkreten Sachverhalt, wie zB dem Fortdauern der Bestellung bis zur Neuwahl eines Beiratsmitglieds, abhängig zu machen; vgl. *H. Huber* Der Beirat, 182.
[271] *Voormann* Beirat im Gesellschaftsrecht, 160; *Hofbauer* Kompetenzen des Beirats, 206.
[272] Vgl. *Voormann* Beirat im Gesellschaftsrecht, 161 mwN.
[273] So MHdB KG/*Mutter* § 8 Rn. 56; *Hölters* Beirat, 32; *Maulbetsch* Beirat, 87 ff.
[274] UHW/*Raiser*/*Heermann* GmbHG § 52 Rn. 59; *Lutter*/*Hommelhoff* GmbHG § 52 Rn. 10; aA *Voormann* Beirat im Gesellschaftsrecht, 161; zwischen verdrängender und konkurrierender Beiratszuständigkeit differenzierend *Hofbauer* Kompetenzen des Beirats, 207 f.
[275] Vgl. *Hofbauer* Kompetenzen des Beirats, 86 ff.

5. Kapitel. Organisationsverfassung

121 Demgegenüber sind die Mitglieder eines Beirats, der **Beratungs- und** insbesondere **Kontrollfunktionen** ausübt, typischerweise **weisungsunabhängig**.[276] Es bietet sich an, dies im Gesellschaftsvertrag klar zum Ausdruck zu bringen. De facto kann die Neutralität der Beiratsmitglieder, wie dargelegt (→ Rn. 107), durch Regelungen verstärkt werden, die die Wahl von Beiratsmitgliedern nicht durch einzelne Gesellschafter oder einzelne Gesellschaftergruppen ermöglichen, sondern ein Votum aller Gesellschafter voraussetzen.

122 Anstelle eines durch die Wahl eines bestimmten Mehrheitserfordernisses bedingten Einigungszwangs unter den Gesellschaftern können auch Regelungen gewählt werden, wonach zumindest ein Teil der Beiratsmitglieder (zB bei einem Drei-Personen-Beirat das dritte, gleichzeitig als Vorsitzender vorgesehene Mitglied) nicht unmittelbar durch die Gesellschafter, sondern von den übrigen Beiratsmitgliedern einstimmig ernannt wird. Darüber hinaus dient es der Stärkung der Unabhängigkeit der Beiratsmitglieder, wenn sie nach den getroffenen Bestimmungen während ihrer Amtszeit nur aus wichtigem Grund abberufen werden können.[277] Weiterhin ist es zweckmäßig, im Gesellschaftsvertrag deutlich zum Ausdruck zu bringen, dass die Mitglieder des Beirats dem Wohl der Gesellschaft[278] verpflichtet und von Weisungen einzelner Gesellschafter unabhängig sind.

123 Es darf nicht verkannt werden, dass der Grad der Unabhängigkeit von Beiratsmitgliedern de facto und de iure in der Praxis nicht selten auseinanderklafft. Dies gilt trotz ausdrücklicher Regelungen des vorgeschlagenen Inhalts insbesondere dann, wenn einzelne Beiratsmitglieder auf Vorschlag einer Gesellschaftergruppe, mit der Stimmenmehrheit einer Gesellschaftergruppe oder gar aufgrund eines Entsendungsrechts in den Beirat entsandt wurden. Sie neigen – trotz der vorgeschlagenen Absicherung ihrer Position – de facto in aller Regel dazu, die Interessen derjenigen, die sie vorgeschlagen, gewählt oder entsandt haben, im Beirat in besonderer Weise zu vertreten. Dies muss – je nach Funktion des Beirats – nicht notwendig ein Nachteil sein, sofern sichergestellt ist, dass das Gesamtwohl der Gesellschaft oberste Maxime bleibt. Darüber hinaus ist darauf zu achten, dass die einzelnen Gruppen der Gesellschafter repräsentativ im Beirat vertreten sind und – soweit dem Beirat auch Entscheidungsbefugnisse in Pattsituationen zukommen sollen – zumindest ein Beiratsmitglied gruppenunabhängig ist und (etwa bei einem Drei-Personen-Beirat) letztlich den Ausschlag bei Pattsituationen gibt.

5. Innere Ordnung

124 **a) Regelungsnotwendigkeit.** Das Gesetz hält keine Bestimmungen zur Verfügung, die die innere Ordnung eines Beirats regeln. Solche aufzustellen

---

[276] *Reichert*, FS Maier-Reimer, 2010, 543 (553); *Reichert* in Lange/Leible, Governance in Familienunternehmen, 2010, 139 (151 f.); vgl. zu möglichen Weisungsrechten gegenüber beratenden oder überwachenden Beiräten *Voormann* Beirat im Gesellschaftsrecht, 152.
[277] Siehe *Reichert*, FS Maier-Reimer, 2010, 543 (553 f.).
[278] Zur Verpflichtung der Beiratsmitglieder auf das Gesellschaftsinteresse vgl. *Voormann* Beirat im Gesellschaftsrecht, 146 ff.

ist daher Aufgabe des Gesellschaftsvertrags, der dies unter Angabe der entsprechenden Richtlinien auch einer von den Gesellschaftern oder vom Beirat selbst zu erlassenden Geschäftsordnung vorbehalten kann.[279] Schweigt der Gesellschaftsvertrag, so sind die zur Funktion eines Beirats notwendigen Regelungen durch ergänzende Vertragsauslegung zu gewinnen. Man hat sich dabei an dem Leitgedanken zu orientieren, dass der Beirat in der Lage sein muss, die ihm nach dem Gesellschaftsvertrag zugewiesenen Funktionen sinnvoll wahrzunehmen. Dabei kann man mitunter auch auf die **Bestimmungen des Aktienrechts** zurückgreifen, soweit dem Beirat mit einem Aufsichtsrat vergleichbare Funktionen zukommen, wie dies bei der Publikumsgesellschaft regelmäßig der Fall sein wird.[280] Ist der Beirat in der GmbH gebildet, kommt der Rückgriff auf aktienrechtliche Bestimmungen über eine analoge Anwendung des **§ 52 Abs. 1 GmbHG** in Betracht.[281]

b) Regelungsinhalte. Der Gesellschaftsvertrag sollte die zur Willensbildung innerhalb des Beirats erforderlichen Regelungen treffen. Dies setzt Bestimmungen über die Durchführung von Beiratssitzungen voraus, insbesondere darüber, wer zu ihrer **Einberufung** berechtigt ist, welche **Fristen** dabei zu wahren sind, inwieweit die Beiratssitzungen durch **Tagesordnung** vorzubereiten sind und an welchem **Ort** die Beiratssitzungen stattzufinden haben (Formulierungsempfehlung → § 60 IV, § 11).[282] Meist wird man einen **Beiratsvorsitzenden** vorsehen, der die Sitzung einberuft und leitet; in der Regel ist es jedoch zweckmäßig, auch den übrigen Beiratsmitgliedern ein Einberufungs- oder zumindest ein Ersatzeinberufungsrecht zuzubilligen.[283] Weiterhin sollte in aller Regel eine angemessene Einberufungsfrist[284] angeordnet werden, die jedoch im Eilfall auch verkürzt werden kann, damit die Gesellschaft handlungsfähig bleibt.[285] Dies gilt insbesondere dann, wenn dem Beirat auch Entscheidungskompetenzen zukommen.

Eine Beschlussfassung des Beirats kann auch **schriftlich**, **per Telefax** oder gegebenenfalls sogar **telefonisch** zugelassen werden, wobei solche Entscheidungsformen meist an das Erfordernis der Zustimmung aller Beiratsmitglieder geknüpft sind. Wichtig ist, dass die so gefassten Beschlüsse **ausreichend dokumentiert** werden (Formular → § 60 IV, § 12 Abs. 3). Aufgrund der mit der Beiratstätigkeit verbundenen Haftungsrisiken, insbesondere wenn der Beirat als Kontrollorgan fungiert oder mit Entscheidungskompetenzen ausgestattet ist, ist außerdem darauf zu achten, dass über jede Beiratssitzung

---

[279] UHW/Raiser/Heermann GmbHG § 52 Rn. 342; MHdB KG/Mutter § 8 Rn. 60; Reichert in Lange/Leible, Governance in Familienunternehmen, 2010, 139 (152f.).
[280] Vgl. BGHZ 69, 207 (220); MHdB KG/Mutter § 8 Rn. 60.
[281] Roth/Altmeppen GmbHG § 52 Rn. 73; UHW/Raiser/Heermann GmbHG § 52 Rn. 326.
[282] Reichert, FS Maier-Reimer, 2010, 543 (554).
[283] Vgl. zum Einberufungsrecht MHdB KG/Mutter § 8 Rn. 61; A. Wiedemann/Kögel Beirat und Aufsichtsrat § 10 Rn. 5ff.
[284] Für turnusmäßige Sitzungen sind Fristen von etwa 14 Tagen üblich, vgl. H. Huber Der Beirat, 104.
[285] Gleichwohl muss auch hier genügend Zeit für die Beiratsmitglieder bleiben, sich mit der durch die Eilbedürftigkeit der Angelegenheit gebotenen Schnelligkeit auf die zu behandelnde Tagesordnung vorzubereiten; vgl. BGHZ 99, 119 (123f.).

5. Kapitel. Organisationsverfassung

eine Niederschrift errichtet wird; auch dies sollte im Gesellschaftsvertrag oder einer Beiratsordnung ausdrücklich angeordnet sein (Formular → § 60 IV, § 11 Abs. 3).[286] Zu regeln ist ferner die **Teilnahmeberechtigung**.[287]

127 In aller Regel sind ausschließlich Beiratsmitglieder zur Teilnahme berechtigt; sinnvollerweise ist vorzusehen, dass auch die Gesellschafter und die Geschäftsführer auf Verlangen der Beiratsmitglieder an der Beiratssitzung teilzunehmen haben. Bisweilen kann es ferner zweckmäßig sein, die Hinzuziehung von **Beratern** auch auf Wunsch eines Beiratsmitglieds zuzulassen; fehlt eine entsprechende Regelung, steht die Entscheidung hierüber im pflichtgemäßen Ermessen des Beirats.[288] Weiterhin sollte klargestellt werden, dass es sich bei der Mitgliedschaft im Beirat um ein **höchstpersönliches Mandat** handelt. Eine **Vertretung** ist daher **unzulässig**; zulässig ist demgegenüber die Übergabe einer Stimmbotschaft,[289] was im Gesellschaftsvertrag ausdrücklich klargestellt werden sollte.[290] Abweichendes kann indessen für einen Beirat gelten, dem keine aufsichtsratsähnliche Funktion zukommt, etwa für einen Gesellschafterausschuss, der ausschließlich Gesellschafterkompetenzen wahrnimmt und für den man daher – je nach Ausgestaltung im Einzelfall – die für die Gesellschafterversammlung geltenden Vertretungsregelungen[291] heranziehen könnte. Sollte dies gewünscht sein, ist jedoch zur Vermeidung von Unklarheiten eine entsprechende Regelung im Gesellschaftsvertrag geboten.

128 Von wesentlicher Bedeutung ist die Frage, mit welchen **Beschlussmehrheiten** Beiratsbeschlüsse zu fassen sind.[292] Auch darüber sollte der **Gesellschaftsvertrag** Regelungen enthalten.[293] Da einem Beirat häufig die Aufgabe zukommt, Pattsituationen zwischen den Gesellschaftern oder auch unter den Geschäftsführern zu überwinden, bieten sich in aller Regel **Mehrheitsklauseln** an, die – in Verbindung mit einer **ungeraden Mitgliederzahl** – zu eindeutigen Entscheidungen führen. Problematisch wird die Situation, wenn der Gesellschaftsvertrag keine Regelungen über die erforderlichen Beschlussmehrheiten trifft. In solchen Fällen muss das Mehrheitserfordernis durch Auslegung gewonnen werden. Dabei wird man sich in erster Linie an den Mehrheitserfordernissen orientieren, die der Gesellschaftsvertrag für die zu treffenden Entscheidungen vorsieht, wenn die Kompetenz nicht vom eigentlich zuständigen Organ auf den Beirat übertragen worden wäre. Enthält die GmbH-Satzung keine abweichenden Bestimmungen, wird man für den GmbH-Beirat von dem gesetzlichen Regelungsmodus des Mehrheits-

---

[286] *Voormann* Beirat im Gesellschaftsrecht, 167; *Reichert*, FS Maier-Reimer, 2010, 543 (554).

[287] Vgl. UHW/*Raiser*/*Heermann* GmbHG § 52 Rn. 68 f., 342; → Formular § 60 IV, § 11 Abs. 4.

[288] Vgl. *Voormann* Beirat im Gesellschaftsrecht, 167; dieses Ermessen ist vom Beiratsvorsitzenden bzw., falls dieser einem Antrag eines anderen Beiratsmitglieds nicht nachkommen will, durch den Beirat selbst auszuüben.

[289] MHdB KG/*Mutter* § 8 Rn. 62; *Voormann* Beirat im Gesellschaftsrecht, 167.

[290] Formular → § 60 IV, § 9 Abs. 5.

[291] Vgl. dazu UHW/*Hüffer* GmbHG § 48 Rn. 18.

[292] Siehe auch *Reichert* in Lange/Leible, Governance in Familienunternehmen, 2010, 139 (146).

[293] Formular → § 60 IV, § 12 Abs. 2.

prinzips ausgehen können.²⁹⁴ Problematisch ist die Situation bei der KG, deren Gesellschaftsvertrag weder eine spezielle Regelung für Beiratsbeschlüsse noch eine allgemeine Mehrheitsklausel enthält. In solchen Fällen besteht die Gefahr, dass man, sofern der Vertrag nicht – etwa aufgrund der Funktion des Beirats – Anhaltspunkte bietet, die auf einen abweichenden Vertragswillen schließen lassen, auch für Beiratsbeschlüsse vom Einstimmigkeitsgrundsatz ausgehen muss,²⁹⁵ was in aller Regel wenig praktikabel und im Ergebnis häufig nicht interessengerecht ist. Bei der Vertragsgestaltung sollten daher ausdrückliche Regelungen vorgesehen werden. Ebenfalls geregelt werden sollte die Frage, unter welchen Voraussetzungen Beiratsmitglieder **vom Stimmrecht ausgeschlossen** sind. Fehlen entsprechende Bestimmungen, wird man auf die Grundsätze zurückgreifen, die für den Ausschluss eines Gesellschafters vom Stimmrecht bei Interessenkollisionen (§§ 34 BGB, 47 Abs. 4 GmbHG, 136 Abs. 1 AktG) gelten.²⁹⁶

6. Rechte und Pflichten der Beiratsmitglieder

a) Rechtsverhältnisse zwischen Beiratsmitgliedern und der Ge- 129
sellschaft. Bei entgeltlicher Tätigkeit kommt zwischen Beiratsmitglied und Beiratsunternehmen ein Geschäftsbesorgungsvertrag mit Dienstvertragscharakter gemäß §§ 675 Abs. 1, 611 ff. BGB zustande. Erfolgt die Beiratstätigkeit unentgeltlich – was fast ausschließlich bei Gesellschaftern in Betracht kommt –, tritt neben das Gesellschaftsverhältnis ein Auftragsverhältnis gemäß §§ 662 ff. BGB.²⁹⁷ Handelt es sich um einen bloßen Gruppenbeirat, kommen entsprechende Rechtsverhältnisse mit der Gesellschaftergruppe zustande, die das Beiratsmitglied repräsentiert.²⁹⁸ Die Rechte und Pflichten der Beiratsmitglieder ergeben sich aus den Bestimmungen des Gesellschaftsvertrags, insbesondere aus den ihnen dort zugewiesenen Aufgaben.

b) Wahrnehmung des Gesellschaftsinteresses; Treuepflicht. Der 130
Beirat hat, sofern der Gesellschaftsvertrag keine abweichenden Regelungen trifft, das Gesamtgesellschaftsinteresse und nicht das Interesse einzelner Gesellschafter wahrzunehmen.²⁹⁹ Anderes gilt für den **Gruppenbeirat** (→ Rn. 61), der jedoch gleichwohl die Gruppeninteressen zurückzustellen hat, wenn deren Durchsetzung der gesellschafterlichen Treuepflicht zuwiderlaufen würde.³⁰⁰ Die gleiche Konstellation kann sich ausnahmsweise ergeben, wenn zwar kein Gruppenbeirat gebildet ist, der Gesellschaftsvertrag aber zum Ausdruck bringt, dass ein Beiratsmitglied (meist wird ein solches Organ als Gesellschafterausschuss bezeichnet werden) eine bestimmte Gesellschaf-

---

²⁹⁴ Baumbach/Hueck/Zöllner/Noack GmbHG § 52 Rn. 88; wohl auch *Voormann* Beirat im Gesellschaftsrecht, 167.
²⁹⁵ So MHdB KG/*Mutter* § 8 Rn. 62.
²⁹⁶ MHdB KG/*Mutter* § 8 Rn. 62; *Hofbauer* Kompetenzen des Beirats, 214; → Rn. 130.
²⁹⁷ MHdB KG/*Mutter* § 8 Rn. 68; *Bayer*, FS U. H. Schneider, 2011, 75 (79).
²⁹⁸ Vgl. dazu UHW/*Raiser*/*Heermann* GmbHG § 52 Rn. 324.
²⁹⁹ MHdB KG/*Mutter* § 8 Rn. 70; *Voormann* Beirat im Gesellschaftsrecht, 146 ff.
³⁰⁰ MHdB KG/*Mutter* § 8 Rn. 71; *Onstein* Beirat einer mittelständischen GmbH, 68; *Bayer*, FS U. H. Schneider, 2011, 75 (77).

tergruppe repräsentiert und sie bei der Abstimmung über Fragen vertreten soll, die – ohne Einrichtung des betreffenden Organs – von der Gesellschafterversammlung zu entscheiden wären. Auch in solchen Fällen kann die Auslegung der Satzung ergeben (besser ist, wenn sie eine ausdrückliche Bestimmung enthält), dass das Mitglied des Beirats die Interessen des entsendungsberechtigten Gesellschafters in der Weise berücksichtigen darf, wie dieser sie im Rahmen eines Gesellschafterbeschlusses selbst berücksichtigen dürfte.[301] In jedem Fall haben die Mitglieder eines Beirats die **gleichen Treue- und Sorgfaltspflichten** zu beachten, die diejenigen Gesellschafter einzuhalten hätten, die die entsprechenden Funktionen wahrzunehmen hätten, falls kein Beirat eingerichtet wäre.

131 Aus der Treuepflicht folgt zugleich die Verpflichtung der Beiratsmitglieder zur **Verschwiegenheit** über vertrauliche Angaben und Geheimnisse der Gesellschaft, namentlich Betriebs- und Geschäftsgeheimnisse, die ihnen durch ihre Tätigkeit im Beirat bekannt werden. Zur Konkretisierung der Reichweite der Verschwiegenheitspflicht können die aktienrechtlichen Regelungen der §§ 116 Satz 1, 93 Abs. 1 Satz 3 AktG sowie die dazu ergangene Rechtsprechung entsprechend herangezogen werden.[302] Die Verschwiegenheitspflicht kann zB relevant werden, wenn ein Beiratsmitglied sich durch einen externen Sachverständigen beraten lassen und an diesen geheime oder vertrauliche Informationen weitergeben möchte. Im Hinblick auf die Anforderungen der Heranziehung externer Sachverständiger, kann je nach Struktur des Beirats eine Orientierung an den Maßstäben der Hertie-Entscheidung[303] des Bundesgerichtshofs in Betracht kommen. Danach haben die Mitglieder eines Aufsichtsrats einer AG ihre Aufgaben höchstpersönlich und eigenverantwortlich wahrzunehmen; sie müssen grundsätzlich über diejenigen Mindestkenntnisse und Mindestfähigkeiten verfügen, die notwendig sind, um alle normalerweise anfallenden Geschäftsvorgänge ohne fremde Hilfe verstehen und sachgerecht beurteilen zu können.[304] Eine externe Beratung ist daher – wird sie nicht vom Gremium insgesamt beschlossen – nur ausnahmsweise gestattet. In jedem Fall haben sich Beiratsmitglieder – soweit sie zulässigerweise externen Rat in Anspruch nehmen – an eine kraft Gesetzes zur Verschwiegenheit verpflichtete Person zu wenden oder den Berater vertraglich zur Verschwiegenheit zu verpflichten.[305] Soweit sich Beiratsmitglieder interner Mitarbeiter bedienen, sind diese ihrerseits zur Verschwiegenheit über geheime oder vertrauliche Informationen, mit denen sie in

---

[301] Vgl. zu diesem Ansatz *Mertens*, FS Stimpel, 1985, 417 (418f.); krit. dazu *Voormann* Beirat im Gesellschaftsrecht, 147f.
[302] *H. Huber* Der Beirat, 160f.; *Voormann* Beirat im Gesellschaftsrecht S. 155; vgl. *H. Wiedemann* Gesellschaftsrecht, Bd. II, § 4 II 4. b) bb), 343; vgl. für den Aufsichtsrat einer GmbH etwa Baumbach/Hueck/*Zöllner/Noack* GmbHG § 52 Rn. 67.
[303] BGHZ 85, 293.
[304] BGHZ 85, 293; vgl. dazu *Hommelhoff* ZGR 1983, 551; zur Übertragung der genannten Anforderungen auf den fakultativen Aufsichtsrat einer GmbH MüKo-GmbHG/*Spindler* § 52 Rn. 200.
[305] MüKoAktG/*Habersack* § 111 Rn. 135; KölnKommAktG/*Mertens/Cahn* § 111 Rn. 66; *Lutter* Information und Vertraulichkeit im Aufsichtsrat, Rn. 300.

Kontakt kommen, zu verpflichten und an ihre Verschwiegenheitspflicht zu erinnern.[306]

Im Unterschied zur Rechtslage bei der Aktiengesellschaft kann der Gesellschaftsvertrag die Verschwiegenheitspflicht einschränken, aber auch verschärfen – er darf sich indes nicht in Widerspruch zu gesetzlichen (Offenbarungs-)Pflichten setzen.[307] 132

Aus der gesellschafterlichen Treuepflicht folgt ferner das **Verbot**, geschäftsinterne Informationen zur **Wahrnehmung eigener Chancen** zu nutzen, wenn die Gesellschaft ihrerseits die sich bietenden Gelegenheiten wahrnehmen möchte. Hat ein Beiratsmitglied eine Geschäftschance unter Verletzung seiner Treuepflicht selbst wahrgenommen, haftet es der Gesellschaft auf **Schadensersatz** einschließlich des entgangenen Gewinns; darüber hinaus ist ein **Eintrittsrecht** der Gesellschaft zu bejahen (Rechtsgedanke aus §§ 113 Abs. 1 Hs. 2 HGB, 88 Abs. 2 S. 2 AktG).[308] 133

Demgegenüber nimmt die herrschende Auffassung weder ein allgemeines **Wettbewerbsverbot** noch eine Inkompatibilität für Personen an, die zur Gesellschaft in Wettbewerb stehen oder mit einem Wettbewerber verbunden sind. Ein Wettbewerbsverbot wird indessen bejaht, wenn der Beirat mit der Geschäftsführung betraut ist.[309] Auch wenn die restriktive Auffassung zur Reichweite von Wettbewerbsverbot und Inkompatibilität nicht überzeugt, weil sie mit der Bindung an das Gesellschaftsinteresse kaum in Einklang zu bringen sein dürfte, empfiehlt es sich gleichwohl, Wettbewerbsverbote im Gesellschaftsvertrag zu verankern. 134

Die Beiratsmitglieder sind den Gesellschaftern zur **Auskunft** verpflichtet. Ist der Beirat aufsichtsratsähnlich ausgestaltet, gehört dazu regelmäßig die Verpflichtung, in der ordentlichen Gesellschafterversammlung über die Tätigkeit zu **berichten**; der Bericht sollte auch eine Stellungnahme zum Jahresabschluss enthalten. 135

Wenn ein Beiratsmitglied einem Interessenkonflikt unterliegt, so gebietet die Treuepflicht, den Interessenkonflikt dem Gremium gegenüber offenzulegen.[310] Außerdem kann für das betroffene Beiratsmitglied, soweit die Beiratssitzung Gegenstände zum Thema hat, die vom Interessenkonflikt betroffen sind, ein Stimmverbot bestehen.[311] Darüber hinaus stellt sich die Frage, ob es 136

---

[306] Zur Verpflichtung von Aufsichtsratsmitgliedern, dies sicherzustellen: MüKo-AktG/*Habersack* § 116 Rn. 58; *Hüffer* AktG § 116 Rn. 6; Ringleb/Kremer/Lutter/von Werder DCGK, Rn. 402.
[307] MHdB KG/*Mutter* § 8 Rn. 73; *Voormann* Beirat im Gesellschaftsrecht, 155 f.; *Maulbetsch* Beirat, 91 f.; *Hölters* Beirat, 39 f.; *H. Huber* Der Beirat, 161 f.
[308] OLG München DStR 2010, 1999; MHdB KG/*Mutter* § 8 Rn. 74; *Maulbetsch* Beirat, 94.
[309] MHdB KG/*Mutter* § 8 Rn. 74.
[310] Vgl. *Hinterhuber/Minrath* BB 1991, 1201 (1204 f.); Offenlegungspflicht für Aufsichtsratsmitglieder einer AG: MHdB AG/*Hoffmann-Becking* § 33 Rn. 64; Lutter/Krieger/Verse § 12 Rn. 902; *Diekmann/Fleischmann*, AG 2013, 141 (144 f.); Semler/Stengel NZG 2003, 1 (3), jeweils unter Verweis auf Ziff. 5.5.2 DCGK.
[311] *H. Huber* Der Beirat, 123 f.; vgl. MüKoGmbHG/*Spindler* § 52 Rn. 697; MHdB KG/*Mutter* § 8 Rn. 62; *Hofbauer* Kompetenzen des Beirats, 214; vgl. für Aufsichtsratsmitglieder einer AG MHdB AG/*Hoffmann-Becking* § 31 Rn. 66; Lutter/Krieger/Verse

5. *Kapitel. Organisationsverfassung*

Beiratsmitgliedern aufgrund eines potentiellen Interessenkonflikts auch verwehrt ist, an den Beratungen und Diskussionen im Beirat teilzunehmen. Im juristischen Schrifttum wird dies für Aufsichtsratsmitglieder einer Aktiengesellschaft uneinheitlich beantwortet. Teilweise wird eine Teilnahme an Beratungen und Diskussionen für möglich gehalten,[312] teilweise als ausgeschlossen angesehen.[313] Um diese nicht eindeutige Rechtslage klarzustellen, ist daher zu empfehlen, in der Geschäftsordnung für den Beirat Regelungen zum Umgang mit Interessenkonflikten vorzusehen.

137 **c) Vergütung.** Die Beiratstätigkeit kann als entgeltliche oder unentgeltliche Tätigkeit ausgestaltet sein. In der Praxis ist es üblich, Beiratsmitgliedern Vergütungen zu zahlen.[314] Bestimmungen hierüber können im Gesellschaftsvertrag getroffen werden. Von einer starren Vergütungsregelung sollte man jedoch absehen, da sie im Fall von Anpassungen, die von Zeit zu Zeit erforderlich werden, Änderungen des Gesellschaftsvertrags erfordern. Empfehlenswert und verbreitet sind Bestimmungen, wonach die Vergütung der Beiratsmitglieder durch Beschluss der Gesellschafterversammlung festgesetzt wird,[315] wobei die Regelung vorsehen sollte, dass die Festsetzung jeweils im Voraus für einen bestimmten Zeitraum erfolgt.[316] Ferner können Leitlinien zur Festsetzung vorgegeben werden, zB ob die Vergütung fest und/oder variabel sein und nach welchen Kriterien insbesondere der variable Teil bemessen werden soll. Allgemeingültige Aussagen zur konkreten **Vergütungshöhe** lassen sich nicht treffen, da diese stets von den Umständen des Einzelfalls, etwa von der Größe und der wirtschaftlichen Situation des Beiratsunternehmens, dem Umfang der dem Beirat übertragenen Kompetenzen oder der vom Beiratsmitglied erwarteten Tätigkeit abhängt.[317] Üblich sind Regelungen, die dem Vorsitzenden des Beirats eine höhere, in der Regel die

§ 12 Rn. 899; Semler/*v. Schenk* Arbeitshandbuch für Aufsichtsratsmitglieder § 5 Rn. 127; → Rn. 128.

[312] Ringleb/*Kremer*/Lutter/v. Werder DCGK, Rn. 1131 (Enthaltung bei der Abstimmung in vielen Fällen ausreichend); Semler/*v. Schenk* Arbeitshandbuch für Aufsichtsratsmitglieder § 5 Rn. 127; für den Fall, dass bei Nicht-Teilnahme des Aufsichtsratsmitglieds Beschlussunfähigkeit vorläge, geht der BGH trotz Stimmverbots von einer Teilnahmepflicht aus: BGH WM 2007, 1025 (1027).

[313] Lutter/*Krieger*/*Verse* § 12 Rn. 901; *Lutter*, FS Priester, 2008, 417 (420).

[314] *Reichert*, FS Maier-Reimer, 2010, 543 (555); *Reichert* in Lange/Leible, Governance in Familienunternehmen, 2010, 139 (153); siehe auch *Gaugler*/*Heimburger* Beiräte mittelständischer Unternehmen, 122 ff.

[315] → Formular § 60 IV, § 13.

[316] Fehlt es an einer Vereinbarung über das Entgelt, so ist dem Beirat gemäß § 612 BGB grds. eine Vergütung zu gewähren; *Maulbetsch* Beirat, 95; *Hölters* Beirat, 40; zu Ausnahmen UHW/*Raiser*/*Heermann* GmbHG § 52 Rn. 364; MHdB KG/*Mutter* § 8 Rn. 75; *Voormann* Beirat im Gesellschaftsrecht, 158.

[317] Die in der Praxis gezahlten Vergütungen beginnen mit einem niedrigen vierstelligen Eurobetrag und gehen bis zu einem hohen fünfstelligen Eurobetrag. Jährlich sind bei kleineren Gesellschaften Vergütungen von 5.000 EUR bis 10.000 EUR üblich, bei mittleren bis größeren Familienunternehmen bis zum Doppelten der genannten Beträge, vgl. *Wälzholz* DStR 2003, 511 (517); siehe auch *Lange* GmbHR 2006, 897 (903); *Spindler*/*Kepper* DStR 2005, 1775 (1778); *Koeberle-Schmid*/*Groß*/ *Lehmann-Tolkmitt* BB 2011, 899 (906).

doppelte Vergütung zubilligen, während sein Stellvertreter bisweilen eine anderthalbfache Beiratsvergütung erhält.[318] Darüber hinaus haben die Mitglieder des Beirats Anspruch auf Ersatz ihrer Aufwendungen;[319] auch dies sollte der Gesellschaftsvertrag regeln, um klarzustellen, dass die Aufwendungen nicht durch den Vergütungsanspruch abgegolten sind.

d) Haftung der Beiratsmitglieder. Verletzen Beiratsmitglieder schuldhaft ihre Pflichten und entsteht der Gesellschaft oder den Gesellschaftern hierdurch ein Schaden, stellt sich die Frage nach der Haftung der Beiratsmitglieder.[320] 138

aa) Rechtsgrundlagen. Die Rechtsgrundlagen, auf die sich diese Haftung stützen lässt, sind sehr umstritten. Grundsätzlich in Betracht kommen Ansprüche aus den §§ 280 ff. BGB wegen Verletzung der Pflichten aus dem mit den Beiratsmitgliedern geschlossenen Vertrag, bei Beiratsmitgliedern, die zugleich Gesellschafter sind, wegen **Verletzung** ihrer **gesellschaftsvertraglichen Pflichten**, sowie generell eine **Organhaftung** analog den §§ 116, 93 AktG, 43, 52 GmbHG, 41, 34 GenG. 139

Während nach einer Auffassung die Beiratsmitglieder in Rechtsanalogie zu den genannten Vorschriften primär als Organmitglieder haften, vertragliche und deliktische Schadensersatzansprüche hiervon indes unberührt bleiben sollen,[321] soll diese Rechtsanalogie nach anderer Ansicht nur beim Beirat in der Publikumsgesellschaft in Betracht kommen.[322] Letztgenannter Auffassung, die von einem funktionsorientierten Ansatz ausgeht, wonach nur beim Beirat in der Publikumsgesellschaft aufgrund seiner besonderen Funktionen eine dem Aufsichtsrat einer AG entsprechende Haftung der Beiratsmitglieder geboten sein soll, kann jedoch nicht gefolgt werden. Mögen die Funktionen und Aufgaben des Beirats auch stark variieren, handelt es sich bei dem Beirat gleichwohl um eine einheitliche Rechtsfigur, die auch rechtsdogmatisch einer einheitlichen Einordnung zugeführt werden muss.[323] Die dogmatische Haftungsgrundlage nur bei der Publikumsgesellschaft in der beschrie- 140

---

[318] MHdB KG/*Mutter* § 8 Rn. 75; *Wälzholz* DStR 2003, 511 (517); *Lange* GmbHR 2006, 897 (903).
[319] Dies folgt bei unentgeltlicher Tätigkeit aus §§ 662, 670 BGB, bei entgeltlicher Tätigkeit aus §§ 675 Abs. 1, 670 BGB und für ein Beiratsmitglied, das Gesellschafter einer Personengesellschaft ist, aus § 110 Abs. 1 HGB; vgl. *Voormann* Beirat im Gesellschaftsrecht, 159; *Maulbetsch* Beirat, 95.
[320] Zu Beispielen aus der Rspr. vgl. *Bayer,* FS U. H. Schneider, 2011, 75 (83 f.).
[321] Vgl. *Binz/Sorg* GmbH & Co. KG § 10 Rn. 39; *Voormann* Beirat im Gesellschaftsrecht, 189 f.; auf den GmbH-Beirat bezogen UHW/*Raiser/Heermann* GmbHG § 52 Rn. 367 ff.; *Lutter*/Hommelhoff GmbHG § 52 Rn. 123; *Rohleder* Übertragbarkeit, 138 ff.
[322] Dies rechtfertige sich insbes. aus der funktionalen Vergleichbarkeit des Beirats einer Publikumsgesellschaft mit dem Aufsichtsrat einer AG, vgl. MHdB KG/*Mutter* § 8 Rn. 84 f., 90; *Rinze* NJW 1992, 2790 (2792 f.); idS auch *Mertens,* FS Stimpel, 1985, 417 (418 f.); HTM/*Mussaeus* GmbH & Co. KG § 4 Rn. 206; aA *Bayer,* FS U. H. Schneider, 2011, 75 (81 f.), der zwar auch auf die Funktionalität des Beirats abstellt, jedoch nicht zwischen personalistischer GmbH & Co. KG und Publikumsgesellschaft differenziert.
[323] So auch UHW/*Raiser/Heermann* GmbHG § 52 Rn. 368.

benen Rechtsanalogie erblicken zu wollen, erscheint schon deshalb nicht überzeugend, weil auch bei anderen Gesellschaften dem Beirat eine dem aktienrechtlichen Aufsichtsrat vergleichbare Überwachungsfunktion zukommen kann. Allein aus dem Gedanken des Anlegerschutzes dürfte sich die dogmatische Differenzierung nicht herleiten lassen, weil zum einen auch Gläubigerschutzaspekte eine Haftung der Beiratsmitglieder erfordern können und zum anderen auch andere als Anlagegesellschafter ein vergleichbares Interesse an einer ordnungsgemäßen Erfüllung der Aufgaben der Beiratsmitglieder haben können.

141 Neben Ansprüchen aus der beschriebenen Rechtsanalogie können freilich auch solche vertraglicher (aus dem Anstellungs- oder Gesellschaftsvertrag) und deliktischer Natur bestehen.

142 *bb) Pflichtverletzung.* Ein Schadensersatzanspruch gegen ein Beiratsmitglied setzt voraus, dass diesem eine Pflichtverletzung zur Last fällt. Eine solche ist entsprechend den §§ 116 S. 1, 93 Abs. 1 S. 1 AktG gegeben, wenn die Beiratsmitglieder bei ihrer Tätigkeit nicht die Sorgfalt eines ordentlichen und gewissenhaften „Geschäftsleiters" angewendet haben. Dabei ist zu berücksichtigen, dass der Pflichtenkreis von Beiratsmitgliedern angesichts der **Verschiedenartigkeit der unterschiedlichen Beiratstypen** nicht pauschal bestimmt werden kann. Vielmehr ist auf die Aufgabenstellung des individuellen Beirats abzustellen.[324] So unterscheiden sich etwa die Pflichten im zu Repräsentationszwecken eingerichteten Beirat von denen in einem mit der Überwachung der Geschäftsführung betrauten Beirat ganz erheblich. Die Pflicht zur **Beachtung des Gesellschaftsinteresses**,[325] zur Wahrung von Minderheiteninteressen, zur gesellschafterlichen Treue und zur **Verschwiegenheit** (→ Rn. 130 ff.) normieren dabei Maßstäbe, an denen sich Beiratsmitglieder typischerweise zu orientieren haben.[326]

143 Ist der Beirat mit der Kompetenz ausgestattet, unternehmerische Entscheidungen zu treffen, kann ihm insoweit unter bestimmten Voraussetzungen entsprechend §§ 116 S. 1, 93 Abs. 1 S. 2 AktG die **Business Judgment Rule** zugutekommen.[327] Danach wird zugunsten des jeweiligen Beiratsmitglieds unwiderlegbar vermutet, dass bereits objektiv eine Pflichtverletzung nicht vorliegt,[328] wenn es bei einer unternehmerischen Entscheidung vernünftigerweise annehmen durfte, auf der Grundlage angemessener Information

---

[324] *Binz/Sorg* GmbH & Co. KG § 10 Rn. 46; *A. Wiedemann/Kögel* Beirat und Aufsichtsrat § 12 Rn. 25.

[325] Der Beirat hat seine Tätigkeit am Gesellschaftsinteresse, nicht am Interesse einzelner Gesellschafter zu orientieren. Etwas anderes gilt für Gruppenbeiräte, die jedoch die Gruppeninteressen zurückzustellen haben, wenn deren Durchsetzung der gesellschafterlichen Treuepflicht zuwiderlaufen würde; vgl. *Binz/Sorg* GmbH & Co. KG § 10 Rn. 47.

[326] Eingehend *Voormann* Beirat im Gesellschaftsrecht, 190 f.

[327] Vgl. BT-Drs. 15/5092, 12 zum Grundgedanken des Geschäftsleiterermessens im Bereich unternehmerischer Entscheidungen; vgl. auch *Erker* DStR 2014, 105 (108); zur Haftung des fakultativen Beirats einer GmbH & Co. KG nach aktienrechtlichen Grundsätzen *Thümmel* AG 2004, 83 (85).

[328] Zur dogmatischen Einordnung des § 93 Abs. 1 S. 2 AktG vgl. nur MüKoAktG/*Spindler* § 93 Rn. 38; *Hüffer* AktG § 93 Rn. 4d mwN.

zum Wohle der Gesellschaft zu handeln.[329] **Unternehmerische Entscheidungen** sind insbesondere dadurch gekennzeichnet, dass sie Leitungsaufgaben betreffen und aufgrund ihrer Zukunftsbezogenheit eine prognostische Beurteilung erfordern.[330] Dies kann vor allem dort der Fall sein, wo dem Beirat Mitwirkungsbefugnisse im Bereich der Geschäftsführung übertragen sind (→ Rn. 67).[331] Zu den unternehmerischen Entscheidungen gehören aber auch Beschlüsse des Beirats in Personalfragen, wie etwa die des GmbH-Beirats bezüglich der Bestellung und Abberufung der Geschäftsführer der Komplementär-GmbH.[332] Soweit dem Beirat Überwachungsfunktionen zugewiesen sind, ist zu differenzieren: ein unternehmerischer Entscheidungsspielraum besteht hier nur bei der präventiven Überwachung der Geschäftstätigkeit, nicht aber bei der Kontrolle von abgeschlossenen Sachverhalten, weshalb die Business Judgment Rule insoweit nicht zur Anwendung kommt.[333] Entscheidend ist weiterhin, dass der Beirat seine unternehmerische Entscheidung auf der Grundlage **angemessener Information** trifft. Denn Raum für unternehmerisches Ermessen des Beirats besteht nur, wenn er in der konkreten Entscheidungssituation auf Basis einer möglichst breiten und sorgfältig ermittelten Informationsgrundlage zu einer sachgerechten Risikoabschätzung in der Lage ist.[334] Dagegen besteht keine generelle Pflicht, alle nur erdenklichen Erkenntnisquellen auszuschöpfen.[335] Vielmehr hängt die Reichweite der Informationsbeschaffungspflicht von der Art und Bedeutung der Entscheidung, den Möglichkeiten des Informationszugangs sowie dem Verhältnis von Kosten und Nutzen der Informationsgewinnung ab.[336] Weitere Voraussetzung für das Eingreifen der Business Judgment Rule ist, dass der Beirat zum Entscheidungszeitpunkt vernünftigerweise annehmen durfte, zum **Wohle der Gesellschaft** zu handeln. Mit diesem Begriff ist das Unternehmensinteresse gemeint.[337] Der Beirat darf bei seiner Entscheidung insbesondere dann nicht davon ausgehen, zum Wohle der Gesellschaft zu handeln, wenn er in unvertretbarer Weise unternehmerische Risiken ein-

---

[329] Zur Anwendung der Business Judgment Rule bei Interessenkollisionen im Kollegialorgan eingehend *Lutter*, FS Canaris, 2007, Bd. II, 245 (248); *Bunz* NZG 2011, 1294 ff.
[330] MüKoAktG/*Spindler* § 93 Rn. 40 mit weiteren Hinweisen; *A. Wiedemann/Kögel* Beirat und Aufsichtsrat § 12 Rn. 31.
[331] BeckHdB GmbH/*W. Müller* § 6 Rn. 69; *Lutter* ZIP 2007, 841 (847) mit weiteren Hinweisen.
[332] OLG Düsseldorf GmbHR 2012, 1363 (1365); BeckHdB GmbH/*W. Müller* § 6 Rn. 69; *A. Wiedemann/Kögel* Beirat und Aufsichtsrat § 12 Rn. 31; *Lutter*, FS Canaris, 2007, Bd. II, 245 (251) mit weiteren Hinweisen.
[333] BGHZ 135, 244 (254 f.); Hauschka/*Sieg/Zeidler* Corporate Compliance § 3 Rn. 11; *Hüffer* NZG 2007, 47 (48); aA *Kocher* CCZ 2009, 215 (219).
[334] BGH NZG 2008, 751 (752); Spindler/Stilz/*Fleischer* AktG § 93 Rn. 73; *Lutter* ZIP 2007, 841 (844).
[335] KK-AktG/*Mertens/Cahn* § 93 Rn. 33; *Fleischer* NJW 2009, 2337 (2339); *Freitag/Korch* ZIP 2012, 2281 (2282 f.).
[336] KK-AktG/*Mertens/Cahn* § 93 Rn. 33; Spindler/Stilz/*Fleischer* AktG § 93 Rn. 73; *Lutter* ZIP 2007, 841 (844).
[337] MüKoAktG/*Spindler* § 93 Rn. 45 mit weiteren Hinweisen; KK-AktG/*Mertens/Cahn* § 93 Rn. 24.

geht,[338] oder sein Handeln von sachfremden Einflüssen geleitet ist.[339] Letzteres ist nach der Regierungsbegründung zum UMAG-E etwa dann der Fall, wenn ein Beiratsmitglied zum eigenen oder zum Nutzen ihm nahe stehender Personen oder Gesellschaften handelt.[340] Insofern ist fraglich, ob bereits der Umstand, dass etwa ein mit Geschäftsführungsbefugnissen betrautes Mitglied des GmbH- oder KG-Beirats zugleich Kommanditist ist, zwangsläufig zu einer **Interessenkollision** führt, die im Falle einer unternehmerischen Entscheidung das Haftungsprivileg der Business Judgment Rule entfallen lässt, wenn und soweit das operative Geschäft der GmbH & Co. KG betroffen ist.[341] Dies ist zu bejahen, da angesichts der kapitalmäßigen Beteiligung an der KG ein ausschließlich am Gesellschaftsinteresse ausgerichtetes Handeln des Beiratsmitglieds nicht mehr gewährleistet ist. Dennoch ist für die Anwendung der Business Judgment Rule in denjenigen Konstellationen Raum, in denen das Beiratsmitglied die Kompetenz hat, unternehmerische Entscheidungen zu treffen, die im Hinblick auf die GmbH & Co. KG keinerlei Bezug zu der Gesellschaft haben, an der es beteiligt ist. Dies trifft insbesondere für Beiräte zu, die Mitglieder eines bei der GmbH verankerten Beirats sind, denen Befugnisse im Bereich der Geschäftsführung oder der Kontrolle und Überwachung des Leitungsorgans zugewiesen sind, und die weder an der GmbH noch an der KG selbst kapitalmäßig beteiligt sind. Denkbar ist dies auch im Falle von KG-Beiräten, allerdings ist insofern der Grundsatz der Selbstorganschaft (→ Rn. 67) zu beachten, soweit es um die Wahrnehmung von Geschäftsführungsaufgaben geht. Für das Vorliegen der Tatbestandsvoraussetzungen des § 93 Abs. 1 S. 2 AktG trägt das Beiratsmitglied die **Darlegungs- und Beweislast**.[342]

144 Ist der Beirat weisungsgebunden und führt er eine solche Weisung aus, kommt eine Pflichtverletzung des Beiratsmitglieds nur dann in Betracht, wenn es nicht auf seine Bedenken gegen die Weisung hingewiesen hat.[343]

145 Besonderheiten gilt es auch zu berücksichtigen, wenn im Beirat Mehrheitsbeschlüsse zulässig sind. Kann das einzelne Beiratsmitglied nachweisen, dass es überstimmt wurde, so liegt in der bloßen Mitwirkung an der Abstimmung keine Pflichtverletzung. Jedoch sind die Beiratsmitglieder auch hier verpflichtet, im Vorfeld der Abstimmung auf ihre Bedenken hinzuweisen.[344]

---

[338] BGHZ 135, 244 (253); KK-AktG/*Mertens/Cahn* § 93 Rn. 24; *Lutter*, FS Canaris, 2007, Bd. II, 245 (246).

[339] BGHZ 135, 244 (253); *Hüffer* AktG § 93 Rn. 4g; *Lutter*, FS Canaris, 2007, Bd. II, 245 (246f.).

[340] BT-Drs. 15/5092, 11.

[341] IdS *Lutter* ZIP 2007, 841 (848) für die Konstellation, dass der Geschäftsführer einer GmbH zugleich deren Gesellschafter ist.

[342] MüKoAktG/*Spindler* § 93 Rn. 164; Spindler/Stilz/*Fleischer* AktG § 93 Rn. 77; krit. *Paefgen* NZG 2009, 891.

[343] Hier kann die Pflichtverletzung des Beirats gerade darin bestehen, dass er die von ihm zu fordernde Maßnahme zur Verhinderung eines solchen Beschlusses unterlassen hat; näher UHW/*Raiser/Heermann* GmbHG § 52 Rn. 374; MHdB KG/*Mutter* § 8 Rn. 87; *Voormann* Beirat im Gesellschaftsrecht, 191.

[344] Vgl. *Voormann* Beirat im Gesellschaftsrecht, 195f. auch zu weitergehenden Pflichten.

§ 19 Aufsichtsrat, Beirat

Wird den Beiratsmitgliedern durch den Gesellschaftsvertrag oder die Geschäftsordnung gestattet, die Aufgaben im Beirat ressortmäßig zu verteilen, und wird eine solche Verteilung auch vorgenommen, so trifft die einzelnen Beiratsmitglieder außerhalb ihres Ressorts lediglich eine eingeschränkte Aufsichtspflicht. Wird eine solche Aufgabenverteilung hingegen ohne rechtliche Grundlage vorgenommen, kann bereits hierin die Pflichtverletzung des einzelnen Beiratsmitglieds liegen.[345] **146**

cc) Verschulden. Der von § 93 Abs. 1 S. 1 AktG statuierte Verschuldensmaßstab liegt in der **Sorgfalt eines ordentlichen und gewissenhaften Geschäftsleiters**. **147**

Wird der Beirat bei der KG gebildet, stellt sich die Frage nach der Anwendbarkeit von § 708 BGB. Danach haben die Mitglieder von Personengesellschaften bei der Erfüllung der ihnen obliegenden Verpflichtungen nur für diejenige Sorgfalt einzustehen, die sie in eigenen Angelegenheiten anzuwenden pflegen, sind aber nach § 277 BGB von der Haftung wegen grober Fahrlässigkeit nicht befreit. Aufgrund seiner Begrenzung auf Gesellschafter erfasst der **Haftungsmaßstab des § 708 BGB** bereits nach seinem Wortlaut solche Beiratsmitglieder nicht, die nicht Gesellschafter und im Beirat nur aufgrund eines Geschäftsbesorgungsvertrags tätig sind.[346] Schwieriger ist die Beantwortung der Frage nach der Anwendbarkeit von § 708 BGB indes im Hinblick auf Gesellschafter, die nicht aufgrund eines Geschäftsbesorgungsvertrags, sondern in Ausübung gesellschaftsvertraglicher Mitverwaltungsrechte im Beirat tätig sind.[347] Würde man ihnen die Anwendung von § 708 BGB versagen, hätte dies zur Folge, dass sie einem schärferen Verschuldensmaßstab unterlägen als die Geschäftsführer. Allein der Umstand, dass sich die Haftung der Beiratsmitglieder nach der hier vertretenen Auffassung – jedenfalls in erster Linie – nicht aus der Verletzung einer gesellschaftsvertraglichen Pflicht (§§ 280 ff. BGB), sondern aus der beschriebenen Rechtsanalogie (→ Rn. 111 f.) ergibt, steht einer Berücksichtigung des § 708 BGB nicht entgegen.[348] Dies deckt sich auch mit den Feststellungen des BGH: „Allerdings wird hierbei keine sklavische Übernahme der aktienrechtlichen Vorschriften in Betracht kommen; der Umstand, daß es sich hier um eine Personenhandelsgesellschaft handelt, gebietet es, bei der Übernahme dieser Regeln und Grundsätze besondere Vorsicht obwalten zu lassen und in jedem Einzelfalle zu prüfen, ob dem nicht die konkrete Ausgestaltung des zu beurteilenden Gesellschaftsverhältnisses entgegensteht."[349] Mit § 708 BGB will der Gesetzgeber dem besonderen Gepräge der Personengesellschaften Rechnung tragen.[350] Dies rechtfertigt es, § 708 BGB in diesen Fällen auch hinsichtlich des Verschuldensmaßstabs von Beiratsmit- **148**

---

[345] Näher *Voormann* Beirat im Gesellschaftsrecht, 196.
[346] Vgl. MHdB KG/*Mutter* § 8 Rn. 85.
[347] Vgl. zur Situation bei Gesellschaftern, die in den Beirat gewählt werden *Rinze* NJW 1992, 2790 (2793).
[348] Anders bei der Publikumsgesellschaft, vgl. *Maulbetsch* Beirat, 109 f.; → Rn. 160 f.
[349] BGHZ 69, 207 (220).
[350] Vgl. *Binz/Sorg* GmbH & Co. KG § 10 Rn. 40; *A. Wiedemann/Kögel* Beirat und Aufsichtsrat § 12 Rn. 28.

5. Kapitel. Organisationsverfassung

gliedern heranzuziehen.[351] Wenn der BGH beim Beirat der Publikums-KG die Anwendung von § 708 BGB ablehnt, so dürfte der Grund hierfür weniger in der von ihm befürworteten dogmatischen Lösung (Haftung analog §§ 116, 93 AktG),[352] sondern vielmehr darin liegen, dass die Vorschrift des § 708 BGB, die den persönlichen Vertrauensbeziehungen innerhalb einer personalistisch strukturierten Gesellschaft Rechnung trägt, bei der Publikums-KG angesichts der Vielzahl der an ihr kapitalmäßig beteiligten Gesellschafter ihrem Rechtsgedanken nach keine Anwendung finden kann.[353] Im Übrigen ist es nicht der Zweck der aktienrechtlichen Regelungen, die nach hier vertretener Ansicht im Wege der Analogie für die Haftung der Beiratsmitglieder bedeutsam sind, den Aufsichtsrat einem strengeren Verschuldensmaßstab zu unterwerfen als den Vorstand (vgl. §§ 116, 93 AktG). Eine Anwendung von § 708 BGB ist hingegen dann nicht gerechtfertigt, wenn der Beirat eingesetzt wird, um die Gesellschafterkontrolle besonders sachverständig auszuüben.[354]

149 Wird der Beirat hingegen bei der GmbH eingerichtet, stellt sich dieses Problem nicht. Da § 708 BGB im Bereich der Kapitalgesellschaften nicht anwendbar ist,[355] tritt auch für Gesellschafter, die sich als Beiratsmitglieder betätigen, keine Erleichterung des Verschuldensmaßstabs ein.

150 *dd) Darlegungs- und Beweislast.* Die Gesellschaft hat, wenn sie Beiratsmitglieder auf Schadensersatz in Anspruch nehmen möchte, unter Berücksichtigung der entsprechend anwendbaren §§ 116 S. 1, 93 Abs. 2 S. 2 AktG, 41, 34 Abs. 2 S. 2 GenG den Eintritt und die Höhe des Schadens, die schädigende Handlung des Beiratsmitglieds sowie die Kausalität zwischen der Handlung und dem Schaden nachzuweisen.[356] Das Beiratsmitglied kann sich durch den Nachweis entlasten, dass es entweder nicht pflichtwidrig oder nicht schuldhaft handelte bzw. der Schaden auch bei pflichtgemäßem Verhalten eingetreten wäre.[357]

151 *ee) Verjährung.* Wird der Aufsichtsrat bei der GmbH gebildet, verjähren die Schadensersatzansprüche gegen die Beiratsmitglieder entsprechend §§ 43 Abs. 4, 52 Abs. 3 GmbHG in fünf Jahren.[358]

---

[351] AA *Bayer*, FS U. H. Schneider, 2011, 75 (82), der eine von Gesetzes wegen gebotene Anwendbarkeit des § 708 BGB auf den Beirat einer personalistischen KG verneint.
[352] So aber wohl *Hölters* Beirat, 64; *Hölters* DB 1980, 2225 (2228).
[353] Vgl. dazu *Hüffer* ZGR 1981, 348 (363).
[354] Vgl. *Bayer*, FS U. H. Schneider, 2011, 75 (82).
[355] *Voormann* Beirat im Gesellschaftsrecht, 192.
[356] Vgl. insoweit zur Darlegungs- und Beweislast *Hüffer* AktG § 93 Rn. 16 ff.; *Thümmel* AG 2004, 83 (84).
[357] Vgl. *Hölters* Beirat, 53; *Voormann* Beirat im Gesellschaftsrecht, 194 f.; *Lange* GmbHR 2006, 897 (903); aA MHdB KG/*Mutter* § 8 Rn. 85, 91, wonach die Beweislastregel nach §§ 116 S. 1, 93 Abs. 2 S. 2 AktG wegen der funktionalen Vergleichbarkeit mit dem Aufsichtsrat einer AG nur auf den Beirat einer Publikumsgesellschaft, nicht jedoch auf den einer gesetzestypischen KG anwendbar sein soll; vgl. auch BGH NJW 2003, 358 für den GmbH-Geschäftsführer.
[358] *Binz/Sorg* GmbH & Co. KG § 10 Rn. 49.

Handelt es sich um einen bei der KG eingerichteten Beirat, gilt grundsätzlich dieselbe Verjährungsfrist.[359] Beruht die Rechtsstellung des Beiratsmitglieds indessen unmittelbar auf dem Gesellschaftsvertrag, tritt die Verjährung nach § 195 BGB bereits mit Ablauf von drei Jahren ein.[360] Eine vertragliche Verlängerung der Verjährungsfrist ist unter Beachtung der ab dem gesetzlichen Verjährungsbeginn zu berechnenden Höchstfrist von 30 Jahren (vgl. § 202 Abs. 2 BGB) zulässig.[361] Ebenfalls möglich ist eine Abkürzung sowohl der drei- als auch der fünfjährigen Verjährungsfrist durch gesellschaftsvertragliche Regelung,[362] soweit hierdurch die Geltendmachung von Ansprüchen nicht weitgehend unmöglich gemacht wird.[363]

152

153

ff) Haftungsausschluss, Haftungsbeschränkungen und Haftungsverschärfungen. Während die Regelungen der §§ 116, 93 AktG für zwingend gehalten werden, eine **Haftungserleichterung** in diesem Bereich folglich nicht möglich ist,[364] gestattet § 52 Abs. 1 GmbHG solche Haftungserleichterungen für den statutarisch eingerichteten Aufsichtsrat der GmbH.[365] Deshalb kann auch bei anderen statutarischen Organen keine unbeschränkbare Organhaftung angenommen werden. Sowohl beim Beirat der GmbH als auch bei jenem der KG können deshalb **Haftungsausschlüsse und Haftungsbegrenzungen** vereinbart werden.[366] So wird die Haftung in der Praxis häufig vom Vorliegen eines vorsätzlichen oder grob fahrlässigen Handelns abhängig gemacht.[367] Problematisch sind Haftungsbeschränkungen in den Fällen, in denen der Beirat Geschäftsführungsaufgaben wahrnimmt.[368] Neben der Reduzierung

154

---

[359] Vgl. für den Beirat einer Publikums-KG BGHZ 87, 84 (87 f.); *Binz/Sorg* GmbH & Co. KG § 10 Rn. 49.

[360] Vgl. *Binz/Sorg* GmbH & Co. KG § 10 Rn. 49 iVm Rn. 40; aA *Bayer*, FS U. H. Schneider, 2011, 75 (82 f.), der ausschließlich die Anwendung der Verjährungsregeln des Aktien- und GmbH-Rechts befürwortet.

[361] Siehe MüKoBGB/*Grothe* § 202 Rn. 2; ferner Baumbach/Hueck/*Zöllner/Noack* GmbHG § 52 Rn. 78.

[362] Etwas anderes gilt nach § 202 Abs. 1 BGB lediglich für Verjährungserleichterungen, die eine Vorsatzhaftung betreffen und bereits vor Anspruchsentstehung vereinbart werden, siehe MüKoBGB/*Grothe* § 202 Rn. 7.

[363] Wenn bereits der Verzicht auf den Ersatzanspruch möglich ist, so muss dies erst recht für die Verjährungsverkürzung gelten, vgl. MüKoBGB/*Grothe* § 202 Rn. 2 mwN; *Lutter/Krieger/Verse* § 16 Rn. 1230; Baumbach/Hueck/*Zöllner/Noack* GmbHG § 52 Rn. 78 mwN; anders BGHZ 64, 238 (244 f.), bezogen auf die Publikums-KG; vgl. auch BGH GmbHR 2002, 1197 (1198) betreffend Schadensersatzansprüche gegen den Geschäftsführer einer GmbH & Co. KG.

[364] Vgl. nur MüKoAktG/*Habersack* § 116 Rn. 4; *Hüffer* AktG § 93 Rn. 1.

[365] Bei einem obligatorischen Aufsichtsrat nach dem MitbestG ist die Verweisung in § 25 Abs. 1 S. 1 Nr. 2 MitbestG auf die §§ 116, 93 AktG zwingendes Recht; abweichende Regelungen sind hier nicht möglich, vgl. UHW/*Raiser/Heermann* GmbHG § 52 Rn. 307, 256.

[366] Eingehend *Voormann* Beirat im Gesellschaftsrecht, 199 f., auch zu den Grenzen; zu den Besonderheiten bei der Publikumsgesellschaft → Rn. 160 f.

[367] *Binz/Sorg* GmbH & Co. KG § 10 Rn. 53.

[368] Vgl. UHW/*Raiser/Heermann* GmbHG § 52 Rn. 375; *Onstein* Beirat einer mittelständischen GmbH, 256 ff.; *Bayer*, FS U. H. Schneider, 2011, 75 (85); *Großfeld/Brondics* AG 1987, 293 (305 f.).

5. Kapitel. Organisationsverfassung

des Haftungsmaßstabs bis zu den Grenzen des § 276 Abs. 3 BGB kommt eine Änderung der Beweislast ebenso in Betracht wie die Festlegung von Haftungshöchstgrenzen oder die Verkürzung der Verjährung, wobei insoweit § 202 Abs. 1 BGB zu beachten ist.[369] Als haftungsbegrenzende Lösung kommt ferner der Abschluss einer sogenannten **D&O-Versicherung** in Betracht. Durch die D&O-Versicherung sollen Vermögensschäden abgedeckt werden, die die versicherten Organmitglieder entweder der Gesellschaft (Innenhaftung) oder außenstehenden Dritten (Außenhaftung) zufügen.[370] Diese Form der Haftungsvorsorge erfährt in der Praxis zunehmende Verbreitung und kann angesichts der sich aus der Beiratstätigkeit ergebenden Risiken nur dringend angeraten werden.[371]

155 In Betracht kommen schließlich auch Haftungsverschärfungen. So kann vom Maßstab des § 708 BGB auch zu Lasten der Beiratsmitglieder abgewichen werden.[372]

156 Ist ein Anspruch gegen ein Beiratsmitglied entstanden, ist eine **Enthaftung** möglich. Eine Entlastung durch die Gesellschafter führt dazu, dass die Gesellschaft mit der Geltendmachung von Ersatzansprüchen aus im Zeitpunkt der Entlastung bekannten bzw. bei sorgfältiger Prüfung erkennbaren Pflichtverletzungen präkludiert ist.[373] Ein nachträglicher Verzicht auf die Schadensersatzansprüche ist ohne die Beschränkungen des § 93 Abs. 4 S. 3 AktG, insbesondere was die Karenzzeit von drei Jahren betrifft, möglich.[374] Voraussetzung ist aber, dass zuvor eine zutreffende Information der Gesellschafter über den Sachverhalt erfolgt ist.[375]

157 *gg) Aktivlegitimation.* Erwächst der Gesellschaft ein Schaden, stehen ihr selbst die Schadensersatzansprüche gegen die Beiratsmitglieder zu. Die KG kann jedoch auch dann Schadensersatzansprüche gegen die Beiratsmitglieder geltend machen, wenn der Beirat bei der GmbH eingerichtet wurde.[376]

---

[369] H. *Huber* GmbHR 2004, 772 (776 f.); siehe ferner *Bayer*, FS U. H. Schneider, 2011, 75 (86), der bei einer Übertragung von Geschäftsführungsaufgaben auf einen GmbH-Beirat eine Verkürzung der Verjährung nur innerhalb der Grenzen von § 43 Abs. 3 GmbHG analog als zulässig erachtet.

[370] Da D&O-Versicherungen üblicherweise auf den Aufsichtsrat einer Kapitalgesellschaft ausgerichtet sind, ist beim Abschluss dieser Versicherung für Beiratsunternehmen in Form von Personengesellschaften auf ihre ausdrückliche Einbeziehung in den Versicherungsschutz zu achten; vgl. H. *Huber* GmbHR 2004, 772 (777).

[371] Eingehend zur D&O-Versicherung A. *Wiedemann/Kögel* Beirat und Aufsichtsrat § 12 Rn. 77 ff.; siehe ferner *Onstein* Beirat einer mittelständischen GmbH, 261 ff.; *Kiethe* BB 2003, 537.

[372] Vgl. MHdB KG/*Mutter* § 8 Rn. 84.

[373] Vgl. MHdB KG/*Mutter* § 8 Rn. 81.

[374] UHW/*Raiser/Heermann* GmbHG § 52 Rn. 152; Baumbach/Hueck/*Zöllner*/ Noack GmbHG § 52 Rn. 77; *Bayer*, FS U. H. Schneider, 2011, 75 (86).

[375] *Scholz/U. H. Schneider* GmbHG § 52 Rn. 525; *Bayer*, FS U. H. Schneider, 2011, 75 (86).

[376] Vgl. MHdB KG/*Mutter* § 8 Rn. 92; *Wagner/Rux* GmbH & Co. KG Rn. 276; *Voormann* Beirat im Gesellschaftsrecht, 200 f.; *Bayer*, FS U. H. Schneider, 2011, 75 (87); *Großfeld/Brondics* AG 1987, 293 (306).

Daneben stellt sich die Frage, ob auch der einzelne Gesellschafter die **158** Schadensersatzansprüche geltend machen kann. Dies ist jedenfalls zu bejahen, soweit es sich bei den in Anspruch genommenen Beiratsmitgliedern um Gesellschafter handelt, wobei dann auf Leistung in das Gesellschaftsvermögen zu klagen ist (sogenannte actio pro socio). Eine neben der actio pro socio bestehende Möglichkeit des Gesellschafters, Leistung an die Gesellschaft zu verlangen, besteht demgegenüber nicht.[377] Aber auch soweit es um Dritte ohne Gesellschafterstellung geht, ist nach vorzugswürdiger Ansicht die Geltendmachung durch den Gesellschafter möglich.[378] Die Klage des Gesellschafters ist entsprechend den Grundsätzen der actio pro socio gegenüber der Klage der Gesellschaft jedoch subsidiär.[379] Davon zu unterscheiden sind die Fälle, in denen die Pflichtverletzung des Beiratsmitglieds dazu führt, dass **beim Gesellschafter**, nicht aber bei der Gesellschaft ein Schaden eintritt. Handelt es sich um einen bei der KG angesiedelten Beirat, bestehen Ansprüche des geschädigten Gesellschafters unabhängig davon, ob es sich beim in Anspruch genommenen Beiratsmitglied um einen Gesellschafter handelt.[380] Beim GmbH-Beirat kommt es im Hinblick auf die Anwendbarkeit der Organhaftungsvorschriften hingegen darauf an, ob die Fürsorge für bestimmte Privatinteressen in den Gesellschaftszweck einbezogen wurde.[381]

hh) Passivlegitimation. Passivlegitimiert sind die einzelnen Beiratsmitglieder, **159** nicht aber der Beirat als solcher, weil diesem die Rechtsfähigkeit fehlt. Sofern mehrere Beiratsmitglieder auf Schadensersatz in Anspruch genommen werden, haften sie als Gesamtschuldner.[382]

ii) Besonderheiten bei der Publikumsgesellschaft. Bei der Publikumsgesellschaft **160** ergeben sich einige abweichende Regelungen zwar nicht hinsichtlich des dogmatischen Ansatzes, aber in Bezug auf die näheren Haftungsmodalitäten.

Der Pflichtenkreis der Beiratsmitglieder wird bei der Publikums-KG in **161** enger Anlehnung an den der Aufsichtsratsmitglieder bei der AG bestimmt. Kernaufgabe des Beirats ist in diesen Fällen die Überwachung der laufenden Geschäftsführung, die die künftige Geschäftspolitik mit einbezieht.[383] Dies bedeutet indes nicht, dass jede einzelne Geschäftsführungsmaßnahme durch den Beirat geprüft werden müsste,[384] vielmehr kann er bestimmte Schwerpunkte bei der Überwachung setzen.[385] Daneben ist er verpflichtet, eine unabhängige Abschlussprüfung durch einen Sachverständigen vornehmen zu lassen.[386]

---

[377] *Hüffer* ZGR 1980, 320 (350).
[378] Eingehend *Maulbetsch* Beirat, 107 f. mwN; *Voormann* Beirat im Gesellschaftsrecht, 201 ff.; vgl. auch BGH NJW 1985, 1900.
[379] MüKoHGB/*K. Schmidt* § 105 Rn. 201; GK/*Schäfer* HGB § 105 Rn. 262.
[380] Vgl. *Voormann* Beirat im Gesellschaftsrecht, 204 f. mwN.
[381] Eingehend *Voormann* Beirat im Gesellschaftsrecht, 205 f.
[382] Vgl. *Hölters* Beirat, 52; *H. Wiedemann*, FS Schilling, 1973, 105 (123).
[383] Vgl. BGH BB 1980, 546 (547); *Grote* Anlegerschutz, 222.
[384] Zutreffend BGHZ 69, 207 (213).
[385] Dazu *Hüffer* ZGR 1980, 320 (339).
[386] BGHZ 69, 207 (220).

5. Kapitel. *Organisationsverfassung*

162 Die Haftungserleichterung des § 708 BGB ist auf Beiräte von Publikumsgesellschaften **unanwendbar**.[387] Ferner sind wegen des zwingenden Charakters der §§ 116, 93 AktG auch Haftungsbeschränkungen oder -ausschlüsse unwirksam.[388]

163 *jj) Beirat einer Gesellschaftergruppe.* Ist der Beirat nicht Organ der Gesellschaft, sondern nur Repräsentant einer Gesellschaftergruppe, so steht ein Schadensersatzanspruch nicht der Gesellschaft, sondern allen Gesellschaftern der Gesellschaftergruppe gemeinschaftlich zu.[389] Erleidet die Gesellschaft einen Schaden, so stehen ihr dann Schadensersatzansprüche zu, wenn aus dem Rechtsverhältnis zwischen der Gesellschaftergruppe und dem Beirat Schutzwirkungen zugunsten der Gesellschaft resultieren.[390]

164 *kk) Verhältnis von Schadensersatzansprüchen und Anfechtungsklage.* Anfechtbare Beiratsbeschlüsse (zu den Voraussetzungen der Anfechtbarkeit → Rn. 165 ff.) sind bis zur Rechtskraft des auf die Anfechtungsklage ergehenden Urteils verbindlich. Vor diesem Zeitpunkt ist eine Schadensersatzklage gegen die Beiratsmitglieder unbegründet.[391] Soll der Schadensersatzanspruch auf Pflichtverletzungen im Zusammenhang mit anfechtbaren Beiratsbeschlüssen gestützt werden, ist in der Praxis deshalb auf die **rechtzeitige Erhebung der Anfechtungsklage** durch die Gesellschafter zu achten. Sonst besteht die Gefahr, dass die Gesellschafter und die Gesellschaft den Schaden hinzunehmen haben.

7. Fehlerhafte Beiratsbeschlüsse[392]

165 a) **Voraussetzungen.** Um einen fehlerhaften Beiratsbeschluss handelt es sich dann, wenn er hinsichtlich seines Zustandekommens oder seines Inhalts gegen das Gesetz oder den Gesellschaftsvertrag verstößt. Die Fehlerhaftigkeit bemisst sich nach denselben Grundsätzen, die für Gesellschafterbeschlüsse gelten.[393]

166 Ein fehlerhaftes Zustandekommen liegt vor allem dann vor, wenn die Regeln über die Einberufung der Beiratssitzung oder über die Beschlussfassung verletzt wurden. Allerdings wird ein Fehler bei der Einberufung durch die widerspruchslose Teilnahme aller Beiratsmitglieder an der Sitzung und der Beschlussfassung geheilt.[394]

167 In **inhaltlicher Hinsicht** unterliegen die Beschlüsse den gleichen Schranken, die für entsprechende Entscheidungen der Gesellschafter oder anderer

---

[387] BGHZ 69, 207 (209 f.); MHdB KG/*Mutter* § 8 Rn. 90; *Binz/Sorg* GmbH & Co. KG § 13 Rn. 31; HTM/*Mussaeus* GmbH & Co. KG § 4 Rn. 205; *Neumann/Böhme* DB 2007, 844 (846).
[388] MHdB KG/*Mutter* § 8 Rn. 90; HTM/*Mussaeus* GmbH & Co. KG § 4 Rn. 208; *Maulbetsch* Beirat, 111; *Bayer*, FS U. H. Schneider, 2011, 75 (85).
[389] Baumbach/*Hopt* HGB § 163 Rn. 15; *Wagner/Rux* GmbH & Co. KG Rn. 278.
[390] Vgl. MHdB KG/*Mutter* § 8 Rn. 93.
[391] Näher *Hölters* Beirat, 54; vgl. auch *Voormann* Beirat im Gesellschaftsrecht, 203 f.
[392] Zur Möglichkeit der Einflussnahme auf die Beiratsentscheidung durch den einzelnen Gesellschafter vgl. *Voormann* Beirat im Gesellschaftsrecht, 182 ff.
[393] MHdB KG/*Mutter* § 8 Rn. 63.
[394] MHdB KG/*Mutter* § 8 Rn. 63.

Gesellschaftsorgane gelten würden.[395] Soweit die Beiräte Geschäftsführungsaufgaben wahrnehmen, haben ihre Beschlüsse dem **Gesellschaftsinteresse** zu entsprechen, jedoch kommt den Beiratsmitgliedern bei ihren Entscheidungen ein Ermessensspielraum zu. Erst dessen Überschreiten führt zur Fehlerhaftigkeit des Beschlusses.[396] Entsprechendes gilt auch, soweit dem Beirat Kontrollaufgaben zukommen und nicht im Gesellschaftsvertrag bestimmte Überprüfungen zwingend vorgeschrieben oder ausgeschlossen sind. Bei Grundlagen- und Strukturentscheidungen müssen insbesondere der **Gleichbehandlungsgrundsatz** und der **Grundsatz gegenseitiger Treue** beachtet werden.[397]

Gegen lediglich vorbereitende Beschlüsse und gegen solche, die lediglich die Entscheidungen anderer Gesellschaftsorgane ausführen, kann nicht vorgegangen werden.[398] Hingegen ist ein Ausschluss des Klagerechts hinsichtlich solcher Beschlüsse, die Geschäftsführungsmaßnahmen betreffen,[399] abzulehnen, weil die Gesellschafter sonst auch dann an der Rückgängigmachung der Geschäftsführungshandlungen gehindert würden, wenn eine solche möglich wäre.[400]

b) Rechtsfolgen fehlerhafter Beschlüsse. Für die Rechtsfolgen fehlerhafter Beiratsbeschlüsse muss danach differenziert werden, ob der Beirat in der KG oder in der GmbH angesiedelt wurde.

aa) Beirat in der KG. Fehlerhafte Beiratsbeschlüsse sind **nichtig**,[401] sofern sie nicht durch fehlerfreie ersetzt und damit **geheilt** werden.[402] Geltend gemacht werden kann die Fehlerhaftigkeit im Wege der Feststellungsklage,[403] die **gegen alle Gesellschafter** oder zumindest **gegen diejenigen** zu richten ist, die der beantragten Feststellung **widersprechen**.[404] Der Gesellschaftsvertrag kann jedoch vorsehen, dass die Klage gegen die Gesellschaft zu richten ist. In diesen Fällen sind aber alle Gesellschafter schuldrechtlich verpflichtet, sich an die im Rechtsstreit getroffene Entscheidung zu halten.[405] Bei der Publikumsgesellschaft kann die Klage aus Gründen der Erleichterung des Rechtsschutzes auch dann gegen die Gesellschaft gerichtet werden,

---

[395] *Voormann* Beirat im Gesellschaftsrecht, 174.
[396] Vgl. MHdB KG/*Mutter* § 8 Rn. 63; *Maulbetsch* Beirat, 100; *Voormann* Beirat im Gesellschaftsrecht, 174 f.
[397] Näher *Voormann* Beirat im Gesellschaftsrecht, 175.
[398] *Maulbetsch* Beirat, 101; *Voormann* Beirat im Gesellschaftsrecht, 181; aA MHdB KG/*Mutter* § 8 Rn. 66.
[399] Dafür *Voormann* Beirat im Gesellschaftsrecht, 181.
[400] Zutreffend *Maulbetsch* Beirat, 101 f.
[401] MHdB KG/*Mutter* § 8 Rn. 64; HTM/*Mussaeus* GmbH & Co. KG § 4 Rn. 202; *Voormann* Beirat im Gesellschaftsrecht, 177 f.
[402] MHdB KG/*Mutter* § 8 Rn. 65.
[403] Zur Feststellungsklage vgl. BGH NJW 1999, 3113; Baumbach/Hueck/*Zöllner/Noack* GmbHG § 52 Rn. 95 f.; Baumbach/Hueck/*Zöllner* GmbHG Anh. § 47 Rn. 206 ff.
[404] OLG Karlsruhe GmbHR 1998, 645 (646); vgl. *Voormann* Beirat im Gesellschaftsrecht, 178 mwN.
[405] MHdB KG/*Mutter* § 8 Rn. 67; *Voormann* Beirat im Gesellschaftsrecht, 178.

wenn es im Gesellschaftsvertrag an einer entsprechenden Bestimmung fehlt.[406] Gegen den Beirat kann die Klage mangels Rechtsfähigkeit hingegen nicht gerichtet werden.

171 Erheben kann die Klage jeder, der ein rechtlich geschütztes Interesse an der Feststellung der Nichtigkeit des Beiratsbeschlusses hat; dies kann nicht nur ein Gesellschafter, sondern auch ein Beiratsmitglied sein.[407] Gesetzliche Klagefristen, die die Geltendmachung von Beschlussmängeln beschränken, gibt es im Personengesellschaftsrecht nicht.[408] Den Gesellschaftern ist es jedoch unbenommen, im Gesellschaftsvertrag eine materielle Ausschlussfrist vorzusehen.[409] Eine Begrenzung des Klagerechts kann sich zudem aus dem Einwand der Verwirkung ergeben.[410]

172 bb) *Beirat in der GmbH*. Bei fehlerhaften Beschlüssen des GmbH-Beirats sind die Rechtsfolgen umstritten. Zum Teil[411] wird danach **differenziert**, ob sich der Beschluss auf Geschäftsführungsangelegenheiten bezieht oder ob der Beirat Aufgaben der Gesellschafterversammlung wahrnimmt. Im ersten Fall sollen den Gesellschaftern grundsätzlich nur Schadensersatzansprüche zustehen. Im letzteren Fall sollen auf den Beschluss hingegen die §§ 241 ff. AktG entsprechende Anwendung finden. Dem wird indes entgegengehalten, dass eine Differenzierung danach, ob der Beirat Aufgaben der Geschäftsführer oder der Gesellschafterversammlung wahrnehme, zu kaum überwindbaren Abgrenzungsschwierigkeiten führe. Insbesondere sei mit Blick darauf, dass nach der neueren Rechtsprechung des BGH die §§ 241 ff. AktG nicht auf Beschlüsse des Aufsichtsrats anwendbar seien, auch bei fehlerhaften Beiratsbeschlüsse auf die Unterscheidung zwischen Nichtigkeits- und Anfechtungsklage zu verzichten.[412]

173 Dieser Auffassung ist zuzustimmen. Denn die Gründe, die den BGH veranlasst haben, sich gegen die analoge Anwendung der §§ 241 ff. AktG auf Beschlüsse des Aufsichtsrats einer Aktiengesellschaft zu entscheiden, gelten auch hier. Die analoge Anwendung der §§ 241 ff. AktG würde die gebotene Abgrenzung zwischen nichtigen und anfechtbaren Beschlüssen nicht entbehrlich machen. Diese Abgrenzung müsste die Besonderheiten von Beiratsbeschlüssen berücksichtigen. Das hätte zur Folge, dass mit der analogen Anwendung keinerlei Gewinn an Rechtssicherheit verbunden wäre.

174 Im Ergebnis bedeutet dies, dass sämtliche Beschlussmängel mittels Nichtigkeitsfeststellungsklage geltend zu machen sind. Die Nichtigkeit des Be-

---

[406] MHdB KG/*Mutter* § 8 Rn. 67; zurückhaltend hinsichtlich einer entsprechenden ergänzenden Vertragsauslegung BGH NJW 1999, 3113 (3115).
[407] MHdB KG/*Mutter* § 8 Rn. 67.
[408] BGH NJW 1999, 3113 (3114).
[409] Diese Frist darf nicht zu knapp bemessen sein. Eine zu kurze Frist ist durch eine angemessene zu ersetzen, die die als Leitbild heranzuziehende Monatsfrist des § 246 Abs. 1 AktG nicht unterschreiten darf, vgl. BGH NJW 1995, 1218 (1219).
[410] Dazu BGH NJW 1999, 3113 (3114).
[411] *Lutter*/Hommelhoff GmbHG § 52 Rn. 116; MHdB KG/*Mutter* § 8 Rn. 64; Hölters Beirat, 43 f.; *Hölters* BB 1977, 105 (109).
[412] BGHZ 122, 343, 347 ff.; 135, 244, 247; 164, 249, 252; UHW/*Raiser*/*Heermann* GmbHG § 52 Rn. 346; Baumbach/Hueck/*Zöllner* GmbHG Anh. § 47 Rn. 208.

schlusses kann von den Organmitgliedern und den Gesellschaftern jederzeit geltend gemacht werden, sofern nicht ausnahmsweise Verwirkung eingetreten ist. Die Klage ist gegen die Gesellschaft zu richten. Ob dem Nichtigkeitsfeststellungsurteil inter-omnes-Wirkung zukommt, ist nicht geklärt. Wegen der Vergleichbarkeit mit der positiven Beschlussfeststellungsklage sollte eine solche Rechtskraftwirkung indes analog §§ 248, 249 AktG in Betracht gezogen werden können.[413]

---

[413] UHW/*Raiser/Heermann* GmbHG § 52 Rn. 84; MüKoGmbHG/*Wertenbruch* Anhang § 47 Rn. 264.

6. Kapitel. Kapital, Gewinn, Rechnungslegung

§ 20 Kapital und Kapitalaufbringung

Übersicht

	Rn.		Rn.
I. Grundbegriffe	1	a) Verfügungsfreiheit	22
1. Allgemeine Förderpflichten, Beitrag, Einlage und Kapitalanteil	1	b) Befristung und Bedingung	24
a) Begriffsbestimmung	1	c) Geltendmachung der geschuldeten Einlageleistung	26
b) Abgrenzung von sonstigen Leistungsbeziehungen	3	6. Leistungsstörungen	27
2. Gesellschaftsvermögen, Gesamthandsvermögen und Vermögensbeteiligung der Gesellschafter	4	a) Mängel der Verpflichtungserklärung	27
		b) Anwendung der §§ 320 ff. BGB	28
a) Die Gesellschaft als Vermögensträger	4	c) Leistungsverweigerungsrecht entsprechend § 320 BGB	29
b) Gesamthandsvermögen und gesamthänderische Beteiligung	6	d) Berufung auf § 321 BGB	30
c) Vermögensbeteiligung der Gesellschafter	8	e) Freiwerden nach § 323 BGB	31
II. Aufbringung des Gesellschaftsvermögens	10	7. Mängelgewährleistungsrecht	34
1. Erbringung der Beiträge	10	a) Mängelgewährleistung nach Kaufrecht	34
a) Geldleistung	10	b) Mängelgewährleistung nach Miet- oder Pachtrecht	36
b) Sachbeiträge	11		
c) Sachgesamtheiten, immaterielle Wirtschaftsgüter, Dienstleistungen	14	c) Positive Vertragsverletzung	38
2. Gestaltungsfreiheit	15	8. Durchsetzung	39
3. Gegenstand und Leistung der Einlagen	16	9. Vertragsgestaltung	40
		III. Währungsmäßige Festsetzungen	41
a) Mehrung des haftenden Vermögens	16	1. Anpassungsbedarf infolge der Ablösung von DM durch EUR	41
b) Geld- und Sacheinlagen	17		
c) Einzelfälle	18	2. Übergangsphase vom 1.1.1999 bis 31.12.2001	42
4. Bewertung	20	a) Wahlrecht bei Neugründungen	42
5. Verfügung über den Einlageanspruch	22	b) Altgesellschaften	43
		3. Phase ab dem 1.1.2002	49

6. Kapitel. Kapital, Gewinn, Rechnungslegung

Schrifttum: *Barz*, Know-how als Einbringungsgegenstand, FS W. Schmidt, 1959, 157 ff.; *Berninger*, Die Societas Quoad Sortem, 1994; *Bork*, Die Einlagefähigkeit obligatorischer Nutzungsrechte, ZHR 154 (1990), 205; *Huber*, Vermögensanteil, Kapitalanteil und Gesellschaftsanteil an Personengesellschaften des Handelsrechts, 1970; *Hüttemann*, Leistungsstörungen bei Personengesellschaften, 1998; *Joost*, Eigenkapitalersetzende Kommanditistenleistung – zugleich ein Beitrag zur Außenhaftung des Kommanditisten, ZGR 1987, 370; *Kirsch*, Einlageleistung und Einlagerückgewährung im System der Kommanditistenhaftung, 1995; *Köhler*, Rückwirkende Vertragsanpassung bei Dauerschuldverhältnissen?, FS Steindorff, 1990, 61; *Plewka*, Umstellung auf den EUR, 1998; *Scheel*, Unterschiedlicher Einlagebegriff im Gesellschafts- und Steuerrecht?, BB 1988, 1211 ff.; *K. Schmidt*, Einlage und Haftung des Kommanditisten, 1977; *K. Schmidt*, Kommanditisteneinlage – Kapitalaufbringung und Kapitalerhaltung in der KG, ZGR 1976, 307; *Sprockhoff*, Auswirkungen der europäischen Währungsunion auf das Personengesellschaftsrecht, NZG 1999, 17; *Steffan/Schmidt*, Die Auswirkungen der EUR-Einführung bei GmbH, Genossenschaft und Personengesellschaft sowie im Umwandlungsrecht, DB 1998, 709 f.; *H. P. Westermann*, Die Anpassung von Gesellschaftsverträgen an veränderte Umstände, FS Hefermehl, 1975, 225; *Wiedemann*, Der Gesellschaftsvertrag der Personengesellschaft, WM Beil. 8/1990; *Wiedemann*, Rechte und Pflichten des Personengesellschafters, WM Beil. 7/1992; *Zöllner*, Anpassung von Gesellschaftsverträgen, 1979.

I. Grundbegriffe

1. Allgemeine Förderpflichten, Beitrag, Einlage und Kapitalanteil

1   a) **Begriffsbestimmung.** Als Kommanditgesellschaft und damit als Personengesellschaft ist auch die GmbH & Co. KG ein Zusammenschluss von Personen, die sich mit Abschluss des Gesellschaftsvertrages wechselseitig verpflichten, „die Erreichung eines gemeinsamen Zweckes in der durch den Vertrag bestimmten Weise zu fördern, insbesondere die vereinbarten Beiträge zu leisten" (vgl. § 705 BGB).[1] Der GmbH & Co. KG ist danach die allgemeine Förderpflicht immanent; die Verpflichtung, den gemeinsamen Zweck zu fördern, trifft jeden Gesellschafter. Die wichtigste Ausprägung der Förderpflicht ist die Verpflichtung zur **Erbringung der versprochenen Beiträge**; das sind alle im Gesellschaftsvertrag als Primärpflicht festgesetzten Leistungen, die dazu bestimmt sind, den gemeinsamen Zweck zu fördern.[2] Ihr Gegenstand kann materieller oder immaterieller Natur sein: neben der Verpflichtung zur Erbringung gegenständlicher Beiträge durch Übertragung von Geld oder Sachen kommen in Betracht die Leistung von Diensten, die Gewährung von Kredit, die Überlassung von Gegenständen, Marken, Maschinen zur Nutzung, das Unterlassen von Wettbewerb uvm. (näher in → Rn. 11 ff.). Als Beitrag kann aber auch die bloße Übernahme der Haftung ausreichend sein.

---

[1] Vgl. *Oetker* HGB § 161 Rn. 6.
[2] Vgl. MüKoBGB/*Ulmer/Schäfer* § 706 Rn. 2 f., *K. Schmidt* Gesellschaftsrecht § 20 II 2a, S. 568 f.

§ 20 *Kapital und Kapitalaufbringung*

Als **Einlagen** werden demgegenüber – im Anschluss an eine von *Karsten* **2**
Schmidt geprägte Terminologie[3] – nur solche Beiträge verstanden, die in das
Gesellschaftsvermögen zu leisten sind und dort zu einer Mehrung der dem
Gläubigerzugriff offen stehenden Haftungsmasse führen.[4] Alleine Einlagen
(oder „Beiträge im engeren Sinne") zielen deshalb darauf und sind geeignet,
den Kommanditisten von seiner Haftung gegenüber Gesellschaftsgläubigern
zu befreien (dazu → § 43 Rn. 6 ff.). Das zeigt sich auch und gerade am Wortlaut des § 171 Abs. 1 HGB, wonach ein Kommanditist den Gläubigern der
Gesellschaft „bis zur Höhe seiner Einlage" unmittelbar haftet und wonach
seine Haftung ausgeschlossen ist, „soweit die Einlage geleistet ist". In diesem
Zusammenhang ist im Hinblick auf die als Kommanditisten beteiligten Gesellschafter die Unterscheidung zwischen der **Pflichteinlage** und der
Hafteinlage von besonderer Bedeutung. Erstere bezeichnet die Einlageleistung, zu der sich der Kommanditist im Gesellschaftsvertrag gegenüber den
Mitgesellschaftern in ihrer gesamthänderischen Verbundenheit verpflichtet
hat; damit ist das Innenverhältnis berührt. Demgegenüber ist die Hafteinlage
(Haftsumme) der im Außenverhältnis maßgebliche Betrag, bis zu dessen
Höhe die Gläubiger den Kommanditisten für Verbindlichkeiten der Gesellschaft unmittelbar gemäß § 171 Abs. 1 HGB in Anspruch nehmen können,
sofern er nicht in Höhe der Haftsumme eine haftungsbefreiende Einlage in
das Gesellschaftsvermögen bewirkt und nicht zurückerhalten hat (dazu näher
→ § 42 Rn. 14 ff.).[5] Pflichteinlage und Haftsumme müssen nicht identisch
sein. Nur die Haftsumme, nicht aber die Pflichteinlage, wird gemäß § 162
Abs. 1 HGB im Handelsregister verlautbart. Von (Pflicht- und Haft-)Einlage
zu sondern ist schließlich der **Kapitalanteil**, er ist eine Rechenziffer, die die
rechnerische Beteiligung des Gesellschafters an der Gesellschaft bestimmt.
Der Gesellschaftsvertrag kann hierzu spezielle Regelungen enthalten (dazu
eingehend → § 21 Rn. 2).

b) Abgrenzung von sonstigen Leistungsbeziehungen. Die Beiträge **3**
und Beitragspflichten der Gesellschafter sind abzugrenzen von sonstigen
Leistungsbeziehungen zwischen Gesellschaftern und Gesellschaft, die ihren
Rechtsgrund nicht im Gesellschaftsverhältnis finden, sondern auf schuldrechtlichen Abreden wie unter Dritten, also auf so genannten **Drittgeschäften** beruhen. Ob ein Gesellschafterbeitrag oder eine Leistung im Rahmen
eines Drittgeschäftes gewollt ist, richtet sich nach den hierzu getroffenen
Vereinbarungen.[6] Im Zweifel ist, wenn keine abweichende Festlegung getroffen ist, bei allen im Gesellschaftsvertrag bedungenen Leistungen zu vermuten, dass sie als Gesellschafterbeitrag geschuldet sind; das gilt auch dann,

---

[3] *K. Schmidt* Gesellschaftsrecht § 20 II 1 (S. 566 ff.); vgl. dazu auch *Huber*, Vermögensanteil, 191 ff.; teils wird insoweit auch von den Beiträgen im engeren Sinne gesprochen, vgl. MüKoBGB/*Schäfer* § 706 Rn. 4.
[4] Demgegenüber ist der Begriffsbildung, wonach Beitrag die noch geschuldete, Einlage die schon in das Gesellschaftsvermögen erbrachte Beitragsleistung ist (so etwa *Hueck* Recht der OHG § 14 I, S. 205), nicht zu folgen.
[5] Sofern keine ausdrückliche Vereinbarung getroffen ist, sind Haft- und Pflichteinlage identisch, BGH BB 1979, 855 (856).
[6] Vgl. hierzu nur BGHZ 70, 61 (63).

6. Kapitel. Kapital, Gewinn, Rechnungslegung

wenn eine Gegenleistung der Gesellschaft bestimmt oder vorgegeben ist, dass es zur Ausführung der Leistung des Abschlusses eines gesonderten Vertrages, wie etwa eines Miet- oder Darlehensvertrages, bedarf.[7] Entscheidend ist, dass es sich in diesen Fällen ebenfalls um einen Leistungsaustausch auf gesellschaftsvertraglicher Basis handelt, der nicht ohne Rücksicht auf den Fortbestand der Gesellschaft beendet werden kann.

2. Gesellschaftsvermögen, Gesamthandsvermögen und Vermögensbeteiligung der Gesellschafter

4 **a) Die Gesellschaft als Vermögensträger.** Nach § 124 HGB kann die Gesellschaft unter ihrer Firma Rechte erwerben und Verbindlichkeiten eingehen und Eigentum und andere dingliche Rechte an Grundstücken erwerben; sie kann kurz gesagt Träger von Rechten und Pflichten sein.[8] Insofern ist die Gesellschaft **Träger des Gesellschaftsvermögens**, ohne dass sie deshalb der juristischen Person gleichzusetzen wäre. Vielmehr sind die Gesellschafter in ihrer gesamthänderischen Verbundenheit Zuordnungssubjekt der Rechte und Pflichten, freilich im Sinne einer verselbständigten Wirkungseinheit; das Gesellschaftsvermögen ist **Gesamthandsvermögen**.[9]

5 Die GmbH & Co. KG könnte theoretisch ohne Gesamthandsvermögen entstehen, wenn keiner der Gesellschafter im Gesellschaftsvertrag die Erbringung einer Einlage übernimmt, doch kommt der Betrieb eines Handelsgewerbes ohne Vermögensausstattung der Gesellschaft praktisch nicht in Betracht.[10] Deshalb wird regelmäßig die Erstausstattung der Gesellschaft mit Gesellschaftsvermögen durch die im Gründungsvertrag statuierten **Ansprüche gegen die Gesellschafter** auf Erbringung der versprochenen Einlagen begründet.[11] Diese Ansprüche sind solche der Gesellschaft und in der Eröffnungsbilanz zu aktivieren;[12] sie gehören zum gesamthänderisch gebundenen Gesellschaftsvermögen (dazu → Rn. 6).

6 **b) Gesamthandsvermögen und gesamthänderische Beteiligung.** Nach §§ 161 Abs. 2, 105 Abs. 2 HGB iVm § 718 BGB gilt für die Kommanditgesellschaft das bürgerlich-rechtliche Prinzip der **Vermögensbeteiligung** der Gesellschafter **zur gesamten Hand**. Danach werden die Beiträge der Gesellschafter und die durch die Geschäftsführung für die Gesellschaft erworbenen Gegenstände *gemeinschaftliches* Vermögen der Gesellschafter. Nach § 719 Abs. 1 BGB können die Gesellschafter weder über ihren Anteil

---

[7] Vgl. MüKoBGB/*Schäfer* § 706 Rn. 5.
[8] Vgl. *Baumbach/Hopt* § 124, Rn. 1 f.; MüKoHGB/*K. Schmidt* § 124 Rn. 1 f.
[9] Vgl. *Baumbach/Hopt* § 124 Rn. 3.
[10] Vgl. *Baumbach/Hopt* § 124 Rn. 5 f.; Palandt/*Sprau* § 718 Rn. 1. Nach § 161 Abs. 2 iVm § 105 Abs. 2 HGB idF nach dem HRefG kann jetzt freilich auch eine KG durch Eintragung der Firma im Handelsregister entstehen, deren Gewerbebetrieb nach Art und Umfang keinen in kaufmännischer Weise eingerichteten Geschäftsbetrieb erfordert oder die nur das eigene Vermögen verwaltet; dazu § 9 Rn. 7.
[11] Vgl. hierzu nur Palandt/*Sprau* § 718 Rn. 2; *Baumbach/Hopt* § 109 Rn. 6.
[12] Vgl. Bilanz-Hdb./*Winnefeld*, Kapitel N (Rechnungslegung in Sonderbilanzen) Rn. 32; Sonderbilanzen/*Förschle/Kropp/Schellhorn* Abschn. D (Gründungs- und Eröffnungsbilanz der Kapitalgesellschaft) Rn. 233 (zur Kapitalgesellschaft).

am Gesellschaftsvermögen oder an den einzelnen Vermögensgegenständen des Gesellschaftsvermögens verfügen, noch können sie Teilung verlangen. Das darin zum Ausdruck kommende Gesamthandsprinzip versteht die Gesellschafter in ihrer gesamthänderischen Verbundenheit als eine von ihren einzelnen Mitgliedern zu sondernde Personengruppe, der das Gesamthandsvermögen zugeordnet ist.[13] Diese sachenrechtliche (dingliche) Zuordnung fasst die Einlagen der Gesellschafter, die für die Gesellschaft erworbenen Gegenstände sowie deren Surrogate zu einem **Sondervermögen** zusammen und sichert es gegenüber dem Zugriff nicht vertretungsbefugter Gesellschafter sowie gegen Vollstreckungsmaßnahmen von Privatgläubigern einzelner Gesellschafter.[14]

Eine wesentliche Ausprägung findet das Gesamthandsprinzip in dem Grundsatz der **An- und Abwachsung**, der in § 738 Abs. 1 S. 1 BGB (unvollständig) verankert ist. Danach lässt der Ein- und Austritt von Gesellschaftern die vermögensrechtliche Zuordnung des Gesellschaftsvermögens zur Gruppe unberührt.[15] Auch Gesellschafter, die – wie häufig die Komplementär-GmbH in der GmbH & Co. KG – keine Einlage leisten und keinen Kapitalanteil halten,[16] sind Mitglieder der Gesamthandsgesellschaft und insofern am Gesellschaftsvermögen beteiligt; diese Gesamthandsbeteiligung ist untrennbar mit der Mitgliedschaft in der Personenhandelsgesellschaft verbunden.[17]

7

c) Vermögensbeteiligung der Gesellschafter. Von der Gesamthandsberechtigung der Gesellschafter, die als dingliche, gesamthänderische Mitberechtigung aller Gesellschafter am Gesellschaftsvermögen unabhängig ist von der Erbringung einer Einlage, ist die wertmäßige Beteiligung der Gesellschafter am Gesellschaftsvermögen zu sondern. Ihre Ausgestaltung obliegt den Gesellschaftern im Rahmen der Vertragsfreiheit. Deshalb ist auch die Beteiligung als Gesellschafter **ohne Kapitalanteil** am Gesellschaftsvermögen zulässig.[18] Die Gesellschafter sind frei darin, ob sie eine Verpflichtung zur Einlageleistung begründen; sie können hierauf auch verzichten, denn es reicht aus, wenn sich alle Gesellschafter zur Förderung der gemeinsamen Zweckerreichung verpflichten. Deshalb muss die Komplementär-GmbH in der GmbH & Co. KG nicht notwendig eine Einlage versprechen, sondern kann ihre Förderpflicht auf die Übernahme der Geschäftsführung und persönliche Haftung beschränken. Im Regelfall – nämlich dann, wenn identische Beteiligungsverhältnisse an der KG und an der GmbH vorherrschen – ist dies bei der GmbH & Co. KG auch eine sachgerechte Gestaltung.

8

---

[13] Vgl. MüKoBGB/*Schäfer* § 718 Rn. 6; Staudinger/*Habermeier* § 718 Rn. 1.
[14] Auch ein gegen alle Gesellschafter gerichteter Titel genügt wegen § 124 Abs. 2 HGB, anders als bei der GbR (vgl. § 736 ZPO), nicht als Grundlage einer Vollstreckung in das Gesellschaftsvermögen; allgM vgl. hierzu MüKoHGB/*K. Schmidt* § 124 Rn. 30; Oetker/*Boesche* § 124 Rn. 31; siehe zur Rechtslage bei der GbR nach Anerkennung der Rechtsfähigkeit der Außen-GbR BGH NJW 2004, 3632 (3634); NJW 2011, 615 (616).
[15] Eingeh. dazu MüKoBGB/*Schäfer* § 718 Rn. 6ff.
[16] Vgl. hierzu noch unten → § 21 Rn. 1.
[17] Vgl. *Huber*, Vermögensanteil, 304f.
[18] Vgl. nur Oetker/*Weitemeyer* § 120 Rn. 53; GK/*Schäfer* § 120 Rn. 74ff.

9 Wenn ein Gesellschafter keine Einlage leistet, ist es folgerichtig und unbedenklich zulässig, ihn vertraglich auch von der **Gewinnbeteiligung** und der **Beteiligung am Liquidationserlös** auszuschließen.[19] Die häufige Praxis, die Komplementär-GmbH als Gesellschafterin ohne Einlageverpflichtung und ohne Beteiligung am Gewinn und Verlust aufzunehmen und ihr für die Übernahme von Geschäftsführung und Haftung eine Vergütung zu zahlen, ist unbedenklich und nach gesicherter Auffassung in Rechtsprechung und Literatur zulässig. Sie hat dann auch **keinen Kapitalanteil**, wie spätestens in der Liquidation deutlich wird: Wenn das nach Ablösung der Schulden verbleibende Vermögen „nach dem Verhältnis der Kapitalanteile, wie sie sich aufgrund der Schlussbilanz ergeben, unter den Gesellschaftern verteilt wird", § 155 Abs. 1 HGB, ist sie an der Vermögensverteilung nicht beteiligt. Ihr wächst auch kein Abfindungsanspruch nach § 738 Abs. 1 S. 2 BGB zu, sofern sie aus der Gesellschaft ausscheidet. Eine solche, im fehlenden Kapitalanteil zum Ausdruck kommende Nichtbeteiligung am Wert des Gesellschaftsvermögens steht nicht in Widerspruch zu der **zwingenden gesamthänderischen Beteiligung** der Komplementär-GmbH als Mitglied der Gesamthandsgesellschaft.[20]

II. Aufbringung des Gesellschaftsvermögens

1. Erbringung der Beiträge

10 a) **Geldleistung.** Die Leistung von **Geld** kann Beitrag und (haftungsbefreiende) Einlageleistung sein; sie erfolgt bei Barzahlung durch Eigentumsverschaffung zugunsten der Gesellschaft, bei Überweisung im Giroverkehr durch Kontogutschrift. Die Gewährung von Darlehen, insbesondere **Gelddarlehen**, kann Beitragspflicht sein (zum Sonderfall der gespliteten Einlage → § 43 Rn. 9).[21]

11 b) **Sachbeiträge.** Aus **Sachgegenständen** bestehende Beiträge können in verschiedener Weise an die Gesellschaft erbracht werden.[22] Als Regelfall ist von der Erbringung **zu Eigentum** (quoad dominum) auszugehen; dass Sachleistungen an die Gesellschaft zu übereignen sind, ist bei vertretbaren und verbrauchbaren Sachen nach § 706 Abs. 2 Satz 1 BGB regelmäßig zu vermuten.[23] Dasselbe gilt für die Einbringung nicht vertretbarer und nicht verbrauchbarer Sachen, sofern die Gesellschafter einen Wert für den Sachbeitrag festsetzen, ohne dass dies allein für die Zwecke der Gewinnverteilung

---

[19] Eine abbedungene Beitragspflicht befreit den Gesellschafter aber nicht von Pflicht zur Förderung des Gesellschaftszwecks, vgl. hierzu nur MüKoBGB/*Schäfer* § 706 Rn. 17; Palandt/*Sprau* § 706 Rn. 2.

[20] Eingehend und wegweisend zum Ganzen *Huber*, Vermögensanteil, 141 ff., 145 ff.; vgl. ferner *Baumbach/Hopt* § 120 Rn. 23; GK/*Schäfer* § 120 HGB Rn. 75 f.; *K. Schmidt*, Gesellschaftsrecht, § 47 III 1b (S. 138 f.).

[21] Vgl. hierzu *Oetker/Weitemeyer* § 105 Rn. 54; *Oetker* § 171 Rn. 76.

[22] RGZ 54, 278 (280); 109, 380 (382 f.); BGH WM 1965, 746 (747).

[23] Vgl. *Koller/Roth/Morck* § 105 HGB Rn. 39. Vgl. ferner GK/*Schäfer* § 105 HGB Rn. 225.

erfolgt, § 706 Abs. 2 Satz 2 BGB. Im Übrigen ist bei Fehlen eindeutiger Bestimmungen im Wege der **Auslegung** zu ermitteln, ob ein Sachbeitrag auf die Verschaffung von Eigentum zugunsten der Gesellschaft gerichtet ist.[24] Der Sachbeitrag kann statt dessen auch, sofern der Gesellschaftsvertrag dies bestimmt, nur **dem Werte nach** (quoad sortem) erbracht werden;[25] dann soll die Sache der Gesellschaft zwar wie Eigentum zugewendet werden, jedoch die formelle Eigentumsübertragung vermieden werden.[26] Erträge aus der Sache stehen dann ebenso wie Erlöse bei Veräußerungen der Gesellschaft zu; diese hat die Lasten zu tragen. Sinnvoll dürfte die Vereinbarung einer Beitragsleistung quoad sortem in der Praxis aber nur ausnahmsweise sein.

12

Der Beitrag einer Sachleistung kann schließlich auch lediglich **zum Gebrauch** (quoad usum) erfolgen. Es handelt sich dann um eine Gebrauchsüberlassung mit der Folge, dass die Gesellschaft den Gegenstand nutzen kann, sein Eigentum jedoch bei dem Gesellschafter verbleibt. Risiko und Chance der Wertveränderung und die Sachgefahr bleiben danach bei dem Gesellschafter.[27] Er ist verpflichtet, der Gesellschaft den Gebrauch der Sache grundsätzlich bis zur Beendigung des Gesellschaftsverhältnisses zu gestatten, sofern der Gesellschaftsvertrag nicht ausdrücklich anderes vorsieht. Im Falle des zufälligen Untergangs der quoad usum überlassenen Sache kann der Gesellschafter keinen Ersatz verlangen, § 732 Satz 2 BGB; er ist andererseits aber auch nicht verpflichtet, der Gesellschaft eine andere Sache anstelle der untergegangenen zu überlassen, weil er nach § 707 BGB nicht zur Erhöhung seines Beitrags verpflichtet ist.

13

c) Sachgesamtheiten, immaterielle Wirtschaftsgüter, Dienstleistungen. Einbringungsfähig sind auch Sachgesamtheiten; insbesondere können Unternehmen in die Gesellschaft eingebracht werden. Die Überlassung eines Unternehmens „quoad sortem" oder „quoad usum" wird allerdings kaum in Betracht kommen. Immaterielle Wirtschaftsgüter, zB Know-how und good will, können als Sachbeiträge Beitragsleistungen des Gesellschafters sein[28], außerdem zB Geschäftsgeheimnisse[29] oder der Vertrieb eines vom

14

---

[24] Vgl. dazu OLG Hamburg NJW-RR 1996, 803; MüKoBGB/*Schäfer* § 706 Rn. 9; *K. Schmidt* Gesellschaftsrecht § 20 II 2d (S. 569 ff.).
[25] Eingehend *Berninger*, Societas Quoad Sortem; BGH WM 1965, 744 (745); vgl. ferner BGH DStR 2009, 2015 und hierzu *Berninger* DStR 2010, 874.
[26] In diesem Fall fallen keine Steuern oder Auflassungskosten an. Die Form des § 311b Abs. 1 S. 1 BGB ist grundsätzlich nicht einzuhalten, vgl. GK/*Schäfer* § 105 HGB Rn. 226 zu § 313 BGB aF; BGH WM 1965, 744 (745). Wurde ein Grundstück unter Verletzung der Form des § 311b Abs. 1 S. 1 BGB quoad dominum eingebracht und wurde dieser Fehler nicht durch die Durchführung der Auflassung und der Eintragung geheilt (§ 311b Abs. 1 S. 2 BGB), so kann die Einbringung quoad dominum in eine Einbringung quoad sortem umgedeutet werden, vgl. zu § 313 S. 2 BGB aF; BGH WM 1967, 951 (952).
[27] Vgl. MüKoBGB/*Schäfer* § 732 Rn. 5; MHdB GesR II/*v. Falkenhausen/Schneider* KG § 18 Rn. 79; *Hueck*, Recht der OHG, § 14 II 2, S. 208.
[28] Vgl. BFHE 115, 518 ff., insbesondere 521 (zum Know-how als Gegenstand der Vermögenseinlage).
[29] RGZ 95, 147 (150).

6. Kapitel. Kapital, Gewinn, Rechnungslegung

Mitgesellschafter hergestellten Produkts.[30] Als Einlage kommen sie dagegen nur in Betracht, wenn sie einen objektiven Vermögenswert haben; das ist regelmäßig nur bei der Einbringung im Zusammenhang mit einem Unternehmen der Fall. Auch Dienstleistungen können Gegenstand der Beitragspflicht sein, zB das Zurverfügungstellen einer dritten Dienstperson[31] oder der eigenen Arbeitskraft[32] sowie Werkleistungen,[33] nicht aber eine haftungsbefreiende Einlageleistung (dazu → § 42 Rn. 6 ff.). Weitere Beitragsarten sind denkbar, zB die Verpflichtung, zugunsten der Gesellschaft eine Bürgschaft zu übernehmen, ihr den Gebrauch eines Namens zu gestatten oder ihr eine Marke zur Nutzung zu überlassen.

2. Gestaltungsfreiheit

15 Die Gesellschafter sind frei darin, den Gegenstand der Beiträge, die Art ihrer Erbringung wie auch – für das Verhältnis untereinander – die **Bewertung** der bedungenen Beiträge **frei festzusetzen**.[34] Im Rahmen der allgemeinen Rechtsregeln – bspw. kann der Tatbestand der Sittenwidrigkeit (§ 138 BGB) erfüllt sein, wenn ein besonders grobes Missverhältnis zwischen dem tatsächlichen Wert einer Sacheinlage und dem einem Gesellschafter in der Eröffnungsbilanz gutgeschriebenen Betrag gegeben ist[35] – besteht insoweit uneingeschränkte Gestaltungsfreiheit.[36] An Grenzen stößt die Gestaltungsfreiheit nur dort, wo es um die Bestimmung geht, ob der Kommanditist eine haftungsbefreiende Einlageleistung erbracht hat; dann gilt der nicht der Parteiautonomie anheimgestellte Maßstab der objektiven Wertdeckung.[37] Die Gesellschafter sind auch frei darin, im Gesellschaftsvertrag eine Nachschusspflicht zu vereinbaren.[38] Tun sie dies nicht, hat es mit der dispositiven Gesetzesregelung in § 707 BGB sein Bewenden, wonach die Gesellschafter zur Erhöhung des vereinbarten Beitrags oder zur Ergänzung der durch Verlust verminderten Einlage nicht verpflichtet sind.[39]

---

[30] BGH NJW 1983, 1188 (1189).
[31] BGH VersR 1963, 862.
[32] RGZ 142, 13 (21).
[33] BGH NJW 1980, 1744 (1745).
[34] Insb. kann ein geringerer Wert als der Verkehrswert angesetzt werden, BGHZ 17, 130 (134); BGH WM 1974, 1151 (1152).
[35] Vgl. BGH WM 1975, 325; MüKoBGB/*Schäfer* § 706 Rn. 8; vgl. hierzu ferner BGHZ 17, 130 (134).
[36] Vgl. nur Palandt/*Sprau* § 706 BGB Rn. 3; vgl. hierzu ferner BGHZ 17, 130 (134).
[37] BGH WM 1987, 1161 (1162).
[38] Vgl. BGH WM 2006, 774; BGH NJW-RR 2007, 832; vgl. ferner BGH NJW-RR 2005, 1347; NZG 2008, 65. Zu den Grenzen vgl. GK/*Schäfer* § 105 HGB Rn. 19.
[39] Vgl. BGH NJW 1976, 958; 1983, 164; zur Frage, ob sich kraft Treuepflicht in Ausnahmefällen anderes ergeben kann, vgl. *Koller/Roth/Morck* § 105 HGB Rn. 44 ff., 53.

3. Gegenstand und Leistung der Einlagen

a) Mehrung des haftenden Vermögens. Einlagen sind als Primärpflicht 16
im Gesellschaftsvertrag bedungene Beiträge, die als Leistung in das haftende
Gesellschaftsvermögen zu erbringen sind und zur Mehrung des haftenden
Vermögens geeignet sein müssen. Als Einlagen kommen deshalb nur bilanzierungsfähige Vermögensgegenstände in Betracht.[40] Einlagefähig sind danach ohne weiteres **Bar- oder Buchgeldleistungen**; sie sind ebenso wie
im Kapitalgesellschaftsrecht Regelfall der Einlageleistung. **Sachleistungen**
sind dann taugliche Einlage, wenn sie funktional der Geldleistung entsprechen; ihr wirtschaftlicher Wert muss zweifelsfrei feststellbar sein. Voraussetzung für eine Haftungsbefreiung (§§ 128, 161 Abs. 2, 171 HGB) ist, dass der
einzubringende Vermögensgegenstand unter endgültiger Herauslösung aus
der Gesellschaftersphäre auf die Gesellschaft übertragen wird und dort zu
einer Mehrung des einer Verwertung zugunsten der Gesellschaftsgläubiger
zugänglichen Gesellschaftsvermögens führt, ohne dass der Wertzufluss bei
der Gesellschaft noch mit Risiken aus der Sphäre des Inferenten behaftet ist.

b) Geld- und Sacheinlagen. Geldeinlagen werden durch bare oder un- 17
bare Einzahlung in das Gesellschaftsvermögen erbracht. Ihre **Bewertung** ist
nach Maßgabe des **Nominalwertprinzips** unproblematisch; dass ist insbesondere für die Einlage des Kommanditisten ohne Bedeutung, die nur unter
der Voraussetzung der objektiven Wertdeckung der verlautbarten Haftsumme haftungsbefreiend wirkt (dazu → § 43 Rn. 6 ff.). Was nicht Bar- oder
Buchgeldleistung ist, kann nur Sacheinlage sein, tertium non datur. Deshalb
stellt sich bei Sachleistungen generell die Frage der Bewertung (dazu unten
bei → Rn. 20 f.). Einlagefähig sind Sachleistungen nur, wenn sie einen **bilanzierungsfähigen Vermögenswert** darstellen.[41] Demgemäß kommen
als Sacheinlage in Betracht bewegliche und unbewegliche Sachen, Forderungen, Schutzrechte, Gesellschaftsanteile und Unternehmen; Know-how und
good will demgegenüber regelmäßig nur als wertbestimmende Bestandteile
eines einzubringenden Unternehmens.[42]

c) Einzelfälle. Forderungen gegen die Gesellschaft selbst sind einla- 18
gefähig. Das Versprechen (geldwerter) **Dienste** oder die schlichte Nutzungsüberlassung können Beiträge sein, nicht aber zur Haftungsbefreiung geeignete Einlagen. Davon zu sondern ist die **Verrechnung** einer von dem
Gesellschafter versprochenen Bareinlage mit entstandenen Ansprüchen des
Gesellschafters auf Gehalt, Mietzins uÄ; sie kann, sofern die Gesellschaft da-

---

[40] Eingeh. *Huber*, Vermögensanteil, 191 ff.; vgl. auch Bilanzkommentar/*Pförschle/
Hoffmann* § 247 HGB Rn. 172; *Ebenroth/Boujong/Joost/Strohn* § 171 HGB Rn. 6;
MüKoHGB/*K. Schmidt* § 171 Rn. 5, 9 f. Die Notwendigkeit der Bilanzierungsfähigkeit wird vielfach bestritten, vgl. nur *Koller/Roth/Morck* § 171 Rn. 4; *Ekkenga* ZHR
161 (1997), 599 (621 f.).
[41] Vgl. MüKoHGB/*K. Schmidt* § 171/172 Rn. 9; eingehend *Huber*, Vermögensanteil, 195 ff.
[42] Über die Einlagefähigkeit von Know-how an sich besteht ein Streit; für die
Einlagefähigkeit zB *Ebenroth/Boujong/Joost/Strohn* § 171 HGB Rn. 55; *Oetker* § 171
HGB Rn. 43; zweifelnd MüKoHGB/*K. Schmidt* § 172 Rn. 9.

6. Kapitel. Kapital, Gewinn, Rechnungslegung

durch Befreiung erlangt, haftungsbefreiende Einlage sein, wenn die Forderung gegen die Gesellschaft vollwertig, fällig und liquide ist. Die Erbringung der Einlage durch **Umbuchung** eines Guthabens auf einem Gesellschafterkonto, das eine Forderung gegen die Gesellschaft ausweist, ist zulässig und weit verbreitet. Bei der Umbuchung erwirbt die Gesellschaft keine neuen Vermögenswerte, vielmehr überträgt ein Gesellschafter einem anderen, ggf. neu hinzutretenden Gesellschafter einen Teil seiner bereits geleisteten Einlage, oder der in die Kommanditistenstellung zurücktretende Komplementär erbringt seine Kommanditeinlage durch Umbuchung seiner Komplementärbeteiligung. Dass im **Innenverhältnis** durch Umbuchung Erfüllung der Einlageverpflichtung eintreten kann, sofern ein hinreichendes entnahmefähiges Guthaben bei dem Umbuchenden besteht, ist nicht streitig.[43] Das ist schon deshalb folgerichtig, weil der Gesellschafter frei darin wäre, sein entnahmefähiges Guthaben zu entnehmen und als Kommanditeinlage wieder einzubringen oder einem Dritten zuzuwenden, damit dieser hieraus eine Kommanditeinlage erbringt. Die Umbuchung ist danach nichts anderes als eine abgekürzte Leistung. Auch im **Außenverhältnis** ist die Umbuchung anzuerkennen, kann also haftungsbefreiende Einlageleistung sein (dazu → § 43 Rn. 12).

19 Sofern kein Aufrechnungsausschluss vereinbart ist, kann die Beitragsleistung auch im Wege der **Aufrechnung** erbracht werden, denn es gilt auch im Verhältnis der Gesellschaft zum Gesellschafter grundsätzlich allgemeines Bürgerliches Recht. Die Bewertung der Einlageleistung im Falle der Aufrechnung ist jedoch für die Frage der Haftungsbefreiung schwierig und streitig (dazu → § 43 Rn. 11). Schließlich kommt nach der Rechtsprechung eine haftungsbefreiende Einlageleistung auch durch **Abtretung** der Einlageforderung an einen Gläubiger der Gesellschaft in Betracht, sofern die Gesellschaft dadurch Befreiung von einer Verbindlichkeit erlangt und ihr damit ein der Einlageforderung entsprechender Gegenwert zufließt.[44]

4. Bewertung

20 Die Bewertung von Einlagen ist im Verhältnis zur Gesellschaft und im Verhältnis der Gesellschafter untereinander ebenso wie die Festsetzung des Einlagegegenstandes der privatautonomen Entscheidung der Gesellschafter überlassen; demgemäß ist es ohne weiteres zulässig, dass die Gesellschafter im **Innenverhältnis** einen einzubringenden Gegenstand über- oder unterbewerten. Im **Außenverhältnis**, für die haftungsbefreiende Einlageleistung des Kommanditisten (vgl. §§ 128, 161 Abs. 2, 171 HGB), kommt es demgegenüber auf den objektiven Einlagewert an.[45] Abzustellen ist dabei auf den Zeit-

---

[43] Vgl. BGH BB 1973, 862; MHdB GesR II/v.Falkenhausen/Schneider KG § 18 Rn. 15; zur Umbuchung der Komplementärbeteiligung als Kommanditeinlage vgl. BGHZ 101, 123.
[44] Vgl. BGHZ 63, 338 (341); BGH NJW 1982, 35; BFH GmbHR 1997, 462; krit. aber MüKoHGB/K. Schmidt §§ 171/172 Rn. 12 mwN.
[45] Vgl. RGZ 150, 163 (166); BGHZ 39, 319 (329f.); BGH WM 1977, 167f.; BGHZ 95, 188 (195); Ebenroth/Boujong/Joost/Strohn § 171 HGB Rn. 56.

§ 20 *Kapital und Kapitalaufbringung*

punkt der Einlageleistung.[46] Entscheidend ist der wahre wirtschaftliche Wert. Demgemäß hängt die Werthaltigkeit einer erlassenen oder durch Aufrechnung erfüllten **Forderung** gegen die Gesellschaft davon ab, ob sie unter Berücksichtigung der wirtschaftlichen Verhältnisse der Gesellschaft **vollwertig, fällig und liquide** ist. Unternehmen sind nach den anerkannten Regeln der Unternehmensbewertung, im Grundsatz also nach der Ertragswertmethode, zu bewerten, Untergrenze ist der Liquidationswert.

Vereinbaren die Gesellschafter im Verhältnis zueinander eine **Unterbewertung** einer Sacheinlage, so ist streitig, ob sich der leistende Kommanditist im Außenverhältnis gegenüber Gläubigern gleichwohl auf den wahren, höheren Wert der von ihm geleisteten Einlage berufen kann. Ist also im Handelsregister eine Haftsumme von 100 entsprechend der gesellschaftsvertraglichen Abrede eingetragen, und hat der Kommanditist nach dem Gesellschaftsvertrag eine Sachleistung – etwa eine bestimmte Maschine – einzubringen, wobei der Einbringungswert zwischen den Gesellschaftern mit 50 festgesetzt wird, so fragt sich, ob sich der Gesellschafter im Außenverhältnis darauf berufen kann, die von ihm geleistete Maschine habe in Wahrheit einen Wert von 100. Nach richtiger Auffassung ist der Gesellschafter gegenüber einem ihn in Anspruch nehmenden Gläubiger nicht mit der Darlegung ausgeschlossen, dass seine Einlageleistung in Wahrheit einen höheren Wert hatte als im Gesellschaftsvertrag vereinbart. Die Festsetzung eines unter dem wahren Wert liegenden Einbringungswerts berührt nur das Verhältnis der Gesellschafter zueinander. Sie sind frei darin, wie sie den Wert der von ihnen erbrachten Leistungen ansetzen wollen. Im **Außenverhältnis** kann sich der einzelne Gesellschafter jedoch auf den **wahren Wert** der von ihm erbrachten Leistung berufen.[47] Die Rechtsprechung hat hieraus folgerichtig abgeleitet, dass im Falle der Aufbringung einer Kommanditeinlage durch Umbuchung einer Komplementärbeteiligung Haftungsbefreiung im Umfang des „wahren wirtschaftlichen Beteiligungswertes" eintritt, und zwar unter Berücksichtigung etwaiger **stiller Reserven**; der Buchwert des Kapitalkontos soll nicht maßgeblich sein.[48] Sicher ist, dass die Darlegungs- und Beweislast für einen über dem festgesetzten Wert liegenden wahren Wert aber bei dem sich hierauf berufenden Gesellschafter liegt.[49] Erfolgte demgegenüber eine „interne" **Überbewertung** der Sacheinlage, befreit dies den Kommanditisten nicht von seiner Haftung im Außenverhältnis. Ihm steht es aber offen,

21

---

[46] Zutr. *Röhricht/Graf von Westphalen/v. Gerkan/Haas* § 171 HGB Rn. 45; aber str.; differenzierend *Ebenroth/Boujong/Joost/Strohn* § 171HGB Rn. 56 mit Fn. 148: Bei marktgängigen Gegenständen Beschaffungswert zum Einbringungszeitpunkt, bei nicht marktgängigen Gegenständen und solchen, die in einem Unternehmen nicht verwendet werden können oder erst kurz vor der Insolvenz eingebracht worden sind, der Veräußerungswert; für den Regelfall nur auf den Veräußerungswert abstellend *Kornblum*, Die Haftung der Gesellschafterverbindlichkeiten von Personengesellschaften, 215.

[47] Vgl. *Oetker* § 171 HGB Rn. 37; *Röhricht/Graf von Westphalen/v. Gerkan/Haas* § 171 HGB Rn. 46; BGHZ 101, 123 (127); aA MüKoHGB/*K. Schmidt* §§ 171/172 Rn. 48; *Huber*, Vermögensanteil, 212.

[48] Vgl. BGHZ 101, 123 (127).

[49] Vgl. BGH WM 1977, 167 (168).

Ihrig

6. Kapitel. Kapital, Gewinn, Rechnungslegung

durch Zuzahlung auf haftendes Kapital diese Haftungsbefreiung herbeizuführen.[50]

5. Verfügung über den Einlageanspruch

22 a) **Verfügungsfreiheit.** Die Gesellschaft als Berechtigte des Einlageanspruchs ist frei darin, über diesen wie über jede andere Forderung zu verfügen. Dies kann regelmäßig im Wege der **Abtretung** geschehen, sofern kein vertraglicher Abtretungsausschluss vereinbart ist.[51] Problematisch ist die Abtretung der Einlageforderung allerdings dann, wenn der Gesellschaft hierfür im Gegenzug keine vollwertige Gegenleistung zufließt. Bekanntlich wird für die GmbH teilweise vertreten, dass die Abtretung einer Einlageforderung bei der GmbH nur dann (dinglich) wirksam sein kann, wenn der Gesellschaft eine vollwertige Gegenleistung zufließt.[52] Diese restriktive Auffassung ist auf die Kommanditgesellschaft nicht übertragbar.[53] Ebenso wie die Gesellschafter frei darin sind, ob und welche Einlageleistung sie vereinbaren, basiert der Schutz der Kapitalausstattung der KG auf der **Realisierung der zwingenden Haftsumme**. Der Schutz der Gläubiger erfolgt also über § 171 Abs. 1 HGB, wonach sie den Kommanditisten auf Erbringung der Haftsumme in Anspruch nehmen können; nur hierüber können die Gesellschafter und die Gesellschaft nicht disponieren. Wird die Einlageforderung vor Leistung des Gesellschafters an einen Dritten abgetreten, fehlt es an einer Einlageleistung an die Gesellschaft; der Einlageschuldner haftet Gesellschaftsgläubigern weiterhin in Höhe der Haftsumme, ohne sich auf eine Leistung an den Zessionar berufen zu können. Fließt der Gesellschaft Zug um Zug gegen Abtretung der Einlageforderung jedoch ein Vermögenswert zu, muss dies dem Kommanditisten aber richtigerweise haftungsbefreiend zugutekommen.[54]

23 Fraglich ist deshalb, ob § 399 BGB einer Abtretung entgegensteht, weil die Abtretung für den Kommanditisten die Gefahr begründet, nach Leistung an den Zessionar nochmals auf die Hafteinlage nach § 171 Abs. 1 HGB in Anspruch genommen zu werden. Sofern die Einlageforderung an Erfüllungs statt an einen Gläubiger der Gesellschaft abgetreten wird, wird durch die **Abtretung** auch der Kommanditist von seiner Verbindlichkeit gegenüber Gläubigern frei, sofern dessen Forderung gegen die Gesellschaft werthaltig war. Im Übrigen führt die Abtretung einer Einlageforderung aber dazu, dass dem schuldenden Kommanditisten eine **Inhaltsänderung** im Sinne von § 399 BGB zugemutet wird. Das wird in der Insolvenz der Gesellschaft be-

---

[50] Vgl. nur MüKoHGB/*K. Schmidt* §§ 171/172 Rn. 42 mwN.
[51] Vgl. für die Zulässigkeit der Abtretung der Einlageforderung BGHZ 51, 391 f.; 63, 338 (339); OLG Koblenz WM 1978, 856 (859); *Koller/Roth/Morck* § 105 HGB Rn. 31; MüKoHGB/*K. Schmidt* §§ 171/172 Rn. 12.
[52] Für eine solche Beschränkung zB mwN BGHZ 53, 71 (72 f.); *Baumbach/Hueck* § 19 GmbHG Rn. 42; *Scholz/Veil* § 19 GmbHG Rn. 108 ff.
[53] Ebenso gegen die Notwendigkeit einer vollwertigen Gegenleistung BGHZ 63, 338 (341); BGH NJW 1984, 874; *Koller/Roth/Morck* § 172 HGB Rn. 4; *K. Schmidt* ZHR 157 (1993), 291 (309 f.).
[54] *Ebenroth/Boujong/Joost/Strohn* § 171 HGB Rn. 72 mwN auch zur Gegenansicht.

sonders deutlich. Die Abtretung der Einlageforderung ist deshalb insbesondere dann ausgeschlossen, wenn es lediglich um eine Sicherungszession geht. Demgegenüber ist gegen eine Abtretung der Einlageforderung im Wege des echten Factorings nichts einzuwenden, weil in diesem Fall die Gegenleistung dem Gesellschaftsvermögen zufließt. Soweit die Einlageforderung abtretbar ist, ist sie auch verpfändbar.

b) Befristung und Bedingung. Beitrags- und Einlageleistung sind regelmäßig sofort fällig, § 271 Abs. 1 BGB. Die Einlage betrifft als Beitragsleistung das Innenverhältnis und ist damit grundsätzlich der Parteidisposition unterworfen.[55] Da die Gesellschafter demnach frei darin sind, die Art und Weise der Leistungserbringung zu bestimmen, können sie auch eine **spätere Fälligkeit** oder eine Befristung vereinbaren oder die Fälligkeit vom Eintritt einer **Bedingung** abhängig machen. Nach § 172 Abs. 3 HGB bleibt das Verhältnis zu Gesellschaftsgläubigern im Rahmen der Haftung nach §§ 171, 172 HGB hiervon indessen unberührt.

Bei **Leistungsverzug** sind Beiträge ab Fälligkeit mit 5% über dem Basiszinssatz der Europäischen Zentralbank zu verzinsen, §§ 111 Abs. 1, 352 Abs. 2 HGB. Darüber hinaus kann die Gesellschaft einen weitergehenden Verzugsschaden geltend machen, und selbstverständlich sind die Gesellschafter frei darin, die Verzugsfolgen abweichend von der gesetzlichen Regel im Gesellschaftsvertrag zu bestimmen.

c) Geltendmachung der geschuldeten Einlageleistung. Die Einziehung der Beiträge ist Geschäftsführungssache, sie obliegt im Regelfall also der Komplementär-GmbH. In der Insolvenz der Gesellschaft ist demgegenüber die Pflichteinlage durch den Insolvenzverwalter einzuziehen.

6. Leistungsstörungen

a) Mängel der Verpflichtungserklärung. Leistungsstörungen im Hinblick auf die Beitrags- und Einlagepflichten sind in vielfältiger Hinsicht denkbar. Sofern bereits die Erklärung des Gesellschafters zum Beitritt zur Gesellschaft bzw. zum Abschluss des Gesellschaftsvertrages unter Übernahme der Leistungspflichten mangelbehaftet ist, geht es um einen nach den Regeln über die fehlerhafte Gesellschaft zu bewältigenden Mängeltatbestand (dazu → § 10 Rn. 17). Hiervon zu sondern sind Leistungsstörungen bei der Erfüllung der Beitrags- und Einlagepflichten.

b) Anwendung der §§ 320 ff. BGB. Die Beitrags- und Einlagepflichten sind nicht Gegenstand eines synallagmatischen Leistungs- und Gegenleistungsverhältnisses. Demgegenüber hat die ältere Rechtsprechung die §§ 320 ff. BGB im Grundsatz noch für anwendbar gehalten.[56] Das jüngere Schrifttum geht indessen mit Recht von der grundsätzlichen **Unanwend-**

---

[55] Vgl. RGZ 150, 163 (171); BGH WM 1982, 5 (7); MüKoHGB/*K. Schmidt* § 172 Rn. 11.
[56] Vgl. RGZ 147, 340 (342); 163, 385 (388); wN bei GK/*Schäfer* § 105 HGB Rn. 145.

barkeit der §§ 320 ff. BGB aus.[57] Das ist offenbar auch die Linie des BGH.[58] Dem ist zuzustimmen, weil der Gesellschaftsvertrag als Grundlage der Beitragspflichten kein Gegenseitigkeitsverhältnis begründet, sondern die geschuldeten Beiträge zur Förderung des gemeinsamen Zweckes erbracht werden.[59] Sie sind folglich weder Gegenleistung für den Beitrag der anderen Mitgesellschafter, auch wenn sie regelmäßig nur und mit Blick auf die entsprechende Beitragsleistung der Mitgesellschafter erbracht werden, noch steht ihnen eine Gegenleistung der Gesellschaft selbst gegenüber. Mangels synallagmatischer Verknüpfung sind deshalb die §§ 320 ff. BGB grundsätzlich nicht anwendbar. Das hindert aber nicht daran, bei Leistungsstörungen neben den gesellschaftsvertraglichen Vorschriften und den bürgerlich-rechtlichen Regelungen für nicht synallagmatische Pflichten Einzelwertungen der §§ 320 ff. BGB entsprechend heranzuziehen.[60] Im Einzelnen:

29   c) **Leistungsverweigerungsrecht entsprechend § 320 BGB.** Es ist im Wesentlichen unstreitig, dass ein Gesellschafter in der mehrgliedrigen Gesellschaft seinen Beitrag nicht deshalb verweigern kann, weil andere Gesellschafter noch nicht geleistet haben. Gegen eine unbillige Inanspruchnahme kann sich der Gesellschafter nur unter **Berufung auf den Gleichbehandlungsgrundsatz** und ggf. auf § 242 BGB berufen.[61] Gleiches gilt im Ergebnis für laufende Verpflichtungen zur Geschäftsführung und Vertretung.[62] Anderes soll ausnahmsweise für die **zweigliedrige** Gesellschaft gelten; hier soll der eine Gesellschafter verlangen können, dass der andere Gesellschafter seinen Beitrag gleichermaßen erbringt.[63] Für diese überzeugenden Ergebnisse bedarf es jedoch nicht des Rückgriffs auf § 320 BGB.

30   d) **Berufung auf § 321 BGB.** § 321 BGB ist im Gesellschaftsverhältnis nicht anwendbar.[64] Ist einer oder sind alle Mitgesellschafter zahlungsunfähig oder droht ein sonstiges Leistungshindernis nach § 321 BGB, kommt nur in

---

[57] Vgl. eingeh. MüKoBGB/*Ulmer* § 705 Rn. 163 ff.; GK/*Schäfer* § 105 HGB Rn. 146 ff.; grds. anders in Übereinstimmung mit der älteren gesellschaftsrechtlichen Lit. jetzt aber *Hüttemann*, Leistungsstörungen, 29 ff., 72 ff. und passim.
[58] Vgl. BGH WM 1959; 53 (54 f.); NJW 1983, 1188 (1189).
[59] Differenzierend demgegenüber *Karsten Schmidt*, der zwischen dem Gesellschaftsvertrag als Organisationsvertrag und dem Beitragsverhältnis unterscheidet; eine Nichtanwendbarkeit der §§ 320 ff. BGB folge nur für den Gesellschaftsvertrag als Organisationsvertrag, vgl. MüKoHGB/*K. Schmidt* § 105 Rn. 186.
[60] So wohl auch MHdB GesR II/*v. Falkenhausen/Schneider* § 18 KG Rn. 52.
[61] Vgl. GK/*Schäfer* § 105 HGB Rn. 148; *Ballerstedt* JuS 1963, 253 (259); im Ergebnis auch *Hüttemann*, Leistungsstörungen, 75 ff., soweit es um das Verhältnis Gesellschaft/Gesellschafter geht, also die Gesamthand Leistung der versprochenen Beiträge fordert; anders aber *Ballerstedt* JuS 1963, 253 (259), für das Verhältnis der Gesellschafter zueinander, also für die actio pro socio: § 320, § 322 BGB sollen insoweit anwendbar sein.
[62] BGH WM 1959, 53 (54).
[63] Vgl. GK/*Schäfer* § 105 HGB Rn. 149; *Hueck* Recht der OHG § 6 II 3b; *Koller/Roth/Morck* § 105 HGB Rn. 40; aA MüKoHGB/*K. Schmidt* § 105 Rn. 185: Anwendung nur bei der Zweipersonen-Innengesellschaft (also nicht bei der oHG oder KG).
[64] Vgl. MüKoBGB/*Ulmer/Schäfer* § 705 Rn. 169; aA *Jauernig/Stürner* § 706 BGB Rn. 3.

Betracht, unter Berufung auf den Geschäftsgrundlagenwegfall nach §§ 133, 140 HGB die **Auflösung** der Gesellschaft zu betreiben. Bei Vermögensverschlechterung oder Leistungsunfähigkeit eines Mitgesellschafters kann dieser Situation durch Kündigung oder Auflösung der Gesellschaft bzw. durch Ausschluss eines Gesellschafters Rechnung getragen werden (vgl. §§ 723 Abs. 1, 726, 737 BGB). Wenn der Beitrag des insolventen Gesellschafters für den Gesellschaftszweck von wesentlicher Bedeutung ist, kommt die Berufung auf einen **wichtigen Grund** im Sinne von § 133 Abs. 1 HGB und damit eine Auflösungsklage in Betracht; dies kann der solvente Gesellschafter auch seiner Einlageverpflichtung im Wege der Einrede entgegenhalten.[65]

e) **Freiwerden nach § 326 BGB.** Mangels synallagmatischer Verknüpfung kommt auch § 326 BGB nicht zur Anwendung.[66] Kann ein Gesellschafter die ihm obliegende Leistung nicht erbringen, **ohne** dass ihn oder die Gesellschaft ein **Verschulden** trifft, wird er nach § 275 Abs. 1 bis 3 BGB von seiner Verpflichtung frei.[67] Die Auslegung des Gesellschaftsvertrags kann jedoch ergeben, dass stattdessen eine Geldleistung geschuldet ist.[68] Sofern dies nicht bejaht werden kann und auch eine Kündigung des Gesellschafters aus wichtigem Grund nicht in Betracht kommt, ist von einer entsprechenden **Anpassung** seiner Gewinnberechtigung und Beteiligung am Liquidationserlös nach Treuepflichtgrundsätzen auszugehen.[69] 31

Bei zu vertretender Unmöglichkeit (anfängliche oder nachträgliche) folgt eine Schadensersatzpflicht gemäß den Vorschriften §§ 275, 280, 283, 311a BGB, wobei sich der Verschuldensmaßstab an § 708 BGB zu orientieren hat.[70] 32

§ 323 BGB (Rücktritt) ist nicht anwendbar – jedenfalls, sobald die Gesellschaft ihre Geschäftstätigkeit aufgenommen hat. Stattdessen gelten im **Verzugsfalle** die §§ 133, 140 HGB. Darüber hinaus hat die Gesellschaft Ersatzansprüche nach den §§ 281, 286 BGB.[71] 33

7. Mängelgewährleistungsrecht

a) **Mängelgewährleistung nach Kaufrecht.** Hat der Gesellschafter eine Sacheinlage versprochen, stellt sich bei Mängeln die Frage nach einem 34

---

[65] Vgl. GK/*Schäfer* § 105 HGB Rn. 150; MüKoBGB/*Ulmer*/*Schäfer* § 705 Rn. 169; vgl. RGZ 112, 280 (282 f.); aA *Hüttemann*, Leistungsstörungen, 128 ff.: für Anwendbarkeit von § 321 BGB aF; vgl. auch BGH WM 1968, 876, wonach es bei Vermögensverschlechterung der Gesellschaft auf die Zumutbarkeit der Beitragsleistung ankommen soll.
[66] Vgl. GK/*Schäfer* § 105 HGB Rn. 150 mwN; MüKoBGB/*Schäfer* § 706 Rn. 25; aA wiederum *Hüttemann*, Leistungsstörungen, 162 ff., ausgehend von einem Synallagma zwischen Einlageleistung und Ergebnisteilhabe. Zum differenzierenden Ansatz von *Karsten Schmidt* vgl. MüKoHGB/*K. Schmidt* § 105 Rn. 186.
[67] Vgl. *Koller*/*Roth*/*Morck* § 105 HGB Rn. 41.; MüKoBGB/*Schäfer* § 706 Rn. 25.
[68] Vgl. MHdB GesR II/*v. Falkenhausen*/*Schneider*, KG, § 18 Rn. 57; BGH VersR 1963, 433 (434); 1963, 585 (586).
[69] Vgl. GK/*Schäfer* § 105 HGB Rn. 150.
[70] Zur Rechtslage vor der Schuldrechtsreform vgl. die Voraufl. § 19 Rn. 32.
[71] Vgl. auch die Voraufl. § 19 Rn. 33.

6. Kapitel. Kapital, Gewinn, Rechnungslegung

Eingreifen der kaufrechtlichen Gewährleistungsregeln. Die herrschende Auffassung wendet die Gewährleistungsregeln aus §§ 434 ff. BGB (analog) an; hierbei werden in der Regel sachgerechte Modifikationen vorgenommen.[72] Ausgeschlossen bleibt aber – wie bereits vor der Schuldrechtsreform – das Recht zum Rücktritt und das Recht zur Minderung.[73] Ist der Gesellschafter nicht Eigentümer der als Einlage geschuldeten Sache, kommt ein **gutgläubiger Erwerb** durch die Gesellschaft in Betracht, wenn die die Gesellschaft vertretende Komplementärin gutgläubig im Sinne der §§ 892, 932 ff. BGB ist. Es kommt also entscheidend auf den guten Glauben der Geschäftsführer der Komplementär-GmbH an.[74] Kommt ein gutgläubiger Erwerb nicht in Betracht, so liegt kein Mangel, sondern Unmöglichkeit vor; die Vorschriften und Grundsätze zu Unmöglichkeit sind hier also anwendbar.[75]

35 Für die Feststellung, ob ein Mangel gegeben oder eine Eigenschaft der Sache zugesichert worden ist, sind die kaufrechtlichen Grundsätze übertragbar. Anstelle der nicht anwendbaren Vorschriften über den Rücktritt greifen die §§ 133, 140 HGB bzw. eine treuepflichtgemäße Vertragsanpassung.[76] Hat der Gesellschafter die Mangelhaftigkeit nicht zu vertreten und ist eine Nacherfüllung ausgeschlossen, bleibt also nur im Rahmen einer Treuepflicht eine Vertragsanpassung oder aber die Kündigung bzw. der Ausschluss wegen Unzumutbarkeit unveränderter Fortsetzung der Gesellschaft; eine Wertdifferenz gegenüber der mangelfreien Sache in Geld oder aber vollen Ausgleich in Geld kann nicht verlangt werden.[77] Zu beachten ist aber, dass sich der Kommanditist nur im Umfang objektiver Wertdeckung von seiner Haftung befreien kann.

36 **b) Mängelgewährleistung nach Miet- oder Pachtrecht.** Wird als Einlage die Überlassung von Gegenständen zur Nutzung versprochen, gelten die Prinzipien des Miet- und Pachtrechts mit Modifikationen: Sofern ein Mangel gegeben ist, kann die Gesellschaft dessen Beseitigung und – Verschulden vorausgesetzt – Schadenersatz nach §§ 280, 281 BGB verlangen.

---

[72] Vgl. *Baumbach/Hopt* § 105 HGB Rn. 48; *Oetker/Weitemeyer* § 105 HGB Rn. 66; GK/*Schäfer* § 105 HGB Rn. 152; aA MüKoHGB /*K. Schmidt* § 105 Rn. 187, der nicht auf eine Analogie zu den Gewährleistungsvorschriften zurückgreift, sondern die Rechtsfolgen aus dem Gesellschaftsvertrag ableitet.
[73] Vgl. MHdB GesR II/*v. Falkenhausen/Schneider*, KG, § 18 Rn. 66 f.; MüKoBGB/ *Schäfer* § 706 Rn. 27; GK/*Schäfer* § 105 HGB Rn. 152; so schon zur alten Rechtslage (Minderung/Wandlung) *Hueck*, Recht der OHG, § 14 II 1, S. 206 f.
[74] Str., ähnlich wie hier MHdB GesR II/*v. Falkenhausen/Schneider* KG § 18 Rn. 70 (Gutgläubigkeit der geschäftsführenden Gesellschafter); aA dagegen wohl BGH WM 1959, 348 (350) (Gutgläubigkeit aller Gesellschafter erforderlich?); *Koller/Roth/Morck* § 105 HGB Rn. 39 (Gutgläubigkeit aller vertretungsberechtigten Gesellschafter).
[75] Vgl. GK/*Schäfer* § 105 HGB Rn. 151 mwN.
[76] Vgl. *Koller/Roth/Morck* § 105 HGB Rn. 42.
[77] Vgl. GK/*Schäfer* § 105 HGB Rn. 152 mwN; nach früher oft vertretener Auffassung war dagegen Wertdifferenz oder, im Falle der Rückgabe der Sache, voller Ausgleich in Geld, zu leisten, vgl. hierzu die kritischen und ablehnenden Ausführungen bei GK/*Ulmer* (4. Aufl. 2004) § 105 HGB Rn. 154; *Koller/Roth/Morck* § 105 HGB Rn. 42; vgl. ferner zu jenem Meinungsstand MüKoHGB/*K. Schmidt* § 105 Rn. 187; MHdB GesR/*v. Falkenhausen/Schneider* KG § 18 Rn. 66.

§ 20 Kapital und Kapitalaufbringung

Fehlt es an einem Verschulden, kommt Schadensersatz nach § 536a Abs. 1 BGB in Betracht; unter den Voraussetzungen des § 536a Abs. 2 BGB kann die Gesellschaft den Mangel auch selbst beseitigen.[78] Hinsichtlich Minderung nach § 536 BGB und außerordentlicher Kündigung nach § 543 BGB gilt demgegenüber der Vorrang der gesellschaftsrechtlichen Behelfe. Ist eine Anpassung der Leistung im Wege der **Auslegung** nicht mit dem Ergebnis möglich, dass anstelle der Sache Geldersatz tritt, bleibt nur die Auflösung der Gesellschaft oder das Ausscheiden des Gesellschafters nach §§ 133, 140 HGB.[79]

Bei **Verschlechterung oder Untergang** der zum Gebrauch überlassenen Sache ohne Vertretenmüssen einer Seite, aber in der Risikosphäre der Gesellschaft, ist der Gesellschafter nicht zum Nachschuss verpflichtet, § 707 BGB. Er kann aber von der Gesellschaft auch keinen Ersatz verlangen.[80]   37

c) **Dienstvertragsrecht.** Soweit der Gesellschafter Dienstleistungen versprochen hat, können sich bei Schlechtleistungen gegebenenfalls Schadensersatzansprüche wegen Pflichtverletzung nach § 280 BGB ergeben.[81] Eine verschuldensunabhängige Mängelgewährleistungshaftung sieht das Dienstvertragsrecht, im Gegensatz zum Werk- und Kaufrecht, nicht vor. Wird die zugesagte Leistung unmöglich, ist im Wege der Auslegung zu ermitteln, ob der Gesellschafter dann Ersatz in Geld schuldet.[82]   38

8. Durchsetzung

Entstehen infolge einer nicht erfolgten oder mangelhaften Beitragserbringung Ansprüche auf Nacherfüllung, Schadensersatz, Zuzahlung oder Anpassung des Vertrages, sind diese als **Sozialansprüche** von der Gesellschaft oder im Wege der **actio pro socio** von den Gesellschaftern geltend zu machen. Die Beweislast für die ordnungsgemäße Erbringung der Beiträge liegt bei dem Gesellschafter. Sofern die Beitragsleistung von der Gesellschaft zunächst angenommen und erst später als nicht ordnungsgemäß zurückgewiesen wurde, kommt zugunsten des Gesellschafters eine Beweislastumkehr in Betracht.[83]   39

9. Vertragsgestaltung

Für die Vertragsgestaltung empfiehlt es sich angesichts der Unklarheiten in Rechtsprechung und Literatur, über das Ob und die Reichweite einer Anwendung der zivilrechtlichen Gewährleistungsregeln im Rahmen der privatautonomen Gestaltungsfreiheit dringend das **Leistungsprogramm**, das der   40

---

[78] Vgl. MHdB GesR II,/v. Falkenhausen/Schneider, KG, § 18Rn. 71; aA GK/Schäfer § 105 HGB Rn. 153.
[79] Vgl. hierzu unter Bezugnahme auf §§ 723, 737 BGB GK/Schäfer § 105 HGB Rn. 153.
[80] Vgl. MHdB GesR II/v. Falkenhausen/Schneider KG § 18 Rn. 72.
[81] Vgl. zur sog. „positiven Vertragsverletzung" nach altem Recht BGH NJW 1983, 1188 (1189).
[82] Vgl. MHdB GesR II,/v. Falkenhausen/Schneider, KG, § 18Rn. 73.
[83] Vgl. unter Verweis auf § 363 BGB RGZ 86, 210 (214).

6. Kapitel. Kapital, Gewinn, Rechnungslegung

Gesellschafter im Zuge der Einlageleistung zu erfüllen hat, ebenso detailliert zu regeln wie die **Rechtsfolgen** bei Programmabweichungen. Dazu gehört, wenn anderes als Geld versprochen wird, insbesondere die genaue Bestimmung des geschuldeten Gegenstands nach Art und Güte, die Festlegung von Einbringungszeitpunkt und Zeitpunkt des Gefahrübergangs, sowie die Bestimmung der Rechtsfolgen bei Verzug, Nichterfüllung und mangelbehafteter Leistung. In jedem Fall unverzichtbar ist bei Kommanditisten die Festsetzung eines **Einbringungswerts**, der der von ihm versprochenen Sachleistung zukommen muss. Verpflichtet sich der Kommanditist zur Eintragung einer Sachleistung mit einem bestimmten Einbringungswert, so bedeutet dies die Übernahme einer **objektiven Wertdeckungszusage**, die für den Fall einer Überbewertung der Sachleistung ein Wertersatzversprechen in Geld beinhaltet. Der Kommanditist ist für die Werthaltigkeit der Sacheinlage im Streitfall beweispflichtig.[84]

III. Währungsmäßige Festsetzungen

1. Anpassungsbedarf infolge der Ablösung von DM durch EUR

41 Geldeinlagen der Gesellschafter einer Personengesellschaft müssen in einem bestimmten Währungsbetrag ausgedrückt werden, bei Sacheinlagen empfiehlt sich dringend die Bestimmung eines Einbringungswerts, der wiederum als Währungsbetrag festzusetzen ist. Darüber hinaus bedarf es bei der GmbH & Co. KG der betragsmäßigen Festlegung im Hinblick auf die im Handelsregister einzutragenden **Haftsummen** der Kommanditisten. Bis zur Einführung des EUR erfolgten diese Festsetzungen in DM-Beträgen. Ab Januar 1999 stellte sich bei Altgesellschaften die Frage einer Überleitung von DM-Festsetzungen auf EUR, und bei Neuerrichtungen war zu entscheiden, welche Währung Verwendung findet. Das Gesetz zur Einführung des Euro[85] sieht keine speziellen Vorschriften für Personengesellschaften im Hinblick auf die Einführung des EUR oder die Umstellung von DM-Angaben auf EUR vor. Dem liegt nach Auffassung des Gesetzgebers wohl der Befund zugrunde, dass in den einschlägigen Bestimmungen von BGB und HGB keine Bezugnahmen auf DM-Betragsangaben enthalten sind[86] und Vorgaben für die Höhe eines betragsmäßig definierten Mindesthaftkapitals oder bestimmte Anteilsstückelungen fehlen. Nach der Gesetzeslage kommen deshalb die allgemeinen Regeln über die Anpassung von DM-Beträgen an den EUR nach Maßgabe der EUR-VO II[87] zur Anwendung.[88]

---

[84] Vgl. MüKoHGB/*K. Schmidt* § 171/172 Rn. 54.
[85] Euro-Einführungsgesetz v. 9.6.1998 BGBl. I 1242.
[86] Das ist im Hinblick auf die vormals in DM und nunmehr in EUR auszureichende Haftsumme des Kommanditisten nicht zweifelsfrei.
[87] VO Nr. 974/98 v. 3.5.1998 über die Einführung des EUR, ABl. EG L139/1.
[88] Vgl. *Steffan/Schmidt* DB 1998, 709 (712).

2. Übergangsphase vom 1. Januar 1999 bis 31. Dezember 2001

a) Wahlrecht bei Neugründungen. Neu gegründete Gesellschaften konnten als Währungseinheit für die Festsetzung der Kapitalanteile **wahlweise DM oder EUR** vereinbaren. Allerdings war eine einheitliche Wahl der Währungseinheit geboten, ein Nebeneinander von DM- und EUR-Festsetzungen zumindest unzweckmäßig. Da die Wahl des EUR spätere Umstellungsmaßnahmen entbehrlich machte, war die Verwendung von EUR-Festsetzungen vorzugswürdig.

b) Altgesellschaften. Altgesellschaften konnten in dieser Phase die Betragsfestsetzungen von DM auf EUR durch Umrechnung und Cent-Rundung umstellen (Art. 6 Abs. 2 EuroVO II). Da dies eine **Änderung des Gesellschaftsvertrages** bedeutete, bedurfte die Umstellung der Zustimmung aller Gesellschafter. Der Vorschlag,[89] insoweit einen Mehrheitsbeschluss zu ermöglichen, wurde nicht in das Gesetz aufgenommen. Mit Recht wird aber die Auffassung vertreten, dass eine Zustimmungspflicht aufgrund Treuepflicht gegeben ist.[90]

Die Umstellung auf EUR ist wegen Art. 14 EuroVO II nicht zwingend; ebenso wenig anschließende Glättungsmaßnahmen.[91] Ob sie bezüglich der Haftsumme auf jeden Fall durch einstimmigen Beschluss erfolgen müssen, ist offen, doch sprechen die besseren Gründe dafür.[92]

Die Umstellung der **Haftsumme** der Kommanditisten auf EUR muss in das Handelsregister eingetragen werden (§ 162 HGB). Hierfür sieht Art. 45 EGHGB vor, dass weder die öffentlich beglaubigte Form der Anmeldung nach § 12 HGB noch die Bekanntmachung der Eintragung nach § 10 HGB erforderlich sind.

Kapitalkonten konnten als „Buchgeld" schon ab 1999 in EUR geführt werden. Eine Umstellungspflicht besteht wegen Art. 14 EuroVO II aber selbst ab 2002 nicht;[93] mangels Eintragung der Kapitalkonten im Handelsregister gab es auch **keine Registersperre.** Entscheiden sich aber die Gesellschafter für die Umstellung, so sind die EUR-Werte gemäß Art. 5 EuroVO I auf volle Cent zu runden, weil die Konten „zu zahlende oder zu verbuchende Geldbeträge" darstellen.[94]

Glättungsmaßnahmen sind nach erfolgter Umstellung nicht unbedingt erforderlich. Für das Konto I, das vorwiegend das Beteiligungsverhältnis ausdrückt, das durch die bloße Umstellung nicht verändert wird, ist mit Blick auf eventuelle Gesellschafterwechsel und künftige Verschiebungen der Kapitalanteilgeber eine **Glättung** angebracht. Der Beschluss über die Anpassung muss einstimmig gefasst werden.[95]

---

[89] Stellungnahme des Handelsrechtsausschusses des DAV A II 3, ZIP 1998, 358.
[90] Vgl. *Sprockhoff* NZG 1999, 17 (18).
[91] *Steffan/Schmidt* DB 1998, 709 (712); Heidelberger Komm./*Stuhlferner* § 162 HGB Rn. 1.
[92] Vgl. *Sprockhoff* NZG 1999, 19; bejahend *Steffan/Schmidt* DB 1998, 709 (712).
[93] *Plewka*, Umstellung auf den Euro, 97.
[94] *Sprockhoff* NZG 1999, 18.
[95] Vgl. *Sprockhoff* NZG 1999, 17 (18); *Steffan/Schmidt* DB 1998, 709 (712).

6. Kapitel. Kapital, Gewinn, Rechnungslegung

48 Die **übrigen Konten** bedürfen hingegen keiner Glättung, sofern sie verzinslich gestellt und durch ständigen Kapitalfluss ohnehin fortdauernden Schwankungen unterworfen sind. Werden sie hingegen unverzinslich ausgestaltet, sollte eine Glättung erwogen werden.[96]

3. Rechtslage seit dem 1. Januar 2002

49 Seit dem 1. Januar 2002 können **Neugründungen** nur noch unter Verwendung der EUR-Währung erfolgen. Bei **Altgesellschaften**, die eine Umstellung nicht vorgenommen haben, sind sämtliche DM-Beträge gemäß Art. 14 S. 1 EuroVO II als EUR-Beträge zu lesen. Eine Umstellung muss auch nach neuem Recht nicht unbedingt erfolgen, so dass ein Gesellschafterbeschluss nicht notwendig ist.[97] Eine Eintragung von neuen Haftsummen ist aber nur noch in EUR zulässig.[98]

---

[96] *Sprockhoff* NZG 1999, 17 (18).
[97] *Plewka*, Umstellung auf den Euro, 97.
[98] *Sprockhoff* NZG 1999, 19; Ebenroth/Boujong/Joost/Strohn § 171 HGB Rn. 6.

§ 21 Gesellschafterkonten, Kapitalanteile

Übersicht

	Rn.
I. Die Beteiligung des Gesellschafters an der Gesellschaft	1
1. Grundbegriffe	1
2. Der Kapitalanteil	2
3. Abweichende Kautelarpraxis	4
II. Das Kapitalkonto von Komplementär und Kommanditist nach der gesetzlichen Regel	5
1. Das Kapitalkonto der Komplementär-GmbH	5
a) Der variable Kapitalanteil	5
b) Bilanzielle Abbildung	6
2. Das Kapitalkonto des Kommanditisten	7
a) Ausgangspunkt	7
b) Gewinnkonto	8
c) Negatives Kapitalkonto	9
d) Rechtliche Bedeutung des Kapitalkontos	10
e) Rechtliche Bedeutung des Gewinnkontos	12
III. Vom Gesetz abweichende Vertragsgestaltungen	15
1. Unzweckmäßigkeit der gesetzlichen Bestimmungen	15
a) Überblick	15
b) Gestaltungsvorgaben	18
2. Gestaltungsvarianten	26
a) Zweikontenmodell	27
b) Dreikontenmodell	28
c) Vierkontenmodell	29
d) Modifiziertes Dreikontenmodell mit Rücklagenkonto	30
e) Bewertung	31
3. Teilung des Kapitalkontos in zwei Konten	32
a) Zweck	32
b) Kontoguthaben	34
c) Zinsen	37
d) Insolvenz	38
e) Kein Verlustausgleich	39
4. Dreikontenmodell	42
a) Die Bedeutung des dritten Kontos	42
b) Entnahmefähiger und nicht entnahmefähiger Gewinn	44
c) Folgen von Debetsituationen auf den Konten	47
d) Verzinsung	51
e) Übertragung des Guthabens und Abtretung der Konten	53
5. Vierkontenmodell	56
a) Bedeutung	56
b) Rechtsnatur	58
6. Modifiziertes Dreikontenmodell mit Rücklagenkonto	59
a) Bedeutung	59
b) Rechtsnatur	60
7. Gesellschafterkonten als Einlagengeschäft im Sinne des § 1 Abs. 1 Satz 2 Nr. 1 KWG	61
a) Einlagen der Gesellschafter einer Personengesellschaft	62
b) Darlehens-/Gewinnkonten der Gesellschafter	63

Schrifttum: *Huber*, Vermögensanteil, Kapitalanteil und Gesellschaftsanteil an Personengesellschaften des Handelsrechts, 1970; *Huber*, Gesellschafterkonten in der Personengesellschaft, ZGR 1988, 1 ff.; *Huber*, Freie Rücklagen in Kommanditgesellschaften, Gedächtnisschrift Knobbe-Keuk, 1998, 203 ff.; *Oppenländer*, Zivilrechtliche Aspekte der Gesellschafterkonten der OHG und KG, DStR 1999, 939; *Rodewald*, Zivil- und steuerrechtliche Bedeutung der Gestaltung von Gesellschafterkonten, GmbHR 1998, 521; *Salje*, Die Abgrenzung des Gesellschafter-Darlehenskontos gegenüber dem Kapitalkonto bei Personengesellschaften, BB 1978, 1115 ff.; *Schopp*, Kapitalkonten und Gesellschafterdarlehen in den Abschlüssen von Personengesellschaften, BB 1987, 581 ff.; *Wiedemann*, Gedanken zur Vermögensordnung der Personengesellschaft, FS Odersky, 1996, 925 ff.

I. Die Beteiligung des Gesellschafters an der Gesellschaft

1. Grundbegriffe

1   Die Komplementär-GmbH und die Kommanditisten erwerben mit der Beteiligung an der Errichtung der GmbH & Co. KG eine Mitgliedschaft an der Gesellschaft. Diese Beteiligung repräsentiert als Inbegriff aller mitgliedschaftlichen Rechte und Pflichten den **Gesellschaftsanteil** des Gesellschafters.[1] Gesellschafter ohne Gesellschaftsanteil gibt es nicht. Das heißt aber nicht, dass jeder Gesellschafter auch notwendig am Gesellschaftsvermögen beteiligt sein muss.[2] Vom Gesellschaftsanteil ist der **Vermögensanteil** als Inbegriff der vermögensmäßigen Beteiligung des Gesellschafters zu sondern.[3] Bilanziell findet der Vermögensanteil seine Abbildung im **Kapitalanteil** des Gesellschafters. Der Kapitalanteil ist eine Rechengröße, die kontenmäßig die Vermögensbeteiligung des Gesellschafters an der Gesellschaft darstellt.[4] Namentlich die Komplementär-GmbH ist häufig nicht am Vermögen der Gesellschaft beteiligt, erhält bei Ausscheiden keine Abfindung und nimmt an einem Liquidationserlös nicht teil. Der Beitrag der Komplementärin besteht dann lediglich in der Übernahme der persönlichen Haftung. Auch Kommanditisten ohne Vermögensbeteiligung an der Gesellschaft sind denkbar,[5] wenn auch in der Praxis selten anzutreffen.

2. Hier insbesondere: Der Kapitalanteil

2   Der Kapitalanteil des Gesellschafters ist nicht als Bruchteil am Gesellschaftsvermögen oder als Forderung des Gesellschafters gegen die Gesellschaft zu begreifen; er ist auch kein Recht und demgemäß als solcher auch nicht Gegenstand rechtsgeschäftlicher Übertragung. Der Kapitalanteil ist vielmehr eine **Rechengröße**, die als Bilanzziffer den jeweiligen Stand der Einlage des Gesellschafters angibt.[6] Dementsprechend heißt es in § 120 Abs. 2 HGB, dass dem Kapitalanteil des Gesellschafters der ihm zukommende Gewinn zuzuschreiben und der auf ihn entfallende Verlust sowie Entnahmen abzuschreiben sind. Nach der gesetzlichen Ausgangslage ist der Kapitalanteil danach **beweglich**. Die Summe der Kapitalanteile der Gesellschafter ergibt

---

[1] *Huber*, Vermögensanteil, 1, 11; *K. Schmidt*, Gesellschaftsrecht, § 47 III 1a (S. 1380).

[2] Vgl. zur Zulässigkeit der sog. societas leonina, bei der ein Teil der Gesellschafter von der Teilnahme am Gewinn ausgeschlossen ist, MüKoBGB/*Ulmer* § 705 Rn. 151 mwN.

[3] Vgl. *K. Schmidt*, Gesellschaftsrecht, § 47 III 1a (S. 1381).

[4] Vgl. *Heymann/Emmerich* § 120 HGB Rn. 23. Der Kapitalanteil ist nicht mit einem Bruchteil am Gesellschaftsvermögen identisch – er ist bloße Rechengröße, vgl. hierzu *K. Schmidt*, Gesellschaftsrecht, § 47 III 1a (S. 1381), 2a (S. 1382f.); vgl. ferner die Ausführungen bei II.

[5] Dazu MHdB GesR II/*v. Falkenhausen/Schneider* KG § 22 Rn. 10.

[6] *Heymann/Emmerich* § 120 HGB Rn. 22; *Huber*, Vermögensanteil, 228; *Koller/Roth/Morck* § 120 HGB Rn. 7; *Rodewald*, GmbHR 1998, 521; *K. Schmidt*, Gesellschaftsrecht, § 47 III 1a (S. 1381), 2a (S. 1381f.).

das (buchmäßige) Eigenkapital der Gesellschaft als der Betrag, um den die Summe der Aktiva die Summe der Passiva übersteigt. Bezugsgröße des Kapitalanteils ist das in der Bilanz ausgewiesene Vermögen der Gesellschaft, nicht der tatsächliche Wert.

Entsprechend dem Prinzip der Einheitlichkeit der Mitgliedschaft[7] kann jeder Gesellschafter nur **einen Kapitalanteil** haben. Erwirbt er die Beteiligung eines Mitgesellschafters hinzu, wächst seinem Kapitalanteil der mit der erworbenen Mitgliedschaft verbundene Kapitalanteil des abgebenden Gesellschafters zu. Das gilt unabhängig davon, ob es sich um eine Komplementär- oder Kommanditbeteiligung handelt, weil die Kapitalanteile von Komplementär und Kommanditist dieselbe Rechtsnatur und dieselbe Funktion haben.[8] In der typischen GmbH & Co. KG wird aber ohnedies ein Anteilsübergang regelmäßig nur zwischen Kommanditisten stattfinden.

3

3. Abweichende Kautelarpraxis

Die Kautelarpraxis weicht von dem gesetzlichen Regelungsmodell des beweglichen Kapitalanteils mit guten Gründen regelmäßig ab. Für die Gestaltung des Gesellschaftsvertrags empfiehlt sich abweichend vom insoweit dispositiven Recht die Einrichtung **fester Kapitalanteile**, die als feste Kapitalkonten dargestellt werden; hierauf ist sogleich zurückzukommen (→ Rn. 15 ff.). Zunächst ist jedoch die gesetzliche Systematik zu erschließen, die Geltung beansprucht, wenn und solange die Gesellschafter nichts Abweichendes vereinbaren (→ Rn. 5 ff.).

4

II. Das Kapitalkonto von Komplementär und Kommanditist nach der gesetzlichen Regel

1. Das Kapitalkonto der Komplementär-GmbH

a) Der variable Kapitalanteil. Die dispositive Gesetzesregelung in § 120 Abs. 2 HGB, wonach dem Kapitalanteil des OHG-Gesellschafters der ihm zukommende Gewinn zuzuschreiben und ein auf ihn entfallender Verlust abzuschreiben ist, gilt nach § 161 Abs. 2 HGB auch für die Komplementär-GmbH in der GmbH & Co. KG, sofern vertraglich nichts Abweichendes vereinbart ist. Ausgangsgröße für die Bestimmung des Kapitalanteils der Komplementärin ist die geleistete Einlage; ihr werden spätere Gewinnanteile hinzugerechnet, Verlustanteile sowie Entnahmen werden von ihr abgezogen. Der Kapitalanteil spiegelt danach also den jeweils gegenwärtigen **Stand der Gesellschaftereinlage** wider.[9] Sinkt der Kapitalanteil auf Null oder wird er negativ, ist die Einlage verloren. Ein positiver Kapitalanteil ist keine Forderung gegen die Gesellschaft, denn ein Rückzahlungsanspruch gegen die Gesellschaft besteht im Hinblick auf die geleistete Einlage nicht; sie ist vielmehr

5

---

[7] Dazu *Wiedemann*, FS Odersky, 925.
[8] Zum Anteilserwerb und seinen Rechtsfolgen vgl. → § 28.
[9] Heymann/*Emmerich* § 120 HGB Rn. 22; *Huber*, Vermögensanteil, 228.

6. Kapitel. Kapital, Gewinn, Rechnungslegung

an die Mitgliedschaft gekoppelt.[10] Umgekehrt ist ein negativer Kapitalanteil auch keine Verbindlichkeit gegenüber der Gesellschaft, denn zu Nachschüssen ist der Gesellschafter während des Bestehens der Gesellschaft nicht verpflichtet, § 707 BGB.[11]

6   b) Bilanzielle Abbildung. Buchführungstechnisch wird der Kapitalanteil durch das **Kapitalkonto** dargestellt. Nach dem gesetzlichen Regelungsvorbild des beweglichen Kapitalanteils ist deshalb für die Komplementär-GmbH in der GmbH & Co. KG ein **einheitliches bewegliches Kapitalkonto** einzurichten, dem die Einlage und die Gewinnanteile der persönlich haftenden Gesellschafterin gutgeschrieben und von dem Verlustanteil und Entnahmen abgeschrieben werden §§ 161 II, 120 II HGB.[12] Die bilanzielle Abbildung erfolgt gem. §§ 264 c Abs. 2 Satz 1, 266 Abs. 3 HGB als Posten „Kapitalanteile" beim Eigenkapital.

2. Das Kapitalkonto des Kommanditisten

7   a) Ausgangspunkt. Auch der Kommanditist hat nach der gesetzlichen Regel einen beweglichen Kapitalanteil, für den das vorstehend für die Komplementär-GmbH Ausgeführte entsprechend gilt: Es ist ein einheitliches bewegliches Kapitalkonto zu eröffnen, dem die Einlage und die auf den Kommanditisten entfallenden Gewinnanteile gutgebracht und von dem Verlustanteile abgeschrieben **werden**. Doch sind zwei **Besonderheiten** gegenüber dem Kapitalkonto der Komplementär-GmbH zu beachten: Entnahmen zu Lasten des Kapitalanteils des Kommanditisten sind nach § 169 Abs. 1 S. 2, 2. Hs., 2. Fall HGB ausgeschlossen.[13] Ferner ist der Kapitalanteil des Kommanditisten nach § 167 Abs. 2 HGB in der Summe auf den Betrag der festgesetzten Einlage begrenzt. Demgemäß werden dem Kapitalanteil des Kommanditisten Einlage und Gewinnanteile nur so lange zugeschrieben, bis der Saldo die vertraglich bedungene Einlage erreicht.

8   b) Gewinnkonto. Weil Gewinnanteile nur begrenzt und Entnahmen überhaupt nicht über das Kapitalkonto des Kommanditisten zu buchen sind, ist für den Kommanditisten nach der gesetzlichen Regelungsvorgabe neben dem einheitlichen Kapitalkonto ein **zweites Konto** einzurichten. Diesem Konto sind Gewinnanteile des Kommanditisten gutzubringen, sobald der Saldo des Kapitalkontos den Einlagebetrag erreicht, und ihm werden Ent-

---

[10] Vgl. *Baumbach/Hopt* § 120 HGB Rn. 13; *Wiedemann*, FS Odersky, 925 (930f.); *Oppenländer* DStR 1999, 940.

[11] Näher dazu *Koller/Roth/Morck* § 120 HGB Rn. 7; MüKoHGB/*Priester* § 120 Rn. 90.

[12] Vgl. zu allen Einzelheiten eingeh. *Huber* ZGR 1988, 1; *Koller/Roth/Morck* § 120 HGB Rn. 4f.; *Ebenroth/Boujong/Joost/Strohn/Ehricke* § 120 HGB Rn. 70ff.

[13] Allgemein anerkannt ist aber, dass dann, wenn der Gesellschaftsvertrag entsprechende Regelungen beinhaltet oder das Einverständnis aller Gesellschafter vorliegt, Auszahlungen an die Kommanditisten auch über die Regelung des § 169 Abs. 1 HGB hinaus zulässig sind, vgl. hierzu nur BGH ZIP 2013, 1222 (1223) mwN; vgl. ferner zu vertraglichen Regelungen die Ausführungen unten bei III.

§ 21 Gesellschafterkonten, Kapitalanteile

nahmen belastet.[14] Für dieses zweite, zweckmäßigerweise als Gewinnkonto[15] zu bezeichnende Konto des Kommanditisten gelten Besonderheiten: Ein **Guthaben** darauf kann, sofern die Gesellschafter nichts anderes vereinbaren, jederzeit **entnommen** werden,[16] denn der Kommanditist hat Anspruch auf Auszahlung des ihm gebührenden Anteils am Jahresergebnis, § 169 Abs. 1 S. 2 Hs. 1 HGB; die Entnahmebeschränkung nach § 122 Abs. 1 HGB gilt für ihn nicht, § 169 Abs. 1 S. 1 HGB. Nur die Treuepflicht kann im Einzelfall entgegenstehen, wenn der Kommanditist einen stehen gelassenen Gewinn nach Jahr und Tag abrufen will.[17] Außerdem werden, auch wenn auf dem zweiten Konto des Kommanditisten noch ein Guthaben vorhanden ist, **Verlustanteile** dem Kapitalkonto des Kommanditisten belastet,[18] denn der Kommanditist ist nicht verpflichtet, bezogenen Gewinn wegen späterer Verluste zurückzuzahlen, § 169 Abs. 2 HGB. **Bezogen** hat der Kommanditist den auf ihn entfallenden **Gewinn** aber schon dann, wenn er seinem (zweiten) Konto, dem Gewinnkonto, gutgeschrieben ist.[19] Daran ändert sich nichts, wenn er in der Folgezeit den Gewinn dort stehen lässt und nicht sofort abhebt. Darin liegt auch der Grund dafür, dass das zweite Konto des Kommanditisten grundsätzlich **nicht verzinslich** ist.[20] Das Gewinnkonto des Kommanditisten in der vorstehenden Ausgestaltung ist ein echtes Forderungskonto.

c) Negatives Kapitalkonto. Die Buchung von Verlustanteilen zu Lasten des Kapitalkontos des Kommanditisten kann dazu führen, dass ein negatives Kapitalkonto entsteht. Es ist durch spätere **Gewinne** zunächst wieder **aufzufüllen**, wie sich aus § 169 Abs. 1 S. 2, 2. Hs. 1. Fall HGB ergibt: Danach kann der Kommanditist die Auszahlung des auf ihn entfallenden Gewinns nicht fordern, „sobald sein Kapitalanteil durch Verlust unter den auf die bedungene Einlage geleisteten Betrag herabgemindert ist […]".[21] Ist also das Kapitalkonto durch Verluste unter den Betrag der Einlage gemindert, sind Gewinnanteile so lange dem Kapitalkonto zuzuschreiben, bis der Habensaldo wieder dem Einlagebetrag entspricht;[22] zur Entnahme dieser Gewinnanteile ist der Kommanditist nicht berechtigt, § 169 Abs. 1 S. 2, 2. Hs., 1. Fall HGB. In der Bilanz ist ein negatives Kapitalkonto des Kommanditisten als Aktivum zu zeigen unbeschadet des Umstands, dass ein Verlustausgleichsanspruch der Gesellschaft gegen den Kommanditisten nicht besteht (s. → Rn. 10).

9

---

[14] Vgl. MüKoHGB/*Grunewald* § 169 Rn. 8 und § 167 Rn. 17; zur ratio legis vgl. *Huber* ZGR 1988, 1 (10 f.).
[15] Die Bezeichnungen variieren, vgl. zB Heymann/*Emmerich* § 120 HGB Rn. 27a: Üblich sind unterschiedliche Bezeichnungen wie Privat-, Sonder- oder Darlehenskonto.
[16] Heymann/*Horn* § 167 HGB Rn. 7.
[17] Vgl. OLG Nürnberg Urt. v. 30.1.2013 – 12 U 726/L, BeckRS 2013, 02392, Abschn. D III; *Baumbach/Hopt*, § 169 HGB Rn. 3; MüKoHGB/*Grunewald* § 169 Rn. 7.
[18] Heymann/*Horn* § 167 HGB Rn. 7, 9.
[19] Vgl. MüKoHGB/*Grunewald* § 169 Rn. 12.
[20] Vgl. *Huber* ZGR 1988, 1 (8).
[21] Näher Heymann/*Horn* § 169 HGB Rn. 6; MüKoHGB/*Grunewald* § 169 Rn. 3.
[22] Vgl. MüKoHGB/*Grunewald* § 169 Rn. 3.

6. Kapitel. Kapital, Gewinn, Rechnungslegung

10 **d) Rechtliche Bedeutung des Kapitalkontos.** Wie der bewegliche Kapitalanteil des Komplementärs bringt auch der Kapitalanteil des Kommanditisten, buchführungstechnisch dargestellt in seinem Kapitalkonto und bilanziell abgebildet in seinem Kapitalanteil (§ 264c HGB), den **Stand der Einlage** des Kommanditisten zum Ausdruck; nach der gesetzlichen Regel verstanden als ein **beweglicher**, durch Gewinn und Verlust veränderlicher Saldo.[23] Das Kapitalkonto stellt **keine Forderung** gegen die Gesellschaft und, sofern es negativ ist, auch **keine Verbindlichkeit** gegenüber der Gesellschaft dar, denn wie der Komplementär ist auch der Kommanditist zu Nachschüssen nicht verpflichtet, § 707 BGB. Das Kapitalkonto nach Maßgabe der gesetzlichen Regelungsvorgabe bildet auch keine Größe für die Rechte und Pflichten des Kommanditisten gegenüber der Gesellschaft und der Gesellschafter untereinander und ist kein Maßstab für das Verhältnis, an dem der Kommanditist am Gesellschaftsvermögen und am Gewinn beteiligt ist. Der Kapitalanteil eines Kommanditisten ist bloße Rechengröße. Erst im Falle des Ausscheidens oder der Liquidation ist der Stand des Kapitalkontos Grundlage für die Abrechnung der Gesellschafter untereinander (dazu → §§ 32, 47).

11 Besondere Bedeutung hat das Kapitalkonto für die beschränkte Kommanditistenhaftung. Am Stand des Kapitalkontos ist zu bestimmen, ob der Kommanditist seine Einlage mit, **haftungsbefreiender Wirkung** geleistet hat, § 171 Abs. 1 2. Hs. HGB, und ob seine Haftung durch Einlagerückgewähr wieder aufgelebt ist, § 172 Abs. 4 HGB.[24]

12 **e) Rechtliche Bedeutung des Gewinnkontos.** Das zweite Konto des Kommanditisten, das so genannte Gewinnkonto, bildet die Forderung des Kommanditisten gegen die Gesellschaft auf Auszahlung der auf ihn entfallenden Gewinne ab; es ist idR ein **Kreditorenkonto**[25] und findet damit seine bilanzielle Abbildung als Verbindlichkeit auf der Passivseite der Bilanz (vgl. § 266 Abs. 3 C HGB). Im Falle des Ausscheidens ist dem Kommanditisten deshalb zusammen mit einem Abfindungsguthaben ein Guthaben auf dem Gewinnkonto auszuzahlen; die Verrechnung mit einem etwa negativen Kapitalkonto des Kommanditisten scheidet aus.[26] Rechtlich hat das Guthaben auf dem Gewinnkonto die Natur einer jederzeit fälligen Forderung. In der Insolvenz der Gesellschaft kann der Kommanditist das Guthaben auf seinem Gewinnkonto als **Insolvenzforderung** geltend machen, wobei zu beachten ist, dass nach der Gesetzesänderung durch das MoMiG[27] ein Darlehensrückzahlungsanspruch als nachrangige Insolvenzforderung einzuordnen ist (vgl. § 39 Abs. 1 Nr. 5 InsO).[28] Soll ein Guthaben auf dem Gewinnkonto

---

[23] Vgl. Heymann/*Horn* § 167 HGB Rn. 5.
[24] Vgl. *K. Schmidt*, Gesellschaftsrecht, § 54 I 2. (S. 1560 ff.).
[25] Vgl. *Oetker* § 167 HGB Rn. 16. Es besteht aber auch die Möglichkeit, dieses Konto als Kapitalkonto zu führen und damit als Eigenkapital bilanziell abzubilden, vgl. *K. Schmidt*, Gesellschaftsrecht, § 47 III 2. d (S. 1385 f.), § 53 III 5. a (S. 1545).
[26] Vgl. BGH LM § 120 HGB Nr. 5 = BB 1978, 630.
[27] G. v. 23.10.2008, BGBl. I 2026.
[28] Vgl. zur Rechtslage vor Inkrafttreten des MoMiG *Huber* ZGR 1988, 1 (35 f.) mwN in Fn. 109.

des Kommanditisten der Gesellschaft darlehensweise zur Verfügung gestellt bleiben, bedarf es hierzu aber einer entsprechenden Vereinbarung zwischen Gesellschaft und Gesellschafter.

Entnahmen zu Lasten des Gewinnkontos führen nicht zu einem Wiederaufleben der Haftung des Kommanditisten nach § 172 Abs. 4 HGB.[29] Der auf dem Gewinnkonto eingebuchte Gewinn kann vom Kommanditisten jederzeit entnommen werden, sofern gesellschaftsvertraglich nichts anderes vereinbart ist. Das gilt auch dann, wenn der Kapitalanteil des Kommanditisten unter den Betrag der bedungenen Einlage herabsinkt oder negativ wird. Hat der Kommanditist das Guthaben auf dem Gewinnkonto darlehensweise zur Verfügung gestellt und sind dafür Zinsen vereinbart, führt auch die Entnahme der Zinsen nicht zu einem Wiederaufleben der Haftung nach § 172 Abs. 4 HGB. Das gilt selbst dann, wenn im Zeitpunkt von Zinsgutschrift und Entnahme der Kapitalanteil der Kommanditisten unter den Betrag der bedungenen Einlage gefallen ist, sofern es sich um marktübliche Zinsen handelt, Leistung und Gegenleistung also in angemessenem Verhältnis stehen;[30] auch dann ist die Entnahme haftungsunschädlich. Das Stehenlassen von Gewinnen auf dem Gewinnkonto des Kommanditisten kann (sofern dies als Kreditorenkonto ausgestaltet ist) als Gesellschafterdarlehen in den Anwendungsbereich des § 39 Abs. 1 Nr. 5 InsO fallen. In diesem Falle unterliegt eine Auszahlung der Insolvenzanfechtung (vgl. § 135 InsO).[31] Daneben kann außerdem ein Erstattungsanspruch der GmbH & Co. KG analog § 31 GmbHG treten, wenn das Vermögen der Gesellschaft nicht mehr das Stammkapital der Komplementär-GmbH deckt.[32] **13**

Nach der gesetzlichen Regel kann das Gewinnkonto des Kommanditisten **nicht negativ** werden, denn er hat lediglich Anspruch auf Entnahme der seinem Konto gutgeschriebenen Gewinnanteile (§ 169 Abs. 1 Satz 2 HGB). Solange der Kapitalanteil des Gesellschafters durch Verlust unter den auf die bedungene Einlage geleisteten Betrag herabgemindert ist oder durch die Auszahlung unter diesen Betrag herabgemindert würde, kann er ferner die Auszahlung des Gewinns nicht fordern, es sei denn, im Gesellschaftsvertrag ist abweichendes von der gesetzlichen Ausgangslage geregelt.[33] Überzieht der Kommanditist gleichwohl sein Gewinnkonto, so führt dies im Außenverhältnis zum Wiederaufleben der Haftung nach § 172 Abs. 4 HGB.[34] Im Innenverhältnis steht der Gesellschaft gegen den Kommanditisten ein Erstat- **14**

---

[29] Zutr. *Huber* ZGR 1988, 1 (34).
[30] Vgl. *Huber* ZGR 1988, 1 (36 f.).
[31] Zur Rechtslage vor Inkrafttreten des MoMiG, also unter Geltung des § 172a HGB iVm § 32a GmbHG (eigenkapitalersetzende Gesellschafterdarlehen); vgl. die Voraufl. § 20 II 2e (S. 498); vgl. ferner zu Altfällen BGH ZIP 2009, 615; *Dahl/Schmitz* NZG 2009, 325 (331).
[32] Vgl. hierzu BGHZ 60, 324; *Lutter/Hommelhoff* § 30 GmbHG Rn. 60 ff. und § 31 GmbHG Rn. 3, 10. Vgl. ferner *Huber* ZGR 1988, 1 (37) (dort insbesondere auch Einzelheiten zur alten Rechtslage).
[33] Vgl. nur BGH ZIP 2013, 1222 (1223) mwN.
[34] Vgl. *Baumbach/Hopt* § 172 HGB Rn. 8; MüKoHGB/*K. Schmid* §§ 171/172 Rn. 76 ff.; vgl. hierzu ferner BGH NJW 2009, 2126; OLG Hamm, NZG 2010, 325 (326).

tungsanspruch zu; eine Erstattung ist demgegenüber ausgeschlossen, wenn die Auszahlung ausnahmsweise von einer gesellschaftsvertraglichen Regelung gedeckt ist, die eine vertragliche Abrede zur Rückzahlung nicht explizit vorsieht.[35] Das Guthaben auf dem Gewinnkonto ist, da es sich um eine Forderungsposition des Gesellschafters gegen die Gesellschaft handelt, grundsätzlich selbständig und **frei abtretbar**, § 717 BGB.[36] Ist nichts anderes vereinbart, ist bei Abtretung eines Kommanditanteils im Zweifel auch die Mitübertragung eines Guthabens auf dem Gewinnkonto gewollt. Der Abtretungsvertrag kann aber auch anderes bestimmen.[37] In jedem Fall sollte er das Schicksal des Saldos auf dem Gewinnkonto klären.

III. Vom Gesetz abweichende Vertragsgestaltungen

1. Unzweckmäßigkeit der gesetzlichen Bestimmungen

a) Überblick. Die gesetzlichen Regelungen haben sich als weithin unzweckmäßig erwiesen. Da sie durchweg dispositiv sind,[38] werden sie in der Praxis mit gutem Grund regelmäßig durch abweichende **gesellschaftsvertragliche Bestimmungen** über die Gesellschafterkonten ersetzt,[39] und zwar namentlich aus drei Gründen: **Erstens:** Es ist zweckmäßig, die Rechte der Gesellschafter, insbesondere ihre Beteiligung am Gewinn und Verlust und ihr Stimmrecht, entsprechend ihrem Kapitalbeitrag festzusetzen. Hierfür ist ein variables Kapitalkonto ungeeignet, weil sich der Verteilungsschlüssel dann von Jahr zu Jahr verändern kann, bei stillen Reserven bereits eine geringfügige Entnahme oder umgekehrt das Stehenlassen eines geringfügigen Gewinnanteils die Beteiligungsrelation disproportional verschieben kann und weil bei negativem Kapitalkonto die Anwendung des Verteilungsschlüssels scheitert.[40] Sollen Gewinn und Verlust sowie das Stimmrecht nach Maßgabe der Kapitalbeteiligungen verteilt werden, bedarf es mithin der Einrichtung **fester Kapitalkonten**. Ihre Einrichtung hat insbesondere die Konsequenz, dass kein Gesellschafter durch Entnahmen oder Stehenlassen von Gewinn seine Stellung in der Gesellschaft einseitig zum Nachteil der Mitgesellschafter verändern kann; eine Änderung der festen Kapitalkonten ist nämlich eine Änderung des Gesellschaftsvertrages und bedarf der Mitwirkung aller Gesellschafter. Schon aus diesem Grund ist die Einrichtung fester Kapitalkonten dringend anzuraten.

---

[35] Vgl. BGH ZIP 2013, 1222 (1223) mwN.
[36] Vgl. *Henssler/Strohn/Gummert* § 167 HGB Rn. 6; *Schlegelberger/Martens* § 120 HGB Rn. 38.
[37] Vgl. *Huber* ZGR 1988, 1 (42).
[38] Vgl. Heymann/*Horn* § 167 HGB Rn. 10.
[39] Ausführlich *Huber* ZGR 1988, 1 (42); vgl. ferner *MüKoHGB/Priester* § 120 Rn. 100; *Oppenländer* DStR 1999, 940 ff.; *Rodewald* GmbHR 98, 521 (524); *GK/Schäfer* § 120 Rn. 60.
[40] Dazu jüngst *Oppenländer* DStR 1999, 940; vgl. ferner *MüKoHGB/Priester* § 120 Rn. 100; *Oetker/Weitemeyer* § 120 HGB Rn. 50.

§ 21 Gesellschafterkonten, Kapitalanteile

Zweitens: Es wird, zumal in der GmbH & Co. KG, häufig gewollt und sachdienlich sein, **Entnahmebeschränkungen** auch zu Lasten der Kommanditisten zu vereinbaren. Damit wird der Gesellschaft die Möglichkeit gegeben, aus Gewinnen Rücklagen zu bilden. Sollen thesaurierte Gewinne Eigen- und nicht Fremdkapital darstellen, muss der Anspruch des Kommanditisten auf Auszahlung stehen gelassener Gewinne aber ausgeschlossen werden; der Gesellschaftsvertrag muss dann bestimmen, dass stehen gebliebener Gewinn Rücklagencharakter hat und mit späteren Verlusten zu verrechnen ist.

Drittens: Es empfiehlt sich nicht, entnahmefähige- und nicht entnahmefähige Guthaben zu vermischen und einheitlich auf einem Konto zu verbuchen.[41] Vielmehr ist es vorteilhaft, durch **unterschiedliche** Kontenzuweisung klarzustellen, welche Guthaben der Gesellschaft als Eigenkapital auf Dauer zur Verfügung stehen sollen und welche Guthaben frei von dem Gesellschafter sollen entnommen werden dürfen. Es ist deshalb regelmäßig zweckmäßig, „gebundene" und „freie" Kontopositionen strikt voneinander zu trennen.

b) Gestaltungsvorgaben. Bei der Vertragsgestaltung sollten die vorstehenden Belange berücksichtigt und den Regelungen über die Gesellschafterkonten **besondere Aufmerksamkeit** gewidmet werden, weil die Art der Verbuchung, wenn sie von einem entsprechenden Willen der Gesellschafter getragen wird, die rechtliche Einordnung der einzelnen Posten beeinflussen kann. Bleibt das Gewollte unklar, kann sich zwar die Art der Kontenführung als wesentliche Auslegungshilfe erweisen,[42] doch sollte durch eine sorgfältige Vertragsgestaltung Zweifelsfragen von vornherein vorgebeugt werden. Dabei empfiehlt es sich für die Vertragsgestaltung, zunächst das materiell Gewollte festzustellen und in einem zweiten Schritt alsdann die danach sachgerechte Konteneinteilung zu konzipieren. Materiell sollten hierbei insbesondere die folgenden Gesichtspunkte Berücksichtigung finden:

Es empfiehlt sich durchweg, **feste Kapitalanteile** zu vereinbaren, die einen unveränderlichen Maßstab für die Beteiligung an Gewinn und Verlust, für die Zuweisung der Stimmrechte und für die Beteiligung an einem Liquidationserlös bilden. Eine Verteilung von Gewinn und Verlust nach Maßgabe der gesetzlichen Regelung ist zu vermeiden. Demgemäß empfiehlt sich die Einführung fester „**Kapitalkonten**".[43]

Die Entscheidung für feste Kapitalkonten (→ Rn. 19) bringt es mit sich, dass Gewinne und Verluste gesondert zu verbuchen sind. Zu entscheiden ist grundsätzlich, ob die Verluste schlechter Jahre mit Gewinnen guter Jahre verrechnet werden sollen oder nicht. Dabei geht es einerseits um die Frage, ob der Gewinn **späterer Jahre** mit einem **Verlust** früherer Jahre verrechnet

16

17

18

19

20

---

[41] Vgl. *Oetker/Weitemeyer* § 120 HGB Rn. 50.
[42] Zur Einordnung eines „Darlehenskontos" als „Kapitalkonto II" aufgrund der „Umstände des Falles" vgl. BFH GmbHR 1997, 43; zur „Verbuchung" als stillschweigender Beschluss der Gesellschafter mit rechtsbegründender Wirkung vgl. MHdB GesR II/*v.Falkenhausen/Schneider* KG § 22 Rn. 37 f.
[43] Vgl. *Heymann/Horn* § 167 HGB Rn. 11; *Oetker/Weitemeyer* § 120 HGB Rn. 50 ff.; GK/*Schäfer*, § 120 HGB Rn. 65.

6. Kapitel. Kapital, Gewinn, Rechnungslegung

werden soll, bevor eine Ausschüttung in Betracht kommt. Andererseits ist zu entscheiden, ob **stehen gelassene Gewinne** guter Jahre mit einem **späteren Verlust** schlechter Jahre verrechnet werden sollen oder ob den Gesellschaftern unbeschadet späterer Verluste ein unentziehbarer Anspruch auf die Entnahme stehen gelassener Gewinne zustehen soll.[44]

21 Um ein Wiederaufleben der Haftung nach § 172 Abs. 4 HGB wegen Gewinnentnahmen bei einer durch Verlustvorträge verminderten Einlage zu vermeiden, empfiehlt sich im Gesellschaftsvertrag die Regelung, dass spätere Gewinne zunächst mit Verlustvorträgen zu verrechnen sind. Im umgekehrten Fall sollten Gewinne, die freiwillig stehen gelassen werden, im Regelfall auch zukünftig frei entnehmbar bleiben, also nicht der Verrechnung mit späteren Verlusten unterliegen, während Gewinne, die einer Entnahmebeschränkung unterliegen, auch primär zum Ausgleich von Verlusten herangezogen werden sollten. Daraus folgt die Gestaltungsempfehlung, **nicht entnahmefähige Gewinne** auf einem **Kapitalkonto II** zu verbuchen, auf dem auch Verluste zu belasten sind, und entnahmefähige Gewinnanteile einem gesonderten dritten Konto gutzubringen. Der Gesellschaftsvertrag sollte deshalb regeln, dass und unter welchen Voraussetzungen Guthaben auf dem Kapitalkonto II (Rücklagen) auf das dem Zugriff der Gesellschafter offen stehende dritte Konto zu übertragen sind, um in gewinnlosen Jahren die Möglichkeit einer Ausschüttung aus den angesparten Gewinnen früherer Rechnungsperioden zu eröffnen.

22 Während die Kapitalkonten ihrem Charakter als Beteiligungskonten entsprechend im Regelfall unverzinslich sein sollten, ist im Gesellschaftsvertrag die **Verzinsung** von Guthaben auf dem dritten, die entnahmefähigen Gewinne aufnehmenden Konto zu regeln. Belangen der Gesellschaft einerseits wie auch der Gesellschafter andererseits sollte dabei Rechnung getragen werden. Außerdem sind Bestimmungen darüber zu treffen, ob die **Entnahme** einer Kündigung bedarf und wenn ja, mit welcher Frist eine Kündigungserklärung erfolgen muss. Zu regeln ist auch, ob auch die Gesellschaft etwaige Guthaben soll kündigen können. Letzteres empfiehlt sich namentlich dann, wenn das Guthaben zu einem für den Gesellschafter günstigen Zinssatz verzinslich gestellt ist; dann sollte der Gesellschaft die Möglichkeit eingeräumt sein, sich von der Verpflichtung zur Zinszahlung durch Kündigung zu befreien.

23 Ob die nicht entnahmefähigen Gewinne auf einem **gemeinsamen Rücklagenkonto** verbucht werden, an dem die Gesellschafter entsprechend dem Verhältnis ihrer Kapitalanteile beteiligt sind, oder ob für jeden Gesellschafter ein eigenes Rücklagenkonto geführt wird, ist nach Lage des Falles zu entscheiden. Für getrennte Konten spricht aber jedenfalls die Übersichtlichkeit der Kontenführung.

24 Für die Vertragsgestaltung grundsätzlich wichtig ist weiter die klare **Sonderung von Beteiligungs- und Forderungskonten**. Für Forderungskonten sollte im Gesellschaftsvertrag zweifelsfrei klargestellt sein, dass im Falle des Ausscheidens des Gesellschafters dieses Konto vorweg ausbezahlt wird.

---

[44] Die schlichte Einrichtung eines Verlustvortragskontos allein beantwortet diese Fragen nicht.

Schließlich sollte vertragliche Klarheit darüber geschaffen werden, ob die Gesellschafterkonten den Regeln des **Kontokorrents** im Sinne von § 355 ff. HGB unterworfen sein sollen oder nicht.[45] Letzteres ist regelmäßig anzunehmen, wenn der Gesellschaftsvertrag hierzu schweigt.

2. Gestaltungsvarianten

Die Kautelarpraxis hat, ausgehend von den vorgenannten Regelungsgesichtspunkten, im Wesentlichen vier Gestaltungsvarianten entwickelt:[46]

a) **Zweikontenmodell.** Bei dem sog. Zweikontenmodell werden zwei Gesellschafterkonten geführt: ein festes Konto, das die Gesellschaftereinlage aufnimmt, und ein bewegliches Konto, auf dem Gewinn- und Verlustanteile sowie Entnahmen verbucht werden.

b) **Dreikontenmodell.** Bei dem Dreikontenmodell werden drei Gesellschafterkonten geführt: Ein festes Konto für die Kapitaleinlage, ein zweites Konto, auf dem nicht entnahmefähige Gewinnanteile und Verlustanteile verbucht werden, und ein drittes, bewegliches Konto, auf dem entnahmefähige Gewinne und Entnahmen verbucht werden.

c) **Vierkontenmodell.** Bei dem Vierkontenmodell kommen zum Festkonto für die Einlage (als erstem Konto) hinzu: ein (zweites) Konto für nicht entnahmefähige Gewinnanteile, ein (drittes) Konto für die Verlustanteile und ein (viertes) Konto für die entnahmefähigen Gewinnanteile sowie die Entnahmen.

d) **Modifiziertes Dreikontenmodell mit Rücklagenkonto.** Zuspruch der Praxis findet schließlich ein weiteres Modell, das zutreffend als modifiziertes Dreikontenmodell mit Rücklagenkonto bezeichnet wird: Es werden je zwei Gesellschafterkonten und ein gemeinsames Rücklagenkonto geführt: ein festes Konto für die Einlage und ein bewegliches Gesellschafterkonto für entnahmefähige Gewinnanteile und die Entnahmen, während die nicht entnahmefähigen Gewinne einem gemeinsamen Rücklagenkonto gutgeschrieben werden und die Verluste mit den Rücklagen verrechnet oder einem gemeinsamen Verlustkonto belastet werden.

e) **Bewertung.** Das einfache **Zweikontenmodell** hat die Schwäche, dass auf dem zweiten (beweglichen) Konto entnahmefähige wie nicht entnahmefähige Gewinne gemeinsam verbucht werden; es ist deshalb ohne klarstellende gesellschaftsvertragliche Regelungen über Entnahmerechte **nicht zu empfehlen**. Grundsätzlich ist eine mindestens **dreigeteilte Kontenführung vorzugswürdig**. In der Kautelarpraxis ist daher ein Dreikontenmodell der Regelfall.[47] Die mit dem Zweikontenmodell verbundene Aufteilung des

---

[45] Vgl. hierzu MüKoHGB/*Priester* § 120 Rn. 99; MHdB GesR/*v. Falkenhausen/Schneider* KG § 22 Rn. 44; zur Konsequenz der Bilanzfeststellung als Schuldanerkenntnis vgl. l.
[46] Eingeh. Überblick bei *Huber* ZGR 1988, 1 (46f.); vgl. ferner *Baumbach/Hopt* § 120 HGB Rn. 19 ff.; MüKoHGB/*Priester* § 120 Rn. 100; GK/*Schäfer* § 120 HGB Rn. 64 ff.
[47] Vgl. GK/*Schäfer* § 120 HGB Rn. 64 mwN.

6. Kapitel. Kapital, Gewinn, Rechnungslegung

Kapitalkontos in einen festen und einen beweglichen Teil ist aber Grundlage auch der differenzierteren Kontenmodelle und deshalb zunächst (→ Rn. 30) näher zu erörtern. Im Ergebnis erweist sich häufig das modifizierte Dreikontenmodell mit gesondertem Rücklagenkonto als empfehlenswert. Für alle Kapitalkonten gilt nach § 707 BGB grundsätzlich, dass ein negativer Saldo, der auf Verlustzuweisungen beruht, nicht ausgeglichen werden muss.

3. Teilung des Kapitalkontos in zwei Konten

32 **a) Zweck.** Die Aufteilung des Kapitalkontos in ein festes und ein bewegliches Konto erfüllt zwei Funktionen: Zum einen wird mit dem festen Kapitalkonto, das den von dem Gesellschafter zu erbringenden (und vorbehaltlich einer Vertragsänderung unveränderlichen) Einlagebeitrag ausweist, ein **feststehender Maßstab** für die Beteiligung am Gewinn und am Verlust, für das Stimmrecht und für sonstige nach dem Willen der Gesellschafter am Kapitalanteil zu orientierende Rechte und Pflichten der Gesellschafter geschaffen; insbesondere gibt der feste Kapitalanteil mit dem Verhältnis, in dem dieser zum Gesamtbetrag der festen Kapitalanteile steht, die **vermögensmäßige Beteiligung** des Gesellschafters an der Gesellschaft wieder.[48] Die Verhältnisse werden insofern denjenigen bei der Kapitalgesellschaft angenähert. Zum anderen führt die Kontenzweiteilung in der KG dazu, dass abweichend von der gesetzlichen Regelvorgabe in §§ 167 Abs. 2, 169 Abs. 2 HGB **Gewinne** früherer Jahre, die auf dem zweiten Konto stehen geblieben sind, mit **Verlusten verrechnet** werden.[49] Das gilt unabhängig davon, aus welchem Grund die Gewinne stehen geblieben sind. Auch wenn der Gesellschaftsvertrag insoweit keine Entnahmebeschränkungen vorsieht, bedeutet die vertragliche Bestimmung, dass auf dem zweiten Konto Gewinne und Verluste zu verbuchen sind und dass sich mit der Belastung von Verlusten Gewinnentnahmen erledigen. Sollen spätere Verluste die Entnahme stehen gelassener Gewinne nicht beeinflussen, bedarf es ihrer Verbuchung auf einem anderen, weiteren Konto, also der Einrichtung einer zumindest dreigeteilten Kontenführung.

33 Der Gesamtsaldo von Kapitalkonto I und Kapitalkonto II ergibt den Kapitalanteil im Sinne der gesetzlichen Regelungen.[50] Demgemäß ist auch ein Guthaben auf dem zweiten Konto seiner **Rechtsnatur** nach keine Forderung des Gesellschafters gegen die Gesellschaft, sondern Einlage,[51] und umgekehrt ist ein Debet keine auszugleichende Verbindlichkeit, solange sie auf der Verbuchung von Verlusten besteht.[52]

---

[48] Vgl. *Huber* ZGR 1988, 1 (50); MüKoHGB/*Priester* § 120 Rn. 101 ff.; *Rodewald* GmbHR 1998, 521 (524); GK/*Schäfer* § 120 HGB Rn. 65, 68.

[49] Vgl. *Oetker/Weitemeyer* § 120 HGB Rn. 52; *Rodewald* GmbHR 1998, 521 (524), auch zu den steuerrechtlichen Folgen; GK/*Schäfer* § 120 HGB Rn. 69.

[50] Vgl. hierzu *Oetker/Weitemeyer* § 120 HGB Rn. 52.

[51] Vgl. hierzu *Ebenroth/Boujong/Joost/Strohn/Ehricke* § 120 HGB Rn. 79. Zu den Konsequenzen eingeh. *Huber* ZGR 1988, 1 (70); die Rspr. ist uneinheitlich, vgl. BGHZ 58, 316; BGH BB 1978, 630; JZ 1983, 70.

[52] Vgl. in diesem Zusammenhang *Ebenroth/Boujong/Joost/Strohn/Ehricke* § 120 HGB Rn. 79; GK/*Schäfer* § 120 HGB Rn. 69; Zur Verpflichtung zur Erstattung von Vorschüssen auf (nicht realisierten) Gewinn s. → Rn. 35.

b) Kontoguthaben. Das **feste Kapitalkonto** (Kapitalkonto I) gibt die 34
Einlage des Gesellschafters wieder und ist deshalb stets positiv.[53] Das Kontoguthaben ist bei Auflösung der Gesellschaft oder bei Ausscheiden des Gesellschafters mit dem Saldo auf dem zweiten Konto zu verrechnen; es ist **unselbständiger Rechnungsposten** bei der Gesamtabrechnung über das auseinander zu setzende Gesellschaftsverhältnis, nicht etwa Forderungsposition (dazu schon → Rn. 2). Demgemäß scheidet auch eine Anmeldung des Saldos des Kapitalkontos als Gläubigerrecht in der Insolvenz der Gesellschaft aus.

Ein Guthaben auf dem zweiten, beweglichen Konto (Kapitalkonto II) ist 35
nicht per se entnahmefähig. Durch Auslegung ist zu ermitteln, ob das Guthaben entnahmefähig ist oder ob die Entnahmebeschränkung nach § 122 HGB greift; die vorherrschende Auffassung wendet die **Entnahmebeschränkung** nach § 122 HGB an, sofern der Gesellschaftsvertrag nicht ausdrücklich anderes bestimmt.[54] Für die Komplementär-GmbH bedeutet dies, dass sie den auf sie entfallenden Jahresgewinn sowie 4% ihres Kapitalanteils entnehmen könnte; doch wird in der GmbH & Co. KG durchweg eine abweichende Gewinnverteilung vereinbart sein (dazu → § 24). Für den Kommanditisten führt die Verbuchung des anteiligen Gewinns auf dem Kapitalkonto zur analogen Anwendung von § 122 HGB, sofern der Kommanditist Gewinne stehen lässt.[55]

Sofern der Gesellschaftsvertrag **Entnahmebeschränkungen** vorsieht 36
und bestimmt, dass nur ein näher bezifferter Anteil der gutgeschriebenen Gewinne entnahmefähig ist, verfallen diese Entnahmerechte analog § 120 Abs. 2 HGB mit Feststellung der nächsten Jahresbilanz, wenn sie an das Geschäftsjahresergebnis anknüpfen. So liegt es zB, wenn Entnahmen nur in Höhe eines bestimmten Prozentsatzes des jeweiligen Jahresergebnisses möglich sind.[56]

c) Zinsen. Guthaben auf dem Kapitalkonto I sind regelmäßig **unver-** 37
zinslich.[57] Demgegenüber werden Guthaben auf dem Kapitalkonto II häufig verzinst als Gegenleistung dafür, dass der Gesellschafter gutgeschriebene Gewinne nicht entnimmt, sondern der Gesellschaft die Kapitalnutzung überlässt.[58] Wie bereits ausgeführt (s. → Rn. 12), ist die Entnahme gutgeschriebe-

---

[53] Das gilt auch bei noch ausstehender Einlage, weil vorbehaltlich einer ausdrücklich abweichenden vertraglichen Regelung die Parteien auch in diesem Fall die von dem Gesellschafter übernommene Einlage zum Maßstab für die Bestimmung der Rechte und Pflichten machen wollen; die ausstehende Einlage wird dann durch eine Sollbuchung auf dem (beweglichen) zweiten Konto erfasst; vgl. dazu *Huber* ZGR 1988, 1 (48 f.).
[54] Vgl. *Huber* ZGR 1988, 1 (52 f.); vgl. ferner *Ebenroth/Boujong/Joost/Strohn/Ehricke* § 120 HGB Rn. 78; *Koller/Roth/Morck* § 120 HGB Rn. 9.
[55] Vgl. *Huber* ZGR 1988, 1 (53). In diese Richtung auch *Koller/Roth/Morck* § 169 HGB Rn. 3.
[56] Vgl. BGH BB 1975, 1605.
[57] Vgl. GK/*Schäfer* § 121 HGB Rn. 31.
[58] Vgl. *Huber* ZGR 1988, 1 (56 f.); vgl. zur Bedeutung einer Verzinsung für die Einordnung als Fremd- oder Eigenkapitalkonto die steuerrechtlichen Ausführungen des Bundesfinanzhofs, BFH DStR 2008, 1577 (1578 f.).

ner laufender Zinsen keine Einlagenrückgewähr im Sinne von § 172 Abs. 4 HGB. Der Gesellschaftsvertrag sollte die Frage der **Verzinsung** der Konten ebenso wie **Entnahmebeschränkungen**, sofern sie gewünscht sind, unbedingt mit der gebotenen Klarheit regeln, um Auslegungszweifeln vorzubeugen und Streitpotential zwischen den Gesellschaftern von vornherein auszuschließen.[59]

38 **d) Insolvenz.** In der Insolvenz der Gesellschaft ist deren **Verlust** zu ermitteln und auf die Kapitalkonten II **umzulegen** mit der Folge, dass diese negativ werden. Eine Geltendmachung von Guthaben auf Kapitalkonto II kommt deshalb in der Insolvenz praktisch nicht in Betracht.

39 **e) Kein Verlustausgleich.** Ein **Debet** auf dem Kapitalkonto II ist nicht auszugleichen, wenn es durch Verluste entstanden ist, die nicht von einem entsprechenden Guthaben gedeckt werden.[60] Denn zu einer Ergänzung der durch Verlust verminderten Einlage sind die Gesellschafter nicht verpflichtet, § 707 BGB,[61] und am Verlust nimmt der Kommanditist nach § 167 Abs. 3 HGB nur mit seinem Kapitalanteil und einer etwa rückständigen Einlage teil. Entsteht das Debet demgegenüber aufgrund von Auszahlungen, die nicht durch ein Guthaben gedeckt sind, liegt hierin ein Vorschuss der Gesellschaft auf zukünftigen Gewinn. Dabei ist es unerheblich, aus welchem Grund die Auszahlung erfolgt. Ein auf diese Weise entstehender Sollsaldo ist mit **zukünftigem Gewinn zu verrechnen**. Bei Ausscheiden ist ein Abfindungsguthaben zu mindern. Steht hierfür bei Ausscheiden oder bei Auflösung der Gesellschaft kein Guthaben zur Verfügung, müssen Vorschüsse auf zukünftigen Gewinn, der nicht eingetreten ist, an die Gesellschaft zurückerstattet werden.

40 **Entnahmen** sind dem Kommanditisten, solange auf dem Kapitalkonto II ein Debet besteht, unabhängig von gesellschaftsvertraglichen Entnahmebeschränkungen schon nach § 169 Abs. 1 S. 2, 2. Hs. HGB verwehrt. Gleichwohl erfolgende Entnahmen führen zum Wiederaufleben der Haftung nach § 172 Abs. 4 S. 2 HGB.[62] Darüber hinaus kann eine Erstattungspflicht nach § 31 GmbHG analog bestehen, sofern zum Entnahmezeitpunkt das Stammkapital der Komplementär-GmbH nicht mehr durch einen Vermögensüberschuss in der KG-Bilanz gedeckt ist.

41 **Von § 169 Abs. 1 HGB abweichende Vereinbarungen** im Gesellschaftsvertrag sind im Innenverhältnis wirksam und schließen eine nicht ausdrücklich im Gesellschaftsvertrag vorbehaltene Rückzahlung an die Gesellschaft aus.[63] Die Gesellschafter sind bei der Ausgestaltung des Innen-

---

[59] Vgl. MHdB GesR II/*v. Falkenhausen/Schneider*, KG, § 23 Rn. 24 f.
[60] Vgl. BGH WM 1982, 1311; *Baumbach/Hopt* § 120 Rn. 22; *Huber* ZGR 1988, 1 (58 f.).
[61] Sofern § 707 BGB gesellschaftsvertraglich nicht abbedungen wird, vgl. *Oetker/Weitemeyer* § 120 Rn. 52 (dort insb. Fn. 133).
[62] Zweck der Norm ist die Einlagensicherung; vgl. *Huber* ZGR 1988, 1 (60); MüKoHGB/*K. Schmidt* §§ 171/172 Rn. 63, 72 f.; vgl. hierzu ferner OLG Hamm NZG 2010, 1298; *Baumbach/Hopt* § 172 Rn. 8.
[63] Vgl. hierzu BGH ZIP 2013, 1222 (1223); vgl. ferner BGH ZIP 2005, 1552 (1553); *Ebenroth/Boujong/Joost/Strohn* § 172 HGB Rn. 19.

verhältnisses weitestgehend frei.[64] Rückzahlungsvereinbarungen im Gesellschaftsvertrag sind jedoch klar auszugestalten; das gilt insbesondere für Publikumsgesellschaften – die Auslegung des Gesellschaftsvertrags erfolgt hier entsprechend den bei AGB anerkannten Grundsätzen zur Inhaltskontrolle.[65] Die bloße Benennung eines Gesellschafterkontos als „Darlehenskonto" legt jedenfalls nicht zwingend nahe, dass hierdurch eine Rückzahlungsverpflichtung besteht.[66] Unabhängig von der im Innenverhältnis getroffenen Abrede, kann die vorgenommene Auszahlung jedoch zu einem Aufleben der Außenhaftung gem. § 172 Abs. 4 HGB führen.

4. Dreikontenmodell

a) Die Bedeutung des dritten Kontos. Das Zweikontenmodell hat den Nachteil, dass auf dem zweiten Konto sowohl entnahmefähige als auch nicht entnahmefähige Gewinnanteile verbucht werden. Es hat sich deshalb in der Praxis eine Dreiteilung der Konten durchgesetzt. Das **zweite Konto** wird dabei nochmals **unterteilt** in ein **Kapitalkonto II**, auf dem nicht entnahmefähige Gewinnanteile und Verlustanteile verbucht werden, und ein drittes, häufig als **Darlehenskonto** bezeichnetes Konto, auf dem entnahmefähige Gewinnanteile gutgeschrieben und Entnahmen belastet werden.[67] Auf dem Darlehenskonto können auch sonstige sich aus dem Gesellschaftsverhältnis ergebende Forderungen und Verbindlichkeiten des Gesellschafters verbucht werden.[68] Ob ein solches Darlehenskonto im konkreten Fall tatsächlich gebildet ist oder nicht, bestimmt sich anhand der Auslegung der jeweiligen gesellschaftsvertraglichen Regelungen über die Gesellschafterkonten.[69] Das erste Konto, also das Kapitalkonto I, nimmt auch in diesem Modell nur die ursprüngliche Einlage auf und bleibt als festes Kapitalkonto unverändert. Die Dreiteilung hat den Vorteil, dass der entnahmefähige Gewinn von den Kapitalkonten I und II getrennt werden kann. Das dient nicht nur der besseren Übersicht, sondern hat zugleich die materielle Folge, dass der Gesellschafter, der entnahmefähigen Gewinn in der Gesellschaft stehen lässt, den Anspruch auf Auszahlung des Gewinns durch spätere Verluste nicht mehr einbüßen und im Insolvenzfall als (allerdings nur nachrangige) Insolvenzforderung (vgl. § 39 Abs. 1 Nr. 5 InsO) beanspruchen kann.

Seiner **Rechtsnatur** nach ist das dritte, das Darlehenskonto, echtes Forderungskonto.[70] Es weist einen **Zahlungsanspruch** des Gesellschafters gegen die Gesellschaft aus, sofern es im Haben ist, während ein Debet eine Ver-

---

[64] Vgl. hierzu und auch zu der Frage der Ausgestaltung einer entsprechenden Rückzahlungsvereinbarung BGH ZIP 2013, 1222 (1223 f.) mwN.
[65] BGH ZIP 2013, 1222 (1224); 2001, 243 (244); 2004, 2095 (2097 f.).
[66] Vgl. BGH ZIP 2013, 1222 (1224 f.), vgl. auch die dortigen Ausführungen zur Auslegung solcher gesellschaftsvertraglicher Regelungen.
[67] Vgl. nur GK/*Schäfer* § 120 HGB Rn. 66.
[68] Vgl. die Bsp. bei MüKoHGB/*Priester* § 120 Rn. 96f.
[69] Vgl. BGH ZIP 2013, 1222.
[70] Vgl. BGH ZIP 2013, 1222 (1225).

6. Kapitel. Kapital, Gewinn, Rechnungslegung

bindlichkeit des Gesellschafters gegenüber der Gesellschaft darstellt.[71] Demgegenüber sind Kapitalkonto I und II auch im Dreikontenmodell Einlagekonten.[72]

44 b) Entnahmefähiger und nicht entnahmefähiger Gewinn. Für die **Aufteilung** des entnahmefähigen und des nicht entnahmefähigen Gewinns sind verschiedene Verfahren denkbar. So kann der Gesellschaftsvertrag vorsehen, dass ein fester Prozentsatz des Gewinns vorweg auf Kapitalkonto II verbucht wird oder dass über die Gewinnverwendung im Einzelfall zu entscheiden ist. Beide Verfahren lassen sich auch kombinieren.

45 Nach dem Grundgedanken der Kontenteilung sind Guthaben auf Kapitalkonto II und Kapitalkonto I nicht entnahmefähig, während Guthaben auf dem Darlehenskonto dem freien Entnahmerecht der Gesellschafter unterliegen.[73] Gesellschaftsverträge enthalten jedoch häufig **Kündigungsklauseln**, die auch Entnahmen zu Lasten des Darlehenskontos an eine Kündigung unter Einhaltung unterschiedlicher Fristen binden. Dabei ist es auch möglich, unterschiedliche Regelungen für Komplementäre und Kommanditisten einzuführen. Eine ausdrückliche Regelung solcher Beschränkungen empfiehlt sich unbedingt, um Streitigkeiten darüber zu vermeiden, welche Qualität das Guthaben auf dem dritten Konto besitzt und ob das Entnahmerecht des § 122 Abs. 2 HGB gilt.

46 Denkbar sind zudem **echte Entnahmebeschränkungen** wie etwa eine Entnahmebegrenzung auf einen bestimmten Prozentsatz der Einlage. Solche Entnahmebeschränkungen ändern jedoch nichts daran, dass es sich bei dem Darlehenskonto um ein echtes Forderungskonto handelt.[74] Der Gesellschafter hat auch in diesem Fall auf sein Guthaben aus dem dritten Konto einen unentziehbaren Anspruch, dessen Fälligkeit lediglich hinausgeschoben ist.

47 c) Folgen von Debetsituationen auf den Konten. Falls das Kapitalkonto II durch Verluste ins Debet gerät, muss durch entsprechende Regelung im Gesellschaftsvertrag sichergestellt werden, dass Gewinne diesem Konto so lange gutzuschreiben sind, bis das Debet wieder ausgeglichen ist. Dies ist erforderlich, um die Kommanditisten vor einem Wiederaufleben ihrer **Haftung** gemäß § 172 Abs. 4 S. 2 HGB zu schützen.

48 Dagegen ist der Kommanditist, solange das Kapitalkonto II im Debet ist, nicht gehindert, ein Guthaben auf dem Darlehenskonto, das aus dem Gewinn früherer Jahre stammt, zu entnehmen. Die **Entnahme** solcher Gewinne, die unentziehbare Forderungen des Gesellschafters gegen die Gesellschafter (Fremdkapital) darstellen, führt nicht zu einem Wiederaufleben der Haftung nach § 172 Abs. 4 S. 2 HGB.[75]

---

[71] BGH ZIP 2013, 1222 (1225); vgl. auch die dortigen Ausführungen zur Auslegung gesellschaftsvertraglicher Regelungen bzgl. einer möglichen Rückforderung von vorherigen Auszahlungen.
[72] Vgl. *Oetker/Weitemeyer* § 120 HGB Rn. 52; GK/*Schäfer* § 120 HGB Rn. 67 ff.
[73] Vgl. GK/*Schäfer* § 120 HGB Rn. 70.
[74] BGH WM 1977, 1022; BB 1978, 630.
[75] *Hesselmann/Tillmann* GmbH & Co. Rn. 468.

§ 21 Gesellschafterkonten, Kapitalanteile

Scheidet der Kommanditist zu einem Zeitpunkt aus der Gesellschaft aus, zu dem das Kapitalkonto II im Debet und das Darlehenskonto im Haben steht, findet keine Verrechnung von Soll und Haben statt.[76] Dagegen muss der **Komplementär** gemäß §§ 735, 738 BGB in Höhe des Differenzbetrags eine Ausgleichszahlung an die Gesellschaft leisten. Mit diesem Anspruch kann die Gesellschaft gegen den Anspruch auf Auszahlung des Guthabens auf dem Darlehenskonto aufrechnen.[77] Kapitalkonto I und Kapitalkonto II des Komplementärs sind im Falle seines Ausscheidens also miteinander zu verrechnen. 49

Ein Debet auf dem Darlehenskonto kann auch durch **Kontoüberziehungen** seitens des Gesellschafters entstehen. So sehen Gesellschaftsverträge häufig vor, dass Kontoüberziehungen zulässig sind, soweit sie erforderlich sind, um die mit der Beteiligung verbundenen Steuerlasten zu bestreiten.[78] Darüber hinaus können Kontoüberziehungen auch durch Mehrheitsbeschluss der Gesellschafter gestattet werden. Die Überziehung ist für den Kommanditisten haftungsunschädlich, solange das Debet auf dem Darlehenskonto durch ein Guthaben auf dem zweiten Kapitalkonto gedeckt ist. Soweit das nicht der Fall ist, führt die Entnahme gemäß § 172 Abs. 4 S. 2 HGB zum Wiederaufleben der Haftung. Scheidet der Gesellschafter aus, so ist er zum Ausgleich eines Debets auf dem dritten Konto verpflichtet. 50

d) Verzinsung. Üblicherweise sind die Guthaben auf dem ersten und dem zweiten Konto, also auf Kapitalkonto I und II, **unverzinslich**.[79] Eine Verzinsung des Guthabens auf Kapitalkonto II kann aber ausnahmsweise dann in Betracht kommen, wenn einzelnen Gesellschaftern Entnahmen auch zu Lasten des Kapitalkontos II gestattet werden oder ein Interesse der Gesellschaft daran besteht, dass Guthaben auf dem Darlehenskonto auf das Kapitalkonto II übertragen werden.[80] Wird das Guthaben auf dem zweiten Konto verzinst, so sind die **Zinsen** im Zweifel keinen Entnahmebeschränkungen unterworfen, sondern uneingeschränkt **entnahmefähig**;[81] diese Zinsen sind deshalb dem Darlehenskonto gutzuschreiben. Hat die Gesellschaft im fraglichen Jahr keinen Gewinn erzielt, so entsteht durch die Verzinsung gleichzeitig ein Verlust, der auf dem Kapitalkonto II zu verbuchen ist. 51

Die **Darlehenskonten** werden durchweg verzinslich ausgestaltet. Die Zinsen werden dem Darlehenskonto gutgeschrieben.[82] Erweist sich die Verzinsung des Guthabens auf dem Darlehenskonto für die Gesellschaft als Last, so hat sie im Zweifel gleichwohl kein Kündigungsrecht nach § 609 BGB. Es empfiehlt sich deshalb, für diesen Fall eine gesellschaftsvertragliche Regelung vorzusehen und ein entsprechendes Kündigungsrecht zu statuieren. 52

---

[76] *Huber* ZGR 1988, 1 (75); *Rodewald* GmbHR 1998, 521 (526).
[77] *Huber* ZGR 1988, 1 (75), *Huber*, GS Knobbe-Keuk, 206.
[78] Denkbar ist auch ein eigenes „Darlehenskonto Steuern"; vgl. *Huber*, GS Knobbe-Keuk, 205.
[79] Vgl. zur dennoch möglichen vertraglich geregelten Verzinsung des Guthabens auf Kapitalkonten GK/*Schäfer* § 121 HGB Rn. 31 f.
[80] Näher *Huber* ZGR 1988, 1 (78 f.).
[81] BGH WM 1985, 1343 (1344).
[82] Vgl. *Huber* ZGR 1988, 1 (80); *Oetker/Weitemeyer* § 120 HGB Rn. 54.

6. Kapitel. Kapital, Gewinn, Rechnungslegung

53 **e) Übertragung des Guthabens und Abtretung der Konten.** Die Übertragung eines Guthabens vom Darlehenskonto auf das Kapitalkonto II hat zur Folge, dass das Guthaben dem Entnahmerecht entzogen und in eine Einlage umgewandelt wird.[83] Umbuchungen von Kapitalkonto II auf Kapitalkonto I stellen eine Art „Kapitalerhöhung aus Gesellschaftsmitteln" dar. Auch eine Umbuchung vom Kapitalkonto II auf das Darlehenskonto kann erfolgen; dabei handelt es sich um Teilausschüttung thesaurierter Gewinne, weshalb der Kernbereich der Mitgliedschaftsrechte nicht betroffen ist.[84] Wird zugleich die Hafteinlage des hieran beteiligten Kommanditisten erhöht, so ist die **Einlage durch** die **Umbuchung** geleistet, denn es ist allgemein anerkannt, dass der Kommanditist seine Einlage aus stehen gelassenem Gewinn mit haftungsbefreiender Wirkung erbringen kann.[85] Soll ein Guthaben vom Darlehenskonto direkt auf Kapitalkonto I übertragen werden, so sind die Grundsätze zur Leistung der Einlage durch Verrechnung von Forderungen des Kommanditisten gegen die Gesellschaft zu beachten.[86]

54 Eine Umbuchung von Kapitalkonto I auf das Kapitalkonto II und von dort auf das Darlehenskonto stellt eine **Herabsetzung der Einlage** im Sinne des § 174 HGB dar. Die Umbuchung auf das Kapitalkonto II stellt keine Rückzahlung der Einlage im Sinne des § 172 Abs. 4 S. 2 HGB dar, nach herrschender Ansicht auch nicht die Umbuchung vom Kapitalkonto II auf das frei verfügbare Darlehenskonto, da erst die tatsächliche Auszahlung die Haftung wiederaufleben lässt.[87] Da die Umbuchung von Guthaben von einem Konto auf ein anderes eine Änderung des Gesellschaftsvertrages, mindestens aber eine Abweichung von den Regeln des Vertrags darstellt, bedarf es hierzu grundsätzlich der **Zustimmung** aller Gesellschafter.

55 Guthaben auf dem ersten und dem zweiten Kapitalkonto können nicht an Nichtgesellschafter, sondern nur an Personen übertragen werden, die Gesellschafter sind oder mit der Übertragung Gesellschafter werden. Die **Zustimmung der Mitgesellschafter** ist erforderlich. Guthaben auf den Darlehenskonten sind, da es sich um Forderungen gegen die Gesellschaft handelt, **frei übertragbar**, soweit der Gesellschaftsvertrag nichts Abweichendes bestimmt.[88] Tritt der Gesellschafter den ganzen Gesellschaftsanteil ab, so kann er ein Guthaben aus dem Darlehenskonto mitübertragen oder zurückbehalten. Dagegen gehen die Guthaben aus Kapitalkonto I und II als mitgliedschaftliche Rechte notwendigerweise mit über.[89] Abtretungs- und Anteilsübertragungsverträge sollten zweifelsfrei klarstellen, ob das Darlehenskonto mit der Beteiligung übergehen soll oder nicht.

---

[83] Zur Buchung von Gewinnen oder Übertragung von Guthaben in eine Rücklage vgl. *Huber*, GS Knobbe-Keuk, 207 ff.
[84] Vgl. MüKoHGB/*Priester* § 120 Rn. 99 mwN; GK/*Schäfer* § 120 HGB Rn. 68.
[85] MüKoHGB/*K. Schmidt* §§ 171/172 Rn. 57.
[86] Vgl. BGHZ 95, 188.
[87] BGHZ 39, 319 (331); zweifelhaft, s. dazu → § 42 Rn. 16; aA MüKoHGB/ *K. Schmidt* §§ 171/172 Rn. 78.
[88] OLG Köln ZIP 2000, 1726 (1728); *Ebenroth/Boujong/Joost/Strohn/Ehricke* § 120 HGB Rn. 83; MüKoHGB/*Priester* § 120 Rn. 98.
[89] Vgl. ausführlich *Huber*, GS Knobbe-Keuk, 218 f.

5. Vierkontenmodell

a) Bedeutung. Im Vierkontenmodell werden **nicht entnahmefähige** 56
Gewinne und Verluste nicht auf einem Konto verbucht, sondern voneinander getrennt auf zwei Konten verteilt, indem nicht entnahmefähige Gewinne dem **Kapitalkonto II** und Verluste einem **Verlustvortragskonto** zugeschlagen werden.[90] Im Übrigen gelten die Ausführungen zu den Konten im Dreikontenmodell entsprechend.

Der Gesellschaftsvertrag muss in diesem Fall vorsehen, dass künftige Ge- 57
winne in erster Linie zum **Ausgleich eines Debets** auf Verlustvortragskonto zu verwenden sind und erst anschließend wieder Gutschriften auf Kapitalkonto II und Darlehenskonto möglich sind.[91]

b) Rechtsnatur. Ihrer Rechtsnatur nach sind Kapitalkonten und Verlust- 58
vortragskonten Beteiligungskonten. Demgegenüber ist das Darlehenskonto Forderungskonto; dasselbe gilt für das Kapitalkonto II, weil durch die Einrichtung des gesonderten Verlustvortragskontos eine Verrechnung von Guthaben auf dem Kapitalkonto II mit späteren Verlusten gerade ausgeschlossen ist. Der **Gesellschaftsvertrag** kann abweichend hiervon aber auch vorsehen, dass unter bestimmten Voraussetzungen Guthaben auf Kapitalkonto II zum Ausgleich des Verlustvortragskontos sollen herangezogen werden können.

6. Modifiziertes Dreikontenmodell mit Rücklagenkonto

a) Bedeutung. Der Gesellschaftsvertrag kann auch vorsehen, dass nicht 59
entnahmefähige Gewinnanteile nicht einem Kapitalkonto II, sondern einem für alle Gesellschafter **gemeinschaftlich geführten Rücklagenkonto** gutgebracht werden, an dem die Gesellschafter nach Maßgabe ihrer Festkapitalkonten beteiligt sind. Entnahmefähige Gewinne werden in diesem Fall wie beim Dreikontenmodell dem Darlehenskonto der Gesellschafter gutgebracht.[92]

b) Rechtsnatur. Sofern der Vertrag bestimmt, dass zu Lasten des Rück- 60
lagenkontos spätere Verluste auszugleichen sind, führt eine Gutschrift auf dem gemeinsamen Rücklagenkonto noch nicht zu einem nicht mehr entziehbaren Zahlungsanspruch gegen die Gesellschaft; das Konto hat also Eigenkapitalcharakter. Sofern demgegenüber die Verrechnung mit späteren Verlusten ausgeschlossen ist, handelt es sich um Fremdkapital. Dem Gesellschafter wächst pro rata seiner Beteiligung eine ab Bilanzfeststellung nicht mehr entziehbare **Anwartschaft auf Rücklagenbeteiligung** zu, die im Ausscheidensfall realisiert werden kann.

---

[90] Vgl. MAH Personengesellschaftsrecht/*Froning* § 8 Rn. 45 ff.
[91] Vgl. MAH Personengesellschaftsrecht/*Froning* § 8 Rn. 45 ff.
[92] Vgl. MAH Personengesellschaftsrecht/*Froning*, § 8 Rn. 48 f.

6. Kapitel. Kapital, Gewinn, Rechnungslegung

7. Gesellschafterkonten als Einlagengeschäft im Sinne des § 1 Abs. 1 Satz 2 Nr. 1 KWG

61 Bei der Kontenführung von Personengesellschaften stellt sich die Frage, ob dies Bankgeschäft im Sinne des KWG (hier: Einlagengeschäft, § 1 Abs. 1 Satz 2 Nr. 1 KWG) ist und damit eine „Banklizenz" (§ 32 Abs 1 Satz 1 KWG) notwendig macht. Das Betreiben von Bankgeschäften ohne Zulassung ist strafbewährt[93], sodass der Klärung dieser Frage erhebliche Relevanz zukommt.

62 **a) Einlagen der Gesellschafter einer Personengesellschaft.** Eindeutig ist die Lage, wenn es um Positionen geht, die auf den Beteiligungskonten gebucht sind (in der Regel Kapitalkonto I und II). Sie bilden zusammengenommen den Kapitalanteil des Gesellschafters als die dem Gesellschaftsanteil entsprechende Rechnungsziffer. Diese „Einlagen" haben nichts mit dem Einlagengeschäft im Sinne des KWG zu tun. Der den Gesellschaftsanteil widerspiegelnde Kapitalanteil der Gesellschafter ist Eigenkapital der Gesellschaft. Es handelt sich schon begrifflich nicht um die Annahme „fremder Gelder" (vgl. § 1 Abs. 1 Satz 2 Nr. 1 Alt. 1 KWG).[94] Bezüglich dieser Posten steht dem Einleger – also dem Gesellschafter – auch kein unbedingter Rückzahlungsanspruch gegen die Kommanditgesellschaft zu, sodass der Auffangtatbestand „anderer unbedingt rückzahlbarer Gelder des Publikums" (§ 1 Abs. 1 Satz 2 Nr. 1 Alt. 2 KWG) ebenfalls nicht einschlägig ist.[95]

63 **b) Darlehens-/Gewinnkonten der Gesellschafter.** In aller Regel wird – wie oben bei → Rn. 36 ff. ausgeführt – in der Praxis bei der Führung der Gesellschafterkonten ein Dreikontenmodell gewählt. Neben den Kapitalkonten I und II wird ein Darlehens-/Gewinnkonto geschaffen, auf dem die entnahmefähigen Gewinne der Gesellschafter verbucht werden; dieses Konto ist echtes Forderungskonto. Es wird regelmäßig auch verzinst. Bei den hierauf verbuchten Positionen handelt es sich also nicht um Eigenkapital, sondern um Forderungen des Gesellschafters gegen die Gesellschaft, so dass sie fremde Gelder im Sinne des § 1 Abs. 1 Satz 2 Nr. 1 KWG darstellen. Sie sind allerdings nicht gemäß § 1 Abs. 1 Satz 2 Nr. 1 Alt. 1 KWG von der Gesellschaft als Einlage angenommen; die Gelder werden nämlich lediglich von den Gesellschaftern als Gewinne auf ihren Konten stehengelassen. Solche Gelder der Gesellschafter[96] werden von der Kommanditgesellschaft in der Regel nicht zur Finanzierung des Aktivgeschäfts der Gesellschaft, entgegengenommen.[97] Sie unterfallen auch nicht dem Auffangtatbestand des § 1

---

[93] Vgl. hierzu § 54 Abs. 1 Nr. 2 KWG; ferner *Boos/Fischer/Schulte-Mattler*, § 32 KWG Rn. 26.
[94] *Beck/Samm/Kokemoor/Reschke* § 1 KWG Rn. 90 mwN; vgl. hierzu auch die Ausführungen des BGH in seinem „Winzer-Urteil", BGH WM 2013, 874 (876).
[95] Vgl. hierzu *Demgensky/Erm*, WM 2001, 1445 (1451 f.); *Reischauer/Kleinhans/Progel* § 1 HGB Rn. 53; *Beck/Samm/Kokemoor/Reschke* § 1 HGB Rn. 90.
[96] Vgl. hierzu und auch zu Gesellschafterdarlehen *Wenzel* NZG 2013, 161 (164).
[97] Vgl. hierzu BT-Drs. 13/7142, 62; BGHZ 125, 366 (380); *Boos/Fischer/Schulte/Mattler/Schäfer* § 1 KWG Rn. 36 mwN; vgl. ferner das „Winzer-Urteil" des BGH, in dem diese Voraussetzungen gerade vorlagen: Dort wurden nämlich im Durchschnitt

Abs. 1 Satz 2 Nr. 1 Alt. 2 KWG: Entgegen der Ansichten der BaFin[98] und einiger Stimmen in der Literatur[99] handelt es sich nämlich bei den Gesellschaftern von Personengesellschaften schon nicht um dem „Publikum" im Sinne des § 1 Abs. 1 Satz 2 Nr. 1 Alt. 2 KWG zugehörige Personen.[100] Neben den vom Gesetzgeber (nicht abschließend) genannten verbundenen Unternehmen[101] werden auch die hier betrachteten Gesellschafter nicht vom Begriff des Publikums erfasst. Die Gesellschafter kennen ihre Gesellschaft; sie stehen ihr nicht wie ein beliebiger Dritter gegenüber.[102] Nimmt man § 1 Abs. 1 Satz 2 Alt. 2 KWG beim Wort, so mangelt es ferner an der Rückzahlbarkeit, denn stehengelassene Gewinne des Gesellschafters sind nicht an diesen *zurück-* sondern (erstmalig) *aus*zuzahlen.[103] Stehengelassene Gewinne können auch nicht per se mit einem (Gesellschafter-)Darlehen gleichgesetzt werden.[104]

Entgegen der Auffassung der BaFin[105] und Teilen der Literatur[106] fallen Positionen, die auf Darlehens-/Gewinnkonten der Gesellschafter bei Perso-

---

von 160 bis 300 Winzern einer Winzergemeinschaft Gelder an eine GmbH & Co. KG übermittelt (als „Einlage" bezeichnet), mit denen diese Kommanditgesellschaft ihr Aktivgeschäft finanzierte, zu deren Rückzahlung sie sich verpflichtete und deren banktübliche Verzinsung sie den Winzern zusicherte, vgl. BGH WM 2013, 874 (876).

[98] Vgl. BaFin Merkblatt – Hinweise zum Tatbestand des Einlagengeschäfts (März 2014), Ziff. 3, unter ausdrücklicher Ausnahme der persönlich haftenden Gesellschafter, unabhängig davon, ob sie in die Führung der Gesellschaft eingebunden sind.

[99] Vgl. *Boos/Fischer/Schulte/Mattler/Schäfer* § 1 KWG Rn. 42; *Wiesner* in: FS Hoffmann-Becking (2013), S. 1397 ff.

[100] Ebenso *Demgensky/Erm* WM 2001, 1445 (1453); *Schwennicke/Auerbach* § 1 KWG Rn. 28. Dies widerspricht auch nicht den jüngsten Ausführungen des Bundesgerichtshofs in seinem „Winzer-Urteil". Dort war der Fall so gelagert, dass Winzer, die Mitglieder einer Winzergenossenschaft waren, als „Einlagen" bezeichnete Gelder bei einer GmbH & Co. KG stehen ließen, jedoch nicht Kommanditist jener Gesellschaft waren.

[101] Vgl. BT-Drs. 13/7142, 63.

[102] Vgl. *Demgensky/Erm* WM 2001, 1445 (1453).

[103] Vgl. *Wenzel* NZG 2013, 161 (166).

[104] Vgl. *Wenzel* NZG 2013, 161 (166).

[105] Die BaFin ging bis zur Überarbeitung des Merkblattes „Hinweise zum Tatbestand des Einlagengeschäfts" im März 2014 noch davon aus, dass ein erlaubnispflichtiges Einlagengeschäft hinsichtlich der Gewinnkonten der Kommanditisten nur bei einem vollständigen Rangrücktritt nach § 39 Abs. 2 InsO ausgeschlossen werden könne. Bei den Komplementären wurde zudem unterschieden, ob diese in die Führung der Gesellschaft involviert sind (dann keine Erlaubnispflicht). Mit der Neufassung des Merkblattes vertritt die BaFin nunmehr eine liberalere Rechtsauffassung, was Zustimmung verdient. Danach gehören die persönlich haftenden Gesellschafter generell nicht zum Publikumsbegriff des § 1 Abs. 1 Satz 2 Nr. 1 KWG, dh unabhängig davon, ob sie mit Geschäftsführungsangelegenheiten betraut sind. Zudem sei der Rückzahlungsanspruch wegen der gesellschaftsrechtlichen Treuepflicht als „hinreichend bedingt anzusehen, wenn die Geltendmachung des Zahlungsanspruchs mindestens solange und soweit ausgeschlossen ist (oder der Gesellschaft ein Leistungsverweigerungsrecht zusteht), wie die Geltendmachung des Zahlungsanspruchs einen Grund für die Eröffnung des Insolvenzverfahrens über das Vermögen der Gesellschaft herbeiführte". Bei einer Publikums-KG soll dies jedoch nicht gelten. Für die Praxis

6. *Kapitel. Kapital, Gewinn, Rechnungslegung*

nengesellschaften (hier GmbH & Co. KG) gebucht sind, folglich generell nicht unter den Tatbestand des Einlagengeschäfts im Sinne des KWG. Die Gegenansicht überdehnt den Schutzzweck des Kreditwesengesetzes. Ziel des KWG ist es, Gläubiger von Kreditinstituten nach Möglichkeit vor Verlusten aus Einlagegeschäften zu schützen.[107] Die Gesellschafter kennen demgegenüber das Risiko, mit dem ihr Auszahlungsanspruch behaftet ist; sie kennen „ihre" Gesellschaft. Der Tatbestand des Einlagengeschäfts im Sinne des § 1 Abs. 7 Satz 2 Nr. 1 KWG ist in der Regel von vornherein nicht erfüllt.

---

ist die Problematik damit wesentlich entschärft worden. Allerdings verbleibt für die Behandlung der Kommanditistenkonten nach wie vor eine gewisse Rechtsunsicherheit. Es wäre deshalb wünschenswert, wenn der Gesetzgeber die Zweifelsfrage aufnehmen und einer klaren Regelung zuführen würde.

[106] Vgl. hierzu *Beck/Samm/Kokemoor/Rschke* § 1 HGB Rn. 147; *Beckmann/Bauer* § 1 Abs. 1 Satz 2 Nr. 1 KWG Nr. 15; wohl ebenso VG Berlin NJW-RR 2000, 642.

[107] BGHZ 74, 144 (147).

§ 22 Kapitalveränderungen

Übersicht

	Rn.		Rn.
I. Kapitalerhöhung	1	3. Gleichbehandlungsgrundsatz	5
1. Keine Verpflichtung zur Beitragserhöhung	1	4. Treuepflicht	6
		5. Folgefragen	7
2. Vertragsänderung	3	II. Kapitalherabsetzung	9

Schrifttum: *Kaligin,* Nachschußklauseln in Gesellschaftsverträgen von Publikumspersonengesellschaften, DB 1981, 1172; *Lutter,* Theorie der Mitgliedschaft – Prolegomena zu einem allgemeinen Teil des Korporationsrechts, AcP 180 (1980), 84 ff.; Nitschke, Die körperschaftlich strukturierte Personengesellschaft, 1970; *K. Schmidt,* Die sanierende Kapitalerhöhung im Recht der Aktiengesellschaft, GmbH und Personengesellschaft, ZGR 1982, 519; *K. Schmidt,* Organverantwortlichkeit und Sanierung im Insolvenzrecht der Unternehmen, ZIP 1980, 328; *K. Schmidt* Einlage und Haftung des Kommanditisten, 1977; *Wiedemann,* Kapitalerhöhung in der Publikums- KG, ZGR 1977, 690.

I. Kapitalerhöhung

1. Keine Verpflichtung zur Beitragserhöhung

Der Gesetzgeber hat Maßnahmen der Kapitalerhöhung in der KG und damit auch in der GmbH & Co. KG **keine** besondere **Aufmerksamkeit** gewidmet. Als Grund hierfür werden die Elastizität des Innenrechts der Personengesellschaften sowie die möglicherweise größere Bereitschaft von Personengesellschaftern, eine erhöhte Kapitalausstattung durch schlichte Zuzahlungen herbeizuführen, genannt.[1] 1

Zu einer **Erhöhung der Kapitalanteile** sind die Gesellschafter der GmbH & Co. KG **nicht verpflichtet,** sofern nicht vertraglich anderes bestimmt ist.[2] § 707 BGB gilt auch für die handelsrechtlichen Personengesellschaften:[3] die Gesellschafter können nicht ohne ihre Zustimmung zur Erhöhung des vereinbarten Beitrags verpflichtet werden. Die Pflicht zur Förderung des gemeinsamen Zweckes, die als allgemeine Förderpflicht Inhalt jeder Mitgliedschaft ist, hat keine potentielle Verpflichtung zur Erhöhung der Einlageleistung zum Inhalt.[4] Denn die Gesellschafter rechnen in der Regel nicht damit, dass sie ohne ihren Willen der Gesellschaft gegenüber zu größeren oder anderen Leistungen verpflichtet werden könnten als denjenigen, die bei Errichtung der Gesellschaft bzw. ihrem Beitritt festgelegt 2

---

[1] Vgl. *K. Schmidt* ZGR 1982, 519.
[2] Vgl. *Baumbach/Hopt* § 109 Rn. 12; MHdB GesR II/*v. Falkenhausen/Schneider* KG, § 19 Rn. 1 ff.
[3] *Hueck* Recht der OHG § 14 IV, 209.
[4] *Lutter* AcP 180 (1980), 84 (105).

worden sind.⁵ Eine Erhöhung des bedungenen Kapitalbeitrags kommt deshalb nur **in Betracht**, wenn der betroffene Gesellschafter dem zustimmt. Eine Pflicht zur Zustimmung besteht hier nicht; ausnahmsweise kann sich anderes aus der Treuepflicht der Gesellschafter ergeben (vgl. hierzu noch unten bei 4. → Rn. 6). Umgekehrt ist kein Gesellschafter berechtigt, seine Einlage und damit seine proportionale Teilhabe am Gewinn und am Liquidationserlös sowie seine Stimmrechtsquote zu erhöhen, ohne dass dem die übrigen Gesellschafter zustimmen.⁶

2. Vertragsänderung

3   Sofern nicht in der Gründungsvereinbarung Kapitalerhöhungspflichten oder Nachschusspflichten bestimmt sind, setzt eine Kapitalerhöhung in der GmbH & Co. KG immer eine Änderung des Gesellschaftsvertrags⁷ voraus; sie erfordert einen **einstimmigen Beschluss** der Gesellschafter, sofern der Gesellschaftsvertrag nicht einen **Mehrheitsbeschluss** genügen lässt.⁸ Besteht im Gesellschaftsvertrag keine Grundlage für eine Nachschussverpflichtung, so ist ein diesbezüglicher Gesellschafterbeschluss gegenüber einem diesen Beschluss ablehnenden Gesellschafter grundsätzlich unwirksam. Bei der Beschlussfassung sind Bestimmtheitsgrundsatz und die Kernbereichslehre zu berücksichtigen.⁹ Enthält der Gesellschaftsvertrag eine allgemeine Klausel über Mehrheitsbeschlüsse, so bezieht sich diese auf Fragen der laufenden Geschäftsführung, nicht aber auf Grundlagenentscheidungen.¹⁰ Auf Fragen, die die Gesellschaftsverfassung berühren, bezieht sich eine Mehrheitsklausel nur, wenn dies im Einzelnen eindeutig aus dem Vertrag hervorgeht.¹¹ Das gilt gerade auch für die Erhöhung der Kapitalanteile.

4   **Kapitalerhöhungen** kraft Mehrheitsbeschluss sind nach überkommener Rechtsprechung darüber hinaus nur dann zulässig, wenn eine feste **Obergrenze** oder sonstige Kriterien im Gesellschaftsvertrag festgelegt sind, die den Umfang von mehrheitlich zu beschließenden Kapitalerhöhungen begrenzen.¹² Zur Begründung wird darauf verwiesen, dass eine schrankenlose Unterwerfung der Minderheit unter die Mehrheit gegen die guten Sitten verstoßen würde.¹³ Eine Obergrenze oder sonstige Kriterien die das Erhö-

---

⁵ *Wiedemann* ZGR 1977, 690 (692); *Nitschke*, Personengesellschaft, 184.
⁶ MHdB GesR II/*v. Falkenhausen/Schneider* KG, § 19 Rn. 3; *Baumbach/Hopt* § 109 Rn. 13.
⁷ BGHZ 66, 82; MüKoBGB/*Schäferr* § 707 Rn. 1; *Nitschke*, Personengesellschaft, 181.
⁸ AllgM, vgl. nur MHdB GesR II/*v. Falkenhausen/Schneider* KG § 19 Rn. 6; *K. Schmidt* ZIP 1980, 328 (335); *Nitschke*, Personengesellschaft, 189.
⁹ BGHZ 48, 251 (253); *Henssler/Strohn/Servatius* § 707 HGB Rn. 4ff.; MHdB GesR II/*v. Falkenhausen/Schneider,* KG, § 19 Rn. 6.
¹⁰ BGH DB 1961, 402.
¹¹ BGH WM 1973, 100 (990).
¹² Vgl. BGH WM 2005, 1608; BGH WM 2006, 577 (zur GbR); *Baumbach/Hopt* § 109 HGB Rn. 14. Unberührt hiervon bleibt die bloße Befugnis zur mehrheitlichen Beschlussfassung über eine Kapitalerhöhung, wenn diese nicht mit einer individuellen Teilnahmepflicht verbunden ist, vgl. MüKoBGB/*Schäfer* § 707 Rn. 8.
¹³ RGZ 163, 385 (391).

hungsrisiko eingrenzen und überschaubar machen, sind nach neuer Rechtsprechung des BGH nunmehr selbst bei Publikumsgesellschaften festzulegen.[14] Dies muss nicht zwingend im Gesellschaftsvertrag geschehen. Die Begrenzung kann sich auch anderweitig herleiten lassen, zB aus der Beitrittserklärung.[15] Sie muss jedoch eindeutig bestimmbar sein.[16] Der Gesellschafter kann zwar nicht angehalten werden, selbst durch Einlageleistung zur Kapitalerhöhung beizutragen, muss aber die Mehrheitsentscheidung über die Kapitalerhöhung und die damit verbundene Schwächung seiner Position hinnehmen. Ob im Gesellschaftsvertrag eine Verpflichtung der Gesellschafter zu weiteren Leistungen definiert ist, ist im Wege der **Vertragsauslegung** zu ermitteln.

3. Gleichbehandlungsgrundsatz

Sowohl im Falle einer Einlagepflicht wie auch im Falle eines Einlagerechts 5
ist der Grundsatz der **Gleichbehandlung** der Gesellschafter zu beachten. Danach muss die Erhöhung grundsätzlich für jeden Gesellschafter (prozentual) gleich sein;[17] es muss mit anderen Worten jedem Gesellschafter das Recht eingeräumt bzw. die Pflicht auferlegt werden, entsprechend der Höhe seiner bisherigen Beteiligung an der Kapitalerhöhung teilzunehmen.

4. Treuepflicht

In Ausnahmefällen können die Gesellschafter aufgrund ihrer Treuepflicht 6
dort, wo es einer allseitigen Mitwirkung zur Vertragsänderung bedarf oder eine für die Vertragsänderung erforderliche Mehrheit nicht erreicht wird, gehalten sein, einem Beitragserhöhungsangebot eines Mitgesellschafters zuzustimmen.[18] So kann es liegen, wenn sich die Gesellschaft in **extremer Kapitalnot** befindet und ihre **Existenz gefährdet** ist. Eine Verpflichtung eines Gesellschafters, aufgrund Treuepflicht selbst Nachschüsse leisten zu müssen, wird demgegenüber praktisch nicht in Betracht kommen.[19]

---

[14] Vgl. BGH WM 2006, 774 (775 f.); NJW-RR 2006, 827, Daher dürften frühere Ausführungen des BGH, nach denen für Publikumsgesellschaften die gerade auf den Beitritt weiterer Kommanditisten zugeschnitten sind, eine Ausnahme hiervon zu machen sei, so zB BGHZ 66, 82, überholt sein.
[15] BGH NZG 2008, 65 (66); MHdB GesR II/*v. Falkenhausen/Schneider* KG, § 19 Rn. 8.
[16] MHdB GesR II/*v. Falkenhausen/Schneider* KG, § 19 Rn. 8.
[17] Vgl. hierzu jeweils mwN MüKoBGB/*Schäfer* § 707 Rn. 9; Staudinger/*Habermeier* § 707 BGB Rn. 4.
[18] Vgl. zur aus der Treuepflicht abgeleiteten Pflicht zur Zustimmung zu einer Beitragserhöhung: BGH NJW-RR 2007, 832 (834) mwN.
[19] MHdB GesR II/*v. Falkenhausen/Schneider* KG § 19 Rn. 10; MüKoBGB/*Schäfer* § 707 Rn. 10; *Ebenroth/Boujong/Joost/Boujong* § 105 HGB Rn. 143; *K. Schmidt* ZGR 1982, 519 (525); *K. Schmidt* ZIP 1980, 328 (335); BGH WM 1978, 1399 (1400).

5. Folgefragen

7 Bei einer Erhöhung der Einlage muss nicht unbedingt auch eine entsprechende erhöhte Haftsumme übernommen werden.[20] Auch im Übrigen finden bei Kapitalerhöhungen dieselben Grundsätze Anwendung, die bei der Einlageleistung bei Gründung der KG zu beachten sind (dazu → § 20 Rn. 10ff.)

8 Nehmen Gesellschafter nicht an einer Kapitalerhöhung teil, so verändern sich durch die Erhöhung der Anteile der anderen Gesellschafter die **proportionalen Beteiligungen** am Gesellschaftsvermögen und damit an den stillen Reserven und am Liquidationserlös sowie die Stimmrechtsverhältnisse.

II. Kapitalherabsetzung

9 Das Gesetz enthält auch **keine Regelungen** über die Kapitalherabsetzung in der KG. Die Bestimmung in § 174 HGB behandelt nur die Frage der Herabsetzung der Haftsumme,[21] die nicht unbedingt auch eine Herabsetzung der Einlage der Gesellschafter bedeuten muss, wenngleich dies dem Normalfall entspricht.

10 Eine Herabsetzung der Einlage ist ebenso wie die Erhöhung **Änderung des Gesellschaftsvertrages**.[22] Soll sich mit der Herabsetzung der Einlage eine Herabsetzung der Haftsumme verbinden, so wirkt die Vereinbarung der Gesellschafter nach § 174 HGB gegenüber den Gesellschaftsgläubigern erst dann, wenn sie im Handelsregister eingetragen ist, es sei denn, sie ist dem Gläubiger bekannt.[23]

11 Der Gesellschafterbeschluss über die Kapitalherabsetzung bedarf nicht notwendigerweise der Einstimmigkeit: Beinhaltet der Gesellschaftsvertrag eine anderslautende Regelung bezüglich des Mehrheitserfordernisses, genügt diese dort vorgesehene Mehrheit, denn die (übrigen) Gesellschafter trifft durch die Kapitalherabsetzung kein Nachteil, da ihre Anteile nicht verwässert werden.[24]

---

[20] *K. Schmidt* ZGR 1982, 519 (536).
[21] AllgM, vgl. nur *Röhricht/Graf von Westphalen/v. Gerkan/Haas* § 174 HGB Rn. 1.
[22] *Oetker* § 174 HGB Rn. 1, 3.
[23] Vgl. *Heymann/Horn* § 174 HGB Rn. 2; *Oetker* § 174 HGB Rn. 3, 6ff.
[24] Vgl. MHdB GesR II/*v. Falkenhausen/Schneider*, KG, § 19 Rn. 6.

§ 23 Rechnungslegung und Publizität

Übersicht

	Rn.
I. Jahresabschluss der Komplementär-GmbH	4
II. Jahresabschluss der Kommanditgesellschaft	17
1. Rechnungslegungsvorschriften des HGB	17
2. Inhalt der Bilanz	19
a) Umfang der im Jahresabschluss erfassten Vermögensgegenstände und Schulden	19
b) Anteile der Komplementärgesellschaft	25
c) Gesellschafterkonten	27
3. Gliederung des Eigenkapitals in der Bilanz der Kommanditgesellschaft	38
a) Gesellschaftsbezogene Betrachtungsweise	38

	Rn.
b) Einzelne Bestandteile des Eigenkapitals	43
4. Positionen der Gewinn- und Verlustrechnung	54
a) Dividenden einer Tochterkapitalgesellschaft	54
b) Vergütungen an die Komplementär-GmbH	61
c) Steueraufwand	63
d) Ergebnisverwendung	66
5. Anhang der GmbH & Co KG	72
III. Prüfungs- und Offenlegungspflicht	77
1. Einzelabschluss der Kommanditgesellschaft	77
2. Konzernabschluss	83

Schrifttum: *Adler/Düring/Schmaltz*, Rechnungslegung und Prüfung der Unternehmen, 6. Aufl. 1995; Beck'scher Bilanz-Kommentar, Handels- und Steuerrecht, 8. Aufl. 2012; *Bitter/Grashoff*, Anwendungsprobleme des Kapitalgesellschaften & Co.-Richtlinie-Gesetzes, DB 2000, 833; *Herrmann*, Zur Rechnungslegung der GmbH & Co. KG im Rahmen des KapCoRiLiG, WPg 2001, 271; *Heymann/Horn*, HGB, Münchener Handbuch des Gesellschaftsrechts, Bd. 2, KG; *Huber*, Gesellschafterkonten in der Personengesellschaft, ZGR 1988, 1; *Küting/Weber/Pilhofer*, Zur Frage der Einbeziehung einer GmbH & Co KG in den Konzernabschluss eines übergeordneten Mutterunternehmens im Rahmen der Abgrenzung des Konsolidierungskreises, WPg 2003, 793; *von Kanitz*, Rechnungslegung bei Personenhandelsgesellschaften – Anmerkung zu IDW RS HFA 7, WPg 2003, 333; *Waßmer*, Die GmbH & Stroh KG als Publizitäts-Vermeidungsmodell. Kunstgriff – oder mit Ordnungsgeld gemäß § 335a, § 335b HGB sanktionierbare Umgehung der Offenlegungspflicht der GmbH & Co. KG?, GmbHR 2002, 412; *Wiechmann*, Der Jahres- und Konzernabschluß der GmbH & Co. KG, WPg 1999, 922; *Willken*, Einlagensplitting in der GmbH & Co. KG, ZIP 1996, 62; *Zimmer/Eckhold*, Die Kapitalgesellschaften & Co.-Richtlinie-Gesetz. Neue Rechnungslegungsvorschriften für eine große Zahl von Unternehmen, NJW 2000, 1361; WP-Handbuch 2012, Bd. I, 14. Aufl. 2012.

Bei der GmbH & Co. KG handelt es sich um eine Kommanditgesellschaft, die neben dem oder den Kommanditisten die Komplementär-GmbH als Gesellschafter hat. Aufgrund dieser Zweiteilung müssen für beide Gesellschaften jeweils eigenständige Jahresabschlüsse erstellt werden. Die Besonderheit besteht darin, dass die Komplementär-GmbH nach den Rechnungslegungsvor-

6. Kapitel. Kapital, Gewinn, Rechnungslegung

schriften für Kapitalgesellschaften und die Kommanditgesellschaft nach den Rechnungslegungsvorschriften für Personengesellschaften zu bilanzieren hat.

2   Üblicherweise übt die **Komplementär-GmbH** neben der reinen Komplementärstellung und der Geschäftsführung der Kommanditgesellschaft keine weitere wirtschaftliche Tätigkeit aus. Damit ergibt sich lediglich eine beschränkte Anzahl von bilanzierungspflichtigen Geschäftsvorfällen, so dass die gesonderte Rechnungslegung für die Komplementär-GmbH in der Praxis oftmals als lästige Pflicht verstanden wird. Gleichwohl sollte die strikte Trennung zwischen Komplementär-GmbH einerseits und Kommanditgesellschaft andererseits auch im Bereich des Rechnungswesens sorgfältig beachtet werden.

3   Obschon die Rechtsform der GmbH & Co. KG weit verbreitet ist, hat sich für sie kein eigenes Rechnungslegungssystem herausgebildet. Die Rechnungslegung orientiert sich vielmehr an den einschlägigen Vorschriften für Kapitalgesellschaften bzw. für Personengesellschaften. Die **Kommanditgesellschaft** steht hierbei als operative Gesellschaft im Regelfall im Vordergrund. Die GmbH & Co. KG ist hinsichtlich der Rechnungslegungsvorschriften mittlerweile weitgehend einer Kapitalgesellschaft gleichgestellt. Damit hat sich im Gegensatz zu den ursprünglich bestehenden Freiheiten für die Bilanz der Kommanditgesellschaft allmählich ein einheitlicher Bilanzierungsstandard entwickelt.

I. Jahresabschluss der Komplementär-GmbH

4   Die Komplementär-GmbH ist eine Kapitalgesellschaft. Damit richtet sich die Rechnungslegung nach den Vorschriften der §§ 238 ff. HGB. Nach den Größenkriterien des § 267 HGB dürfte die Mehrzahl aller Komplementär-GmbHs als sog. **kleine Kapitalgesellschaft** einzustufen sein.[1] Es kommen damit die Erleichterungsvorschriften des HGB zur Anwendung, soweit dies den Detaillierungsgrad der Gliederung von Bilanz und Gewinn- und Verlustrechnung (§§ 264 ff. HGB), den Umfang des Anhangs (§ 285 HGB) sowie die Prüfungs- und Offenlegungspflicht (§§ 316, 325 HGB) betrifft. Ein Lagebericht braucht durch die Komplementär-GmbH in der Regel nicht erstellt werden (§ 264 Abs. 1 S. 3 HGB). Für den Jahresabschluss der Komplementär-GmbH besteht im Allgemeinen keine gesetzliche Prüfungspflicht. Diese kann sich jedoch aus dem Gesellschaftsvertrag ergeben.

5   Üblicherweise hat die Komplementär-GmbH **keinen eigenen Geschäftsbetrieb**, sondern übernimmt lediglich die Haftungs- und Geschäftsführungsfunktion für die Kommanditgesellschaft. Eine Beteiligung an dem Kapital der Kommanditgesellschaft besteht im Regelfall nicht. Das Vermögen der Komplementärin besteht deshalb im Wesentlichen aus Geldvermögen, das nicht selten der Kommanditgesellschaft als Darlehen zur Verfügung gestellt wird.

6   Ist die Komplementär-GmbH dennoch **am Kapital** der Kommanditgesellschaft **beteiligt**, so ist der Buchwert der Beteiligung in der GmbH-Bi-

---

[1] *Adler/Düring/Schmaltz* § 267 Rn. 4.

lanz im Finanzanlagevermögen unter der Position „**Beteiligungen**" auszuweisen. Ein gesonderter Ausweis als Beteiligung als persönlich haftender Gesellschafter ist nicht erforderlich.[2] Besteht für die Beteiligung eine Resteinzahlungsverpflichtung, muss diese als solche auf der Passivseite ausgewiesen werden. Eine **Abwertung der Beteiligung** kommt in der Handelsbilanz nur dann in Betracht, wenn der Wert dauerhaft unter deren Anschaffungskosten gesunken ist. Dies ist beispielsweise dann der Fall, wenn die Kommanditgesellschaft Verluste erzielt, die teilweise von der Komplementärin übernommen werden müssen. Der Bilanzausweis nach der sog. **Spiegelbildmethode,** nach der das Kapitalkonto bei der Kommanditgesellschaft jeweils spiegelbildlich in der Bilanz der Komplementär-GmbH abgebildet wird, ist nicht zulässig,[3] Die Bilanzierung nach der Spiegelbildmethode erfolgt vielmehr nur für steuerliche Zwecke in der Steuerbilanz.

Entsteht aus der Beteiligung an der Kommanditgesellschaft ein **Gewinnanspruch**, richtet sich dessen bilanzielle Behandlung nach den gesellschaftsvertraglichen Regelungen. Nach dem Gesetz ist für den Komplementär einer Kommanditgesellschaft ein einheitliches Kapitalkonto zu führen, auf dem jeweils der Gewinn gutgeschrieben bzw. ein anteiliger Verlust belastet wird. Auch Entnahmen und Einlagen sind auf diesem Kapitalkonto zu erfassen. Hiernach ist der Gewinnanteil auf dem Beteiligungskonto gutzuschreiben. Ist im Gesellschaftsvertrag der Kommanditgesellschaft dagegen eine Regelung über die Gesellschafterkonten bzw. die Behandlung der Gewinn- bzw. Verlustanteile enthalten, richtet sich die bilanzielle Behandlung des Gewinnanspruchs nach den Bestimmungen im Gesellschaftsvertrag. Wird beispielsweise im Gesellschaftsvertrag differenziert nach Festkapital und Privatkonten, ist auch der Gewinnanspruch der Komplementärin gesondert vom Kapitalanteil dem Privatkonto gutzuschreiben. 7

Stellt die Komplementär-GmbH der Kommanditgesellschaft ein **Darlehen** zur Verfügung, ist auch dieses Bestandteil des Aktivvermögens. Es kommt hier alternativ der Ausweis unter **Finanzanlagen** als „sonstige Ausleihung" oder unter dem **Umlaufvermögen** unter der Position „sonstige Vermögensgegenstände" in Betracht. Die Zuordnung richtet sich nach der Qualifikation des Darlehens. Ist das Darlehen der Kommanditgesellschaft auf Dauer überlassen, ist ein Ausweis unter den Finanzanlagen sachgerecht. Das Kriterium „auf Dauer" dürfte dann erfüllt sein, wenn die Laufzeit des Darlehens mehr als ein Jahr beträgt,[4] wobei jedoch auch die subjektive Einschätzung der Geschäftsführung von Bedeutung ist. Im Regelfall kann jedoch von einer Langfristigkeit und damit von einem Ausweis im Finanzanlagevermögen ausgegangen werden.[5] Das Darlehen ist mit den Anschaffungskosten auszuweisen, die im Regelfall dem Nominalwert des Darlehens entspricht. Eine Abwertung kommt nur dann in Betracht, wenn die wirtschaftliche Situation der Kommanditgesellschaft Zweifel an der Werthaltigkeit des Darlehens begründet. 8

---

[2] IDW RS HFA 18.
[3] *Grottel/Gadek* § 255 HGB, Rn. 141.
[4] *Kozikowski/Haber* § 247 HGB Rn. 357.
[5] WP-Handbuch 2012, F 267.

6. Kapitel. Kapital, Gewinn, Rechnungslegung

9 Da es sich bei der Kommanditgesellschaft im Verhältnis zur Komplementärin um ein „verbundenes Unternehmen" handeln dürfte (→ § 22 Rn. 86 ff. Problematik der Konzernrechnungslegungspflicht), ist ungeachtet der Zuordnung des Darlehens zum Anlage- oder Umlaufvermögen eine Kennzeichnung als „Darlehen an verbundene Unternehmen" erforderlich. Bestehen keine ausdrücklichen schriftlichen Vereinbarungen zwischen der Komplementär-GmbH und der Kommanditgesellschaft, spricht dies für den Kontokorrentcharakter eines eventuell bestehenden **Verrechnungskontos** und damit für die Zuordnung zum Umlaufvermögen.[6]

10 Auf der **Passivseite der Bilanz** sind neben dem Eigenkapital auch Verbindlichkeiten auszuweisen. Eventuelle Verluste der Kommanditgesellschaft werden in der Bilanz der Komplementär-GmbH nur dann berücksichtigt, wenn sich dies aus dem Gesellschaftsvertrag der Kommanditgesellschaft ergibt. Verluste der Kommanditgesellschaft werden üblicherweise den Gesellschaftern entsprechend dem Beteiligungsverhältnis zugewiesen. Ist die Komplementär-GmbH nicht am Kapital der Kommanditgesellschaft beteiligt, ergibt sich insoweit auch keine Verlusthinzurechnung. Im Hinblick auf die besondere gesellschaftsrechtliche Stellung der Komplementär-GmbH als Vollhafter kommt eine **Verlustberücksichtigung** bei der Komplementär-GmbH allerdings dann in Betracht, wenn nach dem Gesamtbild der wirtschaftlichen Verhältnisse eine Inanspruchnahme aus der Vollhafterstellung droht. Dies ist spätestens dann der Fall, wenn das gesamte Kommanditkapital durch Verluste aufgezehrt ist, und im Anlagevermögen der Kommanditgesellschaft keine entsprechenden stillen Reserven vorhanden sind. In der Bilanz der Komplementär-GmbH ist in diesem Fall eine Rückstellung für drohende Haftungsinanspruchnahme zu bilden.

11 Auch die **Gewinn- und Verlustrechnung** der Komplementär-GmbH richtet sich nach dem Gliederungsschema in § 275 HGB. Ist die Komplementär-GmbH am Kapital der Kommanditgesellschaft beteiligt, sind die anteiligen Gewinne der Kommanditgesellschaft unter den Erträgen aus Beteiligungen auszuweisen. Der **Gewinnanspruch** entsteht mit Ablauf des Geschäftsjahres der Kommanditgesellschaft. Stimmen das Geschäftsjahr von Kommanditgesellschaft und Komplementär-GmbH überein, ist der anteilige Gewinnanspruch zeitkongruent im Jahresabschluss der GmbH zu erfassen.

12 Besteht keine Beteiligung am Kapital der Kommanditgesellschaft, hat die Komplementärin auch keinen Gewinnanspruch. Im Gesellschaftsvertrag der Kommanditgesellschaft ist üblicherweise vorgesehen, dass die Komplementär-GmbH als Gegenleistung für die Haftungsübernahme eine Haftungsvergütung erhält. Auch diese **Haftungsvergütung** kann unter den Erträgen aus Beteiligungen ausgewiesen werden, da das Gesellschaftsverhältnis ursächlich für die betreffenden Erträge ist.[7] Denkbar ist jedoch auch ein Ausweis unter den sonstigen Erträgen.

13 Demgegenüber stehen **Zinsen für ein Darlehen**, das der Kommanditgesellschaft zur Verfügung gestellt wird, in keinem ursächlichen Zusammenhang mit dem Gesellschaftsverhältnis. Die Zinsen sind deshalb nicht Bestand-

---

[6] WP-Handbuch 2012, F 267; *Haarmann* BB 1990, 1450.
[7] *Förschle* § 275 HGB Rn. 176.

teil der Erträge aus Beteiligungen, sondern sind gesondert als Zinserträge auszuweisen.

Teilweise ist im Gesellschaftsvertrag der Kommanditgesellschaft vorgesehen, dass der Komplementär-GmbH alle **Aufwendungen** ersetzt werden, die ihr im Zusammenhang mit der **Geschäftsführung** entstehen. Bei diesen Kosten handelt es sich im Wesentlichen um das Gehalt für den angestellten Geschäftsführer, Reise- und Verwaltungskosten usw. Auch der Ersatz dieser Aufwendungen ist nicht Bestandteil des Beteiligungsertrages der Komplementär-GmbH, sondern ist unter den sonstigen betrieblichen Erträgen auszuweisen.[8] **14**

Die Komplementär-GmbH ist verpflichtet, einen **Anhang** zu erstellen. Wegen des geringen Umfangs der Bilanz dürfte auch der Anhang keinen großen Umfang haben. **15**

Im Grundsatz besteht für alle Kapitalgesellschaften die Verpflichtung zur Aufstellung eines **Lageberichts** (§ 264 Abs. 1, S. 1 HGB). Für kleine Kapitalgesellschaften im Sinne des 267 Abs. 1 HGB hat der Gesetzgeber die Ausnahmeregelung des § 264 Abs. 1 S. 3 HGB vorgesehen, welche kleine Kapitalgesellschaften von der Verpflichtung für die Aufstellung eines Lageberichts entbindet.[9] Wird trotzdem freiwillig ein Lagebericht erstellt, steht die Darstellung der Lage der Gesellschaft naturgemäß in engem Bezug zur wirtschaftlichen Lage der Kommanditgesellschaft. Hinzuweisen ist dabei insbesondere auf die mögliche Gefahr der Inanspruchnahme für Verbindlichkeiten der Kommanditgesellschaft. **16**

II. Jahresabschluss der Kommanditgesellschaft

1. Rechnungslegungsvorschriften des HGB

Der Jahresabschluss der Kommanditgesellschaft unterliegt grundsätzlich den Buchführungs- und Bilanzierungsregeln für **Personenhandelsgesellschaften**. Nach §§ 264a HGB sind Gesellschaften in der Rechtsform der OHG oder KG verpflichtet, den Jahresabschluss entsprechend dem Recht der Kapitalgesellschaften aufzustellen, prüfen zu lassen und offen zu legen, wenn alle Komplementäre Kapitalgesellschaften (AG, KGaA, SE, GmbH) bzw. entsprechende Rechtsformen anderer EU-Staaten oder Gesellschaften vergleichbarer Rechtsformen von Nicht-EU-Staaten sind. Das Gleiche gilt, wenn im Falle einer mehrstufigen Gesellschafterstruktur alle unbeschränkt haftenden Gesellschafter Kapitalgesellschaften sind oder eine vergleichbare Rechtsform haben. Nach §§ 264a–264c HGB ist eine Personengesellschaft, bei der nicht wenigstens ein persönlich haftender Gesellschafter eine natürliche Person ist bzw. eine andere Personengesellschaft mit einer natürlichen Person als persönlich haftendem Gesellschafter ist, hinsichtlich der **Rechnungslegung** und **Prüfungspflicht** einer **Kapitalgesellschaft gleichgestellt**. Die erweiterten Rechnungslegungsvorschriften der §§ 264a HGB **17**

---

[8] *Förschle* § 275 HGB Rn. 179.
[9] *Adler/Düring/Schmalz* § 289 HGB Rn. 4–18.

kommen damit immer dann zur Anwendung, wenn nicht mindestens eine natürliche Person mit ihrem Vermögen haftet. Die Anwendung der erweiterten Rechnungslegungsvorschriften kann also dann vermieden werden, wenn zum Bilanzstichtag mindestens eine natürliche Person als Vollhafter in die Gesellschaft aufgenommen wird.[10]

18   Die grundsätzliche Gleichstellung einer GmbH & Co. KG hinsichtlich der Rechnungslegung bewirkt, dass wie bei einer Kapitalgesellschaft ein **Jahresabschluss, ein Anhang und ein Lagebericht** erstellt werden muss. Die Gliederungs- und Ausweisvorschriften für den Jahresabschluss richten sich nach den bislang lediglich für Kapitalgesellschaften geltenden Vorschriften.

2. Inhalt der Bilanz

19   **a) Umfang der im Jahresabschluss erfassten Vermögensgegenstände und Schulden.** In der Bilanz der Kommanditgesellschaft sind die Vermögensgegenstände und Schulden auszuweisen, die sich im rechtlichen oder wirtschaftlichen Eigentum der Gesellschaft befinden. Es sind dort allerdings nur solche Vermögensgegenstände und Schulden zu erfassen, die sich im **Gesamthandsvermögen der Gesellschaft** befinden. Vermögensgegenstände und Schulden, die dem Gesellschafter der Personengesellschaft unmittelbar zuzurechnen sind, sind nicht in der Bilanz der Gesellschaft auszuweisen.

20   Bedingt durch die steuerliche Betrachtungsweise ergibt sich in der Praxis oftmals ein erhebliches **Fehlerpotential**. Nicht selten wird der Jahresabschluss der Kommanditgesellschaft ausschließlich für steuerliche Zwecke in Form einer „Steuerbilanz" oder in Form einer „steuerlichen Gesamtbilanz" erstellt, in der auch Vermögensgegenstände ausgewiesen werden, die einem Gesellschafter gehören und von der Gesellschaft genutzt werden. Auch wenn es sich in einem Fall um steuerliches Sonderbetriebsvermögen handelt, ist der Ausweis in der Handelsbilanz der Kommanditgesellschaft unzutreffend.

21   Fehlerquellen entstehen weiterhin dadurch, dass **keine strikte Trennung** zwischen der Sphäre der Gesellschaft und der Sphäre des Gesellschafters erfolgt. So ist es beispielsweise denkbar, dass die Gesellschaft auf dem Grundstück des Gesellschafters auf eigene Rechnung ein Gebäude errichtet. Es handelt sich hier um ein Gebäude auf fremdem Grund und Boden.[11] Das Gebäude geht mit der Errichtung in das Eigentum des Grundstückseigentümers über. Die Gesellschaft hat damit lediglich einen Anspruch aus §§ 946, 951 Abs. 1 BGB, dessen Werthaltigkeit auf der Grundlage der Gegebenheiten beurteilt werden muss.

22   Auch für den Ausweis von **Verbindlichkeiten** gelten die gleichen Grundsätze. In der Bilanz der Kommanditgesellschaft sind lediglich Verbindlichkeiten auszuweisen, welche die Gesamthand betreffen, nicht dagegen persönliche Schulden eines Gesellschafters. Dies gilt auch dann, wenn eine persönliche Schuld des Gesellschafters ihre Ursache im Gesellschaftsverhältnis hat, wie zB Beratungskosten im Zusammenhang mit der Beteiligung, persönliche Einkommensteuerschulden auf den Gewinnanteil, Darlehen für

---

[10] *Herrmann* WPg 2001, 271; *Zimmer/Eckhold* NJW 2000, 1361; *Waßmer* GmbHR 2002, 412.
[11] WP-Handbuch 2012, E 14 und F 203.

die Errichtung eines Gebäudes, das der Gesellschaft zur Nutzung überlassen wird, usw. Gegebenenfalls kommt bei diesen Verbindlichkeiten eine Qualifikation als steuerliches Sonderbetriebsvermögen in Betracht, nicht jedoch ein Ausweis in der Handelsbilanz.

In der **Gewinn- und Verlustrechnung** sind persönliche Aufwendungen eines Gesellschafters nicht als Betriebsausgaben zu erfassen, da es sich insoweit nicht um Aufwendungen der Gesamthand handelt. § 264c Abs. 3 HGB regelt eindeutig, dass das Privatvermögen der Gesellschafter nicht in die Bilanz der Kommanditgesellschaft aufgenommen werden darf, auch wenn es sich um steuerlich notwendiges Betriebsvermögen handelt. Dementsprechend dürfen die auf das Privatvermögen entfallenden Aufwendungen und Erträge auch nicht in die Gewinn- und Verlustrechnung der Kommanditgesellschaft aufgenommen werden. 23

Typisches Beispiel für der Privatsphäre zuzuordnende Aufwendungen sind die persönlichen Einkommensteuern der Gesellschafter. Diese dürfen in der Gewinn- und Verlustrechnung der KG nicht ausgewiesen werden. In § 264c Abs. 3 S. 2 HGB wird allerdings zugelassen, das Jahresergebnis der KG pauschaliert zu einem **Nachsteuerwert** fortzuführen. Diese eher ungewöhnliche Möglichkeit deutet darauf hin, dass bei Bedarf die Vergleichbarkeit mit dem Jahresergebnis einer Kapitalgesellschaft hergestellt werden kann, nicht jedoch, dass diese unstreitig persönlichen Aufwendungen des Gesellschafters in der Gewinn- und Verlustrechnung der Kommanditgesellschaft erfasst werden sollen. 24

b) Anteile der Komplementärgesellschaft. Bei der typischen Vertragsgestaltung werden die Anteile der Komplementärgesellschaft von natürlichen Personen gehalten, die gleichzeitig auch Kommanditisten der Kommanditgesellschaft sind. In diesem Fall sind die Anteile der Komplementärin nicht Bestandteil des Vermögens der Kommanditgesellschaft. Denkbar ist jedoch auch, dass die Kommanditgesellschaft selbst Gesellschafterin der Komplementär-Gesellschaft ist. Es entsteht in diesem Fall eine sog. Einheitsgesellschaft. Die Gesellschaftsanteile sind in diesem Fall nach § 264c Abs. 4 Satz 1 HGB gesondert im Finanzanlagevermögen auszuweisen. Weiterhin ist gem. § 264c Abs. 4 Satz 2 HGB in Höhe des Buchwertes der Gesellschaftsanteile **nach** der Bilanzposition Eigenkapital ein Sonderposten „Ausgleichsposten für aktivierte eigene Anteile" zu bilden. Diese Verpflichtung besteht auch dann, wenn die Anteile der Komplementärin von Tochtergesellschaften der Kommanditgesellschaft gehalten werden.[12] 25

Im Gegensatz zu der korrespondierenden Vorschrift des § 272 Abs. 4 HGB für Kapitalgesellschaften handelt es sich bei den Anteilen der Komplementär-GmbH nicht um eigene Anteile der Kommanditgesellschaft.[13] Durch die Verpflichtung zur Bildung des Sonderpostens wollte der Gesetzgeber offenbar eine Kapitalaufblähung durch wechselseitige kapitalmäßige Beteiligungen zwischen Kommanditgesellschaft einerseits und Komplementärgesellschaft andererseits vermeiden.[14] 26

---
[12] IDW RS HFA 7, Rn. 17.
[13] *Wiechmann* WPg 1999, 922.
[14] *Hoffmann* Beck'sches Handbuch der Personengesellschaften, Rn. 231 ff.

27 **c) Gesellschafterkonten.** Der Ausweis des Kapitalanteils des persönlich haftenden Gesellschafters unterscheidet sich von dem Ausweis der Kapitalanteile der Kommanditisten. In der Vertragspraxis haben sich hierbei unterschiedliche Bezeichnungen der einzelnen Gesellschafterkonten durchgesetzt. Teilweise erfolgt die Bezeichnung als Kapitalkonto I, Kapitalkonto II, Kapitalkonto III usw., teilweise erfolgt auch eine Beschreibung des Posteninhalts, wie zB Festkapitalkonto, Privatkonto, Rücklagenkonto, Verlustvortragskonto usw.[15] Für die Bilanz der GmbH & Co. KG muss unterschieden werden, ob es sich aus Sicht der Gesellschaft um Eigen- oder um Fremdkapital handelt. Allein die **Bezeichnung des Kontos**, beispielsweise als Kapitalkonto, ist hierbei nicht ausschlaggebend für dessen Einordnung. Entscheidend ist vielmehr die gesellschaftsvertragliche Zweckbestimmung. Allgemein gilt, dass Forderungen und Verbindlichkeiten gegenüber den Kommanditisten einerseits getrennt vom Eigenkapital, andererseits auch getrennt von den übrigen Forderungen und Verbindlichkeiten auszuweisen sind.[16]

28 Die Einordnung eines Gesellschafterkontos als Eigenkapital oder als Forderung/Verbindlichkeit kann sich im Einzelfall durchaus schwierig gestalten. Sie muss prinzipiell auf der Grundlage der Regelungen getroffen werden, die das Gesetz bzw. der Gesellschaftsvertrag für das betreffende Konto vorsieht. Zu beachten ist zunächst die **Verfügungsmöglichkeit** über das Konto. Hat der Gesellschafter nach Gesetz oder Gesellschaftsvertrag eine uneingeschränkte Verfügungsmöglichkeit über das fragliche Konto, spricht dies für dessen Charakter als Verbindlichkeit der Gesellschaft. Fraglich ist, ob dies auch dann gilt, wenn im Gesellschaftsvertrag eine Verfügungsbeschränkung über das Guthaben auf diesem Konto vorgesehen ist, sofern also für eine gewisse Zeit oder für die Dauer des Gesellschaftsverhältnisses Entnahmen nicht bzw. nur eingeschränkt zulässig sind. UE kann eine reine zeitliche Verfügungsbeschränkung keinen Einfluss auf die Qualifikation als Eigen- oder Fremdkapital haben.

29 Entscheidendes Merkmal für die Qualifikation eines Gesellschafterkontos als Eigen- oder Fremdkapital ist, ob das betreffende Gesellschafterkonto als **Verlustdeckungspotential** zur Verfügung steht.[17] Eine Verlustdeckung ist insbesondere dann gegeben, wenn
– künftige Verluste mit dem Gesellschafterkonto verrechnet werden können, auch mit Wirkung gegenüber den Gesellschaftsgläubigern,
– im Fall der Insolvenz der Gesellschaft eine entsprechende Insolvenzforderung nicht geltend gemacht werden kann oder
– bei Liquidation der Gesellschaft erst eine Befriedigung aller anderen Gläubiger erfolgt.

30 Ist hiernach im Gesellschaftsvertrag vorgesehen, dass das betreffende Gesellschafterkonto ggf. durch Beschluss der Gesellschafterversammlung zum Ausgleich von Kapitalverlustkonten dient oder dass Verluste der Gesellschaft dem betreffenden Gesellschafterkonto belastet werden, handelt es sich um Eigenkapital. Das Gesellschafterkonto ist insoweit nicht unter den Gesell-

---

[15] BGH v. 23.2.1978 GmbHR 1978, 109.
[16] IDW RS HFA 7, Rn. 55.
[17] IDW RS HFA 7, Rn. 13.

§ 23 *Rechnungslegung und Publizität*

schaftsverbindlichkeiten auszuweisen. Bei der Qualifikation als Eigenkapital hat das Kriterium „Dauerhaftigkeit der Mittelüberlassung" eine eher untergeordnete Bedeutung, da die Gesellschafter jederzeit eine Entnahme aus dem Eigenkapital beschließen können.[18]

Gerade bei **Publikumsgesellschaften** finden sich häufig Gestaltungen, in denen der Gesellschaftsvertrag für die Gesellschafter neben der gesellschaftsvertraglichen Einlage die Verpflichtung zur Gewährung von **Festdarlehen** oder von Einlagen als stiller Gesellschafter vorsieht. Für diese Verträge ist oftmals eine Kündigung ausgeschlossen bzw. lediglich durch die Gesellschaft einseitig möglich. Trotz der Bezeichnung als Darlehen kann sich hier nach der Gesamtwürdigung aller Umstände eine Klassifikation als Eigenkapital ergeben. Dies gilt insbesondere dann, wenn die Gewährung des Darlehens für die Verwirklichung des Gesellschaftszwecks eine unabdingbare Voraussetzung ist.[19] 31

In den Gesellschaftsverträgen ist regelmäßig auch eine **Verzinsung** für Gesellschafterkonten vorgesehen, insbesondere soweit es sich um variable Gesellschafterkonten handelt, um das unterschiedliche Entnahmeverhalten der Gesellschafter untereinander wirtschaftlich auszugleichen. Die Vornahme bzw. Nichtvornahme einer Verzinsung ist allerdings kein eindeutiges Abgrenzungskriterium für Eigen- oder Fremdkapital, da auch vom gesetzlichen Typus in § 121 Abs. 1 iVm § 168 Abs. 1 HGB eine Mindestverzinsung für das Eigenkapital vorgesehen ist.[20] Die Verzinslichkeit bzw. Nichtverzinslichkeit des Kontos auf der Grundlage des Gesellschaftsvertrages kann allenfalls ein Indiz dafür sein, dass nach dem Willen der Gesellschafter untereinander von Fremdkapital ausgegangen werden soll. 32

Nicht selten werden unter dem Eindruck der steuerlichen Behandlung als Eigenkapital in der Bilanz der Kommanditgesellschaft alle Gesellschafterkonten unkritisch unter der Position „Eigenkapital" ausgewiesen. Zweifelhaft ist, ob dieser Ausweis ausschlaggebend für die rechtliche Qualifikation als Eigen- oder als Fremdkapital sein kann, etwa im Falle des Konkurses oder im Falle der Liquidation der Gesellschaft. Es darf hier allerdings nicht übersehen werden, dass die Bilanz lediglich das Abbild rechtlicher Gegebenheiten ist, ihrerseits jedoch nicht selbst rechtliche Fakten begründen kann. Der Ausweis eines Gesellschafterkontos unter dem Eigenkapital kann allenfalls als Indiz für die Einschätzung der Gesellschafter selbst dienen. Dies dürfte selbst dann gelten, wenn das betreffende Gesellschafterkonto im Falle einer Insolvenz durch §§ 39 Abs. 1 Nr. 5, 44a InsO erfasst wird. 33

Das **gesetzliche 2-Konten-Modell** basiert auf der Grundwertung des HGB. Ein Kommanditist hat zunächst lediglich ein Kapitalkonto, auf dem die im Gesellschaftsvertrag bedungene Pflichteinlage erfasst wird. Nach § 167 Abs. 2 HGB werden anteilige Gewinne eines Kommanditisten diesem Kapitalanteil so lange gutgeschrieben, als diese den Betrag der versprochenen Einlage noch nicht erreicht hat. Anteilige Verluste sind dennoch weiterhin 34

---

[18] IDW RS HFA 7, Rn. 14.
[19] *Willken* ZIP 1996, 62.
[20] BFH DStR 1996, 1925.

6. Kapitel. Kapital, Gewinn, Rechnungslegung

dem Einlagekonto zu belasten.[21] Die Entnahme von anteiligen Gewinnanteilen ist zu Lasten des Kapitalkontos nach § 169 Abs. 1 HGB so lange nicht möglich, als der Kapitalanteil durch Verluste unter dem Betrag der Pflichteinlage liegt. Sobald jedoch das Kapitalkonto eines Kommanditisten in vollem Umfang der gesellschaftsvertraglich vereinbarten Pflichteinlage entspricht, entsteht für den Kommanditisten ein zweites Konto, auf dem Gewinne gutgeschrieben sowie Entnahmen und Einlagen erfasst werden. Dieses zweite Konto hat den Charakter eines Verrechnungskontos, das aus Sicht der Gesellschaft nicht als Eigenkapital zu werten ist.[22] Das Verrechnungskonto ist also unter den Forderungen bzw. unter den Verbindlichkeiten der GmbH & Co. KG auszuweisen. Das Kapital- bzw. Einlagekonto des Kommanditisten bildet demgegenüber Eigenkapital.

35 Bei dem **vertraglichen 2-Konten-Modell** wird auf dem Kapitalkonto I bzw. dem Festkapitalkonto die gesellschaftsvertraglich bestimmte Pflichteinlage erfasst. Dies gilt selbst dann, wenn die Einlage noch nicht in voller Höhe erbracht ist. Dieses Festkapital regelt das Rechtsverhältnis der Gesellschafter untereinander und repräsentiert den Anteil am Gesellschaftsvermögen, den Anteil am Ergebnis sowie grundsätzlich das Stimmrecht. Neben dem Festkapitalkonto wird ein variables Gesellschafterkonto geführt, auf dem Gewinn- und Verlustanteile, Entnahmen und Einlagen des Gesellschafters erfasst werden.[23] Das Festkapital bildet eindeutig **Eigenkapital** der Gesellschaft. Der Charakter des **variablen Kapitalkontos** muss allerdings nach allgemeinen Kriterien beurteilt werden. Sofern auch anteilige Verluste auf dem Konto verrechnet werden, spricht dies für den Eigenkapitalcharakter des Kontos.

36 Das **vertragliche 3-Konten-Modell** basiert in den Grundstrukturen auf dem 2-Konten-Modell. Zunächst besteht ein Kapitalkonto I bzw. ein Festkapital, das die gesellschaftsvertraglich versprochene Einlage umfasst. Daneben werden dem Kapitalkonto II bzw. dem Rücklagenkonto diejenigen Gewinnanteile zugewiesen, die nicht entnommen werden dürfen. Dieses Konto ist vergleichbar mit den Gewinnrücklagen bei Kapitalgesellschaften. Auf diesem Konto werden auch anteilige Verluste verbucht. Auf einem variablen Kapitalkonto werden die entnahmefähigen Gewinnanteile, Entnahmen und Einlagen des Gesellschafters erfasst. Bei dem 3-Konten- Modell hat das Festkapital und wohl auch das feste Kapitalkonto II den Charakter von **Eigenkapital,** wohingegen das variable Gesellschafterkonto den Charakter einer **Forderung/Verbindlichkeit** hat.

37 Das **vertragliche 4-Konten-Modell** baut wiederum auf dem 3-Konten-Modell auf. Zusätzlich zu dem Festkapitalkonto, dem Rücklagenkonto sowie dem variablen Gesellschafterkonto wird ein Kapitalverlustkonto geführt. Anteilige Verluste werden nicht dem Kapitalkonto II, sondern den Kapitalverlustkonten zugewiesen. Die Einordnung als Eigenkapital bzw. als Fremdkapital entspricht dem 3-Konten-Modell. Die Kapitalverlustkonten sind als Korrekturposten zum Festkapital anzusehen, sind also auch Bestandteil des **Eigenkapitals.**

---

[21] *Huber* ZGR 1988, 8.
[22] *Huber* ZGR 1988, 29.
[23] MHdb GesR II/*v. Falkenhausen* KG § 19 Rn. 50.

3. Gliederung des Eigenkapitals in der Bilanz der Kommanditgesellschaft

a) Gesellschafterbezogene Betrachtungsweise.

Der Anteil des Gesellschafters am Vermögen der Kommanditgesellschaft wird grundsätzlich durch dessen **Kapitalanteil** repräsentiert, dh der anteiligen Pflichteinlage. Die einzelnen Festkapitalien werden für jeden Gesellschafter gesondert erfasst und können für den Ausweis der Bilanz lediglich in Gesellschaftergruppen zusammengefasst werden. Unter der Position des Festkapitals muss zunächst unterschieden werden zwischen dem Kapital des persönlich haftenden Gesellschafters sowie dem Kommanditkapital. Die Kapitalanteile der persönlich haftenden Gesellschafter und die Kapitalanteile der Kommanditisten können hierbei jeweils zu einem Posten **zusammengefasst** werden. Die Zusammenfassung des Kapitalkontos des persönlich haftenden Gesellschafters mit dem Kommanditkapital ist allerdings **nicht** zulässig. Nicht zulässig ist weiterhin die Zusammenfassung positiver Kapitalanteile mit negativ gewordenen Salden anderer Gesellschafter.[24] 38

Das Eigenkapital einer Kommanditgesellschaft enthält neben den Festkapitalanteilen jedoch auch weitere Elemente, wie etwa **Rücklagen**. Aus der Gliederung in § 264c Abs. 2 HGB entsteht der Eindruck, dass diese Eigenkapitalpositionen jeweils gesellschaftsbezogen erfasst werden, also ohne Aufgliederung auf die einzelnen Gesellschafter bzw. einzelne Gesellschaftergruppen. Eine Trennung zwischen Komplementär und Kommanditisten wäre danach nicht erforderlich. Demgegenüber gebietet § 264c Abs. 2 Satz 6 HGB eine Differenzierung nach einzelnen Gesellschaftergruppen.[25] Insoweit ist zumindest eine Trennung zwischen Komplementär und Kommanditisten erforderlich. 39

Der Gewinn- bzw. Verlustvortrag ist ein Korrekturposten zum Festkapital. Da das Festkapital zweifelsfrei gesellschafterbezogen ausgewiesen und erfasst wird, sind auch diese Korrekturposten zweifelsfrei gesellschafterbezogen auszuweisen. So sind beispielsweise bestehende Kapitalverlustkonten für jeden Gesellschafter individuell zu erfassen. 40

Ergibt sich aus der Zusammenfassung der Kapitalkonten eines Gesellschafters danach ein **negativer Betrag,** ist dieser auf der Aktivseite als „nicht durch Vermögenseinlagen der Kommanditisten gedeckter Fehlbetrag" auszuweisen. Ein freiwilliger Ausgleich bestehender Kapitalverlustkonten muss nicht einheitlich entsprechend der Gewinnverteilungsquote, sondern kann auch durch einzelne Gesellschafter individuell erfolgen. So ist es also durchaus denkbar, dass auf der Aktivseite lediglich für einzelne Kommanditisten die Position „nicht durch Vermögenseinlage gedeckter Fehlbetrag" ausgewiesen wird, wohingegen durch die Zusammenfassung der Kapitalkonten anderer Kommanditisten noch ein positiver Wert vorliegen kann. 41

Fraglich ist, ob die **gesellschafterbezogene Betrachtungsweise** auch für den Bereich der **Rücklagen** gilt, ob also die Rücklagen für jeden Gesellschafter individuell geführt werden oder ob eine gesamthänderische Bin- 42

---

[24] Noch aA HFA 2/1993, WPg 1994, 500 Rn. B. I. 2.
[25] Adler/Düring/Schmalz § 264c HGB Rn. 18.

6. Kapitel. Kapital, Gewinn, Rechnungslegung

dung besteht. Ein erster Anhaltspunkt für den Ausweis der Rücklagen dürfte sich aus dem Gesellschaftsvertrag der Kommanditgesellschaft ergeben. Ist im Gesellschaftsvertrag eindeutig fixiert, dass die Rücklagen den Gesellschaftern entsprechend dem anteiligen Festkapital zustehen, handelt es sich um gesamthänderisch gebundene Rücklagen, die den einzelnen Gesellschaftern nicht individuell zuzurechnen sind. Auch die Formulierung in § 264c Abs. 2 HGB deutet auf diese gesellschaftsbezogene Betrachtungsweise. Da jedoch auch die Festkapitalkonten gesellschafterbezogen ausgewiesen werden, ist es durchaus sachgerecht, auch die Rücklagenkonten gesellschafterbezogen auszuweisen.[26] Dies gilt insbesondere dann, wenn sich kein entsprechender Hinweis im Gesellschaftsvertrag findet.

43 **b) Einzelne Bestandteile des Eigenkapitals.** In § 264c Abs. 2 HGB ist eine spezielle Regelung für die Gliederung des Eigenkapitals von Personenhandelsgesellschaften enthalten. Das Eigenkapital der Gesellschaft ist wie folgt zu gliedern:
I. Kapitalanteile
I. Rücklagen
III. Gewinnvortrag/Verlustvortrag
IV. Jahresüberschuss/Jahresfehlbetrag.

44 Der in § 264c Abs. 2 HGB vorgesehene Ausweis eines **Gewinnvortrags** und des **Jahresüberschusses/Jahresfehlbetrages** dürfte im Regelfall nicht zur Anwendung kommen, da zumindest nach bisherigem Verständnis der Jahresabschluss einer Personenhandelsgesellschaft unter Berücksichtigung entweder der vollständigen oder der teilweisen Verwendung des Jahresergebnisses aufgestellt wird. Das Jahresergebnis wird demgemäß bereits bei der Aufstellung grundsätzlich den Gesellschafterkonten gutgeschrieben.[27] Sieht der Gesellschaftsvertrag allerdings in Anlehnung an das Recht der Kapitalgesellschaft eine Beschlussfassung über die Verwendung des Jahresergebnisses vor, kann mit der Bilanzerstellung noch keine Zuweisung des Jahresergebnisses auf den Gesellschafterkonten erfolgen.[28] In diesem Fall ist das Jahresergebnis als Jahresüberschuss/Jahresfehlbetrag oder als Bilanzgewinn auszuweisen. Auch der Ausweis eines Gewinnvortrags/Verlustvortrags ist danach nur möglich, wenn sich dies aus dem Gesellschaftsvertrag und den eventuell dort vorgesehenen Einschränkungen bei der Ergebnisverwendung ergibt.[29]

45 In dem nach § 264c Abs. 2 HGB geforderten Ausweis von **Rücklagen** sind lediglich solche Beträge auszuweisen, die aufgrund einer gesellschaftsrechtlichen Vereinbarung gebildet worden sind, wie zB
– Einlage der Gesellschafter, die über die Pflichteinlage hinausgehen,
– Einstellung von Gewinnanteilen gem. Regelung im Gesellschaftsvertrag sowie
– Einstellung von Gewinnanteilen gem. Gewinnverwendungsbeschluss der Gesellschafter

---

[26] *von Kanitz* WPg 2003, 333.
[27] *Adler/Düring/Schmalz* § 246 HGB Rn. 224.
[28] IDW RS HFA 7, Rn. 48.
[29] *von Kanitz* WPg 2003, 334; *Bitter/Grasshoff* DB 2000, 835.

Ein gesonderter Ausweis von **Gewinn- und Kapitalrücklagen**, wie sie 46
beispielsweise im Jahresabschluss einer Kapitalgesellschaft gebräuchlich sind,
erfolgt also bei einer Kommanditgesellschaft **nicht**.[30]
Haben die Gesellschafter die **Pflichteinlagen** nicht oder **nicht vollstän-** 47
dig geleistet, sind diese auf der Passivseite der Bilanz offen von den Kapitalanteilen abzusetzen. Sind die ausstehenden Pflichteinlagen durch die Geschäftsführung bereits eingefordert, ist der Betrag der eingeforderten Beträge demgegenüber auf der Aktivseite der Bilanz unter den Forderungen auszuweisen.[31]
Ist das Eigenkapital durch **Verlustzuweisung** negativ geworden, sind 48
nach § 264c Abs. 2 HGB die übersteigenden Verlustanteile auf der Aktivseite der Bilanz auszuweisen wie folgt[32]:
Soweit eine **Einzahlungsverpflichtung** besteht: 49
– als „Einzahlungsverpflichtung persönlich haftender Gesellschafter" bzw.
– als „Einzahlungsverpflichtung der Kommanditisten", sofern diese ausnahmsweise bestehen sollte.
Soweit **keine Einzahlungsverpflichtung** besteht: 50
– als „nicht durch Vermögenseinlagen gedeckter Verlustanteil des persönlich haftenden Gesellschafters" bzw.
– als „nicht durch Vermögenseinlagen gedeckter Verlustanteil der Kommanditisten".
Der Ausweis der nicht durch Vermögenseinlagen gedeckten Verlustanteile 51
hat nach § 268 Abs. 3 HGB zu erfolgen. Demzufolge sind alle übrigen Eigenkapitalanteile eines Gesellschafters zusammenzurechnen, um diesen Betrag für **jeden Gesellschafter gesondert** zu ermitteln. Die übersteigenden Verlustanteile sind nach Komplementären und Kommanditisten zu trennen und als letzter Posten auf der Aktivseite auszuweisen.
Das Entnahmerecht der Gesellschafter richtet sich zunächst nach den Re- 52
gelungen im Gesellschaftsvertrag. **Entnahmen** erfolgen üblicherweise zu Lasten eines Verrechnungskontos. Sind keine ausreichenden Gewinnanteile vorhanden, entsteht eine Forderung der Gesellschaft. In Sondersituationen kann eine Entnahme auch zu Lasten des Kapitalanteils erfolgen. Dies wird allerdings nur dann möglich sein, wenn die Gesellschafter eine entsprechende Absprache getroffen haben. Erfolgt die Entnahme zu Lasten des Kapitalkontos, ist dieses zu mindern. Übersteigen die Entnahmen das Kapitalkonto, ist der übersteigende Betrag auf der Aktivseite auszuweisen[33], auch getrennt nach Komplementären und Kommanditisten.
Ist die Komplementärin nicht am Festkapital der Kommanditgesellschaft 53
beteiligt, so verfügt sie auch nicht über einen entsprechenden Kapitalanteil. Es ist jedoch möglich, dass zwischen der Komplementär GmbH und der Kommanditgesellschaft ein **Verrechnungskonto** besteht. Fraglich ist, ob dieses Verrechnungskonto bei der Kommanditgesellschaft unter der Position Forderungen bzw. Verbindlichkeiten ausgewiesen werden muss, oder ob ein

---

[30] IDW RS HFA 7 Rn. 46.
[31] IDW RS HFA 7 Rn. 45.
[32] IDW RS HFA 7 Rn. 49.
[33] IDW RS HFA 7 Rn. 52.

6. Kapitel. Kapital, Gewinn, Rechnungslegung

Ausweis unter dem Eigenkapital zulässig ist. Da die Stellung des persönlich haftenden Gesellschafters einer Kommanditgesellschaft der Stellung des Gesellschafters einer offenen Handelsgesellschaft vergleichbar ist, kommt ein Ausweis unter dem Eigenkapital grundsätzlich in Betracht, zumal es sich insoweit auch um haftendes Kapital handelt. Diese Kapitalkonten sind, auch wenn sie kein Festkapital der Kommanditgesellschaft repräsentieren, unter der Position „**Kapitalanteile des persönlich haftenden Gesellschafters**" innerhalb des Eigenkapitals gesondert auszuweisen. Sachgerecht ist jedoch auch gleichermaßen der Ausweis unter der Position Forderungen bzw. Verbindlichkeiten.

4. Positionen der Gewinn- und Verlustrechnung

54 **a) Dividenden einer Tochterkapitalgesellschaft.** Hält die Kommanditgesellschaft Anteile an einer Tochterkapitalgesellschaft, ergeben sich im Falle von Gewinnausschüttungen der Tochtergesellschaft Besonderheiten aus der Trennung der Sphäre der Kommanditgesellschaft von der Sphäre des Gesellschafters. **Dividenden einer Kapitalgesellschaft** unterliegen der Besteuerung nach dem Teileinkünfteverfahren. Das bis zum Jahr 2000 geltende System des körperschaftsteuerlichen Anrechnungsverfahrens wurde durch ein klassisches Körperschaftsteuersystem ersetzt, bei dem zum einen eine Belastung der erzielten Gewinne auf Ebene der Kapitalgesellschaft mit Körperschaftsteuer und zum anderen auf Ebene des Gesellschafters eine Besteuerung der Dividende mit Einkommensteuer erfolgt, allerdings nur nach dem Teileinkünfteverfahren.

Ebene der Kapitalgesellschaft

Gewinn vor Körperschaftsteuer	100,00
./. Körperschaftsteuer	15,00
./. Solidaritätszuschlag	0,83
Bruttodividende	84,17
./. Kapitalertragsteuer 25 %	21,04
./. Solidaritätszuschlag 5,5 %	1,16
Auszahlungsbetrag	61,97

Ebene des Gesellschafters

Auszahlungsbetrag		61,97
zuzüglich anrechenbare KapESt		21,04
anrechenbarer SolZ		1,16
		84,17
hiervon steuerpflichtig 60 %		50,50
Einkommensteuer (zB 42 %)	21,21	
abzüglich anrechenbare KapESt	21,04	
		0,17
Solidaritätszuschlag	1,17	
abzüglich anrechenbare SolZ	1,16	
		0,01
Abschlusszahlung		0,18

Auf Ebene der Kapitalgesellschaft erfolgt eine **definitive Belastung mit** 55
Körperschaftsteuer. Im Falle einer Gewinnausschüttung wird durch die
Kapitalgesellschaft eine 25%ige **Kapitalertragsteuer zuzüglich Solidaritätszuschlag** einbehalten. Diese einbehaltene Kapitalertragsteuer kann auf die persönliche Einkommensteuerschuld des Anteilseigners angerechnet werden.

Werden die Anteile der Kapitalgesellschaft nicht unmittelbar durch eine 56
natürliche Person, sondern unter Zwischenschaltung einer Personengesellschaft gehalten, ergeben sich im Grundsatz keine anderen Auswirkungen. Ist der Gesellschafter der Personengesellschaft eine natürliche Person, werden die **Dividenden** der Tochterkapitalgesellschaft nach § 3 Nr. 40 EStG nach dem **Teileinkünfteverfahren** besteuert, dh der Dividendenertrag ist lediglich zu 60% steuerpflichtig. Die von der Tochterkapitalgesellschaft einbehaltene Kapitalertragsteuer und Solidaritätszuschlag wird auf die **persönliche Steuerschuld** des Gesellschafters der Personengesellschaft **angerechnet**.

Ist Gesellschafter der Personengesellschaft wiederum eine **Kapitalgesell-** 57
schaft, sind die anteiligen Dividenden der Tochterkapitalgesellschaft steuerfrei gem. § 8b Abs. 1 KStG. Dies gilt auch dann, wenn die Dividenden unter Zwischenschaltung einer Personengesellschaft vereinnahmt werden. Die von der Tochterkapitalgesellschaft einbehaltene Kapitalertragsteuer erhält der Gesellschafter der Personengesellschaft auf die persönliche Körperschaftsteuerschuld angerechnet, auch wenn die Dividenden selbst steuerfrei sind. Die Zurechnung erfolgt durch die einheitliche und gesonderte Gewinnfeststellung.

Diese ertragsteuerliche Behandlung führt dazu, dass Dividenden einer 58
Tochterkapitalgesellschaft in der Gewinn- und Verlustrechnung einer GmbH & Co. KG als **Beteiligungserträge** zu erfassen sind. Der Ertrag entspricht der Bruttodividende, dh also der anteiligen Dividende ohne Abzug der Kapitalertragsteuer bzw. des Solidaritätszuschlags.

Noch zu dem Geltungsbereich des ursprünglich bestehenden Systems des 59
körperschaftsteuerlichen Anrechnungsverfahrens hatte der BGH[34] entschieden, dass die anrechenbare Körperschaftsteuer eine eigene Steuerschuld der Tochterkapitalgesellschaft sei und somit nicht in den Verfügungsbereich der Mutterpersonengesellschaft gelange. In der Gewinn- und Verlustrechnung der Personengesellschaft war damit lediglich der Beteiligungsertrag **ohne** anrechenbare Körperschaftsteuer zu erfassen. Diese Rechtsprechung ist, soweit dies die Behandlung der anrechenbaren Körperschaftsteuer betrifft, durch den zwischenzeitlich erfolgten Systemwechsel für die Körperschaftsteuer obsolet geworden.

Nach Auffassung des BGH[35] gilt die von der Kapitalgesellschaft einbehal- 60
tene **Kapitalertragsteuer** sowie der Solidaritätszuschlag auf die **Kapitalertragsteuer** als Vorauszahlung für die Einkommensteuerschuld bzw. Solidaritätszuschlagsschuld des Gesellschafters der Kommanditgesellschaft. Der Dividendenertrag der Personengesellschaft ist damit **nicht** um die einbehal-

---

[34] BGH NJW 1995, 1088.
[35] BGH NJW 1995, 1088 (zur Berücksichtigung der anrechenbaren Körperschaftsteuer).

tene Kapitalertragsteuer sowie den Solidaritätszuschlag **zu mindern**.[36] Da der Mutterpersonengesellschaft jedoch lediglich die um die Kapitalertragsteuer bzw. den Solidaritätszuschlag geminderte Dividende zufließt, ist der Differenzbetrag als **Privatentnahme der Gesellschafter** zu behandeln.

61 **b) Vergütungen an die Komplementär-GmbH.** Die Komplementär-Gesellschaft hat bei der GmbH & Co. KG gleich mehrere Aufgaben. Sie haftet kraft ihrer Stellung persönlich und uneingeschränkt für die Schulden der Kommanditgesellschaft. Als Entgelt für diese mögliche Haftungsinanspruchnahme erhält die Komplementärin im Regelfall eine Vergütung. Diese orientiert sich üblicherweise an der für das Eigenkapital der Komplementärin zu Beginn des Geschäftsjahres, beispielsweise in Höhe von 3 % des Eigenkapitals. Denkbar ist jedoch auch eine feste Vergütung. Auch wenn die **Haftungsvergütung** dem Grunde und der Höhe nach sich aus dem Gesellschaftsvertrag der Kommanditgesellschaft ergibt, ist diese Haftungsvergütung nicht als Bestandteil der Gewinnverteilungen, sondern als Leistungsaustausch zu sehen. Die Haftungsvergütung ist deshalb in der Gewinn- und Verlustrechnung der Kommanditgesellschaft als Aufwand im Rahmen der sonstigen betrieblichen Aufwendungen zu erfassen.

62 Neben der Stellung als voll haftender Gesellschafter ist die Komplementärin kraft ihrer Stellung zur **Geschäftsführung** der Kommanditgesellschaft befugt. Die Komplementärin bedient sich hierzu idR einer oder mehrerer natürlicher Personen. Im Gesellschaftsvertrag der Kommanditgesellschaft ist üblicherweise vorgesehen, dass die Komplementärin alle Aufwendungen ersetzt bekommt, die im Rahmen der Geschäftsführung entstehen. Dies betrifft zunächst das Gehalt eines eventuell angestellten Geschäftsführers sowie sonstige Personal- und Sachkosten. Dieser **Aufwandsersatz** für die Komplementärgesellschaft ist im Rahmen der Gewinn- und Verlustrechnung der Kommanditgesellschaft unter den sonstigen betrieblichen Aufwendungen auszuweisen, auch wenn in dem Aufwandsersatz auch sonstige Kostenbestandteile, wie zB Personalkosten, enthalten sind. Nicht selten erfolgt die Gehaltsabrechnung bei einem angestellten Fremdgeschäftsführer der Komplementärgesellschaft im Rahmen der Gehaltsabrechnung für die Kommanditgesellschaft. Konsequenz hieraus ist, dass die Kosten des Fremdgeschäftsführers in den Personalkosten der Kommanditgesellschaft enthalten sind. Obschon dies von der Sache her zutreffend sein mag, geht die herrschende Lehre dennoch davon aus, dass der Ausweis unter den sonstigen betrieblichen Aufwendungen zu erfolgen hat.

63 **c) Steueraufwand.** Die GmbH & Co. KG ist mit den von ihr erwirtschafteten Erträgen Steuersubjekt für die Gewerbesteuer. Auf Ebene der Gesellschaft entsteht eine Belastung mit Gewerbesteuer. Die von der Gesellschaft gezahlte **Gewerbesteuer** wird gem. § 35 EStG **pauschaliert auf die persönliche Einkommensteuerschuld** des Anteilseigners **angerechnet**. Diese Anrechnung wird im handelsrechtlichen Jahresabschluss der GmbH & Co. KG allerdings nicht abgebildet, es handelt sich um eine reine Abrechnungstechnik für steuerliche Zwecke.

---

[36] IDW RS HFA 7 Rn. 31.

Nach § 274 HGB sind im Jahresabschluss Positionen für **latente Steuern** 64 zu bilden. Die Errechnung erfolgt durch Gegenüberstellung der Vermögensgegenstände und Schulden in Handels- und Steuerbilanz. Die Steuerbilanz berücksichtigt dabei auch Positionen einer eventuell vorhandenen Ergänzungsbilanz. Bestehen dabei temporäre Differenzen, ergibt sich der latente Steueraufwand bzw. -ertrag durch Anwendung des Steuersatzes auf diese Differenzbeträge.[37] Zu beachten ist dabei, dass eine Personenhandelsgesellschaft lediglich Steuersubjekt für die Gewerbesteuer ist. Der latente Steueraufwand oder -ertrag bezieht sich daher lediglich auf die Gewerbesteuer. Die einkommensteuerlichen Auswirkungen auf Gesellschafterebene werden dabei nicht berücksichtigt.

Personengesellschaften, die nicht unter § 264a HGB fallen bzw. kleine Gesellschaften iSd § 267 HGB brauchen § 274 HGB nicht zu beachten, können dies nach § 274a Nr. 5 HGB jedoch freiwillig tun.[38] 65

d) Ergebnisverwendung. Für Aktiengesellschaften ist in § 158 AktG 66 vorgesehen, dass das Jahresergebnis auf die Bilanzposition Bilanzgewinn oder -verlust überzuleiten ist. Diese Vorschrift gilt grundsätzlich nur für Aktiengesellschaften, nicht jedoch für andere Rechtsformen, insbesondere auch nicht für eine GmbH & Co. KG. Eine Verpflichtung zur **Darstellung der Überleitungsrechnung** besteht daher für den Jahresabschluss einer GmbH & Co. KG nicht.

Wie bereits vorstehend beschrieben, wird der Jahresabschluss einer 67 GmbH & Co. KG üblicherweise unter vollständiger Verwendung des Jahresergebnisses aufgestellt. Nur dann, wenn sich aus dem Gesellschaftsvertrag Anhaltspunkte dafür ergeben, dass das Jahresergebnis nicht zur vollen Verfügung der Gesellschafter steht, etwa wenn die Verwendung des Jahresergebnisses einen entsprechenden Beschluss der Gesellschafterversammlung vorsieht oder wenn der Gesellschaftsvertrag eine pauschale Dotierung von Rücklagen vorsieht, können sich insoweit Abweichungen ergeben. Nur für diese Fälle kann sich eine **Ergebnisverwendungsrechnung** anbieten wie folgt:

Jahresüberschuss/Jahresfehlbetrag
+/– Gutschrift/Belastung auf Rücklagenkonten
+/– Gutschrift/Belastung auf Kapitalkonten
+/– Belastung/Gutschrift auf Verbindlichkeitenkonten
= Ergebnis nach Verwendungsrechnung/Bilanzgewinn[39]

Ungeachtet dessen sieht § 325 Abs. 1 HGB eine **Offenlegung des Vor-** 68 **schlags für die Verwendung des Jahresergebnisses** sowie des Beschlusses über die Verwendung des Jahresergebnisses vor, soweit dieser im eingereichten Jahresabschluss nicht enthalten ist und schutzwürdige Gesellschafterinteressen nicht berührt sind. Aus diesem Grund erfolgt üblicherweise eine Darstellung der **Ergebnisverwendung** der Gesellschaft **im Anhang.**

Ein Sonderproblem der Darstellung der Ergebnisverwendung betrifft die 69 **Darstellung der Ertragsteuerbelastung** des anteiligen Ergebnisses. In

---

[37] IDW RS HFA 7, Rn. 19.
[38] IDW RS HFA 7, Rn. 18.
[39] IDW RS HFA 7, Rn. 56.

6. Kapitel. Kapital, Gewinn, Rechnungslegung

§ 264c Abs. 3 Satz 2 HGB ist für eine GmbH & Co. KG die Möglichkeit gegeben, nach dem Posten Jahresüberschuss/-fehlbetrag einen pauschal ermittelten Steueraufwand bzw. -ertrag auf das Jahresergebnis offen abzusetzen bzw. hinzuzurechnen. Auf den ersten Blick wirkt diese Vorschrift befremdlich. Systembedingt ist eine GmbH & Co. KG nicht selbst einkommen- bzw. körperschaftsteuerpflichtig, dies sind lediglich ihre Gesellschafter. Demgegenüber ist eine Kapitalgesellschaft eigenständig körperschaftsteuerpflichtig, so dass der entsprechende Körperschaftsteueraufwand naturgemäß in der Gewinn- und Verlustrechnung einer Kapitalgesellschaft als Aufwand erfasst ist. Durch § 264c Abs. 3 Satz 2 HGB soll insoweit wohl die Vergleichbarkeit der Gewinn- und Verlustrechnungen einer Kapitalgesellschaft und einer Personengesellschaft hergestellt werden.[40] Aus dieser Vorschrift kann jedoch nicht geschlossen werden, dass die entsprechende Position auch im Rahmen der Gewinn- und Verlustrechnung als Aufwand erfasst werden soll. Es darf nicht übersehen werden, dass es sich um eine nachrichtliche Angabe im Anschluss der Position Jahresüberschuss/-fehlbetrag handelt. Im Übrigen handelt es sich um ein reines **Darstellungswahlrecht**.

70   Wird von diesem **Wahlrecht der Darstellung des pauschalierten Steueraufwandes** Gebrauch gemacht, kann die Ergebnisfortrechnung unter Berücksichtigung des pauschalierten Steueraufwandes wie folgt erfolgen:[41]

Jahresüberschuss/Jahresfehlbetrag
+/– pauschalierter Steueraufwand/Steuerertrag der Gesellschafter
= verbleibender Jahresüberschuss/Jahresfehlbetrag nach pauschaliertem Steueraufwand/Steuerertrag der Gesellschafter
+/– verbleibende Gutschrift auf Gesellschafterkonto/Belastung auf Verlustvortragskonten
= Ergebnis nach Verwendungsrechnung/Bilanzgewinn

71   Die Darstellung des pauschalierten Steueraufwandes ist insoweit problematisch, als es sich bei dem Steueraufwand/-ertrag lediglich um eine fiktive Größe handelt. Schuldner der persönlichen Einkommensteuerschuld ist der Gesellschafter der Kommanditgesellschaft, nicht dagegen die Gesellschaft selbst. Auf der anderen Seite ist Gläubiger des Steuerertrages, dh eines Steuererstattungsanspruches, nicht die Gesellschaft, sondern der Gesellschafter. Eine entsprechende Fortschreibung des pauschalierten Steueraufwandes würde im Grundsatz auch eine entsprechend differenzierte Behandlung im Rahmen der Gesellschafterkonten erfordern. Dies dürfte in der Regel jedoch nicht der Fall sein.

5. Anhang der GmbH & Co. KG

72   Personenhandelsgesellschaften iSd § 264a Abs. 1 HGB sind hinsichtlich der Rechnungslegungspflicht grundsätzlich einer Kapitalgesellschaft gleichgestellt. Damit einhergehend besteht eine Verpflichtung zur Erstellung eines Anhangs. Die Angabepflichten entsprechen danach im Wesentlichen den §§ 285, 286 HGB, wie sie auch für Kapitalgesellschaften bestehen.

---

[40] IDW RS HFA 7, Rn. 33.
[41] *von Kanitz* WPg 2003, 340.

§ 23 Rechnungslegung und Publizität

Bei einer Kommanditgesellschaft braucht die gem. § 171 HGB im Handelsregister eingetragene Haftungshöchstsumme eines Kommanditisten nicht mit dem Betrag übereinzustimmen, der im Gesellschaftsvertrag als Pflichteinlage angesetzt ist. Die im Handelsregister eingetragene Haftungssumme hat daher für die Bilanz der Kommanditgesellschaft zunächst keine Bedeutung. § 264c Abs. 2 Satz 9 HGB sieht deshalb vor, dass der Umfang der **nicht geleisteten Hafteinlagen** im Anhang der Gesellschaft anzugeben ist. Hierdurch soll dargelegt werden, inwieweit neben dem in der Bilanz ausgewiesenen Eigenkapital eine darüber hinausgehende Außenhaftung der Kommanditisten besteht. 73

Die Ursachen für noch nicht geleistete Hafteinlagen können vielfältig sein. Zum einen kann die gesellschaftsvertragliche Pflichteinlage betragsmäßig niedriger sein als die im Handelsregister eingetragene Hafteinlage. Dies ist beispielsweise dann der Fall, wenn zur Erhöhung eines Verlustausgleichspotentials gem. § 15a EStG im Handelsregister eine erweiterte Außenhaftung gem. § 171 HGB eingetragen worden ist. Nicht geleistete Hafteinlagen können jedoch auch dadurch entstehen, dass gesellschaftsvertragliche Pflichteinlagen noch nicht geleistet worden sind. Insoweit kann sich eine Konkurrenz zu dem Bilanzausweis gem. § 272 Abs. 1 Satz 2 und 3 HGB ergeben. In Einzelfällen kann sich ein Differenzbetrag zwischen Pflichteinlage und Hafteinlage auch aus Tatbeständen der Wiederauflebung einer Außenhaftung oder der Rückzahlung von Pflichteinlagen ergeben.[42] In diesem Fall dürfte im Anhang nach § 264c Abs. 2 S. 9 HGB die Differenz zwischen der Haftsumme und den tatsächlich geleisteten **Einlage** anzugeben sein,[43] nicht dagegen lediglich die Differenz zwischen Haftungssumme und gesellschaftsvertraglicher Pflichteinlage. Angabepflichtig ist damit auch eine wiederauflebende Außenhaftung, soweit diese nach § 172 Abs. 4 HGB etwa durch Einnahmen entstanden ist. 74

Erfolgt in der Gewinn- und Verlustrechnung der Kommanditgesellschaft keine Darstellung der Gewinnverwendung nach aktienrechtlichen Vorstellungen in § 158 AktG, kann die **Ergebnisverwendung der Gesellschaft** auch im Anhang angegeben werden, obschon eine ausdrückliche Verpflichtung hierzu nicht besteht. Denkbar ist beispielsweise folgende Darstellungsform: 75

Jahresüberschuss / Jahresfehlbetrag
+/– Gutschrift/Belastung auf Rücklagenkonten
+/– Gutschrift/Belastung auf Kapitalverlustkonten
+/– Gutschrift/Belastung auf Gesellschafterkonten

Nach § 285 Nr. 9 HGB sind im Anhang auch die **Bezüge der Organe** der Gesellschaft anzugeben. Die Geschäftsführung einer Kommanditgesellschaft obliegt der Komplementärin, die sich ihrerseits wiederum angestellter Geschäftsführer bedient. Üblicherweise ist im Gesellschaftsvertrag der Kommanditgesellschaft ein Ersatz der Aufwendungen der Komplementärin für die Geschäftsführung vorgesehen. Die entsprechenden Aufwendungen sind demgemäß über den Kostensatz in der Gewinn- und Verlustrechnung der 76

---

[42] Im Einzelnen *von Kanitz* WPg 2003, 341.
[43] *Fröschle/Hoffmann* § 264c HGB Rn. 60; WP-Handbuch 2012, F 1049.

Düll 595

6. Kapitel. Kapital, Gewinn, Rechnungslegung

Kommanditgesellschaft enthalten, obschon es sich um Organbezüge der Komplementärin handelt. Nach dem Sinn und Zweck der Vorschrift ist deshalb wohl davon auszugehen, dass die Angabepflicht gem. § 285 Nr. 9 HGB auf die Gesamtbezüge der Mitglieder des vertretungsberechtigten Organs der vertretungsberechtigten Gesellschafter auszudehnen ist,[44] sofern nicht die Befreiungsmöglichkeit des § 286 Abs. 4 HGB greift.

III. Prüfungs- und Offenlegungspflicht

1. Einzelabschluss der Kommanditgesellschaft

77 Die Gleichstellung der Rechtsform der GmbH & Co. KG mit einer Kapitalgesellschaft bedingt unter anderem, dass der Jahresabschluss der Gesellschaft grundsätzlich durch einen Wirtschaftsprüfer oder vereidigten Buchprüfer **geprüft** werden muss, sofern die Schwellenwerte des § 267 HGB als **mittelgroße Gesellschaft** überschritten sind. § 267 und § 267a HGB sehen folgende Größenmerkmale vor:

	Kleinstgesellschaft	kleine Gesellschaft	Mittelgroße Gesellschaft	große Gesellschaft
Bilanzsumme	≤ 350 T-EUR	≤ 4.840 T-EUR	≤ 19.250 T-EUR	> 19.250 T-EUR
Umsatzerlöse	≤ 700 T-EUR	≤ 9.680 T-EUR	≤ 38.500 T-EUR	> 38.500 T-EUR
Arbeitnehmer	≤ 10	≤ 50	≤ 250	> 250

78 Die Qualifikation erfolgt anhand der genannten Größenkriterien. Sind an zwei aufeinander folgenden Bilanzstichtagen mind. zwei der genannten Merkmale eingehalten, ergibt sich die jeweilige Größenklasse. Nur dann, wenn es sich nach den Größenmerkmalen des § 267 HGB um eine **kleine Gesellschaft** oder um eine Kleinstgesellschaft nach § 267a HGB handelt, muss der Jahresabschluss der GmbH & Co. KG **nicht** geprüft werden. Der Jahresabschluss einer mittelgroßen bzw. einer großen Gesellschaft muss dagegen geprüft werden.

79 Die Gleichstellung einer GmbH & Co. KG mit einer Kapitalgesellschaft bewirkt weiterhin, dass der Jahresabschluss der Gesellschaft auch **offen zu legen** ist. Es kommen hier die größenabhängigen Erleichterungen der §§ 326, 327 HGB zur Anwendung. **Kleine Gesellschaften** im Sinne des § 267 HGB brauchen hiernach lediglich die Bilanz und den Anhang bei dem Handelsregister einzureichen. Der Anhang braucht die die Gewinn- und Verlustrechnung betreffenden Angaben nicht zu enthalten. Für **mittelgroße Gesellschaften** besteht die Verpflichtung zur Offenlegung des Jahresabschlusses des Anhangs und des Lageberichts, wobei allerdings die Erleichterungen des § 327 HGB in Anspruch genommen werden können.

---

[44] IDW RS HFA 7, Rn. 34.

§ 23 *Rechnungslegung und Publizität*

Mit Wirkung ab dem Jahr 2012 ist durch §§ 267a, 326 Abs. 2 HGB eine **80** Erleichterung für Kleinstgesellschaften eingefügt worden. Diese müssen die Bilanz und den Anhang zwar in der Form für kleine Gesellschaften aufstellen, brauchen diese jedoch nicht im elektronischen Bundesanzeiger zu veröffentlichen. Es ist ausreichend, wenn Bilanz und Anhang in elektronischer Form bei dem elektronischen Bundesanzeiger zu dauerhaften Hinterlegung eingereicht und ein Hinterlegungsauftrag erteilt werden. Dabei ist mitzuteilen, dass die in § 267a HGB genannten Größenkriterien nicht überschritten sind.[45]

Auch wenn eine GmbH & Co. KG die Größenkriterien für mittelgroße **81** Gesellschaften überschreitet, ist sie dennoch gem. § 264b HGB von der **gesetzlichen Offenlegungspflicht befreit**, wenn ihr Jahresabschluss in einen befreienden Konzernabschluss einbezogen ist und dieser Konzernabschluss offengelegt ist. Diese Befreiung von der Offenlegungspflicht besteht unabhängig davon, ob der befreiende Konzernabschluss aufgrund gesetzlicher Vorschriften oder freiwillig erstellt worden ist.[46] Die Befreiung von der Offenlegungspflicht des Jahresabschlusses besteht ferner dann, wenn die Kommanditgesellschaft selbst als Konzernspitze den Konzernabschluss aufstellt.[47] Voraussetzung ist allerdings, dass der Einbezug in den befreienden Konzernabschluss im Rahmen einer Vollkonsolidierung, nicht dagegen im Rahmen einer anteilsmäßigen Konsolidierung erfolgt.[48]

Wird entgegen der Verpflichtung der Jahresabschluss nicht offen gelegt, **82** sieht § 335 HGB ein **Ordnungsgeld** von mindestens EUR 2.500 und maximal EUR 25.000 vor. Das Ordnungsgeld kann jeweils in Sechs-Wochen-Abständen mehrfach festgesetzt werden.

2. Konzernabschluss

Die Gleichstellung einer GmbH & Co. KG mit einer Kapitalgesellschaft **83** bewirkt weiterhin, dass die KG in die **Konzernrechnungslegungspflicht** einbezogen ist. Eine Verpflichtung zur Erstellung eines Konzernabschlusses besteht nur dann nicht, wenn die Schwellenwerte gem. § 293 Abs. 1 S. 1 HGB nicht überschritten sind. Es handelt sich um folgende Werte:

	Befreiungsmerkmale nicht konsolidiert	Befreiungsmerkmale konsolidiert
Bilanzsumme	23.100 T-EUR	19.250 T-EUR
Umsatzerlöse	46.200 T-EUR	38.500 T-EUR
Arbeitnehmer	> 250	> 250

Sind diese Größenmerkmale überschritten, besteht eine Verpflichtung für **84** die Erstellung eines Konzernabschlusses nur dann nicht, wenn die KG ihrer-

---

[45] Vgl. zur erstmaligen Anwendung IDW FN 2014, 100.
[46] *Bitter/Grashoff* DB 2000, 836.
[47] IDW RS HFA 7, Rn. 6; *Adler/Düring/Schmalz* § 264b HGB Rn. 13; *Fröschle/Deubert* § 264b HGB Rn. 33.
[48] IDW RS HFA 7, Rn. 8.

6. Kapitel. Kapital, Gewinn, Rechnungslegung

seits in einen **Konzernabschluss eines Mutterunternehmens** mit Sitz in einem Mitgliedsstaat der EU einbezogen ist.

85 Im Zusammenhang mit der Erstellung eines Konzernabschlusses ist bei einer GmbH & Co. KG zunächst zu überprüfen, welche Gesellschaft als Konzernspitze anzusehen ist, dh die Komplementärin oder die Kommanditgesellschaft.

86 Die Komplementär-GmbH ist üblicherweise nicht am Kapital der Kommanditgesellschaft beteiligt. Über ihre organschaftliche Stellung obliegt ihr jedoch im Regelfall die Geschäftsführung und Vertretung der KG. Auch eine GmbH, die keinen eigenen wirtschaftlichen Geschäftsbetrieb unterhält oder lediglich die Haftungsfunktion in der GmbH & Co. KG ausübt, ist aufgrund ihrer Rechtsform als Formkaufmann stets ein rechtlich selbständiges Unternehmen.[49] Aus diesem Grund ist im Allgemeinen von der **Komplementär-GmbH** als Mutterunternehmen auszugehen.

87 Zu beachten ist allerdings, dass bei einer typischen Beteiligungsstruktur die Kommanditisten gleichzeitig auch Gesellschafter der Komplementär-GmbH sind, die wiederum über die Gesellschafterversammlung bei der Komplementärin deren Geschäftsführung unternehmerische Weisungen erteilen können. Häufig bestehen darüber hinaus ergänzende gesellschaftsvertragliche Regelungen oder schuldrechtliche Nebenabreden bzw. eine Geschäftsordnung der Geschäftsführung, die die Stellung der Kommanditisten und ihre Mitspracherechte stärken.[50] Trotz der Wertung des Gesetzgebers im Rahmen des Gesetzgebungsverfahrens kann deshalb die Stellung der Komplementär-GmbH als Mutterunternehmen im Rahmen eines Personengesellschaftskonzerns durchaus in Frage gestellt werden und primär die **Kommanditgesellschaft** selbst als Mutterunternehmen anzusehen sein.

88 Von einer Konzernrechnungslegungspflicht der Komplementär-GmbH als Mutterunternehmen ist mindestens dann abzusehen, wenn die Satzung der KG spezielle Regelungen enthält, die die **einheitliche Leitung** der Komplementär-GmbH **einschränken**. Dies kann beispielsweise die Einräumung eines vertraglichen Weisungsrechts des Kommanditisten an den Komplementär sein, die Mehrheit der Mitglieder der Geschäftsführung zu bestimmen, oder besondere Einschränkungen des Geschäftsführungs- und Vertretungsrechts der Komplementärin.

89 Liegt eine sog. **Einheitsgesellschaft** vor, bei der die KG wiederum Anteilseignerin der Komplementär-GmbH ist, ist als Mutterunternehmen stets die Kommanditgesellschaft und nicht die Komplementär-GmbH anzusehen.[51]

90 Wird auf Ebene der Komplementär-GmbH eine Konzernrechnungslegungspflicht bejaht, ergibt sich für den Konzernabschluss eine **verwirrende und wenig aussagekräftige Darstellung des Eigenkapitals**. Da im Regelfall die Komplementär-GmbH nicht am Kapital der KG beteiligt ist, ist das gesamte oder nahezu gesamte Eigenkapital des Konzerns als Anteile in Fremdbesitz auszuweisen. Hier ist sicherlich nach dem Grundsatz der Klar-

---

[49] BR-Drs. 458/99, 41; IDW RS HFA 7, Rn. 63; noch aA IDW, WPg 1999, 435.
[50] *Küting/Weber/Pilhofer* WPg 2003, 797.
[51] *Adler/Düring/Schmaltz* § 290 HGB Rn. 134.

heit der Darstellung im Konzernanhang ein erläuternder Hinweis zum Inhalt des Postens erforderlich. Dieser Effekt wird weiterhin dadurch verstärkt, wenn die Kommanditgesellschaft selbst wiederum an Tochtergesellschaften beteiligt ist und im Rahmen der Kapitalkonsolidierung positive Ausgleichsbeträge entstehen, die uU mit dem Ausgleichsposten für Fremdanteile zu verrechnen sind.[52]

---

[52] *von Kanitz* WPg 2003, 343.

§ 24 Gewinn- und Verlustbeteiligung, Entnahmen

Übersicht

	Rn.		Rn.
I. Gesetzliche Regelung	1	6. Spezielle Verlustverteilungsregeln	15
1. Das Jahresergebnis als Ausgangspunkt	1	III. Prozessuale Fragen	16
2. Mindestverzinsung	2	1. Bilanzfeststellung	16
3. Angemessenes Verhältnis	3	2. Gewinn- und Verlustbeteiligung	18
4. Einzelumstände	4	IV. Entnahmen und Gewinnauszahlungen	19
II. Vertragliche Regelungen	7		
1. Notwendigkeit	7	1. Gesetzliche Regelung	21
2. Gestaltungsalternativen	9	2. Gesellschaftsvertragliche Regelung	34
3. Spezielle Gewinnverteilungsabreden	10		
4. Negative Kapitalanteile	12	3. Durchsetzung der Auszahlungsansprüche	41
5. Varia	13		

Schrifttum: *Barz*, Die vertragliche Entnahmeregelung bei OHG und KG, in FS Knur, 1972, 25; *Huber*, Freie Rücklagen in Kommanditgesellschaften, GS für Knobbe-Keuk, 1997, 203; *K. Schmidt*, Der gutgläubige Empfang von Scheingewinnen und die Kapitalsicherung in Aktienrecht, im Recht der GmbH und im Kommanditgesellschaftsrecht, BB 1984, 1588; *Ulmer*, Die Mitwirkung der Kommanditisten an der Bilanzierung der KG, in FS Hefermehl 1976, 207 (siehe auch die Nachweise vor → § 21).

I. Gesetzliche Regelung

1. Das Jahresergebnis als Ausgangspunkt

1 Gemäß § 167 HGB gelten die Bestimmungen des § 120 HGB über die Berechnung von Gewinn und Verlust auch für die Kommanditisten. Danach wird am Schluss des Geschäftsjahres aufgrund des Jahresabschlusses der Gesellschaft (dazu → § 23) der **Gewinn oder Verlust** des Geschäftsjahres ermittelt und der auf jeden Gesellschafter entfallende Anteil berechnet. Der sich danach auf der Grundlage des Bilanzergebnisses ergebende Gewinnanteil wird dem Kapitalanteil des Gesellschafters zugeschrieben, § 120 Abs. 2 HGB, dem Kapitalanteil des Kommanditisten aber nur bis zur Höhe der bedungenen Einlage, § 167 Abs. 2 HGB, ein auf den Gesellschafter entfallender Verlust wird von dem Kapitalanteil abgeschrieben, beim Kommanditisten jedoch nur bis zum Betrage seines Kapitalanteils und einer evtl. noch rückständigen Einlage (§ 167 Abs. 3 HGB).[1]

---

[1] Zu der Frage, in welchem Umfang der gutgeschriebene Gewinn entnommen werden kann, vgl. → Rn. 18 ff.

2. Mindestverteilung

Die **Verteilung** von Gewinn und Verlust regelt für die GmbH & Co. KG § 168 HGB. Gemäß § 168 Abs. 1 iVm § 121 HGB ist ein Gewinn zur Zahlung einer **Vorabdividende** an jeden Gesellschafter in Höhe von jeweils 4 % seines Kapitalanteils zu verwenden; reicht der Gewinn hierfür nicht aus, ist der jeweils zuzuweisende Gewinnanteil entsprechend zu kürzen, § 121 Abs. 1 S. 2 HGB. Das gilt nach der gesetzlichen Regel für die persönlich haftende Gesellschafterin ebenso wie für Kommanditisten. Für die Verteilung eines über diesen Betrag hinausgehenden Gewinns soll nach § 168 Abs. 2 HGB ein „den Umständen nach **angemessenes Verhältnis**" maßgeblich sein; dasselbe den Umständen nach angemessene Verhältnis bestimmt auch die Verteilung eines etwaigen Verlustes. Maßgeblich für die Vorabdividende ist der nach der Vorstellung des Gesetzes bewegliche Kapitalanteil des Gesellschafters (dazu näher → § 21 Rn. 5). Demgemäß ist **unterjährigen Veränderungen** der Kapitalanteile, wie sie etwa bei Entnahmen eintreten können, Rechnung zu tragen (vgl. § 121 Abs. 2 HGB)Die Vorabdividende ist Gewinnanteil, nicht Verzinsung.[2] Wird kein Gewinn erzielt, fällt sie nicht an.

3. Angemessenes Verhältnis

Das nach den Umständen angemessene Verhältnis der Beteiligung an Gewinn und Verlust ist unter Berücksichtigung der nachfolgenden Gesichtspunkte zu ermitteln, sofern der Gesellschaftsvertrag auf eine vom Gesetz abweichende Vorgabe verzichtet: Die nach der gesetzlichen Vorgabe vierprozentige „Kapitalverzinsung" soll, so die zugrunde liegende Vorstellung, den Kapitalbeiträgen der Gesellschafter Rechnung tragen. Daraus ist jedoch nicht ableitbar, dass für die Verteilung eines weitergehenden Gewinns das Verhältnis der Kapitalanteile nicht mehr maßgeblich sein kann und andere Gesichtspunkte herangezogen werden müssen. Im Gegenteil stellt auch insoweit jedenfalls im Verhältnis der Kommanditisten zueinander regelmäßig der **Umfang der Kapitalbeteiligung** für die Gewinnverteilung den vorrangig zu berücksichtigenden Maßstab dar.[3] Eine **Verteilung nach Köpfen**, wie sie § 121 Abs. 3 HGB für die OHG vorsieht, dürfte demgegenüber kaum je angemessen sein; eine solche Verteilung dürfte auch nicht der Intention des Gesetzgebers entsprechen, der in § 168 HGB explizit auf § 121 Abs. 1 und Abs. 2 HGB verweist, § 121 Abs. 3 HGB (Verteilung nach Köpfen) demgegenüber jedoch nicht erwähnt. Nach der Rechtsprechung sind im Übrigen

---

[2] Vgl. RGZ 67, 19; MüKoHGB/*Priester* § 121 Rn. 16. *Oetker/Weitemeyer* § 121 HGB Rn. 10.
[3] Vgl. MüKoHGB/*Grunewald* § 168 Rn. 5; *Oetker/Weitemeyer* § 121 HGB Rn. 10; Röhricht/*Graf von Westphalen/v. Gerkan/Haas* § 168 HGB Rn. 12; MHdB GesR II/*v. Falkenhausen/Schneider* § 23 Rn. 12; differenzierend dagegen *Ebenroth/Boujong/Joost/ Weipert* § 168 HGB Rn. 7 f., der dies von ganz unterschiedlichen Beiträgen abhängig macht, mit denen die einzelnen Gesellschafter auf den Erfolg der Gesellschaft Einfluss nehmen (persönliche Tätigkeiten bei der Geschäftsführung, Finanzierungsverantwortung).

grundsätzlich alle in Betracht kommenden Einzelumstände zu berücksichtigen und gegeneinander abzuwägen.[4] Über die angemessene Verteilung von Gewinn und Verlust ist Jahr für Jahr neu zu entscheiden, weil sich die maßgeblichen Faktoren ändern können.

4. Einzelumstände

4   Für die **Gewinnbeteiligung** der **Komplementär-GmbH** ist zu berücksichtigen, dass sie die persönliche unbeschränkte Haftung trägt, die Geschäftsführung übernimmt und einem gesetzlichen Wettbewerbsverbot unterliegt. Demgemäß steht in der gesetzestypisch organisierten KG dem Komplementär ein höherer Gewinnanteil zu als den Kommanditisten, wobei hierfür ohne Einzelanalyse der Gesellschafterbeiträge kein konkreter Prozentsatz genannt werden kann.[5] Anders liegt es in der **typischen GmbH & Co. KG,** in der die Komplementär-GmbH allenfalls eine geringfügige Kapitalbeteiligung hält. Ist hier, wie häufig, die Komplementär-GmbH im Innenverhältnis von der Verlustbeteiligung freigestellt oder tragen die Kommanditisten ihrerseits durch hohe Haftsummen wesentlich zur Kreditwürdigkeit der Gesellschaft bei, relativiert sich das Gewicht der persönlichen Komplementär-Haftung für die Entwicklung des angemessenen Verteilungsschlüssels.[6]

5   Im Verhältnis der **Kommanditisten** dürfte, sofern sie im Übrigen die gleichen Beiträge für die Gesellschaft erbringen, also insbesondere gleichmäßig nicht an der Geschäftsführung teilnehmen und keine unterschiedliche Haftung übernehmen, das **Verhältnis der Kapitalanteile** den angemessenen Verteilungsmaßstab abgeben.[7]

6   Für die Verteilung eines **Verlustes** gilt das Vorstehende entsprechend, denn § 168 Abs. 2 HGB bezieht sich explizit auf Gewinn und Verlust, doch ist der für die Gewinnverteilung als angemessen erkannte Maßstab nicht ohne weiteres umgekehrt auch auf die Verlustbeteiligung anzuwenden. So rechtfertigt etwa ein Gewinnvoraus für die Übernahme der Geschäftsführung nicht zwingend einen entsprechenden Verlustvoraus. Im Regelfall dürfte vielmehr eine Verteilung nach dem **Verhältnis der Kapitalanteile** angemessen sein.[8] Die Verlustverteilung bedeutet Abschreibung zu Lasten der Kapitalanteile. Die Bestimmung des § 167 Abs. 3 HGB, wonach die Kommanditisten nur bis zur Höhe der bedungenen Einlage am Verlust beteiligt sind, realisiert sich erst bei Liquidation der Gesellschaft; dann tragen

---

[4] Vgl. BGH WM 1956, 1062 (1064); MHdB GesR II/*v. Falkenhausen/Schneider* § 23 Rn. 13.

[5] Vgl. aber noch GK/*Schilling* (4. Aufl.) § 168 HGB Rn. 2: IdR sei ein Gewinnvorab von 10 bis 30% zugunsten des Komplementärs angemessen. Dagegen zu Recht MüKoHGB/*Grunewald* § 168 Rn. 3f.; MHdB GesR II/*v. Falkenhausen/Schneider* KG § 23 Rn. 10.

[6] Vgl. dazu näher MüKoHGB/*Grunewald* § 168 Rn. 3f.; *Röhricht/Graf von Westphalen/v. Gerkan/Haas* § 168 HGB Rn. 7.

[7] Vgl. MüKoHGB/*Grunewald* § 168 Rn. 4, 12; *Oppenländer* DStR 1999, 939 (940).

[8] Zutr. MüKoHGB/*Grunewald* § 168 Rn. 5; *Röhricht/Graf von Westphalen/v. Gerkan/Haas* § 168 HGB Rn. 13.

die Komplementäre die durch negative Kapitalanteile der Kommanditisten ausgewiesenen Verluste.[9]

II. Vertragliche Regelungen

1. Notwendigkeit

Es ist offensichtlich, dass der gesetzliche Maßstab (→ Rn. 1 ff.) für die Verteilung von Gewinn und Verlust viel zu **unbestimmt** ist. Deshalb ist es unverzichtbar, im Gesellschaftsvertrag konkrete Regelungen für die Gewinn- und Verlustbeteiligung zu treffen. Dabei sollte eine Regelung sowohl für die Gewinnverteilung als auch für die Zuweisung eines Verlustes in den Gesellschaftsvertrag aufgenommen werden. Andernfalls gilt die Vermutungsregelung in § 722 Abs. 2 BGB, wonach, wenn nur der Anteil am Gewinn oder nur der Anteil am Verlust bestimmt ist, die Bestimmung im Zweifel gleichermaßen für die Gewinn- wie die Verlustverteilung gilt.[10]

7

Bis zur Grenze der allgemeinen Schranken der Vertragsfreiheit[11] sind die Gesellschafter in der Regelung der Gewinn- und Verlustverteilung gänzlich frei.[12] Im Einzelfall kann eine Verpflichtung der Gesellschafter bestehen, einer Anpassung der Ergebnisverteilungsregelungen **kraft Treuepflicht** zuzustimmen.[13] Sofern die Gesellschafter einvernehmlich über einen längeren Zeitraum einen von den gesellschaftsvertraglichen Regelungen abweichenden Gewinnverteilungsmodus praktizieren, kann hierin eine **konkludente Änderung** des Gesellschaftsvertrags liegen. Die Gesellschafter müssen sich dann an dieser Praxis festhalten lassen;[14] wer sich demgegenüber auf die ursprüngliche Vertragsabrede berufen will, trägt die Beweislast für ihre Fortgeltung.

8

2. Gestaltungsalternativen

Angesichts der Vielfalt der denkbaren gesellschaftlichen Verhältnisse verbieten sich generelle Empfehlungen für die Gestaltung vertraglicher Ergebnisverteilungsabreden. Die Struktur der GmbH & Co. KG bringt es aber mit sich, dass zwischen der Ergebnisbeteiligung der Komplementär-GmbH

9

---

[9] Vgl. *Baumbach/Hopt* § 167 HGB Rn. 5; MüKoHGB/*Grunewald* § 167 Rn. 16; *Oetker/Weitemeyer* § 167 HGB Rn. 18 f.; vgl. ferner BGH WM 1986, 234 (235).
[10] Vgl. MüKoHGB/*Grunewald* § 168 Rn. 13; *Oetker* § 168 HGB Rn. 10.
[11] Dazu umf. MüKoBGB/*Ulmer* § 705 Rn. 132 ff.; vgl. ferner *Oetker* § 168 HGB Rn. 10 (Grenzen des § 138 Abs. 1 BGB).
[12] Vgl. *Ebenroth/Boujong/Joost/Strohn/Weipert* § 168 HGB Rn. 13; *Koller/Roth/Morck*, § 168 HGB Rn. 3 und § 109 HGB Rn. 2 ff.; zu den Grundsätzen der Inhaltskontrolle bei Publikums-GmbH & Co. KG vgl. *Baumbach/Hopt* Anh. § 177a Rn. 68.
[13] Vgl. OLG Hamm NJW-RR 1986, 780 (781); MHdB GesR II/*v. Falkenhausen/Schneider* § 23 Rn. 19; vgl. hierzu ferner BGHZ 44, 40 (42); BGH NJW-RR 1987, 285 (286); OLG Stuttgart NZG 2007, 745.
[14] Vgl. BGH NJW 1966, 826 (827); MüKoBGB/*Ulmer/Schäfer* § 722 Rn. 6; allg. zur Vertragsänderung durch konkludentes Verhalten vgl. MüKoBGB/*Ulmer* § 705 Rn. 56.

einerseits und derjenigen der Kommanditisten andererseits sorgfältig unterschieden werden muss. Die **Komplementär-GmbH** sollte, wenn sie wie häufig am Kapital nicht beteiligt ist, grundsätzlich auch an Gewinn und Verlust nicht beteiligt sein. Zur Vermeidung einer verdeckten Gewinnausschüttung ist es jedoch erforderlich, die Komplementär-GmbH mit einem angemessenen Entgelt für die Erbringung der Geschäftsführungstätigkeit auszustatten und darüber hinaus für die Übernahme der persönlichen unbeschränkten Haftung einen Gewinnvorab zu vereinbaren, für dessen Höhe eine risikoadäquate, banktübliche Avalprovision Maßstab sein kann.[15] Für die **Kommanditisten** ist im Regelfall eine Gewinn- und Verlustbeteiligung entsprechend dem Verhältnis ihrer Kapitalanteile angemessen.

3. Spezielle Gewinnverteilungsabreden

10   Ein vollständiger **Ausschluss** einzelner Gesellschafter von der Gewinnbeteiligung ist ebenso zulässig wie eine Nichtbeteiligung an Verlusten.[16] Einem Gesellschafter kann auch von anderen Gesellschaftern ein bestimmter Gewinn garantiert werden.[17] Denkbar, aber selten sachgerecht, ist eine Gewinnverteilung nach **Köpfen**, wie sie in § 121 Abs. 3 HGB für die OHG vorgesehen ist. Dasselbe gilt für die Vereinbarung **fester Quoten**, sofern damit nicht im Ergebnis eine Gewinnverteilung nach den festen Kapitalanteilen vereinbart ist. Eine bestimmte **Verzinsung** der Kapitalkonten entsprechend dem Regelungsvorbild in § 168 Abs. 1 HGB, aber mit einem anderen Prozentsatz, kann sinnvoll sein. Der Gesellschaftsvertrag sollte aber, wenn er eine Verzinsung der Kapitalkonten vorsieht, deutlich zum Ausdruck bringen, dass es sich dabei um eine Gewinnverteilungsregelung handelt, die den Eigenkapitalcharakter des Kapitalkontos nicht berührt und die einen ausreichenden erwirtschafteten Gewinn voraussetzt. Jeder Zweifel, ob eine im Gesellschaftsvertrag vorgesehene Verzinsung gewinnunabhängig sein soll oder nicht, ist tunlichst zu vermeiden.[18]

11   Üblich und im Regelfall vorzugswürdig ist eine **Gewinnverteilung im Verhältnis der Kapitalanteile**.[19] Sie bietet insbesondere dann einen praktikablen Maßstab, wenn zugleich feste Kapitalanteile vereinbart werden. Die Verteilung nach dem Maßstab der Kapitalanteile honoriert den Kapitaleinsatz des Gesellschafters und ist deshalb vor allem im Verhältnis der Kommanditisten zueinander dann passend, wenn diese auch proportional entsprechende Haftsummen im Handelsregister ausweisen. Ohne die Vereinbarung

---

[15] Vgl. BFH BStBl. 1977 II 346; vgl. ferner MüKoHGB/*Grunewald* § 168 Rn. 8 f., 11.

[16] Vgl. mwN MüKoBGB/*Ulmer/Schäfer* § 722 Rn. 5; MHdB GesR II/*v. Falkenhausen/Schneider* KG § 23 Rn. 22, 44 f.; vgl. hierzu auch BGH NJW 1987, 3124 (3125).

[17] BGH NJW 1990, 573; WM 1975, 662 f.; vgl. ferner *Henssler/Strohn/Gummert* § 168 HGB Rn. 7.

[18] Zutr. gegen die Vermutung, dass eine im Gesellschaftsvertrag bestimmte Verzinsung im Zweifel gewinnunabhängig sein soll, MHdB GesR/*v. Falkenhausen/Schneider* KG § 23 Rn. 25. Dafür jedoch noch OLG Hamburg OLG-Rspr. 24 (1912) 128.

[19] MHdB GesR II/*v. Falkenhausen/Schneider* KG § 23 Rn. 26.

fester Kapitalanteile birgt die Gewinnverteilung nach Kapitalanteilen allerdings das Risiko, dass kapitalkräftige Gesellschafter durch kontinuierliches Stehenlassen von Gewinnen ihre Beteiligungsquote erhöhen und andere Gesellschafter im Ergebnis „aushungern". Hiervon nachteilig betroffen wären insbesondere die Kommanditisten, denen die Erhöhung ihres Kapitalanteils durch das Stehenlassen von Gewinnen ohnehin nur in den Grenzen des § 167 Abs. 2 HGB möglich ist. Nur bis zur bedungenen Einlage können Kommanditisten Gewinne auf den Kapitalanteil zugeschrieben werden. Der Gesellschaftsvertrag sollte deshalb die Frage, ob Gesellschafter Gewinne einseitig **stehen lassen** können, ebenso unzweideutig regeln wie die Frage einer Verzinsung von stehen gelassenen Gewinnen.

4. Negative Kapitalanteile

Stellen sich negative Kapitalanteile ein, versagt ein an den Kapitalanteilen 12 orientierter Verteilungsmaßstab. In der Literatur wird für diesen Fall eine Verteilung nach dem Verhältnis der negativen Kapitalanteile befürwortet. Danach würde der Gesellschafter mit dem höchsten negativen Kapitalanteil die höchste Gewinnzuweisung erhalten.[20] Ob dies eine regelmäßig angemessene Regelung im Sinne des § 168 Abs. 2 HGB ist, erscheint indessen als sehr zweifelhaft. Vorzugswürdig dürfte es demgegenüber sein, eine **Gewinnverteilung nach Kapitalanteilen** zu vereinbaren, im Gesellschaftsvertrag **feste Kapitalkonten** vorzusehen und weiter zu bestimmen, dass bei der Gewinnverteilung nur diese, nicht aber die gesondert geführten Kapitalkonten II oder die Verlustvortragskonten berücksichtigt werden. Die Verhältnisse sind dann denjenigen bei der Kapitalgesellschaft nachgebildet.

5. Varia

Zugunsten der Komplementär-GmbH und zugunsten etwa geschäftsfüh- 13 render Kommanditisten ist regelmäßig eine **feste Tätigkeitsvergütung** zu vereinbaren. Ihrer Natur entsprechend ist diese im Zweifel auch dann zu zahlen, wenn die Gesellschaft nicht genügend Gewinn erwirtschaftet. Sie sollte deshalb zweckmäßigerweise nicht Bestandteil der Gewinnverteilungsregelungen sein. Nur wenn die Gesellschafter die Tätigkeitsvergütung als echten, **gewinnabhängigen Gewinnvorab** ausgestalten wollen, gilt dies nicht, doch bedarf es auch dann einer jeden Zweifel nach Möglichkeit ausschließenden vertraglichen Regelung.[21] Denkbar ist auch eine Regelung, wonach geschäftsführende Gesellschafter im Hinblick auf ihre Tätigkeit einen festen Gewinnvorab auch in Verlustjahren erhalten, diesen sich jedoch auf Gewinnanteile späterer Jahre **anrechnen** lassen müssen.[22] Ohne vertragliche Vereinbarung steht einem Gesellschafter, der die Geschäfte führt, keine besondere Tätigkeitsvergütung zu.[23] Die vertragliche Vereinbarung gleicher

---

[20] Vgl. MHdB GesR II/v. Falkenhausen/Schneider § 23 Rn. 30.
[21] Vgl. hierzu Henssler/Strohn/Gummert § 168 HGB Rn. 7; MHdB GesR II/ v Falkenhausen/Schneider KG § 23 Rn. 33 ff.; MüKoHGB/Grunewald, § 168 HGB Rn. 8 f.
[22] Vgl. hierzu mwN MHdB GesR. II/v. Falkenhausen/Schneider KG § 23 Rn. 34; vgl. auch Sudhoff/Schulte, Personengesellschaften, § 14 Rn. 2, 14, 19.
[23] Vgl. MHdB GesR II/v. Falkenhausen/Schneider KG § 23 Rn. 35.

Ihrig

6. Kapitel. Kapital, Gewinn, Rechnungslegung

oder den Kapitalanteilen entsprechender Gewinnanteile ist nur im Ausnahmefall einer entsprechenden Ergänzung durch Auslegung hinsichtlich einer Tätigkeitsvergütung zugänglich. Voraussetzung hierfür ist der Nachweis einer ausfüllungsbedürftigen Vertragslücke.

14 Die Gewinnverteilung kann auch der **Bestimmung durch einen Gesellschafter** oder einen Dritten überlassen sein; es gelten dann die §§ 315, 317 BGB. Schließlich können die gesellschaftsvertraglichen Gewinnverteilungsregeln auch eine teilweise Einstellung des Jahresergebnisses in die **Rücklagen** vorsehen.[24]

6. Spezielle Verlustverteilungsregeln

15 Ebenso wie bei der Gewinnverteilung empfiehlt sich auch bei der Regelung der Verlustbeteiligung eine Orientierung an (festen) Kapitalanteilen. Generell gilt über die Vermutungsregelung in § 722 Abs. 2 BGB, dass Gewinnverteilungsregeln vorbehaltlich abweichender vertraglicher Bestimmungen auch für die Verlustverteilung gelten. Ein genereller **Ausschluss** von der Teilnahme **an Verlusten** ist möglich und in der GmbH & Co. KG zugunsten der GmbH auch der Regelfall. Davon zu sondern sind aber vertragliche Bestimmungen, wonach die Kommanditisten die GmbH von Verlusten auch im Außenverhältnis freizustellen haben. Eine Beteiligung der Kommanditisten am Verlust über die bedungene Einlage hinaus, also abweichend von § 167 Abs. 3 HGB, ist möglich.[25]

III. Prozessuale Fragen

1. Bilanzfeststellung

16 Richtigerweise ist die Feststellung der Bilanz der GmbH & Co. KG **Grundlagengeschäft**, an dem die Kommanditisten mitzuwirken haben; das entspricht heute dem Meinungsstand in Rechtsprechung und Literatur.[26] Das gilt umso mehr deshalb, weil der Anspruch auf Gewinnauszahlung erst mit der Feststellung des Jahresabschlusses entsteht.[27] Der Kommanditist kann sich deshalb, wenn er den Festlegungen in der Bilanz berechtigterweise meint nicht zustimmen zu müssen, widersetzen. Solange die Bilanz nicht festgestellt ist, werden die darin getroffenen Festlegungen weder im Verhältnis der Ge-

---

[24] Siehe näher dazu *Huber* in GS Knobbe-Keuk, 203 ff.; vgl. ferner MHdB GesR II/*v. Falkenhausen/Schneider* KG § 23 Rn. 38.

[25] Vgl. MHdB GesR II/*v. Falkenhausen/Schneider* KG § 23 Rn. 47; *Oetker* § 168 HGB Rn. 3.

[26] Vgl. BGHZ 170, 283 (286 ff., 289) (Grundlagengeschäft insofern, als mit diesem Begriff abgrenzend zum Ausdruck gebracht wird, das Geschäft fällt nicht in die Zuständigkeit der Geschäftsführungsorgane); BGHZ 132, 263; BGH DB 1996, 926; OLG Karlsruhe DB 1995, 264; MüKoHGB/*Grunewald* § 167 Rn. 2; MHdB GesR II/ *Weipert* KG § 14 Rn. 44; *Röhricht/Graf von Westphalen/v. Gerkan/Haas* § 167 HGB Rn. 3; aA noch BGH BB 1962, 426; *Huber*, Vermögensanteil, 341.

[27] BGHZ 80, 357 (358). Zur Rechtsnatur der Bilanzfeststellung vgl. BGH LM Nr. 2 zu § 122 HGB; BB 1960, 188.

sellschafter zur Gesellschaft noch der Gesellschafter untereinander verbindlich.[28] Der Kommanditist ist allerdings verpflichtet, der Feststellung in der Bilanz zuzustimmen, soweit sich die Bilanzansätze an die durch die **Grundsätze ordnungsgemäßer Buchführung** und die gesetzlichen Bestimmungen gesetzten Vorgaben halten.[29] Verweigert ein Kommanditist die Mitwirkung bei der Feststellung des Jahresabschlusses, können deshalb die Mitgesellschafter den Anspruch auf Mitwirkung bei der Bilanzfeststellung geltend machen und ggf. im Klagewege durchsetzen.[30]

Sofern, was nach richtiger Auffassung ohne weiteres zulässig ist, der Gesellschaftsvertrag vorsieht, dass die Feststellung der Bilanz mit Bindungswirkung für alle Gesellschafter und die Gesellschaft aufgrund Mehrheitsbeschluss vorgenommen werden kann,[31] ist der Gesellschafter, der sich gegen die Richtigkeit der Bilanz wenden will, seinerseits darauf verwiesen, gegen den Jahresabschluss vorzugehen. Dies kann prozessual durch Erhebung einer **Feststellungsklage** gegen die am Feststellungsbeschluss beteiligten Gesellschafter geschehen.[32] Der opponierende Gesellschafter kann auch auf konkrete Änderung der Bilanz gegen diejenigen Gesellschafter klagen, die für die Aufstellung der Bilanz zuständig sind. Das sind im Regelfall die geschäftsführenden Gesellschafter, im Falle der GmbH & Co. KG die Komplementär-GmbH. Demgegenüber kann der Gesellschafter nach hM keine Klage gegen die Gesellschaft erheben.[33] Wenn die Gesellschafter für die Feststellung der Bilanz zuständig sind und mit Feststellung der Bilanz diese für alle Gesellschafter verbindlich wird, kann richtiger Adressat einer gegenläufigen Klage nur der Kreis der Gesellschafter sein, der die Feststellung der Bilanz beschlossen hat. Eine Klage gegen den geschäftsführenden Gesellschafter auf konkrete Änderung der Bilanz kommt in diesem Fall nicht in Betracht.

17

2. Gewinn- und Verlustbeteiligung

Sofern die Gesellschafter über die angemessene Verteilung von Gewinn und Verlust streiten, bestehen bei Meinungsverschiedenheiten im Grundsatz prozessual zwei Möglichkeiten. Der opponierende Gesellschafter kann seinen Anspruch auf angemessenen Gewinnanteil **gegen die Gesellschaft** geltend machen. Dieser Anspruch richtet sich auf Zuweisung eines bestimm-

18

---

[28] BGH NJW 1996, 1678 (1681).
[29] Vgl. grundlegend *Ulmer* in FS Hefermehl, 207 (224); vgl. ferner *Oetker* § 167 HGB Rn. 10 f.
[30] Vgl. MüKoHGB/*Jickeli* § 116 Rn. 47.
[31] Vgl. BGHZ 170, 283 (285); MüKoHGB/*Grunewald* § 167 Rn. 11.
[32] Vgl. *Oetker/Weitemeyer* § 120 HGB Rn. 34; vgl. aber MüKoHGB/*Priester* § 120 Rn. 69, 70, der die Anfechtung des Feststellungsbeschlusses zulassen möchte; vgl. ferner *Ebenroth/Boujong/Joost/Ehricke* § 120 HGB Rn. 39, 51: Feststellungsklage eines Gesellschafters, der seine Zustimmung nicht erteilen will und zwar darauf gerichtet, dass eine Bilanzposition oder der gesamte Jahresabschluss fehlerhaft ist (Rn. 39); bzw. keine Anfechtbarkeit des Feststellungsbeschlusses – dieser ist entweder wirksam oder nichtig (Rn. 51).
[33] Vgl. BGH WM 1979, 1330; OLG Hamm DB 1953, 646; *Baumbach/Hopt* § 164 HGB Rn. 3; *Röhricht/Graf von Westphalen/v. Gerkan/Haas* § 167 HGB Rn. 7.

ten Gewinn- oder Verlustbetrages entsprechend dem „angemessenen Verhältnis". Nur Gewinnanteile, die auch zahlbar und fällig sind, können im Rahmen einer Leistungsklage eingeklagt werden.[34] Dies betrifft das jeweils abgelaufene Geschäftsjahr; ein Rechtsschutzbedürfnis für eine Feststellungsklage besteht in diesem Verhältnis in der Regel nicht.[35] Daneben kann der opponierende Gesellschafter **gegen** die **widersprechenden Gesellschafter** eine Feststellungsklage richten, mit dem Ziel einer angemessenen Feststellung des Gewinn- und Verlustverhältnisses.[36] Die Feststellungsklage zielt auf Feststellung des angemessenen Verteilungsschlüssels und zeitigt demgemäß, vorbehaltlich einer Änderung der Umstände, Wirkung auch für die Zukunft. Eine Klage gegen die Gesellschaft ist demgegenüber richtigerweise nicht zulässig, da die Gewinnverteilung das interne Verhältnis zwischen den Gesellschaftern betrifft.[37]

IV. Entnahmen und Gewinnauszahlungen

19 Die gesetzliche Regelung findet sich in den §§ 161 Abs. 2, 122 HGB für den Komplementär und in § 169 HGB für die Kommanditisten. Die unterschiedliche Terminologie, Entnahme einerseits und Gewinnauszahlung andererseits, ist darauf zurückzuführen, dass der Komplementär die ihm zustehenden Gewinnanteile selbst entnehmen darf, während die Kommanditisten auf eine Auszahlung durch den Geschäftsführer, also regelmäßig durch den persönlich haftenden Gesellschafter angewiesen sind.

20 Das Gesetz sieht grundsätzlich die Entnahme und Auszahlung des gesamten Gewinns vor. Dem liegt die Vorstellung der tätigen Mitunternehmerschaft zugrunde, die dem Lebensunterhalt des Gesellschafters zu dienen bestimmt ist. Damit wird indessen eine **adäquate Kapitalbildung** verhindert. Andererseits erlaubt das Gesetz Entnahmen erst nach Feststellung der Bilanz, während die Gesellschafter verpflichtet sind, Steuervorauszahlungen auf den zu erwartenden Gewinn zu leisten. Aus diesen Gründen ist regelmäßig eine abweichende vertragliche Regelung geboten.

1. Gesetzliche Regelung

21 Der **Komplementär** kann nach §§ 161, 122 Abs. 1 HGB **4 %** seines für das letzte Geschäftsjahr festgestellten (positiven) Kapitalanteils entnehmen, und zwar unabhängig davon, ob die Kommanditgesellschaft Gewinn erwirtschaftet hat oder nicht und über die erforderlichen Mittel verfügt (Kapitalent-

---

[34] Vgl. hierzu auch *Oetker* § 168 HGB Rn. 14.
[35] Vgl. MüKoHGB/*Grunewald*, § 168 Rn. 6; MHdB GesR II/*v. Falkenhausen/Schneider* KG § 23 Rn. 15. Zum Ganzen außerdem BGH WM 1974, 177 (178).
[36] Vgl. *Ebenroth/Boujong/Joost/Strohn/Weipert* § 168 HGB Rn. 28; MHdB GesR II/*v. Falkenhausen/Schneider* KG § 23 Rn. 15.
[37] Vgl. zum Ganzen *Ebenroth/Boujong/Joost/Weipert* § 168 HGB Rn. 28 ff.; MüKoHGB/*Grunewald* § 168 Rn. 6; MHdB GesR II/ *v. Falkenhausen/Schneider* KG § 23 Rn. 14 ff.; *Röhricht/Graf von Westphalen/v. Gerkan/Haas* § 168 HGB Rn. 14; BGH WM 1974, 177 f.; abweichend noch GK/*Schilling* (4. Aufl.) § 168 HGB Anm. 5.

§ 24 Gewinn- und Verlustbeteiligung, Entnahmen

nahmerecht).[38] Einschränkungen aufgrund der gesellschaftsrechtlichen Treuepflicht bestehen für das Gewinnentnahmerecht nur in wenigen Ausnahmefällen; das Entnahmerecht kann daher auch in einer wirtschaftlichen Schieflage der Gesellschaft geltend gemacht werden.[39] Da der entnehmbare Betrag sich nach dem Kapitalanteil am Ende des Vorjahres errechnet, besteht bei einer neu gegründeten Gesellschaft im anlaufenden Geschäftsjahr kein Entnahmerecht, auch kein Vorschussanspruch, soweit nichts anderes vereinbart wurde.[40]

Daneben hat der Komplementär, unter Anrechnung des Entnahmebetrags in Höhe von 4 % seines Kapitalanteils, Anspruch auf Auszahlung des im Jahresabschluss **festgestellten Gewinns** des letzten Jahres, unabhängig davon, ob er seine Einlage voll eingezahlt hat oder ob sein Kapitalanteil durch Verluste gemindert oder gar negativ geworden ist (Gewinnentnahmerecht).[41] Das Gewinnentnahmerecht des Komplementärs ist aber in stärkerem Maße als das Kapitalentnahmerecht durch seine der Gesellschaft geschuldete **Treuepflicht** beschränkt: Nach § 122 Abs. 1, 2. Hs. HGB darf er den Gewinn nämlich nicht entnehmen, wenn für jeden Sachkundigen ersichtlich ist, dass dies zur Schädigung der Gesellschaft führen würde.[42] Dies ist nicht nur zu bejahen, wenn der Bestand der Gesellschaft oder die Erreichung des Gesellschaftszwecks gefährdet werden, sondern auch dann, wenn wichtige Geschäfte nicht durchgeführt werden könnten oder bereits eingeleitete unter erheblichen Nachteilen rückgängig gemacht werden müssten.[43] Die Gesellschaft hat aber bei einer Verbesserung der Vermögenslage den Gewinn nachträglich zu zahlen. **22**

Umgekehrt kann die **Treuepflicht**, die auch die Rücksichtnahme der Gesellschaft gegenüber den Gesellschaftern beinhaltet, die Gesellschaft zwingen, die Auszahlung höherer Beträge als gesetzlich oder vertraglich vorgeschrieben zu **dulden**, wenn sie den Mittelabfluss verkraften kann und ein Gesellschafter die Beträge dringend für seinen Lebensunterhalt oder die Steuerzahlung benötigt.[44] Weitere Entnahmen zu Lasten des Kapitalanteils **23**

---

[38] Notfalls muss die Gesellschaft Kredit aufnehmen, wenn sie dadurch ihren Auszahlungsverpflichtungen nachkommen kann, MHdB GesR II/*v. Falkenhausen/Schneider* KG § 24 Rn. 8.
[39] Vgl. *Oetker/Weitemeyer* § 122 HGB Rn. 21, 27.
[40] Vgl. hierzu *Ebenroth/Boujong/Joost/Strohn/Ehricke* § 122 HGB Rn. 6, 50 ff.; *Oetker/Weitemeyer* § 122 HGB Rn. 7, 36 ff.
[41] MHdB GesR II/*v. Falkenhausen/Schneider* KG § 24 Rn. 34.
[42] Die in § 122 Abs. 1, 2. Halbsatz HGB verankerte Ausprägung der von den Gesellschaftern geschuldeten Treuepflicht bezieht sich nur auf das Gewinnentnahmerecht, nicht aber auf das Kapitalentnahmerecht. Vgl. hierzu *Baumbach/Hopt* § 122 Rn. 9; MHdB GesR II/ *v. Falkenhausen/Schneider* HGB § 24 Rn. 5; *Oetker/Weitemeyer* § 122 HGB Rn. 21, 27, 30.
[43] MHdB GesR II/*v. Falkenhausen/Schneider* KG § 24 Rn. 5. Nicht ausreichend ist es aber, wenn bloß Gewinnchancen entgehen oder sich eine Gewinnsituation verschlechtert, vgl. *Henssler/Strohn/Finckh* § 122 HGB Rn. 33; *Oetker/Weitemeyer* § 122 HGB Rn. 31.
[44] Vgl. MüKoHGB/*Priester* § 122 Rn. 38; MHdB GesR II/*v. Falkenhausen/Schneider* KG § 24 Rn. 11; *Barz* in FS Knur, 36.

6. Kapitel. Kapital, Gewinn, Rechnungslegung

bedürfen mangels abweichender vertraglicher Regelung der Zustimmung der anderen Gesellschafter, auch der Kommanditisten, § 122 Abs. 2 HGB.

24 Den Auszahlungsanspruch des **Kommanditisten** regelt § 169 HGB. Nach § 169 Abs. 1 HGB ist ein Anspruch auf Vorabausschüttung, wie dies § 122 Abs. 1, 1. Hs. HGB für den Komplementär vorsieht, für den Kommanditisten ausgeschlossen. Nach § 169 Abs. 1 S. 2, 1. Hs. HGB hat der Kommanditist einen Anspruch auf Auszahlung des gesamten in der Bilanz **festgestellten Jahresgewinns**, ohne dass es dabei darauf ankäme, ob er seine Einlage schon geleistet hat. Die Gesellschaft kann aber einen fälligen Anspruch auf Einzahlung der Einlage gegen den Auszahlungsanspruch des Kommanditisten aufrechnen und den Gewinnanteil gemäß § 167 Abs. 2 HGB dem Kapitalanteil zuschreiben. Dagegen hat die Gesellschaft kein Zurückbehaltungsrecht, wenn der Gesellschafter seine gesellschaftlichen Verpflichtungen nicht erfüllt hat.

25 § 169 Abs. 1 S. 2, 2. Hs. HGB **beschränkt** den Anspruch des Kommanditisten dahin, dass die Auszahlung von Gewinnen nicht gefordert werden kann, solange sein Kapitalanteil durch Verluste unter den auf die bedungene Einlage geleisteten Betrag herabgemindert ist oder durch die Auszahlung unter diesen Betrag herabgemindert werden würde. Die Auszahlung ist auch dann verboten, wenn der **Kapitalanteil** des Kommanditisten durch Verluste **negativ** geworden ist, auch soweit noch gar keine Einlage eingezahlt worden war.[45] Zweck dieser Regelung ist es, die Kapitalgrundlage des Unternehmens zu sichern.

26 Demgegenüber kann, wenn der Kapitalanteil noch nicht eingezahlt oder durch eine zulässige Entnahme gemindert ist, der Kommanditist seinen **Auszahlungsanspruch** geltend machen,[46] sofern die Gesellschaft nicht gegen einen fälligen Einzahlungsanspruch aufrechnet.

27 Auch wenn § 122 Abs. 1, 2. Hs. HGB für den Kommanditisten nicht gilt,[47] unterliegt der Kommanditist der gesellschaftlichen **Treuepflicht**, so dass bei Auszahlungsverlangen des Kommanditisten die Interessen der Gesellschaft und des Kommanditisten gegeneinander abzuwägen sind, wenn es durch die Auszahlung zur Schädigung der Gesellschaft kommen könnte.[48]

28 Umgekehrt kann die Treuepflicht, wie beim Komplementär, die Gesellschaft zur Auszahlung **höherer Beträge** als gesetzlich oder vertraglich bestimmt zwingen, wenn dies nicht zur Schädigung der Gesellschaft führt und der Kommanditist die Beträge dringend für seinen Lebensunterhalt oder die

---

[45] MHdB Ges R II/*v. Falkenhausen/Schneider* KG § 24 Rn. 40; MüKoHGB/*Grunewald*, § 169 Rn. 3.

[46] *Röhricht/Graf von Westphalen* § 169 HGB Rn. 6 f. Allerdings ist er den Gläubigern unter den Voraussetzungen des § 172 Abs. 4 S. 2 HGB zur Zahlung verpflichtet, MHdB GesR II/*v. Falkenhausen/Schneider* KG § 24 Rn. 41.

[47] *Baumbach/Hopt* § 169 Rn. 3; *Oetker* § 169 HGB Rn. 11; aA *Koller/Roth/Morck* § 122 HGB Rn. 2.

[48] Vgl. *Ebenroth/Boujong/Joost/Strohn/Weipert* § 169 HGB Rn. 14. Die Treuepflicht kann jedoch nur in Ausnahmefällen dem Auszahlungsanspruch entgegenstehen, vgl. hierzu *Baumbach/Hopt* § 169 Rn. 3; MüKoHGB/*Grunewald* § 169 Rn. 7.

§ 24 Gewinn- und Verlustbeteiligung, Entnahmen

Steuerzahlung benötigt.⁴⁹ Maßgeblicher **Zeitpunkt** für die Anwendung des § 169 Abs. 1 S. 2, 2. Hs. HGB ist der Zeitpunkt der Auszahlung. Nach § 169 Abs. 2 HGB ist der Kommanditist, ebenso wie der Komplementär, **nicht** verpflichtet, den bezogenen Gewinn **wegen späterer Verluste zurückzuzahlen**. Bezogen ist der Gewinn nicht erst bei Auszahlung, sondern schon bei Gutschrift auf einem besonderen Konto (zur freien Verfügung), nicht dagegen wenn er dem Kapitalanteil zugeschrieben wird.⁵⁰ Voraussetzung ist aber, dass der bezogene Gewinn zu Recht bezogen wurde. Ist dies nicht der Fall, so ist der Kommanditist zur Rückzahlung und Verzinsung nach § 111 Abs. 1 HGB verpflichtet, auch wenn er den Fehler bei der Entgegennahme der Auszahlung nicht kannte.⁵¹ Zu prüfen ist aber, ob die Gesellschafter nicht durch die Feststellung der Bilanz, die die Gewinnauszahlung widerspiegelt, die gegenseitigen Forderungen und Verbindlichkeiten anerkannt und damit einen Rückforderungsanspruch ausgeschlossen haben.⁵² 29

Die Treuepflicht verlangt nur in Extremfällen eine Rückzahlung schon entnommener Gewinne, wenn sich nachträglich die Unentbehrlichkeit des Betrages herausstellt.⁵³ Dies gilt auch für den Anspruch auf Auszahlung der Vorabdividende gemäß §§ 168 Abs. 1, 121 Abs. 1 HGB.⁵⁴ 30

Der Anspruch auf Entnahme oder Auszahlung **entsteht** mit der Feststellung der Bilanz nach Abschluss des Geschäftsjahres. Dies gilt auch für die Vorabverzinsung gemäß § 122 Abs. 1, 1. Hs. HGB für den persönlich haftenden Gesellschafter.⁵⁵ 31

Das **Entnahmerecht** des Komplementärs **verfällt**, wenn es bis zur Feststellung der Bilanz für das darauf folgende Geschäftsjahr nicht geltend gemacht worden ist; der nicht entnommene Betrag wird, soweit bewegliche Kapitalanteile geführt werden, dem Kapitalanteil zugeschlagen.⁵⁶ 32

Dasselbe gilt für den **Kommanditisten**, solange sein Kapitalanteil den Betrag der bedungenen Einlage nicht erreicht hat (§ 167 Abs. 2 HGB), vorausgesetzt, dass sie fällig ist.⁵⁷ Ansonsten wird sein ihm zustehender Gewinn- 33

---

⁴⁹ Vgl. *Baumbach/Hopt* § 169 HGB Rn. 6; MHdB GesR II/*v. Falkenhausen/Schneider* KG § 24 Rn. 11; *Oetker* § 169 HGB Rn. 23; *Barz* in FS Knur, 1972, 36; *Schlegelberger/Martens* 169 HGB Rn. 19.

⁵⁰ MüKoHGB/*Grunewald* § 169 Rn. 12; vgl. auch *Ebenroth/Boujong/Joost/Weipert* § 169 HGB Rn. 7 f.

⁵¹ So die wohl hM, vgl. MHdB GesR II/*v. Falkenhausen/Schneider* KG § 24 Rn. 46 f.; wohl ebenso *Baumbach/Hopt* § 172 HGB Rn. 9; aA noch GK/*Schilling* (4. Aufl.) § 172 HGB Rn. 16; näher MüKoHGB/*K. Schmidt* §§ 171, 172 Rn. 83 ff., 92 ff.; *K. Schmidt* BB 1984, 1588 (1592), der § 172 Abs. 5 HGB auch auf das Innenverhältnis anwenden will; ihm folgend *Oetker* § 169 HGB Rn. 25.

⁵² MHdB GesR II/*v. Falkenhausen/Schneider* KG § 24 Rn. 325.

⁵³ Vgl. *Ebenroth/Boujong/Joost/Strohn/Weipert* § 169 HGB Rn. 14. Vgl. ferner MHdB GesR II/*v. Falkenhausen/Schneider* KG § 24 Rn. 8.

⁵⁴ MHdB GesR II/*v. Falkenhausen/Schneider* KG § 24 Rn. 9; aA *Schlegelberger/Martens* § 169 HGB Rn. 11.

⁵⁵ *Sudhoff*, Personengesellschaften, § 14 II 3, Rn. 20.

⁵⁶ Vgl. hierzu MüKoHGB/*Priester* § 122 Rn. 29, 32; *Oetker/Weitemeyer* § 122 HGB Rn. 19.

⁵⁷ Jedenfalls für den Fall, dass sich aus dem Gesellschaftsvertrag ablesen lässt, dass der Kommanditist nicht berechtigt sein soll seine Einlage vor Fälligkeit zu erbringen,

6. Kapitel. Kapital, Gewinn, Rechnungslegung

anteil seinem Privatkonto gutgeschrieben, über das er frei verfügen kann. Der Auszahlungsanspruch des Kommanditisten ist zeitlich unbegrenzt; die Einjahresgrenze nach § 122 Abs. 1, 1. Hs. HGB findet auf den Kommanditisten keine Anwendung. Sieht aber der Gesellschaftsvertrag vor, dass nur bestimmte Beträge aus dem Privatkonto pro Jahr ausgezahlt werden können, so verfällt der Anspruch auf Auszahlung dieser Beträge bei Feststellung der Jahresbilanz des darauf folgenden Geschäftsjahres.[58] Der Anspruch **verjährt**, soweit er nicht schon vorher entfallen ist, gemäß § 195 BGB in drei Jahren.[59]

2. Gesellschaftsvertragliche Regelung

34   Die (dispositiven) gesetzlichen Regelungen erweisen sich meistens für die gesellschaftlichen Verhältnisse als nicht passend. Deswegen findet sich fast immer in den Gesellschaftsverträgen eine Klausel betreffend das **Entnahme- bzw. Auszahlungsrecht**, wobei bei der typischen GmbH & Co. KG die Komplementär-GmbH an Gewinn und Verlust nicht teilnimmt.

35   Das Entnahme- wie auch das Auszahlungsrecht können im Gesellschaftsvertrag sowohl **erweitert** als auch **beschränkt** werden. Der Gesellschaftsvertrag kann z. B. die Kommanditisten den Komplementären gleichstellen, so dass § 122 HGB für alle gilt.[60]

36   Im **Regelfall**, in dem feste Kapitalkonten für die Gesellschafter geführt werden, werden die Gewinnanteile auf Privatkonten verbucht, auf die Gesellschafter einen unbeschränkten Auszahlungsanspruch haben. Soll ein Teil des Gewinns nicht entnommen werden können, um dadurch die Kapitalerhaltung der Gesellschaft zu stärken, empfiehlt es sich, ein **Darlehenskonto** zu führen und eine klare Regelung darüber zu treffen, ob und unter welchen Umständen eine Auszahlung zugelassen ist.[61] Die nicht entnommenen Beträge sind dann dem Kapitalkonto oder einem Rücklagenkonto zuzuschreiben. Trotz der Dispositivität des § 169 HGB und den damit einhergehenden Möglichkeiten, Abweichungen gesellschaftsvertraglich zu regeln, müssen bei diesen Vertragsgestaltungen allgemeingültige gesetzliche Grenzen (§§ 134, 138, 242 BGB) eingehalten werden. Sittenwidrig wird eine vertragliche Regelung nur dann sein, wenn dadurch ein Gesellschafter in besonders hohem Maße benachteiligt wird.[62]

37   Der entnehmbare Gewinn kann nach festen Beträgen oder nach Quoten des gesamten Gewinns bestimmt werden.[63] Da der Kommanditist keinen

---

ebenso MHdB GesR II/*v. Falkenhausen/Schneider* KG § 24 Rn. 17; vgl. hierzu ferner MüKoHGB/*Grunewald* § 169 Rn. 8.
[58] Vgl. BGH DB 1976, 42; MHdB GesR II/*v. Falkenhausen/Schneider* KG § 24 Rn. 18.
[59] Zur Anwendbarkeit der Regelverjährung vgl. BGHZ 80, 357 (damals 30 Jahre).
[60] Vgl. MHdB GesR II/*v. Falkenhausen/Schneider* KG § 24 Rn. 52; vgl. hierzu schon RGZ 120, 135 (141).
[61] Da ja ansonsten § 488 Abs. 3 BGB zur Anwendung kommen könnte, vgl. MHdB GesR II/*v. Falkenhausen/Schneider* KG § 24 Rn. 49; vgl. auch *Barz* in FS Knur, 36.
[62] Vgl. *Oetker* § 169 Rn. 17 und § 163 Rn. 4.
[63] Vgl. MHdB GesR II/*v. Falkenhausen/Schneider* KG § 24 Rn. 53.

Anspruch auf Gewinnauszahlung hat, wenn kein Gewinn erwirtschaftet ist, ist bei der Garantie eines festen Ausschüttungsbetrages im Zweifel vereinbart, dass dieser zwar auch dann zu zahlen ist, wenn der Gewinn nicht ausreicht, nicht aber, wenn die Kapitalkonten erschöpft sind.[64]

Die Festsetzung des auszuschüttenden Betrags kann einer Entscheidung **38** der Gesellschafterversammlung oder einem Einzelnen, z. B. dem Geschäftsführer, überlassen werden. Möglich ist auch, die **Festsetzung** des auszuschüttenden Betrags an die Bedürfnisse der Gesellschaft zu koppeln und die Ausfüllung dieses Begriffs einem Gesellschafter oder einem Dritten zu überlassen.

Empfehlenswert sind im Gesellschaftsvertrag deutliche Regelungen über **39** das Recht der Gesellschafter, schon vor Feststellung der Bilanz die Beträge entnehmen zu können, die zur Leistung von **Steuervorauszahlungen** benötigt werden.[65] Ohne entsprechende vertragliche Regelung haben die Gesellschafter dieses Recht nicht.[66]

Im Gesellschaftsvertrag kann auch – in der Praxis selten anzutreffen – eine **40** **Entnahmepflicht** etabliert werden, so dass eine Begrenzung der Guthaben auf Gesellschafterkonten eingeführt oder zumindest die Verzinsung für besonders hohe Guthaben begrenzt wird.[67] Ist keine Regelung getroffen, so können die Geschäftsführer nicht entnommene, zu hohe Guthaben auf den Kapitalkonten umbuchen, denn die Regelung der Höhe des eingezahlten Kapitals bleibt den Gesellschaftern vorbehalten.[68] Bezüglich Darlehens- und sonstige Forderungskonten wird danach zu differenzieren sein, ob das Entnahmerecht des Gesellschafters beschränkt ist. Ist dies der Fall und wird dem Gesellschafter eine Verzinsung dafür versprochen, so muss er auch das Recht haben, die Möglichkeit zur Erzielung von Zinsvorteilen auszunutzen, indem er Guthaben stehen lässt. Dagegen sollte sich die Gesellschaft einseitig von einer Zinsverpflichtung befreien können, wenn keine Entnahmebeschränkungen bestehen.[69]

3. Durchsetzung der Auszahlungsansprüche

Der **geschäftsführende Gesellschafter** kann selbst die ihm zustehenden **41** Beträge entnehmen.[70] Die **Kommanditisten** sind dagegen auf den gericht-

---

[64] Vgl. MHdB GesR II/*v. Falkenhausen/Schneider* KG § 24 Rn. 54; BGH WM 1979, 803 (804).
[65] *Barz* in FS Knur, 25, 28 sowie 29 ff. zu den verschiedenen Gestaltungen einer solchen Regelung; MHdB GesR II/*v. Falkenhausen/Schneider* KG § 24 Rn. 59 ff. mwN in Fn. 121.
[66] BGH DB 1996, 926 (930); *Ebenroth/Boujong/Joost/Strohn/Weipert* § 169 HGB Rn. 25; wohl ebenso *Baumbach/Hopt* § 169 Rn. 3 iVm § 122 Rn. 17.
[67] Vgl. hierzu *Ebenroth/Boujong/Joost/Strohn/Ehricke* § 122 HGB Rn. 24; MüKoHGB/*Priester* § 122 Rn. 16; MHdB GesR II/ *v. Falkenhausen/Schneider* KG § 24 Rn. 71 ff.
[68] MHdB GesR II/*v. Falkenhausen/Schneider* KG § 24 Rn. 73.
[69] MHdB GesR II/*v. Falkenhausen/Schneider* KG § 24 Rn. 74.
[70] Nach wohl überwiegender Auffassung muss der geschäftsführende Gesellschafter allerdings im Rahmen seiner Vertretungsmacht handeln, vgl. *Baumbach/Hopt* § 122 Rn. 5; *Ebenroth/Boujong/Joost/Strohn/Ehricke* § 122 HGB Rn. 14; *Henssler/Strohn/*

6. Kapitel. Kapital, Gewinn, Rechnungslegung

lichen Weg verwiesen. Die Klage ist im Wege der **Leistungsklage** gegen die Gesellschaft zu richten. Daneben können die geschäftsführenden Gesellschafter, die sich der Auszahlung widersetzen, auf Zahlung aus der Gesellschaftskasse in Anspruch genommen werden.[71] Eine Klage gegen die Gesellschafter auf Herbeiführung oder Bewirkung der Zahlung ist dagegen nicht zulässig.[72]

42 Ein Anspruch auf **Rückzahlung** unzulässiger Entnahmen ist von den geschäftsführenden Gesellschaftern oder von einem einzelnen Gesellschafter im Wege der actio pro socio geltend zu machen.[73] Die Beweislast dafür, dass die Entnahme berechtigt war, trägt der Gesellschafter, es sei denn, die Gesellschaft verweigert den Gewinnanspruch aufgrund § 122 Abs. 1, 2. Hs. HGB.

Finckh § 122 HGB Rn. 14. Nach aA ist dies nicht notwendig, da es sich bei der Durchsetzung der Entnahme um eine Geschäftsführungsmaßnahme handelt, vgl. MHdB GesR II/*v. Falkenhausen/Schneider* KG § 24 Rn. 26.

[71] RGZ 170, 392 (395 f.); BGH WM 1961, 1075; vgl. hierzu mwN auch *Ebenroth/Boujong/Joost/Strohn/Ehricke* § 122 HGB Rn. 15: Klage auf Feststellung, dass die Entnahme zulässig ist. Vgl. ebenso *Koller/Roth/Morck* § 122 HGB Rn. 2.

[72] RGZ 120, 135 (140); MHdB GesR II/*v. Falkenhausen/Schneider* KG § 24 Rn. 27.

[73] *Baumbach/Hopt* § 122 HGB Rn. 6; MHdB GesR II/*v. Falkenhausen/Schneider* KG § 24 Rn. 29.

7. Kapitel. Nicht vermögensbezogene Rechte

§ 25 Die Informationsrechte der Gesellschafter

Übersicht

	Rn.
I. Grundlagen	1
1. Informationsarten	4
2. Informationsschuldner	8
3. Grenzen der Informationsrechte	9
II. Informationsrechte der Kommanditisten	13
1. Das ordentliche Informationsrecht des Kommanditisten	14
a) Kein umfassendes Informationsrecht	14
b) Abschriftliche Mitteilung des Jahresabschlusses	15
c) Einsichtnahme in die Bücher und Papiere der Gesellschaft	17
d) Vertragliche Regelungen	24
2. Das außerordentliche Informationsrecht des Kommanditisten	27
a) Grundsatz	27
b) Vorliegen eines wichtigen Grundes	28
c) Umfang des außerordentlichen Informationsrechts	29
d) Vertragliche Regelungen	31
3. Der Auskunftsanspruch des Kommanditisten	32
a) Bestehen eines Auskunftsanspruchs	32
b) Umfang des Auskunftsanspruchs	34
c) Gegenstand des Auskunftsrechts	35

	Rn.
d) Form der Auskunftserteilung	37
e) Vertragliche Regelungen	39
4. Kollektives Informationsrecht	42
a) Existenz	42
b) Umfang	44
c) Geltendmachung	45
d) Vertragliche Regelungen	46
5. Persönlicher Umfang der Informationsrechte	47
a) Das Informationsrecht als höchstpersönliches Recht	47
b) Recht zur Einschaltung eines Dritten	48
c) Verpflichtung zur Einschaltung eines Dritten	52
6. Zeitlicher Umfang der Informationsrechte	54
7. Prozessuale Durchsetzung	55
III. Informationsrechte der Komplementär-GmbH	60
1. Anwendungsbereich	60
2. Einsichts- und Auskunftsrecht	61
3. Vertragliche Regelungen	63
IV. Informationsrechte der Gesellschafter der Komplementär-GmbH	64
1. Grundsatz	64
2. Informationsgegenstände	67
3. Ausübung des Einsichts- und Auskunftsrechts	69
4. Informationsverweigerungsrecht	73
5. Vertragliche Regelungen	79
6. Prozessuale Durchsetzung	80

Schrifttum: *Altmeppen*, Pflicht zur Herausgabe der Gesellschafterliste einer Fondgesellschaft, NZG 2010, 1321; *Biermeier/Bongen/Renaud*, Informationsrechte bei Betriebsaufspaltungen, GmbHR 1988, 169; *Binz/Freudenberg/Sorg*, Informationsrechte in der GmbH & Co., BB 1991, 785; *v. Bitter*, Das Informationsrecht der GmbH-Ge-

7. Kapitel. Nicht vermögensbezogene Rechte

sellschafter in §§ 51a, 51b GmbHG, ZIP 1981, 825; *Budde,* Grundsätze ordnungsgemäßer Rechnungslegung, FS Semler, 1993, 789; *Bunte,* Informationsrechte in der GmbH und im GmbH-Konzern, 1976; *de Groot,* Gestaltbarkeit des Informationsrechts aus § 118 HGB, NZG 2013, 529; *Ebenroth,* Die Kontrollrechte der Gesellschafter, 1971; *Ernst,* Der Auskunftsanspruch des Kommanditisten, BB 1957, 1047; *Goerdeler,* Das allgemeine Informationsrecht des Kommanditisten in Bezug auf den Jahresabschluß, FS Kellermann, 1991, 77; *Goerdeler,* Die Zuziehung von Sachverständigen bei der Einsicht in die Bücher, FS Stimpel, 1985, 125; *Grunewald,* Einsichts- und Auskunftsrecht des GmbH-Gesellschafters nach neuem Recht, ZHR 146 (1982) 211; *Binz/Freudenberg/Sorg,* Zum Informationsrecht in der GmbH & Co. KG, ZGR 1989, 545; *Hadding,* Actio pro socio, 1966; *Hahn,* Das Informationsrecht des Kommanditisten, BB 1997, 741; *Hepting,* Die Personengesellschaft als Konzernobergesellschaft: Informationsrechte des außenstehenden Gesellschafters, FS Pleyer, 1986, 301; *Hirte,* Die Ausübung der Informationsrechte von Gesellschaftern durch Sachverständige, BB 1985, 2208; *Hommelhoff,* Jahresabschluss und Gesellschafterinformation in der GmbH, ZIP 1983, 383; *Huber,* Das Auskunftsrecht des Kommanditisten, ZGR 1982, 539; *Immenga,* Die Minderheitsrechte der Kommanditisten, ZGR 1974, 385; *Karl,* Das Auskunfts- und Einsichtsrecht des GmbH-Gesellschafters nach § 51a GmbHG, DStR 1995, 940; *Krug,* Das Auskunfts- und Einsichtsrecht des Kommanditisten, 1991; *Lutter,* Zum Informationsrecht des Gesellschafters nach neuem GmbH-Recht, ZGR 1982, 1; *Müller,* Schranken des Informationsrechts nach § 51a GmbHG, GmbHR 1987, 87; *Picot,* Mehrheits- und Minderheitenschutz in Personengesellschaften, BB 1993, 13; *Pluskat,* Zulässigkeit der Anfechtungsklage gegen informationsverweigernden, auf Vorrat getroffenen Gesellschafterbeschluss in der GmbH, NZG 2009, 898; *Reuter,* Der Beirat der Personengesellschaft, FS Steindorff, 1990, 229; *Roitzsch,* Der Minderheitenschutz im Verbandsrecht, 1981; *Saenger,* Hinzuziehung von Stellvertreter oder Beistand bei Beschlußfassung und Kontrolle im Gesellschaftsrecht, NJW 1992, 348; *Schießl,* Die Informationsrechte der Personengesellschafter im Lichte der GmbH-Reform, GmbHR 1985, 109; *Schießl,* Abdingbarkeit der Kontrollrechte des Kommanditisten aus § 166 HGB, NJW 1989, 1597; *Schlitt,* Die Informationsrechte des stillen Gesellschafters, 1996; *K. Schmidt,* Informationsrechte in Gesellschaften und Verbänden, 1984; *Schlitt,* Die Information des Gesellschafters, FS 100 Jahre GmbHG, 1992, 559; *Schneider,* Die Auskunfts- und Kontrollrechte des Gesellschafters in der verbundenen Personengesellschaft, BB 1975, 1353; *Schön,* Gibt es partiarische Darlehen, ZGR 1993, 210; *Sester/Voigt,* Anspruch auf Offenlegung der Identität von Mitgesellschaftern, NZG 2010, 375; *Stimpel/Ulmer,* Einsichtsrecht der Gesellschafter einer mitbestimmten GmbH in die Protokolle des Aufsichtsrats?, FS Zöllner, 1998, 589; *Teichmann,* Gestaltungsfreiheit in Gesellschaftsverträgen, 1970; *Tietze,* Die Informationsrechte des GmbH-Gesellschafters, 1985; *Veltins/Hikel,* Zur Einschränkung bzw. Erweiterung der Informationsrechte des Kommanditisten, DB 1989, 465; *Voigt,* Wegfall des Einsichtsrechts des Kommanditisten nach § 166 Abs. 1 HGB durch Feststellung des Jahresabschlusses?, NZG 2009, 772; *Weipert,* Gesellschafterinformationsrechte in der KG, DStR 1992, 1097; *Wiedemann,* Rechte und Pflichten des Personengesellschafters, WM 1992, Sonderbeilage Nr. 7; *Winkelmann,* Die Ausdehnung des Inhalts und Umfangs der Kontrollrechte des Kommanditisten nach der Rechtsprechung des BGH, JR 1970, 10; *Winter,* Mitgliedschaftliche Treuebindungen im GmbH-Recht, 1988; *Wischenbart,* Informationsbedarf und Informationsrechte im Gesellschaftsrecht, 1986; *Wohlleben,* Informationsrechte des Gesellschafters, 1988.

I. Grundlagen

Jeder Gesellschafter ist zur sachgerechten Wahrnehmung seiner Gesellschafterrechte auf **konkrete Informationen** über die Angelegenheiten des Unternehmens angewiesen. Ohne zumindest in Grundzügen über die wirtschaftliche Situation der Gesellschaft informiert zu sein, kann der Gesellschafter verantwortliche Entscheidungen in der Gesellschaft letztlich nicht treffen.[1] Dies gilt nicht nur im Zusammenhang mit der Feststellung des Jahresabschlusses, sondern generell für alle Beschlussfassungen in der Gesellschafterversammlung. Ferner bedarf der Gesellschafter der Information, um die Geschäftsführung kontrollieren, die Gewinnermittlung überprüfen und die Ertragschancen seiner Beteiligung beurteilen zu können.

1

Informationsrechte sind nichtvermögensbezogene **mitgliedschaftliche Grundrechte**, die dem Gesellschafter zur eigennützigen Ausübung verliehen sind und deren Umfang unabhängig von der Höhe der Kapitalbeteiligung ist.[2] Auch wenn Informationsrechte als Teil der dem Gesellschafter verliehenen Kontrollrechte den Minderheitenschutz effektivieren, sind sie nicht als Minderheitenrechte zu qualifizieren.[3] Vielmehr dienen sie der Wahrung der Vermögens- und Verwaltungsrechte aller Gesellschafter.[4] Dies gilt in besonderem Maße für nicht geschäftsführende Gesellschafter, die sich mangels Einbindung in die Geschäftsführung die relevanten Informationen über die Angelegenheiten der Gesellschaft erst noch verschaffen müssen.

2

In der GmbH & Co. KG hängt der Umfang des Informationsrechts von der **Gesellschafterstellung** ab. Während die Kommanditisten nur über das eingeschränkte Kontrollrecht nach § 166 HGB verfügen, steht den Gesellschaftern der Komplementär-GmbH, deren Informationsrecht sich nach §§ 161 Abs. 2, 118 HGB bestimmt, das umfassende Informationsrecht des § 51a GmbHG zu. Die Geltung dieser verschiedenen Regelungsregime wirft in der GmbH & Co. KG im Vergleich zur gesetzestypisch verfassten KG mit einer natürlichen Person als Komplementär zusätzliche Probleme auf. Dies gilt namentlich für die Frage, ob sich das Informationsrecht der GmbH-Gesellschafter auch auf die Angelegenheiten der KG erstreckt bzw. ob umgekehrt die Kommanditisten auch Auskunft über die Angelegenheiten der Komplementär-GmbH verlangen und Einsicht in deren Unterlagen nehmen können (vgl. dazu → Rn. 17, 27, 32, 64).

3

1. Informationsarten

Mit Hilfe des **Einsichtsrechts** kann sich der Gesellschafter einen genauen Überblick über den Inhalt der Bücher und Papiere der Gesellschaft verschaffen. Hierzu gehört auch das Lesen, Abhören oder Öffnen sonstiger Datenträger.[5] Der Gesellschafter kann im Grundsatz zum einen selbst auswählen, wel-

4

---

[1] Vgl. statt vieler *Schön* ZGR 1993, 210 (232).
[2] Vgl. *Wiedemann*, Gesellschaftsrecht, 253; *K. Schmidt*, Informationsrechte, 13.
[3] *Bunte*, Informationsrechte, 42.
[4] MHdB GesR II/*Weipert* KG § 15 Rn. 1; *Wiedemann*, Gesellschaftsrecht, 256.
[5] *Bunte*, Informationsrechte, 123.

7. Kapitel. Nicht vermögensbezogene Rechte

che Unterlagen er in Augenschein nimmt, und zum anderen bleibt ihm die Intensität der Einsicht selbst überlassen. Bei Ausübung des Einsichtsrechts kann der Gesellschafter durchaus auch Informationen über Geschäftsvorfälle verlangen, die ihm zunächst völlig unbekannt waren. Andererseits hängen die Ergebnisse seiner Einsichtnahme ganz wesentlich davon ab, mit welcher Sorgfalt die Geschäftsunterlagen der Gesellschaft geführt werden.

5 Da sich dem Gesellschafter die Relevanz der eingesehenen Unterlagen häufig nicht ohne weiteres erschließt und der mit der Einsichtnahme und Auswertung der Unterlagen verbundene Zeitaufwand regelmäßig erheblich ist, erscheint es aus Sicht des Gesellschafters vorzugswürdig, die Geschäftsführung zunächst um **Auskunft** über bestimmte Sachverhalte zu bitten.[6] Bei Geltendmachung eines Auskunftsbegehrens braucht der Gesellschafter zunächst nicht aktiv zu werden; vielmehr muss die Gesellschaft selbst tätig werden. Die Erfüllung eines Auskunftsbegehrens kann auch Vorteile für die Gesellschaft haben, da die damit verbundene Belastung in aller Regel nicht so groß ist wie bei der Geltendmachung des Einsichtsrechts. Für den Gesellschafter erweist sich wiederum als vorteilhaft, dass er durch Ausübung des Auskunftsrechts möglicherweise Hintergrundinformationen über Sachverhalte erlangen kann, die ihm bei Einsicht in die Geschäftsunterlagen verborgen geblieben wären. Auf der anderen Seite kann der Gesellschafter die Richtigkeit der erteilten Auskunft ohne Einsicht in die Unterlagen oft nur schwer verifizieren. Zudem kann er konkrete Fragen häufig erst dann stellen, wenn er bereits über ein gewisses Hintergrundwissen verfügt.[7]

6 Einsichts- und Auskunftsrecht stellen Ausprägungen eines einheitlichen Informationsrechts dar.[8] Im Grundsatz besteht zwischen den beiden Informationsarten kein gradueller Unterschied. Dies gilt jedenfalls für das Informationsrecht des GmbH-Gesellschafters nach § 51a GmbHG.[9] Etwas anders verhält es sich demgegenüber bei den Informationsrechten des Kommanditisten einer GmbH & Co. KG. Bei diesem stellt das Gesetz eine Informationsart, nämlich das Einsichtsrecht (vgl. § 166 Abs. 1 HGB), in den Vordergrund. Ein gleichwertiges Auskunftsrecht steht dem Kommanditisten nur insoweit zu, als dem Kommanditisten ein Auskunftsrecht über den Wortlaut des Gesetzes hinaus zugestanden wird (vgl. dazu → Rn. 29 ff.).[10]

7 Innerhalb der Informationsrechte unterscheidet man zwischen **individuellen und kollektiven** Informationsrechten. Während die individuellen In-

---

[6] *Bunte*, Informationsrechte, 36; *Wischenbart*, Informationsbedarf, 36.
[7] *Wischenbart*, Informationsbedarf, 36; *Wohlleben*, Informationsrechte, 121.
[8] OLG Karlsruhe GmbHR 1985, 59; KG GmbHR 1988, 221 (222); *K. Schmidt*, Informationsrechte, 39 (86); *Hepting* FS Pleyer, 301 (310); *Ebenroth*, Kontrollrechte, 51; *Bunte*, Informationsrechte, 37 ff.; *Wiedemann* WM 1992, Sonderbeilage 7, 43; *v. Bitter* ZIP 1981, 826; *Wohlleben*, Informationsrechte, 132; vgl. aber auch BGH NJW 1992, 1890, wonach die Ausübung des Einsichtsrechts einen gravierenderen Eingriff in den Geschäftsablauf als die Auskunftserteilung darstellen soll; ähnlich *Baumbach/Hueck/Zöllner* § 51a GmbHG Rn. 26.
[9] KG GmbHR 1988, 221; *Ulmer/Hüffer* § 51a GmbHG Rn. 6, 36 ff.; *Ebenroth*, Kontrollrechte, 51; *v. Bitter* ZIP 1981, 826; *Kort* ZGR 1987, 49 f.; *Müller* GmbHR 1987, 93; *Gustavus* GmbHR 1989, 182.
[10] Vgl. auch *Schlitt*, Informationsrechte, 75 f.

formationsrechte vom Gesellschafter alleine ausgeübt werden können, steht die Geltendmachung der kollektiven Informationsrechte der Gesellschaftergesamtheit zu.[11]

2. Informationsschuldner

Entgegen einer früher vertretenen Auffassung, die den geschäftsführenden Gesellschafter bzw. (bei einer Kapitalgesellschaft) die Geschäftsführung als informationsverpflichtet angesehen hat,[12] geht man heute allgemein davon aus, dass Informationsschuldner die **Gesellschaft** selbst ist.[13] Dies gilt unabhängig von der jeweiligen Gesellschaftsform[14] und auch für das Verhältnis der Komplementär-GmbH zu ihren Gesellschaftern. Soweit § 51a GmbHG von „den Geschäftsführern" spricht, ist dies nur als Hinweis darauf zu verstehen, wer innerhalb des Verbandes zur Erteilung der Information verpflichtet ist.[15] Allerdings hat es die Rechtsprechung aus Praktikabilitätsgründen zum Teil gebilligt, nicht nur die Gesellschaft, sondern auch die **persönlich haftenden Gesellschafter** auf Einsicht bzw. Auskunft zu verklagen.[16] In Ausnahmefällen kann eine Auskunftspflicht des **Mehrheitsgesellschafters** bestehen.[17] Diese erwächst nicht aus § 166 HGB oder § 51a GmbHG, sondern aus der Treuepflicht (vgl. dazu ausführlich → § 26), wobei sich diese Auskunftspflicht insbesondere auf mögliche Beherrschungs- und Abhängigkeitsverhältnisse erstreckt. Nach der Eröffnung des Insolvenzverfahrens richtet sich der Informationsanspruch nach § 166 Abs. 3 HGB gegen den Insolvenzverwalter.[18]

8

3. Grenzen der Informationsrechte

Informationsrechte werden – wie alle anderen Mitgliedschaftsrechte auch – dem Gesellschafter nicht schrankenlos gewährt. Für die GmbH & Co. KG sieht das Gesetz eine spezielle Schranke für das Einsichtsrecht des Kommanditisten vor. Nach § 166 Abs. 1 HGB ist der Kommanditist berechtigt, die Richtigkeit des Jahresabschlusses durch Einsichtnahme in die Unterlagen der Gesellschaft zu überprüfen. Dieser Formulierung wird entnommen, dass eine

9

---

[11] Vgl. *K. Schmidt*, Informationsrechte, 15; *Bunte*, Informationsrechte, 47.
[12] RGZ 170, 392 (395); OLG Köln OLGZ 1967, 362 (363).
[13] BGHZ 25, 115 (118); OLG München DB 2003, 333; OLG München DB 1991, 1874; *Baumbach/Hopt* § 166 HGB Rn. 1; *GK/Schilling* § 166 HGB Rn. 4; *Ulmer* GbR § 716 BGB Rn. 1; *Soergel/Hadding* § 716 BGB Rn. 1; *Baumbach/Hueck/Zöllner* § 51a GmbHG Rn. 9; *Lutter/Hommelhoff/Bayer* § 51a GmbHG Rn. 5; *Scholz/K. Schmidt* § 51a GmbHG Rn. 16; *Schlitt*, Informationsrechte, 135, jew. mwN auch zur Gegenansicht.
[14] Zu den Besonderheiten bei der stillen Gesellschaft vgl. *Schlitt*, Informationsrechte, 136.
[15] *K. Schmidt*, Informationsrechte, 28 (50).
[16] BGH DB 1962, 1139; OLG Celle ZIP 1983, 944; *GK/Schilling* § 166 HGB Rn. 4; aA OLG München DB 1991, 1874; *K. Schmidt*, Gesellschaftsrecht, 1646: nur gegen die Gesellschaft.
[17] Vgl. dazu etwa *Lutter/Hommelhoff/Bayer* § 51a GmbHG Rn. 6 mwN.
[18] OLG Zweibrücken ZIP 2006, 2047.

7. Kapitel. Nicht vermögensbezogene Rechte

Einsichtnahme in die Unterlagen der Gesellschaft nur erfolgen kann, soweit dies zur Prüfung der Bilanz **erforderlich** ist.[19] Die Darlegungs- und Beweislast, dass die Einsichtnahme nicht erforderlich ist, trifft indessen nicht den Gesellschafter, sondern die Gesellschaft. Greift der Einwand durch, ist er von der Gesellschaft grundsätzlich im Vollstreckungsverfahren geltend zu machen.[20]

10 Die Frage nach der Einschränkung von Informationsrechten stellt sich gleichermaßen, wenn die Geschäftsführung eine ständige und umfassende Information ihrer Gesellschafter gewährleistet. Für diesen Fall wird diskutiert, ob durch die Installierung eines **Informationssystems** die Informationsrechte des Gesellschafters antizipiert erfüllt werden. Für den Fall, dass das Berichtssystem den Anforderungen des § 90 AktG genügt und kein besonderer Kontrollanlass besteht, wird insbesondere im GmbH-rechtlichen Schrifttum die Auffassung vertreten, dass sich der Gesellschafter aufgrund seiner Rücksichtnahmepflicht gegenüber der Gesellschaft auf Zusatz- bzw. Ergänzungsfragen beschränken muss.[21] Dem ist, soweit es das Auskunftsrecht betrifft, auch für die KG zuzustimmen. Demgegenüber lässt sich die Bilanzkontrolle mittels des Einsichtsrechts nicht antizipieren.

11 Eine allgemeine Schranke für die Ausübung von Informationsrechten ergibt sich aus § 242 BGB.[22] Um die Gesellschaft vor Quisquilien zu bewahren, unterliegt die Informationsausübung dem **Missbrauchsverbot**. Die Informationsausübung ist dann missbräuchlich, wenn sie zur Unzeit oder in schikanöser, den Geschäftsbetrieb erheblich belastender Art und Weise erfolgt.[23] Da die Voraussetzungen sehr eng gefasst sind, wird ein Informationsbegehren nur ausnahmsweise missbräuchlich sein. Beispiel für ein missbräuchliches Informationsverlangen ist etwa das Stellen überflüssiger oder bereits beantworteter Fragen. Die Informationsrechte können auch dann eine Einschränkung erfahren, wenn die Interessen der Gesellschaft an einer Geheimhaltung überwiegen. So kann ein konkurrierender Gesellschafter darauf verwiesen werden, seine Informationsrechte nicht oder nur mit Hilfe eines zur Berufsverschwiegenheit verpflichteten Sachverständigen auszuüben.[24] Allein auf den Umstand, dass sich der Gesellschafter zum Ausscheiden aus der Gesellschaft verpflichtet hat, kann die Informationsverweigerung nicht gestützt werden.[25] Die **Beweislast** für das Vorliegen eines rechtsmissbräuchlichen Handelns trägt die Gesellschaft.[26]

---

[19] BGHZ 25, 115 (120); BGH BB 1979, 1315; GK/*Schilling* § 166 HGB Rn. 9; MHdB GesR II/*Weipert* KG § 15 Rn. 27. Näher → Rn. 19.
[20] BGHZ 25, 115 (122).
[21] *Hommelhoff* BB 1981, 951; *Hommelhoff* ZIP 1983, 291 f.; *Lutter* ZGR 1982, 5 ff.; *Grunewald* ZHR 146 (1982), 225 f.; *K. Schmidt* FS Kellermann, 398; diff. *Mertens* FS Werner, 567.
[22] RGZ 148, 278 (280); BGHZ 25, 115 (122); BGH BB 1979, 1315 (1316); WM 1994, 2244 (2246); KG GmbHR 1988, 221 (223); *K. Schmidt*, Informationsrechte, 40 ff.; *Wiedemann*, Gesellschaftsrecht, 263; *Weipert* DStR 1992, 1110.
[23] Vgl. *Lutter* ZGR 1982, 3.
[24] BGH BB 1979, 1315 (1316); vgl. auch → Rn. 48.
[25] OLG München GmbHR 1999, 1296 (1297).
[26] *v. Bitter* ZIP 1981, 829.

§ 25 Die Informationsrechte der Gesellschafter

Der Gesellschafter ist zudem aufgrund seiner gesellschaftsrechtlichen **Treuepflicht** gehalten, bei der Ausübung der Informationsrechte Rücksicht auf die Interessen der Gesellschaft zu nehmen.[27] Insbesondere darf die Informationsrechtsausübung den Geschäftsbetrieb der Gesellschaft nicht über Gebühr belasten. Eine **analoge Anwendung des § 51a Abs. 2 GmbHG**, der die Möglichkeit der Informationsverweigerung bei einer Verwendung zu gesellschaftsfremden Zwecken oder einem nicht unerheblichen Nachteil vorsieht, auf die Informationsrechte des Kommanditisten kommt hingegen nicht in Betracht. Denn diese Schranke ist auf das weite Informationsrecht des GmbH-Gesellschafters zugeschnitten und kann daher nicht auf andere Gesellschaftsformen übertragen werden.[28] Auch ein gesondertes **Informationsbedürfnis** muss der Gesellschafter entgegen einer teilweise vertretenen Auffassung[29] weder darlegen noch beweisen, da es für die Ausübung eines Mitgliedschaftsrechts keiner gesonderten Rechtfertigung mehr bedarf.[30] Die durch das Missbrauchsverbot und die Treuepflicht gezogenen Grenzen sind ausreichend, eine sachgerechte Ausübung der Informationsrechte zu gewährleisten. 12

II. Informationsrechte der Kommanditisten

Die gesetzlichen Kontrollrechte des Kommanditisten sind nicht sehr umfassend ausgestaltet. Sie erschöpfen sich im Wesentlichen in dem **Widerspruchs- und Zustimmungsrecht** bei außergewöhnlichen Geschäftsführungsmaßnahmen nach § 164 HGB und in den Informationsrechten nach § 166 HGB. Danach ist jeder Kommanditist berechtigt, eine abschriftliche Mitteilung des Jahresabschlusses der Gesellschaft zu verlangen sowie dessen Richtigkeit durch Einsichtnahme der Bücher und Papiere zu überprüfen (§ 166 Abs. 1 HGB). Bei Vorliegen eines wichtigen Grundes kann das Gericht die Mitteilung einer Bilanz und eines Jahresabschlusses oder sonstige Aufklärungen sowie die Vorlegung von Büchern und Papieren anordnen (§ 166 Abs. 3 HGB). 13

1. Das ordentliche Informationsrecht des Kommanditisten

a) Kein umfassendes Informationsrecht. Das Gesetz stellt in § 166 Abs. 2 HGB klar, dass dem Kommanditisten das umfassende Informationsrecht eines persönlich haftenden Gesellschafters einer offenen Handelsgesell- 14

---

[27] BGH BB 1979, 1315 (1316); OLG Köln WM 1986, 761 (762); GK/*Schilling* § 166 HGB Rn. 6; *Goerdeler* FS Stimpel, 131; Ulmer/*Hüffer* § 51a GmbHG Rn. 60 ff.; *Lutter* ZGR 1982, 3.
[28] So aber Schlegelberger/*Martens* § 166 HGB Rn. 20.
[29] *K. Schmidt*, Informationsrechte, 53 ff.; *K. Schmidt* FS 100 Jahre GmbHG, 559 (575 f.); *K. Schmidt*, Gesellschaftsrecht, 1040 f.
[30] KG GmbHR 1988, 221 (223); *Bunte*, Informationsrechte, 46; *Grunewald* ZHR 146 (1982), 222; Ulmer/*Hüffer* § 51a GmbHG Rn. 57; *Lutter* ZGR 1982, 4; *Ulmer* § 716 BGB Rn. 6; Soergel/*Hadding* § 716 BGB Rn. 1; *Lutter*/Hommelhoff/*Bayer* § 51a GmbHG Rn. 2; vgl. aber auch OLG Stuttgart OLGZ 1983, 184; BGH BB 1992, 1024 (1025) r.Sp.

7. Kapitel. Nicht vermögensbezogene Rechte

schaft nach § 118 HGB oder einer GbR nach § 716 BGB nicht zusteht. Auch aus der Beschränkung des Einsichtsrechts in § 166 Abs. 1 HGB auf die Überprüfung des Jahresabschlusses wird deutlich, dass es sich bei dem ordentlichen Informationsrecht des Kommanditisten um ein funktionsgebundenes Informationsrecht handelt, das eine fortlaufende Kontrolle der Geschäftsführung kaum möglich macht.

15 **b) Abschriftliche Mitteilung des Jahresabschlusses.** Der Kommanditist hat Anspruch auf Vorlage des Jahresabschlusses der Gesellschaft (§ 166 Abs. 1, 1. Alt. HGB). Der **Jahresabschluss** umfasst die Bilanz sowie die Gewinn- und Verlustrechnung (§ 242 Abs. 3 HGB). Auszuhändigen ist der festgestellte, nicht bereits der lediglich aufgestellte Jahresabschluss.[31] Eine typische GmbH & Co. KG, bei der keine natürliche Person unmittelbar oder mittelbar persönlich haftet, unterliegt gem. § 264a Abs. 1 HGB den Rechnungslegungsvorschriften für Kapitalgesellschaften. Daher muss der Jahresabschluss um einen Anhang erweitert werden und es ist ein Lagebericht aufzustellen (§ 264 Abs. 1 S. 1 HGB). Da Anhang und Jahresabschluss eine Einheit bilden, umfasst das Recht aus § 166 Abs. 1 HGB neben dem Jahresabschluss auch den Anhang, der dem Kommanditisten folglich ebenfalls mitzuteilen ist.[32] Dagegen ist der **Lagebericht**, in dem der Geschäftsverlauf und die Lage der Gesellschaft darzustellen sind, wobei auch auf die Risiken der künftigen Entwicklung einzugehen ist (§ 289 Abs. 1 HGB), nicht Teil des Jahresabschlusses. Nach einer teilweise vertretenen Ansicht beziehen sich die Rechte des Kommanditisten auch auf den Lagebericht, obwohl § 166 Abs. 1 HGB ausdrücklich nur den Jahresabschluss nennt.[33] Neben der Handelsbilanz kann der Kommanditist eine Abschrift einer gesondert aufgestellten **Steuerbilanz** verlangen.[34] Im Liquidationsverfahren hat er zudem Anspruch auf Aushändigung einer Abschrift der Eröffnungs- und Schlussbilanz.[35]

16 Hingegen besteht kein Recht des Kommanditisten auf Übermittlung gesondert angefertigter **Zwischenbilanzen**.[36] Lässt die Gesellschaft eine Abschlussprüfung durchführen, sei es aufgrund gesetzlicher oder gesellschaftsvertraglicher Verpflichtung, steht dem Kommanditisten kein Anspruch auf Übersendung einer Kopie des **Abschlussprüferberichts** zu.[37] Der Wortlaut des § 166 HGB ist hier eindeutig. Gleiches gilt für einen vom Finanzamt

---

[31] MüKo/*Grunewald* § 166 HGB Rn. 10; aA GK/*Schilling* § 166 HGB Rn. 8, den lediglich durch die geschäftsführenden Gesellschafter aufgestellten Jahresabschluss genügen lässt und die Feststellung des Jahresabschlusses von der Zustimmung der übrigen Gesellschafter abhängig macht.
[32] *Binz/Sorg* § 5 Rn. 86; MüKo/*Grunewald* § 166 HGB Rn. 9.
[33] *Binz/Sorg* § 5 Rn. 86.
[34] OLG Stuttgart OLGZ 1970, 262 (264); *Binz/Freudenberg/Sorg* BB 1991, 785 (786); MüKo/*Grunewald* § 166 HGB Rn. 9; Schlegelberger/*Martens* § 166 HGB Rn. 6; *Westermann/Aderhold* Personengesellschaften Rn. 2396; *Winkelmann* JR 1970, 10.
[35] *Heymann/Horn* § 166 HGB Rn. 8.
[36] Schlegelberger/*Martens* § 166 HGB Rn. 6; *Westermann/Aderhold* Personengesellschaften Rn. 2396; *Winkelmann* JR 1970, 10.
[37] BGH NJW 1989, 3272 (obiter dictum); *Heymann/Horn* § 166 HGB Rn. 8; Schlegelberger/*Martens* § 166 HGB Rn. 6.

gefertigten **Betriebsprüfungsbericht**, da sich dieser nicht auf eine Prüfung des Jahresabschlusses beschränkt, sondern die Ergebnisse einer umfassenden steuerlichen Prüfung des Unternehmens reflektiert.[38] Freilich kann sich der Gesellschafter über sein **Einsichtsrecht** vom Inhalt dieser Berichte in Kenntnis setzen,[39] selbst wenn der Gesellschaftsvertrag dies nicht explizit vorsieht. Die Abschrift des Jahresabschlusses ist dem Kommanditisten **unaufgefordert** zuzuleiten; die **Kosten** hierfür trägt die Gesellschaft.

c) Einsichtnahme in die Bücher und Papiere der Gesellschaft. Um die Richtigkeit des Jahresabschlusses überprüfen zu können, kann der Kommanditist Einsicht in die Bücher und Papiere der Gesellschaft nehmen (§ 166 Abs. 1, 2. Alt. HGB). Das Einsichtsrecht erstreckt sich grundsätzlich auf **alle Geschäftsunterlagen**.[40] Hierzu zählen neben Verträgen, externer Korrespondenz und Aktenvermerken auch Prüfungsberichte des Abschlussprüfers und des Finanzamtes,[41] Zwischenbilanzen,[42] aber auch geheime Unterlagen, interne Schriftwechsel[43] sowie auf EDV oder Mikrofilm gespeicherte Unterlagen.[44] Ausnahmsweise kann sich das Einsichtsrecht auch auf Unterlagen beziehen, die sich im Privatbesitz des Gesellschafters befinden.[45] Eine Einsichtnahme in Papiere, die sich lediglich auf die Leitung des Unternehmens beziehen, ist hingegen ausgeschlossen.[46] Auch kann der Kommanditist keine Überprüfung des Waren- oder Kassenbestandes verlangen.[47] Die Ausübung des Einsichtsrechts durch einen vom Management unabhängigen Beirat oder einen Vertreter der Kapitalanleger ist möglich.[48]

17

Sofern der Jahresabschluss **aufgrund gesetzlicher oder gesellschaftsvertraglicher Bestimmungen** von einem **Abschlussprüfer** geprüft und dem Kommanditisten eine Einsicht in den Prüfungsbericht gewährt wurde, ist fraglich, ob er darüber hinaus eine eigene Prüfung durch Einsichtnahme in die Geschäftsunterlagen verlangen kann. Dies wird man regelmäßig zu verneinen haben.[49] Für den Fall, dass die Geschäftsführung den Jahresab-

18

---

[38] OLG Hamburg MDR 1965, 666; *Baumbach/Hopt* § 166 HGB Rn. 3; *Heymann/Horn* § 166 HGB Rn. 8.
[39] BGH NJW 1989, 3272; *Grunewald* ZGR 1989, 547; Schlegelberger/*Martens* § 166 HGB Rn. 7.
[40] BGH BB 1979, 1315; einschränkend *Goerdeler* FS Stimpel, 131.
[41] BGH NJW 1989, 3272; *Grunewald* ZGR 1989, 547; MüKo/*Grunewald* § 166 HGB Rn. 9; Schlegelberger/*Martens* § 166 HGB Rn. 7.
[42] AA *Baumbach/Hopt* § 166 HGB Rn. 3; *Sudhoff*, Rechte und Pflichten, 27.
[43] OLG München NZG 2008, 864; *Baumbach/Hopt* § 166 HGB Rn. 4.
[44] Vgl. auch *Baumbach/Hueck/Zöllner* § 51a GmbHG Rn. 21. Einen Anspruch auf einen eigenen Terminal hat der Kommanditist freilich nicht.
[45] MüKo/*Grunewald* § 166 HGB Rn. 2.
[46] MüKo/*Grunewald* § 166 HGB Rn. 2; Schlegelberger/*Martens* § 166 HGB Rn. 7.
[47] *Sudhoff*, Rechte und Pflichten, 27; *Hahn* BB 1997, 741; MüKo/*Grunewald* § 166 HGB Rn. 2.
[48] OLG München NZG 2008, 864; ZIP 2009, 1165; MüKo/*Grunewald* § 166 HGB Rn. 50.
[49] Wie hier GK/*Schilling* § 166 HGB Rn. 17; Heymann/*Horn* § 166 HGB Rn. 31; zweifelnd auch OLG München BB 1996, 1824; differenzierend Schlegelberger/*Martens* § 166 HGB Rn. 7: nur wenn generelle Bedenken gegen Prüfungsbericht oder

7. Kapitel. Nicht vermögensbezogene Rechte

schluss **freiwillig** durch einen von ihr bestimmten Abschlussprüfer prüfen lässt, ist dem Kommanditisten idR ein Recht auf eigene Prüfung zuzubilligen.[50] Im Gegensatz zu einer solchen „freiwilligen" Prüfung bestehen Pflichtprüfungen gem. § 316 HGB oder gesellschaftsvertraglich bzw. durch Gesellschafterbeschluss angeordnete Jahresabschlussprüfungen im Interesse aller Gesellschafter. Denn der Abschlussprüfer wird von den Gesellschaftern unter Einschluss der Kommanditisten in der Gesellschafterversammlung gewählt.[51] Für die Pflichtprüfung steht den Kommanditisten – vorbehaltlich einer entgegenstehenden gesellschaftsvertraglichen Regelung – neben dem Recht auf Einsichtnahme in den Prüfungsbericht ein individuelles Prüfungsrecht gem. § 166 Abs. 1 HGB zu. Die Kommanditisten können nicht darauf verwiesen werden, dass die Prüfung des Jahresabschlusses durch den Abschlussprüfer bereits sachverständig und insbesondere im Interesse der Unterrichtung aller Gesellschafter durchgeführt worden ist. Anderenfalls würde das Prüfungsrecht bei allen durch das KapCoRiLiG prüfungspflichtig gewordenen GmbH & Co. KG obsolet werden, da diese gemäß § 316 Abs. 1 HGB den Jahresabschluss immer durch einen Abschlussprüfer prüfen lassen müssen.[52] Auch Kommanditisten, die dem Jahresabschluss zugestimmt oder die Bilanz unterzeichnet haben, können das individuelle Prüfungsrecht geltend machen. Da der Entschluss des Kommanditisten, dem Jahresabschluss zuzustimmen und die Bilanz zu unterzeichnen, allein dadurch motiviert sein kann, die Gewinnverteilung nicht zu blockieren, ist darin regelmäßig kein Verzicht auf das Prüfungsrecht zu sehen.[53]

19 Das Bestehen des Einsichtsrechts hängt davon ab, ob sich die Unterlagen materiell auf **Angelegenheiten der Gesellschaft** erstrecken. Hierunter fallen im Grundsatz alle Angelegenheiten, die Bezug zur Gesellschaft haben.[54] Neben den Interna der Gesellschaft (Personalsituation, Geschäftspläne etc.), den wirtschaftlichen Verhältnissen (Ertragslage, Steuerlasten etc.) der Gesellschaft gehören hierzu auch die Beziehungen zu außenstehenden Dritten (Geschäftsverbindungen, Wettbewerbssituation etc.). Auch **Angelegenheiten einzelner Gesellschafter** können ausnahmsweise Angelegenheiten der Gesellschaft sein, sofern Auswirkungen auf die Rechtsbeziehungen zur Gesellschaft bestehen. Die **Angelegenheiten der Komplementär-GmbH** sind indessen nicht generell als Angelegenheiten der KG anzusehen, so dass

---

Abschlussprüfer vorliegen oder aus dem Prüfungsbericht selbst folgen. Offen lassend *Binz/Sorg* § 5 Rn. 88.

[50] *Binz/Sorg* § 5 Rn. 88; ähnlich GK/*Schilling* § 166 HGB Rn. 17, der dem Kommanditisten ein Wahlrecht zwischen Einsichtnahme des Prüfberichts oder eigenständiger Bilanzprüfung einräumen will.

[51] Die Wahl des Abschlussprüfers stellt nach BGHZ 76, 338 (342) ein Grundlagengeschäft dar, an dem alle Gesellschafter mitzuwirken haben, sofern im Gesellschaftsvertrag nichts Abweichendes bestimmt ist.

[52] *Binz/Sorg* § 5 Rn. 88; für die Aufrechterhaltung des individuellen Prüfungsrechts gem. § 166 HGB nach stattgefundener Abschlussprüfung auch MüKo/*Grunewald* § 166 HGB Rn. 7; aA Ebenroth/Boujong/Joost/Strohn/*Weipert* § 166 HGB Rn. 8.

[53] MüKo/*Grunewald* § 166 HGB Rn. 6; aA *Voigt* NZG 2009, 772.

[54] *Bunte*, Informationsrechte, 133; GK/*Schilling* § 166 HGB Rn. 5; *K. Schmidt*, Informationsrechte, 32 f.; *Weipert* DStR 1992, 1098.

§ 25 *Die Informationsrechte der Gesellschafter*

der Kommanditist grundsätzlich nicht berechtigt ist, Einsicht in die Unterlagen der Komplementärin zu nehmen.[55] Anderes gilt nur dann, wenn die begehrten Informationen im Zusammenhang mit der Komplementärfunktion der GmbH stehen.
Soweit es um mit der GmbH & Co. **verbundene Unternehmen** im Sinne der §§ 15 ff. AktG geht, so ist zu differenzieren. Unterlagen, aus denen sich Sachverhalte „**zu**" verbundenen Unternehmen ergeben, beinhalten ohne weiteres Angelegenheiten der Gesellschaft selbst.[56] Daher kann sich der Kommanditist über Geschäfte und den Inhalt von Unternehmensverträgen mit verbundenen Gesellschaften informieren. Ob sich die GmbH & Co. KG in einer beherrschenden oder abhängigen Position befindet, ist dabei nicht entscheidend. Anders verhält es sich hinsichtlich Angelegenheiten „**von**" verbundenen Unternehmen. Diese stellen grundsätzlich keine Angelegenheiten der GmbH & Co. KG dar. Ein Einsichtsrecht des Kommanditisten kommt nur dann ausnahmsweise in Betracht, wenn die Vorgänge in der Konzerngesellschaft Auswirkungen auf die GmbH & Co. KG haben können und die Gesellschaft berechtigt ist, Informationsrechte gegenüber der Konzerngesellschaft geltend zu machen.[57] Handelt es sich bei dem verbundenen Unternehmen um eine hundertprozentige **Tochtergesellschaft**, besteht ein Einsichtsrecht des Kommanditisten in Bezug auf ihre Unterlagen, da andernfalls sein Informationsanspruch unzulässig verkürzt würde.[58] Voraussetzung ist, dass die Tochtergesellschaft wie eine Betriebsabteilung geführt wird. Auch in diesem Fall besteht das Einsichtsrecht jedoch nicht unmittelbar gegenüber der Tochtergesellschaft, sondern richtet sich gegen die GmbH & Co. KG,[59] die ihrerseits die Pflicht hat, sich die Unterlagen bei der Tochtergesellschaft zu verschaffen.[60] Sind an der Tochtergesellschaft noch **Dritte** beteiligt, erstreckt sich das Informationsrecht grundsätzlich nicht auf die Unterlagen des verbundenen Unternehmens.[61] Ist die GmbH & Co. KG beherrschtes Unternehmen, steht ihr gegenüber der Obergesellschaft kein eigenes Informationsrecht zu, so dass auch ein Informationsrecht des Kommanditisten gegenüber der Obergesellschaft ausscheidet.[62]

20

---

[55] GK/*Schilling* § 166 HGB Rn. 14; aA *Hesselmann/Tillmann/Mussaeus* GmbH & Co. KG § 4 Rn. 239.
[56] BGH ZIP 1984, 702 (703) (zur stillen Gesellschaft); *Wiedemann*, Gesellschaftsrecht, 261; MHdB GesR II/*Weipert* KG § 15 Rn. 13; *Goerdeler* FS Kellermann, 86; Heymann/*Horn* § 166 HGB Rn. 24.
[57] MHdB GesR II/*Weipert* KG § 15 Rn. 16; *Weipert* DStR 1992, 1098; *K. Schmidt*, Informationsrechte, 34.
[58] BGHZ 25, 115 (118); Schlegelberger/*Martens* § 166 HGB Rn. 47; MüKo/*Grunewald* § 166 HGB Rn. 25; Heymann/*Horn* § 166 HGB Rn. 24; *Winkelmann* JR 1970, 11.
[59] BGHZ 25, 115 (118); *Schneider* BB 1975, 1358; Schlegelberger/*Martens* § 166 HGB Rn. 47.
[60] Heymann/*Horn* § 166 HGB Rn. 24.
[61] Vgl. Schlegelberger/*Martens* § 166 HGB Rn. 48.
[62] MHdB GesR II/*Weipert* KG § 15 Rn. 17; *Weipert* DStR 1992, 1099; Schlegelberger/*Martens* § 166 HGB Rn. 49; *Schneider* BB 1975, 1356; aA *Baumbach/Hueck/Zöllner* § 51a GmbHG Rn. 11; ähnlich *Lutter*/Hommelhoff/*Bayer* § 51a GmbHG Rn. 15.

7. Kapitel. *Nicht vermögensbezogene Rechte*

21 Der **Zweck** des Einsichtsrechts ist auf die Überprüfung des Jahresabschlusses begrenzt.[63] Die Geltendmachung des Einsichtsrechts unterliegt daher **zeitlichen Einschränkungen**. Die Einsichtnahme muss innerhalb eines angemessenen Zeitraums nach Übermittlung des Jahresabschlusses erfolgen.[64] Die vereinzelt unternommenen Versuche,[65] dem Kommanditisten ein umfassendes Einsichtsrecht zuzubilligen, konnten sich letztlich nicht durchsetzen, da sich ein umfassendes Informationsrecht mit dem Wortlaut des § 166 Abs. 1 und 2 HGB nicht in Einklang bringen lässt. Für die Geltendmachung des Einsichtsrechts wird man einen Zeitraum von zwei Monaten noch als angemessen ansehen können.[66] Unter Umständen kann sich sogar auch nach vorgenommener Einsicht erneuter Anlass zu einer Überprüfung ergeben.[67] Das Einsichtsrecht **erlischt**, wenn der Kommanditist den Jahresabschluss durch Unterzeichnung anerkannt hat.[68]

22 Die Einsichtnahme hat prinzipiell in den **Geschäftsräumen** der Gesellschaft zu erfolgen.[69] Dabei ist die Tageszeit zu wählen, zu der die Geschäftsführung der Kommanditgesellschaft am wenigsten behindert wird, sofern diese Zeit dem Kommanditisten zumutbar ist.[70] Hierbei wird es sich in der Regel um die üblichen Geschäftszeiten handeln.[71] Der Kommanditist kann frei auswählen, welche Unterlagen er in Einsicht nehmen will,[72] wobei er Anspruch auf Vorlage der Originalunterlagen hat. Ein zielloses Durchstöbern der Geschäftsräume ist ihm freilich nicht gestattet. Dem Kommanditisten ist für die Einsichtnahme ausreichend Platz und Zeit einzuräumen. Die Gesellschaft ist nicht verpflichtet, dem Kommanditisten die gewünschten Unterlagen herauszusuchen.[73] Einen Anspruch auf Herausgabe der Unterlagen hat

---

[63] BGHZ 25, 115 (120); BGH ZIP 1984, 702 (703); *Binz/Freudenberg/Sorg* BB 1991, 785 (786); MHdB GesR II/*Weipert* KG § 15 Rn. 21; *Hesselmann/Tillmann/Mussaeus* GmbH & Co. KG § 4 Rn. 238; *Hahn* BB 1997, 741.
[64] *Bunte*, Informationsrechte, 33; Heymann/*Horn* § 166 HGB Rn. 9; Schlegelberger/*Martens* § 166 HGB Rn. 11; *Wischenbart*, Informationsbedarf, 82.
[65] In diese Richtung etwa *Wiedemann* WM 1992, Sonderbeilage 7, 45.
[66] MüKo/*Grunewald* § 166 HGB Rn. 4: vier Wochen dürften wohl stets ausreichend sein.
[67] *Westermann/Aderhold* Personengesellschaften Rn. 2397.
[68] Schlegelberger/*Martens* § 166 HGB Rn. 12; *Westermann/Aderhold* Personengesellschaften Rn. 2397; einschränkend *Baumbach/Hopt* § 166 HGB Rn. 4; mitunter kann ein Anerkenntnis des Jahresabschlusses jedoch auch ohne Unterzeichnung erfolgen, beispielsweise durch Mitwirkung an dessen Feststellung, vgl. BGH WM 1975, 1261 (1262); zust. *Röhricht/v. Westphalen/v. Gerkan/Haas* § 166 HGB Rn. 13.
[69] OLG Köln BB 1961, 953; Heymann/*Horn* § 166 HGB Rn. 9; MüKo/*Grunewald* § 166 HGB Rn. 4; *Wohlleben*, Informationsrechte, 145.
[70] MüKo/*Grunewald* § 166 HGB Rn. 4.
[71] OLG Hamburg GmbHR 2002, 913: Beschränkung der Einsichtnahme auf Wochenende nur dann gerechtfertigt, wenn Einsichtnahme während der Geschäftszeiten zu einer unverhältnismäßigen Belastung der GmbH führen würde; MüKo/*Grunewald* § 166 HGB Rn. 4.
[72] BGHZ 25, 115 (120); *Baumbach/Hopt* § 166 HGB Rn. 4; GK/*Schilling* § 166 HGB Rn. 9.
[73] *Wohlleben*, Informationsrechte, 124.

§ 25 Die Informationsrechte der Gesellschafter

der Gesellschafter zwar nicht.⁷⁴ Nach zutreffender Auffassung darf er sich jedoch **Kopien und Aufzeichnungen** der eingesehenen Unterlagen anfertigen, da die Belange der Gesellschaft hierdurch nicht unzumutbar tangiert werden.⁷⁵ Die **Kosten** für die Einsichtnahme und eine etwaige Anfertigung von Kopien hat grundsätzlich der Kommanditist zu tragen.⁷⁶

Sind die vom Kommanditisten begehrten Unterlagen, etwa wegen einer unregelmäßigen Buchführung des geschäftsführenden Gesellschafters, nicht mehr vorhanden, besteht keine Pflicht der Geschäftsführung, diese Unterlagen neu herzustellen.⁷⁷ Die Annahme einer solchen **Informationsbeschaffungspflicht** würde der Sache nach auf die Anerkennung einer gesetzlich nicht vorgesehenen Dokumentationspflicht hinauslaufen. Der geschäftsführende Gesellschafter ist in diesem Fall jedoch gehalten, zur Vermeidung eines Informationsdefizits über die gewünschten Informationen Auskunft zu erteilen (eingehend zum Auskunftsrecht → Rn. 32 ff.). Von nicht mehr vorhandenen Unterlagen sind solche zu unterscheiden, die sich lediglich nicht in den Geschäftsräumen der Gesellschaft befinden, aber mit zumutbarem Aufwand beschafft werden können. Solche Unterlagen sind von der Gesellschaft beizubringen.⁷⁸ 23

d) **Vertragliche Regelungen.** Oftmals enthalten Gesellschaftsverträge Bestimmungen, die das Recht auf Übermittlung einer Abschrift des Jahresabschlusses oder das Einsichtsrecht des Kommanditisten **ausschließen** oder **einschränken**. Neben einem vollständigen Ausschluss sind beschränkende Regelungen hinsichtlich Form, Zeit und Ort der Kontrollausübung denkbar.⁷⁹ Verbreitet sind auch Bestimmungen, wonach die Informationsrechte von einem Vertreter oder einem Gesellschaftsorgan, etwa einem **Beirat**, wahrgenommen werden. Ob solche Klauseln wirksam vereinbart werden können, wird streitig diskutiert. Eine abschließende Klärung dieser Fragen durch eine höchstrichterliche Entscheidung steht noch aus. Der BGH hatte die Einschränkung des ordentlichen Informationsrechts nach § 166 HGB durch eine Gesellschaftsvertragsbestimmung, nach der die Gesellschafterrechte nur durch einen gemeinsamen Vertreter wahrgenommen werden können (sog. Vertreterklausel), zunächst als wirksam erachtet,⁸⁰ in einer späteren Entscheidung mit Blick auf die Einführung von § 51a GmbHG jedoch 24

---

⁷⁴ BGH ZIP 1984, 702 (703); MüKo/Grunewald § 166 HGB Rn. 4; Schlegelberger/*Martens* § 166 HGB Rn. 11.
⁷⁵ *Sudhoff*, Rechte und Pflichten, 29; *Westermann/Aderhold* Personengesellschaften Rn. 2397; *Winkelmann* JR 1970, 10; einschr. Schlegelberger/*Martens* § 166 HGB Rn. 11.
⁷⁶ *Binz/Sorg* § 5 Rn. 90; vgl. auch → Rn. 48 f.
⁷⁷ *Tietze*, Informationsrechte, 54; ähnlich *Kort* ZGR 1987, 67; aA *Wohlleben*, Informationsrechte, 115, 137.
⁷⁸ MüKo/*Grunewald* § 166 HGB Rn. 2.
⁷⁹ Zur Pflicht der Einschaltung eines Sachverständigen vgl. Rn. 48 f.
⁸⁰ BGHZ 46, 291; für die Zulässigkeit der Abbedingung des Informationsrechts des Kommanditisten und stillen Gesellschafters auch OLG München WM 1988, 1789 (1790) (obiter dictum); zur Zulässigkeit solcher Vertragsgestaltung vgl. jüngst OLG Hamm NZG 1998, 27 ff.

7. Kapitel. Nicht vermögensbezogene Rechte

Zweifel an der Abdingbarkeit des § 166 Abs. 1 HGB geäußert.[81] Auch das Meinungsbild im **Schrifttum** ist uneinheitlich. Während sich die wohl überwiegende Meinung für den dispositiven Charakter des ordentlichen Informationsrechts ausspricht,[82] lässt eine im Vordringen befindliche Auffassung, teils mit Hinweis auf den Kernbereich der Mitgliedschaftsrechte, teils in analoger Anwendung von § 51 a GmbHG vertragliche Einschränkungen des ordentlichen Einsichtsrechts nicht zu.[83]

25 Richtigerweise ist zu differenzieren. Der Anspruch auf Erhalt einer Abschrift des Jahresabschlusses ist ein unverzichtbares Recht des Kommanditisten, dessen Einschränkung durch gesellschaftsvertragliche Regelung auch mit Einverständnis des Gesellschafters nicht in Betracht kommt.[84] Folglich reicht es nicht aus, wenn der Jahresabschluss allein dem Beirat zur Verfügung gestellt wird. Eine anders lautende Bestimmung im Gesellschaftsvertrag wäre unwirksam. Demgegenüber handelt es sich bei dem ordentlichen Einsichtsrecht um ein unentziehbares Mitgliedschaftsrecht, das zwar nicht durch nachträglichen Mehrheitsbeschluss, wohl aber mit Zustimmung des betroffenen Kommanditisten eingeschränkt werden kann.[85] Dies gilt namentlich für **Publikumspersonengesellschaften**. Hier muss eine Mediatisierung des Einsichtsrechts auf einen Beirat oder ein sonstiges Kontrollorgan zulässig sein, da eine gleichzeitige Ausübung des Informationsrechts durch eine Vielzahl von Kommanditisten zu einer nicht hinnehmbaren Blockierung des Geschäftsbetriebes der Gesellschaft führen würde.[86]

26 Gesellschaftsvertragliche Einschränkungen der Informationsrechte entfalten dann **keine Wirkung**, wenn der begründete **Verdacht einer unredlichen Geschäftsführung** besteht. Aus dem in §§ 716 Abs. 2 BGB, 118 Abs. 2 HGB enthaltenen Rechtsgedanken ergibt sich, dass in diesem Fall das

---

[81] BGH WM 1988, 1477; vgl. aber auch BGHZ 106, 7 (10): Einschränkung der §§ 166 Abs. 1, 233 Abs. 1 HGB zulässig.

[82] *Immenga* ZGR 1974, 404; *Klauss/Mittelbach* GmbH & Co. KG Rn. 85; *Schlegelberger/Martens* § 166 HGB Rn. 40; *Schneider* ZGR 1978, 26; *Bälz* ZGR 1980, 46; *Westermann/Aderhold* Personengesellschaften Rn. 2397; *Wiedemann*, Gesellschaftsrecht, 259; *Wiedemann* WM 1992, Sonderbeilage 7, 46; *Wohlleben*, Informationsrechte, 176; *Goerdeler* FS Kellermann, 126; *Hahn* BB 1997, 742 jeweils mwN; nur unter der Voraussetzung, dass der Delegierte von den Kommanditisten angemessen kontrolliert und ggf. gewählt werden kann, *Röhricht/v. Westphalen/v. Gerkan/Haas* § 166 HGB Rn. 37, 44.

[83] *GK/Schilling* § 166 HGB Rn. 15; *Heymann/Horn* § 166 HGB Rn. 28; *Baumbach/Hopt* § 166 HGB Rn. 18; *MüKo/Grunewald* § 166 HGB Rn. 48; *Binz/Sorg* § 5 Rn. 124; *Schießl* NJW 1989, 1598; *Reuter* FS Steindorff, 242; *Scholz/K. Schmidt* § 51a GmbHG Rn. 58; *K. Schmidt* Gesellschaftsrecht, 1543; *Veltins/Hikel* DB 1989, 466; MHdB GesR II/*Weipert* KG § 15 Rn. 6; *Hesselmann/Tillmann/Mussaeus* GmbH & Co. KG § 4 Rn. 237; Beck Hdb. Personengesellschaften/*Müller* § 4 Rn. 98, 106; im Grds. auch *Grunewald* ZGR 1989, 550; *Grunewald* Gesellschaftsrecht 1. C. Rn. 23.

[84] *GK/Schilling* § 166 HGB Rn. 15; Nach OLG Hamm NZG 1998, 22 (23) ist das Informationsrecht des Kommanditisten nur insoweit als unverzichtbar anzusehen, als es zur Wahrnehmung anderer, unverzichtbarer Rechte notwendig ist.

[85] Eingehend *Schlitt*, Informationsrechte, 96 ff.

[86] *Schlitt*, Informationsrechte, 164 ff.; *Hahn* BB 1997, 742; MüKo/*Grunewald* § 166 HGB Rn. 50.

ordentliche Informationsrecht trotz vertraglicher Beschränkung wieder auflebt.[87] Dabei braucht der Kommanditist den vollen Nachweis des unredlichen Verhaltens nicht zu führen. Vielmehr reicht es aus, wenn er glaubhaft konkrete Tatsachen vorträgt, die bei objektiver Betrachtung den Verdacht einer unredlichen Geschäftsführung erwecken.[88]

2. Das außerordentliche Informationsrecht des Kommanditisten

a) Grundsatz. In Ergänzung zum ordentlichen Einsichtsrecht sieht das Gesetz in § 166 Abs. 3 HGB ein außerordentliches Informationsrecht des Kommanditisten vor. Danach kann das Gericht bei Vorliegen eines wichtigen Grundes auf Antrag des Kommanditisten jederzeit die Mitteilung einer Bilanz und eines Jahresabschlusses oder sonstiger Aufklärungen sowie die Vorlegung der Bücher und Papiere anordnen. Der **Regelungsgehalt** dieser Vorschrift ist streitig. Nach der hM stellt § 166 Abs. 3 HGB eine das außerordentliche Informationsrecht materiell regelnde Bestimmung dar,[89] die sich nicht in einer bloßen Verfahrensvorschrift erschöpft.[90] 27

b) Vorliegen eines wichtigen Grundes. Ein das außerordentliche Informationsrecht begründender wichtiger Grund ist gegeben, wenn die Belange des Kommanditisten durch das ordentliche Informationsrecht nach § 166 Abs. 1 HGB und ein etwaiges zusätzlich vertraglich eingeräumtes Kontrollrecht nicht ausreichend gewahrt werden und darüber hinaus die Gefahr einer Schädigung besteht.[91] Ein besonderes Eilbedürfnis ist nicht erforderlich.[92] Ein wichtiger Grund besteht etwa bei Vorliegen eines begründeten Verdachts **unrechtmäßiger Geschäftsführung** oder finanzieller Unregelmäßigkeiten.[93] Die Annahme eines wichtigen Grundes hängt jedoch nicht 28

---

[87] OLG München WM 1988, 1789, 1790 (obiter dictum); *Binz/Sorg* § 5 Rn. 124; *Binz/Freudenberg/Sorg* BB 1991, 785 (787); *Hesselmann/Tillmann/Mussaes* GmbH & Co. KG § 4 Rn. 243; *Baumbach/Hopt* § 166 HGB Rn. 18.
[88] *Schneider* BB 1975, 1355; *Wiedemann*, Gesellschaftsrecht, 261; *Ulmer* § 716 BGB Rn. 17.
[89] BGH ZIP 1984, 702 (703); OLG München DB 1978, 2405 (2406); OLG Hamburg MDR 1965, 666; MHdB GesR II/*Weipert* KG § 15 Rn. 54; *Schlegelberger-Martens* § 166 HGB Rn. 22.
[90] So aber *K. Schmidt*, Informationsrechte, 74ff.; *K. Schmidt*, Gesellschaftsrecht, 1540; *Baumbach/Hopt* § 166 HGB Rn. 8.
[91] OLG München NZG 2003, 25 (26) („Ein wichtiger Grund iSv § 166 Abs. 3 HGB liegt vor, wenn das Informationsrecht des Kommanditisten aus § 166 Abs. 1 HGB nicht für eine sachgemäße Ausübung der Mitgliedschaftsrechte ausreicht und wegen einer Gefährdung der Interessen des Kommanditisten eine Regelung getroffen werden muss"); bestätigt durch OLG München NZG 2008, 865; fortgeführt durch OLG München ZIP 2009, 1165; BGH ZIP 1984, 702 (703) (zur stillen Ges.); OLG München DStR 1991, 1161 (1162); *Binz/Freudenberg/Sorg* BB 1991, 786; GK/*Schilling* § 166 HGB Rn. 11, vgl. auch *Westermann/Aderhold* Personengesellschaften Rn. 2401.
[92] MüKo/*Grunewald* § 166 HGB Rn. 30; aA Schlegelberger/*Martens* § 166 HGB Rn. 26.
[93] OLG München DB 1991, 1874; OLG Hamm BB 1970, 509.

7. Kapitel. Nicht vermögensbezogene Rechte

zwingend von einem fehlerhaften Verhalten der Geschäftsführung ab.[94] Auch ein außergewöhnliches Ereignis, wie etwa die **schlechte wirtschaftliche Lage** des Unternehmens, kann Anlass für ein Informationsverlangen nach § 166 Abs. 3 HGB sein.[95] Ferner kann die Vorlage eines die Gewinnfeststellung der vergangenen Geschäftsjahre ändernden **Betriebsprüfungsberichts** einen wichtigen Grund darstellen.[96] Demgegenüber reicht die bloße Behauptung der Unrichtigkeit der Bilanz[97] oder der Wunsch des Kommanditisten, einen besseren Einblick in das Unternehmen gewinnen zu wollen, nicht aus. Nach hM stellt die **Verweigerung des Einsichtsrechts** nach § 166 Abs. 1 HGB durch die Geschäftsführung einen wichtigen Grund dar.[98] Für die Annahme eines wichtigen Grundes iSd § 166 Abs. 3 HGB reicht es jedoch nicht aus, wenn die Gesellschaft grundsätzlich zur Gewährung der Einsicht bereit ist, diese aber von der Benennung der einsichtnehmenden Person abhängig macht.[99] Auch eine Betriebsprüfung mit möglicherweise nachteiligen steuerlichen Folgen stellt allein noch keinen wichtigen Grund dar.[100] Ein wichtiger Grund liegt auch dann vor, wenn, beispielsweise aufgrund einer personellen Verflechtung mit der Geschäftsführung einer **Tochter- oder Beteiligungsgesellschaft**, der Verdacht besteht, dass die Geschäftsführung ihren Einfluss zur Verkürzung des Gewinnanspruchs des Kommanditisten ausnutzt.[101] Der Annahme eines außerordentlichen Informationsanspruchs des Kommanditisten steht dann auch nicht das Vorhandensein anderer Gesellschafter in der Tochtergesellschaft entgegen, da in diesem Fall das Informationsinteresse des Kommanditisten höher zu bewerten ist als das Geheimhaltungsinteresse etwaiger Mitgesellschafter in der Tochtergesellschaft.[102] Ist die GmbH & Co. KG ihrerseits von einem anderen Unternehmen **abhängig**, so begründet die Gefährdung der Vermögensinteressen des Kommanditisten, die auf eine Verfolgung von Fremdinteressen durch den Mehrheitsgesellschafter der Gesellschaft zurückgeht, einen wichtigen Grund im Sinne von § 166 Abs. 3 HGB.[103]

---

[94] MüKo/*Grunewald* § 166 HGB Rn. 30.
[95] *Hesselmann/Tillmann/Mussaeus* GmbH & Co. KG § 4 Rn. 241; *Westermann/Aderhold* Personengesellschaften Rn. 2401.
[96] OLG Hamburg MDR 1965, 666 (667); Heymann/*Horn* § 166 HGB Rn. 13.
[97] OLG Stuttgart OLGZ 70, 262 (264).
[98] OLG Köln OLGZ 1967, 362 (363); OLG Hamm BB 1970, 509; OLG München DB 1978, 2405 (2406); *Binz/Freudenberg/Sorg* BB 1991, 785 (786); GK/*Schilling* § 166 HGB Rn. 11; *Hesselmann/Tillmann/Mussaeus* GmbH & Co. KG § 4 Rn. 241; *Brönner/Rux/Wagner* GmbH & Co. Rn. 246; aA Heymann/*Horn* § 166 HGB Rn. 13; *Röhricht/v. Westphalen/v. Gerkan/Haas* § 166 HGB Rn. 20; ähnlich Schlegelberger/*Martens* § 166 HGB Rn. 22, 26; MüKo/*Grunewald* § 166 HGB Rn. 32.
[99] OLG München NJW-RR 2011, 906.
[100] OLG München NZG 2008, 865; fortgeführt durch OLG München ZIP 2009, 1165; OLG München ZIP 2010, 1692.
[101] BGH ZIP 1984, 702 (703) (stille Ges.); Heymann/*Horn* § 166 HGB Rn. 24.
[102] BGH ZIP 1984, 703; *Schneider* ZGR 1980, 529; *Reuter* ZHR 146 (1982), 7.
[103] *Schneider* BB 1975, 1356; *Schneider* ZGR 1980, 529 f.; *Reuter* ZHR 146 (1982), 7; Schlegelberger/*Martens* § 166 HGB Rn. 49; Heymann/*Horn* § 166 HGB Rn. 23; aA MüKo/*Grunewald* § 166 HGB Rn. 31; einschränkend *Röhricht/v. Westphalen/v. Gerkan/Haas* § 166 HGB Rn. 22.

§ 25 Die Informationsrechte der Gesellschafter

c) Umfang des außerordentlichen Informationsrechts. Der Umfang des außerordentlichen Informationsrechts erschöpft sich nicht in der Mitteilung einer Bilanz oder der Vorlegung von Büchern und Papieren. Vielmehr kann sich das außerordentliche Informationsrecht auf **alle Geschäftsinformationen** beziehen und ist daher nicht auf die in § 166 Abs. 3 HGB aufgeführten Unterlagen beschränkt.[104] Der Kommanditist kann die Erteilung von Auskünften über einzelne Geschäftsvorfälle (ggf. auch vor dem Eintritt in die Gesellschaft[105]), die Aufstellung und Vorlage von Zwischenbilanzen oder sogar gegebenenfalls die Durchführung einer Sonderprüfung verlangen.[106] In Ausnahmefällen kann auch die Vorlage von Verträgen zwischen Kommanditisten angeordnet werden, soweit diese sich auf die Ausübung gesellschaftsrechtlicher Mitgliedschaftsrechte beziehen.[107] Die Vorlage von Rechtsgutachten kann idR nicht verlangt werden.[108] Sofern die finanzielle Situation der Gesellschaft oder ihre Geschäftsführungstätigkeit hierzu Anlass gibt, erstreckt sich das außerordentliche Informationsrecht auch auf Unterlagen der **Komplementär-GmbH**, soweit die Geschäftsführerstellung der GmbH betroffen ist.[109] 29

Das **Gericht** ist in seiner Entscheidung, wie die Gesellschaft die vom Kommanditisten gewünschte Information zu erteilen hat, grundsätzlich frei. Es hat unter Berücksichtigung des Einzelfalls Zeit, Ort und Dauer der Kontrollausübung zu regeln.[110] Zum Schutz der Gesellschaft kann das Gericht anordnen, dass die Informationserteilung an einen zur Berufsverschwiegenheit verpflichteten Sachverständigen erfolgen soll.[111] 30

d) Vertragliche Regelungen. Vertragliche Einschränkungen oder gar ein Ausschluss des außerordentlichen Informationsrechts kommen wegen des zwingenden Charakters des § 166 Abs. 3 HGB nicht in Betracht.[112] Damit sind Vertragsbestimmungen, nach denen das außerordentliche Informationsrecht von einem **Beirat** oder gemeinsamen Vertreter der Kommanditisten wahrgenommen wird, unwirksam. Keinen Bedenken unterliegen 31

---

[104] GK/*Schilling* § 166 HGB Rn. 12; Heymann/*Horn* § 166 HGB Rn. 12; Schlegelberger/*Martens* § 166 HGB Rn. 2, 29; *Schneider* BB 1975, 1353 (1357); Westermann/*Aderhold* Personengesellschaften Rn. 2402.
[105] OLG Hamm NZG 2006, 620.
[106] GK/*Schilling* § 166 HGB Rn. 12; *Binz/Sorg* § 5 Rn. 91; *Binz/Freudenberg/Sorg* BB 1991, 785 (786); Schlegelberger/*Martens* § 166 HGB Rn. 29; MüKo/*Grunewald* § 166 HGB Rn. 33: die Aufstellung einer Bilanz könne nur verlangt werden, wenn dies im Interesse der Gesellschaft liegt.
[107] LG Berlin GmbHR 1995, 58; *Hesselmann/Tillmann/Mussaeus* GmbH & Co. KG § 4 Rn. 242.
[108] OLG München NZG 2003, 25 (26).
[109] GK/*Schilling* § 166 HGB Rn. 14; *Brönner/Rux/Wagner* GmbH & Co. Rn. 250.
[110] *Winkelmann* JR 1970, 12.
[111] Schlegelberger/*Martens* § 166 HGB Rn. 29.
[112] BGHZ 164, 238 (243); BGH ZIP 1984, 702 (703) (zur stillen Ges.); OLG München DB 1978, 2405 (2406); MüKo/*Grunewald* § 166 HGB Rn. 48; *Lutter* AcP 180 (1980), 150; *Löffler* NJW 1989, 2658; *Reuter* FS Steindorff, 242; GK/*Schilling* § 166 HGB Rn. 15. Demgegenüber will *Hirte* BB 1985, 2210, vertragliche Modifikationen zulassen.

hingegen **Schiedsgerichtsvereinbarungen**, sofern der materielle Schutz des § 166 Abs. 3 HGB hierdurch nicht berührt wird.[113] Besteht der konkrete Verdacht einer unredlichen Geschäftsführung, kann die Einrede der Schiedsgerichtsbarkeit im Verfahren der freiwilligen Gerichtsbarkeit nicht erhoben werden.[114]

3. Der Auskunftsanspruch des Kommanditisten

32 **a) Bestehen eines Auskunftsanspruchs.** Nach dem Wortlaut des Gesetzes kann der Kommanditist Auskunft über die Angelegenheiten der Gesellschaft nur unter den Voraussetzungen des § 166 Abs. 3 HGB verlangen. Die Ausübung des außerordentlichen Informationsrechts ist danach jedoch vom Vorliegen eines wichtigen Grundes abhängig und erfordert zudem eine gerichtliche Entscheidung. Ein ordentliches Auskunftsrecht zugunsten des Kommanditisten sieht das Gesetz indessen nicht vor. Vereinzelt wird die gesetzliche Regelung der Informationsrechte des Kommanditisten als abschließend angesehen.[115] Die Entscheidung des Gesetzgebers, dass der von der Geschäftsführung ausgeschlossene Kommanditist keine Auskunft verlangen könne, müsse respektiert werden. Die ganz überwiegende Auffassung im Schrifttum hält den Umfang der gesetzlich vorgesehenen Informationsrechte nicht für ausreichend und bejaht im Grundsatz einen Auskunftsanspruch des Kommanditisten. Uneinigkeit herrscht indessen über die dogmatische Herleitung und den Umfang eines solchen Auskunftsanspruchs. *Huber* entnimmt den §§ 713, 666 BGB einen **allgemeinen Auskunftsanspruch** des Kommanditisten, der neben dem Informationsrecht nach § 166 HGB bestehe.[116] Dies überzeugt nicht. Der Rechtsnatur nach handelt es sich bei diesem Anspruch nach §§ 713, 666 BGB nämlich um ein kollektives und kein individuelles Informationsrecht.[117] Auch der von *Huber* vorgeschlagene Weg über die actio pro socio hilft letztlich nicht weiter, da der Gesellschafter mit Hilfe der Gesellschafterklage nur Leistung an die Gesamthand und nicht an sich allein verlangen kann. Andere billigen dem Kommanditisten in **analoger Anwendung von § 51a GmbHG** ein umfassendes ordentliches Auskunftsrecht zu.[118] Durch die Einfügung von § 51a GmbHG im Zuge der GmbH-

---

[113] OLG München DB 1978, 2406; OLG Koblenz GmbHR 1990, 556 (zur wegen § 51a GmbHG vergleichbaren Situation in der GmbH); *Baumbach/Hopt* § 166 HGB Rn. 19; MHdB GesR II/*Weipert* KG § 15 Rn. 56; Schlegelberger/*Martens* § 166 HGB Rn. 46; *Westermann/Menger* DZWiR 1991, 143 (150); aA LG Mönchengladbach GmbHR 1986, 390 (391); OLG Köln GmbHR 1989, 207 (208) (zur GmbH).

[114] *Westermann/Aderhold* Personengesellschaften Rn. 2404; *Winkelmann* JR 1970, 13.

[115] *Düringer/Hachenburg/Flechtheim* § 166 HGB Anm. 5; *Wischenbart* Informationsbedarf, 73; wohl auch *Westermann/Aderhold* Personengesellschaften Rn. 2387 ff., 442 g, der ein Auskunftsrecht ebenfalls nicht erwähnt.

[116] *Huber* ZGR 1982, 539 ff.; vgl. auch *Hesselmann/Tillmann/Mussaeus* GmbH & Co. KG § 4 Rn. 239; *Binz/Sorg* § 5 Rn. 95; MüKo/*Grunewald* § 166 HGB Rn. 16.

[117] Zur berechtigten Kritik vgl. nur Scholz/K. Schmidt § 51a GmbHG Rn. 56.

[118] *Schießl* GmbHR 1985, 111; *Schießl* NJW 1989, 1598; *Roitzsch*, Minderheitenschutz, 161; *Wiedemann/Hermanns* JZ 1993, 548 (549); *Roth/Altmeppen* GmbHG § 51a Rn. 44.

Novelle 1980 habe der Gesetzgeber ein modernes Organisationsrecht schaffen wollen, das zwangsläufig Auswirkungen auf das Personengesellschaftsrecht haben müsse. Dies gelte insbesondere für die GmbH & Co. KG, da hier das Informationsgefälle zwischen Kommanditisten und Gesellschaftern der Komplementär-GmbH besonders stark hervortrete. Dieser Argumentation wird jedoch zu Recht entgegengehalten, dass die Vorschrift des § 51a GmbHG anerkanntermaßen eine rechtspolitisch verfehlte Regelung darstellt, deren analoge Anwendung auf das Personengesellschaftsrecht sich daher verbiete.[119] Ist der Kommanditist nicht zugleich Gesellschafter der Komplementär-GmbH, stehe ihm das Informationsrecht nach § 51a GmbHG ungeachtet des bestehenden Informationsgefälles nicht zu. Abhilfe könne hier nur der Gesetzgeber schaffen.

Die ganz herrschende Auffassung im Schrifttum gesteht dem Kommanditisten einen von § 166 HGB unabhängigen **zweckgebundenen Auskunftsanspruch** zu. Dieser gesetzlich nicht verankerte, durch § 166 Abs. 2 HGB aber auch nicht ausgeschlossene ordentliche Auskunftsanspruch sei mit den Mitverwaltungsrechten des Kommanditisten untrennbar verknüpft.[120] Mit Hilfe dieses Auskunftsanspruchs könne der Kommanditist zwar nicht Auskunft über jede gewöhnliche Geschäftsführungsmaßnahme verlangen, wohl aber soweit es zur sachgerechten Ausübung seiner Gesellschafterrechte erforderlich ist. Auch der **BGH** erkennt im Grundsatz ein Auskunftsrecht des Kommanditisten an.[121] Ein Auskunftsanspruch bestehe insbesondere dann, wenn sich der Kommanditist mittels des ihm zustehenden Einsichtsrechts keine ausreichende Klarheit über die Angelegenheiten der Gesellschaft verschaffen kann. Dem Kommanditisten stehe ein **funktionsgebundenes** Auskunftsrecht zu, soweit er die Informationen zur Aus-

33

---

[119] Im Ergebnis auch GK/*Schilling* § 166 HGB Rn. 2; Heymann/*Horn* § 166 HGB Rn. 22; MHdB GesR II/*Weipert* KG § 15 Rn. 9; *Klauss/Mittelbach* GmbH & Co. KG Rn. 86; Schlegelberger/*Martens* § 166 HGB Rn. 50; *Binz/Sorg* § 5 Rn. 98; *Baumbach/ Hopt* Anh. § 177a HGB Rn. 25; MüKo/*Grunewald* § 166 HGB Rn. 45; *Grunewald* Gesellschaftsrecht 1. C. Rn. 26, 71; *Ulmer/Hüffer* § 51a GmbHG Rn. 78; *v. Bitter* ZIP 1981, 831; Scholz/*K. Schmidt* § 51a GmbHG Rn. 12, 52; *K. Schmidt*, Gesellschaftsrecht, 1646; *Biermeier/Bongen/Renaud* GmbHR 1988, 169 (170); *Timm* GmbHR 1980, 295; *Brönner/Rux/Wagner* GmbH & Co. Rn. 250 f.; *Hahn* BB 1997, 744; *Röhricht/v. Westphalen/v. Gerkan/Haas* § 166 HGB Rn. 35.

[120] Mit Unterschieden in den Einzelheiten Schlegelberger/*Martens* § 166 HGB Rn. 4, 17; *K. Schmidt*, Informationsrechte, 68; *Baumbach/Hopt* § 166 HGB Rn. 11; *Ebenroth*, Kontrollrechte, 41; Heymann/*Horn* § 166 HGB Rn. 19; *Grunewald* ZGR 1989, 552; *Grunewald* Gesellschaftsrecht 1. C. Rn. 26 (Umfang analog § 131 AktG); *Ernst* BB 1957, 1047 ff.; MHdB GesR II/*Weipert* KG § 15 Rn. 9; *Bunte*, Informationsrechte, 14 (36); *Hepting* FS Pleyer, 301 (308); *Goerdeler* FS Kellermann, 79; *Budde* FS Semler, 789 (801); *Brönner/Rux/Wagner* GmbH & Co. Rn. 247; *Hahn* BB 1997, 745; Beck Hdb. Personengesellschaften/*Müller* § 4 Rn. 103; *Binz/Sorg* § 5 Rn. 94; MüKo/ *Grunewald* § 166 HGB Rn. 12.

[121] BGH ZIP 1983, 935 (936). In dem zugrunde liegenden Fall waren indessen die Informationsrechte des Kommanditisten denen eines persönlich haftenden Gesellschafters (§§ 716 BGB, 118 HGB) angeglichen. Ob dem Kommanditisten das im konkreten Fall zugebilligte Auskunftsrecht auch dann zusteht, wenn die Informationsrechte vertraglich nicht erweitert werden, ließ der BGH offen.

übung seiner Mitgliedschaftsrechte benötigt.[122] Dieses Auskunftsrecht kann auch von Kommanditisten geltend gemacht werden, die allgemein oder bezüglich des Tagesordnungspunktes, auf den sich die Auskunft bezieht, vom **Stimmrecht ausgeschlossen** sind. Denn dem Gesellschafter steht auch in diesem Fall ein Rederecht zu, für dessen sachgerechte Ausübung er gleichfalls Informationen benötigt.[123]

34 **b) Umfang des Auskunftsanspruchs.** Im Einklang mit der Auffassung des BGH und der hM im Schrifttum ist dem Kommanditisten ein Auskunftsrecht jedenfalls insoweit zuzubilligen, wie er zur sachgerechten Ausübung seiner Mitgliedschaftsrechte auf Informationen angewiesen ist. Da die Kommanditisten vorbehaltlich einer anderweitigen Regelung im Gesellschaftsvertrag berechtigt sind, an der **Bilanzfeststellung** mitzuwirken,[124] besteht ein Recht des Kommanditisten auf Erteilung der für die Entscheidung notwendigen Informationen, insbesondere über die von der Geschäftsführung vorgenommenen Bilanzierungsmaßnahmen. Ein Auskunftsrecht besteht ferner im Zusammenhang mit der Beschlussfassung über die Feststellung des Jahresabschlusses oder über die Zustimmung zu außergewöhnlichen (§ 164 2. HS HGB) oder nach dem Gesellschaftsvertrag der Zustimmung der Gesellschafterversammlung unterliegenden Geschäftsführungsmaßnahmen.[125] Ganz allgemein lässt sich sagen, dass der Kommanditist zur Ausübung seines **Stimmrechts** in der Gesellschafterversammlung nur dann in der Lage ist, wenn er über die entscheidungserheblichen Informationen zu allen Gegenständen der Tagesordnung verfügt. Der Kommanditist verfügt jedoch nicht über das Recht, die Anwesenheit des Abschlussprüfers in der Gesellschafterversammlung zu verlangen. Insbesondere eine analoge Anwendung des § 42a Abs. 3 GmbHG auf den Kommanditisten, der nur an der an der KG beteiligt ist, verbietet sich, da nach ganz einhelliger Meinung § 51a GmbHG auf den Kommanditisten ebenfalls keine analoge Anwendung finden kann und da wegen der Regelung des § 166 HGB keine Regelungslücke vorliegt.[126] Der Umfang des Auskunftsrechts hängt daher maßgeblich davon ab, wie weit der Gesellschaftsvertrag die Mitgliedschaftsrechte des Kommanditisten ausgestaltet. Ein allgemeines Informationsrecht des Kommanditisten, das sich auf gewöhnliche, nicht der Entscheidung der Gesellschafterversammlung unterworfene Geschäftsführungsmaßnahmen erstreckt, besteht jedoch nicht.[127]

35 **c) Gegenstand des Auskunftsrechts.** Gegenstand des Auskunftsrechts können alle die Gesellschaft betreffenden Angelegenheiten sein. Sofern nicht berechtigte Interessen der Mitgesellschafter entgegenstehen, können auch

---

[122] BGH BB 1992, 1024 (1025).
[123] Zutreffend MüKo/*Grunewald* § 166 HGB Rn. 12; aA *Weipert* DStR 1992, 1097 (1111).
[124] BGH NJW 1996, 1678 ff.
[125] Vgl. etwa *Binz/Sorg* § 5 Rn. 94.
[126] OLG München DB 2003, 333; *Baumbach/Hueck/Zöllner* § 51a GmbHG Rn. 13; Lutter/Hommelhoff/*Bayer* § 51a GmbHG Rn. 17; in diese Richtung auch BGH GmbHR 1995, 56; kritisch Scholz/*K. Schmidt* § 51a GmbHG Rn. 52.
[127] Vgl. nur *Goerdeler* FS Stimpel, 133.

Auskünfte über **Tochtergesellschaften** abgefragt werden.[128] Nach zutreffender Auffassung sind die Angelegenheiten der **Komplementär-GmbH** prinzipiell nicht als Angelegenheiten der KG anzusehen, es sei denn, es besteht ein Zusammenhang mit der Komplementär-Eigenschaft der GmbH. In diesem Fall erstreckt sich das Auskunftsrecht des Kommanditisten auch auf die Angelegenheiten der Komplementär-GmbH, wenn dies zur sachgerechten Wahrnehmung seiner Mitgliedschaftsrechte erforderlich ist.[129]

Insoweit kann mitunter auch die wirtschaftliche Entwicklung der Komplementär-GmbH einen Auskunftsanspruch begründen, so etwa, wenn eine Unterbilanz der GmbH die Gefahr mit sich bringt, dass Kommanditistendarlehen gemäß §§ 172a HGB, 32a, 32b GmbHG als eigenkapitalersetzend gelten können. 36

d) Form der Auskunftserteilung. Es liegt im Ermessen der Geschäftsführung, wie sie ihrer Auskunftspflicht nachkommt. Die Auskunftserteilung kann **mündlich** oder **schriftlich**, etwa durch Aushändigung einschlägiger Unterlagen erfolgen, sofern die gewünschten Informationen den Dokumenten ohne weiteres zu entnehmen sind. Die Auskunft ist **unverzüglich** zu erteilen und muss in Anlehnung an § 131 AktG einer gewissenhaften und getreuen Rechenschaft entsprechen.[130] Die Ausübung des Auskunftsrechts kann nicht nur in der **Gesellschafterversammlung** erfolgen; allerdings darf die Geltendmachung des Auskunftsverlangens den Geschäftsbetrieb nicht unzumutbar einschränken. Entgegen vereinzelten Stimmen[131] ist mit einer Anerkennung des Auskunftsrechts **keine Erweiterung des Einsichtsrechts** verbunden. Das Einsichtsrecht ist auf die Bilanzprüfung beschränkt. Das Auskunftsrecht soll dem Gesellschafter nur in den Fällen weiterhelfen, in denen das Einsichtsrecht unzureichend ist.[132] 37

Hat der geschäftsführende Gesellschafter die gewünschten Informationen nicht selbst parat, etwa weil er sie vergessen hat, ist er verpflichtet, sich die Kenntnisse zu verschaffen. Dies gilt namentlich für größere Unternehmen, bei denen das Wissen bei den leitenden Mitarbeitern vorhanden ist. Will man nicht das Informationsrecht des Kommanditisten unzulässig verkürzen, muss man eine mit dem Auskunftsrecht des Kommanditisten korrespondierende **Informationsbeschaffungspflicht** des geschäftsführenden Gesellschafters anerkennen.[133] 38

e) Vertragliche Regelungen. Anders als das Einsichtsrecht ist der Auskunftsanspruch gesellschaftsvertraglichen **Einschränkungen** nicht zugänglich.[134] Auch dann, wenn das Einsichtsrecht zulässigerweise einem **Beirat** 39

---

[128] BGH ZIP 1983, 935 (937).
[129] GK/*Schilling* § 166 HGB Rn. 14.
[130] *Wohlleben*, Informationsrechte, 146 f.
[131] *Goerdeler* FS Stimpel, 1985, 132.
[132] *Weipert* DStR 1992, 1099.
[133] OLG Frankfurt NJW-RR 1992, 171 (172); *Grunewald* ZHR 146 (1982), 221 (234); *Kort* ZGR 1987, 70 ff.; Scholz/K. *Schmidt* § 51a GmbHG Rn. 34. Insofern gilt anderes als beim Einsichtsrecht.
[134] MüKo/*Grunewald* § 166 HGB Rn. 49; *Grunewald* ZGR 1989, 553; Schlegelberger/K. *Schmidt* § 119 HGB Rn. 25; *Immenga* ZGR 1974, 414; *Teichmann*, Gestaltungs-

7. *Kapitel. Nicht vermögensbezogene Rechte*

oder **Gesellschafterausschuss** zugewiesen ist, verbleibt das Auskunftsrecht beim Kommanditisten. Da die Beschneidung des Auskunftsrechts dazu führen könnte, dass der Gesellschafter seine Rechte nicht mehr ordnungsgemäß ausüben kann, handelt es sich um ein **unverzichtbares** Mitgliedschaftsrecht.[135] Dies gilt für Publikumspersonengesellschaften im besonderen Maße.[136]

40   Das Auskunftsrecht des Kommanditisten kann – ebenso wie das Einsichtsrecht – ohne weiteres durch gesellschaftsvertragliche Bestimmungen **erweitert** werden. So kann das Informationsrecht des Kommanditisten etwa dem eines GmbH-Gesellschafters angeglichen werden. Gegenstand gesellschaftsvertraglicher Regelungen kann ferner die Etablierung einer Verpflichtung der Geschäftsführung zu regelmäßiger Berichterstattung über Umsätze, Kosten und Liquidität, die Einräumung laufender Einsichtsrechte oder umfassender Auskunftsansprüche sowie das Recht zur Anfertigung von Zwischenbilanzen sein.

41   Nach Auffassung des BGH ist der **Entzug** von gesetzlichen oder **vertraglichen** Informationsrechten nur dann wirksam, wenn der Entzug im Gesellschaftsinteresse geboten und dem betroffenen Gesellschafter unter Berücksichtigung seiner eigenen schutzwürdigen Interessen zumutbar ist.[137] Hierfür reicht die Aufnahme einer erlaubten Konkurrenztätigkeit nicht aus.[138] Die vertraglich zusätzlich zugestandenen Informationsrechte können nach richtiger Auffassung durch Änderung des Gesellschaftsvertrages im Nachhinein eingeschränkt werden, sofern den Anforderungen des Bestimmtheitsgrundsatzes Genüge getan wird.[139] Der Kernbereich der Mitgliedschaftsrechte ist dann nicht tangiert, wenn die Einschränkung lediglich die vertraglich erweiterten Rechte betrifft. Freilich darf diese Einschränkung nicht nur einen Gesellschafter treffen, da der Beschluss ansonsten gegen den Gleichbehandlungsgrundsatz verstoßen würde.[140]

4. Kollektives Informationsrecht

42   **a) Existenz.** Für die GbR sehen die §§ 713, 666 BGB eine Verpflichtung der geschäftsführenden Gesellschafter vor, den übrigen Gesellschaftern die erforderlichen Nachrichten zu geben, bei Verlangen Auskunft zu erteilen und Rechenschaft abzulegen. Diese Bestimmungen beanspruchen über §§ 161 Abs. 2 iVm 105 Abs. 2 HGB auch für die KG Geltung, so dass auch

---

freiheit, 203; ähnlich *Wiedemann* WM 1992, Sonderbeilage 7, 45 f., der allerdings verfahrensmäßige Einschränkungen, wie die ausschließliche Geltendmachungsmöglichkeit in der Gesellschafterversammlung, zulässt. AA wohl *Hepting* FS Pleyer, 301 (308); für eine teilweise Dispositivität auch Schlegelberger/*Martens* § 166 HGB Rn. 44.

[135] *Grunewald* Gesellschaftsrecht 1. C. Rn. 26.
[136] *Schlitt*, Informationsrechte, 122 f., 217 f.
[137] BGH WM 1994, 2244; *Hesselmann/Tillmann/Mussaeus* GmbH & Co. KG § 4 Rn. 243.
[138] BGH WM 1994, 2244.
[139] AA *K. Schmidt* JZ 1995, 314: auch vertraglich eingeräumte Informationsrechte mehrheitsfest.
[140] Zutr. *Flume* ZIP 1995, 652.

§ 25 *Die Informationsrechte der Gesellschafter*

in der GmbH & Co. KG eine Berichterstattungspflicht des geschäftsführenden Gesellschafters besteht. Mit ihr korrespondiert ein kollektives Informationsrecht der übrigen Gesellschafter.[141] Bei diesem kollektiven Informationsrecht handelt es sich – anders als bei dem Informationsrecht nach § 166 HGB, das dem Gesellschafter zur individuellen Ausübung eingeräumt ist – um ein Recht der **Gesellschaftergesamtheit** gegenüber den Geschäftsführungsorganen, das nicht aus der Mitgliedschaft resultiert, sondern „Korrelat der Organverantwortlichkeit" ist.[142] Träger des kollektiven Informationsrechts sind in der GmbH & Co. KG nicht nur die Kommanditisten, sondern auch etwaige von der Geschäftsführung ausgeschlossene persönlich haftende Gesellschafter.

Ein in der GmbH & Co. KG installierter **Beirat**, dem nicht nur Beratungsfunktionen, sondern auch Kontrollkompetenzen zugewiesen sind, ist zur Information der von der Geschäftsführung ausgeschlossenen Gesellschafter verpflichtet. Mit dieser Berichtspflicht des Beirates korrespondiert ein Recht der Gesellschafter, sich vom Beirat unterrichten zu lassen. Auch hierbei handelt es sich der Sache nach um ein kollektives Informationsrecht der Gesellschaftergesamtheit. Hingegen ist ein individueller **Auskunftsanspruch** des Gesellschafters gegenüber dem Beirat oder einzelnen Beiratsmitgliedern nicht anzuerkennen.[143] Vielmehr ist der Beirat vorbehaltlich einer anderweitigen gesellschaftsvertraglichen Regelung nur verpflichtet, in der Gesellschafterversammlung, die über die Feststellung des Jahresabschlusses beschließt, Bericht über seine Tätigkeit im vergangenen Jahr zu erstatten und zum Jahresabschluss Stellung zu nehmen.[144]

43

b) Umfang. Gegenstand des kollektiven Informationsrechts sind alle Informationen, die die Gesellschafter zur **Ausübung** ihrer **Gesellschafterrechte** benötigen.[145] Die Gesellschafter können auf diese Weise Erläuterungen zum Jahresabschluss, zu außergewöhnlichen Geschäften und auf der Tagesordnung stehenden Gesellschafterbeschlüssen verlangen. Angelegenheiten der laufenden Geschäftsführung sind indessen grundsätzlich nicht Gegenstand des Auskunftsrechts.[146] Andernfalls würde dies auf die Anerkennung eines allgemeinen Auskunftsanspruchs hinauslaufen, was sich mit dem Regelungsgehalt des § 166 Abs. 2 HGB nicht in Einklang bringen ließe. Der Umfang des kollektiven Informationsrechts deckt sich daher weitgehend mit dem individuellen Auskunftsrecht des Gesellschafters.[147]

44

---

[141] RGZ 148, 278 (279); BGH BB 1992, 1024 (1025); GK/*Schilling* § 166 HGB Rn. 3; *Ulmer* § 713 BGB Rn. 7; MHdB GesR II/*Weipert* KG § 15 Rn. 7; Soergel/*Hadding* § 713 BGB Rn. 7 f.; *Reuter* FS Steindorff, 241 f.
[142] *K. Schmidt*, Informationsrechte, 15 ff.; *Bunte*, Informationsrechte, 47; anders freilich *Huber* ZGR 1982, 542, der hierin einen individuellen Anspruch des Gesellschafters sieht.
[143] OLG Karlsruhe GmbHR 1998, 645 (647).
[144] MHdB GesR II/*Mutter* KG § 8 Rn. 72.
[145] MHdB GesR II/*Weipert* KG § 15 Rn. 7; GK/*Schilling* § 166 HGB Rn. 3.
[146] BGH BB 1992, 1024 (1025); *Budde* FS Semler, 802.
[147] Vgl. Schlegelberger/*Martens* § 166 HGB Rn. 17; GK/*Schilling* § 166 HGB Rn. 3.

45   **c) Geltendmachung.** Die Geltendmachung des kollektiven Informationsrechts bedarf vorbehaltlich einer abweichenden gesellschaftsvertraglichen Regelung eines einstimmigen **Beschlusses** der Gesellschafterversammlung. Bei der Beschlussfassung wirkt die geschäftsführende Komplementär-GmbH nicht mit, da sie selbst nicht anspruchsberechtigt, sondern auskunftsverpflichtet ist. Wird die Auskunftserteilung von der geschäftsführenden Gesellschafterin verweigert und kommt eine Gesamtwillensbildung nicht zustande, kann der Kommanditist nach Auffassung der Rechtsprechung[148] und der überwiegenden Meinung im Schrifttum[149] das kollektive Informationsrecht im Wege der **actio pro socio** durchsetzen. Mit Hilfe dieser Gesellschafterklage, die dem einzelnen Gesellschafter die Geltendmachung von Sozialansprüchen im eigenen Namen erlaubt,[150] kann der Kommanditist zwar nicht Auskunft an sich, jedoch an die Gesellschaftergesamtheit verlangen.

46   **d) Vertragliche Regelungen.** Da das kollektive Informationsrecht, ebenso wie der individuelle Auskunftsanspruch, zur sachgerechten Wahrnehmung der Mitgliedschaftsrechte erforderlich ist, kann er, auch mit Zustimmung der betroffenen Gesellschafter, vertraglich nicht **ausgeschlossen** werden.[151] Die Übertragung des kollektiven Informationsrechts auf einen **Beirat** wird demgegenüber überwiegend für zulässig gehalten.[152] Ob das Recht des Gesellschafters, das kollektive Informationsrecht im Wege der **actio pro socio** geltend zu machen, unverzichtbar ist, ist streitig;[153] im Ergebnis wohl zu bejahen. Jedenfalls bewirkt eine vertragliche Einschränkung des ordentlichen Informationsrechts nach § 166 HGB nicht ohne weiteres eine Einschränkung des kollektiven Informationsrechts.[154]

---

[148] RGZ 91, 34 (36) (obiter dictum); BGH BB 1992, 1025, im konkreten Fall wurden die Voraussetzungen der actio pro socio indessen abgelehnt, da sich das Informationsbegehren auf Angelegenheiten der laufenden Geschäftsführung bezog.
[149] MHdB GesR II/*Weipert* § 15 Rn. 7; *Ulmer* § 713 BGB Rn. 7; *Schießl* GmbHR 1985, 109; *Wiedemann* WM 1992, Sonderbeilage 7, 44; GK/*Schilling* § 166 HGB Rn. 3; zweifelnd Schlegelberger/*Martens* § 166 HGB Rn. 17; Heymann/*Horn* § 166 HGB Rn. 20; *Roth/Altmeppen* § 51a GmbHG Rn. 43; MüKo/*Grunewald* § 166 HGB Rn. 46.
[150] Grundlegend zur actio pro socio: *Hadding*, Actio pro socio, 1966; *Grunewald*, Gesellschafterklage, 1980.
[151] Wohl auch BGH 1965, 709 (710); *Baumbach/Hopt* § 166 HGB Rn. 20; Soergel/*Hadding* § 713 BGB Rn. 7; aA MüKo/*Grunewald* § 166 HGB Rn. 46: das kollektive Informationsrecht könne durch Gesellschaftsvertrag ausgeschlossen werden, da die Informationsinteressen der Kommanditisten durch ihre individuellen Informationsrechte hinreichend gewahrt seien; so auch *Reuter* FS Steindorff, 242.
[152] GK/*Schilling* § 166 HGB Rn. 16; *Reuter* FS Steindorff, 242; offen gelassen von BGH BB 1992, 1025; zweifelhaft, vgl. *Schlitt*, Informationsrechte, 131.
[153] Vgl. *Lutter* AcP 180 (1980), 144 (151); Heymann/*Emmerich* § 109 HGB Rn. 26; einschränkend Schlegelberger/*Martens* § 119 HGB Rn. 15; für einen Ausschluss *Hadding*, Actio pro socio, 1966, 65. Offen gelassen von BGH ZIP 1985, 1137 (1138).
[154] RGRK/*v. Gamm* § 713 BGB Rn. 3; weniger eng *Ulmer* § 716 BGB Rn. 14.

5. Persönlicher Umfang der Informationsrechte

a) Das Informationsrecht als höchstpersönliches Recht. Informationsrechte sind höchstpersönliche Mitgliedschaftsrechte, die vom Gesellschafter folglich grundsätzlich nur selbst wahrgenommen werden können.[155] Testamentsvollstrecker, Nacherben, Pfandrechtsinhaber, Nießbraucher und Treugeber in Bezug auf Kommanditanteile haben daher kein eigenes Informationsrecht.[156] Auch dem Gläubiger eines Gesellschafters, der nach § 135 HGB die Gesellschaft gekündigt hat, steht ein gesellschaftsrechtlicher Informationsanspruch nicht zu.[157] Eine **Abtretung** von Informationsrechten würde einen Verstoß gegen das Abspaltungsverbot darstellen und kommt demnach nicht in Betracht.[158] Eine andere Frage ist, ob der Kommanditist bei der Ausübung seiner Informationsrechte einen **Dritten**, etwa einen Rechtsanwalt, Steuerberater oder Wirtschaftsprüfer, einbinden darf. Ein Interesse an einer Einbeziehung eines Dritten besteht namentlich dann, wenn es dem Kommanditisten an der eigenen Sachkenntnis fehlt, er durch Krankheit oder Urlaub verhindert ist oder er Misstrauen in die Ordnungsmäßigkeit der Buchführung durch die Geschäftsführung hat. 47

b) Recht zur Einschaltung eines Dritten. Die **Hinzuziehung** eines Dritten wird nach einhelliger Auffassung immer dann für zulässig gehalten, wenn der Kommanditist nicht die nötige Sachkunde besitzt, die Kontrolle selbst vorzunehmen.[159] Darüber hinaus ist die Hinzuziehung eines Dritten allgemein dann zulässig, wenn es sich bei dem Dritten um einen zur Berufsverschwiegenheit verpflichteten Dritten handelt, da in diesem Fall dem Geheimhaltungsinteresse der Gesellschaft und der Mitgesellschafter Genüge getan ist.[160] Der Sachverständige kann sich dabei auch der Mithilfe Dritter bedienen, sofern diese ebenfalls zur Berufsverschwiegenheit verpflichtet sind; seine Hinzuziehung kann von der Gesellschaft nur dann zurückgewiesen werden, wenn sie offensichtlich überflüssig ist oder in der Person des Sach- 48

---

[155] RGZ 170, 392 (395); BGHZ 25, 115 (122); BGH BB 1962, 899; BB 1979, 1315 (1316); *Binz/Sorg* § 5 Rn. 89; *Binz/Freudenberg/Sorg* BB 1991, 785 (786); *Hirte* BB 1985, 2209; *Goerdeler* FS Stimpel, 127; *Ulmer* § 716 BGB Rn. 13; MüKo/*Grunewald* § 166 HGB Rn. 18.
[156] MüKo/*Grunewald* § 166 HGB Rn. 23; MHdB GesR II/*Weipert* KG § 15 Rn. 34; diese haben sich nach Maßgabe des jeweiligen Rechtsverhältnisses zu dem Gesellschafter an diesen zu halten, vgl. zum Treuhandkommanditisten *Röhricht/ v. Westphalen/v. Gerkan/Haas* § 166 HGB Rn. 46.
[157] Insoweit kommen lediglich Ansprüche nach §§ 810, 242 BGB in Betracht, *Röhricht/v. Westphalen/v. Gerkan/Haas* § 135 HGB Rn. 11.
[158] BGHZ 25, 115 (122); *K. Schmidt*, Informationsrechte, 24; Schlegelberger/*Martens* § 166 HGB Rn. 34.
[159] RGZ 170, 392 (395); BGHZ 25, 115 (123); OLG Celle BB 1983, 1450 (1451); *K. Schmidt*, Informationsrechte, 25; Soergel/*Hadding* § 716 BGB Rn. 10; *Saenger* NJW 1992, 348 (352).
[160] BGH BB 1962, 899 (900); BB 1979, 1315 (1316); GK/*Schilling* § 166 HGB Rn. 10; Schlegelberger/*Martens* § 166 HGB Rn. 34.

verständigen ein wichtiger Grund vorliegt.[161] Hierfür reicht jedoch eine persönliche Verbundenheit des Sachverständigen zu dem die Information begehrenden Gesellschafter nicht aus.[162] Die Hinzuziehung eines nicht zur Berufsverschwiegenheit verpflichteten Dritten wird hingegen nur ausnahmsweise in Betracht kommen, wenn das Interesse des Kommanditisten an der Einbeziehung des Dritten das Geheimhaltungsinteresse der Gesellschaft übersteigt. Dies wird man in der Regel dann annehmen können, wenn der Dritte zur Überprüfung der eingesehenen Papiere fachlich in der Lage ist und sich gegenüber der Gesellschaft zur Verschwiegenheit verpflichtet hat.[163]

49 Hiervon zu sondern ist die Frage, ob der Kommanditist den Dritten auch zu der Ausübung der Informationsrechte bevollmächtigen kann. Von der Hinzuziehung eines Dritten unterscheidet sich die Bevollmächtigung insoweit, als die bevollmächtigte Person die Informationsrechte dann nicht als Hilfsperson, sondern eigenverantwortlich ausübt.[164] Nach zutreffender Auffassung muss die Gesellschaft – ohne eine gesellschaftsvertragliche Regelung – die Wahrnehmung der Informationsrechte durch einen **bevollmächtigten Dritten** grundsätzlich **nicht dulden**.[165] Dieser Grundsatz kann indessen nach Treu und Glauben eine Einschränkung erfahren, wenn der Gesellschafter berechtigte Gründe für die Bevollmächtigung eines Dritten in Anspruch nehmen kann. Hierzu zählen etwa längere Abwesenheit, Krankheit, Gebrechlichkeit. Ebenfalls duldungspflichtig ist die Rechtsausübung durch einen gesetzlichen Vertreter.[166]

50 Die **Kosten** für die Einschaltung des Dritten hat grundsätzlich der Gesellschafter selbst zu tragen.[167] Anders ist es, wenn die Gesellschaft, beispielsweise wegen nicht nachvollziehbarer Darstellungen im Jahresabschluss oder einer nicht ordnungsgemäßen, eine Bilanzberichtigung notwendig machende Buchführung die Hinzuziehung des Dritten selbst veranlasst hat. In diesem Fall hat die Gesellschaft die Kosten des Dritten zu übernehmen.[168]

51 Das Recht zur Hinzuziehung eines Dritten bei Ausübung des ordentlichen Informationsrechts kann wie das Einsichtsrecht **gesellschaftsvertraglich** ausgeschlossen werden. Bei Vorliegen wichtiger Gründe (Krankheit,

---

[161] BGH BB 1962, 899 (900); *K. Schmidt*, Informationsrechte, 25; *Baumbach/Hopt* § 166 HGB Rn. 6.
[162] BGH BB 1962, 899 (900).
[163] Vgl. *Goerdeler* FS Stimpel, 136; *Baumbach/Hueck/Zöllner* § 51a GmbHG Rn. 25.
[164] Dabei kommt es nicht entscheidend darauf an, ob der Gesellschafter bei der Geltendmachung des Informationsrechts selbst zugegen ist, vgl. *Ulmer* § 716 BGB Rn. 15.
[165] BGHZ 25, 115 (122); OLG Celle BB 1983, 1450 (1451); GK/*Schilling* § 166 HGB Rn. 10; Schlegelberger/*Martens* § 166 HGB Rn. 35; *Hueck*, Recht der OHG, 188; *Hirte* BB 1985, 2208; weiter *Goerdeler* FS Stimpel, 128; ähnlich auch *Saenger* NJW 1992, 352.
[166] BGHZ 44, 98 (100); *Röhricht/v. Westphalen/v. Gerkan/Haas* § 118 HGB Rn. 9; mit Einschr. Schlegelberger/*Martens* § 118 HGB Rn. 22.
[167] BGH BB 1970, 187; OLG München BB 1954, 669; GK/*Schilling* § 166 HGB Rn. 10; *Binz/Sorg* § 5 Rn. 90.
[168] OLG München BB 1954, 669; *Goerdeler* FS Stimpel, 137; *Hirte* BB 1985, 2210; *Binz/Sorg* § 5 Rn. 90.

etc.) bleibt der Gesellschafter trotz eines gesellschaftsvertraglichen Ausschlusses zur Einschaltung eines Dritten befugt.[169]

c) Verpflichtung zur Einschaltung eines Dritten. In die umgekehrte Richtung weist die Frage, ob der Gesellschafter zur Einschaltung eines Dritten verpflichtet ist. Da das Informationsrecht dem Gesellschafter zur eigenen Ausübung eingeräumt ist, wird man eine solche Verpflichtung im Grundsatz nicht annehmen können. Anders ist es nur dann, wenn die **persönliche Kontrollausübung** durch den Gesellschafter der **Gesellschaft unzumutbar** ist, was etwa bei einer Konkurrenztätigkeit des Kommanditisten der Fall sein kann. In diesem Fall gebietet es die Treuepflicht des Gesellschafters, einen zur Verschwiegenheit verpflichteten Sachverständigen einzuschalten.[170] Voraussetzung ist jedoch, dass die Gefahr besteht, dass die gewonnenen Informationen zum Nachteil der Gesellschaft verwendet werden, wofür die Gesellschaft die Beweislast trägt.[171] Dass die Information durch einen Dritten gleich effektiv möglich ist, reicht für sich genommen nicht aus, den Gesellschafter auf die Einschaltung eines Sachverständigen zu verweisen.[172] Ist der Gesellschafter zur Einschaltung eines Dritten verpflichtet, ist diesem die Information mit der Maßgabe zu erteilen, dass eine Weitergabe an den Gesellschafter unterbleiben muss, soweit es das Wohl der Gesellschaft erfordert.[173] **52**

Die **Kosten** für die Einschaltung des Dritten hat, da es sich der Sache nach um eine Beschränkung des Informationsrechts handelt, prinzipiell die Gesellschaft zu tragen.[174] Gesellschaftsvertragliche Bestimmungen, die den Gesellschafter zu einer Einbeziehung eines Sachverständigen verpflichten, sind, sofern sie vom Einverständnis des Gesellschafters getragen sind, keinen durchgreifenden Bedenken ausgesetzt.[175] Das außerordentliche Informationsrecht nach § 166 Abs. 3 HGB wird durch solche Regelungen indessen nicht berührt.[176] **53**

6. Zeitlicher Umfang der Informationsrechte

Die Informationsrechte sind an die Gesellschafterstellung geknüpft. Die **Auflösung** der Gesellschaft allein tangiert Bestand und Umfang der Informationsrechte nicht. Erlangt der Kommanditist nach §§ 161 Abs. 2, 146 Abs. 1 HGB die Stellung als Liquidator, so erhält er insoweit sogar die Informationsrechte eines Komplementärs, die diejenigen nach § 166 HGB inso- **54**

---

[169] Vgl. auch *Saenger* NJW 1992, 352.
[170] BGH BB 1979, 1315; BGH ZIP 1982, 309 (311); *Binz/Sorg* § 5 Rn. 89; *Binz/Freudenberg/Sorg* BB 1991, 785 (786); Heymann/*Horn* § 166 HGB Rn. 6; MHdB GesR II/*Weipert* KG § 15 Rn. 42; MüKo/*Grunewald* § 166 HGB Rn. 19; *Flume* ZIP 1995, 653.
[171] *Baumbach/Hopt* § 166 HGB Rn. 7; Schlegelberger/*Martens* § 166 HGB Rn. 37.
[172] BGH BB 1979, 1316.
[173] Vgl. BGH WM 1994, 2244 (2246); GK/*Schilling* § 166 HGB Rn. 10; MüKo/*Grunewald* § 166 HGB Rn. 19.
[174] BGH BB 1970, 187; s. auch *Hirte* BB 1985, 2210.
[175] *Hirte* BB 1985, 2209.
[176] In diesem Punkt zu weitgehend *Hirte* BB 1985, 2210.

weit verdrängen.[177] Erst mit der **Vollbeendigung** verliert der Kommanditist seine Informationsrechte nach § 166 Abs. 1 und Abs. 3 HGB. Gleiches gilt für das **Ausscheiden** aus der Gesellschaft.[178] In diesem Fall verbleiben ihm nur noch die allgemeinen Informationsrechte nach §§ 242, 810 BGB. Soweit es zur Durchsetzung seines Auseinandersetzungsanspruchs erforderlich ist, kann der Kommanditist Einsicht in relevante Urkunden der Gesellschaft nehmen bzw. Auskunft von der Geschäftsführung verlangen. Häufig ist der ausgeschiedene Gesellschafter zur exakten Berechnung seines Abfindungsguthabens auf die Überprüfung des Jahresabschlusses angewiesen, so dass er über § 810 BGB ähnliche Informationen erlangen kann wie mit Hilfe des ordentlichen Informationsrechts.[179] Anders als beim Fortbestand der Mitgliedschaft muss der Kommanditist nach Ausscheiden aus der Gesellschaft die von ihm gewünschten Unterlagen konkretisieren, soweit ihm dies zumutbar möglich ist.[180] Hat der Kommanditist vor seinem Ausscheiden eine **gerichtliche Auseinandersetzung** nach § 166 Abs. 3 HGB eingeleitet, soll sein Ausscheiden der Fortsetzung des Verfahrens nicht entgegenstehen.[181]

7. Prozessuale Durchsetzung

55 Der Gesellschafter kann eine unberechtigte Verweigerung von Informationsrechten durch die Geschäftsführung im Klageweg durchsetzen. **Klagegegner** ist die Gesellschaft als Informationsverpflichtete. Die Rechtsprechung lässt darüber hinaus verbreitet eine unmittelbare Klage gegen den persönlich haftenden Gesellschafter zu (s. → Rn. 8).

56 Das ordentliche Informationsrecht nach § 166 Abs. 1 HGB, das Auskunftsrecht sowie das kollektive Informationsrecht sind im streitigen Verfahren vor den **ordentlichen Gerichten** durchzusetzen.[182] Ist der Kommanditist gleichzeitig an der Komplementär-GmbH beteiligt und stützt er sein Informationsrecht auch auf § 51a GmbHG, sind die Gerichte der freiwilligen Gerichtsbarkeit zuständig (§ 51b GmbHG iVm §§ 132, 99 AktG). Die örtliche **Zuständigkeit** bestimmt sich nach dem Sitz der Gesellschaft.[183]

57 Die **Vollstreckung** des Auskunftsanspruchs erfolgt als unvertretbare Handlung gemäß § 888 ZPO.[184] Demgegenüber wird das Einsichtsrecht

---

[177] *Röhricht/v. Westphalen/v. Gerkan/Haas* § 166 HGB Rn. 14.
[178] BGH ZIP 1989, 768 (769); OLG Hamm BB 1970, 509 (510); GmbHR 1994, 127 (129); OLG Düsseldorf NZG 1999, 876 (877); GK/*Schilling* § 166 HGB Rn. 6; MHdB GesR II/*Weipert* KG § 15 Rn. 31; Schlegelberger/*Martens* § 166 HGB Rn. 14; *Westermann/Aderhold* Personengesellschaften Rn. 2391; *Hahn* BB 1997, 742.
[179] OLG Düsseldorf NZG 1999, 876 (877).
[180] OLG Hamm GmbHR 1994, 127 (129); ähnlich Schlegelberger/*Martens* § 166 HGB Rn. 14.
[181] OLG Hamm BB 1970, 509 (510); *Westermann/Aderhold* Personengesellschaften Rn. 2391; *Hesselmann/Tillmann/Mussaeus* GmbH & Co. KG § 4 Rn. 246; Heymann/*Horn* § 166 HGB Rn. 4; aA Schlegelberger/*Martens* § 166 HGB Rn. 7.
[182] Vgl. statt vieler MHdB GesR II/*Weipert* § 15 Rn. 50.
[183] OLG München DB 1995, 36 (37).
[184] OLG München WM 1989, 1789; OLG Frankfurt GmbHR 1991, 577; *Stangier/Bork* GmbHR 1982, 174; *Gustavus* GmbHR 1989, 186.

nach § 883 ZPO durch Wegnahme der Papiere vollstreckt.[185] Kann der Kommanditist die Papiere nicht spezifizieren, sondern geht es ihm um generelle Bereitstellung der Unterlagen, richtet sich die Vollstreckung nach zutreffender, jedoch umstrittener Auffassung nach § 888 ZPO.[186]

Das **außerordentliche Informationsrecht** nach § 166 Abs. 3 HGB ist **58** im streitigen Verfahren vor dem zuständigen Gericht der freiwilligen Gerichtsbarkeit geltend zu machen (§ 375 FamFG).[187] Das Gericht wird auf Antrag tätig und klärt den Sachverhalt von Amts wegen auf (§ 26 FamFG). Nach herrschender und zutreffender Auffassung können im Verfahren nach § 166 Abs. 3 HGB auch die Rechte aus § 166 Abs. 1 HGB geltend gemacht werden, so dass der Kommanditist bei grundloser Verweigerung der Informationsrechte nach § 166 Abs. 1 HGB ein **Wahlrecht** zwischen einer ordentlichen Klage und einem Antrag nach § 166 Abs. 3 HGB hat. Vertragliche Erweiterungen der Informationsrechte können dagegen nicht Gegenstand des von § 166 Abs. 3 HGB vorgesehenen Verfahrens nach dem FGG sein.[188] Mit Zustimmung des überwiegenden Schrifttums lässt es die Praxis jedoch zu, dass der Gesellschafter sein außerordentliches Informationsrecht im Klagewege vor dem ordentlichen Gericht gleichzeitig mit den Rechten aus § 166 Abs. 1 HGB mitverfolgt.[189] Die Vollstreckung der Informationsverpflichtung gemäß § 166 Abs. 3 HGB erfolgt nach dem Verweis aus § 95 FamFG nach den Vorschriften der ZPO.[190]

Anders als das Kontrollrecht aus wichtigem Grund nach § 166 Abs. 3 **59** HGB kann das ordentliche Informationsrecht nach h. M. auch im Wege einer **einstweiligen Verfügung** (§§ 935 ff. ZPO) durchgesetzt werden.[191] Dem Kommanditisten steht dabei ein Wahlrecht gegenüber einem Vorgehen nach § 166 Abs. 3 HGB zu. Da die Einsichtnahme und Auskunftserteilung zu einer Befriedigung der Informationsansprüche führt, ist eine einstweilige Verfügung allerdings nur unter den engen Voraussetzungen einer **Leistungsverfügung** zulässig.[192]

---

[185] OLG Hamm OLGZ 1974, 251; OLG Frankfurt GmbHR 1991, 577; *Baumbach/Hopt* § 118 HGB Rn. 15; aA *Stangier/Bork* GmbHR 1982, 174; MüKoHGB/ *Grunewald* § 166 HGB Rn. 29.
[186] Wie hier MHdB GesR II/*Weipert* KG § 15 Rn. 50.
[187] OLG München ZIP 1995, 219 (220); *Baumbach/Hopt* § 166 HGB Rn. 15; aA *K. Schmidt*, Informationsrechte, 44, 73 ff.: der materielle Gehalt des § 166 Abs. 3 HGB erschöpfe sich in einer reinen Verfahrensvorschrift.
[188] OLG Köln OLGZ 1967, 362; zust. *Röhricht/v. Westphalen/v. Gerkan/Haas* § 166 HGB Rn. 40.
[189] BGH ZIP 1984, 702 (705) (zur stillen Ges.); Heymann/*Horn* § 166 HGB Rn. 16; Scholz/*K. Schmidt* § 51a GmbHG Rn. 57, der § 166 Abs. 3 als einen Sonderfall des einstweiligen Rechtsschutzes betrachtet.
[190] OLG München NZG 2008, 864; OLG München ZIP 2009, 1165.
[191] Heymann/*Horn* § 166 HGB Rn. 14, 16; Schlegelberger/*Martens* § 166 HGB Rn. 13, 22, 32; GK/*Schilling* § 166 HGB Rn. 13; MüKo/*Grunewald* § 166 HGB Rn. 28; wohl auch OLG München DB 1978, 2405 (2406); aA Scholz/*K. Schmidt* § 51a GmbHG Rn. 57; ähnlich MHdB GesR II/*Weipert* KG § 15 Rn. 54.
[192] *Schilken* Jura 1988, 525 (530); vgl. auch MHdB GesR II/*Weipert* KG § 15 Rn. 52.

III. Informationsrechte der Komplementär-GmbH

1. Anwendungsbereich

60 Allen persönlich haftenden Gesellschaftern einer GmbH & Co. KG steht, auch dann, wenn sie von der Geschäftsführung ausgeschlossen sind, das umfassende Informationsrecht nach §§ 161 Abs. 2, 118 HGB zu. Da die geschäftsführenden Komplementäre aufgrund der Wahrnehmung der Geschäftsführungsfunktionen über die Angelegenheiten der Gesellschaft informiert sind, gewinnt das Informationsrecht nach § 118 HGB in der GmbH & Co. KG im Prinzip nur dann an praktischer Bedeutung, wenn neben der geschäftsführenden Komplementär-GmbH ausnahmsweise noch weitere, von der Geschäftsführung ausgeschlossene Komplementäre vorhanden sind.

2. Einsichts- und Auskunftsrecht

61 Nach § 118 HGB können sich die Komplementäre von den Angelegenheiten der Gesellschaft persönlich unterrichten sowie die Handelsbücher und die Papiere der Gesellschaft einsehen. Das **Einsichtsrecht** erstreckt sich dabei auf alle Unterlagen der Gesellschaft. Anders als das Einsichtsrecht des Kommanditisten ist es nicht auf die Überprüfung des Jahresabschlusses beschränkt.[193] Vielmehr können die persönlich haftenden Gesellschafter dauernd Einsicht in die Unterlagen der Gesellschaft nehmen.

62 Daneben steht den persönlich haftenden Gesellschaftern ein **Auskunftsrecht** zu, wenn sie sich aus den Büchern und Unterlagen der Gesellschaft nicht die gewünschten Informationen über die Angelegenheiten der Gesellschaft verschaffen können.[194] Gemeinsam mit den Kommanditisten sind die von der Geschäftsführung ausgeschlossenen Komplementäre Inhaber des **kollektiven Informationsrechts** nach §§ 713, 666 BGB, das unter den Voraussetzungen der **actio pro socio** auch vom einzelnen Gesellschafter durchgesetzt werden kann.[195]

3. Vertragliche Regelungen

63 Das Informationsrecht des persönlich haftenden Gesellschafters ist dispositiv; es kann **eingeschränkt** oder sogar ganz ausgeschlossen werden.[196] Bei Grund zur Annahme unredlicher Geschäftsführung entfalten die Einschränkungen des Informationsrechts jedoch keine Wirkung (§ 118 Abs. 2 HGB).

---

[193] *Baumbach/Hopt* § 118 HGB Rn. 4; MüKo/*Enzinger* § 118 HGB Rn. 15.
[194] BGH BB 1972, 1245; BB 1974, 1272.
[195] *Baumbach/Hopt* § 118 HGB Rn. 12; vgl. im Einzelnen → Rn. 41.
[196] *Baumbach/Hopt* § 118 HGB Rn. 1 ff.; vgl. im Einzelnen → Rn. 22 (zum Kommanditisten); zur Gestaltbarkeit des Informationsrechts umfassend *de Groot* NZG 2013, 529.

IV. Informationsrechte der Gesellschafter der Komplementär-GmbH

1. Grundsatz

Die Geschäftsführer der Komplementär-GmbH sind verpflichtet, jedem 64
Gesellschafter auf dessen Verlangen hin Auskunft über die Angelegenheiten der Gesellschaft zu geben sowie Einsicht in die Bücher und Schriften der Gesellschaft zu gestatten (§ 51a GmbHG). Entgegen einer im Vordringen befindlichen Auffassung, die eine **analoge Anwendung von § 51a GmbHG** auf den **Nur-Kommanditisten** befürwortet,[197] steht nach herrschender Auffassung das Informationsrecht nach § 51a GmbHG dem Kommanditisten einer GmbH & Co. KG nur dann zu, wenn er zugleich Gesellschafter der Komplementär-GmbH ist.[198] Neben dem individuellen Einsichts- und Auskunftsrecht nach § 51a GmbHG existiert ein **kollektives Informationsrecht** der Gesellschaftergesamtheit, das mit der Berichterstattungspflicht des Geschäftsführers gegenüber der Gesellschafterversammlung nach § 46 Nr. 6 GmbHG korrespondiert.[199]

Von dem Bestehen eines kollektiven Informationsrechts zu unterscheiden 65
ist die Frage, ob die Geschäftsführung der GmbH auch außerhalb der Gesellschafterversammlung verpflichtet ist, die Gesellschafter in **regelmäßigen Abständen** zu informieren. Dies wird im Schrifttum kontrovers diskutiert.[200] Richtigerweise wird man eine Vorlagepflicht der Geschäftsführung jedenfalls dann anzuerkennen haben, wenn Anlass zu der Annahme besteht, dass die Maßnahme nicht dem Willen der Gesellschafterversammlung entspricht.[201] Dies gilt auch dann, wenn die Satzung der Komplementär-GmbH solche gesellschaftsinternen Berichterstattungspflichten nicht explizit vorsieht.

Mit **Ausscheiden** aus der Gesellschaft verliert der Gesellschafter der 66
Komplementär-GmbH seine Rechte nach § 51a GmbHG; wie dem Kommanditisten stehen ihm nur noch die Rechte aus §§ 242, 810 BGB zu.[202] Er kann Einsicht und Auskunft nur zur Prüfung des Bestehens und des Umfangs etwaiger Abfindungsansprüche verlangen. Dieser Anspruch kann auch die Einsichtnahme in Jahresabschlüsse und Prüfungsberichte umfassen.[203] Verliert der auskunftsbegehrende Gesellschafter im Laufe des Verfahrens seine Gesellschafterstellung, tritt Erledigung der Hauptsache ein.[204] Hält der

---

[197] Vgl. die Nachweise in → Fn. 99.
[198] Vgl. die Nachweise in → Fn. 100.
[199] *Baumbach/Hueck/Zöllner* § 51a GmbHG Rn. 1.
[200] Dafür *Grunewald* ZHR 146 (1982), 225; *Roth/Altmeppen* § 51a GmbHG Rn. 2; wohl auch *Hommelhoff* ZIP 1983, 383; aA *Baumbach/Hueck/Zöllner* § 51a GmbHG Rn. 59.
[201] Vgl. BGH NJW 1984, 305; *Roth/Altmeppen* § 37 GmbHG Rn. 8.
[202] BGH GmbHR 1977, 151; WM 1988, 1447 (1448); ZIP 1993, 1162; OLG München GmbHR 1991, 572 (575); OLG Köln GmbHR 1989, 207; OLG Frankfurt BB 1982, 143; *Grunewald* ZGR 1989, 546.
[203] BGH WM 1988, 1447 (1448); OLG Hamm DB 1994, 1232.
[204] BGH ZIP 1993, 1162 mN zur Gegenansicht. Vgl. aber auch → Rn. 50.

7. Kapitel. Nicht vermögensbezogene Rechte

Antragsteller an seinem Antrag gleichwohl unverändert fest, ist sein Antrag als unbegründet abzuweisen.

2. Informationsgegenstände

67 Das Einsichts- und Auskunftsrecht nach § 51a GmbHG bezieht sich auf alle **Angelegenheiten der Komplementär-Gesellschaft**. Hierzu zählen alle inneren und äußeren Belange der Komplementär-GmbH, insbesondere Fragen der Geschäfts- und Unternehmensführung, Organisation, Kosten und Kalkulation, Personal- und Gehaltsstruktur, Gewinnermittlung, Gewährung von Darlehen und Bürgschaften gegenüber Gesellschaftern. Die Gesellschafter der Komplementär-GmbH können sich daher über alle wirtschaftlichen Verhältnisse der Gesellschaft, ihre Aktivitäten sowie ihre Beziehungen zu Dritten und verbundenen Unternehmen informieren, gleich, ob es sich um in der Vergangenheit liegende Sachverhalte oder Planungen für die Zukunft handelt.[205] So kann der Gesellschafter namentlich Auskunft über die Gehälter und Pensionsansprüche von Angestellten verlangen sowie Einsicht in die Protokolle eines fakultativen Aufsichtsrates oder Beirates[206] nehmen. Gleiches gilt nach Auffassung der Rechtsprechung auch für die Sitzungsniederschriften eines mitbestimmten **Aufsichtsrates**.[207]

68 Da die Komplementär-GmbH in der GmbH & Co. KG Geschäftsführungsfunktionen wahrnimmt und für die Verbindlichkeiten der Gesellschaft persönlich haftet, sind – der hM in Rechtsprechung und Schrifttum folgend – die **Angelegenheiten der KG** als Angelegenheiten der Komplementär-GmbH anzusehen.[208] Damit verfügen die GmbH-Gesellschafter über ein mittelbares Informationsrecht gegenüber der KG.[209] Dies gilt richtigerweise nicht nur für das Auskunftsrecht, sondern auch für das Einsichtsrecht.[210] Voraussetzung ist allerdings, dass die Komplementär-GmbH nach dem Gesellschaftsvertrag der KG befugt ist, die Informationen an ihre Gesellschafter weiterzureichen.[211]

---

[205] Zu den Einzelheiten vgl. *Baumbach/Hueck/Zöllner* § 51a GmbHG Rn. 11; *Binz/Sorg* § 5 Rn. 105.

[206] *Rowedder/Koppensteiner* § 51a GmbHG Rn. 6.

[207] BGH ZIP 1997, 978; OLG Karlsruhe GmbHR 1985, 59; *Lutter*/Hommelhoff/ *Bayer* § 51a GmbHG Rn. 9; aA *Baumbach/Hueck/Zöllner* § 51a GmbHG Rn. 11; eingehend dazu *Ulmer/Stimpel* FS Zöllner, 589 ff.

[208] BGH WM 1988, 1448 (obiter dictum); OLG Hamm WM 1986, 740 (741); OLG Hamburg GmbHR 1985, 120; KG GmbHR 1988, 221; OLG Düsseldorf ZIP 1990, 1346; OLG Karlsruhe GmbHR 1998, 691; *K. Schmidt*, Informationsrechte, 76; MHdB GesR II/*Weipert* § 15 Rn. 12; *Hesselmann/Tillmann/Mussaeus* GmbH & Co. KG § 4 Rn. 221; *Brönner/Rux/Wagner* GmbH & Co. Rn. 249; *Lutter*/Hommelhoff/ *Bayer* § 51a GmbHG Rn. 17; aA *v. Bitter* ZIP 1981, 830 f.; *Binz/Sorg* § 5 Rn. 101; einschränkend auch *Kort* ZGR 1987, 57 f.

[209] So zutr. Schlegelberger/*Martens* § 166 HGB Rn. 50.

[210] OLG Hamburg GmbHR 1985, 120 (121); KG GmbHR 1988, 221; OLG Düsseldorf ZIP 1990, 1346; Scholz/*K. Schmidt* § 51a GmbHG Rn. 53 f.; *Hesselmann/Tillmann/Mussaeus* GmbH & Co. KG § 4 Rn. 221; aA insoweit *Baumbach/Hueck/Zöllner* § 51a GmbHG Rn. 10 ff.

[211] Schlegelberger/*Martens* § 166 HGB Rn. 50; Scholz/*K. Schmidt* § 51a GmbHG Rn. 53.

3. Ausübung des Einsichts- und Auskunftsrechts

Zwischen dem Recht auf Einsicht in die Unterlagen der Gesellschaft und dem Anspruch auf Auskunft besteht **kein Rangverhältnis**.[212] Der Gesellschafter ist in seiner Entscheidung, auf welche Weise er die gewünschten Informationen begehrt, grundsätzlich frei. Der Gesellschafter kann sein Informationsverlangen **formlos** geltend machen; er muss es nicht begründen. Will der Gesellschafter von seinem Einsichtsrecht Gebrauch machen, muss er die gewünschten Unterlagen nicht konkretisieren. Er ist berechtigt, umfassende Einsicht in die Geschäftsunterlagen zu nehmen.[213] Begehrt der Gesellschafter Auskunft, muss er seine Fragen so konkret formulieren, dass der Geschäftsführer weiß, über welchen Vorgang der Gesellschafter informiert sein will und entsprechend konkret Auskunft erteilen kann. 69

Die verlangte Information ist von der Geschäftsführung **unverzüglich**, dh ohne schuldhaftes Zögern (§ 121 BGB), zu erteilen. Wann eine Informationserteilung noch unverzüglich erfolgt, hängt vom Einzelfall ab.[214] Dabei spielen das Informationsinteresse des Gesellschafters, aber auch etwaige Schwierigkeiten der Gesellschaft, sich die gewünschte Information zu verschaffen, eine Rolle. Bei dringenden Angelegenheiten muss sich der Gesellschafter nicht auf die nächste Gesellschafterversammlung verweisen lassen.[215] 70

Ob die Auskunft **mündlich oder schriftlich** erteilt wird, liegt grundsätzlich im Ermessen der Geschäftsführung.[216] Eine Übersendung abgelichteter Unterlagen reicht jedoch nur dann aus, wenn der Gesellschafter die begehrten Informationen aus den Papieren unschwer entnehmen kann.[217] Ein solches Auswahlermessen hat die Geschäftsführung bei der Geltendmachung des Einsichtsrechts nicht. Dem Gesellschafter ist Einsicht in die Originalunterlagen einschließlich aller technischen Surrogate zu gewähren. Dabei steht dem Gesellschafter das Recht zu, sich auf seine Kosten **Kopien** anzufertigen.[218] 71

Anders als das Informationsrecht des Kommanditisten ist das Informationsrecht des GmbH-Gesellschafters nicht **höchstpersönlich**. Folglich kann das Auskunftsrecht auch durch einen bevollmächtigten **Dritten** ausgeübt werden, sofern die Satzung der Gesellschaft keine abweichende Bestimmung enthält.[219] Der Gesellschafter kann sich bei der Einsichtnahme auch eines zur Berufsverschwiegenheit **Sachverständigen** oder einer sonstigen vertrau- 72

---

[212] KG GmbHR 1988, 221; Ulmer/*Hüffer* § 51a GmbHG Rn. 6, 36 ff.; *Ebenroth*, Kontrollrechte, 51; *v. Bitter* ZIP 1981, 826; *Kort* ZGR 1987, 49 f.; *Müller* GmbHR 1987, 93; *Gustavus* GmbHR 1989, 182; *Binz/Sorg* § 5 Rn. 105.
[213] KG GmbHR 1988, 223; OLG Köln WM 1986, 761 (762); OLG Frankfurt BB 1995, 1867 (1868).
[214] *Baumbach/Hueck/Zöllner* § 51a GmbHG Rn. 17.
[215] *Hesselmann/Tillmann/Mussaeus* GmbH & Co. KG § 4 Rn. 214.
[216] *Baumbach/Hueck/Zöllner* § 51a GmbHG Rn. 16.
[217] *Binz/Sorg* § 5 Rn. 108.
[218] OLG Frankfurt GmbHR 1978, 173; OLG Köln WM 1986, 36; OLG München GmbHR 1999, 1296 (1298); Ulmer/*Hüffer* § 51a GmbHG Rn. 43.
[219] Ulmer/*Hüffer* § 51a GmbHG Rn. 15; *Baumbach/Hueck/Zöllner* § 51a GmbHG Rn. 5.

enswürdigen Person bedienen, sofern diese sich gegenüber der Gesellschaft zur Verschwiegenheit verpflichtet.[220]

4. Informationsverweigerungsrecht

73 Für das Informationsrecht des GmbH-Gesellschafters sieht das Gesetz in § 51a Abs. 2 GmbHG einen speziellen Verweigerungstatbestand vor. Danach darf dem Gesellschafter die gewünschte Information verweigert werden, wenn zu besorgen ist, dass der Gesellschafter die Information zu gesellschaftsfremden Zwecken verwenden und dadurch der Gesellschaft oder einem verbundenen Unternehmen einen nicht unerheblichen Nachteil zufügen wird. Beide Voraussetzungen müssen kumulativ vorliegen.[221]

74 Die Besorgnis **gesellschaftsfremder Informationsverwendung** erfordert nicht notwendigerweise eine Schädigung der Gesellschaft, sondern kann auch dann vorliegen, wenn die Schädigung eines Dritten intendiert ist.[222] Dabei reicht es aus, wenn nach Lage der Dinge eine gewisse Wahrscheinlichkeit für die gesellschaftswidrige Verwendung der Information gegeben ist.[223] Bloße Vermutungen sind indessen nicht ausreichend.[224] Streitig ist, ob eine Informationsverweigerung in Betracht kommt, wenn der Gesellschafter sich die Information wegen eines beabsichtigten Verkaufs seines Gesellschaftsanteils verschaffen will.[225] Solche Informationen, die zur sachgerechten Ermittlung eines Veräußerungspreises benötigt werden, können richtigerweise nicht verweigert werden.[226]

75 Darüber hinaus muss der Gesellschaft durch die zweckfremde Verwendung der Information ein **nicht unerheblicher Nachteil** zugefügt werden. Diese Voraussetzung liegt in der Regel vor, wenn der Gesellschafter die Information zugunsten eines von ihm betriebenen Konkurrenzunternehmens verwendet.[227] Ein ideeller Schaden, dessen wirtschaftliche Auswirkungen sich nur schwer beziffern lassen, ist in diesem Zusammenhang ausreichend.[228] Auch die Schädigung eines Mitgesellschafters oder eines Tochterunternehmens kann genügen.[229]

76 Ob die gewünschte Informationserteilung verweigert wird, liegt nicht in der Entscheidungskompetenz der Geschäftsführung; vielmehr bedarf es eines **Beschlusses der Gesellschafterversammlung** (§ 51a Abs. 2 S. 2 GmbHG). Die außerordentliche Gesellschafterversammlung ist so rasch wie möglich

---

[220] *Baumbach/Hueck/Zöllner* § 51a GmbHG Rn. 25.
[221] OLG München GmbHR 1999, 1296 (1297): In Bezug auf Jahresabschluss und Lagebericht sei dies von vornherein ausgeschlossen.
[222] *Baumbach/Hueck/Zöllner* § 51a GmbHG Rn. 34; vgl. auch *Winter*, Treuebindungen, 121 f.
[223] Vgl. OLG Stuttgart BB 1983, 678; OLG Düsseldorf ZIP 1990, 1569.
[224] OLG Düsseldorf GmbHR 1991, 18; ZIP 1990, 1569.
[225] Verneinend KG GmbHR 1988, 221 (224); aA wohl *Baumbach/Hueck/Zöllner* § 51a GmbHG Rn. 37.
[226] *Baumbach/Hueck/Zöllner* § 51a GmbHG Rn. 37.
[227] *Hesselmann/Tillmann/Mussaeus* GmbH & Co. KG § 4 Rn. 219.
[228] *Ulmer/Hüffer* § 51a GmbHG Rn. 51; *Müller* GmbHR 1987, 88 f.
[229] *Baumbach/Hueck/Zöllner* § 51a GmbHG Rn. 36.

einzuberufen. Bei der Beschlussfassung ist der betroffene Gesellschafter nach hM **nicht stimmberechtigt**.[230] Der Gesellschafterbeschluss, der eine Informationsverweigerung anordnet, bedarf keiner Begründung.[231] Darüber hinaus kann die Informationsverweigerung trotz der speziellen Regelung in § 51a Abs. 2 GmbHG auf das allgemeine **Missbrauchsverbot** gestützt werden.[232] In diesem Fall ist die Herbeiführung eines Gesellschafterbeschlusses nicht erforderlich.[233]

77

Allein der Umstand, dass es sich um **länger zurückliegende** Angelegenheiten handelt, berechtigt die Gesellschaft nicht, die vom Gesellschafter gewünschten Informationen zurückzuhalten, es sei denn die Kenntnis der begehrten Informationen hätte für den Gesellschafter gar kein Interesse mehr.[234] Auch in der Feststellung des Jahresabschlusses oder in der Entlastung der Geschäftsführung ist kein genereller Verzicht auf die Geltendmachung von Informationsrechten für den zurückliegenden Zeitraum zu erblicken.[235]

78

5. Vertragliche Regelungen

Das Informationsrecht des GmbH-Gesellschafters ist **zwingend** (§ 51a Abs. 3 GmbHG). Es ist einer gesellschaftsvertraglichen Einschränkung daher nicht zugänglich. Die Satzung der Komplementär-GmbH kann formelle Regelungen über das Informationsverlangen und die Informationserteilung enthalten. Sie darf jedoch den materiellen Gehalt des Informationsrechts nicht einschränken. **Satzungsbestimmungen**, die die Informationsausübung etwa zeitlich beschränken oder die die Feststellungslast zur Verweigerung von Informationen dem Gesellschafter auferlegen, sind unwirksam.[236] Gleiches gilt für Klauseln, nach denen jeder Informationserteilung ein Gesellschafterbeschluss voranzugehen hat.[237] Ob der Gesellschafter bei der Ausübung seines Einsichtsrechts auf einen Sachverständigen verwiesen werden kann, ist streitig.[238]

79

---

[230] Scholz/*K. Schmidt* § 51a GmbHG Rn. 42; *Lutter/Hommelhoff/Bayer* § 51a GmbHG Rn. 29; zweif. *Binz/Sorg* § 5 Rn. 117.
[231] Ulmer/*Hüffer* § 51a GmbHG Rn. 53; Scholz/*K. Schmidt* § 51a GmbHG Rn. 30.
[232] OLG München AG 1974, 224 (225) (zur AG); *Grunewald* ZHR 146 (1982), 230; *Kort* ZGR 1987, 48; *K. Schmidt*, Gesellschaftsrecht, 1042; *v. Bitter* ZIP 1981, 828; KöKo/*Zöllner* 131 AktG Rn. 44; *Hesselmann/Tillmann/Mussaeus* GmbH & Co. KG § 4 Rn. 215; *Binz/Sorg* § 5 Rn. 113; aA *Meilicke/Heidel* DStR 1992, 115; *Großfeld/Möhlenkamp* ZIP 1994, 1427.
[233] *K. Schmidt*, Gesellschaftsrecht, 1043; Hachenburg/*Hüffer* § 51a GmbHG Rn. 64; *Baumbach/Hueck/Zöllner* § 51a GmbHG Rn. 43; aA *Rowedder/Koppensteiner* § 51a GmbHG Rn. 27; *Binz/Sorg* § 5 Rn. 117.
[234] KG GmbHR 1988, 221 (223); *Hesselmann/Tillmann/Mussaeus* GmbH & Co. KG § 4 Rn. 216.
[235] KG GmbHR 1988, 223.
[236] OLG München WM 1989, 1789.
[237] OLG Köln GmbHR 1986, 385; *K. Schmidt*, Gesellschaftsrecht, 1043.
[238] Nachweise bei *Baumbach/Hueck/Zöllner* § 51a GmbHG Rn. 3.

6. Prozessuale Durchsetzung

80 Die Durchsetzung der Informationsansprüche des Gesellschafters der Komplementär-GmbH erfolgt im Wege des **Informationserzwingungsverfahrens** (§ 51b GmbHG iVm § 132 Abs. 1, Abs. 3 AktG).[239] Hierbei handelt es sich um ein streitiges Verfahren im Rahmen der freiwilligen Gerichtsbarkeit vor dem örtlich zuständigen Landgericht (Kammer für Handelssachen), das auf Antrag des Gesellschafters eingeleitet wird.[240] Antragsgegner ist die Gesellschaft und nicht die Geschäftsführung.[241] Gegen die Entscheidung besteht das Rechtsmittel der **sofortigen Beschwerde**, sofern sie vom Gericht zugelassen wurde (§§ 99 Abs. 3 S. 2 iVm 132 Abs. 3 S. 2 AktG).[242] Eine bestimmte **Frist** ist bei dem Antrag, der gegen die Gesellschaft zu richten ist, nicht zu wahren, da § 132 Abs. 2 AktG von der Verweisung ausgenommen wurde. Über die **Kosten** des Verfahrens entscheidet das Gericht nach billigem Ermessen. Die rechtskräftige Entscheidung ist unverzüglich zum Handelsregister einzureichen (§ 99 Abs. 5 S. 3 AktG); einer öffentlichen Bekanntmachung bedarf es nicht.

81 Erhebt der Gesellschafter gegen einen **Beschluss** der Gesellschafterversammlung, die Erteilung der gewünschten Information zu verweigern, **Anfechtungsklage**, entscheidet das ordentliche Gericht inzidenter auch über das Informationsrecht des Gesellschafters. Dies wirft die Frage nach dem Bestehen des **Rechtsschutzinteresses** auf. Nach herrschender Auffassung fehlt dem Gesellschafter das Rechtsschutzinteresse dann, wenn die Anfechtungsklage der Sache nach letztlich nur auf die Durchsetzung seines Informationsanspruches abzielt. In diesem Fall ist das Informationserzwingungsverfahren nach § 51 b GmbHG vorrangig.[243] Ein Rechtsschutzbedürfnis für eine parallele Anfechtungsklage besteht nach Auffassung des BGH nur dann, wenn der Gesellschafter ein weiter gehendes Interesse an der Anfechtung des Beschlusses für sich in Anspruch nehmen kann.[244] Ein besonderes Rechtschutzbedürfnis ist insbesondere dann nicht nachzuweisen, wenn Anfechtungsklage gegen einen Gesellschafterbeschluss erhoben wird, mit dem die Informationsrechte des Gesellschafters über ein konkretes Informationsbegehren hinaus eingeschränkt werden.[245] Andererseits ist die vorherige

---

[239] Ausführlich hierzu *Stangier/Bork* GmbHR 1982, 269 ff.
[240] Die Durchführung des Informationserzwingungsverfahrens setzt nicht voraus, dass der Gesellschafter einen Verweigerungsbeschluss der Gesellschafterversammlung im Wege der Anfechtungsklage angefochten hat, vgl. *Baumbach/Hueck/Zöllner* § 51a GmbHG Rn. 46; kritisch zur Verfahrenszersplitterung bei Simultanmitgliedschaft in KG und Komplementär-GmbH und Verfolgung von Informationsbegehren gegenüber beiden Gesellschaften *Röhricht/v. Westphalen/v. Gerkan/Haas* § 166 HGB Rn. 56.
[241] Vgl. BGH ZIP 1997, 978 sowie → Rn. 1.
[242] Eine Beschwerdemöglichkeit besteht darüber hinaus bei greifbarer Gesetzeswidrigkeit des Beschlusses, OLG Koblenz WM 1985, 829.
[243] BGH GmbHR 1988, 213; *Lutter/Hommelhoff/Bayer* § 51b GmbHG Rn. 19; *Baumbach/Hueck/Zöllner* § 51a GmbHG Rn. 46 jew. mN auch zur Gegenansicht.
[244] BGH GmbHR 1988, 213 (214).
[245] So der BGH in Bezug auf einen Gesellschafterbeschluss in einer GmbH, BGH NZG 2009, 707; Anm. *Pluskat* NZG 2009, 898.

Durchführung eines **Informationserzwingungsverfahrens** nach zutreffender Auffassung keine Voraussetzung für ein Anfechtungsverfahren, wenn der Gesellschafter vor der Beschlussfassung die gewünschten Informationen nicht erhalten hat.[246] Das Prozessgericht darf über die Frage der Berechtigung zur Informationsverweigerung inzidenter entscheiden. Hat der Gesellschafter bereits ein Auskunftserzwingungsverfahren eingeleitet, ist das Prozessgericht an die Entscheidung nicht gebunden.[247]

Das Auskunfts- und Einsichtsrecht des Gesellschafters einer GmbH kann nach herrschender Meinung einer **schiedsgerichtlichen Entscheidung** unterworfen werden, weil es einem Vergleich zugänglich ist.[248]

82

---

[246] OLG Hamburg GmbHR 1985, 120; Ulmer/*Hüffer* § 51a GmbHG Rn. 71; *Baumbach/Hueck/Zöllner* § 51a GmbHG Rn. 49; Scholz/K. *Schmidt* § 51a GmbHG Rn. 47 jew. mwN.

[247] *Baumbach/Hueck/Zöllner* § 51a GmbHG Rn. 50; *Lutter/Hommelhoff/Bayer* § 51b GmbHG Rn. 19; Scholz/K. *Schmidt* § 51a GmbHG Rn. 47; aA OLG Stuttgart AG 1992, 459 (zur AG).

[248] OLG Hamm ZIP 2000, 1013; *Lutter/Hommelhoff/Bayer* § 51b GmbHG Rn. 2.

§ 26 Die Treuepflicht

Übersicht

	Rn.		Rn.
I. Grundlagen	1	5. Dispositivität	24
1. Existenz gesellschaftlicher Treuepflichten	1	III. Richtung von Treupflichten	25
2. Inhalt	3	1. Treuepflicht gegenüber der Gesellschaft	26
a) Begründung von Pflichten	4	2. Treuepflicht der Gesellschafter untereinander	32
aa) Handlungspflichten	5	3. Konzernsachverhalte	36
bb) Unterlassungspflichten	7	4. Zustimmungspflicht zu Vertragsänderungen	38
b) Beschränkung von Rechten	9	IV. Rechtsfolgen von Treuepflichtverstößen	44
c) Auslegung des Gesellschaftsvertrages	13	1. Unbeachtlichkeit der Rechtsausübung	45
II. Umfang der Treuepflicht	14	2. Zustimmungspflichten	46
1. Charakter der Mitgliedschaftsrechte	14	3. Schadensersatz; sonstige Sanktionen	51
2. Realstruktur der Gesellschaft	16		
3. Grenzen	19		
4. Zeitlicher Anwendungsbereich	22		

Schrifttum: *Altmeppen*, Abschied vom „Durchgriff" im Kapitalgesellschaftsrecht, NJW 2007, 2657; *Armbrüster*, Grundlagen und Reichweite von Wettbewerbsverboten im Personengesellschaftsrecht, ZIP 1997, 261; *Bartsch*, Die Entwicklung der personengesellschaftsrechtlichen Treuepflicht in der Rechtsprechung, 1989; *Dorka/Derwald*, Sanieren oder Ausscheiden – ein Modell auf für die Kommanditgesellschaft, NZG 2010, 694; *Fischer*, Die Grenze bei der Ausübung gesellschaftlicher Mitgliedschaftsrechte, NJW 1954, 777; *Fischer*, Gedanken über einen Minderheitenschutz bei Personengesellschaften, FS Barz, 1974, 33; *Fleischer*, Zur organschaftlichen Treuepflicht der Geschäftsleiter im Aktien- und GmbH-Recht, WM 2003, 1045; *Flume*, Die Rechtsprechung des II. Zivilsenats des BGH zur Treupflicht des GmbH-Gesellschafters und des Aktionärs, ZIP 1996, 161; *Goette*, „Sanieren oder Ausscheiden" – Zur Treuepflicht des Gesellschafters in der Sanierungssituation, GWR 2010, 1; *A. Hueck*, Der Treuegedanke im Recht der OHG, FS Hübner, 1935/1981, 72; *A. Hueck*, Der Treuegedanke im modernen Privatrecht, 1947; *A. Hueck*, Inwieweit besteht eine gesellschaftliche Pflicht des Gesellschafters einer Handelsgesellschaft zur Zustimmung zu Gesellschafterbeschlüssen, ZGR 1972, 237; *Hüffer*, Zur gesellschaftsrechtlichen Treupflicht als richterlicher Generalklausel, FS Steindorff, 1990, 59; *Immenga*, Bindung von Rechtsmacht durch Treuepflichten, FS 100 Jahre GmbHG, 1992, 89; *Kollhosser*, Zustimmungspflicht zur Abänderung von Gesellschaftsverträgen bei Personengesellschaften, FS H. Westermann, 1974, 275; *Kleindiek*, Materielle Unterkapitalisierung, Existenzvernichtung und Deliktshaftung – GAMMA, NZG 2008, 686; *Komo*, Daniel, Geschlossene Immobilienfonds in der Rechtsform der GmbH & Co. KG – Haftungsrisiken für Anleger und Vertragsgestaltung, BB 2012, 1423; *Korehnle*, Treuwidrige Stimmen im Personengesellschafts- und GmbH-Recht, 1997; *Kübler/Waltermann*, Geschäftschancen der KG ZGR 1991, 162; *Lettl*, Die Anpassung von Personengesellschaftsverträgen (GbR, OHG) aufgrund von Zustimmungspflichten der Gesellschafter, AcP 202 (2002), 23; *Lutter,* Theorie der Mitgliedschaft, AcP 180 (1980) 84; *Lutter,* Die Treupflicht des Aktionärs, ZHR 153 (1989) 446; *Lutter,* Treupflichten und ihre Anwendungsprobleme, ZHR 162 (1998) 164; *Marsch-Barner,* Treupflicht und Sanierung, ZIP 1996, 853; *Michalski,* Treuepflichten persönlich haftender Gesellschafter (OHG, KG), NZG 1998, 460; *Pabst,* Mitwirkungspflichten bei Klagen nach §§ 117, 127, 140 HGB und bei der Anpassung von Verträgen im Recht der Personenhandelsgesellschaften, BB 1977, 1524; *Roth,* Die Anpassung von Gesellschaftsverträgen, FS Honsell, 2002, 575; *Schilling,* Gesellschaftstreue und Konzernrecht – zur Auslegung des § 243 Abs. 2 AktG, Freundesgabe Hengeler 1972, 226; *H. Schneider/U. H. Schneider,* Die neuere Entwicklung der Rechtsprechung des BGH zur KG, ZGR 1972, 52; *U. H. Schneider,* Mehrheitsprinzip und Mitwirkungserfordernisse bei Gesellschafterbeschlüssen, AG 1979, 57; *Stimpel,* Aus der Rechtsprechung des II. Zivilsenats, FS 25 Jahre BGH, 1975, 19; *Ulmer,* Kündigungsschranken im Handels- und Gesellschaftsrecht, FS Möhring, 1975, 295; *Ulmer,* Hundert Jahre Personengesellschaftsrecht – Rechtsfortbildung bei OHG und KG, ZHR 161 (1997), 102; *Veil,* Gesellschafterhaftung wegen existenzvernichtenden Eingriffs und materieller Unterkapitalisierung, NJW 2008, 3264; *Vetter,* Die neue dogmatische Grundlage des BGH zur Existenzvernichtungshaftung, BB 2007, 1965; *Vorwerk/Wimmers,* Treubindung des Mehrheitsgesellschafters oder der Gesellschaftermehrheit bei Beschlußfassung in der GmbH-Gesellschafterversammlung, GmbHR 1998, 717; *Weiser,* Gesellschafterliche Treuepflicht bei Wahrnehmung von Geschäftschancen der Gesellschaft durch de facto geschäftsführenden Gesellschafter, DB 1989, 2010; *Westermann,* Die Anpassung von Gesellschaftsverträgen an veränderte Umstände, FS Hefermehl, 1976, 225; *Wiedemann,* Zu den Treuepflichten im Gesellschaftsrechts, FS Heinsius, 1991, 949; *Wiedemann,* Rechte und Pflichten des Personengesellschafters, WM 1992, SB 7, 17; *Wiedemann,* Treuebindungen und Sachlichkeitsgebot, WM 2009, 1; *Wilhelm,* Zurück zur Durchgriffshaftung – das „KBV"-Urteil des II. Zivilsenats des BGH vom 24.6.2002, NJW 2003, 175; *M. Winter,* Mitgliedschaftliche Treuebindungen im GmbH-Recht, 1988; *Zöllner,* Die Schranken mitgliedschaftlicher Stimmrechtsmacht bei den privatrechtlichen Personenverbänden, 1963; *Zöllner,* Die Anpassung von Personengesellschaftsverträgen an veränderte Umstände, FS Raiser, 1979.

I. Grundlagen

1. Existenz gesellschaftsrechtlicher Treuepflichten

Die gesellschaftsrechtliche Treuepflicht ist in Rechtsprechung[1] und Schrifttum[2] als eine die ganze Mitgliedschaft beherrschende Verhaltenspflicht seit langem anerkannt. Die Treuepflicht hält jeden Gesellschafter an, sich gegenüber der Gesellschaft und den übrigen Gesellschaftern loyal und uneigennützig zu verhalten, und alles zu tun, was erforderlich ist, um den gemeinsamen Zweck zu verwirklichen, sowie alles zu unterlassen, was der Verwirklichung dieses Zwecks abträglich ist. Der Gesellschafter darf also die

1

---

[1] Vgl. etwa RGZ 142, 212 (216); 162, 388 (394); BGHZ 12, 308 (320); 20, 363; 25, 47 (53); 30, 201; 44, 40; 64, 257; 68, 82; 80, 346 (349); 98, 276 (279); BGH NJW 1962, 859; 1986, 584 (585); OLG Düsseldorf ZIP 1996, 1083 (1087).
[2] Vgl. nur *Hueck,* Treuegedanke im modernen Privatrecht, passim; *Winter,* Treuebindungen, passim; GK/*Schäfer* § 105 HGB Rn. 228; Heymann/*Emmerich* § 109 HGB Rn. 5; *Baumbach/Hopt* § 109 HGB Rn. 23; MüKo/*K. Schmidt* § 105 HGB Rn. 188; *K. Schmidt,* Gesellschaftsrecht, 587; Scholz/*Seibt* § 14 GmbHG Rn. 50; jew. mwN.

7. Kapitel. Nicht vermögensbezogene Rechte

Gesellschaft nicht durch die rücksichtslose Verfolgung eigener Belange schädigen, sondern muss bei der Ausübung seiner Mitgliedschaftsrechte Rücksicht auf die Interessen der Gesellschaft und der übrigen Gesellschafter nehmen. Ihre Grenze findet die Treuepflicht erst in der Wahrnehmung berechtigter eigener Rechte durch den Gesellschafter.

2 Anders als über ihre Existenz herrscht über die **Grundlage** der Treuepflicht nach wie vor keine Einigkeit. Verbreitet wird die Treuepflicht als Ausprägung des allgemeinen Grundsatzes von Treu und Glauben (§ 242 BGB) angesehen.³ Andere sehen die Treuepflicht als eine aus dem Gemeinschaftsverhältnis stammende, von jedem Gesellschafter geschuldete Hauptpflicht an.⁴ Zum Teil wird zwischen der aus der gesellschaftsvertraglichen Förderpflicht resultierenden Treuepflicht, soweit es um Verhaltenspflichten der Gesellschafter geht, und der aus § 242 BGB folgenden allgemeinen Rücksichtnahmepflicht, soweit die Schranken der Ausübung mitgliedschaftlicher Rechte in Rede stehen, unterschieden.⁵ Konsens besteht insoweit, als die Treuepflicht ihre Grundlage im **Gesellschaftsvertrag** hat bzw. Teil des mitgliedschaftlichen Rechtsverhältnisses ist.⁶ Mit Recht hat *Stimpel* die Treuepflicht als eine **richterliche Generalklausel** bezeichnet,⁷ die Quelle von Rechten und Pflichten der Gesellschafter ist. In ihrer grundsätzlichen Geltung hat die Treuepflicht als mitgliedschaftliche Hauptpflicht den Rang von **Gewohnheitsrecht** erreicht.⁸

2. Inhalt

3 Die gesellschaftsrechtliche Treuepflicht ist in unterschiedlichen Ausprägungen anzutreffen. Zum einen begründet die Treuepflicht Schranken für die Rechtsausübung des Gesellschafters, zum anderen lassen sich aus ihr konkrete Verhaltenspflichten ableiten. Daneben gewinnt die Treuepflicht als Kriterium bei der Auslegung des Gesellschaftsvertrages an Bedeutung. Infolge der Maßgeblichkeit der jeweiligen Einzelfallumstände bedarf es für die Bestimmung der Ausprägungen der Treuepflicht jeweils einer konkreten Einzelfallabwägung der beteiligten Interessen.⁹

4 **a) Begründung von Pflichten.** Soweit die Treuepflicht pflichtbegründend wirkt, konkretisiert sie die allgemeine Beitrags- und Förderpflicht des

---

³ MüKo/*Roth*/*Schubert* § 242 BGB Rn. 188 ff.; *Staudinger*/*Keßler* (12. Aufl.) vor § 705 BGB Rn. 42; *Larenz* II § 60 a; *Schmiedel* ZHR 134 (1970), 182; *Roth* FS Honsell, 575 (577).
⁴ *Hueck*, Recht der OHG § 13 I 1; vgl. auch *Lutter* AcP 180 (1980), 102 ff.; Soergel/*Hadding*/*Kießling* § 705 BGB Rn. 58.
⁵ *Winter*, Treuebindungen, S. 13 mwN Entgegen der Auffassung von MHdB GesR II/*Weipert* KG § 13 Rn. 1 ergeben sich aus der Treuepflicht durchaus Rechtsausübungsbeschränkungen.
⁶ GK/*Schäfer* § 105 HGB Rn. 228; Heymann/*Emmerich* § 109 HGB Rn. 5; Schlegelberger/*K. Schmidt* § 105 HGB Rn. 161; *Baumbach*/*Hopt* § 109 HGB Rn. 23; *Wiedemann* WM 1992 Sonderbeilage 7, 19 f.
⁷ *Stimpel* FS 25 Jahre BGH, 19; ihm folgend *Hüffer* FS Steindorff, 59 (68); GK/*Schäfer* § 105 HGB Rn. 228; MHdB GesR II/*Weipert* KG § 13 Rn. 1.
⁸ Vgl. statt vieler *Michalski* NZG 1998, 460; *Lutter* ZHR 162 (1998), 166.
⁹ *Röhricht*/*v. Westphalen*/*v. Gerkan*/*Haas* § 109 HGB Rn. 15.

Gesellschafters (§ 705 BGB).[10] Dabei kann sie, je nachdem, ob es sich um eigennützige oder uneigennützige Mitgliedschaftsrechte handelt,[11] Grundlage unterschiedlicher Handlungs- oder Unterlassungspflichten sein.[12]

aa) Handlungspflichten. Handlungspflichten des Gesellschafters bestehen aufgrund der Treuebindung vor allem dann, wenn die Ausübung **uneigennütziger** Mitgliedschaftsrechte in Rede steht. Von uneigennützigen Mitgliedschaftsrechten spricht man, wenn der Gesellschafter bei ihrer Ausübung weniger seine eigenen Interessen als vornehmlich das Gesellschaftsinteresse zu berücksichtigen hat. Hierzu gehört namentlich die Ausübung von Widerspruchs- und Zustimmungsrechten oder des Stimmrechts bei Beschlussfassung über Geschäftsführungsangelegenheiten.[13] Soweit es um die Wahrnehmung solcher Rechte geht, ist dem Gesellschaftszweck, zu dessen Förderung sich die Gesellschafter zusammengeschlossen haben, grundsätzlich Vorrang vor den Individualinteressen der Gesellschafter einzuräumen.[14]

Werden die Rechte dem Gesellschafter durch Gesetz oder Gesellschaftsvertrag im **eigenen Interesse** eingeräumt, wie etwa Informationsrechte, Sonderrechte, Kündigungs- und Übernahmerechte sowie das Recht zur Erhebung von Auflösungs- und Ausschließungsklage (§§ 132, 140, 142 HGB), ist für Handlungspflichten des Gesellschafters nur wenig Raum. Bei diesen Rechten tritt das Verbandsinteresse hinter das eigene Interesse des Gesellschafters zurück. Unbeschadet dessen darf der Gesellschafter ihm zur eigennützigen Ausübung verliehene Rechte **nicht willkürlich** geltend machen und auf diese Weise die anerkennenswerten Interessen der Gesellschaft schädigen.[15]

bb) Unterlassungspflichten. Unterlassungspflichten kommen bei **uneigennützigen** und **eigennützigen** Rechten gleichermaßen in Betracht. Der Gesellschafter unterliegt in beiden Fällen einer Loyalitätspflicht, die es ihm verbietet, Mitgliedschaftsrechte auszuüben, wenn damit eine Schädigung der Gesellschaft oder der Mitgesellschafter verbunden wäre. Allerdings ist an die Ausübung eigennütziger Rechte ein weniger strenger Maßstab anzulegen.[16]

So verbietet die **Treuepflicht** dem Gesellschafter, **Erwerbschancen** der Gesellschafter für eigene Rechnung zu nutzen oder vertrauliche Interna an Dritte weiterzugeben.[17] Auch dürfen die geschäftsführenden Gesellschafter

---

[10] Schlegelberger/*K. Schmidt* § 105 HGB Rn. 166; *Lutter* ZHR 162 (1998), 166 f.; Lutter/Hommelhoff/*Bayer* § 14 GmbHG Rn. 22.
[11] Zu dieser Unterscheidung vgl. *Wiedemann* Gesellschaftsrecht § 8 II 3 b: *Zöllner,* Schranken, 344 f.; *Immenga* FS 100 Jahre GmbHG, 189 (193); *Lutter* ZHR 162 (1998), 168.
[12] So auch GK/*Schäfer* § 105 HGB Rn. 230; vgl. ferner den Nachweis in → Fn. 33.
[13] *Michalski* NZG 1998, 460; vgl. auch *Vorwerk/Wimmers* GmbHR 1998, 720.
[14] *Ulmer* GbR § 705 BGB Rn. 223; Scholz/*Emmerich* § 13 GmbHG Rn. 39.
[15] *Ulmer* GbR § 705 BGB Rn. 224; Scholz/*Seibt* § 14 GmbHG Rn. 54 ff. mwN.
[16] Vgl. Lutter/Hommelhoff/*Bayer* § 14 GmbHG Rn. 24.
[17] Hierzu etwa BGH NJW 1986, 584 (585). In diesem Fall ließ der geschäftsführende Gesellschafter ein Geschäftsgrundstück nicht durch die Gesellschaft, sondern durch seine Ehefrau erwerben, um es für eigene Zwecke zu nutzen. Vgl. ferner *Wiedemann* FS Heinsius, 953; *Winter,* Treuebindungen, 241.

7. Kapitel. Nicht vermögensbezogene Rechte

nicht zu einem treuwidrigen Verhalten veranlasst werden.[18] Des Weiteren fließt aus der Treuepflicht das Verbot, die Gesellschaft durch herabsetzende Äußerungen zu **diskreditieren**, sowie die Verpflichtung der Gesellschafter, über die Belange der Gesellschaft **Stillschweigen** zu bewahren.[19] Das Gebot, eine Schädigung der Gesellschaft zu unterlassen, besteht selbst dann, wenn die in Rede stehende Maßnahme im Einklang mit den Interessen der Konzernmutter steht. Schließlich kann der Gesellschafter aufgrund der Treuepflicht gehindert sein, von seinem Recht zur **Kündigung** der Gesellschaft Gebrauch zu machen, wenn ihm entweder eine Fortsetzung der Gesellschaft oder ein Ausscheiden aus dem Verband zumutbar ist, weil er eine vollwertige Abfindung erhält und von den Gesellschaftsverbindlichkeiten befreit wird.[20]

9 **b) Beschränkung von Rechten.** Die Treuepflicht erschöpft sich jedoch keineswegs in der Begründung von Handlungs- und Unterlassungspflichten; ihr kommt zudem eine rechtsbeschränkende Funktion zu.[21]

10 Vor allem aus dem Willkürverbot und dem Verhältnismäßigkeitsgrundsatz lässt sich ableiten, dass kein Gesellschafter die ihm zustehenden Mitgliedschaftsrechte treuwidrig ausüben darf. Damit sieht sich jede treuwidrige Rechtsausübung einem **Korrektiv** in Gestalt des **Missbrauchseinwandes** ausgesetzt, der treuwidriges Gesellschafterhandeln **unbeachtlich** bzw. missbräuchlich geltend gemachte Ansprüche **undurchsetzbar** macht.[22] Inwieweit der Missbrauchseinwand die Wahrnehmung von Gesellschafterrechten beschränkt, hängt davon ab, ob die Gesellschafterrechte zum Nutzen der Gesellschaft oder im Interesse des Gesellschafters verliehen sind.[23] Ob der Gesellschafter **schuldhaft** im Sinne des § 708 BGB handelt, ist dabei nicht entscheidend.[24]

11 Am stärksten kommt die limitierende Funktion der Treuepflicht bei der Ausübung von **Geschäftsführungsbefugnissen** zum Tragen, namentlich bei der Geltendmachung von Widerspruchsrechten (§§ 115 Abs. 1, 2. Hs., 164 HGB).[25] Treuepflichtschranken bestehen ferner bei der **Stimmrechtsausübung**. So können in der GmbH & Co. KG die Gesellschafter der Komplementär-GmbH bei der Beschlussfassung verpflichtet sein, die Interessen der KG zu beachten, wenn sich der Beschluss auf die KG auswirkt.[26] Auch die Geltendmachung von **Entnahmerechten** kann im Einzelfall undurchsetzbar sein, wenn die wirtschaftliche Lage der Gesellschaft eine Verkürzung

---

[18] BGH NJW 1973, 2198.
[19] Vgl. etwa *Grunewald* Gesellschaftsrecht 1. A. Rn. 19 mwN.
[20] BGH ZIP 1986, 91; Schlegelberger/K. Schmidt § 105 HGB Rn. 166; Heymann/*Emmerich* § 131 HGB Rn. 32.
[21] GK/*Schäfer* § 105 HGB Rn. 231; Scholz/*Seibt* § 14 GmbHG Rn. 52, 54; aA MHdB GesR II/*Weipert* KG § 13 Rn. 1.
[22] GK/*Schäfer* § 105 HGB Rn. 231.
[23] Heymann/*Emmerich* § 109 HGB Rn. 10.
[24] So zutr. GK/*Schäfer* § 105 Rn. 236.
[25] BGH NJW 1986, 844; Schlegelberger/K. Schmidt § 105 HGB Rn. 165.
[26] Vgl. die Nachweise in → Fn. 83.

der Liquidität nicht erlaubt.²⁷ Bei der Ausübung von **Entsendungsrechten** in Gremien der Gesellschaft (Aufsichtsrat, Beirat) ist der Gesellschafter gehalten, von der Benennung bestimmter Personen abzusehen, sofern diese, etwa aufgrund ihrer offensichtlich fehlenden Qualifikation oder Tätigkeit für ein Konkurrenzunternehmen, für die Gesellschaft unzumutbar sind.²⁸ Auch der Ausübung von **Informationsrechten** sind Grenzen gesetzt, wenn die damit verbundene Belastung der Gesellschaft unzumutbar ist (vgl. hierzu auch → § 25 Rn. 12).

In Ausnahmefällen kann es die Treuepflicht dem Gesellschafter gebieten, auch bei der Durchsetzung von Ansprüchen aus **Drittgeschäften** Rücksicht auf die Interessen der Gesellschaft zu nehmen. Allerdings besteht die Treuepflicht, da er insoweit nicht in seiner Eigenschaft als Gesellschafter, sondern als Dritter handelt, nur in eingeschränktem Maße.²⁹ So kann etwa die Durchsetzung eines Darlehensrückzahlungsanspruchs treuwidrig sein, wenn aufgrund eines kurzfristigen Liquiditätsengpasses ein „Stand-Still" im Interesse der Gesellschaft erforderlich ist, namentlich wenn das Darlehen zur Förderung des Gesellschaftszweckes ausgereicht wurde.³⁰

12

c) Auslegung des Gesellschaftsvertrages. Daneben kommt die Treuepflicht bei der Auslegung des Gesellschaftsvertrages zum Tragen.³¹ Den Gesellschafter kann aufgrund der Treuepflicht nicht nur eine Zustimmungspflicht zu Vertragsänderungen treffen (dazu im Einzelnen unter → Rn. 38 ff.); vielmehr ist er bereits gehalten, durch eine einengende oder erweiternde Vertragsauslegung die berechtigten Interessen der Gesellschaft oder der Mitgesellschafter zu berücksichtigen.³² Der Sache nach handelt es sich hier um eine spezielle Form der **ergänzenden Vertragsauslegung**.³³

13

---

²⁷ BGH NJW 1985, 972; NJW 1985, 974; Schlegelberger/*K. Schmidt* § 105 HGB Rn. 165; teilweise wird jedoch auch eine gegenläufige Auswirkung der Treuepflicht für möglich gehalten, die etwa bei einem bestimmten Sonderbedarf eines Gesellschafters dazu führen kann, diesem einen Anspruch auf Überschreitung der gesetzlichen Entnahmegrenzen zuzugestehen, vgl. dazu *Röhricht/v. Westphalen/v. Gerkan/Haas* § 122 HGB Rn. 6 mwN; verhalten dagegen BGHZ 132, 263 (277).
²⁸ Vgl. RGZ 165, 68 (79); MHdB GesR III/*Schiessl/Böhm* § 32 Rn. 26.
²⁹ Vgl. *Reuter* JZ 1986, 16 (19); *Grunewald* Gesellschaftsrecht 1 A Rn. 21.
³⁰ RG JW 1937, 1986; BGH WM 1970, 280 (281); *Baumbach/Hopt* § 109 HGB Rn. 25; Heymann/*Emmerich* § 128 HGB Rn. 16; vgl. auch *Winter*, Treuebindungen, 127.
³¹ Schlegelberger/*K. Schmidt* § 105 HGB Rn. 161; *Baumbach/Hopt* § 105 HGB Rn. 59.
³² *Coing* ZGR 1978, 659 (666).
³³ Vgl. BGH BB 1977, 1271 (Pflicht zur Anpassung der Tätigkeitsvergütung des geschäftsführenden Gesellschafters).

II. Umfang der Treuepflicht

1. Charakter der Mitgliedschaftsrechte

14 Der Umfang der Treuepflicht hängt davon ab, ob es sich um eigennützige oder uneigennützige Gesellschafterrechte handelt.[34] Bei uneigennützigen Mitgliedschaftsrechten, die dem Gesellschafter zur Förderung des Gesellschaftszwecks verliehen sind, kommt die Treuepflicht stärker zum Tragen als beiden dem Gesellschafter im eigenen Interesse eingeräumten Mitgliedschaftsrechten.[35] Bei der Geltendmachung **uneigennütziger** Rechte ist eine Verfolgung eigener Zwecke nur dann zulässig, wenn nicht Belange der Gesellschaft entgegenstehen.[36] Am intensivsten ist die Treuepflicht im Bereich der Geschäftsführung ausgeprägt.

15 Demgegenüber kommt die Treuepflicht bei der Durchsetzung **eigennütziger Mitgliedschaftsrechte** weniger stark zum Tragen. Bei deren Ausübung muss der Gesellschafter seine eigenen Interessen nur dann hintanstellen, wenn er sich andernfalls über die Belange der Gesellschaft oder die seiner Mitgesellschafter **rücksichtslos** hinwegsetzen würde.[37] Zöllner hat zu Recht hervorgehoben, dass das Ausmaß und der Einfluss der Treuepflicht maßgeblich von den **Rechtsfolgen** des Mitgliedschaftshandelns abhängen.[38] Danach unterliegt der Gesellschafter bei der Beschlussfassung über die Entziehung der Geschäftsführungs- und Vertretungsbefugnis größeren Einschränkungen als bei der Ausübung von Informations- und Kontrollrechten. Nach zutreffender Auffassung gilt dies gleichermaßen für die Ausübung von Kündigungs- und Übernahmerechten, auch wenn die Ausübung dieser Rechte durch die gemeinschaftliche Zweckverfolgung beendet wird.[39]

2. Realstruktur der Gesellschaft

16 Maßgebliche Auswirkungen auf die Intensität der Treuepflicht hat zudem die Realstruktur der Gesellschaft.[40] In **personalistisch** verfassten Gesellschaften, die von einer persönlichen Zusammenarbeit und gegenseitigem Vertrauen der Gesellschafter geprägt sind, ist die Treuepflicht intensiver ausgeprägt als in **kapitalistisch** strukturierten Verbänden, bei denen die Gesellschafter ihre Anteile in erster Linie als Kapitalanlage halten und die Mitspra-

---

[34] *Hueck* FS Hübner, 80; *Hueck* Recht der OHG § 13 I 1; Soergel/*Hadding/Kießling* § 705 BGB Rn. 59; *Ulmer* FS Möhring, 300; Schlegelberger/*Martens* § 161 HGB Rn. 77; *Grunewald* Gesellschaftsrecht 1. A. Rn. 18.
[35] Zur Unterscheidung zwischen eigennützigen und uneigennützigen Mitgliedschaftsrechten oben → Rn. 5 f.
[36] Vgl. BGH NJW 1986, 584 (585).
[37] *Ulmer* GbR § 705 BGB Rn. 224, *Winter*, Treuebindungen, 29.
[38] *Zöllner*, Schranken, 337; GK/*Schäfer* § 105 HGB Rn. 232.
[39] Wie hier GK/*Schäfer* § 105 HGB Rn. 232; *Ulmer* FS Möhring, 295; Heymann/*Emmerich* § 132 HGB Rn. 7; aA *Zöllner*, Schranken, 344.
[40] *Lutter* AcP 180 (1980), 105; GK/*Schäfer* § 105 HGB Rn. 233; MüKo/*K. Schmidt* § 105 HGB Rn. 190; *K. Schmidt*, Gesellschaftsrecht, 592; *Grunewald* Gesellschaftsrecht 1. A. Rn. 18; *Roewedder/Pentz* § 13 GmbHG Rn. 15.

cherechte der Gesellschafter regelmäßig nur sehr gering ausgeprägt sind.[41] Im Grundsatz lässt sich daher sagen, dass die Intensität der Treuepflicht abnimmt, je größer die **Anzahl der Gesellschafter** ist und je geringere **Einflussnahmemöglichkeiten** der Gesellschafter auf die Geschicke der Gesellschaft hat.[42] Dies gilt insbesondere dann, wenn der Gesellschaftsvertrag der GmbH & Co. KG abweichend vom gesetzlichen Einstimmigkeitsgrundsatz Mehrheitsentscheidungen zulässt. Bei Beschlussfassungen in der Gesellschafterversammlung bestehen besondere Rücksichtnahmepflichten der Mehrheit gegenüber der Minderheit.[43]

Die Intensität der Treuepflicht in kapitalistisch strukturierten Gesellschaften ist zwar **herabgesetzt**. An ihrer grundsätzlichen Anerkennung besteht allerdings auch dann kein Zweifel.[44] Selbst in **Publikumskommanditgesellschaften** bestehen, wenn auch in abgeschwächtem Maße, Treuepflichten der Gesellschafter.[45] Die gegenüber der Gesellschaft bestehende Treuepflicht beansprucht insbesondere dann Geltung, wenn es um die Erhaltung des Unternehmens geht. In diesem Fall steht sie der Geltendmachung gesellschaftsvertraglicher Ansprüche entgegen, wenn dies zur Gefährdung der Existenz der Gesellschaft führen würde.[46] Demgegenüber kommt es auf die **Rechtsform** der Gesellschaft vorrangig nicht an. Zwar hat die Treuepflicht in der Personengesellschaft (auch der stillen Gesellschaft[47]) ihren größten Anwendungsbereich, aber auch für die GmbH[48] und für die Aktiengesellschaft[49] ist ihre Existenz allgemein anerkannt.

In der **GmbH & Co. KG** trifft die Treuepflicht Kommanditisten, Komplementär-GmbH sowie deren Gesellschafter im Grundsatz gleichermaßen.[50] Welchen Umfang die Treuepflicht hat, hängt auch hier davon ab, ob das Gesellschaftsverhältnis personalistisch oder kapitalistisch ausgestaltet ist oder über welche Mitwirkungsrechte die Gesellschafter verfügen.[51] Die Reichweite der Treuepflicht maßgeblich beeinflussende Faktoren sind zu-

---

[41] Vgl. BGHZ 9, 163; 14, 38; 65, 18 f.; 98, 276 (279 f.); Scholz/Seibt § 14 GmbHG Rn. 50.
[42] Gleichwohl kann auch einem Kommanditisten trotz der Unanwendbarkeit des § 122 Abs. 1 HGB nach § 169 Abs. 1 HGB aufgrund der Treuepflicht verwehrt sein, seinen Gewinnauszahlungsanspruch geltend zu machen, *Röhricht/v. Westphalen/v. Gerkan/Haas* § 169 HGB Rn. 10.
[43] Vgl. auch Scholz/*Emmerich* § 13 GmbHG Rn. 41.
[44] Schlegelberger/*K. Schmidt* § 105 HGB Rn. 163.
[45] BGHZ 71, 53 (59); BGH NJW 1985, 972; 1985, 974; MüKo/*K. Schmidt* § 105 HGB Rn. 190; *Winter*, Treuebindungen, 18.
[46] BGH NJW 1985, 972; 1985, 974 (jeweils zur Publikums-KG); *Baumbach/Hopt* § 109 HGB Rn. 25.
[47] *Röhricht/v. Westphalen/v. Gerkan/Mock* § 230 HGB Rn. 80, 119.
[48] BGHZ 65, 15 (ITT).
[49] BGHZ 103, 184 (194 f.) (Linotype); BGH NJW 1992, 3167 (3171); zuletzt BGHZ 129, 136 (Girmes); anders noch BGH WM 1976, 449 (Audi/NSU); aus dem Schrifttum vgl. *Lutter* ZHR 153 (1989), 446; *Lutter* JZ 1995, 1053; *Häsemeyer* ZHR 160 (1996), 109; *Marsch-Barner* ZIP 1996, 853; aA *Flume* ZIP 1996, 165; rechtsvergleichend *Fleischer* WM 2003, 1045.
[50] Vgl. nur Heymann/*Horn* § 161 HGB Rn. 52.
[51] *K. Schmidt*, Gesellschaftsrecht, 592.

dem der **Zweck** der Gesellschaft, **Umfang** und **Dauer** der Beteiligung, die **persönliche Bindung** unter den Gesellschaftern sowie das zwischen ihnen geschaffene **Vertrauen**.[52]

3. Grenzen

19   Die Anwendung der Treuepflicht bleibt grundsätzlich auf den **mitgliedschaftlichen Bereich** beschränkt. Außerhalb des Gesellschaftsverhältnisses bleiben die Gesellschafter grundsätzlich befugt, ihren **privaten** Interessen nachzugehen.[53] So ist der Gesellschafter aufgrund seiner gesellschaftsrechtlichen Treuepflicht nicht gehindert, sich auf die Formunwirksamkeit eines Kaufvertrages zu berufen, den er mit der Gesellschaft im Rahmen eines Drittgeschäfts geschlossen hat.[54]

20   Umgekehrt ist der Gesellschafter zu einer umfassenden Rücksichtnahme auf die **privaten Interessen** seiner Mitgesellschafter nicht verpflichtet.[55] Dies folgt aus dem fremdnützigen Charakter der Treuepflicht.[56] Anderes gilt ausnahmsweise dann, wenn sich Störungen im privaten Bereich auf die mitgliedschaftliche Sphäre auswirken,[57] was namentlich dann vorkommen kann, wenn die Gesellschafter persönlich miteinander verbunden sind und eng zusammenarbeiten.

21   Aber auch soweit es den **Gesellschaftsbereich** betrifft, ist mit *Martens* vor einer Umfunktionierung der gesellschaftsrechtlichen Treuepflicht in ein Instrumentarium der verdeckten Vertragskontrolle zu warnen.[58] Ist die gesetzliche Lage eindeutig und liegen auch sonst keine außergewöhnlichen, eine abweichende Beurteilung rechtfertigenden Umstände vor, bleibt für die Anwendung der gesellschaftsrechtlichen Treuepflicht kein Raum.

4. Zeitlicher Anwendungsbereich

22   Da die Treuepflicht untrennbar mit der Gesellschafterstellung verbunden ist, besteht sie vom Stadium der **Vorgesellschaft** bzw. **Vorgründungsgesellschaft** bis zur Vollbeendigung der Gesellschaft.[59] Da der Gesellschaftszweck der **Liquidationsgesellschaft** auf die Abwicklung des Unternehmens gerichtet ist, schwächt sich die Treuepflicht jedoch mit zunehmendem Fortschritt der Liquidation ab.[60] Dem Gesellschafter ist es zwar nicht untersagt, sich während der Abwicklungsphase auf dem Gebiet der Gesellschaft bereits anderweitig unternehmerisch zu betätigen. Nutzt er jedoch Vermögenswerte oder **Geschäftschancen** der Gesellschaft (Vertriebsrechte, Ge-

---

[52] Scholz/*Seibt* § 14 GmbHG Rn. 53 mwN.
[53] BGH NJW 1962, 859; 1992, 3167 (3171).
[54] BGH NJW 1989, 166; 1992, 3167 (3171); *Baumbach/Hopt* § 109 HGB Rn. 23.
[55] GK/*Schäfer* § 105 HGB Rn. 233.
[56] Vgl. *Baumbach/Hopt* § 109 HGB Rn. 23.
[57] Vgl. BGHZ 4, 108 (112); 46, 392; BGH NJW 1992, 3171; *Zöllner*, Schranken, 341 (349); *Lutter* AcP 180 (1980), 128; Schlegelberger/*K. Schmidt* § 105 HGB Rn. 163.
[58] Schlegelberger/*Martens* § 109 HGB Rn. 24.
[59] Vgl. *K. Schmidt*, Gesellschaftsrecht, 588; *Wittkowski* GmbHR 1990, 549.
[60] BGH NJW 1971, 802; *Baumbach/Hopt* § 109 HGB Rn. 24; Heymann/*Sonnenschein/Weitemeyer* § 145 HGB Rn. 10.

schäftskontakte etc.) zu seinem eigenen Vorteil, ohne dass der Gesellschaft ein entsprechender Ausgleich zugute käme, verhält er sich der Gesellschaft gegenüber pflichtwidrig.[61]

Auch nach Beendigung der Gesellschaft oder nach Ausscheiden aus der Gesellschaft sind im Einzelfall **nachwirkende Treuepflichten** denkbar, etwa wenn ein Gesellschafter das Unternehmen der Gesellschaft im Rahmen der Liquidation übernommen hat.[62] Unter Umständen kann der ausgeschiedene Gesellschafter zudem verpflichtet sein, sich bei der Geltendmachung seines Abfindungsanspruches zunächst an die Gesellschaft zu halten und auf die Gesellschafter, sofern sie hierfür haften, nur subsidiär zuzugreifen.[63] Schließlich kann die nachwirkende Treuepflicht ein Wettbewerbsverbot des ausgeschiedenen Gesellschafters begründen.[64] 23

5. Dispositivität

Die Treuepflicht ist nur in eingeschränktem Maße **abdingbar**. Ein genereller gesellschaftsvertraglicher Ausschluss der Treuepflicht kommt nicht in Betracht.[65] Einschränkungen sind nur insoweit zulässig, als hierdurch die gemeinsame Zweckverfolgung der Gesellschafter nicht in Frage gestellt wird.[66] 24

III. Richtung von Treuepflichten

Wie die Mitgliedschaft selbst weist auch die Treuepflicht in eine doppelte Richtung:[67] Vertikal schafft sie Schutzpflichten zugunsten der Interessen der Gesellschaft. Horizontal wirkt die Treuepflicht pflichtenbestimmend und pflichtenbegründend gegenüber den Mitgesellschaftern. 25

1. Treuepflicht gegenüber der Gesellschaft

Ihre stärkste Ausprägung findet die Treuepflicht im Verhältnis zwischen Gesellschafter und Gesellschaft. Dies gilt insbesondere im Bereich der **uneigennützigen** Rechte. Da diese Rechte dem Gesellschafter nicht im eigenen Interesse gewährt sind, sondern zur Förderung des gemeinsamen Zwecks, kommt den Belangen der Gesamthand Vorrang zu.[68] Eigene Ziele darf der Gesellschafter nur insoweit verfolgen, als hierdurch die Gesellschaft nicht ge- 26

---

[61] BGHZ 12, 308; BGH NJW 1958, 1188; 1980, 1628; 1995, 2843 (2845); MüKo/*K. Schmidt* § 105 HGB Rn. 192; G. Rn. 20 mwN.
[62] BGH NJW 1960, 1718; Heymann/*Emmerich* § 109 HGB Rn. 11; Schlegelberger/*K. Schmidt* § 105 HGB Rn. 161; *Baumbach/Hopt* § 109 HGB Rn. 24.
[63] Heymann/*Emmerich* § 138 HGB Rn. 9.
[64] *K. Schmidt,* Gesellschaftsrecht, 589.
[65] *Lutter* AcP 180 (1980), 117; *Reuter* ZHR 146 (1982), 7; Heymann/*Emmerich* § 109 HGB Rn. 9; *Winter,* Treuebindungen, 190 ff. (für die GmbH).
[66] *Ulmer* GbR § 705 BGB Rn. 226, 235.
[67] MüKo/*K. Schmidt* § 105 HGB Rn. 189; *K. Schmidt,* Gesellschaftsrecht, 589; GK/*Schäfer* § 105 HGB Rn. 234 f.; *Lutter* AcP 180 (1980), 120 f.; *Grunewald* Gesellschaftsrecht 1. A. Rn. 17; *Winter,* Treuebindungen, 85 ff., 95 ff., 130 ff.
[68] *Ulmer* GbR § 705 BGB Rn. 226.

schädigt wird.⁶⁹ Der Gesellschafter darf daher bei der Wahrnehmung der **Geschäftsführungsbefugnisse** (§§ 114 HGB, 709 BGB) und der Ausübung von **Widerspruchs- und Zustimmungsrechten** bei Geschäftsführungsmaßnahmen (§§ 115, 116, 164 HGB) das Ziel der gemeinsamen Zweckverfolgung nicht außer Acht lassen. In der GmbH & Co. KG hat die Komplementär-GmbH die Geschäftsführungsfunktionen demzufolge ausschließlich im Interesse der KG auszuüben.⁷⁰ Ein Widerspruch zu einer Geschäftsführungsmaßnahme ist danach unbeachtlich, wenn sich der Widerspruch bei objektiver Ex-ante-Betrachtung als pflichtwidrige Verletzung des Gesellschaftsinteresses erweist.⁷¹ Bei kaufmännischen Entscheidungen ist allerdings ein der gerichtlichen Kontrolle entzogener kaufmännischer Beurteilungsspielraum anzuerkennen.⁷² Erst die Überschreitung dieses Spielraums macht den Widerspruch unwirksam.

27   Auch bei der Erhebung von **Gestaltungsklagen** nach den §§ 117, 127, 140 HGB ist den Interessen der Gesamthand vor den Belangen des einzelnen Gesellschafters Vorrang einzuräumen.⁷³ Dies gilt gleichermaßen für die Zulassung von **Vertretern** zur Teilnahme an der Gesellschafterversammlung, wenn der Gesellschafter selbst verhindert ist.

28   Dem Gesellschafter ist es ferner untersagt, **Geschäfts- und Erwerbschancen** des Unternehmens an sich zu ziehen.⁷⁴ Nutzt der Gesellschafter eine Geschäftschance, die der Gesellschaft konkret zugeordnet ist und von der er aufgrund seiner Tätigkeit für die Gesellschaft erfahren hat, für eigene Zwecke, handelt er treuwidrig. Dies ist etwa der Fall, wenn der Kommanditist ein Grundstück persönlich erwirbt, nachdem er die Verhandlungen mit dem Veräußerer zuvor im Namen der Gesellschaft geführt hat.⁷⁵ Allerdings kommt eine unzulässige Verwertung von Geschäftschancen durch Kommanditisten nur in engen Grenzen in Betracht, da die in § 165 HGB zum Ausdruck gekommene Wertung des Gesetzgebers zu berücksichtigen ist, nach der ein Kommanditist grundsätzlich keinem **Wettbewerbsverbot** unterworfen ist (vgl. eingehend → § 27).⁷⁶ Voraussetzung für einen Treueverstoß ist, dass die Geschäftschance der Gesellschaft konkret zuzuordnen ist, etwa

---

⁶⁹ BGHZ 37, 381 (384) (Unbedenklichkeit einer Nebentätigkeit, solange hierdurch die Interessen der Gesellschaft nicht berührt werden); BGH NJW 1986, 584 (585) (Erwerb eines Geschäftsgrundstücks durch die Ehefrau eines geschäftsführenden Gesellschafters); OLG Nürnberg WM 1962, 731 (732) (Entzug der Kontrolle und Verfügungsbefugnis über Vermögensgegenstände der Gesellschaft); KG OLGZ 1969, 311 (treuwidrige Nutzung eines Teils eines der Gesellschaft gehörenden Hauses für private Zwecke).
⁷⁰ MHdB GesR II/*Wirth* § 7 Rn. 82 ff.
⁷¹ Schlegelberger/*Martens* § 161 HGB Rn. 76; Heymann/*Emmerich* § 115 HGB Rn. 12.
⁷² BGH NJW 1986, 844.
⁷³ GK/*Schäfer* § 105 HGB Rn. 234; *Pabst* BB 1977, 1524.
⁷⁴ BGH WM 1968, 679; 1986, 584; ZIP 1989, 986 (987); OLG Düsseldorf NJW-RR 1986, 1294; Kübler/Waltermann ZGR 1991, 162; *Schiessl* GmbHR 1988, 53; *Timm* GmbHR 1981, 177.
⁷⁵ BGH NJW 1989, 2687.
⁷⁶ Vgl. Hesselmann/Tillmann/Mussaeus GmbH & Co. § 4 Rn. 255; Binz/Sorg § 5 Rn. 134 ff. Zum Wettbewerbsverbot des Kommanditisten eingehend → § 26 Rn. 32 ff.

weil bereits konkrete Vertragsgespräche geführt worden sind oder die Gesellschafter bereits für die Annahme des Angebotes votiert haben.[77] So nutzt die Komplementär-GmbH nicht treuwidrig Geschäftschancen der KG aus, wenn sie einen (vor Gründung der KG) von der KG gepachteten Gegenstand unterverpachtet und die Differenz zwischen Pacht- und Unterpachtzins für sich behält.[78]

Demgegenüber kommt die Treuepflicht bei der Wahrnehmung der im **eigenen Interesse** des Gesellschafters verliehenen Rechte nur eingeschränkt zum Tragen. Allerdings darf auch die Ausübung dieser Rechte nicht dazu führen, dass die Gesellschaft und die Mitgesellschafter hierdurch geschädigt werden. Der Gesellschafter muss bei der Geltendmachung seines Gewinnrechts, seines Rechts auf Geltendmachung von Aufwendungsersatz und Abfindungsguthaben sowie der Ausübung seiner Informations-, Sonder- oder Austrittsrechte grundsätzlich keine Rücksicht auf die Belange des Verbandes nehmen. Anderes gilt nur dann, wenn sich die Geltendmachung dieser Rechte als **willkürlich oder unverhältnismäßig** erweisen würde. Dann findet die Rechtsausübung ihre Schranke in der Treuepflicht.[79] 29

So darf der Gesellschafter seinen **Gewinnanspruch** dann nicht uneingeschränkt durchsetzen, wenn sich die Gesellschaft in einer wirtschaftlich schwierigen Lage befindet und ein Abzug weiterer Liquidität das Unternehmen in große Schwierigkeiten bringen würde.[80] Auch die Geltendmachung des **Informationsrechts** ist treuwidrig, wenn hierdurch die Geschäftsführung unzumutbar behindert würde.[81] Ferner kann der Gesellschafter an der Ausübung von gesellschaftsvertraglich eingeräumten **Sonderrechten** gehindert sein, wenn sich dies mit den Interessen der Gesellschaft nicht in Einklang bringen lässt.[82] Schranken können auch der Ausübung des **Kündigungsrechts** gesetzt sein, wenn die Kündigung zur Unzeit erfolgt oder wenn der Gesellschafter mit der Kündigung eigensüchtige Motive oder eine Schädigung der Gesellschaft verfolgt.[83] Bei der Ausübung des **Stimmrechts**, das weder ausschließlich im eigenen Interesse verliehen ist noch als rein uneigennütziges Recht angesehen werden kann,[84] hängt der Grad der Treuepflicht vom jeweiligen Beschlussgegenstand ab. Die Bindung des Gesellschafters ist umso stärker, je mehr die Verfolgung des gemeinsamen Gesellschaftszwecks in Rede steht.[85] 30

Hat die Komplementär-GmbH nach dem Gesellschaftsvertrag in der KG die ausschließliche Leitungsmacht inne, unterliegt der Mehrheitsgesellschaf- 31

---

[77] *Armbrüster* ZIP 1997, 264.
[78] BGH NJW 1998, 1225 (1226).
[79] GK/*Schäfer* § 105 HGB Rn. 235; *Ulmer* GbR § 705 BGB Rn. 227; *Zöllner*, Schranken, 349; vgl. auch Soergel/*Hadding/Kießling* § 705 BGB Rn. 60.
[80] BGH NJW 1985, 972f.; 1985, 974f.; OLG Koblenz WM 1984, 1051; Schlegelberger/*K. Schmidt* § 105 HGB Rn. 166; Scholz/*Seibt* § 14 GmbHG Rn. 57.
[81] Vgl. *Schlitt*, Informationsrechte, 153.
[82] Vgl. BGHZ 14, 25 (38); *Ulmer* GbR § 705 BGB Rn. 228.
[83] Dies gilt insb. für das Kündigungsrecht als Privatgläubiger nach § 135 HGB, vgl. BGHZ 51, 85 (87); Heymann/*Emmerich* § 135 HGB Rn. 6.
[84] Missverständlich GK/*Schäfer* § 105 HGB Rn. 230 (eigennütziges Recht).
[85] Vgl. *Zöllner*, Schranken, 344; *Immenga* FS 100 Jahre GmbHG, 200; MHdB GesR III/*Schiessl/Böhm* § 32 Rn. 28.

ter der Komplementär-GmbH einer Treuepflicht nicht nur gegenüber der geschäftsführenden GmbH, sondern auch gegenüber der KG.[86] Die Treuepflicht weist in diesem Fall also über die Komplementär-Gesellschaft hinaus und erstreckt sich auf die KG, innerhalb derer die Komplementär-GmbH Geschäftsführungsfunktionen wahrnimmt. Demzufolge ist es dem Mehrheitsgesellschafter der geschäftsführenden GmbH beispielsweise untersagt, zu Lasten der KG eine zu hohe **Konzernumlage** festzusetzen. In besonders gelagerten Fällen kann die Gesellschafter der Komplementär-GmbH auch die Pflicht treffen, den **Geschäftsführer** der Gesellschaft abzuberufen (vgl. auch unten → Rn. 33).

2. Treuepflicht der Gesellschafter untereinander

32 Aufgrund der gesellschaftsvertraglichen Bindungen besteht eine Treuepflicht nicht nur im Verhältnis zwischen Gesellschaft und Gesellschafter, sondern auch im Verhältnis zwischen den Gesellschaftern,[87] wobei sie den durch den Gesellschaftszweck definierten mitgliedschaftlichen Bereich erfasst.[88] Der Gesellschafter ist zwar nicht verpflichtet, die Interessen oder persönlichen Ziele seiner Mitgesellschafter zu fördern. Allerdings hat er auf ihre achtenswerten Belange angemessene Rücksicht zu nehmen. Der Gesellschafter ist daher auch im Verhältnis zu seinen Mitgesellschaftern gehalten, seine Mitgliedschaftsrechte nicht willkürlich oder unter Verstoß gegen den Verhältnismäßigkeitsgrundsatz wahrzunehmen.[89] Dies entspricht dem allgemeinen Grundsatz, dass Mitgliedschaftsrechte nicht funktionswidrig oder mit dem Zweck, sich gegenüber den Mitgesellschaftern einen Sondervorteil zu verschaffen, ausgeübt werden dürfen.[90] Zwar ist der einzelne Gesellschafter durch die Treuepflicht gegenüber den übrigen Gesellschaftern nicht gehalten, deren Interesse zu fördern, doch muss bei der Verfolgung eigener Interessen auf deren Belange Rücksicht genommen werden.[91]

33 Die Treuepflicht kommt im Verhältnis der Gesellschafter untereinander – insbesondere bei der Geltendmachung von **Ausschluss-, Kündigungs- und Übernahmerechten** oder als Korrektiv von Mehrheitsentscheidungen bei **Änderungen des Gesellschaftsvertrages**[92] – zum Tragen.[93] So darf ein Gesellschafter von seinem im Gesellschaftsvertrag vorgesehenen Übernah-

---

[86] BGHZ 65, 15 (18) (ITT); Heymann/*Horn* § 161 HGB Rn. 135; zur Haftung: *Hesselmann/Tillmann/Mussaues* GmbH & Co. § 14 Rn. 69 ff.
[87] BGHZ 12, 308 (319); 25, 47 (53); BGH WM 1966, 511 (512); OLG Nürnberg WM 1962, 731; *Zöllner*, Schranken, 349; Soergel/*Hadding/Kießling* § 705 BGB Rn. 60; GK/*Schäfer* § 105 HGB Rn. 236; Scholz/*Seibt* § 14 GmbHG Rn. 52; *Winter*, Treuebindungen, 85 ff., 95 ff., 130 ff.; *Habersack*, Mitgliedschaft, 62 f.
[88] *Ulmer* GbR § 705 BGB Rn. 229.
[89] Vgl. BGHZ 80, 69 (74) (Süssen).
[90] BGH NJW 1971, 802; 1980, 1628.
[91] *Zöllner*, Schranken, 349 ff.
[92] Vgl. auch BGHZ 71, 41 (Kali und Salz); vgl. auch BGH DStR 1994, 214 (Abberufung des mit 49 % an einer GmbH beteiligten Geschäftsführers durch den mit 51 % beteiligten Gesellschafter).
[93] GK/*Schäfer* § 105 HGB Rn. 236; MHdB GesR II/*Weipert* KG § 13 Rn. 25 ff.; zur Ausschließungsklage *Binz/Sorg* § 6 Rn. 56.

merecht etwa dann keinen Gebrauch machen, wenn er in Wirklichkeit nicht die Fortführung des Unternehmens, sondern die ungeteilte Erlangung des Liquidationsgewinns anstrebt.[94] Auch ist es dem Gesellschafter untersagt, sich gegenüber den zur Fortsetzung der Gesellschaft bereiten Mitgesellschaftern auf die **Liquidation** der Gesellschaft zu berufen, wenn dem Gesellschafter für das Ausscheiden eine vollwertige Abfindung angeboten wird.[95] Umgekehrt darf der Gesellschafter die **Auflösung** der Gesellschaft nicht blockieren, wenn deren Unrentabilität feststeht und ihre Fortführung zum Nachteil der Mitgesellschafter gereichen würde.[96] Wurden die Voraussetzungen für die Ausübung eines **Kündigungsrechts** treuwidrig herbeigeführt, ist es den Mitgesellschaftern verwehrt, sich auf das Ausscheiden des Gesellschafters zu berufen.[97] Einen Treueverstoß stellt auch die **Eingliederung** des Unternehmens in das Unternehmen des herrschenden Gesellschafters dar, wenn keine Absicherung der Minderheit vorgesehen wird.[98] Die Treuepflicht verlangt von dem Gesellschafter ferner, dass er seine Mitgesellschafter im Rahmen der Auseinandersetzung über Umstände, die deren mitgliedschaftliche Vermögensinteressen berühren, zutreffend und vollständig **informiert**.[99]

Will ein Gesellschafter eine **Änderung des Gesellschaftsvertrages** zu 34 seinen Gunsten erwirken, kann er ausnahmsweise aufgrund seiner Treuepflicht gehalten sein, unerfahrenere Mitgesellschafter über die Konsequenzen aufzuklären.[100] In der **GmbH & Co. KG** besteht eine Treuepflicht der Komplementär-GmbH, bei der Auswahl ihres Geschäftsführers auf die Belange der Kommanditisten Rücksicht zu nehmen.[101]

Eine im Verhältnis der Gesellschafter bestehende Treuepflicht begründet 35 in erster Linie Rücksichtnahmepflichten der Mehrheit gegenüber der Minderheit und erweist sich daher als wichtiges Instrument des **Minderheitenschutzes**.[102] So ist es der Mehrheit beispielsweise verwehrt, die Minderheit durch eine wirtschaftlich nicht gebotene Rücklagenbildung zu benachteiligen. Die Treuepflicht trifft jedoch keineswegs nur den Mehrheitsgesellschafter. Auch der Minderheitsgesellschafter ist gehalten, von seinen Minderheitsrechten nicht treuwidrig Gebrauch zu machen.[103] Besondere praktische

---

[94] BGH NJW 1959, 432; BGHZ 103, 184 (194) (AG).
[95] BGH WM 1986, 68 (69); Heymann/*Horn* § 161 HGB Rn. 52; vgl. auch *Lutter* ZHR 162 (1998), 170.
[96] BGH NJW 1960, 434; Heymann/*Emmerich* § 131 HGB Rn. 7; zust. auch *Lutter* ZHR 162 (1998), 170.
[97] BGHZ 30, 195 (201).
[98] BGH NJW 1980, 231 (232) (Gervais).
[99] BGH ZIP 2003, 73 für den Fall einer Zwei-Personen-GbR.
[100] Heymann/*Horn* § 161 HGB Rn. 52; vgl. auch BGH WM 1991, 1988, wo ein Schadensersatzanspruch der Mitgesellschafter nach den Grundsätzen der c.i.c. angenommen wurde.
[101] MHdB GesR II/*Wirth* KG § 7 Rn. 82. Zur vergleichbaren Lage in der KGaA vgl. BGHZ 134, 392; dazu ausf. *Ihrig/Schlitt* ZHR 1998 Sonderheft 67, 32 (52); zuvor bereits *Priester* ZHR 160 (1996), 361.
[102] Vgl. *Wiedemann* Gesellschaftsrecht § 8 II 3; *Fischer* FS Barz, 33.
[103] Vgl. BGHZ 129, 136 (Girmes) zur AG; Schlegelberger/*Martens* § 161 HGB Rn. 76; *K. Schmidt*, Gesellschaftsrecht, 594; *Immenga* FS 100 Jahre GmbHG, 195.

7. Kapitel. *Nicht vermögensbezogene Rechte*

Relevanz gewinnt die Treuepflicht in der Gestalt eines **Obstruktionsverbotes** bei der Zustimmungspflicht der Minderheit zu einer im Gesellschaftsinteresse gebotenen Beschlussfassung.[104] Hier ist der Gesellschafter gehalten, von einer ihm zustehenden Sperrminorität nicht willkürlich Gebrauch zu machen (eingehend unten → Rn. 38).

3. Konzernsachverhalte

36 Große praktische Bedeutung besitzt die gesellschaftsrechtliche Treuepflicht in Konzernsachverhalten. Aufgrund der Treuepflicht ist das herrschende Unternehmen gehalten, jede schädigende Einflussnahme auf die **abhängige Gesellschaft** zu unterlassen.[105] Auch die Zustimmung der Mitgesellschafter zu der Konzernierung kann nicht als Befreiung von der Treuepflicht des herrschenden Unternehmens angesehen werden. Verletzt der Gesellschafter diese Pflicht, macht er sich gegenüber dem abhängigen Unternehmen **ersatzpflichtig**. Der BGH geht in diesem Rahmen sogar so weit, dem herrschenden Gesellschafter das Haftungsprivileg des § 708 BGB zu versagen.[106]

37 Ob auch der **Alleingesellschafter** der Treuepflicht unterliegt, war Gegenstand kontroverser Diskussionen.[107] Rechtsprechung[108] und herrschende Ansicht[109] verneinen für die GmbH im Grundsatz ein von den Interessen des Gesellschafters zu unterscheidendes Eigeninteresse der Gesellschaft. Dementsprechend gibt es keine korrespondierende Treuepflicht des Alleingesellschafters gegenüber der Kapitalgesellschaft. Dem Alleingesellschafter einer GmbH ist es somit grundsätzlich gestattet, in den Grenzen der §§ 30, 31 GmbHG kompensationslos in deren Gesellschaftsvermögen einzugreifen.[110] Anderes kann allerdings im Bereich **existenzgefährdender Maßnahmen** gelten, die Haftung für solche Maßnahmen knüpfen seit der „Trihotel"-Entscheidung des BGH[111] nicht mehr an einer Treupflicht an, sondern werden als

---

[104] Vgl. *Ulmer* ZHR 161 (1997), 126 f.
[105] Heymann/*Emmerich* § 105 HGB Rn. 8; MHdB GesR III/*Schiessl/Böhm* § 32 Rn. 13.
[106] BGH WM 1979, 937 (941); zust. *Röhricht/v. Westphalen/v. Gerkan/Haas* § 105 HGB Rn. 114.
[107] Vgl. die Nachweise bei Roth/*Altmeppen*, GmbHG § 13 Rn. 57.
[108] BGH NZG 2008, 187; BGHZ 142, 192 (195); 119, 257 (259); BGH ZIP 1993, 917; 1994, 872 (874); 1994, 1690 (1693).
[109] Vgl. die zahlreichen Nachweise bei MHdB GesR III/*Decher/Kiefner* § 69 Rn. 5; Roth/*Altmeppen*, GmbHG § 13 Rn. 58; Scholz/*Bitter*, GmbHG § 13 Rn. 156; Baumbach/*Hueck/Fastrich*, GmbHG § 13 Rn. 57 ff.; Lutter/Hommelhoff/*Bayer*, GmbHG § 14 Rn. 20; *Altmeppen* NJW 2007, 2657; Vgl. auch die Nachweise bei *Veil* NJW 2008, 3264, Fn. 5.
[110] MHdB GesR III/*Schiessl/Böhm* § 32 Rn. 20.
[111] BGH NJW 2007, 89; Beginn der Rechtsprechungsänderung mit der „Bremer Vulkan" – Entscheidung des BGH ZIP 2001, 1874 (1876), in der die dogmatische Grundlage der Haftung zunächst noch offen gelassen wurde. In der KBV- Entscheidung BGH ZIP 2002, 3025 wurde die dogmatische Grundlage für das Haftungskonzept noch in der Durchgriffshaftung wegen Missbrauchs der Rechtsform der GmbH gesehen. Kritisch bereits zum KBV-Urteil *Wilhelm* NJW 2003, 175. BGH ZIP 2002,

ein Fall der vorsätzlichen sittenwidrigen Schädigung iSd. § 826 BGB angesehen.[112] Da die Gefährdungslage von Gesellschaftsgläubigern sowie die Haftungssituation bei der **GmbH & Co. KG** vergleichbar sind, findet diese Rechtsprechung auch auf die GmbH & Co. KG Anwendung.[113]

4. Zustimmungspflicht zu Vertragsänderungen

Der Anwendungsbereich der Treuepflicht erschöpft sich nicht in der Kontrolle von Mehrheitsentscheidungen (vgl. bereits oben → Rn. 34). Vielmehr lässt sich aus der Treuepflicht in Ausnahmefällen auch eine Verpflichtung des Minderheitsgesellschafters ableiten, einer **Änderung des Gesellschaftsvertrags** zuzustimmen, wenn dies im Gesellschaftsinteresse geboten ist.[114] Sind nach dem Gesellschaftsvertrag der GmbH & Co. KG der gesetzlichen Regel entsprechend Vertragsänderungen nur mit Stimmen **aller Gesellschafter** möglich, ist jeder Gesellschafter theoretisch in der Lage, eine von allen anderen Gesellschaftern gewollte Änderung des Vertrags zu blockieren.[115] Eine Blockadesituation kann aber auch dann eintreten, wenn der Gesellschaftsvertrag eine **mehrheitliche Beschlussfassung** vorsieht, nämlich dann, wenn der widersprechende Gesellschafter über einen Anteil verfügt, der es ihm möglich macht, sich über das Votum der (einfachen bzw. qualifizierten) Mehrheit hinwegzusetzen.[116] Treuwidrig kann aber auch das Verhalten eines Gesellschafters sein, der zwar nicht über eine solche Sperrminorität verfügt, der sich aber auf die Beachtung des **Bestimmtheitsgrundsatzes** beruft, nach dem der Gesellschaftsvertrag die einer Mehrheitsentscheidung zugänglichen Beschlussgegenstände im Einzelnen aufzuführen hat.[117] Eine Lösung

38

848: Diese Haftung gilt auch in Gesellschaften mit mehreren Gesellschaftern und trifft auch diejenigen Mitgesellschafter, die durch ihr Einverständnis mit dem Vermögensabzug an der Existenzvernichtung der Gesellschaft mitgewirkt haben.

[112] Zur Haftung wegen existenzvernichtenden Eingriffs vgl. nur Baumbach/ Hueck/Fastrich, GmbHG § 13 Rn. 57ff.; Roth/Altmeppen, GmbHG § 13 Rn. 72ff. Voraussetzung der persönlichen Haftung des Gesellschafters ist der Entzug von Vermögen ohne angemessenen Ausgleich, das zur Erfüllung der Verbindlichkeiten benötigt würde. Eine eindeutig unzureichende materielle Unterkapitalisierung stellt keinen Eingriff im Sinne der Existenzvernichtungshaftung dar, es besteht allenfalls ein Direktanspruch der Gläubiger. Anspruchsinhaber sind nicht mehr die Gesellschaftsgläubiger, sondern ist die Gesellschaft selbst (Innenhaftung).Ein Umschlagen dieser Innenhaftung in eine direkte Außenhaftung wird in der Literatur teilweise angenommen, wenn das Insolvenzverfahren abgelehnt oder das Verfahren mangels Masse eingestellt wurde. Für diese Ansicht in der Literatur spricht, dass die Haftung aus existenzvernichtendem Eingriff lediglich dem Gläubigerschutz dient.

[113] *Binz/Sorg* § 12 Rn. 71.
[114] Hierüber besteht im Grds. Einigkeit, vgl. nur OLG Hamm NZG 2000, 252; *Hueck* Recht der OHG § 11 III 3; GK/*Schäfer* § 105 HGB Rn. 239; Soergel/*Hadding/ Kießling* § 705 BGB Rn. 63; *Zöllner*, Anpassung, 25; *Winter*, Treuebindungen, 31; *Vorwerk/Wimmers* GmbHR 1998, 720.
[115] Vgl. *Zöllner*, Schranken, 353; *Zöllner*, Anpassung, 14ff.; *Hueck* ZGR 1972, 239.
[116] GK/*Schäfer* § 105 HGB Rn. 239.
[117] Vgl. BGHZ 85, 350 (353); Heymann/*Horn* § 119 HGB Rn. 32. Bei Publikumspersonengesellschaften ist der Bestimmtheitsgrundsatz ohnehin unanwendbar, vgl. BGHZ 71, 53; BGH NJW 1985, 974.

7. Kapitel. Nicht vermögensbezogene Rechte

über die Lehre vom Wegfall der Geschäftsgrundlage (§ 313 BGB) kommt zumeist nicht in Betracht, da die Voraussetzungen dieses Rechtsinstituts nur selten erfüllt sind.[118]

39 Die verschiedentlich geäußerten Bedenken, die Treuepflicht finde ihre **Grenzen** im ursprünglichen Gesellschaftsvertrag, so dass eine Zustimmungspflicht zu Vertragsänderungen im Grundsatz nicht in Betracht kommen könne,[119] greifen zu kurz. Zwar ist es richtig, dass die Gesellschafter in aller Regel weder eine Erhöhung ihrer Beiträge (vgl. § 707 BGB) noch eine Begründung von aktiven Tätigkeitspflichten mittragen müssen.[120] Der Dauerschuldcharakter des Gesellschaftsverhältnisses kann die Beteiligten indessen ausnahmsweise verpflichten, an einer zur Aufrechterhaltung des Verbandes erforderlichen Anpassung des Statuts mitzuwirken.

40 Voraussetzung für eine Zustimmungspflicht ist nach der gefestigten Rechtsprechung des BGH, dass die Vertragsänderung nicht nur rechtlich **zulässig** und wirtschaftlich **sinnvoll**, sondern dem dissentierenden Gesellschafter auch **zumutbar** ist.[121] Eine Vertragsänderung erweist sich daher als unzulässig, wenn die hiermit verbundenen Folgen für die Minderheit nicht akzeptabel, der Verzicht auf die Vertragsänderung für die Mehrheit hingegen hinnehmbar ist.[122] Grundsätzlich ist eine Zustimmungspflicht zu verneinen, sofern die Änderung des Gesellschaftsvertrages eine Erweiterung der Pflichten des widersprechenden Gesellschafters zur Folge hat.[123]

41 Die Anforderungen an die Zustimmungspflicht sind herabgesetzt, wenn sich die Vertragsänderung auf Angelegenheiten der **Geschäftsführung**, wie etwa bei der Entscheidung über den Entzug der Geschäftsführungs- oder Vertretungsbefugnis aus wichtigem Grund, bezieht. Denn insoweit wird der widersprechende Gesellschafter mit keinen zusätzlichen Pflichten belastet. Gleiches gilt, wenn eine Ergänzung eines lückenhaften Gesellschaftsvertrages oder die Anpassung an eine geänderte Geschäftsgrundlage in Rede steht, die Grenzen einer ergänzenden Auslegung des Vertrages also überschritten sind.[124] Eine Zustimmungspflicht besteht namentlich dann, wenn die Vertragsänderung zur Sicherung der **rechtlichen Existenzvoraussetzungen**

---

[118] *Lettl* AcP 202 (2002), 23 (39); aA *Konzen* AcP 172 (1972), 317, 339.

[119] Vgl. *Kollhosser* FS Westermann, 275 ff.; sowie *Konzen* AcP 172 (1972), 339; *Reuter* ZHR 148 (1984), 542; vgl. auch *Flume* Personengesellschaft § 15 IV, 281.

[120] BGH BB 1954, 456 (Übernahme von Geschäftsführertätigkeit); WM 1973, 456; BGHZ 98, 276 (279) (GmbH); BGH WM 1987, 841 (GmbH); Soergel/*Hadding*/*Kießling* § 705 BGB Rn. 63; *Wiedemann* WM 1992, Sonderbeilage 7, 20.

[121] BGHZ 64, 257; BGH BB 1954, 56; NJW 1961, 724; 1985, 973 (974); 1995, 194 (195); OLG Hamm NZG 2000, 252 (253) (derzeitige Regelung muss für den die Vertragsänderung verlangenden Gesellschafter unzumutbar sein); vgl. auch OLG München NZG 2001, 793 (794); aus dem Schrifttum vgl. Soergel/*Hadding*/*Kießling* § 705 BGB Rn. 63; GK/*Schäfer* § 105 HGB Rn. 241; MüKo/*Enzinger* § 119 HGB Rn. 27; *Erman*/*Westermann* § 705 BGB Rn. 35; *Winter*, Treuebindungen, 31; weniger eng *Zöllner*, Anpassung, 25.

[122] *U. H. Schneider* ZGR 1972, 385; *Immenga* ZGR 1974, 421; Schlegelberger/*Martens* § 161 HGB Rn. 76.

[123] *Ulmer* GbR § 705 BGB Rn. 232.

[124] BGH NJW 1974, 1656; *Zöllner*, Anpassung, 53; GK/*Schäfer* § 105 HGB Rn. 242; *Lettl* AcP 202 (2002), 3 (16).

der Gesellschaft erforderlich ist.[125] Besteht beispielsweise die Gefahr, dass die Firma wegen Unzulässigkeit gelöscht würde, begründet die Treuepflicht einen Zwang zur Einigung auf einen zulässigen Namen.[126] Aber auch dann, wenn es um den Erhalt der **wirtschaftlichen Existenzvoraussetzungen** geht, kann die Treuepflicht zum Tragen kommen.[127] Hierher gehören etwa die Beschlussfassungen über die Kapitalausstattung und Liquiditätssicherung der Gesellschaft, namentlich in Gestalt von Entnahmeverboten.

Weitere Einzelfälle:[128] Eine Zustimmungspflicht wurde zu einer Erhöhung einer durch Zeitablauf unangemessen niedrig gewordenen **Geschäftsführervergütung** angenommen.[129] Ferner wurde sie zur Begründung einer Pflicht zur nachträglichen Verzinsung von Kapitalkonten erkannt.[130] Sie wurde ferner bei der Beschlussfassung über das Ausscheiden eines untragbaren Gesellschafters bejaht.[131] Gleiches gilt für die Erhebung einer **Ausschlussklage**.[132] Auch können die Gesellschafter einer dauerhaft unrentablen Gesellschaft, namentlich die nur beschränkt haftenden Kommanditisten, verpflichtet sein, an der Fassung eines **Auflösungsbeschlusses**[133] mitzuwirken. Gleiches kann für die Änderung des **nicht mehr zeitgemäßen Gesellschaftszwecks** gelten.[134] Eine Zustimmungspflicht zur Änderung des Gesellschaftsvertrages kann die Gesellschafter auch dann treffen, wenn es um den **Wechsel des Gesellschafterbestandes** geht. So wurde etwa eine Zustimmungspflicht der Mitgesellschafter zur Übertragung des Gesellschaftsanteils auf den Sohn des bisherigen Komplementärs im Wege der vorweggenommenen Erbfolge angenommen, wenn auf diese Weise das Vorhandensein eines persönlich haftenden Gesellschafters und damit der Bestand des Unternehmens gewährleistet wird und dies den anderen Gesellschaftern zumutbar ist.[135] In einer GmbH & Co. KG kann eine Zustimmungspflicht bestehen, der vorübergehenden Aufnahme einer Komplementär-GmbH zuzustimmen, selbst wenn damit eine vorübergehende Verschlechterung der eigenen Rechtsposition einhergeht.[136] Allein der Umstand, dass die vorgeschlagene Vertragsänderung nur objektiv nachvollziehbar, nicht offensichtlich fehlerhaft und für die anderen Gesellschafter unschädlich ist, kann eine Zustimmungspflicht noch nicht begründen.[137] Hängt die **Veräußerung von Gesellschaftsanteilen** nach dem Gesellschaftsvertrag von der Zustimmung einzelner oder aller Gesellschafter ab, darf die Zustimmung nicht willkürlich

---

[125] MHdB GesR II/*Weipert* KG § 13 Rn. 8.
[126] MHdB GesR II/*Weipert* KG § 13 Rn. 9.
[127] MHdB GesR II/*Weipert* KG § 13 Rn. 12 ff.
[128] Weitere Bsp. bei *Michalski* NZG 1999, 461.
[129] BGH WM 1978, 1230 (1231); 1978, 1232 (1233); zust. *Zöllner*, Anpassung, 17, 57 f.; anders noch BGHZ 44, 40.
[130] OLG Hamm NZG 2000, 252.
[131] BGH NJW 1961, 724.
[132] BGHZ 64, 253 (257 f.); 68, 81; aA *Hueck* ZGR 1972, 247.
[133] BGH NJW 1960, 434; *Baumbach/Hopt* § 109 HGB Rn. 27.
[134] GK/*Schäfer* § 105 HGB Rn. 242; *Lettl* AcP 202 (2002), 3 (16).
[135] BGH NJW 1987, 952 (953) (Porta); Heymann/*Horn* § 161 HGB Rn. 52.
[136] BGH WM 1979, 1058 (1060); zust. MHdB GesR II/*Weipert* KG § 13 Rn. 10.
[137] OLG München NJW-RR 1997, 611.

7. Kapitel. *Nicht vermögensbezogene Rechte*

verweigert werden.[138] Die Anforderungen an eine Zustimmungspflicht sind in Familiengesellschaften indessen hoch. Hier ist der Wille der Gesellschafter, außenstehende Dritte aus dem Gesellschafterkreis fern zu halten, grundsätzlich zu respektieren.

43 Besonders virulent wird die Frage der Zustimmungspflicht in **Krisensituationen**. Hier kann eine Pflicht zur Zustimmung zu einer Kapitalerhöhung bzw. zur Aufnahme eines neuen Gesellschafters bestehen, wenn die vorhandenen Gesellschafter zu keiner Beitragserhöhung bereit oder in der Lage sind.[139] Ein Gesellschafter kann im Ausnahmefall[140] des „Sanieren oder Ausscheiden" aufgrund seiner gesellschaftlichen Treuepflicht gezwungen sein, aus der Gesellschaft auszuscheiden. Der BGH hatte dies im Falle einer zahlungsunfähigen und überschuldeten oHG bejaht.[141] Im zu entscheidenden Fall war es den Gesellschaftern freigestellt, ob sie an einer sanierenden Kapitalerhöhung mitwirken oder anderenfalls ausscheiden. Der BGH entschied, dass ein sanierungsunwilliger Gesellschafter dann verpflichtet ist, sein Ausscheiden hinzunehmen, wenn er bei seinem Ausscheiden nicht schlechter steht als er im Falle der sofortigen Liquidation stehen würde. Das Gericht begründete seine Entscheidung damit, dass ein zahlungsunwilliger Gesellschafter zwar eine Verwässerung seines Gesellschaftsanteils hinnehmen müsse, aber auch einen ungerechtfertigten Vorteil gegenüber den zahlenden Gesellschaftern erhielte.[142] Die Rechtsprechung ist auf die GmbH & Co. KG übertragbar.[143] Aber auch dann, wenn danach eine Zustimmungspflicht besteht, kann der Gesellschafter zu einem **eigenen Sanierungsbeitrag** in aller Regel nicht gezwungen werden.[144] Die Zustimmungspflicht erschöpft sich grundsätzlich darin, dass der von seinem Bezugsrecht keinen Gebrauch machende Gesellschafter hinnehmen muss, dass sich seine Beteiligung am Gesellschaftsvermögen proportional verringert. Die Treuepflicht hält die Gesellschafter jedoch keineswegs an, bei einer Rettung des Unternehmens um jeden Preis mitzuwirken.[145] Erweist sich eine Sanierung als aussichtslos, ist der Gesellschafter vielmehr verpflichtet, die Gesellschaft ohne zeitliche Verzögerungen zu liquidieren oder Insolvenzantrag zu stellen.[146]

---

[138] Vgl. *Reichert/Winter* FS 100 Jahre GmbHG, 221.
[139] Vgl. *K. Schmidt* ZGR 1982, 525; *K. Schmidt* ZIP 1980, 335; MüKo/*Grunewald* § 161 HGB Rn. 27.
[140] Ausdrücklich Hinweis auf den Ausnahmecharakter der Entscheidung bei *Komo* BB 2012, 1423 (1427).
[141] BGH NJW 2010, 65; befürwortend *Goette* GWR 2010, 1.
[142] *Binz/Sorg* § 13 Rn. 85.
[143] *Dorka/Dewald* NZG 2010, 694; *Komo* BB 2012, 1423 (1427).
[144] BGH WM 1978, 1399 (1400); Heymann/*Horn* § 161 HGB Rn. 100; MHdB GesR II/*Weipert* KG § 13 Rn. 16.
[145] MüKo/*K. Schmidt* § 105 HGB Rn. 192; Schlegelberger/*K. Schmidt* § 105 HGB Rn. 166.
[146] BGH BB 1968, 850.

IV. Rechtsfolgen von Treuepflichtverstößen

Ein treuwidriges Gesellschafterhandeln ist per se rechtswidrig. Die Sanktionen bei einer Verletzung der gesellschaftsrechtlichen Treuepflicht sind je nach Lage des Falles unterschiedlich.[147] 44

1. Unbeachtlichkeit der Rechtsausübung

Soweit die Treuepflicht ihre Schrankenfunktion entfaltet (vgl. → Rn. 9), wird die treuwidrige Ausübung des Gesellschafterrechts als **unbeachtlich** angesehen.[148] So können sich die Mehrheitsgesellschafter nicht auf die Wirksamkeit eines treuwidrig herbeigeführten Mehrheitsbeschlusses berufen.[149] In gleicher Weise ist ein treuwidriger Widerspruch gegen eine Geschäftsführungsmaßnahme unbeachtlich oder eine unter Verstoß gegen die Treuepflicht erklärte Übernahme des Geschäftsbetriebes wirkungslos.[150] 45

2. Zustimmungspflichten

Anders verhält es sich, wenn die Treuepflicht dem Gesellschafter Handlungspflichten auferlegt. Handlungspflichten müssen von den übrigen Gesellschaftern grundsätzlich im Wege der **Leistungsklage** gegen den treuwidrig handelnden Gesellschafter durchgesetzt werden. Eine vom Gesellschafter nicht abgegebene Willenserklärung wird dann gemäß § 894 ZPO ersetzt.[151] Dies gilt insbesondere für den Fall, dass der Gesellschafter verpflichtet ist, einer Änderung des Gesellschaftsvertrages zuzustimmen oder bei der Erhebung einer Ausschluss- oder Entziehungsklage mitzuwirken.[152] In Eilsituationen kann im Wege einer **einstweiligen Verfügung** gem. § 940 ZPO eine vorläufige Regelung herbeigeführt werden.[153] 46

Im Einzelfall kann problematisch sein, wer zur Erhebung einer **Zustimmungsklage** befugt ist. Nach zutreffender Auffassung ist danach zu differenzieren, ob die Treuepflichtverletzung das Verhältnis zur Gesellschaft oder zu den Mitgesellschaftern tangiert.[154] Ist, wie etwa bei Geschäftsführungsmaßnahmen, das Verhältnis zum Verband betroffen, ist der Anspruch von der Gesellschaft selbst zu verfolgen. Da es sich um einen **Sozialanspruch** handelt, kann er unter den Voraussetzungen der **actio pro socio** von den Gesellschaftern selbst geltend gemacht werden. Geht es um die Zustimmung zu 47

---

[147] *K. Schmidt*, Gesellschaftsrecht, 595; *Winter*, Treuebindungen, 295.
[148] RGZ 158, 302 (310); Soergel/*Hadding/Kießling* § 705 BGB Rn. 64; GK/*Schäfer* § 105 HGB Rn. 243.
[149] Die Einhaltung der Treuepflicht gehört nach Auffassung des BGH nicht zu den tragenden Strukturprinzipien des Gesellschaftsrechts und führt daher im Aktien- und GmbH-Recht nur zur Anfechtbarkeit des Gesellschafterbeschlusses, vgl. BGHZ 132, 84.
[150] Vgl. *Wiedemann* WM 1992, Sonderbeilage 7, 22.
[151] BGH NJW 1986, 1556.
[152] BGHZ 64, 253 (257); 68, 81; *Zöllner*, Anpassung, 32.
[153] GK/*Schäfer* § 105 HGB Rn. 245.
[154] So namentlich GK/*Schäfer* § 105 HGB Rn. 244.

7. Kapitel. Nicht vermögensbezogene Rechte

Grundlagengeschäften, namentlich um Änderungen des Gesellschaftsvertrages, oder zur Erhebung von **Gestaltungsklagen,** sind die Mitgesellschafter klagebefugt. Eine Klage der Gesellschaft kommt dann nicht in Betracht. Sind auf einer Streitseite mehrere Gesellschafter beteiligt, so sind diese keine notwendigen Streitgenossen.[155] Es empfiehlt sich jedoch eine streitgenössische Beteiligung gem. § 59 ZPO, um zu einer einheitlichen Entscheidung zu gelangen. Zuständig ist das Gericht des Gesellschaftssitzes (§ 22 ZPO), wobei ggf. eine Bestimmung nach § 36 ZPO zu erfolgen hat.[156]

48 Erteilt der Gesellschafter die gebotene Zustimmung nicht, können sich die Gesellschafter über das Fehlen nicht ohne weiteres hinwegsetzen. Da die Zustimmungserklärung grundsätzlich **nicht fingiert** werden kann, muss sie im Wege der Leistungsklage nach § 894 ZPO ersetzt werden.[157] Dabei kann die Klage auf Entzug der Geschäftsführungs- oder Vertretungsbefugnis (§§ 117, 127 HGB) oder Ausschluss aus der Gesellschaft (§ 140 HGB) mit der Klage auf Zustimmung gegen den sich weigernden Gesellschafter verbunden werden. Führen die geschäftsführenden Gesellschafter etwa eine Geschäftsführungsmaßnahme durch, ohne zuvor die nach dem Gesellschaftsvertrag erforderliche Zustimmung eingeholt zu haben, handeln sie grundsätzlich rechtswidrig. Allerdings hätte eine Unterlassungs- oder Schadensersatzklage des die Zustimmung verweigernden Gesellschafters keine Aussicht auf Erfolg. Infolge des treuwidrigen Handelns wäre eine solche Klage **rechtsmissbräuchlich** (dolo agit) und daher abzuweisen.[158]

49 Dies wirft die Frage auf, ob Konstellationen denkbar sind, in denen eine treuwidrig verweigerte Zustimmung als erteilt gelten kann, die Erhebung einer **Zustimmungsklage** also **entbehrlich** ist. Der BGH hat in einzelnen Fällen eine Klage auf Erteilung der Zustimmung für nicht erforderlich gehalten. So wurde etwa der treuwidrige Widerspruch eines Gesellschafters gegen die faktische **Auflösung** einer KG als unbeachtlich angesehen.[159] In einer anderen Entscheidung hat der BGH die fingierte Zustimmung mit der **existentiellen Bedeutung** des Beschlusses für die Gesellschaft begründet.[160] In einer Publikums-KG wurde ein auf Aufnahme einer Komplementär-GmbH gerichteter Beschluss gegen die Stimme des Gesellschafters als wirksam angesehen, um die ansonsten zwangsläufige **Auflösung** der Gesellschaft zu **vermeiden.**[161] In einer weiteren, zu einer Publikums-KG ergangenen Entscheidung wurde eine treuwidrig verweigerte Zustimmung zu einer **Vertragsänderung** als unbeachtlich angesehen.[162] Für die Praxis verlässliche Abgrenzungskriterien lassen sich diesen Entscheidungen des BGH jedoch kaum entnehmen.

---

[155] BGHZ 30, 195 (198).
[156] MHdB GesR II/*Weipert* KG § 13 Rn. 35.
[157] Vgl. BGH WM 1971, 723 (725); *Michalski* NZG 1999, 461.
[158] Eingehend *Grunewald* Gesellschaftsrecht 1. A. Rn. 22.
[159] BGH NJW 1960, 434.
[160] BGH WM 1986, 1556 (1557).
[161] BGH WM 1979, 1058.
[162] BGH NJW 1985, 974; Ebenroth/Boujong/Joost/Strohn/*Wertenbruch* § 105 Rn. 71; in Bezug auf die Liquidation: Ebenroth/Boujong/Joost/Strohn/*Hillmann* § 152 Rn. 2.

§ 26 Die Treuepflicht

Das Meinungsbild im **Schrifttum** ist uneinheitlich: Vereinzelt wird für 50
eine grundsätzliche Gleichstellung von missbräuchlichem Widerspruch und
treuwidrig verweigerter Zustimmung plädiert.[163] Andere wollen die Unbeachtlichkeit treuwidrig verweigerter Zustimmung auf Notgeschäftsführungsmaßnahmen,[164] Eilfälle[165] oder evidente Treuwidrigkeiten[166] beschränkt
wissen. Andere wiederum unterscheiden zwischen Geschäftsführungs- und
Vertragsänderungs- bzw. Grundlagenbeschlüssen und fordern eine ggf. einzuklagende Zustimmungserklärung nur für Letztere.[167] Ferner wird differenziert zwischen personalistischen und Publikumsgesellschaften.[168] Eine andere
Meinung differenziert danach, ob der in Rede stehende Beschluss Außen-
oder Innenwirkung hat.[169] Vorzugswürdig erscheint die Unterscheidung
zwischen Geschäftsführungs- und Grundlagenbeschlüssen, da eine Abgrenzung zwischen den Beschlüssen klar vorgenommen werden kann. Zudem
wird die Klagelast angemessen auf die Mehrheit und die widersprechende
Minderheit verteilt.[170] Bei Grundlagenbeschlüssen ist im Wege der Leistungsklage gegen den Widersprechenden vorzugehen, Geschäftsführungsbeschlüsse können ohne ein prozessuales Verfahren gegen den Widersprechenden umgesetzt werden.

3. Schadensersatz; sonstige Sanktionen

Hat der Gesellschafter bei der Treupflichtverletzung **schuldhaft** gehan- 51
delt und ist der Gesellschaft oder den Mitgesellschaftern ein Schaden entstanden, ist er zum Ersatz des Schadens verpflichtet.[171]

Bei Schädigung der **Gesellschaft** steht ihr der Schadensersatzanspruch 52
selbst zu; die Gesellschafter können diesen Anspruch dann nur unter den
Voraussetzungen der **actio pro socio** durchsetzen.[172] Eigene Schadenser-

---

[163] *Flume* Personengesellschaft § 15 II 3, 269 f.
[164] *Schneider* AG 1979, 57 (64).
[165] Heymann/*Emmerich* § 105 HGB Rn. 20; *Schneider* AG 1979, 64.
[166] Vgl. *Wiedemann* WM 1992 Sonderbeilage 7, 22 m. Verweis auf RGZ 158, 302
(310); 163, 35 (39).
[167] *Korehnke*, Treuwidrige Stimmen im Personengesellschafts- und GmbH-Recht,
1997, 188 (Publikumsgesellschaften werden von dieser Unterscheidung ausgenommen); *Wiedemann* FS Heinsius, 1991, 949 (957) (mit einer Ausnahme für offenkundige
Treuwidrigkeit); so jetzt auch *Ulmer* GbR § 705 BGB Rn. 241, der diese Auffassung
wegen der klaren Abgrenzbarkeit zwischen Geschäftsführungs- und Grundlagenbeschlüssen sowie der angemessenen Verteilung der Klagelast zwischen der der Änderung betreibenden Mehrheit und der widersprechenden Minderheit für vorzugswürdig erachtet; GK/*Schäfer* § 105 HGB Rn. 245.
[168] *Röhricht/v. Westphalen/v. Gerkan/Haas* § 105 HGB Rn. 33, § 161 HGB Rn. 119
folgert aus der in Rn. 49 zitierten Rspr., dass eine treuwidrig verweigerte Zustimmung bei der Publikumsgesellschaft generell so zu behandeln sei, als sei pflichtgemäß
abgestimmt worden.
[169] GK/*Schäfer* § 105 HGB Rn. 245; zust. *Baumbach/Hopt* § 109 HGB Rn. 28.
[170] GK/*Schäfer* § 105 HGB Rn. 245; MüKo/*Ulmer* § 705 BGB Rn. 241; *Ulmer*
GbR § 705 BGB Rn. 241.
[171] GK/*Schäfer* § 105 HGB Rn. 246.
[172] Schlegelberger/*K. Schmidt* § 105 HGB Rn. 167.

7. Kapitel. Nicht vermögensbezogene Rechte

satzansprüche der Gesellschafter bestehen nur, wenn durch das treuwidrige Verhalten des Gesellschafters (auch) eine Schädigung ihres eigenen Vermögens eingetreten ist. Besteht der Schaden allerdings nur darin, dass der Wert des Gesellschaftsanteils durch die Schädigung der Gesellschaft einen Wertverlust erleidet (sog. **Reflexschaden**), scheiden eigene Ansprüche der Gesellschafter aus. Der dem Gesellschafter entstandene Schaden wird bei Erfüllung der Schadensersatzforderung der Gesellschaft ausgeglichen.[173]

53 Ein fortlaufend treuwidriges oder in hohem Maße gesellschaftsschädliches Verhalten kann ferner den **Entzug von Mitgliedschaftsrechten**, insbesondere der Geschäftsführungs- oder Vertretungsbefugnis oder von Sonderrechten, in besonders krassen Fällen auch den Ausschluss aus der Gesellschaft rechtfertigen[174] oder Austritts- und Auflösungsgründe begründen.[175]

In der Praxis wird hier ein streitiges Verfahren zumeist bereits deswegen notwendig sein, um die Rechtsänderung gegenüber dem **Handelsregister** nachweisen zu können. Klagen die übrigen Gesellschafter unmittelbar auf Mitwirkung bei der Handelsregisteranmeldung, kann die Klage auf Zustimmung zu dem beantragten Gesellschafterbeschluss geändert werden.[176]

---

[173] *Grunewald* Gesellschaftsrecht 1. A. Rn. 24.
[174] BGH ZIP 1989, 849; Heymann/*Horn* § 161 HGB Rn. 108.
[175] *Baumbach/Hopt* § 109 HGB Rn. 28; Schlegelberger/*K.Schmidt* § 105 HGB Rn. 167; GK/*Schäfer* § 105 HGB Rn. 246.
[176] BGH WM 1968, 68 (70).

§ 27 Wettbewerbsverbot

Übersicht

	Rn.
I. Überblick	1
II. Wettbewerbsverbot der Komplementär-GmbH	4
1. Grundsatz	4
2. Dauer	7
3. Umfang	11
a) Geschäftsverbot	11
b) Beteiligungsverbot	14
c) Relevanter Markt	17
aa) Sachlich relevanter Markt	17
bb) Räumlich relevanter Markt	24
4. Einwilligung	25
III. Wettbewerbsverbot der Kommanditisten	32
1. Grundsatz	32
2. Eingreifen eines Wettbewerbsverbotes	35
a) Beherrschender Einfluss	35
b) Geschäftsführung	39
c) Kontroll- und Informationsrechte	40
3. Dauer, Umfang, Einwilligung	43
IV. Wettbewerbsverbot der GmbH-Gesellschafter	44
1. Grundsatz	44
2. Umfang	46
V. Geschäftsführer der Komplementär-GmbH	49
1. Grundsatz	49
2. Reichweite	50

	Rn.
VI. Vertragliche Gestaltungsmöglichkeiten	52
1. Grundsatz	52
2. Einschränkungen bestehender Wettbewerbsverbote	53
3. Erweiterung von Wettbewerbsverboten	55
a) Grundsatz	55
b) Begründung nachvertraglicher Wettbewerbsverbote	56
VII. Rechtsfolgen bei Wettbewerbsverstößen	59
1. Schadensersatz	59
2. Eintrittsrecht	61
3. Unterlassung	69
4. Vertragsstrafe, Auskunft, Rechnungslegung	71
5. Geltendmachung	74
6. Verjährung	80
VIII. Wettbewerbsverbote und Kartellverbot	86
1. Anwendungsbereich des § 1 GWB	86
a) Grundsatz	86
b) Komplementär-GmbH	91
c) Kommanditisten	95
d) Gesellschafter der Komplementär-GmbH	99
e) Geschäftsführer der Komplementär-GmbH	100
2. Rechtsfolgen	101

Schrifttum: *Armbrüster*, Grundlagen und Reichweite von Wettbewerbsverboten im Personengesellschaftsrecht, ZIP 1997, 261; *Bauer/Diller*, Nachvertragliche Wettbewerbsverbote mit GmbH-Geschäftsführern, GmbHR 1999, 885; *Bergwitz*, Möglichkeiten des abberufenen GmbH-Geschäftsführers zur Befreiung vom Wettbewerbsverbot, GmbHR 2006, 1129; *Beuthien*, Gesellschaftsrecht und Kartellrecht, ZHR 142 (1978) 259; *Burgard*, Das Wettbewerbsverbot des herrschenden Aktionärs, FS Lutter, 2000, 1033; *Flatten*, Nachvertragliche Wettbewerbsverbote aus Unternehmersicht, ZIP 1999, 1701; *Grigoleit*, Wettbewerbsverbot und Vorstandsdoppelmandat in der AG & Co. KG, ZGR 2010, 662; *Ivens*, Konkurrenzverbot des GmbH-Gesellschafters, 1987; *Kanzleiter*, Das Wettbewerbsverbot in Gesellschaftsverträgen, DNotZ 1989, 195; *Kardaras*, Das Wettbewerbsverbot in den Personalgesellschaften, 1967; *Kellermann*, Einfluss des Kartellrechts auf das Wettbewerbsverbot des persönlich haftenden Gesell-

7. Kapitel. Nicht vermögensbezogene Rechte

schafters, FS Fischer, 1979, 307; *Kübler*, Erwerbschancen und Organpflichten, FS Werner, 1984, 437; *Kübler/Waltermann*, Geschäftschancen der Kommanditgesellschaft, ZGR 1991, 162; *Löffler*, Zur Reichweite des gesetzlichen Wettbewerbsverbots in der Kommanditgesellschaft, NJW 1986, 223; *Mayer*, Wettbewerbsklauseln in Personengesellschaftsverträgen, NJW 1991, 23; *Müller*, Das gesetzliche Wettbewerbsverbot der Gesellschafter der KG, NJW 2007, 1724; *Raiser*, Wettbewerbsverbote als Mittel des konzernrechtlichen Präventivschutzes, FS Stimpel, 1985, 855; *Riegger*, Unterliegt die Komplementär-GmbH dem gesetzlichen Wettbewerbsverbot? BB 1983, 90; *Röhricht*, Das Wettbewerbsverbot des Gesellschafters und des Geschäftsführers, WPg 1992, 766; *Rubner/Leuering*, Wettbewerbsverbote gegenüber Kommanditisten, NJW-Spezial 2011, 79. *Salfeld*, Wettbewerbsverbote im Gesellschaftsrecht, 1987; *Schlitt*, Die Satzung der Kommanditgesellschaft auf Aktien, 1999; *K. Schmidt*, Vertragliche Wettbewerbsverbote im deutschen Kartellrecht, ZHR 149 (1985) 1; *Ulmer*, Die kartellrechtliche Beurteilung von Wettbewerbsverboten bei Unternehmensveräußerungen, NJW 1982, 1975; *Voges*, Zum Verhältnis der gesellschaftsvertraglichen Wettbewerbsverbote zum Kartellrecht, DB 1977, 2081; *Wassermeyer*, Das Wettbewerbsverbot des Gesellschafters und des Gesellschafter-Geschäftsführers einer GmbH, GmbHR 1993, 329; *Wiedemann/Hirte*, Die Konkretisierung der Pflichten des herrschenden Unternehmens, ZGR 1986, 163.

I. Überblick

1 Das Recht der GmbH & Co. KG sieht ein Wettbewerbsverbot nur für die **persönlich haftenden Gesellschafter** vor. Diese dürfen ohne Einwilligung der anderen Gesellschafter weder in dem Handelszweig der Gesellschaft Geschäfte machen noch sich an einer gleichartigen Handelsgesellschaft als persönlich haftender Gesellschafter beteiligen (§§ 161 Abs. 2, 112 HGB). Für die **Kommanditisten** fehlt es an einer entsprechenden Regelung. Vielmehr bestimmt § 165 HGB, dass die Regelung des § 112 HGB auf die Kommanditisten keine Anwendung findet.

2 **Zweck** des gesetzlichen Wettbewerbsverbotes ist, die Gesellschaft vor Schäden zu bewahren, die dadurch entstehen könnten, dass ein Gesellschafter seinen Einfluss auf die Gesellschaft für eigene Interessen missbraucht und Kenntnisse und Geschäftschancen, die er aufgrund seiner Gesellschafterstellung erlangt hat, zu eigenen Zwecken ausnutzt.[1] § 112 HGB bezweckt lediglich die Erfüllung der Pflichten aus der Mitgliedschaft und dient damit – im Gegensatz zu §§ 60 f. HGB, 88 AktG – nicht auch der Aufrechterhaltung der Arbeitskraft des Gesellschafters[2] oder seines Privatvermögens als Haftungsfonds der Gesellschaft.[3] Da die geschäftsführenden Gesellschafter die Geschicke der Gesellschaft bestimmen und aufgrund ihrer Tätigkeit Zugang zu

---

[1] BGHZ 89, 162 (165 f.) (Werbeagentur); BGH WM 1961, 629 (631); *Beuthien* ZHR 142 (1978), 259 (284); Heymann/*Emmerich* § 112 HGB Rn. 2; Lieberknecht/Gnauk BB 1963, 1067 (1073); *Salfeld*, Wettbewerbsverbote, 68; *Kardaras*, Wettbewerbsverbot, 27; *Armbrüster* ZIP 1997, 261 (262); aA *Wiedemann/Hirte* ZGR 1986, 163 (166): Schutz des § 112 HGB erstreckt sich auch auf den Einsatz der Arbeitskraft.

[2] *Beuthien* ZHR 142 (1978), 259 (261); GK/*Schäfer* § 112 HGB Rn. 2; zu § 88 AktG vgl. BGH NZG 2001, 800.

[3] *Ebenroth/Boujong/Joost//Strohn/Weipert* § 165 HGB Rn. 1 ff.

§ 27 *Wettbewerbsverbot*

sensiblen Informationen haben, besteht bei ihnen die größte Gefahr, dass die Gesellschaft durch eine missbräuchliche Verwendung geschädigt wird. Bei den Kommanditisten, die grundsätzlich nicht an der Geschäftsführung beteiligt sind (§ 164 S. 1, 1. Hs. HGB) und nur über beschränkte Informationsrechte (§ 166 HGB) verfügen (dazu im Einzelnen → § 25 Rn. 13 ff.), hat der Gesetzgeber diese Gefahr nicht gesehen und auf die Normierung eines generellen Wettbewerbsverbotes verzichtet. Gleichwohl ist inzwischen allgemein anerkannt, dass auch der Kommanditist in bestimmten Situationen einem gesetzlichen Wettbewerbsverbot unterliegen kann (vgl. näher → Rn. 32 ff.).

Das Wettbewerbsverbot, das nach richtiger Ansicht eine mitgliedschafts-, und keine amtsbezogene Pflicht des Gesellschafters darstellt,[4] ist Ausfluss der allgemeinen Förderungs- und Treuepflicht des Gesellschafters, die das vom gegenseitigen Vertrauen getragene Gesellschaftsverhältnis einer handelsrechtlichen Personengesellschaft in besonderem Maße beherrscht (dazu eingehend → § 26).[5] Als konkreter Gefährdungstatbestand weist es jedoch über die durch die **Treuepflicht** gezogenen Grenzen hinaus. Das Wettbewerbsverbot setzt nämlich nicht den Eintritt eines nachweisbaren Schadens voraus, sondern greift bereits dann ein, wenn der Gesellschaft eine **konkrete Gefährdung** droht.[6] Auch die in § 113 HGB normierten Rechtsfolgen eines Wettbewerbsverstoßes machen deutlich, dass dem Wettbewerbsverbot gegenüber der Treuepflicht eine eigenständige Bedeutung zukommt.[7]

3

II. Wettbewerbsverbot der Komplementär-GmbH

1. Grundsatz

Die persönlich haftenden Gesellschafter unterliegen nach §§ 161 Abs. 2, 112 HGB einem umfassenden Wettbewerbsverbot. Darauf, ob die Gesellschaft personalistisch oder **kapitalistisch** strukturiert ist, kommt es im Grundsatz nicht an.[8] Die gesetzliche Regelung differenziert auch nicht zwischen natürlichen und juristischen Personen.[9] In der GmbH & Co. KG unterliegt daher nach herrschender Auffassung auch die **Komplementär-GmbH** einem Wettbewerbsverbot. Zwar hat das OLG Frankfurt für den Fall einer rein kapitalistisch organisierten GmbH & Co. einen gegenteiligen Standpunkt eingenommen.[10] Dem kann jedoch angesichts des klaren Ge-

4

---

[4] BGHZ 89, 162 (165) (Werbeagentur); GK/Schäfer GK/*Schäfer* § 112 HGB Rn. 2; *Mayer* NJW 1991, 23; aA *Wiedemann*/*Hirte* ZGR 1986, 163 (167).
[5] BGH BB 2002, 324 (325); GK/*Schäfer* § 112 HGB Rn. 1; MHdB GesR II/*Doehner*/*Hoffmann* KG § 16 Rn. 3.
[6] BGHZ 70, 331 (333) (Gabelstapler); GK/*Schäfer* § 112 HGB Rn. 1; MüKo/*Langhein* § 112 HGB Rn. 3; *Ebenroth*/*Boujong*/*Joost*/*Strohn*/*Goette* § 112 HGB Rn. 3.
[7] GK/*Schäfer* § 112 HGB Rn. 3.
[8] BGHZ 38, 36 (313) (Kino); GK/*Schäfer* § 112 HGB Rn. 6; *Armbrüster* ZIP 1997, 261 8265) mN zur Gegenansicht.
[9] MHdB GesR II/*Doehner*/*Hoffmann* KG § 16 Rn. 6.
[10] OLG Frankfurt BB 1982, 1383 (1384); ablehnend *Müller* NJW 2007, 1724.

7. Kapitel. Nicht vermögensbezogene Rechte

setzeswortlauts nicht gefolgt werden. Dem OLG Frankfurt ist zwar insoweit zuzustimmen, als in einer kapitalistisch organisierten Gesellschaft die Treuepflichten der Gesellschafter nicht so stark ausgeprägt sind wie in einem personalistisch strukturierten Verband (vgl. → § 26 Rn. 15 f.). Dieser Befund zwingt jedoch keineswegs zu der Annahme, dass die Komplementär-GmbH keiner Treuepflichtbindung unterworfen ist. Vielmehr unterliegt auch sie aufgrund ihres Einflusses auf die Geschäftsführung dem Wettbewerbsverbot nach § 112 HGB.[11]

5 Das Wettbewerbsverbot der Komplementär-GmbH wird in der Praxis vor allem dann virulent, wenn die persönlich haftende Gesellschafterin bereits vor Gründung der bzw. Beitritt zur KG einen **eigenen Geschäftsbetrieb** unterhalten hat und dieser, zumindest teilweise, identisch mit dem der KG ist. Für eine Fortführung dieses Geschäftsbetriebs bedarf die KG einer Einwilligung der übrigen Gesellschafter, sofern kein Fall des § 112 Abs. 2 HGB vorliegt (dazu unten → Rn. 25 ff.). Umgekehrt gewinnt das Wettbewerbsverbot eine deutlich geringere praktische Relevanz, wenn die Komplementär-GmbH erst anlässlich der Gründung der GmbH & Co. KG errichtet wurde und sich ihre Tätigkeit auf die Wahrnehmung der Komplementär-Funktion beschränkt.

6 Gegenstand kontroverser Diskussionen ist die Frage, ob ein persönlich haftender Gesellschafter einem Wettbewerbsverbot auch dann unterliegt, wenn er von der **Geschäftsführung** und der Vertretung **ausgeschlossen** ist. Die noch hM bejaht dies.[12] Sie verweist auf die weitreichenden Informationsrechte der persönlich haftenden Gesellschafter nach § 118 HGB und die damit einhergehenden Zugriffsmöglichkeiten auf alle Unternehmensinterna, die die Gefahr einer missbräuchlichen Verwendung begründen. Zum Teil wird, wenn die Informationsrechte des von der Geschäftsführung ausgeschlossenen persönlich haftenden Gesellschafters auf das gesetzliche Mindestmaß (§ 118 Abs. 2 HGB) reduziert sind, im Hinblick auf § 1 GWB eine **Restriktion des Wettbewerbsverbotes** angenommen.[13] Dies reicht allerdings nicht aus. Vielmehr wird man mit der im Vordringen befindlichen Ansicht die von der Geschäftsführung ausgeschlossenen Komplementäre generell vom Wettbewerbsverbot **ausnehmen** müssen.[14] Die Inhaberschaft

---

[11] GK/*Schäfer* § 112 HGB Rn. 6; *Riegger* BB 1983, 90; *K. Schmidt*, Gesellschaftsrecht, 1645 f.; *Löffler* NJW 1986, 223 (227); MHdB GesR II/*Doehner/Hoffmann* KG § 16 Rn. 55; *Binz/Sorg* 4 Rn. 43; *Ebenroth/Boujong/Joost/Strohn/Goette* § 112 HGB Rn. 4; MüKo/*Langhein* § 112 HGB Rn. 5; Schlegelberger/*Martens* § 165 HGB Rn. 34; Heymann/*Emmerich* § 112 HGB Rn. 5; *Brönner/Rux/Wagner* GmbH & Co. KG Rn. 239; Hesselmann/Tillmann/*Mussaeus* GmbH & Co. § 4 Rn. 255; *Armbrüster* ZIP 1997, 261 (271).

[12] GK/*Schäfer* § 112 HGB Rn. 6; Schlegelberger/*Martens* § 112 HGB Rn. 33; Lieberknecht/*Gnauk* BB 1963, 1067 (1073); *Salfeld*, Wettbewerbsverbote, 24 ff.; *Beuthien* ZHR 142 (1978), 259 (284); vgl. auch BGHZ 89, 162 (165).

[13] GK/*Schäfer* § 112 Rn. 7; aA *Beuthien* ZHR 142 (1978), 259 (283); *Kardaras*, 28.

[14] *Kellermann* FS Fischer, 307 (318 f.); *Immenga/Mestmäcker/Zimmer* § 1 GWB Rn. 54; *Wiedemann/Hirte* ZGR 1986, 163 (166); *Armbrüster* ZIP 1997, 261 (267). Die Frage kann nicht anders beantwortet werden als bei einem mit weitreichenden Informationsrechten ausgestatteten Kommanditisten, vgl. dazu → Rn. 40 f.

von Informationsrechten ist – dies zeigt ein Blick auf die GmbH, bei der andernfalls jeder Gesellschafter einem Konkurrenzverbot unterliegen müsste[15] – kein taugliches Aufgreifkriterium für ein Wettbewerbsverbot. Die Gesellschaft und die Mitgesellschafter sind durch die bestehenden Informationsverweigerungsrechte ausreichend geschützt (vgl. dazu im Einzelnen → § 25 Rn. 9 ff.). In einer GmbH & Co. KG unterliegen demnach weitere, von der Geschäftsführung ausgeschlossene Komplementäre grundsätzlich keinem Wettbewerbsverbot, auch wenn sie über die gesetzlichen Informationsrechte verfügen.

2. Dauer

Der Gesellschafter unterliegt während der ganzen Dauer **seiner Mitgliedschaft** dem Wettbewerbsverbot. Folglich ist es dem Gesellschafter auch dann, wenn sein Ausscheiden oder die Auflösung der Gesellschaft kurz bevorsteht, untersagt, mit der Gesellschaft in ein Wettbewerbsverhältnis zu treten. Der Gesellschafter kann sich in einer solchen Situation auch nicht darauf berufen, dass die von ihm ins Auge gefassten Geschäfte erst **nach** seinem **Ausscheiden bzw. der Auflösung** der Gesellschaft durchgeführt werden, wenn sie **vorher angebahnt** werden. Sofern kein nachvertragliches Wettbewerbsverbot eingreift, sind dem Gesellschafter solche Tätigkeiten erlaubt, die eine künftige Konkurrenztätigkeit **vorbereiten**, also erforderlich sind, damit der Gesellschafter unmittelbar nach Ende des Wettbewerbsverbotes eine eigene werbende Tätigkeit aufnehmen kann.[16] Hierzu zählen etwa die Einstellung von Personal, das Anmieten von Geschäftsräumen oder der Einkauf von Waren. Jedoch dürfen sich diese Maßnahmen noch nicht nachteilig auf die Gesellschaft auswirken. Eine gezielte Abwerbung von Personal oder Kunden der Gesellschaft ist dem Gesellschafter nicht gestattet.[17] 7

Um eine bestmögliche Verwertung des Gesellschaftsvermögens zu gewährleisten, gilt das Wettbewerbsverbot auch noch nach **Auflösung** der Gesellschaft fort, wenn ihre Geschäfte in der Liquidationsphase, wenn auch nur in eingeschränktem Maße, weitergeführt werden.[18] In jedem Fall ist dem Gesellschafter die Vornahme solcher Geschäfte untersagt, die einer ordnungsgemäßen Liquidation der Gesellschaft entgegenstehen.[19] Ein konkludenter Verzicht auf das Wettbewerbsverbot ist in einem Auflösungsbeschluss jedenfalls nicht zu erblicken.[20] 8

---

[15] Vgl. etwa *Winter*, Treuebindungen, 247; *von der Osten* GmbHR 1989, 450 (452); *Roth/Altmeppen* § 13 GmbHG Rn. 49; vgl. auch BGHZ 104, 246 (252).
[16] RGZ 90, 98 (100); *Baumbach/Hopt* § 112 HGB Rn. 3; MüKo/*Langhein* § 112 HGB Rn. 19; Heymann/*Emmerich* § 112 HGB Rn. 9; GK/*Schäfer* § 112 HGB Rn. 11.
[17] *Michalski* NZG 1998, 21; MHdB GesR II/*Doehner/Hoffmann* KG § 16 Rn. 18.
[18] BGH WM 1961, 629 (631); NJW 1980, 1627; GK/*Schäfer* § 112 HGB Rn. 12; *Baumbach/Hopt* § 112 HGB Rn. 3; MüKo/*Langhein* § 112 HGB Rn. 19; *Ebenroth/Boujong/Joost/Strohn/Goette* § 112 HGB Rn. 18; Heymann/*Emmerich* § 112 HGB Rn. 8; MHdB GesR II/*Doehner/Hoffmann* KG § 16 Rn. 17.
[19] BGH WM 1971, 412 (414).
[20] GK/*Schäfer* § 112 HGB Rn. 12.

9   Ein **nachvertragliches** Wettbewerbsverbot besteht – vorbehaltlich einer anderweitigen Vereinbarung – nicht. Auch aus der nachvertraglichen Treuepflicht lässt sich grundsätzlich kein fortwirkendes Wettbewerbsverbot ableiten.[21] Das gesetzliche Wettbewerbsverbot des Gesellschafters endet vielmehr mit seinem **Ausscheiden** aus der Gesellschaft oder, im Falle ihrer Auflösung, mit der **Vollbeendigung** der Gesellschaft. Die §§ 74, 75 HGB finden insoweit keine (analoge) Anwendung.[22] Abweichendes kann nur dann gelten, wenn über einen längeren Zeitraum aus dem Gewinn der Gesellschaft Abfindungszahlungen an den ausgeschiedenen Gesellschafter geleistet werden.[23]

10   Das Wettbewerbsverbot endet auch dann, wenn der Gesellschafter nur deswegen aus der Gesellschaft ausgeschieden ist, um sich von den Bindungen des Wettbewerbsverbotes zu **befreien**. Streitig ist nur, ob der Gesellschafter dem Wettbewerbsverbot auch dann noch unterliegt, wenn er wegen eines schuldhaften Verhaltens oder gar wegen seiner verbotenen Konkurrenztätigkeit aus der Gesellschaft **ausgeschlossen** wurde.[24] Richtigerweise wird man ein nachwirkendes Wettbewerbsverbot jedenfalls bis zum (fiktiven) nächsten Kündigungszeitpunkt annehmen müssen, da sich der Gesellschafter andernfalls durch vertragswidriges Verhalten den Bindungen des Wettbewerbsverbotes frühzeitig entziehen könnte, obwohl die Gesellschafter durch Vereinbarung einer festen Vertragslaufzeit deutlich gemacht haben, dass in diesem Zeitraum keine Konkurrenztätigkeit von Gesellschafterseite aufgenommen werden darf.

3. Umfang

11   **a) Geschäftsverbot.** § 112 HGB benennt als ersten Verbotstatbestand das Geschäftemachen im Handelszweig der Gesellschaft. Der Begriff des Geschäftemachens ist weit zu verstehen. Hierzu zählt jede Teilnahme am wirtschaftlichen Leben wirtschaftlicher Art.[25] Dabei kommt es nicht entscheidend darauf an, ob es sich um die Vornahme einzelner Geschäfte oder die Unterhaltung eines Gewerbebetriebs handelt.[26] Abzugrenzen ist das Geschäftemachen von rein **privaten Geschäften**, insbesondere solchen, die der Deckung des eigenen Lebensbedarfs oder den Zwecken der privaten Kapitalanlage dienen.[27] Auch durch die Tätigung privater Geschäfte kann

---

[21] OLG Düsseldorf NJW-RR 1989, 1305; *Baumbach/Hopt* § 112 HGB Rn. 14.
[22] RGZ 53, 154 (155); GK/*Schäfer* § 112 HGB Rn. 13; MHdB GesR II/*Doehner/Hoffmann* KG § 16 Rn. 17.
[23] MHdB GesR II/*Doehner/Hoffmann* KG § 16 Rn. 19.
[24] Bejahend *Kardaras*, Wettbewerbsverbot, 45 f.; MüKo/*Langhein* § 112 HGB Rn. 21; *Ebenroth/Boujong/Joost/Strohn/Goette* § 112 HGB Rn. 19; *Röhricht/v. Westphalen/v. Gerkan/Haas* § 112 HGB Rn. 4; Heymann/*Emmerich* § 112 HGB Rn. 7; *Paefgen* ZIP 1990, 839; verneinend OLG Düsseldorf NJW-RR 1989, 1305.
[25] OLG Nürnberg OLGZ 1980, 377 (379 f.).
[26] MüKo/*Langhein* § 112 HGB Rn. 10; *Röhricht/v. Westphalen/v. Gerkan/Haas* § 112 HGB Rn. 5; GK/*Schäfer* § 112 HGB Rn. 20.
[27] Vgl. BGH BB 1997, 1913; *Ebenroth/Boujong/Joost/Strohn/Goette* § 112 HGB Rn. 12; Heymann/*Emmerich* § 112 HGB Rn. 10; GK/*Schäfer* § 112 HGB Rn. 21; vgl. auch BGH DB 1997, 1271 (1272).

sich der Gesellschafter indes wegen Verletzung der Treuepflicht schadensersatzpflichtig machen, wenn er dabei interne Informationen oder konkrete Geschäftschancen der Gesellschaft ausnutzt.[28] Es kommt auch nicht darauf an, ob die Geschäfte im eigenen oder im **fremden Namen**, auf eigene oder **fremde Rechnung** getätigt werden.[29] Der Gesellschafter darf der Gesellschaft daher weder als Handelsvertreter noch als Kommissionär noch als Makler Konkurrenz machen.[30] Ein Geschäftemachen iSv § 112 HGB ist auch dann gegeben, wenn der Gesellschafter als **Geschäftsführer** oder **Vorstandsmitglied** einer konkurrierenden Gesellschaft aktiv auf deren Unternehmensleitung einwirken kann,[31] ohne dass es darauf ankommt, ob er seinen Einfluss auch zur Geltung bringt.[32] Dabei kann ein bloß tatsächlicher Einfluss auf die Geschäftsführung ausreichend sein.[33] Die bloße Mitgliedschaft im Aufsichtsrat oder im Beirat dürfte diese Voraussetzungen des Konkurrenzverbotes in der Regel nicht erfüllen.[34]

12

Die Einschaltung eines **Bevollmächtigten, Kommissionärs oder Treuhänders** fällt ebenfalls unter § 112 HGB, wenn durch die Ausnutzung unternehmensinterner Informationen eine Gefährdung der Interessen der Gesellschaft zu befürchten ist.[35] Insbesondere darf der Gesellschafter das Wettbewerbsverbot nicht dadurch umgehen, dass er sich eines Angehörigen als Mittelsperson bedient.[36] Im Grundsatz erfasst das Wettbewerbsverbot andere Beteiligte dann, wenn diese materiell Gesellschafter sind.[37]

13

b) **Beteiligungsverbot.** § 112 HGB verbietet dem Gesellschafter ferner jede Teilnahme an einem Konkurrenzunternehmen als persönlich haftender Gesellschafter. Hiervon ist die Beteiligung als persönlich haftender Gesellschafter einer **OHG, KG, KGaA** oder einer unternehmerisch tätigen **GbR** erfasst.[38] Entscheidend ist, ob es sich um ein Engagement handelt, das über eine bloße Kapitalanlage hinausgeht. Das Wettbewerbsverbot erfasst nicht nur natürliche Personen, sondern auch Gesellschaften und andere Verbände. Soll etwa die Komplementär-GmbH einer GmbH & Co. KG in einer weiteren GmbH & Co. KG die Rolle als persönlich haftende Gesellschafterin übernehmen (sog. **sternförmige Beteiligung**), bedarf es daher einer Be-

14

---

[28] MüKo/*Langhein* § 112 HGB Rn. 10; *Ebenroth/Boujong/Joost/ Strohn/Goette* § 112 HGB Rn. 12.
[29] GK/*Schäfer* § 112 HGB Rn. 22; MHdB GesR II/*Doehner/Hoffmann* KG § 16 Rn. 10; *Ebenroth/Boujong/Joost/ Strohn/Goette* § 112 HGB Rn. 13.
[30] Heymann/*Emmerich* § 112 HGB Rn. 11; *Armbrüster* ZIP 1997, 261 (262); *Röhricht/v. Westphalen/v. Gerkan/Haas* § 112 HGB Rn. 5.
[31] BGHZ 70, 331 (334); *Baumbach/Hopt* § 112 HGB Rn. 4.
[32] *Röhricht/v. Westphalen/v. Gerkan/Haas* § 112 HGB Rn. 5.
[33] OLG Nürnberg BB 1981, 452.
[34] Hesselmann/Tillmann/*Mussaeus* GmbH & Co. § 4 Rn. 258; zum Konkurrenzverbot für Aufsichtsratsmitglieder vgl. *Reichert/Schlitt* AG 1995, 241 ff.
[35] MHdB GesR II/*Doehner/Hoffmann* KG § 16 Rn. 10.
[36] BGH BB 1970, 1374 (Tätigkeit als Angestellter im Unternehmen der Ehefrau).
[37] *Röhricht/v. Westphalen/v. Gerkan/Haas* § 112 HGB Rn. 3.
[38] *Baumbach/Hopt* § 112 HGB Rn. 6; MüKo/*Langhein* § 112 HGB Rn. 17; *Binz/ Sorg* § 4 Rn. 44 f. Zum Wettbewerbsverbot in der KGaA vgl. *Schlitt*, Die Satzung der KGaA, 129 ff.

7. Kapitel. Nicht vermögensbezogene Rechte

freiung vom Wettbewerbsverbot, sofern beide KGen im gleichen Handelszweig tätig sind.[39] Auch die Übernahme eines Gesellschaftsanteils einer ausländischen Gesellschaft mit einer vergleichbaren Rechtsstruktur kann unter das Wettbewerbsverbot fallen.[40]

15 Eine bloße, nicht mit der Übernahme einer Organfunktion verknüpfte Beteiligung an einer konkurrierenden Kapitalgesellschaft, namentlich einer **GmbH** oder einer **AG**, ist dem Gesellschafter demgegenüber grundsätzlich erlaubt.[41] Gleiches gilt für eine typisch ausgestaltete Beteiligung als Kommanditist oder stiller Gesellschafter. Kommanditisten, GmbH-Gesellschafter oder Aktionäre, die aufgrund ihrer **beherrschenden Stellung** Einfluss auf eine konkurrierende Gesellschaft haben, können jedoch den Tatbestand des Geschäftemachens im Sinne von § 112 Abs. 1 HGB erfüllen.[42] Hieraus folgt ebenso, dass es einem dem Wettbewerbsverbot unterliegenden Gesellschafter untersagt ist, eine solche Beteiligung zu erwerben bzw. seinen Anteil entsprechend aufzustocken.[43]

16 Der Begriff der Beteiligung als persönlich haftender Gesellschafter ist der ratio legis folgend weit auszulegen. Über den Wortlaut des § 112 HGB hinausgehend ist auch eine Beteiligung als **Kommanditist oder stiller Gesellschafter** erfasst, wenn dem Gesellschafter Mitsprache- und Kontrollbefugnisse eingeräumt werden, die denen eines persönlich haftenden Gesellschafters angenähert sind (vgl. auch → Rn. 34 ff.).[44] Bedient sich der Gesellschafter eines Strohmanns oder einer abhängigen Gesellschaft, um sich an einer anderen Gesellschaft indirekt zu beteiligen, die in demselben Handelszweig tätig ist, liegt ebenfalls ein Umgehungsgeschäft vor, auf das § 112 Abs. 1 HGB anwendbar ist.[45] Von der Einordnung als persönlich haftender Gesellschafter unabhängig bleibt jedoch in den Fällen unbefugter Weitergabe von Interna oder Ermöglichung des Ausnutzens von Geschäftschancen stets die Möglichkeit einer Haftung auf Schadensersatz.[46]

---

[39] Auch wenn keine Wettbewerbssituation vorliegt, wird die Übernahme einer weiteren Komplementärfunktion nur dann für zulässig gehalten, wenn die Geschäftsleitung personell so ausgestattet ist, dass sie in der Lage ist, die Geschäftsführungsaufgaben für die verschiedenen Gesellschaften wahrzunehmen, vgl. *Binz/Sorg* § 4 Rn. 45.

[40] *Baumbach/Hopt* § 112 HGB Rn. 6.

[41] Gegen eine teleologische Extension des § 112 HGB und zur AG & Co. KG *Grigoleit* ZGR 2010, 662.

[42] GK/*Schäfer* § 112 HGB Rn. 25; *Baumbach/Hopt* § 112 HGB Rn. 6; MüKo/*Langhein* § 112 HGB Rn. 17; *Ebenroth/Boujong/Joost/Strohn/Goette* § 112 HGB Rn. 15; MHdB GesR II/*Doehner/Hoffmann* KG § 16 Rn. 50; iE auch *Armbrüster* ZIP 1997, 261 (268), der indessen eine analoge Anwendung des § 112 Abs. 1 2. Alt. HGB befürwortet. Vgl. auch zum Wettbewerbsverbot des herrschenden Aktionärs gegenüber der AG *Burgard* FS Lutter 2000, 1033.

[43] *Röhricht/v.Westphalen/v. Gerkan/Haas* § 112 HGB Rn. 9.

[44] OLG Nürnberg OLGZ 1980, 377 (378); GK/*Schäfer* § 112 HGB Rn. 24; *Heymann/Emmerich* § 112 HGB Rn. 15; MüKo/*Langhein* § 112 HGB Rn. 17; MHdB GesR II/*Doehner/Hoffmann* KG § 16 Rn. 14.

[45] MHdB GesR II/*Doehner/Hoffmann* KG § 16 Rn. 10 aE; *Heymann/Emmerich* § 112 HGB Rn. 11.

[46] *Röhricht/v.Westphalen/v. Gerkan/Haas* § 112 HGB Rn. 8.

c) **Relevanter Markt.** *aa) Sachlich relevanter Markt.* In der Praxis bereitet 17
die Feststellung, ob eine Konkurrenzsituation vorliegt, zuweilen erhebliche
Schwierigkeiten. Das Gesetz umschreibt den sachlich und räumlich relevanten Markt mit den Begriffen **im Handelszweig der Gesellschaft** (Geschäftemachen) und **gleichartige Gesellschaft** (Beteiligung). Dabei besteht im Grundsatz Einigkeit darüber, dass zwischen beiden Marktabgrenzungen kein sachlicher Unterschied besteht.[47]

Ausgangspunkt für die Ermittlung des relevanten Marktes ist zunächst der 18
im **Gesellschaftsvertrag** umschriebene **Unternehmensgegenstand**.[48]
Dabei kommt es in erster Linie auf den durch Auslegung zu ermittelnden
konkreten Unternehmensgegenstand an. Im Gesellschaftsvertrag enthaltene
umfassende Formulierungen sind danach nur dann maßgebend, wenn sie,
wie jedoch häufig, bewusst gewählt wurden, um der Gesellschaft eine Ausweitung ihres künftigen Tätigkeitsbereiches offen zu halten.[49]

Problematisch ist, ob ein Verstoß gegen das Wettbewerbsverbot vorliegt, 19
wenn eine anderweitige Tätigkeit des Gesellschafters zwar den **konkreten**
gesellschaftsvertraglichen Unternehmensgegenstand der GmbH & Co. KG
tangiert, es jedoch zu keiner Überschneidung mit den **tatsächlich** von der
Gesellschaft ausgeübten Tätigkeiten kommt. Richtigerweise ist hier zu differenzieren.[50] Geht die **Beschränkung** der Tätigkeit der Gesellschaft auf eine
Entscheidung der Geschäftsführung zurück, ohne dass diese zuvor im Gesellschafterkreis abgestimmt worden ist, so sind den Gesellschaftern eigene Tätigkeiten nicht gestattet. Ist die Einschränkung hingegen vom **Einverständnis** aller oder der vertragsändernden Mehrheit der Gesellschafter getragen,
ist regelmäßig der Schluss auf eine **konkludente Änderung des Gesellschaftsvertrages** zulässig, mit der Folge, dass die betreffenden Geschäftsfelder für die Gesellschafter freigegeben sind.[51]

Umgekehrt unterliegen die Gesellschafter dann keinem Wettbewerbsverbot, wenn die Geschäftsführung die Aktivitäten der Gesellschaft **eigenmächtig** über den gesellschaftsvertraglichen Unternehmensgegenstand hinaus **ausdehnt**. Anderes gilt aber auch insoweit, wenn eine konkludente
Änderung des Gesellschaftsvertrages vorliegt. Eine Erweiterung der Geschäftsfelder ist dann als vom Willen aller Gesellschafter getragen anzusehen,

---

[47] MüKo/*Langhein* § 112 HGB Rn. 11; GK/*Schäfer* § 112 HGB Rn. 15; Heymann/*Emmerich* § 112 HGB Rn. 14a; *Baumbach/Hopt* § 112 HGB Rn. 7; *Armbrüster* ZIP 1996, 261 (263).

[48] BGHZ 70, 331 (332); 89, 162 (170); GK/*Schäfer* § 112 HGB Rn. 15; Schlegelberger/*Martens* § 112 HGB Rn. 15ff.; *Wiedemann/Hirte* ZGR 1986, 163 (170f.); *Ivens*, Konkurrenzverbot, 63; iE auch *Armbrüster* ZIP 1997, 261 (263).

[49] Vgl. BGHZ 89, 162 (170); GK/*Schäfer* § 112 HGB Rn. 14; MüKo/*Langhein* § 112 HGB Rn. 11; *Ebenroth/Boujong/Joost/Strohn/Goette* § 112 HGB Rn. 9; einschränkend *Baumbach/Hopt* § 112 HGB Rn. 5.

[50] MüKo/*Langhein* § 112 HGB Rn. 11f.; GK/*Schäfer* § 112 HGB Rn. 16; *Baumbach/Hopt* § 112 HGB Rn. 5; Schlegelberger/*Martens* § 112 HGB Rn. 15; Hesselmann/Tillmann/*Mussaeus* GmbH & Co. § 4 Rn. 289 ff.; *Grunewald* Gesellschaftsrecht 1. B Rn. 9; Heymann/*Emmerich* § 112 HGB Rn. 12a; iE auch *Armbrüster* ZIP 1997, 263; wohl auch BGHZ 70, 331 (332).

[51] MHdB GesR II/*Doehner/Hoffmann* KG § 16 Rn. 11.

7. Kapitel. Nicht vermögensbezogene Rechte

wenn die nicht geschäftsführenden Gesellschafter die abweichende Praktizierung über lange Zeit widerspruchslos hingenommen haben.[52]

21 Um die Gesellschaft vor Wettbewerbstätigkeiten ihrer Gesellschafter auch in Randbereichen zu schützen, geht der durch die Begriffe **„Handelszweig"** bzw. **„Gleichartigkeit"** gezogene sachlich relevante Markt über den konkreten, gegebenenfalls nachträglich konkludent geänderten Unternehmensgegenstand hinaus.[53] Auch kommt es nicht darauf an, ob die GmbH & Co. KG das fragliche Geschäft selbst abgeschlossen hätte.[54] Vielmehr ist entscheidend, ob die Gesellschaft solche Geschäfte vornehmen könnte.[55]

22 Geschäfte, die nach ihrer Art von beliebigen Gesellschaften getätigt werden können, **sog. nicht handelszweigtypische Geschäfte**, wird man nicht als zum sachlich relevanten Markt gehörend zählen können.[56] Dem Gesellschafter ist es jedoch auch bei solchen „neutralen" Geschäften untersagt, sich **konkrete Geschäftschancen** der Gesellschaft für eigene Zwecke fruchtbar zu machen.[57] Der durch die Geschäftschancenlehre vermittelte Schutz ist daher weitreichender als der Schutz durch das Wettbewerbsverbot. Die Komplementär-GmbH verwertet keine Geschäftschancen der KG, wenn sie einen von ihr (vor Gründung der KG) gepachteten Gegenstand der Gesellschaft weiter verpachtet und die Differenz zwischen der von ihr bezahlten Pacht und dem Unterpachtzins für sich behält.[58]

23 Die **Beteiligung** eines Gesellschafters an einer anderen Gesellschaft mit einem gleichartigen Unternehmensgegenstand stellt danach einen Verstoß gegen das Wettbewerbsverbot dar, wenn eine partielle, nicht geringfügige Überschneidung der jeweiligen Märkte der beiden Unternehmen vorliegt.[59] Ob die Gesellschaften in der gleichen Rechtsform organisiert sind, ist ohne Relevanz; vielmehr kommt es ausschließlich auf eine etwaige Überschneidung der Aktivitäten der Gesellschaften an.[60]

24 *bb) Räumlich relevanter Markt.* Eine räumliche Beschränkung des der GmbH & Co. KG vorbehaltenen Marktes sieht das Gesetz nicht vor. Dieser Grundsatz bedarf jedoch einer teleologischen Einschränkung. Danach ist ein Wett-

---

[52] GK/*Schäfer* § 112 HGB Rn. 16.
[53] BGHZ 70, 331 (333); GK/*Schäfer* § 112 HGB Rn. 17; vgl. auch *Baumbach/Hopt* § 112 HGB Rn. 5, 7. Eine Ausnahme von diesem Grundsatz ist mit GK/*Schäfer* § 112 HGB Rn. 17 dann zu machen, wenn das Einverständnis der Mitgesellschafter mit einer Tätigkeit des Gesellschafters als konkludente Beschränkung des Unternehmensgegenstandes der Gesellschaft gewertet werden kann, was insbesondere bei Gemeinschaftsunternehmen relevant werden dürfte.
[54] BGHZ 70, 331 (333).
[55] BGHZ 89, 162 (170).
[56] GK/*Schäfer* § 112 HGB Rn. 17; Schlegelberger/*Martens* § 165 HGB Rn. 18; *Armbrüster* ZIP 1997, 264; einschränkend *Röhricht* WPg 1992, 766 (774); *Mertens/Cahn* FS Heinsius, 546 (566).
[57] BGH NJW 1986, 584 (585); 1989, 2687 (vgl. auch → § 25 Rn. 27); zur Geschäftschancenlehre MüKo/*Langhein* § 112 HGB Rn. 16 mwN.
[58] BGH NJW 1998, 1225 (1226).
[59] *Baumbach/Hopt* § 112 HGB Rn. 7.
[60] MHdB GesR II/*Doehner/Hoffmann* KG § 16 Rn. 15.

bewerbsverbot nur insofern gerechtfertigt, wie der Gesellschaft aufgrund der Aktivitäten ihrer Gesellschafter eine konkrete Gefährdung droht.[61] Auf Märkten, auf denen die Gesellschaft weder aktuell noch potentiell tätig ist, können sich die Gesellschafter unternehmerisch betätigen. Allerdings ist zu berücksichtigen, dass eine Konkurrenzsituation nicht nur auf Anbieterseite, sondern auch auf Abnehmerseite auftreten kann.[62] Vom Wettbewerbsverbot erfasst ist zudem auch die Beteiligung des Gesellschafters an einer **ausländischen Gesellschaft**, sofern der Betrieb der GmbH & Co. KG, sei es durch Exportgeschäfte dieses Konkurrenzunternehmens, sei es durch dessen inländische Zweigniederlassungen, behindert wird.[63] Es ist grundsätzlich auf die **aktuelle Größe** des geographischen Marktes, auf dem die Gesellschaft tätig ist, abzustellen. Vergrößert sich im Laufe der Zeit der räumliche Markt, so gilt das Wettbewerbsverbot folglich grundsätzlich auch in den Regionen, um die sich der Markt erweitert hat, wobei indes zu berücksichtigen ist, inwieweit der konkurrierende Gesellschafter mit der Expansion rechnen konnte.[64] Unter Umständen kann dem Gesellschafter dann ein Recht zum Ausscheiden aus wichtigem Grund erwachsen.[65]

4. Einwilligung

Die Regelung des § 112 HGB stellt ein Verbot mit Erlaubnisvorbehalt 25 dar.[66] Die Beteiligung an einer konkurrierenden Gesellschaft oder die Vornahme von Geschäften im Geschäftsbereich der Gesellschaft ist den persönlich haftenden Gesellschaftern nur mit Einwilligung der übrigen Gesellschafter gestattet (vgl. § 112 Abs. 2 HGB). Die Einwilligung manifestiert sich nicht durch Gesellschafterbeschluss,[67] sondern ist von allen übrigen Gesellschaftern durch empfangsbedürftige **Willenserklärung** gegenüber den persönlich haftenden Gesellschaftern zu erteilen.[68] Auch wenn eine solche Einwilligung der übrigen Gesellschafter vorliegt, bleibt es dem Gesellschafter aufgrund seiner allgemeinen Treuepflicht nicht gestattet, der Gesellschaft konkret zuzuordnende Geschäftschancen für eigene Zwecke zu nutzen (vgl.

---

[61] MüKo/*Langhein* § 112 HGB Rn. 14; *Ebenroth/Boujong/Joost/Strohn/Goette* § 112 HGB Rn. 16; GK/*Schäfer* § 112 HGB Rn. 19.
[62] Vgl. *Armbrüster* ZIP 1997, 264 f. mwN.
[63] MHdB GesR II/*Doehner/Hoffmann* KG § 16 Rn. 14.
[64] MHdB GesR II/*Doehner/Hoffmann* KG § 16 Rn. 12 aE; weitergehend *Röhricht/v. Westphalen/v. Gerkan/Hass* § 112 HGB Rn. 7.
[65] *Röhricht/v. Westphalen/v. Gerkan/Haas* § 112 HGB Rn. 7.
[66] *Ebenroth/Boujong/Joost/Strohn/Goette* § 112 HGB Rn. 24; MüKo/*Langhein* § 112 HGB Rn. 23.
[67] So aber *Ebenroth/Boujong/Joost/Strohn/Goette* § 112 HGB Rn. 25 aE; *Kardaras*, Wettbewerbsverbot, 75 f.
[68] *Heymann/Emmerich* § 112 HGB Rn. 17; GK/*Schäfer* § 112 HGB Rn. 26; MHdB GesR II/*Doehner/Hoffmann* KG § 16 Rn. 20; vgl. auch BFH NJW 1998, 3663. Nach GK/*Schäfer* § 112 HGB Rn. 28, reicht ein Mehrheitsbeschluss der Gesellschafter auch dann nicht aus, wenn den Anforderungen des Bestimmtheitsgrundsatzes Genüge getan ist. Nach *Binz/Sorg* § 4 Rn. 46 reicht ein Mehrheitsbeschluss, sofern dies im Gesellschaftsvertrag vorgesehen ist.

7. Kapitel. Nicht vermögensbezogene Rechte

auch → § 26 Rn. 27).⁶⁹ Gleichsam darf er die gestattete Konkurrenztätigkeit nicht mit dem Zweck betreiben, die Gesellschaft zu vernichten oder ihre Abhängigkeit zu begründen.⁷⁰

26 Inhaltlich kann die Einwilligung beliebig ausgestaltet werden. Sie kann von den übrigen Gesellschaftern **generell** erteilt werden oder sich auf eine **bestimmte** Art von Geschäften beschränken, befristet erteilt oder von Bedingungen abhängig gemacht werden.⁷¹ Sie kann auch **konkludent** erklärt werden.⁷² Eine konkludente Erteilung ist nur in Ausnahmefällen anzunehmen, um den Schutz vor Konkurrenz durch die eigenen Gesellschafter zu gewährleisten. Somit reicht die bloße Kenntnis von der Konkurrenztätigkeit grundsätzlich nicht aus, um das Vorliegen einer Einwilligung zu bejahen.⁷³ Erforderlich ist vielmehr ein Dulden durch sämtliche Gesellschafter über einen längeren Zeitraum in Kenntnis der relevanten Umstände. Dabei sind aufgrund der Wertung des § 112 Abs. 2 HGB die Anforderungen an eine Bejahung einer Einwilligung niedriger, wenn die Gesellschafter bei Gründung bzw. bei Beitritt des konkurrierenden Gesellschafters die relevanten Umstände gekannt haben. In diesem Fall hätten sie die Aufgabe der Konkurrenztätigkeit zur Bedingung der Gründung bzw. des Beitritts machen können.⁷⁴ Beruft sich der betroffene Gesellschafter auf eine konkludente Einwilligung, muss er im Streitfall konkrete Anhaltspunkte für deren Erteilung vorlegen können.

27 Die Gesellschafter können im Wege der vorherigen Einwilligung oder der nachträglichen Genehmigung ihre **Zustimmung** erteilen (§ 182 BGB). In der nach Aufnahme der Geschäftstätigkeit erklärten Genehmigung liegt idR ein Verzicht auf die Rechtsfolgen eines Verstoßes gegen § 112 Abs. 1 HGB.⁷⁵

28 Für den Sonderfall, dass die Komplementär-GmbH bereits bei Gründung der Gesellschaft an einer **Konkurrenzgesellschaft beteiligt** ist, den übrigen Gesellschaftern dies bekannt ist und sie die Komplementärin nicht zur Beendigung der Beteiligung an der anderen Gesellschaft auffordern, fingiert § 112 Abs. 2 HGB die Einwilligung zu der Konkurrenztätigkeit. Erforderlich ist eine **positive Kenntnis** sämtlicher Gesellschafter.⁷⁶ Zudem muss aus den Erklärungen der Mitgesellschafter **eindeutig** hervorgehen, dass sie eine Beendigung der anderweitigen Tätigkeit wünschen. Andernfalls fehlt es an

---

⁶⁹ Heymann/*Emmerich* § 112 HGB Rn. 17; MHdB GesR II/*Doehner/Hoffmann* KG § 16 Rn. 25.

⁷⁰ Röhricht/v. Westphalen/v. Gerkan/Haas § 112 HGB Rn. 14.

⁷¹ MüKo/*Langhein* § 112 HGB Rn. 25; *Ebenroth/Boujong/Joost/Strohn/Goette* § 112 HGB Rn. 26.

⁷² MüKo/*Langhein* § 112 HGB Rn. 26; *Ebenroth/Boujong/Joost/Strohn/Goette* § 112 HGB Rn. 27; Heymann/*Emmerich* § 112 HGB Rn. 17.

⁷³ Heymann/*Emmerich* § 112 HGB Rn. 17; MHdB GesR II/*Doehner/Hoffmann* KG § 16 Rn. 21.

⁷⁴ MHdB GesR II/*Doehner/Hoffmann* KG § 16 Rn. 21; vgl. auch MüKo/*Langhein* § 112 HGB Rn. 26.

⁷⁵ MüKo/*Langhein* § 112 HGB Rn. 26.

⁷⁶ *Ebenroth/Boujong/Joost/Strohn/Goette* § 112 HGB Rn. 30; MüKo/*Langhein* § 112 HGB Rn. 29; Heymann/*Emmerich* § 112 HGB Rn. 18; MHdB GesR II/*Doehner/Hoffmann* KG § 16 Rn. 23.

einer ausdrücklichen Forderung nach Aufgabe der Beteiligung.[77] Der Vorbehalt der Gesellschafter muss indessen nicht schriftlich oder gar im Gesellschaftsvertrag niedergelegt werden.[78]

§ 112 Abs. 2 HGB wird auf den späteren **Beitritt** der Komplementärin in eine GmbH & Co. KG **analog** angewandt.[79] Eine entsprechende Anwendung auf andere **konkurrierende Tätigkeiten** der persönlich haftenden Gesellschafter, namentlich der Abschluss einzelner Geschäfte ohne Dauercharakter, kommt nicht in Betracht.[80] Nehmen die übrigen Gesellschafter ihnen bei Vertragsschluss bekannte Tätigkeiten hin, kann hierin je nach Lage des Falles eine **widerlegliche Vermutung** der Einwilligung zu erblicken sein.[81] Dies gilt namentlich für ein widerspruchsloses **Dulden** einer Wettbewerbstätigkeit über einen längeren Zeitraum hin.[82] In der GmbH & Co. KG wird man eine stillschweigende Einwilligung regelmäßig dann annehmen können, wenn die **Komplementär-GmbH** bereits vor Gründung der GmbH & Co. KG oder ihrem Beitritt zu der KG einen **eigenen Geschäftsbetrieb** geführt hat und ihre Konkurrenztätigkeit mit Kenntnis der übrigen Gesellschafter fortsetzt.[83] Unbeschadet dessen empfiehlt es sich, im Gesellschaftsvertrag eine ausdrückliche Befreiung der Komplementärin vom Wettbewerbsverbot vorzusehen.

29

Die Ausübung eines gesellschaftsvertraglich verankerten **Rechts** zur **Übertragung** eines KG-Anteils oder zum **Beitritt** in die KG durch einen Konkurrenten kommt ohne Erteilung einer Einwilligung nicht in Betracht.[84] Eine Ausnahme gilt nur dann, wenn durch die Einschränkung von Informationsrechten die Gefahr einer missbräuchlichen Verwendung ausgeschlossen werden kann.[85] Dies gilt im Grundsatz auch in Konzernsituationen.[86]

30

Eine ohne Vorbehalt erteilte Einwilligung kann nur aus wichtigem Grund **widerrufen** werden.[87]

31

---

[77] MüKo/*Langhein* § 112 HGB Rn. 30; GK/*Schäfer* § 112 HGB Rn. 29.
[78] Baumbach/Hopt § 112 HGB Rn. 10.
[79] Heymann/*Emmerich* § 112 HGB Rn. 19; Hesselmann/Tillmann/*Mussaeus* GmbH & Co. § 4 Rn. 261.
[80] Heymann/*Emmerich* § 112 HGB Rn. 19.
[81] Wie hier *Löffler* NJW 1986, 223 (229); GK/*Schäfer* § 112 HGB Rn. 30; einschränkend *Baumbach/Hopt* § 112 HGB Rn. 11; vgl. auch Heymann/*Emmerich* § 112 HGB Rn. 17; Schlegelberger/*Martens* § 165 HGB Rn. 34; *Lüdtke-Handjery* BB 1973, 68 (69f.).
[82] GK/*Schäfer* § 112 HGB Rn. 27 mwBsp.
[83] Schlegelberger/*Martens* § 165 HGB Rn. 34; MHdB GesR II/*Doehner/Hoffmann* KG § 16 Rn. 55; *Brönner/Rux/Wagner* GmbH & Co. KG Rn. 240; *Binz/Sorg* § 4 Rn. 47.
[84] BGH ZIP 1982, 309; Heymann/*Horn* § 165 HGB Rn. 7.
[85] BGH ZIP 1982, 309 (311).
[86] Heymann/*Horn* § 165 HGB Rn. 7.
[87] Zutr. GK/*Schäfer*, § 112 HGB Rn. 26; *Baumbach/Hopt* § 112 HGB Rn. 9; MüKo/*Langhein* § 112 HGB Rn. 25; MHdB GesR II/*Doehner/Hoffmann* KG § 16 Rn. 20a. Anderes gilt unter Umständen bei einer über einen langen Zeitraum erklärten Einwilligung.

III. Wettbewerbsverbot der Kommanditisten

1. Grundsatz

32 Für den Kommanditisten erklärt § 165 HGB die Bestimmungen der §§ 112, 113 HGB für unanwendbar; Kommanditisten unterliegen im Grundsatz daher weder gegenüber der GmbH & Co. KG noch gegenüber der Komplementär-GmbH einem Wettbewerbsverbot.[88] Dies lässt jedoch nicht ohne weiteres den Schluss zu, dass der Kommanditist in keiner Situation einem Wettbewerbsverbot unterworfen ist. Ein Wettbewerbsverbot des Kommanditisten kann nämlich Ausfluss der allgemeinen gesellschaftsrechtlichen Treuepflicht sein, die durch die Regelung des § 165 HGB nicht verdrängt wird.[89] Die **Intensität** seiner **Treuepflicht** und damit das Bestehen eines Wettbewerbsverbots hängt von der Ausgestaltung seiner internen Rechtsstellung ab (vgl. im Einzelnen → Rn. 35 ff.). Namentlich dann, wenn seine **Rechtsstellung** aufgrund von weitgehenden Informationsrechten und Geschäftsführungsbefugnissen der eines **Komplementärs angeglichen** ist, erscheint es gerechtfertigt, den Kommanditisten einem Wettbewerbsverbot zu unterwerfen, da in diesem Fall eine Gefährdung der Gesellschaftsinteressen zu besorgen ist.[90] Dabei kommt es nicht darauf an, ob die Befugnisse des Kommanditisten gesellschaftsvertraglich verankert sind; maßgeblich ist vielmehr, ob der Kommanditist **faktischen** Einfluss auf die Leitung der Gesellschaft nehmen kann.

33 Auch wenn das Wettbewerbsverbot Ausfluss der allgemeinen Treuepflicht ist, geht es als Gefährdungstatbestand[91] und in seinen Rechtsfolgen über das aus der Treuepflicht resultierende Verbot, Geschäftschancen der Gesellschaft wahrzunehmen und Insiderinformationen auszunutzen, hinaus (vgl. → § 26 Rn. 27). Es ist daher zutreffend, das Wettbewerbsverbot des Kommanditisten nicht nur aus der Treuepflicht selbst herzuleiten, sondern es daneben auch aus einer **analogen Anwendung der §§ 112, 113 HGB** zu entwickeln.[92]

---

[88] IE auch Hesselmann/Tillmann/*Mussaeus* GmbH & Co. § 4 Rn. 279, 282, jedoch mit der fehlerhaften Begr., es bestünden keine Treuepflichten zwischen den Kommanditisten und der Komplementär-GmbH.

[89] MHdB GesR II/*Doehner/Hoffmann* KG § 16 Rn. 44 f.; MüKo/*Langhein* § 112 HGB Rn. 6.

[90] BGH BB 2002, 324 (325); BGHZ 89, 162 (165 f.); *Beuthien* ZHR 142 (1978), 288; Schlegelberger/*Martens* § 165 HGB Rn. 1; *Löffler* NJW 1986, 225; GK/*Schäfer* § 112 HGB Rn. 9; *Baumbach/Hopt* § 112 HGB Rn. 2; MHdB GesR II/*Doehner/Hoffmann* KG § 16 Rn. 55; *Grunewald* Gesellschaftsrecht 1. C Rn. 9; *K. Schmidt*, Gesellschaftsrecht, 598; *Brönner/Rux/Wagner* GmbH & Co. KG Rn. 243; *Armbrüster* ZIP 1997, 270. Zu weitgehend *Kardaras*, Wettbewerbsverbot, 34, der ein generelles Wettbewerbsverbot annimmt.

[91] Dabei reicht das Bestehen einer abstrakten Schädigungsgefahr nicht aus, vielmehr bedarf es einer konkreten Gefährdung der Gesellschaftsinteressen.

[92] BGH NJW 2002, 1046 (1047); BGHZ 89, 162 (171); Schlegelberger/*Martens* § 165 HGB Rn. 27; GK/*Schäfer* § 112 HGB Rn. 3.

Dritte, die berechtigt sind, Mitgliedschaftsrechte eines Kommanditisten 34
im eigenen Namen wahrzunehmen, unterliegen ebenfalls dem Wettbewerbsverbot. Dies gilt insbesondere für mit weitreichenden Einflussrechten ausgestattete **Treugeber** (vgl. → § 40 Rn. 60f.), **Unterbeteiligte** (vgl. → § 40 Rn. 18ff.), Nießbraucher und **stille Gesellschafter** (vgl. → § 40 Rn. 83ff.).[93] Da sich das Wettbewerbsverbot grundsätzlich nur gegen den Gesellschafter richtet, unterliegen **gesetzliche Vertreter** oder **Bevollmächtigte** eines Gesellschafters demgegenüber prinzipiell keinem Wettbewerbsverbot.[94] Nutzt der im Namen des Gesellschafters handelnde Vertreter jedoch Informationen zu Lasten der Gesellschaft aus, wird dieses Handeln dem vertretenen Gesellschafter nach § 278 BGB zugerechnet.[95] Handelt es sich um eine **Strohmanngründung**, findet § 112 HGB für den das Verbot umgehenden Gesellschafter unmittelbare Anwendung.[96]

2. Eingreifen eines Wettbewerbsverbotes

a) Beherrschender Einfluss. Ein Kommanditist, der aufgrund seiner 35
Beteiligung die Gesellschaft beherrschen kann (§ 18 AktG), ist regelmäßig in der Lage, umfassende interne Informationen über die Geschäftstätigkeit der GmbH & Co. KG zu erlangen und diese zum Nachteil der Gesellschaft zu verwenden. Ist der Kommanditist gleichzeitig außerhalb der Gesellschaft unternehmerisch tätig, begründet die Beherrschung eine besondere Gefährdungslage für die GmbH & Co. KG. Nach Auffassung des BGH und der mittlerweile ganz hM im Schrifttum ist es gerechtfertigt, den Kommanditisten in dieser Situation einem Wettbewerbsverbot zu unterwerfen.[97] Dabei kommt es nicht entscheidend darauf an, ob der Kommanditist seinen Einfluss tatsächlich geltend macht. Vielmehr spricht eine **Vermutung** dafür, dass der Kommanditist von den bestehenden Einflussmöglichkeiten Gebrauch macht.[98] Der an der Aufrechterhaltung seiner anderweitigen Tätigkeit interessierte Gesellschafter muss daher darlegen und beweisen, dass es sich um keine unternehmerische Beteiligung, sondern um eine bloße Finanzbeteiligung handelt.[99] Auch kommt es nicht auf die Stellung an, die der Komman-

---

[93] MüKo/*Langhein* § 112 HGB Rn. 8; Ebenroth/Boujong/Joost/Strohn/Goette § 112 HGB Rn. 5.
[94] MüKo/*Langhein* § 112 HGB Rn. 9; GK/*Schäfer* § 112 HGB Rn. 10. Anderes gilt freilich für den Geschäftsführer der Komplementär-GmbH, vgl. hierzu im Einzelnen → Rn. 49 ff. Im Übrigen greifen uU die §§ 1667, 1909 BGB ein, vgl. Baumbach/Hopt § 112 HGB Rn. 5.
[95] Ebenroth/Boujong/Joost/Strohn/Goette § 112 HGB Rn. 6; Heymann/*Emmerich* § 112 HGB Rn. 5.
[96] Baumbach/Hopt § 112 HGB Rn. 2.
[97] BGH NJW 2002, 1046 (1047); BGHZ 89, 162 (165f.); zust. Heymann/*Horn* § 165 HGB Rn. 4; Schlegelberger/*Martens* § 165 HGB Rn. 16; GK/*Schilling* § 165 HGB Rn. 2; Baumbach/Hopt § 112 HGB Rn. 2; Röhricht/v. Westphalen/v. Gerkan/Haas § 165 HGB Rn. 8; MHdB GesR II/*Doehner/Hoffmann* KG § 16 Rn. 50; Binz/Sorg § 5 Rn. 135; *Löffler* NJW 1986, 225; Röhricht WPg 1992, 767.
[98] BGHZ 89, 162 (167); MHdB GesR II/*Doehner/Hoffmann* KG § 16 Rn. 50; Schlegelberger/*Martens* § 165 HGB Rn. 16; MüKo/*Grunewald* § 165 HGB Rn. 11.
[99] BGHZ 89, 162 (167).

ditist nach außen hin wahrnimmt; allein maßgeblich ist vielmehr das Innenverhältnis.[100]

36 Bei der Frage, wann eine beherrschende Stellung des Kommanditisten anzunehmen ist, orientiert sich die Rechtsprechung an allgemeinen **konzernrechtlichen** Kategorien. So hat der BGH in der sog. „Werbeagentur"-Entscheidung ein Wettbewerbsverbot zu Lasten eines Gesellschafters angenommen, der zu 80% am Kommanditkapital und Stammkapital der Komplementär-GmbH beteiligt war.[101] Weitergehend wird man ein Wettbewerbsverbot dann zu bejahen haben, wenn der Kommanditist keine Geschäftsanteile an der Komplementär-GmbH hält, aber aufgrund der Ausgestaltung des KG-Vertrages über seine Mehrheitsbeteiligung[102] beherrschenden Einfluss auf die Gesellschaft ausüben kann.[103] Darüber hinaus liegt eine ein Wettbewerbsverbot begründende beherrschende Stellung dann vor, wenn der Kommanditist zwar nicht über eine Mehrheit am Kommanditkapital verfügt, aber aufgrund der ihm zustehenden Stimmen wesentliche Entscheidungen in der GmbH & Co. KG durchsetzen kann.[104] Indessen reicht es **nicht** aus, dass der Kommanditist über eine **Sperrminorität** verfügt, mit deren Hilfe er alle wesentlichen Entscheidungen blockieren kann.[105]

37 Vereinzelt wird vorgeschlagen, die Kommanditisten einer personengleichen **GmbH & Co. KG** stets einem Wettbewerbsverbot zu unterwerfen.[106] Eine solche generalisierende Betrachtung verbietet sich indessen. Denn nicht jede Beteiligung an der Komplementär-GmbH verschafft dem Gesellschafter einen ein Wettbewerbsverbot legitimierenden Einfluss.[107] Vielmehr muss die Beteiligung so ausgestaltet sein, dass der Gesellschafter in der Lage ist, einen beherrschenden Einfluss zu entfalten.

38 Ist der beherrschende Gesellschafter eine Zwischenholding, erstreckt sich nach Auffassung des BGH das Wettbewerbsverbot auch auf die an dem beherrschenden Gesellschafter zu 100% beteiligte **Muttergesellschaft**.[108] Der BGH begründet diese Ausweitung damit, dass die Muttergesellschaft für die Verpflichtung ihrer Tochter aus dem Wettbewerbsverbot einzustehen habe. Sie könne sich nicht darauf berufen, dass formal nicht sie, sondern ihre Tochter Gesellschafterin der GmbH & Co. KG sei. Die Muttergesellschaft darf

---

[100] BGH NJW 2002, 1046 (1047).
[101] BGHZ 89, 162 ff.
[102] Ob eine Mehrheitsbeteiligung vorliegt, beurteilt sich nach dem Verhältnis der Kapitalkonten, vgl. *Hüffer* § 16 AktG Rn. 10.
[103] Vgl. K. *Schmidt*, Gesellschaftsrecht, 598, 1542; Schlegelberger/*Martens* § 165 HGB Rn. 17; MüKo/*Grunewald* § 165 HGB Rn. 10.
[104] Vgl. BGHZ 104, 246 (251) (zur GmbH); Schlegelberger/*Martens* § 165 HGB Rn. 39.
[105] Schlegelberger/*Martens* § 165 HGB Rn. 17; MHdB GesR II/*Doehner/Hoffmann* KG § 16 Rn. 50.
[106] *Baumbach/Hopt* Anh. § 177a HGB Rn. 23.
[107] IE auch MHdB GesR II/*Doehner/Hoffmann* KG § 16 Rn. 58; *Armbrüster* ZIP 1997, 272.
[108] BGHZ 89, 162 (165); Heymann/*Horn* § 165 HGB Rn. 2; *Baumbach/Hopt* § 112 HGB Rn. 2; *Wiedemann/Hirte* ZGR 1986, 163 (165); MHdB GesR II/*Doehner/Hoffmann* KG § 16 Rn. 51; *Immenga* JZ 1984, 579; *Löffler* NJW 1986, 226 f.

daher nicht die gleichen Aktivitäten wie die beherrschte KG betreiben, auch nicht über andere Tochtergesellschaften. Folgt man dem im Ausgangspunkt, sind konsequenterweise nicht nur 100 %ige Muttergesellschaften, sondern alle einen herrschenden Kommanditisten beherrschenden Unternehmen einem Wettbewerbsverbot zu unterwerfen.[109]

b) Geschäftsführung. Der Kommanditist unterliegt einem Wettbewerbsverbot ferner dann, wenn er **maßgeblichen Einfluss** auf die Geschäftsführung der GmbH & Co. KG nehmen kann.[110] Dies ist ohne weiteres dann der Fall, wenn der Kommanditist gleichzeitig **Geschäftsführer** der Komplementär-GmbH ist. Das Wettbewerbsverbot erfährt in diesem Fall auch dann keine Einschränkung, wenn dem Kommanditisten nur ein Teilbereich der Geschäftsführung übertragen wurde, da er trotzdem von allen wesentlichen Angelegenheiten Kenntnis erlangen kann und überdies an Grundsatzentscheidungen zu beteiligen ist.[111] Dabei reicht es aus, wenn der Kommanditist lediglich faktischer Geschäftsführer ist.[112] Aber auch ohne Zuweisung einer Organstellung ist ein maßgeblicher Einfluss des Kommanditisten auch dann anzunehmen, wenn ihm gesellschaftsvertragliche **Weisungsrechte** gegenüber der Geschäftsführung eingeräumt sind.[113] Der Kommanditist, der lediglich **Prokurist** oder Handlungsbevollmächtigter der Gesellschaft ist, unterliegt grundsätzlich keinem Konkurrenzverbot.[114] 39

c) Kontroll- und Informationsrechte. Streitig ist, ob ein Wettbewerbsverbot auch dann besteht, wenn die gesetzlichen Kontroll- und Informationsrechte des Kommanditisten nach § 166 HGB **gesellschaftsvertraglich erweitert** und denen eines persönlich haftenden Gesellschafters (§ 118 HGB) angeglichen werden. Nach verbreiteter Auffassung wird in diesem Fall eine Gefährdungslage geschaffen, die ein Wettbewerbsverbot des Kommanditisten legitimiert.[115] Ein präventiver Schutz vor einer missbräuchlichen Ausnutzung von Insiderinformationen könne nur dann wirksam erfolgen, wenn 40

---

[109] So auch MHdB GesR II/*Doehner*/*Hoffmann* KG § 16 Rn. 51.
[110] BGHZ 89, 162 (165 f.); OLG Frankfurt GmbHR 1992, 668 (669); Heymann/*Horn* § 165 HGB Rn. 4; Schlegelberger/*Martens* § 165 HGB Rn. 9; Baumbach/*Hopt* § 112 HGB Rn. 2; § 165 Rn. 3; GK/*Schilling* § 165 HGB Rn. 2; Binz/*Sorg* § 5 Rn. 135; *Löffler* NJW 1986, 225; *Röhricht* WPg 1992, 767; einschränkend, Hesselmann/*Tillmann*/*Mussaeus* GmbH & Co. § 4 Rn. 279.
[111] Schlegelberger/*Martens* § 165 HGB Rn. 9; MHdB GesR II/*Doehner*/*Hoffmann* KG § 16 Rn. 47; aA MüKo/*Grunewald* § 165 HGB Rn. 6: Beschränkung auf den dem Kommanditisten zugewiesenen Teilbereich der Geschäftsführung, da mehr zu einem effektiven Absicherung der Interessen der Gesellschaft nicht erforderlich sei.
[112] MHdB GesR II/*Doehner*/*Hoffmann* KG § 16 Rn. 47; MüKo/*Grunewald* § 165 HGB Rn. 8.
[113] Schlegelberger/*Martens* § 165 HGB Rn. 9; MHdB GesR II/*Doehner*/*Hoffmann* KG § 16 Rn. 47; MüKo/*Grunewald* § 165 HGB Rn. 5.
[114] Schlegelberger/*Martens* § 165 HGB Rn. 9; MHdB GesR II/*Doehner*/*Hoffmann* KG § 16 Rn. 47, mit dem zutr. Hinweis, dass in dieser Situation die §§ 60, 61 HGB zur Anwendung kommen können.
[115] IE *Beuthien* ZHR 142 (1978), 284 (288); Heymann/*Horn* § 165 HGB Rn. 4; GK/*Schilling* § 165 HGB Rn. 2; *Salfeld*, Wettbewerbsverbote, 85; Schlegelberger/*Martens* § 165 HGB Rn. 12–14; Baumbach/*Hopt* § 165 HGB Rn. 3; MHdB GesR II/

dem Kommanditisten die Aufnahme einer konkurrierenden Tätigkeit von vornherein nicht gestattet sei.[116]

41 Nach der vorzugswürdigen, im Vordringen befindlichen Gegenansicht,[117] die offenbar auch vom BGH geteilt wird,[118] ist die Annahme eines Wettbewerbsverbotes in einer solchen Situation nicht gerechtfertigt. Vielmehr könne die Gesellschaft ausreichend dadurch geschützt werden, dass der betreffende Kommanditist angehalten werde, die Informationsrechte nicht selbst, sondern nur durch einen zur Berufsverschwiegenheit verpflichteten Sachverständigen auszuüben.

42 Stehen dem Kommanditisten lediglich die **gesetzlichen** Informationsrechte zu, reicht dies – sofern nicht andere Umstände ein Konkurrenzverbot rechtfertigen – nach ganz überwiegender Auffassung für die Begründung eines Wettbewerbsverbotes nicht aus.[119] Allerdings kann ein Kommanditist, der Wettbewerber der Gesellschaft ist, aufgrund seiner Treuepflicht daran gehindert sein, von den Informationsmöglichkeiten persönlich Gebrauch zu machen (→ § 25 Rn. 48).

3. Dauer, Umfang, Einwilligung

43 Soweit ein Wettbewerbsverbot des Kommanditisten besteht, gelten die obigen Ausführungen zu Dauer (vgl. → Rn. 7 ff.) und Umfang (vgl. → Rn. 11 ff.) des Wettbewerbsverbotes eines persönlich haftenden Gesellschafters entsprechend. Da die analoge Anwendung des § 112 Abs. 1 HGB nicht alleine aufgrund der Stellung des Gesellschafters als Kommanditist gerechtfertigt ist, sondern nur bei Vorliegen bestimmter Gefährdungslagen eingreift, endet das Wettbewerbsverbot grundsätzlich, sobald die konkrete Gefährdungslage entfallen ist. Allerdings darf der Kommanditist Kenntnisse, die er vor diesem Zeitpunkt aufgrund seiner damaligen Stellung erworben hat, nicht verwerten, indem er in Geschäftschancen der Kommanditgesellschaft

---

Doehner/Hoffmann KG § 16 Rn. 49; *Löffler* NJW 1986, 228; *Lutter* AcP 180 (1980), 84 (113); *Röhricht* WPg 1992, 767; wohl auch OLG Stuttgart WuW/E OLG 4136.

[116] Schlegelberger/*Martens* § 165 HGB Rn. 13.

[117] Hesselmann/Tillmann/*Mussaeus* GmbH & Co. § 4 Rn. 279; MüKo/*Grunewald* § 165 HGB Rn. 9; *Kellermann* FS Fischer, 307 (318); *Immenga/Mestmäcker/Zimmer* § 1 GWB Rn. 177; *Salfeld*, Wettbewerbsverbote, 83; *Röhricht* Wpg 1992, 773; *Armbrüster* ZIP 1997, 271; *Rubner/Leuering*, NJW-Spezial 2011, 79 (80).

[118] Vgl. BGHZ 104, 246 (252) (GmbH). Nach Ansicht des BGH besteht die Gefahr einer missbräuchlichen Verwendung interner Informationen beim Nur-Gesellschafter nicht, da ihm im Falle einer Konkurrenzsituation die Informationen nach § 51a Abs. 2 GmbHG verweigert werden könnten. Vgl. ferner BGH NJW 1995, 194. Diese Entscheidung befasst sich zwar weniger mit der Existenz eines Wettbewerbsverbotes eines mit weitreichenden Informationsrechten ausgestatteten Kommanditisten als mit der Zulässigkeit der nachträglichen Einschränkung dieser Mitgliedschaftsrechte. Der Entscheidung kann indessen entnommen werden, dass der BGH Kommanditisten, deren Informationsrechte denen eines persönlich haftenden Gesellschafters angeglichen sind, keinem Wettbewerbsverbot unterwirft; offen gelassen von OLG Frankfurt GmbHR 1992, 668 (669).

[119] Schlegelberger/*Martens* § 165 HGB Rn. 10; MHdB GesR II/*Doehner/Hoffmann* KG § 16 Rn. 44; aA nur *Kardaras*, Wettbewerbsverbot, 32 f.

eingreift.[120] Gleiches gilt für das Erfordernis einer Einwilligung (vgl. →
Rn. 25 ff.) entsprechend.

IV. Wettbewerbsverbot der GmbH-Gesellschafter

1. Grundsatz

Die Gesellschafter der Komplementär-GmbH, die **nicht zugleich Geschäftsführer** der persönlich haftenden Gesellschafterin sind, unterliegen grundsätzlich **keinem Wettbewerbsverbot**.[121] Die §§ 112, 113 HGB finden auf den Nur-Gesellschafter der Komplementär-GmbH keine (analoge) Anwendung. Anderes gilt für die Gesellschafter-Geschäftsführer, die bereits aufgrund ihrer Geschäftsführerstellung einem Wettbewerbsverbot unterliegen (vgl. → Rn. 49 ff.). 44

Die Gesellschafter der Komplementär-GmbH trifft ein Wettbewerbsverbot aufgrund ihrer **Treuepflicht** nur dann, wenn in ihrer Person die Gefahr einer Verwertung unternehmensinterner Informationen oder der Ausübung eines bestimmenden Einflusses auf die Gesellschaft besteht.[122] Ein Wettbewerbsverbot greift demnach etwa dann ein, wenn der Gesellschafter aufgrund seiner Beteiligung die Gesellschaft **beherrschen** kann.[123] Auch ein Gesellschafter, der nur zu 50% am Stammkapital der Gesellschaft beteiligt, aber aufgrund eines statutarischen Sonderrechts berechtigt ist, einen von zwei Geschäftsführern vorzuschlagen, unterliegt einem Konkurrenzverbot.[124] Auch wenn ein solches Sonderrecht nicht besteht, ist ein Wettbewerbsverbot zu bejahen, wenn der Gesellschafter aufgrund seiner Beteiligung faktisch **maßgeblichen Einfluss auf die Geschäftsführung** nehmen kann.[125] Ob der **personalistische Zuschnitt** der Gesellschaft für sich allein ausreicht, ein Wettbewerbsverbot des GmbH-Gesellschafters zu begründen, ist umstritten.[126] Das weitreichende Informationsrecht (§ 51a GmbHG) ist jedenfalls für sich genommen keine tragfähige Grundlage für ein Wettbe- 45

---

[120] MHdB GesR II/*Doehner/Hoffmann* KG § 16 Rn. 52.
[121] OLG Frankfurt DB 1992, 2489 (2490); OLG Köln BB 1991, 859.
[122] BGHZ 89, 162 (166); Hachenburg/*Raiser* § 14 GmbHG Rn. 64; *Baumbach/Hueck/Fastrich* § 13 GmbHG Rn. 28; *von der Osten* GmbHR 1989, 450 (451); Lutter/Hommelhoff/*Bayer* § 14 GmbHG Rn. 20 ff.; *Ivens*, Konkurrenzverbot des GmbH-Gesellschafters, 1987, 168; s. auch *Rowedder/Pentz* § 13 GmbHG Rn. 89; einschränkend für die kapitalistisch organisierte GmbH MHdB GesR III/*Schiessl/Böhm* § 34 Rn. 6 f.
[123] BGHZ 89, 162 (166); Lutter/Hommelhoff/*Bayer* § 14 GmbHG Rn. 26. Nach OLG Karlsruhe GmbHR 1999, 539, rechtfertigt die 50%ige Beteiligung am Stammkapital allein noch kein Wettbewerbsverbot.
[124] Vgl. BGHZ 104, 246 (251 f.); MHdB GesR II/*Gummert* GmbH & Co. KG § 52 Rn. 26.
[125] *von der Osten* GmbHR 1989, 452; *Roth/Altmeppen* § 13 GmbHG Rn. 45.
[126] Dafür Lutter/Hommelhoff/*Bayer* § 14 GmbHG Rn. 26; Scholz/*Seibt* § 14 GmbHG Rn. 59; aA *Raiser* FS Stimpel, 864; vgl. auch MHdB GesR III/*Schiessl/Böhm* § 34 Rn. 5 mwN zum Streitstand.

werbsverbot.[127] Der **Alleingesellschafter** unterliegt jedenfalls keinem Wettbewerbsverbot, da ihn keine Treuepflicht gegenüber der Komplementär-GmbH trifft.[128] Die Rechtsprechung des BGH zum existenzvernichtenden Eingriff[129] ergibt sich nichts Gegenteiliges. Zwar ist dem Alleingesellschafter verwehrt, der Gesellschaft Geschäftschancen zu entziehen, wenn dies einen existenzvernichtenden Eingriff darstellt. Doch besteht dieser Bestandsschutz der Gesellschaft ausschließlich im Gläubigerinteresse. Daher ändert sich nichts daran, dass der Alleingesellschafter gegenüber seiner Gesellschaft keiner Treuepflicht unterliegt.[130]

2. Umfang

46 Für die Reichweite des Wettbewerbsverbotes ist der Unternehmensgegenstand der Satzung maßgebend.[131] Dies gilt grundsätzlich auch dann, wenn der tatsächliche Tätigkeitsbereich der Gesellschaft über den statutarischen Unternehmensgegenstand **hinausgeht**.[132] Im Gegensatz zum Recht der Kommanditgesellschaft kennt das GmbH-Recht keine konkludenten Satzungsänderungen.[133] Jedenfalls dann, wenn der konkurrierende Gesellschafter der Erweiterung des Tätigkeitsgebietes zugestimmt hat, ist seine Berufung auf die engeren Satzungsbestimmungen treuwidrig.[134] Umgekehrt ist dem GmbH-Gesellschafter eine konkurrierende Tätigkeit prinzipiell auch dann verboten, wenn die Gesellschaft den Unternehmensgegenstand noch **nicht ausgeschöpft** hat, es sei denn, es steht fest, dass die Gesellschaft auf diesem Geschäftsfeld auf unbestimmte Zeit nicht tätig sein will.[135]

47 Begünstigte eines Wettbewerbsverbotes ist in erster Linie die **Komplementär-GmbH**. Beschränkt sich die Rolle der GmbH – wie zumeist – auf die Wahrnehmung der Komplementäraufgaben, ist eine Überschneidung mit den anderweitigen Aktivitäten des Gesellschafters nur schwer vorstellbar.[136] Das Wettbewerbsverbot gewinnt daher nur dann Relevanz, wenn die Kom-

---

[127] Abweichend teilweise Scholz/*Schneider* § 43 GmbHG Rn. 126b, der jedoch auf die tatsächliche Ausübung des Informationsrechts abstellt.
[128] BGHZ 122, 333 (336); *Baumbach/Hueck/Fastrich* § 13 GmbHG Rn. 28; MHdB GesR III/*Schiessl/Böhm* § 34 Rn. 3; *Rowedder/Pentz* § 13 GmbHG Rn. 38; Lutter/Hommelhoff/*Bayer* § 14 GmbHG Rn. 20; vgl. auch § 25 Rn. 36.
[129] BGH ZIP 2001, 1874 (Bremer Vulkan); BGH NJW 2007, 2689 (Trihotel); zur Entwicklung der sog. Existenzvernichtungshaftung Roth/*Altmeppen*, GmbHG § 13 Rn. 72 ff.
[130] Streitig, dazu siehe oben → § 25 Rn. 36; wie hier MHdB GesR III/*Schiessl/Böhm* § 34 Rn. 3; *Roth/Altmeppen* § 13 GmbHG Rn. 47.
[131] Scholz/*Schneider* § 43 GmbHG Rn. 163.
[132] *Baumbach/Hueck/Zöllner/Noack* § 35 GmbHG Rn. 42; Scholz/*Schneider* § 43 GmbHG Rn. 163; *Röhricht* WPg 1992, 769.
[133] MHdB GesR III/*Schiessl/Böhm* § 34 Rn. 16.
[134] So zutr. *Winter*, Treuebindungen, 245;; einschränkend MHdB GesR III/*Schiessl/Böhm* § 34 Rn. 16.
[135] *Winter*, Treuebindungen, 244; einschränkend MHdB GesR III/*Schiessl/Böhm* § 34 Rn. 16; aA *Wiedemann/Hirte* ZGR 1986, 171; *Röhricht* WPg 1992, 774.
[136] *Hesselmann/Tillmann/Mussaeus* GmbH & Co. § 4 Rn. 269.

plementär-Gesellschaft ausnahmsweise noch einen eigenen Geschäftsbetrieb unterhält.

Dieser Befund leitet über zu der Frage, ob das Wettbewerbsverbot auch **zugunsten der KG** wirkt. Eine verbreitete Ansicht lehnt ein Wettbewerbsverbot zugunsten der KG ab.[137] Da die GmbH-Gesellschafter an der KG nur indirekt beteiligt seien, bestünden zwischen den Gesellschaftern der GmbH und der GmbH & Co. KG keine unmittelbaren Treuepflichten, die Grundlage eines Wettbewerbsverbotes zugunsten der KG sein könnten. Die Komplementär-GmbH sei aufgrund der sie treffenden Treuepflicht gegenüber der KG und den übrigen Gesellschaftern gehalten, im Rahmen der ihr zur Verfügung stehenden Möglichkeiten auf ihre Gesellschafter Einfluss zu nehmen, um eine Schädigung der GmbH & Co. KG zu vermeiden.[138] Dies überzeugt nicht. Macht man mit der Erstreckung des Wettbewerbsverbotes auf solche Unternehmen, die den Gesellschafter einer GmbH & Co. KG beherrschen, ernst,[139] muss konsequenterweise denjenigen Gesellschaftern der Komplementär-GmbH, die nach den oben dargestellten Grundsätzen einem Wettbewerbsverbot gegenüber der Komplementär-GmbH unterliegen, eine Wettbewerbstätigkeit gegenüber der KG verboten sein. Dies gilt namentlich, wenn die Gesellschafter aufgrund ihrer Beteiligung (vgl. im Einzelnen → Rn. 35 ff.) oder sonstiger Regelungen im Gesellschaftsvertrag beherrschenden Einfluss auf die Geschäftsführung der GmbH und damit auf die Unternehmensleitung der GmbH & Co. KG ausüben können.[140] Darauf, ob sie noch zusätzlich eine Kommanditbeteiligung halten, kommt es dann nicht mehr an.[141]

48

V. Geschäftsführer der Komplementär-GmbH

1. Grundsatz

Ein ausdrückliches Wettbewerbsverbot des GmbH-Geschäftsführers sieht das Gesetz nicht vor. Indessen ist allgemein anerkannt, dass der Geschäftsführer einer GmbH aufgrund seiner aus dem Anstellungsvertrag resultierenden **Treuepflicht** einem Wettbewerbsverbot unterliegt.[142] Folglich ist es dem Geschäftsführer untersagt, der Gesellschaft in ihrem Geschäftsbereich Konkurrenz zu machen und die der Gesellschaft zustehenden Geschäftschancen selbst wahrzunehmen.[143] Daher darf der Geschäftsführer weder im Geschäfts-

49

---

[137] Hesselmann/Tillmann/*Mussaeus* GmbH & Co. § 4 Rn. 270.
[138] Hesselmann/Tillmann/*Mussaeus* GmbH & Co. § 4 Rn. 270.
[139] BGHZ 89, 162 (165) („Werbeagentur").
[140] MHdB GesR II/*Gummert* GmbH & Co. KG § 52 Rn. 26; *Koller/Roth/Morck* § 165 HGB Rn. 2; wohl auch *Baumbach/Hopt* Anh. § 177a HGB Rn. 23.
[141] MHdB GesR II/*Gummert* GmbH & Co. KG § 52 Rn. 26.
[142] BGHZ 49, 30 (31); BGH DB 1977, 158; *Baumbach/Hueck/Zöllner/Noack* § 35 GmbHG Rn. 41; *Timm* GmbHR 1981, 177 (179); *Gaul* GmbHR 1991, 144; Scholz/ Schneider § 43 GmbHG Rn. 153 ff.; *Röhricht* WPg 1992, 766; Hachenburg/*Raiser* § 43 GmbHG Rn. 39; Lutter/Hommelhoff/*Kleindiek* Anh. § 6 GmbHG Rn. 20 ff.; anders bei der AG & Co. KG BGH NZG 2009, 744.
[143] BGH GmbHR 1983, 300; 1986, 42; 1989, 365; MHdB GesR II/ *Doehner/ Hoffmann* KG § 16 Rn. 57; *von der Osten* GmbHR 1989, 453.

7. Kapitel. *Nicht vermögensbezogene Rechte*

zweig der Gesellschaft auf eigene Rechnung **Geschäfte machen** noch eine Tätigkeit als Geschäftsführer oder eine sonstige **leitende Tätigkeit** übernehmen. Ferner ist ihm eine **Beteiligung** an einem Konkurrenzunternehmen untersagt. Ob der Geschäftsführer gleichzeitig eine Beteiligung an der Komplementär-GmbH hält, ist dabei ohne Relevanz.[144]

2. Reichweite

50 Das Wettbewerbsverbot des Geschäftsführers besteht in erster Linie **zugunsten der Komplementär-GmbH**. Wird der Anstellungsvertrag mit dem Geschäftsführer mit der GmbH abgeschlossen, fehlt es an unmittelbaren vertraglichen Beziehungen zur KG. Indessen entfaltet der Anstellungsvertrag des Geschäftsführers nach hM Schutzwirkung zugunsten der KG. Aufgrund dieser Erstreckung des Schutzbereiches ist der Geschäftsführer der Komplementär-GmbH verpflichtet, von der Vornahme solcher Handlungen abzusehen, die der GmbH & Co. KG Schaden zufügen könnten. Da die Gefahr einer eigennützigen Verwertung von Geschäftschancen der Gesellschaft letztlich in der Person des GmbH-Geschäftsführers besteht, erscheint es gerechtfertigt, aus der Treuepflicht auch ein Wettbewerbsverbot des Geschäftsführers **zugunsten der KG** abzuleiten.[145] Bei der Vertragsgestaltung empfiehlt es sich jedoch, diesen Punkt ausdrücklich zu regeln.[146]

51 Den ausgeschiedenen GmbH-Geschäftsführer trifft kein Wettbewerbsverbot mehr.[147] Jedoch können **nachvertragliche Wettbewerbsverbote** Gegenstand des Geschäftsführeranstellungsvertrages sein.[148]

VI. Vertragliche Gestaltungsmöglichkeiten

1. Grundsatz

52 Weder die §§ 112, 113 HGB noch die von der Rechtsprechung entwickelten Wettbewerbsverbots-Grundsätze stellen zwingendes Recht dar. Es ist daher möglich, existierende Wettbewerbsverbote in den durch die §§ 138 BGB, 1 GWB gezogenen Grenzen gesellschaftsvertraglich **einzuschränken**, **auszuschließen** oder zu **erweitern** oder umgekehrt noch nicht bestehende Wettbewerbsverbote zu **begründen**.[149] Dabei können für die einzelnen Ge-

---

[144] Scholz/*Schneider* § 43 GmbHG Rn. 162 ff.

[145] Heymann/*Horn* § 165 HGB Rn. 1; *Brönner/Rux/Wagner* GmbH & Co. KG Rn. 241; MHdB GesR II/*Doehner/Hoffmann* KG § 16 Rn. 57; MüKo/*Grunewald* § 165 HGB Rn. 14; *Armbrüster* ZIP 1997, 272; *Salfeld*, Wettbewerbsverbot, 260; Hesselmann/Tillmann/*Mussaeus* GmbH & Co. § 4 Rn. 274 ff.; *Riegger* BB 1983, 90 (91); *Baumbach/Hopt* Anh. § 177a HGB Rn. 23, 27.

[146] Es bestehen keine rechtlichen Bedenken, wenn der Anstellungsvertrag zwischen dem Geschäftsführer und der KG und nicht der Komplementär-GmbH geschlossen wird, vgl. etwa OLG Celle GmbHR 1980, 32.

[147] Vgl. nur BGH DB 1977, 158; OLG Hamm GmbHR 1989, 259.

[148] Ausf. dazu *Bauer/Diller* GmbHR 1999, 885 ff.; zur Frage der Karenzentschädigung vgl. *Flatten* ZIP 1999, 1701 (1705); *Bergwitz* GmbHR 2006, 1129 (1131).

[149] MüKo/*Langhein* § 112 HGB Rn. 35; *Ebenroth/Boujong/Joost/Strohn/Goette* § 112 HGB Rn. 39; *Röhricht/v. Westphalen/v. Gerkan/Haas* § 112 HGB Rn. 15 ff.

sellschafter durchaus unterschiedliche Regelungen getroffen werden. Ein Wettbewerbsverbot für einen Gesellschafter ist jedoch nur zulässig, wenn er maßgeblichen Einfluss auf die Geschäftsführung hat, dies ist bei einem Kommanditisten, der nur über einen geringen Stimmrechtsanteil hält, regelmäßig nicht gegeben.[150] Neben den Tatbestandsvoraussetzungen können auch die Rechtsfolgen eines Wettbewerbsverbotes abweichend geregelt werden, etwa durch Vereinbarung einer **Vertragsstrafe**. Auch kann vereinbart werden, dass diejenigen Gesellschafter, die einem Wettbewerbsverbot unterliegen, Anspruch auf eine **Entschädigung** haben.[151]

2. Einschränkungen bestehender Wettbewerbsverbote

Eine **Befreiung** der Gesellschafter von einem bestehenden Wettbewerbsverbot ist ohne weiteres möglich.[152] Die Befreiung kann umfassend sein oder sich nur auf einzelne Aktivitäten der Gesellschaft beschränken. Für eine Befreiung der Komplementär-GmbH vom Wettbewerbsverbot besteht insbesondere dann Anlass, wenn diese bereits zuvor entfaltete Unternehmenstätigkeiten fortsetzen will oder sich noch an anderen Gesellschaften als persönlich haftende Gesellschafterin beteiligen soll (sog. sternförmige GmbH & Co. KG).[153] 53

Die Befreiung vom Wettbewerbsverbot bedarf grundsätzlich eines zustimmenden Beschlusses **aller** Gesellschafter.[154] Im Gesellschaftsvertrag kann jedoch ohne weiteres vorgesehen werden, dass ein Gesellschafter auch durch **Mehrheitsbeschluss** vom Wettbewerbsverbot befreit werden kann; der von der Befreiung betroffene Gesellschafter hat in der Gesellschafterversammlung allerdings **kein Stimmrecht**.[155] Der BGH hat für die GmbH entschieden, dass der Befreiungsbeschluss wegen der damit verbundenen Gefährdung der Gesellschaft und der Mitgesellschafter zudem einer **sachlichen Rechtfertigung** im Interesse der Gesellschaft bedarf.[156] Für die GmbH & Co. KG kann nichts anderes gelten.[157] Keinesfalls darf die Befreiung vom Wettbewerbsverbot dazu führen, dass die Verfolgung des gemeinsamen Zweckes nachhaltig in Frage gestellt wird. Die Frage der sachlichen Rechtfertigung 54

Heymann/*Emmerich* § 112 HGB Rn. 1a; Scholz/*Emmerich* § 3 GmbHG Rn. 88; MHdB GesR II/*Doehner/Hoffmann* KG § 16 Rn. 59.
[150] OLG Frankfurt a.M. NZG 2009, 903.
[151] Beck Hdb Personengesellschaften/*Müller* § 4 Rn. 175 f.
[152] Zum Verhältnis zwischen Einwilligung und Befreiung ausf. MüKo/*Langhein* § 112 HGB Rn. 35; GK/*Schäfer* § 112 HGB Rn. 31.
[153] *K. Schmidt*, Gesellschaftsrecht, 1645 f.
[154] GK/*Schilling* § 165 HGB Rn. 3; Heymann/*Horn* § 165 HGB Rn. 8.
[155] MüKo/*Langhein* § 112 HGB Rn. 36; Hesselmann/Tillmann/*Mussaeus* GmbH & Co. § 4 Rn. 263; Binz/Sorg § 4 Rn. 46; Gemäß § 47 Abs. 4 S. 1 GmbHG ist der Gesellschafter bei der Abstimmung über eine Befreiung von seinem Mitbestimmungsrecht nicht stimmberechtigt. Selbiges gilt für die Aufhebung eines Wettbewerbsverbots durch Satzungsänderung, OLG Bamberg NZG 2010, 385.
[156] BGHZ 80, 69 (74) (Süssen); vgl. MüKo/*Langhein* § 112 HGB Rn. 36; *Ebenroth/Boujong/Joost/Strohn/Goette* § 112 HGB Rn. 40; Röhricht/v. Westphalen/v. Gerkan/Haas § 112 HGB Rn. 15.
[157] Vgl. nur Baumbach/Hopt Anh. § 177a HGB Rn. 23.

7. Kapitel. Nicht vermögensbezogene Rechte

wird sich vor allem in den Fällen stellen, in denen die Gesellschaft durch die Befreiung vom Wettbewerbsverbot in die **Abhängigkeit** eines Gesellschafters und damit in eine **Konzernsituation** gerät.[158] Es spricht viel dafür, dass über diesen Fall hinaus eine sachliche Rechtfertigung des Mehrheitsbeschlusses nicht geboten ist: Die Begründung einer Abhängigkeit weist eine besondere strukturelle Bedeutung auf und stellt einen unmittelbaren Eingriff in die Gesellschaft dar. Dem kann die sich aus einer Konkurrenztätigkeit eines Gesellschafters ergebende allgemeine Gefährdungslage nicht gleichgestellt werden.[159]

3. Erweiterung von Wettbewerbsverboten

55 **a) Grundsatz.** Im Rahmen des kartellrechtlich Zulässigen (vgl. → Rn. 86 ff.) können die gesetzlich bestehenden Wettbewerbsverbote in sachlicher und persönlicher Hinsicht erweitert werden. So sind etwa Bestimmungen in Gesellschaftsverträgen, die eine **Beteiligung** an einer anderen Gesellschaft, etwa als GmbH-Gesellschafter oder typischer Kommanditist, ohne Rücksicht auf eine Branchennähe **untersagen**, im Grundsatz nicht zu beanstanden. In sachlicher Hinsicht kann das Wettbewerbsverbot dadurch erweitert werden, dass auch Geschäftsfelder, die außerhalb des „Handelszweiges" der Gesellschaft liegen, einbezogen werden.[160] Tritt ein Gesellschafter einer Gesellschaft bei, in deren Gesellschaftsvertrag ein uneingeschränktes Verbot von Konkurrenztätigkeiten enthalten ist, so ist er verpflichtet, auch solche Tätigkeiten zu unterlassen, die er bereits vor seinem **Beitritt** ausgeübt hat. Daran ändert sich auch dann nichts, wenn er die Eingliederung seiner Einzelfirma in die Gesellschaft anbietet, die Eingliederung aber nicht den Interessen der Gesellschaft entspricht.[161]

56 **b) Begründung nachvertraglicher Wettbewerbsverbote.** Um auch nach dem Ausscheiden eine Schädigung der Gesellschaft durch Ausnutzung sensibler Unternehmensinterna zu verhindern, werden anlässlich des Ausscheidens oder bereits im Gesellschaftsvertrag häufig Vereinbarungen über eine **zeitliche** Erstreckung des Wettbewerbsverbotes getroffen. Gegen die Begründung eines **nachvertraglichen** Wettbewerbsverbotes bestehen im Grundsatz keine Bedenken.[162] Ein fortwirkendes Konkurrenzverbot kann unter Umständen auch konkludent vereinbart werden, etwa wenn die Abfin-

---

[158] BGHZ 80, 69 (74).
[159] MHdB GesR II/*Doehner/Hoffmann* KG § 16 Rn. 60; Schlegelberger/*Martens* § 112 HGB Rn. 27; aA GK/*Schäfer* § 112 HGB Rn. 31: es bestehe bei einer Konkurrenztätigkeit des Gesellschafters stets eine erhebliche Gefährlichkeit für Gesellschaft und Mitgesellschafter; *Baumbach/Hopt* § 112 HGB Rn. 13; auch für generell erforderliche sachliche Rechtfertigung *Röhricht/v. Westphalen/v. Gerkan/Haas* § 112 HGB Rn. 15.
[160] MüKo/*Grunewald* § 165 HGB Rn. 15.
[161] BGH NJW-RR 1997, 925.
[162] Vgl. Heymann/*Horn* § 165 HGB Rn. 8; MHdB GesR II/*Doehner/Hoffmann* KG § 16 Rn. 62; zu allg. Hesselmann/Tillmann/*Mussaeus* GmbH & Co. § 4 Rn. 264; einschr. *Röhricht/v. Westphalen/v. Gerkan/Haas* § 112 HGB Rn. 16 f.; vgl. auch → Rn. 9 sowie die Nachweise in Fn. 215.

dung in einer über das Ausscheiden hinausgehenden Gewinnbeteiligung besteht.[163] Um eine Kollision mit § 1 GWB zu vermeiden, sind allerdings **örtliche, zeitliche und gegenständliche** Beschränkungen einzuhalten (vgl. → Rn. 94). Kunden- und Mandantenschutzklauseln dürfen nur den vorhandenen Stamm umfassen.[164] Auch im Übrigen darf ein nachvertragliches Wettbewerbsverbot den betroffenen Gesellschafter nicht übermäßig beschränken und damit über die schutzwürdigen Interessen der Gesellschaft hinausgehen. Andernfalls ist es sittenwidrig und unwirksam gem. § 138 Abs. 1 BGB.[165] Ein überlanges nachvertragliches Wettbewerbsverbot wird in zeitlicher Hinsicht auf das zulässige Maß teleologisch reduziert.[166] Diese Möglichkeit setzt jedoch voraus, dass das Verbot nicht auch in sachlicher Hinsicht zu weit gefasst ist.[167]

Ist ein nachvertragliches Wettbewerbsverbot vereinbart, haben die übrigen Gesellschafter jedoch das Ausscheiden des Gesellschafters **schuldhaft** veranlasst, ist dieser nicht an das Wettbewerbsverbot gebunden.[168] 57

Die **Rechtsfolgen** eines nachvertraglichen Wettbewerbsverbotes richten sich nach allgemeinen Grundsätzen.[169] Eine Karenzentschädigung ist nicht geschuldet, eine analoge Anwendung der §§ 74 ff. HGB kommt nicht in Betracht.[170] Auch die Regelung des § 113 HGB gelangt nicht zur Anwendung, so dass die Geltendmachung der Schadensersatz- und Unterlassungsansprüche keinen Gesellschafterbeschluss voraussetzt und auch nicht der kurzen Verjährung nach § 113 Abs. 3 HGB unterliegt.[171] 58

VII. Rechtsfolgen bei Wettbewerbsverstößen

1. Schadensersatz

Verstößt ein Gesellschafter gegen das ihm obliegende Wettbewerbsverbot, ist er der Gesellschaft zum Schadensersatz verpflichtet (§ 113 Abs. 1, 1. Hs. HGB). Voraussetzung der Schadensersatzpflicht ist, dass der Gesellschafter **schuldhaft**, dh vorsätzlich oder fahrlässig, gehandelt hat. Dabei bestimmt sich der Verschuldensmaßstab – abgesehen von der Publikumsgesellschaft – 59

---

[163] Vgl. RGZ 117, 176 (180) zust. *Baumbach/Hopt* § 112 HGB Rn. 14.
[164] *Röhricht/v. Westphalen/v. Gerkan/Haas* § 112 HGB Rn. 17 mwN.
[165] Vgl. OLG Düsseldorf GmbHR 1998, 180; MHdB GesR II/*Doehner/Hoffmann* KG § 16 Rn. 62; MüKo/*Langhein* § 112 HGB Rn. 22; MüKo/*Grunewald* § 165 HGB Rn. 16; *Ebenroth/Boujong/Joost/Strohn/Goette* § 112 HGB Rn. 22; *Röhricht/v. Westphalen/v. Gerkan/Haas* § 112 HGB Rn. 17.
[166] BGH ZIP 2000, 1337; NJW 1991, 698 (699); genauer unten → Rn. 94.
[167] *Röhricht/v. Westphalen/v. Gerkan/Haas* § 112 HGB Rn. 17.
[168] *Baumbach/Hopt* § 112 HGB Rn. 14.
[169] GK/*Schäfer* § 112 HGB Rn. 35.
[170] MHdB GesR II/*Doehner/Hoffmann* KG § 16 Rn. 62. Zum Rechtsweg bei Vereinbarung eines nachvertraglichen Wettbewerbsverbotes zu Lasten eines Gesellschafters, der gleichzeitig Arbeitnehmer der Gesellschaft ist, vgl. BAG NZG 1998, 185.
[171] GK/*Schäfer* § 112 HGB Rn. 13.

nach § 708 BGB.[172] In besonders krassen Fällen bestehen neben dem Anspruch aus §§ 112, 113 HGB noch Schadensersatzansprüche der Gesellschaft wegen sittenwidriger Schädigung (§ 826 BGB).[173] Unter Umständen denkbar erscheinen auch Ansprüche aus angemaßter Geschäftsführung gemäß §§ 687 Abs. 2, 681, 667 BGB.[174]

60 Der Schadensersatzanspruch umfasst neben dem Ersatz des **konkreten Schadens** (§ 249 BGB) auch den der Gesellschaft **entgangenen Gewinn** (§ 252 BGB). Der entgangene Gewinn der Gesellschaft ist mit dem von dem wettbewerbswidrig handelnden Gesellschafter tatsächlich erzielten Gewinn indessen nur dann identisch, wenn die Gesellschaft das betreffende Geschäft auch abgeschlossen hätte.[175] Im Übrigen kann die Gesellschaft entgangenen Gewinn nur dann verlangen, wenn sie mit dem Dritten ein anderes Geschäft abgeschlossen hätte.[176]

2. Eintrittsrecht

61 Alternativ hat die Gesellschaft das Recht, in das Geschäft zwischen dem konkurrierenden Gesellschafter und dem Dritten **einzutreten** (§ 113 Abs. 1, 2. Hs. HGB). Anders als bei der Geltendmachung eines Schadensersatzanspruchs bedarf es zur Ausübung des Eintrittsrechts keines Nachweises eines eingetretenen Schadens.[177] Da das Eintrittsrecht an die Stelle des Schadensersatzanspruchs treten kann, setzt es jedoch ebenfalls ein **schuldhaftes Handeln** des Gesellschafters voraus.[178]

62 Das Eintrittsrecht besteht nach herrschender und zutreffender Auffassung nicht nur bei einem **Geschäftemachen** im Handelszweig der Gesellschaft, sondern auch bei einer **Beteiligung** an einer anderen gleichartigen Handelsgesellschaft als persönlich haftender Gesellschafter.[179]

63 Die Wirkungen des Eintrittsrechts beschränken sich auf das **Innenverhältnis** zwischen Gesellschaft und verletzendem Gesellschafter. Eine Außenwirkung gegenüber dem dritten Vertragspartner tritt nicht ein.[180] Durch die

---

[172] MüKo/*Langhein* § 113 HGB Rn. 6; *Ebenroth/Boujong/Joost/Strohn/Goette* § 113 HGB Rn. 7; *Röhricht/v. Westphalen/v. Gerkan/Haas* § 113 HGB Rn. 3; MHdB GesR II/*Doehner/Hoffmann* KG § 16 Rn. 27.

[173] MüKo/*Langhein* § 113 HGB Rn. 3; *Ebenroth/Boujong/Joost/Strohn/Goette* § 113 HGB Rn. 27.

[174] Dazu *Röhricht/v. Westphalen/v. Gerkan/Haas* § 113 HGB Rn. 5.

[175] Heymann/*Emmerich* § 113 HGB Rn. 4; MHdB GesR II/*Doehner/Hoffmann* KG § 16 Rn. 27.

[176] MHdB GesR II 1. Aufl./*Mattfeld* KG § 12 Rn. 56.

[177] Vgl. BGHZ 38, 306 (309).

[178] MHdB GesR II/*Doehner/Hoffmann* KG § 16 Rn. 28.

[179] BGHZ 38, 306 (308); 89, 162 (171); MüKo/*Langhein* § 113 HGB Rn. 8; *Ebenroth/Boujong/Joost/Strohn/Goette* § 113 HGB Rn. 12; *Röhricht/v. Westphalen/v. Gerkan/Haas* § 113 HGB Rn. 4a; GK/*Schäfer* § 113 HGB Rn. 20; Schlegelberger/*Martens* § 113 HGB Rn. 8; *Baumbach/Hopt* § 113 HGB Rn. 3; MHdB GesR II/*Doehner/Hoffmann* KG § 16 Rn. 29. Die abweichende Rechtslage zu § 61 Abs. 1, 2. Hs. HGB beruht auf sozialpolitischen Erwägungen, vgl. Heymann/*Emmerich* § 113 HGB Rn. 6.

[180] BGHZ 38, 306 (310f.); 89, 162 (171); MüKo/*Langhein* § 113 HGB Rn. 7 mwN.

Ausübung des Eintrittsrechts werden keinerlei Rechtsbeziehungen zwischen dem Dritten und der Gesellschaft geschaffen. Vielmehr bleibt Vertragspartei des Dritten der vertragsbrüchige Gesellschafter. Zwischen ihm und der Gesellschaft wird lediglich ein auftragsähnliches Verhältnis begründet, auf das die §§ 662–670 BGB entsprechend anwendbar sind.[181]

Die Gesellschaft kann bei Geltendmachung des Eintrittsrechts die Herausgabe des erzielten **Gewinnes** verlangen; sie ist ihrerseits verpflichtet, dem Gesellschafter die ihm aus dem Geschäft entstandenen Nachteile, insbesondere **Aufwendungen** und einen etwaigen **Verlust**, zu ersetzen.[182] Hat sich der konkurrierende Gesellschafter an einer gleichartigen Gesellschaft beteiligt, kann die Gesellschaft demnach nicht die Abtretung des Gesellschaftsanteils, sondern nur die Abführung des auf den Gesellschafter entfallenden Ertrages abzüglich der hierfür getätigten Aufwendungen verlangen. Nach wohl überwiegender Meinung kann sie den Ertrag nur insoweit beanspruchen, als er auf Geschäftsfeldern erzielt wurde, auf denen die beiden betroffenen Unternehmen in einer Konkurrenzsituation stehen,[183] nach anderer Ansicht auch soweit die Gesellschaft auf anderen Märkten tätig ist.[184] Da der Gesellschaft gegen die konkurrierende Gesellschaft keine Ansprüche auf Auskunft bzw. Rechnungslegung zustehen, wirft die Ermittlung des Anteils am Gewinn, der sich auf gemeinsame Geschäftsfelder bezieht, häufig praktische Probleme auf.[185]

64

Hat der Gesellschafter das Geschäft in **fremdem Namen** oder auf fremde Rechnung abgeschlossen, kann die Gesellschaft die Herausgabe der Vergütung, etwa das vom Gesellschafter bezogene Geschäftsführergehalt oder die Provisionen aufgrund seiner Handelsvertretertätigkeit, verlangen.[186]

65

Zwar werden durch die Ausübung des Eintrittsrechts keine Rechtsbeziehungen zwischen der Gesellschaft und dem Dritten begründet (→ Rn. 63). Ausnahmsweise kann jedoch eine **Haftung des Dritten** gegenüber der Gesellschaft bestehen, wenn dieser die Ausübung des Eintrittsrechts verhindert, etwa indem er weitere Geschäfte mit dem Gesellschafter abschließt.

66

Bei **mehreren Geschäften** kann die Gesellschaft prinzipiell frei wählen, ob sie das Eintrittsrecht nur für einzelne oder für alle Geschäfte insgesamt ausübt.[187] Anderes gilt nur dann, wenn zwischen einzelnen Geschäften wirtschaftlich betrachtet eine **Einheit** vorliegt.[188]

67

---

[181] MHdB GesR II/*Doehner/Hoffmann* KG § 16 Rn. 31.
[182] BGHZ 38, 306 (310f.); 89, 162 (171f.); Heymann/*Emmerich* § 113 HGB Rn. 10a; *Grunewald* Gesellschaftsrecht 1. B. Rn. 12.
[183] BGHZ 38, 306 (310); 89, 162 (171); MüKo/*Langhein* § 113 HGB Rn. 8; Ebenroth/Boujong/Joost/Strohn/*Goette* § 113 HGB Rn. 20; *Röhricht/v. Westphalen/v. Gerkan* § 113 HGB Rn. 4; Schlegelberger/*Martens* § 113 HGB Rn. 9; Heymann/*Emmerich* § 113 HGB Rn. 11a; MHdB GesR II/*Doehner/Hoffmann* KG § 16 Rn. 32a.
[184] GK/*Schäfer* § 113 HGB Rn. 20; Baumbach/*Hopt* § 113 HGB Rn. 3; Beck Hdb. Personengesellschaften/*Müller* § 4 Rn. 166.
[185] MHdB GesR II/*Doehner/Hoffmann* KG § 16 Rn. 32a aE.
[186] MüKo/*Langhein* § 113 HGB Rn. 9.
[187] Schlegelberger/*Martens* § 113 HGB Rn. 6; Heymann/*Emmerich* § 113 HGB Rn. 7; MHdB GesR II/*Doehner/Hoffmann* KG § 16 Rn. 26.
[188] MüKo/*Langhein* § 113 HGB Rn. 8.

7. Kapitel. Nicht vermögensbezogene Rechte

68 Macht die Gesellschaft vom Eintrittsrecht Gebrauch, ist der Gesellschafter verpflichtet, einen bereits erzielten Gewinn herauszugeben, **Weisungen** der Gesellschaft zu befolgen sowie Auskunft und Rechenschaft über bereits vollzogene Geschäfte abzugeben. Die Gesellschaft hat gegen den konkurrierenden Gesellschafter einen Schadensersatzanspruch, wenn dieser die Gesellschaft unrichtig informiert hat, bevor die Gesellschaft von ihrem Eintrittsrecht Gebrauch gemacht hat. Denn er ist bereits zu diesem Zeitpunkt aus § 242 BGB verpflichtet, die Gesellschaft über diejenigen Umstände zu informieren, die für die Entscheidung über die Ausübung des Eintrittsrechts erforderlich sind. Andererseits kann der Gesellschafter den Ersatz seiner Aufwendungen und die Erstattung von Verlusten gem. § 110 HGB verlangen.[189]

3. Unterlassung

69 Darüber hinaus steht der Gesellschaft ein **Unterlassungsanspruch** gegen den konkurrierenden Gesellschafter zu. Zwar sieht das Gesetz in § 113 HGB einen solchen Anspruch nicht ausdrücklich vor. Seine Existenz ist gleichwohl unbestritten.[190]

70 Für die Begründung des Unterlassungsanspruchs ist eine objektive Verletzung des Wettbewerbsverbotes durch den konkurrierenden Gesellschafter ausreichend; auf ein **Verschulden** des Gesellschafters kommt es **nicht** an. Der Antrag ist auf **Einstellung** der Wettbewerbstätigkeit bzw. **Aufgabe der Beteiligung**, dh Ausscheiden aus der konkurrierenden Gesellschaft, zu richten.[191] Ausnahmsweise genügt eine bloße Reduktion der Beteiligung, wenn dadurch eine nennenswerte Einflussnahme des Gesellschafters auf die Konkurrenzgesellschaft ausscheidet.[192] Hingegen besteht keine Verpflichtung des vertragsbrüchigen Gesellschafters, auf die dritte Gesellschaft in der Weise einzuwirken, dass diese ihre Wettbewerbstätigkeit einstellt.[193] Kommt der Gesellschafter einem klagestattgebenden Unterlassungsurteil nicht nach, kann gegen ihn ein **Ordnungsgeld** nach § 890 ZPO festgesetzt werden.[194]

4. Vertragsstrafe, Auskunft, Rechnungslegung

71 Als weitere Sanktion kann im Gesellschaftsvertrag eine Vertragsstrafe vereinbart werden. Grundsätzlich lässt ein Vertragsstrafeanspruch die Ansprüche der Gesellschaft auf **Schadensersatz** unberührt. Indessen wird die Vertragsstrafe auf den Schadensersatz angerechnet, so dass die Gesellschaft nur den weitergehenden Schaden ersetzt verlangen kann (§ 340 Abs. 2 S. 2

---

[189] MHdB GesR II/*Doehner/Hoffmann* KG § 16 Rn. 31.
[190] BGHZ 70, 331; BGH WM 1972, 1229; MüKo/*Langhein* § 113 HGB Rn. 11; Ebenroth/Boujong/Joost/Strohn/Goette § 113 HGB Rn. 22; *Röhricht/v. Westphalen/v. Gerkan/Haas* § 113 HGB Rn. 2; *Baumbach/Hopt* § 113 HGB Rn. 4; MHdB GesR II/*Doehner/Hoffmann* KG § 16 Rn. 33; Schlegelberger/*Martens* § 113 HGB Rn. 14.
[191] GK/*Schäfer* § 112 HGB Rn. 38; Heymann/*Emmerich* § 113 HGB Rn. 1.
[192] MHdB GesR II/*Doehner/Hoffmann* KG § 16 Rn. 33.
[193] MHdB GesR II/*Doehner/Hoffmann* KG § 16 Rn. 33; Schlegelberger/*Martens* § 165 HGB Rn. 26.
[194] *Baumbach/Hopt* § 113 HGB Rn. 4.

BGB).¹⁹⁵ Die Ausübung des **Eintrittsrechts** neben der Vertragsstrafe ist nur dann möglich, wenn die Vertragsstrafe als Sanktion für die unterbliebene Erfüllung vereinbart wurde (§ 341 BGB).¹⁹⁶
Daneben stehen der Gesellschaft Ansprüche auf **Auskunft** (§ 242 BGB) und **Rechnungslegung** (§ 666 BGB) zu. Es handelt sich hierbei um Hilfsansprüche zu den aus § 113 HGB fließenden Rechten.¹⁹⁷

72

Nach § 113 Abs. 4 HGB bleibt das Recht der Gesellschafter, die **Auflösung** der Gesellschaft zu verlangen (vgl. § 133 HGB), unberührt. Es ist allgemein anerkannt, dass diese Regelung nicht abschließend ist, so dass auch alle sonstigen Rechte der Gesellschaft und der Mitgesellschafter von der Regelung des § 113 HGB nicht tangiert werden.¹⁹⁸ Verstößt die Komplementär-GmbH gegen das Wettbewerbsverbot, kann ihr die Geschäftsführungs- und Vertretungsbefugnis **entzogen** werden (§§ 117, 127 HGB).¹⁹⁹ Ist der Verstoß gegen das Wettbewerbsverbot erheblich, kann der betroffene Gesellschafter aus wichtigem Grund aus der Gesellschaft **ausgeschlossen** werden (§ 140 HGB).²⁰⁰ Verstößt der Geschäftsführer der Komplementär-GmbH gegen das Wettbewerbsverbot, kann dies einen wichtigen Grund für seine Abberufung darstellen.²⁰¹ Soll das Recht eines Gesellschafters, einen Nachfolger zu benennen, zu Gunsten eines Dritten ausgeübt werden, steht der Benennung dann ein Hindernis entgegen, wenn gegenüber dem Dritten ein Ausschließungsgrund infolge der Konkurrenzlage gegeben wäre.²⁰²

73

5. Geltendmachung

Die Geltendmachung der Ansprüche setzt nach § 113 Abs. 2 HGB einen einstimmigen **Beschluss** aller übrigen Gesellschafter voraus. Die Entscheidung über die Geltendmachung der Ansprüche fällt damit nicht in die alleinige Entscheidungskompetenz der geschäftsführenden Komplementär-Gesellschaft. Der Gesellschaftsvertrag kann vorsehen, dass die Entscheidung durch **Mehrheitsbeschluss** erfolgt.²⁰³ Aus § 113 Abs. 2 HGB folgt, dass der gegen das Wettbewerbsverbot verstoßende Gesellschafter bei der Beschlussfassung über die Geltendmachung **kein Stimmrecht** hat.

74

---

[195] GK/*Schäfer* § 113 HGB Rn. 25; *Röhricht/v. Westphalen/v. Gerkan/Haas* § 113 HGB Rn. 7.
[196] GK/*Schäfer* § 113 HGB Rn. 25.
[197] MHdB GesR II/*Doehner/Hoffmann* KG § 16 Rn. 41.
[198] *Baumbach/Hopt* § 113 HGB Rn. 11; MHdB GesR II/*Doehner/Hoffmann* KG § 16 Rn. 43.
[199] Ein Entzug der Vertretungsmacht (§ 127 HGB) kommt nur dann in Betracht, wenn noch weitere Komplementäre vorhanden sind, vgl. BGHZ 51, 200; *Baumbach/Hopt* § 127 HGB Rn. 3.
[200] OLG München NZG 1999, 591; *Hesselmann/Tillmann/Mussaeus* GmbH & Co. § 4 Rn. 265; MüKo/*Langhein* § 113 HGB Rn. 12; GK/*Schäfer* § 112 HGB Rn. 37.
[201] *Hesselmann/Tillmann/Mussaeus* GmbH & Co. § 4 Rn. 266.
[202] BGH WM 1982, 234 (235); *Röhricht/v. Westphalen/v. Gerkan/Haas* § 113 HGB Rn. 8.
[203] GK/*Schäfer* § 113 HGB Rn. 27; MHdB GesR II/*Doehner/Hoffmann* KG § 16 Rn. 35.

7. Kapitel. Nicht vermögensbezogene Rechte

75 Aus dem Beschluss muss sich ergeben, welche Ansprüche die Gesellschaft geltend machen will.[204] Die Beschlussfassung kann auch **stillschweigend** erfolgen, etwa in der gemeinsamen Klageerhebung.[205] In einer zweigliedrigen GmbH & Co. KG wird der Beschluss als **entbehrlich** angesehen.[206] Hier erfolgt die Geltendmachung der Ansprüche aufgrund der Entschließung des anderen Gesellschafters.[207] Das Beschlusserfordernis besteht auch im **Liquidationsstadium**.[208] Wurde über das Vermögen der Gesellschaft das **Insolvenzverfahren** eröffnet, bedarf es keines Gesellschafterbeschlusses mehr; in diesem Fall obliegt die Geltendmachung der Ansprüche dem Insolvenzverwalter.[209]

76 Das **Beschlusserfordernis** erstreckt sich nur auf die in § 113 Abs. 1 HGB genannten Ansprüche, nämlich den **Schadensersatzanspruch** und das **Eintrittsrecht**. Die **sonstigen Ansprüche** der Gesellschaft, insbesondere auf Unterlassung, können auch ohne vorherige Beschlussfassung der Gesellschafter geltend gemacht werden.[210]

77 Kommt ein entsprechender Beschluss nicht zustande, muss die Geltendmachung der Ansprüche unterbleiben. Die Gesellschafter sind im Grundsatz nicht verpflichtet, ihre **Zustimmung** zur Geltendmachung der Ansprüche zu erteilen.[211] Allerdings besteht diese Weigerungsmöglichkeit nur in den durch die **Treuepflicht** gezogenen Grenzen. Zu einer grundlosen Verweigerung der Zustimmung sind die Gesellschafter daher nicht berechtigt. Besteht danach eine Zustimmungspflicht, können die übrigen Gesellschafter den sich weigernden Gesellschafter auf Zustimmung verklagen, wobei die Klage gegen ihn mit der Klage gegen den vertragsbrüchigen Gesellschafter **verbunden** werden kann.[212] Nach Ablauf der Verjährungsfrist des § 113 Abs. 3 HGB kann das Bestehen einer Zustimmungspflicht in einen Schadensersatzanspruch gegen den verweigernden Gesellschafter umschlagen.[213]

78 Sofern die Geschäftsführung der Komplementär-GmbH untätig bleibt und keine Klage erhebt, kann jeder Kommanditist die Ansprüche der Gesellschaft im Wege der **actio pro socio** durchsetzen.[214] Abweichend vom

---

[204] Heymann/*Emmerich* § 113 HGB Rn. 12.
[205] BGHZ 89, 162 (172); *Baumbach/Hopt* § 113 HGB Rn. 7; MüKo/*Langhein* § 113 HGB Rn. 19.
[206] Heymann/*Emmerich* § 113 HGB Rn. 12a.
[207] MHdB GesR II/*Doehner/Hoffmann* KG § 16 Rn. 35; *Baumbach/Hopt* § 113 HGB Rn. 7.
[208] *Baumbach/Hopt* § 113 HGB Rn. 6.
[209] Schlegelberger/*Martens* § 113 HGB Rn. 25; *Ebenroth/Boujong/Joost/Strohn/ Goette* § 113 HGB Rn. 39; MüKo/*Langhein* § 113 HGB Rn. 19; *Kardaras*, Wettbewerbsverbot, 98.
[210] *Baumbach/Hopt* § 113 HGB Rn. 9; Beck Hdb. Personengesellschaften/*Müller* § 4 Rn. 169.
[211] *Baumbach/Hopt* § 113 HGB Rn. 9.
[212] MHdB GesR II/*Doehner/Hoffmann* KG § 16 Rn. 36; *Baumbach/Hopt* § 113 HGB Rn. 9; aA Schlegelberger/*Martens* § 113 HGB Rn. 22.
[213] *Röhricht/v. Westphalen/v. Gerkan/Haas* § 113 HGB Rn. 9.
[214] BGHZ 89, 162 (172); Heymann/*Emmerich* § 113 HGB Rn. 15; *Baumbach/Hopt* § 113 HGB Rn. 7.

Grundsatz des § 113 Abs. 1 und 2 HGB bedarf es in diesem Fall keines vorangegangenen Beschlusses der Gesellschafter.[215]
Der Gesellschaft steht ein **Wahlrecht** zu, ob sie Schadensersatzansprüche **79** oder das Eintrittsrecht geltend macht. Nach zutreffender Auffassung handelt es sich hierbei weder um eine Ersetzungsbefugnis noch um eine Wahlschuld im Sinne von § 262 BGB, sondern um eine **alternative Gläubigerberechtigung** (sog. elektive Konkurrenz).[216] An einem Schadensersatzverlangen muss sich die Gesellschaft nicht **festhalten** lassen.[217] Hat sie sich jedoch für die Geltendmachung des Eintrittsrechts entschieden, ist sie an ihre Wahl aus Vertrauensgesichtspunkten grundsätzlich gebunden.[218] Ein Wechsel zur Geltendmachung von Schadensersatzansprüchen ist nur bei Vorliegen eines wichtigen Grundes möglich.

6. Verjährung

Nach § 113 Abs. 3 HGB verjähren die Ansprüche innerhalb von **drei** **80** **Monaten** gerechnet ab dem Zeitpunkt, an dem alle übrigen Gesellschafter von der wettbewerbsrelevanten Handlung des Gesellschafters Kenntnis erlangt haben. Unabhängig von der Kenntnis der Gesellschafter tritt eine Verjährung der Ansprüche nach Ablauf von **fünf Jahren** ein.

Die **Dreimonatsfrist** beginnt, sobald sämtliche übrigen Gesellschafter **81** positive Kenntnis von der Konkurrenztätigkeit des Gesellschafters erlangt haben. Dabei müssen den Gesellschaftern nicht alle Einzelheiten des Wettbewerbsverstoßes bekannt sein; sie müssen jedoch wenigstens so über Art und Umfang des Handelns ihres Mitgesellschafters informiert sein, dass sie in der Lage sind, einen Beschluss nach § 113 Abs. 2 HGB zu fassen.[219] Steht noch nicht fest, ob der Gesellschaft durch die konkurrierende Tätigkeit ein Schaden entstanden ist, besteht die Notwendigkeit, zur Hemmung der Verjährungsfrist Feststellungsklage zu erheben (§ 204 Abs. 1 Nr. 1 BGB). Eine Hemmung tritt auch dann ein, wenn über den Anspruch zwischen Gesellschafter und Gesellschaft Verhandlungen schweben (§ 203 BGB).[220]

Problematisch ist der **Beginn** der Verjährungsfrist, wenn der Wett- **82** bewerbsverstoß nicht in einer einmaligen Handlung, sondern, wie etwa bei einer Beteiligung an einer Konkurrenzgesellschaft, in einer **Dauerhandlung** besteht. Nach überwiegender Auffassung beginnt die kurze Frist des

---

[215] GK/*Schäfer* § 112 HGB Rn. 36; MüKo/*Langhein* § 113 HGB Rn. 19; Ebenroth/Boujong/Joost/Strohn/Goette § 113 HGB Rn. 37; Röhricht/v. Westphalen/v. Gerkan/Haas § 113 HGB Rn. 10.
[216] GK/*Schäfer* § 113 HGB Rn. 9f. mN zur Gegenansicht; vgl. auch MüKo/*Langhein* § 113 HGB Rn. 10.
[217] *Baumbach/Hopt* § 113 HGB Rn. 8; GK/*Schäfer* § 113 HGB Rn. 11; aA MHdB GesR II/*Doehner/Hoffmann* KG § 16 Rn. 26 mwN; MüKo/*Langhein* § 113 HGB Rn. 10; Ebenroth/Boujong/Joost/Strohn/Goette § 113 HGB Rn. 3.
[218] GK/*Schäfer* § 113 HGB Rn. 11; MHdB GesR II/*Doehner/Hoffmann* KG § 16 Rn. 26; noch enger Heymann/*Emmerich* § 113 HGB Rn. 13.
[219] GK/*Schäfer* § 112 HGB Rn. 39; *Schlegelberger*/Martens § 113 HGB Rn. 29f.; MüKo/*Langhein* § 113 HGB Rn. 21; Ebenroth/Boujong/Joost/Strohn/Goette § 113 HGB Rn. 43.
[220] MHdB GesR II/*Doehner/Hoffmann* KG § 16 Rn. 39.

§ 113 Abs. 3 HGB auch in diesen Fällen mit der Kenntnis der Mitgesellschafter von der Aufnahme der Dauertätigkeit.²²¹ Vor Einleitung der zur Hemmung der Verjährung erforderlichen gerichtlichen Schritte (§ 204 BGB), muss nach § 113 Abs. 2 HGB eine entsprechende Beschlussfassung der Gesellschafter vorausgehen.²²² Die Gesellschafter sind daher zu unverzüglichem Handeln gehalten. Gegen künftige Verstöße können die Gesellschafter indessen auch dann noch vorgehen, wenn der Gesellschafter bereits zuvor gegen das Wettbewerbsverbot verstoßen hat und die vorangegangenen Verstöße länger als drei Monate zurückliegen. Dies gilt auch für die Geltendmachung von Unterlassungsansprüchen, die das Bestehen einer Wiederholungsgefahr voraussetzt.

83 Die **fünfjährige** Verjährungsfrist beginnt mit Entstehung des Anspruches, dh mit Vorliegen aller Anspruchsvoraussetzungen. Für den Schadensersatzanspruch ist die Entstehung dem Grunde nach ausreichend. Der Beginn der Verjährungsfrist setzt aber voraus, dass die Gesellschaft zumindest Klage auf Feststellung erheben kann.²²³

84 Nach hM findet die kurze Verjährungsfrist des § 113 Abs. 3 HGB nur für den Anspruch auf Schadensersatz und das Eintrittsrecht, nicht aber für den Anspruch auf Unterlassung Anwendung.²²⁴ Streitig ist, ob die kurze Verjährungsfrist auch für **alle sonstigen Rechtsfolgen** einer unzulässigen Konkurrenztätigkeit, sei es auf gesetzlicher oder vertraglicher Grundlage, gilt.²²⁵

85 In den Grenzen des § 202 BGB ist es möglich, Vereinbarungen über die Verjährung zu treffen. Somit kommt eine **vertragliche Verlängerung** der Verjährungsfristen in § 113 Abs. 3 HGB bis zur gesetzlichen Höchstgrenze von 30 Jahren in Betracht. Ebenso ist es möglich, die Verjährungsfristen – mit Ausnahme der Haftung wegen Vorsatzes – zu verkürzen.

VIII. Wettbewerbsverbote und Kartellverbot

1. Anwendungsbereich des § 1 GWB

86 **a) Grundsatz.** Nach § 1 GWB sind Vereinbarungen zwischen miteinander im Wettbewerb stehenden Unternehmen, Beschlüsse von Unternehmensvereinigungen und aufeinander abgestimmte Verhaltensweisen, die eine Verhinderung, Einschränkung oder Verfälschung des Wettbewerbs bezwe-

---

[221] GK/*Schäfer* § 113 HGB Rn. 38; differenzierend MüKo/*Langhein* § 113 HGB Rn. 21: Zerlegung in Teilakte, sofern dies nur irgendwie möglich ist.
[222] MHdB GesR II/*Doehner/Hoffmann* KG § 16 Rn. 39.
[223] Heymann/*Emmerich* § 113 HGB Rn. 20; GK/*Schäfer* § 113 HGB Rn. 37.
[224] MüKo/*Langhein* § 113 HGB Rn. 20, 11; *Baumbach/Hopt* § 113 HGB Rn. 10; Schlegelberger/*Martens* § 113 HGB Rn. 26; MüKo/*Langhein* § 113 HGB Rn. 20, 11; GK/*Schäfer* § 113 HGB Rn. 37; aA Heymann/*Emmerich* § 113 HGB Rn. 17; ; MHdB GesR II/*Doehner/Hoffmann* KG § 16 Rn. 40; .
[225] Dafür GK/*Schäfer* § 113 HGB Rn. 36; einschränkend Heymann/*Emmerich* § 113 HGB Rn. 18; dagegen MHdB GesR II/*Doehner/Hoffmann* KG § 16 Rn. 40; *Baumbach/Hopt* § 113 HGB Rn. 10; für Regelverjährung nach § 195 BGB *Röhricht/ v.Westphalen/v. Gerkan/Haas* § 113 HGB Rn. 11.

cken oder bewirken, verboten. Voraussetzung für die kartellrechtliche Unwirksamkeit ist, dass die Verträge geeignet sind, die Verhältnisse auf dem konkreten Markt **spürbar** zu beeinflussen. Diese Voraussetzungen sind erfüllt, wenn die Wahlmöglichkeiten der Gegenseite nicht nur theoretisch beeinflusst werden.[226] Entsprechendes gilt für das europäische Kartellverbot nach Art. 101 AEUV. Hier bedarf es einer spürbaren Beeinträchtigung des Handels zwischen den Mitgliedstaaten.[227] Soweit die Vorschrift des § 1 GWB nicht eingreift, richtet sich die Wirksamkeit des Wettbewerbsverbots nach § 138 Abs. 1 BGB.[228]

Der Zusammenschluss der Gesellschafter einer GmbH & Co. KG erfolgt zur Verfolgung eines gemeinsamen Zweckes. Diese gemeinsame Zweckverfolgungsabsicht kann eine **Kollision** zwischen einem gesellschaftsrechtlichen Wettbewerbsverbot und § 1 GWB begründen. Diese Kollisionsgefahr besteht zunächst für **vertraglich** vereinbarte Wettbewerbsverbote, insbesondere für nachvertragliche.[229] Nach hM besteht ein Spannungsverhältnis aber auch hinsichtlich eines **gesetzlichen** Wettbewerbsverbotes, da dieses seine Grundlage in einem Vertragsschluss zwischen den Beteiligten hat und damit der Sache nach eine vertragliche Wettbewerbsbeschränkung darstellt.[230] Dabei stellt sich diese Problematik für das Wettbewerbsverbot des persönlich haftenden Gesellschafters und das des Kommanditisten in gleicher Weise.[231]

87

Das Eingreifen von § 1 GWB setzt ferner voraus, dass es sich bei den Gesellschaftern der GmbH & Co. KG um **Unternehmen** handelt. Nach der funktionellen Betrachtungsweise der Rechtsprechung erfüllt jedwede Betätigung im geschäftlichen Verkehr die Voraussetzung eines Unternehmens, ohne dass es auf die **Rechtsform**, in das Unternehmen verfasst ist, ankäme.[232] Die anderweitige unternehmerische Tätigkeit muss noch nicht konkret ausgeübt werden; vielmehr reicht eine **potentielle** Betätigung aus.[233]

88

Bei der Auflösung des Spannungsverhältnisses zwischen § 1 GWB und dem gesellschaftsvertraglichen Wettbewerbsverbot kann aus dem Umstand, dass es sich bei der Vorschrift des § 1 GWB um die zeitlich jüngere Vorschrift handelt, **kein genereller Vorrang des Kartellverbotes** gefolgert

89

---

[226] BGHZ 68, 6 (11); BGH NJW 1982, 938; WM 1983, 862 (863); *Emmerich* Kartellrecht § 3/7d; *Immenga/Mestmäcker/Zimmer* § 1 GWB Rn. 175 ff.; *Scherf* AG 1992, 245; MHdB GesR II/*Doehner/Hoffmann* KG § 16 Rn. 69; *Mayer* NJW 1991, 23 (24).
[227] BGHZ 104, 246 (254); Heymann/*Emmerich* § 112 HGB Rn. 4.
[228] MHdB GesR II/*Doehner/Hoffmann* KG § 16 Rn. 68 aE.
[229] *Röhricht/v.Westphalen/v. Gerkan/Haas* § 112 HGB Rn. 17, 21.
[230] BGHZ 38, 306 (316); GK/*Schäfer* § 112 HGB Rn. 40; *Lieberknecht/Gnauk* BB 1963, 1062 (1072); *Beuthien* ZHR 142 (1978), 264 f.; *Kanzleiter* DNotZ 1989, 203; Beck Hdb. Personengesellschaften/*Müller* § 4 Rn. 171; zweif. MHdB GesR II/*Doehner/Hoffmann* KG § 16 Rn. 67.
[231] Vgl. BGHZ 89, 162 (169).
[232] BGHZ 31, 105 (109); 36, 91 (103) (Gummistrümpfe); 67, 81 (84); OLG Hamburg WuW/E 3320, 3322 (Dieselmotoren); *Immenga/Mestmäcker/Zimmer* § 1 GWB Rn. 27; *Bechthold* § 1 GWB Rn. 2.
[233] *Immenga/Mestmäcker/Zimmer* § 1 GWB Rn. 43; MHdB GesR II/*Doehner/Hoffmann* KG § 16 Rn. 68.

7. *Kapitel. Nicht vermögensbezogene Rechte*

werden.²³⁴ Da Kartelle häufig in gesellschaftsrechtliche Formen gegossen werden, ist umgekehrt aber auch kein allgemeiner Vorrang des **Gesellschaftsrechts** vor dem Kartellrecht anzuerkennen.²³⁵ Andernfalls könnten Konkurrenten durch Gründung von **Gemeinschaftsunternehmen** das Kartellverbot umgehen, indem sie sich auf das gesetzliche oder ein vertraglich normiertes Wettbewerbsverbot berufen.²³⁶ Für das Eingreifen des Kartellverbotes muss die Gesellschaft auch nicht notwendigerweise zu dem **Zweck** gegründet worden sein, eine Wettbewerbsbeschränkung herbeizuführen.²³⁷ Andererseits wäre es zu weitgehend, gesellschaftsvertragliche Wettbewerbsverbote generell als unwirksam anzusehen. Verstößt der Gesellschaftsvertrag als solcher gegen § 1 GWB, so ist auch das gesetzliche Wettbewerbsverbot des § 112 HGB unwirksam.²³⁸

90 Nach der von der Rechtsprechung²³⁹ und der hM im Schrifttum²⁴⁰ vertretenen **Immanenztheorie** ist ein gesellschaftsrechtliches Wettbewerbsverbot dann unbedenklich, wenn es zur Begründung und Aufrechterhaltung des Betriebs der Gesellschaft unerlässlich ist. Der Verbotstatbestand des § 1 GWB erfasst daher nur **funktionsfördernde**, nicht aber **funktionsnotwendige** Wettbewerbsverbote. Danach findet § 1 GWB keine Anwendung, wenn das Wettbewerbsverbot nur eine bloße Nebenabrede bildet. Demgegenüber greift § 1 GWB ein, wenn das Wettbewerbsverbot ein wesentlicher Bestandteil des Vertrages ist, selbst wenn der Gesellschafter aufgrund seiner Einflussmöglichkeiten einem gesetzlichen Wettbewerbsverbot unterliegt. Dies ist häufig der Fall, wenn die Gesellschafter, wie etwa bei der Gründung von Vertriebssyndikaten, bereits vor Abschluss des Gesellschaftsvertrages Wettbewerber sind²⁴¹ oder in einer kapitalistisch strukturierten Gesellschaft von der Geschäftsführung und Vertretung ausgeschlossen sind.²⁴² Damit kommt dem Umfang der Treuepflichten maßgebliche Bedeutung zu, da aus diesen ein Wettbewerbsverbot folgen kann. Zur Bestimmung des Umfangs der Treuepflichten ist auf die Stellung des Gesellschafters innerhalb der Gesellschaft

---

²³⁴ BGHZ 38, 306 (312) (Kino); *Beuthien* ZGR 142 (1978), 269 ff.
²³⁵ BGH NJW 1982, 938 (939).
²³⁶ Vgl. etwa BGHZ 70, 331 (335) (Gabelstapler). In diesem Fall hatten sich Baustoffhändler zur Umgehung des Kartellverbotes zu einer GmbH & Co. KG zusammengeschlossen.
²³⁷ BGHZ 31, 105 (111) (Glasglühkörper).
²³⁸ BGH NJW 1982, 938 f., 1984, 1351 (1353); MüKo/*Langhein* § 112 HGB Rn. 32; *Ebenroth/Boujong/Joost/Strohn/Goette* § 112 HGB Rn. 36; *Röhricht/v. Westphalen/v. Gerkan/Haas* § 112 HGB Rn. 19 f.
²³⁹ BGHZ 38, 306 (311); 70, 311 (334); 89, 162 (169) (Werbeagentur); 104, 246 (251 f.); (neuform-Artikel); OLG Düsseldorf WuW/E 3323 ff. (Börsenkursanzeiger); vgl. auch BGHSt 30, 270 (Transport-Beton).
²⁴⁰ *Steindorff* BB 1977, 569 (570); *Beuthien* ZHR 142 (1978), 278; *Voges* DB 1977, 2081 (2086); GK/*Schäfer* § 112 HGB Rn. 42 f.; *Immenga/Mestmäcker/Zimmer* § 1 GWB Rn. 175 ff.; *Baumbach/Hopt* § 112 HGB Rn. 15; *K. Schmidt* ZHR 149 (1985), 1 (10); *K. Schmidt*, Gesellschaftsrecht, 598; *Kanzleiter* DNotZ 1989, 200 f.; Hdb. Kartellrecht/*Stockmann* § 7 Rn. 83; *Bechtold* § 1 GWB Rn. 33; Frankfurter Kommentar/*Huber* § 1 GWB nF Rn. 70; Beck Hdb. Personengesellschaften/*Müller* § 4 Rn. 172.
²⁴¹ *Heymann/Horn* § 165 HGB Rn. 9.
²⁴² BGHZ 38, 306; *Baumbach/Hopt* § 112 HGB Rn. 16.

abzustellen und nicht auf seine Befugnisse nach außen hin (Rn. 32). Im Anwendungsbereich des Art. 101 AEUV findet ebenfalls eine Differenzierung im Sinne der Immanenztheorie statt.[243]

b) Komplementär-GmbH. Soweit die Komplementär-GmbH betroffen ist, kollidiert das Kartellverbot nach § 1 GWB mit dem gesetzlichen Wettbewerbsverbot nach § 112 HGB. Nach Auffassung des BGH[244] und der hM im Schrifttum[245] tritt § 1 GWB hinter das **gesetzliche** Wettbewerbsverbot zurück. Dies gilt nach Auffassung des BGH, weil die KG eine Gesellschaftsform darstelle (wie im Übrigen auch die oHG), die auf die gesellschaftstreue Mitarbeit ihrer Gesellschafter angewiesen ist.[246] Dem gesetzlichen Wettbewerbsverbot kommt danach Vorrang vor § 1 GWB zu, wenn das Wettbewerbsverbot dem Bestand und der Erhaltung des Unternehmens zu dienen bestimmt ist.[247] In diesem Fall verhindere das Wettbewerbsverbot, dass die Gesellschaft durch den Wettbewerb ihrer geschäftsführenden Gesellschafter von innen her ausgehöhlt und zerstört werde,[248] selbst wenn das Wettbewerbsverbot wesentliche Auswirkungen auf die Marktverhältnisse haben sollte.[249] Rechtsdogmatisch handelt es sich dabei um eine Tatbestandsrestriktion des § 1 GWB.[250] Dabei gilt für die Komplementär-GmbH einer GmbH & Co. KG nichts anderes als für den persönlich haftenden Gesellschafter einer dem gesetzlichen Leitbild entsprechenden KG.[251]

Ist der persönlich haftende Gesellschafter – was bei einer Komplementär- **92** GmbH einer GmbH & Co. KG allerdings nur ausnahmsweise vorkommen dürfte – an der Gesellschaft nur rein **kapitalistisch beteiligt**, ist das Wettbewerbsverbot in aller Regel nicht funktionsnotwendig. Eine kapitalistische Beteiligung liegt vor, wenn der Gesellschafter von der Geschäftsführung ausgeschlossen ist und seine sonstigen Befugnisse, insbesondere seine **Informationsrechte**, vertraglich auf das gesetzliche Mindestmaß (§ 118 Abs. 2 HGB) beschnitten sind. In diesem Fall bleibt für die Anwendung von § 112 HGB kein Raum.[252]

Ein **gesellschaftsvertraglich** vereinbartes Wettbewerbsverbot der Kom- **93** plementär-GmbH, dessen sachlicher und zeitlicher Geltungsbereich über

91

---

[243] EuGH Urt. v. 15.12.1994, Rs. C-250/92 (Dansk Landbrugs), Slg. 1994, I-5641; *Röhricht/v. Westphalen/v. Gerkan/Haas* § 112 HGB Rn. 19; MHdB GesR II/*Doehner/Hoffmann* KG § 16 Rn. 71 aE.
[244] BGHZ 38, 306 (312); 70, 331 (335).
[245] *Binz/Sorg* § 4 Rn. 43 mwN.
[246] BGHZ 38, 306 (312).
[247] BGHZ 38, 306 (312, 314).
[248] BGHZ 70, 331 (335).
[249] GK/*Schäfer* § 112 HGB Rn. 46.
[250] BGHZ 70, 331 (336); GK/*Schäfer* § 112 HGB Rn. 45; MHdB GesR II/*Doehner/Hoffmann* KG § 16 Rn. 71.
[251] MHdB GesR II/*Doehner/Hoffmann* KG § 16 Rn. 73; Schlegelberger/*Martens* § 165 HGB Rn. 34; GK/*Schilling* § 165 HGB Rn. 6; *Riegger* BB 1983, 90.
[252] BGHZ 38, 306 (311); *Ebenroth/Boujong/Joost/Strohn/Goette* § 112 HGB 39; MüKo/*Langhein* § 112 HGB Rn. 34; vgl. auch *Beuthien* ZHR 142 (1978), 284; *Löffler* NJW 1986, 227f.

7. Kapitel. Nicht vermögensbezogene Rechte

§ 112 HGB hinausgeht, ist nur dann mit § 1 GWB zu vereinbaren, wenn es für den Erhalt der Gesellschaft funktionsnotwendig ist.[253]

94 Auch die Dauer eines **nachvertraglichen Wettbewerbsverbots** kann nicht unbegrenzt sein. Hier wird zu Recht eine Parallele zur Rechtslage bei Unternehmenskaufverträgen gezogen.[254] Danach ist ein Wettbewerbsverbot unbedenklich, wenn es der Gefahr vorbeugt, dass der Gesellschafter seine Kenntnisse von Unternehmensinterna (Kunden, Vertriebssyteme, Produktionsverfahren etc.) zu eigennützigen Zwecken missbraucht, und damit zugleich sicherstellt, dass der Erwerber des Unternehmens in der Lage ist, den Kundenstamm tatsächlich zu übernehmen. Ein **zweijähriges** Wettbewerbsverbot ist jedenfalls unbedenklich.[255] Ob ein längeres Wettbewerbsverbot noch mit § 1 GWB vereinbar ist, hängt vom Einzelfall ab. Dabei kommt es darauf an, über welche Kenntnisse der betreffende Gesellschafter verfügt und auf welche Weise er diese zu eigenen Zwecken verwenden könnte.[256] Ein zeitlich unangemessen langes Wettbewerbsverbot kann nach Auffassung des BGH im Wege der **geltungserhaltenden Reduktion** mit der noch wirksamen Laufzeit aufrechterhalten werden (§ 139 BGB).[257] Der BGH hat allerdings betont, dass eine geltungserhaltende Reduktion nur in zeitlicher Hinsicht in Betracht kommt.[258] Ist das Wettbewerbsverbot nicht nur aufgrund einer quantitativen Überschreitung, sondern wegen anderer Gründe, etwa wegen einer unangemessen weiten örtlichen Ausdehnung, unwirksam, scheidet eine Aufrechterhaltung aus.

95 c) **Kommanditisten.** Unterliegt der Kommanditist, etwa aufgrund seiner beherrschenden Stellung oder vertraglich eingeräumter Geschäftsführungsbefugnisse, einem **gesetzlichen** Wettbewerbsverbot (→ Rn. 35 ff.), setzt sich dieses nach Ansicht des BGH gegenüber dem Kartellverbot durch, sofern es dem Erhalt des Unternehmens dient und das Gesellschaftsverhältnis im Übrigen kartellrechtsneutral ist.[259]

96 Nur ein eingeschränkter Gestaltungsspielraum besteht bei der Vereinbarung **vertraglicher Wettbewerbsverbote.** Nach überwiegender Auffassung im Schrifttum darf die Rechtsstellung des Kommanditisten im Hinblick auf § 1 GWB nicht stärker eingeschränkt werden, als dies bereits durch die gesellschaftsrechtliche Treuepflicht der Fall ist.[260] Verlangt die Treuepflicht zur Funktionserhaltung des Unternehmens ausnahmsweise ein Wettbewerbsverbot, besteht ein Konflikt mit § 1 GWB nicht. In diesem Fall deckt

---

[253] Vgl. BGH WM 1986, 1282.
[254] *Ulmer* NJW 1979, 1595; *Ulmer* NJW 1982, 1975; *Baumbach/Hopt* § 112 HGB Rn. 17.
[255] BGH NJW 1984, 2366; ZIP 1990, 586 (588); NJW 1994, 384; OLG Hamburg WuW/E OLG 3320, 3323 (Dieselmotoren); GK/*Schäfer* § 112 HGB Rn. 48.
[256] MHdB GesR II/*Doehner/Hoffmann* KG § 16 Rn. 74.
[257] BGH NJW 1991, 699 (670); NJW 2000, 2584; *Beisel/Klumpp* Unternehmenskauf Kap. 4 Rn. 38.
[258] BGH NJW 1997, 3089; vgl. auch *Bechtold* § 1 GWB Rn. 27.
[259] BGHZ 89, 162 (169).
[260] GK/*Schilling* § 165 HGB Rn. 1 f.; Schlegelberger/*Martens* § 165 HGB Rn. 32; MHdB GesR II/*Doehner/Hoffmann* KG § 16 Rn. 77; krit. *Binz/Sorg* § 5 Rn. 141.

sich das vertragliche Wettbewerbsverbot mit dem ohnehin bestehenden gesetzlichen Wettbewerbsverbot.

Die Begründung eines vertraglichen Konkurrenzverbotes zu Lasten eines (nur) mit den **gesetzlichen Rechten** ausgestatteten Kommanditisten kommt demgegenüber regelmäßig nicht in Betracht.[261] Dies gilt namentlich dann, wenn dem Kommanditisten lediglich die gesetzlichen Kontroll- und Informationsrechte nach §§ 164, 166 HGB zustehen. Insoweit ist die Wertung der Vorschrift des § 165 HGB zu berücksichtigen, dass es in diesem Fall grundsätzlich keines Wettbewerbsverbotes bedarf.[262] 97

Sofern die Vereinbarung eines vertraglichen Wettbewerbsverbotes danach unbedenklich ist, kann entsprechend den für den persönlich haftenden Gesellschafter geltenden Grundsätzen auch ein **nachvertragliches Wettbewerbsverbot** des Kommanditisten etabliert werden. Abweichend von den allgemeinen Regeln beginnt das Verbot mit Eintritt des das Wettbewerbsverbot rechtfertigenden Umstandes (Ausscheiden aus der Geschäftsführung, Verlust der beherrschenden Stellung) und nicht mit Ausscheiden aus der Gesellschaft.[263] 98

d) Gesellschafter der Komplementär-GmbH. Die Wirksamkeit eines in der Satzung der Komplementär-GmbH enthaltenen Wettbewerbsverbotes beurteilt sich im Grundsatz nach den für die Personengesellschaft entwickelten Kriterien.[264] 99

e) Geschäftsführer der Komplementär-GmbH. Auch das sich aus dem Anstellungsvertrag ergebende Wettbewerbsverbot des Geschäftsführers der Komplementär-GmbH ist zulässig, wenn es sich auf das funktionsnotwendige Maß beschränkt.[265] 100

2. Rechtsfolgen

Ein gegen § 1 GWB verstoßendes gesellschaftsrechtliches Wettbewerbsverbot ist **unwirksam**. Auf den Bestand des Gesellschaftsvertrages wirkt sich dies, abweichend von der Regel des § 139 BGB, nur in den seltensten Fällen aus. In der Regel wird eine **Teilnichtigkeit** anzunehmen sein.[266] Eine Gesamtnichtigkeit des Gesellschaftsvertrages scheidet vor allem dann aus, wenn der Gesellschaftsvertrag eine salvatorische Klausel enthält. 101

---

[261] BGHZ 38, 306 (314); OLG Düsseldorf WuW/E OLG 3328; WuW/E OLG 3492; *Kellermann* FS Fischer, 318; GK/*Schäfer* § 112 HGB Rn. 46; Schlegelberger/ *Martens* § 165 HGB Rn. 2; *Sommer* GmbH & Co. S. 129; *Mayer* NJW 1991, 23 (25).
[262] MHdB GesR II/*Doehner/Hoffmann* KG § 16 Rn. 78.
[263] OLG Hamburg WuW/E OLG 3320.
[264] *Baumbach/Hueck/Fastrich* § 3 GmbHG Rn. 43; vgl. auch MHdB GesR III/ *Schiessl/Böhm* § 34 Rn. 10.
[265] OLG Hamburg WuW/E OLG 3320, 3322 f.; MHdB GesR II/*Doehner/Hoffmann* KG § 16 Rn. 82; GK/*Schäfer* § 112 HGB Rn. 45.
[266] MHdB GesR II/*Doehner/Hoffmann* KG § 16 Rn. 83 mwN.

8. Kapitel. Wechsel im Gesellschafterbestand unter Lebenden

§ 28 Eintritt

Übersicht

	Rn.		Rn.
I. Eintritt in die Kommanditgesellschaft	2	b) Haftung als Kommanditist	16
1. Aufnahmevertrag	2	4. Anmeldung zum Handelsregister	18
a) Abschluss des Aufnahmevertrags	3	II. Eintritt in die GmbH im Wege der Kapitalerhöhung	19
b) Formvorschriften	4	1. Übernahmevertrag	23
c) Besondere Wirksamkeitserfordernisse	9	2. Regelung im Gesellschaftsvertrag	31
d) Inhalt des Aufnahmevertrags	10	3. Haftung des eintretenden Gesellschafters	33
2. Regelung im Gesellschaftsvertrag	11	4. Anmeldung zum Handelsregister	34
3. Haftung des eintretenden Gesellschafters	13	5. Genehmigtes Kapital	36
a) Haftung als Komplementär	15	III. Harmonisierung der Eintrittsregelung in GmbH und KG	37

Schrifttum: *Binz/G. Mayer,* Beurkundungspflichten bei der GmbH & Co. KG, NJW 2002, 3054; *Cramer,* Das genehmigte Kapital der GmbH nach dem MoMiG, GmbHR 2009, 406; *Fleck,* Schuldrechtliche Verpflichtungen einer GmbH im Entscheidungsbereich der Gesellschafter, ZGR 1988, 104; *Gehling,* Haftungsrisiken des (Anleger-)Kommanditisten, BB 2011, 73; *Grunewald,* Die Verantwortlichkeit des gering beteiligten GmbH-Gesellschafters für Kapitalaufbringung und -erhaltung, in FS für Lutter, 2000, 413; *Hergeth/Mingau,* Beteiligungsverträge bei der GmbH, DStR 2001, 1217; *Ihrig,* Die endgültige freie Verfügung über die Einlage von Kapitalgesellschaftern, 1991; *Immenga,* Die personalistische Kapitalgesellschaft, 1970; *Kleinert/Blöse/v. Xylander,* Erfüllung der Formerfordernisse gem. § 15 Abs. 3 und 4 S. 1 GmbHG durch antizipierende Satzungsklauseln – ein Gestaltungsvorschlag, GmbHR 2003, 1230; *Koller/Buchholz,* Der bedingte Beitritt zu einer KG, DB 1982, 2172; *Komo,* Geschlossene Immobilienfonds in der Rechtsform der GmbH & Co. KG – Haftungsrisiken für Anleger und Vertragsgestaltung, BB 2012, 1423; *Lutter,* Vorleistungsrisiko der Zeichner und „freie Verfügbarkeit" bei Gründung und Kapitalerhöhung, in FS für Heinsius, 1991, 497; *Mattheus/Schwab,* Kommanditistenhaftung und Registerpublizität, ZGR 2008, 65; *Menzel/Wolf,* Der minderjährige Kommanditist – bei Gründung, unentgeltlicher Anteilsübertragung und Erwerb von Todes wegen, MittBayNot 2010, 186; *Michalski,* Der Gesellschafterwechsel bei Personengesellschaften, NZG 1998, 95; *Nietsch,* Die Flexibilisierung der Kapitalaufnahme bei der GmbH, in FS für U. H. Schneider, 2011, 873; *Priester,* Genehmigtes Kapital bei der GmbH, GmbHR 2008, 1177; *Priester,* Das gesetzliche Bezugsrecht bei der GmbH, DB 1980, 1925; *Schmelz,*

8. Kapitel. Wechsel im Gesellschafterbestand unter Lebenden

"Überschießende Außenhaftung" des Kommanditisten – Eine systematische Darstellung, DStR 2006, 1704; *K. Schmidt*, Handelsregisterpublizität und Kommanditistenhaftung, ZIP 2002, 413; *K. Schmidt*, Die Schenkung von Personengesellschaftsanteilen durch Einbuchung, BB 1990, 1992; *K. Schmidt*, Anwendungsgrenzen des § 176 Abs. 2 HGB, ZHR 144 (1980), 192; *Schwanecke*, Formzwang des § 313 S. 1 BGB bei Durchgangserwerb von Grundeigentum, NJW 1984, 1585; *Specks*, Zur Haftung des Kommanditisten, insbesondere des Kommanditisten einer GmbH & Co. KG, vor seiner Eintragung im Handelsregister, RNotZ 2008, 143; *Ulmer/Löbbe*, Zur Anwendbarkeit des § 313 BGB im Personengesellschaftsrecht, DNotZ 1998, 711; *H. Wiedemann*, Die Personengesellschaft – Vertrag oder Organisation, ZGR 1996, 286; *Winkler*, Erwerb von GmbH-Anteilen durch Minderjährige und vormundschaftsgerichtliche Genehmigung. Besprechung der Entscheidung BGHZ 107, 23 ff., ZGR 1990, 131; *Winkler*, Der Erwerb eigener Geschäftsanteile durch die GmbH, GmbHR 1972, 73.

1 Soll ein neuer Gesellschafter in eine bestehende GmbH & Co. KG eintreten, ist danach zu differenzieren, ob er Gesellschafter **nur der KG, nur der GmbH oder beider Gesellschaften** werden soll. Von den hier näher zu betrachtenden Fällen des Eintritts (bisweilen werden auch die Begriffe Beitritt und Aufnahme verwendet)[1] sind diejenigen der Übertragung eines Gesellschaftsanteils zu unterscheiden.[2] Während in den erstgenannten Fällen nämlich **eine neue Gesellschafterstellung entsteht**, wird in den zweitgenannten Fällen lediglich eine bereits bestehende Gesellschafterstellung auf eine andere Person übertragen. Der Sache nach lässt sich durch die Kombination von Ein- und Austritt auch ein der Übertragung der Gesellschafterstellung vergleichbares Ergebnis erzielen: Bei diesem sogenannten Eintritts-/Austrittsmodell erfolgt anstelle der Übertragung der Kommanditbeteiligung von A an B der Austritt des A (gegen Abfindung) und der Eintritt des B, der wiederum eine der Abfindung des A entsprechende Einlage leistet. Das Eintritts-/Austrittsmodell weist indessen gegenüber dem Übertragungsmodell einen entscheidenden Nachteil auf: Es führt zu einer Verdopplung der Kommanditistenhaftung.[3] Der Ausscheidende haftet – innerhalb der fünfjährigen Verjährungsfrist nach §§ 161 Abs. 2, 160 Abs. 1 S. 1 HGB – in Höhe seiner Kommanditeinlage für die bis zu seinem Ausscheiden begründeten Forderungen, während der eintretende Kommanditist ebenfalls haftet, sich aber, sofern er die Hafteinlage erbracht hat, auf §§ 173 Abs. 1, 171 Abs. 1 Hs. 2 HGB berufen kann.[4] Aufgrund dieser Haftungssituation wird bei Übertragung einer Kommanditbeteiligung regelmäßig zweckmäßigerweise vom Übertragungsmodell (→ § 29) Gebrauch gemacht.[5] Der nachstehend behandelte Eintritt hat demnach für solche Fälle Bedeutung, in denen **ein oder mehrere Gesellschafter** der Gesellschaft **beitreten**, ohne dass dies im Zusammenhang mit dem **Ausscheiden eines anderen** Gesellschafters steht.

---

[1] Vgl. Baumbach/*Hopt* HGB § 105 Rn. 67.
[2] Hierzu in diesem Band → *Reichert/Ullrich* § 29; siehe auch *K. Schmidt* Gesellschaftsrecht § 45 III 1, 1320 f.; *Kraft/Kreutz* Gesellschaftsrecht C V 3, 166 f.
[3] BGHZ 81, 82 (86 f.); MüKoHGB/*K. Schmidt* § 173 Rn. 29; MHdB KG/*Piehler/Schulte* § 35 Rn. 37; *K. Schmidt* Gesellschaftsrecht § 54 IV 3, 1590 f.
[4] MHdB KG/*Piehler/Schulte* § 34 Rn. 35.
[5] *Wagner/Rux* GmbH & Co. KG Rn. 528; HTM/*Hannes* GmbH & Co. KG § 9 Rn. 3; *Michalski* NZG 1998, 95.

Er ist daher in der Regel – soll die Beteiligung an der GmbH erfolgen – zwingend mit einer Erhöhung des Kapitals verknüpft.

I. Eintritt in die Kommanditgesellschaft

1. Aufnahmevertrag

Zum Eintritt eines Gesellschafters in die KG bedarf es einer **Änderung des Gesellschaftsvertrags**.[6]

a) **Abschluss des Aufnahmevertrags.** Diese Änderung erfolgt durch Abschluss des sogenannten Aufnahmevertrags zwischen dem Eintretenden und sämtlichen bisherigen Gesellschaftern.[7] Die KG selbst ist an diesem Vertragsschluss indes nicht beteiligt.[8] Da es sich beim Abschluss des Aufnahmevertrags um ein sogenanntes **Grundlagengeschäft** handelt, wird er von der Vertretungsmacht der Komplementärin nach §§ 161 Abs. 2, 125 HGB nicht erfasst.[9] Wird der Aufnahmevertrag zunächst nur von einem oder mehreren Gesellschaftern abgeschlossen, können die anderen Gesellschafter ihm durch entsprechende Erklärung auch nachträglich beitreten. Allerdings muss die Erklärung gegenüber dem Eintretenden und allen übrigen Vertragsbeteiligten abgegeben werden.[10] Wirksam wird der Aufnahmevertrag erst, wenn der letzte Gesellschafter zugestimmt hat. Der Eintritt kann **auch unter einer Bedingung oder einer Befristung** vereinbart werden.[11] Eine Rückwirkung des Beitritts, etwa auf einen Bilanzstichtag, kann indes nur mit schuldrechtlicher Wirkung vereinbart werden.[12]

b) **Formvorschriften.** Der Aufnahmevertrag stellt eine Änderung des Gesellschaftsvertrags der KG dar und ist **grundsätzlich formfrei**. Verpflichtet sich der Eintretende jedoch **zur Übertragung eines Grundstücks oder eines Grundstücksbruchteils** (sei es an die Gesellschaft oder einen Dritten) oder zum Erwerb eines solchen, bedarf der Vertrag nach § 311b Abs. 1 S. 1 BGB der notariellen Beurkundung.[13] Dies gilt auch, wenn das einzubringende Grundstück vom Gesellschafter erst noch beschafft werden muss, das Grundstück als solches jedoch bereits bestimmt oder bestimm-

---

[6] BeckHdB PersGes/*Sauter* § 2 Rn. 201.
[7] BGH NZG 2011, 551 (552); NJW 1988, 1321 (1323); BeckHdB PersGes/ *Sauter* § 2 Rn. 201.
[8] BGHZ 76, 160 (164); 26, 330 (333); MHdB KG/*Piehler/Schulte* § 34 Rn. 2.
[9] Vgl. *Kraft/Kreutz* Gesellschaftsrecht D III 2d aa, 193 f.
[10] MHdB KG/*Piehler/Schulte* § 34 Rn. 3.
[11] GK/*Schäfer* HGB § 105 Rn. 162; Henssler/Strohn/*Gummert* HGB § 161 Rn. 11; *Koller/Buchholz* DB 1982, 2172 (2173).
[12] BGH WM 1976, 972 (974); BFH WM 1973, 820 (821); MüKoHGB/*K. Schmidt* § 105 Rn. 206; GK/*Schäfer* HGB § 105 Rn. 164; *K. Schmidt* Gesellschaftsrecht § 45 II 3, 1317; siehe ferner MüKoBGB/*Ulmer* § 705 Rn. 7.
[13] BGH WM 1978, 752 (753 f.); Röhricht/v. Westphalen/*v. Gerkan/Haas* HGB § 161 Rn. 108; *Oetker* HGB § 161 Rn. 116. Zur Zulässigkeit der Beurkundung durch einen ausländischen Notar vgl. *Binz/G. Mayer* NJW 2002, 3054.

bar ist.[14] Demgegenüber begründet die Tatsache, dass die KG Grundstückseigentümerin ist, nicht die Formbedürftigkeit nach § 311b Abs. 1 S. 1 BGB.[15]

5   Die Form der **notariellen Beurkundung** ist auch dann zu wahren, wenn der Vertragsschluss zum Zwecke des Erwerbs und/oder der Veräußerung eines **bestimmten** Grundstücks erfolgt.[16] Dem entgegen soll § 311b Abs. 1 S. 1 BGB grundsätzlich **nicht** anwendbar sein, soweit es um den **Beitritt zu einer Grundstücksgesellschaft** geht, deren Zweck **allgemein** auf den Erwerb und die Veräußerung von Grundstücken gerichtet ist.[17] **Umstritten** ist indes, ob dies auch dann gilt, wenn bestimmte Gesellschafter von der Geschäftsführung ausgeschlossen sind[18] oder ob die Unanwendbarkeit von § 311b Abs. 1 S. 1 BGB voraussetzt, dass in der Gesellschaft **Gesamtgeschäftsführung** besteht.[19] Dieser Frage kommt für die KG besondere Bedeutung zu, da die Kommanditisten hier regelmäßig nicht an der Geschäftsführung beteiligt sind (§ 164 S. 1 Hs. 1 HGB). In der Vertragspraxis dürfte es daher aus Gründen der Rechtssicherheit jedenfalls ratsam sein, die notarielle Form einzuhalten.

6   Wird die Änderung des Gesellschaftsvertrags unter Verstoß gegen § 311b Abs. 1 S. 1 BGB nicht notariell beurkundet, tritt vorbehaltlich einer Heilung nach § 311b Abs. 1 S. 2 BGB Nichtigkeit gemäß § 125 S. 1 BGB ein. Die **Nichtigkeit** erfasst dabei den **gesamten** Gesellschaftsvertrag.[20] Die Nichtigkeit des Aufnahmevertrags hat zur Folge, dass sich die Rechtsstellung des Eintretenden nach den Regeln über die **fehlerhafte Gesellschaft** bemisst.[21]

7   Ein Formzwang kann sich auch aus § 518 Abs. 1 S. 1 BGB ergeben, wenn der Eintretende unentgeltlich an der Gesellschaft beteiligt werden soll. Nach Ansicht des BGH soll in der **Aufnahme als persönlich haftender Gesellschafter** im Hinblick auf die Übernahme der persönlichen Haftung und der Verpflichtung zur Geschäftsführung regelmäßig **keine Schenkung** liegen.[22] Hingegen steht beim Kommanditanteil der vermögensrechtliche Aspekt der

---

[14] Richtet sich die Einlageverpflichtung dementgegen auf ein noch nicht bestimmbares Grundstück, soll der Formzwang nicht gelten, vgl. *Binz/G. Mayer* NJW 2002, 3054 (3056).
[15] Vgl. RGZ 82, 160; BGHZ 86, 367 (369 f.); OLG Düsseldorf NZG 2007, 510; MüKoHGB/*K. Schmidt* § 105 Rn. 206; MüKoBGB/*Ulmer* § 705 Rn. 36; GK/*Schäfer* HGB § 105 Rn. 171; Röhricht/v.Westphalen/*v. Gerkan/Haas* HGB § 105 Rn. 86.
[16] Vgl. *Ulmer/Löbbe* DNotZ 1998, 711 (740 f.); siehe ferner MHdB GesR I/*Piehler/Schulte* § 10 Rn. 10.
[17] Dazu *Binz/G. Mayer* NJW 2002, 3054 (3056).
[18] So die hM, vgl. MüKoBGB/*Ulmer* § 705 Rn. 39 mwN; wohl auch BGH WM 1996, 537.
[19] Näher *Schwanecke* NJW 1984, 1585 (1589 f.).
[20] Näher MüKoBGB/*Ulmer* § 705 Rn. 40 f.
[21] *Baumbach/Hopt* HGB § 105 Rn. 92; MüKoHGB/*K. Schmidt* § 105 Rn. 248; MHdB KG/*Piehler/Schulte* § 34 Rn. 16; zur Anwendung der Grundsätze der fehlerhaften Gesellschaft auf den fehlerhaften Beitritt eines Gesellschafters vgl. BGH NJW 1992, 1501 (1502); OLG Frankfurt a.M. NJW-RR 1994, 1321 (1322 f.).
[22] BGH NJW 1981, 1956 (1957); BB 1965, 472; 1959, 574; offen gelassen hingegen in BGHZ 112, 40 (44); krit. MüKoBGB/*J. Koch* § 516 Rn. 91; MüKoBGB/*Ulmer* § 705 Rn. 43.

Beteiligung im Vordergrund, weshalb er ohne weiteres Gegenstand eines nach § 518 Abs. 1 S. 1 BGB formbedürftigen Schenkungsversprechens sein kann.[23] Entgegen der Auffassung des BGH sollte prinzipiell auch in der unentgeltlichen Zuwendung der Rechtsstellung als persönlich haftender Gesellschafter eine Schenkung erblickt werden, da diese Beteiligung regelmäßig über einen wirtschaftlichen Wert verfügt.[24] Etwas anderes hätte nur dann zu gelten, wenn die Beteiligung angesichts der wirtschaftlichen Situation der Gesellschaft wertlos ist.[25] Ist die unentgeltliche Zuwendung der Gesellschafterstellung nach § 518 Abs. 1 S. 1 BGB somit grundsätzlich formbedürftig, so tritt mit Abschluss des Aufnahmevertrags, in welchem nach wohl einhelliger Meinung bereits der Vollzug der Schenkung zu sehen ist, doch regelmäßig **Heilung** nach § 518 Abs. 2 BGB ein.[26] Für die Praxis hat die Streitfrage deshalb weitestgehend an Bedeutung verloren.

Formbedürftig kann der Aufnahmevertrag ferner dann sein, wenn er eine **8 Verpflichtung zur Abtretung von GmbH-Anteilen** umfasst (§ 15 Abs. 4 S. 1 GmbHG: notarielle Form) **oder** wenn der Gesellschaftsvertrag eine **Schriftformklausel** enthält.[27]

c) **Besondere Wirksamkeitserfordernisse.** Ist der Eintretende **min- 9 derjährig** oder ist ein **Betreuer** für ihn bestellt, bedarf der Aufnahmevertrag der **familien- bzw. betreuungsgerichtlichen Genehmigung** nach §§ 1643 Abs. 1, 1908i Abs. 1 S. 1, 1822 Nr. 3 BGB, sofern der Zweck der Gesellschaft auf den Betrieb eines Erwerbsgeschäfts gerichtet ist.[28] Dies gilt auch dann, wenn der Eintretende nur Kommanditist werden soll.[29] Soll hingegen ein Geschäftsfähiger in eine Gesellschaft eintreten, an der ein Minderjähriger bzw. Betreuter beteiligt ist, so ist hierzu keine familien- bzw. betreuungsgerichtliche Genehmigung erforderlich.[30] Sind die gesetzlichen Vertreter des Minderjährigen selbst Gesellschafter und wirken sie beim Abschluss des

---

[23] BGHZ 112, 40 (44); zust. MüKoBGB/*J. Koch* § 516 Rn. 92.
[24] AA *Binz/G. Mayer* NJW 2002, 3054 (3056) für die typische Komplementär-Stellung in einer GmbH & Co. KG.
[25] Näher MüKoBGB/*J. Koch* § 516 Rn. 91.
[26] Vgl. Baumbach/*Hopt* HGB § 105 Rn. 56; MüKoHGB/*K. Schmidt* § 105 Rn. 141; MHdB KG/*Piehler/Schulte* § 34 Rn. 14; *Binz/G. Mayer* NJW 2002, 3054 (3056).
[27] Näher MHdB KG/*Piehler/Schulte* § 34 Rn. 12, 15; zu weiteren Formerfordernissen vgl. MüKoHGB/*K. Schmidt* § 105 Rn. 142ff. Nach der Rspr. des BGH soll allerdings die Klausel, wonach Änderungen des Gesellschaftsvertrags der Schriftform bedürfen, nicht notwendig für den Aufnahmevertrag gelten, BGH WM 1985, 125 (126); 1983, 118 (120); zust. Röhricht/v. Westphalen/v. *Gerkan/Haas* HGB § 161 Rn. 108.
[28] Dies gilt auch nach der Gesetzesänderung durch das Minderjährigenhaftungsbeschränkungsgesetz; vgl. MHdB KG/*Piehler/Schulte* § 34 Rn. 4 mwN.
[29] BGHZ 17, 160 (165); Röhricht/v. Westphalen/v. *Gerkan/Haas* HGB § 161 Rn. 8; Oetker/*Weitemeyer* HGB § 105 Rn. 15; zur unentgeltlichen Übertragung eines Kommanditanteils an einen Minderjährigen vgl. OLG München NZG 2009, 104; OLG Bremen NZG 2008, 750; OLG Frankfurt a.M. NZG 2008, 749; *Menzel/Wolf* MittBayNot 2010, 186 (187); → § 29 Rn. 61.
[30] Vgl. BGHZ 38, 26; MüKoHGB/*K. Schmidt* § 105 Rn. 145; MHdB KG/*Piehler/Schulte* § 34 Rn. 5; *H. Wiedemann* ZGR 1996, 286 (297).

8. Kapitel. *Wechsel im Gesellschafterbestand unter Lebenden*

Aufnahmevertrags auch im eigenen Namen mit, sind sie gemäß §§ 181, 1629 Abs. 2 S. 1, 1795 Abs. 2 BGB von der Vertretung des Minderjährigen ausgeschlossen.[31] Dem Minderjährigen ist dann ein Ergänzungspfleger (§ 1909 Abs. 1 S. 1 BGB) zu bestellen.[32] Bei in **Zugewinngemeinschaft** lebenden Ehegatten ist ferner das **Zustimmungserfordernis** nach § 1365 Abs. 1 BGB zu beachten.[33]

10 **d) Inhalt des Aufnahmevertrags.** Da durch den Aufnahmevertrag die Gesellschafterstellung des Eintretenden begründet und der Gesellschaftsvertrag abgeändert wird, bedarf es im Aufnahmevertrag regelmäßig einer Vielzahl von Bestimmungen. Zu denken ist etwa an Regelungen über den Zeitpunkt des Wirksamwerdens des Eintritts, über die Höhe der vom Eintretenden zu erbringenden Einlage,[34] über seine Beteiligung am Gesellschaftsvermögen, über seine Rechte und Pflichten im Rahmen der Geschäftsführung sowie an Bestimmungen für den Fall seines möglichen Ausscheidens. Bei einer schenkweisen Aufnahme sollte auch an eventuelle Widerrufs- und Rückforderungsrechte gedacht werden.[35] Auch mögliche Genehmigungserfordernisse und steuerrechtliche Aspekte sind zu berücksichtigen.[36] Bei einer Aufnahme als Kommanditist empfiehlt es sich, terminologisch zwischen der Pflichteinlage und der Haftsumme[37] zu differenzieren und im Hinblick auf die Bestimmung des § 176 Abs. 2 HGB die Wirksamkeit des Eintritts von der aufschiebenden Bedingung der Eintragung in das Handelsregister abhängig zu machen.[38]

2. Regelung im Gesellschaftsvertrag

11 Vielfach ist es empfehlenswert, nähere Bestimmungen über den Eintritt neuer Gesellschafter bereits in den ursprünglichen Gesellschaftsvertrag aufzunehmen (→ Formular § 58 II, § 12). So kann der Gesellschaftsvertrag die Entscheidung über die Aufnahme neuer Gesellschafter einem **Mehrheitsbeschluss** der Gesellschafter überlassen.[39] Im Gesellschaftsvertrag kann die Kompetenz zur Aufnahmeentscheidung aber auch einem **Gesellschafter**, dem **Beirat** oder sogar einem **Dritten** übertragen werden. Gerade in

---

[31] § 181 BGB findet Anwendung, da weder der Erwerb der Komplementärstellung noch derjenige einer Kommanditbeteiligung dem Minderjährigen ausschließlich rechtliche Vorteile bringt, vgl. MHdB KG/*Piehler/Schulte* § 34 Rn. 4; siehe ferner *Menzel/Wolf* MittBayNot 2010, 186.
[32] Vgl. MüKoBGB/*Schwab* § 1909 Rn. 9.
[33] Näher MHdB KG/*Piehler/Schulte* § 34 Rn. 6; siehe ferner MüKoBGB/*E. Koch* § 1365 Rn. 71.
[34] Vgl. dazu MHdB KG/*Piehler/Schulte* § 34 Rn. 20.
[35] Näher *K. Schmidt* BB 1990, 1992 (1995); siehe zum Meinungsstand auch MüKoBGB/*J. Koch* § 516 Rn. 93 f.
[36] Näher MHdB KG/*Piehler/Schulte* § 34 Rn. 21 f.
[37] Zum Unterschied vgl. *K. Schmidt* Gesellschaftsrecht § 54 I 2, 1560 ff.
[38] BGH NJW 1983, 2258 (2259); BGHZ 82, 209 (212); Baumbach/*Hopt* HGB § 176 Rn. 9; *Oetker* HGB § 176 Rn. 48; MHdB KG/*Piehler/Schulte* § 34 Rn. 24.
[39] RGZ 128, 172 (176); Baumbach/*Hopt* HGB § 105 Rn. 67; → Formular § 59 II, § 13 Abs. 3 lit. b) zu einem qualifizierten Mehrheitsbeschluss.

Gesellschaften mit einer Vielzahl von Kommanditisten (vor allem in der Publikums-KG) kann es aus Praktikabilitätsgründen etwa angezeigt sein, die Entscheidung dem **Geschäftsführer der Komplementär-GmbH** zu übertragen.[40]

Es ist aber stets sorgfältig zu differenzieren zwischen der Kompetenz zur Entscheidung über die Aufnahme und dem Abschluss des Aufnahmevertrags selbst. Um dem Entscheidungsorgan auch die Ausführung der Entscheidung durch Abschluss des Aufnahmevertrags zu ermöglichen, bedarf es einer entsprechenden **Vollmacht**.[41] Andernfalls besteht lediglich ein Anspruch gegen die einzelnen Gesellschafter auf Zustimmung zum Aufnahmevertrag, der gegebenenfalls gerichtlich durchgesetzt werden muss. Zwar dürften Klauseln über die Übertragung der Entscheidungskompetenz vielfach zugleich als Vollmachtserteilung auszulegen sein,[42] gleichwohl empfiehlt es sich, in den Gesellschaftsvertrag auch eine **ausdrückliche Bestimmung** über die Erteilung einer Vollmacht aufzunehmen. Dabei können die Gesellschafter auch die KG ermächtigen, im eigenen Namen, nicht im Namen der Gesellschafter neue Gesellschafter aufzunehmen.[43] Im Gesellschaftsvertrag können die Gesellschafter auch eine **Aufnahmepflicht** übernehmen, sei es hinsichtlich einer bestimmten, sei es hinsichtlich einer noch auszuwählenden Person.[44] Solche Vertragsbestimmungen können etwa dann sinnvoll sein, wenn ein oder mehrere Gesellschafter ein Interesse daran haben, ihren Nachkommen den Eintritt in die Gesellschaft zu ermöglichen. Ob die benannte Person einen eigenen Anspruch auf Aufnahme erhält, ob der Gesellschaftsvertrag insoweit also als Vertrag zugunsten Dritter gemäß § 328 BGB angesehen werden muss, ist im Wege der Auslegung zu klären. Sofern sich die Gesellschafter im Gesellschaftsvertrag verpflichten, einen von einem anderen Gesellschafter beliebig auszuwählenden Dritten aufzunehmen, hat der berechtigte Gesellschafter sein Recht mit besonderer Rücksicht auf die Interessen der Gesellschaft auszuüben.[45] Bestehen in der Person des aufzunehmenden Dritten Ausschlussgründe (§ 133 HGB), kann die Aufnahme verweigert werden.[46]

3. Haftung des eintretenden Gesellschafters

Im Innenverhältnis bemisst sich die Rechtsstellung des Eintretenden nach den Bestimmungen des Gesellschaftsvertrags, des Aufnahmevertrags und des Gesetzes. Dem neuen Gesellschafter **wächst** entsprechend der im Aufnah-

---

[40] Als gesellschaftsvertragliche Gestaltungsmöglichkeit erwähnt in BGH NZG 2011, 551 (552); siehe ferner Röhricht/v. Westphalen/v. *Gerkan/Haas* HGB § 173 Rn. 2; *Binz/Sorg* GmbH & Co. KG § 13 Rn. 18.
[41] BeckHdB PersGes/*Sauter* § 2 Rn. 203; *K. Schmidt* Gesellschaftsrecht § 45 II 3, 1317.
[42] Vgl. BGH BB 1976, 154; BeckHdB PersGes/*Sauter* § 2 Rn. 203.
[43] Vgl. BGH NJW 1978, 1000; Baumbach/*Hopt* HGB § 105 Rn. 67; Röhricht/ v. Westphalen/v. *Gerkan/Haas* HGB § 161 Rn. 107.
[44] Baumbach/*Hopt* HGB § 105 Rn. 68; → § 35 Rn. 13 ff.
[45] RGZ 92, 163 (166 f.); MHdB KG/*Piehler/Schulte* § 34 Rn. 18.
[46] Baumbach/*Hopt* HGB § 105 Rn. 68; zu Fällen bereits erfolgter Aufnahme vgl. MHdB KG/*Piehler/Schulte* § 34 Rn. 18.

8. Kapitel. Wechsel im Gesellschafterbestand unter Lebenden

mevertrag vorgesehenen Beteiligung das **Gesellschaftsvermögen an**, bei den anderen Gesellschaftern tritt Abwachsung ein, weil sich ihre verhältnismäßige Vermögensbeteiligung verringert.[47]

14 Hinsichtlich der **Haftung** des eintretenden Gesellschafters ist danach zu differenzieren, ob er die Stellung eines Komplementärs oder die eines Kommanditisten erhält.

15 **a) Haftung als Komplementär.** Der eintretende Komplementär haftet für die Verbindlichkeiten der KG nach §§ 161 Abs. 2, 128 HGB. Die Haftung erstreckt sich gemäß §§ 161 Abs. 2, 130 Abs. 1 HGB auf die **vor seinem Eintritt** begründeten Verbindlichkeiten der Gesellschaft.[48] Erforderlich ist allerdings, dass der Eintritt entsprechend § 123 HGB durch **Eintragung in das Handelsregister** oder **Fortsetzung der Geschäfte** mit Zustimmung des Eintretenden nach außen vollzogen wurde.[49] Eine **abweichende Vereinbarung** zwischen den bisherigen und dem neu eintretenden Gesellschafter ist **Dritten gegenüber unwirksam** (§§ 161 Abs. 2, 130 Abs. 2 HGB). Diese Regelungen gelten auch dann, wenn infolge eines unwirksamen Eintritts die Grundsätze der fehlerhaften Gesellschaft Anwendung finden.[50]

16 **b) Haftung als Kommanditist.** Wer als Kommanditist in eine Kommanditgesellschaft eintritt, haftet gemäß § 173 Abs. 1 HGB ebenfalls für die **vor seinem Eintritt** begründeten Verbindlichkeiten, jedoch ist die Haftung nach Maßgabe der §§ 171, 172 HGB auf die Haftsumme beschränkt. Auch insoweit gilt § 123 HGB entsprechend (→ Rn. 15). Von § 173 Abs. 1 HGB **abweichende Vereinbarungen** zwischen den bisherigen und dem neu eintretenden Gesellschafter sind nach § 173 Abs. 2 HGB **Dritten gegenüber unwirksam.** § 173 HGB ist auch anwendbar, soweit die Grundsätze über die fehlerhafte Gesellschaft Anwendung finden.[51]

17 Solange der Eintritt des Kommanditisten allerdings **noch nicht** in das Handelsregister **eingetragen** wurde, haftet er für die in der Zeit zwischen seinem Eintritt und dessen Eintragung in das Handelsregister begründeten Verbindlichkeiten – nicht aber für die vor seinem Eintritt begründeten Verbindlichkeiten – gleich einem persönlich haftenden Gesellschafter, es sei denn, dass seine Beteiligung als Kommanditist dem Gläubiger bekannt war (§ 176 Abs. 2 HGB iVm § 176 Abs. 1 S. 1 HGB).[52] Diese unbeschränkte Haftung hängt nicht von der Zustimmung des Kommanditisten zur Fortsetzung

---

[47] MHdB KG/*Piehler/Schulte* § 34 Rn. 39; vgl. auch *K. Schmidt* Gesellschaftsrecht § 45 II, 1316 ff.
[48] Vgl. Baumbach/*Hopt* HGB § 130 Rn. 1; MHdB KG/*Piehler/Schulte* § 34 Rn. 33.
[49] Baumbach/*Hopt* HGB § 130 Rn. 6.
[50] Vgl. BGH NJW 1988, 1321 (1323); Baumbach/*Hopt* HGB § 130 Rn. 4; GK/*Habersack* HGB § 130 Rn. 8; Röhricht/v. Westphalen/*v. Gerkan/Haas* HGB § 130 Rn. 4; *K. Schmidt* Gesellschaftsrecht § 49 IV 2b, 1434.
[51] Baumbach/*Hopt* HGB § 173 Rn. 4; *Oetker* HGB § 173 Rn. 7.
[52] MüKoHGB/*K. Schmidt* § 173 Rn. 23; *Oetker* HGB § 176 Rn. 37, 50 f.; MHdB KG/*Piehler/Schulte* § 34 Rn. 36; zur dogmatischen Einordnung u. rechtspolitischen Bewertung des § 176 HGB vgl. *Specks* RNotZ 2008, 143 (146).

der Geschäfte ab.⁵³ Vor diesem Hintergrund empfiehlt es sich, die Wirksamkeit des Eintritts unter die **aufschiebende Bedingung** der Eintragung in das Handelsregister zu stellen (→ Rn. 3, 10).⁵⁴ Für Verbindlichkeiten, die **nach der Eintragung** begründet werden, haftet der Kommanditist nach den allgemeinen Bestimmungen der §§ 171, 172 HGB.

4. Anmeldung zum Handelsregister

Der Eintritt eines Gesellschafters in die Gesellschaft ist gemäß §§ 161 Abs. 2, 107 HGB zur Eintragung in das Handelsregister anzumelden. Die Anmeldung hat gemäß §§ 161 Abs. 2, 106 Abs. 2 Nr. 1 HGB Namen, Vornamen, Geburtsdatum und Wohnort des Eintretenden, bei Kommanditisten ferner gemäß § 162 Abs. 1 und 3 HGB die Bezeichnung als Kommanditist und den Betrag seiner Einlage zu enthalten.⁵⁵ Die Anmeldung ist nach §§ 161 Abs. 2, 108 HGB von sämtlichen Gesellschaftern zu bewirken.⁵⁶ Daneben ist zu beachten, ob eine Änderung der Firma erforderlich ist;⁵⁷ ggf. ist dann auch die neue Firma anzumelden. Der Inhalt der Bekanntmachung bemisst sich beim Komplementär nach § 10 S. 2 HGB,⁵⁸ wohingegen beim Eintritt von Kommanditisten gemäß § 162 Abs. 3 HGB iVm § 162 Abs. 2 Hs. 1 HGB keine Bekanntmachung erfolgt.⁵⁹

18

II. Eintritt in die GmbH im Wege der Kapitalerhöhung

Soll ein neuer Gesellschafter in die GmbH aufgenommen werden, kann dieses Ziel über das Instrument der Kapitalerhöhung erreicht werden. Dabei ist zu unterscheiden zwischen der **effektiven** Kapitalerhöhung nach §§ 55–57a GmbHG und der **nominellen** Kapitalerhöhung nach §§ 57c–57o GmbHG. Während erstere der Vermehrung des Eigenkapitals durch neue Einlagen dient, werden bei letzterer lediglich Rücklagen in Stammkapital umgewandelt.⁶⁰

19

Die **nominelle Kapitalerhöhung** kann durch Bildung neuer Geschäftsanteile oder durch Erhöhung des Nennbetrags der Geschäftsanteile ausgeführt werden (§ 57h Abs. 1 S. 1 GmbHG). Doch steht die Person des Erwerbers des Geschäftsanteils anders als bei § 55 GmbHG nicht zur Disposition

20

---

⁵³ BGHZ 82, 209 (211 f.); MüKoHGB/*K. Schmidt* § 176 Rn. 28; *K. Schmidt* ZHR 144 (1980), 192 (194); *Oetker* HGB § 176 Rn. 48; *Mattheus/Schwab* ZGR 2008, 65 (71 f.).
⁵⁴ MüKoHGB/*K. Schmidt* § 176 Rn. 30; Röhricht/*v. Westphalen/v. Gerkan/Haas* HGB § 173 Rn. 6.
⁵⁵ Zu den Anforderungen an die Handelsregisteranmeldung einer GbR als Kommanditistin vgl. BGH ZIP 2001, 1713 m. Anm. *Ulmer* ZIP 2001, 1714 (1716).
⁵⁶ Baumbach/*Hopt* HGB § 108 Rn. 1; GK/*Schäfer* HGB § 108 Rn. 1.
⁵⁷ Vgl. MHdB KG/*Piehler/Schulte* § 34 Rn. 38, 41.
⁵⁸ Röhricht/*v. Westphalen/v. Gerkan/Haas* HGB § 162 Rn. 11; MHdB KG/*Piehler/Schulte* § 34 Rn. 42.
⁵⁹ MHdB KG/*Piehler/Schulte* § 34 Rn. 42; *K. Schmidt* ZIP 2002, 413.
⁶⁰ Vgl. Lutter/Hommelhoff/*Bayer* GmbHG § 55 Rn. 2; *Raiser/Veil* Kapitalgesellschaften § 39 Rn. 1; *K. Schmidt* Gesellschaftsrecht § 37 V 1, 2, 1171 ff.

der Gesellschafter. Vielmehr **stehen die neuen Geschäftsanteile unabdingbar den Gesellschaftern** im Verhältnis ihrer bisherigen Geschäftsanteile zu (§ 57j GmbHG). Die nominelle Kapitalerhöhung **ermöglicht** also **nicht den Eintritt neuer Gesellschafter**, sodass sie hier folglich nicht näher in den Blick genommen werden muss. Die folgenden Betrachtungen gelten deshalb ausschließlich der effektiven Kapitalerhöhung.

21 Zur Durchführung einer **effektiven Kapitalerhöhung** bedarf es in einem ersten Schritt eines satzungsändernden Erhöhungsbeschlusses. Dieser Beschluss, für den eine **Drei-Viertel-Mehrheit** erforderlich ist (§ 53 Abs. 2 S. 1 GmbHG), muss die Höhe der Kapitalveränderung und die neue Stammkapitalziffer festlegen und den Wortlaut der bisherigen Satzung entsprechend korrigieren.[61] Sofern der Beschluss keine weiteren Angaben enthält, wird das Kapital durch Ausgabe neuer Geschäftsanteile erhöht, die auf volle Euro lauten müssen (§§ 55 Abs. 4, 5 Abs. 2 S. 1 GmbHG).[62]

22 Nach überwiegender Meinung steht den GmbH-Gesellschaftern bei der Kapitalerhöhung ein **Bezugsrecht** zu (§ 186 Abs. 1, 3 und 4 AktG analog).[63] Sofern dieses Bezugsrecht **wirksam ausgeschlossen** worden ist,[64] muss in einem **Zulassungsbeschluss** gemäß § 55 Abs. 2 S. 1 GmbHG festgelegt werden, mit wem der Geschäftsführer im Namen der Gesellschaft Übernahmeverträge bezüglich des Erhöhungsbetrags schließen kann.[65] Zweckmäßigerweise wird der Zulassungsbeschluss mit dem Kapitalerhöhungsbeschluss verbunden.[66]

1. Übernahmevertrag

23 Zur Übernahme der neuen Geschäftsanteile bedarf es eines korporationsrechtlichen Übernahmevertrags zwischen der Gesellschaft und dem Übernehmer.[67]

24 Die **Zuständigkeit** zum Abschluss des Übernahmevertrags liegt auf Seiten der Gesellschaft bei der **Gesellschafterversammlung**, in der die einfa-

---

[61] Eingehend *Lutter/Hommelhoff/Bayer* GmbHG § 55 Rn. 8f.; *Scholz/Priester GmbHG* § 55 Rn. 18f., 37.
[62] *Dazu Lutter/Hommelhoff/Bayer* GmbHG § 55 Rn. 15; *Scholz/Priester* GmbHG § 55 Rn. 20.
[63] Vgl. *Baumbach/Hueck/Zöllner/Fastrich* GmbHG § 55 Rn. 20; *Lutter*/Hommelhoff/*Bayer* GmbHG § 55 Rn. 17; *Priester* GmbHR 2008, 1177 (1181); *Priester* DB 1980, 1925 (1926); *Raiser/Veil* Kapitalgesellschaften § 39 Rn. 6; *K. Schmidt* Gesellschaftsrecht § 37 V 1a ee, 1174; auch der BGH bejaht ein Bezugsrecht, lässt aber die Frage nach dessen dogmatischer Herleitung offen, vgl. BGH NZG 2005, 551 (552); aA UHW/*Ulmer* GmbHG § 55 Rn. 46; Rowedder/Schmidt-Leithoff/*Zimmermann* GmbHG § 55 Rn. 29; MHdB GmbH/*Wegmann* § 53 Rn. 22.
[64] Zu den Voraussetzungen des – bei der GmbH auch in der Satzung zulässigen – Bezugsrechtsausschlusses vgl. *Heckschen* DStR 2001, 1437 (1438).
[65] Näher *Lutter/Hommelhoff/Bayer* GmbHG § 55 Rn. 27ff.; *Scholz/Priester* GmbHG § 55 Rn. 62; zu den Schranken des Zulassungsbeschlusses *Immenga* Personalistische Kapitalgesellschaft, 227 ff.; vgl. UHW/*Ulmer* GmbHG § 55 Rn. 51 ff.
[66] *Roth*/Altmeppen GmbHG § 55 Rn. 21; *Fleck* ZGR 1988, 104 (117).
[67] BGH GmbHR 1999, 287; *Scholz/Priester* GmbHG § 55 Rn. 72f.

che Mehrheit entscheidet.[68] Die Gesellschafter können jedoch die **Geschäftsführer** zum Abschluss des Übernahmevertrags **ermächtigen**;[69] hingegen deckt die organschaftliche Vertretungsmacht des § 35 Abs. 1 S. 1 GmbHG den Abschluss des Übernahmevertrags nicht.[70] Lassen die Gesellschafter eine bestimmte Person zur Übernahme eines Geschäftsanteils auf das erhöhte Kapital zu, so ermächtigen sie, falls sie sich den Abschluss der Übernahmevereinbarung nicht selbst vorbehalten, den Geschäftsführer, den Übernahmevertrag nach Maßgabe des Zulassungsbeschlusses abzuschließen.[71]

Übernehmer kann **jeder** sein, der Gesellschafter der GmbH sein kann, allerdings **nicht die GmbH selbst**[72] und **nicht** ein von der GmbH **abhängiges Unternehmen**, sofern die Abhängigkeit auf einer Kapitalbeteiligung der GmbH beruht.[73] Die Übernahme eines Geschäftsanteils durch eine GmbH & Co. KG, an der die GmbH als einzige Komplementärin beteiligt ist, ist grundsätzlich **zulässig**.[74] GmbH und KG sind getrennte Vermögensträger.[75] Überwiegend kritisch beurteilt wird dies jedoch, wenn die GmbH am Vermögen der KG beteiligt ist und das Kapital zur Übernahme aus diesem Vermögen aufgebracht wird.[76] 25

Tritt ein **nicht voll Geschäftsfähiger** der Gesellschaft bei, kann außer der Zustimmung des gesetzlichen Vertreters nach § 107 BGB auch eine familiengerichtliche Genehmigung gemäß §§ 1643 Abs. 1, 1822 Nr. 10 BGB erforderlich sein. Dies ist dann der Fall, wenn dem neuen Gesellschafter nach §§ 24, 31 GmbHG **Haftungsrisiken** wegen bereits bestehender oder durch die Kapitalerhöhung begründeter und nicht alsbald durch Volleinh 26

---

[68] OLG Frankfurt a.M. NJW 1982, 2388; UHW/*Ulmer* GmbHG § 55 Rn. 77; Rowedder/Schmidt-Leithoff/*Zimmermann* GmbHG § 55 Rn. 40; *Roth*/Altmeppen GmbHG § 55 Rn. 12; *Mertens* AG 1981, 216.
[69] Baumbach/Hueck/*Zöllner* GmbHG § 55 Rn. 34; Scholz/*Priester* GmbHG § 55 Rn. 75.
[70] BGHZ 49, 117 (120); OLG Frankfurt a.M. NJW 1982, 2388; Baumbach/Hueck/*Zöllner* GmbHG § 55 Rn. 34; UHW/*Ulmer* GmbHG § 55 Rn. 77; *Roth*/Altmeppen GmbHG § 55 Rn. 12; *Raiser*/*Veil* Kapitalgesellschaften § 39 Rn. 11 f.; *K. Schmidt* Gesellschaftsrecht § 37 V 1b, 1176.
[71] BGHZ 49, 117 (120); Scholz/*Priester* GmbHG § 55 Rn. 95.
[72] BGHZ 15, 391 (392 f.); *Raiser*/*Veil* Kapitalgesellschaften § 39 Rn. 13; MHdB GmbH/*Wegmann* § 53 Rn. 18; *Winkler* GmbHR 1972, 73 (75); vgl. auch Scholz/*Priester* GmbHG § 55 Rn. 110.
[73] Lutter/Hommelhoff/*Bayer* GmbHG § 55 Rn. 34 mwN; eingehend UHW/*Ulmer* GmbHG § 55 Rn. 61 ff.; Scholz/*Priester* GmbHG § 55 Rn. 111.
[74] Str., wie hier Scholz/*Priester* GmbHG § 55 Rn. 113; UHW/*Ulmer* GmbHG § 55 Rn. 63; Baumbach/Hueck/*Zöllner*/*Fastrich* GmbHG § 55 Rn. 19; MüKo-GmbHG/*Lieder* § 55 Rn. 121; Rowedder/Schmidt-Leithoff/*Zimmermann* GmbHG § 55 Rn. 28; aA LG Hamburg HambJVBl. 1972, 67; LG Berlin GmbHR 1987, 395 (396) für die KG als alleinige Gesellschafterin ihrer Komplementär-GmbH (sog. Einheitsgesellschaft).
[75] Scholz/*Priester* GmbHG § 55 Rn. 113.
[76] Baumbach/Hueck/*Zöllner* GmbHG § 55 Rn. 19; Scholz/*Priester* GmbHG § 55 Rn. 113; MüKoGmbHG/*Lieder* § 55 Rn. 121.

zahlung getilgter Forderungen der GmbH gegen Mitgesellschafter drohen.[77]

27 Die Beifügung einer **Bedingung** macht die Übernahmeerklärung nicht unwirksam.[78] Jedoch hat der Registerrichter zu prüfen, ob eine der Übernahmeerklärung beigefügte Bedingung in der Zwischenzeit ihre Erledigung gefunden hat. Sollte dies nicht der Fall sein, ist die Anmeldung zurückzuweisen.[79] Für die **Erklärung** des Übernehmers ist nach § 55 Abs. 1 GmbHG mindestens die **notarielle Beglaubigung** erforderlich.[80] Dies gilt entsprechend § 2 Abs. 2 GmbHG auch für die Vollmacht zur Abgabe der Übernahmeerklärung.[81] Dem entgegen kann die Erklärung der GmbH formfrei, also auch konkludent erfolgen.[82] Wird das Formerfordernis nicht eingehalten, tritt **durch die Eintragung** der Kapitalerhöhung, nicht aber durch die Leistung der Einlagen, **Heilung** des Formmangels ein.[83]

28 Die Übernahmeerklärung muss zwar regelmäßig nur den Betrag des übernommenen Geschäftsanteils angeben. Stammt die **Übernahmeerklärung** – wie in den hier interessierenden Konstellationen – aber **von einem neu beitretenden Gesellschafter**, so muss sie nach § 55 Abs. 2 S. 2 GmbHG auch etwaige sonstige mit dem Beitritt verbundene satzungsrechtliche Verpflichtungen enthalten. Dazu gehören Vereinbarungen über ein Agio[84] und sonstige Nebenleistungs- oder Nachschusspflichten.[85]

29 Durch den Übernahmevertrag wird der Übernehmer zur **Leistung der Einlage verpflichtet.** Allerdings steht diese Verpflichtung unter dem **Vorbehalt des Wirksamwerdens** der Kapitalerhöhung durch Eintragung des Erhöhungsbeschlusses in das Handelsregister.[86] Bis zu diesem Zeitpunkt ist

---

[77] BGHZ 107, 23 (27); Scholz/*Priester* GmbHG § 55 Rn. 108; weitergehend *Lutter*/Hommelhoff/*Bayer* GmbHG § 55 Rn. 35: Genehmigung stets erforderlich; aA *Winkler* ZGR 1990, 131 (138). Ein Genehmigungserfordernis nach § 1822 Nr. 3 BGB besteht hingegen regelmäßig nicht, vgl. UHW/*Ulmer* GmbHG § 55 Rn. 57; MHdB GmbH/*Wegmann* § 53 Rn. 26.

[78] Daher ist die Verbindung der Erklärung mit einer Frist, bis zu deren Ablauf die Kapitalerhöhung in das Handelsregister eingetragen werden muss, zulässig und zweckmäßig; mit ihrem Verstreichen endet der Übernahmevertrag entspr. § 158 Abs. 2 BGB ipso iure, vgl. BGH GmbHR 1999, 287 (288).

[79] Vgl. UHW/*Ulmer* GmbHG § 55 Rn. 75; Scholz/*Priester* GmbHG § 55 Rn. 85.

[80] Scholz/*Priester* GmbHG § 55 Rn. 81; *Roth*/Altmeppen GmbHG § 55 Rn. 19; MHdB GmbH/*Wegmann* § 53 Rn. 28.

[81] Vgl. – auch zum Zweck der Formvorschrift – UHW/*Ulmer* GmbHG § 55 Rn. 66 ff.; Baumbach/Hueck/*Zöllner*/Fastrich GmbHG § 55 Rn. 32; *Lutter*/Hommelhoff/*Bayer* GmbHG § 55 Rn. 32.

[82] BGHZ 49, 117 (121); Baumbach/Hueck/*Zöllner*/Fastrich GmbHG § 55 Rn. 34; *Lutter*/Hommelhoff/*Bayer* GmbHG § 55 Rn. 32.

[83] UHW/*Ulmer* GmbHG § 55 Rn. 69; Scholz/*Priester* GmbHG § 55 Rn. 82 f.

[84] Näher zum Agio *Heckschen* DStR 2001, 1437 (1442).

[85] Vgl. Baumbach/Hueck/*Zöllner*/Fastrich GmbHG § 55 Rn. 33; UHW/*Ulmer* GmbHG § 55 Rn. 71; *Lutter*/Hommelhoff/*Bayer* GmbHG § 55 Rn. 37. Erfolgt trotz Fehlens der Angaben nach § 55 Abs. 2 S. 2 GmbHG die Eintragung, wird der Mangel geheilt, siehe Baumbach/Hueck/*Zöllner*/Fastrich GmbHG § 55 Rn. 33; UHW/*Ulmer* GmbHG § 55 Rn. 72.

[86] *Lutter*/Hommelhoff/*Bayer* GmbHG § 55 Rn. 38.

die Einlageforderung nur in Höhe der kraft Gesetz oder Satzung vor Anmeldung zu erbringenden Mindesteinlage durchsetzbar. Der neue **Geschäftsanteil entsteht** erst **mit** der **Eintragung** der Kapitalerhöhung.[87] Die GmbH wird durch den Übernahmevertrag zur Durchführung der Kapitalerhöhung verpflichtet.[88] Sie hat sich für die Zeichnung des vollen Erhöhungsbetrags auch durch die eventuell anderen zur Übernahme zugelassenen Personen einzusetzen, die Mindesteinlagen einzufordern, den Erhöhungsbeschluss anzumelden und möglichen Bedenken des Registerrichters abzuhelfen.

Scheitert die Kapitalerhöhung wegen Pflichtverletzung der Gesellschaft, so kann dem Übernehmer ein vertraglicher Schadensersatzanspruch zustehen.[89] Leistet der Übernehmer die Einlage trotz Mahnung nicht, steht der Gesellschaft ein Rücktrittsrecht zu.[90] Die Bindung des Übernehmers an seine Erklärung kann im Übernahmevertrag **zeitlich befristet** werden.[91] Fehlt es an einer solchen ausdrücklichen Bestimmung, so bemisst sich die Bindung bis zur Annahme durch die Gesellschaft nach §§ 147, 149 BGB. **Nach der Annahme** besteht die Bindung nur für die voraussichtliche, nach dem regelmäßigen Verlauf der Dinge zur Durchführung der Kapitalerhöhung erforderliche Zeit. Wird diese in erheblichem Umfang überschritten, erhält der Übernehmer ein einseitiges **Lösungsrecht**.[92] Hinsichtlich bereits erbrachter Leistungen[93] steht dem Übernehmer dann ein Bereicherungsanspruch nach § 812 Abs. 1 BGB zu.[94] Um bei Scheitern der Eintragung nicht auf den schwachen und insolvenzgefährdeten Anspruch aus § 812 Abs. 1 BGB angewiesen zu sein, empfiehlt es sich in der Vertragspraxis, die vorweg zu erbringenden Einlagen nur bedingt zu leisten.[95]

30

---

[87] Vgl. UHW/*Ulmer* GmbHG § 55 Rn. 83; Scholz/*Priester* GmbHG § 55 Rn. 97; MHdB GmbH/*Wegmann* § 53 Rn. 73; Rowedder/Schmidt-Leithoff/*Zimmermann* GmbHG § 55 Rn. 42.
[88] Baumbach/Hueck/Zöllner/*Fastrich* GmbHG § 55 Rn. 38; UHW/*Ulmer* GmbHG § 55 Rn. 80; Scholz/*Priester* GmbHG § 55 Rn. 100; aA BGH GmbHR 1999, 287 (kein Erfüllungsanspruch gegen die GmbH auf die Durchführung der Kapitalerhöhung); Lutter/Hommelhoff/*Bayer* GmbHG § 55 Rn. 39; MHdB GmbH/*Wegmann* § 53 Rn. 31.
[89] Vgl. UHW/*Ulmer* GmbHG § 55 Rn. 80; Scholz/*Priester* GmbHG § 55 Rn. 100; aA Lutter/Hommelhoff/*Bayer* GmbHG § 55 Rn. 39; BGH GmbHR 1999, 287 verneint einen Schadensersatzanspruch wegen Nichterfüllung und lässt offen, ob Schadensersatzpflicht aus Treuepflichtverletzung folgt.
[90] Scholz/*Priester* GmbHG § 55 Rn. 96.
[91] Lutter/Hommelhoff/*Bayer* GmbHG § 55 Rn. 37.
[92] RGZ 87, 164 (166); LG Hamburg WM 1995, 338; UHW/*Ulmer* GmbHG § 55 Rn. 74.
[93] Zur Voreinzahlung auf eine Bareinlage vgl. OLG Köln ZIP 2001, 1243 m. Anm. v. Gerkan EWiR § 19 GmbHG 1/01, 1093.
[94] Vgl. RGZ 87, 164 (167); BGH GmbHR 1999, 287 (288); Baumbach/Hueck/Zöllner/*Fastrich* GmbHG § 55 Rn. 42; UHW/*Ulmer* GmbHG § 55 Rn. 74; Rowedder/Schmidt-Leithoff/*Zimmermann* GmbHG § 55 Rn. 39.
[95] Vgl. Lutter/Hommelhoff/*Bayer* GmbHG § 55 Rn. 40; *Lutter*, FS Heinsius, 1991, 497 (515 f.).

2. Regelung im Gesellschaftsvertrag

31 Vielfach ist es angezeigt, bereits in den Gesellschaftsvertrag Regelungen hinsichtlich künftiger Kapitalerhöhungen aufzunehmen oder zumindest im Zusammenhang mit ihm derartige Bestimmungen zu treffen (z. B. wenn der nachfolgenden Generation der Einstieg in die Gesellschaft ermöglicht werden soll → Formular § 60 IV, § 17 Abs. 3 S. 1). Die GmbH-Gesellschafter können vereinbaren, zu einem bestimmten Zeitpunkt oder unter gewissen Voraussetzungen eine Kapitalerhöhung zu beschließen.[96] Bei einer solchen Bestimmung handelt es sich der Rechtsnatur nach um einen **Stimmbindungsvertrag**. Die Verpflichtung bedarf **keiner besonderen Form**.[97] Die Gesellschafter können indes auch vereinbaren, dass Kapitalerhöhungen nur einvernehmlich möglich sind; allerdings stehen derartige Abreden unter dem Vorbehalt der gesellschafterlichen Treuepflicht.[98] Da bei der Kapitalerhöhung grundsätzlich die beteiligten Gesellschafter Bezugsrechte erwerben und bei Ausschluss des Bezugsrechts im Zulassungsbeschluss festgelegt wird, mit wem die Gesellschaft den Übernahmevertrag abschließen darf, bedarf es ferner einer **Zusicherung von Anteilen**. Nur so kann nämlich sichergestellt werden, dass sich die Kapitalerhöhung, der zuzustimmen sich die anderen Gesellschafter im Stimmbindungsvertrag verpflichtet haben, zugunsten des Nachkommen eines Gesellschafters auswirkt. In der GmbH ist die Zusicherung des Abschlusses eines Übernahmevertrags auch schon vor dem Erhöhungsbeschluss möglich.[99] Grundsätzlich steht eine solche Zusicherung freilich unter dem **Vorbehalt** einer **wirksam beschlossenen Kapitalerhöhung**. Dies gilt indes dann nicht, wenn die Gesellschafter verpflichtet sind, der Kapitalerhöhung zuzustimmen.[100] Dies verdeutlicht die Notwendigkeit, die Verpflichtung zur Kapitalerhöhung und die Zusicherung des Abschlusses des Übernahmevertrags miteinander zu verzahnen. Die Zuständigkeit für eine derartige Zusicherung liegt prinzipiell bei der Gesellschafterversammlung.[101] Empfehlenswert ist es aber, entsprechende Regelungen von vornherein in den Gesellschaftsvertrag der GmbH aufzunehmen.

32 Nach der Aufnahme des neuen Gesellschafters bedarf der Gesellschaftsvertrag der GmbH eventuell der **Überarbeitung**. Zu denken ist u.a. an Regelungen für den Fall des Ausscheidens des neuen Gesellschafters oder auch an Bestimmungen, die sicherstellen, dass seine Rechte und damit sein Einfluss in der GmbH aus Gründen der Eingewöhnung für eine Übergangszeit hinter denen der übrigen Gesellschafter zurückbleiben.

---

[96] Scholz/*Priester* GmbHG § 55 Rn. 116.
[97] UHW/*Ulmer* GmbHG § 55 Rn. 35; Scholz/*Priester* GmbHG § 55 Rn. 116; *Hergeth/Mingau* DStR 2001, 1217 (1218f.).
[98] BGH GmbHR 1970, 232; näher UHW/*Ulmer* GmbHG § 55 Rn. 35f.
[99] § 187 Abs. 2 AktG ist im GmbH-Recht nicht anwendbar. Vgl. auch Scholz/*Priester* GmbHG § 55 Rn. 118.
[100] Vgl. UHW/*Ulmer* GmbHG § 55 Rn. 92.
[101] UHW/*Ulmer* GmbHG § 55 Rn. 92; Scholz/*Priester* GmbHG § 55 Rn. 118.

3. Haftung des eintretenden Gesellschafters

Mit der Eintragung der Kapitalerhöhung in das Handelsregister entstehen 33
der neue Geschäftsanteil und die mit ihm verbundenen Rechte und Pflichten. In diesem Zeitpunkt beginnt auch die **solidarische Haftung** nach § 24 GmbHG. Danach haftet der eintretende Gesellschafter sowohl für Ausfälle bei weiteren eintretenden Gesellschaftern als auch für Ausfälle der Altgesellschafter.[102] Aber auch die Altgesellschafter haben aufgrund von § 24 GmbHG für den Ausfall des neu eintretenden Gesellschafters einzustehen.[103] Dies bedeutet vor allem für solche Gesellschafter eine unbillige Härte, die **der Kapitalerhöhung nicht zugestimmt** haben. Ihnen steht deshalb ein **Austrittsrecht** aus wichtigem Grund zu.[104]

4. Anmeldung zum Handelsregister

Nach § 57 Abs. 1 GmbHG ist die beschlossene **Erhöhung** des Stamm- 34
kapitals zur Eintragung in das Handelsregister anzumelden, nachdem das erhöhte Kapital durch Übernahme von Geschäftsanteilen gedeckt ist. Nach § 78 GmbHG ist die Anmeldung **durch sämtliche Geschäftsführer** zu bewirken, die sich dabei nicht vertreten lassen können.[105] Die Anmeldung kann erst erfolgen, wenn ein wirksamer Kapitalerhöhungs- und Zulassungsbeschluss vorliegt und die Geschäftsanteile übernommen wurden.[106] **Notwendiger Inhalt** der Anmeldung ist neben dem Kapitalerhöhungsbetrag die Versicherung nach § 57 Abs. 2 S. 1 GmbHG.[107] Diese ist sachlich mit der Versicherung nach § 8 Abs. 2 S. 1 GmbHG identisch.[108] Werden Regelungen getroffen, die speziell den Inhalt der neuen Geschäftsanteile betreffen und vom dispositiven Gesetzesrecht wie vom bisherigen Satzungsinhalt abweichen, bedürfen sie aufgrund ihres satzungsändernden Charakters der **Eintragung** in das Handelsregister.[109] Welche Anlagen der

---

[102] RGZ 132, 392 (393); *Lutter/Hommelhoff/Bayer* GmbHG § 55 Rn. 48; *Raiser/Veil* Kapitalgesellschaften § 39 Rn. 16; MHdB GmbH/*Wegmann* § 53 Rn. 74; *K. Schmidt* Gesellschaftsrecht § 37 V 1a dd, 1173.

[103] RGZ 93, 251 (252f.); *Lutter/Hommelhoff/Bayer* GmbHG § 55 Rn. 48.

[104] Vgl. LG Mönchengladbach ZIP 1986, 306 (307f.); *Lutter/Hommelhoff/Bayer* GmbHG § 55 Rn. 48; Scholz/*Priester* GmbHG § 55 Rn. 22; MHdB GmbH/*Wegmann* § 53 Rn. 75; *K. Schmidt* Gesellschaftsrecht § 37 V 1a dd, 1173f.; anderer Lösungsweg bei *Grunewald*, FS Lutter, 2000, 413 (418f.).

[105] BayObLG BB 1986, 1532 (1533); Lutter/Hommelhoff/*Kleindiek* GmbHG § 78 Rn. 2; Scholz/*H. Winter/Veil* GmbHG § 78 Rn. 20; MHdB GmbH/*Wegmann* § 53 Rn. 48, auch zur abweichenden Ansicht, nach welcher die Stellvertretung nur unzulässig sein soll bei der Versicherung gemäß § 57 Abs. 2 GmbHG; offen gelassen hingegen in BGHZ 116, 190 (196).

[106] Scholz/*Priester* GmbHG § 57 Rn. 2; MHdB GmbH/*Wegmann* § 53 Rn. 49.

[107] Zur Versicherung gemäß § 57 Abs. 2 S. 1 GmbHG vgl. BGH NJW 2002, 1716 (1718).

[108] *Lutter/Hommelhoff/Bayer* GmbHG § 57 Rn. 5; zum Erfordernis der endgültigen freien Verfügung: *Ihrig* Endgültige freie Verfügung; zur Versicherung gemäß § 8 Abs. 2 S. 1 GmbHG → Formular § 58 V.

[109] UHW/*Ulmer* GmbHG § 55 Rn. 24; MHdB GmbH/*Wegmann* § 53 Rn. 53.

Anmeldung beizufügen sind, bemisst sich nach §§ 54 Abs. 1 S. 2, 57 Abs. 3 GmbHG.[110]

35 Für unrichtige und unvollständige Angaben haften die Geschäftsführer nach §§ 57 Abs. 4, 9a Abs. 1 und 3, 9b GmbHG.[111]

5. Genehmigtes Kapital

36 Seit der Neuschaffung des § 55a GmbHG durch das MoMiG vom 23.10.2008[112] ist die effektive Kapitalerhöhung in Form des **genehmigten Kapitals** nunmehr auch im Recht der GmbH möglich. Das Gesetz gibt den Gesellschaftern insoweit einen zwingenden Rahmen vor, innerhalb dessen sie die Geschäftsführer ermächtigen können, das Stammkapital durch Ausgabe neuer Geschäftsanteile gegen Einlagen zu erhöhen: Die Höhe des genehmigten Kapitals darf die Hälfte des vorhandenen Stammkapitals nicht übersteigen und die Ermächtigung kann für höchstens fünf Jahre erteilt werden (§ 55a Abs. 1 GmbHG).[113] Die Ermächtigung der Geschäftsführer muss im Gesellschaftsvertrag festgelegt sein. Sie kann bereits in der Gründungssatzung verankert sein (§ 55a Abs. 1 S. 1 GmbHG) oder erst zu einem späteren Zeitpunkt durch Satzungsänderung erteilt werden (§ 55a Abs. 2 GmbHG). Das Rechtsinstitut des genehmigten Kapitals soll der Gesellschaft eine zusätzliche, gegenüber der regulären Kapitalerhöhung **flexiblere Variante der Eigenkapitalbeschaffung** zur Verfügung stellen, mit der sie bei entsprechendem Investitionsbedarf schnell und unkompliziert agieren können soll.[114] Auch wenn diese Form der Kapitalerhöhung den Eintritt neuer Gesellschafter ermöglicht, besteht ihre Funktion doch primär in der Deckung kurzfristigen Finanzbedarfs. Da in der Praxis die personalistisch strukturierte GmbH dominiert und Kapitalerhöhungen bei der Komplementär-GmbH vergleichsweise seltener erforderlich sein werden (→ Rn. 37), wird das genehmigte Kapital bei der GmbH & Co. KG von eher untergeordneter praktischer Relevanz sein. Daher wird an dieser Stelle auf die einschlägige Literatur verwiesen.[115]

---

[110] Näher MHdB GmbH/*Wegmann* § 53 Rn. 54 ff.; zu den Anforderungen an die Anmeldung bei der vollständigen Neufassung des Gesellschaftsvertrags OLG Hamm NJW-RR 2002, 37.

[111] Dazu UHW/*Ulmer* GmbHG § 57 Rn. 26 ff.; Rowedder/Schmidt-Leithoff/ *Zimmermann* GmbHG § 57 Rn. 22 ff.

[112] BGBl. I 2026.

[113] *Raiser/Veil* Kapitalgesellschaften § 39 Rn. 25; *Priester* GmbHR 2008, 1177 (1178).

[114] MüKoGmbHG/*Lieder* § 55a Rn. 1 mwN.

[115] Vgl. *Nietsch*, FS U.H. Schneider, 2011, 873; etwa *Priester* GmbHR 2008, 1177; *Lieder* DNotZ 2010, 655; *Schnorbus/Donner* NZG 2009, 1241; *Klett* GmbHR 2008, 1312; *Renaud* ZNotP 2010, 203; *Cramer* GmbHR 2009, 406; vgl. zur Verbreitung des genehmigten Kapitals im ersten Jahr nach Inkrafttreten des MoMiG die statistischen Daten bei *Bayer/Hoffmann/Lieder* GmbHR 2010, 9 (13).

III. Harmonisierung der Eintrittsregelung in GmbH und KG

In der GmbH & Co. KG erfolgt die eigentliche unternehmerische Betätigung regelmäßig in der KG. Die GmbH beschränkt sich vielfach darauf, die Komplementärfunktionen in der KG wahrzunehmen. Der Finanzbedarf der GmbH wird daher oftmals vergleichsweise gering ausfallen. Deshalb sind Kapitalerhöhungen eher in der KG erforderlich als in der GmbH. Gleichwohl dürfte ein Eintritt neuer Gesellschafter regelmäßig beide Gesellschaften betreffen. Aus der Sicht des **Eintretenden** kann auch ein **erhebliches Interesse** daran bestehen, nicht nur die Kommanditistenstellung zu erhalten, sondern **auch an der Komplementär-GmbH beteiligt** zu werden. Aus diesem Grund sollte in der Vertragspraxis grundsätzlich eine **Harmonisierung der Eintrittsregelungen** in der GmbH und in der KG angestrebt werden. GmbH und KG unterscheiden sich vor allem hinsichtlich der **Mehrheitserfordernisse**, die für den Eintritt eines neuen Gesellschafters erforderlich sind. Während bei der KG Einstimmigkeit erforderlich ist, reicht in der GmbH eine Drei-Viertel-Mehrheit aus, wenn die Aufnahme im Wege der Kapitalerhöhung durchgeführt wird. Erfolgt die Aufnahme durch rechtsgeschäftliche Übertragung, bedarf es in der GmbH nach den dispositiven Regelungen des Gesetzes (§ 15 Abs. 1 GmbHG) keiner Zustimmung, wenngleich die freie Übertragbarkeit in der Praxis meist durch Vinkulierungsklauseln abbedungen wird. In der KG besteht demnach die Gefahr einer Blockade durch Minderheitsgesellschafter. Deshalb dürfte es oftmals angezeigt sein, auch **im Gesellschaftsvertrag der KG** festzulegen, dass der **Beitritt** eines neuen Gesellschafters mit der in der Komplementär-GmbH geltenden Mehrheit beschlossen werden kann (→ Formular § 59 II, § 13 Abs. 3 lit. b) und c)).[116] Allerdings muss dabei der personengesellschaftsrechtliche **Bestimmtheitsgrundsatz** beachtet werden.[117]

Auch darüber hinaus sind Harmonisierungen der Eintrittsregeln in der GmbH und der KG zu empfehlen. Sollen etwa im Gesellschaftsvertrag bereits Regelungen für künftige Beitritte neuer Gesellschafter getroffen werden, sollten sowohl der Gesellschaftsvertrag der KG (→ Formular § 60 II, § 16) als auch derjenige der GmbH (→ Formular § 60 IV, § 17) entsprechende Bestimmungen enthalten.

37

38

---

[116] Zur Zulässigkeit der Statuierung einer Mehrheitsentscheidung Baumbach/ *Hopt* HGB § 105 Rn. 67; MHdB KG/*Piehler/Schulte* § 34 Rn. 17.
[117] Vgl. HTM/*Mussaeus* GmbH & Co. KG § 4 Rn. 138.

§ 29 Anteilsübertragung/Umwandlung der Gesellschafterstellung

Übersicht

	Rn.
I. Abgrenzung von Ein- und Austritt	1
II. Gesetzliches Regelungsmodell	2
1. Kommanditgesellschaft (GmbH & Co. KG)	2
2. GmbH (Komplementär-GmbH)	3
a) Übertragung von Geschäftsanteilen	3
b) Übertragung von Teilgeschäftsanteilen	4
c) Gutgläubiger Erwerb	5
aa) Bedeutung der Gesellschafterliste	6
bb) Voraussetzungen des gutgläubigen Erwerbs	7
cc) Grenzen des gutgläubigen Erwerbs	17
III. Abweichungen in der Vertragsgestaltung	22
1. Lockerung oder Aufhebung der Vinkulierung in der GmbH & Co. KG	22
a) Mögliche und übliche Vertragsgestaltungen	22
b) Übertragung eines Teilgesellschaftsanteils	24
c) Übertragung sämtlicher Gesellschaftsanteile	25
d) Erteilung der Zustimmung	26
e) Treuepflicht	27
2. Vinkulierungsbestimmungen in der GmbH	28
a) Zustimmungserfordernis	29
b) Mittelbare Vinkulierungen	32
c) Partielle Übertragungsverbote	36
d) Teilgeschäftsanteile	37
3. Vorkaufs- und Vorerwerbsrechte, Andienungsrechte und -pflichten	38
a) Vorkaufs- und Vorerwerbsrechte	38

	Rn.
b) Festschreibung des Erwerbspreises bzw. der Wertermittlung	39
aa) Buchwertklauseln; modifizierte Buchwertklauseln	40
bb) Unternehmensbewertung nach Ertragswert (insbesondere: IDW S 1)	41
cc) Stuttgarter Verfahren	45
c) Andienungspflichten, Andienungsrechte	46
4. Harmonisierung der vertraglichen Regelungen in GmbH & Co. KG und Komplementär-GmbH	47
a) Parallelisierung der geltenden Regelungen	48
b) Bewusste Differenzierung zwischen GmbH & Co. KG und Komplementär-GmbH	49
c) Vermeidung rein formelhafter Regelungen	50
IV. Übertragungsvertrag	51
1. Gesellschaftsanteile der GmbH & Co. KG	52
a) Inhalt	52
b) Form	58
c) Beteiligung Geschäftsunfähiger, beschränkt Geschäftsfähiger oder Betreuter	60
d) Zustimmungspflicht bei Ehegatten	62
2. Geschäftsanteile der Komplementär-GmbH	63
a) Inhalt	63
b) Form	65
c) Beteiligung beschränkt Geschäftsfähiger oder Betreuter	66

	Rn.		Rn.
d) Zustimmungspflicht bei Ehegatten	67	2. Komplementär-GmbH	77
V. Haftung	68	VI. Handelsregisteranmeldung	79
1. Kommanditgesellschaft (GmbH & Co. KG)	68	1. Kommanditgesellschaft (GmbH & Co. KG)	79
a) Übertragung der Komplementär-Beteiligung	68	2. Komplementär-GmbH	81
b) Übertragung der Kommanditbeteiligung	72	VII. Umwandlung der Gesellschafterstellung	82

Schrifttum: *Altgen*, Gutgläubiger Erwerb von GmbH-Geschäftsanteilen, 1. Aufl. 2010; *Altmeppen*, Zur Enthaftung des ausscheidenden Personengesellschafters, NJW 2000, 2529; *Bayer*, Kein gutgläubiger Erwerb bei aufschiebend bedingter Abtretung eines GmbH-Geschäftsanteils? – Zugleich Anmerkung zu BGH v. 20.9.2011 – II ZB 17/10 und Appell an den Gesetzgeber –, GmbHR 2011, 1254; *Behringer*, Das Ertragswertverfahren zur Bewertung von kleinen Unternehmen, DStR 2001, 719; *Binz/ G. Mayer*, Anteilsvinkulierung bei Familienunternehmen, NZG 2012, 201; *Binz/ G. Mayer*, Beurkundungspflichten bei der GmbH & Co. KG, NJW 2002, 3054; *Blasche*, Vinkulierungsklauseln in GmbH-Gesellschaftsverträgen, RNotZ 2013, 515; *Brandes*, Gutgläubiger Erwerb bei bedingter Abtretung von GmbH-Geschäftsanteilen – Konsequenzen aus der Entscheidung des BGH v. 20.9.2011 – II ZB 17/10 –, GmbHR 2012, 545; *Christoffel*, Neue Anteilsbewertung nach dem Stuttgarter Verfahren ab 1993, GmbHR 1993, 205 u. 272; *Crezelius*, Zur Stellung des § 176 HGB im Handels- und Gesellschaftsrecht, BB 1983, 5; *Desch*, Der Erwerb von GmbH-Geschäftsanteilen zwei Jahre nach der Reform, BB 2010, 3104; *Eckert*, Rechtsfolgen des Kommanditistenwechsels. Unter Berücksichtigung des Urteils des BGH v. 29.6.1981, ZHR 147 (1983), 565; *Förl*, Die neue Teilbarkeit von Geschäftsanteilen – einfach (und) gut?, RNotZ 2008, 409; *Führ/Nikoleyczik*, Vertretung und Genehmigungspflicht bei schenkweiser Übertragung von Kommanditanteilen auf Minderjährige, BB 2009, 2105; *Goette/Habersack*, Das MoMiG in Wissenschaft und Praxis, 2009; *Großfeld*, Recht der Unternehmensbewertung, 5. Aufl. 2009; *Harbarth*, Gutgläubiger Erwerb von GmbH-Geschäftsanteilen nach dem MoMiG-RegE, ZIP 2008, 57; *Herff*, Beschränkung gesellschaftsrechtlicher Abfindungsentgelte bei der gewerblich tätigen Personengesellschaft und bei der GmbH, GmbHR 2012, 621; *Herrler*, (Stark) beschränkte Publizitätswirkung der GmbH-Gesellschafterliste? – Schutz des Rechtsverkehrs de lege lata und de lege ferenda, NZG 2011, 1321; *Irriger/Münstermann*, Teilung und Teilveräußerung von Geschäftsanteilen, GmbHR 2010, 617; *Jeschke*, Der Rechtsnachfolgevermerk im Handelsregister bei der Übertragung von Mitgliedschaftsrechten an Kommanditgesellschaften, DB 1983, 541; *Kempermann*, Die Formbedürftigkeit der Abtretung einer Beteiligung an einer GmbH & Co. KG, NJW 1991, 684; *Kleinert/ Blöse/v. Xylander*, Erfüllung der Formerfordernisse gemäß § 15 Abs. 3 und 4 S. 1 GmbHG durch antizipierende Satzungsklauseln – ein Gestaltungsvorschlag, GmbHR 2003, 1230; *Kort*, Kein Gutglaubensschutz nach § 16 Abs. 3 GmbHG beim Zweiterwerb eines aufschiebend bedingt abgetretenen Geschäftsanteils – Zugleich Besprechung von BGH, Beschluss v. 20.9.2011 – II ZB 17/10, DB 2011 S. 2481 –, DB 2011, 2897; *Kort*, Offene Fragen zu Gesellschafterliste, Gesellschafterstellung und gutgläubigem Anteilserwerb (§§ 40 und 16 GmbHG nF), GmbHR 2009, 169; *Leitzen*, Abfindungsklauseln bei Personengesellschaften und GmbHs – Aktuelle Entwicklungen und Auswirkungen der Erbschaftssteuerreform, RNotZ 2009, 315; *Liebscher*, Der (Neu-)Zuschnitt von GmbH-Geschäftsanteilen nach MoMiG, in Liber Amicorum für M. Winter, 2011, 403; *Liebscher*, Umgehungsresistenz von Vinkulierungsklauseln, ZIP 2003, 825; *Loritz*, Die Reichweite von Vinkulierungsklauseln in GmbH-Gesellschaftsverträgen, NZG 2007, 361; *Loritz*, Das Recht des GmbH-Gesellschafters auf anteiligen Dividendenbezug nach Anteilsübertragung, DStR 1998, 84; *D. Mayer*, Aufwertung der Gesellschafterliste durch das MoMiG – Fluch oder Segen?, ZIP 2009, 1037; *D. Mayer*, Der Erwerb einer GmbH nach den Änderungen durch das MoMiG, DNotZ 2008, 403; *Menzel/Wolf*, Der minderjährige Kommanditist – bei Gründung, unentgeltlicher Anteilsübertragung und Erwerb von Todes wegen, MittBayNot 2010, 186; *Michel*, Die Kommanditanteilsübertragung auf einen Dritten, 1991; *Michel*, Ist für die Eintragung einer Kommanditanteilsübertragung eine Versicherung gegenüber dem Registergericht erforderlich?, DB 1988, 1985; *Milatz/Kämper*, Gesellschaftsvertragliche Abfindungsklauseln im Lichte der Erbschaftsteuerreform – eine „Fiktion" wird Realität, GmbHR 2009, 470; *Moog/Schweizer*, Abfindungsregelung in Gesellschaftsverträgen und das Ende des Stuttgarter Verfahrens, GmbHR 2009, 1198; *Picot*, Unternehmenskauf und Sachmängelhaftung – Rechtsfortbildung durch den BGH? –, DB 2009, 2587; *Reichert*, Vinkulierung von GmbH-Geschäftsanteilen – Möglichkeiten der Vertragsgestaltung, GmbHR 2012, 713; *Reichert*, Abtretung von GmbH-Geschäftsanteilen und gutgläubiger Erwerb, in: Bayer/Koch, Das neue GmbH-Recht, 1. Aufl. 2008, 29; *Reichert*, Vinkulierung im Falle der mittelbaren Veränderung des Gesellschafterkreises und im Falle der Liquidation – zwei völlig unterschiedliche Situationen, in Liber amicorum Wilhelm Happ, 2006, 241; *Reichert*, Das Zustimmungserfordernis zur Abtretung von Geschäftsanteilen in der GmbH, 1984; *Reichert/Weller*, Der GmbH-Geschäftsanteil, 2006; *Reichert/M. Winter*, Vinkulierungsklauseln und gesellschafterliche Treupflicht, in FS 100 Jahre GmbH-Gesetz, 1992, 209; *K. Schmidt*, Anteilssteuerung durch Vinkulierungsklauseln, GmbHR 2011, 1289; *K. Schmidt*, Frieden schließen mit § 162 Abs. 2 HGB!, DB 2011, 1149; *K. Schmidt*, Handelsregisterpublizität und Kommanditistenhaftung, ZIP 2002, 413; *K. Schmidt*, Kommanditistenwechsel und Nachfolgevermerk – Bemerkungen zum Urteil des BGH v. 29.6. 1981, GmbHR 1981, 253; *K. Schmidt*, Anwendungsgrenzen des § 176 II HGB, ZHR 144 (1980), 192; *Schockenhoff/Höder*, Gutgläubiger Erwerb von GmbH-Anteilen nach dem MoMiG: Nachbesserungsbedarf aus Sicht der M&A-Praxis, ZIP 2006, 1841; *Schultze*, Die Reichweite des Formerfordernisses bei der Veräußerung einer Beteiligung an einer GmbH & Co. KG, NJW 1991, 1936; *Siems/Maaß*, Die Begrenzung der Nachhaftung gem. § 160 HGB, § 736 Abs. 2 BGB, WM 2000, 2328; *Sieveking*, Umfang des Formzwanges und der Heilungswirkung beim Unternehmensverkauf einer GmbH & Co. KG, MDR 1984, 989; *Skauradszun*, Die Übertragung vinkulierter Gesellschaftsanteile in der Insolvenz des Gesellschafters, NZG 2012, 1244; *Tiedau*, Nochmals: Beurkundungspflicht und Heilungswirkung bei Gründung von Personengesellschaften und Unternehmensveräußerung, NJW 1984, 1447; *Ulmer/Löbbe*, Zur Anwendbarkeit des § 313 BGB im Personengesellschaftsrecht, DNotZ 1998, 711; *Wachter*, Unternehmensnachfolge bei der GmbH und GmbH & Co. KG nach dem MoMiG, DB 2009, 159; *Weller*, Sachmängelhaftung beim Unternehmenskauf, in FS für Maier-Reimer, 2010, 839; *Wertenbruch*, Formfreie Veräußerung von GbR-Anteilen bei Halten von GmbH-Anteilen oder Grundstücken, NZG 2008, 454; *H. Wiedemann*, Die Übertragung und Vererbung von Mitgliedschaftsrechten bei Handelsgesellschaften, 1965; *Wiesner*, Beurkundungspflicht und Heilungswirkung bei Gründung von Personengesellschaften und Unternehmensveräußerungen, NJW 1984, 95; *Wüstemann*, BB-Rechtsprechungsreport Unternehmensbewertung 2011/12, BB 2012, 1719; *Zeilinger*, Das Verhältnis der Parteien zur GmbH und ihren Gesellschaftern bei der fehlerhaften rechtsgeschäftlichen Übertragung eines GmbH-Geschäftsanteils, NZG 2001, 871.

I. Abgrenzung von Ein- und Austritt

Die Anteilsübertragung ist vom Ein- und Austritt eines Gesellschafters abzugrenzen. Der Ein- und Austritt führt zur **An-** bzw. **Abwachsung**, während im Falle der **Anteilsübertragung** eine **Rechtsnachfolge** stattfindet. Wie bereits oben (→ § 28 Rn. 1) dargelegt, führt ein Gesellschafterwechsel durch Ein- und Austritt zu einer Haftungsdoppelung; diese kann durch Ausgestaltung des Gesellschafterwechsels als Anteilsübertragung vermieden werden. Man wird daher einen Gesellschafterwechsel regelmäßig in Form der Anteilsübertragung vollziehen.

II. Gesetzliches Regelungsmodell

1. Kommanditgesellschaft (GmbH & Co. KG)

Der Gesetzgeber hat an eine Übertragbarkeit von Gesellschaftsanteilen in der KG nicht gedacht. Eine Regelung findet sich nur in § 719 Abs. 1 BGB, der sich indessen – entgegen Annahmen der älteren Lehre – nicht mit der Frage befasst, ob die Beteiligung im Ganzen übertragbar ist. Er bringt vielmehr nur zum Ausdruck, dass die Vermögensbeteiligung nicht ohne Mitgliedschaft übertragen werden kann.[1] Demnach ist eine **Anteilsübertragung** nach heute gesicherter Auffassung **zulässig**.[2] Sofern die Gesellschafter keine andere Regelung im Gesellschaftsvertrag getroffen haben, setzt die Übertragung jedoch die **Zustimmung sämtlicher Gesellschafter** voraus.[3]

2. GmbH (Komplementär-GmbH)

a) **Übertragung von Geschäftsanteilen.** Anders als das Personengesellschaftsrecht, das zwar nicht von einer unübertragbaren Mitgliedschaft ausgeht, in seiner dispositiven Regelform aber den Schutzbelangen der Mitgesellschafter Vorrang vor dem Veräußerungs- und Übertragungsinteresse eines veräußerungswilligen Gesellschafters einräumt, geht das Gesetz in § 15 Abs. 1 GmbHG vom **Grundsatz der freien Übertragbarkeit** von Geschäftsanteilen aus. In § 15 Abs. 5 GmbHG sieht das Gesetz aber die Möglichkeit vor, die Abtretung von der Genehmigung der Gesellschaft oder von beliebigen anderen Wirksamkeitsvoraussetzungen abhängig zu machen. Während das Gesetz, wie sich gerade in § 15 GmbHG widerspiegelt, vom Regelfall der

---

[1] K. Schmidt Gesellschaftsrecht § 45 III 2a, 1321 f.; Flume Personengesellschaft § 17 II.
[2] BGHZ 98, 48 (50); 45, 221 (222); 44, 229 (231); 24, 106 (114); 13, 179 (185 f.); OLG München MittBayNot 2010, 408 (409); OLG Düsseldorf NZG 1999, 26; MHdB KG/Piehler/Schulte § 35 Rn. 1; K. Schmidt Gesellschaftsrecht § 45 III 2b, 1322; Binz/G. Mayer NZG 2012, 201 (202).
[3] Vgl. nur BGHZ 13, 179 (186); siehe ferner K. Schmidt Gesellschaftsrecht § 45 III 2b, 1323 mwN.

kapitalistischen GmbH ausgeht, überwiegt in der Praxis die personalistische GmbH. Das im Gesetz angenommene Regel-Ausnahme-Verhältnis von freier Übertragbarkeit und Vinkulierung hat sich in der Praxis folglich gerade umgekehrt; in aller Regel enthalten die Gesellschaftsverträge Vinkulierungs- oder Vorkaufsrechtsbestimmungen, durch welche die freie Übertragbarkeit von Anteilen beschränkt wird (→ Rn. 28 ff.).[4]

4   **b) Übertragung von Teilgeschäftsanteilen.** Der Grundsatz der freien Übertragbarkeit gilt seit Inkrafttreten des MoMiG am 1.11.2008[5] und der ersatzlosen Streichung von § 17 GmbHG aF auch für die Übertragung von Teilgeschäftsanteilen. Folglich bedarf es hierfür **nicht mehr einer Genehmigung der Gesellschaft** (§ 17 Abs. 1 GmbHG aF). Die Satzung kann jedoch Bestimmungen enthalten, die etwa die Voraussetzungen der Teilbarkeit regeln bzw. sie auch ganz ausschließen, oder die die Zuständigkeit zur Teilung und Zusammenlegung abweichend von § 46 Nr. 4 GmbHG regeln, zB durch Delegation der Entscheidung auf ein anderes Gesellschaftsorgan oder den betreffenden Gesellschafter.[6] Bestimmt die Satzung, dass die Teilung bzw. Zusammenlegung von Geschäftsanteilen keines Gesellschafterbeschlusses bedarf und ist die Entscheidung hierüber dem Gesellschafter selbst vorbehalten, ist eine schriftliche Erklärung des Gesellschafters zu fordern, da Änderungen der Gesellschafterliste gemäß § 40 Abs. 1 S. 2 GmbHG nachzuweisen sind.[7] Der **Teilungsbeschluss** der Gesellschafter ist durch die Aufhebung des Genehmigungserfordernisses nach § 17 Abs. 1 GmbHG aF aufgewertet worden und nach überwiegender Auffassung **Wirksamkeitsvoraussetzung für die Entstehung neuer Teilgeschäftsanteile**,[8] weshalb er nach zutreffender Ansicht auch für das Außenverhältnis Bedeutung hat.[9] Infolgedessen ist die Übertragung eines Teilgeschäftsanteils ohne vorherigen Teilungsbeschluss schwebend unwirksam.[10] Im Schrifttum herrscht Uneinigkeit darüber, ob es für die Teilung von Geschäftsanteilen der Zustimmung des hiervon betroffenen Gesellschafters bedarf. Dagegen spricht, dass eine Teilung die Verfügungsbefugnis des Gesellschafters nicht beeinträchtigt, sondern ihm vielmehr

---

[4] Eingehend *Reichert* Zustimmungserfordernis, 48 ff.; zu Gestaltungsmöglichkeiten *Reichert/Harbarth* GmbH-Vertrag, 125 ff.; siehe auch *Reichert* GmbHR 2012, 713.

[5] BGBl. I 2026.

[6] BGH ZIP 2014, 216 (219); *Wicke* GmbHG § 46 Rn. 13; *Heckschen* MoMiG D. III. Rn. 423; *D. Mayer* DNotZ 2008, 403 (425); siehe ferner *Wachter* DB 2009, 159 (163); *Desch* BB 2010, 3104 (3106).

[7] *D. Mayer* DNotZ 2008, 403 (426); zur statutarischen Bindung der Wirksamkeit der Teilung von Geschäftsanteilen vgl. *Greitemann/Bergjan*, FS Pöllath, 2008, 271 (292).

[8] MüKoGmbHG/*Liebscher* § 46 Rn. 83, 86; *A. Müller/Federmann* BB 2009, 1375 (1377); *Förl* RNotZ 2008, 409 (412); aA *Irriger/Münstermann* GmbHR 2010, 617 (620).

[9] MüKoGmbHG/*Liebscher* § 46 Rn. 86; *Liebscher* Liber Amicorum M. Winter, 2011, 403 (415); *Roth*/Altmeppen GmbHG § 46 Rn. 16a; BeckNotHdB/*D. Mayer/ Weiler* D. I. Rn. 149a; *Wicke* GmbHG § 46 Rn. 9; *Förl* RNotZ 2008, 409 (412); *Tebben* RNotZ 2008, 441 (458); aA *Irriger/Münstermann* GmbHR 2010, 617 (620).

[10] MüKoGmbHG/*Liebscher* § 46 Rn. 86; Lutter/Hommelhoff/*Bayer* GmbHG § 46 Rn. 19; BeckNotHdB/*D. Mayer/Weiler* D. I. Rn. 149a.

§ 29 Anteilsübertragung/Umwandlung der Gesellschafterstellung

eine flexiblere Verfügung über die einzelnen Teilgeschäftsanteile ermöglicht;[11] der Gesellschafter ist daher nicht schutzbedürftig.[12] Seit Inkrafttreten des MoMiG sind infolge der damit einhergehenden Aufhebung von § 17 Abs. 5 und 6 GmbHG aF ferner die gleichzeitige Übertragung mehrerer Teilgeschäftsanteile eines Gesellschafters an denselben Erwerber[13] und die **Vorratsteilung** zulässig.[14]

c) Gutgläubiger Erwerb. Im Zuge der Reform des GmbHG durch das MoMiG hat der Gesetzgeber § 16 Abs. 3 GmbHG neu gefasst und nunmehr den rechtsgeschäftlichen Erwerb eines Geschäftsanteils bzw. eines Rechts daran vom Nichtberechtigten ermöglicht.

aa) Bedeutung der Gesellschafterliste. Die Gesellschafterliste[15] (§ 40 GmbHG) ist als Rechtsscheinträger der zentrale Anknüpfungspunkt für einen gutgläubigen Anteils- bzw. Rechtserwerb nach § 16 Abs. 3 GmbHG.[16] Ihre Funktion als Rechtsscheinträger kann die Gesellschafterliste aber nur dann erfüllen, wenn sie in den für das entsprechende Registerblatt bestimmten Registerordner im Handelsregister aufgenommen ist (§ 9 Abs. 1 S. 1 HRV)[17] und – jedenfalls dem äußeren Anschein nach – den formellen Vorgaben des § 40 GmbHG entspricht.[18] Dies bedeutet vor allem, dass die eingereichte Liste gemäß § 40 Abs. 1 S. 1 GmbHG von den Geschäftsführern in vertretungsbefugter Zahl[19] unterschrieben sein, dh der Schriftform nach § 126 Abs. 1 BGB genügen muss, die aber nach § 126 Abs. 3 BGB auch durch die

---

[11] Ebenso MüKoGmbHG/*Liebscher* § 46 Rn. 86; *Wicke* GmbHG § 46 Rn. 9; *Greitemann/Bergjan*, FS Pöllath, 2008, 271 (291f.); *Wachter* DB 2009, 159 (162f.); *Förl* RNotZ 2008, 409 (411); aA *Heckschen* MoMiG D. III. Rn. 425ff.; BeckNotHdB/D. *Mayer/Weiler* D. I. Rn. 149a; *Wälzholz* MittBayNot 2008, 425 (433); *Tebben* RNotZ 2008, 441 (458).

[12] Die Frage nach der Schutzbedürftigkeit des Gesellschafters und dem Erfordernis seiner Zustimmung stellt sich auch bei der Zusammenlegung von Geschäftsanteilen, vgl. eingehend MüKoGmbHG/*Liebscher* § 46 Rn. 90; *Liebscher* Liber Amicorum M. Winter, 2011, 403 (411); Lutter/Hommelhoff/*Bayer* GmbHG § 46 Rn. 20; *Förl* RNotZ 2008, 409 (411).

[13] Vgl. in diesem Zusammenhang auch die Vorschriften der §§ 3 Abs. 1 Nr. 4, 5 Abs. 2 S. 2 GmbHG nF; eingehend *Reichert/Weller* in Goette/Habersack, Das MoMiG in Wissenschaft und Praxis, 2009, Rn. 3.3f.

[14] Siehe *Katschinski/Rawert* ZIP 2008, 1993 (1996) mit weiteren Hinweisen zur Vertragsgestaltung.

[15] Zur Gesellschafterliste eingehend *Reichert/Weller* in Goette/Habersack, Das MoMiG in Wissenschaft und Praxis, 2009, Rn. 3.22ff.

[16] Lutter/Hommelhoff/*Bayer* GmbHG § 16 Rn. 52; *Böttcher/Blasche* NZG 2007, 565; krit. *Harbarth* ZIP 2008, 57 (58).

[17] BT-Drs. 16/6140, 37; Lutter/Hommelhoff/*Bayer* GmbHG § 16 Rn. 53; *Vossius* DB 2007, 2299 (2300).

[18] Lutter/Hommelhoff/*Bayer* GmbHG § 16 Rn. 53; *D. Mayer* DNotZ 2008, 403 (418f.).

[19] Baumbach/Hueck/Zöllner/Noack GmbHG § 40 Rn. 35; UHW/*Paefgen* GmbHG Erg.-Bd. MoMiG § 40 Rn. 28; *Heckschen* MoMiG D. VI. Rn. 548; D. *Mayer* DNotZ 2008, 403 (418); aA Henssler/Strohn/Oetker GmbHG § 40 Rn. 8 u. *Hasselmann* NZG 2009, 486 (487), die eine Unterzeichnung durch sämtliche Geschäftsführer fordern.

elektronische Form im Sinne des § 126a Abs. 1 BGB ersetzt werden kann.[20] Nur wenn ein Notar an Veränderungen im Gesellschafterbestand mitgewirkt hat, muss die eingereichte Liste von ihm anstelle der Geschäftsführer unterschrieben sein (§ 40 Abs. 2 S. 1 GmbHG).[21] Einem gutgläubigen Anteilsbzw. Rechtserwerb steht es aber nicht entgegen, wenn erkennbar nur einzelne gesellschafterbezogene Angaben iSd § 40 Abs. 1 S. 1 GmbHG – wie etwa das Geburtsdatum, der Wohnort oder die laufende Nummer des übernommenen Geschäftsanteils – fehlen, solange sich der (vermeintliche) Anteilsinhaber unter ausschließlicher Heranziehung der in der Gesellschafterliste vorhandenen Informationen zweifelsfrei identifizieren lässt.[22] In diesem Fall behält die Gesellschafterliste ihre Qualität als tauglicher Rechtsscheinträger.

Dies gilt nach überwiegender, aber nicht unumstrittener Ansicht auch im Falle der Fälschung der Gesellschafterliste („GmbH-Diebstahl").[23] Hierfür spricht zwar einerseits, dass der Berechtigte in einer solchen Situation nicht schutzlos ist. Die durch die Fälschung eingetretene Unrichtigkeit der Gesellschafterliste wird dem Berechtigten nicht zugerechnet,[24] sodass ein gutgläubiger Erwerb seines Geschäftsanteils bzw. von Rechten daran erst nach Ablauf der Dreijahresfrist möglich ist (§ 16 Abs. 3 S. 2 GmbHG → Rn. 7). Es erscheint unter dem Gesichtspunkt des Art. 14 GG jedoch nicht ganz unbedenklich, dass der wahre Inhaber seinen Geschäftsanteil auch ohne aktive Mitwirkung schlicht dadurch verlieren kann, dass er es über einen Zeitraum von drei Jahren hinweg unterlässt, etwas gegen eine unrichtige Liste zu tun.[25]

7   bb) *Voraussetzungen des gutgläubigen Erwerbs.* Gegenstand des gutgläubigen Erwerbs kann nach nahezu einhelliger Auffassung nur ein **existenter Geschäftsanteil** sein.[26] Streitig ist jedoch, ob ein gutgläubiger Anteilserwerb

[20] UHW/*Paefgen* GmbHG Erg.-Bd. MoMiG § 40 Rn. 28; Roth/*Altmeppen* GmbHG § 40 Rn. 13.
[21] Vgl. zu den Pflichten des Notars iRd § 40 Abs. 2 GmbHG *Reichert/Weller* in Goette/Habersack, Das MoMiG in Wissenschaft und Praxis, 2009, Rn. 3.50ff.; zur Befugnis des Geschäftsführers zur Korrektur einer unrichtigen, vom Notar gem. § 40 Abs. 2 GmbHG eingereichten Gesellschafterliste BGH ZIP 2014, 216, 220f.
[22] UHL/*Löbbe* GmbHG § 16 Rn. 148; Lutter/Hommelhoff/*Bayer* GmbHG § 16 Rn. 55; *Heckschen* MoMiG D. VI. Rn. 549; *Vossius* DB 2007, 2299 (2300f.); *D. Mayer* DNotZ 2008, 403 (418f.).
[23] Ebenso UHL/*Löbbe* GmbHG § 16 Rn. 152; Lutter/Hommelhoff/*Bayer* GmbHG § 16 Rn. 54; MüKoGmbHG/*Heidinger* § 16 Rn. 224ff.; Henssler/Strohn/ *Verse* GmbHG § 16 Rn. 52; *Vossius* DB 2007, 2299 (2301); aA *Heckschen* MoMiG D. VI. Rn. 549; *Wicke* GmbHG § 16 Rn. 14; *Link* RNotZ 2009, 193 (216).
[24] Lutter/Hommelhoff/*Bayer* GmbHG § 16 Rn. 54; MüKoGmbHG/*Heidinger* § 16 Rn. 228.
[25] *Reichert/Weller* in Goette/Habersack, Das MoMiG in Wissenschaft und Praxis, 2009, Rn. 3.96; Überprüfung der Gesellschafterliste innerhalb der Drei-Jahres-Frist zumutbar: UHL/*Löbbe* GmbHG § 16 Rn. 151f.; Henssler/Strohn/*Verse* GmbHG § 16 Rn. 52; ebenso bereits die Gesetzesbegründung BT-Drs. 16/6140, 39.
[26] BT-Drs. 16/6140, 39; Lutter/Hommelhoff/*Bayer* GmbHG § 16 Rn. 58; Baumbach/*Hueck/Fastrich* GmbHG § 16 Rn. 28; MüKoGmbHG/*Heidinger* § 16 Rn. 278; *Gehrlein* Der Konzern 2007, 771 (791); aA *Altgen* Gutgläubiger Erwerb, 214f.; *Omlor* Verkehrsschutz, 418.

§ 29 Anteilsübertragung/Umwandlung der Gesellschafterstellung

entsprechend einer in der Gesellschafterliste eingetragenen **unrichtigen Stückelung** der Anteile, insbesondere als Folge einer fehlerhaften Teilung bzw. Zusammenlegung, möglich ist (**"nicht so existierende Geschäftsanteile"**).[27] Abzulehnen ist dies jedenfalls, wenn die in der Gesellschafterliste eingetragenen unrichtig gestückelten Anteile in der Summe den Nennbetrag der tatsächlich existierenden Geschäftsanteile eines Gesellschafters übersteigen.[28] Andernfalls könnten allein durch gutgläubigen Erwerb neue Geschäftsanteile zur Entstehung gelangen, die reell nicht existieren. Dies wäre zudem im Hinblick auf die **Grundsätze der Kapitalaufbringung** und damit auch unter dem **Aspekt des Gläubigerschutzes** bedenklich.[29] Ein gutgläubiger Erwerb ist hingegen denkbar, wenn die in der Gesellschafterliste eingetragenen unrichtig gestückelten Anteile in der Summe dem Nennbetrag der tatsächlich existierenden Geschäftsanteile eines Gesellschafters entsprechen.[30] Die Teilung bzw. Zusammenlegung des betreffenden Geschäftsanteils erfolgt in diesen Fällen ex lege.[31]

Neben dem gutgläubigen Erwerb der Anteilsinhaberschaft ermöglicht 8 § 16 Abs. 3 GmbHG den gutgläubigen Erwerb eines **dinglichen Rechts** an einem Geschäftsanteil. Hierzu gehören insbesondere das Pfandrecht (§ 1273 Abs. 1 BGB) und der Nießbrauch (§ 1068 Abs. 1 BGB).[32] De lege lata ist nur der **gutgläubige Ersterwerb** eines beschränkt dinglichen Rechts an einem Geschäftsanteil möglich, hingegen nicht der gutgläubige Zweiterwerb.[33] Dies folgt daraus, dass es hierfür bereits an einem Rechtsscheinträger fehlt, da eine Eintragungsmöglichkeit in die Gesellschafterliste für dingliche Rechte an einem Geschäftsanteil nicht besteht.[34]

Der gute Glaube des Erwerbers muss sich stets auf die **Rechtsinhaber-** 9 **schaft**, dh die materielle Berechtigung des in der Gesellschafterliste (→ Rn. 6) als Inhaber des Geschäftsanteils eingetragenen Veräußerers beziehen.[35] Hingegen schützt § 16 Abs. 3 GmbHG nicht den guten Glauben an die (bloße) Verfügungsbefugnis.[36] Insoweit ist die Vorschrift konzeptionell den Gutglaubensvorschriften der §§ 932 ff. BGB angenähert.[37]

---

[27] Eingehend *Böttcher/Blasche* NZG 2007, 565.
[28] UHL/*Löbbe* GmbHG § 16 Rn. 129; Scholz/*Seibt* GmbHG § 16 Rn. 72.
[29] UHL/*Löbbe* GmbHG § 16 Rn. 129.
[30] Vgl. UHL/*Löbbe* GmbHG § 16 Rn. 130 mit weiteren Hinweisen; Scholz/*Seibt* GmbHG § 16 Rn. 72; *Gehrlein* Der Konzern 2007, 771 (791); *Böttcher/Blasche* NZG 2007, 565 (567); aA Lutter/Hommelhoff/*Bayer* GmbHG § 16 Rn. 59; MüKo-GmbHG/*Heidinger* § 16 Rn. 282; Roth/*Altmeppen* GmbHG § 16 Rn. 57; *D. Mayer* DNotZ 2008, 403 (418).
[31] UHL/*Löbbe* GmbHG § 16 Rn. 130; Scholz/*Seibt* GmbHG § 16 Rn. 72 mit weiteren Hinweisen; siehe ferner *Böttcher/Blasche* NZG 2007, 565 (569).
[32] Scholz/*Seibt* GmbHG § 16 Rn. 68.
[33] UHL/*Löbbe* GmbHG § 16 Rn. 143; Lutter/Hommelhoff/*Bayer* GmbHG § 16 Rn. 57.
[34] OLG München NZG 2011, 473 (474); *Altgen* Gutgläubiger Erwerb, 297.
[35] BGH NZG 2011, 1268 (1270); Lutter/Hommelhoff/*Bayer* GmbHG § 16 Rn. 56.
[36] UHL/*Löbbe* GmbHG § 16 Rn. 165 mwN; *Kort* GmbHR 2009, 169 (174).
[37] Missverständlich daher die Gesetzesbegründung, in der auf die „Verfügungsbefugnis" als Bezugpunkt des guten Glaubens abgestellt wird, vgl. BT-Drs. 16/6140, 39;

8. Kapitel. Wechsel im Gesellschafterbestand unter Lebenden

10 Der Erwerb der Anteilsinhaberschaft bzw. eines Rechts daran vom Nichtberechtigten setzt voraus, dass diesem ein **Rechtsgeschäft** zugrunde liegt (§ 16 Abs. 3 S. 1 GmbHG). Entgegen einiger Stimmen in der Literatur[38] setzt ein gutgläubiger Erwerb nach § 16 Abs. 3 GmbHG richtigerweise die **Wirksamkeit** des Rechtsgeschäfts (mit Ausnahme der mangelnden Berechtigung des Verfügenden) voraus.[39] Insoweit gilt nichts anderes als im Rahmen der §§ 892, 932 ff. BGB.[40] Aufgrund des Erfordernisses eines rechtsgeschäftlichen Erwerbs erfasst der Anwendungsbereich des § 16 Abs. 3 GmbHG insbesondere all diejenigen Erwerbstatbestände nicht, bei denen sich der Rechtsübergang kraft Gesetzes (zB Gesamtrechtsnachfolge durch Erbfolge gemäß §§ 1922 ff. BGB oder Umwandlung gemäß §§ 2 ff. UmwG) oder durch Hoheitsakt (zB Zwangsvollstreckung gemäß § 857 ZPO) vollzieht.[41] Gleiches gilt für den Fall der vorweggenommenen gesetzlichen Erbfolge und der Begründung einer Gütergemeinschaft gemäß § 1416 BGB.[42] Der ratio legis von § 16 Abs. 3 GmbHG entsprechend, die den Verkehrsschutz im Blick hat, ist ferner erforderlich, dass es sich bei dem die Grundlage für den Rechtserwerb bildenden Rechtsgeschäft um ein **Verkehrsgeschäft** handelt.[43]

11 In subjektiver Hinsicht muss der Erwerber gutgläubig sein. Nach der Negativformulierung des § 16 Abs. 3 S. 3 GmbHG liegt **Gutgläubigkeit** nicht vor, wenn dem Erwerber die mangelnde Berechtigung des Veräußerers bekannt oder infolge grober Fahrlässigkeit unbekannt ist. Die **Darlegungs- und Beweislast** hinsichtlich der Bösgläubigkeit des Erwerbers liegt beim Berechtigten.[44] **Positive Kenntnis** ist gegeben, wenn der Erwerber weiß, dass dem Veräußerer die Rechtsinhaberschaft an dem entsprechenden Geschäftsanteil nicht zusteht.[45] Dies setzt voraus, dass er sämtliche Tatsachen kennt, aus denen die fehlende Berechtigung des Veräußerers resultiert, und dass er hieraus den rechtlichen Schluss auf dessen mangelnde Rechtsinhaberschaft zieht.[46] **Grob fahrlässige Unkenntnis** ist anzunehmen, wenn die Unkenntnis des Erwerbers von der Nichtberechtigung des Veräußerers darauf beruht, dass er die im Verkehr erforderliche Sorgfalt in besonders hohem Maße verletzt und im gegebenen Fall dasjenige nicht beachtet hat, was sich

---

siehe Lutter/Hommelhoff/*Bayer* GmbHG § 16 Rn. 56; *Böttcher/Blasche* NZG 2007, 565 (566 f.).

[38] *Kort* GmbHR 2009, 169 (174); *D. Mayer* DNotZ 2008, 403 (419 f.); *Vossius* DB 2007, 2299 (2300).

[39] Ebenso Baumbach/*Hueck/Fastrich* GmbHG § 16 Rn. 32; Lutter/Hommelhoff/ *Bayer* GmbHG § 16 Rn. 64; Scholz/*Seibt* GmbHG § 16 Rn. 64; Roth/*Altmeppen* GmbHG § 16 Rn. 67.

[40] Vgl. nur Staudinger/*Gursky* BGB § 892 Rn. 127; Staudinger/*Wiegand* BGB § 932 Rn. 9.

[41] UHL/*Löbbe* GmbHG § 16 Rn. 145; MüKoGmbHG/*Heidinger* § 16 Rn. 290, 292.

[42] UHL/*Löbbe* GmbHG § 16 Rn. 145; Lutter/Hommelhoff/*Bayer* GmbHG § 16 Rn. 65.

[43] Baumbach/*Hueck/Fastrich* GmbHG § 16 Rn. 31.

[44] UHL/*Löbbe* GmbHG § 16 Rn. 165; Roth/*Altmeppen* GmbHG § 16 Rn. 72;.

[45] Scholz/*Seibt* GmbHG § 16 Rn. 85.

[46] UHL/*Löbbe* GmbHG § 16 Rn. 167; Scholz/*Seibt* GmbHG § 16 Rn. 85.

§ 29 *Anteilsübertragung / Umwandlung der Gesellschafterstellung*

jedem hätte aufdrängen müssen.⁴⁷ Insoweit kommt es entscheidend auf die konkreten Gegebenheiten des Einzelfalls an. Allerdings dürfen die Anforderungen an den Erwerber nicht überspannt werden, um die Regelungsziele des § 16 Abs. 3 GmbHG (Schaffung von Rechtssicherheit, Reduktion von Transaktionskosten) nicht zu konterkarieren.⁴⁸ Daher kann etwa allein aus dem **Unterlassen einer Due Diligence-Prüfung** noch nicht auf das Vorliegen grob fahrlässiger Unkenntnis geschlossen werden.⁴⁹ Vielmehr bedarf es des Hinzutretens konkreter Verdachtsmomente für die Unrichtigkeit der Gesellschafterliste (zB unvollständige oder widersprüchliche Eintragungen, fehlende Unterschrift), um im gegebenen Fall eine Obliegenheit des Erwerbers zur Durchführung einer Due Diligence-Prüfung annehmen zu können.⁵⁰

Hinsichtlich der Gutgläubigkeit des Erwerbers ist grundsätzlich der **Zeitpunkt der Vollendung des Rechtserwerbs**, dh im Falle der Anteilsübertragung der Zeitpunkt der dinglichen Einigung über die Abtretung, maßgeblich.⁵¹ Uneinigkeit besteht darüber, auf welchen Zeitpunkt es bei **aufschiebend bedingten Verfügungen** (§ 158 Abs. 1 BGB) über den Geschäftsanteil (zB aufschiebende Bedingung vollständiger Kaufpreiszahlung) bzw. bei **Rechtsbedingungen** (zB fusionskontrollrechtliche Genehmigungen) ankommt. Insoweit ist zu differenzieren: Haben die Parteien individualvertraglich eine aufschiebende Bedingung vereinbart und liegt deren Eintritt allein in ihren Händen, muss der Erwerber bis zum Bedingungseintritt gutgläubig sein.⁵² In Bezug auf Rechtsbedingungen gilt, dass der gute Glaube des Erwerbers lediglich bis zur Antragstellung bzw. Anforderung der fehlenden Genehmigung vorliegen muss, da der Bedingungseintritt selbst dem Einfluss der Parteien entzogen ist.⁵³ Eine erst danach, aber noch vor Bedingungseintritt auftretende Kenntnis bzw. grob fahrlässige Unkenntnis des Erwerbers von der Nichtberechtigung des Veräußerers ist daher unschädlich.

12

Weiterhin setzt ein gutgläubiger Anteils- bzw. Rechtserwerb gemäß § 16 Abs. 3 S. 2 GmbHG voraus, dass die Gesellschafterliste zum Zeitpunkt des Erwerbs hinsichtlich des Geschäftsanteils mindestens drei Jahre lang unrich-

13

---

⁴⁷ Baumbach/*Hueck*/*Fastrich* GmbHG § 16 Rn. 38; MüKoGmbHG/*Heidinger* § 16 Rn. 244.
⁴⁸ Scholz/*Seibt* GmbHG § 16 Rn. 86; *Kort* GmbHR 2009, 169 (176).
⁴⁹ UHL/*Löbbe* GmbHG § 16 Rn. 169; Lutter/Hommelhoff/*Bayer* GmbHG § 16 Rn. 67.
⁵⁰ Scholz/*Seibt* GmbHG § 16 Rn. 86; UHL/*Löbbe* GmbHG § 16 Rn. 169 f.; aA *Rodewald* GmbHR 2009, 196 (198), der über die Durchsicht der Gesellschafterliste hinaus weitergehende Nachforschungspflichten des Erwerbers für geboten hält.
⁵¹ Lutter/Hommelhoff/*Bayer* GmbHG § 16 Rn. 68; Scholz/*Seibt* GmbHG § 16 Rn. 87.
⁵² MüKoGmbHG/*Heidinger* § 16 Rn. 246; *D. Mayer* DNotZ 2008, 403 (421 f.); Götze/Bressler NZG 2007, 894 (899); nach anderer, differenzierender Ansicht ist insofern grds. der Zeitpunkt der Beurkundung des Verfügungsgeschäfts maßgeblich, vgl. UHL/*Löbbe* GmbHG § 16 Rn. 176; Scholz/*Seibt* GmbHG § 16 Rn. 87.
⁵³ MüKoGmbHG/*Heidinger* § 16 Rn. 246; Götze/Bressler NZG 2007, 894 (899); *D. Mayer* DNotZ 2008, 403 (422); nach aA muss der Erwerber sowohl zum Zeitpunkt der Beurkundung des Verfügungsgeschäfts als auch zum Zeitpunkt des Eintritts der Rechtsbedingung gutgläubig sein, vgl. UHL/*Löbbe* GmbHG § 16 Rn. 175; Scholz/ *Seibt* GmbHG § 16 Rn. 87.

8. Kapitel. Wechsel im Gesellschafterbestand unter Lebenden

tig oder vor Ablauf dieser Frist die Unrichtigkeit dem Berechtigten zuzurechnen ist.

14 Die für den Gutglaubenserwerb vorausgesetzte **Dauer der Unrichtigkeit** der Gesellschafterliste von mindestens drei Jahren erfordert, dass die Liste innerhalb dieses Zeitraums **durchgehend unrichtig** war, dh (eine) andere Person(en) als den Berechtigten als Inhaber des der Verfügung zugrunde liegenden Geschäftsanteils ausgewiesen hat.[54] Wird diese Frist dadurch unterbrochen, dass sie infolge einer korrigierten Gesellschafterliste (wieder) den Anteilsberechtigten ausweist und damit der wahren Rechtslage entspricht, ist bei einer danach erneut eintretenden Unrichtigkeit der Liste die Dreijahresfrist von Neuem zu berechnen, dh eine Anrechnung vorangegangener Unrichtigkeitszeiträume findet nicht statt.[55] Die **Dreijahresfrist beginnt** mit der Aufnahme einer unrichtigen Gesellschafterliste in das Handelsregister.[56] Ist hingegen eine der tatsächlichen Rechtslage entsprechende Liste in das Handelsregister aufgenommen und erst infolge einer späteren Anteilsübertragung unrichtig geworden, beginnt die Frist mit dem Wechsel der Inhaberschaft.[57] Die **Berechnung der Frist** erfolgt nach §§ 187 ff. BGB.[58]

15 Das Gesetz regelt in § 16 Abs. 3 GmbHG nicht näher, in welchen Konstellationen die **Unrichtigkeit der Gesellschafterliste dem Berechtigten zuzurechnen** und damit ein gutgläubiger Erwerb bereits vor Ablauf der Dreijahresfrist möglich ist. Nach überwiegender Ansicht im Schrifttum ist dies der Fall, wenn der Berechtigte die Unrichtigkeit der Liste (mit-)veranlasst oder zumindest (mit) zu verantworten hat.[59] Ferner wird darauf abgestellt, ob die Unrichtigkeit der Risikosphäre des Berechtigten zuzuordnen ist.[60] Einigkeit besteht aber dahingehend, dass es auf ein Verschulden nicht ankommt.[61]

16 Ein gutgläubiger Anteils- bzw. Rechtserwerb setzt ferner voraus, dass der Gesellschafterliste kein **Widerspruch** nach § 16 Abs. 3 S. 3 Var. 3 GmbHG zugeordnet ist. Denn die Zuordnung eines Widerspruchs entzieht der Liste hinsichtlich des betroffenen Geschäftsanteils ihre Eigenschaft als Rechtsscheinträger iSv § 16 Abs. 3 GmbHG (→ Rn. 6), weshalb ein gutgläubiger Erwerb bereits hieran scheitert, ohne dass es auf die Gutgläubigkeit des Erwerbers ankommt.[62]

---

[54] Lutter/Hommelhoff/*Bayer* GmbHG § 16 Rn. 78; Scholz/*Seibt* GmbHG § 16 Rn. 100.
[55] BT-Drs. 16/6140, 39; *Kort* GmbHR 2009, 169 (175); Lutter/Hommelhoff/*Bayer* GmbHG § 16 Rn. 78.
[56] BT-Drs. 16/6140, 39; Baumbach/*Hueck*/*Fastrich* GmbHG § 16 Rn. 36.
[57] Baumbach/*Hueck*/*Fastrich* GmbHG § 16 Rn. 36; *Götze*/*Bressler* NZG 2007, 894 (897).
[58] Scholz/*Seibt* GmbHG § 16 Rn. 102 mit weiteren Hinweisen.
[59] Lutter/Hommelhoff/*Bayer* GmbHG § 16 Rn. 80; *Götze*/*Bressler* NZG 2007, 894 (897); *D. Mayer* DNotZ 2008, 403 (421); *Zessel* GmbHR 2009, 303 (304).
[60] Baumbach/*Hueck*/*Fastrich* GmbHG § 16 Rn. 33; *Apfelbaum* BB 2008, 2470 (2471).
[61] Vgl. nur MüKoGmbHG/*Heidinger* § 16 Rn. 242.
[62] Näher MüKoGmbHG/*Heidinger* § 16 Rn. 248 ff.; *Hasselmann* NZG 2010, 207.

cc) Grenzen des gutgläubigen Erwerbs. Ein **gutgläubiger lastenfreier An-** 17
teilserwerb ist de lege lata nicht möglich, da dingliche Belastungen (Pfand-
oder Nießbrauchsrechte) nicht eintragungsfähig sind (→ Rn. 8) und infolgedessen am Rechtsschein der Gesellschafterliste nicht teilhaben können.[63]
Auch wenn unter Verkehrsschutzgesichtspunkten und dem Aspekt der Vermeidung umfangreicher Due Diligence-Prüfungen die Ermöglichung eines
gutgläubig lastenfreien Anteilserwerbs de lege ferenda zu befürworten ist,[64]
ist insoweit in Ermangelung einer planwidrigen Regelungslücke ein Analo-
gieschluss unzulässig.[65]

Ebenfalls nicht geschützt ist der gute Glaube an die uneingeschränkte Ver- 18
äußerlichkeit von Geschäftsanteilen, dh an das Nichtvorhandensein von **Verfügungsbeschränkungen**.[66] Unterliegt demnach die Übertragung eines
Geschäftsanteils etwa einem statutarischen Zustimmungserfordernis nach
§ 15 Abs. 5 GmbHG (→ Rn. 29), scheitert bei Nichtvorliegen der erforderlichen Zustimmung ein Anteilserwerb auch bei Gutgläubigkeit des Erwerbers.[67]

Derjenige, der einen Geschäftsanteil im Wege einer **aufschiebend be-** 19
dingten Übertragung erwirbt, ist vor Zwischenverfügungen des Anteilsinhabers insofern geschützt, als diese gemäß § 161 Abs. 1 S. 1 BGB mit Bedingungseintritt unwirksam werden. Da nunmehr ein gutgläubiger Anteilserwerb
möglich ist, stellt sich die Frage, ob dies gemäß § 161 Abs. 3 BGB iVm § 16
Abs. 3 GmbHG auch für einen **gutgläubig bedingungsfreien bzw. an-
wartschaftsfreien Anteilserwerb** des (Zweit-)Erwerbers gilt. Die hL bejaht dies, da § 161 Abs. 3 BGB auf sämtliche Vorschriften zugunsten derjenigen verweise, die Rechte von einem Nichtberechtigten herleiten und damit
auch § 16 Abs. 3 GmbHG in Bezug nehme.[68]

In seiner **Entscheidung v. 20.9.2011** hat der **BGH** dieser Ansicht je- 20
doch eine Absage erteilt.[69] Danach soll ein aufschiebend bedingt abgetrete-
ner Geschäftsanteil vor Bedingungseintritt von einem (Zweit-)Erwerber

---

[63] OLG München NZG 2011, 473 (474); UHL/*Löbbe* GmbHG § 16 Rn. 132; Scholz/*Seibt* GmbHG § 16 Rn. 73; Roth/*Altmeppen* GmbHG § 16 Rn. 59; *Bayer* GmbHR 2011, 1254 (1255); aA *Reymann* WM 2008, 2095 (2098).
[64] Vgl. Lutter/Hommelhoff/*Bayer* GmbHG § 16 Rn. 60; *Reichert* in Bayer/Koch, Das neue GmbH-Recht, 2008, 29 (43 f.); *Harbarth* ZIP 2008, 57 (63 f.) jeweils mit weiteren Hinweisen zur Behandlung stiller Belastungen.
[65] Näher UHL/*Löbbe* GmbHG § 16 Rn. 132 mwN.
[66] BGH NZG 2011, 1268 (1270); *Bayer* GmbHR 2011, 1254 (1255); *Schockenhoff*/Höder ZIP 2006, 1841 (1844).
[67] BGH NZG 2011, 1268 (1270); Scholz/*Seibt* GmbHG § 16 Rn. 76.
[68] MüKoGmbHG/*Heidinger* § 16 Rn. 285; Roth/*Altmeppen* GmbHG § 16 Rn. 64; Scholz/*Seibt* GmbHG § 16 Rn. 80b; *Brandes* GmbHR 2012, 545 (547); *Bayer* GmbHR 2011, 1254 (1256); *Wicke* GmbHG § 16 Rn. 20a; *Osterloh* NZG 2011, 495 (496); *Vossius* DB 2007, 2299 (2301); *Herrler* NZG 2011, 1321 (1325 f.); siehe auch OLG München GmbHR 2011, 425; LG Köln NZG 2009, 1195.
[69] BGH NZG 2011, 1268 (1269); so bereits OLG Hamburg NZG 2010, 1157 (1158); OLG München NZG 2011, 473 (475); ebenso Baumbach/*Hueck*/Fastrich GmbHG § 16 Rn. 29; *Preuss* ZGR 2008, 676 (692); *D. Mayer* ZIP 2009, 1037 (1050); *D. Mayer*/Färber GmbHR 2011, 785 (790); *Kort* DB 2011, 2897 (2900); *Zessel* GmbHR 2009, 303 (305).

nicht nach § 161 Abs. 3 BGB iVm § 16 Abs. 3 GmbHG gutgläubig erworben werden können.[70] Denn bei einer aufschiebend bedingten Anteilsübertragung käme ein gutgläubiger bedingungsfreier Erwerb nur dann in Betracht, wenn § 16 Abs. 3 GmbHG selbst einen solchen Erwerb zulassen würde.[71] Dies sei jedoch nicht der Fall, da die Gesellschafterliste „nicht geeignet [ist], einen Rechtsschein dafür zu setzen, dass der in der Liste eingetragene Inhaber des Geschäftsanteils über diesen nicht bereits aufschiebend bedingt verfügt hat."[72] Der BGH argumentiert damit, dass § 16 Abs. 3 GmbHG weder den guten Glauben an die Lastenfreiheit noch den an die uneingeschränkte Veräußerlichkeit von Geschäftsanteilen schütze, und setzt die aus § 161 Abs. 1 S. 1 BGB resultierende Verfügungsbeschränkung diesen Konstellationen gleich.[73]

21 Die dogmatisch zweifelhafte Rechtsprechung des BGH, die im Ergebnis zu einer Verkürzung des gutgläubigen Anteilserwerbs führt und insoweit die Regelungsziele des § 16 Abs. 3 GmbHG nF (Schaffung von Rechtssicherheit, Reduktion von Transaktionskosten) verfehlt, hat insofern **Konsequenzen für die Praxis**, als bei jedem Erwerb eines Geschäftsanteils Nachforschungen im Hinblick auf einen womöglich erfolgten aufschiebend bedingten Zwischenerwerb zu betreiben sind.[74]

III. Abweichungen in der Vertragsgestaltung

1. Lockerung oder Aufhebung der Vinkulierung in der GmbH & Co. KG

22 **a) Mögliche und übliche Vertragsgestaltungen.** Der Gesellschaftsvertrag kann vorsehen, dass die Gesellschaftsanteile **frei übertragbar** sind, es also keiner Zustimmung der Mitgesellschafter bedarf. Eine derartige, für die Personengesellschaft unübliche Regelung muss jedoch ausdrücklich getroffen werden. Üblich sind Bestimmungen, wonach die **Übertragung an einzelne Gruppen ohne Zustimmung** der Mitgesellschafter möglich ist, etwa die Übertragung an Mitgesellschafter, Abkömmlinge oder Ehegatten (→ Formular § 58 II, § 12 Abs. 2). Anstelle der Abbedingung des Zustimmungserfordernisses – dogmatisch sieht man darin eine antizipierte Zustimmung – kann der Gesellschaftsvertrag den Beteiligten auch lediglich einen **Anspruch auf Erteilung der Zustimmung** einräumen (→ Formular § 60 II, § 17 Abs. 3). Diese Gestaltung hat den Vorzug, dass die Gesellschafter unterrichtet werden und selbst überprüfen können, ob die Voraussetzungen, unter denen die Zustimmung erteilt werden soll, vorliegen. Für den veräußerungswilligen Gesellschafter hat die Formulierung den Nachteil, dass er – halten die Mitgesellschafter sich nicht an die eingegangene Verpflichtung – gegebenenfalls auf Erteilung der Zustimmung klagen muss.

---

[70] BGH NZG 2011, 1268 (1269).
[71] BGH NZG 2011, 1268 (1269).
[72] BGH NZG 2011, 1268 (1270).
[73] BGH NZG 2011, 1268 (1270).
[74] Vgl. *Brandes* GmbHR 2012, 545 (546).

Schließlich – und solche Bestimmungen werden in der Praxis besonders 23
häufig getroffen – kann der Gesellschaftsvertrag vorsehen, dass die Übertragung des Gesellschaftsanteils nicht der Zustimmung jedes einzelnen Gesellschafters bedarf, sondern eines durch die Gesellschafterversammlung mit einer bestimmten (einfachen oder qualifizierten) Mehrheit zu fassenden **Zustimmungsbeschlusses** (→ Formular § 59 II, § 17 Abs. 1). Man wird – ebenso wie bei der GmbH – annehmen können, dass die betroffenen Gesellschafter dabei nicht vom Stimmrecht ausgeschlossen sind; zweckmäßigerweise sollte der Gesellschaftsvertrag jedoch auch diese Frage klarstellen (→ Formular § 60 II, § 17 Abs. 1). Die erwähnte **Mehrheitsklausel** sollte sich ferner ausdrücklich auf den Fall der Zustimmung zu einer Anteilsübertragung beziehen; allgemeine Mehrheitsklauseln reichen nach verbreiteter Auffassung nicht aus.[75] Anstelle des Erfordernisses eines Gesellschafterbeschlusses kann die Anteilsübertragung auch von der **Zustimmung bestimmter einzelner Gesellschafter** abhängig gemacht werden. Das Zustimmungserfordernis kann sich auch **auf bestimmte Übertragungen** beschränken, so etwa auf die Übertragung an Familienfremde, an Konkurrenten oder – gerade umgekehrt – lediglich die Übertragung an bestimmte Personen (meist Mitgesellschafter, Abkömmlinge, Ehegatten) vom Zustimmungserfordernis ausnehmen.

b) Übertragung eines Teilgesellschaftsanteils. Zulässig ist auch, den 24
Gesellschaftsanteil nicht vollständig, sondern nur teilweise zu übertragen. Dazu bedarf es jedoch wiederum entweder einer entsprechenden **Ermächtigung im Gesellschaftsvertrag** (→ Formular § 60 II, § 17 Abs. 1, 2) oder einer ausdrücklichen **Zustimmung** zur Teilübertragung; eine Bestimmung, die die Übertragung von Gesellschaftsanteilen generell einem Mehrheitsbeschluss oder einem sonstigen Zustimmungserfordernis unterwirft, genügt für die Zulässigkeit einer Teilübertragung nicht.[76] Erfolgt eine Teilübertragung des Gesellschaftsanteils an einen Mitgesellschafter, so vereinigen sich dessen Anteile zu einem einheitlichen Gesellschaftsanteil.

c) Übertragung sämtlicher Gesellschaftsanteile. Werden sämtliche 25
Gesellschaftsanteile auf einen Dritten übertragen, hat dies zur Folge, dass die Gesellschaft ohne Liquidation beendet[77] und der Erwerber alleiniger Inhaber des Handelsgeschäfts wird, ohne dass es einer Verfügung über die einzelnen zum Vermögen der Gesellschaft gehörenden Gegenstände bedarf.[78]

d) Erteilung der Zustimmung. Die Anteilsübertragung bleibt bis zur 26
Erteilung der Zustimmung schwebend unwirksam.[79] Wird sie von einem

---

[75] BGH WM 1961, 303 (304); MüKoBGB/*Ulmer/Schäfer* § 719 Rn. 28; Staudinger/*Habermeier* BGB § 719 Rn. 8.
[76] MüKoBGB/*Ulmer/Schäfer* § 719 Rn. 48; Baumbach/*Hopt* HGB § 105 Rn. 70; MHdB KG/*Piehler/Schulte* § 35 Rn. 3, 6.
[77] BGH NJW 1978, 1525; OLG München MittBayNot 2010, 408 (409); OLG Düsseldorf NZG 1999, 26; MHdB KG/*Piehler/Schulte* § 35 Rn. 2.
[78] BGH NJW-RR 1990, 798 (799); OLG München MittBayNot 2010, 408 (409); MHdB KG/*Piehler/Schulte* § 35 Rn. 2.
[79] BGH WM 1964, 878 (879); BGHZ 13, 179 (186); MüKoHGB/*K. Schmidt* § 105 Rn. 219; GK/*Schäfer* HGB § 105 Rn. 296; Baumbach/*Hopt* HGB § 105 Rn. 70.

Mitgesellschafter, auf dessen Zustimmung es ankommt, verweigert, tritt endgültige Unwirksamkeit ein.[80] Die Erteilung der Zustimmung erfolgt **durch** den jeweiligen **Mitgesellschafter**; die Geschäftsführer sind zur Erteilung zuständig, wenn sie hierzu im Gesellschaftsvertrag oder durch Gesellschafterbeschluss ermächtigt wurden.[81]

27 **e) Treuepflicht.** Auch soweit die Anteilsübertragung nicht an ein Zustimmungserfordernis geknüpft ist, kann sie wegen Verstoßes gegen die gesellschafterliche Treuepflicht ausnahmsweise unwirksam sein, wenn die Aufnahme des Erwerbers in die Gesellschaft den Mitgesellschaftern unzumutbar ist. Das ist im Regelfall zu bejahen, wenn beim Erwerber ein wichtiger Grund zum Ausschluss nach § 737 BGB gegeben ist.[82] Im Übrigen kann auch die Verweigerung der Zustimmung zur Übertragung eines Geschäftsanteils in eng begrenzten Ausnahmefällen treuwidrig sein. Zwar wird man die für die GmbH entwickelten Regeln (→ Rn. 30) nicht ohne weiteres auf die Personengesellschaft übertragen können, da das Zustimmungserfordernis in der Personengesellschaft – aufgrund deren originär personalistischen Charakters – der gesetzliche Regelfall ist und nicht erst durch besondere Vertragsgestaltung eingeführt wird. Gleichwohl kann sich die Verweigerung der Zustimmung in bestimmten, eng zu begrenzenden Konstellationen als treuwidrig darstellen. Zu denken ist etwa an Fälle, in denen der Übertragung auf den vorgesehenen Erwerber aus der Sicht eines billig und gerecht denkenden Gesellschafters – auch unter besonderer Berücksichtigung des personalistischen Charakters der Gesellschaft – kein vernünftiger Grund entgegensteht und die Verweigerung ersichtlich dem Zweck dient, den Mitgesellschafter zu schädigen oder den Anteil auf diese Weise zu einem besonders niedrigen (unter dem des Erwerbsinteressenten liegenden) Preis erwerben zu können.

2. Vinkulierungsbestimmungen in der Komplementär-GmbH

28 In der Satzung der Komplementär-GmbH, deren **Geschäftsanteile** nach dem dispositiven Gesetzesrecht **frei übertragen werden können**, sind **Beschränkungen** der Übertragbarkeit **üblich**.[83] Gerade die Gesellschafter einer als Komplementärin an der KG beteiligten GmbH haben typischerweise ein Interesse daran, ebenso wie in der Personengesellschaft auch in der GmbH das Eindringen unliebsamer Dritter in die Gesellschaft zu verhindern. Häufig wird gar über den Kreis der GmbH-Gesellschafter eine gleichsam umfassendere Kontrolle angestrebt als über den Kreis der Kommanditisten, da die GmbH als Geschäftsführungs- und Steuerungsinstrument fungiert und es daher in noch höherem Maße darauf ankommt, unliebsame Dritte am

---

[80] BGH WM 1964, 878 (879); BGHZ 13, 179 (187); Oetker/*Weitemeyer* HGB § 105 Rn. 52.
[81] MüKoBGB/*Ulmer/Schäfer* § 719 Rn. 29; Erman/Westermann BGB § 719 Rn. 9.
[82] Vgl. BGH ZIP 1982, 309 (310); WM 1961, 303 (305); MüKoBGB/*Ulmer/Schäfer* § 719 Rn. 30; MHdB KG/*Piehler/Schulte* § 35 Rn. 8.
[83] *Blasche*, RNotZ 2013, 515, 516; zur nachträglichen Begründung bzw. Aufhebung einer Vinkulierung vgl. MüKoGmbHG/*Reichert/Weller* § 15 Rn. 395 f.; siehe auch *Goette* Die GmbH § 5 Rn. 39.

§ 29 Anteilsübertragung/Umwandlung der Gesellschafterstellung

Eindringen in die GmbH hindern zu können. Die Kautelarpraxis greift daher in aller Regel auf verschiedene Typen von Vinkulierungsklauseln zurück.

a) Zustimmungserfordernis. Am meisten verbreitet sind Zustimmungserfordernisse, die die Wirksamkeit der Abtretung von Geschäftsanteilen von der Zustimmung **einer oder mehrerer Personen** (zB eines oder aller Gesellschafter[84]), eines oder mehrerer Organe, eines mit einfacher oder qualifizierter Mehrheit zu fassenden **Gesellschafterbeschlusses** oder eines **Beiratsbeschlusses** abhängig machen. Nicht empfehlenswert sind dagegen Klauseln, die lediglich eine Zustimmung „der Gesellschaft" vorsehen, ohne ausdrücklich zu regeln, ob und mit welcher Mehrheit die Geschäftsführung, die in diesem Fall die Zustimmung zu erteilen hat, dazu durch einen Beschluss der Gesellschafterversammlung ermächtigt werden muss.[85] Weiterhin unterscheiden sich Zustimmungserfordernisse darin, ob sie **sämtliche Übertragungsvorgänge** erfassen oder **Verfügungen zugunsten bestimmter Personen** (zB Mitgesellschafter, Gesellschaften, die von Mitgesellschaftern beherrscht werden, Familienmitglieder, Abkömmlinge, Ehegatten) **ausnehmen**. Die Gestaltungen sind hier in ähnlicher Vielfalt möglich wie bei der KG, nur erfolgen die Regelungen gerade spiegelbildlich: Während im GmbH-Vertrag von der gesetzlichen Übertragungsfreiheit auszugehen ist und die Klauseln entsprechende Beschränkungen zu beinhalten haben, ist bei der KG vom Grundsatz auszugehen, dass eine Übertragung nur unter Mitwirkung sämtlicher Gesellschafter möglich ist, so dass es einer entsprechenden Öffnung bedarf. 29

Ebenso wie in der KG bleibt im Falle einer Vinkulierung die **Wirksamkeit der Abtretung** des GmbH-Anteils **bis zur Erteilung der Zustimmung in der Schwebe**. Wird die Zustimmung versagt, ist die Abtretung wirkungslos; wird die Zustimmung erteilt, wirkt sie auf den Zeitpunkt der Abtretung zurück (§§ 413, 399, 184 Abs. 1 BGB). Wie im KG-Vertrag kann auch in der GmbH-Satzung vorgesehen werden, dass die Zustimmung unter bestimmten Voraussetzungen erteilt werden muss oder nur unter bestimmten Voraussetzungen versagt werden darf (→ Formular § 60 IV, § 14 Abs. 2). Enthält der Gesellschaftsvertrag indes keine besonderen Bestimmungen, steht die **Ausübung des Zustimmungserfordernisses im Ermessen** der Gesellschafterversammlung. Das Ermessen ist jedoch durch die **gesellschafterliche Treuepflicht** begrenzt, welche in eng umgrenzten Ausnahmesituationen die Erteilung bzw. Versagung der Genehmigung gebieten kann.[86] 30

---

[84] Die Frage, ob die Anteilsübertragung auch an die Zustimmung eines gesellschaftsfremden Dritten geknüpft werden kann, ist umstritten, wird von der überwiegenden Ansicht jedoch bejaht, vgl. MüKoGmbHG/*Reichert/Weller* § 15 Rn. 428 mwN; Baumbach/*Hueck/Fastrich* GmbHG § 15 Rn. 38 mwN; Henssler/Strohn/*Verse* GmbHG § 15 Rn. 93; MHdB GmbH/*Jasper* § 24 Rn. 202; aA UHL/*Löbbe* GmbHG § 15 Rn. 252; Scholz/*Seibt* GmbHG § 15 Rn. 122.
[85] E. *Schmitz*, FS H. Wiedemann, 2002, 1223 (1246); *Reichert* GmbHR 2012, 713 (714 f.); *Blasche* RNotZ 2013, 515, 525.
[86] Nach früherer Auffassung konnte die Zustimmung willkürlich verweigert werden, vgl. Hachenburg/*Schilling/Zutt* GmbHG, 7. Aufl. 1979, § 15 Rn. 116 mwN; heute hat sich die Auffassung durchgesetzt, dass die Zustimmung nur nach pflichtge-

8. Kapitel. Wechsel im Gesellschafterbestand unter Lebenden

31 Vinkulierungsbestimmungen stehen nach herrschender Auffassung einer Verwertung von nach § 857 ZPO gepfändeten Geschäftsanteilen im Rahmen der Zwangsvollstreckung nicht entgegen.[87] Dasselbe gilt in der Insolvenz des Gesellschafters, so dass der Insolvenzverwalter nicht gehindert ist, in die Insolvenzmasse fallende vinkulierte Geschäftsanteile zu verwerten.[88] Das wird daraus abgeleitet, dass § 15 Abs. 5 GmbHG nur die freiwillige Übertragung eines Geschäftsanteils betrifft, nicht jedoch seine Zwangsverwertung im Wege der Einzel- oder Gesamtvollstreckung. Die Satzung kann indes für diese Fälle die Einziehung des Geschäftsanteils vorsehen.

32 **b) Mittelbare Vinkulierungen.** Für den Fall, dass zum Gesellschafterkreis einer GmbH nicht nur natürliche Personen, sondern andere Gesellschaften zählen, können Vinkulierungsregeln möglicherweise dadurch umgangen werden, dass nicht die vinkulierten Geschäftsanteile selbst, sondern Beteiligungen an der die vinkulierten Anteile haltenden Gesellschaft veräußert werden.[89] Fraglich ist, ob der darin liegende mittelbare Gesellschafterwechsel von der Reichweite einfacher Vinkulierungsklauseln erfasst wird.[90] Dagegen spricht, dass bei bewusster Aufnahme einer Gesellschaft als Gesellschafter naturgemäß mit einer Änderung der Beteiligungsverhältnisse bei diesem Gesellschafter gerechnet werden muss[91]. Etwas anderes gilt allerdings, wenn es sich bei der beteiligten Gesellschaft um eine **Holdinggesellschaft** handelt, deren Zweck sich – weitgehend – in der Beteiligung an der geschützten Gesellschaft erschöpft. In diesem Fall liegt in der Übertragung der Anteile der Zwischenholding ein Verstoß gegen den Sinn und Zweck der Vinkulierungsklausel, Einflüsse unerwünschter Dritter von der Gesellschaft fern zu halten.[92]

---

mäßem Ermessen verweigert werden kann, vgl. *Reichert* Zustimmungserfordernis, 224 ff. mit Übersicht zu Einzelfallgruppen, 233 ff.; UHL/*Löbbe* GmbHG § 15 Rn. 254; für weiteres Ermessen Baumbach/Hueck/*Fastrich* GmbHG § 15 Rn. 46; Scholz/*Seibt* GmbHG § 15 Rn. 127; zur Frage, ob und unter welchen Voraussetzungen eine Verpflichtung zur Versagung der Zustimmung in Betracht kommt (Stichwort „präventiver Konzernierungsschutz") vgl. *Reichert/M. Winter*, FS 100 Jahre GmbH-Gesetz, 1992, 209 (229).

[87] BGHZ 65, 22, 26; MüKoGmbHG/*Reichert/Weller* § 15 Rn. 539; Baumbach/Hueck/*Fastrich* GmbHG § 15 Rn. 61; *K. Schmidt*, GmbHR 2011, 1289 (1294); aA *Liebscher/Lübke*, ZIP 2004, 241 ff.; *Blasche*, RNotZ 2013, 515, 520.
[88] BGHZ 32, 151, 155; MüKoGmbHG/*Reichert/Weller* § 15 Rn. 558; UHL/*Löbbe* GmbHG § 15 Rn. 316; Baumbach/Hueck/*Fastrich* GmbHG § 15 Rn. 64; aA *Skauradszun*, NZG 2012, 1244; *Blasche*, RNotZ 2013, 515, 520.
[89] Zu Umgehungsgestaltungen in Form von Treuhandverträgen oder Stimmbindungsvereinbarungen grundlegend *Lutter/Grunewald* AG 1989, 109; vgl. *Roth/Altmeppen* GmbHG § 15 Rn. 112 ff.; Baumbach/*Hueck/Fastrich* GmbHG § 15 Rn. 55 ff.; Scholz/*Seibt* GmbHG § 15 Rn. 111 f.; *Binz/G. Mayer* NZG 2012, 201 (207).
[90] Dazu MüKoGmbHG/*Reichert/Weller* § 15 Rn. 370 ff.; eingehend *Reichert*, Liber amicorum Happ, 2006, 241.
[91] *Roth/Altmeppen* GmbHG § 15 Rn. 114; *Kowalski* GmbHR 1992, 347 (353).
[92] OLG Karlsruhe Urt. v. 13.3.2008 – 8 U 60/07, BeckRS 2008, 12851; vgl. Baumbach/*Hueck/Fastrich* GmbHG § 15 Rn. 47a; *Lutter/Grunewald* AG 1989, 409 (410); *Kowalski* GmbHR 1992, 347 (353); offen gelassen in OLG Naumburg NZG 2004, 775 (779).

Gleichwohl scheitert eine **unmittelbare Anwendung** der Vinkulierungsklausel an § 137 S. 1 BGB: Eine dingliche Bindung der Mitglieder in dritten Gesellschaften ist durch § 15 Abs. 5 GmbHG nicht gedeckt.[93] Indes kommt die Erstreckung einfacher Vinkulierungsklauseln auf Umgehungsgestaltungen insbesondere unter zwei Gesichtspunkten in Betracht: dem **allgemeinen Rechtsgedanken des Umgehungsschutzes** sowie – wohl vorzugswürdig – der **gesellschafterlichen Treuepflicht**.[94] Folgt man dem treuepflichtgestützten Ansatz, so stellt sich eine vinkulierungswidrige Verfügung des (mittelbaren) Gesellschafters als Verstoß gegen die Treuepflicht dar und zieht **Unterlassungsansprüche** nach sich. Ferner kommen **Schadensersatzansprüche** sowie gegebenenfalls ein **Ausschlussrecht** in Betracht.[95]   33

Eine Nichtigkeit des Verfügungsgeschäfts im Außenverhältnis ist dem entgegen nur unter den engen Voraussetzungen des § 138 BGB anzunehmen. Nur ausnahmsweise, wenn der Erwerber ein besonderes Maß an Rücksichtslosigkeit und Illoyalität an den Tag legt, ist das vinkulierungswidrige Rechtsgeschäft **sittenwidrig und damit nichtig** (Kollusion).[96] Dies wäre etwa der Fall, wenn die Beteiligten bewusst den Zweck verfolgen, die Vinkulierung zu umgehen oder wenn eine Freistellung des Erwerbers oder Veräußerers von Schadensersatzansprüchen vereinbart worden ist,[97] wobei in eindeutigen Fallgestaltungen eine **prima-facie-Vermutung** für das Vorliegen subjektiver Umgehungsabsicht spricht.[98]   34

Gestalterische Vorsorge gegen Umgehungsfälle im Zusammenhang mit mittelbaren Vinkulierungen lässt sich durch **schuldrechtliche Abreden** zwischen vinkulierter Gesellschaft und mittelbarem Gesellschafter treffen; ferner kommen **statutarische Ausschlussklauseln** mit Bezug auf den Gesellschafterkreis der beteiligten Gesellschaft sowie die Begründung von **Vorkaufs- und Ankaufsrechten** der Mitgesellschafter im Hinblick auf die Anteile der vinkulierten Gesellschaft in Betracht.[99]   35

c) Partielle Übertragungsverbote. Zulässig sind schließlich auch sogenannte partielle Übertragungs- und/oder Veräußerungsverbote, wonach bestimmte Personen (zB Konkurrenten) aus dem Kreis möglicher Erwerber ausgeschlossen werden. Sie kommen jedoch seltener vor und sind auch weniger empfehlenswert, da sie dazu zwingen, die Fälle, in denen die Übertragbarkeit möglich oder unmöglich sein soll, bereits bei Vertragsabschluss fest-   36

---

[93] *Reichert* GmbHR 2012, 713 (722); *Loritz* NZG 2007, 361 (366).
[94] Zur Treuepflicht als Grundlage des Umgehungsschutzes vgl. LG München I Urteil v. 12.9.2002 – 15 HK O 15764/02 (Springer/Kirch) (unveröffentlicht); zust. *Liebscher* ZIP 2003, 825 (827); krit. zu beiden Ansätzen *Loritz* NZG 2007, 361 (366).
[95] *Reichert* GmbHR 2012, 713 (722 f.); *Lutter/Grunewald* AG 1989, 409 (411); vgl. *Roth/Altmeppen* GmbHG § 15 Rn. 114.
[96] MüKoAktG/*Bayer* § 68 Rn. 123; *Lutter/Grunewald* AG 1989, 409 (410); weitergehend *Liebscher* ZIP 2003, 825 (832), der einen Bereich objektiver Umgehungsfälle anerkennt.
[97] *Lutter/Grunewald* AG 1989, 409 (410).
[98] *Liebscher* ZIP 2003, 825 (832).
[99] Eingehend *Lutter/Grunewald* AG 1989, 409; *E. Schmitz*, FS H. Wiedemann, 2002, 1223.

zulegen. Dies birgt die Gefahr, dass Erwerbsverbote zu weit oder zu eng gefasst werden.

37 **d) Teilgeschäftsanteile.** Zustimmungsvorbehalte und partielle Übertragungsverbote gelten – sieht der Gesellschaftsvertrag nichts Gegenteiliges vor – auch als zusätzliche Erfordernisse für die Übertragung von Teilgeschäftsanteilen.[100]

3. Vorkaufs- und Vorerwerbsrechte, Andienungsrechte und -pflichten

38 **a) Vorkaufs- und Vorerwerbsrechte.** Anstelle von Zustimmungserfordernissen oder in Kombination mit solchen werden sowohl im KG-Vertrag als auch im Statut der GmbH[101] häufig Vorkaufsrechte[102] oder Vorerwerbsrechte vorgesehen. Diese führen zu einer geringeren Beschränkung der Handlungsmöglichkeiten des veräußerungswilligen Gesellschafters, da sie ihn letztlich nicht daran hindern, über seinen Geschäftsanteil zu verfügen. Andererseits ermöglichen die Vorkaufs- und Vorerwerbsrechte den Gesellschaftern, das Eindringen Dritter nur dadurch zu verhindern, dass sie – oder gegebenenfalls von ihnen benannte Dritte – die Anteile erwerben.[103] Zu unterscheiden ist zwischen den klassischen Vorkaufsrechten und Vorerwerbsrechten, die im Veräußerungsfall auch als Andienungspflichten bezeichnet werden. **Vorkaufsrechte** gemäß §§ 463 ff. BGB geben dem Vorkaufsberechtigten die Möglichkeit, in den mit einem Erwerber abgeschlossenen Kaufvertrag einzutreten. Demgegenüber sehen **Vorerwerbsrechte** oder Andienungspflichten regelmäßig vor, dass der Verpflichtete bereits **vor Abschluss von Verträgen mit Dritten** seine **Anteile** dem Vorerwerbsberechtigten **anzudienen** hat (Formulare → § 60 II, § 17 Abs. 8 und → § 60 IV, § 14 Abs. 7). Nur für den Fall, dass der Berechtigte das Angebot ausschlägt oder die im Vertrag vorgesehene Angebotsfrist verstreichen lässt, kann der zur Andienung Verpflichtete über seinen Anteil gegen eine dem Angebotspreis entsprechende oder darüber hinausgehende Gegenleistung verfügen.

39 **b) Festschreibung des Erwerbspreises bzw. der Wertermittlung.** Weitere Gestaltungsalternativen sind bei der Festlegung des Erwerbspreises zu beachten. Beim klassischen Vorkaufsrecht tritt der Vorkaufsberechtigte in den bestehenden Kaufvertrag zu den dort ausgehandelten Bedingungen ein. Möglich ist aber auch, den für den Vorkaufsberechtigten geltenden Kaufpreis von vornherein festzulegen (→ Formular § 59 III, § 12 Abs. 3 S. 3). Solche Bestimmungen sind unentbehrlich, sofern das Vorkaufs- bzw. Vorerwerbsrecht auch im Falle einer Schenkung greifen soll. In derartigen Fällen hat der Gesellschaftsvertrag zu regeln, welcher Kaufpreis für den Gesellschaftsanteil

---

[100] Vgl. MüKoGmbHG/*Reichert/Weller* § 15 Rn. 364; *E. Schmitz*, FS H. Wiedemann, 2002, 1223 (1229).

[101] → Formular § 59 II, § 18 für die KG u. → Formular § 59 III, § 12 für die GmbH.

[102] → Formular § 59 III, § 11 S. 3 zur Kombination von Zustimmungserfordernis und Vorkaufsrecht.

[103] BGH DStR 2000, 437.

zu entrichten bzw. wie dieser zu ermitteln ist. Da es in der Regel problematisch ist, für Fälle, die sich zeitlich noch nicht einordnen lassen und in der Zukunft liegen, einen fixen Kaufpreis zu vereinbaren, wird meist die **Methode der Kaufpreisfindung** vereinbart. In Gesellschaftsverträgen am häufigsten anzutreffen sind Klauseln, die auf einen (modifizierten) Buchwert (→ Rn. 40) oder die herrschende Methode der Unternehmensbewertung (im Grundsatz modifizierte Ertragswertmethode → Rn. 41 ff.) abstellen, aber auch auf das sogenannte Stuttgarter Verfahren, das keine gesetzliche Grundlage mehr hat (→ Rn. 45).

aa) Buchwertklauseln; modifizierte Buchwertklauseln. Sogenannte Buchwert- **40** klauseln stellen auf den aus der Handels- oder Steuerbilanz abgeleiteten Buchwert ab und führen damit regelmäßig zu einer Abfindung unter dem Verkehrswert, es sei denn, der Ertrag ist im Verhältnis zu den Bilanzwerten besonders gering, so dass sich diese Komponente beim Stuttgarter Verfahren noch stärker wertmindernd auswirkt. Verbreitet sind auch sogenannte modifizierte Buchwertklauseln, die Zuschläge für stille Reserven und den Verkehrswert vorsehen oder bestimmte Vermögenswerte nach Teilwerten zum Ansatz bringen.[104] Führen solche Beschränkungen letztlich zu einer **unangemessenen Abfindung**, können sie im **Einzelfall unanwendbar** sein (→ § 32 Rn. 18 ff.).

bb) Unternehmensbewertung nach Ertragswert (insbesondere: IDW S 1). Eine **41** dem Verkehrswert des Unternehmens bzw. des Anteils entsprechende Bewertung sollen Regelungen, die auf eine Unternehmensbewertung abstellen, gewährleisten. Die in der Betriebswirtschaftslehre und im Berufsstand der Wirtschaftsprüfer herrschenden und von der Rechtsprechung anerkannten Regeln zur Unternehmensbewertung[105] sind in einer Stellungnahme des **Hauptfachausschusses des Instituts der Wirtschaftsprüfer** (IDW S 1: Grundsätze zur Durchführung von Unternehmensbewertungen, Stand: 2.4.2008) zusammengefasst. Danach bestimmt sich der Wert eines Unternehmens aus dem Nutzen, den das Unternehmen aufgrund seiner im Bewertungszeitpunkt vorhandenen materiellen Substanz, seiner Innovationskraft, seiner Produkte und Stellung am Markt, seiner inneren Organisation sowie seines Managements in Zukunft erwirtschaften kann.[106] Dieser Nutzen wird durch den erwirtschafteten Ertrag bestimmt. Ausgangsgröße ist also der **Ertragswert**.[107] Als Ertrag wird der Überschuss der Einnahmen über die Ausgaben oder – unter Berücksichtigung von Periodenabgrenzungen – der Erträge über die Aufwendungen definiert, der in der auf den Bewertungsstichtag folgenden Zukunft zu erwarten ist. Der Wert des Unternehmens

---

[104] Vgl. den Formulartext bei MVHdB GesR/*Meister/Klöcker* IV. 27. § 19, 508.
[105] BGH NZG 2003, 1017 (1018); 1999, 70; OLG Frankfurt a. M. NZG 2012, 549 (550); OLG Stuttgart AG 2012, 221 (222); vgl. auch *Wüstemann* BB 2012, 1719.
[106] MüKoGmbHG/*Reichert/Weller* § 14 Rn. 28 f.; *Binz/Sorg* GmbH & Co. KG § 6 Rn. 143 ff.
[107] Zunehmend finden neben der Ertragswertmethode auch sog. Discounted Cash Flow-Verfahren zur Unternehmensbewertung Anwendung, ebenfalls behandelt in IDW S 1.

entspricht grundsätzlich dem **Barwert aller künftigen Einnahmen bzw. Ertragsüberschüsse**.[108]

42 Naturgemäß bildet die **Prognose** der künftigen Einnahmen bzw. Ertragsüberschüsse das zentrale Element der Unternehmensbewertung. Risiken und Chancen sind dabei in gleicher Weise zu berücksichtigen. Die tatsächlich erzielten Ergebnisse der Vergangenheit dienen als Orientierung; sie sind für die vorzunehmende Plausibilisierung der Ertragsprognosen von Bedeutung.[109] Die für die künftigen Perioden entwickelten Einnahmen bzw. Ergebnisüberschüsse müssen **auf den Bewertungsstichtag diskontiert** werden.[110] Dabei ist ein weiterer für das Ergebnis der Bewertung entscheidender Faktor die Festlegung des **Kapitalisierungszinssatzes**. Auszugehen ist bei der Ableitung des Kapitalisierungszinssatzes von der Rendite langfristiger risikoarmer Gläubigerpapiere öffentlicher Emittenten (**Kapitalmarktzins**).[111] Da die erwarteten Nettoausschüttungen aus diesen Alternativinvestitionen im Allgemeinen jedoch nicht mit den Nettoausschüttungen des Unternehmens, die grundsätzlich einen geringeren Sicherheitsgrad aufweisen, vergleichbar sind, werden **Modifizierungen des Kapitalmarktzinses** erforderlich. Der Basiswert wird durch Risikozuschläge und Wachstumsabschläge erhöht bzw. verringert.[112]

43 In den aus der kapitalisierten Ertragswertermittlung hergeleiteten Ertragswert findet nur der Wert des betriebsnotwendigen Vermögens Eingang. Verfügt das Unternehmen über **nicht betriebsnotwendiges Vermögen**, ist dieses gesondert zu erfassen und dem Ertragswert zuzuschlagen.[113] Erweist es sich als gegenüber der Unternehmensfortführung insgesamt vorteilhafter, die einzelnen Vermögensgegenstände des Unternehmens gesondert zu veräußern, ist die Summe der dadurch erzielbaren Nettoerlöse, also der **Liquidationswert**, zu berücksichtigen.

44 Die Unternehmensbewertung nach IDW S 1 führt grundsätzlich zu einem dem Unternehmens- und damit dem daraus abgeleiteten Anteilswert angemessen Rechnung tragenden Ergebnis; andererseits ist die Methode kompliziert, von mit Unsicherheiten behafteten Prognosen abhängig und damit häufig streitträchtig. Es empfiehlt sich daher in aller Regel, in den Verträgen im Streitfall einen Schiedsgutachter vorzusehen oder zumindest entsprechende Regelungen zu treffen, nach denen ein solcher Schiedsgutachter zu bestellen ist.

45 *cc) Stuttgarter Verfahren.* Das Stuttgarter Verfahren, das als Mischverfahren auf einer sowohl auf **Substanz-** als auch auf **Ertragswertkomponenten**

---

[108] *Binz/Sorg* GmbH & Co. KG § 6 Rn. 145.
[109] BGH NZG 2003, 1017 (1018); Beisel/Klumpp/*Theysohn-Wadle* Unternehmenskauf, 3. Kap. Rn. 35; *Behringer* DStR 2001, 719 (720).
[110] OLG Stuttgart AG 2012, 135 (137); *Emmerich*/Habersack AktG § 305 Rn. 54; *Herff* GmbHR 2012, 621 (624).
[111] Michalski/*Ebbing* GmbHG § 14 Rn. 28.
[112] OLG Frankfurt a. M. NZG 2012, 549 (550 f.); OLG Stuttgart AG 2012, 221 (223 f.); 2012, 135 (137 f.); KG NZG 2011, 1302 (1304); *Piltz* DStR 2008, 745 (746); *Behringer* DStR 2001, 719 (723).
[113] MüKoGmbHG/*Reichert/Weller* § 14 Rn. 31.

beruhenden Bewertung basiert, findet keine gesetzliche Grundlage mehr.[114] Soweit Gesellschaftsverträge hierauf noch Bezug nehmen, führt dies **tendenziell zu einer Einschränkung des Abfindungsanspruchs**. Ausgangsgröße für die Bewertungen ist im Regelfall der Vermögenswert der Gesellschaft, der um den über die Normalverzinsung hinausgehenden Ertrag, berechnet auf einen Zeitraum von fünf Jahren, korrigiert wird.[115] Liegen die Erträge unter der üblichen Verzinsung für Kapitalanlagen vergleichbarer Art, so mindert der Unterschiedsbetrag den Vermögenswert.[116] Diese Methode enthält also sowohl vermögenswert- als auch ertragswertbezogene Elemente. Allerdings wird die Vermögenswertkomponente nicht aus dem tatsächlichen Wert des Betriebsvermögens abgeleitet; vielmehr sind die **Steuerbilanzwerte** maßgeblich, die regelmäßig bei weitem nicht dem tatsächlichen Vermögen der Gesellschaft entsprechen.[117]

c) **Andienungspflichten, Andienungsrechte.** Neben Zustimmungserfordernissen, Vorkaufs- und Vorerwerbsrechten können im Gesellschaftsvertrag oder gesonderten Vereinbarungen (häufig in Konsortialvereinbarungen) auch **Übernahmerechte** eines Gesellschafters bzw. Andienungsrechte vorgesehen werden, die unabhängig von einer Veräußerungsabsicht unter bestimmten Voraussetzungen eingreifen. So können Andienungsrechte ein Instrumentarium des Minderheitenschutzes sein, indem sie den Mehrheitsgesellschafter verpflichten, jederzeit oder unter besonderen Voraussetzungen oder zu bestimmten Zeitpunkten seinen Anteil (einem) anderen Gesellschafter(n) zu einem vereinbarten Preis bzw. zu einem Preis, für dessen Ermittlung entsprechende Methoden festgelegt werden, anzudienen. Andererseits kann die Verpflichtung eines Gesellschafters, seinen Geschäftsanteil anderen anzubieten, auch durch andere Ereignisse als die Veräußerungsabsicht (zB die Aufgabe seiner aktiven Tätigkeit im Unternehmen, der Übergang auf einen Erben, der nicht im Gesellschaftsvertrag festgelegte Qualifikationsmerkmale aufweist, oder der Erwerb einer Beteiligung an einem Konkurrenten) festgelegt werden.

4. Harmonisierung der vertraglichen Regelungen in GmbH & Co. KG und Komplementär-GmbH

Die Rechtslage im GmbH-Recht und im Personengesellschaftsrecht ist, wie gezeigt (→ Rn. 3), gerade spiegelverkehrt: GmbH-Geschäftsanteile sind im Grundsatz frei übertragbar, können aber durch den Gesellschaftsvertrag

---

[114] Hölters/Widmann Unternehmenskauf, Teil II Rn. 42; Leitzen RNotZ 2009, 315 (320); Milatz/Kämper GmbHR 2009, 470 (473); Herff GmbHR 2012, 621 (624); zu den Einzelheiten des Stuttgarter Verfahrens Christoffel GmbHR 1993, 205 u. 272; Moxter DB 1976, 1585; MHdB KG/Piehler/Schulte § 38 Rn. 12; vgl. zu den Auswirkungen der Erbschaftssteuerreform 2008 auf die Auslegung älterer Klauseln, die auf das Stuttgarter Verfahren Bezug nehmen Casper/Altgen DStR 2008, 2319 (2322 ff.); Moog/Schweizer GmbHR 2009, 1198.
[115] MHdB KG/Piehler/Schulte § 38 Rn. 12; Christoffel GmbHR 1993, 205 (207).
[116] Christoffel GmbHR 1993, 205 (207).
[117] BVerfG NJW 2007, 573 (577); BFH/NV 2008, 528; Casper/Altgen DStR 2008, 2319 (2320); Christoffel GmbHR 1993, 205 (208).

vinkuliert werden; die Beteiligung an einer Personengesellschaft ist im Grundsatz vinkuliert, kann aber durch den Gesellschaftsvertrag frei verfügbar gestellt werden.[118] Da die GmbH & Co. KG aus einer GmbH als Komplementärin und einer KG als der in der Regel operativ tätigen Gesellschaft besteht, gilt es, die unterschiedlichen gesetzlichen Regelungsmechanismen durch entsprechende Vertragsgestaltung aufeinander abzustimmen. Die Art der Abstimmung hängt entscheidend davon ab, welche Ziele verfolgt werden.

48 **a) Parallelisierung der geltenden Regelungen.** Häufig streben die Gesellschafter an, dass die Kommanditisten der KG im entsprechenden Verhältnis auch an der GmbH beteiligt sind. In solchen Fällen ist es wichtig, die **Voraussetzungen** für die **Übertragung der GmbH-Anteile** und die **Übertragung der KG-Anteile in gleicher Weise zu regeln** (→ Formulare § 60 II, § 17 Abs. 2, 3 und → § 60 IV, § 14 Abs. 1, 2). Dies gilt auch für etwaige Vorkaufs- und Vorerwerbsrechte.[119] Weiterhin ist bei solchen Konstellationen im Regelfall Vorsorge dafür zu treffen, dass die Beteiligungsgleichheit in GmbH und KG gewahrt bleibt; für den Fall von Abweichungen sind Sanktionen vorzusehen. Diese können darin bestehen, dass der Gesellschafter verpflichtet ist, die Mehranteile, die er an der GmbH oder an der KG hält, auf den „minderbeteiligten" Gesellschafter zu übertragen oder insgesamt aus den Gesellschaften auszuscheiden.

49 **b) Bewusste Differenzierung zwischen GmbH & Co. KG und Komplementär-GmbH.** Bisweilen ist allerdings auch ein Bedürfnis gegeben, die Übertragbarkeit der Anteile in der GmbH abweichend von der KG zu gestalten. So kann angestrebt werden, den Kreis der Gesellschafter der GmbH kleiner zu halten als den der KG. Dies gilt etwa dann, wenn der Sache nach **zwei Klassen von Gesellschaftern** geschaffen werden sollen – solche, die an der GmbH beteiligt sind und damit an den Geschäftsführungsentscheidungen partizipieren, und solche, die nur Kommanditisten sind und von den unternehmerischen Entscheidungen eher (zB durch Ausschluss des Zustimmungsrechts nach § 164 S. 1 Hs. 2 HGB[120]) ferngehalten werden sollen. In derartigen Fällen sieht der GmbH-Gesellschaftsvertrag im Allgemeinen strengere Vinkulierungsklauseln vor, wohingegen die Übertragbarkeit der KG-Anteile durch statutarische Regelungen einem größeren Kreis geöffnet werden kann. Gemäß dieser Zielsetzung können auch durchaus unterschiedliche Regelungen in GmbH und KG über Vorkaufs- und Vorerwerbsrechte bzw. Andienungsrechte und -pflichten getroffen werden.

50 **c) Vermeidung rein formelhafter Regelungen.** In jedem Fall gehören Regelungen hinsichtlich der Übertragung von GmbH- und KG-Anteilen zu den besonders wichtigen Aufgaben bei der Ausgestaltung einer GmbH & Co. KG. In der Kautelarpraxis entwickelte Klauseln sollten daher nicht formel-

---

[118] MHdB KG/*Gummert* § 50 Rn. 54; *K. Schmidt* Gesellschaftsrecht § 45 III 2c, 1323 f.
[119] → Formulare § 60 II, § 17 Abs. 4–8 u. → § 60 IV, § 14 Abs. 3–7.
[120] Entgegen seinem Wortlaut normiert § 164 S. 1 Hs. 2 HGB kein bloßes Widerspruchsrecht, sondern es ist die Zustimmung der Kommanditisten erforderlich; vgl. Baumbach/*Hopt* HGB § 164 Rn. 2.

haft übernommen werden; vielmehr sollten sich die Gesellschafter über die weite Bandbreite möglicher Gestaltungen informieren und – unter bewusster **Abwägung der Vor- und Nachteile**, die eine stärkere Berücksichtigung von Vinkulierungs- respektive Veräußerungsinteressen mit sich bringt – eine ihren Bedürfnissen entsprechende Regelung treffen.

IV. Übertragungsvertrag

Bei Anteilsübertragungen im Zusammenhang mit einer GmbH & Co. KG ist zwischen solchen Fällen zu unterscheiden, in denen sowohl ein Geschäftsanteil an der GmbH als auch ein Geschäftsanteil an der KG übertragen wird, und solchen, bei denen Gegenstand des Vertrags entweder die Übertragung eines GmbH-Geschäftsanteils oder eines Gesellschaftsanteils an der KG ist. Im erstgenannten Fall können beide Übertragungen in einer Urkunde zusammengefasst werden. Gleichwohl ist in rechtlicher Hinsicht streng zwischen der **Übertragung des GmbH- und des KG-Anteils** zu differenzieren; weiterhin ist jeweils zwischen schuldrechtlichem **Verpflichtungsgeschäft** und dinglichem **Verfügungsgeschäft** zu unterscheiden. Im Einzelnen gilt Folgendes: 51

1. Gesellschaftsanteile der GmbH & Co. KG

a) **Inhalt.** Zu unterscheiden ist zwischen dem Verpflichtungsgeschäft, das die schuldrechtlichen Beziehungen zwischen Verkäufer und Erwerber regelt, und dem Verfügungsgeschäft gemäß §§ 413, 398 ff. BGB, das die Übertragung des Anteils zum Inhalt hat. Beide Geschäfte können gesondert abgeschlossen werden; meist werden sie indes in einem Vertrag zusammengefasst. Bereits der **schuldrechtliche Teil** der Vereinbarung enthält die nähere Konkretisierung des Kaufgegenstandes. Dazu zählt die Bezeichnung des Gesellschaftsanteils sowie Regelungen darüber, ob und in welchem Umfang sonstige aus dem Gesellschaftsverhältnis bestehende Rechte auf den Erwerber übertragen werden. Darüber hinaus werden Regelungen über den Kaufpreis getroffen. Von besonderer Bedeutung sind ferner die Bestimmungen über die Gewährleistung. Der Kauf eines Gesellschaftsanteils ist ein **Rechtskauf**,[121] auf welchen gemäß § 453 Abs. 1 Alt. 1 BGB die Vorschriften über den Sachkauf entsprechende Anwendung finden. Auf den ersten Blick erscheint es mithin nahe liegend, auf den Rechtskauf auch die Sachmängelgewährleistungsvorschriften der §§ 434, 437 BGB entsprechend anzuwenden. Dem wird indes zu Recht entgegengehalten, dass die Vorschriften über Sachmängel nach Maßgabe des § 453 Abs. 3 BGB nur für eine besondere Art des Rechtskaufs, nämlich den Kauf eines zum Besitz berechtigenden Rechts, Anwendung finden. Hieraus folgt argumentum e contrario, dass beim Anteilskauf gerade keine Gewährleistung für Sachmängel stattfindet.[122] 52

---

[121] Staudinger/*Beckmann* BGB § 453 Rn. 17; Beisel/*Klumpp* Unternehmenskauf, 16. Kap. Rn. 15.
[122] *U. Huber* AcP 202 (2002), 179 (229); *Grunewald* NZG 2003, 372 (373); *Eidenmüller* ZGS 2002, 290 (294).

8. Kapitel. Wechsel im Gesellschafterbestand unter Lebenden

53 Werden jedoch sämtliche Anteile an einer Gesellschaft veräußert und ist damit der Sache nach das ganze Unternehmen Gegenstand der Veräußerung (sogenannter share deal), so finden nach der Rechtsprechung des BGH die **Sachmängelvorschriften** der §§ 434, 437 BGB entsprechende Anwendung.[123] Gleiches soll auch dann gelten, wenn die verbleibende Beteiligung so geringfügig ist, dass man bei wirtschaftlicher Betrachtung das Unternehmen im Ganzen als verkauft ansehen kann. Bei welchem Prozentsatz diese Grenze zu ziehen ist, bleibt allerdings im Ungewissen.[124] Soweit die Sachmängelhaftung nicht greift, versuchte die Rechtsprechung vor dem Inkrafttreten des Gesetzes zur Schuldrechtsmodernisierung dem Käufer mit Schadensersatzansprüchen aus **c.i.c. (nunmehr §§ 311 Abs. 2, 241 Abs. 2, 280 Abs. 1 BGB)** zu helfen[125], dürfte mittlerweile jedoch zurückhaltender agieren.[126]

54 Die von Rechtsprechung und Literatur entwickelten Grundsätze sind in ihrer Gänze unklar und unübersichtlich; es empfiehlt sich mithin in jedem Fall, die **Gewährleistung** im schuldrechtlichen Teil des Kauf- und Übertragungsvertrags **umfassend zu regeln**.[127]

55 Durch die **Verfügung** über den Geschäftsanteil tritt der Erwerber anstelle des Veräußerers in dessen Gesellschafterstellung ein. Der Gesellschaftsvertrag wird nur insoweit tangiert, als an die Stelle des veräußernden Gesellschafters der erwerbende Gesellschafter tritt; die übrigen Bestimmungen ändern sich nicht, soweit die Parteien dies nicht ausdrücklich vereinbaren.[128] Mit dem Gesellschaftsanteil gehen die zwingend mit ihm verbundenen Rechte – Stimmrechte, Informationsrechte, ein etwaiges Wettbewerbsverbot – ohne weiteres auf den Erwerber über. **Höchstpersönliche Rechte** erlöschen demgegenüber.[129] Um solche höchstpersönlichen Rechte kann es sich etwa bei Vorschlags- oder Entsendungsrechten für den Beirat oder Aufsichtsrat

---

[123] BGH NJW 2001, 2163 (2164); 1980, 2408 (2409); BGHZ 65, 246 (251); vgl. Hölters/*Semler* Unternehmenskauf, Teil VII Rn. 194; *Weller*, FS Maier-Reimer, 2010, 839 (841f.); *Schröcker* ZGR 2005, 63 (65).

[124] BGH NJW 1980, 2408 (2409) stellt beim Erwerb eines GmbH-Geschäftsanteils maßgeblich auf die Entscheidungsgewalt des Erwerbers im Unternehmen ab und hält einen Anteilserwerb von weniger als 75% für nicht ausreichend; anders OLG München GmbHR 1998, 934; vgl. auch *Schröcker* ZGR 2005, 63 (65); ferner *Hiddemann* ZGR 1982, 435 (439); *Hommelhoff* ZGR 1982, 366 (376); *Westermann* ZGR 1982, 45 (52).

[125] BGH NJW 1980, 2408 (2409 f.); 1977, 1536.

[126] OLG Köln ZIP 2009, 2063 (2065 f.) mit Verweis auf die Gesetzesbegründung zum Schuldrechtsmodernisierungsgesetz, BT-Drs. 14/6040, 209; eine wesentliche Änderung der Rspr. nicht erwartend MüKoBGB/*Emmerich* § 311 Rn. 102; zum Vorrang des Gewährleistungsrechts vor der Haftung aus culpa in contrahendo allgemein BGH NJW 2009, 2120 Rn. 13 ff.; vgl. auch *Picot* DB 2009, 2587.

[127] Siehe zur Vertragsgestaltung BeckMandatsHdB Unternehmenskauf/*Lips* § 3 Rn. 29 ff.; *Triebel*/*Hölzle* BB 2002, 521 (535 f.); *C. Schmitz* RNotZ 2006, 561 (588); *Weitnauer* NJW 2002, 2511 (2515); vgl. ferner das Beispiel in MVHdB WirtschR I/ *v. Hoyenberg* IV. 4., 574 ff.; zur Problematik der Umsatz- und Ertragsangaben siehe *Gruber* MDR 2002, 433.

[128] MüKoBGB/*Ulmer*/*Schäfer* § 719 Rn. 25.

[129] GK/*Schäfer* HGB § 105 Rn. 306; MHdB KG/*Piehler*/*Schulte* § 35 Rn. 17.

§ 29 Anteilsübertragung/Umwandlung der Gesellschafterstellung

handeln.[130] Ob ein Recht als höchstpersönlich eingeräumt ist oder ob es dem jeweiligen Inhaber des Geschäftsanteils zustehen soll, ist durch Auslegung des Gesellschaftsvertrags zu ermitteln.[131] Bei der Gestaltung des Gesellschaftsvertrags sollte Wert darauf gelegt werden, diese Frage klar zu regeln. Verbleiben aufgrund der Formulierung Unklarheiten, sollte versucht werden, im Zuge der Anteilsübertragung eine Klarstellung herbeizuführen. Dies kann etwa dadurch erfolgen, dass das Recht fürsorglich unter Einhaltung der geltenden Zustimmungserfordernisse neu im Gesellschaftsvertrag begründet wird.

In welchem Umfang aus dem Gesellschaftsverhältnis resultierende **vermögensrechtliche Ansprüche und Verbindlichkeiten** des Veräußerers auf den Erwerber übergehen, können die Parteien nach der Rechtsprechung grundsätzlich frei vereinbaren.[132] Dies gilt für künftige Ansprüche (beispielsweise auf Gewinn) und für Ansprüche aus der Vergangenheit (zB Guthaben oder Verbindlichkeiten auf Sonderkonten des Veräußerers) gleichermaßen.[133] Es ist dringend zu empfehlen, diesbezüglich im Vertrag detaillierte Regelungen zu treffen. Denn bei Fehlen abweichender Vereinbarungen gehen nach der Rechtsprechung zwar alle zukünftigen im Gesellschaftsverhältnis begründeten Ansprüche uneingeschränkt auf den Erwerber über.[134] Für aus der Vergangenheit resultierende Ansprüche gilt dies laut BGH im Zweifel allerdings nur für diejenigen im Gesellschaftsverhältnis begründeten Ansprüche, die im Zeitpunkt des Vertragsabschlusses bereits im Rechenwerk der Gesellschaft Niederschlag gefunden haben.[135] **Drittgläubigerrechte und Drittschuldnerverbindlichkeiten**, die ihre Rechtsgrundlage nicht im Gesellschaftsverhältnis haben (zB Ansprüche aus einem Liefervertrag zwischen der Gesellschaft und dem Veräußerer), gehen im Zweifel nicht auf den Erwerber über;[136] auch insoweit empfehlen sich indessen ausdrückliche Vereinbarungen.

56

Weiterhin sind **Regelungen über das Jahresergebnis zweckmäßig**. Fehlen solche, steht nach § 101 Nr. 2 Hs. 2 BGB der Anteil am Jahresergebnis im Verhältnis zwischen Veräußerer und Erwerber demjenigen zu, der während des betroffenen Geschäftsjahres Inhaber des Geschäftsanteils war. Erfolgt

57

---

[130] Hierzu in diesem Band → *Reichert/Ullrich* § 19 Rn. 110 f.

[131] MüKoBGB/*Ulmer/Schäfer* § 719 Rn. 41; MHdB KG/*Piehler/Schulte* § 35 Rn. 17.

[132] BGHZ 45, 221 (222); BGH NJW-RR 1987, 286 (287); BB 1973, 165 (166); OLG Köln ZIP 2000, 1726 (1729); krit. zu dieser als im Hinblick auf § 415 BGB (Übernahme von Verbindlichkeiten als befreiende Schuldübernahme) zu weitgehend empfundenen Rspr., soweit es um die generelle Zulassung der Übertragung im Gesellschaftsvertrag geht, MüKoBGB/*Ulmer/Schäfer* § 719 Rn. 44; GK/*Schäfer HGB* § 105 Rn. 310; siehe ferner MHdB KG/*Piehler/Schulte* § 35 Rn. 23 mwN; vgl. jüngst BGH NZG 2009, 501 (502).

[133] OLG Köln ZIP 2000, 1726 (1729); siehe auch MHdB KG/*Piehler/Schulte* § 35 Rn. 19.

[134] OLG Köln ZIP 2000, 1726 (1729).

[135] BGHZ 45, 221 (223); BGH NJW-RR 1987, 286 (287); BB 1973, 165 (166); OLG Köln ZIP 2000, 1726 (1729).

[136] MHdB KG/*Piehler/Schulte* § 35 Rn. 24.

die Veräußerung während eines Geschäftsjahres, steht das Jahresergebnis Erwerber und Veräußerer zeitanteilig zu.[137] In aller Regel wird man dabei von der Aufstellung einer Zwischenbilanz absehen; eine solche kann allerdings aus steuerrechtlichen Gründen ratsam sein, wenn die **zeitanteilige Verteilung** aufgrund besonderer Umstände nicht den wirtschaftlichen Gegebenheiten entspricht. In einem solchen Fall könnte es durch den Verzicht auf einen Zwischenabschluss zu einer Gewinnverlagerung kommen. § 101 Nr. 2 Hs. 2 BGB begründet stets nur einen schuldrechtlichen Ausgleichsanspruch zwischen Veräußerer und Erwerber. Im Verhältnis zur Gesellschaft entsteht gemäß §§ 161 Abs. 2, 120 Abs. 1 HGB der Gewinnanspruch in der Person desjenigen, der zum Zeitpunkt der Feststellung des Jahresabschlusses Gesellschafter ist.[138] Dies ist regelmäßig der Erwerber, so dass der Veräußerer von diesem einen entsprechenden Ausgleich verlangen kann. Soll dem Veräußerer ein **unmittelbarer Anspruch gegen die Gesellschaft** zustehen, ist der **Gewinnanspruch** an den Veräußerer **abzutreten**. Flankierend ist sicherzustellen, dass der Realisierung dieses Gewinnanspruchs keine Entnahmesperre entgegensteht, etwa dadurch, dass ein nach dem Gesellschaftsvertrag erforderlicher Entnahmebeschluss nicht gefasst wird. Dies kann beispielsweise derart erfolgen, dass der Veräußerer verpflichtet wird, durch entsprechendes Abstimmungsverhalten die Entnahmefähigkeit des Gewinnanspruchs zu gewährleisten; in aller Regel wird man vorsehen, dass er – sofern die Entnahme nicht sichergestellt ist – schuldrechtlich zum Ausgleich verpflichtet bleibt.

58 **b) Form.** Die Übertragung eines KG-Anteils ist **im Grundsatz formlos** möglich, und zwar auch dann, wenn zum Vermögen der Gesellschaft Geschäftsanteile an einer Gesellschaft mit beschränkter Haftung und/oder Grundbesitz gehören.[139] Dies gilt auch dann, wenn das Vermögen der Gesellschaft im Wesentlichen aus Grundvermögen oder GmbH-Anteilen besteht und wenn sämtliche Anteile der Gesellschaft übertragen werden.[140] Demgegenüber muss eine analoge Anwendung des § 311b Abs. 1 S. 1 BGB auf das Verpflichtungsgeschäft wohl bejaht werden, wenn bei wirtschaftlicher Betrachtungsweise die Änderungen im Gesellschafterkreis gerade dazu dienen, Grundstücke unter **Umgehung des Formzwanges** außerhalb des Grundbuchs zu verlagern;[141] gleiches gilt, wenn sich die Veräußerung als Umgehung des § 15 Abs. 4 S. 1 GmbHG[142] darstellt. Solche Fälle können insbesondere anzunehmen sein, wenn sich der Gesellschaftszweck der KG

---

[137] Siehe MHdB KG/*Piehler/Schulte* § 35 Rn. 22; HTM/*Hannes* GmbH & Co. KG § 9 Rn. 25.
[138] BGHZ 80, 357 (358); GK/*Schäfer* HGB § 105 Rn. 308.
[139] BGHZ 86, 367 (369f.); BGH NZG 2008, 377; NJW 1998, 376 (377); 1996, 1279 (1280); OLG Frankfurt a. M. NZG 2008, 19 (20); OLG Düsseldorf NZG 2007, 510; MüKoBGB/*Ulmer/Schäfer* § 719 Rn. 33; MüKoHGB/*K. Schmidt* § 105 Rn. 216; *Wertenbruch* NZG 2008, 454 (455).
[140] BGHZ 86, 367 (370); OLG Düsseldorf NZG 2007, 510 (511); *Wertenbruch* NZG 2008, 454 (456).
[141] BGHZ 86, 367 (371); MüKoBGB/*Ulmer/Schäfer* § 719 Rn. 36; *K. Schmidt* AcP 182 (1982), 481 (510f.); für die Beurkundungspflicht bei offensichtlichen Umgehungsfällen vgl. ferner *Binz/G. Mayer* NJW 2002, 3054 (3059).
[142] BGH NZG 2008, 377; zustimmend *Krause* BB 2008, 1251.

auf das Halten und Verwalten von Grundstücken oder GmbH-Anteilen beschränkt.[143]

Formpflichtig sind dagegen Verträge, in denen außer der Übertragung 59 der Gesellschaftsanteile **auch die Übertragung von Grundbesitz oder von GmbH-Anteilen** erfolgen soll.[144] Demnach besteht ein notarielles Formerfordernis, wenn neben der KG-Beteiligung zugleich eine Beteiligung an der Komplementär-GmbH übertragen werden soll. Die Verpflichtung zur Übertragung des GmbH-Anteils ist gemäß § 15 Abs. 4 S. 1 GmbHG formgebunden;[145] soll die Übertragung der KG-Beteiligung nicht unabhängig von der Wirksamkeit der GmbH-Beteiligung wirksam bleiben – was im Zweifel gemäß § 139 BGB nicht anzunehmen ist –, führt die Verletzung der Formpflicht nach § 15 Abs. 4 S. 1 GmbHG zur **Nichtigkeit des Gesamtgeschäftes**.[146] Auch eine Trennung des Rechtsgeschäfts durch Abschluss verschiedener Verträge ändert daran nichts, wenn diese nicht unabhängig voneinander wirksam sein sollen. Nach herrschender Meinung **heilt** indessen die **Beurkundung des Vertrags** über die Abtretung der Geschäftsanteile an der Komplementär-GmbH den Formmangel auch im Hinblick auf die Übertragung der Kommanditbeteiligung gemäß § 15 Abs. 4 S. 2 GmbHG.[147] Gleichwohl sollte man, um verbleibende Restrisiken auszuschließen, das Vertragswerk insgesamt beurkunden; nur so wird auch sichergestellt, dass bereits vor Beurkundung der Anteilsabtretung eine Bindungswirkung des Verpflichtungsgeschäfts eintritt. Soll die Beteiligung an der KG unentgeltlich zugewandt werden, ist das Formerfordernis gemäß § 518 Abs. 1 S. 1 BGB zu beachten.[148]

c) **Beteiligung Geschäftsunfähiger, beschränkt Geschäftsfähiger** 60 **oder Betreuter.** Sollen geschäftsunfähige (§ 104 BGB), beschränkt geschäftsfähige (§ 106 BGB) oder unter Betreuung stehende (§ 1896 Abs. 1

---

[143] GK/*Schäfer* HGB § 105 Rn. 301; MüKoBGB/*Ulmer/Schäfer* § 719 Rn. 36; vgl. im Hinblick auf Grundstücksgesellschaften *Ulmer/Löbbe* DNotZ 1998, 711 (724); der BGH hat in einer jüngeren Entscheidung allerdings dahingehend entschieden, dass alleine aus dem Gesellschaftszweck nicht auf einen Umgehungsfall geschlossen werden kann, BGH NZG 2008, 377 Rn. 12.
[144] Vgl. OLG Düsseldorf NZG 2005, 507 zur Übertragung von Anteilen an einer GmbH & Co. KG; MHdB KG/*Piehler/Schulte* § 35 Rn. 28 f.; HTM/*Hannes* GmbH & Co. KG § 9 Rn. 28.
[145] Zur Wirksamkeit der Übertragung eines GmbH-Geschäftsanteils (Verfügungsgeschäft) bei fehlender Beurkundung einer Nebenabrede, die nur das Verpflichtungsgeschäft betrifft OLG Frankfurt a. M. NZG 2012, 466 (467).
[146] BGH NJW 1986, 2642 (2643); MHdB KG/*Piehler/Schulte* § 35 Rn. 29; *Binz/G. Mayer* NJW 2002, 3054 (3059 f.); *Wiesner* NJW 1984, 95 (97); vgl. zur neueren Rspr. des BGH zur Bestimmung einer rechtlichen Einheit zwischen mehreren Rechtsgeschäften BGH NJW 2011, 2874 (2876 f.); WM 2007, 116 (118).
[147] MüKoGmbHG/*Reichert/Weller* § 15 Rn. 118; *Roth/Altmeppen* GmbHG § 15 Rn. 93; *Sieveking* MDR 1984, 989; *Wiesner* NJW 1984, 95 (97); *Schultze* NJW 1991, 1936; *Tiedau* NJW 1984, 1447 (1448) mwN zur Gegenmeinung; aA *Kempermann* NJW 1991, 684; vgl. BGH NJW-RR 1992, 991; BGH NJW 1986, 2642 (noch offen gelassen).
[148] Siehe MHdB KG/*Piehler/Schulte* § 35 Rn. 30.

BGB)[149] Personen Gesellschafter der KG werden, bedarf es dazu grundsätzlich der Mitwirkung des gesetzlichen Vertreters bzw. – wenn dieser oder sein Ehegatte selbst Gesellschafter ist (§§ 181, 1629 Abs. 2 S. 1, 1908i Abs. 1 S. 1, 1795 Abs. 1 Nr. 1 BGB) – der Mitwirkung eines Ergänzungspflegers bzw. -betreuers.[150]

61 Neben der Mitwirkung des gesetzlichen Vertreters oder Pflegers bedarf die Beteiligung, sei es bei der Gründung, sei es in Form eines Erwerbs oder Beitritts zur Gesellschaft oder bei der Veräußerung zusätzlich auch der **Genehmigung des Familien- bzw. Betreuungsgerichts** (§§ 1643 Abs. 1, 1908i Abs. 1, 1822 Nr. 3 BGB).[151] Streitig ist, ob das familien- bzw. betreuungsgerichtliche Genehmigungserfordernis auch für den unentgeltlichen derivativen Erwerb gilt.[152] Dies wird in analoger Anwendung von § 1822 Nr. 3 Var. 3 BGB überwiegend bejaht, da das gleiche Schutzbedürfnis wie im Falle der originären Beteiligung bei der Gründung der Gesellschaft bestehe.[153] Von daher sollte in solchen Fällen zumindest eine Negativerklärung des Familien- bzw. Betreuungsgerichts eingeholt werden.[154]

62 **d) Zustimmungspflicht bei Ehegatten.** Bei Anteilsveräußerungen durch Ehegatten, die im gesetzlichen Güterstand der Zugewinngemeinschaft leben, ist das Zustimmungserfordernis gemäß § 1365 Abs. 1 BGB zu beachten[155].

2. Geschäftsanteile der Komplementär-GmbH

63 a) **Inhalt.** Das zur Übertragung von Kommanditanteilen Gesagte (→ Rn. 52 ff.), insbesondere zur Unterscheidung zwischen Verpflichtungs- und Verfügungsgeschäft sowie den erforderlichen Gewährleistungsregeln, gilt für die Übertragung des GmbH-Anteils entsprechend. Der Verpflichtungsvertrag wird durch Abtretung des Geschäftsanteils vollzogen. Wichtig ist die **genaue Bezeichnung des oder der Geschäftsanteile**, die Gegenstand

---

[149] Seit der Einführung des Rechtsinstituts der Betreuung gibt es keinen beschränkt geschäftsfähigen Volljährigen mehr. Soweit der Betreuer den Betreuten gemäß § 1902 BGB vertritt, besteht uU eine betreuungsgerichtliche Genehmigungspflicht, vgl. MüKoBGB/*Schwab* Vor §§ 1896 bis 1908i Rn. 4, 14.

[150] MüKoBGB/*Schwab* § 1909 Rn. 9 u. § 1899 Rn. 4.

[151] BGHZ 17, 160 (164 f.); OLG Bremen DStR 1999, 1668; OLG Karlsruhe NJW 1973, 1977.

[152] Dagegen OLG Bremen NZG 2008, 750 (Übertragung eines voll eingezahlten Kommanditanteils an einer vermögensverwaltenden Familien-KG); KG NJW 1962, 54 (55); *Damrau* ZEV 2000, 209 (210); *Menzel/Wolf* MittBayNot 2010, 186 (189 f.); nach dem Unternehmensgegenstand differenzierend OLG München NZG 2009, 104.

[153] So OLG Frankfurt a. M. NZG 2008, 749 mwN zum Meinungsstand; MHdB KG/*Piehler/Schulte* § 35 Rn. 13; *Führ/Nikoleyczik* BB 2009, 2105 (2107).

[154] Wegen der Möglichkeit der Haftungsbeschränkung gemäß § 1629a BGB und des Kündigungsrechts gemäß § 723 Abs. 1 S. 3 Nr. 2 BGB darf das Genehmigungserfordernis indes nicht allzu restriktiv gehandhabt werden, vgl. OLG Bremen DStR 1999, 1668.

[155] MüKoBGB/*Koch* § 1365 Rn. 72; MHdB KG/*Piehler/Schulte* § 35 Rn. 15.

§ 29 Anteilsübertragung/Umwandlung der Gesellschafterstellung

des Vertrags sind.[156] Eine zusammenfassende Bezeichnung der Geschäftsanteile genügt nur, wenn kein Zweifel daran besteht, welcher Geschäftsanteil übertragen werden soll.[157] Häufig ergibt sich das Problem, dass sich aus dem Gesellschaftsvertrag nicht zuverlässig entnehmen lässt, ob der gesamte Nominalbetrag, der Gegenstand der Abtretung sein soll, in einem Geschäftsanteil zusammengefasst ist oder sich aus mehreren Geschäftsanteilen zusammensetzt. In diesen Fällen bietet es sich an, zunächst etwaige einzelne Geschäftsanteile zu einem Geschäftsanteil zusammenzufassen, um sodann einen Teilgeschäftsanteil daraus zu übertragen.

Mit der Abtretung des GmbH-Anteils gehen sämtliche durch den GmbH-Geschäftsanteil verkörperten Rechte und Pflichten gemäß §§ 413, 398 S. 2 BGB auf den neuen Gesellschafter über.[158] Sollen zusätzlich Ansprüche, die dem Gesellschafter gegen die GmbH zustehen (zB **Darlehensansprüche**), übertragen werden, bedarf es dazu einer **gesonderten Übertragung**. Erfolgt die der Abtretung zugrunde liegende Veräußerung des Geschäftsanteils während eines Geschäftsjahres, so steht der in diesem Geschäftsjahr erwirtschaftete **Gewinn** aus dem veräußerten Geschäftsanteil dem Veräußerer und Erwerber zeitanteilig zu (§ 101 Nr. 2 Hs. 2 BGB).[159] Insoweit gilt also das Gleiche wie bei der Übertragung der KG-Beteiligung. Maßgeblich für die **zeitanteilige Aufteilung** ist, soweit keine andere Vereinbarung getroffen wird, die Wirksamkeit der Anteilsabtretung.[160] Da der Gewinnanspruch (§ 29 Abs. 1 S. 1 GmbHG) erst mit Feststellung des Jahresabschlusses sowie dem Beschluss über die Gewinnverwendung und stets in der Person desjenigen entsteht, der zum Zeitpunkt der Beschlussfassung Anteilsinhaber ist,[161] bedarf es zusätzlich zur Übertragung des Geschäftsanteils der **Abtretung des anteiligen Gewinnanspruchs** vom Erwerber an den Veräußerer. Ist keine Abtretung erfolgt, steht dem Veräußerer nur ein schuldrechtlicher Anspruch gegen den Erwerber auf den anteiligen Gewinn zu.[162] Auch im Falle der Abtretung setzt das Entstehen eines unmittelbaren Anspruchs gegen die Gesellschaft voraus, dass der Erwerber, der den künftigen Gewinnanspruch an den Veräußerer zediert hat, im Zeitpunkt der Fassung des Gewinnverwendungsbeschlusses noch Gesellschafter ist, den Anteil also nicht weiterveräußert hat.[163]

64

---

[156] BGH NZG 2010, 908; OLG Frankfurt a. M. NZG 2009, 1113 (1114); KG NJW-RR 1997, 1259 (1260f.); *Reichert/Weller* GmbH-Geschäftsanteil § 15 Rn. 26f.
[157] BGH NJW-RR 1987, 807; Lutter/Hommelhoff/*Bayer* GmbHG § 15 Rn. 31.
[158] MüKoGmbHG/*Reichert/Weller* § 15 Rn. 65ff.; Baumbach/*Hueck/Fastrich* GmbHG § 15 Rn. 28.
[159] BGH DStR 1998, 498 m. Anm. *Goette*; UHW/*W. Müller* GmbHG § 29 Rn. 12; Baumbach/*Hueck/Fastrich* GmbHG § 29 Rn. 59.
[160] *Sommer* GmbHR 1985, 224; vgl. auch *Loritz* DStR 1998, 84.
[161] BGH NZG 2004, 912 (913); NJW 1998, 3646 (3647); MüKoGmbHG/*Reichert/Weller* § 15 Rn. 67; Scholz/*Verse* GmbHG § 29 Rn. 78.
[162] BGH DStR 1998, 498 m. Anm. *Goette*.
[163] BGHZ 104, 351 (353); BGH NJW 1984, 492; MüKoGmbHG/*Ekkenga* § 29 Rn. 121.

8. Kapitel. Wechsel im Gesellschafterbestand unter Lebenden

65 **b) Form.** Sowohl der Vertrag, der die Verpflichtung zur Übertragung des Geschäftsanteils enthält (§ 15 Abs. 4 S. 1 GmbHG),[164] als auch die Abtretung von Geschäftsanteilen (§ 15 Abs. 3 GmbHG) unterliegt dem **notariellen Formerfordernis**.[165] Eine ohne Einhaltung der notariellen Form getroffene schuldrechtliche Vereinbarung wird jedoch durch eine formgültige Abtretung geheilt (§ 15 Abs. 4 S. 2 GmbHG).[166] Sofern sowohl eine Beteiligung an der KG als auch ein GmbH-Anteil Gegenstand der Übertragung sind (und die Übertragung nicht voneinander unabhängig wirksam sein soll), besteht insgesamt ein Beurkundungserfordernis. Wie dargelegt (→ Rn. 59), spricht zwar viel dafür, dass die mangelnde Form der Übertragung der KG-Anteile dann ebenfalls durch die Abtretung der GmbH-Anteile geheilt wird; da dies jedoch nicht vollends gesichert ist, ist auch in dieser Konstellation die Einhaltung notarieller Form zu empfehlen.

66 **c) Beteiligung beschränkt Geschäftsfähiger oder Betreuter.** Mitwirkungs- und Genehmigungserfordernisse für die Übertragung von Anteilen an der KG erfassen das gesamte Rechtsgeschäft, wenn zu diesem auch die Übertragung von Anteilen an der Komplementär-GmbH zählt. Ist hingegen ausschließlich ein Anteil an der Komplementär-GmbH Gegenstand der Übertragung, ist eine familien- bzw. betreuungsgerichtliche Genehmigung grundsätzlich nicht erforderlich.[167] Eine Genehmigungspflicht besteht indessen bei entgeltlichem Erwerb oder entgeltlicher Veräußerung, soweit sie sich als Erwerb oder Veräußerung eines Erwerbsgeschäfts darstellt (§§ 1643 Abs. 1, 1908i Abs. 1 S. 1, 1822 Nr. 3 BGB). Dies ist anzunehmen, wenn die Beteiligungsveräußerung nach Größe des Anteils, Art und Ausgestaltung der Gesellschaft und Stellung des Gesellschafters **wirtschaftlich** dem **Erwerb oder der Veräußerung** eines Erwerbsgeschäfts gleichkommt.[168] Hiervon geht der BGH unter Würdigung des Aspekts der Rechtssicherheit aus, wenn der Anteil eines Minderjährigen an einer GmbH 50% übersteigt oder wenn an einer GmbH ausschließlich Minderjährige beteiligt sind und sie sämtliche GmbH-Geschäftsanteile veräußern.[169] Eine Genehmigungspflicht nach §§ 1643 Abs. 1, 1908i Abs. 1 S. 1, 1822 Nr. 10 BGB kommt nur dann in Betracht, wenn die konkrete Möglichkeit der Inanspruchnahme für Verbindlichkeiten von Mitgesellschaftern nach §§ 24 oder 31 Abs. 3 GmbHG besteht, also die Einlagen nicht vollständig erbracht sind bzw. Verbindlichkeiten

---

[164] Zur Formbedürftigkeit einer Übertragungsverpflichtung im Treuhandvertrag BGH NZG 2006, 590; DStR 1999, 861 (862) m. Anm. *Goette*.

[165] Zur Formwirksamkeit einer aufschiebend bedingten Teilung und Abtretung im Gesellschaftsvertrag BGH GmbHR 2003, 1062 (1064) m. Anm. *Blöse/Kleinert*; siehe ferner *Kleinert/Blöse/v. Xylander* GmbHR 2003, 1230.

[166] Heilung erfolgt ex nunc, vgl. Roth/*Altmeppen* GmbHG § 15 Rn. 81; *Goette* Die GmbH § 5 Rn. 14.

[167] HM, vgl. BGHZ 107, 23 (27); UHL/*Löbbe* GmbHG § 15 Rn. 287; Baumbach/Hueck/*Fastrich* GmbHG § 15 Rn. 3; Lutter/Hommelhoff/*Bayer* GmbHG § 15 Rn. 8.

[168] Vgl. BGH DNotZ 2004, 152 (153); OLG Hamm DB 1984, 1822 (1823); KG NJW 1976, 1946; UHL/*Löbbe* GmbHG § 15 Rn. 288; Baumbach/Hueck/*Fastrich* GmbHG § 15 Rn. 4; MüKoBGB/*Wagenitz* § 1822 Rn. 17.

[169] BGH DNotZ 2004, 152 (153).

aus Differenz- oder Vorbelastungshaftung oder der Rückzahlungsverpflichtung nach § 31 GmbHG bestehen.[170]

d) Zustimmungspflicht bei Ehegatten. Auch soweit es um die Übertragung der GmbH-Anteile geht, ist für die im gesetzlichen Güterstand der Zugewinngemeinschaft lebenden Ehegatten das Zustimmungserfordernis gemäß § 1365 Abs. 1 BGB zu beachten. 67

V. Haftung

1. Kommanditgesellschaft (GmbH & Co. KG)

a) Übertragung der Komplementär-Beteiligung. Der Veräußerer einer Komplementär-Beteiligung haftet für die Verbindlichkeiten, die zum Zeitpunkt der Übertragung begründet waren, gemäß §§ 161 Abs. 2, 128 HGB fort. Die Haftung ist jedoch in doppelter Hinsicht begrenzt: sie besteht nur für solche Verbindlichkeiten, die **schon im Zeitpunkt des Ausscheidens begründet** waren, und für diese wiederum nur dann, wenn sie **vor Ablauf von fünf Jahren** nach dem Ausscheiden **fällig** und auch **gerichtlich festgestellt werden** (§§ 161 Abs. 2, 160 Abs. 1 S. 1 HGB).[171] Nur wenn das Ausscheiden nicht eingetragen und bekannt gemacht worden ist, haftet der Gesellschafter aufgrund von § 15 Abs. 1 HGB auch für Neuschulden.[172] 68

Für § 160 Abs. 1 S. 1 HGB ist entscheidend, ob die Verbindlichkeit bereits beim Ausscheiden begründet war;[173] dies ist auch dann der Fall, wenn der gegen die Gesellschaft gerichtete Anspruch selbst erst später fällig wird.[174] Werden demgegenüber nachträglich die Haftung erweiternde Verbindlichkeiten begründet, haftet der ausscheidende Gesellschafter dafür nicht mehr, auch wenn es sich um Abreden mit bereits vorhandenen Vertragspartnern handelt. So ist etwa der Abschluss eines Sozialplans für Arbeitnehmeransprüche eine Neuverbindlichkeit,[175] ebenso eine nachträgliche Erhöhung der 69

---

[170] BGHZ 107, 23 (26); UHL/*Löbbe* GmbHG § 15 Rn. 289; Baumbach/*Hueck*/ *Fastrich* GmbHG § 15 Rn. 5; aA (§ 1822 Nr. 10 BGB generell unanwendbar) *H. Wiedemann* Übertragung und Vererbung, 248 f.; *Winkler* ZGR 1973, 177 (187 f.); *Winkler* ZGR 1990, 131 (136); nach älterer Rspr. sollte § 1822 Nr. 10 BGB demgegenüber stets, dh bereits aufgrund der abstrakten Möglichkeit unzulässiger Rückzahlungen iSv § 31 Abs. 1, 3 GmbHG, Anwendung finden, vgl. Baumbach/*Hueck*/*Fastrich* GmbHG § 15 Rn. 5 mwN; dagegen zutr. BGHZ 107, 23 (28).

[171] Zur Begrenzung der Haftung auf Verbindlichkeiten, die schon im Zeitpunkt des Ausscheidens des Gesellschafters begründet waren, bereits RGZ 86, 60 (61).

[172] MHdB KG/*Piehler*/*Schulte* § 37 Rn. 60; *K. Schmidt* Gesellschaftsrecht § 51 I 2, 1493.

[173] Dazu gehören auch die Ansprüche aus einem Dauerschuldverhältnis, vgl. BGH NJW 2000, 208 (209) mwN, auch zur Unanwendbarkeit der Kündigungstheorie nach Inkrafttreten des Nachhaftungsbegrenzungsgesetzes (NachhBG) v. 18.3.1994, BGBl. I 560; zur gleichen Problematik *Siems*/*Maaß* WM 2000, 2328 (2331 f.).

[174] BGHZ 55, 267 (269 f.); BGH NJW 2000, 208 (209); MHdB KG/*Piehler*/ *Schulte* § 37 Rn. 61 ff. mwN; *K. Schmidt* Gesellschaftsrecht § 51 I 2, 1493 f.

[175] BAG NJW 1992, 3255.

8. Kapitel. Wechsel im Gesellschafterbestand unter Lebenden

Kreditlinie bei der Hausbank.[176] Die revolvierende ständige Neuinanspruchnahme einer vor dem Ausscheiden vereinbarten Kreditlinie ist aber eine unter § 160 Abs. 1 S. 1 HGB zu subsumierende Altverbindlichkeit, für die der Ausscheidende einzustehen hat.[177]

70 Die Haftung für Altverbindlichkeiten besteht nicht zeitlich unbegrenzt, sondern wie dargelegt nur dann, wenn die Verbindlichkeit vor Ablauf von fünf Jahren nach dem Ausscheiden fällig und daraus Ansprüche in einer in § 197 Abs. 1 Nr. 3 bis 5 BGB bezeichneten Art festgestellt sind oder eine gerichtliche oder behördliche Vollstreckungshandlung vorgenommen oder beantragt wird (§ 160 Abs. 1 S. 1 HGB).[178] Fristbeginn ist das Ende des Tages, an dem das Ausscheiden in das Handelsregister eingetragen wird (§ 160 Abs. 1 S. 2 HGB).[179] Für den Lauf und die Berechnung der Frist verweist § 160 Abs. 1 S. 3 HGB weitgehend auf das Recht der Verjährung.[180] Hat der Gesellschafter den Anspruch schriftlich anerkannt, bedarf es keiner gerichtlichen Geltendmachung (§ 160 Abs. 2 HGB).

71 Der **Erwerber** haftet gemäß §§ 161 Abs. 2, 130 HGB wie ein eintretender Gesellschafter auch für die schon **vor seinem Eintritt begründeten Verbindlichkeiten**, sofern er ebenfalls persönlich haftender Gesellschafter wird.[181]

72 **b) Übertragung der Kommanditbeteiligung.** Bei der Übertragung der Kommanditbeteiligung gelten die oben (→ Rn. 68 ff.) erörterten Grundsätze entsprechend, jedoch mit der Maßgabe, dass der Kommanditist – nach entsprechender Eintragung der Hafteinlage im Handelsregister (§ 172 HGB) – nur bis zur Höhe der Einlage haftet und seine Haftung ausgeschlossen ist, wenn diese Hafteinlage erbracht ist (§ 171 Abs. 1 HGB)[182]. Anders als beim Ein- und Austritt wird beim Übertragungsmodell kein neuer Kommanditanteil gebildet. Der Eintretende übernimmt den Anteil des Ausscheidenden. Ist die **Einlage** darauf **erbracht**, werden sowohl der Veräußerer als auch der Erwerber im Ergebnis **haftungsfrei**.[183] Ist die Einlage im Zeitpunkt der Anteilsübertragung nicht oder nicht vollständig erbracht, haften Altschuldner und Neuschuldner nebeneinander, jedoch nur auf die eingetragene Haftsumme; es kommt also zu keiner Haftungsdoppelung.[184]

---

[176] *K. Schmidt* Gesellschaftsrecht § 51 I 2, 1495.
[177] *K. Schmidt* Gesellschaftsrecht § 51 I 2, 1495.
[178] Eingehend *Maier-Reimer* DB 2002, 1818.
[179] Eine andere Ansicht vertritt *Altmeppen* NJW 2000, 2529 unter Berufung auf die Entstehungsgeschichte.
[180] Vgl. *Maier-Reimer* DB 2002, 1818.
[181] GK/*Habersack* HGB § 130 Rn. 9; MüKoHGB/*K. Schmidt* § 130 Rn. 14; Baumbach/*Hopt* HGB § 130 Rn. 4; Röhricht/v. Westphalen/*v. Gerkan/Haas* HGB § 130 Rn. 5.
[182] Vgl. zur Anwendbarkeit des § 173 HGB auf die Konstellation der Anteilsübertragung MüKoHGB/*K. Schmidt* § 173 Rn. 24; *Oetker* HGB § 173 Rn. 22.
[183] MüKoHGB/*K. Schmidt* § 173 Rn. 30; GK/*Schilling* HGB § 173 Rn. 6.; MHdB KG/*Piehler/Schulte* § 35 Rn. 37; *K. Schmidt* GmbHR 1981, 253 (256);
[184] MüKoHGB/*K. Schmidt* § 173 Rn. 31; MHdB KG/*Piehler/Schulte* § 35 Rn. 37; *K. Schmidt* GmbHR 1981, 253 (256).

§ 29 Anteilsübertragung/Umwandlung der Gesellschafterstellung

Voraussetzung für eine umfassende Begrenzung der Kommanditistenhaftung ist indessen, dass ein sogenannter **Rechtsnachfolgevermerk** im Handelsregister eingetragen ist. Der Rechtsnachfolgevermerk, der den Anschein vermeiden soll, der Veräußerer sei aus der Gesellschaft ausgeschieden, ohne seinen Anteil im Wege der Sonderrechtsnachfolge zu übertragen, lautet etwa wie folgt: „Der Kommanditanteil des Kommanditisten A ist im Wege der Sonderrechtsnachfolge auf B übergegangen. B ist damit Kommanditist mit einer Haftsumme in Höhe von [...] EUR geworden."[185] Fehlt ein solcher Vermerk, kann sich nach der maßgeblichen Rechtsprechung des BGH nur der Erwerber darauf berufen, dass die Hafteinlage erbracht ist.[186] Der Veräußerer hingegen verliert das Recht, sich auf die Leistung der Einlage gemäß § 171 Abs. 1 Hs. 2 HGB zu berufen.[187] Ihm gegenüber wird § 172 Abs. 4 HGB entsprechend angewandt, so dass seine Einlage den Gläubigern gegenüber als nicht (mehr) geleistet gilt.[188] 73

Die rechtsdogmatische Einordnung des Nachfolgevermerks war indes lange Zeit umstritten. So wurde – zurückgehend auf die Rechtsprechung des Reichsgerichts[189] – teilweise die Ansicht vertreten, der Rechtsnachfolgevermerk sei ein „beschränkt konstitutives" Merkmal für den Eintritt der Rechtswirkungen der Rechtsnachfolge.[190] Nach anderer Auffassung sollte durch den Nachfolgevermerk nur eine Rechtsscheinhaftung verhindert werden.[191] Der Veräußerer hafte bei Fehlen des Rechtsnachfolgevermerks gegenüber den Altgläubigern nur dann, wenn sich deren Vertrauen auf die Forthaftung des Altkommanditisten noch manifestiert habe, was etwa dann anzunehmen sei, wenn diese eine Stundung gewährt oder Maßnahmen der Zwangsvollstreckung unterlassen hätten.[192] 74

Letztere Auffassung hat sich nach der Änderung des § 162 Abs. 2 HGB durch das Namensaktiengesetz (NaStraG) vom 18.1.2001[193] durchgesetzt.[194] Die Regelung des § 162 Abs. 3, 2 HGB verzichtet bei einer Übertragung eines Kommanditanteils nunmehr auf jegliche Bekanntmachung.[195] Dies hat 75

---

[185] Siehe die Formulierungsvorschläge von MHdB KG/*Piehler/Schulte* § 35 Rn. 38; BeckFormB WirtschR/*Blaum/Scholz* VIII. D. 23., 1810 ff.; vgl. ferner OLG Köln NZG 2004, 416 (418).

[186] BGHZ 81, 82 (85, 86 f.); vgl. zum Rechtsnachfolgevermerk beim Kommanditistenwechsel auch die Grundsatzentscheidung RG (GrSZ) DNotZ 1944, 195 (199 f.); ferner BGH NZG 2006, 15; OLG Hamm NJW-RR 2005, 629 (630); OLG Köln NZG 2004, 416 (417 f.).

[187] BGHZ 81, 82 (86 f.); MHdB KG/*Piehler/Schulte* § 35 Rn. 38.

[188] BGHZ 81, 82 (89); Baumbach/*Hopt* HGB § 173 Rn. 13 mwN.

[189] RGZ 162, 264 (268).

[190] *U. Huber* ZGR 1984, 146 (157 f.); siehe ferner die Nachweise bei MüKoHGB/*K. Schmidt* § 173 Rn. 27.

[191] MüKoHGB/*K. Schmidt* § 173 Rn. 27; *K. Schmidt* GmbHR 1981, 253 (255); *Eckert* ZHR 147 (1983), 565 (567).

[192] So *Eckert* ZHR 147 (1983), 565 (572); die Auffassungen referierend MHdB KG/*Piehler/Schulte* § 35 Rn. 39.

[193] BGBl. I 123.

[194] MHdB KG/*Piehler/Schulte* § 35 Rn. 39 mwN.

[195] OLG Hamm NJW-RR 2005, 629 (630); OLG Köln NZG 2004, 416 (418); *K. Schmidt* DB 2011, 1149 (1156).

8. Kapitel. Wechsel im Gesellschafterbestand unter Lebenden

zur Folge, dass § 15 Abs. 1 HGB nunmehr weder auf den Ein- und Austritt von Kommanditisten, noch auf die Kommanditanteilsübertragung Anwendung findet.[196] Vielmehr haftet der Altkommanditist den Altgläubigern beim Fehlen eines Nachfolgevermerks nach **allgemeinen Rechtsscheingrundsätzen**.[197] Aus diesem Grund wird die Eintragung des Nachfolgevermerks auch in Zukunft anzuraten sein.

76 Ferner hat der BGH – entgegen heftiger Kritik in der Literatur[198] – an der Auffassung festgehalten, dass auch der **Erwerber** einer Kommanditbeteiligung gemäß § 176 Abs. 2 HGB **unbeschränkt** hafte, solange er **im Handelsregister nicht eingetragen** ist.[199] Allerdings hat der BGH ausgeführt, dass die Frage möglicherweise für die GmbH & Co. KG für Vorgänge nach dem 1.1.1981, in der die Firmierung erkennen lässt, dass es sich um eine solche handelt, anders zu behandeln sei.[200]

2. Komplementär-GmbH

77 Da den GmbH-Gesellschafter im Grundsatz keine Außenhaftung trifft, bestehen die vorstehend erörterten Probleme eines Eintritts in Verbindlichkeiten der Gesellschaft beim Erwerb eines GmbH-Anteils nicht.

78 Dagegen haftet der Erwerber neben dem Veräußerer für Einlageverpflichtungen, die in dem Zeitpunkt rückständig sind, ab dem der Erwerber in der im Handelsregister aufgenommenen Gesellschafterliste eingetragen ist (§ 16 Abs. 2 iVm Abs. 1 S. 1 GmbHG).[201] Obwohl das MoMiG den Begriff der „Einlageverpflichtungen" in § 16 Abs. 2 GmbHG nF gegenüber dem der „Leistungen" in § 16 Abs. 3 GmbHG aF sprachlich enger gefasst hat, ist angesichts der Regierungsbegründung zum MoMiG-E, der zufolge die bisherige Regelung in § 16 Abs. 3 GmbHG im neu gefassten § 16 Abs. 2 GmbHG aufgegriffen wird,[202] davon auszugehen, dass der Gesetzgeber mit der sprachlichen Neufassung keine Einschränkungen gegenüber der bisherigen Rechtslage vornehmen wollte.[203] Daher erstreckt sich der Haftungsumfang

---

[196] OLG Hamm NJW-RR 2005, 629 (630); OLG Köln NZG 2004, 416 (418); MHdB KG/*Piehler/Schulte* § 35 Rn. 39; *K. Schmidt* DB 2011, 1149 (1156); *K. Schmidt* ZIP 2002, 413 (415).

[197] MHdB KG/*Piehler/Schulte* § 35 Rn. 39; *K. Schmidt* ZIP 2002, 413 (417f.).

[198] MüKoHGB/*K. Schmidt* § 176 Rn. 26; Röhricht/v. Westphalen/*v. Gerkan/Haas* HGB § 176 Rn. 37; *K. Schmidt* GmbHR 1981, 253 (258); *K. Schmidt* ZHR 144 (1980), 192 (200); *U. Huber* ZGR 1984, 146 (160); *Crezelius* BB 1983, 5 (12); siehe ferner MHdB KG/*Piehler/Schulte* § 35 Rn. 40 ff.

[199] BGH NJW 1983, 2258 (2259) m. Anm. *K. Schmidt*; zust. *Reuter* JZ 1986, 72 (76); vgl. *Koller/Roth/Morck* HGB § 176 Rn. 9.

[200] BGH NJW 1983, 2258 (2260) m. Anm. *K. Schmidt*; vgl. auch MHdB KG/ *Piehler/Schulte* § 35 Rn. 40; *Hennerkes/Binz* GmbHR 1983, 233.

[201] Dies gilt auch bei einer unwirksamen Übertragung eines GmbH-Anteils, vgl. *Zeilinger* NZG 2001, 871 (874 f.).

[202] BT-Drs. 16/6140, 38.

[203] Ebenso UHL/*Löbbe* GmbHG § 16 Rn. 96; Scholz/*Seibt* GmbHG § 16 Rn. 52; Baumbach/*Hueck/Fastrich* GmbHG § 16 Rn. 23; Lutter/Hommelhoff/*Bayer* GmbHG § 16 Rn. 43; Roth/*Altmeppen* GmbHG § 16 Rn. 25; siehe ferner *Götze/Bressler* NZG 2007, 894 u. *D. Mayer* DNotZ 2008, 403 (405 f.), die eine entsprechende Umformulierung des § 16 Abs. 2 GmbHG-E forderten.

neben rückständigen Einlageverpflichtungen als solchen wie bisher auch auf Ansprüche aus einer Haftung nach §§ 24, 31 Abs. 3 GmbHG, sowie auf Ansprüche aus Differenzhaftung nach § 9 GmbHG oder aus Vorbelastungshaftung.[204] Im Innenverhältnis haften Veräußerer und Erwerber als Gesamtschuldner,[205] dh mangels einer ausdrücklichen oder sich aus dem Rechtsverhältnis ergebenden anderweitigen Bestimmung nach Kopfteilen gemäß § 426 Abs. 1 S. 1 BGB.[206] Im Innenverhältnis zwischen Veräußerer und Erwerber empfiehlt es sich daher, im Einzelnen vertraglich zu regeln, wer in welcher Höhe etwaige auf den Geschäftsanteil noch rückständige Verbindlichkeiten zu tragen hat.

VI. Handelsregisteranmeldung

1. Kommanditgesellschaft (GmbH & Co. KG)

Der Gesellschafterwechsel muss zum Handelsregister **angemeldet** und **eingetragen** werden; eintragungspflichtig ist auch der Umstand, dass die Übertragung im Wege der Rechtsnachfolge und nicht durch Ein- und Austritt erfolgt ist.[207] Die Eintragung des **Rechtsnachfolgevermerks** muss schon aus Haftungsgründen herbeigeführt werden (→ Rn. 73 ff.). Durchgängig verlangen die Registergerichte dafür die Versicherung des persönlich haftenden Gesellschafter und des ausscheidenden Kommanditisten, dass diesem weder eine Abfindung gewährt noch versprochen wurde (sogenannte negative Abfindungsversicherung).[208]

Richtigerweise ist der Rechtsnachfolgevermerk auch dann eintragungsfähig, wenn eine Kommanditbeteiligung **auf einen persönlich haftenden Gesellschafter** übertragen wird. Der Umstand, dass der persönlich haftende Gesellschafter Zahlungen aus seinem persönlichen Vermögen leistet, steht einer Einlagenrückgewähr gemäß § 172 Abs. 4 HGB nicht

79

80

---

[204] Baumbach/*Hueck*/*Fastrich* GmbHG § 16 Rn. 23; Roth/*Altmeppen* GmbHG § 16 Rn. 25; *Götze*/*Bressler* NZG 2007, 894; eingehend MüKoGmbHG/*Heidinger* § 16 Rn. 166 ff.

[205] BGHZ 132, 133 (137); 68, 191 (197 f.); UHL/*Löbbe* GmbHG § 16 Rn. 108; Lutter/Hommelhoff/*Bayer* GmbHG § 16 Rn. 45; Baumbach/*Hueck*/*Fastrich* GmbHG § 16 Rn. 23.

[206] Scholz/*Seibt* GmbHG § 16 Rn. 54; Staudinger/*Looschelders* BGB § 426 Rn. 49; MüKoBGB/*Bydlinski* § 426 Rn. 14.

[207] RG (GrSZ) DNotZ 1944, 195 (199 f.); BGH NZG 2006, 15; OLG Hamm NJW-RR 2005, 629 (630); OLG Köln NZG 2004, 416 (417 f.); MüKoHGB/*K. Schmidt* § 173 Rn. 26; MHdB KG/*Piehler*/*Schulte* § 35 Rn. 58; *Krafka*/Willer/*Kühn* Registerrecht Rn. 747 ff.; *K. Schmidt* GmbHR 1981, 253 (254 f.); *Eckert* ZHR 147 (1983), 565 (568).

[208] BGH NZG 2006, 15; OLG Nürnberg NZG 2012, 1270; KG NZG 2009, 905; OLG Zweibrücken DB 2000, 1908; OLG Oldenburg NJW-RR 1991, 292; *Oetker* HGB § 162 Rn. 22; MHdB KG/*Piehler*/*Schulte* § 35 Rn. 58 mwN; gegen das Erfordernis einer solchen negativen Abfindungsversicherung KG NZG 2004, 809; MüKoHGB/*Grunewald* § 162 Rn. 16; *Jeschke* DB 1983, 541 (542); *Michel* DB 1988, 1985 (1987).

gleich.²⁰⁹ Demgemäß muss auch bei der Übertragung des voll eingezahlten Kommanditanteils auf den persönlich haftenden Gesellschafter die Haftung des Altkommanditisten erlöschen, sofern er aus dem Privatvermögen des persönlich haftenden Gesellschafters abgefunden wird. Konsequenterweise sollte daher auch ein Rechtsnachfolgevermerk im Handelsregister eingetragen werden.²¹⁰ Anderes würde nach der Rechtsprechung des BGH indessen dann gelten, wenn sämtliche Kommanditisten ausscheiden und von dem bisher einzigen persönlich haftenden Gesellschafter abgefunden werden; dann nämlich würde die Trennung zwischen Gesellschafts- und Privatvermögen des persönlich haftenden Gesellschafters entfallen.²¹¹

2. Komplementär-GmbH

81 Hinsichtlich der Übertragung von Geschäftsanteilen an der Komplementär-GmbH bedarf es **keiner Registereintragung**. Das Handelsregister wird – ohne Bedeutung für die materielle Rechtslage²¹² – durch Einreichung einer korrigierten Gesellschafterliste von dem Gesellschafterwechsel unterrichtet (§ 40 Abs. 1, 2 GmbHG). Allerdings gilt der Erwerber **im Verhältnis zur Gesellschaft** erst dann **als Gesellschafter**, wenn er als solcher **in der im Handelsregister aufgenommenen Gesellschafterliste eingetragen** ist (§ 16 Abs. 1 S. 1 GmbHG).²¹³ Eine vom Erwerber in Bezug auf das Gesellschaftsverhältnis vorgenommene Rechtshandlung – wie etwa die in der Regierungsbegründung zum MoMiG-E beispielhaft genannten Mitwirkung an einem satzungsändernden Beschluss oder einer Neubestellung von Geschäftsführern²¹⁴ – gilt nach der Fiktion des § 16 Abs. 1 S. 2 GmbHG jedoch als **von Anfang an (ex tunc) wirksam**, wenn die Liste unverzüglich, dh ohne schuldhaftes Zögern (§ 121 Abs. 1 S. 1 BGB), nach Vornahme der Rechtshandlung in das Handelsregister aufgenommen wird.²¹⁵ In Ermangelung einer unverzüglichen Aufnahme in das Handelsregister wird die zunächst schwebend unwirksame Rechtshandlung endgültig unwirksam.²¹⁶

---

²⁰⁹ BGHZ 93, 246 (250f.); BGH BB 1990, 1575 (1577); MüKoHGB/*K. Schmidt* § 173 Rn. 27; MHdB KG/*Piehler/Schulte* § 35 Rn. 48.

²¹⁰ Vgl. LG Aachen Rpfleger 1983, 356; MüKoHGB/*K. Schmidt* § 173 Rn. 27; MHdB KG/*Piehler/Schulte* § 35 Rn. 48; *Wolfsteiner* BB 1985, 1217; aA OLG Köln NJW-RR 1992, 1389 (1390); BayObLG Rpfleger 1983, 115; die abweichende Rspr. verkennt jedoch den Zweck des Nachfolgevermerks.

²¹¹ Vgl. BGHZ 93, 246 (251); 61, 149 (151f.); krit. MHdB KG/*Piehler/Schulte* § 35 Rn. 49; *Wolfsteiner* BB 1985, 1217.

²¹² Lutter/Hommelhoff/*Bayer* GmbHG § 16 Rn. 22; *D. Mayer* DNotZ 2008, 403 (404); *Kort* GmbHR 2009, 169 (173).

²¹³ Zum Rechtsverhältnis des Erwerbers im Verhältnis zur GmbH eingehend *Reichert/Weller* in Goette/Habersack, Das MoMiG in Wissenschaft und Praxis, 2009, Rn. 3.12ff.

²¹⁴ BT-Drs. 16/6140, 37f.; siehe ferner Scholz/*Seibt* GmbHG § 16 Rn. 46 mit weiteren Hinweisen.

²¹⁵ Lutter/Hommelhoff/*Bayer* GmbHG § 16 Rn. 36; *Hasselmann* NZG 2009, 409 (410f.).

²¹⁶ Lutter/Hommelhoff/*Bayer* GmbHG § 16 Rn. 36; *D. Mayer* DNotZ 2008, 403 (405).

VII. Umwandlung der Gesellschafterstellung

Die Umwandlung der Gesellschafterstellung eines Gesellschafters in der GmbH & Co. KG ist von der Umwandlung der Gesellschaft als solche, die in diesem Handbuch (→ §§ 52 ff.) ebenfalls behandelt ist, zu unterscheiden. Die Umwandlung der Gesellschafterstellung im hier behandelten Sinne bedeutet, dass **die Stellung eines Gesellschafters** als Kommanditist in die eines persönlich haftenden Gesellschafters oder umgekehrt die Stellung eines persönlich haftenden Gesellschafters in die eines Kommanditisten[217] **umgewandelt** wird. Solche Konstellationen kommen in der bloßen KG häufiger vor als in der GmbH & Co. KG, in der die GmbH in aller Regel gerade zu dem Zweck installiert wird, die Aufgaben des geschäftsführenden und persönlich haftenden Gesellschafters zu übernehmen. Der Wechsel vom Kommanditisten zum Komplementär oder umgekehrt ist selten, aber auch in der GmbH & Co. KG durchaus möglich. Es bedarf dazu der Mitwirkung aller Gesellschafter, sofern der Gesellschaftsvertrag nichts Gegenteiliges vorsieht. Der Gesellschaftsvertrag kann dagegen auch bestimmen, dass allen oder einzelnen Gesellschaftern das Recht eingeräumt wird, die Umwandlung ihrer Gesellschafterstellung jederzeit oder nur unter bestimmten Voraussetzungen zu verlangen. Eine solche Voraussetzung kann etwa vorliegen, wenn sich bestimmte Veränderungen im Gesellschafterkreis der Komplementär-GmbH ergeben.[218]

82

---

[217] Die haftungsrechtlichen Folgen bei der Umwandlung der Gesellschafterstellung eines Komplementärs in die eines Kommanditisten sind in § 160 Abs. 3 HGB (ggf. iVm § 161 Abs. 2 HGB) geregelt. Im umgekehrten Fall richtet sich die Haftung des Gesellschafters nach § 130 HGB, seine Haftungsbeschränkung als Kommanditist wird gegenstandslos, vgl. eingehend GK/*Schilling* HGB § 173 Rn. 19.

[218] Vgl. im Einzelnen sowie zu den weiteren Folgen MHdB KG/*Piehler/Schulte* § 35 Rn. 62 ff.

§ 30 Ausscheiden eines Gesellschafters

Übersicht

	Rn.
I. Überblick	1
1. Gesetzliche Regelung	1
2. Änderung durch das Handelsrechtsreformgesetz	2
3. Auswirkung auf bereits bestehende Gesellschaften	5
II. Ausscheidensgründe	11
1. Tod eines Gesellschafters	11
a) Tod eines Kommanditisten	11
b) Tod eines persönlich haftenden Gesellschafters	12
aa) Vollbeendigung der Komplementär-GmbH	13
bb) Auflösung der Komplementär-GmbH	14
cc) Löschung der Komplementär-GmbH wegen Vermögenslosigkeit	16
dd) Umwandlung der Komplementär-GmbH	17
c) Gesellschaftsvertragliche Bestimmungen	18
2. Eröffnung des Insolvenzverfahrens über das Vermögen eines Gesellschafters	20
a) Gesetzliche Regelung	20
b) Vertragliche Gestaltungsmöglichkeiten	25
3. Kündigung durch einen Gesellschafter	28
a) Gesetzliche Ausgangslage	28
aa) Ordentliche Kündigung	29
bb) Außerordentliche Kündigung	36

	Rn.
b) Vertragliche Gestaltungsmöglichkeiten	39
4. Kündigung durch einen Privatgläubiger	44
a) Gesetzliche Ausgangslage	44
b) Vertragliche Gestaltungsmöglichkeiten	50
5. Weitere gesellschaftsvertragliche Ausscheidensgründe	52
6. Gesellschafterbeschluss	54
7. Ausscheiden mittels Vertrages	55
III. Rechtsfolge des Ausscheidens	56
1. Ausscheiden des Gesellschafters	56
a) Grundsatz	56
b) Ausscheiden der (einzigen) Komplementär-GmbH	57
c) Eintragung in das Handelsregister	63
2. Rechtsstellung des ausscheidenden Gesellschafters	64
a) Verlust der Mitgliedschaftsrechte	64
b) Abfindungsanspruch	65
c) Nachschusspflicht	66
d) Sonstige Rechte	67
aa) Rückgabe von Gegenständen	67
bb) Befreiung von Verbindlichkeiten	68
cc) Anspruch auf Beteiligung an schwebenden Geschäften	69
dd) Vertragliche Regelungen	70

Schrifttum: *Ammon*, Gesellschaftsrechtliche und sonstige Neuregelungen im Handelsrechtsreformgesetz – Ein Überblick, DStR 1999, 1474; *Bacher/von Blumenthal*, Die Verwertung von GmbH-Geschäftsanteilen bei Ausscheiden eines Gesellschafters, NZG 2008, 406; *Behr*, Die Vollstreckung in Personengesellschaften – Aktuelle Hinweise für den Praktiker, NJW 2000, 1137; *Bork/Jacoby*, Das Ausscheiden des einzigen Komplementärs, ZGR 2005, 611; *Demuth*, Unternehmensnachfolge: Folgen des Ausscheidens eines Gesellschafters und Anwachsung bei Kommanditgesellschaften, BB

§ 30 Ausscheiden eines Gesellschafters

2007, 1569; *Eckardt*, Das Ausscheiden eines Komplementärs aus der zweigliedrigen KG, NZG 2000, 449; *Frey/Bredow*, Der Wegfall des einzigen Komplementärs nach der HGB-Reform, ZIP 1998, 1621; *Göcke*, Fortsetzung von Publikumsgesellschaften unter Einschluss insolventer Kommanditisten?, NZG 2009, 211; *Grotheer*, Insolvenzrisiken bei Kaufverträgen über Gesellschaftsanteile und Gestaltungsmöglichkeiten zu ihrer Abmilderung, RNotZ 2012, 355; *Grunewald*, Haftungsbeschränkungs- und Kündigungsmöglichkeiten für volljährig gewordene Gesellschafter, ZIP 1999, 597; *Gundlach/Frenzel/N. Schmidt*, Die Simultaninsolvenz einer GmbH & Co. KG und ihrer Komplementär-GmbH, DStR 2004, 1658; *Gustavus*, Die Neuregelungen im Gesellschaftsrecht nach dem Regierungsentwurf eines Handelsrechtsreformgesetzes, GmbHR 1998, 17; *Habersack*, Die Reform des Handelsstandes und der Personengesellschaften, in Fachtagung der Bayer-Stiftung für deutsches und internationales Arbeits- und Wirtschaftsrecht am 30. Oktober 1998, 1999, 73; *Hörstel*, Der Auseinandersetzungsanspruch bei Ausscheiden einzelner Gesellschafter sowie der Liquidation von Gesellschaften und gesellschaftsähnlichen Rechtsverhältnissen, NJW 1994, 2268; *Keller*, Zur Insolvenz der zweigliedrigen Personengesellschaft, NZI 2009, 29; *Kiethe*, Ausschluss aus der Personengesellschaft und Einstweilige Verfügung, NZG 2004, 114; *Krings/Otte*, Die Insolvenz der Komplementär-GmbH, NZG 2012, 761; *Lambrecht*, Fortsetzung der OHG bei Ausscheiden eines Gesellschafters, ZIP 1997, 919; *Kruth*, Insolvenzrechtliche Folgeprobleme bei Ausscheiden eines Gesellschafters aus der zweigliedrigen Personengesellschaft, NZI 2011, 844; *Liebs*, Offene Fragen der Insolvenz einer zweigliedrigen GmbH & Co. KG, ZIP 2002, 1716; *Schaefer*, Das Handelsrechtsreformgesetz nach dem Abschluss des parlamentarischen Verfahrens, DB 1998, 1269; *Schlitt*, Die Auswirkungen des Handelsrechtsreformgesetzes auf die Gestaltung von GmbH & Co. KG-Verträgen, NZG 1998, 580; *Schlitt*, Die GmbH & Co. KG in der Insolvenz nach neuem Recht, NZG 1998, 701 (1. Teil), 755 (2. Teil); *K. Schmidt*, HGB-Reform im Regierungsentwurf, ZIP 1997, 909; *K. Schmidt*, HGB-Reform und gesellschaftsrechtliche Gestaltungspraxis, DB 1998, 61; *K. Schmidt*, Das Handelsrechtsreformgesetz, NJW 1998, 2161; *K. Schmidt*, Nachlassinsolvenzverfahren und Personengesellschaft, FS Uhlenbruck, 2000, 655; *K. Schmidt*, Insolvenz und Insolvenzabwicklung bei der typischen GmbH & Co. KG, GmbHR 2002, 1209; *K. Schmidt*, Fünf Jahre „neues Handelsrecht", JZ 2003, 585; *K. Schmidt*, Ausschließungs- und Entziehungsklagen gegen den einzigen Komplementär, ZGR 2004, 227; *K. Schmidt*, Konsolidierte Abwicklung von Personengesellschaften bei simultaner Gesellschafterinsolvenz, ZIP 2008, 2337; *K. Schmidt*, Der Verwaltungsrechtsstreit in der Simultaninsolvenz einer Kapitalgesellschaft & Co. – ein chaotischer Fall und ein nachdenkenswertes Urteil, ZIP 2010, 1621; *Seibt*, Gesamtrechtsnachfolge beim gestalteten Ausscheiden von Gesellschaftern aus Personengesellschaften: Grundfragen des Gesellschafter-, Gläubiger- und Arbeitnehmerschutzes, FS Röhricht, 2005, 603; *Sethe*, Die Wirkung und dogmatische Einordnung von Fortsetzungs- und Nachfolgeklauseln im Lichte der HGB-Reform, JZ 1997, 989; *Stodolkowitz*, Die außerordentliche Gesellschafterkündigung in der Personengesellschaft, NZG 2011, 1327; *Voigt*, Fortsetzung der KG unter Einschluss des insolventen Kommanditisten?, NZG 2007, 695; *Weber/Jakob*, Zum Referentenentwurf des Handelsrechtsreformgesetzes, ZRP 1997, 152; *Wiedemann*, Die Personenunabhängigkeit der Personengesellschaft, GS Lüderitz, 2000, 839.

I. Überblick

1. Gesetzliche Regelung

1 Das Gesetz benennt in § 131 Abs. 3 HGB iVm § 161 Abs. 2 HGB sechs Gründe, die zu einem **Ausscheiden des Gesellschafters** aus der Gesellschaft führen: sein Tod, die Eröffnung des Insolvenzverfahrens über sein Vermögen, seine Kündigung, die Kündigung durch seine Gläubiger, der Eintritt von im Gesellschaftsvertrag vorgesehenen Fällen sowie ein Beschluss der Gesellschafter. Im Falle des Todes eines Kommanditisten wird die Gesellschaft allerdings gem. § 177 HGB mit seinen Erben fortgesetzt.

2. Änderung durch das Handelsrechtsreformgesetz

2 Nach der gesetzlichen Regelung vor In-Kraft-Treten des Handelsrechtsreformgesetzes am 1.7.1998 führten die Kündigung durch den Gesellschafter selbst oder durch einen seiner Privatgläubiger, der Tod eines persönlich haftenden Gesellschafters oder die Eröffnung des Konkursverfahrens über das Vermögen eines Gesellschafters (vgl. § 131 Nr. 4, 5, 6, 1.Alt. HGB aF) zur Auflösung der Gesellschaft.

3 Durch das Handelsrechtsreformgesetz (HRefG)[1] hat der Gesetzgeber den in § 131 HGB zum Ausdruck kommenden Grundsatz „Auflösung der Gesellschaft bei Ausscheiden eines Gesellschafters" in die Regel „Fortführung der Gesellschaft und Ausscheiden des Gesellschafters" umgekehrt.[2] Der Gesetzgeber hatte erkannt, dass die Gründer einer Personenhandelsgesellschaft mehr Wert auf die Unternehmenskontinuität als auf einen unveränderten Personenkreis der Gesellschafter legten. Zudem entspricht die Zerschlagung eines prosperierenden Unternehmens nach erfolgter Auflösung mit der Folge zum Teil erheblicher Wertverluste in aller Regel weder den Interessen der Gesellschafter, noch den Gläubigern der Gesellschaft, noch ihren Arbeitnehmern. Nach Ansicht des Gesetzgebers hat die gesellschaftsvertragliche Abbedingung der Auflösungsgründe durch Etablierung von Fortsetzungsklauseln das Bedürfnis nach einer gesetzlichen Reduzierung der Auflösungstatbestände nicht beseitigt.[3] Um den Fortbestand des Verbandes unabhängig vom Vorhandensein einer Fortsetzungsklausel im Gesellschaftsvertrag oder eines (grundsätzlich einstimmig zu fassenden) Fortsetzungsbeschlusses zu sichern, wurden die bisherigen gesellschafterbezogenen Auflösungsgründe in bloße **Ausscheidenstatbestände** umgewandelt.[4] Gleichzeitig stellt die

---

[1] Am 1.7.1998 in Kraft getreten, Gesetz zur Neuregelung des Kaufmanns- und Firmenrechtes und zur Änderung anderer handels- und gesellschaftsrechtlicher Vorschriften HRefG v. 22.6.1998 BGBl. I 1474. Die Beschlussempfehlung und der Bericht des Rechtsausschusses sind abgedr. in BT-Drs. 13/10332.

[2] Begr. RefE ZIP 1996, 1485.

[3] Begr. RefE ZIP 1996, 1487; vgl. auch *K. Schmidt* JZ 2003, 585 (593); *Wiedemann*, Die Personenunabhängigkeit der Personengesellschaft, GS Lüderitz, 839.

[4] Die Reform beschränkt sich auf die Personenhandelsgesellschaften; für die GbR verbleibt es bei dem Grundsatz, dass das Ausscheiden eines Gesellschafters zu deren Auflösung führt.

Neufassung des Gesetzes klar, dass der Gesellschaftsvertrag weitere Ausscheidensgründe vorsehen (§ 131 Abs. 3 Nr. 5 HGB) kann und dass ein Ausscheiden eines Gesellschafters auch aufgrund eines Beschlusses der Gesellschafterversammlung möglich ist (§ 131 Abs. 3 Nr. 6 HGB).

Die gesetzliche Neuregelung macht die Aufnahme von **Fortsetzungs-** 4 **klauseln** in den in § 131 Abs. 3 HGB aufgeführten Fällen entbehrlich, was die Aufhebung der §§ 136–138, 141, 142 HGB möglich machte. Allerdings ist die Fortsetzung der Gesellschaft keineswegs zwingend. Vielmehr steht es den Gesellschaftern frei, die Ausscheidensgründe wieder in Auflösungsgründe umzufunktionieren.[5] Hinsichtlich der **Abfindung** verbleibt es bei dem Grundsatz, dass der ausscheidende Gesellschafter mit dem Verkehrswert abzufinden ist (§§ 738 BGB, 105 Abs. 2, 161 Abs. 2 HGB). Die Gesellschafter müssen sich mithin nach wie vor klar darüber werden, ob der ausscheidende Gesellschafter tatsächlich auf dieser Grundlage abgefunden werden soll, da eine solche Abfindung zu Going-Concern-Werten die Gesellschaft oftmals erheblichen Belastungen aussetzt. Ein Bedürfnis für die Aufnahme von **Abfindungsbeschränkungen** kann daher weiterhin bestehen.[6]

3. Auswirkung auf bereits bestehende Gesellschaften

Auf nach dem 1.7.1998 gegründete Gesellschaften findet das neue Recht 5 ohne Einschränkung Anwendung. Aber auch für bereits bestehende Gesellschaften bleibt das HRefG nicht ohne Bedeutung. Es ist wie folgt zu differenzieren:

Vertragsklauseln, die entsprechend der neuen Rechtslage die bisherigen 6 gesetzlichen Auflösungstatbestände in Ausscheidensgründe umfunktioniert hatten, haben fortan nur noch **deklaratorischen** Charakter.[7] Eine Anpassung ist daher nicht erforderlich.

Enthält der Gesellschaftsvertrag keine ausdrücklichen Bestimmungen über 7 die Auflösung der Gesellschaft oder das Ausscheiden des Gesellschafters, findet grundsätzlich neues Recht Anwendung. Wollen die Gesellschafter eine der alten Rechtslage entsprechende Regelung treffen, müssen sie initiativ werden. Bleiben sie untätig oder kommt eine einvernehmliche Regelung unter den Gesellschaftern nicht zustande, hatte die **Übergangsregelung** des Art. 41 EGHGB aF dem einzelnen Gesellschafter vorübergehend das Recht eingeräumt, bis zum 31.12.2001 die Anwendung der §§ 131 bis 142 und 177 HGB in der bis zum 1.7.1998 geltenden Fassung gegenüber der Gesellschaft schriftlich zu verlangen.

Hat der Gesellschaftsvertrag nur **einige** der bisherigen Auflösungstat- 8 bestände in Ausscheidensgründe umfunktioniert und es hinsichtlich der Übrigen bei der gesetzlichen Regelung belassen, gilt das unter → Rn. 7 Aus-

---

[5] *Sethe* JZ 1997, 989 (993); *Schlitt* NZG 1998, 583.
[6] Vgl. auch *Lamprecht* ZIP 1997, 919 (920); *Weber/Jakob* ZRP 1997, 155; *Gustavus* GmbHR 1998, 20; *K. Schmidt* ZIP 1997, 917; *Schmitt* WiB 1997, 1121; *Schlitt* NZG 1998, 583; *Ammon* DStR 1998, 1474 (1477); *Bydlinski* ZIP 1998, 1169 (1175).
[7] *Schlitt* NZG 1998, 583; *Ammon* DStR 1998, 1477; *Habersack*, Reform des Handelsstandes, 73 (86).

geführte für die keiner ausdrücklichen Regelung zugeführten Auflösungstatbestände entsprechend.[8]

9 Auslegungsprobleme ergeben sich insbesondere bei **Kündigungsklauseln**, die zeitlich vor dem In-Kraft-Treten der gesetzlichen Neuregelung des § 131 HGB vereinbart wurden, aber die Rechtsfolge der Kündigung nicht benennen. Eine Auslegung nach altem Recht hätte ergeben, dass die Kündigung zur Auflösung der Gesellschaft führt. Eine solche Auslegung ist mit Blick auf Art. 41 EGHGB aF unzulässig. Daher zieht eine Kündigung das Ausscheiden des betreffenden Gesellschafters nach sich, sofern im Gesellschaftsvertrag nicht Anhaltspunkte vorhanden sind, die für eine Auflösung der Gesellschaft sprechen.[9]

10 **Widerspricht** der gesetzlich angeordnete Sinnwandel dem Willen und Interesse der Gesellschafter, so können diese verlangen, dass der Gesellschaftsvertrag geändert wird, um den wirklichen Willen der Gesellschafter klar zum Ausdruck zu bringen.[10] Dieser Anspruch auf Vertragsanpassung ist aber verwirkt, wenn die Gesellschafter die Gesetzesänderung zur Kenntnis genommen und eine Möglichkeit zur Anpassung wissentlich haben verstreichen lassen.[11]

II. Ausscheidensgründe

1. Tod eines Gesellschafters

11 a) **Tod eines Kommanditisten.** § 131 Abs. 3 Nr. 1 HGB bestimmt, dass ein Gesellschafter im Falle seines Todes aus der Gesellschaft ausscheidet. Auch wenn an dieser Stelle allgemein vom Tod eines Gesellschafters die Rede ist, erfasst die Regelung nur den Tod eines persönlich haftenden Gesellschafters. Beim Tod eines Kommanditisten wird die Gesellschaft nach § 177 HGB mangels abweichender vertraglicher Bestimmung im Gesellschaftsvertrag mit dessen Erben fortgesetzt. Sein **Gesellschaftsanteil** geht auf seine **Erben** über, die an seiner Stelle in die Gesellschaft eintreten (§ 1929 BGB).[12]

---

[8] *Schlitt* NZG 1998, 583.
[9] *Baumbach/Hopt* § 131 Rn. 23; MüKo/*K. Schmidt* § 131 HGB Rn. 59; *K. Schmidt* BB 2001, 4.
[10] *Koller/Roth/Morck* § 131 HGB Rn. 1; MüKo/*K. Schmidt* § 131 HGB Rn. 60.
[11] *K. Schmidt* BB 2001, 1 (6).
[12] Das HRefG hat insoweit keine Änderung der Gesetzeslage mit sich gebracht. Demgegenüber hatte der RegE (ZIP 1997, 942 (955)) noch eine Aufhebung des § 177 HGB vorgesehen mit der Folge, dass auch ein Kommanditist bei seinem Tod aus der Gesellschaft ausgeschieden wäre. Diese Reformbestrebungen wurden im Schrifttum zu Recht kritisiert, vgl. etwa *K. Schmidt* ZIP 1997, 917; *Gustavus* GmbHR 1998, 21; *Schaefer* DB 1998, 1274; *Habersack*, Reform des Handelsstandes, 73 (88). Eine solche Regelung hätte zur Folge gehabt, dass die Gesellschaft in jedem Fall den Abfindungsansprüchen der Gesellschaftererben ausgesetzt gewesen wäre. Die Gesetz gewordene Regelung ist auf einen Vorschlag des BR (vgl. Stellungnahme d. BR ZIP 1997, 2025 ff.) zurückzuführen, dem sich die BReg angeschlossen hat.

b) Tod eines persönlich haftenden Gesellschafters. Lässt man den 12
seltenen Fall, dass die GmbH & Co. KG neben der Komplementär-GmbH
noch über eine natürliche Person als persönlich haftenden Gesellschafter verfügt, außer Betracht, kommt der Tod eines persönlich haftenden Gesellschafters im eigentlichen Sinne nicht vor. Dies führt zu der Frage, in welchem Stadium vom „Tod" der Komplementär-GmbH gesprochen werden kann.[13]

aa) Vollbeendigung der Komplementär-GmbH. Es entspricht nahezu einhelliger 13
Meinung, dass jedenfalls die **Vollbeendigung** der Komplementär-GmbH dem Tod eines (natürlichen) persönlich haftenden Gesellschafters gleichsteht.[14] Die Komplementär-GmbH ist nach herrschender Auffassung vollbeendet, wenn ihr Vermögen vollständig verteilt und sie im Handelsregister gelöscht ist.[15] Allein die **Löschung** der GmbH im Handelsregister bewirkt die Vollbeendigung nicht, sofern noch ein verteilungsfähiges Gesellschaftsvermögen vorhanden ist.[16] Für die GmbH & Co. KG hat dies zur Folge, dass praktisch keine Vollbeendigung der Komplementär-GmbH eintreten kann, solange die GmbH noch einen Gesellschaftsanteil an der KG hält. Denn die Beteiligung an der KG und die damit zusammenhängenden personen- und vermögensrechtlichen Rechte und Pflichten stellen Vermögenswerte der Komplementär-GmbH dar, die der Annahme einer Vermögenslosigkeit entgegenstehen.[17] Zur Frage des Ausscheidens der einzigen Komplementär-GmbH vgl. unten → Rn. 56 ff.

bb) Auflösung der Komplementär-GmbH. Umstritten ist, ob bereits die Auf- 14
lösung der Komplementär-GmbH zu ihrem Ausscheiden aus der KG führt. Praktische Bedeutsamkeit entfaltet diese Frage namentlich in den Fällen, in denen die Komplementär-GmbH eine eigene unternehmerische Tätigkeit entfaltet bzw. noch in weiteren GmbH & Co. KG oder KGaA Komplementärfunktionen übernimmt.[18] Nach ganz herrschender Ansicht kann die bloße Auflösung der Komplementär-GmbH nicht zu einem Ausscheiden

---

[13] Krit. *Habersack,* Reform des Handelsstandes, 73 (89).
[14] BGHZ 75, 178 (181 f.); OLG Frankfurt WM 1982, 1266; OLG Hamburg NJW 1987, 1896; Ebenroth/Boujong/Joost/Strohn/*Lorz* § 131 HGB Rn. 44; Hesselmann/Tillmann/*Hannes* GmbH & Co § 9 Rn. 146; MHdB GesR II/*Piehler/Schulte* KG § 36 Rn. 6; *Baumbach/Hopt* § 131 HGB Rn. 20; *Koller/Roth/Morck* § 131 HGB Rn. 22; aA MüKo/*K. Schmidt* § 131 HGB Rn. 68; GK/*Schäfer* § 131 HGB Rn. 80.
[15] OLG Stuttgart ZIP 1986, 647; *Roth/Altmeppen* § 60 GmbHG Rn. 7; *Scholz/Schmidt/Bitter* § 60 GmbHG Rn. 56 f.; *Lutter/Hommelhoff/Kleindiek* § 74 GmbHG Rn. 6. Nach der älteren Rspr. war der Eintritt der Vermögenslosigkeit ausreichend, vgl. die Nachweise bei *Baumbach/Hueck/Haas* § 60 GmbHG Rn. 6.
[16] OLG Düsseldorf GmbHR 1995, 233 (234). Nach heute hM verlangt das Erlöschen der GmbH neben deren Vermögenslosigkeit die Eintragung der Löschung im Handelsregister (sog. Lehre vom „Doppeltatbestand" der Beendigung), vgl. dazu *Roth/Altmeppen* § 65 GmbHG Rn. 19 mwN auch zur Gegenansicht.
[17] OLG Düsseldorf GmbHR 1995, 233 (234); so schon OLG Frankfurt GmbHR 1983, 152; zutr. auch *Schlegelberger/K. Schmidt* § 131 HGB Rn. 29; MüKo/*K. Schmidt* § 131 HGB Rn. 68, der eine Anwendung bei der Liquidation der Gesellschafter-Gesellschaft daher vollständig ausschließt.
[18] *K. Schmidt* GmbHR 1994, 829 (834).

8. Kapitel. Wechsel im Gesellschafterbestand unter Lebenden

führen.[19] Die Auflösung einer Gesellschaft überführt diese lediglich in das Liquidationsstadium, beendet jedoch nicht ihre Existenz. Weder Rechtspersönlichkeit noch Handlungsfähigkeit gehen verloren. Jedoch besteht in solchen **sternförmigen Gesellschaftsverbänden** die Gefahr, dass eine insolvente Komplementärin auch andere, an sich wirtschaftlich gesunde Gesellschaften infiziert, in der sie ebenfalls die Komplementärrolle übernommen hat.

15 Eine verbreitete Meinung im Schrifttum hat für das alte Recht die Auflösung der Komplementär-GmbH als **weiteren Auflösungsgrund** anerkannt.[20] Dies konnte nicht überzeugen, da die in § 131 HGB genannten Auflösungsgründe richtigerweise abschließenden Charakter haben. Folgerichtig hatte die Auflösung der Komplementär-GmbH nach der hM nicht zwingend auch die Auflösung der KG zur Folge.[21] Auch nach der Neuregelung des § 131 HGB vertritt die hM folgerichtig diesen Standpunkt.[22] Im Gegenteil lässt die in Kenntnis des Streitstandes unterbliebene Erweiterung des Katalogs der Auflösungstatbestände in § 131 HGB um die Auflösung der Komplementär-GmbH den Schluss zu, dass der Gesetzgeber hier keinen Änderungsbedarf gesehen hat. Auch der Einwand, in einer werbend fortbestehenden GmbH & Co. KG könnten die Geschäftsführungsfunktionen nicht von einer sich in Liquidation befindlichen Komplementär-GmbH wahrgenommen werden, greift nicht durch. Eine aufgelöste GmbH kann die Geschäfte der KG durchaus weiterhin führen und diese im Außenverhältnis vertreten. Sofern die Kommanditisten sich mit diesem Zustand nicht zufrieden geben wollen, ist es ihnen unbenommen, Auflösungsklage nach § 133 HGB zu erheben. Da die Auflösung der Komplementär-GmbH anerkanntermaßen einen wichtigen Grund zur Auflösung der KG darstellt, können die übrigen Gesellschafter die Auflösung der KG notfalls gerichtlich erzwingen. Zudem steht es den anderen Gesellschaftern offen, die Komplementär-GmbH im Falle ihrer Auflösung im Klageweg aus der Gesellschaft auszuschließen (§ 140 HGB).[23]

---

[19] BGHZ 75, 178; RGZ 122, 253 (257); OLG Hamm ZIP 2007, 1233; *Baumbach/ Hopt* § 131 HGB Rn. 20; Ebenroth/Boujong/Joost/Strohn/*Lorz* § 131 HGB Rn. 44; Koller/Roth/*Morck* § 131 HGB Rn. 22.

[20] Vgl. etwa *K. Schmidt* GmbHR 1994, 829 (834); *K. Schmidt* GmbHR 1980, 261 (262); *K. Schmidt* BB 1980, 1499; *K. Schmidt* ZHR 153 (1989), 279; zust. *Roth/Altmeppen,* 3. Aufl. 1997, § 60 GmbHG Rn. 66.

[21] RGZ 122, 253 (257); BGHZ 75, 179 (181); BGH DStR 1993, 1227; OLG Hamburg NJW 1987, 1896; *Hesselmann/Tillmann* GmbH & Co. Rn. 665; *Rux/Wagner* GmbH & Co. KG Rn. 633; wohl auch *Schlegelberger/Martens* § 161 HGB Rn. 122.

[22] *Baumbach/Hopt* § 131 HGB Rn. 20; Ebenroth/Boujong/Joost/Strohn/*Lorz* § 131 HGB Rn. 44; Koller/Roth/*Morck* § 131 HGB Rn. 22; MHdB GesR II/*Piehler/ Schulte* KG § 36 Rn. 6; auch unter neuer Rechtslage aA *K. Schmidt,* Gesellschaftsrecht, 1451 f.; wohl auch MüKo/*K. Schmidt* § 177 HGB Rn. 12; zust. GK/*Schäfer* § 131 HGB Rn. 42.

[23] *Rux/Wagner* GmbH & Co. KG Rn. 553; in diese Richtung ebenfalls Ebenroth/ Boujong/Joost/Strohn/*Lorz* § 131 HGB Rn. 44; Koller/Roth/*Morck* § 131 HGB Rn. 22.

cc) Löschung der Komplementär-GmbH wegen Vermögenslosigkeit. Wird die **16**
Komplementär-GmbH nach § 394 Abs. 4 FamFG (§ 2 Abs. 1 LöschG aF)
wegen Vermögenslosigkeit gelöscht, ist sie vollbeendet.[24] Die Löschung
bewirkt damit auch ihr Ausscheiden aus der KG und begründet regelmäßig
die Annahme, dass die Gesellschaft wirtschaftlich nicht mehr leistungsfähig
ist.[25] Nur wenn sich zu einem späteren Zeitpunkt noch unerwartet Vermögen findet, besteht die persönlich haftende Gesellschafterin trotz erfolgter
Löschung fort und muss im Rahmen der sog. **Nachtragsliquidation** auseinander gesetzt werden (§ 66 Abs. 5 GmbHG; § 2 Abs. 3 LöschG aF).[26] In
diesem Fall ist die Komplementärin nicht wirksam aus der Gesellschaft ausgeschieden.[27]

dd) Umwandlung der Komplementär-GmbH. Führt die Umwandlung der **17**
Komplementär-GmbH, etwa im Wege der **Verschmelzung** auf eine andere
Gesellschaft, zu ihrer Vollbeendigung, ist damit nicht zwangsläufig auch die
Auflösung der KG verbunden.[28] Neuer Komplementär der KG wird vielmehr der Gesamtrechtsnachfolger der GmbH. Ist der neue Komplementär
den Gesellschaftern ausnahmsweise **unzumutbar,** haben diese die Möglichkeit, ein gerichtliches Ausschlussverfahren nach § 140 HGB in die Wege zu
leiten.[29] Beim **Formwechsel** ändert sich infolge der Beibehaltung der wirtschaftlichen und rechtlichen Identität ohnehin nur die Rechtsform der
Komplementär-Gesellschaft.[30] In Spaltungs- und Ausgliederungsfällen
kommt es darauf an, ob das als Gesellschafter beteiligte Unternehmen seine
mitgliedschaftliche Stellung behält oder diese wegfällt.[31]

c) Gesellschaftsvertragliche Bestimmungen. Die Ausscheidensrege- **18**
lung des § 131 Abs. 3 Nr. 1 HGB ist disponibel.[32] So kann im Gesellschafts-

---

[24] OLG Frankfurt BB 1982, 1689; *Roth/Altmeppen* § 75 GmbHG Rn. 53; GK/
Schäfer § 131 HGB Rn. 78.
[25] Eine Gesellschaft büßt durch ihre Löschung während eines anhängigen Prozesses nicht ihre Parteifähigkeit ein, wenn ihr möglicherweise ein prozessualer Kostenerstattungsanspruch gegen einen solventen Schuldner zusteht, OLG München NJW
Spezial 2012, 113.
[26] Vgl. BGHZ 48, 303 (307) zur Rechtslage vor In-Kraft-Treten der InsO, vgl.;
Bumiller/Harders FamFG § 394 Rn. 10; *Roth/Altmeppen* § 74 GmbHG Rn. 21 ff.;
Baumbach/Hueck/*Haas* § 66 GmbHG Rn. 34; aA *Hachenburg/Ulmer* § 60 GmbHG
Rn. 118, nach dessen Ansicht es bei der Beendigung der GmbH verbleibt und das
wieder aufgefundene Vermögen von einem Nachtragsabwickler als Sondervermögen
zu verteilen ist.
[27] Vgl. OLG Düsseldorf GmbHR 1995, 233 (234) (zum alten Recht); *Hesselmann/
Tillmann* GmbH & Co. KG § 10 Rn. 82 ff.; aA MüKo/*K.Schmidt* § 177 HGB Rn. 13:
die Kommanditgesellschaft ist in diesem Fall aufgelöst.
[28] *Hachenburg/Ulmer* § 60 GmbHG Rn. 116; GK/*Schäfer* § 131 HGB Rn. 82;
MüKo/*K. Schmidt* § 131 HGB Rn. 96; MüKo/*K. Schmidt* § 177 HGB Rn. 11.
[29] *Hesselmann/Tillmann* GmbH & Co. KG § 10 Rn. 32 ff.; diff. Schlegelberger/
K. Schmidt § 131 HGB Rn. 33.
[30] MüKo/*K. Schmidt* § 131 HGB Rn. 96; MüKo/*K. Schmidt* § 177 HGB Rn. 11.
[31] *Röhricht/v. Westphalen/v. Gerkan/Haas* § 131 HGB Rn. 27.
[32] MHdB GesR II/*Piehler/Schulte* KG § 36 Rn. 4; MüKo/*K. Schmidt* § 131 HGB
Rn. 57, 65.

vertrag der KG bestimmt werden, dass die **Komplementär-GmbH** bereits mit ihrer Auflösung aus der Gesellschaft ausscheidet.[33] Der Gesellschaftsvertrag kann auch, was allerdings nur selten zweckmäßig sein dürfte, vorsehen, dass die Auflösung oder die Beendigung der Komplementärin nicht nur zu ihrem Ausscheiden aus der Gesellschaft, sondern zur **Auflösung** der KG insgesamt führt.[34] Ferner kann im Gesellschaftsvertrag vorgesehen werden, dass bei Ausscheiden des einzigen persönlich haftenden Gesellschafters die Gesellschaft mit einer „Reserve-GmbH" ohne Kapitalanteil fortgeführt wird – ggf. mit der Verpflichtung, den Anteil auf eine weitere Person nachträglich zu übertragen.[35]

19 Wollen die Gesellschafter beim Tod eines **Kommanditisten** die Gesellschaft nicht mit dessen Erben weiterführen, kann die Fortsetzung der Gesellschaft bei Ausscheiden des betroffenen Kommanditisten vorgesehen werden.[36] Die Fortsetzung der Gesellschaft kann bei Ausscheiden des betroffenen Gesellschafters auch von der Fassung eines hierauf gerichteten **Gesellschafterbeschlusses** abhängig gemacht werden.[37] Ein Mehrheitsbeschluss reicht nur dann aus, wenn er für diesen Fall oder generell für eine Vertragsänderung im Gesellschaftsvertrag vorgesehen ist.[38] Der Tod eines Kommanditisten kann ferner die Auflösung der Gesellschaft nach sich ziehen. Die Gesellschafter können alternativ bestimmen, dass die Gesellschaft beim Tod eines Kommanditisten bloß kündbar wird.[39] Große Bedeutung haben weiterhin die qualifizierten **Nachfolgeklauseln**, die bei Vorhandensein mehrerer Erben nur das Einrücken eines oder einzelner Erben in die Kommanditistenstellung vorsehen, während die unberücksichtigt gebliebenen Erben abzufinden sind.[40]

2. Eröffnung des Insolvenzverfahrens über das Vermögen eines Gesellschafters

20 **a) Gesetzliche Regelung.** Ein Gesellschafter scheidet aus der Gesellschaft ferner dann aus, wenn über sein Vermögen das Insolvenzverfahren eröffnet wird (§ 131 Abs. 3 Nr. 2 HGB).[41] Dies gilt unabhängig davon, ob es sich dabei um die Komplementär-GmbH oder einen Kommanditisten handelt. Mit dem Ausscheiden des Gesellschafters wird die Verwertung seines Anteils ermöglicht.

---

[33] Begr. RefE ZIP 1996, 1485 (1498); näher dazu *Schlitt* NZG 1998, 580 (584).
[34] *Bydlinski* ZIP 1998, 1169 (1175); *Schlitt* NZG 1998, 580 (584).
[35] MüKo/*K. Schmidt* § 131 HGB Rn. 65.
[36] *Schlitt* NZG 1998, 580 (584).
[37] Vgl. *K. Schmidt* DB 1998, 65.
[38] *Breithaupt*/Ottersbach, GesR Rn. 441; MHdB GesR II/*Piehler/Schulte* KG § 36 Rn. 5.
[39] *K. Schmidt* Gesellschaftsrecht, 1554.
[40] So zutr. *K. Schmidt* DB 1998, 61 (64); *K. Schmidt* NJW 1998, 2161 (2166); vgl. auch *Binz/Sorg* § 6 Rn. 30; *Sethe* JZ 1997, 989 ff.
[41] MHdB GesR II/*Piehler/Schulte* KG § 36 Rn. 7; Koller/Roth/*Morck* § 131 HGB Rn. 23; *Baumbach/Hopt* § 131 HGB Rn. 22; Die Eröffnung des früheren Vergleichsverfahrens über das Vermögen eines Gesellschafters hatte die Auflösung der Gesellschaft nicht bewirkt, vgl. MHdB GesR II 1. Aufl. /*Schmid* KG § 49 Rn. 99.

Die **Ablehnung der Eröffnung des Insolvenzverfahrens** über das **21**
Vermögen eines Gesellschafters **mangels Masse** wurde von der hM[42] zutreffend nicht als Auflösungsgrund im Sinne von § 131 Abs. 1 Nr. 5 HGB aF anerkannt, weil der Gesellschafter durch Ablehnung der Eröffnung des Insolvenzverfahrens nicht in der Verfügungsbefugnis über sein Restvermögen beschränkt wird. Hieran hat sich mit In-Kraft-Treten des Handelsrechtsreformgesetzes nichts geändert, so dass der betreffende Gesellschafter in diesem Fall nicht automatisch gemäß § 131 Abs. 3 Nr. 2 aus der Gesellschaft ausscheidet.[43] Die Ablehnung der Eröffnung des Insolvenzverfahrens mangels Masse erfolgt, wenn der Wert des Gesellschaftsanteils und der übrigen Vermögensgegenstände des Gesellschafters voraussichtlich nicht ausreichen wird, um die Kosten des Verfahrens zu decken (§ 26 InsO). Die Ablehnung mangels Masse kann jedoch die Mitgesellschafter berechtigten, den betroffenen Gesellschafter aus der Gesellschaft **auszuschließen** (§ 140 HGB).[44]

Streitig war, ob die Gesellschaft durch die Eröffnung des **Nachlassinsol-** **22**
venzverfahrens gemäß §§ 315 ff. InsO (§§ 214 ff. KO aF) über das Vermögen eines ihrer Gesellschafter aufgelöst wird.[45] Der BGH hat dies in einer älteren Entscheidung mit der Begründung verneint, nur die übertragbaren Vermögensrechte (Gewinn- und Auseinandersetzungsanspruch), nicht aber der vererbte Gesellschaftsanteil seien dem Nachlass zuzuordnen, so dass der Konkursverwalter nur die Möglichkeit besitze, die Gesellschaft nach § 135 HGB zu kündigen.[46] Nachdem zwischenzeitlich geklärt sein dürfte, dass der Gesellschaftsanteil Teil des Nachlasses ist,[47] hatte *K. Schmidt*[48] für das alte Recht mit überzeugenden Gründen eine Auflösung der Gesellschaft angenommen. In Fortführung dieses Ansatzes muss der vom Nachlassinsolvenzverfahren betroffene Gesellschafter nach neuem Recht aus der Gesellschaft ausscheiden.[49] Zwar steht eine teilweise vertretene Ansicht auch unter neuem Recht auf dem Standpunkt, dass die Zahlungsunfähigkeit des Erben und Nachlasskonkurs unabhängig voneinander sind, § 131 Abs. 3 S. 1 Nr. 2 HGB

---

[42] BGHZ 75, 178; OLG Hamm ZIP 2007, 1233 (1237); Schlegelberger/*Martens* § 161 HGB Rn. 125; aA MüKo/*K. Schmidt* § 131 HGB Rn. 74; *K. Schmidt* BB 1980, 1497 (1501).
[43] *Baumbach/Hopt* § 131 HGB Rn. 22; Ebenroth/Boujong/Joost/Strohn/*Lorz* § 131 HGB Rn. 48; Koller/Roth/*Morck* § 131 HGB Rn. 23; aA *K. Schmidt* Gesellschaftsrecht, 1453 f.: nach Sinn und Zweck des § 131 Abs. 3 S. 1 Nr. 2 HGB solle ein insolventer Gesellschafter nicht erst durch Beschluss nach Nr. 6 der Vorschrift aus der Gesellschaft ausgeschlossen werden müssen; MüKo/*K. Schmidt* § 131 HGB Rn. 74.
[44] Henssler/Strohn/*Klöhn* § 131 HGB Rn. 50; Schlegelberger/*K. Schmidt* § 131 HGB Rn. 38.
[45] Zum Streitstand GK/*Schäfer* § 131 Rn. 91.
[46] BGHZ 91, 132 ff.
[47] BGHZ 108, 187.
[48] Schlegelberger/*K. Schmidt* § 131 HGB Rn. 40.
[49] So: *Baumbach/Hopt* § 131 HGB Rn. 22; Koller/Roth/*Morck* § 131 HGB Rn. 23; MüKo/*K. Schmidt* § 131 HGB Rn. 73; *K. Schmidt* FS Uhlenbruck, 655 (658); Röhricht/v. Westphalen/v. Gerkan/Haas § 131 HGB Rn. 29; Ebenroth/Boujong/Joost/Strohn/*Lorz* § 131 HGB Rn. 47; GK/*Schäfer* § 131 Rn. 91; *Ulmer* FS Schilling, 79 (98 f.); *Flume* NJW 1988, 161 (162); *Stodolkowitz* FS Kellermann, 439 (454).

aber nur den ersten Fall erfasse.[50] Für die Anwendung der Vorschrift in beiden Fällen spricht aber entscheidend, dass sie den Schutz der Mitgesellschafter vor der Einwirkung eines Insolvenzverwalters bezweckt.[51] Daher scheidet der betroffene Gesellschafter aus der Gesellschaft aus. Dem Gesellschaftererben steht jedoch nach Begleichung der Gläubigerverbindlichkeiten ein Anspruch gegen seine Mitgesellschafter auf Wiederaufnahme in die Gesellschaft zu.[52]

23 Mit der Eröffnung des Insolvenzverfahrens bzw. der Bestätigung des Insolvenzplans durch das Insolvenzgericht scheidet der Gesellschafter vorbehaltlich einer anderweitigen Regelung im Gesellschaftsvertrag **automatisch** aus der GmbH & Co. KG aus. Der Gesellschafter scheidet mit Erlass des Eröffnungsbeschlusses bzw. mit dem Beschluss des Insolvenzgerichts über die Bestätigung des Insolvenzplans aus.[53] Wird die **Eröffnung** des Insolvenzverfahrens auf die sofortige Beschwerde des Gesellschafters hin **abgelehnt** (§ 34 Abs. 2 InsO), gilt das Ausscheiden rückwirkend als nicht erfolgt.[54]

24 Wird die Gesellschaft bei Insolvenz eines ihrer Gesellschafter danach nicht aufgelöst, sondern bei Ausscheiden des betroffenen Gesellschafters fortgesetzt, fällt der **Abfindungsanspruch** des Ausgeschiedenen in die Insolvenzmasse. Die Geltendmachung des Abfindungsanspruchs obliegt dem **Insolvenzverwalter**. Da der Abfindungsanspruch in seinem Kern bereits vor der Eröffnung des Insolvenzverfahrens entstanden ist, findet § 95 Abs. 1 InsO Anwendung, so dass die Gesellschaft mit etwaigen eigenen Forderungen hiergegen aufrechnen kann.[55] Zur Beschränkung des Abfindungsanspruchs vgl. → Rn. 26. Die Auseinandersetzung zwischen dem Ausgeschiedenen und der Gesellschaft erfolgt außerhalb des Insolvenzverfahrens (§ 84 Abs. 1 S. 1 InsO, vormals § 16 KO).[56]

25 **b) Vertragliche Gestaltungsmöglichkeiten.** Auch der Ausscheidenstatbestand nach § 131 Abs. 3 Nr. 2 HGB ist im Ausgangspunkt disponibel. Damit ist es zulässig, statt des Ausscheidens des Gesellschafters entsprechend der alten Rechtslage die **Auflösung** der Gesellschaft als Rechtsfolge vorzusehen.[57] Der **Verbleib** des betroffenen Gesellschafters in der KG kann gesell-

---

[50] MHdB GesR II/*Piehler/Schulte* KG § 36 Rn. 10; Ebenroth/Boujong/Joost/Strohn/*Lorz* § 131 HGB Rn. 47.
[51] *K. Schmidt* Gesellschaftsrecht, 1453.
[52] *Baumbach/Hopt* § 131 HGB Rn. 22.
[53] *Baumbach/Hopt* § 131 HGB Rn. 28; GK/*Schäfer* § 131 Rn. 90, 36; MüKo/*K. Schmidt* § 131 HGB Rn. 72; *Göcke* NZG 2009, 211; auf die Rechtskraft des Eröffnungsbeschlusses stellen ab: Ebenroth/Boujong/Joost/Strohn/*Lorz* § 131 HGB Rn. 49; Koller/Roth/*Morck* § 131 HGB Rn. 23.
[54] GK/*Schäfer* § 131 Rn. 90.
[55] BGH NJW-RR 2004, 1561; BGH NJW 1989, 453 (zur KO); Ebenroth/Boujong/Joost/Strohn/*Lorz* § 131 HGB Rn. 49.
[56] Braun/*Kroth* InsO § 84 Rn. 5; Anders ist es, wenn über das Vermögen eines Gesellschafters der Komplementär-GmbH das Insolvenzverfahren eröffnet wird. In diesem Fall fällt der Geschäftsanteil an der GmbH in die Insolvenzmasse, vgl. *Uhlenbruck* GmbHR 1995, 195 (203).
[57] In diesem Fall stellt sich dann die bereits früher diskutierte Frage, ob der Insolvenzverwalter der Komplementär-GmbH nur deren Mitgliedschaft in der KG ver-

schaftsvertraglich jedoch **nicht vereinbart** werden, da dessen Abfindungsanspruch zur Verwertung zugunsten seiner Gläubiger zur Verfügung stehen muss.[58] Denkbar ist allenfalls, dass die Mitgesellschafter den in Insolvenz gefallenen Gesellschafter wieder in die Gesellschaft aufnehmen.[59] Der mit dem Ausscheiden entstandene Abfindungsanspruch des Gesellschafters verbleibt dann jedoch in der Insolvenzmasse.

Um die Gesellschaft beim Ausscheiden des Gesellschafters vor zu hohen finanziellen Belastungen zu schützen, haben die Gesellschafter regelmäßig ein Interesse daran, den **Abfindungsanspruch** des ausscheidenden Gesellschafters für den Fall seiner Insolvenz **auszuschließen** bzw. zu **beschneiden**. Hiergegen bestehen keine Bedenken, sofern sich solche Abfindungsbeschränkungen nicht nur auf den Fall der Insolvenz oder der Pfändung, sondern auch auf andere Fälle des Ausscheidens aus wichtigem Grund beziehen.[60] Andernfalls sind solche Bestimmungen wegen Gläubigerbenachteiligung unwirksam.[61] 26

Da es im GmbHG an einer dem § 131 Abs. 3 Nr. 2 HGB entsprechenden Bestimmung fehlt, wonach ein in Insolvenz geratener Gesellschafter aus der GmbH ausscheidet, hätte bei der **beteiligungsgleichen** GmbH & Co. KG ein Ausscheiden des betroffenen Gesellschafters aus der KG seinen Verbleib in der Komplementär-GmbH zur Folge. Um dieses oft unerwünschte Ergebnis zu vermeiden, sollten die beiden Gesellschaftsverträge in der Weise miteinander **verzahnt** werden, dass die Satzung der Komplementär-GmbH ein Recht der übrigen Gesellschafter vorsieht, den Geschäftsanteil des in Insolvenz geratenen Kommanditisten einzuziehen (§ 34 GmbHG). Umgekehrt kann der Gesellschaftsvertrag vorsehen, dass der Kommanditist, der aus der Komplementär-GmbH ausscheidet oder ausgeschlossen wird, auch aus der KG ausgeschlossen werden kann.[62] 27

3. Kündigung durch einen Gesellschafter

a) Gesetzliche Ausgangslage. Beruht die Kündigung auf einer freiwilligen Entschließung des Gesellschafters spricht man – in Abgrenzung zum Ausschluss – von der sog. Austrittskündigung.[63] Nach § 131 Abs. 3 Nr. 3 HGB scheidet der Gesellschafter mit Wirksamwerden der Kündigung aus der Ge- 28

---

waltet oder ob er auch zu einer Verfügung über das Vermögen der KG berechtigt ist, vgl. dazu BayObLG NJW-RR 1989, 977; Schlegelberger/*K. Schmidt* § 131 HGB Rn. 36.

[58] Schlegelberger/*K. Schmidt* § 131 HGB Rn. 36; *Göcke* NZG 2009, 211; *Schlitt* NZG 1998, 580 (584 f.); aA für die Möglichkeit des Verbleibs des insolventen Kommanditisten *Voigt* NZG 2007, 695.

[59] Ob die Gesellschafter hierzu bereit sein werden, ist fraglich, wird doch der Gesellschafter zur Erbringung einer Einlage regelmäßig nicht in der Lage sein. Ausführlich zur Vertragsgestaltung zur Abmilderung der Insolvenzrisiken beim Erwerb von Geschäftsanteilen *Grotheer* RNotZ 2012, 355.

[60] MüKo/*Ulmer/Schäfer* § 738 BGB Rn. 39; GK/*Schäfer* § 131 HGB Rn. 166.

[61] Schlegelberger/*K. Schmidt* § 138 HGB Rn. 64; *Heymann/Horn* § 138 HGB Rn. 45; MüKo/*Ulmer/Schäfer* § 738 BGB Rn. 47 f.; *Schlitt* NZG 1998, 580 (584).

[62] Rux/*Wagner* GmbH & Co. KG Rn. 550, 569.

[63] Vgl. nur Ebenroth/Boujong/Joost/Strohn/*Lorz* § 131 HGB Rn. 2.

sellschaft aus; der Bestand der Gesellschaft wird daher – anders als nach altem Recht – von der Austrittskündigung nicht berührt. Die Austrittskündigung kann als ordentliche oder außerordentliche Kündigung erfolgen:

29   *aa) Ordentliche Kündigung.* Unter welchen Voraussetzungen eine ordentliche Kündigung der Gesellschaft möglich ist, bestimmen §§ 161 Abs. 2, 132 HGB. Danach kann eine auf **unbestimmte Zeit** eingegangene Gesellschaft mit einer Frist von sechs Monaten auf den Schluss eines Kalenderjahres gekündigt werden. Auf unbestimmte Zeit eingegangen ist die Gesellschaft, wenn ihre Dauer weder nach dem Kalender bestimmt noch sonst eine feste Dauer vorgesehen ist.[64] Als auf unbestimmte Zeit eingegangen gilt gem. § 134 HGB auch eine Gesellschaft, die für die Lebenszeit eines Gesellschafters eingegangen ist (1. Alt.) oder nach dem Ablauf der für ihre Dauer bestimmten Zeit stillschweigend fortgesetzt wird (2. Alt.). Ist der KG-Vertrag auf die Dauer ihrer Komplementär-GmbH eingegangen und enthält die Satzung der GmbH keine zeitliche Beschränkung, ist auch die KG für unbestimmte Zeit eingegangen. Ist die Komplementär-GmbH hingegen auf eine bestimmte Dauer befristet, beschränkt dies gleichzeitig die Dauer der KG.[65]

30   Ist die Gesellschaft auf eine bestimmte (Mindest-)Zeit eingegangen, ist sie vor Ablauf dieser Zeit für jeden Gesellschafter grundsätzlich **unkündbar**. Die Gesellschaft endet in diesem Fall mit Ablauf der Zeit, für die sie eingegangen ist. Ein vorzeitiges Ausscheiden kommt nur bei Vorliegen eines wichtigen Grundes in Betracht. In diesem Fall kann der Gesellschafter die Auflösungsklage nach § 133 HGB erheben oder, wenn der Gesellschaftsvertrag eine entsprechende Regelung enthält, außerordentlich kündigen (vgl. → Rn. 36 ff.). Hiervon zu unterscheiden ist die Vereinbarung einer Höchstzeit iSd § 131 Abs. 1 Nr. 1 HGB, nach deren Ablauf die Gesellschaft automatisch aufgelöst ist. In diesem Falle ist bereits vor Ablauf der Höchstzeit eine Kündigung wie bei einer auf unbestimmte Zeit eingegangenen Gesellschaft möglich. Ob eine Mindest- oder eine Höchstzeit vereinbart wurde, ist durch Auslegung des Gesellschaftsvertrages zu ermitteln.[66]

31   Voraussetzung für eine wirksame Kündigung ist das Vorliegen eines Kündigungsrechts sowie einer Kündigungserklärung, die von dem Kündigungsrecht gedeckt ist. Nach der gesetzlichen Neufassung des § 131 HGB ist nunmehr eine **doppelte Vermutung** anwendbar: Ist im Gesellschaftsvertrag dem Gesellschafter ein Kündigungsrecht eingeräumt, ohne dass die Rechtsfolge näher ausgestaltet ist, so wird vermutet, dass dieses ein Recht auf Ausscheiden aus der Gesellschaft gewährt. Des Weiteren wird vermutet, dass die Kündigungserklärung auf ein Ausscheiden aus der Gesellschaft (und nicht auf deren Auflösung) abzielt.[67] Deckt sich der vermutete Erklärungsinhalt nicht mit der vom Gesellschafter angestrebten Rechtsfolge, so kann dieser die Erklärung gem. § 119 Abs. 1 BGB anfechten.[68]

---

[64] BGHZ 10, 91 (98); 50, 316 (321); K. *Schmidt* Gesellschaftsrecht, 1455.
[65] Vgl. MHdB GesR II/*Piehler/Schulte* KG § 36 Rn. 12.
[66] MHdB GesR II/*Piehler/Schulte* KG § 36 Rn. 11 (mwN in Fn. 40).
[67] MüKo/K. *Schmidt* § 131 HGB Rn. 80.
[68] MüKo/K. *Schmidt* § 131 HGB Rn. 81.

Die Kündigung ist eine einseitige empfangsbedürftige **Willenserklä-** 32
rung.⁶⁹ Eine bestimmte Formulierung sieht das Gesetz nicht vor. Der Erklärung des Gesellschafters muss sich nur entnehmen lassen, dass er aus der Gesellschaft ausscheiden will. Der Ausspruch der Kündigung kann auch durch einen **Vertreter** erfolgen. Bei Nichtvorlage einer Vollmachtsurkunde droht allerdings die Zurückweisung der Erklärung (§ 174 BGB). Die Kündigung ist formlos wirksam, sofern nicht der Gesellschaftsvertrag die Einhaltung einer bestimmten **Form** vorschreibt (eingeschriebener Brief etc.).⁷⁰ Sofern dort eine bestimmte Form vorgeschrieben ist, die Mitgesellschafter sich allerdings nicht auf den Formverstoß berufen und auf die weitere Mitarbeit des Gesellschafters verzichten, kann darin der Abschluss eines formlos zulässigen Aufhebungsvertrages zu sehen sein.⁷¹ Die Kündigung kann auch **konkludent** erfolgen, sofern der Kündigungswille eindeutig erkennbar ist. Bevollmächtigt ein Gesellschafter die Gesellschaft zur Anmeldung seines Ausscheidens zum Handelsregister, weil er irrtümlich davon ausgegangen ist, bereits aus der Gesellschaft ausgeschieden zu sein, so stellt dies allein noch keine konkludente Kündigung dar.⁷² Für einen Minderjährigen wird das Kündigungsrecht durch den gesetzlichen Vertreter ausgeübt; dieser bedarf gem. § 1822 Nr. 3 BGB der Genehmigung des Familiengerichts. Das Fehlen der Genehmigung führt zur Rechtsunwirksamkeit der Kündigung.⁷³

Nach der gesetzlichen Regel muss die Kündigung allen Gesellschaftern, 33
dh auch den Kommanditisten, **zugehen**.⁷⁴ Ist die Kündigung zunächst nicht gegenüber allen Gesellschaftern erklärt, wird sie wirksam, sobald die übrigen Gesellschafter von ihr innerhalb der Kündigungsfrist erfahren.⁷⁵ Ist das Geschäftsjahr mit dem Kalenderjahr identisch, muss die Kündigung als empfangsbedürftige Willenserklärung der Gesellschaft spätestens bis zum 30. Juni **zugegangen** sein. Wird dieser Zeitpunkt überschritten, wird man die Kündigungserklärung in der Regel dahin auslegen können, dass sie auf den nächstmöglichen Termin wirken soll.⁷⁶

Als Gestaltungserklärung ist die Kündigung einer **Bedingung** im Grund- 34
satz nicht zugänglich. Sofern durch die Bedingung keine unzumutbare Un-

---

⁶⁹ Schlegelberger/*K. Schmidt* § 132 HGB Rn. 14.
⁷⁰ MHdB GesR II/*Piehler/Schulte* KG § 36 Rn. 13; Schlegelberger/*K. Schmidt* § 132 HGB Rn. 15.
⁷¹ OLG Naumburg NZG 1999, 111.
⁷² OLG Schleswig NZG 2001, 404.
⁷³ MHdB GesR II/*Piehler/Schulte* KG § 36 Rn. 16; aA Ebenroth/Boujong/Joost/Strohn/*Lorz* § 132 HGB Rn. 10; Koller/Roth/*Morck* § 132 HGB Rn. 2; MüKo/*K. Schmidt* § 132 HGB Rn. 13; Schlegelberger/*K. Schmidt* § 132 HGB Rn. 10: § 1823 BGB sei anwendbar mit der Folge, dass nicht im gesetzlichen Regelfall, sondern nur, sofern ein Vormund bestellt wurde, eine gerichtliche Genehmigung erforderlich ist. Das Fehlen der Genehmigung hätte dann aber nicht die Unwirksamkeit der Kündigung zur Folge.
⁷⁴ *Baumbach/Hopt* § 132 HGB Rn. 3; Zur Weiterleitungspflicht des persönlich haftenden Gesellschafters vgl. MHdB GesR II/*Piehler/Schulte* KG § 36 Rn. 13.
⁷⁵ BGH NJW 1993, 1002; *Baumbach/Hopt* § 132 HGB Rn. 3.
⁷⁶ Ebenroth/Boujong/Joost/Strohn/*Lorz* § 132 HGB Rn. 14; MHdB GesR II/*Piehler/Schulte* KG § 36 Rn. 14.

gewissheit für die anderen Gesellschafter entsteht, etwa weil der Eintritt der Bindung vom Willen des Kündigungsempfängers abhängt (sog. Potestativbedingung), wird eine unter eine Bedingung gestellte Kündigung ausnahmsweise für zulässig gehalten.[77]

35 Scheidet der Gesellschafter mit Ablauf der Kündigungsfrist durch die Kündigung aus der Gesellschaft aus, **wächst** sein **Anteil** am Gesellschaftsvermögen den die Gesellschaft fortsetzenden Gesellschaftern im Verhältnis ihrer Beteiligung **an**. Das Ausscheiden des Gesellschafters ist daher zweistufig ausgestaltet; im ersten Schritt erfolgt die Kündigung als einseitiges, privatautonomes Rechtsgeschäft, im zweiten Schritt folgt der gesetzlich angeordnete Vermögensübergang, die Anwachsung.[78] Die Anwachsung geschieht automatisch, die Befriedigung des Abfindungsanspruchs ist hierfür keine Voraussetzung.[79] Das Prinzip der Anwachsung gilt auch bei einer zweigliedrigen Gesellschaft. In diesem Fall fällt das Vermögen dem verbleibenden Mitgesellschafter zu.[80]

36 bb) *Außerordentliche Kündigung.* Anders als bei der GbR (vgl. § 723 Abs. 1 S. 2 BGB) sieht das Gesetz für die Personenhandelsgesellschaften ein außerordentliches Kündigungsrecht **nicht** vor. Sofern der Gesellschaftsvertrag kein außerordentliches Kündigungsrecht etabliert, kann sich der Gesellschafter bei Vorliegen eines wichtigen Grundes aufgrund einer **Auflösungsklage** nach § 133 HGB von der Gesellschaft lösen.[81] Er scheidet in diesem Fall jedoch nicht aus der Gesellschaft aus; vielmehr wird diese aufgelöst und liquidiert. Ob auch bei Fehlen einer entsprechenden gesellschaftsvertraglichen Regelung dem betreffenden Gesellschafter – wie dies unter alter Rechtslage bei Publikumsgesellschaften angenommen wurde[82] – ein außerordentliches Kündigungsrecht zustehen kann, ist umstritten.[83]

37 So wird in Literatur[84] und Rechtsprechung[85] zunehmend vertreten, dass ein Ausscheiden des Gesellschafters nicht nur durch eine Feststellungsklage nach § 153 HGB, sondern auch durch eine **außerordentliche Kündigung** mit der Rechtsfolge des § 131 Abs. 3 Nr. 3 HGB möglich ist. Für eine solche Lösung spricht, dass § 131 HGB nicht zwischen der ordentlichen und außer-

---

[77] Vgl. BGH NJW 1986, 2245; *Baumbach/Hopt* § 132 HGB Rn. 3; MHdB GesR II/*Piehler/Schulte* KG § 36 Rn. 15.
[78] Seibt, Gesamtrechtsnachfolge beim gestalteten Ausscheiden von Gesellschaftern aus Personengesellschaften, FS Röhricht, 603 (610).
[79] *Baumbach/Hopt* § 131 HGB Rn. 39; Ebenroth/Boujong/Joost/Strohn/*Lorz* § 131 Rn. 56; Koller/Roth/*Morck* § 131 HGB Rn. 9; MüKo/*K. Schmidt* § 131 Rn. 104.
[80] Vgl. diese Lösung voraussetzend BGH ZIP 2004, 1047 (1048); zweifelnd *K. Schmidt* ZIP 1997, 909 (917) mdH, dass der Gesellschafter die Auflösung der Gesellschaft nur unter den erschwerten Voraussetzungen einer Auflösungsklage nach § 133 HGB durchsetzen kann. Zur Rechtsfolge bei einem Ausscheiden des einzigen Komplementärs siehe → Rn. 56 ff.
[81] Schlegelberger/*K. Schmidt* § 132 HGB Rn. 1.
[82] BGHZ 63, 338; BGH NJW 1977, 2160; 1978, 376.
[83] Siehe dazu den Meinungsstand bei *Baumbach/Hopt* § 133 Rn. 1.
[84] Dazu vor allem: *K. Schmidt* Gesellschaftsrecht, 1457 f.
[85] OLG Celle NZG 2011, 261.

ordentlichen Kündigung unterscheidet.[86] § 133 bezweckt die Schaffung von Rechtssicherheit für die Gesellschafter im Falle der Auflösung der Gesellschaft. Im Falle eines Ausscheidens eines Gesellschafters ist dieses Interesse geringer, denn der Gesellschafter will sich möglichst unkompliziert von der Gesellschaft trennen.[87] Der Anwendungsbereich der Auflösungsklage gemäß § 133 HGB wird somit durch eine Austrittskündigung aus wichtigem Grund nicht eingeschränkt, zudem enthält § 133 HGB keine abschließende Regelung im Hinblick auf Rechtsbehelfe der Gesellschafter bei Vorliegen eines wichtigen Grundes.[88] Entscheidend für die Anerkennung der Austrittskündigung aus wichtigem Grund streitet die Aufwertung der Unternehmenskontinuität durch das Handelsrechtsreformgesetz.[89] Geht man von der Zulässigkeit einer außerordentlichen Kündigung aus, erfolgt diese nicht gemäß § 133 HGB analog im Wege der Gestaltungsklage sondern durch Kündigungserklärung.[90]

Ein spezielles außerordentliches Kündigungsrecht begründet das Gesetz in § 723 Abs. 1 S. 3 Nr. 2 BGB. Danach kann ein **minderjähriger** BGB-Gesellschafter die Gesellschaft mit Eintritt der Volljährigkeit aus wichtigem Grund innerhalb von drei Monaten ab Kenntniserlangung von seiner Gesellschafterstellung kündigen. Diese Regelung strahlt nach der Regierungsbegründung über §§ 161 Abs. 2, 105 Abs. 3 HGB auch auf die Personenhandelsgesellschaften aus.[91] Nach zutreffender Ansicht ist sie auf einen minderjährigen Kommanditisten dann anwendbar, wenn dieser seine Hafteinlage noch nicht vollständig geleistet hat, mit der Folge, dass der nunmehr Volljährige aus der Gesellschaft ausscheidet.[92] 38

b) Vertragliche Gestaltungsmöglichkeiten. Die Ausscheidensregelung in § 131 Abs. 3 Nr. 3 HGB ist im Grundsatz disponibel. Allerdings kann der Gesellschaftsvertrag der GmbH & Co. KG die gesetzlichen Regelungen über die Kündigung der Gesellschaft nicht unbeschränkt modifizieren.[93] 39

Keinen Bedenken ausgesetzt sind zunächst solche Vertragsbestimmungen, die die Kündigungsmöglichkeiten **erleichtern**. So ist es ohne Weiteres möglich, die Kündigungsfristen zu verkürzen. Zulässig sind auch solche Re- 40

---

[86] MHdB GesR II/*Piehler*/*Schulte* KG § 36 Rn. 23.
[87] MHdB GesR II/*Piehler*/*Schulte* KG § 36 Rn. 23; *Stodolkowitz* NZG 1327, 1330 ff.
[88] *Stodolkowitz* NZG 2011, 1327 (1331).
[89] OLG Celle NZG 2011, 261; *K. Schmidt* Gesellschaftsrecht, 1457 f.; MHdB GesR II/*Piehler*/*Schulte* KG § 36 Rn. 23; *Baumbach*/*Hopt* § 133 HGB Rn. 1; für die Möglichkeit einer Gestaltungsklage: Ebenroth/Boujong/Joost/Strohn/*Lorz* § 133 HGB Rn. 6; nur bei Anhaltspunkten im Gesellschaftsvertrag: *Wiedemann*, Die Personenunabhängigkeit der Personengesellschaft, GS Lüderitz, 839 (845).
[90] *Baumbach*/*Hopt* § 133 HGB Rn. 1; *Stodolkowitz* NZG 2011, 1327 (1333); aA Koller/Roth/*Morck* § 133 HGB Rn. 3.
[91] Vgl. BT-Drs. 13/5624, 19; s. auch *Behnke* NJW 1998, 3078 (3082); MHdB GesR II/*Piehler*/*Schulte* KG § 36 Rn. 24; Ebenroth/Boujong/Joost/Strohn/*Lorz* § 133 HGB Rn. 22.
[92] *Grunewald* ZIP 1999, 597 (599); *Binz*/*Sorg* § 6 Rn. 42; Röhricht/v. Westphalen/ v. Gerkan/*Haas* § 131 HGB Rn. 34; abweichend *Habersack*, Reform des Handelsstandes, 73 (74 f.): Geltendmachung durch Gestaltungsklage nach § 133 HGB.
[93] *Baumbach*/*Hopt* § 131 HGB Rn. 83.

gelungen, die das Kündigungsprozedere **modifizieren**. Der Gesellschaftsvertrag kann beispielsweise für die Kündigungserklärung die Einhaltung einer bestimmten Form (eingeschriebener Brief etc.) verlangen. Auch kann, was sich häufig als praktikabel erweist, bestimmt werden, dass die Kündigungserklärung nicht an alle Gesellschafter, sondern lediglich an die Komplementär-GmbH adressiert werden muss, die dann ihrerseits verpflichtet ist, die übrigen Gesellschafter zu informieren. Um den zunächst nicht kündigenden Gesellschaftern gleichsam eine Lösung von der an sich fortzusetzenden Gesellschaft zu ermöglichen, kann der Gesellschaftsvertrag auch die Möglichkeit einer **Anschlusskündigung** eröffnen.[94]

41 Anders verhält es sich mit solchen Regelungen, die das Kündigungsrecht des Gesellschafters **einschränken**. Aus dem über §§ 161 Abs. 2, 105 Abs. 3 HGB auch für Personenhandelsgesellschaften anwendbaren § 723 Abs. 3 BGB ergibt sich nach einhelliger Meinung, dass die ordentliche Kündigungsmöglichkeit der Gesellschafter nicht auf Dauer ganz ausgeschlossen oder unzumutbar erschwert werden kann.[95] Insbesondere darf das Kündigungsrecht des Gesellschafters nicht durch eine **überlange Vertragsdauer** oder **Kündigungsfrist** ausgehöhlt werden. Eine Bindung von 30 Jahren hat der BGH jedoch noch als unbedenklich angesehen.[96] Auch kann das Kündigungsrecht nicht an eine **Vertragsstrafe** geknüpft oder von der **Zustimmung** eines Gesellschafters abhängig gemacht werden.[97] Eine unzulässige mittelbare Einschränkung des Kündigungsrechts kann auch in einer unangemessenen **Abfindungsbeschränkung** bestehen. Die Schwelle, ab der eine unzulässige Bindung des Gesellschafters (§§ 138, 242 BGB) angenommen werden kann, ist bei der als Komplementärin fungierenden GmbH jedoch höher anzusetzen als bei Beteiligung einer natürlichen Person.[98] Bei einer Kommanditbeteiligung wird man den Ausschluss der Kündigung auf unbestimmte Zeit dann für zulässig halten können, wenn der Kommanditist berechtigt ist, die Beteiligung ohne Zustimmung der übrigen Gesellschafter auf einen Dritten zu übertragen.[99] Enthält der Gesellschaftsvertrag eine unzumutbare Kündigungsbeschränkung, greift die **gesetzliche Regel** des § 132 HGB ein, wonach die Kündigung mit einer Frist von sechs Monaten auf den Schluss eines Kalenderjahres möglich ist.[100] Zu einer Unwirksamkeit des gesamten Gesellschaftsvertrages führt eine unzulässige Kündigungsbestimmung indessen regelmäßig nicht.[101]

---

[94] *Schlitt* NZG 1998, 585.
[95] Vgl. nur Schlegelberger/*K. Schmidt* § 132 HGB Rn. 28; MüKo/*Ulmer* § 723 BGB Rn. 43; MHdB GesR II/*Piehler/Schulte* KG § 36 Rn. 20.
[96] BGH WM 1967, 315 (316); zust. *Heymann/Emmerich* § 131 HGB Rn. 5 u. § 132 Rn. 15; Schlegelberger/*K. Schmidt* § 132 HGB Rn. 31; *Westermann*, Vertragsfreiheit, 241 ff.; zust. Beck Hdb. Personengesellschaften/*Sauter* § 7 Rn. 35; krit. *Gersch* BB 1977, 871 (874).
[97] MHdB GesR II/*Piehler/Schulte* KG § 36 Rn. 22.
[98] Im Ergebnis auch *K. Schmidt* Gesellschaftsrecht, 1456 f.
[99] *K. Schmidt* Gesellschaftsrecht, 1457; zweif. Beck Hdb. Personengesellschaften/*Sauter* § 7 Rn. 36.
[100] BGHZ 23, 10 (15).
[101] MHdB GesR II/*Piehler/Schulte* KG § 36 Rn. 21.

Auch die **Rechtsfolgen** der Kündigung sind einer vertraglichen Modifi- 42
kation zugänglich. Möglich ist beispielsweise, die vom Gesetz vorgesehene
anteilige **Anwachsung** des Gesellschaftsanteils des ausgeschiedenen Gesellschafters in der Weise zu modifizieren, dass der Anteil nur einzelnen Gesellschaftern oder Gesellschaftergruppen zuwachsen soll. Darüber hinaus kann
der Gesellschaftsvertrag bestimmen, dass im Fall einer Kündigung der kündigende Gesellschafter nicht nur aus der Gesellschaft ausscheidet, sondern die
Gesellschaft insgesamt **aufgelöst** wird.

Der Gesellschaftsvertrag kann den Gesellschaftern, statt sie bei Vorliegen 43
eines wichtigen Grundes auf die Auflösungsklage zu verweisen, auch ein
außerordentliches Kündigungsrecht einräumen.[102] Ein Bedürfnis hierfür
besteht namentlich dann, wenn der Gesellschaftsvertrag auf eine bestimmte
Zeit eingegangen ist und so nicht ordentlich kündbar ist. In bestimmten
Grenzen kann der Gesellschaftsvertrag auch definieren, welche Umstände zu
einer außerordentlichen Kündigung berechtigen.[103]

4. Kündigung durch einen Privatgläubiger

a) Gesetzliche Ausgangslage. Auch Gläubiger eines Gesellschafters 44
können die Gesellschaft unter den näheren Voraussetzungen des § 135 HGB
kündigen.[104] Die sog. Gläubigerkündigung setzt voraus, dass der Gläubiger
einen nicht nur vorläufig vollstreckbaren Titel gegen den Gesellschafter erstritten hat und innerhalb der letzten sechs Monate erfolglos die Vollstreckung wegen einer Geldforderung aufgrund irgendeines Titels in das bewegliche Vermögen versucht hat.[105] Zudem muss der Gläubiger sich den
Geschäftsanteil des Gesellschafters gepfändet und zur Einziehung überwiesen
haben lassen. Nach dem Wortlaut des § 135 HGB ist der Auseinandersetzungsanspruch des Gesellschafters Gegenstand der Pfändung; nach ganz
herrschender Meinung ist darunter die Pfändung des Gesellschaftsanteils gemäß der §§ 859 Abs. 1, 857 Abs. 1 ZPO zu verstehen.[106] Durch die Pfändung
des Geschäftsanteils erhält der Gläubiger keine Gesellschafterstellung, auch
die Verwaltungsrechte verbleiben beim Gesellschafter.[107] Die Pfändung des
Geschäftsanteils umfasst den zukünftigen Anspruch auf das Auseinandersetzungsguthaben.[108] Die Pfändung vermögensrechtlicher Ansprüche, wie bei-

---

[102] S. dazu oben → Rn. 36.
[103] Eingehend dazu etwa MüKo/*Ulmer/Schäfer* § 723 BGB Rn. 74 f.
[104] Die Regelung ist auf Nachlassinsolvenzverwalter und sonstige Nachlassverwal-
ter entsprechend anwendbar, vgl. zur alten Rechtslage BGHZ 91, 132 (136 f.); MHdB
GesR II/*Piehler/Schulte* KG § 36 Rn. 25.
[105] Fruchtloser Versuch ist ausreichend, BGH NJW-RR 2009, 1698.
[106] GK/*Schäfer* § 135 Rn. 7; strittig in Bezug auf die Notwendigkeit des Überweisungsbeschlusses, siehe dazu den Streitstand bei Ebenroth/Boujong/Joost/Strohn/
Lorz § 135 Rn. 12; Mit überzeugenden Argumenten für eine Überweisung *Behr* NJW
2000, 1137 (1140).
[107] Zur Möglichkeit der isolierten Pfändung des Auseinandersetzungsanspruchs
Henssler/Strohn/*Klöhn* § 135 Rn. 12.
[108] BGH NJW 1986, 1991; *Baumbach/Hopt* § 135 Rn. 7; Ebenroth/Boujong/
Joost/Strohn/*Lorz* § 135 Rn. 12; Henssler/Strohn/*Klöhn* § 135 Rn. 12; Koller/Roth/
Morck § 135 Rn. 2.

8. Kapitel. Wechsel im Gesellschafterbestand unter Lebenden

spielsweise des Gewinnanspruchs, des Gesellschafters löst kein Kündigungsrecht aus.[109]

45 Der erfolglose Vollstreckungsversuch muss nicht notwendigerweise von dem die Kündigung betreibenden Gläubiger unternommen worden sein.[110] Die Voraussetzungen sind auch erfüllt, wenn die Vollstreckung von einem anderen Gläubiger betrieben wurde. **Erfolglos** ist die Pfändung, wenn sie nicht zu einer vollständigen Befriedigung des Gläubigers geführt hat. Der Nachweis kann durch Vorlage der Unpfändbarkeitsbescheinigung des Gerichtsvollziehers geführt werden.

46 Liegen diese Voraussetzungen vor, wobei es auf die **zeitliche Reihenfolge** ihres Eintritts nicht ankommt,[111] kann der Gesellschaftsgläubiger das Gesellschaftsverhältnis mit einer Frist von **sechs Monaten** auf das **Ende des Geschäftsjahres** kündigen (§ 135 HGB). Dabei muss die Kündigungserklärung, sofern nicht der Gesellschaftsvertrag anderes vorsieht (→ Rn. 40), an alle Gesellschafter gerichtet werden.

47 Der Privatgläubiger ist bei der Ausübung seines Kündigungsrechts nicht an etwaige gesellschaftsvertragliche **Kündigungsbeschränkungen und -fristen** gebunden, da er von einem eigenen Kündigungsrecht Gebrauch macht.[112] Das Kündigungsrecht des Gläubigers besteht folglich auch dann, wenn der Gesellschafter aufgrund der Ausgestaltung des Gesellschaftsvertrages selbst keine eigene Möglichkeit zur Kündigung hätte oder der Gesellschaftsvertrag längere Fristen vorsieht.

48 Erfolgt die Kündigung fristgerecht, scheidet der Gesellschafter aus der Gesellschaft aus. Die Pfändung setzt sich dann am **Abfindungsguthaben** des Gesellschafters fort.[113] Wie im Falle der Insolvenz eines Gesellschafters sind gesellschaftsvertragliche Abfindungsbeschränkungen unwirksam, die darauf abzielen, die Rechte des Gläubigers zu beschränken.[114]

49 Ausnahmsweise können die übrigen Gesellschafter aufgrund ihrer **Treuepflicht** gehalten sein, einen ausgeschiedenen Gesellschafter wieder in die Gesellschaft **aufzunehmen**, sofern er seine Verbindlichkeiten gegenüber seinem Privatgläubiger getilgt hat.[115] Haben die Mitgesellschafter die Verbindlichkeit abgelöst, um eine Auseinandersetzung mit dem Gläubiger zu vermeiden, kommt eine Aufnahmepflicht von vornherein nicht in Betracht.

---

[109] Ebenroth/Boujong/Joost/Strohn/*Lorz* § 135 Rn. 13; Röhricht/v. Westphalen/v. Gerkan/*Haas* § 135 Rn. 4; MüKo/*K. Schmidt* § 135 Rn. 10.

[110] *K. Schmidt* Gesellschaftsrecht, 1458; Beck Hdb. Personengesellschaften/*Sauter* § 7 Rn. 116; MHdB GesR II/*Piehler/Schulte* KG § 36 Rn. 26.

[111] BGH NJW 1982, 2773; Beck Hdb. Personengesellschaften/*Sauter* § 7 Rn. 116; MüKo/*K. Schmidt* § 135 HGB Rn. 20.

[112] GK/*Schäfer* § 135 HGB Rn. 16, 21; MüKo/*K. Schmidt* § 135 HGB Rn. 21; Schlegelberger/*K.Schmidt* § 135 HGB Rn. 25.

[113] MüKo/*K. Schmidt* § 135 HGB Rn. 29; Ebenroth/Boujong/Joost/Strohn/*Lorz* § 135 HGB Rn. 22.

[114] Schlegelberger/*K. Schmidt* § 138 HGB Rn. 64; Heymann/*Horn* § 138 HGB Rn. 45; MüKo/*Ulmer/Schäfer* § 738 BGB Rn. 47 f.; Schlitt NZG 1998, 580 (584).

[115] RGZ 169, 155; BGH NJW 1959, 1683; Ebenroth/Boujong/Joost/Strohn/*Lorz* § 135 HGB Rn. 25; Heymann/*Emmerich* § 135 HGB Rn. 19; Beck Hdb. Personengesellschaften/*Sauter* § 7 Rn. 121.

Soll der von der Pfändung betroffene Gesellschafter nicht aus der Gesellschaft ausscheiden, sondern die Gesellschaft unter seiner Beteiligung **fortgesetzt** werden, ist die Zustimmung des Privatgläubigers erforderlich, bis dessen Anspruch befriedigt ist.[116]

b) Vertragliche Gestaltungsmöglichkeiten. Auch die Ausscheidensregelung des § 131 Abs. 3 Nr. 4 HGB ist vertraglichen Modifikationen zugänglich. So kann der Gesellschaftsvertrag das Ausscheiden des Gesellschafters nicht (erst) an die **Kündigung** durch den Privatgläubiger, sondern bereits an die Pfändung des Anteils durch den Gläubiger knüpfen.[117] Er kann auch bestimmen, dass die Gesellschafter in diesem Fall den **Ausschluss** des von der Pfändung betroffenen Gesellschafters beschließen können. Flankierend kann vorgesehen werden, dass der Gesellschafter Gelegenheit hat, innerhalb einer bestimmten **Frist** die Zwangsvollstreckungsmaßnahmen aufzuheben, um die Fassung eines Ausschließungsbeschlusses zu vermeiden. Ferner kann es sinnvoll sein, im Gesellschaftsvertrag einer Zweipersonengesellschaft vorzusehen, dass aufschiebend bedingt auf den Fall des Ausscheidens eines Gesellschafters ein weiterer Gesellschafter (zB eine „Reserve-GmbH") in die Gesellschaft aufgenommen wird, um deren Erlöschen zu verhindern.[118] 50

Der Gesellschaftsvertrag kann auch vorsehen, dass die Gesellschaft bei Kündigung durch einen Privatgläubiger **aufgelöst** wird.[119] Weigern sich die übrigen Gesellschafter in diesem Fall die Gesellschaft zu liquidieren, kann der Gläubiger die Auseinandersetzung des Gesellschaftsvermögens notfalls gerichtlich durchsetzen. Im Übrigen stehen dem Gläubiger im Rahmen der Liquidation die gleichen Rechte zu wie dem Gesellschafter. 51

5. Weitere gesellschaftsvertragliche Ausscheidensgründe

Der Gesellschaftsvertrag kann weitere Fälle vorsehen, bei deren Eintritt ein Gesellschafter aus der Gesellschaft ausscheidet (§ 131 Abs. 3 Nr. 5 HGB). Die Regelung setzt das Vorliegen eines (gesellschaftsvertraglichen) **Ausscheidensgrundes** voraus.[120] Eine materielle Erleichterung der Ausschließung von Gesellschaftern ist damit nicht verbunden.[121] Vielmehr hat die Regelung lediglich klarstellenden Charakter.[122] 52

Tatbestände, an deren Eintritt das automatische Ausscheiden anknüpft, können grundsätzlich frei gewählt werden, sofern ein Mindestmaß an **Bestimmtheit** gewahrt ist.[123] Keineswegs muss es sich dabei um Umstände 53

---

[116] Schlegelberger/*K. Schmidt* § 131 HGB Rn. 70.
[117] Ebenroth/Boujong/Joost/Strohn/*Lorz* § 135 Rn. 27.
[118] MüKo/*K. Schmidt* § 131 HGB Rn. 84.
[119] GK/*Schäfer* § 135 Rn. 17; Henssler/Strohn/*Klöhn* § 135 Rn. 28; *Habersack*, Reform des Handelsstandes, 73 (91) mH darauf, dass die Fortsetzung der Gesellschaft in diesem Fall nicht ohne weiteres möglich ist.
[120] Vgl. *K. Schmidt* ZIP 1997, 917.
[121] Vgl. Begr. RegE BT-Drs. 13/8444, 66; zutr. *Habersack*, Reform des Handelsstandes, 73 (92).
[122] GK/*Schäfer* § 131 Rn. 102.
[123] Vgl. *Wiedemann*, Die Personenunabhängigkeit der Personengesellschaft, GS Lüderitz, 2000, 839 (847).

handeln, die den Ausschluss des Gesellschafters aus wichtigem Grund rechtfertigen.[124] Erforderlich ist indessen stets, dass der Ausscheidenstatbestand im Gesellschaftsvertrag ausreichend **konkret definiert** ist. **Beispiele** sind das Erreichen eines gewissen Alters, eine zur Arbeitsunfähigkeit führende Krankheit, die Beendigung eines Dienst- oder Arbeitsverhältnisses sowie der Verlust spezieller beruflicher Qualifikationen. Ausscheidensgründe wie die Scheidung oder Wiederheirat eines Gesellschafters, Wechsel des religiösen Bekenntnisses oÄ sollten in der Regel gemäß § 138 BGB nichtig sein.[125] Bei einer juristischen Person als Gesellschafterin kommen insbesondere Umwandlung und Kontrollwechsel als Ausscheidensgründe in Betracht.[126]

6. Gesellschafterbeschluss

54   Schließlich bestimmt § 131 Abs. 3 Nr. 6 HGB, dass ein Gesellschafter aufgrund eines Beschlusses der Gesellschafterversammlung aus der Gesellschaft **ausscheiden** kann. Eine Vereinfachung der Ausschließungsmöglichkeiten soll sich mit dieser Neuregelung nicht verbinden.[127] Vielmehr bedarf der Beschluss grundsätzlich der Einstimmigkeit.[128] Die Vorschrift des § 131 Abs. 3 Nr. 6 HGB setzt – auch wenn dies durch den Wortlaut nicht genau zum Ausdruck kommt – eine gesellschaftsvertragliche Regelung über ein Ausschließungsverfahren voraus und stellt damit nur einen Beispielsfall des § 131 Abs. 3 Nr. 5 HGB dar.[129] Der Gesellschafter, der ausgeschlossen werden soll, nimmt an der Abstimmung nicht teil.[130] Die Ausschließung wird mit der Mitteilung an den betreffenden Gesellschafter wirksam.[131]

7. Ausscheiden mittels Vertrages

55   Möglich ist auch – obwohl im Katalog des § 131 Abs. 3 HGB nicht aufgeführt –, dass ein Gesellschafter aus der Gesellschaft ausscheidet, indem er mit sämtlichen Mitgesellschaftern einen entsprechenden Vertrag schließt. Diese Vorgehensweise bietet sich vor allem in Fällen an, in denen unklar ist, ob ein

---

[124] MüKo/*K. Schmidt* § 131 HGB Rn. 86, 87; aA Ebenroth/Boujong/Joost/Strohn/*Lorz* § 131 HGB Rn. 53.
[125] GK/*Schäfer* § 131 Rn. 104; MüKo/*K. Schmidt* § 131 HGB Rn. 86.
[126] MüKo/*K. Schmidt* § 131 HGB Rn. 86; zur Auslegung einer Klausel zum Kontrollwechsel im Gesellschaftsvertrag OLG Koblenz, Der Konzern 2012, 136; zur Vertragsgestaltung *Bacher/von Blumenthal* NZG 2008, 406.
[127] *Baumbach/Hopt* § 131 HGB Rn. 26; *Wiedemann*, Die Personenunabhängigkeit der Personengesellschaft, Gedächtnisschrift Lüderitz, 839 (849).
[128] *K. Schmidt* NJW 1998, 2161 (2166); MHdB GesR II/*Piehler/Schulte* KG § 36 Rn. 28.
[129] Henssler/Strohn/*Klöhn* § 131 Rn. 57; MüKo/*K. Schmidt* § 131 HGB Rn. 88; *K. Schmidt* JZ 2003, 585 (595).
[130] Sofern der Gesellschaftsvertrag abweichend von § 140 HGB zur Ausschließung eines Gesellschafters lediglich einen Gesellschafterbeschluss fordert, scheidet eine Verfolgung des Ausschließungsbegehrens im Klagewege aus, vgl. KG DStR 2001, 495; zu Fragen des einstweiligen Rechtsschutzes vgl. *Kiethe* NZG 2004, 114; zum Ausschluss des einzigen Komplementärs *K. Schmidt* ZGR 2004, 227.
[131] MüKo/*K. Schmidt* § 131 HGB Rn. 90; zur Ausschließungsklage etwa Koller/Roth/*Morck* § 140 HGB Rn. 6.

III. Rechtsfolge des Ausscheidens

1. Ausscheiden des Gesellschafters

a) Grundsatz. Der Gesellschafter scheidet mit dem Eintritt des Ausscheidenstatbestandes aus der Gesellschaft aus (§ 131 Abs. 3 HGB aE). Im Falle der Kündigung erfolgt das Ausscheiden mit Ablauf der Kündigungsfrist. Wird ein Gesellschafter durch Ausschließungsklage ausgeschlossen, so tritt eine schuldrechtliche Rückwirkung auf den Zeitpunkt der Erhebung der Klage ein (§ 140 Abs. 2 HGB). Der Verlust der Gesellschafterstellung tritt unabhängig von der Eintragung des Ausscheidens in das Handelsregister (s. → Rn. 61) ein. Der Kapitalanteil des Ausscheidenden wächst den anderen Gesellschaftern an (§ 738 Abs. 1 S. 1 BGB), ohne dass es eines besonderen Übertragungsgeschäfts bedarf.[133] An die Stelle seines Anteils am Gesellschaftsvermögen tritt der Anspruch auf Auszahlung des Abfindungsguthabens. 56

b) Ausscheiden der (einzigen) Komplementär-GmbH. Fraglich ist, welche Rechtsfolge sich an den Eintritt eines Ausscheidenstatbestandes in der Person der einzigen Komplementär-GmbH anknüpft.[134] Das Ausscheiden der bei einer zweigliedrigen GmbH & Co. KG einzigen Komplementär-GmbH führt zu der Problematik, dass die Kommanditgesellschaft ohne Komplementär nicht fortbestehen kann.[135] Da die Gesellschaft daher nach verbreiteter Auffassung **aufgelöst** wird,[136] ergibt sich insofern entgegen dem vom Gesetzgeber mit dem Handelsrechtsreformgesetz angestrebten Ziel (dazu oben → Rn. 3) keine Abweichung zur früheren Rechtslage, wonach die Auflösung der Gesellschaft der Regelfall war.[137] Ein bloßes Ausscheiden würde jedoch mit sich bringen, dass der zuvor beschränkt haftende Kommanditist als unbeschränkt haftender Einzelkaufmann verbleiben würde, was kaum jemals der **Interessenlage** entspräche. 57

Problematischer erscheint dies noch bei Eintritt des – typischerweise bei KG und Komplementär-GmbH gleichzeitig eintretenden[138] – Insolvenzfalls 58

---

[132] MüKo/*K. Schmidt* § 131 HGB Rn. 93; vgl. zum Ausscheiden durch Vertrag BGH NJW-RR 2003, 533 (für den Fall einer GbR).
[133] MüKo/*K. Schmidt* § 131 HGB Rn. 103 ff.; *Röhricht/v. Westphalen/v. Gerkan/Haas* § 131 HGB Rn. 38.
[134] Vgl. zum Ausschluss des einzigen Komplementärs ausführlich *K. Schmidt* ZGR 2004, 227.
[135] Zum einzigen Komplementär als natürlicher Person BGH NJW 1979, 1705 (1706); *K. Schmidt* Gesellschaftsrecht, 1555.
[136] BGH NZG 2004, 611; *Baumbach/Hopt* § 131 HGB Rn. 35 f.; Schlegelberger/*Martens* § 161 HGB Rn. 125; *Mühlberger* GmbHR 1977, 146 (147); *Schlitt* NZG 1998, 580 (584); GK/*Habersack* § 145 HGB Rn. 21.
[137] Vgl. *K. Schmidt* JZ 2003, 585 (594).
[138] Dazu *K. Schmidt* GmbHR 2002, 1209 (1211 f.); ausführlich zu insolvenzrechtlichen Problemen *Gundlach/Frenzel/Schmidt* DStR 2004, 1658.

8. Kapitel. Wechsel im Gesellschafterbestand unter Lebenden

(sog. **Doppelinsolvenz**[139]), da das geltende Insolvenzrecht[140] auch nach Inkrafttreten des Gesetzes zur erleichterten Sanierung von Unternehmen (ESUG) kein einheitliches Insolvenzverfahren für die GmbH & Co. KG vorsieht.[141] Sofern der Gläubiger das Insolvenzverfahren nicht gegen die KG, sondern gegen die GmbH betreibt, könnte er dadurch gemäß § 131 Abs. 3 Nr. 2 HGB das Ausscheiden der Komplementär-GmbH aus der KG herbeiführen und hätte wiederum einen früheren Kommanditisten als nunmehr unbeschränkt haftenden Einzelkaufmann zum Schuldner.[142] Eine andere Konstellation stellt die gleichzeitige bzw. kurz aufeinander folgende Insolvenz aller Gesellschafter (eine Sonderform der Doppelinsolvenz) dar.[143] Besonders bei einem tatsächlichen Zusammenfallen der Insolvenzzeitpunkte aller Gesellschafter komme es zu einem herrenlosen Gesellschaftsvermögen oder der Zufall entscheide, welcher Insolvenzmasse das verbleibende Gesellschaftsvermögen zufiele.[144] Über die Handhabung dieser Problematiken werden in den Literatur verschiedene Lösungsansätze vertreten.[145]

59 Der **BGH** folgt in seiner Entscheidung (auch für den Fall der Doppelinsolvenz)[146] dem gesetzlichen Grundsatz, dass die Eröffnung des Insolvenzverfahrens über das Vermögen der Komplementär-GmbH einer GmbH & Co. KG mit einem einzigen Kommanditisten zum Ausscheiden der Komplementär-GmbH aus der GmbH & Co. KG mit der Folge der liquidationslosen Vollbeendigung der KG unter Gesamtrechtsnachfolge ihres Kommanditisten führt.[147] Unter Berufung auf bereits früher zu der in vergleichbarer Konstellation durch Tod herbeigeführten Gesamtrechtsnachfolge aufgestellte Grundsätze[148] sei jedoch **§ 27 HGB analog** anzuwenden, so dass der verbleibende Kommanditist seine Haftung für Gesellschaftsverbindlichkeiten auf das ihm zugefallene Gesellschaftsvermögen beschränken kann. Es kommt zu einer sogenannten Partikularinsolvenz, die sich auf das im Wege der Ge-

---

[139] *K. Schmidt* hat die Terminologie „vertikale bzw. horizontale Simultaninsolvenz" eingeführt. Von einer vertikalen Simultaninsolvenz ist danach auszugehen, wenn bei KG und Komplementär-GmbH gleichzeitig der Insolvenzfall eintritt, von einer horizontalen Simultaninsolvenz, wenn gleichzeitig alle Gesellschafter in die Insolvenz fallen; ZIP 2008, 2337 (2344 f.).

[140] Siehe zu den Neuerungen durch das ESUG *Fuhst* DStR 2012, 418.

[141] Vgl. *Schlitt* NZG 1998, 701 (702); Vorschläge für ein Simultaninsolvenzverfahren jedoch bei *K. Schmidt* GmbHR 2002, 1209 ff.

[142] Vgl. *Krings/Otte* NZG 2012, 761 (762); *K. Schmidt* JZ 2003, 585 (595).

[143] *K. Schmidt* verwendet in diesem Fall den Begriff der horizontalen Simultaninsolvenz, ZIP 2008, 2337 (2345 f.).

[144] MüKo/*K. Schmidt* § 131 HGB Rn. 76a.

[145] Siehe zum Meinungsstand: MüKo/*K. Schmidt* § 131 HGB Rn. 76a.

[146] BGH ZIP 2008, 1677; AG Potsdam NZI 2001, 272; kritisch *Keller* NZI 2009, 29.

[147] BGH ZIP 2004, 1047 (1048); jüngst bestätigt durch OLG Hamm NZI 2008, 584 (586); vgl. auch BayObLG NZG 2001, 889 (890); BVerwG ZIP 2011, 1868 für den umgekehrten Fall der Vereinigung aller Geschäftsanteile in den Händen des Komplementärs; zum Urteil der Vorinstanz VGH Kassel, ZIP 2010, 880 sehr kritisch *K. Schmidt* ZIP 2010, 1621.

[148] BGHZ 113, 132 (134), ZIP 2010, 880.

samtrechtsnachfolge übergegangene Vermögen beschränkt.[149] Unberührt bleibt freilich eine weitergehende Haftung nach §§ 25, 171 f. HGB und eine Nachhaftung der ausgeschiedenen Komplementär-GmbH nach § 128 HGB.[150] Der BGH hat diese Grundsätze bei der Doppelinsolvenz in einer Entscheidung zum Ausscheiden des vorletzten Gesellschafters einer GbR wieder bestätigt. Scheidet der vorletzte Gesellschafter aus, führt dies zur liquidationslosen Vollbeendigung der Gesellschaft und zur Anwachsung des Gesellschaftsvermögens beim verbleibenden Gesellschafter.[151]

Das **Schrifttum** kommt, mit unterschiedlichen Ansätzen in der Begründung, meist ebenfalls zu dem Ergebnis, dass der verbleibende Kommanditist die Möglichkeit einer Haftungsbegrenzung auf seine ursprüngliche Einlage hat. *K. Schmidt* vertritt, dass der Tatbestand des § 131 Abs. 3 Nr. 2 teleologisch zu reduzieren sei und schlägt für beide Fälle der Doppelinsolvenz vor, § 131 Abs. 3 Nr. 2 HGB nicht anzuwenden.[152] Teilweise wird dieses Ergebnis mit einer ergänzenden Auslegung des Gesellschaftsvertrags begründet.[153] Weiterhin wird vertreten, dass die teleologische Reduktion zur Folge habe, dass der wegfallende Komplementär bzw. dessen Erben Mitglied der Liquidationsgesellschaft werden.[154] Regelmäßig wird eine ausdrückliche gesellschaftsvertragliche Regelung empfohlen.[155]

60

Mit dem BGH erscheint es vorzugswürdig, § 27 HGB analog anzuwenden.[156] Sie entfernt sich nicht allzu weit von der gesetzlichen Regelung, wägt aber die vom Gesetzgeber wohl nicht gänzlich zu Ende durchdachten Folgen interessengerecht ab. Gleichsam gibt sie den verbleibenden Gesellschaftern weitest mögliche **Gestaltungsfreiheit**, als diese sich entschließen können, das Unternehmen – dann allerdings mit vollumfänglicher persönlicher Haftung gemäß § 128 HGB – fortzuführen, oder aber ihre bisherige beschränkte Haftung mittels Einstellung des Unternehmens beizubehalten.[157] Den Kommanditisten steht es auch frei, einen neuen Komplementär aufzunehmen. Angesichts der Vielzahl denkbarer Interessenkonstellationen erscheint diese Flexibilität im Einzelfall gewährende Lösung am sachgerechtesten. Der überwiegenden Schrifttumsmeinung ist dahingehend zuzustimmen, dass eine vorab getroffene Regelung im Gesellschaftsvertrag dazu beiträgt, dem Willen der Gesellschafter rechtssicher zur Geltung zu verhelfen und – gerade in To-

61

---

[149] OLG Hamm ZIP 2007, 1233; *Kruth* NZI 2011, 844 (846); *Bork/Jacoby* ZGR 2005, 611 (643).
[150] BGH ZIP 2004, 1047 (1048); vgl. aber noch BGH NZG 2000, 474; krit. GK/*Schäfer* § 131 HGB Rn. 109a f.
[151] BGH ZIP 2008, 1677; grundlegend dazu *K. Schmidt* ZIP 2008, 2337; ablehnend *Keller* NZI 2009, 29.
[152] MüKo/*K. Schmidt* § 131 HGB Rn. 76a; im Ergebnis auch *Liebs* ZIP 2002, 1716 (1717 f.).
[153] MüKo/*K. Schmidt* § 131 HGB Rn. 75.
[154] GK/*Schäfer* § 131 HGB Rn. 109, 110.
[155] Vgl. nur *K. Schmidt* JZ 2003, 585 (594 f.).
[156] Zust. auch *Baumbach/Hopt* § 131 HGB Rn. 35 f.; im Ergebnis auch *Eckardt* NZG 2000, 449 (458) (seinerzeit noch in Kritik zur vorherigen Rspr. (Fn. 122 aE); abw. GK/*Schäfer* § 131 HGB Rn. 110.
[157] Vgl. *K. Schmidt* Gesellschaftsrecht, 1555.

8. Kapitel. Wechsel im Gesellschafterbestand unter Lebenden

desfällen – Zeiten der Unsicherheit über die Unternehmensfortführung zu begrenzen. Sie ist daher dringend anzuraten.

62 Eine gesellschaftsvertragliche Regelung empfiehlt sich auch hinsichtlich des **Todes von Gesellschaftern der Komplementär-GmbH**. Während bei dem Tod eines Kommanditisten nach dem gesetzlichen Grundsatz sämtliche Erben entsprechend ihrer Erbquote im Wege der Sondererbfolge in die Gesellschafterstellung einrücken (§ 177 HGB),[158] geht beim Tod eines Gesellschafters der Komplementär-GmbH der Geschäftsanteil auf die Erbengemeinschaft über, so dass die Miterben nur gemeinsam an dem Anteil berechtigt sind (§ 18 GmbHG). Somit besteht die Gefahr, dass eine vormals vorhandene Gesellschafterkongruenz auf Ebene der KG und ihrer Komplementär-GmbH durch den Tod eines an beiden Gesellschaften beteiligten Gesellschafters beendet wird. Dem kann durch entsprechende **Verzahnung der gesellschaftsvertraglichen Regelungen** beider Gesellschaften vorgebeugt werden. So kann der Gesellschaftsvertrag der GmbH die Gesellschafter verpflichten, ihren Anteil nur die Beteiligungsverhältnisse wahrend zu übertragen. Die Vererblichkeit des Geschäftsanteils an der GmbH kann zwar nicht ausgeschlossen werden, doch kann durch entsprechende Regelungen im Gesellschaftsvertrag mittelbar ein ähnliches Ergebnis erreicht werden. So kann vorgesehen werden, dass der Geschäftsanteil von den Erben an Dritte abzutreten ist,[159] oder dass der Anteil im Falle des Todes des betreffenden Gesellschafters – ggf. unentgeltlich – eingezogen werden kann.[160]

63 **c) Eintragung in das Handelsregister.** Das Ausscheiden des Kommanditisten ist zur Eintragung in das Handelsregister anzumelden (§ 162 Abs. 3 HGB).[161] Auch Fälle der Rechtsnachfolge werden registerrechtlich als Ausscheiden in Verbindung mit einem Eintritt behandelt.[162] Bei einem Kommanditistenwechsel ist zusätzlich eine sogenannte negative Abfindungsversicherung nötig.[163] Die Anmeldepflicht trifft alle Gesellschafter (§ 143 Abs. 2 HGB). Die Eintragung des Ausscheidens hat nur deklaratorische Wirkung. Gutgläubige Dritte können sich allerdings nach § 15 HGB auf die Unrichtigkeit des Handelsregisters berufen.[164] Mit der Bestätigung des Insolvenzplans durch das Insolvenzgericht (§ 248 InsO) wird er allgemeinverbindlich[165] und kann daher den Zeitpunkt der Eintragung markieren.

2. Rechtsstellung des ausscheidenden Gesellschafters

64 **a) Verlust der Mitgliedschaftsrechte.** Mit dem Ausscheiden aus der Gesellschaft verliert der betroffene Gesellschafter alle seine Mitgliedschafts-

---

[158] BGHZ 22, 192 (195); 68, 237; 91, 135; 98, 51; 108, 192.
[159] *Priester* GmbHR 1981, 206 (208); *Scholz/Winter* § 15 GmbHG Rn. 26 f.
[160] *Priester* GmbHR 1981, 206 (209); *Scholz/Winter* § 15 GmbHG Rn. 24 ff.; vgl. auch MHdB GesR II/*Gummert* GmbH & Co. KG § 52 Rn. 50.
[161] Zur Löschung der Firma der KG OLG Hamm, ZIP 2003, 2264.
[162] *Röhricht/v.Westphalen/v. Gerkan/Haas* § 143 HGB Rn. 3; vgl. auch OLG Frankfurt Der Konzern 2004, 285.
[163] Zuletzt BGH NZG 2006, 15; aA KG Berlin NZG 2004, 809.
[164] BGHZ 81, 82.
[165] Nerlich/Römermann/*Braun* § 248 Rn. 5.

rechte (Stimmrecht, Gewinnbezugsrecht, Informationsrecht etc.). Die Gesellschafterrechte und -pflichten des Ausgeschiedenen wirken danach nur noch eingeschränkt im Rahmen eines nachwirkenden Treueverhältnisses fort (vgl. dazu → § 26 Rn. 23). Dem Gesellschafter verbleibt jedoch der Anspruch auf Rechenschaftslegung nach § 740 Abs. 2 BGB.[166]

b) Abfindungsanspruch. Mit seinem Ausscheiden wandelt sich der Anteil des Gesellschafters in einen Abfindungsanspruch um (§ 738 Abs. 1 S. 2 BGB).[167] Der Anspruch wird im Zeitpunkt der Berechenbarkeit des Anspruchs fällig. Nach früher hM war auf den Zeitpunkt der Abschichtungsbilanz abzustellen,[168] heute wird auf den wahren Wert des Gesellschaftsvermögens am Tag des Ausscheidens abgestellt.[169] Bei der Auszahlung an einen ausscheidenden Kommanditisten gilt es zu beachten, dass die Auszahlung des Abfindungsguthabens eine Einlagenrückgewähr darstellt und er daher bis zur Eintragung seines Ausscheidens in das Handelsregister persönlich für Gesellschaftsverbindlichkeiten haftet (§ 172 Abs. 4 HGB).[170] Er kann sich aber durch Leistung an die Gesellschaft von seiner Haftung befreien.[171] Kommanditist wie Komplementär haften jedoch nur für solche Verbindlichkeiten, die vor der Eintragung ihres Ausscheidens entstanden sind.[172] Für die Abgrenzung zwischen Alt- und Neuverbindlichkeit ist die Schaffung der Rechtsgrundlage maßgeblich.[173] Grundsätzlich ist die Haftung für Alt- und Neuverbindlichkeiten gemäß § 160 Abs. 1 HGB auf fünf Jahre nach der Eintragung des Ausscheidens begrenzt.

c) Nachschusspflicht. Sofern der Wert des Gesellschaftsvermögens zur Deckung der gemeinschaftlichen Schulden und der Einlagen nicht ausreicht, hat der ausscheidende Komplementär im Verhältnis seines Anteils für diesen Fehlbetrag aufzukommen (§ 739 BGB). Besteht nach Berechnung des Abfindungsguthabens ein Passivsaldo des Komplementärs, so muss er diesen Fehlbetrag nachzahlen.[174]

---

[166] GK/*Schäfer* § 131 HGB Rn. 133; MüKo/*K. Schmidt* § 131 HGB Rn. 123.
[167] *Baumbach/Hopt* § 131 HGB Rn. 48; GK/*Schäfer* § 131 HGB Rn. 144; *Röhricht/v. Westphalen/v. Gerkan/Haas* § 131 Rn. 41.
[168] GK/*Schäfer* § 131 Rn. 144; *Röhricht/v. Westphalen/v. Gerkan/Haas* § 131 Rn. 42; *Hörstel* NJW 1994, 2268 (2271); MüKo/*K. Schmidt* § 131 HGB Rn. 129; von sofortiger Fälligkeit ausgehend Ebenroth/Boujong/Joost/Strohn/*Lorz* § 131 HGB Rn. 67; MHdB GesR II/*Piehler/Schulte* KG § 37 Rn. 46.
[169] *Baumbach/Hopt* § 131 HGB Rn. 48.
[170] *Grunewald* Gesellschaftsrecht I. C. Rn. 55; GK/*Schäfer* § 131 HGB Rn. 139 ff.; *Röhricht/v. Westphalen/v. Gerkan/Haas* § 172 HGB Rn. 33.
[171] *Röhricht/v. Westphalen/v. Gerkan/Haas* § 171 HGB Rn. 22.
[172] BGHZ 71, 296 (304); Schlegelberger/*K. Schmidt* §§ 171, 172 HGB Rn. 73; *Grunewald* Gesellschaftsrecht I. C. Rn. 55.
[173] RGZ 140, 10 (14); BGHZ 55, 267 (269 f.); GK/*Schäfer* § 128 Rn. 60; *Röhricht/ v. Westphalen/v. Gerkan/Haas* § 128 Rn. 27.
[174] BGH NJW 1999, 2438 (2439); BGHZ 68, 225 (227 f.); *Baumbach/Hopt* § 131 HGB Rn. 55; MüKo/*K. Schmidt* § 131 HGB Rn. 113; Koller/Roth/*Morck* § 131 HGB Rn. 15.

67 **d) Sonstige Rechte.** *aa) Rückgabe von Gegenständen.* Gegenstände, die der ausscheidende Gesellschafter zur Nutzung überlassen hat, kann er bei Ausscheiden zurückfordern (§ 738 Abs. 1 S. 2 BGB). Ein Rückforderungsanspruch besteht nicht, wenn die Gegenstände **zu Eigentum** (quoad dominum) in die Gesellschaft eingebracht wurden, sondern nur dann, wenn die Einbringung **dem Werte nach** (quoad sortem) oder zur **Gebrauchsüberlassung** (quoad usum) erfolgt ist.[175] Bei Einbringung dem Werte nach ist der Wertzuwachs, an dem die Mitgesellschafter teilhaben, im Rahmen der Auseinandersetzung auszugleichen.

68 *bb) Befreiung von Verbindlichkeiten.* Daneben kann der ausscheidende Gesellschafter von der Gesellschaft und den verbleibenden Gesellschaftern (dies jedoch nur subsidiär, falls die Inanspruchnahme durch den Gläubiger droht und die Freistellung durch die Gesellschaft nicht zu erwarten ist[176]) **Freistellung** von den Verbindlichkeiten der Gesellschaft verlangen (§§ 105 Abs. 2 HGB, 738 Abs. 1 S. 2 BGB). Dies umfasst auch eine Enthaftung gestellter Sicherheiten.[177]

Ist der Gesellschafter bereits für eine Gesellschaftsverbindlichkeit in Anspruch genommen worden, tritt an die Stelle des Freistellungsanspruchs ein Rückgriffsanspruch.[178] Der ausgeschiedene Gesellschafter kann von der Gesellschaft gemäß §§ 105 Abs. 2 HGB, 738 Abs. 1 S. 2 BGB Regress verlangen. Der Regressanspruch gegenüber den Gesellschaftern ist wiederum subsidiär und lässt sich ganz hM nach nicht aus § 110 HGB ableiten, da dieser das Fortbestehen der Gesellschaft voraussetzt und daran einen mitgliedschaftlichen Anspruch anknüpft.[179] Vorzugswürdig erscheint vielmehr die Anwendung des § 738 Abs. 1 S. 2 BGB[180]. Es ist umstritten, ob es sich gegenüber dem einzelnen Gesellschafter um eine pro rata oder eine gesamtschuldnerische Haftung handelt. Die hM geht von einer gesamtschuldnerischen Haftung aus, da die Haftungsbeteiligung des Ausscheidenden gerade fehlt und es daher nicht zu einer Haftung pro rata kommen kann.[181] Zudem haben die verbliebenen Gesellschafter wiederum einen Freistellungsanspruch aus § 738 Abs. 1 S. 2 BGB.[182]

69 *cc) Anspruch auf Beteiligung an schwebenden Geschäften.* Schließlich nimmt der Ausscheidende am Gewinn und Verlust zur Zeit seines Ausscheidens schwebender Geschäfte teil (§ 740 Abs. 1 S. 1 BGB). Schwebende Geschäfte

---

[175] *Ulmer/Schäfer* GbR § 732 BGB Rn. 1 ff.; GK/*Schäfer* § 131 HGB Rn. 118 f.; MüKo/*K. Schmidt* § 131 HGB Rn. 106 f.; MHdB GesR II/*Piehler/Schulte* KG § 37 Rn. 16.
[176] GK/*Habersack* HGB § 128 Rn. 47.
[177] *Röhricht/v. Westphalen/v. Gerkan/Haas* § 131 HGB Rn. 40.
[178] *Röhricht/v. Westphalen/v. Gerkan/Haas* § 128 HGB Rn. 31.
[179] BGH NJW 1963, 1873.
[180] Relativierend GK/*Habersack* HGB § 128 Rn. 50.
[181] *Röhricht/v. Westphalen/v. Gerkan/Haas* § 128 HGB Rn. 33; Henssler/Strohn/*Steitz* § 128 Rn. 42; Ebenroth/Boujong/Joost/Strohn/*Hillmann* § 128 HGB Rn. 34; aA MüKo/*K. Schmidt* § 128 HGB Rn. 62.
[182] Ebenroth/Boujong/Joost/Strohn/*Hillmann* § 128 HGB Rn. 34; aA GK/*Habersack* HGB § 128 Rn. 50.

finden in der Abfindungsbilanz grundsätzlich keine Berücksichtigung.[183] Nicht unter den Begriff der schwebenden Geschäfte fallen jedoch Dauerrechtsverhältnisse wie etwa Dauerschuldverhältnisse oder auch Beteiligungen an anderen Unternehmen; diese sind jeweils stichtagsbezogen im Rahmen der Abfindung zu berücksichtigen.[184]

e) Vertragliche Regelungen. Die vorgenannten Rechte des ausscheidenden Gesellschafters können im Gesellschaftsvertrag grundsätzlich modifiziert werden. Bedenklich sind derartige abweichende Regelungen dann, wenn sie der Sache nach dazu führen, dass der Gesellschafter keine angemessene Abfindung mehr erhält, oder wenn sie einseitig zu Lasten der Gläubiger wirken. Ist eine Abfindungsregelung danach unwirksam, behält eine ergänzende Vertragsauslegung jedoch den Vorrang vor der gesetzlichen Regelung des § 738 Abs. 1 S. 2 BGB.[185]

70

---

[183] BGH NJW 1993, 1194; MüKo/*K. Schmidt* § 131 HGB Rn. 123; *Ebenroth/Boujong/Joost/Strohn/Lorz* § 131 HGB Rn. 106.
[184] *Röhricht/v. Westphalen/v. Gerkan/Haas* § 131 HGB Rn. 51.
[185] *Röhricht/v. Westphalen/v. Gerkan/Haas* § 131 HGB Rn. 61, 65 ff.

§ 31 Austritt, Ausschluss

Übersicht

	Rn.		Rn.
I. Einführung	1	1. Kommanditgesellschaft	32
1. Begriffsbestimmung	1	a) Ausschließungsklage	32
2. Unterschiede zwischen KG und GmbH	4	b) Regelungen im Gesellschaftsvertrag	41
II. Initiative des Gesellschafters	8	2. GmbH	47
1. Kommanditgesellschaft	8	a) Einziehung mit Zustimmung des Gesellschafters	47
a) Ordentliches Austrittsrecht	8	b) Zwangseinziehung	51
b) Außerordentliches Austrittsrecht	12	c) Regelungen im Gesellschaftsvertrag	56
c) Austrittsvereinbarung	18	aa) Zustimmungsklausel	57
2. GmbH	19	bb) Generalklausel	58
a) Ordentliches Austrittsrecht	19	cc) Einziehungsklausel	59
b) Außerordentliches Austrittsrecht	25	dd) Ausschlussklausel	62
		ee) Hinauskündigungsklausel	63
c) Austrittsvereinbarung	31	d) Ausschließungsklage	65
III. Initiative der Mitgesellschafter bzw. der Gesellschaft	32	IV. Verzahnung in den Gesellschaftsverträgen	78

Schrifttum: *Abramenko*, Rechtliches Gehör vor dem Ausschluss eines Gesellschafters aus der GmbH, GmbHR 2001, 501 ff.; *Altmeppen*, Wer schuldet die Abfindung bei Einziehung eines Geschäftsanteils in der GmbH?, NJW 2013, 1025; *Ammon*, Gesellschaftsrechtliche und sonstige Neuerungen im Handelsrechtsreformgesetz – Ein Überblick, DStR 1998, 1474 ff.; *Bacher/von Blumenthal*, Die Verwertung von GmbH-Geschäftsanteilen bei Ausscheiden eines Gesellschafters, NZG 2008, 406 ff.; *Bärwaldt*, Ausschließung von Gesellschaftern aus wichtigem Grund, NZG 2003, 261 f.; *Balz*, Rechte und Pflichten des Gesellschafters nach Austritt aus der GmbH, DB 1984, 1865 ff.; *Baumann*, Die Ausschließung von GmbH-Gesellschaftern – Möglichkeiten der Satzungsgestaltung, MittRhNotK 1991, 271 ff.; *Behr*, Der Ausschluß aus der Personengesellschaft im Spannungsfeld zwischen Vertrag und Status, ZGR 1985, 475 ff.; *Behr*, Neue Tendenzen im Recht der Ausschließung aus der Personengesellschaft, ZGR 1990, 370 ff.; *Blath*, Der Vollzug des Ausscheidens aus der GmbH – dogmatische und praktische Fragen, GmbHR 2012, 657 ff.; *Bösert*, Gesetzliches Sonderaustrittsrecht des GmbH-Gesellschafters – Neuregelung im Fünften Vermögensbildungsgesetz, GmbHR 1994, 293 ff.; *Bunte*, Ausschließung und Abfindung von Gesellschaftern einer Personengesellschaft, ZIP 1983, 8 ff.; *Bunte*, Wirksamkeitskontrolle gesellschaftsvertraglicher „Hinauskündigungsklauseln", ZIP 1985, 915 ff.; *Bydlinski*, Zentrale Änderungen des HGB durch das Handelsrechtsreformgesetz, ZIP 1998, 1169 ff.; *Clevinghaus*, Voraussetzungen und Folgen der Einziehung von GmbH-Geschäftsanteilen, RNotZ 2011, 449 ff.; *Damrau-Schröter*, Der Ausschluss eines (missliebigen) GmbH-Gesellschafters, NJW 1991, 1927 ff.; *Eckardt*, Das Ausscheiden des Komplementärs aus der zweigliedrigen KG, NZG 2000, 449 ff.; *Esch*, Die mitglied-

§ 31 Austritt, Ausschluss

schafts- und steuerrechtlichen Wirkungen der Ausschließung oder des Austritts aus einer GmbH aus wichtigem Grund, GmbHR 1981, 25 ff.; *Eschenlohr,* Beschränkungen der Austritts- und Kündigungsmöglichkeiten des Gesellschafters einer Familien-GmbH, FS Sigle 2000, 131 ff.; *Eser,* Zur Ausschließbarkeit eines GmbH-Gesellschafters, DStR 1991, 747 ff.; *Fingerhut/Schröder,* Die Einziehung eines GmbH-Anteils und Probleme in der Praxis, BB 1997, 1805 ff.; *Flume,* „Hinauskündigung" aus der Personengesellschaft und Abfindung, DB 1986, 629 ff.; *Frey/von Bredow,* Der Wegfall des einzigen Komplementärs nach der HGB-Reform, ZIP 1998, 1621 ff.; *Gehrlein,* Die Einziehung von GmbH-Geschäftsanteilen als Mittel zum Ausschluß eines Gesellschafters, ZIP 1996, 1157 ff.; *Gehrlein,* Zum Gewinnbezugsrecht eines GmbH-Gesellschafters nach Einziehung seines Geschäftsanteils, DB 1998, 2355 f.; *Goette,* Ausschließung und Austritt aus der GmbH in der Rechtsprechung des Bundesgerichtshofs, DStR 2001, 533 ff.; *Grunewald,* Die Zwangseinziehung von GmbH-Geschäftsanteilen, GmbHR 2012, 769 ff.; *Gustavus,* Die Neuregelungen im Gesellschaftsrecht nach dem Regierungsentwurf eines Handelsrechtsreformgesetzes, GmbHR 1998, 17 ff.; *Harst,* Zur Zwangseinziehung von Geschäftsanteilen, GmbHR 1987, 183 ff.; *Hartmann,* Der ausscheidende Gesellschafter in der Wirtschaftspraxis, 4. Auflage 1983; *Heckschen,* Einziehung, Zwangsabtretung und Ausschluss in der Insolvenz eines GmbH-Gesellschafters, NZG 2010, 521; *Hörstel,* Der Ausschluß des GmbH-Gesellschafters durch Kaduzierung, NJW 1994, 965 ff.; *Huber,* Der Ausschluß des Personengesellschafters ohne wichtigen Grund, ZGR 1980, 177 ff.; *Kiethe,* Ausschluss aus der Personengesellschaft und Einstweilige Verfügung, NZG 2004, 115 ff.; *Krämer,* Die gesellschaftsvertragliche „Ausschließung" aus der Personengesellschaft, NJW 1981, 2553 ff., *Kreutz,* Hinauskündigungsklauseln im Recht der Personenhandelsgesellschaften, ZGR 1983, 109 ff.; *Lamprecht,* Fortsetzung der OHG bei Ausscheiden eines Gesellschafters?, ZIP 1997, 919 ff.; *Lorenz,* Zivilprozessuale Probleme der Zwangseinziehung von GmbH-Anteilen, DStR 1996, 1774 ff.; *Lutter,* Ausschluss von Gesellschaftern, Einziehung von Geschäftsanteilen und gesellschafterliche Treuepflicht, GmbHR 1997, 1134 f.; *Lutz,* Rechtswirkung des Gesellschafterbeschlusses bei Zwangseinziehung des GmbH-Geschäftsanteils, DStR 1999, 1858 ff.; *Mayer,* Zur Mitwirkungspflicht beim Ausschluß von Personengesellschaftern, BB 1992, 1497 ff.; *Meyer,* Die Einziehung von GmbH-Anteilen im Lichte des MoMiG, NZG 2009, 1201 ff.; *Meyer-Landrut,* Die Auslegung einfacher Kündigungsklauseln in GmbH-Satzungen, in FS Stimpel, 1985, S. 431 ff.; *Michalski,* Die Zwangseinziehung eines GmbH-Anteils im Falle der Anteilspfändung, ZIP 1991, 147 ff.; *Kl.-J. Müller,* Folgen der Einziehung eines GmbH-Geschäftsanteils, DB 1999, 2045 ff.; *Nassall,* Fort und Hinaus, Zur Zulässigkeit von Hinauskündigungsklauseln in Gesellschaftsverträgen von Personengesellschaften und Satzungen von GmbH, NZG 2008, 851 ff.; *Niemeier,* Rechtsschutz und Bestandsschutz bei fehlerhafter Einziehung von GmbH-Anteilen, ZGR 1990, 314 ff.; *Oppenländer,* Von der Rechtsprechung entwickelte Sonderregeln für die Zweipersonen-GmbH, DStR 1996, 922 ff.; *Peetz,* Voraussetzungen und Folgen der Einziehung von GmbH-Geschäftsanteilen – Gesellschafts- und steuerrechtliche Gesichtspunkte, GmbHR 2000, 749 ff.; *Reuter,* Nochmals: Das Kündigungsrecht des GmbH-Gesellschafters, GmbHR 1977, 77 ff.; *Röhricht,* Zum Austritt des Gesellschafters aus der GmbH, FS Kellermann 1991, S. 361 ff.; *Römermann,* Ausschließung von GmbH-Gesellschaftern und Einziehung von Anteilen: Ein Minenfeld, NZG 2010, 96 ff.; *Roth,* Einziehung des Geschäftsanteils und Dauer der Gewinnbeteiligung, ZGR 1999, 715 ff.; *Schäfer/Hillesheim,* Die Gesellschafterstellung auf Zeit im Rahmen eines Geschäftsführerbeteiligungsmodells (Managermodells), DStR 2003, 2122 ff.; *Scheifele,* Der Ausschluß aus der Gesellschaft als ultima ratio?, BB 1989, 792 ff.; *Schick,* Das Mehrheitserfordernis bei Ausschluss eines Minderheitsgesellschafters einer GmbH und Stimmrechtsverbote im Gesellschafterkonsortium, DB 2000, 2105 f.; *Schindler,* Das Austrittsrecht in Kapitalgesellschaften, 1999; *Schlitt,* Die Aus-

8. Kapitel. Wechsel im Gesellschafterbestand unter Lebenden

wirkungen des Handelsrechtsreformgesetzes auf die Gestaltung von GmbH & Co. KG-Verträgen, NZG 1998, 580 ff.; *K. Schmidt*, Das Handelsrechtsreformgesetz, NJW 1998, 2161 ff.; *Schneider/Hoger*, Einziehung von Geschäftsanteilen und Gesellschafterhaftung, NJW 2013, 502 ff.; *Schockenhoff*, Rechtsfragen der Zwangseinziehung von GmbH-Geschäftsanteilen, NZG 2012, 449 ff.; *Schwab*, Kündigung, Ausschluss und Einziehung in der GmbH, DStR 2012, 707 ff.; *Schwerdtner*, Das Kündigungsrecht des GmbH-Gesellschafters, GmbHR 1976, 101 ff.; *Sethe*, Die Wirkung und dogmatische Einordnung von Fortsetzungs- und Nachfolgeklauseln im Lichte der HGB-Reform, JZ 1997, 989 ff.; *Sieger/Mertens*, Die Rechtsfolgen der Einziehung von Geschäftsanteilen einer GmbH, ZIP 1996, 1493 ff.; *Stolzenburg*, Kündigung und Enthaftung bei der Kreditbürgschaft eines ausgeschiedenen Gesellschafters, ZIP 1985, 1189 ff.; *Tschernig*, Der Ausschluß eines GmbH-Gesellschafters durch Gesellschafterbeschluß, GmbHR 1999, 691 ff.; *Ulmer*, Zwangseinziehung von Geschäftsanteilen und Ausschließung von GmbH-Gesellschaftern aus wichtigem Grund – Wirksamkeit schon vor Abfindung des betroffenen Gesellschafters?, in FS Rittner, 1991, S. 735 ff.; *Ulmer*, Die Einziehung von GmbH-Anteilen – ein Opfer der MoMiG-Reform?, DB 2010, 321 ff.; *Ulmer*, Höchstrichterliche Rechtsfortbildung als Durchhauen des gordischen Knotens?, in FS Hoffmann-Becking, 2013, 1261 ff.; *van Venrooy*, Einziehung im Gesellschafter-Konkurs und Treuepflicht, GmbHR 1995, 339 ff.; *Volhard*, Kann die GmbH-Satzung die Einziehung des Geschäftsanteils eines Auflösungsklägers vorsehen?, GmbHR 1995, 617 ff.; *Wellhöfer*, Ausscheiden eines GmbH-Gesellschafters in der Gesellschaftspraxis, GmbHR 1994, 212 ff.; *Westermann*, Einziehung und Abfindung (§ 34 GmbHG), in FS 100 Jahre GmbH-Gesetz, 1992, 447 ff.; *Wolf*, Abberufung und Ausschluß in der Zweimann-GmbH, ZGR 1998, 92 ff.; *Wolff*, Das Schicksal eingezogener GmbH-Geschäftsanteile und alternative Satzungsregelungen, GmbHR 1999, 958 ff.; *Zeilinger*, Die Einziehung von GmbH-Geschäftsanteilen als Instrument zum Ausschluss einzelner Gesellschafter aus der GmbH, GmbHR 2002, 772 ff.

I. Einführung

1. Begriffsbestimmung

1   Nachdem in → § 29 die Anteilsübertragung und in → § 30 das Ausscheiden eines Gesellschafters behandelt wurden, stehen nachfolgend Austritt und Ausschluss von Gesellschaftern im Mittelpunkt. Da zwischen diesen Sachverhalten häufig nicht ausreichend differenziert wird, erscheint eine einführende Abgrenzung sinnvoll. Auszugehen ist dabei von dem Oberbegriff des Ausscheidens, unter dem alle Fälle einer **Einzelbeendigung bzw. -übertragung der Mitgliedschaft** zusammengefasst werden können. Neben Anteilsveräußerung, Austritt und Ausschluss gehören dazu beispielsweise das Erreichen einer vertraglich festgelegten Altersgrenze oder der Ablauf einer von vornherein vereinbarten Beteiligungsdauer.[1]

2   Die Veräußerlichkeit des Gesellschaftsanteils kann rechtlich unzulässig oder an bestimmten Voraussetzungen, wie insbesondere die Zustimmung der Mitgesellschafter, gebunden sein. Sie kann aber auch faktisch dadurch in Frage gestellt sein, dass sie sich aufgrund der drohenden Realisierung eines Wertverlusts als wirtschaftlich unvernünftig erweist. Aus Sicht des Gesell-

---

[1] Vgl. *K. Schmidt* Gesellschaftsrecht § 50 II 6a. Zu weiteren Ausscheidensgründen s. → § 30.

schafters kommt es daher entscheidend darauf an, dass ihm noch andere Wege zur Verfügung stehen, die Gesellschaft wieder zu verlassen. Ein derartiges **Lösungsrecht** wird im Gesetz aber nur selten als Austritt bezeichnet, so etwa in § 39 BGB für den Idealverein. Dies führt dazu, dass die Begriffe Austritt und Kündigung häufig synonym gebraucht werden.

Begriffsbildendes Merkmal des Austritts ist die Freiwilligkeit und Eigeninitiative des Gesellschafters bei der Wahrnehmung seines Lösungsrechts.[2] Demgegenüber wird der Ausschluss des Gesellschafters aus der Gesellschaft, aufgrund einer gesetzlichen (zB § 21 GmbHG) oder gesellschaftsvertraglichen Grundlage (vgl. § 34 GmbHG), von dieser selbst erklärt. Im Regelfall ist Austritt und Ausschluss gemeinsam, dass sie gegen Zahlung einer Abfindung erfolgen (s. auch → § 32) und ausschließlich die **Beendigung der Mitgliedschaft** des betreffenden Gesellschafters bewirken. Allerdings kann die Initiative eines Gesellschafters ausnahmsweise zur Gesamtbeendigung aller Mitgliedschaften durch Auflösung und Liquidation der Gesellschaft führen, so dass jedem Gesellschafter am Ende nur sein Anteil am Liquidationserlös zusteht (zu Einzelheiten s. → §§ 46, 47). Weil Tod und Kündigung eines Gesellschafters bei OHG und KG im Zweifel lediglich zu dessen Ausscheiden bei Fortbestand der Gesellschaft im Übrigen führen (§§ 161 Abs. 2, 131 Abs. 3 S. 1 Nr. 1 und 3 HGB), betrifft dies mangels abweichender vertraglicher Bestimmung nur noch die Auflösungsklage aus wichtigem Grund nach §§ 161 Abs. 2, 133, 131 Abs. 1 Nr. 4 HGB bzw. § 61 GmbHG.

3

2. Unterschiede zwischen KG und GmbH

Die GmbH ist als juristische Person körperschaftlich strukturiert und deshalb von dem Bestand ihrer Mitglieder unabhängig. Gleichwohl gibt es kein generelles **Austrittsrecht** (ohne wichtigen Grund); es steht den Gesellschaftern aber frei, Regelungen über den Austritt in der Satzung zu treffen.[3] Nach der rechtsfortbildenden Rechtsprechung des II. Zivilsenats des BGH ist ohne Sonderregelung in der Satzung lediglich ein Austrittsrecht aus wichtigem Grund anzuerkennen.[4] Da GmbH-Satzungen statt von Austritt in der Regel von Kündigung sprechen, ist durch **Auslegung** zu ermitteln, ob eine derartige Klausel die Gesellschafter zum Austritt aus der Gesellschaft und damit lediglich zur Einzelbeendigung ihrer Mitgliedschaft (**Austrittskündigung**) oder zur Auflösung der Gesellschaft (**Auflösungskündigung**) berechtigen soll.

4

Auch bei den Personenhandelsgesellschaften führt der – regelmäßig durch Kündigung erklärte – Austritt eines Gesellschafters mangels abweichender vertraglicher Bestimmung nicht zur Auflösung der Gesellschaft (§§ 161 Abs. 2, 131 Abs. 3 S. 1 HGB).[5] Dies kann nur dann nicht gelten, wenn der

5

---

[2] Ausführlich *Schindler*, Austrittsrecht, 4 ff.
[3] Baumbach/Hueck/*Fastrich* Anh § 34 GmbHG Rn. 27; Scholz/*Seibt* Anh § 34 GmbHG Rn. 6.
[4] BGHZ 9, 157, 158 ff. = NJW 1953, 780; BGHZ 116, 359, 369 = NJW 1992, 892; so auch Ulmer/*Ulmer* Anh § 34 GmbHG Rn. 46 mwN.
[5] Bis zum Handelsrechtsreformgesetz v. 22.6.1998, BGBl. I 1474 galt der umgekehrte Grundsatz.

8. Kapitel. Wechsel im Gesellschafterbestand unter Lebenden

ausscheidende Gesellschafter der einzige Komplementär einer KG ist.[6] Wird die KG nicht mit einem neuen Komplementär fortgesetzt, sei es in Person eines bisherigen Kommanditisten oder eines gesellschaftsfremden Dritten, bleibt es bei der Auflösung der Gesellschaft als Rechtsfolge. Scheidet dagegen der letzte Kommanditist aus der Gesellschaft aus, verwandelt sich die KG kraft Rechtsformzwangs automatisch in eine OHG, sofern mindestens zwei Gesellschafter verbleiben.

6 Nach §§ 161 Abs. 2, 131 Abs. 3 S. 1 Nr. 6 HGB besteht die Möglichkeit, das Ausscheiden eines Gesellschafters aus der KG durch Gesellschafterbeschluss herbeizuführen. Gegen den Willen des Gesellschafters kann dies bei Vorliegen eines wichtigen Grundes iSv § 133 HGB in der Person des Gesellschafters nur im Wege der Ausschließungsklage nach § 140 HGB durch Gestaltungsurteil erfolgen (→ Rn. 32 ff.). Einem GmbH-Gesellschafter droht demgegenüber der **Ausschluss aus der Gesellschaft** nur, wenn und soweit die Voraussetzungen dafür in der **Satzung** festgeschrieben wurden (§ 34 GmbHG) (→ Rn. 47) oder ein wichtiger Grund vorliegt (**Ausschließungsklage**) (→ Rn. 65 ff.). Hinzu kommt die Gefahr der Kaduzierung seines Anteils, wenn er nicht in der Lage ist, die von ihm übernommene Stammeinlage vollständig zu erbringen (§ 21 GmbHG).

7 Die strukturellen Unterschiede zwischen Gesamthand und Körperschaft wirken sich vor allem auf der **Rechtsfolgenseite** aus. Austritt und Ausschluss eines **KG**-Gesellschafters bewirken neben dem Erlöschen seiner Mitgliedschaft, dass sein Anteil am Gesellschaftsvermögen den übrigen Gesellschaftern zuwächst und er gegen die Gesellschaft einen Abfindungsanspruch erhält, dessen Höhe sich wiederum nach seiner Beteiligung richtet (§§ 161 Abs. 2, 105 Abs. 3 HGB iVm § 738 Abs. 1 BGB). Zudem kann er Befreiung von den Schulden der Gesellschaft, soweit er für diese haftet,[7] und Sicherheitsleistung für noch nicht fällige Verbindlichkeiten verlangen (§ 738 Abs. 1 S. 2 und 3 BGB). Schließlich muss sein Ausscheiden von allen Gesellschaftern zur Eintragung in das Handelsregister angemeldet werden (§§ 161 Abs. 2, 143 Abs. 1 und 2 HGB). Bei der **GmbH** ist – aufgrund deren körperschaftlicher Struktur – demgegenüber eine Anwachsung als Rechtsfolge des Ausscheidens von vornherein ausgeschlossen. Als Alternativen stehen hier stattdessen die Einziehung (→ Rn. 47 ff.) oder Veräußerung des Geschäftsanteils zur Verfügung.

II. Initiative des Gesellschafters

1. Kommanditgesellschaft

8 **a) Ordentliches Austrittsrecht.** Im Recht der Personengesellschaften erfolgt der Austritt eines Gesellschafters in der Regel durch **Kündigung**. Die ordentliche Kündigung ist eine einseitige, empfangsbedürftige und bedingungsfeindliche Willenserklärung, die grundsätzlich gegenüber allen Mit-

---

[6] Vgl. Baumbach/Hopf § 131 HGB Rn. 18, 23, 36.
[7] Die Haftung der ausscheidenden Komplementär-GmbH ist in → § 42, die Haftung eines ausscheidenden Kommanditisten in → § 43 näher behandelt.

gesellschaftern abzugeben und weder an Form noch Begründung, sondern ausschließlich an die Beachtung bestimmter Fristen gebunden ist.[8] Zwar lässt sich aus der bloßen Bezeichnung einer gegenüber der Gesellschaft abgegebenen Erklärung als „Kündigung" nicht ohne Weiteres darauf schließen, welche rechtsgestaltende Wirkung diese entfalten soll. Soweit allerdings keine abweichende vertragliche Regelung getroffen wurde, beendet die Kündigung eines KG-Gesellschafters auch in den Fällen der §§ 132, 134 HGB nur dessen eigene Mitgliedschaft und die Gesellschaft besteht mit den übrigen Gesellschaftern fort (§§ 161 Abs. 2, 131 Abs. 3 S. 1 Nr. 3 HGB).

Ist im Gesellschaftsvertrag nichts anderes bestimmt, scheidet der kündigende Gesellschafter mit Ablauf der Kündigungsfrist aus der Gesellschaft aus (§ 131 Abs. 3 S. 2 HGB). Sein Anteil am Gesellschaftsvermögen wächst den verbleibenden Gesellschaftern zu (§§ 161 Abs. 2, 105 Abs. 3 HGB iVm § 738 Abs. 1 BGB) und er erhält gegen die Gesellschaft einen **Zahlungsanspruch**, über dessen Höhe sich die beteiligten Parteien in der Praxis unabhängig davon sehr häufig streiten, ob Grundregeln zu seiner Berechnung im Gesellschaftsvertrag enthalten sind oder nicht.[9] Umgekehrt droht ihm nach §§ 161 Abs. 2, 105 Abs. 3 HGB iVm 739 BGB ein **Ausgleichsanspruch** der Gesellschaft, wenn und soweit diese in der Zeit seiner Zugehörigkeit im Ergebnis Verluste erlitten hat und diese anteilig auf ihn entfallen. Für ausscheidende Kommanditisten ist dabei mangels abweichender Bestimmung im Gesellschaftsvertrag der Rahmen des § 167 Abs. 3 HGB zu beachten.[10] Das ordentliche Kündigungsrecht kann im Gesellschaftsvertrag nicht ausgeschlossen (§§ 161 Abs. 2, 105 Abs. 3 HGB iVm 723 Abs. 3 BGB) und nur in Grenzen zeitlich beschränkt werden.[11] Ebenso unterliegt das in § 738 Abs. 1 S. 1 BGB geregelte Anwachsungsprinzip nicht der Disposition der Gesellschafter.[12] Dies verwehrt es den Gesellschaftern aber nicht, eine abweichende Vereinbarung über die Anwachsungsquote zu treffen.[13] 9

Zu einem **Erlöschen** der KG führt das Ausscheiden in Fällen, in denen nach dem Ausscheiden von einem oder mehreren Mitgesellschaftern nur noch ein Gesellschafter verbleibt.[14] Im Wege der Gesamtrechtsnachfolge (und nicht der Anwachsung, str.)[15] gehen die Aktiva und Passiva der Gesellschaft auf den Verbleibenden über.[16] Dieser kann die Geschäfte der Gesellschaft als 10

---

[8] Zu den allg. Grundsätzen und §§ 132, 134 HGB s. bereits → § 30.
[9] Einzelheiten zur Abfindungsproblematik in → § 32.
[10] OLG Düsseldorf NZG 1999, 876. Ihr Risiko beschränkt sich danach auch bei den Kapitalanteil übersteigenden Verlusten auf die Pflichteinlage und gegebenenfalls rückzahlbare Entnahmen.
[11] BGH NZW 2012, 984; NJW 2007, 295 (295f.).
[12] BGH DStR 1993, 1530; Henssler/Strohn/*Kilian* § 738 BGB Rn. 16; MüKoBGB/*Ulmer/Schäfer* § 738 Rn. 13.
[13] MüKoBGB/*Ulmer/Schäfer* § 738 Rn. 13; *Früchtl* NZG 2007, 368 (369f.).
[14] BGH NZG 2000, 474; 2008, 704 (GbR mit Fortsetzungsklausel); Baumbach/Hopt § 131 HGB Rn. 35; MüKoHGB/*K. Schmidt* § 131 Rn. 101.
[15] So etwa MüKoBGB/*Ulmer/Schäfer* § 738 Rn. 11; krit. *K. Schmidt* in FS Huber 2006, 969 (991 ff.); Anwachsung und Gesamtrechtsnachfolge werden gleichgestellt von BGH NZG 2008, 704.
[16] Baumbach/Hopt § 131 HGB Rn. 35.

8. Kapitel. Wechsel im Gesellschafterbestand unter Lebenden

Einzelunternehmer fortführen; für die Altschulden der Gesellschaft haftet er dann – auch als ehemaliger Kommanditist – unbeschränkt.[17] Wer dies nicht will, unterliegt gleichwohl erheblichen Haftungsrisiken, selbst wenn er zuvor lediglich **Kommanditist** war und glaubt, sich auf die vollständige Erbringung seiner Einlage berufen zu können. Denn der Gesamtrechtsnachfolger haftet im Grundsatz unbeschränkt persönlich für die von seinem Rechtsvorgänger begründeten Verbindlichkeiten. Zwar hat die höchstrichterliche Rechtsprechung in entsprechender Anwendung des § 27 HGB eine Haftungsbeschränkung für den ehemaligen Kommanditisten anerkannt, wenn der Verbleibende „ohne seinen Willen" zum Alleininhaber des Unternehmens wird und die Fortführung der Geschäfte rechtzeitig eingestellt wird;[18] die Haftung für Gesellschaftsverbindlichkeiten ist danach – vorbehaltlich einer weitergehenden Haftung gem. §§ 171 f. HGB – auf das übergegangene Vermögen der Gesellschaft begrenzt.[19] Allerdings gibt es auch ein entgegenstehendes Judikat.[20] Angesichts dessen kann es angezeigt sein, für entsprechende Fälle einen **Auflösungstatbestand** im Gesellschaftsvertrag vorzusehen (vgl. → Rn. 11) und ggf. ergänzend ein Übernahmerecht. Dann kann der verbleibende Gesellschafter nach dem Ausscheiden der übrigen Gesellschafter entscheiden, ob er das Gesellschaftsvermögen übernehmen will. Mit Beendigung der Mitgliedschaft enden in jedem Fall die gesellschaftsrechtlichen Einsichts- und Informationsrechte des ausscheidenden Gesellschafters. Das allgemeine Einsichtsrecht nach §§ 810, 242 BGB bleibt ihm jedoch insoweit erhalten, als es um die Ansätze der Abschichtungsbilanz geht.[21]

11 Seit dem Handelsrechtsreformgesetzes (vgl. → Fn. 5) ist die Austrittskündigung zum gesetzlichen Regelfall geworden. Da die Rechtsfolge des Ausscheidens eines Gesellschafters bei Vorliegen der in § 131 Abs. 3 S. 1 HGB aufgeführten Gründe aber nach wie vor zur Disposition der Gesellschafter steht, bleibt es diesen unbenommen, durch Aufnahme von **Auflösungsklauseln** in den Gesellschaftsvertrag das alte, vor dem Handelsrechtsreformgesetzes geltende Regel-Ausnahme-Verhältnis wiederherzustellen. Auch wenn mit einer solchen Regelung auf den ersten Blick eine enge persönliche Bindung unter den Gesellschaftern zum Ausdruck gebracht wird, die einer Kündigung im Zweifel den Charakter einer Auflösungskündigung verleiht, dürften derartige Auflösungsklauseln angesichts der mit einer Liquidation regelmäßig verbundenen wirtschaftlichen Nachteile gleichwohl die Aus-

---

[17] BGHZ 113, 132 (134 ff.) = NJW 1991, 844; KRM/*Koller* § 140 HGB Rn. 4 f.
[18] BGHZ 113, 132 (135 ff.) = NJW 1991, 844 (Zusammenfallen der bisherigen Anteile in der Person des Kommanditisten als Erbe des einzigen persönlich haftenden Mitgesellschafters); BGH NZG 2004, 611 (Ausscheiden aufgrund Eröffnung des Insolvenzverfahrens); zustimmend *Eckardt* NZG 2000, 449 (454 ff.); KRM/*Koller* § 140 HGB Rn. 5.
[19] BGHZ 113, 132 (135 ff.) = NJW 1991, 844; BGH NZG 2004, 611.
[20] BGH NZG 2000, 474 (unbeschränkte Haftung des verbleibenden Gesellschafters); von einer unbeschränkten Haftung geht wohl auch Baumbach/*Hopt* § 131 HGB Rn. 35 aus.
[21] Das gilt nach OLG Düsseldorf NZG 1999, 876 (877) unabhängig davon, ob der ausscheidende Gesellschafter mit einem Abfindungsguthaben oder einer Inanspruchnahme für einen Fehlbetrag rechnet.

nahme bleiben. Empfehlenswert können sie insbesondere in der Konstellation einer zweigliedrigen KG sein, um dem soeben in → Rn. 10 geschilderte Haftungsrisiko für den Kommanditisten bei Ausscheiden des letzten Komplementärs zu begegnen. In der Literatur wird vorgeschlagen, in die Auflösungsklausel eine Option zur Fortsetzung der Gesellschaft mit einem neuen Komplementär aufzunehmen, um dem Kontinuitätsgedanken angemessen Rechnung zu tragen.[22] Die vor dem Handelsrechtsreformgesetz verbreiteten **Fortsetzungsklauseln** in Gesellschaftsverträgen sind nach aktueller Rechtslage dagegen weitgehend entbehrlich; weiter Bedeutung behalten ergänzende gesellschaftsvertragliche Bestimmungen in Fälle, in denen die Fortführung der Gesellschaft besonderen Regeln unterworfen werden soll.[23]

b) Außerordentliches Austrittsrecht. Anders als für die GbR (§ 723 Abs. 1 S. 2 BGB)[24] ist für die Personenhandelsgesellschaften ein Recht zur außerordentlichen Kündigung nicht ausdrücklich vorgesehen. Die gesetzlichen Regelungen verweisen den Gesellschafter vielmehr bei Vorliegen eines wichtigen Grundes auf die **Auflösungsklage nach §§ 161 Abs. 2, 133 HGB**, bei deren Erfolg das Gericht die **Auflösung der Gesellschaft** und damit die Gesamtbeendigung aller Mitgliedschaften ausspricht.[25] Zulässig und in der Kautelarpraxis üblich sind allerdings Bestimmungen im **Gesellschaftsvertrag**, die eine außerordentliche Austrittskündigung zulassen, wenn ein **wichtiger Grund** vorliegt (zur Frage, ob es auch ohne Regelung im Gesellschaftsvertrag ein außerordentliches Austrittsrecht gibt → Rn. 15 f.). Der Austritt erfolgt auch hier in der Regel durch eine Kündigungserklärung gegenüber der Gesellschaft bzw. allen Mitgesellschaftern, die allerdings grundsätzlich nicht fristgebunden ist. 12

Ein **wichtiger Grund für eine Auflösungsklage** setzt voraus, dass dem klagenden Gesellschafter die Fortsetzung der Gesellschaft unzumutbar ist;[26] ein solcher Grund ist insbesondere gegeben, wenn ein Mitgesellschafter eine wesentliche Verpflichtung aus dem Gesellschaftsvertrag vorsätzlich oder grob fahrlässig verletzt oder wenn die Erfüllung einer solchen Verpflichtung unmöglich wird (§§ 161 Abs. 2, 133 Abs. 2 HGB).[27] Wird die Pflichtverletzung vom Geschäftsführer der Komplementär-GmbH begangen, kann jeder Kommanditist **Auflösungsklage** nach § 133 HGB erheben, da sich die GmbH das Verhalten ihres Geschäftsführers zurechnen lassen muss.[28] 13

[22] *Lamprecht* ZIP 1997, 919 (921 f.); *Sethe* JZ 1997, 989 (993 f.); *Frey/von Bredow* ZIP 1998, 1621 (1625); *K. Schmidt* NJW 1998, 2161 (2166); *Eckardt* NZG 2000, 449 (458) mwN.
[23] Zu denken wäre hier beispielsweise an eine von den Beteiligungsverhältnissen abweichende Modifikation der Anwachsung des Gesellschaftsanteils des kündigenden Gesellschafters bei seinen Mitgesellschaftern oder an den praktisch noch wichtigeren Fall, dass sich die Gesellschafter die Auflösung der Gesellschaft als Alternative erhalten wollen, falls diese zur Aufbringung der von dem ausscheidenden Gesellschafter geforderten Abfindung nicht in der Lage sind.
[24] Aus der jüngeren Rechtsprechung zB BGH NZG 2012, 903.
[25] Zur Auflösungsklage als *ultima ratio* vgl. → § 46.
[26] BGHZ 69, 160 (169) = NJW 1977, 2160.
[27] Einzelheiten zum Vorliegen eines wichtigen Grundes unter → § 46.
[28] BGH NJW-RR 1993, 1123 (1124) m. Anm. *Goette* DStR 1993, 1598.

8. Kapitel. Wechsel im Gesellschafterbestand unter Lebenden

14 Das Recht jedes Gesellschafters, die Auflösung der Gesellschaft zu verlangen, kann durch Vereinbarung weder ausgeschlossen noch beschränkt werden (§§ 161 Abs. 2, 133 Abs. 3 HGB). Demgegenüber kann der **Gesellschaftsvertrag weitergehende Lösungsmöglichkeiten** einräumen. Dies gilt insbesondere für die Ersetzung der Auflösungsklage durch eine ordentliche oder außerordentliche Kündigung.[29] Um den austrittswilligen Gesellschafter gegenüber dem gesetzlichen Regelfall nicht schlechter zu stellen, ist allerdings darauf zu achten, dass dem zu erwartenden Anteil am Liquidationserlös, den der Austrittswillige bei der Auflösung der Gesellschaft beanspruchen könnte, ein angemessenes Korrelat gegenübersteht. Ist daher für den Fall der Kündigung ein Abfindungsanspruch entweder überhaupt nicht vorgesehen oder erscheint seine Durchsetzbarkeit gefährdet, lebt das Recht des Gesellschafters, nach § 133 HGB vorzugehen, wieder auf.[30] Im Gesellschaftsvertrag kann jedem Gesellschafter auch die Möglichkeit einer **Anschlusskündigung** eingeräumt werden, falls einer seiner Mitgesellschafter kündigt.[31] Beruhen die Kündigungen jedoch auf einem alle Gesellschafter gleichermaßen betreffenden wichtigen Grund, könnte die in kurzen Zeitabständen erfolgende Einzelbeendigung von Mitgliedschaften zu unangemessenen Konsequenzen führen, so dass entsprechende Erklärungen im Zweifel zur Auflösung der Gesellschaft führen.

15 Da § 131 Abs. 3 S. 1 Nr. 3 HGB als Rechtsfolge einer Kündigung durch den Gesellschafter grundsätzlich das Ausscheiden des Gesellschafters unter Fortbestand der Gesellschaft vorsieht, hat die Frage an Bedeutung gewonnen, ob es neben der Auflösungsklage nach §§ 161 Abs. 2, 133 HGB auch **ohne Regelung im Gesellschaftsvertrag** ein **außerordentliches Austrittsrecht** des KG-Gesellschafters gibt. Rein kapitalmäßig beteiligten Gesellschaftern einer Publikumspersonengesellschaft hat der BGH im Wege ergänzender Vertragsauslegung ein Austrittsrecht in Form eines außerordentlichen Kündigungsrechts zugestanden, da diese aufgrund des besonderen Gepräges einer Massengesellschaft nicht auf die Auflösungsklage verwiesen oder auch nur zu einer solchen berechtigt werden könnten.[32] Die ursprünglich wegen arglistiger Täuschung erklärte Anfechtung des Beitritts zur **Publikumsgesellschaft** wurde dabei in eine Kündigung aus wichtigem Grund umgedeutet, da nach den hier entsprechend heranzuziehenden Grundsätzen zur fehlerhaften Gesellschaft eine derartige Anfechtung keine Wirkung *ex tunc* entfalten kann. Der in dieser Rechtsprechung verankerte Gedanke, dem Austritt Vorrang vor der Auflösung zu geben, liegt auch der Regelung in § 131 Abs. 3 S. 1 HGB zugrunde. Dies lässt es nur konsequent erscheinen, die Anerkennung eines außerordentlichen Kündigungsrechts bei Personenhandelsgesellschaften jedenfalls auf alle Fälle eines fehlerhaften Beitritts auszu-

---

[29] BGHZ 31, 295 (298) = NJW 1960, 625; vgl. auch BGHZ 47, 293 (302) = NJW 1967, 1961.
[30] Im Ergebnis ebenso KRM/*Koller* § 133 HGB Rn. 4.
[31] *Schlitt* NZG 1998, 580 (585) mwN.
[32] BGHZ 63, 338 (344 ff.) = NJW 1975, 1022 m. Anm. *Wiedemann* EWiR 1992, 449 f.; NJW 1975, 1700; NJW 1976, 894; BGHZ 69, 160 = NJW 1977, 2160; NJW 1979, 765; WM 1981, 452; OLG Celle ZIP 1999, 1128 m. Anm. *Weipert* EWiR 1999, 1101 f.

dehnen.³³ Die Kündigungsmöglichkeit entfällt erst dann, wenn der Gesellschaftszweck nicht mehr erreicht werden kann,³⁴ da dann alle Gesellschafter gleichermaßen betroffen sind, sowie allgemein mit der Auflösung der Gesellschaft, um eine möglichst reibungslose Liquidation zu gewährleisten.³⁵

Die Frage, inwieweit sich ein KG-Gesellschafter mangels entsprechender Regelungen im Gesellschaftsvertrag unabhängig von den Fällen eines fehlerhaften Beitritts auf ein Austrittsrecht aus wichtigem Grund berufen kann, ist damit jedoch noch nicht beantwortet. § 133 HGB steht einem solchen außerordentlichen Austritt nicht entgegen, da diese Vorschrift nur die **Auflösung der Gesellschaft** aus wichtigem Grund betrifft.³⁶ Man wird der Regelung sogar umgekehrt ein Argument für ein außerordentliches Austrittsrecht entnehmen können. Geht man davon aus, dass die **Auflösungsklage immer nur *ultima ratio*** sein soll (s. → § 46), liegt im außerordentlichen Austritt die weniger einschneidende Maßnahme, wenn die Fortsetzung der Gesellschaft nur für einen Gesellschafter unzumutbar ist. Die besseren Gründe sprechen daher dafür, auch ohne Regelung im Gesellschaftsvertrag, ein Recht zur **außerordentlichen Austrittskündigung** durch bloße Erklärung des Austrittswilligen anzuerkennen.³⁷ Tut man dies, erübrigt sich ein praktisches Bedürfnis für eine auf Austritt gerichtete Gestaltungsklage als Minus zur Klage nach § 133 HGB.³⁸ **16**

Ein allgemeines Recht zur außerordentlichen **Auflösungskündigung** besteht dagegen nicht.³⁹ Das außerordentliche Austrittsrecht setzt neben der Unzumutbarkeit des Verbleibs in der Gesellschaft voraus, dass es den Mitgesellschaftern ihrerseits zuzumuten ist, die Gesellschaft ohne den kündigenden Gesellschafter fortzusetzen bzw. zur Auflösung zu bringen.⁴⁰ Der Gesellschafter muss sich von seinen Mitgesellschaftern auf ein derartiges Austrittsrecht verweisen lassen, wenn nachvollziehbare **Gründe gegen die Auflösung und Liquidation der Gesellschaft** sprechen und ihm, insbesondere angesichts einer vollwertigen Abfindung, keine entscheidenden Nachteile drohen.⁴¹ **17**

c) **Austrittsvereinbarung.** Eine Austrittsvereinbarung, nach der nur ein Gesellschafter aus der anschließend unter seinen Mitgesellschaftern fortgeführten Gesellschaft ausscheidet, ist unabhängig vom Vorliegen eines wichtigen Grundes nach dem **Grundsatz der Privatautonomie** jederzeit mög- **18**

---

³³ So auch *K. Schmidt* Gesellschaftsrecht § 50 II 4d.
³⁴ Für die Publikums-KG BGHZ 69, 160 (163 ff.) = NJW 1977, 2160.
³⁵ Für die Publikums-KG BGH NJW 1979, 765.
³⁶ OLG Celle NZG 2011, 261 (262).
³⁷ OLG Celle NZG 2011, 261 (262); Baumbach/*Hopt* § 133 HGB Rn. 1; MüKoHGB/*K. Schmidt* § 132 Rn. 44; *Stodolkowitz* NZW 2011, 1327 ff. aA etwa EBJS/*Lorz* § 133 HGB Rn. 3.
³⁸ Hierzu Baumbach/*Hopt* § 133 HGB Rn. 1; KRM/*Koller* § 133 HGB Rn. 3.
³⁹ OLG Celle NZG 2011, 261 (263).
⁴⁰ MüKoHGB/*K. Schmidt* § 132 Rn. 44 mit Beispielen in Rn. 45 f.
⁴¹ Vgl. BGH NJW-RR 1986, 256 = BB 1986, 421; dem folgend zB KG NZG 1999, 1055 m. Anm. *Notthoff*; zu einem derartigen „Abwehrrecht" auch *K. Schmidt* Gesellschaftsrecht § 50 II 7b.

lich.⁴² Eine Ausnahme muss lediglich wiederum für den Fall gemacht werden, dass der austrittswillige Gesellschafter der einzige Komplementär der KG ist (s. → Rn. 5). Von wem die Initiative zum Abschluss einer Austrittsvereinbarung ausgeht, spielt dagegen keine Rolle. Ist an der Gesellschaft ein Minderjähriger beteiligt, ist eine Genehmigung des Familiengerichts nur dann erforderlich, wenn er selbst derjenige ist, der aus der Gesellschaft austreten will.⁴³ Möglich ist auch ein einvernehmliches Ausscheiden des Gesellschafters durch die (zulässige) Übertragung des Gesellschaftsanteils.

2. GmbH

19 **a) Ordentliches Austrittsrecht.** Für GmbH-Gesellschafter hat der Gesetzgeber, anders als für Personengesellschafter, kein Kündigungsrecht vorgesehen. Bei Vorliegen eines in den Verhältnissen der Gesellschaft liegenden wichtigen Grundes können sie eine **Auflösungsklage** erheben, wenn sie mit mindestens 10% am Stammkapital beteiligt sind (§ 61 GmbHG). Bei in der Satzung vorgesehener unbeschränkter Nachschusspflicht hat darüber hinaus jeder Gesellschafter das Recht, bei Einforderung eines Nachschusses seinen Geschäftsanteil der Gesellschaft zur Verfügung zu stellen (**Abandon**, § 27 GmbHG).⁴⁴ Von diesem Recht wird in der Regel aber schon deshalb kein Gebrauch gemacht, weil die vorgesehene öffentliche Versteigerung des Anteils (§ 27 Abs. 2 S. 1 GmbHG) nicht in jedem Fall einen angemessenen Wertausgleich sichert.

20 Im Übrigen tritt nach der Intention des Gesetzgebers an die Stelle der Kündigungsmöglichkeit die grundsätzlich **freie Veräußerlichkeit des Geschäftsanteils** (§ 15 Abs. 1 GmbHG). Da diese allerdings aus rechtlichen Gründen (vgl. § 15 Abs. 5 GmbHG) und faktischen Gegebenheiten erheblich eingeschränkt sein kann, gab es immer wieder Bestrebungen, zumindest für den Fall gesellschaftsvertraglich vorgesehener Anteilsvinkulierung ein **ordentliches Austrittsrecht** auch ohne Regelung in der Satzung anzuerkennen.⁴⁵ Diesen Versuchen war jedoch im Ergebnis zu Recht kein Erfolg beschieden. Die körperschaftliche Struktur der GmbH und der hierin angelegte Erhalt des Stammkapitals stehen dem Entstehen eines automatischen Abfindungsanspruchs bei Kündigung entgegen.⁴⁶ Jeder GmbH-Gesellschafter trägt daher das Risiko der faktischen Unveräußerlichkeit seines Geschäftsanteils grundsätzlich selbst.⁴⁷ Auch die Einschränkung der freien

---

⁴² BGH BeckRS 2014, 07482 = ZIP 2014, 873; *K. Schmidt* Gesellschaftsrecht § 50 II 7a.
⁴³ MHdB GesR II/*Piehler/Schulte* § 36 Rn. 31.
⁴⁴ Gegen eine Heranziehung als Ausnahme vom fehlenden einseitigen Kündigungsrecht des GmbH-Gesellschafters explizit *Röhricht* in FS Kellermann, 361 (364).
⁴⁵ Überblick über den Meinungsstand bei *Schindler*, Austrittsrecht, 37 ff.
⁴⁶ Vgl. hierzu bereits die Diskussion zwischen *Schwerdtner* GmbHR 1976, 101 (103) und *Reuter* GmbHR 1977, 77 (80 f.); die Argumente zusammenfassend *Eschenlohr* in FS Sigle, 131 (134) mwN.
⁴⁷ *Schindler*, Austrittsrecht, 40 mwN; zu den Ausnahmen bei dem Gesellschafter auferlegten Nebenleistungspflichten vgl. Scholz/*Seibt* Anh § 34 GmbHG Rn. 11 mwN.

Übertragbarkeit des Geschäftsanteils (§ 15 Abs. 5 GmbHG) gebietet es nicht, ein ordentliches Austrittsrecht ohne Regelung in der Satzung anzuerkennen. Denn hierdurch würde der gesellschaftsbezogenen Bestandsschutz unterlaufen, den § 15 Abs. 5 GmbHG ermöglicht.[48]

Etwas anderes kann nur dann in Erwägung gezogen werden, wenn die Übertragbarkeit des Geschäftsanteils durch statutarische Regelungen ganz ausgeschlossen ist. Die für den Gesellschafter in diesen Fällen diskutierte Lösungsmöglichkeit wird sich jedoch als eine außerordentliche erweisen (s. → Rn. 25 ff.), so dass es insgesamt bei der Verneinung eines allgemein anzuerkennenden ordentlichen Austrittsrechts für GmbH-Gesellschafter bleibt.[49] Ein solches kann jedoch durch die Aufnahme entsprechender **Kündigungsklauseln** in die Satzung der GmbH begründet werden.[50] 21

Wie schon beim Gesellschaftsvertrag der KG (s. → Rn. 8), sollte auch hier von vornherein auf eine klare und eindeutige Formulierung Wert gelegt werden, um Abgrenzungsprobleme zwischen **Austrittskündigung und Auflösungskündigung** (vgl. § 60 Abs. 2 GmbHG) zu vermeiden;[51] eine Auslegungsregel, dass im Zweifel lediglich eine Austrittskündigung gewollt ist, gibt es nicht.[52] Sofern es sich tatsächlich um eine Auflösungskündigung handelt, bleibt den Mitgesellschaftern eine Abwehrmöglichkeit dergestalt erhalten, dass sie dem Kündigenden die Übernahme seines Geschäftsanteils gegen eine angemessene Abfindung anbieten können. Erleidet dieser dadurch weder rechtliche noch wirtschaftliche Nachteile und besteht ein schutzwürdiges Interesse der übrigen Gesellschafter an der Fortsetzung der GmbH, gebietet ihm schon die allgemeine gesellschafterliche Treuepflicht, allein einen Austritt aus der Gesellschaft zu betreiben.[53] 22

Da dem Kapitalgesellschaftsrecht das Anwachsungsprinzip fremd ist, muss der **Austritt** durch einen eigenständigen Rechtsakt **vollzogen werden**. In Betracht kommen die Einziehung des Geschäftsanteils (§ 34 GmbHG) sowie dessen Veräußerung an die Gesellschaft selbst (§ 33 Abs. 2 S. 1 GmbHG) oder an einen von ihr benannten Dritten (§ 15 Abs. 1 GmbHG), der seinerseits Gesellschafter der GmbH sein kann. In allen Fällen ist es für den die Austrittskündigung erklärenden Gesellschafter von entscheidender Bedeutung, in welchem Zeitpunkt der Austritt rechtlich vollzogen ist und welche Rechte ihm bis dahin erhalten bleiben. Eine entsprechende Heranziehung von § 131 Abs. 3 S. 2 HGB scheidet aus, da bei der GmbH keine automatische Anwachsung erfolgt, sondern zum Vollzug des Austritts noch ein weite- 23

---

[48] OLG Hamm BeckRS 1992, 30987570 = GmbHR 1993, 656; *K. Schmidt* Gesellschaftsrecht § 35 IV 3; Scholz/*Seibt* Anh § 34 GmbHG Rn. 9; *Schindler*, Austrittsrecht, 42.

[49] HM OLG München DStR 1991, 44; *K. Schmidt* Gesellschaftsrecht § 35 IV 3a; Scholz/*Seibt* Anh § 34 GmbHG Rn. 9; MüKoGmbHG/*Strohn* § 34 Rn. 178 mwN.

[50] Vgl. BGH NZG 2003, 871 (872).

[51] *K. Schmidt* Gesellschaftsrecht § 35 IV 3a; *Hesselmann/Tillmann* Rn. 576; *Wellhöfer*, GmbHR 1994, 212 (216); vgl. bereits *Meyer-Landrut* in FS Stimpel, 431 (434).

[52] Ulmer/*Casper* § 60 GmbHG Rn. 115; *Goette* DStR 1997, 1336; dagegen für einen Vorrang des Ausscheidens *K. Schmidt* Gesellschaftsrecht § 35 IV 3a; MüKoGmbHG/*Strohn* § 34 Rn. 195.

[53] Zur vergleichbaren Situation bei der KG s. → Rn. 17.

rer Rechtsakt erforderlich ist. Die **Mitgliedschaft** des kündigenden Gesellschafters **endet** daher erst, wenn sein **Geschäftsanteil eingezogen oder veräußert ist**.[54] Die Satzung kann aber festlegen, dass der Geschäftsanteil bereits mit Zugang der Austrittserklärung dinglich übergeht.[55] Dies gilt auch mit Blick auf die Abfindung.[56]

24 Ohne nähere Bestimmung in der Satzung bleiben dem Gesellschafter deshalb neben dem schuldrechtlichen Anspruch gegen die Gesellschaft auf Abnahme des Geschäftsanteils und auf Zahlung einer Abfindung bzw. eines Einziehungsentgelts auch sämtliche Mitgliedschaftsrechte (dies schließt auch den Gewinnanspruch ein)[57] erhalten.[58] Allerdings unterliegt er hinsichtlich deren Ausübung in der Zeit zwischen Erklärung und Vollzug des Austritts einer **besonderen Treuepflicht**. Diese verwehrt es dem Gesellschafter beispielsweise, einer von den übrigen Gesellschaftern vorgeschlagenen Maßnahme, die seine Vermögensinteressen weder unmittelbar noch mittelbar beeinträchtigt, ohne triftigen Grund zu widersprechen.[59] In einer jüngeren Entscheidung hat der BGH ausgeführt, dass der Gesellschafter „mit der Gesellschaft bis zur Umsetzung des Austritts nur noch vermögensrechtlich verbunden ist", weshalb Mitspracherechte in der Gesellschaft nur noch insoweit ausgeübt werden dürfen, als das wirtschaftliche Interesse an der Durchsetzung des Abfindungsanspruchs betroffen ist.[60] Um unnötiges Konfliktpotential zu vermeiden, empfiehlt es sich, in die Kündigungsklausel eine Regelung aufzunehmen, nach der das Stimmrecht des kündigenden Gesellschafters bis zum Vollzug seines Austritts ruht. Auch in diesem Fall bleibt der Gesellschafter aber zur Teilnahme an Gesellschafterversammlungen berechtigt[61] und ist entsprechend zu laden. Eine Klausel, die darüber hinaus das Ruhen sämtlicher Mitgliedschaftsrechte vorsieht, ist dagegen im Zweifel dahin auszulegen, dass sie sich nicht auf solche Rechte bezieht, die, wie etwa das Informationsrecht nach § 51a GmbHG, auch in diesem Stadium zwingend sind und deshalb nicht der Disposition der Gesellschafter unterliegen. Umgekehrt bleiben natürlich auch die gegenüber der Gesellschaft bestehenden Pflichten bestehen.[62]

---

[54] BGHZ 88, 320 (322) = NJW 1984, 489; NJW 2010, 1206; NJW-RR 1997, 606 = GmbHR 1997, 501 (502) unter Verweis auf BGH WM 1962, 644 (645); MAH GmbH-Recht/*Römermann/Passarge* § 14 Rn. 87; *K. Schmidt* Gesellschaftsrecht § 35 IV 3d mwN; aA *Esch* GmbHR 1981, 25 (28); zum Rechtsanspruch des kündigenden Gesellschafters auf Herbeiführung des zu seinem Ausscheiden notwendigen Gesellschafterbeschlusses vgl. bereits BayObLG BB 1975, 249 (250).

[55] Lutter/Hommelhoff/*Lutter* § 34 GmbHG Rn. 75 aE.

[56] Vgl. BGH NZG 2009, 221 zum Ausschluss.

[57] HM Scholz/*Seibt* Anh § 34 GmbHG Rn. 17 mwN.

[58] BGHZ 88, 320 (323) = NJW 1984, 489; NJW 2010, 1206 (1207); aus der Rspr. der Instanzgerichte zB OLG Köln NZG 1999, 268; MüKoGmbHG/*Strohn* § 34 Rn. 198; Lutter/Hommelhoff/*Lutter* § 34 GmbHG Rn. 75.

[59] BGHZ 88, 320 (323) = NJW 1984, 489; Scholz/*Seibt* Anh § 34 GmbHG Rn. 17; allgemeiner Überblick über die Rechte und Pflichten des Gesellschafters nach erklärtem Austritt aus der GmbH bei *Balz* DB 1984, 1865 ff.

[60] BGH NJW 2010, 1206 (1207).

[61] BGH NJW 1971, 2225.

[62] Scholz/*Seibt* Anh § 34 GmbHG Rn. 9.

b) Außerordentliches Austrittsrecht. Es wurde bereits angedeutet, dass 25
die Abwägung zwischen dem Bestandsschutz der Gesellschaft und den
schutzwürdigen Gesellschafterinteressen zugunsten der Letzteren ausfallen
kann, wenn die Veräußerlichkeit des Geschäftsanteils in der Satzung ganz
ausgeschlossen ist (s. → Rn. 21). Die grundsätzliche Anerkennung eines außerordentlichen
Austrittsrechts für diesen Fall ist heute in Rechtsprechung[63]
und Literatur[64] unbestritten, wobei zur Begründung neben dem erforderlichen
Minderheitenschutz vor allem auf das allgemeine Lösungsrecht von
Dauerschuldverhältnissen verwiesen wird.[65] Hieraus wird abgeleitet, dass das
außerordentliche Austrittsrecht auch ein **Grundprinzip des Verbandsrechts**
ist und als solches zu den zwingenden und deshalb unverzichtbaren
Mitgliedschaftsrechten eines GmbH-Gesellschafters gehört.[66] Voraussetzung
ist dabei immer das Vorliegen eines in der Person des austrittswilligen Gesellschafters
oder den Verhältnissen der Gesellschaft liegenden wichtigen Grundes,
der dem Gesellschafter aufgrund einer Gesamtwürdigung den weiteren
Verbleib in der Gesellschaft unzumutbar macht.[67] Die Feststellung der Unzumutbarkeit
in diesem Sinne erfolgt durch eine umfassende Interessenabwägung
unter Berücksichtigung der konkreten Umstände des Einzelfalls,[68] bei
welcher der allgemein unter den Gesellschaftern bestehenden Treuepflicht
besondere Bedeutung zukommen kann (vgl. allg. → § 26).

Den persönlichen und wirtschaftlichen Interessen des austrittswilligen Gesellschafters 26
stehen die Interessen seiner Mitgesellschafter an einer Beibehaltung
des Gesellschafterbestands sowie an einer Vermeidung von Liquiditätsabzug
entgegen. Die im Rahmen der notwendigen Abwägung vorzunehmende
Gewichtung der beteiligten Interessen kann dabei je nach Struktur der
Gesellschaft unterschiedlich ausfallen, da bei personalistischer Ausrichtung
von einer stärkeren persönlichen Bindung als bei kapitalistischem Gepräge
auszugehen ist. Die Interessen der Gläubiger sind dadurch ausreichend berücksichtigt,
dass der Austritt nur vollzogen werden kann, wenn der Geschäftsanteil
des austrittswilligen Gesellschafters voll eingezahlt ist.[69] Ein Verschulden
eines anderen Beteiligten wird nicht vorausgesetzt; umgekehrt
schließt ein eigenes Verschulden des austrittswilligen Gesellschafters das Vorliegen
eines wichtigen Grundes nicht ohne Weiteres aus.[70] Der vorsätzlich
handelnde Gesellschafter kann sich schon aufgrund seiner gesellschafterlichen
Treuepflicht nicht auf ein außerordentliches Austrittsrecht berufen und sieht
sich zudem dem Einwand unzulässiger Rechtsausübung ausgesetzt.[71]

---

[63] RGZ 128, 1 (16f.); BGHZ 116, 359 (369) = NJW 1992, 892 m. Anm. *Schulze-Osterloh* JZ 1993, 45 f.
[64] Vgl. nur *K. Schmidt* Gesellschaftsrecht § 35 IV 3b mwN.
[65] Zur Rechtsentwicklung eingehend *Schindler*, Austrittsrecht, 44 ff.
[66] Deutlich insoweit BGHZ 116, 359 (369) = NJW 1992, 892.
[67] BGHZ 116, 359 (369) = NJW 1992, 892.
[68] Lutter/Hommelhoff/*Lutter* § 34 GmbHG Rn. 73; Scholz/*Seibt* Anh § 34 GmbHG Rn. 10.
[69] Ulmer/*Ulmer* Anh. § 34 GmbHG Rn. 49 mwN.
[70] Scholz/*Seibt* Anh § 34 GmbHG Rn. 10.
[71] *Schindler*, Austrittsrecht, 54, weist darauf hin, dass die Mitgesellschafter in einem solchen Fall dem Austrittsbegehren zustimmen können, um nicht den umständlicheren Weg einer Ausschließungsklage beschreiten zu müssen.

8. Kapitel. Wechsel im Gesellschafterbestand unter Lebenden

27 Dem Begriff „**wichtiger Grund**" versucht man durch die Bildung von **Fallgruppen für die Rechtsanwendung** Konturen zu geben. Dabei können grundsätzlich Anlässe in der Person des austrittswilligen Gesellschafters von solchen unterschieden werden, die der Sphäre der Gesellschaft zuzuordnen sind. Individual- und Minderheitenschutz stehen somit, anders als bei der Auflösungsklage nach § 61 GmbHG,[72] auf den ersten Blick gleichberechtigt nebeneinander. Allerdings ist zu beachten, dass in der ersten Gruppe die Intensität des Anlasses einer besonderen Darlegung durch den betroffenen Gesellschafter bedarf, um eine Anerkennung als wichtiger Grund rechtfertigen zu können, während sich diese dort, wo der Minderheitenschutz im Vordergrund steht, bereits aus dem Charakter der Maßnahme selbst ergibt. Zur zweiten Gruppe zählen insbesondere gegen den Willen des Minderheitsgesellschafters beschlossene Grundlagen- und Strukturänderungen[73] sowie allgemein diejenigen Fälle, in denen der oder die Mehrheitsgesellschafter ihre Mehrheitsmacht fortwährend missbrauchen.[74]

28 Einige wesentliche Fragen zum außerordentlichen Austrittrecht sind nach wie vor nicht abschließend beantwortet. So namentlich zum *ultima ratio*-**Grundsatz**, nach dem der Verbleib in der Gesellschaft nicht unzumutbar ist, wenn der Gesellschafter über andere geeignete und angemessene Mittel verfügt, um seine Interessen zu verwirklichen.[75] Zum Teil wird vorgeschlagen, ein Austrittsrecht aus wichtigem Grund unabhängig davon anzuerkennen, ob weniger einschneidende Maßnahmen, wie die Veräußerung des Geschäftsanteils, rechtlich oder faktisch ausgeschlossen sind, solange nur ein wichtiger Grund für den Austritt geltend gemacht werden kann.[76] Dagegen wendet sich die hM, die den austrittswilligen Gesellschafter zu Recht grundsätzlich für verpflichtet hält, seinen Geschäftsanteil zu veräußern, selbst wenn er hierbei erhebliche, aber nicht unverhältnismäßige wirtschaftliche Opfer in Kauf nehmen muss, soweit der wichtige (Austritts)Grund in der Sphäre des austrittwilligen Gesellschafters liegt.[77] Die Zumutbarkeit einer solchen vorrangigen Veräußerung ist einzelfallabhängig. Eine **klare Satzungsgestaltung** zu diesem Punkt empfiehlt sich.

29 Zu beachten ist schließlich das **Verhältnis zur Auflösungsklage**, die bei einem wichtigen Grund „in den Verhältnissen der Gesellschaft" eröffnet ist (§ 61 GmbHG). Die Frage nach dem Verhältnis beider Institute stellt sich –

---

[72] Nach § 61 Abs. 1 GmbHG muss der zur Auflösungsklage berechtigende wichtige Grund „in den Verhältnissen der Gesellschaft" begründet sein.

[73] *Schindler*, Austrittsrecht, 56, zählt hierzu angesichts der drohenden Ausfallhaftung für nicht erbrachte Einlagen auch die Erhöhung des Stammkapitals nach § 55 GmbHG; vgl. dazu LG Mönchengladbach GmbHR 1986, 312 (313) m. Anm. *Müller-Wüsten* EWiR 1986, 161 f.

[74] Am Beispiel eines rechtswidrigen Gewinnverwendungsbeschlusses OLG München GmbHR 1990, 221 (222); ebenso Scholz/*Seibt* Anh § 34 GmbHG Rn. 13; Ulmer/*Ulmer* Anh. § 34 GmbHG Rn. 54.

[75] OLG München DStR 1991, 44; OLG Hamm BeckRS 1992, 30987570 = GmbHR 1993, 656.

[76] *Schindler*, Austrittsrecht, 61 mwN.

[77] Baumbach/Hueck/*Fastrich* Anh § 34 GmbHG Rn. 22; MAH GmbH-Recht/*Römermann/Passarge* § 14 Rn. 85; Scholz/*Seibt* Anh § 34 GmbHG Rn. 14 mwN.

§ 31 Austritt, Ausschluss

praxisrelevant nicht zuletzt in der zweigliedrigen GmbH –, wenn in dem wichtigen Grund für den Austritt gleichzeitig ein solcher isd § 61 GmbHG liegt. Im Grundsatz ist die Auflösungsklage subsidiär, bleibt also erfolglos, wenn den Belangen des Auflösungsklägers in einer für ihn zumutbaren Weise durch eine für die anderen Gesellschafter weniger einschneidende Maßnahme Rechnung getragen werden kann.[78] Vorausgesetzt ist aber, dass der Austritt dem Gesellschafter zumutbar ist.[79]

Wie beim ordentlichen Austrittsrecht erfolgt der Austritt aus wichtigem Grund durch einseitige empfangsbedürftige Willenserklärung gegenüber der Gesellschaft, die in der Regel als (außerordentliche) Kündigung bezeichnet wird. Für den Vollzug des Austritts und den Erhalt der dem austretenden Gesellschafter zustehenden Mitgliedschaftsrechte kann auf die Ausführungen unter → Rn. 23 ff. verwiesen werden. 30

c) **Austrittsvereinbarung.** Eine Austrittsvereinbarung ist auch bei der GmbH jederzeit möglich, unabhängig davon, von wem die Initiative zu ihrem Abschluss ausgeht. Ihr Vollzug kann wiederum durch Einziehung des betreffenden Geschäftsanteils oder dessen Übertragung auf einen Mitgesellschafter oder auf einen von der Gesellschaft benannten Dritten erfolgen. Die dem ausscheidenden Gesellschafter aus seiner Mitgliedschaft erwachsenden Rechte und Pflichten bestehen auch hier so lange fort, bis die Austrittsvereinbarung vollständig umgesetzt ist. Bestrebungen von Gesellschaftern, die GmbH zu verlassen oder einen Mitgesellschafter auszuschließen bzw. hinauszudrängen, werden in der Praxis häufig durch den Aufbau von Gegenpositionen beantwortet. Beruft sich beispielsweise ein Gesellschafter auf ein außerordentliches Austrittsrecht, werden die übrigen Gesellschafter versuchen, den geltend gemachten wichtigen Grund zu widerlegen oder ihrerseits einen solchen zur Vorbereitung einer Ausschlussklage zu behaupten. Mit Hilfe einer die Interessen aller Beteiligten berücksichtigenden Austrittsvereinbarung kann ein derartiger Konflikt im Gesellschafterkreis angemessen gelöst werden, ohne gerichtliche Hilfe in Anspruch nehmen zu müssen. 31

III. Initiative der Mitgesellschafter bzw. der Gesellschaft

1. Kommanditgesellschaft

a) **Ausschließungsklage.** Liegt in der Person eines Gesellschafters ein wichtiger Grund iSv § 133 HGB vor, können die übrigen Gesellschafter bei Gericht seine Ausschließung aus der KG beantragen (§§ 161 Abs. 2, 140 Abs. 1 S. 1 HGB).[80] Dies gilt selbst dann, wenn der die Ausschließungsklage erhebende Gesellschafter nach erfolgter Ausschließung des Beklagten als einziger Gesellschafter verbleibt (§ 140 Abs. 1 S. 2 HGB). Auf diesen gehen in einem 32

---

[78] OLG Naumburg NZG 2012, 629 (630).
[79] OLG Naumburg NZG 2012, 629 (630).
[80] Damit unterscheiden sich die Personenhandelsgesellschaften von der GbR, bei der ein Ausschließungsbeschluss und eine schlichte Erklärung genügen, vgl. § 737 BGB.

solchen Fall im Wege der Gesamtrechtsnachfolge alle Aktiva und Passiva der Gesellschaft über (vgl. bereits → Rn. 10).[81] Die Ausschließungsklage kann sich nach hM auch gegen den einzigen Komplementär der KG richten.[82]

33 Grundsätzlich ist die **Mitwirkung** aller nicht vom Ausschluss bedrohter Gesellschafter erforderlich.[83] Ausnahmsweise brauchen sich diejenigen Mitgesellschafter nicht an der Klage zu beteiligen, die bereits außergerichtlich bindend erklärt haben, dass sie mit der Ausschließung einverstanden sind;[84] auch bei einer Klage gegen mehrere Gesellschafter brauchen diese nicht gegenüber dem jeweils anderen Beklagten als Kläger mitzuwirken.[85] Im Übrigen kann der seine Mitwirkung verweigernde Gesellschafter seinerseits verklagt werden.[86] Dabei lässt die Rechtsprechung aus praktischen Erwägungen eine **Verbindung der auf Abgabe einer Zustimmungserklärung gerichteten Klage** (vgl. § 894 ZPO) **mit der Ausschließungsklage** nach § 140 HGB zu.[87] Ob die treupflichtwidrig[88] unterlassene Mitwirkung in der Person des sich weigernden Gesellschafters ausnahmsweise einen wichtigen Grund für dessen Ausschließung ergeben kann,[89] ist aufgrund des *ultima ratio*-Prinzips (vgl. hierzu → Rn. 34) und der bestehenden Möglichkeit, den sich weigernden Gesellschafter auf Zustimmung zu verklagen, zweifelhaft.

34 Sind die Meinungsverschiedenheiten zwischen zwei Gesellschaftern so groß und nachhaltig, dass eine einvernehmliche Lösung nicht zustande kommen kann und eine gedeihliche Zusammenarbeit in der Zukunft nicht zu erwarten ist, so dass nur das Ausscheiden von einem der beiden in Betracht kommt, gebietet es die gesellschafterliche **Treuepflicht**, dass die übrigen Gesellschafter der Ausschließung des seine Pflichten in besonderem Maße verletzenden Gesellschafters zustimmen oder sich ihr jedenfalls nicht widersetzen.[90] Unter Berücksichtigung des Bestimmtheitsgrundsatzes ist es auch zulässig, die Erhebung der Ausschließungsklage von einem vorherigen **Mehrheitsbeschluss abhängig zu machen**.[91] In jedem Fall scheidet der Beklagte erst mit der Rechtskraft des der Klage stattgebenden Gestaltungsurteils aus der Gesellschaft aus.[92] Diese wird unter den übrigen Gesellschaftern fortgesetzt, denen der Anteil des ausgeschiedenen Gesellschafters am Gesell-

---

[81] BGHZ 48, 203 (206) = NJW 1967, 2203; Baumbach/*Hopt* § 140 HGB Rn. 25; MüKoHGB/*K. Schmidt* § 140 Rn. 86.
[82] BGHZ 68, 81 (82) = NJW 1977, 1013.
[83] BGHZ 64, 253 (255) = NJW 1975, 1410; NJW 1998, 146; Fall der notwendigen Streitgenossenschaft iSv § 62 ZPO, vgl. BGHZ 30, 195 (197) = NJW 1959, 1683.
[84] BGH NJW 1998, 146; dem folgend OLG München NZG 1999, 590.
[85] BGHZ 64, 253 (255) = NJW 1975, 1410.
[86] BGHZ 64, 253 (256) = NJW 1975, 1410; vgl. auch NJW 1984, 173 (174) zur Entziehung der Geschäftsführungsbefugnis der Komplementär-GmbH; für den Fall der Auflösung einer GbR OLG Celle NZG 2000, 586 (588).
[87] BGHZ 68, 81 (83) = NJW 1977, 1013.
[88] Vgl. zur Treuepflicht BGHZ 64, 253 (257 f.) = NJW 1975, 1410; 68, 81 (82) = NJW 1977, 1013.
[89] Vgl. etwa *K. Schmidt* Gesellschaftsrecht § 50 III 1c.
[90] OLG München NZG 1999, 590 (593).
[91] MHdB GesR II/*Piehler/Schulte* § 36 Rn. 56.
[92] *Hesselmann/Tillmann* Rn. 588 mwN; *K. Schmidt* Gesellschaftsrecht § 50 III 1d.

schaftsvermögen nach allgemeinen Grundsätzen (§ 738 BGB) anwächst.[93] Ebenso wie die Auflösungsklage aus Sicht eines austrittswilligen Gesellschafters ist auch die Ausschließungsklage aus Sicht der Gesellschaft bzw. der Mitgesellschafter angesichts ihrer Auswirkungen auf die Mitgliedschaft des Betroffenen *ultima ratio*.[94] Sie ist daher erst begründet, wenn weniger einschneidende Maßnahmen, wie beispielsweise die Entziehung der Geschäftsführungs- und Vertretungsbefugnis (vgl. §§ 117, 127 HGB), nicht Erfolg versprechend sind.[95]

Die **Anforderungen an den wichtigen Grund**, der in der letzten mündlichen Tatsachenverhandlung vorliegen muss und daher auch auf nachgeschobene Gründe gestützt werden kann,[96] entsprechen im Grundsatz denjenigen bei § 133 HGB (s. → § 46).[97] Es gilt allerdings die Einschränkung, dass der wichtige Grund gerade in der Person des Gesellschafters liegen muss. Persönliche Spannungen und Meinungsverschiedenheiten stellen für sich keinen wichtigen Grund dar; von dem Zerwürfnis müssen zumindest nachhaltige Auswirkungen auf das Gesellschaftsverhältnis ausgehen.[98] Dies gilt umso mehr, wenn der beklagte Gesellschafter nur wenig Einfluss auf die Geschicke der Gesellschaft nehmen kann.[99] Richtet sich die Ausschließungsklage gegen die Komplementär-GmbH, muss sich diese der Beschreibung in § 133 Abs. 2 HGB entsprechende Pflichtverletzungen ihres Geschäftsführers zurechnen lassen.[100] Da die Kommanditisten im praktischen Regelfall aber zugleich Gesellschafter der Komplementär-GmbH sind, wird eine gegen diese gerichtete Ausschließungsklage die Ausnahme sein[101] und man wird sich beispielsweise mit einer Auswechslung des GmbH-Geschäftsführers begnügen. 35

Die Frage der Zumutbarkeit des weiteren Verbleibs des Gesellschafters in der KG stellt sich im Gegensatz zum außerordentlichen Austrittsrecht aus Sicht seiner Mitgesellschafter. Im Rahmen der wiederum vorzunehmenden **Interessenabwägung** können das Ausmaß des angerichteten Schadens ebenso berücksichtigt werden wie Umstände in der Person der übrigen Gesellschafter, etwa der Grad des – gegebenenfalls beide Seiten treffenden – Verschuldens.[102] Wie bei der Auflösung der Gesellschaft ist aber weder das 36

---

[93] MüKoHGB/*K. Schmidt* § 140 Rn. 85.
[94] Aus der Rechtsprechung der Instanzgerichte zB OLG München NZG 2002, 328 (330); NZG 2009, 944 (LS) = BeckRS 2009, 13232; zu § 737 BGB BGH NZG 2003, 625 (626); Darstellung und Kritik der hM bei *Scheifele* BB 1989, 793 ff.
[95] Am Beispiel einer GbR BGH NZG 2003, 625, 626 mwN = DB 2003, 1214; weitere der Ausschließungsklage vorgehende Maßnahmen nennen KRM/*Koller* § 140 HGB Rn. 1; MHdB GesR II/*Piehler/Schulte* § 36 Rn. 45.
[96] BGH NJW 1998, 146; Henssler/Strohn/*Klöhn* § 131 HGB Rn. 7.
[97] KRM/*Koller* § 140 HGB Rn. 2.
[98] BGH NJW 1995, 597; vgl. auch BGH NZG 2013, 1344 (1345) zur GmbH.
[99] BGH NJW 1998, 146 (147).
[100] BGH NJW-RR 1993, 1123 (1124) m. Anm. *Goette* DStR 1993, 1598; im Rahmen einer Klage auf Entziehung der Geschäftsführungsbefugnis der alleinigen Komplementär-GmbH bereits BGH NJW 1984, 173.
[101] *Hesselmann/Tillmann* Rn. 589.
[102] BGH NJW-RR 1990, 530 (531) zur GmbH; MHdB GesR II/*Piehler/Schulte* § 36 Rn. 37.

eine noch das andere zwingend erforderlich, um die Ausschließung des Gesellschafters zu rechtfertigen.

37 Liegt auch in der Person eines Klägers ein Fehlverhalten vor, kann dies zu einer Abweisung der Ausschließungsklage führen. So etwa dann, wenn das Fehlverhalten den Ausschluss oder die Auflösung der Gesellschaft rechtfertigt oder zu einer anderen Beurteilung der Gründe führt, die für die Ausschließung angeführt werden.[103] Ist das Verhalten beider Seiten für die Zerstörung des gesellschaftsinternen Vertrauensverhältnisses ursächlich, ohne dass das Fehlverhalten der Klägerseite einen Ausschlussgrund rechtfertigen würde, hat eine Ausschließungsklage nur bei überwiegender Verursachung des Zerwürfnisses durch den Auszuschließenden Erfolg.[104] Liegt ein **wichtiger Grund auf beiden Seiten** vor, kommt nur die **Auflösungsklage** in Betracht.[105] Dem Gesellschafter, der vorsätzlich die Voraussetzungen für die Unzumutbarkeit der Fortsetzung der Gesellschaft geschaffen hat, kann der Arglisteinwand entgegengehalten werden.[106]

38 Position und Einfluss des beklagten Gesellschafters innerhalb der Organisations- und Finanzverfassung der KG können sich ebenfalls auf die Feststellung eines wichtigen Grundes auswirken.[107] Auch wenn es dabei grundsätzlich auf die **Umstände des konkreten Einzelfalls** ankommt, stellt sich die Frage, inwieweit in diesem Zusammenhang eine generelle Differenzierung zwischen Komplementären und Kommanditisten möglich bzw. sogar angebracht ist. In der Tat ist die persönliche Bindung der unbeschränkt haftenden Komplementäre untereinander und zur Gesellschaft in der Regel wesentlich enger als diejenige der überwiegend ausschließlich kapitalistisch beteiligten Kommanditisten. Unabhängig von der ohnehin strengen Beurteilung persönlicher Spannungen und Meinungsverschiedenheiten (vgl. → Rn. 35) dürften diese deshalb zum **Ausschluss eines Kommanditisten** nicht ausreichen.[108] Aber auch innerhalb der beiden Gesellschaftergruppen bietet sich eine Unterscheidung insbesondere danach an, ob der von einer Ausschließung bedrohte Gesellschafter mit der Geschäftsführung und Vertretung der KG betraut ist oder nicht. Dabei ist zu beachten, dass Kommanditisten zwar geschäftsführungs-, aber nicht vertretungsbefugt sein können, da § 170 HGB zum Schutz der persönlich haftenden Gesellschafter, anders als § 164 BGB, zwingend ist (vgl. § 163 HGB).[109]

39 Der Beklagte kann dem Ausschließungsbegehren dessen **Verwirkung** entgegenhalten, wenn das für die Verwirkung erforderliche Umstandsmoment vorliegt und der oder die Kläger das nunmehr beanstandete Verhalten

---

[103] BGH NJW 1957, 872 (873) zur sog. Übernahmeklage nach § 142 HGB aF; BGHZ 80, 346 (351 f.) = NJW 1981, 2302 zur Auflösungsklage bei der GmbH; BGH NJW 1995, 1358 (1359) zur Zwangseinziehung bei der GmbH.
[104] Am Beispiel einer GbR wiederum BGH NZG 2003, 625 (626) unter Verweis auf BGHZ 80, 346 (351 f.) = NJW 1981, 2302; vgl. auch NZG 2013, 1344 (1345) zur GmbH.
[105] MHdB GesR II/*Piehler/Schulte* § 36 Rn. 39.
[106] OLG München NZG 1998, 937 (938) für den Ausschluss aus einer GbR.
[107] MHdB GesR II/*Piehler/Schulte* § 36 Rn. 43.
[108] Vgl. BGH NJW 1995, 597; *Hartmann*, Ausscheidender Gesellschafter, 92.
[109] BGHZ 51, 198 (200) = NJW 1969, 507.

über einen längeren Zeitraum widerspruchslos geduldet haben. Daneben besteht bei langem Zuwarten mit der Ausschließungsklage eine **tatsächliche Vermutung für den Wegfall** eines ggf. ursprünglich vorliegenden wichtigen Grundes. In einer Grundsatzentscheidung zu dieser Frage ist der BGH von einem Wegfall des wichtigen Grundes ausgegangen, nachdem die Mitgesellschafter fünfzehn Monate seit der Kenntniserlangung von den maßgeblichen Umständen keinen Gebrauch von ihrem Ausschließungsrecht gemacht hatten.[110] Bestehen dagegen lediglich Anhaltspunkte für das Vorliegen eines wichtigen Grundes, die noch durch sorgfältige Ermittlungen überprüft und belegt werden müssen, muss den Mitgesellschaftern hierfür eine angemessene Zeit zur Verfügung stehen.[111]

Nach § 131 Abs. 3 S. 1 Nr. 6 HGB kann das Ausscheiden eines Gesellschafters auch auf einem grundsätzlich einstimmig zu fassenden[112] **Gesellschafterbeschluss** beruhen. Mit dieser Vorschrift soll kein zusätzlicher Weg eröffnet werden, einen Gesellschafter gegen dessen Willen aus der Gesellschaft auszuschließen. Um ein Ausscheiden gegen den Willen des Gesellschafters herbeizuführen, müssen vielmehr auch nach der Neufassung des Gesetzes (Handelsrechtsreformgesetz) grundsätzlich die besonderen Voraussetzungen des § 140 HGB erfüllt sein.[113] **40**

b) Regelungen im Gesellschaftsvertrag. Angesichts der nach § 133 HGB verbleibenden (zwingenden – § 133 Abs. 3 HGB) Möglichkeit einer **Auflösungsklage** wird es überwiegend für zulässig erachtet, die Anforderungen an den **Ausschluss** eines Gesellschafters im Gesellschaftsvertrag vom Gesetz **abweichend zu regeln**.[114] So kann die **Ausschließungsklage** ersetzt,[115] durch Einschränkung der zum Ausschluss berechtigenden wichtigen Gründe beschränkt[116] oder abbedungen[117] werden. Erleichterungen kommen in der Praxis vor allem in Form von abweichenden Vereinbarungen über das Ausschließungsverfahren,[118] der Erweiterung der zum Ausschluss **41**

---

[110] BGH NJW 1966, 2160 zur Kündigung einer OHG.
[111] BGH NJW 1999, 2820 (2821 f.) m. Anm. *W. Müller* EWiR 1999, 893 f.
[112] Baumbach/*Hopt* § 131 HGB Rn. 26.
[113] *K. Schmidt* NJW 1998, 2161 (2166) unter Verw. auf die Begr. zum RegE zum HRefG BT-Drs. 13/8444, 65; *K. Schmidt* Gesellschaftsrecht § 50 II 6b vgl. auch KRM/*Koller* 131 HGB Rn. 26; *Schlitt* NZG 1998, 580 (586).
[114] KRM/*Koller* § 140 HGB Rn. 6 mwN; zur Rechtsentwicklung eingehend *Huber* ZGR 1980, 177 (180); *Behr* ZGR 1985, 475 (480); *Flume* DB 1986, 629 ff.
[115] BGH NJW 1998, 146; Form.vorschlag bei MAH GmbH-Recht/*Grunewald* § 19 Rn. 119.
[116] KRM/*Koller* § 140 HGB Rn. 6.
[117] BGHZ 51, 204 (205) = NJW 1969, 793 zu § 142 aF; Staub/*Schäfer* § 140 HGB Rn. 53; MüKoHGB/*K. Schmidt* § 140 Rn. 88 f.
[118] BGHZ 31, 295 (298) = NJW 1960, 625; 68, 212 (214) = NJW 1977, 1292; BGH NJW-RR 1997, 925 jeweils zur Ausschließung durch Gesellschafterbeschluss; BGHZ 107, 351 (356) = NJW 1989, 2681 Ausschließungsberechtigung eines einzelnen Gesellschafters; BGH BeckRS 1965, 00143 Ausschluss bei Eintritt eines im Gesellschaftsvertrags festgelegten Ereignisses (Wiederverheiratung); MüKoHGB/*K. Schmidt* § 140 Rn. 90 Ausschließungsklage vor Schiedsgericht.

8. Kapitel. Wechsel im Gesellschafterbestand unter Lebenden

berechtigenden Gründe[119] sowie der Einräumung der Möglichkeit vor, die Ausschließung ohne wichtigen Grund vorzunehmen (zu den sog. **Hinauskündigungsklauseln** sogleich → Rn. 44).[120] Möglich ist eine Regelung im Gesellschaftsvertrag, die den wichtigen Grund durch bestimmte Ereignisse konkretisiert und nach der der Gesellschafter bei Eintritt des Ereignisses automatisch aus der Gesellschaft ausscheidet und sein Anteil am Gesellschaftsvermögen den übrigen Gesellschaftern nach Maßgabe von § 738 Abs. 1 BGB anwächst.[121] Als **Ausschließungsgründe** kommen dabei auch solche in Betracht, die nur in der Person eines Mitgesellschafters begründet und darüber hinaus von einem Verschulden unabhängig sind. Als Beispiele hierfür können etwa das Erreichen einer bestimmten Altersgrenze sowie Tatbestände mit familiärem Hintergrund gelten, wie der Abbruch einer speziellen Ausbildung, eine innerhalb angemessener Frist nicht vereinbarte Gütertrennung oder die Scheidung von einer mit dem die Geschicke der Gesellschaft bestimmenden Gesellschafter verwandten Person.[122] Eine gewisse Rechtsunsicherheit besteht darin, dass nicht abschließend geklärt ist, ob die im Gesellschaftsvertrag geregelten Gründe eine **sachliche Rechtfertigung** in sich tragen müssen; hierfür spricht die höchstrichterliche Rechtsprechung zu den sog. Hinauskündigungsklauseln (vgl. → Rn. 44 ff.).

42   In jedem Fall ist auf eine **klare und eindeutige Formulierung** der Ausschlussgründe im Gesellschaftsvertrag Wert zu legen. In der Gestaltungspraxis werden diese regelmäßig in einer enumerativen Aufzählung zusammengefasst. Die häufig anzutreffende Klausel, wonach ein Gesellschafter gegen Zahlung einer Abfindung aus der Gesellschaft ausscheidet, wenn sein Gesellschaftsanteil von einem Gläubiger gepfändet und die Vollstreckungsmaßnahme nicht innerhalb von sechs Monaten aufgehoben wird, ist dabei grundsätzlich ohne Weiteres auch auf den Fall anwendbar, dass ein Mitgesellschafter die Pfändung wegen einer gesellschaftsfremden Forderung bewirkt hat.[123] Etwas anderes muss allerdings gelten, wenn der Gesellschafter die Forderung treuwidrig, nämlich einzig und allein zu dem Zweck erworben hat, seinen Mitgesellschafter auf diese Weise aus der Gesellschaft hinauszudrängen.[124]

43   Sieht der Gesellschaftsvertrag vor, dass die **Ausschließung** nicht durch Gestaltungsurteil nach § 140 HGB, sondern durch **Beschluss der Gesellschafter** erfolgt (vgl. § 131 Abs. 3 Satz 1 Nr. 6 HGB),[125] bedarf dieser Beschluss ohne eine die Anforderungen des Bestimmtheitsgrundsatzes[126] erfül-

---

[119] BGHZ 51, 204 (205) = NJW 1969, 793 zu § 142 aF; OLG Düsseldorf DB 2004, 2687 = BeckRS 2005, 06094.
[120] Vgl. etwa BGHZ 107, 351 = NJW 1989, 2681.
[121] BGH BeckRS 1965, 00143; vgl. auch BGH NZG 2003, 525 (526).
[122] Weitere Bsp. in MHdB GesR II/*Piehler/Schulte* § 36 Rn. 70.
[123] OLG München NJW-RR 1999, 472 (473), das richtigerweise darauf hinweist, dass nicht die Einlage gepfändet wird, sondern der Anspruch des Gesellschafters auf Gewinn sowie auf sein Auseinandersetzungsguthaben bei Auflösung der Gesellschaft.
[124] OLG München NJW-RR 1999, 472 (473f.).
[125] Zur Zulässigkeit BGHZ 31, 295 (298) = NJW 1960, 625; 68, 212 (214) = NJW 1977, 1292.
[126] Vgl. zB BGHZ 48, 251 (253) = NJW 1967, 2157; 66, 82 (85) = NJW 1976, 958; OLG Jena NZG 1998, 343 m. Anm. *Michalski*.

lende eindeutige Verankerung des Mehrheitsprinzips im Gesellschaftsvertrag der Mitwirkung aller nicht vom Ausschluss bedrohten Gesellschafter;[127] dem Auszuschließenden selbst kommt kein Stimmrecht zu.[128] Eine im Gesellschaftsvertrag verankerte **allgemeine Mehrheitsklausel genügt nicht**.[129] Nach instanzgerichtlicher Rechtsprechung soll der Gesellschafterbeschluss darüber hinaus nur dann wirksam sein, wenn er sich erkennbar auf das Vorliegen eines wichtigen Grundes stützt, der zuvor im Gesellschafterkreis erörtert worden sein muss.[130] Aus der gesellschaftlichen Treupflicht kann eine **Mitwirkungs- bzw. Zustimmungspflicht** der Mitgesellschafter folgen, wenn der Ausschluss im gemeinsamen Interesse geboten und dem Ablehnenden zumutbar ist.[131] Bei Verweigerung der Mitwirkung kann wiederum (vgl. zur Ausschließungsklage → Rn. 33) eine Klage auf Abgabe der notwendigen Zustimmungserklärung (vgl. § 894 ZPO) weiterhelfen, die hier grundsätzlich isoliert zu erheben ist, gegebenenfalls aber mit einer die Rechtswirksamkeit des Ausschließungsbeschlusses betreffenden Feststellungsklage verbunden werden kann.[132] Ist nichts Abweichendes im Gesellschaftsvertrag geregelt, wird die Ausschließung in dem Zeitpunkt wirksam, in dem der Beschluss dem betroffenen Gesellschafter mitgeteilt wird.[133] Eine Vereinbarung im Gesellschaftsvertrag, nach der ein einzelner Gesellschafter oder ein Gesellschaftsorgan bei Vorliegen eines wichtigen Grundes ermächtigt wird, die Ausschließung des betreffenden Gesellschafters zu erklären, wird überwiegend für zulässig erachtet.[134] Gleiches gilt für eine Vereinbarung, nach der die Erhebung einer Ausschließungsklage zusätzlich von einem **besonderen Gesellschafterbeschluss** abhängig gemacht wird.[135] Ist insoweit ein Mehrheitsbeschluss ausreichend, begründet ein zustande gekommener Beschluss die Pflicht der überstimmten Gesellschafter, sich an der Ausschließungsklage zu beteiligen.[136]

Besondere Aufmerksamkeit verdienen in der Praxis so genannte **Hinauskündigungsklauseln**, die den Ausschluss eines Gesellschafters nicht

44

---

[127] OLG Stuttgart BeckRS 2009, 05098.
[128] Zu dem allg. Rechtsgrds., nach dem niemand „Richter in eigener Sache" sein kann, vgl. zB BGHZ 97, 28 (339 = NJW 1986, 2051 (2052); 108, 21 (25) = NJW 1989, 2694 (zur GmbH).
[129] OLG Stuttgart BeckRS 2009, 05098.
[130] OLG Hamburg WiB 1997, 361 (362) m. Anm. *Schlei*; KG WiB 1995, 946 (947) m. Anm. *Hey*.
[131] Zur Ausschließungsklage BGHZ 64, 253 (257 f.) = NJW 1975, 1410; 68, 81 (82) = NJW 1977, 1013.
[132] Zu den prozessualen Problemen bei verweigerter Mitwirkung am Ausschluss eines oder mehrerer Gesellschafter ausführlich *Mayer* BB 1992, 1497 (1498 f.); vgl. auch *K. Schmidt* Gesellschaftsrecht § 50 III 1c; MHdB GesR II/*Piehler/Schulte* § 36 Rn. 51 ff.
[133] BGHZ 31, 295 (301) = NJW 1960, 625.
[134] BGHZ 107, 351 (356) = NJW 1989, 2681; BGH NJW-RR 1997, 925; *K. Schmidt* Gesellschaftsrecht § 50 III 2.
[135] OLG Naumburg NZG 2000, 647; die Möglichkeiten des ausgeschlossenen Gesellschafters zum einstweiligen Rechtsschutz untersucht *Kiethe* NZG 2004, 114 (115).
[136] Staub/*Schäfer* § 140 HGB Rn. 59.

8. Kapitel. Wechsel im Gesellschafterbestand unter Lebenden

vom Vorliegen eines wichtigen Grundes abhängig machen, sondern stattdessen in das Belieben der Mitgesellschafter stellen wollen. Nach der zu den verschiedenen Rechtsformen der Personengesellschaften ergangenen Rechtsprechung des BGH werden solche Regelungen im Gesellschaftsvertrag, angesichts der durch sie ermöglichten Willkürherrschaft der Gesellschaftermehrheit, grundsätzlich als sittenwidrig (§ 138 Abs. 1 BGB) eingestuft.[137] Die Gesellschafter sollen keinem ihre Entscheidungsfreiheit beeinflussenden Druck ausgesetzt sein, weil sie in dem Bewusstsein der beliebigen Ausschließbarkeit von den ihnen nach dem Gesetz oder dem Gesellschaftsvertrag zustehenden Rechten nicht oder nur eingeschränkt Gebrauch machen.[138]

45 Diese vom II. Zivilsenat des BGH entwickelten Grundsätze gelten auch für eine Familiengesellschaft, die von dem nach wie vor dominierenden Seniorgesellschafter zu wirtschaftlicher Blüte gebracht wurde.[139] Nach Ansicht des Gerichts kommt es ebenso wenig darauf an, ob die für den auszuschließenden Gesellschafter vorgesehene Abfindung angemessen ist,[140] während andere bei gewährleisteter Vollwertigkeit der Abfindung durchaus eine unbeschränkte Ausschließungsmöglichkeit für zulässig erachten.[141] Der BGH will eine Ausschließung ohne wichtigen Grund dagegen nur ausnahmsweise, bei **„sachlicher Rechtfertigung"** der Ausschließung durch außergewöhnliche Umstände" zulassen,[142] auch wenn hierin kein wichtiger Grund liegen muss.[143] Eine Spielart der Hinauskündigungsklausel liegt in Vereinbarungen, die als sog. **„Russian-Roulette"** bzw. **„Shoot Out"**-Klausel bezeichnet werden. Diese Klausel kann den Gesellschaftern ua das Recht einräumen, dem jeweils anderen Teil die eigene Gesellschaftsbeteiligung unter Nennung eines bestimmten Preises zum Ankauf anzubieten, verbunden mit der Verpflichtung des anderen Teils, bei Nichtannahme dieses Angebots die von ihm gehaltene Gesellschaftsbeteiligung an den Anbietenden zum gleichen Kauf-

---

[137] Vgl. mit Diff. im Einzelfall BGH NJW 1985, 2421 (2422); BGHZ 104, 50 (57) = NJW 1988, 1903; 105, 213 = NJW 1989, 834; 107, 351 (353) = NJW 1989, 2681; 125, 74 (78) = NJW 1994, 1156; NZG 2005, 479 (480); BGHZ 164, 98 (101 f.) = NZG 2005, 968; 164, 107 (110 f.) = NZG 2005, 971; zur Vorbereitung dieser Entscheidungen durch BGHZ 68, 212 (215) = NJW 1977, 1292 (*obiter dictum*) u. BGHZ 81, 263 (265) = NJW 1981, 2565; zur Entwicklung der Rechtsprechung s. *Gehrlein* NJW 2005, 706.
[138] BGH NJW 1985, 2421 (2422) im Anschluss an BGHZ 81, 263 (265) = NJW 1981, 2565; 164, 107 (111) = NZG 2005, 971; krit. *Verse* DStR 2007, 1822 (1825).
[139] BGH NJW 1985, 2421 m. Anm. *Bunte* ZIP 1985, 915 ff.; *Flume* DB 1986, 629 (631).
[140] BGHZ 81, 263 (265) = NJW 1981, 2565 m. Anm. *Krämer* NJW 1981, 2553 ff.; *Bunte* ZIP 1983, 8 ff.; *Kreutz* ZGR 1983, 109 ff.; BGHZ 105, 213 (220) = NJW 1989, 834 m. Anm. *Behr* ZGR 1990, 370 ff.; *W. Müller* EWiR 1989, 377 f.; BGHZ 164, 98 (104) = NZG 2005, 968.
[141] *Grunewald* DStR 2004, 1750 (1751); *Verse* DStR 2007, 1822 (1826, 1829); besonders deutlich *Huber* ZGR 1980, 177 (203); wN bei *Hesselmann/Tillmann* Rn. 595.
[142] BGHZ 81, 263 (265) = NJW 1981, 2565; 105, 213 (217) = NJW 1989, 834; 164, 98 (101 f.) = NZG 2005, 968; dem folgend zB OLG Hamburg WiB 1997, 361 m. Anm. *Schlei*.
[143] Vgl. MüKoHGB/*K. Schmidt* § 140 Rn. 100.

preis zu verkaufen und abzutreten.[144] Vor diesem Hintergrund entfaltet die Klausel insbesondere dann, wenn sie das Vorliegen einer Blockadesituation voraussetzt, einen nicht unerheblichen Druck auf die Gesellschafter, Blockaden zu vermeiden. Trotz der mit dieser Klausel verbundenen Möglichkeit, den anderen Gesellschafter uU missbräuchlich aus der Gesellschaft zu drängen,[145] hat das OLG Nürnberg eine solche Vereinbarung bei zweigliedrigen Personen- oder Kapitalgesellschaften nicht *per se* für unwirksam gehalten.[146] Dem liegt die Überlegung zugrunde, dass bei zweigliedrigen Personen- oder Kapitalgesellschaften mit identischer Gesellschaftsbeteiligung der Gesellschafter im Falle von Meinungsverschiedenheiten die Gefahr einer Selbstblockade der Gesellschaftsorgane besteht (Pattsituation) und die Klausel die Möglichkeit bietet, eine solche Selbstblockade aufzulösen. Dieser Zweck verschaffe einer derartigen Klausel eine ausreichende sachliche Rechtfertigung iSd Hinauskündigungs-Dogmatik. Das OLG Nürnberg hat sich nicht ausdrücklich damit auseinandergesetzt, ob derartige Klauseln nur dann zulässigerweise ausgenutzt werden können, wenn tatsächlich eine Blockadesituation besteht. Da das Gericht die sachliche Rechtfertigung aber maßgeblich auf die Möglichkeit stützt, mit derartigen Klauseln eine Blockade aufzulösen, wird man dies als Voraussetzung annehmen müssen.[147]

Angesichts der erforderlichen sachlichen Rechtfertigung einer Ausschließung empfiehlt es sich nach wie vor, auf eine Vereinbarung, welche die Ausschließung eines Gesellschafters in das Belieben seiner Mitgesellschafter stellt, zu verzichten und stattdessen einen **Katalog wichtiger Gründe** aufzunehmen, bei deren Vorliegen der Betreffende automatisch oder nach einem von allen Mitgesellschaftern oder mehrheitlich getragenen Gesellschafterbeschluss aus der Gesellschaft ausscheidet. Auch hier ist freilich erforderlich, dass die im Gesellschaftsvertrag geregelten Gründe nicht willkürlich von einem anderen Gesellschafter herbeigeführt werden können.[148] Ein automatisches Ausscheiden kann daher etwa an das Erreichen einer bestimmten Altersgrenze oder den Verlust beruflicher Qualifikationen anknüpfen. Kommen die Gerichte im Rahmen ihrer Inhaltskontrolle zu dem Ergebnis, dass die Ausschließungsklausel sittenwidrig und damit nichtig ist, sind sie bestrebt, die Klausel mit der Maßgabe aufrecht zu erhalten, dass das Ausschließungsrecht im Falle eines wichtigen Grundes besteht.[149]

2. GmbH

a) Einziehung mit Zustimmung des Gesellschafters. Als generelles Instrument zur Ausschließung eines GmbH-Gesellschafters stellt das Gesetz

---

[144] Vgl. den Form.vorschlag in Beck'sche Online-Formulare Vertrag/*Giehl*, 7.8.2.8.; ausführlich *Fleischer/Schneider* DB 2010, 2713 ff.; *Schulte/Sieger* NZG 2005, 24 ff.
[145] Hierzu etwa OLG Nürnberg NZG 2014, 222 (224); *Fleischer/Schneider* DB 2010, 2713 (2717).
[146] OLG Nürnberg NZG 2014, 222 (224).
[147] Abw. *Heeg* BB 2014, 467 (469).
[148] Baumbach/*Hopt* § 131 HGB Rn. 25; MHdB GesR II/*Piehler/Schulte* § 36 Rn. 69 ff.
[149] BGHZ 107, 351 (354) = NJW 1989, 2681.

8. Kapitel. Wechsel im Gesellschafterbestand unter Lebenden

nur die auch als **Amortisation** bezeichnete Einziehung von Geschäftsanteilen zur Verfügung. Diese darf – auch außerhalb der Zwangseinziehung[150] grundsätzlich nur erfolgen, wenn und soweit sie im Gesellschaftsvertrag vorgesehen ist (§ 34 Abs. 1 GmbHG). Der Gesetzgeber eröffnet damit den Gesellschaftern einer GmbH, für die das Anwachsungsprinzip der Personengesellschaften nicht zur Verfügung steht, die Möglichkeit, im Wege gesellschaftsvertraglicher Vereinbarung für sie angemessene Lösungen zu finden, um einen Geschäftsanteil zu vernichten.[151] Bei einvernehmlichem Ausscheiden eines Gesellschafters kann auf diese Weise die Grundlage für eine Austrittsvereinbarung geschaffen werden (s. → Rn. 31), die durch Einziehung des Geschäftsanteils vollzogen wird. Im Übrigen setzt die Einziehung mangels abweichender Bestimmung im Gesellschaftsvertrag (vgl. § 45 Abs. 2 GmbHG) neben der Zustimmung des betroffenen Anteilsinhabers einen mit einfacher Mehrheit zu fassenden Gesellschafterbeschluss voraus (§§ 46 Nr. 4, 47 Abs. 1 GmbHG), bei dem der austrittswillige Gesellschafter grundsätzlich stimmberechtigt ist.[152] Stimmt er für die Einziehung, ist darin seine konkludente Zustimmung zu sehen, ohne dass es noch einer weiteren Erklärung gegenüber der Gesellschaft bedarf.[153] Eine grundsätzlich erforderliche Mitteilung des Einziehungsbeschlusses gegenüber dem betroffenen Gesellschafter im Wege einer gesonderten Einziehungserklärung der Gesellschaft ist bei Zustandekommen einer Austrittsvereinbarung überflüssig und erscheint auch dann verzichtbar, wenn der von der Einziehung betroffene Gesellschafter an der Beschlussfassung beteiligt war.[154] Letzteres gilt allerdings nur dann, wenn man mit der hM davon ausgeht, dass die Gesellschafter – und nicht die Geschäftsführer – für die Mitteilung zuständig sind.[155]

48 **Rechtsfolge der Einziehung** ist aus Sicht des Gesellschafters vor allem der Wegfall seines Geschäftsanteils,[156] der im praktischen Regelfall durch den Anspruch auf das Einziehungsentgelt ersetzt wird (hierzu → § 31). Mit der Einziehung endet die Mitgliedschaft des ausscheidenden Gesellschafters und damit enden alle gesellschafterlichen Rechte und Pflichten (zum maßgeblichen Zeitpunkt s. noch → Rn. 55). Dies gilt auch für das Auskunfts- und

---

[150] Baumbach/Hueck/*Fastrich* § 34 GmbHG Rn. 3.
[151] *K. Schmidt* Gesellschaftsrecht § 35 III 1a; *Hesselmann/Tillmann* Rn. 565a sprechen im Anschluss an Ulmer/*Ulmer* § 34 GmbHG Rn. 112 von einem ausdrücklichen Gestaltungsangebot des Gesetzgebers; vgl. das Bsp. in OLG Köln GmbHR 1996, 609; weitere Gestaltungsvarianten bei *Wolff* GmbHR 1999, 958 (961).
[152] MüKoGmbHG/*Strohn* § 34 Rn. 19; Scholz/*H.P. Westermann* § 34 GmbHG Rn. 43; *Wolf* ZGR 1998, 92 (95); aA Ulmer/*Ulmer* § 34 GmbHG Rn. 51; in diese Richtung auch Baumbach/Hueck/*Fastrich* § 47 GmbHG Rn. 88.
[153] Scholz/*H.P. Westermann* § 34 GmbHG Rn. 12; Ulmer/*Ulmer* § 34 GmbHG Rn. 22.
[154] Str. vgl. Baumbach/Hueck/*Fastrich* § 34 GmbHG Rn. 16 mwN; auf die Bedeutung des Protokolls von der maßgeblichen Gesellschafterversammlung weisen zB *Sieger/Mertens* ZIP 1996, 1493 (1494) hin.
[155] *Grunewald* GmbHR 2012, 769 (770).
[156] *Meyer* NZG 2009, 1201 (1202 f.) geht indes von einem Erwerb eigener Geschäftsanteile durch die GmbH aus.

Einsichtsrecht nach § 51a GmbHG, an dessen Stelle der allgemeine Anspruch nach § 810 BGB tritt.[157] Solange die Einziehung allerdings noch nicht erfolgt ist, bleibt der Informationsanspruch nach § 51a GmbHG trotz bereits vereinbartem Ausscheiden erhalten.[158]

Der Blickwinkel der verbleibenden Gesellschafter und der GmbH selbst konzentriert sich dagegen – von der Höhe des mit Wirksamwerden des Einziehungsbeschlusses fällig werdenden Einziehungsentgelts (Abfindung), welches grundsätzlich dem vollen Wert des eingezogenen Geschäftsanteils entsprechen muss, abgesehen – in erster Linie auf die Tatsache, dass der Wegfall des Geschäftsanteils mangels Geltung des Anwachsungsprinzips zu einem **Auseinanderfallen von Stammkapital und übernommenen Stammeinlagen** führt. Der mit dem MoMiG neu gefasste § 5 Abs. 3 Satz 2 GmbHG verlangt, dass die Summe der Nennbeträge aller Geschäftsanteile mit dem Stammkapital übereinstimmen muss. Nach umstrittener Auffassung ist deshalb ein Einziehungsbeschluss nichtig, der zu einer Divergenz führt.[159] Bis zu einer höchstrichterlichen Klärung ist daher, da die in Teilen der Literatur vertretene „automatische Anpassung" der Stammeinlagen[160] ebenfalls nicht gesichert ist, zu empfehlen, gleichzeitig mit dem Einziehungsbeschluss die Summe der Nennbeträge der nach der Einziehung verbleibenden Geschäftsanteile an den satzungsmäßigen Betrag des Stammkapitals anzupassen. Dies kann durch eine Kapitalherabsetzung (§ 58 GmbHG), die nominelle Aufstockung der Nennwerte im Verhältnis der verbliebenen Geschäftsanteile oder die Bildung eines neuen Geschäftsanteils der Gesellschaft ohne Kapitalerhöhung geschehen.[161] Weder der Aufstockungs- noch der Neubildungsbeschluss stellen dabei eine Satzungsänderung dar.[162] Dennoch bedarf der Beschluss zur Neubildung eines Geschäftsanteils, anders als der Aufstockungsbeschluss, jedenfalls der qualifizierten Mehrheit; teilweise wird sogar Einstimmigkeit gefordert.[163]

§ 34 Abs. 3 GmbHG stellt lapidar fest, dass die Bestimmung in § 30 Abs. 1 GmbHG unberührt bleibt; durch die Zahlung des Einziehungsentgelts darf

---

[157] KG BeckRS 1999, 11823 = GmbHR 1999, 1202; zu § 810 BGB BGH NJW 1989, 225 (226); MüKoGmbHG/*Strohn* § 34 Rn. 59.

[158] BayObLG NZG 2000, 99 zu einer Vereinbarung über das Ausscheiden; aA offenbar noch OLG Jena GmbHR 1996, 699 (700).

[159] OLG München DNotI-Report 2012, 30; vgl. auch NZG 2012, 349 (350); LG Essen NZG 2010, 867 (868 f.); LG Neubrandenburg ZIP 2011, 1214; *Heckschen* NZG 2010, 521 (524); *Römermann* NZG 2010, 96 (99); aA OLG Saarbrücken NZG 2012, 180 f. (*obiter dictum*); LG Dortmund BeckRS 2012, 13332 = BB 2012, 2269; Baumbach/Hueck/*Fastrich* § 34 GmbHG Rn. 17a f. mwN; *Grunewald* GmbHR 2012, 769 (772); *Ulmer* DB 2010, 321 (322).

[160] So Roth/*Altmeppen* § 34 Rn. 84ff.; *Grunewald* GmbHR 2012, 769 (772).

[161] Michalski/*Sosnitza* § 34 GmbHG Rn. 120; MAH GmbH-Recht/*Römermann*/*Passarge* § 14 Rn. 99a.

[162] BGH NJW 1989, 168 (169); BayObLG NJW-RR 1992, 736 (737) jeweils zur Aufstockung; MüKoGmbHG/*Strohn* § 34 Rn. 69 zur Neubildung; zu den zur Verfügung stehenden Verfahren ausf. *K. J. Müller* DB 1999, 2045 (2046); vgl. auch *Sieger*/*Mertens* ZIP 1996, 1493 (1496); Ulmer/*Ulmer* § 34 GmbHG Rn. 68; *Westermann* in FS 100 Jahre GmbHG, 447 (469).

[163] Vgl. MüKoGmbHG/*Strohn* § 34 Rn. 69 mwN.

8. Kapitel. Wechsel im Gesellschafterbestand unter Lebenden

das zur Erhaltung des Stammkapitals erforderliche Vermögen der Gesellschaft nicht angegriffen werden darf. Unberührt bleibt aber auch ohne besondere Erwähnung § 19 Abs. 2 S. 1 GmbHG, nach dem die Gesellschafter von ihrer Verpflichtung zur Leistung der Einlage nicht befreit werden können. Die Einziehung eines Geschäftsanteils setzt daher voraus, dass dieser voll eingezahlt ist.[164] Steht bei der Fassung des Einziehungsbeschlusses schon fest, dass für die Abfindung kein oder kein ausreichendes Vermögen zur Verfügung steht, ist der Einziehungsbeschluss analog § 241 Nr. 3 AktG nichtig.[165] Welche Konsequenzen diese die Geltung des Unversehrtheitsgrundsatzes absichernden Vorschriften auf die Festlegung und Zahlung des Einziehungsentgelts bzw. der Abfindung haben können, wird in → § 32 näher erläutert.

51 **b) Zwangseinziehung.** Bei der Zwangseinziehung erfolgt die Einziehung des Geschäftsanteils gegen den Willen des betreffenden Gesellschafters. Ein derartiges Zwangsmoment ist im Gesetz sonst nur in § 21 GmbHG vorgesehen. Dort geht es um die Verlustigerklärung des Geschäftsanteils eines mit der Einzahlung auf die von ihm übernommene Stammeinlage säumigen Gesellschafters nach fruchtlosem Ablauf einer ihm gesetzten Nachfrist (**Kaduzierung**).[166] Ein derartiger Ausschluss eines Gesellschafters bleibt den Mitgesellschaftern auch dann als Ausweg, wenn eine Einziehung mit Zustimmung letztlich daran scheitert, dass die von dem ursprünglich austrittswilligen Gesellschafter übernommene Stammeinlage nicht vollständig erbracht ist und auch eine Kapitalherabsetzung nicht weiterhilft.[167]

52 Ohne Zustimmung des Gesellschafters ist die Zwangseinziehung seines Geschäftsanteils nach § 34 Abs. 2 GmbHG nur zulässig, wenn deren **Voraussetzungen bereits vor dem Zeitpunkt im Gesellschaftsvertrag hinreichend bestimmt festgesetzt** waren, in dem er den Geschäftsanteil erworben hat. Gegenüber den Gründungsgesellschaftern gilt damit die Gründungssatzung; allerdings kann eine Bestimmung zur Zwangseinziehung auch nachträglich durch Satzungsänderung eingeführt werden. Dem hinter § 34 Abs. 2 GmbHG stehenden Schutzzweck ist dabei dann genügt, wenn der betroffene Gesellschafter hierzu seine Zustimmung erteilt hat.[168] Dies gilt unabhängig davon, ob man für die im Wege der Satzungsänderung eingeführte Regelung der Zwangseinziehung die qualifizierte Mehrheit des

---

[164] BGHZ 9, 157 (168 f.) = NJW 1953, 780; Ulmer/*Ulmer* § 34 GmbHG Rn. 19; Hörstel NJW 1994, 965 (966).

[165] BGHZ 144, 365 (369 f.) = NZG 2000, 1027; 2009, 221; 2011, 783 (784); hieran scheint der BGH auch bei der von ihm nun vertretenen Haftungslösung (hierzu noch → Rn. 55) festhalten zu wollen, vgl. NZG 2012, 259; kritisch *Schneider/Hoger* NJW 2013, 502 (504).

[166] Zur Abgrenzung zwischen Kaduzierung und Einziehung vgl. zB BGH DStR 1997, 1257 m. Anm. *Goette*; aus der Literatur zB *Damrau-Schröter* NJW 1991, 1927; die Vorteile der Kaduzierung betont *Hörstel* NJW 1994, 965 (966); vgl. auch *Wellhöfer* GmbHR 1994, 212 (219).

[167] *Wellhöfer* GmbHR 1994, 212 (214); weitere Einzelheiten bei *Zeilinger* GmbHR 2002, 772 (774) mwN.

[168] BGH NJW 1977, 2316; Ulmer/*Ulmer* § 34 GmbHG Rn. 33.

§ 53 Abs. 2 S. 1 GmbHG ausreichen lässt oder die Zustimmung aller Gesellschafter verlangt.[169] Ohne Sonderregelung in der Satzung bedarf jedenfalls der Beschluss über die Zwangseinziehung lediglich der einfachen Mehrheit.[170] Bei der Einziehung aus wichtigem Grund geht der BGH unter Heranziehung des in § 47 Abs. 4 GmbHG zum Ausdruck kommenden Rechtsgedankens davon aus, dass der **auszuschließende Gesellschafter nicht stimmberechtigt** ist.[171] Gleichwohl wird die Anfechtbarkeit des Einziehungsbeschlusses bejaht, wenn dem betroffenen Gesellschafter vor der Abstimmung Auskünfte über den wichtigen Grund verweigert werden, weil ihm dadurch die Möglichkeit genommen wird, auf das Abstimmungsverhalten seiner Mitgesellschafter Einfluss zu nehmen.[172]

Ein Einziehungsbeschluss bedarf der Ausführung durch **Einziehungserklärung gegenüber dem Gesellschafter**. Diese ist auch dann unentbehrlich, wenn nach der Satzung die Zuständigkeit eines – fakultativen – Aufsichtsrats oder eines sonstigen Gesellschaftsorgans oder Gremiums für die Durchführung der Einziehung begründet ist. Das Recht zur Einziehung kann verwirkt werden.[173] Die Einziehung kann aufgrund widersprüchlichen Verhaltens treuwidrig sein, wenn sich die Mitgesellschafter in Kenntnis der zugrunde liegenden Umstände über einen längeren Zeitraum nicht auf den wichtigen Grund berufen und signalisiert haben, dass sie mit einem Verbleiben des Betroffenen in der Gesellschaft einverstanden sind.[174] Der Grundsatz, dass jede Einziehung die maßgeblichen **Kapitalaufbringungs- und Kapitalerhaltungsvorschriften** (insbesondere die §§ 19 Abs. 2 S. 1, 30 Abs. 1 GmbHG) beachten muss, um wirksam zu sein, gilt auch für die Zwangseinziehung. Daher erscheint es sinnvoll, in der Satzung als **Alternative zur Einziehung eine Abtretungsverpflichtung** vorzusehen. Betroffene Gesellschafter, die sich wegen des (vermeintlichen) Fehlens der Einziehungsvoraussetzungen gegen die Einziehung zur Wehr setzen wollen, müssen ihren Klageantrag auf Feststellung der Unwirksamkeit des Einziehungsbeschlusses richten. Wird dagegen begehrt, den Einziehungsbeschluss „für nichtig zu erklären", helfen die Gerichte mit einer großzügigen Auslegung und Umdeutung in einen Feststellungsantrag, wenn sich aus dem Klagevorbringen ergibt, dass sich der klagende Gesellschafter gegen die Wirksamkeit des

53

---

[169] Nachweise zum Meinungsstand bei *K. Schmidt* Gesellschaftsrecht § 35 III 1b (Fn. 96).
[170] Vgl. BGHZ 153, 285 (290) = NZG 2003, 286; Scholz/*H.P. Westermann* § 34 GmbHG Rn. 42 aE.
[171] BGH NJW 2003, 2314 (2315) im Anschluss an BGHZ 9, 157 (177) = NJW 1953, 780 (784); NJW-RR 2003, 470 (471); NJW 1987, 1890 (1891); vgl. auch OLG Stuttgart GmbHR 1989, 466 (467); OLG Naumburg NZG 2000, 44 (46f.); Scholz/ H.P.*Westermann* § 34 GmbHG Rn. 43; *Bärwaldt* NZG 2003, 261 (262); *Gehrlein*, ZIP 1996, 1157, 1158 mwN; diff. Ulmer/*Ulmer* § 34 GmbHG Rn. 52.
[172] OLG München NZG 1998, 383, 384; die Rechtsfolgen eines unterbliebenen rechtlichen Gehörs des betroffenen Gesellschafters analysiert *Abramenko*, GmbHR 2001, 501, 503 ff.
[173] OLG Frankfurt a.M. NZG 1998, 595, 597 m. Anm. *Eckhardt*.
[174] OLG Celle NZG 1999, 167, 168 m. Anm. *Ebbing*; Ulmer/*Ulmer* § 34 GmbHG Rn. 53.

Amortisationsbeschlusses wendet, weil er dessen Voraussetzungen als nicht gegeben ansieht.[175]

54 Hinsichtlich der **Rechtsfolgen** ergeben sich insgesamt gegenüber der soeben unter a) (→ Rn. 48 ff.) dargestellten Einziehung mit Zustimmung des Gesellschafters keine wesentlichen Besonderheiten. Die Einziehung vernichtet auch hier den Geschäftsanteil des betroffenen Gesellschafters und lässt sämtliche aus der Mitgliedschaft erwachsenden Rechte und Pflichten untergehen, soweit sie sich nicht bereits vor dem Wirksamwerden des Einziehungsbeschlusses verselbständigt haben.[176] Von einer derartigen Verselbständigung des Gewinnanspruchs kann beispielsweise erst ausgegangen werden, wenn der Ausschüttungsanspruch entstanden ist. Nach der Rechtsprechung des BGH reicht dazu der bloße Ablauf des Geschäftsjahres nicht aus, vielmehr sind zusätzlich die Feststellung des Jahresabschlusses und eine Beschlussfassung über die Verwendung des ausgewiesenen Jahresgewinns erforderlich.[177] Dies hat die für den betroffenen Gesellschafter einschneidende Konsequenz, dass er bei einer vor Entstehung des Gewinnanspruchs wirksam werdenden Einziehung seines Geschäftsanteils an der Gewinnverteilung für ein vor der Einziehung bereits abgeschlossenes Geschäftsjahr nicht teilnimmt.[178] Wer diese Folge vermeiden will, muss bei der gesellschaftsvertraglichen Abfindungsregelung eine entsprechende Kompensation vorsehen.[179]

55 In jüngster Zeit weiterentwickelt hat sich die Rechtsprechung des BGH zur Wirksamkeit der Einziehung in Abhängigkeit von der Leistung der Abfindung; eine Frage, die vor allem dann relevant wird, wenn die Gesellschaft die Abfindung nicht aus ungebundenen Mitteln zahlen kann. Ursprünglich hatte sich der BGH in einem Nichtannahmebeschluss einer Lösung angeschlossen, die die Wirksamkeit der Einziehung auf die Abfindungszahlung bedingt sah und den vom Einziehungsbeschluss betroffenen Geschäftsanteil bis zur vollständigen Erfüllung des Abfindungsanspruchs mit der Wirkung bestehen ließ, dass die Gesellschafterstellung und mit ihr alle Rechte und Pflichten bis zu diesem Zeitpunkt erhalten blieb.[180] Eine erste Annäherung an die nunmehr vertretene **Haftungslösung** vollzog der II. Zivilsenat des BGH dadurch, dass er eine hiervon abweichende Regelung in der Satzung für zulässig hielt, die sowohl für den Austritt durch Kündigung als auch für den Ausschluss durch Gesellschafterbeschluss anordnet, dass der Gesellschafter seine Gesellschafterstellung mit sofortiger Wirkung verliert.[181] In einer Entscheidung aus dem Jahr 2012 machte der Senat dann die Zahlung der

---

[175] BGH NZG 2000, 35 m. Anm. *Goette* DStR 1999, 1951, 1952; einen Überblick über die Rechtsschutzmöglichkeiten bei fehlerhaften Einziehungsbeschlüssen vermittelte bereits *Niemeier*, ZGR 1990, 314, 327 ff.
[176] BGH DStR 1998, 1688, 1689 m. Anm. *Goette*.
[177] BGH DStR 1998, 1688, 1689 m. Anm. *Goette*; NZG 1998, 225.
[178] BGH DStR 1998, 1688, 1689 m. Anm. *Goette*; krit. *Salje*, NZG 1998, 986 f.; *Gehrlein* DB 1998, 2355 f.; diff. *Roth* ZGR 1999, 719 ff.
[179] So auch *Salje* NZG 1998, 986 (987).
[180] BGH DStR 1997, 1336 m. Anm. *Goette* im Anschluss an BGHZ 9, 157 (174) = NJW 1953, 780; vgl. auch OLG Schleswig NZG 2000, 703 (704 f.) m. Anm. *Sosnitza*; OLG Düsseldorf NZG 2007, 278 (279).
[181] BGH NJW-RR 2003, 1265 (1266); NZG 2009, 221.

Abfindung nicht mehr zur Bedingung für die Wirksamkeit der (Zwangs) Einziehung,[182] nachdem zuvor bereits mehrere Oberlandesgerichte so geurteilt hatten.[183] Zur Sicherung des Abfindungsanspruchs lässt der BGH die Gesellschafter, die den Einziehungsbeschluss gefasst haben, **anteilig auf die Abfindung haften**, wenn sie nicht für eine Bewirkung der Abfindung aus dem ungebundenen Gesellschaftsvermögen sorgen oder die Gesellschaft liquidieren.[184] Die Entscheidung lässt für die Praxis einige Fragen der Haftungslösung – etwa nach der konkreten Rechtsgrundlage der Haftung und hiermit verbunden nach deren Abdingbarkeit und den Innenausgleichsmöglichkeiten –[185] offen. Für die Praxis ist daher dringend die Aufnahme ergänzender Satzungsregelungen anzuraten.

c) Regelungen im Gesellschaftsvertrag. Auf der Basis von § 34 GmbHG haben sich in der Gestaltungspraxis standardisierte Formulierungsvorschläge herausgebildet, die von der gesetzlichen Ermächtigung in unterschiedlicher Art und Weise Gebrauch machen.[186] Ihre Zulässigkeit versteht sich keineswegs von selbst, vielmehr muss in jedem Einzelfall gesondert geprüft werden, ob ihre Inhalte mit den allgemeinen Rechtsgrundsätzen vereinbar sind. **56**

aa) Zustimmungsklausel. Die Zustimmungsklausel knüpft an § 34 Abs. 1 GmbHG an und besagt lediglich, dass mit Zustimmung des betreffenden Gesellschafters die Einziehung seines Geschäftsanteils jederzeit möglich und zulässig ist. Da der Gesellschafter seine Zustimmung nur erteilen wird, wenn die Frage des Einziehungsentgelts zu seiner Zufriedenheit geregelt ist, verlagert sich die **Abfindungsproblematik auf die zwischen den Parteien geführten Verhandlungen**. Vor diesem Hintergrund erscheint es sinnvoll, in der Zustimmungsklausel vorzusehen, dass das Einziehungsentgelt im Zweifel von einem unabhängigen Sachverständigen, der hinreichend bestimmt zu bezeichnen ist, errechnet und für die beteiligten Parteien verbindlich festgelegt wird. Soll der Einziehungsbeschluss nach der Satzung durch Übertragung des Geschäftsanteils auf einen Mitgesellschafter umgesetzt werden, erfüllt auch ein privatschriftliches Protokoll des maßgeblichen Gesellschafterbeschlusses die gesetzliche Form des § 15 Abs. 4 GmbHG.[187] **57**

bb) Generalklausel. Im Gesellschaftsvertrag ist auch eine Formulierung zulässig, die die Ermächtigung zur Einziehung gegen den Willen des Betroffe- **58**

---

[182] BGH NZG 2012, 259 (260); noch offen gelassen in BGHZ 139, 299 (301 f.) = NJW 1998, 3646.
[183] KG NZG 2006, 437 (437 f.); GWR 2011, 447 = BeckRS 2011, 22359; OLG München DStR 2011, 1673 (1674).
[184] BGH NZG 2012, 259 (261).
[185] Hierzu etwa *Altmeppen* NJW 2013, 1025 ff.; Baumbach/Hueck/*Fastrich* § 34 GmbHG Rn. 45 ff.; *Grunewald* GmbHR 2012, 769 (770 f.); *Schneider/Hoger* NJW 2013, 502 (505); *Schockenhoff* NZG 2012, 449 (451 f.); *Ulmer* in FS Hoffmann-Becking, 1261 ff.
[186] Allgemeiner Überblick bei *Niemeier* ZGR 1990, 314 (316); *Baumann* MittRhNotK 1991, 271 (272); *Damrau-Schröter* NJW 1991, 1927 (1935 f.); zu ihrer tatsächlichen Verbreitung vgl. die Nachweise bei Ulmer/*Ulmer* § 34 GmbHG Rn. 12.
[187] BGH DStR 1998, 539 m. Anm. *Goette*.

nen ganz allgemein vom **Vorliegen eines wichtigen Grundes** abhängig macht, ohne diesen näher zu konkretisieren.[188] Die Gestaltungspraxis versucht daneben in der Regel, einige wesentliche, eine Zwangseinziehung rechtfertigende Ereignisse und Verhaltensweisen in einer **katalogartigen Aufzählung** zusammenzufassen.

59 *cc) Einziehungsklausel.* Im Gegensatz zur Generalklausel sollen mit dem Begriff der Einziehungsklausel diejenigen Formulierungen erfasst werden, die (sachliche) Gründe für die Einziehung ausdrücklich benennen. Als Beispiele seien hier nur die Insolvenz eines Gesellschafters oder die Pfändung seines Geschäftsanteils durch einen gesellschaftsfremden Dritten[189] genannt.[190] Für die Zulässigkeit von Einziehungsklauseln kommt es nicht nur auf die Höhe des vorgesehenen Einziehungsentgelts an (s. dazu → § 32), sondern beispielsweise auch darauf, ob durch eine Regelung gezielt gegen Gläubigerinteressen verstoßen werden soll.[191] Letzteres ist jedoch nicht der Fall, wenn Gläubiger und Gesellschafter beim Vorliegen bestimmter Einziehungsgründe gleich behandelt werden.[192] Bei Beachtung dieser Grundsätze kann eine Einziehungsklausel im Ergebnis dazu dienen, das **Eindringen unerwünschter Dritter** zu verhindern.

60 Eine andere Motivation für die Formulierung eines wichtigen Grundes ist die dadurch eröffnete Möglichkeit, sich **von Gesellschaftern zu trennen**, die aufgrund ihres Verhaltens untragbar geworden sind. Häufig findet sich deshalb am Ende der enumerativen Aufzählung ein Auffangtatbestand, der die Einziehung eines Geschäftsanteils erlaubt, wenn der betreffende Gesellschafter eine – nachhaltige oder wiederholte – Verletzung der ihm obliegenden Pflichten begangen hat. Hierzu wird auch ein schwerer Verstoß gegen ein Wettbewerbsverbot gezählt.[193] Ist eine derartige oder vergleichbare Formulierung dagegen im Gesellschaftsvertrag nicht vorgesehen und greift auch keiner der enumerativ aufgeführten Tatbestände ein, muss die Gesellschaft eine Ausschließungsklage (s. → Rn. 65 ff.) erheben, wenn sie sich von einem Gesellschafter trennen will.[194] Bei der Satzungsgestaltung ist deshalb auf die Aufnahme einer solchen Auffangregelung besonderer Wert zu legen.

---

[188] BGH NZG 2013, 1344 (1345); NJW 1977, 2316; *K. Schmidt* Gesellschaftsrecht § 35 III 1c; *Goette* DStR 1999, 1953; *Hartmann*, Ausscheidender Gesellschafter, 142; aus der Rspr. OLG Brandenburg NZG 1998, 263 (264).

[189] Die Auswirkungen einer Einstellung der Zwangsvollstreckung auf das Recht zur Zwangseinziehung in diesem Fall beleuchtet *Michalski* ZIP 1991, 147 (149).

[190] Zur Problematik einer Klausel, welche die Einziehung des Geschäftsanteils für den Fall vorsieht, dass der Gesellschafter Auflösungsklage erhoben hat, s. nur *Volhard* GmbHR 1995, 617 (619).

[191] BGHZ 32, 151 (155) = NJW 1960, 1053; Scholz/*H.P. Westermann* § 34 GmbHG Rn. 14, 30; vgl. auch das Bsp. Nr. 23 bei *K. Schmidt* Gesellschaftsrecht § 35 III 1d; s. auch OLG Hamm NZG 1999, 599; den Aspekt der Kompensation von der Gesellschaft für die Zukunft entgehenden Leistungen des von der Einziehung betroffenen Gesellschafters betont demgegenüber *van Venrooy* GmbHR 1995, 339 (341).

[192] BGHZ 65, 22 (26) = NJW 1975, 1835; OLG Hamburg BB 1982, 2007.

[193] Aus der Rechtsprechung zB LG Hamburg NZG 1998, 687 (688).

[194] Anschaulich insoweit BGH NZG 2000, 35 m. Anm. *Goette* DStR 1999, 1951.

Als grundlegender Beurteilungsmaßstab für das Vorliegen eines **wichti-** 61
gen Grundes bleibt auch für die Zwangseinziehung eines GmbH-Geschäftsanteils zu beachten, dass das gesellschaftliche Vertrauensverhältnis durch ein Fehlverhalten oder die Persönlichkeit des betreffenden Gesellschafters derart gestört sein muss, dass seinen Mitgesellschaftern die Fortsetzung der Gesellschaft mit ihm nicht zugemutet werden kann, seine weitere Mitgliedschaft also den Fortbestand der Gesellschaft unmöglich macht oder zumindest ernstlich gefährdet.[195] Hieran werden **strenge Anforderungen** gestellt, so dass weder ein über die Grenzen des § 51a GmbHG hinausgehendes Informationsbegehren noch die gerichtliche Geltendmachung des Ausschlusses von Mitgesellschaftern oder von vermeintlichen Ansprüchen gegen die Gesellschaft als ausreichend angesehen werden, sofern dem dies begehrenden Gesellschafter keine gesellschaftsfeindliche Gesinnung oder Schikane vorgeworfen werden kann.[196] Die Zwangseinziehung muss *ultima ratio* sein, so dass bei einem Gesellschafter-Geschäftsführer die bloße Abberufung als Vertretungsorgan der Gesellschaft als milderes Mittel zu prüfen ist. Eine ungerechtfertigte Besserstellung gegenüber dem Nur-Gesellschafter wird hierin nicht erkannt, da Letzterer nicht in gleichem Maße der Gefahr ausgesetzt sein soll, durch unternehmerisches Fehlverhalten den Interessen der Gesellschaft zuwiderzuhandeln.[197] Für eine personengleiche GmbH & Co. KG ist anerkannt, dass bei ihr der Verlust des Kommanditanteils ein Grund für die Zwangseinziehung des GmbH-Geschäftsanteils sein kann.[198]

dd) Ausschlussklausel. Im Gesellschaftsvertrag kann vorgesehen werden, dass 62
ein Gesellschafter bei Vorliegen eines wichtigen Grundes verpflichtet ist, seinen **Anteil an einen Mitgesellschafter oder Dritten abzutreten**. Die Wirksamkeitsvoraussetzungen derartiger Ausschlussklauseln entsprechen denjenigen von Einziehungsklauseln.[199] In der Gestaltungspraxis werden Ausschlussklauseln häufig mit Einziehungsklauseln kombiniert. Der BGH hält sie selbst dann für zulässig, wenn sie die Gesellschafterversammlung ermächtigen zu beschließen, dass der Geschäftsanteil des Auszuschließenden an die Gesellschaft selbst oder an andere Gesellschafter oder Dritte abgetreten werden soll.[200]

ee) Hinauskündigungsklausel. Die bereits zur KG eingehender behandelten 63
Hinauskündigungsklauseln (s. → Rn. 44 ff.), die den Gesellschaftern das Recht einräumen, einen Mitgesellschafter nach freiem Ermessen aus der Gesellschaft auszuschließen, werden auch bei der GmbH grundsätzlich als nichtig eingestuft.[201] Die Abgrenzungsprobleme im Verhältnis zu einem – aus-

---

[195] Aus der Rechtsprechung der Instanzgerichte zB OLG München NJW-RR 1994, 496 (497); OLG Hamburg ZIP 1996, 962 m. Anm. *Fingerhut* BB 1997, 431 (432 f.); OLG Dresden NZG 2001, 809 mwN; vgl. auch *Lutter* GmbHR 1997, 1134 f.
[196] OLG Dresden NZG 2001, 809.
[197] OLG Rostock NZG 2002, 294.
[198] Ulmer/*Ulmer* § 34 GmbHG Rn. 40.
[199] *Brönner/Rux/Wagner* Rn. 565.
[200] BGH NJW 1983, 2880 (2881).
[201] BGHZ 112, 103 (107 f.) = NJW 1990, 2622 (2622 f.) unter Verweis auf BGHZ 68, 212 (215) = NJW 1977, 1292; 81, 263 (266 f.) = NJW 1981, 2565; 105, 213 (216 f.) = NJW 1989, 834 sowie BGH NJW 1985, 2421 (2422).

nahmsweise zulässigen – Ausschließungsrecht aus sachlichem Grund und einem – generell zulässigen – Ausschließungsrecht aus wichtigem Grund bestehen somit auch hier.

64 Der BGH hat als sachlichen Grund in diesem Sinne bisher den Tod eines Mitgesellschafters,[202] die Einräumung einer Mehrheitsbeteiligung sowie der alleinigen Geschäftsführungsbefugnis aufgrund enger persönlicher Beziehungen bei Tragung der vollen Finanzierungslast der Gesellschaft,[203] die Vereinbarung einer „Probezeit" (bei Freiberuflern),[204] den Zusammenhang mit einem Kooperationsvertrag,[205] die Beendigung der Organstellung im sog. Managermodell[206] sowie die Kündigung des Dienst- oder Arbeitsverhältnis bei einer Mitarbeiterbeteiligung[207] anerkannt. Das OLG Nürnberg hat bei zweigliedrigen Personen- oder Kapitalgesellschaften die Vereinbarung einer sog. „**Russian-Roulette**" bzw. „**Shoot Out**"-Klausel vor dem Hintergrund der Rechtsprechung zu den Hinauskündigungsklauseln nicht *per se* für unwirksam gehalten. Vielmehr könne im Einzelfall eine ausreichende sachliche Rechtfertigung für eine solche Klausel in deren Zweck liegen, eine Selbstblockade der Gesellschaft durch zwei gleich hoch beteiligte Gesellschafter aufzulösen.[208]

65 **d) Ausschließungsklage.** Auch wenn im Gesellschaftsvertrag keine der vorstehend dargestellten Regelungen verankert ist, kann ein Gesellschafter aus wichtigem Grund aus der GmbH ausgeschlossen werden. Die Rechtsprechung erkennt inzwischen ein Bedürfnis nach einer derartigen Alternative zu der ansonsten allein verbleibenden Auflösung der Gesellschaft an.[209] Die Möglichkeit zur Ausschließung aus wichtigem Grund darf daher auch in der Satzung weder ganz abbedungen noch wesentlich eingeschränkt werden.[210] Hierin wird deutlich, wie stark die GmbH in vielen Bereichen auch durch Rechtsfortbildung in ihrer rechtlichen Behandlung an die Personengesellschaften angenähert wird. Der BGH überträgt den in § 737 BGB und § 140 HGB zum Ausdruck kommenden Rechtsgedanken, dass den Beteiligten eines Gesellschaftsverhältnisses der Ausschluss eines ihrer Mitgesellschafter möglich sein muss, wenn in dessen Person ein wichtiger Grund vorliegt, auf die GmbH und beruft sich ergänzend auf die jeden Gesellschafter tref-

---

[202] BGHZ 105, 213 (219) = NJW 1989, 834.
[203] BGHZ 112, 103 (108 f.) = NJW 1990, 2622.
[204] BGH NZG 2004, 569; NZG 2007, 583.
[205] BGH NZG 2005, 479.
[206] BGHZ 164, 98 (101 f.) = NZG 2005, 968.
[207] BGHZ 164, 107 (110 f.) = NZG 2005, 971.
[208] OLG Nürnberg, NZG 2014, 222, 224; vgl. auch bereits oben → Rn. 45.
[209] BGHZ 9, 157 (158) = NJW 1953, 780; 16, 317 (322) = NJW 1955, 667; vgl. auch BGHZ 80, 346 (349 f.) = NJW 1981, 2302; GmbHR 1987, 302 = BeckRS 1987, 05184; NJW 1999, 3779; einen Überblick über die Rechtsprechung des BGH vermitteln zB *Damrau-Schröter*, NJW 1991, 1927 (1932); *Goette* DStR 2001, 533 ff.; stellvertretend für die Instanzgerichte zB OLG Stuttgart GmbHR 1989, 466; nach OLG Düsseldorf GmbHR 1999, 543 (545) wird die Auflösung der Gesellschaft als Alternative auch durch eine Einziehungsklausel nicht ausgeschlossen.
[210] Scholz/*Seibt* Anh § 34 GmbHG Rn. 55 mwN.

fende Treuepflicht, die es ihm unter anderem abverlangt, alles zu unterlassen, was der Gesellschaft schaden kann.[211]

Angesichts der Orientierung an Grundsätzen aus dem Recht der Personengesellschaften verwundert es nicht, dass die **Anforderungen an den wichtigen Grund** und dessen, auf einer umfassenden Interessenabwägung und Zumutbarkeitsprüfung beruhenden Feststellung[212] denjenigen vergleichbar sind, die bereits zur KG dargestellt wurden (s. → Rn. 13, 27). Auch hier ist der Ausschluss eines Gesellschafters *ultima ratio* und daher nur durchsetzbar, wenn mildere Mittel zur Problemlösung nicht zur Verfügung stehen oder ungeeignet sind.[213] An die Stelle der Differenzierung zwischen Komplementären und – rein kapitalmäßig beteiligten – Kommanditisten tritt die Unterscheidung zwischen personalistischer und kapitalistischer Gesellschaftsstruktur,[214] die in jedem Einzelfall gesondert vorgenommen werden muss.

66

Im Mittelpunkt steht auch bei der GmbH die **schwere Verletzung von Gesellschafterpflichten**. Geheimnisverrat,[215] kriminelle Handlungen zum Nachteil der Gesellschaft[216] oder geschäftsschädigendes Verhalten[217] können ebenso ausreichen wie die Veröffentlichung von Mitteilungen über die – tatsächlich – drohende Insolvenzgefahr in einer einschlägigen Zeitschrift und im Internet.[218] Umstritten ist, inwieweit das fortgesetzte Handeln im Namen der GmbH durch einen abberufenen und gekündigten Gesellschafter-Geschäftsführer einen wichtigen Grund darstellen kann. Verneint wird dies für diejenigen Fälle, in denen der Betroffene zumindest vom Fortbestand seines Anstellungsvertrages ausgehen durfte und sein Handeln auf die Erfüllung eines sich aus seiner Sicht aus diesem Vertrag ergebenden Anspruchs gerichtet war.[219]

67

Obwohl ein Verschulden des Gesellschafters keine unabdingbare Voraussetzung für die Annahme eines wichtigen Grundes ist,[220] können doch Verschuldensmomente in die **notwendige Gesamtbetrachtung** einfließen.[221] Dies gilt für beide Seiten, so dass auch Verfehlungen der die Ausschließung

68

---

[211] BGHZ 9, 157 (158) = NJW 1953, 780; 80, 346 (349f.) = NJW 1981, 2302; bestätigt in BGH NZG 2000, 35 m. Anm. *Goette* DStR 1999, 1951; *Kort* EWiR 1999, 1125f.; *Bärwaldt* GmbHR 1999, 1196.
[212] BGH NZG 2013, 1344 (1345).
[213] BGHZ 16, 317 (322) = NJW 1955, 667; OLG Düsseldorf GmbHR 1999, 543 = BeckRS 1998, 12531; Ulmer/*Ulmer* Anh. § 34 GmbHG Rn. 17; Scholz/*Seibt* Anh § 34 GmbHG Rn. 34 mwN.
[214] *Hartmann*, Ausscheidender Gesellschafter, 132f.; *Eser* DStR 1991, 747 (748); zur Abgrenzung Ulmer/*Ulmer* Anh. § 34 GmbHG Rn. 14.
[215] BGH NJW-RR 1990, 530 (531).
[216] BGH GmbHR 1987, 302 (303) = BeckRS 1987, 05184; OLG Düsseldorf GmbHR 1999, 543 (546) = BeckRS 1998, 12531.
[217] Weitere Bsp. nennen *Hartmann*, Ausscheidender Gesellschafter, 131; Ulmer/*Ulmer* Anh. § 34 GmbHG Rn. 12; Scholz/*Seibt* Anh § 34 GmbHG Rn. 30.
[218] OLG Dresden NZG 1999, 1220 (1221).
[219] OLG Dresden NZG 1999, 29 (30) zur Einziehung.
[220] Vgl. nur BGHZ 9, 157 (164) = NJW 1953, 780.
[221] Ulmer/*Ulmer* Anh. § 34 GmbHG Rn. 11; Scholz/*Seibt* Anh § 34 GmbHG Rn. 30.

8. Kapitel. Wechsel im Gesellschafterbestand unter Lebenden

betreibenden Gesellschafter Berücksichtigung finden. Wird der Ausschluss eines Gesellschafters auf ein tiefgreifendes Zerwürfnisses der Gesellschafter gestützt, setzt ein wichtiger Grund voraus, dass das Zerwürfnis von dem betroffenen Gesellschafter zumindest überwiegend verursacht worden ist und in der Person des oder der die Ausschließung betreibenden Gesellschafter keine Umstände vorliegen, die deren Ausschließung oder die Auflösung der Gesellschaft rechtfertigen.[222] Um jedem Gesellschafter die Möglichkeit einzuräumen, seinen Standpunkt zu erläutern und auf das Abstimmungsverhalten der anderen einzuwirken, verlangen die Gerichte, dass die gegenseitigen Vorwürfe in der Gesellschafterversammlung selbst einheitlich behandelt und besprochen werden.[223] Im Vorliegen von Spannungen zwischen den Gesellschaftern wird trotz offensichtlichen Zerwürfnisses und persönlicher Aversionen jedenfalls dann kein wichtiger Grund für einen Gesellschafterausschluss gesehen, wenn die Spannungen nicht überwiegend vom Auszuschließenden verursacht wurden und die Zusammenarbeit in der Gesellschaft nicht unzumutbar machen, wovon ausgegangen wird, wenn keine Auswirkungen auf den Geschäftsbetrieb feststellbar sind.[224] Gerade in der **Zweipersonen-GmbH** kommt es daher entscheidend darauf an, wie die Vorwerfbarkeit des jeweiligen Gesellschafterverhaltens zu gewichten ist.[225] Kann eine eindeutige Zuordnung zu Lasten eines Gesellschafters oder einer Gesellschaftergruppe vorgenommen werden, sind diese auszuschließen und können gegen ein solches Begehren ihrerseits nicht mit eigenen Ausschluss- oder Auflösungsklagen durchdringen.[226] Im Zweifel bleibt in letzter Konsequenz nur die Auflösung der Gesellschaft.[227]

69 Zur Ausschließung eines GmbH-Gesellschafters bedarf es neben dem Vorliegen eines wichtigen Grundes der **Herbeiführung eines Gesellschafterbeschlusses** über die Erhebung einer entsprechenden Klage, die in Anlehnung an § 140 HGB als Ausschließungsklage bezeichnet wird. Die Ausschließung kann grundsätzlich nur durch ein rechtsgestaltendes Urteil und nicht durch einen isolierten Gesellschafterbeschluss bewirkt werden.[228] Etwas anderes gilt nur dann, wenn in der Satzung ausdrücklich bestimmt ist, dass ein Gesellschafter aus wichtigem Grund auch durch bloßen Beschluss

---

[222] BGH NZG 2013, 1344 (1345) mwN; BGHZ 80, 346 (351 f.) = NJW 1981, 2302; BGHZ 32, 17 (31) = NJW 1960, 866.
[223] Vgl. zB OLG München NJW-RR 1994, 496 (497).
[224] OLG Dresden NZG 2001, 809 (810).
[225] Zur Ausschließung aus einer Zweimann-GmbH BGHZ 16, 317 (322 f.) = NJW 1955, 667; BGHZ 32, 17 (31) = NJW 1960, 866; vgl. auch BGHZ 80, 346 (351 f.) = NJW 1981, 2302; NJW-RR 1990, 530; WiB 1995, 589 m. Anm. *Jäger; Bayer* EWiR 1995, 675 f.; BGH NZG 2000, 35 m. Anm. *Goette* DStR 1999, 1951 (1952); OLG Düsseldorf GmbHR 1999, 543 (546); die von der Rechtsprechung entwickelten Sonderregeln zusammenfassend *Oppenländer* DStR 1996, 922 (923).
[226] Vgl. zB BGHZ 80, 346 (348) = NJW 1981, 2302.
[227] BGH NZG 2000, 35 m. Anm. *Goette* DStR 1999, 1951 (1952); zust. auch *Kort* EWiR 1999, 1125 (1126).
[228] BGHZ 9, 157 (174) = NJW 1953, 780; 16, 317 (322) = NJW 1955, 667; NZG 2000, 35 m. Anm. *Goette* DStR 1999, 1951 (1952).

ausgeschlossen werden kann.[229] Die Möglichkeit zu einer gerichtlichen Kontrolle kann dem Betroffenen jedoch auch in diesen Fällen nicht entzogen werden,[230] wobei eine Schiedsgerichtsabrede aber grundsätzlich ausreicht.[231] Umgekehrt wird im Fall der Ausschließungsklage ein Gesellschafterbeschluss in der zweigliedrigen Gesellschaft für entbehrlich gehalten.[232] Dort, wo er erforderlich ist, hat der BGH in einer Grundsatzentscheidung diejenige Beschlussmehrheit für maßgeblich erklärt, die im Gesetz oder in der Satzung für die Auflösung der Gesellschaft vorgesehen ist (vgl. § 60 Abs. 1 Nr. 2 GmbHG).[233] Hieran hat er, entgegen einer abweichenden Ansicht, die die einfache Mehrheit für ausreichend erachtet,[234] festgehalten.[235] Unabhängig hiervon hat jedenfalls der Auszuschließende selbst bei der Beschlussfassung kein Stimmrecht.[236]

Die Ausschließungsklage ist grundsätzlich von der GmbH zu erheben. In der Zweipersonen-GmbH wird allerdings teilweise auch dem einzelnen Gesellschafter eine **Klagebefugnis** zuerkannt.[237] Auch hier wird es sich für die Praxis allerdings empfehlen, die Klage – soweit möglich – durch den oder die Geschäftsführer namens der Gesellschaft erheben zu lassen.[238] Wie bei der Personengesellschaft (vgl. → Rn. 43) wird auch bei der GmbH davon ausgegangen, dass ausnahmsweise eine Pflicht zur **Mitwirkung** an der Ausschließung eines Gesellschafters bestehen kann, wenn es beispielsweise nach objektiven Kriterien nicht anders möglich ist, einen der Gesellschaft drohenden Schaden abzuwenden.[239] Die Klage auf Zustimmung (vgl. § 894 ZPO) kann dann mit der Ausschließungsklage verbunden werden.[240] Andererseits wird

70

---

[229] BGHZ 32, 17 = NJW 1960, 866; NJW-RR 1991, 1249; NJW 2011, 2648 f.; OLG Brandenburg NZG 1998, 263 (264); OLG Düsseldorf BeckRS 2007, 03165 = DB 2007, 848; zu den Vorteilen eines derartigen Verfahrens *Goette* DStR 1999, 1953.
[230] Baumbach/Hueck/*Fastrich* Anh § 34 GmbHG Rn. 16; zur Anfechtungsklage analog § 243 AktG OLG Stuttgart GmbHR 1989, 466 (468) = BeckRS 1989, 30945926; zur als Leitbild heranzuziehenden Anfechtungsfrist des § 246 AktG vgl. BGH NJW 1993, 129 f.; DStR 1995, 613 f. m. Anm. *Goette*.
[231] BGH WM 1983, 1207 = BeckRS 1983, 31071550; Scholz/*H.P. Westermann* § 34 GmbHG Rn. 20; diff. Ulmer/*Ulmer* § 34 GmbHG Rn. 46 und 48.
[232] BGH NZG 2000, 35 m. Anm. *Goette* DStR 1999, 1951 (1952); MAH GmbH-Recht/*Römermann*/*Passarge* § 14 Rn. 96; für den Fall des Nachschiebens von wichtigen Gründen bereits BGH DStR 1992, 296; zust. *Kort* EWiR 1999, 1125 (1126).
[233] BGHZ 9, 157 (177) = NJW 1953, 780.
[234] *K. Schmidt* Gesellschaftsrecht § 35 IV 2c; Scholz/*Seibt* Anh § 34 GmbHG Rn. 39 mwN.
[235] BGHZ 153, 285 (288 f.) = NZG 2003, 286; NZG 2003, 284.
[236] BGHZ 153, 285 (288) = NZG 2003, 286; OLG Düsseldorf GmbHR 1999, 543 (545) = BeckRS 1998, 12531; Scholz/*Seibt* Anh § 34 GmbHG Rn. 40 mwN.
[237] Vgl. nur BGHZ 16, 317 (322) = NJW 1955, 667; Scholz/*Seibt* Anh § 34 GmbHG Rn. 38; Ulmer/*Ulmer* Anh. § 34 GmbHG Rn. 33 mwN; *Eser* DStR 1991, 747 (749); mit ausf. Begr. *Wolf* ZGR 1998, 92 (106); aA OLG Nürnberg BB 1970, 1371.
[238] So auch *Wellhöfer* GmbHR 1994, 212 (222).
[239] Michalski/*Michalski*/*Funke* Anh § 34 GmbHG Rn. 26; Scholz/*Seibt* Anh § 34 GmbHG Rn. 39 aE; vgl. auch BGH NZG 2003, 284 (285).
[240] *Hartmann*, Ausscheidender Gesellschafter, 134; zu den zivilprozessualen Problemen allg. *Lorenz* DStR 1996, 1774 (1777).

8. Kapitel. Wechsel im Gesellschafterbestand unter Lebenden

zu Lasten des Auszuschließenden eine separate Anfechtung des dem Ausschlussverfahren zugrunde liegenden Gesellschafterbeschlusses mangels Rechtsschutzbedürfnisses jedenfalls dann nicht zugelassen, wenn die Ausschlussklage tatsächlich erhoben worden ist, da beide Streitgegenstände ineinander aufgehen und über die Ausschließung nur einheitlich mit gestaltender Wirkung entschieden werden kann.[241]

71 Für das Vorliegen eines zum Ausschluss aus der Gesellschaft berechtigenden Grundes kommt es auf den **Zeitpunkt der letzten mündlichen Verhandlung** in der Tatsacheninstanz an. Erst während des Rechtsstreits eintretende wichtige Gründe in der Person des Auszuschließenden können daher grundsätzlich „nachgeschoben" werden und sind zu dessen Lasten zu berücksichtigen.[242] Erforderlich ist im Grundsatz allerdings, dass die Gesellschafter beschließen, sich auf den nachzuschiebenden Grund zu stützen;[243] in der Zweipersonen-GmbH ist dies anders (vgl. → Rn. 69).[244]

72 Bei Erfolg der Klage ergeht ein **Gestaltungsurteil**. Dieses wurde nach der bisherigen Rechtsprechung – von Ausnahmefällen abgesehen[245] – dahin aufschiebend bedingt erlassen, dass die Ausschließung des Gesellschafters von der Zahlung einer angemessenen Abfindung als Gegenwert für den Geschäftsanteil abhängig war (sog. **Bedingungslösung**).[246] Hiermit wurde bezweckt, die Ausschlusswirkungen erst dann eintreten zu lassen, wenn der betroffene Gesellschafter vollständig abgefunden ist.[247] Ein Schutzgedanke, der nicht zuletzt deshalb von Bedeutung ist, weil die Gesellschaft die Abfindung nur aus ungebundenem Vermögen leisten darf (§ 30 Abs. 1 GmbHG).[248] Die Bedingungslösung erfordert allerdings eine Erstreckung des Ausschließungsprozesses auf die Höhe der Abfindung, was zu einer zusätzlichen Belastung des ehedem konfliktreichen Ausschließungsstreits führt.

73 Da bei der Bedingungslösung die Mitgliedschaft des ausgeschlossenen Gesellschafters erst mit dem Eintritt der im Urteil festgelegten Bedingung endet, ergibt sich in der Zeit zwischen der Rechtskraft des Urteils und dem Bedingungseintritt ein **Schwebezustand**. Was hieraus für die Mitgliedschaftsrechte des Ausgeschlossenen folgt, war und ist umstritten. Es konkurrieren Ansätze, die dem von der Ausschließung betroffenen Gesellschafter alle bzw. einen Teil seiner Mitgliedschaftsrechte absprechen.[249] Klar ist im

---

[241] OLG Düsseldorf GmbHR 1999, 543 (547) = BeckRS 1998, 12531.
[242] OLG Nürnberg NJW-RR 2001, 403 (404); MüKoGmbHG/*Strohn*, § 34 Rn. 125.
[243] BGH NJW-RR 1991, 1249 (1250).
[244] Zum Nachschieben von wichtigen Gründen für die Abberufung des Geschäftsführers einer Zweipersonen-GmbH BGH NJW-RR 1992, 292; OLG Naumburg GmbHR 1996, 934 (939).
[245] Wertlosigkeit des Geschäftsanteils, Hinterlegung bzw. böswillige Verzögerung der Ermittlung des Anteilswerts durch den auszuschließenden Gesellschafter, vgl. BGHZ 9, 157 (178f.) = NJW 1953, 780; 16, 317 (324f.) = NJW 1955, 667.
[246] BGHZ 9, 157 (174) = NJW 1953, 780; bestätigt zB in BGH DStR 1997, 1336.
[247] BGHZ 9, 157 (164) = NJW 1953, 780; Scholz/*Seibt* Anh § 34 GmbHG Rn. 43; MüKoGmbHG/*Strohn* § 34 Rn. 170.
[248] Baumbach/Hueck/*Fastrich* Anh § 34 GmbHG Rn. 11.
[249] Überblick über den Meinungsstand bei MüKoGmbHG/*Strohn* § 34 Rn. 171.

Ausgangspunkt nur, dass es dem betroffenen Gesellschafter verwehrt ist, Maßnahmen zu vereiteln, die der Durchführung seiner Ausschließung dienen.[250] Tritt die Bedingung – innerhalb einer im Urteil gegebenenfalls näher zu bestimmenden Frist – nicht ein, endet die Schwebephase; der ursprünglich Ausgeschlossene bleibt Gesellschafter mit allen Rechten und Pflichten.

Konstruiert man dagegen die Nichtzahlung der Abfindung innerhalb einer angemessenen Frist als **auflösende Bedingung**, leben die zunächst suspendierten Rechte und Pflichten des ausgeschlossenen Gesellschafters mit dem Bedingungsausfall wieder auf.[251] Beide Lösungswege haben ihre Nachteile: Während die erste Lösung – je nachdem, welche Rechte man dem ausgeschlossenen Gesellschafter in der Schwebezeit zugesteht – die endgültige Loslösung von dem Ausgeschlossenen erheblich verzögern kann, besteht im zweiten Fall bei Nichtzahlung der Abfindung das Risiko einer komplizierten Rückabwicklung. **74**

Die Nachteile der auf den Eintritt einer Bedingung aufbauenden Lösungsansätze haben den BGH jüngst im Hinblick auf die (Zwangs)Einziehung dazu veranlasst, die Frage der Wirksamkeit der Einziehung von der Leistung der Abfindung abzukoppeln.[252] Bei der Einziehung scheidet der Gesellschafter nach dieser Rechtsprechung nunmehr sofort mit Bekanntgabe des Einziehungsbeschlusses und nicht erst mit der vollständigen Zahlung der Abfindung aus der Gesellschaft aus, wobei seine Vermögensinteressen durch eine ergänzende Haftung der verbleibenden Gesellschafter geschützt werden (hierzu → Rn. 55). Ob angesichts dieser Rechtsprechung bei der Ausschließung weiter an der hergebrachten **Bedingungslösung festzuhalten ist**, ist umstritten.[253] Dafür, dass der BGH beim Ausschluss weiter der Bedingungslösung folgen könnte, spricht, dass der II. Zivilsenat in der Begründung der zur Einziehung ergangenen Entscheidung ua darauf abgestellt hat, dass der von der Einziehung betroffene Gesellschafter wegen seiner antizipierten Zustimmung zur Einziehung in der Satzung weniger schutzwürdig ist als ein Gesellschafter, der ohne eine solche Bestimmung im Gesellschaftsvertrag ausgeschlossen wird.[254] Diesen Gesichtspunkt könnte der BGH zum Anlass nehmen, die Bedingungslösung zum Schutz des betroffenen Gesellschafters bei der Ausschließung beizubehalten, auch wenn er sie bei der Einziehung verworfen hat. Für die Gestaltungspraxis dürfte sich jedenfalls bis zu einer höchstrichterlichen Klärung eine klarstellende Regelung in der Satzung empfehlen.[255] **75**

---

[250] BGHZ 9, 157 (176) = NJW 1953, 780.
[251] Dafür etwa Ulmer/*Ulmer* § 34 GmbHG Rn. 63 sowie Anh. § 34 GmbHG Rn. 37; für den Fall der Zwangseinziehung auch *Ulmer* in FS Rittner, 735 (748).
[252] BGH NZG 2012, 259 (260).
[253] Für die Bedingungslösung weiterhin Scholz/*Seibt* Anh § 34 GmbHG Rn. 48; *Trölitzsch* KSzW 2013, 55 (57); MAH GmbH-Recht/*Römermann*/*Passarge* § 14 Rn. 95 und 99 aE; dagegen etwa Lutter/Hommelhoff/*Lutter* § 34 GmbHG Rn. 64; *Schneider/Hoger* NJW 2013, 502 (504 f.); unentschieden Baumbach/Hueck/*Fastrich* Anh § 34 GmbHG Rn. 14.
[254] NZG 2012, 259 (260); vgl. auch BGHZ 9, 157 (160) = NJW 1953, 780; kritisch hierzu *Schneider/Hoger* NJW 2013, 502 (504 f.).
[255] Nach BGHZ 32, 17 (23) = NJW 1960, 866, NZG 2003, 871 (872) und NZG 2011, 783 (785) kann die Satzung beim Ausschluss durch Gesellschafterbeschluss an-

76 Sollte sich – parallel zur Einziehung – die Lösung durchsetzen, die die Wirksamkeit des Ausschlusses von der Zahlung der Abfindung abkoppelt, erscheint es konsequent, die Vermögensinteressen des betroffenen Gesellschafters, wie im Fall der Einziehung (→ Rn. 55), dadurch zu sichern, dass die Gesellschafter, die den Ausschließungsbeschluss gefasst haben, **anteilig auf Zahlung der Abfindung haften**, wenn sie nicht für eine Bewirkung der Abfindung aus dem ungebundenen Gesellschaftsvermögen sorgen oder die Gesellschaft liquidieren.[256] Gute Gründe sprechen dafür, dass eine solche Haftung Auswirkungen darauf haben muss, inwieweit ein Gesellschafter verpflichtet sein kann, an der Ausschließung eines anderen Gesellschafters mitzuwirken, insbesondere für die Ausschließung zu stimmen (hierzu → Rn. 70). Würde sich ein Gesellschafter im Falle seiner Mitwirkung einer solchen Haftung aussetzen, wird eine positive Stimmpflicht kraft Treuebindung nur im Ausnahmefall möglich sein.

77 Mit dem Wirksamwerden des Ausschlusses, der den Gesellschafter persönlich betrifft, nicht aber – der kapitalistischen Struktur der GmbH entsprechend – seinen Geschäftsanteil, kommt es, anders als bei der Einziehung, nicht zu einem automatischen Untergang des Geschäftsanteils, vielmehr – so hat es der BGH formuliert – „fällt" der Geschäftsanteil an die GmbH.[257] Allgemeiner Meinung entspricht es, dass die Gesellschaft nach ihrer Wahl über die Verwertung des Anteils des ausgeschlossenen Gesellschafters bestimmen kann.[258] Als Möglichkeiten kommen neben der **Einziehung** des Geschäftsanteils dessen **freihändiger Verkauf** an die Gesellschaft selbst, an einen Mitgesellschafter oder an einen gesellschaftsfremden Dritten in Betracht. Die der Verwertungsmöglichkeit zugrunde liegende rechtliche Konstruktion ist dagegen umstritten. Einem automatischen dinglichen Übergang des Geschäftsanteils auf die Gesellschaft steht entgegen, dass die Gesellschaft eigene Geschäftsanteile nur in Grenzen erwerben kann (§ 33 GmbHG). Deshalb wird verbreitet vertreten, dass die Gesellschaft das Verfügungsrecht an dem Geschäftsanteil erwirbt, dieser aber sonst vorübergehend als trägerloses Recht besteht.[259] Andere gehen dagegen davon aus, dass mit dem Wirksamwerden des Ausschlusses nur die Verfügungsbefugnis über den Geschäftsanteil auf die Gesellschaft übergehe[260] bzw. die Gesellschaft dessen Abtretung verlangen könne.[261]

---

ordnen, dass der Gesellschafter seine Gesellschafterstellung mit sofortiger Wirkung und damit unabhängig von der Leistung der Abfindung verliert; weiter kann der Ausschluss aus wichtigem Grund in der Satzung auch im Wege der Einziehung zugelassen werden, so dass die oben dargestellten Rechtsprechungsgrundsätze zur Wirksamkeit der Einziehung eingreifen (vgl. → Rn. 55).

[256] Zur Einziehung BGH NZG 2012, 259 (261).
[257] BGHZ 9, 157 (178) = NJW 1953, 780.
[258] Baumbach/Hueck/*Fastrich* Anh § 34 GmbHG Rn. 10; Scholz/*Seibt* Anh § 34 GmbHG Rn. 52; MüKoGmbHG/*Strohn* § 34 Rn. 118.
[259] OLG Düsseldorf BeckRS 2007, 03165 = DB 2007, 848 (850); Scholz/*Seibt* Anh § 34 GmbHG Rn. 52; MüKoGmbHG/*Strohn* § 34 Rn. 118.
[260] Michalski/*Michalski/Funke* Anh § 34 GmbHG Rn. 39.
[261] Baumbach/Hueck/*Fastrich* Anh § 34 GmbHG Rn. 10; *Blath* GmbHR 2012, 657 (658).

IV. Verzahnung in den Gesellschaftsverträgen

Die Gestaltung von Gesellschaftsverträgen bedarf ganz allgemein einer guten Vorbereitung dadurch, dass die Motive, Interessen und Bedürfnisse der zukünftigen Gesellschafter erforscht werden. Nicht selten stellt sich heraus, dass sich die Beteiligten hinsichtlich des einen oder anderen Themenbereichs untereinander noch unschlüssig sind, weil sie sich beispielsweise ganz andere Vorstellungen von den ihnen daraus erwachsenden Konsequenzen machen. Auf der anderen Seite muss aus Sicht des Kautelarjuristen die durch Gesetz und höchstrichterliche Rechtsprechung vorgegebene aktuelle Rechtslage bei der Formulierung des Vertragstextes berücksichtigt werden. Bei der GmbH & Co. KG kommt hinzu, dass der Gesellschaftsvertrag der KG mit der Satzung der GmbH abgestimmt werden muss.[262] Ansonsten drohen unliebsame Überraschungen, die sich daraus ergeben können, dass die KG als Personengesellschaft einige erhebliche strukturelle Unterschiede zur GmbH als Kapitalgesellschaft aufweist. Diese Unterschiede können bei vergleichbaren Anlässen ein Auseinanderfallen der Rechtsfolgen bewirken, was nur durch eine **Harmonisierung der Vertragswerke** vermieden werden kann. Die Verzahnung von KG-Vertrag und GmbH-Satzung wird deshalb von einigen zur hohen Kunst gesellschaftsrechtlicher Vertragsgestaltung erhoben.[263] Sie zieht sich durch fast alle Regelungsbereiche und gewinnt – nicht zuletzt bei der beteiligungsidentischen GmbH & Co. KG – gerade für die Thematik Austritt und Ausschluss von Gesellschaftern besondere Bedeutung. Der Abstimmungsbedarf lässt sich am besten aufzeigen, wenn man noch einmal die bei den beiden Rechtsformen bestehenden Austritts- und Ausschlussmöglichkeiten zusammenfasst. Dabei soll von der personengleichen GmbH & Co. KG ausgegangen werden, die in der Praxis den Regelfall darstellt.

Hinsichtlich des Austritts von Gesellschaftern besteht zunächst Übereinstimmung darin, dass dieser in allen Fällen durch Kündigung erklärt wird. Ein **ordentliches Austrittsrecht** ist aber ausdrücklich nur für KG-Gesellschafter vorgesehen (§§ 161 Abs. 2, 131 Abs. 3 S. 1 Nr. 3, 132 HGB, s. → Rn. 8), während es Gesellschaftern einer GmbH allgemein verwehrt wird. Um einen **Gleichlauf der Gesellschafterrechte** in beiden Gesellschaften zu gewährleisten, kann in der GmbH-Satzung die Möglichkeit zur ordentlichen Kündigung eingeräumt werden (s. → Rn. 21). Dabei sind im KG-Vertrag beispielsweise hinsichtlich Form und Frist für die Kündigungserklärung enthaltene Abweichungen von der gesetzlichen Regelung entsprechend zu berücksichtigen. Die eigentliche Verzahnung der Kündigungsregelungen ist darin zu sehen, dass die Kündigung in der einen Gesellschaft nur wirksam erklärt werden kann, wenn zugleich eine auf denselben Zeitpunkt gerichtete Kündigung der Beteiligung an der anderen Gesellschaft erfolgt.[264] Eine unzulässige Beschränkung iSv § 723 Abs. 3 BGB wird man hierin zumindest bei der personengleichen GmbH & Co. KG nicht erkennen können.

78

79

---

[262] S. dazu die Formulare in → §§ 57 ff.
[263] *K. Schmidt* Gesellschaftsrecht § 56 I 3b. dd; *Hesselmann/Tillmann* Rn. 91.
[264] Vgl. den Form.vorschlag bei *Hesselmann/Tillmann* Rn. 111.

8. Kapitel. Wechsel im Gesellschafterbestand unter Lebenden

80 Die **Rechtsfolgen einer wirksamen Kündigung** sind bei KG und GmbH inzwischen insoweit gleich, als seit dem In-Kraft-Treten des Handelsrechtsreformgesetzes nunmehr auch die KG bei Kündigung eines Komplementärs grundsätzlich unter den verbleibenden Gesellschaftern fortgesetzt wird. Im Übrigen besteht der entscheidende Unterschied darin, dass der Anteil des austretenden Gesellschafters am Gesellschaftsvermögen bei der KG den Mitgesellschaftern automatisch anwächst, während bei der GmbH noch eine gesonderte Einziehung oder Veräußerung des Anteils erfolgen muss. Auch wenn in der GmbH-Satzung von vornherein die Vorgehensweise bei Austritt eines Gesellschafters festgeschrieben ist, nimmt diese im konkreten Fall doch Zeit in Anspruch, so dass es zu einem zumindest vorübergehend getrennten Schicksal der Mitgliedschaften in KG und GmbH kommen kann. Dies wird auch nicht allein dadurch verhindert, dass in die Satzung der GmbH eine Regelung aufgenommen wird, wonach der Verlust des Kommanditanteils zur Zwangseinziehung des GmbH-Geschäftsanteils berechtigt,[265] da selbst dann noch ein vorheriger Gesellschafterbeschluss erforderlich ist. Hier kann eine Kündigungsfrist im KG-Vertrag weiterhelfen, die den Gesellschaftern ausreichend Zeit lässt, um vor Wirksamwerden der Kündigung die notwendigen Umsetzungsmaßnahmen zu beschließen.

81 Ein **außerordentliches Austrittsrecht** ist weder für KG- noch für GmbH-Gesellschafter normiert. Der Gesetzgeber stellt stattdessen bei Vorliegen eines wichtigen Grundes in beiden Fällen das Instrument der Auflösungsklage zur Verfügung (vgl. §§ 161 Abs. 2, 133 HGB sowie § 61 GmbHG). Die höchstrichterliche Rechtsprechung hat allerdings im Wege der Rechtsfortbildung für das GmbH-Recht ein Austrittsrecht aus wichtigem Grund entwickelt (s. → Rn. 25). Dieses darf gesellschaftsvertraglich weder abbedungen noch wesentlich eingeschränkt werden, doch sind Erleichterungen und Erweiterungen zulässig. Nach überzeugender Ansicht besteht ein solches Recht auch für den Gesellschafter der KG (s. → Rn. 15 f.); jedenfalls ist die vertragliche Einräumung eines außerordentlichen Austrittsrechts zulässig (s. → Rn. 12). Insoweit besteht mithin genügend Gestaltungsspielraum, um beispielsweise einen identischen Katalog wichtiger Gründe in die Gesellschaftsverträge von KG und GmbH zu integrieren. Für die Rechtsfolgenseite ergeben sich hinsichtlich des Fortbestands der Gesellschaft, der Beendigung der Mitgliedschaft sowie des damit verbundenen Zahlungsanspruchs gegenüber dem ordentlichen Austrittsrecht keine Besonderheiten.

82 Ein wichtiger Grund kann umgekehrt die Mitgesellschafter in der KG oder GmbH bzw. die GmbH selbst zur Ausschließung eines Gesellschafters berechtigen. Im HGB ist hierfür eine **Ausschließungsklage** vorgesehen (§§ 161 Abs. 2, 140 HGB, s. → Rn. 32), bei der die Rechtsfolge der Anwachsung erst mit der Rechtskraft des der Klage stattgebenden Gestaltungsurteils eintritt. Im GmbH-Recht wurde den Gesellschaftern die Möglichkeit zu einer Ausschließungsklage erst durch die rechtsfortbildende Rechtsprechung des BGH eingeräumt, die als zwingende Voraussetzung hierfür neben dem Vorliegen eines wichtigen Grundes einen vorherigen Gesellschafterbeschluss verlangt (s. → Rn. 69). Da auch bei der KG die Klageerhebung im Gesell-

---

[265] S. wiederum *Hesselmann/Tillmann* Rn. 112; *Brönner/Rux/Wagner* Rn. 569.

schaftsvertrag von einem entsprechenden Gesellschafterbeschluss abhängig gemacht werden kann, ist auch insoweit eine entsprechende Anpassung möglich. Diese muss berücksichtigen, dass bei Gesellschafterbeschlüssen in der KG grundsätzlich das Einstimmigkeitsprinzip (§§ 161 Abs. 2, 119 Abs. 1 HGB) gilt, während in der GmbH, mangels abweichender Satzungsbestimmung, das Mehrheitsprinzip maßgeblich ist (§ 47 Abs. 1 GmbHG).[266]

Zulässig ist es auch, im Gesellschaftsvertrag wichtige Gründe hinreichend bestimmt zu benennen. An diese kann bei der KG als Rechtsfolge das automatische Ausscheiden des betreffenden Gesellschafters geknüpft werden; die Satzung der GmbH kann für diese Fälle die Zwangseinziehung vorsehen (s. → Rn. 41 bzw. 59). Da auch diese einen vorherigen Gesellschafterbeschluss erfordert, ist wiederum über eine Regelung im KG-Vertrag zu entscheiden, die den Eintritt der Ausschlussfolge zeitlich hinauszögert. 83

Hinauskündigungsklauseln werden vom BGH bei KG und GmbH gleichermaßen am Maßstab von § 138 Abs. 1 BGB und der gesellschafterlichen Treuepflicht gemessen (s. → Rn. 44 u. 63). Die für beide Rechtsformen vorgenommene Differenzierung zwischen grundsätzlich freiem Ermessen, sachlicher Rechtfertigung im Einzelfall und Vorliegen eines wichtigen Grundes sorgt jedoch für Rechtsunsicherheit, die gerade der Kautelarpraxis besondere Probleme bereitet. Ein Katalog hinreichend bestimmter sowie sachlich gerechtfertigter Gründe in beiden Gesellschaftsverträgen kann hier Unsicherheiten vermeiden. 84

---

[266] Dazu ausf. *Hesselmann/Tillmann* Rn. 92 ff.

§ 32 Abfindung und Abfindungsbeschränkung

Übersicht

	Rn.		Rn.
I. Abfindungsanspruch	1	1. Bedeutung von Abfindungsklauseln	18
1. Kommanditgesellschaft	2	2. Fallgruppen	21
2. GmbH	11	a) Ausschlussklauseln	21
II. Regelungen im Gesellschaftsvertrag	18	b) Bewertungsklauseln	22
		c) Zahlungsmodalitäten	32

Schrifttum: (vgl. bereits die Nachweise unter § 31) *Bacher/Spieth*, Die Anfechtbarkeit oder Nichtigkeit fehlerhafter Abfindungsklauseln in der GmbH-Satzung, GmbHR 2003, 973; *Büttner*, Flexible Grenzen der Durchsetzbarkeit von Abfindungsbeschränkungen in Personengesellschaftsverträgen, in FS Nirk, 1992, 119; *Dauner-Lieb*, Angemessenheitskontrolle privatautonomer Selbstbindung des Gesellschafters? – Die Rechtsprechung des BGH zu Abfindungsklauseln und Schutzgemeinschaftsverträgen, GmbHR 1994, 836; *Bacher/Spieth*, Abfindungsklauseln bei Personengesellschaften, ZHR 1994, 271; *Ebenroth/Müller*, Die Abfindungsklausel im Recht der Personengesellschaften und der GmbH – Grenzen privatautonomer Gestaltung, BB 1993, 1153; *Engel*, Abfindungsklauseln – eine systematische Übersicht, NJW 1986, 345; *Gessler*, Zur Buchwertabfindung bei Ausscheiden aus einer GmbH, GmbHR 1984, 29; *Göllert/Ringling*, Die Eignung des Stuttgarter Verfahrens für die Unternehmens- bzw. Anteilsbewertung im Abfindungsfall, DB 1999, 516; *Großfeld*, Die Abfindung bei der Ausschließung aus einer Personengesellschaft, ZGR 1982, 141; *Großfeld*, Zweckmäßige Abfindungsklauseln, AG 1988, 217; *Grunewald*, Probleme bei der Aufbringung der Abfindung für ausgetretene GmbH-Gesellschafter, GmbHR 1991, 185; *Haack*, Renaissance der Abfindung zum Buchwert?, GmbHR 1994, 437; *Heller*, Das Stuttgarter Verfahren in Abfindungsklauseln, GmbHR 1999, 594; *Hennerkes/Binz*, Die Buchwertabfindung – ein Fossil unserer Zeit?, DB 1983, 2669; *Henssler/Michel*, Austritt und Ausschluss aus der freiberuflichen Sozietät, NZG 2012, 401; *Herff*, Beschränkung gesellschaftsrechtlicher Abfindungsentgelte bei der gewerblich tätigen Personengesellschaft und bei der GmbH, GmbHR 2012, 621; *Heß*, Die Nichtigkeit von Abfindungsklauseln betreffend eines Geschäftsanteils ausgeschiedener Gesellschafter nach § 138 BGB, NZG 2001, 648; *Hülsmann*, Buchwertabfindung des GmbH-Gesellschafters im Lichte aktueller Rechtsprechung, GmbHR 2001, 409; *Heß*, Abfindungsklauseln: Kontrollkriterien der Rechtsprechung, NJW 2002, 1673; *Karakaya/Prüßner*, Gesellschaftsvertrag – Grenzen der Zulässigkeit von Abfindungsvereinbarungen, MDR 2002, 804; *Kort*, Die neuere Entwicklung im Recht der Abfindungsklauseln, DStR 1995, 1961; *Kübler*, Familiengesellschaften zwischen Institution und Vertrag – Kritische Überlegungen zur richterlichen Korrektur von Ausschluss- und Abfindungsklauseln, in FS Sigle 2000, 183; *Lamprecht*, Fortsetzung der OHG bei Ausscheiden eines Gesellschafters?, ZIP 1997, 919; *Lange*, Neues zu Abfindungsklauseln, NZG 2001, 635; *Mecklenbrauck*, Abfindungsbeschränkungen in Gesellschaftsverträgen, BB 2000, 2001; *Michalski*, Schranken der Durchsetzbarkeit eines abgetretenen Abfindungsanspruchs, NZG 2008, 57; *G. Müller*, Die Buchwertklausel – ein Dauerthema, ZIP 1995, 1561; *Notthoff*, Abfindungsregelungen in Personengesellschaftsverträgen, DStR 1998, 210; *Piltz*, Rechtspraktische Überlegungen zu Abfindungsklauseln in Gesellschaftsverträgen, BB 1994, 1021; *Quack*, Die Bedeutung gesellschaftsvertraglicher Bewertungsklauseln im Außenverhältnis, in FS Sigle 2000, 201; *van Randenborgh*, Abfindungsklauseln in Gesellschaftsverträgen, BB 1986, 75; *Rasner*, Abfindungsklauseln in OHG- und KG-Verträgen, NJW 1983, 2905; *Rasner*, Abfindungsklauseln bei Personengesellschaften, ZHR 1994, 292; *Reimann*, Gesellschaftsvertragliche Bewertungsvorschriften in der notariellen Praxis, DNotZ 1992, 472; *Rodewald*, Abfindungsprobleme bei Unternehmen in der Sanierungsphase – Beispielfall GmbH-Satzung, GmbHR 1996, 736; *Sigle*, Gedanken zur Wirksamkeit von Abfindungsklauseln in Gesellschaftsverträgen, ZGR 1999, 659; *Sörgel/Engelmann*, Möglichkeiten der Anpassung von Buchwertabfindungen an den niedrigeren Verkehrswert bei der GmbH, DStR 2003, 1260; *Stöber/Rafiqpoor*, Die Gestaltung abfindungsbeschränkender Regelungen in GmbH-Verträgen, GmbHR 2003, 872; *Stopp*, Unwirksame Begrenzung des Abfindungsanspruchs durch Satzungsänderung, NZG 2003, 1153 f.; *Ulmer*, Abfindungsklauseln in Personengesellschafts- und GmbH-Verträgen, in FS Quack, 1991, 477; *Ulmer*, Zwangseinziehung von Geschäftsanteilen und Ausschließung von GmbH-Gesellschaftern aus wichtigem Grund – Wirksamkeit schon vor Abfindung des betroffenen Gesellschafters?, in FS Rittner 1991, 735; *Ulmer*, Die vertragliche Beschränkung des Austrittsrechts und der Abfindungshöhe ausscheidenswilliger Gesellschafter in der großen, generationsübergreifenden Familien-KG, ZIP 2010, 805; *Ulmer/Schäfer*, Die rechtliche Beurteilung vertraglicher Abfindungsbeschränkungen bei nachträglich eintretendem groben Mißverhältnis, ZGR 1995, 134; *Volmer*, Vertragspaternalismus im Gesellschaftsrecht? – Neues zu Abfindungsklauseln, DB 1998, 2507; *Wagner/Nonnenmacher*, Die Abfindung bei der Ausschließung aus einer Personengesellschaft, ZGR 1981, 674; *Wangler*, Steuerorientierte Gestaltung von Abfindungsklauseln – Ein kollektives Planungsproblem, DB 1994, 1432; *Wangler*, Abfindungsregelungen in Gesellschaftsverträgen: Zum aktuellen Stand in Literatur, Rechtsprechung und Vertragspraxis, DB 2001, 1763; *Wolf*, Abfindungsbeschränkungen bei Familiengesellschaften, MittBayNot 2013, 9; *Ziegler*, Gesellschaftsvertragliche Abfindungsklauseln mit Ratenzahlung, DB 2000, 2107 f.; *Zöller*, Nachfolge von Todes wegen bei Beteiligung an Personengesellschaften, MittRhNotK 1999, 121.

I. Abfindungsanspruch

In Zusammenhang mit dem Austritt und Ausschluss von Gesellschaftern 1 kommt der Abfindung in der Praxis von KG und GmbH gleichermaßen eine ganz entscheidende Bedeutung zu. Dabei soll im Folgenden einheitlich von dem **Begriff der Abfindung** ausgegangen werden, obwohl bei der GmbH in einigen Fällen des Ausscheidens korrekterweise von einem Einziehungsentgelt gesprochen werden müsste. Eine weitere Besonderheit der GmbH ist, dass bei ihr der Unversehrtheitsgrundsatz berücksichtigt werden muss (vgl. §§ 34 Abs. 3, 33 Abs. 2 S. 1, 30 Abs. 1 GmbHG). Im Übrigen wird sich erweisen, dass sich die Rechtsprechung zum Abfindungsanspruch des aus einer GmbH ausscheidenden Gesellschafters weitgehend an diejenige zum Abfindungsanspruch des aus einer Personengesellschaft ausscheidenden Gesellschafters angenähert hat.

1. Kommanditgesellschaft

Ist im Gesellschaftsvertrag nichts anderes vorgesehen (s. noch → Rn. 18 ff.), 2 steht dem aus einer KG ausscheidenden Gesellschafter ein sofort (vgl. § 271 BGB, str.) und in voller Höhe fälliger **Anspruch auf Auszahlung des Ab-**

8. Kapitel. Wechsel im Gesellschafterbestand unter Lebenden

findungsguthabens zu (§§ 161 Abs. 2, 105 Abs. 3 HGB iVm § 738 Abs. 1 S. 2 BGB). Dieser richtet sich gegen die Gesellschaft, wobei die verbleibenden Gesellschafter allerdings gem. §§ 161 Abs. 2, 128 HGB bzw. gem. §§ 171 Abs. 1, 172 Abs. 4 HGB haften.[1] Trotz einer insgesamt positiven Würdigung der Handelsrechtsreform wird gerade der Erhalt des uneingeschränkten Abfindungsanspruchs von einigen Stimmen kritisiert, da diese dadurch die vom Gesetzgeber beabsichtigte **Sicherung der Unternehmenskontinuität** gefährdet sehen.[2] In der Tat wird durch die sofort und in voller Höhe fällige Abfindungszahlung der Fortbestand betroffener Gesellschaften und damit zugleich die erklärte Zielsetzung der Reform in Frage gestellt. Die Fortführung der Gesellschaft als gesetzlicher Regelfall kann daher nach wie vor daran scheitern, dass die zur Erfüllung des Abfindungsanspruchs des ausscheidenden Gesellschafters notwendigen Mittel nicht aufgebracht werden können, auch wenn in der Literatur diskutiert wird, dass der Ausgeschiedene aufgrund nachwirkender Treuepflicht gehalten sein kann, sich mit einem Zahlungsaufschub oder mit Ratenzahlungen einverstanden zu erklären.[3] Es ist deshalb gut vorstellbar, dass es weiterhin Klauseln geben wird, in denen sich die Gesellschafter ein Wahlrecht vorbehalten, bei Ausscheiden eines von ihnen die Gesellschaft entweder zu liquidieren oder unter Abfindung des Ausgeschiedenen fortzusetzen.[4] Ohne eine solche Regelung kommt es ganz entscheidend darauf an, welche Vereinbarung hinsichtlich der Abfindung zwischen den Beteiligten zustande kommt und inwieweit diese durch gesellschaftsvertragliche Abfindungsklauseln präjudiziert werden kann (s. → Rn. 21 ff.).

3   Da die Einsichts- und Kontrollrechte eines Gesellschafters mit dem Ausscheiden aus der Gesellschaft erlöschen, steht dem Ausgeschiedenen ein Recht auf Einsicht in die Geschäftsunterlagen der Gesellschaft nur nach §§ 810, 242 BGB zu.[5] Für den Fall einer vertraglich vorgesehenen Abfindung leiten die Gerichte überwiegend aus § 259 BGB einen umfassenden Auskunftsanspruch des ausgeschiedenen Gesellschafters ab, der allerdings eingeschränkt wird, soweit er sich gegen einen früheren Mitgesellschafter richtet, der inzwischen seinerseits aus der Gesellschaft ausgeschieden ist.[6]

4   Der Anspruch des Gesellschafters richtet sich nach dem Gesetzeswortlaut auf das, „was er bei der Auseinandersetzung erhalten würde, wenn die Gesellschaft zur Zeit seines Ausscheidens aufgelöst worden wäre". Dies meint den anteiligen (wirklichen) Wert am fortgesetzten Unternehmen;[7] Bewertungsobjekt ist also das Unternehmen, dessen Verkehrswert zu ermitteln ist,

---

[1] MüKoHGB/*K. Schmidt* § 131 Rn. 128; wohl auch BGH BB 1971, 1530 = BeckRS 2013, 04348; für die GbR BGH NZG 2001, 936 (937); kritisch *Altmeppen* NJW 2013, 1025 (1027).

[2] *Zöller* MittRhNotK 1999, 121 (144f.); *Ammon* DStR 1998, 1474 (1477); *Bydlinski* ZIP 1998, 1169 (1175); *Gustavus* GmbHR 1998, 17 (20); *Lamprecht* ZIP 1997, 919 (920).

[3] MüKoHGB/*K. Schmidt* § 131 Rn. 129.

[4] Nach *Gustavus* GmbHR 1998, 17 (20) hat die alte Rechtslage in weiteren Fällen zu sachgerechteren Ergebnissen geführt; vgl. auch *Lamprecht* ZIP 1997, 919 (920).

[5] BGH NJW 1989, 3272 (3273).

[6] BGH NZG 2000, 780 gegen OLG Naumburg NZG 1999, 111 m. Anm. *Behnke*.

[7] BGHZ 17, 130 (136) = NJW 1955, 1025; NJW 1985, 192 (193).

und nicht der Anteil. Bei der Ermittlung des am wirtschaftlichen Wert des Unternehmens ausgerichteten Abfindungsanspruchs ist im Grundsatz nicht auf den Liquidationswert abzustellen, sondern auf den Fortführungswert.[8] Im Vordergrund steht damit die zukünftige Ertragsfähigkeit des Unternehmens.[9] Hierzu wird eine möglichst vorteilhafte Verwertung des Unternehmens durch Veräußerung als lebende Einheit unterstellt.[10] Es bleibt also bei einer Fiktion, die nur mit Hilfe anerkannter Bewertungsmethoden zu einem konkreten Ergebnis führt. Dies gilt grundsätzlich für alle Fälle des einseitig erklärten Austritts und Ausschlusses gleichermaßen, während bei einvernehmlichem Ausscheiden eines Gesellschafters die Abfindungsfrage in der Regel bereits wesentlicher Bestandteil der Austrittsvereinbarung sein wird. Die Rechtsprechung misst dem Liquidationswert allerdings teilweise insoweit eine Bedeutung zu, als dieser als Untergrenze maßgeblich sein soll, wenn er den Fortsetzungswert übersteigt.[11] Dies gilt allerdings jedenfalls dann nicht, wenn ein tatsächlicher oder rechtlicher Zwang zur Fortführung des Unternehmens besteht.[12] Der BGH hat dies und die Frage, ob insoweit vorausgesetzt ist, dass die Liquidation rechtlich und tatsächlich möglich ist, im **Abfindungsfall** bisher offen gelassen.[13]

Zur **Ermittlung der maßgeblichen Abfindungshöhe** wird jedenfalls 5 dann grundsätzlich die Aufstellung einer Abschichtungsbilanz verlangt, wenn andernfalls eine exakte Berechnung ausgeschlossen erscheint.[14] Umstritten ist das Erfordernis der Aufstellung einer Abschichtungsbilanz, wenn der Unternehmenswert im Wege des Ertragswertverfahrens ermittelt wird.[15] Die Verpflichtung zur Bilanzerstellung trifft die Gesellschaft sowie diejenigen Gesellschafter, die hierfür zuständig bzw. hierzu am besten in der Lage sind.[16] Als vertretbare Handlung ist diese Verpflichtung einklagbar.[17] Auch wenn

---

[8] BGH NJW 1985, 192 (193); BGHZ 116, 359 (370f.) = NJW 1992, 892 zur GmbH; NJW 1993, 2101 (2103).
[9] *Kort* DStR 1995, 1961 mwN.
[10] BGH NJW 1985, 192 (193) unter Verweis auf BGHZ 17, 130 (136) = NJW 1955, 1025; danach etwa BGHZ 116, 359 (370f.) = NJW 1992, 892 zur GmbH; OLG Naumburg NZG 2001, 658 zur GmbH; krit. *Sigle* ZGR 1999, 659 (669f.).
[11] BayObLG NJW-RR 1997, 34 (35) zu § 305 AktG; OLG Düsseldorf NZG 2005, 280 (284) zu einer Barabfindung nach dem UmwG; *Reichert* GmbHR 1998, 257 (262); *Hesselmann/Tillmann* Rn. 628; diff. dagegen *Scholz/H.P. Westermann* § 34 GmbHG Rn. 25 zum Einziehungsentgelt.
[12] *Fleischer/Schneider* DStR 2013, 1736 (1742f.) mwN.
[13] BGH NZG 2006, 425 (425f.) zur GbR; zur Rechtsprechung des BGH in familien- und erbrechtlichen Fällen zuletzt *Fleischer/Schneider* DStR 2013, 1736 (1737f.).
[14] BGH WM 1980, 1362 (1363); soweit es ausschließlich um die Verteilung von Verlusten geht, wird eine Abschichtungsbilanz dagegen für entbehrlich gehalten, vgl. BGH DStR 1996, 31 m. Anm. *Goette*; zur Verlustverteilung s. KRM/*Koller* § 131 HGB Rn. 15 mwN.
[15] Aufstellung entbehrlich: Baumbach/*Hopt* § 131 HGB Rn. 50; EBJS/*Lorz* § 131 HGB Rn. 102; aA MüKoHGB/*K. Schmidt* § 131 Rn. 135.
[16] BGH BB 1973, 441 = BeckRS 1972, 31121583; NJW 2009, 431 (433); KRM/ *Koller* § 131 HGB Rn. 11; *Hartmann*, Ausscheidender Gesellschafter, 51.
[17] BGH NJW 2009, 431 (433).

8. Kapitel. Wechsel im Gesellschafterbestand unter Lebenden

keine Pflicht zur **Bilanzfeststellung** besteht,[18] erfolgt diese in der Praxis regelmäßig schon aus Beweisgründen, um die einzelnen Bilanzposten zwischen den Beteiligten zu fixieren.

6 Der maßgebliche **Zeitpunkt für die Wertfeststellung** ist beim Austritt eines Gesellschafters der Moment seines Ausscheidens, während es im Fall der Ausschließungsklage nach § 140 Abs. 2 HGB auf den Zeitpunkt der Klageerhebung ankommt. Etwas anderes muss allerdings dann gelten, wenn die zu einem stattgebenden Urteil führenden Ausschließungsgründe erst nach Klageerhebung eingetreten sind und nachgeschoben wurden. Hier ist der Zeitpunkt des Nachschiebens maßgebend.[19] Da die Verzinsung des Abfindungsanspruchs nicht abschließend geklärt ist, empfiehlt sich insoweit eine klarstellende Regelung im Gesellschaftsvertrag.[20]

7 Die zur Wertermittlung anzuwendenden **Berechnungsmethoden** sind weder gesetzlich verbindlich vorgeschrieben noch durch die höchstrichterliche Rechtsprechung eindeutig geklärt. Der BGH, der zwischenzeitlich ausgeführt hatte, dass regelmäßig die Ertragswertmethode zur Anwendung gelange,[21] sieht den Tatrichter nicht an eine bestimmte Ermittlungsmethode gebunden.[22] Auch aus der Verfassung lässt sich keine konkrete Vorgabe zur Wertermittlungsmethode herleiten.[23] Die Gerichte betonen damit den Aspekt der Einzelfallgerechtigkeit, der bei streitigem Parteivortrag in der Regel die Einholung von Sachverständigengutachten erforderlich macht.[24] Die Beweislast trägt dabei der ausscheidende Gesellschafter als Inhaber des Abfindungsanspruchs.

8 Nach allgemeiner Ansicht gelten für die Ermittlung des Abfindungsanspruchs des ausscheidenden Gesellschafters, weil das Ausscheiden als partielle Auseinandersetzung behandelt wird, dieselben Grundsätze wie für die Berechnung des Auseinandersetzungsanspruchs bei Auflösung der Gesellschaft.[25] Die Ermittlung des Abfindungsguthabens ist dabei geprägt vom Grundsatz der **Gesamtabrechnung**. Alle Rechte und Verbindlichkeiten zwischen dem Ausscheidenden und der Gesellschaft verlieren im Grundsatz ihre rechtliche Selbständigkeit; sie stellen nur noch bloße **unselbständige Rechnungsposten** dar und können daher auch nicht mehr einzeln geltend

---

[18] *Ulmer/Schäfer* § 738 BGB Rn. 28; KRM/*Koller* § 131 HGB Rn. 12 mwN.

[19] MHdB GesR II/*Piehler/Schulte* § 37 Rn. 29; *K. Schmidt* Gesellschaftsrecht § 50 IV 1c.

[20] MHdB GesR II/*Piehler/Schulte* § 37 Rn. 47.

[21] BGH NJW 1985, 192 (193); für ihre Zugrundelegung plädiert etwa *Ulmer* in FS Quack, 477 (490), mit Formvorschlägen auf 501 ff.; die Einigung auf die Ertragswertmethode kann indes im Einzelfall gem. § 723 Abs. 3 BGB unwirksam sein, etwa wenn der Liquidationswert des Unternehmens den Ertragswert erheblich übersteigt, vgl. BGH NZW 2006, 425 (425 f.).

[22] BGH NJW 1991, 1547 (1548); BGHZ 116, 359 (371) = NJW 1992, 892; NJW 1993, 2101 (2103); NZG 2006, 425 (426).

[23] BVerfG NZG 2007, 629 (631) zur Verschmelzung.

[24] BGH NJW 1985, 192 (193). Inwieweit dies Auswirkungen auf die Fälligkeit des Abfindungsanspruchs hat, ist in Rspr. und Lit. umstritten, vgl. die Nachweise bei KRM/*Koller* § 131 HGB Rn. 13.

[25] BGH NJW-RR 1992, 543 (544); NZG 2000, 832 (833); 2011, 858.

gemacht werden (Grundsatz der Durchsetzungssperre).[26] Alle auf dem Gesellschaftsverhältnis beruhenden Ansprüche können daher nur noch im Rahmen einer abschließenden Auseinandersetzungsrechnung Berücksichtigung finden.[27] Für den Fall des Ausscheidens eines Kommanditisten bedeutet dies, dass auch die gegen diesen bestehende Einlageforderung von der Gesellschaft regelmäßig nicht mehr isoliert geltend gemacht werden kann, sondern lediglich als unselbständiger Rechnungsposten im Rahmen der Berechnung des Abfindungsanspruchs des Ausscheidenden zu berücksichtigen ist.[28] Aus prozessualer Sicht bleibt allerdings die Lösung des BGH hervorzuheben, nach der die Geltendmachung einer nicht mehr isoliert einklagbaren, weil in eine Auseinandersetzungs- bzw. Abfindungsrechnung einzubeziehenden Forderung im Wege der Leistungsklage ohne Weiteres das Feststellungsbegehren enthält, dass die entsprechende Forderung in die Auseinandersetzungsrechnung eingestellt wird.[29]

Ausnahmen zu diesen Rechtsprechungsgrundsätzen gelten zum einen für schwebende Geschäfte iSv § 740 BGB, die – soweit die Beteiligung an schwebenden Geschäften im Gesellschaftsvertrag nicht ausgeschlossen ist[30] – gesondert abzurechnen sind.[31] Zum anderen gilt der Grundsatz der Durchsetzungssperre dann nicht, wenn die Gefahr von Hin- und Herzahlungen während des Auseinandersetzungsverfahrens nicht besteht. Dies ist etwa dann der Fall, wenn und soweit feststeht, dass dem ausscheidenden Gesellschafter Ansprüche im gegebenen Umfang mindestens zustehen bzw. dass der auf diese Weise erlangte Betrag keinesfalls zurückgezahlt werden muss.[32] Schließlich stellen die Ansprüche gegen den ausgeschiedenen Gesellschafter, die auf die Entnahme von Beträgen aus dem Gesellschaftsvermögen ohne gesellschaftsvertragliche Grundlage zurückgehen, keine unselbständigen Rechnungsposten im oben genannten Sinne dar.[33] Hat ein Kommanditist Verbindlichkeiten der GmbH & Co. KG übernommen, ist der Wert dieser Schuldübernahme bei seinem Ausscheiden aus der Gesellschaft in entsprechender Anwendung von § 738 Abs. 1 S. 2 BGB im Rahmen seines Abfindungsanspruchs zu berücksichtigen. Dies gilt selbst dann, wenn er ohne Berücksichtigung der privaten Schuldübernahme nichts erhielte oder nach § 739 BGB zuzahlen müsste.[34]

---

[26] BGH NZG 2000, 832 (833) mwN; NJW 2005, 2618 (2620); NZG 2012, 1107 (1110); 2013, 216 (220).
[27] BGH NJW-RR 1993, 1187; NJW 1995, 188 (189); NZG 2000, 832 (833).
[28] BGH NZG 2000, 832 (833).
[29] BGH NZG 2000, 832 (833); 2012, 1107 (1110); 2013, 216 (220) jeweils mwN.
[30] Hierzu etwa EBJS/*Lorz* § 131 HGB Rn. 107 f.
[31] BGH NJW 1993, 1194 zählt hierzu alle nicht vollständig erfüllten unternehmensbezogenen Umsatzgeschäfte, an welche die Gesellschaft im Moment des Ausscheidens gebunden war; nach BGH NJW-RR 1986, 454 (455); NJW-RR 1986, 1160 f. zählen Dauerschuldverhältnisse nicht zu den in § 740 BGB in Bezug genommenen schwebenden Geschäften.
[32] BGH WM 1981, 487 = BeckRS 1981, 31070017; NJW-RR 1993, 1187; NJW 1995, 188 (189); 1999, 3557; NZG 2013, 216 (220).
[33] OLG Köln NJW-RR 1997, 160.
[34] OLG Karlsruhe NZG 2000, 1123 (1124).

10 Bei dem Abfindungsanspruch handelt es sich um einen **künftigen Anspruch**, der zwar mit Abschluss des Gesellschaftsvertrages seinem Kern nach vorhanden ist, aber erst mit dem Ausscheiden aus der Gesellschaft entsteht.[35] Er kann nach allgemeinen Grundsätzen (vgl. § 717 S. 2 BGB) abgetreten werden. Überträgt der Gesellschafter seinen Anteil vor Entstehung des Abfindungsanspruchs rechtsgeschäftlich, geht eine zuvor erfolgte Vorausabtretung des Abfindungsanspruchs allerdings ins Leere.[36] Die Auszahlung der Abfindung an einen Kommanditisten, der seine Haftsumme voll geleistet hat, führt zum Wiederaufleben der Haftung gegenüber den Altgläubigern gem. §§ 171 Abs. 1, 172 Abs. 4 HGB; eine Enthaftung tritt nach Ablauf von fünf Jahren gem. §§ 161 Abs. 2, 160 Abs. 1 HGB ein.

2. GmbH

11 Auch ohne ausdrückliche Regelung im GmbHG ist anerkannt, dass ein Gesellschafter im Fall der Ausschließung, der Zwangseinziehung oder des Austritts – soweit die Satzung nichts Abweichendes bestimmt – einen **Anspruch** auf **vollwertige Abfindung** hat.[37] Der Anspruch ist nach der Rechtsprechung des BGH grundsätzlich auf den Verkehrswert des eingezogenen Geschäftsanteils gerichtet, mithin auf den Betrag, den ein Dritter als Erwerber hierfür zahlen würde. Fehlen objektiv vergleichbare Anteilsverkäufe, was mangels eines Marktes für GmbH-Beteiligungen die Regel ist, ist der Betrag zugrunde zu legen, der bei der Veräußerung des Unternehmens als Ganzes oder der Liquidation der Gesellschaft auf den Geschäftsanteil entfallen würde.[38] Umstritten ist die dogmatische Begründung des im Ergebnis unstreitigen Abfindungsanspruchs; verbreitet wird eine Analogie zu **§ 738 Abs. 1 S. 2 BGB** herangezogen[39] oder der Anspruch wird als allgemeiner Rechtsgrundsatz entwickelt.[40]

12 Zu den für die Ermittlung der Anspruchshöhe maßgeblichen Bewertungsfragen gelten im Wesentlichen die soeben zur KG dargestellten Grundsätze. Auch hier erkennt der BGH eine generell anzuwendende, weil allein richtige Bewertungsmethode nicht an.[41] Maßgeblicher Zeitpunkt für die Wertberechnung ist bei der Einziehung deren Wirksamwerden, bei der Ausschließung entsprechend § 140 Abs. 2 HGB der Zeitpunkt der Klageerhe-

---

[35] BGH NJW 1989, 453.

[36] BGHZ 104, 351 (353) = NJW 1989, 458 (GmbH); NJW 1997, 3370 (3371) (stille Gesellschaft).

[37] BGHZ 116, 359 (365) = NJW 1992, 892; NZG 2011, 1420; OLG Köln NZG 1998, 779 (780); Michalski/*Sosnitza* § 34 GmbHG Rn. 45; MüKoGmbHG/*Strohn* § 34 Rn. 205; *Reichert* GmbHR 1998, 257 (262); Ulmer/*Ulmer* § 34 GmbHG Rn. 72; *Hesselmann/Tillmann* Rn. 627; *Hartmann*, Ausscheidender Gesellschafter, 151; *Lange* NZG 2001, 648 (649); offen gelassen von OLG Dresden NZG 2000, 1042 (1043).

[38] BGH NJW 2001, 2638 (2639).

[39] Michalski/*Sosnitza* § 34 GmbHG Rn. 46; MüKoGmbHG/*Strohn* § 34 Rn. 205; Ulmer/*Ulmer* § 34 GmbHG Rn. 72; *Herff* GmbHR 2012, 621.

[40] In BGH NZG 2011, 1420 wird von einem „Grundmitgliedsrecht" gesprochen; Scholz/*H.P. Westermann* § 34 GmbHG Rn. 25.

[41] BGHZ 116, 359 (371) = NJW 1992, 892; ein anschauliches Bsp. zur Berechnung der Abfindung bietet OLG Köln NZG 1999, 1222 (1225).

bung und beim Austritt der Zugang der Austrittserklärung bei der GmbH.[42] Umstritten ist, zu welchem Zeitpunkt die Abfindung fällig wird. Die hM, der beizutreten ist, geht bei Einziehung und Ausschließung davon aus, dass der Anspruch sofort mit seiner Entstehung fällig wird (§ 271 Abs. 1 BGB);[43] gleiches gilt für den Austritt.[44]

Der Abfindungsanspruch des ausscheidenden GmbH-Gesellschafters ist nach § 34 Abs. 3 GmbHG nur durchsetzbar, wenn und soweit durch seine Erfüllung das in § 30 Abs. 1 GmbHG normierte **Auszahlungsverbot** nicht verletzt wird. Das bedeutet, dass die Abfindungszahlung bei Einziehung eines Geschäftsanteils ohne Beeinträchtigung des zur Deckung des Stammkapitals erforderlichen Gesellschaftsvermögens möglich sein muss. Der Einziehungsbeschluss der Gesellschafterversammlung verstößt deshalb gegen §§ 34 Abs. 3, 30 Abs. 1 GmbHG und ist entsprechend § 241 Nr. 3 AktG nichtig, wenn bereits bei der Beschlussfassung feststeht, dass die Gesellschaft die dem ausscheidenden Gesellschafter geschuldete Abfindung ganz oder teilweise nur aus dem gebundenen Vermögen leisten kann und der Beschluss nicht klarstellt, dass die Zahlung nur bei Vorhandensein ungebundenen Vermögens erfolgen darf.[45] Hiervon ist auszugehen, wenn weder die letzte Jahresbilanz verfügbare Rücklagen in Höhe der voraussichtlichen Abfindung enthält noch der zwischenzeitliche Geschäftsverlauf eine begründete Aussicht auf entsprechende Überschüsse rechtfertigt.[46] Dagegen wird das Auszahlungsverbot nicht tangiert, wenn der Abfindungsbetrag von einem Dritten geleistet wird, der auf einen Erstattungsanspruch gegen die Gesellschaft verzichtet[47] oder als Alternative zur Einziehung in der Satzung eine Zwangsabtretung des Geschäftsanteils an einen Mitgesellschafter oder Dritten vorgesehen ist, da dann die Gesellschaft keine Abfindung schuldet, sondern der Erwerber einen Kaufpreis.[48] Der **Grundsatz der Kapitalerhaltung** wirkt sich über § 33 Abs. 2 S. 1 GmbHG auch auf den Erwerb des Geschäftsanteils durch die GmbH aus, da auch in diesen Fällen durch das Ausscheiden eines Gesellschafters keine Unterbilanz entstehen soll. Der Erwerb ist nur möglich, wenn die Gesellschaft im Erwerbszeitpunkt eine Rücklage in Höhe der Aufwen-

---

[42] BGHZ 9, 157 (176) = NJW 1953, 780 u. NJW 1972, 1320 (ausnahmsweise ist als Stichtag die nach der Klageerhebung liegende Beschlussfassung maßgeblich) zur Ausschließung; MüKoGmbHG/*Strohn* § 34 Rn. 215; Ulmer/*Ulmer* § 34 GmbHG Rn. 80.

[43] BGHZ 144, 365 (369f.) = NZG 2000, 1027; OLG Düsseldorf BeckRS 2007, 09356; Baumbach/Hueck/*Fastrich* § 34 GmbHG Rn. 24; Michalski/*Sosnitza* § 34 GmbHG Rn. 51; MüKoGmbHG/*Strohn* § 34 Rn. 217f.; aA BayObLGZ 1982, 368 (373); Ulmer/*Ulmer* § 34 Rn. 80.

[44] Michalski/*Michalski/Funke* Anh § 34 GmbHG Rn. 61; Roth/*Altmeppen* § 60 Rn. 118; aA Scholz/*Seibt* Anh § 34 GmbHG Rn. 22; MüKoGmbHG/*Strohn* § 34 Rn. 219.

[45] BGHZ 144, 365 (369f.) = NZG 2000, 1027, m. Anm. *Lange* NZG 2001, 635 (639); OLG Celle NZG 1998, 29 (30) sieht hierin einen Anfechtungsgrund und keinen Nichtigkeitsgrund analog § 241 Nr. 3 AktG.

[46] OLG Celle NZG 1998, 29 (30) unter Verweis auf *Ulmer* in FS Raiser, 743.

[47] OLG Hamm NZG 1999, 597 (598).

[48] BGH NZG 2011, 783 (785) zum Ausschluss.

dungen für den Erwerb bilden könnte, ohne das Stammkapital oder eine nach dem Gesellschaftsvertrag zu bildende Rücklage zu mindern, die nicht zur Zahlung an die Gesellschafter verwandt werden darf (§ 33 Abs. 2 S. 1 GmbHG).

14 Um den Ausscheidenden bei einem Verstoß gegen §§ 34 Abs. 3, 30 Abs. 1, 33 Abs. 2 S. 1 GmbHG zu schützen, hat der BGH in einer Entscheidung zur Ausschließung die sog. Bedingungslösung vertreten (→ § 31 Rn. 55 u. 72), nach der der Verlust der Mitgliedschaft von der vollständigen Erfüllung der Abfindungsforderung abhängig ist. Hierdurch sollte vermieden werden, dass der ausscheidende Gesellschafter, trotz des Verlusts seiner Mitgliedschaft, die Abfindungszahlung nicht erhält. Für die Einziehung geht der II. Zivilsenat des BGH allerdings mittlerweile davon aus, dass die Wirksamkeit der Einziehung nicht von der Zahlung der Abfindung abhängig ist.[49] Die Sicherung des Abfindungsanspruchs erreicht der BGH nunmehr über die sog. **Haftungslösung** (vgl. → § 31 Rn. 55). Nach der jüngsten Rechtsprechung sollen die Gesellschafter, die den Einziehungsbeschluss gefasst haben, anteilig auf die Abfindung haften, wenn sie nicht für eine Bewirkung der Abfindung aus dem ungebundenen Gesellschaftsvermögen sorgen oder die Gesellschaft liquidieren.[50] Ob diese zur Einziehung ergangene höchstrichterliche Rechtsprechung auf die Ausschließung zu übertragen ist, ist noch nicht gesichert (vgl. → § 31 Rn. 75), weshalb sich eine klarstellende Satzungsregelung empfiehlt.

15 Die in § 30 Abs. 1 GmbHG zum Ausdruck kommende Kapitalbindung bezieht sich auf das zur Deckung des Stammkapitals erforderliche Gesellschaftsvermögen und dient insoweit der Kapitalerhaltung. Der die Finanzverfassung der GmbH bestimmende **Unversehrtheitsgrundsatz** verlangt aber zuvor bereits, dass das Stammkapital vollständig aufgebracht wurde. Auch ohne ausdrückliche Nennung in § 34 Abs. 3 GmbHG ist deshalb anerkannt, dass vor der Einziehung eines Geschäftsanteils das Volleinzahlungsgebot erfüllt sein muss, um einen Widerspruch zu § 19 Abs. 2 S. 1 GmbHG zu vermeiden.[51] Gleiches gilt wiederum nach § 33 Abs. 1 GmbHG, wenn die Gesellschaft den Geschäftsanteil des ausscheidenden Gesellschafters selbst erwerben will. Nur wenn ein nicht voll einbezahlter Geschäftsanteil von einem Mitgesellschafter oder gesellschaftsfremden Dritten erworben wird, liegt kein Verstoß gegen den Grundsatz der realen Kapitalaufbringung vor, da dann die Einlagepflicht gegenüber der Gesellschaft bestehen bleibt.[52] Aus diesem Grund kann es sich empfehlen, im Gesellschaftsvertrag neben der Einziehung eine an dieselben sachlichen Voraussetzungen gebundene Zwangsabtretung des Geschäftsanteils an einen Mitgesellschafter oder Dritten vorzusehen.[53]

16 Im Übrigen können die Beteiligten den bestehenden Beschränkungen mit einer die Mindestkapitalgrenze des § 5 Abs. 1 GmbHG beachtenden

---

[49] BGH NZG 2012, 259 (260); noch offen gelassen in BGHZ 139, 299 (301 f.) = NJW 1998, 3646; so zuvor bereits KG NZG 2006, 437 (437 f.); GWR 2011, 447 = BeckRS 2011, 22359; OLG München DStR 2011, 1673 (1674).
[50] BGH NZG 2012, 259 (261).
[51] Vgl. nur BGHZ 9, 157 (168) = NJW 1953, 780; Scholz/*H.P. Westerman* § 34 GmbHG Rn. 52.
[52] *Schindler*, Austrittsrecht, 67.
[53] So auch MüKoGmbHG/*Strohn* § 34 Rn. 30.

Kapitalherabsetzung nach § 58 GmbHG gerecht werden oder dadurch, dass die Mitgesellschafter die offene Einlage erbringen. Die Herabsetzung des Stammkapitals muss vollständig durchgeführt und in das Handelsregister eingetragen sein, bevor die Einziehung erfolgen kann.[54] Dagegen scheitert eine Verrechnung der Einlageschuld mit der von der Gesellschaft geschuldeten Abfindungszahlung durch den austrittswilligen Gesellschafter an § 19 Abs. 2 S. 2 GmbHG. Für den Fall, dass der Abfindungsbetrag die offene Einlageforderung übersteigt, ist umstritten, ob innerhalb der allgemeinen Grundsätze zu § 19 GmbHG – also bei einer sofort fälligen, liquiden und vollwertigen Abfindungsforderung – eine Aufrechnung der Gesellschaft oder eine Aufrechnungsvereinbarung zulässig ist.[55] Durchgreifende Sachgründe, eine solche Aufrechnung nur deshalb scheitern zu lassen, weil die Abfindungsforderung rechtstechnisch erst mit Wirksamkeit der Einziehung entsteht und fällig wird, bestehen nicht.

Bei der Zwangseinziehung eines Geschäftsanteils ist darüber hinaus § 34 Abs. 2 GmbHG zu beachten, der auch alle Erweiterungen der Einziehungsvoraussetzungen erfasst. Wird die Höhe der bei der Zwangseinziehung von Geschäftsanteilen zu gewährenden Abfindung durch eine Regelung im Gesellschaftsvertrag nachträglich eingeschränkt, bedarf es deshalb der Zustimmung aller Gesellschafter. Hat nur ein Gesellschafter nicht zugestimmt, ist die Satzungsänderung gescheitert und die entsprechende Klausel ist nach § 34 Abs. 2 GmbHG unwirksam.[56]

17

II. Regelungen im Gesellschaftsvertrag

1. Bedeutung von Abfindungsklauseln

Vor dem Hintergrund der zahlreichen Probleme, die sich im Zusammenhang mit dem Abfindungsanspruch des ausscheidenden Gesellschafters ergeben können, sollen Abfindungsklauseln[57] in erster Linie dazu dienen, **Streitigkeiten mit der Gesellschaft und den Mitgesellschaftern** aus Anlass des Ausscheidens nach Möglichkeit zu vermeiden. Regelungen im Gesellschaftsvertrag zur Berechnung der Höhe des Abfindungsanspruchs dienen daneben aber auch dem Bestandsschutz der Gesellschaft, weil durch die Beschränkung des Anspruchs der Abfluss von Liquidität eingeschränkt wird.[58] Diese Ziele gelten für KG und GmbH gleichermaßen und werden am ehesten mit umfassenden Formulierungen erreicht, die sich inhaltlich nicht nur

18

---

[54] Scholz/*H.P. Westermann* § 34 GmbHG Rn. 61.
[55] Hierfür MüKoGmbHG/*Strohn* § 34 Rn. 30; Scholz/*H.P. Westerman* § 34 GmbHG Rn. 52; aA Baumbach/Hueck/*Fastrich* § 34 GmbHG Rn. 11.
[56] BGHZ 116, 359 (363) = NJW 1992, 892 m. Anm. *Schulze-Osterloh* JZ 1993, 45 f.; vgl. dazu auch das nach Zurückverweisung ergangene Urteil OLG Oldenburg GmbHR 1997, 503.
[57] Zur tatsächlichen Verbreitung vgl. die Nachweise bei Ulmer/*Ulmer* § 34 GmbHG Rn. 81; BeckOK BGB/*Schöne* § 738 Rn. 26; *Wangler/Dierkes*, DS 2007, 94 (98 ff.).
[58] BGHZ 116, 359 (368) = NJW 1992, 892.

auf einzelne Punkte beschränken. Neben der Methode der Wertermittlung gilt es vor allem, die konkreten Zahlungsmodalitäten festzulegen, wobei das Interesse der Gesellschaft an einer Schonung ihrer Liquidität mit dem Interesse des ausscheidenden Gesellschafters an einer sofortigen Fälligkeit der Abfindung in voller Höhe zu einem für beide Seiten angemessenen Ausgleich gebracht werden muss. Häufig wird deshalb eine sich über mehrere Jahre erstreckende **Ratenzahlung** vereinbart (s. → Rn. 32 ff.).

19 Die **Wertermittlung** wird in der Regel in die Hände eines erfahrenen Experten gelegt, der in der Abfindungsklausel von vornherein hinreichend bestimmt zu bezeichnen ist. Wird ihm auch die maßgebliche Berechnungsmethode vorgegeben, muss er sich grundsätzlich daran halten, was insbesondere im Hinblick auf etwaige Meinungsänderungen in der Betriebswirtschaftslehre zur Geeignetheit der verschiedenen Bewertungsmethoden zu ungewollten Ergebnissen führen kann. Angesichts der Unterschiedlichkeit der durch die anerkannten Bewertungsverfahren hervorgebrachten Ergebnisse will diese Entscheidung wohl überlegt sein und sollte immer die individuellen Gegebenheiten des Unternehmens berücksichtigen.

20 Der BGH unterzieht Abfindungsklauseln einer strengen **Inhaltskontrolle** am Maßstab des § 138 (Sittenwidrigkeit durch Knebelung oder Gläubigerbenachteiligung), § 242 (Treuwidrigkeit durch Rechtsmissbrauch) und § 723 Abs. 3 BGB (Nichtigkeit durch unzulässige Beeinträchtigung der Kündigungsfreiheit).[59] Die Sittenwidrigkeit setzt voraus, dass die getroffene Regelung bereits bei ihrer Entstehung grob unbillig ist.[60] Dies ist der Fall, wenn der sich aus der Satzungsregelung ergebende Abfindungsbetrag vollkommen außer Verhältnis zum tatsächlichen Wert des Anteils steht und auch in keiner Weise durch die berechtigten Interessen der Gesellschaft an der Verhinderung eines Abflusses notwendiger Liquidität gerechtfertigt ist. Ebenso kommt es für die Frage, ob die Freiheit des Gesellschafters, sich zu einem Austritt zu entschließen, durch eine Abfindungsbeschränkung unvertretbar eingeengt wird (vgl. § 723 Abs. 3 BGB), auf die Verhältnisse bei Begründung der Abfindungsklausel an.[61] War die im Gesellschaftsvertrag vereinbarte oder durch Satzungsänderung geschaffene Abfindungsregelung dagegen im Zeitpunkt ihres Wirksamwerdens angemessen und wurde sie erst später, infolge einer Änderung der tatsächlichen Verhältnisse, unangemessen, ist die Klausel nach der höchstrichterlichen Rechtsprechung im Wege der **ergänzenden Vertragsauslegung** und unter Berücksichtigung von Treu und Glauben an die neuen Verhältnisse anzupassen.[62] Im Laufe der Zeit haben die vorstehenden Grundsätze zur Herausbildung von Fallgruppen geführt, die im Folgenden näher beleuchtet werden sollen.[63]

---

[59] Vgl. BGH NJW 1993 (2101); BGHZ 126, 226 (230 f.) = NJW 1994, 2536.
[60] BGHZ 116, 359 (368) = NJW 1992, 892.
[61] BGHZ 123, 281 (283 f.) = NJW 1993, 3193.
[62] BGHZ 123, 281 (285) = NJW 1993, 3193; zuletzt BGH NZG 2011, 1420 (1421); die Literatur folgt dem im Ergebnis, aber mit anderer Begründung, vgl. etwa *Ulmer* ZIP 2010, 805 (812).
[63] Einen Überblick über die Entwicklung der höchstrichterlichen Rechtsprechung vermitteln *Mecklenbrauck* BB 2000, 2001 ff.; *Wangler* DB 2001, 1763 (1765); *Hülsmann* NJW 2002, 1673 (1674); *Karakaya/Prüßner* MDR 2002, 804 (805); *Stöber/*

2. Fallgruppen

a) Ausschlussklauseln. Der generelle Ausschluss jedweder Abfindung ist 21 nach allgemeiner Ansicht – auch im Fall der Ausschließungsklage[64] – grundsätzlich sittenwidrig[65] und kann darüber hinaus bei der KG (vgl. §§ 161 Abs. 2, 105 Abs. 3 HGB)[66] gegen § 723 Abs. 3 BGB verstoßen und bei der GmbH gegen den Grundsatz, dass die Abfindungsbeschränkung das unabdingbare Austrittsrecht aus wichtigem Grund (→ § 31 Rn. 25) nicht unbillig beschränken oder gar faktisch ausschließen darf.[67] Dieser Grundsatz gilt allerdings nicht im Hinblick auf ein in der GmbH-Satzung eingeräumtes Recht zur ordentlichen Kündigung.[68] Für ausnahmsweise zulässig wird der Abfindungsausschluss gehalten, wenn er auf den Tod eines Gesellschafters erfolgt,[69] bei Gesellschaften mit ideellem Zweck,[70] unter bestimmten Voraussetzungen im sog. Manager- bzw. Mitarbeitermodell[71] sowie in bestimmten Fällen der Zwangseinziehung aus wichtigem Grund.[72] Das **Sittenwidrigkeitsurteil** gilt auch bei einem nur teilweisen Abfindungsausschluss, wenn sich dieser ausschließlich auf die Insolvenz eines Gesellschafters bzw. die Kündigung durch dessen Privatgläubiger bezieht,[73] da dann die gesellschaftsvertragliche Regelung ganz offensichtlich nur der **Gläubigerbenach-**

Rafiqpoor GmbHR 2003, 872 (873); aus Sicht des Notars bereits *Reimann* DNotZ 1992, 472 (476); die Kritik unter besonderer Berücksichtigung der Interessen von Familiengesellschaften zusammenfassend *Kübler* in FS Sigle, 183 (186); zu den Besonderheiten in der Sanierungsphase des Unternehmens schließlich *Rodewald*, GmbHR 1996, 736 (738).

[64] Für die KG KRM/*Koller* § 131 HGB Rn. 17; Oetker/*Kamanabrou* § 131 HGB Rn. 75; für die GmbH etwa *Eser* DStR 1991, 747 (750) sowie der allgemeine Hinweis bei MüKoGmbHG/*Strohn* § 34 Rn. 119 und Baumbach/Hueck/*Fastrich* Anh § 34 GmbHG Rn. 11, dass der Ausschluss nicht mit einer Strafsanktion verbunden werden darf.

[65] In BGH NJW 1989, 2685 (2686) wird bereits die Beschränkung der Abfindung auf die Hälfte des Buchwerts als grundsätzlich sittenwidrig angesehen; BGHZ 135, 387 (389f.) = NJW 1997, 2592; MüKoGmbHG/*Strohn* § 34 Rn. 227; Ulmer/*Schäfer* § 738 BGB Rn. 45, 60.

[66] Aus der Rechtsprechung der Instanzgerichte zB OLG Schleswig NZG 2001, 658 (659f.) mwN.

[67] Dazu BGHZ 116, 359 (369) = NJW 1992, 892; Baumbach/Hueck/*Fastrich* § 34 GmbHG Rn. 27; Ulmer/*Ulmer* § 34 GmbHG Rn. 96.

[68] OLG München NZG 2001, 662 (663f.).

[69] BGH WM 1971, 1338 (1339f.) = BeckRS 1971, 31081173; Ulmer/*Schäfer* § 738 BGB Rn. 60; MüKoHGB/*K. Schmidt* § 131 Rn. 161; Ulmer/*Ulmer* § 34 GmbHG Rn. 101.

[70] BGHZ 135, 387 (390f.) = NJW 1997, 2592; Baumbach/Hueck/*Fastrich* § 34 GmbHG Rn. 34a.

[71] BGHZ 164, 107 (110f.) = NZG 2005, 971; 164, 98 (101f.) = NZG 2005, 968.

[72] Ulmer/*Ulmer* § 34 GmbHG Rn. 104; vgl. auch OLG Oldenburg GmbHR 1997, 503 (506) für eine Beschränkung des Abfindungsbetrages auf 10% des Verkehrswerts des Geschäftsanteils.

[73] BGHZ 32, 151 (155) = NJW 1960, 1053; 65, 22 (26) = NJW 1975, 1835; 144, 365 (366) = NZG 2000, 1027; insoweit zust. *Rasner* NJW 1983, 2905 (2910).

8. Kapitel. Wechsel im Gesellschafterbestand unter Lebenden

teiligung dienen soll.[74] Der Ausschluss der Beteiligung an schwebenden Geschäften iSv § 740 BGB ist dagegen zulässig.[75]

22 **b) Bewertungsklauseln.** Im Gegensatz zu Ausschlussklauseln wollen Bewertungsklauseln den Abfindungsanspruch nicht vollkommen oder teilweise beseitigen, sondern lediglich die Grundsätze zu seiner Berechnung von vornherein festlegen. Die verbreiteten **Buchwertklauseln** koppeln die Abfindung an die Höhe des buchmäßigen Anteils des ausscheidenden Gesellschafters am Eigenkapital der Gesellschaft in der Handelsbilanz, inklusive seines Anteils an den offenen Rücklagen sowie an den Bilanzposten mit klarem Rücklagencharakter; stille Reserven und ein Geschäftswert sind nicht zu berücksichtigen.[76] Die Beschränkung der Abfindung auf den Buchwert ist grundsätzlich zulässig.[77]

23 Sittenwidrig (§ 138 BGB) wird eine Buchwertklausel nur in wenigen Fällen sein, da es für die Beurteilung auf die Umstände bei Abschluss der Vereinbarung ankommt und jedenfalls bei der Gründung der Gesellschaft der Verkehrswert des Anteils in den überwiegenden Fällen nicht unbillig vom Buchwert abweichen wird. Die durchaus als hoch einzuschätzenden Risiken für den Bestand solcher Klauseln ergeben sich vielmehr aus einer positiven Geschäftsentwicklung der Gesellschaft, die dazu führt, dass – etwa wegen der bestehenden Ertragsaussichten – der Verkehrswert des Anteils im Laufe der Zeit immer weiter über den Buchwert ansteigt. Ist in diesem Fall zwischen dem Tag der Aufnahme der Abfindungsklausel in den Gesellschaftsvertrag und ihrer erstmaligen Anwendung eine geraume Zeit vergangen, führt dies nicht selten dazu, dass sich nach aktueller Beurteilung ein Missverhältnis zwischen dem vereinbarten (Buch-)Wert und dem vollen Anteilswert ergibt. Nach der Rechtsprechung des BGH ist in einem solchen Fall zu fragen, ob das Interesse der Gesellschaft, Liquidität und Fortbestand des Unternehmens nicht durch unerträglich hohe Abfindungen zu gefährden, zurücktreten muss, weil es dem ausscheidenden Gesellschafter nach den Maßstäben von Treu und Glauben nicht mehr zuzumuten ist, sich mit der Abfindung entsprechend der vertraglichen Regelung zufriedenzugeben.[78] Der BGH nimmt in solchen Fällen eine **ergänzende Vertragsauslegung** nach den Grundsätzen von Treu und Glauben (§§ 157, 242 BGB) unter Berücksichtigung aller Umstände des Einzelfalls vor, die davon ausgeht, dass die Gesellschafter

---

[74] *K. Schmidt* Gesellschaftsrecht § 50 IV 2c aa; zur Anwendbarkeit der §§ 129 ff. InsO, 3 AnfG in diesem Fall vgl. KRM/*Koller* § 131 HGB Rn. 17.

[75] KRM/*Koller* § 131 HGB Rn. 16; *K. Schmidt* Gesellschaftsrecht § 50 IV 1e; EBJS/*Lorz* § 131 HGB Rn. 107; *Hartmann*, Ausscheidender Gesellschafter, 72.

[76] MüKoGmbHG/*Strohn* § 34 Rn. 255; Baumbach/Hueck/*Fastrich* § 34 GmbHG Rn. 35; vgl. auch OLG München BB 1997, 359 (360); OLG Karlsruhe NZG 2000, 1123 (1124); s. auch den Form.vorschlag von *Notthoff* DStR 1998, 210 (212).

[77] Vgl. BGH NJW 1985, 192 (193); NJW 1989, 3272; BGHZ 123, 281 (283f.) = NJW 1993, 3193; OLG München BeckRS 2009, 25514; KRM/*Koller* § 131 HGB Rn. 18; *K. Schmidt* Gesellschaftsrecht § 50 IV 2c; MHdB GesR II/*Piehler/Schulte* § 38 Rn. 48; *Hartmann*, Ausscheidender Gesellschafter, 150; speziell zur Buchwertklausel *Ebenroth/Müller*, BB 1993, 1153 ff.; *G. Müller*, ZIP 1995, 1561 ff.; *Sörgel/Engelmann* DStR 2003, 1260 (1261).

[78] BGHZ 123, 281 (286) = NJW 1993, 3193.

bei Voraussehen dieser Entwicklung eine anderweitige Regelung getroffen hätten.[79] Die Grundzüge des konkreten Vertrages sollen „zu Ende gedacht" werden, wobei der aus dem übrigen Vertragsinhalt und den sonstigen im Zeitpunkt des Vertragsschlusses gegebenen Umständen ableitbare tatsächliche Wille der Parteien ebenso von Bedeutung sein soll wie eine objektive Abwägung der beiderseitigen Interessen.[80]

Bei der **Interessenabwägung** sind unter anderem das Ausmaß des Missverhältnisses zwischen dem vertraglichen Abfindungsanspruch und dem Anteilswert, das Bestands- und Liquiditätsinteresse der Gesellschaft, die Dauer und Intensität der Mitgliedschaft des ausgeschiedenen Gesellschafters, sein Anteil am Aufbau und Erfolg der Gesellschaft sowie der Anlass seines Ausscheidens zu berücksichtigen.[81] Auf diese Weise eröffnet sich den Gerichten ein zum Teil erheblicher Spielraum für eine tatrichterliche Beurteilung, die von den Rechtsmittelinstanzen aus Rechtsgründen nur selten beanstandet wird.[82] 24

Der Mechanismus der ergänzenden Vertragsauslegung führt im Ergebnis dazu, dass eine dem hypothetischen Parteiwillen entsprechende Abfindungsregelung zu ermitteln ist, die nur im Ausnahmefall mit der Abfindung übereinstimmen wird, die nach der gesetzlichen Ausgangslage (vollwertige Abfindung zum Verkehrswert) geschuldet ist.[83] Anders ist dies in den Fällen der Sittenwidrigkeit. Hier ist für eine ergänzende Vertragsauslegung im Ergebnis kein Raum; eine Anpassung der Abfindungsklausel auf ein angemessenes Niveau unterbleibt und der ausscheidende Gesellschafter hat einen Anspruch auf den vollen Verkehrswert seines Geschäftsanteils.[84] 25

Die an ein im Zeitverlauf eingetretenes grobes Missverhältnis zwischen dem vertraglich geschuldeten und dem wahren Anteilswert anknüpfende Rechtsprechung strebt einen **Interessenausgleich zwischen ausscheidenden und verbleibenden Gesellschaftern** unter Berücksichtigung der 26

---

[79] BGHZ 123, 281 (285) = NJW 1993, 3193 m. Anm. *Dauner-Lieb* ZHR 1994, 271 (insb. 283 ff.); BGHZ 126, 226 (242 f.) = NJW 1994, 2536; NZG 2002, 176; NZG 2011, 1420 (1421); OLG Naumburg NZG 2000, 698 (699 f.); OLG Hamm NZG 2003, 440; *Haack* GmbHR 1994, 437 (438); *K. Schmidt* Gesellschaftsrecht § 50 IV 2c ee will derartige Fälle dagegen mit der beweglichen Schranke des § 242 BGB lösen.
[80] BGHZ 123, 281 (286) = NJW 1993, 3193.
[81] BGH NJW 1993, 2101 (2102); BGHZ 123, 281 (286 f.) = NJW 1993, 3193; zuletzt noch einmal bestätigt von BGH NZG 2002, 176 (177); weitere Kriterien nennen *Piltz* BB 1994, 1021 (1024); *Rasner* ZHR 1994, 292 (304); *Hesselmann/Tillmann* Rn. 632; dezidiert gegen eine ergänzende Vertragsauslegung *Dauner-Lieb* GmbHR 1994, 836 (840); *Kort* DStR 1995, 1961 (1966); *Ulmer/Schäfer* ZGR 1995, 134 (140), die stattdessen wiederum auf eine Ausübungskontrolle am Maßstab von § 242 BGB abstellen; vgl. bereits *Rasner* NJW 1983, 2905 (2907).
[82] S. dazu nur das Beispiel in BGH NZG 2002, 176.
[83] BGHZ 123, 281 (289) = NJW 1993, 3193.
[84] BGHZ 116, 359 (375 f.) = NJW 1992, 892; Henssler/Strohn/*Kilian* § 738 BGB Rn. 16; Baumbach/Hueck/*Fastrich* § 34 GmbHG Rn. 32a; *Hesselmann/Tillmann* Rn. 634; weitergehend *Engel* NJW 1986, 345 (349); *Sigle* ZGR 1999, 659 (667); *Ulmer* ZIP 2010, 805 (811); zum Verhältnis abstrakter Sittenwidrigkeit zu konkreter Vertragsanpassung vgl. *K. Schmidt* Gesellschaftsrecht § 50 IV 2c cc.

mit der vertraglichen Abfindungsregelung verfolgten Zwecke an.[85] Der BGH will einerseits verhindern, dass der ausscheidende Gesellschafter durch eine von der Entwicklung überholte Abfindungsbestimmung unangemessen benachteiligt wird, zum anderen soll die Fortsetzung der Gesellschaft durch die verbleibenden Gesellschafter nicht durch eine schematische Regelung gefährdet werden.[86] Was gilt, wenn den Gesellschaftern dagegen bereits im Zeitpunkt der Aufnahme der Abfindungsklausel in den Gesellschaftsvertrag bewusst war, dass diese zu einem groben Missverhältnis zwischen dem vereinbarten und dem tatsächlichen Unternehmenswert führen kann bzw. wenn sie dies hätten erkennen müssen, ist noch nicht höchstrichterlich entschieden. In der Literatur wird einerseits vertreten, dass es in diesem Fall bei der Klauselanordnung selbst dann bleiben soll, wenn dadurch die Kündigungsmöglichkeit des Gesellschafters eingeschränkt wird.[87] Angesichts der Betonung der persönlichen und wirtschaftlichen Bewegungsfreiheit des Gesellschafters durch den BGH wird andererseits darauf verwiesen, dass es nicht ausgeschlossen sei, dass der BGH auch eine solche freiwillige und bewusste Beschränkung als zu weitgehend empfinden und deshalb ebenfalls einer Angemessenheitskontrolle unterziehen wird.[88] Ungeklärt ist auch, ob das vom BGH entwickelte Modell der ergänzenden Vertragsauslegung bereits dann nicht zur Anwendung gelangt, wenn in der Vereinbarung ausdrücklich festgehalten wird, dass die Abfindungsbeschränkung auch in dem Fall Bestand haben soll, in dem es zu einem groben Missverhältnis zwischen der vereinbarten und der gesetzlichen Abfindung kommt.

27 In Abgrenzung zum Schutz des ausscheidenden Gesellschafters wird der **Aspekt der Gläubigerbenachteiligung** demgegenüber nur relevant, soweit er sich als ausschließliches Ziel einer Bewertungsklausel darstellt. Werden Gesellschafter und Gläubiger dagegen von einer unter dem tatsächlichen Anteilswert liegenden Abfindung gleichermaßen betroffen, müssen sich auch Letztere danach richten.[89] Die Rechtsprechung erstreckt eine Regelung, welche für die Fälle der Kündigung eines Gesellschafters und der Pfändung seines Geschäftsanteils eine Abfindung nach Buchwerten vorsieht, auch ohne ausdrückliche Bestimmung im Gesellschaftsvertrag auf den Fall seiner Ausschließung aus **wichtigem Grund**.[90]

28 Geht das Ausscheiden des Gesellschafters auf dessen Ausschluss **ohne wichtigen Grund** zurück oder tritt der Gesellschafter aus der Gesellschaft

---

[85] BGHZ 126, 226 (242) = NJW 1994, 2536 überträgt diesen Grundgedanken auf Schutzgemeinschaftsverträge; demgegenüber schildert *Sigle* ZGR 1999, 659 (672) mit Familienunternehmen, Freiberuflersozietäten, gemeinnützigen und ideellen Gesellschaften einige Konstellationen, für die nach seiner Ansicht eine Übertragung der Rspr.-Grundsätze nicht in Betracht kommen kann.
[86] BGHZ 126, 226 (242 f.) = NJW 1994, 2536.
[87] KRM/*Koller* § 131 HGB Rn. 18 mwN; *Lange* NZG 2001, 635 (643); *Rasner* ZHR 158 (1994), 292 (299).
[88] Das vermuten auch *Dauner-Lieb* GmbHR 1994, 836 (842); *Rasner* ZHR 1994, 292 (299).
[89] BGHZ 65, 22 (26) = NJW 1975, 1835; BGHZ 144, 365 (366) = NZG 2000, 1027; MHdB GesR II/*Piehler* § 38 Rn. 25.
[90] BGH NZG 2002, 176 (für die GmbH).

§ 32 Abfindung und Abfindungsbeschränkung

wegen eines von den anderen Gesellschaftern gesetzten wichtigen Grundes aus, ist eine Beschränkung des Abfindungsanspruchs, die zur Folge hat, dass dieser erheblich hinter dem Wert des Anteils zurückbleibt, grundsätzlich als sittenwidrig anzusehen.[91] Austritt und Ausschluss werden im Rahmen der Auslegung somit durchaus unterschiedlich behandelt. Maßgebliches Kriterium ist dabei, dass dem ausscheidenden Gesellschafter das Festhalten an der – von ihm mitgetragenen – gesellschaftsvertraglichen Regelung auch unter Berücksichtigung der berechtigten Interessen der Mitgesellschafter nicht zugemutet werden kann.[92] Dabei kann dem aus einem in seiner Person liegenden wichtigen Grund ausgeschlossenen Gesellschafter grundsätzlich mehr zugemutet werden als einem Gesellschafter, der sich wegen eines von seinen Mitgesellschaftern veranlassten wichtigen Grundes zum freiwilligen Ausscheiden genötigt sieht.[93]

Ab welcher **Relation zwischen Abfindungs- und Verkehrswert** ein grobes Missverhältnis anzunehmen ist, hat die Rechtsprechung bislang bewusst nicht entschieden.[94] Verschiedene Einzelfallentscheidungen des BGH zeigen lediglich, dass jedenfalls Abfindungen, die zwischen 20% und 36% des Verkehrswertes der Beteiligung ausmachen, unzureichend sind.[95] Dass selbst hieraus keine absoluten Grenzen abgeleitet werden können, zeigen instanzgerichtliche Urteile, in denen ausnahmsweise auch eine Beschränkung des Abfindungsbetrags auf 10% des Verkehrswertes nicht beanstandet wurde.[96] Es kommt also auch insoweit immer auf die Umstände des Einzelfalls 29

---

[91] BGH NJW 1979, 104; vgl. auch BGHZ 65, 22 (26) = NJW 1975, 1835; OLG Köln NZG 1999, 1222 (1223 f.); OLG Naumburg NZG 2001, 658.

[92] BGH NJW 1993, 2101 (2102) unter Verweis auf BGHZ 65, 22 = NJW 1975, 1835; vgl. bereits die Fallgruppenbildung bei *Gessler* GmbHR 1984, 29 (31 f.). Beim Ausscheiden aus einer Freiberuflersozietät kann in diesem Zusammenhang dem Wert der mitgenommenen Mandanten eine besondere Bedeutung zukommen, vgl. dazu zB BGH DStR 1995, 856 (857) m. Anm. *Goette*; OLG Schleswig NZG 2001, 658 (659 f.).

[93] BGH NJW 1993, 2101 (2102); eine weitergehende Diff. bietet etwa *Büttner* in FS Nirk, 119 (130), der die Lehre vom Wegfall der Geschäftsgrundlage besonders hervorhebt.

[94] Eine „starre Wertgrenze" hat etwa BGH NJW 1993, 2101 ausdr. abgelehnt; im Interesse der Rechtssicherheit dafür aber *Haack* GmbHR 1994, 437 (441); *Ulmer/ Schäfer* ZGR 1995, 134 schlagen im Anwendungsbereich von § 723 Abs. 3 BGB eine Verminderung der Abfindung um mehr als ein Drittel und bei § 138 Abs. 1 BGB um mehr als die Hälfte gegenüber dem Anteilswert als Grenzen vor; *Sigle* ZGR 1999, 659 (672) plädiert für die Aufnahme einer am Verkehrswert orientierten Ober- und Untergrenze für die Abfindung in die gesellschaftsvertragliche Regelung.

[95] BGH NJW 1973, 651; 1989, 2685 (2686); BGHZ 123, 281 = NJW 1993, 3193; OLG Hamm NZG 2003, 440 m. Anm. *Stopp* NZG 2003, 1153 f.; für den umgekehrten Fall, dass das (Hinaus-)Kündigungsrecht des verbleibenden Gesellschafters durch eine dem ausscheidenden Gesellschafter weit über das marktübliche Maß hinaus zu zahlende Abfindung eingeschränkt sein kann, vgl. OLG Bamberg NZG 1998, 897 (898) m. Anm. *von Reinersdorff*; am Beispiel einer Buchwertklausel auch *Sörgel/Engelmann* DStR 2003, 1260 (1263).

[96] In OLG Oldenburg GmbHR 1997, 503 (505 f.), wurde dies mit den genossenschaftlichen Elementen der GmbH gerechtfertigt.

an. Bei pauschaler Vereinbarung, dass lediglich die Hälfte des Buchwerts ausbezahlt werden soll, greift dagegen grundsätzlich wiederum § 138 Abs. 1 BGB ein, da sich ein derart einschneidender Eingriff in die Vermögensposition des ausscheidenden Gesellschafters so weit vom gesetzlichen Leitbild des § 738 BGB entfernt, dass der Regelungszweck der Vorschrift verfehlt wird, den der BGH darin sieht, dem Gesellschafter eine **angemessene Abfindung** zu sichern.[97] Auch der Wuchertatbestand in § 138 Abs. 2 BGB kommt bei der Wirksamkeitsprüfung einer Abfindungsklausel in Betracht, wenn die Regelung unter Ausnutzung der Unerfahrenheit bestimmter Mitgesellschafter zustande kam.[98]

30 Sogenannte **Nennwertklauseln** sehen im Unterschied zu einer Abfindung zum Buchwert vor, dass Rücklagen und Gewinnvorträge bei der Berechnung nicht berücksichtigt werden.[99] Aus diesem Grund ist bei diesen Klauseln das Risiko eines im Zeitverlauf eintretenden Missverhältnisses zum Verkehrswert des Anteils im Vergleich zu den am Buchwert ausgerichteten Regelungen nochmals höher.

31 Anstelle der Festlegung eines konkreten Bewertungsverfahrens wird nicht selten eine **Schiedsgutachterklausel** in den Gesellschaftsvertrag aufgenommen, die an den §§ 317 ff. BGB zu orientieren ist.[100] Der Schiedsgutachter entscheidet, mangels konkreter gesellschaftsvertraglicher Vorgaben, nach billigem Ermessen, so dass die von ihm festgestellte Höhe des Abfindungsguthabens nur noch unter den Voraussetzungen des § 319 BGB angegriffen werden kann. Um einen weiteren Streitpunkt von vornherein zu vermeiden, sollte die Klausel auch bestimmen, wer gegebenenfalls die Kosten des Schiedsgutachters zu tragen hat.[101]

32 **c) Zahlungsmodalitäten.** Gegen eine Abfindungsklausel, die nach den vorstehenden Grundsätzen unter dem Aspekt der Wertermittlung wirksam ist, kann sich der ausgeschiedene Gesellschafter gleichwohl noch zur Wehr setzen, wenn sie eine **Stundungs- oder Ratenzahlungsvereinbarung** vorsieht, die sittenwidrig ist (§ 138 BGB) oder seine Kündigungsfreiheit in unvertretbarem Maße einengt (§ 723 Abs. 3 BGB). Sittenwidrig sind die Auszahlungsbedingungen dann, wenn die Interessen des ausscheidenden Gesellschafters in grob unangemessener Weise missachtet werden.[102] Gegenstand der Regelungen sind typisch der Zeitpunkt der Fälligkeit des Abfindungsanspruchs, dessen vollständige oder teilweise (Ratenzahlung) Stundung und die Verzinsung sowie Besicherung des Anspruchs. Aus Sicht der Gesellschaft sollen Regelungen zu den Zahlungsmodalitäten einen unerwünscht hohen Abfluss von Liquidität verhindern. Insbesondere im Fall einer Abfindung zum vollen Verkehrswert kann hieran ein großes Interesse bestehen.

---

[97] BGH NJW 1989, 2685 (2686); diff. *G. Müller* ZIP 1995, 1561 (1571 f.).
[98] *Ulmer* in FS Quack, 477 (486).
[99] MüKoGmbHG/*Strohn* § 34 Rn. 258.
[100] *K. Schmidt* Gesellschaftsrecht § 50 IV 1d aE.; *Kort* DStR 1995, 1961 (1963); Einzelheiten bei *Hartmann*, Ausscheidender Gesellschafter, 62 ff.; Form.vorschlag bei *Zöller* MittRhNotK 1999, 121 (129 f.).
[101] So auch *Kort* DStR 1995, 1961 (1963).
[102] BGH NJW 1989, 2685 (2686); OLG Dresden NZG 2000, 1042.

§ 32 Abfindung und Abfindungsbeschränkung

Während eine aus den festgelegten Zahlungsmodalitäten erkennbare Gläubigerbenachteiligungsabsicht, wie in den anderen Fällen auch, zur Sittenwidrigkeit der Klausel führt, sprechen die Vereinbarung einer angemessenen Verzinsung und Sicherheitsleistung für deren Wirksamkeit.[103]

Unwirksam ist eine Regelung zum Zahlungsaufschub, wenn sich die Zahlungen über fünfzehn Jahre und mehr erstrecken sollen.[104] Das Schrifttum sieht eine Obergrenze für den Zahlungszeitraum zum Teil bei zehn Jahren,[105] zum Teil sogar bei nur fünf Jahren.[106] Für die Praxis ist davon auszugehen, dass eine Frist von fünf Jahren bei Verzinsung des Anspruchs regelmäßig nicht zu beanstanden ist, während es bei längeren Fristen darauf ankommt, ob es im Einzelfall Umstände gibt, die die lange Auszahlungsdauer rechtfertigen. So wurde etwa eine Regelung zur Zahlung der Abfindung in drei Raten nach fünf, acht und zehn Jahren in einem Einzelfall als sittenwidrig eingestuft, weil die Streckung der Abfindungszahlung über einen so langen Zeitraum den berechtigten Interessen des ausscheidewilligen Gesellschafters nicht gerecht wurde.[107] Wird dem ausgeschiedenen Gesellschafter dagegen von vornherein ein **Wahlrecht** zwischen einer einmaligen Abfindung und laufenden Versorgungsleistungen eingeräumt, hält die Rechtsprechung dies für zulässig.[108] 33

Andererseits wird die Berufung auf eine Ratenzahlungsvereinbarung auch bei angemessener Verzinsung ausnahmsweise als rechtsmissbräuchlich iSv § 242 BGB angesehen, wenn die Gesellschaft zur sofortigen Auszahlung ohne Weiteres in der Lage wäre oder der Gesellschaftsanteil für den ausscheidenden Gesellschafter die einzige wirtschaftliche Lebensgrundlage darstellt.[109] Im Übrigen sind die Konditionen der Auszahlung umso strenger zu beurteilen, je weiter der Abfindungsbetrag hinter dem anteiligen Unternehmenswert zurückbleibt, da die Bestimmungen über die Höhe der Abfindung im Zusammenwirken mit denen über die Zahlungsmodalitäten zu betrachten sind.[110] So ist beispielsweise eine sechsjährige Stundung auch ohne Verzinsung 34

---

[103] KRM/*Koller* § 131 HGB Rn. 19; *Hartmann,* Ausscheidender Gesellschafter, 151; mit Beispielen aus der höchstrichterlichen Rechtsprechung *Hülsmann* NJW 2002, 1673 (1677 f.); s. auch den Form.vorschlag bei *Notthoff* DStR 1998, 210; weitere Gestaltungshinweise geben *Stöber/Rafiqpoor* GmbHR 2003, 872 (873).
[104] BGH NJW 1989, 2685 (2686); hieraus hat das OLG Hamm NZG 2003, 440 (441) gefolgert, dass bei einer von vornherein vorgesehenen Reduzierung auf ein Drittel des Anteilswerts bereits die Auszahlung über einen Zeitraum von fünfeinhalb Jahren eine unangemessene Benachteiligung des ausscheidenden Gesellschafters bedeutet.
[105] Vgl. KRM/*Koller* § 131 HGB Rn. 19; iE auch *K. Schmidt* Gesellschaftsrecht § 50 IV 2c cc aE.
[106] Ulmer/*Ulmer* § 34 GmbHG Rn. 92; *Hesselmann/Tillmann* Rn. 633; offenbar auch *Kort* DStR 1995, 1961 (1963).
[107] OLG Dresden NZG 2000, 1042 m. Anm. *Ziegler* DB 2000, 2107 f. zum Fall der Umwandlung einer PGH in eine GmbH; *Heß* NZG 2001, 648 (649 f.); *Lange* NZG 2001, 635 (636).
[108] Für den Fall einer Rechtsanwaltssozietät BGH DStR 1997, 82 (83) m. Anm. *Goette.*
[109] *Engel* NJW 1986, 345 (350); *K. Schmidt* Gesellschaftsrecht § 50 IV. 2. c ee.
[110] Ulmer/*Ulmer* § 34 GmbHG Rn. 88.

nicht beanstandet worden, wenn die Abfindung dem vollen Anteilswert entspricht.[111]

35 Ist die Abfindungsregelung in einer GmbH-Satzung insgesamt nichtig, bleibt eine von ihr in Bezug genommene Einziehungs- oder Ausschlussklausel wirksam, soweit diese selbst mangelfrei ist.[112] Die Nichtigkeit einzelner Klauseln lässt somit die Wirksamkeit der übrigen Satzungsbestimmungen unberührt. Schließlich kann die Nichtigkeit einer Abfindungsklausel in entsprechender Anwendung von § 242 Abs. 2 S. 1 AktG drei Jahre nach Eintragung der GmbH bzw. der betreffenden Satzungsregelung in das Handelsregister nicht mehr geltend gemacht werden.[113] Überwiegen wird angenommen, dass die Heilungswirkung nicht auf das Innenverhältnis, also das Verhältnis der Gesellschafter zur Gesellschaft, begrenzt ist; die Heilungswirkung tritt damit auch bei einer die Gläubiger benachteiligenden Regelung ein.[114] Trotz erfolgter Heilung wird man wohl davon ausgehen können, dass eine Korrektur der Abfindungsregelung im Wege der ergänzenden Vertragsauslegung bei nachträglichem Missverhältnis zwischen der vertraglichen Abfindungshöhe und dem Verkehrswert möglich bleibt.[115]

36 Fasst man die vom II. Zivilsenat des BGH erarbeiteten **Grundsätze zur Angemessenheitskontrolle von Ausschluss- und Bewertungsklauseln samt Zahlungsmodalitäten** zusammen, sieht sich die Gestaltungspraxis vor die Aufgabe gestellt, die nachfolgenden Beanstandungen seitens der Gerichte nach Möglichkeit zu vermeiden:

– **Nichtigkeit von Anfang an** wegen bereits im Zeitpunkt der Vereinbarung feststellbarer Gläubigerbenachteiligung oder eindeutigem Missverhältnis von Klauselwert und Verkehrswert des Anteils zum Nachteil aus der Gesellschaft ausscheidender Gesellschafter (§ 138 BGB);

– **Nichtigkeit von Anfang an** wegen unzulässiger Beeinträchtigung der Kündigungsfreiheit (§ 723 Abs. 3 BGB), die wiederum sehr häufig auf einem groben Missverhältnis zwischen Klauselwert und tatsächlichem Anteilswert beruhen wird;

– **Nachträgliche Unanwendbarkeit** wegen Unzumutbarkeit des weiteren Festhaltens an der zunächst wirksam getroffenen Vereinbarung, weil sich ein erhebliches Missverhältnis zwischen Klauselwert und tatsächlichem Anteilswert infolge unvorhergesehener geschäftlicher Entwicklungen erst später ergeben hat.

37 In den ersten beiden Fällen steht eine **Wirksamkeitskontrolle** der jeweiligen Klausel im Mittelpunkt, die bei negativem Ergebnis dazu führt, dass grundsätzlich der volle Verkehrswert der Beteiligung geschuldet wird. Im

---

[111] BayObLG WM 1983, 248 (249).
[112] BGH NJW 1977, 2316 (2317); NJW 1983, 2880 (2881); OLG Hamm NZG 1999, 599 (600); Ulmer/*Ulmer* § 34 GmbHG Rn. 107; Scholz/*H.P. Westermann* § 34 GmbHG Rn. 36.
[113] BGHZ 116, 359 (368) = NJW 1992, 892; BGHZ 144, 365 (367 f.) = NZG 2000, 1027.
[114] BGH BeckRS 1984, 31071908; Ulmer/*Ulmer* § 34 GmbHG Rn. 108; MüKo-AktG/*Hüffer* § 242 Rn. 20; aA MüKoGmbHG/*Strohn* § 34 Rn. 239; *Herff* GmbHR 2012, 621 (624).
[115] Vgl. BGH NZG 2011, 1420 (1421); *Wolf* MittBayNot 2013, 9 (11).

dritten Fall geht es nach der für die Praxis maßgebenden Rechtsprechung demgegenüber um eine **ergänzende Vertragsauslegung**. Das Ergebnis der Vertragsanpassung ist offen und hängt von den Umständen des Einzelfalls ab. Angesichts dieser, die Privatautonomie der Gesellschafter weitgehend einschränkenden Hürden gereicht es dem Kautelarjuristen zur Kunst, bei der Klauselgestaltung die individuellen Interessen der Beteiligten nicht aus dem Blick zu verlieren.[116] Ggf. kann es sich empfehlen, im Gesellschaftsvertrag ein gestuftes Regelungskonzept umzusetzen, in dem bei Unzulässigkeit einer festgelegten Berechnungsmethode eine Alternativmethode zur Anwendung gelangt.[117]

---

[116] Ein ähnlich ernüchterndes Fazit ziehen *Sigle* ZGR 1999, 659 (661); *Herff* GmbHR 2012, 621 (621, 622, 625); *Hülsmann* NJW 2002, 1673 (1680).
[117] Vgl. den Sachverhalt in BGH NZG 2011, 1420.

§ 33 Steuerliche Behandlung des entgeltlichen Gesellschafterwechsels

Übersicht

	Rn.		Rn.
I. Ausscheiden eines Gesellschafters	5	II. Eintritt eines Gesellschafters in eine GmbH & Co. KG	63
1. Veräußerung des Gesellschaftsanteils	5	1. Erwerb der Beteiligung	64
a) Besteuerung des Veräußerungsgewinns	5	2. Beitritt durch Kapitalerhöhung	71
b) Veräußerungszeitpunkt	7	III. Folgen des entgeltlichen Gesellschafterwechsels für die GmbH & Co. KG	76
c) Sonderbetriebsvermögen des Mitunternehmers	17		
2. Ausscheiden eines Gesellschafters gegen Sachwertabfindung	22	1. Ertragsteuerliche Konsequenzen	76
a) Sachwertabfindung ins Privatvermögen	22	a) Verkauf von Gesellschaftsanteilen	76
b) Sachwertabfindung ins Betriebsvermögen	27	b) Abfindung durch die Gesellschaft	79
c) Wegfall eines negativen Kapitalkontos	29	c) Anrechnung des anteiligen Gewerbesteuermessbetrages bei der Veräußerung des Kommanditanteils	80
3. Veräußerung von Gesellschaftsanteilen einer doppelstöckigen Personengesellschaft	35	d) Gewerbesteuerliche Verlustvorträge	90
4. Nebenbedingungen bei der Übertragung eines Kommanditanteils zwischen Angehörigen	42	2. Grunderwerbsteuerliche Konsequenzen	98

Schrifttum: *Behrens*, Ein bis zum Ausscheiden erwirtschafteter positiver Gewerbeertrag ist noch mit dem Vorjahres-Fehlbetrag verechenbar, BB 2009, 1169; *Dreßler*, Gewerbesteueranrechnung bei unterjährigem Gesellschafterwechsel, DStR 2014, 131; *Gießler*, Der „passive Ausgleichsposten" in der Bilanz – nichts anderes als ein negativer Geschäftswert?, DStR 1995, 699; *Glanegger/Güroff*, GewStG, 8. Aufl. München 2014; *Groh*, Die vorweggenommene Erbfolge – ein Veräußerungsgeschäft?, DB 1990, 2190; *Hermann/Heuer/Raupach*, EStG/KStG, Köln Stand 2014; *Hoffmann*, Ausgleichsposten, Merkposten und andere Merkwürdigkeiten in der Bilanzrechtsprechung des BFH zu Kommanditgesellschaften, BB 1995, 1397; *Hülsmann*, Gewerbesteuerliche Folgen der Veräußerung einer doppelstöckigen Personengesellschaft durch eine Kapitalgesellschaft, DStR 2014, 184; *Kanzler*, FR 2012, 1120, Kommentar; *Kempf/Obermann*, Offene Fragen zur Abstockung beim Kauf von Anteilen an Personengesellschaften, DB 1998, 545; *Kirchhof/Söhn/Mellinghoff*, EStG, Heidelberg ua Stand 2013; *Korezkiy*, BMF-Schreiben vom 19.9.2007 zu § 35 EStG: Neues zu Steuerermäßigung bei Einkünften aus Gewerbebetrieb, DStR 2007, 2103; *Korn*, Beratungspraktische Erkenntnisse und Konsequenzen aus dem Rentenerlass der Finanzverwaltung vom 23.12.1996, DStR 1997, 1140; *L. Schmidt*, Ertragsteuerliche Beurteilung der teilentgeltlichen Betriebsübertragung: Bietet die Einheitstheorie wirklich die Ideallösung?, in: FS Clemm, 349; Lenski/Steinberg, GewStG, Köln, Stand 2013; *Ley*, Die Anwendung von § 15 EStG auf doppelstöckige Personengesellschaften, DStR 2004,

§ 33 Steuerliche Behandlung des entgeltlichen Gesellschafterwechsels

1498; *Ley*, Besteuerungsfragen bei „doppelstöckigen" Personengesellschaften, KÖSDI 1996, 10934; *Ley*, Besteuerung von Veräußerungen bei doppelstöckigen Personengesellschaften, KÖSDI 1997, 11079; *Ley*, Ausgewählte Fragen und Probleme der Besteuerung doppelstöckiger Personengesellschaften, KÖSDI 2010, 17148; Littmann/Bitz/Pust, EStG, Stuttgart, Stand 2013; *Neu*, Aktuelles Beratungs-Know-how Personengesellschaftsbesteuerung, DStR 2002, 1078; *Neu/Lühn*, Aktuelles Beratungs-Know-how Personengesellschaftsbesteuerung, DStR 2003, 64; *Pfalzgraf/Meyer*, Eintritt neuer Gesellschafter in eine Personengesellschaft, DStR 1995, 1289; *Risthaus*, Begünstigte Vermögensübergaben gegen Versorgungsleistungen, DB 2010, 749; *Rödder*, Erfolgsneutrale Übertragung eines Wirtschaftsgutes aus dem Gesamthandsvermögen in ein Sonderbetriebsvermögen gegen Minderung von Gesellschaftsrechten, DB 1992, 956; *Rödder*, Pauschalierte Gewerbesteueranrechnung – eine komprimierte Bestandsaufnahme, DStR 2002, 939; Schmidt, EStG 32. Aufl. München 2013; *Seibold*, Zur Anwendung des § 15a EStG bei doppelstöckigen Personengesellschaften, DStR 1998, 438; *Söffing*, Einzahlungen in eine Personengesellschaft mit Zuzahlung ins Privatvermögen, DStZ 1995, 648; *Spiegelberger*, Ausweichgestaltungen aufgrund des IV. Rentenerlasses: Die Übertragung von Unternehmensvermögen und Gesellschaftsanteilen, DStR 2010, 1822; *Stein/Ortmann*, Bilanzierung und Bewertung von Warenzeichen, BB 1996, 78; *Stobbe*, Vorweggenommene Erbfolge und Erbauseinandersetzung Einheits- oder Spaltungstheorie 2, StuW 1996, 2897; *Wilhelm*, Zuzahlungen bei Gründung einer neuen und beim Beitritt in eine bestehende Personengesellschaft, BB 1996, 99.

Der Wechsel im Gesellschafterbestand einer GmbH & Co. KG ist mit ertragsteuerlichen Folgen für den eintretenden sowie für den austretenden Gesellschafter verbunden. Die reine Änderung der Gesellschafterstellung, etwa der Wechsel von der Komplementär- in die Kommanditistenstellung, ist steuerlich nur für die Verlustverrechnung nach § 15a EStG von Bedeutung (vgl. dazu → § 7 Rn. 48 ff.), wenn nicht gleichzeitig die Kapitalverhältnisse unter den Gesellschaftern neu geordnet werden. **1**

Für den **eintretenden Gesellschafter** ergibt sich die Fragestellung, inwieweit der gezahlte Kaufpreis bzw. die gezahlte Einlage in die Gesellschaft mit steuerlicher Wirkung **abgeschrieben** werden kann. Von Bedeutung ist außerdem die steuerliche Verwertbarkeit von eventuellen Finanzierungskosten für den Beteiligungserwerb. **2**

Für den **austretenden Gesellschafter** richtet sich das Augenmerk im Wesentlichen auf die Frage, ob und inwieweit ein steuerpflichtiger **Aufgabe- bzw. Veräußerungsgewinn** entsteht und ob dieser **ermäßigt besteuert** wird (§§ 16, 34 EStG). Eine Realisierung von stillen Reserven kann sich dabei hinsichtlich der Beteiligung im Gesamthandsvermögen, unter Umständen jedoch auch hinsichtlich des Sonderbetriebsvermögens ergeben, sofern durch den Austritt aus der Gesellschaft bzw. durch die Veräußerung der Beteiligung die Mitunternehmerstellung entfällt. **3**

Zu beachten sind jedoch auch die Steuerfolgen, die der Wechsel im Gesellschafterbestand für die **Personengesellschaft** selbst hervorrufen kann. Dies betrifft zunächst den Bestand von gewerbesteuerlichen Verlustvorträgen. Durch den Ein- und Austritt von Gesellschaftern können sich außerdem Auswirkungen auf die Bemessungsgrundlage für die Gewerbesteuer vom Ertrag ergeben, da sich durch zusätzliche Abschreibungen aus einer Ergänzungsbilanz oder Finanzierungsaufwendungen im Rahmen einer Son- **4** derbilanz das steuerliche Jahresergebnis der Gesellschaft verändert und damit auch die Bemessungsgrundlage für die Gewerbesteuer vom Ertrag. Bei einem weit gehenden Wechsel im Gesellschafterbestand kann sich außerdem eine Belastung mit Grunderwerbsteuer ergeben (§ 1 Abs. 2a GrEStG), sofern sich im Gesamthandsvermögen der Gesellschaft ein Grundstück befindet.

I. Ausscheiden eines Gesellschafters

1. Veräußerung des Gesellschaftsanteils

5 **a) Besteuerung des Veräußerungsgewinns.** Für den ausscheidenden Gesellschafter aus einer Personengesellschaft besteht grundsätzlich kein Unterschied in der steuerlichen Behandlung, ob das Ausscheiden durch **Veräußerung** des Kommanditanteils oder durch **Ausscheiden** aus der Gesellschaft **gegen Abfindung** erfolgt. Im Falle der Abfindung hat der ausscheidende Gesellschafter allerdings keinen Kaufpreisanspruch gegenüber einem Gesellschafter (Erwerber), sondern einen Abfindungsanspruch gegenüber der Gesellschaft. Für den ausscheidenden Gesellschafter entsteht ein **Veräußerungsgewinn** als Differenz zwischen Veräußerungs-/Abfindungswert und dem Stand des Kapitalkontos zum Zeitpunkt des Ausscheidens. Dieser Veräußerungsgewinn wird tarifermäßigt besteuert nach §§ 16, 34 EStG. Die Veräußerung eines Teils einer Kommanditbeteiligung führt hingegen zu einem laufenden nicht begünstigten Gewinn.

6 Der **Veräußerungs- bzw. Abfindungsgewinn** ermittelt sich aus der Differenz zwischen vereinnahmtem Kaufpreis bzw. dem Abfindungsguthaben und dem Stand des steuerlichen Kapitalkontos. Dieses setzt sich aus dem Kapitalkonto laut Gesamthandsbilanz sowie einem eventuell vorhandenen Kapital aus einer Ergänzungsbilanz zusammen. Ob auch das Kapital der Sonderbilanz bei der Ermittlung des Veräußerungsgewinns berücksichtigt werden muss, hängt davon ab, ob auch Wirtschaftsgüter des Sonderbetriebsvermögens mitveräußert werden.

7 **b) Veräußerungszeitpunkt.** Üblicherweise erfolgt das Ausscheiden aus einer GmbH & Co. KG bzw. die Veräußerung eines Gesellschaftsanteils mit Wirkung auf das Ende eines Geschäftsjahres, da mit der Jahresbilanz ein aktueller Status über die wirtschaftliche Situation des Unternehmens besteht. Die Veräußerung zum Ende des Geschäftsjahres ist jedoch nicht zwingend. Denkbar ist ohne weiteres auch ein **wirtschaftlicher Übergang** des Gesellschaftsanteils **im Laufe des Geschäftsjahres**. In diesem Fall ist weder handelsrechtlich[1] noch für steuerliche Zwecke ein Zwischenabschluss zu erstellen. Die Erstellung eines Zwischenabschlusses auf den Verkaufsstichtag bietet sich allerdings an, um eine sachgerechte Ergebnisaufteilung zwischen Veräußerer und Erwerber zu erreichen. Bei einem **unterjährigen Verkauf** ist das Jahresergebnis der Gesellschaft andernfalls im Wege der Schätzung zeitanteilig zwischen dem Erwerber und dem Verkäufer des Kommanditanteils aufzuteilen. Ist im Kaufvertrag über den Gesellschaftsanteil eine Berech-

---

[1] BFH v. 19.1.1984, BStBl. II 1984, 312.

nungsmethode zur anteiligen Gewinnzuordnung vorgegeben, kann diese Vereinbarung grundsätzlich auch für die steuerliche Veranlagung zugrunde gelegt werden, wenn die Aufteilung nicht willkürlich ist.

Im Kaufvertrag kann der **Zeitpunkt des Übergangs** des Anteils auf schuldrechtlicher Basis **zurückbezogen** werden. Aus steuerlicher Sicht besteht hierbei jedoch das Problem, dass der Sachverhalt der Betriebs- bzw. Mitunternehmeranteilsveräußerung erst mit Vertragsabschluss realisiert ist. Für steuerliche Zwecke ist im Grundsatz eine rückwirkende Vereinbarung nicht wirksam.[2] Eine Ausnahme dieser allgemeinen Regel soll nur insoweit gelten, als die **Rückbeziehung** nur eine kurze Zeitspanne umfasst. Im Allgemeinen wird hier von einem Zeitraum von drei Monaten ausgegangen, in dem auch rückwirkend der wirtschaftliche Übergang eines Gesellschaftsanteils vereinbart werden kann.[3,4]

8

Das **anteilige Jahresergebnis** der Gesellschaft wird bis zum Zeitpunkt des Übergangs des Gesellschafteranteils steuerlich dem **ausscheidenden Gesellschafter zugerechnet**, unabhängig davon, ob der Gewinnanspruch dem Erwerber bereits zivilrechtlich zusteht. Die Zurechnung des anteiligen Jahresergebnisses auf den Veräußerer verändert bei diesem nicht den Gesamtbetrag der steuerpflichtigen Einkünfte, sondern beeinflusst bei diesem lediglich das Verhältnis von (nicht begünstigtem) laufendem Gewinn zum (begünstigten) Veräußerungsgewinn. Mit der Zurechnung des anteiligen Jahresergebnisses erhöht sich der Stand des Kapitalkontos. Im gleichen Maß reduziert sich ein eventueller Veräußerungsgewinn. Korrespondierend verändert sich für den Erwerber der in die Ergänzungsbilanz einzustellende Mehrwert aus dem Erwerb des Kommanditanteils.

9

Beispiel: A veräußert seinen Anteil an der A GmbH & Co. KG an Erwerber E zum Preis von 1.000. Zum 31.12.01 beträgt der Stand des steuerlichen Kapitalkontos 300. Im Kaufvertrag vereinbaren Käufer und Verkäufer, sich so zu stellen, als ob die Anteile zum 1.1.02 übergegangen wären. Die Anteilsübertragung wird erst zum 30.5.02 wirksam. Im Jahr 02 erzielt die GmbH & Co. KG einen Gewinn von 240.

Lösungshinweis: A erzielt einen Veräußerungsgewinn von 700 (1.000 − 300), am Gewinn 02 ist er nach der Regelung im Kaufvertrag nicht berechtigt.

Wird A dennoch für steuerliche Zwecke ein anteiliger Gewinn für 02 von 100 zugerechnet, erzielt er laufende Einkünfte von 100. Da der Gewinn nicht ausgezahlt wird, erhöht sich das steuerliche Kapitalkonto zum Zeitpunkt des Verkaufs. Der Veräußerungsgewinn beträgt 600 (1.000 − 400). Der Gesamtbetrag von laufenden Einkünften und Veräußerungsgewinn bleibt gleich.

10

Der Veräußerungsgewinn entsteht grundsätzlich mit **Wirksamwerden des Verkaufs** bzw. dem Ausscheiden aus der Gesellschaft.[5] Der Zeitpunkt der Zahlung des Kaufpreises bzw. des Abfindungsguthabens ist hierbei

11

---

[2] BFH v. 21.12.1972, BStBl. II 1973, 389; BFH v. 29.5.2001 BStBl. II 2001, 747.
[3] BFH v. 18.9.1984, BStBl. II 1985, 55; BFH v. 14.6.2001, BFH/NV 2006, 1829.
[4] Schmidt/*Wacker* § 16 EStG Rn. 444.
[5] Schmidt/*Wacker* § 16 EStG Rn. 220.

grundsätzlich unerheblich.⁶ Besonderheiten ergeben sich bei Veräußerungsvorgängen allerdings dann, wenn der Kaufpreis bzw. das Abfindungsguthaben in **wiederkehrenden Bezügen**, wie zB in einer Leibrente, bezahlt wird.

12 Bei Veräußerung eines Einzelunternehmens gegen wiederkehrende Bezüge hat der Veräußerer das **Wahlrecht**, den bei der Veräußerung entstehenden Gewinn entweder sofort zum Wirksamwerden des Kausalgeschäftes zu versteuern oder aber die wiederkehrenden Bezüge ohne Tarifermäßigung zum Zuflusszeitpunkt als nachträgliche Betriebseinnahmen iSd § 15 iVm § 24 Nr. 2 EStG zu behandeln.⁷ Im Falle der Sofortversteuerung ermittelt sich der Veräußerungsgewinn als Unterschiedsbetrag zwischen dem Barwert der Rente, vermindert um etwaige Veräußerungskosten und dem Buchwert des steuerlichen Kapitalkontos im Zeitpunkt der Veräußerung des Betriebs. Die in den Rentenzahlungen enthaltenen Ertragsanteile sind sonstige Einkünfte iSd § 22 Nr. 1 Satz 3a EStG. Im Falle der Behandlung der wiederkehrenden Bezüge als nachträgliche Betriebseinnahmen entsteht ein Gewinn, sobald die Rentenzahlungen das steuerliche Kapitalkonto des Veräußerers zuzüglich etwaiger Veräußerungskosten übersteigen.⁸

13 Das Wahlrecht zwischen einer tarifbegünstigten Sofortbesteuerung und einer nicht tarifbegünstigten Besteuerung nachträglicher Einkünfte aus Gewerbebetrieb besteht auch bei der Veräußerung eines Betriebs gegen einen in Raten zu zahlenden Kaufpreis, wenn die Raten während eines mehr als 10 Jahre dauernden Zeitraums zu zahlen sind und die Ratenvereinbarung eindeutig die Absicht des Veräußerers zum Ausdruck bringt, sich eine Versorgung zu verschaffen.⁹

14 **Das Wahlrecht zwischen Sofortversteuerung und der Besteuerung im Zuflusszeitpunkt** soll auch dann bestehen, wenn eine Personengesellschaft ihren ganzen Gewerbebetrieb veräußert und den einzelnen Mitunternehmern die wiederkehrenden Bezüge direkt zufließen.¹⁰ Da § 16 EStG hinsichtlich der Rechtsfolgen nicht zwischen der Veräußerung eines Betriebes, eines Teilbetriebes oder eines Mitunternehmeranteils unterscheidet, kommt das Wahlrecht uE auch bei der Veräußerung eines Mitunternehmeranteils zur Anwendung.

15 Fällt ein noch nicht beglichener **Kaufpreisanspruch** für den Gesellschaftsanteil nach der Veräußerung **aus**, wirkt dieses Ereignis gemäß § 175 Abs. 1 Satz 1 Nr. 2 AO auf den Zeitpunkt der Veräußerung zurück, so dass der Veräußerungsgewinn entsprechend zu korrigieren ist.¹¹ Das Gleiche gilt im Grundsatz dann, wenn ein noch offener (Rest-)Kaufpreis Anspruch nachträglich gemindert wird.

16 Die Veräußerung eines Mitunternehmeranteils gegen gewinn- oder umsatzabhängige Vergütung führt dazu, dass das Entgelt zwingend als laufende nachträgliche Betriebseinnahme in der Höhe zu versteuern ist, in der die

---

⁶ BFH v. 16.3.1989, BStBl. II 1989, 557; BFH v. 19.7.1993, BStBl. II 1993, 897.
⁷ BFH v. 29.1.1992, BStBl. II 1992, 465.
⁸ R 139 Abs. 11 EStR.
⁹ BFH v. 12.6.1968, BStBl. II 1968, 653 R 16 Abs. 11 EStR.
¹⁰ Littmann/Hörger/Rapp § 16 EStG Rn. 101; Schmidt/Wacker § 16 EStG Rn. 227.
¹¹ BFH v. 19.7.1993, BStBl. II 1993, 897; BFH v. 28.7.1994 BStBl. II 1995, 113.

Summe der Kaufpreiszahlungen das Kapitalkonto zuzüglich der Veräußerungskosten überschreitet. Ein Wahlrecht zwischen der tarifbegünstigten Besteuerung des Veräußerungsgewinns und einer nichttarifbegünstigten Besteuerung nachträglicher gewerblicher Einkünfte besteht nicht.[12]

c) Sonderbetriebsvermögen des Mitunternehmers. Wirtschaftsgüter im Eigentum eines Gesellschafters, die der Gesellschaft zur Nutzung überlassen sind, werden grundsätzlich der steuerlichen Sphäre der Gesellschaft zugerechnet. Es erfolgt eine Qualifikation als sog. **Sonderbetriebsvermögen.** Obwohl es sich bei dem Sonderbetriebsvermögen begrifflich nicht um Gesamthandsvermögen der Personengesellschaft handelt, ist dieses dennoch Bestandteil des Mitunternehmeranteils.[13] Scheidet ein Gesellschafter aus einer GmbH & Co. KG aus, verliert er zwangsweise die Mitunternehmerstellung. Damit **entfällt** auch gleichzeitig die **Betriebsvermögenseigenschaft** der Vermögensgegenstände, die der Gesellschaft zur Nutzung überlassen sind. Mit dem Ausscheiden aus der Personengesellschaft erfolgt deshalb eine **Entnahme** in das Privatvermögen. Der Gewinn aus der Aufgabe des Mitunternehmeranteils erhöht sich damit um den Entnahmegewinn aus dem Sonderbetriebsvermögen. Der ausscheidende Gesellschafter muss also beachten, dass sich im Zuge seines Ausscheidens aus der Gesellschaft möglicherweise eine erhöhte Liquiditätsbelastung aus der **Realisierung von stillen Reserven** des Sonderbetriebsvermögens ergibt. 17

Verfügt der ausscheidende Gesellschafter über Sonderbetriebsvermögen, ist zunächst danach zu unterscheiden, ob es sich aus Sicht der Mitunternehmerschaft um eine **wesentliche Betriebsgrundlage** handelt. Die Qualifikation als wesentliche Betriebsgrundlage kann sich aus funktionalen sowie aus quantitativen Gesichtspunkten ergeben. Grundsätzlich gilt dabei, dass ein Wirtschaftsgut des Sonderbetriebsvermögens nicht allein deshalb zur wesentlichen Betriebsgrundlage bei einer Mitunternehmerschaft wird, wenn es erhebliche stille Reserven in sich birgt. Ungeachtet dessen dürfte die Höhe der stillen Reserven im Zusammenhang mit dem Ausscheiden eines Mitunternehmers aus der Mitunternehmerschaft von Bedeutung sein. Wird im Zusammenhang mit dem Verkauf des Kommanditanteils auch das dazugehörige Sonderbetriebsvermögen an den Erwerber veräußert, handelt es sich um einen entgeltlichen Vorgang, der auf Ebene des Veräußerers zu einem begünstigten Veräußerungsgewinn nach §§ 16, 34 EStG führt. 18

Häufig sind jedoch Fallgestaltungen anzutreffen, dass zwar der Anteil einer Kommanditgesellschaft, nicht jedoch das dazugehörige Sonderbetriebsvermögen veräußert werden soll. Der ausscheidende Gesellschafter hat in diesem Fall die Wahl, das Sonderbetriebsvermögen gewinnrealisierend in das Privatvermögen zu überführen oder dies in einer **Vorbereitungshandlung** in ein **anderes Betriebsvermögen** zu überführen. Nach § 6 Abs. 5 Satz 3 EStG ist eine Überführung eines Wirtschaftsguts aus dem Sonderbetriebsvermögen in das Gesamthandsvermögen einer anderen Personengesellschaft (zwingend) zum Buchwert vorgesehen. Wird jedoch im wirtschaftlichen 19

---

[12] BFH v. 14.5.2002, BStBl. II 2002, 532; H 139 Abs. 11 „Gewinn- oder umsatzabhängiger Kaufpreis"; differenzierend *Neu/Lühn* DStR 2003, 64.
[13] Littmann/*Hörger*/Rapp § 16 EStG Rn. 139.

8. Kapitel. Wechsel im Gesellschafterbestand unter Lebenden

und zeitlichen Zusammenhang mit dem Ausscheiden aus der Personengesellschaft wesentliches (Sonder-)Betriebsvermögen zum Buchwert in ein anderes Betriebsvermögen des Mitunternehmers überführt, stellt die Veräußerung des Gesellschaftsanteils nach der Gesamtplanrechtsprechung des BFH keine nach § 34 EStG tarifbegünstigte Veräußerung eines Mitunternehmeranteils dar, da nicht sämtliche stille Reserven in dem Mitunternehmeranteil aufgedeckt werden.[14]

20 Im Zusammenhang mit der unentgeltlichen Übertragung eines Mitunternehmeranteils hat der BFH entschieden, dass eine Kombination der Buchwertvorschriften des § 6 Abs. 3 und § 6 Abs. 5 S. 3 EStG zulässig sei[15]. Hiernach kann § 6 Abs. 3 EStG auch im Falle der unentgeltlichen Übertragung eines Gesellschaftsanteils angewendet werden, wenn der Übertragende im zeitlichen Zusammenhang eine wesentliche Betriebsgrundlage des Sonderbetriebsvermögens in eine gewerblich geprägte Personengesellschaft überträgt und hierdurch die Auflösung der stillen Reserven vermeidet[16]. Die Rechtsprechung geht also davon aus, dass trotz der Herauslösung einer wesentlichen Betriebsgrundlage auf der Grundlage des § 6 Abs. 5 S. 3 EStG für Zwecke der Anwendung des § 6 Abs. 3 EStG in dem Kommanditanteil (ohne dazugehöriges Sonderbetriebsvermögen) noch ein Mitunternehmeranteil zu sehen ist, der den Buchwertansatz nach § 6 Abs. 3 EStG rechtfertigt. Überträgt man diesen Gedanken auf Vorgänge der Anteilsveräußerung, hätte dies zur Folge, dass trotz der **Herauslösung einer wesentlichen Betriebsgrundlage aus der Mitunternehmersphäre** noch immer die Qualifikation als Mitunternehmeranteil vorliegt, die dann zum Zeitpunkt der Veräußerung die Tarifbegünstigung nach §§ 16, 34 EStG rechtfertigt. Da im Zusammenhang mit der möglichen Tarifbegünstigung eines Veräußerungsgewinns der Umfang der aufgelösten stillen Reserven von Bedeutung ist, dürfte allerdings davon auszugehen sein, dass die Lockerung der Rechtsprechung im Zusammenhang mit der Anwendung der Buchwertübertragung nach § 6 Abs. 3 EStG keinen Einfluss auf die Beurteilung der Tarifermäßigung im Falle der Veräußerung eines Mitunternehmeranteils hat[17]. Es muss daher davon ausgegangen werden, dass im Falle einer der Veräußerung des Kommanditanteils vorgeschalteten Übertragung eines Wirtschaftsgutes aus dem Sonderbetriebsvermögen in ein anderes Betriebsvermögen des Steuerpflichtigen die Gesamtplanrechtsprechung zu beachten ist[18]. Liegt hiernach ein zeitlicher Zusammenhang beider Rechtsvorgänge vor, kann zwar die Auflösung der stillen Reserven im Wirtschaftsgut des Sonderbetriebsvermögens vermieden werden, der Gewinn aus der Veräußerung des Kommanditanteils ist allerdings in diesem Fall nicht tarifermäßigt nach §§ 16, 34 EStG.

21 Wird lediglich ein **Teil eines Mitunternehmeranteils** veräußert, bleibt der veräußernde Gesellschafter somit Mitunternehmer, besteht für das zurückbehaltene Sonderbetriebsvermögen die Qualifikation als Sonderbe-

---

[14] BFH v. 6.9.2000, DStR 2000, 2123.
[15] BFH v. 2.8.2012, DStR 2012, 2118.
[16] *Kanzler* FR 2012, 1120; aA BMF v. 3.3.2005, BStBl. I 2005, 458 Rn. 7.
[17] So auch Schmidt/*Wacker* § 16 Rn. 113.
[18] BFH v. 25.2.2010, BStBl. II 2010, 726.

triebsvermögen fort, so dass es nicht zu einer Zwangsrealisierung der stillen Reserven im Sonderbetriebsvermögen kommt. Die Tarifermäßigung gem. §§ 16, 34 EStG wird bei der Veräußerung lediglich des Teils einer Mitunternehmeschaft nicht gewährt.

2. Ausscheiden eines Gesellschafters gegen Sachwertabfindung

a) Sachwertabfindung ins Privatvermögen. Teilweise werden im Zusammenhang mit dem Ausscheiden eines Gesellschafters aus einer GmbH & Co. KG aus dem Gesellschaftsvermögen **Sachwerte** an den ausscheidenden Gesellschafter **übertragen**, um dessen Abfindungsanspruch abzudecken. Sind in dem betreffenden Vermögensgegenstand **stille Reserven** enthalten, ist fraglich, wer diese aufgelösten stillen Reserven letztlich zu versteuern hat. Das Ausscheiden des Gesellschafters in Verbindung mit der Sachwertabfindung wird systematisch in einzelne Schritte zerlegt. In einem **ersten Schritt** scheidet hiernach der Gesellschafter aus der GmbH & Co. KG aus und erhält dafür einen in Geld zu bewertenden Abfindungsanspruch. In einem **zweiten Schritt** erwirbt der ausgeschiedene Gesellschafter von der Gesellschaft das betreffende Wirtschaftsgut im Tausch gegen den Abfindungsanspruch. Diese Betrachtung ist unabhängig davon anzustellen, ob die Sachwertabfindung vor oder nach dem Ausscheiden aus der Gesellschaft vereinbart worden ist.[19]

22

Mit dem **Ausscheiden** aus der Gesellschaft entsteht für den ausscheidenden Gesellschafter ein **Veräußerungs-/Aufgabegewinn**, der sich als Differenz zwischen dem Abfindungsanspruch und dem Buchwert seines steuerlichen Kapitalkontos ergibt. Dieser Veräußerungsgewinn ist von dem ausscheidenden Gesellschafter zu versteuern.

23

Da der Abfindungsbetrag von der Gesellschaft selbst geschuldet wird, erhöht der das steuerliche Kapitalkonto übersteigende Betrag den steuerlichen Buchwert der Vermögensgegenstände im Gesamthandsvermögen. Dieser Mehrwert ist nicht in einer Ergänzungsbilanz der verbleibenden Gesellschafter, sondern in der Gesamthandsbilanz zu erfassen, da mit der Abfindung aus dem Gesellschaftsvermögen für die Gesellschaft **eigene Anschaffungskosten** entstehen. Durch die Abfindung an den ausscheidenden Gesellschafter erhöht sich demgemäß auch der Buchwert für denjenigen Vermögensgegenstand, der letztlich für die **Sachwertabfindung** verwendet werden soll. Die Übertragung des Vermögensgegenstandes auf den ausscheidenden Gesellschafter ist ein **veräußerungsähnlicher Vorgang**, der zu einem laufenden Veräußerungsgewinn in Höhe des Verkehrswertes (anteiliger Abfindungswert) und dem aufgestockten Buchwert des Vermögensgegenstandes führt. Dieser Veräußerungsgewinn ist ein **nicht begünstigter, laufender Geschäftsvorfall**.[20]

24

Beispiel: A und B sind zu jeweils 50% an der X-GmbH & Co. KG beteiligt. Der Wert des Unternehmens beträgt insgesamt 2.000. Die X-GmbH & Co. KG hat folgende Bilanz:

---

[19] BFH v. 24.8.1989, BStBl. II 1990, 132; Schmidt/*Wacker* § 16 EStG Rn. 521.
[20] BFH v. 14.3.2006, BStBl. I 2006, 253 Rn. 51; BFH v. 23.11.1995, BStBl. II 1996, 194.

8. Kapitel. Wechsel im Gesellschafterbestand unter Lebenden

Bilanz X-GmbH & Co. KG

Mietwohngrundstück	400	Kapital A	200
Sonstige WG	600	Kapital B	200
		Verbindlichkeiten	600
	1.000		1.000

Bei dem Grundstück handelt es sich um ein nicht betrieblich genutztes Mietwohngrundstück mit dem Verkehrswert von 1.000. Die restlichen stillen Reserven iHv 1.000 sind in den sonstigen WG vorhanden. A möchte aus der Gesellschaft ausscheiden und soll hierfür das Mietwohngrundstück als Sachwertabfindung erhalten.

Lösungshinweis: Mit dem Ausscheiden des A aus der X-GmbH & Co. KG erhält dieser einen

Abfindungsanspruch gegenüber der Gesellschaft in Höhe von	1.000
Diesem Wert steht das Kapitalkonto gegenüber in Höhe von	200
Es ergibt sich somit ein Veräußerungsgewinn in Höhe von	800

Der Veräußerungsgewinn entspricht der Hälfte der insgesamt vorhandenen stillen Reserven.

Dieser Veräußerungsgewinn wird bei A grundsätzlich tarifermäßigt nach §§ 16, 34 EStG besteuert.[21] In Höhe der Differenz zwischen Abfindungsanspruch und Buchwert des Kapitalkontos werden die Buchwerte der Vermögensgegenstände im Verhältnis der vorhandenen stillen Reserven in der Gesamthandsbilanz aufgestockt. Für das Mietwohngrundstück verändert sich der Buchwert in der Gesamthandsbilanz wie folgt:

Bisheriger Buchwert	400
Aufstockungswert (50 % v. 600)	300
	700

Die Übertragung des Mietwohngrundstückes auf A bildet für die X GmbH & Co. KG einen laufenden Geschäftsvorfall, der keiner Begünstigung unterliegt. Der Veräußerungsgewinn ermittelt sich für die X GmbH & Co. KG wie folgt:

Veräußerungspreis	1.000
Fortgeführter Buchwert	700
Veräußerungsgewinn also	300

25 Dieser Veräußerungsgewinn unterliegt der Besteuerung mit Gewerbesteuer und wird B als verbleibendem Alleingesellschafter der X GmbH & Co. KG zugerechnet.

26 Diese Steuerfolgen können für den verbleibenden Gesellschafter insofern problematisch sein, als mit der Schwächung der Kapitalbasis der Gesellschaft durch die Abfindung an den ausscheidenden Gesellschafter ein **Liquiditätsabfluss für persönliche Steuerzahlungen** einhergeht. Der Gewinn aus der Sachwertabfindung eines betrieblichen Vermögensgegenstandes kann unter Umständen nach § 6b EStG auf einen anderen Vermögensgegenstand übertragen werden.[22]

---

[21] H/H/R/*Patt* § 16 EStG Anm. 300.
[22] H/H/R/*Marchal* § 6b EStG Anm. 51.

b) Sachwertabfindung ins Betriebsvermögen. Scheidet ein Gesellschafter aus einer Personengesellschaft gegen Sachwertabfindung aus und wird das Wirtschaftsgut in ein Betriebsvermögen des Ausgeschiedenen übernommen, greift in diesem Fall § 6 Abs. 5 S. 3 EStG mit der Folge, dass der Vorgang zu steuerlichen Buchwerten abgewickelt wird.[23] Die **zwingende Buchwertfortführung** hat zur Folge, dass die in der Gesellschaft verbleibenden Gesellschafter ihre Kapitalkonten erfolgsneutral an die Buchwerte der zurückbehaltenen Wirtschaftsgüter anpassen müssen. 27

Beispiel: Sachverhalt wie oben, allerdings wird das Grundstück in das Einzelunternehmen des A überführt.

A führt in seinem Einzelunternehmen den Buchwert des Grundstücks iHv 400 fort. Sein Kapitalkonto wird beim Ausscheiden erfolgsneutral auf 400 aufgestockt. B führt die Buchwerte der übrigen Wirtschaftsgüter (sonstige aktive Wirtschaftsgüter 600, Verbindlichkeiten 600) fort. Das Kapitalkonto des B wird erfolgsneutral auf 0 abgestockt. 28

c) Wegfall eines negativen Kapitalkontos. Besonderheiten ergeben sich dann, wenn der ausscheidende Kommanditist zum Zeitpunkt seines Ausscheidens aus der GmbH & Co. KG ein **negatives steuerliches Kapitalkonto** unterhält. Im Regelfall wird ein negatives Kapitalkonto durch Zuweisung von Verlusten entstanden sein, die auf einem Kapitalverlustkonto erfasst worden sind. 29

Hat ein Gesellschafter **Entnahmen** aus der Gesellschaft getätigt, die den Stand seines Verrechnungskontos übersteigen, entsteht im Regelfall eine Forderung der Gesellschaft gegenüber dem Gesellschafter. Das Kapitalkonto in der Gesamthandsbilanz wird nur dann beeinflusst, wenn das variable Konto Bestandteil des Eigenkapitals ist. Verzichtet die Gesellschaft im Zuge des Ausscheidens auf die Erfüllung dieser Forderung, wird der Gesellschafter von einer Schuld befreit. Es handelt sich deshalb um ein **zusätzliches Entgelt** für den Kommanditanteil,[24] das auf Ebene des ausscheidenden Gesellschafters den steuerpflichtigen Veräußerungsgewinn erhöht. 30

Ist das negative Kapitalkonto durch **Zuweisung von Verlusten** entstanden, besteht keine Forderung der Gesellschaft an den Kommanditisten, da ein beschränkt haftender Gesellschafter grundsätzlich nicht zum Nachschuss verpflichtet ist. Der Wegfall des negativen Kapitalkontos führt also **nicht** zu einer Entlastung des Gesellschafters aus einer Verpflichtung gegenüber der Gesellschaft. Gleichwohl wird in Höhe des negativen Kapitalkontos durch die Rechtsprechung eine „Verlusthaftung mit künftigen Gewinnanteilen" im Kontext eines Ausscheidens gesehen, die offenbar einen schuldähnlichen Charakter haben soll. Der Wegfall des negativen Kapitalkontos im Zusammenhang mit dem Ausscheiden eines Gesellschafters aus der GmbH & Co. KG wird also auch dann als **zusätzliches Entgelt** gesehen, wenn das negative Kapitalkonto auf **zugewiesene Verluste** entfällt.[25] 31

---

[23] Schmidt/*Wacker* § 16 EStG Rn. 524.
[24] Schmidt/*Wacker* § 16 EStG Rn. 472.
[25] BFH v. 10.11.1980, BStBl. II 1981, 164; BFH v. 28.7.1994, BStBl. II 1995, 112.

8. Kapitel. Wechsel im Gesellschafterbestand unter Lebenden

32 Ist ein negatives Kapitalkonto durch anteilige Verluste entstanden, dürfte im Regelfall in gleicher Höhe ein Potential an **verrechenbaren Verlusten** gemäß § 15a EStG gegenüberstehen, die mit dem Veräußerungsgewinn verrechnet werden können. Nur der darüber hinausgehende Betrag führt zu einem steuerpflichtigen Veräußerungsgewinn. Abweichungen zwischen dem Bestand der verrechenbaren Verluste und dem negativen Kapitalkonto können sich einerseits aufgrund einer überschießenden Außenhaftung nach § 171 Abs. 1 HGB und andererseits aufgrund nachträglicher Einlagen durch den Gesellschafter ergeben (vgl. dazu → § 7 Rn. 27ff.).

33 Bei einem **Ausscheiden aus der Gesellschaft** gegen Abfindungsanspruch gegenüber der Gesellschaft wird man im Allgemeinen davon ausgehen können, dass die anteiligen stillen Reserven des Gesellschaftsvermögens ausreichen, das negative Kapitalkonto abzudecken. Die gezahlte Abfindung sowie der Stand des negativen Kapitalkontos führen für die Gesellschaft zu **zusätzlichen Anschaffungskosten** auf die Vermögensgegenstände. Beruht die Motivation der gezahlten Abfindung auf dem Umstand, dass es sich bei dem Ausgeschiedenen um einen **lästigen Gesellschafter** handelt, kommt grundsätzlich ein **sofortiger Betriebsausgabenabzug** in Betracht, soweit der Abfindung keine stillen Reserven von Vermögensgegenständen des Gesamthandsvermögens sowie kein Firmenwert gegenüberstehen.[26]

34 Wird ein **Kommanditanteil** an einer GmbH & Co. KG **veräußert**, berührt dies weder das Verhältnis der Gesellschaft zu den Gesellschaftern noch die Gesamthandsbilanz. Ein bestehendes negatives Kapitalkonto des Veräußerers wird also durch den Erwerber fortgeführt, selbst wenn dieser zusätzlich einen Kaufpreis für den Kommanditanteil entrichtet hat. Der Differenzbetrag zwischen dem gezahlten Kaufpreis und dem Stand des (negativen) steuerlichen Kapitalkontos wird bei dem Erwerber im Rahmen einer Ergänzungsbilanz erfasst. Auch für den Ausscheidenden führt die Übernahme des negativen Kapitalkontos durch den Erwerber zu einem zusätzlichen Kaufpreis und damit zu einer Erhöhung des Veräußerungsgewinns. Im Zuge der Veräußerung kann kein **Potential an verrechenbaren Verlusten** von dem Veräußerer auf den Erwerber übertragen werden, da der Neugesellschafter nicht in die Rechtsstellung des Altgesellschafters eintritt. Der Ausgleich der verrechenbaren Verluste erfolgt in der Person des Altgesellschafters, ggf. durch Umwandlung der verrechenbaren Verluste in ausgleichsfähige Verluste (vgl. dazu → § 7 Rn. 59).

3. Veräußerung von Gesellschaftsanteilen einer doppelstöckigen Personengesellschaft

35 Ist der ausscheidende Gesellschafter an einer GmbH & Co. KG beteiligt, die selbst wiederum Gesellschafter einer Personengesellschaft ist, können sich aus der Struktur der doppelstöckigen Personengesellschaft **Auswirkungen auf die Ermittlung des steuerpflichtigen Veräußerungsgewinns** ergeben. Die Beteiligung an einer Personengesellschaft wird steuerlich nicht als bilan-

---

[26] BFH v. 29.10.1991, BStBl. II 1992, 647; zusätzliche Anschaffungskosten BFH v. 5.10.1989, BFH/NV 1990, 496.

zierungsfähiges Wirtschaftsgut gesehen, sondern als anteilige Erfassung der Vermögensgegenstände und Schulden der Untergesellschaft. Damit ergibt sich bei der Obergesellschaft ein Ausweis des steuerlichen Eigenkapitals nach der sog. **Spiegelbildmethode**.[27] Dieses kann vom handelsrechtlichen Beteiligungsansatz insbesondere dann abweichen, wenn auf der Ebene der Untergesellschaft steuerliche Verluste entstanden sind, die in der Handelsbilanz nicht zwingend zu einer Beteiligungsabwertung geführt haben.

Die **steuerlichen Verluste der Untergesellschaft** können in den Grenzen des § 15a EStG der Obergesellschaft als ausgleichsfähige Verluste zugerechnet werden und mindern den steuerlichen Ergebnisanteil des Gesellschafters der Obergesellschaft. Entstehen auf der Ebene der Untergesellschaft verrechenbare Verluste im Sinne des § 15a EStG, wird die Verlustzurechnung auf die Obergesellschaft verhindert. Gleichwohl mindern die Verluste der Tochtergesellschaft das steuerliche Kapitalkonto des Gesellschafters der Obergesellschaft. Von der Finanzverwaltung wird deshalb aus Billigkeitsgründen zugelassen, das **Verlustausgleichsvolumen** des Gesellschafters bei der Obergesellschaft **außerbilanziell um die verrechenbaren Verluste der Untergesellschaft zu erhöhen** (vgl. dazu → § 7 Rn. 66). Im Falle des Ausscheidens aus der Obergesellschaft kann damit der Veräußerungsgewinn nicht auf der Grundlage des Kapitals laut Gesamthandsbilanz zuzügl. des Kapitals laut Ergänzungsbilanz ermittelt werden, sondern es muss ggf. auch noch ein eventueller **Ausgleichsposten aus Verlustzuweisungen** der Untergesellschaft berücksichtigt werden. 36

Im Falle der **Veräußerung der Gesellschaftsanteile** der Obergesellschaft ermittelt sich der Veräußerungsgewin unter Berücksichtigung der steuerlichen Verluste der Tochtergesellschaft. Fraglich ist, welche Auswirkung ein Bestand an verrechenbaren Verlusten bei der Untergesellschaft auf die Ermittlung des steuerpflichtigen Veräußerungsgewinns bei der Obergesellschaft hat. Die Systematik spricht dafür, dass die verrechenbaren Verluste gemäß § 15a EStG der Untergesellschaft mit dem steuerpflichtigen Veräußerungsgewinn bei der Obergesellschaft verrechnet werden, da die betreffenden Verluste auch das steuerliche Kapitalkonto des Gesellschafters bei der Obergesellschaft gemindert haben.[28] 37

Problematisch ist allerdings der Umstand, dass die verrechenbaren Verluste gemäß § 15a EStG für den Gesellschafter der Untergesellschaft, also die Obergesellschaft festgestellt werden und nicht für den Gesellschafter der Obergesellschaft. Der Gesellschafter der Obergesellschaft gilt zwar über die gesetzliche Fiktion in § 15 Abs. 1 Nr. 2 Satz 2 EStG als Mitunternehmer der Untergesellschaft. Für diesen Gesellschafter werden jedoch keine verrechenbaren Verluste nach § 15a EStG gesondert festgestellt.[29] 38

---

[27] *Ley* DStR 2004, 1500.
[28] Schmidt/*Wacker* § 15a EStG Rn. 235; *Ley* KÖSDI 1996, 10 934; *Seibold* DStR 1998, 438; *Ley* KÖSDI 2011, 17 381.
[29] Nach den Verfügungen der OFD Bremen v. 19.10.1995, DB 1996, 500 sowie der OFD Chemnitz v. 5.2.1998, GmbHR 1998, 394 werden die verrechenbaren Verluste der Untergesellschaft hingegen für den Gesellschafter der Obergesellschaft einheitlich und gesondert festgestellt.

8. Kapitel. Wechsel im Gesellschafterbestand unter Lebenden

39 In den Kaufpreis für die Anteile der Obergesellschaft fließen auch die **Wertverhältnisse der Untergesellschaft** ein. Wie bereits dargelegt, wird durch die Abbildung der Vermögensgegenstände und Schulden der Untergesellschaft in der Bilanz der Obergesellschaft nach der Spiegelbildmethode der Stand des steuerlichen Kapitalkontos auf die Obergesellschaft projiziert. Die Veräußerung der Anteile an der Obergesellschaft müsste daher im Grunde systematisch aufzuteilen sein zwischen einem Veräußerungsvorgang für die Untergesellschaft und dem Veräußerungsvorgang für die Obergesellschaft ohne die betreffende Beteiligung. Sachgerecht wäre dabei durchaus, den anteiligen Veräußerungspreis auf die Ebene der Untergesellschaft „durchzustocken"[30]. Diese Betrachtungsweise hätte zur Folge, dass im Falle der Veräußerung des Anteils an der Obergesellschaft der anteilige Gewinn auch auf Ebene der Untergesellschaft einheitlich und gesondert festzustellen wäre[31].

40 Die höchstrichterliche Rechtsprechung vertritt demgegenüber die Auffassung, dass im Falle der **Veräußerung des Anteils an einer doppelstöckigen Personengesellschaft** der Veräußerungsgewinn allein auf Ebene der Obergesellschaft im Rahmen der einheitlichen und gesonderten Gewinnfeststellung festzustellen ist[32]. Dies solle selbst dann gelten, wenn ein Großteil der stillen Reserven in den Anteilen der Obergesellschaft auf die Untergesellschaft entfällt. Mit der Zuordnung des Veräußerungsgewinns ausschließlich auf Ebene der Obergesellschaft entfällt die besondere Problematik, wie die einzelnen Veräußerungselemente verfahrensrechtlich zwischen Ober- und Untergesellschaft abzubilden sind[33]. Aus systematischer Sicht ist diese Lösung allerdings zweifelhaft[34]. Relativ einfach dürften die Konsequenzen für den **Veräußerer der Gesellschaftsanteile** sein, da diesem ein Veräußerungsgewinn in Höhe der Differenz zwischen erzieltem Veräußerungserlös und Stand des steuerlichen Kapitalkontos der Obergesellschaft zuzurechnen ist. Eine anteilige Zurechnung des Veräußerungsgewinns auf Ebene der Untergesellschaft hätte für den Veräußerer nur dann materielle Konsequenzen, falls auf Ebene der Untergesellschaft eventuell ein Bestand an verrechenbaren Verlusten nach § 15a EStG besteht. Wesentlich schwieriger wird dagegen die Beurteilung der Rechtsfolgen auf **Ebene des Erwerbers**, da die Differenz zwischen Veräußerungspreis und Stand des übernommenen steuerlichen Kapitalkontos in einer Ergänzungsbilanz bei der Obergesellschaft abzubilden ist. Entfallen dabei die stillen Reserven der Obergesellschaft ganz oder teilweise auf die Untergesellschaft, müsste im Grunde die Ergänzungsbilanz auf die Untergesellschaft durchgestockt werden, um ein sachgerechtes Ergebnis zu erhalten. Dies lässt sich allerdings aus der BFH-Rechtsprechung nicht entnehmen.

---

[30] *Ley* KÖSDI 1997, 11081; offen: BFH v. 1.7.2004, BStBl. II 2010, 157.
[31] Vgl. FG Hamburg v. 22.8.2006, Beck RS 2006, 26022147.
[32] BFH v. 18.9.2007, Beck RS 2007, 25013074.
[33] *Ley* KÖSDI 2010, 17153.
[34] Vgl. Schmidt/*Wacker* EStG § 16 Rn. 407.

Zweifelhaft ist ferner die **gewerbesteuerliche Behandlung** des Veräu- 41
ßerungsvorgangs. Ist Veräußerer der Anteile der Obergesellschaft eine natürliche Person, ist ein Veräußerungsgewinn grundsätzlich nicht Bestandteil des Gewerbeertrages. Ist Veräußerer dagegen keine natürliche Person, unterliegt ein Veräußerungsgewinn grundsätzlich der Besteuerung mit Gewerbesteuer vom Ertrag, die im Grund auf die einzelnen Gewerbesteuersubjekte abzubilden wäre. Unter Anwendung der zitierten Rechtsprechung entsteht allerdings nur auf Ebene der Obergesellschaft eine Belastung mit Gewerbesteuer vom Ertrag[35]. Auch dies ist ein Beleg dafür, dass im Falle der Veräußerung des Anteils einer mehrstöckigen Personengesellschaft der Veräußerungsgewinn sinnvollerweise derjenigen Personengesellschaft zugerechnet werden müsste, auf die die anteiligen stillen Reserven entfallen.

4. Nebenbedingungen bei der Übertragung des Kommanditanteils zwischen Angehörigen

Werden bei der Übertragung eines Kommanditanteils zwischen Angehö- 42
rigen zwischen Übergeber und Übernehmer **Gegenleistungen** vereinbart, muss zunächst danach unterschieden werden, ob es sich um einen unentgeltlichen Vorgang nach § 6 Abs. 3 EStG oder um einen entgeltlichen Vorgang handelt. Gegenleistungen in diesem Zusammenhang können sein:
- Kaufpreiszahlung,
- Übernahme von Verbindlichkeiten,
- Rentenzahlung an den Vermögensübergeber bzw. seinen Ehegatten oder
- Gleichstellungsgelder.

Werden im Zuge der vorweggenommenen Erbfolge zwischen Vermö- 43
gensübergeber und -übernehmer besondere Bedingungen vereinbart, wie zB **Übernahme von Verbindlichkeiten**, Leistung von **Gleichstellungsgeldern** an weitere erbberechtigte Personen usw., hat dies den Charakter eines Entgelts. Bei Versorgungsleistungen an Angehörige wird dabei grundsätzlich Versorgungsabsicht, bei Leistungen an Geschwister Gleichstellungsabsicht unterstellt. Auch bei Zahlungen an Dritte wird von einer Gegenleistung ausgegangen[36]. Diese Grundvermutung kann jedoch im Einzelfall widerlegt werden.

Im Falle der Übertragung von **Privatvermögen** wird die Vermögens- 44
übertragung nach der sog. **Spaltungstheorie** aufgeteilt in eine unentgeltliche Vermögensübertragung und einen entgeltlichen Verkauf. Der Aufteilungsmaßstab richtet sich nach dem Verhältnis des Verkehrswertes zu dem Wert der vereinbarten Gegenleistung.

Anders ist die Vorgehensweise bei der Übertragung von **Betriebsvermö-** 45
gen. Die Vermögensübertragung ist hier nach der sog. **Einheitstheorie** zu beurteilen, nach der die Vermögensübertragung entweder einheitlich als unentgeltlicher oder einheitlich als entgeltlicher Vorgang behandelt wird.[37] Ein entgeltlicher Vorgang entsteht nur dann, wenn der Wert der Gegenleistung den Stand des steuerlichen Kapitalkontos übersteigt. Ist die vereinbarte Ge-

---

[35] *Hülsmann* DStR 2014, 187.
[36] BFH v. 11.3.2010, BStBl. I 2010, 227.
[37] Krit. *Stobbe* StuW 1996, 289; *L. Schmidt* FS Clemm, 349.

8. Kapitel. Wechsel im Gesellschafterbestand unter Lebenden

genleistung niedriger als das übernommene steuerliche Kapitalkonto, wird insgesamt von einem unentgeltlichen Vorgang ausgegangen, bei dem die steuerlichen Buchwerte gem. § 6 Abs. 3 EStG durch den Vermögensübernehmer fortgeführt werden.[38]

Beispiel: A überträgt an seine Tochter den Kommanditanteil an der A-GmbH & Co. KG. Der Verkehrswert der Beteiligung beträgt 1.000. Der Stand des steuerlichen Kapitalkontos beträgt zum Übergabestichtag 600. A verpflichtet seine Tochter ein Gleichstellungsgeld an ihren Bruder von 500 zu leisten.

Lösungshinweis: Da das Gleichstellungsgeld niedriger ist als der Stand des steuerlichen Kapitalkontos, handelt es sich um einen insgesamt unentgeltlichen Vorgang. T führt die Buchwerte bei der A-GmbH & Co. KG unverändert fort. Das Gleichstellungsgeld bleibt ohne steuerliche Konsequenzen.

46 Nach der sog. Einheitstheorie wird im Beispielsfall die Übertragung des Kommanditanteils insgesamt als unentgeltlicher Vorgang gewertet. Eine Beurteilung nach der sog. Spaltungstheorie hätte dazu geführt, dass für A anteilig ein steuerpflichtiger Veräußerungsgewinn in Höhe von 200 ((1.000–600) x 50%) entstanden wäre.[39] Die Lösung nach der Einheitstheorie bewirkt, dass für den Vermögensübergeber wie für den Vermögensübernehmer gleichermaßen ein unentgeltlicher Vorgang vorliegt.[40]

47 Hätte im Beispielsfall das steuerliche Kapitalkonto von A bei der A-GmbH & Co. KG lediglich 400 betragen, wäre das Gleichstellungsgeld von 500 über dem steuerlichen Kapitalkonto gelegen. In diesem Fall ist nach der Einheitstheorie der gesamte Vorgang als entgeltlich einzustufen. Eine Aufteilung in einen entgeltlichen und einen unentgeltlichen Vorgang erfolgt nicht[41]. Der Veräußerungsgewinn ermittelt sich in diesem Fall wie folgt:

Gleichstellungsgeld (entspricht Veräußerungsentgelt)	500
./. Stand des steuerlichen Kapitalkontos	400
Veräußerungsgewinn also	100

48 Bei A entsteht also ein steuerpflichtiger Veräußerungsgewinn, für T entstehen zusätzliche Anschaffungskosten, die in einer Ergänzungsbilanz abzubilden sind.

49 Besteht die **Gegenleistung** für die Übertragung eines Kommanditanteils beispielsweise in einer **lebenslänglichen Rente** zu Gunsten des Vermögensübergebers bzw. des längst lebenden Ehegatten, bildet der Kapitalwert der vereinbarten Rentenzahlung das Entgelt für die Übertragung des Kommanditanteils. In Höhe der Differenz zwischen Kapitalwert der Rentenzahlung und dem Stand des steuerlichen Kapitalkontos zum Übergabezeitpunkt entsteht für den Übergeber ein steuerpflichtiger Veräußerungsgewinn. Der Übernehmer hat in Höhe der Differenz zusätzliche Anschaffungskosten

---

[38] BFH v. 16.12.1992, BStBl. II 1993, 436; BMF v. 13.1.1993, BStBl. I 1993, 80 Rn. 35; *Groh* DB 1990, 2190; *Kirchhof/Söhn/Reiß* § 16 EStG Rn. B 146.
[39] Veräußerung des Anteils zu 50%, Entgelt 500 abzüglich anteiliges Kapitalkonto 300.
[40] BFH v. 22.9.1994, BStBl. II 1995, 367.
[41] *Schmidt/Wacker* § 16 EStG Rn. 58.

auf den Kommanditanteil, die im Rahmen einer steuerlichen Ergänzungsbilanz abzubilden ist.

Im Lauf der Zeit hat sich für die im Zusammenhang mit Vermögensübertragungen zwischen nahen Angehörigen vereinbarten Versorgungsleistungen das Sonderinstitut „**Vermögensübergabe gegen Versorgungsleistungen**" herausgebildet, das sowohl für den Vermögensübergeber als auch für den Vermögensübernehmer zu besonderen steuerlichen Konsequenzen führt[42]. 50

Eine **Vermögensübergabe gegen Versorgungsleistung** ist nach § 10 Abs. 1 Nr. 1a EStG gegeben, wenn die folgenden **Voraussetzungen** erfüllt werden: 51
- Übertragung einer existenzsichernden Wirtschaftseinheit, wie zB einem Mitunternehmeranteil[43];
- Übertragung auf Kinder oder sonstige Verwandte, unter Umständen auch auf nahe stehende Dritte[44]
- Empfänger der Versorgungsleistung ist der Übergeber, dessen Ehegatte bzw. Lebenspartner einer eingetragenen Lebenspartnerschaft oder die gesetzlich erbberechtigten Abkömmlinge[45]
- die Übertragung erfolgt mit dem Zweck der Weiterführung, nicht der Veräußerung (grds. keine Umschichtung des übertragenen Vermögens)[46]
- gegenseitige Rechte und Pflichten müssen klar und eindeutig vereinbart und ernsthaft gewollt sein und die Leistungen müssen wie vereinbart erbracht werden.[47]

Anders als nach früherer Rechtslage ist ab dem Jahr 2008 das Rechtsinstitut der Vermögensübergabe gegen Versorgungsleistungen durch § 10 Abs. 1 Nr. 1a EStG auf die **Übertragung bestimmter Wirtschaftseinheiten** beschränkt. Die Übertragung eines Mitunternehmeranteils wird grundsätzlich durch § 10 Abs. 1 Nr. 1a EStG erfasst. Die unentgeltliche Übertragung eines Mitunternehmeranteils ist allerdings nur dann begünstigt, wenn es sich um einen Mitunternehmeranteil iSd § 15 Abs. 1 Nr. 1 EStG handelt. Die Übertragung des Anteils einer Personengesellschaft ohne eine eigengewerbliche Betätigung ist durch § 10 Abs. 1 Nr. 1a EStG also nicht erfasst. Die Übertragung des Anteils einer nach § 15 Abs. 3 Nr. 2 EStG gewerblich geprägten Gesellschaft ist also nicht begünstigt[48]. 52

Liegt nach den allgemeinen Kriterien eine Vermögensübergabe gegen Versorgungsleistungen vor, ist die eigentliche Vermögensübergabe der privaten Vermögenssphäre zuzuordnen. Es handelt sich also grundsätzlich um einen **unentgeltlichen Vorgang**. Bei dem Zahlungsverpflichteten sind die Versorgungsleistungen nach § 10 Abs. 1 Nr. 1a EStG als Sonderausgabe abzugsfähig. Der Zahlungsberechtigte erzielt aus den Versorgungsleistungen 53

---

[42] Vgl. Schmidt/*Wacker* EStG § 16 Rn. 47.
[43] BFH v. 14.2.1996, BStBl. II 1996, 687; BMF v. 16.9.2004, BStBl. I 2004, 922 Rn. 9.
[44] BMF v. 16.9.2004, BStBl. I 2004, 922 Rn. 35; *Korn* DStR 1997, 1140.
[45] BMF v. 16.9.2004, BStBl. I 2004, 922 Rn. 36; BFH v. 20.7.2010, BFH/NV 2010, 2259.
[46] BFH v. 14.2.1996, BStBl. II 1996, 687.
[47] BFH v. 3.3.2004, BStBl. II 2004, 826.
[48] Vgl. Schmidt/*Heinicke* § 10 Rn. 61.

8. Kapitel. Wechsel im Gesellschafterbestand unter Lebenden

sonstige Einkünfte[49]. Diese Rechtsfolge ist allerdings beschränkt auf die im Zusammenhang mit der Vermögensübergabe vereinbarten Versorgungsleistungen[50].

54 Das Sonderrechtsinstitut der **Vermögensübergabe gegen Versorgungsleistung** ist einkommensteuerrechtlich dadurch gekennzeichnet, dass sich der Übergeber entsprechend seinem Versorgungsbedürfnis Teile der nunmehr vom Übernehmer zu erwirtschaftenden Erträge in Form der vereinbarten Leistungen vorbehält. Bei einer Vermögensübergabe an Angehörige spricht eine widerlegbare Vermutung dafür, dass die wiederkehrenden Leistungen unabhängig vom Wert des übertragenen Vermögens nach dem Versorgungsbedürfnis des Berechtigten und nach der wirtschaftlichen Leistungsfähigkeit des Verpflichteten bemessen worden sind. Diese Vermutung kann widerlegt werden, wenn die Beteiligten Leistung und Gegenleistung nach kaufmännischen Gesichtspunkten gegeneinander abgewogen haben und subjektiv von der Gleichwertigkeit der beiderseitigen Leistungen ausgehen durften, auch wenn Leistung und Gegenleistung objektiv ungleichwertig sind.[51]

55 Erfolgt die Übergabe eines Mitunternehmeranteils gegen wiederkehrende Beträge, muss danach unterschieden werden, ob es sich um eine Veräußerung gegen Rentenzahlung oder um eine Vermögensübergabe gegen Versorgungsleistungen handelt. Je nach Einordnung ergeben sich sowohl für den Vermögensübergeber als auch für den Übernehmer unterschiedliche steuerliche Konsequenzen.

	Veräußerungsrente	**Vermögensübergabe gegen Versorgungsleistung**
Übergeber:		
Vermögensübergabe	Steuerpflichtiger Veräußerungsgewinn iHd Differenz zwischen Kapitalwert der Rente und steuerlichem Kapitalkonto[52]	Kein Veräußerungsgewinn
Laufende Zahlungen	Steuerpflichtig in Höhe des Ertragsanteils	Sonstige Einkünfte ggf. mit dem Ertragsanteil gem. § 22 EStG
Übernehmer:		
Übergabezeitpunkt	Anschaffungskosten auf die Beteiligung in Höhe des Kapitalwertes der Rente	Keine Anschaffungskosten; steuerliche Buchwerte des Übergebers werden fortgeführt
Laufende Zahlungen	Differenz zwischen Rentenzahlungen und Minderung des Kapitalwertes der Rentenverpflichtung sind Betriebsausgaben	Sonderausgaben gem. § 10 Abs. 1a EStG ggf. mit dem Ertragsanteil

---

[49] BFH v. 6.5.2010, BStBl. II 2011, 261.
[50] BMF v. 11.3.2010, BStBl. I 2010, 227 Rn. 57, kritisch *Spiegelberger* DStR 2010, 1822, *Risthaus* DB 2010, 749.
[51] BFH v. 29.1.1992, BStBl. II 1992, 465; BFH v. 16.12.1993, BStBl. II 1996, 669.
[52] Zu den Einzelheiten siehe → § 32 Rn. 11 ff., alternativ: ratierliche Versteuerung.

Das übertragene Vermögen muss im Falle einer Vermögensübergabe gegen Versorgungsleistung für eine **generationenübergreifende dauernde Anlage** geeignet und bestimmt sein und dem Übernehmer zur Fortsetzung des Wirtschaftens überlassen werden, damit der Übernehmer mit dem übertragenen Vermögen wenigstens teilweise die Existenz des Übergebers sichern kann. Mitunternehmeranteile stellen Wirtschaftseinheiten in diesem Sinne dar. Die Wirtschaftseinheit muss zudem ausreichend ertragbringend sein. Dabei ist von einer **ausreichend ertragbringenden Wirtschaftseinheit** auszugehen, wenn nach überschlägiger Berechnung die Versorgungsleistungen nicht höher sind als der langfristig erzielbare Ertrag des übergebenden Vermögens.[53] Derartig ertragbringende Wirtschaftseinheiten werden als **Typus 1** bezeichnet. 56

Ist Gegenstand der Vermögensübergabe eine existenzsichernde und ihrem Wesen nach ertragbringende Wirtschaftseinheit, deren Erträge aber nicht ausreichen, um die wiederkehrenden Leistungen zu erbringen, handelt es sich um den **Typus 2**. 57

Der Große Senat des BFH hat mit seinem Urteil vom 12.5.2003 das Sonderrecht der Vermögensübergabe auf den sog. Typus 1 beschränkt.[54] Der sog. Typus 2 fällt nach Auffassung des BFH nicht unter das Sonderrecht der Vermögensübergabe. Der BFH hat entschieden, dass uU selbst bei ausreichenden Nettoerträgen nicht abziehbare bzw. nicht steuerbare Unterhaltsleistungen vorliegen können, wenn die Versorgungsleistungen auf der Arbeitsleistung des Übernehmers beruhen und das übertragene Unternehmen weder einen positiven Substanzwert noch – unter Ansatz eines hierbei zu berücksichtigenden angemessenen Unternehmerlohns – einen positiven Ertragswert hat.[55] Dabei nimmt der Große Senat des BFH einen ausreichenden Ertragswert an, wenn die Nettoerträge der Wirtschaftseinheit den Lebensunterhalt zweier Generationen decken können. Beträgt der Wert des übertragenen Vermögens mind. 50% des Barwerts der Versorgungsleistungen, liegt hierin ein Indiz dafür vor, dass das übertragene Unternehmen einen ausreichenden Ertragswert hat.[56] 58

Nach Auffassung der Finanzverwaltung sind Versorgungsleistungen, die aus den laufenden Nettoerträgen erbracht werden können, bei dem Vermögensübernehmer auch dann als Sonderausgaben abziehbar, wenn der übergebene Betrieb **nicht über einen ausreichenden Unternehmenswert** verfügt. Darüber hinaus besteht bei Unternehmen bzw. Mitunternehmeranteilen eine nur in Ausnahmefällen widerlegbare Vermutung dafür, dass die Erträge ausreichen, um die wiederkehrenden Leistungen in der vereinbarten Höhe zu erbringen, wenn das Unternehmen vom Unternehmer tatsächlich fortgeführt wird.[57] 59

Voraussetzung für die Anwendung der Sonderregelung ist weiterhin, dass die Vermögensübertragung zum Zwecke der **Weiterführung des Unter-** 60

---

[53] BMF v. 11.3.2010, BStBl. I 2010, 227.
[54] BFH v. 12.5.2003, BStBl. II 2004, 95.
[55] BFH v. 12.5.2003, BStBl. II 2004, 99.
[56] Schmidt/*Wacker* § 22 EStG Rn. 80.
[57] BMF v. 16.9.2004, BStBl. I 2004, 922 Rn. 8, 23.

nehmens bzw. der Gesellschaft erfolgt und nicht etwa zum Zwecke der Veräußerung.[58] Eine Umschichtung des Vermögens ist dann unschädlich, wenn ertragloses in ertragbringendes Vermögen umgeschichtet wird und diese Umschichtung bereits im Übergabevertrag bestimmt ist.[59] Beruht die Umschichtung des Vermögens hingegen auf einem Entschluss des Übernehmers, endet grundsätzlich der Zusammenhang der wiederkehrenden Leistungen mit der Vermögensübergabe. Dies gilt auch dann, wenn mit dem Veräußerungserlös eine funktionsgleiche existenzsichernde Wirtschaftseinheit erworben wird.[60] Die im Zusammenhang mit der Vermögensübertragung vereinbarten Leistungen sind ab diesem Zeitpunkt **Unterhaltsleistungen** im Sinne des § 12 Nr. 2 EStG und können beim Übernehmer nicht mehr als Sonderausgaben abgezogen werden. Beim Übergeber sind die Zahlungen nicht mehr nach § 22 Nr. 1 EStG steuerbar.[61]

61 Nach Auffassung der Finanzverwaltung sind die wiederkehrenden Leistungen auch dann weiterhin Versorgungsleistungen, wenn der Übernehmer das übernommene Vermögen auf einen Dritten überträgt und mit dem Erlös zeitnah eine existenzsichernde und ausreichend ertragbringende Wirtschaftseinheit erwirbt oder herstellt. Dies soll selbst dann gelten, wenn der gesamte Erlös zur Anschaffung oder Herstellung dieser Wirtschaftseinheit nicht ausreicht, der Übernehmer bei der Umschichtung also zusätzlich eigene Mittel einsetzt.[62] Ebenso stellt die Übertragung des übernommenen Vermögens im Wege der vorweggenommenen Erbfolge sowie die Übertragung des Vermögens im Rahmen von Umwandlungen nach dem Umwandlungssteuergesetz bzw. im Rahmen einer Realteilung keine schädliche Umschichtung dar.[63]

62 **Empfänger der Versorgungsleistungen** muss der Vermögensübergeber oder sein Ehegatte sein.[64] Unter Umständen kommt auch eine Versorgungsleistung gegenüber anderen erbberechtigten Angehörigen in Betracht. Die Versorgungsleistungen müssen nach § 10 Abs. 1 Nr. 1a EStG **lebenslänglich** erbracht werden. Versorgungsleistungen zu Gunsten **dritter Personen** erfüllen mithin nicht die Bedingungen einer vorweggenommenen Erbfolge.[65] Sind die Geschwister des Übernehmers Empfänger der wiederkehrenden Leistungen, besteht die widerlegbare Vermutung, dass diese nicht versorgt, sondern gleichgestellt werden sollen.[66]

---

[58] BFH v. 14.2.1996, BStBl. II 1996, 687.
[59] BFH v. 12.5.2003, BStBl. II 2004, 95.
[60] BFH v. 17.6.1998, BStBl. II 2002, 646.
[61] BFH v. 31.3.2004, BStBl. II 2004, 830, BMF v. 16.9.2004, BStBl. I 2004, 922 Rn. 28.
[62] BMF v. 16.9.2004, BStBl. I 2004, 922 Rn. 31.
[63] BMF v. 16.9.2004, BStBl. I 2004, 922 Rn. 29, 32.
[64] BFH v. 22.9.1993, BStBl. II 1994, 107.
[65] BFH v. 27.2.1992, BStBl. II 1992, 612; BFH v. 26.11.2003, BStBl. II 2004, 820; BMF v. 16.9.2004, BStBl. I 2004, 922 Rn. 36.
[66] BFH v. 20.10.1999, BStBl. II 2000, 602; BMF v. 16.9.2004, BStBl I 2004, 922 Rn. 36.

II. Eintritt eines Gesellschafters in eine GmbH & Co. KG

Die Aufnahme eines weiteren Gesellschafters in eine GmbH & Co. KG 63
kann entweder durch den Erwerb der Beteiligung von einem bzw. von mehreren oder allen Altgesellschaftern oder durch einen schlichten **Beitritt** unter Leistung einer weiteren Einlage in das Gesellschaftsvermögen erfolgen, die ggf. um ein Aufgeld erhöht ist. Für den eintretenden Gesellschafter macht es steuerlich grundsätzlich keinen Unterschied, auf welche Weise die Gesellschafterstellung begründet wird. Ein Unterschied besteht lediglich für die Altgesellschafter bzw. die Gesellschaft selbst. Bei der entgeltlichen Veräußerung eines Kommanditanteils sowie des Anteils an der Komplementärgesellschaft berührt dies die Gesellschaft zunächst nicht. Es ergeben sich keine Auswirkungen auf die Handelsbilanz. Bei einem Beitritt eines Neugesellschafters unter Leistung einer Einlage in die Gesellschaft erhöht sich hingegen das Gesellschaftsvermögen und auch das Eigenkapital.

1. Erwerb der Beteiligung

Zentrale Frage für den eintretenden Gesellschafter ist, inwieweit der gezahlte Kaufpreis für die Beteiligung bzw. die gezahlte Einlage in die Gesellschaft in Zukunft **ertragsteuerlich verwertet** werden kann. Die Abschreibung des im Rahmen des Kaufpreises bzw. der Einlage bezahlten Mehrwertes für stille Reserven und Firmenwert ist durch die Technik der sog. **Ergänzungsbilanzen** sichergestellt. Ergibt sich zwischen Kaufpreis bzw. Einlage und dem Stand des übernommenen Kapitalkontos ein positiver Differenzbetrag, kann dieser Mehrwert in einer Ergänzungsbilanz ausgewiesen und in der Folgezeit mit steuerlicher Wirkung abgeschrieben werden.[67] Ein etwaiger Mindertwert führt in der Folgezeit zu Erträgen aus der Ergänzungsbilanz.[68] 64

Der entgeltliche Erwerb der Beteiligung an einer Personengesellschaft ist 65
für steuerliche Zwecke nicht als Erwerb des Vermögensgegenstandes „Beteiligung", sondern, trotz der (beschränkten) Steuerrechtssubjektfähigkeit der Personengesellschaft, als Erwerb von einzelnen Vermögensgegenständen des Gesamthandsvermögens zu werten.[69] Der entgeltliche Erwerb einer Beteiligung erfolgt in der Unternehmenswirklichkeit demgegenüber regelmäßig auf der Grundlage einer **Ertragswertbetrachtung**, nicht jedoch auf der Grundlage der im Gesellschaftsvermögen enthaltenen Vermögensgegenstände. Unter ökonomischen Gesichtspunkten wäre es deshalb gerechtfertigt, den Differenzbetrag zwischen dem Kaufpreis und dem Nominalwert des Kapitalkontos als **kapitalisierten Ertrag** in der Ergänzungsbilanz auszuweisen und über die Folgezeit steuermindernd aufzulösen. Die höchstrichterliche Rechtsprechung ist diesen Weg jedoch nicht gegangen und orientiert sich vielmehr an einer **Substanzwertbetrachtung**. In der Ergänzungsbilanz wird der gezahlte Mehrwert im **Verhältnis der stillen Reserven** der Ver-

---

[67] BFH v. 28.9.1995, BStBl. II 1996, 69.
[68] BFH v. 7.2.1995, BStBl. II 1995, 770; BFH v. 21.4.1994, BStBl. II 1994, 747.
[69] BFH v. 25.2.1991, BStBl. II 1991, 700; BFH v. 7.2.1995, BStBl. II 1995, 770.

8. Kapitel. Wechsel im Gesellschafterbestand unter Lebenden

mögensgegenstände des Gesamthandsvermögens abgebildet.[70] Der Mehrwert der Ergänzungsbilanz wird über typisierende Nutzungsdauern im Rahmen der Ergänzungsgewinn- und -verlustrechnung abgeschrieben. Die zusätzlichen Abschreibungen aus der Ergänzungsbilanz kommen dem eintretenden Gesellschafter unmittelbar zugute und können gerade in der Anfangszeit der Beteiligung eine **spürbare steuerliche Entlastung** bewirken, da der Gewinnanteil aus der Gesamthandsbilanz zur Ermittlung der steuerlichen Bemessungsgrundlage um die Abschreibungen aus der Ergänzungsbilanz gemindert wird.

Beispiel: A erwirbt von X einen 50%igen Kommanditanteil an der X-GmbH & Co. KG. Die übernommene Kommanditbeteiligung hat ein Kapitalkonto in Höhe von 100. Der Kaufpreis beträgt 1.000. Die Bilanz der X-GmbH & Co. KG zeigt folgendes Bild:

Bilanz

Grundstücke, Gebäude	1.000	Kapital X	100
Maschinen	1.500	Kapital Y	100
Sonstige Vermögensgegenstände	1.500	Verbindlichkeiten	3.800
	4.000		4.000

In den Grundstücken und Gebäuden sind stille Reserven von 500, in den Maschinen sind stille Reserven von 1.000 enthalten.

Für A ergibt sich die Ergänzungsbilanz wie folgt:[71]

Kaufpreis für die Beteiligung	1.000
Anschaffungsnebenkosten	0
	1.000
Buchwert des steuerlichen Kapitals	100
Kaufpreis	1.000
Mehrbetrag also	900

Dieser Mehrbetrag wird wie folgt aufgeteilt:

Grundstücke Gebäude (50% von 500)	250
Maschinen (50% von 1.000)	500
Firmenwert (Differenz)	150
Gesamter Mehrwert	900

Es ergibt sich somit folgende Ergänzungsbilanz:

Ergänzungsbilanz A
X-GmbH & Co. KG

Grundstücke, Gebäude	250	Ergänzungskapital	900
Maschinen	500		
Sonstige Vermögensgegenstände	150		
	900		900

---

[70] Rödder DB 1992, 956.
[71] Littmann/Bitz § 15 EStG Rn. 64.

§ 33 Steuerliche Behandlung des entgeltlichen Gesellschafterwechsels

Ein **Firmenwert** wird dann ausgewiesen, wenn der Kaufpreis für den 66
Kommanditanteil höher ist als die anteiligen stillen Reserven der Vermögensgegenstände des Gesamthandsvermögens, allerdings nur, wenn dieser überhaupt werthaltig ist. Ist kein positiver Firmenwert vorhanden, kommt ein **sofortiger Betriebsausgabenabzug** in Betracht.[72] Dies dürfte jedoch eher ein Sonderfall sein. Im Regelfall stehen einem gezahlten Kaufpreis auch entsprechende Werte gegenüber. Der Firmenwert kann nach § 7 Abs. 1 Satz 3 EStG über einen Zeitraum von 15 Jahren abgeschrieben werden. Im Zusammenhang mit dem Erwerb eines Kommanditanteils sollte jedoch überprüft werden, ob der Firmenwert nicht in einzelne Bestandteile aufgeteilt werden kann, die unter Umständen bereits früher zu einem steuerlichen Aufwand führen.[73] Der Firmenwert kann sich beispielsweise aus folgenden Komponenten zusammensetzen:

Patente	6–8 Jahre
Warenzeichen, Markennamen[74]	3–5 Jahre
Auftragsbestand	bei Auftragsabwicklung
Kundenstamm/Geschäftsbeziehungen[75]	15 Jahre

Je nach Zielsetzung des Erwerbers kann sich in diesem Bereich ein erheb- 67
licher **Gestaltungsspielraum** ergeben. Erfahrungsgemäß führt die Aufgliederung des Firmenwertes und damit einhergehend die teilweise Verkürzung der Abschreibungsdauer von 15 Jahren zu Diskussionen mit der Finanzverwaltung. Die Aufgliederung des Firmenwertes in seine Bestandteile ist jedoch ökonomisch gerechtfertigt und dürfte damit auch einer finanzgerichtlichen Überprüfung standhalten.

Eine besondere Situation ergibt sich dann, wenn der **Kaufpreis** für eine 68
Kommanditbeteiligung **geringer** ist als das übernommene Kommanditkapital. Es kann sich in diesem Fall um einen sog. „lucky buy" handeln. Diese Situation ergibt sich aber auch dann, wenn der Beteiligung unter Ertragswertgesichtspunkten ein geringerer Wert beizumessen ist als der Summe der Wertansätze der Vermögensgegenstände und Schulden aus der Gesamthandsbilanz. Selbst wenn sich für den Kommanditanteil unter Anwendung des Ertragswertverfahrens ein niedrigerer Wert ergibt, ist nicht zwangsläufig eine entsprechende Teilwertabschreibung auf die Vermögensgegenstände des Gesamthandsvermögens geboten. Bei dieser Fallgestaltung zeigt sich deutlich der theoretische Bruch zwischen Bewertung der Beteiligung nach dem Ertragswert einerseits und der bilanziellen (Substanz-)Bewertung andererseits.

Liegt der Kaufpreis unter dem Stand des Kapitalkontos, ist der **Minderbe-** 69
trag in eine Ergänzungsbilanz einzustellen und auf die Vermögensgegenstände des Gesamthandsvermögens abzubilden. Die Wertansätze sind abzustocken.[76] Dies gilt allerdings im Wesentlichen nur für die Vermögens-

---

[72] BFH v. 18.2.1993, BStBl. II 1994, 224.
[73] BFH v. 28.5.1998, BStBl. II 1998, 775.
[74] Der Wert kann durch Kapitalisierung von angenommenen Lizenzgebühren ermittelt werden. *Stein/Ortmann* BB 1996, 787; aA BFH v. 4.9.1996, BStBl. II 1996, 586: kein Werteverzehr; BMF v. 12.7.1999, DB 1999, 1579: Nutzungsdauer 15 Jahre.
[75] H/H/R § 5 EStG Anm. 2200.
[76] BFH v. 7.2.1995, BStBl. II 1995, 770.

gegenstände des Anlagevermögens, nicht für reine **Finanzkonten,** zB Bankkonten, Forderungen. Zweifelhaft ist, ob auch das Vorratsvermögen durch die Abstockung erfasst wird.[77] Die Abstockung des **Vorratsvermögens** hätte zur Folge, dass sich zum Zeitpunkt des Umschlags der Vorräte eine sofortige Gewinnerhöhung aus der Auflösung des Minderwertes ergebe. Da die Bewertung des Vorratsvermögens in Handels- und auch Steuerbilanz zwingend mit dem Niederstwert erfolgt, ist eine Abstockung im Rahmen einer Ergänzungsbilanz ähnlich einem Bankkonto nicht gerechtfertigt. Dies gilt auch nach der Aufhebung der Maßgeblichkeit der Handelsbilanz für die Steuerbilanz. Ist der Minderbetrag größer als der mögliche Abstockungswert für die Vermögensgegenstände des Gesamthandsvermögens, ist weder der Ansatz eines **negativen Geschäftswertes** möglich,[78] noch ergibt sich **insoweit** ein sofort zu versteuernder Gewinn.[79] Der verbleibende Minderbetrag wird vielmehr im Rahmen einer Ergänzungsbilanz als **„Ausgleichsposten"** passiviert und in der Folgezeit gewinnerhöhend gegen anteilige Verluste aus der Beteiligung aufgelöst.[80]

Beispiel: A erwirbt von X eine 50 %ige Beteiligung an der Y-GmbH & Co. KG zum symbolischen Kaufpreis von EUR 1,00. Dieser Preis entspricht auch dem Verkehrswert der Beteiligung. Mit dem Erwerb erhält er ein anteiliges Kapitalkonto von 500. Die Bilanz der Y-GmbH & Co. KG zeigt folgendes Bild:

Bilanz Y-GmbH & Co. KG			
Maschinen	300	Kapital Y	500
Vorräte	1.000	Kapital X	500
Bank	200	Verbindlichkeiten	500
	1.500		1.500

Für A stellt sich die Ermittlung der Ergänzungsbilanz wie folgt dar:

Kaufpreis für die Kommanditbeteiligung	0
Stand des Kapitalkontos	500
Minderbetrag also	-500

Der Minderbetrag wird wie folgt verteilt

Maschinen (50 % von 300)	150
Passiver Ausgleichsposten (Differenz)	350
Gesamter Minderbetrag	500

Für A ergibt sich folgende Ergänzungsbilanz:

Ergänzungsbilanz A Y-GmbH & Co. KG			
Ergänzungskapital	500	Minderbetrag Maschinen	150
		Ausgleichsposten	350
	500		500

---

[77] *Kempf/Obermann* DB 1998, 545.
[78] BFH v. 21.4.1994, BStBl. II 1994, 747; H/H/R § 5 EStG Anm. 1752.
[79] *Schmidt/Wacker* § 16 EStG Rn. 463; aA *Groh* FS Klein, 815.
[80] BFH v. 21.4.1994, BStBl. II 1994, 747.

§ 33 *Steuerliche Behandlung des entgeltlichen Gesellschafterwechsels*

Der auf die Maschinen entfallende Minderbetrag wird analog zu deren **70** Nutzungsdauer **gewinnerhöhend** in der Ergänzungsbilanz aufgelöst.[81] Der **passive Ausgleichsposten** in der Ergänzungsbilanz hat zwar grundsätzlich die Funktion eines negativen Geschäftswertes, wird jedoch **nicht** über die typisierende Nutzungsdauer gemäß § 7 Abs. 1 Satz 3 EStG aufgelöst.[82] Der Ausgleichsposten wird vielmehr so lange in der Ergänzungsbilanz fortgeführt, wie aus der Beteiligung anteilige Verluste entstehen. Diese anteiligen Verluste werden in gleicher Höhe gegen den Ausgleichsposten aufgerechnet und insoweit neutralisiert.

2. Beitritt durch Kapitalerhöhung

Der **Eintritt** eines neuen Gesellschafters in eine GmbH & KG muss nicht **71** notwendigerweise in Verbindung mit dem Ausscheiden eines Altgesellschafters stehen. Es kann vielmehr der **Gesellschafterkreis erweitert** werden. Für steuerliche Zwecke besteht hier die **Fiktion**, dass die bisherigen Mitunternehmeranteile durch die Altgesellschafter in eine neue, erweiterte Mitunternehmerschaft eingebracht werden.[83] Dieser Vorgang kann insgesamt nach den Regeln des § 24 UmwStG behandelt werden.[84] Die Altgesellschafter können ihre Mitunternehmeranteile hiernach zum **Buchwert** auf die „neue" Gesellschaft überführen. Entspricht die Einlage des beitretenden Gesellschafters dem **Nominalwert** seiner Beteiligung, ergeben sich keine weiteren Besonderheiten.

Leistet der neu eintretende Gesellschafter eine Einlage in die Gesellschaft, **72** die **über dem Nominalwert** seiner Beteiligung liegt, wird das Aufgeld in eine gesamthänderisch gebundene Rücklage bei der Personengesellschaft eingestellt. Diese gesamthänderisch gebundene Rücklage steht anteilig auch den Altgesellschaftern entsprechend deren Kapitalanteil zu. Die Altgesellschafter haben gegenüber der ursprünglichen Situation hiernach in der Gesamthandsbilanz ein erhöhtes Kapitalkonto, das sich aus dem bisherigen Stand des Kapitalkontos sowie dem anteiligen Rücklagenkonto zusammensetzt. Die fiktive Einbringung des Mitunternehmeranteils durch den Altgesellschafter erfolgt **insoweit nicht** zum Buchwert, sondern zu einem **über** dem Buchwert liegenden Zwischenwert (vgl. dazu → § 13 Rn. 53). Dies führt nach § 24 UmwStG grundsätzlich zu einer **Realisierung von stillen Reserven**. Da § 24 UmwStG jedoch ausdrücklich eine Überführung zum Buchwert zulässt, kann der Altgesellschafter den Einbringungsgewinn durch eine **negative Ergänzungsbilanz** neutralisieren. Hierdurch entsteht für den Altgesellschafter in der Ergänzungsbilanz ein negativer Abstockungswert für die Vermögensgegenstände des Gesamthandsvermögens. In der Folgezeit führt dies über die Nutzungsdauer der Vermögensgegenstände zu einer ratierlichen Gewinnerhöhung im Rahmen der Ergänzungsgewinn- und -verlustrechnung für den Altgesellschafter.[85]

---

[81] Schmidt/*Wacker* § 16 EStG Rn. 465.
[82] *Gießler* DStR 1995, 699; *Hoffmann* BB 1995, 1397.
[83] BFH v. 23.5.1985, BStBl. II 1985, 695.
[84] BMF v. 25.3.1998, BStBl. I 1998, 268 Rn. 24.01.
[85] BFH v. 8.12.1994, BStBl. II 1995, 600; *Pfalzgraf/Meyer* DStR 1995, 1289.

Düll

8. Kapitel. Wechsel im Gesellschafterbestand unter Lebenden

73 Der neu eintretende Gesellschafter leistet die Einlage in das Gesellschaftsvermögen. Er erhält hierfür ein anteiliges Kapital der GmbH & Co. KG. Dieses setzt sich zusammen aus dem anteiligen Festkapitalkonto und dem anteiligen gesamthänderisch gebundenen Rücklage. Da das von dem neu eintretenden Gesellschafter geleistete Aufgeld allen Gesellschaftern entsprechend der Beteiligungsquote zusteht, ist das ihm zuzuordnende Kapitalkonto **geringer** als das von ihm geleistete Entgelt. Der Differenzbetrag ist für den neu eintretenden Gesellschafter hiernach in eine **positive Ergänzungsbilanz** einzustellen. Auch dieser Mehrwert wird auf die Vermögensgegenstände des Gesamthandsvermögens abgebildet und kann in der Folgezeit über die Nutzungsdauer der Vermögensgegenstände gewinnmindernd abgeschrieben werden.

74 Alternativ zu der dargestellten Vorgehensweise kann die gesamte Einlage des neu eintretenden Gesellschafters diesem gutgeschrieben werden, wenn die Altgesellschafter ihre Kapitalkonten ebenfalls in der Gesamthandsbilanz aufstocken. In diesem Fall werden in der Gesamthandsbilanz die stillen Reserven sowie der Firmenwert aufgedeckt. Zur Vermeidung eines Veräußerungsgewinns bei den Altgesellschaftern können die in der Gesamthandsbilanz aufgedeckten stillen Reserven durch eine negative Ergänzungsbilanz neutralisiert werden.[86]

75 Leistet der neu eintretende Gesellschafter im Zusammenhang mit dem Eintritt in die Gesellschaft unmittelbare **Zahlungen an die Altgesellschafter**, handelt es sich um eine **anteilige Veräußerung** von Mitunternehmeranteilen durch die Altgesellschafter.[87] Es entstehen **insoweit** für den Altgesellschafter sowie für den Neugesellschafter die gleichen steuerlichen Konsequenzen, wie sie sich bei einer formellen Veräußerung eines Mitunternehmerteilanteils ergeben würden. Probleme können lediglich hinsichtlich der praktischen Abwicklung entstehen, da die Quote der **fiktiven Veräußerung** anhand der Verkehrswerte der Beteiligung bestimmt werden muss.

III. Folgen des entgeltlichen Gesellschafterwechsels für die GmbH & Co. KG

1. Ertragsteuerliche Konsequenzen

76 **a) Verkauf von Gesellschaftsanteilen.** Auch für die Beurteilung der Steuerfolgen auf der Ebene der Gesellschaft ist von Bedeutung, ob sich der Wechsel im Gesellschafterbestand als Verkauf von Gesellschaftsanteilen oder als Austritt aus der Gesellschaft gegen Abfindung darstellt. Bei einem **Verkauf** von Gesellschaftsanteilen bleibt die Gesellschaft bzw. die Gesamthandelsbilanz der Gesellschaft zunächst unberührt. Es erfolgt lediglich ein Austausch des Gesellschafters. Alle weiteren Besonderheiten des Verkaufs, etwa die Höhe des gezahlten Kaufpreises, die Finanzierung des Kaufpreises usw.

---

[86] BMF v. 11.11.2011, BStBl. I 2011, 1374 Rn. 24.14.
[87] BFH v. 8.12.1994, BStBl. II 1995, 599; *Söffing* DStZ 1995, 648; *Wilhelm* BB 1996, 99.

spiegeln sich in der Ergänzungsbilanz bzw. der Sonderbilanz des Erwerbers wider.

Für die Gesellschaft können sich jedoch durch den Verkauf bzw. den Erwerb der Gesellschaftsanteile **mittelbare Auswirkungen** auf der ersten und auch auf der zweiten Gewinnermittlungsstufe ergeben. Ein Gewinn aus der Veräußerung eines Gesellschaftsanteils erhöht das steuerliche Ergebnis der GmbH & Co. KG. Einkommensteuerlich wird der Veräußerungsgewinn dem veräußernden Gesellschafter zugerechnet. Unterliegt der Veräußerungsgewinn gem. § 7 GewStG der Gewerbesteuer, weil der veräußernde Gesellschafter eine Kapitalgesellschaft oder eine natürliche Person ist, die jedoch nur einen Teil der Beteiligung veräußert oder nur mittelbar an der GmbH & Co. KG beteiligt ist, entsteht die Gewerbesteuerbelastung auf Ebene der GmbH & Co. KG. Durch die Gewerbesteuer werden sämtliche Gesellschafter entsprechend ihren Beteiligungsquoten belastet. Bei natürlichen Personen als Gesellschafter der GmbH & Co. KG findet eine entsprechende Entlastung aufgrund der teilweisen Anrechnung der Gewerbesteuer bei der Einkommensteuer statt. 77

Weitere steuerliche Folgen des Erwerbs ergeben sich dadurch, dass in die erste Gewinnermittlungsstufe eventuelle zusätzliche Abschreibungen im Rahmen einer Ergänzungsbilanz, in die zweite Gewinnermittlungsstufe eventuelle Finanzierungskosten des Neugesellschafters im Zusammenhang mit dem Beteiligungserwerb eingehen. Sowohl das Ergebnis einer positiven Ergänzungsbilanz als auch das Ergebnis einer negativen Sonderbilanz verringern in erster Linie die von dem Erwerber zu versteuernden Einkünfte aus Gewerbebetrieb aus der GmbH & Co. KG. Beides beeinflusst zudem die Höhe des steuerlichen Ergebnisses der Gesellschaft und führt zu einer Minderung der Bemessungsgrundlage für die Gewerbesteuer vom Ertrag. Bei der Ermittlung des Gewerbeertrags erfolgt zwar die Hinzurechnung der Dauerschuldzinsen, auch bei Dauerschulden des Sonderbetriebsvermögens. Es verbleibt jedoch letztlich bei einer Minderung des Gewerbeertrags, da die Sonderbetriebsausgaben das steuerliche Ergebnis in voller Höhe gemindert haben. Die Minderung der Bemessungsgrundlage für die Gewerbesteuer vom Ertrag führt zu einer **Reduzierung der Gewerbesteuerbelastung** und kommt allen Gesellschaftern entsprechend ihren Beteiligungsquoten zugute, obschon der beitretende Gesellschafter die wirtschaftliche Belastung alleine trägt. 78

b) Abfindung durch die Gesellschaft. Bei einem **Austritt** aus der Gesellschaft gegen Abfindung ergeben sich zunächst hinsichtlich des Veräußerungsgewinns des austretenden Gesellschafters die gleichen steuerlichen Konsequenzen wie bei der Veräußerung eines Gesellschaftsanteils an der GmbH & Co. KG. Im Gegensatz zum Verkauf des Gesellschaftsanteils wird der Abfindungsbetrag durch die Gesellschaft selbst aufgebracht. In Höhe des über den Stand des Kapitalkontos hinaus gezahlten Aufgeldes erhöhen sich die Wertansätze der Vermögensgegenstände in der Gesamthandsbilanz. Eine getrennte Erfassung im Rahmen einer Ergänzungsbilanz ist nicht sachgerecht, da es sich um originäre Anschaffungskosten der GmbH & Co. KG handelt. Auch eventuelle Kosten aus der Finanzierung der Abfindung entste- 79 hen im Rahmen der Gesamthand und gehen in die Erfolgsrechnung der Gesellschaft ein. Die zusätzlichen Abschreibungen aus der Erhöhung der Wertansätze sowie die Finanzierungskosten beeinflussen in der Folgezeit die Bemessungsgrundlage für die Gewerbesteuer vom Ertrag.

80 c) **Anrechnung des anteiligen Gewerbesteuermessbetrages bei der Veräußerung des Kommanditanteils.** Die von der GmbH & Co. KG gezahlte Gewerbesteuer wird nach § 35 EStG in pauschalierter Form auf die persönliche Einkommensteuerschuld des bzw. der Gesellschafter angerechnet. Die Anrechnung erfolgt in Höhe des 3,8-fachen des anteiligen Gewerbesteuermessbetrages. Hierdurch wird eine weitgehende Entlastung des anteiligen Gewinnanteils von der Vorbelastung mit Gewerbesteuer vom Ertrag erreicht (→ § 6 Rn. 8). Die Entlastungswirkung aus der pauschalierten Anrechnung der Gewerbesteuer der Gesellschaft trifft allerdings nur natürliche Personen als Gesellschafter einer Mitunternehmerschaft, nicht dagegen Kapitalgesellschaften. Die Entlastungswirkung tritt ferner nur dann ein, wenn der Mitunternehmer über ein positives Einkommen verfügt, mithin Einkommensteuer entrichtet, auf die die Anrechnung erfolgen kann. Verfügt der Mitunternehmer über steuerliche Verlustvorträge oder negative Einkünfte aus anderen Einkunftsquellen, geht der Anrechnungsbetrag ins Leere, so dass es insoweit bei einer definitiven Belastung des Gewinnanteils mit Gewerbesteuer verbleibt.

81 Gerade bei einem **unterjährigen Gesellschafterwechsel** stellt sich die Frage, wie der anteilige Gewerbesteuermessbetrag zwischen Verkäufer und Erwerber der Gesellschaftsanteile aufzuteilen ist. Diese Frage wird in der Fachliteratur kontrovers diskutiert[88]. Grundsätzlich gilt, dass die Aufteilung des Gewerbesteuermessbetrages anhand des **allgemeinen Gewinnverteilungsschlüssels** erfolgt[89]. Offen ist dabei lediglich, ob auch Effekte aus eventuell vorhandenen Sonder- und Ergänzungsbilanzen in den allgemeinen Gewinnverteilungsschlüssel einzubeziehen sind oder nicht. Nach Auffassung der höchstrichterlichen Rechtsprechung bleiben bei der Zuordnung des anteiligen Gewerbesteuermessbetrages jegliche Vorabgewinnanteile eines Gesellschafters unberücksichtigt, auch wenn diese in den Gewerbesteuermessbetrag eingeflossen sind[90]. Hintergrund der Überlegung über die Zurechnungsregelung zu § 15 Abs. 1 EStG ist dabei letztlich, dass die Gewerbesteuer zu einer Belastung der Gesellschaft führt und damit von den Gesellschaftern in ihrer Gesamtheit entsprechend dem Gewinnverteilungsschlüssel wirtschaftlich getragen wird. Dies gilt unabhängig davon, dass ab dem Jahr 2008 nach § 4 Abs. 5b EStG die Gewerbesteuer nicht mehr als Betriebsausgabe abzugsfähig ist. Die Finanzverwaltung vertritt dabei die Auffassung, dass Ergebnisse aus der Sonder- bzw. der Ergänzungsbilanz dann in den allgemeinen Gewinnverteilungsschlüssel einzubeziehen sind, wenn diese Vergütungsbestandteile gewinnabhängig sind[91].

---

[88] Vgl. *Rödder* DStR 2002, 939; *Neu* DStR 2002, 1078; *Korezkiy* DStR 2007, 2103.
[89] BMF v. 15.5.2002, BStBl. I 2002, 533; BMF v. 12.1.2007, BStBl. I 2007, 108; BMF v. 22.12.2009, BStBl. I 2010, 43.
[90] BFH v. 9.2.2011, BFH/NV 2011, 1120.
[91] BMF v. 22.12.2009, BStBl. I 2010, 43.

§ 33 Steuerliche Behandlung des entgeltlichen Gesellschafterwechsels

Erfolgt ein **Gesellschafterwechsel während eines Geschäftsjahres**, muss der Gewerbesteuermessbetrag des betreffenden Geschäftsjahres nicht nur zwischen den Mitunternehmern, sondern auch zwischen Käufer und Verkäufer aufgeteilt werden. 82

In **Unternehmens- oder Anteilskaufverträgen** ist es üblich, dass der Verkäufer wirtschaftlich alle Steuerbelastungen trägt, die bis zum Übergabezeitpunkt entstehen. In diesem Fall trägt der Verkäufer des Mitunternehmeranteils aufgrund der kaufvertraglichen Regelung wirtschaftlich die Belastung aus der Gewerbesteuer. Ungeachtet dieser wirtschaftlichen Überlegungen ist Steuerschuldner der Gewerbesteuer die Mitunternehmerschaft. Die Gewerbesteuer wird als Jahressteuer erhoben, wobei der unterjährige Veräußerungsvorgang lediglich einen Ergebnisfaktor bildet. Eine besondere Aufteilungsproblematik für den Gewerbesteuermessbetrag ergibt sich dann, wenn zum einen der Veräußerungsgewinn selbst gewerbesteuerpflichtig ist und zum anderen, wenn sich der Gewerbeertrag vor und nach der Veräußerung unterschiedlich entwickelt. 83

Beispiel: A ist alleiniger Anteilseigner der A GmbH & Co. KG. Zum 31.5.2001 veräußert A seine Mitunternehmeranteile an X. Die A GmbH & Co. KG erzielt bis zum 31.5.2001 einen Gewerbeertrag von 1.000. Zwischen dem 1.6. und 31.12.2001 wird ein Gewerbeverlust von 700 erwirtschaftet, so dass im gesamten Geschäftsjahr 2001 ein Gewerbeertrag von 300 entsteht. Im Anteilskaufvertrag ist vorgesehen, dass der Verkäufer A für alle Steuerzahlungen inklusive Gewerbesteuer eintritt, die bis zum Übergabezeitpunkt 31.5.2001 entstehen.

Lösungshinweis: Für die Aufteilung des Gewerbesteuermessbetrages der A GmbH & Co. KG für das Geschäftsjahr 01 bestehen theoretisch folgende Möglichkeiten:

	A anteilig Januar – Mai	X Juni – Dezember
Verursachungsgerechte Zuordnung	300	–
Zeitanteilige Zuordnung	120	180
Zurechnung am Jahresende		300

Im Beispielsfall ist also lediglich ein anteiliger Gewerbeertrag von 300 entstanden, der ausschließlich auf die Zeit bis zum 31.5.2001 entfällt. Sachgerecht wäre hiernach, den anteiligen Gewerbesteuermessbetrag in vollem Umfang dem Veräußerer A zuzurechnen, da dieser auch kaufvertraglich verpflichtet ist, für die Gewerbesteuer einzutreten. Die Finanzverwaltung vertritt demgegenüber die Auffassung, dass die **Aufteilung zeitanteilig** zu erfolgen habe[92]. Die Lösung, dass auf die Anteilsverhältnisse zum Jahresende abgestellt wird, wird seit einiger Zeit nicht mehr ernsthaft vertreten[93]. 84

---

[92] BMF v. 19.9.2007, BStBl. I 2007, 108 Rn. 28; FG Rheinland-Pfalz v. 16.11.2012, DStRE 2013, 1489, Rev. anhängig unter Az. IV R48/12.
[93] vgl. *Schiffers* StBG 2001, 407.

8. Kapitel. Wechsel im Gesellschafterbestand unter Lebenden

85 Eine weitere Besonderheit entsteht dann, wenn der **Gewinn aus der Veräußerung** eines Mitunternehmeranteils selbst wiederum der Besteuerung mit Gewerbesteuer vom Ertrag unterliegt. Nach § 7 S. 2 GewStG ist der Gewinn aus der Veräußerung eines Mitunternehmeranteils Bestandteil des Gewerbeertrages, wenn die Veräußerung nicht durch eine natürliche Person als unmittelbar beteiligter Anteilseigner erfolgt. Der Gewerbesteuer unterliegt also der Gewinn aus der Veräußerung eines Mitunternehmeranteils immer dann, wenn die Veräußerung durch eine Kapitalgesellschaft oder durch eine weitere Mitunternehmerschaft als Gesellschafterin erfolgt. Wie bereits erwähnt, wird dem Veräußerer eines Mitunternehmeranteils in Unternehmens- oder Anteilskaufverträgen regelmäßig auferlegt, die Steuerbelastung der Gesellschaft bis zum Übergabezeitpunkt inklusive dem Veräußerungsvorgang wirtschaftlich zu tragen. Dies betrifft auch die aus dem Veräußerungsvorgang entstehende eventuelle Belastung mit Gewerbesteuer vom Ertrag. Hieraus können sich besondere Aufteilungsprobleme ergeben:

86 Ist der Gewinn aus der Veräußerung eines Mitunternehmeranteils Bestandteil des Gewerbeertrages, unterliegt dieser also der Besteuerung mit Gewerbesteuer vom Ertrag, stellt sich die Frage, ob der Veräußerungsgewinn im Sinne der BFH-Rechtsprechung eine unbeachtliche Vorabgewinnverteilungsabrede darstellt oder ob die **Regelung im Anteilskaufvertrag** über die wirtschaftliche Zuordnung der Gewerbesteuerbelastung zu dem Verkäufer der gesellschaftsvertraglichen Gewinnverteilungsabrede gleichzusetzen ist. Der BFH hat die Möglichkeit der gesonderten Vereinbarung zwischen den Gesellschaftern zumindest offen gelassen[94]. In einem vergleichbaren Urteilssachverhalt kam das FG Rheinland-Pfalz allerdings zu dem Ergebnis, dass eine entsprechende Abrede in dem Anteilskaufvertrag die allgemeine Gewinnverteilungsabrede nicht berühre[95], so dass es bei der generellen Linie zu bleiben habe, dass die Aufteilung **grundsätzlich nach dem Gewinnverteilungsschlüssel** und darüber hinaus bei einem unterjährigen Gesellschafterwechsel eine zeitanteilige Aufteilung zu erfolgen habe.

Beispiel: B GmbH & Co. KG ist alleinige Anteilseignerin der X GmbH & Co. KG. Zum 30.4.2001 veräußert B GmbH & Co. KG die Mitunternehmeranteile an Y. Die X GmbH & Co. KG erzielt bis zum 31.4.01 einen Gewerbeertrag von 400. Zwischen dem 1.5. und 31.12.2001 wird ein Gewerbeertrag von 800 erwirtschaftet. B GmbH & Co. KG erzielt einen Veräußerungsgewinn von 1.800. Im Anteilskaufvertrag ist vorgesehen, dass die Verkäuferin B GmbH & Co. KG für alle Steuerzahlungen inklusive Gewerbesteuer eintritt, die bis zum Übergabezeitpunkt 31.5.2001 entstehen.

	A	X
Verursachungsgerechte Zuordnung	2.200	800
Zeitanteilige Zuordnung	1.000	2.000
Zurechnung am Jahresende		3.000

---

[94] BFH v. 7.4.2009, BStBl. II 2010, 116.
[95] FG Rheinland-Pfalz v. 16.11.2012, DStR 2013, 1489.

§ 33 Steuerliche Behandlung des entgeltlichen Gesellschafterwechsels

Im Beispielsfall besteht die Besonderheit, dass die Veräußerung des Mitunternehmeranteils nicht durch eine natürliche Person, sondern durch eine Personengesellschaft erfolgt, der Veräußerungsgewinn ist also Bestandteil des Gewerbeertrags. Der Gesellschafter der B GmbH & Co. KG kommt in den Genuss der Gewerbesteuer-Anrechnung, die von der X GmbH & Co. KG entrichtet wird.

87

Hintergrund der Rechtsprechung des BFH ist, den Mitunternehmer in den Genuss der Gewerbesteueranrechnung zu bringen, der die Gewerbesteuer der Gesellschaft wirtschaftlich getragen hat. Dies geschieht im Regelfall über die Gewinnbeteiligung an der Gesellschaft und damit über den allgemeinen Gewinnverteilungsschlüssel. In besonderen Situationen kann es hiervon jedoch einzelvertragliche Ausnahmen geben. Dem ist auch Rechnung zu tragen. Die Aufstellung zeigt, dass die einzelnen Aufteilungsmöglichkeiten zu unterschiedlichen Auswirkungen für Käufer und Verkäufer führen. Insbesondere dann, wenn sich der Verkäufer eines Mitunternehmeranteils verpflichtet, die Gewerbesteuerschuld der Gesellschaft bis zum Übergabezeitpunkt wirtschaftlich zu übernehmen, ist eine **verursachungsgerechte Zuordnung** des Gewerbesteuermessbetrages geboten. Dies gilt insbesondere dann, wenn auch der Gewinn aus der Veräußerung des Gesellschaftsanteils Bestandteil des Gewerbeertrages ist[96].

88

Sollte allerdings der BFH die Rechtsauffassung des FG Rheinland-Pfalz bestätigen, dürfte eine faire Regelung zu der Anrechnung von Gewerbesteuermessbeträgen in Anteilskaufverträgen nur mit aufwändigen Vertragsgestaltungen zu erreichen sein. In der Steuerklausel müsste in diesem Fall berücksichtigt werden, dass der Käufer eines Gesellschaftsanteils unter Umständen in den Genuss der pauschalierten Gewerbesteueranrechnung nach § 35 EStG kommt, die letztlich von dem Verkäufer des Gesellschaftsanteils wirtschaftlich getragen wird.

89

d) Gewerbesteuerliche Verlustvorträge. Für Zwecke der Gewerbesteuer gilt die GmbH & Co. KG als Steuerrechtssubjekt, ist also eigenständig gewerbesteuerpflichtig. Wie auch im Bereich des Einkommen- und Körperschaftsteuerrechts gilt für die Gewerbesteuer vom Ertrag die unbegrenzte Verlustvortragsfähigkeit; ein Verlustrücktrag ist hingegen nicht möglich. Wegen der Steuerrechtssubjektivität der GmbH & Co. KG für den Bereich der Gewerbesteuer ist die Verwertung von gewerbesteuerlichen Verlustvorträgen auf die GmbH & Co. KG beschränkt. Voraussetzung für die Verrechnung eines **gewerbesteuerlichen Verlustvortrages** ist jedoch darüber hinaus die Unternehmensidentität, aber auch die Unternehmeridentität.[97]

90

Dabei bedeutet **Unternehmensidentität**, dass der im Anrechnungsjahr bestehende Gewerbebetrieb nach dem Gesamtbild der wesentlichen Merkmale wie Art der Betätigung, Kunden- und Lieferantenkreis, Arbeitnehmerschaft etc. mit dem Gewerbebetrieb im Verlustentstehungsjahr identisch ist.[98]

91

Unternehmeridentität stellt ab auf den Gesellschafterkreis der GmbH & Co. KG, wie er zur Zeit der Entstehung der Gewerbeverluste war. Erfolgt

92

---

[96] *Dreßler* DStR 2014, 131.
[97] BFH v. 3.5.1993, BStBl. II 1993, 616; A 66 Abs. 1 Satz 3 GewStR.
[98] A 67 Abs. 1 GewStR.

8. Kapitel. Wechsel im Gesellschafterbestand unter Lebenden

nach der Entstehung des Gewerbeverlusts ein Wechsel im Gesellschafterbestand, etwa durch Verkauf von Gesellschaftsanteilen, **geht insoweit** ein bestehender gewerbesteuerlicher Verlustvortrag verloren.[99]

93 Besonderheiten ergeben sich im Falle eines **unterjährigen Gesellschafterwechsels**. In diesem Fall muss das von der Mitunternehmerschaft erwirtschaftete steuerliche Ergebnis zwar in der einheitlichen und gesonderten Gewinnfeststellung zwischen Veräußerer und Erwerber aufgeteilt werden. Diese Ergebnisaufteilung überträgt sich allerdings nicht auf den Bereich der Gewerbesteuer vom Ertrag, da Schuldner der Gewerbesteuer nicht die Mitunternehmer, sondern die Gesellschaft ist. Bei der Veranlagung zur Gewerbesteuer ist dabei nicht ausschließlich auf die Verhältnisse zum Jahresende abzustellen, obwohl die Gewerbesteuer nach § 18 GewStG erst mit Ablauf des Geschäftsjahres entsteht. Bei der Ermittlung der Gewerbesteuer ist vielmehr auf die einzelnen Gesellschafterphasen abzustellen[100].

94 Ergibt sich ein **unterjähriger Gesellschafterwechsel**, muss zunächst danach unterschieden werden, ob in dem betreffenden Geschäftsjahr insgesamt ein Gewerbeverlust entsteht oder ob bestehende Gewerbeverluste mit positiven Gewerbeerträgen verrechnet werden sollen. Ist in dem betreffenden Geschäftsjahr **insgesamt ein Gewerbeverlust** entstanden, sind die bis zum Zeitpunkt der Veräußerung entstandenen positiven Gewerbeerträge vorrangig intraperiodisch mit Verlusten zu verrechnen, die nach der Veräußerung entstanden sind[101]. Wird in dem betreffenden Geschäftsjahr auch bis zum Zeitpunkt des Gesellschafterwechsels ein Gewerbeverlust erzielt, geht lediglich der bis zum Zeitpunkt des Anteilsverkaufs entstehende Gewerbeverlust anteilig unter. Wird auf den Zeitpunkt des Gesellschafterwechsels eine Zwischenbilanz erstellt, richtet sich die Aufteilung des Ergebnisses nach dem im Zwischenabschluss ausgewiesenen Jahresverlust. Wird kein Zwischenabschluss erstellt, ist eine **zeitliche Aufteilung** durchaus sachgerecht.

95 Verfügt die Mitunternehmerschaft zum Zeitpunkt des Anteilsverkaufs über **gewerbesteuerliche Verlustvorträge**, gehen diese mit der Veräußerung des Mitunternehmeranteils zum Zeitpunkt der Anteilsübertragung anteilig unter. Erfolgt der Anteilsverkauf unterjährig, ist der bis zum Zeitpunkt des Verkaufs eventuell entstehende Gewerbeertrag noch mit bestehenden gewerbesteuerlichen Verlustvorträgen zu verrechnen[102]. Die Verrechnung erfolgt dabei mit dem anteiligen bis zum Zeitpunkt des Ausscheidens entstehenden Gewerbeertrag[103].

96 Ist der **Gewinn aus der Veräußerung eines Mitunternehmeranteils** nach § 7 S. 2 GewStG Bestandteil des Gewerbeertrages, etwa weil Veräußerer des Mitunternehmeranteils eine Kapitalgesellschaft oder eine andere Mitunternehmerschaft ist, stellt sich die Frage, ob der Gewerbeertrag mit einem eventuell **bestehenden gewerbesteuerlichen Verlustvortrag** verrechnet werden kann. Ein bestehender gewerbesteuerlicher Verlustvortrag geht zum

---

[99] Glanegger/Güroff GewStG § 10a Rn. 97.
[100] Glanegger/Güroff GewStG § 10a Rn. 99.
[101] BFH v. 26.6.1996, BStBl. II 1997, 179; BFH v. 22.1.2009, BFH/NV 2009, 843.
[102] Vgl. Hohnold/Obser EStB 2009, 404; Behrens BB 2009, 1169.
[103] BFH v. 22.1.2009, BFH/NV 2009, 843.

Zeitpunkt des Ausscheidens eines Mitunternehmers anteilig unter. Obwohl die Gewerbesteuerschuld nach § 18 GewStG erst zum Jahresende entsteht, also einem Zeitpunkt nach dem Anteilseignerwechsel, ist es jedoch sachgerecht, wenn der bis zum Zeitpunkt des Ausscheidens anteilig entstehende Gewerbeertrag noch mit einem bestehenden gewerbesteuerlichen Verlustvortrag verrechnet wird. Dies gilt auch dann, wenn der Veräußerungsgewinn Bestandteil des Gewerbeertrages ist[104]. Allerdings ist im Falle der Verrechnung mit gewerbesteuerlichen Verlustvorträgen die Mindestbesteuerung aus § 10a S. 2 GewStG zu beachten, die auch im Falle der Verrechnung eines eventuellen Veräußerungsgewinns zum Tragen kommt. Ein nach der Veräußerung verbleibender anteiliger Verlustvortrag geht mit dem Anteilseignerwechsel allerdings unter.

Bei einem Austritt des Gesellschafters aus einer bestehenden Personengesellschaft wird die Gesellschaft durch die verbleibenden Gesellschafter fortgeführt. Mit dem Ausscheiden geht das anteilige Betriebsvermögen des ausscheidenden Gesellschafters auf die verbleibenden Mitgesellschafter über. Folglich besteht durchaus eine vergleichbare Situation zu dem Verkauf eines Gesellschaftsanteils. Ein bestehender gewerbesteuerlicher Verlustvortrag geht anteilig mit der Quote verloren, mit der der ausgeschiedene Gesellschafter im Erhebungszeitraum der Verlustentstehung an dem Gewerbeverlust beteiligt war.[105] 97

2. Grunderwerbsteuerliche Konsequenzen

Der Wechsel im Gesellschafterbestand einer grundbesitzhaltenden GmbH & Co. KG kann nach den Ersatztatbeständen der §§ 1 Abs. 2a bzw. 1 Abs. 3 GrEStG zu grunderwerbsteuerlichen Konsequenzen führen. Gem. § 1 Abs. 2a GrEStG liegt ein grunderwerbsteuerbarer Vorgang vor, wenn sich innerhalb von fünf Jahren der Gesellschafterbestand unmittelbar oder mittelbar dergestalt ändert, dass mindestens 95% der Anteile am Gesellschaftsvermögen auf **neue** Gesellschafter übergehen (vgl. dazu → § 9 Rn. 32 ff.). Dies bedeutet, dass bei einem Ausscheiden eines Gesellschafters gegen Abfindungszahlung kein grunderwerbsteuerbarer Vorgang iSd § 1 Abs. 2a GrEStG vorliegen kann, da keine Anteile auf neue Gesellschafter übergehen. Im Falle der Übertragung der Beteiligung auf neue Gesellschafter kann hingegen ein grunderwerbsteuerbarer Vorgang iSd § 1 Abs. 2a GrEStG ausgelöst werden. 98

Des Weiteren kann sowohl beim Ausscheiden aus der Gesellschaft gegen Abfindung als auch beim Gesellschafterwechsel ein grunderwerbsteuerbarer Vorgang iSd § 1 Abs. 3 GrEStG vorliegen, wenn sich mindestens 95% der Anteile in der Hand des verbleibenden Gesellschafters bzw. des Erwerbers vereinigen (vgl. dazu → § 9 Rn. 53 ff.).

---

[104] Lenski/Steinberg/*Kleinheisterkamp* GewStG § 10a Rn. 368; Glanegger/Güroff GewStG § 10a Rn. 99.
[105] BFH v. 23.1.2009, BFH/NV 2009, 843.

9. Kapitel. Tod des Gesellschafters

§ 34 Gesetzliche Grundlagen

Übersicht

	Rn.		Rn.
I. Kommanditgesellschaft	3	2. Tod eines Kommanditisten	9
1. Tod eines Komplementärs	3	II. GmbH	10

Schrifttum: *Deckert*, Vererbung von Anteilen an Personengesellschaften, NZG 1998, 43; *Gebel*, Die Bedeutung erbfallbezogener Klauseln in GmbH-Satzungen für die Erbschaftsteuer, DStR 1993, 285 und 325; *Gebel*, Die qualifizierte Nachfolgeklausel, BB 1995, 173; *Gustavus*, Die Neuregelungen im Gesellschaftsrecht nach dem Regierungsentwurf eines Handelsrechtsreformgesetzes, GmbHR 1998, 17; *Knieper/ Fromm*, Erbrecht und Gesellschaftsrecht bei der Gesellschafternachfolge, NJW 1980, 2677; *Priester*, Der vermeintliche Erbe als GmbH-Gesellschafter, GmbHR 1984, 193; *K. Schmidt*, HGB-Reform und gesellschaftsrechtliche Gestaltungspraxis, DB 1998, 61; *Sudhoff*, Unternehmensnachfolge, 5. Auflage 2005; *Zöller*, Nachfolge von Todes wegen bei Beteiligung an Personengesellschaften, MittRhNotK 1999, 121.

Beim Tod eines Gesellschafters treffen mit dem Erbrecht und dem Gesellschaftsrecht zwei Rechtsmaterien aufeinander, die in Konflikt geraten können, wenn beispielsweise die Rechtsfolgen der gesetzlichen Erbfolge[1] oder der in einer letztwilligen Verfügung[2] geäußerte Erblasserwille von dem im Gesellschaftsvertrag zum Ausdruck kommenden Gesellschafterwillen abweicht. Die notwendige **Abstimmung zwischen den verschiedenen Regelungsbereichen** wird allerdings in der Praxis nur selten vorgenommen, weil für die Gesellschaftsgründer offenbar andere Gesichtspunkte im Vordergrund stehen und es ihnen in erster Linie um den Aufbau des Unternehmens geht. An eine Regelung für den Todesfall denkt in diesem Stadium kaum einer von ihnen, so dass ohne die erforderliche Beratung die Berücksichtigung der individuellen Interessen und Bedürfnisse der Beteiligten nicht gesichert ist. Eine Ausnahme gilt insoweit nur für Familienunternehmen, bei denen die Zusammensetzung des Gesellschafterbestands von vornherein ein wesentlicher Gesichtspunkt bei der Vertragsgestaltung ist. Da sehr viele Familienunternehmen in der Rechtsform der personengleichen GmbH & Co. KG firmieren, muss bei ihnen die letztwillige Verfügung eines Gesellschafters mit zwei Gesellschaftsverträgen abgestimmt werden, um ein einheitliches Schicksal der Mitgliedschaften in beiden Gesellschaften zu gewährleisten.

1

---

[1] Dazu Sudhoff/*Scherer* Unternehmensnachfolge § 2 Rn. 1 ff.
[2] Zu Testament und Erbvertrag als den insoweit maßgeblichen Verfügungen von Todes wegen ausf. Sudhoff/*Scherer* Unternehmensnachfolge § 3 und § 4.

9. Kapitel. Tod des Gesellschafters

2 Im Folgenden soll **das gesellschaftsrechtliche und erbrechtliche Instrumentarium** vorgestellt werden, das den Gesellschaftern für eine Regelung im Fall des Todes eines von ihnen zur Verfügung steht (s. → § 35). Die Frage der Zulässigkeit von Abfindungsbeschränkungen wird, wie schon beim Wechsel im Gesellschafterbestand unter Lebenden, in einem eigenen Paragraphen behandelt, wobei nur noch auf die insoweit bestehenden Besonderheiten einzugehen ist (s. → § 36). Zunächst geht es jedoch im Folgenden darum, sich mit den unterschiedlichen gesetzlichen Grundlagen vertraut zu machen, die das Gesellschaftsrecht bei Tod eines Gesellschafters für KG und GmbH vorsieht.

I. Kommanditgesellschaft

1. Tod eines Komplementärs

3 Mit § 177 HGB treffen die Vorschriften zur KG nur für den Tod des Kommanditisten eine Sonderregelung, so dass beim Tod eines Komplementärs – über den Verweis in § 161 Abs. 2 HGB – die für den OHG-Gesellschafter geltenden Regelungen entsprechend zur Anwendung gelangen. Seit In-Kraft-Treten des Handelsrechtsreformgesetzes[3] sieht § 131 Abs. 3 S. 1 Nr. 1 HGB ein Ausscheiden aus der Gesellschaft vor, wenn der Gesellschaftsvertrag nichts Abweichendes regelt. Entgegen der früheren Rechtslage wird die KG damit nicht aufgelöst, sondern unter den verbleibenden Gesellschaftern fortgesetzt. Maßgeblicher Zeitpunkt für den **Verlust der Mitgliedschaft** ist der Tag, an dem der Komplementär stirbt (§ 131 Abs. 3 S. 2 HGB). Im Ergebnis ist der Anteil an der KG damit nach der gesetzlichen Ausgangslage nicht vererblich; in den Nachlass fällt vielmehr der Abfindungsanspruch gem. §§ 161 Abs. 2, 105 Abs. 3 HGB iVm § 738 Abs. 1 S. 1 BGB. Um zu abweichenden Rechtsfolgen zu gelangen (§ 131 Abs. 3 S. 1 Nr. 1 HGB ist dispositiv), bedarf es einer Regelung im Gesellschaftsvertrag; dieser kann für den Todesfall natürlich auch die Auflösung der Gesellschaft vorsehen.

4 Ist der persönlich haftende Gesellschafter, wie bei der GmbH & Co. KG, eine juristische Person, steht dem Tod einer natürlichen Person die Vollbeendigung der als Komplementär beteiligten Gesellschaft gleich (zu den Einzelheiten → § 30).[4] Gem. §§ 161 Abs. 2, 131 Abs. 3 Nr. 2 HGB führt daneben auch die Eröffnung des Insolvenzverfahrens über das Vermögen des persönlich haftenden Gesellschafters zu dessen Ausscheiden aus der KG. § 131 Abs. 3 HGB gilt auch für die **Zweipersonengesellschaft**, da man den in § 140 Abs. 1 S. 2 HGB zum Ausdruck kommenden Grundgedanken auf alle Fälle des Ausscheidens übertragen kann, in denen nur ein Gesellschafter verbleibt.[5] Stirbt der letzte persönlich haftende Gesellschafter bzw. tritt dessen Vollbeendigung ein, wird die KG nicht automatisch zur OHG, vielmehr wird die KG aufgelöst (vgl. → § 31 Rn. 5). Die verbleibenden Gesellschafter

---

[3] Gesetz v. 22.6.1998, BGBl. I 1474.
[4] BGHZ 75, 178 (181 f.) = NJW 1980, 233.
[5] KRM/*Koller* § 131 HGB Rn. 8; Sudhoff/*Froning* Unternehmensnachfolge § 44 Rn. 11.

stehen dann vor der Wahl, die Auflösung der KG zu betreiben, die Gesellschaft durch Aufnahme eines neuen Komplementärs als KG fortzusetzen oder die Rechtsform der OHG zu wählen.

Die **Rechtsfolgen bei Tod eines Gesellschafters** sind im Wesentlichen die gleichen wie bei einem Gesellschafteraustritt unter Lebenden (s. dazu → § 31 Rn. 9). Im Mittelpunkt steht auch hier das Anwachsungsprinzip nach §§ 161 Abs. 2, 105 Abs. 3 HGB iVm § 738 Abs. 1 S. 1 BGB. Mit Blick auf die verbleibenden Gesellschafter sorgt dieses für eine automatische Anwachsung des Anteils des ausscheidenden Gesellschafters am Gesellschaftsvermögen im Verhältnis ihrer bisherigen Beteiligung, ohne dass die Anordnung spezieller erbrechtlicher Institute, wie beispielsweise einer Testamentsvollstreckung, hieran etwas ändern könnte.[6] Der Anwachsung bei den verbleibenden Gesellschaftern steht der Abfindungsanspruch gegenüber, der in den Nachlass fällt. Sind **mehrere Erben** vorhanden, gilt § 2032 Abs. 1 BGB, der Abfindungsanspruch fällt den Erben danach ungeteilt in Erbengemeinschaft an. Unabhängig von der Zahl der Erben belastet der Abfindungsanspruch, für dessen Ermittlung die allgemeinen Grundsätze gelten (vgl. → § 32 Rn. 2 ff.) und für den die Gesellschaft sowie die verbleibenden Gesellschafter nach Maßgabe der §§ 128 ff. bzw. 171 ff. HGB haften,[7] die Liquiditätslage der Gesellschaft, was nicht selten dazu führt, dass der Abfindungsanspruch beschränkt wird (vgl. → § 32 Rn. 18 ff. sowie § 36). Um den Fortbestand der Gesellschaft zu sichern, hält die hM für den Todesfall auch den völligen Ausschluss der Abfindung für wirksam (vgl. → § 32, Rn. 21 sowie § 36 Rn. 1).[8] Dies führt im Ergebnis dazu, dass die Mitgliedschaft am Nachlass vorbeigeleitet wird; Anteil und Anteilswert fallen den Mitgesellschaftern zu.

Wird der Anteil dagegen durch den Gesellschaftsvertrag vererblich gestellt, folgt der Erbe dem Erblasser in der Stellung als Gesellschafter nach. Sind **mehrere Erben** vorhanden, müsste die Mitgliedschaft nach den allgemeinen erbrechtlichen Grundsätzen im Wege der Universalsukzession auf die aus den Miterben gebildete Erbengemeinschaft als Gesamthand übergehen (§ 2032 Abs. 1 BGB); die Erbengemeinschaft würde zur Gesellschafterin. Inzwischen ist allerdings allgemein anerkannt, dass eine Erbengemeinschaft nicht Mitglied einer werbenden Personengesellschaft sein kann, deren Gesellschafter eine Arbeits- und Haftungsgemeinschaft bilden.[9] Dies hat zur Folge, dass nach hM jeder Miterbe in dem seiner Erbquote entsprechenden Umfang direkt zum **Einzelgesellschafter** wird (vgl. auch § 139 Abs. 1 HGB).[10] Da hierdurch die Möglichkeit eröffnet ist, dass der Gesellschaftsan-

---

[6] St. Rspr. seit BGHZ 22, 186 (191) = NJW 1957, 180; KRM/*Koller* § 131 HGB Rn. 9; MHdB GesR II/*Klein/Lindemeier* § 40 Rn. 14.

[7] BGH BB 1971, 1530 (1531); Sudhoff/*Froning* Unternehmensnachfolge § 44 Rn. 86; MHdB GesR II/*Klein/Lindemeier* § 40 Rn. 23.

[8] RGZ 145, 289; 171, 250; BGHZ 22, 186 (194 f.) = NJW 1957, 180; BGH WM 1971, 1338; Baumbach/*Hopt* § 131 Rn. 62; *K. Schmidt* Gesellschaftsrecht § 45 V 3b.

[9] BGHZ 22, 186 (191) = NJW 1957, 180; BGHZ 68, 225 (237) = NJW 1977, 1339; NJW 1983, 2376 (2377); BGHZ 108, 187 (192) = NJW 1989, 3152.

[10] BGHZ 22, 186 (192) = NJW 1957, 180; 98, 48 (50 f.) = NJW 1986, 2431; MüKoHGB/*K. Schmidt* § 139 Rn. 13.

teil in viele selbständige Beteiligungen aufgespalten wird, lässt die Rechtsprechung eine gesellschaftsvertragliche Regelung zu, nach der die Erben ihre Gesellschafterrechte nur durch einen gemeinsamen Vertreter ausüben dürfen.[11]

7   Gem. §§ 161 Abs. 2, 139 Abs. 1 HGB kann jeder Erbe eines persönlich haftenden Gesellschafters sein Verbleiben in der Gesellschaft davon abhängig machen, dass ihm unter Belassung des bisherigen Gewinnanteils die Stellung eines Kommanditisten eingeräumt und der auf ihn fallende Teil der Einlage des Erblassers als seine Kommanditeinlage anerkannt wird (hierzu noch → § 35 Rn. 4). Unter den Voraussetzungen des § 139 Abs. 4 HGB ist die Haftung der Erben für Schulden des verstorbenen Gesellschafters nach §§ 161 Abs. 2, 128 HGB sowie für Ansprüche der Gesellschaft gegen ihn, anders als in den Fällen des § 131 Abs. 3 S. 1 Nr. 2 bis 6 HGB, erbrechtlich beschränkbar (§ 1975 BGB).[12]

8   Die nach § 143 Abs. 2 HGB bestehende Anmeldepflicht bei Ausscheiden eines Gesellschafters trifft im Todesfall die verbleibenden Gesellschafter sowie (soweit vorhanden) alle Erben[13] bzw. den Testamentsvollstrecker.[14] Stehen der Mitwirkung der Erben bei der Anmeldung besondere Hindernisse entgegen, kann die Eintragung in das Handelsregister unter den Voraussetzungen des § 143 Abs. 3 HGB auch ohne diese erfolgen.

2. Tod eines Kommanditisten

9   Die KG wird gem. § 177 HGB grundsätzlich mit den Erben fortgesetzt, wenn ein Kommanditist verstirbt. Damit stellt die Vorschrift die **Vererblichkeit des Kommanditanteils** positiv fest, womit dem eher kapitalistischen Charakter einer solchen Beteiligung Rechnung getragen wird. Von der dispositiven Vorschrift kann im Gesellschaftsvertrag abgewichen werden. Ein Bedarf hierfür kann etwa bestehen, wenn die Fortsetzung der Gesellschaft insgesamt, mit allen Erben oder jedenfalls mit einigen von ihnen nicht interessengerecht erscheint. Kommt § 177 HGB zum Zuge, tritt der Alleinerbe unmittelbar an die Stelle des Erblassers; bei einer Mehrheit von Erben kommt es dagegen zu einer Zerlegung und Sonderzuordnung des Kommanditanteils, für die die bereits in → Rn. 6 dargestellten Grundsätze gelten. Der Erbe haftet für Verbindlichkeiten des Erblasser nach §§ 1967 BGB iVm § 171 HGB; diese Haftung ist erbrechtlich beschränkbar (§§ 1975 ff. BGB). Daneben ordnet § 173 Abs. 1 HGB eine Eigenhaftung des Erben auch für die vor seinem Eintritt begründeten Verbindlichkeiten nach Maßgabe der §§ 171, 172 HGB an.[15] Nach der vorherrschenden Ansicht ist diese Haftung erb-

---

[11] BGHZ 46, 291 (293) = NJW 1967, 826; vgl. auch *Hesselmann/Tillmann* Rn. 620; *Zöller* MittRhNotK 1999, 121 (132).
[12] KRM/*Koller* § 131 HGB Rn. 9.
[13] Nach BayObLG BB 1993, 385 (386) gilt dies auch für die Erben, die keine Gesellschafter werden.
[14] BGHZ 108, 187 (189f.) = NJW 1989, 3152.
[15] Baumbach/*Hopt* § 173 Rn. 15; Henssler/Strohn/*Gummert* § 173 HGB Rn. 4, 23; MüKoHGB/*K. Schmidt* § 173 Rn. 40 f.

rechtlich nicht beschränkbar.[16] Unter dem Gesichtspunkt der Haftung ist entscheidend, dass dem Erben die haftungsbefreiende Erbringung der Hafteinlage (§ 171 Abs. 1 HGB) nur dann uneingeschränkt zugute kommt, wenn dem Handelsregister zu entnehmen ist, dass der Anteil im Wege der Rechtsnachfolge erworben wurde (**Nachfolgevermerk**).[17]

II. GmbH

GmbH-Anteile sind nach § 15 Abs. 1 GmbHG vererblich. Im Fall des Todes eines Gesellschafters fällt dessen Geschäftsanteil ohne Weiteres in den Nachlass und geht automatisch auf den oder die gesetzlichen oder testamentarischen Erben über (§ 1922 BGB). Weder durch die Satzung noch einen Gesellschafterbeschluss kann dies ausgeschlossen oder beschränkt werden.[18] Im Verhältnis zur Gesellschaft gilt der Erbe erst mit Eintragung in die Gesellschafterliste als Inhaber des Geschäftsanteils.[19] Sind mehrere Erben vorhanden, besteht der wesentliche **Unterschied zum Personengesellschaftsrecht** darin, dass diesen der Geschäftsanteil ungeteilt zur gesamten Hand zusteht, so dass sie ihre Rechte aus demselben nur gemeinschaftlich ausüben können (§ 18 Abs. 1 GmbHG). Der Gesellschaftsvertrag kann darüber hinaus vorsehen, dass auch nach einer Teilung des Geschäftsanteils bestimmte Mitgliedschaftsrechte, wie insbesondere das Stimmrecht, nur gemeinschaftlich durch einen Vertreter ausgeübt werden können.[20] Ansonsten geht die Mitgliedschaft mit allen Rechten und Pflichten des Erblassers auf den Erben über, so dass dieser auch für rückständige Einlagen und Nachschüsse haftet.[21] Nach hM ist die Haftung des Erben nach den erbrechtlichen Vorschriften (§§ 1975 ff. BGB) beschränkbar.[22] Dies soll hinsichtlich der Haftung für offene Einlagen allerdings dann nicht gelten, wenn der Erbe in die Gesellschafterliste aufgenommen wurde, da in § 16 Abs. 2 GmbHG ein eigenständiger Verpflichtungsgrund gesehen wird.[23]

10

---

[16] OLG Hamburg NJW-RR 1994, 809 (810f.); Henssler/Strohn/*Gummert* § 173 HGB Rn. 25; MüKoHGB/*K. Schmidt* § 173 Rn. 44; aA *Adel* DStR 1994, 1580 (1583); KRM/*Koller* § 173 HGB Rn. 2.
[17] Baumbach/*Hopt* § 173 Rn. 15; MAH GmbH-Recht/*Grunewald*, § 19 Rn. 119; MüKoHGB/*K. Schmidt* § 173 Rn. 45.
[18] MüKoGmbHG/*Reichert/Weller* § 15 Rn. 338; Rowedder/Schmidt-Leithoff/*Görner* § 15 GmbHG Rn. 130.
[19] Michalski/*Ebbing* § 15 GmbHG Rn. 10; Scholz/*Seibt* § 15 GmbHG Rn. 24.
[20] Scholz/*Seibt* § 15 GmbHG Rn. 34 mwN.
[21] *Gebel* DStR 1993, 285.
[22] Etwa Baumbach/Hueck/*Fastrich* § 15 GmbHG Rn. 10; MüKoGmbHG/*Reichert/Weller* § 15 Rn. 447 mwN.
[23] Baumbach/Hueck/*Fastrich* § 16 GmbHG Rn. 17; MüKoGmbHG/*Heidinger* § 16 Rn. 134; aA Roth/*Altmeppen* § 16 Rn. 20.

§ 35 Regelungen im Gesellschaftsvertrag und in letztwilligen Verfügungen

Übersicht

	Rn.		Rn.
I. Regelungen im Gesellschaftsvertrag	1	II. Besonderheiten in letztwilligen Verfügungen	20
1. Kommanditgesellschaft	1	1. Vor- und Nacherbfolge	20
a) Ausschluss der Vererblichkeit	1	a) Kommanditgesellschaft	20
		b) GmbH	23
b) Einfache Nachfolgeklausel	4	2. Vermächtnis	25
		3. Testamentsvollstreckung	26
c) Qualifizierte Nachfolgeklausel	9	a) Kommanditgesellschaft	26
		b) GmbH	36
d) Eintrittsklausel	13	III. Abstimmung von Gesellschaftsvertrag und letztwilliger Verfügung	37
2. GmbH	16		
a) Ausschluss der Vererblichkeit	16	IV. Verzahnung in den Gesellschaftsverträgen	44
b) Nachfolgeklauseln	17		

Schrifttum: (vgl. bereits die Nachweise unter § 34) *Albach*, Nachfolgeregelung im Mittelstand – ein Praxistest, BB 2000, 781; *Bommert*, Neue Entwicklungen zur Frage der Testamentsvollstreckung in Personengesellschaften, BB 1984, 178; *Brandi/Mühlmeier*, Übertragung von Gesellschaftsanteilen im Wege vorweggenommener Erbfolge und Vorbehaltsnießbrauch – Möglichkeiten der Erhaltung der Rechtsstellung des Altgesellschafters nach Substanzwertverlagerung auf einen Nachfolger, GmbHR 1997, 734; *Bütter/Tonner*, Wirksamkeit von Rückkaufrechten und auflösenden Bedingungen in Schenkungsverträgen über Gesellschaftsanteile, NZG 2003, 193; *Damrau*, Zur Testamentsvollstreckung am Kommanditanteil, NJW 1984, 2785; *Dressler*, Vereinbarungen über Pflichtteilsansprüche – Gestaltungsmittel zur Verringerung der Erbschaftsteuerbelastung, NJW 1997, 2848; *Ebenroth/Lorz*, Das Unternehmertestament als Bestandteil umfassender Nachfolgeplanung, WiB 1995, 609, 656 und 689; *Esch*, Zur Zulässigkeit der Testamentsvollstreckung an Kommanditbeteiligungen, NJW 1981, 2222; *Esch*, Die Nachlaßzugehörigkeit vererbter Personengesellschaftsbeteiligungen, NJW 1984, 339; *Feddersen*, Die Behandlung der Abkömmlinge bei der Erbfolge in Gesellschaftsanteile unter vorrangiger Erhaltung der Kontinuität des Unternehmens und unter Beachtung des Primats der Unternehmernachfolge, in FS Stiefel, 1987, 197; *Fleck*, Die Beeinträchtigung erbrechtlicher Anwartschaften aufgrund von Gesellschafterbeschlüssen in der GmbH, in FS Stimpel, 1985, 353; *Flick*, Widerspruch zwischen Testament und Gesellschaftsvertrag, ZEV 1994, 34; *Flume*, Die Erbennachfolge in den Anteil an einer Personengesellschaft und die Zugehörigkeit des Anteils zum Nachlaß, NJW 1988, 161; *Flume*, Die Nachlaßzugehörigkeit der Beteiligung an einer Personengesellschaft in ihrer Bedeutung für Testamentsvollstreckung, Nachlaßverwaltung und Nachlaßkonkurs und Surrogaterwerb, ZHR 1991, 501; *Franz/Seitz*, Die Vermögensübergabe gegen Versorgungsleistungen im Umbruch, DStR 2002, 1745; *Goebel*, Drittbestimmung des Unternehmensnachfolger-Erben? – Eine Rückbesinnung auf die reichsgerichtliche Rechtsprechung zur materiellen Höchstpersönlichkeit des Testaments, DNotZ 2004, 101; *Götte*, Die Gewinn- und Auseinandersetzungsansprüche bei einer Gesellschafternachfolge aufgrund rechtsgeschäftlichen Eintrittsrechtes, DNotZ 1988, 603; *Gschwendtner*, Testamentsvollstreckung an einem Kommanditanteil, NJW 1996, 362; *Hennerkes/May*, Der Gesellschaftsvertrag des Familienunternehmens, NJW 1988, 2761; *Hermanns*, Die vorweggenommene Erbfolge in Gesellschaftsbeteiligungen, MittRhNotK 1997, 149; *Hilger*, Zur Anwendbarkeit statutarischer Vinkulierungsklauseln bei der Übertragung von GmbH-Geschäftsanteilen in Ausführung letztwilliger Verfügungen, in FS Quack, 1991, 259; *Hörger/Pauli*, Nachfolge bei Kapital- und Personengesellschaften, GmbHR 1999, 945; *Klein*, Die Testamentsvollstreckung in Gesellschaftsbeteiligungen an offenen Handelsgesellschaften und Kommanditgesellschaften, DStR 1992, 292 und 326; *Knebel/Nekola*, Unternehmensnachfolgeplanung bei Personengesellschaften, DB 2000, 169; *Koch*, Kommanditanteil und Testamentsvollstreckung, NJW 1983, 1762; *Kreppel*, Der Testamentsvollstrecker und die Erben des Gesellschafters, DStR 1996, 430; *Lessmann*, Vinkulierungsklauseln bei der Vererbung von GmbH-Geschäftsanteilen, GmbHR 1986, 409; *Marotzke*, Die Nachlaßzugehörigkeit ererbter Personengesellschaftsanteile und der Machtbereich des Testamentsvollstreckers nach dem Urteil des BGH vom 14. Mai 1986, AcP 1987, 223; *Marotzke*, Haftungsverhältnisse und Probleme der Nachlaßverwaltung bei der Beerbung des einzigen Komplementärs durch den einzigen Kommanditisten, ZHR 1992, 17; *Martinek*, Der Kommanditanteil als Nachlaßsurrogat – ein neuer Konflikt zwischen Erb- und Gesellschaftsrecht?, ZGR 1991, 74; *Mayer*, Testamentsvollstreckung am Kommanditanteil, ZIP 1990, 976; *Menges/Stähle*, Erbfolgeregelungen bei qualifizierter Nachfolgeklausel, BB 1994, 2122; *Michalski*, Nachfolgeklauseln in der GmbH-Satzung, NZG 1998, 301 f.; *Mock*, Anwendbarkeit des § 139 HGB auf die GbR, NZG 2004, 118; *Petzoldt*, Gesellschaftsvertrag und Erbrecht bei der GmbH und der GmbH & Co. KG, GmbHR 1977, 25; *Priester*, Nachfolgeklauseln im GmbH-Vertrag, GmbHR 1981, 206; *Priester*, Testamentsvollstreckung am GmbH-Anteil, in FS Stimpel, 1985, 463; *Promberger*, Auslegung unvollständiger Nachfolgeklauseln in der Satzung einer GmbH, ZHR 1986, 585; *Quack*, Die Testamentsvollstreckung an Kommanditanteilen, BB 1989, 2271; *Rehmann*, Testamentsvollstreckung an Gesellschaftsanteilen, BB 1985, 297; *Reichert*, Unternehmensnachfolge aus anwaltlicher Sicht, GmbHR 1998, 257; *K. Schmidt*, Zur kombinierten Nachfolge- und Umwandlungsklausel bei OHG- oder Komplementäranteilen, BB 1989, 1702; *Schmitz*, Testamentsvollstreckung an Personengesellschaftsanteilen, ZGR 1988, 140; *Sethe*, Die Wirkung und dogmatische Einordnung von Fortsetzungs- und Nachfolgeklauseln im Lichte der HGB-Reform, JZ 1997, 989; *Siegmann*, Zur Fortbildung des Rechts der Anteilsvererbung, NJW 1995, 481; *Stötter*, Die Nachfolge in Anteile an Personengesellschaften auf Grund Gesellschaftsvertrages oder Erbrechts, DB 1970, 525 und 573; *Storg*, Qualifizierte Nachfolge in Gesellschaftsanteile nach neuester Rechtslage, DStR 2002, 1384; *Tiedau*, Die Abfindungs- und Ausgleichsansprüche der von der gesellschaftlichen Nachfolge ausgeschlossenen Erben, NJW 1980, 2446; *Ulmer*, Gesellschafternachfolge und Erbrecht, ZGR 1972, 195 und 324; *Ulmer*, Zur Gesellschafternachfolge im Todesfall, BB 1977, 805; *Ulmer*, Nachlasszugehörigkeit vererbter Personengesellschaftsbeteiligungen?, NJW 1984, 1496; *Ulmer*, Probleme der Vererbung von Personengesellschaftsanteilen – BGH, NJW 1986, 2431, JuS 1986, 856; *Ulmer*, Testamentsvollstreckung am Kommanditanteil – Voraussetzungen und Rechtsfolgen, NJW 1990, 73; *Vorwold*, Wer ist nachfolge-, wer ist empfangsberechtigt bei der Unternehmensnachfolge gegen Versorgungsleistungen?, DStR 1998, 585; *Weber*, Testamentsvollstreckung an Kommanditanteilen?, in FS Stiefel, 1987, 829; *Westermann*, Zum Anwendungsbereich von Vinkulierungsklauseln bei der Vererbung von GmbH-Geschäftsanteilen, ZIP 1985, 1249; *Wolf*, Die Haftung des Gesellschaftererben für Verbindlichkeiten einer Personenhandelsgesellschaft – Erbrechtliche Haftungsbeschränkung gem. § 139 Abs. 4 HGB bei Einräumung der Rechtsstellung eines Kommanditisten und Haftung nach § 173 Abs. 1 HGB, DB 2003, 1423.

9. Kapitel. Tod des Gesellschafters

I. Regelungen im Gesellschaftsvertrag

1. Kommanditgesellschaft

1   **a) Ausschluss der Vererblichkeit.** Im Gegensatz zur GbR führt der Tod eines persönlich haftenden Gesellschafters bei den Personenhandelsgesellschaften im gesetzlichen Regelfall nicht zur Auflösung der Gesellschaft, sondern zum **Ausscheiden des Verstorbenen** (§§ 161 Abs. 2, 131 Abs. 3 S. 1 Nr. 1 und S. 2 HGB). Der Umstand, dass § 131 Abs. 3 S. 1 HGB dispositiv ist, zeigt aber, dass der Gesetzgeber von der grundsätzlichen Vererblichkeit des Gesellschaftsanteils an einer KG ausgeht. Für Kommanditisten ergibt sich dies bereits aus § 177 HGB, so dass ein unterschiedlicher Regelungsbedarf im Gesellschaftsvertrag besteht.

2   Die unter der Rechtslage vor Inkrafttreten des Handelsrechtsreformgesetztes verbreiteten **Fortsetzungsklauseln**,[1] nach denen nur die verbleibenden Gesellschafter die Gesellschaft fortsetzen und die Erben des Verstorbenen lediglich in den Nachlass fallende Abfindungsansprüche erhalten sollen, sind nach der Handelsrechtsreform hinsichtlich der Komplementäre entbehrlich, können aber für den Tod von Kommanditisten ihre Bedeutung behalten. Denn soll die Vererblichkeit eines Kommanditanteils (§ 177 HGB) ausgeschlossen werden, bedarf es einer gesellschaftsvertraglichen Bestimmung. Allerdings bleibt es nach wie vor empfehlenswert, im Gesellschaftsvertrag Regelungen für die vielfältigen Probleme vorzusehen, die im Fall des Todes eines oder mehrerer Gesellschafter auftreten können. Im Mittelpunkt steht dabei neben der Klärung der gesellschaftsrechtlichen Nachfolgeberechtigung von Erben oder Dritten die Frage eines finanziellen Ausgleichs für diejenigen, die an der Fortsetzung der Gesellschaft nicht teilnehmen sollen.

3   Absprachen, nach denen im Fall des Todes eines Gesellschafters noch andere Gesellschafter ausscheiden sollen, sind dabei ebenso wirksam wie eine Regelung, die eine vom bisherigen Beteiligungsverhältnis der verbleibenden Gesellschafter abweichende Anwachsung des Gesellschaftsanteils des Erblassers vorsieht.[2] Schließlich kann auch ein **Übernahmerecht eines Gesellschafters** vereinbart werden.[3] Im Übrigen bleibt es den Gesellschaftern auch nach der Handelsrechtsreform unbenommen, für den Fall des Todes eines von ihnen die Auflösung der Gesellschaft als Regelfall (Auflösungsklausel) und gegebenenfalls daneben die Möglichkeit vorzusehen, über die Fortsetzung der Gesellschaft mit oder ohne Beteiligung der Erben zu beschließen.[4]

---

[1] *K. Schmidt* Gesellschaftsrecht § 45 V 1c weist darauf hin, dass die Bezeichnung „Ausschließungsklauseln" treffender und besser zu einer Abgrenzung geeignet wäre, da es auch bei den Nachfolge- und Eintrittsklauseln zu einer Fortsetzung der Gesellschaft – wenn auch mit anderem Gesellschafterbestand – kommt.

[2] KRM/*Koller* § 131 HGB Rn. 21.

[3] S. dazu das anschauliche Bsp. in OLG Hamm NZG 1999, 712 m. Anm. *Michalski*.

[4] Vgl. hierzu die Form.vorschläge bei *K. Schmidt* DB 1998, 61 (65); *Zöller* MittRhNotK 1999, 121 (129); *Sudhoff/Froning* Unternehmensnachfolge § 44 Rn. 12.

b) Einfache Nachfolgeklausel.

Unter einer einfachen Nachfolgeklausel ist eine gesellschaftsvertragliche Regelung zu verstehen, die zu einer unmittelbaren erbrechtlichen Nachfolge in die Gesellschaftsbeteiligung führt und nach der die werbende Gesellschaft beim Tod eines voll haftenden Gesellschafters ganz allgemein mit dessen Erben fortgesetzt werden soll.[5] Die Klausel regelt damit (für den Tod eines Komplementärs) nicht mehr, als dass der Gesellschaftsanteil überhaupt vererblich ist und überlässt alles Weitere dem Erbrecht. Die Auswahl des oder der Nachfolger (Erben) liegt damit allein bei dem einzelnen Gesellschafter; ein Umstand, der für die jeweiligen Mitgesellschafter nicht in allen Fällen akzeptabel ist – etwa mit Blick auf die Eignung oder die Anzahl der Nachfolger –, weshalb ein Bedürfnis für sog. qualifizierte Nachfolgeklauseln besteht (hierzu → Rn. 9 ff.). Bei erbrechtlicher Nachfolge in den Gesellschaftsanteil eines persönlich haftenden Gesellschafters kann jeder Erbe nach § 139 Abs. 1 HGB seinen Verbleib in der Gesellschaft davon abhängig machen, dass ihm unter Belassung des bisherigen Gewinnanteils die **Stellung eines Kommanditisten eingeräumt** und der auf ihn fallende Teil der Einlage des Erblassers als seine Kommanditeinlage anerkannt wird. Nehmen die übrigen Gesellschafter einen solchen Antrag nicht an, kann der Erbe ohne Einhaltung einer Kündigungsfrist sein Ausscheiden aus der Gesellschaft erklären (§ 139 Abs. 2 HGB). Zur Geltendmachung dieser Rechte hat der Erbe drei Monate Zeit, nachdem er von dem Anfall der Erbschaft Kenntnis erlangt hat (§ 139 Abs. 3 S. 1 HGB). Steht dem Erben nach drei Monaten noch das Recht zur Ausschlagung der Erbschaft zu (§§ 1942 ff. BGB),[6] verlängert sich die Frist bis zum Ablauf der Ausschlagungsfrist (§ 139 Abs. 3 S. 3 HGB). Eine ausschließlich auf den Gesellschaftsanteil bezogene (Teil-)Ausschlagung wird allerdings nicht zugelassen.[7] Im Übrigen gilt § 210 BGB entsprechend (§ 139 Abs. 3 S. 2 HGB).

§ 139 HGB dient in erster Linie dem Schutz des Erben vor einer unbeschränkten persönlichen Haftung.[8] Hierfür erlangt § 139 Abs. 4 HGB besondere Bedeutung. Nach dieser Vorschrift haftet der Erbe bei fristgerechtem Ausscheiden, zwischenzeitlicher Auflösung der Gesellschaft oder Übernahme der Kommanditistenstellung für die bis dahin jeweils entstandenen Gesellschaftsschulden nur nach Maßgabe der §§ 1975 ff. BGB.[9] Die Anwendung der Bestimmungen des § 139 HGB kann im Gesellschaftsvertrag mit einer Ausnahme **nicht ausgeschlossen werden**. Diese Ausnahme betrifft den Gewinnanteil des als Kommanditist in der Gesellschaft verbleibenden Erben, der abweichend von demjenigen des Erblassers festgelegt werden

---

[5] Form.vorschlag etwa bei Sudhoff/*Froning* Unternehmensnachfolge § 44 Rn. 23.
[6] Dazu Sudhoff/*Scherer* Unternehmensnachfolge § 11 Rn. 1 ff.
[7] KRM/*Koller* § 139 HGB Rn. 3.
[8] KRM/*Koller* § 139 HGB Rn. 2; *Zöller* MittRhNotK 1999, 121 (131 f.).
[9] Zu den Haftungsfolgen im Einzelnen Sudhoff/*Froning* Unternehmensnachfolge § 44 Rn. 90 ff.; KRM/*Koller* § 139 HGB Rn. 10 ff.; *Marotzke* ZHR 1992, 17 (19); das Konkurrenzverhältnis der Vorschrift zu § 173 Abs. 1 HGB im dritten Fall untersucht *Wolf* DB 2003, 1423 (1426) mwN, der im Ergebnis eine Privilegierung des Erben ablehnt; zum daneben bestehenden Haftungsrisiko nach § 27 HGB für einen den Komplementär beerbenden Kommanditisten, der durch den Erbfall zum Alleininhaber des Gesellschaftsvermögens wird, BGHZ 113, 132 (135) = NJW 1991, 844.

kann (§ 139 Abs. 5 HGB). Zulässig ist es, im Gesellschaftsvertrag eine automatische Umwandlung des Gesellschaftsanteils in einen Kommanditanteil mit der Folge des § 139 Abs. 4 HGB vorzusehen oder dem Erben insoweit ein einseitiges Wahlrecht zuzugestehen.[10] Während die Annahme des Antrags eines Vorerben nach § 139 Abs. 1 HGB den Nacherben bindet,[11] kann der Nacherbe noch einen eigenständigen Antrag stellen, wenn der Vorerbe insoweit untätig geblieben ist.[12]

6 Gerade bei Familienunternehmen kommt es häufig vor, dass im Zeitpunkt des Todes eines Gesellschafters der Erbe seinerseits bereits Gesellschafter war. In diesen Fällen entsteht, wegen des **Grundsatzes der Einheit der Gesellschafterstellung,** eine neue einheitliche Beteiligung, soweit keine Testamentsvollstreckung angeordnet ist oder der Erbe nur Vorerbe wird.[13] War der Erbe bereits Komplementär, ist § 139 HGB nicht anwendbar.[14] Erbt dagegen ein Kommanditist einen Komplementäranteil, wird er einheitlich zum Komplementär. Das Wahlrecht aus § 139 Abs. 1 HGB muss er für seine gesamte Beteiligung ausüben und so gegebenenfalls die Umwandlung (des gesamten Anteils) in einen Kommanditanteil nach § 139 Abs. 1 HGB betreiben.[15]

7 Das Prinzip der **Sonderzuordnung** (hierzu bereits → § 34 Rn. 6) führt dazu, dass mehrere Erben den vererbten Gesellschaftsanteil nicht als Gesamthänder in Form einer Erbengemeinschaft (§ 2032 BGB) erwerben, sondern in Abhängigkeit von der Erbquote direkt Gesellschafter der KG werden.[16] Die Herausnahme des Gesellschaftsanteils aus der hinsichtlich der übrigen Nachlassgegenstände bestehenden gesamthänderischen Bindung bewirkt unter anderem, dass der Gesellschafter-Erbe im Gegensatz zu § 2033 Abs. 2 BGB erbrechtlich nicht gehindert ist, nach Übergang des Anteils auf ihn über diesen zu verfügen. Umstritten ist, ob die nach § 717 S. 2 BGB selbständig abtretbaren Ansprüche (Gewinnanspruch, Anspruch auf das Auseinandersetzungsguthaben) Gesamthandsvermögen der Erbengemeinschaft werden (so die vom Gesellschaftsrechtsenat des BGH vertretene **Abspaltungsthese**)[17] oder ob sämtliche mit dem Gesellschaftsanteil verbundenen Mitgliedschaftsrechte

---

[10] BGHZ 101, 123 (125) = NJW 1987, 3184; KRM/*Koller* § 139 HGB Rn. 7; *Sethe* JZ 1997, 989 (990); zur Notwendigkeit einer kombinierten Nachfolge- und Umwandlungsklausel in diesen Fällen *K. Schmidt* BB 1989, 1702 (1704); Sudhoff/ *Froning* Unternehmensnachfolge § 44 Rn. 43 ff. mit Form.vorschlag in Rn. 48.
[11] BGHZ 69, 47 (52) = NJW 1977, 1540.
[12] KRM/*Koller* § 139 HGB Rn. 7; *Zöller* MittRhNotK 1999, 121 (140); MHdB GesR II/*Klein/Lindemeier* § 42 Rn. 28.
[13] BGHZ 98, 48 (57) = NJW 1986, 2431; KRM/*Koller* § 139 HGB Rn. 4; MüKoHGB/*K. Schmidt* § 105 Rn. 78; *Zöller* MittRhNotK 1999, 121 (125); vgl. auch OLG Hamm NZG 1999, 344 m. Anm. *Behnke*.
[14] Baumbach/*Hopt* § 139 Rn. 8.
[15] BayObLG NZG 2003, 476 (476f.); Oetker/*Kamanabrou* § 139 Rn. 64; MüKoHGB/*K. Schmidt* § 139 Rn. 65.
[16] BGHZ 22, 186 (191) = NJW 1957, 180; BGHZ 68, 225 (235) = NJW 1977, 1339 m. Anm. *Ulmer* BB 1977, 805.
[17] BGHZ 22, 186 (194) = NJW 1957, 180; BGHZ 91, 132 (135f.) = NJW 1984, 2104; BGH NJW-RR 1987, 989 m. Anm. *Flume* NJW 1988, 161; BGHZ 108, 187 (192f.) = NJW 1989, 3152; vgl. auch *Ulmer* NJW 1984, 1496; BGH NJW 1985, 1953 (1954) m. Anm. *Priester* EWiR 1985, 309 f.; aA zB *Marotzke* AcP 1987, 223 (232f.).

auch beim Erbgang eine Einheit bilden (so die vom Erbrechtssenat vertretene **Einheitsthese**).[18] Um die Abspaltung der vermögensrechtlichen Ansprüche vom Gesellschaftsanteil in jedem Fall zu vermeiden, kann sie im Gesellschaftsvertrag ausgeschlossen werden, was angesichts der Dispositivität von § 717 S. 2 BGB[19] zulässig ist.

Beim Tod eines Kommanditisten ist eine einfache Nachfolgeklausel entbehrlich, da die Fortsetzung der Gesellschaft mit seinen Erben bereits dem gesetzlichen Regelfall entspricht (§ 177 HGB). Ist der einzige Komplementär gestorben und existiert keine Nachfolgeklausel, kann die Gesellschaft als **werbende KG** nur fortgesetzt werden, wenn einer der Kommanditisten zum Komplementär wird oder ein Dritter der KG als voll haftender Gesellschafter beitritt.[20] Führen die Kommanditisten trotz **Wegfalls des letzten Komplementärs** die Gesellschaft werbend fort, wandelt sich diese kraft Rechtsformzwang in eine OHG.[21]

8

c) **Qualifizierte Nachfolgeklausel.** Soll die Gesellschaft beim Tode eines Gesellschafters nicht mit allen Erben fortgesetzt werden, bedarf es einer sog. qualifizierten Nachfolgeklausel. Die Qualifizierung gegenüber einfachen Nachfolgeklauseln liegt einmal vor, wenn im Gesellschaftsvertrag genau bestimmt ist, mit welchen **Erben die werbende Gesellschaft fortgesetzt** werden soll. Hierzu genügen allgemeine Umschreibungen wie „der Ehemann" oder „die älteste Tochter". Daneben können konkrete Voraussetzungen formuliert werden, von deren Erfüllung die **Nachfolgeberechtigung** abhängen soll. Als in der Praxis weit verbreitete Beispiele sind hier etwa die Familienzugehörigkeit sowie Alter, Ausbildungsweg und Geschäftserfahrenheit zu nennen.[22] Die Qualifizierung kann aber auch dadurch erreicht werden, dass der Erblasser von einem ihm in der Klausel eingeräumten Wahlrecht durch letztwillige Verfügung nach §§ 2087ff. BGB Gebrauch macht. Die Testierfreiheit des Erblassers wird durch eine qualifizierte Nachfolgeklausel nicht eingeschränkt, da er in der Bestimmung frei bleibt, wer sein Erbe werden soll. Erfüllen die als Erben benannten Personen aber nicht die in der gesellschaftsvertraglichen Regelung beschriebenen Anforderungen, werden sie zwar Erben, aber keine Gesellschafter und erhalten lediglich einen in den Nachlass fallenden Abfindungsanspruch nach § 738 Abs. 1 S. 2 BGB.

9

Im Gegensatz zur einfachen erlangt die qualifizierte Nachfolgeklauseln auch für den Tod eines Kommanditisten Bedeutung, da in § 177 HGB nur ganz allgemein die Fortsetzung der Gesellschaft mit den Erben angeordnet ist, was alle Erben meint. Im Regelfall einer qualifizierten Nachfolgeklausel geht der **gesamte Gesellschaftsanteil** des verstorbenen Gesellschafters

10

---

[18] BGH NJW 1983, 2376; BGHZ 98, 48 (50) = NJW 1986, 2431 m. Anm. *Marotzke* AcP 1987, 223; *Koch* EWiR 1986, 1117 f.; *Ulmer* JuS 1986, 856.
[19] Dazu BGH WM 1978, 514 (515).
[20] Zum Ausscheiden eines Komplementärs allg. s. → § 31 Rn. 5.
[21] Vgl. BGH NJW 1979, 1705 (1706); Baumbach/*Hopt* § 177 Rn. 1.
[22] Eine qualifizierte Nachfolgeklausel kann zB lauten: „Stirbt ein Gesellschafter, wird die Gesellschaft mit dem ältesten leiblichen Abkömmling des Verstorbenen als Nachfolger fortgesetzt"; ein ausführlicher Form.vorschlag findet sich etwa bei Sudhoff/*Froning* Unternehmensnachfolge § 44 Rn. 32.

9. Kapitel. Tod des Gesellschafters

ganz oder (entsprechend den Erbquoten untereinander) geteilt im Wege der Sonderzuordnung unmittelbar auf den bzw. die benannten oder ausgewählten Erben über, unabhängig davon, ob es nach der gesetzlichen oder gewillkürten Erbfolge noch weitere Erben gibt.[23] In diesem Fall haben nicht nachfolgeberechtigte Erben keinen Abfindungsanspruch gegen die Gesellschaft, da es nicht zu einer Anwachsung (§ 738 Abs. 1 S. 1 BGB) kommt. Ihnen kann allerdings gegen den oder die qualifizierten Nachfolger ein erbrechtlicher Anspruch auf Wertausgleich entsprechend ihrer Erbquoten zustehen.[24] Abweichend kann der Gesellschaftsvertrag bestimmen, dass der Gesellschaftsanteil nur zu einem Teil auf den bzw. die Erben übergehen soll. Der von einer solchen Regelung nicht erfasste Teil am Gesellschaftsvermögen wächst den übrigen Gesellschaftern an (§ 738 Abs. 1 S. 1 BGB), weshalb insoweit ein Abfindungsanspruch der Erben besteht. Die aufgezeigte Möglichkeit, im Gesellschaftsvertrag die Nachfolge speziell zu regeln, rechtfertigt es, von einem **Vorrang des Gesellschaftsrechts vor dem Erbrecht** zu sprechen.

11 Im Ergebnis funktioniert eine qualifizierte Nachfolgeklausel damit wie eine dinglich wirkende **Teilungsanordnung** iSv § 2048 BGB, die automatisch mit dem Erbfall vollzogen wird.[25] Voraussetzung ist aber immer, dass die im Gesellschaftsvertrag als Nachfolger zugelassene Person auch tatsächlich Erbe des verstorbenen Gesellschafters wird.[26] Nach der Rechtsprechung genügt es, Vor- oder Nacherbe zu sein, wobei allerdings die Vorerben die Nachfolgebedingungen erfüllen müssen.[27] Mit einer subsidiären Eintrittsklausel (hierzu → Rn. 13 ff.) kann dem Auseinanderfallen der im Gesellschaftsvertrag bestimmten Nachfolger und der Erben vorgebeugt werden. Auch sonst nimmt der BGH dann, wenn die (erbrechtliche) Nachfolgeklausel daran scheitert, dass der gesellschaftsvertraglich vorgesehene Nachfolger nicht Erbe wird, im Zweifel eine **Umdeutung der Nachfolge- in eine Eintrittsklausel** vor.[28]

12 Deckt sich der Wille des Erblassers nach Abschluss des Gesellschaftsvertrags nicht mehr mit den Bestimmungen der qualifizierten Nachfolgeklausel, ist im Grundsatz eine Vertragsänderung erforderlich. Findet sich hierfür nicht die erforderliche Mehrheit, bleibt dem Gesellschafter das gewünschte wirtschaftliche Ergebnis dadurch zu erreichen, dass er es bei der Erbeinsetzung der durch den Gesellschaftsvertrag qualifizierten Nachfolger belässt und diese etwa mit einem Vermächtnis beschwert oder eine Unterbeteiligung oder ein Nießbrauchsrecht am ererbten Gesellschaftsanteil einräumt.[29]

---

[23] BGHZ 68, 225 (235) = NJW 1977, 1339 unter Aufgabe von BGHZ 22, 186 (195) = NJW 1957, 180; OLG Hamm NJW-RR 1991, 837 (839): Übergang erfolgt ohne Rücksicht auf § 2306 Abs. 1 S. 1 BGB; aA *Zöller* MittRhNotK 1999, 121 (139).
[24] Vgl. BGHZ 68, 225 (238) = NJW 1977, 1339.
[25] *K. Schmidt* Gesellschaftsrecht § 45 V 5b mwN; vgl. bereits *Ulmer* ZGR 1972, 324 (326).
[26] KRM/*Koller* § 139 HGB Rn. 3; vgl. auch BGH BB 1972, 1474 = BeckRS 1972, 31121567.
[27] BGH NJW-RR 1987, 989; BGHZ 109, 214 (219) = NJW 1990, 514.
[28] BGH NJW 1978, 264; NJW-RR 1987, 989; zu den in der Rspr. angewandten Auslegungsgrundsätzen ausf. MHdB GesR II/*Klein/Lindemeier* § 41 Rn. 112.
[29] Vgl. Sudhoff/*Scherer* Unternehmensnachfolge § 1 Rn. 25.

d) **Eintrittsklausel.** Eine Eintrittsklausel verschafft Erben oder Nichterben lediglich ein Recht zum Eintritt in die Gesellschaft, so dass es bei ihr anders als bei einer (erbrechtlichen) Nachfolgeklausel nicht zu einer unmittelbaren Nachfolge kommt.[30] Der Erwerb der Gesellschafterstellung vollzieht sich hier nicht automatisch kraft Erbrechts als Erwerb von Todes wegen, sondern als auf den Todesfall bezogener Erwerb unter Lebenden. Der Eintritt erfolgt nach Maßgabe der Klausel, die beispielsweise festlegen kann, ob der im Gesellschaftsvertrag benannte oder später durch den Erblasser oder einen Dritten bestimmte Berechtigte Komplementär oder Kommanditist wird. Im Zweifel wird in der Eintrittsklausel ein Angebot zum Abschluss eines **Aufnahmevertrags** gesehen, das vom Berechtigten innerhalb einer angemessenen Frist durch rechtsgeschäftliche Erklärung gegenüber allen Gesellschaftern angenommen werden muss.[31] Dabei kann den Berechtigten die Pflicht zur Erbringung noch offener Einlagen und zur Bezahlung rechtswidriger Entnahmen des Erblassers treffen.[32]

13

Will der Berechtigte von seinem Beitrittsrecht Gebrauch machen, kann er aus der Eintrittsklausel als **berechtigendem Vertrag zugunsten Dritter** iSv § 328 BGB einen schuldrechtlichen Anspruch auf Aufnahme in die Gesellschaft herleiten. Mit dem Beitritt wächst der zunächst den nach dem Todesfall verbleibenden Gesellschaftern angewachsene Anteil des Erblassers am Gesellschaftsvermögen diesen zugunsten des Beitretenden wieder ab.[33] Rechtsdogmatisch wird eine aus dem Vertrag zugunsten Dritter hergeleitete Verpflichtung der Mitgesellschafter konstruiert, den ihnen nach dem Tod des Erblassers anwachsenden Anteil zunächst treuhänderisch zu halten und bei positiver Entscheidung des Eintrittsberechtigten auf diesen zu übertragen.[34] Um die Gesellschaft nicht zugleich mit den Abfindungsansprüchen der von der Nachfolge in den Gesellschaftsanteil ausgeschlossenen Erben zu belasten, verlangt der BGH mangels gesellschaftsvertraglichem Abfindungsausschluss, dass der Dritte eine Einlage in entsprechender Höhe erbringt.[35] Bei der Auslegung der Regelungen im Gesellschaftsvertrag geht der BGH im Zweifel von einer erbrechtlichen Nachfolgeklausel aus, wenn nicht angenommen werden kann, dass der Gesellschafter sich bereits mit der Regelung im Gesellschaftsvertrag binden wollte (dann Eintrittsklausel).[36] Diese Lösung hat aus Sicht der Gesellschaft den Vorteil, dass kein Schwebezustand eintritt, während dessen der Eintrittsberechtigte über die Ausübung seines Rechts entscheidet, und dass die Risiken für einen Liquiditätsabfluss, der sich einstellt, wenn der Berechtigte das Eintrittsrecht nicht ausübt, begrenzt werden.[37]

14

---

[30] Vgl. die Form.vorschläge bei Sudhoff/*Froning* Unternehmensnachfolge § 44 Rn. 62; *Zöller* MittRhNotK 1999, 121 (134).
[31] BGH NJW 1978, 264 (266); NJW-RR 1987, 989; vgl. bereits *Stötter* DB 1970, 525.
[32] BGH NJW 1978, 264 (266); OLG Hamburg BB 1994, 238.
[33] KRM/*Koller* § 139 HGB Rn. 22.
[34] Zu dieser „Treuhandlösung" *Zöller* MittRhNotK 1999, 121 (134) mwN.
[35] BGH NJW 1978, 264.
[36] BGHZ 68, 225 (233f.) = NJW 1977, 1339; krit. *Tiedau* NJW 1980, 2446.
[37] MHdB GesR II/*Klein*/*Lindemeier* § 41 Rn. 110.

15 Dem von einer Eintrittsklausel Begünstigten steht es frei, von dem ihm eingeräumten Anspruch Gebrauch zu machen. Sein Eintrittsrecht wird auch nicht dadurch zu einer Eintrittspflicht, dass in einer gesellschaftsvertraglichen Bestimmung für den Fall des Todes eines Gesellschafters sein automatisches und unmittelbares Nachrücken in dessen Position vorgesehen wird. Hierin liegt der Unterschied zu einer **rechtsgeschäftlichen Nachfolgeklausel,** bei der die Nachfolge (durch Rechtsgeschäft unter Lebenden) unmittelbar auf den Zeitpunkt des Todesfalles stattfinden und nicht von der Ausübung eines rechtsgeschäftlichen Eintrittsrechts abhängen soll.[38] In ihr wird – wenn nicht der potentielle Nachfolger beispielsweise als Mitgesellschafter am Vertrag beteiligt ist – ein unzulässiger Vertrag zu Lasten Dritter gesehen.[39] Im Übrigen fällt ein mittels rechtsgeschäftlicher Nachfolgeklausel übertragener Personengesellschaftsanteil nicht in den Nachlass.[40] Zur Vermeidung von Rechtsunsicherheit im Hinblick auf die Abgrenzung zu den vorstehend dargestellten erbrechtlichen Nachfolgeklauseln ist bei der Vertragsgestaltung besonderer Wert auf eine klare und eindeutige Formulierung zu legen.[41]

2. GmbH

16 a) **Ausschluss der Vererblichkeit.** Die in § 15 Abs. 1 GmbHG normierte Vererblichkeit der GmbH-Anteile ist unabdingbar und kann daher weder ausgeschlossen noch beschränkt werden.[42] Nach dem Tod eines GmbH-Gesellschafters geht dessen Geschäftsanteil zunächst auf den oder die Erben über. Gleichwohl bleibt auch bei der GmbH Raum für eine Nachfolgeregelung im Gesellschaftsvertrag, die das weitere Schicksal des Geschäftsanteils bestimmt und dabei die individuellen Bedürfnisse der Beteiligten angemessen berücksichtigt. Nachfolgeklauseln kommt mithin eine grundsätzlich andere Bedeutung zu als bei Personengesellschaften, da sie hier lediglich die gesellschaftsrechtlichen Konsequenzen eines Ausscheidens durch Tod bestimmen und keine erbrechtliche Relevanz erlangen. Sie dienen quasi der Korrektur einer durch Erbrecht eingetretenen Nachfolge auf der gesellschaftsvertraglichen Ebene.

17 b) **Nachfolgeklauseln.** Ein Mittel zur Regelung der Gesellschafternachfolge in der Satzung ist eine Klausel, nach der die Gesellschaft beim Tod eines Gesellschafters dessen Geschäftsanteil einziehen darf oder muss (**Einzie-**

---

[38] BGHZ 68, 225 (233 f.) = NJW 1977, 1339; BayObLG NZG 2000, 1026 (1027) mwN; Baumbach/*Hopt* § 139 Rn. 56.
[39] BGHZ 68, 225 (231) = NJW 1977, 1339; Sudhoff/*Froning* Unternehmensnachfolge § 44 Rn. 50 ff. mit Form.vorschlag in Rn. 51.
[40] BayObLG NZG 2000, 1026 (1027).
[41] So auch *Zöller* MittRhNotK 1999, 121 (134) mit Form.vorschlag; zur Umdeutung in eine Eintritts-, Fortsetzungs- oder erbrechtliche Nachfolgeklausel vgl. Sudhoff/*Froning* Unternehmensnachfolge § 44 Rn. 51.
[42] Einzelheiten bei Scholz/*Seibt* § 15 GmbHG Rn. 21 mwN; vgl. aber den Form.vorschlag für eine gleichwohl zulässige Auflösungsklausel bei MAH GmbH-Recht/*Michalski*/*Vu Tuyet* § 13 Rn. 180.

hungsklausel, vgl. § 34 GmbHG).[43] Dies bedeutet im letzten Fall, dass von vornherein feststeht, dass die Gesellschaft nur durch die überlebenden Gesellschafter fortgesetzt wird, während diese im ersten Fall auch eine andere Entscheidung – unter Beteiligung der Erben – treffen können. Nicht abschließend geklärt ist die Frage, ob es in jedem Fall eines dazwischengeschalteten Gesellschafterbeschlusses bedarf oder ob auch die Anordnung der automatischen Einziehung des Geschäftsanteils nach dem Tod eines Gesellschafters wirksam sein kann.[44] Unstreitig ist dagegen, dass das Einziehungsrecht zugunsten der Gesellschaft noch spezieller gefasst werden kann, indem es beispielsweise nur für den Tod eines bestimmten Gesellschafters vorgesehen wird.[45] Ebenso ist es möglich, sein Eingreifen davon abhängig zu machen, dass andere als die im Gesellschaftsvertrag genannten Personen Erben werden, eine Gestaltung, die vor allem bei Familienunternehmen häufig gewählt wird.[46] Der **Ausschluss der Erben** vollzieht sich aber – soweit im Gesellschaftsvertrag keine abweichenden Regelungen enthalten sind – nur dann reibungslos, wenn ausreichendes Kapital zur Zahlung der geschuldeten Abfindung zur Verfügung steht. Da das Einziehungsentgelt wegen der §§ 34 Abs. 3, 30 Abs. 1 GmbHG nur aus dem das Stammkapital übersteigenden Vermögen der Gesellschaft geleistet werden darf (vgl. → § 31 Rn. 50 und 53), können letztlich Liquiditätsprobleme der Durchführung einer Einziehung entgegenstehen. Zum Schutz der Gesellschaft vor einem uU existenzbedrohenden Liquiditätsabfluss kann im Gesellschaftsvertrag die grundsätzlich nach dem Verkehrswert zu bemessende Abfindung aber auch beschränkt oder ganz ausgeschlossen werden (vgl. → § 32 Rn. 18 ff., insbes. Rn. 21 sowie noch → § 36).[47]

In der Nachfolgeklausel kann auch eine Verpflichtung der Erben des verstorbenen Gesellschafters begründet werden, den geerbten Geschäftsanteil an die Gesellschaft selbst oder einen von ihr bezeichneten oder bereits von vornherein bestimmten Dritten abzutreten, der seinerseits wieder Gesellschafter oder Miterbe sein kann (**Abtretungsklausel**).[48] Die Abtretung be- 18

---

[43] BGH WM 1977, 192; OLG München ZIP 1984, 1349; *Priester* GmbHR 1981, 206 (209); *Lessmann* GmbHR 1986, 409 (410 f.); MHdB GesR III/*D. Jasper/Wollbrink* § 25 Rn. 19; *Gebel* DStR 1993, 285 f.; *Michalski* NZG 1998, 301 f. mwBsp; Sudhoff/ *Froning* Unternehmensnachfolge § 48 Rn. 10 ff. mit Form.vorschlag in Rn. 16; weiterer Form.vorschlag etwa bei MAH GmbH-Recht/*Michalski/Vu Tuyet* § 13 Rn. 179 und 188.
[44] Offen gelassen BGH WM 1977, 192; dagegen: Baumbach/Hueck/*Fastrich* § 15 GmbHG Rn. 12; Ulmer/*Winter/Löbbe* § 15 GmbHG Rn. 10; dafür: OLG Hamm GmbHR 1988, 308 (309); vgl. auch die Nachweise bei *Reichert* GmbHR 1998, 257 (260 f.).
[45] Scholz/*Seibt* § 15 GmbHG Rn. 30.
[46] Vgl. die Klausel in BGH WM 1977, 192; Scholz/*Seibt* § 15 GmbHG Rn. 30; *Reichert* GmbHR 1998, 257 (261).
[47] BGH WM 1971, 1338 (1339 f.) = BeckRS 1971, 31081173; WM 1977, 192 (193); Ulmer/*Ulmer* § 34 GmbHG Rn. 101.
[48] Vgl. etwa BGHZ 92, 386 (390) = NJW 1985, 2592; OLG Hamm NZG 2000, 433; 2000, 1185; Ulmer/*Winter/Löbbe* § 15 GmbHG Rn. 14; *Reichert* GmbHR 1998, 257 (261); *Priester* GmbHR 1981, 206 (208 f.); Sudhoff/*Froning* Unternehmensnachfolge § 48 Rn. 17 mit Form.vorschlag in Rn. 21; weiterer Form.vorschlag bei MAH GmbH-Recht/*Michalski/Vu Tuyet* § 13 Rn. 182.

darf in allen Fällen der notariellen Form (§ 15 Abs. 3 GmbHG), während eine statutarisch vorgeschriebene Genehmigung iSv § 15 Abs. 5 GmbHG entbehrlich ist.[49] Die Abtretungspflicht zu Lasten der Erben und das Einziehungsrecht zugunsten der Gesellschaft können schließlich auch in einer Nachfolgeklausel miteinander verbunden werden. Dies geschieht häufig in Form einer zeitlich gestuften Regelung, nach der das Einziehungsrecht erst entstehen soll, wenn die Abtretung nicht innerhalb einer näher bezeichneten Frist vorgenommen wird.[50] Schließlich kann anstelle des Rechts zur Einziehung des Geschäftsanteils auch ein Vorkaufs- oder Ankaufsrecht, etwa zugunsten der verbleibenden Gesellschafter, vereinbart werden.

19 Wegen des unabdingbaren Charakters des § 15 Abs. 1 GmbHG ist eine Regelung zur Nachfolge daran zu messen, ob sie einen Ausschluss bzw. eine Beschränkung der Vererblichkeit des Geschäftsanteils bewirkt. Problematisch kann daher die vor allem in Familiengesellschaften anzutreffende Nachfolgeklausel sein, nach der der Geschäftsanteil nur an ausgewählte, im Gesellschaftsvertrag benannte Personen vererbt werden kann. Im Allgemeinen kann eine solche Bestimmung aber dahin ausgelegt werden, dass ein nicht zu dem aufgeführten Personenkreis gehörender Dritter als Erbe zur Abtretung an die in der Satzung Begünstigten verpflichtet und die Gesellschaft hilfsweise zur Einziehung berechtigt ist.[51]

II. Besonderheiten in letztwilligen Verfügungen

1. Vor- und Nacherbfolge

20 **a) Kommanditgesellschaft.** Die Zulässigkeit der Anordnung einer Vor- und Nacherbschaft (§ 2100 ff. BGB) anlässlich der Regelung der Nachfolge in Beteiligungen an Personengesellschaften ist heute außerhalb bloß rechtsgeschäftlicher Nachfolgeklauseln unbestritten.[52] Sie kommt vor allem dort in Betracht, wo beispielsweise aus in der Person des Nacherben liegenden Gründen zunächst noch ein gewisser Zeitraum überbrückt werden soll, bevor der Nacherbe die Nachfolge des Erblassers antritt. Bis zum Nacherbfall ist der **Vorerbe voller Gesellschafter** mit allen durch die Mitgliedschaft des Erblassers vermittelten Rechte und Pflichten. Zum Schutz des Nacherbens unterliegt der Vorerbe aber den erbrechtlichen Beschränkungen der §§ 2113 ff. BGB.[53] War der Vorerbe bereits vor Anfall der Vorerbschaft Gesellschafter, entsteht ausnahmsweise keine einheitliche Beteiligung (vgl. hierzu → Rn. 6), sondern der Vorerbe hält neben seinem ursprünglichen

---

[49] Scholz/*Seibt* § 15 GmbHG Rn. 32.
[50] Scholz/*Seibt* § 15 GmbHG Rn. 30; Ulmer/*Winter*/*Löbbe* § 15 GmbHG Rn. 15.
[51] Scholz/*Seibt* § 15 GmbHG Rn. 29 mwN.
[52] BGHZ 69, 47 (49 f.) = NJW 1977, 1540; BGHZ 78, 177 (181) = NJW 1981, 115; BGHZ 98, 48 = NJW 1986, 2431; *Zöller* MittRhNotK 1999, 121 (139); zur Abgrenzung des Nacherben vom Ersatzerben vgl. Sudhoff/*Scherer* Unternehmensnachfolge § 6 Rn. 8.
[53] Dazu Sudhoff/*Scherer* Unternehmensnachfolge § 8 Rn. 13 ff.

§ 35 Regelungen im Gesellschaftsvertrag und in letztwilligen Verfügungen

Gesellschaftsanteil eine weitere, von diesem getrennte Beteiligung.[54] Beide kann er aufgeben und beispielsweise veräußern, um ganz aus der Gesellschaft auszuscheiden.[55] Hinsichtlich des ererbten Anteils muss er jedoch selbst als befreiter Vorerbe (§ 2136 BGB) die in § 2113 Abs. 2 BGB normierte Schranke beachten. Danach sind **unentgeltliche Verfügungen** über einen Erbschaftsgegenstand mit dem Eintritt der Nacherbfolge insoweit unwirksam, als sie das Recht des Nacherben vereiteln oder beeinträchtigen würden.[56] Das Ausscheiden des Vorerben durch Austritt oder Anteilsveräußerung muss also gegen Gewährung einer **vollwertigen Gegenleistung** (Abfindung bzw. Kaufpreises) erfolgen,[57] weshalb in dem Ausscheiden des Vorerben im Rahmen einer gesellschaftsvertraglichen Abfindungsklausel eine teilweise unentgeltliche und damit im Falle des Eintritts der Nacherbfolge unwirksame (§ 2113 Abs. 2 BGB) Verfügung liegen kann. Die Grundstücke und Rechte an Grundstücken betreffende Verfügungsbeschränkung des § 2113 Abs. 1 BGB wirkt sich dagegen bei Verfügungen über zum Gesellschaftsvermögen gehörenden Grundstücken selbst dann nicht aus, wenn diese den wesentlichen Vermögenswert ausmachen, da sie nicht unmittelbar zum Nachlass gehören.[58]

Angesichts der in § 2113 Abs. 2 BGB zum Ausdruck kommenden **Beschränkung** darf der Vorerbe auch keine Änderungen des Gesellschaftsvertrags vornehmen oder mittragen, die seine Mitgesellschafter erkennbar bevorteilen. Der II. Zivilsenat des BGH verlangt zur Rechtfertigung in diesen Fällen einen objektiv angemessenen Ausgleich und lässt es hierfür genügen, dass die Änderung des Gesellschaftsvertrags alle Gesellschafter gleichermaßen trifft oder in einer Maßnahme besteht, die der Erhaltung und Stärkung des Unternehmens dient.[59] Demgegenüber wirken beispielsweise ohne Zustimmung des Nacherben vorgenommene einseitige Änderungen am System der Gewinnverteilung nur für die Zeit der Vorerbschaft.[60] Ist eine erhebliche Gefährdung seiner Interessen zu befürchten, steht dem Nacherben nach § 2127 BGB ein Auskunftsanspruch gegen den Vorerben zu. Von den allgemeinen gesellschaftsrechtlichen Kontrollbefugnissen nach §§ 118, 166 HGB kann er dagegen erst ab dem Nacherbfall Gebrauch machen.[61] 21

Die zugunsten des Nacherben gebundene Vorerbschaft erfasst den Gesellschaftsanteil grundsätzlich mit allen daraus abzuleitenden Ansprüchen, ein- 22

---

[54] MüKoHGB/*K. Schmidt* § 105 Rn. 78; EBJS/*Wertenbruch* § 105 HGB Rn. 35; zum Kommanditanteil als Nachlasssurrogat BGHZ 109, 214 = NJW 1990, 514 m. Anm. *Martinek*, ZGR 1991, 74 ff.
[55] BGH NJW 1984, 362 (363 f.).
[56] Vgl. BGHZ 78, 177 (188) = NJW 1981, 115.
[57] BGH NJW 1984, 362 (364); für ein Leibrentenversprechen BGHZ 69, 47 (51 f.) = NJW 1977, 1540.
[58] Vgl. BGH NJW 1976, 893; Sudhoff/*Scherer* Unternehmensnachfolge § 8 Rn. 26 mwN; Staudinger/*Avenarius* § 2113 BGB Rn. 2.
[59] BGHZ 78, 177 (182) = NJW 1981, 115; 1981, 1560; 1984, 362 (364).
[60] BGHZ 78, 177 (188) = NJW 1981, 115; 1981, 1560 (1561).
[61] Vgl. BGH WM 1982, 709 (710).

9. Kapitel. Tod des Gesellschafters

schließlich der stillen Reserven und des Liquidationserlöses.[62] Ausgenommen sind lediglich die während der Vorerbschaft entstandenen entnahmefähigen Gewinne.[63] Mit **Eintritt des Nacherbfalls** wird der Nacherbe im Hinblick auf den Gesellschaftsanteil und dessen Surrogate iSv § 2111 BGB, mit Ausnahme der schon entstandenen entnahmefähigen Gewinne, **Rechtsnachfolger des Erblassers** und hat einen Herausgabe- und Rechenschaftsanspruch gegen den Vorerben (§ 2130 BGB). Allerdings muss der Gesellschaftsvertrag die erbrechtliche Nachfolge im Zeitpunkt des Nacherbfalls noch zulassen und der Nacherbe muss zu dem im Gesellschaftsvertrag bestimmten Personenkreis gehören.[64] Ist dies nicht der Fall, scheidet der Vorerbe mit Eintritt des Nacherbfalls aus der Gesellschaft aus, seine Mitgliedschaft erlischt und dem Nacherben steht lediglich ein Abfindungsanspruch zu.[65]

23   b) **GmbH.** Für die GmbH ergeben sich hinsichtlich des Verhältnisses zwischen Vor- und Nacherbe nur wenige Besonderheiten, so dass weitgehend auf die vorstehenden Ausführungen verwiesen werden kann. Die Satzung kann vorsehen, dass im Fall der Anordnung der Nacherbfolge der Geschäftsanteil des verstorbenen Gesellschafters eingezogen werden kann oder abzutreten ist. Ohne eine solche Sonderregelung müssen die allgemeinen gesellschaftsvertraglichen Bestimmungen über die Fortsetzung der GmbH mit den Gesellschafter-Erben herangezogen werden. Darüber hinaus steht auch bei der GmbH die in § 2113 Abs. 2 BGB zum Ausdruck kommende **Beschränkung** im Mittelpunkt des Interesses, die unentgeltliche Verfügungen des Vorerben über den Geschäftsanteil bzw. seine Mitwirkung hieran im Rahmen der Beschlussfassung in der Gesellschafterversammlung bei Eintritt der Nacherbfolge unwirksam macht. An einer derartigen Verfügung fehlt es allerdings von vornherein, wenn der Geschäftsanteil nach § 21 GmbHG kaduziert oder nach § 34 Abs. 2 GmbHG zwangsweise eingezogen wird.[66]

24   Ein gegen § 2113 Abs. 2 BGB verstoßender Gesellschafterbeschluss ist bei Eintritt des Nacherbfalls unwirksam, was insbesondere bei in das Handelsregister einzutragenden Beschlussgegenständen zu einem **Konflikt mit dem Schutz des Rechtsverkehrs** führt. Vereinzelt wird deshalb vorgeschlagen, dass auch solche satzungsändernden Beschlüsse, bei denen die Mitwirkung des Vorerben den Tatbestand des § 2113 Abs. 2 BGB erfüllt, drei Jahre nach ihrer Eintragung in das Handelsregister als geheilt anzusehen sind, wenn ihre

---

[62] BGH NJW 1981, 1560 (1561).
[63] BGH WM 1982, 709; BGHZ 109, 214 (219f.) = NJW 1990, 514; Zöller MittRhNotK 1999, 121 (140).
[64] BGHZ 78, 177 (181 f.) = NJW 1981, 115; zu den Ersatzpflichten des Vorerben bei nicht ordnungsgemäßer Verwaltung vgl. die §§ 2131 ff. BGB.
[65] Zöller MittRhNotK 1999, 121 (140).
[66] MüKoGmbHG/*Reichert/Weller* § 15 Rn. 476; einschränkend (bei Stimmrechtsausschluss des Betroffenen) Scholz/*Seibt* § 15 GmbHG Rn. 41; zur Beeinträchtigung der mit Eintritt des Vorerbfalles entstehenden erbrechtlichen Anwartschaft des Nacherben durch Gesellschafterbeschlüsse in der GmbH ausf. *Fleck* in FS Stimpel, 353 (358).

Unwirksamkeit nicht zuvor durch eine Nichtigkeitsklage analog § 249 AktG geltend gemacht worden ist.[67]

2. Vermächtnis

Hat der Erblasser seinen Gesellschaftsanteil einer bestimmten Person im Wege eines Vermächtnisses zugedacht, geht der Anteil im Erbfall gleichwohl zunächst unmittelbar auf den oder die Erben über, da sich der Rechtsübergang erbrechtlich vollzieht. Der Vermächtnisnehmer erlangt einen gegen die Erben gerichteten schuldrechtlichen Anspruch auf Übertragung des Gesellschaftsanteils (§ 2174 BGB).[68] Bei der GmbH ist im Hinblick auf die erforderliche Abtretung des Geschäftsanteils das Formerfordernis des § 15 Abs. 3 GmbHG zu beachten.[69] Ist die letztwillige Verfügung des Erblassers nicht eindeutig, was angesichts der umgangssprachlichen Gleichbehandlung der Begriffe vererben und vermachen häufiger vorkommen wird, gibt § 2087 BGB eine **gesetzliche Auslegungshilfe**. Danach ist die Zuwendung des Nachlasses im Ganzen oder in Bruchteilen im Zweifel eine Erbeinsetzung, die Zuwendung einzelner Gegenstände dagegen im Zweifel eine Vermächtnisanordnung. Daneben muss das Vermächtnis auch von einer **Auflage** iSd §§ 2192 ff. BGB abgegrenzt werden. Der wesentliche Unterschied ist darin zu sehen, dass der von einer Auflage Begünstigte, im Gegensatz zum Vermächtnisnehmer, keinen einklagbaren Anspruch auf Leistung gegen den Beschwerten erlangt. Zudem kann Gegenstand einer Auflage über die Zuwendung eines Vermögensvorteils hinaus jedes Tun oder Unterlassen sein.[70] Für die Zuordnung bestimmter Vermögensgegenstände spielt schließlich die Abgrenzung zwischen **Teilungsanordnung** (§ 2048 BGB) und **Vorausvermächtnis** (§ 2150 BGB) eine wichtige Rolle. Mit Hilfe einer Teilungsanordnung kann der Erblasser im Rahmen der Auseinandersetzung unter mehreren Miterben konkretisieren, wem welche Gegenstände zufallen sollen. Da sie das Beteiligungsverhältnis der Miterben am Nachlass unberührt lässt, begründet sie eine Ausgleichspflicht desjenigen Erben, der in Relation zu seiner Erbquote einen Mehrwert erhält. Demgegenüber bewirkt ein zugunsten eines Mit- oder Vorerben vorgesehenes Vorausvermächtnis, dass der Begünstigte den zugewiesenen Vermögensgegenstand zusätzlich zu seinem Erbteil und somit ohne Ausgleichsverpflichtung gegenüber den Miterben erlangt.

25

3. Testamentsvollstreckung

a) Kommanditgesellschaft. Die Testamentsvollstreckung (§§ 2197 ff. BGB) ist ein **erbrechtliches Gestaltungsinstrument**, das den Erblasser

26

---

[67] Ulmer/Winter/Löbbe § 15 GmbHG Rn. 26; Fleck in FS Stimpel, 353 (376), der den Nacherben selbst auf eine Feststellungsklage nach § 256 ZPO verweist, wenn sich seine Erbanwartschaft nicht bereits vor Ablauf der Dreijahresfrist mit der Folge des § 15 Abs. 1 GmbHG verwirklicht hat; aA Michalski/Ebbing § 15 GmbHG Rn. 48.

[68] Einzelheiten zum Vermächtnis bei Sudhoff/Scherer Unternehmensnachfolge § 7 Rn. 1 ff.

[69] Sudhoff/Froning Unternehmensnachfolge § 48 Rn. 4; Scholz/Seibt § 15 GmbHG Rn. 36.

[70] Ausf. Sudhoff/Scherer Unternehmensnachfolge § 10 Rn. 1 ff.

9. Kapitel. Tod des Gesellschafters

ganz allgemein in die Lage versetzt, über seinen Tod hinaus Einfluss auf das Schicksal des Nachlasses oder einzelner Nachlassgegenstände zu nehmen.[71] Hinsichtlich seines Gesellschaftsanteils kann dies für ihn zum Beispiel dann von Interesse sein, wenn er den Zugriff der persönlichen Gläubiger des Erben auf den Nachlass verhindern will (vgl. § 2214 BGB) oder er es für notwendig erachtet, dem auserkorenen Nachfolger, zumindest noch für eine Übergangszeit, eine fachkundige Unterstützung oder begleitende Kontrolle angedeihen zu lassen. Er wird in diesen Fällen eine Person seines Vertrauens per Testament oder Erbvertrag als Testamentsvollstrecker einsetzen, die seine letztwilligen Anordnungen ausführt und den Nachlass sachgerecht verwaltet.[72]

27 Voraussetzung für die Zulässigkeit der Testamentsvollstreckung ist, dass der ihr unterliegende Gesellschaftsanteil **in den Nachlass fällt** (§ 2205 BGB). Dies ist nicht der Fall, wenn der Anteil nicht vererbt wird. Während sich die Testamentsvollstreckung bei einer Auflösungsklausel ohne Weiteres auf die in den Nachlass fallende Beteiligung an der Liquidationsgesellschaft erstreckt,[73] fällt der Gesellschaftsanteil bei einer reinen Fortsetzungs-, Eintritts- oder rechtsgeschäftlichen Nachfolgeklausel von vornherein nicht in den Nachlass, so dass der Testamentsvollstrecker lediglich die Ansprüche der Erben aus §§ 738, 740 BGB geltend machen kann, soweit diese nicht gesellschaftsvertraglich oder letztwillig ausgeschlossen sind.[74]

28 Die umstrittene Zulässigkeit der Testamentsvollstreckung an dem Anteil an einer Personengesellschaft wurde vom II. Zivilsenat des BGH im Hinblick auf einen **Kommanditanteil** in einer Grundsatzentscheidung sowohl für die vorübergehende als auch für die dauerhafte (vgl. § 2209 BGB) **Testamentsvollstreckung** bejaht.[75] Vorausgesetzt ist allerdings, dass diese entweder im Gesellschaftsvertrag ausdrücklich zugelassen wird oder sich die übrigen Gesellschafter mit ihr einverstanden erklären. Dies kann konkludent etwa auch dadurch geschehen, dass die Übertragbarkeit des Gesellschaftsanteils gesellschaftsvertraglich nicht eingeschränkt wird.[76] Umstritten ist, ob eine Testamentsvollstreckung ausscheidet, wenn der Erbe bereits vor dem Erbfall Gesellschafter war.[77] Denn in diesem Fall kann am ererbten Gesellschaftsanteil eine Testamentsvollstreckung nur stattfinden, wenn mit dem Erbfall kein einheitlicher Anteil entsteht, sondern die Sonderzuordnung von

---

[71] Zu den verschiedenen Arten der Testamentsvollstreckung Sudhoff/*Scherer* Unternehmensnachfolge § 9 Rn. 1 und 4 ff.

[72] Weitere Möglichkeiten zur Bestimmung der Person des Testamentsvollstreckers bieten die §§ 2197 ff. BGB.

[73] BGH NJW 1981, 749 (750); BGHZ 98, 48 (58) = NJW 1986, 2431; BGHZ 108, 187 (190) = NJW 1989, 3152.

[74] Vgl. MHdB GesR II/*Klein/Lindemeier* § 42 Rn. 37; *Zöller* MittRhNotK 1999, 121 (135).

[75] BGHZ 108, 187 (195 f.) = NJW 1989, 3152; bestätigt in BGH NZG 2012, 385.

[76] *Klein* DStR 1992, 326; *Mayer* ZIP 1990, 976 (977); *Ulmer* NJW 1990, 73 (75 f.).

[77] Der Gesellschaftsrechtssenat hält eine Testamentsvollstreckung in diesem Fall für unzulässig BGHZ 24, 106 (113) = NJW 1957, 1026 offen gelassen in BGHZ 108, 187 (199) = NJW 1989, 3152; der Erbrechtssenat dagegen für zulässig BGH NJW 1996, 1284 (1286).

mehreren Anteilen in der Hand eines Gesellschafters anerkannt wird (zum Fall der Vorerbschaft → Rn. 20).[78] Jedenfalls ist aber eine Testamentsvollstreckung hinsichtlich der aus dem Anteil folgenden verkehrsfähigen vermögensrechtlichen Ansprüche (§ 717 S. 2 BGB iVm §§ 105 Abs. 2, 161 Abs. 2 HGB) – Anspruch auf den Gewinn und das Auseinandersetzungsguthaben – möglich.[79]

Nicht endgültig geklärt ist die Frage der **Zulässigkeit der Testamentsvollstreckung an einem Komplementäranteil**. Eine umfassende Testamentsvollstreckung wird von der Rechtsprechung aufgrund der nach § 2206 BGB auf den Nachlass beschränkten Verpflichtungsbefugnis des Testamentsvollstreckers nicht zugelassen, da diese dem nach § 128 S. 2 HGB unabdingbaren Grundsatz der unbeschränkten Eigenhaftung persönlich haftender Gesellschafter für Verbindlichkeiten der Gesellschaft widerspricht.[80] Auch diese Betrachtungsweise lässt allerdings – wie der IV. Zivilsenat hervorgehoben hat – Raum für eine Testamentsvollstreckung am Anteil eines persönlich haftenden Gesellschafters, von der die Geschäftsführung oder andere, möglicherweise zu einer Haftung der Gesellschaft führende Handlungen unberührt bleiben, die sich also im Wesentlichen auf die Wahrnehmung und Erhaltung der mit dem Anteil verbundenen, übertragbaren Vermögensrechte beschränkt.[81] Auch danach können dem Testamentsvollstrecker aber nicht solche Befugnisse zustehen, die unmittelbar die Mitgliedschaftsrechte des persönlich haftenden Erben berühren.[82] 29

Maßgeblich ist damit die **konkrete Ausgestaltung des Aufgabenbereichs des Testamentsvollstreckers**. Kollidieren die Befugnisse des Testamentsvollstreckers nicht mit dem eben genannten Grundsatz der unbeschränkten Eigenhaftung (vgl. → Rn. 29), ist eine Testamentsvollstreckung auch am Anteil eines persönlich haftenden Gesellschafters zulässig. Jedenfalls können auch insoweit alle vermögensrechtlichen und verkehrsfähigen Ansprüche des Gesellschafters (Gewinn, Auseinandersetzungsguthaben) der Testamentsvollstreckung unterliegen. Die Mitgliedschaftsrechte eines voll haftenden Gesellschafters können dagegen nicht Gegenstand der Verwaltungsbefugnis des Testamentsvollstreckers sein.[83] 30

Für die **Testamentsvollstreckung in einen Komplementäranteil** bedeutet dies, dass der Erbe die Zustimmung des Testamentsvollstreckers benö- 31

---

[78] Bejahend BGH NJW 1996, 1284 (1286) (Erbrechtssenat); offen gelassen in BGHZ 108, 187 (199) = NJW 1989, 3152 (Gesellschaftsrechtssenat); ablehnend etwa Baumbach/*Hopt* § 139 HGB Rn. 26.
[79] BGH NJW 1996, 1284 (1286) (Erbrechtssenat); BGH NJW 1985, 1953 (1954) (Gesellschaftsrechtssenat).
[80] BGHZ 24, 106 (113) = NJW 1957, 1026; 108, 187 (195) = NJW 1989, 3152 (Gesellschaftsrechtssenat); diese Begründung wird vom Erbrechtssenat anerkannt BGH NJW 1996, 1284 (1285); *Zöller* MittRhNotK 1999, 121 (140) mwN.
[81] BGH NJW 1996, 1284 (1285) (Erbrechtssenat); vgl. dazu bereits *Bommert* BB 1984, 178 (182 f.).
[82] BGH NZG 1998, 221 (Gesellschaftsrechtssenat).
[83] Insoweit dürfte die Ansicht des Erbrechtssenats mit der des Gesellschaftsrechtssenats übereinstimmen, vgl. BGH NJW 1996, 1284 (1285) und BGH NZG 1998, 221.

9. Kapitel. Tod des Gesellschafters

tigt, wenn er Maßnahmen treffen will, die seinen Auseinandersetzungs- bzw. Abfindungsanspruch gegenüber der Gesellschaft oder die Gewinnverwendung betreffen.[84] Hinsichtlich des Gewinnanspruchs schränkt der BGH die Wirkung der Testamentsvollstreckung allerdings ein, indem er einen angemessenen Anteil am laufenden Gewinn ausschließlich dem Gesellschafter-Erben zuordnet, da dieser zum Teil auch auf dessen verantwortlichen Mitwirkung in der Gesellschaft beruht.[85] Gleichzeitig verhindert die Anordnung der Testamentsvollstreckung, dass der Erbe über den Anteil verfügen (vgl. § 2211 Abs. 1 BGB) und seine Eigengläubiger in den Anteil vollstrecken können (§ 2214 BGB).[86] Keine Mitwirkungsrechte stehen dem Testamentsvollstrecker dagegen hinsichtlich der sonstigen inneren Angelegenheiten der Gesellschaft zu.[87]

32 Der zur Verwaltung eines **Kommanditanteils** bestellte **Testamentsvollstrecker** übt dagegen generell die Mitgliedschaftsrechte des Gesellschafter-Erben aus, nimmt also etwa an Gesellschafterversammlungen teil und übt das Rede- und Stimmrecht aus. Die Rechtsprechung schränkt die Befugnisse des Testamentsvollstreckers allerdings ein, soweit mit der Einlagenrückgewähr iSv § 172 Abs. 4 HGB eine haftungsauslösende Maßnahmen in Rede steht oder mit der Erhöhung der Haftsumme eine Haftungsverschärfung.[88] Eine allgemein erbrechtliche Begrenzung folgt aus dem Gebot der **ordnungsgemäßen Verwaltung** des Nachlasses durch den Testamentsvollstrecker (§§ 2205, 2216 Abs. 1 BGB). Geht dieser über seine Befugnisse hinaus, muss der Erbe die getroffenen Abreden zumindest dann nicht gegen sich gelten lassen, wenn für die übrigen Gesellschafter der Missbrauch der Verwaltungsbefugnisse durch den Testamentsvollstrecker offensichtlich war.[89]

33 Ob es eine weitere Begrenzung der Befugnisse des Testamentsvollstreckers durch eine Übertragung der sog. **Kernbereichslehre** auf das Verhältnis zwischen dem Gesellschafter-Erben und den Testamentsvollstrecker gibt und wie die Mitgliedschaftsrechte – bei einem unterstellten Eingreifen des Kernbereichsgedankens – auszuüben sind, ist umstritten.[90] Von den Instanzgerichten wurde die Vornahme kernbereichsrelevanter Maßnahmen durch den Testamentsvollstrecker jedenfalls dann zugelassen, wenn mit einer solchen

---

[84] MHdB GesR II/*Klein/Lindemeier* § 42 Rn. 40.
[85] BGHZ 98, 48 (56 f.) = NJW 1986, 2431.
[86] BGHZ 98, 48 (57) = NJW 1986, 2431.
[87] BGHZ 98, 48 (57) = NJW 1986, 2431; zu den hierzu notwendigen Ersatzkonstruktionen vgl. zB *Gschwendtner* NJW 1996, 362 (363 f.); MHdB GesR II/*Klein/Lindemeier* § 42 Rn. 42 ff.; *Quack* BB 1989, 2271 (2274); *Rehmann* BB 1985, 297 (298 f.); *Damrau* NJW 1984, 2785 (2789) sowie die Form.vorschläge bei *Schmitz* ZGR 1988, 140 (161 f.).
[88] BGHZ 108, 187 (196) = NJW 1989, 3152; vgl. auch BGH NJW-RR 1989, 642; *Klein* DStR 1992, 326 (327 f.); *Mayer* ZIP 1990, 976 (977); *Damrau* NJW 1984, 2785 (2788).
[89] BGHZ 108, 187 (198) = NJW 1989, 3152.
[90] Dafür etwa OLG Hamm NJW-RR 2002, 729; Baumbach/*Hopt* § 139 HGB Rn. 27; *Hüffer* ZHR 151 (1987), 396 (403); *Mayer* ZIP 1990, 976 (978); *Quack* BB 1989, 2271 (2273); dagegen LG Berlin ZEV 2004, 29; MüKoBGB/*Ulmer* § 705 Rn. 119; MüKoHGB/*K. Schmidt* § 139 Rn. 51; offen gelassen in BGHZ 108, 187 (198 f.) = NJW 1989, 3152.

Maßnahme keine persönliche Haftung der Gesellschafter-Erben verbunden war.[91] Noch nicht höchstrichterlich geklärt ist, ob dem Gesellschafter-Erben trotz Testamentsvollstreckung die Entscheidung über die Kündigung der Gesellschaft obliegt.[92]

Auf Antrag des Testamentsvollstreckers ist im Fall der Dauertestamentsvollstreckung ein **Testamentsvollstreckervermerk** in das Handelsregister einzutragen.[93] Darüber hinaus stellt sich die Frage, inwieweit der Testamentsvollstrecker selbst zu Handelsregisteranmeldungen berechtigt und verpflichtet ist. Die herrschende Ansicht beantwortet dies in Abhängigkeit von seinen Verwaltungsbefugnissen.[94] Ist die Testamentsvollstreckung gesellschaftsvertraglich zulässig, richtet sich die Zusammenarbeit zwischen Testamentsvollstrecker und Erben weitgehend nach Auftragsrecht (§ 2218 Abs. 1 BGB).[95] Bei schuldhaftem Handeln bestehen eine Haftung des Testamentsvollstreckers nach § 2219 BGB sowie die Möglichkeit, beim Nachlassgericht seine Entlassung zu beantragen (§ 2227 BGB). 34

Aufgrund der für die Verwaltungsvollstreckung bestehenden Einschränkungen im Hinblick auf einen **Komplementäranteil** (vgl. → Rn. 29) wurden mit dem sog. **Treuhand- bzw. dem Vollmachtmodell** Ersatzlösungen entwickelt, um die Befugnisse des Testamentsvollstreckers auszudehnen. Beide Lösungen sind indes nicht unproblematisch. Bei der Treuhandlösung, bei der der Gesellschaftsanteil treuhänderisch auf den Testamentsvollstrecker übertragen wird, übernimmt dieser zugleich die volle persönliche Haftung nach § 128 HGB. Aus diesem Grund wird sich in der Praxis nur selten ein Testamentsvollstrecker für das **Treuhandmodell** finden.[96] Die Vollmachtlösung hat insoweit Schwächen, als eine unwiderrufliche postmortale Vollmacht zugunsten des Testamentsvollstreckers zwar – im Gegensatz zu der Vollmachtserteilung durch die Erben – die effektive Umsetzung der Ziele des Erblassers ermöglicht, eine solche Gestaltung aber angesichts des für den Erben unabsehbaren Haftungsrisikos nach verbreiteter Ansicht gegen § 138 BGB verstößt.[97] Überwiegend wird deshalb als Lösung die für den Erbfall gesellschaftsvertraglich vorgesehene **Umwandlung des Komplementäranteils in eine Kommanditbeteiligung** vorgeschlagen.[98] 35

---

[91] BayObLG NJW 1976, 1692; LG Mannheim NZG 1999, 824 (825).
[92] So etwa KRM/*Koller* § 139 HGB Rn. 16; EBJS/*Lorz* § 139 HGB Rn. 74; *Klein* DStR 1992, 292 (295).
[93] BGH NZG 2012, 385; befürwortend zuvor bereits K. Schmidt Gesellschaftsrecht § 45 V 8d; *Ulmer* NJW 1990, 73 (82).
[94] BGHZ 108, 187 (189f.) = NJW 1989, 3152; KG NJW-RR 1991, 835 (836); Sudhoff/*Froning* Unternehmensnachfolge § 44 Rn. 111; *Mayer* ZIP 1990, 976 (977); Zöller MittRhNotK 1999, 121 (141) empfiehlt im Hinblick auf die unterschiedliche Praxis der Registergerichte eine zusätzliche Anmeldung auch durch die Erben.
[95] Einführender Überblick bei *Kreppel* DStR 1996, 430ff.
[96] Zöller MittRhNotK 1999, 121 (141) weist zu Recht darauf hin, dass daran auch der Freistellungsanspruch gegen den Erben nach § 670 BGB nichts ändert.
[97] Sudhoff/*Scherer* Unternehmensnachfolge § 9 Rn. 48; KRM/*Koller* § 139 HGB Rn. 16; *Bommert* BB 1984, 178 (183); iE auch *Esch* NJW 1981, 2222 (2226).
[98] Sudhoff/*Scherer* Unternehmensnachfolge § 9 Rn. 51; Zöller MittRhNotK 1999, 121 (141) mwN.

36 **b) GmbH.** Im Gegensatz zur Rechtslage bei den Personengesellschaften, ist die Zulässigkeit der Testamentsvollstreckung an GmbH-Geschäftsanteilen unbestritten.[99] Sie bedarf weder einer ausdrücklichen Regelung in der Satzung noch einer Zustimmung der Mitgesellschafter. Umgekehrt kann sie im Gesellschaftsvertrag ausgeschlossen oder in ihrem Umfang beschränkt werden.[100] Ohne gesellschaftsvertragliche Beschränkung ergeben sich die Befugnisse des Testamentsvollstreckers aus den §§ 2203 ff. BGB und erfassen sämtliche Mitgliedschaftsrechte, soweit diese nicht höchstpersönlicher Natur sind.[101] Wie bei der KG (vgl. → Rn. 33) ist auch bei der GmbH umstritten, ob den Befugnissen des Testamentsvollstreckers durch einen **Kernbereich** von Rechten des Gesellschafter-Erben Grenzen gesetzt sind; überwiegend wird dies abgelehnt.[102]

III. Abstimmung von Gesellschaftsvertrag und letztwilliger Verfügung

37 Letztwillige Verfügungen eines Gesellschafters über seinen Anteil an der Gesellschaft können weder bei der KG noch bei der GmbH gesellschaftsvertraglich ausgeschlossen werden (§ 2302 BGB) und sind daher in weitem Umfang zulässig, soweit sie nicht auf eine gesellschaftsrechtlich unmögliche Maßnahme gerichtet sind.[103] Der Gesellschafter kann eine Nacherbschaft (§§ 2100 ff. BGB) anordnen, den Anteil zum Gegenstand eines Vermächtnisses (§§ 1939, 2147 ff. BGB) oder einer Teilungsanordnung (§ 2048 BGB) machen oder Erben bzw. Vermächtnisnehmer mit Auflagen (§§ 1940, 2192 ff. BGB), wie Verfügungsbeschränkungen oder Abtretungspflichten, belasten. Dabei muss dem Gesellschafter klar sein, welche Auswirkungen seine letztwillige Verfügung im Hinblick auf den Gesellschaftsvertrag hat und wo deshalb die Grenzen zu ziehen sind. Hieraus erwächst das Bedürfnis, die **letztwillige Verfügung mit dem Gesellschaftsvertrag abzustimmen**, was eine weitere Herausforderung für den Kautelarjuristen bedeutet.[104]

38 Ist etwa in einer GmbH-Satzung die Teilung von Geschäftsanteilen zulässigerweise[105] ausgeschlossen worden, kann daran eine letztwillige Verfügung nichts ändern. Das Vermächtnis eines Teilgeschäftsanteils oder eine entspre-

---

[99] Vgl. BGH NJW 1959, 1820; BGHZ 108, 21 (23) = NJW 1989, 2694; *Priester* in FS Stimpel, 463 (466) mwN.

[100] Scholz/*Seibt* § 15 GmbHG Rn. 250 mwN.

[101] BGH NJW 1959, 1820; Scholz/*Seibt* § 15 GmbHG Rn. 251; *Priester* in FS Stimpel, 463 (472).

[102] MüKoGmbH/*Reichert*/*Weller* § 15 GmbHG Rn. 491; Scholz/*Seibt* § 15 GmbHG Rn. 252; Ulmer/*Winter*/*Löbbe* § 15 GmbHG Rn. 32.

[103] Vgl. etwa BGHZ 92, 386 (390) = NJW 1985, 2592; OLG Düsseldorf GmbHR 1990, 504 (508).

[104] So auch MHdB GesR II/*Klein*/*Lindemeier* § 40 Rn. 4; *Reichert* GmbHR 1998, 257 (263); *Zöller* MittRhNotK 1999, 121 (123); stellvertretend für die Probleme der Gerichte bei der Auslegung einer gesellschaftsvertraglichen Nachfolgeklausel im Zusammenhang mit einer letztwilligen Verfügung BGH NZG 2002, 233 (234 f.).

[105] Vgl. Scholz/*Seibt* § 15 GmbHG Rn. 36; *Wicke*, § 46 GmbHG Rn. 13.

chende Teilungsanordnung gehen daher ins Leere.[106] Dasselbe gilt für das **Vermächtnis** eines Geschäftsanteils, dessen Abtretbarkeit nach der Satzung ausgeschlossen ist.[107] Ob sich dagegen auch eine **Vinkulierungsklausel**, welche die Veräußerung des Geschäftsanteils von der Genehmigung der Gesellschaft abhängig macht, auf den Vollzug eines Vermächtnisses erstreckt, ist eine Frage der Auslegung. Dabei wird im Grundsatz davon auszugehen sein, dass der Begriff der „Veräußerung" auch die Erfüllung eines Vermächtnisses erfasst, die Zustimmung also im Grundsatz erforderlich ist.[108] Allerdings wird eine **einschränkende Auslegung** der Vinkulierungsklausel befürwortet, wenn der Gesellschaftsvertrag keine Einschränkungen für die erbrechtliche Nachfolge am Geschäftsanteil des Erblassers vorsieht.[109] Ein vergleichbares **Auslegungsproblem** stellt sich auch bei der KG. Angesichts der grundsätzlichen Unübertragbarkeit der Gesellschafterstellung ohne ausdrückliche Zustimmung aller Mitgesellschafter kommt es auch hier bei einem Vermächtnis darauf an, dass der Gesellschaftsvertrag eine erbrechtlich bedingte Übertragung überhaupt zulässt. Ist dies nicht der Fall oder scheitert die Übertragung des Gesellschaftsanteils aus anderen Gründen, bleiben die Erben zwar Gesellschafter, haben aber dem Vermächtnisnehmer die nach § 717 S. 2 BGB übertragbaren Rechte abzutreten.[110]

Bei einer letztwilligen **Teilungsanordnung** (§ 2048 BGB), nach welcher **39** der Gesellschaftsanteil nur einzelnen Miterben zufallen soll, geht man zwar vereinzelt von einer unmittelbar dinglich wirkenden Zuordnung aus,[111] nach der hM hat die Teilungsanordnung indes lediglich schuldrechtliche Wirkung.[112] Eine Vinkulierungsklausel ist daher auch beim Vollzug der Teilungsanordnung grundsätzlich zu beachten. Besteht allerdings der Zweck einer Vinkulierungsklausel nur darin, eine einseitig beabsichtigte Beteiligung familienfremder Personen oder eine Veränderung der Beteiligungsverhältnisse zwischen Familienstämmen zu verhindern, soll eine Zustimmung zur Abtretung dann nicht erforderlich sein, wenn der Vollzug der vom Erblasser verfügten Teilungsanordnung bezüglich seines Gesellschaftsanteils diesem Zweck nicht widerspricht.[113]

Einer Abstimmung von Gesellschaftsvertrag und letztwilliger Verfügung **40** bedarf es auch im Fall einer **qualifizierten Nachfolgeklausel** bei einer KG. Zunächst muss der durch die Nachfolgeklausel zugelassene Nachfolger auch

---

[106] Scholz/ *Seibt* § 15 GmbHG Rn. 36.
[107] Scholz/ *Seibt* § 15 GmbHG Rn. 36.
[108] BGHZ 32, 35 (39) = NJW 1960, 864; Scholz/ *Seibt* § 15 GmbHG Rn. 36; Ulmer/ *Winter*/ *Löbbe* § 15 GmbHG Rn. 21.
[109] OLG Düsseldorf NJW-RR 1991, 1056 (1057) = GmbHR 1990, 504 (507 f.) (6. Senat); LG Düsseldorf ZIP 1985, 1269 (1271) m. Anm. *Westermann* ZIP 1985, 1249; *Michalski*/*Ebbing* § 15 *GmbHG Rn. 18; Hilger* in FS Quack, 259 (264); Scholz/ *Seibt* § 15 GmbHG Rn. 36; aA etwa OLG Düsseldorf NJW-RR 1987, 732 (734) (7. Senat).
[110] BGH WM 1976, 251 (252) = BeckRS 1975, 31115655.
[111] *Priester* DNotZ 1977, 558 (561).
[112] BGH NJW 2002, 2712; OLG Rostock ZEV 2009, 465; Staudinger/ *Werner* § 2048 BGB Rn. 3.
[113] LG Düsseldorf ZIP 1985, 1269 (1271 f.).

zum Erben berufen sein. Dies gilt auch im Fall der Nacherbschaft. Erfüllt hier etwa der Vorerbe nicht die in der Nachfolgeklausel festgelegten Voraussetzungen, versagt die Nachfolgeklausel. Die Mitgliedschaft erlischt mit der Folge, dass der Nacherbe nur einen Abfindungsanspruch erben kann.[114] Daneben ist eine sorgfältige Ausgestaltung der letztwilligen Verfügung erforderlich, wenn dem Erblasser mehrere Erben folgen, die nicht alle die Qualifizierungskriterien der Nachfolgeklausel erfüllen. Hier stellt sich die Frage, ob der den Gesellschaftsanteil erbende Nachfolger gegenüber seinen Miterben **ausgleichspflichtig** ist. Das Testament des Gesellschafters sollte diese Frage klären. Tut es dies nicht, ist der Wert des Anteils im Innenverhältnis der Miterben in Ansatz zu bringen, also auf den Anteil des Erben am Nachlass anzurechnen.[115] Gleiches ist der Fall, wenn der Erblasser eine **Teilungsanordnung (§ 2048 BGB) trifft, da diese grundsätzlich nicht wertverschiebend wirkt.**[116] Zur Vermeidung einer derartigen Belastung des qualifizierten Nachfolgers kann der Erblasser diesem den Gesellschaftsanteil durch eine letztwillige Verfügung in Form eines **Vorausvermächtnisses (§ 2150 BGB)** zuwenden, wobei wiederum Pflichtteilsansprüche nicht vermieden werden können.[117]

41   Die Unentbehrlichkeit der Abstimmung von Gesellschaftsvertrag und letztwilliger Verfügung zeigt sich auch an anderer Stelle. Ist aus Sicht des Gesellschafters im Familienkreis ein geeigneter Kandidat für die Nachfolge vorhanden, liegt der Schwerpunkt der Gestaltungsaufgabe für den seine Nachfolge vorbereitenden Unternehmer darin, einen allzu großen **Liquiditätsabfluss zu vermeiden**, der aus Pflichtteils-, Erbersatz-, güterrechtlichen und Fiskalansprüchen drohen kann. Im Blickpunkt stehen dabei der bei der Unternehmensnachfolge nicht bedachte Ehegatte sowie andere Pflichtteilsberechtigte (§§ 2303 ff. BGB). Probleme bereiten die durch die Abweichung von der gesetzlichen Erbfolge ausgelösten Ausgleichsansprüche insbesondere in den Fällen, in denen die außerhalb der Gesellschaftsbeteiligung vererbten liquiden Mittel zur Abfindung der weichenden Miterben und Pflichtteilsberechtigten (vgl. auch § 2305 BGB) nicht ausreichen. Begünstigt wird diese Situation vor allem durch die Tatsache, dass für die Berechnung des Pflichtteils der Verkehrswert der Aktiva und Passiva des Nachlasses maßgeblich ist (§ 2311 Abs. 1 BGB). Dabei hat jeder Pflichtteilsberechtigte gegen den Erben einen Auskunfts- und Wertermittlungsanspruch bezüglich des Nachlassbestands (§ 2314 BGB). Allerdings erwächst dem Gesellschafter ein Gestaltungsspielraum dadurch, dass die Pflichtteilsansprüche auf die Hälfte des Werts des gesetzlichen Erbteils beschränkt sind (§ 2303 BGB). Bei einer durch qualifizierte Nachfolgeklausel vorbereiteten Überleitung des Gesellschaftsanteils auf nur eine Person, bei der es zu einem Ausschluss von der Erbfolge iSd § 2303 BGB kommt oder ein Zusatzpflichtteil (§ 2305 BGB)

---

[114] BGH NJW-RR 1987, 989.
[115] BGHZ 22, 186 (196 f.) = NJW 1957, 180; EBJS/*Lorz* § 139 HGB Rn. 23 f.; MüKoHGB/*K. Schmidt* § 139 Rn. 20.
[116] BGH NJW 1985, 51 (52).
[117] MüKoHGB/*K. Schmidt* § 139 Rn. 20; Sudhoff/*Schulte* Personengesellschaften II Q Rn. 29.

entsteht, kann der Nachfolger vielfach im Ergebnis nur dann wirksam von liquiden Ansprüchen jeder Art freigehalten werden, wenn der Erblasser **Pflichtteilsverzichtsverträge** mit den Pflichtteilsberechtigten abschließt (§ 2346 Abs. 2 BGB), welche die Abkömmlinge des Verzichtenden einbeziehen sollten und sich im Übrigen auf die Ausklammerung bestimmter Vermögensgegenstände aus der Berechnungsgrundlage beschränken können.[118] Lässt sich nur einer von mehreren Pflichtteilsberechtigten auf einen Verzicht ein, besteht die Gefahr, dass die übrigen Berechtigten im Zusammenhang mit dem Verzicht einen Pflichtteilsergänzungsanspruch gem. § 2325 BGB geltend machen, wodurch die vom Erblasser verfolgte Strategie innerhalb der Zehn-Jahres-Frist des § 2325 Abs. 3 S. 2 BGB[119] in Frage gestellt wäre. Voraussetzung eines solchen Ergänzungsanspruchs ist allerdings, dass die für den Pflichtteilsverzicht geleistete Abfindung als **Schenkung** einzuordnen ist. Dies ist nicht der Fall, wenn die Leistung des Erblassers an den Verzichtenden über eine angemessene Abfindung für dessen Verzicht nicht hinausgeht.[120] Für den Fall, dass sich die für den Pflichtteilsverzicht zu erbringenden Gegenleistungen nicht aus dem Privatvermögen des Erblassers erfüllen lassen, wird die lebzeitige Einräumung von stillen Beteiligungen an der Gesellschaft bzw. von Unterbeteiligungen an dem Gesellschaftsanteil empfohlen.[121] Daneben kann der erbrechtliche Gestaltungsspielraum beispielsweise dadurch genutzt werden, dass die Erbeinsetzung durch ein oder mehrere Vermächtnisse ergänzt wird.[122] Nach § 2331a BGB besteht hinsichtlich des Pflichtteils eine **Stundungsmöglichkeit**, wenn die sofortige Erfüllung des ganzen Anspruchs den Erben wegen der Art der Nachlassgegenstände ungewöhnlich hart trifft, weil beispielsweise zur Erfüllung der Pflichtteilsansprüche die Veräußerung eines die wirtschaftliche Lebensgrundlage bildenden Wirtschaftsguts notwendig ist. Die Vorschrift hat jedoch absoluten Ausnahmecharakter und greift nur dann zugunsten des Erben ein, wenn diesem die Erfüllung der geltend gemachten Ansprüche auf andere Weise nicht möglich ist. Da ihm daher etwa auch die Aufnahme eines Kredits zu ungünstigen Konditionen zugemutet wird, hilft sie in den meisten Fällen nicht weiter.[123]

Eine interessante Gestaltungsvariante bietet dagegen die **vorweggenommene Erbfolge** durch lebzeitige Vermögensübertragung auf Personen, die im Erbfall nach gesetzlicher oder gewillkürter Erbfolge Erben geworden wären. Neben der Möglichkeit, die Nachfolger bereits frühzeitig in die un- 42

---

[118] Zusammenfassender Überblick bei *Dressler* NJW 1997, 2848; weitere Einzelheiten zum Pflichtteilsverzicht bei Sudhoff/*Scherer* Unternehmensnachfolge § 18 Rn. 1 ff.

[119] Durch das Gesetz zur Änderung des Erb- und Verjährungsrechts wurde die Anrechnungsbestimmung in § 2325 Abs. 3 BGB mit Wirkung zum 1.1.2010 dahin geändert, dass nur noch eine im ersten Jahr vor dem Erbfall erfolgte Schenkung in vollem Umfang berücksichtigt wird; für jedes weitere Jahr erfolgt eine Reduzierung um jeweils 1/10.

[120] BGH NJW 2009, 1143 (1145).

[121] *Ebenroth/Lorz* WiB 1995, 609 (612).

[122] Zur Abgrenzung am Maßstab der Auslegungsregeln in § 2087 BGB vgl. *Ebenroth/Lorz* WiB 1995, 656 (657).

[123] *Ebenroth/Lorz* WiB 1995, 609 (611).

ternehmerische Tätigkeit einzubinden, schafft diese Gestaltungsvariante vor allem Planungssicherheit und Kontinuität. Schließlich können auch steuerrechtliche Vorteile, etwa durch Einkommensverlagerungen, für eine vorweggenommene Erbfolge sprechen.[124] Demgegenüber führt die vorweggenommene Erbfolge eine gewisse Abhängigkeit des Gesellschafters herbei, die aus dessen Sicht neben dem Erhalt von Einfluss- und Kontrollmöglichkeiten[125] vor allem dessen wirtschaftliche Absicherung und Versorgung regelungsbedürftig machen.[126] Risiken ergeben sich auch aus der Weiterleitung des Gesellschaftsanteils bei einem frühzeitigen Tod des Nachfolgers.[127] In gewissem Umfang kann diesen Risiken durch die vertragliche Einräumung eines Rückforderungsrechts des Übertragenden begegnet werden.[128] Allerdings spricht einiges dafür, dass vor dem Hintergrund der BGH-Rechtsprechung zur Sittenwidrigkeit von Hinauskündigungsklauseln (s. → § 31 Rn. 44) die Rückforderungsbestimmung sachlich gerechtfertigt sein muss.[129] Im Übrigen besteht auch bei der im Wege der Schenkung vollzogenen vorweggenommenen Erbfolge die Gefahr, dass die bezüglich der Beteiligung Übergangenen nach § 2325 BGB Pflichtteilsergänzungsansprüche erheben, sofern der Erblasser innerhalb von zehn Jahren nach der Übergabe verstirbt. Dieses Risiko wird noch dadurch verschärft, dass die Zehn-Jahres-Frist bei einer Schenkung an den Ehegatten erst mit Auflösung der Ehe (§ 2325 Abs. 3 S. 3 BGB) und sonst nur dann zu laufen beginnt, wenn der verschenkte Gegenstand auch wirtschaftlich aus dem Vermögen des Schenkers ausgegliedert wird. Dies kann fraglich sein, wenn für den Schenker Nutzungs- oder Rückforderungsrechte bestehen.[130] Der Abschluss einer **Pflichtteilsverzichtsvereinbarung** kann sich daher wiederum empfehlen. Als Gestaltungsalternative wird zudem die Vornahme entgeltlicher Geschäfte, wie zB die Übertragung einzelner Vermögensgegenstände gegen Leibrente, empfohlen.[131]

43 Die **Testierfreiheit** bleibt auch von § 139 HGB grundsätzlich unberührt. So ist es beispielsweise zulässig, die Erbeinsetzung mit der Auflage (§ 1940 BGB) zu verbinden, dass der Erbe persönlich haftender Gesellschafter bleibt,

---

[124] Stellvertretend *Kögel*, MünchAnwaltshdb. Erbrecht § 40 Rn. 126.

[125] Speziell zum Vorbehaltsnießbrauch als Gestaltungsinstrument *Brandi/Mühlmeier* GmbHR 1997, 734; *Hermanns* MittRhNotK 1997, 149 (157).

[126] Vgl. nur *Hermanns* MittRhNotK 1997, 149 (153); nach den Ergebnissen des Praxistests von *Albach* BB 2000, 781 (784) war Ende des vergangenen Jahrhunderts nur bei einem Viertel der untersuchten Unternehmen die Regelung einer vorweggenommenen Erbfolge feststellbar.

[127] *Kögel*, MünchAnwaltshdb. Erbrecht § 40 Rn. 127.

[128] *Kögel*, MünchAnwaltshdb. Erbrecht § 40 Rn. 135 ff. mit Form.vorschlag.

[129] MHdB GesR I/*Piehler/Schulte* § 10 Rn. 30; *Bütter/Tonner* NZG 2003, 193 (195) die eine Lösung über ein aufschiebend bedingtes Rückkaufrechts für möglich halten, wenn der Rückkaufpreis dem Verkehrswert der übertragenen Gesellschaftsanteile entspricht.

[130] Vgl. etwa BGHZ 125, 395 (398) = NJW 1994, 1791; OLG Düsseldorf ZEV 2008, 525 f.

[131] Zum BMF-Schreiben v. 26.8.2002, DStR 2002, 1617 vor diesem Hintergrund zB *Franz/Seitz* DStR 2002, 1745 (1746).

also das aus § 139 Abs. 1 bis 4 HGB erwachsenden Rechte nicht ausübt.[132] Fehlt allerdings eine Nachfolgeklausel im Gesellschaftsvertrag, ändert auch eine abweichende testamentarische Verfügung nichts daran, dass der Gesellschafter mit seinem Tod aus der Gesellschaft ausscheidet (§ 131 Abs. 3 S. 1 Nr. 1 HGB). Hieran wird deutlich, dass die Durchsetzung des letzten Willens des Gesellschafters durchaus scheitern kann, wenn keine Abstimmung mit dem Gesellschaftsvertrag erfolgt ist. Eine eindeutige gesellschaftsvertragliche Bestimmung kann in der Regel von einer abweichenden letztwilligen Verfügung nicht durchbrochen werden.[133] Der anerkannte Auslegungsgrundsatz eines Vorrangs des Gesellschaftsrechts vor dem Erbrecht hilft aber lediglich, offensichtlich vorhandene Widersprüche aufzulösen. Für den Berater stellt sich dagegen die Aufgabe, derartige Widersprüche und damit die Notwendigkeit einer gerichtlichen Klärung von vornherein zu vermeiden. Die Kunst liegt also einerseits darin, gesellschaftsrechtliche und erbrechtliche Gesichtspunkte sowohl inhaltlich als auch vom Standort her eindeutig zu trennen und doch andererseits darauf zu achten, dass sie sich ergänzen und nicht widersprechen. Dies gelingt nur, wenn man bei Anfertigung der letztwilligen Verfügung einen bereits abgeschlossenen und in Vollzug gesetzten Gesellschaftsvertrag berücksichtigt. Glaubt man sich dagegen schon beim Abschluss des Gesellschaftsvertrags über seinen letzten Willen im Wesentlichen im Klaren zu sein, sollte man von vornherein auf eine Gestaltung des Gesellschaftsvertrags hinwirken, die den notwendigen letztwilligen Verfügungen nicht entgegensteht.[134]

IV. Verzahnung in den Gesellschaftsverträgen

Bei der GmbH & Co. KG ist nicht nur die soeben unter → III. dargestellte Abstimmung von Gesellschaftsvertrag und letztwilliger Verfügung in doppelter Hinsicht vorzunehmen, sondern darüber hinaus ist darauf zu achten, dass gegebenenfalls vorhandene **Nachfolgeklauseln in beiden Gesellschaftsverträgen** zu einem einheitlichen Ergebnis führen. Gerade bei der personengleichen GmbH & Co. KG besteht in der Regel ein erhebliches Interesse, ein unterschiedliches Schicksal der Mitgliedschaften in KG und GmbH zu vermeiden. Problematisch ist dies etwa dort, wo Nachfolgeregelungen, die für Personengesellschaften zulässig sind, im GmbH-Recht keine Anerkennung finden. Dies gilt beispielsweise für eine **qualifizierte Nachfolgeklausel** (→ Rn. 9 ff.), die in einer GmbH-Satzung angesichts des unabdingbaren Charakters von § 15 Abs. 1 GmbHG unwirksam wäre. Um gleichwohl dafür zu sorgen, dass KG-Anteil und GmbH-Anteil in die gleichen Hände übergehen, kann man in der GmbH-Satzung eine Verpflichtung der Erben vorsehen, ihren ererbten GmbH-Anteil an den in der qualifizierten

44

---

[132] KRM/*Koller* § 139 HGB Rn. 2; Baumbach/*Hopt* § 139 HGB Rn. 64; MüKoHGB/*K. Schmidt* § 139 HGB Rn. 95.
[133] S. hierzu die Bsp. bei Sudhoff/*Schulte* Personengesellschaften II Q Rn. 12 u. *Flick* ZEV 1994, 34.
[134] Aus Sicht des Notars beispielsweise *Zöller* MittRhNotK 1999, 121 (132).

9. Kapitel. Tod des Gesellschafters

Nachfolgeklausel Bezeichneten bzw. an den vom Erblasser oder einem Dritten Benannten abzutreten.[135]

45 Beim **Tod eines Kommanditisten** ist für die Nachfolge des Erben in die GmbH-Mitgliedschaft § 15 Abs. 1 GmbHG und für seine Nachfolge in die Kommanditbeteiligung § 177 HGB maßgeblich. Sind mehrere Erben vorhanden, ist zu beachten, dass der Kommanditanteil im Gegensatz zum GmbH-Geschäftsanteil jedem (qualifizierten) Miterben entsprechend seiner Erbquote geteilt zugewiesen ist (→ § 34 Rn. 6). Zur **Abstimmung des Schicksals beider Mitgliedschaften** bietet es sich an, die neuen Kommanditisten zur gemeinschaftlichen Ausübung ihrer Gesellschafterrechte in der KG zu verpflichten oder von der Erbengemeinschaft eine Auseinandersetzung hinsichtlich des GmbH-Geschäftsanteils zu verlangen.[136]

---

[135] MüKoGmbHG/*Reichert/Weller* § 15 GmbHG Rn. 452; Scholz/*Seibt* § 15 GmbHG Rn. 32; *Zöller* MittRhNotK 1999, 121 (138); Sudhoff/*Froning* Unternehmensnachfolge § 44 Rn. 112.
[136] *K. Schmidt* DB 1998, 61 (64).

§ 36 Abfindungsbeschränkungen

Übersicht

	Rn.		Rn.
I. Kommanditgesellschaft	1	II. GmbH	6

Schrifttum: (vgl. bereits die Nachweise unter → §§ 34 und 35) *Finger,* Der Ausschluß von Abfindungsansprüchen bei der Nachfolge in Personengesellschaften beim Tode eines Gesellschafters, DB 1974, 27; *Habersack,* Die unentgeltliche Einziehung des Geschäftsanteils beim Tod des GmbH-Gesellschafters, ZIP 1990, 625; *Kohl,* Ausschluß und Beschränkung von Abfindungsansprüchen nach dem Tod eines Personengesellschafters gegen Pflichtteilsrecht und Zugewinnausgleich, MDR 1995, 865; *Volmer,* Vertragspaternalismus im Gesellschaftsrecht? – Neues zu Abfindungsklauseln, DB 1998, 2507.

I. Kommanditgesellschaft

Anders als beim Ausscheiden eines noch lebenden Gesellschafters wird für den Fall des Todes eines Gesellschafters ein allgemeiner gesellschaftsvertraglicher Ausschluss der im Zuge der Anwachsung (§§ 161 Abs. 2, 105 Abs. 3 HGB iVm § 738 Abs. 1 S. 2 BGB) geschuldeten Abfindung (s. → § 32 Rn. 2 ff.) – und damit auch deren Beschränkung – grundsätzlich zugelassen.[1] Der Ausschluss führt dazu, dass der Anteil am Nachlass vorbeigesteuert wird.[2] Trifft der Ausschluss alle Gesellschafter gleichermaßen, erhält der alle anderen überlebende Gesellschafter im Zuge der Anwachsung am Ende das gesamte Gesellschaftsvermögen, über das er dann auch letztwillig verfügen kann. Alle vorversterbenden Gesellschafter entziehen ihren Erben dagegen nicht nur die Gesellschafterstellung, sondern auch die Teilhabe am Gesellschaftsvermögen dauerhaft.[3] 1

Gilt der Ausschluss gleichermaßen für alle Gesellschafter, sind die Chancen und Risiken, den eigenen Anteil im Todesfall zu verlieren bzw. am Anteil eines vorversterbenden Mitgesellschafters zu partizipieren, gleichmäßig verteilt. Daher nimmt die tradierte und wohl noch hM an, der Anteil des verstorbenen Gesellschafters falle den überlebenden Mitgesellschaftern nicht unentgeltlich an.[4] In der Konsequenz bestünden daher auch keine Pflichtteil- 2

---

[1] BGHZ 22, 186 (194) = NJW 1957, 180; Baumbach/*Hopt* § 131 HGB Rn. 62; MüKoHGB/*K. Schmidt* § 131 HGB Rn. 161; ebenso *Finger* DB 1974, 27 (28); Formvorschlag bei *Zöller* MittRhNotK 1999, 121 (130).
[2] MüKoHGB/*K. Schmidt* § 131 HGB Rn. 161.
[3] *K. Schmidt* Gesellschaftsrecht § 45 V 3c spricht daher von einem „Russischen Roulette".
[4] BGHZ 22, 186 (194) = NJW 1957, 180; EBJS/*Lorz* § 131 HGB Rn. 123; Baumbach/*Hopt* § 131 HGB Rn. 62.

9. Kapitel. *Tod des Gesellschafters*

sergänzungs- und Zugewinnausgleichsansprüche.[5] Eine andere Meinung geht dagegen auch bei einem alle Gesellschafter treffenden Abfindungsausschluss von der Unentgeltlichkeit der Zuwendung aus.[6] Damit liegt zwar ein nach § 2301 Abs. 1 S. 1 BGB **formbedürftiges Schenkungsversprechen** vor, das durch das Vorversterben des betreffenden Gesellschafters aufschiebend befristet und durch das Überleben der übrigen Gesellschafter aufschiebend bedingt ist (gleiches gilt auf Basis der erstgenannten Auffassung, wenn der Gesellschaftsvertrag den Abfindungsausschluss nur für den Tod bestimmter Gesellschafter vorsieht[7] oder zwischen den einzelnen Gesellschaftern erhebliche Altersunterschiede bestehen bzw. von einer ungleichen Lebenserwartung auszugehen ist[8]). Ein **Formmangel** wird allerdings durch Vollzug der Schenkung im Zuge der Zuwendung einer Anwartschaft auf den Anteilswert unter Lebenden **geheilt** (§§ 2301 Abs. 2, 518 Abs. 2 BGB).[9] Beide Auffassungen kommen damit zivilrechtlich zu dem Ergebnis, dass die gesellschaftsvertragliche Regelung wirksam ist.

3   Hält man die Zuwendung abweichend von der tradierten Meinung für unentgeltlich, ist indes der Anwendungsbereich der Schutzvorschriften zugunsten Pflichtteilsberechtigter (§ 2325 BGB) eröffnet; zugunsten eines Pflichtteilsberechtigten kann ein Pflichtteilsergänzungsanspruch gegen die Erben (§ 2325 BGB) bzw. ein Herausgabeanspruch gegen die verbleibenden Gesellschafter (§ 2329 BGB) bestehen.[10] Bei der Berechnung der **Pflichtteilsergänzung** wird, ebenso wie bezüglich des ordentlichen Pflichtteilsanspruchs, überwiegend der volle Wert des Gesellschaftsanteils unter Einbeziehung der stillen Reserven und des Goodwill zugrunde gelegt.[11] Dem ist schon wegen § 2311 Abs. 2 S. 2 BGB zu folgen, wonach auch der Erblasser keine die Pflichtteilsansprüche beschränkende Wertbestimmung vornehmen kann. Um unbillige Ergebnisse zu vermeiden, wird jedoch zum Teil ein genereller Abschlag anerkannt oder ein Leistungsverweigerungs- oder Stundungsrecht eingeräumt.[12]

4   Trotz der grundsätzlichen Zulässigkeit des Abfindungsausschlusses für den Fall des Todes eines Gesellschafters können sich im Einzelfall Schranken ergeben. So ist es etwa nicht zulässig, das Recht des Erben, sein Ausscheiden aus der Gesellschaft gem. § 139 Abs. 2 HGB zu erklären, dadurch einzuschränken, dass ausschließlich für diesen Fall die Abfindung beschnitten oder

---

[5] KRM/*Koller* § 131 HGB Rn. 17; *Deckert* NZG 1998, 43 (45); MHdB GesR II/*Klein/Lindemeier* § 41 Rn. 106; zum Ausscheiden von Bereicherungsansprüchen vgl. *Zöller* MittRhNotK 1999, 121 (136).

[6] MüKoHGB/*K. Schmidt* § 131 HGB Rn. 162.

[7] MHdB GesR II/*Klein/Lindemeier* § 41 Rn. 105; *Zöller* MittRhNotK 1999, 121 (137).

[8] Vgl. BGH NJW 1981, 1956 (1957); EBJS/*Lorz* § 131 HGB Rn. 123.

[9] BGH WM 1971, 1338 (1339) = BeckRS 1971, 31081173; Baumbach/*Hopt* § 131 HGB Rn. 62; Ebenroth/Boujong/Joost/Strohn/*Lorz* § 131 HGB Rn. 123; *K. Schmidt* Gesellschaftsrecht § 45 V 3b.

[10] S. hierzu das Bsp. in BGHZ 80, 206 = NJW 1981, 1446; *Kohl* MDR 1995, 865 (868); ausf. Sudhoff/*Scherer* Unternehmensnachfolge § 17 Rn. 44 ff.

[11] Einzelheiten bei Sudhoff/*Scherer* Unternehmensnachfolge § 17 Rn. 73 ff.

[12] *Zöller* MittRhNotK 1999, 121 (137) mwN.

ganz ausgeschlossen wird (§ 139 Abs. 5 HGB vgl. → § 35 Rn. 5).[13] Eine Eintrittsklausel kann dagegen nach Ansicht des BGH auch dahin auszulegen sein, dass zwar der Abfindungsanspruch der Erben ausgeschlossen oder durch den Beitritt des Berechtigten auflösend bedingt ist, dafür aber die auf den durch den Beitritt neu entstehenden Gesellschaftsanteil bezogenen künftigen Gewinn- und Auseinandersetzungsansprüche nicht in der Person des Beitretenden, sondern unmittelbar zugunsten der Erben entstehen.[14] Vereinzelt wird schließlich auch eine gesellschaftsvertragliche Regelung für zulässig erachtet, nach der die Erben statt einer Abfindung die Einräumung einer stillen Beteiligung nach § 230 HGB verlangen können.[15]

Lässt man grundsätzlich einen totalen Abfindungsausschluss zu, lassen sich hieraus auch Argumente für die **Zulässigkeit von Abfindungsbeschränkungen zu Lasten von vorübergehend in die Gesellschaft aufgenommenen Erben** gewinnen, die bei einem Ausscheiden unter Lebenden unwirksam wären. So spricht beispielsweise einiges dafür, die im freien Ermessen der verbliebenen Gesellschafter stehende Hinauskündigung zunächst in die Gesellschaft aufgenommener Erben während einer angemessenen Probezeit zuzulassen,[16] selbst wenn die für diesen Fall vorgesehene Abfindung nach sonst üblichen Kriterien unzureichend ist.[17] Dies lässt sich damit begründen, dass die den Abfindungsanspruch unmittelbar auslösende Hinauskündigung die Erben nicht schlechter stellt, als wenn von vornherein die Vererblichkeit des Gesellschaftsanteils ausgeschlossen worden wäre. Zum Schutz der Erben vor einer dauerhaften Rechtsunsicherheit bezüglich ihrer Mitgliedschaft darf die Probezeit allerdings nicht zu lang bemessen sein.[18]

II. GmbH

Auch bei der GmbH wird ein völliger Ausschluss der Abfindung zugelassen, wenn in der Satzung für den Fall des Todes eines Gesellschafters ein Einziehungsrecht zugunsten der Gesellschaft, eine Abtretungspflicht zu Lasten der Erben oder beides kombiniert festgeschrieben ist.[19] **Prüfungsmaßstab** ist auch hier in erster Linie § 138 Abs. 1 BGB.[20] Der Ausschluss der Abfindung wird, anders als eine bloße Abfindungsbeschränkung, ganz überwiegend als unentgeltliche Zuwendung an die begünstigten Mitgesellschaf-

---

[13] KRM/*Koller* § 139 HGB Rn. 2.
[14] BGH NJW-RR 1987, 989; allg. *Götte* DNotZ 1988, 603 ff.
[15] Sudhoff/*Froning* Unternehmensnachfolge § 44 Rn. 18; KRM/*Koller* § 131 HGB Rn. 16; MHdB GesR II/*Klein*/*Lindemeier* § 41 Rn. 13.
[16] BGHZ 105, 213 (219) = NJW 1989, 834.
[17] So auch *Volmer* DB 1998, 2507 (2508).
[18] BGHZ 105, 213 (219) = NJW 1989, 834.
[19] BGH WM 1977, 192 (193); Scholz/*Seibt* § 15 GmbHG Rn. 31; Ulmer/*Ulmer* § 34 GmbHG Rn. 101; *Reichert* GmbHR 1998, 257 (262); MHdB GesR III/*D. Jasper*/*Wollbrink* § 25 Rn. 39 f.; diff. *Priester* GmbHR 1981, 206 (210).
[20] Sudhoff/*Froning* Unternehmensnachfolge § 48 Rn. 23.

ter eingestuft, unabhängig davon, ob der Abfindungsausschluss alle oder nur einzelne Gesellschafter trifft (zu dieser Differenzierung → Rn. 2).[21]

7 Aus erbrechtlicher Sicht ist dies indes auch vor dem Hintergrund des § 2301 Abs. 1 S. 1 BGB (**Schenkungsversprechen von Todes wegen**) unbedenklich: Entweder ist aufgrund der bei der GmbH vorgeschriebenen Pflicht zur notariellen Beurkundung der Satzung und ihrer späteren Änderungen (§§ 2 Abs. 1 S. 1, 53 Abs. 2 S. 1 GmbHG) bereits im Einzelfall die in § 2301 Abs. 1 S. 1 BGB angeordnete Form des Erbvertrags (§ 2276 Abs. 1 S. 1 BGB) erfüllt, so dass es, anders als bei den Personengesellschaften, auf einen Schenkungsvollzug (§ 2301 Abs. 2 BGB) nicht ankommt.[22] Oder die Schenkung ist bereits mit Abschluss des Gesellschaftsvertrags bzw. Aufnahme der entsprechenden Nachfolgeklausel aufschiebend bedingt vollzogen und somit als unter Lebenden erfolgt zu werten (§ 2301 Abs. 2 BGB).[23] Unabhängig hiervon eröffnet die Einordnung als Schenkung allerdings den Anwendungsbereich der **Schutzvorschriften zugunsten Pflichtteilsberechtigter** (§§ 2316, 2325 ff. BGB).[24]

8 Wie in den Fällen des Ausscheidens unter Lebenden bleibt es den Gesellschaftern auch bei der Gestaltung einer Nachfolgeklausel unbenommen, die Höhe der Abfindung, die Methoden ihrer Berechnung, die Zahlungsmodalitäten und andere Einzelheiten zu bestimmen (vgl. → § 32 Rn. 18 ff.). Fehlen derartige Regelungen, ist im Fall der Einziehung bzw. Abtretung des Geschäftsanteils im Zusammenhang mit dem Tod eines Gesellschafters im Zweifel eine sofort fällige Zahlung in Höhe des Verkehrswerts des Geschäftsanteils geschuldet.[25] Die Durchsetzung dieses Abfindungsanspruchs kann sich für die Erben allerdings als problematisch darstellen, wenn die verbleibenden Gesellschafter von einem ihnen in der Satzung eingeräumten **Wahlrecht** über den Verbleib des vererbten Geschäftsanteils keinen Gebrauch machen. Besteht beispielsweise eine gesellschaftsvertragliche Verpflichtung der Erben, den ererbten Geschäftsanteil nach Wahl der Gesellschaft an diese, einen von der Gesellschafterversammlung zu bestimmenden Dritten oder einen Gesellschafter abzutreten, und kann der Geschäftsanteil darüber hinaus nach Wahl auch eingezogen werden, bedarf es zur Ausübung dieses Wahlrechts eines **Gesellschafterbeschlusses**. Die Erben sind vor dem sich so ergebenden Schwebezustand, der sie überdies in der freien Ausübung ihrer Gesellschafterrechte beeinträchtigen kann, jedenfalls dadurch geschützt, dass die Einziehung oder das Abtretungsverlangen – auch ohne explizite Satzungsrege-

---

[21] Michalski/*Ebbing* § 15 GmbHG Rn. 34; Ulmer/*Ulmer* § 34 GmbHG Rn. 101; Scholz/*Seibt* § 15 GmbHG Rn. 31; MHdB GesR III/*D. Jasper/Wollbrink* § 25 Rn. 40.
[22] MüKoGmbHG/*Reichert/Weller* § 15 GmbHG Rn. 462; *Habersack* ZIP 1990, 625 (629).
[23] MüKoGmbHG/*Reichert/Weller* § 15 GmbHG Rn. 462; Scholz/*Seibt* § 15 GmbHG Rn. 31; Ulmer/*Ulmer* § 34 GmbHG Rn. 103; *Gebel* DStR 1993, 325 (326); *Fleck* in FS Stimpel, 353 (368).
[24] MüKoGmbHG/*Reichert/Weller* § 15 GmbHG Rn. 462; Scholz/*Seibt* § 15 GmbHG Rn. 31; MHdB GesR III/*D. Jasper/Wollbrink* § 25 Rn. 40.
[25] BGHZ 116, 359 (370) = NJW 1992, 892; Ulmer/*Winter/Löbbe* § 15 GmbHG Rn. 16.

lung – in der Regel nur innerhalb einer angemessenen Frist nach dem Tod des ursprünglichen Anteilsinhabers vorgenommen werden kann.[26]

Ergibt sich, dass die Erben in jedem Fall aus der Gesellschaft ausscheiden sollen, spricht dies dafür, dass den verbleibenden Gesellschaftern lediglich hinsichtlich der Modalitäten des Ausscheidens ein Wahlrecht zustehen soll, nicht jedoch bezüglich des Ausscheidens selbst. Der Verpflichtung der Erben, entsprechend der erklärten Wahl der Gesellschafterversammlung zu verfahren, entspricht bei einer derartigen Satzungsgestaltung eine Verpflichtung der verbleibenden Gesellschafter, das ihnen eingeräumte Wahlrecht zeitnah zum Tod ihres früheren Mitgesellschafters auszuüben, um den Verbleib der Erben in der Gesellschaft möglichst kurz zu halten. Tun sie das nicht, um beispielsweise die Erfüllung des satzungsgemäßen Abfindungsanspruchs des Erben hinauszuzögern, handeln sie treuwidrig. Der hinter § 162 Abs. 1 BGB stehende Rechtsgedanke führt dann dazu, dass der Erbe in einem solchen Fall seinen **Abfindungsanspruch** auch ohne vorausgehende Entscheidung der Gesellschafterversammlung über den Verbleib des ererbten Geschäftsanteils durchsetzen kann.[27]

9

---

[26] BGH WM 1977, 192 (Verwirkung); OLG München ZIP 1984, 1349 (1350); Scholz/*Seibt* § 15 GmbHG Rn. 30; vgl. auch BGHZ 105, 213 (220) = NJW 1989, 834.

[27] OLG Brandenburg NZG 2000, 485 (486); MüKoGmbHG/*Reichert/Weller* § 15 GmbHG Rn. 458.

§ 37 Steuerfolgen beim Übergang des Gesellschaftsanteils durch Schenkung oder von Todes wegen

Übersicht

	Rn.		Rn.
I. Ertragsteuerliche Konsequenzen des Erbfalls in Abhängigkeit von den Regelungen des Gesellschaftsvertrages	5	1. Bemessungsgrundlage für die Erbschaft- und Schenkungsteuer	50
1. Fortsetzungsklausel bzw. Übernahmerecht der Mitgesellschafter	7	a) Wert der Gesellschaftsanteile	50
2. Einfache Nachfolgeklausel.	9	b) Nachfolgeregelungen im Gesellschaftsvertrag	62
3. Qualifizierte Nachfolgeklausel	13	2. Vergünstigungen durch das Erbschaftsteuergesetz	66
4. Einfluss auf die Verlustverrechnung	16	a) Verschonungsabschlag auf den Wert der Zuwendung	66
a) Verrechenbare Verluste gemäß § 15a EStG	16	b) Einhaltung der Verwaltungsvermögensgrenze	72
b) Gewerbesteuerliche Verlustvorträge	20	c) Tarifbegrenzung für den Steuersatz	88
II. Schicksal des Sonderbetriebsvermögens	24	3. Schädlichkeitstatbestände	89
III. Gesellschaftsanteil an einer Personengesellschaft im Rahmen der Erbauseinandersetzung	35	a) Schädliche Verfügungen über die Gesellschaftsanteile	89
IV. Erbschaft- und schenkungsteuerliche Behandlung der unentgeltlichen Übertragung eines Anteils an einer GmbH & Co. KG	45	b) Vornahme von Überentnahmen	97
		c) Verstoß gegen die Lohnsummenregelung	103
		4. Stundung der Erbschaftsteuer auf Betriebsvermögen	110

Schrifttum: *Crezelius,* Überlegungen zu § 13a Abs. 4 und 5 ErbStG 1997, DB 1997, 1586; *Erkis/Mannek/van Lishaut,* Die „Cash-GmbH" und die Zukunft der Erbschaftsteuer, FR 2013,245; *Fichtelmann,* Die Erbauseinandersetzung bei der Betriebsaufspaltung im Zivil- und Steuerrecht, GmbHR 1994, 587; *Finkbeiner,* Verfassungsrechtliche Aspekte des Beschlusses des Großen Senats des BFH zum gewerbesteuerlichen Verlustabzug bei Personengesellschaften nach § 10a GewStG, DB 1993, 2201; *Gebel,* Die qualifizierte Nachfolgeklausel ein Beispiel für die Verzahnung von Einkommensteuer und Erbschaftsteuer, BB 1995, 173; *Groh,* Die Erbauseinandersetzung im Einkommensteuerrecht, DB 1990, 2135; *Groh,* Erben als „Durchgangsunternehmer", DB 1992, 1315; *Groh,* Mitunternehmeranteile in der Erbauseinandersetzung, DB 1991, 724; *Hannes,* Erweiterung des erbschaftsteuerrechtlichen Verwaltungsvermögens um Geld und Forderungen, DStR 2013, 1417; *Korezkij,* Verwaltungsvermögenstest nach dem ErbStG: Neue Spielregeln, Zweifelsfragen und Lösungsvorschläge, DStR 2013, 1764; *Jülicher,* Die Nachsteuerregelung der §§ 13a Abs. 5 ErbStG – Vorsicht, Fußangeln!, DStR 1997, 1949; *Krüger/Siegemund/Köhler,* Die Auswirkungen der Erbschaftsteuerreform auf den unentgeltlichen Übergang

§ 37 Steuerfolgen beim Übergang des Gesellschaftsanteils

von Produktivvermögen, DStR 1997, 637; *Mannek,* Erweiterung des Verwaltungsvermögens auf Finanzmittel ErbStB 2013,350; *Märkle,* Probleme der Erbauseinandersetzung bei im Nachlaß befindlichen Personengesellschaftsanteilen, DStR 1993, 1616; *Piltz,* Verwaltungsvermögen im neuen Erbschaftsteuerrecht ZEV 2008,229; *Richter/Viskorf/Phillipp,* Reform der Erbschaftsteuer zum 1.1.2009 – Überblick, Analyse, Gestaltungsempfehlungen, DB Beilage 2, 2009, 617; *Röhrig/Doege,* Ausgewählte Aspekte der ertragsteuerlichen Behandlung der Erbengemeinschaft und Erbauseinandersetzung, DStR 2006, 969; *Scholten/Korezkij,* Begünstigungen fürs Betriebsvermögen nach der Erbschaftssteuerreform – Verwaltungsvermögen, DStR 2009, 147; *Schulze zur Wiesche,* Erbauseinandersetzung eines Gesellschaftsanteils und Sonderbetriebsvermögen in Ertragssteuerrecht, StBp 1997, 281; *Schwind/Schmidt,* Verwaltungsvermögen – neuer Stolperstein im Erbschaftsteuergesetz NWB 2009,609; *Söffing,* Die ertragsteuerliche Behandlung der Erbauseinandersetzungen im unternehmerischen Bereich, DStR 1991, 201; *Spiegelberger,* Nachfolge von Todes wegen bei Einzelunternehmen und Gesellschaftsanteilen (Teil II), DStR 1992, 619; *Thiel,* Die neue Erbschaft- und Schenkungsteuer, DB 1997, 68; *Strnad,* Vererblichkeit des einkommensteuerlichen Verlustabzugs (§ 10d EStG 1997), FR 1998, 935; *Viskorf/Haag,* Gleichlautende Erlasse betreffend die Ermittlung der Lohnsumme und die Behaltensregeln nach § 13a Abs. 5 ErbStG in Einbringungs- und Umwandlungsfällen DStR 2014, 360; *Völkers/Hilgenhövel,* Erbfolge in Betriebsvermögen, Zivilrechtliche Probleme bei der Zuweisung des Freibetrages gem. § 13a Abs. 1 S. 1 ErbStG, ZEV 1997, 141; *Wachter,* Schenkungsteuerliche Verschonung des Erwerbs von Mitunternehmeranteilen unter Quotennießbrauch, DStR 2013,1929; *Wacker/Franz,* Zur ertragsteuerlichen Behandlung der Erbengemeinschaft und ihrer Auseinandersetzung, BB 1993 Beil. 5; *Wassermann,* Mittelständische Unternehmensbewertung im neuen Erbschaftsteuerrecht – Eine ökonomische Analyse, DStR 2010, 183; *Weber/Schwind,* Ausschluss der Cash-Gesellschaften vom begünstigten Unternehmensverträgen, ZEV 2013, 369.

Mit dem Ableben des Gesellschafters einer GmbH & Co. KG werden die Anteile der Kommanditgesellschaft sowie die Anteile der Komplementärgesellschaft Bestandteil des Nachlasses. Das Schicksal dieser Gesellschaftsanteile richtet sich in erster Linie nach den zivilrechtlichen Gegebenheiten, die im Wesentlichen auch für die steuerliche Beurteilung maßgebend sind. Dies betrifft insbesondere Nachfolgeregelungen im Gesellschaftsvertrag. Steuerliche Konsequenzen ergeben sich insbesondere im Bereich der Erbschaft- und Schenkungsteuer, aber auch im Bereich der Ertragsteuern. 1

Ist dies nach den Regelungen des Gesellschaftsvertrages zulässig, geht mit dem Ableben des Mitunternehmers der Gesellschaftsanteil auf den Erben über. Hat der Erblasser mehrere Erben, geht der Gesellschaftsanteil auf die Erbengemeinschaft über. Die Erbengemeinschaft kann sich in der Folgezeit auseinandersetzen bzw. ganz oder teilweise ungeteilt fortbestehen. 2

Mit dem Erbfall gehen jedoch nicht nur die Gesellschaftsanteile auf den oder die Erben über, sondern auch eventuell vorhandenes Sonderbetriebsvermögen des Gesellschafters. Bestehen im Gesellschaftsvertrag Restriktionen hinsichtlich der Nachfolge in den Gesellschaftsanteilen, gilt dies nicht gleichzeitig auch für eventuell vorhandenes Sonderbetriebsvermögen. Hier können sich uU Probleme durch zwangsweise Realisierung von stillen Reserven ergeben. 3

9. Kapitel. Tod des Gesellschafters

4 Bei der Auseinandersetzung einer Erbengemeinschaft stellt sich die zentrale Frage, ob eventuell vorhandene stille Reserven ganz oder teilweise realisiert werden. Dies ist dann der Fall, wenn die Erbauseinandersetzung nach den Grundsätzen der BFH-Rechtsprechung als veräußerungsähnlicher Vorgang zu werten ist. Eine Anschaffung und damit ein entgeltlicher Vorgang wird hiernach immer dann gesehen, wenn einer der Erben im Zuge der Erbauseinandersetzung an die Miterben mehr aufwendet, als ihm nach seiner Erbquote zusteht, er also im Zuge der Erbauseinandersetzung Vermögenswerte außerhalb des Nachlasses zum Wertausgleich an Miterben einsetzt. Die Kosten der Finanzierung der Ausgleichszahlung sind unter diesen Bedingungen als Sonderbetriebsausgaben abzugsfähig.

Neben ertragsteuerlichen Gesichtspunkten im Zuge eines Erbfalls sind jedoch in erster Linie auch erbschaftsteuerliche Konsequenzen zu beachten. Die Anteile der Kommanditgesellschaft sowie der Komplementär-GmbH sind Bestandteil des Nachlasses und führen insoweit zu einem steuerpflichtigen Erwerb.

I. Ertragsteuerliche Konsequenzen des Erbfalls in Abhängigkeit von den Regelungen des Gesellschaftsvertrages

5 Ist im Gesellschaftsvertrag keine gegenteilige Regelung enthalten, wird die Gesellschaft im Falle des Ablebens des Kommanditisten mit dem oder den Erben fortgesetzt. Im Gesellschaftsvertrag der Kommanditgesellschaft können abweichend von der gesetzlichen Norm **spezielle Regelungen** getroffen werden:
– Fortsetzungsklausel bzw. Übernahmerecht der Mitgesellschafter,
– Einfache Nachfolgeklausel,
– Qualifizierte Nachfolgeklausel sowie
– Eintrittsrecht der Erben.

6 Der zivilrechtliche Grundsatz des Vorranges von Gesellschaftsrecht vor dem Erbrecht gilt auch für die steuerliche Beurteilung. Je nach Ausgestaltung der Satzung ergeben sich hiernach unterschiedliche ertragsteuerliche Konsequenzen.

1. Fortsetzungsklausel bzw. Übernahmerecht der Mitgesellschafter

7 Bestimmt der Gesellschaftsvertrag der Kommanditgesellschaft, dass im Falle des Ablebens eines Gesellschafters die Gesellschaft durch die übrigen Gesellschafter fortgeführt wird,[1] scheidet der verstorbene Gesellschafter mit dem Ableben aus der Gesellschaft aus. Das anteilige Gesellschaftsvermögen wächst den Mitgesellschaftern zu. Die Erben haben lediglich einen Abfindungsanspruch gegenüber der Gesellschaft[2], dessen Höhe sich nach den Re-

---

[1] §§ 131 Abs. 3 Nr. 1, 161 Abs. 2 HGB.
[2] *Troll/Gebel/Jülicher* § 13a ErbStG Rn. 34; *Kirchhof/Söhn/Reiß* § 16 EStG Rn. B 108.

gelungen im Gesellschaftsvertrag richtet. Ergibt sich ein Wert, der über dem Stand des Kapitalkontos liegt, handelt es sich ertragsteuerlich um die **Veräußerung eines Mitunternehmeranteils**. Da der verstorbene Gesellschafter mit dem Ableben aus der Gesellschaft ausscheidet, ist der Mitunternehmeranteil nicht mehr Bestandteil des Nachlasses, sondern lediglich der Abfindungsanspruch.[3] Der Veräußerungsgewinn wird damit dem **Erblasser** zugerechnet,[4] obwohl der Abfindungsanspruch dem oder den **Erben** zufließt.[5] Dies hat zur Folge, dass die Einkommensteuerbelastung aus der Versteuerung des Veräußerungsgewinns noch in der Person des Erblassers entsteht und damit auch den Wert des Nachlassvermögens mindert, was wiederum von Bedeutung für die Besteuerung mit Erbschaftsteuer bzw. die Ermittlung des steuerpflichtigen Erwerbs ist. In Höhe der Abfindung entstehen für die Gesellschaft **eigene Anschaffungskosten** für die Vermögensgegenstände des Gesamthandsvermögens. Die Zurechnung des Veräußerungsgewinns zu dem Erblasser bewirkt weiterhin, dass sich die Frage der Begünstigung des Veräußerungsgewinns, wie zB Anwendung des Freibetrages gem. § 16 Abs. 4 EStG, Tarifermäßigungen gem. § 34 EStG, nach den Besteuerungsmerkmalen des Erblassers richten.

Enthält der Gesellschaftsvertrag anstelle einer Fortsetzungsklausel das **Recht** für die Mitgesellschafter, innerhalb einer bestimmten Frist nach dem Ableben eines Gesellschafters **den Anteil zu erwerben**, wird der Veräußerungsvorgang nicht dem Erblasser, sondern dem oder den Erben zugerechnet, auch wenn im Gesellschaftsvertrag die Bedingungen des Erwerbs, wie zB Kaufpreis, Zahlungsmodalitäten usw. festgelegt sind.[6] Ein Abfindungswert über dem Stand des Kapitalkontos führt also zu einem **Veräußerungsgewinn** für die **Erben**, da diese mit dem Erbfall befristet Gesellschafter der Personengesellschaft geworden sind.[7] Dieser Veräußerungsgewinn ist grundsätzlich nach §§ 16, 34 EStG begünstigt. Die Mitgesellschafter haben aus dem Vorgang **eigene Anschaffungskosten** für den Erwerb des Gesellschaftsanteils. Ein eventuell zu zahlender Mehrpreis über den Stand des Kapitalkontos hinaus, wird hiernach in eine steuerliche Ergänzungsbilanz eingestellt. Die Gesamthandsbilanz der Personengesellschaft wird durch diesen Vorgang nicht berührt.

8

2. Einfache Nachfolgeklausel

Ist im Gesellschaftsvertrag vorgesehen, dass die Gesellschaft mit dem oder den Erben fortgesetzt wird, entspricht dies dem gesetzlichen Grundgedanken des §§ 177, 234 Abs. 2 HGB. Es handelt sich dann um die sog. **einfache Nachfolgeklausel**. Mit dem Erbfall wird jeder der Miterben entsprechend seiner Erbquote Gesellschafter der Personengesellschaft.[8] Diese zivilrecht-

9

---

[3] Littmann/*Hörger* § 16 EStG Rn. 1015.
[4] BFH v. 15.4.1993, BStBl. II 1994, 227; BFH v. 13.11.1997, BStBl. II 1998, 290.
[5] *Märkle* DStR 1993, 1616; *Wacker/Franz* BB 1993 Beil. 5, 23 f.; aA *Kirchof/Söhn/ Reiß* § 16 EStG Rn. B 123.
[6] BFH v. 5.7.1990, BStBl. II 1990, 837.
[7] *Wacker/Franz* BB 1993 Beil. 5, 23; Schmidt/*Wacker* § 16 EStG Rn. 664.
[8] BGH v. 14.5.1986, BGHZ 98, 48–59.

9. Kapitel. Tod des Gesellschafters

liche Wertung wird auch für das Steuerrecht übernommen, so dass mit dem Erbfall die Erben des Kommanditanteils Mitunternehmer der GmbH & Co. KG werden.[9] Steuerlich handelt es sich um den unentgeltlichen Übergang eines Mitunternehmeranteils nach § 6 Abs. 3 EStG, durch den der oder die Erben (ggf. quotal) in die steuerliche Stellung des Erblassers eintreten. Daher wird nicht die Erbengemeinschaft als solche Mitunternehmerin der GmbH & Co. KG, sondern die einzelnen Miterben werden dies unmittelbar. Allerdings gilt das nicht für eventuelles Sonderbetriebsvermögen des Erblassers, dieses bleibt Bestandteil des ungeteilten Nachlasses.[10]

10 Mit dem Übergang des Gesellschaftsanteils an der Kommanditgesellschaft sowie der Komplementärgesellschaft auf die einzelnen Miterben ergeben sich für die GmbH & Co. KG grundsätzlich keine wesentlichen Konsequenzen. Der Wertansatz der Vermögensgegenstände und Schulden in der Gesamthandsbilanz bleibt unverändert. Die Gesellschafterkonten des Erblassers werden auf die einzelnen Miterben aufgeteilt. Die Erben **führen die steuerlichen Buchwerte** des **Erblassers fort**. Dies hat zur Folge, dass eine eventuell bestehende **Ergänzungsbilanz** des Erblassers quotal den Erben zugerechnet wird. Auch die Buchwerte des Sonderbetriebsvermögens werden durch die Erbengemeinschaft nach § 6 Abs. 3 EStG unverändert fortgeführt.[11] Eine Realisierung von stillen Reserven unterbleibt selbst dann, wenn sich mit dem Erbfall **die Gesellschafterstellung** des Erben **ändert**, beispielsweise wenn diese von der Stellung des Erblassers als persönlich haftender Gesellschafter für den Erben in die Stellung eines Kommanditisten gewandelt wird.[12]

11 Die unmittelbare Aufnahme der einzelnen Miterben als Mitunternehmer hindert nicht den Einbezug des Kommanditanteils sowie des Stammanteils an der Komplementär GmbH in eine Erbauseinandersetzung der Erbengemeinschaft. Ob sich im Zuge dieser Erbauseinandersetzung für die einzelnen Miterben ein Veräußerungsgewinn ergibt, beurteilt sich nach allgemeinen Grundsätzen. Eine Realisierung von stillen Reserven kann dann unterbleiben, wenn das Nachlassvermögen insgesamt ausreicht, eine **Realteilung ohne Spitzenausgleich** zwischen den einzelnen Miterben vorzunehmen.[13]

12 Enthält der Gesellschaftsvertrag eine einfache Nachfolgeklausel, werden die einzelnen Erben unmittelbar Mitunternehmer der Kommanditgesellschaft. Dies gilt auch dann, wenn im Testament des Erblassers eine **Teilungsanordnung** dergestalt enthalten ist, dass lediglich einer der Erben Gesellschafter werden soll.[14] Der Vollzug dieser Teilungsanordnung des Erblassers kann hiernach unter Umständen zu einer teilweisen Realteilung der Erbengemeinschaft mit Spitzenausgleich und damit zu einer teilweisen Realisierung von stillen Reserven führen. Eine Auflösung von stillen Reserven und

---

[9] BFH v. 16.5.1995, BStBl. II 1995, 714.; BFH v. 5.6.2008 BStBl. II 2008, 965.
[10] BFH v. 29.10.1991, BStBl. II 1992, 512; *Groh* DB 1991, 725.
[11] BFH v. 16.5.1995, BStBl. II, 714.
[12] Schmidt/*Wacker* § 16 EStG Rn. 666.
[13] BMF v. 11.1.1993, BStBl. 1993 I, 62 Rn. 82.
[14] *Groh* DB 1990, 2140; *Märkle* DStR 1993, 1617.

dadurch ausgelöst eine Liquiditätsbelastung zur Finanzierung der Steuerbelastung auf den Veräußerungsgewinn könnte dadurch vermieden werden, dass im Testament nicht eine Teilungsanordnung, sondern ein Vorausvermächtnis über den Kommanditanteil aufgenommen wird.

3. Qualifizierte Nachfolgeklausel

Ist im Gesellschaftsvertrag eine Regelung enthalten, nach der Nachfolger in den Gesellschaftsanteil lediglich ein bestimmter Erbe sein kann bzw. lediglich ein Erbe mit einer bestimmten Eigenschaft, wie zB ein männlicher Nachkomme, oder den Nachfolger mit Abschluss eines Ingenieurstudiums, wird mit dem Erbfall zivilrechtlich nur der **qualifizierte Miterbe** Gesellschafter der Personengesellschaft. Die Behandlung entspricht in etwa einer Teilungsanordnung des Erblassers mit unmittelbarer dringlicher Wirkung.[15] Die anderen Miterben haben lediglich einen Wertausgleichsanspruch gegenüber dem qualifizierten Miterben, nicht jedoch gegenüber der Gesellschaft.[16]

13

Diese zivilrechtliche Wertung wird auch für das Steuerrecht übernommen. Nur der qualifizierte Erbe, nicht jedoch die Miterben werden Mitunternehmer der Kommanditgesellschaft.[17] Der qualifizierte Erbe erhält den Mitunternehmeranteil direkt von dem Erblasser und tritt nach § 6 Abs. 3 EStG in dessen steuerliche Rechtsstellung ein. Der schuldrechtliche Wertausgleichsanspruch der Miterben gegenüber dem qualifizierten Nachfolger ist **nicht** ausreichend, um eine Mitunternehmerstellung der (nicht qualifizierten) Miterben zu begründen, da sie zwar am Wert des Gesellschaftsanteils zum Todeszeitpunkt partizipieren, insgesamt jedoch keine Mitunternehmerinitiative entfalten können.[18] Die unmittelbare Begründung der Mitunternehmerstellung des qualifizierten Erbens bewirkt, dass der Wertausgleich gegenüber den (nicht qualifizierten) Miterben bei diesen **weder** zu einem **Veräußerungsgewinn noch** bei dem qualifizierten Miterben zu **Anschaffungskosten** führt.

14

Da der Wertausgleich zwischen den Erben nicht zu einem Veräußerungsvorgang führt, wird auch die entsprechende **Wertausgleichsverbindlichkeit** nicht als betrieblich bedingt, sondern als reine Privatschuld angesehen.[19] Die Fremdfinanzierung der Wertausgleichsschuld ist nicht als passives Sonderbetriebsvermögen auszuweisen, entsprechende Finanzierungskosten gelten hiernach nicht als Sonderbetriebsausgaben.[20] Wegen des unmittelbaren kausalen Zusammenhangs der Wertausgleichsverbindlichkeit mit dem (unentgeltlichen) Erwerb des Mitunternehmeranteils ist demgegenüber jedoch eine Wertung als betrieblich bedingte Verbindlichkeit und damit der Ausweis als passives Sonderbetriebsvermögen sachgerecht.

15

---

[15] Littmann/*Hörger* § 16 EStG Rn. 1062.
[16] *K. Schmidt* Gesellschaftsrecht § 45 V Rn. 5.
[17] BFH v. 29.10.1991, BStBl. II 1992, 512.
[18] *Söffing* DStR 1991, 205; *Spiegelberger* DStR 1992, 619; aA *Groh* DB 1991, 724.
[19] Schmidt/*Wacker* § 16 EStG Rn. 673.
[20] BFH v. 27.7.1993, BStBl. II 1994, 625.

4. Einfluss auf die Verlustverrechnung

16 **a) Verrechenbare Verluste gemäß § 15a EStG.** Mit dem unentgeltlichen Übergang eines Mitunternehmeranteils **tritt der Übernehmer** des Anteils nach § 6 Abs. 3 EStG in die **Rechtsstellung** des bisherigen Mitunternehmers ein. Auf Ebene der Kommanditgesellschaft ergibt sich durch den Gesellschafterwechsel keine Änderung. Auch der Neugesellschafter hat aus dem unentgeltlichen Übergang der Gesellschaftsanteile keine zusätzlichen Anschaffungskosten.[21]

17 Mit der unentgeltlichen Übertragung des Mitunternehmeranteils gehen grundsätzlich alle **Gesellschafterkonten** auf den Rechtsnachfolger über, es sei denn, einzelne Konten, wie zB das Verrechnungskonto, sind ausdrücklich von der unentgeltlichen Übertragung ausgenommen. Damit geht grundsätzlich auch ein eventuell vorhandenes negatives Kapitalkonto bzw. ein bestehendes Kapitalverlustkonto nach § 6 Abs. 3 EStG auf den Erben über. Aus der Übertragung eines eventuell vorhandenen negativen Kapitalkontos entsteht für den Neugesellschafter jedoch kein ausgleichsfähiger Verlust.[22]

18 Hat der Altgesellschafter einen **Bestand an verrechenbaren Verlusten nach § 15a EStG**, geht auch dieser auf den Neugesellschafter über,[23] da der Erbe in die Rechtsstellung des Erblassers eintritt. Soweit ein Bestand an verrechenbaren Verlusten nach § 15a EStG übernommen worden ist, können diese von dem Erben mit künftigen Gewinnen aus der Beteiligung verrechnet werden.[24] Der Bestand an verrechenbaren Verlusten kann damit in Verbindung mit dem Mitunternehmeranteil im Wege der Erbfolge sowie im Wege der unentgeltlichen Zuwendung unter Lebenden übertragen werden.[25]

19 Wird ein Mitunternehmeranteil mit einem negativen Kapitalkonto unentgeltlich übertragen, ergibt sich die Rechtsfolge nach § 6 Abs. 3 EStG, dh der Eintritt in die Rechtsstellung des Schenkers/Erblassers nur insoweit, als **stille Reserven im Gesellschaftsanteil** enthalten sind. Reichen die anteiligen stillen Reserven des Mitunternehmeranteils nicht aus, das negative steuerliche Kapitalkonto abzudecken, ist der überschießende Teil des negativen Kapitalkontos **erfolgswirksam aufzulösen** und führt für den Erblasser zu einem steuerpflichtigen Ertrag.[26] Der Neugesellschafter hat in Höhe des Gewinns einen steuerlichen Ausgleichsposten zu bilden, der mit zukünftigen steuerlichen Gewinnen verrechnet werden kann, so dass sich insoweit keine Doppelbelastung ergibt.

20 **b) Gewerbesteuerliche Verlustvorträge.** Gewerbesteuerliche Verlustvorträge einer Personengesellschaft können nach § 10a GewStG unbeschränkt vorgetragen und mit künftigen Gewerbeerträgen verrechnet wer-

---

[21] *Jöst* DB 1988, 825.
[22] Littmann/*Bitz* § 15a EStG Rn. 54; Schmidt/*Wacker* § 15a EStG Rn. 229.
[23] BFH v. 15.7.1986, BStBl. II, 896; BMF v. 23.3.2011, DStR 2011, 1427.
[24] BFH v. 11.5.1995, BB 1995, 1520.
[25] *Strnad* FR 1998, 935.
[26] Schmidt/*Wacker* § 15a EStG Rn. 232.

den, allerdings beschränkt durch die sog. Mindestbesteuerung.[27] Da eine GmbH & Co. KG für Zwecke der Besteuerung mit Gewerbesteuer über eine beschränkte Steuersubjektfähigkeit verfügt, erfolgt die Verrechnung der gewerbesteuerlichen Verlustvorträge auf Ebene der Kommanditgesellschaft. Die Verrechnung der gewerbesteuerlichen Verlustvorträgen mit künftigen Gewerbeerträgen setzt nach ständiger Rechtsprechung des BFH die **Unternehmens-** sowie die **Unternehmeridentität** voraus.[28] Das Erfordernis der Unternehmensidentität ergibt sich dabei aus dem Objektsteuercharakter der Gewerbesteuer.[29] Geht der Anteil an einer Personengesellschaft im Wege der Erbfolge auf den oder die Erben über, wird hierdurch die Gesellschaft zunächst nicht berührt. Allein durch den unentgeltlichen Übergang des Gesellschaftsanteils ändert sich die gewerbliche Betätigung der Gesellschaft nicht. Das Kriterium der **Unternehmensgleichheit** ist deshalb erfüllt.

Neben der Unternehmensgleichheit verlangt das Gesetz jedoch weiterhin die **Unternehmeridentität**, nach der bei einer Personengesellschaft auf die einzelnen Mitunternehmer abgestellt wird. Nur soweit ein Mitunternehmer zum Zeitpunkt der Verlustentstehung an einer Personengesellschaft beteiligt ist, soll auch in Zukunft eine Verrechnung von Gewerbeerträgen mit den bestehenden gewerbesteuerlichen Verlustvorträgen möglich sein.[30] Ein Wechsel im Gesellschafterbestand einer Mitunternehmerschaft führt also zu einem anteiligen Untergang des gewerbesteuerlichen Verlustvortrages.

21

Beispiel: An der A & B GmbH & Co. KG ist Vater A mit 70% und Sohn B mit 30% beteiligt. Zum 1.1.02 überträgt Vater A von seinem Kommanditanteil einen Teilanteil von 60% an seinen Sohn B.

Die gewerbesteuerlichen Ergebnisse betragen:

01 : −300.000 (Gewerbeverlust)
02 : +200.000 (Gewerbeertrag)

Lösungshinweis: Die gewerbesteuerlichen Ergebnisse sind entsprechend der Beteiligungsquote wir folgt zuzurechnen:

	A EUR	B EUR	Gesamt EUR
VZ 01	−210.000	−90.000	−300.000
VZ 02	+20.000	+180.000	+200.000
	−190.000	+90.000	−100.000

---

[27] Verrechnung je Kalenderjahr bis 1 Mio. EUR, darüber hinaus nur zu 60%.
[28] BFH v. 4.2.1966, BStBl. III 1966, 374; BFH v. 12.1.1983, BStBl. II 1983, 425; BFH v. 19.12.1984, BStBl. II 1985, 403.
[29] *Lenski/Steinberg* § 10a GewStG Rn. 17, 25.
[30] BFH v. 5.9.1990, BStBl. II 1991, 25; BFH v. 27.1.1994, BStBl. II 1994, 477; krit. *Finkbeiner* DB 1993, 2201; *Glanegger/Güroff* § 10a GewStG Rn. 12.

9. Kapitel. Tod des Gesellschafters

22 Im Beispielsfall ist Vater A nicht endgültig ausgeschieden, es verbleibt also ein Gewerbeverlust von EUR 190.000[31], wohingegen auf Sohn B ein positiver Gewerbeertrag entfällt von EUR 90.000, was zu einer Belastung mit Gewerbesteuer führt.

23 Scheidet dagegen ein Gesellschafter ganz aus, geht der anteilige gewerbesteuerliche Verlustvortrag endgültig unter. Etwas anderes soll nach den Vorstellungen des BFH auch dann nicht gelten, wenn der Mitunternehmeranteil im Wege der **Erbfolge** auf einen anderen Gesellschafter übergeht.[32] Der Erbe tritt bürgerlich-rechtlich in die Rechtsstellung des Erblassers ein (§ 1922 BGB). Diese Rechtsfolge wird zwar grundsätzlich auch für das Steuerrecht übertragen. Bei dem Übergang eines Kommanditanteils im Wege der Erbfolge gehen jedoch bestehende **gewerbesteuerliche Verlustvorträge anteilig verloren**.[33] Diese Rechtsfolge bei der Gewerbesteuer entspricht damit im Wesentlichen auch der einkommensteuerlichen Betrachtung.

II. Schicksal des Sonderbetriebsvermögens

24 Verfügt der Erblasser zum Zeitpunkt seines Todes auch über Sonderbetriebsvermögen, ist dieses Bestandteil des Nachlasses. Eventuelle Restriktionen des Gesellschaftsvertrages hinsichtlich des Übergangs des Kommanditanteils bzw. des Gesellschaftsanteils der Komplementärgesellschaft sind lediglich auf die Gesellschaftsanteile beschränkt, erfassen jedoch **nicht** das Sonderbetriebsvermögen.

25 Ist im Gesellschaftsvertrag eine **Fortsetzungsklausel** verankert, scheidet der Erblasser mit seinem Tod aus der Gesellschaft aus. Ein eventueller Veräußerungsgewinn wird dem **Erblasser** zugerechnet. Die gesellschaftsvertragliche Regelung erfasst allerdings nicht eventuell vorhandenes Sonderbetriebsvermögen. Mit dem Ausscheiden aus der Gesellschaft verliert der Erblasser die Stellung als Mitunternehmer. Damit fehlt für das sich im Nachlass befindliche Sonderbetriebsvermögen die Anknüpfungsmöglichkeit an die Betriebsvermögenseigenschaft. Es erfolgt somit eine zwangsweise **Entnahme** in das Privatvermögen. Auch ein eventueller Gewinn aus der Entnahme des Sonderbetriebsvermögens wird dem Erblasser zugerechnet und ist Bestandteil des steuerlichen Aufgabegewinns.[34]

26 Ist im Gesellschaftsvertrag ein **Übernahmerecht** der Mitgesellschafter auf den Gesellschaftsanteil enthalten, erfasst das Übernahmerecht der Mitgesellschafter üblicherweise nicht gleichzeitig auch die Vermögensgegenstände, die sich im Alleineigentum eines Gesellschafters befinden, auch wenn diese von der Gesellschaft genutzt werden. Mit der Übernahme des Gesellschaftsanteils durch die Mitgesellschafter verlieren diese Vermögensgegenstände die Betriebsvermögenseigenschaft. Es erfolgt eine zwangsweise Entnahme in das Privatvermögen und damit eine Auflösung von stillen Reserven. Anders als

---

[31] H 10a.3 Abs. 3 GewStR.
[32] BFH v. 4.2.1966, BStBl. III 1966, 374.
[33] BFH v. 7.12.1993, BStBl. II 1994, 331.
[34] Märkle DStR 1993, 1617.

im Falle der Fortsetzungsklausel im Gesellschaftsvertrag wird dieser **Entnahmegewinn** jedoch nicht dem Erblasser, sondern den **Erben** zugerechnet.

Ist im Gesellschaftsvertrag eine **einfache Nachfolgeklausel** vereinbart, 27 geht der Gesellschaftsanteil anteilig auf die Erben über. Das Sonderbetriebsvermögen des Erblassers bleibt zunächst Vermögen der ungeteilten Erbengemeinschaft, deren Mitglieder mit dem Erbfall Mitunternehmer der GmbH & Co. KG geworden sind. Die Mitunternehmerstellung der Erben **ist** ausreichend, um auch die Betriebsvermögenseigenschaft des Sonderbetriebsvermögens zu erhalten, obwohl dieses noch Vermögensmasse der Erbengemeinschaft darstellt.

Enthält der Gesellschaftsvertrag dagegen eine **qualifizierte Nachfolge-** 28 **klausel**, können nur die qualifizierten Miterben Gesellschafter der GmbH & Co. KG werden. Diese Restriktion erfasst **nicht** gleichzeitig auch das **Sonderbetriebsvermögen** des Erblassers. Mit dem Erbfall geht der Gesellschaftsanteil unmittelbar auf den oder die qualifizierten Miterben über, wohingegen das Sonderbetriebsvermögen Bestandteil des Nachlasses bleibt. Soweit das Sonderbetriebsvermögen anteilig den nicht qualifizierten Erben zugerechnet wird, erfolgt zwangsweise eine Entnahme in das Privatvermögen und damit eine Auflösung von eventuell vorhandenen stillen Reserven in den betreffenden Vermögensgegenständen.[35] Da dieser Entnahmegewinn nicht gleichzeitig auch zu einer Realisierung von stillen Reserven im Gesellschaftsanteil führt, handelt es sich um einen **nicht** begünstigten Gewinn, der noch dem Erblasser zugerechnet wird,[36] da die übrigen (nicht qualifizierten) Miterben nicht Mitunternehmer geworden sind. Von dieser Rechtsfolge sind insbesondere auch die Anteile an der Komplementärgesellschaft betroffen, wenn der Erblasser diese Anteile direkt gehalten hat. Diese Rechtsfolge kann durch eine testamentarische **Teilungsanordnung** dergestalt, dass dem qualifizierten Erben auch das Sonderbetriebsvermögen zugeordnet wird,[37] nicht vermieden werden, da mit dem Erbfall grundsätzlich der gesamte Nachlass und damit auch die Vermögensgegenstände des Sonderbetriebsvermögens auf die Erbengemeinschaft übergehen.

Je nach Fallgestaltung kann sich unter Umständen entweder aus einer ge- 29 sellschaftsvertraglichen Regelung oder aus einer ausdrücklichen testamentarischen Verfügung ein unterschiedliches Schicksal des Kommanditanteils einerseits und eventuell vorhandenem Sonderbetriebsvermögen andererseits ergeben. Die unentgeltliche Buchwertübertragung gem. § 6 Abs. 3 EStG setzt einen Mitunternehmeranteil voraus. Eventuell vorhandenes Sonderbetriebsvermögen ist zwingend Bestandteil dieses Mitunternehmeranteils. Die Übertragung **eines Teils eines Mitunternehmeranteils** setzt grundsätzlich auch die quotale Mitübertragung von (eventuell vorhandenem) Sonderbetriebsvermögen voraus.[38] Durch eine entsprechende Anpassung des § 6 Abs. 3 S. 3 EStG wurde jedoch klargestellt, dass die Buchwertübertragung

---

[35] Littmann/*Hörger* § 16 EStG Rn. 1066.
[36] BFH v. 29.10.1991, BStBl. II 1992, 512; BMF v. 11.1.1993, BStBl. I 1993, 62.
[37] *Fichtelmann* GmbHR 1994, 587; *Groh* DB 1992, 1315.
[38] Zur Tarifermäßigung BFH v. 12.4.2000, BStBl. II 2001, 26; BFH v. 6.12.2000, BFH/NV 2001, 548; BMF v. 3.3.2005, DStR 2005, 476 Rn. 9 ff.

eines Mitunternehmeranteils auch dann möglich ist, wenn nicht gleichzeitig Sonderbetriebsvermögen mit übertragen wird.

30 Verfügt ein Gesellschafter über Sonderbetriebsvermögen mit umfangreichen stillen Reserven, sollte die **Nachfolgeregelung** unter Beachtung der oben geschilderten Rechtsfolgen **geplant** werden. So sollte in Erwägung gezogen werden, das Sonderbetriebsvermögen frühzeitig gem. § 6 Abs. 5 S. 3 EStG zu Buchwerten in eine Objekt-GmbH & Co. KG einzulegen,[39] um die Auflösung der stillen Reserven im Sonderbetriebsvermögen aus der zwangsweisen (Teil-) Entnahme zum Zeitpunkt des Ablebens des Erblassers zu vermeiden.

31 Im Zusammenhang mit der unentgeltlichen Übertragung eines Mitunternehmeranteils hat der BFH entschieden, dass eine Kombination der Buchwertvorschriften des § 6 Abs. 3 und § 6 Abs. 5 S. 3 EStG zulässig sei.[40] Hiernach kann § 6 Abs. 3 EStG auch im Falle der unentgeltlichen Übertragung eines Gesellschaftsanteils angewendet werden, wenn der Übertragende im zeitlichen Zusammenhang eine wesentliche Betriebsgrundlage des Sonderbetriebsvermögens in eine gewerblich geprägte Personengesellschaft überträgt und hierdurch die Auflösung der stillen Reserven vermeidet. Die Rechtsprechung geht also davon aus, dass trotz der Herauslösung einer wesentlichen Betriebsgrundlage auf der Grundlage des § 6 Abs. 5 S. 3 EStG für Zwecke der Anwendung des § 6 Abs. 3 EStG in dem Kommanditanteil (ohne dazugehöriges Sonderbetriebsvermögen) noch ein Mitunternehmeranteil zu sehen ist, der den Buchwertansatz nach § 6 Abs. 3 EStG rechtfertigt.

32 Eine weitere Möglichkeit der Vermeidung einer zwangsweisen Auflösung von stillen Reserven besteht darin, das Sonderbetriebsvermögen gemeinsam mit dem Mitunternehmeranteil aufgrund § 20 bzw. § 24 UmwStG zum Buchwert in eine Kapitalgesellschaft oder in eine weitere Personengesellschaft einzulegen.

33 Denkbar ist ferner, die testamentarischen Vorstellungen des Erblassers insgesamt in die Regelungen des Gesellschaftsvertrages einzubinden. Es könnte beispielsweise erwogen werden, den für die Nachfolge in die Gesellschaft qualifizierten Erben auch gleichzeitig als Alleinerben einzusetzen und den (ursprünglichen) Miterben nicht betriebliche Vermögensgegenstände im Wege eines **Sachvermächtnisses** zuzuordnen, so dass diese wertmäßig nicht benachteiligt sind.[41] Das gleiche Ergebnis wird erreicht, wenn der Erblasser dem qualifizierten Miterben das Sonderbetriebsvermögen gem. § 2301 BGB **auf den Zeitpunkt des Todes schenkt**. Das Sonderbetriebsvermögen wird in diesem Fall nicht Bestandteil des Nachlasses.[42]

34 Der Gesellschaftsanteil mit dem Sonderbetriebsvermögen könnte weiterhin im Wege der **vorweggenommenen Erbfolge** schenkweise auf den qualifizierten Nachfolger übertragen werden.[43] Dabei ist es zulässig, Sonder-

---

[39] Littmann/*Hörger* § 16 EStG Rn. 1078; zu Gesamtplan vgl. BMF v. 3.3.2005, DStR 2005, 476 Rn. 7.
[40] BFH v. 2.8.2012, DStR 2012, 2118.
[41] *Wacker/Franz* BB 1993 Beil. 5, 25.
[42] Littmann/*Hörger* § 16 EStG Rn. 1076.
[43] Littmann/*Hörger* § 16 EStG Rn. 1082.

betriebsvermögen bei einer weiterbestehenden (geringen) Beteiligung an der Kommanditgesellschaft insgesamt zurückzuhalten, ohne dass dies schädlich für die Buchwertübertragung gem. § 6 Abs. 3 EStG ist. Problematisch ist diese Lösung allerdings deshalb, als der Zeitpunkt des Ablebens üblicherweise nicht vorherbestimmt werden kann, der Verlust der Gesellschafterstellung für den Altgesellschafter jedoch endgültig ist. Durch diese Gestaltungsvariante wird dann zwar das steuerlich erwünschte Ziel erreicht, sie muss jedoch mit dem Willen des Gesellschafters einhergehen, sich noch zu Lebzeiten aus der Gesellschaft zurückzuziehen.

III. Gesellschaftsanteil an einer Personengesellschaft im Rahmen der Erbauseinandersetzung

Hat ein Erblasser mehrere Erben, entsteht mit dem Erbfall eine Erbengemeinschaft. Verständigen sich die Erben über die Verteilung der Nachlassgegenstände, handelt es sich um eine **Erbauseinandersetzung**. Insbesondere bei großen Vermögen kann sich die Erbauseinandersetzung in mehreren Schritten vollziehen. Es handelt sich dann um mehrere **Teilerbauseinandersetzungen**. 35

Nach der früheren Rechtsprechung des Bundesfinanzhofs bildeten Erbfall und eine in zeitlichem Zusammenhang durchgeführte Erbauseinandersetzung eine **Einheit**[44] **(Einheitstheorie)**. Die Erbauseinandersetzung führte deshalb im Allgemeinen nicht zu einer Realisierung von stillen Reserven, da die unter Umständen gegen Ausgleichszahlung ausscheidenden Miterben so behandelt wurden, als ob sie vom Erblasser ein Geldvermächtnis erhalten hätten. Der Große Senat des BFH hat diese Rechtsprechung im Urteil vom 5. Juli 1990[45] aufgegeben. Nach der neuen Rechtsauffassung sind Erbfall und Erbauseinandersetzung nun als **getrennte** Vorgänge zu beurteilen. Selbst wenn die Erbauseinandersetzung in engem zeitlichem Zusammenhang mit dem Erbfall erfolgt, wird die Erbengemeinschaft als steuerlich existent angesehen. Die Finanzverwaltung hat die vom Bundesfinanzhof aufgestellten Grundsätze aufgegriffen und hierzu einen umfangreichen Anwendungserlass veröffentlicht.[46] 36

Auch nach Aufgabe der sog. Einheitstheorie ist eine Erbauseinandersetzung grundsätzlich **ohne** Realisierung von stillen Reserven möglich. Die Erbauseinandersetzung gilt jedoch nur insoweit als unentgeltlicher Vorgang, soweit zwischen den Erben **kein Spitzenausgleich** gezahlt wird. Sobald ein Erbe im Rahmen einer Erbauseinandersetzung oder Teilerbauseinandersetzung Vermögen außerhalb des Erbteils für Ausgleichszahlungen an Miterben einsetzen muss, weil der Wert der zugewiesenen Vermögenswerte den Wert seines Erbanteils übersteigt, führt dies zu einem **Spitzenausgleich**[47] und in diesem Umfang zu einem (teil-) entgeltlichen Vorgang.[48] Der Spitzenaus- 37

---

[44] BFH v. 6.2.1987, BStBl. II 1987, 423.
[45] BFH v. 5.7.1990, BStBl. II 1990, 837.
[46] BMF v. 11.1.1993, BStBl. I 1993, 62.
[47] Schmidt/*Wacker* § 16 EStG Rn. 609.
[48] BFH v. 5.7.1990, BStBl. II 1990, 837.

9. Kapitel. Tod des Gesellschafters

gleich führt in dem Maße zu einem entgeltlichen Vorgang, wie sich die Ausgleichszahlung zum Gesamtwert des Nachlasses verhält. Die steuerlichen Konsequenzen für die beteiligten Miterben sind von den Umständen des Einzelfalles abhängig. Soweit die Erbauseinandersetzung als **unentgeltlicher Vorgang** gewertet wird, werden die steuerlichen Buchwerte des Erblassers nach § 6 Abs. 3 EStG (anteilig) fortgeführt. Soweit die Erbauseinandersetzung als **entgeltlicher Vorgang** gilt, hat der zahlende Miterbe Anschaffungskosten für die übernommenen Vermögensgegenstände. Die Steuerfolgen für den weichenden Miterben sind davon abhängig, ob durch die Erbauseinandersetzung anteiliges Betriebsvermögen, ein Anteil an einer Personengesellschaft oder etwa Privatvermögen betroffen ist.

38 Wurden von dem Erblasser **Geld- oder Sachvermächtnisse** ausgesetzt, führt deren Erfüllung **nicht** zu einem **(teil-) entgeltlichen Vorgang**. Es handelt sich vielmehr insgesamt um eine **unentgeltliche Transaktion**. Die Vermächtnisse bilden Nachlassverbindlichkeiten, deren Erfüllung für die betroffenen Miterben nicht zu zusätzlichen Anschaffungskosten führen. Auch für die Vermächtnisnehmer ist der Erhalt des Vermächtnisses insgesamt ein unentgeltlicher Vorgang. Handelt es sich um ein Sachvermächtnis, werden nach § 6 Abs. 3 EStG die steuerlichen Buchwerte des Erblassers fortgeführt.

39 Bei der steuerlichen Beurteilung der Erbauseinandersetzung wird üblicherweise danach unterschieden, ob es sich bei dem Nachlass um
– reines Privatvermögen,
– reines Betriebsvermögen oder
– um einen Mischnachlass
handelt.

40 War der Erblasser Gesellschafter einer GmbH & Co. KG, liegt entweder ein Nachlass über reines Betriebsvermögen oder ein Mischnachlass vor. Unabhängig von der Zusammensetzung des Nachlasses gilt die Erbauseinandersetzung dann als **unentgeltlicher Vorgang**, wenn von dem oder den Erben kein freies Vermögen in die Erbauseinandersetzung eingesetzt wird. Für die Qualifikation als unentgeltlicher Vorgang ist es hiernach unbeachtlich, wenn bei einem Mischnachlass einer der Miterben lediglich das Privatvermögen übernimmt, wie zB Wertpapiere, Aktien, Finanzanlagen usw.,[49] ein anderer Miterbe hingegen den Kommanditanteil an einer GmbH & Co. KG bzw. die Stammanteile der Komplementär-GmbH.[50] Wird ein Gesellschaftsanteil sowie eventuell vorhandenes Sonderbetriebsvermögen in die Realteilung der Erbengemeinschaft einbezogen, gelten die gleichen Grundsätze, dh die überproportionale Zuweisung von anteiligem Sonderbetriebsvermögen führt nicht zu der Qualifikation als Spitzenausgleich.[51]

41 Ist im Gesellschaftsvertrag der Kommanditgesellschaft eine **einfache Nachfolgeklausel** enthalten, werden mit dem Erbfall alle Erben Mitunternehmer der Gesellschaft. Verläuft die Erbauseinandersetzung zwischen den Erben dergestalt, dass lediglich einer der Miterben Gesellschafter der GmbH & Co. KG bleiben soll, führt dies in dem Umfang zu einem entgeltlichen

---

[49] BFH v. 28.11.1991, BStBl. II 1992, 381.
[50] BMF v. 14.3.2006, BStBl. I 2006, 253, Rn. 32.
[51] Littmann/*Hörger* § 16 EStG Rn. 1052.

Vorgang, wie der übernehmende Erbe **Ausgleichszahlungen** an die Miterben leistet. Für die scheidenden Miterben handelt es sich anteilig um eine Veräußerung eines Mitunternehmeranteils. Der übernehmende Miterbe hat in Höhe der Ausgleichszahlungen Anschaffungskosten auf die Beteiligung. Die steuerliche Behandlung richtet sich hierbei nach allgemeinen Grundsätzen, dh für den übernehmenden Miterben ist ggf. in Höhe der geleisteten Mehrzahlung über das anteilige Kommanditkapital eine steuerliche Ergänzungsbilanz aufzustellen.[52]

Ist im Gesellschaftsvertrag der Personengesellschaft dagegen eine **qualifizierte Nachfolgeklausel** enthalten, wird mit dem Erbfall allein der qualifizierte Miterbe Gesellschafter der GmbH & Co. KG. Die übrigen Miterben haben gegenüber dem qualifizierten Erben lediglich einen Wertausgleichsanspruch. Soweit dieser Wertausgleichsanspruch durch übrige Bestandteile des Nachlasses ausgeglichen werden kann, etwa durch bevorrechtigte Zuordnung von Geldvermögen ergeben sich keine Besonderheiten. Reicht das Nachlassvermögen jedoch nicht aus, um den Wertausgleichsanspruch der (nicht qualifizierten) Miterben abzudecken, muss dieser im Rahmen der Erbauseinandersetzung freies Vermögen einsetzen. Wegen des unmittelbaren Erwerbs des Gesellschaftsanteils durch den qualifizierten Miterben kann sich dabei **kein** entgeltlicher Veräußerungsvorgang ergeben, selbst wenn im Zuge der Erbauseinandersetzung durch den Zahlungsverpflichteten freie Mittel eingesetzt werden. Die nicht qualifizierten Miterben erzielen demnach keinen steuerpflichtigen Veräußerungsgewinn.[53] Der qualifizierte Miterbe hat aus der Transaktion keine zusätzlichen Anschaffungskosten auf die Beteiligung.[54] Wegen der Wertung der Erbauseinandersetzung als unentgeltlicher Vorgang soll auch die **Fremdkapitalaufnahme** zur Finanzierung der Wertausgleichsschuld nicht als negatives Sonderbetriebsvermögen zu behandeln sein, so dass auch die Fremdkapitalzinsen nicht als Sonderbetriebsausgaben geltend gemacht werden können.[55] Wegen des kausalen Zusammenhangs zum Erwerb des Gesellschaftsanteils ist eine Qualifikation dieses Fremdkapitals als Sonderbetriebsvermögen jedoch geboten.[56]

Hat der Erblasser auch **Sonderbetriebsvermögen zu** seiner Beteiligung an der GmbH & Co. KG gehalten, ist dieses nicht durch eventuelle Einschränkungen des Gesellschaftsvertrages über die Nachfolge im Gesellschaftsanteil erfasst. Es besteht grundsätzlich die Gefahr der anteiligen **Gewinnrealisierung** zum Zeitpunkt des Ablebens des Erblassers. Ist im Gesellschaftsvertrag der Personengesellschaft eine einfache Nachfolgeklausel enthalten, geht der Gesellschaftsanteil anteilig auf die Miterben über.[57] Das

---

[52] *Söffing* DStR 1991, 202 f.; *Groh* DB 1990, 2138; *Wacker/Franz* BB 1993 Beil. 5, 7.
[53] BFH v. 29.10.1991, BStBl. II 1992, 512.
[54] *Söffing* DStR 1991, 205; *Wacker/Franz* BB 1993 Beil. 5, 24; *Märkle* DStR 1993, 1618.
[55] BFH v. 27.7.1993, BStBl. II 1994, 625.
[56] Schmidt/*Wacker* § 16 EStG Rn. 673.
[57] BMF v. 14.3.2006, BStBl. I 2006, 253, Rn. 71.

9. Kapitel. Tod des Gesellschafters

Gleiche gilt für eventuell vorhandenes Sonderbetriebsvermögen.[58] Eine Realisierung von stillen Reserven erfolgt in diesem Fall zunächst nicht.

44 Im Zuge der Erbauseinandersetzung kann ein **einzelner Gegenstand** des **Sonderbetriebsvermögens**, wie zB ein Betriebsgrundstück, dergestalt einbezogen werden, dass der weichende Miterbe diesen Vermögensgegenstand zu Alleineigentum erhält. Bei gleichzeitiger Aufgabe seiner Mitunternehmerstellung wird dies ähnlich einem Ausscheiden aus der Personengesellschaft gegen Sachwertabfindung behandelt.[59] Die steuerliche Beurteilung dieser Transaktion erfolgt also zweigeteilt. In einem ersten Schritt erfolgt das Ausscheiden aus der Mitunternehmerschaft gegen Abfindungsanspruch. Dieser Abfindungsanspruch wird in einem zweiten Schritt durch die Übertragung des Vermögensgegenstandes zu Alleineigentum erfüllt. Der übernehmende Miterbe hat aus dem Ausscheiden des weichenden Miterben anteilige Anschaffungskosten auf den Gesellschaftsanteil sowie auf das Sonderbetriebsvermögen. Mit der Erfüllung des Abfindungsanspruchs durch Übertragung des Vermögensgegenstandes erfolgt eine **anteilige Gewinnrealisierung** in der Person des übernehmenden Mitunternehmer-Erben. Bei diesem Gewinn handelt es sich um einen laufenden Vorgang, der **nicht** tarifbegünstigt ist.

IV. Erbschaft- und schenkungsteuerliche Behandlung der unentgeltlichen Übertragung eines Anteils an einer GmbH & Co. KG

45 Der Anteil an einer Kommanditgesellschaft bzw. der Stammanteil der Komplementärgesellschaft kann unentgeltlich im Wege der Schenkung unter Lebenden oder im Wege der Vererbung bzw. im Wege eines Vermächtnisses von Todes wegen übertragen werden. Dabei bestehen im Grundsatz keine nennenswerten Unterschiede hinsichtlich der erbschaft- und schenkungsteuerlichen Behandlung. Der unentgeltliche Übergang unterliegt der Besteuerung mit Erbschaft- und Schenkungsteuer.

46 Die Regelungen des ErbStG können nur auf Vermögen iSd § 13b Abs. 1 ErbStG angewendet werden. § 13b Abs. 1 Nr. 2 ErbStG erwähnt ausdrücklich den Anteil an einer Gesellschaft iSd § 15 Abs. 1 Satz 1 Nr. 2 und Abs. 3 EStG als **begünstigtes Vermögen**. Von Bedeutung ist, dass es bei dem Anteil an einer GmbH & Co. KG nicht auf die **Beteiligungshöhe des Erblassers** oder Schenkers zum Zeitpunkt der unentgeltlichen Zuwendung ankommt, wie dies beispielsweise bei dem Anteil an einer Kapitalgesellschaft (§ 13b Abs. 1 Nr. 3 ErbStG) der Fall ist. Der Abschluss eines Stimmbindungsvertrages zwischen den Gesellschaftern zur Erfüllung einer bestimmten Beteiligungsquote ist daher bei der Beteiligung an einer Mitunternehmerschaft nicht erforderlich.

47 Die Begriffsbestimmung in § 13b Abs. 1 Nr. 2 ErbStG bezieht sich eindeutig auf den Anteil an einer Mitunternehmerschaft. Die Übertragung von

---

[58] Schulze zur Wiesche StBp 1997, 282.
[59] Röhrig/Doege DStR 2006, 974.

steuerlichem Betriebsvermögen, beispielsweise die alleinige Übertragung von Sonderbetriebsvermögen (zB Gesellschafterkonten) ohne gleichzeitige Übertragung eines Gesellschaftsanteils, erfüllt diese Bedingung nicht. In diesem Fall kommen also die **Verschonungsregelungen des ErbStG nicht zur Anwendung.**[60]

Voraussetzung für die Anwendung der Begünstigung ist ferner, dass der Beschenkte bzw der Erbe mit der unentgeltlichen Übertragung zum Mitunternehmer der GmbH & Co. KG wird.[61] Ob dies der Fall ist, richtet sich nach den allgemeinen Kriterien der Mitunternehmerschaft (→ § 4 Rn. 5 ff.). Bei der schlichten Übertragung des Anteils an einer GmbH & Co. KG im Weg der Schenkung oder im Weg der Erbfolge, wird der Beschenkte bzw der Erbe im Regelfall Mitunternehmer der GmbH & Co. KG, so dass die Voraussetzungen für die Anwendung der Begünstigungen vorliegen. Gerade bei unentgeltlichen Zuwendungen unter Lebenden sind Gestaltungen zu beobachten, in denen der Schenker zwar Gesellschaftsanteile an der Kommanditgesellschaft unentgeltlich überträgt, sich jedoch den Nießbrauch hieran vorbehält. Dies betrifft zum einen die Erträge aus dem Gesellschaftsanteil und zum anderen dessen Verwaltungsrechte (→ § 41 Rn. 29). Nur dann, wenn der **Beschenkte Mitunternehmer** der GmbH & Co. KG wird, kommen die Begünstigungsregelungen der §§ 13a, 13b ErbStG zur Anwendung.[62] Geht der Gesellschaftsanteil von Todes wegen über, stellt sich im Regelfall nicht das Problem der Mitunternehmerstellung des Erben, da der Erblasser keinerlei Rechte aus dem Gesellschaftsanteil mehr beanspruchen kann. 48

In der steuerlichen Fachliteratur war lange Zeit umstritten, ob die erbschaftsteuerlichen Begünstigungen auch dann greifen, wenn der Schenker einen **treuhänderisch gehaltenen Anteil an einer Mitunternehmerschaft** überträgt, weil in diesem Fall der Schenker nicht den Anteil an einer Gesellschaft, sondern lediglich den Herausgabeanspruch an den Treuhänder übertragen kann. Die Finanzverwaltung hat beispielsweise im Jahr 2005 noch die Auffassung vertreten, dass eine Begünstigung in diesem Fall nicht gewährt werden kann.[63] Diese restriktive Auffassung wurde mittlerweile aufgegeben. Nach Auffassung der Finanzverwaltung sollen die Begünstigungen auch im Fall einer Treuhandschaft gewährt werden, wenn es sich bei dem Treugut um begünstigtes Vermögen handelt.[64] Ungeachtet dessen, wird in der Fachliteratur zu dieser Frage noch eine unterschiedliche Meinung vertreten.[65] Die Anwendbarkeit der Begünstigungsregelungen des ErbStG wurde jedoch bereits auch durch ein Finanzgericht bestätigt.[66] 49

---

[60] BFH v. 12.1.2006, BFH/NV 2006, 745.
[61] BFH v. 16.5.2013, DStR 2013, 1380 zum Quotennießbrauch; zur praktischen Umsetzung vgl. *Wachter* DStR 2013, 1929.
[62] BFH v. 16.5.2013, DStR 2013, 1380.
[63] Erlass v. 14.6.2005, ZEV 2005, 341.
[64] Erlass v. 16.9.2010, DStR 2010, 2084.
[65] Vgl. *Weinmann* in Mönch, ErbStG § 13b Rn. 10.
[66] FG Niedersachsen v. 28.7.2010, DStR 2010, 331.

9. Kapitel. Tod des Gesellschafters

1. Bemessungsgrundlage für die Erbschaft- und Schenkungsteuer

50 **a) Wert der Gesellschaftsanteile.** § 12 Abs. 1 und Abs. 5 ErbStG verweisen hinsichtlich der **Bewertung** der unentgeltlichen Zuwendung auf die allgemeinen Vorschriften des Bewertungsgesetzes. Sowohl der Kommanditanteil als auch der Anteil der Komplementärgesellschaft werden mit dem gemeinen Wert bewertet. Zwischen dem Personengesellschafts- und dem Kapitalgesellschaftsanteil besteht **kein wesentlicher Bewertungsunterschied**, wie er noch bis einschließlich 2008 gegolten hatte. Bis zur Neufassung des ErbStG mit Wirkung zum Jahr 2009 waren Anteile an einer Personengesellschaft mit dem anteiligen Einheitswert, ein Anteil an einer Kapitalgesellschaft mit dem Stuttgarter Verfahren bewertet worden.

51 Grundsätzlich gilt dabei nach §§ 109, 11 Abs. 2 BewG, dass der Wert der Gesellschaftsanteile **aus zurückliegenden Verkäufen abgeleitet** wird. Lässt sich der Wert nicht aus einem Verkauf unter fremden Dritten ableiten, der weniger als 1 Jahr zurück liegt, ist der Wert der Gesellschaftsanteile nach § 11 Abs. 2 Satz 2 BewG **unter Berücksichtigung der Ertragsaussichten zu schätzen**. Dabei kann auch eine im gewöhnlichen Geschäftsverkehr für nicht nichtsteuerliche Zwecke übliche Bewertungsmethode zur Anwendung kommen. Durch §§ 199 ff. BewG wird darüber hinaus ein vereinfachtes Ertragswertverfahren vorgegeben. Unter Berücksichtigung der gesetzlichen Vorgaben kommen daher folgende Bewertungsmethoden in Betracht, die grundsätzlich gleichwertig sind, sofern diese nicht zu offensichtlich unzutreffenden Werten führen[67]:
– Ermittlung des Unternehmenswertes auf der Grundlage des Standards IDW S 1 des Instituts der Wirtschaftsprüfer unter Zugrundelegung der Ertragswertmethode oder der Discounted Cash Flow-Methode;
– Sonstige branchenübliche Verfahren, wie zB die Multiplikatormethode oder einer an der Umsatzgröße orientierten Bewertung;
– Vereinfachtes Ertragswertverfahren nach §§ 199 ff. BewG.

52 Da alle Bewertungsmethoden gleichwertig sind, hat der Steuerpflichtige die Wahl, welches Bewertungsverfahren angewendet wird. Der Wertansatz für die Gesellschaftsanteile ist allerdings nach § 11 Abs. 2 Satz 3 BewG nach unten durch den anteiligen Substanzwert der jeweiligen Gesellschaft begrenzt.

53 Sind im Betriebsvermögen der GmbH & Co. KG **Grundstücke** enthalten, fließt deren Wert ein in den Substanzwert der Gesellschaft. Dabei wird der Wert der Grundstücke nicht mit dem handelsrechtlichen Buchwert, sondern nach den §§ 176–197 BewG mit dem gemeinen Wert angesetzt. **Unbebaute Grundstücke** sind hiernach auf Basis der aktuellen Bodenrichtwerte anzusetzen (§§ 178, 179 BewG). **Bebaute Grundstücke** sind nach den §§ 180–191 BewG grundsätzlich nach dem Ertragswertverfahren zu bewerten. Alternativ hierzu kommt das Sachwertverfahren bzw. das Vergleichswertverfahren zur Anwendung. Nach § 198 BewG besteht bei den einzelnen Bewertungsverfahren die Möglichkeit, einen niedrigeren gemeinen Wert nachzuweisen, da alle durch das Gesetz vorgegebenen Bewertungsverfahren

---

[67] *Meinecke* § 12 ErbStG, Rn. 81.

typisierend sind und nicht ausgeschlossen werden kann, dass der tatsächliche Wert des Grundvermögens unter dem nach den typisierten Verfahren ermittelten Wertansatz liegt.

Das Institut der Wirtschaftsprüfer hat im Standard IDW S1 die Grundsätze festgelegt, nach denen der Wert eines Unternehmens ermittelt wird. Die Unternehmensbewertung nach IDW S1 ist dabei eine **auf die Zukunft ausgerichtete Bewertungsmethode**, dh der ermittelte Wert ist abhängig von der Schätzung der künftigen Erträge der Gesellschaft.[68] Die erwarteten Einnahmenüberschüsse in der Zukunft werden auf den Bewertungsstichtag abgezinst. Die Abzinsung erfolgt unter Anwendung eines Rechnungszinses, der sich aus verschiedenen Komponenten zusammensetzt. Ausgangsgrundlage ist dabei der Basiszins für risikolose Kapitalanlagen, der ergänzt wird um einen Risikozuschlag nach Steuern (Tax CAPM[69]), modifiziert um einen branchentypischen Betafaktor sowie um einen Inflationsabschlag. Im Ergebnis handelt es sich bei der Unternehmensbewertung nach dem Standard IDW S1 um ein ausgesprochen aufwändiges und damit auch kostenintensives Bewertungsverfahren.

54

In der Unternehmenswirklichkeit kommen daneben relativ häufig Praktikermethoden zur Anwendung, die weniger komplex sind, die allerdings auch einen geringeren Genauigkeitsgrad haben als die Unternehmensbewertung nach dem Standard IDW S1. Die Unternehmensbewertung erfolgt hierbei häufig nach der sog. **Multiplikatormethode** auf der Grundlage des **EBIT** oder des **EBITDA** eines Unternehmens (**e**arnings **b**efore **i**nterest, **t**axes, **d**epreciation and **a**mortization).[70] Auch die Unternehmensbewertung nach der Multiplikatormethode basiert auf erwarteten Zukunftsertragswerten. Besteht keine aussagekräftige Unternehmensplanung, wird dieser auf der Grundlage der Vergangenheitswerte geschätzt. Der durchschnittliche EBIT oder EBITDA-Wert wird dabei mit einem Multiplikator vervielfältigt, der von Branche zu Branche variiert. Die Bandbreite von branchentypischen Multiplikatoren wird dabei regelmäßig von Investmentbanken veröffentlicht und bietet eine gute Orientierung für branchentypische Unternehmensbewertungen, wie sie üblicherweise bei Unternehmenstransaktionen zugrunde gelegt werden.

55

Durch Multiplikation des EBIT oder des EBITDA mit dem Multiplikator ergibt sich der sog. Enterprise Value, dh der Wert des Unternehmens unabhängig von dessen Finanzierung mit Eigen- oder Fremdkapital. Bei der Ableitung der betriebswirtschaftlichen Kennzahl EBIT oder EBITDA sind sowohl Zinserträge als auch Zinsaufwendungen eliminiert. Der vorläufige Unternehmenswert enthält damit noch nicht die **individuelle Verschuldung** des jeweiligen Unternehmens. Im nächsten Schritt ist daher der Enterprise Value um den Nettofinanzstatus zu verändern, dh verzinsliche Forderungen und Geldbestände erhöhen den Unternehmenswert und verzinsliche Verbindlichkeiten vermindern diesen.

56

---

[68] *Wassermann* DStR 2010, 188.
[69] Tax Capital Asset Pricing Model.
[70] *Wassermann* DStR 2010, 188.

9. Kapitel. Tod des Gesellschafters

Beispiel: A ist alleiniger Gesellschafter der A GmbH & Co. KG. A verstirbt. Die Anteile gehen auf seinen Erben über. Die A GmbH & Co. KG hat in den vergangenen 3 Jahren vor dem Erbfall ein durchschnittliches EBITDA erzielt von 1.500 T-EUR. Das Jahresergebnis vor GewSt betrug durchschnittlich 600 T-EUR. Die Gesellschaft hat keine aussagekräftige Planungsrechnung für die Zukunft. Zum Zeitpunkt des Erbfalls bestehen Bankverbindlichkeiten von 2.500 T-EUR und ein Bankguthaben von 500 T-EUR. Der gemeine Wert der Anteile soll nach der Multiplikatormethode ermittelt werden.

Lösungshinweis: Kann unterstellt werden, dass die in der Vergangenheit erzielten Erträge auch künftig anhalten werden, kann der Durchschnittswert der letzten 3 Jahre zugrunde gelegt werden. Auf der Grundlage der Multiplikatormethode muss zunächst ein branchentypischer EBITDA Multiple ermittelt werden. Angenommen wird hier ein Multiplikator von 5,0.

Es ergib sich folgende Ermittlung des Unternehmenswertes:	T-EUR
Enterprise Value (1.500 T-EUR × 5)	7.500
zzgl./abzgl. Nettofinanzstatus (2.500 − 500 T-EUR)	−2.000
Unternehmenswert endgültig	5.500

57 In §§ 199 ff. BewG wird ein **vereinfachtes Ertragswertverfahren** vorgegeben, das vorrangig für kleine und mittlere Unternehmen konzipiert worden ist. Eine Begrenzung der Größe des Bewertungsobjektes ist gesetzlich allerdings nicht vorgesehen.[71] Das vereinfachte Ertragswertverfahren auf dem Zukunftsertrag, der jedoch aus dem **Vergangenheitswerten** abgeleitet wurde. Die gesetzlichen Vorschriften in §§ 199 ff. BewG wurde durch ein umfangreiches Anwendungsschreiben[72] ergänzt. Mittlerweile sind diese Regelungen auch in die Erbschaftsteuerrichtlinien aufgenommen. Ausgangspunkt für die Wertermittlung ist danach das Ergebnis der steuerlichen Gewinn- und Verlustrechnung der vergangenen drei Jahre, das nach § 202 Abs. 1 BewG zu korrigieren ist. Es ergibt sich unter Berücksichtigung der wesentlichen Korrekturen folgende Fortschreibung des steuerlichen Ergebnisses:

Gewinn/Verlust gemäß steuerlicher Gewinn- und Verlustrechnung (vor Steuern)
+ außerordentliche Aufwendungen/Veräußerungsverluste
− außerordentliche Erträge/Veräußerungsgewinne
+ Abschreibungen auf einen Geschäfts- oder Firmenwert
+ außerplanmäßige Abschreibungen
− Unternehmerlohn, soweit dieser nicht in der Gewinn- und Verlustrechnung enthalten ist
− fiktiver Steueraufwand von 30 %

58 Aus den so fortgeschriebenen Ergebnissen der vergangenen drei Jahre vor dem Bewertungsstichtag wird ein **durchschnittlicher Jahresertrag** ermittelt, der mit dem Kapitalisierungsfaktor zu vervielfältigen ist, der nach § 203 BewG vorgesehen ist. Ausgangsgrundlage ist dabei der Basiszins, der jeweils

---

[71] Meinecke § 12 ErbStG, Rn. 80.
[72] BMF v. 25.6.2009 zur Umsetzung des Gesetzes zur Reform des Erbschaftsteuer- und Bewertungsrechts (AEBewAntBV), BStBl. I 2009, 698–711; Oberste Finanzbehörden der Länder v. 5.6.2014, DStR 2014, 1446 zur Bewertung von Gesellschaftsanteilen in Sonderfällen.

zum 2. Januar eines Jahres veröffentlicht wird, zuzüglich eines pauschalen Risikozuschlags von 4,5%. Die Addition zwischen dem Basiszins und dem Kapitalisierungsfaktor ergibt den Kapitalisierungszinssatz. Der Kapitalisierungsfaktor ist der Kehrwert des Kapitalisierungszinssatzes.

Ist im Betriebsvermögen der Gesellschaft **nichtbetriebsnotwendiges** **59** **Vermögen** enthalten, ist dieses nach § 200 Abs. 2 BewG grundsätzlich gesondert zu bewerten.[73] Die mit diesem nichtbetriebsnotwendigen Vermögen in Verbindung stehenden Ertrags- und Kostenelemente sind aus der Gewinn- und Verlustrechnung zu eliminieren.

Nach § 201 Abs. 2 S. 2 BewG kann anstelle des drittletzten abgelaufenen **60** Wirtschaftsjahres das am Bewertungsstichtag noch nicht abgelaufene Wirtschaftsjahr für die Durchschnittsberechnung herangezogen werden.[74] Unberücksichtigt bleibt ferner die tatsächliche Finanzierung der Gesellschaft, dh ob diese überwiegend mit Eigen- oder mit Fremdkapital finanziert ist. Bei Anwendung des vereinfachten Ertragswertverfahrens kann sich daher ein Unternehmenswert ergeben, der deutlich von den Werten abweicht, die sich nach einer Unternehmensbewertung auf der Grundlage des Standards IDW S1 oder bei Anwendung eines Multiplikatorverfahrens ergeben.

Im vorstehend beschriebenen Beispielsfall errechnet sich nach dem vereinfachten Ertragswertverfahren folgender Unternehmenswert:

	T-EUR
Durchschnittliches Ergebnis vor GewSt	600
+/− Bereinigung außerordentlicher Ergebnisse	0
	600
./. pauschaler Steueraufwand 30%	180
zu kapitalisierendes Ergebnis	420
Basiszins zum 1.1.2014	2,59%
Risikozuschlag	4,50%
Kapitalisierungzins	7,09%
Kapitalisierungsfaktor	14,104
Unternehmenswert also	5.924

Nach § 11 Abs. 2 Satz 3 BewG ist der **Substanzwert als Mindestwert** **61** dann anzusetzen, wenn der gemeine Wert nach dem vereinfachten Ertragswertverfahren oder der nach anderen im gewöhnlichen Geschäftsverkehr für nichtsteuerliche Zwecke üblichen Methoden ermittelte Unternehmenswert zu niedrigeren Werten führt.

b) Nachfolgeregelungen im Gesellschaftsvertrag. Auch für den Bereich der Erbschaft- und Schenkungsteuer ist uU die Nachfolgeregelung im **62** Gesellschaftsvertrag von Bedeutung. Ist im Gesellschaftsvertrag eine **Fortsetzungsklausel** enthalten, scheidet der Erblasser mit seinem Tod aus der Gesellschaft aus. In den Nachlass fällt der Abfindungsanspruch gegen die Gesellschaft, der höher oder niedriger sein kann als der Steuerwert des Anteils. In diesem

---

[73] Meincke § 12 ErbStG Rn. 83.
[74] Meincke § 12 ErbStG Rn. 86.

Fall dürfte wohl davon auszugehen sein, dass für erbschaftsteuerliche Zwecke der **Abfindungsanspruch** als steuerpflichtiger Erwerb angesehen wird.

63 Liegt der Abfindungsanspruch der Erben unter dem Steuerwert des Gesellschaftsanteils, ergibt sich durch die Anwachsung bei den **verbleibenden Mitgesellschaftern** aus steuerlicher Sicht einen **Vermögenszuwachs**, der uU steuerpflichtig ist gem. § 3 Abs. 1 Nr. 2 S. 2 EStG.[75] Eine Erbschaftsteuerpflicht dieses Vorgangs ist nur sehr schwer zu begründen, da eine entsprechende gesellschaftsvertragliche Regelung zum einen alle Gesellschafter gleichermaßen trifft, zum anderen der gegenseitige Bereicherungswille fehlen dürfte. Die Vorschrift wird damit zu Recht kritisiert.[76] Da § 3 Abs. 1 Nr. 2 S. 2 ErbStG jedoch explizit den Tatbestand des Ausscheidens aus der Gesellschaft anspricht, muss wohl von einer entsprechenden Steuerpflicht ausgegangen werden.

64 Unproblematisch ist eine **einfache Nachfolgeklausel** im Gesellschaftsvertrag. Der Gesellschaftsanteil geht damit auf die Erben im Verhältnis der Erbquote über. In diesem Fall wird der Gesellschaftsanteil mit dem anteiligen Steuerwert erfasst.

65 Wesentlich problematischer ist aus erbschaftsteuerlicher Sicht eine **qualifizierte Nachfolgeklausel** im Gesellschaftsvertrag. Wegen des Vorrangs des Gesellschaftsvertrages geht der Gesellschaftsanteil des Erblassers unmittelbar auf den qualifizierten Miterben über. Dennoch ist der Gesellschaftsanteil Bestandteil des Nachlasses. Die Rechtsprechung geht deshalb davon aus, dass für erbschaftsteuerliche Zwecke eine qualifizierte Nachfolgeklausel, vergleichbar mit einer besonderen Form einer Teilungsanordnung ist, die ohne Bedeutung sei.[77] Die qualifizierte Nachfolgeklausel wird als „eine, mit dem Erbfall wirksam gewordene, gegenständlich begrenzte Erbauseinandersetzung" gesehen. Damit kommt der **anteilige Steuerwert der Beteiligung grundsätzlich allen Erben** entsprechend der Erbquote zugute, auch wenn diese nicht zu dem Kreis der qualifizierten Erben gehören.[78] Es ergibt sich damit ein Widerspruch zu der ertragsteuerlichen Behandlung, wonach nur der qualifizierte Miterbe Mitunternehmer wird.[79] Damit kommen grundsätzlich auch die nicht qualifizierten Erben in den Genuss der Entlastungswirkungen nach §§ 13a, 13b ErbStG, obschon die Überprüfung der Schädlichkeitstatbestände gem. § 13a Abs. 5 ErbStG bei den nicht qualifizierten Erben schwierig sein dürfte.

2. Vergünstigungen durch das Erbschaftsteuergesetz

66 **a) Verschonungsabschlag auf den Wert der Zuwendung.** Das Erbschaft- und Schenkungsteuergesetz wurde nach den Vorgaben des Bundesverfassungsgerichts mit Wirkung zum 1.1.2009 grundlegend geändert. Gegenüber der bis zum Jahr 2008 geltenden Rechtslage sind die übergehenden Vermögenswerte grundsätzlich mit dem Verkehrswert zu bewerten, was auch für unternehmerisches Vermögen gilt. Im nächsten Schritt kommen für

---

[75] Krit. *Kapp/Ebeling* § 3 ErbStG Rn. 244.
[76] Langenfeld/Gail/*Schubert* Familienunternehmen VII Rn. 244.
[77] BFH v. 10.11.1982, BStBl. II 1983, 329.
[78] Langenfeld/Gail/*Schubert* Familienunternehmen VII Rn. 247.
[79] *Gebel* BB 1995, 173.

diese Vermögensteile unter bestimmten Bedingungen **Verschonungsregelungen** in Betracht wie folgt:[80]
– Regelverschonung – Verschonungsabschlag von dem Unternehmenswert in Höhe von 85%. Lediglich 15% des Unternehmenswertes werden der Besteuerung zugrunde gelegt.
– Optionsverschonung – Verschonungsabschlag 100%, das unternehmerische Vermögen wird in vollem Umfang von der Besteuerung ausgenommen.

An die Anwendung der Regelverschonung bzw. der Optionsverschonung werden allerdings strenge Vorgaben gestellt, die zum Zeitpunkt der unentgeltlichen Zuwendung vorliegen bzw. die 5 bzw. 7 Jahre nach der unentgeltlichen Zuwendung beibehalten werden müssen. Zum Zeitpunkt der unentgeltlichen Zuwendung müssen folgende **Voraussetzungen** vorliegen:[81]
– Es muss sich dem Grunde nach um begünstigtes Vermögen handeln;
– Einhaltung der Verwaltungsvermögensgrenze;
– das sog. Verwaltungsvermögen des Unternehmens darf bei der Regelverschonung maximal 50% des Verkehrswertes des gesamten Unternehmenswertes ausmachen. Wird die Optionsverschonung begehrt, darf die Verwaltungsvermögensgrenze lediglich 10% des gesamten Unternehmenswertes ausmachen.

Im Anschluss an die unentgeltliche Übertragung der Gesellschaftsanteile müssen sowohl bei der Regelverschonung als auch bei der Optionsverschonung innerhalb der **Überwachungsfrist** bestimmte Voraussetzungen eingehalten werden. Die Überwachungsfrist beträgt bei der Regelverschonung 5 Jahre, bei der Optionsverschonung 7 Jahre. Es handelt sich um folgende **Voraussetzungen**:
– Einhaltung einer **Behaltefrist für die Gesellschaftsanteile** innerhalb des Überwachungszeitraums, dh innerhalb des Überwachungszeitraums darf keine Veräußerung oder andere schädliche Verfügung über die Gesellschaftsanteile erfolgen[82]
– Die Summe der jährlichen **Lohnsummen** des Unternehmens darf bei der Regelverschonung 400% der durchschnittlichen Lohnsumme der letzten 5 Jahre vor dem Erwerb nicht unterschreiten.[83] Die Mindestlohnsumme beträgt bei der Optionsverschonung 700% innerhalb eines Überwachungszeitraums von 7 Jahren.[84]

Die Voraussetzungen für die Regelverschonung bzw. die Optionsverschonung ergeben sich dabei aus folgender Tabelle:

	Regelverschonung	**Optionsverschonung**
Verschonungsabschlag	85%	100%
Besteuerung	15%	0%
Verwaltungsvermögen	max. 50%	max. 10%
Behaltefrist	5 Jahre	7 Jahre
Lohnsumme	400% (nach 5 Jahren)	700% (nach 7 Jahren)

---

[80] *Meincke* § 13a ErbStG Rn. 6.
[81] *Troll/Gebel/Jülicher* § 13a ErbStG Rn. 7.
[82] *Meincke* § 13a ErbStG Rn. 27, 39.
[83] *Kapp/Ebeling* § 13a ErbStG Rn. 21.
[84] *Troll/Gebel/Jülicher* § 13a ErbStG Rn. 418.

9. Kapitel. Tod des Gesellschafters

Beispiel: B ist alleiniger Gesellschaft der B GmbH & Co. KG. B überträgt die Gesellschaftsanteile vollständig an seinen Sohn. Die Gesellschaft hat einen Verkehrswert von 6.000 T-EUR.

Lösungshinweis: Für die Regelverschonung bzw. die Optionsverschonung ergibt sich folgende Erbschaft- und Schenkungsteuerbelastung:

	Regelverschonung	Optionsverschonung
	T-EUR	T-EUR
Steuerwert der Zuwendung	6.000	6.000
Verschonungsabschlag	5.100	6.000
Steuerpflichtiger Erwerb	900	0
Persönlicher Freibetrag	400	0
Zu versteuern	500	0

70 Die unmittelbare Steuerbelastung bei Inanspruchnahme der Optionsverschonung ist naturgemäß geringer als bei Inanspruchnahme der Regelverschonung. Eine **Wahlmöglichkeit zwischen beiden Verschonungsarten** ist allerdings nur dann gegeben, wenn die entsprechenden Voraussetzungen vorliegen, hier insbesondere die Einhaltung der Verwaltungsvermögensgrenze. Die Wahl zur Optionsverschonung kann bis zur Bestandskraft des Erbschaft- und Schenkungsteuerbescheides getroffen werden. Eine einmal ausgeübte Wahl ist bindend.[85] Bei der Entscheidung über die Inanspruchnahme der Regelverschonung bzw. der Optionsverschonung muss auch die verlängerte Überwachungsfrist eingehalten werden. Außerdem ist die Einhaltung der Lohnsummenregelung im Falle der Optionsverschonung deutlich schärfer gefasst als bei der Inanspruchnahme der Regelverschonung.

71 Die im ErbStG vorgesehene Begünstigung für Produktivvermögen durch die Regel- bzw. die Optionsverschonung führt gegenüber der unentgeltlichen Übertragung von anderen Vermögenswerten zu deutlichen Belastungsunterschieden. Der BFH hat bereits im Beschluss vom 5.10.2011[86] verfassungsrechtliche Zweifel an dem Begünstigungskonzept geäußert und hat diese im Vorlagebeschluss vom 27.9.2012[87] präzisiert. Mit einer Entscheidung des höchsten deutschen Gerichts ist Mitte des Jahres 2014 zu rechnen. Je nach Ausgang der Entscheidung können sich wesentliche Auswirkungen auf die Struktur des ErbStG ergeben.

72 **b) Einhaltung der Verwaltungsvermögensgrenze.** Sowohl bei der Regel- als auch bei der Optionsverschonung ist zum Zeitpunkt der unentgeltlichen Übertragung des Gesellschaftsanteils von Bedeutung, wie hoch die **Grenze des schädlichen Verwaltungsvermögens** ist. Bei Anwendung der Regelverschonung darf das Verwaltungsvermögen nur 50 % des gesamten Unternehmenswertes ausmachen, bei Inanspruchnahme der Optionsverschonung dagegen lediglich 10 %.

73 Zu beachten ist dabei allerdings, dass sich die **Verwaltungsvermögensgrenze** nicht nach dem Verhältnis des Verwaltungsvermögens zu der **Ge-**

---

[85] Kapp/*Ebeling* § 13a ErbStG Rn. 137.
[86] BFH v. 5.10.2011, BStBl. II 2012,29.
[87] BFH v. 27.9.2012, BFH/NV 2012, 1881.

samtsumme des Vermögens, sondern nach dem **Wert des Gesamtunternehmens** ermittelt, dh dem Wert, der um die Verbindlichkeiten des Unternehmens gemindert ist.[88] Dies gilt selbst dann, wenn Schulden der Gesellschaft in unmittelbarer Beziehung zu schädlichem Verwaltungsvermögen stehen. Hieraus ergibt sich tendenziell eine höhere Verwaltungsvermögensgrenze. Zu dem Verwaltungsvermögen des Unternehmens gehören ua:[89]
– Dritten zur Nutzung überlassene Grundstücke. Nutzungsüberlassungen innerhalb eines Konzerns, bei Betriebsaufspaltungen und bei Sonderbetriebsvermögen gelten nicht als Verwaltungsvermögen.
– Anteile an Kapitalgesellschaften, wenn die unmittelbare Beteiligung an dem Kapital dieser Gesellschaft 25 % oder weniger beträgt.
– Anteile an Kapitalgesellschaften von mehr als 25 % sowie Beteiligungen an Personengesellschaften, wenn bei diesen Gesellschaften das Verwaltungsvermögen mehr als 50 % beträgt. In einem mehrstufigen Konzern ist der Verwaltungsvermögenstest somit auf jeder Beteiligungsstufe durchzuführen, wobei auf der untersten Stufe begonnen werden muss. Wird die Verwaltungsvermögensgrenze eingehalten, handelt es sich bei der Beteiligung insgesamt um begünstigtes Vermögen.
– Wertpapiere und vergleichbare Forderungen, wie zB Pfandbriefe, Schuldbuchforderungen, Geldmarktfonds oder Festgeldkonten. Nicht Bestandteil des Verwaltungsvermögens sind allerdings verzinsliche Forderungen gegenüber Konzerngesellschaften sowie Bankguthaben.

Mit dem Amtshilferichtlinie-Umsetzungsgesetz vom 26.06.2013[90] wurde **74** der Katalog des schädlichen Verwaltungsvermögens erweitert. Nach § 13b Abs. 2 Nr. 4a ErbStG gehört nun zum schädlichen Verwaltungsvermögen auch der positive Saldo aus allen Forderungen, Zahlungsmitteln und Bankguthaben nach Abzug der Verbindlichkeiten und Rückstellungen.[91] Ein verbleibender positiver Unterschiedsbetrag wird um einen pauschalen Freibetrag von 20 % des Unternehmenswertes gekürzt. Verleibt danach noch ein positiver Betrag, wird dieser dem Verwaltungsvermögen hinzugerechnet. Ein negativer Betrag mindert allerdings nicht das sonstige Verwaltungsvermögen.

Die gesonderte Regelung zu dem Finanzvermögen und den -schulden **75** erweitert die Komplexität bei der Ermittlung der Grenze für das schädliche Verwaltungsvermögen. Je nach Situation kann es hier sinnvoll sein, zur Ausnutzung des besonderen Freibetrages einen höheren Unternehmenswert zum Ansatz zu bringen.[92]

Beispiel:
Wert einer Tochtergesellschaft
Multiplikatorverfahren/Ertragswertverfahren   6 Mio-EUR
vereinfachtes Ertragswertverfahren   4 Mio-EUR
    Die Tochtergesellschaft hat einen Saldo von Forderungen und Schulden vor Abzug
des Freibetrages von   3 Mio-EUR

---

[88] Troll/Gebel/*Jülicher* § 13b ErbStG Rn. 336.
[89] *Meincke* § 13b ErbStG Rn. 12–16, 18–20.
[90] BGBl. I 2013, 1842.
[91] *Hannes* DStR 2013, 1418.
[92] *Hannes* DStR 2013, 1418.

9. Kapitel. Tod des Gesellschafters

Lösung: Die Verwaltungsvermögensquote verändert sich in Abhängigkeit von dem angesetzten Unternehmenswert.

– Wertermittlung nach Multiplikator-/Ertragswertverfahren:
(3 Mio-EUR ./. 20% v. 6 Mio-EUR = 1,8 Mio-EUR) ≙ 30% von 6 Mio-EUR

– Wertermittlung nach dem Ertragswertverfahren:
(3 Mio-EUR ./. 20% v. 4 Mio-EUR = 2,2 Mio-EUR) ≙ 55% von 4 Mio-EUR

76 Im Beispielsfall entsteht die paradoxe Situation, dass bei dem Ansatz eines höheren Unternehmenswertes die Grenze für schädliches Verwaltungsvermögen unter 50% liegt, die Beteiligung daher insgesamt nicht schädlich ist. Bei Ansatz des niedrigeren Wertes nach dem vereinfachten Ertragswertverfahren liegt das Verwaltungsvermögen über der 50%-Grenze, so dass die Beteiligung auf Ebene der Muttergesellschaft insgesamt als schädliches Verwaltungsvermögen gilt.

77 Wird nach der vorstehend beschriebenen Berechnungsmethodik die Verwaltungsvermögensgrenze für die Regelverschonung bzw. für die Optionsverschonung eingehalten, erstreckt sich die Begünstigung des ErbStG, dh der Verschonungsabschlag nicht nur auf das betriebliche Vermögen sondern auch auf das Verwaltungsvermögen. Eine Ausnahme dieser generellen Regelung ist allerdings in § 13b Abs. 2 Satz 3 ErbStG für sogenanntes **junges Verwaltungsvermögen** enthalten. Handelt es sich um junges Verwaltungsvermögen, werden diese Vermögensteile von dem Verschonungsabschlag ausgenommen. Um junges Verwaltungsvermögen handelt es sich, wenn die betreffenden Vermögensteile innerhalb von 2 Jahren vor dem Zeitpunkt der unentgeltlichen Zuwendung dem Betriebsvermögen zugeführt worden sind. Hierdurch soll vermieden werden, dass dem Betriebsvermögen im Grunde nicht begünstigte Vermögensteile bis zur Höhe der vorgegebenen Quote zugeführt und die dann anschließend vom Verschonungsabschlag erfasst werden.[93] So nachvollziehbar diese Überlegung ist, ist sie in der konkreten Ausführung dennoch missverständlich. Die Finanzverwaltung vertritt die Auffassung, dass junges Verwaltungsvermögen auch im Falle eines reinen Aktivtausches vorliegt, bei denen die Gesellschaft selbst die betreffenden Vermögensteile erworben hat, beispielsweise Aufnahme eines Kontokorrentkredites zum Erwerb vom Wertpapieren.[94] Im Ergebnis führt dies dazu, dass im Falle der Qualifikation als junges Verwaltungsvermögen auf die betreffenden Vermögensteile weder die Regel- noch die Optionsverschonung zur Anwendung kommen, selbst wenn im Grunde bezogen auf das gesamte Betriebsvermögen die Verwaltungsvermögensquote eingehalten wird.

78 **Verwaltungsvermögen aus nachgelagerten Beteiligungsstufen** beeinflusst zunächst die Beurteilung der Frage, ob auf Ebene einer Tochtergesellschaft begünstigtes Vermögen vorliegt oder nicht. Ungeachtet dessen ist junges Verwaltungsvermögen aus nachgelagerten Beteiligungsstufen dem jeweiligen Gesellschafter als „eigenes" junges Verwaltungsvermögen zuzurechnen. Ursprünglich war diese Hinzurechnung auf den Wert der Beteiligung der Tochtergesellschaft begrenzt.[95] Die Begrenzung auf den Wert der Beteiligung ist in

---

[93] *Piltz* ZEV 2008, 232.
[94] R 13 NB. 19 ErbStR; aA *Scholten/Koretzkij* DStR 2009, 148.
[95] RE 13b.19 Abs. 4 ErbStR 2011.

§ 13b Abs. 2 Satz 7 ErbStG für Erwerber nach dem 6.6.2013 allerdings aufgegeben worden, so dass eventuell vorhandenes junges Verwaltungsvermögen der nächst höheren Beteiligungsstufe zugerechnet wird. Hierdurch können sich überraschende Auswirkungen ergeben.[96] Dies zeigt folgendes Beispiel:

Beispiel: Vater V überträgt im Jahr t_1 sämtliche Anteile der X GmbH & Co. KG an den Sohn S. Die X GmbH & Co. KG hat folgende Bilanz. Der gemeine Wert der Beteiligung entspricht dem bilanziellen Eigenkapital

X GmbH & Co. KG			
Anlagevermögen	350	Eigenkapital	600
Beteiligung an T GmbH	50		
Finanzmittel	250	Verbindlichkeiten	50
	650		650

Der Buchwert der T GmbH entspricht dem gemeinen Wert. Die T GmbH hat folgende Bilanz:

T GmbH & Co. KG			
Anlagevermögen	50	Eigenkapital	50
Wertpapiere	200	Bankverbindlichkeiten	200
	250		250

Die T GmbH hat die Wertpapiere im Jahr t_0 erworben. Der Erwerb der Wertpapiere wurde durch ein Bankdarlehen finanziert.

Lösungshinweis: Die Verwaltungsvermögensquote errechnet sich auf den einzelnen Beteiligungsstufen wie folgt:

T GmbH:

Verwaltungsvermögensquote 200/50 = 400 %

Auf Ebene der T GmbH liegt also nicht begünstigtes Vermögen vor.

Bei den Wertpapieren handelt es sich nach Auffassung der Finanzverwaltung um junges Verwaltungsvermögen.

X GmbH & Co. KG:

Verwaltungsvermögen nach § 13b Abs. 2 Satz 3 ErbStG

Finanzmittel	250
Verbindlichkeiten	−50
	200
Sockelbetrag 20 % v 600	80
Verwaltungsvermögen nach § 13b Abs. 2 Nr. 3 ErbStG (Beteiligung an T GmbH)	50
Verwaltungsvermögen nach § 13b Abs. 2 Satz 7 ErbStG (junges Verwaltungsvermögen)	200
Gesamtes Verwaltungsvermögen	330

---

[96] Vgl. *Manneck* ErbStB 2013, 350.

9. Kapitel. Tod des Gesellschafters

79 Bezogen auf dem Gemeinen Wert der Beteiligung an der X GmbH & Co. KG ergibt sich eine Verwaltungsvermögensquote von mehr als 50% (330/600). Es liegt kein begünstigten Vermögen iSd § 13b ErbStG vor.

Das Beispiel zeigt, dass sich mit der Neuregelung durch das Amtshilferichtlinien-Umsetzungsgesetz erstaunliche Ergebnisse einstellen können. Durch den Wegfall der Beschränkung der Hinzurechnung auf den Wert der Beteiligung an der Tochtergesellschaft ist vom Gesetzgeber in dem Bestreben, Gestaltungsmaßnahmen der Steuerpflichtigen zu verhindern, deutlich über das Ziel hinaus geschossen worden.[97]

80 Der Umfang des schädlichen Verwaltungsvermögens wird bei einer GmbH & Co. KG sowohl auf Ebene des Gesamthandsvermögens als auch auf Ebene eines eventuell bestehenden Sonderbetriebsvermögens ermittelt.[98] Nach HE 13b. 15 ErbStR soll nach Auffassung der Finanzverwaltung auch eventuell vorhandenes Sonderbetriebsvermögen des übertragenden Gesellschafters in den Verwaltungsvermögenstest einbezogen werden. Es wird also dabei nicht auf die Beteiligung der Personengesellschaft abgestellt, sondern in einer **gesellschafterbezogenen Betrachtungsweise** auf die anteiligen im Gesamthandsvermögen enthaltenen Vermögensgegenstände und -schulden. Gemeinsam mit eventuell vorhandenem Sonderbetriebsvermögen soll dann bezogen auf den jeweiligen Gesellschafter der Verwaltungsvermögenstest durchgeführt werden.

81 Die gesellschafterbezogene Betrachtungsweise bei einer Personengesellschaft führt in Verbindung mit der Erweiterung des Katalogs an schädlichem Verwaltungsvermögen in § 13b Abs. 2 S. 2 Nr. 4a ErbStG zu **besonderen Auslegungsproblemen** im Hinblick auf Gesellschafterkonten. Forderungen eines Gesellschafters an die Gesellschaft sind auf Ebene der Gesellschaft Schulden, mindern also den Saldo aus Forderungen und Verbindlichkeiten. Die Forderungen des Gesellschafters sind jedoch auch gleichzeitig positives Sonderbetriebsvermögen. Je nach Sachverhalt können sich hier unliebsame Überraschungen ergeben, weil hierdurch die Grenze des schädlichen Verwaltungsvermögens überschritten werden kann.[99]

Beispiel: An der A GmbH & Co. KG sind Vater V mit 60% und Tochter T mit 40% beteiligt. Der Unternehmenswert der Gesellschaft beträgt 2 Mio-EUR.

Die Gesellschaft verfügt über Forderungen und Geldbestände (Finanzvermögen) von	10.000 T-EUR
denen Fremdverbindlichkeiten von	6.000 T-EUR
und ein Gesellschafterkonto (Verbindlichkeit) des V von	3.000 T-EUR

gegenübersteht.

V möchte seinen Gesellschaftsanteil schenken:

a) Schenkung mit Gesellschafterkonto,

b) Schenkung ohne Gesellschafterkonto.

---

[97] *Koretzkij* DStR 2013, 1764; aA *Manneck* ErbStB 2013, 351; *Erkis/Manneck/van Lishaut* FR 2013, 245.
[98] *Langenfeld/Gail/Schubert* Familienunternehmen VII, 96.4.
[99] *Hannes* DStR 2013, 1419.

§ 37 Steuerfolgen beim Übergang des Gesellschaftsanteils

Lösungshinweis: Aus der gesellschafterbezogenen Betrachtungsweise ergibt sich im Beispielsfall folgende Ermittlung des Verwaltungsvermögens:[100]

	Gesamthands- bilanz T-EUR	Anteilig V 60% T-EUR	Sonderbetriebs- vermögen T-EUR
Finanzvermögen	10.000	6.000	
Fremdverbindlichkeiten	−6.000	−3.600	
Gesellschafterkonto	−3.000	−1.800	3.000
Netto	1.000	600	3.000

Schenkung mit Gesellschafterkonto:

Zuwendung insgesamt	T-EUR
Wert der Gesellschafteranteile	1.200
Gesellschafterkonto	3.000
Gesamtwert der Zuwendung	4.200

Ermittlung der Verwaltungsvermögensgrenze:	T-EUR
Anteiliges Finanzvermögen (netto) aus Gesamthandsbilanz	600
Sonderbetriebsvermögen	3.000
	3.600
./. Freibetrag 20% v. 4.200 T-EUR	840
Verwaltungsvermögen	2.760

Im vorliegenden Fall überschreitet das Verwaltungsvermögen die 50%-Grenze der Zuwendung von T-EUR 4.200, so dass die Voraussetzungen für die Verschonungsregelung nicht erfüllt sind.

Schenkung ohne Gesellschafterkonto:

Zuwendung insgesamt	T-EUR
Wert der Gesellschafteranteile	1.200
Gesellschafterkonto	–
Gesamtwert der Zuwendung	1.200

Ermittlung der Verwaltungsvermögensgrenze:	T-EUR
Anteiliges Finanzvermögen (netto) aus Gesamthandsbilanz	600
./. Freibetrag 20% v. 1.200 T-EUR	240
Verwaltungsvermögen	380

Bei dieser Fallgestaltung beträgt das anteilige Verwaltungsvermögen weniger als 50% des Wertes der Zuwendung von T-EUR 1.200. Es liegt begünstigten Vermögen iSd § 13b ErbStG vor.

---

[100] Zu den verschiedenen Methoden der Zurechnung vgl. *Korezkij* DStR 2013, 1766; *Weber/Schwind* ZEV 2013, 369.

9. Kapitel. Tod des Gesellschafters

83 Im Falle einer unentgeltlichen Zuwendung eines Personengesellschaftsanteils muss daher sorgfältig und im Vorhinein die Verwaltungsvermögensgrenze auf den Zeitpunkt der Schenkung ermittelt werden.

84 Werden Anteile an einer Mitunternehmerschaft unentgeltlich übertragen, wird die Verwaltungsvermögensquote bei der Gesellschaft zum Zeitpunkt der unentgeltlichen Anteilsübertragung ermittelt. Ist die Mitunternehmerschaft selbst wiederum Gesellschafterin von nachgelagerten Gesellschaften, erfolgt der Verwaltungsvermögenstest auch auf der Ebene der nachgelagerten Gesellschaften. Ggfs. erfolgt in diesem Zusammenhang eine Allokation von jungem Verwaltungsvermögen auf die Ebene der Muttergesellschaft. Durch die **stichtagsbezogene Betrachtung** besteht die Möglichkeit, in Grenzfällen die Verwaltungsvermögensquote und damit die Qualifikation der Anteile im Kontext der Begünstigungsvorschriften der §§ 13a, 13b ErbStG zu beeinflussen und ggfs. bestehendes Verwaltungsvermögen entweder in das Privatvermögen oder in ein anderes Betriebsvermögen des Gesellschafters zu verlagern.[101]

85 Bei Verwaltungsvermögen, das dem Betrieb innerhalb von 2 Jahren vor dem Zeitpunkt der unentgeltlichen Zuwendung zugeführt wurde, handelt es sich um sog. **„junges Verwaltungsvermögen"**. Dieses junge Verwaltungsvermögen gilt auch bei Einhaltung der Verwaltungsvermögensgrenzen als nicht begünstigtes Vermögen und wird nach § 13b Abs. 2 Satz 3 ErbStG nach allgemeinen Grundsätzen besteuert.[102]

86 **Anteile an Kapitalgesellschaften** gehören grundsätzlich dann zum begünstigten Vermögen, wenn die Gesellschaft zum Zeitpunkt der unentgeltlichen Zuwendung Sitz oder Geschäftsleitung im Inland oder in einem EU/EWR-Staat hatte und der Erblasser bzw. der Schenker zum Zeitpunkt der unentgeltlichen Zuwendung am Nennkapital der Gesellschaft zu mehr als 25% unmittelbar beteiligt ist.[103] Diese sog. Mindestbeteiligungsgrenze kann nach § 13b Abs. 1 Nr. 3 ErbStG auch dadurch hergestellt werden, dass der Erblasser / Schenker und weitere Gesellschafter sich untereinander verpflichten, über die Anteile nur einheitlich zu verfügen oder ausschließlich auf andere der selben Verpflichtung unterliegende Anteilseigner zu übertragen und das Stimmrecht gegenüber nicht gebundenen Gesellschaftern einheitlich auszuüben.

87 Ist der Erblasser oder Schenker an einer gewerblich tätigen GmbH & Co. KG beteiligt, gilt diese Beteiligung **unabhängig von der Beteiligungsquote** als begünstigtes Unternehmensvermögen. Insoweit besteht ein wesentlicher Unterschied zu dem Gesellschafter, der an einer Kapitalgesellschaft beteiligt ist.[104] Zu beachten ist allerdings, dass die Anteile der Komplementärgesellschaft den Regelungen unterliegen, wie sie für Kapitalgesellschaften gelten. Sind also in den Gesellschaftsanteilen der Komplementärin stille Reserven enthalten, sollte darauf geachtet werden, dass gemäß § 13b Abs. 1 Nr. 3 ErbStG die Begünstigungsvoraussetzungen geschaffen werden.[105]

---

[101] Vgl. zu den Einzelheiten Schwind/Schmidt NWB 2009, 617.
[102] *Meincke* § 13b ErbStG Rn. 22.
[103] Moench/*Weinmann* § 13b ErbStG Rn. 48.
[104] Moench/*Weinmann* § 13b ErbStG Rn. 23.
[105] Troll/Gebel/*Jülicher* § 13b ErbStG Rn. 116.

§ 37 Steuerfolgen beim Übergang des Gesellschaftsanteils

c) Tarifbegrenzung für den Steuersatz. Bereits bei der Fassung des 88 Erbschaftsteuergesetzes vor 2009 war für die unentgeltliche Übertragung von Betriebsvermögen eine Begünstigung hinsichtlich des **anzuwendenden Steuersatzes** in § 19a ErbStG enthalten. Diese Begünstigung ist auch nach der Neufassung des Erbschaftsteuergesetzes beibehalten worden. Nach § 19a ErbStG wird bei der unentgeltlichen Übertragung von Produktivvermögen unabhängig von dem Verwandtschaftsgrad des Empfängers der unentgeltlichen Zuwendung der Erwerb nach der Steuerklasse I besteuert. Die Begünstigung erfasst also Empfänger einer Zuwendung, die eigentlich der Steuerklasse II oder III angehören würden. Technisch wird diese Bestimmung dadurch umgesetzt, dass nach § 19a Abs. 4 ErbStG zunächst die Steuer nach den tatsächlichen Verhältnissen ermittelt wird, dh dass zunächst der tatsächliche Verwandtschaftsgrad zwischen Erblasser/Schenker und Erben/Beschenkten für die Ermittlung der Erbschaftsteuerbelastung zugrunde gelegt wird. Die anteilige Erbschaftsteuer ergibt sich aus dem Anteil des nicht begünstigten zum begünstigten Vermögen. Anschließend wird die Steuer auf den Gesamtbetrag der Zuwendung nach der Steuerklasse I ermittelt. Die anteilige Erbschaftsteuer ergibt sich aus dem Anteil des begünstigten Vermögens zum Gesamterwerb.[106] Hinsichtlich des sonstigen Nachlassvermögens verbleibt es bei der regulären Besteuerung mit ErbSt. Im Gegensatz zur Rechtslage bis zum Jahr 2008 erfolgt die Zurechnung zu begünstigtem / nichtbegünstigtem Vermögen jeweils nach Abzug der mit diesen Vermögensteilen im wirtschaftlichen Zusammenhang stehenden Verbindlichkeiten.[107]

Beispiel: Erblasser V verstirbt und hat seinen Bruder B als Alleinerben eingesetzt. Bestandteil des Nachlasses ist Kapitalvermögen von 1.000 T-EUR sowie die 100 %ige Kommanditbeteiligung an der X GmbH & Co. KG mit einem Verkehrswert von 5.000 T-EUR. Im vorliegenden Fall wählt der Bruder die Regelverschonung.

Lösungshinweis: Die Erbschaftsteuer ermittelt sich wie folgt:

	T-EUR
Steuerwert der X GmbH & Co. KG	5.000
Bewertungsabschlag 85 %	−4.250
	750
Kapitalvermögen	1.000
Steuerpflichtiger Erwerb insgesamt	1.750

Das begünstigte Vermögen beträgt (750/1.750) 42,85 % des gesamten Nachlasses:

	T-EUR	T-EUR
ErbSt auf den Gesamterwerb nach der Steuerklasse II 30 %	525	
hierauf entfällt auf nichtbegünstigtes Vermögen 57,15 %		300
ErbSt auf den Gesamterwerb nach der Steuerklasse I 19 %	332	
hiervon entfällt auf begünstigtes Vermögen 42,85 %		142
Gesamte ErbSt also		442

---

[106] Meincke ErbStG § 19a Rn. 9.
[107] Meincke ErbStG § 19a Rn. 8.

3. Schädlichkeitstatbestände

89 **a) Schädliche Verfügungen über die Gesellschaftsanteile.** Mit der erbschaftsteuerlichen Begünstigung der unentgeltlichen Übergabe von Produktivvermögen sind gleichzeitig auch Schädlichkeitstatbestände in das Gesetz aufgenommen worden. Nur diejenigen Erwerber sollen begünstigt werden, die das übernommene Produktivvermögen auch auf eine gewisse Dauer halten und sich insoweit auch unternehmerisch betätigen.[108] Wird innerhalb eines **Zeitraums von 5 Jahren** das unentgeltlich erworbene Vermögen veräußert oder in veräußerungsähnliche Tatbestände einbezogen, sollen die Begünstigungen des ErbStG, bestehend aus
– Verschonungsabschlag nach § 13a Abs. 2 sowie
– Anwendung der Steuerklasse I nach § 19a ErbStG

entfallen. Bei einem **Verstoß gegen die Behaltefrist** innerhalb des Überwachungszeitraums fällt der Verschonungsabschlag grundsätzlich in dem Umfang weg, der sich aus dem Verhältnis der verbleibenden Behaltefrist einschließlich des Jahres des Verstoßes zur gesamten Behaltefrist ergibt. Findet beispielsweise im dritten Jahr nach dem Erwerb eine schädliche Veräußerung statt, so entfällt der Verschonungsabschlag ab dem dritten Jahr. Im Falle der **Regelverschonung** reduziert sich der Verschonungsabschlag somit von ursprünglich 85 % um 3/5 auf 34 %.

90 Wird zum Zeitpunkt der unentgeltlichen Übertragung der Gesellschaftsanteile die **Optionsverschonung** gewählt, verlängert sich der Überwachungszeitraum von 5 Jahren auf insgesamt 7 Jahre. Erfolgt innerhalb des verlängerten Überwachungszeitraums ein Verstoß gegen die Behaltefrist, erfolgt insoweit auch zeitanteilig eine Kürzung der Begünstigung.

91 § 13a Abs. 5 ErbStG nennt folgende **Schädlichkeitstatbestände** seit dem unentgeltlichen Erwerb, die zu dem Wegfall der Begünstigungen führen:[109]
– Veräußerung,
– Betriebsaufgabe,
– Veräußerung/Entnahme von wesentlichen Betriebsgrundlagen oder Zuführung zu anderen betriebsfremden Zwecken,
– die Veräußerung von Anteilen an Kapitalgesellschaften im Anschluss an die Einbringung von unentgeltlich erworbenem Produktivvermögen (§ 20 UmwStG),
– die Veräußerung von Anteilen an Personengesellschaften nach Einbringung von unentgeltlich erworbenem Produktivvermögen (§ 24 UmwStG) sowie
– Vornahme von Überentnahmen.

92 Die **Einbringung von unentgeltlich gewährten Anteilen** der Personengesellschaft in eine Kapitalgesellschaft oder eine weitere Personengesellschaft ist für sich betrachtet noch keine schädliche Verwendung, führt also noch nicht zu einem Verstoß gegen die Behaltefrist.[110] Die aufnehmenden

---

[108] *Thiel* DB 1997, 68.
[109] *Troll/Gebel/Jülicher* § 13a ErbStG Rn. 321 ff.; *Jülicher* DStR 1997, 1950.
[110] Gleichlautende Erlasse der obersten Finanzbehörden v. 20.11.2013, BStBl. I 2013, 1508.

Gesellschaften müssen dabei allerdings ihren Sitz oder ihre Geschäftsleitung im Inland oder in einem Mitgliedstaat der Europäischen Union oder in einem Staat des Europäischen Wirtschaftsraums haben.

In den **Fällen des Anteilstauschs oder der Sacheinlage** liegt nach Auffassung der Finanzverwaltung dann kein Verstoß gegen die Behaltefristen vor, wenn der Wert der durch die Einbringung oder Sacheinlage erworbenen Gegenleistungen mindestens dem Wert der unentgeltlichen Zuwendung entspricht. Überschreitet der Wert der Gegenleitung allerdings den Wert der unentgeltlichen Zuwendung soll insoweit ein Verstoß gegen die Behalteregelungen vorliegen.[111] 93

Findet innerhalb der Behaltefrist eine Veräußerung oder eine veräußerungsähnlicher Vorgang statt, so erfolgt dennoch keine Nachversteuerung, wenn der Veräußerungserlös innerhalb der begünstigten Vermögensart verbleibt. Eine **begünstigte Reinvestition** liegt dann vor, wenn der Veräußerungserlös innerhalb von 6 Monaten in begünstigtes Produktivvermögen reinvestiert wird.[112] 94

Der unentgeltliche Erwerb des Anteils an einer GmbH & Co. KG ist also nur dann begünstigt, wenn der Erbe auf die Dauer von 5 Jahren bei der Regelverschonung bzw. innerhalb von 7 Jahren bei der Optionsverschonung die Mitunternehmerstellung beibehält. Die **Veräußerung des Mitunternehmeranteils** bzw. dessen **Aufgabe** innerhalb des 5-Jahres-Zeitraums führt zu dem Wegfall der Begünstigung und einer entsprechenden anteiligen Nachversteuerung. Die unentgeltliche Weitergabe des Mitunternehmeranteils im Wege der Schenkung oder im Wege des Erbfalls ist dabei unerheblich. Die **Umwandlung** der Personengesellschaft in eine Kapitalgesellschaft nach § 20 UmwStG ist allein noch nicht schädlich, auch wenn im Zuge der Umwandlung eine Aufdeckung von stillen Reserven erfolgt.[113] Bei dem Anteil an der Kapitalgesellschaft muss es sich allerdings um begünstigtes Vermögen handeln, dh der Anteil muss mehr als 25 % am gesamten Nennkapital der Gesellschaft ausmachen oder gemeinsam mit anderen Mitgesellschaftern gepoolt sein, damit die 25 %-Grenze überschritten wird. Ein Schädlichkeitstatbestand liegt jedoch dann vor, wenn der Anteil der Kapitalgesellschaft im Anschluss an die unentgeltliche Zuwendung veräußert wird. Es ist gleichermaßen unschädlich, wenn die fragliche GmbH & Co. KG innerhalb des 5-Jahres-Zeitraums real geteilt wird. 95

War der Empfänger des unentgeltlich zugewendeten Anteils an der GmbH & Co. KG **bereits** zuvor **Gesellschafter** der Kommanditgesellschaft, vereinigt sich der unentgeltlich erworbene Gesellschaftsanteil mit dem ursprünglichen Gesellschaftsanteil, so dass nur noch eine Beteiligung besteht. Wird nun innerhalb des 5-Jahres-Zeitraums ein Teil dieser Beteiligung veräußert, stellt sich die Frage, in welchem Umfang die Rechtsfolgen des § 13a Abs. 5 ErbStG zur Anwendung kommen. Denkbar ist der Wegfall der Begünstigung in dem Verhältnis, in dem der unentgeltlich erworbene Anteil zu dem Gesamtanteil steht. Denkbar ist jedoch auch, eine gewisse Verwendungsfik- 96

---

[111] *Viskorf/Haag* DStR 2014, 360.
[112] *Langenfeld/Gail/Schubert* Familienunternehmen VII, 96, 7.
[113] *Crezelius* DB 1997, 1586.

9. Kapitel. Tod des Gesellschafters

tion zu unterstellen, dass beispielsweise zunächst die mitunternehmerische Beteiligung in dem Umfang veräußert wird, die der ursprünglichen Beteiligung entspricht. Nur die darüber hinausgehende Quote führt dann zu einem anteiligen Wegfall der Begünstigung nach § 13a Abs. 5 ErbStG. Die gesellschaftsrechtliche Qualifikation als einheitliche Beteiligung spricht u. E. hierbei sicherlich für die Anwendung der ersten Alternative. Der Sinn und Zweck des § 13a Abs. 5 ErbStG, nach der die Begünstigung in dem Maße eingreifen soll, in dem das unternehmerische Engagement innerhalb des 5-Jahres-Zeitraums fortgeführt wird, spricht für die Anwendung der zweiten Alternative.[114]

97 **b) Vornahme von Überentnahmen.** Die Begünstigungen des ErbStG für den unentgeltlichen Übergang von Produktivvermögen entfallen auch dann, wenn der Erwerber bis zum Ende des letzten in die 5-Jahres-Frist fallenden Wirtschaftsjahres **Entnahmen** tätigt, die Summe seiner Einlagen und Gewinne bzw. Gewinnanteile seit dem Erwerb um mehr als 150 T-EUR übersteigen. Verluste bleiben hierbei unberücksichtigt. Hintergrund dieser komplizierten Vorschrift ist offenbar die Überlegung, Gestaltungen entgegenzuwirken, durch die **vor der unentgeltlichen Übertragung** bewusst Einlagen in das Betriebsvermögen geleistet werden, um im Rahmen der unentgeltlichen Übertragung in den Genuss der Begünstigungen der ErbStG zu kommen und im Anschluss an die Übertragung durch Entnahmen das Betriebsvermögen schmälern.[115] Diese Überlegung ist im Grunde nachzuvollziehen. Die gesetzliche Umsetzung ist allerdings verfehlt. So ist insbesondere bei der Übernahme von Betriebsvermögen bzw. Beteiligungen an einer Mitunternehmerschaft die genannte Grenze von 150 T-EUR dann verfehlt, wenn mit der unentgeltlichen Übertragung auch noch weitere Zahlungen für den Erwerber verbunden sind, wie zB Erfüllung eines Geldvermächtnisses des Erblassers, Begleichung von Erbschaftsteuerzahlungen, die durch Entnahmen finanziert werden müssen, usw.[116]

Beispiel: Erblasser E vererbt den 100%igen Anteil an der X-GmbH & Co. KG mit einem Steuerwert von 1.500 T-EUR an seinen Bruder. Der Bruder wählt die Regelverschonung.

Das Wirtschaftsjahr der Gesellschaft entspricht dem Kalenderjahr.

Nach dem unentgeltlichen Übergang stellen sich folgende Verhältnisse ein:

	Ergebnisanteil	Einlagen	Entnahmen
Jahr 01	500	100	600
Jahr 02	100	–	200
Jahr 03	−100	–	250
Jahr 04	300	50	350
Jahr 05	400	–	350
	1.200	**150**	**1.750**

---

[114] Crezelius DB 1997, 1585.
[115] Zu Überlegungen zur Vermeidung der Nachbesteuerung Troll/Gebel/*Jülicher* § 13a ErbStG Rn. 353.
[116] BFH v. 11.11.2009, BStBl. II 2010, 305.

§ 37 Steuerfolgen beim Übergang des Gesellschaftsanteils

Lösungshinweis: Im 5-Jahres-Zeitraum wurden folgende Überentnahmen getätigt:

	T-EUR
Gesamte Entnahmen	1.750
Gesamte Einlagen	−150
Ergebnisanteile	−1.200
Überentnahmen gesamt	**400**

Davon handelt es sich um schädliche Überentnahmen gemäß §§ 13a Abs. 5, 19a Abs. 5 ErbStG:

	T-EUR
Überentnahmen gesamt	400
Verlustanteil (Jahr 03)	−100
	300
Freibetrag	−150
Schädliche Überentnahmen	**150**

Ermittlung der Besteuerungsgrundlagen zum Zeitpunkt des Erbfalls:

	T-EUR
Steuerwert X-GmbH & Co. KG	1.500
Verschonungsabschlag 85 %	−1.275
Steuerpflichtiger Erwerb (vor persönlichen Freibeträgen)	**225**

Ermittlung der Bemessungsgrundlage nach schädlichen Überentnahmen:

Wegen der schädlichen Überentnahmen ist der begünstigte Erwerb entsprechend zu kürzen. Es ergibt sich hierdurch folgende Abrechnung:

	T-EUR
Steuerwert X-GmbH & Co. KG	1.500
abzüglich schädliche Überentnahmen	−150
	1.350
Verschonungsabschlag 85 %	−1.148
	202
zuzüglich nichtbegünstigtes Betriebsvermögen	150
Steuerpflichtiger Erwerb (vor persönlichen Freibeträgen)	**352**

Die Aufstellung zeigt, dass der steuerpflichtige Erwerb sich um einen Betrag von 127 T-EUR erhöht. Dieser Betrag entspricht genau 85 % der schädlichen Überentnahmen.

Die Darstellung im Beispielfall zeigt, dass vor Ablauf des 5-Jahres-Zeitraums die Einhaltung der Schädlichkeitsgrenze überprüft werden muss. **Gegebenenfalls** müssen hier entsprechende **Einlagen** getätigt werden.[117] Dies

---

[117] Christoffel DStR 1997, 269.

ist nicht als Missbrauch zu werten.[118] Die Finanzverwaltung geht davon aus, dass die **Aufnahme eines Kredites** zum Zweck der Finanzierung einer erforderlichen Einlage zu Sonderbetriebsvermögen führt und damit **nicht** zu einem Erhalt der Begünstigungen führen kann. Diese Auffassung ist im Grunde nicht sachgerecht, da es gemessen an dem Sinn und Zweck der Vorschrift nur auf das Gesamthandsvermögen der Personengesellschaft ankommen kann. Die Kreditaufnahme zur Finanzierung einer entsprechenden Einlage darf u. E. deshalb nicht zu einer Reduzierung des Begünstigungsvolumens führen, da der Erbe insoweit auch ein persönliches Risiko übernimmt.

100 Üblicherweise ist im Gesellschaftsvertrag einer GmbH & Co. KG eine Bestimmung über den Umfang der zulässigen Entnahmen enthalten. In diesem Fall stellt sich zunächst nicht das Problem der schädlichen Überentnahmen. Zu beachten ist jedoch, dass sich die Vergleichsgröße für die **Überentnahmen** auf den **steuerlichen Gewinnanteil** bezieht, der neben der Gesamthandsbilanz auch eine eventuell vorhandene Sonder- oder Ergänzungsbilanz beinhaltet. Auch wenn nur der anteilige handelsrechtliche Gewinnanteil aus der Gesamthandsbilanz entnommen wird, können sich schädliche Überentnahmen ergeben, falls beispielsweise der steuerliche Gewinnanteil durch Abschreibungen einer Ergänzungsbilanz gemindert wird.

101 Fraglich ist weiterhin, ob auch **Sondervergütungen** gemäß § 15 Abs. 1 Nr. 2 EStG als Entnahmen im Sinne des § 13a Abs. 5 ErbStG zu werten sind. Die allgemeine Qualifikation in § 15 EStG, nach der sich der Gewinnanteil eines Mitunternehmers aus dem Gewinnanteil lt. Gesamthandsbilanz, dem Ergebnisanteil aus der Ergänzungsbilanz sowie eventuellen Sondervergütungen zusammensetzt, spricht zunächst dafür, diese Qualifikation auch für das Erbschaftsteuerrecht zu übernehmen. Befindet sich die Personengesellschaft unter Berücksichtigung der Sondervergütungen, wie zB Gehalt, Miete, Pacht usw. in einer Verlustphase, mindern die Sondervergütungen den steuerlichen Verlust bzw. führen zu einem geringeren Gewinn. Die unkritische Anwendung der Gewinnermittlungsvorschriften des § 15 EStG auf § 13a Abs. 5 ErbStG könnte in diesem Fall dazu führen, dass durch die Entnahme der Sondervergütungen eine **schädliche Überentnahme** entsteht. Nach dem Sinn und Zweck der Vorschrift wäre diese Rechtsfolge jedoch verfehlt. Die §§ 13a Abs. 5, 19a Abs. 5 ErbStG wollen lediglich das „Kassemachen" im Anschluss an einen unentgeltlichen Erwerb sanktionieren. Dies bedingt, dass es allein auf die Verhältnisse der Gesamthandsbilanz ankommt, nicht dagegen auf den steuerlichen Ergebnisanteil nach § 15 EStG.[119]

102 Soll das Risiko einer entsprechenden Auseinandersetzung mit der Finanzverwaltung nicht eingegangen werden, kann in Erwägung gezogen werden, die GmbH & Co. KG nach § 20 UmwStG in eine Kapitalgesellschaft umzuwandeln, da die Entnahmeregelung lediglich für Einzelunternehmen bzw. für mitunternehmerische Beteiligungen zur Anwendung kommt.[120]

103 **c) Verstoß gegen die Lohnsummenregelung.** Sowohl die Regelverschonung als auch die Optionsverschonung setzen voraus, dass innerhalb der

---

[118] R E 13a.8 IV ErbStR; *Meincke* ErbStG § 13a Rn. 33.
[119] *Krüger/Siegemund/Köhler* DStR 1997, 640.
[120] *Crezelius* DB 1997, 1587.

Überwachungsfrist nach unentgeltlicher Übertragung der Gesellschaftsanteile eine bestimmte Lohnsummengrenze eingehalten wird. Vergleichsmaßstab für die Mindestlohnsumme ist die sog. **Ausgangslohnsumme**. Ausgangslohnsumme ist die durchschnittliche Lohnsumme der letzten fünf vor dem Zeitpunkt der unentgeltlichen Übertragung endenden Wirtschaftsjahre. Die Lohnsumme umfasst nach § 13a Abs. 4 ErbStG alle Vergütungen, dh Löhne und Gehälter und andere Bezüge und Vorteile, die im maßgebenden Wirtschaftsjahr an Arbeitnehmer gezahlt werden einschließlich Vergütungen an Gesellschafter-Geschäftsführer.[121] Saison- und Leiharbeitsverhältnisse bleiben dabei allerdings unberücksichtigt. Zu der Lohnsumme gehören auch Sozialversicherungsbeiträge und Steuerbeträge, die der Arbeitgeber auf Rechnung des Arbeitnehmers abführt. Die Lohnsummenregelung gilt nicht für diejenigen Fälle, in denen die Ausgangslohnsumme 0 Euro beträgt oder bei denen der Betrieb weniger als 20 Beschäftigte hat.

Die Nichtanwendung der Lohnsummenregelung für Unternehmen mit weniger als 20 Arbeitnehmern galt nach ihrem Wortlaut auch für **Holding-Gesellschaften mit weniger als 20 Arbeitnehmern**. Die Finanzverwaltung vertrat dabei die Auffassung, dass auch die Arbeitnehmer nachgelagerter Gesellschaften in die Ermittlung der Ausgangslohnsumme einzubeziehen seien.[122] Diese Rechtsauffassung war in der Literatur umstritten.[123] Ungeachtet dessen wurde durch das Amtshilferichtlinienumsetzungsgesetz die Auffassung der Finanzverwaltung in § 13a Abs. 1 Satz 4 ErbStG übernommen, so dass künftig eindeutig davon auszugehen ist, dass auch bei Holding-Gesellschaften sowohl die Ausgangslohnsumme als auch die Lohnsumme in der Überwachungsfrist auf Grundlage der relevanten Gesellschaften des Konzerns ermittelt wird. 104

Hält die Gesellschaft selbst wiederum **Beteiligungen an anderen Personen- oder Kapitalgesellschaften** mit Sitz in Deutschland, einem Mitgliedsstaat der Europäischen Union oder in einem Staat des europäischen Wirtschaftsraumes, sind die Lohnsummen dieser Gesellschaften in die Berechnung der Ausgangslohnsumme einzubeziehen. Bei Anteilen an Kapitalgesellschaften gilt dies allerdings nur dann, wenn die Beteiligung mehr als 25 % beträgt.[124] 105

Erfolgen innerhalb des Überwachungszeitraums auf Ebene der erworbenen Gesellschaft bzw. auf nachgelagerten Beteiligungsstufen Umwandlungsvorgänge oder Umstrukturierungen, müssen die Lohnsummen der nachgeordneten Beteiligungsstufen auch nach der Umstrukturierung ggfs. quotal weiter berücksichtigt werden.[125] 106

Voraussetzung für die Gewährung der **Regelverschonung** ist, dass innerhalb der Überwachungsfrist von 5 Jahren die **Mindestlohnsumme 400 %** der Ausgangslohnsumme beträgt. Innerhalb des Überwachungszeitraums von 107

---

[121] *Meincke* § 13a ErbStG Rn. 20.
[122] vgl. gleichlautende Ländererlasse v. 25.6.2009, BStBl. I 2009, 713.
[123] vgl. *Richter/Viskorf/Phillip* DB Beilage 2/2009, 6.
[124] *Viskorf/Knobel/Schuck/Wälzholz* § 13a ErbStG Rn. 52–53.
[125] koordinierter Ländererlass v. 20.11.2013, DStR 2014, 38; *Viskorf/Haag* DStR 2014, 360.

9. Kapitel. Tod des Gesellschafters

5 Jahren müssen also im Schnitt 80% der Ausgangslohnsumme gezahlt werden. Wird im Zusammenhang mit der unentgeltlichen Übertragung die **Optionsverschonung** gewählt, verlängert sich der Überwachungszeitraum auf 7 Jahre und die Mindestlohnsumme innerhalb dieses 7-Jahreszeitraumes beträgt 700% der Ausgangslohnsumme.[126] Im Schnitt muss also jährlich eine Lohnsumme entrichtet werden, die der Ausgangslohnsumme entspricht. Im Vergleich zur Regelverschonung bedeutet dies damit eine deutliche Verschärfung.

108 Wird sowohl bei der Regelverschonung als auch bei der Optionsverschonung die Mindestlohnsumme nicht erreicht, so **reduziert sich der Verschonungsabschlag** in demselben prozentualen Umfang wie auch die Mindestlohnsumme unterschritten wird.[127] Wird bei der Regelverschonung nach 5 Jahren beispielsweise nur eine Lohnsumme von 320% der Ausgangslohnsumme erreicht, so verringert sich der Verschonungsabschlag von 85% auf 320/400 × 85% = 68%.

Beispiel: C ist Alleingesellschafter der C GmbH & Co. KG. C überträgt die Anteile schenkweise auf die Tochter T. Die Beteiligung hat einen Verkehrswert von 6.000 T-EUR. Während der 5 Wirtschaftsjahre vor der unentgeltlichen Anteilsübertragung wurde eine durchschnittliche Lohnsumme von 1.000 T-EUR gezahlt.

Tochter T nimmt lediglich die Regelverschonung in Anspruch. Nach Ablauf von 5 Jahren wird lediglich eine Gesamtlohnsumme von 3.500 T-EUR erreicht.

Lösungshinweise Die Schenkungsteuer errechnet sich wie folgt:

	T-EUR
Steuerwert der Zuwendung	6.000
Verschonungsabschlag 85%	−5.100
Steuerpflichtiger Erwerb	900
Persönlicher Freibetrag	400
Zu versteuern	500
Schenkungsteuer 15%	75

Nach 5 Jahren wird die Mindestlohnsumme von 400% der Ausgangslohnsumme nicht erreicht. Der Verschonungsabschlag reduziert sich auf 3.500/4.000 × 85% = 74,38%

Danach errechnet sich die Schenkungsteuer wie folgt:

	T-EUR
Steuerwert der Zuwendung	6.000
Verschonungsabschlag 74,38%	4.462
Steuerpflichtiger Erwerb	1.538
Persönlicher Freibetrag	400
Zu versteuern	1.138
Schenkungsteuer 15%	230

---

[126] Moench/*Weinmann* § 13a ErbStG Rn. 73.
[127] *Meincke* § 13a ErbStG Rn. 21b.

Wird innerhalb der Überwachungsfrist der **Mitunternehmeranteil veräußert**, wird im Regelfall die erforderliche Lohnsummenquote nicht erreicht. Damit liegt gleichzeitig ein Verstoß gegen die Behaltefrist und ein Verstoß gegen die Lohnsummenregelung vor. Es handelt sich damit um einen **Doppelverstoß**.[128] Die Finanzverwaltung geht davon aus, dass bei deinem Doppelverstoß die Minderung der Verschonungsabschläge getrennt zu ermitteln ist.[129] Dabei soll der geringere Verschonungsabschlag von beiden Rechnungen angesetzt werden. 109

4. Stundung der Erbschaftsteuer auf Betriebsvermögen

Die §§ 13a, 19a ErbStG enthalten besondere Begünstigungen bei der Ermittlung der Steuerschuld im Falle des unentgeltlichen Übergangs von sog. Produktivvermögen. Daneben ist in § 28 ErbStG eine weitere Begünstigung für die Zahlung der ErbSt enthalten. Wird Betriebsvermögen unentgeltlich übertragen, kann die hierauf entfallende Erbschaftsteuer auf Antrag **10 Jahre lang gestundet** werden. Die Stundung der Erbschaftsteuer kommt auch bei dem unentgeltlichen Übergang eines Mitunternehmeranteils in Betracht.[130] 110

Voraussetzung für die Stundung der Erbschaftsteuer ist ein entsprechender **Antrag** des oder der Erben. Weitere Voraussetzung für die Stundung ist, dass die Gewährung der Stundung für die **Erhaltung des Unternehmens** notwendig ist.[131] Es ist hier also ein entsprechender Nachweis zu führen, dass die Erbschaftsteuer im 10-Jahres-Zeitraum nicht aus dem Betriebsvermögen der GmbH & Co. KG entnommen werden kann, ohne die Existenz des Unternehmens zu gefährden bzw. ohne die Möglichkeit der Vornahme dringender Investitionen einzuschränken. Dieser Nachweis dürfte im Regelfall gelingen. 111

Erfolgt der unentgeltliche Übergang des Mitunternehmeranteils unter Lebenden, wird die gestundete Steuer gemäß §§ 234, 238 AO verzinst. Erfolgt dagegen der Übergang des Mitunternehmeranteils von Todes wegen, sieht § 28 ErbStG vor, das die gestundete Erbschaftsteuer **nicht verzinst** wird.[132] Diese Regelung bildet eine erhebliche Erleichterung für den oder die Erben und sollte deshalb in jedem Fall in Anspruch genommen werden. 112

---

[128] Langenfeld/Gail/*Schubert* Familienunternehmen VII Rn. 96.11.
[129] RE 13a. 12 Abs. 3 Satz 2 ErbStRE.
[130] Langenfeld/Gail/*Schubert* Familienunternehmen VII Rn. 122–124.
[131] *Meincke* § 28 ErbStG Rn. 5–6, 8.
[132] Viskorf/Knobel/Schuck/*Wälzholz* § 28 ErbStG Rn. 19.

10. Kapitel. Belastung von Gesellschaftsanteilen

§ 38 Verpfändung

Übersicht

	Rn.
I. Verpfändung von Anteilen	1
1. Vorbemerkung	1
2. Verpfändung von Kommanditanteilen	3
a) Zulässigkeit und Bestellung	3
b) Rechtsstellung der Beteiligten	7
c) Umfang des Pfandrechts	15
d) Verwertung	16
3. Verpfändung von Geschäftsanteilen an der Komplementär-GmbH	20

	Rn.
a) Zulässigkeit und Bestellung	20
b) Rechtsstellung der Beteiligten	27
c) Umfang des Pfandrechts	31
d) Verwertung	34
II. Pfandrecht an Einzelansprüchen	37
1. GmbH & Co. KG	37
2. Komplementär-GmbH	42

Schrifttum: *Lux*, Eigenes Ablösungsrecht der Mitgesellschafter bei der Verpfändung von GmbH-Anteilen?, GmbHR 2003, 938; *Hackenbroch*, Die Verpfändung von Mitgliedschaftsrechten in OHG und KG an Privatgläubiger des Gesellschafters, 1970; *Hadding/Schneider* (Hrsg.), Gesellschaftsanteile als Kreditsicherheit, 1979; *Müller*, Die Verpfändung von GmbH-Anteilen Teil I, GmbHR 1969, 4; Teil II GmbHR 1969, 34; Teil III GmbHR 1969, 57; *Riegger*, Das Auseinandersetzungsguthaben in einer Personalgesellschaft als Kreditsicherung, BB 1972, 115; *Rodewald*, Überlegungen im Zusammenhang mit der Verpfändung von GmbH-Anteilen, GmbHR 1995, 418; *H. Roth*, Pfändung und Verpfändung von Gesellschaftsanteilen, ZGR 2000, 187; *Rümker*, Kreditsicherung durch Sicherungsabtretung oder Verpfändung von Kommanditanteilen, WM 1973, 626; *Sieger/Hasselbach*, Praktische Probleme bei der Verpfändung von GmbH-Geschäftsanteilen, GmbHR 1999, 633; *Vossius*, Sicherungsgeschäfte bei der Übertragung von Gesellschaftsanteilen, BB 1988, Sonderbeilage 5; *Werner*, Zur Formbedürftigkeit der Verpfändung von Kommanditanteilen an einer GmbH & Co. KG, GmbHR 2008, 755 *Widder*, Die Aufhebung der Verpfändung von GmbH-Anteilen, GmbHR 2002, 898; *Wiedemann*, Übertragung und Vererbung von Gesellschaftsanteilen, 1965.

10. Kapitel. Belastung von Gesellschaftsanteilen

I. Verpfändung von Anteilen

1. Vorbemerkung

1 Gegenstand eines Pfandrechts können nicht nur bewegliche Sachen, sondern als besondere Form des **Rechtspfandes** auch Anteile an Personengesellschaften oder Geschäftsanteile an einer GmbH sein (§§ 1273 ff. BGB).[1]

2 Anders als bei beweglichen Sachen, bei denen die Sicherungsübertragung die Verpfändung als **Kreditsicherungsinstrument** weitgehend verdrängt hat, hat die Verpfändung von Gesellschaftsanteilen nach wie vor eine große wirtschaftliche Bedeutung.[2] Grund hierfür ist, dass der Sicherungsnehmer bei der Verpfändung im Gegensatz zur Sicherungsübertragung nicht Gesellschafter wird und damit nicht in die Pflichtenstellung des Sicherungsgebers einrückt. Die Verpfändung von Gesellschaftsanteilen spielt namentlich bei **Anteilsveräußerungen** eine Rolle, wenn die gekauften Gesellschaftsanteile der finanzierenden Bank zur Sicherheit verpfändet werden. Wird die Kaufpreisforderung gestundet, nimmt der Verkäufer die verkauften Anteile häufig als Sicherheit in Pfand. Zuweilen dient die Verpfändung von Anteilen auch als Sicherheit der Gesellschafter für von der Gesellschaft in Anspruch genommene **Kredite**.

2. Verpfändung von Kommanditanteilen

3 **a) Zulässigkeit und Bestellung.** Bei der Mitgliedschaft an einer Personengesellschaft handelt es sich um ein an sich unübertragbares Recht (vgl. §§ 717, 719 BGB).[3] Wie die Anteilsübertragung ist damit auch die Pfandrechtsbestellung an einem Kommanditanteil nur dann möglich, wenn sie von der Zustimmung der anderen Gesellschafter getragen wird. Die Möglichkeit einer Pfandrechtsbestellung an einem Kommanditanteil hängt damit davon ab, dass sie im **Gesellschaftsvertrag** zugelassen ist oder – bei Fehlen einer entsprechenden Regelung – die übrigen Gesellschafter der

---

[1] GK/*Ulmer* § 105 HGB Rn. 291; Schlegelberger/*K. Schmidt* § 135 HGB Rn. 34; *Huber*, Vermögensanteil, 417; *Wiedemann*, Übertragung, 423; E/B/J/S/*Wertenbruch* § 105 HGB Rn. 168; Palandt/*Bassenge* § 1274 BGB Rn. 6; Soergel/*Habersack* § 1274 BGB Rn. 40. Nach Heymann/*Horn* § 161 HGB Rn. 72 ist eine Verpfändung des Anteils wegen des darin liegenden Verstoßes gegen den sachenrechtlichen Spezialitätsgrundsatz und des Abspaltungsverbotes unzulässig und in eine Verpfändung der vermögensrechtlichen Einzelansprüche umzudeuten. Eine Verpfändung des Anteils der persönlich haftenden Gesellschafterin ist zwar ebenfalls denkbar, hat aber bislang kaum praktische Relevanz erlangt. Ein Vertragsmuster einer Verpfändung findet sich bei Hopt/*Lang*, Vertrags- und Formularbuch II C. 7.

[2] Zur praktischen Bedeutung der Verpfändung von Gesellschaftsanteilen vgl. auch *Vossius* BB 1988, Sonderbeilage 5, 2 (11); *Sieger*/*Hasselbach* GmbHR 1999, 633; *Reymann* DNotZ 2005, 425; *Werner* GmbHR 2008, 755.

[3] Vgl. Heymann/*Emmerich* § 109 HGB Rn. 33; MüKoHGB/*K. Schmidt* § 105 HGB Rn. 213.

§ 38 Verpfändung

Belastung mit vertragsändernder Mehrheit ad hoc **zustimmen**.[4] Der Gesellschaftsvertrag kann die Verpfändung eines Anteils auch an die Zustimmung eines bestimmten Quorums oder einzelner Gesellschafter knüpfen. Der Gesellschaftsvertrag kann für die verschiedenen Sicherungsinstrumente (Verpfändung, Sicherungstreuhand, Nießbrauch etc.) auch differenzierte Regelungen vorsehen.

Fraglich ist, ob eine gesellschaftsvertragliche Bestimmung, die den Gesellschaftsanteil abweichend der gesetzlichen Regel **veräußerlich** stellt, als (implizite) Zulassung der Verpfändung anzusehen ist. Eine verbreitete Auffassung bejaht dies.[5] Die hM lehnt eine generalisierende Betrachtung ab. Im Hinblick auf die für die übrigen Gesellschafter bestehenden Risiken müsse jeweils im Einzelfall eine **Auslegung** des Gesellschaftsvertrages vorgenommen werden.[6]

Die Verpfändung wird durch **Einigung** zwischen Gesellschafter und Pfandrechtsgläubiger begründet. Dabei ist der zu verpfändende Kommanditanteil von den Vertragsparteien eindeutig zu bezeichnen. Einer nur **teilweisen Verpfändung** des Kommanditanteils steht allerdings der Grundsatz der Einheitlichkeit entgegen.[7] Die durch das Pfandrecht gesicherte Forderung des Gläubigers muss ebenfalls bestimmt oder wenigstens bestimmbar sein. Die Verpfändung kann auch unter eine aufschiebende oder auflösende **Bedingung** gestellt werden[8] oder, was in der Praxis allerdings nur selten relevant werden dürfte, bereits im Gesellschaftsvertrag vorgesehen werden. Ob die Belastung eines Gesellschaftsanteils als Verpfändung anzusehen ist, hängt in erster Linie vom Willen der Vertragsparteien ab. Unter Umständen kann eine als Verpfändungsvertrag bezeichnete Vereinbarung als Treuhandvertrag auszulegen sein, wenn dies dem tatsächlichen Willen und dem Interesse der Parteien näher kommt.[9] Die Verpfändung von Kommanditanteilen kann **formlos** erfolgen. Die Verpfändungsvereinbarung bedarf jedoch dann der notariellen Beurkundung, wenn gleichzeitig die Geschäftsanteile der Komplementär-GmbH verpfändet werden (→ Rn. 20 ff.) und sich die Verpfändung als einheitliches Geschäft darstellt.[10]

---

[4] BGH WM 2010, 368; MüKoHGB/*K. Schmidt* § 105 HGB Rn. 213, § 135 HGB Rn. 34; E/B/J/S/*Wertenbruch* § 105 HGB Rn. 168; *Roth* ZGR 2000, 187 (209) mwN.

[5] Beck Hdb. Personengesellschaften/*Müller* § 4 Rn. 42; *Hadding/Schneider*, Gesellschaftsanteile, 45; MHdB GesR II/*Weipert* KG § 12 Rn. 60.

[6] *Hackenbroch*, Verpfändung, 58; *Wiedemann*, Übertragung, 432; MüKoHGB/*K. Schmidt* § 135 HGB Rn. 34; E/B/J/S/*Wertenbruch* § 105 HGB Rn. 168; Baumbach/Hopt/*Roth* § 135 HGB Rn. 15; Heymann/*Emmerich* § 135 HGB Rn. 22; Soergel/*Habersack* § 1274 BGB Rn. 40; offengelassen in BGH WM 2010, 368.

[7] Vgl. statt vieler Schlegelberger/*K. Schmidt* § 105 HGB Rn. 25.

[8] Vgl. Rowedder/Schmidt-Leithoff/*Görner* § 15 GmbHG Rn. 102.

[9] Vgl. etwa BGH BB 1970, 10 ff.

[10] So auch BankR-Hdb Bd. II Schimansky/Bunte/Lwowoski/*Merkel* § 93 Rn. 156; *Kupjetz* GmbHR 2004, 1006; aA Heckschen/Heidinger/*Heidinger*, GmbH Gestaltungspraxis, § 13 Rn. 40; *Werner* GmbHR 2008, 755 (757); *v. Rom* WM 2007, 2223 (2227); Scholz/*Seibt* § 15 GmbHG Rn. 174.

10. Kapitel. Belastung von Gesellschaftsanteilen

6 Eine **Anzeige** an die Gesellschaft nach § 1280 BGB ist nicht erforderlich, da es sich bei einem Gesellschaftsanteil um ein Recht und keine Forderung handelt.[11] Eine Eintragung der Verpfändung in das **Handelsregister** ist weder notwendig noch möglich.[12]

7 **b) Rechtsstellung der Beteiligten.** Die Gesellschafterstellung des Bestellers wird durch die Verpfändung nicht berührt. Der Pfandrechtsnehmer partizipiert lediglich an der vermögensmäßigen Seite der Mitgliedschaft, tritt also nicht in die mit ihr zusammenhängende Pflichtenbindung ein. Die mitgliedschaftlichen **Verwaltungs-, Kontroll- und Informationsrechte** verbleiben weiterhin beim Pfandrechtsbesteller. Der Pfandgläubiger besitzt ein Kontrollrecht gegenüber der Gesellschaft nur insoweit, als er auf Informationen angewiesen ist, um seine Rechte aus dem Pfandrecht wahren zu können.[13] Ein allgemeines Informationsrecht analog §§ 1273 Abs. 2, 1258 BGB steht dem Pfandgläubiger nicht zu.

8 Häufig ist der Pfandgläubiger daran interessiert, auf die Ausübung des Stimmrechts durch den Pfandrechtsbesteller Einfluss zu nehmen. Schuldrechtliche **Stimmbindungsvereinbarungen** zwischen dem Gesellschafter und dem Pfandgläubiger, in denen sich der Gesellschafter verpflichtet, vom Stimmrecht in einer gewissen Weise Gebrauch zu machen, sind zulässig. Auch kann der Gesellschafter den Pfandgläubiger zur Ausübung des Stimmrechts **bevollmächtigen**. Die Einräumung einer Vollmacht hat allerdings keine verdrängende Wirkung, so dass der Gesellschafter nicht daran gehindert ist, das Stimmrecht weiterhin selbst auszuüben.[14] Die Vollmacht kann auch unwiderruflich erteilt werden, da dem Gesellschafter das Recht zum Widerruf der Vollmacht aus wichtigem Grund verbleibt. Fraglich ist, ob sich der Pfandrechtsinhaber nach aktienrechtlichem Vorbild auch vertraglich ermächtigen lassen kann, das Stimmrecht des Gesellschafters im eigenen Namen auszuüben. Die hM lehnt die Zulässigkeit einer **Legitimationszession** unter Hinweis auf das Abspaltungsverbot ab.[15] Dem ist im Ergebnis zu folgen, da die dingliche Berechtigung des Pfandrechtsinhabers am Gesellschaftsanteil nicht so stark wie die eines Nießbrauchers ist, bei dem eine Legitimationszession ausnahmsweise anzuerkennen ist (vgl. im Einzelnen → § 39 Rn. 23).

9 In der **Ausübung** seiner **Mitgliedschaftsrechte** ist der Gesellschafter, auch wenn es um Grundlagengeschäfte geht, grundsätzlich nicht beschränkt. Der Gesellschafter ist insbesondere nicht daran gehindert, das Gesellschafts-

---

[11] RGZ 57, 414 (415); Baumbach/Hopt/*Roth* § 135 HGB Rn. 15; MüKoBGB/ *Carsten/Schäfer* § 719 BGB Rn. 52; GK/*Ulmer* § 105 HGB Rn. 291; Soergel/*Habersack* § 1274 BGB Rn. 40.
[12] MüKoHGB/*K. Schmidt* § 135 HGB Rn. 34 mwN.
[13] IE auch MüKoHGB/*K. Schmidt* § 135 HGB Rn. 35; Baumbach/Hopt/*Roth* § 135 HGB Rn. 16; MüKoBGB/*Carsten/Schäfer* § 719 BGB Rn. 55; GK/*Ulmer* § 105 HGB Rn. 291; Soergel/*Habersack* § 1274 BGB Rn. 40; E/B/J/S/*Wertenbruch* § 105 HGB Rn. 170; *H. Roth* ZGR 2000, 187 (210); Beck Hdb. Personengesellschaften/ *Müller* § 4 Rn. 58.
[14] Vgl. Soergel/*Habersack* § 1274 BGB Rn. 38.
[15] Vgl. BGH BB 1977, 10 (11); *Vogel* DB 1954, 208 (209); *Rümker* WM 1973, 626 (631); Baumbach/Hopt/*Roth* § 119 HGB Rn. 19; MüKoHGB/*Enzinger* § 119 HGB Rn. 18; E/B/J/S/*Goette* § 119 HGB Rn. 15.

verhältnis zu kündigen oder Vereinbarungen über sein Ausscheiden einzugehen; § 1276 BGB findet keine analoge Anwendung.[16] Dem Schutzbedürfnis des Pfandgläubigers ist dadurch hinreichend Rechnung getragen, dass sich das Pfandrecht bei Untergang der Beteiligung auf die **Surrogate** des Anteils, insbesondere auf den Abfindungsanspruch oder das Auseinandersetzungsguthaben, erstreckt.

Fraglich ist indessen, ob der Pfandschuldner auch an Beschlussfassungen 10 mitwirken darf, durch die der **Verteilungsmaßstab** für den Gewinnanspruch oder den Auseinandersetzungsanspruch zu Lasten des Pfandgläubigers verändert wird. Zum Teil wird dem Gesellschafter diese Befugnis zugebilligt.[17] Die Gegenansicht nimmt demgegenüber ein generelles Zustimmungserfordernis des Pfandgläubigers an.[18] Nach einer vermittelnden Auffassung bedarf der Gesellschafter nur dann keiner Zustimmung des Pfandgläubigers, wenn die Änderung des Gewinnverteilungsmaßstabes nach dem Gesellschaftsvertrag auch gegen die Stimme des Pfandrechtsbestellers beschlossen werden könnte.[19] Dieser Auffassung ist letztlich zuzustimmen. Wollen die Gesellschafter die Rechte des Pfandrechtsinhabers durch die Beschlussfassung in sittenwidriger Weise beeinträchtigen, machen sie sich diesem gegenüber schadensersatzpflichtig (§ 826 BGB).[20]

Die Vertragsparteien können weitergehende, freilich nur intern wirkende 11 **Zustimmungs- bzw. Mitwirkungserfordernisse** in den Verpfändungsvertrag aufnehmen.[21] Verstößt der Gesellschafter gegen eine Bestimmung im Pfandrechtsvertrag, macht er sich gegenüber dem Pfandgläubiger schadensersatzpflichtig.[22] Ein abredewidriges Verhalten des Gesellschafters führt jedoch in aller Regel nicht zur Nichtigkeit der Stimmabgabe.[23]

Zu einer **Übertragung seines Gesellschaftsanteils** bleibt der Gesell- 12 schafter trotz der Pfandrechtsbestellung weiterhin berechtigt, vorausgesetzt eine Anteilsübertragung ist nach dem Gesellschaftsvertrag oder mit Zustimmung der übrigen Gesellschafter überhaupt zulässig. Ein gesetzliches Zustimmungserfordernis des Pfandgläubigers analog § 1276 BGB besteht nicht.[24] Jedoch erwirbt der Dritte den Anteil mit dem Pfandrecht **belastet**,

---

[16] RGZ 139, 224 (229); BGH GmbHR 1992, 656 (657) (zur GmbH); Heymann/*Emmerich* § 135 HGB Rn. 24; MüKoHGB/*K. Schmidt* § 135 HGB Rn. 36; MüKoBGB/*Damrau* § 1274 BGB Rn. 71; E/B/J/S/*Wertenbruch* § 105 HGB Rn. 170; aA *Roth* ZGR 2000, 187 (191); MüKoBGB/*Carsten/Schäfer* § 719 BGB Rn. 53.
[17] MHdB GesR II 1. Aufl./*Rodin* KG § 31 Rn. 21.
[18] In diesem Sinne *Hadding/Schneider*, Gesellschaftsanteile, 53.
[19] *Rümker* WM 1973, 631; *Wiedemann*, Übertragung, 429.
[20] *Riegger* BB 1972, 115.
[21] Hierzu im einzelnen *Rodewald* GmbHR 1995, 418 (419 f.); so auch Soergel/*Habersack* § 1274 BGB Rn. 38.
[22] Zur GmbH vgl. MüKoGmbHG/*Reichert/Weller* § 15 GmbHG Rn. 298; Michalski/*Ebbing* § 15 GmbHG Rn. 746.
[23] Zur GmbH vgl. Hachenburg/*Zutt* Anh. § 15 GmbHG Rn. 44.
[24] Baumbach/Hopt/*Roth* § 135 HGB Rn. 16; MüKoHGB/*K. Schmidt* § 135 HGB Rn. 36; Heymann/*Emmerich* § 135 HGB Rn. 24; abw. offenbar MüKoBGB/*Carsten/Schäfer* § 719 BGB Rn. 53; GK/*Ulmer* § 105 HGB Rn. 291; Heymann/*Horn* § 161 HGB Rn. 73.

10. Kapitel. Belastung von Gesellschaftsanteilen

selbst wenn er im Hinblick auf die Pfandrechtsbestellung gutgläubig sein sollte. Scheidet ein Gesellschafter aus der Gesellschaft aus, besteht das Pfandrecht nicht etwa an den anwachsenden Anteilen der verbleibenden Gesellschafter fort, sondern am Abfindungsanspruch des Ausscheidenden.[25]

13 Da sich das Pfandrecht nur auf den Anteil als solchen, nicht aber auch auf die einzelnen Gegenstände des Gesellschaftsvermögens erstreckt, hat die Bestellung eines Pfandrechts keine Auswirkungen auf die Befugnis der Gesellschafter, über Teile des **Gesellschaftsvermögens** zu **verfügen**. Für eine analoge Anwendung von § 1258 BGB besteht nach zutreffender Auffassung kein Raum, so dass auch die Eintragung eines Sperrvermerks in das Grundbuch ausscheidet.[26]

14 Eine **Übertragung des Pfandrechts** am Gesellschaftsanteil erfolgt durch formlos mögliche Abtretung der gesicherten Forderung. Wird die Forderung abgetreten, geht das Pfandrecht am Gesellschaftsanteil als **akzessorisches** Recht automatisch mit über.[27] Gleiches gilt im Fall eines gesetzlichen Forderungsüberganges. Wird im Abtretungsvertrag der Übergang des Pfandrechts ausgeschlossen, erlischt das Pfandrecht.

15 **c) Umfang des Pfandrechts.** Das Pfandrecht räumt seinem Inhaber das Recht ein, sich nach Eintritt der Pfandreife aus dem Gesellschaftsanteil zu **befriedigen** und diesen im Wege der Zwangsvollstreckung zu verwerten. Darüber hinausgehende Rechte werden mit der Verpfändung regelmäßig nicht begründet, insbesondere erstreckt sich das Pfandrecht bis zur Vollstreckung nicht auf das Gewinnbezugsrecht und findet § 1289 BGB keine analoge Anwendbarkeit.[28] Ein Anspruch auf den **Gewinnanteil** steht dem Pfandrechtsinhaber nur dann zu, wenn die Parteien ausnahmsweise ein Nutzungspfandrecht vereinbart haben (§§ 1273 Abs. 2 S. 2, 1213 Abs. 2 BGB). In diesem Fall ist der Pfandrechtsgläubiger unabhängig vom Eintritt der Pfandreife zum Gewinnbezug berechtigt. Daneben können neben der Verpfändung des Gesellschaftsanteils zusätzlich auch die einzelnen Gewinnansprüche verpfändet werden.

16 **d) Verwertung.** Die Verwertung des Pfandrechts nach Eintritt der Pfandreife erfolgt im Wege der **Zwangsvollstreckung** (§ 1277 S. 1 BGB). Der Pfandrechtsinhaber muss sich daher zunächst einen Duldungstitel gegen den Pfandschuldner verschaffen, wobei sich der Rang seiner Sicherheit nach dem Zeitpunkt der Verpfändung richtet. Die Pfändung erfolgt dann durch einen Beschluss des Vollstreckungsgerichts (§§ 829 Abs. 1, 857 Abs. 1 ZPO),

---

[25] OLG Stuttgart NZG 2004, 766 (769); MüKoHGB/*K. Schmidt* § 135 HGB Rn. 36; E/B/J/S/*Wertenbruch* § 105 HGB Rn. 170.

[26] Vgl. nur Heymann/*Emmerich* § 135 HGB Rn. 24; MüKoHGB/*K. Schmidt* § 135 HGB Rn. 37; MüKoBGB/*Carsten/Schäfer* § 719 BGB Rn. 56; E/B/J/S/*Wertenbruch* § 105 HGB Rn. 170; Staudinger/*Habermeier* § 719 BGB Rn. 18; OLG Hamm BB 1987, 569; anders LG Hamburg Rpfleger 1982, 142.

[27] Vgl. MHdB GesR III/*Kraus* § 26 Rn. 174.

[28] BGH WM 2010, 368; Baumbach/Hopt/*Roth* § 135 HGB Rn. 16; MüKoBGB/ *Damrau* § 1274 BGB Rn. 70; BankR-Hdb Bd. II Schimansky/Bunte/Lwowoski/*Merkel* § 93 Rn. 158; aA *Hadding/Schneider*, Gesellschaftsanteile, 37 41; *Roth* ZGR 2000, 187 (210).

der der Gesellschaft als Drittschuldnerin zuzustellen ist.[29] Ist der Gesellschaftsanteil nach dem Gesellschaftsvertrag veräußerlich gestellt oder sind die übrigen Gesellschafter hiermit einverstanden, kann der Pfandrechtsgläubiger beim Vollstreckungsgericht eine **öffentliche Versteigerung** oder einen **freihändigen Verkauf** nach §§ 857 Abs. 5, 844 ZPO beantragen.[30]

Will der Gläubiger das Gesellschaftsverhältnis **kündigen**, muss er, auch 17 wenn der Gesellschaftsanteil aufgrund der Verpfändung bereits mit einem Pfandrecht belastet ist, den Anspruch des Gesellschafters auf das Auseinandersetzungsguthaben oder den Anteil selbst pfänden lassen (§ 135 HGB).[31] Die **Rechtsstellung** des Pfandgläubigers nach Ausspruch der Kündigung entspricht im Wesentlichen der eines Pfändungspfandrechtsinhabers (vgl. dazu → § 45 Rn. 18 ff.). Die Auszahlung des Auseinandersetzungsguthabens kann der Pfandgläubiger erst nach Feststellung der Abschichtungsbilanz geltend machen, auf deren Auf- und Feststellung er keinen unmittelbaren Einfluss hat.[32] Bestimmt der Gesellschaftsvertrag, dass die Auszahlung des Auseinandersetzungsguthabens in mehreren Raten erfolgt, ist der Pfandrechtsinhaber hieran gebunden.

Zum Schutz der Mitgesellschafter wendet die herrschende Meinung § 268 18 BGB analog an. Betreibt der Pfandrechtsgläubiger die Zwangsvollstreckung in das Auseinandersetzungsguthaben und kündigt er das Gesellschaftsverhältnis gem. § 135 HGB, so können die Mitgesellschafter die **Auflösung** der Gesellschaft durch die Ablösung der Forderung des Gläubigers abwenden.[33] Dadurch kann das Eindringen Fremder in die Gesellschaft abgewehrt werden.

Da die gesetzliche Verwertung umständlich und zeitintensiv ist, stellt sich 19 die Frage nach der Zulässigkeit einer **abweichenden Vereinbarung**. Vor Eintritt der Pfandreife ist eine Vereinbarung über einen freihändigen Pfandverkauf und der Verzicht auf die öffentliche Bekanntmachung unwirksam (§§ 1277 S. 2, 1245 Abs. 2 BGB). Eine private Verwertung ist im Übrigen nur dann möglich, wenn der Pfandrechtsbesteller und die übrigen Gesellschafter zugestimmt haben.[34]

3. Verpfändung von Geschäftsanteilen an der Komplementär-GmbH

a) Zulässigkeit und Bestellung. Sind die Kommanditisten gleichzeitig 20 an der Komplementär-GmbH beteiligt, ist der Gläubiger häufig daran interessiert, sich auch die Geschäftsanteile an der Komplementär-GmbH ver-

---

[29] Vgl. MüKoBGB/*Carsten/Schäfer* § 719 BGB Rn. 57.
[30] GK/*Ulmer* § 105 HGB Rn. 292; Soergel/*Habersack* § 1274 BGB Rn. 41.
[31] *Hadding/Schneider*, Gesellschaftsanteile, 58 f.; *Rümker* WM 1973, 631; Baumbach/Hopt/*Roth* § 135 HGB Rn. 16; MüKoHGB/*K. Schmidt* § 135 HGB Rn. 38; *Roth* ZGR 2000, 187 (212); Röhricht/v. Westphalen/*Haas* § 135 HGB Rn. 6; E/B/J/S/*Wertenbruch* § 105 HGB Rn. 171.
[32] *Riegger* BB 1972, 117; *Rümker* WM 1973, 632 jew. mwN.
[33] *Lux* GmbHR 2003, 938 (940); Staudinger/*Bittner* § 268 BGB Rn. 28 mwN; Soergel/*Wolf* 12. Aufl. § 268 BGB Rn. 4; der BGH hat zu dieser Frage bislang nicht Stellung genommen.
[34] Vgl. MüKoHGB/*K. Schmidt* § 135 HGB Rn. 39; weitergehend *Hadding/Schneider*, Gesellschaftsanteile, 62.

pfänden zu lassen. Die Verpfändung der Geschäftsanteile an der Komplementär-Gesellschaft beurteilt sich im Grundsatz nach den gleichen Regeln wie die Verpfändung von Kommanditanteilen. An dieser Stelle ist daher nur auf die GmbH-spezifischen Besonderheiten einzugehen; im Übrigen kann auf die zur Verpfändung von KG-Anteilen gemachten Ausführungen verwiesen werden (→ Rn. 3 ff.).

21 Die Verpfändung von GmbH-Geschäftsanteilen bestimmt sich nach den gleichen Voraussetzungen wie deren Abtretung.[35] Sie ist daher – anders als die Verpfändung von Kommanditanteilen – auch ohne ausdrückliche Gestattung in der Satzung zulässig. Ist die Übertragung des Geschäftsanteils nach dem Inhalt der Satzung der Gesellschaft **ausgeschlossen** oder an die Zustimmung der Gesellschaft, aller oder einzelner Gesellschafter oder gar Dritter geknüpft, gelten diese statutarischen Beschränkungen für die Verpfändung des Geschäftsanteils entsprechend (§§ 1274 Abs. 2 BGB, 15 Abs. 5 GmbHG). Die **Satzung** kann die Zulässigkeit der Verpfändung indessen auch abweichend von der Abtretung regeln. So kann (nur) die Verpfändung von Geschäftsanteilen ausgeschlossen[36] oder von der Zustimmung eines Organs der Gesellschaft (Geschäftsführung, Aufsichtsrat) abhängig gemacht werden.[37] Die Voraussetzungen für die Verpfändung können auch erleichtert werden,[38] was in der Praxis allerdings nur selten anzutreffen ist. Ausgeschlossen ist, dass die Satzung besondere Formerfordernisse für die Verpfändung aufstellt.[39]

22 Hat die Gesellschaft **Anteilsscheine** ausgegeben, ist die Aushändigung dieser Urkunden für die Wirksamkeit der Verpfändung nicht notwendig, es sei denn, die Satzung macht die Wirksamkeit der Übertragung der Geschäftsanteile oder die Bestellung des Pfandrechts ausnahmsweise von der Übergabe der Anteilsscheine abhängig.

23 Die dinglich wirkende Verpfändungsvereinbarung bedarf bei GmbH-Anteilen der **notariellen Beurkundung** (§ 15 Abs. 3 GmbHG).[40] Demgegenüber kann die zugrunde liegende **schuldrechtliche Vereinbarung**, die zur Bestellung oder Aufhebung des Pfandrechts verpflichtet, nach zutreffender hM formlos begründet werden.[41] In aller Regel kann eine mangels Beurkundung formunwirksame Verpfändung in ein wirksames schuldrechtliches Verpflichtungsgeschäft umgedeutet werden, aus dem dann auf Bestellung des

---

[35] Statt aller Baumbach/Hueck/*Fastrich* § 15 GmbHG Rn. 48.
[36] *Schuler* NJW 1956, 689 (690); Scholz/*Seibt* § 15 GmbHG Rn. 172; Baumbach/Hueck/*Fastrich* § 15 GmbHG Rn. 49; Michalski/*Ebbing* § 15 GmbHG Rn. 220; Sieger/*Hasselbach* GmbHR 1999, 633 f.
[37] MüKoGmbHG/*Reichert/Weller* § 15 GmbHG Rn. 289; Rowedder/Schmidt-Leithoff/*Görner* § 15 GmbHG Rn. 105.
[38] Scholz/*Seibt* § 15 GmbHG Rn. 172; MüKoGmbHG/*Reichert/Weller* § 15 GmbHG Rn. 289.
[39] Hachenburg/*Zutt* Anh. § 15 GmbHG Rn. 41.
[40] Vgl. statt aller Scholz/*Seibt* § 15 GmbHG Rn. 173 f.
[41] Baumbach/Hueck/*Fastrich* § 15 GmbHG Rn. 49; Michalski/*Ebbing* § 15 GmbHG Rn. 222; MHdB GesR III/*Kraus* § 26 Rn. 167; *Hermanns* RNotZ 2012, 490 (491).

Pfandrechts geklagt werden kann.[42] Im Falle einer Verurteilung wird die notarielle Form dann durch das Urteil ersetzt.

Die Verpfändung kann sich auch auf künftig erst entstehende Geschäftsanteile beziehen, unabhängig davon, ob diese durch eine Neugründung oder anlässlich einer Kapitalerhöhung entstehen.[43] Die Verpfändung von **Teilgeschäftsanteilen** ist trotz der Streichung von § 17 GmbHG grundsätzlich weiterhin zulässig. Angesichts der nun durch einfachen Gesellschafterbeschluss möglichen Teilung von Geschäftsanteilen ist das praktische Bedürfnis hierfür zurückgegangen.[44] 24

Die Wirksamkeit der Verpfändung ist nicht von einer **Anzeige** nach § 1280 BGB abhängig.[45] Nach hM hängt jedoch die Ausübung der Rechte durch den Pfandrechtsgläubiger gegenüber der Gesellschaft trotz der Ersetzung des Anzeigeerfordernisses durch die Maßgeblichkeit der Gesellschafterliste in § 16 GmbHG nach wie vor von einer Anzeige der Verpfändung gegenüber der Gesellschaft ab (Gedanke des § 407 BGB).[46] Eine Eintragung der Verpfändung in die Gesellschafterliste (§ 40 GmbHG) erfolgt nicht.[47] Im Übrigen kann die Anmeldung gegenüber der Gesellschaft in der Satzung als Wirksamkeitsvoraussetzung für die Verpfändung des Geschäftsanteils verankert werden. 25

Die Verpfändung kann nach der Grundregel des § 1255 Abs. 1 BGB formlos durch einseitige Erklärung des Pfandgläubigers **aufgehoben** werden.[48] Insbesondere ergibt sich auch aus § 1276 BGB kein Zustimmungserfordernis durch den Verpfänder, da diese Norm nur auf Rechtsänderungen zwischen Schuldner und Gläubiger anwendbar ist.[49] 26

b) Rechtsstellung der Beteiligten. Die Mitgliedschaftsrechte, namentlich das Stimmrecht, verbleiben grundsätzlich beim Gesellschafter.[50] Ein 27

---

[42] Scholz/Seibt § 15 GmbHG Rn. 176; MüKoGmbHG/Reichert/Weller § 15 GmbHG Rn. 284; Michalski/Ebbing § 15 GmbHG Rn. 222.

[43] Hachenburg/Zutt Anh. § 15 GmbHG Rn. 39; MüKoGmbHG/Reichert/Weller § 15 GmbHG Rn. 279; Michalski/Ebbing § 15 GmbHG Rn. 221; Sieger/Hasselbach GmbHR 1999, 635.

[44] Eingehend hierzu Scholz/Seibt § 15 GmbHG Rn. 177; Rowedder/Schmidt-Leithoff/Görner § 15 GmbHG Rn. 104.

[45] Ganz hM, vgl. etwa Soergel/Habersack § 1274 BGB Rn. 36; Baumbach/Hueck/Fastrich § 15 GmbHG Rn. 49; Müller GmbHR 1969, 6; Roth ZGR 2000, 187 (219).

[46] Vgl. Scholz/Seibt § 15 GmbHG Rn. 175; Michalski/Ebbing § 15 GmbHG Rn. 220; Baumbach/Hueck/Fastrich § 15 GmbHG Rn. 49; Lutter/Hommelhoff/Bayer § 15 GmbHG Rn. 97; Wicke § 15 GmbHG Rn. 28.

[47] Scholz/Seibt § 15 GmbHG Rn. 175; Michalski/Ebbing § 15 GmbHG Rn. 220; Baumbach/Hueck/Fastrich § 15 GmbHG Rn. 49; Lutter/Hommelhoff/Bayer § 15 GmbHG Rn. 97.

[48] Ganz hM, vgl. Scholz/Seibt § 15 GmbHG Rn. 190; MüKoGmbHG/Reichert/Weller § 15 GmbHG Rn. 318; Michalski/Ebbing § 15 GmbHG Rn. 222; Baumbach/Hueck/Fastrich § 15 GmbHG Rn. 49.

[49] Widder GmbHR 2002, 898; MüKoGmbHG/Reichert/Weller § 15 GmbHG Rn. 318; missverständlich Scholz/Seibt § 15 GmbHG Rn. 190.

[50] Ganz hM, vgl. nur RGZ 139, 224 (226 f.); 157, 52 (55); BGHZ 119, 191 (195 f.); LG Mannheim WM 1990, 762; Scholz/Seibt § 15 GmbHG Rn. 178; MüKoGmbHG/Reichert/Weller § 15 GmbHG Rn. 290; Vossius BB 1988 Sonderbeilage 5, 11 jew. mwN.

10. Kapitel. Belastung von Gesellschaftsanteilen

Übergang auf den Pfandrechtsgläubiger findet also nicht statt. Fraglich ist, ob der Verpfänder den Pfandrechtsgläubiger zur Ausübung des **Stimmrechts** in eigenem Namen ermächtigen kann. Das Reichsgericht hat in einer vereinzelt gebliebenen Entscheidung eine **Legitimationszession** zugunsten des Pfandrechtsgläubigers für zulässig gehalten.[51] Diese Ansicht hat in der Literatur zum Teil Zustimmung erfahren.[52] Die hM im Schrifttum lehnt eine Legitimationszession oder gar eine vollständige Übertragung des Stimmrechts zu Recht ab.[53] Der Gesellschafter kann den Pfandrechtsinhaber jedoch – auch unwiderruflich – zur Ausübung des Stimmrechts **bevollmächtigen**; ein Widerruf aus wichtigem Grund bleibt immer möglich.[54] Allerdings hat eine Vollmacht keinen verdrängenden Charakter, so dass der Pfandrechtsbesteller durch die Vollmachtserteilung nicht an der Ausübung des Stimmrechts gehindert wird.[55] Darüber hinaus können Pfandrechtsgläubiger und Gesellschafter im Rahmen eines **Stimmbindungsvertrages** Vereinbarungen über das Stimmverhalten des Gesellschafters treffen.

28 In der **Ausübung des Stimmrechts** ist der Gesellschafter – vorbehaltlich schuldrechtlicher Abreden mit dem Pfandgläubiger – nicht beschränkt. Dies gilt im Grundsatz selbst dann, wenn das Schicksal des Geschäftsanteils berührt wird, wie etwa bei Preisgabe des Anteils, bei Austritt aus der Gesellschaft aus wichtigem Grund oder bei Erhebung einer Auflösungsklage.[56] Die Zustimmung des Pfandrechtsgläubigers ist insoweit nicht erforderlich. Verstößt der Gesellschafter gegen den Inhalt des Verpfändungsvertrages, macht er sich gegenüber dem Pfandgläubiger zwar schadensersatzpflichtig; die Wirksamkeit seiner Stimmabgabe in der Gesellschafterversammlung wird hiervon allerdings nicht berührt.[57] Ein Zustimmungserfordernis analog

---

[51] RGZ 157, 52 ff.; außerdem vom OLG Celle NZG 2007, 391 im konkreten Einzelfall für zulässig erachtet und vom BGH NZG 2008, 468 in der Revisionsinstanz offengelassen.

[52] *Wiedemann*, Übertragung, 429; Michalski/*Ebbing* § 15 GmbHG Rn. 230; *Wicke* § 15 GmbHG Rn. 29; Rowedder/Schmidt-Leithoff/*Koppensteiner/Gruber* § 47 GmbHG Rn. 27; MüKoBGB/*Damrau* § 1274 BGB Rn. 60; Hachenburg/*Zutt* Anh. § 15 GmbHG Rn. 44a m. d. Einschränkung, dass eine Zulassung in der Satzung erfolgen oder die übrigen Mitgesellschafter einverstanden sein müssen.

[53] Scholz/*Seibt* § 15 GmbHG Rn. 179; *Müller* GmbHR 1969, 9; Baumbach/Hueck/*Fastrich* § 15 GmbHG Rn. 50; Ulmer/*Löbbe* § 15 GmbHG Rn. 171; Lutter/Hommelhoff/*Bayer* § 15 GmbHG Rn. 99; Rowedder/Schmidt-Leithoff/*Görner* § 15 GmbHG Rn. 108 (äußerst zweifelhaft); Roth/Altmeppen/*Altmeppen* § 15 GmbHG Rn. 57; MHdB GesR III/*Kraus* § 26 Rn. 172; Soergel/*Habersack* § 1274 BGB Rn. 38.

[54] *Müller* GmbHR 1969, 10; MüKoGmbHG/*Reichert/Weller* § 15 GmbHG Rn. 300; Michalski/*Ebbing* § 15 GmbHG Rn. 230; Baumbach/Hueck/*Zöllner* § 47 GmbHG Rn. 50.

[55] *Müller* GmbHR 1969, 10; Michalski/*Ebbing* § 15 GmbHG Rn. 230; MüKoGmbHG/*Reichert/Weller* § 15 GmbHG Rn. 300; Lutter/Hommelhoff/*Bayer* § 15 GmbHG Rn. 99; vgl. auch Scholz/*Seibt* § 15 GmbHG Rn. 179.

[56] Scholz/*Seibt* § 15 GmbHG Rn. 178, 192; MüKoGmbHG/*Reichert/Weller* § 15 GmbHG Rn. 292 ff.

[57] Scholz/*Seibt* § 15 GmbHG Rn. 191.

§ 38 Verpfändung

§ 1276 BGB besteht nach herrschender Auffassung nur bei der ordentlichen Kündigung und der Zustimmung zur freiwilligen Einziehung nach § 34 Abs. 2 GmbHG.[58] Daher kann es sich empfehlen, den Verpfänder bei der Abstimmung über Grundlagengeschäfte an die Zustimmung des Pfandgläubigers zu binden.[59]

Da der Pfandgläubiger nicht in die **Pflichtenstellung** des Gesellschafters einrückt, ist er zur Leistung rückständiger Einlagen und eingeforderter Nachschüsse nicht verpflichtet. Leistet der Gesellschafter trotz Aufforderung die **Einlage** oder eingeforderte **Nachschüsse** nicht, kann der Pfandgläubiger den Untergang des Pfandrechts durch Versteigerung des kaduzierten Anteils (vgl. § 23 GmbHG) nur dadurch verhindern, dass er für den Gesellschafter die Einlage leistet. In diesem Fall steht ihm jedoch ein Ersatzanspruch gegen den Verpfänder zu. Der Pfandrechtsinhaber kann allerdings nicht verlangen, dass ihm die Aufforderung und Androhungen zugehen.[60] 29

Den Pfandgläubiger trifft auch grundsätzlich keine Verpflichtung, für die Aufrechterhaltung des **Stammkapitals** zu sorgen.[61] Anderes gilt nur dann, wenn sich der Pfandgläubiger gesellschafterähnliche Befugnisse einräumen lässt, die ihm Einfluss auf die Geschäftsführung und das Schicksal der Gesellschaft gewähren.[62] Dann trägt auch er eine Finanzierungsverantwortung für die Gesellschaft und ist er Adressat der Vorschriften über die Kapitalerhaltung.[63] 30

c) **Umfang des Pfandrechts.** Das Pfandrecht gewährt seinem Inhaber das Recht, sich nach Eintritt der Pfandreife aus dem Geschäftsanteil zu befriedigen. Einen Anspruch auf Auskehrung des **Gewinnanteils** des Gesellschafters hat der Pfandgläubiger nach hM nur bei Vereinbarung eines Nutzungspfandrechts.[64] 31

---

[58] Baumbach/Hueck/*Fastrich* § 15 GmbHG Rn. 50; Hachenburg/*Zutt* Anh. § 15 GmbHG Rn. 44; Lutter/Hommelhoff/*Bayer* § 15 GmbHG Rn. 99; Michalski/*Ebbing* § 15 GmbHG Rn. 228; vgl. auch *Teichmann* ZGR 1972, 1 (16); diff. Scholz/*Seibt* § 15 GmbHG Rn. 192; weitergehend *Sieger/Hasselbach* GmbHR 1999, 637; *Roth* ZGR 2000, 187 (220); MüKoGmbHG/*Reichert/Weller* § 15 GmbHG Rn. 297.
[59] *Roth* ZGR 2000, 187 (220) (dort werden Liquidation, Auflösung und Anteilseinziehung als Beispiele für Grundlagenentscheidungen genannt).
[60] Hachenburg/*Zutt* Anh. § 15 GmbHG Rn. 45.
[61] BGHZ 119, 191.
[62] BGHZ 119, 191; siehe auch zuletzt OlG Hamm Urt. v. 16.1.2008 – 8 U 138/06 = BeckRS 2008, 12365; MHdB GesR III/*Kraus* § 26 Rn. 171; *Sieger/Hasselbach*, GmbHR 1999, 638.
[63] Baumbach/Hueck/*Fastrich* § 15 GmbHG Rn. 50; Scholz/*Seibt* § 15 GmbHG Rn. 179 aE; MüKoGmbHG/*Reichert/Weller* § 15 GmbHG Rn. 301; Michalski/*Ebbing* § 15 GmbHG Rn. 231.
[64] MHdB GesR III/*Kraus* § 26 Rn. 170; *Müller* GmbHR 1969, 6; *Rodewald* GmbHR 1995, 418 (420); Lutter/Hommelhoff/*Bayer* § 15 GmbHG Rn. 99; Michalski/*Ebbing* § 15 GmbHG Rn. 223; Scholz/*Seibt* § 15 GmbHG Rn. 181; Baumbach/Hueck/*Fastrich* § 15 GmbHG Rn. 51; MüKoGmbHG/*Reichert/Weller* § 15 GmbHG Rn. 291; aA *Wiedemann*, Übertragung, 426; *Roth* ZGR 2000, 187 (219); MHdB GesR IV/*Wiesner* § 14 Rn. 68 zur AG.

32 Bei Untergang des verpfändeten Geschäftsanteils setzt sich das Pfandrecht an dessen **Surrogat**, namentlich am Auseinandersetzungsguthaben und am Abfindungsanspruch, fort.[65]

33 Ein Bezugsrecht auf im Rahmen einer **Kapitalerhöhung** erhöhte oder neu geschaffene Geschäftsanteile steht dem Pfandgläubiger nicht zu. Die Frage der Erstreckung des Pfandrechts auf die erhöhten oder neu geschaffenen Geschäftsanteile ist – wie beim Nießbrauch (vgl. → § 39 Rn. 57) – differenziert zu beantworten: Erfolgt die Kapitalerhöhung aus **Gesellschaftsmitteln**, erstreckt sich das Pfandrecht automatisch auf den erhöhten oder neu gebildeten Geschäftsanteil.[66] Wird das Stammkapital gegen **Einlagen** erhöht, erwächst dem Pfandgläubiger, um eine Verwässerung des Pfandrechts zu vermeiden, nur dann ein Anspruch auf anteilige Bestellung eines (erweiterten) Pfandrechts an den neuen Anteilen, wenn die neuen Geschäftsanteile nicht zu einem ihrem inneren Wert entsprechenden Ausgabepreis ausgegeben werden.[67]

34 d) Verwertung. Die Verwertung des Geschäftsanteils erfolgt im Wege der **Zwangsvollstreckung** (§ 1277 BGB). Auch insoweit benötigt der Gläubiger zunächst einen Duldungstitel, sofern der Gesellschafter auf dieses Erfordernis nicht zu notarieller Urkunde verzichtet oder sich der sofortigen Zwangsvollstreckung unterworfen hat (§ 794 Abs. 1 Nr. 5 ZPO).[68] Die Verwertung richtet sich dann nach näherer Maßgabe von §§ 857 Abs. 4, 844 Abs. 1 ZPO. Eine Überweisung des Anteils zur Einziehung oder an Zahlung statt gem. § 835 ZPO kommt nicht in Betracht.[69]

35 Zweifelhaft ist, ob den Mitgesellschaftern einer GmbH ebenso wie im Personengesellschaftsrecht (o. → Rn. 18) ein **Ablösungsrecht** analog § 268 BGB einzuräumen ist, wenn der Pfandrechtsgläubiger die Zwangsvollstreckung in das Auseinandersetzungsguthaben betreibt und das Gesellschaftsverhältnis kündigt. Dagegen spricht, dass bei Kapitalgesellschaften die Kapitalbeteiligung im Vordergrund steht und somit der Verhinderung des Eindringens Fremder in die Gesellschaft eine geringere Bedeutung zukommt. Zudem besteht im GmbH-Recht keine Möglichkeit des pfändenden Gläubigers, eine Auflösung der Gesellschaft zu bewirken.[70]

---

[65] Gleiches gilt für den Überschuss bei Verkauf eines abandonnierten Geschäftsanteils sowie für die Ansprüche des Gesellschafters bei Rückzahlung von Nachschüssen oder der Stammeinlage. Baumbach/Hueck/*Fastrich* § 15 GmbHG Rn. 51; MHdB GesR III/*Kraus* § 26 Rn. 170; Hachenburg/*Zutt* Anh. § 15 GmbHG Rn. 47; Scholz/*Seibt* § 15 GmbHG Rn. 184 ff.; Michalski/*Ebbing* § 15 GmbHG Rn. 232; *Müller* GmbHR 1969, 36.

[66] Baumbach/Hueck/*Fastrich* § 15 GmbHG Rn. 49; Michalski/*Ebbing* § 15 GmbHG Rn. 223; Hachenburg/*Zutt* Anh. § 15 GmbHG Rn. 43; Rowedder/Schmidt-Leithoff/*Görner* § 15 GmbHG Rn. 111; aA *Kerbusch* GmbHR 1990, 156, der eine ausdrückliche Vereinbarung fordert.

[67] Scholz/*Seibt* § 15 GmbHG Rn. 187; MüKoGmbHG/*Reichert/Weller* § 15 GmbHG Rn. 307 f.

[68] Vgl. *Sieger/Hasselbach* GmbHR 1999, 636.

[69] Baumbach/Hueck/*Fastrich* § 15 GmbHG Rn. 63; MüKoGmbHG/*Reichert/Weller* § 15 GmbHG Rn. 320.

[70] Vgl. *Lux* GmbHR 2003, 938 (940 f.); für eine Anwendung des § 268 BGB unter bestimmten Voraussetzungen auch im GmbH-Recht Staudinger/*Bittner* § 268 BGB Rn. 28 mwN.

Es steht den Beteiligten frei, nach Eintritt der Pfandreife statt der öffentlichen Versteigerung formlos einen **freihändigen Verkauf** zu vereinbaren (§§ 1245, 1277 BGB).[71] Eine vor Pfandreife getroffene Verwertungsvereinbarung ist nichtig (§§ 1277, 1229, 1245 Abs. 2 BGB).[72] Bei der freihändigen Veräußerung sind die Formerfordernisse nach § 15 Abs. 3 und 4 GmbHG zu beachten.[73] Knüpft die Satzung die Abtretung bzw. Verpfändung von Geschäftsanteilen an besondere Voraussetzungen, so gelten etwaige Zustimmungserfordernisse weder bei der Veräußerung im Rahmen der Zwangsversteigerung noch des freihändigen Verkaufes, da in der Zustimmung zur Verpfändung zugleich die Zustimmung zur Verwertung zu sehen ist.[74]

36

II. Pfandrecht an Einzelansprüchen

1. GmbH & Co. KG

Gegenstand des Pfandrechts können nicht nur der Gesellschaftsanteil selbst, sondern auch die einzelnen vermögensrechtlichen Ansprüche des Gesellschafters der GmbH & Co. KG sein. Voraussetzung ist, dass die Ansprüche iSv § 717 S. 2 BGB selbständig abtretbar sind. Denkbar ist vor allen Dingen eine Verpfändung der **Gewinn-, Abfindungs- und Auseinandersetzungsansprüche** des Gesellschafters. Demgegenüber ist der **Kapitalentnahmeanspruch** der persönlich haftenden Komplementär-GmbH nach herrschender Auffassung nicht selbständig abtretbar und mithin nicht verpfändbar.[75]

37

Die Bestellung eines Pfandrechts an den einzelnen vermögensrechtlichen Ansprüchen ist insbesondere dann von praktischer **Bedeutung**, wenn die Belastung des Anteils im Gesellschaftsvertrag nicht zugelassen ist und die übrigen Gesellschafter ihre Zustimmung zu der Verpfändung verweigert haben.[76] Die Verpfändung der Einzelansprüche hängt nicht von der **Zustimmung** der übrigen Gesellschafter ab. Dies ist nur dann anders, wenn die Verpfändung dieser Ansprüche nach dem Gesellschaftsvertrag ausdrücklich ausgeschlossen ist.[77] Da es sich um eine Verpfändung von Forderungen handelt, hängt die Verpfändung der Einzelansprüche allerdings von einer **Anzeige** nach § 1280 BGB ab.

38

---

[71] MHdB GesR III/*Kraus* § 26 Rn. 170; *Vossius* BB 1988, Sonderbeilage 5, 12; *Rodewald* GmbHR 1995, 418 (421).
[72] Rowedder/Schmidt-Leithoff/*Görner* § 15 GmbHG Rn. 107.
[73] RGZ 164, 170; Hachenburg/*Zutt* Anh. § 15 GmbHG Rn. 47.
[74] *Schuler* NJW 1956, 689; Lutter/Hommelhoff/*Bayer* § 15 GmbHG Rn. 100; Hachenburg/*Zutt* Anh. § 15 GmbHG Rn. 48; Baumbach/Hueck/*Fastrich* § 15 GmbHG Rn. 51; MüKoGmbHG/*Reichert/Weller* § 15 GmbHG Rn. 320; Michalski/*Ebbing* § 15 GmbHG Rn. 234; Ulmer/*Löbbe* § 15 GmbHG Rn. 176; aA Scholz/*Seibt* § 15 GmbHG Rn. 194 für den Fall des freihändigen Verkaufs und der privatrechtlichen öffentlichen Versteigerung mwN.
[75] RGZ 67, 17; Baumbach/Hopt/*Roth* § 135 HGB Rn. 4; aA *Muth* DB 1986, 1761.
[76] Baumbach/Hopt/*Roth* § 135 HGB Rn. 15; GK/*Ulmer* § 105 HGB Rn. 290.
[77] E/B/J/S/*Wertenbruch* § 105 HGB Rn. 172.

10. Kapitel. *Belastung von Gesellschaftsanteilen*

39 Die Gesellschafter sind im Rahmen der durch § 138 BGB gezogenen Grenzen nicht gehindert, den **Verteilungsmaßstab** für den Gewinn sowie das Auseinandersetzungsguthaben im Gesellschaftsvertrag zum Nachteil des Pfandgläubigers zu ändern. Hier gilt das zur Verpfändung des Gesellschaftsanteils Gesagte entsprechend (vgl. → Rn. 10).

40 Kollisionsprobleme entstehen, wenn der Gesellschafter seinen Kommanditanteil mit einem Pfandrecht belastet, nachdem er zuvor bereits seine künftigen Einzelansprüche auf Abfindung oder auf das Auseinandersetzungsguthaben an einen anderen Gläubiger verpfändet bzw. abgetreten hatte. Der BGH hat für den Fall der **Pfändung** eines Geschäftsanteils bei einer vorangegangen Abtretung des Anspruchs auf Abfindung oder des Auseinandersetzungsguthabens an einen Dritten entschieden, dass der Dritte den Abfindungsanspruch mit einem Pfändungspfandrecht belastet erwirbt.[78] Überträgt man diesen Ansatz auf eine nachfolgende **Verpfändung** des Anteils, gelangt man zu dem Ergebnis, dass die Einzelansprüche mit dem Pfandrecht belastet sind, obwohl die Anteilsverpfändung zeitlich nachfolgt.[79] Die Rechtfertigung hierfür liegt darin, dass die Einzelansprüche auf Abfindung bzw. das Auseinandersetzungsguthaben im Zeitpunkt ihrer Entstehung wegen der nachfolgenden Verpfändung oder Abtretung des Gesellschaftsanteils dem verpfändenden Gesellschafter bereits nicht mehr zustehen.[80] Da es keinen gutgläubig lastenfreien Erwerb von Forderungen gibt, genießt der Pfandrechtsgläubiger nur Schutz davor, dass der Pfandschuldner die verpfändeten Einzelansprüche nicht später noch einmal an einen Dritten abtritt.

41 Die **Verwertung** der verpfändeten Ansprüche richtet sich gleichfalls nach § 1277 BGB. Der Pfandrechtsinhaber benötigt daher zunächst einen Duldungstitel gegen den Gesellschafter. Auf Grundlage eines vorläufig vollstreckbaren Titels kann der Pfandrechtsgläubiger beim Vollstreckungsgericht die Pfändung und Überweisung der verpfändeten Forderungen beantragen (§§ 829, 835 ZPO). Ist die Zustellung des Pfändungs- und Überweisungsbeschlusses an die Gesellschaft erfolgt, kann diese mit befreiender Wirkung nur noch an den Pfandgläubiger leisten. Zur **Kündigung** der Gesellschaft ist der Pfandgläubiger nur im Falle der Pfändung des Auseinandersetzungsguthabens und bei Vorliegen der weiteren Voraussetzungen des § 135 HGB berechtigt.

2. Komplementär-GmbH

42 Auch die Einzelansprüche der Gesellschafter der Komplementär-GmbH, wie etwa der **Gewinnanspruch**, der **Abfindungsanspruch** oder das **Auseinandersetzungsguthaben** können Gegenstand der Verpfändung sein. Die Verpfändung dieser Ansprüche kann formlos erfolgen; § 15 Abs. 3 GmbHG findet insoweit keine Anwendung.[81] Ein Formerfordernis besteht nur dann, wenn die Verpfändung der Einzelansprüche gleichzeitig mit der

---

[78] Vgl. BGHZ 104, 351 (353 f.).
[79] Zweifelnd MüKoHGB/*K. Schmidt* § 135 HGB Rn. 33.
[80] BGH WM 1986, 719; BGHZ 88, 205.
[81] Baumbach/Hueck/*Fastrich* § 15 GmbHG Rn. 49.

Verpfändung des Anteils erfolgt, da in diesem Fall die Verpfändung des Einzelanspruchs eine formbedürftige Nebenabrede darstellt.[82]

Die Verpfändung der Ansprüche ist selbst nicht von der **Zustimmung** der übrigen Mitgesellschafter abhängig. Dies gilt selbst dann, wenn die Anteile vinkuliert sind. Die Satzung kann aber anderes bestimmen. So ist etwa eine Regelung denkbar, nach der die Einzelrechte zwar abtretbar, aber nicht verpfändbar sind.[83] Die Verpfändung der Einzelansprüche bedarf zu ihrer Wirksamkeit einer **Anzeige** nach § 1280 BGB. Für die Frage des **Vorrangs** einer Verpfändung von Einzelansprüchen gegenüber einer nachfolgenden Verpfändung bzw. Abtretung des Anteils und der **Verwertung** der Ansprüche vgl. → Rn. 40.

43

---

[82] Vgl. bereits Hachenburg/*Zutt* Anh. § 15 GmbHG Rn. 49.
[83] *Müller* GmbHR 1969, 59.

§ 39 Nießbrauch an Gesellschaftsanteilen

Übersicht

	Rn.
I. Einführung	1
1. Begriff	1
2. Abgrenzung	5
II. Nießbrauch an Anteilen der GmbH & Co. KG	8
1. Zulässigkeit und Bestellung	8
2. Rechtsstellung des Nießbrauchers	15
a) Zuordnung der Mitgliedschaftsrechte	15
aa) Meinungsstand	15
bb) Stellungnahme	18
cc) Vertragsgestaltung	21
b) Haftung	26
c) Eintragung in das Handelsregister	27
3. Umfang des Nießbrauchs	28
a) Nutzungen, Lasten	28
aa) Nutzungen	28
bb) Lasten	34
b) Surrogate	35
c) Kapitalerhöhung	37

	Rn.
aa) Bezugsrecht des Nießbrauchers	37
bb) Erstreckung des Nießbrauchs	38
d) Abweichende Vereinbarungen	41
4. Untergang von Gesellschaftsanteilen	43
III. Nießbrauch an den Geschäftsanteilen an der Komplementär-GmbH	47
1. Zulässigkeit und Bestellung	47
2. Rechtsstellung der Beteiligten	52
3. Umfang des Nießbrauchs	56
4. Untergang und Übertragung von Geschäftsanteilen	58
IV. Nießbrauchsbestellung an einzelnen Vermögensrechten	60
1. Grundsatz	60
2. Nutzungen	62

Schrifttum: *Blaurock,* Unterbeteiligung und Treuhand an Gesellschaftsanteilen, 1981; *Brambring,* Surrogation beim Nießbrauch, DNotZ 2003, 565; *Brandi/Mühlmeier,* Übertragung von Gesellschaftsanteilen im Wege vorweggenommener Erbfolge und Vorbehaltsnießbrauch, GmbHR 1997, 734; *Fleischer,* Aktuelle Entwicklungen zum Stimmrecht des Nießbrauchers am Anteil einer Personengesellschaft im Zivil-, Ertrag- und Erbschaftsteuerrecht, ZEV 2012, 466; *Frank,* Der Nießbrauch an Gesellschaftsanteilen, MittBayNot 2010, 96; *Finger,* Der Nießbrauch an Gesellschaftsanteil der Personengesellschaft, DB 1977, 1033; *Götz/Hülsmann,* Der Nießbrauch im Zivil- und Steuerrecht, 2013; *Gschwendtner,* Nießbrauchsbestellung am Anteil einer Personengesellschaft, NJW 1995, 1875; *Huber,* Vermögensanteil, Kapitalanteil und Gesellschaftsanteil an Personengesellschaften des Handelsrechts, 1970; *Janßen/Nickel,* Unternehmensnießbrauch, 1998; *Klose,* Eintragung des Nießbrauchs am Kommanditanteil im Handelsregister, DStR 1999, 807; *Kruse,* Nießbrauch an der Beteiligung an einer Personengesellschaft, RNotZ 2002, 69; *Lindemeier,* Die Eintragung des Nießbrauchs am Kommanditanteil im Handelsregister, RNotZ 2001, 155; *Milatz/Sonneborn,* Nießbrauch an GmbH-Geschäftsanteilen: Zivilrechtliche Vorgaben und ertragsteuerliche Folgen, DStR 1999, 137; *Mohr/Jainta,* Nießbrauch an GmbH-Geschäftsanteilen, GmbH-StB 2010, 269; *Moog,* Die zivilrechtliche Sicherung des Nießbrauchers, DStR 2002, 180; *Petzoldt,* Nießbrauch an Kommanditanteilen und GmbH-Geschäftsanteilen I/II, GmbHR 1987, 381 (433); *Petzoldt,* Nießbrauch an Personengesellschaftsanteilen, DStR 1992, 1171; *Reichert,* Das Zustimmungserfordernis zur Abtretung von Geschäftsanteilen in der GmbH, 1984; *Reichert/Schlitt,* Nießbrauch an GmbH-Anteilen, FS

Flick, 1997, 241; *Reichert/Schlitt/Düll*, Die gesellschafts- und steuerrechtliche Gestaltung des Nießbrauchs an GmbH-Anteilen, GmbHR 1998, 565; *Sandhaus*, Der Nießbrauch an Gesellschaftsanteilen bei Verschmelzung, Spaltung und Formwechsel, 2007; *K. Schmidt*, Stimmrecht beim Anteilsnießbrauch, ZGR 1999, 600; *Schön*, Der Nießbrauch am Gesellschaftsanteil, ZHR 158 (1994) 229; *Suffel*, Der Nießbrauch an Personengesellschaftsanteilen aus zivilrechtlicher und steuerrechtlicher Sicht, FS Der Fachanwalt für Steuerrecht im Rechtswesen, 1999, 375; *Teichmann*, Nießbrauch an Gesellschaftsanteilen, ZGR 1972, 1; 1973, 24; *Wälzholz*, Aktuelle Gestaltungsprobleme des Nießbrauchs am Anteil einer Personengesellschaft, DStR 2010, 1786; (s. auch die Hinweise vor § 38).

I. Einführung

1. Begriff

Der Nießbrauch stellt die Belastung einer Sache oder eines Rechts dar, 1
aufgrund derer der Nießbraucher die **Nutzungen** der Sache ziehen kann, ohne an der Substanz selbst berechtigt zu sein (§§ 1030, 1068 BGB).[1] Als spezieller Fall des Nießbrauchs an einem Recht (§ 1068 BGB) verschafft der Nießbrauch an Gesellschaftsanteilen dem Nießbraucher eine **mittelbare Unternehmensteilhabe**, indem ihm das ausschließliche Nutzungsrecht an der Beteiligung übertragen wird.[2]

Die praktische Bedeutung des Nießbrauchs an Gesellschaftsanteilen ist 2
sehr groß. Namentlich bei Familiengesellschaften erfreut sich der Nießbrauch als Gestaltungsinstrument im Rahmen der **Unternehmensnachfolge** großer Beliebtheit, da er eine Trennung von Vermögenssubstanz (Gesellschafterstellung) und Vermögenserträgen (Gewinn) ermöglicht.[3] So kann der ausscheidenswillige Seniorgesellschafter den Unternehmensnachfolger durch die Vereinbarung eines **Vorbehaltsnießbrauchs** in die Gesellschafterverantwortung ohne Verzicht auf die eigene Teilhabe an den Erträgen und Aufgabe jeder Mitwirkungsbefugnisse einbinden, indem er seinen Anteil im Wege der vorweggenommenen Erbfolge auf den Nachfolger überträgt und sich gleichzeitig den Nießbrauch an dem übertragenen Anteil vorbehält.[4]

Der Nießbrauch kann auch in einer Verfügung von Todes wegen angeordnet werden. Praktische Bedeutsamkeit hat dieser sog. **Vermächtnisnieß-** 3

---

[1] *Blaurock*, Unterbeteiligung, 135.
[2] MüKoHGB/*K. Schmidt* Vor § 230 HGB Rn. 8; Schlegelberger/*K. Schmidt* Vor § 335 HGB Rn. 3, 5.
[3] MHdB GesR II/*Escher/Haag* KG § 27 Rn. 10; *Janßen/Nickel*, Unternehmensnießbrauch, 21; *Suffel*, Nießbrauch, 376; Beck Hdb. Personengesellschaften/*Müller* § 4 Rn. 29.
[4] Vgl. *Teichmann* ZGR 1972, 1 ff.; *Binz/Sorg* BB 1989, 1521 (1522); *Goertzen* DStR 1994, 1553; MHdB GesR III/*Kraus* § 26 Rn. 67; *Reichert/Schlitt/Düll* GmbHR 1998, 565. Bei derartigen Gestaltungen ist freilich auch die Bestimmung einer Anrechnung oder die Verzichtserklärung auf etwaige Pflichtteilsansprüche zu bedenken, §§ 2315, 2346 Abs. 2 BGB, vgl. dazu *Moog* DStR 2002, 180 (182); MHdB GesR III/*Kraus* § 26 Rn. 65.

brauch dann, wenn der Erblasser die Gesellschaftsanteile zwar endgültig seinen Abkömmlingen zuwenden will, jedoch mit Hilfe der Erträgnisse aus der Beteiligung zugleich die Versorgung seines Ehegatten sicherstellen möchte.[5] In diesem Fall verschafft der Nießbrauch dem Begünstigten eine stärkere Stellung, als es bei der Anordnung einer Vor- und Nacherbschaft der Fall wäre. Gegenüber einer Vor- und Nacherbschaft bietet der Nießbrauch überdies den Vorteil, dass der endgültig Begünstigte nicht erst mit Eintritt des Nacherbfalles, sondern bereits sofort Gesellschafter wird. In vielen Fällen liegt es nämlich nicht im Interesse der Beteiligten, den designierten Vorerben, etwa wegen ihres mangelnden Sachverstandes oder ihres fehlenden Interesses an der Unternehmensfortführung, die Position eines Gesellschafters einzuräumen.[6] Die Nießbrauchsbestellung bietet sich in diesem Zusammenhang auch als Gestaltungsinstrument für Ausgleichsansprüche weichender Erben an, die nicht die Nachfolge in die Gesellschafterstellung antreten sollen.[7]

4   Die dritte in der Praxis anzutreffende Fallgestaltung des Nießbrauchs an Gesellschaftsanteilen ist der sog. **Zuwendungsnießbrauch**. Hier behält der Nießbrauchsbesteller seine Gesellschafterstellung und wendet einem Dritten den Nießbrauch an seinem Gesellschaftsanteil zu.[8]

2. Abgrenzung

5   Die Einräumung eines Nießbrauchs an einem Gesellschaftsanteil ist vom **Unternehmensnießbrauch** zu sondern. Beim Unternehmensnießbrauch, der seine gesetzliche Erwähnung in § 22 Abs. 2 HGB findet, ist Gegenstand des Nießbrauchs nicht der Gesellschaftsanteil, sondern das Unternehmen. Er ähnelt damit der Unternehmensüberlassung.[9] Beim Unternehmensnießbrauch wird das Umlaufvermögen Eigentum des Nießbrauchers und nur das Anlagevermögen samt Zubehör bleibt Eigentum des Bestellers.[10]

6   Von der **Unterbeteiligung** unterscheidet sich der Nießbrauch dadurch, dass er dem Berechtigten ein, wenn auch nur mittelbares Recht an der Hauptbeteiligung gewährt, während zwischen Unterbeteiligten und Hauptbeteiligten lediglich eine Innengesellschaft besteht (zur Unterbeteiligung vgl. → § 40 Rn. 1 ff.).[11]

---

[5] MHdB GesR III/*Kraus* § 26 Rn. 67; Beck Hdb. Personengesellschaften/*Müller* § 4 Rn. 29; *Sudhoff* NJW 1974, 2205.

[6] Zur Abgrenzung zwischen Nießbrauch und Vor- und Nacherbfolge vgl. auch *Klose* DStR 1999, 807.

[7] MHdB GesR II/*Escher/Haag* KG § 27 Rn. 8; *Goertzen* DStR 1994, 1553.

[8] Hierzu und zu den anderen Arten des Nießbrauchs vgl. MHdB GesR III/*Kraus* § 26 Rn. 66 f.

[9] Zum Unternehmensnießbrauch ausführlich *Janßen/Nickel*, Unternehmensnießbrauch, passim; vgl. ferner *Grunsky* BB 1972, 585; *Paus* BB 1990, 1675; Staudinger/*Frank* Anh. §§ 1068, 1069 BGB Rn. 20 ff.

[10] Staudinger/*Frank* Anh. §§ 1068, 1069 BGB Rn. 35; vgl. auch Schlegelberger/*K. Schmidt* Vor § 335 HGB Rn. 4.

[11] Zur Abgrenzung näher MüKoHGB/*K. Schmidt* Vor § 230 HGB Rn. 11; Schlegelberger/*K. Schmidt* Vor § 335 HGB Rn. 6.

Der Nießbrauch ist zudem von der **treuhänderischen** Übertragung abzugrenzen: Während bei der Treuhand der Treuhänder mit verdrängender Wirkung in die Gesellschafterstellung einrückt, sind beim Nießbrauch Gesellschafter und Nießbrauchsberechtigter beide am Nießbrauchsgegenstand berechtigt. Indem die überschießende Rechtsstellung des Treuhänders im Außenverhältnis im Innenverhältnis durch schuldrechtliche Vereinbarungen wieder eingeschränkt wird, kann die Treuhand dem Nießbrauch wirtschaftlich angenähert werden.[12] Zur Treuhand vgl. → § 40 Rn. 30 ff.

7

II. Nießbrauch an Anteilen der GmbH & Co. KG

1. Zulässigkeit und Bestellung

Die Zulässigkeit des Nießbrauchs an Anteilen von Personengesellschaften war lange Zeit umstritten. Die Folge war, dass man auf Ausweichlösungen, wie etwa die Belastung des Gewinnstammrechts[13] oder eine treuhänderische Übertragung[14] des Gesellschaftsanteils, zurückgegriffen hatte. Seitdem die Übertragbarkeit der Mitgliedschaft an Personengesellschaften allgemein anerkannt ist, werden auch gegen die Bestellung eines Nießbrauchs an Personengesellschaftsanteilen **keine Bedenken** mehr erhoben.[15] Ungeachtet dieser Einigkeit im Grundsatz sind jedoch eine Reihe von Einzelfragen noch ungeklärt. Dies gilt namentlich für die konkrete Zuordnung der Mitgliedschaftsrechte zu den jeweiligen Beteiligten (dazu → Rn. 15 ff.).

8

In der **GmbH & Co. KG** kommen als Gegenstand des Nießbrauchs in erster Linie die Anteile der Kommanditisten, die Geschäftsanteile an der Komplementär-GmbH sowie die vermögensrechtlichen Bezüge der Gesellschafter in Betracht. Die Bestellung eines Nießbrauchs am Anteil der persönlich haftenden Gesellschafterin ist zwar ebenfalls denkbar, hat aber bislang kaum praktische Relevanz erlangt.

9

Die Nießbrauchsbestellung an den Gesellschaftsanteilen richtet sich nach den für die Übertragung des Anteils geltenden Vorschriften (§ 1069 Abs. 1 BGB). Die Einräumung eines Nießbrauchs ist somit nur dann **zulässig**, wenn die Belastung des Anteils entweder im Gesellschaftsvertrag zugelassen ist oder ihr die übrigen Gesellschafter im Einzelfall zugestimmt haben

10

---

[12] Vgl. dazu *Wiedemann*, Übertragung, 401; *Blaurock*, Unterbeteiligung, 77, 137; MüKoHGB/*K. Schmidt* Vor § 230 HGB Rn. 12; MHdB GesR II/*Escher/Haag* KG § 27 Rn. 6.
[13] *Siebert* BB 1956, 112 ff.; vgl. auch *Sudhoff* NJW 1971, 481; *Sudhoff* NJW 1974, 2205. Die Zulässigkeit einer solchen Konstruktion wird von der ganz hM als unzulässig abgelehnt und iÜ für überflüssig erachtet, vgl. nur *Blaurock*, Unterbeteiligung, 140; MHdB GesR II/*Escher/Haag* KG § 27 Rn. 29 ff.
[14] Vgl. noch BGH WM 1975, 174 (175).
[15] BGHZ 58, 316 (319); BGH WM 1975, 174; NZG 1999, 150; zuletzt OLG Stuttgart ZIP 2013, 624; Baumbach/Hopt/*Roth* § 105 HGB Rn. 44; Heymann/*Emmerich* § 105 HGB Rn. 65; MüKoHGB/*K. Schmidt* Vor § 230 HGB Rn. 14; MHdB GesR II/*Escher/Haag* KG § 27 Rn. 34. AA Soergel/*Hadding/Kießling* § 717 BGB Rn. 18 f.: Nießbrauchsbestellung an einem Anteil sei in die Einräumung eines Nießbrauchs an den übertragbaren Vermögensrechten umzudeuten.

(§ 1069 Abs. 2 BGB).[16] Der Gesellschaftsvertrag kann auch bestimmen, dass die Zulässigkeit der Bestellung von einem Mehrheitsbeschluss abhängt.[17] Nach wohl noch herrschender Auffassung soll dies allerdings nur gelten, wenn den Anforderungen an den Bestimmtheitsgrundsatz Genüge getan ist.[18] Auf eine gesellschaftsvertragliche Bestimmung, die die Gesellschaftsanteile veräußerlich stellt, soll die Nießbrauchsbestellung nicht gestützt werden können.[19]

11 Die Bestellung des Nießbrauchs bedarf keiner besonderen **Form**. Wird der Nießbrauch im Wege einer Schenkung eingeräumt, empfiehlt es sich, die notarielle Form einzuhalten, da die Heilung der fehlenden Form durch Vollzug der Schenkung (§ 518 Abs. 2 BGB) erst mit Zustimmung der Mitgesellschafter eintritt, wenn der Gesellschaftsvertrag die Nießbrauchsbestellung nicht schon generell zulässt.

12 Wird die Bestellung des Nießbrauchs im Rahmen einer **letztwilligen Verfügung** angeordnet, gelangt er nicht bereits unmittelbar mit dem Eintritt des Erbfalles zur Entstehung. Die Anordnung eines Nießbrauchs ist vielmehr als Vermächtnis bzw. Auflage zu bewerten, die der Erbe des Gesellschaftsanteils erst dadurch umsetzen muss, dass er mit dem Begünstigten nach Maßgabe der testamentarischen Bestimmungen eine Nießbrauchsvereinbarung schließt.[20]

13 Bei der Beteiligung **Minderjähriger** sind die familienrechtlichen Wirksamkeitserfordernisse zu beachten: Wird der Nießbrauch zu Lasten eines dem Minderjährigen bereits gehörenden Gesellschaftsanteils bestellt oder wird der Gesellschaftsanteil dem Minderjährigen unter Nießbrauchsvorbehalt geschenkt, bedarf es einer Genehmigung des **Familiengerichts** (§ 1822 Nr. 3 BGB).[21] Erwirbt der Minderjährige den Nießbrauch von einem Elternteil oder Verwandten in gerader Linie oder wird er zugunsten einer solchen Person bestellt, ist zudem die Genehmigung des **Ergänzungspflegers** erforderlich (§§ 1090, 1795 Abs. 1 Nr. 1, 1629 Abs. 2 BGB).[22]

14 Das Nießbrauchsverhältnis **endet** mit der Dauer für das es eingegangen wurde. Es wird spätestens mit dem Tod des Nießbrauchers beendet (§ 1061 S. 1 BGB). Der Nießbrauch kann zudem durch formlose Vereinbarung zwi-

---

[16] BGH DStR 1996, 713; *Huber*, Vermögensanteil, 413; *Blaurock*, Unterbeteiligung, 139; Baumbach/Hopt/*Roth* § 105 HGB Rn. 44; MHdB GesR II/*Escher/Haag* KG § 27 Rn. 37; GK/*Schilling* § 161 HGB Rn. 48; E/B/J/S/*Wertenbruch* § 105 HGB Rn. 111.

[17] MüKoHGB/*K. Schmidt* Vor § 230 HGB Rn. 16.

[18] Zum Bestimmtheitsgrundsatz vgl. Baumbach/Hopt/*Roth* § 119 HGB Rn. 37a ff.

[19] Baumbach/Hopt/*Roth* § 105 HGB Rn. 44; GK/*Ulmer* § 105 HGB Rn. 119; MüKoBGB/*Pohlmann* § 1068 BGB Rn. 33; E/B/J/S/*Wertenbruch* § 105 HGB Rn. 111; *Kruse* RNotZ 2002, 69 (71); aA Heymann/*Emmerich* § 105 HGB Rn. 66; MüKoHGB/*K. Schmidt* Vor § 230 HGB Rn. 16; Staudinger/*Frank* Anh. §§ 1068, 1069 BGB Rn. 63; *Suffel*, Nießbrauch, 379; *Wälzholz* DStR 2010, 1786 (1787).

[20] MHdB GesR II/*Escher/Haag* KG § 27 Rn. 38.

[21] MHdB GesR II/*Escher/Haag* KG § 27 Rn. 41 ff.; Palandt/*Diederichsen* § 1822 BGB Rn. 7; weniger eng *Teichmann* ZGR 1973, 24 (43); aA MüKoBGB/*Wagenitz* § 1822 BGB Rn. 18.

[22] MHdB GesR II/*Escher/Haag* KG § 27 Rn. 43; vgl. auch *Suffel*, Nießbrauch, 384.

schen Gesellschafter und Nießbraucher, aber auch durch eine einseitige Erklärung gegenüber dem Gesellschafter aufgehoben werden (§ 1064 BGB).

2. Rechtsstellung des Nießbrauchers

a) Zuordnung der Mitgliedschaftsrechte. *aa) Meinungsstand.* Die Frage 15 der Rechtsstellung der Beteiligten und die sich daraus ergebende Problematik der Verteilung der Mitgliedschaftsrechte zwischen Gesellschafter und Nießbraucher war lange Zeit streitig. Nach der früher herrschenden Auffassung rückt der **Nießbraucher** zwingend in die **Gesellschafterstellung** ein, während der Besteller aus dem Gesellschafterverband ausscheidet.[23] Das Abspaltungsverbot verbiete es, die aus der Mitgliedschaft resultierenden Verwaltungsrechte von der Gesellschafterstellung zu trennen. Einem gesellschaftsfremden Dritten könne keine kapitalmäßige Beteiligung zustehen, die über die nach § 717 S. 2 BGB übertragbaren Rechte hinausgehe. Zudem sei eine Teilhabe an einer Personengesellschaft nur denkbar, wenn der Nießbraucher selbst unternehmerische Funktionen übernehme. Nach einer vermittelnden Meinung rückt der Nießbraucher neben dem Gesellschafter in den Verband ein; die Mitgliedschaftsrechte, namentlich das Stimmrecht, werden danach von Nießbraucher und Gesellschafter **gemeinschaftlich** ausgeübt.[24]

Demgegenüber sondert die heute ganz herrschende Auffassung die Frage 16 der Inhaberschaft der Mitgliedschaft von der Problematik der Zuweisung der Mitgliedschaftsrechte. Einigkeit besteht innerhalb der hM insoweit, dass der Nießbraucher **nicht** in die **Gesellschafterstellung** einrückt. Differenzierungen sind indessen hinsichtlich der Zuordnung der Mitgliedschaftsrechte anzutreffen. Die überwiegende Ansicht nimmt an, dass die **Verwaltungsrechte** grundsätzlich beim **Gesellschafter** verbleiben, während dem Nießbraucher nur der Anspruch auf den Gewinnanteil zusteht.[25] Eine Kollision mit dem Abspaltungsverbot bestehe nicht, da die nicht übertragbaren Rechte vom Nießbrauch nicht erfasst würden. Vereinzelt wird davon ausgegangen, dass die Mitgliedschaftsrechte dem Nießbraucher und dem Gesellschafter gemeinsam zustehen.[26] Eine vermittelnde, im Vordringen befindliche Ansicht steht demgegenüber auf dem Standpunkt, dass die Mitgliedschaftsrechte – vorbehaltlich einer abweichenden Regelung im Bestellungsvertrag – zwi-

---

[23] *Sudhoff* NJW 1974, 2205 (2207); *Hueck* Recht der OHG § 27 II 8; GK/*Weipert* (2. Aufl.) § 130 HGB Anm. 19; *Hoyer* BB 1978, 1459 (1460); *Paus* BB 1990, 1675 (1679); *Gschwendtner* NJW 1995, 1875; *Petzoldt* GmbHR 1987, 383 f.
[24] *Schön* ZHR 158 (1994), 229 (260); s. auch OLG Düsseldorf NZG 1999, 26.
[25] MüKoHGB/*K. Schmidt* Vor § 230 HGB Rn. 21; E/B/J/S/*Wertenbruch* § 105 HGB Rn. 114; im Grundsatz *Teichmann* ZGR 1972, 1 (7); *v. Schilling* DB 1954, 561; *Huber*, Vermögensanteil, 416; Staudinger/*Frank* Anh. §§ 1068, 1069 BGB Rn. 72; Soergel/*Hadding/Kießling* § 717 BGB Rn. 18; *Blaurock*, Unterbeteiligung, 144; Heymann/*Emmerich* § 105 HGB Rn. 68; *Kruse* RNotZ 2002, 69 (71, 75); Soergel/*Stürner* § 1068 BGB Rn. 7e; Palandt/*Bassenge* § 1068 BGB Rn. 5; MüKoBGB/*Pohlmann* § 1068 BGB Rn. 81; *K. Schmidt* ZGR 1999, 601 (607); *Steinbeck* DB 1995, 761 (763); *Wälzholz* DStR 2010, 1786 (1790), *Frank* MittBayNot 2010, 96 (99); offen gelassen von *Binz/Sorg* BB 1989, 1521 (1522).
[26] Vgl. hierzu *Wiedemann*, Übertragung, 413 ff.; *Schön* ZHR 158 (1994), 229 (260) mwN.

schen Gesellschafter und Nießbraucher in der Weise **aufzuteilen** sind, dass die Entscheidung über Grundlagengeschäfte beim Gesellschafter verbleibt, während der Nießbraucher das Stimmrecht und das Recht zur Geschäftsführung in laufenden Angelegenheiten ausübt.[27] Eine Schutzbedürftigkeit der Mitgesellschafter wird verneint, da diese wegen des Zustimmungserfordernisses auf die Bestellung des Nießbrauchs Einfluss nehmen können.

17 Für die Praxis ist die Frage der Zuordnung der Mitgliedschaft seit dem Urteil des **BGH** vom 9.11.1998 geklärt.[28] Der BGH hat dort klargestellt, dass der Nießbraucher lediglich ein dingliches Nutzungsrecht erhält, nicht aber Gesellschafter wird. Gleichzeitig hat er in diesem Urteil auch zu der Kompetenzaufteilung zwischen Gesellschafter und Nießbraucher Stellung genommen, ohne dabei jedoch die Streitfrage abschließend zu entscheiden. Nachdem er in früheren Urteilen tendenziell eine Berechtigung des Nießbrauchers zu bejahen schien,[29] hat der BGH nun festgestellt, dass dem Gesellschafter das Stimmrecht „jedenfalls" dann verbleibt, wenn es um Beschlüsse geht, die die Grundlagen der Gesellschaft betreffen.[30]

18 *bb) Stellungnahme.* Der hM ist in ihrer Annahme zu folgen, dass die Bestellung des Nießbrauchs an der **Zuordnung der Mitgliedschaft** nichts ändert. Mit der Nießbrauchsbestellung wird der Gesellschaftsanteil lediglich belastet, der Gesellschafter aber nicht aus seiner Position verdrängt. Zwar ist es den Beteiligten unbenommen, auch eine Vollrechtsübertragung zu vereinbaren. Dann handelt es sich jedoch der Sache nach nicht um einen Nießbrauch im engeren Sinn, sondern um eine treuhänderische Übertragung von Gesellschaftsanteilen (sog. Nießbrauchstreuhand).[31]

19 Da das Gesetz dem Nießbraucher nur die Nutzungen zuweist, verbleiben die **Mitgliedschafts- und Verwaltungsrechte** sowie etwaige **Geschäftsführungsbefugnisse** beim Gesellschafter.[32] Dies gilt nicht nur, soweit es um Grundlagenmaßnahmen geht, sondern auch für laufende Angelegenheiten der Gesellschaft. Eine Aufteilung der Mitverwaltungsrechte oder deren

---

[27] OLG Stuttgart NZG 2013, 432 (433); LG Oldenburg DNotI-Report 2008, 166; LG Aachen NZG 2009, 1157 (1158); RNotZ 2003, 398 (399); MüKoBGB/*Ulmer/Schäfer* § 705 BGB Rn. 99; GK/*Ulmer* § 105 HGB Rn. 124, 126; Baumbach/Hopt/*Roth* § 105 HGB Rn. 46; Beck Hdb. Personengesellschaften/*Müller* § 4 Rn. 32; offen gelassen von MHdB GesR II/*Escher/Haag* KG § 27 Rn. 61; nunmehr auch *Petzoldt* DStR 1992, 1174; *Suffel*, Nießbrauch, 381.

[28] BGH NJW 1999, 571 f. Zuvor hatte sich der BGH auf die Feststellung beschränkt, dass der Nießbrauch sowohl als Vollrechtsübertragung als auch als bloße Belastung des Gesellschaftsanteils ausgestaltet werden kann; vgl. BGH WM 1975, 174 (175).

[29] BGHZ 108, 187 (199) (obiter dictum); aA OLG Koblenz NJW 1992, 2163 (zur GmbH).

[30] BGH NJW 1999, 571 (572). Im konkreten Fall ging es um die Berechtigung an der Mitwirkung beim Rechnungsabschluss, krit. dazu *K. Schmidt* ZGR 1999, 601 (605 f.).

[31] Vgl. etwa *Teichmann* ZGR 1972, 1 (6); *Blaurock*, Unterbeteiligung, 137; dazu ferner *K. Schmidt* ZGR 1999, 601 (603).

[32] Vgl. BGHZ 150, 109 (117) (Wohnungseigentumsgemeinschaft); aA MüKoBGB/*Ulmer/Schäfer* § 705 BGB Rn. 99.

gemeinsame Ausübung durch Nießbraucher und Gesellschafter würde in der Praxis zu erheblichen Abgrenzungsschwierigkeiten führen.[33]

Dieser Befund rechtfertigt allerdings nicht den Schluss, der Nießbrauchsbesteller sei zu einer völlig eigennützigen Ausübung seiner Mitgliedschaftsrechte befugt. Vielmehr ist der Gesellschafter verpflichtet, die **Interessen des Nießbrauchers** angemessen zu berücksichtigen.[34] So ist der Gesellschafter im Rahmen der Beschlussfassung über die Gewinnausschüttung zwar durchaus berechtigt (und unter Umständen angesichts der ihm gegenüber der Gesellschaft obliegenden Treuepflicht auch verpflichtet), an einer angemessenen Rücklagendotierung mitzuwirken, ohne dass dem Nießbraucher insoweit ein **Widerspruchsrecht** zustünde.[35] An der Beschlussfassung über eine unangemessene Bildung von Rücklagen darf der Gesellschafter hingegen nicht mitwirken, weil er ansonsten die Rechte des Nießbrauchers unzumutbar beeinträchtigen würde.[36]

cc) Vertragsgestaltung. In Anbetracht der wenig gesicherten Rechtslage empfiehlt es sich, im Rahmen der vertraglichen Ausgestaltung die Frage der Zuordnung der Mitgliedschaftsrechte ausdrücklich zu regeln, um auf diese Weise für alle Beteiligten ein Höchstmaß an Rechtssicherheit herzustellen.[37] Dabei können die Regelungen sowohl im Gesellschaftsvertrag selbst als auch anlässlich der Nießbrauchsbestellung getroffen werden.[38]

Dies gilt insbesondere für die **Ausübung des Stimmrechts**. Hier besteht oftmals das Anliegen des Nießbrauchers, das Stimmrecht selbst auszuüben, um vor einer Beeinträchtigung seiner Rechte durch den Gesellschafter geschützt zu sein. Dies gilt typischerweise für den Seniorgesellschafter, der seinen Kommanditanteil unter Nießbrauchsvorbehalt auf seinen Nachfolger übertragen hat, sich aber auch weiterhin gewisse Mitwirkungsrechte vorbehalten will. Eine **Bevollmächtigung** des Nießbrauchers durch den Gesellschafter mit der Ausübung des Stimmrechts ist ohne weiteres möglich.[39] Die Vollmacht kann auch unwiderruflich erteilt werden, solange sich damit kein (unzulässiger) Stimmrechtsverzicht verbindet und dem Gesellschafter das Recht zum Widerruf der Vollmacht aus wichtigem Grund verbleibt.[40] Aller-

---

[33] Ausf. *Reichert/Schlitt* FS Flick, 217 (226); *K. Schmidt* ZGR 1999, 601 (609); ähnlich MHdB GesR II/*Escher/Haag* KG § 27 Rn. 62ff.; *Brandi/Mühlmeier* GmbHR 1997, 734 (736).
[34] Vgl. auch Lutter/Hommelhoff/*Bayer* § 15 GmbHG Rn. 102; *Reichert/Schlitt* FS Flick, 217 (227) mwN.
[35] BGH WM 1975, 174 (176); GK/*Schilling* § 161 HGB Rn. 47.
[36] BGH WM 1975, 174 (176).
[37] Zu Fragen der Vertragsgestaltung vgl. bereits *Teichmann* ZGR 1973, 24; aus neuerer Zeit Hopt/*Lang*, Vertrags- und Formularbuch II G. 4, 636; Beck Formularbuch/Hoffmann-Becking/Rawert/*Blaum/Scholz*, VIII. D. 24, 2028; MVH/*Heidenhain/Meister/Schmidt-Husson* Bd. 1 II. 10, 155.
[38] GK/*Ulmer* § 105 HGB Rn. 126; E/B/J/S/*Wertenbruch* § 105 HGB Rn. 114.
[39] Vgl. nur *K. Schmidt* ZGR 1999, 601 (611); MHdB GesR II/*Escher/Haag* KG § 27 Rn. 57.
[40] Vgl. BGHZ 20, 363 (364); BGH DB 1976, 2295 (2297); Baumbach/Hopt/*Roth* § 119 HGB Rn. 21; *Reichert/Schlitt/Düll* GmbHR 1998, 565 (573); *Wälzholz* DStR 2010, 1786 (1790).

dings hat eine solche Vollmacht keine verdrängende Wirkung, so dass der Gesellschafter weiterhin zur Wahrnehmung des Stimmrechts befugt bleibt.[41] Zwar lässt sich die Vollmacht unter Umständen dahin gehend auslegen, dass dem Gesellschafter im Innenverhältnis die Ausübung des Stimmrechts neben oder anstelle des Nießbrauchers untersagt ist.[42] An der Wirksamkeit einer abredewidrig abgegebenen Stimme ändert dies freilich nichts. Soweit nicht ein Eingriff in den Kernbereich der mitgliedschaftlichen Rechte in Rede steht, sind auch **Stimmbindungsvereinbarungen** zwischen Gesellschafter und Nießbraucher denkbar, durch die sich der Gesellschafter verpflichtet, das Stimmrecht nach den Weisungen des Nießbrauchers auszuüben.[43]

23 Eine andere Frage ist, ob der Gesellschafter dem Nießbraucher das Stimmrecht **übertragen** kann. Von Teilen des Schrifttums wird dies zumindest dann für zulässig gehalten, sofern die übrigen Gesellschafter hierzu ihre Zustimmung erteilen und der Bereich der Grundlagengeschäfte von einer solchen Abrede ausgenommen ist.[44] Für eine solche Sichtweise sprechen gute Gründe. Jedenfalls wird man im Hinblick auf die dingliche Berechtigung des Nießbrauchers am Gesellschaftsanteil eine **Legitimationszession** nach aktienrechtlichem Vorbild zulassen müssen, aufgrund derer der Nießbraucher ermächtigt ist, das Stimmrecht im eigenen Namen auszuüben.[45] Die Praxis sieht dies freilich anders.[46] Gleichwohl sollte dies bei der Vertragsgestaltung nicht unberücksichtigt bleiben, da eine solche Stimmrechtsermächtigung jedenfalls in eine Vollmacht umgedeutet werden kann.[47] Die Legitimationszession berechtigt den Nießbraucher dann auch zur Teilnahme an der Gesellschafterversammlung; bei Erteilung einer Vollmacht gilt dies nur dann, wenn der Vollmachtgeber das Teilnahmerecht nicht selbst ausübt.[48] Soll der Nießbraucher zur Ausübung des Stimmrechts berechtigt sein, ist – wenn man das Interesse der Gesellschaft vor Augen hat – im Rahmen der Vertragsgestaltung darauf zu achten, dass der Nießbraucher eine angemessene Gewinnthesaurierung mittragen muss.

---

[41] BGH DB 1976, 2295 (2297); Beck Formularbuch/Hoffmann-Becking/Rawert/*Blaum/Scholz*, VIII. D. 24 Anm. 15.

[42] BGH DB 1976, 2295 (2297); Schlegelberger/*K. Schmidt* Vor § 335 HGB Rn. 22.

[43] *Teichmann* ZGR 1972, 1 (22); Beck Formularbuch/Hoffmann-Becking/Rawert/*Blaum/Scholz*, VIII. D. 24 Anm. 15; zu Einzelheiten vgl. *Reichert/Schlitt/Düll* GmbHR 1998, 565 (574); siehe auch MHdB GesR II/*Weipert* KG § 12 Rn. 65 ff.

[44] GK/*Schilling* § 161 HGB Rn. 48; Heymann/*Horn* § 161 HGB Rn. 71; Baumbach/Hopt/*Roth* § 119 HGB Rn. 20; E/B/J/S/*Wertenbruch* § 105 HGB Rn. 114; *Kruse* RNotZ 2002, 69 (75 f.); *Frank* MittBayNot 2010, 96 (99); einschränkend *K. Schmidt* ZGR 1999, 611 (bei gesellschaftsvertraglicher Verankerung).

[45] In diesem Sinne wohl auch Schlegelberger/*K. Schmidt*, Vor § 335 HGB Rn. 16; MHdB GesR II/*Escher/Haag* KG § 27 Rn. 57.

[46] OLG Koblenz NJW 1992, 2163 (2164) (zur GmbH). Offen gelassen von BGH NJW 1999, 571 (572); BayObLG ZIP 1986, 303 (305 f.) (ebenfalls zur GmbH).

[47] OLG Koblenz NJW 1992, 2163 (2164).

[48] Vgl. *Reichert/Schlitt* FS Flick, 217 (233).

Legt man den obigen Befund, wonach als Inhaber der Mitgliedschafts- **24** rechte der Gesellschafter verbleibt (Rn. 18 ff.), als richtig zugrunde, stehen dem Nießbraucher auch die **Auskunfts- und Einsichtsrechte** des Gesellschafters nach §§ 118, 166 HGB konsequenterweise nicht zu.[49] Der Nießbraucher hat danach Einsichts- und Auskunftsrechte nur insoweit, als er auf Informationen angewiesen ist, um den auf ihn entfallenden Gewinn zu ermitteln.[50] Er ist daher berechtigt, den Jahresabschluss der Gesellschaft einzusehen und sich bei dessen Überprüfung – freilich auf eigene Kosten – eines Sachverständigen zu bedienen. Ferner besitzt der Nießbraucher einen Auskunftsanspruch hinsichtlich der Entwicklung der Kapitalkonten des Bestellers und der Entstehung und der Höhe des Auseinandersetzungsguthabens.[51] Anspruchsgegner ist insoweit die Gesellschaft und nicht der den Nießbrauch bestellende Gesellschafter.[52]

Im Nießbrauchsbestellungsvertrag können dem Nießbraucher **weiterge- 25 hende Informationsrechte** gegenüber dem Gesellschafter eingeräumt werden. Informationsverpflichtungen der Gesellschaft gegenüber dem Nießbraucher können allerdings nur im Gesellschaftsvertrag begründet werden.[53]

b) Haftung. Im Grundsatz besteht Einigkeit darüber, dass die Nieß- **26** brauchsbestellung nichts an der Haftungssituation des **Gesellschafters** ändert. Mithin haftet die Komplementär-GmbH weiterhin unbeschränkt für die Gesellschaftsschulden (§ 128 HGB). Die Kommanditisten trifft eine Haftung im Rahmen der §§ 171, 172, 176 HGB. Umstritten ist, ob neben dem Gesellschafter auch noch der **Nießbraucher** für die Gesellschaftsverbindlichkeiten haftet. Diejenigen, die eine dingliche Mitberechtigung des Nießbrauchers am Gesellschaftsabteil annehmen, bejahen auch überwiegend seine Haftung im Außenverhältnis.[54] Nach herrschender und zutreffender Auffassung besteht eine zusätzliche Haftung des Nießbrauchers nicht.[55] Ob dem

---

[49] Vgl. Scholz/*Winter* § 15 GmbHG Rn. 217; *Teichmann* ZGR 1972, 1 (13); Hachenburg/*Zutt* Anh. § 15 GmbHG Rn. 61.

[50] MüKoHGB/*K. Schmidt* Vor § 230 HGB Rn. 21; E/B/J/S/*Wertenbruch* § 105 HGB Rn. 114; MüKoBGB/*Ulmer/Schäfer* § 705 BGB Rn. 100; MüKoBGB/*Pohlmann* § 1068 BGB Rn. 82; MHdB GesR II/*Escher/Haag* KG § 27 Rn. 65; *Wälzholz* DStR 2010, 1786 (1790); im Ergebnis so auch Staudinger/*Frank* Anh. §§ 1068, 1069 BGB Rn. 74.

[51] *Blaurock*, Unterbeteiligung, 147.

[52] *Reichert/Schlitt/Düll* GmbHR 1998, 565 (567); MüKoBGB/*Ulmer/Schäfer* § 705 BGB Rn. 100; MüKoBGB/*Pohlmann* § 1068 BGB Rn. 82; zweifelnd *Wälzholz* DStR 2010, 1786 (1790).

[53] *Reichert/Schlitt/Düll* GmbHR 1998, 565 (575).

[54] MüKoBGB/*Ulmer/Schäfer* § 705 BGB Rn. 106; *Ulmer* FS Fleck, 396; *Schön* ZHR 158 (1994), 229 (256).

[55] Baumbach/Hopt/*Roth* § 105 HGB Rn. 44; Heymann/*Emmerich* § 105 HGB Rn. 68; Staudinger/*Frank* Anh. §§ 1068, 1069 BGB Anm. 91; MüKoHGB/*K. Schmidt* Vor § 230 HGB Rn. 24; E/B/J/S/*Wertenbruch* § 105 HGB Rn. 116; *Finger* DB 1977, 1033 (1039); *Teichmann* ZGR 1972, 1 (14); *Blaurock*, Unterbeteiligung, 148 f.; MHdB GesR II/*Escher/Haag* KG § 27 Rn. 55; *Hadding/Schneider*, Gesellschaftsanteile, 78; *Huber*, Vermögensanteil, 417; *Süffel*, Nießbrauch, 382 f.; *Krafka/Kühn*, Registerrecht, Rn. 770; *Wälzholz* DStR 2010, 1786 (1789).

Gesellschafter bei einer Inanspruchnahme gegen den Nießbraucher ein interner Ausgleichsanspruch zusteht, richtet sich nach den im Innenverhältnis getroffenen Vereinbarungen. Ist nichts vereinbart, wird man einen solchen Anspruch in der Regel nicht annehmen können.

27 **c) Eintragung in das Handelsregister.** Ob der Nießbraucher neben dem Nießbrauchbesteller in das Handelsregister eingetragen werden kann oder gar muss, ist umstritten. Ein nicht unerheblicher Teil des Schrifttums geht davon aus, dass die Bestellung des Nießbrauchs eintragungsfähig ist.[56] Dies wird im Wesentlichen mit der Haftung des Nießbrauchers im Außenverhältnis (deren Befürworter gehen sogar von einer Eintragungspflicht aus) und (mehr noch) mit dem Gesichtspunkt der dem Nießbraucher zustehenden Mitverwaltungsrechte begründet. Sofern dem Nießbraucher kraft seiner Stellung oder aufgrund der getroffenen Vereinbarungen bestimmte Mitverwaltungsrechte in der Gesellschaft zustünden, gebe es ein sachliches Interesse des Rechtsverkehrs an der Verlautbarung dieser Einflussmöglichkeit des Nießbrauchers auf die Gesellschaft im Handelsregister. Diese Ansicht wird inzwischen auch von einer Reihe von Registergerichten geteilt.[57] Nimmt man allerdings im Einklang mit dem BGH und der herrschenden Meinung im Schrifttum an, dass die Mitgliedschaft nicht auf den Nießbraucher übergeht, wird man eine Eintragungspflicht abzulehnen haben.[58] Zudem ist ungeklärt, ab welchem Umfang von Mitwirkungsrechten die Eintragung geboten sein soll. Da der Nießbraucher sich gegen das aufgrund der Rechtsunsicherheit bestehende potentielle Risiko einer Außenhaftung nur durch seine Eintragung in das Handelsregister schützen kann, wird man jedoch in der Praxis die Anmeldung der Nießbrauchbestellung zum Handelsregister zu empfehlen haben, sofern nicht die Mitwirkungsrechte des Nießbrauchers vertraglich weitgehend ausgeschlossen wurden.

3. Umfang des Nießbrauchs

28 **a) Nutzungen, Lasten.** *aa) Nutzungen.* Der Nießbraucher kann als Ertrag der Beteiligung den auf den Gesellschafter entfallenden **Gewinnanteil** zuzüglich der dem Gesellschafter zugeschriebenen **Zinsen** beanspruchen (§§ 1030 Abs. 1, 100, 99 Abs. 2 BGB). Der Anspruch des Nießbrauchers bezieht sich nach hM jedoch nur auf den **entnahmefähigen** Gewinn, da der Nießbraucher nicht besser als der Gesellschafter gestellt werden

---

[56] GK/*Ulmer* § 105 HGB Rn. 128; MüKoBGB/*Pohlmann* § 1068 BGB Rn. 83; Staudinger/*Frank* Anh. §§ 1068, 1069 BGB Anm. 92; *Frank* MittBayNot 2010, 96 (97); Soergel/*Stürner* § 1068 BGB Rn. 7g; *Kruse* RNotZ 2002, 69 (83); *DNotI-Report 1999, 194*; *Lindemeier* RNotZ 2001, 155 (157); *Götz/Hülsmann*, Nießbrauch im Zivil- und Steuerrecht, Rn. 359.

[57] LG Köln RNotZ 2001, 170; LG Aachen RNotZ 2003, 398 (399); LG Oldenburg DNotI-Report 2008, 166; LG Aachen NZG 2009, 1157 (1158); OLG Stuttgart NZG 2013, 432, *das sich ua auch auf BGH NZG 2012, 385 (386) beruft.*

[58] BGH NJW 1999, 571 (572); MüKoHGB/*K. Schmidt* Vor § 230 HGB Rn. 16; E/B/J/S/*Wertenbruch* § 105 HGB Rn. 116; Heymann/*Emmerich* § 105 HGB Rn. 68; Koller/Roth/Morck/*Koller* § 105 HGB Rn. 23; Krafka/Kühn, Registerrecht, Rn. 770; *Teichmann* ZGR 1972, 1 (22); *Klose* DStR 1999, 807.

kann.[59] Dies bedeutet, dass der Nießbrauch nicht den gesamten auf den Anteil entfallenden Gewinn verlangen kann, sondern nur insoweit, als er nach der gesellschaftsvertraglichen Regelung entnahmefähig ist. Der Nießbraucher ist mithin an **gesellschaftsvertragliche Entnahmebeschränkungen** gebunden.[60] An dem auf dem Rücklagenkonto des Gesellschafters verbuchten Gewinn sowie am Zuwachs **stiller Reserven** partizipiert der Nießbraucher nicht.[61] Die Gesellschafter können auch außerordentliche Erträge von der Verteilung ausnehmen und in die Rücklage einstellen.[62] Anders als beim Unternehmensnießbrauch nimmt der Nießbraucher nur an den Erträgen des Anteils und nicht des gesamten Unternehmensvermögens teil. Nicht zur Ausschüttung gelangte, auf das Rücklagenkonto verbuchte Gewinne kann der Nießbraucher folglich nicht beanspruchen. Von der damit verbundenen Substanzvermehrung profitiert alleine der Nießbrauchsbesteller. Dies gilt selbst dann, wenn der auf den Anteil entfallende bilanzmäßige Gewinn steuerlich als Einkünfte des Nießbrauchers zu bewerten ist.[63] Ein Gesellschafterbeschluss oder eine **Änderung** des **Gesellschaftsvertrages**, durch den das Gewinnrecht oder Entnahmerecht des Gesellschafters zu Lasten des Nießbrauchers abgeändert wird, bedarf nach zutreffender Auffassung der Zustimmung des Nießbrauchers (§ 1071 Abs. 2 BGB).[64]

Bei der Bestellung eines Nießbrauchs an einem Kommanditanteil ist die Auszahlung des Gewinns nicht möglich, wenn der **Kapitalanteil unter** die übernommene **Einlage** gesunken ist oder durch die Auszahlung sinken würde (§ 169 Abs. 1, 2. Hs. HGB).[65] Eine Ausschüttung kommt demnach erst dann wieder in Betracht, wenn der Kapitalanteil die bedungene Einlage durch Zuschreibung von Gewinnen wieder erreicht hat.

Sind die dem Nießbraucher zustehenden entnahmefähigen Gewinne **nicht zur Auszahlung** bestimmt, werden sie dem Rücklagen- bzw. Darlehenskonto des Nießbrauchers gutgeschrieben und nach Beendigung des Nießbrauchs an den Nießbraucher ausgezahlt.[66]

Erfolgt die Nießbrauchsbestellung während des **laufenden Geschäftsjahres**, gebührt dem Nießbraucher ein diesem Zeitraum entsprechender Anteil am Gewinn (§ 101 Nr. 2 BGB). Hat er den ganzen auf das Jahr entfallenden Gewinn bereits erhalten, muss er den überschüssigen Betrag jedoch an den Gesellschafter auskehren. Ein Rückzahlungsanspruch der Gesellschaft

---

[59] RGZ 170, 358 (369); BGHZ 58, 316 (320); BGH WM 1975, 174; GK/*Ulmer* § 105 HGB Rn. 121; MüKoHGB/*K. Schmidt* Vor § 230 HGB Rn. 18; Baumbach/Hopt/*Roth* § 105 HGB Rn. 45; E/B/J/S/*Wertenbruch* § 105 HGB Rn. 112; MHdB GesR II/*Escher/Haag* KG § 27 Rn. 46; *Wiedemann*, Übertragung, 403; *Huber*, Vermögensanteil, 416; Staudinger/*Frank* Anh. zu §§ 1068, 1069 BGB Rn. 79; aA *Sudhoff* NJW 1971, 483; *Finger* DB 1977, 1033 (1038).
[60] BGHZ 58, 316 (321).
[61] *Blaurock*, Unterbeteiligung, 139; *Reichert/Schlitt/Düll* GmbHR 1998, 565 (567); *Brandi/Mühlmeier* GmbHR 1997, 734 (735).
[62] GK/*Ulmer* § 105 HGB Rn. 121; E/B/J/S/*Wertenbruch* § 105 HGB Rn. 112.
[63] BGHZ 58, 316 (321).
[64] GK/*Schilling* § 161 HGB Rn. 48.
[65] BGHZ 58, 316 (321); GK/*Schilling* § 161 HGB Rn. 47.
[66] MHdB GesR II/*Escher/Haag* KG § 27 Rn. 46.

besteht demgegenüber nicht. Umgekehrt hat der Gesellschafter dem Nießbraucher den auf ihn entfallenden Anteil auszukehren, wenn der Nießbrauch während des laufenden Geschäftsjahres beendet wird.[67]

32   Nach herrschender Auffassung partizipiert der Nießbraucher an einer Ausschüttung von **Gewinnvorträgen** oder der Auflösung von **Rücklagen**, die **vor** der **Nießbrauchseinräumung** gebildet wurden.[68] Die Gegenauffassung nimmt hier einen Ausgleichsanspruch des Gesellschafters gegenüber dem Nießbraucher auf Auskehrung des anteiligen Gewinns analog § 1039 BGB an.[69] Umgekehrt stehen nach überwiegender Meinung **zur Zeit** des **Nießbrauchs** gebildete, aber erst nach dessen Beendigung aufgelöste Gewinnvorträge bzw. Rücklagen dem Gesellschafter zu.[70] Die Vertragsparteien sind jedoch frei darin, im Nießbrauchsvertrag eine abweichende Regelung zu treffen, etwa einen Ausgleichsanspruch des Nießbrauchers zu stipulieren.

33   Umstritten ist, ob der Nießbraucher das **Kapitalentnahmerecht** nach § 122 HGB selbst ausüben kann. Da ein Kommanditist gemäß § 169 HGB ein solches gewinnunabhängiges Entnahmerecht nicht besitzt, stellt sich diese Frage nur bei Belastung der Anteile der Komplementär-GmbH an der KG und hier auch nur dann, wenn der Kapitalentnahmeanspruch im Gesellschaftsvertrag nicht abbedungen ist. Verbreitet wird dem Nießbraucher ein Entnahmerecht wenigstens dann zugebilligt, wenn die Entnahmen durch Gewinne gedeckt sind.[71] Die Gegenansicht nimmt an, dass das Entnahmerecht beim Gesellschafter verbleibt.[72] Dies überzeugt. Die erstgenannte Auffassung übersieht, dass das Entnahmerecht zu Lasten der Substanz wirkt, während der Nießbrauch auf die Erträge beschränkt ist. Hat der Gesellschafter jedoch Entnahmen getätigt und führt dies dazu, dass sich die zur Ausschüttung gelangenden Gewinne durch die Wiederauffüllung des Kapitalkontos vermindern, ist er dem Nießbraucher zum Schadensersatz verpflichtet.[73]

34   *bb) Lasten.* Dem Nießbraucher stehen nicht nur die Nutzungen des Anteils zu, ihn treffen auch die mit dem Anteil verbundenen Lasten, insbesondere die **Steuern**, die an die Nießbrauchsache selbst anknüpfen (§ 1047 BGB).[74]

---

[67] Vgl. *Reichert/Schlitt* FS Flick, 217 (233).
[68] *Petzoldt* GmbHR 1987, 388; *Reichert/Schlitt* FS Flick, 217 (234); MüKoBGB/ *Pohlmann* § 1068 BGB Rn. 59; aA Staudinger/*Frank* Anh. §§ 1068, 1069 BGB Rn. 81; *Wälzholz* DStR 2010, 1786 (1789).
[69] *Schön* ZHR 158 (1994), 229 (243).
[70] *Reichert/Schlitt/Düll* GmbHR 1998, 565 (568); MüKoHGB/*K. Schmidt* Vor § 230 HGB Rn. 18; MüKoBGB/*Pohlmann* § 1068 BGB Rn. 59; Staudinger/*Frank* Anh. §§ 1068, 1069 BGB Rn. 80; aA *Schön* ZHR 158 (1994), 229 (243): Ausgleichsanspruch des Nießbrauchers analog § 1049 BGB; dem folgend *Wälzholz* DStR 2010, 1786 (1789).
[71] *Teichmann* ZGR 1972, 1 (9); *Finger* DB 1977, 1033 (1037); MüKoBGB/*Pohlmann* § 1068 BGB Rn. 61; Staudinger/*Frank* Anh. §§ 1068, 1069 BGB Rn. 85; Beck Hdb. Personengesellschaften/*Müller* § 4 Rn. 31; *Brandi/Mühlmeier* GmbHR 1997, 734 (735); *Wälzholz* DStR 2010, 1786 (1789).
[72] GK/*Ulmer* § 105 HGB Rn. 122; Baumbach/Hopt/*Roth* § 105 HGB Rn. 45; E/B/J/S/*Wertenbruch* § 105 HGB Rn. 112; wohl auch *Huber*, Vermögensanteil, 416.
[73] GK/*Ulmer* § 105 HGB Rn. 122; vgl. auch *Blaurock*, Unterbeteiligung, 142.
[74] Vgl. OLG Karlsruhe WM 1989, 534; GK/*Ulmer* § 105 HGB Rn. 121; E/B/J/S/ *Wertenbruch* § 105 HGB Rn. 113.

Am **Verlust** ist der Nießbraucher – vorbehaltlich einer abweichenden Vereinbarung im Innenverhältnis – nicht beteiligt.[75] Anderes gilt selbstverständlich dann, wenn die Parteien nicht nur einen Nießbrauch, sondern eine treuhänderische Übertragung des Gesellschaftsanteils vorgenommen haben, da dies mit einem Wechsel der Gesellschafterstellung verbunden ist (zur Treuhand vgl. → § 40 Rn. 30 ff.).

b) Surrogate. Während der Nießbrauch bei **Übertragung** des Gesellschaftsanteils als dingliche Belastung am Gesellschaftsanteil erhalten bleibt, setzt er sich bei dessen **Untergang** – vorbehaltlich einer abweichenden Vereinbarung der Beteiligten – an den Surrogaten fort (§§ 1074, 1075 BGB analog). Bei Auflösung der Gesellschaft erstreckt sich der Nießbrauch folglich auf das **Auseinandersetzungsguthaben**, bei Ausscheiden des Gesellschafters auf den **Abfindungsanspruch**. Hierüber besteht im wirtschaftlichen Ergebnis Einigkeit. Streitig ist allein, ob der Nießbraucher lediglich einen schuldrechtlichen Anspruch auf Bestellung des Nießbrauchs an den Surrogaten hat[76] oder ob sich der Nießbrauch – wie mit Recht angenommen wird – automatisch an den Surrogaten des Anteils fortsetzt.[77] Nicht zuletzt aus steuerlichen Gesichtspunkten empfehlen sich häufig ausdrückliche Vereinbarungen.[78]

Da das Auseinandersetzungsguthaben oder der Abfindungsanspruch kein Ertrag der Beteiligung sind, hat der Nießbraucher zwar keinen darauf gerichteten Auszahlungsanspruch, wohl aber steht ihm ein Anspruch auf Auskehrung der angefallenen Zinsen zu.[79] Um zu gewährleisten, dass die Substanz vom Gesellschafter nicht zu Lasten des Nießbrauchers angegriffen wird, kann der Nießbraucher verlangen, dass der Gesellschafter das Guthaben wirtschaftlich sinnvoll anlegt.[80]

c) Kapitalerhöhung. *aa) Bezugsrecht des Nießbrauchers.* Fraglich ist, wie sich eine von den Gesellschaftern der GmbH & Co. KG beschlossene Kapitalerhöhung auf die Rechtsposition des Nießbrauchers auswirkt. In diesem Zusammenhang stellt sich zunächst die Frage, ob dem Nießbraucher ein „**Bezugsrecht**" auf einen im Rahmen der Kapitalerhöhung geschaffenen

---

[75] *Teichmann* ZGR 1972, 1 (14); MüKoHGB/*K. Schmidt* Vor § 230 HGB Rn. 23; MüKoBGB/*Ulmer/Schäfer* § 705 BGB Rn. 103; Heymann/*Emmerich* § 105 HGB Rn. 67c; Schlegelberger/*K. Schmidt* Vor § 335 HGB Rn. 18; MHdB GesR II/*Escher/Haag* KG § 27 Rn. 55; E/B/J/S/*Wertenbruch* § 105 HGB Rn. 113.
[76] So aber *Wiedemann*, Übertragung, 403; Palandt/*Bassenge* § 1068 BGB Rn. 3; E/B/J/S/*Wertenbruch* § 105 HGB Rn. 113; MüKoHGB/*K. Schmidt* Vor § 230 HGB Rn. 19, der einen solchen Anspruch nur dann zubilligt, wenn eine Auslegung des Nießbrauchbestellungsvertrages zum Ergebnis gelangt, dass die Nutzungsrechte des Nießbrauchers auch noch nach Untergang der Beteiligung bestehen sollen.
[77] Wie hier MüKoBGB/*Ulmer/Schäfer* § 705 BGB Rn. 105; Staudinger/*Frank* Anh. §§ 1068, 1069 BGB Rn. 88; *Kruse* RNotZ 2002, 69 (79).
[78] Vgl. *Brambring* DNotZ 2003, 565 (570 f.); *Götz/Hülsmann* DStR 2010, 2377 f.
[79] MüKoHGB/*K. Schmidt* Vor § 230 HGB Rn. 19; *Brandi/Mühlmeier* GmbHR 1997, 734 (735).
[80] MüKoBGB/*Ulmer/Schäfer* § 705 BGB Rn. 105 im Anschluss an *Wiedemann*, Übertragung, 403.

Anteil zusteht. Dies wird bei der Kapitalerhöhung **gegen Einlagen** von der ganz hM zutreffend verneint.[81] Aber auch bei der Kapitalerhöhung **aus Gesellschaftsmitteln** liegt kein Ertrag in Form einer nachträglichen Gewinnausschüttung vor, der Grundlage für ein Bezugsrecht des Nießbrauchers sein könnte. Sieht der Gesellschaftsvertrag der GmbH & Co. KG – wie häufig – eine Kombination aus festen und variablen Kapitalkonten vor, bei denen das konstant bleibende Konto (Kapitalkonto) für den Anteil des Gesellschafters an den Mitgliedschaftsrechten maßgebend ist, erfolgt die Kapitalerhöhung aus Gesellschaftsmitteln durch Umbuchung von Guthabensbeträgen auf dem Rücklagenkonto auf das (Fest)Kapitalkonto. Hierdurch ändert sich der wirtschaftliche Wert der Beteiligung nicht. Vielmehr handelt es sich der Sache nach nur um eine Umwandlung von gebundenem in unverteilbares Gesellschaftsvermögen. Würde man dem Nießbraucher in diesem Fall ein Bezugsrecht einräumen, würde sich die Beteiligung des Gesellschafters wirtschaftlich verringern. Dies gilt selbst dann, wenn die Kapitalerhöhung aus Rücklagen geschaffen wurde, die im Falle ihrer Auflösung dem Nießbraucher gebührt hätten.[82]

38 *bb) Erstreckung des Nießbrauchs.* Dieser Befund leitet über zu der Folgefrage, ob sich der Nießbrauch auch auf den **erhöhten Gesellschaftsanteil** erstreckt. Insoweit ist zutreffenderweise zwischen einer Kapitalerhöhung aus Gesellschaftsmitteln und Kapitalerhöhung gegen Einlagen zu differenzieren. Erfolgt die Kapitalerhöhung **aus Gesellschaftsmitteln** in der oben beschriebenen Weise durch Umbuchung vom Rücklagenkonto auf das (Fest)Kapitalkonto, findet eine automatische Erstreckung des Nießbrauchs statt, so dass dem Nießbraucher auch die auf den erhöhten Kapitalanteil entfallenden Gewinnanteile zustehen.[83]

39 Anders verhält es sich, wenn die Erhöhung der Kapitalanteile auf einer zusätzlichen **Einlage** des Gesellschafters beruht. In diesem Zusammenhang ist zunächst zu beachten, dass der Anteil an einer Personengesellschaft – anders als der Anteil an einer Kapitalgesellschaft – immer nur einheitlich gesehen werden kann, der Gesellschafter also keine verschiedenen Anteile halten kann. Nach einer teilweise vertretenen Auffassung kann der Gesellschafter auch die auf den erhöhten Anteil entfallenden Nutzungen beanspruchen.[84]

---

[81] BGHZ 58, 316 (319); *Blaurock,* Unterbeteiligung, 145; *Teichmann* ZGR 1972, 18; MHdB GesR II/*Escher/Haag* KG § 27 Rn. 50.

[82] BGHZ 58, 316 (319); OLG Bremen DB 1970, 1436 (zur AG); Baumbach/Hopt/*Roth* § 105 HGB Rn. 45; MüKoBGB/*Pohlmann* § 1068 BGB Rn. 63; Staudinger/*Frank* Anh. §§ 1068, 1069 BGB Rn. 87; GK/*Schilling* § 161 HGB Rn. 47; *Blaurock,* Unterbeteiligung, 145; MHdB GesR II/*Escher/Haag* KG § 27 Rn. 48f.; MüKoHGB/*K. Schmidt* Vor § 230 HGB Rn. 20; E/B/J/S/*Wertenbruch* § 105 HGB Rn. 112; vgl. auch *Heidecker* NJW 1956, 892.

[83] BGH WM 1982, 1433 (1434) (obiter dictum); GK/*Schilling* § 161 HGB Rn. 47; MHdB GesR II/*Escher/Haag* KG § 27 Rn. 49; MüKoHGB/*K. Schmidt* Vor § 230 HGB Rn. 20; E/B/J/S/*Wertenbruch* § 105 HGB Rn. 112; *Reichert/Schlitt/Düll* GmbHR 1998, 565 (569); *Brandi/Mühlmeier* GmbHR 1997, 734 (735); aA Beck Hdb. Personengesellschaften/*Müller* § 4 Rn. 31.

[84] *Heymann/Horn* § 161 HGB Rn. 71; MüKoBGB/*Ulmer/Schäfer* § 705 BGB Rn. 104.

Begründet wird dies unter Hinweis darauf, dass der Gesellschafter die Einlage mit eigenen Mitteln erbracht habe. Dies überzeugt nicht, da diese Betrachtung die tatsächliche Wertentwicklung außer Acht lässt. Vielmehr hat der Gesellschafter dem Nießbraucher einen **anteiligen Nießbrauch** an dem erhöhten Gesellschaftsanteil zu **bestellen**. Der Gewinn ist zwischen Besteller und Nießbraucher danach in der Weise aufzuteilen, dass dem Besteller der auf den erhöhten Anteil entfallende Gewinn insoweit zusteht, als der Wert seines Anteils durch die Kapitalerhöhung tatsächlich gestiegen ist.[85] Der Besteller kann mit anderen Worten nur denjenigen Betrag für sich beanspruchen, der dem Verhältnis des inneren Wertes seines Anteils vor der Kapitalerhöhung zu dem Wert der Einlage entspricht. Hat der Kommanditist seinen bisherigen Anteil im Nominalwert von EUR 400.000,– mit einem Verkehrswert von EUR 4 Mio., um EUR 200.000,– erhöht, kann der Gesellschafter ein Zwanzigstel des auf den erhöhten Anteil entfallenden Gewinns beanspruchen.[86] Der Gewinn des erhöhten Anteils ist mit anderen Worten nicht im Verhältnis der Nominalbeträge (in unserem Beispiel 2 : 1), sondern im Verhältnis des Verkehrswertes zum Erhöhungsbetrag (hier: EUR 4 Mio. : EUR 200.000) aufzuteilen.

Interessenkonflikte drohen dann, wenn der bezugsberechtigte Gesellschafter nicht bereit ist, von dem ihm zustehenden **Bezugsrecht** Gebrauch zu machen, etwa, weil er die hierfür erforderlichen Mittel nicht aufbringen kann. In diesem Fall würde der Gesellschafter den Anspruch des Nießbrauchers auf Bestellung eines Nießbrauchs an einem Teil des Anteilszuwachses als Ausgleich für den inneren Wertverlust des belasteten Anteils vereiteln. Stellt der Nießbraucher dem Gesellschafter die benötigten Mittel zur Verfügung, ist der Gesellschafter daher zur Ausübung des Bezugsrechts verpflichtet. Andernfalls steht dem Nießbraucher ein Schadensersatzanspruch zu. Da der Gesellschafter in den übrigen Fällen zur Ausübung seines Bezugsrechts nicht gezwungen werden kann, sprechen gute Gründe dafür, eine Pflicht des Gesellschafters anzunehmen, das Bezugsrecht auf den Nießbraucher zu übertragen, vorausgesetzt, der Gesellschaftsvertrag lässt eine solche Übertragung zu. 40

d) Abweichende Vereinbarungen. Die Beteiligten können den Umfang der auf den Nießbraucher entfallenden Nutzungen im Innenverhältnis abweichend regeln. So kann etwa vereinbart werden, dass der Nießbrauch sich nur auf einen **Teil des Gesellschaftsanteils** erstreckt mit der Folge, dass der Nießbraucher nur einen Teil des auf den Anteil entfallenden Gewinns beanspruchen kann (sog. Quotennießbrauch).[87] Ferner sind Bestim- 41

---

[85] So auch BGH WM 1982, 1433 (1434); GK/*Schilling* § 161 HGB Rn. 47; MHdB GesR II/*Escher/Haag* KG § 27 Rn. 50; Staudinger/*Frank* Anh. §§ 1068, 1069 BGB Rn. 87; wohl auch *Brandi/Mühlmeier* GmbHR 1997, 734 (735 f.).
[86] Zahlenbeispiel nach BGH WM 1982, 1433 (1434).
[87] *Reichert/Schlitt/Düll* GmbHR 1998, 565 (566); *Janßen/Nickel*, Unternehmensnießbrauch, 141; Beck Hdb. Personengesellschaften/*Müller* § 4 Rn. 31; MüKoHGB/ *K. Schmidt* Vor § 230 HGB Rn. 17; MHdB GesR III/*Kraus* § 26 Rn. 66, der von der Vereinbarung eines Quotennießbrauchs abrät, weil dies zu einer Nutzungs- und Verwaltungsgemeinschaft gem. §§ 741 ff. BGB zwischen Besteller und Nießbraucher führe, für die wegen widerstreitender Interesen ein erhebliches Konfliktpotential bestehe.

mungen denkbar, nach denen eine **Thesaurierung von Gewinnen** nur in einem bestimmten Rahmen möglich ist. Auch kann sich der Gesellschafter gegenüber dem Nießbraucher verpflichten, alle Maßnahmen zu ergreifen, die erforderlich sind, damit ein Mindestbetrag des Gewinnes zur Ausschüttung gelangt, und für den Fall, dass dies nicht gelingt, an den Nießbraucher eine entsprechende Ausgleichszahlung zu leisten. Gegenstand einer zwischen Gesellschafter und Nießbraucher getroffenen Vereinbarung kann sein, auf welche Weise die **Surrogate** des Anteils (vgl. → Rn. 35 f.) anzulegen sind.

42 Darüber hinaus kann bestimmt werden, wer im Fall einer **Kapitalerhöhung** vom Bezugsrecht Gebrauch machen darf und wer bei einer Kapitalerhöhung gegen Einlagen die hierfür erforderlichen Mittel zur Verfügung stellen muss. Im Hinblick auf die Verpflichtung des Gesellschafters, einen anteiligen Nießbrauch am erhöhten Gesellschaftsanteil zu bestellen, sollte bestimmt werden, nach welchen Grundsätzen der Wert der Gesellschaftsanteile zu ermitteln ist.

4. Untergang von Gesellschaftsanteilen

43 Ein dem Nießbrauch unterliegendes Recht kann nur mit Zustimmung des Nießbrauchers aufgehoben werden (§ 1071 BGB). Für den Fall des Anteilsnießbrauchs folgt hieraus, dass der Gesellschafter grundsätzlich keine **Verfügungen über die Mitgliedschaft** vornehmen darf, die zum Untergang oder inhaltlichen Änderung des belasteten Anteils führen.[88] Anderes gilt nur dann, wenn der Gesellschafter den Untergang des Gesellschaftsanteils aus **wichtigem Grund**, insbesondere durch Erhebung einer Auflösungsklage (§ 133 HGB) oder Ausspruch einer außerordentlichen Kündigung, bewirkt.[89] Insoweit herrscht Einigkeit darüber, dass der Gesellschafter den Beschränkungen des § 1071 BGB dann nicht unterliegt.

44 Ob in den übrigen Fällen eine fehlende Zustimmung des Nießbrauchers zur Unwirksamkeit der Beendigungserklärung des Gesellschafters, etwa der von ihm ausgesprochenen **ordentlichen Kündigung**, führt[90] oder sich die fehlende Zustimmung lediglich im Innenverhältnis auswirkt mit der Folge einer Schadensersatzpflicht des Gesellschafters gegenüber dem Nießbraucher,[91] ist umstritten. Geht man mit der hier vertretenen Auffassung davon aus, dass die Mitgliedschaftsrechte beim Gesellschafter verblieben, erscheint es folge-

---

[88] MüKoBGB/*Ulmer/Schäfer* § 705 BGB Rn. 102; MHdB GesR II/*Escher/Haag* KG § 27 Rn. 25.

[89] GK/*Ulmer* § 105 HGB Rn. 125; MüKoHGB/*K. Schmidt* Vor § 230 HGB Rn. 22.

[90] LG Aachen RNotZ 2003, 398 (399); idS GK/*Ulmer* § 105 HGB Rn. 125 und Staudinger/*Frank* Anh. §§ 1068, 1069 BGB Rn. 76 mit der Einschränkung, dass es auf die Zustimmung des Nießbrauchers dann nicht ankommt, wenn die Änderung nach dem Gesellschaftsvertrag durch Mehrheitsbeschluss herbeigeführt werden kann.

[91] OLG Hamm OLGZ 1971, 226 (zur GmbH); OLG Düsseldorf NZG 1999, 26; differenzierend *Kruse* RNotZ 2002, 69 (82), die für den gesetzlichen Regelfall nur von einer Wirkung im Innenverhältnis ausgeht; werden dem Nießbraucher allerdings vertraglich Mitverwaltungsrechte eingeräumt, werde er quasi Mitglied der Gesellschaftergruppe, weshalb er seinen Zustimmungsvorbehalt auch gegen die Mitgesellschafter durchsetzen könne.

richtig, dem Rechtsinhaber auch die Befugnis zuzubilligen, über den Bestand der Mitgliedschaft im Außenverhältnis allein zu entscheiden. Das Fehlen einer Zustimmung kann sich dann nur intern auswirken.[92]

Keinem Zustimmungsvorbehalt unterliegen Verfügungen über einzelne **Gegenstände des Gesellschaftsvermögens**, da der Nießbrauch am Gesellschaftsanteil selbst und nicht an den einzelnen Vermögensgegenständen bestellt wird. Der Auffassung des OLG Hamm,[93] wonach bei Bestellung eines Nießbrauchs am Gesellschaftsanteil ein Grundbuchberichtigungsvermerk einzutragen ist, ist daher nicht zu folgen.[94] **45**

Eine **Übertragung** des Gesellschaftsanteils berührt den Nießbrauch nicht. Soweit der Anteil nach dem Gesellschaftsvertrag veräußerlich gestellt ist, bleibt der Gesellschafter zu einer Abtretung an einen Dritten berechtigt. Der Dritte erwirbt den Gesellschaftsanteil dann mit dem Nießbrauch belastet. **46**

III. Nießbrauch an den Geschäftsanteilen an der Komplementär-GmbH

1. Zulässigkeit und Bestellung

Gegenstand des Nießbrauchs können auch die Geschäftsanteile an der Komplementär-GmbH sein (§§ 1068 BGB, 15 GmbHG).[95] Für die Bestellung eines Nießbrauchs an den Geschäftsanteilen der Komplementär-Gesellschaft gelten in vieler Hinsicht die gleichen Grundsätze wie für die Belastung von Kommanditanteilen. An dieser Stelle sollen daher nur die GmbH-spezifischen Besonderheiten dargestellt werden; im Übrigen wird auf die vorangegangenen Ausführungen zur Bestellung des Nießbrauchs an KG-Anteilen (→ Rn. 8 ff.) verwiesen. **47**

Da sich die Tätigkeit der Komplementär-GmbH häufig nur auf die Übernahme der Stellung als persönlich haftende Gesellschafterin der KG beschränkt, hat die Bestellung eines Nießbrauchs an ihren Geschäftsanteilen in der Praxis allerdings **nur eingeschränkte Bedeutung**. Anders verhält es sich in der personengleichen GmbH & Co. KG, bei der anlässlich einer Nießbrauchsbestellung an Kommanditanteilen zumeist gleichzeitig auch die Geschäftsanteile der persönlich haftenden Gesellschafterin mitbelastet werden, oder wenn die Komplementär-GmbH aufgrund einer anderweitigen unternehmerischen Tätigkeit selbst Erträge erwirtschaftet. **48**

Die dingliche Bestellung des Nießbrauchs an den Geschäftsanteilen der Komplementär-GmbH bedarf der **notariellen Form** (§§ 1069 BGB, 15 **49**

---

[92] Hierzu und zu vertraglichen Gestaltungsmöglichkeiten vgl. eingehend *Reichert/Schlitt* FS Flick, 217 (241).
[93] OLG Hamm OLGZ 1977, 283 (288) (zur GbR) (bestätigt in OLG Düsseldorf NZG 2004, 415); vgl. aber auch OLG Hamm OLGZ 1987, 175.
[94] Zutr. demgegenüber Schlegelberger/*K. Schmidt* Vor § 335 HGB Rn. 17; Staudinger/*Frank* Anh. §§ 1068, 1069 BGB Rn. 76, 93.
[95] Zum Nießbrauch an GmbH-Geschäftsanteilen eingehend *Reichert/Schlitt* FS Flick, 217 ff.

Abs. 3 GmbHG). Demgegenüber kann die schuldrechtliche Verpflichtung zur Einräumung eines Nießbrauchs formlos eingegangen werden.[96] In der Regel kann eine formunwirksame Bestellung in eine wirksame Verpflichtung zur Bestellung eines Nießbrauchs umgedeutet werden.

50 Die Belastung eines Geschäftsanteils mit einem Nießbrauch muss in der Satzung nicht gesondert zugelassen werden. Statutarische Bestimmungen, die die Bestellung eines Nießbrauchs ausschließen oder von bestimmten Voraussetzungen abhängig machen, sind ohne weiteres zulässig.[97] Sind die Geschäftsanteile nach der Satzung **vinkuliert**, so gelten die Zustimmungserfordernisse, die die Abtretbarkeit von Geschäftsanteilen an die Zustimmung der Gesellschafterversammlung, aller oder einzelner Gesellschafter knüpfen, regelmäßig auch für die Nießbrauchsbestellung.[98] Das Ermessen der Gesellschafter, die Zustimmung zur Belastung des Anteils zu versagen, ist aufgrund der gesellschafterlichen Treuepflicht eingeschränkt.[99]

51 Die Wirksamkeit des Nießbrauchs hängt nicht von einer **Anzeige** gegenüber der Gesellschaft ab. Allerdings kann der Nießbraucher seine Rechte gegenüber der Gesellschaft ohne eine Anzeige gegenüber der Gesellschaft nicht wirksam ausüben (Gedanke des § 407 BGB).[100] Eine Eintragung des Nießbrauchers in die Gesellschafterliste (§ 40 GmbHG) ist weder erforderlich noch möglich.[101]

2. Rechtsstellung der Beteiligten

52 Anders als bei einer Nießbrauchsbestellung an Personengesellschaftsanteilen entspricht es der ganz hM, dass der Nießbrauchsbesteller weiterhin Gesellschafter verbleibt, der Nießbraucher also nicht in den Gesellschafterverband

---

[96] Scholz/*Seibt* § 15 GmbHG Rn. 213; Baumbach/Hueck/*Fastrich* § 15 GmbHG Rn. 52.
[97] *Reichert/Schlitt/Düll* GmbHR 1998, 565 (566); MHdB GesR III/*Kraus* § 26 Rn. 68; Michalski/*Ebbing* § 15 GmbHG Rn. 193.
[98] OLG Koblenz NJW 1992, 2163 (2164); Scholz/*Seibt* § 15 GmbHG Rn. 212; MüKoHGB/*K. Schmidt* Vor § 230 HGB Rn. 25; MüKoGmbHG/*Reichert/Weller* § 15 GmbHG Rn. 327; *Reichert/Schlitt/Düll* GmbHR 1998, 565 (566); *Reichert*, Zustimmungserfordernis, 65; *Schön* ZHR 158 (1994), 229 (239).
[99] Vgl. *Reichert/Winter* FS 100 Jahre GmbHG, 209.
[100] Scholz/*Seibt* § 15 GmbHG Rn. 213; MüKoHGB/*K. Schmidt* Vor § 230 HGB Rn. 25; Michalski/*Ebbing* § 15 GmbHG Rn. 193; Rowedder/Schmidt-Leithoff/*Görner* § 15 GmbHG Rn. 87; MHdB GesR III/*Kraus* § 26 Rn. 69; Staudinger/*Frank* Anh. §§ 1068, 1069 BGB Rn. 103.
[101] HM MüKoHGB/*K. Schmidt* Vor § 230 HGB Rn. 25; Michalski/*Ebbing* § 16 GmbHG Rn. 12, 251; Baumbach/Hueck/*Fastrich* § 16 GmbHG Rn. 9, 26, 39; Lutter/Hommelhoff/*Bayer* § 16 GmbHG Rn. 6, § 40 GmbHG Rn. 7a; Roth/Altmeppen/*Altmeppen* § 16 Rn. 59; Scholz/*Seibt* § 16 GmbHG Rn. 15 f., 20 (jedoch Eintragungsfähigkeit bei Satzungsgrundlage); siehe auch BGH NZG 2011, 1268; OLG München NZG 2011, 473 (474); aA und für Eintragungsfähigkeit MüKoBGB/*Pohlmann* § 1069 BGB Rn. 11; *Mohr/Jainta* GmbH-StB 2010, 269 (270); Baumbach/Hueck/*Zöllner/Noack* § 40 GmbHG Rn. 15b; LG Aachen RNotZ 2009, 409 mit zust. Anm. *Reymann*; MüKoGmbHG/*Heidinger* § 16 GmbHG Rn. 91 ff., 270 ff., § 40 GmbHG Rn. 22, 57 ff.

einrückt.¹⁰² Nur vereinzelt wird die Meinung vertreten, dass die **Gesellschafterstellung** auf den Nießbraucher übergeht¹⁰³ oder dass der Nießbraucher neben dem Gesellschafter Mitglied der Gesellschaftergruppe wird.¹⁰⁴

Bei der GmbH konzentriert sich die Diskussion vornehmlich darauf, wem die **Mitgliedschaftsrechte**, insbesondere das Stimmrecht, zugeordnet werden. Das Meinungsspektrum ist breit. Zum Teil wird das Stimmrecht dem Nießbraucher zugewiesen.¹⁰⁵ Andere teilen das Stimmrecht zwischen Nießbraucher und Besteller auf.¹⁰⁶ Eine dritte Meinung will das Stimmrecht von Nießbraucher und Gesellschafter gemeinsam ausgeübt wissen.¹⁰⁷ Nach der zutreffenden herrschenden Auffassung verbleibt das **Stimmrecht** grundsätzlich beim Gesellschafter, der bei der Ausübung des Stimmrechts jedoch auch die Interessen des Nießbrauchers angemessen berücksichtigen muss.¹⁰⁸ 53

Folgt man der herrschenden Auffassung, stellt sich die weitergehende Frage, inwieweit das Stimmrecht dem Nießbraucher vertraglich zugewiesen werden kann. Die wohl noch überwiegende Meinung lehnt eine **Legitimationszession** nach aktienrechtlichem Vorbild (§ 129 Abs. 3 AktG) ab.¹⁰⁹ Die hiergegen vorgebrachten Einwände überzeugen indessen nicht.¹¹⁰ In jedem Fall kann der Gesellschafter den Nießbraucher bevollmächtigen, das Stimmrecht für ihn auszuüben. Die **Vollmacht** kann unwiderruflich erteilt werden, solange der Gesellschafter zum Widerruf aus wichtigem Grund berechtigt bleibt.¹¹¹ 54

Das umfassende **Informationsrecht** des Gesellschafters nach § 51a GmbHG steht dem Nießbraucher nicht zu.¹¹² Er ist gegenüber der Gesell- 55

---

¹⁰² Statt aller Baumbach/Hueck/*Fastrich* § 15 GmbHG Rn. 53.
¹⁰³ *Sudhoff* NJW 1974, 2207; *Sudhoff* GmbHR 1971, 54.
¹⁰⁴ *Schön*, ZHR 158 (1994), 256; *Götz/Hülsmann*, Nießbrauch im Zivil- und Steuerrecht, Rn. 214.
¹⁰⁵ MüKoBGB/*Petzoldt* § 1068 BGB 3. Aufl. Rn. 34; *Sudhoff* GmbHR 1971, 54.
¹⁰⁶ *Fleck* FS Fischer, 125f.; *Jansen/Jansen*, Nießbrauch im Zivil- und Steuerrecht, 8. Aufl., Rn. 65; ähnlich *Janßen/Nickel*, Unternehmensnießbrauch, 38.
¹⁰⁷ *Schön* ZHR 158 (1994), 229 ff.
¹⁰⁸ OLG Koblenz NJW 1992, 2163 (2164); *Wiedemann*, Übertragung, 408 ff.; MHdB GesR III/*Kraus* § 26 Rn. 76; Rowedder/Schmidt-Leithoff/*Görner* § 15 GmbHG Rn. 92; Scholz/*Seibt* § 15 GmbHG Rn. 217; MüKoGmbHG/*Reichert/Weller* § 15 GmbHG Rn. 335; MüKoBGB/*Pohlmann* § 1068 BGB Rn. 68 ff.; *Milatz/Sonneborn* DStR 1999, 138 f.; *Reichert/Schlitt/Düll* GmbHR 1998, 565 (567).
¹⁰⁹ OLG Koblenz NJW 1992, 2163 (2164); Baumbach/Hueck/*Zöllner* § 47 GmbHG Rn. 41; Scholz/*Seibt* § 15 GmbHG Rn. 217; MüKoHGB/*K. Schmidt* Vor § 230 HGB Rn. 27; Rowedder/Schmidt-Leithoff/*Görner* § 15 GmbHG Rn. 92; *Hesselmann* GmbHR 1959, 22.
¹¹⁰ Vgl. → Rn. 23; wie hier MüKoGmbHG/*Reichert/Weller* § 15 GmbHG Rn. 342; Michalski/*Ebbing* § 15 GmbHG Rn. 202; Staudinger/*Frank* Anh. §§ 1068, 1069 BGB Rn. 102; wohl auch Lutter/Hommelhoff/*Bayer* § 15 GmbHG Rn. 102; *Fleck* FS Fischer, 107 f.
¹¹¹ Wie hier MHdB GesR III/*Kraus* § 26 Rn. 77; Lutter/Hommelhoff/*Bayer* § 15 GmbHG Rn. 102; Michalski/*Ebbing* § 15 GmbHG Rn. 202; Scholz/*Seibt* § 15 GmbHG Rn. 217; aA OLG Koblenz NJW 1992, 2163 (2165).
¹¹² *Reichert/Schlitt/Düll* GmbHR 1998, 565 (567).

schaft nur insoweit berechtigt, in die Geschäftsunterlagen Einsicht zu nehmen und Auskunft zu verlangen, wie es zur Ausübung seines Nießbrauchsrechts erforderlich ist.[113]

3. Umfang des Nießbrauchs

56 Der Nießbraucher hat Anspruch auf Auszahlung des auf den Zeitraum des Nießbrauchs entfallenden **Gewinns** nach Maßgabe des von der Gesellschafterversammlung gefassten Gewinnverwendungsbeschlusses.[114] Eine etwaige Vergütung des Gesellschafter-Geschäftsführers für seine Geschäftsführungstätigkeit zählt nicht zu den dem Nießbrauch unterliegenden Nutzungen.[115] Auch der bei der Auflösung der Gesellschaft dem Gesellschafter zustehende Liquidationserlös gehört nicht zu den Erträgen des Geschäftsanteils. Gleiches gilt im Fall der Einziehung des Geschäftsanteils für das Einziehungsentgelt. Vielmehr handelt es sich bei letzteren Ansprüchen um **Surrogate** der Mitgliedschaft, auf die sich der Nießbrauch im Fall der Auflösung bzw. der Einziehung automatisch erstreckt.[116]

57 Bei einer **Kapitalerhöhung** steht das **Bezugsrecht** auf den erhöhten bzw. neu gebildeten Anteil dem Gesellschafter und nicht dem Nießbraucher zu.[117] Dabei kommt es nicht darauf an, ob die Kapitalerhöhung aus Gesellschaftsmitteln oder gegen Einlagen erfolgt. Wie bei der Bestellung eines Nießbrauchs am Kommanditanteil stellt sich die Frage, ob sich der **Nießbrauch** auf den erhöhten bzw. neuen Geschäftsanteil erstreckt.[118] Bei der **nominellen** Kapitalerhöhung ist dies zu bejahen.[119] Streitig ist insoweit nur, ob dem Nießbraucher ein hierauf gerichteter schuldrechtlicher Anspruch zusteht[120] oder ob die Ausweitung richtigerweise automatisch erfolgt.[121] Bei einer **effektiven** Kapitalerhöhung kann der Nießbraucher eine anteilige Bestellung des Nießbrauchs am neu gebildeten Geschäftsanteil (nur) insoweit

---

[113] Ebenso MüKoHGB/*K. Schmidt* Vor § 230 HGB Rn. 27; enger MHdB GesR III/*Kraus* § 26 Rn. 78: das Auskunftsrecht des Nießbrauchers aus § 242 BGB sei auf die Gewinnverteilung beschränkt.
[114] Vgl. statt aller MüKoGmbHG/*Reichert/Weller* § 15 GmbHG Rn. 329.
[115] RGZ 170, 358 (369); MüKoHGB/*K. Schmidt* Vor § 230 HGB Rn. 26; Schlegelberger/*K. Schmidt* Vor § 335 HGB Rn. 21.
[116] Vgl. *Reichert/Schlitt* FS Flick, 217 (236f.); sich annähernd MüKoHGB/*K. Schmidt* Vor § 230 HGB Rn. 26 Fn. 120 mwN zum Streitstand.
[117] BGHZ 58, 316 (319) (zur KG); OLG Bremen DB 1970, 1436 (zur AG); *Reichert/Schlitt/Düll* GmbHR 1998, 565 (568); MHdB GesR III/*Kraus* § 26 Rn. 74; *Baumbach/Hueck/Fastrich* § 15 HGB Rn. 54.
[118] *Baumbach/Hueck/Fastrich* § 15 GmbHG Rn. 54; MüKoHGB/*K. Schmidt* Vor § 230 HGB Rn. 26; *Michalski/Ebbing* § 15 GmbHG Rn. 197.
[119] Ganz hM; *Reichert/Schlitt/Düll* GmbHR 1998, 565 (569); wN bei MüKoHGB/*K. Schmidt* Vor § 230 HGB Rn. 26 Rn. 128; aA wohl *Brandi/Mühlmeier* GmbHR 1997, 735.
[120] Hierfür MHdB GesR III/*Kraus* § 26 Rn. 74.
[121] Vgl. *Lutter/Hommelhoff/Bayer* § 15 GmbHG Rn. 101; Staudinger/*Frank* Anh. §§ 1068, 1069 BGB Rn. 105; Scholz/*Seibt* § 15 GmbHG Rn. 216; MüKoGmbHG/*Reichert/Weller* § 15 GmbHG Rn. 347; *Michalski/Ebbing* § 15 GmbHG Rn. 197.

verlangen, wie durch die Zuführung neuer Mittel der innere Wert der neuen Geschäftsanteile höher als der Ausgabekurs ist (vgl. → Rn. 39).[122]

4. Untergang und Übertragung von Geschäftsanteilen

Führt eine Verfügung des Gesellschafters zum Untergang des Geschäftsanteils, bedarf der Gesellschafter hierzu der vorherigen Zustimmung des Nießbrauchers (§ 1071 BGB). Diese Beschränkung gilt nur dann nicht, wenn der Gesellschafter den Untergang des Geschäftsanteils aus wichtigem Grund herbeigeführt hat, etwa durch Ausspruch einer außerordentlichen Kündigung.[123] Aber auch soweit ein Zustimmungserfordernis besteht, führt das Fehlen der Genehmigung des Nießbrauchers nicht zur Unwirksamkeit der Verfügung des Gesellschafters.[124] Entgegen einer verbreiteten Auffassung[125] handelt es sich nämlich insoweit nur um ein **intern wirkendes** Zustimmungserfordernis. Der Gesellschafter macht sich jedoch gegenüber dem Nießbraucher schadensersatzpflichtig. 58

Die **Übertragung** des Geschäftsanteils durch den Gesellschafter hängt nicht von der Zustimmung des Nießbrauchers ab. Der Geschäftsanteil geht auch bei Gutgläubigkeit des Erwerbers mit dem Nießbrauch belastet auf den Erwerber über.[126] 59

IV. Nießbrauchsbestellung an einzelnen Vermögensrechten

1. Grundsatz

Gegenstand des Nießbrauchs können neben den Gesellschaftsanteilen an der KG oder der Komplementär-GmbH auch die übertragbaren Vermögensrechte sein (vgl. § 717 S. 2 BGB).[127] Hierbei handelt es sich dann um einen speziellen Fall einer Nießbrauchsbestellung an Forderungen. Wichtigster Fall in der Praxis ist die Nießbrauchsbestellung am **Gewinnanspruch** des Gesellschafters. Gegenstand des Nießbrauchs können aber auch die (künftigen) Ansprüche auf das **Auseinandersetzungsguthaben** oder der **Abfin-** 60

---

[122] Baumbach/Hueck/*Fastrich* § 15 GmbHG Rn. 54; Rowedder/Schmidt-Leithoff/*Görner* § 15 GmbHG Rn. 90; MüKoGmbHG/*Reichert/Weller* § 15 GmbHG Rn. 350; Lutter/Hommelhoff/*Bayer* § 15 GmbHG Rn. 101; *Teichmann* ZGR 1972, 1 (16); *Reichert/Schlitt/Düll* GmbHR 1998, 565 (569).
[123] *Teichmann* ZGR 1972, 1 (15); Hachenburg/*Zutt* Anh. § 15 GmbHG Rn. 64; MüKoGmbHG/*Reichert/Weller* § 15 GmbHG Rn. 351 ff.
[124] OLG Hamm GmbHR 1971, 57 (60); Palandt/*Bassenge* § 1071 BGB Rn. 1; Scholz/*Seibt* § 15 GmbHG Rn. 223 iVm 191; Rowedder/Schmidt-Leithoff/*Görner* § 15 GmbHG Rn. 94; MüKoGmbHG/*Reichert/Weller* § 15 GmbHG Rn. 352; *Hesselmann* GmbHR 1971, 22; *Sudhoff* GmbHR 1971, 54.
[125] IdS Hachenburg/*Zutt* Anh. § 15 GmbHG Rn. 64; Baumbach/Hueck/*Fastrich* § 15 GmbHG Rn. 53 iVm 50.
[126] MüKoHGB/*K. Schmidt* Vor § 230 HGB Rn. 28; MüKoGmbHG/*Reichert/Weller* § 15 GmbHG Rn. 354.
[127] MHdB GesR II/*Escher/Haag* KG § 27 Rn. 22 ff.

dungsanspruch sein. In diesem Fall kommt der Nießbrauch jedoch erst mit Auflösung der Gesellschaft bzw. Ausscheiden des Gesellschafters zum Tragen.

61 Da die vermögensrechtlichen Bezüge selbst **formfrei** abgetreten werden (§ 398 BGB), reicht für die Belastung der Ansprüche eine formlose Einigung zwischen Gesellschafter und Nießbraucher aus. Anders als bei der Bestellung eines Nießbrauchs am Kommanditanteil ist eine **Zustimmung** der übrigen Gesellschafter nach § 1069 BGB nicht erforderlich. Ein Zustimmungserfordernis besteht nur dann, wenn die Abtretung der vermögensrechtlichen Ansprüche im Gesellschaftsvertrag ausgeschlossen ist.[128]

2. Nutzungen

62 Mit Einräumung eines Nießbrauchs am Gewinn erwirbt der Nießbraucher keinen Anspruch auf den Gewinn selbst, da es sich hierbei – anders als beim Anteilsnießbrauch – um die Substanz des Nießbrauchs und nicht um dessen bestimmungsgemäßen Ertrag handelt. Dem Nießbraucher gebühren in diesem Fall nur die Nutzungen des entnahmefähigen Gewinns. Dies sind in der Regel nur die Möglichkeit zur Nutzung des Anspruchs als **Finanzierungsmittel** sowie die **Zinsen** aus der Wiederanlage der Gelder.[129] Der Gewinn selbst ist nach Beendigung des Nießbrauchs an den Gesellschafter herauszugeben (§ 1067 BGB).[130] Zur Sicherstellung der Versorgung von Angehörigen ist der Nießbrauch an den vermögensrechtlichen Bezügen daher nur bedingt geeignet.[131]

63 Bei Bestellung eines Nießbrauchs an einzelnen übertragbaren Vermögensrechten ist der Gesellschafter in Verfügungen über den Gesellschaftsanteil **nicht** nach § 1071 BGB **beschränkt**.[132] Der Nießbraucher ist lediglich vor einer Aufhebung und inhaltlichen Änderung der belasteten Ansprüche geschützt. Dieser Schutz kommt jedoch erst dann zum Tragen, wenn der Gewinnanspruch bzw. das Abfindungsguthaben der Höhe nach endgültig feststehen. Der Nießbraucher kann somit nicht verhindern, dass der Gesellschafter an Beschlussfassungen mitwirkt, durch die die Gewinnquote oder die Höhe des Auseinandersetzungsguthabens und damit der Gegenstand des Nießbrauchs verringert wird.[133] Gesellschafterbeschlüssen über eine Gewinnthesaurierung kann der Nießbraucher nicht widersprechen.

64 Sind die Ansprüche nach dem Gesellschaftsvertrag **verzinslich** ausgestaltet, werden sie vom Nießbraucher und Gesellschafter gemeinschaftlich eingezogen (§ 1077 BGB). An den mündelsicher anzulegenden Geldern ist dem Nießbraucher ein Nießbrauch einzuräumen (§ 1079 BGB). Handelt es sich um **unverzinsliche** Forderungen, ist der Nießbraucher zur Einziehung al-

---

[128] GK/*Ulmer* § 105 HGB Rn. 129.
[129] MüKoBGB/*Ulmer/Schäfer* § 705 BGB Rn. 107 mwN; *Finger* DB 1977, 1033; *Gschwendtner* NJW 1995, 1875; *Suffel*, Nießbrauch, 377 f.
[130] MüKoBGB/*Ulmer/Schäfer* § 705 BGB Rn. 107; GK/*Ulmer* § 105 HGB Rn. 129; Staudinger/*Frank* Anh. §§ 1068, 1069 BGB Rn. 65.
[131] MHdB GesR II/*Escher/Haag* KG § 27 Rn. 24; MüKoBGB/*Ulmer/Schäfer* § 705 BGB Rn. 107; *Wiedemann*, Übertragung, 400.
[132] GK/*Ulmer* § 105 HGB Rn. 129.
[133] MHdB GesR II/*Richter/Escher* KG § 27 Rn. 25; *Kruse* RNotZ 2002, 69 (72).

lein berechtigt (§ 1074 BGB), wobei sich der Nießbrauch an den Geldern, die der Nießbraucher zu Eigentum erwirbt, automatisch fortsetzt (§ 1075 Abs. 1 BGB). Verwendet der Nießbraucher die Gewinne zu Finanzierungszwecken, hat er nach Beendigung des Nießbrauchs Wertersatz an den Gesellschafter zu leisten (§§ 1075 Abs. 2, 1067 BGB).[134] Ansprüche auf künftige Gewinnanteile unterfallen dem Nießbrauch nur dann, wenn der Anteil des Gesellschafters nicht zuvor untergegangen ist.

---

[134] GK/*Ulmer* § 105 HGB Rn. 129; aA Soergel/*Hadding/Kießling* § 717 BGB Rn. 19, die für eine Abbedingung von § 1067 BGB eintreten, so dass die fraglichen Beträge nicht mehr herausgegeben werden müssen.

§ 40 Unterbeteiligung, Treuhand und stille Beteiligung

Übersicht

	Rn.			Rn.
I. Unterbeteiligung	1		b) Rechtsbeziehungen zwischen Treuhänder und Treugeber	54
1. Grundsatz	1			
2. Begründung	5			
3. Rechtsstellung der Beteiligten	11		c) Vertragliche Regelungen	60
		4.	Vollstreckung, Insolvenz	62
a) Grundsatz	11	5.	Beendigung des Treuhandverhältnisses; Ausscheiden des Treuhänders	66
b) Die Ausübung der Mitgliedschaftsrechte	15			
c) Die Rechte und Pflichten aus dem Unterbeteiligungsvertrag	18	6.	Auswechslung von Treuhänder und Treugeber	70
		III.	Stille Beteiligung	73
4. Atypische Unterbeteiligung	23	1.	Grundsatz	73
5. Übertragung von Haupt- und Unterbeteiligung	26		a) Allgemeines	73
			b) Erscheinungsformen	74
6. Dauer und Beendigung des Unterbeteiligungsverhältnisses	28		c) Motive für die Rechtsformwahl	75
			d) Abgrenzung	77
II. Treuhand	30		e) Kapitalersetzende stille Einlage	78
1. Allgemeines	30			
a) Begriff	30	2.	Begründung der stillen Gesellschaft	79
aa) Echte und unechte Treuhand	30			
bb) Offene und verdeckte Treuhand	32	3.	Rechtsstellung der Beteiligten	83
cc) Mehrgliedrige Treuhandverhältnisse	33	4.	Atypische Ausgestaltung des Gesellschaftsverhältnisses	91
b) Gründe für Treuhandkonstruktionen	34		a) Grundsatz	91
c) Abgrenzung	35		b) Teilhabe des stillen Gesellschafters am Gesellschaftsvermögen	92
2. Begründung	39			
a) Inhaberschaft an der Beteiligung	39		c) Beteiligung des stillen Gesellschafters an der Geschäftsführung	93
b) Treuhandvertrag	43			
3. Rechtsstellung von Treuhänder und Treugeber	45		d) Mehrgliedrige stille Gesellschaft	94
		5.	Übertragung und Kündigung der stillen Gesellschaft	96
a) Rechtsbeziehungen gegenüber der Gesellschaft	45			
		6.	Auflösung und Beendigung	99

Schrifttum: *Albracht*, Die stille Gesellschaft im Recht der Publikumspersonengesellschaften, 1990; *Armbrüster*, Zur Beurkundungsbedürftigkeit von Treuhandabreden über GmbH-Anteile, DNotZ 1997, 762; *Armbrüster*, Die treuhänderische Beteiligung an Geschäftsanteilen, 2000; *Armbrüster*, Treuhänderische GmbH-Beteiligungen, GmbHR 2001, 941 (Teil I), 1021 (Teil II); *Armbrüster*, Zur Wirkung von Treuhandabreden in der Insolvenz des Treuhänders, DZWiR 2003, 485; *Armbrüster/Joos*, Zur Abwicklung fehlerhafter stiller Beteiligungen, ZIP 2004, 189; *Aulinger*, Die atypische

§ 40 Unterbeteiligung, Treuhand und stille Beteiligung

stille Gesellschaft, 1955; *Bälz*, Treuhandkommanditist, Treuhänder der Kommanditisten und Anlegerschutz, ZGR 1980, 1; *Bayer/Riedel*, Kapitalbeteiligungen an Personengesellschaften und Anlegerschutz, NJW 2003, 2567; *Bender*, Nießbrauch und Unterbeteiligung an Personengesellschaftsanteilen, DB 1979, 1445; *Berninger*, Die AG & Still, Der Konzern 2003, 683; *Beuthien*, Treuhand an Gesellschaftsanteilen, ZGR 1974, 26; *Bilsdorfer*, Gesellschafts- und steuerliche Probleme bei Unterbeteiligung von Familienangehörigen, NJW 1980, 2785; *Blaurock*, Unterbeteiligung und Treuhand an Gesellschaftsanteilen, 1981; *Blaurock*, Die stille Beteiligung an einer Kapitalgesellschaft als Unternehmensvertrag, FS Großfeld 1999, 83; *Blaurock*, Handbuch der stillen Gesellschaft, 7. Aufl. 2010; *Blaurock*, Stille Beteiligungen in der Handelsbilanz der „Kapitalgesellschaft & Still", FS Immenga 2004, 497; *Blaurock*, Vollzug der unentgeltlichen Zuwendung einer neu begründeten Unterbeteiligung, NZG 2012, 521; *Bornemann*, Stille Publikumsgesellschaften im Spannungsfeld von Gesellschafts- und Bankaufsichtsrecht, ZHR 166 (2002), S. 211; *Böttcher/Zartmann/Faut*, Stille Gesellschaft und Unterbeteiligung, 3. Auflage, 1978; *Brömmelmeyer*, Fehlerhafte Treuhand? – Die Haftung der Treugeber bei mehrgliedrigen Treuhand an Beteiligungen, NZG 2006, 529; *Eden*, Treuhandschaft an Unternehmen und Unternehmensanteilen, 1981; *Fasold*, Unterbeteiligungen im Bereich der GmbH und der GmbH & Co., GmbHR 1973, 12; *Friehe*, Zur Unterbeteiligung an Mitgliedschaften in Personalgesellschaften, Diss. Berlin, 1973; *Haas/Vogel*, Der atypisch stille Gesellschafter als nachrangiger Insolvenzgläubiger, NZI 2012, 875; *Henssler*, Treuhandgeschäft – Dogmatik und Wirklichkeit, AcP 196 (1996), 41; *Herzfeld*, Die Unterbeteiligung, AcP 137 (1933), 270; *Hesselmann*, Unterbeteiligung an GmbH-Anteilen, GmbHR 1964, 26; *Hesselmann*, Stille Beteiligung an einer GmbH und GmbH & Co. KG, GmbHR 1957, 191; *Hey*, Eigenkapitalersetzender Charakter der stillen Einlage des GmbH-Gesellschafters, GmbHR 2001, 1100; *Hübner-Weingarten*, Die Beteiligung von Kindern als Kommanditisten, stille Gesellschafter und Unterbeteiligte – grundsätzliche Erwägungen, ZEV 1999, 81; *Hübner-Weingarten*, Die Beteiligung von Kindern als Kommanditisten, stille Gesellschafter und Unterbeteiligte – praktische Gestaltungshinweise, ZEV 1999, 95; *A. Hueck*, Der gemeinschaftliche Vertreter mehrerer Erben in einer KG, ZHR 125 (1963), 1; *Kindler*, Der Kommanditist hinter dem Komanditisten – Zur Treugeberhaftung in der Insolvenz der Publikums-GmbH & Co. KG, FS K. Schmidt, 2009, 871; *Konzen*, Fehlerhafte stille Beteiligungen an Kapitalgesellschaften, FS Westermann, 2008, 1133; *Krenzel*, Treuhand an Kommanditanteilen, 1991; *Krolop*, Zur Anwendung der MoMiG-Regelungen zu Gesellschafterdarlehen auf gesellschaftsfremde Dritte, GmbHR 2009, 397; *Kühne/Rehm*, Die Unterbeteiligung als Gestaltungsinstrument der Unternehmensnachfolge, NZG 2013, 561; *Kümmerlein*, Erscheinungsformen und Probleme der Verwaltungstreuhand bei Personenhandelsgesellschaften, Diss. Marburg, 1973; *Lasa*, Die stille Beteiligung als Gestaltungsmittel der Vermögensnachfolge, ZEV 2010, 433; *Loritz*, Stille Beteiligungen und Einlagenbegriff des Kreditwesengesetzes, ZIP 2001, 309; *Manz/Lammel*, Stille Beteiligungen an Kapitalgesellschaften: Eigenkapitalcharakter und Rang in der Insolvenz nach Inkrafttreten des MoMiG, GmbHR 2009, 1121; *Maulbetsch*, Beirat und Treuhand in der Publikumspersonengesellschaft, 1984; *Mertens*, Die stille Beteiligung an der GmbH und ihre Überleitung bei Umwandlungen in die AG, AG 2000, 32; *Mock*, Stille im MoMiG zur stillen Gesellschaft? Das neue (Eigen-)Kapitalersatzrecht und seine Auswirkungen auf das Recht der stillen Gesellschaft, DStR 2008, 1645; *Paulick*, Die Unterbeteiligung in gesellschaftsrechtlicher und steuerlicher Sicht, ZGR 1974, 253; *Petzold*, Unterbeteiligung im Gesellschafts- und Steuerrecht, NWB 1974, 2195; *Pyszka*, Atypisch stille Beteiligung an einzelnen Unternehmenssegmenten, DStR 2003, 857; *Reusch*, Die stille Gesellschaft als Publikumspersonengesellschaft, 1989; *Schindhelm/Pickhardt-Poremba/Hilling*, Das zivil- und steuerrechtliche Schicksal der Unterbeteiligung bei „Umwandlung" der Hauptgesellschaft, DStR 2003, 1444 (Teil I), 1469 (Teil II); *Schlitt*, Die Informati-

10. Kapitel. Belastung von Gesellschaftsanteilen

onsrechte des stillen Gesellschafters, 1996; *K. Schmidt*, Formfreie Schenkung von stillen Beteiligungen und Unterbeteiligungen?, DB 2002, 829; *K. Schmidt*, Sozialansprüche und actio pro socio bei der „GmbH & Still", FS Bezzenberger 2000, 401; *Schmidt-Ott*, Publizitätserfordernisse bei atypischen stillen Beteiligungen an dem Unternehmen einer GmbH, GmbHR 2001, 182; *Schneider*, FS Möhring, 1965, 115; *Schulte/Waechter*, Atypische stille Beteiligungen und § 294 AktG – neue Fassung, alte Probleme?, GmbHR 2002, 189; *Sedlmayer*, Stiller Gesellschafter in der Umwandlung des Geschäftsinhabers, DNotZ 2003, 611; *Singhoff/Seiler/Schlitt*, Mittelbare Gesellschaftsbeteiligungen, 2004; *Sterzenbach*, GmbH & Still: Vorzüge einer beliebten Rechtsform und ihre steuerlichen Besonderheiten, DStR 2000, 1669; *Strnad*, Was gilt für Unterbeteiligungen nach der Suhrkamp-Entscheidung des BGH?, ZEV 2012, 394; *Stumpf*, Rechtsprobleme bei der Inanspruchnahme des (mittelbaren) Kommanditisten aus § 172 Abs. 4 HGB, BB 2012, 1429; *Tebben*, Unterbeteiligung und Treuhand an Geschäftsanteilen, 2000; *Tebben*, Die qualifizierte Treuhand im Personengesellschaftsrecht, ZGR 2001, 586; *Tebben*, Gesellschaftsvertraglicher Schutz gegen Treuhand- und Unterbeteiligungen an Geschäftsanteilen, GmbHR 2007, 63; *Tettinger*, Die fehlerhafte stille Gesellschaft – Zivilrechtlicher Anlegerschutz durch bankrechtliche Erlaubnisvorbehalte?, DStR 2006, 849 (Teil I), 903 (Teil II); *Thomsen*, Die Unterbeteiligung an einem Personengesellschaftsanteil, 1978; *Ulmer*, Zur Treuhand an GmbH-Anteilen, FS Walter Odersky, 1996, 873; *Vossius*, Sicherungsgeschäfte bei der Übertragung von Gesellschaftsanteilen, BB 1988, Sonderbeilage 5; *Wagner*, Haftungsrisiken bei mittelbarer Beteiligung an geschlossenen Fonds, GWR 2013, 7; *Weigl*, Anwendungs- und Problemfelder der stillen Gesellschaft, DStR 1999, 1568; *Wertenbruch*, Status und Haftung des Treugebers bei der Personengesellschafts-Treuhand, NZG 2013, 285; *Wiesner*, Zur Haftung des Treugeber-Kommanditisten bei der qualifizierten Treuhand, FS Ulmer 2003, 673; *Winter*, Die Rechtsstellung des stillen Gesellschafters in der Verschmelzung des Geschäftsinhabers, FS Martin Pelzer, 2001, 645; *Zacharias/Hebig/Rinnewitz*, Die atypisch stille Gesellschaft, 2. Aufl. 2000.

I. Unterbeteiligung

1. Grundsatz

1   Die Unterbeteiligung an einem Gesellschaftsanteil ist dadurch charakterisiert, dass ein Gesellschafter (Hauptbeteiligter) einen Dritten (Unterbeteiligter) an seinem Gesellschaftsanteil (Hauptbeteiligung) partizipieren lässt.[1] Bei einer Unterbeteiligung bestehen unmittelbare Rechtsbeziehungen somit nur zwischen dem Unterbeteiligten und dem Gesellschafter, nicht jedoch zwischen dem Unterbeteiligten und der Hauptgesellschaft. Der Unterbeteiligte hat nur vermögensmäßige Ansprüche gegen den Hauptgesellschafter auf Teilhabe an dessen Erträgnissen aus dem Anteil. Der Sache nach handelt es sich damit um eine **Beteiligung an einer Beteiligung**. Da die Unterbeteiligung der stillen Gesellschaft in vieler Hinsicht sehr ähnlich ist, kann sie

---

[1] Vgl. BGHZ 50, 316 (318); BGH NJW 1994, 2886; *Singhof/Seiler/Schlitt*, Mittelbare Gesellschaftsbeteiligungen, Rn. 342; *Herzfeld* AcP 137 (1933), 270; *MüKoBGB/Ulmer/Schäfer* Vor § 705 BGB Rn. 92. Auch bei sonstigen Vermögensrechten, etwa einem Konsortialkredit, sind Unterbeteiligungsverhältnisse denkbar, vgl. hierzu *Heymann/Horn* § 230 HGB Rn. 65 mwN.

mit *K. Schmidt* auch als stille Beteiligung an einem Gesellschaftsanteil bezeichnet werden.[2]

Die Unterbeteiligung stellt im Grundsatz eine GbR ohne gemeinsames Gesellschaftsvermögen in Form der **Innengesellschaft** dar.[3] Das Rechtsverhältnis zwischen Hauptbeteiligten und dem Unterbeteiligten bestimmt sich mithin grundsätzlich nach den §§ 705 ff. BGB. Darüber hinaus sind nach herrschender Auffassung die §§ 230 ff. HGB entsprechend anwendbar bei gleichzeitiger teleologischer Reduktion der §§ 705 ff. BGB.[4] Dies gilt vor allem, soweit die §§ 230 ff. HGB zwingenden Charakter haben.[5] Der **Zweck** der Unterbeteiligungsgesellschaft liegt im Halten und der Nutzung des Gesellschaftsanteils durch den Gesellschafter und die Teilhabe des Unterbeteiligten an den Erträgnissen dieser Beteiligung.[6] Die Unterbeteiligungsgesellschaft hat keine eigene Firma; sie ist weder rechts- noch partei- noch insolvenzfähig.

Die Unterbeteiligung ist in verschiedenen **Erscheinungsformen** anzutreffen: Wird die Unterbeteiligung gegenüber der Hauptgesellschaft und den Mitgesellschaftern nicht offen gelegt, spricht man von einer **verdeckten** Unterbeteiligung. Um eine **offene** Unterbeteiligung handelt es sich, wenn die Unterbeteiligung den übrigen Gesellschaftern bekannt ist. Sind die Mitgesellschafter mit der Begründung der Unterbeteiligung sogar einverstanden, können dem Unterbeteiligten vertraglich Mitverwaltungsrechte eingeräumt werden.[7] Je nach Ausgestaltung der dem Unterbeteiligten eingeräumten Rechtsposition differenziert man ferner zwischen der **typischen** und der **atypischen** Unterbeteiligung (vgl. unten → Rn. 23 ff.).[8] Bei der **GmbH & Co. KG** sind Unterbeteiligungsverhältnisse sowohl an den Anteilen der Kommanditisten als auch an denen der Komplementär-GmbH denkbar.

Als Form der **mittelbaren Vermögensteilhabe** ist die Unterbeteiligung in der Kautelarpraxis immer dann von Interesse, wenn eine unmittelbare Beteiligung nicht möglich oder nicht gewollt ist.[9] Der Umstand, dass sie **formfrei** begründet werden kann und den Mitgesellschaftern nicht notwendigerweise offen gelegt werden muss,[10] macht sie in der Praxis vor allem

---

[2] MüKoHGB/*K. Schmidt* § 230 HGB Rn. 192.
[3] MüKoHGB/*K. Schmidt* § 230 HGB Rn. 194; *Weimar* ZIP 1993, 1509 (1513); *Blaurock/Berninger* GmbHR 1990, 11 (12); GK/*Ulmer* § 105 HGB Rn. 110; Baumbach/Hopt/*Roth* § 105 HGB Rn. 38.
[4] BGHZ 50, 316 (323); *Bender* DB 1979, 1445 (1447); Heymann/*Horn* § 230 HGB Rn. 67; Baumbach/Hopt/*Roth* § 105 HGB Rn. 38; MHdB GesR II/*Weipert* KG § 12 Rn. 62; MüKoBGB/*Ulmer/Schäfer* Vor § 705 BGB Rn. 92; E/B/J/S/*Gehrlein* § 230 HGB Rn. 92; Scholz/*Seibt* § 15 GmbHG Rn. 225.
[5] MüKoHGB/*K. Schmidt* § 230 HGB Rn. 204.
[6] *Friehe*, Unterbeteiligung, 18; *Paulick* ZGR 1974, 268; Schlegelberger/*K. Schmidt* § 335 HGB Rn. 185; *Blaurock*, Unterbeteiligung, 93 ff.; Heymann/*Horn* § 230 HGB Rn. 67.
[7] LG Bremen GmbHR 1991, 269; Heymann/*Emmerich* § 105 HGB Rn. 57.
[8] Vgl. *Singhof/Seiler/Schlitt*, Mittelbare Gesellschaftsbeteiligungen, Rn. 363; *Blaurock*, Unterbeteiligung, 114 f.
[9] *Blaurock/Berninger* GmbHR 1990, 11 (12).
[10] Zum möglichen darin liegenden Treuepflichtverstoß vgl. → Rn. 7.

dann attraktiv, wenn damit zu rechnen ist, dass die für eine (Teil-) Übertragung von Gesellschaftsanteilen erforderliche Zustimmung der übrigen Gesellschafter nicht zu erlangen ist.[11] Zudem ist die **fehlende Publizität** im Handelsregister häufig ein Motiv für die Begründung einer Unterbeteiligung, namentlich dann, wenn der Unterbeteiligte Wettbewerber der Hauptgesellschaft ist und aus diesem Grund nicht nach außen in Erscheinung treten darf.[12] Auch im Bereich der **vorweggenommenen Erbfolge** erweist sich die Unterbeteiligung als vorteilhaftes Gestaltungsinstrumentarium.[13] Dies gilt insbesondere für den Fall, dass der Gesellschaftsvertrag eine qualifizierte Nachfolgeklausel enthält, also nicht alle Erben als neue Gesellschafter zulässt. In diesem Fall bietet die Unterbeteiligung die Möglichkeit, die weichenden Erben an der dem Haupterben zugewandten Beteiligung partizipieren zu lassen.[14] Gleichzeitig kann auf diese Weise der Geltendmachung von Abfindungsansprüchen durch die weichenden Erben gegen den neuen Gesellschafter vorgebeugt werden. Bisweilen ist die Unterbeteiligung auch **Finanzierungsinstrumentarium** des Hauptgesellschafters, namentlich beim Kauf von Anteilen.[15] Schließlich ermöglicht sie die **Beteiligung von Arbeitnehmern** an der Gesellschaft.[16]

2. Begründung

5   Die Unterbeteiligung kommt durch vertragliche **Einigung** zwischen dem Hauptgesellschafter und dem Unterbeteiligten zustande. Wird die Unterbeteiligung dem Begünstigten vom verstorbenen Gesellschafter in Form eines **Vermächtnisses** zugewandt, reicht die testamentarische Anordnung für ihre Begründung allein nicht aus. Vielmehr bedarf es noch einer vertraglichen Umsetzung zwischen dem Gesellschaftererben und dem Vermächtnisnehmer.

6   **Unterbeteiligter** kann nicht nur eine natürliche Person, sondern auch eine juristische Person oder eine Gesamthand sein.[17] Denkbar ist auch, dass ein Gesellschafter der GmbH & Co. KG gleichzeitig Unterbeteiligter am Anteil eines Mitgesellschafters ist.[18]

7   Die Wirksamkeit der Unterbeteiligung hängt – anders als beim Nießbrauch[19] – nicht von der **Zustimmung** der Hauptgesellschaft oder der Mitgesellschafter ab, da die Unterbeteiligung lediglich schuldrechtliche Beziehungen zwischen Unterbeteiligten und Gesellschafter begründet, die

---

[11] MüKoBGB/*Ulmer/Schäfer* Vor § 705 BGB Rn. 93.
[12] *Singhof/Seiler/Schlitt*, Mittelbare Gesellschaftsbeteiligungen, Rn. 366.
[13] Vgl. auch *Singhof/Seiler/Schlitt*, Mittelbare Gesellschaftsbeteiligungen, Rn. 367 f.; *Hesselmann* GmbHR 1964, 26 (27); *Bender* DB 1979, 1445 (1448).
[14] MüKoBGB/*Ulmer/Schäfer* Vor § 705 BGB Rn. 93.
[15] Vgl. *Singhof/Seiler/Schlitt*, Mittelbare Gesellschaftsbeteiligungen, Rn. 369.
[16] *Singhof/Seiler/Schlitt*, Mittelbare Gesellschaftsbeteiligungen, Rn. 370; MüKoHGB/*K. Schmidt* § 230 HGB Rn. 206; *Vossius* BB 1988, Sonderbeilage 5, 15.
[17] *Paulick* ZGR 1974, 261 f.
[18] *Bilsdorfer* NJW 1980, 2785; MüKoHGB/*K. Schmidt* § 230 HGB Rn. 220.
[19] Aus diesem Grund wird die Unterbeteiligung als Alternative zum Nießbrauch angesehen, vgl. *Bender* DB 1979, 1445 (1447).

ohne Auswirkungen auf das Hauptgesellschaftsverhältnis bleiben.[20] Einer Zustimmung bedarf es auch dann nicht, wenn die Anteile nach dem Gesellschaftsvertrag der KG oder der Satzung der Komplementär-GmbH nicht frei veräußerlich sind.[21] Selbst wenn der Gesellschaftsvertrag der GmbH & Co. KG ein ausdrückliches **Verbot** einer Begründung von Unterbeteiligungen enthält, ändert dies an der Wirksamkeit der Unterbeteiligung nichts.[22] Auch eine gesellschaftsvertraglich verankerte Pflicht zur Offenlegung der Unterbeteiligung zwingt zu keiner anderen Beurteilung.[23] In dem Abschluss des Unterbeteiligungsvertrages kann jedoch eine zum Schadensersatz verpflichtende Handlung des Hauptgesellschafters liegen, die unter Umständen sogar zum Ausschluss des Gesellschafters aus wichtigem Grund berechtigt.[24]

Der Unterbeteiligungsvertrag kann grundsätzlich **formlos** geschlossen werden.[25] Selbst die Einräumung einer Unterbeteiligung am Geschäftsanteil der Komplementär-GmbH bedarf keiner notariellen Beurkundung nach § 15 Abs. 3 GmbHG, da die Hauptbeteiligung selbst nicht übertragen wird.[26] Nach der Rechtsprechung besteht eine Formbedürftigkeit des Unterbeteiligungsvertrages nur dann, wenn im Innenverhältnis der Geschäftsanteil dem Unterbeteiligten wirtschaftlich völlig zuzurechnen ist.[27] Auch der Umstand, dass die GmbH & Co. KG über Grundvermögen verfügt, führt nicht zur Formbedürftigkeit des Unterbeteiligungsvertrages nach § 311b Abs. 1 BGB.[28] Eine notarielle Beurkundung ist nur dann ausnahmsweise erforderlich, wenn sich der Unterbeteiligte zur Einbringung eines Grundstücks oder der Hauptbeteiligte zur Übertragung seines GmbH-Geschäftsanteils verpflichtet. Ist die Unterbeteiligung Gegenstand einer Schenkung, bedarf der Unterbeteiligungsvertrag der **notariellen Beurkundung** (§ 518 BGB). Dabei ist zu beachten, dass die bloße Umbuchung noch keinen wirksamen Vollzug iSv § 518 Abs. 2 BGB darstellt.[29] Zumindest bei einer atypischen Unterbeteiligung (siehe dazu → Rn. 23 ff.) ist allerdings

8

---

[20] BGHZ 50, 316 (325); *Friehe*, Unterbeteiligung, 52; MüKoBGB/*Ulmer/Schäfer* Vor § 705 BGB Rn. 97; MHdB GesR II/*Weipert* KG § 12 Rn. 63; *Tebben*, Unterbeteiligung, 234 ff.
[21] Vgl. OLG Frankfurt GmbHR 1992, 668; *Friehe*, Unterbeteiligung, 52; MüKoHGB/*K. Schmidt* § 230 HGB Rn. 221; vgl. zu diesem Themenkomplex auch *Tebben* GmbHR 2007, 63.
[22] LG Bremen GmbHR 1991, 269; Beck Hdb. Personengesellschaften/*Bärwaldt* § 15 Rn. 10; E/B/J/S/*Gehrlein* § 230 HGB Rn. 93.
[23] GK/*Ulmer* § 105 HGB Rn. 111.
[24] Schlegelberger/*K. Schmidt* § 335 HGB Rn. 207; *Tebben* GmbHR 2007, 63 (68); E/B/J/S/*Gehrlein* § 230 HGB Rn. 93.
[25] Vgl. im Einzelnen *Singhof/Seiler/Schlitt*, Mittelbare Gesellschaftsbeteiligungen, Rn. 381 ff.
[26] *Blaurock*, Unterbeteiligung, 154 f.; Scholz/*Seibt* § 15 GmbHG Rn. 224; Beck Hdb. Personengesellschaften/*Bärwaldt* § 15 Rn. 9, 17.
[27] Schleswig-Holsteinisches OLG GmbHR 2002, 652.
[28] *Bilsdorfer* NJW 1980, 2789.
[29] BGH WM 1967, 685; *Böttcher/Zartmann/Faut*, Stille Gesellschaft, 106; *Heymann/Emmerich* § 105 HGB Rn. 60; Scholz/*Seibt* § 15 GmbHG Rn. 224; im Grds. auch MüKoHGB/*K. Schmidt* § 230 HGB Rn. 224; *K. Schmidt* DB 2002, 829; aA E/B/J/S/*Gehrlein* § 230 HGB Rn. 93; *Friehe*, Unterbeteiligung, 53 f.

10. Kapitel. Belastung von Gesellschaftsanteilen

aufgrund der Einräumung einer mitgliedschaftlichen Position bereits im Abschluss des Unterbeteiligungsvertrags der Vollzug zu sehen.[30] Ähnlich der stillen Gesellschaft (vgl. dazu unten → Rn. 82) finden auf den mängelbehafteten Unterbeteiligungsvertrag richtigerweise die Grundsätze der **fehlerhaften Gesellschaft** Anwendung.[31]

9 Wird die Unterbeteiligung zugunsten eines Minderjährigen bestellt, bedarf es, selbst wenn die Einräumung im Rahmen einer Schenkung erfolgt, der Zustimmung des **Familiengerichts** (§§ 1822 Nr. 3, 1643 Abs. 1 BGB).[32] Dies ist nur dann anders, wenn durch die vertragliche Ausgestaltung ausgeschlossen ist, dass der Unterbeteiligte zur Erbringung einer Leistung oder Verlusttragung verpflichtet ist.[33] Dass die Verlustbeteiligung auf die Einlage beschränkt ist, soll nicht ausreichend sein.[34] Wollen die Eltern ihren Kindern eine Unterbeteiligung einräumen, ist, auch wenn es sich um eine Schenkung handelt, vor Abschluss des Unterbeteiligungsvertrages ein **Ergänzungspfleger** zu bestellen (§§ 1629, 1795 BGB).[35] Eine Ausnahme besteht nur dann, wenn die Unterbeteiligung aufgrund ihrer vertraglichen Ausgestaltung aus Sicht des Minderjährigen ausschließlich rechtlich vorteilhaft ist.[36] Einer Dauerergänzungspflegschaft bedarf es hingegen nicht.[37]

10 Es unterliegt keinen rechtlichen Bedenken, mehrere Unterbeteiligungen an einem Gesellschaftsanteil einzuräumen. Eine Mehrzahl von Unterbeteiligungsverhältnissen an einem Anteil ist insbesondere bei Familiengesellschaften anzutreffen. Streitig ist in diesem Zusammenhang, ob der Abschluss eines weiteren Unterbeteiligungsvertrages der **Zustimmung des bereits vorhandenen Unterbeteiligten** bedarf.[38] Einigkeit besteht insoweit, als die fehlende Zustimmung des Unterbeteiligten nichts an der Wirksamkeit des zweiten Vertrages ändert. Die einzelnen Unterbeteiligungsverhältnisse stehen im Grundsatz bilateral nebeneinander. Bei solchen **zweigliedrigen Unterbeteiligungen** bestehen zwischen den Unterbeteiligten also keine unmittelbaren Rechtsbeziehungen.[39] Nach der hM können die einzelnen Unterbetei-

---

[30] BGH NZG 2012, 222; ebenso MüKoHGB/*K. Schmidt* § 230 HGB Rn. 224; *K. Schmidt* DB 2002, 829; MüKoBGB/*Koch* § 518 BGB Rn. 28 ff.; MüKoBGB/*Ulmer/Schäfer Vor* § 705 BGB Rn. 96, § 705 BGB Rn. 44 ff.; zustimmend *Strnad* ZEV 2012, 394; weitergehend nun *Blaurock* NZG 2012, 521.
[31] Röhricht/v. Westphalen/*Mock* § 230 HGB Rn. 168, 18 ff.; E/B/J/S/*Gehrlein* § 230 HGB Rn. 93.
[32] *Singhof/Seiler/Schlitt*, Mittelbare Gesellschaftsbeteiligungen, Rn. 385; Beck Hdb. Personengesellschaften/*Bärwaldt* § 15 Rn. 50.
[33] OLG Hamm OLGZ 1974, 158; Baumbach/Hopt/*Roth* § 105 HGB Rn. 39; aA *Tebben*, Unterbeteiligung, 242: Genehmigungserfordernis bei jeder Unterbeteiligung.
[34] BFH BStBl. II 1974, 289; *Bilsdorfer* NJW 1980, 2785.
[35] *Singhof/Seiler/Schlitt*, Mittelbare Gesellschaftsbeteiligungen, Rn. 384; Beck Hdb. Personengesellschaften/*Bärwaldt* § 15 Rn. 48.
[36] MüKoHGB/*K. Schmidt* § 230 HGB Rn. 226.
[37] *Bilsdorfer* NJW 1980, 2788; MüKoHGB/*K. Schmidt* § 230 HGB Rn. 227; vgl. auch BGH NJW 1976, 49.
[38] Gegen das Erfordernis einer Zustimmung zutreffend MüKoHGB/*K. Schmidt* § 230 HGB Rn. 221; *Kühne/Rehm* NZG 2013, 561 (564); aA *Blaurock*, Unterbeteiligung, 112.
[39] *Hesselmann* GmbHR 1964, 29; *Paulick* ZGR 1974, 262; Schlegelberger/*K. Schmidt* § 335 HGB Rn. 194.

ligungsverhältnisse durch vertragliche Vereinbarung zu einer **mehrgliedrigen Unterbeteiligung** verbunden werden.[40] Hier stellen sich dann vergleichbare Probleme wie bei der mehrgliedrigen stillen Gesellschaft (vgl. → Rn. 94 f.). Denkbar und zulässig ist schließlich auch eine **mehrstufige Unterbeteiligung** in Form einer Unterbeteiligung an einer bereits bestehenden Unterbeteiligung.[41]

3. Rechtsstellung der Beteiligten

a) **Grundsatz.** Die Unterbeteiligung begründet ein Gesellschaftsverhältnis in Form einer Innengesellschaft zwischen dem Hauptbeteiligten und dem Unterbeteiligten. Zwischen dem Unterbeteiligten und der Hauptgesellschaft bestehen – vorbehaltlich einer anderweitigen Vereinbarung – keinerlei Rechtsbeziehungen.[42] Die Unterbeteiligung lässt die **Gesellschafterstellung** des Hauptbeteiligten unberührt. Der Unterbeteiligte wird aus dem Gesellschaftsvertrag der GmbH & Co. KG weder berechtigt noch verpflichtet. Er haftet weder gegenüber Dritten noch gegenüber der Gesellschaft.[43] Nur in Ausnahmefällen strahlt die **Treuepflicht** des Hauptbeteiligten auch auf den Unterbeteiligten aus, so dass dieser zur Rücksichtnahme gegenüber den Belangen der Hauptgesellschaft verpflichtet ist; insoweit wird zu Recht von „drittschützenden Treupflichten" gesprochen.[44] 11

Die Differenzierung zwischen den beiden **Beteiligungsebenen** (KG-Vertrag/Unterbeteiligungsvertrag) hat zur Folge, dass die Bestimmungen des Unterbeteiligungsvertrages nicht alleine deswegen unwirksam sind, weil sie mit den Bestimmungen des Gesellschaftsvertrages der GmbH & Co. KG kollidieren.[45] Da im Grundsatz davon auszugehen ist, dass die Parteien des Unterbeteiligungsverhältnisses sich nicht in Widerspruch zum Hauptgesellschaftsverhältnis setzen wollen, können die Bestimmungen des KG-Vertrages jedoch für die **Auslegung** des Unterbeteiligungsvertrages von Bedeutung sein, ohne dass hierdurch die grundsätzliche Trennung zwischen KG-Vertrag und Unterbeteiligungsvertrag aufgehoben würde.[46] 12

---

[40] *Blaurock*, Unterbeteiligung, 100 f.; *Paulick* ZGR 1974, 262; *Böttcher/Zartmann/Faut*, Stille Gesellschaft, S. 47 f.; Beck Hdb. Personengesellschaften/*Bärwaldt* § 15 Rn. 5; MüKoHGB/*K. Schmidt* § 230 HGB Rn. 211 ff.
[41] *Singhof/Seiler/Schlitt*, Mittelbare Gesellschaftsbeteiligungen, Rn. 346; *Blaurock*, Unterbeteiligung, 100 ff.; *Hesselmann*, GmbHR 1964, 29; MüKoHGB/*K. Schmidt* § 230 HGB Rn. 195, 214.
[42] OLG Hamm OLGZ 1974, 158 (160); *Singhof/Seiler/Schlitt*, Mittelbare Gesellschaftsbeteiligungen, Rn. 395 ff.; MüKoHGB/*K. Schmidt* § 230 HGB Rn. 233.
[43] Zur Haftung in der Unterbeteiligungsgesellschaft vgl. Schlegelberger/*K. Schmidt* § 335 HGB Rn. 231 f.; MüKoHGB/*K. Schmidt* § 230 HGB Rn. 234.
[44] MüKoHGB/*K. Schmidt* § 230 HGB Rn. 233; aA MHdB GesR II/*Weipert* KG § 12 Rn. 63 unter Verweis auf eine Trennung zwischen Hauptgesellschaftsvertrag und Unterbeteiligungsvertrag.
[45] MüKoBGB/*Ulmer/Schäfer* Vor § 705 BGB Rn. 95.
[46] *Singhof/Seiler/Schlitt*, Mittelbare Gesellschaftsbeteiligungen, Rn. 398; *Friehe*, Unterbeteiligung, 50; MüKoBGB/*Ulmer/Schäfer* Vor § 705 BGB Rn. 95; *Tebben*, Unterbeteiligung, 177.

10. Kapitel. Belastung von Gesellschaftsanteilen

13 Der Umstand, dass den Hauptbeteiligten als Mitglied zweier Gesellschaftsverhältnisse eine doppelte **Treuepflicht** trifft,[47] führt zu Zielkonflikten, die grundsätzlich in der Weise aufzulösen sind, dass den Interessen der Hauptgesellschaft Priorität einzuräumen ist. Würde die Erfüllung seiner Pflichten gegenüber dem Unterbeteiligten eine Treuepflichtverletzung des Hauptbeteiligten gegenüber der Gesellschaft oder den Mitgesellschaftern begründen, könnte der Unterbeteiligte seine Rechte aus dem Unterbeteiligungsvertrag wegen Unmöglichkeit nicht durchsetzen.[48] Vor diesem Hintergrund empfiehlt es sich, den Inhalt des Unterbeteiligungsvertrages bei der **Vertragsgestaltung** mit den Regelungen im GmbH & Co. KG-Vertrag genau abzustimmen.[49] Dies gilt namentlich für die Regelungen über die Vertragsdauer, die Kontroll- und Mitwirkungsrechte sowie das Wettbewerbsverbot.

14 Eine **Modifikation des Gesellschaftsvertrages** der GmbH & Co. KG berührt das Unterbeteiligungsverhältnis im Grundsatz nicht. Die Änderung der Mitgliedschaftsrechte des Hauptgesellschafters kann sich jedoch unter Umständen mittelbar auf das Unterbeteiligungsverhältnis auswirken.[50]

15 b) Die Ausübung der Mitgliedschaftsrechte.
Die **Zuordnung** der Mitgliedschaftsrechte in der GmbH & Co. KG wird durch die Begründung einer Unterbeteiligung nicht verändert. Die Kontroll- und Informationsrechte und das Stimmrecht stehen daher weiterhin dem Hauptbeteiligten zu.[51] Gleiches gilt für ein gesetzliches oder gesellschaftsvertragliches Recht zur Geschäftsführung.

16 Eine Übertragung des Stimmrechts vom Hauptbeteiligten auf den Unterbeteiligten würde gegen das Abspaltungsverbot verstoßen und kommt nicht in Betracht. Die Parteien des Unterbeteiligungsvertrages können das Stimmverhalten des Hauptbeteiligten jedoch auf Grundlage schuldrechtlicher **Stimmbindungsverträge** regeln.[52] Der Hauptbeteiligte kann jedoch unter Umständen aufgrund der aus dem Hauptgesellschaftsverhältnis erwachsenden Treuepflicht gehalten sein, entgegen den Weisungen des Unterbeteiligten abzustimmen.[53] Umgekehrt verletzt der Hauptbeteiligte die ihm gegenüber dem Unterbeteiligten obliegende Treuepflicht, wenn er bei der Ausübung seines Stimmrechts in der Gesellschafterversammlung der GmbH & Co. KG die Weisungen des Unterbeteiligten außer Acht lässt, ohne dass die Interessen der Hauptgesellschaft und der Mitgesellschafter ein solches Stimmverhalten gefordert hätten.[54]

---

[47] MüKoHGB/K. Schmidt § 230 HGB Rn. 241.
[48] BGHZ 50, 316 (324f.); GK/Ulmer § 105 HGB Rn. 111.
[49] Paulick ZGR 1974, 269.
[50] Dazu näher GK/Ulmer § 105 HGB Rn. 111.
[51] Statt aller Böttcher/Zartmann/Faut, Stille Gesellschaft, 112.
[52] MüKoHGB/K. Schmidt § 230 HGB Rn. 232; Singhof/Seiler/Schlitt, Mittelbare Gesellschaftsbeteiligungen, Rn. 403; vgl. auch Zöllner ZHR 155 (1991), 178; aA für den Fall der verdeckten Unterbeteiligung GK/Ulmer § 105 HGB Rn. 112.
[53] BGH WM 1977, 528 f.
[54] GK/Ulmer § 105 HGB Rn. 112.

Unmittelbare **Kontroll- und Informationsrechte** gegenüber der 17
Hauptgesellschaft stehen dem Unterbeteiligten nicht zu.[55] Informationsrechte des Unterbeteiligten bestehen nur gegenüber dem Hauptbeteiligten. Welchen Umfang diese Informationsrechte haben, ist streitig. Eine verbreitete Meinung im Schrifttum billigt dem Unterbeteiligten das weitgehende Informationsrecht nach § 716 BGB zu.[56] Nimmt man in den Blick, dass die Unterbeteiligung ein Unterfall der GbR ist, erscheint dies auf den ersten Blick einleuchtend. Gleichwohl billigt die herrschende Auffassung dem Unterbeteiligten zu Recht nur das eingeschränkte Informationsrecht eines stillen Gesellschafters zu (§ 233 HGB analog).[57] Dem ist im Hinblick auf die Ähnlichkeit zwischen Unterbeteiligung und stiller Gesellschaft (vgl. bereits → Rn. 1 f.) zuzustimmen. Der Unterbeteiligte hat daher nur Anspruch auf eine Abschrift der jährlichen Bilanz über den Gesellschaftsanteil des Hauptbeteiligten, der die auf den Anteil entfallenden Erträge, deren Zusammensetzung (Gewinnanteil, Kapitalzinsen etc.) sowie die Entwicklung des Kapitalkontos des Hauptbeteiligten zu entnehmen sind.[58] Eine abschriftliche Mitteilung der Bilanz der Hauptgesellschaft oder eine Einsicht in Unterlagen der Hauptgesellschaft kann der Unterbeteiligte von dem Hauptgesellschafter nur dann beanspruchen, wenn die Gesellschaft dem Hauptgesellschafter die Bekanntgabe gestattet hat und der Unterbeteiligungsvertrag dem Unterbeteiligten ein Recht auf Bekanntgabe einräumt.[59]

c) Die Rechte und Pflichten aus dem Unterbeteiligungsvertrag. 18
Die **Geschäftsführung** in der Unterbeteiligungsgesellschaft obliegt stets dem Hauptbeteiligten.[60] Dieses Recht kann ihm auch bei Vorliegen eines wichtigen Grundes nicht nach § 712 BGB entzogen werden.[61] Eine **Vertretung** der Unterbeteiligungsgesellschaft findet, da es sich um eine bloße In-

---

[55] *Singhof/Seiler/Schlitt*, Mittelbare Gesellschaftsbeteiligungen, Rn. 404; *Blaurock*, Unterbeteiligung, 180; offen gelassen von LG Bremen GmbHR 1991, 269 (270).
[56] *Blaurock*, Unterbeteiligung, 183 f.; Heymann/*Emmerich* § 105 HGB Rn. 63; *Kühne/Rehm* NZG 2013, 561, 565; vgl. bereits *Herzfeld* AcP 1937 (1933), 305; *Tebben*, Unterbeteiligung, 276 (279).
[57] BGHZ 590, 316 (323); BGH NJW-RR 1995, 160 (161); LG Bremen GmbHR 1991, 269; vgl. auch BGH NZG 2012, 222 (224); MüKoBGB/*Ulmer/Schäfer* Vor § 705 BGB Rn. 99; GK/*Ulmer* § 105 HGB Rn. 112; E/B/J/S/*Gehrlein* § 230 HGB Rn. 100; *Böttcher/Zartmann/Faut*, Stille Gesellschaft, 113 f.; *Singhof/Seiler/Schlitt*, Mittelbare Gesellschaftsbeteiligungen, Rn. 404; Schlegelberger/*K. Schmidt* § 338 HGB Rn. 20; MüKoHGB/*K. Schmidt* § 233 HGB Rn. 33 ff.; Heymann/*Horn* § 230 HGB Rn. 71; Scholz/*Seibt* § 15 GmbHG Rn. 225; Baumbach/Hopt/*Roth* § 105 HGB Rn. 42; MHdB GesR II/*Weipert* KG § 12 Rn. 62; E/B/J/S/*Gehrlein* § 230 HGB Rn. 100.
[58] BGHZ 50, 316 (323); MüKoBGB/*Ulmer/Schäfer* Vor § 705 BGB Rn. 99.
[59] BGHZ 50, 316 (325); BFH DB 1991, 2013 (2014); vgl. dazu auch MüKoHGB/*K. Schmidt* § 233 HGB Rn. 33 ff.
[60] *Singhof/Seiler/Schlitt*, Mittelbare Gesellschaftsbeteiligungen, Rn. 415.
[61] Auch eine analoge Anwendung von § 712 BGB kommt nicht in Betracht, vgl. *Esch* NJW 1964, 903; *Böttcher/Zartmann/Faut*, Stille Gesellschaft, 44; Heymann/*Horn* § 230 HGB Rn. 70; MüKoHGB/*K. Schmidt* § 230 HGB Rn. 237; E/B/J/S/*Gehrlein* § 230 HGB Rn. 94.

nengesellschaft handelt, nicht statt.⁶² Im Gegensatz zur Treuhand unterliegt der Gesellschafter **keinem Weisungsrecht** des Unterbeteiligten.⁶³ Bei der Verwaltung der Beteiligung muss der Hauptgesellschafter jedoch innerhalb der durch den Gesellschaftsvertrag der GmbH & Co. KG gezogenen Grenzen auf die Interessen des Unterbeteiligten Rücksicht nehmen.

19 Einem gegenseitigen **Wettbewerbsverbot** unterliegen weder der Hauptgesellschafter noch der Unterbeteiligte. Nur in Ausnahmefällen besteht ein Wettbewerbsverbot aufgrund der gesellschaftsrechtlichen Treuepflicht. Problematisch ist, ob ein etwaiges Wettbewerbsverbot des Hauptgesellschafters (vgl. dazu → § 27) auf den Unterbeteiligten ausstrahlt. Dies wird in aller Regel zu verneinen sein. Anderes kann dann gelten, wenn die Rechtsstellung des Unterbeteiligten im Unterbeteiligungsvertrag gegenüber der gesetzlichen Regelung, etwa durch die Begründung weitgehenderer Informationsrechte, verstärkt ist.⁶⁴

20 Der Unterbeteiligte ist gegenüber dem Hauptbeteiligten zur Leistung der vereinbarten **Einlage** verpflichtet.⁶⁵ Die Einlage kann aus einer Geld- oder Sacheinlage bestehen. Darüber hinaus kann der Unterbeteiligte weitere Beitragspflichten übernehmen.

21 Der Unterbeteiligte hat Anspruch auf Auszahlung des auf ihn entfallenden **Gewinnanteils**. Soweit nichts Abweichendes vereinbart ist, steht dem Unterbeteiligten ein angemessener Gewinn zu (§ 231 HGB analog).⁶⁶ Es empfiehlt sich, im Unterbeteiligungsvertrag eine explizite Regelung zu treffen, zB in Form einer Garantiedividende, eines Höchstbetrages oder einer Festverzinsung. Umgekehrt ist der Unterbeteiligte grundsätzlich auch am **Verlust** der Unterbeteiligungsgesellschaft beteiligt.⁶⁷ Hierbei handelt es sich allerdings um kein zwingendes Merkmal der Unterbeteiligung. Sie kann im Unterbeteiligungsvertrag ausgeschlossen werden.⁶⁸ Besteht eine Verlustbeteiligung, ist der Hauptbeteiligte berechtigt, dem Unterbeteiligten einen entstandenen Verlust bis zur Höhe der übernommenen Einlage zuzuweisen. Zu einem **Verlustausgleich** ist der Unterbeteiligte nur dann verpflichtet, wenn

---

⁶² *Singhof/Seiler/Schlitt*, Mittelbare Gesellschaftsbeteiligungen, Rn. 420; *Tebben*, Unterbeteiligung, 257; MüKoHGB/*K. Schmidt* § 230 HGB Rn. 238; *Blaurock*, Unterbeteiligung, 119; *Friehe*, Unterbeteiligung, 55; *Paulick* ZGR 1974, 276.
⁶³ BGH WM 1965, 458.
⁶⁴ MüKoHGB/*K. Schmidt* § 230 HGB Rn. 244; E/B/J/S/*Gehrlein* § 230 HGB Rn. 103.
⁶⁵ Mit MüKoHGB/*K. Schmidt* § 230 HGB Rn. 230, ist zutr. zwischen der übernommenen Einlage und der Beitragsleistung zu differenzieren. Letzte ist notwendiges Merkmal der Unterbeteiligungsgesellschaft und kann, wie etwa bei der schenkweisen Einräumung, im Halten der Unterbeteiligung bestehen.
⁶⁶ *Singhof/Seiler/Schlitt*, Mittelbare Gesellschaftsbeteiligungen, Rn. 430; MüKoBGB/*Ulmer/Schäfer* Vor § 705 BGB Rn. 98; *Tebben*, Unterbeteiligung, 280.
⁶⁷ Vgl. *Tebben*, Unterbeteiligung, 292; MüKoHGB/*K. Schmidt* § 230 HGB Rn. 198; neutraler MüKoBGB/*Ulmer/Schäfer* Vor § 705 BGB Rn. 98: es handele sich um eine Frage der Vertragsauslegung.
⁶⁸ MüKoHGB/*K. Schmidt* § 230 HGB Rn. 198; *Singhof/Seiler/Schlitt*, Mittelbare Gesellschaftsbeteiligungen, Rn. 433; *Paulick* ZGR 1974, 253 (266); Beck Hdb. Personengesellschaften/*Bänwaldt* § 15 Rn. 33.

dies besonders vertraglich vereinbart ist oder wenn er seine vertraglich übernommene Einlage noch nicht erbracht hat.

Beschließen die Gesellschafter der GmbH & Co. KG eine **Kapitalerhöhung**, steht dem Unterbeteiligten ein **Bezugsrecht** auf einen Anteil an der Hauptgesellschaft grundsätzlich nicht zu.[69] Erfolgt die Kapitalerhöhung aus **Gesellschaftsmitteln** durch Umbuchung vom Rücklagenkonto auf das Kapitalkonto, erstreckt sich die Unterbeteiligung auf den erhöhten Anteil. Anders liegen die Dinge, wenn die Kapitalerhöhung demgegenüber gegen **Einlagen** erfolgt.[70] Hier können die zum Nießbrauch entwickelten Grundsätze entsprechend angewandt werden (vgl. → § 39 Rn. 39). In jedem Fall empfiehlt es sich, alle hiermit in Zusammenhang stehenden Fragen im Unterbeteiligungsvertrag explizit zu regeln. Dies gilt namentlich für die Frage, ob der Unterbeteiligte im Falle einer Kapitalerhöhung eine zusätzliche Einlage zu erbringen hat.[71]

22

4. Atypische Unterbeteiligung

Die Beteiligten können das Unterbeteiligungsverhältnis auch atypisch ausgestalten.[72] So können dem Unterbeteiligten **Geschäftsführungs- oder Weisungsrechte** im Hinblick auf das Unterbeteiligungsverhältnis eingeräumt werden, die es dem Unterbeteiligten ermöglichen, weitergehenden Einfluss auf die Hauptbeteiligung zu nehmen.[73] Denkbar ist auch, dass im Unterbeteiligungsvertrag Mitspracherechte des Unterbeteiligten bei Maßnahmen auf der Ebene der Hauptgesellschaft (Kapitalerhöhungen, Kündigung oder Änderung des Gesellschaftsvertrages der GmbH & Co. KG) begründet werden.[74] Allerdings kann sich die Einräumung von Weisungsrechten im Einzelfall als eine Verletzung des Hauptgesellschaftsvertrages erweisen.[75]

23

Diese freilich nur intern wirkenden Mitwirkungsbefugnisse können im Außenverhältnis dadurch verstärkt werden, dass der Hauptbeteiligte den Unterbeteiligten mit der Wahrnehmung seiner Mitgliedschaftsrechte **bevollmächtigt**. Mit Zustimmung der übrigen Gesellschafter der Hauptgesellschaft können dem Unterbeteiligten sogar **Kontroll- oder Geschäftsführungsbefugnisse** innerhalb der GmbH & Co. KG eingeräumt werden.[76] Auf diese Weise kann die Rechtsposition des Unterbeteiligten gesellschafterähnlich ausgestaltet werden. Er unterliegt dann auch der Treuepflicht gegenüber der Gesellschaft.[77]

24

---

[69] MüKoHGB/*K. Schmidt* § 230 HGB Rn. 235.
[70] Schlegelberger/*K. Schmidt* § 335 HGB Rn. 222.
[71] *Böttcher/Zartmann/Faut*, Stille Gesellschaft, 127.
[72] Vgl. etwa *Singhof/Seiler/Schlitt*, Mittelbare Gesellschaftsbeteiligungen, Rn. 445 ff.; *Fasold* GmbHR 1973, 12.
[73] MüKoHGB/*K. Schmidt* § 230 HGB Rn. 209, 237; Beck Hdb. Personengesellschaften/*Bärwaldt* § 15 Rn. 8.
[74] Schlegelberger/*K. Schmidt* § 335 HGB Rn. 225.
[75] Vgl. dazu Heymann/*Horn* § 230 HGB Rn. 68.
[76] Heymann/*Emmerich* § 105 HGB Rn. 61; MüKoBGB/*Ulmer/Schäfer* Vor § 705 BGB Rn. 101; *Böttcher/Zartmann/Faut*, Stille Gesellschaft, 140.
[77] MüKoBGB/*Ulmer/Schäfer* Vor § 705 BGB Rn. 101.

25 Eine atypische Ausgestaltung des Unterbeteiligungsverhältnisses ist auch in **vermögensrechtlicher** Hinsicht möglich. Der Unterbeteiligungsvertrag kann vorsehen, dass der Unterbeteiligte nicht nur an den Erträgnissen des Anteils, sondern auch an dessen Wertzuwachs, insbesondere an den stillen Reserven, dem Auseinandersetzungsguthaben und dem Abfindungsanspruch, partizipiert.[78] Hält der Hauptbeteiligte den Anteil sogar für Rechnung des Unterbeteiligten, rückt die Unterbeteiligung in die Nähe der **Treuhand** (dazu → Rn. 30 ff.).[79]

5. Übertragung von Haupt- und Unterbeteiligung

26 Die Unterbeteiligung ist, anders als die einzelnen Vermögensrechte des Unterbeteiligten, grundsätzlich unübertragbar.[80] Zu einer Übertragung der Unterbeteiligung ist der Unterbeteiligte nur dann berechtigt, wenn dies gesondert vereinbart ist.[81] Eine Regelung im Gesellschaftsvertrag der GmbH & Co. KG, die den Kommanditanteil, an dem die Unterbeteiligung besteht, veräußerlich stellt, sagt nichts über die Veräußerlichkeit der Unterbeteiligung aus.[82]

27 Vorbehaltlich einer abweichenden Vereinbarung ist der Hauptbeteiligte gegenüber dem Unterbeteiligten vertraglich verpflichtet, die **Hauptbeteiligung** für die Dauer des Unterbeteiligungsvertrages zu halten. Im Außenverhältnis ist der Hauptgesellschafter in seinem Recht, über den Gesellschaftsanteil zu verfügen, jedoch nicht beschränkt. Selbst bei treuwidrigen Verfügungen kommt nach herrschender Auffassung eine Anwendung der Regeln über den Missbrauch der Vertretungsmacht nicht in Betracht.[83] Anders als beim Pfandrecht oder beim Nießbrauch bleibt die Unterbeteiligung nicht als Belastung am veräußerten Gesellschaftsanteil bestehen. Sie wird in diesem Fall aufgelöst.

6. Dauer und Beendigung des Unterbeteiligungsverhältnisses

28 Die Unterbeteiligung endet zunächst mit **Zeitablauf**, wenn sie für eine bestimmte Dauer vereinbart wurde. Dabei kann ohne weiteres an die Dauer der GmbH & Co. KG angeknüpft werden. Ist die Unterbeteiligung auf unbestimmte Zeit eingegangen, kann sie analog § 234 HGB **gekündigt** werden.[84] Ist die Dauer der GmbH & Co. KG selbst befristet, kann sich aus der Auslegung des Unterbeteiligungsvertrages ergeben, dass die Unterbeteili-

---

[78] *Böttcher/Zartmann/Faut*, Stille Gesellschaft, 140; *Paulick* ZGR 1974, 258; MüKoHGB/*K. Schmidt* § 230 HGB Rn. 208; Beck Hdb. Personengesellschaften/*Bärwaldt* § 15 Rn. 7; MüKoBGB/*Ulmer/Schäfer* Vor § 705 BGB Rn. 98; krit. zur Bezeichnung als atypische Unterbeteiligung *Blaurock*, Unterbeteiligung, 115.
[79] Vgl. Heymann/*Horn* § 230 HGB Rn. 66; MüKoHGB/*K. Schmidt* § 230 HGB Rn. 210.
[80] MüKoHGB/*K. Schmidt* § 230 HGB Rn. 247; *Singhof/Seiler/Schlitt*, Mittelbare Gesellschaftsbeteiligungen, Rn. 454; *Paulick* ZGR 1974, 272.
[81] Heymann/*Horn* § 230 HGB Rn. 73; Schlegelberger/*K. Schmidt* § 335 HGB Rn. 233.
[82] Vgl. auch *Blaurock*, Unterbeteiligung, 153.
[83] BGH WM 1977, 525 (527).
[84] BGH NJW 1994, 2886 (2888); *Singhof/Seiler/Schlitt*, Mittelbare Gesellschaftsbeteiligungen, Rn. 462; MüKoBGB/*Ulmer/Schäfer* Vor § 705 BGB Rn. 102.

gung für die Dauer der GmbH & Co. KG bestehen soll.[85] In diesem Fall kommt, wie wenn die Unterbeteiligung selbst zeitlich befristet wäre, eine Kündigung des Unterbeteiligungsverhältnisses nur aus wichtigem Grund in Betracht.[86] Beim **Tod** des Hauptgesellschafters wird es zumeist dem Willen der Beteiligten entsprechen, dass die Unterbeteiligung mit den eintretenden Erben fortgesetzt wird.[87]

Wird die GmbH & Co. KG **aufgelöst** oder endet die Hauptbeteiligung auf andere Weise, gerät auch die Unterbeteiligung in Auflösung (§ 726 BGB).[88] An die Auflösung schließt sich die **Auseinandersetzung** an, auf die § 235 HGB analog anwendbar ist.[89] Sofern die Unterbeteiligung dadurch aufgelöst wird, dass der Hauptbeteiligte durch die Vereinigung sämtlicher Anteile in sich zum Einzelkaufmann wird, entsteht mit dem früheren Unterbeteiligten der Sache nach eine stille Gesellschaft am Handelsgeschäft.[90] Sonstige Formwechsel der Hauptgesellschaft (wie nach dem UmwG) führen jedoch nicht grundsätzlich zur Auflösung, sondern können auch lediglich ein Kündigungsrecht des Unterbeteiligten im Einzelfall gewähren.[91]

II. Treuhand

1. Allgemeines

a) Begriff. *aa) Echte und unechte Treuhand.* Ein Treuhandverhältnis liegt vor, wenn ein Treugeber einem Treunehmer eine Rechtsmacht einräumt, die im Innenverhältnis durch einen Treuhandvertrag eingeschränkt wird.[92] Treuhandverhältnisse an Gesellschaftsanteilen einer GmbH & Co. KG sind sehr verbreitet. Sie kommen in verschiedenen Erscheinungsformen und zu **unterschiedlichen** Zwecken vor.[93] Bei der **echten** Treuhand wird der Treuhänder sowohl im Innenverhältnis als auch im Außenverhältnis selbst Gesellschafter, darf aber die Rechte aus der Beteiligung nur nach Maßgabe des mit dem Treugeber abgeschlossenen Treuhandvertrages ausüben. Es handelt sich um den Fall der **fremdnützigen** Vollrechtsübertragung (sog. fiduziarische **Vollrechtstreuhand**), namentlich in Gestalt der **Verwaltungs-**

---

[85] BGHZ 50, 316 (320); BGH NJW 1994, 2886 (2888); *Blaurock*, Unterbeteiligung, 163 ff.; Heymann/*Emmerich* § 105 HGB Rn. 64.
[86] Vgl. BGHZ 50, 516 (523); Baumbach/Hopt/*Roth* § 105 HGB Rn. 43.
[87] So auch Scholz/*Seibt* § 15 GmbHG Rn. 226.
[88] MüKoBGB/*Ulmer/Schäfer* Vor § 705 BGB Rn. 102; Scholz/*Seibt* § 15 GmbHG Rn. 226.
[89] Baumbach/Hopt/*Roth* § 105 HGB Rn. 43; MüKoBGB/*Ulmer/Schäfer* Vor § 705 BGB Rn. 103; Beck Hdb. Personengesellschaften/*Bärwaldt* § 15 Rn. 44 ff.
[90] Röhricht/v. Westphalen/*Mock* § 234 HGB Rn. 43.
[91] Röhricht/v. Westphalen/*Mock* § 234 HGB Rn. 45; ausführlich zur Wirkung von Maßnahmen nach dem UmwG auf Unterbeteiligungen *Schindhelm/Pickhardt-Poremba/Hilling* DStR 2003, 144 (Teil I), 1469 (Teil II).
[92] MüKoHGB/*K. Schmidt* Vor § 230 HGB Rn. 35; *Armbrüster*, Treuhänderische Beteiligung, 12 f.; *Henssler* AcP 196 (1996), 41; MüKoBGB/*Ulmer/Schäfer* § 705 BGB Rn. 84.
[93] Eingehend hierzu Heymann/*Emmerich* § 105 HGB Rn. 47.

10. Kapitel. Belastung von Gesellschaftsanteilen

treuhand.[94] Von der fremdnützigen Treuhand zu sondern ist die sog. **Sicherungstreuhand**[95] **(eigennützige Treuhand)**.

31   Ein **unechtes** Treuhandverhältnis liegt demgegenüber vor, wenn ein Dritter Gesellschafterrechte ausübt, ohne dass damit ein Wechsel in der Gesellschafterstellung verbunden wäre, wie etwa bei der Verwaltung von Gesellschaftsanteilen durch einen Testamentsvollstrecker oder Wahrnehmung von Kommanditistenrechten durch einen gemeinsamen Vertreter (sog. **Vollmachtstreuhand**).[96] Hierzu gehört auch die **Ermächtigungstreuhand**, bei der der Treugeber den Treuhänder ermächtigt, seine Gesellschafterrechte im eigenen Namen geltend zu machen. Die praktische Bedeutung der unechten Treuhand ist recht gering, so dass sich die nachfolgende Darstellung auf die echte Treuhand beschränkt.

32   *bb) Offene und verdeckte Treuhand.* Ähnlich wie bei der Unterbeteiligung wird zwischen der offenen Treuhand und dem verdeckten Treuhandverhältnis unterschieden.[97] Bei der **offenen** Treuhand ist den Mitgesellschaftern der Abschluss der Treuhandvereinbarung bekannt und wird von ihnen auch häufig gebilligt.[98] Bei der qualifiziert offenen Treuhand werden dem Treugeber unter Mitwirkung der Gesellschaft eigene gesellschafterähnliche Rechte eingeräumt.[99] Den in der Praxis häufigsten Fall der fiduziarischen Vollrechtstreuhand bildet allerdings die **verdeckte** Treuhand.[100] Hier fehlt es an einer Offenlegung der Treuhand gegenüber den Mitgesellschaftern. Ihre Vereinbarung kann sich als unzulässig erweisen, wenn ihr Abschluss mit den berechtigten Interessen der Mitgesellschafter kollidieren würde.[101] Der Gesellschafter ist dann aufgrund seiner Treuepflicht gehalten, das Treuhandverhältnis offen zu legen und gegebenenfalls aufzulösen. Kommt er dem nicht nach, macht er sich möglicherweise gegenüber seinen Mitgesellschaftern bzw. der Gesellschaft schadensersatzpflichtig.[102]

---

[94] Vgl. *Singhof/Seiler/Schlitt*, Mittelbare Gesellschaftsbeteiligungen, Rn. 495; MüKoHGB/*K. Schmidt* Vor § 230 HGB Rn. 36, 41; Scholz/*Emmerich* § 2 GmbHG Rn. 55. Als Form der mittelbaren Unternehmensteilhabe ist diese Gestaltungsform auch bei Publikumsgesellschaften anzutreffen.

[95] In diesem Fall dient die Beteiligung als Sicherungsmittel, eingehend MüKoHGB/*K. Schmidt* Vor § 230 HGB Rn. 39; *Armbrüster*, Treuhänderische Beteiligung, 42 f.

[96] *Singhof/Seiler/Schlitt*, Mittelbare Gesellschaftsbeteiligungen, Rn. 494; Baumbach/Hopt/*Roth* § 105 HGB Rn. 31. Die Vollmachtstreuhand ist insb. bei Publikumsgesellschaften, aber auch bei personalistisch strukturierten GmbH & Co. KG verbreitet, vgl. MüKoHGB/*K. Schmidt* Vor § 230 HGB Rn. 35; zur Vertreterklausel allg. *Hueck* ZHR 125 (1963), 1 f.

[97] Baumbach/Hopt/*Roth* § 105 HGB Rn. 31; MüKoHGB/*K. Schmidt* Vor § 230 HGB Rn. 43.

[98] Zur Terminologie vgl. auch Scholz/*Emmerich* § 2 GmbHG Rn. 55.

[99] Vgl. dazu *Armbrüster*, Treuhänderische Beteiligung, 20; ausführlich zur qualifizierten Treuhand *Tebben* ZGR 2001, 586.

[100] GK/*Ulmer* § 105 HGB Rn. 103.

[101] OLG Hamburg WM 1993, 1098; *Beuthien* ZGR 1974, 26 (46 f.); Baumbach/Hopt/*Roth* § 105 HGB Rn. 33; enger Heymann/*Emmerich* § 105 HGB Rn. 48: in aller Regel unzulässig.

[102] Vgl. BGH WM 1982, 235; *Beuthien* ZGR 1974, 26 (41 f.).

cc) Mehrgliedrige Treuhandverhältnisse. Von mehrgliedrigen Treuhandverhältnissen spricht man, wenn ein Gesellschaftsanteil für mehrere Beteiligte treuhänderisch gehalten wird.[103] Diese Konstruktion ist häufig bei Publikumsgesellschaften anzutreffen. In diesem Fall sind die Anleger zur einheitlichen Wahrnehmung ihrer Rechte häufig zu einer BGB-Innengesellschaft zusammengeschlossen, wobei ein Treuhänder den Kommanditanteil für diese Anleger hält.[104]

b) Gründe für Treuhandkonstruktionen. Die Gründe für die Vereinbarung einer Treuhand sind vielgestaltig.[105] Sie wird etwa begründet, wenn die Beteiligung des Treugebers an der Gesellschaft geheim gehalten werden soll. Umgekehrt ermöglicht sie die Wahrnehmung der Gesellschafterrechte durch Dritte. Dies kann zum einen der Entlastung des bisherigen Gesellschafters dienen. Zum anderen kann **Beweggrund** für die Wahl einer Treuhandkonstruktion auch die **Bündelung der Gesellschaftermacht** mehrerer ehemaliger Gesellschafter sein.[106] Treuhandverhältnisse können auch zur **Kreditsicherung** verwendet werden, indem die Beteiligung auf den Sicherheitsnehmer als Treuhänder übertragen wird.[107] Ferner kann die Gesellschafternachfolge durch eine Treuhandkonstruktion gestaltet werden. So können Erben lediglich wirtschaftlich beteiligt werden, indem ihnen die Stellung eines Treugebers eingeräumt wird. Ebenso kann der Erblasser die **Erbfolge** vorwegnehmen, indem er den künftigen Erben durch Einräumung der Stellung eines Treugebers bereits wirtschaftlich an der Gesellschaft beteiligt. Andererseits kann er auf den Erben bereits die Gesellschafterstellung übertragen, seine eigene lebzeitige Versorgung aber sicherstellen, indem er selbst Treugeber wird.[108] Einen großen Anwendungsbereich hat die Treuhand schließlich im Bereich der **Publikumsgesellschaften**, bei der durch Einschaltung eines Treuhandkommanditisten eine Koordinierung der Beteiligungen erfolgt und somit die Registereintragung erleichtert wird.[109]

c) Abgrenzung. Die Treuhand steht als Fall der mittelbaren Unternehmensteilhabe der **Unterbeteiligung** nahe. In beiden Fällen nimmt der Vollrechtsinhaber für einen Dritten Interessen wahr.[110] Die Abgrenzung zur Unterbeteiligung kann daher in der Praxis Schwierigkeiten bereiten. Während nach einer teilweise vertretenen Auffassung Überschneidungen von Treuhand und Unterbeteiligung ausgeschlossen sind,[111] sind nach der zutreffenden

---

[103] Vgl. BGHZ 73, 294; *Maulbetsch*, Beirat und Treuhand, 32; *Bälz* ZGR 1980, 1 ff.; *Beuthien* ZGR 1974, 26 (35); *Kraft* ZGR 1980, 399. Zu Treuhandkonstruktionen bei Publikumspersonengesellschaften vgl. auch *Schlitt*, Informationsrechte, 258 ff.
[104] MüKoHGB/*K. Schmidt* Vor § 230 HGB Rn. 44.
[105] Ausführlich: *Singhof/Seiler/Schlitt*, Mittelbare Gesellschaftsbeteiligungen, Rn. 496 ff.
[106] *Armbrüster* GmbHR 2001, 941 (942).
[107] *Armbrüster* GmbHR 2001, 941 (944).
[108] *Armbrüster* GmbHR 2001, 941 (943).
[109] MüKoBGB/*Ulmer/Schäfer* § 705 BGB Rn. 85.
[110] Zutreffend Heymann/*Horn* § 230 HGB Rn. 75.
[111] IdS *Tebben*, Unterbeteiligung, 68 ff.; *Eden*, Treuhandschaft, 27; *Böttcher/Zartmann/Faut*, Stille Gesellschaft, 58 f.; *Wiedemann*, Übertragung, 387; wohl auch MHdB GesR II/*Weipert* KG § 12 Rn. 64.

Ansicht des BGH und der überwiegenden Auffassung im Schrifttum Unterbeteiligung und Treuhand einander nicht ausschließende Rechtsinstitute, die je nach ihrer Ausgestaltung die Anwendbarkeit von Auftrags- oder Gesellschaftsrecht nach sich ziehen.[112] Die Abgrenzung ist danach durch Auslegung des Vertrages vorzunehmen. Hält der Hauptbeteiligte nur einen Teil des Anteils für den anderen, spricht dies für das Vorliegen einer Unterbeteiligung. Ebenso stellt die Wahrnehmung eigener Interessen durch den Hauptbeteiligten ein Argument für ein Unterbeteiligungsverhältnis dar. Das Vorliegen eines Auftrags- oder Geschäftsbesorgungsvertrages im Innenverhältnis spricht dagegen für die Bejahung eines Treuhandverhältnisses.[113]

36 Die Sicherungstreuhand stellt eine Alternative zur **Verpfändung** dar.[114] Während bei der Treuhand an Kommanditanteilen der mit der Handelsregistereintragung zwangsläufig einhergehende Publizitätseffekt und die Gefahr einer Außenhaftung in der Regel als nachteilig empfunden wird, bietet sie dem Sicherungsnehmer den Vorteil eines unmittelbaren Einflusses, die Beteiligung am Gewinn sowie eine in der Regel weniger umständliche Verwertung des Gesellschaftsanteils.[115]

37 Treuhandverhältnisse sind zu unterscheiden von **partiarischen Rechtsgeschäften**. Letztere stellen Austauschverträge (zB Miet-, Dienst-, oder Darlehensverträge) dar, bei denen die Vergütung erfolgsbezogen ausgestaltet ist, indem eine Gewinnbeteiligung vereinbart wird.[116]

38 **Nießbrauch** und Treuhand können demselben Zweck dienen, sind aber rechtlich zu unterscheiden. Bei dem Nießbrauch handelt es sich um die dingliche Belastung der Beteiligung mit einem Nutzungsrecht (vgl. zum Nießbrauch oben → § 39).

2. Begründung

39 a) **Inhaberschaft an der Beteiligung.** Die Treuhand kann auf verschiedene Weise vereinbart werden. Wird die Inhaberschaft des Treuhänders am Gesellschaftsanteil durch Vollrechtsübertragung begründet, spricht man von der sog. **Übertragungstreuhand**. Dann sind die gleichen Voraussetzungen wie bei der Übertragung der Mitgliedschaft zu erfüllen.[117] Die Vereinbarung einer Treuhand an einem **Kommanditanteil** bedarf mithin der **Zustim-**

---

[112] BGH NJW 1994, 2886 (2887); NJW-RR 1995, 165; siehe auch OLG Bamberg NZG 2001, 509; vgl. bereits *Schneider* FS Möhring, 115 (117). S. auch *Singhof/Seiler/Schlitt*, Mittelbare Gesellschaftsbeteiligungen, Rn. 508; *Armbrüster* GmbHR 2001, 941 (944); *Blaurock*, Unterbeteiligung, 73, 347; *Blaurock*, Stille Gesellschaft, Rn. 30.9ff.; *Heymann/Horn* § 230 HGB Rn. 75; *Bender* DB 1979, 1445; GK/*Ulmer* § 105 HGB Rn. 110; MüKoHGB/*K. Schmidt* Vor § 230 HGB Rn. 45.
[113] MüKoHGB/*K. Schmidt* Vor § 230 HGB Rn. 45.
[114] *Armbrüster*, Treuhänderische Beteiligung, 25f.; MüKoHGB/*K. Schmidt* Vor § 230 HGB Rn. 49.
[115] *Vossius* BB 1988, Sonderbeilage 5, 13.
[116] MüKoBGB/*Ulmer/Schäfer* Vor § 705 BGB Rn. 107.
[117] MüKoHGB/*K. Schmidt* Vor § 230 HGB Rn. 53; *Singhof/Seiler/Schlitt*, Mittelbare Gesellschaftsbeteiligungen, Rn. 514; *Armbrüster*, Treuhänderische Beteiligung, 93ff.; *Blaurock*, Unterbeteiligung, 154f.; *Beuthien* ZGR 1974, 26 (38f.); *Eden*, Treuhandschaft, 44ff.

§ 40 Unterbeteiligung, Treuhand und stille Beteiligung

mung der übrigen Gesellschafter, wenn der Gesellschaftsvertrag der GmbH & Co. KG die Übertragung der Kommanditanteile nicht zulässt.[118] Die Verweigerung der Zustimmung kann im Einzelfall treuwidrig sein.[119] Ist Gegenstand der Treuhand ein **Geschäftsanteil** an der Komplementär-GmbH, ist eine Zustimmung der Mitgesellschafter grundsätzlich entbehrlich, soweit die Satzung keine Vinkulierungsklauseln enthält.

Die Treuhand kann aber auch durch eine bloße Vereinbarung begründet werden, ohne dass damit ein Wechsel in der Gesellschafterstellung einherginge. Der Inhalt der Vereinbarung besteht darin, dass der Gesellschafter den Gesellschaftsanteil als Treuhänder künftig für einen Dritten, den Treugeber, hält. Für diese Gestaltung wurde der Begriff der **Vereinbarungstreuhand** geprägt. Auch in diesem Fall soll die Begründung der Treuhand von der Zustimmung der Mitgesellschafter abhängen. Begründet wird dies mit der Erwägung, der Treugeber nähme aufgrund der ihm zustehenden Weisungsrechte wirtschaftlich die Rolle des Gesellschafters ein.[120] Dies ist allerdings nicht zweifelsfrei, da der Treuhänder mit allen Rechten und Pflichten Gesellschafter bleibt.[121] 40

Zu nennen ist schließlich auch noch die **Erwerbstreuhand**. Hier erwirbt der Treuhänder den Anteil anlässlich der Gründung der Gesellschaft oder im Rahmen einer Kapitalerhöhung.[122] Der Treuhänder fungiert als Strohmann des Treugebers, mit dem er ausschließlich über eine schuldrechtliche Vereinbarung verbunden ist.[123] 41

Sind die Gesellschaftsanteile veräußerlich gestellt, ist die Begründung einer Treuhandschaft grundsätzlich **zulässig**. Das Bestehen eines Treuhandverhältnisses berechtigt daher für sich genommen nicht zum Entzug von Organbefugnissen, zum Ausschluss des Treuhänders aus der Gesellschaft oder zur Einziehung seiner Geschäftsanteile.[124] Wollen die Mitgesellschafter die Begründung eines Treuhandverhältnisses vermeiden, müssen sie Sorge dafür tragen, dass die Gesellschaftsanteile nach dem Gesellschaftsvertrag nicht veräußerlich sind. Schwierig zu entscheiden ist die Frage, ob jedenfalls die Begründung von Treuhandverhältnissen aufgrund einer entsprechenden Bestimmung im Gesellschaftsvertrag oder aufgrund der Treuepflicht unzulässig sein kann. Von einer Unzulässigkeit wird nur auszugehen sein, wenn eine konkrete Gefahr für schutzwürdige Interessen der Gesellschaft besteht.[125] 42

---

[118] *Armbrüster*, Treuhänderische Beteiligung, 96; MüKoHGB/*K. Schmidt* Vor § 230 HGB Rn. 53; MüKoBGB/*Ulmer/Schäfer* § 705 BGB Rn. 87; E/B/J/S/*Wertenbruch* § 105 HGB Rn. 102.
[119] *Armbrüster*, Treuhänderische Beteiligung, 97 ff.
[120] MüKoHGB/*K. Schmidt* Vor § 230 HGB Rn. 54; Baumbach/Hopt/*Roth* § 105 HGB Rn. 32; *Blaurock*, Unterbeteiligung, 103.
[121] So denn auch gegen das Erfordernis einer Zustimmung OLG Hamm GmbHR 1993, 656 (658); *Armbrüster*, Treuhänderische Beteiligung, 117 ff.; *Tebben*, Unterbeteiligung, 236 ff.; MüKoBGB/*Ulmer/Schäfer* § 705 BGB Rn. 88; Beck Hdb. Personengesellschaften/*Müller* § 4 Rn. 24.
[122] MüKoHGB/*K. Schmidt* Vor § 230 HGB Rn. 55.
[123] *Singhof/Seiler/Schlitt*, Mittelbare Gesellschaftsbeteiligungen, Rn. 517.
[124] MüKoHGB/*K. Schmidt* Vor § 230 HGB Rn. 56.
[125] *Armbrüster* GmbHR 2001, 941 (947); vgl. auch *Tebben*, Unterbeteiligung, 236.

10. Kapitel. Belastung von Gesellschaftsanteilen

Anders verhält es sich dann, wenn ein Gesellschafter, der einem **Wettbewerbsverbot** unterliegt, einem Konkurrenten der Gesellschaft eine Treugeberstellung einräumt. In einer solchen Situation stellt die Begründung eines Treuhandverhältnisses einen Verstoß gegen das Wettbewerbsverbot bzw. die gesellschafterliche Treuepflicht dar, der Schadensersatzansprüche der Mitgesellschafter gegen den Treuhänder begründen und ggf. zum Ausschluss aus der Gesellschaft oder zum Entzug einer etwaigen Geschäftsführungs- oder Vertretungsbefugnis berechtigen kann.[126]

43 **b) Treuhandvertrag.** Von der Begründung der dinglichen Treuhänderposition ist die im **Innenverhältnis** zwischen Treugeber und Treuhänder bestehende Treuhandvereinbarung zu unterscheiden. Regelmäßig handelt es sich hierbei um einen Geschäftsbesorgungsvertrag mit Dienstvertragscharakter (§§ 675, 611 BGB).[127] Erbringt der Treuhänder seine Dienste unentgeltlich, was eher die Ausnahme sein dürfte, liegt ein Auftragsverhältnis zugrunde (§§ 662 ff. BGB).[128] Nur in seltenen Fällen enthält die Treuhandbeziehung gesellschaftsrechtliche Elemente. Dann stellt sich die Frage der Abgrenzung zur Unterbeteiligung (vgl. → Rn. 35).

44 Das Treuhandverhältnis an einem **Kommanditanteil** wird durch **formlose** Einigung zwischen Treuhänder und Treugeber begründet, die auch konkludent erfolgen kann. Es empfiehlt sich jedoch, in dem Treuhandvertrag die Rechte und Pflichten der Parteien sowie die Dauer des Rechtsverhältnisses möglichst genau zu regeln und den Vertrag **schriftlich** abzuschließen. Der Treuhandvertrag, der eine Verpflichtung zur Übertragung eines GmbH-Geschäftsanteil begründet, bedarf der **notariellen Beurkundung** (§ 15 Abs. 4 GmbHG).[129] Wird das Treuhandverhältnis im Wege einer solchen **Übertragungstreuhand** gleichzeitig an Kommanditanteilen und den Geschäftsanteilen der Komplementär-GmbH begründet und stellt sich die Ver-

---

[126] MüKoHGB/*K. Schmidt* Vor § 230 HGB Rn. 56; Baumbach/Hopt/*Roth* § 105 HGB Rn. 33; vgl. auch *Blaurock*, Unterbeteiligung, 203; MüKoBGB/*Ulmer/Schäfer* § 705 BGB Rn. 88; zurückhaltender *Armbrüster*, Treuhänderische Beteiligung, 125 ff.

[127] *Singhof/Seiler/Schlitt*, Mittelbare Gesellschaftsbeteiligungen, Rn. 518; Baumbach/Hopt/*Roth* § 105 HGB Rn. 35; MüKoHGB/*K. Schmidt* Vor § 230 HGB Rn. 51. Zur Aufrechnungsbefugnis des Treuhänders wegen der ihm zustehenden Vergütungsansprüche vgl. Schlegelberger/*K. Schmidt* Vor § 335 HGB Rn. 64.

[128] Scholz/*Emmerich* § 2 GmbHG Rn. 58c.

[129] BGHZ 141, 207 (211) = ZIP 1999, 925 (926); *Singhof/Seiler/Schlitt*, Mittelbare Gesellschaftsbeteiligungen, Rn. 524; Hachenburg/*Zutt* Anh. § 15 GmbHG Rn. 52; Lutter/Hommelhoff/*Bayer* § 15 GmbHG Rn. 90; Rowedder/Schmidt-Leithoff/*Görner* § 15 GmbHG Rn. 68; aA *Armbrüster* DNotZ 1997, 762 (780 f.); *Armbrüster* GmbHR 2001, 941 (946); *Tebben*, Unterbeteiligung, 231: der Schutzzweck des § 15 Abs. 4 GmbHG sei nicht berührt, da nur eine vorübergehende Übertragung stattfinde. Anderes gilt nur, wenn der Treuhandvertrag vor der Beurkundung des Gesellschaftsvertrages geschlossen wird, vgl. BGH ZIP 1999, 925 (926). Die Verpflichtung des Treuhänders, den Geschäftsanteil nach Beendigung des Treuhandverhältnisses wieder auf den Treugeber zurückzuübertragen, ergibt sich bereits aus dem Gesetz und ist daher nicht formbedürftig, vgl. RGZ 50, 42 (45); *Armbrüster*, Treuhänderische Beteiligung, 106; unter Hinweis auf die neue Rechtsprechung des BGH zweifelnd: MüKoHGB/*K. Schmidt* Vor § 230 HGB Rn. 51.

§ 40 *Unterbeteiligung, Treuhand und stille Beteiligung*

einbarung, was bei der personengleichen GmbH & Co. KG regelmäßig der Fall sein dürfte, als einheitliches Rechtsgeschäft dar, bedarf die Treuhandvereinbarung auch hinsichtlich der Kommanditanteile der notariellen Beurkundung. Diese Grundsätze beanspruchen auch für die sog. **Vereinbarungstreuhand** Geltung, bei der sich der Gesellschafter verpflichtet, den Anteil künftig für den Treugeber zu halten.[130] Anderes gilt nach hM für die **Erwerbstreuhand**, bei der sich der Treuhänder verpflichtet, den Geschäftsanteil an der Komplementär-GmbH als Strohmann zu übernehmen bzw. zu erwerben.[131] Formbedürftig ist dann nur die spätere Erfüllung der aus § 667 BGB fließenden Abtretungsverpflichtung.[132] Im Fall der Schenkung ist § 518 Abs. 1 BGB zu beachten. Ist der Treugeber minderjährig, bedarf die Vereinbarung des Treuhandverhältnisses der Zustimmung des Familiengerichts (§§ 1643 Abs. 1 iVm 1822 Nr. 3 BGB).[133]

3. Rechtsstellung von Treuhänder und Treugeber

a) Rechtsbeziehungen gegenüber der Gesellschaft. Gesellschafter 45 der GmbH & Co. KG ist allein der Treuhänder. Der Treugeber ist nicht Mitglied des Gesellschafterverbandes. Unmittelbare Rechtsbeziehungen zur GmbH & Co. KG und den übrigen Gesellschaftern bestehen grundsätzlich nicht. Folgerichtig ist auch nur der Treuhänder in das **Handelsregister** einzutragen.[134] Die Eintragung eines Treuhandvermerkes ist weder erforderlich noch möglich.[135]

Als Gesellschafter ist der Treuhänder Inhaber der **Mitgliedschaftsrechte** 46 **und -pflichten**.[136] Dem Treugeber stehen keine unmittelbaren Mitglied-

---

[130] BGHZ 141, 207 (211) = BGH ZIP 1999, 925 (926), offen gelassen noch von BGHZ 35, 272 (277); vgl. auch OLG Bamberg NZG 2001, 509 (510 f.); Lutter/Hommelhoff/*Bayer* § 15 GmbHG Rn. 92; Baumbach/Hueck/*Fastrich* § 15 GmbHG Rn. 56; Rowedder/Schmidt-Leithoff/*Görner* § 15 GmbHG Rn. 68; *Blaurock*, Unterbeteiligung, 145; *Armbrüster* GmbHR 941, 946; *Tebben*, Unterbeteiligung, 231; aA Hachenburg/*Zutt* § 15 GmbHG Rn. 53; wohl auch *Beuthien* ZGR 1974, 26 (77).

[131] BGH NZG 2006, 590; *Singhof/Seiler/Schlitt*, Mittelbare Gesellschaftsbeteiligungen, Rn. 526; Baumbach/Hueck/*Fastrich* § 15 GmbHG Rn. 56; Lutter/Hommelhoff/*Bayer* § 15 GmbHG Rn. 90; Rowedder/Schmidt-Leithoff/*Görner* § 15 GmbHG Rn. 68; Hachenburg/*Zutt* Anh. § 15 GmbHG Rn. 44; MüKoHGB/*K. Schmidt* Vor § 230 HGB Rn. 51; *Armbrüster* GmbHR 941, 945; *Tebben*, Unterbeteiligung, 230 f.; *Eden*, Treuhandschaft, 45 f.

[132] Lutter/Hommelhoff/*Bayer* § 15 GmbHG Rn. 93.

[133] Heymann/*Emmerich* § 105 HGB Rn. 51; *Armbrüster*, Treuhänderische Beteiligung, 124; MüKoHGB/*K. Schmidt* Vor § 230 HGB Rn. 54 aE; *Singhof/Seiler/Schlitt*, Mittelbare Gesellschaftsbeteiligungen, Rn. 532; E/B/J/S/*Wertenbruch* § 105 HGB Rn. 102.

[134] MüKoHGB/*K. Schmidt* Vor § 230 HGB Rn. 57; Baumbach/Hopt/*Roth* § 105 HGB Rn. 34; E/B/J/S/*Wertenbruch* § 105 HGB Rn. 103; einschränkend für den Fall der offenen Treuhand GK/*Ulmer* § 105 Rn. 102.

[135] *Singhof/Seiler/Schlitt*, Mittelbare Gesellschaftsbeteiligungen, Rn. 537; *Blaurock*, Unterbeteiligung, 159; MüKoHGB/*K. Schmidt* Vor § 230 HGB Rn. 57; E/B/J/S/*Wertenbruch* § 105 HGB Rn. 103.

[136] *Singhof/Seiler/Schlitt*, Mittelbare Gesellschaftsbeteiligungen, Rn. 538; MüKoHGB/*K. Schmidt* Vor § 230 HGB Rn. 57; E/B/J/S/*Wertenbruch* § 105 HGB Rn. 103.

10. Kapitel. Belastung von Gesellschaftsanteilen

schaftsrechte zu. Eine unmittelbare Einwirkung auf die Geschicke der Gesellschaft ist dem Treugeber daher nicht möglich. Der Treuhänder ist insbesondere Inhaber des **Stimmrechts**.[137] Allerdings trifft den Treuhänder bei der fremdnützigen Treuhand ein **Stimmverbot** nicht nur, wenn die tatbestandlichen Voraussetzungen für den Stimmrechtsausschluss in seiner eigenen Person, sondern auch in der des Treugebers vorliegen.[138] Für den Fall der mehrgliedrigen Treuhand wirft dies die Frage auf, ob der Treuhänder sein Stimmrecht auch bei unterschiedlichen Weisungen der verschiedenen Treugeber notwendigerweise einheitlich ausüben muss. Zum Teil wird eine gespaltene Stimmabgabe für unzulässig gehalten.[139] Dem ist zumindest für Publikumspersonengesellschaften nicht zu folgen, sofern der Gesellschaftsvertrag eine gespaltene Stimmabgabe zulässt.[140] Das Recht zur **Anfechtung** von Gesellschafterbeschlüssen besitzt ausschließlich der Treuhänder als Vollrechtsinhaber.[141] Eine Regelung im Gesellschaftsvertrag, wonach der Treugeber zur Anfechtung berechtigt ist, soll allerdings zulässig sein.[142] Gleiches wird für einen Zustimmungsvorbehalt des Treugebers vertreten.[143]

47 Der Treuhänder ist auch Inhaber der **Informationsrechte** nach § 166 HGB. Soweit der Gesellschaftsvertrag der GmbH & Co. KG nicht Abweichendes vorsieht, besitzt der Treugeber keine unmittelbaren Informationsrechte gegenüber der Gesellschaft.[144] Der Treugeber ist auf sein Auskunftsrecht gegenüber dem Treuhänder angewiesen.[145] Nur bei mehrgliedrigen Publikumstreuhandgesellschaften wird man ein außerordentliches Informationsrecht des Treugebers gegenüber der Gesellschaft entsprechend § 166 Abs. 3 HGB anerkennen können.[146]

48 Aufgrund des Prinzips der Selbstorganschaft kann in einer Personengesellschaft nur der Treuhänder **Vertretungsorgan** sein. Bei der Komplementär-GmbH einer GmbH & Co. KG ist – da sie eine Kapitalgesellschaft ist – hingegen eine Fremdorganschaft möglich. Daher können sowohl der Treuhänder

---

[137] Zur Zulässigkeit abweichender Vereinbarungen vgl. → Rn. 57.
[138] MüKoHGB/K. Schmidt Vor § 230 HGB Rn. 65; Scholz/K. Schmidt § 47 GmbHG Rn. 157 f. mwN.
[139] RGZ 118, 67 (69); 157, 52 (57); BGH BB 1964, 1272; Scholz/K. Schmidt § 47 GmbHG Rn. 69 mwN.
[140] MüKoHGB/K. Schmidt Vor § 230 HGB Rn. 62; vgl. OLG Köln DB 1996, 2123. Vgl. zur Wirksamkeit der Stimmabgabe eines Treuhänders auch Klöckner BB 2009, 1313.
[141] Vgl. BGHZ 24, 119 (124); E/B/J/S/Wertenbruch § 105 HGB Rn. 103.
[142] OLG Köln DB 1996, 2123.
[143] Armbrüster GmbHR 2001, 1021 (1025) (zur GmbH).
[144] BGHZ 10, 44 (49 f.); BGH WM 1987, 811; OLG Frankfurt DB 1977, 86 (87).
[145] Blaurock, Unterbeteiligung, 181 f.; Maulbetsch, Beirat und Treuhand, 154 ff.
[146] BGH NJW-RR 1995, 165; MüKoHGB/K. Schmidt Vor § 230 HGB Rn. 67; Schlitt, Informationsrechte, 265 f.; Wüst ZHR 152 (1988), 236; Schlegelberger/Martens § 166 HGB Rn. 43. Zum Auskunftsrecht des Treugebers über Mitanleger in einer Publikumsgesellschaft BGH NZG 2013, 379; Altmeppen ZIP 2013, 576; K. Schmidt NZG 2011, 361. Zur Publikums-Treuhandgesellschaft eingehend Singhof/Seiler/Schlitt, Mittelbare Gesellschaftsbeteiligungen, Rn. 587 ff.

als auch der Treugeber die Stellung eines Geschäftsführers auf Ebene der GmbH einnehmen.[147]

Der Treuhänder unterliegt sowohl gegenüber der Gesellschaft als auch gegenüber den Mitgesellschaftern der gesellschaftsrechtlichen **Treuepflicht**.[148] Er ist auch Adressat eines etwaigen **Wettbewerbsverbotes** (vgl. dazu → § 27). Bei der Bestimmung des Inhalts und der Reichweite von Treuepflicht und Wettbewerbsverbot kann aber auch auf den Treugeber abzustellen sein.[149] Schließlich ist nur der Treuhänder zur Erhebung von **Gestaltungsklagen** (§§ 117, 127, 133, 140 HGB) berechtigt. Umgekehrt darf eine solche Klage nicht gegen den Treugeber gerichtet werden. 49

In vermögensrechtlicher Hinsicht sind die Ansprüche auf **Gewinn** sowie auf Auszahlung des **Abfindungs**- bzw. **Auseinandersetzungsguthabens** dem Treuhänder zugeordnet. Ob der Treuhänder den auf seinen Anteil entfallenden Gewinn an den Treugeber auszukehren hat, hängt von der Ausgestaltung der Treuhandvereinbarung ab. 50

Die **Haftung** im Außenverhältnis gegenüber Gläubigern der Gesellschaft (§§ 128 ff., 171 ff. HGB) trifft den Treuhänder.[150] Eine Haftung des Treugebers ist nur ausnahmsweise, etwa unter Rechtsscheingesichtspunkten oder aus Delikt, denkbar. Eine generelle Durchgriffshaftung des Treugebers ist grundsätzlich abzulehnen.[151] Sie wurde vom BGH etwa ausnahmsweise im Innenverhältnis zwischen Hauptgesellschaft und Treugeber für den Fall der Strohmanngründung bejaht.[152] Richtigerweise sollte ein solcher Durchgriff nur subsidiär und nur dann angewendet werden, wenn ein Verwaltungstreuhänder weisungsgebunden ist.[153] Hiervon zu trennen sind die möglichen aus dem Innenverhältnis resultierenden **Freistellungs- und Aufwendungsersatzansprüche** des Treuhänders gegenüber dem Treugeber. Sofern der 51

---

[147] Vgl. MüKoHGB/*K. Schmidt* Vor § 230 HGB Rn. 68.

[148] BGHZ 32, 17 (33); GK/*Ulmer* § 105 HGB Rn. 105; ausführlich *Armbrüster*, Treuhänderische Beteiligung, 337 f.

[149] Ausführlich dazu *Armbrüster*, Treuhänderische Beteiligung, 367 ff.; vgl. auch MüKoHGB/*K. Schmidt* Vor § 230 HGB Rn. 57.

[150] BGHZ 76, 127 (130); und aus neuerer Zeit zu den vielfach entschiedenen Fällen bei Publikumsgesellschaften NZG 2009, 57; NZG 2009, 779; NZG 2011, 588; *Armbrüster*, Treuhänderische Beteiligung, 420 f.; MüKoHGB/*K. Schmidt* Vor § 230 HGB Rn. 60; vgl. auch *Stöber* NZG 2011, 738 und *Wertenbruch* NZG 2013, 285.

[151] So zutr. Schlegelberger/*K. Schmidt* Vor § 335 HGB Rn. 53. Der BGH hat eine Durchgriffshaftung des Treugebers bislang nur in einem besonders gelagertem Fall (Strohmanngründung) bejaht; vgl. BGHZ 31, 258 (Ansprüche nach §§ 19 Abs. 2, 24, 30, 31 GmbHG), bestätigt durch BGH NJW 1992, 2023 (hinsichtlich der aus den §§ 19, 24 GmbHG folgenden Verpflichtungen zur Aufbringung des Stammkapitals); vgl. auch OLG Hamburg BB 1984, 1253; dazu auch Baumbach/Hopt/*Roth* § 105 HGB Rn. 34; Lutter/Hommelhoff/*Bayer* § 14 GmbHG Rn. 18; Rowedder/Schmidt-Leithoff/*Görner* § 15 GmbHG Rn. 75; Scholz/*Emmerich* § 2 GmbHG Rn. 59; kritisch *Armbrüster*, Treuhänderische Beteiligung, 382; *Tebben*, Unterbeteiligung, 393 ff.; *Ulmer* ZHR 156 (1992), 377 (386).

[152] BGHZ 31, 258.

[153] MüKoHGB/*K. Schmidt* Vor § 230 HGB Rn. 60; *Ulmer* FS Walter Odersky, 873 (886). Letzterer beschränkt die Durchgriffshaftung auf Fälle der „qualifizierten (offenen) Treuhand". Ablehnend *Tebben*, Unterbeteiligung, 398 ff.

10. Kapitel. Belastung von Gesellschaftsanteilen

Treugeber seine Einlage noch nicht geleistet oder wieder zurück erhalten hat, kann er aufgrund der Abtretung oder Pfändung der entsprechenden Ansprüche pro rata auch von Gläubigern der Gesellschaft in Anspruch genommen werden.[154]

52 Da der Treuhänder Vollrechtsinhaber ist, ist der Treugeber gegen **Verfügungen** über den Gesellschaftsanteil, auch wenn sie gegen die Bestimmungen des Treuhandvertrages verstoßen, dinglich nur in dem durch die §§ 138, 826 BGB gezogenen Rahmen geschützt.[155] Ob die Grundsätze des Missbrauchs der Vertretungsmacht zur Anwendung kommen, ist streitig. Nach Auffassung der Rechtsprechung muss sich der gutgläubige Dritte grundsätzlich auf die Verfügungsbefugnis des Treuhänders (vgl. § 137 BGB) verlassen können, dh der Treugeber ist auch vor evident missbräuchlichen Verfügungen nicht sicher und auf Schadensersatzansprüche im Innenverhältnis angewiesen.[156]

53 Da es sich bei dem Treuhandverhältnis nicht um ein dingliches Recht handelt, setzt sich dieses bei der Übertragung gegenüber dem Erwerber nicht fort. Wohl aber ist eine **Fortsetzung am Auseinandersetzungsguthaben des Treuhänders** zu bejahen.[157] Eine quasi-dingliche Sicherung des Treugebers vor Verfügungen seitens des Treuhänders kann dadurch erreicht werden, dass zugunsten des Treugebers eine **Rückfallklausel** vereinbart wird. Versucht der Treuhänder, über den Anteil zu verfügen, so wird dieser gemäß der Klausel automatisch auf den Treugeber zurückübertragen.[158]

54 **b) Rechtsbeziehungen zwischen Treuhänder und Treugeber.** Die Rechtsbeziehungen zwischen Treuhänder und Treugeber ergeben sich aus dem **Treuhandvertrag**. In der Regel liegt ein entgeltlicher Geschäftsbesorgungsvertrag, ausnahmsweise auch ein unentgeltliches Auftragsverhältnis vor. Bei Publikumspersonengesellschaften unterliegt der Treuhandvertrag, auch

---

[154] BGH NZG 2009, 57 (58); NZG 2011, 588 (589); MüKoHGB/*K. Schmidt* Vor § 230 HGB Rn. 75; E/B/J/S/*Wertenbruch* § 105 HGB Rn. 103; *Tebben* ZGR 2001, 586 (612); *Stöber* NZG 2011, 738; *Wertenbruch* NZG 2013, 285: kritisch dazu *Zinger* BB 2014, 458.

[155] MüKoHGB/*K. Schmidt* Vor § 230 HGB Rn. 69; Baumbach/Hopt/*Roth* § 105 HGB Rn. 33; E/B/J/S/*Wertenbruch* § 105 HGB Rn. 105; Koller/Roth/Morck/*Koller* § 105 HGB Rn. 20.

[156] BGH NJW 1968, 1471; WM 1977, 525, 527; WM 1990, 638; Staudinger/*Schilken* § 167 BGB Rn. 99; MüKoBGB/*Armbrüster* § 137 BGB Rn. 18; Beck Hdb. Personengesellschaften/*Müller* § 4 Rn. 26; *Armbrüster*, Treuhänderische Beteiligung, 162 f.; E/B/J/S/*Wertenbruch* § 105 HGB Rn. 105; aA *Blaurock*, Unterbeteiligung, 127 ff.; *Beuthien* ZGR 1974, 26 (59); Baumbach/Hopt/*Roth* § 105 HGB Rn. 33; MüKoBGB/*Ulmer/Schäfer* § 705 BGB Rn. 90; *Tebben*, Unterbeteiligung, 162 f.; MüKoHGB/ *K. Schmidt* Vor § 230 HGB Rn. 69 unter Hinweis auf die formale Abgrenzung des BGH und die inhaltlichen Gemeinsamkeiten zwischen Vertretung und Treuhand, da es in beiden Fällen um das Problem gehe, dass interne Bindungen nach außen durchschlagen.

[157] Baumbach/Hopt/*Roth* § 105 HGB Rn. 33; MüKoHGB/*K. Schmidt* Vor § 230 HGB Rn. 70.

[158] Vgl. MüKoHGB/*K. Schmidt* Vor § 230 HGB Rn. 71 mwN.

wenn er nicht Teil des Gesellschaftsvertrages ist, der richterlichen Inhaltskontrolle, um Rechtsnachteile der Anleger, die aus einer Zwischenschaltung eines Treuhänders resultieren, zu vermeiden.[159]

Vorbehaltlich einer abweichenden Regelung im Treuhandvertrag unterliegt der Treuhänder, insbesondere bei der Verwaltungstreuhand, den **Weisungen** des Treugebers (§ 665 BGB).[160] Beachtet der Treuhänder die Weisungen nicht, macht er sich gegenüber dem Treugeber möglicherweise schadensersatzpflichtig.[161] Allerdings ist das Weisungsrecht des Treugebers gegenüber dem Treuhänder in der Regel durch die Pflichten des Treuhänders gegenüber der Hauptgesellschaft begrenzt.[162] 55

Der Treuhänder ist dem Treugeber zur **Auskunft** und zur **Rechenschaft** verpflichtet (§ 666 BGB).[163] Diesen Informationsrechten, deren Durchsetzung sich nach den §§ 259 f. BGB richtet, kommt besondere Bedeutung zu, da dem Treugeber keine unmittelbaren Kontrollrechte gegenüber der GmbH & Co. KG zustehen (dazu → Rn. 47). Besteht ein übergeordnetes Geheimhaltungsinteresse der Gesellschaft, ist der Treuhänder zu einer Weitergabe von Informationen an den Treugeber gehindert. Dies gilt speziell bei der verdeckten Treuhand; aber auch bei der offenen Treuhand liegt in der Billigung des Treuhandverhältnisses nicht notwendigerweise ein Einverständnis mit der Weitergabe von Informationen an den Treugeber.[164] 56

Während eine **Übertragung** des **Stimmrechts** auf den Treugeber wegen des damit verbundenen Verstoßes gegen das Abspaltungsverbot überwiegend für unzulässig gehalten wird,[165] besteht Einigkeit darüber, dass der Treuhänder den Treugeber mit der Ausübung des Stimmrechts **bevollmächtigen** kann, sofern ihm das Widerrufsrecht aus wichtigem Grund verbleibt.[166] Eine verdrängende Stimmrechtsvollmacht kommt indessen nicht in Betracht.[167] Die Ausübung des Stimmrechts durch Bevollmächtigte bei Personengesellschaften setzt allerdings voraus, dass die Mitgesellschafter der Bevollmächtigung zustimmen.[168] Die Zustimmung kann bei einer offenen 57

---

[159] Vgl. nur BGHZ 104, 50 (54 f.).
[160] *Singhof/Seiler/Schlitt*, Mittelbare Gesellschaftsbeteiligungen, Rn. 570; *Maulbetsch*, Beirat und Treuhand, 132 f.; MüKoHGB/*K. Schmidt* Vor § 230 HGB Rn. 73; E/B/J/S/*Wertenbruch* § 105 HGB Rn. 106.
[161] Heymann/*Emmerich* § 105 HGB Rn. 53.
[162] BGHZ 3, 354 (360); MüKoHGB/*K. Schmidt* Vor § 230 HGB Rn. 73.
[163] Baumbach/Hopt/*Roth* § 105 HGB Rn. 35; *Singhof/Seiler/Schlitt*, Mittelbare Gesellschaftsbeteiligungen, Rn. 572; Koller/Roth/Morck/*Koller* § 105 HGB Rn. 20.
[164] So zutr. MüKoHGB/*K. Schmidt* Vor § 230 HGB Rn. 74.
[165] *Singhof/Seiler/Schlitt*, Mittelbare Gesellschaftsbeteiligungen, Rn. 559; *Eden*, Treuhandschaft, 62 ff.; MüKoHGB/*K. Schmidt* Vor § 230 HGB Rn. 61; dagegen für Zulässigkeit bei der offenen Treuhand: *Armbrüster*, Treuhänderische Beteiligung, 288; Koller/Roth/Morck/*Koller* § 105 HGB Rn. 21; Lutter/Hommelhoff/*Bayer* § 47 GmbHG Rn. 4.
[166] Vgl. BGHZ 3, 354 (358); BGH WM 1976, 1247; Beck Hdb. Personengesellschaften/*Müller* § 4 Rn. 27; *Singhof/Seiler/Schlitt*, Mittelbare Gesellschaftsbeteiligungen, Rn. 560; *Eden*, Treuhandschaft, 64; *Beuthien* ZGR 1974, 26 (53); *Armbrüster*, Treuhänderische Beteiligung, 273.
[167] BGH WM 1976, 1247.
[168] BGHZ 65, 93 (99); MüKoHGB/*K. Schmidt* Vor § 230 HGB Rn. 64.

10. Kapitel. Belastung von Gesellschaftsanteilen

Treuhand auch konkludent erfolgen.¹⁶⁹ Auch bestehen im Grundsatz keine Bedenken gegen die Zulässigkeit von **Stimmbindungsverträgen** zwischen Treuhänder und Treugeber, auch wenn es sich bei dem Treugeber um einen außerhalb des Gesellschaftsverhältnisses stehenden Dritten handelt.¹⁷⁰ Jedoch darf der Treuhänder nur dann weisungsgemäß abstimmen, wenn er durch die Stimmabgabe seine Treuepflicht nicht verletzt. Ganz allgemein findet die Geltendmachung der Rechte des Treugebers aus dem Treuhandvertrag ihre **Grenze** in den Pflichten des Treuhänders gegenüber der GmbH & Co. KG und seinen Mitgesellschaftern.¹⁷¹

58 Namentlich bei der Verwaltungstreuhand steht dem Treuhänder ein Anspruch auf **Aufwendungsersatz** und **Vorschuss** zu (§§ 669, 670 BGB). Wird der Treuhänder aufgrund seiner **Haftung** als Gesellschafter in Anspruch genommen, kann er vom Treugeber Aufwendungsersatz bzw. Freistellung verlangen.¹⁷²

59 Kommt der Treuhänder seiner Pflicht zur Verwaltung des Gesellschaftsanteils nicht vertragsgemäß nach, ist er dem Treugeber zum **Schadensersatz** verpflichtet.¹⁷³ Der Sorgfaltsmaßstab bestimmt sich nach § 276 BGB. § 708 BGB findet im Innenverhältnis der Beteiligten des Treuhandverhältnisses keine Anwendung.

60 c) **Vertragliche Regelungen.** Bei der offenen Treuhand sind die Beteiligten zuweilen daran interessiert, dem Treugeber vertraglich Mitgliedschaftsrechte in der GmbH & Co. KG einzuräumen. Rechtliche Bedenken bestehen hiergegen im Grundsatz nicht.¹⁷⁴ Das Abspaltungsverbot steht dem nicht entgegen, da der Treugeber auf diesem Weg partiell in den Gesellschafterverband einbezogen wird und eine Sonderstellung als wirtschaftlicher Inhaber der Beteiligung einnimmt.¹⁷⁵ Dabei kann die Rechtsstellung des Treugebers

---

¹⁶⁹ MüKoHGB/*K. Schmidt* Vor § 230 HGB Rn. 64.
¹⁷⁰ RGZ 157, 52 (55); *Eden*, Treuhandschaft, 70; Baumbach/Hopt/*Roth* § 105 HGB Rn. 33; Heymann/*Emmerich* § 105 HGB Rn. 53; aA MüKoHGB/*K. Schmidt* Vor § 230 HGB Rn. 63; GK/*Ulmer* § 105 HGB Rn. 104, nach dessen Auffassung der Abschluss von Stimmbindungsvereinbarungen der Zustimmung der Mitgesellschafter bedarf und folglich bei der verdeckten Treuhand unzulässig ist. Zum Bestehen einer Rücksichtnahmepflicht der Mitgesellschafter im Abstimmungsverhalten bei der offenen Treuhand vgl. Schlegelberger/*K. Schmidt* Vor § 335 HGB Rn. 56 sowie *Maulbetsch*, Beirat und Treuhand, 183 f.
¹⁷¹ BGHZ 3, 354 (360); 32, 17 (29); *Blaurock*, Unterbeteiligung, 134 (181); *Beuthien* ZGR 1974, 26 (399); *Maulbetsch*, Beirat und Treuhand, 133.
¹⁷² BGHZ 76, 127 (130); BGH NZG 2009, 57 (58); NZG 2011, 588 (589); GK/*Ulmer* § 105 HGB Rn. 105; *Singhof/Seiler/Schlitt*, Mittelbare Gesellschaftsbeteiligungen, Rn. 576; *Maulbetsch*, Beirat und Treuhand, 168. Zur anteiligen Freistellungspflicht der Anleger in der Publikumspersonengesellschaft vgl. MüKoHGB/*K. Schmidt* Vor § 230 HGB Rn. 75.
¹⁷³ *Blaurock*, Unterbeteiligung, 208 f.; *Eden*, Treuhandschaft, 57; MüKoHGB/*K. Schmidt* Vor § 230 HGB Rn. 76; E/B/J/S/*Wertenbruch* § 105 HGB Rn. 106.
¹⁷⁴ BGH WM 1985, 455 (456); OLG Koblenz WM 1989, 260; *Beuthien* ZGR 1974, 26 (51); *Blaurock*, Unterbeteiligung, 180 ff.; Heymann/*Emmerich* § 105 HGB Rn. 49.
¹⁷⁵ Zutr. MüKoBGB/*Ulmer/Schäfer* § 705 BGB Rn. 93; vgl. auch *Armbrüster*, Treuhänderische Beteiligung, 340 ff.

durch den Gesellschaftsvertrag unter Umständen sogar der eines Gesellschafters angeglichen werden. Auf diese Weise können dem Treugeber unmittelbar **Weisungs-, Kontroll- und sonstige Mitwirkungsrechte** eingeräumt werden.[176] In Publikumspersonengesellschaften werden diese Rechte zu Mediatisierungszwecken oftmals auf Gesellschafterausschüsse oder Beiräte übertragen.[177] Dem Treugeber kann auch ein **Stimmrecht** in der Gesellschafterversammlung der KG zugebilligt werden.[178] Bei mehrgliedrigen Treuhandverhältnissen ist dies auch dann nicht zu beanstanden, wenn der Treugeber von seinem Stimmrecht in anderer Weise Gebrauch macht als der Treuhänder hinsichtlich der übrigen Treugeber.[179] Dem Treugeber kann überdies vertraglich das Recht zugestanden werden, Gesellschafterbeschlüsse in der Hauptgesellschaft **anzufechten**.[180]

Umgekehrt unterliegt der Treugeber bei einer solchen vertraglichen Gestaltung auch der gesellschaftsrechtlichen **Treuepflicht**. Er ist dann auch Adressat eines etwaigen Wettbewerbsverbots des Treuhänders.[181] Eine unmittelbare Haftung gegenüber den Gesellschaftsgläubigern und eine Eintragung in das Handelsregister kommen allerdings auch bei einer solchen vertraglichen Gestaltung nicht in Betracht (siehe → Rn. 45 und 51).

4. Vollstreckung, Insolvenz

Bei Vollstreckung eines **Privatgläubigers** des Treuhänders in den Gesellschaftsanteil kann der Treugeber Drittwiderspruchsklage erheben (§ 771 ZPO).[182] Da das Treugut wirtschaftlich dem Treugeber zusteht, hat der Treugeber bei **Insolvenz** des Treuhänders ein Aussonderungsrecht gem. § 47 InsO.[183] Nach einer verbreiteten Auffassung soll dies allerdings nur dann gelten, wenn der Treugeber den Anteil auf den Treuhänder übertragen hat (sog. Unmittelbarkeitsprinzip), nicht jedoch, wenn der Treuhänder den Anteil von einem Dritten für den Treugeber erworben hat.[184] Dies überzeugt nicht, weil die Rechtsstellung des Treugebers nicht von dem Begründungstatbestand

---

[176] BGHZ 10, 44 (50); BGH WM 1987, 811; MüKoBGB/*Ulmer/Schäfer* § 705 BGB Rn. 92; E/B/J/S/*Wertenbruch* § 105 HGB Rn. 108.
[177] Eingehend Schlegelberger/*K. Schmidt* Vor § 335 HGB Rn. 70.
[178] Baumbach/Hopt/*Roth* § 105 HGB Rn. 34. Sehr zweifelhaft ist indessen, ob das Stimmrecht dem Treugeber anstelle des Treuhänders eingeräumt werden kann. Dies dürfte weder mit dem Abspaltungsverbot noch mit der Kernbereichslehre in Einklang zu bringen sein, so aber Heymann/*Emmerich* § 105 HGB Rn. 49.
[179] OLG Köln DStR 1996, 1864 (1865).
[180] OLG Köln DStR 1996, 1864 (1865).
[181] Schlegelberger/*K. Schmidt* Vor § 335 HGB Rn. 69.
[182] Vgl. BGH ZIP 1993, 213 (214); OLG Hamm GmbHR 1997, 950; *Singhof/Seiler/Schlitt*, Mittelbare Gesellschaftsbeteiligungen, Rn. 601; *Armbrüster*, Treuhänderische Beteiligung, 171; E/B/J/S/*Wertenbruch* § 105 HGB Rn. 107.
[183] BGHZ 11, 37 (41); *MüKoInsO/Ganter* § 47 InsO Rn. 369 ff.; *Singhof/Seiler/Schlitt*, Mittelbare Gesellschaftsbeteiligungen, Rn. 601; E/B/J/S/*Wertenbruch* § 105 HGB Rn. 107; *Schmitz* ZNotP 1998, 11 m. H. zur Vertragsgestaltung.
[184] Dafür BGH NJW 1959, 1223 (1224); offen lassend BGH NJW 1971, 559 (560); Heymann/*Emmerich* § 105 HGB Rn. 55.

abhängen kann.¹⁸⁵ Da die Eröffnung des Insolvenzverfahrens über das Vermögen des Gesellschafters zum Ausscheiden des Treuhänders aus der GmbH & Co. führt (§§ 161 Abs. 2, 131 Abs. 3 Ziff. 2 HGB), ist Aussonderungsgut das Abfindungsguthaben. Wird die Gesellschaft abweichend vom gesetzlichen Regelfall in einem solchen Falle aufgelöst, so bezieht sich die Aussonderung auf die Liquidationsquote.¹⁸⁶ Zudem lässt sich einer gegen eine Einbeziehung der Erwerbs- und Vereinbarungstreuhandschaften in den Kreis des § 47 InsO ins Feld geführten Manipulationsgefahr auch dadurch begegnen, dass gegenüber dem Aussonderungswilligen strenge Anforderungen an die Darlegungs- und Beweislast gestellt werden.¹⁸⁷

63 Wird die Vollstreckung hingegen wegen einer Sozialverbindlichkeit von der **Gesellschaft** selbst oder, sofern eine persönliche Haftung des Treuhänders realisiert werden soll, von einem **Gesellschaftsgläubiger** betrieben, steht dem Treugeber weder ein Interventions- noch ein Aussonderungsrecht zur Hand.¹⁸⁸

64 Bei **Insolvenz des Treugebers** fällt der Gesellschaftsanteil in die Masse. Auch hier greift der Gedanke ein, dass der Anteil wirtschaftlich dem Vermögen des Treugebers zuzuordnen ist.¹⁸⁹ Gegebenenfalls liegt in der Insolvenz des Treugebers ein wichtiger Grund für die Ausschließung des Treuhänders aus der Gesellschaft (§ 140 HGB) oder für die Auflösung der Gesellschaft (§ 133 HGB).¹⁹⁰

65 Wird über das Vermögen der **GmbH & Co. KG** selbst das **Insolvenzverfahren** eröffnet, besteht kein Aussonderungsrecht des Treugebers. Endet das Treuhandverhältnis nach dem Inhalt des Treuhandvertrages mit der Eröffnung des Insolvenzverfahrens, hat der Treugeber Anspruch auf Rückgabe des Gesellschaftsanteils. Andernfalls wird das Treuhandverhältnis bis zur Vollbeendigung der Gesellschaft fortgesetzt.¹⁹¹

---

¹⁸⁵ Wie hier Baumbach/Hopt/*Roth* § 105 HGB Rn. 36; *Armbrüster*, Treuhänderische Beteiligung, 171. So auch BFH GmbHR 1997, 963; krit. auch *Blaurock*, Unterbeteiligung, 242 ff. Nach MüKoHGB/*K. Schmidt* Vor § 230 HGB Rn. 80, besitzt der Treugeber die Aussonderungs- und Drittwiderspruchsrechte grundsätzlich nur bei der fremdnützigen Verwaltungstreuhand.

¹⁸⁶ *Blaurock*, Unterbeteiligung, 250; *Beuthien* ZGR 1974, 26 (67); MüKoHGB/ *K. Schmidt* Vor § 230 HGB Rn. 81, nach dem sich das Aussonderungsrecht nicht auf das Liquidationsguthaben bezieht, sondern auf die Mitgliedschaft in der aufgelösten Gesellschaft. Bei der Treuhand an GmbH-Geschäftsanteilen ist Aussonderungsgegenstand unstreitig der Geschäftsanteil selbst, vgl. *Blaurock*, Unterbeteiligung, 251.

¹⁸⁷ *Armbrüster* DZWiR 2003, 485 (487).

¹⁸⁸ *Blaurock*, Unterbeteiligung, 256 f.; *Beuthien* ZGR 1974, 26 (65); *Armbrüster*, Treuhänderische Beteiligung, 171; Heymann/*Emmerich* § 105 HGB Rn. 55; Baumbach/Hopt/*Roth* § 105 HGB Rn. 36; MüKoHGB/*K. Schmidt* Vor § 230 HGB Rn. 80.

¹⁸⁹ Vgl. BGH NJW 1962, 1200; *MüKoInsO/Ganter* § 47 InsO Rn. 371.

¹⁹⁰ MüKoHGB/*K. Schmidt* Vor § 230 HGB Rn. 82.

¹⁹¹ *Singhof/Seiler/Schlitt*, Mittelbare Gesellschaftsbeteiligungen, Rn. 611; MüKoHGB/*K. Schmidt* Vor § 230 HGB Rn. 83.

5. Beendigung des Treuhandverhältnisses; Ausscheiden des Treuhänders

Die Beendigung des Treuhandverhältnisses richtet sich nach den im Treuhandvertrag getroffenen Vereinbarungen (Zeitablauf, Bedingungseintritt, Kündigung etc.; bei der Sicherungstreuhand insbesondere die Verwertung des Sicherungsgutes).[192] Sind keine speziellen Beendigungstatbestände etabliert, kann der Treugeber ein unentgeltliches Verwaltungstreuhandverhältnis jederzeit widerrufen (§ 671 BGB); ist ein Entgelt vereinbart, kann das Verwaltungstreuhandverhältnis nach näherer Maßgabe der §§ 621 f. BGB gekündigt werden. Bei grober Pflichtverletzung des Treuhänders besteht eine Kündigungsmöglichkeit aus wichtigem Grund.[193] Abgesehen vom Fall der Sicherungstreuhand führt der **Tod** des Treuhänders im Zweifel zur Beendigung des Treuhandvertrages (§§ 673, 675 BGB).[194] Beim Tod des Treugebers wird das Treuhandverhältnis mit den Erben fortgesetzt (§§ 672 S. 1, 675 BGB). Die Auflösung der GmbH & Co. KG beendet das Treuhandverhältnis grundsätzlich nicht.[195] Vielmehr bleibt das Treuhandverhältnis bis zur Vollbeendigung der Gesellschaft bestehen. Das Auseinandersetzungsguthaben ist sodann vom Treuhänder an den Treugeber auszuzahlen (§ 667 BGB); bei einer Nachschusspflicht des Treuhänders gemäß § 735 BGB steht dem Treuhänder ein Deckungsanspruch gegenüber dem Treugeber zu.[196] **66**

In der **Publikumsgesellschaft** wird das Treuhandverhältnis in der Regel durch die Abberufung des Treuhänders beendet. Diese setzt gewöhnlich eine qualifizierte Mehrheitsentscheidung der Treugeber voraus.[197] In der Hauptgesellschaft wird der Treuhänder sodann ausgewechselt (dazu → Rn. 70). Liegt trotz einer schwerwiegenden Pflichtverletzung des Treuhänders keine qualifizierte Mehrheit der Treugeber für eine Abberufung des Treuhänders vor, so kann der einzelne Treugeber berechtigt sein, aus dem Treuhandverhältnis auszuscheiden.[198] **67**

Die **Beendigung des Treuhandverhältnisses** lässt die Gesellschafterstellung des Treuhänders zunächst unberührt, sofern nicht ausnahmsweise eine automatische aufschiebend bedingte Rückübertragung an den Treugeber vereinbart worden ist.[199] Der Treuhänder ist jedoch zur **Rückübertra-** **68**

---

[192] *Singhof/Seiler/Schlitt*, Mittelbare Gesellschaftsbeteiligungen, Rn. 617 ff.; MüKoHGB/*K. Schmidt* Vor § 230 HGB Rn. 87; E/B/J/S/*Wertenbruch* § 105 HGB Rn. 109.
[193] BGHZ 73, 294.
[194] Eingehend Schlegelberger/*K. Schmidt* Vor § 335 HGB Rn. 78 mwN; vgl. auch MüKoHGB/*K. Schmidt* Vor § 230 HGB Rn. 87; *Armbrüster*, Treuhänderische Beteiligung, 139.
[195] MüKoHGB/*K. Schmidt* Vor § 230 HGB Rn. 88; vgl. dazu auch *Armbrüster*, Treuhänderische Beteiligung, 172 f.
[196] MüKoHGB/*K. Schmidt* Vor § 230 HGB Rn. 88.
[197] BGHZ 73, 294 (299).
[198] Vgl. BGHZ 73, 294 (299).
[199] MüKoHGB/*K. Schmidt* Vor § 230 HGB Rn. 92 mwN; E/B/J/S/*Wertenbruch* § 105 HGB Rn. 109; aA *Kümmerlein*, Erscheinungsformen und Probleme der Verwaltungstreuhand, 111.

gung des Gesellschaftsanteils auf den Treugeber verpflichtet.[200] Besteht die Treuhand an einem Kommanditanteil, hängt die Rückübertragung vorbehaltlich einer abweichenden Ausgestaltung des Gesellschaftsvertrages von der **Zustimmung** der übrigen Gesellschafter ab.[201] Auf die Erteilung der Zustimmung hat der Treugeber zwar keinen Anspruch,[202] andererseits darf die Zustimmung aber auch nicht missbräuchlich versagt werden.[203] In der Zustimmung der Mitgesellschafter zur Begründung des Treuhandverhältnisses ist regelmäßig eine antizipierte Zustimmung zur Rückübertragung des Gesellschaftsanteils zu sehen, die nur aus wichtigem Grund widerrufen werden darf.[204] Ein wichtiger Grund ist etwa dann anzunehmen, wenn der Treugeber zwischenzeitlich zum Konkurrent der Gesellschaft geworden ist. Aus Sicht des Treugebers empfiehlt es sich, in den Treuhandvertrag eine Regelung aufzunehmen, nach der der Anteil im Fall der Beendigung des Treuhandverhältnisses zurückübertragen wird.[205] Bei einem Treuhandverhältnis folgt der Rückübertragungsanspruch bereits aus der Treuhand selbst, weshalb es auch bei einer Treuhand an einem GmbH-Anteil der Aufnahme einer der Form des § 15 Abs. 4 GmbHG genügenden Klausel in den Treuhandvertrag nicht bedarf.[206]

69 **Scheidet** der **Treuhänder**, etwa durch Ausschluss, aus der Gesellschaft **aus**, tritt der Treugeber nicht zwangsläufig wieder in die Gesellschaft ein. Grundsätzlich hat der Treugeber gegen den Treuhänder nur einen Anspruch auf Herausgabe des Abfindungsguthabens. Mit Zustimmung der Mitgesellschafter kann der Treugeber jedoch wieder selbst Gesellschafter werden.

6. Auswechslung von Treuhänder und Treugeber

70 Besteht, wie vor allem bei Publikumspersonengesellschaften, ein Interesse an einer dauerhaften Treuhandschaft, kann sich das Problem der Auswechslung des **Treuhänders** stellen.[207] Konstruktiv lässt sich dies am einfachsten durch Übertragung des Gesellschafteranteils vom alten auf den neuen Treuhänder und anschließender Kündigung des alten und Abschluss eines neuen Treuhandvertrages vollziehen. Anstelle des Abschlusses eines neuen Vertrages

---

[200] BGHZ 77, 392 (395); BGH BB 1971, 368; *Singhof/Seiler/Schlitt*, Mittelbare Gesellschaftsbeteiligungen, Rn. 623; Heymann/*Emmerich* § 105 HGB Rn. 56; Baumbach/Hopt/*Roth* § 105 HGB Rn. 37; *Eden*, Treuhandschaft, 47.

[201] RG JW 1931, 2967; BGH NJW 1965, 1376 (1377); BayObLG GmbHR 1991, 572 (574).

[202] RGZ 159, 272 (282); BGHZ 24, 106 (114).

[203] *Singhof/Seiler/Schlitt*, Mittelbare Gesellschaftsbeteiligungen, Rn. 625; Schlegelberger/*K. Schmidt* Vor § 335 HGB Rn. 84.

[204] BGHZ 77, 395 ff.; BGH WM 1985, 1143 (1144); MüKoHGB/*K. Schmidt* Vor § 230 HGB Rn. 93; *Armbrüster*, Treuhänderische Beteiligung, 153 f.; *Eden*, Treuhandschaft, 94; Heymann/*Emmerich* § 105 HGB Rn. 50; GK/*Ulmer* § 105 HGB Rn. 107; Beck Hdb. Personengesellschaften/*Müller* § 4 Rn. 28.

[205] Formulierungsbsp. bei Beck Formularbuch/*Stephan* IX. 21; krit. dazu teilweise *Schmitz* ZNotP 1998, 11.

[206] BGHZ 19, 69 (70); BGH NJW 1961, 1195.

[207] Baumbach/Hopt/*Roth* § 105 HGB Rn. 33; *Singhof/Seiler/Schlitt*, Mittelbare Gesellschaftsbeteiligungen, Rn. 613 ff.

ist auch eine Vertragsübernahme (§ 415 BGB) oder der Abschluss eines dreiseitigen Vertrages zwischen altem und neuem Treuhänder und dem Treugeber möglich.[208] Es hängt von der Ausgestaltung des Gesellschaftsvertrages der GmbH & Co. KG ab, ob daneben noch die Zustimmung der Mitgesellschafter erforderlich ist.[209] In der **Publikumspersonengesellschaft** besteht ein Zustimmungserfordernis in aller Regel nicht. Sofern die Treugeber ihrerseits eine BGB-Gesellschaft bilden, richten sich die Anforderungen an eine Beschlussfassung der Treugeber nach dem zwischen ihnen bestehenden Gesellschaftsvertrag und nicht nach dem Treuhandvertrag.[210]

Ein Wechsel des **Treugebers** ist mit Zustimmung des Treuhänders **71** grundsätzlich jederzeit im Wege der Vertragsübernahme zwischen altem und neuem Treugeber sowie dem Treuhänder möglich. Bei der verdeckten Treuhand hängt die Auswechslung nicht von der Zustimmung der Mitgesellschafter ab, da deren Interessen hierdurch nicht tangiert werden.[211] Anderes gilt bei der offenen Treuhand, wenn die Rechtsstellung des Treugebers der eines Anteilsinhabers angeglichen ist. In diesem Fall bedarf es für den Treugeberwechsel der Zustimmung der übrigen Gesellschafter, sofern ein Gesellschafterwechsel zustimmungsbedürftig wäre.[212] Formerfordernisse für die Anteilsübertragung (wie zB die des § 15 Abs. 3 GmbHG) finden auf den Wechsel des Treugebers nur bei der offenen Treuhand Anwendung.[213]

Im Falle der **Umwandlung** der Gesellschaft unter Fortbestand des bishe- **72** rigen Rechtsträgers bleiben Rechte Dritter an den Gesellschaftsanteilen bestehen (§ 131 Abs. 1 Nr. 3 S. 2 UmwG bzgl. Abspaltung und Ausgliederung; § 202 Abs. 1 Nr. 2 S. 2 UmwG bzgl. Formwechsel). Auf das rein schuldrechtliche Treuhandverhältnis sind diese Regeln allerdings nicht anwendbar. Ob das Treuhandverhältnis fortbesteht, ergibt sich vielmehr aus dem Treuhandvertrag selbst; ggf. ist eine ergänzende Vertragsauslegung vorzunehmen, die idR für den Fortbestand spricht.[214] Erlischt der bisherige Rechtsträger im Falle von Verschmelzung bzw. Aufspaltung, so setzen sich die Rechte Dritter an den neuen Anteilen fort (§§ 20 Abs. 1 Nr. 3 S. 2, 131 Abs. 1 Nr. 3 S. 2

---

[208] Vgl. *Armbrüster*, Treuhänderische Beteiligung, 135; MüKoHGB/*K. Schmidt* Vor § 230 HGB Rn. 84.

[209] *Armbrüster*, Treuhänderische Beteiligung, 135 f.; MüKoHGB/*K. Schmidt* Vor § 230 HGB Rn. 84; aA *Leßmann* GmbHR 1985, 179 (182): keine Zustimmung nötig, da kein zusätzlicher Dritteinfluss entstehe.

[210] *Armbrüster*, Treuhänderische Beteiligung, 136 f.; *Singhof/Seiler/Schlitt*, Mittelbare Gesellschaftsbeteiligungen, Rn. 614; aA OLG Köln ZIP 1987, 1120.

[211] Wie hier *Ulmer* FS Walter Odersky, 873 (893); *Ulmer* WPg 1963, 120 (122).

[212] RGZ 159, 272 (281); MüKoBGB/*Ulmer/Schäfer* § 705 BGB Rn. 93 mwN; weitergehend: MüKoHGB/*K. Schmidt* Vor § 230 HGB Rn. 85, der mit Ausnahme der reinen Anlegergesellschaft in allen Fällen, in denen der Anteil bei Beendigung der Treuhand an den Treugeber zurückfällt, von einem Zustimmungserfordernis ausgeht (dort Rn. 86 auch zum Problem der Abtretung des Rückübertragungsanspruchs); aA (gegen ein Zustimmungerfordernis): *Armbrüster*, Treuhänderische Beteiligung, 140 (143).

[213] Vgl. *Ulmer* FS Walter Odersky, 873 (893); für eine Anwendung des Formerfordernisses auch auf die verdeckte Treuhand MüKoHGB/*K. Schmidt* Vor § 230 HGB Rn. 85.

[214] *Armbrüster* GmbHR 2001, 941 (948); *Tebben*, Unterbeteiligung, 339.

UmwG). Nach einer teilweise vertretenen Ansicht sind diese Regeln auf das schuldrechtliche Treuhandverhältnis analog anwendbar, sofern die Gesellschaft der Begründung des Treuhandverhältnisses zugestimmt hat.²¹⁵ Dies ist abzulehnen, da es bei den genannten Vorschriften nicht auf eine Zustimmung der Gesellschaft ankommt. Vielmehr ist auch hier der Treuhandvertrag ergänzend auszulegen. Die ergänzende Auslegung wird oftmals einen Anspruch auf Neubegründung einer Treuhand an einem Anteil der neuen Gesellschaft ergeben. Die Neubegründung selbst kann nach allgemeinen Regeln zustimmungs- und formbedürftig sein.²¹⁶

III. Stille Beteiligung

1. Grundsatz

73 **a) Allgemeines.** Das HGB enthält keine gesetzliche Definition der stillen Beteiligung, sondern in § 230 HGB nur eine Umschreibung ihres Wesens.²¹⁷ Danach ist eine stille Beteiligung eine Beteiligung einer natürlichen oder juristischen Person (stiller Gesellschafter) am Handelsgewerbe eines anderen (Geschäftsinhaber), gegen einen Anteil am Gewinn mit einer Vermögenseinlage, die in das Vermögen des Geschäftsinhabers übergeht. Da die GmbH & Co. KG ein Handelsgewerbe betreibt, kann an ihr eine stille Beteiligung begründet werden. Bei der AG stellt die stille Beteiligung kein ein Bezugsrecht nach § 221 AktG (analog) auslösendes Genussrecht, sondern einen Unternehmensvertrag im Sinne des § 292 Abs. 1 Nr. 2 AktG dar.²¹⁸ Die Beteiligung des stillen Gesellschafters kann sich auch auf einen **Teil ihres Handelsgewerbes** beziehen (sog. tracking stock).²¹⁹ Stiller Gesellschafter kann jede natürliche Person oder jeder mit eigener, wenn auch nur partieller Rechtsfähigkeit ausgestatteter Verband sein (GmbHG, GmbH & Co. KG, GbR etc.). Auch der alleinige Kommanditist oder Allein-Gesellschafter der Komplementär-GmbH kann stiller Gesellschafter sein. Die stille Gesellschaft ist eine Sonderform der GbR in Gestalt der **Innengesellschaft**.²²⁰ Sie ist als solche weder rechtsfähig noch teilrechtsfähig. Da die stille Gesellschaft kein eigenes Geschäft betreibt, ist sie selbst keine Handelsgesellschaft. Daher ist auch eine stille Beteiligung an einer stillen Gesellschaft nicht möglich, insoweit kommt nur eine Unterbeteiligung in Betracht.²²¹

---

²¹⁵ Lutter/*Teichmann* § 131 UmwG Rn. 76.
²¹⁶ Vgl. *Armbrüster* GmbHR 2001, 941 (949); *Tebben*, Unterbeteiligung, 338.
²¹⁷ *Blaurock*, Stille Gesellschaft, Rn. 4.1; MüKoHGB/*K. Schmidt* § 230 HGB Rn. 2; vgl. auch MHdB GesR II/*Keul* StG § 72 Rn. 9.
²¹⁸ BGH ZIP 2003, 1788 (1789 f.); vgl. auch die Vorinstanzen KG DB 2002, 1704 (1705); LG Berlin DB 2000, 2466 (2467 f.); ausführlich zur AG & Still *Berninger*, Der Konzern 2003, 683.
²¹⁹ *Heymann/Horn* § 230 HGB Rn. 6; Beck Hdb. Personengesellschaften/*Neu* § 14 Rn. 2 mwN; zu den steuerlichen Folgen *Pyszka* DStR 2003, 857.
²²⁰ BGHZ 7, 378 (382); *Singhof/Seiler/Schlitt*, Mittelbare Gesellschaftsbeteiligungen, Rn. 2; Baumbach/Hopt/*Roth* § 230 HGB Rn. 2; ausführlich MüKoHGB/*K. Schmidt* § 230 HGB Rn. 6 ff.; MHdB GesR II/*Keul* StG § 72 Rn. 18 ff.
²²¹ Röhricht/v. Westphalen/*Mock* § 230 HGB Rn. 35, 153.

b) Erscheinungsformen. Da das Recht der stillen Gesellschaft nur wenige zwingende Bestimmungen enthält, existieren aufgrund der im Grundsatz herrschenden Vertragsfreiheit eine Vielzahl von Erscheinungsformen.[222] Stille Beteiligungen an einer **GmbH & Co. KG** sind als Form der mittelbaren Unternehmensteilhabe sehr verbreitet. Die Fallgestaltung, dass sich neben den Kommanditisten stille Gesellschafter an der Gesellschaft beteiligen, ist häufig anzutreffen.[223] Für den Bereich der Publikumspersonengesellschaften wurde hierfür der Begriff der **Ergänzungsbeteiligung** geprägt.[224] Häufig verpflichtet sich der Kommanditist, über seine Kommanditeinlage noch eine weitere Einlage in Form einer stillen Beteiligung zu erbringen. Man spricht dann von einer **gesplitteten Einlage**.[225] Beide Konstruktionen finden sich nicht nur bei Publikumsgesellschaften, sondern auch bei personalistisch strukturierten Gesellschaften.[226] Zumeist sind die Gesellschaftsverträge dann so miteinander verknüpft, dass die Mitgliedschaftsrechte aus dem Kommanditanteil und der stillen Beteiligung nur einheitlich ausgeübt werden können. Zu den verschiedenen Formen der atypischen stillen Gesellschaft vgl. → Rn. 91 ff.

74

c) Motive für die Rechtsformwahl. Die einfache und kostengünstige Begründung (vgl. → Rn. 79 ff.) macht die stille Gesellschaft zu einer interessanten Form der mittelbaren Beteiligung an einer GmbH & Co. KG. Sie erweist sich namentlich dann als attraktiv, wenn die mit der Handelsregistereintragung einer Kommanditbeteiligung einhergehende Publizität vermieden werden soll.[227] Im Hinblick auf den Umstand, dass der stille Gesellschafter selbst dann, wenn er seine Einlage noch nicht geleistet hat, im Außenverhältnis nicht haftet, wird die stille Beteiligung an einer GmbH (sog. **GmbH & Still**) teilweise sogar als echte Alternative zur GmbH & Co. KG angesehen.[228]

75

Der **Anwendungsbereich** von stillen Beteiligungen an einer GmbH & Co. KG ist sehr weit gespannt.[229] Die stille Gesellschaft ermöglicht die gesellschaftsrechtliche Einbindung von Familienangehörigen, namentlich im Rah-

76

---

[222] *Blaurock*, Stille Gesellschaft, Rn. 4.24; MüKoHGB/*K. Schmidt* § 230 HGB Rn. 72 f.; MHdB GesR II/*Keul* StG § 73 Rn. 23 ff.

[223] Vgl. etwa BGH NJW 1978, 424; BGHZ 84, 379; und aus neuerer Zeit der BGH DStR 2010, 1489 und OLG Schleswig NZG 2009, 256 zugrunde liegende Sachverhalt.

[224] *Albracht*, Stille Gesellschaft, 22.

[225] *Singhof/Seiler/Schlitt*, Mittelbare Gesellschaftsbeteiligungen, Rn. 141 ff.; *Reusch*, Stille Gesellschaft, 84.

[226] Vgl. aus der Rspr. BGHZ 69, 160; BGH NJW 1980, 1522; NJW 1981, 2251; OLG Frankfurt WM 1981, 1371; OLG München WM 1984, 810; vgl. auch *Weimar* DB 1987, 1077; Schlegelberger/*K. Schmidt* § 335 HGB Rn. 77.

[227] Vgl. aber zum Erfordernis einer Registereintragung infolge der Betrachtung der stillen Beteiligung an einer AG als Unternehmensvertrag *Schulte/Waechter* GmbHR 2002, 189.

[228] Vgl. auch *Hesselmann* GmbHR 1957, 191 f.; MHdB GesR II/*Keul* StG § 72 Rn. 23 ff.; zu durch die GmbH & Still aufgeworfenen steuerlichen Fragen vgl. *Sterzenbach* DStR 2000, 1669.

[229] Vgl. *Singhof/Seiler/Schlitt*, Mittelbare Gesellschaftsbeteiligungen, Rn. 4 ff.; MüKoHGB/*K. Schmidt* § 230 HGB Rn. 71; MHdB GesR II/*Keul* StG § 72 Rn. 23 ff.

men der Unternehmensnachfolge, die Zuführung weiterer Finanzierungsmittel durch Dritte, insbesondere Unternehmensbeteiligungsgesellschaften, und die Beteiligung von Arbeitnehmern im Rahmen von Mitarbeiterprogrammen. Ferner werden in manchen Fällen die Anteile ausscheidender Gesellschafter in stille Einlagen umgewandelt. Sie eignet sich schließlich als Rechtsform für Publikumspersonengesellschaften.[230]

77 **d) Abgrenzung.** Von der stillen Beteiligung zu sondern ist das sog. **partiarische Darlehen.**[231] Hierbei handelt es sich nicht um eine gesellschaftsrechtliche Verbindung, sondern um einen schuldrechtlichen Austauschvertrag, bei dem der Darlehensnehmer dem Darlehensgeber für die Hingabe des Darlehens (auch) eine Gewinnbeteiligung einräumt. Beide Rechtsinstitute sind damit durch die Gewinnbeteiligung der die Mittel bereitstellenden Person charakterisiert. Die Abgrenzung, ob es sich bei dem zur Verfügung gestellten Geld um eine ein stilles Gesellschaftsverhältnis begründende Einlage oder um ein Darlehen handelt, fällt häufig nicht einfach. Ist eine Verlustbeteiligung vorgesehen, scheidet ein partiarisches Darlehen von vornherein aus.[232] Die Abgrenzung ist rechtsdogmatisch danach vorzunehmen, ob sich Geschäftsinhaber und stiller Gesellschafter zur Verfolgung eines gemeinsamen Zwecks verbunden haben (dann stille Gesellschaft) oder ob die Förderung der Ziele des Darlehensnehmers im Vordergrund steht (dann partiarisches Darlehen).[233] Für das Vorliegen einer stillen Gesellschaft spricht neben der Bezeichnung die Einräumung von Mitwirkungs- und Kontrollrechten, die Langfristigkeit der Vereinbarung sowie eine fehlende Gewährung von Sicherheiten.[234]

78 **e) Nachrangig haftende stille Einlage.** Die Forderung aus der Einlage des stillen Gesellschafters stellt grundsätzlich **Fremdkapital** dar, was insbesondere in der Insolvenz der GmbH & Co. KG von Bedeutung ist (vgl. § 236 Abs. 1 HGB). Trägt der stille Gesellschafter nach dem Gesellschaftsvertrag allerdings dasselbe Verlust- und Insolvenzrisiko wie ein Kommanditist, so handelt es sich bei der Forderung um **Eigenkapital.**[235] Die auf der Grundlage des früheren Eigenkapitalersatzrechts erfolgte Gleichstellung bestimmter stiller Einlagen mit haftendem Eigenkapital wurde im Rahmen des MoMiG durch vergleichbare Regelungen im Insolvenzrecht ersetzt. Sind die inhaltlich im Wesentlichen unverändert gebliebenen Voraussetzungen gegeben, so

---

[230] Vgl. dazu *Reusch*, Stille Gesellschaft; *Albracht*, Stille Gesellschaft; *Schlitt*, Informationsrechte, passim; zu dem Aspekt der Bankaufsicht vgl. *Bornemann* ZHR 166 (2002), 211 sowie *Loritz* ZIP 2001, 309.
[231] Hierzu vgl. *Singhof/Seiler/Schlitt*, Mittelbare Gesellschaftsbeteiligungen, Rn. 18 ff.
[232] Vgl. OLG Hamm NJW-RR 1994, 1382 (1283); MüKoHGB/*K. Schmidt* § 230 HGB Rn. 60 mwN; Röhricht/v.Westphalen/*Mock* § 230 HGB Rn. 58. Nach Auffassung von *Schön* ZGR 1993, 210, sind auch bei einem partiarischen Darlehen die Regeln über die stille Gesellschaft anwendbar.
[233] Vgl. nur BGH NJW 1992, 2696; ZIP 1994, 1847.
[234] BGH ZIP 1994, 1847; OLG Dresden NZG 2000, 302; *Böttcher/Zartmann/Faut*, Stille Gesellschaft, 83; *Lienau/Lotz* DStR 1991, 618 (620); abweichend *Grunewald* Gesellschaftsrecht 1. D. Rn. 2.
[235] MüKoHGB/*K. Schmidt* § 230 HGB Rn. 170 ff.

liegt eine **nachrangig haftende stille Einlage** vor (§ 39 Abs. 1 Nr. 5 InsO) und wird der stille Gesellschafter mit seinen Ansprüchen dem Gläubiger eines Gesellschafterdarlehens insolvenzrechtlich gleichgestellt.[236]

2. Begründung der stillen Gesellschaft

Die stille Gesellschaft wird durch vertragliche **Einigung** zwischen der GmbH & Co. KG und dem stillen Gesellschafter begründet. Anders als bei der Unterbeteiligung und der Treuhand ist Vertragspartner des mittelbar Beteiligten also die Gesellschaft selbst und nicht lediglich einer ihrer Gesellschafter.[237]

79

Der stille Gesellschaftsvertrag kann **formlos** geschlossen werden.[238] Dies ist dann ausnahmsweise anders, wenn die Verpflichtung zur Erbringung der Einlage ein besonderes Formerfordernis mit sich bringt (zB bei Grundstücken nach § 311b Abs. 1 BGB oder GmbH-Geschäftsanteilen nach § 15 Abs. 4 GmbHG) oder die stille Beteiligung schenkweise eingeräumt wird (§ 518 BGB).[239] Ob die Nichteinhaltung der Form durch Schenkungsvollzug geheilt werden kann, ist streitig.[240] Die Aufnahme eines stillen Gesellschafters in die Komplementär-GmbH bedarf nicht der Form des § 53 Abs. 2 GmbHG, da sie keine Satzungsänderung darstellt.[241] Soll ein Minderjähriger stiller Gesellschafter werden, bedarf der Abschluss des Gesellschaftsvertrages grundsätzlich der Genehmigung des **Familiengerichtes**.[242] Eine Gesellschaft zum Betrieb eines Handelsgewerbes im Sinne von §§ 1643, 1822 Nr. 3 BGB liegt insbesondere dann vor, wenn der stille Gesellschafter schuldrechtlich am Gesellschaftsvermögen beteiligt ist oder mit verstärkten Mitverwaltungsrechten ausgestattet ist.[243] Ein Genehmigungserfordernis besteht nur dann ausnahmsweise nicht, wenn die Verlustbeteiligung und Mitspracherechte des Minderjährigen ausgeschlossen sind.[244] Ist Geschäftsführer der Komplementär-GmbH ein gesetzlicher Vertreter des Minderjährigen, ist im Hinblick auf die

80

---

[236] BGH NZI 2012, 860; vgl. dazu auch MüKoHGB/*K. Schmidt* § 230 HGB Rn. 173; *Haas/Vogel* NZI 2012, 875; *Krolop* GmbHR 2009, 397; *Manz/Lammel* GmbHR 2009, 1121; *Mock* DStR 2008, 1645; zur alten Rechtslage ausführlich *Blaurock* FS Immenga 2004, 497.

[237] Zur Begründung der stillen Gesellschaft vgl. *Singhof/Seiler/Schlitt*, Mittelbare Gesellschaftsbeteiligungen, Rn. 24 ff.

[238] *Blaurock*, Stille Gesellschaft, Rn. 9.22; *Singhof/Seiler/Schlitt*, Mittelbare Gesellschaftsbeteiligungen, Rn. 26; MüKoHGB/*K. Schmidt* § 230 HGB Rn. 95; Röhricht/v. Westphalen/*Mock* § 230 HGB Rn. 9; MHdB GesR II/*Keul* StG § 76 Rn. 19.

[239] *Singhof/Seiler/Schlitt*, Mittelbare Gesellschaftsbeteiligungen, Rn. 28 ff.; *Blaurock*, Stille Gesellschaft, Rn. 9.23 ff.; MüKoHGB/*K. Schmidt* § 230 HGB Rn. 96.

[240] Vgl. BGHZ 7, 179 (keine Heilung); offen gelassen von BGH BB 1990, 1507; zum Streitstand ausf. MüKoHGB/*K. Schmidt* § 230 HGB Rn. 99 ff. mwN.

[241] MüKoHGB/*K. Schmidt* § 230 HGB Rn. 97.

[242] Vgl. LG München II NJW-RR 1999, 1018 (1019).

[243] MüKoHGB/*K. Schmidt* § 230 HGB Rn. 106.

[244] BGH NJW 1957, 672; *Singhof/Seiler/Schlitt*, Mittelbare Gesellschaftsbeteiligungen, Rn. 33 ff.; *Blaurock*, Stille Gesellschaft, Rn. 9.46; Heymann/*Horn* § 230 HGB Rn. 23; MHdB GesR II/*Keul* StG § 76 Rn. 55; MüKoHGB/*K. Schmidt* § 230 HGB Rn. 106; aA *Grunewald* Gesellschaftsrecht 1. D. Rn. 11.

10. Kapitel. Belastung von Gesellschaftsanteilen

Einlageverpflichtung zudem regelmäßig die Bestellung eines **Ergänzungspflegers** erforderlich.[245]

81 Da das Eingehen eines stillen Gesellschaftsverhältnisses ein **außergewöhnliches Geschäft** im Sinne von §§ 116 Abs. 2, 164 HGB darstellt, bedarf der Abschluss des stillen Gesellschaftsvertrages vorbehaltlich einer abweichenden Ausgestaltung des GmbH & Co. KG-Vertrages der **Zustimmung** aller Gesellschafter.[246] Verweigern die Gesellschafter ihre Zustimmung, ist der Abschluss des Vertrages grundsätzlich gleichwohl von der Vertretungsbefugnis der Komplementär-GmbH gedeckt.[247] Nach einer verbreiteten Auffassung soll dies nicht für den Abschluss einer atypischen stillen Gesellschaft gelten. In diesem Fall handele es sich um ein Grundlagengeschäft, so dass sich das Fehlen der Zustimmung der Gesellschafterversammlung auch im Außenverhältnis auswirke.[248]

82 Handelt es sich bei der Gesellschaft um eine Publikumsgesellschaft, unterliegt der Gesellschaftsvertrag zum Schutz der Anleger vor Übervorteilung der richterlichen **Inhaltskontrolle**.[249] In jedem Fall gelten zudem die allgemeinen Regeln der §§ 134, 138 BGB.[250] Ist der Abschluss des stillen Gesellschaftsvertrages mit einem Mangel behaftet, sind prinzipiell die **Grundsätze der fehlerhaften Gesellschaft** anwendbar.[251]

---

[245] *Blaurock*, Stille Gesellschaft, Rn. 9.38 f.; MHdB GesR II/*Keul* StG § 76 Rn. 53.

[246] MüKoHGB/*K. Schmidt* § 230 HGB Rn. 111; *Schön* ZGR 1990, 220 (225); GK/*Zutt* § 230 HGB Rn. 62; *Grunewald* Gesellschaftsrecht 1. D. Rn. 9; Baumbach/Hopt/*Roth* § 116 HGB Rn. 2; einschränkend Heymann/*Horn* § 164 HGB Rn. 7 (atypische stille Gesellschaft).

[247] MüKoHGB/*K. Schmidt* § 230 HGB Rn. 111.

[248] GK/*Zutt* § 230 HGB Rn. 62; MüKoHGB/*K. Schmidt* § 230 HGB Rn. 112; MHdB GesR II/*Polzer* StG § 74 Rn. 13; aA *Grunewald* Gesellschaftsrecht 1. D. Rn. 9; ähnlich *Schön* ZGR 1990, 220 (226).

[249] BGHZ, 64, 238 (241); 125, 74 (79); BGH ZIP 2001, 243; Einzelheiten bei *Singhof/Seiler/Schlitt*, Mittelbare Gesellschaftsbeteiligungen, Rn. 54 ff. (eingehend zur stillen Publikumsgesellschaft →Rn. 136 ff.); *Reusch*, Stille Gesellschaft, passim; *Albracht*, Stille Gesellschaft, 92; *Schlitt*, Informationsrechte, 171 ff.; MüKoHGB/*K. Schmidt* § 230 HGB Rn. 125.

[250] Dazu vgl. Röhricht/v. Westphalen/*Mock* § 230 HGB Rn. 14.

[251] BGH WM 1976, 1027; NJW 1992, 2697 (2698); DStR 2003, 2237; nach DStR 2004, 1799 (bestätigt ua in DStR 2005, 2135) gelten die Grundsätze der fehlerhaften Gesellschaft jedoch dann nicht, wenn der Vertragspartner des stillen Gesellschafters verpflichtet ist, den stillen Gesellschafter im Wege des Schadensersatzes so zu stellen, als hätte er den Gesellschaftsvertrag nicht abgeschlossen und seine Einlage nicht geleistet; nach OLG München DStR 2013, 819 gilt dies nur bei der zweigliedrigen stillen Gesellschaft, nicht aber bei der mehrgliedrigen (die Revision ist beim BGH unter II ZR 383/12 anhängig); *Singhof/Seiler/Schlitt*, Mittelbare Gesellschaftsbeteiligungen, Rn. 48 ff.; E/B/J/S/*Gehrlein* § 230 HGB Rn. 31 ff.; Baumbach/Hopt/*Roth* § 230 HGB Rn. 11; MHdB GesR II/*Keul* StG § 76 Rn. 3; MüKoHGB/ *K. Schmidt* § 230 HGB Rn. 127 ff.; *Grunewald* Gesellschaftsrecht 1. D. Rn. 31 m. N. zur Gegenansicht; ausführlich zur Auseinandersetzung im Einzelnen MüKoHGB/ *K. Schmidt* § 230 HGB Rn. 127 ff.; *Armbrüster/Joos* ZIP 2004, 189 (194); *Lippe/Voigt* BB 2010, 3042.

3. Rechtsstellung der Beteiligten

Sofern das Gesellschaftsverhältnis nicht atypisch ausgestaltet ist (dazu → Rn. 91 ff.), ist zur **Geschäftsführung und Vertretung** nur der Unternehmensträger, dh die GmbH & Co. KG, berechtigt. Der stille Gesellschafter wird aus den Geschäftsführungsmaßnahmen weder berechtigt noch verpflichtet. Bei den Geschäftsführungsentscheidungen hat der Geschäftsinhaber ein weites unternehmerisches Ermessen. Da es im Recht der stillen Gesellschaft an einer dem § 164 S. 1 HGB entsprechenden Regelung fehlt, hat der stille Gesellschafter auch bei außergewöhnlichen Geschäftsführungsmaßnahmen kein **Widerspruchsrecht**.[252] Der stille Gesellschaftsvertrag kann jedoch eine abweichende Regelung treffen (vgl. auch → Rn. 93). Ohne Zustimmung des stillen Gesellschafters darf der Unternehmensträger allerdings den Betrieb seines Handelsgewerbes nicht beliebig umgestalten[253] oder ganz oder teilweise einstellen.[254] 83

Die Verpflichtung des stillen Gesellschafters erschöpft sich in erster Linie darin, die versprochene **Einlage** zu leisten.[255] Die Einlage des stillen Gesellschafters kann in allem bestehen, was objektiv **bewert- und bestimmbar** ist.[256] Nach hM muss die Einlage nicht in bilanzierungsfähigen Wirtschaftsgütern bestehen.[257] Inzwischen wird wohl auch akzeptiert, dass die Einlage allein aus künftigen Gewinnanteilen erbracht werden kann.[258] Die Einlage wird Teil des Vermögens der GmbH & Co. KG und unterliegt damit auch dem Zugriff der Gesellschaftsgläubiger. Dies gilt auch dann, wenn der vereinbarte Gesellschaftszweck im Einzelfall zur Bildung von gemeinsamem Vermögen an bestimmten Gegenständen führt.[259] Der Beitrag der GmbH & Co. KG als Geschäftsinhaberin liegt in der Führung des Unternehmens auf gemeinsame Rechnung. 84

---

[252] *Singhof/Seiler/Schlitt*, Mittelbare Gesellschaftsbeteiligungen, Rn. 75; Heymann/Horn § 230 HGB Rn. 34; *Blaurock*, Stille Gesellschaft, Rn. 12.6; MHdB GesR II/*Seffer/Erhardt* StG § 80 Rn. 4.

[253] BGH WM 1974, 945; GK/*Zutt* § 230 HGB Rn. 86; *Blaurock*, Stille Gesellschaft, Rn. 12.11; s. auch *Reusch*, Stille Gesellschaft, 111. Ob auch ein Formwechsel des Unternehmensträgers nur mit Zustimmung des stillen Gesellschafters erfolgen darf, ist str.; dafür *Blaurock*, Stille Gesellschaft, Rn. 18.44 mwN; Beck Hdb. Personengesellschaften/*Neu* § 14 Rn. 22; dagegen Heymann/*Horn* § 230 HGB Rn. 35; einschränkend auch *Grunewald* Gesellschaftsrecht 1. D. Rn. 22.

[254] BGH WM 1963, 1209 (1210); ZIP 1994, 1847 (1848).

[255] Vgl. *Singhof/Seiler/Schlitt*, Mittelbare Gesellschaftsbeteiligungen, Rn. 60 ff.

[256] *Blaurock*, Stille Gesellschaft, Rn. 6.4; *Grunewald* Gesellschaftsrecht 1. D. Rn. 12; *Petzold* NWB 1988, 2077 (2082).

[257] *Blaurock*, Stille Gesellschaft, Rn. 6.6, 6.31 ff.; E/B/J/S/*Gehrlein* § 230 HGB Rn. 14 ff.

[258] Vgl. MüKoHGB/*K. Schmidt* § 230 HGB Rn. 152; *Blaurock*, Stille Gesellschaft, Rn. 6.14; MHdB GesR II/*Seffer/Erhardt* StG § 83 Rn. 8; aA GK/*Zutt* § 230 HGB Rn. 77.

[259] *Röhricht/v. Westphalen/Mock* § 230 HGB Rn. 5.

10. Kapitel. Belastung von Gesellschaftsanteilen

85 Geschäftsinhaber und stiller Gesellschafter unterliegen einer wechselseitigen **Treuepflicht**.[260] Aus dem Zweck der stillen Gesellschaft folgt, dass die GmbH & Co. KG die Gewinnansprüche des Stillen nicht durch Vermögensabflüsse beeinträchtigen darf.[261] Geschäftsinhaber und stiller Gesellschafter unterliegen keinem allgemeinen Wettbewerbsverbot. Doch kann sich sowohl für den stillen Gesellschafter als auch für den Geschäftsinhaber aus der Treuepflicht ein **Wettbewerbsverbot** ergeben.[262] Den stillen Gesellschafter wird ein Wettbewerbsverbot jedoch regelmäßig nur dann treffen, wenn ihm gesteigerte Informations- und Einflussmöglichkeiten eingeräumt wurden (vgl. dazu auch →§ 27 Rn. 34).[263]

86 Die **Informationsrechte** des Stillen bestimmen sich nach der Regelung des § 233 HGB, die im Wortlaut der Vorschrift des § 166 HGB entspricht. Damit stehen dem stillen Gesellschafter im Grundsatz die gleichen Informationsrechte wie einem Kommanditisten zu.[264] Der stille Gesellschafter hat somit Anspruch auf Erhalt einer **Abschrift** des Jahresabschlusses.[265] Ferner kann der Stille **Einsicht** in die Geschäftsunterlagen nehmen, um die Richtigkeit des Jahresabschlusses zu überprüfen. Über den Wortlaut des Gesetzes hinaus steht dem stillen Gesellschafter ein **Auskunftsanspruch** zu, soweit dies zur sachgerechten Wahrnehmung seiner Gesellschafterrechte erforderlich ist. Schließlich besitzt der stille Gesellschafter das **außerordentliche** Informationsrecht nach § 233 Abs. 3 HGB. Zu den Einzelheiten und den vertraglichen Gestaltungsmöglichkeiten vgl. im Einzelnen § 24.

87 Charakteristikum der stillen Gesellschaft ist die **Gewinnbeteiligung** des stillen Gesellschafters. Die Gewinnbeteiligung ist zwingend (§ 231 Abs. 2 2. HS); sie kann allenfalls betragsmäßig oder prozentual begrenzt werden. Darin liegt jedoch kein gesetzliches Verbot eines Ausschlusses vom Gewinn, sondern die Klarstellung, dass es sich dann nicht um eine stille Gesellschaft handelt.[266] Es empfiehlt sich, die Höhe des Gewinnanteils im Gesellschaftsvertrag ausdrücklich zu regeln. Fehlt es an einer entsprechenden Regelung, steht dem Stillen ein angemessener Anteil zu (§ 231 Abs. 1 HGB). An einer Steigerung der **stillen Reserven** oder des **Geschäftswertes** partizipiert der stille Gesellschafter grundsätzlich nicht. Sofern nichts anderes vereinbart

---

[260] BGHZ 3, 75 (81); BGH ZIP 1987, 1316; *Singhof/Seiler/Schlitt*, Mittelbare Gesellschaftsbeteiligungen, Rn. 72; MüKoHGB/*K. Schmidt* § 230 HGB Rn. 140; MHdB GesR II/*Seffer/Erhardt* StG § 80 Rn. 8; E/B/J/S/*Gehrlein* § 230 HGB Rn. 42.

[261] Vgl. das Bsp. in BGH ZIP 1987, 1316; vgl. auch *Blaurock*, Stille Gesellschaft, Rn. 12.51.

[262] MüKoHGB/*K. Schmidt* § 230 HGB Rn. 141 (zum Wettbewerbsverbot des Geschäftsinhabers), Rn. 155 (Wettbewerbsverbot des stillen Gesellschafters); ausführlich MHdB GesR II/*Doehner/Hoffmann* StG § 82 Rn. 1 ff.

[263] GK/*Zutt* § 230 HGB Rn. 71; *Grunewald* Gesellschaftsrecht 1. D. Rn. 16; MüKoHGB/*K. Schmidt* § 230 HGB Rn. 155.

[264] Eingehend dazu *Schlitt*, Informationsrechte, 31 f.; vgl. auch *Singhof/Seiler/Schlitt*, Mittelbare Gesellschaftsbeteiligungen, Rn. 79; MHdB GesR II/*Erhardt/Seffer* StG § 81 Rn. 1 ff.

[265] Dagegen kann der stille Gesellschafter nicht auf die Aufstellung des Jahresabschlusses selbst klagen, OLG Hamburg NZG 2004, 715.

[266] *Röhricht/v. Westphalen/Mock* § 231 HGB Rn. 14.

ist, vermehrt ein vom stillen Gesellschafter stehen gelassener Gewinn seine Einlage nicht (§ 232 Abs. 3 HGB).[267] Der Gewinnbeteiligungsanspruch wird mit Abschluss der Gewinnberechnung oder mit dem Zeitpunkt, zu dem diese bei geordnetem Geschäftsgang möglich gewesen wäre, fällig.[268] Ein gewinnunabhängiges Entnahmerecht kommt dem stillen Gesellschafter nicht zu.[269]

Der stille Gesellschafter nimmt im Innenverhältnis an den Verlusten des Geschäftsinhabers teil. Auch hier gilt, sofern keine besondere Regelung getroffen wird, ein angemessener Anteil als bedungen (§ 231 Abs. 1 HGB). Die **Verlustbeteiligung** des stillen Gesellschafters ist jedoch abdingbar (§ 231 Abs. 2 HGB). Aber auch dann, wenn die Verlustbeteiligung nicht ausgeschlossen ist, besteht **keine Nachschusspflicht** des stillen Gesellschafters. Die Verlustbeteiligung besteht vielmehr ausschließlich darin, dass die Verluste lediglich vom Kapitalkonto des Stillen abgezogen werden. Ein Auszahlungsanspruch des stillen Gesellschafters entsteht erst wieder dann, wenn das Kapitalkonto einen positiven Saldo aufweist (§ 232 Abs. 2 S. 2 HGB). Gewinnanteile müssen folglich, bevor sie wieder entnahmefähig werden können, zum Ausgleich vorgetragener Verluste und im Anschluss zur Wiederauffüllung der Einlage verwendet werden. 88

Eine **Haftung** des stillen Gesellschafters im Außenverhältnis besteht auch dann nicht, wenn der stille Gesellschafter mit seiner Einlagepflicht im Rückstand ist. Die Gläubiger können lediglich die noch offene Einlageforderung der GmbH & Co. KG gegenüber dem Stillen pfänden.[270] 89

Vorbehaltlich einer abweichenden Vereinbarung kann der stille Gesellschafter seine Einlage in der **Insolvenz** der GmbH & Co. als Insolvenzforderung geltend machen (§ 236 Abs. 1 HGB). Ist der stille Gesellschafter zugleich als Kommanditist an der GmbH & Co. KG beteiligt oder sind ihm nach dem Gesellschaftsvertrag kommanditistenähnliche Rechte eingeräumt, ist die Einlage des Stillen unter Umständen als haftendes Eigenkapital zu werten mit der Konsequenz, dass eine Geltendmachung in der Insolvenz ausscheidet (siehe auch → Rn. 78).[271] 90

4. Atypische Ausgestaltung des Gesellschaftsverhältnisses

a) **Grundsatz.** Nach dem gesetzlichen Leitbild verfügt der stille Gesellschafter über keine Geschäftsführungsbefugnis; zudem ist er am Vermögen 91

---

[267] Ausführlich zur Gewinnbeteiligung und insb. zu gesellschaftsvertraglichen Regeln der Gewinnberechnung: *Singhof/Seiler/Schlitt*, Mittelbare Gesellschaftsbeteiligungen, Rn. 97 ff.
[268] Röhricht/v. Westphalen/*Mock* § 232 HGB Rn. 14.
[269] Röhricht/v. Westphalen/*Mock* § 232 HGB Rn. 15.
[270] Vgl. zur Haftung auch BGH DStR 2010, 1489; *Blaurock* NZG 2010, 974; und die Vorinstanz OLG Schleswig, NZG 2009, 256; *K. Schmidt* NZG 2009, 361; LG Kiel NJOZ 2006, 916; eingehend *Singhof/Seiler/Schlitt*, Mittelbare Gesellschaftsbeteiligungen, Rn. 93.
[271] Vgl. aus der Judikatur etwa BGHZ 83, 341 (345); 106, 7 (9); BGH NJW 1985, 1079; vgl. auch *Möschel* ZHR 149 (1985), 209 f.; *Heymann/Horn* § 230 HGB Rn. 56 ff.

des Geschäftsinhabers nicht berechtigt. Man spricht dann von der sog. **typischen stillen Gesellschaft**. Sind die strukturbildenden Merkmale der stillen Gesellschaft durch Vertragsgestaltung abweichend geregelt, ohne dass dadurch ihre zwingende Grundstruktur berührt würde, liegt eine **atypische Ausgestaltung** des stillen Gesellschaftsverhältnisses vor.[272] Die Bildung einer atypischen stillen Gesellschaft ist neben ihren gesellschaftsrechtlichen Besonderheiten häufig auch steuerlich motiviert. Im Falle einer typischen stillen Gesellschaft sind die Einkünfte des Stillen Einkünfte aus Kapitalvermögen (§ 20 Abs. 1 Nr. 4 EStG), während bei atypischer Ausgestaltung Einkünfte aus Gewerbebetrieb (§ 15 Abs. 1 Nr. 2 EStG) vorliegen, sofern der stille Gesellschafter Unternehmerrisiko trägt und Unternehmerinitiative entfaltet.[273]

92 **b) Teilhabe des stillen Gesellschafters am Gesellschaftsvermögen.** Da der stille Gesellschafter am Vermögen der GmbH & Co. KG dinglich nicht berechtigt ist, nimmt er an einer Steigerung der **stillen Reserven** oder des **Geschäftswertes** nicht teil. Dieser Befund schließt es freilich nicht aus, durch schuldrechtliche Vereinbarung eine Teilhabe des stillen Gesellschafters am Gesellschaftsvermögen zu schaffen.[274] Der stille Gesellschafter kann auf diese Weise so gestellt werden, dass sein Abfindungsanspruch im Fall der Beendigung des stillen Gesellschaftsverhältnisses auch die Wertsteigerungen des Geschäftswertes unter Einschluss der stillen Reserven umfasst. Im wirtschaftlichen Ergebnis kann die vermögensmäßige Stellung des Stillen der eines Kommanditisten angenähert werden.[275]

93 **c) Beteiligung des stillen Gesellschafters an der Geschäftsführung.** Eine atypische Ausgestaltung des stillen Gesellschaftsverhältnisses liegt auch dann vor, wenn dem stillen Gesellschafter abweichend von der gesetzlichen Ausgangslage **Geschäftsführungsrechte**, **Widerspruchs-** oder **Zustimmungsrechte** eingeräumt werden.[276] Es ist sogar möglich, dem stillen Gesellschafter das Geschäftsführungsrecht im Innenverhältnis allein zu übertra-

---

[272] MüKoHGB/*K. Schmidt* § 230 HGB Rn. 76; MHdB GesR II/*Keul* StG § 73 Rn. 30 ff.; ausführlich zur atypischen stillen Gesellschaft *Singhof/Seiler/Schlitt*, Mittelbare Gesellschaftsbeteiligungen, Rn. 117 ff.; *Zacharias/Hebig/Rinnewitz*, Die atypisch stille Gesellschaft; zur Frage, ob Publizitätserfordernisse bei atypischen stillen Beteiligungen an einer GmbH gelten, *Schmidt-Ott* GmbHR 2001, 182 (im Ergebnis verneinend).

[273] Vgl. nur BFHE 134, 261 (262); 135, 297 (299); Beck Hdb. Personengesellschaften/*Neu* § 14 Rn. 50.

[274] BGHZ 7, 177 (178); BFH DStR 1991, 684; BFHE 171, 510 (513); 172, 416 (420) mwN; Baumbach/Hopt/*Roth* § 230 HGB Rn. 3; MüKoHGB/*K. Schmidt* § 230 HGB Rn. 79 f.

[275] Vgl. etwa *Singhof/Seiler/Schlitt*, Mittelbare Gesellschaftsbeteiligungen, Rn. 119; *Weimar* ZIP 1993, 1509 (1511); vgl. auch MüKoHGB/*K. Schmidt* § 230 HGB Rn. 81, der bei interner Gleichstellung der Rechte des stillen Gesellschafters mit denen eines Kommanditisten von einer „Innen-KG" spricht.

[276] BGHZ 8, 157 (160); BGH WM 1966, 31 (32); 1976, 1030 (1032); *Singhof/Seiler/Schlitt*, Mittelbare Gesellschaftsbeteiligungen, Rn. 121 ff.; MüKoHGB/*K. Schmidt* § 230 HGB Rn. 77; *Weimar* ZIP 1993, 1509 (1511); vgl. bereits *Aulinger*, Die atypische stille Gesellschaft, 1955, 27.

gen.²⁷⁷ Dann unterliegt er allerdings auch einem Wettbewerbsverbot nach Maßgabe des § 112 HGB.²⁷⁸ Eine organschaftliche Vertretungsmacht kann dem stillen Gesellschafter allerdings nicht gewährt werden. Soll der Stille zur Vertretung der GmbH & Co. KG berechtigt sein, kann sein Vertretungshandeln nur auf Grundlage einer rechtsgeschäftlichen Vollmacht erfolgen.²⁷⁹ Die bloße Erweiterung der gesetzlichen Informationsrechte reicht für die Begründung einer atypischen stillen Gesellschaft indessen nicht aus.

d) Mehrgliedrige stille Gesellschaft. Einen weiteren Fall der atypischen stillen Gesellschaft stellt, wenn auch nicht in steuerrechtlicher Hinsicht, die mehrgliedrige stille Gesellschaft dar. Eine mehrgliedrige stille Gesellschaft liegt noch nicht unbedingt bereits dann vor, wenn der Geschäftsinhaber, was ohne weiteres zulässig ist, **mehrere stille Gesellschaftsverhältnisse** eingeht. Da das stille Gesellschaftsverhältnis nach dem Leitbild der gesetzlichen Regelung **zweigliedrig** ausgestaltet ist, stehen die stillen Beteiligungen nämlich grundsätzlich bilateral nebeneinander, sind also in ihrem Bestand unabhängig voneinander.²⁸⁰ Unter den stillen Gesellschaftern bestehen in diesem Fall auch keine unmittelbaren Rechtsbeziehungen. 94

Anders verhält es sich, wenn die Gesellschaftsverhältnisse mehrerer Stiller miteinander verknüpft werden. Hierfür besteht in der Praxis immer dann ein Bedürfnis, wenn die Ausübung der Mitgliedschaftsrechte durch die stillen Gesellschafter koordiniert werden soll.²⁸¹ Dieses Ergebnis lässt sich konstruktiv über verschiedene Gestaltungen erreichen: die Bestellung eines **gemeinsamen Vertreters**,²⁸² der Abschluss eines **Poolvertrages** zur gemeinsamen Wahrnehmung einzelner Rechte²⁸³ oder der Zusammenschluss der Stillen zu einer **BGB-Innengesellschaft** für umfassende gemeinsame Willensbildung und Verwaltung.²⁸⁴ Die stärkste Verbindung der Stillen untereinander liegt bei der **mehrgliedrigen stillen Gesellschaft** vor.²⁸⁵ Hier sind Geschäftsinhaber und stille Gesellschafter in einem gemeinsamen Verband vereint, was die Möglichkeit eröffnet, gemeinsame Gesellschaftsorgane, etwa einen Beirat, zu installieren. Die Zulässigkeit einer solchen Vertragsge- 95

---

²⁷⁷ BGH WM 1976, 1030; *Blaurock*, Stille Gesellschaft, Rn. 12.90.
²⁷⁸ *Röhricht/v. Westphalen/Mock* § 230 HGB Rn. 110.
²⁷⁹ *MüKoHGB/K. Schmidt* § 230 HGB Rn. 78.
²⁸⁰ *Singhof/Seiler/Schlitt*, Mittelbare Gesellschaftsbeteiligungen, Rn. 126. Die GmbH & Co. KG bedarf bei Abschluss eines weiteren stillen Gesellschaftsvertrages grundsätzlich nicht der Zustimmung bereits vorhandener Stiller, dazu *Blaurock*, Stille Gesellschaft, Rn. 5.46.
²⁸¹ Zu Einzelheiten vgl. etwa *Schlitt*, Informationsrechte, 41 ff.
²⁸² MHdB GesR II, 1. Aufl./*Kühn* StG § 6 Rn. 14.
²⁸³ MHdB GesR II/*Keul* StG § 73 Rn. 41.
²⁸⁴ BGH NJW 1988, 413; NJW 1990, 2684; WM 1995, 701; NJW 1998, 1946; *Singhof/Seiler/Schlitt*, Mittelbare Gesellschaftsbeteiligungen, Rn. 130 ff.; GK/*Zutt* § 230 HGB Rn. 47; *Albracht*, Stille Gesellschaft, 81; *MüKoHGB/K. Schmidt* § 230 HGB Rn. 85.
²⁸⁵ Fungiert eine BGB-Außengesellschaft als stille Gesellschafterin, liegt lediglich eine zweigliedrige stille Gesellschaft vor; vgl. BGH NJW-RR 1989, 993 sowie den Sachverhalt in BFH DB 1991, 1497; weitere Nachweise bei *Schlitt*, Informationsrechte, 42 f.

staltung wurde lang angezweifelt.[286] Mittlerweile ist ihre Zulässigkeit jedoch anerkannt.[287]

5. Übertragung und Kündigung der stillen Gesellschaft

96 Die stille Beteiligung ist grundsätzlich nicht übertragbar. Eine **Übertragung** der stillen Beteiligung kommt nur in Betracht, wenn sie im stillen Gesellschaftsvertrag vorgesehen ist oder der Geschäftsinhaber im Einzelfall seine Einwilligung hierzu erteilt.[288]

97 Im Falle des **Todes des stillen Gesellschafters** wird die Gesellschaft mit dem Erben des Stillen fortgesetzt (vgl. § 234 Abs. 2 HGB). Sind mehrere Erben vorhanden, kommt es anders als bei Personenhandelsgesellschaften zu keiner Sonderrechtsnachfolge; vielmehr wird die Erbengemeinschaft stille Gesellschafterin.[289]

98 Die stille Gesellschaft kann von jedem Beteiligten **ordentlich gekündigt** werden (§ 234 Abs. 1 Satz 1 HGB). Ist die stille Gesellschaft auf eine bestimmte Zeit eingegangen worden, kommt während der Vertragsdauer nur eine **außerordentliche Kündigung** in Betracht (§ 234 Abs. 1 S. 2 HGB). Ein wichtiger Grund kann etwa in einer schwerwiegenden Vertragsverletzung eines Beteiligten oder bei dauernder Ertragslosigkeit der Gesellschaft liegen.[290] Im Gegensatz zu den Gläubigern der GmbH & Co. KG können Gläubiger des Stillen das stille Gesellschaftsverhältnis nach § 135 HGB kündigen (§ 234 Abs. 1 HGB).

6. Auflösung und Beendigung

99 Die Auflösung der stillen Gesellschaft erfolgt durch Fassung eines hierauf gerichteten **Beschlusses, Zeitablauf, Erreichen oder Unmöglichwerden des Gesellschaftszwecks** (§ 726 BGB).[291] Die Auflösung der GmbH

---

[286] Vgl. etwa *Düringer*/Hachenburg/*Flechtheim* § 335 HGB Anm. 37; *Lübbert* ZHR 58 (1906), 464 (505); *Klauss*/*Mittelbach*, Stille Gesellschaft, Rn. 42; aus neuerer Zeit *Petzold* NWB 1988, 2078.

[287] BGH WM 1958, 1336 (1137); NJW 1972, 338; WM 1980, 868; BGHZ 106, 7; 125, 74 (76 f.); 127, 176 (179); *Singhof*/*Seiler*/*Schlitt*, Mittelbare Gesellschaftsbeteiligungen, Rn. 133 ff.; *Böttcher*/*Zartmann*/*Faut*, Stille Gesellschaft, 48; Baumbach/Hopt/ *Roth* § 230 HGB Rn. 3, 7; GK/*Zutt* § 230 HGB Rn. 48; Heymann/*Horn* § 230 HGB Rn. 60; *Blaurock*, Stille Gesellschaft, Rn. 5.49 ff.; *Grunewald* Gesellschaftsrecht 1. D. Rn. 8; diff. zwischen zweigliedrigem Einlageverhältnis und mehrgliedrigem Organisationsverhältnis MüKoHGB/*K. Schmidt* § 230 HGB Rn. 83; zur Binnenverfassung der mehrgliedrigen stillen Gesellschaft im Einzelnen *K. Schmidt* FS Bezzenberger 2000, 401; weitere Nachweise bei *Schlitt*, Informationsrechte, 47 Fn. 173.

[288] *Grunewald* Gesellschaftsrecht 1. D. Rn. 29.

[289] MüKoHGB/*K. Schmidt* § 234 HGB Rn. 56; *Grunewald* Gesellschaftsrecht 1. D. Rn. 30.

[290] RG JW 1927, 1350; GK/*Zutt* § 234 HGB Rn. 26; Baumbach/Hopt/*Roth* § 234 HGB Rn. 9 iVm § 133 HGB Rn. 7; *Grunewald* Gesellschaftsrecht 1. D. Rn. 33 jew. mwN.

[291] Die mangelnde Rentabilität reicht hierfür idR nicht aus, s. dazu Heymann/ *Horn* § 234 Rn. 17; ausführlich zur Auflösung und Auseinandersetzung *Singhof*/*Seiler*/ *Schlitt*, Mittelbare Gesellschaftsbeteiligungen, Rn. 207 ff.

& Co. KG führt noch nicht zur Auflösung der stillen Gesellschaft, sondern erst deren Vollbeendigung.[292] Die Auflösung der GmbH & Co. KG kann jedoch einen Grund zur außerordentlichen Kündigung des Gesellschaftsverhältnisses bilden. Darüber hinaus führt die Eröffnung des **Insolvenzverfahrens** über das Vermögen der GmbH & Co. KG zur Auflösung der stillen Gesellschaft (§§ 236 HGB, 728 BGB),[293] nicht jedoch eine Verschmelzung nach dem UmwG.[294]

Da die stille Gesellschaft selbst weder über ein Gesellschaftsvermögen noch über Gesellschaftsforderungen verfügt, es andererseits auch keine Gesellschaftsschulden gibt, bedarf es anders als bei der GmbH & Co. KG **keiner Liquidation** im eigentlichen Sinne. Gleichwohl besteht sie als Abwicklungsgesellschaft fort mit dem Zweck der Abwicklung der schwebenden Geschäfte zum gemeinsamen Nutzen.[295] Dem Stillen steht ein **Abfindungsanspruch** zu, dessen Höhe sich nach seinem Einlagekonto richtet. An einer Wertsteigerung der GmbH & Co. KG partizipiert der Stille nur im Falle der vermögensmäßigen atypischen stillen Gesellschaft (vgl. oben → Rn. 92). Jedoch führen etwaige Ansprüche aus culpa in contrahendo (§§ 280, 241 Abs. 2, 311 Abs. 2 BGB) nicht dazu, dass bei Wertminderungen im Rahmen der Auseinandersetzung stets die volle Einlage zurückzugewähren ist.[296] Bei einer atypisch stillen Gesellschaft von Eheleuten kann es interessengerecht sein, hinsichtlich der Abfindung danach zu differenzieren, ob das Unternehmen des Inhabers gleichzeitig mit der Beendigung der stillen Gesellschaft eingestellt oder fortgeführt wird.[297]

100

---

[292] E/B/J/S/*Gehrlein* § 234 HGB Rn. 13ff.; abw. *Blaurock*, Stille Gesellschaft, Rn. 15.58: bereits wenn Handelsgesellschaft zur Fortsetzung des Geschäftsbetriebes endgültig nicht mehr in der Lage ist; ähnlich MüKoHGB/*K. Schmidt* § 234 HGB Rn. 28.

[293] *Grunewald* Gesellschaftsrecht 1. D. Rn. 38. § 136 InsO sieht ein besonderes Anfechtungsrecht des Insolvenzverwalters vor; Baumbach/Hopt/*Roth* § 234 HGB Rn. 5.

[294] LG Bonn DB 2001, 1406 (1407); zur beim Exit aus Private Equity-Beteiligungen vorkommenden Überleitung einer stillen Beteiligung an einer GmbH bei Umwandlung in eine AG vgl. *Mertens* AG 2000, 32; vgl. auch *Sedlmayer* DNotZ 2003, 611.

[295] *Blaurock*, Stille Gesellschaft, Rn. 15.2 ff.

[296] OLG Braunschweig BKR 2003, 987 (989); OLG Stuttgart DB 2003, 764 (765); aA *Bayer/Riedel* NJW 2003, 2567 (2571).

[297] Vgl. dazu BGH NJW 2001, 3777.

§ 41 Steuerliche Konsequenzen der Belastung des Kommanditanteils

Übersicht

	Rn.		Rn.
I. Verpfändung von Kommanditanteilen der GmbH & Co. KG	4	3. Ertragsbesteuerung der aperiodischen Vorgänge	49
II. Treuhandschaft am Kommanditanteil	6	a) Übertragung eines Kommanditanteils unter Vorbehaltsnießbrauch	50
III. Unterbeteiligung am Kommanditanteil	19	b) Zuwendungsnießbrauch	63
IV. Nießbrauch am Kommanditanteil	29	c) Wegfall des Nießbrauchs	66
1. Mitunternehmerstellung von Nießbraucher und Nießbrauchbesteller	29	4. Erbschaft- und schenkungsteuerliche Behandlung	73
		a) Zuwendungsnießbrauch	73
2. Laufende Besteuerung der Einkünfte aus dem Kommanditanteil	39	b) Übertragung eines Kommanditanteils unter Vorbehaltsnießbrauch	88

Schrifttum: *Biergans*, Der Nießbrauch an Einzelunternehmen und Mitunternehmeranteilen in der Einkommensteuer, DStR 1985, 327; *Bitz*, Der Nießbrauch an Personengesellschaftsanteilen, DB 1987, 1507; *Bordewin*, Doppelstöckige Personengesellschaft und stille Gesellschaft, NWB F. 3, 10433; *Bordewin*, Steuerentlastungsgesetz 1984 – Änderungen bei der Einkommensteuer, FR 1984, 61; *Bürkle*, Entwarnung für die Gestaltung der Unternehmensnachfolge mit atypischer Unterbeteiligung? – Zugleich Besprechung des BFH-Urteils vom 2.10.1997, IV R 75–96, DStR 1998, 203, DStR 1998, 558; *Butler*, Das Treuhandmodell – Eine „Organschaft" für Personengesellschaften?, NWB 2012, 2925; *Carlé*, Unterbeteiligungen bei Personen- und Kapitalgesellschaften: Gestaltungschancen, Risiken, Umstrukturierung, KÖSDI 2008/09, 16166; *Carle/Bauschatz*, Nießbrauch bei Betriebsvermögen – zivil- und steuerrechtliche Probleme und Lösungen, KÖSDI 2001, 12872; *Carlé/Fuhrmann*, Unentgeltliche Begründung, Übertragung und Beendigung von Treuhandverhältnissen sowie von Anteilen an mitunternehmerischen Innengesellschaften – Zur Anwendbarkeit von § 6 Abs. 3 EStG und § 13a ErbStG, FR 2006, 749; *Dörski*, Von der Begünstigung der Unternehmer bei der Einkommensteuer – Anmerkungen zum Standortsicherungsgesetz –, DStZ 1993, 619; *Fichtelmann*, Der Nießbrauch an Unternehmen und Beteiligungen, DStR 1974, 275; *Fleischer*, Nochmals: Schenkung einer mitunternehmerischen Beteiligung unter Vorbehalt eines Nießbrauchs – Anmerkung zu Kleinert/ Geuß, DStR 2013, 288, DStR 2013, 902; *Fleischer*, Aktuelle Entwicklungen zum Stimmrecht des Nießbrauchers am Anteil einer Personengesellschaft im Zivil-, Ertrag- und Erbschaftsteuerrecht, ZEV 2012, 466; *Frank*, Der Nießbrauch an Gesellschaftsanteilen, MittBayNot 2010, 96; *Fuhrmann*, Treuhandgestaltungen im Zivil- und Steuerrecht, KÖSDI 2006, 15293; *Götz/Jorde*, Nießbrauch an PersGes-Anteilen – Praxisprobleme, FR 2003, 998; *Gschwendtner*, Zur „Treuhandlösung" beim Nießbrauch und bei der Testamentsvollstreckung an einem Kommanditanteil, DStR 1995, 711; *Hecht*, Atypische Unterbeteiligung als Ausweichstrategie bei Übertragung einer Kommanditbeteiligung, ZEV 2004, 105; *Hochheim/Wagenmann*, Der Vorbehaltsnießbrauch am Kommanditunternehmeranteil und die Mitunternehmerschaft, ZEV 2010,

109; *Kleinert/Geuß*, Schenkung einer mitunternehmerischen Beteiligung unter Vorbehalt oder Zuwendung eines (Quoten-)Nießbrauchs – Sicherung der Betriebsvermögensbegünstigung durch präzise Vertragsgestaltung, DStR 2013, 288; *Lang/Seher*, Die persönliche Zurechnung von Einkünften bei Treuhandverhältnissen, FR 1992, 640; *Märkle*, Die Unterbeteiligung an Einkunftsquellen – II. Teil –, DStZ 1985, 509; *Mielke*, Steuerliche Folgen des Todes des Nießbrauchs-Mitunternehmers, DStR 2014, 18; *Mitsch*, Unentgeltliche Übertragung eines Kommanditanteils unter Vorbehaltsnießbrauch, INF 2003, 388; *Pahlke*, Nießbrauch an einem Kommanditgesellschafts-Anteil – zur einkommensteuerlichen Behandlung einer Tätigkeitsvergütung –, FR 1987, 129; *Petzold*, Nießbrauch an Kommanditanteilen und GmbH-Geschäftsanteilen – Zivil- und Steuerrecht –, GmbHR 1987, 436; *Petzoldt*, Nießbrauch an Personengesellschaftsanteilen, DStR 1992, 1175; *Paus*, Der Unternehmernießbrauch, BB 1990, 1675; *Reichert/Schlitt/Düll*, Die gesellschafts- und steuerrechtliche Gestaltung des Nießbrauchs an GmbH-Anteilen, GmbHR 1998, 565; *Richter/Fürwentsches*, Unentgeltliche Übertragung von Treuhand-Kommanditanteilen, DStR 2010, 2070; *Rödder*, Persönliche Zurechnung und sachliche Qualifikation von Einkünften bei der Treuhandschaft, DB 1988, 200; *Schindhelm/Pickhardt-Potremba/Hilling*, Das zivil- und steuerrechtliche Schicksal der Unterbeteiligung bei „Umwandlung" der Hauptgesellschaft (Teil I), DStR 2003, 1444; *Schindhelm/Pickhardt-Potremba/Hilling*, Das zivil- und steuerrechtliche Schicksal der Unterbeteiligung bei „Umwandlung" der Hauptgesellschaft (Teil II), DStR 2003, 1469; *Schön*, Nießbrauch am Gesellschaftsanteil in Gesellschafts- und Steuerrecht, StBJb 1996/97, 45; *Schulze zur Wiesche,* Die erbschaftsteuerrechtliche Behandlung einer Anteilsschenkung unter Nießbrauchsvorbehalt, DB 2009, 2452; Schulze zur Wiesche, Verfahrensrecht – Örtliche Zuständigkeit des Arbeitsgerichts –, BB 1987, 551; *Schulze zur Wiesche*, Der Nießbrauch am Gesellschaftsanteil, DStR 1980, 224; *Schulze zur Wiesche*, Der Nießbrauch am Gesellschaftsanteil einer Personengesellschaft, DStR 1995, 318; *Schulze zur Wiesche*, Die ertragsteuerliche Behandlung von Nießbrauch und Treuhand am Mitunternehmeranteil, FR 1999, 281; *Schulze zur Wiesche*, Die ertragsteuerliche Behandlung von Nießbrauch und Treuhand an einem KG-Anteil, BB 2004, 355; *Söffing/Jordan*, Nießbrauch an einem Mitunternehmeranteil, BB 2004, 353; *Stein*, Nießbrauchserlass 2012: Begünstigungen, Praxisfolgen, Gestaltungsansätze, DStR 2013, 567; *Stein/Reich*, Ertragsteuerliche Folgen des Nießbrauchserlasses 2012: Verzicht auf einen mitunternehmerischen Nießbrauch, gleitende Vermögensübergabe und Entnahmetatbestände, DStR 2013, 1272; *Viebrock/Stegemann*, Ertragsteuerliche Konsolidierung im Treuhandmodell, DStR 2013, 2375; *Viskorf/Haag*, Wirtschaftliche Betrachtungsweise bei der Betriebsvermögensbegünstigung für Zuwendungsnießbrauch an Personengesellschaftsanteilen, ZEV 2012, 24; *Wachter*, Schenkungsteuerliche Verschonung des Erwerbs von Mitunternehmeranteilen unter Quotennießbrauch, DStR 2013, S. 1929; *Wacker*, Treuhandmodell – Keine Gewerbesteuerpflicht der Treuhand-KG – Anmerkungen zum BFH-Urteil v. 3.2.2010 – IV R 26/07, NWB 2010, 2133; *Wälzholz*, Unentgeltliche Übertragung von Treuhand-Kommanditanteilen, DStR 2010, 1786; *Wälzholz*, Aktuelle steuerliche Gestaltungsprobleme des mitunternehmerischen Nießbrauchs am Anteil einer Personengesellschaft, DStR 2010, 1930; *Weber,* Unternehmensnachfolge durch Schenkung unter Nießbrauchsvorbehalt, DStZ 1991, 530.

Die Belastung eines Kommanditanteils hat zur Folge, dass sich gesellschaftsrechtlich eine Modifikation der „reinen" Gesellschafterstellung ergibt. Diese Modifikation kann darin bestehen, dass die rechtliche Gesellschafterstellung ganz aufgegeben wird, etwa bei der Treuhandschaft am Kommanditanteil, oder dass bestimmte Vermögens- bzw. Verwaltungsrechte abgespalten 1

10. Kapitel. Belastung von Gesellschaftsanteilen

werden, zB bei der Bestellung des Nießbrauchs oder bei der Unterbeteiligung am Kommanditanteil.

2 Die steuerliche Behandlung dieser Vertragsgestaltungen bei einer GmbH & Co. KG ist mit der **zentralen Frage** verknüpft, wer letztlich als Mitunternehmer der GmbH & Co. KG anzusehen ist. Voraussetzung für die Stellung als Mitunternehmer ist im Allgemeinen eine gesellschaftsrechtliche Gesellschafterstellung (vgl. dazu → § 4 Rn. 5 ff.).[1] Eine Ausnahme von diesem allgemeinen Grundsatz gilt nur in bestimmten Einzelfällen,[2] wie beispielsweise bei Treuhandverhältnissen oder beim Nießbrauch an Personengesellschaftsanteilen. Die Qualifikation als Mitunternehmer erfordert Mitunternehmerrisiko und Mitunternehmerinitiative.[3] Hierbei müssen die Mitunternehmerinitiative und das Mitunternehmerrisiko nicht mit der gleichen Intensität ausgeprägt sein.[4] Dies ist insbesondere dann von Bedeutung, wenn sich aufgrund der vorliegenden Vertragsstruktur ein Zusammenwirken zwischen dem zivilrechtlichen Gesellschafter und dem Begünstigten aus dem Gesellschaftsanteil ergibt, wie zB dem Nießbraucher. Die Merkmale müssen sich schließlich auf der Grundlage einer gesellschaftsrechtlichen Vereinbarung und nicht auf der Grundlage von schuldrechtlichen Vertragsbeziehungen ergeben.[5]

3 **Mitunternehmerinitiative** liegt dann vor, wenn eine Mitwirkung bei unternehmerischen Entscheidungen möglich ist (vgl. dazu → § 4 Rn. 7 ff.).[6] Dies ist bereits dann der Fall, wenn, ähnlich der typischen Kommanditistenstellung, ein Stimmrecht in der Gesellschafterversammlung oder ein Kontroll- bzw. ein Widerspruchsrecht bei außergewöhnlichen Geschäftsvorfällen besteht.[7] **Mitunternehmerrisiko** ist dann gegeben, wenn eine Beteiligung am betrieblichen Erfolg bzw. an den stillen Reserven des Unternehmens besteht (vgl. dazu → § 4 Rn. 16 ff.).[8] Die an dem Vertragswerk beteiligten Personen müssen jeweils im Hinblick auf ihre Mitunternehmerstellung bei der GmbH & Co. KG nach den o. g. allgemeinen Kriterien überprüft werden.

---

[1] BFH v. 25.2.1991, BStBl. II 1991, 691; BFH v. 13.7.1993, BStBl. II 1994, 282; BFH v. 1.8.1996, DStR 1997, 237; H 15.8 Abs. 1 EStR.

[2] *L. Schmidt* § 15 EStG Rn. 258; *Knobbe/Keuk* § 9 II Rn. 3b.

[3] BFH v. 25.6.1984, BStBl. II 1984, 751.

[4] BFH v. 13.7.1994, BStBl. II 1994, 282; BFH v. 25.6.1984, BStBl. II 1984, 751; H 15.8 Abs. 1 EStR.

[5] BFH v. 13.7.1994, BStBl. II 1994, 282.

[6] BFH v. 11.12.1986, BStBl. II 1987, 553; BFH v. 29.4.1992, BFH/NV 1992, 803; BFH v. 10.12.2008, BStBl. II 2009, 312; BFH v. 31.5.2012, BFH/NV 2012, 1440; *Schulze zur Wiesche* BB 1987, 551.

[7] BFH v. 25.6.1984, BStBl. II 1984, 751; BFH v. 28.10.2008, BFH/NV 2009, 355; BFH v. 31.5.2012, BFH/NV 2012, 1440; *L. Schmidt/Wacker* § 15 EStG Rn. 263; *Schulze zur Wiesche* BB 1987, 551.

[8] BFH v. 24.9.1991, BStBl. II 1992, 330; BFH v. 25.6.1984, BStBl. II 1984, 751; BFH v. 13.7.1994, BStBl. II 1994, 282; *Groh* DB 1984, 2424; *Bordewin* FR 1984, 61.

I. Verpfändung von Kommanditanteilen der GmbH & Co. KG

Die Verpfändung des Kommanditanteils erfolgt üblicherweise zur Besicherung von Verbindlichkeiten gegenüber einem Dritten. Mit der Verpfändung wird die zivilrechtliche Gesellschafterstellung nicht berührt (vgl. dazu → § 38 Rn. 7ff.). Der Verpfänder behält auch das **wirtschaftliche Eigentum** an dem Kommanditanteil. Der Kommanditanteil ist ihm deshalb nach wie vor steuerlich zuzurechnen, er ist also unverändert Mitunternehmer der Personengesellschaft. Dies hat zur Folge, dass dem Verpfänder unverändert die steuerlichen Ergebnisanteile aus der Kommanditgesellschaft zuzurechnen sind. 4

Die **Ursache der Verpfändung** des Kommanditanteils ist unerheblich für die Mitunternehmerstellung des Pfandrechtsbestellers, ob also beispielsweise die Verpfändung zur Besicherung von privaten Darlehen oder für Darlehen zum Erwerb des Mitunternehmeranteils erfolgt. Zinsen auf das Darlehen sind bei privater Veranlassung **nicht** in den steuerlichen Gewinn der Mitunternehmerschaft einzubeziehen. Erfolgt die Verpfändung des Kommanditanteils zur Besicherung von Darlehen, die der Gesellschafter im Zusammenhang mit der Kommanditbeteiligung aufgenommen hat, beispielsweise zu deren Erwerb, handelt es sich bei den Darlehen um negatives Sonderbetriebsvermögen. Die Zinsen auf das Darlehen mindern deshalb als Sonderbetriebsausgaben auf der zweiten Gewinnermittlungsstufe den steuerlichen Gewinn der Gesellschaft. Die Verpfändung des Kommanditanteils hat keinen Einfluss auf dieses Ergebnis. Auch die Besicherung von Verbindlichkeiten des Gesamthandsvermögens durch eine Verpfändung des Kommanditanteils führt zu steuerlich abzugsfähigen Betriebsausgaben der Kommanditgesellschaft. 5

II. Treuhandschaft am Kommanditanteil

Zivilrechtlich ist der Treuhänder an einem Kommanditanteil Gesellschafter der Personengesellschaft (vgl. dazu → § 40 Rn. 45ff.).[9] Er ist als Gesellschafter grundsätzlich Träger aller Rechte und Pflichten aus dem Gesellschaftsanteil. 6

Bei steuerlich anzuerkennenden Treuhandverhältnissen ist das wirtschaftliche Eigentum am Treugut gem. § 39 Abs. 2 Nr. 1 S. 2 AO abweichend vom zivilrechtlichen Eigentum dem Treugeber zuzurechnen. Ein Treuhandverhältnis ist steuerlich anzuerkennen, wenn der Treugeber das Treuhandverhältnis rechtlich und tatsächlich beherrscht. Dies ist gegeben, wenn im Innenverhältnis der Treugeber gegenüber dem Treuhänder weisungsbefugt ist und der Treuhänder zur jederzeitigen Rückgabe des Treuguts verpflichtet ist, wobei eine angemessene Kündigungsfrist unschädlich ist.[10] Grundsätzlich ist die zivilrechtliche Wirksamkeit der Treuhandvereinba- 7

---

[9] K. *Schmidt* Gesellschaftsrecht, § 61 III; Haep in HHR § 15 EStG Rn. 422.
[10] Klein/*Ratschow* § 39 AO Rn. 64.

rungen vorauszusetzen, uU kann gem. § 41 Abs. 2 AO jedoch ein zivilrechtlich (insb. aufgrund von Formmängeln) unwirksamer Treuhandvertrag auch dann steuerlich anerkannt werden, wenn sich die Beteiligten so verhalten, als ob der Treuhandvertrag wirksam wäre.[11] Gem. § 159 AO hat der Treuhänder auf Verlangen des Finanzamts nachzuweisen, wem das Treugut gehört. Wird dieser Nachweis nicht erbracht, so kann das Treugut dem Treuhänder zugerechnet werden. Der Treuhänder sollte ggf. Beweisvorkehrungen treffen.[12] Die folgenden Ausführungen beziehen sich auf steuerlich anzuerkennende Treuhandverhältnisse.

8   Bei Treuhandverhältnissen an Personengesellschaftsanteilen stellt sich die Frage, welche Person (Treuhänder oder Treugeber) Mitunternehmer der Personengesellschaft ist. Da der Treuhänder im Innenverhältnis auf Rechnung des Treuhänders agiert, der Treugeber gegenüber dem Treuhänder weisungsbefugt ist und der Treugeber die jederzeitige Rückgabe des Gesellschaftsanteils verlangen kann, ist der **Treugeber** als Mitunternehmer anzusehen.[13] Der Treugeber erfüllt insoweit die **Kriterien der Mitunternehmerstellung**, nämlich die Mitunternehmerinitiative sowie das Mitunternehmerrisiko.[14] Voraussetzung für die Mitunternehmerstellung des Treugebers ist jedoch, dass der Treuhänder als Gesellschafter eine Rechtsstellung innehat, die ihm die Mitunternehmerstellung vermitteln würde, wenn er auf eigene Rechnung tätig wäre.[15]

9   Bei Publikumsgesellschaften in der Rechtsform der GmbH & Co. KG werden die Gesellschaftsrechte oftmals einem Treuhänder übertragen. Sofern von Seiten der Anleger ausreichende Weisungsrechte gegenüber dem Treuhänder bestehen, sind diese als Mitunternehmer zu qualifizieren.[16] Wird die Treuhandstellung durch eine sog. **Vereinbarungstreuhand** begründet, nach der der Gesellschafter mit einem Dritten vereinbart, dass der Gesellschaftsanteil künftig auf dessen Rechnung und Weisung gehalten wird, kann je nach vertraglicher Ausgestaltung für den Dritten eine Mitunternehmerstellung begründet werden.[17]

10 Wegen der Mitunternehmerstellung des Treugebers ist dieser auch in die Besteuerungskonzeption der Mitunternehmerschaft einbezogen. Dies hat zur Folge, dass die **Nutzungsüberlassung** von Vermögensgegenständen an die Personengesellschaft zur Qualifikation als Sonderbetriebsvermögen führt, an den Treugeber gezahlte Tätigkeitsvergütungen sind Sonderbetriebseinnahmen.[18]

---

[11] BFH v. 6.10.2009, BStBl. II 2010, 460; Klein/*Ratschow* § 39 AO Rn. 64; aA *Pahlke/Koenig* § 39 AO Rn. 53.
[12] Klein/*Rüsken* § 159 AO Rn. 1a.
[13] Klein/*Ratschow* § 39 AO Rn. 66; *L. Schmidt/Wacker* § 15 EStG Rn. 296; zu Ausnahmen: *Haep* in HHR § 15 EStG Rn. 424.
[14] BFH v. 25.6.1984, BStBl. II 1984, 768; BFH v. 25.2.1991, BStBl. II 1991, 691; BFH v. 16.5.1995, BStBl. II 1995, 714.
[15] Klein/*Ratschow* § 39 AO Rn. 66; *L. Schmidt/Wacker* § 15 EStG Rn. 296.
[16] *Rödder* DB 1988, 200; *Lang/Seher* FR 1992, 640; Blümich/*Bode* § 15 EStG Rn. 289; vgl. auch BFH v. 30.6.2005, BFH/NV 2005, 1995.
[17] BFH v. 1.10.1992, BStBl. II 1993, 574.
[18] *L. Schmidt/Wacker* § 15 EStG Rn. 296.

Der **Treuhänder** selbst entfaltet wegen der Weisungsgebundenheit weder 11
Mitunternehmerinitiative noch trägt er im Regelfall ein Mitunternehmerrisiko. Aus diesem Grund ist der Treuhänder **nicht** als **Mitunternehmer** der Kommanditgesellschaft anzusehen. Für den Treuhänder kann sich allerdings dann eine Mitunternehmerstellung ergeben, wenn er abweichend von der gesetzlichen Norm nach außen für Verbindlichkeiten der Gesellschaft haftet, etwa weil er gleichzeitig auch die Komplementärstellung einnimmt.[19] Sofern in diesem Fall für die Tätigkeit als Treuhänder ein Entgelt bezahlt wird, ist dieses nach § 15 Abs. 1 Nr. 2 S. 1 EStG Sonderbetriebseinnahme und wird dem steuerlichen Gewinn der Gesellschaft hinzugerechnet.[20]

Verfahrensrechtlich ist über das steuerliche Ergebnis der Mitunternehmerschaft eine einheitliche und gesonderte Gewinnfeststellung zu erstellen, 12
§ 180 Abs. 1 Nr. 2a) AO. Bei Bestehen einer Treuhandschaft erfolgt ein zweistufiges Feststellungsverfahren.[21] Zunächst wird das steuerliche Ergebnis in der einheitlichen und gesonderten Gewinnfeststellung dem Treuhänder zugewiesen. Für diesen Ergebnisanteil wird dann in analoger Anwendung von § 179 Abs. 2 S. 3 AO eine weitere einheitliche und gesonderte Gewinnfeststellung durchgeführt, in der der Ergebnisanteil zwischen Treuhänder und Treugeber aufgeteilt wird.[22] Demgegenüber kann bei Einverständnis der Beteiligten der steuerliche Ergebnisanteil unmittelbar dem Treugeber zugewiesen werden.[23]

Besonderheiten bestehen beim sog. **Treuhandmodell**, welches es ermöglicht, steuerlich eine „**Ein-Unternehmer-Personengesellschaft**" zu begründen.[24] Beim Treuhandmodell beteiligen sich ein Komplementär und 13
eine GmbH als Kommanditist an einer KG. Der Komplementär ist Alleingesellschafter der GmbH und die GmbH hält den Kommanditanteil treuhänderisch für den Komplementär. Dem Komplementär ist steuerlich demnach auch der Kommanditanteil zuzurechnen, so dass steuerlich einem Mitunternehmer letztlich alle Mitunternehmeranteile zuzurechnen sind. Die KG wird für ertragsteuerliche Zwecke daher als nicht existent betrachtet. Das Vermögen sowie Gewinne und Verluste der KG werden demnach dem Komplementär zugerechnet. Fraglich ist, ob dies uneingeschränkt auch für einen auf den Kommanditanteil entfallenden Verlust gilt, oder ob hierauf § 15a EStG anzuwenden ist.[25] Gewerbesteuerlich kommt es zur Zurechnung des Gewerbertrags der KG zum Gewerbertrag des Treugebers, so dass eine Verlustverrechnung möglich ist. Aus dieser Möglichkeit der gewerbesteuerlichen Konsolidierung können sich Gestaltungsmöglichkeiten ergeben.

---

[19] BFH v. 17.11.1987, BB 1988, 750; BFH v. 21.4.1988, BStBl. II 1989, 725.
[20] *L. Schmidt/Wacker* § 15 EStG Rn. 298.
[21] *Söhn* in HHSp § 179 AO Rn. 274 ff.
[22] *L.Schmidt/Wacker* § 15 EStG Rn. 299; *Fuhrmann* KÖSDI 2006, 15293.
[23] BFH v. 13.3.1986, BStBl. II 1986, 584; BFH v. 10.11.1994, BFH/NV 1995, 565; BFH v. 10.11.1994, BFH/NV 1995, 759; *Fuhrmann* KÖSDI 2006, 15293; ähnlich *L. Schmidt* § 15 EStG Rn. 299: formularmäßige Verbindung beider Feststellungen.
[24] BFH v. 3.2.2010, BStBl. II 2010, 751; *Viebrock/Stegemann* DStR 2013, 2375; *Butler* NWB 2012, 2925; vgl. auch OFD Niedersachsen v. 7.2.2014, DStR 2014, 533 zur Umwandlung einer GmbH in eine KG im Rahmen des Treuhandmodells.
[25] *Wacker* NWB 2010, 2133; *Butler* NWB 2012, 2925.

10. Kapitel. Belastung von Gesellschaftsanteilen

14 Wird ein Treuhandverhältnis an einem Mitunternehmeranteil **unentgeltlich** begründet oder beendet, so stellt sich die Frage, ob stille Reserven des Mitunternehmeranteils aufzudecken und zu versteuern sind. Wird die zivilrechtliche Gesellschafterstellung auf einen Treuhänder übertragen, welcher den Gesellschaftsanteil künftig für den Treugeber, dh den bisherigen Gesellschafter hält (Übertragungstreuhand), so hat dies mangels veränderter wirtschaftlicher Zuordnung des Mitunternehmeranteils keine ertragsteuerlichen Folgen.[26] Wird vereinbart, dass der bisherige Gesellschafter und Mitunternehmer den Gesellschaftsanteil zukünftig als Treuhänder für einen Dritten hält (Vereinbarungstreuhand), so geht die Mitunternehmerstellung vom bisherigen Mitunternehmer auf den Dritten, dh den Treugeber über. Für diesen Übergang der Mitunternehmerstellung ist gem. § 6 Abs. 3 EStG die Buchwertfortführung möglich, so dass stille Reserven nicht aufzudecken sind.[27] Entsprechendes gilt für die unentgeltliche Beendigung des Treuhandverhältnisses.

15 Überträgt der Treugeber seine Rechtsstellung unentgeltlich auf einen anderen (neuen) Treugeber, so ist zivilrechtlicher Gegenstand der Übertragung der Herausgabeanspruch des Treugebers auf Rückgabe des Treuguts. Ertragsteuerlich ist hingegen ein Mitunternehmeranteil Gegenstand der Übertragung. Mithin fällt die Übertragung unter § 6 Abs. 3 EStG, dh aufgrund Buchwertfortführung sind keine stillen Reserven des Mitunternehmeranteils zu realisieren.[28]

16 **Erbschaft- und schenkungsteuerlich** stellt sich die Frage, ob auf die unentgeltliche Übertragung (Erbfall oder Schenkung) der Rechtsstellung des Treugebers auf einen anderen Treugeber die Begünstigungen der §§ 13a, 19a ErbStG (vgl. hierzu allgemein → § 37 Rn. 45 ff.) anzuwenden sind. Die Finanzverwaltung vertrat zunächst unter Berufung auf eine Entscheidung des BFH, nach der § 39 Abs. 2 AO für Zwecke der Erbschaftsteuer keine Anwendung finde,[29] dass es ausschließlich auf die zivilrechtliche Beurteilung ankomme. Gegenstand der Übertragung sei daher der Herausgabeanspruch, welcher als Sachleistungsanspruch nicht gem. §§ 13a, 19a ErbStG begünstigt sein könne.[30]

17 Das Niedersächsische Finanzgericht gewährte hingegen in einer Entscheidung vom 28.7.2010[31] für den Übergang von treuhänderisch gehaltenen Kommanditbeteiligungen durch den Treugeber auf neue Treugeber im Wege des Erbfalls die Begünstigungen gem. §§ 13a, 19a ErbStG (aF). Das Finanzgericht begründete dies mit dem Verweis des ErbStG auf § 95 ff. BewG, wonach sich der Umfang des Betriebsvermögen nach ertragsteuerlichen Grundsätzen bestimmt, so dass es für die Gewährung der erbschaftsteuerlichen Begünstigungen gem. §§ 13a, 19a ErbStG auf die ertragsteuer-

---

[26] *Fuhrmann* KÖSDI 2006, 15293; *Carlé/Fuhrmann* FR 2006, 749.
[27] *Fuhrmann* KÖSDI 2006, 15293; *Carlé/Fuhrmann* FR 2006, 749.
[28] *Fuhrmann* KÖSDI 2006, 15293; *Carlé/Fuhrmann* FR 2006, 749.
[29] BFH v. 25.1.2001, BFH/NV 2001, 908.
[30] Bayerisches Staatsministerium der Finanzen, Erlass v. 14.6.2005, DStR 2005, 1231 und v. 11.1.2008, ZEV 2008, 254; OFD Münster v. 30.3.2007, DStR 2007, 1125.
[31] FG Niedersachsen v. 28.7.2010, EFG 2010, 1805.

liche Mitunternehmerstellung ankomme. Die Finanzverwaltung hat sich dieser Auffassung mittlerweile angeschlossen,[32] so dass rechtsicher von einer Anwendung der Begünstigungen unter den allgemeinen Voraussetzungen auszugehen ist.[33]

Grunderwerbsteuerlich sind Treuhandverhältnisse an Gesellschaftsanteilen für die Ersatztatbestände der § 1 Abs. 2a, 3 GrEStG (vgl. hierzu allgemein → § 9 Rn. 32 ff.) von Bedeutung. So können die Übertragung eines Gesellschaftsanteils durch den Gesellschafter auf einen Treuhänder, die Einräumung einer Treugeberstellung an dem Gesellschaftsanteil, der Treugeberwechsel sowie der Treuhänderwechsel den Tatbestand des § 1 Abs. 3 GrEStG erfüllen[34] oder die Neugesellschaftereigenschaft für Zwecke der Anwendung des § 1 Abs. 2a GrEStG begründen.[35] Die Rückübertragung eines treuhänderisch gehaltenen Grundstücks durch den Treuhänder auf den Treugeber bei Auflösung des Treuhandverhältnisses ist gem. § 3 Nr. 8 GrEStG grunderwerbsteuerbefreit. § 3 Nr. 8 GrEStG ist auf grunderwerbsteuerbare Vorgänge iSd § 1 Abs. 2a, 3 GrEStG entsprechend anzuwenden. Der gleich lautende Ländererlass zu dem ab dem 7.6.2013 anzuwendenden § 1 Abs. 3a GrEStG[36] behandelt nicht die Anwendung des § 1 Abs. 3a GrEStG auf Treuhandverhältnisse. Für § 1 Abs. 3a GrEStG dürften aber die Grundsätze zur Anwendung von § 1 Abs. 2a, 3 GrEStG auf Treuhandverhältnisse ebenfalls zum Tragen kommen.

18

III. Unterbeteiligung am Kommanditanteil

Die Unterbeteiligung an einem Kommanditanteil wird üblicherweise zwischen natürlichen Personen begründet, beispielsweise Unterbeteiligung am Kommanditanteil eines Elternteiles zu Gunsten eines Kindes. Mit der Einräumung einer Unterbeteiligung an einem Kommanditanteil wird der Unterbeteiligte zivilrechtlich nicht Gesellschafter der Hauptgesellschaft. Er tritt lediglich in Rechtsbeziehungen mit dem Hauptgesellschafter. Bei einer Unterbeteiligung handelt es sich um eine **andere Personengesellschaft** im Sinne des § 15 Abs. 1 S. 1 Nr. 2, Abs. 3 Nr. 1 EStG, wenn der Unterbeteiligte zwar nicht zivilrechtlich Gesellschafter der Hauptgesellschaft, vertraglich jedoch so gestellt ist, als ob er eine Gesellschafterstellung innehabe.[37] Sofern die Kriterien der Mitunternehmerinitiative sowie des Mitunternehmerrisikos vorliegen, wird damit der Unterbeteiligte nach § 15 Abs. 1 Nr. 2 S. 2 EStG, wonach der **mittelbar** über eine oder mehrere Personengesellschaften

19

---

[32] Bayerisches Staatsministerium der Finanzen, Erlass v. 16.9.2010, DStR 2010, 2084; zu Folgefragen: Bayerisches Staatsministerium der Finanzen, Erlass v. 14.1.2013, DStR 2013, 708.
[33] *Richter/Fürwentsches* DStR 2010, 2070.
[34] Gleichlautender Ländererlass v. 12.10.2007, BStBl. I 2007, 761.
[35] Gleichlautender Ländererlass v. 25.2.2010, BStBl. I 2010, 245.
[36] Gleich lautender Ländererlass v. 9.10.2013, DStR 2013, 2765.
[37] BFH v. 2.10.1997, BStBl. II 1998, 137; Blümich/*Stuhrmann* § 15 EStG Rn. 330; Littmann/*Bitz* § 15 EStG Rn. 53.

10. Kapitel. Belastung von Gesellschaftsanteilen

beteiligte Gesellschafter dem **unmittelbar** beteiligten Gesellschafter gleichsteht, zum **Mitunternehmer der Hauptgesellschaft**.[38]

20 **Ein Mitunternehmerrisiko** des Unterbeteiligten ist insoweit gegeben, als er über den Hauptbeteiligten am Gewinn und Verlust sowie an den stillen Reserven und dem Geschäftswert der Gesellschaft teilnimmt.[39] Dies ist zumindest bei der atypischen Unterbeteiligung der Fall,[40] wenn der Hauptbeteiligte dem Unterbeteiligten die Vermögenssubstanz aus dem Anteil nicht mehr entziehen kann.[41] Bei Beendigung der Unterbeteiligung – zB durch Kündigung durch den Hauptbeteiligten – muss dem Unterbeteiligten ein Abfindungsguthaben zustehen, in das die stillen Reserven und der Geschäftswert der Hauptbeteiligung mit einbezogen werden.[42]

21 **Mitunternehmerinitiative** liegt insoweit vor, als gegenüber dem Hauptbeteiligten Kontrollrechte bestehen.[43]

22 Sofern in der Person des Unterbeteiligten kein Mitunternehmerrisiko und keine Mitunternehmerinitiative gegeben sind, liegt auch keine Mitunternehmerstellung vor. Der Unterbeteiligte hat in diesem Fall eine Stellung, die der eines typisch stillen Gesellschafters vergleichbar ist.[44] Die steuerliche Behandlung des Ergebnisanteils des Unterbeteiligten richtet sich dann nach der Grundlage der Unterbeteiligung. Der Gewinnanteil kann für den Hauptgesellschafter entweder Sonderbetriebsausgabe[45] oder Sonderausgabe[46] sein. Auf der Ebene des Unterbeteiligten handelt es sich grundsätzlich um Einkünfte aus Kapitalvermögen[47] (§ 20 Abs. 1 Nr. 4 EStG) oder um sonstige Einkünfte in Form wiederkehrender Bezüge (§ 22 Nr. 1 Satz 1 EStG).[48] Sofern die Unterbeteiligung nicht wirksam begründet ist bzw. aus sonstigen Gründen steuerlich nicht anerkannt werden kann, handelt es sich bei dem Ergebnisanteil des Unterbeteiligten um private Vermögensverwendung. Der Ergebnisanteil ist demnach unverändert dem Hauptbeteiligten zuzurechnen.[49]

23 Unabhängig von der Mitunternehmerstellung des Unterbeteiligten bei der Kommanditgesellschaft bestehen **getrennte Mitunternehmerschaften**, die Hauptgesellschaft sowie die Unterbeteiligungsgesellschaft. Fraglich ist, ob für den Unterbeteiligten auch dann eine Mitunternehmerstellung an der Hauptgesellschaft begründet wird, wenn es sich bei der Hauptgesellschaft um eine **gewerblich geprägte Gesellschaft** handelt. Die Hauptbeteiligung

---

[38] *Bordewin* NWB F. 3, 10 433; *L. Schmidt/Wacker* § 15 EStG Rn. 365; BFH v. 6.7.1995, BStBl. II 1996, 269; aA *Dörski* DStZ 1993, 619.
[39] *L. Schmidt/Wacker* § 15 EStG Rn. 369; *Carlé* KÖSDI 2008/09, 16166.
[40] BFH v. 1.3.1963, BStBl. III 1966, 211.
[41] BFH v. 18.7.1974 BStBl. II 1974, 740; *Hecht* ZEV 2004, 107.
[42] BFH v. 6.7.1995, BStBl. II 1996, 269; *Carlé* KÖSDI 2008/09, 16166.
[43] *L. Schmidt/Wacker* § 15 EStG Rn. 369; BFH v. 27.1.1994, BStBl. II 1994, 635; BFH v. 16.1.2008, BStBl. II 2008, 631.
[44] *Märkle* DStZ 1985, 509; BFH v. 28.11.1990, BStBl. II 1991, 313.
[45] BFH v. 9.11.1988, BStBl. II 1989, 343.
[46] *L. Schmidt/Wacker* § 15 EStG Rn. 372.
[47] BFH v. 28.11.1990, BStBl. II 1991, 313.
[48] *L. Schmidt/Wacker* § 15 EStG Rn. 372.
[49] BFH v. 6.7.1995, BStBl. II 1996, 269; BFH v. 21.2.1991, BB 1991, 1770.

erhält ihre gewerbliche Prägung aus § 15 Abs. 3 EStG. In diese ist der Unterbeteiligte nicht einbezogen, da er nach außen nicht in Erscheinung tritt. Demgegenüber muss beachtet werden, dass die Kriterien des § 15 Abs. 3 EStG, nämlich die beschränkte Außenhaftung einerseits sowie die alleinige Geschäftsführung und persönliche Haftung einer Kapitalgesellschaft andererseits, auch ihre Wirkung gegenüber dem Unterbeteiligten entfalten. Dies spricht dafür, dass die gewerbliche Prägung nach § 15 Abs. 3 EStG auch auf den Unterbeteiligten ausstrahlt.[50]

Über § 15 Abs. 1 Nr. 2 S. 2 EStG wird die **Mitunternehmerstellung** des Unterbeteiligten an der Hauptgesellschaft **fingiert**. Gleichwohl existieren zwei Mitunternehmerschaften, nämlich die Hauptgesellschaft und die Unterbeteiligung. **Verfahrensrechtlich** hat dies zur Folge, dass für jede Mitunternehmerschaft eine einheitliche und gesonderte Gewinnfeststellung nach § 180 Abs. 1 Nr. 2 a) AO durchzuführen ist. In der einheitlichen und gesonderten Gewinnfeststellung der Hauptgesellschaft wird der steuerliche Ergebnisanteil dem Hauptgesellschafter zugewiesen, welcher wiederum Grundlage für die einheitliche und gesonderte Gewinnfeststellung der Unterbeteiligung ist. Die gesonderte Gewinnfeststellung ist insbesondere auch deshalb von Bedeutung, weil auf den unterschiedlichen Beteiligungsebenen jeweils auch die Sonderbetriebsausgaben und Sonderbetriebseinnahmen zu erfassen sind. Die Sonderbetriebsausgaben des Hauptbeteiligten sind in der einheitlichen und gesonderten Gewinnfeststellung der Hauptgesellschaft,[51] die Sonderbetriebsausgaben des Unterbeteiligten sind im Rahmen der einheitlichen und gesonderten Gewinnfeststellung der Untergesellschaft zu erfassen.[52] Vergütungen für Tätigkeiten und die Überlassung von Wirtschaftsgütern, die der Unterbeteiligte von der Hauptgesellschaft erhält, sind – wie bei der doppelstöckigen Personengesellschaft – als Sonderbetriebseinnahmen des Unterbeteiligten bei der Hauptgesellschaft zu erfassen, die hiermit zusammenhängenden Aufwendungen als Sonderbetriebsausgaben des Unterbeteiligten bei der Hauptgesellschaft.[53] Sofern alle Beteiligten einverstanden sind, kommt uU auch eine zusammengefasste einheitliche und gesonderte Gewinnfeststellung für die Einkünfte aus Gewerbebetrieb in Betracht.[54] 24

Sofern auf Seiten des Unterbeteiligten **keine Mitunternehmerstellung** vorliegt, kommt auch keine doppelte einheitliche und gesonderte Gewinnfeststellung in Betracht. Die Leistungen an den Unterbeteiligten sind in diesem Fall im Rahmen der einheitlichen und gesonderten Gewinnfeststellung der Hauptgesellschaft eventuell als Sonderbetriebsausgaben des Hauptgesellschafters zu erfassen. 25

---

[50] Haep in HHR § 15 EStG Rn. 428; Schindhelm/Pickhardt-Potremba/Hilling DStR 2003, 1469; aA L. Schmidt/Wacker § 15 EStG Rn. 367; Blümich § 15 EStG Rn. 332.
[51] BFH v. 3.12.1991 BFH/NV 1992, 515.
[52] L. Schmidt/Wacker § 15 EStG Rn. 371; Carlé, KÖSDI 2008/09, 16166; BFH v. 2.3.1995 BStBl. II 1995, 531.
[53] L. Schmidt/Wacker § 15 EStG Rn. 371, 619.
[54] Märkle DStZ 1985, 511; Carlé KÖSDI 2008/09, 16166; Blümich/Stuhrmann § 15 EStG Rn. 334.

10. Kapitel. Belastung von Gesellschaftsanteilen

26 Im Falle einer **schenkweisen Einräumung**[55] einer Unterbeteiligung wird eine Gewinnverteilung mit steuerlicher Wirkung nur anerkannt, wenn sie auf längere Sicht zu einer auch unter Berücksichtigung der gesellschaftsrechtlichen Beteiligung der Mitunternehmer angemessenen Verzinsung des tatsächlichen Werts der Gesellschaftsanteile führt.[56] Dabei wird die Gewinnverteilung im Allgemeinen nicht zu beanstanden sein, wenn der vereinbarte Gewinnverteilungsschlüssel eine durchschnittliche Rendite von nicht mehr als 15 % des tatsächlichen Werts der Beteiligung ergibt.[57] Hat ein Kommanditist seinem Kind eine mitunternehmerschaftliche Unterbeteiligung von beispielsweise 10 % an seinem Kommanditanteil an einer zwischen fremden Personen bestehenden KG geschenkt, dann kann die für die Unterbeteiligung vereinbarte quotale Gewinnbeteiligung von 10 % auch dann steuerlich anzuerkennen sein, wenn sie zu einem Gewinn des unterbeteiligten Kindes von mehr als 15 % des Werts der Unterbeteiligung führt.[58]

27 Die entgeltliche Einräumung einer atypischen Unterbeteiligung an einem Anteil einer gewerblichen Personengesellschaft ist als Veräußerung des Teils eines Mitunternehmeranteils zu werten, welche zu einem nicht gem. §§ 16, 34 EStG begünstigten Gewinn, sondern zu einem laufenden Gewinn führt.[59] Bei der entgeltlichen Übertragung einer bereits bestehenden atypischen Unterbeteiligung liegt hingegen ein gem. §§ 16, 34 EStG begünstigter Veräußerungsgewinn (§ 16 EStG) vor.[60] Die Umwandlung einer atypischen Unterbeteiligung an einem Mitunternehmeranteil in eine Hauptbeteiligung an der Mitunternehmerschaft führt hingegen nicht zu einer Veräußerung der atypischen Unterbeteiligung gegen Erhalt der Hauptbeteiligung (kein Tausch). Vielmehr ist der Vorgang ertragsteuerneutral, da der atypisch Unterbeteiligte mittelbarer Mitunternehmer der Hauptgesellschaft ist.[61]

28 Die unentgeltliche (schenkweise) Einräumung oder Übertragung einer atypischen Unterbeteiligung führt gem. § 6 Abs. 3 EStG nicht zur Realisierung stiller Reserven.[62] Bei der schenkweisen Einräumung oder Übertragung einer atypischen Unterbeteiligung stellt sich die Frage, ob die Begünstigungen der §§ 13a, 19a ErbStG anwendbar sind. Die Finanzverwaltung vertrat zunächst – wie bei der Übertragung der Treugeberstellung (vgl. hierzu → Rn. 16 f.) – die Auffassung, dass die Begünstigungen nicht gewährt werden können.[63] Hieran hält die Finanzverwaltung nicht mehr fest, so dass

---

[55] Zur Auffassung der Finanzverwaltung hinsichtlich der schenkweise begründeten Beteiligung von Kindern vgl. R 15.9 Abs. 2 EStR.
[56] BFH v. 29.5.1972, BStBl. II 1973, 5; L. Schmidt/Wacker § 15 EStG Rn. 782.
[57] BFH v. 24.7.1986, BStBl. II 1987, 54.
[58] BFH v. 9.10.2001, BStBl. II 2002, 460.
[59] Blümich/Schallmoser § 16 EStG Rn. 237; L. Schmidt/Wacker § 16 EStG Rn. 408; HHR/Patt § 16 EStG Rn. 336.
[60] HHR/Patt § 16 EStG Rn. 336; aA Blümich/Schallmoser § 16 EStG Rn. 237.
[61] Bürkle DStR 1998, 558; L. Schmidt § 16 EStG Rn. 422; HHR/Patt § 16 EStG Rn. 331.
[62] L. Schmidt/Wacker § 16 EStG Rn. 430.
[63] Bayerisches Staatsministerium der Finanzen, Erlass v. 11.1.2008, ZEV 2008, 254; OFD Münster v. 30.3.2007, DStR 2007, 1125.

von einer Gewährung der Begünstigungen der §§ 13a, 19a ErbStG unter den allgemeinen Voraussetzungen auszugehen ist.[64]

IV. Nießbrauch am Kommanditanteil

1. Mitunternehmerstellung von Nießbraucher und Nießbrauchbesteller

Die Bestellung des Nießbrauchs an der Beteiligung an einer GmbH & Co. KG kann sowohl die Beteiligung an der Komplementär-GmbH als auch die Kommanditbeteiligung betreffen, wobei sich das Nießbrauchsrecht nicht zwingend auf beide Gesellschaften erstrecken muss. Bei der Übertragung des Nießbrauchsrechts an der GmbH- bzw. der Kommanditbeteiligung unter Zurückbehaltung der zivilrechtlichen Gesellschafterstellung, handelt es sich um einen sog. **Zuwendungsnießbrauch**. Werden dagegen die Beteiligungen unter Zurückbehalt des Nießbrauchsrechts auf einen Dritten übertragen, handelt es sich um einen **Vorbehaltsnießbrauch**. Dies kann sich jeweils auf die steuerliche Behandlung der Beteiligten auswirken. Im Regelfall dürfte hierbei der Bestellung des Nießbrauchsrechts am Kommanditanteil die eigentliche wirtschaftliche Bedeutung zukommen, weshalb sich die folgenden Ausführungen auf diesen Bereich konzentrieren.[65] 29

Für die ertragsteuerliche sowie die **erbschaft- und schenkungsteuerliche** Behandlung des Nießbrauchs an dem Kommanditanteil ist von zentraler Bedeutung, wer als Mitunternehmer bei der Kommanditgesellschaft anzusehen ist.[66] Grundsätzlich sind die folgenden Konstellationen denkbar: 30
- Nur der Gesellschafter ist Mitunternehmer, nicht jedoch der Nießbraucher;
- nur der Nießbraucher ist Mitunternehmer, nicht jedoch der Gesellschafter;
- Gesellschafter und Nießbraucher sind jeweils Mitunternehmer.

Unerheblich für die Beurteilung der Mitunternehmereigenschaft ist die **Grundlage des Nießbrauchsrechts**, ob das Nießbrauchsrecht entgeltlich oder unentgeltlich bestellt wurde oder ob sich das Nutzungsrecht aufgrund einer dinglichen oder schuldrechtlichen Stellung ergibt.[67] Gleichsam unerheblich ist, ob es sich um einen Zuwendungs- oder um einen Vorbehaltsnießbrauch handelt. Auch steht es der Mitunternehmerstellung des Nieß- 31

---

[64] Bayerisches Staatsministerium der Finanzen, Erlass v. 23.3.2009, ZEV 2009, 264 und v. 7.3.2013, ZEV 2013, 228; Finanzministerium Baden-Württemberg v. 9.4.2009, DB 2009, 878.

[65] Zum Nießbrauchsrecht an Gesellschaftsanteilen allgemein *Frank* MittBayNot 2010, 96; zur Nießbrauchsbestellung an GmbH-Anteilen vgl. *Reichert/Schlitt/Düll* GmbHR 1998, 565.

[66] *L. Schmidt/Wacker* § 15 EStG Rn. 307, 308; *Wälzholz* DStR 2010, 1730; *Hochheim/Wagenmann* ZEV 2010, 109.

[67] *Anm. HG* DStR 1994, 1806; *L. Schmidt/Wacker* § 15 EStG Rn. 306; *Blümich/Bode* § 15 EStG Rn. 364; *Biergans* DStR 1985, 331; *Petzoldt* GmbHR 1987, 436; *Bitz* DB 1987, 1507; *Weber* DStZ 1991, 530; aA *Pahlke* FR 1987, 129.

brauchers nicht entgegen, wenn der Nießbraucher zivilrechtlich nicht Gesellschafter der Personengesellschaft ist. Bei einem nach den Vorgaben des BGB ausgestalteten Nießbrauch ist der Nießbrauchbesteller nach Auffassung des BFH als Mitunternehmer anzusehen,[68] die Finanzverwaltung folgt dieser Auffassung.[69] Jedoch führt die Gesellschafterstellung des Nießbrauchbestellers nicht zwingend zu dessen Qualifikation als Mitunternehmer. Die **Mitunternehmerstellung des Nießbrauchers bzw. des Nießbrauchbestellers** muss vielmehr anhand der allgemeinen Kriterien überprüft werden. Sofern also der Nießbraucher aufgrund der Vertragsgestaltung Mitunternehmerinitiative hat und ein Mitunternehmerrisiko trägt, ist dieser als Mitunternehmer der Kommanditgesellschaft anzusehen.[70] Gleiches gilt für den Nießbrauchbesteller.

32 **Mitunternehmerrisiko** setzt regelmäßig eine Beteiligung an Gewinn und Verlust sowie an den stillen Reserven einschließlich eines Firmenwerts voraus. Dem Nießbraucher steht nach der zivilrechtlich herrschenden Meinung lediglich der entnahmefähige Teil des laufenden Gewinns laut Handelsbilanz zu, nicht hingegen der nicht entnahmefähige Teil des laufenden Gewinns.[71] Eine unmittelbare Verlustbeteiligung des Nießbrauchers ist regelmäßig nicht gegeben. Eine mittelbare Verlustteilnahme des Nießbrauchers ergibt sich jedoch daraus, dass nach den üblichen gesellschaftsvertraglichen Vereinbarungen Gewinne späterer Jahre erst entnommen werden können, wenn die in den Vorjahren eingetretenen Verluste wieder ausgeglichen sind.[72] Die Verluste der Gesellschaft wirken sich demnach auf die Höhe des entnahmefähigen Teils der Gewinne der Folgejahre aus. Der Nießbraucher ist üblicherweise nicht an den stillen Reserven sowie dem Firmenwert der Gesellschaft beteiligt. Eine Beteiligung an den stillen Reserven ergibt sich nur dann, wenn einzelne stille Reserven während der Dauer des Nießbrauchsrechts durch einen laufenden Geschäftsvorfall aufgelöst werden und hierdurch zu einem Ertrag der Gesellschaft führen, wobei dem Nießbraucher jedoch realisierte stille Reserven des Anlagevermögens nicht zustehen sollen.[73] Ist die Dauer des Nießbrauchsrechts zeitlich beschränkt, wird der Nießbraucher an dem Großteil der stillen Reserven mithin nicht beteiligt sein. Für das **Mitunternehmerrisiko des Nießbrauchers** wird es nach wohl hM als ausreichend erachtet, dass ihm der entnahmefähige Teil des laufenden Gewinns zusteht und er zumindest mittelbar über die Ermittlungsmodalitäten für entnahmefähige Gewinne auch am Verlust teilnimmt.[74]

---

[68] BFH v. 1.3.1994, BStBl. II 1995, 241; BFH v. 10.12.2008, BStBl. II 2009, 312.
[69] H 15.8 Abs. 1 EStR.
[70] BFH v. 1.3.1994, BStBl. II 1995, 241; BFH v. 1.9.2011, BStBl. II 2013, 210.
[71] L. Schmidt/Wacker § 15 EStG Rn. 306; Wälzholz DStR 2010, 1930.
[72] Wälzholz DStR 2010, 1930; Petzoldt DStR 1992, 1175; BFH v. 11.4.1973, BStBl. II 1973, 528.
[73] L. Schmidt/Wacker § 15 EStG Rn. 306, 307; BFH v. 28.1.1992, BStBl. II 1992, 605.
[74] L. Schmidt/Wacker § 15 EStG Rn. 306; BFH v. 11.4.1973, BStBl. II 1973, 528; Petzoldt DStR 1992, 1175; Wälzholz DStR 2010, 1930; Hochheim/Wagenmann ZEV 2010, 109.

Durch vertragliche Vereinbarungen kann die Stellung des Nießbrauchers 33 modifiziert werden. So kann eine Beteiligung des Nießbrauchers auch an den stillen Reserven vereinbart werden. Der Nießbraucher trägt dann auf jeden Fall Mitunternehmerrisiko.[75] Teilweise wird in der Literatur ausdrücklich empfohlen, den Nießbraucher auch an den stillen Reserven der Gesellschaft zu beteiligen, um etwaige Risiken bezüglich des Kriteriums des Mitunternehmerrisikos zu vermeiden und somit die Mitunternehmerstellung des Nießbrauchers zu sichern.[76] Eine Einschränkung des Mitunternehmerrisikos kann sich aufgrund vertraglicher Vereinbarung ergeben, wie zB keine (mittelbare) Beteiligung an einem eventuellen Verlust, Begrenzung des Gewinnanspruchs auf eine gewisse Bandbreite usw., so dass der Nießbraucher ggf. kein Mitunternehmerrisiko trägt. Unschädlich für das Mitunternehmerrisiko des Nießbrauchers dürfte es sein, wenn dem Gesellschafter der Teil des entnahmefähigen Gewinns zusteht, den er benötigt, um die Einkommensteuer zu finanzieren, die auf den ihm zuzurechnenden Anteil des Gewinns entfällt (vgl. hierzu → Rn. 41).

Der **Nießbrauchbesteller** bleibt zivilrechtlich Gesellschafter der Kom- 34 manditgesellschaft und hat insoweit auch einen Anteil an der Vermögenssubstanz, insbesondere an den stillen Reserven des Unternehmens. Weiterhin stehen ihm die nicht entnahmefähigen Gewinnanteile zu und er ist am Verlust der Gesellschaft beteiligt. Dies reicht aus, um ein **Mitunternehmerrisiko des Nießbrauchbestellers** zu begründen.[77] Fraglich ist, ob der Nießbrauchbesteller Mitunternehmerrisiko trägt, wenn ihm aufgrund vertraglicher Vereinbarung ausschließlich die stillen Reserven einschließlich des Firmenwerts zustehen, der gesamte (entnahmefähige und nicht entnahmefähige) laufende Gewinn jedoch dem Nießbraucher zugewiesen wird.[78]

Da in der Regel davon auszugehen sein wird, dass sowohl der Nießbrau- 35 cher als auch der Nießbrauchbesteller Mitunternehmerrisiko tragen, kommt dem Kriterium der **Mitunternehmerinitiative** entscheidende Bedeutung zu. Mitunternehmerinitiative des Nießbrauchers liegt dann vor, wenn dem Nießbraucher zumindest ein Teil der Mitwirkungs- und Verwaltungsrechte aus dem Kommanditanteil (insb. der Stimmrechte) zugewiesen wird. Damit auch der Nießbrauchbesteller Mitunternehmerinitiative entfaltet, müssen jedoch in ausreichendem Umfang Mitwirkungs- und Verwaltungsrechte bei ihm verbleiben.

Der Umfang der dem Nießbraucher bzw. dem Nießbrauchbesteller ohne 36 ausdrückliche vertragliche Regelung zustehenden Mitwirkungs- und Verwaltungsrechte ist nicht abschließend geklärt.[79] So werden bezüglich des

---

[75] BFH v. 1.9.2011, BStBl. II 2013, 210.
[76] *Kleinert/Geuß* DStR 2013, 288.
[77] BFH v. 1.3.1994, BStBl. II 1995, 241; HHR/*Haep* § 15 EStG Rn. 439. S. auch H 15.8 Abs. 1 EStR.
[78] Mitunternehmerrisiko wird bejaht durch FG Münster v. 19.6.2008, EFG 2008, 1733; verneint durch FG Köln v. 14.11.2006, EFG 2007, 273 für den Fall einer Kommanditbeteiligung, bei der die Beteiligung des Gesellschafters am laufenden Gewinn ausgeschlossen war.
[79] *Wälzholz* DStR 2010, 1786; *Fleischer* ZEV 2012, 466; *Viskorf/Haag* ZEV 2012, 24; *Wachter* DStR 2013, 1929.

10. Kapitel. Belastung von Gesellschaftsanteilen

Stimmrechts die Auffassungen vertreten, das Stimmrecht stehe dem Gesellschafter zu, es stehe dem Nießbraucher zu, es erfolge eine gemeinschaftliche Ausübung des Stimmrechts oder der Nießbraucher habe das Stimmrecht in laufenden Angelegenheiten und der Gesellschafter habe das Stimmrecht bei Grundlagenbeschlüssen.[80] Daher sollte die Aufteilung der Mitwirkungs- und Verwaltungsrechte zwischen Nießbraucher und Gesellschafter vertraglich vereinbart werden.[81] Dies kann mittels Inhaltsbestimmung, welche die Ausübung der Stimmrechte durch Nießbraucher bzw. Gesellschafter regelt, oder durch Stimmrechtsvollmacht erfolgen.[82] Da die Stimmrechtsvollmacht aus zivilrechtlicher Sicht problematisch ist, ist die Inhaltsbestimmung vorzuziehen.[83]

37 Der **Nießbraucher** entfaltet Mitunternehmerinitiative, wenn ihm allein oder gemeinsam mit dem Gesellschafter die Mitwirkungs- und Verwaltungsrechte zustehen.[84] Mitunternehmerinitiative des Nießbrauchers liegt demnach vor, wenn er dem Gesellschafter Weisungen bezüglich der Ausübung des Stimmrechts erteilen kann, ihm eine Stimmrechtsvollmacht eingeräumt wurde oder ihm die Stimmrechte aufgrund Inhaltsbestimmung alleine zustehen.[85] Für die Mitunternehmerinitiative des Nießbrauchers ist es jedoch bereits ausreichend, wenn ihm das Stimmrecht in den laufenden Angelegenheiten der Gesellschaft einschließlich der laufenden Geschäftsführungsmaßnahmen (mittels Inhaltsbestimmung) zugewiesen wird und ihm die Kontrollrechte eines Kommanditisten zustehen.[86] Ein Kontrollrecht allein dürfte nicht ausreichen, um eine Mitunternehmerinitiative des Nießbrauchers zu begründen. Ggf. reicht es für die Mitunternehmerinitiative des Nießbrauchers aus, wenn im Innenverhältnis die Stimmrechte durch Gesellschafter und Nießbraucher nur einvernehmlich ausgeübt werden dürfen.[87] Beim sog. **Ertragsnießbrauch** stehen dem Nießbraucher ausschließlich die entnahmefähigen Gewinnanteile zu, er ist jedoch von den Mitwirkungs- und Verwaltungsrechten vollständig ausgeschlossen und kann mithin keine Mitunternehmerinitiative entfalten.

38 Für die Mitunternehmerinitiative des **Gesellschafters** (Nießbrauchbestellers) ist vorauszusetzen, dass ihm das Stimmrecht im Bereich der Grundlagengeschäfte zusteht. Der BFH geht in ständiger Rechtsprechung davon aus, dass dies bei einem nach den Vorgaben des BGB ausgestalteten Nießbrauch gegeben ist, so dass der Gesellschafter Mitunternehmerinitiative entfaltet.[88] Da die zivilrechtliche Lage jedoch nicht abschließend geklärt ist, sind

---

[80] *Wälzholz* DStR 2010, 1786 mwN.
[81] *Fleischer* ZEV 2012, 466; *Viskorf/Haag* ZEV 2012, 24.
[82] *Fleischer* ZEV 2012, 466; *Fleischer* DStR 2013, 902.
[83] *Fleischer* ZEV 2012, 466; *Fleischer* DStR 2013, 902.
[84] *L. Schmidt/Wacker* § 15 EStG Rn. 306.
[85] BFH v. 10.12.2008, BStBl. II 2008, 312; BFH v. 23.2.2010, BStBl. II 2010, 555; BFH v. 16.5.2013, BStBl. II 2013, 635; *Viskorf/Haag* ZEV 2012, 24; *Fleischer* ZEV 2012, 466.
[86] *Viskorf/Haag* ZEV 2012, 24; *Hochheim/Wagenmann* ZEV 2010, 109; *Fleischer* ZEV 2012, 466.
[87] *Wälzholz* DStR 2010, 1930; hierzu kritisch *Fleischer* ZEV 2012, 466.
[88] BFH v. 1.3.1994, BStBl. II 1995, 241; BFH v. 10.12.2008, BStBl. II 2009, 312.

Vereinbarungen bezüglich der Mitwirkungs- und Verwaltungsrechte zu empfehlen. Bezüglich der Grundlagengeschäfte ist zu unterscheiden zwischen außergewöhnlichen Geschäftsführungsmaßnahmen, Strukturänderungen wie zB Änderungen des Gesellschaftsvertrags, Umwandlung, Geschäftsveräußerung sowie Organisationsgeschäften wie zB Beschlüssen zur Bilanzfeststellung oder zur Abschlussprüferwahl.[89] Es wird als ausreichend erachtet, wenn dem Gesellschafter die Stimmrechte bei den Strukturänderungen sowie den Organisationsgeschäften zustehen und dem Nießbraucher – neben dem Stimmrecht in laufenden Angelegenheiten – das Stimmrecht auch für die außergewöhnlichen Geschäftsführungsmaßnahmen.[90] Der Gesellschafter entfaltet hingegen keine Mitunternehmerinitiative, wenn dem Nießbraucher eine umfassende Stimmrechtsvollmacht eingeräumt wurde.[91] Ggf. reicht es für die Mitunternehmerinitiative des Gesellschafters aus, wenn im Innenverhältnis die Stimmrechte durch Gesellschafter und Nießbraucher nur einvernehmlich ausgeübt werden dürfen.[92]

2. Laufende Besteuerung der Einkünfte aus dem Kommanditanteil

Ist der Nießbraucher Mitunternehmer der Kommanditgesellschaft, so hat er Betriebsvermögen. Ist auch der Nießbrauchbesteller (Gesellschafter) Mitunternehmer, so besteht das Betriebsvermögen des Nießbrauchers aus dem Nießbrauchsrecht selbst, welches Sonderbetriebsvermögen des Nießbrauchers darstellt.[93] Sonderbetriebsvermögen des Nießbrauchers sind weiterhin Wirtschaftsgüter, die er der Kommanditgesellschaft zur Nutzung überlässt. Ist der Nießbrauchbesteller Mitunternehmer, so ist ihm der Anteil am Gesamthandsvermögen der Kommanditgesellschaft zuzurechnen. Daneben sind Wirtschaftsgüter, die der Nießbrauchbesteller der Kommanditgesellschaft überlässt, Sonderbetriebsvermögen. Der Kommanditgesellschaft überlassene Wirtschaftsgüter sind auch dann Sonderbetriebsvermögen des Nießbrauchbestellers, wenn dem Nießbraucher am Kommanditanteil gleichzeitig ein Nießbrauch an diesen Wirtschaftsgütern bestellt wird.[94] 39

Sind Nießbrauchbesteller und Nießbraucher gleichermaßen Mitunternehmer der Kommanditgesellschaft, so werden ihnen jeweils die anteiligen Einkünfte aus der Kommanditgesellschaft als gewerbliche Einkünfte zugerechnet. Hat der Nießbraucher die Stellung als Mitunternehmer, erhält dieser originär einen anteiligen Gewinn aus der Mitunternehmerschaft, der dem entnahmefähigen handelsrechtlichen Gewinn entspricht, ggf. vermindert um den entnahmefähigen Anteil des Gewinns, der auf die Realisierung stiller Reserven 40

---

[89] *Fleischer* ZEV 2012, 466; *Fleischer* DStR 2013, 902.
[90] *Fleischer* ZEV 2012, 466; *Fleischer* DStR 2013, 902.
[91] BFH v. 10.12.2008, BStBl. II 2008, 312; BFH v. 16.5.2013, BStBl. II 2013, 635; *Fleischer* ZEV 2012, 466.
[92] *Wälzholz* DStR 2010, 1930; hierzu kritisch *Fleischer* ZEV 2012, 466.
[93] BFH v. 1.9.2011, BStBl. II 2013, 210; Gleich lautende Erlasse der obersten Finanzbehörden der Länder v. 2.11.2012, BStBl. I 2012, 1101.
[94] BFH v. 1.3.1994, BStBl. II 1995, 241; *L. Schmidt/Wacker* § 15 EStG Rn. 312.

von Wirtschaftsgütern des Anlagevermögens entfällt.[95] Dem Nießbrauchbesteller wird ebenfalls ein Teil des steuerlichen Gewinns der Personengesellschaft zugerechnet. Der Gewinnanteil des Nießbrauchbestellers errechnet sich aus dem anteiligen steuerlichen Gewinn aus der Kommanditbeteiligung abzüglich des dem Nießbraucher zugewiesenen Ergebnisses. Durch die Personengesellschaft gebildete Gewinnrücklagen bzw. die nicht entnahmefähigen Gewinnanteile, ein Mehrergebnis der Steuerbilanz gegenüber der Handelsbilanz sowie ggf. der entnahmefähige Anteil des Gewinns, der auf die Realisierung stiller Reserven von Wirtschaftsgütern des Anlagevermögens entfällt, werden also dem Nießbrauchbesteller als steuerlicher Gewinnanteil zugerechnet.[96] Wird während der Dauer des Nießbrauchsrechts eine **Gewinnrücklage aufgelöst,** die letztlich vom Nießbraucher entnommen werden kann, handelt es sich um Sonderbetriebsausgaben bei dem Nießbrauchbesteller und gleichzeitig um Sonderbetriebseinnahmen bei dem Nießbraucher.[97]

41 Für den Nießbrauchbesteller ergibt sich das Problem, dass ihm der nicht entnahmefähige Anteil des Gewinns als Einkünfte zugerechnet wird, er aber – da der entnahmefähige Anteil des Gewinns dem Nießbraucher zusteht – keine Entnahmen vornehmen kann, um die Steuer auf die ihm zuzurechnenden Einkünfte aus der Kommanditbeteiligung zu finanzieren. Um diese Problematik zu vermeiden, bietet es sich an, vertraglich zu vereinbaren, dass dem Nießbrauchbesteller zusätzlich zu dem nicht entnahmefähigen Teil des Gewinns ein Anteil am entnahmefähigen Gewinn zusteht in Höhe der voraussichtlich entstehenden Steuerbelastung. Hierbei kann von einer pauschalen Steuerbelastung (zB 45% des nicht entnahmefähigen Anteils des Gewinns) ausgegangen werden.[98]

42 Erzielt die Personengesellschaft ein **negatives steuerliches Ergebnis**, richtet sich die Zurechnung der Einkünfte auf den Nießbrauchbesteller einerseits bzw. auf den Nießbraucher andererseits grundsätzlich nach dem Nießbrauchsvertrag.[99] Grundgedanke bei der Bestellung eines Nießbrauchsrechts dürfte im Allgemeinen die Zuwendung nur von positiven Ergebnisanteilen sein. Aus diesem Grund wird ein steuerlicher Verlustanteil im Regelfall in vollem Umfang dem Nießbrauchbesteller zuzurechnen sein,[100] es sei denn, der Nießbraucher ist im Innenverhältnis gegenüber dem Gesellschafter zur Verlusttragung verpflichtet.[101]

43 Ein Verlustanteil kann im Allgemeinen nur von demjenigen steuerlich geltend gemacht werden, der wirtschaftlich die Belastung aus der Verlustzuweisung trägt. Eine **wirtschaftliche Belastung** wird allerdings auch inso-

---

[95] *Petzold* GmbHR 1987, 437; *Schulze zur Wiesche* DStR 1995, 321; *L. Schmidt/Wacker* § 15 EStG Rn. 307.
[96] *L. Schmidt/Wacker* § 15 EStG Rn. 310; *Biergans* DStR 1985, 332; *Schulze zur Wiesche* DStR 1995, 318.
[97] *L Schmidt/Wacker* § 15 EStG Rn. 310; *Mitsch* INF 2003, 392.
[98] *Wälzholz* DStR 2010, 1930.
[99] *Fichtelmann* DStR 1974, 275; *Schön* StbJb 1996/97, 73 mwN.
[100] BFH v. 1.3.1994, BStBl. II 1995, 241; BFH v. 10.4.1973, BStBl. II 1973, 679; *Schulze zur Wiesche* BB 2004, 358; *Petzold* GmbHR 1987, 437; *Wälzholz* DStR 2010, 1930; *Hochheim/Wagenmann* ZEV 2010, 109; aA *Biergans* DStR 1985, 333.
[101] *L. Schmidt/Wacker* § 15 EStG Rn. 311.

weit gesehen, als eine Minderung von künftigen Gewinn- bzw. Entnahmeansprüchen erfolgt.[102] Unabhängig von der Regelung im Nießbrauchsvertrag verliert der Nießbraucher das Recht auf zukünftige entnahmefähige Gewinnanteile, falls die zugewiesenen Verluste die Einlage des Gesellschafters übersteigen. Hiervon ausgehend wird vertreten, dass die steuerlichen Verluste dem Nießbraucher mit steuerlicher Wirkung zuzurechnen sind, sofern das Kapitalkonto des nießbrauchbelasteten Gesellschaftsanteils durch zugewiesene Verluste negativ wird.[103] Es kann sich dann allerdings eine Verlustausgleichsbeschränkung aus § 15a EStG ergeben. Nach anderer Auffassung sind Verlustanteile ausschließlich dem Gesellschafter zuzurechnen.[104] § 15a EStG findet dann ausschließlich auf der Ebene des Gesellschafters Anwendung.

Gewerbliche Einkünfte des Nießbrauchers bzw. des Nießbrauchbestellers 44 sind auch die Sondervergütungen für die Überlassung von Wirtschaftsgütern an die Kommanditgesellschaft oder für die gegenüber der Kommanditgesellschaft erbrachten Tätigkeiten.[105] Hiermit zusammen hängende Aufwendungen sind Sonderbetriebsausgaben.

Die Einkommensteuer auf die gewerblichen Einkünfte eines Mitunter- 45 nehmers wird gem. § 35 EStG ermäßigt um das 3,8-fache des auf ihn entfallenden anteiligen Gewerbesteuermessbetrags der Kommanditgesellschaft (vgl. hierzu → § 6 Rn. 8 ff.). Der anteilige Gewerbesteuermessbetrag ist nach Maßgabe des allgemeinen Gewinnverteilungsschlüssels zu ermitteln (§ 35 Abs. 2 S. 2 EStG). Sind Nießbraucher und Nießbrauchbesteller beide Mitunternehmer, ist der auf den mit dem Nießbrauch belasteten Kommanditanteil entfallende Gewerbesteuermessbetrag für Zwecke der Anwendung des § 35 EStG quotal entsprechend der jeweils zuzurechnenden Einkünfte auf Nießbraucher und Nießbrauchbesteller aufzuteilen.[106] Mithin wird die Einkommensteuer sowohl beim Nießbraucher als auch beim Nießbrauchbesteller gem. § 35 EStG ermäßigt.

Ist der **Nießbrauchbesteller nicht** als **Mitunternehmer** der Komman- 46 ditgesellschaft anzusehen, wird dem **Nießbraucher** der **gesamte steuerliche Gewinnanteil** aus der Kommanditbeteiligung zugerechnet, auch soweit dieser nicht entnommen werden kann. Die Zurechnung des steuerlichen Ergebnisses weicht demgemäß von dem Vermögenszufluss aus dem Nießbrauchsrecht ab. Ein Ausgleich der Differenz kann in diesem Fall erst zum Zeitpunkt der Beendigung des Nießbrauchsrechts durch Sonderbetriebsausgaben des Nießbrauchers und Sonderbetriebseinnahmen des Nießbrauchbestellers erfolgen.[107] Demgegenüber könnte auch daran gedacht werden, zeitgleich in der Sonderbilanz des Nießbrauchers eine Abführungsverpflichtung

---

[102] BFH v. 10.11.1980, BStBl. II 1981, 164; FG Köln v. 26.09.2013, EFG 2014, 179, Revision anhängig unter BFH IV R 43/13; *L. Schmidt/Wacker* § 15 EStG Rn. 311.
[103] BFH v. 11.4.1973, BStBl. II 1973, 528; *L. Schmidt/Wacker* § 15 EStG Rn. 311; weiter gehend FG Köln v. 26.9.2013, EFG 2014, 179, Revision anhängig unter BFH IV R 43/13, wonach Verluste in der Regel ausschließlich dem Nießbraucher zuzurechnen seien; aA *Schulze zur Wiesche* DStR 1995, 321; *Wälzholz* DStR 2010, 1930.
[104] *Wälzholz* DStR 2010, 1930; Blümich/*Bode* § 15 EStG Rn. 368.
[105] *L. Schmidt/Wacker* § 15 EStG Rn. 307, 312.
[106] BMF v. 18.1.2013, DStR 2013, 199.
[107] *Weber* DStZ 1991, 533; *L. Schmidt/Wacker* § 15 EStG Rn. 307.

10. Kapitel. Belastung von Gesellschaftsanteilen

zu passivieren.[108] Verliert der Nießbrauchbesteller bei der Bestellung eines unentgeltlichen Zuwendungs- oder Vermächtnisnießbrauchs aufgrund der vertraglichen Abreden seine bisherige Mitunternehmerstellung, sind die Grundsätze über die Betriebsverpachtung sinngemäß anzuwenden.[109]

47 Kann der **Nießbraucher** aufgrund der vertraglichen Konstellation **nicht** als **Mitunternehmer** qualifiziert werden, etwa weil das Nießbrauchsrecht sich auf einen Ertragsnießbrauch bzw. das Gewinnstammrecht beschränkt,[110] ist der Nießbrauchbesteller alleiniger Mitunternehmer der Personengesellschaft. Dies bedeutet, dass dem Nießbrauchbesteller der steuerliche Gewinnanteil aus der Mitunternehmerschaft in vollem Umfang zugerechnet wird.[111]

48 Die steuerliche Behandlung der anteiligen Erträge des Nießbrauchers richtet sich in diesem Fall nach der Ursache des Nießbrauchsvertrages. Handelt es sich beispielsweise um eine entgeltliche Nießbrauchbestellung, können die Zahlungen an den Nießbraucher beim Nießbrauchbesteller als **Sonderbetriebsausgaben** geltend gemacht werden.[112] Steht die Nießbrauchbestellung im Zusammenhang mit einer Vermögensübertragung, kommt uU eine Berücksichtigung als **Sonderausgabe** bei dem Nießbrauchbesteller in Betracht. Handelt es sich dagegen um einen reinen **Zuwendungsnießbrauch**, sind die Zahlungen an den Nießbraucher steuerlich unbeachtlich, sie können also steuerlich vom Nießbrauchbesteller nicht verwertet werden. Korrespondierend zur Behandlung beim Nießbrauchbesteller liegen beim Nießbraucher Betriebseinnahmen (zB bei entgeltlicher Bestellung des Nießbrauchs), wiederkehrende Bezüge iSd § 22 Nr. 1b EStG (bei Versorgungsleistung) oder nicht steuerpflichtige Einnahmen vor.[113]

3. Ertragsbesteuerung der aperiodischen Vorgänge

49 Bei Einräumung bzw. Wegfall des Nießbrauchs am Kommanditanteil stellt sich die Frage, ob stille Reserven aufzudecken und zu versteuern sind. Diesbezüglich ist zu unterscheiden zwischen Vorbehalts- und Zuwendungsnießbrauch sowie den unterschiedlichen Konstellationen bezüglich der Mitunternehmerstellung von Nießbraucher und Nießbrauchbesteller. Von Bedeutung ist insbesondere auch, ob Sonderbetriebsvermögen vorhanden ist und wie mit diesem Sonderbetriebsvermögen im Rahmen der Einräumung bzw. des Wegfalls des Nießbrauchs umgegangen wird.

50 **a) Übertragung eines Kommanditanteils unter Vorbehaltsnießbrauch.** Die Übertragung eines Kommanditanteils unter Nießbrauchsvorbehalt ist regelmäßig als unentgeltlicher Vorgang zu werten. Die Einräumung

---

[108] *Schulze zur Wiesche* DStR 1980, 224.
[109] BFH v. 26.2.1987, BStBl. II 1987, 773; *L. Schmidt/Wacker* § 15 EStG Rn. 313; HHR/*Haep* § 15 EStG Rn. 445.
[110] BFH v. 13.51976, BStBl. II 1976, 592; BFH v. 16.5.1995, BStBl. II 1995, 716; *Gschwendtner* DStZ 1995, 711; *Bitz* DB 1987, 1507; *L. Schmidt/Wacker* § 15 EStG Rn. 308, 314.
[111] *Mitsch* INF 2003, 392.
[112] *Biergans* DStR 1985, 335; *Paus* BB 1990, 1681; *L. Schmidt/Wacker* § 15 EStG Rn. 314.
[113] *L. Schmidt/Wacker* § 15 EStG Rn. 308.

des Vorbehaltsnießbrauchs selbst stellt in der Regel keine Gegenleistung dar.[114] Wird ein Kommanditanteil unter Nießbrauchsvorbehalt übertragen und wird der **Nießbrauchbesteller** (dh der Beschenkte) **Mitunternehmer**, so hat der Nießbrauchbesteller die Buchwerte des Nießbrauchers (dh des Schenkers) fortzuführen, wenn der Übertragungsvorgang als Übertragung eines Mitunternehmeranteils oder eines Teils eines Mitunternehmeranteils iSd § 6 Abs. 3 EStG zu werten ist.[115] Stille Reserven sind dann beim Nießbraucher insoweit nicht aufzudecken.

Die Übertragung eines Mitunternehmeranteils gem. § 6 Abs. 3 EStG setzt voraus, dass alle funktional wesentlichen Betriebsgrundlagen einschließlich der funktional wesentlichen Betriebsgrundlagen des Sonderbetriebsvermögens (wesentliches Sonderbetriebsvermögen) auf den Erwerber übergehen. Funktional wesentliche Betriebsgrundlage des Sonderbetriebsvermögens kann in bestimmten Konstellationen auch die Beteiligung an der Komplementär-GmbH sein.[116] Bei der Übertragung eines Teils eines Mitunternehmeranteils können wesentliche Wirtschaftsgüter des Sonderbetriebsvermögens quotal, überquotal oder unterquotal mit übertragen werden. Ein Fall der unterquotalen Mitübertragung liegt auch vor, wenn das wesentliche Sonderbetriebsvermögen vollständig zurückbehalten wird. In Abhängigkeit vom Umfang der Mitübertragung des wesentlichen Sonderbetriebsvermögens ergeben sich unterschiedliche Rechtsfolgen (vgl. hierzu → § 37 Rn. 24 ff.).[117] Die nicht wesentlichen Wirtschaftsgüter des Sonderbetriebsvermögens sind hingegen für die Anwendung des § 6 Abs. 3 EStG unbeachtlich, ggf. sind sie entnommen, so dass ihre stillen Reserven zu versteuern sind. **51**

Bleibt der **Nießbraucher Mitunternehmer**, so stellt sich zunächst die Frage, ob Gegenstand der Übertragung der gesamte Mitunternehmeranteil oder lediglich ein Teil eines Mitunternehmeranteils ist. Ist wesentliches Sonderbetriebsvermögen vorhanden und wird dieses vom Nießbraucher (Schenker) vollständig oder anteilig zurückbehalten, so liegt eindeutig die Übertragung des Teils eines Mitunternehmeranteils mit unterquotaler Übertragung des Sonderbetriebsvermögens vor, so dass die Behaltensfristen des § 6 Abs. 3 S. 2 EStG zu beachten sind.[118] Wird das wesentliche Sonderbetriebsvermögen ohne Nießbrauchsvorbehalt mit übertragen, so wird die Auffassung vertreten, dass mangels der Bestellung eines Nießbrauchs am Sonderbetriebsvermögen möglicherweise eine überquotale Übertragung von Sonderbetriebsvermögen vorliegen könnte.[119] Dem liegt offenbar das Verständnis zu Grunde, dass von einer quotalen Übertragung des wesentlichen Sonderbetriebsvermögens auszugehen ist, wenn die gesamten wesentlichen Wirtschaftsgüter des Sonderbetriebsvermögens mit übertragen **52**

---

[114] *Mitsch* INF 2003, 388; *Schulze zur Wiesche* BB 2004, 355; *Hochheim/Wagenmann*, ZEV 2010, 109; aA BFH v. 6.5.2010, BStBl. II 2011, 261.
[115] *Wälzholz* DStR 2010, 1930; *Hochheim/Wagenmann* ZEV 2010, 109.
[116] OFD Rheinland v. 23.3.2011, S 2242 – 25 – St 111 (Rhld).
[117] BMF v. 3.3.2005, BStBl. I 2005, 458, geändert durch BMF v. 7.12.2006, BStBl. I 2006, 766; BMF v. 12.9.2013, BStBl. I 2013, 1164.
[118] *Wälzholz* DStR 2010, 1930.
[119] *Wälzholz* DStR 2010, 1930.

10. Kapitel. Belastung von Gesellschaftsanteilen

werden und sich der Nießbrauch auch auf das mit übertragene Sonderbetriebsvermögen erstreckt.

53 Fraglich ist uE darüber hinaus, ob bereits der Vorbehalt des Nießbrauchs am Gesellschaftsanteil dazu führen könnte, dass die Übertragung unter Nießbrauchsvorbehalt als Übertragung des Teils eines Mitunternehmeranteils zu werten ist. Das Nießbrauchsrecht ist als Wirtschaftsgut des Sonderbetriebsvermögens des Nießbrauchers zu qualifizieren.[120] Da das Nießbrauchsrecht dem Nießbraucher die Mitunternehmerstellung vermittelt, dürfte es für den Nießbraucher auch wesentliche Betriebsgrundlage seines Mitunternehmeranteils sein. Dies könnte dafür sprechen, dass bei Übertragung eines Kommanditanteils unter Vorbehalt eines mitunternehmerischen Nießbrauchs die Übertragung eines Teils eines Mitunternehmeranteils vorliegt. Das Nießbrauchsrecht wird allerdings nicht mit übertragen, so dass bei dieser Wertung eine quotale Mitübertragung der wesentlichen Betriebsgrundlagen des Sonderbetriebsvermögens ausgeschlossen ist. Folge wäre, dass bei Übertragung des Gesellschaftsanteils unter Vorbehalt eines mitunternehmerischen Nießbrauchs die Behaltensfristen des § 6 Abs. 3 S. 2 EStG auf jeden Fall greifen.

54 Zu beachten ist aber auch der Zeitpunkt, zu dem ein Wirtschaftsgut wesentliche Betriebsgrundlage sein kann. Bei Einbringungen gemäß dem UmwStG ist beispielsweise der Zeitpunkt der tatsächlichen Einbringung maßgeblich, so dass die vorherige Übertragung von Wirtschaftsgütern für die Anwendung der Regelungen des UmwStG unschädlich ist.[121] Das Nießbrauchsrecht kann erst nach der Übertragung des Gesellschaftsanteils (frühestens in der logischen Sekunde danach) wesentliche Betriebsgrundlage des Mitunternehmeranteils des Nießbrauchers sein. Dies spricht uE dafür, den Vorbehalt des Nießbrauchs am Gesellschaftsanteil nicht als Zurückbehalt einer wesentlichen Betriebsgrundlage des Sonderbetriebsvermögens zu werten. Folge wäre, dass der Vorbehalt eines mitunternehmerischen Nießbrauchs der Wertung des Vorgangs als Übertragung eines Mitunternemeranteils (nicht lediglich des Teils eines Mitunternehmeranteils) nicht entgegen steht.

55 Bleibt der **Nießbraucher nicht Mitunternehmer**, so hängen die steuerlichen Folgen der Übertragung des Gesellschaftsanteils unter Nießbrauchsvorbehalt von der jeweiligen Sachverhaltskonstellation ab, wobei die Rechtslage allerdings nicht für alle Konstellationen eindeutig ist. Der BFH hatte im Urteil vom 6.5.2010[122] über die Übertragung eines Gesellschaftsanteils unter Nießbrauchsvorbehalt zu entscheiden, bei der der Nießbraucher nicht Mitunternehmer wurde und das wesentliche Sonderbetriebsvermögen zurückbehalten und gleichzeitig mit der Übertragung des Gesellschaftsanteils gem. § 6 Abs. 5 EStG zum Buchwert in ein anderes Betriebsvermögen des Nießbrauchers überführt wurde. Die Übertragung eines Mitunternehmeranteils war zum damaligen Zeitpunkt gem. § 7 Abs. 1 EStDV aF, der Vorgängerrege-

---

[120] BFH v. 1.9.2011, BStBl. II 2013, 210; Gleich lautende Erlasse der obersten Finanzbehörden der Länder v. 2.11.2012, BStBl. I 2012, 1101.
[121] BFH v. 9.11.2011, BFH/NV 2012, 902; BFH v. 25.11.2009, BStBl. II 2010, 471.
[122] BFH v. 6.5.2010, BStBl. II 2011, 261.

lung des § 6 Abs. 3 EStG, zum Buchwert möglich. Da jedoch aufgrund Zurückbehalts des Sonderbetriebsvermögens kein Mitunternehmeranteil übertragen wurde, ging der BFH im Urteil vom 6.5.2010 davon aus, dass § 7 Abs. 1 EStDV aF nicht anwendbar sei. Der Nießbrauchbesteller wurde dessen ungeachtet Mitunternehmer der Kommanditgesellschaft.

Der BFH wertete im Urteil vom 6.5.2010 die Übertragung des Kommanditanteils unter Nießbrauchsvorbehalt anteilig als Veräußerung und anteilig als Entnahme.[123] Die auf den Kommanditanteil entfallenden anteiligen Wirtschaftsgüter und Schulden des Gesamthandsvermögens seien dem Nießbraucher (vor der Übertragung) gem. der Bruchteilsbetrachtung des § 39 Abs. 2 Nr. 2 AO anteilig zuzurechnen. Soweit auf den Nießbrauchbesteller Verbindlichkeiten des Gesamthandsvermögens anteilig übergehen, liege eine Veräußerung vor. Die Zahlungen aufgrund des Nießbrauchsvorbehalts seien als gewinnabhängiger Kaufpreis (dh als Entgelt) zu werten. Soweit der gemeine Wert der anteilig übergegangenen Aktiva die anteilig übernommenen Verbindlichkeiten sowie den Barwert des Vorbehaltsnießbrauchs übersteigen, sei von einer Entnahme auszugehen. Das Kapitalkonto des Nießbrauchers in der Gesamthandsbilanz der KG sei diesen Vorgängen anteilig zuzuordnen. Der Entnahmegewinn sowie der Gewinn aus der Veräußerung aufgrund Übernahme der Verbindlichkeiten seien im Veranlagungszeitraum der Übertragung zu versteuern. Die Zahlungen aufgrund des Vorbehaltsnießbrauchs seien als nachträgliche Betriebseinnahmen im Veranlagungszeitraum des jeweiligen Zuflusses zu versteuern, wenn und soweit die Summe der Entgelte das anteilige Kapitalkonto des Nießbrauchers übersteigt. Ein Wahlrecht zur Sofortbesteuerung bestehe nicht. Der Nießbrauchbesteller (dh der Erwerber des Kommanditanteils) habe die gewinnabhängige Kaufpreisverpflichtung aufgrund des Vorbehaltsnießbrauchs in Höhe des (uE anteiligen) Buchwerts der erworbenen Wirtschaftsgüter als betriebliche Verbindlichkeit zu passivieren.

Der Anwendungsbereich der Grundsätze des Urteils des BFH vom 6.5.2010 ist nicht abschließend geklärt. So wird – uE zutreffend – die Auffassung vertreten, das Urteil sei anzuwenden auf Übertragungssachverhalte, die nicht unter § 6 Abs. 3 EStG (der Nachfolgeregelung des § 7 Abs. 1 EStDV aF) fallen.[124] Daneben wird – uE zu weit gehend – auch vertreten, das Urteil sei anzuwenden auf die Übertragung von Vermögen, welches nicht die Voraussetzungen des für die Übertragung gegen Versorgungsleistungen maßgeblichen § 1 Abs. 1 Nr. 1a EStG erfüllt.[125] Vorauszusetzen ist aber auf jeden Fall, dass der Nießbraucher nicht Mitunternehmer bleibt.

Werden der Kommanditanteil unter Nießbrauchsvorbehalt sowie das wesentliche Sonderbetriebsvermögen übertragen, so geht ein Mitunternehmeranteil über, so dass § 6 Abs. 3 EStG anzuwenden ist. Auch erfüllt das übertragene Vermögen die Voraussetzungen des § 10 Abs. 1 Nr. 1a EStG. Das Urteil des BFH vom 6.5.2010 ist mithin auf diese Konstellation nicht anwendbar.

---

[123] BFH v. 6.5.2010, BStBl. II 2011, 261; *Levedag* GmbHR 2010, 855.
[124] *Levedag* GmbHR 2010, 855.
[125] *Wälzholz* DStR 2010, 1930.

10. Kapitel. Belastung von Gesellschaftsanteilen

Der Vorbehalt des Nießbrauchs ist demnach nicht als Entgelt für die Übertragung des Mitunternehmeranteils zu werten.[126]

59 Die Grundsätze des Urteils des BFH vom 6.5.2010 sind hingegen anzuwenden, wenn das wesentliche Sonderbetriebsvermögen vom Nießbraucher zurückbehalten und ins Privatvermögen überführt wird, da dann weder § 6 Abs. 3 EStG anwendbar ist noch das übertragene Vermögen unter § 10 Abs. 1 Nr. 1a EStG fällt.[127] Zusätzlich zur Versteuerung des Gewinns aus der Veräußerung bzw. Entnahme der Wirtschaftsgüter des Gesamthandsvermögens sind dann die stillen Reserven der entnommenen Wirtschaftsgüter des Sonderbetriebsvermögens zu versteuern.

60 Wird ein **Mitunternehmeranteil an einer gewerblich geprägten Personengesellschaft** unentgeltlich übertragen, so fällt dies unter § 6 Abs. 3 EStG,[128] so dass nach – uE zutreffender Auffassung – die Grundsätze des Urteils des BFH v. 6.5.2010 nicht anzuwenden sind. Die Übertragung des Anteils an der gewerblich geprägten Personengesellschaft unter Nießbrauchsvorbehalt ist mithin als unentgeltlich zu werten. Der Anteil an der gewerblich geprägten Personengesellschaft fällt jedoch nicht unter § 10 Abs. 1 Nr. 1a EStG,[129] so dass nach anderer Auffassung die Grundsätze des Urteils des BFH v. 6.5.2010 anzuwenden wären. Die Übertragung unter Nießbrauchsvorbehalt wäre nach dieser Auffassung als anteilige Veräußerung und anteilige Entnahme zu werten.[130] Ggf. könnte zum Ausschluss etwaiger Risiken vor der Übertragung unter Nießbrauchsvorbehalt eine gewerbliche Infizierung gem. § 15 Abs. 3 Nr. 1 EStG der bislang gewerblich geprägten Personengesellschaft erreicht werden, so dass der übertragene Mitunternehmeranteil auch den Anforderungen des § 10 Abs. 1 Nr. 1a EStG genügt.[131]

61 Mit Urteil vom 2.8.2012[132] hat der BFH entschieden, dass § 6 Abs. 3 EStG – entgegen der Auffassung der Finanzverwaltung[133] und anders als § 7 Abs. 1 EStDV aF – auch dann auf die Übertragung eines Gesellschaftsanteils an einer Personengesellschaft anzuwenden ist, wenn vor oder gleichzeitig mit der Übertragung des Gesellschaftsanteils wesentliche Wirtschaftsgüter des Sonderbetriebsvermögens gem. § 6 Abs. 5 EStG zum Buchwert in ein anderes (Sonder-)Betriebsvermögen des Übertragenden überführt werden. Bei Übertragung unter Nießbrauchsvorbehalt könnte in dieser Konstellation uE die Buchwertfortführung gem. § 6 Abs. 3 EStG unter Zugrundelegung der Auffassung des BFH im Urteil vom 2.8.2012 mithin dadurch erreicht werden, dass zeitgleich mit der Übertragung des Kommanditanteils unter Nießbrauchsvorbehalt das wesentliche Sonderbetriebsvermögen gem. § 6 Abs. 5 EStG zum Buchwert in ein anderes (Sonder-)Betriebsvermögen des Nieß-

---

[126] BMF v. 13.1.1993, BStBl. I 1993, 80, geändert durch BMF v. 26.2.2007, BStBl. I 2007, 296, Rn. 10; *Levedag* GmbHR 2010, 855.
[127] BMF v. 11.3.2010, BStBl. I 2010, 227 Tz. 8.
[128] HHR/*Gratz* § 6 EStG Rn. 1340.
[129] BMF v. 11.3.2010, BStBl. I 2010, 227 Tz. 10.
[130] *Wälzholz* DStR 2010, 1930.
[131] BMF v. 11.3.2010, BStBl. I 2010, 227 Tz. 9.
[132] BFH v. 2.8.2012, DStR 2012, 2118.
[133] BMF v. 3.3.2005, BStBl. I 2005, 458, geändert durch BMF v. 7.12.2006, BStBl. I 2006, 766; BMF v. 12.9.2013, BStBl. I 2013, 1164.

brauchers überführt wird. Ein (teil-)entgeltlicher Vorgang liegt dann nicht vor. Jedoch fällt das übertragene Vermögen aufgrund des Zurückbehalts des Sonderbetriebsvermögens nicht unter § 10 Abs. 1 Nr. 1a EStG,[134] so dass nach anderer Auffassung die Grundsätze des Urteils des BFH vom 6.5.2010 anzuwenden wären. Die Übertragung unter Nießbrauchsvorbehalt wäre dann als anteilige Veräußerung und anteilige Entnahme zu werten.

Wird der **Nießbrauchbesteller nicht Mitunternehmer**, so liegt im Zeitpunkt der Übertragung des Kommanditanteils unter Nießbrauchsvorbehalt noch keine Übertragung eines Mitunternehmeranteils vor. Der Nießbraucher bleibt weiterhin Mitunternehmer. Die Übertragung des Mitunternehmeranteils gem. § 6 Abs. 3 EStG erfolgt dann erst im Zeitpunkt der Beendigung des Nießbrauchs.[135] Wird in dieser Konstellation allerdings Sonderbetriebsvermögen ohne Nießbrauchsvorbehalt auf den Nießbrauchbesteller (welcher nicht Mitunternehmer ist) übertragen, so ist das Sonderbetriebsvermögen entnommen, so dass insoweit die stillen Reserven aufzudecken und vom Nießbraucher zu versteuern sind.[136] 62

b) Zuwendungsnießbrauch. Im Fall des unentgeltlichen Zuwendungsnießbrauchs kommt es gem. § 6 Abs. 3 EStG nicht zur Aufdeckung stiller Reserven, wenn sowohl der Nießbraucher als auch der Nießbrauchbesteller Mitunternehmer sind. Dies gilt – entsprechend der Situation beim Vorbehaltsnießbrauch – auch dann, wenn Sonderbetriebsvermögen auf den Nießbraucher übertragen wird. Die Einräumung des Zuwendungsnießbrauchs dürfte als Übertragung eines Teils eines Mitunternehmeranteils zu werten sein. 63

Verliert der Nießbrauchbesteller aufgrund der Zuwendung des Nießbrauchs die Mitunternehmerstellung, so sind die Grundsätze über die Betriebsverpachtung sinngemäß anzuwenden.[137] Dem Nießbrauchbesteller steht mithin ein Wahlrecht zu, die Betriebsaufgabe zu erklären (§ 16 Abs. 3b EStG). 64

Wird der Nießbraucher nicht Mitunternehmer und werden auch Wirtschaftsgüter des Sonderbetriebsvermögens auf ihn übertragen, werden diese entnommen, so dass insoweit die stillen Reserven aufzudecken und vom Nießbrauchbesteller zu versteuern sind. 65

c) Wegfall des Nießbrauchs. Der Nießbrauch kann entfallen durch Tod des Nießbrauchers oder durch unentgeltlichen bzw. entgeltlichen Verzicht des Nießbrauchers auf den Nießbrauch. Ist der Nießbraucher Mitunternehmer, so stellt sich auch hier die Frage, ob der Wegfall des Nießbrauchs zur Aufdeckung stiller Reserven führen kann. Ist auch der Nießbrauchbesteller Mitunternehmer, so ergibt sich Folgendes: 66

Mit dem Tod des Nießbrauchers erlischt das Nießbrauchsrecht. Steuerlich geht gem. § 6 Abs. 3 S. 1 EStG ein Mitunternehmeranteil ohne Aufdeckung 67

---

[134] BMF v. 11.3.2010, BStBl. I 2010, 227 Tz. 8.
[135] *Schulze zur Wiesche* BB 2004, 355; *Hochheim/Wagenmann* ZEV 2010, 109.
[136] *Wälzholz* DStR 2010, 1930.
[137] BFH v. 26.2.1987 BStBl. II 1987, 773; *L. Schmidt/Wacker* § 15 EStG Rn. 313; HHR/*Haep* § 15 EStG Rn. 445.

Mai 1069

stiller Reserven auf den Nießbrauchbesteller, dh den Gesellschafter, über.[138] Der Tod des Nießbrauchers hat nicht die Aufgabe des Mitunternehmeranteils zur Folge.[139] Gehören auch andere Wirtschaftsgüter zum Sonderbetriebsvermögen des Nießbrauchers, so ist gem. § 6 Abs. 3 S. 1 EStG der Buchwert fortzuführen, wenn sie von Todes wegen auf den Nießbrauchbesteller übergehen. Bei Übergang dieser Wirtschaftsgüter auf andere Mitunternehmer der gleichen Mitunternehmerschaft als Erben ist Buchwertfortführung gem. § 6 Abs. 5 S. 3 EStG möglich. Werden sie hingegen bei den Erben Privatvermögen, so sind ihre stille Reserven aufzudecken und zu versteuern.[140] Gehen wesentliche Wirtschaftsgüter des Sonderbetriebsvermögens nicht auf den Nießbrauchbesteller über, so liegt uE kein Übergang eines Mitunternehmeranteils vor, so dass § 6 Abs. 3 EStG nicht anwendbar sein dürfte. Vielmehr dürfte dann auf den Wegfall bzw. Übergang des Nießbrauchsrechts § 6 Abs. 5 S. 3 EStG anwendbar sein, was grds. ebenfalls die Buchwertfortführung ermöglicht.

68 Der unentgeltliche Verzicht auf den Nießbrauch ist im Ergebnis entsprechend dem Erlöschen des Nießbrauchs von Todes wegen zu beurteilen.[141] Neben dem Nießbrauchsrecht bestehendes weiteres Sonderbetriebsvermögen des Nießbrauchers kann in dieser Konstellation auch gem. § 6 Abs. 5 EStG in ein anderes (Sonder-)Betriebsvermögen des Nießbrauchers überführt werden.

69 Bei entgeltlichem (bzw. teilentgeltlichem) Verzicht auf den Nießbrauch liegt eine (ggf. teilentgeltliche) Veräußerung des Mitunternehmeranteils durch den Nießbraucher vor, welche beim Nießbraucher zu einem Veräußerungsgewinn führt. Da der Nießbrauch als immaterielles Wirtschaftsgut des Sonderbetriebsvermögens gem. § 5 Abs. 2 EStG mangels entgeltlicher Anschaffung nicht zu bilanzieren ist,[142] entspricht der Veräußerungsgewinn dem Veräußerungspreis. Etwaiges weiteres Sonderbetriebsvermögen kann entweder an den Nießbrauchbesteller veräußert werden – dann kommt bei teilentgeltlicher Übertragung die Einheitstheorie zur Anwendung – oder ins Privatvermögen überführt werden, was zur Aufdeckung stiller Reserven durch Entnahme führt, oder zum Buchwert gem. § 6 Abs. 5 EStG in ein anderes (Sonder-)Betriebsvermögen des Nießbrauchers überführt werden.[143]

70 Wird der mitunternehmerische Nießbrauch durch eine Versorgungsleistung gem. § 10 Abs. 1 Nr. 1a EStG abgelöst, so kann dies als Bestellung der Versorgungsleistung am Nießbrauch gewertet werden.[144] Alternativ kommt in Betracht, die Ablösung als gleitende Vermögensübergabe zu werten, so dass der ursprüngliche Gesellschaftsanteil (Mitunternehmeranteil beim Nießbrauchbesteller) Übertragungsgegenstand bleibt.[145] Beide Wertungen

---

[138] *Mielke* DStR 2014, 18.
[139] Zum Tod eines Freiberuflers: BFH v. 2.3.2011, BFH/NV 2011, 1147.
[140] *Mielke* DStR 2014, 18.
[141] *Stein/Reich* DStR 2013, 1272.
[142] Gleich lautende Erlasse der obersten Finanzbehörden der Länder v. 2.11.2012, BStBl. I 2012, 1101.
[143] *Stein/Reich* DStR 2013, 1272.
[144] BFH v. 3.3.2004, BFH/NV 2004, 1095.
[145] *Stein/Reich* DStR 2013, 1272.

führen zur Unentgeltlichkeit der Übertragung gegen Versorgungsleistungen.[146]

Ist nur der Nießbraucher, nicht aber der Nießbrauchbesteller, Mitunternehmer, so geht mit dem unentgeltlichen Wegfall des Nießbrauchs der Mitunternehmeranteil gem. § 6 Abs. 3 EStG – vorbehaltlich der Mitübertragung des wesentlichen Sonderbetriebsvermögens – auf den Nießbrauchbesteller über (vgl. hierzu → Rn. 62). Die Ablösung gegen Entgelt führt zur (ggf. teilentgeltlichen) Veräußerung des Mitunternehmeranteils. Die Ablösung gegen Versorgungsleistungen gem. § 10 Abs. 1 Nr. 1a EStG ist unter den allgemeinen Voraussetzungen als unentgeltlicher Vorgang zu werten. 71

Ist nur der Nießbrauchbesteller Mitunternehmer, so hat der entgeltliche Wegfall des Nießbrauchs grds. keine steuerlichen Konsequenzen für den Nießbraucher, da bei ihm lediglich eine nicht steuerbare Vermögensumschichtung vorliegt.[147] Soweit allerdings die Zahlungen aufgrund des Vorbehaltsnießbrauchs beim Nießbraucher nachträgliche Betriebseinnahmen sind (vgl. hierzu → Rn. 56), dürfte dies uE auch für die zur entgeltlichen Ablösung des Nießbrauchs geleisteten Ablösezahlungen gelten. 72

4. Erbschaft- und schenkungsteuerliche Behandlung

a) Zuwendungsnießbrauch. Für die erbschaft- und schenkungsteuerliche Behandlung ist der **wirtschaftliche Hintergrund** der Nießbrauchbestellung von Bedeutung. Wurde das Nießbrauchsrecht an dem Gesellschaftsanteil **entgeltlich** bestellt, besteht **keine** erbschaft- und schenkungsteuerliche Relevanz, da es sich um einen Leistungsaustausch handelt. Liegt dagegen ein unentgeltlicher Zuwendungsnießbrauch bzw. **Vermächtnisnießbrauch** vor, wird dem Nießbraucher ein Vermögensvorteil in Form des Nießbrauchsrechts zugewendet. Die Einräumung eines Vermächtnisnießbrauches ist steuerpflichtig gemäß § 3 Abs. 1 Nr. 1 ErbStG. Handelt es sich dagegen um einen Zuwendungsnießbrauch, ergibt sich die Steuerpflicht aus § 7 Abs. 1 S. 1 Nr. 1 ErbStG. **Bemessungsgrundlage** für die Erbschaft- und Schenkungsteuer ist jeweils die Bereicherung des Erwerbers, soweit sie nicht steuerfrei ist (§ 10 Abs. 1 Satz 1 ErbStG). 73

Für die erbschaft- bzw. schenkungsteuerliche Behandlung der unentgeltlichen **Einräumung eines Zuwendungsnießbrauchs** ist von entscheidender Bedeutung, ob der Nießbraucher aufgrund der Einräumung des Nießbrauchs eine Mitunternehmerstellung erlangt. 74

Wird der **Nießbraucher Mitunternehmer**, so ist in einem ersten Schritt der durch die Einräumung des Nießbrauchs vermittelte Mitunternehmeranteil zu bewerten. Der Umfang des übergehenden Betriebsvermögens bestimmt sich hierbei gem. §§ 95, 97 Abs. 1 S. 1 Nr. 5 BewG nach ertragsteuerlichen Grundsätzen. Das Nießbrauchsrecht ist ein immaterielles Wirtschaftsgut des Sonderbetriebsvermögens des Nießbrauchers.[148] Das 75

---

[146] BMF v. 11.1.2010, BStBl. I 2010, 227 Rn. 5, 25.
[147] L. Schmidt/*Wacker* § 22 EStG Rn. 150.
[148] BFH v. 1.9.2011, BStBl. II 2013, 210; Gleich lautende Erlasse der obersten Finanzbehörden der Länder v. 2.11.2012, BStBl. I 2012, 1101.

10. Kapitel. *Belastung von Gesellschaftsanteilen*

Nießbrauchsrecht kann sich auf den Gesellschaftsanteil beschränken oder sich auch auf Wirtschaftsgüter des Sonderbetriebsvermögens des Nießbrauchbestellers erstrecken. Werden vom Nießbrauchbesteller weitere Wirtschaftsgüter seines Sonderbetriebsvermögens übertragen, so werden diese beim Nießbraucher ebenfalls Sonderbetriebsvermögen und gehen mithin in den Wert des übertragenen Mitunternehmeranteils ein. Dem Nießbraucher steht hingegen kein Anteil am Gesamthandsvermögen der Personengesellschaft zu.

76 Nach der bis zum Jahr 2008 geltenden Rechtslage war der Wert eines Mitunternehmeranteils gem. §§ 12 Abs. 5 ErbStG, 98a–109 BewG als Summe der Buchwerte der Aktiva (mit diversen Ausnahmen, z.B. für Betriebsgrundstücke), abzüglich der Summe der Buchwerte der Schulden zu ermitteln. Da das Nießbrauchsrecht als unentgeltlich erworbenes immaterielles Wirtschaftsgut des Sonderbetriebsvermögens zu werten ist, ist es gem. § 5 Abs. 2 EStG nicht zu bilanzieren. Nach der bis zum Jahr 2008 geltenden Rechtslage war das Nießbrauchsrecht mithin auch für Zwecke der Erbschaft- und Schenkungsteuer mit 0 EUR zu bewerten. Eine positive erbschaft- bzw. schenkungsteuerliche Bemessungsgrundlage bei Einräumung eines mitunternehmerischen Nießbrauchs konnte im Ergebnis nur dann vorliegen, wenn neben der Einräumung des Nießbrauchs weitere Wirtschaftsgüter des Sonderbetriebsvermögens auf den Nießbraucher übertragen wurden.[149]

77 Nach der ab dem Jahr 2009 geltenden Rechtslage sind Mitunternehmeranteile gem. §§ 12 Abs. 5 ErbStG, 11, 109 Abs. 2 BewG mit dem gemeinen Wert zu bewerten. Für Wirtschaftsgüter und Schulden des Sonderbetriebsvermögens ist hierbei der gemeine Wert gem. § 97 Abs. 1a Nr. 2 BewG im Wege der Einzelbewertung zu ermitteln.[150] Der Wert des aufgrund Einräumung des Nießbrauchs übertragenen Mitunternehmeranteils ist demnach zu ermitteln als gemeiner Wert des Nießbrauchsrechts zuzüglich des gemeinen Werts etwaiger weiterer übertragener Wirtschaftsgüter des Sonderbetriebsvermögens.

78 Der **gemeine Wert des Nießbrauchsrechts** ermittelt sich gem. §§ 13–16 BewG.[151] Er entspricht dem kapitalisierten Barwert der künftigen Erträge. Dieser ist zum einen abhängig von der zeitlichen Dauer des Nießbrauchsrechts, zum anderen von dessen Jahreswert. Die Kapitalisierung erfolgt bei zeitlich beschränkter Dauer des Nießbrauchs unter Anwendung der Vervielfältiger in Anlage 9a zum Bewertungsgesetz, bei Bestellung des Nießbrauchs auf Lebenszeit unter Anwendung der jährlich anhand der aktuellen Sterbetafel des Statistischen Bundesamts ermittelten Vervielfältiger, die jeweils vom BMF im Bundessteuerblatt Teil I veröffentlicht werden.[152]

---

[149] BFH v. 1.9.2011, BStBl. II 2013, 210. Im Urteilssachverhalt wurde ein im Sonderbetriebsvermögen befindliches Gesellschafterdarlehen mit übertragen.
[150] R B 97.2 ErbStR.
[151] Gleich lautende Erlasse der obersten Finanzbehörden der Länder v. 2.11.2012, BStBl. I 2012, 1101.
[152] *Moench/Weinmann* § 12 ErbStG, Rn. 62.

Der **Jahreswert des Nießbrauchsrechts** entspricht im Grundsatz dem entnahmefähigen Teil des Gewinns.[153] Dieser ist im Regelfall von der künftigen Ertragsentwicklung der Personengesellschaft abhängig und demgemäß nur mit großer Unsicherheit zu ermitteln. Gem. § 16 BewG wird der Jahreswert nach oben auf 1/18,6 des anteiligen Wertes des Gesellschaftsanteils beschränkt, an dem der Nießbrauch bestellt wird. Ausgehend vom Sinn und Zweck der Vorschrift, ist für Zwecke der Ermittlung der Begrenzung des Jahreswerts eventuell vorhandenes Sonderbetriebsvermögen, an dem kein Nießbrauch bestellt wird, aus dem Wert des Gesellschaftsanteils herauszurechnen. Nach einer Entscheidung des FG Niedersachsen war fraglich, ob die Begrenzung des Jahreswerts gem. § 16 BewG anzuwenden ist auf die Bewertung von Nutzungsrechten an Vermögen, welches nach den ab dem Jahr 2009 geltenden Regelungen des BewG zu bewerten ist.[154] Nach der Entscheidung des BFH im diesbezüglichen Revisionsverfahren ist § 16 BewG weiterhin anzuwenden.[155]

Seit dem Urteil des BFH vom 1.9.2011, welches zur bis zum Jahr 2008 geltenden Rechtslage ergangenen ist, ist geklärt, dass die Begünstigungen des § 13a ErbStG aF auf die Einräumung eines Nießbrauchs am Kommanditanteil anwendbar sind, wenn der Nießbraucher Mitunternehmer wird.[156] Die Begünstigungen sind demnach auch anwendbar auf Sonderbetriebsvermögen, welches der Nießbrauchsbesteller zusätzlich zur Zuwendung des Nießbrauchs auf den Nießbraucher überträgt. Die Finanzverwaltung wendet diese Rechtsprechung des BFH auch auf das ErbStG in der ab dem Jahr 2009 geltenden Fassung an.[157] § 13a ErbStG (idF ab 2009) ist demnach auf die unentgeltliche Einräumung eines Nießbrauchs anzuwenden, wenn der Nießbraucher Mitunternehmer wird und die allgemeinen Voraussetzungen der Begünstigungsregelung erfüllt sind. Die Tarifbegünstigung des § 19a ErbStG für Erwerber der Steuerklassen II und III ist dann ebenfalls anwendbar.[158]

Die Gewährung der Begünstigungen des § 13a ErbStG setzt voraus, dass die Verwaltungsvermögensquote des übertragenen Mitunternehmeranteils bei der Regelverschonung nicht mehr als 50%, bei der Optionsverschonung nicht mehr als 10% des Werts des übertragenen Mitunternehmeranteils beträgt (§§ 13b Abs. 2, 13a Abs. 8 Nr. 3 ErbStG, vgl. hierzu → § 37 Rn. 72 ff.). Junges Verwaltungsvermögen ist nicht begünstigt (§ 13b Abs. 2 S. 3 ErbStG). Für die Ermittlung der Verwaltungsvermögensquote und des jungen Verwaltungsvermögens des mitunternehmerischen Nießbrauchs ist danach zu unterscheiden, ob der Nießbrauchsbesteller Mitunternehmer bleibt oder ob er die Mitunternehmerstellung verliert.[159]

---

[153] Zur Berechnung des Jahreswerts Troll/Gebel/Jülicher, § 13 BewG, Rn. 26; Kapp/Ebeling § 23 ErbStG Rn. 13.
[154] FG Niedersachsen v. 19.9.2012, EFG 2012, 2305.
[155] BFH v. 9.4.2014, DStR 2014, S. 1055.
[156] BFH v. 1.9.2011, BStBl. II 2013, 210.
[157] Gleich lautende Erlasse der obersten Finanzbehörden der Länder v. 2.11.2012, BStBl. I 2012, 1101 Tz. 1.
[158] *Stein* DStR 2013, 567.
[159] Gleich lautende Erlasse der obersten Finanzbehörden der Länder v. 2.11.2012, BStBl. I 2012, 1101 Tz. 1.

82 Bleibt der **Nießbrauchbesteller Mitunternehmer**, so entspricht die Verwaltungsvermögensquote des mitunternehmerischen Nießbrauchs der Verwaltungsvermögensquote des Anteils an der Personengesellschaft.[160] Sonderbetriebsvermögen, an dem kein Nießbrauch bestellt wird, bleibt bei der Ermittlung der Verwaltungsvermögensquote unberücksichtigt. Nicht ausdrücklich geregelt ist die Ermittlung der Verwaltungsvermögensquote, wenn der Nießbrauchbesteller Wirtschaftsgüter des Sonderbetriebsvermögens zusammen mit der Einräumung des Nießbrauchs auf den Nießbraucher überträgt. In diesem Fall sind uE die übertragenen Wirtschaftsgüter des Sonderbetriebsvermögens – entsprechend der Wirtschaftsgüter des Sonderbetriebsvermögens, an denen ein Nießbrauch bestellt wird – in die Ermittlung der Verwaltungsvermögensquote einzubeziehen. Das junge Verwaltungsvermögen wird ermittelt als Anteil des Werts des Nießbrauchsrechts, der dem Verhältnis des Werts des jungen Verwaltungsvermögens am Wert des Anteils an der Personengesellschaft entspricht.

83 Verliert der **Nießbrauchbesteller** die **Mitunternehmereigenschaft**, so ermittelt sich die Verwaltungsvermögensquote des mitunternehmerischen Nießbrauchs als Anteil des Werts des zum Gesamthandsvermögen gehörenden Verwaltungsvermögens am Wert des Gesamthandsvermögens. Das junge Verwaltungsvermögen ermittelt sich als Anteil des Werts des Nießbrauchsrechts, der dem Anteil des Werts des jungen Verwaltungsvermögens am Wert des Gesamthandsvermögens der Gesellschaft entspricht. Nicht geregelt ist der Fall, dass Sonderbetriebsvermögen mit übertragen wird oder an Sonderbetriebsvermögen ein Nießbrauch bestellt wird. UE ist in diesen Fällen das Sonderbetriebsvermögen in die Ermittlung der Verwaltungsvermögensquote und des jungen Verwaltungsvermögens einzubeziehen.

84 Die **Begünstigungen** des § 13a ErbStG entfallen anteilig bei Verstoß gegen die Lohnsummenregelung des § 13a Abs. 1, 8 ErbStG oder die Behaltensregelungen des § 13a Abs. 5 ErbStG (vgl. hierzu → § 37 Rn. 103 ff.). Wird neben dem Nießbrauch weiteres Sonderbetriebsvermögen übertragen und wird dieses später entnommen oder veräußert, so kann dies Verstöße gegen die Behaltensregelungen zur Folge haben. Es wird vertreten, dass sich begünstigungsschädliche Überentnahmen ergeben können, wenn dem Nießbraucher auch Erträge aus der Realisierung stiller Reserven des Anlagevermögens ausbezahlt werden, welche zivilrechtlich dem Nießbrauchbesteller zustehen.[161] UE ist dies fraglich. Soweit diese Erträge entsprechend dem Regelfall dem Nießbrauchbesteller und nicht dem Nießbraucher zustehen, so ist der Nießbraucher nicht zu deren Entnahme berechtigt. Entnimmt er die Erträge dennoch und stimmt der Nießbraucher dem zu, so liegt uE keine Überentnahme bezogen auf die ursprüngliche Zuwendung des mitunternehmerischen Nießbrauchs vor, sondern eine separate Schenkung des Nießbrauchbestellers an den Nießbraucher. Sollten die Erträge aus der Auflösung der stillen Reserven des Anlagevermögens hingegen aufgrund vertraglicher Vereinbarung abweichend vom Regelfall dem Nießbraucher zustehen, so ist

---

[160] Die Ermittlung erfolgt entsprechend H E 13b.20 ErbStR „Anteil des jungen Verwaltungsvermögens bei Beteiligungen an Personengesellschaften".
[161] Stein DStR 2013, 567.

uE auch deren Entnahme durch den Nießbraucher für die Begünstigungen unschädlich.

Der Wegfall des Nießbrauchs aufgrund Todes des Nießbrauchers ist dagegen mangels Betriebsaufgabe für die Steuerbegünstigungen des § 13a ErbStG unschädlich.[162] Bei auf Lebenszeit bestelltem Nießbrauch hat der todesbedingte Wegfall des Nießbrauchs innerhalb der zeitlichen Grenzen des § 14 Abs. 2 BewG zur Folge, dass dieser nicht nach der statistischen Lebenserwartung, sondern nach der tatsächlichen Dauer zu bewerten ist. Die Schenkungsteuer des (verstorbenen) Nießbrauchers, dh des Beschenkten, ist gem. § 14 Abs. 2 BewG insoweit auf Antrag zu berichtigen, dh zu mindern. 85

Die vorstehend dargestellten Grundsätze zur erbschaft- und schenkungsteuerlichen Behandlung der Einräumung eines mitunternehmerischen Nießbrauchs sind auch anzuwenden, wenn der Nießbraucher auf den Nießbrauch unentgeltlich verzichtet und dadurch die Mitunternehmerstellung auf den Gesellschafter übergeht[163] oder wenn ein mitunternehmerischer Nießbrauch von Todes wegen erworben wird.[164] Das Nießbrauchsrecht ist nicht vererblich. Wenn jedoch der Gesellschafter einen Vorbehaltsnießbrauch für einen Nießbraucher bestellt und aufschiebend bedingt auf den Tod dieses Nießbrauchers einen Nießbrauch zu Gunsten einer weiteren Person bestellt, so liegt bei Tod des (ersten) Nießbrauchers ein Erwerb des Nießbrauchs von Todes wegen durch Vertrag zu Gunsten Dritter gem. § 3 Abs. 1 Nr. 4 ErbStG durch die weitere Person von dem verstorbenen Nießbraucher vor. 86

Wird der **Nießbraucher nicht Mitunternehmer**, so ist das unentgeltlich eingeräumte Nießbrauchsrecht nach alter und nach neuer Rechtslage mit dem gemeinen Wert gem. §§ 13–16 BewG zu bewerten.[165] Die Steuerbegünstigungen der §§ 13a, 19a ErbStG sind nicht anwendbar, auch nicht soweit weitere Wirtschaftsgüter des Sonderbetriebsvermögens des Nießbrauchbestellers auf den Nießbraucher übertragen werden. Bei Tod des Nießbrauchers ist die Schenkungsteuer ggf. gem. § 14 Abs. 2 BewG auf Antrag zu berichtigen. 87

b) Übertragung eines Kommanditanteils unter Vorbehaltsnießbrauch. Im Gegensatz zu dem Vermächtnis- bzw. Zuwendungsnießbrauch führt die Nießbrauchbestellung bei einem Vorbehaltsnießbrauch nicht zu einem schenkungsteuerbaren Vorgang. Steuerpflichtig ist vielmehr die unentgeltliche Übertragung des Gesellschaftsanteils. Es handelt sich um eine Schenkung unter Nutzungsauflage. Bemessungsgrundlage für die Schenkungsteuer ist mithin der gemeine Wert des Kommanditanteils abzüglich des gemeinen Werts des vorbehaltenen Nießbrauchs,[166] welcher gem. §§ 13 – 16 BewG zu ermitteln ist. Nach dem bis zum Jahr 2008 geltenden § 25 ErbStG aF konnte der Nießbrauch zu Gunsten des Schenkers bzw. dessen Ehegatten 88

---

[162] *Mielke* DStR 2014, 18.
[163] Gleich lautende Erlasse der obersten Finanzbehörden der Länder v. 2.11.2012, BStBl. I 2012, 1101.
[164] BFH v. 1.9.2011, BStBl. II 2013, 210.
[165] Gleich lautende Erlasse der obersten Finanzbehörden der Länder v. 2.11.2012, BStBl. I 2012, 1101.
[166] R E 7.4 ErbStR; *Schulze zur Wiesche* DB 2009, 2452.

10. Kapitel. Belastung von Gesellschaftsanteilen

nicht bereicherungsmindernd berücksichtigt werden, es bestand aber die Möglichkeit zur zinslosen Stundung und zur Ablösung der gestundeten Steuer mit dem Barwert.[167] § 25 ErbStG aF wurde mit Wirkung zum 1.1.2009 aufgehoben.

89 Die **Begünstigungen der §§ 13a, 19a ErbStG** sind unter den allgemeinen Voraussetzungen anwendbar, wenn der Gesellschafter und Nießbrauchbesteller aufgrund der Übertragung des Gesellschaftsanteils eine Mitunternehmerstellung erlangt.[168] Nicht ausreichend für die Begünstigungen ist es hingegen, wenn der Gesellschafter bereits aufgrund einer eigenen Beteiligung an der Personengesellschaft vor der Schenkung Mitunternehmer war, und ihm der Schenker bzw. Nießbraucher einen Gesellschaftsanteil zuwendet, der für sich genommen keine Mitunternehmerstellung vermittelt.[169] Wird an einem Gesellschaftsanteil ein Quotennießbrauch bestellt und würde für sich betrachtet nur ein Teil des übertragenen Gesellschaftsanteils eine Mitunternehmerstellung vermitteln, so ist nur dieser Teil des übertragenen Gesellschaftsanteils begünstigt.[170] Auf die zivilrechtliche Unteilbarkeit des Gesellschaftsanteils an der Personengesellschaft kommt es mithin für die steuerliche Wertung nicht an.[171]

90 Die Mitunternehmerstellung auch des Nießbrauchers ist für die Gewährung der Begünstigungen der §§ 13a, 19a ErbStG grds. nicht maßgeblich. Soweit allerdings wesentliches Sonderbetriebsvermögen vorhanden ist, welches nicht mit übertragen werden soll, ist für die Gewährung der Begünstigungen der §§ 13a, 19a ErbStG eine Mitunternehmerstellung auch des Nießbrauchers erforderlich. Die gem. §§ 13a, 19a ErbStG begünstigte Übertragung eines Mitunternehmeranteils setzt grds. voraus, dass auch die wesentlichen Betriebsgrundlagen des Sonderbetriebsvermögens übertragen werden.[172] Bleibt allerdings der Schenker bei der Übertragung eines Teils eines Mitunternehmeranteils Mitunternehmer der Personengesellschaft, so ist die quotale Mitübertragung des Sonderbetriebsvermögens nicht erforderlich. Vielmehr kann das Sonderbetriebsvermögen überquotal oder unterquotal übertragen oder insgesamt zurückbehalten werden, wenn es Sonderbetriebsvermögen der Mitunternehmerschaft bleibt.[173] Die Gewährung der Begünstigungen der §§ 13a, 19a ErbStG ist daher bei Zurückbehalt wesentlicher Betriebsgrundlagen des Sonderbetriebsvermögens nur möglich, wenn der Nießbraucher Mitunternehmer und das Sonderbetriebsvermögen auch nach der Übertragung des Gesellschaftsanteils unter Nießbrauchsvorbehalt Sonderbetriebsvermögen der Gesellschaft bleibt. Auch ist zu beachten, dass eine etwaige spätere Übertragung des zurückbehaltenen Sonderbetriebsvermö-

---

[167] Vgl. zu Einzelheiten der Regelung des § 25 ErbStG aF *Moench/Weinmann* § 25 ErbStG.
[168] Statt vieler *Hochheim/Wagenmann* ZEV 2010, 109.
[169] BFH v. 23.2.2010, BStBl. II 2010, 555.
[170] BFH v. 16.5.2013, BStBl. II 2013, 635; *Moench/Weinmann* § 13b ErbStG, Rn. 23a.
[171] Zustimmend *Wachter* DStR 2013, 1929.
[172] R E 13b.5 Abs. 3 S. 7, 8 ErbStR; *Moench/Weinmann* § 13b ErbStG, Rn. 32.
[173] R E 13b.5 Abs. 3 S. 5, 6 ErbStR.

gens nur dann gem. §§ 13a, 19a ErbStG begünstigt sein kann, wenn der Nießbraucher noch Mitunternehmer ist.

Die Gewährung der Steuerbefreiungen des § 13a ErbStG hat zur Folge, dass der Beschenkte (der Nießbrauchbesteller) gem. § 10 Abs. 6 S. 4 ErbStG die Belastung aufgrund des Vorbehaltsnießbrauchs lediglich zu dem Anteil abziehen kann, der dem Anteil des nach Anwendung des § 13a ErbStG anzusetzenden Werts des Mitunternehmeranteils zum Wert vor Anwendung des § 13a ErbStG entspricht. Entfallen aufgrund eines Verstoßes gegen die Lohnsummenregelung bzw. die Behaltensregelungen die Begünstigungen des § 13a ErbStG anteilig, so erhöht sich dementsprechend der abzugsfähige Anteil der Nießbrauchsbelastung. **91**

Verstirbt der Nießbraucher, so erlischt das Nießbrauchsrecht. Dies hat als Reflex eine Wertsteigerung des Gesellschaftsanteils beim Nießbrauchbesteller zur Folge, die aber nicht erbschaftsteuerbar ist.[174] Bei auf Lebenszeit bestelltem Vorbehaltsnießbrauch hat der todesbedingte Wegfall der Nießbrauchsbelastung innerhalb der zeitlichen Grenzen des § 14 Abs. 2 BewG zur Folge, dass diese nicht nach der statistischen Lebenserwartung, sondern nach der tatsächlichen Dauer des Nießbrauchs zu bewerten ist. Die Schenkungsteuer des Beschenkten (dh des Nießbrauchbestellers) ist dann gem. § 14 Abs. 2 BewG zu berichtigen, so dass nicht der nach der statistischen Lebenserwartung ermittelte Wert des Nießbrauchs abzugsfähig ist, sondern der nach der tatsächlichen Dauer des Nießbrauchs ermittelte Wert. Diese Berichtigung führt zu einer schenkungsteuerlichen Mehrbelastung,[175] es sei denn die Schenkung war aufgrund der Optionsverschonung gem. § 13a Abs. 8 ErbStG in vollem Umfang schenkungsteuerbefreit. **92**

---

[174] *Moench/Weinmann* § 3 ErbStG, Rn. 2; *Troll/Gebel/Jülicher*, § 3 ErbStG, Rn. 4; *Mielke* DStR 2014, 18.
[175] *Mielke* DStR 2014, 18.

11. Kapitel. Haftung der Gesellschafter

§ 42 Haftung des Komplementärs

Übersicht

	Rn.		Rn.
I. Grundprinzip	1	b) Rückgriff gegenüber den Mitgesellschaftern	19
II. Die Haftung der Komplementär-GmbH	2	c) Abweichende Vertragsregelungen	20
1. Grundlagen	2	4. Die Haftung der Komplementär-GmbH nach Ausscheiden aus der GmbH & Co. KG	21
a) Unbeschränkte Haftung der Komplementär-GmbH	2	a) Forthaftung für bestehende Gesellschaftsverbindlichkeiten	21
b) Grundsatz der Akzessorietät	4		
c) Haftung für Altverbindlichkeiten	10		
2. Der Inhalt der Haftung der Komplementär-GmbH	12	b) Dauerschuldverhältnisse	23
a) Ausgangspunkt, Meinungsstand	12	c) Regress des ausgeschiedenen Gesellschafters	26
b) Verpflichtung zur Abgabe einer Willenserklärung	14	5. Einwendungen und Einreden	27
c) Unterlassungs- und Duldungspflichten	15	a) Einwendungen der Gesellschaft	27
3. Regress	18	b) Verjährung	30
a) Gesetzlicher Regelfall	18	c) Persönliche Einwendungen	31

Schrifttum: *Armbruster*, Zur Nachhaftung ausgeschiedener Gesellschafter von Personengesellschaften, DZWiR 1997; *Durchlaub*, Haftung des Kommanditisten einer GmbH & Co. bei Einlagenrückzahlung, BB 1979, 143; *Elsing*, Erweiterte Kommanditistenhaftung und atypische Kommanditgesellschaft, 1977; *Emmerich*, Erfüllungstheorie oder Haftungstheorie – zur Auslegung der §§ 126 und 128 HGB, in FS Lukes, 1989, 639; *Glossner/Bredow/Bühler*, Das Schiedsgericht in der Praxis, 3. Aufl. 1990; *Hadding*, Zum Rückgriff des ausgeschiedenen haftenden Gesellschafters einer OHG oder KG, in FS Stimpel, 1985, 139 ff.; *Häsemeyer*, Kommanditistenhaftung und Insolvenzrecht, ZHR 149 (1985), 42 ff.; *Huber*, Vermögensanteil, Kapitalanteil und Gesellschaftsanteil an Personengesellschaften des Handelsrechts, 1970; *Joost*, Eigenkapitalersetzende Kommanditistenleistung – zugleich ein Beitrag zur Außenhaftung des Kommanditisten; *Kazele*, Aktuelle Fragen der Haftung ausgeschiedener Gesellschafter, INF 1997, 146; *Keuk*, Die Haftung des Kommanditisten für Schulden der Gesellschaft, ZHR 135 (1973), 410 ff.; *Kirsch*, Einlageleistung und Einlagerückgewährung im System der Kommanditistenhaftung, 1995; *Klamroth*, Erweitertes Haftungsrisiko der Kommanditisten der GmbH & Co. KG, BB 1972, 428; *Kornblum*, Die Haftung der Gesellschafter für Verbindlichkeiten von Personengesellschaften, 1972; *Kubis*, Der Regreß des Personenhandelsgesellschafters, 1988; *Maier-Reimer*, Nachhaftungsbegrenzung und neues Verjährungsrecht, DB 2002, 181 ff.; *Mundry*, Darlehen und stille Einlagen im Recht der Kommanditgesellschaft, 1990; *K. Schmidt*, Einlage und Haf-

11. Kapitel. Haftung der Gesellschafter

tung des Kommanditisten, 1976; *K. Schmidt*, Kommanditisteneinlage – Kapitalaufbringung und Kapitalerhaltung in der KG, ZGR 1976, 307 ff.; *K. Schmidt*, Zur Bareinlage durch Verrechnung und Aufrechnung in der Kommanditgesellschaft, ZGR 1986, 152 ff.

I. Grundprinzip

1 Die Haftungsverfassung in der GmbH & Co. KG[1] ist geprägt durch das Nebeneinander von (nur) beschränkter Haftung der Kommanditisten einerseits und **unbeschränkter Haftung der Komplementär-GmbH** andererseits. Die Rolle des Komplementärs als dem persönlich haftenden Gesellschafter im Sinne von § 161 Abs. 1 aE HGB, bei dem „eine Beschränkung der Haftung nicht stattfindet", wird zur Begrenzung der unternehmerischen Haftungsrisiken der GmbH zugewiesen, deren Gesellschafter ihrerseits grundsätzlich nicht für die Gesellschaftsverbindlichkeiten haften. Sind, wie häufig, die Kommanditisten zugleich Gesellschafter der Komplementär-GmbH und gegebenenfalls auch noch deren Geschäftsführer, verwirklicht die Wahl der Rechtsform der GmbH & Co. KG so entgegen der gesetzlichen Regelvorstellung die umfassende Leitungsbefugnis der nur beschränkt haftenden Kommanditisten.[2] Das macht die GmbH & Co. KG als Organisationsform attraktiv.

II. Die Haftung der Komplementär-GmbH

1. Grundlagen

2 a) **Unbeschränkte Haftung der Komplementär-GmbH.** Die Haftung der Komplementär-GmbH bestimmt sich gemäß § 161 Abs. 2 HGB nach den Regeln, wie sie für den Gesellschafter der OHG gelten.[3] Für Verbindlichkeiten der Gesellschaft haftet die Komplementär-GmbH deren Gläubigern danach persönlich, §§ 161 Abs. 2 iVm 128 S. 1 HGB; Einwendungen und Einreden, die nicht in ihrer Person begründet sind, kann die Komplementär-GmbH nur in den Grenzen von § 129 HGB geltend machen. Kennzeichnend für das Modell der persönlichen Gesellschafterhaftung in OHG und KG ist das Prinzip der **akzessorischen Gesellschafterhaftung**. Danach wird die Verbindlichkeit der GmbH & Co. KG notwendig von einer entsprechenden Verbindlichkeit der Komplementär-GmbH begleitet (äußere Akzessorietät), und es besteht grundsätzlich (zu den Ausnahmen → Rn. 12 ff.) Inhaltsgleichheit zwischen Gesellschafts- und Gesellschafterverbindlichkeit (inhaltliche Akzessorietät). Die Mithaftung der Komplementär-GmbH als persönlich haftende Gesellschafterin der GmbH & Co. KG beruht auf Gesetz und nicht auf einem wie immer einzuordnenden Akt der Doppelverpflich-

---

[1] Grundlegend *K. Schmidt*, Einlage und Haftung.
[2] Vgl. dazu *K. Schmidt*, Einlage und Haftung, 1 ff.
[3] Vgl. *Ebenroth/Boujong/Joost/Weipert* § 161 HGB Rn. 10.

tung, wie er früher teilweise für die GbR angenommen wurde.[4] Die Haftung der Komplementär-GmbH ist **zwingend**; haftungsbeschränkende oder -ausschließende Bestimmungen im Gesellschaftsvertrag sind unwirksam, §§ 128 S. 2 iVm 161 Abs. 2 HGB. Das schließt eine individualvertragliche Vereinbarung mit einem Gläubiger, nach der die Komplementär-GmbH nicht oder nicht unbeschränkt haften soll, ebenso wenig aus[5] wie Freistellungsvereinbarungen zwischen der Komplementär-GmbH und den Kommanditisten im Innenverhältnis.

Die Komplementär-GmbH haftet für die Verbindlichkeiten der GmbH & Co. KG **unmittelbar, primär und unbeschränkt**. Unmittelbar ist die Haftung deshalb, weil die GmbH einem direkten Anspruch der Gläubiger ausgesetzt ist, die die GmbH mit ihrem Gesellschaftsvermögen in Anspruch nehmen können; die Gläubiger sind nicht auf eine ihnen nur mittelbar zugutekommende Verlustdeckungs- oder Nachschussverpflichtung der Komplementär-GmbH gegenüber dem KG-Vermögen verwiesen. Die Haftung ist primär, weil der Gläubiger die Wahl hat, ob er erst gegen die KG oder erst gegen deren Komplementär-GmbH oder sogleich gegen beide gemeinsam vorgehen will; eine Einrede der Vorausklage kann die GmbH nicht erheben, sie haftet gleich dem selbstschuldnerischen Bürgen. Die Haftung ist schließlich unbeschränkt, weil die GmbH mit ihrem gesamten Vermögen und in unbegrenzter Höhe haftet, die Haftung also weder gegenständlich noch summenmäßig beschränkt ist. 3

b) Grundsatz der Akzessorietät. Aus der grundsätzlichen Inhaltsgleichheit von Gesellschafts- und Gesellschafterschuld folgt **keine Schuldidentität**; vielmehr sind die Gesellschaftsschuld einerseits und die Haftung der Komplementär-GmbH hierfür andererseits voneinander zu sondern. Deshalb bedarf es für die Durchsetzung einer Gesellschaftsschuld eines gegen die KG gerichteten Titels, während für die Durchsetzung der Haftung der Komplementär-GmbH ein gegen diese gerichteter Titel erforderlich ist (dazu im Einzelnen → § 43). Immer setzt die Entstehung einer Verbindlichkeit der Komplementär-GmbH als persönlich haftende Gesellschafterin aber eine Verbindlichkeit der GmbH & Co. KG voraus, **ohne dass es dabei auf den Haftungsgrund ankäme**.[6] 4

Die Haftung kann auch gegenüber einem Gesellschafter-Gläubiger (Kommanditist) bestehen, sofern es sich um echte **Drittansprüche** handelt und nicht um sog. „Sozialansprüche", also auf dem Gesellschaftsverhältnis beru- 5

---

[4] Vgl. GK/*Habersack* § 128 HGB Rn. 17 ff.; zur Theorie der Doppelverpflichtung und zur neueren Rechtsentwicklung der akzessorischen Haftung bei der GbR vgl. MüKo/*Schäfer* § 714 BGB Rn. 31 ff., 33 mwN; vgl. auch *Ulmer* ZIP 1999, 554 (557); überholt ist auch die früher vorherrschende Auffassung von der einheitlichen Schuld mit doppeltem Haftungsobjekt, dazu *Hueck* Recht der OHG § 21 II 2, 4.
[5] Vgl. BGH WM 1956, 1089; *Baumbach/Hopt* § 128 HGB Rn. 38.
[6] Str. Die Anwendung auf deliktische Ansprüche ablehnend *C. Schäfer* ZIP 2003, 1225 (1227), der § 128 HGB als Ausprägung der allgemeinen Vertrauenshaftung einordnet, die nur auf rechtsgeschäftlich begründete Verbindlichkeiten anwendbar sei; übereinst. *Altmeppen* NJW 1996, 1017 (1021); aA die hM; vgl. BGH NJW 2007, 2492; *Baumbach/Hopt* § 128 HGB Rn. 2 mwN.

hende Forderungen eines Gesellschafters gegen die Gesellschaft; für Letztere haftet die Komplementär-GmbH nicht. Eine Haftung auch für Sozialansprüche käme einer ungewollten Erhöhung der Beitragspflichten gleich und würde dem Rechtsgedanken des § 707 BGB widersprechen.[7] Für einen **Sozialanspruch** haften die Gesellschafter einschließlich der Komplementär-GmbH nach den Grundsätzen über den Gesamtschuldnerausgleich ausnahmsweise jedoch dann, wenn es um den Erstattungsanspruch nach Erfüllung einer Gesellschaftsschuld durch einen Gesellschafter geht und der gegen die Gesellschaft gerichtete Aufwendungsersatzanspruch durch diese nicht befriedigt wird.[8] Im Übrigen gilt für Ansprüche aus Drittgeschäften, dass ein Rückgriff gegen die Mitgesellschafter möglich ist, aber die Rechtsausübung Treuepflichtschranken unterliegt. Mitgesellschafter dürfen von einem Gesellschafter auch für Drittansprüche aufgrund der gesellschaftsrechtlichen Treuepflicht nur dann in Anspruch genommen werden, wenn eine Befriedigung aus dem Gesellschaftsvermögen nicht zu erwarten ist.[9]

6   Weil die Gesellschafterhaftung eine Gesellschaftsverbindlichkeit voraussetzt, führt der **Erlass** zugunsten der Gesellschaft zugleich auch zum Freiwerden der Gesellschafter von ihrer (akzessorischen) Mithaftung. Soll nach dem erklärten Gläubigerwillen der Erlass auf die Verbindlichkeit der GmbH & Co. KG beschränkt sein, ist im Einzelfall zu prüfen, ob die Erklärung wegen Unmöglichkeit der Rechtsfolge (kein isoliertes Fortbestehen der Gesellschafterhaftung) nichtig ist[10] oder ob hierin lediglich eine Ankündigung des Gläubigers zu sehen ist, er werde nur die Gesellschafter in Anspruch nehmen und gegen die Gesellschaft nicht vorgehen.

7   Maßgeblich für den Umfang der Haftung der Komplementär-GmbH ist immer die Höhe und der Inhalt der Gesellschaftsschuld. Erweiterungen oder Umgestaltungen der Gesellschaftsverbindlichkeit infolge von Unmöglichkeit, Verzug oder Schlechterfüllung wirken sich gleichermaßen auch immer auf die Komplementärverbindlichkeit aus.[11] Die **Unterbrechung der Verjährung** der Gesellschaft gegenüber, sei es durch Klage, sei es durch Anerkenntnis, wirkt auch zu Lasten der Komplementär-GmbH[12], umgekehrt gilt das nicht.[13] Einreden und Einwendungen der Gesellschaft kann auch die Komplementär-GmbH als Gesellschafter erheben (dazu → Rn. 26 f.).

---

[7] BGHZ 37, 299 (301); GK/*Habersack* § 128 HGB Rn. 12; *Baumbach/Hopt* § 128 HGB Rn. 22 ff.; *K. Schmidt* Gesellschaftsrecht § 49 I 2b.
[8] GK/*Habersack* § 128 HGB Rn. 12; *Baumbach/Hopt* § 128 HGB Rn. 22, 25.
[9] Vgl. GK/*Habersack* § 128 HGB Rn. 12, 26; *Hueck* Recht der OHG § 21 V 1; *K. Schmidt* Gesellschaftsrecht § 49 I 2b.
[10] So im Fall BGHZ 47, 376; dazu *K. Schmidt* Gesellschaftsrecht § 49 II 3a, S. 1411 f.; *Flume* Personengesellschaft § 16 IV, 2b; GK/*Habersack* § 128 HGB Rn. 12, 21.
[11] Vgl. BGHZ 36, 224 (226); BGH NJW 1979, 1361; MüKoHGB/*K. Schmidt* § 128 HGB Rn. 24.
[12] Sofern diese zum Zeitpunkt der Klagerhebung der Gesellschaft noch angehört, vgl. BGHZ 73, 217 (222); 104, 76 (80 f.) = NJW 1988, 1976.
[13] Zutr. MüKoHGB/*K. Schmidt* § 129 HGB Rn. 9; offen lassend noch BGHZ 104, 81.

Schließlich folgt die herrschende Auffassung aus dem Prinzip der akzessorischen Haftung, dass für die Gesellschaftsverbindlichkeit getroffene Abreden über den Erfüllungsort[14] ebenso wie eine **Schiedsgerichtsklausel** auch für die Verbindlichkeit der Komplementär-GmbH gelten.[15] Diese Auffassung beruht auf der heute überholten[16] Vorstellung, es handele sich bei Gesellschafts- und Gesellschafterhaftung um ein und dieselbe Schuld.[17] Bedenken begegnet auch der dogmatische Ansatz, die Erstreckung der Schiedsklausel auf die Gesellschafter auf § 128 HGB zu stützen,[18] denn bei § 128 HGB handelt es sich um eine materiellrechtliche Haftungsnorm; die Vereinbarung der Schiedsklausel kann insoweit auch nicht als eine bloße Modalität des Anspruchs angesehen werden. Eine Erstreckung einer Schiedsabrede auf die Komplementär-GmbH lässt sich somit allenfalls im Wege der **Auslegung** des Schiedsvertrags begründen: Im Zweifel ist eine von der GmbH & Co. KG vereinbarte Schiedsgerichtsabrede dahin auszulegen, dass sie auch die Komplementär-GmbH erfassen soll. Sie entfaltet ihr gegenüber indessen nur dann Rechtswirkung, wenn die Komplementär-GmbH den Schiedsvertrag selbst unterzeichnet oder den Unterzeichnenden zur Erstreckung bevollmächtigt hatte. Eine solche Bevollmächtigung durch die Komplementär-GmbH ist im Zweifel anzunehmen.[19] Allerdings wird die Komplementär-GmbH den Schiedsvertrag ohnehin regelmäßig selbst durch ihren Geschäftsführer abschließen, so dass es keiner besonderen Bevollmächtigung bedarf. Der im Schrifttum erhobene Einwand, eine Erstreckung einer Schiedsklausel auf die Komplementär-GmbH führe zu einer Verschlechterung ihrer prozessualen Situation,[20] ist im Ergebnis nicht überzeugend. Der Gläubiger könnte sonst nämlich entgegen dem Sinn der Schiedsgerichtsvereinbarung durch die Gesellschafterklage eine Entscheidung vor den ordentlichen Gerichten herbeiführen.[21] Demgegenüber erscheint es interessengerechter und vorzugswürdig, die Gesellschafts- und die Gesellschafterklage bei demselben Gericht zu konzentrieren. Wo die Komplementär-GmbH der Schiedsgerichtsklausel nicht unterworfen werden möchte, muss sie ihren entgegenstehenden Willen also zum Ausdruck bringen. In der Praxis empfiehlt es sich, in jedem Fall auf eine klarstellende Fassung des Schiedsvertrags zu achten, um Auslegungszweifel zu vermeiden.

Angesichts der grundlegenden Unterschiede zwischen akzessorischer Haftung und Gesamtschuld sind die Regelungen über die **Gesamtschuld** in den §§ 421 ff. BGB auf das Verhältnis der Verbindlichkeiten von Gesell-

---

[14] RGZ 32, 44; *Hueck* Recht der OHG § 21 II 2.
[15] Zum Theorienstreit vgl. BGH BB 1980, 489; OLG Köln NJW 1961, 1312.
[16] Vgl. *Baumbach/Hopt* § 128 HGB Rn. 8; MHdB GesR II/*Herchen* § 29 KG Rn. 3.
[17] Gegen eine Erstreckung von Schiedsklauseln auf den Gesellschafter *Heymann/Emmerich* § 128 HGB Rn. 12a.
[18] So aber BGH NJW-RR 1991, 423; *Schwab/Walter*, Schiedsgerichtsbarkeit, 68; ähnlich *Zöller-Geimer* § 1029 Rn. 64; dagegen zutr. *Baumbach/Hopt* § 128 HGB Rn. 40; MüKoHGB/*K. Schmidt* § 128 HGB Rn. 22; *K. Schmidt* DB 1989, 2315 (2318); *Stein/Jonas* § 1029 ZPO Rn. 34.
[19] Vgl. *K. Schmidt* DB 1989, 2315 (2318); *Baumbach/Hopt* § 128 HGB Rn. 40.
[20] So *Heymann/Emmerich* § 128 HGB Rn. 12a.
[21] Zutreffend *Glossner/Bredow/Bühler* Schiedsgericht Rn. 125.

schaft und Gesellschafter nur mit Zurückhaltung anwendbar. Unproblematisch ist insoweit nur die Anwendung von § 424 BGB.[22] Davon zu unterscheiden ist die in der Praxis verbreitete Verwendung des Begriffs der Gesamtschuld im Urteilstenor bei gleichzeitiger Entscheidung über die Gesellschafts- und Gesellschafterklage; sie ist zulässig.[23]

10 **c) Haftung für Altverbindlichkeiten.** In zeitlicher Hinsicht beschränkt sich die Haftung der Komplementär-GmbH nicht auf die während ihrer Mitgliedschaft in der KG begründeten Verbindlichkeiten, sondern umfasst auch **alle vor ihrem Eintritt** in die KG bereits **begründeten Gesellschaftsverbindlichkeiten**, § 130 Abs. 1 iVm § 161 Abs. 2 HGB. Tritt die Komplementär-GmbH in eine schon bestehende Handelsgesellschaft[24] ein, etwa im Falle des unechten Formwechsels von der OHG in die KG bei Rücktritt der bisherigen OHG-Gesellschafter in die Kommanditistenrolle, so haftet sie mit wirksamem Erwerb der Gesellschafterstellung folglich für alle bestehenden Gesellschaftsverbindlichkeiten unabhängig vom Zeitpunkt ihrer Begründung. Die Haftung nach § 130 HGB soll nach verbreiteter Auffassung aber nicht schon mit dem Eintritt in die Gesellschaft als solchem, sondern entsprechend § 123 HGB erst mit dem Wirksamwerden des Eintritts gegenüber den Gläubigern durch Eintragung als Gesellschafter in das Handelsregister oder durch die Fortsetzung der Gesellschaftsgeschäfte mit Zustimmung des neuen Gesellschafters begründet werden.[25] Dem ist nicht zu folgen. Maßgeblich ist der **wirksame Erwerb der Mitgliedschaft**, nicht die Verlautbarung im Handelsregister, denn § 130 HGB beruht nicht auf Vertrauens- oder Verkehrsschutzerwägungen, sondern dient der Rechtssicherheit und einem abstrakten Gläubigerschutz, indem ein einheitlicher Haftungsstatus aller Gesellschafter sichergestellt wird. Deshalb ist es auch unerheblich, ob die Übernahme der Komplementärrolle auf einem Beitritt zur Gesellschaft oder dem Erwerb einer bestehenden Beteiligung beruht.[26]

11 Nach **Ausscheiden** der Komplementär-GmbH aus der Gesellschaft muss die GmbH für danach begründete, neue Gesellschaftsverbindlichkeiten nicht mehr einstehen. Ihre zum Zeitpunkt des Ausscheidens begründete Haftung für die bis zu diesem Zeitpunkt entstandenen Verbindlichkeiten bleibt dagegen bestehen (dazu → Rn. 21 ff., 4).

2. Der Inhalt der Haftung der Komplementär-GmbH

12 **a) Ausgangspunkt, Meinungsstand.** Ist die GmbH & Co. KG Schuldnerin einer **Geldschuld**, haftet auch die Komplementär-GmbH auf Zahlung in Geld. Demgegenüber stellt sich die Frage nach dem **Inhalt der Komplementär-Haftung**, wenn die Gesellschaftsverbindlichkeit nicht auf Geld,

---

[22] Vgl. dazu auch *Baumbach/Hopt* § 128 HGB Rn. 20 u. § 129 Rn. 3.
[23] Zutr. *K. Schmidt* Gesellschaftsrecht § 49 II 4c.
[24] Zum Eintritt in eine GbR, die dabei zur OHG/KG wird, vgl. MüKoHGB/*K. Schmidt* § 130 HGB Rn. 2.
[25] Vgl. *Baumbach/Hopt* § 130 HGB Rn. 6; *Heymann/Emmerich* § 130 HGB Rn. 6.
[26] Vgl. zutr. GK/*Habersack* § 130 HGB Rn. 7, 9 mwN; MüKoHGB/*K. Schmidt* § 130 HGB Rn. 13 ff. u. § 173 Rn. 4 ff.

sondern auf eine Sachleistung, auf die Vornahme einer Handlung oder auf ein Unterlassen gerichtet ist. Sie wird von der sog. „Erfüllungstheorie" dahin beantwortet, dass der Gläubiger von der persönlich haftenden Gesellschafterin dieselbe Leistung verlangen kann wie von der Gesellschaft selbst.[27] Demgegenüber geht die sog. „Haftungstheorie" davon aus, die Komplementärin hafte stets nur auf Zahlung von Geld, bei Nichtgeldverbindlichkeiten also immer nur auf Schadensersatz in Geld. Hierfür beruft sie sich darauf, dass der persönlich haftende Gesellschafter nur wie ein Bürge hafte.[28]

Die höchstrichterliche **Rechtsprechung** hat eine eindeutige Festlegung 13 bislang vermieden, neigt aber deutlich zur **Erfüllungstheorie**: danach soll die Komplementärin jedenfalls dann zur inhaltsgleichen Leistung wie die Gesellschaft verpflichtet sein, wenn ihr dies nach dem Gegenstand der Schuld möglich ist. Das hat der BGH in BGHZ 23, 302 – ausgehend noch von der verfehlten Vorstellung, es liege „ein und dieselbe Schuld mit doppeltem Haftungsobjekt" vor – für den gegen eine OHG gerichteten Anspruch auf Rechnungslegung bejaht, freilich einschränkend angemerkt, der Gläubiger brauche sich jedenfalls dann nicht mit einer Haftung auf das Interesse zu begnügen, wenn die Erbringung der geschuldeten Leistung zu den gesellschaftlichen Pflichten des in Anspruch genommenen Gesellschafters gehöre. Den grundsätzlichen Vorrang einer mit der Gesellschafterschuld inhaltsgleichen Haftung des Komplementärs hat der BGH dann in BGHZ 73, 217 (221) für den Fall einer von der Gesellschaft geschuldeten Baumängelbeseitigung wie folgt begründet: „Weil der Kredit der handelsrechtlichen Personengesellschaft, bei der es sonst keine gläubigersichernden Maßregeln gibt, auf der Person des Gesellschafters und seiner Haftung beruht, erfordert es der Zweck dieser Haftung, dass der Gesellschafter auch bei anderen als Geldverpflichtungen jedenfalls dann dasselbe schuldet wie die Gesellschaft, wenn die Erfüllung den Gesellschafter in seiner gesellschaftsfreien Privatsphäre nicht wesentlich mehr als eine Geldleistung beeinträchtigt."[29] Das soll bei vertretbaren handwerklichen Leistungen, mit deren Erledigung Dritte gegen Entgelt beauftragt werden können, der Fall sein.[30] Für die **Praxis** ist danach davon auszugehen, dass der Gläubiger der GmbH & Co. KG die Komplementär-GmbH auf eine inhaltlich gleiche Leistung wie die GmbH & Co. KG in Anspruch nehmen kann, sofern dies nach dem Leistungsgegenstand in Betracht kommt. Aus dieser Einschränkung ergeben sich die Ausnahmen von der Regel:

b) Verpflichtung zur Abgabe einer Willenserklärung. An **Grenzen** 14 stößt die „Erfüllungstheorie" bei Verpflichtungen zur Abgabe einer Willenserklärung, denn die Erklärung des persönlich haftenden Gesellschafters

---

[27] Vgl. BGHZ 73, 217 (221).
[28] Vgl. zu den Theorien *Heymann/Emmerich* § 128 HGB Rn. 18 ff.; *Hueck* Recht der OHG § 21 II 2; MüKoHGB/*K. Schmidt* § 128 HGB Rn. 24; GK/*Habersack* § 128 HGB Rn. 27.
[29] Vgl. außerdem BGHZ 104, 76, 78 zur OHG: „Der einzelne Gesellschafter hat inhaltlich die gleiche Leistung zu erbringen wie die Gesellschaft selbst; denn die eigentlich geschuldete Leistung ist die Erfüllung der Schuld der Gesellschaft."
[30] BGH NJW 1979, 1361 (1362).

kann nie identisch sein mit derjenigen der Gesellschaft. Deshalb kann, wenn die GmbH & Co. KG etwa die Abgabe einer Auflassungserklärung schuldet, die Komplementär-GmbH nicht persönlich zur Auflassung verurteilt werden, obwohl sie als geschäftsführende Gesellschafterin die Verpflichtung der KG zu erfüllen hat.[31] Das Gleiche gilt für Verpflichtungen zur Vornahme **unvertretbarer Handlungen**, zB Auskunft oder Zeugniserteilung.[32] Unproblematisch mit demselben Schuldinhalt von der Komplementär-GmbH zu erfüllen sind hingegen Verpflichtungen der Gesellschaft zur Vornahme vertretbarer Handlungen.[33]

15 **c) Unterlassungs- und Duldungspflichten.** Regelmäßig nicht inhaltsgleich auf die Komplementär-GmbH erstreckbar sind auch Unterlassungs- und Duldungspflichten. Bei Duldungspflichten (zB zur Einwirkung auf ein Grundstück) erfolgt eine **Erstreckung nur**, wenn der Gesellschafter in der Lage ist, Widerstand gegen die Handlung zu leisten und auch persönlich duldungspflichtig ist.[34] Bei Unterlassungspflichten der Gesellschaft erfolgt grundsätzlich keine Erstreckung auf die Gesellschafter.[35] Häufig wird dies bei **Wettbewerbsverboten** relevant, wo die Frage einer Erstreckung auf die Gesellschafter zu entscheiden ist. Verpflichtet sich die GmbH & Co. KG etwa im Rahmen einer beschränkten persönlichen Dienstbarkeit, auf einem von ihr teilweise an einen Tankstellenpächter verpachteten Grundstück den Vertrieb von Benzin und Schmiermitteln zu unterlassen, so kann diese Unterlassungspflicht grundsätzlich nicht auf die Gesellschafter erstreckt werden. Doch kann die Auslegung ergeben, dass die Komplementär-GmbH bei Abschluss der Vereinbarung auch selbst verpflichtet werden sollte.

16 Für die Erstreckung der Unterlassungsverpflichtung auf die Komplementär-GmbH (und deren Geschäftsführer) reicht das Akzessorietätsprinzip grundsätzlich aber nicht aus; es bedarf regelmäßig der Heranziehung **eigenständiger Haftungsgrundlagen**. Diese können auch kraft Gesetzes bestehen; so zB bei der Haftung des geschäftsführenden Gesellschafters nach § 1 UWG oder § 14 MarkenG. Der Unterlassungsanspruch nach § 1 UWG hängt davon ab, ob der Gesellschafter neben der Gesellschaft als Störer in Betracht kommt, weil er selbst wettbewerbswidrig handelt oder Zuwiderhandlungen der Mitarbeiter oder der Mitgesellschafter pflichtwidrig nicht verhindert.[36]

17 Die Rechtsprechung hat die Erstreckung der Haftung auf Gesellschafter wiederholt aus § 242 BGB abgeleitet, wenn die vom Wettbewerbsverbot der Gesellschaft nicht erfassten Gesellschafter diesem Wettbewerbsverbot zuwi-

---

[31] Vielmehr ersetzt die Verurteilung der Gesellschaft bereits die vorzunehmende Erklärung (§ 894 ZPO); vgl. BGH NJW 2008, 1378 (zur GbR).
[32] Zutr. GK/*Habersack* § 128 HGB Rn. 36f.; aA zu Unrecht für den Fall der Rechnungslegung BGHZ 23, 302; dagegen *Baumbach/Hopt* § 128 HGB Rn. 15; *K. Schmidt* Gesellschaftsrecht § 49 III 2b, S. 1427f.
[33] Vgl. MüKoHGB/*K. Schmidt* § 128 HGB Rn. 27; GK/*Habersack* § 128 HGB Rn. 35.
[34] Vgl. *Baumbach/Hopt* § 128 HGB Rn. 16.
[35] Vgl. *Heymann/Emmerich* § 128 HGB Rn. 22.
[36] Eingeh. dazu *Emmerich*, FS Lukes, 639 (650).

§ 42 Haftung des Komplementärs

derhandelten.[37] Dies betraf allerdings durchweg Fälle, in denen die Gesellschafter der dem Wettbewerbsverbot unterworfenen Handelsgesellschaft durch die Betätigung in anderen Handelsgesellschaften mit – zumindest weitgehender – Personenidentität dem Wettbewerbsverbot gemeinsam zuwiderhandelnden, in denen also eine **Umgehung** der vertraglichen Verpflichtung nahe lag. Gegenüber einer Verallgemeinerung dieser Rechtsprechungstendenz ist demgemäß Zurückhaltung geboten.

3. Regress

a) **Gesetzlicher Regelfall.** Wer als Gesellschafter der GmbH & Co. KG, 18 sei es als Vollhafter, sei es als Kommanditist, für eine Gesellschaftsverbindlichkeit von einem Gläubiger in Anspruch genommen worden ist, kann nach § 110 HGB bei der Gesellschaft Rückgriff nehmen, ein ausgeschiedener Gesellschafter nach § 670 BGB; seine Leistung an den Gläubiger ist ihm als „Aufwendung in Gesellschaftsangelegenheiten" aus dem KG-Vermögen zu erstatten.[38] Die Frage, ob neben diesen Ersatzanspruch ein Übergang der Forderung des befriedigten Gläubigers auf den leistenden Gesellschafter kraft Gesetzes tritt, wird von der wohl vorherrschenden Auffassung verneint (keine Gesamtschuld zwischen Gesellschaft und Gesellschafter), ist mit einer im Vordringen begriffenen Meinung analog § 774 BGB aber richtigerweise zu bejahen.[39] Für die Gläubigerforderung bestellte **akzessorische Sicherheiten** gehen deshalb mit dieser auf den in Anspruch genommenen Gesellschafter über.

b) **Rückgriff gegenüber den Mitgesellschaftern.** Im Verhältnis der 19 Gesellschafter zueinander besteht im Hinblick auf ihre akzessorische Mithaftung für Gesellschaftsverbindlichkeiten **pro rata ihrer Verlustbeteiligung** ein Gesamtschuldverhältnis.[40] Der für eine Drittgläubigerforderung in Anspruch genommene Gesellschafter kann deshalb von den Mitgesellschaftern Ausgleich verlangen.[41] Vorrangig ist der Gesellschafter aber auf die Inanspruchnahme des Gesellschaftsvermögens verwiesen; nur wenn er dort keine Befriedigung erlangen kann, kann er sich an die Mitgesellschafter halten; sie haften insofern **subsidiär** und beschränkt auf den jeweiligen Verlustanteil.[42]

---

[37] Vgl. RGZ 136, 266 (267); BGHZ 59, 64 f.; BGH WM 1974, 253 (254); LM 22 zu § 128 HGB = WM 1975, 777; wN bei *Heymann/Emmerich* § 128 HGB Rn. 24 f.
[38] Vgl. BGHZ 37, 299 (301); 39, 319 (324); mwN bei *K. Schmidt* Gesellschaftsrecht § 49 V 1 in Fn. 90.
[39] BGHZ 39, 319 (323 f.) lehnt eine cessio legis mit dem Hinweis ab, es liege keine Gesamtschuld vor; für eine cessio legis entsprechend § 774 BGB zutr. aber *Kubis*, Regreß des Personenhandelsgesellschafters, 107 ff.; GK/*Habersack* § 128 HGB Rn. 43; *K. Schmidt* Gesellschaftsrecht § 49 V 1 mwN.
[40] *Baumbach/Hopt* § 128 HGB Rn. 27; *Heymann/Emmerich* § 110 HGB Rn. 15; MüKoHGB/*K. Schmidt* § 128 HGB Rn. 34.
[41] Nach BGH ZIP 2007, 2313 entsteht der Ausgleichsanspruch aus § 426 Abs. 1 BGB nicht erst mit Befriedigung des Gläubigers, sondern als Befreiungsanspruch bereits mit der Entstehung des Gesamtschuldverhältnisses.
[42] Vgl. *Baumbach/Hopt* § 128 HGB Rn. 27; *Heymann/Emmerich* § 110 HGB Rn. 15; GK/*Schäfer* § 110 HGB Rn. 32.

11. Kapitel. Haftung der Gesellschafter

20 **c) Abweichende Vertragsregelungen.** Abweichende Regelungen (zB in Gestalt von Befreiungszusagen, Verlustausgleichszusagen) sind möglich. Wer verpflichtet ist, die Gesellschaft von bestimmten Verbindlichkeiten endgültig freizuhalten, hat keinen Regressanspruch.[43] Der Gesellschaftsvertrag kann bestimmen, dass die Komplementär-GmbH im Innenverhältnis freigestellt werden soll. Die Gesellschafter können vor Schlussabrechnung den Regress untereinander generell ausschließen oder umgekehrt bereits zulassen (zur Vertragsgestaltung s →. §§ 58 ff.).

4. Die Haftung der Komplementär-GmbH nach Ausscheiden aus der GmbH & Co. KG

21 **a) Forthaftung für bestehende Gesellschaftsverbindlichkeiten.** Das Ausscheiden aus der GmbH & Co. KG, sei es durch Anteilsübertragung, sei es durch Aufgabe der Mitgliedschaft mit Anwachsungsfolge bei den übrigen Gesellschaftern, ändert nichts an der Haftung des Gesellschafters für bestehende Verbindlichkeiten der Gesellschaft. Weder die Komplementär-GmbH noch Kommanditisten können sich von der einmal begründeten Haftung durch Aufgabe ihrer Gesellschafterstellung befreien. Sie bleiben nach Maßgabe von § 160 HGB – im Rahmen der für sie maßgeblichen Haftungsregeln – neben den verbleibenden Gesellschaftern für die Gesellschaftsschulden in der Haftung. Das gilt auch dann, wenn die Gesellschaft mit Ausscheiden aufgelöst wird oder – durch Ausscheiden des vorletzten Gesellschafters – erlischt.[44]

22 Für nach dem **Ausscheiden** begründete Verbindlichkeiten haftet der Ausscheidende dagegen nicht mehr. Wird das Ausscheiden aber nicht im Handelsregister eingetragen und bekannt gemacht, kommt eine Rechtsscheinhaftung nach § 15 Abs. 1 HGB in Betracht. Bei Ausscheiden **begründet** sind alle Verbindlichkeiten, deren **Rechtsgrund** zu diesem Zeitpunkt bereits **gelegt** ist, mag auch die Fälligkeit der hieraus resultierenden Einzelansprüche erst später eintreten.[45] Schuldet also die Gesellschaft aufgrund eines vor dem Ausscheidungszeitpunkt abgeschlossenen Vertrages eine Werkleistung, die sie erst nach Ausscheiden erbringt, haftet der Ausgeschiedene hierfür ebenso wie für die Folgen einer Schlechtleistung der Gesellschaft, und zwar unabhängig vom Zeitpunkt seines Ausscheidens und unabhängig davon, zu welchem Zeitpunkt die Gegenleistung des Bestellers dem Gesellschaftsvermögen zufließt. Nachträgliche, haftungserweiternde Abreden im Rahmen eines bestehenden Vertragsverhältnisses, zB die Erhöhung einer Kreditlinie, gehen den Ausscheidenden dagegen nichts mehr an.[46]

23 **b) Dauerschuldverhältnisse.** Bei Dauerschuldverhältnissen haftet der Ausscheidende grundsätzlich für alle hieraus entstehenden Einzelansprüche,

---

[43] MüKoHGB/*K. Schmidt* § 128 HGB Rn. 37.
[44] Vgl. BGHZ 48, 203.
[45] St.Rspr. seit BGHZ 55, 267 (269); 142, 392; OLG Hamm NZG 2008, 101; Heymann/*Sonnenschein/Weitemeyer* § 160 HGB Rn. 7 f.; *K. Schmidt* Gesellschaftsrecht § 51 I 2.
[46] Vgl. MHdB GesR II/*Neubauer/Herchen* § 29 KG Rn. 21.

wenn nur das Vertragsverhältnis bei Ausscheiden begründet war. Das ist besonders bei Arbeitsverhältnissen etwa wegen der sich daraus ergebenden Pensionsverpflichtungen von besonderer Relevanz.[47] Die bis 1994 für den Ausscheidenden in § 159 Abs. 3 HGB aF bestimmte **fünfjährige Sonderverjährung** bot insoweit dem ausgeschiedenen Gesellschafter keinen Schutz, denn sie begann immer erst mit Fälligkeit des Einzelanspruchs zu laufen. Literatur und Rechtsprechung hatten deshalb ex lege Sonder-Enthaftungsregeln entwickelt, die auf eine Begrenzung der Nachhaftung auf die bis zum nächsten ordentlichen Kündigungstermin fällig werdenden Einzelansprüche und auf eine generelle Beschränkung der Nachhaftung auf bis zum Ablauf von fünf Jahren fällig gewordene Einzelansprüche – jeweils mit sich dann anschließender Einzelverjährung von fünf Jahren – hinausliefen.[48]

Durch das **Nachhaftungsbegrenzungsgesetz** vom 18.3.1994[49] in § 160 **24** HGB in seiner Fassung ab dem 26.3.1994 ist die Enthaftung ausscheidender Gesellschafter neu geregelt worden. Die bis dahin geltenden Rechtsregeln einschließlich der haftungseinschränkenden Rechtsprechung haben nur noch für Altverträge aus der Zeit davor Relevanz; vgl. dazu im Einzelnen die Übergangsbestimmungen in Art. 35 bis 37 EGHGB.

Nach der seit 26.3.1994 geltenden **Neuregelung** haftet der Ausgeschiedene für Altverbindlichkeiten generell, auch bei Dauerschuldverhältnissen, nur noch, wenn hieraus vor Ablauf von fünf Jahren nach seinem Ausscheiden Ansprüche fällig geworden und gegen ihn gerichtlich geltend gemacht sind, § 160 Abs. 1 S. 1 HGB. Die weitere für die Nachhaftung bestimmte Voraussetzung, dass der Anspruch innerhalb der 5-Jahres-Frist gerichtlich geltend gemacht wird, ist durch das Schuldrechtsmodernisierungsgesetz geändert worden. Mit Wirkung ab dem 1.1.2002 genügt es danach, wenn der Anspruch vor Ablauf der 5-Jahres-Frist nach Maßgabe von § 197 Abs. 1 Nr. 3 bis 5 BGB festgestellt ist, was insbesondere durch die rechtskräftige Feststellung des Anspruchs erfolgen kann, § 197 Abs. 1 Nr. 3 BGB. Weil die rechtzeitige Erhebung der Klage zur Hemmung der Verjährung führt (§ 160 Abs. 1 S. 3 HGB iVm § 204 BGB), liegt darin keine wesentliche Änderung der Rechtslage. Maßgeblich für den Beginn der 5-Jahres-Frist ist die Eintragung des Ausscheidens im Handelsregister, § 160 Abs. 1 S. 2 HGB. Eine gerichtliche Geltendmachung der Ansprüche als Nachhaftungsvoraussetzung ist entbehrlich, soweit der Gesellschafter den Anspruch schriftlich anerkennt (§ 160 Abs. 2 HGB). Der Anwendungsbereich des Nachhaftungsbegrenzungsgesetzes ist im Übrigen nicht auf Dauerschuldverhältnisse begrenzt.[50]

c) **Regress des ausgeschiedenen Gesellschafters.** Wer aus der GmbH **26** & Co. KG als Gesellschafter ausscheidet, kann nach §§ 161 Abs. 2, 105 Abs. 2 HGB, 738 Abs. 1 S. 2 BGB im Innenverhältnis von der Gesellschaft **Freistel-**

---

[47] BAG DB 2004, 1889 (1889f.).
[48] Vgl. grundlegend *Ulmer/Wiesner* ZHR 144 (1980), 407 ff.; BGHZ 70, 132 (137); 87, 286; BGH NJW 1985, 1899; 1983, 2943; zusammenfassend MüKoHGB/ *K. Schmidt* § 159 HGB Rn. 41 f.
[49] BGBl. I 560.
[50] Vgl. zu Einzelheiten der neuen Rechtslage Heymann/*Sonnenschein/Weitemeyer* §§ 159 f. HGB; *K. Schmidt* Gesellschaftsrecht § 51 II.

11. Kapitel. Haftung der Gesellschafter

lung von der Inanspruchnahme für Gesellschaftsverbindlichkeiten verlangen. Wird der ausgeschiedene Gesellschafter im Außenverhältnis von einem Gesellschaftsgläubiger in Anspruch genommen, kann er von der Gesellschaft Ausgleich verlangen, § 738 Abs. 1 BGB (zur cessio legis analog § 774 Abs. 1. BGB s. → Rn. 18); die ehemaligen Mitgesellschafter haften, soweit von der Gesellschaft kein Ersatz zu erlangen ist, als Gesamtschuldner.[51] All dies gilt für die Komplementär-GmbH wie für Kommanditisten im Grundsatz gleichermaßen.

5. Einwendungen und Einreden

27 **a) Einwendungen der Gesellschaft.** Die Mithaftung der Komplementär-GmbH ist akzessorisch und entspricht im Ausgangspunkt derjenigen des selbstschuldnerischen Bürgen. Dem entspricht es, dass die wegen einer Verbindlichkeit der Gesellschaft in Anspruch genommene Komplementär-GmbH neben den **Einwendungen**, die **in ihrer Person** begründet sind, gemäß § 129 Abs. 1 HGB auch alle Einwendungen tatsächlicher und rechtlicher Art in dem Umfang geltend machen kann, in dem sie der Gesellschaft zum Zeitpunkt ihrer Erhebung durch den Gesellschafter zustehen. Die Gesellschafterhaftung soll „grundsätzlich und gerade auch hinsichtlich aller Einwendungen – zugunsten und zuungunsten des Gesellschafters – mit der jeweiligen Gesellschafterverbindlichkeit übereinstimmen".[52]

28 Der Einwendungsbegriff in § 129 Abs. 1 HGB ist weit zu verstehen und umfasst auch die **Einreden**; mithin kann die Komplementärin grundsätzlich alle rechtshindernden, rechtsvernichtenden und rechtshemmenden Tatsachen wie das Fehlen oder die Nichtigkeit des Rechtsgeschäfts, auf das der geltend gemachte Anspruch gestützt wird, die Erfüllung oder die Leistung von Erfüllungssurrogaten, Erlass, Vergleich und Verwirkung, Verjährung, Ablauf von Ausschlussfristen, die befreiende Unmöglichkeit nach §§ 275, 323 BGB sowie das Eingreifen von Zurückbehaltungsrechten geltend machen. **Verliert** die Gesellschaft **Einwendungen**, zB durch Verzicht, Anerkenntnis oder Vergleich, so gilt dasselbe für die persönlich haftenden Gesellschafter.[53] Ergeht gegenüber der Gesellschaft ein rechtskräftiges Urteil, ist der Gesellschafter mit den Einwendungen präkludiert, die auch die Gesellschaft nicht mehr geltend machen kann.[54] Maßgebend ist insoweit § 767 Abs. 2 ZPO. Der Gesellschafter ist aber nicht auf die Vollstreckungsgegenklage angewiesen, sondern kann sich im Erkenntnisverfahren darauf berufen;[55] möglich bleibt auch der Einwand, der Gläubiger habe mit der Gesellschaft zum Nachteil des Gesellschafters in sittenwidriger Weise zusammengewirkt.[56] Ist über den gegen die Gesellschaft geltend gemachten Anspruch in Rechtskraft abschlägig entschieden, kann sich hierauf auch die Komplementärin beru-

---

[51] Vgl. MüKoHGB/*K. Schmidt* § 128 HGB Rn. 62.
[52] BGHZ 73, 217, 224; 104, 76, 78.
[53] Heymann/*Emmerich* § 129 HGB Rn. 5.
[54] Vgl. BGHZ 78, 114 (120 f.); 95, 330 (332 f.).
[55] RGZ 124, 146 (151 f.).
[56] Vgl. Heymann/*Emmerich* § 129 HGB Rn. 7.

fen.[57] Keine Anwendung findet § 129 Abs. 1 HGB auf solche Einwendungen, die sich in prozessrechtlichen Rechtsfolgen erschöpfen und keine materiellrechtliche Auswirkung haben, zB auf die Einrede der Rechtshängigkeit oder auf die Folgen einer rügelosen Einlassung nach § 39 ZPO.[58]

Gestaltungsrechte der Gesellschaft kann der Gesellschafter nicht ausüben (wohl aber die Komplementär-GmbH für die KG kraft ihrer Vertretungsmacht); das Gesetz schützt vor der persönlichen Inanspruchnahme durch die Gewährung von Leistungsverweigerungsrechten, die denjenigen des Bürgen entsprechen. Nach § 129 Abs. 2 HGB kann, solange der KG das Recht zusteht, das der Gesellschaftsverbindlichkeit zugrunde liegende Rechtsgeschäft anzufechten, der Gesellschafter die Befriedigung des Gläubigers verweigern. Dasselbe gilt, solange sich der Gläubiger durch Aufrechnung befriedigen kann, § 129 Abs. 3 HGB.[59] 29

b) Verjährung. Schon aus dem Akzessorietätsprinzip folgt, dass eine Inanspruchnahme der Komplementär-GmbH ausscheidet, wenn der Anspruch gegen die Gesellschaft verjährt ist und die Gesellschaft die **Verjährungseinrede** erhebt, was die Komplementär-GmbH aufgrund ihrer Vertretungsberechtigung für die KG tun kann.[60] Umgekehrt steht fest, dass die Unterbrechung der Verjährung gegenüber der Gesellschaft auch zu Lasten der Gesellschafter wirkt.[61] Nimmt der Gläubiger die Komplementärin persönlich vor Ablauf der Verjährung in Anspruch, kann diese – anders als der Bürge[62] – nicht einwenden, die Forderung gegen die Gesellschaft sei inzwischen verjährt.[63] Dagegen hat der BGH offen gelassen, ob die Klage gegen den Gesellschafter auch die Verjährung der Gesellschaftsschuld unterbricht. 30

c) Persönliche Einwendungen. § 129 Abs. 1 HGB bestätigt, dass der in Anspruch genommenen Komplementär-GmbH, was sich von selbst versteht, auch alle in ihrer Person begründeten Einwendungen offen stehen; das sind solche, die von der Entwicklung der Gesellschaftsverbindlichkeit unabhängig sind und auf dem Verhältnis zwischen Gesellschafter und Gläubiger beruhen. Dazu zählen etwa die vom Gläubiger gewährte **Stundung** oder die Entlassung aus der Haftung aufgrund Abrede mit dem Gläubiger. 31

---

[57] Heymann/*Emmerich* § 129 HGB Rn. 5a; MüKoHGB/*K. Schmidt* § 129 HGB Rn. 12.
[58] MüKoHGB/*K. Schmidt* § 129 HGB Rn. 5.
[59] Vgl. zu Einzelheiten MüKoHGB/*K. Schmidt* § 129 HGB Rn. 20ff.; *Ebenroth/Boujong/Joost/Strohn/Hillmann* § 129 HGB Rn. 12f.
[60] Die Verjährungsfrist richtet sich nach ganz hM ausschließlich nach der Gesellschaftsschuld. Es folgt bereits aus dem Akzessorietätsprinzip, dass der Anspruch aus § 128 HGB keiner eigenen Verjährungsfrist unterliegt; siehe BGH NZG 2010, 264 (267); GK/*Habersack* § 129 HGB Rn. 6 unter ausdr. Aufgabe der noch in der Voraufl. vertretenen abw. Meinung.
[61] Das gilt jedenfalls für diejenigen, die im Zeitpunkt der Unterbrechungshandlung noch Gesellschafter waren, BGHZ 73, 217 (222); 104, 81 f.; siehe zudem BGH NZG 2010, 264 (zur GbR).
[62] Vgl. MüKo/*Habersack* § 768 BGB Rn. 5.
[63] BGHZ 104, 76 (80).

§ 43 Haftung der Kommanditisten

Übersicht

	Rn.
I. Grundprinzipien.	1
1. Summenmäßig beschränkte Haftung	1
2. Regeln der Komplementärhaftung im Übrigen	2
II. Einzelheiten	3
1. Einlageverpflichtung und Haftsumme	3
a) Innen- und Außenverhältnis	3
b) Keine Deckungsgleichheit	4
2. Haftungsbefreiung durch Einlageleistung	6
a) Grundprinzip	6
b) Leistung auf die Einlageschuld	8
c) Objektive Wertdeckung	11
d) Einbuchen und Umbuchen von Kapitalkonten	13
e) Keine Einlageleistung in Anteilen der Komplementär-GmbH	14
3. Wiederaufleben der Haftung durch Einlagenrückgewähr	15
a) Belassen der Einlage im Gesellschaftsvermögen	15
b) Umwandlung des Kapitalkontos	17
c) Kapitalrückfluss causa societatis	18
d) Folgen	20
e) Einlagenrückgewähr bei Ausscheiden	21
4. Haftungsschädliche Gewinnentnahmen	22
a) Grundsatz	22
b) Scheingewinne	23
5. Rückzahlungen zu Lasten des Vermögens der Komplementär-GmbH	24
6. Unbeschränkte Kommanditistenhaftung in der GmbH & Co. KG?	25
a) Überblick	25
b) Haftung nach § 176 Abs. 1 HGB	26
c) Keine Haftung kraft Atypizität	28
III. Haftung des Kommanditisten nach Ausscheiden aus der Gesellschaft	30

Schrifttum: *Blaurock/Suttmeyer*, Kommanditeinlagen und negatives Kapitalkonto, JuS 1989, 96; *Bork*, Die Haftung des entlohnten Gesellschafter-Geschäftsführers bei der GmbH & Co. KG, AcP 184 (1984), 465; *Canaris*, Die Rückgewähr von Gesellschaftseinlagen durch Zuwendungen an Dritte, in FS Fischer, 31; *von Gerkan*, Zur Aufrechnung des Kommanditisten gegen den Haftungsanspruch im Konkurs der Gesellschaf, in FS Kellermann, 1991, 67; *Kornblum*, Die Haftung der Gesellschafter für Verbindlichkeiten von Personengesellschaften, 1972; *K. Schmidt*, Was wird aus der unbeschänkten Kommanditistenhaftung nach § 176 HGB?, GmbHR 2002, 341; *Maier-Reimer*, Nachhaftungsbegrenzung und neues Verjährungsrecht, DB 2002, 1818; *Steckhan*, Gesellschaftsvermögen der Kommanditgesellschaft und Privatvermögen des Komplementärs, DNotZ 1974, 69 (s. auch die Nachweise → § 42).

§ 43 Haftung des Kommanditisten

I. Grundprinzipien

1. Summenmäßig beschränkte Haftung

Nach § 171 Abs. 1, 1. Hs. HGB haftet der Kommanditist den Gläubigern 1 der Gesellschaft **bis zur Höhe seiner Einlage** unmittelbar; die Haftung ist nach § 171 Abs. 1, 2. Hs. HGB ausgeschlossen, soweit die Einlage geleistet ist. Im Verhältnis zu den Gesellschaftsgläubigern wird die Einlage des Kommanditisten durch den im Handelsregister angegebenen Betrag bestimmt, § 172 Abs. 1 HGB. Von der Haftung der Komplementär-GmbH für Verbindlichkeiten der GmbH & Co. KG unterscheidet sich die Haftung des Kommanditisten danach namentlich durch dreierlei: (1.) Der Kommanditist haftet Gläubigern der Gesellschaft nicht unbeschränkt, sondern **summenmäßig begrenzt** auf die Höhe seiner im Handelsregister verlautbarten Haftsumme. (2.) Der Kommanditist kann seine Haftung **ausschließen**, wenn und soweit er seine Einlage an die Gesellschaft leistet und dort belässt und so das Gesellschaftsvermögen in Höhe seiner Haftsumme vermehrt. (3.) Sofern der Kommanditist haftet, haftet er immer nur auf **Zahlung in Geld**.[1]

2. Regeln der Komplementärhaftung im Übrigen

Im Übrigen gelten für die Haftung der Kommanditisten die Grundsätze 2 der Komplementärhaftung. Wie die Komplementär-GmbH haftet der Kommanditist also **primär** und mit seinem ganzen Vermögen (wenn auch summenmäßig beschränkt). Seine Haftung ist **akzessorisch**, setzt also die Verbindlichkeit der Gesellschaft voraus, die ihrerseits von der Kommanditistenschuld strikt zu trennen ist (dazu → § 42 Rn. 2). Auf welchem Rechtsgrund die Verbindlichkeit der Gesellschaft beruht, ist unerheblich. Einwendungen und Einreden kann der Kommanditist wie die Komplementär-GmbH nur im Rahmen und nach Maßgabe von § 129 HGB geltend machen (vgl. näher → § 43 Rn. 26 ff.). In zeitlicher Hinsicht haftet der Kommanditist, wie § 173 Abs. 1 HGB ausdrücklich bestimmt, auch für die bei seinem Eintritt bereits begründeten Verbindlichkeiten, ohne dass es auf die Art des Erwerbs der Gesellschafterstellung ankommt. Für nach dem Ausscheiden begründete Verbindlichkeiten haftet der Kommanditist nicht mehr; die Verjährungs- und Enthaftungsregeln in §§ 159 und 160 HGB gelten auch für ihn. Schließlich gilt für den Regress des in Anspruch genommenen Kommanditisten dasselbe wie das für die Komplementär-GmbH oben Ausgeführte. Anders als der Komplementär wird der Kommanditist von einer Schiedsgerichtsklausel regelmäßig nicht erfasst.[2]

---

[1] Vgl. MüKoHGB/*K. Schmidt* §§ 171/172 HGB Rn. 16; ebenso *Ebenroth/Boujong/Joost/Strohn/Hillmann* § 171 HGB Rn. 11 f.; Anders ist es, wenn der Kommanditist wie ein Komplementär nach § 176 HGB in Anspruch genommen wird, vgl. MHdB GesR II/*Neubauer/Herchen* KG § 30 KG Rn. 11 ff.; *K. Schmidt* Gesellschaftsrecht § 55 III 1.

[2] Vgl. *Baumbach/Hopt* § 171 HGB Rn. 3; *K. Schmidt* DB 1989, 2315 (2318).

II. Einzelheiten

1. Einlageverpflichtung und Haftsumme

3 **a) Innen- und Außenverhältnis.** Für die Systematik der summenmäßig beschränkten Kommanditistenhaftung ist das **Nebeneinander** der Verpflichtung zur Leistung der **bedungenen Einlage** einerseits und der im Handelsregister **verlautbarten Haftsumme** andererseits von grundlegender Bedeutung. Erstere betrifft die Anspruchsbeziehung zwischen Gesellschaft und Gesellschafter, also das Innenverhältnis, Letzteres definiert den Umfang, bis zu dem der Kommanditist im Außenverhältnis von Gesellschaftsgläubigern höchstens in Anspruch genommen werden kann. Die Leistung der geschuldeten Einlage ist aber insofern auch für die Beziehungen zu den Gesellschaftsgläubigern von Bedeutung, als der Kommanditist von seiner Haftung im Außenverhältnis frei wird, sofern er durch Leistung seiner Einlage dem Gesellschaftsvermögen einen objektiven Wert in Höhe der Haftsumme zuführt. Außerdem ist der Anspruch der Gesellschaft auf Leistung der Einlage Bestandteil des Gesellschaftsvermögens und steht dort dem Vollstreckungszugriff durch Gläubiger wegen Gesellschaftsverbindlichkeiten offen.

4 **b) Keine Deckungsgleichheit.** Einlage und Haftsumme müssen weder ihrem Inhalt nach noch in ihrer Höhe deckungsgleich sein (vgl. § 172 Abs. 3 HGB). So kann der Kommanditist eine Sachleistung als Einlage versprechen (dazu → § 20 Rn. 17 f.), während die Haftsumme immer auf einen (Geld-) Betrag lautet. Schuldet der Kommanditist eine Einlage in Geld, kann der geschuldete Betrag **höher oder niedriger** sein als die im Handelsregister eingetragene Haftsumme. Praktisch relevant wird das Auseinanderfallen von Einlagepflicht und Haftsumme etwa dann, wenn die Gesellschaft im Außenverhältnis ein hohes Haftkapital zeigen will, ohne dass sie auf Betriebsmittel in derselben Höhe angewiesen ist. Dann mag daran gedacht werden, die im Innenverhältnis geschuldete Einlage niedriger anzusetzen als die im Handelsregister verlautbarte Haftsumme, zumal der Kommanditist den überschießenden Betrag nach Maßgabe von § 15a Abs. 2 S. 2 EStG steuerlich nutzbar machen und Verlustzuweisungen bis zur Höhe der Haftsumme mit anderen Einkünften verrechnen kann, auch wenn dadurch ein negatives Kapitalkonto entsteht (vgl. dazu eingeh. → § 6). Übersteigt die Haftsumme die Pflichteinlage, kann sich der Kommanditist über die Erbringung der Pflichteinlage hinaus von der weitergehenden Außenhaftung durch eine entsprechende Vermögenszuführung an die Gesellschaft – in Geld oder Sachwerten – mit Wirkung gegenüber den Gesellschaftsgläubigern befreien. Er ist also nicht darauf verwiesen, einen der Gläubiger zu befriedigen.[3] Die Gesellschaft muss dem Kommanditisten diese Art der Haftungsbefreiung ermöglichen, seine Leistung also in Empfang nehmen. Vorbehaltlich abweichender Regelungen im Gesellschaftsvertrag ändert dies aber nichts daran, dass im Verhältnis der Gesellschafter zueinander allein die gesellschaftsvertraglich be-

---

[3] Abw. *Schmelz* DStR 2006, 1704 (1708).

dungenen Pflichteinlagen maßgeblich sind. Hat der Kommanditist eine Sacheinlage versprochen, ist er gut beraten, das **Risiko einer Überbewertung** nicht in das Außenverhältnis zu tragen, sondern seine Haftsumme auf den Betrag zu beschränken, der durch seine Sachleistung sicher abgedeckt ist. Bestimmen die Gründer lediglich, dass im Handelsregister eine bestimmte 5 Haftsumme eingetragen werden soll, wird im Regelfall gegenüber der KG die Leistung einer Einlage in gleicher Höhe und in Geld versprochen sein. Dasselbe gilt im umgekehrten Fall, wenn im Gesellschaftsvertrag **nur** die zu leistende **Einlage bestimmt** ist; dann wird im Zweifel die Eintragung einer Haftsumme in derselben Höhe gewollt sein.[4] Für die **Vertragsgestaltung** empfiehlt es sich in jedem Fall dringend, Pflichteinlage und Haftsumme deutlich voneinander zu sondern und genau zu bestimmen (dazu → Rn. 3). Für die Höhe der Haftsumme ist bis zur Eintragung im Handelsregister die Bestimmung im Gesellschaftsvertrag maßgeblich, alsdann ausschließlich der Handelsregistereintrag, vgl. § 172 Abs. 1, 2 und 3 HGB. Erhöhungen und Herabsetzungen in der Folgezeit gelten dann zugunsten und zu Lasten der Gläubiger grundsätzlich erst ab Eintragung.[5]

2. Haftungsbefreiung durch Einlageleistung

a) **Grundprinzip.** Von der persönlichen Haftung gegenüber Gesell- 6 schaftsgläubigern kann sich der Kommanditist durch Leistung seiner Einlage in das Gesellschaftsvermögen **befreien,** § 171 Abs. 1 S. 2 HGB. Seine **Haftung lebt** – bis zur Höhe der verlautbarten Haftsumme – alsdann wieder **auf,** wenn und soweit der Kommanditist die Einlageleistung aus dem Gesellschaftsvermögen zurückerhält, § 172 Abs. 4 HGB. Unter welchen Voraussetzungen eine haftungsbefreiende Einlageleistung gegeben ist und wann eine zum Wiederaufleben der Haftung führende, schädliche Einlagenrückgewähr anzunehmen ist, wird zwischen den Vertretern der sog. „Vertragstheorie" und den Anhängern der sog. „Verrechnungstheorie" kontrovers diskutiert.[6]

Für die Praxis ist von Folgendem auszugehen: auf eine seine Haftung aus- 7 schließende Leistung in das Gesellschaftsvermögen kann sich der Kommanditist nur dann berufen, wenn er die Vermögenszuwendung **in Erfüllung** seiner Einlageschuld erbracht hat, also auf die Einlageschuld und nicht aus anderem Rechtsgrund geleistet hat (dazu sogleich b) und wenn er dabei dem Gesellschaftsvermögen eine **objektive Vermögensmehrung** zugeführt hat, also eine objektive Wertdeckung bewirkt hat (dazu unter c). Die Beweislast für die Einlageleistung und ihre haftungsbefreiende Wirkung liegt bei dem Kommanditisten.[7]

b) **Leistung auf die Einlageschuld.** Was der Kommanditist nicht in 8 Erfüllung seiner Einlageverpflichtung leistet, wirkt nicht haftungsbefreiend.

---

[4] BGH NJW 1977, 1820 (1821); *Baumbach/Hopt,* § 171 HGB Rn. 1; GK/*Schilling* § 161 HGB Rn. 7; MHdB GesR II/*Neubauer/Herchen* KG § 30 Rn. 9.
[5] Vgl. *K. Schmidt* Gesellschaftsrecht § 54 I 2e.
[6] Vgl. dazu *K. Schmidt,* Einlage und Haftung, 22 ff.; *Wiedemann* JZ 1986, 855 (856).
[7] Vgl. BGH WM 1977, 167 f.; NJW 1984, 2290 f.

11. Kapitel. Haftung der Gesellschafter

Rechtsgrund der Leistung muss also die Einlageschuld sein. Befriedigt der Kommanditist einen **Gesellschaftsgläubiger**, der ihn im Rahmen seiner Haftsumme wegen einer Gesellschaftsschuld in Anspruch nimmt, leistet er nicht auf seine Einlageschuld, sondern aufgrund der Außenhaftung im Rahmen der eingetragenen Haftsumme; weil er nicht seine Einlage leistet, behält die Gesellschaft ihren Einlageanspruch.[8] Der Kommanditist kann sich aber durch **Aufrechnung** mit seinem Regressanspruch aus § 161 Abs. 2 mit § 110 HGB (s. → § 42 Rn. 18) von der Einlageverbindlichkeit befreien.[9] Statt an den Gesellschaftsgläubiger zu leisten, kann der in Anspruch genommene Kommanditist aber immer auch seine Einlage an die Gesellschaft erbringen und so die Außenhaftung abwenden. Die **Zahlung an einen Dritten** kann aber Leistung der Einlage sein, wenn die Schuldbefreiung als Sacheinlage versprochen worden ist oder wenn sie auf Veranlassung der Gesellschaft im Sinne einer abgekürzten Leistung erfolgt.[10]

9 Die Gewährung von **Darlehen** an die KG ist keine Einlageleistung und wirkt demgemäß nicht haftungsbefreiend. Anders liegt es in Fällen der so genannten **„gespliteten Einlage"**, bei der, namentlich bei Publikumsgesellschaften, im Gesellschaftsvertrag vorgesehen ist, die Haftsumme zT durch eine Bareinlage und zT durch ein Darlehen zu belegen. Im Wege der Auslegung ergibt sich dabei häufig, dass es sich bei dem Darlehen in Wahrheit um die Zuführung von Eigenkapital handeln soll; die Kommanditeinlage wird dann auf ein Festkapitalkonto und auf ein „bewegliches Darlehenskonto" gestellt. Der Eigenkapitalcharakter der Darlehensgewährung wird in diesen Fällen zum Vorteil und zum Nachteil des Kommanditisten zugrunde gelegt; seiner Zahlung kommt Haftungsbefreiung zu, doch kann er im Konkurs auch keinen Anspruch auf Darlehensrückgewähr geltend machen.[11] Dasselbe kann für die Aufbringung eines **Agio** oder eine **stille Einlage** gelten, wenn die Auslegung ergibt, dass es sich in Wahrheit um Kommanditistenbeträge mit teils fixem, teils beweglichem Charakter handeln sollte.

10 Vereinbarungen zwischen Gesellschaft und Kommanditist, wonach dem Kommanditisten die Einlage erlassen oder gestundet wird, sind gegenüber den Gläubigern unwirksam, § 172 Abs. 3 HGB; haftungsbefreiende Wirkung kommt diesen Abreden nicht zu. Das **„Stehenlassen"** von tatsächlich erzielten entnahmefähigen **Gewinnanteilen** durch den Kommanditisten kann befreiende Einlageleistung sein. Ein **Dritter** kann nach § 267 BGB haftungsbefreiend für den Kommanditisten die Einlage leisten.

11 c) **Objektive Wertdeckung.** Haftungsbefreiend ist die Einlageleistung nur dann, wenn der objektive Wert der Einlage zu einer entsprechenden **Vermehrung des Gesellschaftsvermögens** in Höhe der Haftsumme

---

[8] BGH NJW 1984, 2290 (2291); *Baumbach/Hopt*, § 171 HGB Rn. 8.
[9] BGHZ 63, 338 (342); BGH NJW 84, 2290; MüKoHGB/*K. Schmidt* §§ 171/172 HGB Rn. 50; *Ebenroth/Boujong/Joost/Strohn/Hillmann* § 171 HGB Rn. 51; dies gilt auch noch im Falle der Insolvenz der KG, vgl. OLG Dresden DB 2004, 1770f.
[10] Dazu *K. Schmidt* ZHR 157 (1993), 304 ff.
[11] Vgl. aus der Rspr. BGH LM Nr. 21 zu § 171 HGB = NJW 1982, 2253 m. Anm. *K. Schmidt*; OLG Köln ZIP 1982, 310; zum Ganzen auch MüKoHGB/*K. Schmidt* §§ 171/172 HGB Rn. 49.

führt.[12] Die Frage objektiver Wertdeckung stellt sich namentlich bei Sachleistungen und Verrechnungsvorgängen. Leistet der Gesellschafter bei einer verlautbarten Haftsumme von 100 eine Sacheinlage, deren objektiver Wert im Zeitpunkt der Einlageleistung (nicht bei Begründung der Einlageschuld) nur 80 beträgt, bleibt er mit 20 im Außenverhältnis verhaftet.

Rechnet der Kommanditist mit einer Forderung gegen die KG gegenüber der Einlageschuld **auf**, wirkt dies haftungsbefreiend nur dann, wenn seine Forderung gegen die KG vollwertig war.[13] Anderes gilt nur dann, wenn seine Forderung ein Regressanspruch nach §§ 161 Abs. 2 iVm 110 HGB nach Inanspruchnahme durch einen Gesellschaftsgläubiger ist. Dann kommt es auf die Vollwertigkeit nicht an, weil der Kommanditist einen seiner Haftsumme entsprechenden Betrag zugunsten der Gläubiger bereits zur Verfügung gestellt hat und unter Haftungsgesichtspunkten gegen eine Nennwertaufrechnung keine Einwendungen zu erheben sind.

12

d) Einbuchen und Umbuchen von Kapitalkonten. Die Einlage kann auch durch eine so genannte Einbuchung geleistet werden: die Einlage wird dem Kommanditisten auf seinem Konto gutgeschrieben, er leistet die Einlage indes nicht aus seinem eigenen Vermögen, sondern diese wird dem Konto eines anderen Gesellschafters abgeschrieben. Praktische Bedeutung kommt derartigen Gestaltungen vor allem im Zuge **vorweggenommener Erbfolge** zu, wenn die Gutschrift von dem Konto des bisherigen ausscheidenden Gesellschafters zugunsten seiner in die Gesellschaft eintretenden Abkömmlinge erbracht wird. Die Einlageleistung kann sowohl aus dem Vermögen eines persönlich haftenden Gesellschafters[14] als auch aus dem eines beschränkt haftenden Gesellschafters erfolgen. Im letzteren Falle ist indes zu beachten, dass die Leistung aus dem ungebundenen Kapital erfolgt, um nicht die Haftung nach § 172 Abs. 4 HGB auszulösen. Eine Umbuchung liegt auch dann vor, wenn die Position eines persönlich haftenden Gesellschafters in die eines Kommanditisten umgewandelt wird unter Eintragung der Haftsumme ins Handelsregister und der Fortführung des Kapitalkontos des Gesellschafters als das eines Kommanditisten. Den Altgläubigern haftet er dabei weiterhin unbeschränkt, den Neugläubigern beschränkt.[15] Die Einlage des Kommanditisten ist jedoch nur dann haftungsbefreiend erbracht, wenn das gebuchte Guthaben am Umbuchungsstichtag **wertmäßig** gedeckt ist. Dies kann auch bei einem negativen Kapitalkonto der Fall sein, weil dieses über die Werthaltigkeit der Anteile keine verlässliche Auskunft gibt.[16]

13

e) Keine Einlageleistung in Anteilen der Komplementär-GmbH. Nach § 172 Abs. 6 S. 1 HGB stellt es keine gegenüber den Gläubigern haftungsbefreiende Einlageleistung dar, wenn der Kommanditist Anteile an der

14

---

[12] BGHZ 95, 188 (197); *Baumbach/Hopt* § 171 HGB Rn. 6.
[13] BHZ 95, 188; *von Gerkan* FS Kellermann, 67 ff.; MHdB GesR II/*Neubauer/Herchen* KG § 30 Rn. 37 ff.
[14] Vgl. Heymann/*Horn* § 171 HGB Rn. 18; *K. Schmidt* Gesellschaftsrecht § 54 II 4a; aA *Steckhan* DNotZ 1974, 69.
[15] Vgl. *K. Schmidt* Gesellschaftsrecht § 54 II 4b.
[16] Vgl. BGHZ 101, 123 (126); *Blaurock/Suttmeyer* JuS 1989, 96; *K. Schmidt* Gesellschaftsrecht § 54 II 4b.

Komplementär-GmbH in das KG-Vermögen einbringt. In der Bestimmung kommt das Grundprinzip zum Ausdruck, dass das Stammkapital der GmbH kumulativ zur Aufbringung der Kommanditeinlagen aufgebracht werden muss; § 172 Abs. 6 S. 1 HGB schützt vor Umgehungen dieser gebotenen **kumulativen Kapitalaufbringung**.[17] Es ist danach ausgeschlossen, dass der Kommanditist – in seiner Eigenschaft als GmbH-Gesellschafter – bei der GmbH durch Einzahlung das Stammkapital aufbringt und sodann den so eingezahlten GmbH-Anteil – ohne weitere Vermögenszuwendung – dazu benutzt, mit haftungsbefreiender Wirkung seine Kommanditeinlage zu bewirken. Anders gesprochen: dem Gläubiger soll das gesicherte Vermögen der GmbH als Vollhafter und zusätzlich das verlautbarte Kommanditkapital für Vollstreckungszugriffe wegen Gesellschaftsschulden offen stehen. Für die **Einheits-GmbH & Co. KG** (dazu → § 3 Rn. 9 ff.) bedeutet dies, dass die Kommanditisten neben der Einlage der Komplementär-GmbH-Anteile noch weitere Einlageleistungen erbringen müssen, um sich von der Haftung im Außenverhältnis zu befreien.[18]

3. Wiederaufleben der Haftung durch Einlagenrückgewähr

15 **a) Belassen der Einlage im Gesellschaftsvermögen.** Die haftungsbefreiende Wirkung der Einlageleistung wird durch Einlagenrückgewähr wieder aufgehoben. Nach § 172 Abs. 4 HGB gilt die Einlage den Gläubigern gegenüber als nicht geleistet, soweit die Einlage eines Kommanditisten zurückbezahlt wird. Das Gleiche gilt nach § 172 Abs. 4 S. 2 HGB, soweit der Kommanditist Gewinnanteile entnimmt, während sein Kapitalanteil durch Verlust unter den Betrag der geleisteten Einlage herabgemindert ist, oder soweit durch die Entnahme der Kapitalanteil unter den bezeichneten Betrag herabgemindert wird. **Haftungsbefreiend** wirkt die Einlageleistung also nur, solange und soweit der Kommanditist seine Leistung im Gesellschaftsvermögen belässt.

16 **Schädliche Einlagenrückgewähr** ist nach herrschender Auffassung jede Vermögenszuwendung an den Kommanditisten aus dem Gesellschaftsvermögen, der keine gleichwertige Gegenleistung gegenübersteht.[19] Obwohl das Gesetz von der Rückzahlung der „Einlage" spricht, ist dabei keine gegenständliche, sondern eine **wertmäßige Betrachtung** geboten. Es kommt also nicht darauf an, ob dem Kommanditisten gerade das von ihm als Einlage Erbrachte, zB die von ihm erbrachte Sacheinlage, zurückgewährt wird. Entscheidend ist vielmehr die wertmäßige Vermögenszuwendung an ihn zu Lasten des Gesellschaftsvermögens. Deshalb kann auch eine Sachleistung an den Kommanditisten Einlagenrückgewähr sein, die in Höhe des objektiven Wertes der Sachleistung zu einem Wiederaufleben seiner Außenhaftung führt.[20]

---

[17] *Baumbach/Hopt* § 172 HGB Rn. 13; *Heymann/Horn* § 172 HGB Rn. 27.
[18] Zum Ganzen MüKoHGB/*K. Schmidt* §§ 171/172 HGB Rn. 124 ff.
[19] Vgl. BGHZ 39, 319 (331); OLG Hamm NJW-RR 1995, 489 f.; GK/*Schilling* § 172 HGB Rn. 9. Dies gilt indes nur, soweit die Einlagenrückgewähr auch die Haftsumme betrifft, vgl. LG Hamburg NZG 2005, 76 (77).
[20] Vgl. GK/*Schilling* § 172 HGB Rn. 9.

b) Umwandlung des Kapitalkontos. Streitig ist, ob die Umwandlung 17
des Kapitalkontos in ein Darlehenskonto **haftungsbegründende Rückzahlung** im Sinne von § 172 Abs. 4 HGB ist[21] oder ob erst die Zahlung auf die Darlehensschuld die Haftung des Kommanditisten wieder aufleben lässt.[22] Weil in der Umbuchung auf Darlehenskonto nach dem Willen von Gesellschaft und Gesellschafter eine Forderung des Kommanditisten gegen die Gesellschaft begründet werden soll, ist Ersteres richtig.

c) Kapitalrückfluss causa societatis. Haftungsbegründende Rückzahlung 18
ist nur der Kapitalrückfluss an den Kommanditisten causa societatis. Zahlungen zu Lasten seines Darlehenskontos oder aus auf ihn entfallenen ausgewiesenen Gewinnanteilen sind keine Einlagenrückgewähr im Sinne von § 172 Abs. 4 HGB, ebenso wenig die Abwicklung von Austauschgeschäften, sofern Leistung und Gegenleistung in angemessenem Verhältnis zueinander stehen.[23] Gewährt die Gesellschaft dem Kommanditisten ein **Darlehen**, ist dies keine Einlagenrückgewähr, sofern und solange die Darlehensrückzahlung ernstlich gewollt und der Gesellschafter zur Rückzahlung imstande ist.[24] Keine Einlagenrückgewähr ist schließlich die Gewährung einer angemessenen **Tätigkeitsvergütung**.[25] Die unangemessen hohe Tätigkeitsvergütung führt dagegen in Höhe des unangemessenen Teils zum Wiederaufleben der Haftung.[26] Auch Zahlungen der Gesellschaft an Dritte können Einlagerückgewähr sein; so liegt es zB, wenn die Gesellschaft private Steuern des Kommanditisten begleicht.[27]

Vermögenszuwendungen an den Kommanditisten sind im Übrigen nach 19
herrschender Auffassung so lange unschädlich, wie dadurch nicht das Kapitalkonto unter den Betrag der Haftsumme fällt.[28] Dabei soll es nach der Rechtsprechung des BGH auf das buchmäßige Eigenkapital ankommen, während stille Reserven unberücksichtigt bleiben sollen. Das bedeutet für einen Kommanditisten, dessen Kapitalkonto allein aufgrund steuerlicher Sonderabschreibungen negativ geworden ist, dass Gewinnausschüttungen haftungsbegründend wirken.[29]

d) Folgen. Das Wiederaufleben der Haftung durch Einlagenrückgewähr 20
führt zur Wiederherstellung der Haftungssituation vor Einlageleistung: Der Kommanditist haftet **summenmäßig beschränkt** auf den Betrag der verlautbarten Haftsumme. Dabei bleibt es auch dann, wenn an ihn eine seine

---

[21] Dafür mit guten Gründen *K. Schmidt* Gesellschaftsrecht § 54 III 2a aA.
[22] Dafür im Anschluss an BGHZ 39, 319 (331) die vorh. Auffassung, vgl. Heymann/*Horn* § 172 HGB Rn. 10; GK/*Schilling* § 172 HGB Rn. 14, 17.
[23] Siehe OLG Hamm NZG 2010, 1298; *Baumbach/Hopt* § 172 Rn. 7.
[24] OLG Hamm NZG 2010, 1298 (1300).
[25] BAG NJW 1983, 1869; eingeh. dazu *Bork* AcP 184, 465.
[26] Vgl. MüKoHGB/*K. Schmidt* §§ 171/172 HGB Rn. 68.
[27] Vgl. BGH NJW 1973, 1036f.; OLG Hamm NZG 2010, 1298; grdl. zum Ganzen *Canaris* FS Fischer, 31.
[28] Vgl. BGHZ 84, 383; 109, 334; aA aber *K. Schmidt*, Einlage und Haftung, 79 ff.; MüKoHGB/*K. Schmidt* §§ 171/172 HGB Rn. 46.
[29] Vgl. dazu BGHZ 109, 334; MHdB GesR II/*Neubauer/Herchen* KG § 30 Rn. 59; *K. Schmidt* Gesellschaftsrecht § 54 III 2c, S. 1583 in Fn. 85 mwN.

Haftsumme **übersteigende Vermögenszuwendung** erfolgt; sie ist im Außenverhältnis irrelevant, kann aber zu einem Rückforderungsanspruch der Gesellschaft im Innenverhältnis führen.[30]

21 **e) Einlagenrückgewähr bei Ausscheiden.** Zum Wiederaufleben der Haftung kommt es auch dann, wenn die haftungsschädliche Einlagenrückgewähr im Zuge des Ausscheidens des Kommanditisten aus der Gesellschaft oder an einen bereits Ausgeschiedenen erfolgt. Die Aufgabe der Gesellschafterstellung führt nicht zur Befreiung von der Mithaftung für Verbindlichkeiten der Gesellschaft. Erhält der Ausscheidende aus dem Gesellschaftsvermögen eine Abfindung für die Aufgabe seiner Gesellschafterstellung, lebt seine durch Einlageleistung ausgeschlossene Außenhaftung wieder auf, sofern nicht die Zahlung zu Lasten seines den Betrag der Hafteinlage übersteigenden Kapitalkontos erfolgt.[31] Zur Verjährung sowie zur Enthaftung und zum Regress des Ausgeschiedenen vgl. → § 41 Rn. 19 ff., zur Haftung bei Ein- und Austritt und bei der Übertragung von Anteilen vgl. → § 28.

4. Haftungsschädliche Gewinnentnahmen

22 **a) Grundsatz.** Wie bereits erläutert (→ § 23 Rn. 18 ff.), hat der Kommanditist vorbehaltlich abweichender Regelungen im Gesellschaftsvertrag Anspruch auf Auszahlung des auf ihn entfallenden Gewinns (§ 169 Abs. 2 S. 2 HGB), den er auch dann nicht zurückzuzahlen hat, wenn die Gesellschaft in späteren Jahren Verluste macht (§ 169 Abs. 2 HGB). Gewinnentnahmen scheiden aber aus, solange das Kapitalkonto des Kommanditisten durch Verlust unter den auf die bedungene Einlage geleisteten Betrag herabgemindert ist oder durch die Gewinnauszahlung unter diesen Betrag gemindert würde, § 169 Abs. 2 S. 2, 2. Hs. HGB. Erfolgen im Widerspruch hierzu Gewinnauszahlungen an den Kommanditisten, führt dies nach § 172 Abs. 4 S. 2 HGB zu einem Wiederaufleben seiner Haftung im Außenverhältnis; die Gewinnentnahme steht der **haftungsschädlichen Einlagenrückgewähr** gleich.[32] Gewinnanteile müssen, um diese Konsequenz zu vermeiden, dem Kapitalkonto gutgeschrieben werden, solange es nicht wieder auf den Stand der bedungenen Einlage aufgefüllt ist. Es empfiehlt sich, dies im Gesellschaftsvertrag ausdrücklich vorzusehen.

23 **b) Scheingewinne.** Scheingewinne, die der Kommanditist in **gutem Glauben** und auf der Grundlage einer im guten Glauben errichteten Bilanz als Gewinnanteil bezieht, muss er nach § 172 Abs. 5 HGB „in keinem Fall zurückzahlen". Die Vorschrift ist lediglich auf Gewinne nach Jahresabschluss und Gewinnverwendungsbeschluss anwendbar, nicht dagegen auf Gewinnvoraus- oder Garantiezahlungen.[33] Die zugrundeliegende Bilanz muss darüber hinaus inhaltlich falsch sein, indem sie Gewinne ausweist, die tatsächlich

---

[30] Zutr. MüKoHGB/*K. Schmidt* §§ 171/172 HGB Rn. 65.
[31] Vgl. *Kornblum*, Haftung der Gesellschafter, 238 f.; *K. Schmidt* Gesellschaftsrecht § 54 IV 1.
[32] Dabei reicht es aus, dass der Verlust durch steuerliche Sonderabschreibungen entstanden ist; siehe BGHZ 109, 334 (337); BGH NJW 2009, 2126 (2127).
[33] BGH NJW 2009, 2126; MüKoHGB/*K. Schmidt* §§ 171/ 172 HGB Rn. 84.

nicht bestehen. Eine Anwendung auch bei Vorliegen einer inhaltlich richtigen Bilanz ist demgegenüber ausgeschlossen.[34] Die Vorschrift schützt den Kommanditisten richtigerweise nicht nur vor einem Aufleben seiner Haftung im Außenverhältnis, sondern auch vor einem Rückzahlungsanspruch der Gesellschaft.[35] Verbreitet wird dies im Schrifttum aber anders gesehen.[36]

5. Rückzahlungen zu Lasten des Vermögens der Komplementär-GmbH

Vermögenszuwendungen zu Lasten des Vermögens der Komplementär-GmbH an Kommanditisten berühren das Gesellschaftsvermögen nicht; sie spielen sich ausschließlich auf der Ebene der Gesellschafter ab und sind weder für die Außenhaftung der Kommanditisten noch für die Anspruchsbeziehung zwischen der KG und dem Zahlungsempfänger von Bedeutung. Maßgeblich sind allein die **GmbH-rechtlichen Kapitalerhaltungsvorschriften**. Sofern der Kommanditist zugleich GmbH-Gesellschafter ist, kann eine gegen §§ 30, 31 GmbHG verstoßende Einlagenrückgewähr oder eine verdeckte Gewinnausschüttung gegeben sein.[37] Werden die an die Komplementär-GmbH zu leistenden Einlagen absprachegemäß an die KG, an der die Inferenten als Kommanditisten beteiligt sind als Darlehen weitergeleitet, handelt es sich um einen Fall einer verbotenen Hin- und Herzahlung, mit der Folge, dass die Einlage entgegen § 19 Abs. 1 GmbHG nicht zur freien Verfügung der GmbH erbracht worden ist.[38] Komplementär-GmbH und KG sind keine „wirtschaftliche Einheit" sondern voneinander zu sondernde Rechtssubjekte. Die an der Komplementär-GmbH beteiligten Kommanditisten müssen die Einlage noch einmal erbringen.

24

6. Unbeschränkte Kommanditistenhaftung in der GmbH & Co. KG?

a) Überblick. Ausnahmsweise kommt eine unbeschränkte Haftung des Kommanditisten für Verbindlichkeiten der Gesellschaft in Betracht. Unter den in § 176 HGB bestimmten Voraussetzungen haftet der Kommanditist wie ein persönlich haftender Gesellschafter, nämlich bei einer (noch) **nicht im Handelsregister eingetragenen KG**, sofern er der Geschäftsaufnahme zugestimmt hat und bei Eintritt in eine bestehende KG vor Eintragung als Kommanditist sowie aus Sonderhaftungstatbeständen, namentlich aus Konzernhaftung.

25

---

[34] AllgM, vgl. nur BGH NJW 2009, 2126 (2127); GK/ *Schilling* § 172 HGB Rn. 16.
[35] Zutr. *K. Schmidt* Gesellschaftsrecht § 54 III 3b; MüKoHGB/*K. Schmidt* §§ 171/172 HGB Rn. 94; aA *Baumbach/Hopt* § 172 HGB Rn. 9.
[36] Vgl. Heymann/*Horn* § 172 HGB Rn. 23 mit der Einschränkung, dass kein Rückforderungsanspruch der KG entsteht, sondern nur Ausgleichsansprüche der Gesellschafter untereinander; *Schlegelberger/Martens* § 169 HGB Rn. 16 bis 18 für Bereicherungsanspruch der Gesellschaft; ebenso GK/*Schilling* § 169 HGB Rn. 9, § 172 Rn. 37.
[37] Zuletzt BGH NZG 2008, 143 (145); siehe bereits BGH NJW 1973, 1036; 1998, 3273; *Gehling* BB 2011, 73 (76).
[38] BGH NZG 2008, 143 (144).

11. Kapitel. Haftung der Gesellschafter

26 **b) Haftung nach § 176 Abs. 1 HGB.** § 176 HGB gilt auch für die GmbH & Co. KG und auch im Falle ihrer Ausgestaltung als Publikumsgesellschaft. Doch wird mit Recht die Frage erörtert, ob das Auftreten unter der Firma der GmbH & Co. ausreicht, das grundsätzlich schützenswerte Vertrauen der Gläubiger, das den beiden Tatbeständen von § 176 HGB zugrunde liegt, auszuschließen. Die herrschende Auffassung **bejaht** dies mit Recht.[39]

27 Auf Gesellschaften ohne Handelsgewerbe (GbR) findet § 176 HGB demgegenüber keine Anwendung (vgl. Abs. 1 S. 2). Tatsächlich ist das eine Haftungsverschärfung und keine Privilegierung, da die Gesellschafter einer GbR nach der neuen Rechtsprechung des BGH ebenfalls analog § 128 HGB haften.[40] Anders als die Kommanditisten einer noch nicht eingetragenen KG können Sie sich jedoch nur durch eine rechtsgeschäftliche Vereinbarung mit dem Gläubiger und nicht bereits durch die einseitige Mitteilung an den Rechtsverkehr von ihrer unbeschränkten Außenhaftung freizeichnen. In der Literatur wird aus diesem Grund teilweise für eine analoge Anwendung von § 176 Abs. 1 S. 1 HGB auf die GbR plädiert.[41] Das überzeugt, jedenfalls soweit die GbR von ihrem Recht auf Eintragung (§ 105 Abs. 2 HGB) durch Stellung des Eintragungsantrages bereits Gebrauch gemacht hat.[42]

28 **c) Keine Haftung kraft Atypizität.** Der BGH hat sich im sog. „Rektorfall"[43] mit der Frage befasst, ob der (eingetragene) Kommanditist bei atypischer Ausgestaltung der KG **wie ein Komplementär** unbeschränkt haftet, wenn er sich kraft Gesellschaftsvertrags die Kompetenzen eines Komplementärs sichert. Der BGH hat diese Frage verneint und sich damit vom Prinzip eines Gleichlaufs von Herrschaft und Haftung distanziert.

29 Zur Haftung des Kommanditisten als herrschendes Unternehmen einer abhängigen GmbH & Co. KG vgl. näher § 51 „Die GmbH & Co. KG als Konzernbaustein", zu Haftungsfragen bei Ein- und Austritt aus der GmbH & Co. KG und beim Anteilsübergang vgl. → §§ 28, 30, zur Gesellschafterhaftung in der Insolvenz vgl. → § 48.

III. Haftung des Kommanditisten nach Ausscheiden aus der Gesellschaft

30 Für Verbindlichkeiten, die vor seinem Ausscheiden aus der Gesellschaft begründet waren, haftet der Kommanditist im Rahmen seiner Haftsumme fort. Die in → § 42 Rn. 18 ff. (II. 4) zur Forthaftung der ausgeschiedenen Komplementärgesellschaft getroffenen Feststellungen gelten entsprechend.

---

[39] Vgl. OLG Frankfurt ZIP 2007, 1809; OLG Schleswig DZWiR 2005, 163; LG Lübeck DZWIR 2004, 390 (391); *Heymann/Horn* § 176 HGB Rn. 11; MüKoHGB/ *K. Schmidt* § 176 HGB Rn. 50 mwN; *K. Schmidt* GmbHR 2002, 341 (344 f.).
[40] BGHZ 146, 341.
[41] MüKoHGB/*K. Schmidt* § 176 HGB Rn. 3, 9: falls Eintragung ernsthaft angestrebt; abl. demgegenüber *Baumbach/Hopt* §§ 175, 176 Rn. 6.
[42] Wie hier auch *Dauner-Lieb* FS Lutter, 2000, 839.
[43] BGH NJW 1966, 1309.

12. Kapitel. Prozesse und Zwangsvollstreckung

§ 44 Die GmbH & Co. KG im Prozess

Übersicht

	Rn.		Rn.
I. Die Gesellschaft im Prozess	1	2. Prozesse zwischen Gesellschaft und (Mit-) Gesellschaftern	25
1. Parteifähigkeit der GmbH & Co. KG	1	III. Schiedsvereinbarungen	34
2. Abgrenzung zwischen Gesellschaftsprozess und Gesellschafterprozess	4	1. Allgemeines	34
		a) Schiedsvereinbarung	34
		b) Schiedsverfahren	42
3. Prozessfähigkeit	6	2. Schiedsverträge der Gesellschaft mit Dritten	45
4. Zustellungen	7		
5. Klageverfahren	8	3. Schiedsvereinbarungen in Gesellschaftsverträgen	47
6. Nebenintervention	10		
7. Vernehmung von Gesellschaftern und Geschäftsführern	11	a) Grundsatz	47
		aa) Gesellschaftsvertrag der GmbH & Co. KG	47
8. Auswirkung von Auflösung, Insolvenz und Vermögensübernahme auf den laufenden Rechtsstreit	13	bb) Satzung der Komplementär-GmbH	49
		cc) Verknüpfung	50
9. Kosten	16	b) Gegenstand von Schiedsvereinbarungen	51
10. Rechtskraft	18		
II. Der Gesellschafter im Prozess	19	c) Übertragung von Gesellschaftsanteilen	55
1. Allgemeines	19		

Schrifttum: *Bork/Oepen*, Einzelklagebefugnisse des Personengesellschafters, ZGR 2001, 515; *Ebbing*, Schiedsvereinbarungen in Gesellschaftsverträgen, NZG 1998, 281; *Ebbing*, Satzungsmäßige Schiedsklauseln, NZG 1999, 754; *Ebenroth/Bohne*, Die schiedsgerichtliche Überprüfung von Gesellschafterbeschlüssen in der GmbH, BB 1996, 1393; *Habersack*, Die Personengesellschaft und ihre Mitglieder in der Schiedsgerichtspraxis, SchiedsVZ 2003, 241; *Happ*, Die GmbH im Prozeß, 1997; *Henze*, Zur Schiedsfähigkeit von Gesellschafterbeschlüssen im GmbH-Recht, ZGR 1988, 542; *Hüffer*, Die Gesamthandsgesellschaft in Prozeß, Zwangsvollstreckung und Konkurs, in FS Stimpel, 1985, 165; *Jaeger*, Die offene Handelsgesellschaft im Zivilprozess, 1915; *Kröll*, Das neue deutsche Schiedsrecht vor staatlichen Gerichten, NJW 2001, 1173; *Lachmann*, Handbuch für die Schiedsgerichtspraxis, 3. Aufl. 2008; *Lörcher*, Das neue Recht der Schiedsgerichtsbarkeit, DB 1998, 245; *Noack*, Die Kommanditgesellschaft im Prozeß und in der Vollstreckung, DB 1973, 1157; *Reichert/Harbarth*, Statutarische Schiedsklauseln, NZG 2003, 379; *K. Schmidt*, Schiedsfähigkeit von GmbH-Beschlüssen, ZGR 1988, 523; *K. Schmidt*, Die Bindung von Personengesellschaftern an vertragliche Schiedsklauseln, DB 1989, 2315; *K. Schmidt*, Schiedsklauseln in Gesellschaftsverträgen der GmbH & Co. KG, GmbHR 1990, 16; *K. Schmidt*, Neues Schiedsverfahrensrecht und Gesellschaftsrechtspraxis, ZHR 162 (1998) 265; *K. Schmidt*, Schiedsklauseln und Schiedsverfahren im Gesellschaftsrecht als prozessuale Legitimationsprobleme, BB 2001, 1857.

I. Die Gesellschaft im Prozess

1. Parteifähigkeit der GmbH & Co. KG

1   Wer rechtsfähig ist, ist gemäß § 50 Abs. 1 ZPO auch parteifähig, kann also vor Gericht klagen und verklagt werden. Die **Rechtsfähigkeit** von Gesamthandsgesellschaften – und damit auch die einer GmbH & Co. KG – war früher umstritten.[1] Gleichwohl bejahte die ganz herrschende Meinung[2] die **Parteifähigkeit** von Kommanditgesellschaften aufgrund der Vorschriften der §§ 124 Abs. 1, 161 Abs. 2 HGB, wonach diese unter ihrer Firma vor Gericht klagen und verklagt werden können. Inzwischen sind die Rechtsfähigkeit und die Parteifähigkeit der (Außen-) Gesellschaft bürgerlichen Rechts vom Bundesgerichtshof[3] anerkannt und ist generell die Möglichkeit der Rechtsfähigkeit von Personengesellschaften in § 14 Abs. 2 BGB auch gesetzlich verankert. Die GmbH & Co. KG ist somit als (Außen-) Personengesellschaft mit der Fähigkeit selbständiger Rechtsträgerschaft[4] versehen und damit auch parteifähig.[5] Die Bestimmung des § 124 Abs. 1 HGB hat daher lediglich noch klarstellenden Charakter.

2   Da auch die (Außen-) Gesellschaft bürgerlichen Rechts rechts- und parteifähig ist,[6] **verliert** die GmbH & Co. KG ihre Parteifähigkeit **nicht**, wenn sie während des Rechtsstreits etwa durch Veräußerung ihres Handelsgeschäftes und Eintragung des Erlöschens ihrer Firma im Handelsregister zu einer GbR wird. Das gilt entsprechend in Umwandlungsfällen. Selbst wenn die Umwandlung vor der Rechtshängigkeit erfolgt, die Gesellschaft aber noch unter ihrer alten Rechtsformbezeichnung klagt und auftritt, ist sie parteifähig. Die falsche Bezeichnung des Rechtsträgers ist zu berichtigen.[7]

3   Die Parteifähigkeit der Kommanditgesellschaft **endet** mit der **Vollbeendigung** der Gesellschaft, also nicht bereits mit ihrer Auflösung (→ Rn. 13), sondern erst mit ihrer Vermögenslosigkeit.[8] Endet die Parteifähigkeit im laufenden Rechtsstreit, muss der klagende Gläubiger, wenn er eine Abweisung der Klage als unzulässig vermeiden will, die **Erledigung** der Hauptsa-

---

[1] Dagegen etwa RG JW 1914, 532; s.a. die Kritik von *K. Schmidt* Gesellschaftsrecht, § 46 II. 3. a).

[2] Vgl. aus dem zivilprozessualen Schrifttum bereits *Jaeger*, 3 (16); s.a. MüKoZPO/ *Lindacher* § 50 Rn. 27; Stein/Jonas/*Bork* § 50 Rn. 13 mwN; aus dem gesellschaftsrechtlichen Schrifttum *K. Schmidt* Gesellschaftsrecht, § 46 II. 3.

[3] BGH NJW 2001, 1056.

[4] Baumbach/*Hopt* § 124 Rn. 1; kritisch zur Rechtsfigur der Gesamthandsgesellschaft *K. Schmidt* Gesellschaftsrecht, § 8 III. 1., § 46 II. 1.

[5] MüKoHGB/*K. Schmidt* § 124 Rn. 22; MHdB GesR II/*Herchen* KG § 32 Rn. 1; Baumbach/Lauterbach/*Albers*/*Hartmann* § 50 ZPO Rn. 9, 8; Zöller/*Vollkommer* § 50 ZPO Rn. 17; Thomas/Putzo/*Hüßtege* § 50 Rn. 4.

[6] BGH NJW 2001, 1056.

[7] OLG Köln GmbHR 2003, 1489 (1491).

[8] GK/*Schäfer* § 131 HGB Rn. 52; MHdB GesR II/*Herchen* KG § 32 Rn. 2; Heymann/*Emmerich* § 124 Rn. 23; Röhricht/v. Westphalen/Haas § 124 Rn. 6; Zöller/*Vollkommer* § 50 ZPO Rn. 17a f.

che erklären.⁹ Die Gesellschaft kann dann zwar noch zur Kostentragung verurteilt werden.¹⁰ Wegen der fehlenden Realisierbarkeit der Forderung dürfte dies dem Gläubiger jedoch keinen wirtschaftlichen Vorteil bringen. Solange trotz bestehender Vermögenslosigkeit das Erlöschen der Firma der Gesellschaft nicht im Handelsregister eingetragen ist (§ 157 HGB), wird die GmbH & Co. KG, sofern sich der Gläubiger hierauf beruft, als fortbestehend behandelt (§ 15 HGB). Der Rechtsstreit nimmt dann seinen normalen Fortgang; einer Erledigungserklärung bedarf es nicht. Die Gesellschaft kann dann auch noch nach Vollbeendigung verklagt werden. Erst mit der Eintragung des Erlöschens ihrer Firma im Handelsregister tritt eine Erledigung des Rechtsstreits ein. Da die Eintragung des Erlöschens der Firma im Handelsregister nur deklaratorische Bedeutung hat,¹¹ kann sich die Gesellschaft ihrerseits zur Begründung ihrer Parteifähigkeit nicht auf die (noch) bestehende Handelsregistereintragung berufen. Vielmehr ist allein maßgebend, ob die Gesellschaft noch Vermögen hat. Das bedeutet: Im **Aktivprozess** kommt eine Vollbeendigung der Gesellschaft grundsätzlich nicht in Betracht. Hier genügt allein der Umstand, dass die Gesellschaft die gerichtliche Durchsetzung eines Anspruchs verfolgt, um ihre Parteifähigkeit zumindest bis zum Abschluss des Prozesses zu erhalten.¹² Klagt die Gesellschaft einen vermögensrechtlichen Anspruch ein, so wird sie bereits wegen des ihr möglicherweise zustehenden Vermögenswertes als parteifähig behandelt.¹³ Bei nichtvermögensrechtlichen Ansprüchen hängt die Parteifähigkeit davon ab, ob der Anspruch als Abwicklungsmaßnahme dem Erlöschen entgegensteht.¹⁴ Auch stehen der Gesellschaft im Obsiegensfall Kostenerstattungsansprüche zu, die der Annahme völliger Vermögenslosigkeit entgegenstehen.¹⁵ Ist allerdings mit deren Realisierung nicht zu rechnen, kann und muss die Gesellschaft den Rechtsstreit für erledigt erklären, anderenfalls die Klage als unzulässig abzuweisen ist. Auf die wegen möglicher Kostenerstattungsansprüche bestehenden Zweifel an der Vollbeendigung kann sich – auch noch im Rechtsmittelverfahren¹⁶ – allerdings allein die Gesellschaft, nicht der Gegner berufen, wenn er sich sonst zu seinem eigenen Prozessverhalten in Widerspruch setzen würde.¹⁷ Dementsprechend kann ein möglicher Kostenerstattungsanspruch der Gesellschaft im **Passivprozess** die Parteifähigkeit nur dann erhalten, wenn sie selbst hierauf gestützt ihre Parteifähigkeit rekla-

---

⁹ BGH NJW 1979, 1592; NJW 1982, 238 (239); Schlegelberger/*K. Schmidt* § 124 Rn. 33; Baumbach/*Hopt* § 124 Rn. 44; GK/*Habersack* § 124 HGB Rn. 39 m. N. zur Gegenansicht.
¹⁰ BGH WM 1981, 1387.
¹¹ Baumbach/*Hopt* § 157 Rn. 3.
¹² BGH WM 1981, 1387.
¹³ BGH NJW-RR 1991, 660; 1994, 542; OLG Koblenz NZG 2007, 431 (432) (GmbH)
¹⁴ *Bork* JZ 1991, 841 (847).
¹⁵ BGH NJW-RR 1986, 394; OLG Koblenz ZIP 1998, 967; Zöller/*Vollkommer* § 50 Rn. 4a.
¹⁶ BGH NZG 2004, 863 (864).
¹⁷ BGHZ 74, 212 (213).

miert.[18] Bestreitet der klagende Gläubiger, dass die Gesellschaft noch Vermögen hat, wird er den Rechtsstreit für erledigt erklären, anderenfalls die Klage als unzulässig abgewiesen wird.[19] Dies geschieht auch, wenn die Gesellschaft bereits bei Klageerhebung, weil vollbeendet, nicht mehr existent war. Zu ihren Gunsten kann dann auch kein Kostenfestsetzungsbeschluss ergehen, selbst wenn sich der ehemalige Geschäftsführer an dem Prozess beteiligt hat.[20] Der klagende Gläubiger trägt die Darlegungslast für die Behauptung der Parteifähigkeit der Gesellschaft. Stand diese jedoch zunächst außer Streit und macht die Gesellschaft im Laufe des Rechtsstreits geltend, jene verloren zu haben, muss sie Anhaltspunkte für die Richtigkeit ihrer Behauptung darlegen.[21] Besteht über die Parteifähigkeit der Gesellschaft **Unklarheit**, wird diese bis zur Beendigung des Streites fingiert. Es ergeht daher ein Sachurteil, nicht ein Prozessurteil.[22] Auch im Löschungsverfahren wird die Gesellschaft als fortbestehend angesehen, etwa, wenn sie sich mit Rechtsmitteln gegen die angekündigte Löschung ihrer Firma im Handelsregister wehrt und diese während des Rechtsstreits vollzogen wird.[23]

2. Abgrenzung zwischen Gesellschaftsprozess und Gesellschafterprozess

4   Nach § 124 Abs. 2 HGB bedarf es zur Zwangsvollstreckung in das Vermögen der Gesellschaft eines gegen die Gesellschaft gerichteten Titels (→ § 45 Rn. 1 ff.). Aus einem ausschließlich gegen die Gesellschaft gerichteten Titel kann der Gläubiger nicht in das Vermögen der Gesellschafter vollstrecken (§ 129 Abs. 4 HGB). Aus beiden Regelungen leitet sich die Notwendigkeit ab, zwischen Gesellschaftsprozess und Gesellschafterprozess zu differenzieren.[24]

5   Dies hat die folgenden praktischen Auswirkungen: Zunächst ist es sowohl im Aktiv- als auch im Passivprozess erforderlich, klarzustellen, ob die Gesellschaft und/oder die Gesellschafter **Partei** des Prozesses sein sollen. Im Rechtsstreit der GmbH & Co. KG hat ein **Wechsel** im Gesellschafterbestand keine Auswirkungen auf das laufende Verfahren.[25] Will der Gläubiger nicht mehr die Gesellschaft, sondern fortan die Gesellschafter in Anspruch nehmen, so kann er die Klage (nur) unter den Voraussetzungen des **gewillkürten Parteiwechsels** ändern.[26] Der gewillkürte Parteiwechsel wird wie eine

---

[18] Das kann sie jedoch nicht mehr, wenn die Komplementär-GmbH voll beendet ist, BGH WM 1981, 1387.
[19] BGHZ 74, 212 (213); BGH WM 1981, 1387 (1388).
[20] OLG Zweibrücken GmbHR 2004, 1472.
[21] BGH NZG 2004, 863 (864).
[22] Zöller/*Vollkommer* § 50 Rn. 4b.
[23] OLG Düsseldorf NJW-RR 2006, 903 (904).
[24] BGHZ 62, 131 (132); 64, 156; Baumbach/*Hopt* § 124 Rn. 41; MüKoHGB/*K. Schmidt* § 124 Rn. 29; Heymann/*Emmerich* § 124 Rn. 13; GK/*Habersack* § 124 HGB Rn. 26.
[25] BGHZ 62, 131 (133); BGH DB 1982, 2562; MHdB GesR II/*Herchen* KG § 32 Rn. 12; GK/*Habersack* § 124 HGB Rn. 26.
[26] BGHZ 62, 131 (132); BGH WM 1982, 1170; *Koller/Roth/Morck* § 124 Rn. 8; MüKoHGB/*K. Schmidt* § 124 Rn. 29; Heymann/*Emmerich* § 124 Rn. 24; krit. Henkel ZGR 1975, 236; aA noch RGZ 64, 77 (78).

Klageänderung, die im Passivprozess der Zustimmung des (alten) Beklagten, also der Gesellschaft bedarf, behandelt.[27] In der Berufungsinstanz ist außerdem die Zustimmung der Gesellschafter erforderlich, da diesen eine Instanz abgeschnitten wird.[28] Waren die Gesellschafter bereits als Geschäftsführer in den Prozess involviert, kann die Verweigerung der Zustimmung rechtsmissbräuchlich sein.[29] Im Aktivprozess kann die für den Klägerwechsel erforderliche Zustimmung des Beklagten durch die Bejahung der Sachdienlichkeit ersetzt werden.[30] Klagt der Gläubiger gleichzeitig gegen die Gesellschaft und ihre Gesellschafter, liegt ein Fall der **einfachen** und nicht der notwendigen **Streitgenossenschaft** vor.[31] Wie in diesem Fall der Klageantrag zu formulieren ist, ist streitig.[32] Ist ein Rechtsstreit gegen die Gesellschaft anhängig, kann der Gesellschafter, gegen den wegen derselben Angelegenheit Klage erhoben wird, nicht den Einwand doppelter **Rechtshängigkeit** erheben.[33] Darüber hinaus ergibt sich aus der Unterscheidung die Möglichkeit der Gesellschafter, der Gesellschaft als Nebenintervenienten beizutreten (dazu → Rn. 10). Schließlich sind Rechtsstreitigkeiten zwischen der **Gesellschaft und ihren Gesellschaftern** denkbar (dazu → Rn. 25).

3. Prozessfähigkeit

Die Frage, ob eine Gesellschaft prozessfähig ist, dh Prozesshandlungen 6 vornehmen und entgegennehmen kann, ist umstritten.[34] Grundsätzlich ist prozessfähig, wer auch geschäftsfähig ist (§ 52 ZPO). Die Frage fehlender Geschäftsfähigkeit stellt sich jedoch nur bei natürlichen Personen. Bei juristischen Personen und rechtsfähigen Personengesellschaften muss die Prozessfähigkeit in der Person ihrer gesetzlichen Vertreter vorliegen. Im Prozess wird die GmbH & Co. KG durch die Komplementär-GmbH als deren persönlich haftende Gesellschafterin vertreten (§§ 125, 161 Abs. 2, 170 HGB). Die **Vertretung** der Gesellschaft im Prozess ist von der Vertretungsmacht der Komplementär-GmbH umfasst (§ 126 Abs. 1 HGB). Die Komplementär-GmbH

---

[27] Argumentum e §§ 269 Abs. 1, 265 Abs. 2 Satz 2 ZPO; s.a. MüKoZPO/*Lüke* § 263 Rn. 23, 67 ff.

[28] MüKoZPO/*Lüke* § 263 Rn. 79.

[29] BGHZ 21, 285 (287).

[30] BGHZ 65, 264 (268); MüKoZPO/*Lüke* § 263 Rn. 72; aA Zöller/*Greger* § 263 Rn. 30.

[31] BGHZ 54, 251 (255 f.); 63, 54; BGH WM 1985, 750; NJW 1988, 2113; MüKoZPO/*Schilken* § 62 Rn. 14; Stein/Jonas/*Bork* § 62 Rn. 12; MüKoHGB/*K. Schmidt* § 128 Rn. 21; *Röhricht/v. Westphalen/Haas* § 128 Rn. 9c; Heymann/*Emmerich* § 124 Rn. 13; *Schiller* NJW 1971, 410 ff.

[32] OLG Hamburg MDR 1967, 50 („als unechte Gesamtschuldner"); LG Hamburg MDR 1967, 401 („als wären sie Gesamtschuldner"); Baumbach/*Hopt* § 128 Rn. 39 („als Gesamtschuldner"); *Röhricht/v. Westphalen/Haas* § 128 Rn. 9c („wie Gesamtschuldner").

[33] BGHZ 62, 131 (133).

[34] Bejahend BGHZ 94, 105 (108); BGH NJW 1965, 1666 (1667); Zöller/*Vollkommer* ZPO § 52 Rn. 2; verneinend BGHZ 38, 71 (75); Stein/Jonas/*Bork* § 51 Rn. 12; *Baumbach/Lauterbach/Albers/Hartmann* § 51 Rn. 4; Thomas/Putzo/*Hüßtege* § 52 Rn. 4; MHdB GesR II/*Herchen* KG § 32 Rn. 4; GK/*Habersack* § 124 HGB Rn. 27.

wird ihrerseits durch ihre Geschäftsführer vertreten (§ 35 Abs. 1 GmbHG).[35] Sind bei der Komplementär-GmbH mehrere Geschäftsführer vorhanden, müssen bei der Klageerhebung so viele Geschäftsführer mitwirken, wie es die Vertretungsregelung in der Satzung vorschreibt.[36] Fehlt eine die Vertretung regelnde Vorschrift in der Satzung, so gilt Gesamtvertretung (§ 35 Abs. 2 S. 2 GmbHG). Dabei können die Geschäftsführer in vertretungsberechtigter Zahl einen Geschäftsführer (auch nachträglich) ermächtigen, die Gesellschaft im Prozess allein zu vertreten.[37] Überschreiten die Geschäftsführer der Komplementär-GmbH mit der Klageerhebung ihre **Geschäftsführungsbefugnis**, etwa weil der Gesellschaftsvertrag der GmbH oder der KG wegen der Höhe der in Streit stehenden Forderung einen Zustimmungsvorbehalt enthält, ändert dies an der Wirksamkeit der Klageerhebung nichts (vgl. § 37 Abs. 2 GmbHG). Geben mehrere alleinvertretungsberechtigte Geschäftsführer der Komplementär-GmbH im Rechtsstreit gleichzeitig einander **widersprechende Erklärungen** ab, heben sich diese insgesamt auf.[38] Bei zeitlich aufeinander folgenden, sich widersprechenden Erklärungen ist zu unterscheiden. Sich widersprechender Sachvortrag ist im Ganzen zu würdigen. Die Wirksamkeit sich widersprechender prozessualer Erklärungen (Anerkenntnis, Geständnis, Rechtsmitteleinlegung und -verzicht) beurteilt sich nach der jeweiligen Verfahrenslage im Zeitpunkt der Abgabe der Erklärung. Tritt ein Geschäftsführer einer prozessualen Erklärung eines alleinvertretungsbefugten Mitgeschäftsführers nachträglich entgegen, entfaltet die spätere Erklärung grundsätzlich keine Wirksamkeit mehr, es sei denn, die zuvor abgegebene Erklärung kann, wie etwa bei einem Geständnis unter den Voraussetzungen des § 290 ZPO, noch widerrufen oder, wie bei Einlegung eines Rechtsmittels, zurückgenommen werden. Wird die Firma der Komplementär-GmbH während des Verfahrens wegen Vermögenslosigkeit im Handelsregister gelöscht, endet die gesetzliche Vertretungsbefugnis ihrer Geschäftsführer und verliert die Gesellschaft dadurch ihre Prozessfähigkeit. Dies führt allerdings nur dann zu einer Unterbrechung des Verfahrens, wenn die Gesellschaft nicht durch einen Prozessbevollmächtigten vertreten ist (§§ 141, 246 ZPO).[39]

4. Zustellungen

7   Zustellungen an die GmbH & Co. KG müssen gegenüber den Geschäftsführern der Komplementär-GmbH bewirkt werden (§ 170 Abs. 1 ZPO),[40] wobei sie gemäß § 177 ZPO an jedem Ort erfolgen können, wo die Geschäftsführer angetroffen werden, also auch in dem (von den Geschäftsräumen der KG abweichenden) Geschäftslokal der Komplementär-GmbH. Hat

---

[35] Scholz/*Emmerich* § 13 Rn. 24.
[36] GK/*Habersack* § 124 HGB Rn. 27.
[37] BGHZ 64, 72 (75); BAG DB 1981, 1044; Happ § 2 Rn. 10.
[38] Heymann/*Emmerich* § 124 Rn. 17, § 125 Rn. 10; MHdB GesR II/*Herchen* KG § 32 Rn. 6 aE; GK/*Habersack* § 124 HGB Rn. 28.
[39] OLG Karlsruhe GmbHR 2004, 1288; s.a. BGH ZIP 2008, 1025 zum Wechsel der organschaftlichen Vertretung.
[40] BayObLG BB 1989, 171; Lutter/Hommelhoff/*Kleindiek* § 35 Rn. 12f.; vgl. auch MüKoHGB/*K. Schmidt* § 125 Rn. 4.

die GmbH mehrere Geschäftsführer, reicht die Zustellung an einen von ihnen aus, auch wenn die Geschäftsführer nach der Satzung der Komplementär-GmbH nur gesamtvertretungsberechtigt sind (§§ 35 Abs. 2 S. 3 GmbHG, 170 Abs. 3 ZPO). Darüber hinaus können Zustellungen auch an einen rechtsgeschäftlich bestellten Vertreter der Gesellschaft, zB einen Prokuristen, erfolgen, wenn die Vertretungsmacht zur Entgegennahme von Zustellungen ermächtigt.[41] Dies ist durch Vorlage einer schriftlichen Vollmacht nachzuweisen (§ 171 Satz 2 ZPO). Im Wege der Ersatzzustellung können Zustellungen im Geschäftslokal der Gesellschaft an einen ihrer Mitarbeiter bewirkt werden, wenn der Geschäftsführer selbst nicht angetroffen wird oder an der Annahme verhindert ist (§ 178 Abs. 1 Nr. 2 ZPO).[42] Fehlt es an einem Geschäftslokal, kann die Ersatzzustellung in der Wohnung des Geschäftsführers an einen erwachsenen Familienangehörigen, einer in der Familie beschäftigte Person oder einen erwachsenen ständigen Mitbewohner (§ 178 Abs. 1 Nr. 1 ZPO) erfolgen oder durch Einlegen des zuzustellenden Schriftstücks in den Briefkasten (§ 180 ZPO), dessen Niederlegung beim Amtsgericht oder im Falle der Beauftragung der Post bei einer von dieser dafür bestimmten Stelle (§ 181 ZPO) bewirkt werden. Ist auch dies nicht möglich, kommt eine öffentliche Zustellung (§ 185 ZPO) in Betracht.

5. Klageverfahren

Gerichtsstand der Gesellschaft ist für Passivprozesse der Sitz der Gesellschaft (§ 17 ZPO). Weicht der im Gesellschaftsvertrag bestimmte Sitz bzw. der gem. § 106 Abs. 2 Nr. 2 HGB im Handelsregister eingetragene Sitz vom tatsächlichen Verwaltungssitz ab, ist grundsätzlich Letzterer maßgebend.[43] Hat die Gesellschaft ihren tatsächlichen Sitz verlegt und wird dies im Handelsregister nicht nachvollzogen, kann sich die Gesellschaft nicht auf die Unzuständigkeit des Gerichts berufen, wenn die Klage vor dem Gericht erhoben wird, das nach der Handelsregistereintragung zuständig ist (§ 15 Abs. 1 HGB). Ein Doppelsitz ist bei einer GmbH & Co. KG – anders als bei ihrer Komplementär-GmbH bei Vorliegen eines besonderen Bedürfnisses – unzulässig.[44] Verfügt die GmbH & Co. KG über eine Haupt- oder Zweigniederlassung, so ist nach § 21 ZPO auch der Gerichtsstand am Ort der Niederlassung eröffnet, sofern ein Bezug der Klage zum Geschäftsbetrieb der jeweiligen Niederlassung gegeben ist.[45]

8

In der **Klageschrift** ist die Gesellschaft unter ihrer **Firma** zu benennen (vgl. §§ 124 Abs. 1, 161 Abs. 2 HGB). Eine **fehlerhafte** Bezeichnung der Gesellschaft ist folgenlos, solange ihre Identität durch Auslegung ermittelt

9

---

[41] MHdB GesR II/*Herchen* KG § 32 Rn. 7.
[42] Baumbach/*Lauterbach*/*Albers*/*Hartmann* § 178 Rn. 16.
[43] BGH BB 1957, 799; MDR 1969, 662; KG GmbHR 1997, 314; Baumbach/*Hopt* § 106 Rn. 8; MüKoHGB/*Langhein* § 106 Rn. 29; aA GK/Schäfer § 106 HGB Rn. 19 f.; zur kollisionsrechtlichen Beurteilung siehe BGH NJW 2009, 289.
[44] Baumbach/*Hopt* § 106 Rn. 9; aA MüKoHGB/Langhein § 106 Rn. 27 (sofern berechtigtes Interesse an einem Doppelsitz besteht).
[45] Stein/Jonas/*Roth* § 21 Rn. 1 ff.

werden kann.⁴⁶ Sie kann jederzeit – auch im Urteil (§ 319 ZPO) – berichtigt werden.⁴⁷ Neben der Firma sollten in der Klageschrift, auch wenn dies nicht zwingend ist (vgl. §§ 253 Abs. 4, 130 Nr. 1 ZPO), die Komplementär-GmbH sowie ihre Geschäftsführer genannt werden. Diese Angaben können die Zustellung der Klageschrift erleichtern. Auch ohne diese Angaben, die im Laufe des Rechtsstreits nachgeholt werden können, ist die Klageerhebung aber wirksam.⁴⁸ Die **zusätzliche Bezeichnung der Gesellschafter** ist nicht erforderlich, aber andererseits unschädlich, selbst wenn es sich um eine unzutreffende Inhaberbezeichnung handelt.⁴⁹ Die zusätzliche Nennung der Gesellschafter im Rubrum der Klageschrift kann in Passivprozessen in aller Regel nicht dahin gehend ausgelegt werden, dass diese neben oder gar anstelle der Gesellschaft verklagt werden sollen.⁵⁰ Vielmehr bedarf es eines ausdrücklich hierauf gerichteten Antrages. Umgekehrt reicht die alleinige Nennung der Namen der Gesellschafter nicht aus, um die Gesellschaft zur Prozesspartei zu machen. Diese ist vielmehr (zusätzlich) unter ihrer Firma zu bezeichnen.⁵¹

6. Nebenintervention

10   Will der Gesellschafter selbst Einfluss auf den Verlauf des Prozesses gegen die Gesellschaft nehmen, etwa weil er der Prozessführung durch die Geschäftsführung der Komplementär-GmbH misstraut, kann er dem Prozess als Nebenintervenient gemäß §§ 66 ff. ZPO beitreten.⁵² Das notwendige rechtliche Interesse des Gesellschafters ergibt sich aus dem Umstand, dass das gegen die Gesellschaft ergangene Urteil dem Gesellschafter die der Gesellschaft bis dahin zustehenden Einreden abschneidet (§ 129 HGB).⁵³ Da es sich dabei nur um eine einfache und nicht um eine streitgenössische Nebenintervention handelt, darf sich der beitretende Gesellschafter indes nicht in Widerspruch zu den Erklärungen der Gesellschaft setzen (§ 67 ZPO).⁵⁴

7. Vernehmung von Gesellschaftern und Geschäftsführern

11   Im Prozess der GmbH & Co. KG stellt sich die Frage, ob die Beteiligten als **Zeugen** oder als **Partei** zu hören sind. Der BGH und die ganz überwiegende Meinung im Schrifttum stellen darauf ab, ob dem Betroffenen organschaftliche Vertretungsmacht eingeräumt ist.⁵⁵ Ist dies der Fall, komme eine

---

⁴⁶ BGH NJW 1999, 1871; NJW-RR 1989, 1056; NJW 1981, 1453.
⁴⁷ BGH NJW 1999, 1871; Zöller/*Vollkommer* vor § 50 Rn. 7 mwN.
⁴⁸ BGHZ 32, 114 (118); MüKoZPO/Becker-Eberhard § 253 Rn. 61.
⁴⁹ BGH NJW 1999, 1871.
⁵⁰ Heymann/*Emmerich* § 124 Rn. 17; GK/*Habersack* § 124 HGB Rn. 30.
⁵¹ GK/*Habersack* § 124 HGB Rn. 30.
⁵² BGHZ 62, 131 (133); Heymann/*Emmerich* § 124 Rn. 13; *Huber* ZZP 82 (1969), 239; Stein/Jonas/*Bork* § 66 Rn. 8.
⁵³ MHdB GesR II/*Herchen* KG § 32 Rn. 10; Schlegelberger/*Geßler* § 124 Rn. 17.
⁵⁴ BGHZ 54, 251 (254); 63, 51 (54); Baumbach/*Hopt* § 128 Rn. 39; MHdB GesR II/*Herchen* KG § 32 Rn. 18 mN zur Gegenansicht.
⁵⁵ BGHZ 42, 230 (231); BGH NJW 1965, 2253; BAG BB 1980, 580; Stein/Jonas/*Berger* vor § 373 Rn. 7; Thomas/Putzo/*Reichold* § 373 Vorbem. Rn. 6; Baumbach/

Einvernahme nur unter den Voraussetzungen der Parteivernehmung in Betracht. **Die Geschäftsführer der Komplementär-GmbH** sind daher als Partei zu vernehmen.[56] Unerheblich ist dabei, ob der betreffende Geschäftsführer als Vertreter der Partei in dem jeweiligen Prozess auftritt.[57] Umgekehrt sind die **Kommanditisten** selbst dann als Zeugen zu vernehmen, wenn ihnen Prokura eingeräumt wurde.[58] Dass die Gesellschafter oftmals ein wirtschaftliches Interesse am Ausgang des Rechtsstreites haben, ändert hieran nichts, muss jedoch im Rahmen der Beweiswürdigung berücksichtigt werden. Gleiches gilt für die Gesellschafter der Komplementär-GmbH,[59] selbst wenn es sich um den Alleingesellschafter handelt.[60] Verfügt die Gesellschaft über einen **Aufsichtsrat** oder einen **Beirat**, so sind deren Mitglieder gleichfalls als Zeugen zu vernehmen.[61] Im Falle der **Liquidation** kommt nur den Liquidatoren organschaftliche Vertretungsmacht zu. Daher sind die Geschäftsführer, sofern sie nicht Liquidatoren sind, als Zeugen zu vernehmen.[62] Die Unterscheidung hat erhebliche praktische Bedeutung, da die Vernehmung als Partei nur eingeschränkt nach Maßgabe der §§ 445, 447 und 448 ZPO zulässig ist. Lediglich in Ausnahmefällen kann der in Art. 6 Abs. 1 EMRK verankerte Grundsatz der Waffengleichheit gebieten, dass ein amtierender Geschäftsführer bzw. Liquidator als Partei gehört wird, ohne dass die gesetzlichen Voraussetzungen vorliegen.[63]

Maßgeblicher Zeitpunkt für die Beurteilung der verfahrensrechtlichen Stellung ist der **Zeitpunkt der Beweisaufnahme** und nicht der Moment der Wahrnehmung des zu bezeugenden Geschehens.[64] Soll der ehemalige Geschäftsführer der Komplementär-GmbH zu dem Inhalt eines zu seiner Amtszeit abgeschlossenen Vertrages befragt werden, ist er als Zeuge und nicht als Partei zu hören.[65] Umgekehrt sind die Geschäftsführer als Partei zu vernehmen, unabhängig davon, ob sie das Amt bereits während des in Rede stehenden Geschehens innehatten.[66]

12

Hopt § 124 Rn. 42; GK/*Habersack* § 124 HGB Rn. 33; MüKoHGB/*K. Schmidt* § 124 Rn. 22, § 125 Rn. 4.

[56] Baumbach/*Hueck* § 13 Rn. 8; LG Oldenburg BB 1975, 983 (984).
[57] *Stein/Jonas/Berger* Vor § 373 Rn. 8.
[58] BAG BB 1980, 580; siehe auch BGH NJW 1965, 2253 (2254); Baumbach/*Lauterbach/Albers/Hartmann* Übers. § 373 Rn. 16; Thomas/Putzo/Reichold § 373 Vorbem. 7.
[59] Baumbach/*Hueck* § 13 Rn. 8; Rowedder/Schmidt-Leithoff/Pentz § 13 Rn. 26; Scholz/*Emmerich* § 13 Rn. 25.
[60] *Rowedder/Schmidt-Leithoff/Pentz* § 13 Rn. 26; *Scholz/Emmerich* § 13 Rn. 25.
[61] *Hachenburg/Raiser* § 13 Rn. 17.
[62] BGHZ 42, 230; Baumbach/*Lauterbach/Albers/Hartmann* Übers. § 373 Rn. 16; *Stein/Jonas/Berger* Vor § 373 Rn. 7.
[63] EGMR NJW 1995, 1413 f.; *Schlosser* NJW 1995, 1404 (1406).
[64] BGH NJW 1999, 2446 f.; Thomas/Putzo/Reichold § 373 Vorbem. 8; Baumbach/*Lauterbach/Albers/Hartmann* Übers. § 373 Rn. 11; GK/*Habersack* § 124 HGB Rn. 33; MHdB GesR II/*Herchen* KG § 32 Rn. 11.
[65] *Zöller/Greger* § 373 Rn. 4; *Lutter/Hommelhoff* § 35 Rn. 15.
[66] Eingehend *Happ* § 8 Rn. 3; vgl. auch *Zöller/Greger* § 373 Rn. 6a.

8. Auswirkung von Auflösung, Insolvenz und Vermögensübernahme auf den laufenden Rechtsstreit

13 Die Auflösung der KG führt grundsätzlich nicht zu einer Unterbrechung des Prozesses, da die GmbH & Co. KG ihre Parteifähigkeit durch die Auflösung nicht verliert.[67] Grundsätzlich werden alle Gesellschafter der GmbH & Co. KG, dh auch die Kommanditisten, zu **Liquidatoren** der Gesellschaft (§ 146 HGB). Ist abweichend hiervon im Gesellschaftsvertrag eine Wahl der Liquidatoren vorgesehen und unterbleibt deren unverzügliche Bestellung, so wird das Verfahren zunächst bis zur Bestellung der Liquidatoren unterbrochen, es sei denn, die Gesellschaft ist im Rechtsstreit durch einen Prozessbevollmächtigten vertreten (§§ 241, 246 ZPO).[68]

14 Eine **Unterbrechung** des Rechtsstreits tritt auch dann ein, wenn über das Vermögen der Gesellschaft das **Insolvenzverfahren** eröffnet wird. Gleiches gilt, wenn die Verwaltungs- und Verfügungsbefugnis auf einen vorläufigen Insolvenzverwalter übergeht (§ 240 S. 2 ZPO).[69] Voraussetzung ist in beiden Fällen jedoch, dass der Rechtsstreit die Insolvenzmasse betrifft (§§ 131 Abs. 1 Nr. 3 HGB, 240 S. 1 ZPO). Das ist etwa bei Nichtigkeits- oder Anfechtungsklagen, die vermögensmäßig neutrale Gesellschafterbeschlüsse, wie zB eine Geschäftsführerabberufung, betreffen,[70] oder bei Auseinandersetzungen über einen den Bestand oder die Verwertbarkeit der Masse nicht beeinflussenden Streitgegenstand, zB einen Unterlassungsanspruch, nicht der Fall.[71] Eine Unterbrechung tritt nicht ein, wenn dem Schuldner nur ein Zustimmungsvorbehalt nach § 21 Abs. 2 Nr. 2 2. Alt. InsO auferlegt wird.[72] Der Rechtsstreit wird nicht nur dann unterbrochen, wenn die Gesellschaft Partei des Rechtsstreits ist, sondern nach herrschender Meinung auch, wenn sie notwendige Streitgenossin ist.[73] Die Eröffnung eines Insolvenzverfahrens über das Vermögen der Gesellschaft unterbricht nicht den Rechtsstreit gegen den Gesellschafter und umgekehrt.[74] Allerdings führt die Eröffnung des Insolvenzverfahrens über das Vermögen der einzigen Komplementär-GmbH einer GmbH & Co. KG mit einem einzigen Kommanditisten zum Ausscheiden der Komplementär-GmbH aus der KG (§§ 161 Abs. 2, 131 Abs. 3 Nr. 2 HGB) und zur liquidationslosen Vollbeendigung der KG unter Gesamtrechtsnachfolge des Kommanditisten. Dies führt in sinngemäßer Anwendung der §§ 239, 246 ZPO zur Unterbrechung

---

[67] BGH DB 1982, 2562; Baumbach/*Hopt* § 124 Rn. 44; *Stein/Jonas/Roth* § 241 Rn. 8 sowie § 239 ZPO Rn. 6; MüKoZPO/*Feiber* § 239 Rn. 18; *K. Schmidt* Gesellschaftsrecht § 46 II. 3. a) aa).

[68] BGH DB 1982, 2562; vgl. auch BayObLG GmbHR 2004, 1344 (1345); GK/*Habersack* § 124 HGB Rn. 37; MHdB GesR II/*Herchen* KG § 32 Rn. 13; aA Schlegelberger/*Geßler* § 124 Rn. 24.

[69] BGH ZIP 2013, 1493.

[70] OLG München DB 1994, 1464.

[71] Baumbach/Lauterbach/*Albers*/*Hartmann* § 240 Rn. 12; MüKoZPO/*Feiber* § 240 Rn. 16 f.; *Zöller/Greger* § 240 Rn. 8; siehe hierzu auch BGH ZIP 2004, 2399.

[72] BGH NZG 1999, 939 m. Anm. *Schlitt*; MüKoZPO/*Feiber* § 240 Rn. 12; *Zöller/Greger* § 240 Rn. 5.

[73] MüKoZPO/*Feiber* § 240 Rn. 15 iVm § 239 Rn. 10 m.w.N.

[74] *Baumbach/Lauterbach/Albers/Hartmann* § 240 Rn. 4.

des Rechtsstreits, es sei denn, die Gesellschaft war im Zeitpunkt des Rechtsübergangs durch einen Prozessbevollmächtigten vertreten.[75] Aktivprozesse der Gesellschaft können vom **Insolvenzverwalter** aufgenommen werden. Lehnt dieser die **Aufnahme** ab, können sowohl der Schuldner als auch der Gegner den Rechtsstreit aufnehmen (§ 85 InsO). Im Passivprozess der Gesellschaft muss der klagende Insolvenzgläubiger seine **Forderung zur Tabelle anmelden**. Wird die Forderung bestritten, so kann er die Klage aufnehmen, wobei der Antrag dahin zu ändern ist, dass anstelle der Leistung nunmehr die Feststellung begehrt wird, dass die Forderung zur Tabelle aufzunehmen ist (vgl. §§ 87, 180 Abs. 2 InsO). Bei Schiedsverfahren, selbständigen Beweisverfahren oder nicht vermögensrechtlichen Streitigkeiten findet keine Unterbrechung statt.[76]

Umstritten sind die Auswirkungen, wenn ein Gesellschafter das **Gesellschaftsvermögen** nach Ausscheiden der übrigen Gesellschafter im Wege der Gesamtrechtsnachfolge **übernimmt**. Das RG hatte hier noch einen Fall des § 265 ZPO angenommen;[77] andere sehen hierin einen Fall des gewillkürten Parteiwechsels.[78] Nach vorzugswürdiger Ansicht handelt es sich um einen Parteiwechsel kraft Gesetzes, auf den die §§ 239, 246 ZPO entsprechend anzuwenden sind,[79] dh der Prozess wird bis zur Aufnahme durch den übernehmenden Gesellschafter unterbrochen, es sei denn, die Gesellschaft war durch einen Prozessbevollmächtigten vertreten. In diesem Fall können sowohl der Prozessbevollmächtigte als auch der Gegner die Aussetzung des Verfahrens erwirken (§ 246 Abs. 1 ZPO). Der Prozessbevollmächtigte bedarf dann nach § 86 2. HS ZPO zur Fortsetzung des Rechtsstreits einer Vollmacht des Gesamtrechtsnachfolgers. Entsprechendes gilt im Falle von **Verschmelzungen** und **Spaltungen**.[80] Danach hat es keine Auswirkung auf einen Prozess mit einer GmbH & Co. KG, wenn eine Verschmelzung eines anderen Rechtsträgers auf diese stattfindet, da diese als Rechtsträger fortbesteht und auf sie lediglich zusätzliches Vermögen im Wege der Gesamtrechtsnachfolge übertragen wird. Wird hingegen das Vermögen der Gesellschaft auf eine andere Gesellschaft im Wege der Verschmelzung durch Aufnahme (§§ 4 ff. UmwG) oder der Verschmelzung durch Neugründung (§§ 36 ff. UmwG) übertragen, findet eine Gesamtrechtsnachfolge statt. Anhängige Verfahren werden gem. §§ 239, 246 ZPO analog unterbrochen, sofern die Gesellschaft nicht durch einen Prozessbevollmächtigten vertreten ist. Findet hingegen ein **Formwechsel** statt, bleibt die Identität der Gesellschaft erhalten, so dass lediglich eine Berichtigung des Rubrums zu erfolgen hat.[81]

---

[75] BGH NZG 2004, 611.
[76] *Zöller/Greger* vor § 239 Rn. 8; vgl. für das selbständige Beweisverfahren auch OLG Hamm NJW-RR 1997, 723 mwN; aA MüKoZPO/*Feiber* § 239 Rn. 7.
[77] RGZ 141, 277 (281).
[78] MüKoZPO/*Feiber* § 239 Rn. 17; *Huber* ZZP 1982, 256; Heymann/*Emmerich* § 124 Rn. 25.
[79] BGH NZG 2004, 611; NJW 2002, 1207; 1993, 1917 (1918); 1971, 1844; vgl. auch BGH NJW 2000, 1119; *Zöller/Greger* § 239 Rn. 6; *Stein/Jonas/Roth* § 239 Rn. 5; Baumbach/Lauterbach/*Albers/Hartmann* § 239 Rn. 3; GK/*Habersack* § 124 HGB Rn. 40.
[80] Siehe zB *K. Schmidt* Gesellschaftsrecht § 46 II. 3. a) aa).
[81] Ausführlich zu den Vorgängen nach dem Umwandlungsgesetz *Happ* § 11 Rn. 10 ff. mwN.

9. Kosten

16 Für die nach Abschluss des Verfahrens festgesetzten Kosten haften die persönlich haftenden Gesellschafter der GmbH & Co. KG neben der Gesellschaft (§ 128 HGB). Werden Gesellschaft und Gesellschafter gleichzeitig in Anspruch genommen, haften sie im Unterliegensfall nach § 100 Abs. 4 ZPO für die Prozesskosten als Gesamtschuldner.[82] Eine Zwangsvollstreckung gegen die Gesellschafter aus dem gegen die Gesellschaft gerichteten Kostenfestsetzungsbeschluss ist allerdings nicht möglich; zur Geltendmachung bedarf es vielmehr einer gesonderten Klage gegen die Gesellschafter (§ 129 Abs. 4 HGB).[83] Der Rechtsanwalt der GmbH & Co. KG kann seine Vergütung gem. § 11 RVG auch nur gegen diese und nicht gegen deren Komplementär-GmbH gerichtlich festsetzen lassen.[84]

17 Nach § 116 S. 1 Nr. 2 ZPO hat auch eine GmbH & Co. KG als „parteifähige Vereinigung" Anspruch auf **Prozesskostenhilfe**, wenn die Kosten weder von ihr noch von einem wirtschaftlich Beteiligten aufgebracht werden können und wenn die Unterlassung der Rechtsverfolgung oder -verteidigung allgemeinen Interessen zuwiderlaufen würde.[85] Beide Merkmale müssen kumulativ vorliegen. Wirtschaftlich beteiligt sind auch die Gesellschafter der GmbH & Co. KG, da der Rechtsstreit letztlich ihrem wirtschaftlichen Interesse dient. Infolgedessen kommt es nicht nur auf die Leistungsfähigkeit der Komplementär-GmbH, sondern auch auf die der Kommanditisten an.[86] Das wirtschaftliche Interesse der nicht kapitalmäßig beteiligten Komplementär-GmbH folgt aus dem mit ihrer Stellung als persönlich haftende Gesellschafterin verbundenen Haftungsrisiko.

10. Rechtskraft

18 Die Rechtskraft des gegen die Gesellschaft ergangenen Urteils wirkt unmittelbar nicht gegen die Gesellschafter.[87] Eine teilweise Erstreckung der Rechtskraftwirkung tritt aufgrund der Vorschrift des § 129 Abs. 1 HGB zum einen insoweit ein, als sich der Gesellschafter auf ein Urteil berufen kann, das den Anspruch eines vermeintlichen Gläubigers der Gesellschaft gegen die Gesellschaft verneint.[88] Zum anderen kann sich der Gesellschafter auf Einwendungen der Gesellschaft, die ihr selbst abgeschnitten sind (vgl. § 767 Abs. 2 ZPO), nicht mehr berufen, es sei denn, er ist inzwischen aus der Ge-

---

[82] OLG Karlsruhe NJW 1973, 1202.
[83] OLG München NJW 1964, 933; GK/*Habersack* § 124 HGB Rn. 35; ausführlich MüKoHGB/*K. Schmidt* § 124 Rn. 27, § 129 Rn. 27 ff.
[84] Gerold/Schmidt/von Eicken § 11 RVG Rn. 34; MüKoHGB/*K. Schmidt* § 124 Rn. 27; aA KG BB 1970, 1023; MHdB GesR II/*Herchen* KG § 32 Rn. 9.
[85] Thomas/Putzo/*Seiler* § 116 ZPO Rn. 5 f.
[86] OLG Stuttgart NJW 1975, 2022; Schlegelberger/*K. Schmidt* § 124 Rn. 29; GK/*Habersack* § 124 HGB Rn. 34; Zöller/*Geimer* § 116 ZPO Rn. 20; MüKoHGB/ *K. Schmidt* § 124 Rn. 26; MHdB GesR II/*Herchen* KG § 32 Rn. 8 mwN (auch zur Gegenansicht).
[87] GK/*Habersack* § 124 HGB Rn. 36.
[88] BGHZ 54, 251 (255); 64, 155 (156); Baumbach/*Hopt* § 128 Rn. 43.

sellschaft ausgeschieden.[89] Persönliche Einwendungen (Aufrechnung, Stundungsvereinbarung, Vergleich etc.) kann der Gesellschafter dem Gläubiger jederzeit entgegenhalten.[90] Umgekehrt entfaltet auch die Rechtskraft eines in einem Rechtsstreit gegen die Gesellschafter ergangenen Urteils keine Wirkung in einem weiteren Prozess gegen die Gesellschaft, selbst wenn alle Gesellschafter am Vorprozess beteiligt waren.[91]

II. Der Gesellschafter im Prozess

1. Allgemeines

Die Gesellschafter der GmbH & Co. KG können nicht nur mit den Gläubigern der Gesellschaft, sondern auch mit der Gesellschaft selbst oder den Mitgesellschaftern in prozessuale Auseinandersetzungen verwickelt sein. Für Klagen der KG gegen ihre Gesellschafter sowie für Klagen der Gesellschafter untereinander, soweit sie die gesellschaftsvertragliche Beziehung betreffen, ist das Gericht des Gesellschaftssitzes zuständig. Dagegen richtet sich die **Zuständigkeit** für Klagen eines Gläubigers gegen einen Gesellschafter – vorbehaltlich der Eröffnung besonderer Gerichtsstände – nach dem allgemeinen Gerichtsstand des Gesellschafters, bei Klagen gegen die Komplementär-GmbH also nach deren Sitz. Die Komplementär-GmbH und als juristische Personen verfasste Kommanditisten werden im Rechtsstreit durch ihre Geschäftsführer vertreten (§ 51 ZPO).[92] 19

Bei Eröffnung des **Insolvenzverfahrens** über das Vermögen der Gesellschaft wird der Rechtsstreit gegen die Komplementär-GmbH oder einen Kommanditisten wegen Verbindlichkeiten der Gesellschaft bis zur Aufnahme durch den Insolvenzverwalter analog § 17 Abs. 1 AnfG unterbrochen, da das Recht der Gesellschaftsgläubiger, die Komplementär-GmbH und die beschränkt haftenden Kommanditisten in Anspruch zu nehmen, nunmehr vom Insolvenzverwalter ausgeübt wird (§§ 93 InsO, 171 Abs. 2 HGB).[93] Die Er- 20

---

[89] Für den Fall der Klageerhebung nach Ausscheiden des Gesellschafters: BGHZ 44, 229 (233); WM 1976, 1085; Baumbach/*Hopt* § 128 Rn. 43; MüKoHGB/*K. Schmidt* § 124 Rn. 29; MHdB GesR II/*Herchen* KG § 32 Rn. 20; das gilt im Hinblick auf § 160 Abs. 3 HGB auch dann, wenn der vormalige persönlich haftende Gesellschafter nach Umwandlung der Gesellschaft in eine GmbH & Co. KG nunmehr Kommanditist und Geschäftsführer der Komplementär-GmbH ist; anders noch BGHZ 78, 114 (118).
[90] Baumbach/*Hopt* § 129 Rn. 7.
[91] BGH ZIP 2011, 1143 (1144) (GbR).
[92] Ob die Komplementär-GmbH selbst prozessfähig ist, ist str. Verneinend BGHZ 38, 71 (75); Baumbach/*Hueck* § 13 Rn. 12; bejahend *Scholz/Emmerich* § 13 Rn. 25; Hachenburg/*Raiser* § 13 Rn. 16; *Rowedder/Schmidt-Leithoff/Pentz* § 13 Rn. 24. Zur gerichtlichen Vertretung der Komplementär-GmbH *Zöller/Vollkommer* § 51 Rn. 4; Stein/Jonas/*Bork* § 51 Rn. 38.
[93] BGH NJW 2003, 590; 1982, 883ff. m. Anm. *K. Schmidt*; OLG Dresden NZG 2012, 1037 (1038); *Zöller/Greger* § 240 Rn. 7; MüKoHGB/*K. Schmidt* §§ 171, 172 Rn. 115; Koller/Roth/Morck § 171 Rn. 8; Röhricht/v. Westphalen/Haas/Mock § 171 Rn. 89.

öffnung des Insolvenzverfahrens über das Vermögen eines Gesellschafters berührt den Prozess gegen die Gesellschaft demgegenüber nicht, es sei denn, diese führt zur liquidationslosen Vollbeendigung der Gesellschaft und damit zur analogen Anwendbarkeit der §§ 239, 246 ZPO (→ Rn. 14).

21 Wird der Gesellschafter der GmbH & Co. KG von einem Gesellschaftsgläubiger in Anspruch genommen, kann er die der Gesellschaft zustehenden **Einwendungen** und **Einreden** (Erlass, Verzicht, Unmöglichkeit, Verjährung etc.) erheben, solange die Gesellschaft selbst dazu befugt ist (§ 129 Abs. 1 HGB).[94] Darüber hinaus stehen ihm die Einreden der Anfechtbarkeit und der Aufrechenbarkeit zu (§ 129 Abs. 2 und 3 HGB). Besonderes gilt für die **Verjährung**. Nimmt ein Gläubiger der Gesellschaft dieser gegenüber eine die Verjährung hemmende oder zu deren Neubeginn führende Handlung vor, so folgt daraus zugleich gegenüber den der Gesellschaft zu diesem Zeitpunkt angehörenden Gesellschaftern die Hemmung bzw. der Neubeginn der Verjährung der gegen sie bestehenden Ansprüche aus der Haftung nach §§ 128, 171 HGB.[95]

22 Ist ein Gesellschafter bei Inanspruchnahme durch einen Gesellschaftsgläubiger der Auffassung, ihm stünden Erstattungsansprüche nach § 110 HGB gegen die Gesellschaft oder Ausgleichsansprüche gegen Mitgesellschafter als Gesamtschuldner zu, empfiehlt es sich für ihn, der Gesellschaft bzw. den Mitgesellschaftern im Prozess mit dem Gläubiger möglichst frühzeitig den **Streit zu verkünden**, um dem Einwand vorzubeugen, er habe den Prozess falsch geführt.[96] Die Gesellschaft bzw. die Mitgesellschafter sind dann an die die Entscheidung tragenden Feststellungen des Urteils gebunden.

23 **Scheidet** der von einem Gesellschaftsgläubiger verklagte Gesellschafter aus der Gesellschaft **aus**, ändert dies nichts an seiner Haftung und hat somit auch keine Auswirkungen auf den gegen ihn angestrengten Prozess. Im Fall der **Anteilsübertragung** wird der Ausscheidende nur dann aus dem Prozessverhältnis entlassen, wenn der Gläubiger die Klage mit seiner Einwilligung, die nicht durch Sachdienlichkeitserklärung des Gerichts ersetzt werden kann, nach den Grundsätzen des gewillkürten Parteiwechsels ändert und Klage gegen den neuen Gesellschafter erhebt.[97]

24 Kommt es im Laufe des Rechtsstreits wegen Vermögenslosigkeit zur **Löschung** der Firma der beklagten **Komplementär-GmbH** im Handelsregister, ist die gegen sie gerichtete Klage in der Hauptsache für erledigt zu erklären, da die Komplementär-GmbH ihre Parteifähigkeit verloren hat.[98] Im Aktivprozess der GmbH & Co. KG soll die Komplementär-GmbH ungeachtet einer bereits erfolgten Löschung im Hinblick auf ihre Beteiligung an der

---

[94] BGHZ 54, 252 (255); 64, 152 (156); BGH WM 1976, 1085; OLG Düsseldorf NZG 2001, 890 (891).
[95] BGHZ 73, 217 (223) (zur Unterbrechung nach altem Verjährungsrecht); MüKoHGB/*K. Schmidt* § 129 Rn. 8; MHdB GesR II/*Herchen* KG § 32 Rn. 19; Röhricht/*v. Westphalen/Haas* § 129 Rn. 4.
[96] Baumbach/*Hopt* § 128 Rn. 44.
[97] Zöller/*Greger* § 263 Rn. 24.
[98] BGH NJW 1982, 238 (239); vgl. auch *Happ* § 14 Rn. 34 ff.

KG als nach wie vor fortbestehend anzusehen sein.[99] Das überzeugt im Hinblick auf §§ 131 Abs. 3 Nr. 1, 161 Abs. 2 HGB nicht.[100]

2. Prozesse zwischen Gesellschaft und (Mit-) Gesellschaftern

Gegenstand von Prozessen zwischen der Gesellschaft und ihren Gesellschaftern können zum einen Auseinandersetzungen im Zusammenhang mit **Drittgeschäften** sein, beispielsweise die Geltendmachung des Rückzahlungsanspruchs aus einem der Gesellschaft gewährten Darlehen. In diesen Fällen ist der Gesellschafter grundsätzlich wie ein außenstehender Dritter zu behandeln. In Ausnahmefällen kann aber die gesellschaftsrechtliche Treuepflicht dazu führen, dass der Gesellschafter bei der Durchsetzung seiner Ansprüche Rücksicht auf die Interessen der Gesellschaft zu nehmen hat (→ § 26 Rn. 12). 25

Prozesse zwischen der Gesellschaft und ihren Gesellschaftern können aber auch aus dem **Gesellschaftsverhältnis** rührende Auseinandersetzungen zum Gegenstand haben. Exemplarisch können die Geltendmachung von Sozialansprüchen durch die Gesellschaft bzw. die Geltendmachung von Gewinnansprüchen oder Aufwendungsersatzansprüchen (§ 110 HGB) durch die Gesellschafter genannt werden.[101] 26

Für eine Klage der Gesellschaft gegen ihre Gesellschafter muss die **Komplementär-GmbH** nach dem Inhalt des Gesellschaftsvertrages **geschäftsführungsbefugt** sein. Die Geschäftsführungsbefugnis ist vorbehaltlich ausdrücklicher Regelung im Gesellschaftsvertrag nicht gegeben, wenn es sich bei der Klageerhebung um eine ungewöhnliche Geschäftsführungsmaßnahme im Sinne des § 116 Abs. 2 HGB handelt. Die Klageerhebung gegen einen Gesellschafter bedarf dann eines Gesellschafterbeschlusses, so auch im Fall der Geltendmachung von Ansprüchen gegen einen Gesellschafter wegen einer Verletzung des gesetzlichen Wettbewerbsverbots (§ 113 Abs. 2 HGB). Der betroffene Gesellschafter ist hierbei weder stimmberechtigt noch kann er der Klage nach §§ 115 Abs. 1 Hs. 2, 161 Abs. 2 HGB widersprechen.[102] Die Vertretungsmacht der Komplementär-GmbH gilt nach § 126 Abs. 2 HGB nur Dritten, nicht also den Mitgesellschaftern gegenüber als unbeschränkt. Im Verhältnis zu den Mitgesellschaftern wird sie daher durch den Umfang der Geschäftsführungsbefugnis begrenzt.[103] Ist die Komplementär-GmbH für die Klage nicht geschäftsführungsbefugt, etwa weil ein erforderlicher Gesellschafterbeschluss nicht gefasst wurde, soll ihr die Vertretungsmacht und damit eine Prozesshandlungsvoraussetzung für die Klageer- 27

---

[99] MHdB GesR II/*Herchen* KG § 32 Rn. 2;
[100] Nach BGHZ 75, 178 (182 f.), wird die GmbH & Co. KG aber von der Komplementär-GmbH weiter vertreten, wenn die Eröffnung des Konkursverfahrens über das Vermögen der GmbH mangels Masse abgewiesen wurde und diese aufgelöst ist.
[101] Heymann/*Emmerich* § 124 Rn. 14; Beck Hdb. Personengesellschaft/*Müller* § 4 Rn. 206.
[102] BGH NJW 1974, 1555 (1556) (oHG); OLG Stuttgart NZG 2009, 1303 (1305).
[103] BGH NJW 1962, 2344 (2347); NJW 1974, 1555 (1556).

hebung im Namen der Gesellschaft fehlen.[104] Das erscheint zweifelhaft, da auch das Gericht als Adressat der Klage Dritter im Sinne des § 126 Abs. 2 HGB ist.[105] Ein etwaiger Mangel kann durch Genehmigung der Klageerhebung und etwaiger weiterer Prozesshandlungen geheilt werden.[106] Anderenfalls ist die Klage als unzulässig abzuweisen und die Kosten sind nach dem Veranlassungsprinzip der Komplementär-GmbH aufzugeben.[107]

28   **Fehlerhafte Gesellschafterbeschlüsse** von Personengesellschaften sind nach herrschender Meinung nicht nur anfechtbar, sondern nichtig. Die Nichtigkeit ist folglich durch Erhebung einer allgemeinen **Feststellungsklage** gem. § 256 Abs. 1 ZPO gegenüber den Mitgesellschaftern, bei Publikumsgesellschaften oder wenn der Gesellschaftsvertrag dies vorsieht auch gegenüber der Gesellschaft geltend zu machen.[108] Die Geltendmachung ist an keine Frist gebunden, unter Umständen ist sie aber nach allgemeinen Grundsätzen verwirkt.[109] Der Gesellschaftsvertrag kann Abweichendes bestimmen.[110] Folglich kann ein vermeintlich nach § 131 Abs. 3 S. 1 Nr. 6 HGB ausgeschlossener Gesellschafter die Nichtigkeit des Beschlusses aufgrund eines Beschlussmangels gerichtlich feststellen lassen.

29   Von dem Ausscheiden aufgrund Gesellschafterbeschlusses ist die **Ausschließungsklage** gem. § 140 HGB zu unterscheiden. Danach können die übrigen Gesellschafter vom Gericht die Ausschließung eines Gesellschafters aus der Gesellschaft verlangen, wenn in seiner Person ein Umstand eintritt, der für die übrigen Gesellschafter das Recht begründen würde, die Auflösung der Gesellschaft zu verlangen. Dabei klagen grundsätzlich alle Mitgesellschafter gegen den auszuschließenden Gesellschafter.[111]

30   Sozialansprüche können unter weiteren Voraussetzungen auch von jedem Gesellschafter gegenüber seinen **Mitgesellschaftern** im Wege der **actio**

---

[104] OLG Stuttgart NZG 2009, 1303 (1306); MüKoHGB/*K. Schmidt* § 126 Rn. 20, befürwortet in diesen Fällen die Anwendung der Grundsätze des Missbrauchs der Vertretungsmacht.

[105] Für die GmbH sieht der BGH NJW 1959, 194 (195), in dem Erfordernis eines Gesellschafterbeschlusses nach § 46 Nr. 8 GmbHG keine Prozessvoraussetzung, von deren Vorliegen es abhängt, ob das auf sachliche Entscheidung gerichtete Prozessverfahren als solches und im ganzen zulässig ist, weswegen das Fehlen dieser Zulässigkeitsvoraussetzung zur Abweisung der Klage als unbegründet führe.

[106] Zöller/*Vollkommer* § 51 Rn. 8 mwN.

[107] MüKoZPO/*Lindacher* § 51 Rn. 34 mwN.

[108] BGH ZIP 2011, 806.

[109] BGH NJW 1999, 3113 (3114) m.w.N. aus seiner Rechtsprechung; Baumbach/Hopt § 119 Rn. 31; aA *K. Schmidt*, Gesellschaftsrecht, § 15 II. 3. b), der die im Aktienrecht geregelte Anfechtungsklage auch auf rechtswidrige Mehrheitsbeschlüsse von Personengesellschaften ausdehnen möchte; vgl. auch die Darstellung bei MHdB GesR II/*Weipert* KG § 14 Rn. 130 ff.

[110] BGH NJW 1999, 3113 (3114); BGHZ 85, 351 (353); BGH NJW 1995, 1218 dehnt eine im Gesellschaftsvertrag bestimmte unangemessen kurze Ausschlussfrist von zwei Wochen aus – danach darf die als Leitbild herangezogene Monatsfrist des § 246 AktG nicht unterschritten werden.

[111] Baumbach/*Hopt* § 140 Rn. 17; nach BGH NJW 1958, 418; 1998, 146 ist die Mitwirkung eines Gesellschafters, der dem Klageziel verbindlich zustimmt, nicht erforderlich; aA MüKoHGB/*K. Schmidt* § 140 Rn. 67.

pro socio geltend gemacht werden. Hierbei beansprucht der klagende Gesellschafter im eigenen Namen gegen seinen Mitgesellschafter die Erfüllung dessen Verpflichtungen gegenüber der Gesellschaft.[112] Dementsprechend klagt er nicht auf Leistung an sich selbst, sondern an die Gesellschaft. Nach zutreffender Auffassung[113] liegt ein Fall der **Prozessstandschaft** vor. Nach herrschender Meinung[114] sind die Gründe für die Klageerhebung durch den Gesellschafter nicht darzulegen; die Klage ist vielmehr erst bei treuwidrigem Vorgehen unzulässig. Ein Prozessrechtsverhältnis besteht ausschließlich zwischen den Prozessparteien, so dass die Gesellschaft nicht einbezogen ist.[115] Nach herrschender Meinung[116] folgt aus der Prozessstandschaft, dass gegenüber einer Klage der Gesellschaft von dem Beklagten nicht unter Verweis auf eine rechtshängige *actio pro socio* der Einwand der Rechtshängigkeit erhoben werden kann. Ebenso entfaltet das verfahrensbeendende Urteil bei einer im Wege der *actio pro socio* erhobenen Klage **keine Rechtskraftwirkung** für und gegen die Gesellschaft. Die *actio pro socio* ist auch im **Liquidationsstadium** nicht ausgeschlossen.[117] Der Kläger kann dann aber auch auf Leistung an sich selbst klagen, soweit kein Liquidationsbedarf besteht und eine Leistung an die Gesellschaft ein sinnloser Umweg wäre.[118] Unter Umständen soll dem Kläger der Weg über die *actio pro socio* sogar versagt sein, wenn dieser überflüssig ist.[119] Auch ein Kommanditist kann im Wege der *actio pro socio* Schadensersatzansprüche der Gesellschaft gegen einen Komplementär oder Liquidator einklagen.[120] Da er aber in die Geschäftsführung nicht hineinregieren darf, ist es ihm verwehrt, im Wege der Handlungs- bzw. Unterlassungsklage bestimmte Maßnahmen der Geschäftsführung durchzusetzen.[121]

Auch Auseinandersetzungen über **Grundlagengeschäfte** werden ausschließlich unter den Gesellschaftern ausgetragen.[122] Hierzu gehören die

---

[112] OLG Düsseldorf NZG 2000, 475 m. Anm. *Grunewald*.
[113] BGH NJW 2000, 505 (506); MüKoBGB/*Ulmer/Schäfer* § 705 Rn. 208 mwN; aA Soergel/*Hadding* § 705 Rn. 41; *Bork/Oepen* ZGR 2001, 520ff. (der klagende Gesellschafter verfolge ein eigenes Recht).
[114] BGHZ 25, 47 (50); Staudinger/*Habermeier* § 705 Rn. 47; *Raiser* ZHR 153 (1989), 1 (23); aA MüKoBGB/*Ulmer/Schäfer* § 705 Rn. 210 (aufgrund des Charakters der *actio pro socio* als Minderheitsrecht); Staudinger/*Habermeier* § 705 Rn. 47.
[115] MüKoBGB/*Ulmer/Schäfer* § 705 Rn. 213.
[116] BGHZ 78, 1 (7); 79, 245 (247f.).; krit. *Zöller/Vollkommer* vor § 50 Rn. 39; umstritten ist, ob mit Erhebung der Klage durch die Gesellschaft die im Wege der *actio pro socio* geltend gemachte Klage unzulässig wird, so dass eine Erledigung eintritt; dafür MüKoBGB/*Ulmer/Schäfer* § 705 Rn. 214; aA *Bork/Oepen* ZGR 2001, 541 f. (für Nebenintervention im Prozess des Gesellschafters).
[117] BGH BB 1958, 603; KG GmbHR 1993, 818; OLG Dresden NZG 2000, 248; OLG Düsseldorf NZG 2000, 475; zustimmend *Bork/Oepen* ZGR 2001, 515 (539); *K. Schmidt* Gesellschaftsrecht, § 21 IV. 5. a).
[118] BGHZ 10, 91 (102); BGH BB 1958, 603.
[119] BGH NJW 1960, 433; zweifelnd *K. Schmidt* Gesellschaftsrecht, § 21 IV. 5. c).
[120] OLG Düsseldorf NZG 2000, 475.
[121] BGHZ 76, 160 (167); zweifelnd *Becker* Verwaltungskontrolle durch Gesellschafterrechte, 1997, 567 f.
[122] BGH NJW 1999, 3113 (3115); BGHZ 30, 195 (197); Schlegelberger/*K. Schmidt* § 124 Rn. 32; Baumbach/*Hopt* § 124 Rn. 41.

Gestaltungsklagen nach §§ 117, 127, 133, 140 HGB sowie Streitigkeiten über die Auslegung des Gesellschaftsvertrages oder die Wirksamkeit von Gesellschafterbeschlüssen.[123] Der **Gesellschaftsvertrag** kann für diese Fälle jedoch bestimmen, dass die Klage nicht gegen die übrigen Gesellschafter, sondern gegen die Gesellschaft selbst zu richten ist.[124] Bei Publikumspersonengesellschaften kann die Klage unter Umständen auch ohne eine ausdrückliche Regelung im Gesellschaftsvertrag gegen die Gesellschaft gerichtet werden.[125]

32 **Gerichtsstand** für Streitigkeiten zwischen der Gesellschaft und ihren Gesellschaftern ist der Sitz der Gesellschaft (§ 22 ZPO). Dies folgt auch aus § 29 ZPO für Klagen aus dem Gesellschaftsvertrag, da aus der Natur der Sache als Erfüllungsort der Sitz der Gesellschaft abgeleitet wird.[126] Zuständig ist die Kammer für Handelssachen (§ 95 Abs. 1 Nr. 4a GVG), vor der allerdings nur dann verhandelt wird, wenn der Kläger dies beantragt oder der Beklagte einen entsprechenden Verweisungsantrag stellt (§ 96 GVG). Hat der Kläger in der Klageschrift keinen entsprechenden Antrag gestellt, wird der Rechtsstreit vor der Zivilkammer anhängig. In diesem Fall kann nur noch der Beklagte – nicht hingegen der Kläger – Antrag auf Verweisung stellen (§ 98 GVG).[127] Der Gerichtsstand der Mitgliedschaft am Sitz der Gesellschaft (§ 22 ZPO) ist auch für die actio pro socio eröffnet. Bei der Ausschließungsklage können die Kläger zwischen dem allgemeinen Gerichtsstand des Wohnsitzes des Beklagten (§§ 12, 13 ZPO) und dem besonderen Gerichtsstand der Mitgliedschaft am Sitz der Gesellschaft (§ 22 ZPO) wählen.[128]

33 Ist der verklagte Gesellschafter einziger Geschäftsführer der Komplementär-GmbH oder sind die übrigen Geschäftsführer nur mit diesem zusammen gesamtvertretungsberechtigt, können die Gesellschafter entsprechend § 46 Nr. 8 GmbHG einen Prozessvertreter bestellen. Im Passivprozess der Gesellschaft muss, wenn der einzige Geschäftsführer der Komplementär-GmbH Kläger ist, auf dessen Antrag der Vorsitzende des Prozessgerichts einen **Prozesspfleger** nach § 57 ZPO bestellen, damit eine ordnungsgemäße Vertretung der Gesellschaft gewährleistet ist.[129]

---

[123] Baumbach/*Hopt* § 114 Rn. 3.
[124] BGH NJW 1999, 3115; 1995, 1218; BGHZ 83, 350 (353); Baumbach/*Hopt* § 124 Rn. 41; Schlegelberger/*K. Schmidt* § 124 Rn. 32.
[125] BGH NJW 1999, 3113 (3115); DStR 2003, 792 (793).
[126] OLG Jena ZIP 1998, 1496 (1497 f.); MüKoZPO/*Patzina* § 29 Rn. 54; Palandt/*Grüneberg* § 269 Rn. 18.
[127] Thomas/Putzo/*Hüßtege* § 98 GVG Rn. 2; Zöller/*Lückemann* § 98 GVG Rn. 2; Baumbach/*Lauterbach/Albers/Hartmann* § 98 GVG Rn. 2.
[128] Baumbach/*Hopt* § 140 Rn. 21; MüKoHGB/*K. Schmidt* § 140 Rn. 64; Ebenroth/*Boujong/Joost/Strohn/Lorz* § 140 Rn. 24.
[129] MHdB GesR II/*Herchen* KG § 28 Rn. 32; GK/*Habersack* § 124 HGB Rn. 41; Stein/Jonas/*Bork* § 57 Rn. 2; Zöller/*Vollkommer* § 57 Rn. 1; MüKoZPO/*Lindacher* § 57 Rn. 2.

III. Schiedsvereinbarungen

1. Allgemeines

a) Schiedsvereinbarung. Die Zulässigkeit von Schiedsvereinbarungen, also Vereinbarungen über die Zuständigkeit von Schiedsgerichten, zwischen den Gesellschaftern einer GmbH & Co. KG richtet sich nach den allgemeinen Vorschriften (§§ 1025 ff. ZPO).[130] Vom Begriff der Schiedsvereinbarung werden **Schiedsabreden**, die Gegenstand einer gesonderten Vereinbarung der Gesellschafter sind, und **Schiedsklauseln**, die in den Gesellschaftsvertrag integriert sind, umfasst (§ 1029 Abs. 2 ZPO).[131] 34

Die Schiedsvereinbarung muss sich auf ein vertragliches oder nicht vertragliches **Rechtsverhältnis** beziehen (§ 1029 Abs. 1 ZPO). Gegenstand einer Schiedsvereinbarung kann jeder vermögensrechtliche Anspruch sein; anders als nach altem Recht ist die Vergleichsfähigkeit nur noch für nichtvermögensrechtliche Ansprüche von Relevanz (§ 1030 Abs. 1 ZPO). Ansprüche, die Gegenstand gesellschaftsrechtlicher Feststellungs- und Gestaltungsklagen sein können, haben auch dann vermögensrechtlichen Charakter, wenn sie nicht auf die Zahlung von Geld gerichtet sind.[132] Gegenstand einer Schiedsvereinbarung können nunmehr auch unverzichtbare Ansprüche, wie das außerordentliche Informationsrecht des Kommanditisten nach § 166 Abs. 3 HGB (→ § 25 Rn. 31), sein.[133] 35

Während nach altem Recht Schiedsvereinbarungen grundsätzlich in einer gesonderten Urkunde niedergelegt werden mussten (§ 1027 aF ZPO), ist der **Form** nunmehr bereits dann Genüge getan, wenn die Schiedsabrede in einem zwischen den Parteien gewechselten Schreiben, Telefax, Telegramm oder in einer anderen Form der Nachrichtenübermittlung, die einen Nachweis der Vereinbarung sicherstellt, enthalten ist (§ 1031 Abs. 1 ZPO). Die Wahrung der Schriftform iSv § 126 BGB ist mithin nicht erforderlich. Dagegen findet das Formerfordernis des § 1031 ZPO keine Anwendung, wenn Schiedsgerichte durch letztwillige Verfügungen oder andere nicht auf Vereinbarung beruhende Verfügungen angeordnet werden (§ 1066 ZPO). Strengere Voraussetzungen gelten nach § 1031 Abs. 5 ZPO nur bei Beteiligung eines **Verbrauchers**. In diesem Fall muss die Schiedsvereinbarung Ge- 36

---

[130] Die Bestimmungen über das Schiedsverfahren wurden durch das SchiedsVfG v. 28.11.1997 mit Wirkung zum 1.1.1998 weitreichend reformiert. Nach § 1 Abs. 1 der Übergangsvorschriften beurteilt sich die Wirksamkeit von vor dem In-Kraft-Treten dieses Gesetzes geschlossenen Schiedsvereinbarungen nach altem Recht. Gleiches gilt für vor In-Kraft-Treten des Gesetzes begonnene, aber noch nicht abgeschlossene Schiedsverfahren.

[131] Zu den Vor- und Nachteilen von Schiedsvereinbarungen vgl. etwa *Lachmann* Rn. 120 ff. Dazu auch *K. Schmidt* ZHR 162 (1998), 272; zur Bindung des Insolvenzverwalters an eine Schiedsabrede s. BGH NZI 2013, 934; NZI 2011, 634; NDW 2009, 1747; *Dane/Thomas* NZI 2012, 534.

[132] So zutr. *K. Schmidt* ZHR 162 (1998), 270 f.; aA noch BGHZ 132, 278.

[133] OLG Hamm NZG 2000, 1182; s.a. *Lörcher* DB 1998, 247; *Kröll* NJW 2001, 1173 (1177).

genstand einer eigenhändig unterzeichneten Vereinbarung sein. Sie darf zudem keine anderen, sich nicht auf das schiedsgerichtliche Verfahren beziehenden Vereinbarungen enthalten, es sei denn, die Vereinbarung ist notariell beurkundet.[134]

37 Die Parteien können im Schiedsvertrag die Anzahl der **Schiedsrichter** und das Verfahren zu ihrer Bestellung regeln (§§ 1034, 1035 Abs. 1 ZPO). Findet sich im Schiedsvertrag keine Regelung, setzt sich das Schiedsgericht aus drei Personen zusammen (§ 1034 Abs. 1 S. 2 ZPO). In der Praxis sehen die Schiedsvereinbarungen zumeist vor, dass jede Partei einen Schiedsrichter bestimmt und die solchermaßen Ernannten sich sodann auf einen Dritten als Vorsitzenden einigen. Die Schiedsrichter können aber auch bereits im Schiedsvertrag benannt werden; dann sollten allerdings auch Ersatzschiedsrichter bestellt werden.

38 Die ZPO räumt den Parteien bei Ausgestaltung des Verfahrens weit reichende Flexibilität ein. Vorbehaltlich darin enthaltener zwingender Regelungen können die Parteien die Verfahrensregeln frei vereinbaren (§ 1042 Abs. 2 ZPO. In der Schiedsvereinbarung können namentlich Regelungen über den **Schiedsort** (§ 1043 Abs. 1 ZPO), die **Verfahrenssprache** (§ 1045 Abs. 1 ZPO) sowie das anzuwendende materielle **Recht** (§ 1051 Abs. 1 ZPO) getroffen werden. Verbreitet ist auch die Bezugnahme auf die Schiedsverfahrensordnung einer Schiedsinstitution, wie zB der ICC oder der DIS.

39 Fällt die Auseinandersetzung in den Anwendungsbereich der Schiedsvereinbarung, steht der Weg zum Schiedsgericht offen. Einer eventuellen Klage vor den ordentlichen Gerichten kann dann die **Einrede** des Schiedsvertrages (§ 1032 ZPO) entgegengehalten werden, sofern die Parteien im konkreten Fall nicht einvernehmlich eine abweichende Vereinbarung treffen.[135] Die Einrede kann abweichend von § 282 Abs. 3 Satz 2 ZPO bis zum Beginn der mündlichen Verhandlung zur Hauptsache, also bis zur Stellung der Sachanträge, erhoben werden.[136]

40 Abzugrenzen ist die Schiedsvereinbarung vom **Schiedsrichtervertrag**. Hierbei handelt es sich um eine Vereinbarung zwischen den Parteien und den beteiligten Schiedsrichtern.[137] Gegenstand des Schiedsrichtervertrages, der keiner besonderen Form bedarf und mithin auch konkludent geschlossen werden kann, ist in erster Linie die Vergütung für die Schiedsrichtertätigkeit. In der Praxis wird das Honorar zumeist nach den gesetzlichen Gebühren der Rechtsanwälte bemessen, wobei für den Vorsitzenden 15/10-Gebühren und für die Beisitzer jeweils 13/10-Gebühren in Ansatz gebracht werden.[138] Daneben haben die Schiedsrichter Anspruch auf Ersatz ihrer Auslagen.

41 Zu sondern ist die Schiedsvereinbarung zudem von der **Schiedsgutachtenvereinbarung**. Während die nach Maßgabe einer Schiedsvereinba-

---

[134] Die Form notarieller Beurkundung ist auch dann einzuhalten, wenn die Schiedsvereinbarung Teil eines beurkundungspflichtigen Hauptgeschäfts, zB nach § 311b BGB oder § 15 GmbHG ist, OLG München SchiedsVZ 2013, 287 (291).
[135] *Ebbing* NZG 1998, 281 (283).
[136] BGH NJW 2001, 2176.
[137] *Schwab/Walter* Kap. 11 Rn. 1; *Lachmann* Rn. 4106 ff.
[138] *Lachmann* Rn. 4186 ff.

rung bestellten Schiedsrichter einen Rechtsstreit entscheiden, also den entscheidungserheblichen Sachverhalt unter Zugrundelegung des Parteivortrags und Würdigung des Ergebnisses einer gegebenenfalls durchzuführenden Beweisaufnahme feststellen und über Rechtsfragen urteilen, sind Schiedsgutachter nur zur Feststellung von Tatsachen oder rechtsgestaltenden Ergänzung von Vertragsinhalten berufen (zB Ermittlung der Höhe des Abfindungsguthabens eines ausscheidenden Gesellschafters).[139] Die getroffenen Feststellungen des Schiedsgutachters sind nach Maßgabe der §§ 317 ff. BGB für die Parteien verbindlich, in dem zwischen ihnen anhängigen oder nach Vorlage des Schiedsgutachtens anhängig werdenden (Schieds-) Prozess zugrunde zu legen und (schieds-) gerichtlich nur unter sehr eingeschränkten Voraussetzungen (§ 319 BGB) überprüfbar.

b) Schiedsverfahren. Die Bestellung der **Schiedsrichter** erfolgt nach 42 Maßgabe des von den Parteien in der Schiedsvereinbarung geregelten Verfahrens (§ 1035 Abs. 1 ZPO). Fehlt es an einer entsprechenden Regelung und können sich die Parteien nicht einigen, erfolgt die Bestellung auf Antrag einer Partei durch das Gericht (§ 1035 Abs. 3 ZPO). Zuständig ist das in der Schiedsvereinbarung bezeichnete Oberlandesgericht bzw. das für den Ort des schiedsgerichtlichen Verfahrens zuständige Oberlandesgericht (§ 1062 Abs. 1 Nr. 1 ZPO).

Besteht Streit über die Wirksamkeit und den Umfang der Schiedsvereinbarung, ist das Schiedsgericht zur Entscheidung über seine **Kompetenz** berechtigt (§ 1040 Abs. 1 ZPO). Nach § 1041 ZPO ist das Schiedsgericht auch zur Anordnung von **vorläufigen und sichernden Maßnahmen** berechtigt.[140] Die Zuständigkeit der ordentlichen Gerichte für solche Maßnahmen bleibt – vorbehaltlich anders lautender Vereinbarung zwischen den Parteien – dadurch freilich unberührt (§ 1033 ZPO). Insoweit besteht also ein **Wahlrecht** der Parteien.[141] Da auch Entscheidungen des Schiedsgerichts im einstweiligen Rechtsschutz der Zulassung der Vollziehung durch das zuständige Oberlandesgericht bedürfen (§§ 1041 Abs. 2, 1062 Abs. 1 Nr. 3 ZPO), erweist sich der Weg über das Schiedsgericht in der Regel als nicht zweckmäßig.[142]

Die Schiedsrichter haben die Parteien zu hören (§ 1042 Abs. 1 S. 2 ZPO) 44 und den **Sachverhalt**, ggf. auch durch Anhörung von Zeugen und Sachverständigen, zu ermitteln. Der **Schiedsspruch**, der vorbehaltlich einer abweichenden Regelung in der Schiedsvereinbarung der mit Mehrheit der Stimmen des Schiedsgerichts gefasst wird (§ 1052 Abs. 1 ZPO), hat die Wirkung eines rechtskräftigen gerichtlichen Urteils (§ 1055 ZPO). Um als Vollstreckungstitel dienen zu können, bedarf er allerdings zuvor einer **Vollstreckbarkeitserklärung** durch das zuständige Oberlandesgericht (§§ 1060, 1062 Abs. 1 Nr. 4 ZPO).[143] Unter den Voraussetzungen des § 1059 ZPO kann der Schiedsspruch durch das Gericht **aufgehoben** werden.

---

[139] *Schwab/Walter* Kap. 2 Rn. 2 f.; *Lachmann* Rn. 74 ff.
[140] *Lachmann* Rn. 2888 ff.
[141] *Lörcher* DB 1998, 247; *Lachmann* Rn. 2853.
[142] OLG München NJW-RR 2001, 711; *Lachmann* Rn. 2933 ff.
[143] Dazu etwa *Lachmann* Rn. 2397 ff.

2. Schiedsverträge der Gesellschaft mit Dritten

45 Hat die Gesellschaft mit einem Dritten eine Schiedsvereinbarung geschlossen, stellt sich die Frage, ob sich diese auch auf die Gesellschafter erstreckt. Macht der Gesellschafter im Rahmen eines **Aktivprozesses** ausnahmsweise selbst einen Anspruch der Gesellschaft geltend, ist er an die mit dem Dritten getroffene Schiedsvereinbarung gebunden.[144] Für den Fall eines **Passivprozesses** differenziert die hM zwischen den verschiedenen Gesellschaftergruppen. Die **persönlich haftenden Gesellschafter** sind danach in die Schiedsvereinbarung einbezogen.[145] Folglich kann die von einem Gesellschaftsgläubiger vor den ordentlichen Gerichten in Anspruch genommene Komplementär-GmbH die Einrede der Zuständigkeit des Schiedsgerichts erheben. Demgegenüber kann eine Schiedsvereinbarung in aller Regel nicht dahin gehend ausgelegt werden, dass sie auch die **Kommanditisten** bindet, soweit diese den Gläubigern gegenüber ausnahmsweise persönlich haften.[146] Eine Ausnahme von diesem Grundsatz ist allenfalls dann angebracht, wenn die Kommanditisten mit weitergehenden Geschäftsführungsbefugnissen ausgestattet sind.

46 Hat der Gesellschafter eine Gesellschaftsschuld erfüllt, findet die mit dem Dritten vereinbarte Schiedsvereinbarung im **Regressprozess** gegen die Gesellschaft oder die Mitgesellschafter keine Anwendung.[147]

3. Schiedsvereinbarungen in Gesellschaftsverträgen

47 **a) Grundsatz.** *aa) Gesellschaftsvertrag der GmbH & Co. KG.* Welchem Regelungsregime Schiedsklauseln in Gesellschaftsverträgen von Personengesellschaften unterfallen, ist nach wie vor umstritten. Nach hM fallen Schiedsklauseln im Gesellschaftsvertrag einer GmbH & Co. KG nicht unter § 1066 ZPO, sondern sind als vertragliche Vereinbarungen iSv §§ 1029, 1031 ZPO einzuordnen, mit der Folge, dass die dort vorgesehenen Formvorschriften zu beachten sind.[148] Die Gegenansicht vertritt mit beachtlichen Gründen den Standpunkt, dass Schiedsvereinbarungen in Gesellschaftsverträgen von Perso-

---

[144] *K. Schmidt* ZHR 162 (1998), 272.
[145] BGH BB 1980, 489; NJW-RR 1991, 423 (424); MüKoHGB/*K. Schmidt* § 128 Rn. 22; *Ebenroth/Boujong/Joost/Strohn/Hillmann* § 128 Rn. 61; Baumbach/*Hopt* § 128 Rn. 40; *Schwab/Walter* Kap. 7 Rn. 35; *Lachmann* Rn. 504 mwN; a.A. *Habersack* SchiedsVZ 2003, 241 (246).
[146] IE auch *K. Schmidt* ZHR 162 (1998), 273; *Schwab/Walter* Kap. 7 Rn. 35; Baumbach/*Hopt* § 171 Rn. 3; *Lachmann* Rn. 504; differenzierend MHdB GesR II/*Neubauer* KG § 32 Rn. 25, der eine Bindung der Kommanditisten an die Schiedsvereinbarung bejaht, soweit sie nach § 176 HGB in Anspruch genommen werden.
[147] MHdB GesR II/*Herchen* KG § 32 Rn. 26.
[148] BGH NJW 1980, 1049; BGHZ 45, 282 (286); Baumbach/*Hopt* vor § 1 Rn. 90; *MüKoZPO/Münch* § 1066 Rn. 20; Baumbach/Lauterbach/*Albers/Hartmann* § 1066 Rn. 5; Thomas/Putzo/*Reichold* § 1066 Rn. 2; v. *Trotha* DB 1988, 1367 ff.; vgl. auch BegrRegE BT-Drs. 13/5274, 66. Die Aufnahme der Schiedsklausel in den Gesellschaftsvertrag der GmbH & Co. KG soll grundsätzlich das Schriftformerfordernis des § 1031 ZPO erfüllen, *Ebbing* NZG 1998, 281 (282). Der Errichtung und Unterzeichnung einer gesonderten Urkunde bedarf es nur dann, wenn sich an der Errichtung

§ 44 Die GmbH & Co. KG im Prozess

nenhandelsgesellschaften jedenfalls dann als Fall des § 1066 ZPO einzuordnen sind, wenn die Willensbildung durch Mehrheitsentscheidungen erfolgen kann.[149] Gerade das Beispiel der GmbH & Co. KG zeige, dass keine zwingenden Gründe für eine Ungleichbehandlung von Kapital- und Personengesellschaften bestehen.[150] Im Übrigen lasse sich bei einer abweichenden Einordnung auch die Rechtsprechung des BGH, nach der eine mit dem Hauptvertrag verbundene Schiedsabrede formfrei auf den Erwerber eines Gesellschaftsanteils übergeht (→ Rn. 55), kaum in Einklang bringen.[151] Fraglich ist, ob eine **nachträgliche** Einführung einer Schiedsklausel aufgrund eines Mehrheitsbeschlusses nur dann zulässig ist, wenn der Gesellschaftsvertrag die Aufnahme einer Schiedsklausel durch Mehrheitsbeschluss ausdrücklich vorsieht.[152] Die Einführung einer Schiedsklausel tangiert den Kernbereich der Mitgliedschaft, da sie den aus dem Rechtsstaatsprinzip abzuleitenden Anspruch des Gesellschafters auf Zugang zu den staatlichen Gerichten ausschließt.[153] Sie bedarf daher der Zustimmung der Gesellschafter. Sieht der Gesellschaftsvertrag die Möglichkeit der nachträglichen Einführung einer Schiedsklausel aufgrund eines Mehrheitsbeschlusses ausdrücklich vor, ist dies anzuerkennen. Dagegen genügt die bloße Möglichkeit der Änderung des Gesellschaftsvertrages durch eine (qualifizierte) Mehrheit den Anforderungen an den Bestimmtheitsgrundsatz nicht.[154] Die Einführung der Schiedsklausel kann dann nur einstimmig beschlossen werden.

Ob Schiedsklauseln in Gesellschaftsverträgen von **Publikumsgesellschaften** zulässig sind, ist gleichermaßen umstritten. Nach zutreffender Ansicht halten sie einer Inhaltskontrolle nicht stand.[155] 48

bb) Satzung der Komplementär-GmbH. Die Aufnahme einer Schiedsklausel in die Satzung der Komplementär-GmbH fällt in den Anwendungsbereich des § 1066 ZPO. Das modifizierte Schriftformerfordernis des § 1031 ZPO 49

---

der Gesellschaft oder der Satzungsänderung ein Verbraucher iSv § 1031 Abs. 5 ZPO beteiligt.
   [149] Instruktiv *K. Schmidt* ZHR 162 (1998), 277 ff.; *K. Schmidt* BB 2001, 1857 (1862); *Habersack* SchiedsVZ 2003, 241 (243 f.); MüKoHGB/*K. Schmidt* § 124 Rn. 24, ihm folgend *Ebbing* NZG 1999, 754 (756) mwN; Zöller/*Geimer* § 1066 Rn. 1, 13; vgl. bereits *Roth* FS Nagel, 318 ff.
   [150] Dazu bereits ausf. *K. Schmidt* GmbHR 1990, 16 (17 f.).
   [151] *K. Schmidt* ZHR 162 (1998), 265 (279 f.); *Habersack* SchiedsVZ 2003, 241 (243 f.).
   [152] Vgl. etwa BGH NJW 1976, 958 (Erhöhung der Kapitalbeteiligung); NJW 1983, 1056 (Umwandlung KG in Kapitalgesellschaft); aA OLG München NZG 1999, 780 (781) (eV).
   [153] *K. Schmidt* JZ 1989, 1077 (1082); *K. Schmidt* GmbHR 1990, 16 (17); *K. Schmidt* BB 2001, 1857 (1863); *Roth* FS Nagel, 318 (326 f.); *Reichert/Harbarth* NZG 2003, 379 (380 f.) (GmbH); aA *Ebbing* NZG 1999, 754 (756); *Habersack* SchiedsVZ 2003, 241 (245).
   [154] Allgemein zum Bestimmtheitsgrundsatz siehe BGH NJW 2007, 1685.
   [155] *K. Schmidt* ZHR 162 (1998), 265 (282 f.); *K. Schmidt* BB 2001, 1857 (1863); *Habersack* SchiedsVZ 2003, 241 (244); aA BGH NJW 1980, 1049, der aber die Einhaltung der Form des § 1027 ZPO aF (entspricht im Wesentlichen § 1031 Abs. 5 ZPO) verlangt.

muss daher nicht eingehalten werden.[156] Dies gilt zunächst zwar nur für die Regelung der statutarischen Rechtsbeziehungen der Gesellschafter untereinander und nicht für sonstige schuldrechtliche Vereinbarungen, auf die § 1031 ZPO Anwendung findet. Die Aufnahme der Schiedsklausel in die Satzung einer Komplementär-GmbH genügt der Form des § 1031 ZPO jedoch auch dann, wenn sie auch sonstige schuldrechtliche Rechtsbeziehungen erfassen soll.[157] Diese Grundsätze finden auch bei nachträglicher Aufnahme der Schiedsklausel in die Satzung Anwendung. Nach hM soll die Satzungsänderung auch hier der Zustimmung aller Gesellschafter bedürfen.[158] Das überzeugt für den Fall nicht, dass die Satzung die Möglichkeit der Aufnahme einer Schiedsklausel durch Mehrheitsbeschluss ausdrücklich vorsieht. Insoweit gilt für die Komplementär-GmbH nichts anderes als für die KG (→ Rn. 47).

50 *cc) Verknüpfung.* Um ein Auseinanderfallen der gerichtlichen Zuständigkeiten zu vermeiden, empfiehlt es sich, die Schiedsvereinbarung sowohl auf KG-Ebene als auch auf Ebene der Komplementär-GmbH zu treffen.[159] Zudem ist es zweckmäßig, die Schiedsvereinbarungen inhaltlich aufeinander abzustimmen. Sofern sich an der Gesellschaft ein Verbraucher iSv § 1031 Abs. 5 ZPO beteiligt, empfiehlt es sich, die Schiedsvereinbarung, wenn sie nicht notariell beurkundet ist, in einer gesonderten Urkunde zu treffen. Hierauf kann dann in den Gesellschaftsverträgen verwiesen werden.[160]

51 **b) Gegenstand von Schiedsvereinbarungen.** Gegenstand der Schiedsvereinbarung können alle aus dem Gesellschaftsverhältnis resultierenden Auseinandersetzungen sein. Typischerweise sind die Schiedsvereinbarungen in der Praxis so gefasst, dass sie alle Streitigkeiten zwischen **Gesellschaft und Gesellschafter** sowie Auseinandersetzungen der **Gesellschafter untereinander** erfassen. Die Zuständigkeit des Schiedsgerichts kann sich insbesondere auf die Entscheidung über die Wirksamkeit des Gesellschaftsvertrages[161] oder die Auflösungsklage beziehen.[162] Ob sich die Schiedsvereinbarung auch auf schuldrechtliche Verpflichtungen der Gesellschafter (zB Andienungsrechte etc.) erstreckt, die Eingang in den Gesellschaftsvertrag gefunden haben, ist im Wege der Auslegung zu ermitteln.[163] Im Regelfall wird man

---

[156] BGHZ 38, 159; OLG Hamm OLGZ 90, 453; Baumbach/*Lauterbach/Albers/ Hartmann* § 1066 Rn. 5; *Zöller/Geimer* § 1066 Rn. 4; *Reichert/Harbarth* NZG 2003, 379 (380); *v. Trotha* DB 1988, 453; *Ebbing* NZG 1998, 281; *K. Schmidt* ZHR 162 (1998), 265 (277) m. N. zur Gegenansicht.
[157] *Ebbing* NZG 1998, 282.
[158] *Schwab/Walter* Kap. 32 Rn. 16; *Reichert/Harbarth* NZG 2003, 379 (380f.); *Scholz/Emmerich* § 13 Rn. 31; aA *Ebbing* NZG 1999, 754 (755); wohl auch KöKo/ *Lutter* vor § 53a AktG Rn. 20 (zur AG); s.a. BGHZ 144, 146 (= NZG 2000, 167 (168) m. ablehnender Anm. *Ebbing*); OLG München NZG 1999, 780 (zum Verein); zu den Auswirkungen im Rahmen von Umwandlungsvorgängen s. *Reichert/Harbarth* NZG 2003, 379 (381).
[159] Vgl. auch *Ebbing* NZG 1998, 281 (282).
[160] MüKoGmbHG/*Harbarth* § 53 Rn. 236; dazu auch *Lachmann* Rn. 337 ff.
[161] BGH NJW 1970, 1046.
[162] RGZ 71, 255; Baumbach/*Hopt* § 133 Rn. 19.
[163] *Ebbing* NZG 1998, 281 (283).

dies bejahen können. Entsprechendes gilt für Ausgleichsansprüche der Gesellschafter untereinander, sofern sie ihre Wurzel in der Gesellschafterstellung haben.[164]

Ob sich die Schiedsvereinbarung auch auf die **Anfechtung** von Gesellschafterbeschlüssen erstrecken kann, ist problematisch (→ § 18 Rn. 102 ff.). Dabei ist zwischen Beschlüssen auf KG- und Komplementär-GmbH-Ebene zu differenzieren. Auseinandersetzungen über die Wirksamkeit von Gesellschafterbeschlüssen von **Personengesellschaften** sind nach hM grundsätzlich schiedsfähig.[165] Dies gilt insbesondere für Feststellungsklagen, die auf das Bestehen bzw. die Nichtigkeit von Gesellschafterbeschlüssen gerichtet sind (§ 256 ZPO). Sofern derartige Streitigkeiten unter den Gesellschaftern und nicht im Verhältnis zwischen Gesellschafter und Gesellschaft ausgetragen werden, stellen sich allerdings weitere Probleme, die zumeist unter dem Stichwort der „Mehrparteienschiedsgerichtsbarkeit" diskutiert werden, nämlich insbesondere die Frage, wie die inter partes wirkende Rechtskraft eines Schiedsspruchs etwa durch gesellschaftsvertragliche Regelungen auf alle Gesellschafter erstreckt werden kann.[166] 52

Dementsprechend erweist sich die Schiedsfähigkeit von Streitigkeiten über die Wirksamkeit von Beschlüssen von **Kapitalgesellschaften** als Problem und war lange Zeit umstritten.[167] Der BGH verneinte die Schiedsfähigkeit von Beschlussmängelstreitigkeiten zunächst mit der Begründung, dass die schiedsverfahrensrechtlichen Regelungen der ZPO eine Inter-omnes-Wirkung von Anfechtungs- bzw. Nichtigkeitsschiedssprüchen entsprechend den §§ 248 Abs. 1 S. 1, 249 Abs. 1 AktG nicht vorsehen und für eine analoge Anwendung dieser Bestimmungen mangels ausreichender Vorgaben des Gesetzgebers kein Raum sei.[168] Nachdem der Gesetzgeber[169] im Rahmen der Neuregelung des Schiedsverfahrensrechts die Lösung dieser Frage dennoch ausdrücklich der Rechtsprechung überließ, gab der BGH seine früheren Bedenken auf und entschied, dass Beschlussmängelstreitigkeiten im Recht der GmbH grundsätzlich schiedsfähig sind, sofern die Schiedsvereinbarung, also statutarische Schiedsklausel oder gesonderte Schiedsabrede, mit Zustimmung aller Gesellschafter getroffen wurde und eine dem Rechtsschutz durch staatliche Gerichte gleichwertige Ausgestaltung des schiedsgerichtlichen Verfahrens mit einem Mindeststandard an Mitwirkungsmöglichkeiten für die ihm unter- 53

---

[164] LG Mönchengladbach BB 1994, Beil. 5, 28; *Ebbing* NZG 1998, 281 (283) m. N. zur Gegenansicht.

[165] Vgl. dazu OLG Hamm DB 1992, 2180; *Henze* ZGR 1988, 542; *K. Schmidt* ZGR 1988, 538; *Ebenroth/Bohne* BB 1996, 1393; *Ebbing* NZG 1998, 281 (285) jew. mwN; Hauschild/Böttcher DNotZ 2012, 577 (587 f.).

[166] Dazu *Lachmann* Rn. 2801 ff.; *K. Schmidt* ZHR 162 (1998), 265 (284 ff.) mwN; Hauschild/Böttcher DNotZ 2012, 577 (593 f.).

[167] Für die Schiedsfähigkeit Baumbach/*Hueck* Anh. § 47 GmbHG Rn. 32; Hachenburg/*Ulmer* § 61 GmbHG Rn. 37; *K. Schmidt* ZGR 1988, 523; *Timm* ZIP 1996, 445 ff. jew. mwN; dagegen BGH NJW 1966, 2055; OLG Hamm DB 1987, 680; *Lachmann* Rn. 228; *Henze* ZGR 1988, 562.

[168] BGH NJW 1996, 1753 (1756); kritisch dazu *K. Schmidt* ZHR 162 (1998) 265 (269 f., 285 ff.); s. a. *Ebenroth/Bohne* BB 1996, 1398.

[169] RegE Schiedsverfahrens-Neuregelungsgesetz, BT-Drs. 13/5274, 35.

worfenen Gesellschafter vorsieht.[170] Dieser setzt voraus, dass jeder Gesellschafter über die Einleitung des Schiedsverfahrens informiert wird und so die Möglichkeit erhält, dem Verfahren als Nebenintervenient beizutreten. Ferner müssen alle Gesellschafter an der Auswahl und Bestellung der Schiedsrichter mitwirken können. Eine statutarische Regelung, die die Auswahl der Schiedsrichter durch Mehrheitsentscheidung der auf einer Seite des Streitverhältnisses beteiligten Gesellschafter vorsieht, genügt diesem Erfordernis. Alternativ kann die Bestimmung der Schiedsrichter durch eine neutrale Stelle, zB eine Schiedsinstitution, vereinbart werden. Schließlich ist zur Vermeidung divergierender Entscheidungen erforderlich, die denselben Streitgegenstand betreffenden Beschlussmängelstreitigkeiten bei einem Schiedsgericht zu konzentrieren. Genügt eine Schiedsvereinbarung diesen Anforderungen, entfaltet der Schiedsspruch die Wirkungen der §§ 248 Abs. 1 S. 1, 249 Abs. 1 S. 1 AktG, anderenfalls ist die Schiedsvereinbarung nach § 138 Abs. 1 BGB insoweit nichtig, als sie Beschlussmängelstreitigkeiten einbezieht. Der Wirksamkeitsmangel kann auch nicht im Wege ergänzender Vertragsauslegung behoben werden, wenn mehrere Möglichkeiten zur Ausfüllung vertraglicher Lücken in Betracht kommen, aber kein Anhaltspunkt dafür besteht, welche Regelung die Gesellschafter getroffen hätten.[171]

54 Der nach näherer Maßgabe der mitbestimmungsrechtlichen Vorschriften einzurichtende **Aufsichtsrat** oder seine Mitglieder werden durch eine gesellschaftsvertragliche Schiedsklausel nicht gebunden. Auch Auseinandersetzungen mit Mitgliedern eines fakultativen **Beirates** sind vor den ordentlichen Gerichten auszutragen, sofern die Gesellschaft mit ihnen nicht ausnahmsweise eine gesonderte Schiedsvereinbarung getroffen hat.[172]

55 c) **Übertragung von Gesellschaftsanteilen.** Im Falle der Übertragung eines Gesellschaftsanteils geht die mit dem Hauptvertrag verbundene Schiedsabrede nach hM formfrei auf den Erwerber über.[173] Dies gilt gleichermaßen für Kommanditanteile[174] und Anteile an der Komplementär-GmbH.[175] Tritt ein Kommanditist seinen Anteil an einen Dritten ab, ist der Neu-Kommanditist danach an eine vom Alt-Gesellschafter vereinbarte Schiedsvereinbarung gebunden. Die Formvorschrift des § 1031 ZPO steht dem nicht entgegen, da die Schiedsvereinbarung nach Ansicht des BGH Eigenschaft des Gesellschaftsanteils ist und mithin analog § 401 BGB auf den Erwerber übergeht.[176]

---

[170] BGH NJW 2009, 1962 Tz. 13.
[171] BGH NJW 2009, 1962 Tz. 36.
[172] So. zutr. *Ebbing*, NZG 1998, 281 (283).
[173] BGH NJW 1979, 2567; *K. Schmidt* GmbHR 1990, 16 (17); *Ebbing* NZG 1998, 281 (282); *Ebbing* NZG 1999, 754 (756); *Lachmann* Rn. 522; aA *Schwab/Walter* Kap. 7 Rn. 32 jew. mwN.
[174] BGH NZG 1998, 63; BGHZ 71, 162 (165).
[175] BGH NJW 1979, 2567 (2568).
[176] BGH NZG 1998, 63, s. aber *Habersack* SchiedsVZ 2003, 241 (243 f.).

§ 45 Die GmbH & Co. KG in der Zwangsvollstreckung

Übersicht

I. Zwangsvollstreckung gegen die GmbH & Co. KG ... 1
  1. Vorliegen eines Titels gegen die Gesellschaft ... 1
     a) Titel ... 1
     b) Titelumschreibung ... 5
  2. Verfahren ... 6
II. Zwangsvollstreckung gegen die Gesellschafter der GmbH & Co. KG ... 10
  1. Allgemeines ... 10
  2. Die Gesellschafter der GmbH & Co. KG als Vollstreckungsschuldner ... 14
     a) Pfändung des Gesellschaftsanteils ... 14
        aa) Zulässigkeit ... 14
        bb) Verfahren ... 15
        cc) Umfang ... 16
        dd) Rechtsstellung der Beteiligten ... 18
        ee) Verwertung ... 20
        ff) Vertragsgestaltung ... 23
     b) Pfändung von Einzelansprüchen ... 26
        aa) Gegenstand ... 26
        bb) Verfahren ... 28
  3. Die Gesellschafter der Komplementär-GmbH als Vollstreckungsschuldner ... 30
     a) Pfändung des Geschäftsanteils ... 30
        aa) Zulässigkeit ... 30
        bb) Verfahren ... 31
        cc) Umfang ... 32
        dd) Rechtsstellung der Beteiligten ... 33
        ee) Verwertung ... 34
        ff) Vertragsgestaltung ... 37
     b) Pfändung von Einzelansprüchen ... 39

Schrifttum: *Behr*, Die Vollstreckung in Personengesellschaften, NJW 2000, 1137; *Hadding*, Zur Rechtsfähigkeit und Parteifähigkeit der (Außen-)Gesellschaft bürgerlichen Rechts sowie zur Haftung ihrer Gesellschafter für Gesellschaftsverbindlichkeiten, ZGR 2001, 734; *Heuer*, Der GmbH-Anteil in der Zwangsvollstreckung, ZIP 1998, 405; *Hüffer*, Die Gesamthandsgesellschaft in Prozeß, Zwangsvollstreckung und Konkurs in FS Stimpel, 1985, 165; *Marotzke*, Zwangsvollstreckung in Gesellschaftsanteile nach Abspaltung der Vermögensansprüche, ZIP 1988, 1509; *Noack*, Die Kommanditgesellschaft (KG) im Prozeß und in der Vollstreckung, DB 1973, 1157; *Noack*, Aktuelle Fragen der Zwangsvollstreckung gegen die offenen Handelsgesellschaft, DB 1970, 1817; *Reichert*, Das Zustimmungserfordernis für Abtretung von Geschäftsanteilen in der GmbH, 1982; *Roth*, Pfändung und Verpfändung von Gesellschaftsanteilen ZGR 2000, 187; *Rupp/Fleischmann*, Probleme der Pfändung an Gesellschaftsanteilen, Rpfleger, 1984, 223; *Smid*, Probleme der Pfändung von Anteilen an Personengesellschaften, (§ 859 Abs. 1 ZPO), JuS 1988, 613; *K. Schmidt*, Der unveräußerliche Gesamthandsanteil – ein Vollstreckungsgegenstand, JR 1977, 177; *Wertenbruch*, Die Haftung von Gesellschaftern und Gesellschaftsanteilen in der Zwangsvollstreckung, 2000; *Winnefeld*, Übertragung und Pfändung des Kapital-Entnahmeanspruchs i. S. des § 122 Abs. 1 HGB, DB 1977, 897; *Wössner*, Die Pfändung des Gesellschaftsanteils bei den Personengesellschaften, 2000.

I. Zwangsvollstreckung gegen die GmbH & Co. KG

1. Vorliegen eines Titels gegen die Gesellschaft

1 **a) Titel.** Für die Vollstreckung in das Gesellschaftsvermögen benötigt der Gläubiger einen gegen die **Gesellschaft** gerichteten vollstreckbaren Titel (§ 124 Abs. 2 HGB). Verfügt der Gläubiger lediglich über einen Titel gegen einen **Gesellschafter**, kann er nur in dessen Privatvermögen, zu dem auch sein Anteil an der Gesellschaft gehört, nicht aber in das Vermögen der Gesellschaft vollstrecken.[1] Ein Zugriff auf das Vermögen der GmbH & Co. KG kommt selbst dann nicht in Betracht, wenn der Gläubiger über einen Titel gegen alle Gesellschafter verfügt, da es sich dabei nur um einen Gesamtschuldtitel und nicht um einen zur Vollstreckung in das Gesellschaftsvermögen berechtigenden „Gesamthandsschuldtitel" handelt.[2] Insoweit besteht ein signifikanter Unterschied zur Rechtslage bei der GbR, bei der die Zwangsvollstreckung in das Gesellschaftsvermögen auch aufgrund eines Titels gegen alle Gesellschafter erfolgen kann (§ 736 ZPO).[3] Ein Titel gegen alle Gesellschafter einer Personenhandelsgesellschaft genügt nach bisher herrschender Meinung[4] lediglich dann, wenn die Gesellschaft nach Erlangung des Titels Personenhandelsgesellschaft wurde oder wenn sie im Erkenntnisverfahren zu Unrecht als GbR angesehen wurde. Im Hinblick auf die Regelungen der §§ 124 Abs. 2, 129 Abs. 4 HGB ist dann nach § 727 ZPO analog eine vollstreckbare Ausfertigung gegen die im Titel genannten Gesellschafter und die Personenhandelsgesellschaft zu erteilen (→ Rn. 5).[5] Hat sich eine GbR vor Erwirkung des Titels in eine GmbH & Co. KG umgewandelt, muss der Gläubiger die nur gegen die Gesellschafter erhobene Klage erweitern und auch gegen die Gesellschaft richten, um einen Titel zu erlangen, der eine Zwangsvollstreckung in das Gesellschaftsvermögen zulässt. Hatte er die GbR von vornherein mitverklagt, bedarf es lediglich der Berichtigung des Rubrums. In allen übrigen Fällen kann die Gesellschaft gegen eine Vollstreckungsmaßnahme Erinnerung (§ 766 ZPO) einlegen, wenn sie als Schuldner behandelt wird, obwohl sie weder im Titel noch in der Klausel als Schuldner bezeichnet ist,[6] oder Drittwiderspruchsklage (§ 771 ZPO) erheben, wenn ein Gläubiger aus einem gegen einen Gesellschafter gerichteten Titel in der Annahme, es handele sich um Gesellschaftervermögen, in das

---

[1] BayObLG NJW 1986, 2578; GK/*Habersack* § 124 HGB Rn. 42 u. § 129 HGB Rn. 26; *Noack* DB 1973, 1157.
[2] MüKoHGB/*K. Schmidt* § 124 Rn. 30; GK/*Habersack* § 124 HGB Rn. 42; Heymann/*Emmerich* § 124 Rn. 26.
[3] BGH NJW 2004, 3632 (3634); JZ 1999, 45 m. Anm. *Habersack.*
[4] BGH BB 1967, 143; Schlegelberger/*K. Schmidt* § 124 Rn. 34; *Baumbach/Hopt* § 124 Rn. 45; GK/*Habersack* § 124 HGB Rn. 42.
[5] Stein/Jonas/*Münzberg* § 736 Rn. 12.
[6] Stein/Jonas/*Münzberg* § 766 Rn. 34.

§ 45 Die GmbH & Co. KG in der Zwangsvollstreckung

Gesellschaftsvermögen vollstreckt, ohne über einen Titel gegen die Gesellschaft zu verfügen.[7]

Der Titel muss die Gesellschaft unter ihrer **Firma** bezeichnen; die Komplementär-GmbH oder ihre Kommanditisten müssen im Titel nicht angegeben werden.[8] Eine unrichtige **Bezeichnung** der GmbH & Co. KG im Titel ist unschädlich, solange sich die Identität der Gesellschaft im Wege der Auslegung ermitteln lässt.[9] Wegen des formellen Charakters des Vollstreckungsverfahrens ist insoweit jedoch ein strenger Maßstab anzulegen. Die **Berichtigung** eines fälschlicherweise auf eine Offene Handelsgesellschaft lautenden Titels nach § 319 Abs. 1 ZPO soll dann möglich sein, wenn die beklagte Gesellschaft bereits vor Klageerhebung GmbH & Co. KG geworden ist und die Gesellschafter der OHG später Gesellschafter und Geschäftsführer der GmbH & Co. KG geworden sind, die Gesellschaftsverhältnisse also im Wesentlichen unverändert geblieben sind.[10]

2

Ebenso wie im Erkenntnisverfahren hat ein **Wechsel im Gesellschafterkreis** keinerlei Auswirkungen auf den Gang des Zwangsvollstreckungsverfahrens, selbst wenn eine natürliche Person die Stelle der Komplementär-GmbH einnimmt oder umgekehrt.[11]

3

Auch die **Auflösung** berührt die Zulässigkeit der Zwangsvollstreckung in das Vermögen der GmbH & Co. KG – vorbehaltlich der Insolvenz (→ § 49 Rn. 60) – nicht.[12] Bei **Vollbeendigung** der Gesellschaft wird der Titel hingegen grundsätzlich gegenstandslos. Wird zu einem späteren Zeitpunkt noch Vermögen aufgefunden, kann die Vollstreckung in das Gesellschaftsvermögen wieder aufgenommen werden.[13] Allerdings ist trotz Vollbeendigung eine Zwangsvollstreckung aufgrund des Titels dann möglich, wenn ein Fall der Gesamtrechtsnachfolge vorliegt, insbesondere wenn ein Gesellschafter etwa aufgrund Ausscheidens des einzigen Komplementärs oder Kommanditisten das Geschäft der GmbH & Co. KG ohne Liquidation mit allen Aktiva und Passiva übernommen hat. Dann ist gemäß § 727 ZPO eine vollstreckbare Ausfertigung gegen diesen Rechtsnachfolger einzuholen.[14]

4

b) Titelumschreibung. Bei Vollbeendigung der GmbH & Co. KG ist dem Gläubiger häufig daran gelegen, gegen die Gesellschafter selbst zu vollstrecken. Die Erteilung einer vollstreckbaren Ausfertigung des gegen die Gesellschaft gerichteten Titels zum Zweck der Zwangsvollstreckung in das persönliche Vermögen der Gesellschafter kommt jedoch nicht in Betracht (§§ 161 Abs. 2, 129 Abs. 4 HGB), da den Gesellschaftern hierdurch ihre persönlichen Einwendungen abgeschnitten würden (§§ 161 Abs. 2, 129 Abs. 1 HGB).[15] Der Gläubiger hat vielmehr einen gegen die Gesellschafter gerichteten Titel zu erwirken. An-

5

---

[7] Schlegelberger/*K.Schmidt* § 124 Rn. 34; MHdB GesR II/*Herchen* KG § 33 Rn. 1; GK/*Habersack* § 124 HGB Rn. 42.
[8] Vgl. *Noack* DB 1970, 1817.
[9] Thomas/Putzo/*Seiler* Vor § 704 ZPO Rn. 22.
[10] OLG Düsseldorf MDR 1977, 144.
[11] LG Berlin MDR 1970, 244.
[12] MüKoHGB/*K. Schmidt* § 124 Rn. 33; GK/*Habersack* § 124 HGB Rn. 42.
[13] *Noack* DB 1973, 1157.
[14] MüKoHGB/*K. Schmidt* § 124 Rn. 33 aE.
[15] GK/*Habersack* § 124 HGB Rn. 43 u. § 129 HGB Rn. 26.

deres gilt dann, wenn ein Gesellschafter das Vermögen der GmbH & Co. KG bei Ausscheiden aller übrigen Gesellschafter im Wege der **Gesamtrechtsnachfolge** übernimmt.[16] Der Titel kann dann nach § 727 ZPO auf den Gesellschafter umgeschrieben werden. Eine Titelumschreibung kommt auch dann in Betracht, wenn sich die GmbH & Co. KG nach Schluss der letzten mündlichen Verhandlung, etwa durch Aufgabe des Handelsgewerbes in eine **GbR** umwandelt und ihre Firma aufgrund dessen im Handelsregister gelöscht wird.[17] Die Umschreibung des Titels kann auch dann nur auf die GbR unter Beschränkung der Zwangsvollstreckung auf das Gesellschaftsvermögen, nicht aber auf die Gesellschafter der GbR erfolgen. Ist die Umwandlung in eine GbR bereits vor dem Schluss der mündlichen Verhandlung eingetreten, eine Berichtigung im Prozess aber versehentlich unterblieben, kann diese nach § 319 ZPO auch noch nach Erlass des Urteils erfolgen.[18] Wird die Gesellschaft im Handelsregister nicht gelöscht, ist sie Scheingesellschaft (§ 5 HGB) mit der Konsequenz, dass die Vollstreckung in ihr Vermögen auch ohne Berichtigung oder Umschreibung des Titels weiterhin möglich ist.[19] Die Umschreibung eines auf einen Einzelkaufmann lautenden Titels auf die durch den nachträglich erfolgten **Eintritt eines Kommanditisten** entstandene KG soll analog §§ 28 Abs. 1 HGB, 729 Abs. 2 ZPO zulässig sein.[20] Hat ein Gläubiger einer GbR einen Titel gegen alle Gesellschafter erstritten, was gemäß § 736 ZPO auch zu einer Vollstreckung in das Vermögen der GbR berechtigt,[21] kann aufgrund dieses Titels nach herrschender Lehre auch nach der Eintragung der Gesellschaft als KG in das Handelsregister eine Vollstreckung in das Vermögen der KG vorgenommen werden (→ Rn. 1). Nach Anerkennung der Rechtsfähigkeit von Außengesellschaften bürgerlichen Rechts durch den BGH ist dieses zwar zweifelhaft, da auch gegen die GbR selbst ein Titel erstritten werden kann, im Hinblick auf die bestehende Regelung des § 736 ZPO aber zu bejahen.[22]

2. Verfahren

6 Der mit der **Vollstreckungsklausel** versehene **Titel** ist vor Beginn der Zwangsvollstreckung der Gesellschaft **zuzustellen** (§ 750 ZPO). Die Zustel-

---

[16] MHdB GesR II/*Herchen* KG § 33 Rn. 2; MüKoHGB/*K. Schmidt* § 124 Rn. 33; § 129 Rn. 27; GK/*Habersack* § 124 HGB Rn. 43 u. § 129 HGB Rn. 26; vgl. auch BGH ZIP 2000, 474.
[17] LG Oldenburg RPfleger 1980, 27 f.; *Stein/Jonas/Münzberg* § 736 ZPO Rn. 1; MHdB GesR II/*Herchen* KG § 33 Rn. 3; aA Thomas/Putzo/*Seiler* § 727 ZPO Rn. 4; *Noack* DB 1973, 1157 (1158): Vollstreckung sogar ohne Titelumschreibung möglich. Eine Umschreibung bietet sich schon an, um Beanstandungen der Vollstreckungsorgane zuvorzukommen.
[18] BGH NJW 2002, 1430 (1431) für den Fall der Gesamtrechtsnachfolge nach einer KG durch eine GmbH.
[19] *Eickmann* RPfleger 1970, 113 (115).
[20] *Stein/Jonas/Münzberg* § 729 ZPO Rn. 8; *Zöller/Stöber* § 729 ZPO Rn. 13; Thomas/Putzo/*Seiler* § 729 ZPO Rn. 3; offen gelassen von BGH RPfleger 1974, 260.
[21] Hierzu BGH NJW 2004, 3632 (3634).
[22] MüKoHGB/*K. Schmidt* § 124 Rn. 30 und *Hadding* ZGR 2001, 734, lassen bei einem eine Gesellschaftsschuld betreffenden Titel nach § 796 ZPO eine Umschreibung des Titels auf die KG analog § 727 ZPO zu.

§ 45 Die GmbH & Co. KG in der Zwangsvollstreckung

lung ist an den Geschäftsführer der Komplementär-GmbH zu bewirken. Aufgrund dieses Titels kann sodann in das Gesellschaftsvermögen vollstreckt werden.

Die Pfändung der für die Fortsetzung der Erwerbstätigkeit erforderlichen **7** Gegenstände ist bei Personengesellschaften nach § 811 Nr. 5 ZPO ausnahmsweise dann unzulässig, wenn hinter der Gesellschaft eine Person steht, die ihren Unterhalt überwiegend aus der persönlichen Arbeit für die Gesellschaft zieht.[23] Auf eine gesetzestypische KG ist die Vorschrift anwendbar, wenn alle Gesellschafter ihren Erwerb aus persönlicher Arbeit ziehen.[24] Demgegenüber kann die **GmbH & Co. KG** dieses **Vollstreckungsprivileg** selbst dann nicht für sich in Anspruch nehmen, wenn der Alleingesellschafter der Komplementär-GmbH zugleich ihr Geschäftsführer ist, da er die Geschäfte nicht für sich selbst, sondern für die GmbH tätigt.[25]

Bleibt die Vollstreckung in das Vermögen der Gesellschaft erfolglos, kann **8** der Gläubiger die Abgabe der **eidesstattlichen Versicherung** (§ 807 ZPO) durch die Geschäftsführer der Komplementär-GmbH beantragen.[26] Dieser Abgabe kann sich der Geschäftsführer nicht dadurch entziehen, dass er sein Geschäftsführeramt niederlegt, wenn die Amtsniederlegung ausschließlich zu diesem Zweck erfolgt.[27] Für eine solche Zielrichtung spricht eine tatsächliche Vermutung, wenn die Niederlegung in zeitlich engem Zusammenhang mit der Ladung zur Abgabe der eidesstattlichen Versicherung erfolgt. Die **Zwangshaft** (§ 901 ZPO) zur Bewirkung der Abgabe der eidesstattlichen Versicherung wird gegenüber dem Geschäftsführer verhängt.[28] In das **Schuldnerverzeichnis** (§ 915 ZPO) wird die Gesellschaft und nicht der Geschäftsführer der Komplementär-GmbH eingetragen.[29]

Betreibt der **Gesellschafter** die Vollstreckung gegen die Gesellschaft aus **9** einer ihm zustehenden Drittforderung, ist er aufgrund der ihn treffenden Treuepflicht gehalten, angemessene Rücksicht auf die Belange der Gesellschaft zu nehmen (→ § 26 Rn. 12).

---

[23] Vgl. OLG Oldenburg NJW 1964, 505; *Zöller/Stöber* § 811 ZPO Rn. 26.
[24] *Zöller/Stöber* § 811 ZPO Rn. 26; aA Thomas/Putzo/*Seiler* § 811 ZPO Rn. 18; MHdB GesR II/*Herchen* KG § 33 Rn. 7 aE.
[25] So zutr. *Noack* DB 1973, 1157 (1158).
[26] AG Bochum DGVZ 2001, 13 (für die KG); Baumbach/Lauterbach/*Albers/Hartmann* § 807 ZPO Rn. 7; *Zöller/Stöber* § 807 ZPO Rn. 7; Heymann/*Emmerich*, § 124 Rn. 27.
[27] OLG Hamm ZIP 1984, 1483; Lutter/Hommelhoff/*Kleindiek* § 35 Rn. 14.
[28] Das gilt auch für Ordnungs- und Zwangshaft aus anderen Gründen. Demgegenüber können Ordnungs- und Zwangsgelder nur gegen die Gesellschaft und nicht gegen den Geschäftsführer der Komplementär-GmbH festgesetzt werden, Scholz/*Emmerich* § 13 GmbHG Rn. 28.
[29] GK/*Habersack* § 129 HGB Rn. 26. Stein/Jonas/*Münzberg* § 915 ZPO Rn. 2; MHdB GesR II/*Herchen* KG § 33 Rn. 7.

II. Zwangsvollstreckung gegen die Gesellschafter der GmbH & Co. KG

1. Allgemeines

10 Zur Vollstreckung in das Vermögen eines Gesellschafters benötigt der Gläubiger einen gegen den Gesellschafter gerichteten **Titel** (§§ 129 Abs. 4 HGB, 161 Abs. 2 HGB).[30] Ein Titel gegen die Gesellschaft genügt selbst dann nicht, wenn die Gesellschaft zwischenzeitlich aufgelöst oder vollbeendigt wurde.[31] Eine **Umschreibung** eines gegen die GmbH & Co. KG erwirkten Titels nach § 727 ZPO gegen den Gesellschafter kommt mangels Rechtsnachfolge nicht in Betracht.[32] Sie ist nur dann möglich, wenn ein Gesellschafter das Gesellschaftsvermögen im Wege der Gesamtrechtsnachfolge übernommen hat (→ Rn. 5).[33] Aus praktischer Sicht empfiehlt es sich daher für einen Gläubiger, neben dem Titel gegen die Gesellschaft zugleich einen Titel gegen den persönlich haftenden Gesellschafter zu erwirken, wenn zu befürchten steht, dass die Vollstreckung in das Gesellschaftsvermögen zur Erfüllung der Forderung nicht ausreicht.[34]

11 Betreibt ein Gläubiger aufgrund eines gegen die GmbH & Co. KG gerichteten Titels die Zwangsvollstreckung in das Gesellschaftsvermögen, kann der Gesellschafter **Drittwiderspruchsklage** nach § 771 ZPO erheben, wenn sich die Vollstreckung auf Gegenstände seines Privatvermögens erstreckt. Streiten die Parteien darüber, ob der Titel auch eine Vollstreckung in Vermögen, das sich im Gewahrsam des Gesellschafters befindet, zulässt, kann der Gesellschafter darüber hinaus eine **Erinnerung** nach § 766 ZPO einlegen, nicht aber, wenn lediglich die Zugehörigkeit des Vollstreckungsgegenstandes zu dem Gesellschaftsvermögen streitig ist.[35] Nach herrschender Meinung kann der Gläubiger der Drittwiderspruchsklage die Arglisteinrede (§ 242 BGB) entgegenhalten, wenn eine Forderung tituliert wurde, für die der Gesellschafter nach § 128 HGB ebenfalls haftet.[36] Über die Frage, ob die

---

[30] GK/*Habersack* § 129 HGB Rn. 26; *Behr* NJW 2000, 1137 (1141); *Hadding* ZGR 2001, 712 (733).
[31] OLG Hamm NJW 1979, 51; OLG Frankfurt BB 1982, 399; OLG Düsseldorf RPfleger 1976, 327; *Baumbach/Hopt* § 129 Rn. 15; GK/*Habersack* § 124 HGB Rn. 43; *Ebenroth/Boujong/Joost/Strohn/Hillmann* § 129 Rn. 14; MüKoZPO/*Wolfsteiner* § 729 ZPO Rn. 11; *Stein/Jonas/Münzberg* § 727 ZPO Rn. 4; *Thomas/Putzo/Seiler* § 727 ZPO Rn. 13; aA noch RGZ 124, 150; BayObLG NJW 1952, 28.
[32] BGHZ 62, 131 (133); vgl. auch MüKoHGB/*K. Schmidt* § 129 Rn. 28.
[33] MüKoHGB/*K. Schmidt* § 129 Rn. 27.
[34] *Behr* NJW 2000, 1137 (1141).
[35] Zur Zulässigkeit der Einlegung beider Rechtsbehelfe siehe *Hüffer* FS Stimpel, 165 (185); *Noack* DB 1973, 1157; *Stein/Jonas/Münzberg* § 771 ZPO Rn. 81; *Baumbach/Hopt* § 129 Rn. 15; MHdB GesR II/*Herchen* KG § 33 Rn. 8.
[36] BGH LM ZPO § 771 Nr. 2 ZPO (L); *Stein/Jonas/Münzberg* § 771 ZPO Rn. 81 f.; MüKoHGB/*K. Schmidt* § 129 Rn. 28; *Ebenroth/Boujong/Joost/Strohn/Hillmann* § 129 Rn. 15; *Koller/Roth/Morck* § 129 Rn. 7; GK/*Habersack* § 129 HGB Rn. 27; *Noack* DB 1970, 1817; vgl. auch BGHZ 80, 296; 100, 95 (105).

§ 45 *Die GmbH & Co. KG in der Zwangsvollstreckung*

Haftungsvoraussetzungen des § 128 HGB vorliegen, ist dann im Drittwiderspruchsverfahren zu befinden.

Aus § 129 Abs. 1 HGB folgt, dass der Gesellschafter nach Eintritt der 12 Rechtskraft des gegen ihn ergangenen Urteils dem Gläubiger im Wege der **Vollstreckungsgegenklage** (§ 767 ZPO) die der Gesellschaft nach Schluss der mündlichen Verhandlung, in der sie hätten geltend gemacht werden müssen, entstandenen Einwendungen entgegenhalten kann.[37] Nach Auffassung des BGH kann der Gesellschafter die Vollstreckungsgegenklage jedoch nicht darauf stützen, dass der Anspruch gegen die Gesellschaft zwischenzeitlich verjährt ist, wenn die Verjährung des Anspruchs gegen den Gesellschafter rechtzeitig gehemmt wurde.[38]

Wird die Vollstreckung aus einem gegen den Gesellschafter gerichteten 13 Titel betrieben und befindet sich der gepfändete Gegenstand im Gewahrsam der Gesellschaft, hängt die Fortsetzung der Vollstreckung von der Herausgabebereitschaft der Gesellschaft ab (§ 809 ZPO). Verweigert der Geschäftsführer der Komplementär-GmbH die Herausgabe, muss der Gläubiger den Herausgabeanspruch des Gesellschafters gegen die Gesellschaft pfänden lassen (§§ 846, 847 ZPO).[39]

2. Die Gesellschafter der GmbH & Co. KG als Vollstreckungsschuldner

a) Pfändung des Gesellschaftsanteils. *aa) Zulässigkeit.* Die Gesell- 14 schaftsanteile der Komplementär-GmbH und der Kommanditisten an der GmbH & Co. KG sind nach § 717 S. 1 BGB grundsätzlich unübertragbar. Nach der gesetzlichen Regel wären sie damit an sich nicht pfändbar (§ 851 Abs. 1 ZPO). Für den Gesellschaftsanteil an einer GbR sieht § 859 Abs. 1 ZPO eine Ausnahme vor. Da sich der Anwendungsbereich des § 859 ZPO trotz seines an sich klaren Wortlauts nach allgemeiner Meinung nicht auf die GbR beschränkt, ist auch die **Pfändung** von Anteilen an der GmbH & Co. KG zulässig.[40] Dabei kommt es nicht darauf an, ob die Übertragung des Anteils im Gesellschaftsvertrag zugelassen ist oder ob die übrigen Gesellschafter der Pfändung widersprochen haben. Der Pfändung steht auch nicht entgegen, dass der **Kapitalanteil negativ** ist, da auch in diesem Fall ein Auseinandersetzungsanspruch des Gesellschafters bestehen kann.[41]

bb) Verfahren. Die Pfändung erfolgt als Rechtspfändung durch **Beschluss** 15 des Vollstreckungsgerichts (§§ 829 Abs. 1, 857 Abs. 1 ZPO).[42] Drittschuld-

---

[37] *MüKoHGB/K. Schmidt* § 129 Rn. 11.
[38] BGHZ 104, 76; BGH NJW 1981, 2579; zust. *Baumbach/Hopt* § 129 Rn. 8; *MüKoHGB/K. Schmidt* § 129 Rn. 11; *Ebenroth/Boujong/Joost/Strohn/Hillmann* § 129 Rn. 4; *Koller/Roth/Morck* § 129 Rn. 3.
[39] *Stein/Jonas/Münzberg* § 809 Rn. 5; *Thomas/Putzo/Seiler* § 809 Rn. 9.
[40] BGH BB 1977, 10 (11); BGHZ 97, 392; GK/*Schäfer* § 105 HGB Rn. 131; *Baumbach/Hopt* § 124 Rn. 21; MHdB GesR II/*Falkenhausen/Schneider* KG § 13 Rn. 24; *K. Schmidt* Gesellschaftsrecht § 19 IV 3, § 45 IV; *K. Schmidt*, MüKoHGB/*K. Schmidt* § 135 Rn. 12; vgl. aber auch *K. Schmidt* JR 1977, 177 (178).
[41] *Schlegelberger/K. Schmidt* § 135 Rn. 11; *Baumbach/Hopt* § 124 Rn. 21.
[42] *K. Schmidt* Gesellschaftsrecht § 45 IV 3. a).

nerin ist die Gesellschaft, so dass der Beschluss dem Geschäftsführer der Komplementär-GmbH zugestellt werden muss.[43] Nach herrschender Auffassung reicht die **Zustellung** an alle Gesellschafter der KG aus,[44] was sich aus Gründen der Rechtssicherheit empfehlen kann,[45] sich jedoch bei Gesellschaften mit größerem Gesellschafterkreis als umständlich erweist. War der Gesellschaftsanteil vor der Zustellung bereits abgetreten worden, geht die Pfändung ins Leere.[46]

16   *cc) Umfang.* Die Pfändung des Gesellschaftsanteils erfasst die Gesamtheit der Gesellschaftsrechte des Schuldners, soweit sie pfändbar sind, also alle mit dem Anteil zusammenhängenden **vermögensrechtlichen Ansprüche**.[47] Für den Gläubiger besteht mithin keine Notwendigkeit, die einzelnen vermögensrechtlichen Ansprüche des Gesellschafters gesondert pfänden zu lassen. Der Pfändungsgläubiger ist folglich schon aufgrund der Pfändung des Gesellschaftsanteils berechtigt, den **Gewinnanteil** des Gesellschafters geltend zu machen (§ 725 Abs. 2 BGB). Ist die Gesellschaft aufgelöst, erfasst die Pfändung auch den (künftigen) **Auseinandersetzungsanspruch** (vgl. § 717 S. 2 BGB); auf die Kenntnis des die Pfändung betreibenden Gläubigers hiervon kommt es nicht an.[48] Auf die Ansprüche des Gesellschafters aus einem **Darlehenskonto** erstreckt sich die Pfändung des Gesellschaftsanteils hingegen nicht; vielmehr bedarf es einer gesonderten Pfändung gemäß § 829 ZPO.[49]

17   Hat der Gesellschafter seinen zukünftigen Anspruch auf **Gewinn, Abfindung** oder Auszahlung des **Auseinandersetzungsguthabens** bereits an einen Dritten abgetreten, geht diese Abtretung ins Leere, wenn ein Gläubiger des Gesellschafters den Anteil pfändet, bevor die Abfindungsforderung entstanden ist. Der Dritte erwirbt dann lediglich eine mit dem Pfändungspfandrecht belastete Forderung.[50] Scheidet der Gesellschafter aufgrund einer Bestimmung im Gesellschaftsvertrag aus der Gesellschaft aus, erwirbt der Dritte den an die Stelle des Anteils tretenden Abfindungsanspruch, der mit dem Pfändungspfandrecht belastet ist, das ursprünglich am Gesellschaftsanteil begründet worden ist.[51] In gleicher Weise geht die spätere Abtretung oder Pfändung eines **Gesellschaftsanteils** der Pfändung des Gewinn- bzw. Abfindungsanspruches vor, wenn im Zeitpunkt der Pfändung die Forderung noch nicht entstanden ist.[52] Denn Voraussetzung für das Entstehen der An-

---

[43] BGHZ 97, 392 (394); *K. Schmidt* Gesellschaftsrecht, § 45 IV 3. a); *Stein/Jonas/Brehm* § 859 ZPO Rn. 12; *Zöller/Stöber* § 859 ZPO Rn. 3.
[44] BGHZ 97, 392 (394); Schlegelberger/*K. Schmidt* § 135 Rn. 12; *Zöller/Stöber* § 859 ZPO Rn. 3.
[45] *Behr* NJW 2000, 1137 (1142).
[46] *Ebenroth/Boujong/Joost/Strohn/Lorz* § 135 Rn. 14.
[47] BGHZ 116, 222 (229); *Rümker* WM 1973, 626 (633); MüKoHGB/*K. Schmidt* § 135 Rn. 13; *K. Schmidt* Gesellschaftsrecht § 45 IV 1; *Noack* DB 1973, 1157 (1158); GK/*Schäfer* § 105 Rn. 281.
[48] BGH BB 1972, 10 (11).
[49] *Stöber* Forderungspfändung Rn. 1594.
[50] BGHZ 104, 351 (353) (GmbH); aA *Marotzke* ZIP 1988, 1509 (1519).
[51] BGHZ 104, 351 (354).
[52] *Zöller/Stöber* § 859 Rn. 13; Hachenburg/*Zutt* Anh. § 15 Rn. 80.

§ 45 Die GmbH & Co. KG in der Zwangsvollstreckung

sprüche ist die Gesellschafterstellung.⁵³ Anders liegt es, wenn im Zeitpunkt der Abtretung des Gesellschaftsanteils die Gesellschafter über die Gewinnverteilung bereits Beschluss gefasst haben und der Anspruch des Gesellschafters auf den anteiligen Jahresgewinn hierdurch bereits fällig wurde. Dann verbleibt die Forderung beim Gesellschafter und unterliegt der Pfändung.⁵⁴

dd) Rechtsstellung der Beteiligten. Die Pfändung des Anteils lässt die Gesellschafterstellung des Schuldners unberührt. Die Verwaltungsrechte, namentlich die Informations-, Stimm- und Kontrollrechte, verbleiben beim Gesellschafter; ein Zustimmungsvorbehalt zugunsten des Vollstreckungsgläubigers besteht nicht.⁵⁵ Dem Gläubiger steht jedoch insoweit ein Anspruch auf Auskunftserteilung und Bilanzvorlegung zu, wie dies zur Wahrnehmung seiner Rechte erforderlich ist (§§ 836, 840 ZPO).⁵⁶ Der Pfändungsgläubiger unterliegt andererseits auch nicht der Pflichtenbindung des Gesellschafters. Er haftet insbesondere nicht für Verbindlichkeiten des Gesellschafters und unterliegt auch nicht der gesellschaftlichen Treuepflicht. 18

Die Pfändung des Kommanditanteils bewirkt keine **Verfügungsbeschränkung** hinsichtlich des Gesellschaftsanteils, so dass der Gesellschafter, ohne auf die Zustimmung des Gläubigers angewiesen zu sein, seinen nach dem Gesellschaftsvertrag veräußerlich gestellten Anteil – freilich belastet mit dem Pfändungspfandrecht – veräußern kann.⁵⁷ Erst recht hat die Pfändung des Anteils keine Verfügungsbeschränkung hinsichtlich einzelner Gegenstände des Gesellschaftsvermögens zur Folge. Die Eintragung eines Sperrvermerks im Grundbuch kommt anders als bei der Pfändung eines Erbanteils folglich nicht in Frage.⁵⁸ 19

ee) Verwertung. Will der Gläubiger den Gesellschaftsanteil verwerten, stehen ihm zwei Möglichkeiten offen. Er kann entweder das Gesellschaftsverhältnis nach näherer Maßgabe von § 135 HGB **kündigen** und sodann auf den Liquidationserlös zugreifen⁵⁹ oder das Gesellschaftsverhältnis bestehen lassen und sich aus den automatisch mitgepfändeten (→ Rn. 16) Gewinnansprüchen befriedigen.⁶⁰ Ob eine **Überweisung** des Gesellschaftsanteils an den pfändenden Gläubiger zulässig ist, ist umstritten. Eine Überweisung in dem Sinn, dass der Gläubiger zum Gesellschafter wird, scheidet richtigerweise 20

---

⁵³ BGHZ 104, 351 (353) (GmbH); BGH NZG 1998, 62 (st. G.) m. Anm. *Michalski*; *Hachenburg/Zutt* Anh. § 15 Rn. 79; MüKoHGB/*K. Schmidt* § 135 Rn. 16; *K. Schmidt* Gesellschaftsrecht § 35 II 2; aA *Marotzke* ZIP 1988, 1509 (1514); *Scholz/Seibt* § 15 Rn. 211; Lutter/Hommelhoff/*Bayer* § 15 Rn. 84.
⁵⁴ Siehe auch *Scholz/Seibt* § 15 Rn. 183.
⁵⁵ Vgl. nur RGZ 95, 231 (233); *Ebenroth/Boujong/Joost/Strohn/Lorz* § 135 Rn. 12; Stein/Jonas/*Brehm* § 859 Rn. 4; MüKoHGB/*K. Schmidt* § 135 Rn. 13; aA *Heuer* ZIP 1998, 405.
⁵⁶ *Zöller/Stöber* § 859 Rn. 8; vgl. auch KG OLGZ 21, 386.
⁵⁷ *Scholz/Seibt* § 15 Rn. 197; *Wertenbruch* 526 ff.; MüKoHGB/*K. Schmidt* § 135 Rn. 13; *Hachenburg/Zutt* Anh. § 15 Rn. 81; aA *Heuer* ZIP 1998, 405 (408).
⁵⁸ OLG Zweibrücken OLGZ 1982, 406 (GbR); OLG Hamm OLGZ 1987, 175; *Zöller/Stöber* § 859 Rn. 4.
⁵⁹ BGHZ 97, 392 (394); s.a. Schlegelberger/*K. Schmidt* § 135 Rn. 9.
⁶⁰ Instruktiv *K. Schmidt* Gesellschaftsrecht § 45 IV 2.

aus.[61] Zulässig ist aber die Überweisung der mitgepfändeten Einzelansprüche.[62] Die Anordnung einer **Zwangsverwaltung** kommt nach herrschender Meinung nicht in Betracht.[63]

21 Der Zugriff auf das Auseinandersetzungsguthaben als erst mit der Auflösung der Gesellschaft entstehender Anspruch setzt voraus, dass der Gläubiger die **Kündigung** der Gesellschaft erklären kann. Hierzu ist er nach § 135 HGB berechtigt, sofern er oder ein anderer Gläubiger innerhalb der letzten sechs Monate erfolglos die Zwangsvollstreckung in das bewegliche Vermögen des Gesellschafters versucht hat.[64] Dabei kommt es nicht darauf an, ob der Vollstreckungsversuch zeitlich vor der Pfändung der Anteile vorgenommen wurde.[65] Die Kündigung hat unter Einhaltung einer Frist von sechs Monaten zum Geschäftsjahresende zu erfolgen. Kündigt der Gläubiger die Gesellschaft, setzt sich das Pfandrecht am Auseinandersetzungsguthaben als Surrogat des Gesellschaftsanteils fort.[66] Der betroffene Gesellschafter **scheidet** im Fall der Kündigung des Gesellschaftsverhältnisses durch den Privatgläubiger aus der Gesellschaft **aus** (§ 131 Abs. 3 S. 1 Nr. 4 HGB); die Gesellschaft wird, auch ohne ausdrückliche Fortsetzungsklausel im Gesellschaftsvertrag, von den übrigen Gesellschaftern fortgeführt.[67] Die übrigen Gesellschafter sind berechtigt, den Gläubiger zu **befriedigen**, um die Kündigung der Gesellschaft zu verhindern (analog §§ 1249, 1273, 268 BGB).[68]

22 Eine Verwertung des Gesellschaftsanteils durch **Veräußerung** ist nur zulässig, wenn der Gesellschaftsanteil nach dem Gesellschaftsvertrag frei veräußerlich oder die Mitgesellschafter mit der Veräußerung einverstanden sind.[69] Dann kann das Vollstreckungsgericht durch Beschluss eine Veräußerung anordnen (§§ 844, 857 Abs. 5 ZPO).[70] **Gewährleistungsansprüche** kann der Erwerber des Gesellschaftsanteils grundsätzlich weder gegenüber dem Gläubiger noch gegenüber dem bisherigen Gesellschafter geltend machen.[71]

---

[61] MüKoHGB/*K. Schmidt* § 135 Rn. 14; *Baumbach/Hopt* § 124 Rn. 21; aA *Wössner* 218 ff.
[62] *K. Schmidt* Gesellschaftsrecht § 45 IV 3b; iE auch MüKoZPO/*Ulmer* § 725 Rn. 12.
[63] Vgl. zur GmbH etwa Scholz/*Seibt* § 15 Rn. 201.
[64] RGZ 95, 231 (232); BGH GmbHR 2009, 1102 Tz. 12; MüKoHGB/*K. Schmidt* § 135 Rn. 19; Heymann/*Emmerich* § 135 Rn. 8; *Baumbach/Hopt* § 135 Rn. 6; *Ebenroth/Boujong/Joost/Strohn/Lorz* § 135 Rn. 9; Stein/Jonas/*Brehm* § 859 Rn. 13. Einschränkungen gelten bei einem bloß vorläufig vollstreckbaren Titel oder bei einem Vorbehaltsurteil, wenn das Nachverfahren noch anhängig ist, dazu im Einzelnen *Stöber* Forderungspfändung Rn. 1566 mwN.
[65] BGH NJW 1982, 2773; Zöller/*Stöber* § 859 Rn. 8.
[66] Vgl. Heymann/*Emmerich* § 135 Rn. 1a.
[67] MüKoHGB/*K. Schmidt* § 131 Rn. 99.
[68] MüKoHGB/*K. Schmidt* § 135 Rn. 14; Zöller/*Stöber* § 859 Rn. 4 aE.
[69] *Wertenbruch* 560 f.; *Wössner* 229; Stein/Jonas/*Brehm* § 859 Rn. 8; *Baumbach/Hopt* § 124 Rn. 21.
[70] Schlegelberger/*K. Schmidt* § 135 Rn. 14; *K. Schmidt* Gesellschaftsrecht § 45 IV 3c; MHdB GesR II/*Escher/Haag* KG § 27a Rn. 18; *Rupp/Fleischmann* RPfleger 1984, 223 (224 f.); *Smid* JuS 1988, 613 (617 f.).
[71] Zu den Einzelheiten vgl. Hachenburg/*Zutt* Anh. § 15 Rn. 84.

ff) Vertragsgestaltung. Das Kündigungsrecht des Privatgläubigers nach § 135 HGB kann im Gesellschaftsvertrag nicht ausgeschlossen werden. Häufig sind die Gesellschafter daran interessiert, die **Abfindungsansprüche** des ausscheidenden Gesellschafters einzuschränken oder nach Möglichkeit ganz auszuschließen. Anerkannt ist, dass die Höhe des Abfindungsanspruches dem vollen Wert des Anteils nicht notwendigerweise zu entsprechen braucht.[72] Der Gesellschaftsvertrag kann bestimmen, dass bei der Berechnung des Abfindungsanspruches der Goodwill[73] oder die stillen Reserven[74] außer Acht bleiben oder sich die Abfindung nach der Höhe der Gläubigerforderung bemisst.[75] Auch soll es zulässig sein, den Buchwert[76] oder gar den Nennwert[77] der Anteile für maßgebend zu erklären. Die Gestaltungsfreiheit findet ihre Grenze jedoch in einer unzulässigen **Gläubigerbenachteiligung**. Für den Fall der Pfändung geltende Abfindungsbeschränkungen sind demnach nur dann wirksam, wenn sie auch für vergleichbare Situationen des zwangsweisen Ausscheidens des Gesellschafters, insbesondere für den Ausschluss aus wichtigem Grund, gelten.[78] Die vertragliche Regelung der Abfindungsansprüche für den Fall des Ausscheidens eines Gesellschafters unterliegt der Kontrolle nach Maßgabe der §§ 138, 242 BGB.[79] Erweist sich eine zunächst wirksam vereinbarte Abfindungsregelung später als unangemessen, kommt eine Korrektur nach Maßgabe der Grundsätze der ergänzenden Vertragsauslegung in Betracht.[80]

23

Der Gesellschaftsvertrag kann auch bestimmen, dass der Gesellschafter nicht erst im Falle der Kündigung durch den Gläubiger, sondern bereits im Fall der **Pfändung** seines Anteils aus der GmbH & Co. KG ausscheidet.[81] Die Klausel ist auch für den Fall wirksam, dass die Pfändung von einem Mitgesellschafter bewirkt wird, sofern es sich um eine gesellschaftsfremde Forderung handelt. Sie greift jedoch dann nicht ein, wenn es sich um einen innergesellschaftlichen Anspruch handelt oder die Forderung treuwidrig erworben wurde, um den Mitgesellschafter aus der Gesellschaft herauszudrängen.[82]

24

Soll in der GmbH & Co. KG die **Beteiligungsgleichheit** aufrechterhalten bleiben, empfiehlt es sich, sowohl in den Gesellschaftsvertrag der KG als

25

---

[72] BGHZ 65, 22 (26f.); aA noch BGHZ 32, 151 ff. (beide zur GmbH); auch jetzt noch *Heuer* ZIP 1998, 405 (412).
[73] BGHZ 65, 22 (26f.); zu Gestaltungsmöglichkeiten durch Abfindungsklauseln vgl. MüKoHGB/*K. Schmidt* § 131 Rn. 148 ff. mwN.
[74] OLG Hamburg ZIP 1982, 1327 (GmbH).
[75] *Hachenburg/Zutt* Anh. § 15 Rn. 91 zur Rechtslage bei der GmbH. Für die KG gilt nichts anderes.
[76] OLG Frankfurt NJW 1978, 328; siehe zu Abfindungsklauseln *K. Schmidt* Gesellschaftsrecht § 50 IV 2c.
[77] OLG Celle ZIP 1985, 1393; str., vgl. auch MüKoGmbHG/*Reichert/Weller* § 15 Rn. 550 und *Scholz/Seibt* § 15 Rn. 206 zum Einziehungsentgelt.
[78] *Roth* ZGR 2000, 187 (207); *Binz/Sorg* GmbH & Co. § 5 Rn. 25; *Scholz/Seibt* § 15 GmbHG Rn. 206; aA Lutter/Hommelhoff/*Bayer* § 15 Rn. 85; vgl. auch BGHZ 116, 259, (268f., 276).
[79] Hierzu näher MüKoHGB/*K. Schmidt* § 131 Rn. 156 ff.
[80] MüKoHGB/*K. Schmidt* § 131 Rn. 174 ff.
[81] OLG München GmbHR 1999, 81 (82).
[82] OLG München GmbHR 1999, 81 (82).

12. Kapitel. Prozesse und Zwangsvollstreckung

auch in die Satzung der Komplementär-GmbH eine Bestimmung aufzunehmen, wonach der betroffene Gesellschafter im Fall der Pfändung des Geschäftsanteils an der Komplementär-GmbH auch aus der KG ausscheidet bzw. bei Pfändung seines Kommanditanteils sein Geschäftsanteil an der Komplementär-GmbH eingezogen werden kann.[83]

26 **b) Pfändung von Einzelansprüchen.** *aa) Gegenstand.* Dem Gläubiger stehen als Vollstreckungsobjekt nicht nur der Gesellschaftsanteil, sondern auch die nach §§ 161 Abs. 2, 105 Abs. 2 HGB, 717 S. 2 BGB übertragbaren Ansprüche der Gesellschafter zur Verfügung. Hierzu gehören in erster Linie der Anspruch des Gesellschafters auf **Gewinn** oder Aufwendungsersatz sowie der Anspruch auf **Abfindung** bzw. Auszahlung des **Auseinandersetzungsguthabens**.[84] Sind die Kommanditisten nach dem Gesellschaftsvertrag verpflichtet, die nicht am Verlust beteiligte **Komplementär-GmbH** freizustellen, und tilgt die GmbH eine Schuld der Gesellschaft, kann der Gläubiger der persönlich haftenden Gesellschafterin den in einen Geldanspruch übergegangenen **Freistellungsanspruch** pfänden lassen.[85]

27 Unpfändbar sind demgegenüber die Ansprüche des Gesellschafters auf Auskunftserteilung oder Rechnungslegung.[86] Auch der Kapitalentnahmeanspruch der Komplementär-GmbH nach §§ 161 Abs. 2, 122 Abs. 1 HGB unterliegt, sofern er im Gesellschaftsvertrag nicht ohnehin ausgeschlossen wurde, als nicht selbständig abtretbarer Anspruch nicht der Pfändung.[87]

28 *bb) Verfahren.* Die Pfändung der Einzelansprüche richtet sich, da es sich um eine gewöhnliche **Forderungspfändung** handelt, nach den §§ 828 ff. ZPO. **Drittschuldnerin** ist die Gesellschaft, so dass die Zustellung an den geschäftsführenden Gesellschafter der Komplementär-GmbH bewirkt werden muss.[88] Eine Zustellung an alle Gesellschafter wird jedoch als ausreichend angesehen.[89]

29 Die Pfändung des Anspruchs auf das **Auseinandersetzungsguthaben** bringt dem Gläubiger vor der Auflösung der Gesellschaft zunächst keinen greifbaren Vorteil. Erst wenn er seit sechs Monaten erfolglos die Zwangsvollstreckung in das bewegliche Vermögen unternommen hat, kann er die Gesellschaft kündigen (§ 135 HGB).[90] Ist der Privatgläubiger zugleich Gesell-

---

[83] *Binz/Sorg* GmbH & Co. § 8 Rn. 63.
[84] *K. Schmidt* Gesellschaftsrecht § 45 IV 1.
[85] *Weber* NJW 1971, 1678.
[86] *Zöller/Stöber* § 859 Rn. 5.
[87] Str. RGZ 67, 13 (17 f.); *Baumbach/Hopt* § 122 Rn. 4; *Koller/Roth/Morck* § 122 Rn. 2; *Ebenroth/Boujong/Joost/Strohn/Ehricke* § 122 Rn. 30; *Schlegelberger/Martens* § 122 Rn. 13; aA *Muth* DB 1986, 1761; *Heyman/Emmerich* § 122 Rn. 13; differenzierend: *MüKoHGB/Priester* § 122 Rn. 23 (zulässig, falls Abtretung im Gesellschaftsvertrag oder durch einstimmig gefassten Gesellschafterbeschluss zugelassen ist).
[88] *Schlegelberger/K. Schmidt* § 135 Rn. 10; *Heymann/Emmerich* § 135 Rn. 1.
[89] *Schlegelberger/K. Schmidt* § 135 Rn. 10.
[90] Dieses Recht steht nur dem Privatgläubiger zu; nicht ausreichend ist es, wenn der Gläubiger einen auf § 128 HGB gestützten Titel gegen den Gesellschafter erstritten hat, vgl. *MüKoHGB/K. Schmidt* § 135 Rn. 6.

schafter, kann sein Kündigungsrecht durch die Treuepflicht eingeschränkt sein.[91]

3. Die Gesellschafter der Komplementär-GmbH als Vollstreckungsschuldner

a) Pfändung des Geschäftsanteils. *aa) Zulässigkeit.* Sind die Kommanditisten zugleich an der Komplementär-GmbH beteiligt, wird der Gläubiger in aller Regel auch eine Pfändung der Geschäftsanteile an der Komplementär-GmbH bewirken wollen. Die Pfändung eines Geschäftsanteils an der Komplementär-GmbH richtet sich nach § 857 ZPO.[92] Mehrere Geschäftsanteile eines Gesellschafters müssen infolge ihrer Selbständigkeit gesondert gepfändet werden. Die Pfändung des **Teils** eines Geschäftsanteils ist nach überwiegender Ansicht zulässig.[93] 30

bb) Verfahren. Der Pfändungsbeschluss ist der Gesellschaft als Drittschuldnerin im Sinne von § 829 Abs. 3 ZPO zuzustellen.[94] Mit der Zustellung des Pfändungsbeschlusses ist die Pfändung bewirkt. Der Streit, ob eine Anmeldung bei der Gesellschaft nach § 16 GmbHG a.F. erforderlich ist und diese durch die Zustellung des Pfändungsbeschlusses ersetzt wird,[95] hat sich mit Inkrafttreten des MoMiG erledigt. Eine Anmeldung der Pfändung bei der Gesellschaft ist nicht vorgesehen, auch nicht eine Eintragung der Pfändung in die Gesellschafterliste.[96] Sind für die Geschäftsanteile Anteilsscheine ausgegeben, setzt die Pfändung und Verwertung ihre Beibringung nicht voraus. Sie werden von der Pfändung mitumfasst (§ 952 BGB).[97] 31

cc) Umfang. Die Pfändung erstreckt sich auch auf die **Surrogate** des Geschäftsanteils, wie das Auseinandersetzungsguthaben, den Abfindungsanspruch sowie den Rückzahlungsanspruch von Nachschüssen (§ 30 Abs. 2 GmbHG) und Stammeinlagen bei einer Kapitalherabsetzung (§ 58 Abs. 2 GmbHG).[98] Ob sich die Pfändung auf den **Gewinnanspruch** und sonstige Gesellschafterrechte erstreckt, ist umstritten,[99] richtigerweise wie bei der KG 32

---

[91] BGHZ 51, 84 (87); Schlegelberger/*K. Schmidt* § 135 Rn. 7.
[92] Stein/Jonas/*Reinzberg* § 859 Rn. 18; *Thomas/Putzo/Seiler* § 857 Rn. 2; *K. Schmidt* Gesellschaftsrecht § 35 II 2; MüKoGmbHG/*Reichert/Weller* § 15 Rn. 516.
[93] MüKoGmbHG/*Reichert/Weller* § 15 Rn. 525; Scholz/*Seibt* § 15 Rn. 195; aA *Rowedder/Görner* § 15 Rn. 157.
[94] Hachenburg/*Zutt* Anh. § 15 Rn. 78; Scholz/*Seibt* § 15 Rn. 195; MüKoGmbHG/*Reichert/Weller* § 15 Rn. 517; *Rowedder/Görner* § 15 Rn. 150; Lutter/Hommelhoff/*Bayer* § 15 Rn. 83; *K. Schmidt* Gesellschaftsrecht § 35 II; Stein/Jonas/*Münzberg* § 859 Rn. 18; vgl. aber noch RGZ 57, 414 (415).
[95] *Baumbach/Hueck* § 15 Rn. 60; Scholz/*Seibt* § 16 Rn. 21; einschränkend Hachenburg/*Zutt* Anh. § 15 Rn. 78.
[96] MüKoGmbHG/*Heidinger* § 16 Rn. 8 mwN.
[97] Vgl. im Einzelnen MüKoGmbHG/*Reichert/Weller* § 15 Rn. 526; Hachenburg/*Zutt* Anh. § 15 Rn. 87.
[98] MüKoGmbHG/*Reichert/Weller* § 15 Rn. 519; Hachenburg/*Zutt* Anh. § 15 Rn. 79.
[99] Dafür Zöller/*Stöber* § 859 Rn. 13; Stein/Jonas/*Brehm* § 859 Rn. 18; Scholz/*Seibt* § 15 Rn. 184, 196; dagegen Hachenburg/*Zutt* Anh. § 15 Rn. 79; MüKoGmbHG/*Reichert/Weller* § 15 Rn. 522; *Rowedder/Görner* § 15 Rn. 155.

(→ Rn. 16) zu bejahen. Aus Gründen der Sicherheit dürfte es sich jedoch empfehlen, die Ansprüche ausdrücklich mitzupfänden.

33   *dd) Rechtsstellung der Beteiligten.* Mit der Pfändung erwirbt der Gläubiger ein Pfändungspfandrecht an dem Geschäftsanteil. Die Gesellschafterstellung des Schuldners bleibt von der Pfändung unberührt,[100] auch unterliegt er bei der Ausübung seiner Gesellschafterrechte grundsätzlich keinem Zustimmungserfordernis des Pfändungsgläubigers. Dies gilt nach herrschender Auffassung jedenfalls für die Ausübung unverzichtbarer Gesellschafterrechte. Der Gesellschafter kann somit ohne Mitwirkung des Gläubigers Auflösungsklage erheben, aus wichtigem Grund austreten oder seinen Anteil nach § 27 Abs. 1 GmbHG aufgeben.[101] Ebenso kann er an Satzungsänderungen mitwirken, selbst wenn diese den Wert seines Anteils nachteilig beeinflussen.[102] Demgegenüber bedarf der Gesellschafter nach herrschender Auffassung bei der Mitwirkung an einer freiwilligen Einziehung oder der Erklärung einer nach dem Gesellschaftsvertrag zulässigen ordentlichen Kündigung der Zustimmung des Pfändungsgläubigers, da die Rechtsposition des Pfändungsgläubigers hierdurch unmittelbar beeinträchtigt wird.[103]

34   *ee) Verwertung.* Die Verwertung des Anteils erfolgt gemäß §§ 844, 857 Abs. 5 ZPO durch Veräußerung auf Anordnung des Gerichts, dh in der Regel durch **Versteigerung**.[104] Die Versteigerung des Anteils erfolgt durch den Gerichtsvollzieher (§ 814 ZPO). Sowohl der Gläubiger, der Schuldner als auch die Gesellschaft können mitbieten (§§ 816 Abs. 4 ZPO, 1239 BGB). Mit dem Zuschlag wird das Gebot des Meistbietenden mit der Wirkung des Zustandekommens eines Vertrages (§ 156 BGB) angenommen. Auf der Grundlage dieses Vertrages geht der Geschäftsanteil mit der Zahlung des Kaufpreises auf den Erwerber über (§ 817 Abs. 2 ZPO). Anstelle einer Versteigerung kann das Gericht auch einen **freihändigen Verkauf** anordnen.[105] Die übrigen Gesellschafter können die Verwertung nicht dadurch verhindern, dass diese nach ausgebrachter Pfändung im Wege der Satzungsänderung eine Einziehung vorsehen und beschließen.[106]

35   Eine **Überweisung des Geschäftsanteils** zur Einziehung oder an Zahlungs statt kann der Gläubiger nicht verlangen.[107] Lediglich die Ansprüche

---

[100] BGH NJW 1967, 1963; MüKoGmbHG/*Reichert/Weller* § 15 Rn. 532; Scholz/*Seibt* § 15 Rn. 197; *Rowedder/Görner* § 15 Rn. 163.
[101] Hachenburg/*Zutt* Anh. § 15 Rn. 81; MüKoGmbHG/*Reichert/Weller* § 15 Rn. 533; Michalski/*Ebbing* § 15 Rn. 240 mwN.
[102] Hachenburg/*Zutt* Anh. § 15 Rn. 81; MüKoGmbHG/*Reichert/Weller* § 15 Rn. 534; Michalski/*Ebbing* § 15 Rn. 240.
[103] MüKoGmbHG/*Reichert/Weller* § 15 Rn. 535 mwN; Scholz/*Seibt* § 15 Rn. 197; *Baumbach/Hueck* § 15 Rn. 61; weitergehend *Roth* ZGR 2000, 187 (217).
[104] Siehe etwa BGHZ 104, 351 (353).
[105] MüKoGmbHG/*Reichert/Weller* § 15 Rn. 536; Scholz/*Seibt* § 15 Rn. 200; Stein/Jonas/*Brehm* § 859 Rn. 21.
[106] LG Gießen MDR 1986, 155.
[107] KG OLGZ 10, 393; *K. Schmidt* Gesellschaftsrecht § 35 II 2 mwN in Fn. 75; MüKoGmbHG/*Reichert/Weller* § 15 Rn. 537; Hachenburg/*Zutt* Anh. § 15 Rn. 82; Scholz/*Seibt* § 15 Rn. 199; Lutter/Hommelhoff/*Bayer* § 15 Rn. 85; *Heuer* ZIP 1998, 405 (406).

auf Gewinn, auf Abfindung oder Auskehrung des Auseinandersetzungsguthabens können zur Einziehung überwiesen werden.[108]

Eine **notarielle** Beurkundung ist nur bei einem freihändigen Verkauf, nicht jedoch bei der Versteigerung des Geschäftsanteils zu beachten, da der Zuschlag die Form des § 15 Abs. 3 GmbHG ersetzt.[109] Der Erwerber erwirbt den Geschäftsanteil frei von dinglichen Rechten Dritter. Frühere Abtretungen und Verpfändungen des Geschäftsanteils erlöschen, Abtretungen und Verpfändungen der mit dem Geschäftsanteil verbundenen Ansprüche werden gegenstandslos, da sie aufgrund des Gesellschafterwechsels nicht mehr in der Person des früheren Gesellschafters entstehen können.[110] Der Erwerber tritt aber unabhängig von seinem etwaigen guten Glauben in die mit dem Geschäftsanteil zusammenhängenden Pflichten ein, so dass er auch zur Einzahlung rückständiger Einlagen verpflichtet ist.[111] Ferner treffen ihn die Nebenleistungspflichten nach § 3 Abs. 2 GmbHG sowie eine etwaige Nachschusspflicht nach § 26 GmbHG.[112] Gewährleistungsansprüche stehen dem Ersteher nicht zu (§ 806 ZPO).[113]

36

ff) Vertragsgestaltung. Die Gesellschafter der GmbH verfügen über keine Möglichkeit, durch statutarische Bestimmungen die Pfändung des Anteils **auszuschließen** oder **einzuschränken**.[114] Auch Vinkulierungsklauseln, die die Übertragung des Geschäftsanteils von der Zustimmung der Gesellschaft oder der Gesellschafter abhängig machen, stehen einer Pfändung nicht entgegen.[115] Die Pfändung des Anteils lässt sich auch nicht durch die Vereinbarung eines **Vorkaufsrechts** verhindern, da es für den Verkauf des Geschäftsanteils im Wege der Zwangsvollstreckung nicht wirksam vereinbart werden kann (§ 471 BGB).[116]

37

Ein verbreitetes Instrumentarium stellen indessen **Einziehungsklauseln** dar, die für den Fall der Pfändung die Möglichkeit der Einziehung des Geschäftsanteils vorsehen.[117] Bei einer Einziehung setzt sich das Pfändungspfandrecht des Gläubigers an dem Einziehungsentgelt als Surrogat fort. Regelungen in der Satzung zur Höhe des Einziehungsentgelts unterliegen

38

---

[108] MüKoGmbHG/*Reichert/Weller* § 15 Rn. 537; Scholz/*Seibt* § 15 Rn. 199, 211.
[109] RGZ 162 (164, 170); MüKoGmbHG/*Reichert/Weller* § 15 Rn. 539; *Baumbach/Hueck* § 15 Rn. 62; Scholz/*Seibt* § 15 Rn. 200; *Rowedder/Görner* § 15 Rn. 160; *Lutter/Hommelhoff/Bayer* § 15 Rn. 87; *Roth* ZGR 2000, 214.
[110] MüKoGmbHG/*Reichert/Weller* § 15 Rn. 540.
[111] Hachenburg/*Zutt* Anh. § 15 Rn. 86; MüKoGmbHG/*Reichert/Weller* § 15 Rn. 540.
[112] Lutter/Hommelhoff/*Bayer* § 15 Rn. 87.
[113] Scholz/*Seibt* § 15 Rn. 200; Lutter/Hommelhoff/*Bayer* § 15 Rn. 87; *Rowedder/Görner* § 15 Rn. 161.
[114] MüKoGmbHG/*Reichert/Weller* § 15 Rn. 542; *Rowedder/Görner* § 15 Rn. 158; *K. Schmidt* Gesellschaftsrecht § 35 II 2.
[115] BGHZ 65, 22 (24); *Roth* ZGR 2000, 187 (212); Hachenburg/*Zutt* Anh. § 15 Rn. 88; MüKoGmbHG/*Reichert/Weller* § 15 Rn. 542; *einschränkend* Lutter/Hommelhoff/*Bayer* § 15 Rn. 86.
[116] Eingehend dazu Scholz/*Seibt* § 15 Rn. 203; *Rowedder/Görner* § 15 Rn. 158.
[117] BGHZ 65, 22; *K. Schmidt* Gesellschaftsrecht § 35 II 2; Scholz/*Seibt* § 15 Rn. 205; *Rowedder/Görner* § 15 Rn. 158; Lutter/Hommelhoff/*Bayer* § 15 Rn. 85.

12. Kapitel. Prozesse und Zwangsvollstreckung

ebenso wie Regelungen zur Höhe von Abfindungsansprüchen im Gesellschaftsvertrag der KG (→ Rn. 23) richterlicher Kontrolle.[118] Die Wirksamkeit der Einziehung hängt nicht von der Zustimmung des Gläubigers ab.[119] Auch Bestimmungen, die den von der Pfändung betroffenen Gesellschafter verpflichten, seinen Geschäftsanteil an die Gesellschaft, an andere Gesellschafter oder Dritte abzutreten, muss der Gläubiger gegen sich gelten lassen.[120] Mit der satzungsgemäßen Abtretung geht das Pfändungspfandrecht des Gläubigers am Geschäftsanteil unter und setzt sich als Surrogat an dem Abtretungsentgelt fort.[121]

39 **b) Pfändung von Einzelansprüchen.** Neben dem Geschäftsanteil kann der Gläubiger auch die vermögensrechtlichen Einzelansprüche des Gesellschafters der Komplementär-GmbH pfänden lassen (§§ 829 ff. ZPO).[122] Pfändbar sind insbesondere der **Gewinnanspruch**, der Anspruch auf Auszahlung des **Abfindungs- und Liquidationsguthabens** sowie ein etwaiger Anspruch auf Rückzahlung aus einbezahlten Nachschüssen, soweit diese nicht zur Deckung des Stammkapitals erforderlich sind. Selbst wenn sich die Funktion der Komplementär-GmbH auf die Rolle des persönlich haftenden Gesellschafters beschränkt und die wirtschaftliche Bedeutung dieser Ansprüche dann regelmäßig gering ist, wird ihre Pfändung in der Praxis gleichwohl zumeist neben der des Geschäftsanteils bewirkt.

---

[118] Siehe hierzu MüKoGmbHG/*Reichert/Weller* § 15 Rn. 549 f.; Scholz/*Seibt* § 15 Rn. 206; *Rowedder/Görner* § 15 Rn. 164.
[119] Vgl. auch *Michalski* ZIP 1991, 147; Scholz/*Seibt* § *15 Rn. 197, 205.*
[120] *Reichert* Zustimmungserfordernis, 85; Scholz/*Seibt* § 15 Rn. 204; Rowedder/Görner § 15 Rn. 158.
[121] MüKoGmbHG/*Reichert/Weller* § 15 Rn. 547; aA Scholz/*Seibt* § 15 Rn. 204.
[122] RGZ 98, 319; *K. Schmidt* Gesellschaftsrecht § 35 II 2.

13. Kapitel. Auflösung und Liquidation der Gesellschaft

§ 46 Auflösung der GmbH & Co. KG

Übersicht

	Rn.
I. Überblick	1
1. Grundsatz	1
2. Abgrenzungsfragen	4
3. Änderungen durch das Handelsrechtsreformgesetz	7
II. Auflösungsgründe	8
1. Überblick	8
2. Zeitablauf	12
3. Auflösungsbeschluss	17
4. Insolvenz der Gesellschaft	23
a) Eröffnung des Insolvenzverfahrens über das Vermögen der Gesellschaft	23
b) Ablehnung des Insolvenzverfahrens mangels Masse	25
c) Löschung wegen Vermögenslosigkeit	26
d) Rechtsfolgen	28
5. Auflösung durch gerichtliche Entscheidung	30
a) Auflösungsklage statt außerordentlichem Kündigungsrecht	30
b) Vorliegen eines wichtigen Grundes	32
aa) Grundsatz	32
bb) Gesellschaftsbezogene Gründe	34
cc) Gesellschafterbezogene Gründe	35
c) Fristen	39
d) Auflösungsklage als Ultima Ratio	40
e) Prozessuale Fragen	42
f) Vertragliche Gestaltungsmöglichkeiten	48
III. Rechtsfolgen der Auflösung	52
1. Eintritt der Auflösung	52
2. Anmeldung der Auflösung zum Handelsregister	53
3. Liquidationsgesellschaft	57
4. Rechtsbeziehungen zu Dritten	60
5. Rechtsstellung der Gesellschafter	63
6. Auswirkung der Auflösung der GmbH & Co. KG auf den Bestand der Komplementär-GmbH	64
IV. Fortsetzung der Gesellschaft	67
1. Durch Gesellschafterbeschluss	67
a) Grundsatz	67
b) Beschlussfassung	70
c) Rechtsfolgen	74
d) Anmeldung zum Handelsregister	76
2. Aufgrund Fortsetzungsklausel	77
V. Fehlerhafte Auflösung und Fortsetzung	79
1. Vorliegen eines rechtsgeschäftlichen Mangels	79
2. Fehlen eines gesetzlichen Auflösungsgrundes	82
3. Fehlerhafte Fortsetzung	84
4. Unkenntnis vom Eintritt des Auflösungsgrundes	85

Schrifttum: *Gersch*, Die Grenzen zeitlicher Beschränkung des ordentlichen Kündigungsrechts bei Personengesellschaften, BB 1977, 871; *Gustavus*, Die Neuregelungen im Gesellschaftsrecht nach dem Regierungsentwurf eines Handelsrechtsreformgesetzes, GmbHR 1998, 17; *Habersack*, Die Reform des Handelsstandes und der Personengesellschaften, in Fachtagung der Bayer-Stiftung für deutsches und internationales Arbeits- und Wirtschaftsrecht am 30. Oktober 1998, 1999, 73; *A. Hueck*, Zur

13. Kapitel. *Auflösung und Liquidation der Gesellschaft*

Problematik langfristiger Gesellschaftsverträge, in FS Larenz I, 1973, 741; *Kötter,* Der Zeitpunkt der Auflösung einer offenen Handelsgesellschaft oder Kommanditgesellschaft, in FS Geßler, 1971, 247; *Lambrecht,* Fortsetzung der OHG bei Ausscheiden eines Gesellschafters, ZIP 1997, 919; *Merle,* Personengesellschaften auf unbestimmte Zeit und auf Lebenszeit, in FS Bärmann, 1975, 631; *Schlitt,* Die Auswirkungen des Handelsrechtsreformgesetzes auf die Gestaltung von GmbH & Co. KG-Verträgen, NZG 1998, 580; *K. Schmidt,* Zum Liquidationsrecht der GmbH & Co., GmbHR 1980, 261; *K. Schmidt,* Die Handels-Personengesellschaft in Liquidation, ZHR 153 (1989) 270; *K. Schmidt,* Zur Ablösung des Löschungsgesetzes, GmbHR 1994, 829; *K. Schmidt,* HGB-Reform im Regierungsentwurf, ZIP 1997, 909; *Steines,* Die faktisch aufgelöste OHG, 1964; *Vallender,* Auflösung und Löschung der GmbH – Veränderungen aufgrund des neuen Insolvenzrechts, NZG 1998, 249; *Weber/Jakob,* Zum Referentenentwurf des Handelsrechtsreformgesetzes, ZRP 1997, 152; *Westermann,* Vertragsfreiheit und Typengesetzlichkeit im Recht der Personengesellschaft, 1970.

I. Überblick

1. Grundsatz

1   Die GmbH & Co. KG endet regelmäßig nicht abrupt; ihr Ende vollzieht sich vielmehr in verschiedenen Schritten: Mit der **Auflösung** beendet die GmbH & Co. KG zunächst nur ihre werbende Tätigkeit, sie wird zur **Liquidationsgesellschaft** (→ § 47).[123] Nach Abwicklung der schwebenden Geschäfte, Begleichung der Verbindlichkeiten und Verteilung eines etwa noch vorhandenen Vermögens ist die Gesellschaft beendet. Die **Vollbeendigung** führt zum Erlöschen der Firma der GmbH & Co. KG, das im Handelsregister einzutragen ist.[124]

2   Mit der Auflösung der Gesellschaft tritt eine **Änderung ihres Zwecks** ein;[125] die GmbH & Co. KG verliert ihren werbenden Charakter und ist fortan auf Abwicklung ausgerichtet. Ein **Rechtssubjektswechsel** ist mit der Auflösung der Gesellschaft nicht verbunden; die von der GmbH & Co. KG eingegangenen Rechtsverhältnisse bestehen unverändert fort.[126] Die Gesellschaft kann auch noch im Auflösungsstadium Ansprüche geltend machen und ihrerseits von Dritten in Anspruch genommen werden.

3   Bei Auflösung und Liquidation einer **GmbH & Co. KG** stellen sich **spezifische Probleme**, da die Auflösung der KG und die der Komplementär-GmbH unterschiedlichen Regelungsregimen (KG: §§ 161 Abs. 2, 131 HGB; GmbH: §§ 60 ff. GmbHG) folgen. Dies bedingt, dass die Auflösung der KG nicht notwendigerweise die Auflösung der GmbH zur Folge hat (und umgekehrt) und auch die Liquidationsverfahren beider Gesellschaften keineswegs koordiniert ablaufen.

---

[123] MüKoHGB/*K. Schmidt* § 131 Rn. 6.
[124] Zur Terminologie MüKoHGB/*K. Schmidt* § 131 Rn. 6; MHdB GesR II/*Schmid* KG § 45 Rn. 10 ff.
[125] *Baumbach/Hopt* § 145 Rn. 4; MHdB GesR II/*Schmid* KG § 45 Rn. 5; aA *K. Schmidt* Gesellschaftsrecht § 52 IV 1: Liquidationszweck überlagert die Rechte und Pflichten der Beteiligten nur.
[126] GK/*Schäfer* § 131 HGB Rn. 7.

2. Abgrenzungsfragen

Von der Auflösung der Gesellschaft ist das Ausscheiden aller Gesellschafter bei gleichzeitigem Eintritt neuer Gesellschafter zu unterscheiden. Ein solcher Vorgang löst die KG nicht auf; die Gesellschaft existiert mit neuem Gesellschafterkreis fort.[127] Auch die formwechselnde Umwandlung einer GmbH & Co. KG gem. §§ 190 ff. UmwG führt nicht zu ihrer Auflösung. Die Gesellschaft besteht fort, nur eben in einer anderen Rechtsform (§ 202 Abs. 1 UmwG).[128] **4**

Beim **Ausscheiden** der einzigen **Komplementär-GmbH** tritt die an sich nahe liegende Rechtsfolge, nämlich Umwandlung in eine OHG, nicht ein, da dies die unbeschränkte Haftung der Kommanditisten zur Folge hätte.[129] Vielmehr löst sich die KG auf, sofern die Kommanditisten nicht einen neuen Komplementär in die Gesellschaft aufnehmen (→ § 30 Rn. 57 ff.). Die GmbH & Co. KG wird nur dann ausnahmsweise zu einer OHG, wenn die Gesellschaft von den verbleibenden Gesellschaftern werbend fortgesetzt wird und diese keine andere oder eigens zu diesem Zweck gegründete Komplementär-GmbH aufnimmt.[130] Wird die Gesellschaft nicht werbend fortgesetzt, haften die ehemaligen Kommanditisten für die Verbindlichkeiten nur mit dem ihnen zugefallenen Gesellschaftsvermögen.[131] **5**

Dagegen liegt ein Fall der Auflösung nicht vor, wenn bis auf einen alle Gesellschafter aus der Gesellschaft ausscheiden.[132] Das Gesellschaftsvermögen wächst dann dem verbleibenden Gesellschafter zu, während die Gesellschaft **ohne Liquidation** erlischt und der verbleibende Gesellschafter Gesamtrechtsnachfolger des Gesellschaftsvermögens wird.[133] Dagegen liegt in dem Beschluss, das ganze Gesellschaftsvermögen mit Aktiven und Passiven **auf einen Dritten zu übertragen**, konkludent ein Auflösungsbeschluss, wenn die Gesellschafter keine Fortsetzung weiterer gewerblicher Tätigkeit oder Vermögensverwaltung beabsichtigen.[134] **6**

3. Änderungen durch das Handelsrechtsreformgesetz

Die nach altem Recht zur Auflösung der Gesellschaft führenden Tatbestände Tod eines persönlich haftenden Gesellschafters, Kündigung durch einen Gesellschafter oder einen seiner Privatgläubiger sowie Eröffnung des **7**

---

[127] BGHZ 44, 229.
[128] Schlegelberger/*K. Schmidt* § 131 Rn. 52.
[129] *K. Schmidt* Gesellschaftsrecht § 53 V. 1. a); *K. Schmidt* ZHR 153 (1989) 270.
[130] Vgl. Schlegelberger/*K. Schmidt* § 131 Rn. 2, 43; *K. Schmidt* ZIP 1997, 917; vgl. ferner BGH NJW 1979, 1705 (1706).
[131] BGH DStR 2004, 1137 (für den Fall des Ausscheidens der Komplementär-GmbH); BGHZ 113, 132 (138).
[132] *Baumbach/Hopt* § 131 Rn. 7; MüKoHGB/*K. Schmidt* § 131 Rn. 7.
[133] BGH DStR 2004, 1137; nach Ansicht des OLG Düsseldorf GmbHR 1997, 903 (904), fallen hier Auflösung und Vollbeendigung zusammen. In das Handelsregister sei die Auflösung der Gesellschaft einzutragen; MüKoHGB/*K. Schmidt* § 131 Rn. 7; noch aA Schlegelberger/*K. Schmidt* § 143 Rn. 4, einzutragen sei das Erlöschen der Firma.
[134] MüKoHGB/*K. Schmidt* § 131 Rn. 19 mwN.

13. Kapitel. *Auflösung und Liquidation der Gesellschaft*

Insolvenzverfahrens über das Vermögen eines Gesellschafters wurden durch das Handelsrechtsreformgesetz in Ausscheidensgründe umgewandelt (§ 131 Abs. 3 HGB). Ihr Eintritt führt damit auch bei Fehlen einer Fortsetzungsklausel nicht mehr zur Auflösung der Gesellschaft (→ § 30 Rn. 1 ff.).

II. Auflösungsgründe

1. Überblick

8 Die Auflösungsgründe für die GmbH & Co. KG ergeben sich aus §§ 161 Abs. 2, 131 Abs. 1 HGB. Danach wird die Gesellschaft aufgelöst mit dem Ablauf der Zeit, für die sie eingegangen ist (Nr. 1), aufgrund eines entsprechenden Beschlusses ihrer Gesellschafter (Nr. 2), mit Eröffnung des Insolvenzverfahrens über ihr Vermögen (Nr. 3) sowie durch gerichtliche Entscheidung (Nr. 4).

9 Nach herrschender Auffassung haben die in § 131 HGB genannten Auflösungstatbestände grundsätzlich **abschließenden** Charakter.[135] Über die in § 131 Abs. 1 HGB normierten Auflösungsgründe hinaus bestehen – abgesehen von wenigen sondergesetzlichen Regelungen[136] – keine gesetzlichen Auflösungsgründe. Die §§ 726 ff. BGB kommen daher auch über die Bestimmung des § 105 Abs. 3 HGB grundsätzlich nicht zur Anwendung. Anders als bei einer GbR führt daher auch das **Unmöglichwerden der Erreichung des Gesellschaftszweckes** nicht zur Auflösung der GmbH & Co. KG.[137] Der abschließende Charakter der Auflösungsgründe lässt einen Verweis von §§ 161 Abs. 2, 105 Abs. 2 HGB auf § 726 BGB nicht zu.[138] Auch die Einstellung, Verpachtung oder Veräußerung des Unternehmens stellt keinen gesetzlichen Auflösungsgrund dar.[139]

10 Wollen die Gesellschafter einer GmbH & Co. KG bei Vorliegen solcher Umstände am Bestand der Gesellschaft nicht festhalten, verbleibt ihnen, nur der Ausweg über den Beschluss der Auflösung oder die Beantragung der Auflösung aus wichtigem Grund durch gerichtliche Entscheidung nach § 133 HGB.

11 Allerdings steht es den Gesellschaftern frei, im **Gesellschaftsvertrag** weitere Auflösungsgründe vorzusehen.[140]

---

[135] BGHZ 75, 178 (179); 82, 323 (326); *Baumbach/Hopt* § 131 Rn. 6; *Ebenroth/Boujong/Joost/Strohn/Lorz* § 131 Rn. 27; *Heymann/Emmerich* § 131 Rn. 28 mwN; *Kötter* FS Geßler, 248; MHdB GesR II/*Schmid* KG § 45 Rn. 23; aA MüKoHGB/*K. Schmidt* § 131 Rn. 9.

[136] So existieren spezielle öffentlich-rechtliche Auflösungsgründe, wie etwa in § 38 KWG; vgl. *Baumbach/Hopt* § 131 Rn. 8; Schlegelberger/*K. Schmidt* § 131 Rn. 47 ff.

[137] *Ebenroth/Boujong/Joost/Strohn/Lorz* § 131 Rn. 27; Schlegelberger/*K. Schmidt* § 131 Rn. 55. *Grunewald* Gesellschaftsrecht 1. B. Rn. 81.

[138] *K. Schmidt* Gesellschaftsrecht § 52 II. 1. b).

[139] BGHZ 82, 323 (326); *Grziwotz* DStR 1992, 1365 (1367).

[140] *Baumbach/Hopt* § 131 Rn. 74; MüKoHGB/*K. Schmidt* § 131 Rn. 9.

2. Zeitablauf

Eine GmbH & Co. KG endet mit Ablauf der Zeit, für die sie eingegangen ist (§ 131 Abs. 1 Nr. 1 HGB). Voraussetzung für die Auflösung ist danach, dass im Gesellschaftsvertrag eine **bestimmte** oder zumindest eine **bestimmbare** Dauer der Gesellschaft vorgesehen ist.[141] 12

Die Gesellschaft ist nur dann auf eine bestimmte Zeit eingegangen, wenn im Gesellschaftsvertrag eine **Höchstdauer** vereinbart ist.[142] Dabei ist es unerheblich, ob die Höchstdauer **kalendermäßig** bestimmt ist oder – wie zuweilen anzutreffen – an den sicheren Eintritt eines bestimmten **Ereignisses** (zB die Dauer eines Projekts, einer öffentlich-rechtlichen Genehmigung oder der Bestand eines gewerblichen Schutzrechts) knüpft.[143] Genau genommen handelt es sich im letzteren Fall um eine **auflösende Bedingung**, die jedoch zutreffenderweise gleichsam unter § 131 Abs. 1 Nr. 1 HGB fällt.[144] 13

Demgegenüber ist die Vereinbarung einer **Mindestdauer** in der Regel dahin gehend auszulegen, dass eine Kündigung der Gesellschaft bis zu diesem Zeitpunkt ausgeschlossen ist und die Gesellschafter die Gesellschaft über diesen Zeitpunkt fortsetzen werden, sofern keiner der Gesellschafter von dem Kündigungsrecht Gebrauch macht.[145] 14

Vertragliche Bestimmungen über eine zeitliche Begrenzung der Gesellschaft finden sich in der Praxis recht selten. Enthält der Gesellschaftsvertrag ausnahmsweise eine entsprechende Regelung, löst sich die Gesellschaft mit Eintritt des im Gesellschaftsvertrag bestimmten Zeitpunktes **automatisch** auf, ohne dass es noch eines exekutierenden **Beschlusses** der Gesellschafter bedarf.[146] 15

Die Gesellschafter können die Gesellschaft ohne weiteres aufgrund eines Beschlusses **fortsetzen**, der allerdings, sofern der Gesellschaftsvertrag nichts Abweichendes vorsieht, einstimmig gefasst werden muss (→ Rn. 67 ff.). Setzen die Gesellschafter die Gesellschaft nach Eintritt des Zeitpunktes einvernehmlich fort, kann hierin regelmäßig ein konkludenter Fortsetzungsbeschluss gesehen werden.[147] Eine durch **Zeitablauf aufgelöste** Gesellschaft ist im Falle ihrer stillschweigenden Fortsetzung als auf unbestimmte Zeit eingegangene Gesellschaft anzusehen (§ 134 HGB). 16

---

[141] Vgl. statt aller *Baumbach/Hopt* § 131 Rn. 11.
[142] *Baumbach/Hopt* § 131 Rn. 11; *Ebenroth/Boujong/Joost/Strohn/Lorz* § 131 Rn. 13; *Heymann/Emmerich*, § 131 Rn. 3a.
[143] Vgl. RGZ 95, 147 (149); BGH WM 1985, 1367 (1369); MüKoHGB/*K. Schmidt* § 131 Rn. 12, *Ebenroth/Boujong/Joost/Strohn/Lorz* § 131 Rn. 14; *Westermann* Vertragsfreiheit, 235 ff.; MüKoHGB/*K. Schmidt* § 131 Rn. 12.
[144] *K. Schmidt* Gesellschaftsrecht § 52 III; vgl. auch *Koller/Roth/Morck* § 131 Rn. 2.
[145] MHdB GesR II/*Schmid* KG § 45 Rn. 25.
[146] Schlegelberger/*K. Schmidt* § 131 Rn. 14; GK/*Schäfer* § 131 HGB Rn. 23; MHdB GesR II/*Schmid* KG § 45 Rn. 3; MüKoHGB/*K. Schmidt* § 131 Rn. 14; *Ebenroth/Boujong/Joost/Strohn/Lorz* § 131 Rn. 13.
[147] MHdB GesR II/*Schmid* KG § 45 Rn. 32; *Kötter*, 247, zur unbewussten konkludenten Fortsetzung.

13. Kapitel. Auflösung und Liquidation der Gesellschaft

3. Auflösungsbeschluss

17   Weitaus größere praktische Bedeutung hat die Auflösung der Gesellschaft durch Beschluss ihrer Mitglieder (§ 131 Abs. 1 Nr. 2 HGB). Zumeist wird ein solcher Auflösungsbeschluss wegen seiner Bedeutung von den Gesellschaftern ausdrücklich gefasst.[148] Zwingend ist dies keineswegs.[149] Der Auflösungsbeschluss kann auch **konkludent** zustande kommen, etwa wenn alle Gesellschafter das Unternehmen mit seinen Aktiva und Passiva auf einen Dritten übertragen,[150] die Vermögenswerte der Gesellschaft den Gläubigern im Rahmen eines Liquidationsvergleiches zur Verfügung stellen,[151] den Geschäftsbetrieb einstellen oder die Auflösung der Gesellschaft gemeinsam beim Handelsregister anmelden.[152]

18   Notwendiger **Inhalt** eines Auflösungsbeschlusses sind der Umstand und der Zeitpunkt der Auflösung.[153] Unbedenklich ist es, die Auflösung an den Eintritt einer **Bedingung** zu knüpfen. Auch kann der Beschluss befristet werden (§ 163 BGB).[154] Nur von der Zustimmung eines Dritten darf die Auflösung nicht abhängig gemacht werden.[155]

19   Als Gesellschaftsvertragsänderung ist der Auflösungsbeschluss grundsätzlich **einstimmig** zu fassen (§ 119 Abs. 1 HGB).[156] Das Einstimmigkeitserfordernis wird in der Praxis jedoch gerade bei Unternehmen mit einem größeren Gesellschaftskreis vielfach als unpraktikabel empfunden, da einzelne Gesellschafter im Rahmen der durch ihre **Treuepflicht** gezogenen Grenzen[157] die Liquidation der Gesellschaft verhindern können. Im Gesellschaftsvertrag wird daher vielfach ein **Mehrheitsentscheid** zugelassen, wogegen keine Bedenken bestehen, sofern die Vertragsklausel dem Bestimmtheitsgrundsatz Rechnung trägt.[158] Dem Gesellschaftsvertrag muss – zumindest im Wege der Auslegung – entnommen werden können, dass der Auflösungsbeschluss mit Mehrheit gefasst werden kann.

20   Der Auflösungsbeschluss kann **formlos** gefasst werden.[159] Dies gilt auch im Falle der Einheitsgesellschaft, bei der sich im KG-Vermögen die Anteile

---

[148] Zur Abgrenzung von der bloßen Vertragsänderung, durch die eine zeitliche Begrenzung der Gesellschaft im Sinne des § 131 Abs. 1 Nr. 1 HGB herbeigeführt werden soll, vgl. MüKoHGB/*K. Schmidt* § 131 Rn. 16.
[149] Vgl. statt aller GK/*Schäfer* § 131 HGB Rn. 17.
[150] BGH NJW 1960, 434; MüKoHGB/*K. Schmidt* § 131 Rn. 19.
[151] Vgl. *K. Schmidt* Gesellschaftsrecht § 52 III 3.
[152] OLG Köln DNotZ 1979, 54; *Hesselmann/Tillmann* GmbH & Co. Rn. 653.
[153] MHdB GesR II/*Schmidt* KG § 45 Rn. 36.
[154] Heymann/*Emmerich* § 131 Rn. 8.
[155] MHdB GesR II/*Schmidt* KG § 45 Rn. 37; MüKoHGB/*K. Schmidt* § 131 Rn. 15.
[156] OLG Hamm DB 1989, 815; *Koller/Roth/Morck* § 131 Rn. 3; *Röhricht/v. Westphalen/Haas* § 131 Rn. 7; *Grunewald* Gesellschaftsrecht 1. B. Rn. 82.
[157] Eine Verpflichtung zur Mitwirkung an einem Auflösungsbeschluss kann aus der Treuepflicht des Gesellschafters grundsätzlich nur dann fließen, wenn es völlig aussichtslos erscheint, dass die Gesellschaft ihren Zweck erreichen wird, vgl. Heymann/*Emmerich* § 131 Rn. 7. Umgekehrt kann auch die Fassung eines Auflösungsbeschlusses treuwidrig sein (→ § 26 Rn. 33).
[158] MüKoHGB/*K. Schmidt* § 131 Rn. 15.
[159] MüKoHGB/*K. Schmidt* § 131 Rn. 18; *Ebenroth/Boujong/Joost/Strohn/Lorz* § 131 Rn. 17; *Röhricht/v. Westphalen/Haas* § 128 Rn. 7.

an der Komplementär-GmbH befinden. Auch der Besitz der Gesellschaft von Grundvermögen führt nicht zu einer Formbedürftigkeit nach § 313 BGB.

Fraglich ist, ob der Auflösungsbeschluss bei Beteiligung Minderjähriger der **Genehmigung des Familiengerichts** bedarf. Der BGH lehnt ein Genehmigungserfordernis des Familiengerichts nach § 1822 Nr. 3 BGB ab.[160] Im Hinblick auf eine verbreitete Meinung im Schrifttum,[161] die aus § 1823 BGB ein Genehmigungserfordernis herleitet, empfiehlt es sich in der Praxis, vorsorglich die Genehmigung des Familiengerichts einzuholen. Da es sich bei § 1823 BGB um eine Soll-Vorschrift handelt, hat die fehlende Genehmigung des Familienschaftsgerichts – anders als im Anwendungsbereich des § 1822 Nr. 3 BGB – nicht die Unwirksamkeit des Auflösungsbeschlusses zur Folge. Lebt der Gesellschafter im gesetzlichen **Güterstand** der Zugewinngemeinschaft, bedarf die Mitwirkung an dem Auflösungsbeschluss der Genehmigung des Ehegatten (§ 1365 BGB), wenn die Beteiligung des Gesellschafters sein ganzes oder nahezu ganzes Vermögen darstellt.[162] 21

§ 131 Abs. 1 Nr. 2 HGB ist insoweit **zwingendes Recht**, als die Möglichkeit, die Gesellschaft durch Beschluss aufzulösen, nicht durch den Gesellschaftsvertrag eingeschränkt werden kann.[163] Sollen die Auflösungsregelungen bei KG und Komplementär-GmbH, was regelmäßig empfehlenswert ist, harmonisiert werden, kann die Auflösung der KG – wie bei der GmbH (§ 60 Abs. 1 Nr. 2 GmbHG) – im **Gesellschaftsvertrag** von einem mit einer Mehrheit von drei Viertel aller Stimmen zu fassenden Beschluss abhängig gemacht werden.[164] Ist in der KG eine Abweichung vom Einstimmigkeitserfordernis nicht erwünscht, können die Gesellschaftsverträge in der Weise aufeinander abgestimmt werden, dass auch in der GmbH die Fassung des Auflösungsbeschlusses an die Zustimmung aller Gesellschafter gebunden wird. 22

4. Insolvenz der Gesellschaft

a) Eröffnung des Insolvenzverfahrens über das Vermögen der Gesellschaft. Die Eröffnung des Insolvenzverfahrens über das Vermögen der Gesellschaft bewirkt die Auflösung der Gesellschaft (§ 131 Abs. 1 Nr. 3 HGB). Grund für die Eröffnung eines Insolvenzverfahrens über das Vermögen der GmbH & Co. KG ist neben der **Zahlungsunfähigkeit** der Gesellschaft (§ 17 InsO) auch deren **Überschuldung** (§ 19 InsO), sofern die Gesellschaft – wie in der Regel – neben der Komplementär-GmbH nicht noch weitere natürliche Personen als persönlich haftende Gesellschafter aufweist (§§ 177a, 130a HGB iVm § 15a Abs. 1 S. 2, 2 InsO). Darüber hinaus berech- 23

---

[160] BGHZ 52, 316 (319) (zur GmbH); vgl. auch BGHZ 38, 26; *Ebenroth/Boujong/Joost/Strohn/Lorz* § 131 Rn. 16; *Koller/Roth/Morck* § 131 Rn. 3.
[161] GK/*Schäfer* § 131 HGB Rn. 34; MüKoHGB/*K. Schmidt* § 131 Rn. 18; aA Beck Hdb. Personengesellschaften/*Erle* § 11 Rn. 23; unklar: *Koller/Roth/Morck* § 131 Rn. 3.
[162] MHdB GesR II/*Schmid* KG § 45 Rn. 40; Palandt/*Brudermüller* § 1365 BGB Rn. 6.
[163] GK/*Schäfer* § 131 HGB Rn. 31.
[164] Vgl. *K. Schmidt* GmbHR 1980, 263.

13. Kapitel. Auflösung und Liquidation der Gesellschaft

tigt die **drohende Zahlungsunfähigkeit** die Gesellschaft zur Stellung eines Insolvenz(eigen)antrages (§ 18 InsO).

24 Anders als bei den übrigen Auflösungstatbeständen schließt sich an die Auflösung wegen Insolvenz kein vom Gesellschafterwillen dominiertes Abwicklungsverfahren, sondern ein Insolvenzverfahren nach den Bestimmungen der InsO an (→ § 49).

25 **b) Ablehnung des Insolvenzverfahrens mangels Masse.** Nach § 131 Abs. 2 Nr. 1 HGB wird eine GmbH & Co. KG mit Rechtskraft des Beschlusses aufgelöst, durch den die Eröffnung des Insolvenzverfahrens mangels Masse abgelehnt wurde (§ 26 InsO). Die Abweisung des Insolvenzverfahrens mangels Masse führt jedoch nur dann zur Auflösung, wenn – wie zumeist – neben der Komplementär-GmbH **keine natürliche Person** als persönlich haftender Gesellschafter vorhanden ist. Ist persönlich haftender Gesellschafter eine oHG oder KG, die ihrerseits über eine natürliche Person als persönlich haftenden Gesellschafter verfügt, greift der Auflösungsgrund ebenfalls nicht ein (§ 131 Abs. 2 S. 2 HGB).

26 **c) Löschung wegen Vermögenslosigkeit.** Im Rahmen der Insolvenzrechtsreform wurden die Auflösungstatbestände auf die Löschung der GmbH & Co. KG wegen Vermögenslosigkeit ausgedehnt. Nach § 131 Abs. 2 Nr. 2 HGB wird eine GmbH & Co. KG, die über keine natürliche Person als persönlich haftenden Gesellschafter verfügt, bei Löschung wegen Vermögenslosigkeit (§ 394 FamFG) aufgelöst.

27 Nach dem im Rahmen der Insolvenzrechtsreform neu eingeführten § 141a Abs. 3 FGG (jetzt: § 394 Abs. 4 S. 1 FamFG) besteht eine Löschungsmöglichkeit wegen Vermögenslosigkeit nunmehr auch für die **GmbH & Co. KG**.[165] Voraussetzung ist allerdings, dass der Tatbestand der Vermögenslosigkeit sowohl bei der KG als auch bei der Komplementär-GmbH erfüllt ist (§ 394 Abs. 4 S. 2 FamFG).[166]

28 **d) Rechtsfolgen.** Tritt die Gesellschaft aufgrund der Eröffnung des Insolvenzverfahrens oder Ablehnung der Eröffnung mangels Masse in Auflösung, bestimmt sich das anschließende Liquidationsverfahren nach den speziellen Vorschriften der Insolvenzordnung (→ § 49).

29 Wird die Firma der Gesellschaft wegen Vermögenslosigkeit im Handelsregister gelöscht, findet eine Liquidation grundsätzlich nicht statt. Anders ist es nur, wenn sich nach der **Löschung** herausstellt, dass noch verteilungsfähiges Vermögen vorhanden ist (§ 145 Abs. 3 HGB).[167]

---

[165] Die mit dem In-Kraft-Treten der InsO gestrichene Regelung des § 2 LöschG, die eine Löschung wegen Vermögenslosigkeit eröffnete, war nach herrschender und richtiger Auffassung ihrem Wortlaut entsprechend nur auf Kapitalgesellschaften, nicht aber auf die GmbH & Co. KG anwendbar. *Hachenburg/Ulmer* § 60 GmbHG Rn. 120; *Hesselmann/Tillmann* Rn. 670. Bei Vermögenslosigkeit kam daher nur eine Löschung nach §§ 31 Abs. 2 HGB, 141 Abs. 1 FGG in Betracht.

[166] Vgl. auch *Uhlenbruck* GmbHR 1995, 195 (202).

[167] Hierzu *Habersack*, Reform des Handelsstandes, 90; vgl. auch die ausführliche Darstellung in MüKoHGB/*K. Schmidt* § 145 Rn. 62 ff. Zur Löschung der Löschung der Gesellschaft von Amts wegen s. OLG Düsseldorf ZIP 2013, 672.

5. Auflösung durch gerichtliche Entscheidung

a) Auflösungsklage statt außerordentlichem Kündigungsrecht. Die 30 Gesellschaft kann ferner durch gerichtliche Entscheidung aufgelöst werden (§ 131 Abs. 1 Nr. 4 HGB). In Bezug genommen wird damit die Regelung des § 133 HGB, die eine Auflösung der Gesellschaft aufgrund einer Auflösungsklage zulässt. Anders als bei der GbR, die bei Vorliegen eines wichtigen Grundes nach näherer Maßgabe des § 723 Abs. 3 BGB außerordentlich gekündigt werden kann, haben die Gesellschafter einer Personenhandelsgesellschaft grundsätzlich nur die Möglichkeit, die Auflösung der Gesellschaft durch **gerichtliche Entscheidung** zu erwirken. Damit soll die bis zur rechtskräftigen Klärung der Wirksamkeit einer außerordentlichen Kündigung bestehende Rechtsunsicherheit vermieden werden. Anderes gilt nach der Rechtsprechung für körperschaftlich strukturierte **Publikumspersonengesellschaften**. Wurde ein Anleger anlässlich des Beitritts zur Gesellschaft arglistig getäuscht, steht ihm ein von einer gerichtlichen Entscheidung unabhängiges **Recht zum Austritt** aus der Gesellschaft zu.[168] Dieses außerordentliche Kündigungsrecht endet allerdings mit der Auflösung der Gesellschaft.[169]

Das Fehlen eines gesetzlichen Austrittsrechts bei personalistisch verfassten 31 Gesellschaften hindert freilich nicht, im **Gesellschaftsvertrag** der GmbH & Co. KG ein von der Erhebung einer Auflösungsklage nach § 133 HGB unabhängiges Recht zur Kündigung der Gesellschaft aus wichtigem Grund zu verankern.[170] Dass bis zum rechtskräftigen Abschluss eines im Anschluss an eine außerordentliche Kündigung geführten gerichtlichen Feststellungsverfahrens ein gewisses Maß an Rechtsunsicherheit herrschen kann, steht einer solchen Regelung nicht entgegen.[171]

b) Vorliegen eines wichtigen Grundes. *aa) Grundsatz.* Die Erhebung 32 einer Auflösungsklage erfordert das Vorliegen eines wichtigen Grundes. Nach gefestigter Rechtsprechung ist ein wichtiger Grund dann gegeben, wenn die Verfolgung des **Gesellschaftszwecks** nachhaltig beeinträchtigt und den Gesellschaftern eine **Fortsetzung** der Gesellschaft unter Berücksichtigung der Gesamtheit aller Umstände auch bis zum nächsten Kündigungstermin **unzumutbar** ist.[172] Eine generelle Feststellung, wann ein zur Auflösung der Gesellschaft berechtigender Grund vorliegt, verbietet sich danach. Vielmehr bedarf es einer Prognoseentscheidung unter umfassender Würdigung aller Umstände des **Einzelfalls**, indem die für eine Auflösung sprechenden Gründe gegen die für einen Fortbestand der Gesellschaft spre-

---

[168] Vgl. BGHZ 63, 338, BGH NJW 1973, 1604; 1975, 1700; 1976, 894; 1978, 225; WM 1981, 452; *Baumbach/Hopt* Anh. § 177a Rn. 58.
[169] BGH NJW 1979, 765.
[170] Vgl. nur BGH NJW 1960, 625 (626); MüKoHGB/*K. Schmidt* § 131 Rn. 6, 66.
[171] Vgl. auch GK/*Schäfer* § 133 HGB Rn. 73 f.; Schlegelberger/*K. Schmidt* § 133 Rn. 68.
[172] BGH NJW 1998, 146; BGHZ 84, 382; 69, 169; 31, 295 (304); BGH NJW 1982, 2821; WM 1976, 1030 ff.; (stille Gesellsch.); MüKoHGB/*K. Schmidt* § 131 Rn. 11; *Ebenroth/Boujong/Joost/Strohn/Lorz* § 131 Rn. 4; *Koller/Roth/Morck* § 131 Rn. 2.

chenden Umstände abgewogen werden.[173] Maßgeblicher Beurteilungszeitpunkt ist dabei stets der Schluss der letzten mündlichen Verhandlung.

33 Ob die Anforderungen an einen wichtigen Grund erfüllt sind, hängt insbesondere von der **Struktur** und dem **Zweck** der Gesellschaft, ihrer **Dauer** und den **Kündigungsfristen** ab. Die Auflösung einer erst seit kurzer Zeit bestehenden Gesellschaft ist unter einfacheren Voraussetzungen möglich als die eines bereits seit vielen Jahren existierenden Verbandes.[174] Ist die Kündigungsfrist nur kurz bemessen, scheidet eine Auflösungsklage in der Vielzahl der Fälle aus, da es dem Gesellschafter zuzumuten ist, bis zum Ablauf der Kündigungsfrist in der Gesellschaft zu verbleiben.[175] Bei den zur Auflösung der Gesellschaft berechtigenden Gründen lässt sich zwischen gesellschafts- und gesellschafterbezogenen Umständen differenzieren.[176]

34 *bb) Gesellschaftsbezogene Gründe.*
Gesellschaftsbezogene wichtige Gründe sind solche, die die Grundlagen der Gesellschaft und ihre wirtschaftlichen Zukunftsaussichten betreffen. Hierzu zählen etwa die **Fehlerhaftigkeit des Gesellschaftsvertrages** und die **Unmöglichkeit der Erreichung des Gesellschaftszwecks**, auch wenn diese auf Krankheit oder Abwesenheit eines Gesellschafters beruht. Ferner können die **dauernde Unrentabilität** des Unternehmens bzw. eine **anhaltende Ertraglosigkeit** einen Auflösungsgrund darstellen.[177] Dabei ist es im Ausgangspunkt unerheblich, worauf die zur Unrentabilität oder Ertraglosigkeit führenden Umstände beruhen.

35 *cc) Gesellschafterbezogene Gründe.* Die gesellschafterbezogenen Gründe lassen sich ihrerseits in verhaltens- und nichtverhaltensbezogene Gründe einteilen.[178] Verhaltensbezogene Gründe beziehen sich auf ein pflichtwidriges zurechenbares Gesellschafterhandeln. Einen speziellen **verhaltensbezogenen** wichtigen Grund definiert das Gesetz in § 133 Abs. 2 HGB. Danach ist ein Gesellschafter zur Erhebung einer Auflösungsklage berechtigt, wenn ein Gesellschafter seine Verpflichtungen vorsätzlich oder grob fahrlässig verletzt hat oder ihm die Erfüllung seiner Pflichten unmöglich gemacht wird. Die **Pflichtverletzung** kann dabei in einem aktiven Tun oder in einem bloßen Unterlassen bestehen.[179] Das Verhalten des Gesellschafters muss nicht notwendigerweise schuldhaft sein.[180] Entscheidend ist vielmehr, ob sich die

---

[173] BGH NJW 1998, 146; MüKoHGB/*K. Schmidt* § 131 Rn. 12; *Ebenroth/Boujong/Joost/Strohn/Lorz* § 131 Rn. 4; MHdB GesR II/*Schmidt* KG § 45 Rn. 46; zu den vertraglichen Gestaltungsmöglichkeiten → Rn. 43 ff.
[174] BGH WM 1976, 1030 (1032).
[175] BGH WM 1975, 329; DB 1977, 87 (88); MHdB GesR II/*Schmidt* KG § 45 Rn. 48.
[176] Vgl. zu dieser Diff. und der Kasuistik der wichtigen Gründe eingehend MüKoHGB/*K. Schmidt* § 133 Rn. 14.
[177] *K. Schmidt* Gesellschaftsrecht § 52 III 4b; MüKoHGB/*K. Schmidt* § 133 Rn. 17.
[178] MüKoHGB/*K. Schmidt* § 133 Rn. 19.
[179] Vgl. BGH WM 1961, 886 (888) zu § 142 HGB aF; MüKoHGB/*K. Schmidt* § 133 Rn. 20.
[180] BGH WM 1963, 282 (283); WM 1975, 769 (770); *Ebenroth/Boujong/Joost/Strohn/Lorz* § 133 Rn. 13.

§ 46 Auflösung der GmbH & Co. KG

Fortsetzung der Gesellschaft, sei es wegen der Schwere des Verstoßes, sei es wegen der Zerstörung des Vertrauensverhältnisses unter den Gesellschaftern, als nicht mehr zumutbar erweist.[181] **Beispiele** für eine schwerwiegende Pflichtverletzung sind eine unredliche Geschäftsführung, die Weigerung, an für die Erreichung des Gesellschaftszwecks notwendigen Geschäften mitzuwirken,[182] wobei die Androhung der vertragswidrigen Einstellung der Mitarbeit ausreichend sein kann,[183] die Verfolgung eigennütziger Zwecke zu Lasten der Gesellschaft, gesellschaftsschädigende Handlungen oder Verstöße gegen die gesellschaftsrechtliche Treuepflicht oder gegen ein bestehendes Wettbewerbsverbot.[184] Sogar ein Verhalten des Gesellschafters im Privatbereich kann ausreichend sein, wenn es sich zu Lasten des Unternehmens auswirkt.[185] Bei der GmbH & Co. KG kann der Auflösungsantrag uU auch darauf gestützt werden, dass der Geschäftsführer der Komplementär-GmbH gegen seine gesellschaftsvertraglichen Pflichten verletzt.[186]

Andererseits muss nicht jede schwerwiegende Pflichtverletzung eines Gesellschafters zwangsläufig einen Auflösungsgrund darstellen. Vielmehr kommt es auf die **Gesamtumstände** an. Hat sich der betreffende Gesellschafter um die Gesellschaft zuvor große Verdienste erworben oder haben sich die übrigen Gesellschafter ebenfalls pflichtwidrig verhalten, kann die Gesamtabwägung zu dem Ergebnis kommen, dass ein wichtiger Grund nicht vorliegt.[187] In Extremfällen, etwa wenn der Gesellschaft ein schwerer materieller oder immaterieller Schaden entstanden ist, kann umgekehrt auch ein leicht fahrlässiges oder ein schuldloses Verhalten zur Auflösung der Gesellschaft berechtigen.[188] 36

Einen weiteren verhaltensbezogenen Auflösungsgrund stellt ein **unheilbares Zerwürfnis** unter den Gesellschaftern dar, sofern dies mit einer nachhaltigen Zerstörung der Vertrauensgrundlage einhergeht.[189] Auslöser für eine solche Zerrüttung kann unter Umständen auch ein persönliches Zerwürfnis unter den Gesellschaftern sein, sofern sich dieses nachteilig auf die Gesellschaft ausgewirkt hat.[190] Allerdings kommt eine Auflösung dann 37

---

[181] BGH WM 1966, 1051; BB 1968, 352; MüKoHGB/K. *Schmidt* § 133 Rn. 25.
[182] OLG Köln NZG 2001, 1082 (1083) zu § 723 BGB.
[183] BGH NZG 2002, 417 zu § 723 BGB.
[184] BGHZ 4, 108 (113f.); BGH NJW 1973, 92. Schlegelberger/*Martens* § 161 Rn. 123; Schlegelberger/K. *Schmidt* § 133 Rn. 19. Vgl. BGH DStR 1997, 1090 (1091); 2001, 495 (Wettbewerbsverbot); weitere Bsp. bei MHdB GesR II/*Schmid* KG § 45 Rn. 52; Beck Hdb. Personengesellschaften/*Sauter* § 7 Rn. 23; Binz/Sorg § 6 Rn. 40.
[185] BGHZ 4, 108 (113f.); 46, 392 (394).
[186] Schlegelberger/*Martens* § 161 Rn. 123.
[187] BGH LM § 133 HGB Nr. 4; *Ebenroth/Boujong/Joost/Strohn/Lorz* § 133 Rn. 6; *Röhricht/v. Westphalen/Haas* § 133 Rn. 7; MHdB GesR II/*Schmid* KG § 45 Rn. 53; MüKoHGB/K. *Schmidt* § 133 Rn. 23.
[188] Vgl. etwa BGH NJW 1975, 1410; 1977, 1013; MHdB GesR II/*Schmid* KG § 45 Rn. 55.
[189] BGH WM 1963, 292; 1966, 1051; MHdB GesR II/*Schmid* KG § 45 Rn. 57; MüKoHGB/K. *Schmidt* § 133 HGB Rn. 24.
[190] BGHZ 46, 392 (396).

13. Kapitel. Auflösung und Liquidation der Gesellschaft

nicht in Betracht, wenn der Kläger selbst schuldhaft die Zerrüttung herbeigeführt hat.[191]

38 Auch **nichtverhaltensbezogene Gründe** in der Person eines Gesellschafters können zur Erhebung einer Auflösungsklage berechtigen. Exemplarisch kann die Arbeitsunfähigkeit eines Gesellschafters einer Gesellschaft, die auf die Mitarbeit ihrer Gesellschafter angelegt ist, genannt werden.[192] Ein wichtiger Grund kann in besonders gelagerten Fällen auch bei finanziellen Schwierigkeiten eines Gesellschafters gegeben sein.[193] In einer GmbH & Co. KG ist in der **Auflösung der Komplementär-GmbH** regelmäßig ein wichtiger Grund für die Auflösung der KG zu erblicken.[194]

39 c) **Fristen.** Die Erhebung der Auflösungsklage ist nicht an bestimmte Fristen gebunden. Die Zweiwochenfrist nach § 626 Abs. 2 BGB findet keine Anwendung.[195] Unbeschadet dessen ist der Zeitablauf seit dem zur Kündigung berechtigenden Ereignis nicht ohne jede Bedeutung. Unter Umständen lässt ein langes Abwarten auch darauf schließen, dass der wichtige Grund doch nicht so schwer wie behauptet oder zwischenzeitlich wieder entkräftet ist.[196] Durch zu langes Zögern kann der Gesellschafter sein Recht zur Auflösung der Gesellschaft **verwirken**.[197]

40 d) **Auflösungsklage als Ultima Ratio.** Die Erhebung einer Auflösungsklage kann immer nur Ultima Ratio sein.[198] Dies bedeutet, dass **weniger einschneidenden**, eine Auflösung der Gesellschaft vermeidenden Mitteln, wie etwa dem Entzug der Geschäftsführungs- und Vertretungsbefugnis (§§ 117, 127 HGB) oder der Ausschließung eines einzelnen Gesellschafters (§ 140 HGB) der Vorrang gebührt, sofern sich der unzumutbare Zustand dadurch ebenso beseitigen lässt.[199]

41 Wegen der einschneidenden Wirkung der Auflösung sind nach herrschender Meinung an die **Intensität** des wichtigen Grundes bei der Auflösungsklage nach § 133 HGB höhere Anforderungen als bei der **Ausschließungsklage** nach § 140 HGB zu stellen. Liegt der wichtige Grund nur in der Person eines Gesellschafters vor, sind die übrigen Gesellschafter grundsätzlich gehalten, diesem zunächst die Geschäftsführungs- und Vertretungsbefugnis zu entziehen oder ihn gar aus der Gesellschaft auszuschließen.[200] Stellt sich die Fortsetzung der Gesellschaft umgekehrt nur für einen

---

[191] BGH NJW 2000, 3491 (zu § 723 BGB); MüKoHGB/*K. Schmidt* § 133 Rn. 25.
[192] GK/*Schäfer* § 133 HGB Rn. 28; MHdB GesR II/*Schmid* KG § 45 Rn. 56.
[193] Vgl. GK/*Schäfer* § 133 HGB Rn. 29; MHdB GesR II/*Schmid* KG § 45 Rn. 58.
[194] *Hesselmann/Tillmann* Rn. 662.
[195] MHdB GesR II/*Schmid* KG § 45 Rn. 69.
[196] Vgl. BGH NJW 1966, 2160.
[197] MüKoHGB/*K. Schmidt* § 133 Rn. 41; *Ebenroth/Boujong/Joost/Strohn/Lorz* § 133 Rn. 28; *Röhricht/v. Westphalen/Haas* § 128 Rn. 21.
[198] BGH BB 1968, 352; NJW 1996, 2573; GK/*Schäfer*, 133 HGB Rn. 37; MüKoHGB/*K. Schmidt* § 133 Rn. 13; *Ebenroth/Boujong/Joost/Strohn/Lorz* § 133 Rn. 10.
[199] *Grunewald* Gesellschaftsrecht 1. B. Rn. 78; MHdB GesR II/*Schmid* KG § 45 Rn. 61.
[200] Schlegelberger/*K.Schmidt* § 133 Rn. 9.

§ 46 *Auflösung der GmbH & Co. KG*

Gesellschafter als unzumutbar dar, muss sich dieser im Interesse seiner Mitgesellschafter mit einer eine Auflösung vermeidenden Vertragsänderung einverstanden erklären, sofern sein Abfindungsanspruch den voraussichtlichen Liquidationserlös nicht unterschreitet. Er kann in diesem Fall der Sache nach also auf ein **Austrittsrecht** aus wichtigem Grund verwiesen werden.[201]

e) **Prozessuale Fragen.** Die Auflösungsklage kann von jedem Gesellschafter erhoben werden.[202] In der GmbH & Co. KG ist demnach auch die Komplementär-GmbH **klageberechtigt**.[203] Deren Gesellschafter können die Auflösungsklage jedoch nur dann erheben, wenn sie gleichzeitig Kommanditisten sind. 42

Da es sich bei der Auflösungsklage um einen Fall der notwendigen **Streitgenossenschaft** handelt (§ 62 ZPO), müssen grundsätzlich alle Gesellschafter, sei es auf Kläger- oder Beklagtenseite, am Verfahren beteiligt sein.[204] Da dies gerade bei Verbänden mit einem größeren Gesellschafterkreis als unpraktikabel empfunden wird, greift man in der Praxis häufig darauf zurück, von den Gesellschaftern, die nicht in eine streitige Auseinandersetzung einbezogen werden wollen oder sollen, außergerichtliche Erklärungen einzuholen, nach denen sich diese der Entscheidung des Gerichts unterwerfen. Von der Rechtsprechung und der herrschenden Meinung im Schrifttum werden solche **Unterwerfungserklärungen** akzeptiert.[205] 43

Auf die Auflösungsklage eines Gesellschafters reagieren die übrigen Gesellschafter häufig mit einer auf Ausschließung des klagenden Gesellschafters gerichteten **Widerklage** nach § 140 HGB. Ist diese begründet, wird das Gericht die Auflösungsklage wegen der Geltung des Verhältnismäßigkeitsgrundsatzes abweisen.[206] Aber auch die Auflösungsklage kann ihrerseits als Widerklage erhoben werden, etwa wenn der Adressat einer Entziehungsklage nach §§ 117, 127 HGB oder Ausschließungsklage nach § 140 HGB seinerseits die Auflösung der Gesellschaft bewirken will. 44

Die Auflösungsklage kann ohne weiteres mit einer **Schadensersatzklage** gegen einzelne oder alle übrigen Gesellschafter verbunden werden. Da die Auflösung der Gesellschaft endgültige Wirkung entfaltet, kann sie vom Gesellschafter wegen der damit verbundenen Vorwegnahme der Hauptsache nicht im Wege einer **einstweiligen Verfügung** erzwungen werden.[207] 45

---

[201] Vgl. GK/*Schäfer* § 133 HGB Rn. 40; *Grunewald* Gesellschaftsrecht 1. B. Rn. 78; MüKoHGB/*K. Schmidt* § 133 Rn. 6 m.w.N.
[202] Schlegelberger/*K. Schmidt* § 133 Rn. 43. Statt aller *Baumbach/Hopt* § 133 Rn. 13.
[203] MüKoHGB/*K. Schmidt* § 133 Rn. 45.
[204] BGH NJW 1998, 146. Damit ist die Situation anders als bei der sog. Beschlussfeststellungsklage, vgl. BGHZ 30, 195 (197).
[205] BGH NJW 1998, 146; ZIP 2002, 710 (711); OLG Hamm MDR 1964, 330; *Ebenroth/Boujong/Joost/Strohn/Lorz* § 133 Rn. 33; *Ulmer* FS Geßler, 274 f.; zweifelnd MüKoHGB/*K. Schmidt* § 133 Rn. 48; *K. Schmidt* Gesellschaftsrecht § 52 III 4c.
[206] BGHZ 80, 346 (348 f.); *K. Schmidt* Gesellschaftsrecht § 52 III 4c.
[207] RGZ 123, 153; MhdB GesR II/*Schmid* KG § 45 Rn. 68; anderes gilt bei dem Entzug der Geschäftsführungs- und Vertretungsbefugnis nach §§ 117, 127 HGB.

13. Kapitel. *Auflösung und Liquidation der Gesellschaft*

46 Örtlich **zuständig** für die Klage ist sowohl das Gericht, bei dem die Gesellschaft (§ 22 ZPO) ihren allgemeinen Gerichtsstand hat als auch das Gericht, bei dem der Beklagte (§§ 12, 13 ZPO) seinen allgemeinen Gerichtsstand hat.[208] Maßgebender Zeitpunkt, ob ein eine Auflösungsklage rechtfertigender wichtiger Grund vorliegt, ist der **Schluss der mündlichen Verhandlung.**

47 Die **Auflösung** der GmbH & Co. KG tritt, ohne dass es einer Vollstreckung bedürfte, mit der formellen **Rechtskraft** des Gestaltungsurteils ein, also nicht bereits mit dessen Erlass.[209] Eine **vorläufige Vollstreckbarkeit** dieses Urteils gibt es nicht. Das Gericht hat die Möglichkeit, in seinem Urteil die Auflösung der Gesellschaft auf einen späteren, nicht jedoch einen vor Eintritt der Rechtskraft liegenden Zeitpunkt anzuordnen.[210]

48 **f) Vertragliche Gestaltungsmöglichkeiten.** Das Recht zur Erhebung der Auflösungsklage kann im Gesellschaftsvertrag weder **ausgeschlossen** noch **beschränkt** werden (§ 133 Abs. 3 HGB). Trotz des sich daraus ergebenden zwingenden Charakters der Auflösungsklage sind vertragliche Modifikationen des Auflösungsrechts nicht ausgeschlossen.[211]

49 So können Bestimmungen, die das Auflösungsrecht **erleichtern**, ohne weiteres vereinbart werden.[212] Keinen Bedenken unterliegt es auch, über die Bestimmung des § 133 Abs. 2 HGB hinaus weitere Umstände als **wichtigen Grund** zu definieren. Allerdings dürfen die Voraussetzungen, die an das Vorliegen eines wichtigen Grundes gestellt werden, gegenüber dem Gesetz nicht verschärft werden. Zulässig sind lediglich klarstellende Regelungen.[213]

50 Unbedenklich ist auch die Vereinbarung der Zuständigkeit eines **Schiedsgerichts** für die Entscheidung über die Auflösungsklage.[214]

51 Es wurde bereits angesprochen (→ Rn. 31), dass das Recht zur Erhebung der Auflösungsklage im Gesellschaftsvertrag durch **ein außerordentliches Kündigungsrecht** ersetzt werden kann. Dann hängt die Auflösung der Gesellschaft nicht von dem erfolgreichen Abschluss eines Klageverfahrens ab, sondern tritt bereits mit Wirksamwerden der Gestaltungserklärung ein.[215]

---

[208] GK/*Schäfer* § 133 HGB Rn. 37; MüKoHGB/*K. Schmidt* § 133 Rn. 43.
[209] RGZ 71, 255; BGHZ 31, 298; *Westermann* Personengesellschaft I Rn. 657; MHdB GesR II/*Schmid* KG § 45 Rn. 71; *Ebenroth/Boujong/Joost/Strohn/Lorz* § 133 Rn. 40; *Koller/Roth/Morck* § 133 Rn. 3.
[210] RGZ 71, 255; MHdB GesR II/*Schmid* KG § 45 Rn. 72.
[211] MüKoHGB/*K. Schmidt* § 133 Rn. 62.
[212] *Grunewald* Gesellschaftsrecht 1. B. Rn. 81.
[213] MüKoHGB/*K. Schmidt* § 133 Rn. 68.
[214] MHdB GesR II/*Schmid* KG § 45 Rn. 65.
[215] Vgl. etwa BGH NJW 1960, 625 (626).

III. Rechtsfolgen der Auflösung

1. Eintritt der Auflösung

Mit Eintritt eines Auflösungsgrundes löst sich die Gesellschaft automatisch auf. Es bedarf mithin keines Umsetzungsaktes von Gesellschafterseite mehr. 52

2. Anmeldung der Auflösung zum Handelsregister

Der Eintritt der Auflösung ist von allen Gesellschaftern, dh unter Einschluss der Kommanditisten, zum Handelsregister **anzumelden** (§ 143 Abs. 1 HGB). Das Registergericht ist bei der Fassung des Eintragungsvermerkes nicht an den Formulierungsvorschlag des Anmeldenden gebunden.[216] Das Registergericht darf die Eintragung der Auflösung nicht davon abhängig machen, dass zugleich die Liquidatoren zur Eintragung angemeldet werden.[217] Erlischt die Gesellschaft liquidationslos (→ § 47 Rn. 8), ist nach herrschender Auffassung die Auflösung der Gesellschaft und das Erlöschen der Firma zur Eintragung in das Handelsregister anzumelden.[218] 53

Tritt die Auflösung aufgrund der Eröffnung des Insolvenzverfahrens über das Vermögen der Gesellschaft ein oder wird die Eröffnung des Insolvenzverfahrens abgelehnt (§ 131 Abs. 1 Nr. 3, Abs. 2 Satz 1 Nr. 1 HGB), besteht keine Anmeldepflicht. Die Eintragung erfolgt dann **von Amts wegen** (§§ 143 Abs. 1 S. 2 und 3 HGB, 31 InsO). Im Fall der Löschung der Gesellschaft wegen Vermögenslosigkeit (§ 131 Abs. 2 Nr. 2 HGB) **entfällt** die Eintragung der Auflösung (§ 143 Abs. 1 S. 4 HGB). Anzumelden ist die Auflösung der Gesellschaft jedoch dann, wenn sie auf der Insolvenz eines Gesellschafters beruht (§ 131 Abs. 3 Nr. 2 HGB).[219] 54

Um dem Registergericht die Prüfung der Wirksamkeit der Auflösung zu ermöglichen, hält die herrschende Auffassung die **Angabe des Auflösungsgrundes** in der Anmeldung für obligatorisch.[220] Dies ist nicht unzweifelhaft, da es an einer entsprechenden gesetzlichen Bestimmung fehlt.[221] Gleichwohl empfiehlt es sich in der Praxis, schon um Verzögerungen zu vermeiden, in der Anmeldung den Grund der Auflösung anzugeben. In das Handelsregister wird der Auflösungsgrund nicht eingetragen. 55

Die **Eintragung** der Auflösung in das **Handelsregister** entfaltet nur **deklaratorische** Wirkung. Umgekehrt kann allein die Eintragung in das Handelsregister bei einer in Wirklichkeit nicht aufgelösten Gesellschaft deren 56

---

[216] OLG Düsseldorf NJW-RR 1998, 245.
[217] BayObLG NZG 2001, 792.
[218] BayObLG NJW-RR 1993, 848 (849); OLG Düsseldorf NJW-RR 1998, 245 (246); OLG Frankfurt, BB 2003, 2531; GK/*Schäfer* § 143 HGB Rn. 11; *Ebenroth/Boujong/Joost/Strohn/Lorz* § 143 Rn. 3; aA LG Duisburg Rpfleger 1998, 306; *Staub/Hüffer* § 31 Rn. 25; MüKoHGB/*K. Schmidt* § 143 Rn. 6; *Röhricht/v. Westphalen/Haas* § 143 Rn. 1 (nur Eintragung des Erlöschens der Firma).
[219] MHdB GesR II/*Schmid* KG § 45 Rn. 87.
[220] GK/*Ulmer* § 143 HGB Rn. 26; Schlegelberger/*K. Schmidt* § 143 Rn. 3.
[221] MHdB GesR II/*Schmid* KG § 45 Rn. 86.

Auflösung nicht bewirken.²²² Unterbleibt die Eintragung, ändert dies an der Auflösung der Gesellschaft nichts.²²³ Da die fünfjährige Verjährungsfrist für Ansprüche gegen die Gesellschafter mit der Eintragung der Auflösung beginnt (§ 159 Abs. 2 HGB), kann das Unterbleiben der Eintragung jedoch **haftungsrechtliche Relevanz** haben.²²⁴ Dritten gegenüber können sich die Gesellschafter auf die Auflösung nur bei deren Eintragung berufen (§ 15 HGB), selbst wenn die Gesellschaft bislang noch nicht im Handelsregister eingetragen war. Auch steht die Kenntnis des Dritten vom Auflösungsgrund nicht zwangsläufig seiner Kenntnis von der Auflösung gleich, da er nicht wissen kann, ob die Gesellschaft aufgrund einer Fortsetzungsklausel im Gesellschaftsvertrag oder eines Ad-hoc-Beschlusses der Gesellschafter fortgesetzt wurde.²²⁵

3. Liquidationsgesellschaft

57 An die Auflösung der Gesellschaft schließt sich grundsätzlich deren Liquidation an (→ § 47). Die Gesellschaft muss in diesem Falle in der Firma durch einen **Liquidationszusatz** kenntlich machen, dass sie fortan Abwicklungsgesellschaft ist (vgl. § 153 HGB). Zulässig und verbreitet sind etwa Zusätze wie „in Abwicklung", „i.L." oder „in Liquidation".²²⁶ Der Auflösung kann aber auch das automatische Erlöschen der Gesellschaft ohne Liquidation folgen, was insbesondere in den Fällen der Gesamtrechtsnachfolge, also Verschmelzung, Spaltung oder Vereinigung der Gesellschaftsanteile in einer Hand vorliegt.²²⁷

58 Die Gesellschaft wird im Liquidationsstadium nicht mehr durch die persönlich haftende Gesellschafterin, sondern durch die **Liquidatoren vertreten** (§ 149 HGB, dazu im Einzelnen → § 47 Rn. 10 ff.). Die **Liquidatoren** der Gesellschaft sind zum Handelsregister anzumelden (§ 148 Abs. 1 S. 1 HGB). Es empfiehlt sich, die Anmeldung der Liquidatoren gleichzeitig mit der Anmeldung der Auflösung der Gesellschaft zu bewirken.

59 Mit der Auflösung der Gesellschaft erlöschen erteilte Prokuren nach herrschender Meinung automatisch;²²⁸ die Neubestellung von **Prokuristen** wird in der Liquidationsphase für unzulässig gehalten.²²⁹ Anderes gilt für

---

²²² MüKoHGB/*K. Schmidt* § 143 Rn. 20.
²²³ MüKoHGB/*K. Schmidt* § 143 Rn. 21.
²²⁴ *Grziwotz* DStR 1992, 1369. Zur Haftung der Gesellschafter im Liquidationsstadium → § 46 Rn. 81 ff.
²²⁵ RGZ 144, 199; MHdB GesR II/*Schmid* KG § 45 Rn. 96.
²²⁶ *Baumbach/Hopt* § 153 Rn. 1.
²²⁷ BGHZ 113, 132 (133); BayObLG NZG 2001, 889 (890); OLG Düsseldorf NJW-RR 1998, 245; ausführlich zu den Fallvarianten der Auflösung ohne nachfolgende Liquidation: *K. Schmidt*, Gesellschaftsrecht § 11 V. 3.
²²⁸ RGZ 72, 123; *Grziwotz* DStR 1992, 1367; *Baumbach/Hopt* § 145 Rn. 4; aA GK/*Habersack* § 149 HGB Rn. 50.
²²⁹ RGZ 72, 123; MHdB GesR II/*Schmid* KG § 45 Rn. 100; *Baumbach/Hopt* § 145 Rn. 4; zu Recht zweifelnd *K. Schmidt* ZHR 153 (1989), 282; GK/*Habersack* § 149 Rn. 50.

Handlungsvollmachten.[230] Diese können auch noch im Liquidationsstadium erteilt werden.

4. Rechtsbeziehungen zu Dritten

Die zu Dritten bestehenden Rechtsbeziehungen der Gesellschaft bleiben von der Auflösung grundsätzlich **unberührt**. Die Gesellschaft bleibt, soweit die Auflösung der Gesellschaft nicht auf einer Eröffnung des Insolvenzverfahrens über ihr Vermögen beruht (dazu → § 49 Rn. 65), aus den geschlossenen Verträgen weiterhin berechtigt und verpflichtet. Die Liquidatoren sind berufen, die bestehenden Vertragsbeziehungen zu beenden. **60**

Eine Kündigung von Verträgen kommt grundsätzlich nur aufgrund eines gesetzlich oder vertraglich eingeräumten Rechts in Frage. Die Auflösung der Gesellschaft stellt für sich genommen keinen Beendigungstatbestand dar. Bei bestehenden Dauerschuldverhältnissen kann die Auflösung der Gesellschaft jedoch unter Umständen einen wichtigen Grund zur **Kündigung** darstellen, eine auflösende Bedingung für die Beendigung des Vertragsverhältnisses eintreten lassen oder einen **Wegfall der Geschäftsgrundlage** begründen.[231] Ein wichtiger Grund für eine außerordentliche Kündigung liegt vor, wenn sich die Fortsetzung des Vertragsverhältnisses für den Vertragspartner, etwa den Arbeitnehmer der Gesellschaft, bis zum nächst möglichen ordentlichen Kündigungstermin einer Vertragspartei als nicht zumutbar erweist.[232] Ein außerordentliches Kündigungsrecht wird dabei in der Regel nur für den Vertragspartner und nicht für die Gesellschaft selbst in Betracht kommen, da die Auflösung in die Risikosphäre der Gesellschaft fällt. **61**

Ist die Gesellschaft aktiv oder passiv an einem **Prozess** beteiligt, führt die Auflösung nicht zu einer Unterbrechung des Prozesses, vielmehr bleibt die Gesellschaft Partei des Rechtsstreits, der von den Liquidatoren fortgesetzt wird (→ § 44 Rn. 13).[233] **62**

5. Rechtsstellung der Gesellschafter

Die Rechtsstellung der Gesellschafter wird von der Auflösung grundsätzlich nicht berührt. Ihre Rechte und Pflichten bestimmen sich weiterhin nach dem Gesellschaftsvertrag. Eine Einschränkung in der Ausübung der Gesellschafterrechte tritt jedoch insoweit ein, als die Gesellschafter daran gehindert sind, einzelne **Ansprüche** aus dem Gesellschaftsverhältnis, namentlich ihnen zustehende Entnahmerechte, selbständig geltend zu machen. Die Ansprüche bilden vielmehr unselbständige **Rechnungspositionen** der Auseinandersetzungsbilanz (→ § 47 Rn. 62). Aus diesem Grunde können die Gesellschafter der GmbH & Co. KG nach deren Auflösung die ihnen gegen die Gesellschaft oder gegen die Mitgesellschafter aus dem Gesellschaftsverhältnis zustehenden Ansprüche nicht mehr im Wege der Leistungsklage geltend machen. Umgekehrt ist die Gesellschaft indes nicht da- **63**

---

[230] MHdB GesR II/*Schmid* KG § 45 Rn. 100.
[231] MHdB GesR II/*Schmid* KG § 45 Rn. 8.
[232] BGH NJW 1986, 978.
[233] MHdB GesR II/*Schmid* KG § 45 Rn. 113.

13. Kapitel. Auflösung und Liquidation der Gesellschaft

ran gehindert, ihrerseits Ansprüche gegen die Gesellschafter im Wege der Leistungsklage durchzusetzen. Die Gesellschafter können solche Ansprüche daher auch im Wege der *actio pro socio* gegen die Mitgesellschafter klageweise geltend machen.[234]

6. Auswirkung der Auflösung der GmbH & Co. KG auf den Bestand der Komplementär-GmbH

64 Die Auflösung der KG hat grundsätzlich keine Auswirkung auf den Bestand der Komplementär-GmbH.[235] Nach § 60 Abs. 2 GmbHG können in der Satzung der Komplementär-GmbH jedoch weitere Auflösungsgründe bestimmt werden. Damit ist der Weg eröffnet, die Auflösung der KG als Auflösungstatbestand für die Komplementär-GmbH zu definieren. Auch ohne eine entsprechende statutarische Bestimmung wird man bei der beteiligungsgleichen GmbH & Co. KG in dem Auflösungsbeschluss der Gesellschafter der KG regelmäßig auch einen **konkludenten Auflösungsbeschluss** der GmbH-Gesellschafter erblicken können, sofern die Beschlussvoraussetzungen im Übrigen eingehalten sind.[236]

65 Beschränkt sich der Zweck der GmbH auf die Wahrnehmung der Komplementärfunktion, soll die Auflösung der KG nach einer verbreiteten Auffassung die GmbH-Gesellschafter zur Erhebung der **Auflösungsklage nach § 61 GmbHG** berechtigen.[237] Da die Verwirklichung des Gesellschaftszwecks der GmbH in der Liquidationsphase der KG noch nicht unmöglich wird, wird man dem jedoch nur insoweit zustimmen können, als erst die Vollabwicklung der KG zur Erhebung einer Auflösungsklage legitimiert. In jedem Fall steht es den Gesellschaftern der Komplementär-GmbH frei, die Gesellschaft fortzusetzen, was jedoch in der Regel eine Änderung des Unternehmensgegenstandes erforderlich machen dürfte.

66 Beruht die Auflösung der KG auf der Eröffnung des Insolvenzverfahrens über ihr Vermögen (§ 131 Abs. 1 Nr. 3 HGB), schlagen die Überschuldung oder die Zahlungsunfähigkeit der KG wegen der persönlichen Haftung (§ 128 HGB) regelmäßig auf die Komplementär-GmbH durch. Die Insolvenz der GmbH lässt sich in diesen Fällen häufig nicht vermeiden (→ § 49 Rn. 29 sowie → § 30 Rn. 20 ff. zur Frage des Ausscheidens der Komplementär-GmbH und der Haftung der verbleibenden Kommanditisten).

---

[234] BGH NZG 2003, 215 zur GbR (in der Zahlungsklage eines Gesellschafters kann allerdings uU der Antrag auf Feststellung enthalten sein, die Forderung in die Schlussrechnung einzustellen).
[235] MHdB GesR II/*Gummert* GmbH & Co. KG § 50 Rn. 92; Schlegelberger/ Martens § 161 Rn. 123; Hesselmann/Tillmann Rn. 674; *Brönner/Rux/Wagner* Rn. 633.
[236] Hachenburg/*Ulmer* § 60 Rn. 113; Hesselmann/Tillmann Rn. 674.
[237] *Ebenroth/Boujong/Joost/Strohn/Henze* Anhang A zu § 177a Rn. 221; Hachenburg/*Ulmer* § 60 Rn. 113; Hesselmann/Tillmann Rn. 674.

IV. Fortsetzung der Gesellschaft

1. Durch Gesellschafterbeschluss

a) Grundsatz. § 141 HGB aF eröffnete den Gesellschaftern einer GmbH 67 & Co. KG bislang die Möglichkeit, sowohl bei **Pfändung des Gesellschaftsanteils** und Kündigung der Gesellschaft durch den Privatgläubiger (Abs. 1) als auch bei Eröffnung des **Insolvenzverfahrens über das Vermögen eines Gesellschafters** (Abs. 2) die Fortsetzung der Gesellschaft ohne den betroffenen Gesellschafter zu beschließen. Nachdem diese nach altem Recht zur Auflösung der Gesellschaft führenden Tatbestände in bloße Ausscheidensgründe umgewandelt wurden, konnte § 141 HGB aF ersatzlos gestrichen werden.

Eine Fortsetzungsmöglichkeit sieht das Gesetz nunmehr nur noch in § 144 68 Abs. 1 HGB ausdrücklich vor. Danach können sich die Gesellschafter bei Auflösung wegen **Insolvenz** (§ 131 Abs. 1 Nr. 3 HGB) durch Beschluss für die Fortsetzung entscheiden, wenn das Insolvenzverfahren auf Antrag der Gesellschaft eingestellt oder ein den Fortbestand der Gesellschaft vorsehender Insolvenzplan bestätigt wurde. In allen anderen Fällen der Auflösung wegen Insolvenz scheidet eine Fortsetzung der Gesellschaft aus.

Über diesen gesetzlich geregelten Fall hinaus können sowohl die KG als 69 auch ihre Komplementär-GmbH im Falle ihrer Auflösung fortgesetzt werden, wenn ihre Gesellschafter die Fortsetzung der Gesellschaft beschließen.[238] Ein hierauf gerichteter **Beschluss** kann auch konkludent zustande kommen (vgl. § 134 HGB).[239] Die Fortsetzung der Gesellschaft setzt jedoch voraus, dass im Zeitpunkt der Beschlussfassung kein **Auflösungsgrund** mehr besteht. Mehrere gleichzeitig vorliegende Auflösungsgründe müssen mithin allesamt beseitigt werden.[240] Darüber hinaus ist ein Fortsetzungsbeschluss nur dann denkbar, wenn das Gesellschaftsvermögen noch nicht vollständig auseinander gesetzt, die Gesellschaft also **noch nicht vollbeendet** ist.[241] Ist kein Gesellschaftsvermögen mehr vorhanden, kommt nur noch die **Neuerrichtung** der Gesellschaft in Betracht.[242]

b) Beschlussfassung. Vorbehaltlich einer abweichenden Regelung im 70 Gesellschaftsvertrag muss der Fortsetzungsbeschluss bei der KG **einstimmig** gefasst werden, während bei der Komplementär-GmbH nach herrschender

---

[238] BGH NJW 1995, 2843 (2844); MüKoHGB/*K. Schmidt* § 144 Rn. 2; *Ebenroth/Boujong/Joost/Strohn/Lorz* § 144 Rn. 1; GK/*Schäfer* § 131 Rn. 60ff.; *Baumbach/Hopt* § 144 Rn. 1; *Heymann/Emmerich* § 131 Rn. 31; MHdB GesR II/*Schmid* KG § 45 Rn. 123.

[239] Zu den Anforderungen an eine konkludente Beschlussfassung vgl. BGH NJW 1995, 2843 (2844); vgl. auch MüKoHGB/*K. Schmidt* § 144 Rn. 8; *Ebenroth/Boujong/Joost/Strohn/Lorz* § 144 Rn. 7; *Röhricht/v. Westphalen/v. Gerkan* § 144 Rn. 6.

[240] Schlegelberger/*K. Schmidt* § 131 Rn. 63.

[241] *Baumbach/Hopt* § 144 Rn. 4; *K. Schmidt* ZHR 153 (1989), 281. Nach MüKoHGB/*K. Schmidt* § 145 Rn. 93 darf mit der Vermögensverteilung noch nicht begonnen worden sein.

[242] MHdB GesR II/*Schmid* KG § 45 Rn. 124.

13. Kapitel. Auflösung und Liquidation der Gesellschaft

Meinung eine qualifizierte Mehrheit der abgegebenen Stimmen ausreichend ist.[243] Wegen der Geltung des Bestimmtheitsgrundsatzes ist an dem Einstimmigkeitserfordernis auch dann festzuhalten, wenn der Gesellschaftsvertrag der KG eine allgemeine Mehrheitsklausel enthält.[244] Selbst wenn der Gesellschaftsvertrag für den Fall der Fortsetzung einen **Mehrheitsbeschluss** ausreichen lässt, kann ein Gesellschafter auf diese Weise nicht zum Verbleib in der Gesellschaft gezwungen werden, wenn er zuvor die Auflösung der Gesellschaft im Wege einer Auflösungsklage betrieben hat. Ansonsten könnte ein Mehrheitsbeschluss das unentziehbare Auflösungsrecht eines Gesellschafters der Sache nach beseitigen.[245] Gleiches muss gelten, wenn der Gesellschaftsvertrag abweichend von der gesetzlichen Regelung für den Fall der Kündigung durch einen Gesellschafter die Auflösung der Gesellschaft vorsieht.

71   Die Gesellschafter sind grundsätzlich nicht verpflichtet, einen Fortsetzungsbeschluss mitzutragen. Unter dem Gesichtspunkt der **Treuepflicht** kann jedoch ausnahmsweise eine **Pflicht zur Fortsetzung** bestehen.[246] An eine Vertragsanpassungspflicht ist beispielsweise dann zu denken, wenn die Auflösung der GmbH aufgrund einer gesellschaftsvertraglichen Bestimmung die Auflösung der KG bewirkt hat. Fassen die Gesellschafter der Komplementär-GmbH hier einen Fortsetzungsbeschluss, sind auch die Kommanditisten verpflichtet, an einem Fortsetzungsbeschluss mitzuwirken, sofern sie ihrerseits keinen Auflösungsgrund in Anspruch nehmen können.

72   Um den anderen Gesellschaftern eine Fortsetzung der Gesellschaft zu ermöglichen, kann darüber hinaus eine **Verpflichtung** des Gesellschafters bestehen, aus der Gesellschaft **auszuscheiden**, statt an einer Auflösung der Gesellschaft festzuhalten. Dies wird man namentlich dann annehmen können, wenn der betreffende Gesellschafter von der Haftung für die Gesellschaftsverbindlichkeiten befreit wird und eine nicht hinter dem voraussichtlichen Liquidationserlös zurückbleibende Abfindung erhält. In diesem Fall besteht kein anerkennenswertes Interesse des Gesellschafters an einer Liquidation der KG.[247] Auch die Erben eines verstorbenen Gesellschafters kann eine Zustimmungspflicht zur Fortsetzung der Gesellschaft durch die übrigen Gesellschafter treffen.[248]

73   Sind an der Gesellschaft Minderjährige beteiligt, bedarf der Fortsetzungsbeschluss nach herrschender Meinung keiner Genehmigung durch das **Familiengericht** gem. §§ 1643, 1822 Nr. 3 BGB.[249] Da diese Ansicht nicht

---

[243] MüKoHGB/*K. Schmidt* § 144 Rn. 8; § 145 Rn. 78; *Baumbach/Hueck* § 60 Rn. 92; *Roth/Altmeppen* § 60 GmbHG Rn. 46 jew. mwN.
[244] MüKoHGB/*K. Schmidt* § 144 Rn. 8; *Baumbach/Hopt* § 131 Rn. 6; MHdB GesR II/*Schmid* KG § 45 Rn. 125.
[245] MHdB GesR II/*Schmid* KG § 45 Rn. 126.
[246] MüKoHGB/*K. Schmidt* § 145 Rn. 79; *K. Schmidt* Gesellschaftsrecht, § 52 I 1b; MHdB GesR II/*Schmid* KG § 45 Rn. 127.
[247] BGH NJW-RR 1986, 256; MüKoHGB/*K. Schmidt* § 133 Rn. 6, 70.
[248] BGH DNotZ 1986, 367 (368).
[249] GK/Schäfer § 131 HGB Rn. 69; aA *Koller/Roth/Morck* § 131 Rn. 7; differenzierend: *Baumbach/Hopt* § 131 Rn. 31 für den Fall, dass der Minderjährige erst nach Auflösung durch Erbfall in die Gesellschaft eingetreten ist.

unbestritten ist, empfiehlt sich in der Praxis die vorsorgliche Einholung einer Genehmigung.[250] Stellt die Beteiligung im Wesentlichen das ganze Vermögen des Gesellschafters dar, wird die Fortsetzung von der Zustimmung seines **Ehegatten** bei einem in Zugewinngemeinschaft lebenden Gesellschafters abhängig gemacht (§ 1365 BGB).[251]

c) Rechtsfolgen. Mit Wirksamwerden des Fortsetzungsbeschlusses nimmt 74 die aufgelöste Gesellschaft wieder ihren **werbenden Charakter** an. Auf den Stichtag der Fortsetzung ist von der Gesellschaft eine **Eröffnungsbilanz** aufzustellen.[252]

Die Gesellschafter können vereinbaren, dass die Fortsetzung der Gesell- 75 schaft auf den Zeitpunkt der Auflösung zurückbezogen werden soll. Eine solche **Rückwirkung** kann indessen nur schuldrechtliche Wirkung haben.[253] Bis zur Fassung des Fortsetzungsbeschlusses durchgeführte Abwicklungsmaßnahmen bleiben daher wirksam. Hat ein Vertragspartner ein bestehendes Schuldverhältnis im Hinblick auf die Auflösung der Gesellschaft beendet, besteht grundsätzlich keine Verpflichtung des Dritten zum Neuabschluss des Vertrages.[254]

d) Anmeldung zum Handelsregister. Die Fortsetzung der Gesellschaft 76 ist von sämtlichen Gesellschaftern zum Handelsregister anzumelden (§ 144 Abs. 2 HGB). Ist die Eintragung der Auflösung unterblieben, ist sie mit der Eintragung der Fortsetzung nachzuholen.[255]

2. Aufgrund Fortsetzungsklausel

Bei **Tod** eines persönlich haftenden Gesellschafters, der **Kündigung** 77 eines Gesellschafters oder der Eröffnung des **Insolvenzverfahrens** über das Vermögen eines Gesellschafters ergab sich nach altem Recht die Notwendigkeit der Aufnahme einer Fortsetzungsklausel in den Gesellschaftsvertrag, um die Auflösung der Gesellschaft zu verhindern. Nachdem diese Tatbestände nicht mehr zur Auflösung der Gesellschaft, sondern nur noch zum Ausscheiden des betroffenen Gesellschafters führen, besteht für die Aufnahme einer Fortsetzungsklausel in den Gesellschaftsvertrag kein Bedürfnis mehr. Die Fortsetzung der Gesellschaft stellt nunmehr die gesetzliche Regel dar.

Gestaltungsspielraum besteht nur noch für den Fall der **Erhebung der** 78 **Auflösungsklage** (§ 131 Abs. 1 Nr. 4 HGB). Hier kann der Gesellschaftsvertrag zur Vermeidung der Auflösung der Gesellschaft bestimmen, dass der klagende Gesellschafter bei Fortsetzung der Gesellschaft automatisch aus der Gesellschaft ausscheidet bzw. von den übrigen Gesellschaftern durch geson-

---

[250] MHdB GesR II/*Schmid* KG § 45 Rn. 129.
[251] MHdB GesR II/*Schmid* KG § 45 Rn. 130.
[252] MüKoHGB/*K. Schmidt* § 145 Rn. 71; MHdB GesR II/*Schmid* KG § 45 Rn. 133, 136.
[253] MHdB GesR II/*Schmid* KG § 45 Rn. 133.
[254] MHdB GesR II/*Schmid* KG § 45 Rn. 135.
[255] MüKoHGB/*K. Schmidt* § 143 Rn. 3.

derten Beschluss ausgeschlossen werden kann.[256] Voraussetzung ist, dass der ausscheidende Gesellschafter eine angemessene **Abfindung** erhält.[257]

V. Fehlerhafte Auflösung und Fortsetzung

1. Vorliegen eines rechtsgeschäftlichen Mangels

79 Ist die Auflösung mit rechtsgeschäftlichen Mängeln behaftet, etwa weil der Auflösungsbeschluss der Gesellschafter nichtig oder anfechtbar ist, spricht man von der sog. „**fehlerhaften Auflösung**".[258]

80 Nach herrschender und zutreffender Auffassung ist die Auflösung trotz des bestehenden Mangels als zunächst **erfolgt** anzusehen.[259] Die Liquidatoren bleiben bis auf weiteres im Amt. Wurden noch keine konkreten Abwicklungsmaßnahmen durchgeführt, kann die Auflösung durch bloße **Gestaltungserklärung** eines Gesellschafters wieder rückwirkend aufgehoben werden.[260] Wurden bereits Liquidationsschritte in die Wege geleitet, kommt die Umwandlung in eine werbende Gesellschaft aufgrund einer gegen die Mitgesellschafter gerichteten Klage nur mit Ex-nunc-Wirkung in Betracht.[261] Dies gilt im Grundsatz sowohl für die fehlerhafte Auflösung der KG als auch ihrer Komplementär-GmbH.[262]

81 Wird die Fehlerhaftigkeit der Auflösung nicht nachträglich geheilt, können die Gesellschafter zur Fassung eines Fortsetzungsbeschlusses **verpflichtet** sein.[263] Umstritten ist, ob ein Gesellschafter die Fortsetzung der Gesellschaft analog §§ 161 Abs. 2, 133 HGB erzwingen kann, solange diese nicht bereits durch Abschluss der Liquidation vollbeendet ist.[264]

2. Fehlen eines gesetzlichen Auflösungsgrundes

82 Anders verhält es sich, wenn der Mangel der Auflösung nicht rechtsgeschäftlicher Natur ist, sondern darauf beruht, dass die Voraussetzungen eines gesetzlichen Auflösungsgrundes nur **scheinbar** vorliegen. In diesen Fällen ist die Gesellschaft richtigerweise grundsätzlich **nicht aufgelöst**, sondern fortzusetzen. Eine Berichtigung des Handelsregisters ist zu veranlassen.[265]

---

[256] *K. Schmidt* Gesellschaftsrecht § 52 III. 4. d).
[257] *Baumbach/Hopt* § 133 Rn. 19 f.
[258] MHdB GesR II/*Bälz* KG (1. Aufl.) § 60 Rn. 66.
[259] *Steines*, S. 30 ff.; Schlegelberger/*K. Schmidt* § 131 Rn. 76; aA Heymann/*Emmerich* § 131 Rn. 37: Fortbestand der werbenden Gesellschaft.
[260] MüKoBGB/*Ulmer* § 705 Rn. 364; MHdB GesR II/*Bälz* KG (1. Aufl.) § 60 Rn. 67.
[261] MüKoBGB/*Ulmer* § 705 Rn. 364; MHdB GesR II/*Bälz* KG (1. Aufl.) § 60 Rn. 67.
[262] MHdB GesR II/*Bälz* KG (1. Aufl.) § 60 Rn. 72.
[263] Schlegelberger/*K. Schmidt* § 131 Rn. 76.
[264] Dafür *Steines*, 41; dagegen Schlegelberger/*K. Schmidt* § 131 Rn. 77; vgl. auch MHdB GesR II/*Bälz* KG (1. Aufl.) § 60 Rn. 68.
[265] Schlegelberger/*K. Schmidt* § 131 Rn. 78.

Ist die Auseinandersetzung des Gesellschaftsvermögens indessen bereits so 83
weit fortgeschritten, dass eine Fortsetzung der Gesellschaft nicht mehr in
Betracht kommt, kann ein zur Erhebung einer **Auflösungsklage** berechtigender wichtiger Grund vorliegen.[266] Haben die Gesellschafter an den Liquidationsmaßnahmen mitgewirkt, kann ihnen die Berufung auf die fehlende Auflösung nach Treu und Glauben verwehrt sein.[267]

3. Fehlerhafte Fortsetzung

Ist die Gesellschaft zunächst wirksam aufgelöst, ist es denkbar, dass der von 84
den Gesellschaftern gefasste **Fortsetzungsbeschluss** an rechtsgeschäftlichen
Mängeln leidet. Es liegt dann eine ähnliche Situation wie bei der fehlerhaften Errichtung einer Gesellschaft vor. Wird der Mangel des Fortsetzungsbeschlusses nicht geheilt, hat der Gesellschafter die Möglichkeit, die Fehlerhaftigkeit der Fortsetzung durch gerichtliche Klage analog § 133 HGB
geltend zu machen.[268]

4. Unkenntnis vom Eintritt des Auflösungsgrundes

Ist die Gesellschaft in Auflösung getreten, ohne dass die Gesellschafter 85
Kenntnis vom Eintritt des Auflösungsgrundes erlangt haben, wurde die Gesellschaft also ohne eine Beschlussfassung über ihre Fortsetzung weitergeführt,
wird der Fortbestand des werbenden Charakters der Gesellschaft zunächst
fingiert.[269] Die Gesellschafter haben in diesem Fall nach Kenntniserlangung
vom Auflösungsgrund die Möglichkeit, die Auflösung der Gesellschaft durch
gerichtliche Gestaltungsklage gem. § 133 HGB durchzusetzen.[270]

---

[266] Schlegelberger/*K. Schmidt* § 131 Rn. 78.
[267] Schlegelberger/*K. Schmidt* § 131 Rn. 78.
[268] MHdB GesR II/*Bälz* KG (1. Aufl.) § 60 Rn. 71.
[269] *Kötter* FS Geßler, 258.
[270] MHdB GesR II/*Bälz* KG (1. Aufl.) § 60 Rn. 99.

§ 47 Liquidation der GmbH & Co. KG

Übersicht

	Rn.
I. Überblick	1
II. Liquidation der KG	4
1. Allgemeines	4
a) Voraussetzungen	4
b) Abgrenzung	6
2. Liquidatoren	10
a) Berufung der Liquidatoren	10
aa) Gesetzliche Regelung	10
bb) Abweichende Vereinbarung	13
cc) Gerichtliche Bestellung	18
b) Anmeldung der Liquidatoren	25
c) Rechtsstellung der Liquidatoren	28
aa) Grundsatz	28
bb) Geschäftsführungs- und Vertretungsbefugnis	31
cc) Haftung	37
dd) Vergütung	38
d) Amtsbeendigung	41
aa) Abberufung	41
bb) Tod; Zeitablauf	44
cc) Eröffnung des Insolvenzverfahrens	45
dd) Niederlegung	46
ee) Beendigung des Dienstverhältnisses	47
3. Durchführung der Liquidation	48
a) Beendigung der schwebenden Geschäfte	48
b) Einzug von Forderungen	51
c) Umsetzung der Vermögensgegenstände in Geld	56
d) Begleichung der Verbindlichkeiten	59
e) Verteilung des Restvermögens	63

	Rn.
aa) Schlussverteilung	63
bb) Ausgleich zwischen den Gesellschaftern	65
cc) Vorläufige Verteilung	66
dd) Gläubigerschutz	67
ee) Aussetzung der Verteilung	68
4. Abschluss der Liquidation	69
a) Anmeldung des Erlöschens der Firma	69
b) Aufbewahrung von Unterlagen; Einsichtsrecht der Gesellschafter	70
c) Nachtragsliquidation	72
5. Bilanzierung in der Liquidationsphase	75
a) Die Schlussbilanz der werbenden Gesellschaft	78
b) Eröffnungsbilanz	79
c) Jahres- und Zwischenbilanzen	82
d) Liquidationsschlussbilanz	84
6. Haftung der Gesellschafter nach Auflösung der Gesellschaft	86
a) Komplementär-GmbH	86
b) Kommanditisten	87
c) Verjährung	89
7. Abweichende Art der Auseinandersetzung	92
a) Voraussetzungen	92
b) Inhalt der Vereinbarung	95
III. Liquidation der Komplementär-GmbH	97
1. Grundsatz	97
2. Liquidatoren	100
3. Durchführung der Liquidation; Verteilung des Gesellschaftsvermögens	104
4. Bilanzierung	109

Schrifttum: *Ensthaler*, Die Liquidation von Personengesellschaften, 1985; *Erle*, Die Funktion des Sperrjahres in der Liquidation der GmbH, GmbHR 1998, 216; *Förschle/Deubert*, Entsprechende Anwendung allgemeiner Vorschriften über den Jahresabschluß in der Liquidationsbilanz, DStR 1996, 1743; *Förster*, Die Liquidationsbilanz,

3. Aufl. 1992; *Förster/Grönwoldt*, Das Bilanzrichtliniengesetz und die Liquidationsbilanz, BB 1987, 577; *Grziwotz*, Die Liquidation von Personengesellschaften, DStR 1992, 1365; *Grziwotz*, Die Liquidation von Kapitalgesellschaften, Genossenschaften und Vereinen, DStR 1992, 1404; *Hillers*, Personengesellschaft und Liquidation, 1988; *Messer*, Gesellschaftsbezogene Forderungen als unselbständige Rechnungsposten in der Auseinandersetzung der Gesellschaft, in FS Stimpel, 1985, 205; *K. Schmidt*, Liquidationszweck und Vertretungsmacht der Liquidatoren, AcP 174 (1974), 55; *K. Schmidt*, Zum Liquidationsrecht der GmbH & Co., GmbHR 1980, 261; *K. Schmidt*, Die Handels-Personengesellschaft in Liquidation, ZHR 153 (1989), 270; *K. Schmidt*, Zur Ablösung des Löschungsgesetzes, GmbHR 1994, 829; *Stötter*, Die Abschichtungsbilanz nach dem Ausscheiden eines Gesellschafters, DB 1972, 271; *Sudhoff*, Berechnung und Verteilung des Liquidationserlöses bei OHG und KG, NJW 1957, 731; *Vallender*, Auflösung und Löschung der GmbH – Veränderungen aufgrund des neuen Insolvenzrechts, NZG 1998, 249; *Westermann*, Vertragsfreiheit und Typengesetzlichkeit im Recht der Personengesellschaft, 1970.

I. Überblick

Mit Eintritt des Auflösungsgrundes ist die Gesellschaft im Regelfall noch nicht beendet. Bis zur Vollbeendigung bedarf es zunächst noch der Abwicklung der Rechtsbeziehungen zu Dritten und der Verteilung des noch vorhandenen Gesellschaftsvermögens unter den Gesellschaftern.[1] Mit der Auflösung wandelt sich die vormals werbende Gesellschaft in eine **Abwicklungsgesellschaft** um. Ihr Gesellschaftszweck ist nunmehr darauf gerichtet, die laufenden Geschäfte der Gesellschaft zu beenden, die Verbindlichkeiten der Gesellschaft zu tilgen, die bestehenden Forderungen einzuziehen sowie das Vermögen der Gesellschaft in Geld umzusetzen. Die Liquidation endet mit der nach Berichtigung der Gesellschaftsschulden erfolgenden Verteilung des verbleibenden Vermögens an die Gesellschafter.[2] Dies gilt im Ausgangspunkt sowohl für die KG als auch für ihre Komplementär-GmbH (§§ 149, 155 HGB, §§ 70, 72 GmbHG). Die Liquidation der beiden Gesellschaften folgt jedoch im Einzelnen unterschiedlichen Regeln (§§ 145–158 HGB bzw. §§ 66–74 GmbHG). 1

Mit der Änderung des Gesellschaftszwecks (→ Rn. 1) verbindet sich gleichzeitig eine Änderung der Schutzrichtung der gesellschaftlichen Treuepflicht.[3] Die Gesellschafter haben sich bei der Ausübung ihrer Mitgliedschaftsrechte nunmehr am **Liquidationszweck** zu orientieren. Auch die Intensität der Treuepflicht verändert sich; sie besteht in diesem Stadium nur noch **in eingeschränktem Maße** (zum Wettbewerbsverbot in der Liquidationsphase → § 26 Rn. 22). 2

In der Liquidationsphase ist in der **Firma** der Gesellschaft ein auf die Liquidation hinweisender Zusatz zu führen (vgl. § 153 HGB). Eine Änderung 3

---

[1] Statt aller GK/*Habersack*, § 145 HGB Rn. 2; vgl. krit. *K. Schmidt* ZHR 153 (1989), 275.
[2] *Baumbach/Hopt* § 155 Rn. 2.
[3] MüKoHGB/*K. Schmidt* § 145 Rn. 23; Heymann/*Sonnenschein/Weitermeyer* § 145 Rn. 13; GK/*Habersack* § 145 HGB Rn. 17.

13. Kapitel. Auflösung und Liquidation der Gesellschaft

der Firma ist im Liquidationsstadium – anders als in der Insolvenz – ohne weiteres möglich.[4]

II. Liquidation der KG

1. Allgemeines

4 a) **Voraussetzungen.** Die Liquidationsphase beginnt mit **Eintritt des Auflösungsgrundes**, ohne dass es auf die Eintragung der Auflösung in das Handelsregister ankäme (§ 145 Abs. 1 HGB). An ihrem Ende steht die Beendigung der Gesellschaft durch Vollabwicklung. **Vollbeendet** ist die GmbH & Co. KG, wenn ihre Schulden beglichen und das danach noch verbleibende Gesellschaftsvermögen unter den Gesellschaftern verteilt ist.[5]

5 Die Liquidation der Gesellschaft setzt nach hM voraus, dass die Gesellschaft noch über **Aktivvermögen** verfügt. Danach erlischt die Gesellschaft liquidationslos, wenn sie über kein Aktivvermögen verfügt.[6] Nach richtiger Ansicht gehören auch die Ansprüche gegen die Komplementär-GmbH auf Nachschuss (§ 735 BGB) und andere Sozialansprüche zu Vermögensgegenständen der Gesellschaft, so dass das Vorhandensein von Verbindlichkeiten der Gesellschaft der Annahme der **Vollbeendigung** entgegensteht, wenn die Nachschusspflicht der Komplementär-GmbH nicht im Gesellschaftsvertrag abbedungen ist.[7]

6 b) **Abgrenzung.** Die Liquidation des Gesellschaftsvermögens ist der gesetzliche Normalfall der Auseinandersetzung zwischen den Gesellschaftern. Den Gesellschaftern steht es nach § 145 Abs. 1 HGB frei, eine **andere Art der Auseinandersetzung** zu wählen (dazu → Rn. 92 ff.).[8]

7 Keine Liquidation im herkömmlichen Sinn findet bei **Insolvenz** der Gesellschaft statt.[9] Hier schließt sich an die Auflösung das nach Maßgabe der Insolvenzordnung ablaufende **Insolvenzverfahren** an (→ § 49).[10] Zu einer Liquidation der Gesellschaft kommt es im Falle der Insolvenz nur, wenn nach Abschluss des Insolvenzverfahrens noch unter den Gesellschaftern verteilbares Gesellschaftsvermögen vorhanden ist und die Gesellschafter, sofern die Voraussetzungen des § 144 Abs. 1 HGB vorliegen, nicht die Fortsetzung der Gesellschaft beschließen.

8 Zu einer Liquidation der GmbH & Co. KG kommt es auch dann nicht, wenn die Gesellschaft nach ihrer Auflösung **unmittelbar erlischt.** Hierzu

---

[4] Vgl. *Grziwotz* DStR 1992, 1367.
[5] Vgl. etwa MHdB GesR II/*Schmid* KG § 46 Rn. 109.
[6] RGZ 40, 29 (31); BGH BB 1957, 489; Heymann/*Sonnenschein*/Weitemeyer § 145 Rn. 12; *Ebenroth*/*Boujong*/*Hillmann* § 145 Rn. 8; Koller/*Roth*/Morck § 145 Rn. 2; Röhricht/v. Westphalen/Haas § 145 Rn. 2; GK/*Habersack* § 145 HGB Rn. 9.
[7] OLG Düsseldorf NZG 2014, 583 (584); GK/*Habersack* § 145 HGB Rn. 9, § 157 HGB Rn. 6; MüKoHGB/*K. Schmidt* § 145 Rn. 17; MüKoBGB/*Ulmer* § 730 Rn. 5.
[8] Zur Terminologie vgl. MüKoHGB/*K. Schmidt* § 145 Rn. 6 ff.
[9] *K. Schmidt* ZHR 153 (1989), 274; MüKoHGB/*K. Schmidt* § 145 Rn. 10, begreift das Insolvenzverfahren als „andere Art der Auseinandersetzung" iSv § 145 HGB.
[10] OLG Hamm DB 2003, 2381 (2382).

§ 47 Liquidation der GmbH & Co. KG

gehört insbesondere der Fall, dass das Gesellschaftsvermögen einem Gesellschafter im Wege der **Gesamtrechtsnachfolge** zufällt, nachdem alle übrigen Gesellschafter ausgeschieden sind.[11] In diesem Fall findet nur ein Ausgleich unter den Gesellschaftern statt. Eine Liquidation unterbleibt ferner dann, wenn die GmbH & Co. KG nach § 131 Abs. 2 S. 1 Nr. 2 HGB iVm § 394 FamFG **wegen Vermögenslosigkeit gelöscht** wird. Zu einer Liquidation kommt es in diesem Fall nur dann, wenn sich später noch verteilungsfähiges Vermögen findet (§ 145 Abs. 3 HGB, → Rn. 72).

Als übertragender Rechtsträger erlischt die Gesellschaft schließlich im Fall 9 der **Verschmelzung**. In diesem Fall wird der übernehmende Rechtsträger Gesamtrechtsnachfolger des Vermögens der übertragenden GmbH & Co. KG (§ 20 Abs. 1 UmwG).[12] Anders verhält es sich beim **Formwechsel**. Hier bleibt die Identität des Rechtsträgers unberührt (vgl. § 202 Abs. 1 Nr. 1 UmwG), so dass es nicht zu einem liquidationslosen Erlöschen kommt.

2. Liquidatoren

a) Berufung der Liquidatoren. *aa) Gesetzliche Regelung.* Anders als im 10 Insolvenzverfahren bleiben die Gesellschafter Herren des Liquidationsverfahrens.[13] Geborene Liquidatoren sind nach der gesetzlichen Regel **alle Gesellschafter** (§§ 146 Abs. 1, 161 Abs. 2 HGB), in der GmbH & Co. KG damit nicht nur die Komplementär-GmbH, sondern auch die Kommanditisten.[14] Der Grundsatz, dass alle Gesellschafter zu Liquidatoren berufen sind, gilt auch dann, wenn die Gesellschafter die Geschäftsführungs- und Vertretungsbefugnis abweichend von §§ 114, 125 HGB ausgestaltet haben.[15] Die Gesellschafter sind aufgrund ihrer mitgliedschaftlichen Stellung **verpflichtet**, das Amt des Liquidators anzutreten.[16]

Nach einer im Schrifttum verbreiteten Ansicht[17] entspreche es bei der 11 **beteiligungsgleichen** oder **körperschaftlich** verfassten GmbH & Co. KG regelmäßig dem Willen der Gesellschafter, dass lediglich die Komplementär-GmbH die Liquidation der Gesellschaft vornehmen soll, so dass von einer konkludenten Abbedingung des § 146 Abs. 1 S. 1 HGB ausgegangen werden könne. Dem ist mit der herrschenden Auffassung[18] im Interesse der Rechtssicherheit und Zweifelsfreiheit über die Personen der Liquidatoren nicht zu

---

[11] Dazu auch GK/*Habersack* § 145 HGB Rn. 7 f., 39 ff.; MüKoHGB/*K. Schmidt* § 145 Rn. 33.
[12] GK/*Habersack* § 145 HGB Rn. 45; MüKoHGB/*K. Schmidt* § 145 Rn. 8.
[13] MüKoHGB/*K. Schmidt* § 145 Rn. 11.
[14] BGH DB 1982, 2562; OLG Hamm NZG 2003, 627; *Baumbach/Hopt* § 146 Rn. 2; *Koller/Roth/Morck* § 146 Rn. 1; kritisch hierzu *K. Schmidt* JZ 2008, 425 (433).
[15] GK/*Habersack* § 146 HGB Rn. 8.
[16] *Baumbach/Hopt* § 146 Rn. 3; MHdB GesR II/*Schmid* KG § 46 Rn. 5.
[17] GK/*Habersack* § 146 HGB Rn. 13; Scholz/*K. Schmidt* § 66 Rn. 59; *K. Schmidt* Gesellschaftsrecht § 56 VI 1b; *K. Schmidt* ZHR 153 (1989), 291 (generell bei der GmbH & Co. KG); zust. *Grziwotz* DStR 1992, 1368; *Roth/Altmeppen* § 66 Rn. 55.
[18] OLG Frankfurt ZIP 1987, 1593 (1594); OLG Hamm NJW-RR 1997, 32 (33); *Ebenroth/Boujong/Joost/Strohn/Henze* § 177a Anh. A Rn. 223 f.; *Rowedder/Schmidt-Leithoff/Rasner* § 66 Rn. 33; *Hesselmann/Tillmann* Rn. 697 f.

13. Kapitel. Auflösung und Liquidation der Gesellschaft

folgen. In der Praxis empfiehlt es sich daher, eine ausdrückliche Regelung in den Gesellschaftsvertrag aufzunehmen.

12 Mehrere **Erben** eines Gesellschafters haben einen gemeinsamen Vertreter zum Liquidator zu bestellen (§ 146 Abs. 1 S. 2 HGB). Dabei ist es unerheblich, ob der Tod des Gesellschafters aufgrund einer gesellschaftsvertraglichen Bestimmung die Auflösung der Gesellschaft bewirkt hat oder ob der Gesellschafter während der Liquidationsphase verstorben ist.[19] Über die Bestellung des Liquidators entscheiden die Erben durch Mehrheitsbeschluss (§§ 2038 Abs. 2 S. 1, 745 BGB).[20] Die Wahl eines gemeinsamen Vertreters erweist sich als nicht erforderlich, wenn Testamentsvollstreckung angeordnet ist. In diesem Fall werden die Rechte des Liquidators durch den Testamentsvollstrecker ausgeübt.[21]

13 *bb) Abweichende Vereinbarung.* Die gesetzliche Regelung, nach der alle Gesellschafter geborene Liquidatoren sind, wird in vielen Fällen als wenig praktikabel empfunden. Aus diesem Grund wird im **Gesellschaftsvertrag** der KG zumeist die Komplementär-GmbH bzw. deren Geschäftsführer zu Liquidatoren der KG bestimmt. Damit wird von der in § 146 Abs. 1 S. 1 HGB eröffneten Möglichkeit Gebrauch gemacht, die Liquidation einzelnen Gesellschaftern oder Dritten zu übertragen.[22] Solche Regelungen erweisen sich insbesondere dann als vorteilhaft, wenn die Komplementär-GmbH gleichzeitig mit der KG aufgelöst wird, da sich in diesem Fall die Abwicklung der beiden Gesellschaften leichter koordinieren lässt.

14 Die Bestellung eines Liquidators kann auch noch nach Eintritt der Auflösung der Gesellschaft durch einen ad hoc zu fassenden **Gesellschafterbeschluss** erfolgen.[23] Ein solcher Beschluss ist mit vertragsändernder Mehrheit, also bei Fehlen einer anders lautenden Bestimmung im Gesellschaftsvertrag einstimmig, zu fassen.[24] Stimmberechtigt sind nur die Gesellschafter, nicht aber die übrigen Liquidationsbeteiligten,[25] wie zB ein Privatgläubiger eines Gesellschafters, der die Gesellschaft gekündigt hat.

15 Lediglich in den Fällen, in denen über das Vermögen eines Gesellschafters das Insolvenzverfahren eröffnet, der Gesellschafter nicht nach § 131 Abs. 3 Nr. 2 HGB aus der Gesellschaft ausgeschieden und ein Insolvenzverwalter bestellt ist, übt der Insolvenzverwalter das Stimmrecht anstelle des Gesellschafters aus (§ 146 Abs. 3 HGB).

---

[19] *MüKoHGB/K. Schmidt* § 146 Rn. 19; *Ebenroth/Boujong/Joost/Strohn/Hillmann* § 146 Rn. 5; *Baumbach/Hopt* § 146 Rn. 2; *GK/Habersack* § 146 HGB Rn. 23; *Röhricht/Graf von Westphalen/Haas* § 146 Rn. 5.

[20] *Baumbach/Hopt* § 146 Rn. 3; *GK/Habersack* § 146 HGB Rn. 27.

[21] Vgl. *Röhricht/Graf von Westphalen/Haas* § 146 Rn. 7: *Baumbach/Hopt* § 146 Rn. 2; *Koller/Roth/Morck* § 146 Rn. 5; aA *MüKoHGB/K. Schmidt* § 146 Rn. 26: Gesellschafts-Liquidator sei der Erbe, der Testamentsvollstrecker übte nur die Verwaltungsrechte des Erben aus.

[22] *K. Schmidt* GmbHR 1980, 264; *Schlegelberger/Martens* § 161 Rn. 126; *GK/Habersack* § 146 HGB Rn. 6; *Roth/Altmeppen* § 66 Rn. 25; *Brönner/Rux/Wagner* Rn. 634.

[23] MHdB GesR II/*Schmid* KG § 46 Rn. 6.

[24] *GK/Habersack* § 146 HGB Rn. 16; *MüKoHGB/K. Schmidt* § 146 Rn. 12.

[25] *GK/Habersack* § 146 HGB Rn. 19.

§ 47 *Liquidation der GmbH & Co. KG*

In der **Auswahl** der Liquidatoren sind die Gesellschafter jedoch keineswegs auf die Komplementär-GmbH beschränkt. Vielmehr können die Gesellschafter grundsätzlich frei wählen, wen sie zum Liquidator der KG bestimmen.[26] In Frage kommen auch **Nichtgesellschafter**, namentlich Gläubiger der Gesellschaft.[27] Bei den Liquidatoren muss es sich keineswegs nur um natürliche Personen handeln, sie können auch als rechtsfähige Personengesellschaften oder juristische Personen verfasst sein.[28] Nach früher herrschender Auffassung konnte eine GbR dagegen nicht Liquidator sein. Nachdem der BGH zwischenzeitlich die Rechtsfähigkeit der (Außen-) GbR anerkannt hat[29] und diese gem. § 162 Nr. 2 HGB Kommanditistin sein kann, ist auch die (Außen-) GbR als Liquidatorin anzuerkennen.[30] Es spricht viel dafür, dass diese aufgrund ihrer undurchsichtigen Vertretungsordnung einen gemeinsamen Vertreter benennen muss.[31] 16

Nach zutreffender Auffassung ist es den Gesellschaftern auch unbenommen, die **Auswahl** des Liquidators einem **Dritten**, etwa einem Gläubiger der Gesellschaft, zu überlassen. Anders als die Gesellschafter ist ein so bestellter Dritter in der Annahme seines Amtes jedoch grundsätzlich frei. 17

cc) Gerichtliche Bestellung. Auf Antrag eines Liquidationsbeteiligten kann bei Vorliegen eines **wichtigen Grundes** die Bestellung des Liquidators durch das Gericht erfolgen (§ 146 Abs. 2 HGB). Zuständig für die Bestellung ist das Amtsgericht (§§ 375 Nr. 1, 377 Abs. 1 FamFG iVm § 23a Abs. 2 Nr. 4 GVG), in dessen Bezirk die Gesellschaft ihren Sitz hat. Der Antrag kann auch mit einem Antrag auf Abberufung eines Liquidators nach § 147 HGB verbunden werden. Die Vorschrift ist weit auszulegen. Sie umfasst nicht nur die Möglichkeit der Ernennung von Liquidatoren, sondern auch der Erweiterung der Vertretungsmacht oder Geschäftsführungsbefugnis vorhandener Liquidatoren.[32] 18

Antragsberechtigt sind die Liquidationsbeteiligten, dh in erster Linie die **Gesellschafter**, aber auch der nach § 135 HGB die Gesellschaft kündigende **Privatgläubiger** (§ 146 Abs. 2 S. 2 HGB) sowie der **Insolvenzverwalter** bei Eröffnung des Insolvenzverfahrens über das Vermögen eines Gesellschafters (§ 146 Abs. 3 HGB). Antragsberechtigt sind ferner die **Erben** eines verstorbenen Gesellschafters, und zwar jeder einzeln sowie der Testamentsvollstrecker.[33] 19

---

[26] MHdB GesR II/*Schmid* KG § 46 Rn. 1.
[27] Vgl. MüKoHGB/*K. Schmidt* § 146 Rn. 3; Heymann/*Sonnenschein/Weitemeyer* § 146 Rn. 9. Der Grundsatz der Selbstorganschaft findet in der Liquidationsphase keine Anwendung mehr, so zutr. *K. Schmidt* ZHR 153 (1989) 287.
[28] GK/*Habersack* § 146 HGB Rn. 20; *Baumbach/Hopt* § 146 Rn. 4.
[29] BGH NJW 2001, 1056 m. Anm. *Goette* DStR 2001, 310.
[30] Ausführlich MüKoHGB/*K. Schmidt* § 146 Rn. 5.
[31] MüKoHGB/*K. Schmidt* § 146 Rn. 5 und bereits Schlegelberger/*K. Schmidt* § 146 Rn. 6.
[32] MüKoHGB/*K. Schmidt* § 146 Rn. 27 mwN.
[33] KG RJA 15, 121; KG OLGE 43, 290; *Baumbach/Hopt* § 146 Rn. 5; GK/*Habersack* § 146 HGB Rn. 37.

20 Der Antrag auf gerichtliche Bestellung eines Liquidators kann bereits **vor Auflösung** der Gesellschaft gestellt werden, sofern absehbar ist, dass es zur Auflösung der Gesellschaft kommt.[34] Ein Antrag ist dann nicht mehr statthaft, wenn das gesamte Vermögen der Gesellschaft bereits unter den Gesellschaftern verteilt wurde, da dann kein **Bedürfnis** mehr für die Durchführung eines Liquidationsverfahrens besteht.[35]

21 Ein zur Bestellung eines Liquidators berechtigender **wichtiger Grund** liegt vor, wenn unter Würdigung aller Umstände eine ordnungsgemäße Abwicklung der Gesellschaft nicht gewährleistet ist und erhebliche Nachteile für die Gesellschaft oder einen Liquidationsbeteiligten zu gewärtigen sind.[36] Die Gründe können in der Person der bisherigen Liquidatoren liegen (Tod, Unerreichbarkeit, mangelnde Qualifikation, Unredlichkeit, Betrieb eines Konkurrenzunternehmens, begründetes Misstrauen gegen die Unparteilichkeit etc.), aber auch in einem zerrütteten Verhältnis zwischen den Liquidatoren untereinander oder zwischen einem Liquidator und den anderen Beteiligten liegen.[37] Bloße Meinungsverschiedenheiten zwischen den Liquidatoren reichen nicht aus, solange sie sich nicht blockieren.[38]

22 Das Gericht trifft seine Entscheidung unter Berücksichtigung des Interesses der Gesellschaft und der Beteiligten nach freiem Ermessen, wobei es über den Antrag nicht hinausgehen darf.[39] Es kann die **Anzahl** und die **Personen** bestimmen. Das Gericht ist auch frei, einen neuen Liquidator neben oder anstelle des bisherigen zu bestellen. Unbeschadet dessen erweist es sich als zweckdienlich, wenn die Beteiligten dem Gericht Vorschläge für die Person des Liquidators unterbreiten. An diese Vorschläge ist das Gericht zwar nicht gebunden. In der Praxis schließt sich das Gericht den Vorschlägen jedoch in den meisten Fällen an. Sind mehrere Liquidatoren vorhanden, kann das Gericht Einzel- und Gesamtvertretungsbefugnis anordnen. Dagegen ist das Gericht nicht befugt, die Befugnisse der Liquidatoren zu beschränken, sie zu überwachen oder ihnen Weisungen zu konkreten Geschäftsführungsmaßnahmen zu erteilen.[40]

23 Gegen einen vom Antrag abweichenden Beschluss des Gerichts kann **Beschwerde** eingelegt werden (§ 58 ff. FamFG). Die Bestellung oder Abberufung eines Liquidators durch einstweilige Anordnung ist anders als nach früherem Recht[41] nunmehr in dringenden Fällen nach § 49 FamFG möglich.

---

[34] MHdB GesR II/*Schmid* KG § 46 Rn. 8; GK/*Habersack* § 146 HGB Rn. 1.
[35] GK/*Habersack* § 146 HGB Rn. 31; MüKoHGB/*K. Schmidt* § 146 Rn. 29.
[36] BayObLG OLGE 45, 52; OLG Hamm BB 1958, 497; 1960, 918; MüKoHGB/ *K. Schmidt* § 146 Rn. 30; GK/*Habersack* § 146 HGB Rn. 33; *Ebenroth/Boujong/Joost/ Strohn/Hillmann* § 146 Rn. 13; *Koller/Roth/Morck* § 146 Rn. 3.
[37] Weitere Bsp. finden sich bei GK/*Habersack* § 146 HGB Rn. 34; MüKoHGB/ *K. Schmidt* § 146 Rn. 31 mwN.
[38] MüKoHGB/*K. Schmidt* § 146 Rn. 31.
[39] MHdB GesR II/*Schmid* KG § 46 Rn. 8 ff.; GK/*Habersack* § 146 HGB Rn. 39; *Ebenroth/Boujong/Joost/Strohn/Hillmann* § 146 Rn. 17; *Röhricht/v. Westphalen/Haas* § 146 Rn. 10.
[40] *Baumbach/Hopt* § 146 Rn. 7.
[41] Vgl. OLG Frankfurt ZIP 1989, 39.

§ 47 Liquidation der GmbH & Co. KG

Auch ist es möglich eine einstweilige Anordnung mit dem Ziel der konkreten Beschränkung der Befugnisse eines Liquidators zu erwirken.

Ist die Gesellschaft wegen **Vermögenslosigkeit** nach § 131 Abs. 2 Nr. 2 HGB **gelöscht** und findet sich nachträglich noch Vermögen, werden die Liquidatoren der Gesellschaft stets auf Antrag eines Beteiligten durch das Gericht ernannt (§§ 146 Abs. 2, 145 Abs. 3 HGB).[42]

24

b) Anmeldung der Liquidatoren. Die Liquidatoren der Gesellschaft und ihre Vertretungsmacht sind von sämtlichen Gesellschaftern zum Handelsregister anzumelden (§ 148 Abs. 1 HGB). Die Anmeldepflicht trifft folglich auch die **Kommanditisten**. Die Eintragung gerichtlich bestellter Liquidatoren erfolgt hingegen von Amts wegen (§ 148 HGB Abs. 2 HGB). Insoweit bedarf es also keiner Anmeldung. Die Anmeldung der Liquidatoren der Gesellschaft bedarf der **öffentlichen Beglaubigung** (§ 12 Abs. 1 HGB). Die Gesellschafter können sich bei der Anmeldung allerdings **vertreten** lassen, was namentlich bei Publikumspersonengesellschaften praktikabel ist.[43] In diesem Fall bedarf auch die Vollmachtsurkunde gem. § 12 Abs. 1 S. 2 HGB der öffentlichen Beglaubigung. Anzumelden ist ferner jede **Änderung** in der Person oder in der **Vertretungsmacht** (§ 148 Abs. 1 S. 2 HGB). Seit In-Kraft-Treten des ER JuKoG[44] ist stets die Vertretungsregelung anzumelden, auch wenn sie der gesetzlichen Regel (§ 150 HGB) entspricht. Bei der Anmeldung haben die Liquidatoren ihre Namensunterschriften unter Angabe der Firma zur Aufbewahrung beim Gericht zu **zeichnen** (§ 148 Abs. 3 HGB).

25

Die Anmeldepflicht der Gesellschafter besteht auch, wenn nach dem Gesellschaftsvertrag oder aufgrund eines Gesellschafterbeschlusses die Geschäftsführer der Komplementär-GmbH zu Liquidatoren der Gesellschaft berufen sind. Sie besteht ferner selbst dann, wenn die Gesellschaft oder ihre Auflösung noch nicht im Handelsregister eingetragen sind. In diesem Fall muss die Anmeldung mit den ausstehenden Anmeldungen verbunden werden.[45] Das Registergericht darf die Eintragung der Auflösung allerdings nicht davon abhängig machen, dass zugleich die Liquidatoren zur Eintragung ins Handelsregister angemeldet werden.[46] Eine Anmeldepflicht besteht **nicht**, wenn die Gesellschaft **ohne Liquidation** erlischt. Da in diesem Fall eine Abwicklung unterbleibt, ist mit der Auflösung (nur) das Erlöschen der Firma zum Handelsregister anzumelden (vgl. § 157 HGB).[47] Erlischt demgegenüber die Gesellschaft im Zuge der Abwicklung, ist eine zunächst un-

26

---

[42] MüKoHGB/*K. Schmidt* § 146 Rn. 29; die Regelung ist auf diejenigen Fälle, in denen die aufgelöste Gesellschaft scheinbar vollbeendigt ist und sich das Erfordernis einer Nachtragsliquidation ergibt, entsprechend anwendbar, so zutr. GK/*Habersack* § 146 HGB Rn. 42.
[43] Vgl. MüKoHGB/*K. Schmidt* § 148 Rn. 8, wonach eine Bevollmächtigung der Liquidatoren in Betracht kommt.
[44] Gesetz über elektronische Register und Justiz-Kosten für Telekommunikation v. 10.12.2001, BGBl. I 3422.
[45] MüKoHGB/*K. Schmidt* § 148 Rn. 4; KG OLGE 41, 202.
[46] BayObLG NZG 2001, 792.
[47] GK/*Habersack*, § 148 Rn. 5.

terbliebene Anmeldung anlässlich der Anmeldung nach § 157 HGB nachzuholen.[48]

27 Die Mitwirkungspflicht der Gesellschafter bei der Anmeldung der Liquidatoren kann notfalls gerichtlich durchgesetzt werden. Auch kann das Handelsregister die Gesellschafter durch Verhängung eines **Zwangsgeldes** anhalten, ihrer Anmeldepflicht nachzukommen (§ 14 HGB).

28 **c) Rechtsstellung der Liquidatoren.** *aa) Grundsatz.* Nach herrschender Meinung kommt nur bei Bestellung eines **Nichtgesellschafters** zum Liquidator ein **Dienstvertrag** mit der Gesellschaft zustande. Gesellschafter-Liquidatoren handeln aufgrund des Gesellschaftsverhältnisses wie geschäftsführende Gesellschafter.[49] Gleichwohl können ihre Rechte und Pflichten in einem Dienstvertrag geregelt werden.

29 Die Liquidatoren sind verpflichtet, die Abwicklung der Gesellschaft unverzüglich zu betreiben. Ihre Aufgabe besteht in erster Linie darin, die laufenden Geschäfte zu beenden, die Forderungen der Gesellschaft einzuziehen, das Gesellschaftsvermögen zu verwerten, die Schulden der Gesellschaft zu begleichen sowie dann noch vorhandenes Vermögen unter den Gesellschaftern zu verteilen (§ 149 Abs. 1 S. 1 HGB). Zwar liegt die Art der Erledigung der Aufgaben im Ermessen der Liquidatoren, doch haben sie ihre Tätigkeit stets am **Wohl der Gesellschaft und an dem Interesse der Gesellschafter** an einem möglichst hohen Liquidationserlös auszurichten.[50] Den Liquidatoren ist es demnach verwehrt, einzelne Gläubiger zu bevorzugen oder Vermögensgegenstände der Gesellschaft unter Wert zu veräußern, sofern eine Gelegenheit zu einer besseren Verwertung besteht.[51] Ihre eigenen Interessen haben die Liquidatoren dabei hinter die Belange der Gesellschafter zurückzustellen.[52] Hat sich ein Liquidator pflichtwidrig verhalten, muss er die für die Gesellschaft schädlichen Folgen möglichst gering halten.[53]

30 Die Kompetenz der Liquidatoren beschränkt sich auf Geschäftsführungs- und Vertretungsaufgaben, wozu auch außergewöhnliche Geschäfte gehören können. Sie bezieht sich indes **nicht** auf das gesellschaftsvertragliche Rechtsverhältnis der Gesellschafter und die **Grundlagen der Gesellschaft**.[54] Die Liquidatoren sind daher nicht berechtigt, die Firma der Gesellschaft zu ändern oder weitere Gesellschafter aufzunehmen. Auch die Vereinbarung einer anderen Art der Abwicklung fällt in den Zuständigkeitsbereich der Gesellschafter.

31 *bb) Geschäftsführungs- und Vertretungsbefugnis.* Die Liquidatoren der Gesellschaft sind befugt, die Gesellschaft gerichtlich und außergerichtlich zu ver-

---

[48] GK/*Habersack* § 148 Rn. 5.
[49] *Baumbach/Hopt* § 149 Rn. 1; MüKoHGB/*K. Schmidt* § 146 Rn. 43; *Ebenroth/Boujong/Joost/Strohn/Hillmann* § 146 Rn. 11; *Koller/Roth/Morck* § 146 Rn. 3.
[50] OLG Düsseldorf NZG 2000, 475 (476); GK/*Habersack* § 149 HGB Rn. 6; MüKoHGB/*K. Schmidt* § 149 Rn. 4; *Baumbach/Hopt* § 149 Rn. 4; *Koller/Roth/Morck* § 149 Rn. 2.
[51] MHdB GesR II/*Schmid* KG § 46 Rn. 15.
[52] *Baumbach/Hopt* § 149 Rn. 1; MüKoHGB/*K. Schmidt* § 149 Rn. 4; *Hillers*, 58 ff.
[53] BGHZ 110, 342 (354); OLG Düsseldorf NZG 2000, 475.
[54] MüKoHGB/*K. Schmidt* § 149 Rn. 5; GK/*Habersack* § 149 HGB Rn. 4.

treten (§ 149 S. 2 HGB). Zur (aktiven) Geschäftsführung und Vertretung sind mehrere Liquidatoren grundsätzlich nur **gemeinschaftlich** berechtigt (§ 150 Abs. 1 HGB). Verweigert ein Liquidator seine Zustimmung zu einer Maßnahme pflichtwidrig, kann er von der durch die übrigen Liquidatoren vertretenen Gesellschaft auf Erteilung der Zustimmung in Anspruch genommen werden.[55] Ein Widerspruchsrecht der einzelnen Liquidatoren nach dem Vorbild des § 115 Abs. 1 HGB besteht in der Abwicklungsphase nicht.[56] Gegebenenfalls kann ein Liquidator allein handeln, wenn Gefahr im Verzug ist.[57] Die Liquidatoren können einzelne von ihnen zur Vornahme bestimmter Arten von Geschäften ermächtigen (§ 150 Abs. 2 S. 1 HGB). Zur **Passivvertretung** ist jeder Liquidator befugt (§ 150 Abs. 2 S. 2 HGB).

Durch Gesellschaftsvertrag, Gesellschafterbeschluss oder gerichtliche Entscheidung kann einzelnen Liquidatoren die Befugnis zur **Einzelgeschäftsführung** und **-vertretung** erteilt werden (§ 150 Abs. 1 HGB). Die Regelung kann bereits im Gesellschaftsvertrag enthalten sein oder nachträglich durch Gesellschafterbeschluss getroffen werden. Eine abweichende Ausgestaltung der Vertretungsmacht ist zum Handelsregister **anzumelden** (§ 148 Abs. 1 S. 2 HGB). Der Eintragung kommt allerdings nur deklaratorische Wirkung zu. 32

Die Geschäftsführungsbefugnis wird durch den in § 149 S. 1 HGB beschriebenen Liquidationszweck begrenzt (→ Rn. 1). Anders als im Stadium der werbenden Gesellschaft sind von der Geschäftsführungsbefugnis der Liquidatoren auch **außergewöhnliche** Maßnahmen gedeckt.[58] Die Geschäftsführungsbefugnis der Liquidatoren kann im Innenverhältnis eingeschränkt werden.[59] Eine Beschränkung der Vertretungsmacht im Außenverhältnis kommt nicht in Betracht (§ 151 HGB).[60] Die Gesellschafter können die Liquidatoren im Einzelfall oder generell von den Beschränkungen des § 181 BGB befreien.[61] 33

Die Vertretungsmacht der Liquidatoren **beschränkt** sich nach hM auf die Handlungen, die dem Liquidationszweck objektiv dienlich sein können.[62] Welche Maßnahmen zur Liquidation der Gesellschaft erforderlich sind, beurteilt sich nach der konkreten Situation. Unter Umständen kann sich selbst die Anschaffung neuer Vermögensgegenstände oder die einstweilige Fortset- 34

---

[55] GK/*Habersack* § 150 HGB Rn. 5; MüKoHGB/*K. Schmidt* § 150 Rn. 5; *Ebenroth/Boujong/Joost/Strohn/Hillmann* § 150 Rn. 3; *Röhricht/v. Westphalen/Haas* § 150 Rn. 2.
[56] MüKoHGB/*K. Schmidt* § 150 Rn. 9.
[57] MüKoHGB/*K. Schmidt* § 150 Rn. 8 mwN („Notgeschäftsführungsbefugnis"); *Koller/Roth/Morck* § 150 Rn. 2.
[58] GK/*Habersack* § 149 HGB Rn. 11; MüKoHGB/*K. Schmidt* § 149 Rn. 5.
[59] MHdB GesR II/*Schmid* KG § 46 Rn. 21; MüKoHGB/*K. Schmidt* § 151 Rn. 2.
[60] Zu den Ausnahmen vgl. GK/*Habersack* § 151 HGB Rn. 8 ff.
[61] BGHZ 58, 115 (117); MDR 1970, 398 (399); GK/*Habersack* § 149 HGB Rn. 48; MüKoHGB/*K. Schmidt* § 149 Rn. 53; *Ebenroth/Boujong/Joost/Strohn/Hillmann* § 149 Rn. 26; *Koller/Roth/Morck* § 149 Rn. 3.
[62] RGZ 72, 119 (122); 146, 378; BGH WM 1959, 323 (324); NJW 1984, 982; *Heymann/Sonnenschein/Weitemeyer* § 149 Rn. 12; *Baumbach/Hopt* § 149 Rn. 7; *Koller/Roth/Morck* § 149 Rn. 3; *Röhricht/Graf von Westphalen/Haas* § 149 Rn. 20; aA MüKoHGB/*K. Schmidt* § 149 Rn. 52; *K. Schmidt* Gesellschaftsrecht § 11 V 4d; *K. Schmidt* AcP 174 (1974) 71; GK/*Habersack* § 149 HGB Rn. 46.

zung der Unternehmenstätigkeit als sachdienlich erweisen.[63] Für die Liquidationsdienlichkeit spricht eine tatsächliche Vermutung.[64] Die Gesellschaft ist damit auch an **liquidationsfremde** Geschäfte gebunden, sofern sie nicht nachweist, dass der Geschäftspartner die Liquidationsfremdheit kannte oder kennen musste und dass das Geschäft von der Vertretungsmacht des Liquidators nicht mehr gedeckt ist.[65]

35 Die Liquidationsbeteiligten sind befugt, den Liquidatoren **Weisungen** für die laufenden Liquidationsangelegenheiten zu erteilen (§ 152 HGB), etwa eine bestimmte Maßnahme durchzuführen oder zu unterlassen.[66] Die Erteilung von Weisungen setzt einen einstimmigen Beschluss der Gesellschafter voraus, sofern der Gesellschaftsvertrag keinen Mehrheitsentscheid für ausreichend erachtet.[67] An der Beschlussfassung nehmen die Gesellschafter bzw. an deren Stelle in den Fällen des § 135 HGB der Privatgläubiger und für Gesellschafter, über dessen Vermögen das Insolvenzverfahren eröffnet wurde, der Insolvenzverwalter teil.[68] Das Weisungsrecht kann auch auf ein anderes Gesellschaftsgremium (Beirat, Aufsichtsrat etc.) übertragen werden.[69] Die Weisungen können sich unter Umständen auch auf liquidationsfremde Maßnahmen beziehen.[70]

36 Die Liquidatoren haben bei der Unterzeichnung im Geschäftsverkehr der mit dem Liquidationszusatz versehenen Firma der Gesellschaft ihren Namen beizufügen (§ 153 HGB). Ist neben der KG auch die Komplementär-GmbH in Auflösung geraten, findet für die Komplementär-GmbH zusätzlich § 68 Abs. 2 GmbHG Anwendung (dazu → Rn. 102).

37 *cc) Haftung.* Die Haftung eines Liquidators, der nicht Gesellschafter ist, richtet sich nach § 276 BGB.[71] Ist der Liquidator gleichzeitig Gesellschafter, greift die Haftungserleichterung des § 708 BGB ein, es sei denn, er ist gleichzeitig aufgrund eines Dienstvertrages tätig. In diesem Fall haftet auch er für jedes Verschulden.[72] Da die Liquidatoren verpflichtet sind, das Vermögen der Gesellschaft zu verwalten, kann eine Pflichtverletzung den Tatbestand der Untreue (§ 266 StGB) erfüllen.[73] Etwaige Schadensersatzansprüche der Gesellschaft gegen einen Liquidator, sind von dem oder den anderen Liquidatoren für die Gesellschaft geltend zu machen, der hierfür notfalls neu zu

---

[63] *K. Schmidt* ZHR 153 (1989), 282.
[64] RGZ 146, 378; *Baumbach/Hopt* § 149 Rn. 7; MHdB GesR II/*Schmid* KG § 46 Rn. 23 f.
[65] BGH NJW 1984, 982; *Baumbach/Hopt* § 149 Rn. 7; *Grunewald* Gesellschaftsrecht 1. B. Rn. 84; *Grziwotz* DStR 1992, 1368.
[66] GK/*Habersack* § 152 HGB Rn. 3, 7; MHdB GesR II/*Schmid* KG § 46 Rn. 25 ff.
[67] *Baumbach/Hopt* § 152 Rn. 1; GK/*Habersack* § 152 HGB Rn. 5 f.
[68] GK/*Habersack* § 152 HGB Rn. 5.
[69] Schlegelberger/*K. Schmidt* § 152 Rn. 14; MüKoHGB/*K. Schmidt* § 153 Rn. 16; *Ebenroth/Boujong/Joost/Strohn/Hillmann* § 152 Rn. 7; *Röhricht/v. Westphalen/Haas* § 152 Rn. 3.
[70] GK/*Habersack* § 152 HGB Rn. 8; MüKoHGB/*K. Schmidt* § 152 Rn. 9; *Ebenroth/Boujong/Hillmann* § 152 Rn. 4; *Röhricht/v. Westphalen/Haas* § 152 Rn. 2; aA *Koller/Roth/Morck* § 152 Rn. 2.
[71] *Baumbach/Hopt* § 149 Rn. 1.
[72] MüKoHGB/*K. Schmidt* § 149 Rn. 58 f.
[73] OLG Dresden NZG 2000, 259 (zur GmbH).

§ 47 *Liquidation der GmbH & Co. KG*

bestellen ist.⁷⁴ Der Liquidator-Gesellschafter, gegen den im Namen der Gesellschaft ein Schadensersatzanspruch geltend gemacht werden soll, ist von dem **Stimmrecht** bei der Beschlussfassung darüber **ausgeschlossen**.⁷⁵

dd) Vergütung. Sofern der Gesellschaftsvertrag oder ein mit dem Liquidator geschlossener Dienstvertrag nichts anderes bestimmt, haben **Gesellschafter** für die Wahrnehmung der Liquidationstätigkeit grundsätzlich keinen Anspruch auf Vergütung.⁷⁶ Sieht der Gesellschaftsvertrag der GmbH & Co. KG vor, dass die Komplementär-GmbH für die Wahrnehmung ihrer Geschäftsführungstätigkeit eine Vergütung erhält, wird man regelmäßig davon ausgehen können, dass diese Regelung noch in der Liquidationsphase Anwendung beanspruchen kann. **38**

Der Vergütungsanspruch eines **Nichtgesellschafters** richtet sich nach dem zugrunde liegenden Dienstverhältnis. Ist nichts Besonderes bestimmt, hat der Liquidator Anspruch auf eine angemessene Vergütung (§ 612 BGB).⁷⁷ **39**

Bei einer gerichtlichen Bestellung des Liquidators kommt mit der Annahme des Liquidatorenamtes zwischen der Gesellschaft und dem Bestellten ein **Dienstverhältnis** zustande, aus dem der Liquidator ebenfalls Anspruch auf angemessene Vergütung hat.⁷⁸ Bei der Bemessung der Vergütung kann auf die Bestimmungen über die Vergütung von Insolvenzverwaltern zurückgegriffen werden. **40**

d) Amtsbeendigung. *aa) Abberufung.* Die Liquidatoren der Gesellschaft können durch einen **Gesellschafterbeschluss** der nach § 146 Abs. 2 u. 3 HGB berechtigten Liquidationsbeteiligten abberufen werden (§ 147 1. Hs. HGB). Sieht der KG-Vertrag keine abweichende Regelung vor, ist der Beschluss einstimmig zu fassen.⁷⁹ Ein Gesellschafter-Liquidator ist bei der Beschlussfassung stimmberechtigt. Die Abberufung eines gerichtlich bestellten Liquidators ist gegen die Stimme des antragstellenden Gesellschafters nicht möglich.⁸⁰ Das Recht zur Abberufung kann im Gesellschaftsvertrag eingeschränkt werden, solange den Gesellschaftern noch die Abberufungsmöglichkeit aus wichtigem Grund verbleibt.⁸¹ **41**

Die Abberufung muss gegenüber dem Liquidator erklärt werden.⁸² Einer gesonderten **Erklärung** bedarf es nur dann nicht, wenn der Liquidator bei der Beschlussfassung zugegen war.⁸³ **42**

---

[74] MHdB GesR II/*Schmid* KG § 46 Rn. 32.
[75] OLG Hamm NZG 2003, 627.
[76] BGHZ 17, 301; BGH WM 1967, 682; BayObLG DStR 1994, 1702 (1704); *Baumbach/Hopt* § 149 Rn. 1; MüKoHGB/*K. Schmidt* § 146 Rn. 9.
[77] GK/*Habersack* § 146 HGB Rn. 21; MüKoHGB/*K. Schmidt* § 146 Rn. 10; *Ebenroth/Boujong/Joost/Strohn/Hillmann* § 146 Rn. 11.
[78] MHdB GesR II/*Schmid* KG § 46 Rn. 12, 35.
[79] Vgl. GK/*Habersack* § 147 HGB Rn. 8; *Baumbach/Hopt* § 147 Rn. 1; MüKoHGB/*K. Schmidt* § 147 Rn. 5.
[80] *Baumbach/Hopt* § 147 Rn. 1; MHdB GesR II/*Schmid* KG § 46 Rn. 40; GK/*Habersack* § 147 HGB Rn. 3.
[81] *Baumbach/Hopt* § 147 Rn. 1; MHdB GesR II/*Schmid* KG § 46 Rn. 41.
[82] MüKoHGB/*K. Schmidt* § 147 Rn. 18.
[83] GK/*Habersack* § 147 HGB Rn. 10.

13. Kapitel. Auflösung und Liquidation der Gesellschaft

43 Kommt ein Abberufungsbeschluss nicht zustande, kann die Abberufung bei Vorliegen eines **wichtigen Grundes** durch **gerichtliche Entscheidung** erfolgen (§ 147 2. Hs. HGB).[84] Die Abberufung erfolgt auf Antrag eines Liquidationsbeteiligten. Ein zur gerichtlichen Abberufung berechtigender wichtiger Grund liegt vor, wenn das weitere Amtieren des Liquidators die Abwicklung gefährden würde.[85] Dabei kann im Wesentlichen auf die zu § 146 Abs. 2 S. 1 HGB entwickelten Grundsätze zurückgegriffen werden (vgl. dazu → Rn. 21).[86] Ein wichtiger Grund ist etwa bei Unfähigkeit zur ordnungsgemäßen Geschäftsführung oder bei Unredlichkeit zu bejahen. Auch die Gefahr eines Interessenwiderstreites zwischen der Gesellschaft und dem Liquidator oder auf Tatsachen beruhende Zweifel an der Unparteilichkeit des Liquidators können dessen Abberufung rechtfertigen.[87]

44 *bb) Tod; Zeitablauf.* Das Amt des Liquidators endet zwangsläufig mit dessen Tod. Der **Erbe** des Gesellschafter-Liquidators rückt an seine Stelle nur dann, wenn er zur Nachfolge in die Gesellschafterstellung berufen ist und die Gesellschafter es bei der Regel des § 146 Abs. 1 S. 1 HGB belassen haben.[88] In allen anderen Fällen ist das Amt des Liquidators nicht vererblich.[89] Das Amt eines auf Zeit bestellten Liquidators endet mit Zeitablauf.[90]

45 *cc) Eröffnung des Insolvenzverfahrens.* Das Amt des Gesellschafter-Liquidators endet ferner, wenn über sein Vermögen das Insolvenzverfahren eröffnet wird und der Gesellschafter nach dem gesetzlichen Regelfall aus der Gesellschaft ausscheidet (§ 131 Abs. 3 Nr. 2 HGB). Verbleibt der Gesellschafter aufgrund einer entsprechenden Regelung im Gesellschaftsvertrag hingegen auch nach Eröffnung des Insolvenzverfahrens in der Gesellschaft, so übt fortan der Insolvenzverwalter gem. § 146 Abs. 3 HGB das Liquidatorenamt aus.[91] Bei einem Nichtgesellschafter tritt weder eine automatische Beendigung des Amtes ein noch übt der Insolvenzverwalter das Liquidatorenamt aus. Die Eröffnung des Insolvenzverfahrens über das Vermögen des Liquidators stellt regelmäßig einen wichtigen Grund zu seiner Abberufung dar.[92]

46 *dd) Niederlegung.* Die Niederlegung des Amtes durch einen Gesellschafter-Liquidator kommt nur unter eingeschränkten Bedingungen in Betracht, da er zur Übernahme des Liquidatorenamtes verpflichtet ist (→ Rn. 10).[93] Ein

---

[84] Die Vorschrift ist zwingend, vgl. MüKoHGB/*K. Schmidt* § 147 Rn. 19.
[85] BayObLG BB 1997, 2397; MüKoHGB/*K. Schmidt* § 147 Rn. 21; GK/*Habersack* § 147 HGB Rn. 12.
[86] GK/*Habersack* § 147 HGB Rn. 12; abweichend MHdB GesR II/*Schmid* KG § 46 Rn. 43: Anwendung der §§ 117, 127 HGB.
[87] KG NZG 1999, 437; BayObLG BB 1997, 2397; weitere Beispiele bei MüKoHGB/ *K. Schmidt* § 147 Rn. 21.
[88] *Baumbach/Hopt* § 147 Rn. 6; GK/*Habersack* § 147 HGB Rn. 16.
[89] MHdB GesR II/*Schmid* KG § 46 Rn. 38.
[90] MüKoHGB/*K. Schmidt* § 147 Rn. 9.
[91] MüKoHGB/*K. Schmidt* § 147 Rn. 12.
[92] *Hueck* Recht der OHG § 32 IV 3b; MüKoHGB/*K. Schmidt* § 147 Rn. 12.
[93] MHdB GesR II/*Schmid* KG § 46 Rn. 44f.

Gesellschafter kann sich von dem Liquidatorenamt daher nur bei Vorliegen eines wichtigen Grundes lösen.[94] Dritte sind zu einer Amtsniederlegung innerhalb der sich aus dem zugrunde liegenden Dienstverhältnis ergebenden Schranken berechtigt (vgl. § 627 BGB).

ee) Beendigung des Dienstverhältnisses. Von der Beendigung des Amtes ist die Beendigung des Dienstverhältnisses zu unterscheiden. Die Abberufung des Liquidators durch Beschluss oder gerichtliche Entscheidung lässt einen zwischen Gesellschaft und Liquidator bestehenden Dienstvertrag grundsätzlich unberührt.[95] Dessen Beendigung richtet sich nach allgemeinen Grundsätzen. Der Fortfall des Liquidatorenamtes dürfte jedoch regelmäßig einen wichtigen Grund zur Kündigung des Dienstverhältnisses darstellen.[96] In der Mitteilung der Abberufung aus wichtigem Grund liegt in der Regel zugleich die Kündigung des Dienstvertrages.[97] 47

3. Durchführung der Liquidation

a) Beendigung der laufenden Geschäfte. Die Aufgabe der Liquidatoren besteht darin, die laufenden Geschäfte, dh sämtliche kaufmännischen Aktivitäten, insbesondere die bestehenden Verträge zwischen der Gesellschaft und Dritten, also nicht nur rechtsgeschäftliche, sondern auch tatsächliche Handlungen zu beenden.[98] Zunächst hat die Auflösung der Gesellschaft auf den Bestand der Vertragsbeziehungen zu Dritten keinen Einfluss. Nur in Ausnahmefällen berechtigt die Auflösung die Gesellschaft selbst oder den Dritten zur **Kündigung** des Vertrages aus wichtigem Grund. 48

Sofern es sich für die Durchführung der Liquidation als wirtschaftlich sinnvoll oder gar als notwendig erweist, können die Liquidatoren zur Beendigung der schwebenden Geschäfte auch ausnahmsweise **neue Geschäfte** eingehen (vgl. § 149 S. 1 2. Hs. HGB).[99] Zu denken ist etwa an die Anschaffung von Material und Rohstoffen zur Erfüllung von Verbindlichkeiten.[100] Stellt sich die Vornahme weiterer Geschäfte dagegen als Fortsetzung der werbenden Tätigkeit dar, wenn sie also nicht allein der Werterhaltung und Förderung der Verwertung des Gesellschaftsvermögens dienen, widerspricht dies dem Liquidationszweck.[101] 49

Gegenstände, die der Gesellschaft **zur Benutzung** (quoad usum) überlassen wurden, kann der Gesellschafter zurückverlangen (§§ 732 BGB, 105 50

---

[94] *Baumbach/Hopt* § 147 Rn. 5.
[95] BayObLG DB 1981, 518 (519); MüKoHGB/*K. Schmidt* § 147 Rn. 28.
[96] MüKoHGB/*K. Schmidt* § 147 Rn. 28.
[97] MüKoHGB/*K. Schmidt* § 147 Rn. 18.
[98] MüKoHGB/*K. Schmidt* § 149 Rn. 8; GK/*Habersack* § 149 HGB Rn. 14; aA (nur rechtsgeschäftliche Handlungen) Heymann/*Sonnenschein/Weitemeyer* § 149 Rn. 3; ähnlich *Koller/Roth/Morck* § 149 Rn. 2; offen lassend *Ebenroth/Boujong/Joost/Strohn/Hillmann* § 149 Rn. 5.
[99] Dazu eingehend GK/*Habersack* § 149 HGB Rn. 15 f.
[100] Weitere Bsp. bei *Baumbach/Hopt* § 149 Rn. 6; MüKoHGB/*K. Schmidt* § 149 Rn. 14.
[101] *Baumbach/Hopt* § 149 Rn. 6.

13. Kapitel. Auflösung und Liquidation der Gesellschaft

Abs. 3, 161 Abs. 2 HGB).[102] Der Anspruch des Gesellschafters soll bereits mit Eintritt der Auflösung bestehen.[103] Kein Rückforderungsanspruch besteht hinsichtlich solcher Gegenstände, die **zu Eigentum** in die Gesellschaft eingebracht wurden (quoad dominum).[104]

51 **b) Einzug von Forderungen.** Um das noch vorhandene Vermögen der Gesellschaft in Geld umzusetzen, haben die Liquidatoren zunächst die Forderungen der Gesellschaft einzuziehen. Dabei spielt es keine Rolle, ob die Forderung der Gesellschaft auf Geld, Waren oder sonstige Vermögensgegenstände gerichtet ist. Zu der Einziehung gehört auch die Aufrechnung mit einer Gesellschaftsforderung. Fällige Forderungen sind notfalls einzuklagen, nicht fällige Forderungen sind – soweit möglich – durch Kündigung fällig zu stellen.[105]

52 Auch Forderungen der Gesellschaft gegenüber **Gesellschaftern** sind Teil des zu verwertenden Gesellschaftsvermögens. Das schließt Forderungen, die ihre Grundlage im Gesellschaftsverhältnis haben, also keinem Drittgeschäft erwachsen, grundsätzlich ein, es sei denn, der Einzug erfolgt zum Zweck des Ausgleichs unter den Gesellschaftern.[106] Diesen herbeizuführen ist nicht Aufgabe der Liquidatoren. Solche Ansprüche sind Rechnungsposten der Auseinandersetzung zwischen den Gesellschaftern und können von den Liquidatoren daher vor Vornahme der Schlussabrechnung nicht isoliert geltend gemacht werden (dazu Rn. 62).[107] Auf diesen Grundsatz kann sich der in Anspruch genommene Gesellschafter lediglich dann nicht berufen, wenn er sich wegen schuldhafter Verzögerung der Liquidation schadensersatzpflichtig gemacht hat.[108]

53 Ausstehende **Einlagen** der Gesellschafter sowie etwaige nach § 735 BGB iVm §§ 105 Abs. 3, 161 Abs. 2 HGB geschuldete Nachschüsse sind von den Liquidatoren einzuziehen, sofern diese zur Tilgung der bestehenden Verbindlichkeiten noch benötigt werden.[109] Dies gilt auch für die Einlage eines atypisch stillen Gesellschafters.[110] Die Einlageleistung kann nur insoweit verweigert werden, wie sie für die Befriedigung der Gläubiger nicht gebraucht wird. Der Gesellschafter kann verlangen, dass die Liquidatoren alle diesbezüglich bedeutsamen Vorgänge darlegen;[111] **beweispflichtig** dafür, dass die

---

[102] GK/*Habersack* § 149 HGB Rn. 42; MüKoHGB/*K. Schmidt* § 149 Rn. 34; *Ebenroth/Boujong/Joost/Strohn/Hillmann* § 149 Rn. 18; *Röhricht/v. Westphalen/Haas* § 149 Rn. 15.
[103] BGH NJW 1981, 2802; mit Recht diff. MüKoBGB/*Ulmer* § 732 Rn. 3.
[104] MüKoHGB/*K. Schmidt* § 149 Rn. 34. Hier gilt Entsprechendes wie beim Ausscheiden des Gesellschafters, § 29 Rn. 65.
[105] MüKoHGB/*K. Schmidt* § 149 Rn. 17 f.
[106] *Baumbach/Hopt* § 149 Rn. 3; aA MüKoHGB/*K. Schmidt* § 149 Rn. 21 f., 29.
[107] GK/*Habersack* § 149 HGB Rn. 21.
[108] BGH NJW 1968, 2005 (2006).
[109] BGH WM 1960, 47 (48); NJW 1978, 424; 1978, 2154; Heymann/*Sonnenschein/Weitemeyer* § 149 Rn. 6; *K. Schmidt* GmbHR 1980, 265; *Ebenroth/Boujong/Joost/Strohn/Hillmann* § 149 Rn. 11; GK/*Habersack* § 149 HGB Rn. 21 ff.
[110] BGH NJW 1978, 424.
[111] BGH NJW 1980, 1522.

§ 47 *Liquidation der GmbH & Co. KG*

Einlagen für die Abwicklung nicht mehr benötigt werden, ist jedoch letztlich der Gesellschafter.[112]

Zu einer **gleichmäßigen Einforderung** rückständiger Einlagen bei den Gesellschaftern ist der Liquidator nicht verpflichtet.[113] Einlageforderungen dürfen zunächst nur zur Befriedigung von Gläubigerforderungen eingezogen werden. Zur Herbeiführung des endgültigen Ausgleichs unter den Gesellschaftern dürfen die Einlagen nach zutreffender Ansicht des BGH nur dann eingezogen werden, wenn nach Aufstellung eines Auseinandersetzungsplanes ein Passivsaldo des betreffenden Gesellschafters festgestellt ist.[114] An einem Verlust der Gesellschaft nehmen die Kommanditisten nur bis zum Betrag ihrer rückständigen Einlage teil. Darüber hinaus sind die Gesellschafter zur Entrichtung von Nachschüssen nur dann verpflichtet, wenn der Gesellschaftsvertrag ausnahmsweise eine entsprechende Verpflichtung begründet.[115] Hat der Gesellschafter zur Durchführung einer **Sanierung** eine erhöhte Einlageleistung versprochen, bleibt der Gesellschafter zur Leistung seiner Einlage auch dann verpflichtet, wenn die Sanierung der Gesellschaft scheitert.[116]

54

Die Gesellschafter sind berechtigt, die Einlageforderungen der Gesellschaft im Wege der **actio pro socio** geltend zu machen, wenn die Liquidatoren ihrer Pflicht zur Geltendmachung der rückständigen Einlagen nicht nachkommen.[117] Sie müssen dann aber ebenfalls dartun, dass die Einlagen zur Tilgung bestehender Verbindlichkeiten der Gesellschaft benötigt werden.[118]

55

c) Umsetzung der Vermögensgegenstände in Geld. Neben der Einziehung der Forderungen sind die übrigen Vermögensgegenstände der Gesellschaft zu verwerten. Bei ihrem Handeln müssen sich die Liquidatoren am Interesse der Gesellschafter an einem möglichst hohen Liquidationserlös orientieren.[119] In der Regel erfolgt die Umsetzung in Geld durch **Veräußerung** der Gegenstände. Auf welche Weise die Veräußerung vonstatten geht, steht grundsätzlich im Ermessen der Liquidatoren. Die Veräußerung kann freihändig erfolgen; eine Notwendigkeit zum Verkauf im Rahmen einer öffentlichen Versteigerung besteht nicht.[120] Auch können die Liquidatoren

56

---

[112] BGH GmbHR 1978, 255 (Publikums-KG); NJW 1984, 435; GK/*Habersack* § 149 HGB Rn. 22; *Koller/Roth/Morck* § 149 Rn. 2; MüKoHGB/*K. Schmidt* § 149 Rn. 20 (Vermutung der Notwendigkeit der Einforderung).
[113] BGH NJW 1980, 1522 (1523); Schlegelberger/*Martens* § 161 Rn. 126; Heymann/*Sonnenschein*/*Weitemeyer* § 149 Rn. 7.
[114] BGH GmbHR 1978, 249 (250); MüKoHGB/*K. Schmidt* § 149 Rn. 22; *Baumbach/Hopt* § 149 Rn. 3.
[115] MHdB GesR II/*Schmid* KG § 46 Rn. 55; MüKoHGB/*K. Schmidt* § 149 Rn. 26; aA *Ebenroth/Boujong/Joost/Strohn/Hillmann* § 149 Rn. 15.
[116] BGH ZIP 1980, 192 (193 f.); *K. Schmidt* Gesellschaftsrecht § 52 IV 2b.
[117] Heymann/*Sonnenschein*/*Weitemeyer* § 145 Rn. 12; *Brönner/Rux/Wagner* Rn. 637.
[118] GK/*Habersack* § 149 HGB Rn. 18.
[119] GK/*Habersack* § 149 HGB Rn. 34.
[120] *Baumbach/Hopt* § 149 Rn. 4.

mit der Verwertung zuwarten, wenn eine Veräußerung zu einem späteren Zeitpunkt einen höheren Erlös erwarten lässt.

57 Die Liquidatoren können zwischen der **Zerschlagung** des Unternehmens, also einer Veräußerung der einzelnen Vermögensgegenstände, und einer Veräußerung des **Unternehmens als Ganzes** wählen.[121] Bei einem hohen inneren Geschäftswert wird sich die Veräußerung des gesamten Vermögens häufig als vorteilhafteste Verwertungsart erweisen. Die Liquidatoren müssen ihre Entscheidung gegenüber den Gesellschaftern durch Vorlage entsprechender Berechnungen vertreten können. Ohne Zustimmung der Gesellschafter sind die Liquidatoren zu einer Veräußerung der **Firma** der Gesellschaft nicht befugt.[122] Insoweit fehlt es an der Geschäftsführungs- und Vertretungsbefugnis der Liquidatoren.

58 Zulässig ist auch eine Veräußerung des Unternehmens oder die Überlassung einzelner Vermögensgegenstände **an Gesellschafter** in Anrechnung auf deren Auseinandersetzungsguthaben.[123] Macht sich der übernehmende Gesellschafter einen vorhandenen **Geschäftswert nutzbar**, ist er gegenüber seinen Mitgesellschaftern ausgleichspflichtig.[124] Geschäftschancen der Gesellschaft darf der Gesellschafter aber auch in der Liquidationsphase aufgrund der fortwirkenden Treuepflicht nicht ohne weiteres für sich nutzen.[125] Veräußerungen an Gesellschafter sind daher sorgfältig auf ihre Angemessenheit zu prüfen.

59 **d) Begleichung der Verbindlichkeiten.** Daneben haben die Liquidatoren die **Gläubiger** der Gesellschaft zu **befriedigen**. Die Liquidatoren sind im Interesse der Gesellschafter gehalten, grundsätzlich alle denkbaren Einreden und Einwendungen gegen Gläubigerforderungen zu erheben.[126] Zweifel am Bestand der Gläubigerforderungen sind von den Liquidatoren notfalls gerichtlich zu klären. Zu einer Gleichbehandlung der Gläubiger sind die Liquidatoren nicht verpflichtet.[127]

60 Eine Befriedigung der Gläubiger kommt nur insoweit in Betracht, wie ausreichendes Gesellschaftsvermögen zur Verfügung steht. Eine Pflicht der Gesellschafter zur **Leistung von Nachschüssen** besteht nur dann, wenn ausnahmsweise eine entsprechende Pflicht im Gesellschaftsvertrag begründet wurde (§ 707 BGB). Im Hinblick auf die Regelung des § 167 Abs. 3 HGB bedarf es einer ausdrücklichen Vereinbarung, dass der Kommanditist Verluste über seine Einlage hinaus in der Liquidation abzudecken

---

[121] RGZ 85, 397 (399); 158, 226 (228); MüKoHGB/*K. Schmidt* § 149 Rn. 36 f.; *Röhricht/Graf von Westphalen/v. Gerkan* § 149 Rn. 14; GK/*Habersack* § 149 HGB Rn. 35.
[122] *Baumbach/Hopt* § 149 Rn. 4; GK/*Habersack* § 149 HGB Rn. 35; aA MHdB GesR II/*Schmid* KG § 46 Rn. 24.
[123] OLG Hamm BB 1954, 913; *Ebenroth/Boujong/Joost/Strohn/Hillmann* § 149 Rn. 18; *Röhricht/v. Westphalen/Haas* § 149 Rn. 14; *Baumbach/Hopt* § 149 Rn. 4; GK/*Habersack* § 149 HGB Rn. 36; MüKoHGB/*K. Schmidt* § 149 Rn. 37.
[124] BGH NJW 1980, 1628.
[125] OLG Düsseldorf NZG 2000, 475 f.
[126] GK/*Habersack* § 149 HGB Rn. 38; MüKoHGB/*K. Schmidt* § 149 Rn. 39.
[127] MüKoHGB/*K. Schmidt* § 149 Rn. 42; *Koller/Roth/Morck* § 149 Rn. 2.

hat.[128] Reicht das Gesellschaftsvermögen der KG zur Tilgung der Verbindlichkeiten der Gesellschaft nicht aus, sind die Liquidatoren zur Einleitung des **Insolvenzverfahrens** verpflichtet (§ 130a Abs. 1 HGB).[129]
Gläubiger der Gesellschaft können auch die Gesellschafter selbst sein. Stehen den Gesellschaftern Forderungen aus **Drittgeschäften** gegenüber der Gesellschaft zu, sind sie grundsätzlich wie gewöhnliche Gläubiger zu behandeln.[130] Nur wenn es zur Vermeidung von Nachteilen für die Gesellschaft geboten ist, sind die Gesellschafter aufgrund der Treuepflicht gehalten, von der Geltendmachung der Ansprüche abzusehen.[131] In allen anderen Fällen sind sie an einer Durchsetzung ihrer Forderung nicht gehindert.[132] 61

Anders verhält es sich, wenn die Ansprüche aus dem **Gesellschaftsverhältnis** herrühren. In diesem Fall ist den Gesellschaftern eine isolierte Geltendmachung von Ansprüchen gegen die Gesellschaft verwehrt. Sozialansprüche, wie die Geltendmachung von Entnahmerechten (§ 122 Abs. 1 HGB), die Erstattung von Aufwendungen sowie die Auszahlung der Liquidationsquote gehen vielmehr als **Rechnungsposten** in den Auseinandersetzungsplan ein.[133] Aus dem Gesellschaftsverhältnis fließende Ansprüche kann der Gesellschafter nur dann geltend machen, wenn er darlegen kann, dass der Anspruch in jedem Fall aus der Liquidationsmasse erfüllt werden muss.[134] Darüber hinaus kommt eine **isolierte Geltendmachung** dann in Betracht, wenn sich aus dem Gesellschaftsvertrag ausnahmsweise ergibt, dass die Ansprüche ihre Selbständigkeit behalten sollen, was allerdings in der Regel nicht anzunehmen ist.[135] 62

e) Verteilung des Restvermögens. *aa) Schlussverteilung.* Nach Berichtigung der Verbindlichkeiten ist das verbleibende Vermögen der Gesellschaft von den Liquidatoren unter den Gesellschaftern nach Maßgabe der **Schlussbilanz** im Verhältnis ihrer **Kapitalanteile** zu verteilen (§ 155 Abs. 1 HGB).[136] Hat die Komplementär-GmbH – wie häufig – keine Einlage er- 63

---

[128] BGH NJW 1983, 164; MHdB GesR II/*v.Falkenhausen/Schneider* KG § 19 Rn. 6.
[129] *Hesselmann/Tillmann* Rn. 688; *Grunewald* Gesellschaftsrecht 1. B. Rn. 85; MüKoHGB/*K. Schmidt* § 149 Rn. 42.
[130] GK/*Habersack* § 149 HGB Rn. 40; MüKoHGB/*K. Schmidt* § 149 Rn. 45.
[131] Vgl. etwa BGH NJW 1985, 1455.
[132] MüKoBGB/*Ulmer* § 730 Rn. 53; Beck Hdb. Personengesellschaften/*Erle/Eberhard* § 11 Rn. 61. Anderes kann für Forderungen gelten, die eng mit dem Gesellschaftsverhältnis verbunden sind, vgl. BGH WM 1971, 931; *Baumbach/Hopt* § 149 Rn. 5.
[133] BGH NJW-RR 1993, 1187; NJW 1995, 2843 (2844); DB 1997, 2425; *Grunewald* Gesellschaftsrecht 1.B. Rn. 85; GK/*Habersack* § 149 HGB Rn. 41.
[134] BGH NJW-RR 1995, 1182; *Ebenroth/Boujong/Joost/Strohn/Hillmann* § 149 Rn. 21; vgl. auch *K. Schmidt* Gesellschaftsrecht § 52 IV 1c, nach dessen Meinung es sich hier um einen Fall der vorläufigen Verteilung nach § 155 Abs. 2 HGB handelt.
[135] BGH DB 1997, 2425.
[136] BGHZ 19, 42 (47 f.); BGH WM 1966, 706; *Baumbach/Hopt* § 155 Rn. 2; *Röhricht/Graf von Westphalen/Haas* § 155 Rn. 8; *Heymann/Sonnenschein/Weitemeyer* § 155 Rn. 7.

13. Kapitel. Auflösung und Liquidation der Gesellschaft

bracht und keinen Kapitalanteil übernommen, bleibt sie bei der Verteilung des Vermögens unberücksichtigt. Im Übrigen werden nur Gesellschafter mit einem positiven Kapitalkonto bei der Schlussverteilung berücksichtigt; ein Gesellschafter, dessen Kapitalkonto einen negativen Saldo aufweist, erhält im Rahmen der Schlussverteilung keine Zahlungen.[137] Weicht der **Gewinnverteilungsschlüssel** von dem Verhältnis der Kapitalanteile der Gesellschafter ab, bedarf es einer ausdrücklichen Regelung im Gesellschaftsvertrag, wenn für die Verteilung des Restvermögens, der Gewinnverteilungsschlüssel und nicht die Kapitalanteile maßgebend sein sollen.[138] Da die Beteiligung am Liquidationserlös dem Kernbereich der Mitgliedschaft zuzurechnen ist, ist eine abweichende Vereinbarung nur mit Zustimmung des betroffenen Gesellschafters möglich.[139]

64 Der **Anspruch** auf Vornahme der Schlussverteilung ist einklagbar. Er richtet sich gegen die Gesellschaft.[140] Liegt die Schlussbilanz noch nicht vor, kann die Aufstellung der Schlussbilanz und Auszahlung des Abfindungsguthabens im Wege der Stufenklage verlangt werden.[141] Da die Schlussbilanz aber nicht materielle Voraussetzung des Anspruchs auf das Abfindungsguthaben ist, kann der Gesellschafter den ihm zustehenden Betrag auch selbst ermitteln und einklagen.[142]

65 *bb) Ausgleich zwischen den Gesellschaftern.* Der Ausgleich zwischen Gesellschaftern mit negativem und positivem Kapitalkonto gehört nach hM nicht mehr zu den Aufgaben der Liquidatoren; die Durchführung des Ausgleichs kann den Liquidatoren jedoch mit deren Einverständnis übertragen werden.[143]

66 *cc) Vorläufige Verteilung.* Nach der gesetzlichen Regelung haben die Gesellschafter einer KG bereits während des Liquidationsverfahrens Anspruch darauf, dass das für die Liquidation entbehrliche Geld **vorab** unter den Gesellschaftern verteilt wird (§ 155 Abs. 2 S. 1 HGB). Maßgebend ist das Verhältnis der **Kapitalanteile**.[144] Zur Deckung noch nicht fälliger oder streitiger Ver-

---

[137] *Grziwotz* DStR 1992, 1368. Kommanditisten nehmen am Verlust nur in Höhe ihres Kapitalanteils und einer etwa noch rückständigen Einlage teil. Sie trifft indessen keine Ausgleichspflicht gegenüber der Komplementär-GmbH.
[138] *Grziwotz* DStR 1992, 1368.
[139] GK/*Habersack* § 155 HGB Rn. 4.
[140] GK/*Habersack* § 155 HGB Rn. 14.
[141] MHdB GesR II/*Schmid* KG § 46 Rn. 87.
[142] MüKoHGB/*K. Schmidt* § 155 Rn. 43.
[143] Vgl. BGH WM 1966, 706; DB 1984, 180 (181); *Baumbach/Hopt* § 149 Rn. 3; Ebenroth/Boujong/Joost/Strohn/Hillmann § 149 Rn. 11; *Röhricht/v. Westphalen/Haas* § 149 Rn. 11; Schlegelberger/*Martens* § 161 Rn. 126; MüKoBGB/*Ulmer* § 730 Rn. 3 ff.; *Ensthaler* Liquidation, 120; Heymann/*Sonnenschein/Weitemeyer* § 155 Rn. 10; MHdB GesR II/*Schmid* KG § 46 Rn. 92 mit Berechnungsbsp.; Beck Hdb. Personengesellschaften/*Erle/Eberhard* § 11 Rn. 61; aA MüKoHGB/*K. Schmidt* § 149 Rn. 22; vgl. auch *K. Schmidt* ZHR 153 (1989), 296; ihm folgend GK/*Habersack* § 149 HGB Rn. 23 f. u. § 155 HGB Rn. 9. Zur Ausgleichsverpflichtung der Gesellschafter kraft Treu und Glaubens BGH NJW 1967, 36.
[144] MüKoHGB/*K. Schmidt* § 155 Rn. 8; GK/*Habersack* § 155 HGB Rn. 23.

bindlichkeiten haben die Liquidatoren jedoch ausreichende Einbehalte vorzunehmen (§ 155 HGB Abs. 2 S. 2). Da eine solche Auszahlung naturgemäß auf einer Prognose beruht, erfolgt sie stets unter **Vorbehalt**, selbst wenn die Liquidatoren hierauf nicht ausdrücklich hingewiesen haben. Ob die Mittel zur Begleichung der Gläubigerverbindlichkeiten tatsächlich nicht benötigt werden, muss der Gesellschafter darlegen und notfalls beweisen.[145] Ihm steht insoweit ein **Auskunftsanspruch** gegenüber der Gesellschaft zu.[146] Reicht das zurückbehaltene Geld entgegen den anfänglichen Erwartungen zum Ausgleich der Verbindlichkeiten nicht aus, haben die Gesellschafter zu viel Gezahltes zurückzuzahlen. Der Rückzahlungsbetrag ist angemessen zu **verzinsen**;[147] eine Berufung auf den Wegfall der Bereicherung scheidet daher aus.[148] Hat ein Gesellschafter einen zu hohen Betrag erhalten, ist vor der endgültigen Aufteilung des Vermögens eine Rückforderung nicht möglich, wenn die Befriedigung der Gläubiger keine Probleme bereitet. Der Rückforderungsanspruch nach § 812 BGB findet dann Eingang in die Liquidationsschlussbilanz.

dd) Gläubigerschutz. Fraglich ist, ob die Vermögensverteilung bei einer **67 GmbH & Co. KG** ohne natürliche Person als persönlich haftender Gesellschafter zeitlichen Schranken unterliegt. Anlass für die Fragestellung gibt § 73 Abs. 1 GmbHG, nach dem im Falle der Liquidation der Komplementär-GmbH eine Verteilung des restlichen Vermögens der Gesellschaft an ihre Gesellschafter nicht vor **Ablauf eines Sperrjahres** in Betracht kommt (siehe auch → Rn. 104). Zwar sieht das Gesetz für die GmbH & Co. KG eine solche Sperrjahresregelung nicht vor. Gleichwohl spricht sich die herrschende Meinung im Schrifttum aus Gläubigerschutzgründen für eine **analoge Anwendung des § 73 GmbHG** auf die GmbH & Co. KG aus.[149] Danach ist eine Verteilung des Restvermögens der KG erst dann zulässig, wenn sämtliche Schulden getilgt sind und das Sperrjahr abgelaufen ist. Bejaht man mit der mittlerweile ständigen Rechtsprechung in entsprechender Anwendung der §§ 30, 31 GmbHG ein Ausschüttungsverbot bei der GmbH & Co. KG und nimmt man eine Haftung des Kommanditisten an, wenn durch Auszahlungen aus dem Vermögen der GmbH & Co. KG mittelbar das Vermögen der Komplementär-GmbH unter den Nennwert des Stammkapitals sinkt,[150] sprechen gute Gründe dafür, eine Verteilung des Restvermögens der KG tatsächlich erst nach Ablauf des Sperrjahres für zulässig zu halten. Die Ausschüttungssperre greift indessen nur dann ein, wenn nicht nur die KG,

---

[145] MüKoHGB/*K. Schmidt* § 155 Rn. 9.
[146] MHdB GesR II/*Schmid* KG § 46 Rn. 76.
[147] RGZ 151, 125.
[148] *Baumbach/Hopt* § 155 Rn. 1; *Hesselmann/Tillmann* Rn. 688; MHdB GesR II/ *Schmid* KG § 46 Rn. 78.
[149] *K. Schmidt* GmbHR 1989, 144; *Scholz/K. Schmidt* § 73 Rn. 39 ff.; MüKoHGB/ *K. Schmidt* § 155 Rn. 49; *Ebenroth/Boujong/Joost/Strohn/Henze* Anh. A nach § 177a Rn. 230; *Koller/Roth/Morck* § 155 Rn. 2; *Hesselmann/Tillmann* Rn. 689; *Roth/Altmeppen* § 73 Rn. 35; GK/*Habersack* § 155 HGB Rn. 17; aA *Grziwotz* DStR 1992, 1365 (1368).
[150] BGHZ 60, 324; BGH NJW 1990, 1725.

sondern auch die GmbH aufgelöst ist.[151] Ist nur die KG aufgelöst, verbleibt es bei der alleinigen Anwendung des § 155 HGB.

68 *ee) Aussetzung der Verteilung.* Entstehen unter den Gesellschaftern Meinungsverschiedenheiten über die Verteilung des Gesellschaftsvermögens, ist die Verteilung von den Liquidatoren auszusetzen (§ 155 Abs. 3 HGB). Dies gilt auch für eine vorläufige Verteilung.[152] Erhebt ein Gesellschafter Widerspruch, hat die geplante Verteilung des Vermögens stets zu unterbleiben, es sei denn, der Widerspruch erweist sich ausnahmsweise als rechtsmissbräuchlich.[153] Vor der Beilegung der Meinungsdiskrepanzen ist die Liquidation nicht abgeschlossen; die Liquidatoren können sie jedoch durch Hinterlegung des Betrages beenden.[154]

4. Abschluss der Liquidation

69 **a) Anmeldung des Erlöschens der Firma.** Nach Durchführung der Schlussverteilung des Vermögens ist die Liquidation abgeschlossen und die Gesellschaft **beendet** (vgl. → Rn. 2f.). Die Liquidatoren haben das **Erlöschen der Firma** der GmbH & Co. KG zum **Handelsregister** anzumelden (§ 157 Abs. 1 HGB). Dabei sind alle Liquidatoren zur Mitwirkung verpflichtet.[155] Die Eintragung hat lediglich deklaratorische Wirkung; das Erlöschen tritt also unabhängig von der Eintragung ein.[156] Ist die Gesellschaft liquidationslos erloschen, findet § 157 HGB keine Anwendung. In diesem Fall ist jedoch das Erlöschen der Firma anzumelden (§ 31 HGB).[157]

70 **b) Aufbewahrung von Unterlagen; Einsichtsrecht der Gesellschafter.** Die **Bücher und Papiere** der Gesellschaft sind einem Gesellschafter zur Verwahrung zu übergeben. Erklärt sich hierzu keiner der Gesellschafter bereit, muss ein Dritter gefunden werden, der notfalls vom Gericht bestimmt wird (§ 157 Abs. 2 HGB). Die Regelung ist entsprechend anzuwenden, wenn die Gesellschaft liquidationslos erlischt.[158]

71 Auch ohne ein besonderes Interesse für sich in Anspruch nehmen zu können, hat jeder Gesellschafter oder Erbe eines Gesellschafters Recht auf **Einsicht** in die Unterlagen der aufgelösten Gesellschaft (§ 157 Abs. 3 HGB). Gesellschaftsvertragliche Bestimmungen, die das Einsichtsrecht des Gesellschafters einschränken, beziehen sich nur auf die werbende Gesellschaft und

---

[151] MüKoHGB/*K. Schmidt* § 155 Rn. 49.
[152] GK/*Habersack* § 155 Rn. 29.
[153] MüKoHGB/*K. Schmidt* § 155 Rn. 36; *Ebenroth/Boujong/Joost/Strohn* § 155 Rn. 20.
[154] Vgl. BayObLG WM 1979, 655; *Baumbach/Hopt* § 155 Rn. 4; GK/*Habersack* § 155 HGB Rn. 32.
[155] GK/*Habersack* § 157 HGB Rn. 8; MüKoHGB/*K. Schmidt* § 157 Rn. 11.
[156] BGH NJW 1979, 1987; BayObLG BB 1983, 82; Heymann/*Sonnenschein/Weitemeyer* § 157 Rn. 5, *Baumbach/Hopt* § 157 Rn. 3; *Röhricht/v. Westphalen/Haas* § 157 Rn. 6; MüKoHGB/*K. Schmidt* § 157 Rn. 13.
[157] MüKoHGB/*K. Schmidt* § 157 Rn. 8; *Grziwotz* DStR 1992, 1365 (1369).
[158] *Baumbach/Hopt* § 157 Rn. 4.

§ 47 Liquidation der GmbH & Co. KG

entfalten keine Wirkung mehr.[159] Jeder Gesellschafter hat das Recht sich Kopien anzufertigen.[160]

c) Nachtragsliquidation. Findet sich nach Vornahme der Schlussverteilung noch weiteres Aktivvermögen der Gesellschaft, ist eine Nachtragsliquidation durchzuführen.[161] Für die **Löschung** wegen Vermögenslosigkeit (vgl. § 131 Abs. 2 S. 1 Nr. 2 HGB, § 394 FamFG) ist dies in § 145 Abs. 3 HGB nunmehr speziell geregelt. Die GmbH & Co. KG ist in diesem Fall, selbst wenn ihre Firma bereits im Handelsregister gelöscht wurde, nur scheinbar beendet.[162] 72

Im Fall der Nachtragsliquidation besteht die Vertretungsmacht der **Liquidatoren** fort.[163] Sie sind dann zu einer Wiederaufnahme ihrer Tätigkeit verpflichtet und haben die Schlussbilanz der Gesellschaft zu berichtigen.[164] Die Liquidationsbeteiligten können aber auch neue Liquidatoren bestellen. Vorsorglich sollten die früheren Liquidatoren dann im gleichen Zuge abberufen werden. Bei Publikumsgesellschaften können die Liquidatoren nach hM nur entsprechend § 273 Abs. 4 AktG auf Antrag eines Liquidationsbeteiligten durch das Gericht bestellt werden.[165] Voraussetzung ist die Darlegung des Vorhandenseins weiteren Vermögens der Gesellschaft. 73

Die Liquidatoren müssen beim **Handelsregister** beantragen, die Eintragung des Erlöschens der Firma zu löschen, wenn es zum Registerzweck geboten ist.[166] Die Gesellschaft besteht als aufgelöste Gesellschaft fort. Eine Fortsetzung als werbende Gesellschaft kommt nicht in Betracht.[167] Soll das aufgefundene Restvermögen keiner Verwertung zugeführt werden, bilden die Gesellschafter eine GbR.[168] 74

5. Bilanzierung in der Liquidationsphase

Bei der Rechnungslegung der in Liquidation befindlichen GmbH & Co. KG ist zwischen interner (§ 154 HGB) und externer (§ 242 HGB) Rechnungslegung zu unterscheiden. 75

Das Verhältnis zwischen der allgemeinen Rechnungslegungspflicht nach §§ 242 ff. HGB und der in § 154 HGB normierten Liquidationsrechnungslegung ist umstritten. Eine vormals vorherrschende Ansicht nahm an, die allgemeine Rechnungslegungspflicht werde durch die spezielle Liquidati- 76

---

[159] MüKoHGB/K. Schmidt § 157 Rn. 29.
[160] Baumbach/Hopt § 157 Rn. 7.
[161] Hierzu gehören auch Schadensersatzansprüche gegen die Liquidatoren, vgl. MHdB GesR II/Schmid KG § 47 Rn. 112.
[162] BGH NJW 1979, 1987; MüKoHGB/K. Schmidt § 157 Rn. 33.
[163] Vgl. BGH NJW 1979, 1987; OLG Hamm GmbHR 1997, 75 (77); K. Schmidt, Gesellschaftsrecht, § 52 IV 2.e); Heymann/Sonnenschein/Weitemeyer § 145 Rn. 8.
[164] BGHZ 26, 126.
[165] BGH WM 2003, 1474 (1475).
[166] BayObLG ZIP 2000, 1054 (1055); MHdB GesR II/Schmid KG § 46 Rn. 112; zum Verfahren KG NJW-RR 2006, 904.
[167] MüKoHGB/K. Schmidt § 157 Rn. 33.
[168] BGHZ 58, 603; MHdB GesR II/Schmid KG § 46 Rn. 91.

13. Kapitel. Auflösung und Liquidation der Gesellschaft

onsrechnungslegung nach § 154 HGB verdrängt.[169] Sofern der Gesellschaftsvertrag keine hierauf gerichtete Verpflichtung vorsieht oder die Gesellschafter keine diesbezügliche Weisung erteilen (§ 152 HGB), sei die Aufstellung von handelsrechtlichen Jahresabschlüssen in der Liquidationsphase danach nicht geboten. Zwischenabschlüsse könnten lediglich bei umfangreichen Liquidationen erforderlich sein. Bei größeren Veränderungen des Bestandes der Aktiva und Passiva seien die Liquidatoren zur Erstellung von jährlichen Bilanzen bzw. Zwischenbilanzen verpflichtet, um die Gesellschafter vom Fortgang des Verfahrens zu informieren.[170] Hierbei handele es sich jedoch nicht um eine handelsrechtliche, sondern zivilrechtliche Rechnungslegungspflicht.

77 Dem ist nicht zu folgen. Vielmehr ist mit der inzwischen herrschenden Ansicht im Schrifttum[171] zwischen der in § 154 HGB geregelten internen Rechnungslegung und der externen Rechnungslegung nach §§ 242 ff. HGB zu differenzieren. Im Einzelnen gilt Folgendes:

78 **a) Die Schlussbilanz der werbenden Gesellschaft.** Die Liquidatoren haben zunächst zu Beginn der Liquidation den Abschluss der werbenden Tätigkeit der Gesellschaft in einer Schlussbilanz zu dokumentieren.[172] Fällt der Zeitpunkt der Auflösung in den Lauf eines Geschäftsjahres, so ist eine Schlussbilanz für das Rumpfgeschäftsjahr zu erstellen.[173]

79 **b) Eröffnungsbilanz.** Ferner haben die Liquidatoren eine Liquidationseröffnungsbilanz aufzustellen (§ 154 HGB). Die Aufstellung der Liquidationseröffnungsbilanz hat den Zweck, die Aktiva und Passiva der Gesellschaft zu erfassen, um den Liquidatoren eine Entscheidungsgrundlage für die anstehende Liquidation an die Hand zu geben.[174] Sie dient nicht der Ermittlung des Geschäftsergebnisses und ist daher **Vermögens-** und **keine Ertragsbilanz.**[175] Demnach ist auch dann, wenn der Stichtag für die Jahresbilanz (Ende des Geschäftsjahres) und die Eröffnungsbilanz (Tag der

---

[169] BGH NJW 1980, 1522 (1523); OLG Celle BB 1983, 1451; *Baumbach/Hopt* § 154 Rn. 4; *Förster/Grönwoldt*, BB 1987, 577 (580); *Düringer/Hachenburg/Flechtheim* § 154 Rn. 4.

[170] BGH NJW 1980, 1523; OLG Celle BB 1983, 1451; *Klasmeyer/Kübler* BB 1978, 369; *Baumbach/Hopt* § 154 Rn. 4.

[171] Instruktiv *K. Schmidt* Gesellschaftsrecht § 52 IV 2c; *MüKoHGB/K. Schmidt* § 154 Rn. 14; *K. Schmidt* ZHR 153 (1989), 286; *GK/Habersack* § 154 HGB Rn. 7, 13 ff.; iE auch *Ebenroth/Boujong/Joost/Strohn* § 154 Rn. 6 ff.; *Koller/Roth/Morck* § 154 Rn. 3; *Röhricht/v. Westphalen/Haas* § 154 Rn. 9; *Hesselmann/Tillmann* Rn. 684; *Heymann/Sonnenschein/Weitemeyer* § 155 Rn. 6; Beck Hdb. Personengesellschaften/*Erle* § 11 Rn. 80.

[172] *Sudhoff* NJW 1957, 731 (733); *GK/Habersack* § 154 HGB Rn. 18; *Ebenroth/Boujoung/Joost/Strohn* § 154 Rn. 2; *Röhricht/Graf von Westphalen/Haas* § 154 Rn. 2; aA *MüKoHGB/K. Schmidt* § 154 Rn. 18.

[173] *GK/Habersack* § 154 HGB Rn. 18.

[174] *Baumbach/Hopt* § 154 Rn. 2.

[175] *Baumbach/Hopt* § 154 Rn. 2; *MüKoHGB/K. Schmidt* § 154 Rn. 5; *Hesselmann/Tillmann* Rn. 684; *GK/Habersack* § 154 HGB Rn. 14; vgl. auch *Förster/Grönwoldt*, BB 1987, 577 ff.

§ 47 *Liquidation der GmbH & Co. KG*

Auflösung) zusammenfallen, stets eine gesonderte Eröffnungsbilanz zu erstellen.[176]
In der Eröffnungsbilanz sind alle Vermögensgegenstände mit dem **wirklichen Wert** anzusetzen.[177] Bei Aktiva entspricht dies dem voraussichtlichen Veräußerungserlös. Es kommt also notwendigerweise zu einer **Auflösung stiller Reserven**; die Bewertungsvorschriften der §§ 252 ff. HGB und das Going-Concern-Prinzip finden nur eingeschränkte Anwendung. Die dadurch entstehenden Buchgewinne bzw. -verluste können zwischen den Gesellschaftern jedoch nicht verteilt werden. Ein innerer Geschäftswert der Gesellschaft kann nur dann in Ansatz gebracht werden, wenn eine Veräußerung des Vermögens als Ganzes möglich erscheint.[178] In diesem Fall sind die Gegenstände mit dem sog. **Teilwert** zu bilanzieren.[179] 80

Die **Feststellung** der Eröffnungsbilanz erfolgt durch die Gesellschafter. Nach der Feststellung sind die Bilanzansätze verbindlich festgelegt. 81

c) **Jahres- und Zwischenbilanzen.** Da die GmbH & Co. KG mit ihrer Auflösung ihre Kaufmannseigenschaft noch nicht verliert, bleibt sie gemäß §§ 238 ff. HGB verpflichtet, Bücher zu führen und handelsrechtliche, auf das Ende ihres **Geschäftsjahres** bezogene **Jahresbilanzen** aufzustellen.[180] Zudem ist sie nach den steuerlichen Vorschriften zur jährlichen Gewinnermittlung verpflichtet (§§ 140, 141 AO). Das Going-Concern-Prinzip findet dabei so lange Anwendung, bis eine Unternehmensfortführung objektiv nicht mehr in Betracht kommt.[181] 82

Eine Verpflichtung zur Aufstellung von **Liquidationszwischenbilanzen** besteht nur bei größeren Auseinandersetzungen, wenn das Informationsinteresse der Beteiligten nicht durch die Jahresbilanzen befriedigt werden kann.[182] 83

d) **Liquidationsschlussbilanz.** Schließlich haben die Liquidatoren bei der Beendigung der Liquidation eine Schlussbilanz aufzustellen (§ 154 HGB). Da die Schlussbilanz der Vorbereitung der Vermögensverteilung dient, ist sie entgegen dem Wortlaut des Gesetzes nicht erst auf den Zeitpunkt der Vollbeendigung aufzustellen; maßgebend ist vielmehr der Zeitpunkt, zu dem das verteilbare Gesellschaftsvermögen ermittelt wurde.[183] **Stichtag** für die Aufstellung der Schlussbilanz ist also der Tag, an dem die Forderungen eingezogen, das gesamte Gesellschaftsvermögen versilbert und die Gesellschaftsgläubiger befriedigt wurden. Als **entbehrlich** erweist sich 84

---

[176] MHdB GesR II/*Schmid* KG § 46 Rn. 66.
[177] RGZ 80, 104 (107); Heymann/*Sonnenschein/Weitemeyer* § 145 Rn. 3; GK/*Habersack* § 154 HGB Rn. 15.
[178] MHdB GesR II/*Schmid* KG § 46 Rn. 66.
[179] *Förster/Grönwoldt* BB 1987, 577 (580); Heymann/*Sonnenschein/Weitemeyer* § 154 Rn. 3.
[180] Zur Bestimmung des Geschäftsjahres in der Liquidation siehe LG Bonn NZG 2010, 156 (157).
[181] GK/*Habersack* § 154 HGB Rn. 23.
[182] GK/*Habersack* § 154 HGB Rn. 11.
[183] *Baumbach/Hopt* § 154 Rn. 3; MüKoHGB/*K. Schmidt* § 154 Rn. 7; GK/*Habersack* § 154 HGB Rn. 16; MHdB GesR II/*Schmid* KG § 46 Rn. 70.

13. Kapitel. *Auflösung und Liquidation der Gesellschaft*

die Aufstellung der Schlussbilanz nur dann, wenn über das Vermögen der Gesellschaft das Insolvenzverfahren eröffnet wird, weil die Verbindlichkeiten der Gesellschaft ihr Vermögen übersteigen.

85 Ein Vergleich zwischen der Liquidationsschlussbilanz und der Schlussbilanz der werbenden Gesellschaft gibt Aufschluss über den zwischen den Gesellschaftern zu verteilenden **Liquidationsüberschuss**.[184] Kann das Gesellschaftsvermögen zu einem über dem Buchwert liegenden Wert veräußert werden, entsteht ein **Liquidationsgewinn**, bei Verwertung unterhalb des Buchwerts ein **Liquidationsverlust**.[185]

6. Haftung der Gesellschafter nach Auflösung der Gesellschaft

86 **a) Komplementär-GmbH.** Sofern die Verbindlichkeiten der Gesellschaft nicht vollständig beglichen werden konnten, weil kein ausreichendes Vermögen zur Befriedigung aller Gesellschaftsgläubiger vorhanden ist, bleibt die persönliche **Haftung** der Komplementär-GmbH gegenüber den Gesellschaftsgläubigern bestehen (§ 159 HGB). Die Komplementär-GmbH haftet zudem für die in der Liquidationsphase begründeten Verbindlichkeiten persönlich. Diese Haftung wird nicht im Rahmen eines Liquidationsverfahrens, sondern im Verhältnis zwischen ihr und den Gläubigern geltend gemacht.[186]

87 **b) Kommanditisten.** Eine Haftung der Kommanditisten besteht nur dann, wenn diese ihre Einlage nicht vollständig erbracht oder dem Kommanditisten seine Einlage ganz oder teilweise zurückgewährt wurde (§§ 171 Abs. 1, 172 Abs. 4 HGB). Dem Fall der **Einlagenrückgewähr** steht es gleich, wenn der Kommanditist ein **Auseinandersetzungsguthaben** erhalten hat. Dies gilt auch für in der Liquidationsphase begründete Verbindlichkeiten.

88 Haben die Gesellschafter für Verbindlichkeiten der Gesellschaft, etwa in Form einer Bürgschaft, **Sicherheiten** geleistet, besteht die Haftung aus diesen Rechtsverhältnissen fort. Allein die Beendigung der Gesellschaft führt nicht zu einem Erlöschen der Haftung.[187]

89 **c) Verjährung.** Nach der Auflösung der Gesellschaft verjähren die Ansprüche gegen die Gesellschafter aus Verbindlichkeiten der Gesellschaft innerhalb von **fünf Jahren**, sofern nicht der Anspruch gegen die Gesellschaft einer kürzeren Verjährung unterliegt (§ 159 Abs. 1 HGB). Die Vorschrift bezieht sich nur auf eine persönliche Haftung des Gesellschafters für Gesellschaftsverbindlichkeiten (§§ 128, 171 HGB), nicht jedoch für daneben begründete Forderungen (zB Schuldbeitritt, Bürgschaft etc.).[188]

90 Nach § 159 Abs. 2 HGB **beginnt** die Verjährung mit dem Tag, an dem die Auflösung der Gesellschaft in das Handelsregister eingetragen wird. Demnach kommt es weder auf den Tag der Anmeldung noch den Tag der

---

[184] GK/*Habersack* § 154 HGB Rn. 27; MüKoHGB/*K. Schmidt* § 154 Rn. 12; *Röhricht/Graf von Westphalen/Haas* § 154 Rn. 10.
[185] MHdB GesR II/*Schmid* KG § 46 Rn. 70.
[186] Kritisch *K. Schmidt* Gesellschaftsrecht § 52 IV 1b.
[187] BGH NJW 1982, 875.
[188] *Baumbach/Hopt* § 159 Rn. 4.

Bekanntmachung der Eintragung an.[189] Anders verhält es sich nur, wenn der Anspruch gegen die Gesellschaft erst nach der Eintragung fällig wird; in diesem Fall beginnt die Verjährung mit dem Zeitpunkt der Fälligkeit (§ 159 Abs. 3 HGB).

Der **Neubeginn** der Verjährung und ihre **Hemmung** gem. § 204 BGB gegenüber der Gesellschaft wirken auch gegenüber den Gesellschaftern, die ihr zur Zeit der Auflösung angehört haben (§ 159 Abs. 4 HGB). Will sich der Gläubiger die persönliche Haftung der Komplementär-GmbH erhalten, hat er vor Ablauf der Fünf-Jahres-Frist einen Neubeginn bzw. eine Hemmung der Verjährung gegenüber der Gesellschaft zu bewirken. **91**

7. Abweichende Art der Auseinandersetzung

a) Voraussetzungen. Die Auseinandersetzung des Gesellschaftsvermögens stellt den gesetzlichen Normalfall der Liquidation dar. Die Gesellschafter sind jedoch frei darin, eine andere Art der Auseinandersetzung zu beschließen (§ 145 Abs. 1 HGB). Eine Regelung über eine abweichende Art der Auseinandersetzung kann bereits im **Gesellschaftsvertrag** enthalten sein. Enthält der Gesellschaftsvertrag keine speziellen Bestimmungen, können die Gesellschafter eine abweichende Art der Auseinandersetzung auch aufgrund eines Ad-hoc-Beschlusses vereinbaren. Durch einen solchen Beschluss, der nach hM der Stimmen aller Gesellschafter bedarf,[190] wird die Liquidation der Gesellschaft beendet.[191] **92**

Beruht die Auflösung der Gesellschaft auf der Kündigung eines Gesellschaftergläubigers oder auf der Eröffnung des Insolvenzverfahrens über das Vermögen eines Gesellschafters,[192] kann die Liquidation der KG nur mit **Zustimmung** des **Privatgläubigers** bzw. des **Insolvenzverwalters** und, wenn Eigenverwaltung (§ 270 InsO) angeordnet ist, des betroffenen Gesellschafters unterbleiben (§ 145 Abs. 2 HGB).[193] Gleiches gilt, wenn die Pfändung und Eröffnung des Insolvenzverfahrens nach einer aus anderem Grund eingetretenen Auflösung erfolgt.[194] Jede von den gesetzlichen Vorschriften abweichende Durchführung der Liquidation bedarf dann der Zustimmung des Privatgläubigers bzw. des Insolvenzverwalters. Wird diese verweigert, ist **93**

---

[189] GK/*Habersack* § 159 HGB Rn. 17. Zur rechtspolitischen Kritik vgl. *K. Schmidt* Gesellschaftsrecht § 52 IV 3b.

[190] *Baumbach/Hopt* § 145 Rn. 8; MüKoHGB/*K. Schmidt* § 145 Rn. 45; *Ebenroth/Boujon/Hillmann* § 145 Rn. 16; abweichend GK/*Habersack* § 145 HGB Rn. 24.

[191] *Heymann/Sonnenschein/Weitemeyer* § 145 Rn. 10.

[192] Nach dem In-Kraft-Treten des HRefG führt die Kündigung durch den Privatgläubiger oder die Eröffnung des Insolvenzverfahrens über das Vermögen eines Gesellschafters nicht mehr zur Auflösung der Gesellschaft, sondern lässt den Gesellschafter nur aus dem Verband ausscheiden. Soll der Eintritt einer dieser beiden Tatbestände die Auflösung der Gesellschaft zur Folge haben, bedarf es einer entsprechenden Bestimmung im Gesellschaftsvertrag.

[193] Anders als die Zustimmung des Gläubigers ersetzt die Zustimmung des Insolvenzverwalters die Mitwirkung des Gesellschafters, so zutr. GK/*Habersack* § 145 HGB Rn. 33.

[194] GK/*Habersack* § 145 HGB Rn. 28; MüKoHGB/*K. Schmidt* § 145 Rn. 54, 58.

die Liquidation nach Maßgabe der §§ 145 ff. HGB durchzuführen. Die Vorschrift des § 145 Abs. 2 HGB gilt aber nur für nachträgliche Abweichungen von der gesetzlichen Regelung, so dass eine Vereinbarung über die Art der Auseinandersetzung im Gesellschaftsvertrag auch den Privatgläubiger bzw. den Insolvenzverwalter bindet.[195]

94 Soweit die Gesellschafter eine andere Art der Auseinandersetzung gewählt haben, finden **im Verhältnis zu Dritten** die Liquidationsregeln jedoch noch solange Anwendung, wie noch ungeteiltes Gesellschaftsvermögen vorhanden ist (§ 158 HGB).[196] Dabei ist es unerheblich, ob die abweichende Auseinandersetzungsart unmittelbar mit der Auflösung oder erst im Liquidationsstadium vereinbart wurde.[197] Die Gesellschafter müssen daher die Liquidatoren bestellen, zum Handelsregister anmelden und die Gesellschaft, wenn auch nach Maßgabe der getroffenen Vereinbarung, abwickeln.[198]

95 **b) Inhalt der Vereinbarung.** Eine abweichende Abwicklung der Gesellschaft liegt nach hM dann vor, wenn eine Zerschlagung des Unternehmens vermieden wird.[199] Eine abweichende Art der Auseinandersetzung kann etwa durch die **Übernahme** des Handelsgeschäfts durch einen Gesellschafter mit Zustimmung aller Gesellschafter (vgl. § 142 HGB aF), die **Einbringung** der Vermögensgegenstände in eine Auffanggesellschaft oder die **Veräußerung** des Unternehmens an einen Dritten erfolgen.[200]

96 Besondere Bedeutung in der Praxis haben vor allem der Abschluss eines Liquidationsvergleiches und die Realteilung gewonnen. Im Zuge eines **Liquidationsvergleiches** übertragen die Gesellschafter das Vermögen der Gesellschaft auf einen Dritten als Treuhänder mit der Maßgabe, das Unternehmen zur Befriedigung der Gläubiger zu verwerten.[201] Bei **Realteilung** des Gesellschaftsvermögens werden die Aktiva und Passiva (Unternehmensteile etc.) den einzelnen Gesellschaftern zugewiesen.[202] Soweit die so verteilten Vermögensgegenstände einen unterschiedlichen Wert aufweisen, sind die Gesellschafter untereinander zu einer Ausgleichszahlung in Geld verpflichtet. Möglich ist auch, dass die Gesellschafter eine Vereinbarung darüber treffen,

---

[195] MüKoHGB/*K. Schmidt* § 145 Rn. 50; *Baumbach/Hopt* § 145 Rn. 11; *Ebenroth/Boujong/Joost/Strohn/Hillmann* § 145 Rn. 20; *Röhricht/v. Westphalen/Haas* § 145 Rn. 10.
[196] Krit. zu dieser Regelung *K. Schmidt* ZHR 153 (1989), 277.
[197] *Baumbach/Hopt* § 158 Rn. 2.
[198] *K. Schmidt* ZHR 153 (1989), 277; GK/*Habersack* § 145 Rn. 34; aA *Baumbach/Hopt* § 158 Rn. 1.
[199] MüKoHGB/*K. Schmidt* § 145 Rn. 9; *Schlegelberger/K. Schmidt* § 145 Rn. 38 ff.; *Röhricht/Graf von Westphalen/Haas* § 145 Rn. 9; *Heymann/Sonnenschein/Weitemeyer* § 145 Rn. 15; *Baumbach/Hopt* § 145 Rn. 10; abweichend GK/*Habersack* § 145 HGB Rn. 35: Verzicht auf Versilberung und Ausschüttung des Erlöses.
[200] Vgl. *Heymann/Sonnenschein/Weitemeyer* § 145 Rn. 15; *Baumbach/Hopt* § 145 Rn. 10; Beck Hdb. Personengesellschaften/*Erle/Eberhard* § 11 Rn. 62 ff.; GK/*Habersack* § 145 HGB Rn. 36.
[201] Vgl. etwa BGH NJW 1979, 1987; MüKoHGB/*K. Schmidt* § 145 Rn. 42; *Baumbach/Hopt* § 145 Rn. 10; *Koller/Roth/Morck* § 145 Rn. 4; vgl. aber auch GK/*Habersack* § 145 HGB Rn. 37.
[202] GK/*Habersack* § 145 HGB Rn. 36; *Röhricht/v. Westphalen/Haas* § 145 Rn. 9.

III. Liquidation der Komplementär-GmbH

1. Grundsatz

Bei der personengleichen GmbH & Co. KG folgt auf die Auflösung der 97
KG häufig auch die Auflösung ihrer Komplementär-GmbH. Die persönlich
haftende Gesellschafterin ist dann gleichfalls zu liquidieren. Wurde die
GmbH wegen Vermögenslosigkeit im Handelsregister **gelöscht** (vgl. § 394
Abs. 1 FamFG), findet eine Liquidation grundsätzlich nicht statt, es sei denn,
es stellt sich nachträglich heraus, dass die Gesellschaft noch über Vermögen
verfügt (§ 66 Abs. 5 GmbHG).[203] Dies dürfte allerdings bei Komplementär-
GmbH, die keinen eigenen Geschäftsbetrieb unterhalten, praktisch nicht
vorkommen. Nach § 394 Abs. 1 FamFG hat das Registergericht hinsichtlich
der Entscheidung, die Firma der vermögenslosen Komplementär-GmbH zu
löschen, ein Ermessen, sofern nicht ein Insolvenzverfahren durchgeführt
worden ist. Daher wird vertreten, dass die Löschung dann untunlich ist, wenn
die Komplementär-GmbH im Rahmen der Abwicklung der GmbH & Co.
KG noch Mitwirkungsrechte und –pflichten wahrzunehmen hat.[204] Nach
Durchführung des Insolvenzverfahrens ist sie von Amts wegen zu löschen,
sofern keine Anhaltspunkte für noch vorhandenes Vermögen der Gesellschaft vorliegen.

Die Auflösung der Komplementär-GmbH ist zum **Handelsregister** anzu- 98
melden (§ 65 Abs. 1 GmbHG). Gleichzeitig ist eine dreimalige Bekanntmachung der Auflösung in öffentlichen Blättern zu bewirken, in der die Gläubiger aufgefordert werden, sich bei der Gesellschaft zu melden (§ 65 Abs. 2
GmbHG). Öffentliche Blätter sind diejenigen, in denen nach dem Gesellschaftsvertrag **Bekanntmachungen** der Gesellschaft zu erfolgen haben. Fehlt
eine solche Anordnung, haben die Bekanntmachungen in dem von der Lan-
desjustizverwaltung bestimmten elektronischen Informations- und Kommu-
nikationssystem (§ 10 HGB iVm §§ 32 ff. HRV) und in den Blättern, die das
Registergericht bestimmt hat, zu erfolgen.[205] Bestimmte Fristen zwischen den
Bekanntmachungen sind nicht vorgeschrieben.[206] Um den Lauf der Sperrfrist
(→ Rn. 105) in Gang zu setzen, empfiehlt es sich daher, die Bekanntmachungen zeitnah aufeinander folgen zu lassen.

Auch die Komplementär-GmbH hat fortan in ihrer Firma durch Auf- 99
nahme eines entsprechenden **Zusatzes** (zB „iL") auf die Änderung ihres
Gesellschaftszweckes hinzuweisen (§ 68 Abs. 2 GmbHG). Dies gilt insbesondere für Geschäftsbriefe (§ 71 Abs. 5 GmbHG).[207] Sofern der Abwicklungs-

---

[203] Vgl. *K. Schmidt* GmbHR 1994, 823.
[204] OLG Frankfurt am Main NZG 2005, 844 (845); s. hierzu Anm. *Heckschen* EWiR 2005, 881.
[205] *Baumbach/Hueck/Haas* § 65 Rn. 17.
[206] *Grziwotz* DStR 1992, 1404 (1406).
[207] Vgl. *Baumbach/Hueck/Haas* § 71 Rn. 37.

zweck nicht beeinträchtigt wird, sind die Gesellschafter zu Änderungen des Gesellschaftsvertrages berechtigt.

2. Liquidatoren

100 Anders als bei der KG sind zu Liquidatoren der Komplementär-GmbH nicht deren Gesellschafter, sondern die **Geschäftsführer** der Gesellschaft berufen. Die Satzung der GmbH oder ein Beschluss der Gesellschafter können jedoch eine abweichende Anordnung treffen (§ 66 Abs. 1 GmbHG). Eine für die Geschäftsführer der Komplementär-GmbH vorgesehene Alleinvertretungsbefugnis setzt sich nicht als Alleinvertretungsberechtigung der Liquidatoren fort, selbst wenn die Geschäftsführer als geborene Liquidatoren weiter für die Gesellschaft tätig sind, sondern endet mit der Auflösung der Gesellschaft.[208] Eine in der Satzung der Komplementär-GmbH enthaltene Ermächtigung zur Erteilung der Einzelvertretungsbefugnis und Befreiung von den Beschränkungen des § 181 BGB gilt grundsätzlich auch für die Liquidatoren.[209] Die Gesellschafterversammlung kann auf dieser Grundlage auch den Liquidatoren Einzelvertretungsbefugnis und Befreiung vom Selbstkontrahierungsverbot erteilen.

101 Ist die Komplementär-GmbH bereits gelöscht und fehlt somit ein gesetzlicher Vertreter, kann das Gericht in dringenden Fällen analog §§ 29, 48 BGB einen **Notliquidator** bestellen, wenn eine alsbaldige Bestellung durch die Gesellschafter nicht zu erwarten ist.[210] Auch soll durch das Gericht eine gegenständlich beschränkte Nachtragsliquidation angeordnet und ein Nachtragsliquidator bestellt werden können, um die Zustellung von Steuerbescheiden an die KG zu ermöglichen.[211]

102 Die **Anmeldung** der ersten Liquidatoren und ihrer Vertretungsbefugnis erfolgt trotz des missverständlichen Wortlauts des § 67 Abs. 1 GmbHG durch diese selbst.[212] Die Gesellschafter müssen hierbei nicht mitwirken. Anzumelden ist die abstrakte, d.h. die generell für ein mehrköpfiges Organ geltende, Vertretungsregelung, selbst wenn nur ein Liquidator bestellt ist.[213] Ferner sind jeder Wechsel und jede Änderung der Vertretungsbefugnis durch die Liquidatoren anzumelden.

103 Liquidatoren können durch Gesellschafterbeschluss abberufen werden, es sei denn sie sind nach § 66 Abs. 2 GmbHG durch das Gericht bestellt worden. In diesem Fall erfolgt eine **Abberufung** nur bei Vorliegen eines wich-

---

[208] BGH NJW-RR 2009, 333 (334f.); OLG Hamm NJW-RR 1998, 1044f.; OLG Düsseldorf ZIP 1989, 917f.

[209] BFH GmbHR 2001, 927 (931); BayObLG NJW-RR 1999, 611f.; OLG Zweibrücken NJW-RR 1999, 38f.; BayObLG GmbHR 1996, 56; *Rowedder/Schmidt-Leithoff/Rasner* § 68 Rn. 3.

[210] OLG München DB 2005, 1958.

[211] OLG MünchenNZG 2008, 555 (556f.); demgegenüber hält OLG Koblenz NZG 2007, 431 (432) eine gegenständliche Beschränkung nicht für zulässig.

[212] *Baumbach/Hueck/Haas* § 67 GmbHG, Rn. 4 mwN.

[213] BGH ZIP 2007, 1367; OLG Dresden GmbHR 2005, 1310; aA OLG Hamm GmbHR 2005, 1308.

§ 47 *Liquidation der GmbH & Co. KG*

tigen Grundes durch Gerichtsentscheidung.[214] Das gilt auch für die Abberufung von Nachtragsliquidatoren.[215]

3. Durchführung der Liquidation; Verteilung des Gesellschaftsvermögens

Auch bei der Komplementär-GmbH haben die Liquidatoren die laufenden Geschäfte zu beendigen, die Forderungen einzuziehen, das Vermögen der Gesellschaft in Geld umzuwandeln und die Gläubiger zu befriedigen (§ 70 GmbHG). Während der Abwicklungsphase kommt eine Ausschüttung von **Gewinnen** nur insoweit in Betracht, als der Gewinnverwendungsbeschluss vor Eintritt der Auflösung gefasst wurde.[216] 104

Das verbleibende Vermögen ist entsprechend den Kapitalanteilen zwischen den Gesellschaftern zu **verteilen** (§ 72 GmbHG). Die Verteilung des Vermögens der GmbH kommt jedoch erst nach Ablauf eines **Sperrjahres** in Betracht (§ 73 GmbHG), das nach der dritten Bekanntmachung beginnt.[217] Meldet sich ein bekannter Gläubiger nicht, ist ein entsprechender Geldbetrag zu hinterlegen (§ 73 GmbHG). 105

Nach Abschluss der Liquidation ist die Beendigung der Gesellschaft zum Handelsregister **anzumelden**. Die Gesellschaft wird sodann im Handelsregister **gelöscht** (§ 74 GmbHG). Nach hM tritt das Erlöschen der Gesellschaft erst ein, wenn das Vermögen verteilt ist und die Löschung im Register erfolgt.[218] Hat die Gesellschaft kein verteilungsfähiges Vermögen mehr, kann die Beendigung der Gesellschaft bereits vor Ablauf des Sperrjahres im Handelsregister eingetragen werden.[219] 106

Nach § 60 Abs. 1 Ziff. 4 GmbHG können die Gesellschafter die **Fortsetzung der Gesellschaft** beschließen, wenn das Insolvenzverfahren auf Antrag der GmbH eingestellt oder nach Bestätigung eines den Fortbestand der Gesellschaft vorsehenden Insolvenzplanes aufgehoben wird.[220] Daraus ist zu schließen, dass in anderen Fällen, in denen die Gesellschaft wegen Insolvenzeröffnung oder nach Abweisung eines Insolvenzantrages mangels Masse aufgelöst ist, eine Fortsetzung der Gesellschaft nicht zulässig ist.[221] Auch ist eine nach § 60 Abs. 1 Nr. 7 GmbHG infolge der Löschung der Gesellschaft 107

---

[214] Scholz/K. Schmidt § 66 Rn. 45; MüKoGmbHG/*H.F. Müller* § 66 Rn. 64; Rowedder/Schmidt-Leithoff/*Rasner* § 66 Rn. 27; s.a. KG BB 2005, 2316.
[215] OLG Köln BB 2003, 977 (978f.).
[216] *Grziwotz* DStR 1992, 1406.
[217] Zur Funktion des Sperrjahres allgemein vgl. *Erle* GmbHR 1998, 216. Zur analogen Anwendung des § 73 GmbHG bei der GmbH & Co. KG vgl. Rn. 65.
[218] Sog. Lehre vom Doppeltatbestand, vgl. OLG Stuttgart ZIP 1998, 1880 (1882); Scholz/K. Schmidt § 65 Rn. 14; Roth/Altmeppen § 65 Rn. 19; Rowedder/Schmidt-Leithoff/*Rasner* § 60 Rn. 54; *Uhlenbruck* ZIP 1996, 1645; *Vallender* NZG 1998, 250; Lutter/Hommelhoff/*Kleindiek* § 74 Rn. 6.
[219] OLG Köln ZIP 2004, 2376 (2377).
[220] Vgl. dazu *Vallender* NZG 1998, 251.
[221] BayObLG NJW 1994, 594 (595 f.); OLG München DB 2005, 2185; OLG Köln ZInsO 2010, 682 (683f.); MüKoGmbHG/*Berner* § 60 Rn. 273; Baumbach/Hueck/*Haas* § 60 Rn. 95; Rowedder/Schmidt-Leithoff/*Rasner* § 60 Rn. 76; aA Scholz/K. Schmidt § 60 Rn. 96; Roth/Altmeppen § 60 Rn. 47.

wegen Vermögenslosigkeit nach § 394 FamFG aufgelöste Gesellschaft nach hM nicht fortsetzungsfähig.[222] Möglich ist dann nur eine Neugründung. Dies gilt selbst dann, wenn die gelöschte Gesellschaft tatsächlich gar nicht vermögenslos war.[223] In allen anderen Fällen können die Gesellschafter die Fortsetzung der aufgelösten Gesellschaft beschließen.[224] Voraussetzung einer Fortsetzung ist, dass die Gesellschafter einen entsprechenden Fortsetzungsbeschluss fassen[225] und noch nicht mit der Verteilung des Gesellschaftsvermögens begonnen wurde.[226]

108 Wird nach Löschung der Gesellschaft noch weiteres Vermögen, zB Ansprüche der Gesellschaft festgestellt, wird eine **Nachtragsliquidation** durchgeführt. Die Bestellung der Nachtragsliquidatoren erfolgt dann nicht durch Gesellschafterbeschluss, sondern auf Antrag eines Beteiligten analog § 273 Abs. 4 AktG iVm § 66 Abs. 5 S. 2 GmbHG durch das Registergericht.[227]

4. Bilanzierung

109 Die Liquidatoren der Gesellschaft haben zu Beginn der Liquidationsphase eine **Liquidationseröffnungsbilanz** aufzustellen (§ 71 GmbHG), die grundsätzlich der Schlussbilanz der werbenden Gesellschaft entspricht. Stichtag ist der Tag des Eintritts des Auflösungsereignisses. Auf den der Auflösung der Gesellschaft vorangegangen Tag ist eine **Schlussbilanz** der werbenden Komplementär-GmbH aufzustellen.[228] Erfolgt die Auflösung unterjährig, ist ein Rumpfgeschäftsjahr zu bilden. Ferner müssen die Liquidatoren einen die Eröffnungsbilanz erläuternden Bericht erstellen (§ 71 GmbHG).

110 Erstreckt sich die Liquidation über den Jahreswechsel hinaus, sind für den Schluss eines jeden Jahres zusätzliche **Liquidationsjahresbilanzen** zu erstellen (§ 71 GmbHG).[229] **Stichtag** für die Jahresbilanzen ist nicht das Jahresende, sondern der Tag der Auflösung.[230] Die dadurch entstehenden **Ab-**

---

[222] OLG Celle GmbHR 2008, 211 (212); MüKoGmbHG/*Berner* § 60 Rn. 283; Scholz/*K. Schmidt* § 60 Rn. 99; *Rowedder/Schmidt-Leithoff/Rasner* § 60 Rn. 77; Lutter/Hommelhoff/*Kleindiek* § 60 Rn. 32; *Roth/Altmeppen* § 60 Rn. 59, § 75 Rn. 65.

[223] OLG Celle GmbHR 2008, 211 (212); Lutter/Hommelhoff/*Kleindiek* § 60 Rn. 32; aA Baumbach/Hueck/*Haas* § 60 Rn. 98, § 66 Rn. 41.

[224] Zur Fortsetzung der Liquidations-GmbH allg. *Scholz* GmbHR 1982, 228.

[225] Sofern die Satzung keine besonderen Bestimmungen enthält, ist eine Drei-Viertel-Mehrheit erforderlich, vgl. *Rowedder/Schmidt-Leithoff/Rasner* § 60 Rn. 70; Baumbach/Hueck/*Haas* § 60 Rn. 91; Lutter/Hommelhoff/*Kleindiek* § 60 Rn. 29; *Roth/Altmeppen* § 60 Rn. 34; *Scholz* GmbHR 1982, 232.

[226] Vgl. *Rowedder/Schmidt-Leithoff/Rasner* § 60 Rn. 66; Hachenburg/*Ulmer* § 60 Rn. 25.

[227] BGH NJW 1970, 1044 (1045); OLG Koblenz ZIP 2007, 2166; MüKoGmbHG/*H.F. Müller* § 74 Rn. 48; Scholz/*K. Schmidt* § 74 Rn. 22; *Rowedder/Schmidt-Leithoff/Rasner* § 74 Rn. 24; Lutter/Hommelhoff/*Kleindiek* § 74 Rn. 21; *Roth/Altmeppen* § 74 Rn. 28.

[228] BayObLG GmbHR 1994, 331 (332).

[229] Einzelheiten bei Baumbach/Hueck/*Haas* § 71 Rn. 23; *Rowedder/Schmidt-Leithoff/Rasner* § 71 Rn. 13 ff.

[230] OLG Frankfurt BB 1977, 312 (313); Baumbach/Hueck/*Haas* § 71 Rn. 23; Lutter/Hommelhoff/*Kleindiek* § 71 Rn. 9.

stimmungsprobleme, dass Stichtag der (handelsrechtlichen) Jahresbilanzen der KG weiterhin das Ende des Geschäftsjahres ist (→ Rn. 82), für die Liquidationsjahresbilanz der Komplementär-GmbH aber nach hM der Tag der Auflösung maßgebend ist,[231] lassen sich am einfachsten dadurch lösen, dass der Gesellschaftsvertrag der GmbH & Co. KG oder die Satzung der Komplementär-GmbH ein jeweils der anderen Gesellschaft angepasstes Geschäftsjahr in der Liquidationsphase vorsehen.[232] Die Abrechnungsperioden dürfen den Zeitraum von einem Jahr jedoch nicht überschreiten. Gegebenenfalls sind Rumpfgeschäftsjahre zu bilden.

Trotz Fehlens einer ausdrücklichen Regelung ist vor der Verteilung des Vermögens unter den Gesellschaftern von den Liquidatoren eine **Liquidationsschlussbilanz** aufzustellen.[233] Sie ist nicht mit der in § 74 Abs. 1 GmbHG erwähnten Schlussrechnung, die lediglich eine interne Rechnungslegung iSd § 259 BGB darstellt, identisch.[234]

111

---

[231] *Roth/Altmeppen* § 71 Rn. 6; *Baumbach/Hueck* § 71 Rn. 5, 22; *Rowedder/Schmidt-Leithoff/Rasner* § 71 Rn. 13.

[232] *Hesselmann/Tillmann* Rn. 685.

[233] *Baumbach/Hueck/Haas* § 71 Rn. 28 f.; *Rowedder/Schmidt-Leithoff/Rasner* § 71 Rn. 25; *Lutter/Hommelhoff/Kleindiek* § 71 Rn. 12; aA *Hachenburg/Hohner* § 71 Rn. 12.

[234] *MüKoGmbHG/H.F. Müller* § 71 Rn. 50; *Scholz/K. Schmidt* § 71 Rn. 35; aA *Baumbach/Hueck/Haas* § 74 Rn. 3.

§ 48 Steuerliche Aspekte der Beendigung der Tätigkeit der GmbH & Co. KG

Übersicht

	Rn.		Rn.
I. Beendigung der Tätigkeit der Personengesellschaft	4	3. Nachversteuerung eines Thesaurierungsbetrages gemäß § 34a Abs. 6 EStG	29
1. Entgeltliche Übertragung des Geschäftsbetriebes	4	II. Zum Schicksal des Sonderbetriebsvermögens bei Beendigung der Tätigkeit der GmbH & Co. KG	32
a) Veräußerung des gesamten Geschäftsbetriebes der Kommanditgesellschaft	4	III. Verkehrssteuerliche Konsequenzen	38
b) Veräußerung eines Teilbetriebes	13	1. Grunderwerbsteuer	38
2. Aufgabe des Geschäftsbetriebes	18	2. Umsatzsteuer	39

Schrifttum: *Blumers*, Ausgliederung und Spaltung und wesentliche Betriebsgrundlagen, DB 1995, 496; *Döllerer*, Neues Steuerrecht der Personengesellschaft, DStZ 1983, 179; *Groh*, Der erwerbende Veräußerer. Zur Tarifbegünstigung des Veräußerungsgewinns nach § 16 Abs. 2 und 3 EStG, DB 1996, 2356; *Groh*, Nachträgliche Änderungen des Veräußerungsgewinns, DB 1995, 2235; *Herzig/Förster*, Problembereiche bei der Auf- und Abspaltung von Kapitalgesellschaften nach neuem Umwandlungssteuerrecht, DB 1995, 338; *Knobbe-Keuk*, Aktuelle Rechts- und Steuerprobleme der mittelständischen Unternehmen, StbJb 1991/92, 215; *Korn*, Steuerrechtsänderungen durch das Mißbrauchsbekämpfungs- und Steuerbereinigungsgesetz, KÖSDI 1994, 9678; *Ley*, Personengesellschaften nach der Unternehmensteuerreform 2008 unter besonderer Berücksichtigung der Thesaurierungsbegünstigung, KÖSDI 2007, 15737; *Ley/Brandenberg*, Unternehmenssteuerreform 2008: Thesaurierung und Nachversteuerung bei Personenunternehmen, FR 2007, 1085; *Reichert/Düll*, Gewinnthesaurierung bei Personengesellschaften nach der Unternehmensteuerreform 2008, ZIP 2008, 1249; *Rödder*, Steuerorientierte Gestaltung von Umstrukturierungen bei Personengesellschaften, StbJb 1994/95, 321; *Rondorf*, Umsatzsteuerrechtliche Änderungen durch das Missbrauchsbekämpfungs- und Steuerbereinigungsgesetz, DStZ 1994, 358; *Sagasser/Schüppen*, Änderungen im Ertragsteuerrecht durch das Missbrauchsbekämpfungs- und Steuerbereinigungsgesetz, DStR 1994, 265; *Schultz*, Gewerbesteuerpflicht beim Aufstockungsmodell nach dem StBMG?, DStR 1994, 521; *Thiel*, Die Spaltung (Teilverschmelzung) im Umwandlungsgesetz und im Umwandlungssteuergesetz – neue Möglichkeiten zur erfolgsneutralen Umstrukturierung von Kapitalgesellschaften (Teil I), DStR 1995, 238.

1   Aus steuerlicher Sicht ist die Beendigung der Tätigkeit einer GmbH & Co. KG ein außerordentlicher Vorgang, dessen Steuerfolgen von der Normalität der laufenden Besteuerung abweichen. Auch hier muss zwischen der Ertragsbesteuerung sowie der Verkehrsbesteuerung unterschieden werden.

2   Ertragsteuerlich steht die Frage im Vordergrund, ob und in welchem Umfang durch die Beendigung der Tätigkeit der GmbH & Co. KG stille Reserven aufgelöst werden. In diesem Zusammenhang ist weiterhin von

Bedeutung, ob nur die stillen Reserven im Gesamthandsvermögen der Personengesellschaft oder ggf. auch noch aus dem Sonderbetriebsvermögen realisiert werden.[1]

Im Zusammenhang mit der Aufgabe der gewerblichen Tätigkeit der Personengesellschaft erfolgen im Regelfall auch Vermögensübertragungen aus dem Gesamthandsvermögen auf einen Dritten oder den Gesellschafter. Diese Vermögensübertragungen können wiederum zu **verkehrsteuerlichen Konsequenzen** führen. Zum einen betrifft dies die Grunderwerbsteuer im Falle der Übertragung eines Grundstücks. Zum anderen betrifft dies die Umsatzsteuer, sofern keine Umsatzsteuerbefreiung greift. 3

I. Beendigung der Tätigkeit der Personengesellschaft

1. Entgeltliche Übertragung des Geschäftsbetriebes

a) Veräußerung des gesamten Geschäftsbetriebes der Kommanditgesellschaft. Die Veräußerung des gesamten Geschäftsbetriebes einer Personengesellschaft ist eher untypisch, da dies eine Einzelübertragung aller Wirtschaftsgüter bedingt. Abgesehen von haftungsrechtlichen Gesichtspunkten dürfte die Übertragung aller Anteile an der Kommanditgesellschaft auf einen potentiellen Erwerber wesentlich einfacher abzuwickeln sein als die Einzelübertragung aller Wirtschaftsgüter. Die Betriebsveräußerung aus dem Gesamthandsvermögen der Personengesellschaft hat jedoch dann eine erhebliche praktische Relevanz, wenn nicht der gesamte Geschäftsbetrieb, sondern lediglich einzelne Teile davon veräußert werden. 4

Die **Betriebsveräußerung** ist im Grunde ein Vorgang, der typisch für einen Einzelunternehmer ist. Die von der Rechtsprechung entwickelten Grundsätze zur Betriebsveräußerung im Ganzen bei einem Einzelunternehmer gelten gleichermaßen jedoch auch für Personengesellschaften.[2] 5
Merkmale der Betriebsveräußerung sind:
– ein entgeltlicher Vorgang,
– bei dem alle wesentlichen Teile des geschäftlichen Organismus,
– im Ganzen auf einen Erwerber übertragen werden,
– wobei der Veräußerer- also die Personengesellschaft- ihre werbende Tätigkeit aufgibt.[3]

Für die Qualifikation als Betriebsveräußerung ist es dabei unerheblich, dass mit der Veräußerung des operativen Geschäftsbetriebes die Personengesellschaft noch nicht aufgelöst ist. Die Personengesellschaft verfügt im Rahmen des Gesamthandsvermögens zumindest noch über den Kaufpreisanspruch, der dann im Zuge der Liquidation der Gesellschaft an die Gesellschafter ausgekehrt wird. Im Übrigen bleibt die Personengesellschaft bis zur formellen Auflösung weiterhin bestehen und behält auch bei an- 6

---

[1] Littmann/*Hörger* § 16 EStG Rn. 198.
[2] BFH v. 4.2.1982, BStBl. II 1982, 348; BFH v. 3.10.1989, BStBl. II 1990, 420.
[3] BFH v. 9.8.1989, BStBl. II 1989, 973; BFH v. 12.6.1996, BStBl. II 1996, 527.

13. Kapitel. *Auflösung und Liquidation der Gesellschaft*

schließender vermögensverwaltender Tätigkeit ihre gewerbliche Prägung gem. § 15 Abs. 3 Nr. 2 EStG.

7 Eine Betriebsveräußerung liegt dann vor, wenn alle **wesentlichen Betriebsgrundlagen** entgeltlich an einen Erwerber übertragen werden. Um eine wesentliche Betriebsgrundlage handelt es sich dann, wenn der betreffende Vermögensgegenstand für den operativen Geschäftsbetrieb notwendig ist bzw. ein besonderes Gewicht für die Betriebsführung hat.[4] Entscheidend ist hierbei grundsätzlich die funktionale Betrachtungsweise, weniger die Höhe eventueller stiller Reserven in dem Vermögensgegenstand.[5] Zu den wesentlichen Betriebsgrundlagen gehören dabei die Vermögensgegenstände des Anlagevermögens, insbesondere die betrieblich genutzten Grundstücke.[6] Dies gilt auch dann, wenn keine spezielle Gestaltung des Grundstücks für den Geschäftsbetrieb der Personengesellschaft vorliegt.[7] Zu beachten ist, dass auch Vermögensgegenstände des Sonderbetriebsvermögens zu den wesentlichen Betriebsgrundlagen einer Personengesellschaft gehören können.[8]

8 Die Betriebsveräußerung im Ganzen zeichnet sich dadurch aus, dass der Geschäftsbetrieb mit den wesentlichen Betriebsgrundlagen durch **einen Erwerber** übernommen wird, der den Betrieb als solchen fortführen kann. Bei der Übertragung der Vermögensgegenstände an verschiedene Erwerber handelt es sich **nicht** um eine Betriebsveräußerung im Ganzen, sondern um die Zerschlagung des Unternehmens, da die einzelnen Erwerber bei der Aufsplittung des Betriebsvermögens den operativen Geschäftsbetrieb nicht fortführen können.[9]

9 Werden im Zusammenhang mit der Veräußerung des Geschäftsbetriebes einzelne Vermögensgegenstände durch die Gesellschafter aus dem Betriebsvermögen **entnommen** und in das **Privatvermögen** überführt, berührt dies nicht die Qualifikation als Betriebsveräußerung im Ganzen.[10] Die Entnahme aus dem Gesamthandsvermögen erfolgt zum Teilwert, so dass die stillen Reserven auch in den entnommenen Vermögensgegenständen aufgelöst werden.

10 Der Gewinn aus der Auflösung der stillen Reserven wird den Gesellschaftern nach dem Gewinnverteilungsschlüssel zugerechnet.[11] Er bildet einen grundsätzlich **begünstigten Veräußerungsgewinn** im Sinne des § 16 EStG, auf den die Tarifvergünstigungen des § 34 EStG anzuwenden ist, dh grundsätzlich die sog. Fünftelregelung gem. § 34 Abs. 1 EStG. Hat ein Mitunternehmer das 55. Lebensjahr vollendet, kann anstelle der Fünftelregelung auf den anteiligen Veräußerungsgewinn bis zu einem Betrag von 5 Mio-

---

[4] BFH v. 28.8.1985, BStBl. II 1985, 508; § 16 Abs. 8 EStH.
[5] BFH v. 26.5.1993, BStBl. II 1993, 710; differenzierend BFH v. 25.2.2010, BStBl. II 2010, 726.
[6] BFH v. 26.4.1979, BStBl. II 1979, 557.
[7] BFH v. 29.10.1992, BFH/NV 1994, 533; Schmidt/*Wacker* § 16 EStG Rn. 103; aA Littmann/*Hörger/Rapp* § 16 EStG Rn. 28.
[8] BFH v. 31.8.1995, BStBl. II 1995, 890.
[9] *Hesselmann/Tillmann* Rn. 1310.
[10] BFH v. 9.9.1993, BStBl. II 1994, 105.
[11] *Döllerer* DStZ 1983, 179.

EUR eine Ermäßigung auf 56% der tariflichen Einkommensteuer erfolgen. Die Tarifermäßigung gem. § 34 Abs. 3 EStG kann nur einmal im Leben in Anspruch genommen werden. Ungeachtet der Anwendung der Art der Tarifermäßigung erfolgt keine Besteuerung mit **Gewerbesteuer vom Ertrag**.[12]

Auch der Verkauf des Gewerbebetriebes an eine Gesellschaft bzw. an eine ganz oder teilweise **beteiligungsidentische Personengesellschaft** kann zu einem tarifbegünstigten Veräußerungsgewinn im Sinne des §§ 16, 34 EStG führen.[13] Sind jedoch auf Seiten des Veräußerers und auf Seiten des Erwerbers die gleichen Personen beteiligt, wird die Tarifermäßigung gemäß § 16 Abs. 2 S. 3 EStG versagt. Durch § 16 Abs. 4 EStG soll die wirtschaftliche Veräußerung „an sich selbst" nicht mehr begünstigt werden. Die steuerliche Vergünstigung erfasst vielmehr nur die Veräußerung des Geschäftsbetriebes an einen Dritten.[14]

Beispiel: Die X-GmbH & Co. KG hat drei Gesellschafter A, B und C, die jeweils zu einem Drittel am Kommanditkapital der Gesellschaft beteiligt sind. Die X-GmbH & Co. KG veräußert ihren Geschäftsbetrieb an die Y-GmbH & Co. KG, an welcher der Gesellschafter C zu 50% am Kommanditkapital beteiligt ist. Aus der Veräußerung des Geschäftsbetriebes wird ein Gewinn in Höhe von 900 realisiert.

Lösungshinweis: Es handelt sich um eine begünstigte Betriebsveräußerung im Sinne der §§ 16, 34 EStG. Der Gewinn wird den Gesellschaftern der X-GmbH & Co. KG anteilig zugerechnet, also jeweils in Höhe von 300. Der Gesellschafter C hat lediglich einen begünstigten Veräußerungsgewinn in Höhe von 150 und einen laufenden Gewinn in Höhe von 150.

Die Einschränkung der Begünstigung erfasst nicht nur die Einkommensbesteuerung, **sondern auch** die **Gewerbesteuer vom Ertrag**. Der Gewinn aus der Veräußerung des gesamten Gewerbebetriebes unterliegt zwar nicht der Besteuerung mit Gewerbesteuer vom Ertrag. Wenn auf Seiten des Erwerbers einzelne Mitunternehmer beteiligt sind, die gleichzeitig Mitunternehmer der veräußernden Personengesellschaft sind, überträgt sich die Einschränkung in § 16 Abs. 2 S. 3 EStG auch auf die Gewerbesteuer vom Ertrag.[15] Der nichtbegünstigte Anteil des Veräußerungsgewinns richtet sich nach dem Verhältnis des Gewinnanteils, an dem ein Mitunternehmer auf Erwerberseite sowie auf Seiten der veräußernden Personengesellschaft beteiligt ist.[16]

b) Veräußerung eines Teilbetriebes. Auch der Gewinn aus der Veräußerung eines Teilbetriebes[17] aus dem Gesamthandsvermögen einer Perso-

---

[12] BFH v. 11.3.1982, BStBl. II 1982, 707; Lenski/Steinberg/*Roser* § 7 GewStG Rn. 302, 305.
[13] BFH v. 31.7.1991, BStBl. II 1992, 375.
[14] Littmann/*Hörger*/*Rapp* § 16 EStG Rn. 128a; *Schultz* DStR 1994, 521; *Korn* KÖSDI 1994, 9678; *Sagasser*/*Schüppen* DStR 1994, 265.
[15] BFH v. 15.6.2004, BStBl. II 2004, 1189; aA Littmann/*Hörger*/*Rapp* § 16 EStG Rn. 128a.
[16] *Rödder* StbJb 1994/95, 321; *Groh* DB 1996, 2357.
[17] *Schmidt*/*Wacker* § 16 EStG Rn. 153.

nengesellschaft ist grundsätzlich durch die §§ 16, 34 EStG begünstigt. Ein Teilbetrieb ist nach ständiger Rechtsprechung des BFH ein mit einer gewissen Selbständigkeit ausgestatteter, organisch geschlossener Teil des Gesamtbetriebes, der für sich allein lebensfähig ist.[18]

14 Veräußert eine GmbH & Co. KG lediglich ein Teil des Gesamtbetriebs, muss anhand der Gegebenheiten des Einzelfalles untersucht werden, ob ein Teilbetrieb vorliegt. Als **Abgrenzungsmerkmale** (→ § 13 Rn. 47 ff.) kommen hierbei insbesondere in Betracht:
- Eigenes Personal,
- eigene Produktpalette,
- eigener Kundenkreis,
- eigenes Rechnungswesen, zumindest Abgrenzbarkeit im Rahmen einer Kostenstellenrechnung,
- räumliche Trennung vom übrigen Geschäftsbetrieb.

15 Ein Teilbetrieb setzt nicht voraus, dass die Verselbständigung in allen betrieblichen Funktionsbereichen vollkommen umgesetzt ist. Die Beurteilung der Abgeschlossenheit hat vielmehr anhand der Gesamtumstände zu erfolgen. So ist zumindest erforderlich, dass die Personengesellschaft noch einen weiteren Bereich unterhält, der die Kriterien der Teilbetriebseigenschaft erfüllt.

16 Im Zuge der Veräußerung des Teilbetriebes müssen alle **wesentlichen Betriebsgrundlagen** dieses Bereiches mit übertragen werden. Werden demnach durch einen Teilbetrieb auch Vermögensgegenstände des **Sonderbetriebsvermögens** genutzt, setzt die begünstigte Teilbetriebsveräußerung voraus, dass auch die stillen Reserven im Sonderbetriebsvermögen aufgelöst werden.[19] Wird im Zusammenhang mit der Veräußerung eines Teilbetriebes das Sonderbetriebsvermögen zurückbehalten und weiterhin als (gewillkürtes) Sonderbetriebsvermögen der veräußernden Personengesellschaft behandelt bzw. gem. § 6 Abs. 5 S. 3 EStG zu Buchwerten in ein anderes Betriebsvermögen des Gesellschafters überführt, hindert dies grundsätzlich die Tarifbegünstigung des Veräußerungsgewinns.

17 Die Tarifermäßigung gemäß §§ 16, 34 EStG hat ab dem Jahr 1999 an wirtschaftlichem Gewicht verloren, da die Tarifermäßigung gem. § 34 Abs. 1 EStG in der sog. Fünftelregelung besteht. Die im Regelfall mit dem größeren Entlastungseffekt verbundene Ermäßigung auf 56 % der tariflichen Einkommensteuer gem. § 34 Abs. 3 EStG kann nur unter bestimmten Bedingungen (Alter 55 Jahre, max. 5 Mio-EUR und nur einmal im Leben in Anspruch genommen werden. Von Bedeutung ist jedoch nach wie vor die Besteuerung eines Veräußerungsgewinns mit Gewerbesteuer vom Ertrag, falls keine Teilbetriebsveräußerung vorliegt.

---

[18] zB BFH v. 13.2.1996, BStBl. II 1996, 409; BFH v. 12.4.1989, BStBl. II 1989, 653; *Herzig/Förster* DB 1995, 342; *Thiel* DStR 1995, 238; *Blumers* DB 1995, 496; Schmidt/*Wacker* § 16 EStG Rn. 143 ff.; Littmann/*Hörger/Rapp* § 16 EStG Rn. 44 ff.; Blümich/*Schallmoser* § 16 EStG Rn. 190–192.

[19] Schmidt/*Wacker* § 16 EStG Rn. 153; Littmann/*Hörger/Rapp* § 16 EStG Rn. 204; BFH v. 22.12.1993, BStBl. II 1994, 352.

2. Aufgabe des Geschäftsbetriebes

Neben der Veräußerung des gesamten Geschäftsbetriebes bzw. eines Teilbetriebes, stellt die **Aufgabe des Geschäftsbetriebes** eine weitere Möglichkeit der Beendigung der Tätigkeit einer GmbH & Co. KG dar. Auch der Gewinn aus der Realisierung von stillen Reserven im Zusammenhang mit der Aufgabe des Geschäftsbetriebes wird durch § 16 EStG erfasst. Der Gewinn aus der Auflösung von stillen Reserven unterliegt nicht der Besteuerung mit Gewerbesteuer vom Ertrag und ist tarifermäßigt gemäß §§ 16, 34 EStG. 18

Hinsichtlich der Qualifikation als begünstigte Aufgabe des Gewerbebetriebes besteht grundsätzlich kein Unterschied, ob diese durch einen Einzelunternehmer oder durch eine Personengesellschaft vollzogen wird. Bei einer GmbH & Co. KG ist jedoch zu beachten, dass die Gesellschaft unabhängig von ihrer tatsächlichen Betätigung kraft ihrer Rechtsform als Gewerbebetrieb gemäß § 15 Abs. 3 Nr. 2 EStG gilt. Auch die Beendigung der operativen Geschäftstätigkeit der Personengesellschaft, verbunden mit der Entnahme von Vermögensgegenständen aus dem Gesamthandsvermögen in das Privatvermögen der Gesellschafter bzw. deren teilweiser Veräußerung, berührt gesellschaftsrechtlich die Existenz der GmbH & Co. KG nicht. Sie wird erst mit dem **Beschluss zur Liquidation bzw. der Löschung im Handelsregister** beendet. Demgegenüber muss die Personengesellschaft zumindest so lange existent bleiben, wie Abwicklungshandlungen erforderlich sind. Man wird jedoch davon ausgehen können, dass es für die Qualifikation als begünstigter Aufgabegewinn nicht auf die formelle Beendigung der Personengesellschaft und Löschung im Handelsregister ankommt.[20] Gleichsam nicht erforderlich für die Qualifikation eines Aufgabegewinns ist eine **formelle Aufgabeerklärung** gegenüber der Finanzverwaltung.[21] 19

Die begünstigte Aufgabe eines Geschäftsbetriebes ist grundsätzlich an folgende **Voraussetzungen** geknüpft:[22] 20
– Entschluss zur Betriebsaufgabe,
– Einstellung der gewerblichen Tätigkeit,[23]
– Überführung aller wesentlichen Grundlagen in einem einheitlichen Vorgang in das Privatvermögen der Gesellschafter bzw. zu anderen betriebsfremden Zwecken;[24]
– der Betrieb hört auf, als selbständiger Organismus des Wirtschaftslebens zu bestehen.[25]

Die Aufgabe des Gewerbebetriebes unterscheidet sich von der Betriebsveräußerung dadurch, dass der operative **Geschäftsbetrieb** letztlich **zu be-** 21

---

[20] BFH v. 4.2.1982, BStBl. II 1982, 348; BFH v. 3.10.1989, BStBl. II 1990, 420; Littmann/*Hörger* § 16 EStG Rn. 42.
[21] BFH v. 27.12.1985, BStBl. II 1985, 456; BFH v. 28.9.1995, BStBl. II 1996, 276.
[22] Schmidt/*Wacker* § 16 EStG Rn. 173.
[23] BFH 16.12.1992, BStBl. II 1994, 838.
[24] BFH 21.5.1992, BFH/NV 1992, 659, BFH v. 26.4.2001, BStBl. II 2001, 798.
[25] BFH v. 9.9.1993, BStBl. II 1994, 105; BFH v. 10.2.1994, BStBl. II 1994, 564.

13. Kapitel. Auflösung und Liquidation der Gesellschaft

stehen aufhört. Die wesentlichen Betriebsgrundlagen werden entweder in das Privatvermögen der Gesellschafter überführt oder einzeln veräußert.[26]

22 Auf der Grundlage der Fallgestaltungen in § 6 Abs. 5 S. 3 EStG können einzelne Wirtschaftsgüter vor Abschluss der Liquidation zu Buchwerten in ein anderes Betriebsvermögen eines Gesellschafters überführt werden, beispielsweise wenn dies gegen Minderung der Gesellschaftsrechte erfolgt. Hierdurch kann eine Auflösung von stillen Reserven einzelner Wirtschaftsgüter vermieden werden. Die Übertragung eines einzelnen Wirtschaftsgutes auf eine ganze oder teilweise beteiligungsidentische Schwestergesellschaft zum steuerlichen Buchwert ist allerdings in der Finanzrechtsprechung nicht eindeutig geklärt.[27]

23 Zu beachten ist allerdings, dass die **Entnahme von einzelnen Vermögensgegenständen** aus dem Gesamthandsvermögen der GmbH & Co. KG noch nicht die Aufgabehandlung für die übrigen Vermögensgegenstände bedeutet, selbst wenn es sich um eine wesentliche Betriebsgrundlage handelt. Auch wenn die nach der Entnahme der wesentlichen Betriebsgrundlagen verbleibenden Vermögensgegenstände der GmbH & Co. KG keine lebensfähige Einheit bilden, liegt für die GmbH & Co. KG noch immer die **Gewerbebetriebseigenschaft kraft Rechtsform** gemäß § 15 Abs. 3 S. 2 EStG vor.

24 Erfolgt die Beendigung der Personengesellschaft durch **Aufteilung** der Vermögensgegenstände unter Auflösung der stillen Reserven, entsteht für die Gesellschafter in Höhe der Differenz zwischen dem Teilwert der übernommenen Vermögensgegenstände und dem Buchwert des Kapitalkontos ein begünstigter Aufgabegewinn.[28] Auf der Grundlage des § 16 Abs. 3. S. 2 EStG ist jedoch auch eine **Realteilung** einer Personengesellschaft mit einzelnen Wirtschaftsgütern möglich, wenn die Übertragung in ein eigenes Betriebsvermögen des Gesellschafters erfolgt. In diesem Fall kann die Auflösung von stillen Reserven vermieden werden (→ § 55 Rn. 44 ff.).

25 Der Gewinn aus der Betriebsaufgabe einer GmbH & Co. KG ist tarifermäßigt gemäß §§ 16, 34 EStG. Auch bei dieser Fallgestaltung besteht die Tarifermäßigung gem. § 34 Abs. 1 EStG grundsätzlich in der sog. Fünftelregelung. Hat der Gesellschafter das 55. Lebensjahr erreicht, kann einmalig im Leben gem. § 34 Abs. 3 EStG bis zu einem anteiligen (Aufgabe-) Gewinn von 5 Mio-EUR eine Besteuerung mit einer Ermäßigung von 56 % der tariflichen Einkommensteuer erfolgen. Der Gewinn aus der Auflösung der stillen Reserven unterliegt **nicht** der Besteuerung mit **Gewerbesteuer vom Ertrag**.[29] Ist der Gesellschafter der Kommanditgesellschaft eine Kapitalgesellschaft, unterliegt der anteilige Aufgabegewinn der Besteuerung mit Gewerbesteuer (§ 7 S. 2 GewStG).

26 Wegen der steuerlichen Begünstigung des Aufgabegewinns hat die Frage der **Abgrenzung zwischen** (begünstigtem) **Aufgabegewinn** und (nicht-

---

[26] BFH v. 26.5.1993, BStBl. II 1993, 710.
[27] Bejahend: BFH v. 15.4.2010, BStBl. II 2010, 971; verneinend BFH v. 25.11.2009, BStBl. II 2010, 471.
[28] BFH v. 19.1.1982, BStBl. II 1982, 456.
[29] R 7.1. Abs. 3 Nr. 1 GewStR; BFH v. 11.3.1982, BStBl. II 1982, 707.

begünstigtem) **laufenden Betriebsergebnis** unter Umständen eine erhebliche materielle Bedeutung. Die begünstigte Aufgabe der Geschäftstätigkeit beginnt nicht bereits mit dem Beschluss der Kommanditgesellschaft zur Beendigung des Geschäftsbetriebes.[30] **Die Betriebsaufgabe** beginnt vielmehr erst mit den eigentlichen Handlungen, die auf die Auflösung des Geschäftsbetriebes gerichtet sind.[31] Dies ist dann anzunehmen, wenn wesentliche Teile des Anlagevermögens veräußert werden.[32] Insoweit kann auch unter Umständen der Gewinn aus dem Abverkauf des Vorratsvermögens Bestandteil des begünstigten Aufgabegewinns sein.[33] Handelt es sich dagegen um eine sukzessive Abwicklung, wie zB allmählicher Abverkauf des Warenbestandes, ist der hieraus entstehende Gewinn **nicht** Bestandteil der begünstigten Betriebsaufgabe.[34] Im Allgemeinen wird hierbei eine Frist von einem halben Jahr gesehen,[35] wobei im Einzelfall auch ein längerer Zeitraum noch zu einem begünstigten Gewinn führen kann.[36]

Der Gewinn aus der Veräußerung oder der Aufgabe des Gewerbebetriebes ist den Gesellschaftern nach dem Gewinnverteilungsschlüssel zuzurechnen.[37] Der Veräußerungs- oder Aufgabegewinn entsteht zum Zeitpunkt der Aufgabe bzw. der Veräußerung. Besteht noch ein Bestand an **verrechenbaren Verlusten** gemäß § 15a EStG, wird der Veräußerungs- oder Aufgabegewinn zunächst hiermit verrechnet.

Entstehen für die Gesellschafter nach Beendigung der Tätigkeit der Personengesellschaft **nachträgliche Aufwendungen**, beispielsweise Haftungsinanspruchnahme für betriebliche Schulden usw., führen diese Aufwendungen zu nachträglichen negativen Einkünften aus Gewerbebetrieb.[38] Allerdings führen Zinsen für nach der Betriebsaufgabe bzw. Liquidation der GmbH & Co. KG zurückbleibende und in das Privatvermögen überführte Betriebsschulden nicht zu nachträglichen Betriebsausgaben.[39] Sind im Zuge der Betriebsaufgabe jedoch aktive Vermögensgegenstände in das Privatvermögen überführt worden, handelt es sich bei den gleichsam übernommenen Betriebsschulden auch um Privatvermögen, so dass hieraus entstehende Zinsen dem Privatvermögen zuzurechnen sind[40] und gegebenenfalls als Werbungskosten abzugsfähig sind.

---

[30] BFH v. 25.6.1970, BStBl. II 1970, 719.
[31] BFH v. 26.5.1993, BStBl. II 1993, 710; BFH v. 9.9.1993, BStBl. II 1994, 105.
[32] BFH v. 21.5.1992, BFH/NV 1992, 659, Blümich/*Schallmoser* § 16 EStG Rn. 137.
[33] BFH v. 25.8.1993, BStBl. II 1994, 23; ablehnend jedoch BFH v. 22.4.1998, BFH/NV 1998, 1520.
[34] Schmidt/*Wacker* § 16 EStG Rn. 184; § 16 Abs. 2 EStG.
[35] BFH v. 25.6.1970, BStBl. II 1970, 719.
[36] Blümich/*Schallmoser* § 16 EStG Rn. 661.
[37] BFH v. 19.1.1982, BStBl. II 1982, 456.
[38] *Groh* DB 1995, 2240; Schmidt/*Wacker* § 24 EStG Rn. 72.
[39] Schmidt/*Wacker* § 16 EStG Rn. 394.
[40] BFH v. 13.2.1996, BStBl. II 1996, 291; BFH v. 22.1.2003, BFH/NV 2003, 900; FG Nürnberg v. 12.6.2013, BeckRS 2013, 96405.

3. Nachversteuerung eines Thesaurierungsbetrags gemäß § 34a Abs. 6 EStG

29 Für den Gesellschafter einer Personengesellschaft besteht nach § 34a Abs. 1 EStG die Möglichkeit für nicht entnommene Gewinne aus der Gesellschaft für einen Thesaurierungssteuersatz in Höhe von 28,25 % zzgl. Solidaritätszuschlag zu optieren. Werden diese Gewinnanteile zu einem späteren Zeitpunkt entnommen, erfolgt eine Nachversteuerung in Höhe von 25 % zzgl. Solidaritätszuschlag auf den Entnahmebetrag (→ § 6 Rn. 31 ff.). Die Nachversteuerung wird jedoch nicht nur durch eine Entnahme, sondern nach § 34a Abs. 6 Nr. 1 EStG durch eine Betriebsveräußerung oder -aufgabe ausgelöst.

30 Die Beendigung der betrieblichen Betätigung führt daher zu einer zusätzlichen Liquiditätsbelastung für den Steuerpflichtigen. Diese Zusatzbelastung kann nach § 34a Abs. 6 S. 2 EStG dadurch gemindert werden, dass der Nachversteuerungsbetrag durch den Steuerpflichtigen oder dessen Rechtsnachfolge für einen Zeitraum bis maximal 10 Jahre zinslos gestundet werden kann, allerdings in regelmäßigen Teilbeträgen entrichtet werden muss.

31 Die Aufgabe bzw. Veräußerung eines Mitunternehmeranteils ist in § 34a Abs. 6 Nr. 1 EStG nicht explizit erwähnt. Hieraus wurde teilweise geschlossen, dass die Aufgabe bzw. Veräußerung des Mitunternehmeranteils nicht zu einer Nachversteuerung führt.[41] § 34a Abs. 6 Nr. 1 EStG verweist jedoch auf die §§ 16 Abs. 1 EStG, 18 EStG, in denen auch die Veräußerung eines Mitunternehmeranteils behandelt ist. Im Übrigen ergibt sich dies auch aus der Gesetzesbegründung.[42] Es muss deshalb davon ausgegangen werden, dass auch die Aufgabe oder Veräußerung eines Mitunternehmeranteils zu einer Nachversteuerung gemäß § 34a Abs. 6 Nr. 1 EStG führt.[43]

II. Zum Schicksal des Sonderbetriebsvermögens bei Beendigung der Tätigkeit der GmbH & Co. KG

32 Bei der Beendigung der Tätigkeit einer GmbH & Co. KG ist auch das Schicksal eines eventuell vorhandenen Sonderbetriebsvermögens zu beachten. Das Sonderbetriebsvermögen ist nicht Bestandteil des Gesamthandsvermögens der Personengesellschaft. Gleichwohl gehört es zu deren steuerlicher Sphäre. Der Gewinn aus der Auflösung der stillen Reserven im Zuge der Veräußerung oder der Aufgabe der Geschäftstätigkeit der GmbH & Co. KG ist nur dann nach §§ 16, 34 EStG begünstigt, wenn alle stillen Reserven der Gesellschaft im Zuge einer Veräußerung bzw. durch die Entnahme in das Privatvermögen der Gesellschafter aufgelöst werden. Zu den wesentlichen Betriebsgrundlagen einer Personengesellschaft können auch Wirtschaftsgüter des Sonderbetriebsvermögens gehören.[44] Der Gewinn aus gleichzeitiger

---

[41] *Ley* KÖSDI 2007, 15737 (15750); *Ley/Brandenberg* FR 2007, 1105.
[42] BR-Drs. 220/07, 107.
[43] *Reichert/Düll* ZIP 2008, 1252.
[44] BFH v. 19.3.1991, BStBl. II 1991, 635; BFH v. 31.8.1995, BStBl. II 1995, 890; aA *Kirchoff/Söhn/Reiß* § 16 EStG Rn. B 248.

Veräußerung von Vermögensgegenständen des Sonderbetriebsvermögens ist danach Bestandteil des tarifbegünstigten Veräußerungsgewinns.[45]

Bei der **Veräußerung des Geschäftsbetriebes** durch eine Personengesellschaft hat dies auch Einfluss auf ein möglicherweise vorhandenes Sonderbetriebsvermögens I, zB ein vermietetes Grundstück. Wird das Grundstück an den Erwerber des Geschäftsbetriebes weitervermietet, handelt es sich um eine **Entnahme** in das Privatvermögen, da mit der Änderung der Mitunternehmerstellung die Qualifikation des Sonderbetriebsvermögens entfällt. Die Entnahme in das Privatvermögen hindert nicht die Qualifikation als begünstigter Veräußerungsgewinn.[46] Wird im Zuge der Veräußerung des Geschäftsbetriebes auch Sonderbetriebsvermögen I an den Erwerber veräußert, ist der Gewinn aus der Auflösung von stillen Reserven im Sonderbetriebsvermögen Bestandteil des tarifbegünstigten Veräußerungsgewinns. 33

Die Auflösung der stillen Reserven im Sonderbetriebsvermögen kann vermieden werden, wenn das betreffende Wirtschaftsgut vorab gem. § 6 Abs. 5 S. 3 EStG in ein eigenes Betriebsvermögen des betreffenden Gesellschafters überführt wird, evtl. auch in eine neu gegründete GmbH & Co. KG. In diesem Fall handelt es sich nicht um eine wirtschaftliche Übertragung eines Wirtschaftsgutes in das Betriebsvermögen einer Schwesterpersonengesellschaft.[47] Wird im Zuge der Veräußerung des Geschäftsbetriebes ein Wirtschaftsgut des Sonderbetriebsvermögens zu **Buchwerten** in ein anderes Betriebsvermögen des Gesellschafters überführt, hindert dies uU die Qualifikation als begünstigter Veräußerungsgewinn[48] hinsichtlich der veräußerten Vermögensgegenstände des Gesamthandsvermögens. Fraglich ist, ob die Vermeidung der Auflösung von stillen Reserven von Gegenständen des Sonderbetriebsvermögens durch einen Mitunternehmer insgesamt die Qualifikation als begünstigter Veräußerungsgewinn für alle Gesellschafter bewirken kann. Es ist hier anzunehmen, dass die Überführung von Vermögensgegenständen zu Buchwerten aus dem Sonderbetriebsvermögen in ein anderes Betriebsvermögen des Gesellschafters lediglich die steuerliche Begünstigung **dieses** Gesellschafters hindert.[49] Die Qualifikation als begünstigter Aufgabegewinn für die übrigen Gesellschafter bleibt hiervon unberührt.[50] 34

Im Zusammenhang mit der unentgeltlichen Übertragung eines Mitunternehmeranteils hat der BFH entschieden, dass eine Kombination der Buchwertvorschriften des § 6 Abs. 3 und § 6 Abs. 5 S. 3 EStG zulässig sei.[51] Hiernach kann § 6 Abs. 3 EStG auch im Falle der unentgeltlichen Übertragung eines Gesellschaftsanteils angewendet werden, wenn der Übertragende im 35

---

[45] BFH v. 29.10.1987, BStBl. II 1988, 374; *Hermann/Heuer/Raupach* § 16 EStG Rn. 305; Littmann/*Hörger/Rapp* § 16 EStG Rn. 205.
[46] BFH v. 24.8.1989, BStBl. II 1990, 132; Littmann/*Hörger/Rapp* § 16 EStG Rn. 201.
[47] vgl. BFH v. 25.11.2009, BStBl. II 2010, 471.
[48] BFH v. 9.12.1986, BStBl. II 1987, 342; BFH v. 26.1.1994, BStBl. II 1994, 458.
[49] Schmidt/*Wacker* § 16 EStG Rn. 113; Littmann/*Hörger/Rapp* § 16 EStG Rn. 202.
[50] BFH v. 19.3.1991, BStBl. II 1991, 635; *Knobbe-Keuk* StbJb 1991/92, 232.
[51] BFH v. 2.8.2012, DStR 2012, 2118.

zeitlichen Zusammenhang **eine wesentliche Betriebsgrundlage** des Sonderbetriebsvermögens in eine gewerblich geprägte Personengesellschaft überträgt und hierdurch die Auflösung der stillen Reserven vermeidet.[52] Die Rechtsprechung geht also davon aus, dass trotz der Herauslösung einer wesentlichen Betriebsgrundlage auf der Grundlage des § 6 Abs. 5 S. 3 EStG für Zwecke der Anwendung des § 6 Abs. 3 EStG in dem Kommanditanteil (ohne dazugehöriges Sonderbetriebsvermögen) noch ein Mitunternehmeranteil zu sehen ist, der den Buchwertansatz nach § 6 Abs. 3 EStG rechtfertigt. Überträgt man diesen Gedanken auf Vorgänge der Aufgabe des Mitunternehmeranteils, hätte dies zur Folge, dass trotz der Herauslösung einer wesentlichen Betriebsgrundlage aus der Mitunternehmersphäre noch immer die Qualifikation als Mitunternehmeranteil vorliegt, die dann zum Zeitpunkt der Beendigung der Gesellschaft die Tarifbegünstigung nach §§ 16, 34 EStG rechtfertigt. Da im Zusammenhang mit der möglichen Tarifbegünstigung eines Aufgabegewinns der Umfang der aufgelösten stillen Reserven von Bedeutung ist, dürfte allerdings davon auszugehen sein, dass die Lockerung der Rechtsprechung im Zusammenhang mit der Anwendung der Buchwertübertragung nach § 6 Abs. 3 EStG keinen Einfluss auf die Beurteilung der Tarifermäßigung im Falle der Aufgabe eines Mitunternehmeranteils hat.[53]

36 Bestandteile des **Sonderbetriebsvermögens II** sind die **Anteile der Komplementär-GmbH**. Üblicherweise sind in den Gesellschaftsanteilen keine nennenswerten stillen Reserven enthalten. Nach den vorstehend beschriebenen Grundsätzen ist es erforderlich, dass im Zuge der Veräußerung des Geschäftsbetriebes auch alle wesentlichen Betriebsgrundlagen des Sonderbetriebsvermögen mitveräußert bzw. ins Privatvermögen überführt werden, mithin alle stille Reserven auch im Bereich des Sonderbetriebsvermögens aufgelöst werden. Mit der Veräußerung des Geschäftsbetriebes werden nicht gleichzeitig auch die Anteile der Komplementär-GmbH veräußert. Die Entnahme der Gesellschaftsanteile in das Privatvermögen der Gesellschafter erfolgt erst zu dem Zeitpunkt, ab dem die Liquidation der Personengesellschaft beschlossen wird. Dieser Zeitpunkt ist nicht deckungsgleich mit der Veräußerung des Geschäftsbetriebes. Nach der Systematik des § 16 EStG wird hier jedoch ausschließlich auf das Sonderbetriebsvermögen I abzustellen sein, weil nur das Sonderbetriebsvermögen I die erforderliche Nähe zu dem eigentlichen Geschäftsbetrieb der Personengesellschaft hat.[54]

37 Die gleichen Grundsätze gelten dann, wenn der gesamte Geschäftsbetrieb bzw. ein Teilbetrieb einer Personengesellschaft aufgegeben wird. Auch die **Aufgabe des Geschäftsbetriebes** durch die Personengesellschaft ist nur dann nach §§ 16, 34 EStG begünstigt, wenn auch gleichzeitig alle stillen Reserven des Sonderbetriebsvermögens I aufgelöst werden. Die Überführung des Sonderbetriebsvermögens zu Buchwerten in ein anderes Betriebsvermögen des Mitunternehmers ist insoweit schädlich für die Qualifikation als begünstigter Aufgabegewinn.[55]

---

[52] *Kanzler* FR 2012, 1120; aA BMF v. 3.3.2005, BStBl. I 2005, 458 Rn. 7.
[53] So auch Schmidt/*Wacker* § 16 Rn. 113.
[54] BFH v. 16.2.1996, BStBl. II 1996, 342.
[55] Schmidt/*Wacker* § 16 EStG Rn. 390.

III. Verkehrssteuerliche Konsequenzen

1. Grunderwerbsteuer

Ist im Gesamthandsvermögen der Personengesellschaft ein Grundstück enthalten, führt die **Veräußerung** des Geschäftsbetriebes mit dem Grundstück zu einem grunderwerbsteuerbaren Vorgang nach § 1 Abs. 1 GrEStG. Bemessungsgrundlage ist der anteilige Kaufpreis für das Grundstück. Das Gleiche gilt, wenn im Zuge der Veräußerung des Geschäftsbetriebes ein Grundstück veräußert wird, das sich im Sonderbetriebsvermögen eines Gesellschafters befindet. Der anteilige Teil eines vereinbarten Gesamtkaufpreises ist ggf. nach der sog. Boruttau'schen Formel[56] zu ermitteln, falls eine Aufteilung des Gesamtkaufpreises sich nicht bereits aus dem Kaufvertrag ergibt. 38

Erfolgt die Beendigung der Tätigkeit der Personengesellschaft als **Aufgabe**, entsteht Grunderwerbsteuer dann, wenn ein Grundstück veräußert wird. Erfolgt die Beendigung der Tätigkeit der Personengesellschaft dergestalt, dass das Gesellschaftsvermögen ganz oder teilweise zwischen den Gesellschaftern real geteilt wird, ist die Überführung eines Grundstücks aus dem Gesamthandsvermögen in das Privatvermögen eines Gesellschafters grunderwerbsteuerbar gemäß § 1 Abs. 1 GrEStG. Grunderwerbsteuer wird nach § 6 GrEStG jedoch in dem Umfang nicht erhoben, in dem der entsprechende Gesellschafter zuvor am Kapital beteiligt der Kommanditgesellschaft war. Diese Befreiungsvorschrift gilt jedoch nach § 6 Abs. 4 nur dann, falls die Beteiligung bereits 5 Jahre bestanden hat.[57]

2. Umsatzsteuer

Die Veräußerung des Geschäftsbetriebes einer Personengesellschaft ist ein Vorgang nach § 1 Abs. 1a UStG, also eine **Geschäftsveräußerung im Ganzen**. Diese ist **nicht steuerbar**. Eine Korrektur von Vorsteuerbeträgen findet nicht statt. Vielmehr tritt der Erwerber für umsatzsteuerliche Zwecke in die Rechtsstellung der veräußernden Personengesellschaft ein.[58] 39

Die Qualifikation als Geschäftsveräußerung im Ganzen umfasst nur den Bereich des Gesamthandsvermögens der GmbH & Co. KG. Für umsatzsteuerliche Zwecke ist der Mitunternehmer jedoch als **eigenständiger Unternehmer** im Sinne des Umsatzsteuergesetzes anzusehen.[59] Die Vermietung beispielsweise eines Betriebsgrundstückes an eine Personengesellschaft führt nicht zu einer Zuordnung zur umsatzsteuerlichen Sphäre der Gesellschaft.[60] Wird also im Zuge der Veräußerung des Geschäftsbetriebes der GmbH & Co. KG auch das Sonderbetriebsvermögen mitveräußert, muss auf der Ebene des Gesellschafters gesondert geprüft werden, ob ggf. auch insoweit eine Geschäftsveräußerung im Ganzen nach § 1 Abs. 1a UStG vorliegt. 40

---

[56] Boruttau/*Sack* § 9 GrEStG Rn. 111.
[57] Boruttau/*Viskorf* § 6 GrEStG Rn. 31 ff.
[58] Rau/*Husmann* § 1 UStG Rn. 1126; *Rondorf* DStZ 1994, 358.
[59] *Birkenfeld* USt-Handbuch I Rn. 524.
[60] BFH v. 9.3.1989, BStBl. II 1989, 580; BFH v. 18.12.1980, BStBl. II 1981, 408.

Diese Vorschrift kommt dann zur Anwendung, wenn eine geschlossene Einheit des unternehmerischen Bereichs veräußert wird. Diese Bedingung dürfte erfüllt sein, da die Vermietung eines betrieblich genutzten Grundstücks an die Personengesellschaft üblicherweise von den übrigen unternehmerischen Aktivitäten des Gesellschafters getrennt werden kann. Eine Geschäftsveräußerung kann uU nicht vorliegen, wenn der Gesellschafter eine umfangreiche Vermietungstätigkeit ausübt, für die jeweils zur Besteuerung mit Umsatzsteuer optiert wurde (§ 9 UStG). In diesem Fall muss die Veräußerung des Sonderbetriebsvermögens entweder unter Ausweis von Umsatzsteuer erfolgen, oder es kommt ggf. eine Korrektur von Vorsteuerbeträgen gemäß § 15a UStG in Betracht.

41 Die **Aufgabe der Geschäftstätigkeit** der Personengesellschaft führt im Regelfall **nicht** zu einer Geschäftsveräußerung im Ganzen, da das Merkmal der Betriebsaufgabe die Zerschlagung der operativen Einheit ist. Die Veräußerung von Vermögensgegenständen erfolgt aus dem unternehmerischen Bereich, führt also grundsätzlich zu einem umsatzsteuerbaren Vorgang, sofern nicht eine Befreiungsvorschrift des § 4 UStG greift.[61] Das Gleiche gilt für die Überführung von Vermögensgegenständen aus dem Gesamthandsvermögen der Gesellschaft in das Privatvermögen der Gesellschafter gegen Minderung der Gesellschaftsrechte bzw. gegen Verrechnung mit dem Anspruch auf Liquidationserlös. Es handelt sich um einen tauschähnlichen Vorgang, bei der die Leistung der Personengesellschaft in der Übertragung der Vermögensgegenstände und die Gegenleistung in der Aufgabe der Gesellschaftsrechte bzw. der Minderung des Auseinandersetzungsguthabens besteht.[62]

42 Wird im Zuge der Auflösung der Gesellschaft ein Grundstück in das Privatvermögen der Gesellschafter überführt, handelt es sich um einen umsatzsteuerbaren Vorgang, auf den jedoch ggf. die Befreiungsvorschrift des § 4 Nr. 9 UStG zur Anwendung kommt. Das Grundstück kann also ohne Ausweis von Umsatzsteuer in das Privatvermögen der Gesellschafter überführt werden. In diesem Fall ergibt sich jedoch ggf. eine Vorsteuerkorrektur gemäß § 15a UStG auf der Ebene der Personengesellschaft. Die Vorteilhaftigkeit der einen oder anderen Alternative muss deshalb anhand des Einzelfalls überprüft werden.

---

[61] RFH v. 21.12.1934, RStBl. 1935, 373; BFH v. 26.10.1964, BStBl. III 1964, 290.
[62] BFH v. 19.6.1969, BStBl. II 1969, 572; BFH v. 17.11.1960, BStBl. III 1961, 86; BFH v. 26.10.1964, BStBl. III 1964, 290; BFH v. 26.10.1967, BStBl. II 1968, 247.

14. Kapitel. Insolvenz der Gesellschaft

§ 49 Gesellschaftsrecht in der Insolvenz der GmbH & Co. KG

Übersicht

	Rn.			Rn.
I. Insolvenzfähigkeit der GmbH & Co. KG	4		b) Strafvorschriften	54
1. Grundsatz	4	4.	Stellung des Geschäftsführers im Insolvenzeröffnungsverfahren	55
2. Trennungsprinzip	6			
II. Außergerichtliche Sanierung	7	5.	Vorläufige Maßnahmen des Insolvenzgerichts	56
III. Eröffnungsgründe	12			
1. Zahlungsunfähigkeit	12		a) Bestellung eines vorläufigen Insolvenzverwalters	57
2. Drohende Zahlungsunfähigkeit	16			
3. Überschuldung	18		b) Einsetzung eines vorläufigen Gläubigerausschusses	58
a) Ermittlung	19			
aa) Rechnerische Überschuldung	20		c) Anordnung von Verfügungsverboten	59
bb) Passivierung der Ansprüche auf Rückgewähr von Gesellschafterdarlehen	21		d) Untersagung und Einstellung von Zwangsvollstreckungsmaßnahmen	60
cc) Fortführungsprognose	23	VI.	Die Ablehnung der Verfahrenseröffnung	61
dd) Prüfungsreihenfolge	24			
b) Abgrenzungsfragen	25	1.	Unzulässigkeit des Antrages	61
aa) Masselosigkeit	25	2.	Abweisung mangels Masse	62
bb) Masseunzulänglichkeit	27	VII.	Die GmbH & Co. KG im Insolvenzverfahren	63
cc) Vermögenslosigkeit	28			
IV. Auswirkung der Insolvenz der KG auf die Komplementär-GmbH	29	1.	Eröffnungsbeschluss	63
		2.	Auflösung der Gesellschaft	65
V. Insolvenzeröffnungsverfahren	33	3.	Rechtsstellung des Insolvenzverwalters	66
1. Eröffnungsantrag	33			
a) Antragspflicht	33		a) Person des Insolvenzverwalters	66
b) Antragsverpflichtete	34			
c) Antragsberechtigte	37		b) Rechtsbeziehung zur Gesellschaft	67
d) Frist	40			
e) Weitere Verfahrensfragen	43		c) Insolvenzmasse	68
2. Zahlungsverbot	46		d) Rechtshandlungen	71
3. Sanktionen	48	4.	Rechtsstellung der Gesellschaftsorgane im Insolvenzverfahren	74
a) Schadensersatzpflicht der Geschäftsführer	48			
aa) Verstoß gegen die Eröffnungsantragspflicht (§ 15a Abs. 1 InsO)	49		a) Geschäftsführer	74
			b) Gesellschafterversammlung	76
			c) Aufsichtsorgane	77
bb) Verstoß gegen das Zahlungsverbot (§ 130a Abs. 1 HGB)	52	5.	Rechtsstellung der Insolvenzgläubiger	78
			a) Insolvenzgläubiger	78

	Rn.		Rn.
b) Gesellschafter als Insolvenzgläubiger	81	b) Haftung der Kommanditisten	103
6. Insolvenzanfechtung	84	aa) Grundsatz	103
7. Insolvenzplan	86	bb) Haftungsdurchsetzung	104
a) Aufstellung	87	cc) Verhältnis zwischen Haftsumme und Pflichteinlage	106
b) Planziel	89		
aa) Übertragende Sanierung	90		
bb) Sanierung des Unternehmensträgers	91	dd) Haftung des ausgeschiedenen Kommanditisten	107
cc) Liquidation der Gesellschaft	92	c) Auswirkungen eines Insolvenzplans auf die Haftung der Gesellschafter	108
c) Inhalt	93		
d) Annahme, Zustimmung und Bestätigung	94		
e) Wirkungen	98	aa) Haftung der Komplementär-GmbH	108
8. Die Haftung der Gesellschafter in der Insolvenz	99	bb) Haftung der Kommanditisten	109
a) Haftung der Komplementär-GmbH	99		
aa) Altverbindlichkeiten	99	d) Prozessuale Aspekte	110
bb) Neuverbindlichkeiten	102	VIII. Beendigung des Insolvenzverfahrens	111
		IX. Fortsetzung der Gesellschaft	112

Schrifttum: Arbeitskreis für Insolvenzwesen Köln e.V. (Hrsg.), Kölner Schrift zur Insolvenzordnung, 3. Aufl. 2009; *Baetge* (Hrsg.), Beiträge zum neuen Insolvenzrecht, 1998; *Balz/Landfermann*, Die neuen Insolvenzgesetze, 1995; *Berger* Insolvenzantragspflicht bei Führungslosigkeit der Gesellschaft nach § 15a Abs. 3 InsO, ZInsO 2009, 1977; *Bitter*, Richterliche Korrektur der Funktionsuntauglichkeit des § 93 InsO?, ZInsO 2002, 557; *Bitter*, Haftung von Gesellschaftern und Geschäftsführern in der Insolvenz der GmbH, ZInsO 2010, 1505 (Teil I), 1561 (Teil II); *Bitter*, Anfechtung von Sicherheiten für Gesellschafterdarlehen nach § 135 Abs. 1 Nr. 1 InsO, ZIP 2013, 1497; *Bork*, Die analoge Anwendung des § 93 InsO auf Parallelsicherheiten, NZI 2002, 362; *Bork*, Wie erstellt man eine Fortbestehensprognose, ZIP 2000, 1709; *Bork*, Einführung in das Insolvenzrecht, 5. Aufl. 2009; *Bork/Jacoby*, Das Ausscheiden des einzigen Komplementärs nach § 131 Abs. 3 HGB, ZGR 2005, 611; *Braun/Uhlenbruck*, Unternehmensinsolvenz, 1997; *Brinkmann*, Funktion und Anwendungsbereich des § 93 InsO, ZGR 2003, 264; *Bunke*, Zur Anwendbarkeit des § 93 InsO auf konkurrierende Individualhaftungsansprüche gegen persönlich haftende Gesellschafter, KTS 2002, 471; *Burger/Schellberg*, Die Auflösetatbestände im neuen Insolvenzrecht, BB 1995, 261; des GmbH-Geschäftsführers gegenüber Neugläubigern wegen Konkursverschleppung, ZIP 1994, 1; *Eidenmüller*, Gesellschafterstellung und Insolvenzplan, ZGR 2001, 680; *Frege/Keller/Riedel*, Insolvenzrecht, 7. Aufl. 2008; *Frind*, Der vorläufige Gläubigerausschuss – Rechte, Pflichten, Haftungsgefahren, ZIP 2012, 1380; *Fuchs*, Die persönliche Haftung des Gesellschafters gemäß § 93 InsO; *Gottwald*, Insolvenzrechts-Handbuch, 4. Aufl. 2010; *Haas*, Mehr Gesellschaftsrecht im Insolvenzplanverfahren, NZG 2012, 961; *Haas/H. Müller*, Zur Reichweite des § 93 InsO, NZI 2002, 366; *Häsemeyer*, Kommanditistenhaftung und Insolvenzrecht, ZHR 149 (1985) 42; *Häsemeyer*, Insolvenzrecht, 4. Aufl. 2007; *Heilmann/Smid*, Grundzüge des Insolvenzrechts, 2. Aufl. 1993; *Henssler/Dedek*, Gesamtschaden wegen verspäteter Antragstellung, in FS Uhlenbruck 2000, 175; *Hirte*, Neuregelungen mit Bezug zum gesellschaftsrechtlichen Gläubigerschutz und im Insolvenzrecht durch das MoMiG, ZInsO

§ 49 *Gesellschaftsrecht in der Insolvenz der GmbH & Co. KG*

2008, 689; *Hirte/Knof/Mock*, Das Gesetz zur weiteren Erleichterung der Sanierung von Unternehmen, DB 2011, 632 (Teil I), 693 (Teil II); *Hölzle*, Zur Durchsetzbarkeit von Sicherheiten für Gesellschafterdarlehen in der Insolvenz, ZIP 2013, 1992; *Huber*, Gesellschafterdarlehen im GmbH- und Insolvenzrecht nach der MoMiG-Reform in GS Martin Winter, 2011, 261; *Hüffer*, Bewertungsprobleme in der Überschuldungsbilanz, in FS Wiedemann 2002, 1047; *Kießling/Singhof*, Verfügungsbeschränkungen in der vorläufigen Insolvenz, DZWIR 2000, 353; *Kebekus,* Altlasten in der Insolvenz – aus Verwaltersicht, NZI 2001, 63; *Kübler*, Handbuch Restrukturierung in der Insolvenz, 2012; *Kunz/Mundt*, Rechnungslegungspflichten in der Insolvenz, DStR 1997, 620 (Teil I), 664 (Teil II); *Kupsch*, Zur Problematik der Überschuldungsmessung, BB 1984, 159; *Kussmaul*, Kapitalersatz: Der Rangrücktritt in der Krise?, DB 2002, 2258; *Landfermann*, Der Ablauf eines künftigen Insolvenzverfahrens, BB 1995, 1649; *Landfermann*, Beiträge zum Insolvenzrecht, 1998; *Liebs*, Offene Fragen der Insolvenz einer zweigliedrigen GmbH & Co. KG, ZIP 2002, 1716; *Lwowski/Tetzlaff*, Altlasten in der Insolvenz – Die insolvenzrechtliche Qualifikation der Ersatzvornahmekosten für die Bereitung von Umweltlasten, NZI 2001, 57; *Madaus*, Schutzschirme für streitende Gesellschafter? ZIP 2014, 500; *Marotzke*, Das insolvenzrechtliche Eröffnungsverfahren neuer Prägung, DB 2012, 560 (Teil I), 617 (Teil II); *Michel*, Die Inanspruchnahme des Veräußerers und des Erwerbers eines Kommanditanteils im Konkurs der KG, KTS 1991, 67; *Mühlberger*, Rechtliche Bestandssicherung der GmbH & Co. KG und Haftungsrisiken für Geschäftsführer und Gesellschafter bei Überschuldung, GmbHR 1977, 146; *Müller, Hans-Friedrich*, Der Verband in der Insolvenz, 2002; *Noack,* InsO, Sonderband 1, Gesellschaftsrecht, 1999; *Obermüller/Hess,* InsO, 4. Aufl. 2003; *Pape*, Entwicklungstendenzen bei der Eigenverwaltung, ZIP 2013, 2285; *Pink*, Rechnungslegungspflichten in der Insolvenz der Kapitalgesellschaft, ZIP 1997, 177; *Prütting/Huhn*, Kollision von Gesellschaftsrecht und Insolvenzrecht bei der Eigenverwaltung?, ZIP 2002, 777; *Riegger*, Die Veräußerung der Firma durch den Konkursverwalter, BB 1983, 786; *Schäfer*, Insolvenzplan als Lösungsmittel für Mehrheits-/Minderheitskonflikte?, ZIP 2013, 2237; *Schlitt*, Die GmbH & Co. KG in der Insolvenz nach neuem Recht, NZG 1998, 701 und 755; *K. Schmidt*, Einlage und Haftung des Kommanditisten, 1977; *K. Schmidt*, § 171 Abs. 2 HGB – eine Bestimmung nur für den Konkurs der KG?, JR 1976, 278; *K. Schmidt*, Wege zum Insolvenzrecht der Unternehmen, 1990; *K. Schmidt*, Insolvenzordnung und Gesellschaftsrecht, ZGR 1998, 633; *K. Schmidt*, Haftungsrealisierung in der Gesellschaftsinsolvenz, KTS 2001, 373; *K. Schmidt*, Insolvenz und Insolvenzabwicklung bei der typischen GmbH & Co. KG, GmbHR 2002, 1209; *K. Schmidt*, Insolvenzabwicklung bei der Simultaninsolvenz der Gesellschaften in der GmbH & Co. KG, GmbHR 2003, 1404; *K. Schmidt,* Konsolidierte Abwicklung von Personengesellschaften bei simultaner Gesellschafterinsolvenz?, ZIP 2008, 2337; *K. Schmidt*, Gesellschafterdarlehen im GmbH- und Insolvenzrecht: Was hat sich geändert?, GS Martin Winter, 2011, 601; *K. Schmidt*, Debt-to-Equity-Swap bei der (GmbH & Co.-) Kommanditgesellschaft, ZGR 2012, 566; *K. Schmidt*, Überschuldung und Unternehmensfortführung: per aspera ad astra, ZIP 2013, 485; *K. Schmidt/Uhlenbruck*, Die GmbH in Krise, Sanierung und Insolvenz, 4. Aufl. 2009; *Schmidt-Räntsch*, Insolvenzordnung, 1995; *Stapper*, Neue Anforderungen an Insolvenzverwalter, NJW 1999, 3441; *Teller/Steffan*, Rangrücktrittsvereinbarungen, 3. Aufl. 2003; *Thole*, Treuepflicht-Torpedo? Die gesellschaftsrechtliche Treuepflicht in Insolvenzverfahren, ZIP 2013, 1937; *Uhlenbruck,* Die GmbH & Co. KG in Krise, Konkurs und Vergleich, 2. Aufl. 1988; *Uhlenbruck*, Die Pflichten des Geschäftsführers einer GmbH oder GmbH & Co. KG in der Krise des Unternehmens, BB 1985, 1277; *Uhlenbruck*, Die Bedeutung des Diskussionsentwurfes eines Gesetzes zur Reform des Insolvenzrechts für das Gesellschafts- und Unternehmensrecht, GmbHR 1989, 101; *Uhlenbruck*, Die neue Insolvenzordnung, GmbHR 1995, 81 und 195; *Uhlenbruck*, Die Durchsetzung von Gläubigeransprüchen gegen eine vermögenslose GmbH und de-

14. Kapitel. Insolvenz der Gesellschaft

ren Organe nach geltendem und neuem Insolvenzrecht, ZIP 1996, 1641; *Uhlenbruck*, Die Firma als Teil der Insolvenzmasse, ZIP 2000, 401; *Ulmer*, Die gesellschaftsrechtlichen Regelungsvorschläge der Kommission für Insolvenzrecht, ZHR 149 (1985) 541; *Ulmer*, Die Kompetenz zur Bildung einer Ersatzfirma bei Firmenveräußerung im Konkurs der GmbH, NJW 1983, 1697; *Unger*, Die Haftung des ausgeschiedenen Kommanditisten im Konkurs der KG, KTS 1960, 33; *Wertenbruch*, Die Personengesellschaft im Vergleich zur AG und GmbH im Insolvenzplanverfahren, ZIP 2013, 1693; *Wiester*, Altlastensanierung im Konkurs, 1996; *Wimmer*, Gesellschaftsrechtliche Maßnahmen zur Sanierung von Unternehmen, DStR 1996, 1249.

1 Die Voraussetzungen und Rechtsfolgen der Insolvenz der GmbH & Co. KG beurteilen sich nach der am 1.1.1999 in Kraft getretenen **Insolvenzordnung** (InsO).[1] Die Insolvenzordnung hat die Konkursordnung (KO) von 1877, die Vergleichsordnung (VerglO) von 1935 sowie die in den neuen Bundesländern geltende Gesamtvollstreckungsordnung (GesO) von 1991 abgelöst und zu einem **einheitlichen Insolvenzverfahren** verbunden, an dessen Ende die Sanierung, Übertragung oder Zerschlagung des Unternehmens steht.

2 Schwerpunkte der **Insolvenzrechtsreform** waren die Einbeziehung der gesicherten Gläubiger in das Insolvenzverfahren, die Einräumung einer Möglichkeit zur Restschuldbefreiung,[2] eine zur Vorverlagerung der Insolvenzauslösung führende Modifikation der Insolvenzgründe sowie eine Verschärfung der Anfechtungstatbestände. Indem es die Entscheidung, ob das Insolvenzverfahren in eine Liquidation, Gesamtveräußerung oder Sanierung des Unternehmens mündet, stärker als zuvor von der Entscheidung der Gläubiger abhängig macht, stärkt das Reformgesetz zudem die Gläubigerautonomie. Es zielt darauf ab, eine optimale Haftungsverwirklichung der Gläubiger sicherzustellen (§ 1 InsO).[3] Mit dem Insolvenzplan[4] hat der Gesetzgeber dabei ein Instrumentarium geschaffen, durch das der Fortbestand des Unternehmensträgers auf Dauer leichter gesichert werden kann, als dies früher auf Grundlage eines Vergleiches bzw. Zwangsvergleiches möglich war.[5] Dieses Instrumentarium ist mit Inkrafttreten des Gesetzes zur weiteren Erleichterung der Sanierung von Unternehmen (ESUG)[6] durch ergänzende Regelungen erweitert und gestärkt worden.

---

[1] InsO v. 5.10.1994, BGBl. I 2866; s.a. EGInsO v. 5.10.1994, BGBl. I 2911. KO, VerglO und GesO gelten nur noch für solche Verfahren fort, die vor dem 1.1.1999 beantragt wurden. Sofern der Insolvenzantrag nach dem 31.12.1998 gestellt wurde, findet die InsO auch für solche Rechtsverhältnisse und Rechte Anwendung, die vor dem 1.1.1999 begründet wurden (Art. 104 EGInsO). Zur InsO allgemein vgl. etwa *Uhlenbruck* WiB 1994, 849; *Pick* NJW 1995, 992; *Wagner* DStR 1995, 220; *Landfermann* BB 1995, 1649; *Smid* DZWiR 1997, 309.

[2] Von der Restschuldbefreiungsmöglichkeit können nur natürliche Personen Gebrauch machen (§ 286 InsO).

[3] Zu den Zielen der InsO: BVerfG NZI 2006, 453 Tz. 34f.; BGH NJW 2005, 2015 (2016).

[4] Der Insolvenzplan wird verbreitet als Kernstück der Insolvenzrechtsreform angesehen, vgl. etwa *Uhlenbruck* GmbHR 1995, 209.

[5] *Landfermann*, Beiträge, 15.

[6] Gesetz v. 7.12.2011, BGBl. I 2582.

Auch unter Berücksichtigung ihrer wesentlich geringeren Verbreitung ist die relative Insolvenzhäufigkeit der GmbH & Co. KG deutlich geringer als die der GmbH.[7] Die im Zusammenhang mit der Insolvenz von Abschreibungsgesellschaften geäußerten Zweifel an der wirtschaftlichen Seriosität der Rechtsform der GmbH & Co. KG lassen sich jedenfalls im Vergleich zur GmbH nicht auf die Insolvenzhäufigkeit stützen.

3

I. Insolvenzfähigkeit der GmbH & Co. KG

1. Grundsatz

Die GmbH & Co. KG ist nach § 11 Abs. 2 Nr. 1 InsO insolvenzfähig. Die Insolvenzfähigkeit besteht mit der Bildung eigenen Vermögens und der Aufnahme einer nach außen gerichteten Tätigkeit, auch bereits vor der Eintragung der Gesellschaft im Handelsregister,[8] dann gegebenenfalls als Gesellschaft des bürgerlichen Rechts. Dies gilt nach hM auch für die fehlerhafte Gesellschaft, sofern ein verteilungsfähiges Gesellschaftsvermögen gebildet worden ist, welches Gegenstand eines Insolvenzverfahrens sein kann.[9] Auch die noch nicht erfolgte Eintragung der Komplementär-GmbH in das Handelsregister berührt die Insolvenzfähigkeit der KG nicht.[10] Die Gesellschaft behält ihre Insolvenzfähigkeit selbst dann, wenn sie bereits aufgelöst ist.[11] Stellt sich in der Liquidationsphase heraus, dass die Gesellschaft über kein ausreichendes Vermögen verfügt, um ihre sämtlichen Verbindlichkeiten zu begleichen, ist das Abwicklungsverfahren von den Geschäftsführern in das Insolvenzverfahren zu überführen (§ 130a Abs. 1 S. 2 und 3 HGB).[12] Die GmbH & Co. KG bleibt auch dann insolvenzfähig, wenn sie im Handelsregister bereits wegen Vermögenslosigkeit gelöscht ist, aber noch über ein verteilungsfähiges Vermögen verfügt.[13] Die Eröffnung eines Insolvenzverfahrens ist selbst dann noch denkbar, wenn der Eröffnungsantrag bereits einmal mangels Masse abgelehnt wurde.[14] Die Insolvenzfähigkeit der GmbH & Co. KG endet erst mit ihrer Vollbeendigung, also mit der Verteilung des gesamten Gesellschaftsvermögens.[15]

4

---

[7] Vgl. *Binz/Sorg* § 12 Rn. 2.
[8] Jaeger/*Ehricke* § 11 Rn. 63; MüKoInsO/*Ott/Vuia* § 11 Rn. 45.
[9] Schlegelberger/*K. Schmidt* § 131 Rn. 19; Jaeger/*Ehricke* § 11 Rn. 64; Heidelberger Kommentar/*Kirchhof* § 11 Rn. 15; MüKoInsO/*Ott/Vuia* § 11 Rn. 47; *Hess/Weis/Wienberg* § 11 Rn. 41; *Häsemeyer*, Insolvenzrecht, Rn. 31.05.
[10] BGH NJW 1981, 1373; *Noack* Rn. 555; Uhlenbruck/*Hirte* § 11 Rn. 341; Heidelberger Kommentar/*Kirchhof* § 11 Rn. 15; *Hess/Weis/Wienberg* § 11 Rn. 40.
[11] MüKoHGB/*K. Schmidt* § 158 Anh. Rn. 4; Jaeger/*Ehricke* § 11 Rn. 95; Uhlenbruck/*Hirte* § 11 Rn. 342; MüKoInsO/*Ott/Vuia* § 11 Rn. 70; *Häsemeyer*, Insolvenzrecht, Rn. 31.05.
[12] Hesselmann/Tillman/Mueller-Thuns/*Lüke* § 10 Rn. 153.
[13] *Uhlenbruck* GmbHR 1995, 203; *Frege/Keller/Riedel* Rn. 292; *Hess/Weis/Wienberg* § 11 Rn. 40.
[14] *Braun/Uhlenbruck*, Unternehmensinsolvenz, 71.
[15] *Häsemeyer*, Insolvenzrecht, Rn. 31.05; Jaeger/*Ehricke* § 11 Rn. 96; MüKoInsO/*Ott/Vuia* § 11 Rn. 71.

14. Kapitel. Insolvenz der Gesellschaft

5 Nach herrschender Auffassung ist die Gesellschaft selbst und nicht ihre Gesellschafter Insolvenzschuldnerin.[16] Die Rechte und Pflichten des Insolvenzschuldners werden vom Geschäftsführer der Komplementär-GmbH wahrgenommen, während die Kommanditisten auch nach der Mindermeinung[17] über keine Kompetenzen verfügen und keiner Pflichtenbindung unterliegen.

2. Trennungsprinzip

6 Wie bei der Auflösung und Liquidation ist strikt zwischen der Insolvenz der KG und ihrer Komplementär-GmbH zu differenzieren.[18] Hieran ändert auch der Umstand nichts, dass die Insolvenz der KG wegen der persönlichen Haftung für die Gesellschaftsschulden (§ 128 HGB) nur selten ohne Konsequenzen für die Überschuldungssituation ihrer Komplementär-GmbH bleibt (→ Rn. 29 ff.).[19] Die Geschäftsführung der Komplementär-GmbH ist gehalten, eine mögliche Insolvenz für beide Gesellschaften unabhängig voneinander festzustellen. Ergibt die Prüfung, dass beide Gesellschaften insolvenzreif sind, bedarf es zur Einleitung der Insolvenzverfahren gesonderter Insolvenzanträge. Die sich dann anschließenden Insolvenzverfahren werden unabhängig voneinander abgewickelt. Ein **„Einheitsinsolvenzverfahren"** findet bei der GmbH & Co. KG nicht statt.[20]

II. Außergerichtliche Sanierung

7 Liegen nach betriebswirtschaftlichen Maßstäben Anzeichen für eine **Krise** des Unternehmens vor,[21] ohne dass bereits ein zur Antragstellung verpflichtender Insolvenztatbestand erfüllt wäre, ist der Geschäftsführer der Komplementär-GmbH gehalten, anhand neuester Unternehmenszahlen eine umfassende Analyse der Krisensymptome und -ursachen (Manage-

---

[16] Vgl. etwa MüKoHGB/*K. Schmidt* § 158 Anh. Rn. 5 mwN; *Bork,* Insolvenzrecht, Rn. 33; MüKoInsO/*Ott/Vuia* § 80 Rn. 113; *Schmidt-Räntsch* § 11 Rn. 7 unter Hinw. auf die Begr. RegE; vgl. bereits *K. Schmidt/Schulz* ZIP 1982, 1017; *K. Schmidt* ZGR 1998, 642; GK/*Habersack* § 124 HGB Rn. 44; wohl auch BGH NJW 1993, 663; aA *Häsemeyer,* Insolvenzrecht, Rn. 31.10. zur OHG; vgl. zum früheren Recht BGHZ 34, 293 (297).

[17] *Häsemeyer,* Insolvenzrecht, Rn. 31.39.

[18] Hachenburg/*Ulmer* § 63 Rn. 128; MüKoHGB/*K. Schmidt* § 158 Anh. Rn. 58; Jaeger/*Ehricke* § 11 Rn. 45; MüKoInsO/*Ott/Vuia* § 11 Rn. 26; ausführlich *K. Schmidt* GmbHR 2002, 1209 ff.; *Hess/Weis/Wienberg* § 11 Rn. 37; Gottwald/*Haas/Vogel* § 94 Rn. 4, 126 ff.

[19] Vgl. BGHZ 67, 171 (175); Schlegelberger/*K. Schmidt* § 130a Rn. 4; *Noack* Rn. 550; Hachenburg/*Ulmer* § 63 Rn. 128; *Roth/Altmeppen* Vorb. § 64 Rn. 120; Jaeger/*Ehricke* § 11 Rn. 45; MüKoInsO/*Ott/Vuia* § 11 Rn. 26; Hesselmann/Tillman/Mueller-Thuns/*Lüke* § 10 Rn. 104, 149.

[20] Vgl. auch *Häsemeyer,* Insolvenzrecht, Rn. 31.04; 31.60; s. aber *K. Schmidt* ZIP 2008, 2337 (2344).

[21] Zum Begriff der Unternehmenskrise vgl. *Uhlenbruck* GmbHR 1985, 1278; zur Sanierungsprüfung allg. BGH WM 1998, 248 (250 f.).

ment, Wettbewerbssituation, Kostenstruktur etc.) insbesondere im Hinblick auf die Vermögens-, Finanz- und Ertragslage des Unternehmens vorzunehmen, um auf dieser Grundlage die Erfolgsaussichten einer möglichen Sanierung auszuloten.[22]

Als sanierungsfähig ist die GmbH & Co. KG dann anzusehen, wenn nach den Untersuchungen hinreichend wahrscheinlich ist, dass die Gesellschaft nach Durchführung der Sanierungsmaßnahmen aus eigener Kraft am Markt nachhaltige Einnahmeüberschüsse erwirtschaften kann.[23] Hat eine Sanierung danach Aussicht auf Erfolg, hat der Geschäftsführer ein Sanierungskonzept zu entwickeln, das die erforderlichen bilanziellen und finanziellen sowie strategischen und operativen Maßnahmen umfasst (sog. **interne Sanierungspflicht**).[24]

Wie § 18 InsO zeigt, besteht die Pflicht des Geschäftsführers zur Sanierung des Unternehmens nicht unbegrenzt. Danach kann der Geschäftsführer bereits bei **drohender Zahlungsunfähigkeit** (→ Rn. 16 f.) ein Insolvenzverfahren einleiten. Dies stellt den Geschäftsführer vor die Frage, ob er sich bei (bloß) drohender Zahlungsunfähigkeit um eine außergerichtliche Sanierung des Unternehmens bemüht oder ein Insolvenzverfahren einleitet. Aus Sicht des Unternehmens kann die Einleitung eines Insolvenzverfahrens im Vergleich zur Durchführung einer Sanierung durchaus Vorteile bieten.[25] Dies gilt namentlich dann, wenn außergerichtliche Vergleichsbemühungen an der Zustimmung einzelner Gläubigergruppen zu scheitern drohen, andererseits aber die Hoffnung besteht, dass die für die Verabschiedung eines Insolvenzplanes erforderlichen Mehrheiten erreicht werden.[26] Ein freiwilliger Eröffnungsantrag der Geschäftsführer kann auch Instrumentarium sein, um durch Auslösung der Rückschlagsperre nach § 88 InsO neue Liquidität zu gewinnen.[27] Danach wird eine Sicherung eines Gläubigers unwirksam, die dieser im letzten Monat vor dem Antrag auf Eröffnung des Verfahrens oder nach Stellung des Antrages im Vollstreckungswege erlangt hat. Für die Einleitung des Insolvenzverfahrens kann zudem sprechen, dass die Arbeitnehmer unter erleichterten Bedingungen Insolvenzgeld in Anspruch nehmen können.[28] Auch die Belastungen des Unternehmens durch einen Sozialplan können geringer sein (§ 123 Abs. 1, 2 InsO). Darüber hinaus tritt der Pensionssiche-

---

[22] BGH NZI 2012, 567.
[23] *Uhlenbruck* GmbHR 1995, 200; vgl. ferner *Maus* DB 1991, 1133 ff.; *Groß* DStR 1991, 1572 ff.; *Hess/Weis/Wienberg* § 220 Rn. 148.
[24] *Uhlenbruck* GmbHR 1995, 86; GK/*Habersack* § 130a HGB Rn. 22. Zu den Möglichkeiten einer Unternehmensumstrukturierung zu Sanierungszwecken vgl. etwa *Limmer* Kölner Schrift, Kap. 27 Rn. 4 ff.
[25] Vgl. etwa *Uhlenbruck* GmbHR 1995, 86 f.; MüKoInsO/*Drukarczyk* § 18 Rn. 3; Jaeger/*Müller* § 18 Rn. 24.
[26] Während der Abschluss eines außergerichtlichen Vergleichs von der Zustimmung aller Gläubiger abhängt, kann im Insolvenzverfahren ein Vergleich im Rahmen eines Insolvenzplanes unter Umständen auch gegen die Stimmen einer Gläubigerminderheit durchgesetzt werden; vgl. *Jaffé* Kölner Schrift, Kap. 23 Rn. 3 ff.
[27] *Uhlenbruck/Uhlenbruck* § 88 Rn. 1.
[28] Näheres hierzu *Gottwald/Bertram* § 110 Rn. 6 ff.

14. Kapitel. Insolvenz der Gesellschaft

rungsverein auf Gegenseitigkeit im Insolvenzverfahren für die Ruhegeldansprüche der Arbeitnehmer ein.[29]

10 Daneben lässt das Insolvenzrecht auch Möglichkeiten einer **außergerichtlichen Sanierung** zu. Diese beruhen auf Vereinbarungen mit den Gläubigern und haben die Bereinigung der Schulden des Unternehmens durch Moratorien, Forderungsverzichte, Beteiligungen, Kredite und Umschuldungen zum Gegenstand. Außergerichtliche Verfahren erlauben mehr Flexibilität und sind schneller durchzuführen, wodurch sich in erheblichem Umfang Kosten sparen lassen, was wiederum zu einer Erhöhung der auf die Gläubiger entfallenden Quote führen kann. Schließlich können sie diskret durchgeführt werden, so dass Kunden und Arbeitnehmer der Gesellschaft nicht beunruhigt werden. Ihr Erfolg hängt freilich von der Zustimmung aller Beteiligten ab. Scheitern die außergerichtlichen Sanierungsbemühungen, so dass letztendlich doch das Insolvenzverfahren zu eröffnen ist, drohen Schadensersatzrisiken wegen einer Verzögerung des Insolvenzverfahrens.[30]

11 Das Recht der Geschäftsführer, sich zwischen einer außergerichtlichen Sanierung der Gesellschaft und der Eröffnung eines Insolvenzverfahrens zu entscheiden, schlägt in eine **Pflicht** zur Stellung des Eröffnungsantrages um, sobald feststeht, dass die GmbH & Co. KG zahlungsunfähig oder überschuldet ist. Bei Eintritt eines dieser Insolvenztatbestände hat der Geschäftsführer unverzüglich die Eröffnung eines Insolvenzverfahrens zu beantragen (§§ 15a Abs. 1 S. 2, 2 InsO) (→ Rn. 33 ff.).

III. Eröffnungsgründe

1. Zahlungsunfähigkeit

12 Nach § 17 Abs. 2 InsO ist die GmbH & Co. KG zahlungsunfähig, wenn sie nicht mehr in der Lage ist, ihre fälligen Zahlungspflichten zu erfüllen.[31] Eine widerlegliche **Vermutung** für die Zahlungsunfähigkeit stellt § 17 Abs. 2 S. 2 InsO auf. Danach ist die Gesellschaft in der Regel zahlungsunfähig, wenn sie ihre Zahlungen eingestellt hat.[32] Diese Vermutung wird nicht durch den Nachweis der Zahlungsunwilligkeit der Gesellschaft, sondern nur durch den Nachweis der Zahlungsfähigkeit widerlegt.[33]

13 Nach früherer Definition war eine Gesellschaft zahlungsunfähig, wenn sie ihre fälligen und von den Gläubigern ernsthaft eingeforderten Verbindlich-

---

[29] Siehe zur betrieblichen Altersversorgung in der Unternehmensinsolvenz *Ganter* NZI 2013, 769 (770).
[30] *Häsemeyer*, Insolvenzrecht, Rn. 27.04.
[31] Vgl. zum Eröffnungsgrund der Zahlungsunfähigkeit Uhlenbruck/*Uhlenbruck* § 17 Rn. 4 ff.; *Jäger* BB 1997, 1575. Zu den Insolvenzgründen allgemein *Drukarzcyk/Schüler* Kölner Schrift, Kap. 2 Rn. 1 ff.; *Burger/Schellberg* BB 1995, 261 ff.
[32] BGH NZI 2012, 413 Rn. 13; NZI 2011, 589 Rn. 11 f.; *Kirchhof* Kölner Schrift, Kap. 3 Rn. 1 ff.; *Uhlenbruck* GmbHR 1995, 197; Uhlenbruck/*Uhlenbruck* § 17 Rn. 29 ff.; *Hess/Weis/Wienberg* § 11 Rn. 6; umstritten ist, ob sich die Zahlungseinstellung auf eingeforderte Forderungen beziehen muss; vgl. MüKoHGB/*K. Schmidt* § 158 Anh. Rn. 13 mwN zum Streitstand.
[33] BGH NZI 2012, 416 Tz. 18.

§ 49 Gesellschaftsrecht in der Insolvenz der GmbH & Co. KG

keiten wegen eines absehbar fortwährenden Mangels an Zahlungsmitteln im Wesentlichen dauernd nicht mehr erfüllen konnte und dies den beteiligten Verkehrskreisen erkennbar geworden war.[34] Von dieser Definition greift § 17 Abs. 2 InsO die Kriterien der Dauer der Zahlungsunfähigkeit und der Wesentlichkeit nicht mehr auf, um Verzögerungen der Verfahrenseröffnung vorzubeugen.[35] Darin liegt eine **Verschärfung** des Insolvenztatbestandes.[36] An seiner Rechtsprechung zur KO, wonach es für die Feststellung der Zahlungsunfähigkeit nicht allein auf die **Fälligkeit** der Zahlungspflichten nach § 271 BGB ankommt, sondern jene ein „**ernstliches Einfordern**" durch den Gläubiger voraussetzt, hält der BGH auch unter dem Regime der InsO fest.[37] Erforderlich aber auch ausreichend ist eine Gläubigerhandlung, aus der sich der Wille, vom Schuldner Erfüllung zu verlangen, im Allgemeinen ergibt, wie zB bei Übersendung einer Rechnung.[38] Ein fortgesetztes Zahlungsverlangen des Gläubigers, wie zB eine Mahnung, ist nicht Voraussetzung. Führt die Gesellschaft selbst die Fälligkeit der Forderung herbei, zB durch die Kündigung eines Kreditvertrages, und bietet sie die Zahlung an, bedarf es keiner Einforderung durch den Gläubiger.[39]

Ein auf Zahlungsunfähigkeit gestützter Eröffnungsantrag erfordert die Aufstellung einer **Liquiditätsbilanz**, aus der sich das Verhältnis der verfügbaren und innerhalb von drei Wochen flüssig zu machenden Mittel zu den fälligen und – soweit erforderlich – eingeforderten Verbindlichkeiten ergibt.[40] Folgt hieraus eine Unterdeckung von wenigstens zehn Prozent ist regelmäßig von der Zahlungsunfähigkeit der Gesellschaft auszugehen, es sei denn ein Ausgleich der Liquiditätslücke in absehbarer Zeit ist mit an Sicherheit grenzender Wahrscheinlichkeit zu erwarten und ein Zuwarten den Gläubigern zuzumuten.[41] Dagegen machen eine nur vorübergehende **Zahlungsstockung** oder nur geringfügige Liquiditätslücken, also solche mit einer Unterdeckung von weniger als zehn Prozent, die Gesellschaft in aller Regel noch nicht zahlungsunfähig.[42] Eine vorübergehende Zahlungssto-

14

---

[34] Vgl. BGH NJW 1962, 102; 1985, 1785; BayObLG BB 1988, 1840; *Landfermann* BB 1995, 1651; *Wimmer* DStR 1996, 1249; *Uhlenbruck* GmbH & Co. KG in Krise, 232; GK/*Habersack* § 130a HGB Rn. 16; *Heymann/Emmerich* §§ 130a, b Rn. 7.
[35] Amtl. Begr. zu § 21 RegE (= § 17 InsO); BGH NZI 2007, 579 Tz. 16; Jaeger/ *Müller* § 17 Rn. 4; MüKoInsO/*Eilenberger* § 17 Rn. 5.
[36] Vgl. *Burger/Schellberg* BB 1995, 261; einschränkend *K. Schmidt* ZGR 1998, 650; kritisch zur gesetzlichen Regelung *Häsemeyer*, Insolvenzrecht, Rn. 7.17 ff.
[37] BGH NZI 2007, 579 Tz. 18; s.a. Heidelberger Kommentar/*Kirchhof* § 17 Rn. 10; *K. Schmidt* § 17 Rn. 12. Kritisch hierzu Jaeger/*Müller* § 17 Rn. 9; *Schulz* ZIP 2009, 2281.
[38] BGH NZI 2007, 579 Tz. 19.
[39] BGH NJW 2009, 2600.
[40] BGH NZI 2005, 547 (548); 2007, 36 Tz. 28. S.a. MüKoInsO/*Eilenberger* § 17 Rn. 20 ff.
[41] BGH NZI 2005, 547.
[42] Vgl. BGH WM 1959, 891; NZI 2005, 547 (548 f.); MüKoHGB/*K. Schmidt* § 158 Anh. Rn. 10 f. (mit genauer Abgrenzung zwischen Zahlungsunfähigkeit und Zahlungsstockung); Jaeger/*Müller* § 17 Rn. 5; MüKoInsO/*Eilenberger* § 17 Rn. 5; Uhlenbruck/*Uhlenbruck* § 17 Rn. 7; GK/*Habersack* § 130a HGB Rn. 16; *Baumbach/Hopt*

ckung ist nach Auffassung des BGH anzunehmen, wenn die Zahlungsunfähigkeit innerhalb eines Zeitraumes, den eine kreditwürdige Person benötigt, um sich die benötigten Mittel zu leihen, beseitigt wird. Diesen Zeitraum bemisst der BGH mit drei Wochen und er entspricht damit der höchst zulässigen Frist im Rahmen der Eröffnungsantragspflicht der Geschäftsführung nach § 15a Abs. 1 InsO.[43]

15 Die Zahlungsfähigkeit der Kommanditisten und der Komplementär-GmbH oder ihrer Gesellschafter spielt bei der Insolvenzprüfung der Gesellschaft keine Rolle.[44] Die Pflicht zur Stellung eines Eröffnungsantrages wird also nicht dadurch beseitigt, dass die Gläubiger von den **Gesellschaftern** der GmbH & Co. KG Zahlungen erhalten könnten (§§ 128, 171, 172 HGB). Lediglich im Falle der Überschuldung der GmbH & Co. KG besteht eine Pflicht, Eröffnungsantrag zu stellen dann nicht, wenn neben der GmbH mittelbar oder unmittelbar eine natürliche Person für die Verbindlichkeiten der Gesellschaft persönlich haftet (§ 19 Abs. 3 InsO).

2. Drohende Zahlungsunfähigkeit

16 Beantragt die Gesellschaft die Eröffnung des Insolvenzverfahrens, stellt bereits die drohende Zahlungsunfähigkeit einen **Eröffnungsgrund** dar (§ 18 InsO). Der Gesellschaft droht die Zahlungsunfähigkeit, wenn sie voraussichtlich nicht in der Lage ist, ihre bestehenden Verbindlichkeiten im Zeitpunkt der Fälligkeit zu erfüllen (§ 18 Abs. 2 InsO). Ob diese Voraussetzungen erfüllt sind, ist unter Berücksichtigung der voraussichtlichen Entwicklung der gesamten Finanz- und Liquiditätssituation der Gesellschaft bis zur Fälligkeit aller bestehenden Verbindlichkeiten zu ermitteln.[45] Demnach erfordert die Feststellung drohender Zahlungsunfähigkeit eine **Prognose**.[46] Darin sind solche Zahlungspflichten zu berücksichtigen, die bereits fällig sind oder im Prognosezeitraum voraussichtlich fällig werden. Ergibt die Prognose, dass der Eintritt der Zahlungsunfähigkeit wahrscheinlicher ist als deren Vermeidung, droht Zahlungsunfähigkeit.[47] Zum Nachweis des Vorliegens der drohenden

---

§ 130a Rn. 3. Erfüllte Forderungen bleiben, selbst wenn die Leistung anfechtbar ist, bei der Prüfung außer Betracht, vgl. BGH BB 1987, 1126.

[43] BGH NZI 2005, 547 (548); ZIP 2011, 1416 (1417). Allerdings wird zu Recht bezweifelt, ob dieser Zeitraum für eine Kreditgewährung angesichts der von den Kreditinstituten einzuhaltenden Kreditprüfungsanforderungen realistisch ist, vgl. *Thonfeld* NZI 2005, 551.

[44] MüKoHGB/*K. Schmidt* § 158 Anh. Rn. 12; Gottwald/*Haas/Vogel* § 94 Rn. 7; MHdB GesR II/*Schmid* KG § 47 Rn. 7; Jaeger/*Müller* § 17 Rn. 18; einschränkend *Noack* Rn. 455.

[45] BGH NZI 2014, 259 Rn. 10; *Burger/Schellberg* BB 1995, 264; Hesselmann/Tillman/Mueller-Thuns/*Lüke* § 10 Rn. 112.

[46] *Häsemeyer*, Insolvenzrecht, Rn. 7.22; *Hess/Weis/Wienberg* § 18 Rn. 5; zu den im Rahmen der Prognose zu berücksichtigenden Positionen: Jaeger/*Müller* § 18 Rn. 8; zu den Unsicherheiten und Unklarheiten der Prognose: MüKoHGB/*K. Schmidt* § 158 Anh. Rn. 16 mwN.

[47] BGH NZI 2014, 259 Rn. 10; NZI 2013, 129 Rn. 15; einschränkend Heidelberger Kommentar/*Kirchhof* § 18 Rn. 6.

Zahlungsunfähigkeit kann das Gericht die Vorlage eines Finanz- und Liquiditätsplanes verlangen.[48]

Anders als Zahlungsunfähigkeit und Überschuldung begründet die drohende Zahlungsunfähigkeit **keine Antragsverpflichtung**, sondern räumt dem Geschäftsführer nur das Recht ein, einen Eröffnungsantrag zu stellen, statt eine außergerichtliche Sanierung vorzunehmen (→ Rn. 10). Allerdings muss er, um sich nicht schadensersatzpflichtig zu machen, zunächst die Sanierungsfähigkeit des Unternehmens sorgfältig prüfen und den Gesellschaftern der KG die Möglichkeit einräumen, die Eröffnung des Insolvenzverfahrens durch Sanierung oder Liquidation abzuwenden.[49] Der auf drohende Zahlungsunfähigkeit gestützte Insolvenzantrag ist nur als **Eigenantrag** möglich (§ 18 Abs. 1 InsO).[50] 17

3. Überschuldung

Weiterer Eröffnungsgrund ist die Überschuldung der GmbH & Co. KG, wenn neben der Komplementär-GmbH kein persönlich haftender Gesellschafter eine natürliche Person ist oder seinerseits eine natürliche Person als persönlich haftenden Gesellschafter hat (§ 19 Abs. 1, 3 InsO). 18

a) **Ermittlung.** Die GmbH & Co. KG ist überschuldet, wenn ihr Vermögen die bestehenden Verbindlichkeiten nicht mehr deckt, es sei denn, die Fortführung des Unternehmens ist nach den Umständen überwiegend wahrscheinlich (§ 19 Abs. 2 S. 1 InsO).[51] Dieser durch das Finanzmarktstabilisierungsgesetz[52] wieder eingeführte zweistufige Überschuldungsbegriff galt zunächst zeitlich begrenzt, nunmehr aber unbefristet.[53] Die Feststellung der Überschuldung im Rechtssinne setzt sowohl die rechnerische Überschuldung als auch eine negative Fortführungsprognose voraus. Beide Tatbestandsmerkmale stehen gleichwertig nebeneinander.[54] 19

---

[48] *Uhlenbruck* GmbHR 1995, 197; *Drukarczyk/Schüler* Kölner Schrift, Kap. 2 Rn. 48. An diese Pläne werden in der Praxis hohe Anforderungen gestellt, vgl. *Häsemeyer*, Insolvenzrecht, Rn. 7.22; MüKoHGB/*K. Schmidt* § 158 Anh. Rn. 17 mwN; zum Finanzplan: MüKoInsO/*Drukarczyk* § 18 Rn. 13 ff.

[49] OLG München NZG 2013, 742; *K. Schmidt* § 18 Rn. 31; Schäfer ZIP 2013, 2237 (2242); Madaus ZIP 2014, 500 (502); differenzierend Wertenbruch DB 2013, 1592 (1595); ders. ZIP 2013, 1693 (1703); a.A. Hölzle ZIP 2013, 1846 (1850); zu den Anforderungen an die Prüfung der Sanierungsfähigkeit: BGH NZI 2012, 567.

[50] Nach der Begr. des RegE, abgedr. bei *Balz/Landfermann*, Insolvenzgesetze, 91, soll hierdurch vermieden werden, dass das Unternehmen durch entsprechende Gläubigeranträge unter Druck gesetzt werden kann. Zum Erfordernis eines Rechtsschutzbedürfnisses des Schuldners für den Eigenantrag s. Machaus ZIP 2014, 500 f.

[51] Zum Begriff der Überschuldung vgl. *Häsemeyer*, Insolvenzrecht, Rn. 7.23 ff.; *Drukarczyk/Schüler* Kölner Schrift, Kap. 2 Rn. 89 ff.; *Braun/Uhlenbruck*, Unternehmensinsolvenz, 286; *K. Schmidt/Uhlenbruck*, GmbH in Krise, Rn. 5.52 ff.; *Kupsch* BB 1984, 159; *Drukarczyk* WM 1994, 1737 ff.; *Burger/Schellberg* BB 1995, 265; *M. Fischer* ZIP 2004, 1477; *Pott* NZI 2012, 4; *Bitter/Hommerich/Reiß* ZIP 2012, 1201; *K. Schmidt* ZIP 2013, 485.

[52] Gesetz zur Umsetzung eines Maßnahmenpakets zur Stabilisierung des Finanzmarkts v. 17.10.2008, BGBl. I 1982.

[53] Gesetz v. 5.12.2012, BGBl. I 2418.

[54] *K. Schmidt* § 19 Rn. 13; *K. Schmidt* ZIP 2013, 485 (489).

14. Kapitel. Insolvenz der Gesellschaft

20   *aa) Rechnerische Überschuldung.* Die **rechnerische Überschuldung** ist anhand einer **Überschuldungsbilanz** zu prüfen.[55] Die Haftung der Komplementär-GmbH bleibt dabei außer Betracht.[56] In die Überschuldungsbilanz sind das Vermögen und die bestehenden Verbindlichkeiten der Gesellschaft unter der Annahme einer planvollen Abwicklung, dh mit ihren **Liquidationswerten** einzustellen.[57] Auf der Passivseite haben die unechten Passivposten, wie das Eigenkapital und die Rücklagen, außer Betracht zu bleiben.[58] Nach herrschender Meinung darf ein originärer **Geschäftswert**, dh die Differenz zwischen der Summe der Liquidationswerte der einzelnen bewertbaren und verkehrsfähigen Vermögensgegenstände und einem höheren Ertragswert des Unternehmens oder einzelner Unternehmensteile nur dann angesetzt werden, wenn im Verwertungsfall von dessen Realisierung auszugehen ist.[59] Das gilt entsprechend für sonstige immaterielle Vermögenswerte.[60] Materielle Vermögenspositionen sind mit ihren realisierbaren Werten in Ansatz zu bringen, Forderungen also in der Höhe, in der sie werthaltig und durchsetzbar sind.[61] Dementsprechend dürfen in einer Überschuldungsbilanz auch **stille Reserven** durch Neubewertung aufgelöst werden.[62] Verbindlichkeiten sind dann nicht zu passivieren, wenn die Gläubiger mit der Gesellschaft eine **Rangrücktrittsvereinbarung** gemäß § 39 Abs. 2 InsO geschlossen haben und aufgrund der Vereinbarung gehindert sind, die Forderung während der Krise der Gesellschaft geltend zu machen (pactum de non petendo).[63]

21   *bb) Passivierung der Ansprüche auf Rückgewähr von Gesellschafterdarlehen.* Der in der Vergangenheit geführte Streit, inwieweit Ansprüche auf Rückzahlung eigenkapitalersetzender Darlehen in der zu erstellenden Überschuldungsbilanz zu passivieren sind[64], ist mit Inkrafttreten des

---

[55] Zum Inhalt der Überschuldungsbilanz allg. *Scholz/K. Schmidt/Bitter* Vor § 64 Rn. 30 ff.; Hachenburg/*Ulmer* § 63 Rn. 135 ff.; MüKoInsO/*Drukarczyk/Schüler* § 19 Rn. 84 ff.

[56] *Uhlenbruck,* GmbH & Co. KG in Krise, 292.

[57] *K. Schmidt* § 19 Rn. 24; Heidelberger Kommentar/*Kirchhof* § 19 Rn. 15; aA MüKoInsO/*Drukarczyk/Schüler* § 19 Rn. 103 ff., 129 ff., die danach unterscheiden, ob eine Fortführung der Gesellschaft nach den Umständen als überwiegend wahrscheinlich angesehen wird (Fortführungswerte) oder nicht (Liquidationswerte).

[58] Heidelberger Kommentar/*Kirchhof* § 19 Rn. 22; Jaeger/*Müller* § 19 Rn. 85; *Hess/Weis/Wienberg* § 19 Rn. 37; zur Passivierung von Ansprüchen auf Rückgewähr von Gesellschafterdarlehen → Rn. 21 f.

[59] *K. Schmidt* § 19 Rn. 25; Jaeger/*Müller* § 19 Rn. 52; Heidelberger Kommentar/*Kirchhof* § 19 Rn. 18; MüKoInsO/*Drukarczyk/Schüler* § 19 Rn. 110.

[60] *Scholz/K. Schmidt/Bitter* Vor § 64 Rn. 36; *K. Schmidt* § 19 Rn. 27; Uhlenbruck/*Uhlenbruck* § 19 Rn. 83; MüKoInsO/*Drukarczyk/Schüler* § 19 Rn. 110.

[61] *Scholz/K. Schmidt/Bitter* Vor § 64 Rn. 37; *K. Schmidt* § 19 Rn. 30 f.; Uhlenbruck/*Uhlenbruck* § 19 Rn. 85; MüKoInsO/*Drukarczyk/Schüler* § 19 Rn. 115.

[62] BGHZ 146, 264 (268); Heidelberger Kommentar/*Kirchhof* § 19 Rn. 18; MüKoInsO/*Drukarczyk/Schüler* § 19 Rn. 112.

[63] *K. Schmidt* § 19 Rn. 35, § 39 Rn. 22; dagegen verlangen Uhlenbruck/*Uhlenbruck* § 19 Rn. 114 und Hesselmann/Tillman/Mueller-Thuns/*Lüke* § 10 Rn. 143 lediglich eine Rangrücktrittserklärung des Gläubigers.

[64] Bejahend: BGHZ 146, 264 m. Anm. *Felleisen* GmbHR 2001, 195, m. Anm. *Fleischer* JZ 2001, 1191 und m. Anm. *Altmeppen* ZIP 2001, 240; OLG Hamburg WM

MoMiG[65] nunmehr gesetzlich geregelt. Um eine Beeinträchtigung der Interessen der Gesellschaftsgläubiger auszuschließen, sind in der Überschuldungsbilanz Forderungen auf Rückgewähr von **Gesellschafterdarlehen** oder aus Rechtshandlungen, die einem solchen Darlehen wirtschaftlich entsprechen, nach § 19 Abs. 1 S. 2 InsO grundsätzlich zu passivieren, wenn für sie nicht der Nachrang iSd § 39 Abs. 2 InsO (→ Rn. 22) vereinbart wurde. Der BGH wies zur Begründung dieser zu eigenkapitalersetzenden Gesellschafterleistungen schon vor Inkrafttreten der gesetzlichen Regelung vertretenen Auffassung darauf hin, dass diese Forderungen auch in der Krise weder erlöschen noch zu statutarischem Eigenkapital werden. Die Gesellschafter seien daher nach der Überwindung der Krise nicht daran gehindert, die aus ihrer Drittgläubigerstellung folgenden Rechte gegen die Gesellschaft – und zwar auch hinsichtlich der Rückstände – zu verfolgen und Befriedigung ihrer Ansprüche vor der Verteilung eines Liquidationserlöses an die Gesellschafter zu verlangen.[66] Die grundsätzliche **Passivierungspflicht** besteht nach der nun geltenden gesetzlichen Regelung für alle Ansprüche aus Gesellschafterdarlehen und gleichgestellten Rechtshandlungen.

Die Gesellschafter haben es aber in der Hand, durch Eingehung von **Rangrücktrittsvereinbarungen** mit ihrer Position als Drittgläubiger im Rang hinter die nachrangigen Forderungen gemäß § 39 Abs. 1 Nr. 1 bis 5 InsO zu treten und somit einer Überschuldung der Gesellschaft vorzubeugen. Schon vor Inkrafttreten des MoMiG bestand Einigkeit, dass ein (eigenkapitalersetzendes) Gesellschafterdarlehen dann nicht zu passivieren ist, wenn das Darlehen gewährende Gesellschafter eine Rangrücktrittserklärung abgegeben hat. Aus der Rangrücktrittserklärung musste sich ergeben, dass der Gesellschafter an der Geltendmachung seiner Forderung nur festhält, wenn sie aus künftigen Jahresüberschüssen, einem etwaigen Liquiditätsüberschuss oder aus einem sonstigen, die Verbindlichkeiten der Gesellschaft übersteigenden Aktivvermögen der Gesellschaft beglichen werden kann.[67] Danach sind die

22

1986, 1110 (1112); OLG Stuttgart BB 1992, 531; OLG Düsseldorf BB 1996, 1428; Jaeger/*Müller* § 19 Rn. 96 ff.; MüKoHGB/*K. Schmidt* § 158 Anh. Rn. 32; Scholz/ *K. Schmidt/Bitter* Vor § 64 Rn. 47; *K. Schmidt* GmbHR 1999, 9; *K. Schmidt* ZGR 1998, 633 (660); *Priester* DB 1987, 2432; *Roth/Altmeppen* Vorb. § 64 Rn. 41; *Altmeppen* ZHR 164 (2000), 349 ff.; *Paulus* ZGR 2002, 320; verneinend: OLG München NJW 1966, 2366; GmbHR 1995, 458; LG Waldshut DB 1995, 2157; OLG Stuttgart GmbHR 1998, 235; *Mühlberger* GmbHR 1977, 146 (150 f.); *Fleck* GmbHR 1989, 322; *Fleischer* ZIP 1996, 773; *Lutter* ZIP 1999, 641; *Bormann*, Eigenkapitalersetzende Gesellschaftsleistungen in der Jahres- und Überschuldungsbilanz, 2001, 288 ff.; Hachenburg/*Ulmer* § 63 Rn. 46a; *Baumbach/Hueck/Haas* § 64 Rn. 51; Lutter/*Hommelhoff* § 64 Anh. Rn. 32.

[65] Gesetz zur Modernisierung des GmbH-Rechts und zur Bekämpfung von Missbräuchen (MoMiG) v. 23.10.2008, BGBl. I 2026.

[66] BGHZ 146, 264 (272).

[67] BGH WM 1987, 468 (469); BGHZ 146, 264 (271); OLG Hamburg WM 1986, 1110 (1112); OLG Düsseldorf BB 1996, 1428 (1429); *Roth/Altmeppen* Vorb. § 64 Rn. 28; *Hess/Weis/Wienberg* § 19 Rn. 43 fordert den Abschluss eines ausdrücklichen aufschiebenden bzw. auflösend bedingten Erlassvertrages; zur inhaltlichen Ausgestaltung vgl. auch Jaeger/*Müller* § 19 Rn. 100 ff.; *Teller/Steffan* Rangrücktrittsvereinbarungen, 81 ff.; *Altmeppen* ZHR 164 (2000), 349.

Leistungen wie statutarisches Kapital behandelt worden. Nach der nun geltenden Regelung des § 19 Abs. 2 S. 2 InsO muss die zwischen der Gesellschaft und dem Gesellschafter zu schließende Vereinbarung lediglich beinhalten, dass er mit seiner Forderung in einem möglichen Insolvenzverfahren im Rang hinter die in § 39 Abs. 1 Nr. 1 bis 5 InsO bezeichneten Forderungen tritt. Eine bestimmte Form ist für die Rangrücktrittsvereinbarung zwar nicht vorgeschrieben. Jedoch empfiehlt es sich schon im Hinblick auf die für die Geschäftsleitung bestehenden Haftungsrisiken, die Vereinbarung aus Beweisgründen schriftlich zu schließen.

23 *cc) Fortführungsprognose.* Eine Überschuldung im Rechtssinne liegt trotz rechnerischer Überschuldung dann nicht vor, wenn eine Fortführung der Gesellschaft nach den Umständen überwiegend wahrscheinlich ist. Die hierfür erforderliche positive **Fortführungsprognose** setzt zum einen den Fortführungswillen des Insolvenzschuldners voraus.[68] Fehlt dem Insolvenzschuldner bereits der **Fortführungswille**, liegt eine Überschuldung im Rechtssinne vor. Der Fortführungswille muss nachhaltig sein und darf sich nicht in einer bloßen Insolvenzverschleppungsabsicht erschöpfen. Zum anderen muss das Unternehmen auch objektiv überlebensfähig sein.[69] Das bedeutet, das Unternehmen muss seine **Zahlungsfähigkeit** für den Prognosezeitraum erhalten können. Erforderlich ist daher ein schlüssiges Unternehmenskonzept mit einer entsprechenden Finanzplanung, aus der sich ergibt, dass die Gesellschaft in der Lage ist, ihre Zahlungsverpflichtungen zu erfüllen.[70] Dagegen ist der Beleg einer nachhaltigen und hinreichenden Stärkung der Ertragskraft des Unternehmens nicht erforderlich. Kann die Gesellschaft nur mit Hilfe der Unterstützung Dritter, zB Gesellschafter oder Gläubiger, fortgeführt werden, ist diese Unterstützung aber überwiegend wahrscheinlich, steht dies der Annahme der Überschuldung im Rechtssinne entgegen.[71] Die Frage, welchen **Prognosezeitraum** das Unternehmenskonzept umfassen muss, wird in Rechtsprechung und Literatur unterschiedlich beantwortet.[72] Sie wird im Hinblick auf die besonderen Umstände des jeweils betroffenen Unternehmens nicht einheitlich zu beantworten sein. Wegen der mit einer Verletzung der Eröffnungsantragspflicht verbundenen Folgen ist aber davor zu warnen, den Zeitraum zu kurz zu bemessen. Es dürfte in der Regel ausreichen, ausgehend vom Prognosezeitpunkt das jeweils folgende Geschäftsjahr mit einzubeziehen.[73] Eine überwiegende **Fortführungswahr-**

---

[68] BGH NZI 2007, 44; Scholz/*K. Schmidt/Bitter* Vor § 64 Rn. 27; Heidelberger Kommentar/*Kirchhof* § 19 Rn. 10.
[69] BGH NZI 2007, 44; Scholz/*K. Schmidt/Bitter* Vor § 64 Rn. 28; Heidelberger Kommentar/*Kirchhof* § 19 Rn. 11.
[70] Scholz/*K. Schmidt/Bitter* Vor § 64 Rn. 28; Heidelberger Kommentar/*Kirchhof* § 19 Rn. 12.
[71] Nach Hesselmann/Tillman/Mueller-Thuns/*Lüke* § 10 Rn. 121 darf diese jedoch nur berücksichtigt werden, wenn sie rechtsverbindlich feststeht.
[72] Siehe hierzu die zahlreichen Nachweise bei Uhlenbruck/*Uhlenbruck* § 19 Rn. 47 ff.
[73] Uhlenbruck/*Uhlenbruck* § 19 Rn. 50; Scholz/*K. Schmidt/Bitter* Vor § 64 Rn. 28; Heidelberger Kommentar/*Kirchhof* § 19 Rn. 12.

scheinlichkeit** besteht dann, wenn sie mehr als 50 Prozent beträgt.[74] Die dem Unternehmenskonzept zugrundeliegenden Annahmen müssen daher eine entsprechende Wahrscheinlichkeit aufweisen.[75] Da im Haftungsprozess wegen Insolvenzverschleppung die Geschäftsleitung die Umstände, aus denen sich eine günstige Prognose für den fraglichen Zeitraum ergibt, darzulegen und notfalls zu beweisen hat,[76] ist dringend anzuraten, die Grundlagen und Ergebnisse der Überschuldungsprüfung sorgfältig zu dokumentieren und sich in Zweifelsfällen sachverständiger Hilfe zu bedienen.[77]

dd) Prüfungsreihenfolge. Eine vorgegebene **Prüfungsreihenfolge** gibt es 24 nicht. In der **Praxis** wird der Geschäftsführer der Komplementär-GmbH in einer Krisensituation zweckmäßigerweise wie folgt vorgehen.[78] (1) Der Geschäftsführer stellt zunächst eine Fortführungsprognose an. Ergibt diese, dass die Gesellschaft unter Berücksichtigung ihrer Finanz- und Liquiditätssituation voraussichtlich zahlungsunfähig wird oder aus anderen Gründen ihre Liquidation wahrscheinlicher sein wird als ihre Fortführung, ermittelt er, ob eine Überschuldung der Gesellschaft nach Liquidationswerten vorliegt. Ist die Gesellschaft danach rechnerisch überschuldet, liegt eine Überschuldung im Rechtssinne vor. In diesem Fall hat die Geschäftsführung Eröffnungsantrag zu stellen. (2) Fällt die Fortführungsprognose hingegen positiv aus, bedarf es der Erstellung einer Überschuldungsbilanz nicht. Eine Überschuldung im Rechtssinne liegt dann nicht vor.[79]

b) Abgrenzungsfragen. *aa) Masselosigkeit.* Von der Überschuldung der 25 GmbH & Co. KG ist ihre **Masselosigkeit** zu unterscheiden. Masselos ist die Gesellschaft, wenn sie nicht einmal über ausreichende Mittel verfügt, um die Kosten des Verfahrens zu decken.[80] Die Masselosigkeit, die begrifflich das Vorliegen eines Eröffnungsgrundes voraussetzt, entbindet die Geschäftsführung nicht von der Pflicht zur Stellung eines Eröffnungsantrages, da nur das Insolvenzgericht zu prüfen berechtigt ist, ob eine ausreichende Masse vorhanden ist.[81] Ist die Gesellschaft masselos, wird die Eröffnung eines Insolvenzverfahrens abgelehnt, sofern nicht die Gläubiger einen entsprechenden Kostenvorschuss geleistet haben (§ 26 InsO). Erweist sich in einem bereits eröffneten Verfahren, dass die Gesellschaft über kein die Kosten des Verfah-

---

[74] MüKoInsO/*Drukarczyk/Schüler* § 19 Rn. 77; *K. Schmidt* § 19 Rn. 48; Heidelberger Kommentar/*Kirchhof* § 19 Rn. 13.
[75] Zur Methode der Wahrscheinlichkeitsberechnung: MüKoInsO/*Drukarczyk/Schüler* § 19 Rn. 77 ff.
[76] BGH ZIP 2006, 2171; 2009, 1220 Tz. 11; NZG 2010, 1393 (1394); vgl. hierzu *K. Schmidt* § 19 Rn. 55.
[77] BGH NZI 2007, 477 Tz. 16; 2012, 567 Tz. 16; MüKoInsO/*Drukarczyk/Schüler* § 19 Rn. 63.
[78] *Lutter/Hommelhoff* § 64 Anh. Rn. 29; vgl. auch *Burger/Schellberg* BB 1995, 266; *Uhlenbruck* GmbHR 1995, 198; Uhlenbruck/*Uhlenbruck* § 19 Rn. 34 f.; Jaeger/*Müller* § 19 Rn. 28 ff.
[79] Heidelberger Kommentar/*Kirchhof* § 19 Rn. 8; *K. Schmidt*, § 19 Rn. 14.
[80] *K. Schmidt*, Gesellschaftsrecht, § 11 IV 2b; vgl. dazu auch *Wellensiek* Kölner Schrift, Kap 7 Rn. 82; Jaeger/*Schilken* § 26 Rn. 11 f.; MüKoInsO/*Haarmeyer* § 26 Rn. 11 ff.
[81] OLG Hamm GmbHR 1993, 593 (594); Schlegelberger/*K. Schmidt* § 130a Rn. 22; *Uhlenbruck* GmbHR 1985, 1282.

14. Kapitel. *Insolvenz der Gesellschaft*

rens deckendes Vermögen mehr verfügt, stellt das Insolvenzgericht das Verfahren mangels Masse ein (§ 207 InsO). Anders als bei bloßer Masseunzulänglichkeit besteht für den Insolvenzverwalter dann keine Pflicht zur Verwertung von Massegegenständen.

26 Wie die Eröffnung des Insolvenzverfahrens führt auch die Ablehnung der Verfahrenseröffnung mangels Masse zur **Auflösung** der GmbH & Co. KG (§ 131 Abs. 2 S. 1 Nr. 1 HGB). Wird die Eröffnung des Insolvenzverfahrens mangels Masse abgelehnt, findet die **Liquidation** der Gesellschaft statt (→ § 47). Die Abwicklung der GmbH & Co. KG erfolgt dann nicht durch einen Insolvenzverwalter in einem Verfahren nach den Regeln der InsO, sondern obliegt den Liquidatoren der Gesellschaft. Die Gläubiger bleiben danach berechtigt, im Wege der Einzelvollstreckung Zugriff auf das noch vorhandene Vermögen der Gesellschaft zu nehmen.[82]

27 *bb) Masseunzulänglichkeit.* Sind die Kosten des Verfahrens gedeckt, reicht die Masse jedoch nicht aus, um die fälligen sonstigen Masseverbindlichkeiten zu erfüllen, spricht man von **Masseunzulänglichkeit**. Die Masseunzulänglichkeit ist dem Insolvenzgericht vom Insolvenzverwalter anzuzeigen (§ 208 InsO).[83] Sobald der Insolvenzverwalter die Masse nach Maßgabe von § 209 InsO verteilt hat, stellt das Insolvenzgericht das Verfahren ein (§ 211 InsO).

28 *cc) Vermögenslosigkeit.* Verfügt die Gesellschaft über kein verwertbares Aktivvermögen, ist sie vermögenslos.[84] Nach § 394 Abs. 4 S. 2 FamFG kann eine GmbH & Co. KG, bei der keine natürliche Person persönlich haftender Gesellschafter ist, im Handelsregister wegen **Vermögenslosigkeit** gelöscht werden, sofern der Tatbestand der Vermögenslosigkeit sowohl bei der KG als auch bei der Komplementär-GmbH erfüllt ist. Die Löschung im Register hat die Auflösung der GmbH & Co. KG zur Folge (§ 131 Abs. 2 Nr. 2 HGB).

IV. Auswirkung der Insolvenz der KG auf die Komplementär-GmbH

29 Die Insolvenz der Gesellschaft ist von der Insolvenz der Gesellschafter (→ § 30 Rn. 20 ff.) zu unterscheiden. Die Insolvenz der Gesellschaft hat rechtlich keineswegs zwangsläufig die Insolvenz der Gesellschafter zur Konsequenz und umgekehrt. In der Praxis bleibt die Insolvenz der GmbH & Co. KG jedoch nur selten ohne Auswirkungen auf die Vermögens- und Liquiditätssituation ihrer Komplementär-GmbH. Denn die GmbH muss die Verbindlichkeiten der KG, für die sie als Komplementärin persönlich haftet, spätestens dann passivieren, wenn mit ihrer Inanspruchnahme durch die Gesellschaftsgläubiger ernsthaft zu rechnen ist.[85] Hat die Komplementär-

---

[82] Zur rechtspolitischen Kritik *K. Schmidt* Gesellschaftsrecht § 11 VI 5a).
[83] Vgl. *K. Schmidt/Uhlenbruck*, GmbH in Krise, Rn. 2.189; zum massearmen Verfahren allg. *Kübler* Kölner Schrift, Kap. 18 Rn. 1 ff.; zur Feststellung der Masseunzulänglichkeit vgl. *Hess/Weis/Wienberg* § 208 Rn. 18 ff.
[84] BayObLG BB 1982, 1590; *K. Schmidt* Gesellschaftsrecht § 11 VI 5b.
[85] *Noack* Rn. 561; *Binz/Sorg* § 12 Rn. 33; Hesselmann/Tillman/Mueller-Thuns/ *Lüke* § 10 Rn. 149.

GmbH mit einer Inanspruchnahme zu rechnen, ist sie überschuldet, wenn ihre eigenen Aktiva nicht ausreichen, ihre Verbindlichkeiten und den die Überschuldung ausmachenden Teil der Verbindlichkeiten der KG abzudecken.[86] Verfügt die Komplementär-GmbH außer ihrer Beteiligung an der KG über kein weiteres Vermögen und ist sie – wie häufig – nur mit dem Mindestkapital ausgestattet, führt eine Überschuldung der KG häufig auch zu einer Überschuldung bei der Komplementär-GmbH. Zwar steht der Komplementär-GmbH gegen die KG ein Anspruch auf Ersatz ihrer Aufwendungen (§ 110 HGB) zu, der in der Überschuldungsbilanz aktiviert werden kann. In einer Krisensituation der KG ist dieser **Aufwendungsersatzanspruch** indessen in aller Regel nicht vollwertig und kann die Überschuldung der Komplementärin nicht verhindern.[87]

Die Verpflichtung der Geschäftsführer, auch für die Komplementär-GmbH Eröffnungsantrag zu stellen (§ 15a Abs. 1 InsO), kann entfallen, wenn die persönlich haftende Gesellschafterin im Innenverhältnis **Freistellungsansprüche** gegen die Kommanditisten hat und diese Ansprüche realisierbar und werthaltig sind.[88] Aus einer Bestimmung im Gesellschaftsvertrag der KG, die eine Beteiligung der Komplementär-GmbH am Verlust ausschließt, kann ein solcher Freistellungsanspruch indes nicht hergeleitet werden.[89] Eine solche Vereinbarung gewährt nur einen Freistellungsanspruch gegen die KG selbst. Eine generelle und von den Gesellschaftsgläubigern pfändbare Freistellungsverpflichtung der Kommanditisten gegenüber der Komplementär-GmbH hätte nämlich im Ergebnis zur Folge, dass die Kommanditisten über ihre Einlage hinaus haften würden. Dies ist jedoch regelmäßig nicht gewollt (§ 167 Abs. 3 HGB). Folglich bedarf es zur Begründung eines Freistellungsanspruchs einer ausdrücklichen Verpflichtung der Kommanditisten gegenüber der Komplementärin, entgegen der gesetzlichen Regelung über den Einlagebetrag hinaus für den Verlust der Gesellschaft zu haften. 30

Hiervon zu unterscheiden ist die Frage, ob außerhalb einer Krisensituation hohe Verbindlichkeiten der KG für sich genommen eine Überschuldung der Komplementär-GmbH herbeiführen können. Diese Frage stellt sich dann, wenn das Aktivvermögen der persönlich haftenden Gesellschafterin nicht ausreicht, um die Verbindlichkeiten der KG abzudecken. Für den Regelfall ist sie zu verneinen.[90] Eine Pflicht der Komplementär-GmbH, die Verbindlichkeiten der KG zu passivieren, besteht erst dann, wenn sie ernsthaft mit einer Inanspruchnahme rechnen muss. Selbst wenn dies zu bejahen 31

---

[86] *Uhlenbruck*, GmbH & Co. KG in Krise, 245; *Binz/Sorg* § 12 Rn. 33; *K. Schmidt* GmbHR 2002, 1209 zur „Simultaninsolvenz" von GmbH & Co. KG und ihrer Komplementär-GmbH; *K. Schmidt* ZIP 2008, 2337.
[87] BGH BB 1991, 246; GK/*Habersack* § 130a HGB Rn. 4; *Noack* Rn. 558; Jaeger/ *Müller* § 19 Rn. 84; Hachenburg/*Ulmer* § 63 Rn. 131; Hesselmann/Tillman/Mueller-Thuns/*Lüke* § 10 Rn. 149.
[88] Hachenburg/*Ulmer* § 63 Rn. 131; *Uhlenbruck* GmbHR 1971, 73; *Mühlberger* GmbHR 1977, 148; Schlegelberger/*Martens* § 161 Rn. 125; Hesselmann/Tillman/ Mueller-Thuns/*Lüke* § 10 Rn. 149; *Binz/Sorg* § 12 Rn. 35.
[89] *Binz/Sorg* § 12 Rn. 35 Fn. 54.
[90] Scholz/*K. Schmidt/Bitter* Vor § 64 Rn. 151; *Uhlenbruck*, GmbH & Co. KG in Krise, 316 f.; Hesselmann/Tillman/Mueller-Thuns/*Lüke* § 10 Rn. 149.

14. Kapitel. Insolvenz der Gesellschaft

ist, ist der Freistellungsanspruch gegen die KG (§ 110 HGB) außerhalb einer Krise der KG regelmäßig werthaltig und kann bei einer entsprechenden Aktivierung in der Überschuldungsbilanz die Überschuldung der Komplementär-GmbH beseitigen.

32 Im Fall der Eröffnung des Insolvenzverfahrens über das Vermögen der Komplementär-GmbH scheidet diese vorbehaltlich anders lautender Vereinbarung im Gesellschaftsvertrag gemäß § 131 Abs. 3 Nr. 2 HGB aus der GmbH & Co. KG aus.[91] Das Vermögen der KG wächst dann den verbleibenden Kommanditisten nach § 161 Abs. 2, § 105 Abs. 3 HGB, § 738 Abs. 1 S. 1 BGB an. Diese Rechtsfolge tritt auch bei der zweigliedrigen Gesellschaft mit lediglich einem Kommanditisten als weiterem Gesellschafter ein und führt dann zur Vollbeendigung der KG.[92] Auf die Durchführung des bereits eröffneten Insolvenzverfahrens über das Vermögen der KG hat dies keinen Einfluss.[93] Führt die Anwachsung des Anteils der Komplementär-GmbH bei dem Kommanditisten dazu, dass der Eröffnungsgrund entfällt, kann er nach § 212 InsO die Einstellung des Insolvenzverfahrens beantragen. Macht der Kommanditist von der Möglichkeit Gebrauch, seine Haftung in analoger Anwendung des § 27 HGB auf das übernommene Vermögen zu begrenzen, wird das Verfahren als Partikularinsolvenzverfahren analog §§ 315 ff. InsO über das auf den Kommanditisten als Rechtsnachfolger übergegangene Sondervermögen der GmbH & Co. KG i.I. fortgesetzt.[94]

V. Insolvenzeröffnungsverfahren

1. Eröffnungsantrag

33 **a) Antragspflicht.** Die Eröffnung des Insolvenzverfahrens über das Vermögen der GmbH & Co. KG ist zu beantragen, wenn die Gesellschaft zahlungsunfähig oder überschuldet ist (§ 15a Abs. 1 S. 2 InsO).[95] Eine Pflicht

---

[91] Dazu → § 30 Rn. 20 f. und → § 46 Rn. 5.
[92] BGH NZG 2004, 611; OLG Hamm ZIP 2007, 1233 (1236); BVerwG ZIP 2011, 1868 (1869 f.); *Krings/Otte* NZG 2012, 761 (764 f.); Hesselmann/Tillman/Mueller-Thuns/*Lüke* § 10 Rn. 107. Nach *K. Schmidt* GmbHR 2002, 1209 (1210); *K. Schmidt* GmbHR 2003, 1404 (1405 f.), ihm folgend *Binz/Sorg* § 12 Rn. 38, soll aufgrund teleologischer Reduktion des § 131 Abs. 3 S. 1 Nr. 2 HGB die Komplementär-GmbH im Fall der Simultaninsolvenz nicht ausscheiden; so auch OLG Hamm ZIP 2003, 2264 für den Fall der Simultaninsolvenz der Vermögen aller Gesellschafter; siehe auch OLG Hamm NZG 2014, 540 zur GbR; dagegen verneint *Liebs* ZIP 2002, 1716 (1718), die Anwachsung des Anteils der Komplementär-GmbH beim Kommanditisten aufgrund des Insolvenzbeschlags.
[93] OLG Hamm ZIP 2007, 1233 (1236 f.); Hesselmann/Tillman/Mueller-Thuns/*Lüke* § 10 Rn. 107; s. → § 30 Rn. 58 ff.
[94] OLG Hamm ZIP 2007, 1233 (1236); AG Hamburg ZIP 2006, 390 (391) zum Fall des Ausscheidens des einzigen Kommanditisten; LG Dresden ZIP 2005, 955 (956); *Albertus/Fischer* ZInsO 2005, 246 (249); *Bork/Jacoby* ZGR 2005, 611 (643); *Herchen* EWiR 2007, 527 (528); Uhlenbruck/*Lüer* § 315 Rn. 2; Heidelberger Kommentar/*Marotzke* Vor §§ 315 ff Rn. 12.
[95] Vor Inkrafttreten des MoMiG war die Insolvenzantragspflicht in § 130a Abs. 1 HGB geregelt.

zur Stellung eines Eröffnungsantrages besteht nur dann nicht, wenn eine **natürliche Person** als weiterer persönlich haftender Gesellschafter vorhanden oder persönlich haftender Gesellschafter der GmbH & Co. KG eine oHG oder KG ist, die ihrerseits über eine natürliche Person als persönlich haftender Gesellschafter verfügt (§§ 15a Abs. 1 S. 2 HS 2, 2, 19 Abs. 3 S. 2 InsO).[96] Die Antragspflicht wird nicht dadurch beseitigt, dass die Eröffnung des Insolvenzverfahrens mangels Masse nicht in Betracht kommt.[97] Auch die Einleitung von Sanierungsmaßnahmen lässt die Eröffnungsantragspflicht nicht per se entfallen, selbst wenn diese noch so Erfolg versprechend sein sollten, kann aber, sofern die Dreiwochenfrist des § 15a Abs. 1 S. 1 InsO (→ Rn. 40) nicht überschritten wird, der Feststellung schuldhaften Zögerns entgegenstehen.[98] Solange das Insolvenzverfahren nicht tatsächlich eröffnet ist, führt auch ein Antrag eines Gesellschaftsgläubigers nicht zur Beseitigung der Antragspflicht.[99] Die Antragspflicht endet also nur durch den Eröffnungsantrag des Antragsverpflichteten oder die Beseitigung der Insolvenzgründe.

b) Antragsverpflichtete. Adressat der Antragspflicht sind in erster Linie der oder die **Geschäftsführer der Komplementär-GmbH** in ihrer Eigenschaft als deren organschaftliche Vertreter (§ 15a Abs. 1 S. 2, 2 InsO).[100] Sind mehrere Geschäftsführer vorhanden, trifft die Pflicht jeden von ihnen, unabhängig davon, ob Einzel- oder Gesamtvertretungsmacht angeordnet ist.[101] Auch wenn die Antragspflicht nach einem internen Geschäftsverteilungsplan einem bestimmten Geschäftsführer zugewiesen ist, entbindet dies die übrigen Geschäftsführer nicht von ihrer Pflicht zur Antragstellung.[102] Es entsprach bis zum Inkrafttreten des MoMiG überwiegender Auffassung, dass sich der Geschäftsführer einer GmbH bei Vorliegen eines Eröffnungsgrundes grundsätzlich nicht durch Niederlegung seines Amtes der bestehenden Antragspflicht entziehen kann.[103] Daran hat sich durch die Neuregelung der

---

[96] Sie ist dagegen zu bejahen, wenn etwa bei Komplementär-GmbH eine vermögenslose natürliche Person als persönlich haftender Gesellschafter hinzutritt, um die Eröffnungsantragspflicht wegen Überschuldung auszuschalten, *Mühlberger* GmbHR 1977, 146 (149); Uhlenbruck/*Hirte* § 15a Rn. 9.

[97] OLG Hamm GmbHR 1993, 593 (594); Heidelberger Kommentar/*Kleindiek* § 15a Rn. 8; *K. Schmidt/Herchen* § 15a Rn. 25.

[98] Uhlenbruck/*Hirte* § 15a Rn. 16; *K. Schmidt/Herchen* § 15a Rn. 27.

[99] BGH (St) BB 1957, 273; GmbHR 1995, 195; OLG Dresden GmbHR 1998, 830; MüKoInsO/*Klöhn* § 15a Rn. 136; Heidelberger Kommentar/*Kleindiek* § 15a Rn. 8; Jaeger/*Müller* § 15 Rn. 93; *K. Schmidt/Herchen* § 15a Rn. 28; Baumbach/Hueck/*Haas* § 64 Rn. 120; *Uhlenbruck*, GmbHR 1985, 1282.

[100] Hachenburg/*Ulmer* § 63 Rn. 137; Schlegelberger/*K. Schmidt* § 177a Rn. 8; *Häsemeyer*, Insolvenzrecht, Rn. 31.61; vgl. allg. zu den Pflichten des Geschäftsführers einer GmbH & Co. KG in der Krise des Unternehmens *Uhlenbruck* GmbHR 1985, 1277 ff.

[101] BGH NJW 1994, 2149; MüKoHGB/*K. Schmidt* § 130a Rn. 13; Heidelberger Kommentar/*Kleindiek* § 15a Rn. 8; *Deutler* GmbHR 1977, 39; *Hucks* JZ 1994, 533; *Uhlenbruck* GmbHR 1995, 197; Heymann/*Emmerich* §§ 130a, b Rn. 4; *Noack* Rn. 565.

[102] BGH NJW 1994, 2149; *K. Schmidt/Herchen* § 15a Rn. 15; Heidelberger Kommentar/*Kleindiek* § 15a Rn. 8; *Uhlenbruck* GmbHR 1995, 197.

[103] GK/*Habersack* § 130a HGB Rn. 11; Heymann/*Emmerich* §§ 130a, b Rn. 5; *Uhlenbruck* GmbHR 1985, 1283.

14. Kapitel. Insolvenz der Gesellschaft

Antragspflicht in § 15a InsO nichts geändert. Der Gesetzgeber hat in § 15a Abs. 3 InsO die Antragspflicht im Falle der Führungslosigkeit einer GmbH (§ 35 Abs. 1 S. 2 GmbHG) zwar auf die Gesellschafter ausgedehnt. Die Antragspflicht der Gesellschafter nach § 15a Abs. 3 InsO setzt aber voraus, dass diese Kenntnis sowohl von der Insolvenzreife als auch von der Führungslosigkeit der Gesellschaft haben.[104] Durch die Erweiterung der Antragspflicht ist also eine zügige Antragstellung nicht gewährleistet. Wegen des öffentlichen Interesses an der Einleitung des Insolvenzeröffnungsverfahrens besteht daher die Antragspflicht des Geschäftsführers auch nach neuem Recht bei **Rechtsmissbräuchlichkeit** der **Amtsniederlegung** fort.[105] Eine Rechtsmissbräuchlichkeit der in Kenntnis der Insolvenzreife erfolgten Amtsniederlegung durch den Geschäftsführer ist nur dann zu verneinen, wenn dieser die Gesellschafter auf die bestehende Insolvenzreife, die eintretende Führungslosigkeit und die damit entstehende Antragspflicht der Gesellschafter hingewiesen hat. Mit dieser Maßgabe liegt eine Rechtsmissbräuchlichkeit der Amtsniederlegung insbesondere dann nicht vor, wenn die Gesellschafter den Geschäftsführer angewiesen haben, einen beabsichtigten Eröffnungsantrag zu unterlassen.[106] Von einer bereits eingetretenen Haftung für Insolvenzverschleppung wird er durch die Amtsniederlegung ohnehin nicht befreit.[107]

35 Die Antragspflicht trifft auch den sog. **faktischen Geschäftsführer**.[108] Faktischer Geschäftsführer ist, wer zwar nicht formal zum Geschäftsführer der GmbH bestellt wurde, aber wie ein Organ in maßgeblichem Umfang Geschäftsführungsmaßnahmen übernimmt, für den wirtschaftlichen Fortbestand des Unternehmens bedeutsame Entscheidungen trifft und entsprechend nach außen auftritt (zB Einstellung von Personal, der Abschluss von Verträgen oder die Unterzeichnung der Bilanzen). Ergibt sich nach Auflösung der Gesellschaft, dass das Vermögen der GmbH & Co. KG zur Befriedigung aller Gläubiger nicht ausreichend ist, geht die Antragspflicht auf die **Liquidatoren** über (§ 15a Abs. 1 S. 2 InsO).[109]

36 Nicht in den Kreis der Antragsverpflichteten einbezogen sind grundsätzlich Prokuristen und Handlungsbevollmächtigte, **Kommanditisten** oder **Gesellschafter der Komplementär-GmbH** sowie Mitglieder von Auf-

---

[104] Näher hierzu *Berger* ZInsO 2009, 1977; Heidelberger Kommentar/*Kleindiek* § 15a Rn. 21; *K. Schmidt/Herchen* § 15a Rn. 23.
[105] S.a. *K. Schmidt/Herchen* § 15a Rn. 30.
[106] BGHZ 78, 82 (92); BGHZ 121, 257 (262); s.a. Heidelberger Kommentar/ *Kleindiek* § 15a Rn. 38.
[107] *K. Schmidt/Herchen* § 15a InsO Rn. 30; Heidelberger Kommentar/*Kleindiek* § 15a Rn. 38.
[108] St. Rspr., vgl. BGHZ 104, 44 ff. zur GmbH & Co. KG; BGH GmbHR 2002, 549 (552) zur GmbH; OLG Dresden NZG 1999, 438; MüKoInsO/*Klöhn* § 15a Rn. 98; *K. Schmidt/Herchen* § 15a InsO Rn. 16 f.; Heidelberger Kommentar/*Kleindiek* § 15a Rn. 10; Ebenroth/Boujong/Joost/Strohn/*Hillmann* § 130a Rn. 11; *Röhricht/v. Westphalen/Haas* § 130a HGB Rn. 13; Hesselmann/Tillman/Mueller-Thuns/*Lüke* § 10 Rn. 154; *Uhlenbruck* GmbHR 1995, 197; aA GK/*Habersack* § 130a HGB Rn. 12.
[109] MüKoInsO/*Klöhn* § 15a Rn. 109 f.; Heidelberger Kommentar/*Kleindiek* § 15a Rn. 7, 9; Hesselmann/Tillman/Mueller-Thuns/*Lüke* § 10 Rn. 153.

sichtsräten und Beiräten.[110] Etwas anderes gilt nach § 15a Abs. 3 InsO für die Gesellschafter der Komplementär-GmbH dann, wenn die Komplementär-GmbH führungslos ist (§ 15a Abs. 3 InsO). Jene sind dann nicht nur im Fall der Insolvenzreife der Komplementär-GmbH, sondern auch bei Insolvenzreife der KG antragsverpflichtet, nicht dagegen die Kommanditisten.[111] Ist über das Vermögen der Komplementär-GmbH als einzige persönlich haftende Gesellschafterin das Insolvenzverfahren eröffnet worden und diese nach § 131 Abs. 3 Nr. 2 HGB aus der KG ausgeschieden, sind weder der Geschäftsführer noch die Gesellschafter der Komplementär-GmbH im Hinblick auf die KG antragsverpflichtet. Die Antragspflicht trifft dann die Kommanditisten, sei es als oHG-Gesellschafter, wenn sie die Gesellschaft ohne Beitritt eines neuen persönlich haftenden Gesellschafters als werbende Gesellschaft fortsetzen, sei es als Abwickler, wenn sie die Liquidation der Gesellschafter beschließen.[112] Ist über das Vermögen der KG bereits das Insolvenzverfahren eröffnet, verbleibt die Antragspflicht, soweit es um das Insolvenzverfahren über das Vermögen der Komplementär-GmbH geht, beim Geschäftsführer der GmbH und geht nicht auf den **Insolvenzverwalter** der KG über.[113] Dies gilt gleichermaßen für den umgekehrten Fall, in dem bereits über das Vermögen der Komplementär-GmbH das Insolvenzverfahren eröffnet wurde, diese entgegen § 131 Abs. 3 Nr. 2 HGB nicht aus der KG ausgeschieden ist und die Entscheidung über die Stellung eines Eröffnungsantrages für die KG noch aussteht.[114]

c) **Antragsberechtigte.** Zur Stellung eines Eröffnungsantrages berechtigt sind zunächst die **Gläubiger** der Gesellschaft (§ 13 Abs. 1 S. 2 InsO). Um einem Rechtsmissbrauch vorzubeugen, ist ein Gläubigerantrag nur dann zulässig, wenn der Gläubiger ein rechtliches Interesse an der Eröffnung des Insolvenzverfahrens hat und seine Forderung sowie den Eröffnungsgrund glaubhaft macht (§ 14 Abs. 1 S. 1 InsO). Ein **rechtliches Interesse** besteht, wenn der Gläubiger im Falle der Eröffnung am Verfahren beteiligt wäre,[115] wobei die Geringfügigkeit der Forderung das Vorliegen eines rechtlichen Interesses nicht ausschließt.[116] Es ist dagegen zu verneinen, wenn die Forderung des Gläubigers unzweifelhaft ausreichend dinglich gesichert ist.[117] Dient der Antrag nur als Druckmittel, um eine Zahlung der Gesellschaft zu er-

37

---

[110] Vgl. Hachenburg/*Ulmer* § 63 Rn. 137; MüKoInsO/*Klöhn* § 15a Rn. 112; *Noack* Rn. 562; Röhricht/*v.Westphalen*/*Haas* § 130a Rn. 13.
[111] *K. Schmidt*/*Herchen* § 15a InsO Rn. 21; MüKoInsO/*Klöhn* § 15a Rn. 113; Hesselmann/Tillman/Mueller-Thuns/*Lüke* § 10 Rn. 156.
[112] MüKoInsO/*Klöhn* § 15a Rn. 114.
[113] AA *Noack* Rn. 564, 566. Allerdings ist der Insolvenzverwalter des Vermögens der KG mit Blick auf die nach § 93 InsO verliehene Einziehungsbefugnis berechtigt, den Eröffnungsantrag gegen die Komplementär-GmbH zu stellen, *K. Schmidt* § 93 Rn. 29.
[114] So wohl auch *K. Schmidt* GmbHR 2002, 1209 (1215).
[115] *Uhlenbruck* GmbHR 1995, 196; vgl. auch Jaeger/*Gerhardt* § 13 Rn. 4; MüKoInsO/*Schmahl*/*Vuia* § 13 Rn. 26f.
[116] BGH NJW-RR 1986, 1188; Jaeger/*Gerhardt* § 14 Rn. 9; MüKoInsO/*Schmahl*/*Vuia* § 14 Rn. 39; Hess/Weis/Wienberg § 14 Rn. 9.
[117] BGH NZI 2008, 182 (183); 2011, 632.

14. Kapitel. Insolvenz der Gesellschaft

zwingen, besteht kein Antragsrecht.[118] Rechtsmissbräuchlich ist der Antrag auch, wenn er ausschließlich dem Ziel dient, einen Konkurrenten aus dem Wettbewerb zu verdrängen.[119] Beantragt der Gläubiger die Eröffnung des Insolvenzverfahrens über das Vermögen der KG, reicht es aus, wenn er sich erfolglos an die KG gewandt hat; dass er auch bei der Komplementär-GmbH Befriedigung zu erlangen versucht hat, ist nicht erforderlich.

38 Neben den Gläubigern der Gesellschaft ist auch der **Geschäftsführer der Komplementär-GmbH** zur Stellung eines Antrages berechtigt.[120] Verfügt die Komplementär-GmbH über eine mehrköpfige Geschäftsführung, ist jeder Geschäftsführer zur Stellung des Eröffnungsantrages befugt (§ 15 Abs. 1, 3 InsO), selbst wenn die Satzung der GmbH nur Gesamtvertretungsmacht vorsieht.[121] Handelt es sich um eine doppelstöckige GmbH & Co. KG, sind antragsberechtigt die Geschäftsführer der persönlich haftenden Gesellschafterin der Komplementärin.[122] Soll das Verfahren wegen **drohender Zahlungsunfähigkeit** eröffnet werden, kann der Antrag von den Geschäftsführern hingegen nur in vertretungsberechtigter Zahl gestellt werden (§ 18 Abs. 3 InsO).

39 Die **Kommanditisten** und Gesellschafter der Komplementär-GmbH sind zur Stellung eines Eröffnungsantrages grundsätzlich nicht berechtigt.[123] Antragsberechtigt sind die Gesellschafter nur dann, wenn ihnen aus einem Drittverhältnis eine Forderung gegen die Gesellschaft zusteht.[124]

40 **d) Frist.** Der Eröffnungsantrag ist, soweit eine Antragspflicht besteht, ohne schuldhaftes Zögern, spätestens jedoch drei Wochen nach Eintritt der Zahlungsunfähigkeit oder der Überschuldung der Gesellschaft, zu stellen (§ 15a Abs. 1 S. 1 InsO). Die Frage, unter welchen Voraussetzungen die Antragspflicht entsteht und damit die Dreiwochenfrist zu laufen beginnt, ist von der Frage abzugrenzen, unter welchen Voraussetzungen der Antragsverpflichtete für eine Verletzung der Antragspflicht haftet (→ Rn. 49 ff.). In der Praxis bereitet die Feststellung des Beginns der **Dreiwochenfrist** häufig Schwierigkeiten. Zu der früheren Regelung in § 130a Abs. 1 S. 1 HGB a.F.[125]

---

[118] *Uhlenbruck*, GmbH & Co. KG in Krise, 346; Heidelberger Kommentar/*Kirchhof* § 14 Rn. 30; MüKoInsO/*Schmahl/Vuia* § 14 Rn. 30.
[119] BGH NZI 2011, 540.
[120] *Häsemeyer*, Insolvenzrecht, Rn. 31.61; *Noack* Rn. 441. Sofern eine Antragspflicht nicht besteht, sind die Gesellschafter einzubeziehen, LG Frankfurt/M. ZIP 2013, 1831; → Rn. 17 Fn. 49. Zur Erfordernis des Rechtsschutzinteresses des Schuldners für den Eigenantrag s. Madaus ZIP 2014, 500 f.
[121] *Noack* Rn. 562.
[122] *Noack* Rn. 442.
[123] *Häsemeyer*, Insolvenzrecht, Rn. 31.39; *Noack* Rn. 438; MüKoHGB/*K. Schmidt* § 158 Anh. Rn. 35; *Uhlenbruck/Hirte* § 15 Rn. 3; *Jaeger/Müller* § 15 Rn. 25; MüKoInsO/*Klöhn* § 15 Rn. 49. Zu dem ausnahmsweisen Fall der Antragsverpflichtung der Kommanditisten s. Text zu Fn. 108.
[124] *Noack* Rn. 429; MüKoHGB/*K. Schmidt* § 158 Anh. Rn. 34; *Uhlenbruck/Hirte* § 15 Rn. 3.
[125] Dieser hatte folgenden Wortlaut: „*Wird eine Gesellschaft, bei der kein Gesellschafter eine natürliche Person ist, zahlungsunfähig oder ergibt sich die Überschuldung der Gesellschaft, so ist die Eröffnung des Insolvenzverfahrens zu beantragen; …*"

wurde in Anlehnung an die Rechtsprechung zu § 92 Abs. 2 AktG[126] teilweise die Ansicht vertreten, die Antragspflicht entstehe erst mit positiver Kenntnis des Antragsverpflichteten von dem Eröffnungsgrund.[127] Nach § 15a Abs. 1 InsO ist der Eröffnungsantrag durch die Geschäftsführer zu stellen, wenn ein Eröffnungsgrund, also Zahlungsunfähigkeit oder Überschuldung vorliegt. Demgegenüber wird in § 15a Abs. 3 InsO für das Entstehen der Antragspflicht der Gesellschafter einer führungslosen GmbH ausdrücklich deren Kenntnis von der Insolvenzreife der Gesellschaft verlangt. Daraus folgt im Umkehrschluss, dass mangels entsprechender Regelung in § 15a Abs. 1 InsO die Kenntnis des Geschäftsführers für das Entstehen seiner Antragspflicht und damit den Beginn der Dreiwochenfrist nicht maßgebend ist. Daher entsteht die Antragspflicht nach überwiegender Auffassung im Schrifttum mit dem objektiven Eintritt der die Insolvenzreife begründenden Umstände.[128]

Soweit es um die **Zahlungsunfähigkeit** geht, kommt die Unterschiedlichkeit der Ansätze kaum zum Tragen, da die Zahlungsunfähigkeit den Verantwortlichen nur selten verborgen bleiben dürfte. Aber auch für den Fall der **Überschuldung** vertreten der BGH und ein Teil des Schrifttums, dass die Antragspflicht des Geschäftsführers nicht schon bei Vorliegen des Eröffnungsgrundes, sondern mit seiner objektiven Erkennbarkeit entsteht.[129] Danach soll die Dreiwochenfrist zu laufen beginnen, wenn eine pflichtgemäße Prüfung der objektiv erkennbaren Anzeichen zu dem Schluss geführt hätte, dass ein Eröffnungsgrund verwirklicht ist.[130] Die unterschiedlichen Auffassungen haben für die Frage Relevanz, wie viel Zeit dem Geschäftsführer nach Feststellung eines Eröffnungsgrundes noch bleibt, Sanierungschancen auszuloten. Der Geschäftsführer muss die wirtschaftliche und finanzielle Situation der Gesellschaft im Blick behalten und darf bei Vorliegen von **Krisensymptomen** nicht bis zur Aufstellung des Jahresabschlusses oder etwaiger Zwischenbilanzen zuwarten.[131] Zwar ist der Geschäftsführer nicht gehalten, ohne konkrete Anhaltspunkte in regelmäßigen Abständen einen Überschuldungsstatus zu erstellen. Kommt er seiner Pflicht zur Feststellung einer möglichen Überschuldung jedoch trotz Vorliegens von Anhaltspunkten für eine **Krisensituation** nicht nach und liegt eine Überschuldung vor, 41

---

[126] BGHZ 75, 96 (110); OLG Frankfurt am Main NZG 2004, 1157 (1159).

[127] Rowedder/*Schmidt-Leithoff*/*Baumert* § 64 Rn. 12; *Baumbach*/*Hopt* § 130a Rn. 8; *Roth*/*Altmeppen* Vor § 64 Rn. 71.

[128] *K. Schmidt* § 15a Rn. 32; *Uhlenbruck*/*Hirte* § 15a Rn. 14; MüKoInsO/*Klöhn* § 15a Rn. 118; so auch bereits zur früheren Rechtslage GK/*Habersack* § 130a HGB Rn. 18; *Ebenroth*/*Boujong*/*Joost*/*Strohn*/*Hillmann* § 130a Rn. 17; *Röhricht*/ *v.Westphalen*/*Haas* § 130a Rn. 36; *Lutter*/*Hommelhoff* § 64 Rn. 28; aA *Poertzgen* ZInsO 2008, 944.

[129] BGHZ 143, 184 (185); 171, 46 Tz. 8; NZI 2008, 557 Tz. 10; s.a. BGH NZI 2012, 812; Heidelberger Kommentar/*Kleindiek* § 15a Rn. 13; MüKoGmbHG/*Müller* § 64 Rn. 67; *Baumbach*/*Hueck*/*Haas* § 64 Rn. 124; *Jaeger*/*Müller* § 15 Rn. 89; *Hesselmann*/*Tillman*/*Mueller-Thuns*/*Lüke* § 10 Rn. 159; s.a. bereits *Uhlenbruck*, GmbH & Co. KG in Krise, 366; *Poertzgen* ZInsO 2008, 944 (947 f.).

[130] Heidelberger Kommentar/*Kleindiek* § 15a Rn. 13.

[131] BGH NZI 2012, 812 (813); ZIP 1995, 560.

beginnt die Frist nach dem Rechtsgedanken des § 162 BGB im Zeitpunkt dieses pflichtwidrigen Unterlassens zu laufen.[132]

42 Die Dreiwochenfrist des § 15a InsO ist eine **Höchstfrist**.[133] Sie soll dem Geschäftsführer die Möglichkeit geben, sich Klarheit darüber zu verschaffen, ob eine Sanierung des Unternehmens möglich ist. Steht bereits bei Fristbeginn oder zumindest vor Fristablauf fest, dass eine fristgerechte Sanierung des Unternehmens nicht realistisch ist, muss der Antrag ohne schuldhaftes Zögern gestellt werden.[134] Selbst Erfolg versprechende Sanierungsmaßnahmen verlängern die Dreiwochenfrist nicht, wenn sie den Eröffnungsgrund nicht fristgerecht beseitigen können.[135]

43 e) **Weitere Verfahrensfragen.** Der **Eröffnungsantrag** ist bei dem **Insolvenzgericht** zu stellen, in dessen Bezirk die Gesellschaft ihren Sitz hat (§ 3 InsO).[136] Insolvenzgericht eines jeweiligen Landgerichtsbezirks ist das Amtsgericht, in dessen Bezirk das Landgericht seinen Sitz hat (§ 2 InsO). Die Gesellschaft ist nach § 14 Abs. 2 InsO zu dem Eröffnungsantrag eines Gläubigers zu hören. Dem Geschäftsführer der Komplementär-GmbH wird der Gläubigerantrag daher zugestellt und Gelegenheit zur Stellungnahme gegeben. Bei Führungslosigkeit der Komplementär-GmbH kann das Insolvenzgericht die Gesellschafter **anhören** (analog § 10 Abs. 2 S. 2 InsO). Die Gesellschaft ist berechtigt, die Gläubigerforderung oder den Eröffnungsgrund in Abrede zu stellen. Verfügt der Gläubiger über einen rechtskräftigen Titel, wird die Gesellschaft mit einer an sich zulässigen Gegenglaubhaftmachung grundsätzlich nicht durchdringen.[137] Das Insolvenzgericht selbst muss aber vom Bestehen der Gläubigerforderung überzeugt sein; bestehen Zweifel, muss das Gericht von Amts wegen Nachforschungen anstellen (§ 5 Abs. 1 InsO).[138] Im Falle eines **non liquet** ist der Eröffnungsantrag unzulässig.[139]

44 Wird bei einer mehrköpfigen Geschäftsführung der **Eigenantrag** der Gesellschaft nicht von allen Geschäftsführern unterstützt, muss er **glaubhaft gemacht** werden (§ 15 Abs. 2 S. 1, Abs. 3 InsO). Mit dieser Regelung will das Gesetz zum Schutz der Gesellschaft das Stellen missbräuchlicher Insol-

---

[132] So bereits zutr. Hachenburg/*Ulmer* § 64 Rn. 25; vgl. auch BGHZ 126, 181 (199); 143, 184 zum Beginn des Zahlungsverbotes gem. § 64 Abs. 2 GmbHG mit der für den Geschäftsführer *erkennbaren* Überschuldung oder Zahlungsunfähigkeit.

[133] Heidelberger Kommentar/*Kleindiek* § 15a Rn. 12; zum früheren Recht: BGHZ 75, 96 (110); *Baumbach/Hopt* § 130a Rn. 8; MüKoHGB/*K. Schmidt* § 130a Rn. 14; Heymann/*Emmerich* §§ 130a, b Rn. 12; Jaeger/*Müller* § 15 Rn. 91.

[134] BGHZ 75, 96 (111f.); OLG Düsseldorf NZG 1999, 1066 (1068); Jaeger/*Müller* § 15 Rn. 91; GK/*Habersack* § 130a HGB Rn. 23; Hachenburg/*Ulmer* § 64 Rn. 26; Lutter/*Hommelhoff* § 64 Rn. 50; Baumbach/Hueck/*Haas* § 64 Rn. 123; Braun/*Uhlenbruck*, Unternehmensinsolvenz, 79.

[135] Hesselmann/Tillman/Mueller-Thuns/*Lüke* § 10 Rn. 160; *Binz/Sorg* § 12 Rn. 19 mwN.

[136] Dazu *Noack* Rn. 449.

[137] Vgl. OLG Köln ZIP 1989, 789; *Uhlenbruck* GmbHR 1995, 198; Hess/Weis/*Wienberg* § 14 Rn. 27.

[138] Das Insolvenzverfahren selbst ist jedoch auch nach der InsO als Antragsverfahren ausgestaltet. Eine Einleitung von Amts wegen ist daher nicht möglich.

[139] MüKoInsO/*Schmahl/Vuia* § 14 Rn. 83 mwN.

venzanträge durch einzelne Geschäftsführer verhindern.[140] Wird ein Eröffnungsantrag nur von einem Geschäftsführer gestellt, hat das Insolvenzgericht die übrigen Geschäftsführer **anzuhören** (§ 15 Abs. 2 S. 3 InsO). Die Mitgeschäftsführer können den Eröffnungsgrund, gegebenenfalls unter Vornahme einer Gegenglaubhaftmachung, bestreiten.[141] An der Wirksamkeit des Antrags ändert die spätere Amtsniederlegung oder Abberufung des antragstellenden Geschäftsführers nichts.[142]

Bis zur Eröffnung des Verfahrens oder rechtskräftigen Abweisung kann der Antrag **zurückgenommen** werden (§ 13 Abs. 2 InsO). Hat ein Geschäftsführer der Komplementär-GmbH den Antrag gegen den Willen seiner Geschäftsführerkollegen gestellt, kommt eine **Rücknahme** nach herrschender, aber umstrittener Meinung nur durch den antragstellenden Geschäftsführer in Betracht.[143] 45

2. Zahlungsverbot

Mit Eintritt des Eröffnungsgrundes ist es den Geschäftsführern oder Liquidatoren der Gesellschaft untersagt, weitere Zahlungen für die Gesellschaft zu leisten (§ 130a Abs. 1 S. 1 HGB). Das **Zahlungsverbot** findet sofort und nicht erst nach Ablauf der Antragsfrist Anwendung.[144] Erlaubt sind nur solche Zahlungen, die auch nach Eintritt der Überschuldung oder der Zahlungsunfähigkeit mit der Sorgfalt eines ordentlichen und gewissenhaften Geschäftsleiters vereinbar sind (§ 130a Abs. 1 S. 2 HGB). Hierunter fallen in erster Linie Zahlungen, die erforderlich sind, um den Geschäftsbetrieb für die Zwecke einer Sanierung oder auch eine geordnete Abwicklung des Insolvenzverfahrens aufrechtzuerhalten.[145] Dabei ist im Auge zu behalten, dass die Geschäftsführer mit Eintritt der Krise weniger dem Wohl der Gesellschaft als der Wahrung der Gläubigerbelange verpflichtet sind.[146] Die Beweislast für den Verstoß gegen das Zahlungsverbot trifft in der Insolvenz den Insolvenzverwalter.[147] Dagegen sind die Geschäftsführer dafür beweisbelastet, dass sie mit der Sorg- 46

---

[140] Uhlenbruck/*Uhlenbruck* § 15 Rn. 11; Jaeger/*Müller* § 15 Rn. 47; MüKoInso/ *Klöhn* § 15 Rn. 74.
[141] Näher zum Anhörungsverfahren Jaeger/*Müller* § 15 Rn. 49 ff.; MüKoInso/ *Klöhn* § 15 Rn. 78 ff.; vgl. auch *Uhlenbruck* GmbHR 1995, 195 (198).
[142] *Uhlenbruck* GmbHR1995, 195 (196).
[143] LG Dortmund ZIP 1985, 1341; LG Tübingen KTS 1961, 158; AG Potsdam NZI 2000, 328; Jaeger/*Müller* § 15 Rn. 57; MüKoInsO/*Klöhn* § 15 Rn. 83; aA *Uhlenbruck* GmbHR 1995, 196; *Braun/Uhlenbruck*, Unternehmensinsolvenz, 76; *Fenski* BB 1988, 2265; *Delhaes Kölner Schrift*, Kap. 4 Rn. 28; differenzierend MüKoHGB/*K. Schmidt*, § 158 Anh. Rn. 36.
[144] BGH NJW 2009, 2454 zu § 92 Abs. 2 AktG.
[145] Heymann/*Emmerich* §§ 130a, b Rn. 13; *Uhlenbruck*, GmbH & Co. KG in Krise, 394; MüKoHGB/*K. Schmidt* § 130a Rn. 32; zum Scheckeinzug auf ein debitorisches Bankkonto der insolvenzreifen Gesellschaft BGHZ 143, 184. Dies stellt die Geschäftsführer oftmals vor die schwierige Frage, ob sie angesichts einer persönlichen Haftung nach §§ 69, 34 AO noch Steuerzahlungen für die Gesellschaft leisten, vgl. dazu BGHZ 146, 164 (175); BGH NJW 2007, 2118.
[146] *Uhlenbruck*, GmbH & Co. KG in Krise, 394; Hesselmann/Tillman/Mueller-Thuns/*Lüke* § 10 Rn. 163; aA (zu § 64 GmbHG) *Altmeppen* NJW 99, 673 ff.
[147] BGH NJW 2009, 1598 Tz. 13 f.

falt eines ordentlichen und gewissenhaften Geschäftsleiters gehandelt haben (§ 130a Abs. 2 S. 2 HGB).

47 Der Begriff der „Zahlungen" ist weit auszulegen und erfasst nicht nur Geldzahlungen, sondern alle Leistungen, die die Masse schmälern, also auch Aufrechnungserklärungen und geldwerte sonstige Leistungen.[148] Die Geschäftsführer trifft also eine **Masseerhaltungspflicht**.[149] Ein Verstoß hiergegen liegt auch dann vor, wenn die Geschäftsführer einen Kundenscheck zur Einlösung auf ein debitorisch geführtes Konto der insolvenzreifen Gesellschaft einreichen. Demgegenüber verstoßen Zahlungen von einem debitorischen Konto nicht gegen das Zahlungsverbot; denn hierdurch wird nicht die Masse geschmälert, sondern lediglich der Gläubiger ausgetauscht.[150] Umstritten ist, ob § 130a Abs. 1 HGB die **Begründung neuer Verbindlichkeiten** verbietet. Eine verbreitete Meinung bejaht ein solches Verbot.[151] Die herrschende Auffassung lehnt dies unter Berufung auf den Gesetzeswortlaut hingegen ab.[152] Das überzeugt, da das Zahlungsverbot dem Interesse der Gesamtheit der Gesellschaftsgläubiger dient und nicht den Interessen einzelner Gläubiger.[153] Steht der Verbindlichkeit ein Anspruch der Gesellschaft auf eine wertentsprechende Gegenleistung gegenüber, liegt ein Verstoß gegen die Masseerhaltungspflicht nicht vor.[154]

3. Sanktionen

48 **a) Schadensersatzpflicht der Geschäftsführer.** Verstoßen die Geschäftsführer oder die Liquidatoren gegen die Eröffnungsantragspflicht nach § 15a Abs. 1 InsO oder das Zahlungsverbot nach § 130a Abs. 1 HGB, sind sie der Gesellschaft gegenüber zum Schadensersatz verpflichtet (§ 130a Abs. 2 S. 1 HGB). Zur Begründung der Schadensersatzansprüche, die einer Verjährungsfrist von 5 Jahren unterliegen (§ 130a Abs. 2 S. 6 HGB), genügt ein **fahrlässiges** Verhalten des Verantwortlichen.[155]

---

[148] BGH NJW 2009, 1598 Tz. 12; OLG Hamburg NZG 2005, 1008; Hachenburg/*Ulmer* § 64 Rn. 40.
[149] BGH NJW 2001, 1280 (1282).
[150] BGH NJW 2000, 668; ZIP 2007, 1006 Tz. 8; NJW-RR 2010, 607.
[151] OLG Celle GmbHR 1997, 901; GK/*Habersack* § 130a HGB Rn. 25; Rowedder/*Schmidt-Leithoff*/*Baumert* § 64 Rn. 27f.; Hesselmann/Tillman/Mueller-Thuns/*Lüke* § 10 Rn. 163.
[152] BGHZ 138, 211 (216f.); BGH NJW 2000, 668f.; OLG Hamburg NZG 2005, 1008; *Röhricht* ZIP 2005, 505 (510); MüKoHGB/*K. Schmidt* § 130a Rn. 30; Hachenburg/*Ulmer* § 64 Rn. 40; MüKoGmbHG/*Müller* § 64 Rn. 135; Baumbach/Hueck/*Haas* § 64 Rn. 66; Lutter/Hommelhoff/*Kleindiek* § 64 Rn. 10; Roth/*Altmeppen* § 64 Rn. 11. Die Ausführungen des BGH in jüngeren Entscheidungen (ZIP 2007, 1006 Tz. 8 aE; NJW-RR 2010, 607 Tz. 10) wecken indes Zweifel, ob er an seiner bisherigen Auffassung, soweit es um andere als Zinsverbindlichkeiten geht, noch festhält.
[153] BGH NJW 2001, 1280 (1282) zu § 64 Abs. 2 GmbHG aF.
[154] Hesselmann/Tillman/Mueller-Thuns/*Lüke* § 10 Rn. 164.
[155] BGHZ 75, 111; 126, 181 (199); GK/*Habersack* § 130a HGB Rn. 36; Ebenroth/Boujong/Joost/Strohn/*Hillmann* § 130a Rn. 25; Baumbach/*Hopt* § 130a Rn. 7; zum Verschuldensmaßstab bei rechtlicher Beratung des Geschäftsführers vgl. OLG Stuttgart NZG 1998, 232.

aa) *Verstoß gegen die Eröffnungsantragspflicht (§ 15a Abs. 1 InsO)*. Hinsichtlich **49** des **Schadensumfangs** bei einer Verletzung der Eröffnungsantragspflicht differenziert die Rechtsprechung zwischen Alt- und Neugläubigern.[156] Während **Altgläubiger** danach lediglich Anspruch auf Ersatz des sog. **Quotenschadens** haben, der sich aus der Differenz der hypothetischen, bei fristgerechter Antragstellung erzielten und der tatsächlich erlangten Insolvenzquote errechnet,[157] können die Gläubiger, die mit der Gesellschaft nach Eintritt des Eröffnungsgrundes in Vertragsbeziehung getreten sind, den Ersatz des gesamten ihnen entstandenen **Vertrauensschadens** verlangen.[158] Diese Privilegierung beruht auf dem Gedanken, dass die **Neugläubiger**, wäre der Geschäftsführer seiner Antragspflicht rechtzeitig nachgekommen, mit der Gesellschaft keine vertraglichen Beziehungen eingegangen wären und folglich keinen Schaden erlitten hätten (sog. **Kontrahierungsschaden**).[159]

Um eine gleichmäßige Befriedigung aller Gläubiger sicherzustellen, weist **50** § 130a Abs. 2 S. 1 HGB die **Gläubigerrolle** für den Schadensersatzanspruch der Gesellschaft zu. Desweiteren sieht § 92 InsO vor, dass Schadensersatzansprüche der Insolvenzgläubiger wegen einer Verminderung des zur Insolvenzmasse gehörenden Vermögens vor oder nach der Eröffnung des Insolvenzverfahrens nur vom Insolvenzverwalter geltend gemacht werden können. Hieraus schließt eine verbreitete Meinung im Schrifttum, dass die Gläubiger der Gesellschaft ihren durch Forderungsausfall entstandenen Quotenschaden gegenüber den Geschäftsführern erst dann selbst durchsetzen können, wenn eine Geltendmachung durch den Insolvenzverwalter nicht (mehr) möglich ist, insbesondere bei Nichteröffnung des Insolvenzverfahrens.[160] Danach sind die den Gläubigern entstandenen Quotenschäden ausschließlich vom **Insolvenzverwalter** geltend zu machen. Demgegenüber sollen die Neugläubiger lediglich Ersatz ihres den Quotenschaden übersteigenden individuellen Schadens unmittelbar gegenüber den Geschäftsführern durchsetzen kön-

---

[156] BGHZ 126, 181; BGH GmbHR 1995, 130 (131); NJW-RR 2007, 759 Tz. 12; vgl. Uhlenbruck/*Uhlenbruck* § 13 Rn. 56 ff. mwN; zust. *Lutter* DB 1994, 135; Ebenroth/Boujong/Joost/Strohn/*Hillmann* § 130a Rn. 31 ff.; *Röhricht/v. Westphalen/Haas* § 130a Rn. 43; krit. *Ulmer* ZIP 1993, 771; *Medicus* GmbHR 1993, 539; *Medicus* DStR 1995, 1432; *K. Schmidt* NJW 1993, 2934; MüKoHGB/*K. Schmidt* § 130a Rn. 17.
[157] BGHZ 138, 211; 126, 181; BGH NJW 1997, 3021; MüKoHGB/*K. Schmidt* § 130a Rn. 17 f.; Hachenburg/*Ulmer* § 64 Rn. 47; Lutter/*Hommelhoff* Anh. § 64 GmbHG Rn. 73.
[158] BGHZ 126, 181 (193); BGH NJW 1995, 398 f.; BGHZ 171, 46; BGH NZG 2012, 864 Tz. 13; anders noch BGHZ 100, 19 (23). Die Privilegierung umfasst indessen nur den vertraglichen und nicht auch den deliktischen Bereich, BGH NJW 2005, 3137 (3140); kritisch hierzu *Roth/Altmeppen* § 64 Rn. 46.
[159] BGHZ 126, 181 (193); MHdB GesR II/*Gummert* § 55 GmbH & Co. KG Rn. 25; Heymann/*Emmerich* §§ 130a, b Rn. 15 mwN. Dagegen umfasst der zu ersetzende Schaden nicht den wegen der Insolvenz „entwerteten" Erfüllungsanspruch des Neugläubigers, BGH NZG 2012, 864 Rn. 15.
[160] MüKoHGB/*K. Schmidt* § 130a Rn. 19; Ebenroth/Boujong/Joost/Strohn/*Hillmann* § 130a Rn. 32; *Lutter* DB 1994, 129 (135); Lutter/*Hommelhoff* Anh. § 64 Rn. 80; Hesselmann/Tillman/Mueller-Thuns/*Lüke* § 10 Rn. 176.

nen.[161] Die Rechtsprechung sieht § 15a InsO als Schutzgesetz iSd § 823 Abs. 2 BGB an und gesteht neben der zugunsten der Gesellschaft gegebenen Anspruchsgrundlage des § 130a Abs. 2 S. 1 HGB den **Gesellschaftsgläubigern** unmittelbare deliktsrechtliche Schadensersatzansprüche gegenüber den Geschäftsführern zu.[162] Danach sind die Gläubiger zur Inanspruchnahme der Geschäftsführer nicht darauf angewiesen, zunächst den Anspruch der KG zu pfänden und sich sodann zur Einziehung überweisen zu lassen. Das führt dazu, dass sich die Befugnis des Insolvenzverwalters nach § 92 InsO auf die Durchsetzung der Ansprüche auf Ersatz des Quotenschadens der Altgläubiger beschränkt. Diese Vorschrift schließt die unmittelbare Geltendmachung des Vertrauensschadens durch die **Neugläubiger**, den diese durch die Kontrahierung mit der insolventen Gesellschaft erleiden, nicht aus.[163] Die Ansprüche der Neugläubiger richten sich auf Ersatz des negativen Interesses, nicht des Erfüllungsinteresses. Die Neugläubiger sind so zu stellen, wie sie stünden, wenn rechtzeitig Eröffnungsantrag gestellt worden wäre und sie demzufolge keinen Vertrag mit der Gesellschaft geschlossen hätten. Dieser Schaden lässt sich unabhängig von der Insolvenzquote berechnen. Ein „Quotenschaden" entsteht ihnen nicht. Die Neugläubiger müssen sich die ihnen im Insolvenzverfahren zustehende Quote auch nicht auf den Schaden anrechnen lassen, sondern können ihre Insolvenzforderungen an die auf Schadensersatz haftenden Geschäftsführer Zug-um-Zug gegen Zahlung der Ersatzleistung abtreten.[164] Sie können somit ihre Ansprüche gegen die Geschäftsführer bereits vor Beendigung des Insolvenzverfahrens und ohne Kenntnis der Höhe ihrer Quote geltend machen. Nachdem der BGH zunächst noch offen gelassen hatte, ob der Konkursverwalter neben den Neugläubigern zur Geltendmachung eines den Neugläubigern zustehenden Quotenschadens befugt ist,[165] hat er inzwischen – noch zum alten Recht – klargestellt, dass der Verwalter nicht berechtigt ist, einen Quoten- oder sonstigen Schaden der Neugläubiger wegen schuldhaft verspäteter Stellung des Konkursantrages gegen den Geschäftsführer der GmbH geltend zu machen.[166] Denn der dem Neugläubiger entstandene Schaden beruht nicht auf der Schmälerung der Masse, sondern auf dem Umstand, dass er überhaupt mit der Gesellschaft einen Vertrag geschlossen hat. Diesen Schaden hat jeder Neugläubiger allein und nicht die Gemeinschaft der Gläubiger erlitten, so dass er nicht in den Anwendungsbereich des § 92 InsO fällt.

51 Eine erhebliche Verschärfung des früheren Rechts liegt darin, dass ein Geschäftsführer, der den Eröffnungsantrag pflichtwidrig und schuldhaft nicht

---

[161] MüKoHGB/*K. Schmidt* § 130a Rn. 22; Ebenroth/Boujong/Joost/Strohn/*Hillmann* § 130a Rn. 35.

[162] BGHZ 126, 181; 138, 211; NJW-RR 2007, 759; NJW 2011, 2427 (2428); kritisch hierzu *Roth/Altmeppen* § 64 Rn. 33 ff.

[163] So auch *K. Schmidt* ZGR 1996, 214; MüKoHGB/*K. Schmidt* § 130a Rn. 49; *Uhlenbruck* ZIP 1996, 1644; *Braun/Uhlenbruck*, Unternehmensinsolvenz, 81, 97; vgl. auch *Karollus* ZIP 1995, 271; aA *Hasselbach* DB 1996, 2215; *Bork* Kölner Schrift, Kap. 31 Rn. 19 ff.

[164] BGH NJW-RR 2007, 759 Tz. 20; aA noch BGHZ 126, 181 (201).

[165] BGHZ 126, 181 (201).

[166] BGHZ 138, 211; vgl. *Baumbach/Hopt* § 130a Rn. 9.

gestellt hat, die von einem Gesellschaftsgläubiger für die Durchführung des Insolvenzverfahrens vorgeschossenen **Kosten** aus seinem eigenen Vermögen zu erstatten hat (§ 26 Abs. 3 S. 1 InsO).[167] Dabei trifft die Beweislast für pflichtgemäßes und schuldloses Handeln den Geschäftsführer (§ 26 Abs. 3 S. 2 InsO). Durch diese Regelung soll für Gläubiger ein Anreiz geschaffen werden, bei Vorliegen von Anhaltspunkten für eine Insolvenzverschleppung den nach § 26 Abs. 1 InsO zur Abwendung der Abweisung des Eröffnungsantrags mangels Masse erforderlichen Vorschuss zu leisten.[168]

bb) Verstoß gegen das Zahlungsverbot (§ 130a Abs. 1 HGB). Nach neuerer Rechtsprechung des BGH zur Parallelvorschrift des § 64 Abs. 2 GmbHG aF sind **Zahlungen** der Geschäftsführer im Widerspruch zu dem **Zahlungsverbot** nach Eintritt der Zahlungsunfähigkeit oder der Überschuldung der Gesellschaft von diesen ungekürzt zu **erstatten**.[169] Dabei handele es sich um einen Ersatzanspruch eigener Art.[170] Aufgrund der Gleichartigkeit der Zielsetzung beider Regelungen spricht viel dafür, diese Rechtsprechung auch auf die Vorschrift des § 130a Abs. 2 S. 1 HGB zu übertragen, obgleich nach dem Wortlaut des § 130a Abs. 2 S. 1 HGB der „Ersatz des daraus entstehenden Schadens" und nicht, wie in § 64 Abs. 2 GmbHG aF bzw. jetzt § 64 S. 1 GmbHG der Ersatz geleisteter Zahlungen geschuldet ist.[171] Wurde mit der Zahlung eine bestehende Verbindlichkeit der Gesellschaft beglichen, hat diese keinen Schaden erlitten. Die Vorschrift will aber den Mittelabfluss und die damit zu Lasten der Gläubigergemeinschaft eintretende Schmälerung der Masse verhindern.[172] Sie ist auch dann verletzt, wenn die Gesellschaft vor der Zahlung von einer anderen Gesellschaft Zahlung in gleicher Höhe erhalten hat und die Zahlung zur Begleichung von deren Verbindlichkeiten diente.[173] Das kann bei Durchleitung einer Zahlung durch mehrere Konzerngesellschaften dazu führen, dass die Geschäftsführer im Falle der Insolvenzreife aller beteiligten Gesellschaften die Zahlung mehrfach, nämlich jeweils auf Ebene jeder betroffenen Gesellschaft zu ersetzen haben.[174]

Die Schadensersatzpflicht der Geschäftsführer kann durch Vereinbarungen mit den Gesellschaftern oder der Gesellschaft weder **eingeschränkt** noch **ausgeschlossen** werden (§ 130a Abs. 2 S. 3, 4 HGB). Eine Ausnahme gilt nur für den Fall, dass der ersatzpflichtige Geschäftsführer zahlungsunfähig ist und sich zur Abwendung des Insolvenzverfahrens mit seinen Gläubigern vergleicht oder wenn seine Ersatzpflicht Gegenstand eines Insolvenzplanes ist (§ 130a Abs. 2 S. 5 HGB).[175]

---

[167] *Landfermann* BB 1995, 1651.
[168] Vgl. BT-Drs. 12/2443, 118.
[169] BGHZ 146, 264; BGH NZG 2008, 468; 2009, 913; 2012, 940 Tz. 8; aA noch BGHZ 143, 184.
[170] BGHZ 146, 264 (278); BGH NZG 2008, 468 Tz. 6.
[171] BGH NZG 2007, 462 Tz. 7; aA MüKoHGB/*K. Schmidt* § 130a Rn. 39.
[172] BGHZ 143, 184 (186); 146, 264 (275); BGH NZG 2007, 462 Tz. 7.
[173] BGH NJW 2008, 2504 Tz. 10; BGH BB 2010, 1609; aA Hachenburg/*Ulmer* § 64 Rdn. 40; *K. Schmidt* ZHR 168 (2004), 637 (646).
[174] BGH BB 2010, 1609.
[175] Dazu auch GK/*Habersack* § 130a HGB Rn. 37; *K. Schmidt* KTS 2001, 373 (378).

54 **b) Strafvorschriften.** Unterbleibt bei Zahlungsunfähigkeit oder Überschuldung die Stellung des gebotenen Eröffnungsantrages, droht den Antragsverpflichteten bei vorsätzlichem Handeln eine **Freiheitsstrafe** bis zu drei Jahren oder eine **Geldstrafe** (§ 15a Abs. 4 InsO); bei fahrlässigem Handeln kann die Freiheitsstrafe bis zu einem Jahr betragen (§ 15a Abs. 5 InsO). Die Beweislastumkehr des § 130a Abs. 2 S. 2 HGB greift im Strafverfahren nicht ein.[176]

4. Stellung des Geschäftsführers im Insolvenzeröffnungsverfahren

55 Der Geschäftsführer der Komplementär-GmbH ist gegenüber dem Insolvenzgericht zur umfassenden Auskunftserteilung verpflichtet (§ 20 InsO). Er hat dem vorläufigen Insolvenzverwalter Einsicht in die Bücher und Papiere der Gesellschaft zu gestatten und ihm die erforderlichen Auskünfte zu erteilen (§ 22 Abs. 3 S. 2, 3 InsO). Der Geschäftsführer kann sich den Mitwirkungspflichten im Insolvenzverfahren auch nicht durch Niederlegung seines Amtes entziehen. Nach §§ 20 Abs. 1 S. 2, 101 Abs. 1 S. 2 InsO lässt die Amtsniederlegung die verfahrensrechtlichen Pflichten des Geschäftsführers unberührt, sofern nicht der Geschäftsführer früher als zwei Jahre vor dem Antrag auf Eröffnung des Insolvenzverfahrens aus der Geschäftsführung ausgeschieden ist.

5. Vorläufige Maßnahmen des Insolvenzgerichts

56 Hält das Insolvenzgericht den Eröffnungsantrag für zulässig, hat es alle Maßnahmen zu treffen, die aus seiner Sicht erforderlich sind, um bis zur Entscheidung über den Antrag eine den Gläubigern nachteilige Veränderung der Vermögenslage der GmbH & Co. KG zu verhüten (§ 21 Abs. 1 InsO).[177] Welche Maßnahmen dabei in Betracht kommen, zählt das Gesetz in § 21 Abs. 2 InsO exemplarisch auf. Darüber hinaus kann das Insolvenzgericht die Vorführung oder Inhaftnahme des Geschäftsführers der Komplementär-GmbH anordnen (§ 21 Abs. 3 InsO).

57 **a) Bestellung eines vorläufigen Insolvenzverwalters.** Für einen vom Gericht bestellten vorläufigen Insolvenzverwalter gelten die Bestimmungen über den Insolvenzverwalter in §§ 56, 56a, 58 bis 66 InsO entsprechend (§ 21 Abs. 1 Nr. 1 InsO). Die **Rechtsstellung** des vorläufigen Insolvenzverwalters hängt davon ab, ob den Geschäftsführern der Gesellschaft ein **allgemeines Verfügungsverbot** auferlegt wurde (→ Rn. 59).[178] Ist dies der Fall, geht die Verwaltungs- und Verfügungsbefugnis und die Prozessführungsbefugnis auf den vorläufigen Insolvenzverwalter über (§§ 22 Abs. 1, 24 Abs. 2

---

[176] *Deutler* GmbHR 1977, 36 (41); Hesselmann/Tillman/Mueller-Thuns/*Lüke* § 10 Rn. 185.
[177] Rechtspolitische Kritik zu der gesetzlichen Konzeption vermögensrechtlicher Anordnungen des Insolvenzgerichts bei *Häsemeyer*, Insolvenzrecht, Rn. 7.37 ff.
[178] Zur Rechtsstellung des vorläufigen Insolvenzverwalters: *Uhlenbruck* KTS 1994, 169, 177 ff.; *Uhlenbruck* NZI 2000, 289 ff.; *Pohlmann*, Befugnisse und Funktionen des vorläufigen Insolvenzverwalters, 1998; *Häsemeyer*, Insolvenzrecht, Rn. 7.40 ff.; Jaeger/ *Gerhardt* § 21 Rn. 17; MüKoInsO/*Haarmeyer* § 21 Rn. 46 ff.; Haberhauer/Meeh DStR 1995, 1442; *Smid* WM 1995, 785.

InsO).[179] Der vorläufige Insolvenzverwalter ist verpflichtet, das Vermögen der Gesellschaft zu sichern und zu erhalten (§ 22 Abs. 1 Nr. 1 InsO). Ferner hat er das Unternehmen fortzuführen, es sei denn, das Gericht stimmt einer Stilllegung zu, um einer erheblichen Verminderung des Gesellschaftsvermögens zuvorzukommen (§ 22 Abs. 1 Nr. 2 InsO).[180] Zu einer Veräußerung des Unternehmens ist der vorläufige Insolvenzverwalter indessen nicht befugt.[181] Er hat zu prüfen, ob eine die Kosten des Verfahrens deckende Masse vorliegt. Darüber hinaus kann das Gericht den vorläufigen Verwalter mit der Prüfung beauftragen, ob ein Eröffnungsgrund vorliegt und welche Aussichten für eine Fortführung des Unternehmens bestehen (§ 22 Abs. 1 Nr. 3 InsO). Wird den Geschäftsführern kein allgemeines Verfügungsverbot auferlegt, werden die Pflichten des vorläufigen Insolvenzverwalters vom Insolvenzgericht bestimmt (§ 22 Abs. 2 InsO).[182] Auch der schwache vorläufige Insolvenzverwalter ist kraft seiner Funktion, also auch ohne ausdrückliche Anordnung des Insolvenzgerichts, verpflichtet, das Schuldnervermögen zu sichern und zu erhalten und zu diesem Zweck den Schuldner zu überwachen.[183]

b) Einsetzung eines vorläufigen Gläubigerausschusses. Mit Inkrafttreten des ESUG hat der Gesetzgeber die Möglichkeit der Einsetzung eines vorläufigen Gläubigerausschusses eingeführt (§ 21 Abs. 2 S. 1 Nr. 1a InsO).[184] Nach § 22a InsO muss ein vorläufiger Gläubigerausschuss eingesetzt werden, wenn entweder zwei der darin genannten drei Merkmale zur Größe des Unternehmens des Schuldners erfüllt sind (Abs. 1)[185] oder Schuldner, vorläufiger Insolvenzverwalter oder Gläubiger dies unter Benennung zur Amtsübernahme bereiter Personen beantragen (Abs. 2),[186] es sei denn, der Geschäftsbetrieb des Schuldners ist eingestellt, die Einsetzung im Hinblick auf die zu erwartende Insolvenzmasse unverhältnismäßig oder aufgrund der mit der Einsetzung verbundenen Verzögerung eine nachteilige Veränderung der Vermögenslage des Schuldners zu besorgen (Abs. 3). Dem vorläufigen Gläubigerausschuss obliegen im Wesentlichen dieselben Aufgaben wie dem Gläubigerausschuss im eröffneten Verfahren, insbesondere die Überwachung und Unterstützung des Insolvenzverwalters, darüber hinaus aber auch die Mitbestimmung bei der Bestellung des (vorläufigen) Insolvenzverwalters (§ 56a InsO).[187]

58

---

[179] Fall des sog. „starken" vorläufigen Insolvenzverwalters, vgl. *Uhlenbruck/Uhlenbruck* § 14 Rn. 31 ff.; vgl. auch *Ampferl*, Der „starke" vorläufige Insolvenzverwalter in der Unternehmensinsolvenz, 2002.
[180] Zur Pflicht des Insolvenzverwalters zur Betriebsfortführung: *Braun*, Beiträge, 87 ff.
[181] *Uhlenbruck* GmbHR 1995, 200; *Pape* ZIP 1994, 91; *Grub* ZIP 1993, 393.
[182] Fall des sog. „schwachen" vorläufigen Insolvenzverwalters, vgl. Uhlenbruck/*Uhlenbruck* § 14 Rn. 27 ff.
[183] BGH NJW 2011, 2960 Tz. 49.
[184] Sog. Fakultativausschuss, *K. Schmidt* § 122a Rn. 14.
[185] Sog. originärer Pflichtausschuss, *K. Schmidt* § 22a Rn. 6.
[186] Sog. derivativer Pflichtausschuss, *K. Schmidt* § 22a Rn. 7.
[187] Zu den Aufgaben des vorläufigen Gläubigerausschusses: *Frind* ZIP 2012, 1380. Die Beteiligung des vorläufigen Gläubigerausschusses ist bereits für die Bestellung

59 **c) Anordnung von Verfügungsverboten.** Das Insolvenzgericht kann den Geschäftsführern der GmbH & Co. KG ein **allgemeines Verfügungsverbot** auferlegen.[188] Sieht es von der Verhängung eines allgemeinen Verfügungsverbotes ab, kann es anordnen, dass Verfügungen der Gesellschaft nur mit **Zustimmung** des vorläufigen Insolvenzverwalters wirksam sind (§ 21 Abs. 2 S. 1 Nr. 2 InsO).[189] Gegen das Verfügungsverbot verstoßende Maßnahmen sind grundsätzlich unwirksam (§§ 24 Abs. 1, 81, 82 InsO). Ein gutgläubiger Erwerb ist jedoch bei Grundstücken gem. §§ 892, 893 BGB möglich; der gute Glaube wird durch die Eintragung einer Verfügungsbeschränkung in das Handelsregister ausgeschlossen. Um dies sicherzustellen, hat das Insolvenzgericht dem Registergericht eine Ausfertigung des Beschlusses zu übermitteln (§ 23 Abs. 2 InsO).

60 **d) Untersagung und Einstellung von Zwangsvollstreckungsmaßnahmen.** Soweit es sich um bewegliche Sachen handelt, ist das Insolvenzgericht befugt, Maßnahmen der Zwangsvollstreckung gegen die GmbH & Co. KG zu untersagen oder einzustellen (§ 21 Abs. 2 S. 1 Nr. 3 InsO). Bei Grundstücken verbleibt dem Insolvenzverwalter nur die Möglichkeit, einen Antrag auf einstweilige Einstellung der Zwangsversteigerung nach § 30d Abs. 4 ZVG zu stellen, um nachteilige Veränderungen in der Vermögenslage der Gesellschaft zu verhindern.

VI. Die Ablehnung der Verfahrenseröffnung

1. Unzulässigkeit des Antrages

61 Fehlt es entweder am Vorliegen eines Eröffnungsgrundes oder an der Antragsberechtigung des Antragstellers, wird der Eröffnungsantrag als unzulässig **zurückgewiesen**. Der Antragsteller kann gegen den Ablehnungsbeschluss dann **sofortige Beschwerde** einlegen (§ 34 Abs. 1 InsO).[190]

2. Abweisung mangels Masse

62 Die Eröffnung des Insolvenzverfahrens wird abgelehnt, wenn das Vermögen der Gesellschaft voraussichtlich nicht ausreichen wird, um die **Kosten** eines vorläufigen Insolvenzverwalters vorgesehen, wie sich aus dem Verweis auf § 56a InsO in § 21 Abs. 2 S. 1 Nr. 1 InsO ergibt. Hat das Gericht von einer Anhörung des vorläufigen Gläubigerausschusses zur Bestellung des vorläufigen Verwalters abgesehen, kann der vorläufige Gläubigerausschuss nach § 56 Abs. 3 InsO in seiner ersten Sitzung einstimmig eine andere Person als die bestellte zum Insolvenzverwalter wählen. Die Funktion des vorläufigen Gläubigerausschusses endet mit der Beendigung des Eröffnungsverfahrens, also der Eröffnung des Insolvenzverfahrens oder der Zurückweisung des Eröffnungsantrages.

[188] Allg. zu den Möglichkeiten von Verfügungs- und Vollstreckungsmöglichkeiten: *Gerhardt* ZZP 1996 (109), 415 ff.; Jaeger/*Gerhardt* § 21 Rn. 19 ff.; MüKoInsO/*Haarmeyer* § 21 Rn. 54 ff.

[189] Eingehend zu Verfügungsbeschränkungen in der Insolvenz: *Kießling/Singhof* DZWIR 2000, 353 ff.

[190] MüKoHGB/*K. Schmidt* § 158 Anh. Rn. 39; MüKoInsO/*Schmahl/Busch* § 34 Rn. 35 ff.; *Hess/Weis/Wienberg* § 34 Rn. 36 ff.; *K. Schmidt/Keller* § 34 Rn. 4.

des Verfahrens (vgl. § 54 InsO) zu decken und kein Insolvenzgläubiger bereit ist, die Kosten des Verfahrens zu verauslagen (§ 26 Abs. 1 InsO). Der Antragsteller kann der Abweisung dadurch entgehen, dass er einen entsprechenden Betrag vorschießt (§ 26 Abs. 1 S. 2 InsO). Gegen den ablehnenden Beschluss steht auch dem Schuldner das Rechtsmittel der **sofortigen Beschwerde** zu. Die Gesellschaft kann eine sofortige Beschwerde unabhängig davon einlegen, ob sie selbst den Eröffnungsantrag gestellt hat (§ 34 Abs. 1 InsO). Nach §§ 131 Abs. 2 S. 1 Nr. 1, 161 Abs. 2 HGB wird die GmbH & Co. KG mit Rechtskraft des Ablehnungsbeschlusses **aufgelöst**.[191] Zu einer Anmeldung der Auflösung der Gesellschaft zum Handelsregister sind die Gesellschafter bei Abweisung des Eröffnungsantrages mangels Masse nicht verpflichtet, da die Eintragung in das Handelsregister von Amts wegen erfolgt (§ 143 Abs. 1 S. 3 HGB, § 31 Nr. 2 InsO).

VII. Die GmbH & Co. KG im Insolvenzverfahren

1. Eröffnungsbeschluss

Ist eine zur Deckung der Verfahrenskosten ausreichende Masse vorhanden und liegt ein Eröffnungsgrund vor, beschließt das Insolvenzgericht die Verfahrenseröffnung (§ 27 InsO). Der Eröffnungsbeschluss ist öffentlich bekannt zu machen (§ 30 InsO) und in das für die Gesellschaft zuständige **Handelsregister** einzutragen (§ 31 Nr. 1 InsO). Gegen den Eröffnungsbeschluss steht der Gesellschaft das Recht zur **sofortigen Beschwerde** zu (§ 34 Abs. 2 InsO). Eine Aufhebung des Eröffnungsbeschlusses lässt die Rechtswirksamkeit etwa in der Zwischenzeit vom Insolvenzverwalter getätigter Handlungen (Veräußerung von Vermögensgegenständen, Kündigung von Arbeitnehmern etc.) unberührt (§ 34 Abs. 3 S. 3 InsO).[192] Die vom Insolvenzverwalter begründeten Verbindlichkeiten sind aus dem Vermögen der Gesellschaft zu befriedigen. Um Verwertungsmaßnahmen durch den Insolvenzverwalter zu verhindern, kann die Beschwerde mit dem Antrag auf einstweilige Aussetzung von Verwertungsmaßnahmen verbunden werden.[193] 63

Mit der Eröffnung des Insolvenzverfahrens kann das Gericht die **Eigenverwaltung** der Gesellschaft anordnen (§ 270 Abs. 1 InsO).[194] In diesem Fall bleiben die Geschäftsführer der Gesellschaft verfügungsbefugt und werden 64

---

[191] MüKoHGB/*K. Schmidt* § 158 Anh. Rn. 39.
[192] *Häsemeyer*, Insolvenzrecht, Rn. 7.57a; hierdurch kann es zu kollidierenden Rechtsgeschäften über denselben Gegenstand kommen, so dass der Schuldner für beide Verpflichtungen einzustehen hat, vgl. *Häsemeyer*, Insolvenzrecht, Rn. 7.57b; Jaeger/*Schilken* § 34 Rn. 34; MüKoInsO/*Schmahl* § 34 Rn. 94ff.; *Hess/Weis/Wienberg* § 34 Rn. 34; haben Schuldner und Insolvenzverwalter hingegen sich widersprechende Verfügungen vorgenommen, geht diejenige des Verwalters ohne Rücksicht auf die zeitliche Abfolge vor, vgl. MüKoInsO/*Schmahl* § 34 Rn. 96; Jaeger/*Schilken* § 34 Rn. 34; *Hess/Weis/Wienberg* § 34 Rn. 33.
[193] *Uhlenbruck* GmbHR 1995, 204.
[194] Allgemein zur Eigenverwaltung: *Vallender* WM 1998, 2129; *Vallender* GmbHR 2012, 445; *Pape* Kölner Schrift, Kap. 24 Rn. 1 ff.; ders. ZIP 2013, 2285; *Brinkmann/Zipperer* ZIP 2011, 1337; *Hölzle* ZIP 2012, 158.

nur unter die Aufsicht eines Sachwalters gestellt. Wie der Insolvenzverwalter im Regelinsolvenzverfahren sind auch die Geschäftsführer im Falle der Eigenverwaltung grundsätzlich frei von gesellschaftsrechtlichen Bindungen, so dass beispielsweise eine Kontrolle der Geschäftsführung durch den Aufsichtsrat und die Gesellschafterversammlung ausscheidet (§ 276a InsO).[195] Das Insolvenzgericht kann anordnen, dass bestimmte Rechtsgeschäfte der Zustimmung des Sachwalters bedürfen (§ 277 InsO). Nach den Vorstellungen des Gesetzgebers kommt eine Eigenverwaltung dann in Betracht, wenn die Kenntnisse und Erfahrungen der Geschäftsführung genutzt werden sollen.[196] Die Eigenverwaltung setzt einen entsprechenden Antrag der Geschäftsführung (§ 270 Abs. 2 Nr. 1 InsO), nicht aber die Zustimmung des den Eröffnungsantrag stellenden Gläubigers voraus.[197] Desweiteren dürfen keine Umstände bekannt sein, die erwarten lassen, dass die Anordnung zu Nachteilen für die Gläubiger führen wird (§ 270 Abs. 2 Nr. 2 InsO). Hat die Gesellschaft den Eröffnungsantrag bei drohender Zahlungsunfähigkeit oder Überschuldung gestellt und die Eigenverwaltung beantragt und ist die angestrebte Sanierung nicht offensichtlich aussichtslos, so bestellt das Insolvenzgericht einen vorläufigen Sachwalter und setzt der Gesellschaft eine Frist von höchstens drei Monaten zur Vorlage eines Insolvenzplans (§§ 270a Abs. 1, 270b Abs. 1, 2 InsO). Das Gericht kann in diesem sog. **Schutzschirmverfahren**[198] ferner vorläufige Maßnahmen nach § 21 Abs. 1, 2 Nrn. 1a, 3 bis 5 InsO anordnen; es hat Maßnahmen nach § 21 Abs. 2 Nr. 3 InsO anzuordnen, wenn der Schuldner dies beantragt (§ 270b Abs. 2 S. 3 InsO). Erweist sich das Sanierungsunterfangen als aussichtslos oder tritt Zahlungsunfähigkeit ein, ist das Insolvenzverfahren zu eröffnen und ein Insolvenzverwalter zu bestellen. Von der Eigenverwaltung ist die modifizierte Freigabe bestimmter Gegenstände an den Schuldner zu unterscheiden, durch die Letzterer insoweit verfügungsbefugt ist.[199]

2. Auflösung der Gesellschaft

65 Mit Eröffnung des Insolvenzverfahrens wird die Gesellschaft nach § 131 Abs. 1 Nr. 3 HGB aufgelöst (→ § 46 Rn. 23 f.). Anstelle des Liquidationsverfahrens schließt sich das reglementierte Insolvenzverfahren an. Diese Rechtsfolge ist zwingend und kann weder durch eine gesellschaftsvertragliche noch durch eine sonstige Vereinbarung modifiziert werden.[200]

---

[195] S.a. OLG Frankfurt/M. ZIP 2013, 2018. Diese Frage war vor Inkrafttreten des ESUG umstritten, vgl. *Prütting/Huhn* ZIP 2002, 777 (779); *Ringstmeier/Homann* NZI 2002, 406 (408); *Westrick* NZI 2003, 65 (68).
[196] *Schmidt-Räntsch* § 270 Rn. 3; BegrRegE BR-Drs. 1/92, 222 (223).
[197] So aber noch § 270 Abs. 2 Nr. 2 InsO aF. Vor Stellung des Antrags auf Eigenverwaltung muss die Geschäftsführung die Gesellschafter einbeziehen, LG Frankfurt/M. 2013, 1831; Schäfer ZIP 2013, 2237 (2241 f.); Madaus ZIP 2014, 500 (502); aA Hölzle ZIP 2013, 1846 (1850).
[198] Näher hierzu: *Hirte* ZInsO 2011, 402; *Ganter* NZI 2012, 433; *Vallender* GmbHR 2012, 450; *Hölzle* ZIP 2012, 2427.
[199] MüKoHGB/*K. Schmidt* § 158 Anh. Rn. 44; MüKoInsO/*Peters* § 35 Rn. 88; *K. Schmidt/Büteröwe* § 35 Rn. 40 ff.; Heidelberger Kommentar/*Eickmann* § 35 Rn. 49.
[200] MüKoHGB/*K. Schmidt* § 131 Rn. 25.

3. Rechtsstellung des Insolvenzverwalters

a) Person des Insolvenzverwalters. Insolvenzverwalter können nur natürliche Personen sein. Sie müssen darüber hinaus geschäftskundig und von der Gesellschaft unabhängig sein (§ 56 Abs. 1 InsO).[201] Im Übrigen ist das Insolvenzgericht in der Auswahl des Insolvenzverwalters grundsätzlich frei (§ 27 Abs. 1 InsO), soweit nicht ein vorläufiger Gläubigerausschuss eingesetzt ist, dem wesentliche Mitbestimmungsrechte bei der Verwalterauswahl zukommen (§ 56a InsO, → Rn. 58). In der Praxis bestellt das Gericht den vorläufigen Insolvenzverwalter zumeist auch zum endgültigen Verwalter. 66

b) Rechtsbeziehung zur Gesellschaft. Nach herrschender Meinung ist der Insolvenzverwalter ein für die Masse eingesetzter Amtstreuhänder.[202] Wird das Insolvenzverfahren gleichzeitig über das Vermögen der KG und das ihrer Komplementär-GmbH eröffnet, ist es, soweit keine Anzeichen für Interessenkonflikte zwischen KG und Komplementär-GmbH bestehen, möglich, zur Synchronisation beider Insolvenzverfahren beide Insolvenzverwaltungen derselben Person zu übertragen.[203] Eine rechtliche Notwendigkeit besteht insofern jedoch nicht. Bei einem **simultanen Insolvenzverfahren** unterliegt der Insolvenzverwalter einer Pflichtenbindung sowohl gegenüber der KG als auch gegenüber der GmbH.[204] 67

c) Insolvenzmasse. Der Insolvenzverwalter ist verpflichtet, das zur Insolvenzmasse gehörende Vermögen in Besitz und Verwaltung zu nehmen (§ 148 Abs. 1 InsO).[205] Die Insolvenzmasse umfasst das **gesamte Vermögen**, das der Gesellschaft zur Zeit der Verfahrenseröffnung gehört und das sie während des Verfahrens erlangt, soweit es der Zwangsvollstreckung unterliegt (§§ 35, 36 InsO) und nicht vom Insolvenzverwalter freigegeben ist.[206] Diejenigen Gegenstände, die der Insolvenzverwalter mit Mitteln der Insolvenzmasse anschafft, werden als Surrogat (und damit der Insolvenzmasse zugehörig) und nicht als konkursfreier Neuerwerb angesehen.[207] Neben Forderungen gegen Dritte zählen zur Insolvenzmasse auch Ansprüche der 68

---

[201] Zu den Anforderungen: KG ZIP 2001, 2240; eingehend *Stapper* NJW 1999, 3441; vgl. auch *Uhlenbruck* GmbHR 1995, 199; MüKoInsO/*Graeber* § 56 Rn. 12ff.
[202] BGHZ 24, 393 (396); 88, 331 (334); 127, 156; eingehend zum Theorienstreit K. Schmidt/*Sternal* § 80 Rn. 16ff.; MüKoInsO/*Ott*/*Vuia* § 80 Rn. 20ff.; MüKoInsO/ *Graeber* § 56 Rn. 148 („privater Treuhänder"); *Hess*/*Weis*/*Wienberg* Vor § 56 Rn. 8 („Vertreter kraft Amtes"); krit. *K. Schmidt* KTS 2001, 373 (374), der die These vertritt, der Insolvenzverwalter sei ein obligatorischer Drittliquidator der Gesellschaft.
[203] *Noack* Rn. 553; Hachenburg/*Ulmer* § 63 Rn. 128; Scholz/*K. Schmidt*/*Bitter* Vor § 64 Rn. 141; *K. Schmidt* ZIP 2008, 2337 (2344); krit. *Häsemeyer*, Insolvenzrecht, Rn. 31.27.
[204] *K. Schmidt* Gesellschaftsrecht § 56 VI 2; s.a. *K. Schmidt* GmbHR 2002, 1209 (1214).
[205] Zur Rechtsstellung des Insolvenzverwalters umfassend *Wellensiek* Kölner Schrift, Kap. 7 Rn. 1ff.; *Häsemeyer*, Insolvenzrecht, Rn. 15.01ff. mwN; MüKoInsO/ *Graeber* § 56 Rn. 142ff.
[206] Zur Zulässigkeit der Freigabe → Rn. 70.
[207] *Häsemeyer*, Insolvenzrecht, Rn. 9.20, 9.28; Jaeger/*Henckel* § 35 Rn. 105; MüKoInsO/*Peters* § 35 Rn. 55.

14. Kapitel. Insolvenz der Gesellschaft

Gesellschaft gegen ihre Gesellschafter. So hat der Insolvenzverwalter **Schadensersatzansprüche** wegen Verletzung gesellschaftsvertraglicher Pflichten sowie etwaige Herausgabeansprüche geltend zu machen.[208] Eine Durchsetzung dieser Ansprüche durch die Gesellschafter im Wege der actio pro socio scheidet in der Insolvenz aus.[209] Von der Insolvenzmasse nicht erfasst sind **Ausgleichsansprüche** der Gesellschafter untereinander. Diese unterliegen nicht der Geltendmachung durch den Insolvenzverwalter.[210]

69 Fraglich ist, ob noch offene **Einlagepflichten** oder freiwillige **Nachschüsse** der Gesellschafter gleichermaßen in die Insolvenzmasse fallen. Wurde die Grundlage hierfür vor Verfahrenseröffnung geschaffen, ist dies ohne weiteres zu bejahen.[211] Problematischer liegt es, wenn die Einlagepflicht erst nach Verfahrenseröffnung begründet wurde.[212] Verbreitet wird angenommen, derartige Ansprüche fielen auch dann in die Insolvenzmasse.[213] Zwar kann sich diese Ansicht auf den Wortlaut des § 35 InsO stützen, nach dem es ein massefreies Vermögen der Gesellschaft grundsätzlich nicht gibt;[214] überzeugen vermag sie dennoch nicht. Denn ohne zusätzliche Beiträge der Gesellschafter lässt sich eine **Sanierung** des Unternehmens kaum realisieren. Sofern die zusätzlichen Mittel nicht ausschließlich für Sanierungszwecke zur Verfügung stehen, weil die Gesellschaftsgläubiger hieran partizipieren können, dürfte der Erfolg einer Sanierung oftmals gefährdet sein. Man wird § 35 InsO demnach einschränkend so zu lesen haben, dass nach Verfahrenseröffnung begründete Ansprüche aus einer Kapitalerhöhung oder freiwillig geleistete Nachschüsse der Kommanditisten nicht Bestandteil der Masse werden.[215]

70 Die Frage, ob der Verwalter im Insolvenzverfahren Gegenstände, deren Verwertung nicht lohnt, aus der Masse freigeben kann, ist umstritten. Die Durchführung einer **Freigabe** setzt voraus, dass es ein insolvenzfreies Ver-

---

[208] *Häsemeyer*, Insolvenzrecht, Rn. 31.12; *Noack* Rn. 471; weitere Bsp. bei *Uhlenbruck/Hirte* § 35 Rn. 413; *Kuhn/Uhlenbruck* § 209 KO Rn. 26; MüKoInsO/*Peters* § 35 Rn. 210 f.

[209] MHdB GesR II/*Schmid* KG § 47 Rn. 19.

[210] MHdB GesR II/*Schmid* KG § 47 Rn. 20.

[211] BGH NJW 1982, 2822.

[212] Zur Mitwirkungspflicht der Gesellschafter bei sachlich gebotenen Sanierungsbeschlüssen vgl. BGHZ 129, 136 ff.; BGH NJW 1987, 952; 1987, 3192; 2010, 65; *Marsch-Barner* ZIP 1996, 853; *Lutter* JZ 1995, 1053; MüKoHGB/*K. Schmidt* § 105 Rn. 192; *K. Schmidt* ZIP 1980, 335; *K. Schmidt* ZGR 1982, 525; vgl. ferner *Winter*, Treuebindungen, 175 f. Zu einem eigenen Sanierungsbeitrag kann der Gesellschafter idR nicht gezwungen werden, vgl. Heymann/*Horn* § 161 Rn. 100; Ebenroth/Boujong/Joost/Strohn/*Wertenbruch* § 105 Rn. 142.

[213] *Uhlenbruck* GmbHR 1995, 204; Scholz/*K. Schmidt/Bitter* Vor § 64 Rn. 170.

[214] *K. Schmidt* ZGR 1998, 637; *K. Schmidt/Uhlenbruck*, GmbH in Krise, Rn. 7.12; *Kübler/Prütting/Holzer* § 35 Rn. 32.

[215] IE auch *Braun/Uhlenbruck*, Unternehmensinsolvenz, 88 ff.; aA *K. Schmidt/Uhlenbruck*, GmbH in Krise, Rn. 7.14; Jaeger/*Müller* § 35 Rn. 161 (Kapitalerhöhung) sowie Rn. 171 (Nachschüsse); Scholz/*Priester*, 9. Aufl. 2002, § 55 Rn. 33; für die Anerkennung eines insolvenzfreien Gesellschaftsvermögens nach altem Recht vgl. BGH NJW 1996, 2035 (2036); Hachenburg/*Ulmer* § 63 Rn. 78; Baumbach/*Hueck*, 16. Aufl., § 63 Rn. 45; Scholz/*Priester*, 8. Aufl. 1995, § 55 Rn. 33, 89; dagegen *K. Schmidt/Schulz* ZIP 1982, 1015 ff.

mögen gibt. Von einer Ansicht[216] wird die Möglichkeit einer Freigabe in der Insolvenz eines Verbandes auch unter Berufung auf die gesetzliche Neufassung des Insolvenzrechts ua mit der Begründung abgelehnt, dass im Insolvenzverfahren die Vollabwicklung des Schuldnervermögens zu den Verwalteraufgaben gehört. Demgegenüber vertritt die herrschende Ansicht,[217] dass keine Pflicht des Insolvenzverwalters zur Vollabwicklung existiert und es auch in der Insolvenz des Verbandes ein insolvenzfreies Vermögen gibt. Daher ist nach herrschender Meinung auch eine Freigabe von Gegenständen durch den Insolvenzverwalter zulässig. Als problematisch erweist sich die Freigabe allerdings dann, wenn sich aus der freizugebenden Sache **öffentlich-rechtliche Pflichten** des Schuldners ableiten.[218] In der Praxis hat diese Frage namentlich bei **kontaminierten Grundstücken** Bedeutung gewonnen. Während eine Mindermeinung eine Freigabebefugnis mit dem Argument ablehnt,[219] der Insolvenzverwalter könne sich auf diese Weise seiner öffentlich-rechtlichen Pflichten nicht entledigen, lässt die hM eine Freigabe auch in diesem Fall zu.[220] Nach vorzugswürdiger Ansicht ist eine Freigabe möglich, da sie nichts anderes bewirkt, als einen Gegenstand des Schuldnervermögens vorzeitig aus dem Insolvenzbeschlag zu entlassen. Daher haftet auch nach der Freigabe die Insolvenzmasse für die öffentlich-rechtlichen Sanierungspflichten.[221]

d) Rechtshandlungen. Durch die Eröffnung des Insolvenzverfahrens 71 geht die Befugnis zur Verwaltung des Gesellschaftsvermögens und dessen Veräußerung auf den Insolvenzverwalter über (§ 80 InsO).[222] Bei nicht erfüllten gegenseitigen Verträgen steht ihm ein Wahlrecht zu, ob er die Verträge erfüllt oder deren Erfüllung ablehnt (§ 103 InsO).[223] Der Insolvenzverwalter ist auch zur Kündigung von **Arbeitsverhältnissen** berechtigt (§ 113

---

[216] *H. F. Müller*, Der Verband in der Insolvenz, 2002, 13 ff. insbesondere mit dem Verweis auf die Allgemeine Begründung des Regierungsentwurfs sowie auf die Regelungen der §§ 199 S. 2 InsO, 32a GmbHG, 141a FGG aus denen folge, dass nach der Konzeption des Gesetzgebers unter neuem Insolvenzrecht nach Abschluss des Insolvenzverfahrens keine gesellschaftsrechtliche Liquidation nachfolgen solle; siehe auch Jaeger/*Müller* § 35 Rn. 146 ff. mwN.

[217] BGHZ 146, 165 (173), 163, 32 (34); MüKoInsO/*Peters* § 35 Rn. 104 ff.; K. Schmidt/*Büteröwe* § 35 Rn. 37 ff.; Heidelberger Kommentar/*Eickmann* § 35 Rn. 42 ff.; dafür bereits unter altem Recht RGZ 127, 197 (200); BGHZ 35, 180 (181); BGH NJW 1966, 51; 1996, 2035; krit. MüKoHGB/*K. Schmidt* § 158 Anh. Rn. 43.

[218] *Uhlenbruck/Hirte* § 35 Rn. 75 ff., der auf die Beispiele des Abfallrechts und des Bodenschutzrechtes verweist.

[219] *K. Schmidt*, Gesellschaftsrecht, § 11 VI 4a b bb; *K. Schmidt* ZIP 2000, 1913 (1920 f.); vgl. auch *Braun/Uhlenbruck*, Unternehmensinsolvenz, 73 f.; *Wiester*, Altlastensanierung, 211, der eine Freigabe für zulässig hält; die Freigabe soll jedoch die Zustandsverantwortlichkeit des Insolvenzverwalters unberührt lassen.

[220] Vgl. Jaeger/*Henckel* § 6 KO Rn. 17 ff.; *Kebekus* NZI 2001, 63; vgl. auch BVerwG NJW 1984, 2427; NZI 2005, 51 differenzierend: MüKoInsO/*Peters* § 35 Rn. 76 f.

[221] *Uhlenbruck/Hirte* § 35 Rn. 77 f. mwN; *Hess/Weis/Wienberg* § 80 Rn. 215.

[222] Zum Handlungsspielraum des Insolvenzverwalters: *Haberhauer/Meeh* DStR 1995, 2005; *Bruns* ZZP 1997 (110), 305 ff.; *Meyer* NZI 2001, 294; *Heidland* FS Uhlenbruck, 2000, 423; *Kreft* FS Uhlenbruck, 2000, 387; *C. Schmitz* ZIP 2001, 765.

[223] Eingehend dazu *Pape* Kölner Schrift, Kap. 13 Rn. 11 ff.

InsO). Sind seine Rechtshandlungen für das Verfahren von besonderer Bedeutung, hat der Insolvenzverwalter die **Zustimmung des Gläubigerausschusses**[224] oder, wenn ein solcher nicht eingesetzt ist, die der Gläubigerversammlung einzuholen (§ 160 Abs. 1 InsO). Als bedeutsame Fälle benennt das Gesetz exemplarisch die Veräußerung des Unternehmens oder eines Betriebes, die Aufnahme von die Insolvenzmasse erheblich belastenden Darlehen sowie die Führung eines Rechtsstreites mit erheblichem Streitwert (§ 160 Abs. 2 Nr. 1 bis 3 InsO).

72 Häufig wird der Insolvenzverwalter daran interessiert sein, das Unternehmen gemeinsam mit seiner **Firma** zu veräußern. Für den Konkurs einer GmbH hatte der BGH bereits frühzeitig entschieden, dass der Verwalter zu einer Verwertung der Firma auch dann berechtigt ist, wenn diese Namensbestandteile ihrer Gesellschafter enthält.[225] Der BGH hat diese Rechtsprechung später auch auf den Konkurs einer GmbH & Co. KG ausgedehnt.[226] Da die Gesellschafter einer GmbH & Co. KG nicht gezwungen seien, Bestandteile ihres Namens in die Firma der Gesellschaft aufzunehmen, müssten ihre Persönlichkeitsrechte hinter die vermögensrechtlichen Interessen der Gläubiger zurücktreten. Dies gilt sowohl für den Kommanditisten, der von Anfang an in die Aufnahme seines Familiennamens in die Firma der KG eingewilligt hat, als auch für den vormaligen Komplementär, der nach Aufnahme einer Komplementär-GmbH und seinem damit verbundenen Wechsel in die Kommanditistenstellung mit der Fortführung seines Namens in der Firma einverstanden war. Nach der Liberalisierung des Firmenrechts durch das HRefG 1998 gilt dies erst recht. Der Insolvenzverwalter ist mithin zur Veräußerung der Firma und zur Bildung einer Ersatzfirma berechtigt.[227]

73 Nach altem Recht waren **Klagen**, die sich gegen die Masse richten, nicht am Sitz der Gemeinschuldnerin, sondern am Wohnort des Konkursverwalters zu erheben, sofern kein ausschließlicher Gerichtsstand gegeben war.[228] Die Insolvenzrechtsreform hat aus Gründen der Prozesswirtschaftlichkeit insoweit eine Neuerung gebracht, als allgemeiner Gerichtsstand des Insolvenz-

---

[224] Zur Rechtsstellung des Gläubigerausschusses: MüKoInsO/*Gößmann* § 69 Rn. 9 ff.; *Hess/Weis/Wienberg* § 67 Rn. 7 ff.; zur Mitwirkung des Gläubigerausschusses in der Eigenverwaltung *Pape* Kölner Schrift, Kap. 24 Rn. 70 f.

[225] BGHZ 85, 221; aA noch RGZ 158, 226 (231).

[226] BGHZ 109, 364; s.a. OLG Hamm ZIP 2003, 2264 (2265); *Binz/Sorg* § 12 Rn. 41; Uhlenbruck/*Uhlenbruck* § 159 Rn. 25; differenzierend *Riegger* BB 1983, 786.

[227] *Uhlenbruck* ZIP 2000, 401; *Noack* Rn. 472 ff., 572; MüKoInsO/*Ott/Vuia* § 80 Rn. 57; K. Schmidt/*Büteröwe* § 35 Rn. 24. Die Kompetenz der Gesellschafterversammlung zur Änderung der Firma wird insoweit verdrängt, vgl. *Uhlenbruck,* GmbH & Co. KG in Krise, 490; Hachenburg/*Ulmer* § 63 Rn. 90 ff.; *Ulmer* NJW 1983, 1701 f.; Scholz/K. *Schmidt/Bitter* Vor § 64 Rn. 84, 170; *Grüneberg* ZIP 1988, 1166. Diese Grundsätze lassen sich auf Warenzeichen und Marken der Gesellschaft, die Namenselemente ihrer Gesellschafter enthalten, übertragen, vgl. BGH GmbHR 1990, 211; Scholz/K. *Schmidt/Bitter* Vor § 64 Rn. 84 Fn. 6; MüKoInsO/*Ott/Vuia* § 80 Rn. 59.

[228] Dies folgte aus der ganz herrschenden Amtstheorie, die den Konkursverwalter als einen das Vermögen des Gemeinschuldners verwaltenden und im eigenen Namen agierenden Amtstreuhänder begreift, vgl. BGHZ 32, 114 (118); 35, 180; 88, 331; *Kuhn/Uhlenbruck* § 6 KO Rn. 17; aA nach der sog. Organtheorie MüKoZPO/*Lindacher* Vor § 50 Rn. 36 f.

4. Rechtsstellung der Gesellschaftsorgane im Insolvenzverfahren

a) Geschäftsführer. Das Recht des Insolvenzverwalters, das Vermögen der Gesellschaft zu verwalten und über es zu verfügen (§ 80 InsO), lässt die organschaftliche Stellung des Geschäftsführers der Komplementär-GmbH unberührt.[230] Selbst dann, wenn der Insolvenzverwalter den Anstellungsvertrag des Geschäftsführers, wozu er berechtigt ist (§ 113 InsO),[231] wirksam gekündigt hat, bleibt der Geschäftsführer bis zu seiner Abberufung im Amt.[232] Die **Befugnisse** des Geschäftsführers sind indessen sehr eingeschränkt; sie können sich fortan nur noch auf verfahrensrechtliche Maßnahmen oder den insolvenzfreien Bereich beziehen.[233] Auch die handelsrechtliche Bilanzierungspflicht obliegt während der Dauer des Insolvenzverfahrens dem Insolvenzverwalter und nicht dem Geschäftsführer (§ 155 Abs. 1 S. 2 InsO).[234] Der Geschäftsführer ist jedoch verpflichtet, den Verwalter bei der Erfüllung seiner Aufgaben zu unterstützen (§ 97 Abs. 2 InsO). Zudem hat er sich auf Anordnung des Gerichts jederzeit zur Verfügung zu stellen (§ 97 Abs. 3 InsO).

Der Geschäftsführer ist verpflichtet, dem Insolvenzgericht, dem Insolvenzverwalter, dem Gläubigerausschuss und auf Anordnung des Gerichts der Gläubigerversammlung **Auskunft** zu erteilen (§ 101 Abs. 1 InsO iVm § 97 InsO).[235] Die Auskunftspflicht kann sich auch auf solche Tatsachen erstrecken, die geeignet sind, eine Verfolgung des Geschäftsführers wegen einer Straftat oder einer Ordnungswidrigkeit herbeizuführen (§ 97 Abs. 1 S. 2 InsO). Diesen Pflichten kann der Geschäftsführer nicht durch Niederlegung seines Amtes entgehen, es sei denn, die Niederlegung wäre bereits früher als zwei Jahre vor dem Antrag auf Verfahrenseröffnung erfolgt (§ 101 Abs. 1 S. 2 InsO).[236]

---

[229] Uhlenbruck/Uhlenbruck § 80 Rn. 132; Baumbach/Lauterbach/Albers/Hartmann § 19a ZPO Rn. 2; vgl. dazu auch K. Schmidt, Wege zum Insolvenzrecht, 107 ff.; K. Schmidt NJW 1995, 911; MüKoInsO/Ott/Vuia § 80 Rn. 78; Begr. RegE zu Art. 18 Nr. 1 EGInsO BT-Drs. 12/3803.
[230] Zur Rechtsstellung des Geschäftsführers: Henssler Kölner Schrift, Kap. 30 Rn. 1 ff.
[231] K. Schmidt ZGR 1998, 645; K. Schmidt/Uhlenbruck, GmbH in Krise, Rn. 7.145.
[232] Uhlenbruck GmbHR 1995, 205; Baumbach/Hueck § 64 Rn. 51; Rowedder/Schmidt-Leithoff Vor § 64 Rn. 268; MüKoInsO/Ott/Vuia § 80 Rn. 112.
[233] Uhlenbruck, GmbH & Co. KG in Krise, 487; Uhlenbruck GmbHR 1989, 110.
[234] MüKoHGB/K. Schmidt § 158 Anh. Rn. 48; K. Schmidt ZGR 1998, 648. Insoweit gilt nichts anderes als nach bisherigem Recht, vgl. BFH DB 1972, 1258; KG NZG 1998, 118 m. Anm. Wittkowski NZG 1998, 188; Klasmeyer/Kübler BB 1997, 369 ff. Zu den Rechnungslegungspflichten in der Insolvenz vgl. etwa Kunz/Mundt DStR 1997, 664; Pink ZIP 1997, 177 ff.
[235] § 101 Abs. 2 InsO dehnt diese Pflichten auf Angestellte und frühere Angestellte der Gesellschaft aus, sofern diese nicht früher als zwei Jahre vor dem Eröffnungsantrag aus der Gesellschaft ausgeschieden sind.
[236] Kommt der Geschäftsführer seinen Pflichten nicht nach, kann das Gericht ihn zwangsweise vorführen oder gar in Haft nehmen lassen (§ 98 Abs. 2 InsO).

76 **b) Gesellschafterversammlung.** Auch die Kompetenzen der Gesellschafterversammlung werden durch die Verfahrenseröffnung grundsätzlich nicht tangiert. Durch die Verwaltungs- und Verfügungsbefugnis des Insolvenzverwalters werden sie nur insoweit verdrängt, als es sich für die Realisierung der Haftung der Gesellschaft für ihre Verbindlichkeiten als erforderlich erweist.[237] So kann die Gesellschafterversammlung etwa weiterhin **Geschäftsführer** abberufen und neue Geschäftsführer ernennen.[238] Auch sind die Gesellschafter nicht daran gehindert, **Änderungen des Gesellschaftsvertrages** und der Satzung der Komplementär-GmbH zu beschließen, es sei denn, es wäre eine Beeinträchtigung der Insolvenzmasse zu besorgen.[239] Eine von der Gesellschafterversammlung beschlossene Änderung der Firma, die das Veräußerungsrecht des Insolvenzverwalters (→ Rn. 72) vereiteln würde, wäre daher unzulässig.[240]

77 **c) Aufsichtsorgane.** Der Bestand eines obligatorischen Aufsichtsrates oder eines fakultativen Beirates wird durch die Eröffnung des Insolvenzverfahrens nicht berührt. Die Funktion solcher Organe beschränkt sich jedoch darauf, die **Geschäftsführer** der Gesellschaft hinsichtlich der ihnen noch verbleibenden Aufgaben zu **überwachen**.[241] In diesem Rahmen sind die Mitglieder des Kontrollgremiums, ebenso wie der Geschäftsführer, zur Auskunftserteilung verpflichtet (§ 101 Abs. 1 iVm § 97 Abs. 1 InsO). Zu einer Überwachung des Insolvenzverwalters sind die Kontrollgremien indessen weder berechtigt noch verpflichtet.

5. Rechtsstellung der Insolvenzgläubiger

78 **a) Insolvenzgläubiger.** Insolvenzgläubiger ist, wer gegen die GmbH & Co. KG zur Zeit der Verfahrenseröffnung einen begründeten Vermögensanspruch hat (§ 38 InsO).[242] Ob dieser Anspruch aus einem vertraglichen oder gesetzlichen Schuldverhältnis herrührt, ist unerheblich. Das Gesetz unterteilt die Insolvenzgläubiger in (gewöhnliche) Insolvenzgläubiger (§ 38 InsO), nachrangige Insolvenzgläubiger (§ 39 InsO) und Massegläubiger (§ 53 InsO). Zu den **nachrangigen** Insolvenzforderungen zählt das Gesetz Ansprüche auf Zahlung der seit Eröffnung des Verfahrens angefallenen Zinsen, der den Insolvenzgläubigern aufgrund der Teilnahme am Verfahren entstandenen Kosten, Zahlung von Geldstrafen, Ordnungsgeldern und Zwangsgeldern, Ansprüche auf eine unentgeltliche Leistung sowie Ansprüche der Gesell-

---

[237] Vgl. *Weber* KTS 1970, 73 ff.; *Uhlenbruck/Uhlenbruck* § 11 Rn. 137; *Jaeger/Weber* §§ 207, 208 KO Rn. 28; *Braun/Uhlenbruck*, Unternehmensinsolvenz, 88; *Hachenburg/Ulmer* § 63 Rn. 95.

[238] Der Abschluss von Dienstverträgen zu Lasten der Masse ist jedoch unzulässig.

[239] *Ulmer* NJW 1983, 1701 f.; *Uhlenbruck* GmbHR 1995, 205; *K. Schmidt/Uhlenbruck*, GmbH in Krise, Rn. 7.5.

[240] *Ulmer* NJW 1983, 1701 f.; *Uhlenbruck*, GmbH & Co. in Krise, 490; vgl. auch *Noack* Rn. 476.

[241] *Uhlenbruck* GmbHR 1995, 205.

[242] Kein Insolvenzgläubiger ist, wem nur ein Anspruch gegen die Gesellschafter zusteht, selbst wenn insoweit eine Haftung aller Gesellschafter besteht, vgl. *Häsemeyer*, Insolvenzrecht, Rn. 31.21; *Jaeger/Henckel* § 38 Rn. 48.

schafter auf Rückgewähr von Gesellschafterdarlehen und aus Rechtshandlungen, die solchen Darlehen wirtschaftlich entsprechen (§ 39 Abs. 1 InsO). Wird sowohl über das Vermögen der KG als auch über das Vermögen der Komplementär-GmbH das Insolvenzverfahren eröffnet, können die Insolvenzgläubiger ihre Forderungen bis zu ihrer vollständigen Befriedigung in beiden Verfahren in voller Höhe geltend machen (§ 43 InsO).

Die **Anmeldung** der Forderungen richtet sich nach den §§ 174 ff. InsO.[243] **79** In der Anmeldung, die gegenüber dem Insolvenzverwalter zu erfolgen hat, sind Grund und Betrag der Forderung anzugeben (§ 174 Abs. 2 InsO).[244] Im **Prüfungstermin** werden dann nur noch Forderungen, die von der Gesellschaft, vom Insolvenzverwalter oder von einem Gläubiger bestritten werden, erörtert. Unstreitige Forderungen sind nicht mehr Gegenstand des Prüfungsverfahrens (§ 176 S. 2 InsO). Forderungen nachrangiger Gläubiger sind nur dann anzumelden, wenn das Insolvenzgericht zur Anmeldung besonders auffordert (§ 174 Abs. 3 S. 1 InsO). Das Insolvenzgericht trägt für jede angemeldete Forderung ein, inwieweit eine Feststellung der Forderung ihrem Betrag und ihrem Rang nach erfolgt ist oder ob der Forderung widersprochen wurde (§ 178 Abs. 2 S. 1 InsO). Eine Forderung gilt als **festgestellt**, soweit gegen sie kein Widerspruch vom Insolvenzverwalter oder von einem Insolvenzgläubiger erhoben wurde oder ein erhobener Widerspruch beseitigt ist (§ 178 Abs. 1 S. 1 InsO). Ein Widerspruch der Gesellschaft selbst steht der Feststellung der Forderung nicht entgegen (§ 178 Abs. 1 S. 1 InsO). Die **Eintragung** der Forderung in die **Tabelle** wirkt für die festgestellte Forderung gegenüber dem Insolvenzverwalter und den Insolvenzgläubigern wie ein rechtskräftiges Urteil (§ 178 Abs. 3 InsO). Die Feststellung der Forderung erstreckt sich auch auf die persönlich haftenden Gesellschafter,[245] somit auch auf die Komplementär-GmbH (§ 129 Abs. 1 HGB).[246] Wird die Forderung bestritten, hat der betroffene Gläubiger Klage auf Feststellung der Forderung zur Insolvenztabelle zu erheben (§ 180 Abs. 1 S. 1 InsO).

Die Befriedigung der Insolvenzgläubiger erfolgt im Wege der **Verteilung** **80** **der Insolvenzmasse** durch den Insolvenzverwalter (§ 187 Abs. 3 InsO). Mit der Verteilung, die auf Grundlage eines Verteilungsverzeichnisses (§ 188 InsO) erfolgt, kann erst nach dem allgemeinen Prüfungstermin begonnen werden (§ 187 Abs. 1 InsO). Soweit hinreichende Barmittel vorhanden sind, können Abschlagszahlungen an die Insolvenzgläubiger erfolgen, bei denen die nachrangigen Insolvenzgläubiger jedoch nicht zu berücksichtigen sind (§ 187 Abs. 2 InsO). Während der Dauer des Insolvenzverfahrens sind die Gläubiger der Gesellschaft zu Einzelvollstreckungsmaßnahmen in das Vermögen der Gesellschaft nicht befugt (§ 89 Abs. 1 InsO).

---

[243] Zum Anmelde-, Prüfungs-, Feststellungs- und Verteilungsverfahren vgl. *Eckardt* Kölner Schrift, Kap. 17 Rn. 1 ff.
[244] Ergibt sich die Forderung aus Urkunden, soll der Anmeldung eine Kopie der Urkunden beigefügt werden (§ 174 Abs. 1 S. 2 InsO).
[245] BGH ZIP 1982, 576; BAG NZA 2002, 1175; MüKoHGB/*K. Schmidt* § 129 Rn. 13.
[246] Aus einem Tabellenauszug kann gegen die Komplementär-GmbH indessen nicht vollstreckt werden (§§ 129 Abs. 4 HGB, 201 Abs. 2 InsO), vgl. *Häsemeyer,* Insolvenzrecht, Rn. 31.18.

14. Kapitel. Insolvenz der Gesellschaft

81 **b) Gesellschafter als Insolvenzgläubiger.** Auch Gesellschafter können im Insolvenzverfahren den Status eines Insolvenzgläubigers haben. So nehmen die Gesellschafter etwa mit Forderungen aus **Drittbeziehungen** (Darlehen, Kauf, Miete etc.) als Insolvenzgläubiger am Verfahren teil. Auch der vor Verfahrenseröffnung aus der Gesellschaft ausgeschiedene Gesellschafter ist hinsichtlich seines Abfindungsanspruches Insolvenzgläubiger.[247] Zu den Insolvenzforderungen zählt auch der **Erstattungsanspruch** eines Gesellschafters, den dieser aufgrund vor Verfahrenseröffnung getätigter Aufwendungen erworben hat (§ 110 HGB).[248] Mit seiner **Abfindungsforderung** nimmt ein ausgeschiedener Kommanditist nur dann teil, wenn ihn keine Haftung mehr gegenüber Altgläubigern trifft.[249] Insolvenzforderungen sind auch die Forderungen der Gesellschafter aus den **Privatkonten**, sofern eine Auslegung des Gesellschaftsvertrages ergibt, dass es sich insoweit nicht um Eigenkapital handelt.[250] Dagegen können die Gesellschafter aus ihren Kapitalanteilen keine Insolvenzforderungen gegen die Gesellschaft ableiten.[251]

82 Ansprüche der Gesellschafter auf Rückgewähr von **Gesellschafterdarlehen** oder Forderungen aus Rechtshandlungen der Gesellschafter, die solchen Darlehen wirtschaftlich entsprechen, sind als nachrangige Insolvenzforderungen ausgestaltet (§ 39 Abs. 1 Nr. 5 InsO), sofern nicht das Sanierungs- (§ 39 Abs. 4 S. 2 InsO) oder das Kleinbeteiligungsprivileg (§ 39 Abs. 5 InsO) anwendbar ist.[252] Die Nachrangigkeit erfasst auch die Ansprüche auf Zinsen und Kosten (§ 39 Abs. 3 InsO). Der Nachrang bleibt auch dann erhalten, wenn der Gesellschafter innerhalb der Frist von einem Jahr vor Verfahrenseröffnung (§ 135 Abs. 1 Nr. 2 InsO) oder später als Gesellschafter ausgeschieden ist oder seine Darlehensforderung an einen Dritten abgetreten hat.[253] Eine wirtschaftlich einem Darlehen entsprechende Rechtshandlung ist insbesondere die Stundung von Forderungen auch aus anderen schuldrechtlichen Vereinbarungen. Die Regelung gilt für jede Fremdfinanzierungsleistung eines Gesellschafters, nicht – wie nach früherem Recht – lediglich für solche, die der Gesellschaft in der Krise gewährt wurden. Ob eine Gesellschafterleistung eigenkapitalersetzend ist oder nicht, ist nicht erheblich.[254]

---

[247] Jaeger/Henckel § 38 Rn. 54; Noack Rn. 458.

[248] Noack Rn. 460; Häsemeyer, Insolvenzrecht, Rn. 31.24. Jaeger/Henckel § 38 Rn. 52; Uhlenbruck/Hirte § 11 Rn. 293.

[249] Noack Rn. 461; Uhlenbruck/Hirte § 11 Rn. 296; Jaeger/Henckel § 38 Rn. 55.

[250] Jaeger/Henckel § 38 Rn. 50; Uhlenbruck/Hirte § 11 Rn. 295; aA MHdB GesR II/Schmid KG § 47 Rn. 27.

[251] Noack Rn. 462; Uhlenbruck/Hirte § 11 Rn. 294; Jaeger/Henckel § 38 Rn. 49; Hess/Weis/Wienberg § 38 Rn. 76.

[252] Mit dieser durch das MoMiG eingeführten Regelung wurde das Eigenkapitalersatzrecht der §§ 129a, 172a HGB aF, 32a, b GmbHG aF wesentlich geändert; vgl. Huber GS M. Winter, 261 ff.; K. Schmidt GS M. Winter, 601 ff. Die früheren Regelungen gelten nach Art. 103d EGInsO noch in den Insolvenzverfahren, die vor dem 1.11.2008 eröffnet wurden; BGH NJW 2009, 1277; vgl. auch K. Schmidt § 135 Rn. 5 mwN; aA Hirte/Knof/Mock NZG 2009, 48 (49).

[253] BGH NJW 2012, 682 Tz. 15; K. Schmidt § 39 Rn. 38; Heidelberger Kommentar/Kleindiek § 39 Rn. 38.

[254] Huber GS M. Winter, 261 (264 f.).

Darlehensforderungen von Unternehmen, die mit einem Gesellschafter horizontal oder vertikal verbunden sind, sollen Darlehensforderungen dieses Gesellschafters gleichgestellt sein.[255] Das überzeugt jedenfalls dann, wenn der Gesellschafter an diesen Unternehmen maßgeblich beteiligt ist.[256] Gesellschafterleistungen können grundsätzlich zurückgewährt werden, sofern nicht ein Eröffnungsgrund vorliegt oder die Rückgewähr zur Zahlungsunfähigkeit der Gesellschaft führt (§ 130a Abs. 1 HGB). Allerdings kann die Rückgewähr insbesondere unter den Voraussetzungen des § 135 InsO anfechtbar sein (→ Rn. 84).

Gegenstände, die der Gesellschafter der Gesellschaft **zur Benutzung** 83 überlassen hat, können mit Eröffnung des Insolvenzverfahrens zurückverlangt werden (§ 47 InsO).[257] Dem Aussonderungsrecht des Gesellschafters kann aber das vertragliche Nutzungsrecht der Gesellschaft entgegen stehen, das auch bei Eröffnung des Insolvenzverfahrens nicht ohne weiteres durch Kündigung beendet werden kann und dessen Dauer sich grundsätzlich nach dem Überlassungsvertrag bestimmt (vgl. §§ 108, 112 InsO). Die Rechtsprechung des BGH[258] zur eigenkapitalersetzenden Nutzungsüberlassung findet seit dem Inkrafttreten des MoMiG nur noch auf Altfälle Anwendung.[259] Nunmehr sieht § 135 Abs. 3 InsO für den Fall, dass die vom Gesellschafter zur Nutzung überlassenen Gegenstände zur Fortführung des Unternehmens von erheblicher Bedeutung sind, ein Wahlrecht des Insolvenzverwalters vor, die Gegenstände für die Dauer von höchstens einem Jahr gegen Zahlung eines Ausgleichs, dessen Berechnung sich an der im Jahr vor der Verfahrenseröffnung gezahlten Vergütung orientiert, weiter zu nutzen. Während dieser Zeit ist das Aussonderungsrecht des Gesellschafters (§ 47 InsO) blockiert, es sei denn dieser erfüllt die Voraussetzungen des Sanierungs- oder Kleinbeteiligungsprivilegs (§§ 39 Abs. 4, 5, 135 Abs. 4 InsO).

6. Insolvenzanfechtung

Die Systematik der Anfechtungstatbestände (§§ 129 ff. InsO) entspricht im 84 Wesentlichen dem früheren Recht.[260] Aus gesellschaftsrechtlicher Sicht ist in erster Linie die Anfechtung wegen Sicherung oder Befriedigung von Forderungen auf **Rückgewähr von Gesellschafterdarlehen** von Interesse. Nach § 135 Abs. 1 InsO sind Rechtshandlungen anfechtbar, die für die Forderung eines Gesellschafters auf Rückgewähr eines Darlehens oder für eine gleichgestellte Forderung Sicherung oder Befriedigung gewährt haben.[261] Zahlt die

---

[255] BGH NJW 2013, 2282 Tz. 15 ff.
[256] Siehe hierzu etwa BGH ZIP 2013, 1579 Tz. 24.
[257] *Noack* Rn. 459; *Uhlenbruck/Hirte* § 11 Rn. 293. *Jaeger/Henckel* § 47 Rn. 13 mwN.
[258] BGHZ 121, 31 (37 ff.); 127, 1 (8 ff.); 127, 17 (21 ff.).
[259] *K. Schmidt* § 135 Rn. 31; Heidelberger Kommentar/*Kleindiek* § 135 Rn. 20; aA *Marotzke* ZInsO 2008. 1281 (1283 f.); *Hölzle* ZIP 2009, 1939 (1943 f.).
[260] Uhlenbruck/*Uhlenbruck* Vor §§ 129 ff. Rn. 2; MüKoInsO/*Kirchhof* Vorb. § 129 Rn. 7 ff.
[261] Bei einer Befriedigungshandlung ist eine Anfechtung möglich, wenn die Handlung innerhalb eines Jahres vor dem Eröffnungsantrag oder nach dem Antrag

Gesellschaft dem Gesellschafter während des anfechtungsrechtlich relevanten Zeitraums ein von diesem an die Gesellschaft ausgereichtes Darlehen zurück, führt die wirksame **Anfechtung** dazu, dass der Gesellschafter die empfangene Leistung an die Insolvenzmasse zurückzugewähren hat (§ 143 Abs. 1 InsO). Auch anfechtungsrechtlich sind Darlehensforderungen von Unternehmen, die mit einem Gesellschafter horizontal oder vertikal verbunden sind, Darlehensforderungen dieses Gesellschafters gleichgestellt, wenn der Gesellschafter daran maßgeblich beteiligt ist.[262] Die Anfechtung einer Rechtshandlung, durch die dem Gesellschafter zur Besicherung eines Gesellschafterdarlehens Sicherheit gewährt wurde, nach § 135 Abs. 1 Nr. 1 InsO ist selbst dann noch möglich, wenn das besicherte Gesellschafterdarlehen aufgrund Verwertung der Sicherheit bereits zurückbezahlt wurde und eine die Befriedigung dieser Forderung nach § 135 Abs. 1 Nr. 2 InsO aufgrund Zeitablaufs unanfechtbar ist.[263] Anfechtbar sind nach § 135 Abs. 2 InsO auch Rechtshandlungen, mit denen die Gesellschaft Darlehensforderungen bzw. gleichgestellte Forderungen eines Dritten befriedigt hat, wenn ein Gesellschafter für die Forderung **Sicherheit** bestellt hatte oder als **Bürge** haftete. Sind Forderungen sowohl aus dem Vermögen der Gesellschaft als auch aus dem Vermögen des Gesellschafters besichert, ist der Gläubiger frei in der Entscheidung, welche Sicherheit er verwertet. Die im Falle der Befriedigung der Forderung des Dritten aus Gesellschaftsmitteln erklärte Anfechtung richtet sich nicht gegen die Befriedigung der Forderung des Dritten, sondern gegen die Befreiung des Gesellschafters als Sicherungsgeber.[264] Die Anfechtungserklärung ist daher gegenüber dem Gesellschafter und – sofern nicht weitere Anfechtungstatbestände eingreifen – nicht gegenüber dem Dritten abzugeben. Bei wirksamer Anfechtung hat der Gesellschafter der Insolvenzmasse die dem Dritten gewährte Leistung bis zur Höhe des Wertes der von ihm bestellten Sicherheit bzw. des Bürgschaftsbetrages zu erstatten (§ 143 Abs. 3 InsO).[265] Ersatzweise kann der Gesellschafter der Insolvenzmasse die Sicherungsgegenstände zur Verfügung stellen (§ 143 Abs. 3 S. 3 InsO).

85 Eine deutliche **Verschärfung** des früheren Konkursrechts hat die InsO hinsichtlich der **subjektiven Seite** der Anfechtungstatbestände gebracht, indem sie zu Lasten nahe stehender Personen eine Reihe von Beweisvermutungen aufstellt.[266] So wird etwa bei der Vornahme kongruenter Sicherungs-

---

vorgenommen wurde. Bei Sicherungshandlungen sieht das Gesetz sogar eine Zehnjahresfrist vor; zur Anfechtung von Sicherheiten für Gesellschafterdarlehen: *Bitter* ZIP 2013, 1497; *ders.* ZIP 2013, 1998; *Hölzle* ZIP 2013, 1992.

[262] BGH ZIP 2013, 1579 Tz. 24. Danach genügt bereits eine Beteiligung von 50 %, wenn der Gesellschafter zugleich alleinvertretungsberechtigter Geschäftsführer des Unternehmens ist.

[263] BGH ZIP 2013, 1579 Tz. 14 ff. m. Anm. *Bitter.*

[264] *K. Schmidt* § 135 Rn. 25; Heidelberger Kommentar/*Kleindiek* § 135 Rn. 18; *Altmeppen* NJW 2008, 3601 (3607).

[265] Das gilt selbst dann, wenn die Forderung auch zusätzlich am Gesellschaftsvermögen besichert war und die Gesellschaftssicherheit im Insolvenzverfahren verwertet wird, BGH NZI 2012, 19 (20 f.) mwN zu den unterschiedlichen Begründungsansätzen im Schrifttum unter Tz. 11.

[266] Zum Begriff der nahe stehenden Personen allg. *App* FamRZ 1996, 1523.

oder Befriedigungshandlungen vermutet, dass **nahe stehende Personen** die Zahlungsunfähigkeit oder den Eröffnungsantrag kannten (§ 130 Abs. 3 InsO). Bei inkongruenten Deckungsleistungen besteht die Vermutung, dass solche Personen die Benachteiligung der Insolvenzgläubiger kannten (§ 131 Abs. 2 S. 2 InsO). Als nahe stehende Personen gelten nach § 138 Abs. 2 Nr. 1 InsO Mitglieder der Geschäftsführung oder der Aufsichtsorgane sowie Kommanditisten, die zu mehr als einem Viertel am Kapital der Gesellschaft beteiligt sind.[267] In den Kreis der **Insider** werden nach § 138 Abs. 2 Nr. 2 InsO zudem solche Personen einbezogen, die aufgrund einer vergleichbaren gesellschaftsrechtlichen oder dienstvertraglichen Bindung zum Schuldner die Möglichkeit haben, sich über dessen wirtschaftliche Verhältnisse zu unterrichten. Hierunter fallen mit der GmbH & Co. KG konzernrechtlich verbundene Unternehmen,[268] aber auch Arbeitnehmer der Gesellschaft, die Zugang zu Informationen haben, die einen Aufschluss über die wirtschaftliche Situation des Unternehmens geben, also insbesondere leitende Angestellte in den für die Beurteilung der Finanzlage des Unternehmens wesentlichen Abteilungen und Prokuristen.[269] Schließlich gelten nach § 138 Abs. 2 Nr. 3 InsO solche Personen als nahe stehend, die zu einer nahe stehenden Person in persönlicher Verbindung stehen, es sei denn, die nahe stehende Person ist, wie beispielsweise ein Aufsichtsratsmitglied der Komplementär-GmbH (§§ 52 GmbHG, 116 AktG) oder ein Beiratsmitglied der KG,[270] der Gesellschaft kraft Gesetzes zur Verschwiegenheit verpflichtet. Eine lediglich vertraglich vereinbarte Verschwiegenheitsverpflichtung genügt dagegen nicht.[271]

---

[267] MüKoInsO/*Gehrlein* § 138 Rn. 20; *Häsemeyer,* Insolvenzrecht, Rn. 21.36; kritisch aufgrund der mangelnden Differenzierung zwischen geschlossenen und Publikumsgesellschaften sowie aufgrund der hohen Beteiligungsschwelle von 25% Uhlenbruck/*Hirte* § 138 Rn. 23 ff. mwN.

[268] MüKoInsO/*Gehrlein* § 138 Rn. 28 ff.; nach *Uhlenbruck* GmbHR 1995, 209, rechtfertigt bereits die bloße Abhängigkeit, unabhängig von der tatsächlichen Ausübung der Leitungsmacht, die Vermutung, dass der abhängigen Gesellschaft die wirtschaftliche Lage der Muttergesellschaft bekannt ist; ebenso Heidelberger Kommentar/*Kreft* § 138 Rn. 16; K. Schmidt/*Ganter* § 138 Rn. 26; aA *Ropohl* NZI 2006, 425 (430); differenzierend: Uhlenbruck/*Hirte* § 138 Rn. 41.

[269] Uhlenbruck/*Hirte* § 138 Rn. 47; K. Schmidt/*Ganter* § 138 Rn. 30; MüKoInsO/*Gehrlein* § 138 Rn. 34. Nach der Gesetzesbegründung sind externe Wirtschaftsberater und die Hausbank des Schuldners nicht erfasst. Aufgrund des weiten Wortlauts der Vorschrift wird sie in der Literatur daher auch auf externe Personen wie zB den Abschlussprüfer, vgl. Uhlenbruck/*Hirte* § 138 Rn. 48, den buchführenden Steuerberater mit Dauermandat, vgl. *Kirchhof* ZInsO 2001, 825 (829), einschränkend BGH NJW 2013, 694 Tz. 10, sowie auf Banken, sofern weitere Voraussetzungen vorliegen, vgl. *Paulus* WM 2000, 2225 (2227), für anwendbar gehalten; vertragliche Informationspflichten (sog. Covenants), etwa in Erfüllung der Anforderungen des § 18 KWG, genügen hierfür aber nicht, vgl. K. Schmidt/*Ganter* § 138 Rn. 28.

[270] AA *Uhlenbruck* GmbHR 1995, 208. Auch Mitglieder eines fakultativen Beirats sind aufgrund ihrer Treuepflicht gegenüber der Gesellschaft zur Verschwiegenheit verpflichtet, MHdB GesR II/*Mutter* KG § 8 Rn. 73 mwN (→ § 19 Rn. 131).

[271] MüKoInsO/*Gehrlein* § 138 Rn. 38; Uhlenbruck/*Hirte* § 138 Rn. 53; Heidelberger Kommentar/*Kreft* § 138 Rn. 20; K. Schmidt/*Ganter* § 138 Rn. 33.

7. Insolvenzplan

86 Der Insolvenzverwalter hat zunächst das gesamte zur Insolvenzmasse gehörende Vermögen in Besitz und in Verwaltung zu nehmen (§ 148 Abs. 1 InsO) und sodann ein Verzeichnis der Massegegenstände (§ 151 InsO), ein Gläubigerverzeichnis (§ 152 InsO) sowie eine Vermögensübersicht (§ 153 InsO) zu erstellen. Im **Berichtstermin** hat der Verwalter den Gläubigern die wirtschaftliche Lage der Gesellschaft darzustellen und seine Einschätzung hinsichtlich der Möglichkeiten einer Erhaltung des Unternehmens mitzuteilen (§ 156 InsO).[272] Auf Grundlage dieser Informationen entscheidet die Gläubigerversammlung sodann über den Verfahrensfortgang des Unternehmens. Sie hat dabei die Wahl, ob die insolvente GmbH & Co. KG liquidiert oder vorläufig fortgeführt wird (§ 157 Abs. 1 S. 1 InsO).

87 a) **Aufstellung.** Im Berichtstermin kann die Gläubigerversammlung den Insolvenzverwalter beauftragen, einen **Insolvenzplan** auszuarbeiten und das Ziel eines solchen Planes vorgeben (§ 157 S. 2 InsO). Der Insolvenzplan, der den früheren Vergleich bzw. den Zwangsvergleich ersetzt, eröffnet die Möglichkeit, die Verwertung und die Verteilung der Insolvenzmasse sowie die Haftung der Gesellschaft nach Beendigung des Verfahrens abweichend von den Vorschriften der Insolvenzordnung zu regeln (§§ 1, 217 InsO).[273] Der Insolvenzplan kann dabei die **Liquidation**, die **übertragende Sanierung** oder die **Sanierung** des Unternehmens vorsehen (→ Rn. 90 ff.).[274]

88 Hat die Gläubigerversammlung dem Insolvenzverwalter einen entsprechenden Auftrag erteilt, ist der Plan vom Insolvenzverwalter innerhalb angemessener Frist dem **Gericht** vorzulegen (§ 218 Abs. 2 InsO). Bei der Aufstellung des Planes durch den Insolvenzverwalter wirken, sofern existent, der Gläubigerausschuss, der Betriebsrat, der Sprecherausschuss der leitenden Angestellten und die Geschäftsführung der Gesellschaft beratend mit (§ 218 Abs. 3 InsO). Neben dem Insolvenzverwalter selbst ist zur Vorlage eines Insolvenzplanes auch die Geschäftsführung der GmbH & Co. KG berechtigt (§ 218 Abs. 1 InsO).[275] Die Vorlage des Insolvenzplanes kann bereits mit dem Antrag auf Eröffnung des Insolvenzverfahrens verbunden werden.

---

[272] Der Berichtstermin soll nicht mehr als sechs Wochen nach dem Eröffnungsbeschluss angesetzt werden. Er hat spätestens innerhalb von drei Monaten stattzufinden (§ 29 Abs. 1 Nr. 1 InsO).

[273] Zum Insolvenzplan allg. *Hess/Obermüller*, Insolvenzplan, Restschuldbefreiung und Verbraucherinsolvenz, 2. Aufl. 1999; *Smid/Rattunde*, Der Insolvenzplan, 1998; *Burger/Schellberg* DB 1994, 1833; *Bork* ZZP 1996 (109), 473 ff.; *Hermanns/Buth* DStR 1997, 1178; *Braun*, Beiträge, 87 ff.; *Jaffé* Kölner Schrift, Kap. 23 Rn. 3 ff.; *Heinrich* NZI 2012, 235.

[274] Vgl. *Uhlenbruck* GmbHR 1989, 209; *K. Schmidt/Uhlenbruck/Maus*, GmbH in Krise, Rn. 8.6; *Jaeger/Henckel* § 1 Rn. 9 ff., insbes. Rn. 11 ff.; *Hess/Weis/Wienberg* § 218 Rn. 33.

[275] Die Kommanditisten sind zur Vorlage eines Insolvenzplanes nicht befugt, vgl. *Häsemeyer*, Insolvenzrecht, Rn. 31.39; *MüKoInsO/Eidenmüller* § 218 Rn. 81; vgl. auch *Uhlenbruck/Lüer* § 218 Rn. 14. Zu Vorlagemöglichkeiten der Gesellschaftsgläubiger vgl. *Smid* WM 1996, 1249; *Uhlenbruck/Lüer* § 218 Rn. 16 mwN.

b) Planziel. Ziel des Insolvenzplans kann entweder die Sanierung der 89
Gesellschaft oder ihre Liquidation sein. Entscheiden sich die Gläubiger für
eine Sanierung des Unternehmens, haben sie die Wahl zwischen einer übertragenden Sanierung und einer Sanierung der KG als Unternehmensträger
selbst.

aa) Übertragende Sanierung. Die in der Praxis bedeutsame **übertragende** 90
Sanierung ist dadurch gekennzeichnet, dass das Unternehmen im Ganzen
oder in Teilen an eine Auffanggesellschaft oder an einen sonstigen Dritten
veräußert wird.[276] Die Veräußerung des Unternehmens bedarf nicht der
Zustimmung der Gesellschafter; diese wird wegen der Wertlosigkeit der
Anteile für entbehrlich gehalten.[277] Nach der ersatzlosen Streichung des
§ 419 BGB aF trifft den Übernehmer des Gesellschaftsvermögens keine Haftung für die **Verbindlichkeiten** der GmbH & Co. KG. Der Erwerber haftet
bei Erwerb in der Insolvenz auch nicht für die Steuerschulden der Gesellschaft (§ 75 Abs. 2 AO). Bereits unter Geltung der Konkursordnung wendete
die Rechtsprechung § 25 HGB bei der Unternehmensveräußerung aus der
Masse nicht an.[278] Allerdings kann den Erwerber des Betriebes auch weiterhin eine Haftung nach § 613a BGB treffen.[279] Nach Auffassung der Rechtsprechung ist der Erwerber jedoch dann privilegiert, wenn das Unternehmen nach Eröffnung des Insolvenzverfahrens erworben wird.[280] In diesem
Fall haftet der Erwerber für solche Arbeitnehmerforderungen nicht, die zur
Zeit der Verfahrenseröffnung bereits entstanden waren. Hat der Insolvenzverwalter den Betrieb des Unternehmens zunächst fortgeführt, haftet der
Erwerber für dadurch entstehende Masseschulden.[281]

bb) Sanierung des Unternehmensträgers. Statt einer Veräußerung des Gesell- 91
schaftsvermögens an einen Dritten können sich die Gläubiger auch für eine
Sanierung der GmbH & Co. KG selbst entscheiden.[282] In diesem Fall ist
mit den Gläubigern zur Reduzierung der Verbindlichkeiten ein **Vergleich**
herbeizuführen. Der Vergleich kann beispielsweise vorsehen, dass die Gläubiger bestimmte Zahlungen erhalten und auf ihre Restforderung verzichten.
Die Befriedigung der Gläubigerforderungen kann nach dem Insolvenzplan
aber auch aus künftigen Erträgen der Gesellschaft erfolgen.

cc) Liquidation der Gesellschaft. Scheitert die Verabschiedung eines Insol- 92
venzplanes oder haben sich die Gläubiger von Anfang an gegen eine Fortführung des Unternehmens entschieden, hat der Insolvenzverwalter die Insolvenzmasse zu verwerten (§§ 159 ff. InsO) und die Insolvenzgläubiger zu

---

[276] Vgl. *K. Schmid* ZIP 1980, 336; MüKoInsO/*Eilenberger* § 220 Rn. 18 ff.
[277] vgl. auch *Häsemeyer*, Insolvenzrecht, Rn. 28.06.
[278] RGZ 58, 166 (168); BGHZ 104, 151; vgl. auch *K. Schmidt/Uhlenbruck* GmbH in Krise Rn. 7.99.
[279] Vgl. etwa BAG NJW 1984, 627; s.a. die Darstellung in *K. Schmidt/Uhlenbruck/Moll,* GmbH in Krise, Rn. 7.334.
[280] BAG NJW 1980, 1123; 1985, 1574; 1992, 3188; 1997, 1027; NZI 2003, 222 (225); krit. dazu *Loritz* RdA 1987, 65 (84).
[281] BAG NJW 1987, 1966; 2004, 1972.
[282] Vgl. Jaeger/*Henckel* § 1 Rn. 11.

befriedigen (§§ 187 ff. InsO), gegebenenfalls nach Maßgabe eines im Insolvenzplan vorgesehenen **Liquidationsplans**.

93 c) **Inhalt**. Der Insolvenzplan unterfällt in zwei Teile. In dem **darstellenden Teil** sind die geplanten wirtschaftlichen Maßnahmen zu erläutern (§ 220 InsO). Im **gestaltenden Teil** sind die zur Sanierung der Gesellschaft zu treffenden Maßnahmen organisatorischer oder personeller Art und ihre Auswirkungen auf die Rechtsposition der Beteiligten darzulegen (§ 221 InsO).[283] Dabei ist eine Differenzierung zwischen den verschiedenen **Beteiligtengruppen** vorzunehmen.[284] Anders als nach früherem Recht kann auch in die Rechte absonderungsberechtigter Gläubiger eingegriffen werden (§ 222 InsO). Auch kann die Befriedigung nachrangiger Gläubiger abweichend vom Gesetz geregelt werden. Die Arbeitnehmer bilden im Regelfall eine eigene Gruppe (§ 222 Abs. 3 S. 1 InsO). Die Beteiligten einer Gruppe sind gleich zu behandeln, soweit sie nicht einer Ungleichbehandlung zustimmen (§ 226 InsO). Damit die Gläubiger in der Lage sind, den Plan zu prüfen und über seine Annahme und Ablehnung zu entscheiden, sind die **Eingriffe in die Vermögens-, Finanz- und Ertragssituation** und deren Auswirkungen im Einzelnen darzulegen.[285] Solche Eingriffe bestehen typischerweise in Forderungsverzichten oder Stundungen. Neben Regelungen über die Befriedigung der absonderungsberechtigten Gläubiger und Insolvenzgläubiger können Gegenstand des Insolvenzplanes auch die Modalitäten der Verwertung und Verteilung von Vermögensgegenständen sowie die Haftung der Gesellschafter sein. Im Insolvenzplan kann jede gesellschaftsrechtlich zulässige Regelung getroffen werden, auch eine **Reorganisation** des Unternehmens durch Änderung der Anteils- und Mitgliedschaftsrechte vorgesehen werden (§ 225a Abs. 1, 3 InsO). In Betracht kommen etwa eine **Umwandlung** des Unternehmens, eine **Übertragung von Beteiligungen** an der Gesellschaft oder von Beteiligungen der Gesellschaft an anderen Gesellschaften und eine **Kapitalherabsetzung und -erhöhung**.[286] Danach können einzelne Gesellschafter ausgeschlossen werden.[287] Ferner können – auch gegen den Willen der Anteilseigner, aber nicht gegen den Willen der betroffenen Gläubiger – Gläubigerforderungen in Anteils- oder Mitgliedschaftsrechte umgewandelt werden (**Debt-Equity-Swap**) (§ 225a Abs. 2 InsO).[288] Die Umwandlung einer Forderung aus einem Gesellschafterdarlehen gegen den Willen des Gesellschafters ist nicht zulässig. Die durch den Insolvenzplan herbeigeführten Änderungen der rechtlichen und wirtschaftlichen Verhältnisse der Gesell-

---

[283] BGH WM 2010, 225; 2010, 1509.
[284] MüKoHGB/*K. Schmidt* Anh. § 158 Rn. 51; MüKoInsO/*Eidenmüller* § 221 Rn. 11; *Hess/Weis/Wienberg* § 221 Rn. 4.
[285] *Uhlenbruck* GmbHR 1995, 210.
[286] *K. Schmidt/Spliedt* § 225a Rn. 45 f. Kapitalmaßnahmen kommen sowohl in der Insolvenz der Komplementär-GmbH als auch in der Insolvenz der KG in Betracht, wenn diese Festkapitalkonten unterhält.
[287] *Haas* NZG 2012, 961 (965); *K. Schmidt/Spliedt* § 225a Rn. 39.
[288] Eingehend hierzu *K. Schmidt* ZGR 2012, 566 (578 ff.); *Weber/Schneider* ZInsO 2012, 374; zur verfassungsrechtlichen Zulässigkeit dieser Regelung *Decher/Voland* ZIP 2013, 103.

schaft können einen wichtigen Grund darstellen, der die betroffenen Gesellschafter zum Austritt aus der Gesellschaft berechtigt.[289] Ob ein wichtiger Grund vorliegt, ist im Einzelfall unter Berücksichtigung der Gesamtumstände und Abwägung der Interessen der Beteiligten einschließlich derer der Gesellschaft zu beurteilen. Sofern die Befriedigung der Gläubiger nach dem Plan über die künftigen Erträge der Gesellschaft erfolgen soll, sind dem Plan betriebswirtschaftliche Planrechnungen in Form einer Vermögensübersicht sowie eines Ergebnis- und Finanzplans als Anlage beizufügen (§ 229 InsO).

d) Annahme, Zustimmung und Bestätigung. Über die **Annahme des Insolvenzplans** stimmt in dem Erörterungs- und Abstimmungstermin (§ 235 Abs. 1 InsO) jede Gruppe der stimmberechtigten Beteiligten getrennt ab (§ 243 InsO). Der Plan ist von den Gläubigern angenommen, wenn in jeder Gläubigergruppe die **Mehrheit** der abstimmenden Gläubiger dem Plan zustimmt und die Summe der Ansprüche der zustimmenden Gläubiger mehr als die Hälfte der Summe der Ansprüche der abstimmenden Gläubiger beträgt (§ 244 Abs. 1 InsO). Werden in dem Insolvenzplan Anteils- oder Mitgliedschaftsrechte einbezogen, sind die Gesellschafter an der Abstimmung zu beteiligen (§ 235 Abs. 3 S. 3 InsO). Die Frage, ob die Gesellschafter bei der Abstimmung der gesellschaftsrechtlichen Treuepflicht unterliegen, wird in Rechtsprechung und Schrifttum kontrovers beurteilt.[290] Das Stimmrecht der Gesellschafter richtet sich nach der Höhe der Beteiligung (§§ 238a, 244 Abs. 3 InsO). Um missbräuchlichen Zustimmungsverweigerungen Einhalt zu gebieten, sieht das neue Recht überdies ein sog. „Obstruktionsverbot" vor. Unter den in § 245 InsO bestimmten Voraussetzungen gilt die Zustimmung einer Abstimmungsgruppe dann als erteilt, wenn die erforderlichen Mehrheiten nicht erreicht wurden. Dadurch wird ausgeschlossen, dass etwa zu beteiligende Gesellschafter die Umsetzung des Insolvenzplans verhindern, obgleich ihnen hierdurch im Vergleich zur Liquidation keine wirtschaftlichen Nachteile entstehen. Dem Minderheitenschutz trägt das Gesetz dadurch Rechnung, dass es den Beteiligten, die durch den Plan schlechter gestellt werden, als sie ohne Plan stünden, ein Antragsrecht zubilligt, die Bestätigung des Planes zu verweigern (§ 251 InsO) (→ Rn. 96).[291]

Haben die stimmberechtigten Beteiligten den Insolvenzplan angenommen, muss die **Gesellschaft** selbst noch dem Plan zustimmen (§ 247 Abs. 1 InsO). Unter den in § 247 InsO genannten Voraussetzungen wird die Zu-

---

[289] Hierzu *Haas* NZG 2012, 961 (965f.). Die dem Gesellschafter im Falle des Austritts zustehende Abfindung berechnet sich nach § 225a Abs. 5 S. 1 InsO auf der Grundlage der Vermögenslage, die sich bei Abwicklung der Gesellschaft eingestellt hätte.

[290] Bejahend: LG Frankfurt/M. ZIP 2013, 1831; *Schäfer* ZIP 2013, 2237 (2242); verneinend: OLG Frankfurt a.M. ZIP 2013, 2018 (2020); *Thole* ZIP 2013, 1937 (1942ff.); *Hölzle* ZIP 2013, 1846 (1847); *Wertenbruch* ZIP 2013, 1693 (1703) befürwortet bei schuldhafter Treuepflichtverletzung einen Schadensersatzanspruch auf Naturalrestitution nach Beendigung des Insolvenzverfahrens.

[291] *Uhlenbruck* GmbHR 1995, 210 mit Zweifeln an der Praktikabilität dieser Regelung. Zu den Voraussetzungen im Einzelnen vgl. *Häsemeyer*, Insolvenzrecht, Rn. 28.37ff.; MüKoInsO/*Sinz* § 251 Rn. 6ff.

stimmung fingiert. In der GmbH & Co. KG liegt die Entscheidungskompetenz für die **Zustimmung** bei den Geschäftsführern der Komplementär-GmbH.[292] Von der Zustimmung der Kommanditisten hängt die Annahme des Insolvenzplanes demgegenüber nicht ab.

96 Nach der Annahme des Insolvenzplans durch die Beteiligten und der Zustimmung der Gesellschaft bedarf der Insolvenzplan noch der **Bestätigung** durch das Insolvenzgericht (§ 248 Abs. 1 InsO), vor deren Erteilung das Insolvenzgericht den Insolvenzverwalter, den Gläubigerausschuss und die Gesellschaft hören soll (§ 248 Abs. 2 InsO). Die Bestätigung ist zu versagen, wenn im Insolvenzplan vorgesehene Bedingungen auch nach Ablauf einer angemessenen Frist nicht erfüllt sind (§ 249 S. 2 InsO), Verfahrensvorschriften in nicht behebbarer Weise verletzt wurden (§ 250 Nr. 1 InsO), die Annahme des Plans unlauter, insbesondere durch Begünstigung eines Beteiligten herbeigeführt wurde (§ 250 Nr. 2 InsO), oder auf Antrag eines Gläubigers oder Gesellschafters, wenn dieser dem Plan im Abstimmungstermin widersprochen hat und durch den Plan voraussichtlich schlechter gestellt wird, als er ohne den Plan stünde (§ 251 Abs. 1 InsO).

97 Sieht der Insolvenzplan **Reorganisationsmaßnahmen** vor, die die gesellschaftsrechtliche Struktur der Gesellschaft oder die Beteiligungsverhältnisse ändern oder den Gesellschaftern zusätzliche Beiträge abverlangen (Kapitalmaßnahmen, Umwandlungen, Satzungsänderungen etc.), bedurfte er vor dem Inkrafttreten des ESUG nach allgemeinen Prinzipien der Zustimmung der betroffenen **Gesellschafter**.[293] Die entsprechenden Beschlüsse sollten sodann außerhalb des Insolvenzverfahrens zu fassen sein.[294] Insoweit hing der Vollzug des Insolvenzplanes von der Umsetzung der erforderlichen gesellschaftsrechtlichen Strukturmaßnahmen ab.[295] Mit der nunmehr gewährten Möglichkeit der Aufnahme jedweder zulässiger gesellschaftsrechtlichen Regelung in den Insolvenzplan hat der Gesetzgeber zugleich vorgesehen, dass die gesellschaftsrechtlichen Willenserklärungen und die Einhaltung der Formerfordernisse mit der Bestätigung des Insolvenzplans durch das Insolvenzgericht fingiert werden (§ 254a InsO). Es bedarf also keiner gesonderten Beschlüsse der Gesellschafterversammlung, wie zB eines Fortsetzungsbeschlusses, um die infolge der Insolvenzeröffnung aufgelöste Gesellschaft (§§ 131 Abs. 1 Nr. 3, 161 Abs. 2 HGB) wieder in eine werbende Gesellschaft zu verwandeln.

98 e) **Wirkungen.** Mit der **Rechtskraft der Bestätigung** treten die im gestaltenden Teil des Planes vorgesehenen Wirkungen für und gegen alle Beteiligten ein (§ 254 Abs. 1 InsO). Allerdings werden eine Stundung oder ein Erlass von Forderungen hinfällig, wenn die Gesellschaft mit der Erfüllung

---

[292] Vgl. *Häsemeyer*, Insolvenzrecht, Rn. 31.39.
[293] Vgl. bereits *Ulmer* ZHR 149 (1985), 547; vgl. auch *Eidenmüller* ZGR 2001, 681 (682).
[294] *Uhlenbruck/Lüer* § 249 Rn. 1 f.; *Braun/Uhlenbruck*, Unternehmensinsolvenz, 89 ff.; Begr. RegE zu § 249 (296) InsO, in *Balz/Landfermann*, Insolvenzgesetze, 22, 367; vgl. bereits *Ulmer* ZHR 149 (1985), 547 (562).
[295] *K. Schmidt* ZGR 1998, 633 (649); vgl. hierzu auch *Eidenmüller* ZGR 2001, 681 (694).

des Insolvenzplans erheblich in Rückstand gerät oder vor vollständiger Erfüllung des Plans über das Vermögen der Gesellschaft ein neues Insolvenzverfahren eröffnet wird (§ 255 InsO). Mit der Rechtskraft der Bestätigung hat das Insolvenzgericht die Aufhebung des Insolvenzverfahrens zu beschließen (§ 258 Abs. 1 InsO). Mit der Aufhebung des Insolvenzverfahrens erlangen die Geschäftsführer der Komplementär-Gesellschaft wieder das Recht, über das noch vorhandene Gesellschaftsvermögen frei zu verfügen. Die Ämter des Insolvenzverwalters und der Mitglieder des Gläubigerausschusses enden (§ 259 InsO). Der Insolvenzplan kann abweichend hiervon eine Überwachung der Erfüllung des Planes durch den Insolvenzverwalter unter Aufsicht des Insolvenzgerichts vorsehen (§§ 259, 260 InsO).

8. Die Haftung der Gesellschafter in der Insolvenz

a) Haftung der Komplementär-GmbH. *aa) Altverbindlichkeiten.* Für bis zur Eröffnung des Insolvenzverfahrens begründete Verbindlichkeiten haftet die Komplementär-GmbH fort (§§ 128, 161 Abs. 2 HGB). Hierunter fallen zunächst alle Insolvenzforderungen, auch solche aus Dauerschuldverhältnissen.[296] Darüber hinaus besteht eine Haftung für die **Erfüllung gegenseitiger Verträge**, die vor Verfahrenseröffnung geschlossen wurden und deren Erfüllung der Insolvenzverwalter nach § 103 InsO gewählt hat.[297] Bei Dauerschuldverhältnissen spricht allerdings viel dafür, die Nachhaftung der Gesellschafter auf die bis zum nächsten zulässigen Kündigungstermin bestehenden Ansprüche zu beschränken.[298] Lehnt der Insolvenzverwalter die Erfüllung ab, haftet auch die Komplementär-GmbH auf Schadensersatz wegen Nichterfüllung.[299] Keine persönliche Haftung der Gesellschafter besteht für Vertragsverletzungen des Insolvenzverwalters oder seiner Gehilfen, die nicht in der Insolvenz begründet liegen.[300] 99

Nach der in ihrem Mechanismus an § 171 Abs. 2 HGB (→ Rn. 104) angelehnten Regelung des § 93 InsO[301] kann die persönliche Haftung des Gesellschafters für die Verbindlichkeiten der Gesellschaft während der Dauer des Insolvenzverfahrens nur noch vom **Insolvenzverwalter** geltend gemacht werden. 100

Durch diese Haftungskonzentration will der Gesetzgeber eine gleichmäßige Befriedigung der Gläubiger sicherstellen und einen Wettlauf der Gläu- 101

---

[296] BGHZ 34, 293 (297); MüKoHGB/*K. Schmidt* § 128 Rn. 78; GK/*Habersack* § 128 HGB Rn. 72; *Ebenroth/Boujong/Joost/Strohn/Hillmann* § 128 Rn. 68.
[297] *Noack* Rn. 492; MüKoHGB/*K. Schmidt* § 128 Rn. 78; GK/*Habersack* § 128 HGB Rn. 72; *Ebenroth/Boujong/Joost/Strohn/Hillmann* § 128 Rn. 68.
[298] MüKoHGB/*K. Schmidt* § 128 Rn. 79.
[299] BGHZ 48, 203; *Noack* Rn. 491; MüKoHGB/*K. Schmidt* § 128 Rn. 78; GK/*Habersack* § 128 HGB Rn. 72; die Haftung der Gesellschafter kann bei einer Erfüllungsablehnung für den Gläubiger besonders bedeutsam sein, da er in diesem Falle gegenüber der Gesellschaft gemäß § 103 Abs. 2 S. 1 InsO lediglich Insolvenzgläubiger ist, MüKoInsO/*Kreft* § 103 Rn. 19ff.
[300] MüKoHGB/*K. Schmidt* § 128 Rn. 79; MüKoInsO/*Brandes/Gehrlein* § 93 Rn. 9.
[301] Vgl. *Bork* Kölner Schrift, Kap. 31 Rn. 23 ff.; *Häsemeyer*, Insolvenzrecht, Rn. 31.15; MüKoInsO/*Brandes/Gehrlein* § 93 Rn. 1 f.; *Hess/Weis/Wienberg* § 93 Rn. 1.

biger vermeiden.[302] Ebenso wie § 171 Abs. 2 HGB erfasst die Vorschrift des § 93 InsO nur Ansprüche wegen persönlicher Haftung eines Gesellschafters für Verbindlichkeiten der Gesellschaft. Sie gilt daher nur für die unbeschränkte gesetzliche akzessorische Gesellschafterhaftung gemäß § 128 HGB, nicht aber für eine Haftung aus anderem Rechtsgrund.[303] So gilt sie weder für die Haftung eines Gesellschafters auf Schadensersatz aus deliktsrechtlichen Anspruchsgrundlagen noch für die Haftung aus Garantie, Bürgschaft oder Schuldübernahme[304] oder wegen steuerlicher Rückstände aus §§ 34, 69 AO.[305] Die Vorschrift des § 93 InsO ist auch auf die Haftung eines bereits aus der Gesellschaft ausgeschiedenen Gesellschafters anwendbar.[306] Ein bereits rechtshängiger Rechtsstreit gegen die Gesellschafter der GmbH & Co. KG, der die persönliche Haftung für Verbindlichkeiten der Gesellschaft zum Gegenstand hat, ist entsprechend § 17 Abs. 1 S. 1 AnfG unterbrochen, wenn über das Vermögen der Gesellschaft das Insolvenzverfahren eröffnet wird (→ Rn. 110). Verfügt die Komplementär-GmbH (ausnahmsweise) noch über nennenswertes Vermögen, kann die Geltendmachung der Haftung der Komplementär-GmbH durch den Insolvenzverwalter unter Umständen eine Abweisung des Eröffnungsantrages mangels Masse verhindern.[307] Bei einer **Doppelinsolvenz** von KG und Komplementär-GmbH wird der Insolvenzverwalter der KG künftig die Forderungen sämtlicher Gesellschaftsgläubiger im Insolvenzverfahren der GmbH anmelden, um auf diese Weise eine Unterdeckung der Masse der KG zu beseitigen. Haben Gesellschaftsgläubiger von der Komplementär-GmbH in der Insolvenz der KG Leistungen erhal-

---

[302] *Uhlenbruck* GmbHR 1995, 206; *Bork* Kölner Schrift, Kap. 31 Rn. 23; MüKo-InsO/*Schmidt* § 128 Rn. 82; MüKoInsO/*Brandes/Gehrlein* § 93 Rn. 1; *Hess/Weis/Wienberg* § 93 Rn. 3; nach *Brinkmann*, Die Bedeutung der §§ 92, 93 für den Umfang der Insolvenz und Sanierungsmasse, 2002, 101 ff. sollte das Gesellschaftsvermögen als Sanierungsmasse geschützt werden.
[303] BGH WM 2013, 1413; BGHZ 151, 245; MüKoHGB/*K. Schmidt* § 128 Rn. 84 mwN; *K. Schmidt/Bitter* ZIP 2000, 1082; MüKoInsO/*Brandes/Gehrlein* § 93 Rn. 6; *Hess/Weis/Wienberg* § 93 Rn. 10.
[304] Vgl. MüKoInsO/*Brandes/Gehrlein* § 93 Rn. 21; MüKoHGB/*K. Schmidt* § 128 Rn. 84; *Hess/Weis/Wienberg* § 93 Rn. 11; *Bitter* ZInsO 2002, 557 ff.; aA *Kesseler* ZInsO 2002, 549 ff.; für eine analoge Anwendung des § 93 InsO *Bork* NZI 2002, 362 (365)
[305] BGHZ 151, 245; BFHE 197, 1; MüKoHGB/*K. Schmidt* § 128 Rn. 84; zustimmend *Bunke* NZI 2002, 591; ablehnend *Kesseler* ZIP 2002, 1974; aA OLG Schleswig ZIP 2001, 1968 (1969 f.).
[306] Schleswig-Holsteinisches OLG OLGR Schleswig 2004, 287; OLG Hamm NZI 2007, 584 (588); MüKoInsO/*Brandes/Gehrlein* § 93 Rn. 6; *Hess/Weis/Wienberg* § 93 Rn. 12; nach *Gerhardt* ZIP 2000, 2181, ist die Vorschrift selbst dann anwendbar, wenn das Gesellschaftsvermögen infolge Beendigung durch Gesamtrechtsnachfolge auf den einzigen verbleibenden Gesellschafter übergegangen ist und über dessen Vermögen das Insolvenzverfahren eröffnet worden ist; zustimmend Uhlenbruck/*Hirte* § 93 Rn. 11.
[307] *K. Schmidt* ZGR 1996, 218; krit. *Häsemeyer*, Insolvenzrecht, Rn. 31.15. § 93 InsO schließt allerdings nicht aus, dass auch über das Vermögen der Komplementär-GmbH oder eines ihrer Kommanditisten ein Insolvenzverfahren eröffnet wird.

ten, sind diese der vom Insolvenzverwalter zu bildenden Sondermasse zu erstatten.[308]

bb) Neuverbindlichkeiten. Der Wortlaut des Gesetzes legt die Annahme **102** nahe, dass die Komplementär-GmbH auch für nach der Verfahrenseröffnung begründete Forderungen, dh für **Massekosten** gem. § 54 InsO und für **Masseschulden** gem. § 55 Abs. 1 Nr. 1 und 3 InsO persönlich haftet. Es besteht jedoch weitgehend Einigkeit, dass den persönlich haftenden Gesellschafter eine Haftung für Masseverbindlichkeiten nicht trifft, sofern nicht der Rechtsgrund für diese Verbindlichkeiten vor Verfahrenseröffnung gesetzt wurde.[309] Daher haftet die Komplementär-GmbH nicht für Verbindlichkeiten, die der Insolvenzverwalter begründet. Jene haftet auch nicht für die Kosten des Insolvenzverfahrens. Dies wird damit begründet, dass die Regelungen zu den Kosten vorsehen, dass diese aus der Masse der insolventen Gesellschaft beglichen werden.[310]

b) Haftung der Kommanditisten. *aa) Grundsatz.* Der Kommanditist **103** haftet gegenüber den Gesellschaftsgläubigern mit seinem Privatvermögen bis zur Höhe der im Handelsregister eingetragenen **Haftsumme** (§ 172 Abs. 1 HGB). Außerhalb des Insolvenzverfahrens kann ein Kommanditist seine beschränkte Haftung nicht nur durch eine Zahlung in das Gesellschaftsvermögen (§ 171 Abs. 1 HGB), sondern auch durch Leistung an einen oder mehrere Gläubiger beseitigen.

bb) Haftungsdurchsetzung. In der Insolvenz der Gesellschaft würde eine un- **104** mittelbare Leistung an einzelne Insolvenzgläubiger die gebotene Gleichbehandlung der Gläubiger nicht mehr gewährleisten. Um einen unerwünschten Wettlauf der Gläubiger zu vermeiden, kanalisiert § 171 Abs. 2 HGB die Realisierung der Kommanditistenhaftung in der Weise, dass das Recht der Gesellschaftsgläubiger, den Kommanditisten in Anspruch zu nehmen, während der Dauer des Verfahrens durch den **Insolvenzverwalter** ausgeübt wird.[311] Umgekehrt kann der Kommanditist nicht mehr mit haftungsbefrei-

---

[308] Häsemeyer, Insolvenzrecht, Rn. 31.17.
[309] *Noack* Rn. 487 ff.; MüKoHGB/*K. Schmidt* § 128 Rn. 81; *K. Schmidt* ZHR 152 (1988), 113; MüKoInsO/*Brandes/Gehrlein* § 93 Rn. 9; *Armbruster,* Haftender Gesellschafter in der Insolvenz, 157 ff., vertreten, dass § 128 HGB teleologisch zu reduzieren sei, da die Gesellschafter auf die Begründung von Verbindlichkeiten durch den Insolvenzverwalter keinen Einfluss nehmen könnten. Demgegenüber geht der BGH, NJW 2010, 69 Tz. 12, davon aus, dass Handlungen des Insolvenzverwalters aufgrund der Beschränkung der Verwaltungs- und Verfügungsbefugnis ohnehin nur die Insolvenzmasse verpflichten können.
[310] BGH NJW 2010, 69 Tz. 21; MüKoHGB/*K. Schmidt* § 128 Rn. 81.
[311] Zum Einforderungsrecht des Insolvenzverwalters bei Leistungen eines Kommanditisten an einen Insolvenzgläubiger vgl. *Häsemeyer,* Insolvenzrecht, Rn. 31, 44. Zum dogmatischen Hintergrund vgl. MüKoHGB/*K. Schmidt* §§ 171, 172 Rn. 100; Schlegelberger/*K. Schmidt* § 177a Rn. 108; Ebenroth/Boujong/Joost/*Strohn* § 171 Rn. 94. Str. ist, ob die Haftung des Kommanditisten Teil der Insolvenzmasse, vgl. *Häsemeyer,* Insolvenzrecht, Rn. 31.41; *Michel* KTS 1991, 72, oder eine daneben stehende Sondermasse, vgl. *Armbruster,* Haftender Gesellschafter in Insolvenz, 83 ff.; *Kornblum,* Haftung, 243; MüKoHGB/*K. Schmidt* §§ 171, 172 Rn. 112; MüKoInsO/*Peters* § 35

ender Wirkung an den Gläubiger leisten. Folgerichtig ist auch eine **Aufrechnung** des Kommanditisten gegenüber einzelnen Gesellschaftsgläubigern unzulässig.[312] Der Insolvenzverwalter kann die Kommanditisten nur insoweit in Anspruch nehmen, als dies zur Befriedigung der Gläubiger erforderlich ist.[313] Überschreiten – was in der Praxis eher der Ausnahmefall sein dürfte – die noch ausstehenden Einlagen der Kommanditisten die Summe der Gläubigerforderungen, kann der Insolvenzverwalter nicht die vollen Beträge einfordern, sondern nur so viel, wie zur Erfüllung aller Gläubigerforderungen erforderlich ist.[314] Zu einer **anteiligen Einziehung** ist er allerdings nicht verpflichtet; vielmehr kann er nach freiem Ermessen entscheiden, welche Kommanditisten er in Anspruch nimmt.[315]

105 § 171 Abs. 2 HGB findet seinem Wortlaut entsprechend nur auf den Fall der beschränkten Kommanditistenhaftung Anwendung. Demgemäß greift die Regelung nicht ein, wenn der Kommanditist nach § 176 HGB **unbeschränkt** persönlich haftet.[316] Gleichwohl kommt es auch in diesem Fall zu einer Haftungskonzentration, da die unbeschränkte Haftung nach § 176 HGB von § 93 InsO erfasst wird (→ Rn. 100 f.).[317] Die Rechtsprechung hat den Anwendungsbereich des § 171 Abs. 2 HGB auf die Fälle ausgedehnt, in denen die Schuldnerin nicht mehr als KG vorhanden ist.[318] Dies gilt namentlich dann, wenn die KG nach dem Ausscheiden des Kommanditisten in eine Gesellschaft anderer Rechtsform umgewandelt wurde.[319] Dagegen kommt § 171 Abs. 2 HGB dann nicht zum Tragen, wenn die Gesellschaft, etwa wegen Fehlens einer die Kosten des Verfahrens deckenden Masse, ohne Durchführung eines Insolvenzverfahrens **erlischt**. In diesem Fall können die Gesellschaftsgläubiger unmittelbaren Zugriff auf den haftenden Kommanditisten nehmen.[320]

Rn. 205, ist. Eine Sondermasse ist jedenfalls dann zu bilden, wenn der Kommanditist nicht allen Insolvenzgläubigern, sondern nur Altgläubigern haftet, so zB wenn der Kommanditist zuvor bereits aus der Gesellschaft ausgeschieden war, vgl. Heymann/Horn § 171 Rn. 35; Röhricht/v. Westphalen/Haas/Mock § 171 Rn. 86; Baumbach/Hopt § 171 Rn. 14; Koller/Roth/Morck §§ 171, 172 Rn. 9.
[312] BGHZ 42, 192 (194); GK/Schilling § 171 HGB Rn. 20; MüKoHGB/K. Schmidt §§ 171, 172 Rn. 107; Röhricht/v. Westphalen/Haas/Mock § 171 Rn. 71; Koller/Roth/Morck §§ 171, 172 Rn. 8. Zur Aufrechnungsmöglichkeit des Kommanditisten mit Drittforderungen gegenüber der Gesellschaft, vgl. Schlegelberger/K. Schmidt § 177a Rn. 111; Baumbach/Hopt § 171 Rn. 13 mwN; Noack Rn. 526.
[313] RGZ 51, 40; BGH JZ 1958, 699; OLG Hamm NZG 2001, 359; Keuk, ZHR 135 (1971), 430 f.; MüKoHGB/K. Schmidt §§ 171, 172 Rn. 109.
[314] Noack Rn. 512 f.
[315] BGHZ 109, 344; Baumbach/Hopt § 171 Rn. 12; Noack Rn. 467, 516.
[316] BGHZ 82, 209 (214); BGH NJW 1983, 2813; MüKoHGB/K. Schmidt §§ 171, 172 Rn. 106; Baumbach/Hopt § 171 Rn. 11; Heymann/Horn § 171 Rn. 27; Hachenburg/Ulmer § 63 Rn. 141; Röhricht/v. Westphalen/Haas/Mock § 171 Rn. 78.
[317] Noack Rn. 523.
[318] BGHZ 112, 31 ff.; Uhlenbruck, GmbH & Co. KG in Krise, Rn. 104; Röhricht/v. Westphalen/Haas/Mock § 171 Rn. 67; GK/Schilling § 171 HGB Rn. 45; Baumbach/Hopt § 171 Rn. 11; aA noch BGH BB 1976, 383.
[319] Noack Rn. 525. Bsp. bei K. Schmidt Gesellschaftsrecht § 54 V 2b.
[320] MüKoHGB/K. Schmidt §§ 171, 172 Rn. 102.

§ 49 *Gesellschaftsrecht in der Insolvenz der GmbH & Co. KG*

cc) Verhältnis zwischen Haftsumme und Pflichteinlage. Die Abgrenzung zwischen **Haftsumme** und **Pflichteinlage** erweist sich dann als unproblematisch, wenn der Kommanditist zwar im Außenverhältnis gegenüber den Gesellschaftsgläubigern haftet, aber im Innenverhältnis der Gesellschaft keine Einlage mehr schuldet. Anders ist es, wenn der Gläubiger seine Pflichteinlage noch schuldet, diese aber nicht in einer Geldschuld, sondern in einer Sachleistung besteht. Hier stellt sich die Frage, was **Gegenstand des Einforderungsrechts** des Insolvenzverwalters ist. Die wohl hM billigt dem Insolvenzverwalter ein Wahlrecht zwischen der Einforderung der Sacheinlage und dem stets auf Geld gerichteten und damit von der Pflichteinlage zu unterscheidenden Haftungsanspruch zu.[321] Eine andere Auffassung tritt für einen Vorrang des § 171 Abs. 2 HGB ein und lässt die Erbringung der Einlage nicht mehr zu; der Kommanditist habe zwingend eine Geldzahlung zu erbringen.[322] Den Vorzug verdient eine weitere Ansicht, die einen **Vorrang der Einlageleistung** befürwortet, solange deren Erbringung in Einklang mit dem Zweck des Insolvenzverfahrens steht.[323] Nur dann, wenn die Sacheinlage für die Gesellschaft ohne Nutzen ist, ist der Gesellschafter zur Leistung der an sich vereinbarten Sacheinlage nicht mehr berechtigt. Dabei ist dem Insolvenzverwalter ein weiter Beurteilungsspielraum zuzugestehen.

106

dd) Haftung des ausgeschiedenen Kommanditisten. Der Insolvenzverwalter darf den Kommanditisten nach § 171 Abs. 2 HGB nur dann in Anspruch nehmen, wenn dies zur Befriedigung eines Gläubigers erforderlich ist, gegenüber dem der Kommanditist tatsächlich haftet.[324] Den ausgeschiedenen Kommanditisten trifft eine Haftung nur gegenüber solchen Gläubigern, die ihren Anspruch vor Eintragung und Bekanntmachung des Ausscheidens erworben haben (§§ 161 Abs. 2, 160 Abs. 1, 2 HGB). Soweit die Altgläubiger aus dieser Sondermasse keine vollständige Befriedigung erhalten können, haben sie Anspruch darauf, nach der gleichen Quote aus dem Gesellschaftsvermögen befriedigt zu werden wie die übrigen Gläubiger.[325]

107

c) Auswirkungen eines Insolvenzplans auf die Haftung der Gesellschafter. *aa) Haftung der Komplementär-GmbH.* Nach § 227 Abs. 2 InsO er-

108

---

[321] *Keuk* ZHR 135 (1971), 434; *Häsemeyer* ZHR 149 (1985), 42 ff.; *Häsemeyer*, Insolvenzrecht, Rn. 31.43; GK/*Schilling* § 171 HGB Rn. 19; *Koller/Roth/Morck* §§ 171, 172 HGB Rn. 9; *Ebenroth/Boujong/Joost/Strohn* § 171 Rn. 98; *Röhricht/v. Westphalen/Haas/Mock* § 171 Rn. 80; MHdB GesR II/*Schmid* KG § 47 Rn. 18.
[322] OLG Celle NJW 1952, 427.
[323] MüKoHGB/*K. Schmidt* §§ 171, 172 Rn. 99; *K. Schmidt*, Gesellschaftsrecht, § 54 V 2. c); vgl. auch Heymann/*Horn* § 171 Rn. 30.
[324] BGHZ 27, 51 (56); MüKoHGB/*K. Schmidt* §§ 171, 172 Rn. 116; *K. Schmidt*, Einlage und Haftung, 134 ff.; *Noack* Rn. 524. Dass der Kommanditist nicht gegenüber allen Insolvenzgläubigern haftet, macht deutlich, dass die von dem Kommanditisten an den Insolvenzverwalter erbrachte Zahlung eine Sondermasse darstellt, die nur zur Befriedigung der Altgläubiger verwendet werden darf, vgl. auch *Keuk* ZHR 135 (1971), 431; *K. Schmidt*, Gesellschaftsrecht, § 54 V 3b; GK/*Schilling* § 171 HGB Rn. 18; *Häsemeyer*, Insolvenzrecht, Rn. 31.48; *Baumbach/Hopt* § 171 Rn. 14; vgl. auch BGHZ 27, 56; 39, 321; 71, 296 (304).
[325] *Häsemeyer*, Insolvenzrecht, Rn. 31.48.

streckt sich eine im gestaltenden Teil des Insolvenzplans vorgesehene Befreiung von Verbindlichkeiten gegenüber Gläubigern auch auf die persönliche Haftung der Gesellschafter. Streitig ist, ob sich auch vor Bestätigung des Insolvenzplans ausgeschiedene Gesellschafter hierauf berufen können.[326]

109 *bb) Haftung der Kommanditisten.* Fraglich ist, ob auch eine **Erstreckungswirkung** zugunsten der Kommanditisten besteht, wenn sie im Plan nicht gesondert angeordnet ist. Der Wortlaut des § 227 Abs. 2 InsO lässt diese Auslegung zu, da er auf „die persönliche Haftung der Gesellschafter" und nicht die persönlich haftenden Gesellschafter verweist. Nach hM zu §§ 211 Abs. 2 KO, 109 Abs. 1 Nr. 3 VerglO hatte eine Reduzierung der Gesellschaftsschulden im Rahmen eines konkursabwendenden Vergleichs und eines Zwangsvergleichs aber nicht ohne weiteres auch eine Herabsetzung der Haftung der Kommanditisten zur Folge.[327] Demgegenüber vertrat die Gegenansicht den Standpunkt, die Haftsumme des Kommanditisten bleibe zwar von der Vergleichswirkung unberührt, der Kommanditist sei jedoch davor geschützt, dass einzelne Gläubiger ihn über die Vergleichsquote hinaus in Anspruch nehmen.[328] Angesichts des Befundes, dass der Gesetzgeber in Kenntnis des Streitstandes die Gelegenheit zu einer Klarstellung nicht genutzt hat, lässt sich de lege lata auch nach neuem Recht eine Teilhabe des Kommanditisten an den Vergleichswirkungen des Insolvenzplans kaum begründen, sofern der Insolvenzplan hierzu nicht eine ausdrückliche Regelung trifft. Beruht die Haftung des Kommanditisten nicht allein auf seiner Gesellschafterstellung, sondern (auch) auf anderen Rechtsgründen, wie zB einer Bürgschaft, besteht sie nach § 254 Abs. 2 InsO unabhängig vom Insolvenzplan fort.[329] Soweit der Insolvenzplan vorsieht, dass Forderungen von Gesellschaftsgläubigern in Anteilsrechte umgewandelt werden, und sich herausstellt, dass die Forderungen überbewertet waren, stehen der Gesellschaft wegen der Überbewertung keine Ansprüche gegen die bisherigen Gläubiger zu (§ 254 Abs. 4 InsO). Der Ausschluss der **Differenzhaftung** entbindet den Insolvenzverwalter freilich nicht von der Pflicht die Werthaltigkeit der Forderungen zu prüfen. Die Bewertung hängt nicht zuletzt von der Wahrscheinlichkeit der Erreichung der mit dem Insolvenzplan verbundenen Sanierungsziele ab. Etwaigen Unsicherheiten kann durch eine unterschiedliche Festsetzung von Einlage und Haftungssumme Rechnung getragen werden.[330]

---

[326] Bejahend Uhlenbruck/*Lüer* § 227 Rn. 10; K. Schmidt/*Spliedt* § 227 Rn. 4; verneinend MüKoInsO/*Breuer* § 227 Rn. 13.
[327] RGZ 150, 163; BGH NJW 1970, 1921; *Kuhn* WM 1978 Sonderbeilage Nr. 1, 8 ff.; vgl. Schlegelberger/*K. Schmidt* § 177a Rn. 120;
[328] GK/*Schilling* § 171 HGB Rn. 24; *K. Schmidt*, Einlage und Haftung, 166 ff.; *K. Schmidt*, Gesellschaftsrecht, § 54 V 4; Heymann/*Horn* § 171 Rn. 39; *Armbruster*, Haftender Gesellschafter in der Insolvenz, 131 ff.; Koller/Roth/*Morck* §§ 171, 172 Rn. 9; *Häsemeyer*, Insolvenzrecht, 31.45; *Noack* Rn. 543; Röhricht/v. Westphalen/Haas/*Mock* § 171 Rn. 96.
[329] Uhlenbruck/*Lüer* § 227 Rn. 9; Heidelberger Kommentar/*Flessner* § 227 Rn. 7; K. Schmidt/*Spliedt* § 227 Rn. 5.
[330] *K. Schmidt* ZGR 2012, 566 (577, 582 f.), der außerdem für eine analoge Anwendung des § 254 Abs. 4 InsO auf die Kommanditistenaußenhaftung plädiert.

d) Prozessuale Aspekte. Erhebt ein Gläubiger bei eröffnetem Insol- **110**
venzverfahren über das Vermögen der Gesellschaft Leistungsklage gegen die
Komplementär-GmbH bzw. einen Kommanditisten, ist die Klage wegen
§ 93 InsO bzw. § 171 Abs. 2 HGB abzuweisen. Wird das Insolvenzverfahren
über das Vermögen der KG eröffnet, nachdem bereits eine Klage anhängig
ist, wird der Rechtsstreit analog § 17 AnfG unterbrochen.[331] Er kann sodann
vom Insolvenzverwalter aufgenommen werden; einer Erledigungserklärung
bedarf es nicht.

VIII. Beendigung des Insolvenzverfahrens

Ist noch Vermögen vorhanden, hat der Insolvenzverwalter im Rahmen **111**
der Schlussverteilung an die Gesellschafter den Teil des Überschusses zu verteilen, der ihnen als **Auseinandersetzungsguthaben** zustünde (§ 199 S. 2
InsO). Das Insolvenzverfahren endet durch Beschluss des Gerichts nach Vollzug der Schlussverteilung der Masse (§ 200 Abs. 1 InsO). Auch die Eröffnung
des Insolvenzverfahrens sowohl über das Vermögen der betroffenen GmbH
& Co. KG als auch deren Gesellschafter führt nicht zur Vollbeendigung der
GmbH & Co. KG, so dass vor der vollständigen Verteilung des Gesellschafts-
vermögens keine Löschung im Handelsregister in Betracht kommt.[332] Erst
wenn das Gesellschaftsvermögen vollständig verteilt worden ist, ist die GmbH
& Co. KG vollbeendet und auf entsprechenden Antrag des Insolvenzverwal-
ters im Handelsregister zu löschen (§ 157 HGB).[333] An das mit vollständiger
Verteilung des Vermögens beendete Insolvenzverfahren schließt sich kein
Liquidationsverfahren an.[334] Im Falle der Insolvenz und Vollbeendigung von
GmbH & Co. KG und Komplementär-GmbH erfolgt die Löschung beider
Gesellschaften im Handelsregister mit Beendigung der Insolvenzverfahren
von Amts wegen (§ 394 Abs. 1 S. 2, Abs. 4 S. 2 FamFG). Taucht nach dem
Schlusstermin weiteres erhebliches Vermögen auf, ist nach § 230 InsO eine
Nachtragsverteilung anzuordnen.

IX. Fortsetzung der Gesellschaft

Wenn das Insolvenzverfahren auf Antrag der Gesellschaft (vgl. §§ 212, 213 **112**
InsO) eingestellt oder nach Bestätigung eines den Fortbestand der Gesellschaft vorsehenden Insolvenzplans aufgehoben wird, können die Gesellschafter die **Fortsetzung der Gesellschaft** beschließen (§§ 144 Abs. 1, 161

---

[331] BGH NJW 1982, 883 (885) m. Anm. *K. Schmidt*; BGH NJW-RR 2009, 343 Tz. 6; OLGR Schleswig 2004, 287; OLG Dresden NZG 2012, 1037 (1038); *K. Schmidt* Gesellschaftsrecht § 54 V 2d; *Ebenroth/Boujong/Joost/Strohn* § 171 Rn. 88; *Baumbach/Hopt* § 171 Rn. 12.
[332] OLG Hamm ZIP 2003, 2264.
[333] MüKoHGB/*K. Schmidt* § 157 Rn. 4; Ebenroth/Boujong/Joost/Strohn/*Hillmann* § 157 Rn. 2.
[334] MüKoHGB/*K. Schmidt* § 157 Rn. 4; zum registerrechtlichen Verfahren vgl. Uhlenbruck/*Uhlenbruck* § 200 Rn. 9.

Abs. 2 HGB). In allen anderen Fällen der Auflösung wegen Insolvenz scheidet bei Einstellung oder Aufhebung des Insolvenzverfahrens aus anderen als den in § 144 Abs. 1 HGB genannten Gründen (zB bei Einstellung mangels Masse gemäß § 207 InsO oder nach Anzeige der Masseunzulänglichkeit gemäß 211 InsO), eine Fortsetzung der Gesellschaft als werbende Gesellschaft aus.[335] Eine Fortsetzung ist im Falle der Beendigung des Insolvenzverfahrens nach Vornahme der Schlussverteilung auch nach allgemeinen Grundsätzen nicht möglich, da etwaige Überschüsse nicht an die Gesellschaft, sondern an die Gesellschafter entsprechend den ihnen in der Abwicklung zustehenden Anteilen verteilt werden (§ 199 S. 2 InsO). Die Gesellschaft ist dann vermögenslos und damit vollständig beendet. Hat die Gesellschaft noch Vermögen, etwa weil der Insolvenzverwalter solches freigegeben hat, ist sie abzuwickeln. Ob eine Fortsetzung der Gesellschaft in Betracht kommt, wenn die Auflösung auf der Abweisung der Verfahrenseröffnung mangels Masse beruht (§ 131 Abs. 2 S. 1 Nr. 1 HGB), ist nicht ausdrücklich geregelt und streitig.[336] Dies ist zu verneinen, da ein öffentliches Interesse besteht, beschränkt haftende Rechtsträger, die nicht einmal über die finanziellen Mittel zur Durchführung des Insolvenzverfahrens verfügen, zu beenden.[337] Das Gegenargument, die Gesellschaftsgläubiger seien durch die fortbestehende Haftung der persönlich haftenden Gesellschafter vor missbräuchlichen Fortsetzungen geschützt,[338] überzeugt jedenfalls für die GmbH & Co. KG nicht. Die unabhängig vom Willen der Gesellschafter zu treffende Anordnung der Auflösung der Gesellschaft bei Abweisung des Eröffnungsantrags mangels Masse nach §§ 131 Abs. 2 S. 1 Nr. 1 HGB, 60 Abs. 1 Nr. 5 GmbHG zeigt, dass der Gesetzgeber Gesellschaften ohne natürliche Personen als persönlich haftende Gesellschafter und ohne Masse, um die für ein geordnetes Verfahren anfallenden Kosten zu decken, aus dem Verkehr ziehen will.[339] Für den Fall der Insolvenz der Komplementär-GmbH sieht § 60 Abs. 1 Nr. 4 GmbH eine § 144 Abs. 1 HGB entsprechende Regelung vor.

113 Voraussetzung für eine Fortsetzung der Gesellschaft ist, dass die Gesellschaft noch über **Gesellschaftsvermögen** verfügt. Die Fortsetzung der Ge-

---

[335] Umkehrschluss aus § 144 Abs. 1 HGB; s.a. MüKoInsO/*Schmahl/Busch* § 31 Rn. 40; MüKoHGB/*K. Schmidt* § 144 Rn. 3; aA Ebenroth/Boujong/Joost/Strohn/*Lorz* § 144 Rn. 6; *Baumbach/Hopt* § 144 Rn. 4; *Koller/Roth/Morck* § 144 Rn. 1, alle unter Hinweis auf BGH NJW 1995, 196.
[336] Siehe hierzu *Noack* Rn. 582; *Uhlenbruck* GmbHR 1995, 203; MüKoHGB/*K. Schmidt* § 145 Rn. 95; Übersicht über den Streitstand bei *Hess/Weis/Wienberg* § 27 Rn. 76 ff.
[337] MüKoInsO/*Schmahl/Busch* § 31 Rn. 40; aA MüKoHGB/*K. Schmidt* § 145 Rn. 95, der aber als weitere Voraussetzung der Zulässigkeit eines Fortsetzungsbeschlusses die Beseitigung der Insolvenzgründe verlangt; Lutter/Hommelhoff/*Kleindiek* § 60 Rn. 33; Baumbach/Hueck/*Haas* § 60 Rn. 96; Roth/Altmeppen § 60 Rn. 54.
[338] *Häsemeyer,* Insolvenzrecht, Rn. 31.08; *Schlitt* NZG 1998, 755 (762); Michalski/*Nerlich* § 60 Rn. 238.
[339] BGH NJW 1980, 233; zur GmbH KG NJW-RR 1994, 229; NZG 1999, 359 m. zust. Anm. *Boujong;* BayObLG NJW 1994, 594 (595); NJW-RR 1996, 417; MüKoGmbHG/*Berner* § 60 Rn. 277; aA zur rechtspolitischen Kritik MüKoHGB/*K. Schmidt* § 131 Rn. 30, § 145 Rn. 95.

sellschaft erfordert darüber hinaus die **Beseitigung des Eröffnungsgrundes**.[340] Sofern der Gesellschaftsvertrag nichts Abweichendes vorsieht, bedarf der Fortsetzungsbeschluss der Zustimmung aller Gesellschafter.[341] Ist auch über das Vermögen der Komplementär-GmbH das Insolvenzverfahren eröffnet worden, scheidet diese aus der Gesellschaft aus (§ 131 Abs. 3 Nr. 2 HGB). Dann können die Kommanditisten die KG nur unter Aufnahme einer anderen, gegebenenfalls eigens zu diesem Zweck gegründeten Komplementär-Gesellschaft fortsetzen. Soll gleichwohl auch die GmbH fortgesetzt werden, müssen deren Gesellschafter einen Fortsetzungsbeschluss fassen, was jedoch nur unter den Voraussetzungen des § 60 Abs. 1 Nr. 4 GmbHG zulässig ist.[342] Die Fortsetzung der Gesellschaft ist von allen Gesellschaftern zum Handelsregister **anzumelden** (§ 144 Abs. 2 HGB). Die Vorschrift ist nicht dispositiv.[343] Fassen die Gesellschafter keinen Fortsetzungsbeschluss und ist noch Gesellschaftsvermögen vorhanden, schließt sich an das Insolvenzverfahren das Liquidationsverfahren (→ § 47) an.[344]

114

---

[340] *Noack* Rn. 585; MüKoHGB/*K. Schmidt* § 145 Rn. 86; Ebenroth/Boujong/Joost/Strohn/*Lorz* § 131 Rn. 33.

[341] Scholz/*K. Schmidt/Bitter* Vor § 64 Rn. 182.

[342] OLG München GmbHR 2006, 91 (92); OLG Celle ZIP 2011, 278; MüKoGmbHG/*Berner* § 60 Rn. 273; Baumbach/Hueck/*Haas* § 60 Rn. 95; aA Scholz/*K. Schmidt/Bitter* § 60 Rn. 96; Lutter/Hommelhoff/*Kleindiek* § 60 Rn. 31; Roth/Altmeppen § 60 Rn. 51.

[343] Hachenburg/*Ulmer* § 63 Rn. 146; Baumbach/*Hopt* § 144 Rn. 3.

[344] BGHZ 93, 159 (164); MHdB GesR II/*Gummert* GmbH & Co. KG § 55 Rn. 36.

§ 50 Steuern in der Insolvenz der GmbH & Co. KG

Übersicht

	Rn.		Rn.
I. Rechnungslegungspflicht in der Insolvenz	6	4. Nachversteuerung des Thesaurierungsbetrages gem. § 34a Abs. 6 EStG	26
II. Ertragsteuerliche Konsequenzen der Eröffnung des Insolvenzverfahrens	11	5. Kapitalertragsteuer und Zinsabschlagsteuer in der Insolvenz der Personengesellschaft	29
1. Ermittlung des steuerpflichtigen Einkommens	11	6. Gewerbesteuerliche Verlustvorträge	33
2. Konsequenzen für das Sonderbetriebsvermögen	20	III. Umsatzsteuerabrechnung in der Insolvenz	36
3. Einkommensteuerschulden des Gesellschafters	22		

Schrifttum: *Düll/Fuhrmann/Eberhard,* Aktuelles Beratungs-Know-how mittelständische Kapitalgesellschaften, DStR 2003, 862; *Eckert,* Umsatzsteuer im Insolvenzverfahren, UVR 1999, 305; *Eckert,* Die Anwendung des § 17 Abs. 1 Satz 1 Nr. 1 UStG im Insolvenzverfahren, UVR 2001, 273; *Frotscher,* Besteuerung bei Insolvenz, 7. Aufl. 2010; *Hess/Boochs/Weis,* Steuerrecht in der Insolvenz, 1996; *Kunz/Mundt,* Rechnungslegungspflichten in der Insolvenz, DStR 1997, 620; *Lohkamper,* Steuerrechtliche Auswirkungen der neuen Insolvenzordnung, DStR 1998, 1813; *Maus,* Auswirkungen des Zinsabschlaggesetzes auf die Insolvenzverfahren, ZIP 1993, 743; *Pink,* Rechnungslegungspflichten in der Insolvenz der Kapitalgesellschaft, ZIP 1997, 177; *Reichert/Düll,* Gewinnthesaurierung bei Personengesellschaften nach der Unternehmensteuerreform 2008, ZIP 2008, 1249–1259; *Rondorf,* Umsatzsteuer in der Unternehmensinsolvenz, NWB F. 7, 5391; *Schöne/Ley,* Die Auswirkungen des Zinsabschlaggesetzes im Konkurs von Personenhandelsgesellschaft, DB 1993, 1405; *Wälzholz,* Anmerkung zu OLG Dresden vom 29.11.2004 – Kapitalertragsteuer und Steueranrechnung bei Personenhandelsgesellschaften, DStR 2005, 615; *Weisemann/Smid,* Handbuch der Unternehmensinsolvenz, 1999; *Welzel,* Das Zinsabschlaggesetz als Problem im Konkursfall, DStZ 1993, 197.

1 Die Eröffnung des Insolvenzverfahrens über das Vermögen der GmbH & Co. KG bedeutet nicht, dass die steuerliche Existenz der Gesellschaft beendet ist. Durch die Eröffnung des Insolvenzverfahrens über das Vermögen der Gesellschaft wird sie zwar nach § 161 Abs. 2 iVm § 131 Abs. 1 Nr. 3 HGB aufgelöst, aber noch nicht voll beendet. Die Eröffnung des Insolvenzverfahrens über das Vermögen der GmbH & Co. KG bedeutet außerdem nicht notwendigerweise, dass auch über das Vermögen des oder der Gesellschafter das Insolvenzverfahren eröffnet wird, obschon dies nicht selten der Fall ist. Dies insbesondere dann, wenn vermögensmäßige Verflechtungen zwischen Gesellschaft und Gesellschafter bestehen. Die Eröffnung des Insolvenzverfahrens über das Vermögen der GmbH & Co. KG bedingt im Regelfall auch die Eröffnung des Insolvenzverfahrens über die Komplementär-GmbH, wobei beide Insolvenzverfahren auch für steuerliche Zwecke zunächst vollkommen getrennt zu behandeln sind.

§ 50 *Steuern in der Insolvenz der Gmbh & Co. KG*

Einkommensteuerrechtlich betreibt eine GmbH & Co. KG auch während 2 des Abwicklungsstadiums ein gewerbliches Unternehmen iSd § 15 EStG. Dies gilt auch dann, wenn die GmbH & Co. KG jegliche werbende Tätigkeit eingestellt hat, denn die gewerbliche Tätigkeit umfasst auch die auf die Abwicklung gerichteten Handlungen.[1] Die **steuerlichen Pflichten bestehen** daher bis zur Gesamtbeendigung der Gesellschaft **fort**.[2]

Das Insolvenzverfahren umfasst zunächst nur das Gesamthandsvermögen 3 der Personengesellschaft. Lediglich hierauf erstrecken sich die Befugnisse des Insolvenzverwalters. Eventuell vorhandenes **Sonderbetriebsvermögen** wird durch das Insolvenzverfahren nicht erfasst. Es können sich aber mittelbare Auswirkungen aus der Abwicklung des Insolvenzverfahrens selbst ergeben, etwa im Zusammenhang mit kapitalersetzenden Nutzungsüberlassungen. Steuerliche Folgen können entstehen, wenn bei Abschluss des Insolvenzverfahrens die Tätigkeit der Personengesellschaft als beendet gilt und damit hinsichtlich des Sonderbetriebsvermögens möglicherweise eine Entnahmehandlung vorliegt.

Während des Insolvenzverfahrens bestehen steuerlich im Grundsatz keine 4 Besonderheiten. Die Insolvenzordnung sieht vor, dass der Insolvenzverwalter das Vermögen der Gesellschaft weitgehend unabhängig von dem bisherigen Gesellschafterkreis verwalten kann. Steuerlich werden das **Vermögen** sowie der **Ergebnisanteil** unverändert den Gesellschaftern **zugerechnet**, obwohl mit der Eröffnung des Insolvenzverfahrens für die Gesellschafter keinerlei Einflussmöglichkeiten auf die Gesellschaft mehr bestehen.[3]

Hinsichtlich der **Steuerschulden** muss danach unterschieden werden, ob 5 es sich um betriebliche Steuern der Gesellschaft oder um persönliche Steuerschulden des Gesellschafters handelt. Betriebliche Steuerschulden sind insbesondere die Umsatzsteuer sowie die Gewerbesteuer. Demgegenüber sind persönliche Steuerschulden des Gesellschafters, wie zB die Einkommensteuer nicht Bestandteil des Insolvenzverfahrens der Personengesellschaft. Dieser Hinweis dürfte allerdings eher theoretischer Natur sein, da mit der Eröffnung des Insolvenzverfahrens regelmäßig eine Verlustsituation der Gesellschaft einhergeht, was wiederum eher zu einer Entlastung bei Einkommensteuerzahlungen auf der Ebene der Gesellschafter führt. Gewinne bei der Verwertung der Vermögensgegenstände der GmbH & Co. KG können idR mit verrechenbaren Verlusten iSd § 15a EStG ausgeglichen werden. Demgegenüber können im Rahmen des Insolvenzverfahrens über die **Komplementär-GmbH** durchaus auch Körperschaftsteuerschulden Bestandteil der Insolvenzverbindlichkeiten sein, falls sich etwa im Zuge einer steuerlichen Außenprüfung nachträgliche Gewinnerhöhungen ergeben, die im Rahmen eines Verlustrücktrages nicht ausgeglichen werden können.

---

[1] BFH v. 27.4.1978, BStBl. II 1979, 89; BFH v. 11.2.1988, BStBl. II 1988, 825.
[2] BFH v. 19.1.1993, BStBl. II 1993, 594.
[3] *Frotscher* Steuern, 154, 156.

14. Kapitel. Insolvenz der Gesellschaft

I. Rechnungslegungspflicht in der Insolvenz

6   Ab dem Zeitpunkt der Eröffnung des Insolvenzverfahrens gelten die einschlägigen Vorschriften der Insolvenzordnung, die allerdings keine speziellen Rechnungslegungsvorschriften enthalten. In § 154 InsO ist lediglich eine Aufzeichnung der Gegenstände der Masse, das Gläubigerverzeichnis und der Vermögensübersicht geregelt. Grundsätzlich besteht die **handelsrechtliche Buchführungs- und Rechnungslegungspflicht** fort und muss durch den Insolvenzverwalter weiterhin wahrgenommen werden (§ 155 Abs. 1 InsO).[4] Die Pflicht zur Fortführung des handelsrechtlichen Rechnungswesens besteht nur dann nicht, wenn bis zum Zeitpunkt der Eröffnung des Insolvenzverfahrens eine grob fehlerhafte Buchführung vorliegt, so dass eine sinnvolle Fortführung des Rechnungswesens nur noch mit einem unverhältnismäßig hohen Aufwand möglich wäre. In diesem Fall hat der Insolvenzverwalter ab dem Zeitpunkt der Insolvenzeröffnung eine ordnungsmäßige Buchführung zu installieren und diese fortzuführen.[5]

7   Neben der Aufrechterhaltung der handelsrechtlichen Buchführung ist für Personenhandelsgesellschaften nach §§ 154, 161 HGB vorgesehen, dass mit dem Zeitpunkt der Eröffnung des Insolvenzverfahrens eine **Schlussbilanz** sowie eine **Abwicklungseröffnungsbilanz** erstellt wird. Mit der Eröffnung des Insolvenzverfahrens beginnt ein neues Geschäftsjahr (§ 155 Abs. 2 InsO). Diese Bilanzen sind grundsätzlich nach handelsrechtlichen Vorschriften zu erstellen, wobei allerdings dem Umstand Rechnung getragen wird, in der sich die Gesellschaft befindet. So kann bei der Bewertung der einzelnen Vermögensgegenstände und Schulden nicht mehr von der sog. going-concern-Bedingung ausgegangen werden, also von der Vermutung der Fortführung des Unternehmens als Ganzes.[6]

8   Da sich das Insolvenzverfahren üblicherweise über einen längeren Zeitraum erstreckt, stellt sich die Frage, ob nach Eröffnung des Insolvenzverfahrens durch den Insolvenzverwalter weiterhin **handelsrechtliche Jahresabschlüsse** auf das Ende des Wirtschaftsjahres zu erstellen sind, oder ob die von der Insolvenzordnung geforderten Aufzeichnungen über die Einnahmen und Ausgaben als Nachweis gegenüber der Gläubigerversammlung ausreichend sind. Die handelsrechtlichen Rechnungslegungsvorschriften enthalten keine Regelung für den Fall der Eröffnung des Insolvenzverfahrens. Die Regelungen der Insolvenzordnung hinsichtlich der Einnahmen- und Ausgabenaufzeichnung stellen jedoch kein lex specialis zu den handelsrechtlichen Rechnungslegungsvorschriften dar.[7] Die Rechnungslegungsvorschriften des Handelsrechts behalten daher ihre Gültigkeit, so dass für die KG weiter-

---

[4] *Heß/Boochs/Weis* Steuerrecht Rn. 810; *Weiseman/Smid/Arens/Schäfer* Unternehmensinsolvenz § 20 Rn. 8.
[5] *Heß* Anh V Rn. 313.
[6] *Heß* Anh V Rn. 327; aA *Baumbach/Hopt* § 154 HGB Rn. 2; Beck Bilanzkommentar Anh III Anm. 279 ff.; *Heß/Boochs/Weis* Steuerrecht Rn. 844.
[7] *Heß/Boochs/Weis* Steuerrecht Rn. 831; *Weisemann/Smid/Arens/Schäfer* Unternehmensinsolvenz § 20.

hin nach § 242 HGB auf das Ende des Wirtschaftsjahres ein Jahresabschluss zu erstellen und gegebenenfalls zu prüfen ist, falls es sich um eine mittelgroße bzw. große Gesellschaft handelt.[8] Die Besonderheit dieses Jahresabschlusses besteht lediglich darin, dass hinsichtlich der Ansatz- und Bewertungsvorschriften die Situation der Gesellschaft im Rahmen der Insolvenz zu berücksichtigen ist.

Entsprechend den bisherigen Regelungen in der Konkursordnung sind von dem Insolvenzverwalter verschiedene **insolvenzrechtliche Aufzeichnungen** zu fertigen:[9]
- Verzeichnis der Massegegenstände (§ 151 InsO),
- Gläubigerverzeichnis (§ 152 InsO),
- Vermögensübersicht (§ 153 InsO),
- Forderungstabelle (§ 174 Abs. 2 InsO),
- Verwalterbericht (§ 156 InsO) sowie
- evtl. Zwischenrechnungslegung (§ 66 Abs. 3 InsO).

9

Mit der Beendigung des Amtes des Insolvenzverwalters hat dieser gegenüber der Gläubigerversammlung Rechnung zu legen (§ 66 Abs. 1 InsO). Ergänzt wird diese Rechnungslegungspflicht um die Auflage dem Gericht sowie der Gläubigerversammlung Auskunft über Sachstand, Zwischenbericht sowie eine Verteilungsrechnung zu fertigen. Zum Abschluss des Insolvenzverfahrens erfolgt ein Schlussbericht (§§ 66 Abs. 1 InsO).[10]

10

II. Ertragsteuerliche Konsequenzen der Eröffnung des Insolvenzverfahrens

1. Ermittlung des steuerpflichtigen Einkommens

In der Zeit vor der Eröffnung des Insolvenzverfahrens befindet sich die KG im Allgemeinen in einer Verlustsituation. Die Verluste der Gesellschaft werden den Gesellschaftern entsprechend der Gewinnverteilungsquote anteilig zugerechnet. Die anteiligen Verluste aus der Personengesellschaft können von den Gesellschaftern grundsätzlich im Rahmen ihrer persönlichen Einkommensteuerveranlagung mit anderen positiven Einkünften verrechnet werden bzw. führen auf der Ebene der Gesellschafter zu vortragsfähigen Verlusten nach § 10d EStG.

11

Die Verrechnung **anteiliger Verluste** aus der Personengesellschaft auf der Ebene der Gesellschafter erfolgt jedoch nur insoweit, als ein beschränkt haftender Gesellschafter der Gesellschaft steuerliches Eigenkapital zur Verfügung gestellt hat. Übersteigen die anteiligen Verluste der Personengesellschaft den Stand des steuerlichen Kapitalkontos, werden die Verluste auf der Ebene der Gesellschaft gespeichert. Es entstehen **verrechenbare Verluste gemäß § 15a EStG (→ § 5 ff.)**.

12

---

[8] *Weisemann/Smid/Arens/Schäfer* Unternehmensinsolvenz § 20 Rn. 18.
[9] *Weisemann/Smid/Arens/Schäfer* Unternehmensinsolvenz § 20 Rn. 20 ff.
[10] *Kunz/Mundt* DStR 1997, 620 ff.; *Pink* ZIP 1997, 177 ff.

13 Mit Eröffnung des Insolvenzverfahrens wird zwar den Gesellschaftern der GmbH & Co. KG die Möglichkeit entzogen, auf das Gesellschaftsvermögen einzuwirken. Dies führt jedoch nicht dazu, dass auch das Vermögen der Gesellschaft sowie die anteiligen Erträge steuerlich isoliert werden. Es verbleibt unverändert bei der beschränkten Steuerrechtssubjektfähigkeit der GmbH & Co. KG, dh das Vermögen sowie die **Erträge/Verluste** der Gesellschaft werden den Gesellschaftern **auch nach der Eröffnung des Insolvenzverfahrens steuerlich zugerechnet.** War zum Zeitpunkt der Eröffnung des Insolvenzverfahrens eine **Überschuldung** der Gesellschaft gegeben, verfügen die Kommanditisten regelmäßig über verrechenbare Verluste im Sinne des § 15a EStG, da die ausreichende Bereitstellung von steuerlichem Eigenkapital den Überschuldungsstatus vermieden hätte. Die unter der Regie des Insolvenzverwalters uU erzielten steuerlichen Erträge der Gesellschaft werden also den Gesellschaftern entsprechend dem Gewinnverteilungsschlüssel zugerechnet und gegebenenfalls mit dem Bestand an verrechenbaren Verlusten nach § 15a EStG verrechnet.

14 Nach Eröffnung des Insolvenzverfahrens wird allerdings geprüft, ob eine vorzeitige Nachversteuerung negativer Kapitalkonten erforderlich ist, weil bereits zum Zeitpunkt der Eröffnung des Insolvenzverfahrens feststeht, dass ein Ausgleich des negativen Kapitalkontos mit künftigen Gewinnanteilen des Kommanditisten nicht mehr in Betracht kommt.[11] Steht bei Eröffnung des Insolvenzverfahrens fest, dass die Gesellschaft nach den Gesamtumständen nicht mehr in der Lage sein wird, die erzielten Verluste in Zukunft durch Gewinne abdecken zu können, werden die **Verluste** unabhängig von dem Gewinnverteilungsschlüssel in **vollem Umfang** dem **unbeschränkt haftenden Gesellschafter zugerechnet.**[12] Die bestehenden negativen Kapitalkonten der Kommanditisten werden zum gleichen Zeitpunkt erfolgswirksam aufgelöst.[13] Bei der Auflösung des negativen Kapitalkontos entsteht ein laufender, nicht begünstigter Gewinn. Dieser Gewinn wird mit idR bestehenden verrechenbaren Verlusten gem. § 15a EStG ausgeglichen. Nur ein darüber hinausgehender Betrag führt auf Ebene der Gesellschafter zu steuerpflichtigen Einkünften. Die Auflösung der negativen Kapitalkonten gilt grundsätzlich auch für die Gewerbesteuer. Den Gewerbeertrag berührt dies im Ergebnis allerdings nicht, da insoweit dem persönlich haftenden Gesellschafter gem. § 52 Abs. 33 Satz 4 EStG Verlustanteile in gleicher Höhe zuzurechnen sind. Es kann jedoch uE nicht schlechthin davon ausgegangen werden, dass mit der Eröffnung des Insolvenzverfahrens feststeht, dass die Gesellschaft zukünftig keine ausreichenden Gewinne erzielen wird. So führt insbesondere ein Zwangsvergleich nach dem Wegfall der Steuerfreiheit für Sanierungsgewinne gemäß § 3 Nr. 62 EStG sowie die Verwertung von Vermögensgegenständen, die stille Reserven enthalten, zu steuerpflichtigem Einkommen.

15 Gleichwohl muss auch bei operativ tätigen Unternehmen geprüft werden, ob es hinsichtlich der Verlustverteilung bei dem Gewinnverteilungsschlüssel

---

[11] BFH v. 10.12.1991, BStBl. II 1992, 650.
[12] BFH v. 10.11.1980, BStBl. II 1981, 164; Schmidt/*Wacker* § 15a EStG Rn. 17–20.
[13] Schmidt/*Wacker* § 15a EStG Rn. 17.

bleibt oder ob nicht nach den og Grundsätzen eine vollständige Zurechnung der Verluste bei dem unbeschränkt haftenden Gesellschafter erfolgt. Dies kommt immer dann in Betracht, wenn sich die Gesellschaft in einer **lang andauernden Verlustphase** befindet.

Führt der Insolvenzverwalter das Unternehmen zeitlich beschränkt fort, werden aus dem operativen Geschäftsbetrieb nicht selten Liquiditätsüberschüsse erwirtschaftet, da die bestehenden Forderungen eingezogen und Verbindlichkeiten bis zum Zeitpunkt der Abwicklung des Insolvenzverfahrens vorläufig nicht beglichen werden. Damit verfügt das Unternehmen häufig über eine **gute Liquiditätssituation**, die Zinsbelastung wird erheblich reduziert. Außerdem werden durch den Insolvenzverwalter Verwertungshandlungen vorgenommen, die zu Erträgen führen. 16

Ist im Vorfeld der Insolvenzeröffnung eine **Zurechnung der anteiligen Verluste** abweichend von dem gesellschaftsrechtlichen Gewinnverteilungsschlüssel ausschließlich auf den **unbeschränkt haftenden Gesellschafter** erfolgt, müssten wohl steuerliche Erträge nach der Eröffnung des Insolvenzverfahrens wiederum abweichend von dem Gewinnverteilungsschlüssel zunächst dem unbeschränkt haftenden Gesellschafter zugerechnet werden, da diese die Substanz der Gesellschaft erhöhen und mithin das Volumen der Haftungsinanspruchnahme des unbeschränkt haftenden Gesellschafters reduzieren. 17

Mündet das Insolvenzverfahren in einen **Vergleich**, verzichten die Gläubiger auf einen Teil ihrer Forderungen gegenüber der Gesellschaft. Dies führt bilanziell und steuerlich zu einem außerordentlichen Ertrag. Sofern die Gesellschaft nach Abschluss des Vergleichs in der Lage ist, ihren Geschäftsbetrieb wieder aufzunehmen und fortzuführen, konnte der außerordentliche Ertrag aus der Abwicklung des Vergleichs bis zum Jahr 1997 als steuerfreier Sanierungsgewinn gemäß § 3 Nr. 62 EStG behandelt werden. Die Steuerfreiheit des Sanierungsgewinns ist jedoch mit Wirkung zum 1. Januar 1998 abgeschafft worden. Der Gewinn aus der Durchführung des Vergleichs führt demgemäß zu einem **voll steuerpflichtigen Ertrag**. Dieser steuerpflichtige Ertrag ist zunächst mit den vorhandenen verrechenbaren Verlusten iSd § 15a EStG auszugleichen. Soweit die vorhandenen Verluste nicht ausreichen, die im Rahmen eines Forderungsverzichts entstehenden Gewinne abzudecken und es folglich zu einer Einkommensteuerbelastung bei den Gesellschaftern kommen würde, werden die negativen Folgen der Besteuerung von Sanierungsgewinnen nach dem BMF-Schreiben vom 27.3.2003[14] durch Billigkeitsmaßnahmen, dh Steuerstundungen und Steuererlass nach §§ 163, 222, 227 AO abgemildert.[15] 18

Mit der Eröffnung des Insolvenzverfahrens übernimmt der Insolvenzverwalter insolvenzrechtlich die Verwaltung und Verfügung über das Gesamthandsvermögen. Der Insolvenzverwalter hat damit grundsätzlich die Verpflichtung zur **Abgabe von Steuererklärungen**.[16] Dies gilt jedoch nicht 19

---

[14] BMF v. 27.3.2003, DStR 2003, 690; BFH v. 14.7.2010, BStBl. II 2010, 916.
[15] Vgl. dazu ausführlich *Düll/Fuhrmann/Eberhard* DStR 2003, 862 ff.
[16] *Weisemann/Smid/Arens/Schäfer* Unternehmensinsolvenz § 19 Rn. 30 ff.; BFH v. 6.11.2012, BStBl. II 2013, 141.

für die einheitliche und gesonderte Gewinnfeststellung der Personengesellschaft. Diese gehört zu der sog. insolvenzfreien Angelegenheit.[17] Der Insolvenzverwalter muss damit weder die Erklärung zur einheitlichen und gesonderten Gewinnfeststellung abgeben noch muss er bei ihrer Erstellung mitwirken.[18] Nach Eröffnung des Insolvenzverfahrens darf das Finanzamt bis zum Prüfungstermin auch keine Feststellungsbescheide mehr erlassen, in denen Besteuerungsgrundlagen mit Auswirkung für das Vermögen des Gemeinschuldners festgestellt werden.[19]

2. Konsequenzen für das Sonderbetriebsvermögen

20   Die Eröffnung des Insolvenzverfahrens über das Gesamthandsvermögen bedingt nicht gleichzeitig auch den Einbezug des steuerlichen Sonderbetriebsvermögens in das Insolvenzverfahren. Obwohl mit der Eröffnung des Insolvenzverfahrens die Einwirkungsmöglichkeiten der Gesellschafter beschränkt werden, bleibt die Personengesellschaft steuerlich existent.[20] Der Abschluss des Insolvenzverfahrens in Verbindung mit der Verwertung des Gesellschaftsvermögens bleibt jedoch nicht ohne Einfluss auf die Qualifikation des Sonderbetriebsvermögens. Sobald die Tätigkeit der KG insgesamt eingestellt wird, verliert das Sonderbetriebsvermögen den Status als Betriebsvermögen, so dass sich insoweit eine **Entnahme** und damit einhergehend eine **Auflösung der stillen Reserven** ergibt.

21   Auch während der Dauer des Insolvenzverfahrens werden **Sondervergütungen** an Gesellschafter grundsätzlich dem steuerlichen Gewinn der Gesellschaft hinzugerechnet, so dass sich möglicherweise ein Einfluss auf die Höhe der Gewerbesteuer vom Ertrag der Gesellschaft ergibt. Dieser Hinweis dürfte allerdings eher von theoretischer Natur sein, da nach der Eröffnung des Insolvenzverfahrens Vergütungen an die Gesellschafter der KG im Regelfall nicht mehr gewährt werden. Es ist jedoch denkbar, dass ein Gesellschafter Sonderbetriebsausgaben aufgrund von Zinsaufwendungen aus der Finanzierung des Kommanditanteils hat, die auch nach Eröffnung des Insolvenzverfahrens den steuerpflichtigen Gewinn und damit den Gewerbeertrag der KG mindern.

3. Einkommensteuerschulden des Gesellschafters

22   Im Zuge des Insolvenzverfahrens über das Vermögen eines Einzelkaufmanns können sich aus der Fortführung des Unternehmens bzw. durch Verwertungshandlungen des Insolvenzverwalters steuerpflichtige Erträge ergeben, die über die bestehenden einkommensteuerlichen Verlustvorträge hinausgehen, mithin also für den Einzelunternehmer zu steuerpflichtigem Einkommen führen. Ergibt sich aus der Auflösung von stillen Reserven nach der Eröffnung des Insolvenzverfahrens eine Einkommensteuerbelastung, führt dies nach Auffassung des BFH zu **Massekosten**.[21] Die Einkommen-

---

[17] BFH v. 23.8.1994, ZIP 1994, 1969; BGH NJW-RR 1998, 1125.
[18] *Weisemann/Smid/Arens/Schäfer* Unternehmensinsolvenz § 19 Rn. 72.
[19] BFH v. 24.8.2004, BFH/NV 2005, 90; BFH v. 18.12.2002, BStBl. II 2003, 630.
[20] *Frotscher* Steuern, 153.
[21] BFH v. 14.2.1978, BStBl. II 1978, 356.

steuer wird insoweit als Masseverbindlichkeit angesehen, als der Verwertungserlös der Insolvenzmasse zugeflossen ist.

Im Zusammenhang mit der **Insolvenz einer GmbH & Co. KG** muss danach unterschieden werden, ob lediglich über das Vermögen der KG bzw. der Komplementärin oder ob auch über das Vermögen der Gesellschafter ein Insolvenzverfahren eröffnet ist. Der letztere Fall kann insbesondere vorkommen, wenn keine strikte vermögensmäßige Trennung zwischen dem Gesellschaftsvermögen bzw. dem Gesellschaftervermögen vorgenommen wird. Der Vermögensverfall der KG führt dann zwangsläufig auch zu wirtschaftlichen Schwierigkeiten der Gesellschafter. 23

Wird über das Vermögen des Gesellschafters einerseits sowie über das Gesamthandsvermögen der KG andererseits das Insolvenzverfahren eröffnet, können die zu Einzelunternehmen entwickelten Grundsätze **nicht** uneingeschränkt zur Anwendung kommen. Mögliche Einkommensteuerbelastungen des Gesellschafters, die aus Handlungen des Insolvenzverwalters der Personengesellschaft resultieren, führen nicht zwangsweise auch zu einem Auszahlungsanspruch gegenüber der Personengesellschaft. Dieser Auszahlungsanspruch ist zumindest so lange gesperrt, wie das Insolvenzverfahren über das Vermögen der KG noch nicht endgültig abgeschlossen ist. Im Übrigen kann wegen der Insolvenzsituation der Gesellschaft mit einem solchen Auszahlungsanspruch nicht gerechnet werden, da zunächst in der Gesamthandsbilanz Verluste aus der Vergangenheit ausgeglichen werden müssen. 24

Ist lediglich über das Vermögen der KG das Insolvenzverfahren eröffnet worden, stellt sich auch die Frage, ob mögliche Einkommensteuerbelastungen des Gesellschafters aus Handlungen des Insolvenzverwalters der Personengesellschaft **zu Ersatzansprüchen des Gesellschafters** gegenüber der Personengesellschaft führen, da die anteiligen steuerlichen Gewinne regelmäßig nicht zugleich zu einem Auszahlungsanspruch des Gesellschafters führen, sondern der Masse verbleiben. Wie bereits beschrieben, wird wegen der beschränkten Steuerrechtssubjektfähigkeit der Personengesellschaft das steuerliche Ergebnis auf der Ebene des Gesellschafters besteuert. Insolvenzrechtlich sind dagegen mit der Eröffnung des Insolvenzverfahrens die Sphäre des Gesellschafters und die Sphäre der Gesellschaft strikt voneinander getrennt. Da sich die steuerliche Leistungsfähigkeit des Gesellschafters durch die anteiligen Ergebnisse mangels Auskehrung an den Gesellschafter nicht erhöht, müsste uE ein entsprechender Anspruch des Gesellschafters gegenüber der Gesellschaft bestehen.[22] Wird ein solcher Anspruch verneint, kommen zumindest Billigkeitsmaßnahmen der Finanzverwaltung zum Erlass der festgesetzten Einkommensteuerzahlung in Betracht.[23] 25

4. Nachversteuerung des Thesaurierungsbetrages gem. § 34a Abs. 6 EStG

Der Gesellschafter einer Personengesellschaft hat nach § 34a Abs. 1 EStG die Möglichkeit, für thesaurierte Gewinnanteile zu einem besonderen The- 26

---

[22] Ebenso *Frotscher* Steuern, 159; BFH v. 9.11.1994, ZIP 1995, 661; BFH v. 11.11.1993, ZIP 1994, 1286.

[23] *Frotscher* Steuern, 159.

saurierungssteuersatz von 28,25% zzgl. Solz zu optieren. Werden die entsprechenden Beträge ausgeschüttet bzw. entnommen, erfolgt eine Nachversteuerung des Entnahmebetrags mit 25% zzgl. Solz (→ § 6 Rn. 31 ff.). Die Nachversteuerung wird jedoch nicht nur durch eine Entnahme, sondern nach § 34a Abs. 6 Nr. 1 EStG durch eine Betriebsveräußerung oder -aufgabe ausgelöst.

27 Im Zuge der Insolvenz der Personengesellschaft hat der Gesellschafter üblicherweise nicht die Möglichkeit, noch stehengelassene Gewinne zu entnehmen. Dennoch bildet die Insolvenz der Gesellschaft eine Sonderform der Betriebsaufgabe, sodass diese eine Nachversteuerung eines eventuell vorhandenen Thesaurierungsbetrags gem. § 34a Abs. 6 EStG ausgelöst.[24] Dies ist insofern problematisch als in einem Insolvenzszenario üblicherweise weder der Gesellschaft noch dem Gesellschafter freie finanzielle Mittel zur Verfügung stehen, die Nachsteuer zu entrichten.

28 Da die Nachsteuer eine persönliche Steuerschuld des Gesellschafters ist, dürften insolvenzrechtlich dabei keine Ansprüche des Gesellschafters bestehen, entsprechende Mittel zur Begleichung der Nachsteuer aus der Insolvenzmasse zu erhalten.

5. Kapitalertragsteuer und Zinsabschlagsteuer in der Insolvenz der Personengesellschaft

29 Nach Eröffnung des Insolvenzverfahrens ergibt sich oftmals ein **Liquiditätsüberhang** der Insolvenzmasse, da vom Insolvenzverwalter Forderungen eingezogen, Verbindlichkeiten dagegen zunächst nicht beglichen werden. Diese liquiden Mittel werden üblicherweise als kurzfristiges Festgeld angelegt. Auf diese Zinserträge ist gemäß §§ 43, 43a EStG von dem Kreditinstitut Kapitalertragsteuer sowie zusätzlich **Solidaritätszuschlag** einzubehalten, so dass der Insolvenzmasse lediglich der verminderte Auszahlungsbetrag zur Verfügung steht.

30 Im Rahmen des Insolvenzverfahrens einer Kapitalgesellschaft kann die einbehaltene Kapitalertragsteuer auf die laufende Körperschaftsteuerschuld der Gesellschaft angerechnet werden bzw. sie führt zu einem Erstattungsanspruch gegenüber der Finanzverwaltung, wenn wegen bestehender körperschaftsteuerlicher Verlustvorträge keine Körperschaftsteuerschuld entsteht. Bei dem Insolvenzverfahren einer GmbH & Co. KG besteht allerdings die Besonderheit, dass die Gesellschaft lediglich eine eingeschränkte Steuerrechtssubjektfähigkeit besitzt und somit nicht selbst zur Besteuerung mit Einkommensteuer bzw. Körperschaftsteuer herangezogen wird. Die Kapitalertragsteuer bzw. der Solidaritätszuschlag wird also zu Lasten der Insolvenzmasse der KG einbehalten. Die **Anrechnung der Kapitalertragsteuer** erfolgt jedoch **außerhalb** der Insolvenzmasse bei dem Gesellschafter.[25]

31 Der BFH hat es abgelehnt, dass im Falle des Insolvenzverfahrens über das Vermögen einer KG eine **Nichtveranlagungsbescheinigung** im Sinne des § 44a Abs. 2 Nr. 2 EStG erteilt wird, da nicht die Gesellschaft hinsichtlich der

---

[24] *Reichert/Düll* ZIP 2008, 1252.
[25] *Maus* ZIP 1993, 743; *Welzel* DStZ 1993, 1997.

Kapitalerträge einkommensteuerpflichtig sei, sondern die Gesellschafter. Auch eine Ausnahme von der Kapitalertragsteuer als sog. Dauerüberzahler nach § 44a Abs. 5 EStG wurde nicht akzeptiert.[26] Der Insolvenzverwalter ist also gezwungen, die einbehaltene Kapitalertragsteuer bzw. den Solidaritätszuschlag gesondert geltend zu machen. Ein unmittelbarer **Erstattungsanspruch** des Insolvenzverwalters gegenüber der **Finanzverwaltung**[27] wird durch die Rechtsprechung abgelehnt. Ein direkter Erstattungsanspruch gegenüber der Finanzverwaltung sei nicht gerechtfertigt, da die Einbehaltung der Abzugsbeträge nicht gegen insolvenzrechtliche Vorschriften verstoßen würde und deren Einbehaltung auch nicht ohne rechtlichen Grund erfolgt sei.[28]

Der Insolvenzverwalter kann die einbehaltenen Steuerabzugsbeträge somit nur gegenüber den Gesellschaftern geltend machen. Sind für den Gesellschafter keine verrechenbaren Verluste iSd § 15a EStG bzw. einkommensteuerlichen Verlustvorträge isd § 10d EStG vorhanden, kann die Zurechnung von Gewinnen aus der KG aufgrund der Zinserträge zu einem positiven zu versteuernden Einkommen führen, so dass in Abhängigkeit von der Höhe des zu versteuernden Einkommens eine Einkommensteuerschuld entsteht, auf die die Kapitalertragsteuer anzurechnen ist. Entsteht auch nach Anrechnung eine Einkommensteuerschuld bei dem Gesellschafter, hat dieser wohl einen Erstattungsanspruch gegenüber der KG. Ob die Kommanditgesellschaft, vertreten durch den Insolvenzverwalter, einen Anspruch auf Erstattung der Kapitalertragsteuer gegenüber dem Gesellschafter hat, richtet sich vorrangig nach den Regelungen im Gesellschaftsvertrag.[29] Ein Erstattungsanspruch dürfte zumindest dann bestehen, wenn sich aus der Anrechnung der Kapitalertragsteuer im Veranlagungsverfahren des Gesellschafters eine Erstattung ergibt.[30] Unterlässt der Gesellschafter die Anrechnung der Kapitalertragsteuer in der Einkommensteuererklärung, erwächst der Gesellschaft gegen ihn ein Schadenersatzanspruch.[31] Werden wegen der Verlustsituation die Verluste der KG und damit auch die Ergebnisse der Komplementärin zugerechnet, muss der Erstattungsanspruch gegen die Komplementärin geltend gemacht werden.

6. Gewerbesteuerliche Verlustvorträge

Auch für gewerbesteuerliche Zwecke ist von Bedeutung, dass die KG mit der Eröffnung des Insolvenzverfahrens nicht ihre steuerliche Existenz verliert, sondern unverändert fortbesteht. Die Verluste, die letztlich zu der Überschuldung der Gesellschaft geführt haben, haben die Bemessungsgrundlage für die Gewerbesteuer vom Ertrag gemindert. Im Regelfall bestehen zum Zeitpunkt der Eröffnung des Insolvenzverfahrens auch entsprechende gewerbesteuerliche Verlustvorträge. Diese entsprechen jedoch nicht dem Um-

---

[26] BFH v. 9.11.1994, BStBl. II 1995, 255.
[27] *Schöne/Ley* DB 1993, 1405.
[28] BFH v. 15.3.1995, DStR 1995, 1303.
[29] BGH v. 16.4.2013, DB 2013, 1355.
[30] BGH v. 30.1.1995, DStR 1995, 574.
[31] OLG Dresden v. 29.11.2004, DStR 2005, 615; *Wälzholz* DStR 2005, 615.

fang der bilanziellen Überschuldung, da die gewerbesteuerlichen Hinzurechnungen und Kürzungen gemäß §§ 8, 9 GewStG bei der Ermittlung des Gewerbeertrages zum Teil zu erheblichen Modifikationen gegenüber dem handelsrechtlichen Jahresergebnis führen. Insbesondere wegen der Hinzurechnung der Zinsen ist der kumulierte Gewerbeverlust oftmals geringer als der kumulierte Verlust laut Handelsbilanz.

34 Mit der Eröffnung des Insolvenzverfahrens gehen die bestehenden **gewerbesteuerlichen Verlustvorträge** der Gesellschaft nicht unter, sondern **bleiben erhalten**. Mögliche operative Erträge nach Eröffnung des Insolvenzverfahrens können zunächst mit den bestehenden gewerbesteuerlichen Verlustvorträgen verrechnet werden. Darüber hinaus können die Erträge jedoch auch nach Eröffnung des Insolvenzverfahrens zu einer Belastung mit Gewerbesteuer vom Ertrag führen, auch wenn die handelsrechtlichen Verlustvorträge noch nicht aufgezehrt sind. Nach der sog. Mindestbesteuerung kann der maßgebende Gewerbeertrag nur noch bis zu einem Betrag in Höhe von 1 Million Euro unbegrenzt und darüber hinaus nur zu 60 % mit vorhandenen gewerbesteuerlichen Verlustvorträgen verrechnet werden. Bei der entstehenden Gewerbesteuerbelastung handelt es sich um Masseverbindlichkeiten. Aufgrund der teilweisen Anrechnung der Gewerbesteuer auf die Einkommensteuer des Gesellschafters könnte sich uE – analog zur Kapitalertragsteuer – ein Erstattungsanspruch an die Masse ergeben.

35 Sanierungsbemühungen im Zusammenhang mit der Fortführung des Unternehmens verfolgen zum Teil das Ziel, einen Investor zu finden, der in die Gesellschaft investiert. Sofern dies auch gleichzeitig mit dem Übergang von Gesellschaftsanteilen verbunden ist, führt dies anteilig zum **Verlust** der bestehenden gewerbesteuerlichen Verlustvorträge.[32] Dies muss bei der Gestaltung des **Sanierungskonzeptes** mit berücksichtigt werden.

III. Umsatzsteuerabrechnung in der Insolvenz

36 Die Umsatzsteuerabrechnung stellt regelmäßig die **materiell bedeutsamste Steuerposition** im Rahmen der Insolvenzabwicklung dar. Die GmbH & Co. KG bleibt als Insolvenzschuldnerin Unternehmer iSd Umsatzsteuerrechts. Der Insolvenzverwalter hat die Stellung eines Vermögensverwalters gem. § 34 Abs. 3 AO. Dies bedeutet, dass er für die Abgabe der Umsatzsteuervoranmeldungen und -erklärungen sowie ggf. für die Leistung der Umsatzsteuerzahllast verantwortlich ist.

37 Es gilt zwar der Grundsatz der Einheit des Unternehmens, dh aus umsatzsteuerlicher Sicht handelt es sich bei dem Unternehmen vor und nach Eröffnung des Insolvenzverfahrens um denselben Steuerpflichtigen. Bedingt durch die Struktur der Insolvenzordnung ist jedoch danach zu unterscheiden, ob die Umsatzsteueransprüche des Finanzamts vor oder nach der Insolvenzeröffnung begründet sind. Dabei stellt die Insolvenzordnung ausschließlich auf den Zeitpunkt der **Begründetheit** eines Anspruchs ab. Auf die steuerrechtliche Entstehung der Forderung kommt es im Insolvenzverfahren

---

[32] BFH v. 3.5.1993, BStBl. II 1993, 616; R10a 3 Abs. 3 Nr. 1GewStR.

nicht an.³³ Daraus folgt, dass eine Abgabenforderung immer dann als **Insolvenzforderung** iSd § 38 InsO anzusehen ist, wenn ihr Rechtsgrund zum Zeitpunkt der Verfahrenseröffnung bereits gelegt war. Ist die Umsatzsteuerschuld **nach** dem Zeitpunkt der Insolvenzeröffnung – durch Maßnahmen des Insolvenzverwalters – begründet, handelt es sich um eine **Masseschuld**.³⁴ Die Umsatzsteuerschuld entsteht gem. § 13 Abs. 1 Nr. 1a UStG erst mit Ablauf des Voranmeldungszeitraums, in dem die Leistungen ausgeführt worden sind. Dagegen ist sie bereits begründet, soweit die Leistung erbracht ist. Ist die Steuerforderung im Zeitpunkt der Eröffnung des Insolvenzverfahrens noch nicht gem. § 38 AO entstanden, zB bei einer Eröffnung im Laufe eines Umsatzsteuervoranmeldungszeitraums, ist nur die im Eröffnungszeitpunkt bereits begründete Teilsteuerforderung anzumelden. Der nach Eröffnung begründete Teil ist Masseanspruch.³⁵

Zur Unterscheidung von Insolvenzforderungen und Masseforderungen 38 erteilt das Finanzamt eine weitere Steuernummer, die sog. „Insolvenz-Steuernummer". Insolvenzforderungen werden unter der alten Steuernummer erfasst, für Masseforderungen wird die neue „Insolvenz-Steuernummer" verwendet.³⁶

Aufgrund der weiter bestehenden Unternehmereigenschaft behält der In- 39 solvenzschuldner die Berechtigung zum Vorsteuerabzug. Voraussetzung für den Vorsteuerabzug ist eine Rechnung auf den Namen des Insolvenzschuldners. Die abziehbaren Vorsteuerbeträge können entweder die Insolvenzforderungen oder die Masseforderungen mindern. Dabei kommt es darauf an, in welchem Voranmeldungszeitraum die Vorsteuerbeträge geltend zu machen sind.

Für den Voranmeldungszeitraum der Eröffnung des Insolvenzverfahrens 40 richtet sich die Zuordnung der Vorsteuern zu den Insolvenzforderungen oder den Masseforderungen nach dem Zeitpunkt des Leistungsbezugs. Geht die Rechnung mit dem Umsatzsteuerausweis noch im Voranmeldungszeitraum der Insolvenzeröffnung ein, kommt es nicht darauf an, ob diese vor oder nach Insolvenzeröffnung erfolgt.³⁷ Geht die Rechnung hingegen erst in einem Voranmeldungszeitraum nach Insolvenzeröffnung ein, kann der Vorsteuerabzug uE auch erst in diesem Voranmeldungszeitraum vorgenommen werden, so dass sich durch den Vorsteuerabzug im Ergebnis die Umsatzsteuerzahllast nach Insolvenzeröffnung und damit eine Masseverbindlichkeit vermindert. Soweit sich aufgrund des Vorsteuerabzugs in dem betreffenden Voranmeldungszeitraum eine Umsatzsteuererstattung ergibt, kann das Finanzamt in Höhe der auf den Leistungsbezug vor Insolvenzeröffnung entfallenden Vorsteuer mit Insolvenzforderungen aufrechnen.³⁸ Allerdings ist eine Aufrechnung nur insoweit möglich, als sich ein Erstattungsbe-

---

³³ BFH v. 16.11.2004, Lexinform 819790; BFH v. 5.10.2004, DStR 2005, 190.
³⁴ BMF v. 17.12.1998, BStBl. I 1998, 1500 Rn. 4.2.
³⁵ BMF v. 17.12.1998, BStBl. I 1998, 1500 Rn. 4.2.
³⁶ OFD Hannover v. 7.2.2001, UR 2001, 364 Rn. 7.1; OFD Frankfurt v. 1.10.1998, UStK § 18 UStG S-7340 Karte 4 Rn. 82ff.
³⁷ *Rondorf* NWB F. 7, 5406.
³⁸ BFH v. 16.11.2004, Lexinform 819790; BFH v. 5.10.2005, DStR 2005, 190.

trag als Saldo aus Umsatzsteuer und Vorsteuer ergibt. Eine Aufrechnung mit einer einzelnen Besteuerungsgrundlage, also nur mit den geltend gemachten Vorsteuern, ist hingegen nicht möglich. Somit besteht ein gewisser Gestaltungsspielraum für den Insolvenzverwalter, umsatzsteuerpflichtige Umsätze, zB aus der Verwertung des Anlagevermögens, bei denen die entstehende Umsatzsteuer zu Masseforderungen des Finanzamts führen würde, in einem Voranmeldungszeitraum zu verwirklichen, in dem ein Vorsteuerabzug aus einem Leistungsbezug vor Insolvenzeröffnung geltend zu machen ist.[39]

41 Spätestens mit der Eröffnung des Insolvenzverfahrens werden Forderungen der Gläubiger uneinbringlich. Der in der Vergangenheit geltend gemachte Vorsteuerabzug ist gem. § 17 Abs. 2 Nr. 1 UStG – unabhängig von einer möglichen Insolvenzquote – in voller Höhe zu berichtigen. Dieser Vorsteuerrückzahlungsanspruch entsteht zwar erst mit Ablauf des Voranmeldungszeitraums der Eröffnung des Insolvenzverfahrens, er ist aber im Eröffnungszeitpunkt bereits begründet. Bei dem Vorsteuerrückzahlungsanspruch des Finanzamts handelt es sich somit um eine Insolvenzforderung.[40] Das Finanzamt meldet idR die in den letzten 9–12 Monaten vor Insolvenzeröffnung geltend gemachten Vorsteuerbeträge zur Berichtigung an und korrigiert den Betrag anhand der Anmeldungen der Forderungen der Insolvenzgläubiger aus Lieferungen und sonstigen Leistungen.[41]

42 Bei unter **Eigentumsvorbehalt** an den Insolvenzschuldner gelieferten Waren konnte dieser den Vorsteuerabzug trotz des Eigentumsvorbehalts im Zeitpunkt der Lieferung geltend machen. Lehnt der Insolvenzverwalter die Vertragserfüllung ab, wird der Vorbehaltsverkäufer die Ware aussondern. Die ursprüngliche Lieferung wird rückgängig gemacht. Soweit der Vorsteuerabzug nicht bereits wegen der Uneinbringlichkeit berichtigt worden ist, ist gem. § 17 Abs. 2 Nr. 3 UStG eine Vorsteuerberichtigung durchzuführen. Bei Vertragserfüllung durch den Insolvenzverwalter erfolgt nach Auffassung der Finanzverwaltung eine Wiederherstellung des ursprünglichen Vorsteuerabzugs und damit eine unmittelbare Minderung der Insolvenzforderung.[42] Der Erstattungsanspruch entsteht im Zeitpunkt der Wahl der Vertragserfüllung durch den Insolvenzverwalter, da durch die Handlung des Insolvenzverwalters der Vorsteuerabzug begründet wird. Folglich kann uE nur der nach einer Saldierung mit in dem betreffenden Voranmeldungszeitraum entstandener Umsatzsteuer verbleibende Betrag mit einer Insolvenzforderung des Finanzamts aufgerechnet werden.

43 Der Insolvenzverwalter könnte alternativ auch die Vertragserfüllung ablehnen. In diesem Fall könnte die ursprüngliche Lieferung rückgängig gemacht und ein neuer Liefervertrag abgeschlossen werden, so dass der Vorsteuerabzug aus der nach Insolvenzeröffnung erfolgten Lieferung zu einem – nicht mit Insolvenzforderungen des Finanzamts aufrechenbaren – Anspruch der Masse gegenüber dem Finanzamt führen würde. Diese Vorge-

---

[39] *Eckert* UVR 1999, 309 f.
[40] BMF v. 17.12.1998, BStBl. I 1998, 1500 Rn. 4.2.
[41] OFD Hannover v. 7.2.2001, UR 2001, 354 Rn. 9.2.1; OFD Frankfurt v. 1.10.1998, UStK § 18 UStG S-7340 Karte 4 Rn. 30 ff.
[42] OFD Frankfurt v. 1.10.1998, UStK § 18 UStG S-7340 Karte 4 Rn. 50.

hensweise stellt jedoch nach Auffassung der Finanzverwaltung einen Gestaltungsmissbrauch dar.[43]

Veräußert der Insolvenzverwalter ein **Grundstück**, ist zunächst zu prüfen, ob es sich hierbei um eine nichtsteuerbare Teilgeschäftsveräußerung i.S. des § 1 Abs. 1a UStG handelt. Ist dies nicht der Fall, liegt grundsätzlich eine steuerfreie Grundstückslieferung i.S. des § 4 Nr. 9a UStG vor. Soweit das Grundstück bislang zur Ausführung umsatzsteuerpflichtiger Umsätze verwendet wurde, kann es zu einer Vorsteuerberichtigung nach § 15a UStG kommen. Hiernach ist eine zeitanteilige Berichtigung des Abzugs der auf die Anschaffungs- oder Herstellungskosten – seit 1.1.2005 auch auf Erhaltungsaufwendungen – der letzten 10 Jahre entfallenden Vorsteuerbeträge vorzunehmen. Sind beispielsweise drei Jahre vor der steuerfreien Veräußerung des Grundstücks Vorsteuern auf Anschaffungs- bzw. Herstellungskosten oder Erhaltungsaufwendungen geltend gemacht worden, sind $7/_{10}$ des geltend gemachten Vorsteuerbetrags zu berichtigen. 44

Eine Vorsteuerberichtigung zu Lasten des Insolvenzschuldners kann bei Grundstücksveräußerungen an einen Unternehmer für dessen Unternehmen vermieden werden, wenn der Insolvenzverwalter gem. § 9 Abs. 1 UStG zur Umsatzsteuer optiert.[44] Der Verzicht auf die Steuerbefreiung kann nach § 9 Abs. 3 UStG nur in dem notariell zu beurkundenden Vertrag erklärt werden. Die Umsatzsteuer auf die Grundstückslieferung wird im Falle der Umsatzsteueroption gem. § 13b Abs. 1 Nr. 3 UStG vom Grundstückserwerber geschuldet. 45

Die Grundsätze zur Vorsteuerberichtigung nach § 15a UStG sowie zur Umsatzsteueroption gelten auch bei der Verwertung eines Grundstücks durch einen absonderungsberechtigten Gläubiger im Wege der Zwangsversteigerung. Eine Option zur Umsatzsteuer ist in diesem Fall gem. § 9 Abs. 3 UStG nur bis zur Aufforderung zur Abgabe von Geboten im Versteigerungstermin zulässig. 46

Bei **sicherungsübereigneten Gegenständen** erlangt der Sicherungsnehmer trotz der Übertragung des Eigentums umsatzsteuerlich keine Verfügungsmacht, so dass durch die Sicherungsübereignung selbst keine Lieferung im umsatzsteuerlichen Sinne ausgeführt wird. Der Sicherungsnehmer erlangt erst in dem Zeitpunkt die Verfügungsmacht, in dem er von seinem Verwertungsrecht Gebrauch macht. Bei der Verwertung des Sicherungsguts durch den Sicherungsnehmer kommt es umsatzsteuerlich zu zwei Lieferungen (sog. Doppelumsatz). Die erste Lieferung wird vom Sicherungsgeber an den Sicherungsnehmer, die zweite Lieferung vom Sicherungsnehmer an den Abnehmer ausgeführt. Bei der Verwertung von Sicherungsgut durch den Insolvenzverwalter wird umsatzsteuerlich lediglich eine Lieferung des Insolvenzschuldners an den Abnehmer ausgeführt. Die hierfür anfallende Umsatzsteuer gehört zu den Masseverbindlichkeiten.[45] 47

---

[43] OFD Frankfurt v. 1.10.1998, UStK § 18 UStG S-7340 Karte 4 Rn. 51; BFH v. 15.3.1994, BFH/NV 1995, 74.
[44] Rondorf NWB F. 7, 5410 f.
[45] Rondorf NWB F. 7, 5413 ff.; BFH v. 6.10.2005, BStBl. II 2006, 931.

14. Kapitel. Insolvenz der Gesellschaft

48 Oftmals werden während des Insolvenzverfahrens auch **Forderungen des Insolvenzschuldners** gegenüber Kunden (teilweise) uneinbringlich. Im Zeitpunkt der Uneinbringlichkeit bzw. der Entgeltsminderung ist die ursprünglich angemeldete Umsatzsteuer zu korrigieren, so dass sich ein Erstattungsanspruch gegenüber dem Finanzamt ergibt. Liegt der Zeitpunkt der Uneinbringlichkeit vor der Insolvenzeröffnung, mindert der Erstattungsanspruch die Insolvenzforderungen des Finanzamts. Liegt der Zeitpunkt der Uneinbringlichkeit nach Insolvenzeröffnung, mindert der Erstattungsanspruch zunächst die Umsatzsteuerschuld des betreffenden Voranmeldungszeitraums und damit die Masseforderungen des Finanzamts. Für einen darüber hinaus bestehenden Erstattungsanspruch besteht eine Aufrechnungsmöglichkeit des Finanzamts mit Insolvenzforderungen.

49 Der Insolvenzverwalter hat somit einen gewissen Gestaltungsspielraum, umsatzsteuerpflichtige Umsätze, z. B. aus der Verwertung von Vermögensgegenständen, in Voranmeldungszeiträumen auszuführen, in denen Umsatzsteuerberichtigungen vorgenommen werden müssen.[46] Umgekehrt können Umsatzsteuerberichtigungen nicht willkürlich in Voranmeldungszeiträumen vorgenommen werden, in denen sich eine Umsatzsteuerzahllast aus anderen Handlungen des Insolvenzverwalters ergibt. Die Finanzämter sind angewiesen, sorgfältig zu prüfen, ob die Berichtigungsbeträge zeitlich zutreffend angemeldet worden sind, oder ob sie nicht einem anderen Voranmeldungszeitraum zuzuordnen sind, für den eine Aufrechnungsmöglichkeit des Finanzamts besteht. Ggf. wird eine Umsatzsteuer-Sonderprüfung durchgeführt.[47]

---

[46] *Eckert* UVR 2001, 277.
[47] OFD Hannover v. 7.2.2001. UR 2001, 354 Rn. 11.4.

15. Kapitel. Die Gesellschaft im Konzern

§ 51 Die GmbH & Co. KG als Konzernbaustein

Übersicht

	Rn.
I. Rechtstatsächliche Bedeutung der GmbH & Co. KG als Konzernunternehmen	3
1. Herrschende Personengesellschaft	4
2. Abhängige Personengesellschaft	5
3. Vertragskonzerne	6
II. Konzernrechtliche Grundbegriffe und -probleme	8
1. Unternehmensbegriff	9
2. Abhängigkeit im Sinne des § 17 AktG	12
a) Gesetzlicher Regelfall	14
b) Anderweitige Ausgestaltung des Gesellschaftsvertrages	17
3. Konzern im Sinne des § 18 AktG	21
4. Unterscheidung von Konzernierungsgraden	23
III. Konzernrechtliche Grundprobleme	26
1. Herrschendes Unternehmen	27
a) Gruppenbildung	28
b) Gefahren für die Obergesellschaft	32
2. Abhängiges Unternehmen	35
a) Grundsatz	36
b) Anderweitige unternehmerische Betätigung der Komplementär-GmbH	37
c) Mittelbare Beherrschung	39
d) Der herrschende Kommanditist	41
e) Gefahren für die Untergesellschaft	43
IV. Die beherrschte GmbH & Co. KG	45
1. Zulässigkeit der (vertraglichen) Konzernierung einer Personengesellschaft	46
2. Konzernbildungskontrolle	48
a) Schlichte Abhängigkeit	49
b) Konzernbildung durch einheitliche Leitung	58
c) Qualifizierte Konzernierung (Vertragskonzern)	64
d) Rechtsfolgen bei fehlender Zustimmung der Gesellschafter	67
e) Konzernbildungskontrolle auf der Ebene der Komplementär-GmbH	68
3. Faktisches Abhängigkeits- und Konzernverhältnis	77
a) Schutz des abhängigen Unternehmens	78
b) Schutz der konzernfreien Gesellschafter	83
c) Schutz der Gesellschaftsgläubiger	89
4. Personengesellschaftsrechtlicher Vertragskonzern	90
a) Begründung des Vertragskonzerns	93
b) Weisungsrecht des herrschenden Unternehmens	94
c) Verlustübernahmepflicht des herrschenden Unternehmens	99
d) Sonstige Rechtsfolgen	103
V. Existenzvernichtungshaftung	105
1. Aufgabe der Rechtsprechung zum qualifiziert-faktischen Konzern	105
2. Haftungsgrundsätze der Existenzvernichtungshaftung	107
a) Haftungsvoraussetzungen	108
b) Rechtsfolgen	123
c) Beweislast	126

15. Kapitel. Die Gesellschaft im Konzern

	Rn.		Rn.
3. Übertragbarkeit der Grundsätze auf die GmbH & Co. KG	128	b) Grenzen anderweitiger gesellschaftsvertraglicher Gestaltungen	133
VI. Die herrschende GmbH & Co. KG	130	c) Begründung eines Vertragskonzerns	139
1. Konzernbildungskontrolle	131	2. Konzernleitungskontrolle	140
a) Notwendigkeit eines Zustimmungsbeschlusses der Gesellschafterversammlung im gesetzlichen Regelfall	132	3. Informationsrechte	143

Schrifttum: *Altmeppen,* Grenzenlose Vermutungen im Recht der GmbH, DB 1991, 2225; *ders.,* Zur Entwicklung eines neuen Gläubigerschutzkonzeptes in der GmbH, ZIP 2002, 1553; *ders.,* Zum Vorstandsdoppelmandat in einer beherrschten AG & Co. KG, ZIP 2008, 437; *ders.,* Zur vorsätzlichen Gläubigerschädigung, Existenzvernichtung und materiellen Unterkapitalisierung in der GmbH, ZIP 2008, 1201; *Baumgartl,* Die konzernbeherrschte Personengesellschaft, 1986; *Bayer/Hoffmann,* Gesellschafterstrukturen deutscher GmbH, GmbHR 2014, 12 ff.; *Beck,* Neues von der Existenzvernichtungshaftung im Konzern und in der Liquidation?, DStR 2012, 2135; *Binnewies,* Die Konzerneingangskontrolle in der abhängigen Gesellschaft, 1996; *Bisle,* Zum existenzvernichtenden Eingriff durch Gesellschafter-Geschäftsführer einer GmbH, DStR 2012, 1514; *Bitter,* Konzernrechtliche Durchgriffshaftung bei Personengesellschaften, 2000; *ders.,* Der Anfang vom Ende des „qualifiziert faktischen GmbH-Konzerns", WM 2001, 2133; *Burbach,* Das Recht der konzernabhängigen Personenhandelsgesellschaft, 1989; *Cahn,* Das Wettbewerbsverbot des Vorstands in der AG & Co. KG, Der Konzern 2007, 716 ff.; *Dauner-Lieb,* Die Existenzvernichtungshaftung als deliktische Innenhaftung gemäß § 826 BGB, ZGR 2008, 34; *Decker,* Der Cashpool als Gesellschaft bürgerlichen Rechts, ZGR 2013, 392; *Drygala,* Abschied vom qualifizierten faktischen Konzern – oder Konzernrecht für alle?, GmbHR 2003, 729; *Ebenroth,* Konzernbildungs- und leitungskontrolle, 1987; *ders.,* Die Konzernierung der Personengesellschaft zwischen Vertragsfreiheit und Minderheitenschutz", FS Boujong, 1996, S. 99; *Emmerich,* Das Konzernrecht der Personengesellschaften, FS Stimpel, 1985, S. 743; *ders.,* Konzernbildungskontrolle, AG 1991, 303; *Gehrlein,* Die Existenzvernichtungshaftung im Wandel der Rechtsprechung, WM 2008, 761; *Geißler,* Die Anspruchsverfolgung der Gesellschaftsgläubiger bei Existenzvernichtung der GmbH, DZWIR 2013, 395, *Gerkeler,* Der personengesellschaftsrechtliche Konzern im Lichte des aktienrechtlichen Konzernmodells, 1993; *Gottschalk/Wighardt,* Existenzvernichtungshaftung einer GmbH in der Liquidation bei Veräußerung des Gesellschaftsvermögens an eine abhängige Gesellschaft, GWR 2012, 268; *Grigoleit,* Wettbewerbsverbote und Vorstandsdoppelmandat in der AG & Co. KG, ZGR 2010, 662; *Grunewald,* Haftung für fehlerhafte Geschäftsführung in der GmbH & Co. KG, BB 1981, 581; *Haar,* Die Personengesellschaft im Konzern, 2006; *dies.,* Unternehmensfinanzierung in der Personengesellschaft zwischen Kernbereich und Mehrheitsmacht, NZG 2007, 601; *Henze,* Gesichtspunkte des Kapitalerhaltungsgebots und seiner Ergänzung im Kapitalgesellschaftsrecht in der Rechtsprechung des BGH, NZG 2003, 649; *Hermann/Woedtke,* Haftung von Gesellschaftern für Verbindlichkeiten einer GmbH – Grenzen des existenzvernichtenden Eingriffs, BB 2012, 2255; *dies.,* Beginn der Verjährung bei Ansprüchen wegen existenzvernichtenden Eingriffs gegen mittelbare GmbH-Gesellschafter, NZG 2012, 1297; *Hennrichs,* Zur Kapitalaufbringung und Existenzvernichtungshaftung in sog. Aschenputtel-Konstellationen, FS U. H. Schneider, 2011, S. 489; *Hepting,* Die Personengesellschaft als Konzernobergesellschaft, FS Pleyer, 1986, S. 301; *Hoffmann-Becking,* Das Wettbewerbsverbot des Geschäftsleiters

§ 51 Die GmbH & Co. KG als Konzernbaustein

der Kapitalgesellschaft & Co., ZHR 2011, 597; *Hommelhoff*, Konzernleitungspflicht – Zentrale Aspekte eines Konzernverfassungsrechts, 1982; *Huber*, Betriebsführungsverträge zwischen selbständigen Unternehmen, ZHR 152 (1988), 1; *Kleindiek*, Strukturvielfalt im Personengesellschafts-Konzern, 1991; *Knobbe-Keuk*, Zum Erdbeben Video, DB 1992, 1461; *Kölbl*, Die Haftung wegen existenzvernichtenden Eingriffs, BB 2009, 1194; *Laule*, Der herrschende Kommanditist als unbeschränkt haftendes Unternehmen? FS Semler, 1993, S. 541; *Leuering/Rubner*, Das Konzernrecht der abhängigen Personengesellschaft, NJW-Spezial 2012, 143; *Liebscher*, Konzernbildungskontrolle – Rechtsformspezifische und rechtsformunabhängige Aspekte der Problematik eines konzernrechtlichen Präventivschutzes im Rahmen des Konzernierungsprozesses, 1995; *ders.* in Münchener Kommentar zum GmbHG, Anh. § 13 (GmbH-Konzern), Rn. 1090 ff.; *ders.*, Ungeschriebene Gesellschafterzuständigkeiten im Lichte von Holzmüller, Macrotron und Gelatine, NZG 2005, 1; *Löffler*, Der Kernbereich der Mitgliedschaft als Schranke für Mehrheitsbeschlüsse bei Personengesellschaften, NJW 1989, 2656; *ders.*, Die abhängige Personengesellschaft, 1988; *Lutter*, Die Haftung des herrschenden Unternehmens im GmbH-Konzern, ZIP 1985, 1425; *ders.*, Gefahren persönlicher Haftung für Gesellschafter und Geschäftsführer einer GmbH, DB 1994, 129; *ders./Timm*, Konzernrechtlicher Präventivschutz im GmbH-Recht, NJW 1982, 409; *ders./Leinekugel*, Kompetenzen von Hauptversammlung und Gesellschafterversammlung beim Verkauf von Unternehmensteilen, ZIP 1998, 225; *Mecke*, Konzernstruktur und Aktionärsentscheidung, 1992; *Nodonshani*, Das Doppelmandats-Urteil des BGH aus der konzernrechtlichen Perspektive, GWR 2009, 309 ff.; *Paefgen*, Die Gewinnverwendung in der GmbH & Co. KG und ihrer Unternehmensgruppe nach „Otto", FS U. H. Schneider, 2011, S. 929; *Priester*, Grundsatzfragen des Rechts der Personengesellschaften im Spiegel der Otto-Entscheidung des BGH, DStR 2008, 1386; *ders.*, Gewinnthesaurierung im Konzern, ZHR 2012, 268; *Raiser*, Beherrschungsvertrag im Recht der Personengesellschaften, ZGR 1980, 558; *Reuter*, Die Personengesellschaft als abhängiges Unternehmen, ZHR 146 (1982), 1; *ders.*, Ansätze eines Konzernrechts der Personengesellschaft in der höchstrichterlichen Rechtsprechung, AG 1986, 130; *Röck*, Die Anforderungen der Existenzvernichtungshaftung nach ‚Trihotel' – Eine Zwischenbilanz, DZWIR 2012, 97; *Röhricht*, Die GmbH im Spannungsfeld zwischen wirtschaftlicher Dispositionsfreiheit ihrer Gesellschafter und Gläubigerschutz, FS 50 Jahre BGH, 2000, S. 83; *Schießl*, Die beherrschte Personengesellschaft 1985; *K. Schmidt*, Gesellschafterhaftung und „Konzernhaftung" bei der GmbH, NJW 2001, 3577; *Schneider*, Die Auskunfts- und Kontrollrechte der Gesellschafter in der verbundenen Personengesellschaft, BB 1975, 1353; *ders.*, Die Personengesellschaft als Konzernunternehmen, BB 1980, 1057; *ders.*, Zur Wahrnehmung von Mitgliedschaftsrechten an Tochtergesellschaften einer Personengesellschaft, FS Bärmann, 1975, S. 873; *ders.*, Die Personengesellschaft als verbundenes Unternehmen, ZGR 1975, 253; *ders.*, Die Auskunfts- und Kontrollrechte des Gesellschafters in der verbundenen Personengesellschaft, BB 1975, 1353; *ders.*, Die Personengesellschaft als herrschendes Unternehmen, ZHR 143 (1979), 485; *ders.*, Die Personengesellschaft als Konzernunternehmen, BB 1980, 1057; *ders.*, Konzernbildung, Konzernleitung und Verlustausgleich im Konzernrecht der Personengesellschaften, ZGR 1980, 511; *Schulze-Osterloh*, Vermeidung der Konzernhaftung nach dem TBB-Urteil durch ordnungsgemäße Buchführung, ZIP 1993, 1840; *Stehle*, Gesellschafterschutz gegen fremdunternehmerischen Einfluß bei der Personenhandelsgesellschaft, 1986; *Stimpel*, Rückblick auf das Gervais-Urteil, in: *Ulmer* (Hrsg.), Probleme des Konzernrechts, ZHR Beilage 62, 1989, S. 11; *Stöber*, Die Haftung für existenzvernichtende Eingriffe, ZIP 2013, 2295; *Ulmer*, Zum Informationsrecht des Kommanditisten, insbesondere im Konzern, GesRZ 1994, 102; *Timm*, Minderheitenschutz und unternehmerische Entscheidungsfreiheit im Mutterunternehmen, ZHR 153 (1989), 60; *ders.*, Grundfragen des „qualifizierten" faktischen Konzerns im Aktienrecht, NJW 1987, 977; *Tröger/*

15. Kapitel. Die Gesellschaft im Konzern

Dangelmayer, Eigenhaftung der Organe für die Veranlassung existenzvernichtender Leitungsmaßnahmen im Konzern, ZGR 2011, 558; *Ulmer,* Grundstrukturen eines Personengesellschaftskonzernrechts, in: *ders.* (Hrsg.), Probleme des Konzernrechts, ZHR 1989, Beilage 62, S. 26; *ders.*, Von „TBB" zu „Bremer Vulkan" – Revolution oder Evolution?, ZIP 2001, 2021; Unternehmensrechtskommission, Bericht, 1980, Tz. 1708 ff., S. 858; *Wahlers/Orlikowski-Wolf,* Feststellung des Jahresabschlusses und Gewinnverwendungsentscheidungen im Personengesellschaftsrecht, ZIP 2012, 1161; *Wazlawik,* Existenzvernichtung und kein Ende – Ein Nachruf auf die Konzernhaftung und andere offengebliebene Fragen, NZI 2009, 291; *Weller,* Wettbewerbsverbote und ihre Drittwirkung in der Kapitalgesellschaft & Co. KG, ZHR 175 (2011), 110; *Wertenbruch,* Beschlussfassung in Personengesellschaft und KG-Konzern, ZIP 2007, 798; *Westermann,* Geschäftsführung im Personengesellschafts-Konzern, ZIP 2007, 2289; *Wiedemann,* Die Unternehmensgruppe im Privatrecht, 1988; *ders.,* Reflexionen zur Durchgriffshaftung, ZGR 2003, 283; *ders.,* Aufstieg und Krise des GmbH-Konzernrechts; *Zöllner,* Inhalt und Wirkung von Beherrschungsverträgen bei der GmbH, ZGR 1992, 173.

1 Das Recht der Unternehmensverbindungen ist von außerordentlicher praktischer Relevanz. Obwohl keine repräsentativen statistischen Untersuchungen neueren Datums existieren, steht doch fest, dass ein **Großteil der bundesdeutschen Gesellschaften konzernverbunden** ist; dies gilt namentlich für die Kapitalgesellschaften,[1] jedoch sind Personengesellschaften ebenfalls häufig in eine Unternehmensgruppe eingebunden.

2 Gegenstand des Konzernrechts ist es, den gesellschaftsrechtlichen Problemen und Gefahren, welche die Verbindung mehrerer selbständiger Unternehmen zu einer neuen wirtschaftlichen Einheit aufwirft, zu begegnen. Das Konzernrecht ist nach traditionellem Verständnis vor allem **Schutzrecht** zugunsten der Minderheitsgesellschafter und Gläubiger der **Untergesellschaft**.[2] In den vergangenen zwei Jahrzehnten wurde jedoch darüber hinaus erkannt, dass konzernrechtliche Probleme auch auf der Ebene der **Obergesellschaft** entstehen.[3]

I. Rechtstatsächliche Bedeutung der GmbH & Co. KG als Konzernunternehmen

3 Empirische Untersuchungen der Bedeutung speziell der GmbH & Co. KG in Unternehmensverbindungen fehlen ebenso, wie exakte statistische Erhebungen über die Konzerneinbindung von Personengesellschaften.[4] Je-

---

[1] Schätzungen zufolge sind ca. 75% aller AG und ca. 40–50% aller GmbH konzernverbunden, vgl. *Emmerich/Habersack* KonzernR § 1 II Rn. 8; MüKoGmbHG/ *Liebscher* Anh. § 13 (GmbH-KonzernR) Rn. 5 mwN.

[2] *Hüffer* § 15 AktG Rn. 3; KöKoAktG/*Koppensteiner* Vorbem. § 291 Rn. 5 ff.; *Raiser/Veil* Kapitalgesellschaften § 50 Rn. 13; GK/*Schäfer* HGB Anh. § 105 Rn. 1; *Wiedemann* GmbHR 2011, 1009.

[3] Grundlegend *Lutter* DB 1993, Beil. 21; *Hommelhoff* Konzernleitungspflicht; zuletzt: *Mecke* Konzernstruktur.

[4] Vgl. MüKoGmbHG/*Liebscher* Anh. § 13 (GmbH-KonzernR) Rn. 1202; MüKoHGB/*Mülbert* KonzernR Rn. 5; GK/*Schäfer* HGB Anh. § 105 Rn. 4.

doch dürfte die **überwiegende Zahl der konzernverbundenen Personengesellschaften** in der „Rechtsform" der GmbH & Co. KG organisiert sein. Gerade in Konzernverhältnissen ist eine Haftungsbeschränkung der hinter dem unternehmerischen Engagement stehenden natürlichen oder juristischen Personen von besonderem Interesse (auch wenn diese Haftungsbegrenzung konzernrechtlich unter Umständen überwunden werden kann) und die GmbH & Co. KG ist in Anbetracht ihrer flexiblen vom gesetzlichen Leitbild typischerweise abweichenden Unternehmensverfassung sowohl als herrschendes Unternehmen als auch als abhängiges Unternehmen besonders geeignet.

1. Herrschende Personengesellschaft

Personengesellschaften findet man primär auf der Seite der Obergesellschaft.[5] Eine KG kann angesichts § 124 HGB ohne Weiteres Gesellschafterin einer anderen Gesellschaft sein, so dass die herrschende Personenhandelsgesellschaft eine vertraute Erscheinung der Konzernpraxis ist. Die Attraktivität dieser Rechtsform als Konzernobergesellschaft erklärt sich vor allem aus dem **Mitbestimmungs-**[6] **und Steuerrecht**.[7] Ein weiterer Grund ist in der weitgehenden gesellschaftsvertraglichen **Gestaltungsfreiheit** zu sehen, welche eine flexible Anpassung des Gesellschaftsstatuts an die Konzernlage erlaubt.[8] Insbesondere GmbH & Co. KGs nehmen vielfach in weit verzweigten Konzernen die Stellung der Konzernobergesellschaft ein. Vor allem **Holdinggesellschaften** sind häufig so organisiert, sei es aus historischen Gründen, dh weil sich ein Unternehmen von einem einzelkaufmännischen Geschäft über eine Personengesellschaft (im Wege der Ausgliederung geschäftlicher Aktivitäten) zu einem Konzern entwickelt hat, sei es, weil die Gesellschafter mehrerer Unternehmen ihre Interessen in einer Holdinggesellschaft gebündelt, ihre Beteiligungen in diese eingebracht und aus den angegebenen Gründen die Rechtsform einer Personengesellschaft gewählt haben.

2. Abhängige Personengesellschaft

Was die Verbreitung von Unternehmensverbindungen mit abhängigen Personengesellschaften anbelangt, so ist diese bisher kaum eingehend empi-

---

[5] *Heymann/Emmerich* Anh. § 105 HGB Rn. 1; *Emmerich/Habersack KonzernR* § 35; MüKoGmbHG/*Liebscher* Anh. § 13 (GmbH-KonzernR) Rn. 1203; *Liebscher*, Konzernbildungskontrolle, 37 ff., 110 ff; GK/*Schäfer* HGB Anh. § 105 Rn. 4.

[6] Personengesellschaften gehören nicht zu den gem. § 1 Abs. 1 Nr. 1 MitbestG mitbestimmungspflichtigen Unternehmen. Daher findet § 5 Abs. 1 MitbestG grundsätzlich keine Anwendung, wonach in einem Unterordnungskonzern die Arbeitnehmer unterer Konzernebenen dem herrschenden Unternehmen zuzurechnen sind. Zu beachten ist aber die Ausnahme gem. §§ 4 Abs. 1, 5 Abs. 2 MitbestG im Falle einer Kapitalgesellschaft & Co.

[7] *Heck*, Personengesellschaften, 15 ff.; *Hönle* BB 1983, 1975 ff.

[8] *Heck*, Personengesellschaften, 22; Schlegelberger/*Martens* HGB Anh. § 105 Rn. 2; *Westermann* ZIP 2007, 2289 (2290).

risch untersucht worden.⁹ Einer neueren Untersuchung zufolge verfügen allerdings rund 2/3 aller GmbHs über einen Mehrheitsgesellschafter.¹⁰ Anzutreffen sind vor allem **Familienkonzerne**,¹¹ bei denen an der Rechtsform der Personengesellschaft auch auf der Ebene der Tochter- und Enkelgesellschaften festgehalten wird; dies selbst dann, wenn sämtliche Anteile der Beteiligungsgesellschaften direkt bzw. indirekt bei der Obergesellschaft liegen. Auch jenseits dieser Situation dürften gerade Familiengesellschaften den häufigsten Fall einer konzernabhängigen Personengesellschaft bilden, etwa weil ein anderweitig unternehmerisch engagiertes Familienmitglied beherrschenden Einfluss auf die Gesellschaft gewinnt oder sich bestimmte (anderweitig engagierte) Familiengesellschafter zusammenschließen, um das Unternehmen unter ihren Einfluss zu bringen bzw. ein innerhalb des Unternehmens maßgebender Familiengesellschafter Unternehmensqualität erlangt. Eine nicht unerhebliche Rolle dürften weiterhin **Sanierungsfälle** spielen, bei denen sich in einer Krise einer Personengesellschaft ein Sanierer oder Gläubiger zu Sanierungszwecken an der Gesellschaft beteiligt und es zum Abschluss eines Sanierungsvertrages kommt, der diesem erheblichen Einfluss auf das Unternehmen gewährt.¹²

3. Vertragskonzerne

6   Personengesellschaften können grundsätzlich Unternehmensverträge im Sinne der §§ 291 ff. AktG abschließen. Der Abschluss von Beherrschungs- und Gewinnabführungsverträgen mit einer Personengesellschaft **als herrschendem Unternehmen** kommt auch in der Praxis häufiger vor.

7   Demgegenüber ist wenig bekannt darüber, ob „klassische" Unternehmensverträge mit einer Personengesellschaft als verpflichtetem, dh beherrschtem Vertragsteil existieren.¹³ Im Allgemeinen wird allerdings davon ausgegangen, dass für Gewinnabführungs- und Beherrschungsverträge im Sinne des § 291 Abs. 1 AktG bei Personengesellschaften mit ihrer von den Kapitalgesellschaften abweichenden inneren Struktur und der weitgehenden Flexibilität der Ausgestaltung ihrer inneren Kompetenzordnung kein Bedürfnis besteht. Vor allem steuerrechtliche Anreize fehlen, da die körperschaft- und gewerbesteuerrechtliche Regeln der Organschaft (vgl. §§ 14, 17 KStG, 2 GewStG) auf Personengesellschaften unanwendbar sind.¹⁴ Abgesehen hiervon wird überwiegend davon ausgegangen, dass das Vorliegen eines

---

⁹ Dies beklagte die Unternehmensrechtskommission, Bericht, Tz. 1712, 859; Bsp. für abhängige Personengesellschaften bei *Löffler*, Abhängige Personengesellschaft, 4 ff.; s. auch BGHZ 119, 346- Pinneberger Tageblatt, wo es um einen Fall wechselseitiger Beteiligungen von Personengesellschaften ging.

¹⁰ *Bayer/Hoffmann* GmbHR 2014, 12, 16.

¹¹ Vgl. MüKoGmbHG/*Liebscher* Anh. § 13 (GmbH-KonzernR) Rn. 1205; MüKoHGB/*Mülbert* KonzernR Rn. 5; GK/*Schäfer* HGB Anh. § 105 Rn. 5.

¹² So der Fall BGH NJW 1980, 231 – Gervais/Danone.

¹³ Nach den Feststellungen der Unternehmensrechtskommission Tz. 1712, 859, sind solche Verträge kaum anzutreffen, s. auch MüKoGmbHG/*Liebscher* Anh. § 13 (GmbH-KonzernR) Rn. 1206; GK/*Schäfer* HGB Anh. § 105 Rn. 6.

¹⁴ Vgl. MüKoGmbHG/*Liebscher* Anh. § 13 (GmbH-KonzernR) Rn. 1206; MüKoHGB/*Mülbert* KonzernR Rn. 5; GK/*Schäfer* HGB Anh. § 105 Rn. 6.

personengesellschaftsrechtlichen Vertragskonzerns von anderen Voraussetzungen abhängt, als bei Kapitalgesellschaften, bei denen entsprechend §§ 291 ff. AktG ein solcher satzungsüberlagernder Unternehmensvertrag ausdrücklich abgeschlossen werden muss. Demgegenüber findet bei Personengesellschaften der beherrschende Einfluss des unmittelbar oder mittelbar beteiligten Gesellschafters seine Grundlage typischerweise im Gesellschaftsvertrag, so dass dieser regelmäßig den Charakter eines Beherrschungs- und Gewinnabführungsvertrags annimmt, wenn er einem Unternehmensgesellschafter einen entsprechenden Einfluss gewährt.

II. Konzernrechtliche Grundbegriffe und -probleme

Das Aktiengesetz definiert in den §§ 15 bis 19 AktG verschiedene Tatbestände der Verbindung rechtlich selbständiger Unternehmen. Die Regelungen gehen von dem Grundbegriff der „verbundenen Unternehmen" aus (§ 15 AktG). Hiernach ist das verbundene Unternehmen die zusammenfassende Bezeichnung aller im AktG geregelter Unternehmensverbindungen, wozu insbesondere im Mehrheitsbesitz stehende Unternehmen (§ 16 AktG), abhängige und herrschende Unternehmen (§ 17 AktG), Konzernunternehmen (§ 18 AktG), wechselseitig beteiligte Unternehmen (§ 19 AktG) und die Vertragsteile eines Unternehmensvertrages (§§ 15, 291 ff. AktG) zählen. Die Begriffsbestimmungen der §§ 15 ff. AktG sind rechtsformneutral formuliert, stellen also nicht darauf ab, in welcher Rechtsform die Glieder des Unternehmensverbundes organisiert sind, so dass diese Vorschriften allgemein über den Anwendungsbereich des AktG hinaus – quasi als **allgemeiner Teil des Konzernrechts** – Geltung beanspruchen.[15] Diese Definitionsnormen sowie die diesen zugrunde liegenden unbestimmten Rechtsbegriffe und deren Konkretisierung in Rechtsprechung und Schrifttum sind daher auf herrschende und abhängige Personengesellschaften anwendbar.

8

1. Unternehmensbegriff

Maßgebend ist namentlich der konzernrechtliche Unternehmensbegriff. Denn dieser eröffnet die Anwendbarkeit des Konzernrechts: Als **herrschendes Unternehmen** ist jeder Gesellschafter der abhängigen Gesellschaft anzusehen, bei dem zu seiner Gesellschaftsbeteiligung wirtschaftliche Interessenbindungen außerhalb der Gesellschaft hinzukommen, die stark genug sind, die ernste Besorgnis zu begründen, er könne seinen Einfluss zur Verfolgung gesellschaftsfremder Ziele einsetzen.[16] Entscheidend ist mithin eine ei-

9

---

[15] *Emmerich/Habersack KonzernR* § 2 I Rn. 1; Heymann/*Emmerich* Anh. § 105 HGB Rn. 3; MHdB AG/*Krieger* § 68 Rn. 2; *Laule* FS Semler, 544; MüKoGmbHG/ *Liebscher* Anh. § 13 (GmbH-KonzernR) Rn. 51, 1207; *Liebscher*, Konzernbildungskontrolle, 16; aA zur systematischen Konzeption: MüKoHGB/*Mülbert* KonzernR Rn. 35 ff.; *Liebscher* ZHR 163 (1999), 1 ff.

[16] Sog. teleologischer Unternehmensbegriff (hM), vgl. BGHZ 69, 334 (337) – VEBA/Gelsenberg; 115, 186 (190) – Video; 117, 8 (18) – VW; BAGE 76, 79 (83 f.); BAG AG 1996, 369; BSGE 75, 82 (89 f.) (st. Rspr.); *Hüffer* § 15 Rn. 7; *Emmerich/Ha-*

15. Kapitel. Die Gesellschaft im Konzern

genständige unternehmerische Betätigung desjenigen Gesellschafters, der auf die Geschicke der Gesellschaft bestimmenden Einfluss nehmen kann, außerhalb des abhängigen Unternehmens, wobei sowohl unmittelbare anderweitige Aktivitäten ausreichen, als auch mittelbare, dh die maßgebliche Beteiligung an einer anderen Gesellschaft.[17] Aus einem solchen **unternehmerischen Doppelengagement des maßgebenden Teilhabers** resultiert die typische Konfliktlage, der das Konzernrecht begegnen will, nämlich die Gefahr, dass dieser Unternehmensgesellschafter seinen Einfluss zur Verfolgung anderweitiger unternehmerischer Interessen auf Kosten der abhängigen Gesellschaft einsetzt; auf die Rechtsform des Objekts, dessen Unternehmenseigenschaft in Rede steht, kommt es nicht an.[18] Die Rechte und Pflichten eines Gesellschafters, der demgegenüber nicht Unternehmen im konzernrechtlichen Sinne ist (sog. Privatgesellschafter), dh der nur an der Gesellschaft beteiligt ist, ohne weitere wirtschaftliche Interessen zu verfolgen, richten sich demgegenüber nach allgemeinem Gesellschaftsrecht.

10 Nicht abschließend geklärt ist, wie stark die gesellschaftsextern verfolgten Interessen sein müssen, damit wegen der Gefahr kollidierender Interessen die konzernrechtlichen Schutzvorschriften zum Tragen kommen. Allgemein gilt, dass die fremdunternehmerischen Interessen des maßgebenden Teilhabers nach Art und Intensität geeignet sein müssen, den beschriebenen Konzernkonflikt heraufzubeschwören. Hieraus wird abgeleitet, dass die Fremdinteressen unternehmerischen Charakter haben müssen; altruistische Zielsetzungen genügen grundsätzlich nicht. Jedoch wird die Unternehmenseigenschaft juristischer Personen des öffentlichen Rechts trotz nicht wirtschaftlicher Zielsetzung nicht generell verneint, sondern vielmehr wegen der Gefahr der einseitigen Förderung öffentlicher Aufgaben bereits dann bejaht, wenn eine öffentlich-rechtliche Gebietskörperschaft (Bund/Länder/Gemeinden) lediglich ein privatrechtlich organisiertes Unternehmen beherrscht.[19] Der umgekehrte Fall, dass eine Person, die anderweitige wirtschaftliche Interessen verfolgt, nicht als Unternehmen im konzernrechtlichen Sinne anzusehen ist, weil die Interessenbindung nach „Art und Intensität" nicht stark genug ist, die für die Unternehmenseigenschaft konstitutive „ernste Besorgnis" zu begründen,

---

bersack KonzernR § 2 II Rn. 6; MHdB AG/*Krieger* § 68 Rn. 6 ff.; *K. Schmidt* Gesellschaftsrecht § 31 II 1 a mwN.

[17] OLG Köln BB 1997, 169 f.; *Emmerich/Habersack* KonzernR § 2 II Rn. 10; MHdB AG/*Krieger* § 68 Rn. 8, (hM) mwN auch zur Gegenmeinung, die fordert, dass das herrschende Unternehmen die andere Gesellschaft tatsächlich leitet, wohingegen die hM die Möglichkeit zur Leitung ausreichen lässt. Anders für die öffentliche Hand BGH ZIP 1997, 887 (889) – VW/Niedersachsen, wonach die (großen) öffentlich-rechtlichen Gebietskörperschaften (Bund/Länder) wegen der Gefahr der einseitigen Förderung öffentlicher Aufgaben und politischer Ziele bereits dann als Unternehmen im konzernrechtlichen Sinne anzusehen sind, wenn sie lediglich ein in privater Rechtsform organisiertes Unternehmen beherrschen.

[18] BGHZ 69, 334 (338) – VEBA/Gelsenberg; *Emmerich/Habersack* KonzernR § 2 II Rn. 9; KöKo/*Koppensteiner* § 15 AktG Rn. 30 ff.

[19] BGHZ 135, 107 (113 f.) – VW/Niedersachsen; *Emmerich/Habersack* KonzernR § 2 III Rn. 24; BeckHdB AG/*Liebscher* § 15 Rn. 12; MüKoGmbHG/*Liebscher* Anh. § 13 (GmbH-KonzernR) Rn. 69.

wird indes überwiegend nicht eingehend erörtert. Nach richtiger Auffassung ist ein „institutionalisierter" konzerntypischer Interessenkonflikt erforderlich, dh die anderweitige Betätigung muss die nicht fern liegende Gefahr konzernspezifischer Vermögensverlagerungen begründen.[20]

Der Unternehmenscharakter der abhängigen Gesellschaft ist hingegen nach Sinn und Zweck des Konzernrechts anders abzugrenzen als seitens des herrschenden Unternehmens. Als **abhängiges Unternehmen** kommt grundsätzlich **jede Personenvereinigung** in Betracht, da der so genannte Konzernkonflikt in jeder Personengruppe eintreten kann.[21]

2. Abhängigkeit im Sinne des § 17 AktG

Nach § 17 AktG ist ein Unternehmen abhängig, wenn ein anderes Unternehmen auf dieses beherrschenden Einfluss ausüben kann. Es genügt die bloße Möglichkeit der Einflussnahme; von dieser Möglichkeit muss nicht Gebrauch gemacht werden.[22] Ein beherrschender Einfluss ist anzunehmen, wenn dem beherrschenden Unternehmen langfristig Mittel zur Verfügung stehen, um die Geschäftsleitung des abhängigen Unternehmens dazu zu bewegen, den Willen des herrschenden Unternehmens zu befolgen, dh wenn diese einem **fremdunternehmerischen Willen** unterworfen ist.[23]

Ein solcher beherrschender Einfluss kann auf den verschiedensten, prinzipiell auch rein tatsächlichen Umständen beruhen.[24] Allerdings schützen die konzernrechtlichen Vorschriften die abhängige Gesellschaft nur vor einer gesellschaftsrechtlichen Einflussnahme, nicht jedoch vor rein marktwirtschaftlichen Gefahren. Daher setzt Abhängigkeit stets eine **gesellschaftsrechtlich bedingte Einflussnahmemöglichkeit** voraus.[25] Herrschendes Unternehmen ist stets ein Gesellschafter der Untergesellschaft, wobei gerade seine Beteiligung an der abhängigen Gesellschaft ihm die Möglichkeit zur Herrschaft vermitteln muss. Dieser gesellschaftsinterne Einfluss kann allerdings durch andere, nicht gesellschaftsrechtliche Faktoren (etwa schuldrechtliche Austauschbeziehungen) verstärkt werden.

---

[20] Vgl. hierzu im Einzelnen: *Hüffer* § 15 Rn. 9 aE; BeckHdB AG/*Liebscher* § 15 Rn. 13; MüKoGmbHG/*Liebscher* Anh. § 13 (GmbH-KonzernR) Rn. 60; siehe auch LG Heidelberg AG 1999, 135 (136f.) – MLP.

[21] HM: *MüKoAktG/Bayer* § 15 Rn. 48; *Emmerich/Habersack* KonzernR § 2 II Rn. 6; MüKoGmbHG/*Liebscher* Anh. § 13 (GmbH-KonzernR) Rn. 88; *Raiser/Veil* Kapitalgesellschaften § 51 Rn. 3 (hM).

[22] BGHZ 62, 193 (201) – Seitz; *Emmerich/Habersack* KonzernR § 3 II Rn. 19; KöKo/*Koppensteiner* § 17 AktG Rn. 15; *Raiser/Veil* Kapitalgesellschaften § 51 Rn. 15.

[23] BGHZ 62, 193 (197) – Seitz; enger hingegen RGZ 167, 40 (48) – Thega.

[24] BGHZ 90, 381 (395) – BUM; BGH DB 1984, 1188 (1190); KöKo/*Koppensteiner* § 17 AktG Rn. 30ff.; *Wiedemann,* Unternehmensgruppe, 49; aA *Baumbach/Hueck* AktG § 17 Rn. 2; *von Godin/Wilhelmi* § 17 AktG Anm. 2.

[25] So genügt es nicht, wenn ein Unternehmen seine marktbeherrschende Stellung oder langfristige Liefer- und Kreditbeziehungen zur Einflussnahme auf die Geschäftsleitung eines anderen Unternehmens ausnutzt. Ein solcher Eingriff unterfällt dem Wettbewerbs- und nicht dem Konzernrecht, vgl. MHdB AG/*Krieger* § 68 Rn. 40; *Raiser/Veil* Kapitalgesellschaften § 51 Rn. 23 ff.; GK/*Windbichler* AktG § 17 Rn. 12.

14 **a) Gesetzlicher Regelfall.** Es stellt sich zunächst die Frage, wann die Beherrschung einer GmbH & Co. KG möglich ist. Dies deshalb, weil die Beherrschung einer Personengesellschaft durch einen Unternehmensgesellschafter nichts Selbstverständliches ist. Personengesellschaften sind nach dem gesetzlichen Ideal Arbeits- und Haftungsgemeinschaften mit einer geringen Zahl von Mitgliedern, die sich ungefähr gleich stark gegenüberstehen. **Idealtypische Personengesellschaften** werden daher allgemein – zu Recht – als **weitgehend konzernresistent** angesehen.[26] Insbesondere eine „**Mehrheitsbeteiligung**" reicht grundsätzlich **nicht aus**, um einem Unternehmensgesellschafter beherrschenden Einfluss zu vermitteln. Deshalb wird die Vermutungsregel des § 17 Abs. 2 AktG, wonach im Falle einer Mehrheitsbeteiligung im Sinne des § 16 AktG regelmäßig ein Abhängigkeitsverhältnis besteht, von der hM im Personengesellschafts-Konzernrecht für unanwendbar gehalten.[27] Bei Personengesellschaften existiert nämlich im Idealfall kein zwingender Zusammenhang zwischen Kapitalanteil, Stimmrecht und Entscheidungsgewalt. Prinzipiell gilt für alle Entscheidungen der Gesellschafter das Einstimmigkeitsprinzip (vgl. §§ 119 Abs. 1, 161 Abs. 2 HGB) und, selbst wenn gesellschaftsvertraglich Mehrheitsbeschlüsse zugelassen werden, ist die Mehrheit grundsätzlich nach der Zahl der Gesellschafter zu berechnen (vgl. §§ 119 Abs. 2, 161 Abs. 2 HGB). Eine „Mehrheitsbeteiligung" ist daher im Falle einer idealtypischen Personengesellschaft regelmäßig gerade nicht Herrschaftsgrundlage.[28] Anderes gilt nur für körperschaftlich verfasste Publikumsgesellschaften und andere Personengesellschaften mit weitgehend kapitalistischer Realstruktur. Bei diesen Gesellschaften, die typischerweise gesellschaftsvertraglich durchgängig vom Mehrheitsprinzip durchdrungen sindht auch die Abhängigkeitsvermutung des § 17 Abs. 2 AktG ihre Berechtigung.[29]

---

[26] *Löffler*, Abhängige Personengesellschaft, 12; vgl. auch *K. Schmidt* Gesellschaftsrecht § 17 IV 3.
[27] *Baumgartl*, Konzernbeherrschte Personengesellschaft, 6; *Emmerich/Habersack* KonzernR § 33 III Rn. 9; MüKoGmbHG/*Liebscher* Anh. § 13 (GmbH-KonzernR) Rn. 1210; *Leuering/Rubner* NJW-Spezial 2012, 143. Schlegelberger/*Martens* HGB Anh. § 105 Rn. 11; MüKoHGB/*Mülbert* KonzernR Rn. 60; *Schneider* BB 1975, 1353 (1354); aA *Baumbach/Hueck* AktG § 16 Rn. 3; KöKo/*Koppensteiner* § 17 AktG Rn. 79, die von einer Widerlegung der Abhängigkeitsvermutung im Falle einer dem gesetzlichen Idealbild entsprechenden Personengesellschaft ausgehen.
[28] Bei Personengesellschaften kann es im gesetzlichen Regelfall schon begrifflich keine „Mehrheitsbeteiligung" geben, da der Kapitalanteil lediglich eine Rechnungsgröße darstellt, die den Wert der jeweiligen Beteiligung des Gesellschafters am Gesellschaftsvermögen ausdrückt. Der Beteiligungswert ist beispielsweise im Falle der Gewinnverteilung (§§ 120 ff. HGB) von Bedeutung. Geschäftsanteile, aus denen sich das Stimmrecht im Rahmen von Entschließungen der Gesellschaftergesamtheit ergibt, bestehen hingegen im Rahmen des gesetzlichen Normalstatuts nicht: vgl. KöKo/*Koppensteiner* § 16 AktG Rn. 13; MüKoGmbHG/*Liebscher* Anh. § 13 (GmbH-KonzernR) Rn. 1210; *Schießl*, Beherrschte Personengesellschaft, 7 f.
[29] *Baumbach/Hopt* § 105 Rn. 101; *Gerkeler*, Der personengesellschaftsrechtliche Konzern, 144; MüKoGmbHG/*Liebscher* Anh. § 13 (GmbH-KonzernR) Rn. 1213; MüKoHGB/*Mülbert* KonzernR Rn. 60.

Als Grundlage einer gesicherten, gesellschaftsrechtlich vermittelten Einflussnahmemöglichkeit auf die Geschäftsführung einer Personengesellschaft kommt im gesetzlichen Regelfall **auch nicht** allein die mit der **Stellung als persönlich haftendem Gesellschafter** verbundene Geschäftsführungs- und Vertretungsbefugnis in Betracht. Zu dieser Position bestehen idealtypisch erhebliche Gegengewichte, welche den Einfluss eines geschäftsführenden Unternehmensgesellschafters weitgehend kompensieren:[30] Daher genügt es grundsätzlich auch nicht, wenn ein Unternehmensgesellschafter als einziger Gesellschafter geschäftsführungsbefugt ist. Zur Beherrschung der Gesellschaft ist vielmehr nach hM erforderlich, dass sich der Einfluss des herrschenden Unternehmens auch auf den Bereich der betriebsungewöhnlichen Geschäftsführungsmaßnahmen erstreckt.[31] 15

In Anbetracht dieser rechtsformspezifischen Hemmnisse ist es nur in Ausnahmefällen denkbar, dass ein Unternehmensgesellschafter überhaupt eine gefestigte Einflussnahmemöglichkeit im Sinne des § 17 AktG erlangt, solange die innere Ordnung der Personengesellschaft nicht abweichend vom gesetzlichen Modell ausgestaltet wurde.[32] 16

b) Anderweitige Ausgestaltung des Gesellschaftsvertrags. Anders ist dies jedoch, wenn die Binnenordnung der Gesellschaft durch entsprechende Vereinbarungen im Gesellschaftsvertrag abweichend vom dispositiven Gesetzesrecht ausgestaltet wurde, zB indem Mehrheitsbeschlüsse zugelassen werden und außerdem nach Kapitalanteilen anstatt nach Köpfen abgestimmt wird; in dieser Situation, die realiter die Regel darstellen dürfte, ist eine **Mehrheitsherrschaft** eines fremdunternehmerisch tätigen Gesellschafters auch bei Personengesellschaften denkbar.[33] Bei einer solchen Ausgestaltung des Gesellschaftsverhältnisses hat die Abhängigkeitsvermutung des § 17 17

---

[30] Ist er nicht der einzige „Geschäftsführer", so kann ihm diese Stellung deshalb keinen beherrschenden Einfluss vermitteln, da alle anderen Mitgeschäftsführer seinen Maßnahmen (nach §§ 115 Abs. 1 2. Hs, 161 Abs. 2 HGB) widersprechen können. Ferner ist zu berücksichtigen, dass die Vornahme von ungewöhnlichen Geschäften gemäß §§ 116, 164 HGB die Zustimmung aller Gesellschafter erfordert, so dass auch insoweit die Gesellschaft nicht dem Willen des Unternehmensgesellschafters unterworfen ist. Vgl. etwa *Burbach*, Konzernabhängige Personenhandelsgesellschaft, 101; MüKoGmbHG/*Liebscher* Anh. § 13 (GmbH-KonzernR) Rn. 1211; Schlegelberger/ *Martens* Anh. § 105 HGB Rn. 11.

[31] MüKoGmbHG/*Liebscher* Anh. § 13 (GmbH-KonzernR) Rn. 1211; Schlegelberger/*Martens* Anh. § 105 HGB Rn. 11 aE; *Zöllner* ZGR 1977, 319 (334 aE); scheinbar auch *Löffler*, Abhängige Personengesellschaft, 11 f.; aA *Baumgartl*, Konzernbeherrschte Personengesellschaft, 16; *Schneider* ZGR 1977, 335 (346 f.).

[32] Eine Abhängigkeit ist ohne gesellschaftsvertragliche Modifikation des gesetzlichen Leitbildes allerdings dann denkbar, wenn die generell mit der Gesellschafterstellung verbundenen Einflussnahmemöglichkeiten auf die Geschäftsführung ausnahmsweise durch weitere rechtliche oder tatsächliche Umstände derart verstärkt werden, dass ein Unternehmensgesellschafter eine gesicherte Herrschaftsstellung erlangt. Vgl. MüKoGmbHG/*Liebscher* Anh. § 13 (GmbH-KonzernR) Rn. 1212 Fn. 6; *Schießl*, Beherrschte Personengesellschaft, 10.

[33] *Emmerich* FS Stimpel, 743 (745); *Emmerich/Habersack* KonzernR § 33 III Rn. 9; MüKoGmbHG/*Liebscher* Anh. § 13 (GmbH-KonzernR) Rn. 1213; Schlegelberger/ *Martens* Anh. § 105 HGB Rn. 11.

15. Kapitel. Die Gesellschaft im Konzern

Abs. 2 AktG im Falle einer Mehrheitsbeteiligung im Sinne des § 16 AktG auch im Personengesellschaftsrecht ihre Berechtigung.³⁴

18 Wichtigstes Beherrschungsmittel neben der vom gesetzlichen Leitbild abweichenden Ausgestaltung des Abstimmungsmodus innerhalb der Gesellschafterversammlung ist die **alleinige Geschäftsführungs- und Vertretungsbefugnis** eines Unternehmensgesellschafters, sofern sich das Geschäftsführungsrecht **auch auf außergewöhnliche Geschäftsführungsmaßnahmen** erstreckt bzw. über solche Entscheidungen mehrheitlich Beschluss gefasst wird und der Unternehmensgesellschafter auch die Gesellschafterversammlung beherrscht.³⁵ Aber auch andere Vereinbarungen sind geeignet, ein Abhängigkeitsverhältnis zu begründen, zB ein Sonderrecht eines Unternehmensgesellschafters zur Entziehung der Geschäftsführungs- und Vertretungsmacht oder ein gesellschaftsvertraglich begründetes Weisungsrecht eines Kommanditisten gegenüber dem Geschäftsführenden.³⁶

19 Als eigentliche **Quelle der Abhängigkeit** erweist sich daher bei Personengesellschaften beinahe immer der **Gesellschaftsvertrag**: Die Gesellschafter können die Machtverhältnisse innerhalb der Gesellschaft weitgehend privatautonom ausgestalten und auf diesem Wege einem Unternehmensgesellschafter beherrschenden Einfluss auf die Personengesellschaft sichern bzw. überhaupt die Chance einer Beherrschung schaffen oder auch die Entstehung eines Abhängigkeits- und Konzernverhältnisses weitgehend ausschließen.³⁷ Eine solche, die Entstehung von Herrschaftslagen begünstigende Ausgestaltung der inneren Ordnung der Gesellschaft kommt in der Praxis keineswegs selten vor; gerade Mehrheitsentscheidungen werden im Interesse einer flexiblen Unternehmensführung häufig, bei einer GmbH & Co. KG gar regelmäßig, vorgesehen.

20 Hat ein Gesellschafter eine dominierende Stellung innerhalb der Personengesellschaft erlangt, so ist seine **Leitungsmacht** oftmals, vor allem wenn er selbst alleiniger Geschäftsführer ist oder er über geschäftsführungsbezogene Sonderrechte verfügt, **umfassender als** sie selbst **im Vertragskonzern-**

---

³⁴ MüKoGmbHG/*Liebscher* Anh. § 13 (GmbH-KonzernR) Rn. 1215; in diesem Sinne auch BAG Beschl. v. 30.3.2004 – 1 ABR 61/01, ZIP 2004, 1468 (1474f.) – Bofrost.

³⁵ *Kleindiek*, Strukturvielfalt, 6; KöKo/*Koppensteiner* § 17 AktG Rn. 6; MüKoGmbHG/*Liebscher* Anh. § 13 (GmbH-KonzernR) Rn. 1214; *Schießl*, Beherrschte Personengesellschaft, 10f.; aA bezüglich der Notwendigkeit der Einbeziehung außergewöhnlicher Maßnahmen: MüKoHGB/*Mülbert* KonzernR Rn. 56, 58.

³⁶ Zusammenfassend zu den denkbaren Beherrschungsmitteln *Burbach*, Konzernabhängige Personenhandelsgesellschaft, 100 ff.; MüKoGmbHG/*Liebscher* Anh. § 13 (GmbH-KonzernR) Rn. 1214; Vgl. zur Abhängigkeit einer KG von einem Kommanditisten durch Einräumung eines Weisungsrechts in Geschäftsführungsfragen oder Übertragung rechtsgeschäftlicher Vertretungsmacht BGHZ 17, 392 (394); 51, 198 (201); *Kleindiek*, Strukturvielfalt, 106 f.; *Löffler*, Abhängige Personengesellschaft, 12 f.

³⁷ *Baumgartl*, Konzernbeherrschte Personengesellschaft, 15 ff., 78 f.; Heymann/*Emmerich* Anh. § 105 HGB Rn. 5; *Emmerich/Habersack* KonzernR § 3 IV Rn. 47; MüKoGmbHG/*Liebscher* Anh. § 13 (GmbH-KonzernR) Rn. 1215; *Liebscher*, Konzernbildungskontrolle, 306.

recht der Aktiengesellschaft je sein könnte. Denn das Personengesellschaftsrecht kennt keine strenge Kompetenzverteilung zwischen verschiedenen Gesellschaftsorganen, welche nur mittelbare Einflussnahmen auf die Geschäftsführung erlaubt.[38]

3. Konzern im Sinne des § 18 AktG

Gemäß § 18 AktG liegt ein Konzern vor, wenn ein oder mehrere Unternehmen unter der **einheitlichen Leitung** eines anderen Unternehmens zusammengefasst sind. „Einheitliche Leitung" in diesem Sinne ist dann anzunehmen, wenn das herrschende Unternehmen Einfluss auf die **zentralen unternehmerischen Bereiche der Untergesellschaft**, insbesondere die Finanzpolitik, nimmt (einheitliche konzernweite Finanzplanung).[39] Nach zutreffender Ansicht genügt jedoch auch die Wahrnehmung unternehmerischer Leitungsfunktionen in anderen grundsätzlichen Fragen der Unternehmenspolitik bzw. eine teilweise Koordination der Unternehmenstätigkeiten von abhängigem und herrschendem Unternehmen, sofern dem Konzernunternehmen hierdurch eine eigenständige Planung und Entscheidung weitgehend unmöglich gemacht wird.[40] Zur Konzernierung des abhängigen Unternehmens kommt es somit dann, wenn das herrschende Unternehmen die abhängigkeitsstiftenden Einflusspotentiale einsetzt, um die Geschäftspolitik der abhängigen Unternehmen auf seine anderweitigen unternehmerischen Interessen hin abzustimmen. Charakteristisch ist die **zielgerichtete Herrschaftsausübung**. 21

Da der Nachweis einer solchen einheitlichen Leitung außerordentlich schwierig ist, wird eine Konzernlage gemäß § 18 Abs. 1 S. 2 AktG, also insbesondere dann, wenn der Gesellschaftsvertrag einen entsprechenden Charakter annimmt, bei Vorliegen eines Beherrschungsvertrages unwiderleglich und gemäß § 18 Abs. 1 S. 3 AktG bei Abhängigkeit im Sinne des § 17 AktG widerlegbar vermutet. Diese Konzernvermutungen sind nach zutreffender hM auch und gerade im Personengesellschaftsrecht anwendbar; dies gilt so- 22

---

[38] Vielmehr kann das herrschende Unternehmen, sofern es zugleich die Geschäfte führt oder es direkt auf die Geschäftsführung einwirken kann, Maßnahmen, die seinen Konzerninteressen dienen, unmittelbar selbst vornehmen, ohne irgendwelche Weisungen erteilen zu müssen. Selbst wenn ein derartiger Einfluss auf die Geschäftsführung nicht existiert, besteht bei einer vom gesetzlichen Ideal abweichenden Ausgestaltung der Kompetenzordnung – ebenso wie bei der GmbH – für ein herrschendes Unternehmen die Möglichkeit, über die von ihm dominierte Gesellschafterversammlung lenkend in die Geschäftsführung einzugreifen. *Baumgartl*, Konzernbeherrschte Personengesellschaft, 19; *Huber* ZHR 152 (1988), 1 (22); MüKoGmbHG/*Liebscher* Anh. § 13 (GmbH-KonzernR) Rn. 138; *Löffler*, Abhängige Personengesellschaft, 13.

[39] LG Mainz AG 1991, 30 (31) – Asko/Massa; KöKo/*Koppensteiner* § 18 AktG Rn. 17 ff. mwN, der im Rahmen des § 18 AktG insb. auf eine konzernweite Finanzplanung abstellt.

[40] LG Köln AG 1985, 252 (253) – JVG; MüKoAktG/*Bayer* § 18 Rn. 28 ff.; *Emmerich/Habersack* KonzernR § 4 III Rn. 14; MHdB AG/*Krieger* § 68 Rn. 70 f.; *Raiser/Veil* Kapitalgesellschaften § 51 Rn. 33 ff.

wohl für die Vermutung des § 18 Abs. 1 Satz 2 AktG[41] als auch für die Vermutung des § 18 Abs. 1 Satz 3 AktG.[42]

4. Unterscheidung von Konzernierungsgraden

23 Bei Kapitalgesellschaften wird üblicherweise zwischen faktischen und Vertragskonzernen sowie innerhalb der auf Ausübung tatsächlicher Herrschaftsmacht basierenden Unternehmensverbindungen zwischen den Fällen der schlichten Abhängigkeit und denen der (regelmäßig damit in Anbetracht der Konzernvermutung des § 18 Abs. 2 AktG einhergehenden) Konzernierung unterschieden. Ob diese Kategorien ohne weiteres auch für das Personengesellschaftsrecht übernommen werden können, ist umstritten.[43] Vor allem vor dem Hintergrund der unmittelbaren Einwirkungsmöglichkeiten des herrschenden Unternehmens auf die Geschäftsführung der beherrschten Personengesellschaft wird teilweise davon ausgegangen, dass es nur zwei relevante Verbundsformen gäbe: Einerseits die konzernfreie Abhängigkeit und andererseits die Fälle der Konzernbildung.[44] Zudem wird angenommen, dass der letztgenannte Fall als Vertragskonzern aufzufassen sei, da regelmäßig der Gesellschaftsvertrag Grundlage der Konzernherrschaft des herrschenden Unternehmens ist, so dass er insoweit den Charakter eines Beherrschungsvertrages annimmt.[45]

24 Demgegenüber wird im neueren Schrifttum – zu Recht – dafür plädiert, auch für den Personengesellschaftskonzern zwischen drei Konzernierungsstufen, also zwischen Abhängigkeit, Konzernierung und Vertragskonzern zu unterscheiden.[46] Der Gegenmeinung liegt die unzutreffende Vorstellung zugrunde, dass die Überlagerung oder Verdrängung des Gesellschaftsinteresses der Untergesellschaft das charakteristische Merkmal jeder Konzernbezie-

---

[41] *Baumbach/Hopt* § 105 Rn. 101; MüKoHGB/*Mülbert* KonzernR Rn. 63; GK/*Schäfer* HGB Anh. § 105 Rn. 28 – aA indes *Ebenroth/Boujong/Joost/Lange* HGB Anh. § 105 Rn. 11.

[42] So insb. BGHZ 89, 162 (167) – Heumann/Oglivy; *Kleindiek*, Strukturvielfalt, 358; MüKoGmbHG/*Liebscher* Anh. § 13 (GmbH-KonzernR) Rn. 138; *Löffler*, Abhängige Personengesellschaft, 19 f.; MüKoHGB/*Mülbert* KonzernR Rn. 64; GK/*Schäfer* HGB Anh. § 105 Rn. 29, 58 aE; aA Schlegelberger/*Martens* Anh. § 105 HGB Rn. 8, 13 aE.

[43] Eine Anwendung der an die Abhängigkeit anknüpfenden Konzernvermutung gem. § 18 Abs. 1 S. 3 AktG auf eine abhängige GmbH & Co. KG im Falle der Beherrschung der GmbH & Co. KG aufgrund einer dominierenden Stellung des herrschenden Unternehmens in der Komplementär-GmbH: BAG AG 2012, 632.

[44] *Baumgartl*, Konzernbeherrschte Personengesellschaft, 60 ff., 70 ff.; *Löffler*, Abhängige Personengesellschaft, 17 ff., 52 ff., 164 f.; Schlegelberger/*Martens* Anh. § 105 HGB Rn. 23, 31 ff.

[45] BGH NJW 1980, 231 (232) – Gervais/Danone; Schlegelberger/*Martens* Anh. § 105 HGB Rn. 31 f.; *Raiser/Veil* Kapitalgesellschaften § 54 Rn. 12; aA *Löffler*, Abhängige Personengesellschaft, 22 ff., 40 ff., der einen personengesellschaftsrechtlichen Beherrschungsvertrag für generell unzulässig hält.

[46] *Kleindiek*, Strukturvielfalt, 17 ff.; MüKoGmbHG/*Liebscher* Anh. § 13 (GmbH-KonzernR) Rn. 1227; MüKoHGB/*Mülbert* KonzernR Rn. 145 ff.

hung im Sinne des § 18 AktG sei[47] und deshalb bei Personengesellschaften jede Form der einheitlichen Leitung, dh der Konzernbildung im Sinne des § 18 AktG, einen personengesellschaftsrechtlichen Vertragskonzern begründe und deshalb einer Billigung durch alle Gesellschafter bedürfe.[48] Hiergegen ist einzuwenden, dass das herrschende Unternehmen sein Einflusspotential sowohl im Falle schlichter Abhängigkeit als auch bei (einfacher) Konzernierung nur unter strikter Wahrung des Eigeninteresses des abhängigen Unternehmens nutzen darf.[49] Erst dann, wenn dem herrschenden Unternehmen ausdrücklich gestattet ist, die abhängige Gesellschaft voll in die von ihm definierte Konzernpolitik einzubinden und sie so umfassend auch unter Hintanstellung ihres Eigeninteresses seinen Konzerninteressen dienstbar zu machen, darf das herrschende Unternehmen schädigenden Einfluss auf die Untergesellschaft ausüben.[50]

Unterschieden werden muss mithin zwischen den Fällen **reiner Abhängigkeit** (in denen also die Konzernvermutung des § 18 Abs. 2 AktG widerlegt wird) und den Fällen **einfacher Konzernierung**, bei denen das herrschende Unternehmen zur Leitung nur unter strikter Beachtung des Eigeninteresses der abhängigen Gesellschaft berechtigt ist, sowie den Fällen eines personengesellschaftsrechtlichen Vertragskonzerns, in denen das herrschende Unternehmen die abhängige Gesellschaft kraft gesellschaftsrechtlicher Anordnung oder aufgrund des Abschlusses eines „satzungsüberlagernden" Beherrschungsvertrages unter Hintanstellung von deren Eigeninteresse leiten und es dieses schädigen darf, wenn ihm die qualifizierte Konzernierung gestattet wurde.

III. Konzernrechtliche Grundprobleme

Innerhalb des herrschenden bzw. des abhängigen Unternehmens kommt es zu typischen Konfliktsituationen, die von der Rechtsform der Gesellschaft weitgehend unabhängig sind. Gegenüber Personengesellschaften, deren persönlich haftende Gesellschafter natürliche Personen sind, weist die GmbH & Co. KG insoweit keine grundsätzlichen Besonderheiten auf. Zu beachten ist allerdings, dass konzernrechtliche Probleme bei Personengesellschaften reali-

---

[47] So insb. *Ulmer*, Grundstrukturen, 26, 50; GK/*Schäfer* HGB Anh. § 105 Rn. 32, 59.
[48] So die Begründung von *Emmerich/Habersack* KonzernR § 34 III Rn. 13; GK/*Schäfer* HGB Anh. § 105 Rn. 34, 58.
[49] *Kleindiek*, Strukturvielfalt, 17 ff., 67 ff., 315 ff.; MüKoGmbHG/*Liebscher* Anh. § 13 (GmbH-KonzernR) Rn. 135; *K. Schmidt* Gesellschaftsrecht § 43 III 2.
[50] Selbst wenn jede Konzernierung einer Personengesellschaft einer Zustimmung aller Gesellschafter bedürfte, so ist damit nicht entschieden, ob das herrschende Unternehmen die abhängige Personengesellschaft unter Missachtung von deren Eigeninteresse leiten darf; vielmehr müsste dann ein etwa erforderlicher Konzernierungsbeschluss selbst den Umfang zulässiger Eingriffe des herrschenden Unternehmens festlegen, also bestimmen, ob das herrschende Unternehmen an das Eigeninteresse des abhängigen Unternehmens gebunden bleibt oder es diesem auch im Konzerninteresse Schaden zufügen darf. Vgl. *Kleindiek*, Strukturvielfalt, 37 ff.; MüKoGmbHG/*Kleindiek* Anh. § 13 (GmbH-KonzernR) Rn. 1227, Fn. 6.

ter typischerweise bei Kapitalgesellschaften & Co. auftreten; die beherrschende oder konzerneingebundene Personengesellschaft ist regelmäßig eine GmbH & Co. KG.

1. Herrschendes Unternehmen

27 Die typischen Entstehungstatbestände einer Unternehmensgruppe unter Führung einer Personengesellschaft und die damit einhergehenden typischen Konflikte innerhalb des Unternehmens unterscheiden sich demgemäß nicht von entsprechenden Vorgängen und Interessengegensätzen bei Kapitalgesellschaften.

28 **a) Gruppenbildung.** Besteht nur eine einzige Beteiligungsgesellschaft und beschränkt sich die GmbH & Co. KG auf reine Holdingfunktionen, dh das Halten und Verwalten dieser einen Beteiligung, ohne selbst einen eigenen Geschäftsbetrieb zu unterhalten, so ist dieser Befund konzernrechtlich irrelevant, da der GmbH & Co. KG dann keine Unternehmenseigenschaft zukommt; es fehlt der konzerntypische Interessenkonflikt.[51]

29 Ist die Gesellschaft hingegen **an mehreren Gesellschaften maßgeblich beteiligt**, ist sie als Unternehmen im konzernrechtlichen Sinne selbst dann anzusehen, wenn die GmbH & Co. KG selbst nur Holdingfunktionen wahrnimmt. Denn dann existiert die Gefahr, dass sie ein Beteiligungsunternehmen auf Kosten eines anderen fördert.[52] Problematisiert wird insoweit der Fall, dass eine so genannte Zwischenholding eingeschaltet wird, die mehrere Beteiligungen verwaltet, ihrerseits jedoch von einem maßgeblichen Gesellschafter beherrscht wird, der ausschließlich an der Zwischenholding beteiligt ist und außerhalb dieser Gesellschaft keine gesellschaftsexternen Interessen verfolgt. Nach hM ist regelmäßig allein die Zwischenholding Unternehmen im konzernrechtlichen Sinne, jedoch nicht der an ihr maßgebend beteiligte Gesellschafter, sofern dort die Beteiligungen nicht nur „geparkt", sondern tatsächlich verwaltet werden.[53] Die Einschaltung einer oder mehrerer Zwischenholdings war daher, solange die Rechtsprechung die Figur der Haftung im qualifiziert-faktischen Konzern vertrat, grundsätzlich ein probates Mittel, um konzernrechtliche Haftungsrisiken zu vermeiden. Nach Übergang zum Haftungssystem der Existenzvernichtungshaftung dürfte diese Gestaltung an praktischer Bedeutung verlieren, da die Existenzvernichtungshaftung nicht an konzernrechtliche Voraussetzungen anknüpft, so dass viel dafür spricht,

---

[51] BGHZ 114, 203 (210 f.); BGH AG 1980, 342; OLG Saarbrücken AG 1980, 26 (28); KöKo/*Koppensteiner* § 15 AktG Rn. 35; MüKoGmbHG/*Liebscher* Anh. § 13 (GmbH-KonzernR) Rn. 1218; Schlegelberger/*Martens* Anh. § 105 HGB Rn. 7.

[52] *Emmerich/Habersack* KonzernR § 2 II Rn. 15; MüKoGmbHG/*Liebscher* Anh. § 13 (GmbH-KonzernR) Rn. 1219; Schlegelberger/*Martens* Anh. § 105 HGB Rn. 7; *Raiser/Veil* Kapitalgesellschaften § 51 Rn. 6 aE; aA BGH AG 1980, 342; OLG Saarbrücken AG 1980, 26 (27 f.).

[53] *Emmerich/Habersack* KonzernR § 2 II Rn. 15; MüKoAktG/*Bayer* § 15 Rn. 31; *Hüffer* § 15 AktG Rn. 9a; MHdB AG/*Krieger* § 68 Rn. 8; MüKoGmbHG/*Liebscher* Anh. § 13 (GmbH-KonzernR) Rn. 74 ff., 80; *Ulmer* NJW 1986, 1579 (1586); KöKo/*Koppensteiner* § 15 AktG Rn. 62 ff.; aA *Roth/Altmeppen* Anh. § 13 GmbHG Rn. 8 ff.; Schlegelberger/*Martens* Anh. § 105 HGB Rn. 7 aE.

dass durch die Einschaltung von Zwischenholdinggesellschaften gegenüber der Existenzvernichtungshaftung keine effektive Haftungsabsicherung erzielt werden kann.

Die Personengesellschaft wird weiterhin dann zum herrschenden Unternehmen, wenn sie zwar nur eine einzige Beteiligung hält, sie jedoch **selbst unternehmerisch tätig** ist, da dann das Risiko besteht, dass sie zur Förderung ihres eigenen Geschäftsbetriebs für die Tochtergesellschaft nachteilige Maßnahmen veranlasst.[54] 30

Das Phänomen der herrschenden GmbH & Co. KG setzt somit, da beherrschender Einfluss auf ein anderes Unternehmen stets gesellschaftsrechtlich vermittelt sein muss, voraus, dass die Personengesellschaft selbst an anderen Unternehmen beteiligt ist. Die zur Begründung konzernrechtlicher Konflikte führende Ausgangsentscheidung innerhalb des künftigen herrschenden Unternehmens ist daher stets eine „**Beteiligungsentscheidung**" des nach der inneren Kompetenzordnung hierfür **zuständigen „Gesellschaftsorgans**". Insoweit gibt es grundsätzlich zwei typische Wege, die dazu führen, dass eine Gesellschaft zum herrschenden Unternehmen eines Konzerns wird.[55] Einerseits der Erwerb einer hinreichend großen, einflussbegründenden Beteiligung an einem anderen Unternehmen **(Beteiligungserwerb)**, andererseits die Gründung einer Tochtergesellschaft, wobei vielfach auf diese bestimmte Aktivitäten, die die Gesellschaft bisher selbst wahrgenommen hat, übertragen werden **(Ausgliederung)**. Neben diesen Hauptformen sind jedoch noch andere Situationen denkbar, in denen eine Gesellschaft zum herrschenden Unternehmensgesellschafter einer anderen Gesellschaft wird, so zB die Verstärkung des aus einer Minderheitsbeteiligung fließenden Einflusses derart, dass es zur Abhängigkeit der Untergesellschaft kommt; in diesem Zusammenhang ist beispielsweise der Fall des Zusammenschlusses mit anderen Gesellschaftern des (dann) abhängigen Unternehmens zwecks gemeinsamer Beherrschung zu nennen **(Poolbildung)**.[56] 31

b) Gefahren für die Obergesellschaft. Im Zuge der Entstehung einer Unternehmensverbindung kommt es auf der Ebene des herrschenden Un- 32

---

[54] Vgl. etwa MüKoGmbHG/*Liebscher* Anh. § 13 (GmbH-KonzernR) Rn. 1219; Schlegelberger/*Martens* Anh. § 105 HGB Rn. 7.

[55] *Hommelhoff*, Konzernleitungspflicht, 400; MüKoGmbHG/*Liebscher* Anh. § 13 (GmbH-KonzernR) Rn. 21; *Timm* ZHR 153 (1989), 60 (66); eine solche Ausgliederung kann auf herkömmliche Art und Weise im Wege der Sacheinbringung bestimmter Tätigkeitsgebiete des Unternehmens oder im Wege der Ausgliederung als Unterfall der Spaltung nach § 123 Abs. 3 UmwG erfolgen; die Ausgliederung nach UmwG bleibt im Folgenden außer Betracht, da die Voraussetzungen und Rechtsfolgen einer solchen Maßnahme im Einzelnen gesetzlich geregelt sind.

[56] Heute ist weitgehend anerkannt, dass ein Unternehmen auch von mehreren Gesellschaftern gemeinsam beherrscht werden kann, sofern die Einflussmöglichkeiten der verschiedenen Herrschaftsträger koordiniert werden und die Koordination dauerhaft gesichert ist (sog Mehrmütterherrschaft). Grundlegend BGHZ 63, 193 (196) – Seitz; 74, 359 (360) – BAZ; 80, 69 (73) – Süssen; 95, 330 (349) – Autokran; *MüKo-AktG/Bayer* § 17 Rn. 77; *Emmerich/Habersack* KonzernR § 3 III; KöKo/*Koppensteiner* § 17 AktG Rn. 70; MHdB AG/*Krieger* § 68 Rn. 50 ff.; MüKoGmbHG/*Liebscher* Anh. § 13 (GmbH-KonzernR) Rn. 108 ff.

15. Kapitel. Die Gesellschaft im Konzern

ternehmens zu einem **Kompetenzkonflikt**. Es stellt sich zum einen die Frage, wer innerhalb der Gesellschaft befugt ist, die im Rahmen der Gruppenbildung erforderlichen Maßnahmen zu veranlassen **(Konzernbildung)**. Zum anderen ist nach Vollzug der Gruppenbildung zu fragen, wer dazu berechtigt ist, die entsprechenden konzernrechtlichen Leitungsrechte gegenüber der Tochtergesellschaft auszuüben **(Konzernleitung)**.

33 Die Konfliktlinie verläuft zwischen der alleingeschäftsführungsbefugten Komplementär-GmbH, ihrem Geschäftsführer bzw. (insbesondere in einer nicht personenidentischen GmbH & Co. KG) deren Gesellschaftern einerseits und den (Nur-)Kommanditisten der KG andererseits. Der Erwerb von Beteiligungen, die Gründung von Tochtergesellschaften sowie die Wahrnehmung und die Verstärkung bestehender Beteiligungsrechte sind nämlich unzweifelhaft Akte der **Außenvertretung**, die nach der formalen Kompetenzaufteilung von dem persönlich haftenden Gesellschafter, also der Komplementär-GmbH, vertreten von ihrem Geschäftsführer, der wiederum dem Einfluss der GmbH-Gesellschafter unterliegt, ausgeführt werden. Hiermit ist aber nicht ausgesagt, dass die Komplementär-GmbH auch befugt ist, diese Entscheidungen allein ohne Mitwirkung der Kommanditisten der KG zu treffen. Lange ging man allerdings davon aus, dass der Erwerb und die Verwaltung von Beteiligungen einer Gesellschaft an einem anderen Unternehmen in erster Linie Sache der „Geschäftsführer" des herrschenden Unternehmens sei, denn konzernbildende und -leitende Maßnahmen sind nach herkömmlichen Verständnis **reine Geschäftsführungsmaßnahmen**. Diese würden somit dem persönlich haftenden Gesellschafter obliegen, sofern man nicht von einer außergewöhnlichen Geschäftsführungsmaßnahme im Sinne des § 164 HGB ausgeht bzw. wenn die Geschäftsführungsbefugnis des herrschenden Unternehmens auf außergewöhnliche Geschäftsführungsentscheidungen erweitert wurde.[57]

34 Durch die Entstehung einer Unternehmensverbindung kommt es indes zu **schwerwiegenden Rückwirkungen** auf der Ebene der Obergesellschaft, so dass sich stets die Frage stellt, ob und inwieweit die Gesellschafter des (künftig) herrschenden Unternehmens an Entscheidungen über die Konzernbildung und Konzernleitung zu beteiligen sind. Dies deshalb, weil infolge der Begründung eines Konzernverhältnisses die Mitverwaltungs- und Kontrollrechte der Gesellschafter des herrschenden Unternehmens mediatisiert werden und die Geschäftsführung Einfluss auf Entscheidungen gewinnt, die ohne eine solche Struktur von der Gesellschaftergesamtheit hätten getroffen werden müssen. Beispielhaft sei hier vor allem das Problem der Verwendung von Tochtergewinnen genannt, denn durch Rücklagenbildung in der Tochtergesellschaft vermindert sich entsprechend der zwischen den Gesellschaftern des herrschenden Unternehmens verteilbare Gewinn.[58] Weitere Beispiele für die durch die Gruppenbildung entstehende **Mediatisierung**

---

[57] RGZ 115, 246 (250); BGH WM 1977, 1221 (1223); LG Mainz WM 1977, 904 (906); MüKoGmbHG/*Liebscher* Anh. § 13 (GmbH-KonzernR) Rn. 24 ff; *Mertens* AG 1978, 309 (311 f.).
[58] BGHZ 83, 122 (136 f.) – Holzmüller; MHdB AG/*Hoffmann-Bekking* § 46 Rn. 9 ff.; KöKo/*Koppensteiner* Vorbem. § 291 AktG Rn. 33; *Priester* ZHR 2012, 268.

des Gesellschaftereinflusses sind Kapitalerhöhungsmaßnahmen in der Tochtergesellschaft, die (sonstige) Aufnahme Dritter sowie (sonstige) Änderungen der Struktur der Tochtergesellschaft (Begründung eines Vertragskonzerns, Verschmelzung, Formwechsel, Spaltung, Vermögensübertragung, Auflösung, grundlegende Satzungsänderungen).[59] Jede Unternehmensverbindung führt mithin zu einem Kompetenzkonflikt zwischen der „Geschäftsführung" des herrschenden Unternehmens und den Gesellschaftern der Obergesellschaft, der sachgerecht gelöst werden muss.[60]

2. Abhängiges Unternehmen

Im Hinblick auf eine GmbH & Co. KG als abhängiges Unternehmen 35 stellt sich zunächst die Frage, ob die KG und ihre Komplementär-GmbH bereits einen Konzern bilden; dies ist nicht der Fall. Vielmehr gibt es vier typische Situationen, in denen die KG in Abhängigkeit von einem Unternehmensgesellschafter gerät.[61] Eine solche liegt vor, wenn das herrschende Unternehmen unbeschränkt persönlich haftender Gesellschafter der KG mit Alleingeschäftsführungsbefugnis ist, wenn das Unternehmen mittelbar die KG beherrscht, indem es die Komplementär-Gesellschaft beherrscht, wenn (ausnahmsweise) ein anderweitig unternehmerisch tätiger Kommanditist einen hinreichenden Einfluss auf die Geschicke der KG nehmen kann, obgleich er von der Geschäftsführung und Vertretung der Gesellschaft ausgeschlossen ist und wenn das herrschende Unternehmen ein Gesellschafter oder Dritter kraft seines Weisungsrechts aus einem Beherrschungsvertrages im Sinne des § 291 Abs. 1 Satz 1 AktG ist. Nur in den letztgenannten vier Situationen treten die konzerntypischen Gefahren und Risiken ein, denen das primär als Schutzrecht zugunsten der konzernabhängigen Gesellschaft verstandene Konzernrecht begegnen will.

a) Grundsatz. Regelmäßig besteht kein Abhängigkeits- und Konzern- 36 verhältnis zwischen KG und Komplementär-GmbH. Konzernrechtliche Rechtsgrundsätze können daher auf eine GmbH & Co. KG nicht generell angewandt werden. Zwar kommt der zur Geschäftsführung und Vertretung der KG befugten Komplementär-GmbH innerhalb der Personengesellschaft typischerweise eine dominierende Stellung zu, jedoch beschränkt sich die GmbH regelmäßig darauf, diese Funktion wahrzunehmen. Sie ist in aller Regel selbst nicht (anderweitig) unternehmerisch tätig und auch nicht an weiteren Unternehmen beteiligt. In diesem Idealfall einer GmbH & Co. KG, in dem die GmbH ausschließlich innerhalb der KG tätig ist, ist die Komple-

---

[59] Zusammenfassend KöKo/*Koppensteiner* Vorbem. § 291 AktG Rn. 35 ff.; MHdB AG/*Krieger* § 69 Rn. 42 ff.; *Liebscher*, Konzernbildungskontrolle, 48 ff.

[60] Grundlegend *Lutter* DB 1973, Beil. 21; zusf. zu den infolge der Gruppenbildung auf der Ebene des herrschenden Unternehmens entstehenden Konflikten *Emmerich/ Habersack* KonzernR § 1 III Rn. 28; KöKo/*Koppensteiner* Vorbem. § 15 AktG Rn. 5; Vorbem. § 291 Rn. 16 f.; *Liebscher*, Konzernbildungskontrolle, 13, 37 ff.

[61] GK/*Schäfer* HGB Anh. § 105 Rn. 8 ff.; ausführlich dazu auch MüKoGmbHG/ *Liebscher* Anh. § 13 (GmbH-KonzernR) Rn. 1217 ff.; ähnlich MüKoHGB/*Mülbert* KonzernR Rn. 9 ff.; nur die ersten drei Situationen aufzählend: Unternehmensrechtskommission, Tz. 1709 bis 1711; vgl. auch *K. Schmidt* Gesellschaftsrecht § 43 III 1a.

15. Kapitel. Die Gesellschaft im Konzern

mentär-GmbH daher einem privaten Mehrheitsgesellschafter vergleichbar und ebenso wenig wie dieser als Unternehmen im Sinne der §§ 15 ff. AktG anzusehen.[62] **Komplementär-GmbH und KG** bilden nicht einmal dem „äußeren Anschein" nach einen Konzern.[63] Denn die GmbH & Co. KG ist ein **einheitliches, aus Gründen der Haftungsbeschränkung künstlich** auf zwei Gesellschaften, nämlich die operativ tätige KG und die primär als Haftungsschott fungierende GmbH, **aufgespaltetes Unternehmen**, für das konzernrechtliche Regeln keine Geltung beanspruchen. Anderes kann weder aus der Kaufmannseigenschaft der Komplementär-GmbH (vgl. §§ 6 Abs. 1 HGB, 13 Abs. 3 GmbHG),[64] noch in mitbestimmungsrechtlicher Hinsicht begründet werden.[65]

37 **b) Anderweitige unternehmerische Betätigung der Komplementär-GmbH.** Anders ist dies indes, wenn die Komplementär-GmbH einen eigenen Geschäftsbetrieb unterhält oder an mehreren Gesellschaften (etwa als Komplementärin mehrerer Kommanditgesellschaften) beteiligt ist. In diesem Falle besteht die im konzernrechtlichen Unternehmensbegriff vorausgesetzte mehrfache Interessenlage und die damit einhergehende Gefahr der Verlagerung von Geschäftschancen und Gewinnen zwischen den jeweiligen geschäftlichen Aktivitäten.[66]

38 Die Komplementär-GmbH dürfte allerdings realiter eher selten einen eigenständigen Geschäftsbetrieb unterhalten. **Häufiger** dürfte die Fallgestaltung sein, dass sie an mehreren Gesellschaften maßgebend beteiligt ist; vor allem dürfte es nicht selten vorkommen, dass ein und dieselbe GmbH die

---

[62] *Baumgartl*, Konzernbeherrschte Personengesellschaft, 24 f.; *Binz/Sorg* § 14 Rn. 60; *Emmerich/Habersack KonzernR* § 33 II Rn. 6; MüKoGmbHG/*Liebscher* Anh. § 13 (GmbH-KonzernR) Rn. 1218; *Schießl*, Die beherrschte Personengesellschaft, 5; Schlegelberger/*Martens* Anh. § 105 HGB Rn. 6; MüKoHGB/*Mülbert* KonzernR Rn. 52; MHdB KG/*Gummert* § 50 Rn. 115.

[63] MüKoGmbHG/*Liebscher* Anh. § 13 (GmbH-KonzernR) Rn. 1218; aA *Emmerich/Habersack KonzernR* § 33 II Rn. 5.

[64] So aber *Baumbach/Hueck* AktG § 15 Rn. 4; aA zutr. *Baumgartl*, Konzernbeherrschte Personengesellschaft, 24 f.; *MüKoAktG/Bayer* § 15 Rn. 46, 49; MüKoGmbHG/*Liebscher* Anh. § 13 (GmbH-KonzernR) Rn. 1218.

[65] Im Mitbestimmungsrecht ist heftig umstritten, ob § 5 MitbestG auf eine GmbH & Co. KG generell Anwendung findet, weil KG und Komplementär-GmbH einen Konzern iSd Vorschrift bilden. Nach zutr. hM ist dies indes nicht der Fall, da das MitbestG von demselben Unternehmens- und Konzernbegriff ausgeht wie die §§ 15 ff. AktG. Auch mitbestimmungsrechtlich liegt ein Konzern nur vor, wenn sich die Komplementär-GmbH nicht darauf beschränkt, Geschäftsführungs- und Vertretungsfunktionen einer einzigen KG wahrzunehmen, sondern sie eigene unternehmerische Interessen verfolgt, vgl. OLG Celle BB 1979, 2502 (2503); OLG Bremen DB 1980, 1332 (1334 f.); MHdB KG/*Gummert* § 50 Rn. 115 f. *Fitting/Wlotzke/Wißmann* § 4 MitbestG Rn. 29; § 5 Rn. 13; aA *Ulmer/Habersack/Henssler* § 5 MitbestG Rn. 17 f.

[66] *Baumgartl*, Konzernbeherrschte Personengesellschaft, 24; *Bitter*, Durchgriffshaftung, 60; MüKoGmbHG/*Liebscher* Anh. § 13 (GmbH-KonzernR) Rn. 1219; zustimmend *Emmerich/Habersack KonzernR* § 33 II Rn. 6, wenn auch insgesamt etwas zurückhaltender; MHdB KG/*Gummert* § 50 Rn. 116; Schlegelberger/*Martens* Anh. § 105 HGB Rn. 6; MüKoHGB/*Mülbert* KonzernR Rn. 54; GK/*Schäfer* HGB Anh. § 105 Rn. 22.

Komplementärstellung in mehreren Kommanditgesellschaften wahrnimmt, sei es, da die Initiatoren den Aufwand für die Gründung einer eigenständigen Komplementär-GmbH für ein weiteres unternehmerisches Engagement scheuen, sei es, dass sie glauben, eine solche Unternehmensstruktur leichter handhaben zu können (sog. „sternförmige" GmbH & Co. KG). Gerade **bei der personenidentischen GmbH & Co. KG** dürften diese Erwägungen häufiger dazu führen, dass eine Konzernstruktur begründet wird; erschwerend kommt hinzu, dass sich die Gesellschafter dieser Umständ häufig nicht bewusst sind. Eine solche Konstellation sollte indes vermieden werden, um die durch Gründung einer GmbH & Co. KG erstrebte Risikobegrenzung nicht zu schwächen. Vielmehr sollte auch und gerade bei der personenidentischen GmbH & Co. KG, wenn von demselben Initiatorenkreis ein weiteres unternehmerisches Engagement begründet wird, welches durch eine eigenständige Gesellschaft (regelmäßig eine KG) wahrgenommen werden soll, für dieses eine neue Komplementär-GmbH gegründet werden.

c) Mittelbare Beherrschung. Weiterhin ist ein Abhängigkeits- und 39 Konzernverhältnis hinsichtlich der GmbH & Co. KG dann denkbar, wenn die allein an der KG beteiligte, selbst unternehmerisch nicht tätige Komplementär-GmbH ihrerseits von einem Gesellschafter beherrscht wird, der weitergehende externe unternehmerische Interessen verfolgt. In diesem Falle ist das herrschende Unternehmen mittelbar über die von ihm dominierte Komplementär-GmbH an der Personengesellschaft beteiligt und übt so auch auf Letztere maßgebenden Einfluss aus.[67] So genannte **mittelbare Abhängigkeitsverhältnisse** werden ausdrücklich in § 17 Abs. 1 AktG erfasst, so dass auch Enkel-, Mutter- und Großmuttergesellschaften in den Anwendungsbereich der konzernrechtlichen Schutzvorschriften einbezogen werden.[68]

Eine derartige mittelbare Abhängigkeit der GmbH & Co. KG wegen Be- 40 herrschung der Komplementär-GmbH durch einen Unternehmensgesellschafter findet sich **häufig bei nicht personenidentischen GmbH & Co. KGs**, bei denen regelmäßig bewusst einer unternehmerisch befähigten Person oder einer Gruppe von Personen, die häufig zudem konsortialvertraglich gebunden sind und so ihre Einflusspotentiale bündeln, alle oder die Mehrheit der Geschäftsanteile der Komplementär-GmbH zustehen. Allerdings ist eine solche mittelbare Abhängigkeit auch bei personenidentischen GmbH & Co. KGs denkbar, wenn ein Unternehmensgesellschafter maßgebend an KG und Komplementär-GmbH beteiligt ist.

d) Der herrschende Kommanditist. Die Abhängigkeit einer GmbH & 41 Co. KG knüpft häufig, wenn nicht gar typischerweise, an die regelmäßig beherrschenden Stellung der Komplementär-GmbH bzw. an eine Beherr-

---

[67] BAG AG 1991, 434 (436); BAG AG 2012, 632; MüKoGmbHG/*Liebscher* Anh. § 13 (GmbH-KonzernR) Rn. 1220; *Limmer* GmbHR 1992, 265; Schlegelberger/ *Martens* Anh. § 105 HGB Rn. 6; MüKoHGB/*Mülbert* KonzernR Rn. 59; *Schießl*, Beherrschte Personengesellschaft, 5; Unternehmensrechtskommission Tz. 1710.

[68] MüKoAktG/*Bayer* § 17 Rn. 72 ff.; *Emmerich/Habersack* KonzernR § 3 II Rn. 17; *Hüffer* § 17 AktG Rn. 4; MHdB AG/*Krieger* § 68 Rn. 48 ff.

schung dieser innerhalb der KG dominierenden Gesellschaft durch einen ihrer Gesellschafter an. Zwingend ist diese Konstellation indessen nicht. Vielmehr kann das herrschende Unternehmen auch (Nur-)Kommanditist der KG sein.[69] Allerdings dürfte diese Fallgestaltung selten anzutreffen sein, da sie eine bestimmte innere Ordnung der KG voraussetzt, die allerdings im Rahmen der gesellschaftsvertraglichen Gestaltungsfreiheit ohne weiteres geschaffen werden kann. Grundlage einer solchen Beherrschung der KG durch einen Kommanditisten ist, dass dieser hinreichend Einfluss auf die Geschäftsführung durch die Komplementär-GmbH nehmen kann, obwohl er an dieser gerade nicht oder zumindest nicht maßgebend beteiligt ist.

42 Dieser Einfluss kann **aus Sonderrechten des Kommanditisten**, etwa einem gesellschaftsvertraglichen Weisungsrecht gegenüber der „Geschäftsführung" resultieren oder daraus, dass der **Gesellschafterversammlung** der KG eine Stellung eingeräumt wird, wie sie im gesetzlichen Regelfall bei der GmbH existiert. Dies setzt regelmäßig voraus, dass dort nicht nach Köpfen, sondern nach Kapitalanteilen abgestimmt und umfassend das Mehrheitsprinzip eingeführt wird. Ferner muss weitgehend sichergestellt werden, dass die Geschäftsführung zur Durchführung einer Maßnahme (von erheblichem Gewicht) eines zustimmenden Beschlusses der Gesellschaftergesamtheit bedarf oder die Gesellschafterversammlung gar in beliebigem Umfang Weisungen an die „Geschäftsführung" erteilen kann. Allerdings sind auch andere Situationen denkbar, in denen der aus der Beteiligung eines Kommanditisten fließende Einfluss aus sonstigen Gründen derart verstärkt wird, dass ein Abhängigkeitsverhältnis entsteht; diese sind jedoch eher seltene Ausnahmefälle.

43 e) Gefahren für die Untergesellschaft. Das herrschende Unternehmen ist – wie dargelegt – ein Wirtschaftsunternehmen, welches am Markt außerhalb des abhängigen Unternehmens wirtschaftliche Interessen verfolgt. Aufgrund dieses unternehmerischen Doppelinteresses des maßgebenden Teilhabers besteht die Gefahr, dass das herrschende Unternehmen seinen Einfluss **zum Nachteil der beherrschten Gesellschaft nutzen** wird und so vor allem die Vermögensinteressen der übrigen (außenstehenden) Gesellschafter, zB deren Gewinnbezugsrecht, verletzt. Es wird somit die idealiter vorhandene Interesseneinheit zwischen den Teilhabern in Frage gestellt, da die Geschäftsführung des abhängigen Unternehmens fremdbestimmt ist und der Konzernherr womöglich seinen Einfluss nach Maßgabe seines außerhalb der Gesellschaft betriebenen unternehmerischen Sonderinteresses ausübt **(sog. Konzernkonflikt).**[70] Das herrschende Unternehmen betreibt nämlich eine eigenständige Unternehmenspolitik und bezieht die abhängige Gesellschaft mittels Ausübung seiner Herrschaftsrechte in diese Konzernpolitik mit ein. Auch wenn das herrschende Unternehmen regelmäßig nicht beabsich-

---

[69] *Baumgartl*, Konzernbeherrschte Personengesellschaft, 18; *Laule* FS Semler, 451 (543); MüKoGmbHG/*Liebscher* Anh. § 13 (GmbH-KonzernR) Rn. 1221; *Löffler*, Abhängige Personengesellschaft, 12; Schlegelberger/*Martens* Anh. § 105 HGB Rn. 11.

[70] Grundlegend BGHZ 69, 334 (336) – VEBA/Gelsenberg; 80, 69 (72f.) – Süssen; vgl. auch *Emmerich/Habersack* KonzernR § 1 III Rn. 25; MHdB AG/*Krieger* § 68 Rn. 6ff.; *Wiedemann*, Unternehmensgruppe, 39.

tigt, die Tochtergesellschaft auszuplündern oder zu schädigen, so wird durch die Gruppenbildung doch aus einem autonomen Marktanbieter ein fremdbestimmter Teil einer größeren Wirtschaftseinheit. Entscheidungsmaßstab der „Geschäftsführung" der beherrschten GmbH & Co. KG ist also nicht mehr allein das Eigeninteresse dieses Unternehmens, sondern das vom Konzernherrn vorgegebene **Konzerninteresse**. Die konzernfreie Minderheit ist dann auch nicht mehr ohne weiteres in der Lage, eine allein den Interessen der Muttergesellschaft dienende „Geschäftsführung" und Gewinnverwendung zu verhindern. Hauptanliegen des vornehmlich als Schutzrecht zugunsten der abhängigen Gesellschaft verstandenen Konzernrechts ist es, diesen auf der Ebene des abhängigen Unternehmens entstehenden Interessenkonflikt zu lösen.

Zugleich geht es um den **Schutz der Gläubiger** des abhängigen Unternehmens. Diesen haftet nämlich grundsätzlich allein das Vermögen des abhängigen Unternehmens; insbesondere bei einer GmbH & Co. KG steht keine Privatperson für die Gesellschaftsverbindlichkeit mit ihrem Privatvermögen ein, sondern als Haftungsmasse steht den Gläubigern allein das KG-Vermögen und das Vermögen der regelmäßig (abgesehen von der Mindeststammeinlage von 25.000 EUR) vermögenslosen Komplementär-GmbH zur Verfügung. Den Gläubigern droht daher die **Gefahr**, dass das ihnen **haftende Vermögen** der GmbH & Co. KG **ausgehöhlt** bzw. infolge der Einflussnahme des herrschenden Unternehmens geschmälert wird.[71]

44

IV. Die beherrschte GmbH & Co. KG

Die zentralen konzernrechtlichen Rechtsprobleme stellen sich im Hinblick auf die beherrschte GmbH & Co. KG. Diese Probleme und die insoweit vorgeschlagenen Lösungen sind – wie dargelegt – weitgehend identisch mit der allgemeinen konzernrechtlichen Problematik im Personengesellschaftsrecht. Zu beachten ist allerdings, dass gerade GmbH & Co. KGs **häufig** über eine **kapitalistische Realstruktur** verfügen, dh an ihnen – mit Ausnahme des herrschenden Unternehmens – häufig nur Personen beteiligt sind, die in der Gesellschaft nicht unternehmerisch tätig sind und die auch keinen unternehmerischen Einfluss nehmen können und sollen. Damit einhergehend verfügt die Gesellschaft vielfach über eine an kapitalgesellschaftsrechtliche Vorbilder angelehnte (Kompetenz-) Ordnung. Hierdurch wird die Gesellschaft zum einen konzernrechtlichen Einflüssen geöffnet und zum anderen entfernt sie sich vom gesetzlichen Leitbild einer Mitunternehmergemeinschaft. Dieser Befund kann nicht unberücksichtigt bleiben, so dass die regelmäßig sehr strengen konzernrechtlichen Maßstäbe, die überwiegend für strukturtypische Personengesellschaften entwickelt wurden, bei solchen kapitalistisch verfassten GmbH & Co. KGs teilweise sachgerecht einzuschränken sind.

45

---

[71] Vgl. Begr. RegE zum AktG 1965, abgedr. *Kropff* AktG 1965, 373 ff.; *Liebscher*, Konzernbildungskontrolle, 12.

15. Kapitel. Die Gesellschaft im Konzern

1. Zulässigkeit der (vertraglichen) Konzernierung einer Personengesellschaft

46 Vor die Klammer gezogen werden soll zunächst die heute weitgehend geklärte Frage, ob die (vertragliche) Konzernierung einer Personengesellschaft, dh die einheitliche Leitung durch das herrschende Unternehmen (gegebenenfalls unter vorrangiger Berücksichtigung von dessen Konzerninteressen) überhaupt zulässig ist. Anders als die Möglichkeit einer einfachen Abhängigkeit einer Personengesellschaft, die seit jeher unbestritten ist, war lange streitig, ob eine Personengesellschaft überhaupt konzerniert werden darf, wobei zu beachten ist, dass die (wohl noch) hM eine Konzernierung mit einem Vorrang des vom herrschenden Unternehmen verfolgten Konzerninteresses vor dem Eigeninteresse des abhängigen Unternehmens gleichsetzt. Die Zulässigkeit der Konzernierung einer Personengesellschaft, namentlich einer GmbH & Co. KG, ist heute indes weitgehend anerkannt.[72]

47 Die insoweit früher vorgebrachten Zweifel, die im Wesentlichen mit dem Grundsatz der Selbstorganschaft, dem Abspaltungsverbot und dem Charakter der Personengesellschaft als Arbeits- und Haftungsgemeinschaft, der eine (vorrangige) Verfolgung von Konzerninteressen und eine fremdbestimmte persönliche Haftung des Komplementärs ausschließe, begründet wurden,[73] greifen nicht durch.[74] Beachtlich war insoweit insbesondere der Einwand wirtschaftlicher Selbstentmündigung und das Risiko einer fremdbestimmten persönlichen Haftung; diese Gesichtspunkte begründen jedoch dann keine grundlegenden Bedenken gegen eine derartige Konzernierung, wenn – wie im Falle einer typischen GmbH & Co. KG – **keine natürlichen Personen einer persönlichen unbeschränkten Haftung** für im Konzerninteresse veranlasste Maßnahmen unterliegen[75] oder das herrschende Unternehmen die **persönlich haftenden (Privat-)Gesellschafter** im Innenverhältnis **von der** (fremdbestimmten) **persönlichen Haftung freistellt**.[76] Hinzu kommt, dass eine umfassende Konzerneinbindung nach heute hM ohnehin

---

[72] BGH NJW 1980, 231 – Gervais/Danone; *Baumbach/Hopt* § 105 HGB Rn. 103; Baumgartl, Konzernbeherrschte Personengesellschaft, 43 ff.; Heymann/*Emmerich* Anh. § 105 HGB Rn. 19 f.; *K. Schmidt* Gesellschaftsrecht § 17 IV 3a; MüKoGmbHG/*Liebscher* Anh. § 13 (GmbH-KonzernR) Rn. 1259; im Grundsatz ebenso MüKoHGB/*Mülbert* KonzernR Rn. 149, der allerdings für die Zulässigkeit der Konzernierung von Personengesellschaften die (zumind. konkludente) Vereinbarung eines sog „dienenden" Verbandszwecks, durch den die Tätigkeit der Gesellschaft auf das Sonderinteresse des herrschenden Unternehmens ausgerichtet wird, fordert.

[73] Heymann/*Emmerich* § 105 HGB 1.Aufl. Rn. 121; *Flume* § 14 X; *Reuter* AG 1986, 130, der personengesellschaftsrechtlichen Unternehmensverträgen nur schuldrechtlichen Charakter zugesteht; ähnlich *Löffler*, Abhängige Personengesellschaft, 42 ff.

[74] Eingehend zu den Gegenargumenten Baumgartl, Konzernbeherrschte Personengesellschaft, 42 ff.; MüKoHGB/*Mülbert* KonzernR Rn. 166; Schlegelberger/*Martens* Anh. § 105 HGB Rn. 32 ff.; *Schießl*, Beherrschte Personengesellschaft, 43 ff.

[75] BayObLG NJW 1993, 1804 – BSW; zust. *Baumbach/Hopt* § 105 HGB Rn. 105; Emmerich/*Habersack* KonzernR § 34 IV Rn. 18; MüKoGmbHG/*Liebscher* Anh. § 13 (GmbH-KonzernR) Rn. 1260.

[76] S.o. die Nachweise in → Fn. 73.

in aller Regel gegen den Widerstand einer opponierenden Minderheit nicht möglich ist.

2. Konzernbildungskontrolle

Entscheidendes Gewicht kommt daher heute der ins Zentrum der konzernrechtlichen Diskussion gerückten Frage zu, unter welchen gesellschafts- und konzernrechtlichen Voraussetzungen eine Personengesellschaft in eine Unternehmensgruppe eingebunden werden kann, insbesondere ob und, wenn ja, in welcher Form die Begründung der Abhängigkeit einer Personengesellschaft, ihre Konzerneinbindung bzw. die Begründung eines personengesellschaftsrechtlichen Vertragskonzerns eine Mitwirkung der anderen (konzernfreien) Gesellschaft des abhängigen Unternehmens erfordert, so dass diese bereits die Entstehung der Unternehmensverbindung abwehren oder ihre Zustimmung von geeigneten Vereinbarungen abhängig machen kann, die sie (zumindest vermögensmäßig) vor etwaigen negativen Folgen einer Abhängigkeits- und Konzernbeziehung schützen. Sofern eine effektive Konzernbildungskontrolle stattfindet, dh die Selbständigkeit des Unternehmens geschützt werden kann, würde zugleich die Notwendigkeit der Entwicklung weitergehender Schutzinstrumente zum Schutz des abhängigen Unternehmens und seiner Gesellschafter weitgehend entfallen. Denn wer sich selbst zu schützen vermag, den braucht die Rechtsordnung vor den Folgen einer gegebenenfalls negativen Entwicklung nicht umfänglich zu bewahren. 48

a) Schlichte Abhängigkeit. Im Rahmen der Begründung eines effektiven konzernrechtlichen Präventivschutzes kommt insbesondere dem Zeitpunkt der Bildung der Unternehmensgruppe durch Entstehung einer Abhängigkeitslage im Sinne des § 17 AktG entscheidende Bedeutung zu; daher wird dieser Zeitpunkt, in dem es zur Entstehung der Unternehmensverbindung kommt, als **„archimedischer Punkt des Konzernrechts"** bezeichnet.[77] 49

Insoweit geht es vor allem um die Verhinderung der nachträglichen Begründung der Abhängigkeit einer Personengesellschaft. In aller Regel wird eine Personengesellschaft **als unabhängiges**, nicht von einem Unternehmensgesellschafter beherrschtes **Unternehmen gegründet**. Zwingend ist dies indes nicht. Es kann auch im Zeitpunkt des Vertragsschlusses bereits ein Gesellschafter mit intern maßgebender Stellung anderweitig unternehmerisch tätig sein, so dass die Gesellschaft als abhängiges Unternehmen zur Entstehung gelangt. Auch wenn ein unternehmerisches Doppelengagement des maßgebenden Teilhabers im Gesellschaftsvertrag nicht gesondert gestattet wird, folgt aus dem Rechtsgedanken des § 112 Abs. 2 HGB, dass in diese Abhängigkeit der Gesellschaft, die in Kenntnis der insoweit maßgebenden Umstände begründet wurde, eingewilligt wurde.[78] Soll die Gesellschaft als 50

---

[77] *Behrens* ZGR 1975, 433 (440 f.); *Lutter/Timm* NJW 1982, 409 (411); *Liebscher*, Konzernbildungskontrolle, 34; MüKoGmbHG/*Liebscher* Anh. § 13 (GmbH-KonzernR) Rn. 167.

[78] Die Mitgesellschafter können später nicht Unterlassung der Verfolgung anderweitiger unternehmerischer Aktivitäten des herrschenden Unternehmens verlangen

15. Kapitel. Die Gesellschaft im Konzern

abhängige Gesellschaft gegründet werden, ist mithin entscheidend, dass das herrschende Unternehmen seine Mitgesellschafter über alle insoweit maßgebenden Umstände aufklärt. Vor allem sollte es darüber aufklären, in welchem Umfang es anderweitig unternehmerisch tätig ist, in welcher Art und Weise dies erfolgt – insbesondere ob es ein Konkurrenzunternehmen betreibt –, welche geschäftlichen Beziehungen zwischen abhängigem und seinem eigenen Unternehmen geplant sind usw. Unterlässt das herrschende Unternehmen dies, läuft es Gefahr, späteren Abwehrmaßnahmen seiner Mitgesellschafter ausgesetzt zu sein.

51 Auch im Hinblick auf eine denkbare **nachträglich eintretende Abhängigkeit** ist der Zeitpunkt der Gründung der GmbH & Co. KG vielfach entscheidend. Personengesellschaften sind nach dem gesetzlichen Leitbild weitgehend konzernresistent, so dass ein Abhängigkeitsverhältnis nachträglich nur dann entstehen kann, wenn der Gesellschaftsvertrag vom dispositiven Gesetzesrecht erheblich abweichende Regelungen trifft, die die GmbH & Co. KG möglichen beherrschenden Einflüssen öffnet (→ Rn. 12 ff.). Die typischen Wege der Entstehung einer Abhängigkeitslage – mit Ausnahme der Aufnahme eines anderweitigen unternehmerischen Engagements durch einen maßgebenden Teilhaber, gegen den das Wettbewerbsverbot des § 112 HGB nur begrenzten Schutz bietet – unterliegen dann nämlich grundsätzlich einem einstimmigen Gesellschafterbeschluss, so dass etwa eine **Abhängigkeitsbegründung** durch Änderung des Gesellschaftsvertrages oder durch Zuerwerb von Mitgliedschaftsrechten im Wege der Anteilsübertragung regelmäßig nur aufgrund eines **zustimmenden Gesellschafterbeschlusses**, der grundsätzlich der Einstimmigkeit bedarf, möglich ist.[79]

52 Allerdings wird insbesondere die GmbH & Co. KG typischerweise **abweichend vom dispositiven gesetzlichen Leitbild ausgestaltet**, indem das Mehrheitsprinzip eingeführt und sonstige Bestimmungen getroffen werden, die einzelnen Gesellschaftern oder der Komplementär-GmbH eine beherrschende Stellung gewähren. Häufig wird auch der Mitgliedschaftswechsel von Restriktionen freigestellt. Auch wenn derartige Vereinbarungen getroffen wurden, kommt dem Zeitpunkt der Gründung der Gesellschaft im Hinblick auf eine, dann ohne weiteres denkbare, spätere Entstehung einer Unternehmensverbindung entscheidende Bedeutung zu. Denn die Gesellschafter können in vielfältiger Weise Vorsorge dagegen treffen, dass die Personengesellschaft später in Abhängigkeit von einem Unternehmensgesellschafter gerät.

---

oder sonstige Rechtsbehelfe gegen dieses ergreifen. Anderes gilt nur dann, wenn die insoweit maßgebenden Umstände den Mitgesellschaftern (einschließlich Art und Umfang der anderweitigen Aktivitäten des herrschenden Unternehmens) bei Gründung nicht bekannt waren oder sich die bei Gründung der Gesellschaft gegebenen Umstände nachträglich grundlegend ändern bzw. wenn das herrschende Unternehmen, ohne dass ihm auch dies bei Gründung gestattet worden wäre, die Gesellschaft umfänglich in seine Konzernpolitik einbindet. Vgl. MüKoGmbHG/*Liebscher* Anh. § 13 (GmbH-KonzernR) Rn. 1233; GK/*Schäfer* HGB Anh. § 105 Rn. 37.

[79] *Baumbach/Hopt* § 105 HGB Rn. 102; *Emmerich/Habersack* KonzernR § 8 I Rn. 1; MüKoGmbHG/*Liebscher* Anh. § 13 (GmbH-KonzernR) Rn. 1235; *Liebscher*, Konzernbildungskontrolle, 313 ff.; Schlegelberger/*Martens* Anh. § 105 HGB Rn. 24; GK/*Schäfer* HGB Anh. § 105 Rn. 39, 42.

§ 51 Die GmbH & Co. KG als Konzernbaustein

Die wichtigsten Mittel eines solchen beabsichtigten, **gesellschaftsvertraglichen Präventivschutzes** sind Zustimmungsvorbehalte für die Abtretung von Geschäftsanteilen, weit gefasste Wettbewerbs- und unternehmerische Tätigkeitsverbote sowie Ausschlussklauseln gegenüber fremdunternehmerisch tätigen Gesellschaftern. Durch solche Schutzklauseln ist es möglich, in der Personengesellschaft trotz Begründung einer prinzipiellen fremdunternehmerischen Beherrschbarkeit einen beinahe lückenlosen konzernrechtlichen Präventivschutz zu etablieren.[80]

53 Wesentlich schwieriger stellt sich die Situation für die Minderheit indessen dar, wenn der **Gesellschaftsvertrag keine Vorsorge** gegen die Begründung einer Abhängigkeitslage von einem anderen Unternehmen getroffen hat. Teilweise wird zwar davon ausgegangen, dass die Entstehung einer fremdunternehmerischen Beherrschungslage zumindest bei strukturtypischen Personengesellschaften nur mit Billigung der Gesellschaftergesamtheit zulässig sei;[81] dies ist jedoch abzulehnen. Es gibt keinen Rechtssatz, dass bei Personengesellschaften in jedem Fall bei Abhängigkeitsbegründung ein Zustimmungsbeschluss der Mitgesellschafter erforderlich ist; vielmehr zeigt § 112 HGB, dass eine solche generelle Abhängigkeitsbegründungskontrolle grundsätzlich nur dann stattfindet, wenn zwischen den Tätigkeitsbereichen des potentiell abhängigen Unternehmens und dem gesellschaftsfremden, unternehmerischen Engagement des (künftig) herrschenden Unternehmens ein Wettbewerbszusammenhang existiert.[82]

54 Wurde keine gesellschaftsvertragliche Vorsorge getroffen, so bietet mithin allein das **Wettbewerbsverbot des § 112 HGB eingeschränkten Schutz.** Die §§ 112, 161 Abs. 2 HGB erlauben dem persönlich haftenden Gesellschafter, also der Komplementär-GmbH, nur mit Zustimmung der übrigen Gesellschafter in Wettbewerb zu der Personengesellschaft zu treten. Verboten sind jegliche Geschäfte im Handelszweig der Gesellschaft. Erfasst wird auch die Beteiligung an einem Konkurrenzunternehmen gleich welcher Rechtsform.[83] § 112 HGB bietet jedoch keinen Schutz vor der Entstehung einer fremdunternehmerischen Beherrschungslage, wenn das (künftig) herrschende Unternehmen beabsichtigt, sich auf einem dritten Markt zu betätigen, es also nicht mit der abhängigen Gesellschaft konkurriert, so dass **Abhängigkeitsverhältnisse ohne Wettbewerbscharakter unkontrolliert entstehen** können. Das **Verbot des § 112 HGB** ist darüber hinaus **ab-**

---

[80] *Emmerich* AG 1991, 303 (309f.); MüKoGmbHG/*Liebscher* Anh. § 13 (GmbH-KonzernR) Rn. 245 ff., 1234; *Liebscher*, Konzernbildungskontrolle, 317 f. Speziell zu einer gesellschaftsvertraglichen Erweiterung des Wettbewerbsverbots gem. § 112 HGB: BGHZ 37, 381 (384); *Baumbach/Hopt* § 112 HGB Rn. 12; Schlegelberger/*Martens* § 112 HGB Rn. 29 f.; *Raiser/Veil* Kapitalgesellschaften § 52 Rn. 15.

[81] *Baumbach/Hopt* § 105 HGB Rn. 102; *Emmerich* FS Stimpel, 443 (449); *K. Schmidt* Gesellschaftsrecht § 43 III 3a; *Raiser/Veil* Kapitalgesellschaften § 52 Rn. 20 aE; *Emmerich* AG 1991, 303 (309).

[82] *Emmerich* AG 1991, 309; *Kleindiek* Strukturvielfalt, 255 f.; MüKoGmbHG/*Liebscher* Anh. § 13 (GmbH-KonzernR) Rn. 1233.

[83] BGHZ 89, 162 (169 f.) – Heumann/Oglivy; OLG Nürnberg BB 1981, 452; MüKoGmbHG/*Liebscher* Anh. § 13 (GmbH-KonzernR) Rn. 1235; Schlegelberger/*Martens* § 112 HGB Rn. 9; GK/*Schäfer* HGB § 112 Rn. 25;

15. Kapitel. Die Gesellschaft im Konzern

dingbar, so dass ihm auch insoweit lediglich eine eingeschränkte Schutzwirkung zukommt.[84]

55 Wurde dieses Verbot indes nicht abbedungen, so sind zwei Erweiterungen des persönlichen Anwendungsbereichs dieser Vorschrift zu beachten, die dazu führen, dass nicht nur der persönlich haftende Gesellschafter von dem Verbot erfasst wird, sondern dass dieses Verbot auch bei anderen Konkurrenzsituationen zwischen herrschendem Unternehmen und abhängiger Gesellschaft anzuwenden ist. Nach dem Gesetzeswortlaut erstreckt sich das Konkurrenzverbot des § 112 HGB nicht auf Kommanditisten (vgl. § 165 HGB). Gleichwohl hat der BGH in der Heumann/Ogilvy-Entscheidung[85] und ihm folgend die hM[86] ein **Wettbewerbsverbot zu Lasten eines Kommanditisten** angenommen, sofern dieser die Geschicke der Personengesellschaft bestimmen kann, er also im Innenverhältnis eine Machtstellung innehat wie üblicherweise der Komplementär. Das Phänomen des herrschenden Kommanditisten (→ Rn. 41 f.) unterfällt daher § 112 HGB, so dass auch dieser der Personengesellschaft in der Regel keine Konkurrenz machen darf. Darüber hinaus trifft das **Wettbewerbsverbot im mehrstufigen Konzern** auch die Konzernspitze, wenn sich das herrschende Unternehmen, ohne an der Personengesellschaft unmittelbar beteiligt zu sein, einer an der Personengesellschaft beteiligten Konzerntochter bedient, um in diese hineinregieren zu können.[87] Vom Wettbewerbsverbot erfasst wird also auch das mittelbar herrschende Unternehmen, insbesondere der Fall der von einem Unternehmensgesellschafter beherrschten Komplementär-GmbH (→ Rn. 38 f.); etwaige Abwehransprüche der konzernfreien Minderheit dürften sich dann (zumindest primär) gegen die Komplementär-GmbH richten.

56 Somit unterliegt die Abhängigkeitsbegründung nur dann regelmäßig einem Gesellschafterbeschluss, wenn entweder die Gesellschaft dem gesetzlichen Leitbild einer Personengesellschaft entspricht – was im Falle einer GmbH & Co. KG eher selten der Fall sein wird –, wenn gesellschaftsvertragliche Vorsorge gegen die Entstehung einer Abhängigkeitslage getroffen wurde oder wenn das herrschende Unternehmen ein Konkurrenzunternehmen ist und § 112 HGB nicht abbedungen wurde. Solche **Gesellschafterbeschlüsse** sind **grundsätzlich einstimmig**, bei Einführung des Mehr-

---

[84] *Baumbach/Hopt* § 112 HGB Rn. 12; *Heymann/Emmerich* § 112 HGB Rn. 16; MüKoGmbHG/*Liebscher* Anh. § 13 (GmbH-KonzernR) Rn. 260, 1235; Schlegelberger/*Martens* § 112 HGB Rn. 26; GK/*Schäfer* HGB § 112 Rn. 31.

[85] BGHZ 89, 162 (167).

[86] Zust. *Baumbach/Hopt* § 165 HGB Rn. 3; *Baumgartl*, Konzernbeherrschte Personengesellschaft, 30 f.; *Liebscher*, Konzernbildungskontrolle, 320 f.; MüKoGmbHG/*Liebscher* Anh. § 13 (GmbH-KonzernR) Rn. 257; *Löffler* NJW 1986, 224 ff.; *K. Schmidt* Gesellschaftsrecht § 43 III 3b; aA *Schneider* BB 1980, 1061.

[87] BGHZ 89, 162 (165 f.), der auf den konkreten Einzelfall abstellt und auf verallgemeinerungsfähige Aussagen weitgehend verzichtet; vgl. *Emmerich* FS Stimpel, 748 f.; *Grunewald* BB 1981, 586; MüKoGmbHG/*Liebscher* Anh. § 13 (GmbH-KonzernR) Rn. 258; *Löffler* NJW 1986, 226 f.; einschränkend Schlegelberger/*Martens* § 165 HGB Rn. 25, Durchgriff nur bei Vorliegen eines qualifizierten Konzernverhältnisses; aA *Schießl*, Beherrschte Personengesellschaft, 94 ff. (98 f.).

heitsprinzips durch eine **(hinreichend bestimmte) Mehrheitsklausel** hingegen mehrheitlich zu fassen. Ein entsprechender Mehrheitsbeschluss unterliegt gegebenenfalls einer **Inhaltskontrolle**, deren Kontrollmaßstab im Wesentlichen von der Realstruktur der Gesellschaft abhängt; entscheidend ist also im jeweiligen Einzelfall, ob die betreffende Gesellschaft weitgehend dem dispositiven Leitbild einer Arbeits- und Haftungsgemeinschaft entspricht oder – wie im Falle einer GmbH & Co. KG häufig, wenn nicht gar die Regel – ob sie kapitalistisch verfasst und ihre Ordnung an kapitalgesellschaftsrechtliche Vorbilder angepasst wurde.[88]

Das Wettbewerbsverbot erstreckt sich indes nicht auf die gesetzlichen Vertreter des herrschenden Unternehmens, namentlich eines herrschenden Kommanditisten, wie der Bundesgerichtshof jüngst entschieden hat,[89] so dass insbesondere Doppelmandate etwa als Geschäftsführer der Komplementär-GmbH und des herrschenden Kommanditisten nicht unter Berufung auf § 112 HGB angegriffen werden können.

b) Konzernbildung durch einheitliche Leitung. Die Aufnahme einheitlicher Leitung bedarf nach hM eines die Ausübung von Konzernherrschaft **legitimierenden Gesellschafterbeschlusses**, wobei diese Auffassung jedoch auf der Grundannahme basiert, dass das charakteristische Merkmal jeder Konzernleitung die Prädominanz des Konzerninteresses sei und eine solche Einbindung der abhängigen Personengesellschaft in die Konzernpolitik des herrschenden Unternehmens eine Zweckänderung beinhalten würde. Die Selbstständigkeit der Gesellschaft zählt hiernach zum Gesellschaftszweck, so dass es eines vertragsändernden Gesellschafterbeschlusses bedarf, um die Einbindung der Personengesellschaft in einen Konzern im Sinne des § 18 AktG zu legalisieren.[90]

Beiden Prämissen ist nach der hier vertretenen Auffassung zu widersprechen. Auch bei Personengesellschaften ist zwischen den Fällen einfacher und qualifizierter Beherrschung zu differenzieren; nur im letztgenannten Fall darf

---

[88] BGHZ 80, 69 (74 f.) – Süssen, für eine GmbH; *Emmerich/Habersack* KonzernR § 8 I Rn. 2; MüKoGmbHG/*Liebscher* Anh. § 13 (GmbH-KonzernR) Rn. 1241 aE; Schlegelberger/*Martens* Anh. § 105 HGB Rn. 24; GK/*Schäfer* HGB Anh. § 105 Rn. 42 f.

[89] Vgl. BGH, Urt. v. 9.3.2009 – II ZR 170/07 – Doppelmandat, DStR 2009, 1322; Baumbach/*Hopt* HGB § 112 Rn. 2; *Doehner/Hoffmann*, MünchHdb Bd. 2, § 16 Rn. 57; zustimmend etwa *Böttcher/Kautzsch* NZG 2009, 819; *Goette* DStR 2009, 2602, 2607; *Grohmann/Gruschinske* GmbHR 2009, 846; *Nodoushani* GWR 2009, 309; im Ergebnis ebenso *Grigoleit* ZGR 2010, 662; für eine konzernrechtliche Lösung aussprechend *Altmeppen* ZIP 2008, 437; a.A. *Cahn* Der Konzern 2007, 716, 718 f.; *Hoffmann-Becking* ZHR 175 (2011), 597, 604; *Otte* NZG 2011, 1013, 1015 sowie *Weller* ZHR 175 (2011), 110, 137 ff., der sich abweichend für eine Drittwirkung des organschaftlichen Wettbewerbsverbots zugunsten der KG ausspricht. (= für Anstellungsvertrag mit Schutzwirkung zugunsten der KG).

[90] *Heck*, Personengesellschaften, 160 f.; *Löffler*, Abhängige Personengesellschaft, 33 f.; 76 ff.; *Löffler* NJW 1989, 2656 (2659); Schlegelberger/*Martens* Anh. § 105 HGB Rn. 36 aE; einschränkend *Schießl*, Beherrschte Personengesellschaft, 33, der primär auf eine besonders strenge Anwendung des Bestimmtheitsgrundsatzes abstellt; aA *Baumgartl*, Konzernbeherrschte Personengesellschaft, 21 ff., 44.

15. Kapitel. Die Gesellschaft im Konzern

der Herrschende seinen gesellschaftsextern betriebenen unternehmerischen Interessen Vorrang vor dem widerstreitenden Eigeninteresse der abhängigen Gesellschaft gewähren (→ Rn. 23 ff.). Selbst wenn eine solche qualifizierte Konzerneinbindung erstrebt wird, lässt diese Strukturentscheidung den Zweck des Zusammenschlusses der Gesellschafter grundsätzlich unberührt.[91] Gleichwohl wird der Forderung der hM nach einem Zustimmungsbeschluss von denjenigen, die auch im Personengesellschaftsrecht stärker nach Konzernierungsgraden unterscheiden, zugestimmt. Denn mit der Konzerneingliederung gehen tief greifende Änderungen der inneren Struktur des abhängigen Unternehmens einher. Durch die Begründung eines Konzernverhältnisses wird das Eigeninteresse der abhängigen Personengesellschaft nachhaltig bedroht; es besteht stets die Gefahr, dass das herrschende Unternehmen bei seinen Eingriffen seiner Verpflichtung, auf das Gesellschaftsinteresse der konzernierten Personengesellschaft Rücksicht zu nehmen, zuwider handelt und es seine Konzerninteressen voranstellt. Dies kann durch das konzernrechtliche Bestandsschutzsystem vielfach nicht effektiv verhindert werden. Daher wird das idealiter bestehende wechselseitige Vertrauen der Personengesellschafter, welches bei strukturtypischen Personengesellschaften die Grundlage des Gesellschaftsverhältnisses bildet, angesichts der Konzernierung durch berechtigtes Misstrauen gegenüber jeder Handlung des herrschenden Unternehmens und der fremdunternehmerisch beeinflussten Geschäftsleitung verdrängt.[92] Somit bedarf es angesichts der Konzerngefahren auch auf der Grundlage der hier vertretenen Auffassung grundsätzlich eines Konzernierungsbeschlusses der Gesellschafterversammlung der GmbH & Co. KG zur Begründung eines einfachen Konzernverhältnisses im Sinne des § 18 AktG, wobei in Anbetracht der mit einer Abhängigkeitsbegründung einhergehenden **Konzernvermutung** (vgl. § 18 Abs. 1 Satz 3 AktG) bereits die **Entstehung eines Abhängigkeitsverhältnisses regelmäßig legitimationsbedürftig** ist, es sei denn, dass die Konzernvermutung vom herrschenden Unternehmen widerlegt wird. Ein solcher Konzernierungsbeschluss ermächtigt indes in mehrgliedrigen Gesellschaften nicht ohne weiteres zur Schädigung der Untergesellschaft. Dies ist nur dann der Fall, wenn zugleich die Verbandsverfassung der abhängigen Personengesellschaft entsprechend angepasst, dh ein Vertragskonzern begründet wird.

60 Zu klären bleibt, ob in Anbetracht der im Personengesellschaftsrecht bestehenden weitgehenden gesellschaftsvertraglichen Gestaltungsfreiheit dieses Mitwirkungsrecht in Gänze abbedungen werden kann bzw. ob insoweit

---

[91] Vgl. BGHZ 96, 245 (248): enge Auslegung des Vereinszwecks gem. § 33 Abs. 1 S. 2 BGB; s. *Baumgartl*, Konzernbeherrschte Personengesellschaft, 21 ff., 44; *MüKo/ Liebscher* Anh. § 13 (GmbH-KonzernR) Rn. 1238 aE; *ders.*, Konzernbildungskontrolle, 138 ff.

[92] Heymann/*Emmerich* Anh. § 105 HGB Rn. 15; *Emmerich/Habersack* KonzernR § 34 II Rn. 3, wobei sich der Beleg eher ausschließlich auf den 1. HS. bezieht; *MüKo-GmbHG/Liebscher Anh. § 13 (GmbH-KonzernR) Rn. 259; K. Schmidt* Gesellschaftsrecht § 43 III 2b; ähnlich MüKoHGB/*Mülbert* KonzernR Rn. 124 ff., der jedoch für eine Konzernierung, auch für eine rein faktische, stets einen „dienenden" Verbandszweck der abhängigen Personengesellschaft, also deren Ausrichtung auf ein Sonderinteresse des herrschenden Unternehmens fordert.

Mehrheitsentscheidungen angeordnet werden können. Überwiegend wird davon ausgegangen, dass jedenfalls im Regelfall abweichende Satzungsbestimmungen nicht möglich sind. So genannte Konzernierungsklauseln im Gesellschaftsvertrag reichen – als antizipierte Zustimmung der Gesellschaft zur Konzerneinbindung – regelmäßig nur aus, wenn sie sich auf einen bestimmten, konkreten Einzelfall beziehen, während **allgemeine Klauseln** dieser Art zumindest in einer dem gesetzlichen Leitbild entsprechenden Personengesellschaft **nicht genügen**.[93]

Eine **Gegenausnahme** dürfte jedoch **bei reinen Publikumsgesellschaften** mit einer an das Aktienrecht angelehnten, institutionalisierten inneren Ordnung, also Gesellschaften mit atomisierter Kommanditbeteiligung, die als Kapitalsammelbecken fungieren, sowie mit weitgehend körperschaftlicher Verfassung anzuerkennen sein. Diese Gegenausnahme gewinnt insbesondere bei der GmbH & Co. KG Bedeutung.[94] Inwieweit abgesehen von diesem Extremfall einer erheblichen Abweichung der Personengesellschaft vom gesetzlichen Ideal einer Arbeits- und Haftungsgemeinschaft Rechnung zu tragen ist, ist weitgehend ungeklärt. Eine solche kapitalistische Struktur der Personengesellschaft, die bei der GmbH & Co. KG typischerweise in mehr oder minder stark ausgeprägter Form zu finden ist, sollte – sofern der Gesellschaftsvertrag eine Konzernierungsklausel enthält – im Rahmen der Auslegung dieser Kautele berücksichtigt werden.[95] 61

Strittig ist weiterhin, ob ein solcher **Konzernierungsbeschluss zwingend einstimmig** zu fassen ist oder ob der Gesellschaftsvertrag insoweit Mehrheitsbeschlüsse zulassen kann. Teilweise wird davon ausgegangen, dass zumindest bei strukturtypischen Personengesellschaften zwingend ein einstimmiger Gesellschafterbeschluss notwendig sei.[96] Dem kann in dieser Allgemeinheit nicht gefolgt werden. Sofern die Gesellschafter die Zustimmung zur Konzerneingliederung der GmbH & Co. KG unzweifelhaft der Mehr- 62

---

[93] *Baumbach/Hopt* § 105 HGB Rn. 102; *Binnewies*, Konzerneingangskontrolle, 75 ff.; *Emmerich/Habersack* KonzernR § 34 III Rn. 14; *Liebscher*, Konzernbildungskontrolle, 322 ff.; *K. Schmidt* Gesellschaftsrecht § 43 III 4a.
[94] *MüKoGmbHG/Liebscher* Anh. § 13 (GmbH-KonzernR) Rn. 1241.
[95] Im Grundsatz gilt, dass solche Klauseln bei Mitunternehmergesellschaften extrem eng auszulegen sind, so dass sie sich, um einen Konzernierungsbeschluss entbehrlich zu machen, auf den konkret verwirklichten Einzelfall beziehen müssen. Je weiter sich die konkret betrachtete GmbH & Co. KG vom gesetzlichen Leitbild entfernt, desto eher dürften auch allgemeiner gehaltene Formulierungen ausreichen, um einen Konzernierungsbeschluss entbehrlich zu machen. Maßgebend ist vor allem, ob der Beteiligung der anderen Gesellschafter nach dem Inhalt des Gesellschaftsvertrages auch unternehmerischer Charakter zukommt, ob die konzernfreie Minderheit also auch – wenn auch in begrenztem Umfang – unternehmerischen Einfluss nehmen kann. Weiterhin ist die Größe des Gesellschafterkreises von Bedeutung, aber auch, ob der Gesellschaftsvertrag andernorts hinreichend dokumentiert, dass strukturelle Entscheidungen weitgehend von Restriktionen freigestellt und vom herrschenden Unternehmen mit seiner Stimmrechtsmacht durchgesetzt werden können. Jedoch dürfte eine Entbehrlichkeit eines Konzernierungsbeschlusses nur in Ausnahmefällen in Betracht kommen.
[96] *Heymann/Emmerich* Anh. § 105 HGB Rn. 15; *Emmerich/Habersack KonzernR* § 34 III Rn. 13; *Liebscher*, Konzernbildungskontrolle, 330 ff.

heitskompetenz unterworfen haben, kann diese – auch bei strukturtypischen Personengesellschaften – durch Mehrheitsbeschluss erfolgen. In Personengesellschaften besteht gesellschaftsvertragliche **Gestaltungsfreiheit** und der Gesetzgeber hat in § 43 Abs. 2 Satz 1 UmwG dokumentiert, dass selbst bei grundlegenden Strukturentscheidungen – wie der Verschmelzung, dem Formwechsel und der Spaltung – gesellschaftsvertraglich Mehrheitsentscheidungen vorgesehen werden können.[97] Allerdings sind **Mehrheitsklauseln** bei strukturtypischen Personengesellschaften grundsätzlich restriktiv auszulegen, so dass der Gesellschaftervertrag hinreichend klar dokumentieren muss, dass gerade Konzernierungsbeschlüsse dem Mehrheitsprinzip unterworfen werden sollen. Ist dies – wie häufig – nicht der Fall, bleibt es beim Erfordernis eines einstimmigen Beschlusses. Im Rahmen der **Auslegung einer allgemein gehaltenen Mehrheitsklausel** ist allerdings wiederum entscheidend auf die Realstruktur der GmbH & Co. KG abzustellen.[98] Eine generelle Mehrheitsklausel, die für alle Entscheidungen des Verbandslebens Mehrheitsentscheidungen zulässt, dürfte allerdings nur bei reinen Publikumsgesellschaften ausreichen, um einen mehrheitlichen Konzernierungsbeschluss zu gestatten.[99] Im Übrigen gilt, dass bei einer sonstigen, körperschaftlich strukturierten GmbH & Co. KG mit weitgehend kapitalistischer Beteiligungsstruktur auch aus dem Gesamtkontext des Gesellschaftsvertrages geschlossen werden kann, dass Konzernierungsbeschlüsse mehrheitlich gefasst werden können. Es kommt insoweit insbesondere darauf an, inwieweit andere grundlegende Entscheidungen – wie etwa Umwandlungen (vgl. § 43 Abs. 2 Satz 1 UmwG) – dem Mehrheitsprinzip unterworfen wurden. Kann dem Gesellschaftsvertrag hinreichend klar entnommen werden, dass Strukturentscheidungen grundsätzlich ebenfalls dem Mehrheitsprinzip unterworfen wurden, so ist – eine entsprechende Struktur der GmbH & Co. KG vorausgesetzt – davon auszugehen, dass auch Konzernierungsbeschlüsse mehrheitlich zu fassen sind.

63   Ein **mehrheitlich gefasster „Konzernierungsbeschluss"** unterliegt einer gerichtlichen **Inhaltskontrolle**, wobei im Hinblick auf den Kontrollmaßstab wiederum die Realstruktur der Gesellschaft maßgebend ist.

---

[97] *Binnewies*, Konzerneingangskontrolle, 92 f.

[98] Bei einer GmbH & Co. KG, die aufgrund der Größe ihres Mitgliederkreises, ihrer allg. Kompetenzordnung und vor allem der Beteiligungsstruktur weitgehend körperschaftlich ausgestaltet wurde oder in der die Außenseiter primär als Kapitalgeber fungieren, folgt aus dem Grundkonsens der Gesellschafter über diese Annäherung ihrer Gesellschaft an eine Kapitalgesellschaft bzw. der Anerkennung eines sehr unterschiedlichen Einflusses der Gesellschafter auf grundlegende Entscheidungen des Verbandslebens, dass Mehrheitsentscheidungen innerhalb der Gesellschaft weitgehend möglich sind. Je weiter sich die Gesellschaft vom Ideal einer Mitunternehmergemeinschaft entfernt, desto pauschaler können Mehrheitsklauseln gefasst werden, um auch in Grundsatzfragen Geltung zu beanspruchen.

[99] *Binnewies*, Konzerneingangskontrolle, 95; *Liebscher*, Konzernbildungskontrolle, 337 f.; ausführlich hierzu auch MüKoGmbHG/*Liebscher* Anh. § 13 (GmbH-KonzernR) Rn. 1241; allg. zur Einschränkung des Bestimmtheitsgrundsatzes und der Kernbereichslehre bei Publikums-Gesellschaften *Löffler* NJW 1989, 2662; Schlegelberger/*Martens* § 161 HGB Rn. 149 ff.; MüKoBGB/*Ulmer/Schäfer* § 709 Rn. 94.

c) **Qualifizierte Konzernierung (Vertragskonzern).** Wie bereits dargelegt, bestehen gegen eine qualifizierte Konzernierung keine grundlegenden Bedenken (→ Rn. 46 f.). Ein solcher personengesellschaftsrechtlicher Vertragskonzern kann indes nach hM nur mit **Zustimmung aller Gesellschafter** begründet werden.[100] Die Leitung der Personengesellschaft durch einen fremdunternehmerisch tätigen Unternehmensgesellschafter unter Missachtung von deren Eigeninteresse und damit einhergehend die umfassende Abstimmung der Geschäftspolitik auf die Bedürfnisse des Konzerns **tangiert** augenscheinlich die Grundlagen des Gesellschaftsverhältnisses, so dass sie prinzipiell nur mit Zustimmung aller Gesellschafter zulässig ist. Ein Rückgriff auf § 43 Abs. 2 Satz 1 UmwG scheidet – anders als im Falle der einfachen Konzernierung – aus. Bei der einfachen Konzernierung geht es um die Billigung einer konkreten konzernrechtlichen Gefährdungslage durch die Mitgesellschafter; das herrschende Unternehmen ist zur Unternehmensleitung nur unter strikter Achtung des Gesellschaftsinteresses berechtigt, so dass das Unternehmen lediglich unter äußerlich veränderten Bedingungen im gemeinsamen Interesse aller Mitgesellschafter fortgeführt wird. Demgegenüber ist mit einer qualifizierten Konzernierung ein entscheidender Interessenumbruch, nämlich die Anerkennung des Vorrangs der vom herrschenden Unternehmen verfolgten Konzerninteressen, verbunden.[101]

64

Dieser Interessenumbruch gilt im Grundsatz für alle Personengesellschaften, dh strukturtypische Mitunternehmergemeinschaften und auch für atypisch verfasste Gesellschaften,[102] mit **Ausnahme** von reinen **Publikums-KGs** mit an das Aktienrecht angelehnter Verfassung, bei denen analog § 293 AktG die Legitimation des Vertragskonzerns mit einer Dreiviertelmehrheit zulässig ist.[103] Ein bei solchen kapitalistischen Gesellschaften nur mehrheitlich gefasster Konzernierungsbeschluss wirft jedoch die Frage nach besonderen Schutzmechanismen für die Minderheitsgesellschafter auf (→ Rn. 103).

65

---

[100] Vgl. Heymann/*Emmerich* Anh. § 105 HGB Rn. 20; *Emmerich/Habersack* KonzernR § 34 III Rn. 13; *Liebscher*, Konzernbildungskontrolle, 325; MüKoGmbHG/*Liebscher* Anh. § 13 (GmbH-KonzernR) Rn. 1259; *K. Schmidt* Gesellschaftsrecht § 43 III 4 a; s. auch die Nachweise in → Fn. 82; der BGH hat zu diesem Problem bisher nur unklar und widersprüchlich Stellung genommen, vgl. BGH NJW 1980, 231 – Gervais/Danone.

[101] Dieser Vorgang ist mit den in § 43 Abs. 2 S. 1 UmwG geregelten Strukturentscheidungen nicht vergleichbar. Das Umwandlungsrecht ist von der Idee der inhaltlich unveränderten Fortsetzung des Gesellschaftsverhältnisses in einem anderen rechtlichen Gewand getragen (im Falle der Verschmelzung in ein Einheitsunternehmen, im Falle der Spaltung in mehrere Gesellschaften und im Falle des Formwechsels in eine andere Rechtsform). Hingegen wird im Falle der vertraglichen Konzernierung das Gesellschaftsverhältnis in seinem Kern modifiziert, da die Gesellschaft nunmehr nicht mehr dem Interesse aller Teilhaber, sondern primär den Interessen des herrschenden Unternehmens zu dienen bestimmt ist.

[102] Dies folgt aus dem Vergleich mit dem GmbH-Recht, wo die Begründung eines Vertragskonzerns (außer im Falle von kapitalistisch verfassten Gesellschaften) ebenfalls nur mit Zustimmung aller Gesellschafter zulässig ist, vgl. Rn. 64 ff.

[103] *Baumgartl*, Konzernbeherrschte Personengesellschaft, 121; *Binnewies*, Konzerneingangskontrolle, 95; *Liebscher*, Konzernbildungskontrolle, 337 ff.

66 Eigenständige Beherrschungs- und Gewinnabführungsverträge mit Personengesellschaften sind bisher zwar noch nicht bekannt geworden (→ Rn. 6 f.), jedoch sind auch solche **klassischen Unternehmensverträge** unter den vorstehend genannten Voraussetzungen zulässig, selbst wenn das herrschende Unternehmen nicht an der Personengesellschaft beteiligt ist; dies dürfte namentlich in Sanierungsfällen in Betracht kommen. Regelmäßig wird jedoch der Gesellschaftsvertrag dem herrschenden Unternehmen die vorrangige Verfolgung von Konzerninteressen ausdrücklich gestatten, so dass er den Charakter eines **Beherrschungsvertrages** annimmt; zwingend ist dies indes nicht.[104]

67 **d) Rechtsfolgen bei fehlender Zustimmung der Gesellschafter.** Wenn die erforderliche Legitimation zur Begründung der Unternehmensverbindung bzw. des Vertragskonzerns fehlt oder ein denkbarer Mehrheitsbeschluss fehlerhaft und mithin nichtig ist, besteht zugunsten der beherrschten GmbH & Co. KG ein Anspruch auf **Unterlassung** der einheitlichen Leitung sowie auf **Rückgängigmachung** etwaiger konzernintegrativer Maßnahmen; die außenstehenden Gesellschafter können diesen Anspruch im Wege der **actio pro socio** geltend machen.[105] Ferner besteht die Möglichkeit, dass dem herrschenden Unternehmensgesellschafter auf Initiative der Außenseiter die **Geschäftsführungs- und Vertretungsbefugnis entzogen** (vgl. §§ 712, 715 BGB, 117, 127 HGB) oder er aus der **Gesellschaft ausgeschlossen** wird (vgl. §§ 737 BGB, 140 HGB).[106]

68 **e) Konzernbildungskontrolle auf der Ebene der Komplementär-GmbH.** Wird die GmbH & Co. KG dadurch zum beherrschten Konzernunternehmen, dass die Komplementär-GmbH, der innerhalb der KG regelmäßig eine maßgebende Stellung im Sinne des § 17 AktG zukommt, unter fremdunternehmerischen Einfluss gerät (→ Rn. 39 f.), stellt sich – sofern an der Komplementär-GmbH außenstehende Gesellschafter beteiligt sind – auch auf der Ebene dieser Gesellschaft die Frage nach einer Konzernbildungskontrolle. Praktische Relevanz erlangt eine solche eigenständige Konzernbildungskontrolle auf der Ebene der Komplementär-GmbH primär bei der nicht personenidentischen GmbH & Co. KG, bei der die Beteiligungsverhältnisse in der GmbH und in der KG einander nicht entsprechen. Bei personenidentischen GmbH & Co. KGs ist es zwar aufgrund der notwendigen rechtlichen Trennung zwischen KG und Komplementär-GmbH unter Umständen auch angezeigt, auf der Ebene der Komplementär-GmbH einen eigenständigen, die Unternehmensverbindung billigenden Gesellschafterbe-

---

[104] Vgl. *Binnewies*, Konzerneingangskontrolle, 104 f.; *Kleindiek*, Strukturvielfalt, 71 ff.; MüKoGmbHG/*Liebscher* Anh. § 13 (GmbH-KonzernR) Rn. 62.

[105] *Emmerich* FS Stimpel, 743 (749, 754 aE); Heymann/*Emmerich* Anh. § 105 HGB Rn. 18; *Emmerich/Habersack* KonzernR § 34 III Rn. 16; *Liebscher*, Konzernbildungskontrolle, 341; MüKoGmbHG/*Liebscher* Anh. § 13 (GmbH-KonzernR) Rn. 63; MüKoHGB/*Mülbert* KonzernR Rn. 298 ff.

[106] *Kleindiek*, Strukturvielfalt, 258; MüKoGmbHG/*Liebscher* Anh. § 13 (GmbH-KonzernR) Rn. 1231; *Liebscher*, Konzernbildungskontrolle, 341; *Löffler*, Abhängige Personengesellschaft, 140 f.; Schlegelberger/*Martens* Anh. § 105 HGB Rn. 29; MüKoHGB/*Mülbert* KonzernR Rn. 302.

schluss herbeizuführen, jedoch erlangt dieses Erfordernis regelmäßig keine eigenständige Bedeutung neben der entsprechenden Entschließung auf der Ebene der (dann) abhängigen GmbH & Co. KG.

Die GmbH-rechtliche Rechtslage ähnelt der bei Personengesellschaften bestehenden insofern, als die **Sicherung der Unabhängigkeit** der Gesellschaft hier ebenfalls vorrangig Aufgabe des Gesellschaftsvertrages ist.[107] Die Satzung kann in vielfältiger Weise Vorsorge gegen die Entstehung einer Abhängigkeit der GmbH von einem Unternehmensgesellschafter treffen. Vor allem durch eine Vinkulierung der Anteile kann die Beherrschung der GmbH verhindert werden;[108] daneben kommen Vorkaufsrechte, Ausschluss- und Einziehungsrechte hinsichtlich der Geschäftsanteile von Unternehmensgesellschaftern, Stimmrechtsregelungen (Höchststimmrechte, Mehrfachstimmrechte und Stimmrechtsausschlüsse), gesellschaftsvertragliche Stimmbindungsverbote und gesellschaftsvertragliche Wettbewerbs- und unternehmerische Tätigkeitsverbote als statutarische Schutzinstrumente in Betracht.[109]

69

Fehlt ein solcher statutarischer Schutz, ist die GmbH – anders als die KG – hingegen grundsätzlich **konzernoffen** angelegt. Denn sie kann vor allem durch einen mehrheitlich beteiligten Gesellschafter ohne weiteres beherrscht werden. **Beschränkten Schutz** vor der Entstehung eines Abhängigkeitsverhältnisses bieten insoweit die vom BGH in der Heumann/Oglivy-Entscheidung[110] entwickelten Grundsätze. Denn die hM im Schrifttum überträgt die dort für einen beherrschenden Kommanditisten entwickelten Grundsätze – gestützt auf die gesellschafterliche Treuepflicht – auf maßgebende Gesellschafter einer GmbH, sofern die GmbH über eine personalistische Binnenstruktur verfügt.[111] Bei einer mehrgliedrigen Komplementär-GmbH wird eine solche Struktur vielfach, wenn nicht in aller Regel gegeben sein. Als **Konkurrenzverbot** verhindern diese Rechtsgrundsätze indessen nur eine anderweitige unternehmerische Betätigung des herrschenden Unternehmens im Geschäftszweig der Gesellschaft, wobei bei einer Komplementär-GmbH auf das Betätigungsfeld der operativ tätigen KG abzustellen ist, da der Unternehmensgegenstand der Komplementär-GmbH ja auf die Geschäftsführung dieses Unternehmens gerichtet ist.

70

---

[107] Dies entspricht der hM: Scholz/*Emmerich* Anh. Konzernrecht Rn. 49; *Emmerich*/*Habersack* § 8 II Rn. 6; MüKoGmbHG/*Liebscher* Anh. § 13 (GmbH-KonzernR) Rn. 230 ff.; 1241; *Raiser*/*Veil* Kapitalgesellschaften § 52 Rn. 15 ff.

[108] Vgl. *Emmerich* AG 1987, 1 (2); *Emmerich*/*Habersack* KonzernR § 8 II Rn. 7; MüKoGmbHG/*Liebscher* Anh. § 13 (GmbH-KonzernR) Rn. 243 ff.; *Liebscher*, Konzernbildungskontrolle, 230 f.; *Lutter*/*Timm* NJW 1982, 417; *Wiedemann* GmbHR 2011, 1009 (1014); Baumbach/Hueck/*Zöller*/*Beurskens* GmbHG Anh. GmbH-Konzernrecht Rn. 47, 94.

[109] Vgl. *Emmerich* AG 1987, 2; *Emmerich*/*Habersack* KonzernR § 8 II Rn. 8; MüKoGmbHG/*Liebscher* Anh. § 13 (GmbH-KonzernR) Rn. 246; *Liebscher*, Konzernbildungskontrolle, 228 ff.; *Lutter*/*Timm* NJW 1982, 417.

[110] BGHZ 89, 162 = NJW 1984, 1351.

[111] OLG Köln BB 1991, 559; *Liebscher*, Konzernbildungskontrolle, 291 ff.; *Lutter*/*Timm* NJW 1992, 418 ff.; *Roth*/*Altmeppen* § 13 GmbHG Rn. 45 ff.; MHdB GmbH/ *Schießl*/*Böhm* § 34 Rn. 4 ff.

15. Kapitel. Die Gesellschaft im Konzern

71 Sofern dieses allgemeine konzernrechtliche Wettbewerbsverbot nicht eingreift, da sich das (künftig) herrschende Unternehmen auf einem dritten Markt betätigt, besteht demgegenüber – entgegen anders lautenden Stimmen im Schrifttum[112] – **keine Zuständigkeit** der Gesellschafterversammlung **zur Beschlussfassung über abhängigkeitsbegründende Vorgänge**.[113]

72 Anders wird jedoch der Fall der Konzernbildung im Sinne des § 18 AktG durch einheitliche Leitung der verbundenen Unternehmen von der hM beurteilt, sofern es sich um eine **personalistisch strukturierte GmbH** handelt, was – wie ausgeführt – im Falle einer Komplementär-GmbH regelmäßig der Fall sein wird. Aus der allgemeinen gesellschaftlichen Treuepflicht, die bei personalistischen Gesellschaften besonders ausgeprägt ist, wird hier ein **Konzernierungsverbot** abgeleitet, von welchem durch Beschluss der Gesellschafterversammlung dispensiert werden muss.[114] Angesichts dieser Rechtsgrundsätze wird aufgrund der an ein Abhängigkeitsverhältnis anknüpfenden Konzernvermutung des § 18 Abs. 1 Satz 3 AktG häufig bereits die Abhängigkeitsbegründung einen Zustimmungsbeschluss der Gesellschafterversammlung erfordern.[115]

73 Die für einen solchen Beschluss **erforderliche Beschlussmehrheit** hängt im Wesentlichen davon ab, woraus die entsprechende Zuständigkeit der Gesellschafterversammlung der Komplementär-GmbH resultiert. Geht es um den Dispens von einer statutarischen Schutzklausel, ist primär darauf abzustellen, ob diese eine Befreiung mit einfacher Mehrheit zulässt oder ob es insoweit einer Satzungsänderung bedarf, die gemäß § 53 GmbHG eine Dreiviertelmehrheit erfordert.[116] Im Übrigen wird im Schrifttum teilweise in Anbetracht der strukturändernden Wirkung des Beschlusses – jedenfalls soweit es um die Konzernierung der Gesellschaft geht – auf § 53 GmbHG abgestellt.[117] Da es jedoch im Kern um eine Dispensierung von aus der allgemeinen Treuepflicht abgeleiteten Verboten geht, dürfte eine **einfache Mehrheit** im Rahmen der Beschlussfassung ausreichend sein,[118] wobei der Mehrheitsbe-

---

[112] *Emmerich/Habersack* § 293 Rn. 40, 42 f.; Baumbach/Hueck/*Zöllner/Beurskens* GmbHG Anh. GmbH-Konzernrecht Rn. 54 ff.; zu den verschiedenen Ansichten im Schrifttum: Scholz/*Emmerich* Anh. KonzernR Rn. 56.

[113] MüKoGmbHG/*Liebscher* Anh. § 13 (GmbH-KonzernR) Rn. 1243 f.; *Liebscher*, Konzernbildungskontrolle, 258 f.; *Lutter/Timm* NJW 1982, 419.

[114] *Emmerich* AG 1987, 2; Scholz/*Emmerich* Anh. Konzernrecht Rn. 55a f.; MüKoGmbHG/*Liebscher* Anh. § 13 (GmbH-KonzernR) Rn. 1239; *ders.*, Konzernbildungskontrolle, 260 ff.; aA *Emmerich/Habersack* KonzernR § 8 II Rn. 6; Rowedder/Schmidt-Leithoff/*Koppensteiner/Schnorbus* Anh. nach § 52 GmbHG Rn. 29, 40.

[115] MüKoGmbHG/*Liebscher* Anh. § 13 (GmbH-KonzernR) Rn. 1239, 1243; *Liebscher*, Konzernbildungskontrolle, 264.

[116] BGH NJW 1981, 1512 (1513) – Süssen; Scholz/*Emmerich* Anh. Konzernrecht Rn. 53; *Emmerich/Habersack* KonzernR § 8 II Rn. 8; *Liebscher*, Konzernbildungskontrolle, 276.

[117] *Emmerich* AG 1987, 2; *Emmerich/Habersack* KonzernR § 8 II Rn. 8; *Raiser/Veil* Kapitalgesellschaften § 52 Rn. 29, § 53 Rn. 59; noch weitergehend, nämlich Zustimmung aller Gesellschafter fordernd Baumbach/Hueck/*Zöllner/Beurskens* GmbHG Anh. GmbH-Konzernrecht Rn. 54.

[118] MüKoGmbHG/*Liebscher* Anh. § 13 (GmbH-KonzernR) Rn. 1241; *Liebscher*, Konzernbildungskontrolle, 277 ff.; Rowedder/Schmidt-Leithoff/*Koppensteiner/Schnorbus* Anh. nach § 52 GmbHG Rn. 32.

schluss jedoch grundsätzlich einer gerichtlichen **Inhaltskontrolle** unterliegt, deren Kontrollmaßstab im Wesentlichen von der Realstruktur der konkret betroffenen GmbH abhängt, da die Treuepflicht in personalistischen Gesellschaften stark, in kapitalistischen hingegen schwach ausgeprägt ist.[119]

Unabhängig von der Realstruktur der GmbH ist jedenfalls – und dies ist 74 zwingend – ein Beschluss der Gesellschafterversammlung notwendig, wenn durch Abschluss eines Beherrschungs- und Gewinnabführungsvertrages gemäß §§ 291 ff. AktG analog ein **Vertragskonzern** begründet werden soll. Bei **personalistisch** strukturierten Gesellschaften wird überwiegend ein **einstimmiger Gesellschafterbeschluss** gefordert; dies folgt richtigerweise aus einer Gesamtanalogie zu §§ 53 Abs. 3 GmbHG, 33 Abs. 1 S. 2, 35 BGB.[120] Bei **kapitalistisch** verfassten GmbHs wird man zutreffenderweise eine Entschließung mit **Dreiviertelmehrheit** für ausreichend halten müssen (vgl. § 293 AktG analog).[121]

Die Analogie zu § 293 AktG bezüglich des Beschlusses legt nach meiner 75 Überzeugung zugleich eine entsprechende Anwendung der **§§ 304, 305 AktG** nahe: Den Minderheitsgesellschaftern ist ein angemessenes Ausgleichs- bzw. Abfindungsangebot zu unterbreiten.[122] Durchzusetzen ist der Anspruch der Minderheitsgesellschafter auf angemessenen Ausgleich oder Abfindung nach den §§ 304 Abs. 3, 305 Abs. 5 AktG analog im Wege eines (ungeschriebenen) **Spruchverfahrens**.[123]

Somit ergibt sich, dass, wenn die Herrschaft über die GmbH & Co. KG an 76 eine fremdunternehmerische Beherrschung der Komplementär-GmbH anknüpft, (auch) dort eine Konzernbildungskontrolle nach ähnlichen Grundsätzen wie im Personengesellschaftsrecht stattfindet, zumal eine mehrglied-

---

[119] *Emmerich* AG 1987, 2; MüKoGmbHG/*Liebscher* Anh. § 13 (GmbH-KonzernR) Rn. 1241; *Liebscher*, Konzernbildungskontrolle, 283 ff.

[120] *Scholz/Emmerich* Anh. Konzernrecht Rn. 143a ff.; MüKoGmbHG/*Liebscher* Anh. § 13 (GmbH-KonzernR) Rn. 716; *Emmerich/Habersack* KonzernR § 32 II Rn. 14, wobei diese betonen, dass die Gegenmeinung (für eine satzungsändernde Mehrheit) „an Boden gewinne"; *K. Schmidt* Gesellschaftsrecht § 38 III 2 a; offen gelassen in BGHZ 105, 324 (332) – Supermarkt; aA Rowedder/Schmidt-Leithoff/*Koppensteiner/Schnorbus* Anh. nach § 52 GmbHG Rn. 47; ähnlich *Timm* BB 1981, 1493 ff.

[121] MüKoGmbHG/*Liebscher* Anh. § 13 (GmbH-KonzernR) Rn. 718; *Liebscher*, Konzernbildungskontrolle, 294.

[122] *Baumgartl*, Konzernbeherrschte Personengesellschaft, 121; *Gekeler*, Der personengesellschaftsrechtliche Konzern, 206 f., 212; MüKoGmbHG/*Liebscher* Anh. § 13 (GmbH-KonzernR) Rn. 1272 f.; wohl auch *Raiser* FS Stimpel, 856 (865) – aA indes MüKoHGB/*Mülbert* KonzernR Rn. 307.

[123] Für ein solches (ungeschriebenes) Spruchverfahren im GmbH-Vertragskonzern plädieren etwa MüKoGmbHG/*Liebscher* Anh. § 13 (GmbH-KonzernR) Rn. 882 ff. sowie *Emmerich/Habersack* KonzernR § 32 II Rn. 4 ff.; *Emmerich/Habersack* § 304 Rn. 15 ff.; *Henze* KonzernR, Rn. 227 vor dem Hintergrund der Macrotron-Entscheidung des BGH (BGHZ 153, 47 (57 f.) = NJW 2003, 1032), in der eine entsprechende Anwendbarkeit des Spruchverfahrens beim Delisting einer AG befürwortet wurde; vgl. hierzu auch BGH, NZG 2013, 1342 – Macrotron II, im Zuge dessen der BGH seine Macrotron-Grundsätze aus dem Jahr 2002 aufgegeben hat; das vom BGH in diesem Zusammenhang angenommene Spruchverfahren dürfte nunmehr seinen Anwendungsbereich verloren haben.

rige Komplementär-GmbH regelmäßig personalistisch strukturiert sein wird. Die vorgenannten Rechtsgrundsätze kommen indessen nicht zum Tragen, wenn an der Komplementär-GmbH nur ein einziger Gesellschafter beteiligt ist. Zu beachten ist weiterhin, dass die Anforderungen an im Rahmen einer Konzernbildungskontrolle erforderliche Gesellschafterbeschlüsse in der KG und in ihrer Komplementär-GmbH nicht zwingend gleichlaufen müssen. Teilweise ist vor allem eine nicht personenidentische GmbH & Co. KG so organisiert, dass die (Nur-)Kommanditisten innerhalb der KG primär Kapitalgeberfunktion haben und die KG-Verfassung stark körperschaftsähnlich ausgestaltet ist. Demgegenüber können sich die Gesellschafter der Komplementär-GmbH gleich stark gegenüberstehen, so dass deren dortige Beteiligung unternehmerischen Charakter hat. Hier kann es vorkommen, dass ein konzernrechtlicher Präventivschutz auf den verschiedenen Ebenen sehr unterschiedlich ausgeprägt ist. Inwieweit gegebenenfalls diejenigen, die (auch) an der Komplementär-GmbH beteiligt sind, aufgrund ihrer gesellschafterlichen Treuepflicht gegenüber der KG und/oder den (Nur-)Kommanditisten verpflichtet sind, sich auf der Ebene der Komplementär-GmbH gegen eine intendierte Abhängigkeitsbegründung oder Konzernierung zur Wehr zu setzen, ist ungeklärt. Ebenso ungeklärt ist, ob die Fremdbestimmung der Komplementär-GmbH eine Legitimation durch die Gesellschafterversammlung erfordert oder Abwehransprüche der KG bzw. der (Nur-)Kommanditisten auslöst.

3. Faktisches Abhängigkeits- und Konzernverhältnis

77 Ist das faktisch beherrschte Unternehmen eine Personengesellschaft, finden die §§ 311 ff. AktG nach hM (in aller Regel) weder unmittelbar noch analog Anwendung.[124] **Schutzregeln** zugunsten der mehrgliedrigen abhängigen Personengesellschaft und der Mitgesellschafter werden von Rechtsprechung und Schrifttum vielmehr **aus allgemeinen (personen)gesellschaftsrechtlichen Rechtsgrundsätzen**, primär aus der mitgliedschaftlichen Treuepflicht des herrschenden Unternehmens abgeleitet.[125] Da das herrschende Unternehmen im einfachen Abhängigkeitsverhältnis bzw. im von den Mitgesellschaftern regelmäßig gebilligten einfachen Konzernverhältnis auf die abhängige Gesellschaft nur unter strikter Wahrung von deren Eigeninteresse Einfluss nehmen und es dieser grundsätzlich keinerlei Nachteile zufügen darf, bedarf es grundsätzlich keines weitergehenden Gläubigerschutzes.

---

[124] Vgl. BGHZ 95, 330 (340) – Autokran: für eine GmbH; *Baumgartl*, Konzernbeherrschte Personengesellschaft, 61 ff.; *Emmerich/Habersack* KonzernR § 34 II Rn. 3; MüKoGmbHG/*Liebscher* Anh. § 13 (GmbH-KonzernR) Rn. 1244; Schlegelberger/*Martens* Anh. § 105 HGB Rn. 27; *Reuter* ZHR 146 (1982), 1 (5).

[125] Grundlegend BGHZ 65, 15 (18) – ITT; 95, 330 (340) – Autokran; BGH NJW 1980, 231 (232 f.) – Gervais/Danone; Heymann/*Emmerich* HGB Anh. § 105 Rn. 8; *Emmerich/Habersack* KonzernR § 34 II Rn. 3; MüKoGmbHG/*Liebscher* Anh. § 13 (GmbH-KonzernR) Rn. 1244; Schlegelberger/*Martens* Anh. § 105 HGB Rn. 27; *Schießl*, Beherrschte Personengesellschaft, 78 – aA (Pflichtverletzung im Rahmen des Gesellschaftsvertrages, § 280 I BGB) MüKoHGB/*Mülbert* KonzernR Rn. 202.

a) **Schutz des abhängigen Unternehmens.** Grundsätzlich ist jede **nachteilstiftende Einflussnahme** auf die Geschäftspolitik des abhängigen Unternehmens durch das herrschende Unternehmen treuwidrig und verpflichtet zum **Schadensersatz**, sofern nicht die Mitgesellschafter der Maßnahme aktuell zustimmen oder sie (regelmäßig einstimmig) generell dem herrschenden Unternehmen eine vorrangige Verfolgung von Konzerninteressen gestattet haben (Vertragskonzern). Denn im Personengesellschaftsrecht sind alle Gesellschafter, insbesondere maßgebende aufgrund des Gesellschaftsvertrages, zur Förderung des gemeinsam betriebenen Unternehmens sowie zur Rücksichtnahme auf die Interessen der anderen Teilhaber und auf das Eigeninteresse der Gesellschaft verpflichtet. Eine etwaige Pflichtverletzung des herrschenden Unternehmens kann prinzipiell nicht dadurch kompensiert werden, dass das herrschende Unternehmen entstandene Nachteile nachträglich wieder ausgleicht, da § 311 AktG, der eine Privilegierung des herrschenden Unternehmens beinhaltet, unanwendbar ist (→ Rn. 76).[126]

Ebenfalls kein Raum besteht für eine Haftungsmilderung nach Maßgabe des § 708 BGB, so dass sich das herrschende Unternehmen hinsichtlich der von ihm veranlassten Maßnahmen nicht auf den Maßstab der eigenüblichen Sorgfalt berufen kann. Begründet wird dies zutreffend mit der aus der Beherrschungslage resultierenden Störung des gegenseitigen Vertrauensverhältnisses zwischen den Gesellschaftern.[127] Vielmehr wird umgekehrt im Schrifttum eine **Beweislastumkehr zu Lasten des maßgebenden Gesellschafters** erwogen, dahingehend, dass bei Maßnahmen, die sich (nachweisbar) einerseits nachteilig für das abhängige Unternehmen auswirken und mit denen andererseits für das herrschende Unternehmen Vorteile verbunden sind, grundsätzlich von einer Veranlassung durch das herrschende Unternehmen ausgegangen wird.[128]

Die Reichweite dieses strengen Schädigungsverbots im Einzelfall, insbesondere die Frage, ob dieses bei kapitalgesellschaftsähnlichen und anderen atypisch verfassten Personengesellschaften zu lockern ist, ist noch nicht abschließend geklärt. Da Rechtsgrund des Schädigungsverbots die gesellschafterliche Treuepflicht ist und diese bekanntlich bei personalistisch strukturierten Mitunternehmergesellschaften intensiver ausgeprägt ist als bei kapitalistisch verfassten Unternehmen,[129] sind solche Lockerungen, die Ausfluss der Notwendigkeit einer typusgerechten Rechtsanwendung sind, wohl möglich. Eine **Kompensationsfähigkeit** nachteiliger Veranlassungen nach dem Vorbild des § 311 AktG dürfte indessen nur bei vollkommen **atypi-**

---

[126] *Baumbach/Hopt* § 105 HGB Rn. 103; Heymann/*Emmerich* Anh. § 105 HGB Rn. 8; *Emmerich/Habersack* KonzernR § 34 II Rn. 3; *Kleindiek* Strukturvielfalt, 52 ff.; MüKoGmbHG/*Liebscher* Anh. § 13 (GmbH-Konzernrecht) Rn. 1244.

[127] *Baumgartl*, Konzernbeherrschte Personengesellschaft, 138 f.; Heymann/*Emmerich* Anh. § 105 HGB Rn. 8; *Emmerich/Habersack* KonzernR § 34 II Rn. 4; *Koller/Roth/Morck* § 105 HGB Rn. 47; MüKoHGB/*Mülbert* KonzernR Rn. 203.

[128] *Emmerich* FS Stimpel, 743 (751 f.); *ders./Habersack* KonzernR § 34 II Rn. 4; *Leuering/Rubner* NJW-Spezial 2012, 143 (144); *Löffler*, Abhängige Personengesellschaft, 101 ff.; aA Ebenroth/Boujong/Joost/Strohn/*Lange* HGB Anh. § 105 Rn. 26.

[129] Vgl. BGHZ 65, 15 (18 f.) – ITT; 103, 184 (194 f.) – Linotype; BGH NJW 1985, 972 (973); *Lutter* ZHR 153 (1989), 446 (452).

schen Publikums-Kommanditgesellschaften in Betracht kommen.[130] Ob man dies aufgrund der Vergleichbarkeit solcher Gesellschaften mit einer AG auf eine Analogie zum Aktienrecht stützt oder man an die sehr lockeren Treuebindungen anknüpft, kann im Ergebnis offen bleiben; beide Begründungsansätze sind gangbar. Im Übrigen ist es nicht angezeigt das Schädigungsverbot als solches aufzugeben, vielmehr ist im jeweiligen Einzelfall vor dem Hintergrund der konkreten Realstruktur des Unternehmens die streitige Maßnahme selbst daraufhin zu untersuchen, ob diese eine unzulässige Schädigung darstellt.[131]

81 Etwaige **Schadensersatzansprüche** aufgrund schädigender Eingriffe des herrschenden Unternehmens stehen **der Gesellschaft** zu; sie können jedoch von jedem Mitgesellschafter im Wege der **actio pro socio** geltend gemacht werden.[132]

82 Schwierigkeiten bereitet insoweit insbesondere die Behandlung des **mehrstufigen Abhängigkeits- und Konzernverhältnisses**, bei dem das herrschende Unternehmen an der abhängigen Personengesellschaft nicht selbst, sondern über eine Tochtergesellschaft beteiligt ist. Die hM erlaubt in diesen Fällen einen Haftungsdurchgriff auf das herrschende Unternehmen und gestattet der konzernfreien Minderheit, unmittelbar gegen das herrschende Unternehmen vorzugehen.[133] Ob dem indes unterschiedslos in allen Fallgestaltungen gefolgt werden kann, ist zweifelhaft. Ist das mittelbar herrschende Unternehmen maßgebend an der Komplementär-GmbH beteiligt und nicht zugleich Kommanditist der KG, unterliegt es in der GmbH im faktischen Konzern ebenfalls grundsätzlich einem umfassenden, aus der allgemeinen gesellschafterlichen Treupflicht abgeleiteten Schädigungsverbot.[134] Angesichts dieser Umstände und in Anbetracht der Tatsache, dass die GmbH & Co. KG

---

[130] In diese Richtung tendieren *Baumgartl*, Konzernbeherrschte Personengesellschaft, 146 f.; *Reuter* ZHR 146 (1982), 1 (24); für einen Abhängigkeitsbericht nach dem Vorbild des § 312 AktG auch *Gekeler*, Der personengesellschaftsrechtliche Konzern, 351 f. – aA MüKoHGB/*Mülbert* KonzernR Rn. 310 f.

[131] Auf den ersten Blick nachteilstiftende Maßnahmen sind bei strukturtypischen Personengesellschaften per se unzulässig. Hat die Gesellschaft eine eher kapitalistische Realstruktur, kann im Rahmen der Beurteilung der Maßnahme demgegenüber auch berücksichtigt werden, ob mit dieser Maßnahme selbst unmittelbar oder in engen Grenzen auch mittelbar Vorteile für die abhängige Gesellschaft verbunden sind, die in der Gesamtschau unter Umständen dazu führen, dass sich Vor- und Nachteile aufheben oder gar die Vorteile überwiegen. Vgl. im Hinblick auf das Schädigungsverbot *Binnewies*, Konzerneingangskontrolle, 397 ff.

[132] *Baumbach/Hopt* § 105 HGB Rn. 103; Heymann/*Emmerich* Anh. § 105 HGB Rn. 9; *Emmerich/Habersack* KonzernR § 34 II Rn. 5; MüKoGmbHG/*Liebscher* Anh. § 13 (GmbH-KonzernR) Rn. 1245; Schlegelberger/*Martens* Anh. § 105 HGB Rn. 29; GK/*Schäfer* HGB Anh. § 105 Rn. 44, 51.

[133] *Baumbach/Hopt* Anh. § 105 HGB Rn. 103; Heymann/*Emmerich* Anh. § 105 HGB Rn. 8 aE; *Emmerich/Habersack* KonzernR § 34 II Rn. 5; *Löffler*, Abhängige Personengesellschaft, 153 f.; MüKoHGB/*Mülbert* KonzernR Rn. 206 ff.; Schlegelberger/*Martens* Anh. § 105 HGB Rn. 29.

[134] Scholz/*Emmerich* GmbHG Anh. Konzernrecht Rn. 71 ff.; *Emmerich/Habersack* KonzernR § 34 II Rn. 3; *Baumbach/Hueck/Zöllner/Beurskens* GmbHG Anh. GmbH-Konzernrecht Rn. 77.

im Ergebnis ein einheitliches Unternehmen ist, welches künstlich in eine operativ tätige KG und eine als Haftungsschott im Außenverhältnis fungierende Geschäftsführungs-GmbH aufgespalten wurde, ist der hM zu folgen.[135] Jedoch bereitet die dogmatische Begründung erhebliche Schwierigkeiten, da das mittelbar herrschende Unternehmen Nichtgesellschafter ist. Indes ist die konzerndimensionale Reichweite der gesellschafterlichen Treuepflicht anerkannt (sog. mittelbare Treuepflicht). Die Treuepflichten des Gesellschafters erstrecken sich mithin auf den diesen beherrschenden Allein- und Mehrheitsgesellschafter, so dass die Obergesellschaft des herrschenden Unternehmens dem abhängigen Unternehmen gegenüber im Grundsatz ebenso zur Treue verpflichtet ist wie der Gesellschafter selbst.[136]

b) Schutz der konzernfreien Gesellschafter. Durch den aufgrund des umfassenden Schädigungsverbots bewirkten Vermögensschutz des abhängigen Unternehmens werden mittelbar auch die Interessen der außenstehenden (Minderheits-)Gesellschafter geschützt. Daneben bedarf es jedoch weiterer institutioneller Sicherungen, um die Eigenständigkeit des abhängigen Unternehmens und die Beachtung von dessen Eigeninteressen durch das herrschende Unternehmen flankierend zu schützen. Im Vordergrund stehen **umfassende Informations- und besondere Mitspracherechte der Außenseiter** gerade vor dem Hintergrund der entstandenen Unternehmensverbindung.

Von wesentlicher Bedeutung sind insbesondere die Rechte der §§ 118, 166 HGB; insoweit sind vor allem die Besonderheiten einer Abhängigkeitssituation zu berücksichtigen. Es ist allgemein anerkannt, dass die Voraussetzungen der **außerordentlichen, nicht abdingbaren Informationsrechte nach §§ 118 Abs. 2, 166 Abs. 3 HGB** generell aufgrund einer (drohenden) Abhängigkeit der Gesellschaft erfüllt sind. Diese Auskunfts- und Einsichtsrechte, die gegenüber dem abhängigen Unternehmen selbst geltend zu machen sind, erstrecken sich auf alle Rechtsbeziehungen der Gesellschaft zum herrschenden Unternehmen und sonstigen verbundenen Unternehmen, soweit sie für die Mitgesellschafter relevant sind oder sein können.[137]

Unstreitig wird darüber hinaus eine umfassende unmittelbare **Informationspflicht** des maßgebenden Gesellschafters über seine unternehmerischen Interessen außerhalb der Gesellschaft gegenüber den Mitgesellschaftern angenommen, um den Mitgesellschaftern die Ergreifung von Abwehrmaßnahmen gegen die Aufnahme eines fremdunternehmerischen Engagements oder – falls diese gestattet wurde oder im Einzelfall zustimmungsfrei möglich sein

---

[135] Vgl. BGHZ 65, 15 ff. – ITT; *MüKoGmbHG/Liebscher* Anh. § 13 (GmbH-KonzernR) Rn. 1247; *Schießl*, Beherrschte Personengesellschaft, 95 f.

[136] Grundlegend *Stimpel* AG 1986, 117 (120); *Wiedemann/Hirte* ZGR 1986, 163 (165); *Winter*, Mitgliedschaftliche Treuebindungen, 255 ff., insbes. 256 f.; siehe ferner im Zusammenhang mit Vinkulierungsklauseln *Liebscher* ZIP 2003, 825 (827); *Lutter/Grunewald* AG 1989, 409 (411).

[137] *Baumgartl*, Konzernbeherrschte Personengesellschaft, 31 f.; *Baumbach/Hopt* § 105 HGB Rn. 103; *Emmerich/Habersack* KonzernR § 34 II Rn. 8; MüKoGmbHG/*Liebscher* Anh. § 13 (GmbH-KonzernR) Rn. 1248; Schlegelberger/*Martens* Anh. § 105 HGB Rn. 26, § 166 Rn. 49; *Schneider* BB 1980, 1061; MüKoHGB/*Mülbert* KonzernR Rn. 284 f.

15. Kapitel. Die Gesellschaft im Konzern

sollte – die Überwachung der Einflussnahme des herrschenden Unternehmens auf die Gesellschaft zu ermöglichen, wobei das herrschende Unternehmen zudem verpflichtet ist, die Mitgesellschafter nach Begründung der Abhängigkeitslage auch über geplante Vertragsschlüsse zwischen Mutter und Tochter zu informieren.[138] Diese Informationspflicht des herrschenden Unternehmens wird aus der allgemeinen Treuepflicht abgeleitet und erstreckt sich auf alle wesentlichen Angelegenheiten der sonstigen unternehmerischen Aktivitäten des herrschenden Unternehmens, einschließlich etwaiger weiterer Konzern- und Beteiligungsunternehmen, soweit die Kenntnis dieser Umstände zur Beurteilung der Verhältnisse innerhalb der eigenen Gesellschaft erforderlich ist und keine Geheimhaltungsinteressen Dritter entgegenstehen; in diesem Rahmen ist auch über geschäftliche Beziehungen zu Drittunternehmen namentlich Konkurrenzunternehmen der Gesellschaft zu berichten;[139] diese Informationspflicht trifft auch das mittelbar herrschende Unternehmen.[140] **Einschränkungen** dieser Informationsrechte der Mitgesellschafter im Falle einer strukturuntypischen Gesellschaft sind im Grundsatz **nicht angezeigt**. Denn hinreichende Informationen sind eine Grundvoraussetzung, um einem Gesellschafter sachgerechte Entscheidungen im Hinblick auf die durch die Entstehung der Abhängigkeits- und Konzernlage bedingte abstrakte Gefährdungslage zu ermöglichen. Allenfalls im Hinblick auf die Informationsdichte können Abstufungen erwogen werden. Abweichungen sollten hier jedoch auf Detailfragen beschränkt bleiben.

86 Des Weiteren sind in Abhängigkeits- und Konzernlagen die – allerdings dispositiven – **Widerspruchs- und Zustimmungsrechte** der Personengesellschafter nach Maßgabe der §§ 116 Abs. 2, 164 HGB sachgerecht zu erweitern.[141] Eine typische Gefahrenquelle für die Gesellschaft und die Mitgesellschafter besteht bei Rechtsgeschäften zwischen der abhängigen Gesellschaft und dem herrschenden Unternehmensgesellschafter oder einem mit ihm verbundenen Unternehmen, weil dort in besonderem Maße die Gefahr besteht, dass keine angemessenen Leistungen und Gegenleistungen vereinbart werden.[142] Aufgrund der abhängigkeitsspezifischen Gefahrensituation

---

[138] *Leuering/Rubner* NJW-Spezial 2012, 143; MüKoGmbHG/*Liebscher* Anh. § 13 (GmbH-KonzernR) Rn. 1231, 1248.
[139] *Binnewies*, Konzerneingangskontrolle, 35 ff.; Heymann/*Emmerich* Anh. § 105 HGB Rn. 10; *Emmerich/Habersack KonzernR* § 34 II Rn. 7; *Kleindiek*, Strukturvielfalt, 298 f.; MüKoGmbHG/*Liebscher* Anh. § 13 (GmbH-KonzernR) Rn. 1248; MüKoHGB/*Mülbert* KonzernR Rn. 214.
[140] MüKoGmbHG/*Liebscher* Anh. § 13 (GmbH-KonzernR) Rn. 1248; MüKoHGB/*Mülbert* KonzernR Rn. 215.
[141] *Baumgartl*, Konzernbeherrschte Personengesellschaft, 33 ff.; Heymann/*Emmerich* Anh. § 105 HGB Rn. 11 aE; *Kleindiek*, Strukturvielfalt, 305 ff.; *Löffler*, Abhängige Personengesellschaft, 157 f.; MüKoGmbHG/*Liebscher* Anh. § 13 (GmbH-KonzernR) Rn. 1249; Schlegelberger/*Martens* Anh. § 105 HGB Rn. 26 aE.
[142] Man denke nur an die übliche Praxis der Vereinbarung von Konzernumlagen für Dienstleistungen des herrschenden Unternehmens für alle Gruppengesellschaften und von Konzernverrechnungspreisen für Warenlieferungen und sonstige Leistungen oder an Kreditgeschäfte zwischen verbundenen Unternehmen mit marktunüblichen Zins- und Tilgungsvereinbarungen.

sind solche Geschäfte in größerem Maße als sonst üblich als betriebsungewöhnlich im Sinne der §§ 116 Abs. 2, 164 HGB aufzufassen, so dass es zu deren Durchführung typischerweise eines zustimmenden Gesellschafterbeschlusses der Gesellschaftergesamtheit bedarf. Ist dieser mehrheitlich zu fassen, wird darüber hinaus für einen Stimmrechtsausschluss zu Lasten des herrschenden Unternehmens analog § 47 Abs. 4 GmbHG plädiert.[143] Allerdings sind die Mitspracherechte der Gesellschafter bei betriebsungewöhnlichen Rechtsgeschäften **dispositiv**, so dass der Gesellschaftsvertrag diese gänzlich ausschließen kann; gerade bei strukturtypischen Personengesellschaften werden die §§ 116 Abs. 2, 164 HGB regelmäßig abbedungen. Ist dies erfolgt, ist eine Abwehr nur im Falle einer Nachteilhaftigkeit des Rechtsgeschäfts möglich.

Schließlich werden in Beherrschungssituationen Einschränkungen des Rechts zur Abänderung des Gesellschaftsvertrages durch Mehrheitsbeschluss vertreten, da es vielfach als mit § 138 Abs. 1 BGB unvereinbar angesehen wird, dem mehrheitlich beteiligten Unternehmensgesellschafter gesellschaftsvertraglich das Recht zur – im Ergebnis einseitigen – Abänderung des Gesellschaftsvertrages einzuräumen.[144] Diese pauschale Betrachtung ist indes nicht überzeugend. Generell ist es weder sittenwidrig noch in sonstiger Weise rechtlich zu beanstanden, wenn das herrschende Unternehmen innerhalb des gesellschaftsvertraglich gesteckten Rahmens Vertragsänderungen mit seinen Stimmen durchsetzt, zumal im mitgliedschaftlichen Bereich anerkanntermaßen auch spezifische Eigeninteressen verfolgt werden dürfen. Es sind daher regelmäßig Vertragsänderungen zulässig; im Einzelfall kann jedoch vor dem Hintergrund der Beherrschungslage eine **Inhaltskontrolle** des Beschlusses dazu führen, dass die Änderung des Gesellschaftsvertrages rechtlich zu beanstanden ist. 87

Verstößt das herrschende Unternehmen gegen die genannten Pflichten, namentlich gegen das Schädigungsverbot, kann ihm nach §§ 117, 127 HGB die **Geschäftsführungs- und Vertretungsbefugnis entzogen** werden. In schwerwiegenden Fällen kommt auch ein **Ausschluss** aus der Gesellschaft oder eine **Auflösung** in Betracht (§§ 133, 140 HGB).[145] Daneben ist auch ein **Austritt** der Außenseiter aus wichtigem Grund denkbar. Dieses Austrittsrecht besteht jedoch nicht schon allein in Anbetracht der Abhängigkeit oder (vermuteten) einfachen Konzernierung der Personengesellschaft, da das herrschende Unternehmen ja dem Eigeninteresse der Gesellschaft verpflichtet bleibt und es grundsätzlich Sache der Mitgesellschafter ist, einer Verwirklichung der abstrakten Konzerngefahren entgegenzuwirken. Allerdings können wiederholte Schädigungen der GmbH & Co. KG durch das herrschende 88

---

[143] Vgl. etwa Schlegelberger/*Martens* Anh. § 105 HGB Rn. 26 aE; GK/*Schäfer* HGB Anh. § 105 Rn. 47.

[144] Heymann/*Emmerich* Anh. § 105 HGB Rn. 12 f.; *Emmerich/Habersack KonzernR* § 34 II Rn. 6 aE; GK/*Schäfer* HGB Anh. § 105 Rn. 47.

[145] *Baumbach/Hopt* § 105 HGB Rn. 103; *Binnewies*, Konzerneingangskontrolle, 124 ff.; *Emmerich/Habersack KonzernR* § 34 II Rn. 9; *MüKoGmbHG/Liebscher* Anh. § 13 (GmbH-KonzernR) Rn. 1251; *Schießl*, Beherrschte Personengesellschaft, 73 ff.; Schlegelberger/*Martens* Anh. § 105 HGB Rn. 28.

Unternehmen einen Austrittsgrund darstellen.¹⁴⁶ Abfindungsschuldner ist dann grundsätzlich das abhängige Unternehmen selbst. Eine Mithaftung des herrschenden Unternehmens für diesen Abfindungsanspruch kann nicht generell bejaht werden. Etwas anderes kann allerdings bei schwerwiegenden Pflichtverstößen des herrschenden Unternehmens oder insbesondere im Falle einer intensiven Einflussnahme des herrschenden Unternehmens auf die abhängige Gesellschaft in Betracht kommen; dies kann man entweder auf die gesellschafterliche Treuepflicht des herrschenden Unternehmens oder auf eine Analogie zu § 305 AktG stützen. Darüber hinaus kann die Begründung eines Abhängigkeitsverhältnisses sich noch in einer weiteren Hinsicht zu Lasten des herrschenden Unternehmens auswirken, da die unterschiedlichen personengesellschaftsrechtlichen Regressbeschränkungen im Hinblick auf Ausgleichsansprüche gegen die Mitgesellschafter auch dann gelten, wenn die entsprechende Leistung nicht durch den an der Personengesellschaft beteiligten Gesellschafter selbst erfolgt, sondern durch ein mit ihm konzernverbundenes Unternehmen. Die personengesellschaftsrechtlichen Regressbeschränkungen verlängern sich mithin in den Konzern hinein.¹⁴⁷

89 **c) Schutz der Gesellschaftsgläubiger.** Ist eine Personengesellschaft abhängig im Sinne des § 17 AktG oder einfach konzerniert im Sinne des § 18 AktG, besteht grundsätzlich kein Anlass für besondere Haftungsregelungen, insbesondere für einen Haftungsdurchgriff auf das herrschende Unternehmen zugunsten der Gesellschaftsgläubiger. Besondere Gläubigerschutzprobleme treten von vornherein nicht auf, wenn das herrschende Unternehmen selbst persönlich haftender Gesellschafter ist, da dieses dann für die Gesellschaftsverbindlichkeiten im Außenverhältnis ohnehin persönlich unbeschränkt haftet (→ Rn. 37 f.).¹⁴⁸

90 Ist das herrschende Unternehmen nicht Komplementärin, sondern allein an der GmbH und damit **mittelbar** an der Personengesellschaft **beteiligt** (→ Rn. 38), ändert sich an diesem Ergebnis grundsätzlich nichts. Das herrschende Unternehmen und die von ihm beherrschte Komplementär-GmbH, die die Geschicke der KG lenkt, sind bei einer mehrgliedrigen Gesellschaft dem Eigeninteresse der GmbH & Co. KG weiterhin verpflichtet; handelt es sich um eine Einmann-Gesellschaft, besteht grundsätzlich keine über den gesetzlichen Schutz hinausgehende Haftung zugunsten der Gläubiger. Vielmehr geht die Rechtsprechung heute davon aus, dass ein **Haftungsdurchgriff** auf das herrschende Unternehmen nur unter den engen Voraussetzungen eines existenzvernichtenden Eingriffs gerechtfertigt ist; diese allgemeine Existenzvernichtungshaftung ist von dem Bestehen eines Konzernverhältnisses und der Intensität der Leitungsmacht des Mehrheitsgesellschafters unab-

---

¹⁴⁶ Vgl. MüKoGmbHG/*Liebscher* Anh. § 13 (GmbH-KonzernR) Rn. 1251; Schlegelberger/*K. Schmidt* § 133 HGB Rn. 15 ff., insbes. Rn. 23; ähnlich *Schießl*, Beherrschte Personengesellschaft, 18.

¹⁴⁷ Eingehend zu den Gegenargumenten *Baumgartl*, Konzernbeherrschte Personengesellschaft, S. 42 ff.; MüKoHGB/*Mülbert* KonzernR Rn. 166; Schlegelberger/*Martens* Anh. § 105 HGB Rn. 32 ff.; *Schießl*, Beherrschte Personengesellschaft, S. 43 ff.

¹⁴⁸ GK/*Schäfer* HGB Anh. § 105 Rn. 54; ausführlich zum Schutz der Gesellschaftsgläubiger MüKoGmbHG/*Liebscher* Anh. § 13 (GmbH-KonzernR) Rn. 1252 ff.

hängig (→ Rn. 104 ff.). Solange ein solcher Eingriff nicht gegeben ist, sind die Gläubiger der GmbH & Co. KG hinreichend durch die allgemeinen haftungsrechtlichen Besonderheiten der GmbH & Co. KG, nämlich § 172a HGB und die insoweit entwickelten Rechtsgrundsätze sowie die analoge Anwendung der Kapitalerhaltungsvorschriften der §§ 30, 31 GmbHG geschützt. Sollte sich das herrschende Unternehmen gegenüber einer mehrgliedrigen KG durch Veranlassung vereinzelter nachteilsstiftender Maßnahmen schadensersatzpflichtig gemacht haben, können die Gläubiger zudem diesen Anspruch pfänden und dann gegen das herrschende Unternehmen vorgehen.[149]

Entgegen der wohl hM[150] ist es aus den vorgenannten Gründen auch nicht gerechtfertigt, einem **herrschenden Kommanditisten** (→ Rn. 40 f.) eine Berufung auf die Haftungsbeschränkung der §§ 171, 172 HGB bereits dann zu verwehren, wenn im Einzelfall schädigende Einflussnahmen auf die abhängige Personengesellschaften nachgewiesen werden können.[151] Ein Haftungsdurchgriff kommt vielmehr allein unter den Voraussetzungen der Existenzvernichtungshaftung in Betracht, die mehr erfordert als den Nachweis vereinzelter schädigender Leitungsmaßnahmen. 91

4. Personengesellschaftsrechtlicher Vertragskonzern

Einleitend wurde bereits ausgeführt, dass die Zulässigkeit der Begründung von Vertragskonzernen unter Beteiligung von Personengesellschaften, namentlich einer GmbH & Co. KG als abhängigem Vertragsteil, heute weitgehend anerkannt ist, sofern grundsätzlich alle Gesellschafter zustimmen und keine natürliche Person einer fremdbestimmten persönlichen Haftung ausgesetzt ist (→ Rn. 46). Charakteristisches Merkmal eines solchen personengesellschaftsrechtlichen Vertragskonzerns ist die **Gestattung der Verfolgung von Konzerninteressen** durch das herrschende Unternehmen auch **zum Schaden des abhängigen Unternehmens**, dh der Vorrang des Konzerninteresses. Regelmäßig nimmt der Gesellschaftsvertrag, der eine solche umfassende Leitung der Personengesellschaft gestattet, den Charakter eines Beherrschungsvertrages an; aber auch eigenständige Unternehmensverträge sind denkbar. 92

a) Begründung des Vertragskonzerns. Begründet wird der Vertragskonzern durch einen **Beschluss der Gesellschafter** der vertraglich konzer- 93

---

[149] *Kleindiek*, Strukturvielfalt, 33 f., 259 f.; *Koller/Roth/Morck* § 105 HGB Rn. 45; MüKoGmbHG/*Liebscher* Anh. § 13 (GmbH-KonzernR) Rn. 1256; Schlegelberger/*Martens* Anh. § 105 HGB Rn. 30; GK/*Schäfer* HGB Anh. § 105 Rn. 54.

[150] Heymann/*Emmerich* Anh. § 105 HGB Rn. 13; *Emmerich/Habersack* KonzernR § 34 II Rn. 11; einschränkend auch Schlegelberger/*Martens* Anh. § 105 HGB Rn. 30; GK/*Schäfer* HGB Anh. § 105 Rn. 56.

[151] Wie hier: BGHZ 45, 204 (207) – Rektor; *Kleindiek*, Strukturvielfalt, 284 ff.; MüKoGmbHG/*Liebscher* Anh. § 13 (GmbH-KonzernR) Rn. 1256; *Schießl*, Beherrschte Personengesellschaft, 105 f.; allgemein zum Gläubigerschutz: Baumbach/*Hopt* § 105 HGB Rn. 104; aA *Laule* FS Semler, 541 (559 f.), der eine Außenhaftung herrschender Kommanditisten generell (allerdings vor dem Hintergrund der früheren Rechtsprechung zur Haftung im qualifiziert-faktischen Konzern) ablehnt.

nierten GmbH & Co. KG, der – außer bei reinen Publikumsgesellschaften – einstimmig zu fassen ist. Es kann aber auch (durch eine hinreichend bestimmte gesellschaftsvertragliche Regelung, die auch in einer Konzernklausel liegen kann) ein qualifizierter Mehrheitsbeschluss angeordnet werden.[152]

94 Strittig ist, ob der Beherrschungsvertrag bzw. der entsprechende Beschluss der **Schriftform** bedarf. Dies ist aus Gründen der Rechtssicherheit und zur Sicherstellung sowie Warnung der Mitgesellschafter analog § 293 Abs. 3 AktG zu bejahen.[153]

95 Aus denselben Gründen ist der Beherrschungsvertrag bzw. der Zustimmungsbeschluss der Gesellschafterversammlung **in das Handelsregister** der abhängigen Gesellschaft **einzutragen**; dies folgt aus einer entsprechenden Anwendung des § 294 AktG und gebietet zudem der Gläubigerschutz. Die Eintragung ist deklaratorisch, nicht konstitutiv.[154] Allerdings ist rechtstatsächlich nicht bekannt, ob seitens umfassend beherrschter Personengesellschaften bereits versucht wurde, diesen Umstand registerrechtlich zu verlautbaren und ob die Registergerichte solche Eintragungen bereits vorgenommen oder gar veranlasst haben.

96 **b) Weisungsrecht des herrschenden Unternehmens.** Aufgrund der Gestattung zur vorrangigen Verfolgung von Konzerninteressen ist das herrschende Unternehmen berechtigt, konzernrechtliche Leitungsmacht auszuüben. Dieses Leitungsrecht beschränkt sich – wie im GmbH-Recht – auf den **Bereich der Geschäftsführung**, allerdings einschließlich aller betriebsungewöhnlichen Maßnahmen, selbst wenn diese von ganz erheblichem Gewicht sind.[155] Soweit Geschäftsführungsmaßnahmen nach dem Gesellschaftsvertrag einer (mehrheitlichen) Beschlussfassung der Gesellschafterver-

---

[152] OLG Hamburg, Urt. v. 29.7.2005 – 11 U 286/04 – Otto, ZIP 2005, 901; *Westermann* ZIP 2007, 2289 (2296).

[153] Heymann/*Emmerich* Anh. § 105 HGB Rn. 22; *Emmerich/Habersack* KonzernR § 34 IV Rn. 19; MüKoGmbHG/*Liebscher* Anh. § 13 (GmbH-KonzernR) Rn. 1261; aA Koller/*Roth/Morck* § 109 HGB Rn. 4 aE; MüKoHGB/*Mülbert* KonzernR Rn. 158; GK/*Schäfer* HGB Anh. § 105 Rn. 61; s. auch *Baumgartl*, Konzernbeherrschte Personengesellschaft, 88 f., der jedoch für die Publikumskommanditgesellschaft ein Schriftformerfordernis bejaht.

[154] *Baumbach/Hopt* § 105 HGB Rn. 105; Heymann/*Emmerich* § 105 HGB Rn. 22; *Kleindiek*, Strukturvielfalt, 239 ff.; MüKoGmbHG/*Liebscher* Anh. § 13 (GmbH-KonzernR) Rn. 1265; MüKoHGB/*Mülbert* KonzernR Rn. 159; *K. Schmidt*, Gesellschaftsrecht § 43 III 4a; aA *Emmerich/Habersack* KonzernR § 34 IV Rn. 19; *Baumgartl*, Konzernbeherrschte Personengesellschaft, 91 ff.; für Ergebnisausführungsvertrag so auch OLG München GmbHR 2011, 376 (377).

[155] Grundlegend für das GmbH-Recht *Zöllner* ZGR 1992, 173 (182); dort inzwischen hM: vgl. BGHZ 105, 311 (324) – Supermarkt; OLG Stuttgart NZG 1998, 601 ff. – Dornier-Logo; *Roth/Altmeppen* Anh. § 13 GmbHG Rn. 50 ff.; Ulmer/*Casper* Anh. § 77 GmbHG Rn. 218; MüKoGmbHG/*Liebscher* Anh. § 13 (GmbH-KonzernR) Rn. 1266; Baumbach/Hueck/*Zöllner/Beurskens* GmbHG Anh. Konzernrecht Rn. 63 – aA indes MüKoHGB/*Mülbert* KonzernR Rn. 239, der davon ausgeht, es werde nur das gesellschaftsvertraglich begründete oder ordentlich bestehende Weisungsrecht der Gesellschafterversammlung auf die Obergesellschaft übertragen.

sammlung unterliegen, werden diese Mitwirkungsrechte der Gesellschaftergesamtheit im Geschäftsführungsbereich durch den Beherrschungsvertrag überlagert und die Entscheidungszuständigkeit auf das herrschende Unternehmen verlagert, es sei denn, dass der Beherrschungsvertrag oder der Zustimmungsbeschluss der Gesellschafterversammlung zur Begründung des Vertragskonzerns ausdrücklich etwas anderes bestimmt. **Nicht erfasst** vom Leitungsrecht des herrschenden Unternehmens ist der Bereich der so genannten **Grundlagengeschäfte** und **Änderungen des Gesellschaftsvertrages**; diese darf das herrschende Unternehmen nicht anordnen.[156]

Weiterhin wird das herrschende Unternehmen von dem grundsätzlichen Schädigungsverbot dispensiert; es darf Konzerninteressen auch auf Kosten der abhängigen GmbH & Co. KG verfolgen, allerdings nur wenn dies im Konzerninteresse liegt, so dass **willkürliche Schädigungen** untersagt sind. Das herrschende Unternehmen muss also bei nachteilstiftenden Maßnahmen den Verhältnismäßigkeitsgrundsatz wahren; die der Personengesellschaft zugefügten Nachteile müssen von den für den Gesamtkonzern verbundenen Vorteilen überwogen werden. Eine zusätzliche, äußerste Schranke der Leitungsmacht besteht in der Verpflichtung, Maßnahmen zu unterlassen, die die **Existenzfähigkeit** des von der vertraglich konzernierten GmbH & Co. KG betriebenen Unternehmens insgesamt gefährden. Weiterhin besteht die Verpflichtung, dass nach Beendigung des Konzernverhältnisses vom herrschenden Unternehmen der wirtschaftlich selbständige **Fortbestand** des Unternehmens sichergestellt werden muss.[157] 97

Für einen weitergehenden Unternehmensschutz und weitergehende Schranken des Weisungsrechts, wie sie verschiedentlich gefordert werden, besteht kein Bedürfnis und auch keine tragfähige juristische Begründung. Den Personengesellschaftern steht es frei, den Umfang der konzernrechtlichen Leitungsmacht des herrschenden Unternehmens im Rahmen des regelmäßig einstimmig zu fassenden Beschlusses über die Begründung des Vertragskonzerns weiter einzuengen.[158] 98

c) Verlustübernahmepflicht des herrschenden Unternehmens. Als Korrelat für diese weitgehenden Befugnisse ist das herrschende Unternehmen verpflichtet, alle anfallenden Verluste des abhängigen Unternehmens zu übernehmen. Die Verlustübernahmepflicht des herrschenden Unterneh- 99

---

[156] Vgl. zum Personengesellschaftsrecht *Kleindiek*, Strukturvielfalt, 29 ff.; MüKo-GmbHG/*Liebscher* Anh. § 13 (GmbH-KonzernR) Rn. 1266; Schlegelberger/*Martens* Anh. § 105 HGB Rn. 42; MüKoHGB/*Mülbert* KonzernR Rn. 239; vgl. zum GmbH-Recht BGHZ 105, 311 (324) – Supermarkt; *Roth/Altmeppen* Anh. § 13 GmbHG Rn. 50; differenzierend: Rowedder/Schmidt-Leithoff/*Koppensteiner/Schnorbus* Anh. nach § 52 GmbHG Rn. 45 ff.; Lutter/*Hommelhoff* Anh. § 13 GmbHG Rn. 34; *Zöllner* ZGR 1992, 182 ff.; Baumbach/Hueck/*Zöllner/Beurskens* GmbHG Anh. Konzernrecht Rn. 63.

[157] Vgl. zum Personengesellschaftsrecht *Kleindiek*, Strukturvielfalt, 32 ff.; MüKo-GmbHG/*Liebscher* Anh. § 13 (GmbH-KonzernR) Rn. 792 ff., 1266; Schlegelberger/*Martens* Anh. § 105 HGB Rn. 42; vgl. zum GmbH-Recht Ulmer/*Casper* Anh. § 77 Rn. 221 jew. mwN; Scholz/*Emmerich* Anh. Konzernrecht Rn. 178 ff.

[158] So sehr anschaulich Schlegelberger/*Martens* Anh. § 105 HGB Rn. 42 f.; MüKoGmbHG/*Liebscher* Anh. § 13 (GmbH-KonzernR) Rn. 1267; aA *Emmerich/Haberack KonzernR* § 34 IV Rn. 18; *Löffler*, Abhängige Personengesellschaft, 42 ff.

mens im Falle vertraglicher Konzernierung einer Personengesellschaft ist unstreitig und auch von der Rechtsprechung anerkannt. Die dogmatische Begründung ist indes streitig. Insoweit wird von der hM eine Analogie zu den §§ 302, 303 AktG befürwortet; andere verweisen auf allgemeine Rechtsgrundsätze, auf eine analoge Anwendung des § 670 BGB oder auf den normativen Zusammenhang von ausgeübter Leitungsmacht und korrespondierender Risikohaftung.[159] Der herrschenden Meinung ist zuzustimmen. § 302 Abs. 1 AktG normiert, indem er der unternehmensvertraglich konzernierten Gesellschaft einen Verlustausgleichsanspruch gegen das herrschende Unternehmen gewährt, einen allgemein gültigen, rechtsformunabhängigen Rechtsgrundsatz und verpflichtet das herrschende Unternehmen zur Erhaltung der bei Vertragsschluss vorgefundenen Substanz des abhängigen Unternehmens. Hiergegen lässt sich nicht einwenden, dass die Vorschrift des § 302 Abs. 1 AktG allein Ausfluss der im Vertragskonzern ausgehobenen kapitalgesellschaftsrechtlichen Kapitalbindung, die im Personengesellschaftsrecht fehlt, sei.[160] Der Schutzzweck der Norm geht weiter: Sie dient der Erhaltung der Lebensfähigkeit des abhängigen Unternehmens, die das herrschende Unternehmen trotz seiner Befugnis zur Verfolgung von Konzerninteressen stets gewährleisten muss und vor allem dem generellen (mittelbaren) Schutz der Gesellschaftsgläubiger, da durch die vertragliche Konzernierung das im gesetzlichen Regelfall bestehende Gläubigerschutzsystem aufgehoben wird.[161] Dies gilt insbesondere – aber eben aufgrund des auf Substanzerhaltung gerichteten Charakters des § 302 Abs. 1 AktG nicht ausschließlich – dann, wenn das herrschende Unternehmen nicht Vollhafter der Personengesellschaft ist oder – wie im Falle einer GmbH & Co. KG – von vornherein keine natürliche Person, sondern allein eine regelmäßig nur mit dem Mindeststammkapital ausgestattete, als Haftungsschott fungierende GmbH persönlich unbeschränkt für die Gesellschaftsverbindlichkeiten der KG haftet.[162]

100   Letztlich trägt das herrschende Unternehmen aufgrund seiner umfassenden Leitungsmacht mithin die **Ergebnisverantwortung** für das abhängige Unternehmen, so dass die Begründung eines personengesellschaftsrechtlichen Vertragskonzerns die Pflicht des herrschenden Unternehmens zum

---

[159] Vgl. zur hM *Baumbach/Hopt* § 105 HGB Rn. 105; *Baumgartl*, Konzernbeherrschte Personengesellschaft, 113 ff., 116; *Emmerich/Habersack* KonzernR § 34 IV Rn. 21; *Kleindiek*, Strukturvielfalt, 129 ff.; MüKoHGB/*Mülbert* KonzernR Rn. 191 ff.; aA auf allg. Rechtsgrundsätze abstellend BGH NJW 1980, 231 ff. – Gervais/Danone; eine Analogie zu § 670 BGB befürworten *Laule* FS Semler, 541 (558 f.); *Reuter* ZHR 146 (1982), 21; auf eine mit der Leitungsmacht korrespondierende Risikohaftung abstellend GK/*Schäfer* HGB Anh. § 105 Rn. 73 f., der jedoch für den Sonderfall der GmbH & Co. KG eine Analogie zu den §§ 302, 303 AktG befürwortet.

[160] So aber vor allem *Löffler*, Abhängige Personengesellschaft, 80, 87 f.; *Reuter* ZHR 146 (1982), 1 (21); *Reuter* AG 1986, 130 (134); *Schießl*, Beherrschte Personengesellschaft, 51; einschränkend GK/*Schäfer* HGB Anh. § 105 Rn. 73.

[161] Eingehend *Kleindiek*, Strukturvielfalt, 134 ff.; vgl. auch Schlegelberger/*Martens* Anh. § 105 HGB Rn. 41.

[162] Vgl. GK/*Schäfer* HGB Anh. § 105 Rn. 76, der zumindest für GmbH & Co. KG eine Analogie zu § 302 Abs. 1 AktG anerkennt; ähnlich *Schießl*, Beherrschte Personengesellschaft, 88 f.

Ausgleich der Verluste des abhängigen Unternehmens, die während seiner Herrschaft entstanden sind, und zur Sicherheitsleistung für Gesellschaftsverbindlichkeiten der Untergesellschaft bei Vertragsbeendigung (vgl. § 303 AktG) nach sich zieht.[163] Es kommt daher nicht darauf an, ob das herrschende Unternehmen die Verluste des abhängigen Unternehmens schuldhaft herbeigeführt hat, bzw. ob die Verfolgung von Konzerninteressen auch nur kausal für die Entstehung des Fehlbetrages war. Das herrschende Unternehmen kann der Verlustausgleichspflicht auch nicht dadurch entgehen, indem es nachweist, dass zwischen den Verlusten der konzernierten Gesellschaft und der Konzernbegründung und -leitung kein Zusammenhang besteht und diese auf höherer Gewalt beruhen.[164] Ist die **abhängige Gesellschaft vermögenslos**, so verdichtet sich die Verlustausgleichspflicht zu einer **Ausfallhaftung** des herrschenden Unternehmens.[165]

101 Die Verlustausgleichspflicht des herrschenden Unternehmens ist Rechtsfolge der unternehmensvertraglichen Konzernierung der Personengesellschaft, so dass es zu ihrer Begründung keiner besonderen Vereinbarung bedarf. Nach hM kann sie auch **nicht** durch besondere Vereinbarungen zwischen abhängigem und herrschendem Unternehmen oder zwischen den Gesellschaftern der abhängigen Personengesellschaft **abbedungen** werden. Dies ist bereits deshalb zutreffend, da die Verlustübernahmepflicht auch dem Gläubigerschutz dient; der Gläubigerschutz steht nicht zur Disposition Dritter.[166]

102 Demgegenüber ginge es zu weit, eine Verpflichtung des herrschenden Unternehmens zur angemessenen Kapitalausstattung des abhängigen Unternehmens zu bejahen und dem abhängigen Unternehmen einen Anspruch gegen das herrschende auf Versorgung mit der für die Erfüllung der aktuellen Verbindlichkeiten erforderlichen Geldmittel zu gewähren.[167] Das vertragskonzernrechtliche Schutzsystem ist nämlich allein auf Substanzerhaltung

---

[163] Nichts anderes ist gemeint, wenn die Verlustübernahmepflicht als „Korrelat" für die aufgrund der vertraglichen Konzernierung gewonnene Leitungsmacht aufgefasst oder von dem „Gebot von Gleichlauf von Herrschaft und Haftung" gesprochen wird. Vgl. etwa *K. Schmidt* DB 1984, 1181 (1183); GK/*Schäfer* HGB Anh. § 105 Rn. 74 f.

[164] So aber GK/*Schäfer* HGB Anh. § 105 Rn. 75; gegen eine solche Zufallshaftung *Koller/Roth/Morck* § 105 HGB Rn. 45.

[165] HM, s. *Kleindiek*, Strukturvielfalt, 153 ff.; MüKoGmbHG/*Liebscher* Anh. § 13 (GmbH-KonzernR) Rn. 1269; Schlegelberger/*Martens* Anh. § 105 HGB Rn. 41; *Reuter* ZHR 146 (1982), 13; *K. Schmidt* Gesellschaftsrecht § 43 III 4b; aA GK/*Schäfer* HGB Anh. § 105 Rn. 76; *Baumbach/Hopt* § 105 HGB Rn. 104.

[166] Grundlegend BGHZ 95, 330 (347) – Autokran; ferner BGHZ 105, 168 (183) – HSW; 115, 187 (200) – Video; 116, 37 (42) – Stromlieferung; OLG Dresden AG 1997, 330 (333); vgl. *Emmerich/Habersack* KonzernR § 20 V Rn. 36 mwRspr speziell zum Personengesellschaftsrecht (§ 34 IV); *Kleindiek*, Strukturvielfalt, 236 ff.; MüKoGmbHG/*Liebscher* Anh. § 13 (GmbH-KonzernR) Rn. 1268; MüKoHGB/*Mülbert* KonzernR Rn. 198; *K. Schmidt* Gesellschaftsrecht § 43 III 4b.

[167] Allg. ablehnend zum Liquiditätsschutz und für das Ausreichen eines Ausgleichs KöKo/*Koppensteiner* § 302 AktG Rn. 8, § 308 Rn. 32 f.; MHdB AG/*Krieger* § 69 Rn. 72 ff.; MüKoGmbHG/*Liebscher* Anh. § 13 (GmbH-KonzernR) Rn. 1270; aA *Kleindiek*, Strukturvielfalt, 162 ff.

15. Kapitel. Die Gesellschaft im Konzern

und Schutz der Überlebensfähigkeit durch Verbot existenzgefährdender Leitungsmaßnahmen, nicht jedoch auf Schutz vor allgemeinen unternehmerischen Risiken bzw. auf Verhinderung von Liquiditätsengpässen gerichtet.[168] Ebenso wenig besteht ein Anspruch der vertraglich konzernierten Personengesellschaft auf ordnungsgemäße Konzerngeschäftsführung. Denn die unternehmensvertraglichen Leitungs- und Eingriffsbefugnisse geben allein dem herrschenden Unternehmen ein entsprechendes Leitungsrecht, verpflichten es jedoch nicht, in das abhängige Unternehmen einzugreifen, da es ein zulässiges unternehmerisches Konzept ist, die Tochtergesellschaft „an der langen Leine" zu führen und im Tochtermanagement entsprechende unternehmerische Freiheiten zu lassen, zumal die Erfahrung lehrt, dass sich eine solche „Leitungsabstinenz" vielfach als vorteilhaft erweist, da sie Raum für Kreativität und eigene unternehmerische Initiative lässt.[169]

103 **d) Sonstige Rechtsfolgen.** Geht man davon aus, dass die vertragliche Konzernierung einer Personengesellschaft regelmäßig zwingend die Zustimmung aller Gesellschafter voraussetzt, bedarf es eines zusätzlichen Schutzes der konzernfreien Minderheit nicht. In Anbetracht des dann zugunsten jedes Personengesellschafters bestehenden Veto-Rechts ist es der Minderheit nämlich unschwer möglich, ihre Zustimmung zu dem Vertragskonzern von bestimmten Bedingungen und wirtschaftlichen Sicherungen abhängig zu machen und so ihre Interessen zu wahren. Besteht somit die **umfassende Möglichkeit eines Selbstschutzes**, erübrigt sich ein zwingender Minderheitsschutz etwa in Form von Ausgleichs- und Abfindungsansprüchen analog §§ 304, 305 AktG.[170]

104 Etwas **anderes** gilt jedoch **bei reinen Publikumsgesellschaften**. Denn dort kann der einen Vertragskonzern begründende Gesellschafterbeschluss mit Dreiviertelmehrheit gefasst werden (→ Rn. 63 ff., 92 ff.), so dass ein Selbstschutz der konzernfreien Minderheiten nicht möglich ist.[171] Die Analogie zu § 293 AktG bezüglich des Beschlusses legt nach meiner Überzeugung zugleich eine entsprechende Anwendung der **§§ 304, 305 AktG** nahe.

---

[168] Das herrschende Unternehmen trägt nur die allg. Ergebnisverantwortung; gerät das abhängige Unternehmen aufgrund irgendwelcher Marktentwicklungen in Liquiditätsschwierigkeiten, die trotz der Verlustausgleichsbeträge des herrschenden Unternehmens nicht behoben werden können und die (regelmäßig gerade) nicht auf verbotenen Eingriffen des herrschenden Unternehmens, sondern auf allg. wirtschaftlichen Entwicklungen oder Fehlentscheidungen (deren Fehlerhaftigkeit sich regelmäßig erst aus einer ex post-, nicht jedoch aus einer ex ante-Betrachtung ergibt) beruhen, so besteht keine Verpflichtung des herrschenden Unternehmens, das abhängige Unternehmen über die reine Verlustübernahme hinaus zu unterstützen. Es kann vielmehr dann die Insolvenz der Untergesellschaft und die sich hieran anschließende Ausfallhaftung in Kauf nehmen.

[169] Wie hier MüKoHGB/*Mülbert* KonzernR Rn. 229 ff.; aA *Emmerich/Habersack* KonzernR § 35 III.

[170] Heymann/*Emmerich* Anh. § 105 HGB Rn. 23; *Emmerich* FS Stimpel, 750; MüKoGmbHG/*Liebscher* Anh. § 13 (GmbH-KonzernR) Rn. 1271; Schlegelberger/*Martens* Anh. § 105 HGB Rn. 43; *Reuter* ZHR 146 (1982), 5 (8, 18 f.); *Reuter* AG 1986, 138; aA *Baumgartl*, Konzernbeherrschte Personengesellschaft, 121 ff.

[171] *Baumgartl*, Konzernbeherrschte Personengesellschaft, 121.

Den Minderheitsgesellschaftern ist ein angemessenes Ausgleichs- bzw. Abfindungsangebot zu unterbreiten.[172] Durchzusetzen ist der Anspruch der Minderheitsgesellschafter auf angemessenen Ausgleich oder Abfindung nach den §§ 304 Abs. 3, 305 Abs. 5 AktG analog im Wege eines (ungeschriebenen) **Spruchverfahrens**.[173]

V. Existenzvernichtungshaftung

1. Aufgabe der Rechtsprechung zum qualifiziert-faktischen Konzern

Haftungsfragen, insbesondere im Zusammenhang mit Konzernsachverhalten werden bereits seit Jahrzehnten in Schrifttum wie Judikatur kontrovers diskutiert. Insbesondere die Entwicklung der Rechtsprechung ist von Brüchen und regelmäßig wiederkehrenden Neuorientierungen geprägt. Während die Diskussion ursprünglich unter dem Schlagwort „qualifiziert-faktischer Konzern"[174] stark konzernrechtlich geprägt war und die entsprechende Haftung an die Intensität, mit der das herrschende Unternehmen auf die abhängige Gesellschaft einwirkt, angeknüpft wurde, hat sich mittlerweile die Diskussion von ihren konzernrechtlichen Ursprüngen entkoppelt.[175] Fokussiert hat sie sich auf die Frage, unter welchen Voraussetzungen eine Gesellschaft gegenüber Eingriffen ihres Gesellschafters Bestandsschutz genießt sowie darauf, unter welchen Voraussetzungen eine Verletzung dieses Bestandschutzinteresses eine Haftung des Gesellschafters für die Verbind-

105

---

[172] *Baumgartl*, Konzernbeherrschte Personengesellschaft, 121; *Gekeler*, Der personengesellschaftsrechtliche Konzern, 206 f., 212; MüKoGmbHG/*Liebscher* Anh. § 13 (GmbH-KonzernR) Rn. 1271; wohl auch *Raiser* FS Stimpel, 856 (865) – aA indes MüKoHGB/*Mülbert* KonzernR Rn. 307.

[173] Für ein solches (ungeschriebenes) Spruchverfahren im GmbH-Vertragskonzern plädieren etwa MüKoGmbHG/*Liebscher* Anh. § 13 (GmbH-KonzernR) Rn. 882 ff. sowie *Emmerich/Habersack* KonzernR § 32 II Rn. 4 ff.; *Emmerich/Habersack* § 304 Rn. 15 ff.; *Henze* KonzernR, Rn. 227 vor dem Hintergrund der Macrotron-Entscheidung des Bundesgerichtshofs (BGHZ 153, 47 (57 f.) = NJW 2003, 1032), in der eine entsprechende Anwendbarkeit des Spruchverfahrens beim Delisting einer AG befürwortet wurde; vgl. hierzu auch BGH, NZG 2013, 1342 – Macrotron II, im Zuge dessen der BGH seine Macrotron-Grundsätze aus dem Jahr 2002 aufgegeben hat; das vom BGH in diesem Zusammenhang angenommene Spruchverfahren dürfte nunmehr seinen Anwendungsbereich verloren haben.

[174] Beginnend mit der Autokran-Entscheidung aus dem Jahr 1985 (BGHZ 95, 330 (339) = NJW 1986, 188) bis zur TBB-Entscheidung 1993 (BGHZ 122, 123 (126) = NJW 1993, 1200), welche bereits den Beginn des neuen Haftungskonzepts einläutete, hatte der II. Zivilsenat des BGH in einer Reihe von Leiturteilen – insbes. BGHZ 107, 7 (15) = NJW 1989, 1800 – Tiefbau und BGHZ 115, 187 (189) = NJW 1991, 3142 – Video – die Grundlage für eine konzernrechtlich begründete Haftung des herrschenden Unternehmens gegenüber der abhängigen GmbH ausgestaltet. Siehe zur Entwicklung der Rechtsprechung etwa *Emmerich/Habersack* KonzernR § 31 I Rn. 4, II; *Roth/Altmeppen* Anh. § 13 Rn. 145 ff.

[175] Ausführlich zu den Grundlagen und den verschiedenen Haftungsmodellen, s. Vorauflage Rn. 97 ff.

lichkeiten der Gesellschaft in Durchbrechung der mit der Gesellschaftsgründung einhergehenden Haftungsbeschränkung nach sich ziehen kann. Während die Rechtsprechung insoweit zunächst unter dem Stichwort des „existenzvernichtenden Eingriffs" einen gesellschaftsrechtlichen Haftungsansatz (Reduktion der durch die Gesellschaftsgründung bewirkten Haftungsabschottung) verfolgte[176], wurde auch dieser Ansatz mittlerweile zugunsten eines an das rein deliktische Verbot der vorsätzlichen sittenwidrigen Schädigung gemäß § 826 BGB anknüpfenden Ansatzes aufgegeben.[177] Das deliktsrechtlich geprägte Rechtsinstitut der Existenzvernichtungshaftung, welches auf die Zustimmung der herrschenden Meinung im Schrifttum gestoßen ist, wurde mittlerweile durch eine Vielzahl höchstrichterlicher Entscheidungen bestätigt und im Einzelnen ausgeformt.

106 Die entsprechenden **Haftungsgrundsätze** stellen sich wie folgt dar:

2. Haftungsgrundsätze der Existenzvernichtungshaftung

107 Dogmatische Grundlage der als deliktische Innenhaftung ausgestalteten Existenzvernichtungshaftung des GmbH-Gesellschafters bildet seit der *Trihotel*-Entscheidung aus dem Jahr 2007 der § 826 BGB. Dies wurde ua bestätigt durch das Grundsatzurteil *Gamma*[178], das sich insbesondere mit der Einstandspflicht des Gesellschafters wegen materieller Unterkapitalisierung der GmbH auseinandersetzte, der *Sanitary*-Entscheidung[179], welche die Haftung auf Eingriffe im Liquidationsstadium erstreckte sowie der 2012 ergangenen *Wirtschaftsakademie*-Entscheidung[180], in welcher der Senat klarstellte, dass bei einer Veräußerung von Gesellschaftsvermögen der bereits im Liquidationsstadium befindlichen GmbH nur eine Veräußerung von Gesellschaftsvermögen „unter Wert" an eine andere von den Gesellschaftern beherrschte Gesellschaft eine Haftung der Gesellschafter nach sich ziehen könne.[181] Der **existenzvernichtende Eingriff** wird heute als eine besondere Fallgruppe dieser allgemeinen deliktsrechtlichen Anspruchsnorm gesehen. Der Verstoß gegen die guten Sitten liegt nach der inzwischen gefestigten Rechtsprechung im Zugriff eines Gesellschafters auf das Gesellschaftsvermögen, der geeignet

---

[176] Eine ausführliche Darstellung zur Entwicklung der Rechtsprechung findet sich in der Vorauflage Rn. 105 ff.; *Kurzwelly* FS Goette 2011, 277.

[177] Mit der Entscheidung Bremer-Vulkan v. 17.9.2001 – BGHZ 149, 10 = NJW 2001, 3024; bestätigt durch die Urteile Ausfallhaftung v. 25.2.2002 – BGHZ 150, 61 = NJW 2002, 1803; KBV v. 24.6.2002 – BGHZ 151, 181 = NJW 2002, 3024 und Trihotel v. 16.7.2007 – BGHZ 173, 246 = NJW 2007, 2685; bestätigt durch BGH, Urt. v. 23.4.2012 = BB 2012, 1628, hat der II. Zivilsenat sowohl die Rechtsfigur des qualifiziert-faktischen Konzerns, als auch das zwischenzeitlich entwickelte Haftungskonzept wegen existenzvernichtenden Eingriffs endgültig aufgegeben und durch eine Innenhaftung nach § 826 BGB ersetzt.

[178] BGHZ 176, 204 = NJW 2008, 2437 – Gamma.

[179] BGHZ 179, 344 = NJW 2009, 2127 – Sanitary.

[180] BGHZ 193, 96 = NZG 2012, 667 – Wirtschaftsakademie.

[181] Vgl. zur neueren Rspr.-Entwicklung ua Roth/*Altmeppen* § 13 GmbHG Rn. 75 ff.; *Beck* DStR 2012, 2135; *Bisle* DStR 2012, 1514; MHdB GmbH/*Decher/Kiefner* § 68 Rn. 4.; Rowedder/Schmidt-Leithoff/*Pentz* § 13 GmbHG Rn. 154; *Röck* DZWIR 2012, 97.

ist, die Insolvenz der Gesellschaft herbeizuführen. Darüber hinaus kommt eine Existenzvernichtungshaftung auch im Stadium der Liquidation einer insolventen GmbH in Betracht.[182] Das neue Haftungskonzept der Existenzvernichtungshaftung gilt nach wie vor **konzernrechtsunabhängig,** also sowohl für den Gesellschafter der abhängigen Einpersonen- oder Mehrpersonen-GmbH als auch für Privatgesellschafter nicht konzernverbundener Unternehmen.[183]

a) **Haftungsvoraussetzungen.** Objektive Tatbestandsvoraussetzungen einer Haftung der Gesellschafter sind demnach: 108

Eingriff in das Gesellschaftsvermögen: Haftungsauslösend sind nicht alle Leitungsmaßnahmen; vielmehr bedarf es des Zugriffs eines Gesellschafters auf das Gesellschaftsvermögen, der geeignet ist, die Insolvenz der Gesellschaft herbeizuführen. Der Tatbestand setzt folglich das Außerachtlassen der gebotenen angemessenen Rücksichtnahme auf den Bestand des Gesellschaftsvermögens und die damit verbundene vorsätzlich-sittenwidrige Herbeiführung der Zahlungsunfähigkeit der Gesellschaft voraus.[184] Auf den Zeitpunkt des Eingriffs kommt es nicht an; er kann sowohl eine aktive, werbende Gesellschaft, als auch eine moribunde, insolvenznahe und auch eine ins Stadium der Liquidation übergegangene Gesellschaft betreffen. Der für die Existenzvernichtungshaftung nach § 826 BGB bei der werbenden Gesellschaft anerkannte Grundsatz eines verselbstständigten Vermögensinteresses gilt erst recht für eine Liquidation der Gesellschaft, für die § 73 Abs. 1 und 2 den Erhalt des Gesellschaftsvermögens im Interesse der Gläubiger in besonderer Weise hervorhebt.[185] Allerdings kommt nach der Rspr. des BGH eine Haftung der Gesellschafter bei Veräußerung von Gesellschaftsvermögen der bereits im Liquidationsstadium befindlichen GmbH nur dann in Betracht, wenn die Veräußerung von Gesellschaftsvermögen an eine andere von den Gesellschaftern beherrschte Gesellschaft „unter Wert" erfolgt. Die Übertragung auf eine andere, im Mehrheitsbesitz des Gesellschafters befindliche Gesellschaft reicht allein nicht aus.[186] 109

---

[182] BGHZ 179, 344 = NJW 2009, 2127 – Sanitary.
[183] So in der Sache schon in BGH Urt. v. 29.3.1992 – II ZR 265/91 – TBB, BGHZ 122, 123 (127 f.) = NJW 1993, 1200, ausdrücklich klargestellt dann in BGH Urt. v. 24.6.2002 – II ZR 300/00 – KBV, BGHZ 151, 181 = NJW 2002, 3024 = NZG 2002, 914; vgl. hierzu auch *Bitter* WM 2001, 2133 (2135); *Drygala* GmbHR 2003, 729 (731); Emmerich/*Habersack* § 318 Anh. Rn. 34; *Hoffmann* NZG 2002, 70; MüKoGmbHG/*Liebscher* Anh. § 13 (GmbH-KonzernR) Rn. 538; *Röhricht* FS 50 Jahre BGH, 2000, 83 (118); *Röhricht* RWS-Forum 25, 2003, 1 (14); *Röhricht* VGR 6 (2003), 3 (23); *K. Schmidt* NJW 2001, 3577 (3581). Seit jeher krit. zur konzernrechtlichen Anknüpfung der früheren Rechtsprechung *Altmeppen* DB 1994, 1912; *Bitter,* 490 ff.; *K. Schmidt* AG 1994, 189; MHdB GmbH/Decher/Kiefner § 69 Rn. 1; aA *Janert* MDR 2003, 724 (725), der am Erfordernis eines Beherrschungsverhältnisses festhält.
[184] MüKoGmbHG/*Liebscher* Anh. § 13 (GmbH-KonzernR) Rn. 540.
[185] So jüngst BGH Urt. v. 9.2.2009 – II ZR 292/07 – Sanitary, Tz. 23, 35 ff., DStR 2009, 915 (916).
[186] BGHZ 193, 96 = NZG 2012, 667 – Wirtschaftsakademie, vgl. *Bisle* DStR 2012, 1514; Staudinger/*Oechsler* § 826 BGB Rn. 325a.

110 **Existenzvernichtung**: Der Eingriff muss kausal für die Existenzvernichtung der GmbH sein.[187] Regelmäßig setzt es die Verursachung der Insolvenz voraus. War die Gesellschaft hingegen bereits vor dem Eingriff insolvent, genügt auch die Insolvenzvertiefung zur Begründung der Haftung.[188] In zeitlicher Hinsicht setzt die Haftung wegen Existenzvernichtung voraus, dass der Gläubiger einen erfolglosen Vollstreckungsversuch unternommen oder aber das Insolvenzverfahren eröffnet bzw. die Eröffnung mangels Masse abgelehnt wurde.[189] Darüber hinaus kann eine Haftung auch im Stadium der Liquidation der Gesellschaft entstehen, wenn die Gesellschafter auf das nach § 73 Abs. 1 und 2 GmbHG im Interesse der Gläubiger gebundene Gesellschaftsvermögen zugreifen.[190] Demgegenüber vermag eine durch diesen Eingriff verursachte Insolvenzgefahr der Gesellschaft oder deren Vertiefung die Haftung nicht zu begründen (eine bloße Liquiditätsgefährdung ist unzureichend).[191]

111 **Kausalität:** Hinzukommen muss schließlich die Kausalität des Eingriffs für den Zusammenbruch der Gesellschaft bzw. die Vertiefung der bestehenden Insolvenz, da die Existenzvernichtung in Folge des Eingriffs eintreten muss.[192] Im Falle eines Eingriffs im Stadium der Liquidation der Gesellschaft muss dieser dazu führen, dass die den Gläubigern im Liquidationsverfahren gewidmete Masse geschmälert wird.[193]

---

[187] Roth/*Altmeppen*, § 13 GmbHG Rn. 86; *Bruns* WM 2003, 815 (820); Ulmer/*Casper* § 77 Anh. Rn. 131; *Drygala* GmbHR 2003, 729 (737); Emmerich/*Habersack* § 318 Anh. Rn. 44; *Hoffmann* NZG 2002, 68 (69); *Lutter/Banerjea* ZGR 2003, 402 (418).

[188] Roth/*Altmeppen*, § 13 GmbHG Rn. 86; Ulmer/*Casper* § 77 Anh. Rn. 132; Lutter/Hommelhoff/*Lutter/Bayer* § 13 Rn. 38; *Lutter/Banerjea* ZGR 2003, 402 (418); *Ulmer* JZ 2002, 1049 (1050); vgl. auch BGH Urt. v. 20.9.2004 – II ZR 302/02, NJW 2005, 145.

[189] *Haas* WM 2003, 1937; *Henze* NZG 2003, 657; MüKoGmbHG/*Liebscher* Anh. § 13 (GmbH-KonzernR) Rn. 560; *Vetter* ZIP 2003, 601 (605); aA *Lutter/Banerjea* ZGR 2003, 402 (431).

[190] BGH Urt. v. 9.2.2009 – II ZR 292/07 – Sanitary, DStR 2009, 915; bestätigt durch BGH Urt. v. 23.4.2012 – II ZR 252/10, DStR 2012, 1144 (1145); MüKoGmbHG/*Liebscher* Anh. § 13 (GmbH-KonzernR) Rn. 557; kritisch zur Differenzierung *Rubner* DStR 2009, 1538 (1543 f.).

[191] BGH NJW 2007, 2685 (2694); *Bruns* WM 2003, 815 (819 f.); Ulmer/*Casper* § 77 Anh. Rn. 131; *Döser* AG 2003, 406 (413); Emmerich/*Habersack* § 317 Anh. Rn. 41 ff.; Baumbach/Hueck/*Fastrich* § 13 Rn. 63; *Hoffmann* NZG 2002, 68 (69); MüKoGmbHG/*Liebscher* Anh. § 13 (GmbH-KonzernR) Rn. 558; *Lutter/Banerjea* ZGR 2003, 402 (417 f.); *Nassall* ZIP 2003, 969 (974); *Schrell/Kirchner* BB 2003, 1451 (1455); *Weller*, 168 f.; aA *Burgard* ZIP 2002, 827 (830); *Drygala* GmbHR 2003, 729 (730); *Fleck* ZGR 1990, 31 (36); *Roth* NZG 2003, 1081 (1084); *Wiedemann* ZGR 2003, 281 (293 f.); offengelassen von *Henze* NZG 2002, 649 (830).

[192] So bereits die Formulierung des BGH im Urt. v. 17.9.2001 – II ZR 178/99 – Bremer Vulkan, BGHZ 149, 10 = NJW 2001, 3622; vgl. ferner *Bruns* WM 2003, 820; *Bruns* NZG 2004, 411; *Drygala* GmbHR 2003, 729 (736 f.); *Emmerich/Habersack* KonzernR § 31 II Rn. 17; *Hoffmann* NZG 2002, 69; *Kölbl* BB 2009, 1194; Lutter/Hommelhoff/*Lutter/Bayer* § 13 Rn. 38.

[193] BGH Urt. v. 9.2.2009 – II ZR 292/07, Tz. 16 ff. – Sanitary; Roth/*Altmeppen*, § 13 GmbHG Rn. 86;

Sittenwidrigkeit: Die Sittenwidrigkeit eines betreffenden Eingriffs liegt **112** regelmäßig in der insolvenzverursachenden oder sie vertiefenden Selbstbedienung des Gesellschafters zulasten der Gläubiger durch Verringerung der Zugriffsmasse und zum eigenen Vorteil des Gesellschafters.[194] Es sind aber auch andere das Sittenwidrigkeitsverdikt begründende Fallgestaltungen denkbar[195]; entscheidend ist, dass sich das Verhalten des Existenzvernichters als schlechterdings unvertretbar und – insbesondere aus dem Blickwinkel des Gläubigers – rücksichtslos darstellt.[196] Mangels Sittenwidrigkeit sanktionslos bleiben demgegenüber Managementfehler, die durch Weisungen eines Gesellschafters verursacht wurden, weil riskantes Wirtschaftsverhalten regelmäßig nicht betriebsfremden Zwecken dient und folglich keine Selbstbedienung darstellt.[197] Andernfalls würde die Haftungsbeschränkung leer laufen und einer möglichen Entwicklung der Gesellschaft entgegenstehen, wenn die unternehmerische Freiheit des Gesellschafters nicht auch die Freiheit umfassen würde, sich über die Erfolgsaussichten eines Geschäfts zu irren.[198]

Weggefallen ist hingegen die Voraussetzung, dass ein vollständiger Ein- **113** zelausgleich des zugefügten Nachteils nach §§ 30, 31 GmbHG unmöglich sein muss.[199] Der Tatbestand des § 826 BGB tritt in Anspruchskonkurrenz zu anderen durch das gleiche Verhalten ausgelösten Schadensersatzansprüchen, insbesondere zu den §§ 30, 31.[200]

Da das neue Haftungsmodell nun als Fallgruppe des § 826 BGB behandelt **114** wird, bedarf es zu dessen Erfüllung der Bejahung eines vorsätzlichen sittenwidrigen Handels bezüglich Eingriffs und Schadens, wobei Eventualvorsatz ausreichend ist.[201] Der Gesellschafter hat den aus dem Eingriff resultierenden

---

[194] BGH Urt. v. 16.7.2007 – II ZR 3/04, Tz. 22, 28 – Trihotel, BGHZ 173, 246; s. auch BGH Urt. v. 9.2.2009 – II ZR 292/07 – Sanitary, DStR 2009, 915 (916).

[195] So kann ua der Verstoß gegen § 73 Abs. 1 und 2 GmbHG bei einer Gesellschaft im Stadium der Liquidation auch ohne Insolvenzverursachung bzw. -vertiefung sittenwidrig sein kann; vgl. BGH Urt. v. 9.2.2009 – II ZR 292/07 – Sanitary, DStR 2009, 915; MüKoGmbHG/*Liebscher* Anh. § 13 (GmbH-KonzernR) Rn. 561; krit. *Kölbl* BB 2009, 1194 (1196).

[196] MüKoGmbHG/*Liebscher* Anh. § 13 (GmbH-KonzernR) Rn. 561.

[197] *Altmeppen* NJW 2007, 2657 (2660 f.); Baumbach/Hueck/*Fastrich*, § 13 GmbHG Rn. 67; *Gehrlein* WM 2008, 761 (762); *Kölbl* BB 2009, 1194 (1196); MüKoGmbHG/ *Liebscher* Anh. § 13 (GmbH-KonzernR) Rn. 561; *Theiselmann* GmbHR 2007, 904 (905); *Weller* ZIP 2007, 1681 (1685); *Wicke* § 13 Rn. 7.

[198] *Ihrig* DStR 2007, 1170 (1173); *Kleindiek* NZG 2008, 686 (687); MüKoGmbHG/*Liebscher* Anh. § 13 (GmbH-KonzernR) Rn. 561; *Theiselmann* GmbHR 2007, 904 (905); *Weller* ZIP 2007, 1681 (1685).

[199] So die frühere Ansicht bis zur Trihotel-Entscheidung: BGH ZIP 2002, 1578 (1580), li. Sp. – KBV; dazu *Ulmer* JZ 2002, 1049 (1051 f.); zuvor bereits: BGHZ 122, 123 (127) – TBB; BGH WM 1994, 203 (204); BGH DStR 2000, 1065 (m. Anm. Goette); BGH ZIP 2000, 2163 (2164); nunmehr: *Raiser/Veil* § 29 Rn. 33.

[200] So auch BGH Urt. v. 9.2.2009 – II ZR 292/07 – Sanitary, DStR 2009, 915 (919), vgl. *Emmerich/Habersack* Anh. zu § 318 Rn. 45; *Körber/Kliebisch* JuS 2008, 1041 (1046); MüKoGmbHG/*Liebscher* Anh. § 13 (GmbH-KonzernR) Rn. 567; *Paefgen* DB 2007, 1907 (1908).

[201] BGH Urt. v. 23.4.2012- II ZR 252/10, DStR 2012, 1144; MHdB GmbH/ *Decher/Kiefner* § 69 Rn. 13; MüKoGmbHG/*Liebscher* Anh. § 13 (GmbH-KonzernR) Rn. 564; Palandt/*Sprau* § 826 BGB Rn. 35 ff.

Schaden zu ersetzen, wenn er die Insolvenz zumindest in Kauf nimmt. Subjektive Haftungsvoraussetzung ist damit zumindest bedingt vorsätzliches Handeln, sodass eine verschuldensunabhängige Haftung nicht mehr in Betracht kommt. Der Vorsatz liegt bereits dann vor, wenn dem handelnden Gesellschafter die Tatsachen bewusst sind, die den Eingriff sittenwidrig werden lassen; ein Bewusstsein der Sittenwidrigkeit selbst ist hingegen nicht erforderlich.[202]

115 Vor der Trihotel-Entscheidung wurden für die Prüfung der Voraussetzungen der Existenzvernichtungshaftung haftungsrelevante Tatbestände entwickelt und an die bereits im Anschluss an die TBB-Rechtsprechung diskutierten Fallgruppen angeknüpft.[203] Diese früher als mögliche Anwendungsfälle des qualifiziert faktischen Konzerns diskutierten Fälle verteilen sich im Zuge der Einordnung der Existenzvernichtungsverhaftung als Fallgruppe des § 826 BGB heute auf verschiedene Haftungsgrundlagen.[204] Nach wie vor werfen die einzelnen Haftungsvoraussetzungen Fragen auf; an das Vorliegen einer Existenzvernichtungshaftung sind allgemeinhin hohe Anforderungen zu knüpfen.

116 Zu den haftungsrelevanten Fällen gehören insbesondere der Abzug von Vermögen aus der Gesellschaft durch Entnahmen oder Ausschüttungen; sie gelten als **Prototyp** einer nachteiligen, rücksichtslosen Einwirkung auf die GmbH.[205] Der Liquiditätsentzug umfasst zunächst den klassischen Fall, dass bei drohendem wirtschaftlichem Niedergang der Gesellschaft deren liquide Mittel ohne angemessene Gegenleistung entweder unmittelbar an einen Gesellschafter ausgezahlt werden oder diesem mittelbar zugute kommen, indem sie zur Tilgung seiner privaten Schulden verwendet werden.[206] Hierzu gehört nach wie vor der die Spruchpraxis bereits mehrfach beschäftigende Fall, dass Finanzmittel oder Geschäftsaktivitäten abgezogen und auf eine eigens gegründete oder bereits bestehende Konzerntochter verlagert werden **(GmbH-Stafette)**.[207] Soweit sich durch die Maßnahme das gläubigerschützende Eigenkapital der Gesellschaft direkt mindert, müssen auch Maßnahmen, die sich auf andere Vermögenswerte erstrecken, in die Rücksichtnahmepflicht der Gesellschafter einbezogen werden.

---

[202] BGHZ 173, 246 = BB 2007, 1970 (1974).
[203] MüKoGmbHG/*Liebscher* Anh. § 13 (GmbH-KonzernR) Rn. 547.
[204] MHdB GmbH/*Decher/Kiefner* § 69 Rn. 10.
[205] So Ulmer/*Casper* § 77 Anh. Rn. 127; *Drygala* GmbHR 2003, 729 (733); MüKoGmbHG/*Liebscher* Anh. § 13 (GmbH-KonzernR) Rn. 549; vgl. auch Lutter/Hommelhoff/*Lutter/Bayer* § 13 Rn. 32ff.
[206] *Drygala* GmbHR 2003, 729 (733); Emmerich/*Habersack* § 318 Anh. Rn. 40; *Mohr* GmbH-StB 2003, 52 (55); *Vetter* ZIP 2003, 601; *Weller*, 160.
[207] BGH Urt. v. 25.11.1996 – II ZR 352/95, WM 1997, 316 (317); BGH Urt. v. 12.2.1996 – II ZR 279/94, WM 1996, 587 (588); BGH Entsch. v. 23.9.1991 – II ZR 135/90, BGHZ 115, 187 = NJW 1991, 3142; OLG Köln Urt. v. 26.8.1996 – 11 U 99/94, GmbHR 1997, 220; OLG Rostock Urt. v. 10.12.2003 – 6 U 56/03, ZIP 2004, 118; OLG Oldenburg Urt. v. 9.4.1999 – 13 U 3/99, EWIR § 302 AktG 1/01, 147 (148); OLG Düsseldorf Urt. v. 29.11.2000 – 5 U 104/99, NZG 2001, 368; auch der KBV-Fall wird von einer GmbH-Stafette geprägt; MHdB GmbH/*Decher/Kiefner* § 69 Rn. 12; MüKoGmbHG/*Liebscher* Anh. § 13 (GmbH-KonzernR) Rn. 549.

§ 51 Die GmbH & Co. KG als Konzernbaustein

Haftungskritisch konnten ferner Formen des zentralen Cash-Management **117** in Gestalt der Verpflichtung zur Einbringung der liquiden Mittel in einen konzernweiten Liquiditätsverbund sein (sog. **cash-pooling**), wenn diese dazu führt, dass die abhängige GmbH mangels Liquidität der Mutter die zur Erfüllung ihrer Verbindlichkeiten benötigten Mittel nicht mehr abrufen konnte.[208] Die Reform des GmbH-Rechts im Zuge des MoMiG mit ihrer gesetzlichen Anerkennung von Cash-Pooling-Systemen erweiterte die Möglichkeit, Darlehen an die Gesellschafter zu vergeben, ohne gegen die Kapitalaufbringungs- und Kapitalerhaltungsregelungen zu verstoßen, und lockerte damit den Schutz liquider Mittel. Der durch die Existenzvernichtungshaftung vermittelte Liquiditätsschutz[209] bleibt aber auch nach der Neuregelung des § 30 Abs. 1 S. 2 unberührt[210]; **weder upstream loans noch Cash-Pools dürfen zur Insolvenz der Gesellschaft führen.**[211] Führt das sog. cash-pooling dazu, dass die abhängige GmbH mangels Liquidität der Mutter die zur Erfüllung ihrer Verbindlichkeiten benötigten Mittel nicht mehr abrufen kann, kann dies in Ausnahmefällen haftungsrelevant sein.[212]

---

[208] BGH Urt. v. 17.9.2001 – II ZR 178/99 – Bremer Vulkan, BGHZ 149, 10 = NJW 2001, 3622 = ZIP 2001, 1874 (1876); BAG Urt. v. 8.3.1994 – 9 AZR 197/92, NJW 1994, 3244 (3246); OLG Bremen Urt. v. 18.5.1998 – 3 U 2/98, AG 1999, 466 (467); OLG Düsseldorf Urt. v. 13.1.2000 – 13 U 107/99, AG 2001, 90; vgl. ferner Roth/*Altmeppen* § 13 Rn. 81; Ulmer/*Casper* § 77 Anh. Rn. 129; MHdB GmbH/*Decher*/*Kiefner* § 69 Rn. 12; *Decher* in Ulmer (Hrsg.), Haftung im qualifiziert faktischen Konzern, 25, 39; Emmerich/*Habersack* § 311 Rn. 48; *Burgard* VGR 6 (2003), 45 ff.; *Henze* NZG 2003, 649 (658); *Kölbl* BB 2009, 1194 (1197); *Kowalski* GmbHR 1993, 253 (254); *Lutter/Banerjea* ZGR 2003, 402 (414); *Morsch* NZG 2003, 97 f.; *Römermann/Schröder* GmbHR 2001, 1015 (1019); *Sieger/Hasselbach* BB 1999, 645; ausführlich zu den Schranken und Risiken des Cash-Managements: Lutter/*Vetter* Holding-Handbuch § 8.

[209] Vgl. MüKoGmbHG/*Liebscher* Anh. § 13 (GmbH-KonzernR) Rn. 549 ff.

[210] Trotz der Regelungen zur Zulässigkeit des cash-pooling durch das MoMiG, bleibt eine Existenzvernichtungshaftung weiterhin möglich, *Hölzle* GmbHR 2007, 729 (734), *Weller* DStR 2007, 1166 (1167). Das OLG Köln verneinte jedoch einen Anspruch aus existenzvernichtenden Eingriff bei Ausschluss aus einem Cash-Pool-System mangels Vorliegen eines Eingriffs, so das OLG Köln Urt. v. 18.12.2008 – 18 U 162/06, DStR 2009, 1490. Ausführlich zum cash-pooling im Konzern: *Decker* ZGR 2013, 392.

[211] *Bunnemann/Zirngibl* § 6 Rn. 49 ff.; *Jacob* GmbHR 2007, 796 ff.; MüKoGmbHG/*Liebscher* Anh. § 13 (GmbH-KonzernR) Rn. 400; *K. Schmidt* GmbHR 2008, 449 (453); *Weller* DStR 2007, 1166 (1167).

[212] BGH Urt. v. 17.9.2001 – II ZR 178/99 – Bremer Vulkan, BGHZ 149, 10 = NJW 2001, 3622 = ZIP 2001, 1874 (1876); BAG Urt. v. 8.3.1994 – 9 AZR 197/92, NJW 1994, 3244 (3246); OLG Bremen Urt. v. 18.5.1998 – 3 U 2/98, AG 1999, 466 (467); OLG Düsseldorf Urt. v. 13.1.2000 – 13 U 107/99, AG 2001, 90; vgl. ferner Roth/*Altmeppen* § 13 Rn. 81; Scholz/*Bitter*, GmbHG § 13 Rn. 166; *Burgard* VGR 6 (2003), 45 ff.; Ulmer/*Casper* § 77 Anh. Rn. 129; MHdB GmbH/*Decher/Kiefner* § 69 Rn. 12; *Decher* in Ulmer (Hrsg.), Haftung im qualifiziert faktischen Konzern, 25 (39); Emmerich/*Habersack* § 311 Rn. 48; *Henze* NZG 2003, 649 (658); *Kölbl* BB 2009, 1194 (1197); *Kowalski* GmbHR 1993, 253 (254); *Lutter/Banerjea* ZGR 2003, 402 (414); *Morsch* NZG 2003, 97 f.; *Römermann/Schröder* GmbHR 2001, 1015 (1019); *Sieger/Hasselbach* BB 1999, 645; ausführlich zu den Schranken und Risiken des Cash-Managements: Lutter/*Vetter* Holding-Handbuch § 8.

15. Kapitel. Die Gesellschaft im Konzern

118 Schließlich kann eine Haftung auch durch eine Umstrukturierung der Untergesellschaft im einseitigen Interesse eines Gesellschafters begründet werden, falls die Restrukturierung dem Eigeninteresse der Gesellschaft widerspricht. Als problematisch können sich etwa die Verlagerung oder Aufgabe von Geschäftsbereichen, die Abgabe von Ressourcen, die Zentralisierung von Unternehmensfunktionen, die Einstellung bestimmter Aktivitäten, die Konzentration des Unternehmens auf ein bestimmtes sachliches oder regionales Geschäftsfeld uä erweisen, wenn der Gesellschaft hierdurch ihre eigenständige Lebensfähigkeit genommen wird.[213]

119 Eine weitere Fallgruppe bildet die Überbürdung unvertretbarer Risiken.[214] Hierunter sind **Geschäfte mit spekulativem Charakter** zu subsumieren, deren Risiken außer Verhältnis zu den Vermögensverhältnissen der Gesellschaft stehen und deshalb im Verwirklichungsfall die Gläubiger treffen müssen, mithin existenzvernichtend sein können (Spekulation auf Kosten der Gläubiger).[215] Selbstverständlich wirkt nicht jedes Geschäft mit ungewissem Ausgang haftungsbegründend (siehe → Rn. 106 ff.). Eine Haftung gemäß § 826 BGB kommt in Betracht, wenn der Gesellschaft über das Risiko des gewöhnlichen Geschäftsbetriebes hinaus **unvertretbare Risiken** zugewiesen werden, sofern sich diese verwirklichen und letztlich in die Insolvenz der Gesellschaft führen.[216]

120 Die Verantwortung der Gesellschafter ist auch in der Zukunft nicht auf Eingriffe in die Aktiva des Gesellschaftsvermögens beschränkt, sondern erstreckt sich auf alle Vermögensgüter im weiteren Sinn.[217] Die Haftung wegen Existenzvernichtung kann mithin auch **Eingriffe ohne unmittelbare Bilanzwirksamkeit erfassen,** sofern diese eine wesentliche Beeinträchtigung des Haftungssubstrats der Gesellschaft bedeuten. Hierunter fällt etwa der Entzug von Nutzungsbefugnissen, Informationen und Steuervorteilen.[218]

121 Allerdings hat der BGH einer zu extensiven Auslegung der Existenzvernichtungshaftung mittlerweile eine Absage erteilt. In seinem Grundsatzurteil *Gamma* verneint der BGH gerade die Existenz einer eigenständigen **Fallgruppe der materiellen Unterkapitalisierung** im Kontext seiner Trihotel-Rechtsprechung.[219] Das Unterlassen einer ausreichenden Kapitalausstattung/-absicherung stellt mithin keinen Eingriff im Sinne der Exis-

---

[213] Vgl. etwa *Emmerich/Habersack* Anh. zu § 318 Rn. 40; MHdB AG/*Krieger* § 69 Rn. 138; MüKoGmbHG/*Liebscher* Anh. § 13 (GmbH-KonzernR) Rn. 551.

[214] *Drygala* GmbHR 2003, 729 (735); wohl auch Emmerich/*Habersack* § 318 Anh. Rn. 41; *Henze* NZG 2003, 649 (658); Lutter/Hommelhoff/*Lutter/Bayer* § 13 Rn. 35; *Vetter* ZIP 2003, 601; *Weller,* 166 f; aA Roth/*Altmeppen* § 13 Rn. 82.

[215] Auch diese Fallgruppe hat den BGH schon unter dem Gesichtspunkt des qualifiziert-faktischen Konzerns beschäftigt; BGH Urt. v. 13.12.1993 – II ZR 89/93, GmbHR 1994, 171; BAG Urt. v. 3.9.1998 – 8 AZR 189/97, GmbHR 1998, 1221 (1223); *Goette,* 1. Aufl. 1997, § 9 Rn. 18.

[216] MHdB GmbH/*Decher/Kiefner* § 69 Rn. 12; *Drygala* GmbHR 2003, 729 (735); *Vetter* ZIP 2003, 601; krit. *Weller,* 167.

[217] Vgl. dazu MüKoGmbHG/*Liebscher* Anh. § 13 (GmbH-KonzernR) Rn. 552.

[218] MüKoGmbHG/*Liebscher* Anh. § 13 (GmbH-KonzernR) Rn. 552; *Wiedemann* ZGR 2003, 283 (293); *Henze* NZG 2003, 650 (658); *Wicke* § 13 Rn. 5, 9.

[219] BGH Urt. v. 28.4.2008 – II ZR 264/06 – Gamma, Tz. 12 ff., ZIP 2008, 1232.

§ 51 *Die GmbH & Co. KG als Konzernbaustein*

tenzvernichtungshaftung mehr dar.[220] Dies gilt auch für die früher vom BGH noch als haftungsrelevant erachteten sog. **„Aschenputtel"-Situationen,** bei denen einer GmbH als Kostenträger alle Risiken der geschäftlichen Tätigkeit zugewiesen werden, während die Chancen sich in anderweitigen unternehmerischen Vermögen realisieren.[221] Zugleich ließ der BGH offen, ob innerhalb des Tatbestandes von § 826 BGB die Haftung wegen Unterkapitalisierung eine **weitere Fallgruppe neben der Existenzvernichtungshaftung** bilden kann.[222] Hier kommt allenfalls eine Direkthaftung gegenüber den Gläubigern nach § 826 BGB in Betracht, wenn diese unmittelbar einen Ausfallschaden erleiden, weil die GmbH keine taugliche Schuldnerin war.[223]

Inzwischen geklärt sind die Kriterien, anhand derer festzustellen ist, ob ein bestimmter Vermögensentzug die Fähigkeit der GmbH zur Erfüllung ihrer Verbindlichkeiten beeinträchtigt. Eine solche Beeinträchtigung kann nicht bereits angenommen werden, wenn die Liquidität der GmbH vorübergehend gefährdet wird,[224] sondern erst dann als gegeben angesehen werden, wenn die Maßnahme unmittelbar die Insolvenz der Gesellschaft herbeiführt oder diese vertieft.[225] Erforderlich ist Kausalität zwischen der Handlung des Gesellschafters, mithin dem Eingriff und der Schädigung. 122

b) Rechtsfolgen. Rechtsfolge der Existenzvernichtungshaftung gemäß § 826 BGB ist nach dem neuen Haftungskonzept des BGH kein Haftungsdurchgriff in teleologischer Reduktion des § 13 Abs. 2 GmbHG mehr, sondern eine Schadensersatzhaftung des Existenzvernichters gegenüber der geschädigten Gesellschaft. Die Haftung dient nunmehr als weiterführende Ergänzung zu den Kapitalerhaltungsregeln, indem sie insolvenzverursachende oder auch – vertiefende (und damit sittenwidrige) Handlungen durch die Innenhaftung ausgleicht. Der Gesellschafter hat den durch seinen Eingriff in das Gesellschaftsvermögen entstandenen Schaden zu ersetzen. 123

---

[220] Vgl. auch MHdB GmbH/*Decher/Kiefner* § 69 Rn. 11; Baumbach/Hueck/*Fastrich*, § 13 Rn. 64; Roth/*Altmeppen*, § 13 Rn. 83;
[221] Roth/*Altmeppen*, § 13 Rn. 84; MHdB GmbH/*Decher/Kiefner* § 69 Rn. 10; Emmerich/*Habersack* KonzernR § 31 II Rn. 15; Emmerich/*Habersack* § 318 Anh. Rn. 42; Henssler/Strohn/*Verse* § 13 GmbHG Rn. 54; aA *Röhricht* FS 50 Jahre BGH, 2000, 83, 107, 111; *Ulmer* ZIP 2001, 2021 (2028); FS U. H. Schneider/*Hennrichs*, 489 (500); Scholz/*Bitter* GmbHG § 13 Rn. 163.
[222] BGH Urt. v. 28. 4. 2008 – II ZR 264/06 – Gamma, Tz. 25, ZIP 2008, 1232; vgl. auch MHdB GmbH/*Decher/Kiefner* § 69 Rn. 11; MüKoGmbHG/*Liebscher* Anh. § 13 (GmbH-KonzernR) Rn. 548; Henssler/Strohn/*Verse* § 13 GmbHG Rn. 29 ff.
[223] Vgl. *Altmeppen* ZIP 2008, 1201 (1205 f.); Roth/*Altmeppen* § 13 GmbHG Rn. 83; Saenger/Inhester/*Greitemann* § 13 GmbHG Rn. 131; Hermann/Woedtke BB 2012, 2255 (2257); Rowedder/Schmidt-Leithoff/*Pentz* § 13 GmbHG Rn. 154; aA Scholz/*Bitter* § *13* GmbHG Rn. 138f., 147ff.; vgl. auch Emmerich/*Habersack* § 318 Rn. 48, dem zu Folge nach wie vor gut Gründe für die Anerkennung einer Haftung wegen materieller Unterkapitalisierung sprechen, der jedoch daneben unabhängig von den Voraussetzungen eines existenzvernichtenden Eingriffs Raum für eine Haftung aus § 826 BGB sieht.
[224] *Röhricht* FS 50 Jahre BGH, 83 (103, 106).
[225] *Ulmer* JZ 2002, 1049 (1051).

124 **Anspruchsberechtigt** waren nach der alten Rechtsprechung die Gesellschaftsgläubiger; der BGH ging also entgegen zahlreicher Literaturstimmen[226] von einer Durchgriffshaftung aus. Im Zuge der Ausgestaltung des auf § 826 BGB aufbauenden Haftungsmodells als Innenhaftung ist heute *nur* die Gesellschaft anspruchsberechtig und nicht mehr der Gesellschaftsgläubiger, sodass die Rechtsprechung sich im Ergebnis der Ansicht der Literatur angeschlossen hat.[227] Im Falle eines Insolvenzverfahrens können die Forderungen nur durch den Insolvenzverwalter geltend gemacht werden, um einen Wettlauf der Gläubiger zu vermeiden.[228] Dogmatische Grundlage der Legitimation des Insolvenzverwalters war noch zu Zeiten der Durchgriffshaftung eine analoge Anwendung von § 93 InsO auf die Außenhaftung der Gesellschaft gegenüber den Gesellschaftsgläubigern.[229] Dieser Rückgriff ist nunmehr überflüssig, da es sich nach dem Modell des BGH um eine genuine Innenhaftung handelt.[230] Außerhalb der Insolvenz oder im Falle einer Insolvenz, die mangels Masse nicht eröffnet wird, müssen die Gläubiger mithilfe eines Titels gegen die Gesellschaft nach Pfändung und Überweisung der Ansprüche der Gesellschaft gegen den Gesellschafter vorgehen.[231]

125 **Adressaten** der Haftung sind grundsätzlich die Gesellschafter, nicht die Organmitglieder.[232] Eine Haftung des Geschäftsführers der Gesellschaft, um deren Existenzvernichtung es geht, oder anderer Dritter kann allenfalls als Teilnehmer im Sinne von **§ 830 Abs. 2 BGB** in Betracht gezogen werden.[233] Ein haftungsauslösender Eingriff wird jedoch regelmäßig zugleich eine Pflichtverletzung des Geschäftsführers gegenüber der Gesellschaft darstellen und kann daher dessen Haftung bereits nach § 43 Abs. 2 und 3 GmbHG auslösen;[234] diese besteht ebenfalls nur gegenüber der Gesellschaft. Eine mögliche **Haftung von Geschäftsführungsmitgliedern der Obergesellschaft** gemäß § 830 Abs. 2 BGB als Beteiligte (Anstifter und Gehilfen) ist hingegen aus dogmatischen Gründen zweifelhaft. Bei der Existenzvernichtungshaftung handelt es sich nach der Konzeption der höchstrichterlichen Rechtsprechung um ein Sonderdelikt, welches nur vom Gesellschafter der

---

[226] Vgl. beispielsweise *K. Schmidt* NJW 2001, 3577 (3580): Haftung (nur) gegenüber der Gesellschaft wegen Verletzung von Pflichten aus einem mitgliedschaftlichen Sonderrechtsverhältnis; *Ulmer* ZIP 2001, 2021 (2027): Haftung (nur) gegenüber der Gesellschaft wegen Treuepflichtverletzung; *Altmeppen* ZIP 2001, 1837 (1843): Sorgfaltshaftung analog § 43 GmbHG (nur) gegenüber der Gesellschaft.
[227] Vgl. MüKoGmbHG/*Liebscher* Anh. § 13 (GmbH-KonzernR) Rn. 577 ff.
[228] Vgl. BGHZ 151, 181 = NJW 2002, 3034 (3025).
[229] Vgl. *Altmeppen* ZIP 2002, 1553 (1560); *Binz/Sorg* § 12 Rn. 40; *Bruns* WM 2003, 1815 (1818); *Uhlenbrock/Hirte* InsO § 93 Rn. 8; *Ulmer* JZ 2002, 1049 (1050); aA *Gehrlein* WM 2008, 761.
[230] BGHZ 173, 246 = BB 2007, 1970 (1975) – Trihotel; *Gehrlein* WM 2008, 761 (765).
[231] BHGZ 173, 246 = BB 2007, 1970 (1975) – Trihotel; MüKoGmbHG/*Liebscher* Anh. § 13 (GmbH-KonzernR) Rn. 578.
[232] *Wiedemann* ZGR 2003, 283 (290); *Ulmer* JZ 2002, 1049.
[233] So auch Roth/*Altmeppen* § 13 GmbHG Rn. 101 f.; Baumbach/Hueck/*Fastrich* § 13 GmbHG Rn. 65; vgl. auch Scholz/*Bitter* § 13 GmbHG Rn. 172 f.
[234] BGH NJW-RR 2003, 895 (896).

vermeintlich vernichteten Gesellschaft täterschaftlich verwirklicht werden kann. Zwar kann § 826 BGB als allgemeine Haftungsnorm des Deliktsrechts von jedermann erfüllt werden; im Zusammenhang mit der Existenzvernichtungshaftung leitet sich der Sittenwidrigkeitsvorwurf jedoch aus dem planmäßigen Entzug von Gesellschaftsvermögen, das der vorrangigen Befriedigung der Gesellschaftsgläubiger dient, ab. Hierin kommt die besondere Verantwortung und Verpflichtung gegenüber dem für die Gläubiger reservierten Haftungsfonds zum Ausdruck, wie sie nur einen unmittelbaren Gesellschafter trifft.[235] Die Haftungskonzeption des BGH knüpft insoweit trotz der deliktsrechtlichen Haftungsgrundlage an das überkommene gesellschafts- und konzernrechtliche Haftungskonzept an. Als Haupttäter kommt somit nicht jedermann, sondern lediglich der unmittelbare Gesellschafter in Betracht.[236]

c) **Beweislast.** Die Beweislast für die Existenzvernichtungshaftung im Rahmen des § 826 BGB trägt der Gläubiger oder der Insolvenzverwalter, dies gilt auch hinsichtlich des vollen Kausalitätsnachweises.[237] Hierdurch wird eine massive Verschlechterung der Position des Klägers bewirkt. Nach dem bisherigen Konzept der Durchgriffshaftung trug der Gesellschafter die Beweislast.[238] 126

Auch bei der **Verjährung** kommt es auf die für das Deliktsrecht allgemein geltenden Fristen an.[239] Der Anspruch verjährt mithin in drei Jahren ab Kenntnis bzw. grob fahrlässiger Unkenntnis der anspruchsbegründenden Tatsachen. Da anspruchsberechtigt die Gesellschaft ist, kommt es im Grundsatz auf die Kenntnis des Geschäftsführers bzw. der Gesellschafter von dem Eingriff und seinem Vernichtungserfolg an und nicht etwa auf die Kenntnis des Insolvenzverwalters.[240] Jüngst setzten sich verschiedene BGH-Urteile mit der Frage des Verjährungsbeginns auseinander. Demnach beginnt die regelmäßige Verjährung erst zu laufen, wenn dem Gläubiger sowohl die anspruchsbegründenden Umstände als auch die Umstände, aus denen sich ergibt, dass der mittelbare Gesellschafter als Schuldner in Betracht kommt, bekannt oder infolge grober Fahrlässigkeit unbekannt sind.[241] 127

---

[235] *Schneider* GmbHR 2011, 685; *Witt* DNotZ 2008, 220 (225).
[236] MüKoGmbHG/*Liebscher* Anh. § 13 (GmbH- KonzernR) Rn. 580 ff.; Ulmer/Habersack/Winter/*Casper*, GmbHG, 1. Aufl., Anh. § 77, Rn. 123; eingehend hierzu: *Schneider*, GmbHR 2011, 685; *Vetter* BB 2007, 1965 (1969); *Witt*, DNotZ 2008, 220, 225.
[237] BGHZ 173, 246 – Trihotel.
[238] *Altmeppen* NJW 2007, 2657 (2660) mwN; Roth/*Altmeppen* § 13 GmbHG Rn. 96 ff.; Ulmer/*Casper* § 77 Anh. Rn. 107; *Theiselmann* GmbHR 2007, 904 (906).
[239] Zum Verjährungsbeginn beim Anspruch aus Existenzvernichtungshaftung BGH Urt. v. 24.7.2012 – II ZR 177/11, NJW-RR 2012, 1240; zustimmend *Hermann/Woedtke* NZG 2012, 1297; BGH Urt. v. 21.2.2013 – IX ZR 52/10 – Spritzgussmaschine, NJW-RR 2013, 1321 (1323).
[240] MüKoGmbHG/*Liebscher* Anh. § 13 (GmbH- KonzernR) Rn. 607; Henssler/Strohn/*Verse* § 13 GmbHG Rn. 69; *Hermann/Woedtke* NZG 2012, 1297 (1298).
[241] BGH Urt. v. 24.7.2012 – II ZR 177/11, NJW-RR 2012, 1240.

3. Übertragbarkeit der Grundsätze auf die GmbH & Co. KG

128 Das richterrechtlich entwickelte Rechtsinstitut der Existenzvernichtungshaftung gründet sich auf die Erkenntnis, dass das gesetzliche Kapitalschutzsystem der §§ 30, 31 GmbHG lückenhaft ist. Im Zuge der dogmatischen Neuordnung als auf die qualifizierte deliktsrechtliche Regelung des § 826 BGB gestützte Innenhaftung hat der BGH diesen Gedanken untermauert und dahingehend fortgeschrieben, dass die Existenzvernichtungshaftung die gebotene folgerichtige „Verlängerung" jenes Schutzsystems der §§ 30, 31 GmbHG auf der Ebene des Deliktsrechts ist.[242] Im Personengesellschaftsrecht wird der Gläubigerschutz indes nicht durch ein gesetzliches Kapitalschutzsystem sichergestellt. Vielmehr beinhaltet das Recht der Kommanditgesellschaft in §§ 161 Abs. 2, 128, 171 ff. HGB eigenständige Schutzmechanismen. Eine Übertragbarkeit der Grundsätze der Existenzvernichtung auf Personengesellschaften ist daher keine Selbstverständlichkeit.

129 Nicht belegt.

VI. Die herrschende GmbH & Co. KG

130 Einleitend wurde bereits dargelegt, dass in Unternehmensgruppen häufig gerade die Konzernspitze in der Rechtsform einer Personengesellschaft organisiert ist (→ Rn. 4) und dass sich in den letzten Jahren die Erkenntnis durchgesetzt hat, dass sich infolge der Gruppenbildung auch die rechtlichen Rahmenbedingungen innerhalb der Obergesellschaft ändern (→ Rn. 26 ff.). Es wurde im Anschluss an die Holzmüller-Entscheidung des BGH, die eine AG betraf,[243] aber auch schon zuvor,[244] vor allem die Frage aufgeworfen, inwieweit die Gesellschafter des herrschenden Unternehmens am Gruppenaufbau sowie später an der Konzernleitung durch die Geschäftsführung der herrschenden Personengesellschaft zu beteiligen sind und inwieweit sich die Informationsrechte der Gesellschafter auf Angelegenheiten von Tochter- und Beteiligungsunternehmen erstrecken.

1. Konzernbildungskontrolle

131 Die Frage nach der Notwendigkeit einer Zustimmung der Gesellschafter einer Personengesellschaft zum Gruppenaufbau beantwortet sich, selbst wenn es um eine bloße faktische Konzernbeziehung geht, in der die Gesell-

---

[242] BGHZ 173, 246, NJW 2007, 2689, 2692 – Trihotel; dazu auch Henssler/Strohn/*Verse* § 13 GmbHG Rn. 44 f.; zu den Schutzlücken der §§ 30, 31 GmbHG: Röhricht, FS BGH 2000, S. 83 (92 ff.).

[243] Vgl. BGHZ 83, 122 ff. – Holzmüller, teilw. auch als „Seehafen-Entscheidung" bezeichnet; konkretisiert durch BGHZ 153, 47 – Macrotron und vor allem BGH ZIP 2004, 993 (1001) – Gelatine; vgl. zur instanzgerichtlichen Rechtsprechung etwa OLG Köln AG 1992, 238 (239 f.) – Winterthur/Nordstern; LG Stuttgart WM 1992, 58 (61); LG Frankfurt ZIP 1993, 830 (832) – Hornblower-Fischer AG; LG Frankfurt ZIP 1997, 1698 – Altana/Milupa.

[244] Grundlegend *Schneider* FS Bärmann, 873 ff.; *Schneider* BB 1975, 1353 ff.; *Schneider* ZHR 143 (1979), 485 ff.; *Schneider* BB 1981, 249 ff.

schaft die Position des herrschenden Parts einnimmt, im gesetzlichen Regelfall sehr schnell. Schwieriger gestaltet sich die Problematik, wenn die gesellschaftsinterne Kompetenzordnung abweichend vom gesetzlichen Leitbild ausgestaltet wurde. Soll demgegenüber ein Vertragskonzern begründet werden, scheint die Erforderlichkeit eines den Vertragskonzern billigenden Gesellschafterbeschlusses auf der Hand zu liegen; im Einzelnen:

a) Notwendigkeit eines Zustimmungsbeschlusses der Gesellschafterversammlung im gesetzlichen Regelfall. Eine Personengesellschaft wird – wie ausgeführt (→ Rn. 27 ff.) – aufgrund einer „Beteiligungsentscheidung", die auf den ersten Blick zu der der Komplementär-GmbH obliegenden Geschäftsführung zählt, nämlich der Entschließung zum Erwerb von Geschäftsanteilen an einem anderen Unternehmen bzw. zur Neugründung eines Unternehmens, an dem die Personengesellschaft beteiligt ist (regelmäßig zur Ausgliederung unternehmerischer Aktivitäten auf dieses neue Unternehmen), zur Obergesellschaft einer Unternehmensgruppe. Bei oberflächlicher Betrachtung erscheint dieser Vorgang als bloße Verlagerung von Vermögen der Gesellschaft in eine Beteiligung.[245] Soweit man daher den Gruppenaufbau als bloße Geschäftsführungsmaßnahme auffasst,[246] bereitet die Begründung von Mitwirkungsrechten der Gesellschaftergesamtheit im gesetzlichen Regelfall in der typischen Personengesellschaft gleichwohl – anders als im Aktienrecht – keinerlei Schwierigkeiten. „**Beteiligungsentscheidungen**" wären nämlich jedenfalls – von Bagatellfällen (etwa dem Erwerb eines kleinen Aktienpakets zu Anlagezwecken) abgesehen – regelmäßig außergewöhnliche Geschäftsführungsmaßnahmen im Sinne der §§ 116 Abs. 2, 164 HGB, die in die Zuständigkeit der Gesellschafter fallen und von diesen grundsätzlich einvernehmlich gebilligt werden müssen. Dies ist allgemein anerkannt.[247]

b) Grenzen anderweitiger gesellschaftsvertraglicher Gestaltungen. Jedoch ist die Kompetenzordnung von Personengesellschaften weitestgehend dispositiv und flexibel; gerade dies ist der Grund, dass sich die herrschende Personengesellschaft, namentlich die herrschende GmbH & Co. KG, so großer Beliebtheit erfreut. Die Mitspracherechte der Gesellschaftergesamtheit im Geschäftsführungsbereich werden gerade im Bereich betriebsungewöhnlicher Geschäfte häufig abbedungen. Bei einer solchen gesellschaftsvertraglichen Gestaltung wäre dann die geschäftsführende Komplementär-GmbH auch für die genannten außergewöhnlichen Geschäftsführungsmaßnahmen im Sinne der §§ 116 Abs. 2, 164 HGB zuständig. Noch nicht abschließend

132

133

---

[245] Vgl. KöKo/*Koppensteiner* vor § 291 AktG Rn. 17; *Liebscher*, Konzernbildungskontrolle, 42 f.; *Mecke*, Konzernstruktur, 90 f.
[246] So *Ebenroth*, Konzernbildungs- und Leitungskontrolle, 39.
[247] *Baumbach/Hopt* § 105 HGB Rn. 106, zu den Einzelfällen der „außergewöhnlichen Geschäfte" s. § 116 HGB Rn. 2; *Emmerich* FS Stimpel, 743 (756 f.); *Emmerich* AG 1991, 303 (310); Heymann/*Emmerich* § 116 HGB Rn. 6; *Emmerich/Habersack* KonzernR § 9 II Rn. 7; MüKoGmbHG/*Liebscher* Anh. § 13 (GmbH-KonzernR) Rn. 979; *K. Schmidt* Gesellschaftsrecht § 43 III 1b; aA gewöhnliche Geschäftsführungsmaßnahme bei Abhängigkeitsbegründung und Beteiligungserwerb innerhalb des eigenen Tätigkeitsbereichs: MüKoHGB/*Mülbert* KonzernR Rn. 78, 81.

geklärt ist, ob und in welchem Umfang der Gruppenaufbau, insbesondere der Erwerb bzw. die Gründung von Tochtergesellschaften und deren Eingliederung in einen von der Gesellschaft geführten Konzern, in die Hände der Geschäftsführung gelegt bzw. einer mehrheitlichen Beschlussfassung unterworfen werden kann.

134 Richtigerweise wird man aus der **Holzmüller- und der Gelatine-Entscheidung** des BGH den Schluss ziehen müssen, dass „Beteiligungsentscheidungen" – zumindest soweit sie wesentliches Vermögen der Gesellschaft betreffen – nicht ohne weiteres der Geschäftsführung frei von Restriktionen zugewiesen werden können.[248] Auszugehen ist insoweit von der Erkenntnis, dass die erwerbswirtschaftliche Tätigkeit einer Personengesellschaft normalerweise auf einen operativen Geschäftsbetrieb zielt, die Gesellschaft jedoch in Vollzug konzernbildender Maßnahmen zur „Teilholding" wird. Durch diese Maßnahme wird also regelmäßig der Unternehmensgegenstand der Gesellschaft, der jedoch bei Personengesellschaften – auch wenn dies üblich ist – anders als bei Kapitalgesellschaften (vgl. §§ 3 Abs. 1 GmbHG, 23 Abs. 3 AktG) nicht im Gesellschaftsvertrag niedergelegt sein muss, de facto geändert. Der Gruppenaufbau stellt daher eine **Grundlagenentscheidung** dar, die eine spezifische Legitimation durch die Gesellschafter erfordert.[249] Es geht insoweit um eine grundlegende Strukturentscheidung. Durch den Aufbau eines Konzernverbundes ändern sich nämlich zugleich die Gegebenheiten innerhalb der nunmehr als Obergesellschaft fungierenden Personengesellschaft, insbesondere die „Kompetenzbereiche" der Geschäftsführung einerseits und der Gesellschafterversammlung andererseits. Auf den ersten Blick scheinen sie sich zu erweitern, da sie sich nicht mehr ausschließlich auf die Angelegenheiten der eigenen Gesellschaft, sondern im Rahmen der Beteiligungsverwaltung auch auf die der Tochter- und Beteiligungsunternehmen beziehen. Jedoch geht mit der Gruppenbildung auch eine Änderung der Leitungs- und Kontrollbedingungen hinsichtlich des in die Beteiligung verlagerten Vermögens einher. Der Einfluss des herrschenden Unternehmens auf die Tochtergesellschaft unterliegt nämlich selbst im Vertragskonzern und erst recht im faktischen Konzernverhältnis rechtlichen und tatsächlichen Beschränkungen, und der Geschäftsführung des Tochterunternehmens verbleiben Freiräume, in die die Konzernspitze nicht lenkend eingreifen kann und darf (sog. Teilautonomie des Tochtermanagements).[250] Weiterhin kommt es infolge der Gruppenbildung zu einer Kompetenzverschiebung innerhalb des herrschenden Unternehmens, die

---

[248] Vgl. *Emmerich/Habersack* KonzernR § 7 I, § 9 II; MüKoGmbHG/*Liebscher* Anh. § 13 (GmbH-KonzernR) Rn. 1278; ähnlich *Lutter/Leinekugel* ZIP 1998, 225 (232) für eine GmbH, die insb. darauf hinweisen, dass es andernfalls zu unüberbrückbaren Wertungswidersprüchen käme; aA scheinbar MüKoHGB/*Mülbert* KonzernR Rn. 86, 98.

[249] Grundlegend *Schneider* ZHR 143 (1979), 485 (516); vgl. auch hins. der Ausgliederung eines Teilbereichs des Unternehmens in einer Tochtergesellschaft Heymann/ Horn § 164 HGB Rn. 7; MüKoGmbHG/*Liebscher* Anh. § 13 (GmbH-KonzernR) Rn. 1278; Schlegelberger/*Martens* § 114 HGB Rn. 5; GK/*Schilling* HGB § 164 Anm. 5; aA MüKoHGB/*Mülbert* KonzernR Rn. 73.

[250] Vgl. *Liebscher*, Konzernbildungskontrolle, 44 f.; *Mecke*, Konzernstruktur, 60 ff.; *Wiedemann*, Unternehmensgruppe, 12 f.

schlagwortartig als „Mediatisierung des Gesellschaftereinflusses" bezeichnet wird (→ Rn. 34 ff.). Die Entscheidung zur Bildung einer Unternehmensgruppe ist daher struktureller Natur und hat vor allem dann, wenn wesentliches Vermögen der Gesellschafter in eine Beteiligung investiert wird, insbesondere wenn Tätigkeitsbereiche der Gesellschaft im Wege der Ausgliederung in eine Tochtergesellschaft verlagert werden, an der womöglich noch Dritte beteiligt sind, Auswirkungen auf die gesamte Mitgliedschaft.[251]

Daher erfordert die Entscheidung zum Gruppenaufbau – soweit es um wesentliches Vermögen geht, welches in eine mittelbare unternehmerische Betätigung investiert wird – regelmäßig eine **Mitwirkung der Gesellschafterversammlung**, und sie kann grundsätzlich nicht vom geschäftsführenden Gesellschafter aus eigener Machtvollkommenheit getroffen werden.[252] Dem Geschäftsführenden können daher nur unwesentliche Entscheidungen überantwortet werden. Etwas anderes kommt nur dann in Betracht, wenn nachweisbar eine Struktur der Gesellschaft vom Konsens aller Gesellschafter getragen ist, die von vornherein nicht auf ein operativ tätiges Unternehmen zielt, etwa derart, dass die Gesellschaft als reine Holdinggesellschaft gegründet oder in eine solche umgewandelt wurde oder sie von vornherein in klar definiertem Umfang teilweise über selbständige Tochtergesellschaften (etwa Vertriebsgesellschaften für die von dem Unternehmen produzierten Produkte) tätig werden soll. Jenseits dieser Fälle ist eine Ermächtigung der Gesellschafter zum Gruppenaufbau notwendig, die auch antizipiert erteilt werden kann, sofern sie einer aktuellen Zustimmung weitgehend gleichwertig ist. Gestützt wird dieses Ergebnis durch das Umwandlungsrecht, welches manifestiert, dass auch im Personengesellschaftsrecht grundlegende Strukturentscheidungen jedenfalls in aller Regel, zumindest eine mehrheitliche Beschlussfassung der Gesellschafterversammlung erfordern (vgl. § 43 UmwG). Die Begründung einer Unternehmensverbindung stellt aus Sicht der künftig herrschenden Personengesellschaft eine mit den im Umwandlungsrecht geregelten Strukturentscheidungen vergleichbare Maßnahme dar (vgl. insbesondere die Regelung des § 123 Abs. 3 UmwG hinsichtlich der Ausgliederung als Unterfall der Spaltung),[253] die sich nur dadurch von der Verschmel-

135

---

[251] Vgl. *Liebscher*, Konzernbildungskontrolle, 43 ff. mwN; Schlegelberger/*Martens* Anh. § 105 HGB Rn. 14.

[252] Vgl. insb. *Emmerich* AG 1991, 303 (310); *Emmerich/Habersack* KonzernR §§ 7 I, 9 II; MüKoGmbHG/*Liebscher* Anh. § 13 (GmbH-KonzernR) Rn. 1278.

[253] Das Umwandlungsrecht regelt als Unterfall der Spaltung eine Ausgliederung idS, dass ein Rechtsträger aus seinem Vermögen einen Teilbereich im Wege partieller Rechtsnachfolge gegen die Gewährung von Anteilen oder Mitgliedschaftsrechten auf einen anderen Rechtsträger überträgt. Gegenstand dieser Ausgliederung können auch unbedeutende Vermögensteile sein, die die Struktur der Gesellschaft nicht wesentlich ändern und auch unter wirtschaftlichen Gesichtspunkten ohne entscheidende Bedeutung sind. Nicht erfasst werden von dieser Regelung Ausgliederungen nach herkömmlichem Recht, also im Wege der Einzelrechtsnachfolge, indem Betriebsmittel des Unternehmens regelmäßig im Wege der Sacheinbringung auf ein anderes Unternehmen übertragen werden. Im Hinblick auf derartige und damit vergleichbare Vorgänge entfaltet das Umwandlungsrecht allerdings Leitbildfunktion insb. im Hinblick auf Informationspflichten.

zung, dem Formwechsel und der Spaltung gemäß § 123 Abs. 1 und 2 UmwG unterscheidet, dass sich die letztgenannten Maßnahmen unmittelbar auf die Mitgliedschaft auswirken, wohingegen es bei „Beteiligungsentscheidungen" nur um mittelbare Auswirkungen (insbesondere eine Mediatisierung des Gesellschaftereinflusses) geht, die zudem im Falle einer Ausgliederung nach § 123 Abs. 3 UmwG, sofern wesentliche Vermögensbereiche betroffen sind, in gleicher Weise entstehen.

136 Demgegenüber dürfte es zu weit gehen, zwingend einen einstimmigen Beschluss der Gesellschafterversammlung des (künftig) herrschenden Unternehmens zu fordern. Bereits § 43 Abs. 2 UmwG zeigt, dass wesentliche Strukturentscheidungen auch bei strukturtypischen Personengesellschaften dem Mehrheitsprinzip unterworfen werden können (→ Rn. 57 ff.), soweit der Gesellschaftsvertrag insoweit eine eindeutige Regelung trifft.

137 Welche Entscheidungen wesentlich in diesem Sinne und daher legitimationsbedürftig sindhngt vom Einzelfall ab, insbesondere von den insoweit getroffenen gesellschaftsvertraglichen Regelungen und der Realstruktur des Verbandes. Die im Anschluss an die Holzmüller-Entscheidung diskutierten und durch die Gelatine-Entscheidung konkretisierten **Aufgreifschwellen** dürften auch für das Personengesellschaftsrecht Leitbildfunktion haben. Insoweit werden Prozentzahlen von 10 bis 25%, in der Größenordnung von 50% bzw. von 75% und mehr bezogen auf die Aktiva des Unternehmens (abstellend auf Bilanz-, Substanz- oder Ertragswerte), Umsatz, Beschäftigungszahl und/oder die historische Prägung des Unternehmens vertreten.[254] Bei kapitalistisch verfassten Personengesellschaften dürfte der im Anschluss an die Gelatine-Entscheidung anerkannte Wert von 75% und mehr zum Tragen kommen;[255] allerdings an der oberen Grenze des vertretenen Spektrums und nur als grobe Leitlinie, da entscheidend die Gegebenheiten des Einzelfalls (insbesondere die reale Unternehmensstruktur) sein dürften. Bei strukturtypischen, personalistischen Personengesellschaften dürften die maßgebenden Aufgreifschwellen deutlich darunter liegen, zumindest dann, wenn der Gesellschaftsvertrag diesen Themenkomplex nicht eingehend und ausdifferenziert regelt.

138 Für die **Beratungspraxis** ist zu empfehlen, dass sie – sofern beabsichtigt ist, dass das Unternehmen auch mittelbar über Tochtergesellschaften tätig werden soll – zum einen in der regelmäßig im Gesellschaftsvertrag niedergelegten Regelung über den Unternehmensgegenstand eine weit gefasste **Konzernklausel** aufnimmt, in der dem Unternehmen gestattet wird, die definierten Tätigkeitsbereiche auch mittelbar über Tochter- und Beteiligungsunternehmen auszufüllen, sich mehrheitlich, aber auch in der Minderheitsposition an anderen (gegebenenfalls näher nach Gegenstand und Struk-

---

[254] Ausf. zu den verschiedenen im Aktienrecht vertretenen Aufgreifschwellen *Liebscher*, Konzernbildungskontrolle, 86 ff.; MüKoGmbHG/*Liebscher* Anh. § 13 (GmbH-KonzernR) Rn. 1022 ff.; *Mecke*, Konzernstruktur, 161, 178 ff.; *Mülbert*, 410, 417 ff.

[255] Vgl. OLG Hamburg ZIP 1980, 1000 (1006) – Holzmüller; BGHZ 83, 122 ff. – Holzmüller; BGH ZIP 2004, 993 (1001) – Gelatine; *Barta* GmbHR 2004, R 289; *Burgert* BB 2004, 1345 (1347); *Fleischer* NJW 2004, 2335 (2337); *Fuhrmann* AG 2004, 339 (341); *Götze* NZG 2004, 585 (587); *Hüffer* FS Ulmer, 2003, 279 (295); *Liebscher* ZGR 2005, 1 (15); MüKoGmbHG/*Liebscher* Anh. § 13 (GmbH-KonzernR) Rn. 1023.

tur) bezeichneten Unternehmen zu beteiligen und Unternehmensbereiche auf Tochtergesellschaften auszugliedern. Weiterhin sollte definiert werden, welche Beteiligungsentscheidungen der Geschäftsführung zugewiesen werden (etwa reine Kapitalinvestition in Anlagengesellschaften in bestimmter Höhe und bestimmte nach Geschäftsumfang und Kapitalbedarf definierte, bagatellmäßige unternehmerische Beteiligungen) und dass im Übrigen über solche Maßnahmen die Gesellschafterversammlung mit bestimmten Mehrheiten entscheidet, wobei zugleich beachtet werden sollte, dass in den entsprechenden Mehrheitsklauseln die Beschlussgegenständhnreichend konkret bezeichnet werden.

c) Begründung eines Vertragskonzerns. Soll ein Beherrschungs- und/oder Gewinnabführungsvertrag von einer Personengesellschaft als herrschendem Unternehmen mit einem anderen Unternehmen abgeschlossen werden, so muss die **Gesellschafterversammlung** dem Vertragsschluss **zustimmen**. Dies ist seit dem Supermarkt-Beschluss des BGH, der allerdings eine GmbH betraf,[256] weitgehend anerkannt. Denn der BGH hat seine Entscheidung insbesondere auf die mit dem Vertragsschluss verbundenen Haftungsrisiken für das herrschende Unternehmen vor allem in Form der Verlustübernahmeverpflichtung der Obergesellschaft (vgl. § 302 AktG) gestützt. Diese Risiken bestehen seitens einer herrschenden Personengesellschaft in gleicher Weise, so dass § 293 Abs. 2 AktG entsprechend anzuwenden und ein Zustimmungsbeschluss der Gesellschafterversammlung des herrschenden Unternehmens unabhängig von dessen Rechtsform notwendig ist.[257] Der Beschluss ist grundsätzlich einstimmig zu fassen; es kann aber auch (durch eine hinreichend bestimmte gesellschaftsvertragliche Regelung) ein qualifizierter Mehrheitsbeschluss angeordnet werden. 139

2. Konzernleitungskontrolle

Ebenso wie Beteiligungsentscheidungen scheint auch die Beteiligungsverwaltung, dh die **Ausübung von Beteiligungsrechten in Tochter- und Beteiligungsunternehmen**, zu der Komplementär-GmbH obliegenden Geschäftsführung zu zählen. Jedoch muss man beachten – dies ist die zweite allgemeine Erkenntnis aus der Holzmüller-Entscheidung –, dass Maßnahmen in Tochtergesellschaften, vor allem wenn sie in überwiegendem Besitz der Gesellschaft stehen, Rückwirkungen auf die Obergesellschaft haben und daher eine Mitwirkung der Gesellschaftergesamtheit erforderlich machen können.[258] Ausgangspunkt dieser Betrachtung ist die Erkenntnis, dass sämtliche Entscheidungen der Geschäftsführenden, die Untergesellschaften der 140

---

[256] Vgl. BGHZ 105, 324 (333) – Supermarkt, zust. die hM in der Lit. vgl. *Roth/Altmeppen* Anh. § 13 GmbHG Rn. 29 f., *Emmerich/Habersack* KonzernR § 32 II Rn. 11; MüKoHGB/*Mülbert* KonzernR Rn. 82; *Baumbach/Hueck/Zöller/Beurskens* GmbHG Anh. GmbH-Konzernrecht Rn. 54 jew. mwN.

[257] Vgl. LG Mannheim AG 1995, 142 – Freudenberg & Co. für einen Beherrschungsvertrag zwischen einer KG und einer GmbH; OLG Hamburg NZG 2005, 966 – Otto; s. auch *Emmerich/Habersack* KonzernR § 32 II Rn. 12; Schlegelberger/*Martens* Anh. § 105 HGB Rn. 19 aE; *Raiser/Veil* Kapitalgesellschaften § 54 Rn. 23 ff.

[258] BGHZ 83, 122 (136) – Holzmüller.

herrschenden Personengesellschaft betreffen, der Sache nach zugleich Maßnahmen der Muttergesellschaft darstellen und dort erneut zu qualifizieren sind. Oftmals wird dazu eine Mitwirkung aller Gesellschafter an konkreten Maßnahmen der Beteiligungsverwaltung im Einzelfall erforderlich sein, weil diese zumindest **Geschäftsführungsmaßnahmen von außergewöhnlichem Gepräge** im Sinne der §§ 116 Abs. 2, 164 HGB darstellen oder sie angesichts ihrer Rückwirkungen auf die Muttergesellschaft gar eine Änderung des Gesellschaftsvertrages der Obergesellschaft erforderlich machen.[259] Insbesondere die problematischen Fälle der Gewinnverwendung des Tochterunternehmens und von Kapitalmaßnahmen in der Untergesellschaft dürften hiernach häufig zustimmungspflichtige Maßnahmen sein.[260] Ähnliches gilt für grundlegende Umstrukturierungen des Tochterunternehmens oder die Beteiligung Dritter an der Untergesellschaft. Die Geschäftsführenden müssen daher, wenn solche Entscheidungen in Tochtergesellschaften anstehen, vor Ausübung der Beteiligungsrechte, insbesondere vor Mitwirkung in der Gesellschafterversammlung der Untergesellschaft an solchen Entscheidungen, einen Zustimmungsbeschluss ihrer Gesellschafterversammlung einholen.[261] Im Kern dürfte dieses Mitwirkungserfordernis zwingend sein; Mehrheitsentscheidungen sind – bei entsprechender gesellschaftsrechtlicher Anordnung – möglich.

141 Allerdings obliegt die Ausübung von Beteiligungsrechten der Gesellschaft in der Gesellschafterversammlung einer Tochtergesellschaft grundsätzlich dem vertretungsberechtigten Komplementär, da es insoweit um eine Frage der Vertretung der Gesellschaft nach außen geht (§ 126 HGB). Wird eine

---

[259] Vgl. BGH WM 1973, 170 (172); OLG Koblenz NJW-RR 1991, 487 (489) – SAT 1; *Emmerich/Habersack* KonzernR § 35 Rn. 1; MüKoGmbHG/*Liebscher* Anh. § 13 (GmbH-KonzernR) Rn. 1281; Schlegelberger/*Martens* § 105 HGB Rn. 15 ff.; MüKoHGB/*Mülbert* KonzernR Rn. 88 ff.; *K. Schmidt* Gesellschaftsrecht § 43 III 1b; *Schneider* FS Bärmann, 873 (881); 1057 (1058); *Ulmer*, Grundstrukturen, 26, 58 ff.

[260] So MünchKommHGB/*Mülbert*, KonzernR, Rn. 97; Westermann/*Tröger*, Handbuch der Personengesellschaften, Rn. I 4017; *Wahlers/Orlikowski-Wolf* ZIP 2012, 1161 (1167); *Wertenbruch* ZIP 2007, 798 (802), die dafür plädieren, dass jede Gewinnthesaurierung in einer Tochtergesellschaft der KG ungeachtet ihrer wirtschaftlichen Bedeutung als Gesamtergebnis der Obergesellschaft ein außergewöhnliches Geschäft bedeutet; vgl. auch *Haar* NZG 2007, 601 (605); **aA** *Paefgen*, FS Schneider, 2011, S. 929, 942 f., die Beschlussfassung über die Gewinnverwendung in Tochtergesellschaften zwar auf dem „Radarschirm" möglicher außergewöhnlicher Geschäfte iSv §§ 116 Abs. 2, 164 HGB verortet, jedoch dabei die stets erforderliche Einzelfallbetrachtung unterstreicht; ebenso *Priester* ZHR 176 (2012), 268, 283, der auf die Verhältnisse der Tochter abstellen will; vgl. zu dem Problemkreis auch die Otto-Entscheidung des BGH, Urt. v. 15.1.2007 – II ZR 245/05 – Otto, BGHZ 170, 283, die sich in erster Linie mit dem Bestimmtheitsgrundsatz und der Frage, ob der Bilanzwirtschaftsbeschluss ein Grundlagengeschäft ist, befasst, aber durchaus auch Ausführungen zur Thesaurierung in Tochtergesellschaften einer GmbH & Co. KG enthält; vgl. im einzelnen hierzu *Priester* DStR 2008, 1346 ff.

[261] Vgl. *Emmerich/Habersack* KonzernR § 9 II Rn. 7; *Haar* NZG 2007, 601; MüKoGmbHG/*Liebscher* Anh. § 13 (GmbH-KonzernR) Rn. 1281; *Paefgen* FS U. H. Schneider 2011, 929, (943); Schlegelberger/*Martens* Anh. § 105 HGB Rn. 15 ff.; GK/*Schäfer* HGB Anh. § 105 Rn. 84.

notwendige Zustimmung der Gesellschafterversammlung der Obergesellschaft nicht eingeholt, so hat dies grundsätzlich nur interne Bedeutung. Etwas anderes kann sich jedoch im Verhältnis zu 100%igen Tochterunternehmen der Personengesellschaft ergeben.[262]

Im Zusammenhang mit der Gewinnverwendung im Personengesellschafts-Konzern stellt sich in Anbetracht des Umstandes, dass der Gesellschaftsvertrag der Obergesellschaft häufig Thesaurierungsklauseln oder Klauseln enthält, die eine Voll- oder Mindestausschüttung sicherstellen sollen, zusätzlich die Frage nach der Reichweite von gesellschaftsvertraglichen Regelungen betreffend der Gewinnverwendung bei der Obergesellschaft.[263] Fraglich ist, ob bei Anwendung der Klausel auf das Ergebnis der Obergesellschaft oder das Gesamtergebnis des Konzerns abzustellen ist. Insoweit wird teilweise davon ausgegangen, dass die für die Obergesellschaft geltenden Vorgaben zur Gewinnverwendung im Grundsatz auf die Ausübung von Gesellschafterrechten in Tochtergesellschaften maßgebend seien,[264] wohingegen andere dafür plädieren, die Klausel im Zweifel nicht konzernweit auszulegen.[265] Fehlt es an einer eindeutigen Regelung, ist die Klausel nach den allgemeinen Grundsätzen auszulegen, wobei im Rahmen der Auslegung ua maßgeblich ist, ob die jeweilige Obergesellschaft zum Zeitpunkt der Abfassung der entsprechenden gesellschaftsvertraglichen Klausel bereits über eine entsprechende Tochtergesellschaft verfügte oder nicht und ob der bei der erfolgten Konzernbildung allseits zugestimmt wurde oder diese ohne entsprechende Mitwirkungsrechte der Mitgesellschafter erfolgte bzw. gar gesellschaftsvertraglich möglich war. War die Gesellschaft zum Zeitpunkt der Abfassung des Gesellschaftsvertrages nicht konzernleitend tätig, insbesondere eine Konzernbildung ohne allgemeinen Konsens möglich, spricht dies im Zweifel dafür, die Gewinnverwendungsregeln auf der Ebene des Gesellschaftsvertrages der Obergesellschaft im Zweifel konzernweit zu verstehen. Selbst wenn man hierbei zu dem Ergebnis gelangt, dass der entsprechenden Gewinnverwendungsklausel keine konzernweite Dimension zukommt, bleibt die Frage, ob eine etwaige Thesaurierungsentscheidung des „Geschäftsführers" auf nachgeordneten Konzernebenen, jedenfalls nach allgemeinen Grundsätzen (§§ 116 Abs. 2, 164 HGB) der Zustimmung der Mitgesellschafter bedarf und selbst wenn dies dem Inhalt des Gesellschaftsvertrages zu Folge nicht der Fall sein dürfte, ob eine strikt durchgeführte Thesaurierungspolitik sich als treuwidrig erweist.[266]

---

[262] Heymann/*Emmerich* § 126 HGB Rn. 21; *Emmerich/Habersack* KonzernR § 35 I Rn. 7; MüKoGmbHG/*Liebscher* Anh. § 13 (GmbH-KonzernR) Rn. 1282; MüKoHGB/*Mülbert* KonzernR Rn. 99; *Schießl*, Beherrschte Personengesellschaft, 67 f.; *Schneider* ZHR 143 (1979), 485 (510).
[263] Vgl. dazu MüKoGmbHG/*Liebscher* Anh. § 13 (GmbH-KonzernR) Rn. 1284.
[264] *Lutter* ZGR Sonderheft 6, S. 192, 214 f.; *Schneider* BB 1981, 249 (253); sympathisierend auch OLG Hamburg, Urt. v. 9.8.2005 – 11U 203/04, ZIP 2006, 895 (898) als Vorinstanz zur Otto-Entscheidung des Bundesgerichtshofs, Urt. v. 15.1.2007 – II ZR 245/05, NJW 2007, 1685 – Otto, BGHZ 170, 283.
[265] *Päffgen*, FS Schneider, 2011, S. 929, 947 f.; *Priester* ZHR 176, 1212, 268 (283).
[266] Vgl. insgesamt MüKoGmbHG/*Liebscher* Anh. § 13 (GmbH-KonzernR) Rn. 1284.

3. Informationsrechte

143 Die vorstehend beschriebene Ausweitung der Entscheidungsbefugnisse der Gesellschafterversammlung des herrschenden Unternehmens korrespondiert mit einer entsprechenden **Erweiterung** der den Gesellschaftern der Obergesellschaft zustehenden Informationsrechte. Denn ohne hinreichende Kenntnisse der Tochterangelegenheiten ist eine sachverständige Entscheidung über verbundsrelevante Maßnahmen nicht möglich. In die Informationsrechte der Gesellschafter nach §§ 118, 166 HGB bezüglich der Angelegenheiten der Gesellschaft wird die gesamte Konzerngeschäftsführung einbezogen. Sie erstrecken sich auf deren Aktivitäten bei der Wahrnehmung von Beteiligungsrechten bzw. in Ausübung von Befugnissen aus Unternehmensverträgen. Die entsprechenden Auskunfts- und Einsichtsrechte beziehen sich insbesondere darauf, ob und wie die Geschäftsführung Konzerninteressen der Konzernspitze wahrnimmt und angesichts der Haftungsrisiken, die mit einer intensiven und schädigenden (faktischen) Konzernherrschaft einhergehen, auch darauf, inwieweit auf Belange des Tochterunternehmens Rücksicht genommen wird, so dass im Ergebnis die gesamten Rechtsbeziehungen zwischen den verbundenen Unternehmen von den Geschäftsführenden offen zu legen sind.[267] Jedoch bleibt allein die Verwaltung des herrschenden Unternehmens Überwachungsadressat. Die Kontrollbefugnisse der Gesellschafter bestehen **nicht gegenüber der Geschäftsführung des Tochterunternehmens**, und es bestehen **keine direkten Einsichts- und Auskunftsrechte** gegenüber den Beteiligungsgesellschaften, da es sich insoweit um eigenständige Rechtssubjekte handelt. Es können daher grundsätzlich nur Unterlagen in Augenschein genommen werden, die sich im Besitz der eigenen Gesellschaft befinden, wobei jedoch die Geschäftsführenden, außer wenn schutzwürdige Geheimhaltungsinteressen des Tochterunternehmens entgegenstehen, zur Beschaffung von Tochterunterlagen verpflichtet sein können.[268] Allerdings hat die Rechtsprechung im Falle einer 100%igen Beteiligung den Gesellschaftern der Obergesellschaft ein unmittelbares Einsichts- und Auskunftsrecht auch hinsichtlich der Unterlagen der Tochtergesellschaft eingeräumt.[269]

---

[267] Vgl. *Emmerich/Habersack* KonzernR § 35 II; *Hepting* FS Pleyer, 301 (314); MüKoGmbHG/*Liebscher* Anh. § 13 (GmbH-KonzernR) Rn. 1283; Schlegelberger/ *Martens* Anh. § 105 HGB Rn. 20 ff.; MüKoHGB/*Mülbert* KonzernR Rn. 103 ff.; *Schneider* ZHR 143 (1979) 501 ff.; *Stimpel* GesRZ 1994, 102 ff.; GK/*Schäfer* HGB Anh. § 105 Rn. 85.

[268] Vgl. BGH WM 1983, 410 (411); WM 1984, 807 (808); MüKoGmbHG/*Liebscher* Anh. § 13 (GmbH-KonzernR) Rn. 1284; MüKoHGB/*Mülbert* KonzernR Rn. 107; Schlegelberger/*Martens* Anh. § 105 HGB Rn. 21.

[269] BGHZ 25, 115 (118 f.); BGH NJW 1984, 2470 f.; OLG Köln ZIP 1985, 800 (804); Heymann/*Emmerich* § 118 HGB Rn. 13; *Hepting* FS Pleyer, 301, 302; MüKoGmbHG/*Liebscher* Anh. § 13 (GmbH-KonzernR) Rn. 1284; Schlegelberger/*Martens* Anh. § 105 HGB Rn. 21; MüKoHGB/*Mülbert* KonzernR Rn. 107; *Schneider* BB 1975, 1353 (1357); GK/*Schäfer* HGB Anh. § 105 Rn. 85.

# 16. Kapitel. Umwandlungssituationen: Verschmelzung, Spaltung und Formwechsel

§ 52 Umwandlungsrechtliche Grundlagen der Verschmelzung

Übersicht

	Rn.		Rn.
I. Einführung	1	g) Verschmelzungsstichtag	20
1. Anwendungsbereich	1	h) Sonderrechte	21
2. Grundprinzipien der Verschmelzung	2	i) Besondere Vorteile	22
		j) Folgen für Arbeitnehmer	23
3. Gestaltungsschranken	5	k) Sonstige Angaben	24
a) Anteilsgewährung	5	III. Verschmelzungsbericht	26
b) Übergang aller Aktiva und Passiva	6	1. Notwendigkeit	26
		2. Aufstellung und Inhalt	27
c) Abwicklungsloses Erlöschen der übertragenden Rechtsträger	7	IV. Verschmelzungsprüfung	28
		1. Grundsatz	28
4. Ablauf	8	2. Durchführung	30
a) Planungsphase	9	3. Prüfungsgegenstand	32
b) Vorbereitungsphase	10	V. Die GmbH & Co. KG als übertragender Rechtsträger	33
c) Beschlussphase	11	1. Gestaltungsalternativen	33
d) Vollzugsphase	12	2. Die Zustimmung zur Verschmelzung	34
II. Der Verschmelzungsvertrag	13		
1. Ausgangspunkt	13	3. Besonderheiten	38
2. Inhalt	14	VI. Die GmbH & Co. KG als übernehmender Rechtsträger	39
a) Zwingende Inhaltsvorgabe	14	1. Gestaltungsalternativen	39
b) Firma und Sitz	15	2. Die Zustimmung zur Verschmelzung	40
c) Vermögensübertragung gegen Anteilsgewähr	16		
d) Umtauschverhältnis	17	3. Besonderheiten	41
e) Einzelheiten der Anteilsübertragung oder des Mitgliedschaftserwerbs	18	VII. Wirksamwerden der Verschmelzung	42
		1. Anmeldung	42
f) Gewinnbeteiligung	19	2. Eintragung	47

Schrifttum: *Bayer,* 1000 Tage neues Umwandlungsrecht – eine Zwischenbilanz, ZIP 1997, 1613; *Decher,* Formwechsel – Allgemeine Vorschriften, in *Lutter* (Hrsg.), Kölner Umwandlungsrechtstage, 1995, 201; *Fischer,* Formwechsel zwischen GmbH und GmbH & Co. KG, BB 1995, 2173; *Ganske,* Reform des Umwandlungsrechts, WM 1993, 1117; *Heckschen,* Die Entwicklung des Umwandlungsrechts aus Sicht der Rechtsprechung und Praxis, DB 1998, 1385; *Ganske,* Das Umwandlungsrecht unter Berücksichtigung registerrechtlicher Problembereiche, RPfleger 1999, 357; *Hansch,* Arbeitsrechtliche Pflichtangaben nach dem UmwG, RNotZ 2007, 308 ff. (Teil I), 396 ff. (Teil II); *Hennrichs,* Formwechsel und Gesamtrechtsnachfolge bei Umwandlungen, 1995; *Ihrig,* Verschmelzung und Spaltung ohne Gewährung neuer Anteile?, ZHR

160 (1996), 317; *Ihrig*, Gläubigerschutz durch Kapitalaufbringung bei Verschmelzung und Spaltung nach neuem Umwandlungsrecht, GmbHR 1995, 622; *Joost*, Formwechsel von Personenhandelsgesellschaften, in *Lutter* (Hrsg.), Kölner Umwandlungsrechtstage, 1995, 245; *Kallmeyer*, Die GmbH & Co. KG im Umwandlungsrecht, GmbHR 2000, 418; *Kallmeyer*, Gläubigerschutz bei Umwandlung beteiligungsidentischer GmbH & Co. KG, GmbHR 2000, 541; *Lutter*, Zur Reform von Umwandlung und Fusion, ZGR 1990, 392; *Mertens*, Zur Universalsukzession in einem neuen Umwandlungsrecht, AG 1994, 66; *Naraschewski*, Haftung bei der Spaltung von Kommanditgesellschaften, DB 1995, 1265; *Rodewald/Körner*, Bedingungen, Befristungen, Rücktritts- und Kündigungsrechte in Verschmelzungs- und Spaltungsverträgen, BB 1999, 853; *H. Schmidt*, Verschmelzung von Personengesellschaften, in *Lutter* (Hrsg.), Kölner Umwandlungsrechtstage, 1995, 59; *Lutter*, Mehrheitsklauseln für Umwandlungsbeschlüsse in Gesellschaftsverträgen von Personenhandelsgesellschaften nach neuem Umwandlungsrecht, in FS für Brandner, 1996, 133; *Schöne*, Das Aktienrecht als „Maß aller Dinge" im neuen Umwandlungsrecht?, GmbHR 1995, 325; *Streck/Mack/ Schwedhelm*, Verschmelzung und Formwechsel nach dem neuen Umwandlungsgesetz, GmbHR 1995, 161.

I. Einführung

1. Anwendungsbereich

1   Die GmbH & Co. KG kann als Personengesellschaft an einer Verschmelzung sowohl als **übertragender** als auch als **übernehmender Rechtsträger** beteiligt sein oder im Falle der Verschmelzung zur Neugründung als **neuer Rechtsträger** entstehen, § 3 Abs. 1 Nr. 1 UmwG. Möglich ist dabei die Verschmelzung der GmbH & Co. KG auf eine Personenhandelsgesellschaft, eine GmbH, eine AG, eine KGaA oder eine eingetragene Genossenschaft.[1] Auf die GmbH & Co. KG als Personenhandelsgesellschaft können verschmolzen werden andere Personenhandelsgesellschaften, Partnerschaftsgesellschaften und alle Formen der Kapitalgesellschaft, die eingetragene Genossenschaft und der eingetragene Verein. Ausgeschlossen ist lediglich die Verschmelzung der GmbH & Co. KG als übertragender Rechtsträger auf den eingetragenen Verein (§ 99 Abs. 2 UmwG) und den Versicherungsverein auf Gegenseitigkeit (§ 109 UmwG) als übernehmender oder neuer Rechtsträger und die Verschmelzung des Versicherungsvereins auf Gegenseitigkeit auf die GmbH & Co. KG als übernehmender oder neuer Rechtsträger. Von den danach vielfältigen Möglichkeiten einer Beteiligung der GmbH & Co. KG an Verschmelzungen sind die Fälle der Verschmelzung **auf die GmbH & Co. KG** häufiger als die Verschmelzung von GmbH & Co. KG auf andere Rechtsträger, weil insoweit in aller Regel Anwachsungsmodelle konstruktiv einfacher zu realisieren sind.[2] Etwa bei Konstellationen, in denen mehrere Rechtsträger unterschiedlicher Rechtsform zeitgleich auf einen dritten

---

[1] Die Verschmelzung auf eine Partnerschaftsgesellschaft setzt nach § 45a UmwG allerdings voraus, dass im Zeitpunkt ihres Wirksamwerdens alle Anteilsinhaber des übertragenden Rechtsträgers natürliche Personen sind, die einen freien Beruf ausüben.

[2] Vgl. dazu OLG Frankfurt BB 2003, 2531 = NZG 2004, 808.

Rechtsträger verschmolzen werden sollen, begegnet aber auch die Verschmelzung mit der GmbH & Co. KG als übertragender Rechtsträger.[3]

2. Grundprinzipien der Verschmelzung

Die Verschmelzung ist nach § 2 UmwG die Übertragung des Vermögens eines oder mehrerer Rechtsträger (übertragende Rechtsträger) als Ganzes auf einen anderen bestehenden Rechtsträger (Verschmelzung zur Aufnahme) oder zweier oder mehrerer Rechtsträger auf einen neuen, dadurch gegründeten Rechtsträger (Verschmelzung im Wege der Neugründung) gegen Gewährung von Anteilen oder Mitgliedschaften des übernehmenden oder neuen Rechtsträgers an die Anteilsinhaber der übertragenden Rechtsträger. Die Grundprinzipien der Verschmelzung als der Verbindung zweier oder mehrerer Rechtsträger durch Übergang aller Aktiva und Passiva mindestens eines Rechtsträgers, der erlischt, lassen sich wie folgt zusammenfassen: 2

Die Verschmelzung im Wege der **Neugründung** führt zum Übergang des gesamten Vermögens (einschließlich aller Verbindlichkeiten, wie es klarstellend in § 20 Abs. 1 Nr. 1 UmwG heißt) der übertragenden Rechtsträger auf den neuen, ihre Rechtsnachfolge antretenden Rechtsträger; die übertragenden Rechtsträger erlöschen ohne Abwicklung. An die Stelle der Beteiligungen an dem übertragenden Rechtsträger treten die Anteile an der neuen Gesellschaft; die Gesellschafter der übertragenden Rechtsträger werden zu Gesellschaftern der neuen, aufnehmenden Gesellschaft. Diese Folgen treten – nach Maßgabe der Bestimmungen des Verschmelzungsvertrages, § 36 iVm § 5 UmwG – uno actu mit Eintragung der neuen Gesellschaft im Handelsregister ein, § 20 Abs. 1 UmwG. Gegeben ist dabei im Falle der Verschmelzung **zur Neugründung einer Kapitalgesellschaft** der Tatbestand einer den strengen Sachgründungsregeln unterworfenen Sachgründung, weil das Vermögen der neuen Gesellschaft durch Einbringung von Sachgesamtheiten, im Regelfall Unternehmen, aufgebracht wird; §§ 58 und 75 UmwG stellen dies für GmbH und AG als neue Rechtsträger explizit klar. 3

Die **Verschmelzung zur Aufnahme** ist die Auflösung eines Rechtsträgers ohne Abwicklung durch Übertragung seines Vermögens als Ganzes auf einen anderen, bereits bestehenden Rechtsträger (übernehmender Rechtsträger) gegen Gewährung von Anteilen oder Mitgliedschaften des übernehmenden Rechtsträgers an die Anteilsinhaber jedes übertragenden Rechtsträgers. Mit Eintragung der Verschmelzung in das Register des übernehmenden Rechtsträgers (§ 20 Abs. 1 UmwG) geht dabei uno actu das Vermögen des übertragenden Rechtsträgers im Wege universeller Gesamtrechtsnachfolge auf den übernehmenden Rechtsträger über, und die Anteilsinhaber des übertragenden Rechtsträgers werden solche des übernehmenden Rechtsträgers; zugleich erlischt der übertragende Rechtsträger abwicklungslos. Der übernehmende Rechtsträger tritt in alle Rechte und Pflichten des übertragenden Rechtsträgers als Gesamtrechtsnachfolger ein. 4

---

[3] So zB bei der Verschmelzung von mehreren GmbH & Co. KGs auf die Hacker-Pschorr Beteiligungs AG im Jahr 1998, vgl. BAnz Nr. 165 v. 4.9.1998, 13189.

3. Gestaltungsschranken

5 **a) Anteilsgewährung.** Die Gesellschafter des übertragenden Rechtsträgers haben den unentziehbaren Anspruch auf **Fortsetzung ihrer Mitgliedschaft** in dem übernehmenden Rechtsträger.[4] Auf eine Abfindung in Geld müssen sie sich nicht verweisen lassen. **Bare Zuzahlungen** sind auf höchstens 10% der von dem übernehmenden Rechtsträger zu gewährenden Gegenleistungen begrenzt, §§ 54 Abs. 4, 68 Abs. 3, 78, § 87 Abs. 2 S. 2 UmwG. Der übernehmende Rechtsträger muss also als Gegenleistung den Anteilsinhabern des übertragenden Rechtsträgers gleichwertige Anteile oder Mitgliedschaften verschaffen (§ 23 UmwG). Die Gewährung von Anteilen an die Gesellschafter des übertragenden Rechtsträgers ist deshalb regelmäßig Bestandteil einer Verschmelzung. Das schließt die Verschmelzung **ohne** die Gewährung neuer Anteile oder Mitgliedschaften indessen nicht aus, wie dies für die Verschmelzung einer 100%igen Tochtergesellschaft auf die Muttergesellschaft in § 5 Abs. 2 UmwG ausdrücklich bestimmt ist. Weitergehend kommt die Verschmelzung ohne Gewährung neuer Mitgliedschaften in Betracht, wenn die betroffenen Anteilsinhaber dem zustimmen.[5]

6 **b) Übergang aller Aktiva und Passiva.** Das der Verschmelzung immanente Prinzip der **Gesamtrechtsnachfolge**[6] schließt aus, einzelne Aktiva oder Passiva vom Vermögensübergang durch Vereinbarung im Verschmelzungsvertrag auszuschließen. Was nicht auf den übernehmenden Rechtsträger übergehen soll, muss deshalb vor Wirksamwerden der Verschmelzung aus dem Vermögen des übertragenden Rechtsträgers ausgeschieden sein.[7]

7 **c) Abwicklungsloses Erlöschen der übertragenden Rechtsträger.** Mit Wirksamwerden der Verschmelzung erlöschen die übertragenden Rechtsträger,[8] **ohne** zuvor in ein **Liquidationsstadium** eingetreten zu sein.[9] Auch insoweit kann Abweichendes nicht vereinbart werden.

4. Ablauf

8 Der Ablauf einer Verschmelzung vollzieht sich typischerweise in **vier Phasen**, die treffend als Planungsphase, Vorbereitungsphase, Beschlussphase und Vollzugsphase bezeichnet werden.

9 **a) Planungsphase.** In der Phase der Planung der Verschmelzung prüfen die **Vertretungsorgane** der beteiligten Rechtsträger Sinn und Zweck einer

---

[4] Vgl. Kallmeyer/*Marsch-Barner* § 2 UmwG Rn. 12; *Stengel* in *Semler/Stengel* UmwG § 2 Rn. 40.

[5] Vgl. Kallmeyer/*Marsch-Barner* § 5 Rn. 5; zu den Einzelheiten *Ihrig* ZHR 160 (1996), 317.

[6] Ausführlich Kallmeyer/*Marsch-Barner* UmwG § 20 Rn. 4 ff.

[7] Vgl. *Lutter/Grunewald* § 20 UmwG Rn. 8 mwN; *Stengel* in *Semler/Stengel* UmwG § 2 Rn. 36.

[8] Ein Fortbestehen der übertragenden Rechtsträger wird nur im Rahmen des § 25 Abs. 2 UmwG fingiert.

[9] Vgl. dazu *Lutter/Grunewald* § 20 UmwG Rn. 56; *Stengel* in *Semler/Stengel* UmwG § 2 Rn. 38 f.

Verschmelzung, legen Rechenschaft ab über die hierfür notwendigen Vorbereitungs- und Umsetzungsmaßnahmen und erstellen eine Aktivitätenliste und einen Zeitplan für die Verschmelzung.

b) Vorbereitungsphase. In der Vorbereitungsphase bedarf es der folgenden Maßnahmen: 10
- Aufstellung und ggf. Prüfung der **Abschlussbilanzen** der beteiligten Rechtsträger, § 17 Abs. 2 UmwG,
- Feststellung der **Unternehmenswerte** der beteiligten Rechtsträger,
- Abschluss oder Aufstellung des endgültigen Entwurfs für den **Verschmelzungsvertrag** durch die Vertretungsorgane der beteiligten Rechtsträger, bei der Verschmelzung zur Neugründung zusätzlich Abschluss bzw. endgültige Feststellung des Entwurfs des Gesellschaftsvertrags des neuen Rechtsträgers,
- Erstattung des **Verschmelzungsberichts** oder Einholung der entsprechenden Verzichtserklärungen (§ 8 Abs. 3 UmwG),
- Soweit gesetzlich vorgesehen Beauftragung des Verschmelzungsprüfers durch das jeweilige Vertretungsorgan oder das Gericht und Durchführung der **Verschmelzungsprüfung** oder Abgabe der entsprechenden Verzichtserklärung nach § 9 Abs. 3 UmwG,
- Zuleitung des Verschmelzungsvertrags oder seines Entwurfs an die zuständigen **Betriebsräte**, § 5 Abs. 3 UmwG,
- bei Beteiligung von AG Einreichung des Verschmelzungsvertrags zum **Handelsregister**, §§ 61, 111 UmwG, Entscheidung des Aufsichtsrats über den Vorschlag an die Hauptversammlung, dem Verschmelzungsvertrag zuzustimmen,
- Vorbereitung der **Kapitalerhöhung** bei dem aufnehmenden Rechtsträger, soweit erforderlich, §§ 53, 55, 66, 69 UmwG sowie
- Einladung zur **Gesellschafterversammlung**, in der die Zustimmung zu dem Verschmelzungsvertrag beschlossen werden soll.

c) Beschlussphase. Die Beschlussphase umfasst alsdann: 11
- soweit erforderlich bei dem aufnehmenden Rechtsträger in Rechtsform der Kapitalgesellschaft die **Beschlussfassung** über die Erhöhung des Kapitals zur Gewährung der neuen Mitgliedschaften, §§ 55, 69 UmwG,
- **Erläuterung** des Verschmelzungsvertrags in den Gesellschafterversammlungen der beteiligten Rechtsträger,
- Fassung der **Verschmelzungsbeschlüsse** in den beteiligten Rechtsträgern, § 13 Abs. 1 UmwG, und
- notarielle **Beurkundung** der Zustimmungsbeschlüsse und etwa erforderlicher gesonderter Zustimmungserklärungen von Gesellschaftern, § 13 Abs. 3 UmwG; ggf.: notarielle Beurkundung des Verschmelzungsvertrages, soweit den Versammlungen der Anteilsinhaber nur ein Entwurf vorgelegt worden ist, § 6 UmwG.

d) Vollzugsphase. Der abschließende Vollzug der Verschmelzung erfordert: 12
- **Anmeldung** der Kapitalerhöhung und deren **Eintragung** bei Verschmelzung auf Kapitalgesellschaften, §§ 53, 66 UmwG,

- **Anmeldung** der Verschmelzung bei dem übertragenden und dem übernehmenden Rechtsträger durch die jeweiligen Vertretungsorgane, bei der Verschmelzung durch Neugründung außerdem Anmeldung des neuen Rechtsträgers durch die Vertretungsorgane aller übertragenden Rechtsträger, §§ 16 UmwG, 38 Abs. 2 UmwG,
- **Eintragung** der Verschmelzung im Handelsregister der beteiligten Rechtsträger, bei der Verschmelzung durch Neugründung außerdem Eintragung des neuen Rechtsträgers sowie
- ggf. **gerichtliche Kontrolle** des Umtauschverhältnisses nach § 15 Abs. 1 S. 2 UmwG, § 1 Nr. 4 SpruchG.

II. Der Verschmelzungsvertrag

1. Ausgangspunkt

13 Kernbestandteil jeder Verschmelzung ist der Verschmelzungsvertrag, der nach § 4 UmwG von den **Vertretungsorganen** der an der Verschmelzung beteiligten Rechtsträger abzuschließen ist. Der Verschmelzungsvertrag bedarf der Zustimmung der Gesellschafterversammlung der beteiligten Rechtsträger. Er ist nach § 6 UmwG **notariell** zu beurkunden.

2. Inhalt

14 a) **Zwingende Inhaltsvorgabe.** § 5 Abs. 1 Nr. 1 bis 9 UmwG bestimmt zwingend den Mindestinhalt, den jeder Verschmelzungsvertrag haben muss. Für Verschmelzungen unter Beteiligung von Personengesellschaften treten ergänzend die Vorgaben nach § 40 UmwG hinzu. Das Gesetz will damit sicherstellen, dass die Anteilseigner ihre zustimmende Beschlussfassung auf alle wesentlichen Daten der Verschmelzung beziehen. Im Einzelnen bestimmt § 5 UmwG für den Inhalt des Verschmelzungsvertrags das Folgende:

15 b) **Firma und Sitz.** Nach § 5 Abs. 1 Nr. 1 UmwG muss der Verschmelzungsvertrag den Namen oder die Firma und den Sitz der an der Verschmelzung beteiligten Rechtsträger enthalten.[10] Die Norm zwingt zu Angaben im Verschmelzungsvertrag mit feststellendem Charakter; rechtsgestaltende Wirkung kommt dem nicht zu.

16 c) **Vermögensübertragung gegen Anteilsgewähr.** Der Vertrag muss nach § 5 Abs. 1 Nr. 2 UmwG weiter die Vereinbarung über die Übertragung des Vermögens jedes übertragenden Rechtsträgers als Ganzes gegen Gewährung von Anteilen oder Mitgliedschaften an dem übernehmenden Rechtsträger vorsehen. Damit wird der **wesentliche Kern** des Verschmelzungsvorgangs definiert. Das Prinzip der Übertragung des Vermögens „als Ganzes", also die kraft Verschmelzung eintretende Gesamtrechtsnachfolge, schließt die Ausnahme einzelner Vermögensgegenstände von der Universalsukzession aus.[11]

---

[10] Vgl. zur Firma ausf. *Kögel* GmbHR 1996, 168.
[11] Vgl. nur Kallmeyer/*Marsch-Barner* UmwG § 5 Rn. 4; *Stengel* in *Semler/Stengel* UmwG § 2 Rn. 36. Zu Grundstücksfragen vgl. *Gärtner* DB 2000, 409.

Die im Verschmelzungsvertrag festzulegende Gewährung von neuen Anteilen oder Mitgliedschaften an dem übernehmenden oder neu gegründeten Rechtsträger zwingt zur **Festlegung der Gegenleistung**, die die Gesellschafter des übertragenden Rechtsträgers erhalten.[12] Abgesehen von dem in § 5 Abs. 2 UmwG geregelten Ausnahmefall der Verschmelzung einer 100%igen Tochtergesellschaft auf ihre Mutter kommt darüber hinaus eine Verschmelzung ohne Gewährung neuer Anteile auch bei Zustimmung aller Gesellschafter der übertragenden Gesellschaft in Betracht.[13] Werden neue Anteile gewährt, ist ihre Art und Ausstattung zu definieren.

d) Umtauschverhältnis. Nach § 5 Abs. 1 Nr. 3 UmwG ist das Umtauschverhältnis der zu gewährenden Anteile im Verschmelzungsvertrag festzulegen. Eine etwa an die Seite der Anteilsgewährung tretende **bare Zuzahlung** ist ihrer Höhe nach zu bestimmen. Die Bestimmung des Umtauschverhältnisses setzt die Bewertung der beteiligten Rechtsträger voraus; diese muss für die beteiligten Rechtsträger jeweils nach den gleichen Prinzipien und Bewertungsparametern erfolgen. Der Bewertungsstichtag muss übereinstimmen.[14] Für die Unternehmensbewertungen sind die allgemein anerkannten Regeln der Unternehmensbewertung maßgeblich; insoweit ist auf das Spezialschrifttum zu verweisen.[15]

17

e) Einzelheiten der Anteilsübertragung oder des Mitgliedschaftserwerbs. Die nach § 5 Abs. 1 Nr. 4 UmwG erforderliche Festlegung der Einzelheiten für die Übertragung der Anteile bzw. den Erwerb der Mitgliedschaft am übernehmenden Rechtsträger setzt die Feststellung voraus, wie die Anteile begründet werden. Insoweit kommen **eigene Anteile** des übernehmenden Rechtsträgers ebenso in Betracht wie im Wege der Kapitalerhöhung zu schaffende **neue Anteile**. Die gebotene Angabe von Einzelheiten über den Erwerb der Mitgliedschaften bedingt, dass Rechtspositionen, die im Zuge der Umwandlung entfallen, aufgenommen werden, wie es zB bei Anteilsvinkulierungen oder Zustimmungsvorbehalten einzelner Anteilsinhaber denkbar ist. Im Übrigen bestimmen sich die festzulegenden Einzelheiten über die Übertragung der Anteile bzw. des Erwerbs der Mitgliedschaften nach der Rechtsform des übernehmenden Rechtsträgers.[16]

18

f) Gewinnbeteiligung. Für die gewinnbeteiligten Gesellschafter von besonderer Bedeutung ist weiter die nach § 5 Abs. 1 Nr. 5 UmwG im Verschmelzungsvertrag festzulegende **Gewinnberechtigung** der zu gewährenden Anteile. Insofern bestehen keine zwingenden Vorgaben. Doch entspricht

19

---

[12] Zur Anteilsgewährung bei der Verschmelzung mehrerer übertragender Rechtsträger vgl. *Mayer* DB 1998, 913.
[13] Vgl. zu den Einzelheiten *Ihrig* ZHR 160 (1996), 317; *Schröer* in *Semler/Stengel* UmwG § 5 Rn. 13.
[14] Vgl. *Bayer* ZIP 1997, 1617.
[15] Vgl. umfassend *Lutter/Lutter/Drygala* § 5 UmwG Rn. 18 ff. mwN; *Schröer* in *Semler/Stengel* UmwG § 5 Rn. 28 ff.
[16] Dazu gehört etwa die Benennung eines Treuhänders zur Entgegennahme der Aktien nach § 71 UmwG bei der Verschmelzung auf eine AG. Zu den Einzelheiten *Lutter/Lutter/Drygala* § 5 UmwG Rn. 40 ff. mwN.

es der Üblichkeit, dass die Gewinnberechtigung in dem übernehmenden Rechtsträger mit dem **Zeitpunkt** beginnt, zu dem die Teilhabe am Gewinn des übertragenden Rechtsträgers endet.[17]

20 **g) Verschmelzungsstichtag.** Unverzichtbarer Bestandteil des Verschmelzungsvertrages ist weiter die nach § 5 Abs. 1 Nr. 6 UmwG erforderliche Festlegung des Verschmelzungsstichtags. Damit ist der Zeitpunkt definiert, von dem an die Handlungen des übertragenden Rechtsträgers als **für Rechnung** des übernehmenden Rechtsträgers vorgenommen gelten. Im Regelfall entspricht der Verschmelzungsstichtag dem Stichtag der **Schlussbilanz**.[18]

21 **h) Sonderrechte.** Nach § 5 Abs. 1 Nr. 7 UmwG sind im Verschmelzungsvertrag darüber hinaus diejenigen Rechte, Rechtspositionen und Maßnahmen festzustellen, die der übernehmende Rechtsträger im Hinblick auf einzelne Anteilsinhaber oder Sonderrechtsinhaber gewährt bzw. vorgesehen hat. Beispielhaft beschreibt das Gesetz die Sonderrechte der Anteilsinhaber mit „Rechten ... wie Anteile ohne Stimmrecht, Vorzugsaktien, Mehrstimmrechtsaktien, Schuldverschreibungen und Genussrechte". Es kann demgemäß um die gebotene Kompensation von **Vermögensrechten** ebenso wie von **Herrschaftsrechten** gehen. Die Abgrenzung auf einzelne Anteilsinhaber und Inhaber besonderer Rechte zeigt, dass es sich um Individualrechte in Abweichung vom gesellschaftsrechtlichen Gleichbehandlungsgrundsatz handeln muss. Die Norm steht in unmittelbarem Kontext mit § 23 UmwG, wonach den Inhabern von Rechten in einem übertragenden Rechtsträger, die kein Stimmrecht gewähren, insbesondere den Inhabern von Anteilen ohne Stimmrecht, von Wandelschuldverschreibungen, von Gewinnschuldverschreibungen und von Genussrechten gleichwertige Rechte in dem übernehmenden Rechtsträger zu gewähren sind.

22 **i) Besondere Vorteile.** Mit dem Ziel, den Gesellschaftern der beteiligten Rechtsträger Transparenz zu gewähren, bestimmt § 5 Abs. 1 Nr. 8 UmwG die Verpflichtung zur Angabe von besonderen Vorteilen, die Mitgliedern des Vertretungsorgans oder Aufsichtsorgans der an der Verschmelzung beteiligten Rechtsträger, einem geschäftsführenden Gesellschafter, einem Partner oder Abschluss- oder Verschmelzungsprüfer gewährt werden. Davon sind alle **denkbaren Vergünstigungen** umfasst, insbesondere Abfindungen und Honorare. Auch die Zusage von zukünftigen **Organfunktionen** im übernehmenden Rechtsträger sind anzugeben.[19]

23 **j) Folgen für Arbeitnehmer.** Nach § 5 Abs. 1 Nr. 9 UmwG sind schließlich im Verschmelzungsvertrag Angaben zu machen über die Folgen

---

[17] Vgl. zu anderen Alternativen Kallmeyer/*Marsch*-Barner § 5 UmwG Rn. 25 ff.; Schröer in *Semler/Stengel* UmwG § 5 Rn. 35 ff., 42 ff.

[18] Vgl. *Lutter/Lutter/Drygala* § 5 UmwG Rn. 46; zur Frage, ob dies zwingend ist, vgl. Kallmeyer/*Müller* § 5 UmwG Rn. 33 f.

[19] *Schröer* in *Semler/Stengel* UmwG § 5 Rn. 73; aA Kallmeyer/*Marsch-Barner* § 5 UmwG Rn. 44, da die Zusage die Bestellung durch die zuständigen Organe des übernehmenden Rechtsträgers nicht ersetzt.

der Verschmelzung für die Arbeitnehmer und ihre Arbeitnehmervertretungen und die insoweit vorgesehenen Maßnahmen. Wie weit die danach gebotene Unterrichtung reicht, ist nach wie vor umstritten.[20] Insbesondere ist zweifelhaft, ob nur die unmittelbaren Folgen oder auch mittelbare Folgen der Verschmelzung anzugeben sind.[21] Demgegenüber kann als gesichert gelten, dass der bloße Hinweis darauf, dass sich die Folgen der Verschmelzung nach den Vorschriften des UmwG sowie nach § 613a BGB richten, nicht ausreichend ist.[22] **Fehlen die Angaben** oder sind sie offensichtlich unzureichend, so kann dies ein **Eintragungshindernis** begründen.[23] Demgegenüber kommt eine Anfechtung der Verschmelzungsbeschlüsse nach richtiger Auffassung nicht in Betracht.[24]

k) Sonstige Angaben. Wenn die Verschmelzung auf einen Rechtsträger anderer Rechtsform erfolgt oder die an dem übernehmenden Rechtsträger gewährten Anteile vinkuliert sind, ist im Verschmelzungsvertrag nach § 29 Abs. 1 UmwG darüber hinaus ein **Barabfindungsangebot** für jeden Anteilsinhaber des übertragenden Rechtsträgers aufzunehmen, der gegen den Verschmelzungsbeschluss Widerspruch zu Protokoll erklärt. Dabei ist entweder vorzusehen, dass der übernehmende Rechtsträger die Anteile des ausscheidenswilligen Anteilsinhabers gegen Abfindungszahlung übernimmt, oder es ist dem Anteilseigner eine Barabfindung für den Fall des Ausscheidens anzubieten, sobald der übernehmende Rechtsträger kraft Rechtsform eigene Anteile oder Mitgliedschaften nicht erwerben kann, wie dies bei der GmbH & Co. KG als aufnehmender Rechtsträger der Fall ist, § 29 Abs. 1 S. 3 UmwG. 24

Sofern eine GmbH & Co. KG übernehmender Rechtsträger ist, ist darüber hinaus nach § 40 Abs. 1 UmwG im Verschmelzungsvertrag anzugeben, ob den Anteilsinhabern des übertragenden Rechtsträgers die Stellung eines persönlich haftenden Gesellschafters oder eines **Kommanditisten** gewährt wird. 25

III. Verschmelzungsbericht

1. Notwendigkeit

Im Regelfall sind die Verschmelzungsbeschlüsse der Gesellschafterversammlungen der beteiligten Rechtsträger durch einen Verschmelzungsbericht vorzubereiten. Der Bericht ist **entbehrlich**, wenn alle Anteilsinhaber der beteiligten Rechtsträger zu notarieller Urkunde auf den Verschmel- 26

---

[20] Vgl. die umfassende Aufarbeitung des Meinungsstandes bei *Lutter/Lutter/Drygala* § 5 UmwG Rn. 55 ff.; *Simon* in *Semler/Stengel* UmwG § 5 Rn. 76 ff.; *Hjort* NJW 1999, 750; *Hansch* RNotZ 2007, 308 (319 ff.).
[21] Dazu Kallmeyer/*Willemsen* § 5 UmwG Rn. 50 ff.; *Bayer* ZIP 1997, 1618.
[22] Vgl. OLG Düsseldorf NZG 1998, 648 m. zust. Anm. *Bungert* NZG 1998, 733.
[23] Vgl. *Joost* ZIP 1995, 984.
[24] So mit Recht *Lutter/Lutter/Drygala* § 5 UmwG Rn. 114 mwN zum Meinungsstand; *Simon* in *Semler/Stengel*, UmwG § 5 Rn. 98.

zungsbericht verzichten,[25] wenn sich alle Anteile der übertragenden Gesellschaft in der Hand der aufnehmenden Gesellschaft befinden oder wenn bei einer Personengesellschaft sämtliche Gesellschafter zur Geschäftsführung berechtigt sind, §§ 8 Abs. 3, 41 und 45c S. 1 UmwG.[26]

2. Aufstellung und Inhalt

27   Die Vorlage der Verschmelzungsberichte obliegt den Vertretungsorganen jedes der an der Verschmelzung beteiligten Rechtsträgers; nach § 8 Abs. 1 S. 1 UmwG kann auch ein **gemeinsamer Bericht** von den Vertretungsorganen der an der Verschmelzung beteiligten Gesellschaften vorgelegt werden. In dem Verschmelzungsbericht sind ausführlich die Verschmelzung, der Verschmelzungsvertrag einschließlich des Umtauschverhältnisses sowie ein eventuelles Barabfindungsangebot zu erläutern und zu begründen. Die Erläuterung und Begründung muss sich auf die **rechtlichen und wirtschaftlichen Verhältnisse** beziehen.[27] Besondere Schwierigkeiten, die bei der Bewertung der Rechtsträger auftreten, sind zu benennen. Hinzuweisen ist auch auf wesentliche Angelegenheiten verbundener Unternehmen. Der Verschmelzungsbericht soll nur eine Plausibilitätskontrolle ermöglichen.[28] Zur Gestaltung und zur inhaltlichen Tiefe des Verschmelzungsberichtes gilt dasselbe wie zum Umwandlungsbericht im Falle des Formwechsels (vgl. eingehend → § 55 Rn. 10 ff.).

IV. Verschmelzungsprüfung

1. Grundsatz

28   Nach § 9 Abs. 1 UmwG ist der Verschmelzungsvertrag oder sein Entwurf einer Verschmelzungsprüfung zuzuführen, wenn das Gesetz dies vorschreibt. Dies erfolgt im Umwandlungsgesetz rechtsformbezogen in den besonderen Vorschriften des zweiten Teils der Verschmelzungsbestimmungen des UmwG, §§ 44, 45e, 48, 60, 78, 100. Für die GmbH & Co. KG als Personengesellschaft bestimmt § 44 UmwG, dass eine Verschmelzungsprüfung **auf Verlangen** eines ihrer Gesellschafter zu erfolgen hat, sofern nach § 43 Abs. 2 UmwG die Verschmelzung aufgrund einer entsprechenden Bestimmung im Gesellschaftsvertrag mit Mehrheitsentscheidung der Gesellschafter beschlossen werden kann. Demgegenüber bedarf es keiner Verschmelzungsprüfung, wenn, wie im gesetzlichen Regelfall (§ 43 Abs. 1 UmwG), der Verschmelzungsbeschluss der Gesellschafterversammlung der Zustimmung aller anwesenden Gesellschafter und der Zustimmung auch nicht erschienener Gesell-

---

[25] Vgl. Kallmeyer/*Marsch-Barner* § 8 UmwG Rn. 38; *Gehling* in *Semler/Stengel* UmwG § 8 Rn. 68.
[26] Zur analogen Anwendung bei der GmbH vgl. *Lutter/Lutter/Drygala* § 8 UmwG Rn. 54.
[27] Vgl. Kallmeyer/*Marsch-Barner* § 8 UmwG Rn. 6.
[28] Vgl. Kallmeyer/*Marsch-Barner* § 8 UmwG Rn. 6.

schafter bedarf. Unabhängig hiervon ist nach § 30 Abs. 2 S. 1 UmwG eine Prüfung immer erforderlich, wenn eine **Barabfindung** erfolgt.

Ist danach im Ausgangspunkt die Notwendigkeit einer Verschmelzungsprüfung gegeben, so entfällt diese nach § 9 Abs. 3 iVm § 8 Abs. 3 UmwG, wenn sich alle Anteile eines übertragenden Rechtsträgers in der Hand des übernehmenden Rechtsträgers befinden oder wenn alle Anteilsinhaber aller beteiligten Rechtsträger auf die Verschmelzungsprüfung **verzichten**, denn Zweck der Vorschrift ist ausschließlich der Schutz der Anteilsinhaber.[29] Die Verzichtserklärung bedarf der **notariellen Beurkundung**, § 12 Abs. 3 iVm § 8 Abs. 3 UmwG. 29

2. Durchführung

Die **Verschmelzungsprüfer** sind von den Vertretungsorganen der beteiligten Rechtsträger oder auf deren Antrag durch das zuständige Registergericht zu bestellen. Eine gemeinsame Bestellung durch mehrere oder alle beteiligten Rechtsträger ist zulässig, § 10 Abs. 1 S. 2 UmwG. Stellung und Verantwortlichkeit der Verschmelzungsprüfer bestimmen sich nach § 11 UmwG. Diese Bestimmungen orientieren sich an den Regeln des HGB für Abschlussprüfer. Danach ist dem Verschmelzungsprüfer insbesondere das **Auskunftsrecht** nach § 320 Abs. 1 und 2 HGB zugewiesen, wonach ihm zu gestatten ist, Einsicht in die Bücher und Schriften zu nehmen sowie die Vermögensgegenstände und Schulden zu prüfen. Im Übrigen kann der Verschmelzungsprüfer von den gesetzlichen Vertretern alle Aufklärungen und Nachweise verlangen, die für eine sorgfältige Prüfung notwendig sind, § 320 Abs. 2 S. 1 HGB. 30

Die Verschmelzungsprüfer erstatten über das Ergebnis ihrer Prüfung einen **schriftlichen Prüfungsbericht**. Dieser hat mit der Erklärung darüber abzuschließen, ob das vorgeschlagene Umtauschverhältnis der Anteile und gegebenenfalls die Höhe einer baren Zuzahlung als Gegenwert angemessen sind.[30] Weitere Einzelheiten zum Inhalt des Verschmelzungsprüfungsberichts enthält § 12 UmwG. Der Prüfungsbericht ist entbehrlich, wenn alle Anteilsinhaber auf seine Erstattung **verzichten**; die Verzichtserklärung bedarf wiederum der notariellen Beurkundung, § 12 Abs. 3 iVm § 8 Abs. 2 und 3 UmwG. Haben die Anteilsinhaber bereits auf die Verschmelzungsprüfung verzichtet, stellt sich die Frage nach einem (weiteren) Verzicht nach § 12 Abs. 3 UmwG nicht. 31

3. Prüfungsgegenstand

Gegenstand der Verschmelzungsprüfung ist der **Verschmelzungsvertrag** bzw. dessen Entwurf. Dabei geht es insbesondere um die Feststellung, dass der Vertrag vollständig und richtig ist.[31] Prüfungsgegenstand ist weiter und in erster Linie die **Angemessenheit** des im Verschmelzungsvertrag vorgesehe- 32

---

[29] Vgl. Lutter/Lutter/Drygala § 9 UmwG Rn. 4.
[30] Verweigert er eine Erklärung in diesem Sinne, so hat dies für die Verschmelzung keine unmittelbare Rechtsfolge, vgl. Kallmeyer/Müller § 12 UmwG Rn. 15.
[31] Vgl. Bayer ZIP 1997, 1621.

nen **Umtauschverhältnisses** und der evtl. angebotenen Barabfindung.[32] Sie ist gerade unter dem Gesichtspunkt des gebotenen Minderheitenschutzes von besonderer Bedeutung und wird durch die Berichterstattung der Vertretungsorgane im Verschmelzungsbericht nicht ersetzt, weil es dort nur um die Ermöglichung einer Plausibilitätskontrolle geht.[33] Die Prüfung der Angemessenheit der Umtauschverhältnisse setzt voraus, dass sich der Prüfer versichert, dass die bei ihrer Ableitung angewendeten Methoden der Unternehmensbewertung und die getroffenen Prognose- und Wertungsentscheidungen vertretbar sind und den Regeln einer **ordnungsgemäßen Unternehmensbewertung** entsprechen.[34] Demgegenüber ist die wirtschaftliche Zweckmäßigkeit der Verschmelzung nicht Gegenstand der Verschmelzungsprüfung.[35]

V. Die GmbH & Co. KG als übertragender Rechtsträger

1. Gestaltungsalternativen

33   Die GmbH & Co. KG kann auf eine **andere Personengesellschaft**, §§ 39 bis 45 UmwG, auf eine Partnerschaftsgesellschaft, §§ 39 bis 45e UmwG, auf eine GmbH einschließlich auf ihre Komplementär-GmbH,[36] §§ 39 bis 45, 46 bis 59 UmwG, auf eine AG, §§ 39 bis 45, 60 bis 77 UmwG, auf eine KGaA, §§ 39 bis 45, 78, 60 bis 77 UmwG und auf eine eG, §§ 39 bis 45, 79 bis 98 UmwG verschmolzen werden. Der Ablauf der Verschmelzung folgt den oben unter I. bis IV. dargestellten Grundprinzipien.

2. Die Zustimmung zur Verschmelzung

34   Nach § 13 Abs. 1 S. 1 müssen die Anteilsinhaber des übertragenden Rechtsträgers der Verschmelzung zustimmen. Der **Verschmelzungsbeschluss** kann nur in einer Gesellschafterversammlung, nicht aber im Umlaufverfahren, gefasst werden, § 13 Abs. 1 S. 2 UmwG. Er kommt frühestens nach einem Monat nach Zuleitung des Verschmelzungsvertrages oder des Entwurfs des Verschmelzungsvertrages an den Betriebsrat in Betracht, § 5 Abs. 3 UmwG.[37] Nach § 42 UmwG ist auch den von der Geschäftsführung ausgeschlossenen Gesellschaftern, also regelmäßig den Kommanditisten, der Verschmelzungsvertrag oder sein Entwurf sowie der Verschmelzungsbericht spätestens mit der Einberufung der über die Verschmelzung beschließenden Gesellschafterversammlung zu übersenden. Ist nach § 44 UmwG ein Prü-

---

[32] Vgl. *Zeidler* in *Semler/Stengel* UmwG § 9 Rn. 25 ff.; Kallmeyer/*Müller* § 9 UmwG Rn. 22.
[33] Vgl. *Lutter/Lutter/Drygala* § 8 UmwG Rn. 20.
[34] Vgl. *Lutter/Lutter/Drygala* § 12 UmwG Rn. 3 ff.; *Zeidler* in *Semler/Stengel* UmwG § 9 Rn. 34 und § 12 Rn. 8 ff.
[35] Vgl. *Lutter/Lutter/Drygala* § 9 UmwG Rn. 12; *Bayer* ZIP 1997, 1621.
[36] Vgl. *Schulze zur Wiesche* DB 1996, 1541.
[37] Zur Berechnung vgl. *Krause* NJW 1999, 1448.

fungsbericht erstellt worden, so ist dieser auch zusammen mit den erwähnten Unterlagen zu übersenden.[38]

Für den Verschmelzungsbeschluss in der Gesellschafterversammlung der GmbH & Co. KG sind die gesetzlichen und gesellschaftsvertraglichen Vorgaben einschlägig. Nach § 43 Abs. 1 UmwG bedarf der Verschmelzungsbeschluss der **Zustimmung** aller anwesenden Gesellschafter; auch die nicht erschienenen Gesellschafter müssen ihm zustimmen. Nach § 13 Abs. 3 S. 1 müssen sowohl der Zustimmungsbeschluss als auch die Zustimmung nicht erschienener Gesellschafter notariell beurkundet werden. 35

Ein Verschmelzungsbeschluss kraft **Mehrheitsentscheidung** kommt demgegenüber nur dann in Betracht, wenn der Gesellschaftsvertrag eine entsprechende Mehrheitsklausel vorsieht. In diesem Fall muss die Mehrheit mindestens ¾ der abgegebenen Stimmen betragen (§ 43 Abs. 2 UmwG). Die nach altem Recht streitige Frage, ob es auf die ¾-Mehrheit aller Gesellschafter oder nur derjenigen Gesellschafter, die an der Abstimmung teilnehmen, ankommt, ist mit Wirkung zum 1. August 1998 zugunsten der weitergehenden Auffassung (¾-Mehrheit der abgegebenen Stimmen genügt) geklärt worden.[39] Die Mehrheit muss aber auf der Gesellschafterversammlung erreicht werden; es genügt nicht, wenn sie erst durch Zustimmung der abwesenden Gesellschafter zustande kommt.[40] 36

Nach wie vor streitig ist die Frage, wie konkret die Mehrheitsklausel im Gesellschaftsvertrag sein muss. Dem Bestimmtheitserfordernis ist regelmäßig nur dann genüge getan, wenn sich der einer Mehrheitsentscheidung unterworfene Beschlussgegenstand eindeutig, nötigenfalls durch Auslegung, aus dem Gesellschaftsvertrag entnehmen lässt.[41] Die Mehrheitsklausel sollte sich daher ausdrücklich auf den Beschluss zur Verschmelzung beziehen.[42] Richtigerweise ist es demgegenüber aber nicht erforderlich, die einzelnen Umwandlungsarten wie Verschmelzung, Spaltung und Formwechsel explizit in der Mehrheitsklausel aufzuführen.[43] Es ist also ausreichend, wenn sich die Mehrheitsklausel im Gesellschaftsvertrag zusammenfassend auf **Umwandlungsmaßnahmen** nach Maßgabe des UmwG bezieht. Demgegenüber sind sich nicht konkret auf Umwandlungsbeschlüsse beziehende Mehrheitsklauseln jedenfalls für den Regelfall der GmbH & Co. KG nicht ausreichend.[44] Anderes gilt demgegenüber in Publikumsgesellschaften, in denen 37

---

[38] Vgl. *Ihrig* in *Semler/Stengel* UmwG § 42 Rn. 6 mwN; *Lutter/H.Schmidt* § 42 UmwG Rn. 5.

[39] Gesetz zur Änderung des UmwG, des PartnerschaftsG und anderer Gesetze v. 22.7.1998, BGBl. I 1878.

[40] Vgl. *Ihrig* in *Semler/Stengel* UmwG § 43 Rn. 10 f.; *Kallmeyer/Zimmermann* § 43 UmwG Rn. 14.

[41] Dazu ausführlich BGH, Urt. v. 15.1.2007 – II ZR 245/05, NJW 2007, 1685 bei Rn. 9; *K. Schmidt* ZGR 2008, 8.

[42] Dazu *Ihrig* in Semler/Stengel UmwG § 43 Rn. 31.

[43] So zutreffend *Lutter/H.Schmidt* § 43 UmwG Rn. 14 mwN; *Ihrig* in *Semler/Stengel* UmwG § 43 Rn. 31, 31.

[44] Vgl. zu den Einzelheiten *Lutter/H.Schmidt* § 43 UmwG Rn. 15 unter Hinweise auf die Rspr. zum Bestimmtheitsgrundsatz und zur Kernbereichslehre; *Ihrig* in *Semler/Stengel* UmwG § 43 Rn. 33.

generelle Mehrheitsklauseln auch eine hinreichende Legitimation für Mehrheitsbeschlüsse über Umwandlungen einschließlich der Verschmelzung ausreichen.[45]

3. Besonderheiten

38 Ähnlich wie beim Formwechsel (dazu → § 56 Rn. 67 ff.) stellt sich bei dem in der Praxis häufig anzutreffenden Fall, in dem die Komplementär-GmbH an dem Vermögen der GmbH & Co. KG nicht beteiligt ist, ein besonderes Problem dann, wenn die aufnehmende Gesellschaft eine Kapitalgesellschaft ist, an der eine Mitgliedschaft ohne vermögensmäßige Beteiligung ausgeschlossen ist. Richtigerweise scheidet die **Komplementär-GmbH** in diesem Fall mit Wirksamwerden der Verschmelzung aus der Gesellschaft aus.[46] Ganz unabhängig davon ist es im Übrigen zulässig, dass einzelne Gesellschafter im Zuge der Verschmelzung ausscheiden, ihnen also keine neuen Mitgliedschaften gewährt werden. Deshalb ist auch die Verschmelzung einer Personenhandelsgesellschaft auf eine Ein-Mann-Kapitalgesellschaft möglich.[47]

VI. Die GmbH & Co. KG als übernehmender Rechtsträger

1. Gestaltungsalternativen

39 Auf die GmbH & Co. KG als **übernehmender Rechtsträger** können verschmolzen werden eine Personenhandelsgesellschaft, §§ 39 bis 45 UmwG, eine Partnerschaftsgesellschaft, §§ 39 bis 45e UmwG, eine GmbH, §§ 39 bis 45, 46 bis 59 UmwG, eine AG, §§ 39 bis 45, 60 bis 77 UmwG, eine KGaA §§ 39 bis 45, 78, 60 bis 77 UmwG, eine eG, §§ 39 bis 45, 79 bis 98 UmwG sowie der rechtsfähige Verein, §§ 39 bis 45, 99 bis 104a UmwG. Demgegenüber ausgeschlossen ist die GbR.

2. Die Zustimmung zur Verschmelzung

40 Der Verschmelzungsbeschluss bedarf auch bei der GmbH & Co. KG als übernehmendem Rechtsträger der Zustimmung aller anwesenden Gesellschafter, nicht anwesende Gesellschafter müssen ihm ebenfalls zustimmen. Zur Möglichkeit einer gesellschaftsvertraglichen Mehrheitsklausel und den Anforderungen nach dem Bestimmtheitsgrundsatz gilt dasselbe wie im Falle der GmbH & Co. KG als übertragender Rechtsträger (s. → Rn. 32 f.).

3. Besonderheiten

41 Die Verschmelzung auf eine GmbH & Co. KG folgt dem allgemeinen Verschmelzungsprocedere. Darüber hinaus sind die Sonderbestimmungen in

---

[45] Vgl. *Lutter/H.Schmidt* § 43 UmwG Rn. 16; *Ihrig* in *Semler/Stengel* UmwG § 43 Rn. 34. Kallmeyer/*Zimmermann* § 43 UmwG Rn. 9, jew. mwN.
[46] Vgl. *Schröer* in *Semler/Stengel* UmwG § 5 Rn. 16 aE; vgl. *Kallmeyer* GmbHR 1996, 81.
[47] Zutr. Beck Hdb. Personengesellschaften/*Haritz/Bärwaldt* § 9 Rn. 353.

§§ 39 bis 45 UmwG zu beachten. Insbesondere muss danach der Verschmelzungsvertrag gemäß § 40 Abs. 1 S. 1 UmwG für jeden Anteilsinhaber eines übertragenden Rechtsträgers bestimmen, ob er in der GmbH & Co. KG die **Stellung** eines persönlich haftenden Gesellschafters oder eines Kommanditisten erhält. Ersteres dürfte eher die Ausnahme sein, kommt aber namentlich dann in Betracht, wenn der übertragende Rechtsträger seinerseits eine GmbH als Gesellschafter hat.[48] Festzulegen ist nach § 40 Abs. 1 S. 2 außerdem der **Betrag der Einlage** eines jeden Gesellschafters. Das ist bei der KG die Kommanditeinlage. Dabei unterscheidet das Gesetz nicht zwischen der Haftsumme und der Pflichteinlage. Sollen beide nicht übereinstimmen, muss der Verschmelzungsvertrag eine entsprechende Bestimmung enthalten. Andernfalls ist der festgesetzte Einlagebetrag als die im Handelsregister einzutragende **Haftsumme** anzusehen.[49] Der Gründungsvertrag der aufnehmenden GmbH & Co. KG muss aber nicht Gegenstand des Verschmelzungsvertrages sein.[50]

VII. Wirksamwerden der Verschmelzung

1. Anmeldung

Die Verschmelzung ist von den Vertretungsorganen aller an der Verschmelzung beteiligten Rechtsträger zur Eintragung in das Register des Sitzes ihres Rechtsträgers anzumelden, § 16 Abs. 1 S. 1 UmwG. Das Vertretungsorgan des übernehmenden Rechtsträgers kann nach § 16 Abs. 1 S. 2 UmwG die Verschmelzung auch zur Eintragung in das Register des Sitzes aller übertragenden Rechtsträger anmelden. Es genügt, wenn das Vertretungsorgan in **vertretungsberechtigter Zahl** handelt.[51] 42

Bei der Anmeldung sind die beteiligten Rechtsträger, der Verschmelzungstatbestand sowie der Verschmelzungsvertrag und Verschmelzungsbeschlüsse anzugeben. **Angemeldet** wird aber nur die **Verschmelzung**. Ist zur Durchführung der Verschmelzung eine Kapitalerhöhung beschlossen worden, so wird diese in der Regel gleichzeitig mit der Verschmelzung angemeldet. Sie ist dann nach §§ 53, 66 UmwG vor der Verschmelzung einzutragen. 43

Bei der Anmeldung haben die Vertretungsorgane ein **„Negativattest"** abzugeben, mit dem erklärt wird, dass der Verschmelzungsbeschluss nicht oder nicht rechtzeitig angefochten wurde oder dass der Prozess bereits beendet ist.[52] 44

---

[48] Nach der Auffassung von *Schulze zur Wiesche* DB 1996, 1539, ist dies bei der Verschmelzung auf eine GmbH & Co. KG durch Neugründung sogar erforderlich.
[49] Zu den Einzelheiten vgl. *Ihrig* in *Semler/Stengel* UmwG § 40 Rn. 13f., 22; *Lutter/H.Schmidt* § 40 UmwG Rn. 19; *Naraschewski* DB 1995, 1266.
[50] Vgl. *Schulze zur Wiesche* DB 1996, 1540.
[51] *Lutter/Bork* § 16 UmwG Rn. 2.
[52] *Schwanna* in *Semler/Stengel* UmwG § 16 Rn. 13ff.; *Lutter/Bork* § 16 UmwG Rn. 9ff.

16. Kapitel. Umwandlungssituationen: Verschmelzung, Spaltung und Formwechsel

45 § 17 UmwG bestimmt die **Anlagen**, die der Anmeldung beizufügen sind, nämlich der Verschmelzungsvertrag, die Niederschriften der Verschmelzungsbeschlüsse, die nach dem Gesetz erforderlichen Zustimmungserklärungen einzelner Anteilsinhaber sowie der nichterschienenen Anteilsinhaber, der Verschmelzungsbericht und Prüfungsbericht oder die auf diese verzichtende Erklärungen, der Nachweis über die **rechtzeitige Zuleitung** des Verschmelzungsvertrages oder des Entwurfs an den zuständigen Betriebsrat sowie eventuell die Genehmigungsurkunde.

46 Der Anmeldung zum Register des Sitzes aller übertragenden Rechtsträger ist außerdem eine **Schlussbilanz** dieses Rechtsträgers beizufügen, die nicht auf einen 8 Monate älteren Stichtag vor der Anmeldung aufgestellt werden kann, § 17 Abs. 2 UmwG.[53]

2. Eintragung

47 Die Verschmelzung wird mit deren Eintragung in das Register des Sitzes des übernehmenden Rechtsträgers **wirksam**, § 20 Abs. 1 UmwG. Sie darf erst erfolgen, wenn die Verschmelzung in das Register des Sitzes aller übertragenden Rechtsträger eingetragen worden ist, § 19 Abs. 1 S. 1 UmwG. Diese Eintragungen sind mit dem Vermerk zu versehen, dass die Verschmelzung erst mit der Eintragung im Register des Sitzes des übernehmenden Rechtsträgers wirksam wird, § 19 Abs. 1 S. 2 UmwG.

48 Wird diese Reihenfolge von den Registern nicht eingehalten, so ist die Verschmelzung gleichwohl mit der Eintragung in das Register des Sitzes des übernehmenden Rechtsträgers vollzogen.[54]

49 Der Zeitpunkt der Eintragung im Register des übernehmenden Rechtsträgers ist von Amts wegen dem Gericht des Sitzes des übertragenden Rechtsträgers mitzuteilen.

50 Mit der Eintragung der Verschmelzung geht das Vermögen der übertragenden Rechtsträger im Wege der **Gesamtrechtsnachfolge** auf den übernehmenden Rechtsträger über. Die übertragenden Rechtsträger erlöschen, eine Abwicklung findet nicht statt. Ein Fortbestehen der übertragenden Rechtsträger wird ausschließlich im Rahmen des § 25 Abs. 2 UmwG fingiert. Die Gesellschafter der übertragenden Rechtsträger werden kraft Gesetzes Anteilsinhaber der übernehmenden Rechtsträger.[55]

---

[53] Vgl. *Germann* GmbHR 1999, 591.
[54] *Lutter/Bork* § 19 UmwG Rn. 3; *Schwanna* in *Semler/Stengel* UmwG § 19 Rn. 10.
[55] Dazu und zu Ausnahmen ausf. *Lutter/Grunewald* § 20 UmwG Rn. 57 ff. sowie *Kübler* in *Semler/Stengel* UmwG § 20 Rn. 74 ff.

§ 53 Steuerliche Konsequenzen der Verschmelzung

Übersicht

	Rn.
I. Verschmelzung einer Personengesellschaft auf eine GmbH & Co. KG	5
1. Verschmelzung nach den Regelungen des Umwandlungsgesetzes	5
2. Sonstige Vertragsgestaltungen	16
3. Verlustverrechnung im Rahmen der Verschmelzung	24
a) Gewerbesteuerliche Verlustvorträge	24
b) Verrechenbare Verluste nach § 15a EStG	29
4. Verkehrsteuerliche Konsequenzen des Verschmelzungsvorgangs	35
a) Umsatzsteuerliche Behandlung	35
b) Grunderwerbsteuerliche Behandlung	38
II. Verschmelzung einer GmbH & Co. KG auf eine Kapitalgesellschaft	44
1. Verschmelzung nach den Regelungen des Umwandlungsgesetzes	44
a) Wertansatz der Vermögensgegenstände und Schulden in der Übertragungs- und Übernahmebilanz	45
aa) Antrag auf Buchwertansatz	46
bb) Begrenzung durch ein negatives Eigenkapital	49
cc) Besteuerungsrecht der Bundesrepublik Deutschland	55
dd) Ausgabe von Gesellschaftsrechten	58
b) Schicksal des Sonderbetriebsvermögens	61
c) Sperrfrist für die Gesellschaftsanteile an der Kapitalgesellschaft	68

	Rn.
d) Rückwirkungsfiktion des Verschmelzungsvorgangs	75
e) Vorherige Einlage eines Einzelwirtschaftsgutes zum Buchwert in das Betriebsvermögen der GmbH & Co. KG	82
f) Nachversteuerung von tarifermäßigten besteuerten Thesaurierungsbeträgen	84
2. Ersatzgestaltungen außerhalb des handelsrechtlichen Umwandlungsgesetzes	86
a) Einlage des Geschäftsbetriebes in die Kapitalgesellschaft	87
b) Anwachsungsmodell durch Ausscheiden der Kommanditisten aus der GmbH & Co. KG	90
c) Einlage aller Mitunternehmeranteile	92
3. Steuerliche Verlustvorträge im Rahmen der Verschmelzung	98
a) Gewerbesteuerliche Verlustvorträge	98
b) Verrechenbare Verluste im Sinne des § 15a EStG	101
4. Verkehrsteuerliche Konsequenzen	107
a) Umsatzsteuerliche Behandlung	107
b) Grunderwerbsteuerliche Behandlung	109
III. Verschmelzung einer Kapitalgesellschaft auf eine GmbH & Co. KG	112
1. Allgemeines	112
2. Wertansatz der Vermögensgegenstände und Schulden in der Übertragungs- und Übernahmebilanz	114
a) Wertansatz in der Handelsbilanz	114
b) Antrag auf Buchwertansatz	121

	Rn.		Rn.
c) Besteuerungsrecht der Bundesrepublik Deutschland	130	e) Vereinigung von Forderungen und Verbindlichkeiten	162
3. Ermittlung des Verschmelzungsergebnisses auf der Ebene der Personengesellschaft	133	f) Gewerbesteuerliche Behandlung des Übertragungsgewinnes bzw. -verlustes	169
a) Einlagefiktion für die Gesellschaftsanteile	133	4. Steuerliche Verlustvorträge im Rahmen der Verschmelzung	174
b) fiktive Ausschüttung der offenen Reserven	136	5. Rückwirkungsfiktion des Verschmelzungsvorgangs	177
c) Ermittlung des Verschmelzungsergebnisses	143	a) Allgemeines	177
aa) Grundstruktur der Berechnung	143	b) Ausscheiden eines Gesellschafters im Rückwirkungszeitraum	182
bb) Einzelfragen der Berechnung	149	c) Leistungsvergütungen zwischen Verschmelzungsstichtag und Verschmelzungsbeschluss	185
cc) Besteuerung des Verschmelzungsergebnisses	152		
d) Nicht in die Ermittlung des Übernahmeergebnisses einzubeziehende Anteile	158	d) Gewinnausschüttungen der übertragenden Kapitalgesellschaft nach dem Verschmelzungsstichtag	187
aa) Nicht wesentliche Beteiligung im Privatvermögen	158	6. Verkehrsteuerliche Konsequenzen	192
		a) Umsatzsteuerliche Behandlung	192
bb) Einbringungsgeborene Anteile gem. § 21 UmwStG 1995 (alt)	160	b) Grunderwerbsteuerliche Behandlung	195

Schrifttum: *Bauschatz,* Formwechselnde Umwandlung einer vermögensverwaltenden GmbH in eine GmbH & Co. KG – Gefahren bei der Durchführung des Treuhandmodells, FR 2003, 1116; *Birkenfeld,* Das große Umsatzsteuer-Handbuch, Kommentar, *Bogenschütz,* Umwandlung von Kapital in Personengesellschaften, Ubg 2011, 393; *Dötsch/Patt/Pung/Möhlenbrock,* Umwandlungssteuerrecht, 7. Aufl. 2012; *Günkel,* Umwandlung einer Kapitalgesellschaft in eine Personengesellschaft bei beschränkt steuerpflichtigen Gesellschaftern, IWB F. 3, G. 1, 1505; *Jakobsen/Hildebrand,* Wirtschaftliche Beteiligungs- und Beteiligtenidentität iSd § 15a EStG bei Unternehmensumwandlungen, DStR 2013, 433; *Hörger,* Gewerbesteuer, DStR 1998 Beil. 17, 33; *Hörger/Endres,* Gewerbesteuerfalle bei Umwandlung einer Kapitalgesellschaft auf eine bestehende Personengesellschaft, DB 1998, 2235; *Hünnekens,* Änderung des Umsatzsteuergesetzes durch das Mißbrauchsbekämpfungs- und Steuerbereinigungsgesetz, NWB F. 7, 4309; *Kempf/Hillringhaus,* § 15a als Hemmschuh bei Unternehmensreorganisationen und Unternehmensverkäufen? DB 1996, 12; *Korn,* Grunderwerbsteuer bei Verschmelzung von Personengesellschaften durch Anwachsung, KÖSDI 2/2010, 16841; *Prinz,* Besteuerungsfragen inländischer Vertriebsmodelle bei international tätigen Unternehmen, FR 1996, 479; *Neu/Haumacher,* Die Gewerbesteuerfalle des § 18 Abs. 3 UmwStG nach dem UmwSt-Erlass 2011, GmbHR 2012, 280; *Prinz/Ley,* Missverständnisse zur Übernahmegewinnbesteuerung durch § 4 Abs. 7 UmwStG – Anwendung bei mehrstufigen Mitunternehmerschaften, GmbHR 2002, 842; *Rau/Dürrwächter,* UStG, Köln Stand 2013; *Rödder,* Die Umwandlung von Kapitalgesellschaft in bzw. auf Personengesellschaft im Umwandlungssteuerrecht, Stbg 1997, 145; *Rödder,* Pauschalierte Gewerbesteueranrechnung – eine komprimierte Bestandsaufnahme, DStR 2002, 939; *Rödder/Herlinghaus/van Lishaut,* UmwStG, 2.Aufl. Köln 2013; *Rödder/Schumacher,* Das SEStEG – Überblick über die endgültige Fassung und Änderung gegenüber dem Regierungsentwurf, DStR 2007, 369; *Rödder/Schumacher,* Verschmelzung von Kommanditgesellschaften und § 15a EStG, DB 1998, 99; *Schiffers,* Änderung der §§ 16 EStG und 24 UmwStG durch das Missbrauchsbekämpfungs- und Steuerbereinigungsgesetz, BB 1994, 1469; *Schiffers,* Steuervergünstigungsabbaugesetz: Geänderte Rahmenbedingungen für die Ausschüttungspolitik der GmbH, GmbHR 2003, 673; *Schmitt/Hörtnagl/Stratz,* UmwG/UmwStG, 6.Aufl. 2013; *Schulz,* Verschmelzung und Spaltung auf eine Personengesellschaft, Formwechsel in eine Personengesellschaft oder Verschmelzung auf eine natürliche Person, §§ 3 bis 10, 14, 16 UmwStG, DStR 1998 Beil. 17, 13; *Schulze zur Wiesche,* Verdeckte Gewinnausschüttungen im Zusammenhang mit Umwandlungsvorgängen, BB 1992, 1686; *Schwedhelm/Talaska,* Wann ist der Anteil des Kommanditisten an der Komplementär GmbH wesentliche Betriebsgrundlage iSd § 20 UmwStG, DStR 2010, 1505; *Seithel,* Ertragsteuerliche Probleme bei der „Umwandlung" einer GmbH & Co. KG auf die Komlementär-GmbH im Wege der Anwachsung, GmbHR 1978, 65; *Stadler/Elser/Bindl,* Vermögensübergang bei Verschmelzungen auf eine Personengesellschaft, DB-Beil. 1/2012; *Stimpel,* Behandlung von Umwandlungskosten bei Verschmelzungen und Spaltungen von Kapitalgesellschaften, GmbHR 2012, 199; *Wacker,* Veräußerung von Anteilen an einer durch Formwechsel entstandenen Personengesellschaft, DStZ 2002, 457; *Wernsmann/Desens,* Gleichheitswidrige Gewerbesteuernachbelastung durch ein Nichtanwendungsgesetz, DStR 2005, 221.

Nach dem handelsrechtlichen Umwandlungsgesetz können Verschmelzungsvorgänge unter Einbezug von Personenhandelsgesellschaften erfolgen. Es ist hiernach möglich, eine Personenhandelsgesellschaft auf eine Personenhandelsgesellschaft, auf eine Kapitalgesellschaft oder umgekehrt eine Kapitalgesellschaft auf eine Personengesellschaft zu verschmelzen. Die steuerlichen Konsequenzen der Verschmelzungsvorgänge richten sich dabei grundsätzlich nach den Regelungen des UmwStG. 1

Das handelsrechtliche UmwG zeichnet sich durch eine klare Systematik und eine konsequente Gliederung aus. Diese Attribute können leider nicht uneingeschränkt auf das UmwStG übertragen werden. Das UmwStG ist weder systematisch noch inhaltlich vollständig auf das handelsrechtliche UmwG abgestimmt. Handelsrechtliche Umwandlungsvorgänge müssen vielmehr teilweise in **analoger Anwendung** der einschlägigen Vorschriften des UmwStG gelöst werden.[1] Die Verschmelzung einer Kapitalgesellschaft auf eine Personengesellschaft ist im UmwStG in einem gesonderten Abschnitt in §§ 3 ff. UmwStG ausführlich behandelt. Demgegenüber muss die Verschmelzung einer Personengesellschaft auf eine Kapitalgesellschaft bereits unter analoger Anwendung von § 20 UmwStG erfolgen. Auch die Verschmelzung von Personenhandelsgesellschaften wird in analoger Anwendung von § 24 UmwStG gelöst. Die analoge Anwendung der Vorschriften bedingt, dass zwangsläufig Zweifelsfragen offen bleiben. 2

Das UmwStG beschäftigt sich im Wesentlichen mit ertragsteuerlichen Folgen der Umstrukturierung. Der Frage der möglichen **Auflösung von stillen Reserven** dürfte im Regelfall auch die größte materielle Bedeutung 3

---

[1] BMF v. 11.11.2011, BStBl. I 2011, 1314 Rn. 01.04; Übersicht bei *Schmitt/Hörtnagl/Stratz* § 24 UmwStG Rn. 12 ff.

zukommen. Im UmwStG sind keine Regelungen zu **verkehrsteuerlichen Fragen** enthalten, wie zB die grunderwerbsteuerliche bzw. die umsatzsteuerliche Behandlung. Die steuerlichen Konsequenzen dieser Bereiche müssen vielmehr anhand der allgemeinen Bestimmungen im Grunderwerbsteuergesetz bzw. im Umsatzsteuergesetz gelöst werden.

4   Verschmelzungsvorgänge können jedoch nicht nur auf der Basis des handelsrechtlichen Umwandlungsgesetzes, sondern auch durch **Ersatzgestaltungen** erfolgen. Gerade bei Personengesellschaften sind Ersatzgestaltungen in der Praxis nicht unüblich. Auch diese können auf der Grundlage von § 20 bzw. § 24 UmwStG zu einer Umstrukturierung **ohne Auflösung von stillen Reserven** erfolgen. Nicht immer ist dabei die Vorgehensweise nach dem handelsrechtlichen Umwandlungsgesetz die sinnvollste und kostengünstige Variante.

I. Verschmelzung einer Personengesellschaft auf eine GmbH & Co. KG

1. Verschmelzung nach den Regelungen des Umwandlungsgesetzes

5   In §§ 2, 39 ff. UmwG ist vorgesehen, dass auch eine Personengesellschaft als übertragender Rechtsträger auf eine andere Personengesellschaft als übernehmender Rechtsträger übergehen kann. Die Vermögensübertragung kann auf eine bereits bestehende Personengesellschaft als Verschmelzung **durch Aufnahme** oder auf eine neu zu errichtende Gesellschaft in Form der Verschmelzung **durch Neubildung** erfolgen. Merkmal der Verschmelzung ist, dass das Vermögen des übertragenden Rechtsträgers als Ganzes auf den übernehmenden Rechtsträger übergeht. Der übernehmende Rechtsträger gewährt im Gegenzug neue Gesellschaftsanteile.

6   Im UmwStG ist die Verschmelzung zweier Personengesellschaften nicht explizit geregelt. In § 24 UmwStG ist jedoch vorgesehen, dass ein Betrieb, Teilbetrieb oder Mitunternehmeranteil gegen Gewährung von Gesellschaftsrechten in eine Personengesellschaft eingebracht werden kann. Es wird dabei zugelassen, dass die Einlage zum Buchwert, gemeinen Wert oder einem Zwischenwert erfolgen kann. Von besonderer Bedeutung ist die Möglichkeit, die Wirtschaftsgüter mit dem Buchwert, also **ohne Realisierung von stillen Reserven** übertragen zu können.

7   Der Wortlaut des § 24 UmwStG erfasst die Übertragung eines Betriebes, Teilbetriebes oder Mitunternehmeranteils. Die Möglichkeit der **Vermögensübertragung im Rahmen der Verschmelzung** von Personengesellschaften ist nicht angesprochen. Das Gesamtvermögen der übertragenden Personengesellschaft bildet im Regelfall zwar einen Betrieb. Im Zuge des Verschmelzungsvorgangs erhält allerdings nicht die übertragende Personengesellschaft, sondern deren Gesellschafter Gesellschaftsrechte der aufnehmenden Gesellschaft. Der Einlagegegenstand Betrieb ist damit nur dann erfüllt, wenn auf die Gesellschafter der übertragenden Gesellschaft durchgesehen wird. Bei einer zwei- oder mehrgliedrigen Personengesellschaft ist zwar bei einer engen Auslegung des § 24 UmwStG – bezogen auf die einzelnen Ge-

sellschafter – die Bedingung des Betriebes bzw. Teilbetriebes nicht erfüllt. Vom Sinn und Zweck der Vorschrift kann uE jedoch davon ausgegangen werden, dass auch auf diesen Fall § 24 UmwStG anzuwenden ist, da die Gesamtheit der Gesellschafter insgesamt einen Betrieb auf die übernehmende Personengesellschaft überführt.[2]

Die Bezugnahme auf § 24 UmwStG bedingt, dass die Übertragung der Vermögensgegenstände nicht zwingend zu Buchwerten erfolgen muss. Denkbar ist auch, die stillen Reserven der übertragenden Gesellschaft ganz oder teilweise aufzulösen. In diesem Fall führt die (Teil-) Auflösung der stillen Reserven zu einem Gewinn der Gesellschafter der übertragenden Gesellschaft. Dieser Gewinn ist nur dann nach §§ 16, 34 EStG tarifbegünstigt, wenn im Zuge der Vermögensübertragung alle stillen Reserven der übertragenden Gesellschaft aufgelöst werden incl. eines selbst geschaffenen Firmenwertes.[3]   8

Da im Zuge der Verschmelzung im Regelfall auch der Gesellschafter der übertragenden Gesellschaft an der aufnehmenden Gesellschaft beteiligt wird, kommt insoweit § 16 Abs. 2 S. 3 EStG zur Anwendung. Eine Tarifermäßigung nach § 34 EStG ist danach insoweit ausgeschlossen, als der Gesellschafter an dem übernehmenden Rechtsträger beteiligt ist.[4] Die (Teil-) Auflösung von stillen Reserven führt insoweit auf Gesellschafterebene also zu einer Besteuerung mit dem **vollen Einkommensteuersatz**.   9

Bei § 16 Abs. 2 S. 3 EStG handelt es sich lediglich um eine spezielle Vorschrift des Einkommensteuergesetzes, die grundsätzlich nur den Einkommensteuertarif betrifft. Eine Wechselwirkung zum Bereich der Gewerbesteuer besteht formal nicht. Die Bestandteile des Gewerbeertrags werden durch § 7 GewStG geregelt. Grundsätzlich gilt dabei, dass Gewinne oder Verluste aus außerordentlichen Geschäftsvorfällen nicht zu dem Gewerbeertrags gehören. Streitig ist, ob mit der Änderung des § 7 S. 2 GewStG im Jahr 2002 eine abschließende Regelung über den Umfang der Gewerbesteuerpflicht von Veräußerungsgewinnen erfolgt ist oder ob § 7 S. 1 iVm § 16 Abs. 2 S. 3 EStG der betreffende Gewinn in jedem Fall gewerbesteuerpflichtig ist.[5]   10

Da es sich bei § 16 Abs. 2 S. 3 EStG um eine spezielle Regelung des Einkommensteuergesetzes handelt, die lediglich den Einkommensteuertarif betrifft, verbleibt es bei der Qualifikation als außerordentlichen Vorgang, der den Gewerbeertrag der Gesellschaft grundsätzlich nicht berührt. Es erfolgt also keine Besteuerung mit Gewerbesteuer vom Ertrag. Die Finanzverwaltung geht demgegenüber davon aus, dass eine Besteuerung des Veräußerungsgewinns nach § 16 Abs. 2 S. 3 EStG mit dem vollen Einkommensteuersatz auch eine Besteuerung mit Gewerbesteuer vom Ertrag nach sich zieht.[6]   11

---

[2] Blümich/*Nitzschke* § 24 UmwStG 2006 Rn. 16.
[3] Widmann/Mayer/*Fuhrmann* § 24 UmwStG Rn. 959 und 970; BMF v. 11.11.2011, BStBl. I 2011, 1402 Rn. 24.15; BFH v. 11.8.1971, BStBl. II 1972, 270; BFH v. 21.6.1994, DB 1994, 1854.
[4] Blümich/*Nitzschke* § 24 UmwStG 2006 Rn. 85 und § 20 UmwStG 2006 Rn. 103 f.; Schmitt/Hörtnagl/Stratz/*Schmitt* § 24 UmwStG Rn. 248.
[5] beim BFH anhängig seit 20.1.2012 – IV R 59/11; FG Berlin-Brandenburg v. 25.10.2011, EFG 2012, 867.
[6] BMF v. 11.11.2011, BStBl. I 2011, 1402 Rn. 24.17. Zu der Veräußerung von Mitunternehmeranteilen vgl. BFH v. 15.6.2004, BStBl. II 2004, 754.

12 Handelt es sich bei der übertragenden Gesellschaft sowie der aufnehmenden Gesellschaft nicht um einen identischen Gesellschafterkreis, müssen im Zuge der Verschmelzung die **Beteiligungsverhältnisse neu geordnet** werden. Da in beiden Gesellschaften nicht in gleichem Maße stille Reserven enthalten sein müssen, führt die reine Addition der Kapitalkonten zu einem unzutreffenden Ergebnis. Das Festkapital der aufnehmenden Gesellschaft muss vielmehr im Verhältnis des Reinvermögens vor und nach der Verschmelzung zwischen den Gesellschaftern aufgeteilt werden. Führt die nominelle Kapitalerhöhung im Zuge der Verschmelzung zu einer Verschiebung der Kapitalverhältnisse, können stille Reserven in den Vermögensgegenständen auf einen anderen Gesellschafter überspringen. Für steuerliche Zwecke kann ein Ausgleich dieser Wertverschiebung unter Einsatz von **positiven und negativen Ergänzungsbilanzen** erfolgen, um eine Auflösung von stillen Reserven zu vermeiden.[7]

Beispiel: A ist alleiniger Gesellschafter der A-GmbH & Co. KG mit einem Kommanditkapital von 1.500. Die Komplementär-GmbH ist nicht am Kapital beteiligt. Im Gesellschaftsvermögen sind keine stillen Reserven enthalten, so dass der Nominalbetrag des Kommanditkapitals dem Unternehmenswert entspricht. An der A und B OHG ist A und B jeweils zu 50% beteiligt. A und B haben gemeinsam ein Kapital von 1.500. Der Unternehmenswert der Gesellschaft beträgt 3.000. Die beiden Gesellschaften haben folgende Bilanzen:

A-GmbH & Co. KG				A + B OHG			
AV	1.000	Kapital A	1.500	AV	500	Kapital A	750
UV	2.000	Verbindlich-		UV	1.000	Kapital B	750
		keiten	1.500				
	3.000		3.000		1.500		1.500

Die A und B OHG soll auf die A-GmbH & Co. KG verschmolzen werden, wobei keine stillen Reserven aufgelöst werden sollen. B soll in dem Umfang am Kapital der aufnehmenden Gesellschaft beteiligt werden, dass er vermögensmäßig nicht schlechter gestellt ist. Die verschmolzene Gesellschaft hat folgendes Bilanzbild:

A + B GmbH & Co. KG			
AV	1.500	Kapital A	1.500
UV	3.000	Kapital B	750
		Rücklage	750
		Verbindlichkeiten	1.500
	4.500		4.500

Nach der Verschmelzung soll B zu 1/3 am Gesamtkapital beteiligt sein. Die Beteiligung des A umfasst 2/3 der Gesellschaft. Da A zum Gesamtkapital der aufnehmenden Gesellschaft einen höheren Nominalbetrag beigetragen hat, ist der Differenzbetrag in eine Rücklage einzustellen. Da B entsprechend seinem Kapitalanteil an der Rücklage partizipiert, muss hier ein Ausgleich über positive und negative Ergänzungsbilanz erfolgen wie folgt:

---

[7] Blümich/*Nitzschke* § 24 UmwStG 2006 Rn. 76; Widmann/Mayer/*Fuhrmann* § 24 UmwStG Rn. 846.

Ergänzungsbilanz A				Ergänzungsbilanz B			
Mehr-Wert AV	250	Ergänzungs-kapital	250	Ergänzungs-kapital	250	Minder-Wert AV	250
3.000		3.000		1.500		1.500	

Das steuerliche Eigenkapital setzt sich für beide Gesellschaften danach wie folgt zusammen:

	A	B
Festkapital lt. Gesamthandsvermögen	1.500	750
Anteilige Rücklage	500	250
Kapital lt. Ergänzungsbilanz	250	−250
Gesamt also	2.250	750

Im Zuge der Verschmelzung geht das Vermögen der übertragenden Gesellschaft auf die übernehmende Gesellschaft über. Durch den Vermögensübergang wird jedoch ein eventuell vorhandenes **Sonderbetriebsvermögen** nicht erfasst. Dieses bleibt nach wie vor im alleinigen Eigentum des oder der Gesellschafter. Nutzt die übernehmende Rechtsträgerin die Vermögensgegenstände des Sonderbetriebsvermögens weiter, ergibt sich keine Änderung des steuerlichen Status als Sonderbetriebsvermögen. Es verbleibt bei der Zuordnung zu der steuerlichen Sphäre der übernehmenden Gesellschaft.[8] 13

Sonderbetriebsvermögen ist zwingend Bestandteil eines Mitunternehmeranteils. Die Anwendung des § 24 UmwStG setzt voraus, dass der gesamte Mitunternehmeranteil auf einen neuen Rechtsträger übergeht. Diese Bedingung erfasst auch evtl. vorhandenes Sonderbetriebsvermögen. Eine Zuordnung zum Sonderbetriebsvermögen des aufnehmenden Rechtsträgers ist dabei ausreichend.[9] Bei der analogen Anwendung des § 24 UmwStG auf die Verschmelzung zweier Personengesellschaften wird zwar von der Einlage eines „Betriebes" ausgegangen. Evtl. vorhandenes Sonderbetriebsvermögen dient jedoch auch diesem Betrieb, so dass darauf geachtet werden sollte, dass auch Sonderbetriebsvermögen übergeht und zumindest dem Sonderbetriebsvermögen des aufnehmenden Rechtsträgers zugerechnet wird. 14

Verfügt die übertragende Personengesellschaft noch über **nachversteuerungspflichtige Thesaurierungsbeträge** gem. § 34a Abs. 6 EStG, stellt sich die Frage, ob im Zuge der Verschmelzung eine Nachversteuerung erfolgt. Ist aufnehmende Gesellschaft eine Kapitalgesellschaft, liegt ein Nachversteuerungstatbestand vor.[10] Ist aufnehmende Gesellschaft eine GmbH & Co. KG, erfolgt keine Nachversteuerung.[11] Der Nachversteuerungsbetrag wird allerdings der aufnehmenden GmbH & Co. KG zugerechnet. 15

2. Sonstige Vertragsgestaltungen

Die Verschmelzung zweier Personengesellschaften kann außerhalb der Regelungen des handelsrechtlichen Umwandlungsgesetzes auch durch Er- 16

---
[8] BFH v. 21.6.1994, BStBl. II 1994, 856; BFH v. 26.1.1994, BStBl. II 1994, 458; BFH v. 18.9.2013, BFH/NV 2013, 2863.
[9] BMF v. 11.11.2011, BStBl. I 2011, 1332, Rn. 24.05.
[10] Vgl. Schmidt/*Wacker* EStG § 34a Rn. 77.
[11] BMF v. 11.8.2008, BStBl. I 2008, 838, Rn. 47.

satzgestaltungen erreicht werden. Je nach Situation des Einzelfalles kann hierbei die Ersatzgestaltung unter Umständen kostengünstiger und einfacher zu handhaben sein, weil die besonderen Formvorschriften des handelsrechtlichen Umwandlungsgesetzes nicht eingehalten werden müssen.

17 Die Verschmelzung einer Personengesellschaft auf eine GmbH & Co. KG kann beispielsweise dadurch erreicht werden, dass die Gesellschafter der übertragenden Gesellschaft ihre **Gesellschaftsanteile** bei der aufnehmenden GmbH & Co. KG **gegen Gewährung von Gesellschaftsrechten einbringen**.[12] Verfügt hierdurch die Obergesellschaft über alle Gesellschaftsanteile, geht das Vermögen der Untergesellschaft im Wege der **Anwachsung** auf die Obergesellschaft über. Die Untergesellschaft erlischt.[13] Die Einlage der Mitunternehmeranteile kann nach § 24 UmwStG zum Buchwert, gemeinen Wert oder einem Zwischenwert erfolgen, so dass letztlich das gleiche Ergebnis wie bei einem Verschmelzungsvorgang erreicht wird. Zu beachten ist dabei, dass auch eventuell vorhandenes Sonderbetriebsvermögen mit eingebracht oder zumindest in das Sonderbetriebsvermögen der aufnehmenden Gesellschaft überführt wird.

18 Hat die Untergesellschaft die Rechtsform einer GmbH & Co. KG, führt die Einlage aller Kommanditanteile in das Betriebsvermögen der Obergesellschaft noch nicht zu einer Anwachsung der Untergesellschaft, da die **Komplementär-GmbH** noch immer als Gesellschafterin beteiligt ist. Weitere Voraussetzung für die Vermögensübertragung der Untergesellschaft ist vielmehr, dass die Komplementär-GmbH als Gesellschafterin ausscheidet.

19 Ist die Komplementär-GmbH am Vermögen der Untergesellschaft beteiligt, muss ihr als Gegenleistung für das Ausscheiden aus der Gesellschaft der **anteilige Verkehrswert** der Beteiligung erstattet werden. Unterbleibt die Abfindung zum Verkehrswert, führt dies zur Qualifikation als **verdeckte Gewinnausschüttung**.[14] In diesem Fall wird der Gewinn der Komplementär-GmbH in dem Maß erhöht, wie er bei einem angemessenen Abfindungswert entstanden wäre. Soweit die Komplementärin am Kapital der Kommanditgesellschaft beteiligt ist, ergibt sich also durch die Abfindung eine anteilige Auflösung von stillen Reserven.

20 Es ist weiterhin möglich, dass im Zuge einer Umstrukturierung die Mitunternehmeranteile zweier Personengesellschaften gegen Gewährung von Gesellschaftsrechten in eine **neu gegründete Personengesellschaft** eingebracht werden. Auch bei dieser Fallgestaltung gelten die gleichen Grundsätze. Die Einlage von Mitunternehmeranteilen in eine andere Mitunternehmerschaft kann nach § 24 UmwStG zu Buchwerten erfolgen. Wird die neu gegründete Personengesellschaft alleinige Anteilseignerin, wächst das Vermögen dieser Gesellschaft auf die neu gegründete Personengesellschaft an.[15]

21 Die Verschmelzung außerhalb des handelsrechtlichen UmwG bietet sich insbesondere dann an, wenn die Gesellschaftsanteile der übertragenden Ge-

---

[12] BMF v. 11.11.2011, BStBl. I 2011, 1332 Rn. 01.47 aa.
[13] BFH v. 21.6.1994, BStBl. II 1994, 856; Widmann/Mayer/*Fuhrmann* § 24 UmwStG Rn. 40.
[14] *Schulze zur Wiesche* BB 1992, 1686.
[15] Widmann/Mayer/*Fuhrmann* § 24 UmwStG Rn. 41.

sellschaft erst sukzessive übernommen werden können, wenn beispielsweise ein Teil der Gesellschafter der übertragenden Gesellschaft nicht gleichzeitig an der Obergesellschaft beteiligt werden soll. Diejenigen Gesellschafter der Untergesellschaft, die an der aufnehmenden Personengesellschaft beteiligt werden sollen, können ihre Gesellschaftsanteile im Wege der Sacheinlage gegen Gewährung von Gesellschaftsrechten einbringen. Die restlichen Gesellschaftsanteile der ausscheidewilligen Gesellschafter können von der Obergesellschaft entgeltlich erworben werden.

Der Verkauf der Anteile führt bei dem Veräußerer zu einem tarifbegünstigten Veräußerungsgewinn nach §§ 16, 34 EStG sofern die individuellen Voraussetzungen greifen. Die erwerbende Obergesellschaft hat Anschaffungskosten auf die Mitunternehmeranteile, die im Zuge der Anwachsung auf die übergehenden Vermögensgegenstände der Untergesellschaft übertragen werden können. Diese **zusätzlichen Anschaffungskosten** führen also auf der Ebene der Obergesellschaft zu einem erhöhten Abschreibungspotential. 22

Ein weiteres Modell der Umstrukturierung besteht darin, dass die Obergesellschaft zunächst als Gesellschafterin der Untergesellschaft beitritt. Im Anschluss an diesen Beitritt scheiden die (Alt-)Gesellschafter aus der Untergesellschaft aus, so dass das Vermögen der Untergesellschaft wiederum im Wege der **Anwachsung** auf die Obergesellschaft übergeht. Die ausscheidenden Gesellschafter legen den Abfindungsanspruch gegen die Untergesellschaft in die Obergesellschaft gegen Gewährung von Gesellschaftsrechten ein. Diese Vorgehensweise ist allerdings problematisch, da die Kündigung der Gesellschafterstellung grundsätzlich zu einer **Realisierung der stillen Reserven** führt. Eine Gewinnrealisierung kann nur dann unterbleiben, wenn der gesamte Vorgang in Analogie zu § 24 UmwStG behandelt wird. Die analoge Behandlung nach § 24 UmwStG ist allerdings insoweit zweifelhaft, da die gesellschaftsrechtlichen Vorgänge im Grunde eine Realisierung der stillen Reserven bedingen. Im Hinblick auf den eindeutigen Wortlaut des § 24 UmwStG dürfte es außerordentlich schwierig sein, die Kündigung der Gesellschafterstellung in Kombination mit der Einlage des Abfindungsanspruchs unter § 24 UmwStG zu subsumieren. Es ist deshalb die Einlage der Mitunternehmeranteile in die Obergesellschaft bzw die Umwandlung nach dem handelsrechtlichen Umwandlungsgesetz vorzuziehen. 23

3. Verlustverrechnung im Rahmen der Verschmelzung

a) Gewerbesteuerliche Verlustvorträge. Gewerbesteuerliche Verlustvorträge können nach § 10a GewStG mit einem positiven Gewerbeertrag verrechnet werden. Dies gilt gleichermaßen für Kapitalgesellschaften wie für Personengesellschaften. Wegen des Objektsteuercharakters der Gewerbesteuer erfolgt die Verrechnung der gewerbesteuerlichen Verlustvorträge auf der Ebene der Personengesellschaft, nicht dagegen auf der Ebene des Mitunternehmers. 24

Die Verrechnung von bestehenden gewerbesteuerlichen Verlustvorträgen nach § 10a GewStG setzt zum einen die **Unternehmensidentität** voraus. Voraussetzung für die Verlustverrechnung ist demnach, dass die wirtschaftliche Einheit „Gewerbebetrieb" fortgeführt wird, die die Verluste erlitten 25 hat.¹⁶ In diesem Zusammenhang wird gefordert, dass nicht nur die eigentliche gewerbliche Betätigung identisch bleibt, sondern auch die eingesetzten Sachmittel.¹⁷ Zum anderen ist Voraussetzung für die Verrechnung von gewerbesteuerlichen Verlustvorträgen einer Personengesellschaft, dass auch eine **Unternehmeridentität** besteht. Nur diejenigen Gesellschafter, die zum Zeitpunkt des Eintritts der Gewerbeverluste Gesellschafter der Personengesellschaft waren, sollen an der Verrechnung der gewerbesteuerlichen Verlustvorträge partizipieren.¹⁸ Scheidet also ein Gesellschafter aus einer Personengesellschaft aus, etwa durch Verkauf des Gesellschaftsanteils, geht insoweit der gewerbesteuerliche Verlustvortrag anteilig verloren. Das Gleiche gilt selbst dann, wenn ein Gesellschafter verstirbt und der Gesellschaftsanteil im Wege des Erbfalls auf einen Erben übergeht.¹⁹

26 Die **Verschmelzung einer Personengesellschaft auf eine GmbH & Co. KG** führt dazu, dass das Vermögen der übertragenden Gesellschaft auf die übernehmende Gesellschaft übergeht. Außerdem werden die Gesellschafter der übertragenden Gesellschaft gleichzeitig Gesellschafter der aufnehmenden Gesellschaft. Verfügt die **übertragende** Gesellschaft über gewerbesteuerliche Verlustvorträge, ist fraglich, ob diese im Zuge der Verschmelzung untergehen oder mit einem positiven Gewerbeertrag der aufnehmenden Gesellschaft verrechnet werden können. Wird auch nach der Verschmelzung der bisherige Geschäftsbetrieb der übertragenden Personengesellschaft nach Art und Umfang fortgeführt, ist das Kriterium der **Unternehmensidentität** wohl gegeben. Soweit auch die Gesellschafter der übertragenden Gesellschaft nach der Verschmelzung Gesellschafter der aufnehmenden Gesellschaft werden, ist auch das Kriterium der **Unternehmeridentität** gegeben, so dass insoweit die Voraussetzungen für eine zumindest anteilige Verlustverrechnung vorliegen.²⁰

27 Problematisch ist allerdings, dass die **übertragende Personengesellschaft** als solche im Zuge der Verschmelzung **untergeht**. Scheidet bei einer zweigliedrigen Personengesellschaft einer der Gesellschafter aus und wird der Gewerbebetrieb durch den verbleibenden Gesellschafter als Einzelunternehmer fortgeführt, kann dieser die **anteiligen** gewerbesteuerlichen Verlustvorträge verrechnen.²¹ Auch in diesem Fall geht die Personengesellschaft unter, ohne dass dies das Schicksal der gewerbesteuerlichen Verlustvorträge berührt. Der Untergang der übertragenden Personengesellschaft im Zuge der Verschmelzung dürfte insoweit also keinen Einfluss auf den Bestand der gewerbesteuerlichen Verlustvorträge haben. Die gewerbesteuerlichen Verlustvorträge der übertragenden Gesellschaft können uE also anteilig mit dem Gewerbeertrag der aufnehmenden Personengesellschaft verrechnet werden.

---

¹⁶ R 10a.2 GewStR; *Glanegger/Güroff* § 10a GewStG Rn. 11; Lenski/Steinberg/ *Kleinheisterkamp* § 10a GewStG Rn. 18.
¹⁷ BFH v. 5.9.1990, BStBl. II 1991, 25.
¹⁸ BFH v. 3.5.1993, BStBl. II 1993, 616; BFH v. 11.10.2012, BStBl. II 2013, 176.
¹⁹ BFH v. 7.12.1993, BStBl. II 1994, 331.
²⁰ BFH v. 14.9.1994, BStBl. II 1994, 764; R 10a.3 (3) S. 9 Nr. 5 GewStR; Lenski/ Steinberg/*Kleinheisterkamp* § 10a GewStG Rn. 60 ff.
²¹ BFH v. 2.3.1983, BStBl. II 1983, 427; R 10a.3 (3) S. 9 Nr. 4 GewStR.

Verfügt die **aufnehmende GmbH & Co. KG** über gewerbesteuerliche Verlustvorträge, ist auch deren weiterer Bestand von den allgemeinen Voraussetzungen der Unternehmens- und der Unternehmeridentität abhängig. Die aufnehmende GmbH & Co. KG bleibt als solche bestehen. Wird der Geschäftsbetrieb weitergeführt, ist das Kriterium der Unternehmensidentität gegeben. Die Aufnahme weiterer Gesellschafter im Zuge der Verschmelzung führt allerdings anteilig zu dem Verlust der Unternehmeridentität, so dass gewerbesteuerliche Verlustvorträge zumindest anteilig untergehen. Die gewerbesteuerlichen Verlustvorträge bleiben jedoch in dem Maß erhalten, wie die Gesellschafter der aufnehmenden Gesellschaft am Kapital beteiligt bleiben. 28

b) Verrechenbare Verluste nach § 15a EStG. Durch die Verschmelzung geht das Vermögen der übertragenden Personengesellschaft auf die aufnehmende Personengesellschaft über. Erfolgt die **Übertragung** zu steuerlichen **Buchwerten**, tritt die aufnehmende Gesellschaft nach §§ 24 Abs. 4, 12 Abs. 3 UmwStG in die Rechtsstellung der übertragenden Gesellschaft ein. Weder in den § 24 UmwStG noch in § 15a EStG ist allerdings eine Regelung über das Schicksal der verrechenbaren Verluste nach § 15a EStG enthalten. Die Beurteilung muss deshalb aufgrund allgemeiner Kriterien erfolgen. 29

Im Zuge der Verschmelzung einer Personengesellschaft auf eine GmbH & Co. KG kann der Vermögensübergang nach § 24 Abs. 1 UmwStG entweder zu Buchwerten, zu gemeinen Werten oder zu Zwischenwerten erfolgen. Die Vermögensübertragung zu gemeinen Werten also unter Auflösung von stillen Reserven, führt auf der Ebene der übertragenden Gesellschaft zu einem **Übertragungsgewinn**, der mit einem eventuell vorhandenen Bestand von verrechenbaren Verlusten nach § 15a EStG verrechnet werden kann. 30

Im Zuge der Verschmelzung einer Personengesellschaft auf eine andere Personengesellschaft ist nicht erforderlich, dass der Buchwert der Vermögensgegenstände dem Stand der Schulden entspricht, wie es etwa in § 20 Abs. 2 S. 2 Nr. 2 UmwStG bei der Verschmelzung einer Personengesellschaft auf eine Kapitalgesellschaft gefordert wird. Der Verschmelzungsvorgang kann vielmehr auch mit einem **negativen steuerlichen Kapitalkonto** erfolgen.[22] Werden im Zuge der Verschmelzung die stillen Reserven nicht aufgelöst, bleiben die verrechenbaren Verluste nach § 15a EStG auf der Ebene der übertragenden Gesellschaft zunächst erhalten. Die verrechenbaren Verluste bestehen auf der Ebene der Gesellschafter, gehen also im Zuge der Verschmelzung nicht zwangsläufig auf die aufnehmende Gesellschaft über.[23] § 15a Abs. 2 EStG bestimmt, dass verrechenbare Verluste mit Gewinnen aus der Beteiligung ausgeglichen werden können. Der Erhalt dieser verrechenbaren Verluste setzt ähnlich § 10a GewStG voraus, dass eine **Mitunternehmeridentität** auf Gesellschafterebene gegeben ist.[24] Nicht erforderlich für den Erhalt der verrechenbaren Verluste nach § 15a EStG ist jedoch die Iden- 31

---

[22] Widmann/Mayer/*Fuhrmann* § 24 UmwStG Rn. 783.
[23] *Rödder/Schumacher* DB 1998, 101; missverständlich IDW, FN/IDW 1996, 468c; *Kempf/Hillringhaus* DB 1996, 14.
[24] *Jacobsen/Hildebrand* DStR 2013, 435; Kritisch: H/H/R/*Lüdemann* EStG § 15a Rn. 142.

tität des eigentlichen Gewerbebetriebes, wie dies etwa für Zwecke des § 10a GewStG gilt.[25]

32 Fraglich ist somit, ob für Zwecke des § 15a Abs. 2 EStG, der die Verrechnung zukünftiger Gewinne mit dem Bestand an verrechenbaren Verlusten gestattet, eine Identität der Beteiligung gesehen werden kann, wenn die verrechenbaren Verluste aus einer Personengesellschaft stammen, die durch die Verschmelzung auf eine andere Personengesellschaft übergeht. Zumindest für den Fall der Buchwertübertragung der Vermögensgegenstände und Schulden tritt die aufnehmende Gesellschaft vollumfänglich in die Rechtsstellung der übertragenden Personengesellschaft ein, so dass für Zwecke des § 15a EStG eine Substitution des Gewinnanteils erfolgt.[26] Die verrechenbaren Verluste auf Ebene der übertragenden Personengesellschaft bleiben uE für den Kommanditisten erhalten und können in der Beteiligung des Kommanditisten an der Obergesellschaft fortgeführt werden.[27]

33 Teilweise wird gefordert, dass trotz der grundsätzlich bestehenden Möglichkeit der Ausnutzung von verrechenbaren Verlusten nach § 15a EStG eine Abschichtung des steuerlichen Ergebnisses auf Ebene der aufnehmenden Gesellschaft erfolgen soll. Nur diejenigen steuerlichen **Ergebnisanteile, die aus dem Geschäftsbetrieb** der übertragenden Personengesellschaft resultieren, sollen mit dem Bestand an verrechenbaren Verlusten nach § 15a EStG verrechnet werden können.[28] Da § 15a EStG im Gegensatz zu § 10a GewStG jedoch keine Unternehmensidentität fordert, sondern lediglich auf die Beteiligung als solche abstellt, sprechen gute Gründe dafür, dass auf die Ergebnisbeteiligung der aufnehmenden Personengesellschaft in ihrer Gesamtheit abzustellen ist, dass also keine Einschränkung auf die einzelnen Bestandteile des Gewinnanteils erfolgt,[29] zumal die Anteile der übertragenden Personengesellschaft wirtschaftlich identisch zu den Anteilen der aufnehmenden Personengesellschaft sind.[30] Im Übrigen muss berücksichtigt werden, dass die Ergebnisse des Geschäftsbetriebes der übertragenden Gesellschaft künftig anteilig den Gesellschaftern der aufnehmenden Personengesellschaft zugerechnet werden.

34 Verfügen die Gesellschafter der **aufnehmenden Gesellschaft** über verrechenbare Verluste nach § 15a EStG, ergibt sich im Zuge der Verschmelzung weder eine Änderung der Beteiligung noch eine Änderung des Objektes der Einkünfteerzielung. Die mitunternehmerische Beteiligung bleibt identisch, wobei lediglich der Geschäftsbetrieb der aufnehmenden Gesellschaft im Zuge der Verschmelzung erweitert wird. Der Bestand der verrechenbaren Verluste bei den Gesellschaftern der aufnehmenden Gesellschaft kann also nach § 15a Abs. 2 EStG mit späteren Gewinnen aus der Beteiligung verrechnet werden, selbst wenn diese ursächlich aus dem Geschäftsbetrieb der übertragenden Personengesellschaft stammen, da diese in den ein-

---

[25] *Rödder/Schumacher* DB 1998, 100.
[26] IDW, FN/IDW 1996, 468c; *Rödder/Schumacher* DB 1998, 102.
[27] Schmidt/*Wacker* EStG § 15a Rn. 238.
[28] *Jacobsen/Hildebrandt* DStR 2013, 435.
[29] *Rödder/Schumacher* DB 1998, 102.
[30] *Schmidt/Wacker* § 15a EStG Rn. 238.

heitlichen Gewinnanteil der erweiterten Personengesellschaft eingehen und den Gesellschaftern entsprechend ihrer Beteiligungsquote zugerechnet werden.[31]

4. Verkehrsteuerliche Konsequenzen des Verschmelzungsvorgangs

a) **Umsatzsteuerliche Behandlung.** Im Zuge der Verschmelzung einer Personengesellschaft auf eine GmbH & Co. KG nach den Regelungen der §§ 2, 39 ff. UmwG geht das Vermögen der übertragenden Gesellschaft als Ganzes auf die aufnehmende Gesellschaft über. Als Gegenleistung gewährt die aufnehmende Gesellschaft Gesellschaftsrechte an die Gesellschafter der übertragenden Gesellschaft. Soweit es sich um unternehmerisches Vermögen der übertragenden Gesellschaft handelt, kommt hier ein steuerbarer Leistungsaustausch in Betracht. Der Vorgang ist jedoch nach § 1 Abs. 1a UStG **nicht steuerbar**, da es sich um eine **Übertragung des Geschäftsbetriebes im Ganzen** handelt.[32] Der Verschmelzungsvorgang führt insoweit also nicht zu umsatzsteuerlichen Konsequenzen. Die aufnehmende Personengesellschaft tritt für Umsatzsteuerzwecke vollumfänglich in die Rechtsstellung der übertragenden Gesellschaft ein, was insbesondere Konsequenzen für evtl. Vorsteuerberichtigungen nach § 15a UStG haben kann.[33] 35

Erfolgt die **Verschmelzung durch Ersatzgestaltungen**, etwa durch eine vorgeschaltete Einlage der Gesellschaftsanteile in das Betriebsvermögen der aufnehmenden Gesellschaft mit anschließender Anwachsung, müssen beide Teilschritte aus umsatzsteuerlicher Sicht gesondert beurteilt werden. Die Einlage von Gesellschaftsanteilen als Sacheinlage bei der aufnehmenden Personengesellschaft ist ein tauschähnlicher Vorgang, der grundsätzlich umsatzsteuerbar ist. Unter Bezugnahme auf die Entscheidung des EuGH[34] wird allerdings in der Literatur die Auffassung vertreten, dass die Vergabe von Gesellschaftsrechten keine steuerbare Tätigkeit sei, so dass der Sacheinlage auch kein steuerbarer Leistungsaustausch zu Grunde liegen könne.[35] Selbst wenn von einer Steuerbarkeit ausgegangen würde, wäre die Einlage der Mitunternehmeranteile bzw. die Gewährung der Gegenleistung in Form von Gesellschaftsrechten jedoch umsatzsteuerfrei nach § 4 Abs. 1 Nr. 8f UStG. Im **Ergebnis** entsteht also hieraus **keine** Belastung mit Umsatzsteuer. 36

Der anschließende **Anwachsungsvorgang** führt zu einem Vermögensübergang der übertragenden Gesellschaft auf die aufnehmende Gesellschaft. Das Vermögen der übertragenden Gesellschaft geht als Ganzes auf die aufnehmende Gesellschaft über, wobei die Anteile untergehen. Wird dieser Vorgang überhaupt als Leistungsaustausch gewertet, ist er unter § 1 Abs. 1a 37

---

[31] *Kempf/Hillringhaus* DB 1996, 13.
[32] Bunjes/*Robisch* § 1 UStG Rn. 74; Plückebaum/Widmann/*Radeisen* § 1 UStG Rn. 454 ff.; Rau/Dürrwächter/*Husmann* § 1 UStG Rn. 286.
[33] Plückebaum/Widmann/*Radeisen* § 1 UStG Rn. 461 ff. und 473 ff.; Rau/Dürrwächter/*Husmann* § 1 UStG Rn. 1089; *Hünnekens* NWB F. 7, 4309.
[34] EuGH v. 26.6.2003; UR 2003, 443.
[35] Rau/*Dürrwächter/Hausmann*: UStG, § 1 Rn. 250.

UStG zu subsumieren, so dass insoweit kein umsatzsteuerbarer Vorgang entsteht.

38 **b) Grunderwerbsteuerliche Behandlung.** Befindet sich im Betriebsvermögen der übertragenden Gesellschaft ein Grundstück, können sich im Zuge der Verschmelzung grunderwerbsteuerliche Konsequenzen ergeben. Der Verschmelzungsvorgang führt zu einem **Wechsel des Rechtsträgers** von der übertragenden Gesellschaft auf die aufnehmende Gesellschaft. Dies gilt unabhängig davon, ob die Verschmelzung nach den Regelungen des Umwandlungsgesetzes oder durch eine Ersatzgestaltung erfolgt.

39 Bei der Verschmelzung nach den Regelungen des §§ 2, 39 ff. UmwG geht das Vermögen der übertragenden Gesellschaft als Ganzes auf die aufnehmende Gesellschaft über. Dies ist ein grunderwerbsteuerbarer Vorgang nach § 1 Abs. 1 GrEStG. Unter Umständen kommt hier jedoch die Befreiungsvorschrift der § 6 Abs. 3 oder § 6 Abs. 1 GrEStG zur Anwendung.[36] Soweit also die Gesellschafter der übertragenden Personengesellschaft nach der Verschmelzung am Kapital der aufnehmenden Gesellschaft beteiligt sind, bleibt die Grunderwerbsteuer anteilig unerhoben. Voraussetzung hierfür ist jedoch nach § 6 Abs. 4 GrEStG, dass die Gesellschafter der übertragenden Gesellschaft die Beteiligung mindestens 5 Jahre gehalten haben. **Bemessungsgrundlage** für die Grunderwerbsteuer ist nach § 8 Abs. 2 Nr. 2 GrEStG der sog. Bedarfswert der Grundstücke.

40 In § 6a GrEStG ist eine weitere Steuervergünstigung für **Umstrukturierungen innerhalb eines Konzerns** enthalten. Sind hiernach an dem Verschmelzungsvorgang eine herrschende und eine oder mehrere von dieser abhängigen Gesellschaft/en beteiligt, ist der Verschmelzungsvorgang von der Besteuerung mit Grunderwerbsteuer befreit. Voraussetzung hierfür ist allerdings, dass das herrschende Unternehmen in den vergangenen fünf Jahren ununterbrochen mittelbar oder unmittelbar an dem abhängigen Unternehmen zu mindestens 95 % beteiligt war. Voraussetzung für die Steuerfreiheit ist ferner, dass dies auch mindestens fünf Jahre nach dem Rechtsvorgang der Fall ist. Da mit der Verschmelzung die übertragende Gesellschaft untergeht, dürfte sich die Haltefrist auf den übertragenden Geschäftsbetrieb, mindestens jedoch auf das übertragende Grundvermögen richten.

41 Erfolgt die **Verschmelzung** durch eine **Ersatzgestaltung,** kann sich für Grunderwerbsteuerzwecke insoweit eine abweichende Beurteilung ergeben. Auch hier müssen die einzelnen Umstrukturierungsschritte jeweils gesondert auf ihre grunderwerbsteuerliche Relevanz hin überprüft werden. Die Einlage der Mitunternehmeranteile als Sacheinlage in das Betriebsvermögen der aufnehmenden Personengesellschaft kann zu einem steuerbaren Vorgang nach § 1 Abs. 2a GrEStG führen.

42 Scheidet im Anschluss an die Einlage sämtlicher Kommanditanteile in die aufnehmende Personengesellschaft die Komplementärin aus der Gesellschaft aus, wächst das Vermögen der Gesellschaft der aufnehmenden Personengesellschaft zu. Verfügt die Personengesellschaft, deren Anteile in die aufneh-

---

[36] *Felix* DStZ 1983, 463; Pahlke/*Franz* § 6 GrEStG Rn. 14 u. 41; Boruttau/*Viskorf* § 6 GrEStG Rn. 35.

mende Gesellschaft eingelegt werden, über Grundvermögen, geht dieses im Zuge der Anwachsung auf die aufnehmende Personengesellschaft über. Dieser Vorgang ist grundsätzlich nach § 1 Abs. 1 Nr. 3 GrEStG steuerbar.[37]

Mit der Einlage sämtlicher Kommanditanteile und der anschließenden Anwachsung werden also **grundsätzlich zwei grunderwerbsteuerbare Tatbestände** erfüllt. Ob indessen aus der Umstrukturierung eine Belastung mit Grunderwerbsteuer entsteht, ist von den Beteiligungsverhältnissen vor und nach der Umstrukturierung abhängig, da auf den gesamten Vorgang § 6 Abs. 3 GrEStG anwendbar ist.[38] Dies gilt sowohl für den grunderwerbsteuerbaren Tatbestand des § 1 Abs. 2a GrEStG als auch für den anschließenden Tatbestand des § 1 Abs. 1 Nr. 3 GrEStG. Erfolgt danach die Änderung im Gesellschafterbestand einer grundbesitzhaltenden Gesellschaft in mehreren Teilschritten, kommt es nach Auffassung der Finanzverwaltung für die Anwendung des § 6 Abs. 3 GrEStG auf den Gesellschafterbestand vor dem ersten und dem letzten Teilakt der Umstrukturierung an.[39] Werden also die Gesellschaftsanteile der zu übertragenden Gesellschaft als vorbereitende Maßnahme in eine aufnehmende Personengesellschaft eingelegt, sind die gesamten Umwandlungsschritte gem. § 6 Abs. 2 GrEStG befreit.[40] Ist dagegen die aufnehmende Personengesellschaft bereits an der übertragenden Gesellschaft beteiligt und erfolgt die Vermögensübertragung lediglich durch eine Anwachsung, unterfällt der gesamte Vorgang unter die Befreiungsvorschrift des § 6 Abs. 3 GrEStG.[41]

43

II. Verschmelzung einer GmbH & Co. KG auf eine Kapitalgesellschaft

1. Verschmelzung nach den Regelungen des Umwandlungsgesetzes

Nach §§ 2, 3 Abs. 1 Umwandlungsgesetz kann eine Personenhandelsgesellschaft auf eine Kapitalgesellschaft verschmolzen werden. Die Verschmelzung kann auf eine bereits bestehende Kapitalgesellschaft, wie zB die Komplementär-GmbH, oder auf eine neu zu gründende Kapitalgesellschaft erfolgen. Die Verschmelzung einer Personengesellschaft auf eine Kapitalgesellschaft ist im UmwStG nicht explizit geregelt. Auf die Verschmelzung ist jedoch § 20 UmwStG analog anzuwenden.[42]

44

a) Wertansatz der Vermögensgegenstände und Schulden in der Übertragungs- und Übernahmebilanz. Mit der Verschmelzung geht das Vermögen der Kommanditgesellschaft als Ganzes auf die Kapitalgesellschaft über. Die im Zuge der Verschmelzung übergehenden Vermögensgegenstände der Personengesellschaft können nach § 20 UmwStG mit **dem**

45

---

[37] BFH v. 16.7.1997, BStBl. II 1997, 663.
[38] Vgl. *Korn* KÖSDI 2/2010, 16841.
[39] Koordinierter Ländererlass v. 25.2.2010, DStR 2010, 697, Ziff. 8.
[40] *Pahlke/Franz* GrEStG § 1 Rn. 178; *Hofmann* GrEStG § 6 Rn. 8.
[41] *Korn* KÖSDI 2/2010, 16842.
[42] BMF v. 11.11.2011, BStBl. I 2011, 1330 f. Rn. 01.43 f.

Buchwert, dem gemeinen Wert oder einem Zwischenwert angesetzt werden, sofern im Übrigen die Voraussetzungen des § 20 UmwStG vorliegen.

46 *aa) Antrag auf Buchwertansatz.* Nach den Grundwertungen der §§ 20 ff. und 24 UmwStG bedeutet jegliche Übertragung von Sachgesamtheiten in eine Kapitalgesellschaft oder eine Personengesellschaft eine veräußerungsähnlichen Vorgang, der zu einer Auflösung der stillen Reserven in den Gesellschaftsanteilen führt.[43] § 20 Abs. 2 Satz 1 UmwStG schreibt daher als Grundsatz vor, dass die übernehmende Gesellschaft das eingebrachte Betriebsvermögen mit dem gemeinen Wert anzusetzen hat. Nur dann, wenn im Einzelnen die **Voraussetzungen des § 20 UmwStG** erfüllt sind, kann von einer ganzen oder teilweisen Auflösung von stillen Reserven abgesehen werden. Eine wesentliche Bedingung für den Ansatz des übertragenen Betriebsvermögens mit dem Buchwert ist ein entsprechender Antrag gemäß § 20 Abs. 2 UmwStG. Dieser Antrag ist nur dann zulässig, wenn
– die spätere Besteuerung der stillen Reserven sichergestellt ist,
– der Buchwert der Verbindlichkeiten den Buchwert des Vermögens nicht übersteigt, mithin die übertragene Sachgesamtheit kein negatives Eigenkapital aufweist und
– das Besteuerungsrecht der Bundesrepublik Deutschland hinsichtlich der stillen Reserven der eingebrachten Sachgesamtheit nicht ausgeschlossen oder beschränkt wird.

47 Der **Antrag auf Buchwertansatz** ist dabei nach § 20 Abs. 2 Satz 3 UmwStG spätestens bis zur erstmaligen Abgabe der steuerlichen Schlussbilanz bei dem für die übernehmende Gesellschaft zuständigen Finanzamt zu stellen. Ein einmal gestellter Antrag auf Buchwertansatz kann nicht mehr zurückgenommen werden.[44]

48 **Praktische Anwendungsprobleme** ergeben sich in den Fällen, in denen die Verschmelzung rückwirkend auf den Beginn eines Kalenderjahres erfolgt. Nach § 2 Abs. 1 UmwStG ist das Einkommen und das Vermögen sowohl des übernehmenden als auch des übertragenden Rechtsträger so zu ermitteln, als ob diese mit Ablauf des Stichtages der Bilanz die dem Vermögensübergang zugrunde liegt auf den übernehmenden Rechtsträger übergegangen wäre. Ist im Falle einer Rückwirkung auf den 1.1. eines Geschäftsjahres regelmäßig der 31.12. des vorangegangenen Kalenderjahrs. Die in § 20 Abs. 2 Satz 3 UmwStG vorgegebene Bedingung bedeutet im Grunde, dass der Antrag auf Buchwertfortführung spätestens zu dem Zeitpunkt zu stellen ist, zu dem die betrieblichen Steuererklärungen des übertragenden Rechtsträger für das der Verschmelzung vorangegangene Kalenderjahr bei dem Veranlagungsfinanzamt eingereicht werden. Bei den diesen Steuererklärungen zugrunde gelegten Besteuerungsgrundlagen der Handels- bzw. der Steuerbilanz ist die Verschmelzung allerdings noch nicht abgebildet. Aus formaler Sicht besteht hier eine gefährliche Fehlerquelle, dass der Antrag auf Buchwertfortführung nicht rechtzeitig gestellt wird. Erleichternd wirkt dabei, dass

---

[43] BMF v. 11.11.2011, BStBl. I 2011, 1374 Rn. E 20.01.
[44] BMF v. 11.11.2011, BStBl. I 2011, 1374 Rn. 20.24.

der Antrag auf Buchwertansatz nicht an eine bestimmte Form gebunden ist. Der Antrag auf Buchwertansatz kann daher entweder ausdrücklich gestellt werden oder sich konkludent aus den Gesamtumständen ergeben.

bb) Begrenzung durch ein negatives Eigenkapital. Weist die übertragende Personengesellschaft zum Verschmelzungsstichtag in der Steuerbilanz eine **Unterbilanz** auf, ist also der Buchwert des Vermögens geringer als die Verbindlichkeiten, erfolgt im Zuge der Verschmelzung nach § 20 Abs. 2 Nr. 2 UmwStG zwingend eine **Auflösung von stillen Reserven**. Die Vermögensgegenstände sind hiernach mindestens mit dem Wert anzusetzen, wie er dem Nominalwert der Verbindlichkeit entspricht.[45] Maßgebend ist bei der Verschmelzung einer Personengesellschaft auf eine Kapitalgesellschaft dabei der Stand des steuerlichen Kapitalkontos, wie es sich unter Berücksichtigung der Gesamthandsbilanz, der Ergänzungsbilanz sowie einer Sonderbilanz ergibt.[46] 49

Die **Aufstockung der Vermögensgegenstände** ist allerdings durch dessen gemeinen Wert nach oben beschränkt. Ein Ansatz über dem gemeinen Wert kommt weder in der Handelsbilanz der aufnehmenden Kapitalgesellschaft, noch in der Steuerbilanz in Betracht.[47] In diesem Fall ist ggf. ein verbleibender Differenzbetrag als Firmenwert auszuweisen. Zur Vermeidung des Entstehens eines steuerpflichtigen Einbringungsgewinns kann es unter Umständen sachgerecht sein, vorab eine Einlage in das Gesellschaftsvermögen zu leisten.[48] 50

Erfolgt im Zuge der Verschmelzung einer Personengesellschaft auf eine Kapitalgesellschaft eine Kapitalerhöhung, muss dieser Betrag in der Handelsbilanz durch den Buchwert der Vermögensgegenstände abzüglich der Schulden belegt sein. Ist dies nicht der Fall, muss auch für Zwecke der Handelsbilanz insoweit eine ganze oder teilweise Auflösung von stillen Reserven erfolgen. Wird in der Handelsbilanz dagegen auf eine (Teil-) Auflösung der stillen Reserven verzichtet, ergibt sich aus dem Verschmelzungsvorgang ein Verschmelzungsverlust.[49] 51

Diese handelsrechtliche Wertaufstockung muss **nicht mit steuerlicher Wirkung nachvollzogen** werden. Soweit also die Auflösung der stillen Reserven auf den Betrag der Kapitalerhöhung entfällt, führt der Übertragungsgewinn nicht zu einem steuerpflichtigen Ertrag der Gesellschafter. Unberührt bleibt allerdings der Erhöhungsbetrag aus der Unterbilanz nach § 20 Abs. 2 Nr. 2 UmwStG, der auch mit steuerlicher Wirkung erfolgt. 52

Technisch erfolgt die Überleitung dergestalt, dass in Höhe des Betrages nach § 20 Abs. 2 Nr. 2 UmwStG in der Steuerbilanz ein **Ausgleichsposten** einzustellen ist. Dieser ist kein Bestandteil des Betriebsvermögens, sondern lediglich ein „Luftposten", der nicht am Betriebsvermögensvergleich teilnimmt.[50] Die 53

---

[45] Schmitt/Hörtnagl/Stratz/*Schmitt* § 20 UmwStG Rn. 331.
[46] Widmann/Mayer/*Widmann* § 20 UmwStG Rn. R 565; DPPM/*Patt* Umwandlungssteuerrecht § 20 Rn. 217.
[47] Widmann/Mayer/*Widmann* § 20 UmwStG Rn. R 548 ff. und R 682 ff.
[48] Widmann/Mayer/*Widmann* § 20 UmwStG Rn. R 552; DPPM/*Patt* Umwandlungssteuerrecht § 20 Rn. 216.
[49] IDW RS HFA 42, FN-IDW 12/2012, 711 Rn. 70 zu der Verschmelzung auf eine Personengesellschaft.
[50] BMF v. 11.11.2011, BStBl. I 2011, 1377 Rn. 20.20.

Höhe dieses Ausgleichspostens ist allerdings umstritten. Die Finanzverwaltung vertritt die Auffassung, dass der Betrag nach § 20 Abs. 2 Nr. 2 UmwStG lediglich die gesetzliche **Mindeststammkapitalerhöhung** umfasst.[51] Für den Fall der Verschmelzung einer Personengesellschaft auf eine Kapitalgesellschaft bedeutet dies, dass im Falle der Neuerrichtung der Kapitalgesellschaft lediglich ein Betrag von 25.000 EUR der gesetzlichen Mindestanforderung entspricht, bei der Verschmelzung auf eine bestehende Kapitalgesellschaft würde dies lediglich ein Betrag von 10 EUR umfassen, da dies dem gesetzlichen Mindestbetrag eines Gesellschaftsanteils im Zuge einer Kapitalerhöhung entspricht.

54 Die Begrenzung des Betrages in § 20 Abs. 2 Nr. 2 UmwStG auf das handelsrechtliche Mindestkapital ist nicht sachgerecht. Entscheidend ist vielmehr, welcher Betrag der Kapitalerhöhung im Zuge einer Verschmelzung festgelegt wird. Ist dieser Betrag durch den Verkehrswert des übertragenen Vermögens abgedeckt, besteht kein Grund für die Begrenzung auf das gesetzliche Mindeststammkapital. Durch die Bildung eines Ausgleichspostens in der Steuerbilanz der aufnehmenden Kapitalgesellschaft ist gewährleistet, dass die Besteuerung der übergehenden stillen Reserven gesichert ist.

Beispiel: B ist alleiniger Kommanditist der B-GmbH & Co. KG. Die Komplementärin B-Verwaltungs GmbH ist nicht am Kapital der Kommanditgesellschaft beteiligt. Im Anlagevermögen der B-GmbH & Co. KG sind stille Reserven von 1.000 enthalten. Die Gesellschaft hat folgende Bilanz:

B-GmbH & Co. KG			
Anlagevermögen	2.000	Kommanditkapital	100
Kapitalverlustkonto	500	Verbindlichkeiten	2.400
	2.500		2.500

Die B-GmbH & Co. KG soll auf die neu errichtete B-GmbH verschmolzen werden. Im Zuge der Neugründung/Verschmelzung wird das Stammkapital der B-GmbH auf 200 festgesetzt. Die Handelsbilanz der B-GmbH zeigt folgendes Bild:

Handelsbilanz

B-GmbH			
Anlagevermögen	2.600	Stammkapital	200
		Verbindlichkeiten	2.400
	2.600		2.600

Die Steuerbilanz der Gesellschaft weicht von der Handelsbilanz ab. Es ist hier ein Ausgleichsposten nach § 20 Abs. 2 Nr. 2 UmwStG zu bilden. Folgt man der hier vertretenen Auffassung, umfasst der Ausgleichsposten genau den Betrag der übernommenen Stammeinlage. Die Steuerbilanz der Gesellschaft zeigt danach folgendes Bild:

Steuerbilanz

Anlagevermögen	2.400	Stammkapital	200
Ausgleichsposten	200	Verbindlichkeiten	2.400
	2.600		2.600

---

[51] BMF v. 11.11.2011, BStBl. I 2011, 1377 Rn. 20.20.

Folgt man demgegenüber der restriktiven Auffassung der Finanzverwaltung, umfasst der Ausgleichsposten lediglich das Mindeststammkapital nach § 5 Abs. 1 GmbHG in Höhe von 25 T-EUR. Der Verschmelzungsvorgang hat damit folgende Ergebnisauswirkung:

	T-EUR	Auffassung der Finanzverwaltung T-EUR
Auflösung von stillen Reserven in der Handelsbilanz	600	600
Bildung eines Ausgleichspostens (nicht steuerpflichtig)	−200	−25
Steuerpflichtiger Ertrag gesamt	400	575

Der Auflösung von stillen Reserven durch den Ansatz eines Zwischenwertes nach § 20 Abs. 2 Nr. 2 UmwStG dürften im vorliegenden Fall allerdings verrechenbare Verluste aus § 15a EStG gegenüberstehen, die mit dem entstehenden Verschmelzungsgewinn verrechnet werden können.

cc) Besteuerungsrecht der Bundesrepublik Deutschland. Der Antrag auf Buchwertansatz nach § 20 Abs. 2 UmwStG ist nur dann möglich, wenn das Besteuerungsrecht der Bundesrepublik Deutschland insoweit nicht verloren geht. Die Einschränkungen im § 20 Abs. 2 UmwStG betrifft allerdings nur die Sicherstellung des Besteuerungsrechts auf die **stillen Reserven im Gesellschaftsvermögen**.[52] Auf die steuerliche Verhaftung der stillen Reserven in den Gesellschaftsanteilen der umgewandelten Kapitalgesellschaft kommt es zunächst nicht an. 55

Ist ein **ausländischer Anteilseigner** Gesellschafter der übertragenden Personengesellschaft, besteht hinsichtlich des Mitunternehmeranteils eine beschränkte Steuerpflicht aus § 49 Abs. 1 Nr. 2 EStG. Dieses Besteuerungsrecht wird üblicherweise durch die bestehenden Doppelbesteuerungsabkommen nicht eingeschränkt. Die Verschmelzung einer Personengesellschaft auf eine Kapitalgesellschaft erfolgt auf der Grundlage der §§ 20 ff. UmwStG, mithin des 6. Teils des UmwStG. Aus einer komplizierten Verweisungstechnik in § 1 Abs. 3 und 4 UmwStG ergibt sich, dass der 6. Teil des UmwStG nur dann anzuwenden ist, wenn der Gesellschafter des übernehmenden Rechtsträgers seinen Sitz oder gewöhnlichen Aufenthalt innerhalb der EU hat.[53] Ist danach ein Gesellschafter der übertragenden Mitunternehmerschaft in einem Drittstaat ansässig, kommt das UmwStG insoweit nicht zur Anwendung, so dass die Möglichkeit für einen Buchwertantrag nach § 20 Abs. 2 UmwStG nicht besteht. Es kommt hier anteilig die Grundwertung des UmwStG zum Zuge, dass jegliche Einbringung bzw Verschmelzung zu einer Realisierung der stillen Reserven führt. 56

Ist der Gesellschafter der GmbH & Co. KG ein beschränkt steuerpflichtiger Anteilseigner mit dem Wohnsitz in einem EU-Staat, verliert Deutschland nach der Verschmelzung auf die Kapitalgesellschaft grundsätzlich das Besteu- 57

---

[52] Schmidt/Hörtnagel/*Stratz* UmwStG § 20 Rn. 326; DPPM/*Patt* UmwStR § 20 Rn. 229; Rödder/Herlinghaus/van Lishaut/*Graner* UmwStG § 1 Rn. 241.
[53] DPPM/*Möhlenbrock* UmwStR § 1 Rn. 159.

erungsrecht für stille Reserven in den Anteilen der Kapitalgesellschaft. In den bestehenden Doppelbesteuerungsabkommen wird üblicherweise das Besteuerungsrecht für eventuelle Gewinne aus der Veräußerung von Anteilen an der Kapitalgesellschaft dem Wohnsitzstaat zugewiesen. Es ergibt sich insoweit zwar eine Verlagerung des Besteuerungsrechts, was jedoch keine Bedeutung für die Möglichkeit der Antragstellung nach § 20 Abs. 2 UmwStG hat.

58 dd) *Ausgabe von Gesellschaftsrechten.* Im Zuge der Verschmelzung auf die Kapitalgesellschaft müssen **neue Gesellschaftsrechte** der Kapitalgesellschaft **ausgegeben** werden. Es ist dabei **nicht** erforderlich, dass das Eigenkapital der übertragenden Kommanditgesellschaft in gleicher Höhe als Festkapital der übernehmenden Kapitalgesellschaft abgebildet wird.[54] Es ist durchaus möglich, einen übersteigenden Betrag auf ein Verrechnungskonto des oder der Gesellschafter einzustellen. Hierdurch wird § 20 UmwStG insgesamt nicht ausgeschlossen.[55]

Beispiel: An der A-GmbH & Co. KG ist A alleiniger Kommanditist. Die Komplementärgesellschaft A-Verwaltungs GmbH ist nicht am Kapital beteiligt. Die Kommanditgesellschaft soll auf die Komplementärin verschmolzen werden, wobei die Vermögensgegenstände und Schulden zu Buchwerten angesetzt werden sollen. Beide Gesellschaften haben vor der Verschmelzung folgendes Bilanzbild:

A-Verwaltungs GmbH		A-GmbH & Co. KG			
Bank	50	Stamm-kapital	50	AV	1.000	Kommandit-kapital	500
						Verbindlich-keiten	500
	50		50		1.000		1.000

Im Zuge der Verschmelzung soll das Stammkapital der Verwaltungs-GmbH auf insgesamt 400 erhöht werden. Der Differenzbetrag zwischen (Netto) Einlagewert und Stammeinlage soll auf ein Verrechnungskonto des A eingestellt werden. Nach der Verschmelzung zeigt die Bilanz der A-GmbH folgendes Bild:

A-Verwaltungs GmbH			
Anlagevermögen	1.000	Stammkapital	400
Bank	50	Verbindlichkeiten A	150
		Verbindlichkeiten	500
	1.050		1.050

59 Die Einstellung des **Differenzbetrages auf ein Verrechnungskonto** des A ist unschädlich für die Anwendung des § 20 UmwStG.[56] Es erfolgt **keine Realisierung von stillen Reserven**. Dies ist auch sachgerecht, da im Zuge der Verschmelzung das gesamte Vermögen der Kommanditgesellschaft auf die Kapitalgesellschaft übergeht. Erfolgt die Verschmelzung zu steuerli-

---

[54] DPPM/*Patt* UmwStR § 20 Rn. 187; Schmitt/Hörtnagl/Stratz/*Schmitt* § 20 UmwStG Rn. 205.
[55] BMF v. 11.11.2011, BStBl. I 2011, 1373f. Rn. E 20.11; Widmann/Mayer/*Widmann* § 20 UmwStG Rn. R 163.
[56] Widmann/Mayer/*Widmann* § 20 UmwStG Rn. R 163.

chen Buchwerten, bleiben alle stillen Reserven im Betriebsvermögen der aufnehmenden Kapitalgesellschaft steuerlich verhaftet, so dass kein Grund für eine Auflösung von stillen Reserven besteht.

Die aufnehmende Kapitalgesellschaft kann die übergehenden Vermögens- **60** gegenstände zum Buchwert, zum gemeinen Wert oder einem Zwischenwert ansetzen. Der Wertansatz bei der Kapitalgesellschaft beeinflusst die steuerliche Behandlung des Verschmelzungsvorgangs auf der Ebene der übertragenden Personengesellschaft bzw. des Gesellschafters. Bei einer Bewertung mit dem **Buchwert** werden im Zuge der Verschmelzung keine stillen Reserven aufgelöst. Werden die übergehenden Vermögensgegenstände mit dem **gemeinen Wert** oder einem Zwischenwert angesetzt, bedeutet dies regelmäßig eine Auflösung von stillen Reserven. Dies führt für den Gesellschafter der übertragenden Personengesellschaft zu einem steuerpflichtigen Gewinn. Werden die stillen Reserven vollständig aufgelöst, ist der Gewinn nach § 20 Abs. 4 UmwStG, §§ 16, 34 EStG grundsätzlich tarifbegünstigt.[57]

b) Schicksal des Sonderbetriebsvermögens. Vermögensgegenstände, **61** die in direktem Eigentum des Gesellschafters stehen und der Personengesellschaft zur Nutzung überlassen werden, sind der steuerlichen Sphäre der Personengesellschaft zuzurechnen und gelten als Sonderbetriebsvermögen I. Auch diese Vermögensgegenstände können eine wesentliche Betriebsgrundlage der Personengesellschaft bilden.[58] § 20 UmwStG setzt voraus, dass im Zuge der Verschmelzung **alle wesentlichen Betriebsgrundlagen** der Personengesellschaft auf die Kapitalgesellschaft übergehen, auch soweit diese Sonderbetriebsvermögen bilden.[59] Die Zurückbehaltung von wesentlichen Betriebsgrundlagen hat zur Folge, dass § 20 UmwStG **nicht** anwendbar ist. Dies hat zur Folge, dass die Grundwertung des § 20 Abs. 2 S. 2 UmwStG greift, mithin das im Zuge der Verschmelzung übertragene Vermögen mit dem gemeinen Wert anzusetzen ist. Die in dem Gesamthandsvermögen der Personengesellschaft enthaltenen stillen Reserven werden zwingend aufgelöst.

Um die Voraussetzungen einer Buchwertübertragung gem. § 20 Abs. 2 **62** UmwStG zu schaffen, ist es **nicht** ausreichend, wenn die betreffenden Vermögensgegenstände des bisherigen **Sonderbetriebsvermögens** der aufnehmenden Kapitalgesellschaft nach der Verschmelzung **zur Nutzung überlassen** werden.[60] Bleibt danach im Zuge der Verschmelzung bisheriges Sonderbetriebsvermögen zurück, werden nicht nur die stillen Reserven des Gesamthandsvermögens, sondern auch des Sonderbetriebsvermögens aufgelöst, falls nicht im Zuge der Verschmelzung eine Betriebsaufspaltung entsteht. In diesem Fall kann die Auflösung von stillen Reserven nach § 6 Abs. 5 S. 3 EStG vermieden werden, weil das bisherige Sonderbetriebsvermögen zum Betriebsvermögen der Besitzgesellschaft wird.

---

[57] Widmann/Mayer/*Widmann* § 20 UmwStG Rn. R 681; DPPM/*Patt* UmwStR § 20 Rn. 273 ff.; Blümich/*Nietzschke* § 20 UmwStG 2006 Rn. 103 ff.
[58] BFH v. 16.2.1996, BStBl. II 1996, 342.
[59] BMF v. 11.11.2011, BStBl. I 2011, 1374 Rn. 20.06; *Schulze zur Wiesche* DB 1996, 1541; DPPM/*Patt* UmwStR § 20 Rn. 39 f.
[60] DPPM/*Patt* UmwStR § 20 Rn. 64 u. 124.

63 Mit der Verschmelzung einer Personengesellschaft auf eine Kapitalgesellschaft geht das Gesamthandsvermögen auf die aufnehmende Gesellschaft über. Der Verschmelzungsbeschluss umfasst allerdings **nicht** die **Vermögensgegenstände im unmittelbaren Eigentum** eines Gesellschafters. Die für die Anwendung des § 20 UmwStG erforderliche Überführung des Sonderbetriebsvermögen auf die Kapitalgesellschaft muss gesellschaftsrechtlich deshalb im Wege der **Sacheinlage** erfolgen, die entweder in der gleichen notariellen Urkunde, mindestens jedoch in zeitlichem Zusammenhang mit dem Verschmelzungsbeschluss erfolgen sollte.

64 Handelt es sich bei dem Sonderbetriebsvermögen **nicht** um eine **wesentliche Betriebsgrundlage** der Personengesellschaft, werden die betreffenden Vermögensgegenstände im Zuge der Verschmelzung in das Privatvermögen des Gesellschafters überführt, da in der Besteuerungskonzeption der Kapitalgesellschaft keine Hinzurechnung als Sonderbetriebsvermögen erfolgt. Eventuell vorhandene stille Reserven werden zum Zeitpunkt der Entnahme aufgelöst.

65 Die **Gesellschaftsanteile der Komplementär-GmbH** gehören zum so genannten **Sonderbetriebsvermögen II** des Gesellschafters, weil diese der Beteiligung an der Personengesellschaft mittelbar dienen.[61] Die vorstehend geschilderten Grundsätze setzen voraus, dass auch die Anteile der Komplementär-GmbH mit der Verschmelzung auf die Kapitalgesellschaft übergehen, selbst wenn die Komplementär-GmbH selbst der übernehmende Rechtsträger ist. Da in diesem Fall die Gesellschaftsanteile zu eigenen Anteilen der Kapitalgesellschaft würden, wird aus Vereinfachungsgründen zugelassen, im Zuge der Verschmelzung die Anteile der Komplementär-GmbH nicht mit einzubringen.[62]

66 Ist der übernehmende Rechtsträger nicht die Komplementärgesellschaft, sollten die **Gesellschaftsanteile der Komplementär-GmbH** im Zuge der Verschmelzung als Sacheinlage in die aufnehmende Kapitalgesellschaft übertragen werden. Die gleichzeitige Übertragung der Anteile an der Komplementärgesellschaft dient lediglich der Herstellung der Voraussetzungen für eine Buchwertübertragung für das Gesamthandsvermögen der Personengesellschaft. Die Sacheinlage der Anteile der Komplementärgesellschaft selbst ist wiederum ein Vorgang, der nach § 21 UmwStG als Anteilstausch behandelt wird. Auch diese Sacheinlage folgt den gleichen Grundprinzipen wie die Einlage von betrieblichen Sachgesamtheiten in eine Kapitalgesellschaft, dh auch insoweit gilt der Vorgang grundsätzlich als gewinnrealisierend mit der Möglichkeit eines Antrags, den Buchwert anzusetzen.

67 Ist die Komplementärgesellschaft nicht am Kapital der Personengesellschaft beteiligt, sind im Regelfall in den GmbH-Gesellschaftsanteilen keine nennenswerten stillen Reserven enthalten, so dass anschließend eine Entnahme bzw. Verkauf der Anteile oder eine Verschmelzung auf die aufnehmende Kapitalgesellschaft möglich ist. Sind keine stillen Reserven in den Gesellschaftsanteilen der Komplementärin enthalten, haben die Vorgaben des **Anteilstausches nach § 21 UmwStG** keine bzw. nur eine geringe prakti-

---

[61] *Schwedhelm/Talaska* DStR 2010, 1505.
[62] BMF v. 11.11.2011, BStBl. I 2011, 1374 Rn. 20.08.

sche Relevanz. Ist die Komplementärin dagegen am Kapital der Gesellschaft beteiligt oder sind in den Anteilen aus sonstigen Gründen stille Reserven vorhanden, sollten die Vorgaben des § 21 UmwStG jedoch beachtet werden. Der Antrag auf Buchwertansatz ist danach gem. § 21 Abs. 2 S. 3 UmwStG auch bezüglich der Anteile der Komplementärin zu stellen. Mit dem Antrag unterliegen die erhaltenen Gesellschaftsanteile den gleichen Restriktionen, wie die im Zuge der Verschmelzung der Personengesellschaft ausgegebenen Anteile.

c) Sperrfrist für die Gesellschaftsanteile an der Kapitalgesellschaft. 68
Mit der Verschmelzung der Personengesellschaft auf eine Kapitalgesellschaft erhalten die Gesellschafter Anteile der aufnehmenden Gesellschaft. Diese Anteile unterliegen auf Ebene des Gesellschafters einem **grundsätzlich anderen Besteuerungskonzept**, als dies bei dem Anteil an einer Personengesellschaft der Fall ist. Dividenden führen auf Ebene des Gesellschafters künftig zu Einkünften aus Kapitalvermögen, Gewinne aus der Veräußerung der Gesellschaftsanteile sind künftig nicht mehr in vollem Umfang einkommensteuerpflichtig, wie dies bei der Veräußerung des Anteils an einer Personengesellschaft der Fall wäre, sondern unterliegen lediglich der Besteuerung nach dem Teileinkünfteverfahren gemäß § 3 Nr. 40 EStG, sind also nur zu 60 % steuerpflichtig.

Unter anderem wegen dieses unterschiedlichen Besteuerungskonzepts ist 69 in § 22 UmwStG eine Übergangsfrist von 7 Jahren nach der Sacheinlage bzw. der Verschmelzung aufgenommen worden. Werden innerhalb des 7-Jahres-Frist die erhaltenen Anteile der Kapitalgesellschaft veräußert, wird der ursprüngliche Buchwertansatz im Zuge der Verschmelzung verändert. Damit greift rückwirkend die Grundwertung in § 20 Abs. 2 Satz 1 UmwStG als veräußerungsähnlicher Vorgang. Das im Zuge der Verschmelzung übergegangene Vermögen ist grundsätzlich mit dem gemeinen Wert anzusetzen, es entsteht rückwirkend auf den **Zeitpunkt der Verschmelzung** ein **Einbringungsgewinn I**, der zum Zeitpunkt der Verschmelzung von dem oder den Gesellschaftern zu versteuern ist. Die Veräußerung innerhalb des 7-Jahres-Zeitraum gilt nach gesetzliche Fiktion des § 22 Abs. 1 Satz 2 UmwStG als rückwirkendes Ereignis im Sinne des § 175 Abs. 1 Satz 1 Nr. 2 AO.

Allerdings werden im Falle der Veräußerung innerhalb des 7-Jahres-Zeit- 70 raums nicht alle zum Zeitpunkt der Verschmelzung vorhandenen stillen Reserven aufgelöst. Der **Einbringungsgewinn I mindert sich** vielmehr nach § 22 Abs. 1 Satz 3 UmwStG um **jeweils 1/7** für jedes seit dem Einbringung- bzw. Verschmelzungszeitpunkt abgelaufene Zeitjahr. In gleicher Höhe erhöhen sich auf Ebene des Gesellschafters die Anschaffungskosten für die erhaltenen Gesellschaftsanteile.

Beispiel: A ist alleiniger Gesellschafter der A GmbH & Co. KG. Zum 1.1. wird die Kommanditgesellschaft auf die Komplementärgesellschaft verschmolzen. Zum Zeitpunkt der Verschmelzung hatte die Gesellschaft ein Eigenkapital von T-EUR 1.000. Der gemeine Wert in den Gesellschaftsanteilen betrug zu diesem Zeitpunkt T-EUR 2.400. Bei der Verschmelzung wird ein Antrag auf Buchwertansatz gemäß § 20 Abs. 2 Satz 2 UmwStG gestellt. Zum 31.12.04 verkauft A die Anteile der Kapitalgesellschaft zum Preis von T-EUR 3.000.

Lösungshinweis: Die Verschmelzung zum 1.1.01 erfolgt zum Buchwert, die stillen Reserven werden nicht aufgelöst. Als Anschaffungskosten für die Gesellschaftsanteile gilt der Buchwert des

übertragenen Vermögens, dh   T-EUR 1.000

Der Verkauf erfolgt innerhalb des 7-Jahres-Zeitraums. Es entsteht hierdurch nachträglich ein Einbringungsgewinn I nach § 22 Abs. 1 Satz 2 UmwStG

in Höhe von (T-EUR 1.400 x 4/7)   T-EUR 800

Dieser (nachträgliche) Einbringungsgewinn I ist von A im Geschäftsjahr 00 zu versteuern.

Der Gewinn aus der Veräußerung errechnet sich anschließend wie folgt:

Veräußerungspreis	3.000
abzgl. Anschaffungskosten der Anteile zum 1.1.01	1.000
Erhöhung gemäß § 22 Abs. 2 Satz 3 UmwStG	800
	1.800
Veräußerungsgewinn also	1.200

Dieser Veräußerungsgewinn ist von A im Jahr 04 gemäß § 17 iVm § 3 Nr. 40 EStG nach dem Teileinkünfteverfahren zu versteuern.

71 Aus dieser **komplizierten Gesetzessystematik** wird erreicht, dass auf Ebene des Gesellschafters ein **gleitender Übergang** zwischen der Besteuerungskonzeption der Personengesellschaft hin zu der Besteuerungskonzeption der Kapitalgesellschaft erfolgt. Anders als noch nach der Systematik des § 20 UmwStG 1995 bleiben die im Zuge einer Verschmelzung übertragenen Anteile damit nicht für immer steuerverhaftet (zB § 21 UmwStG 1995). Nach Abschluss des 7-Jahres-Zeitraums wirken sich vielmehr spätere Verkäufe der Anteile der Kapitalgesellschaft nicht mehr auf den ursprünglichen Verschmelzungsvorgang aus. Auf Ebene des Gesellschafters wird ein möglicher Gewinn aus Veräußerung der Anteile ausschließlich nach § 17 iVm § 3 Nr. 40 EStG versteuert.

72 Die in § 22 Abs. 1 UmwStG enthaltenen Regelungen für die Aufteilung des Veräußerungsgewinns sind nachzuvollziehen. Problematisch sind allerdings die in § 22 Abs. 1 Satz 6 genannten **Ersatztatbestände**, die gleichermaßen als schädlicher Vorgang innerhalb der 7-jährigen Behaltefrist gelten. Diese Ersatztatbestände beinhalten im Wesentlichen gesellschaftsrechtliche Vorgänge hinsichtlich der Anteile an der Kapitalgesellschaft, die im Zuge der Einbringung bzw. Verschmelzung ausgereicht werden wie folgt:
– Unentgeltliche Übertragung auf eine Kapitalgesellschaft oder eine Genossenschaft,
– Sacheinlage in eine andere Gesellschaft, es sei denn, dass es sich um eine Buchwertübertragung nach § 20 Abs. 1 oder § 21 Abs. 1 UmwStG handelt,
– Auflösung oder Abwicklung der Kapitalgesellschaft, Kapitalherabsetzung und Ähnlichem,
– Einbringung in eine ausländische Kapitalgesellschaft, es sei denn es handelt sich um eine Buchwerteinbringung nach § 20 Abs. 1 oder § 21 Abs. 1 UmwStG oder einen vergleichbaren ausländischen Vorgang sowie
– Veräußerung im Anschluss an die Einbringung der erhaltenen Anteile.

Sind im Betriebsvermögen der übertragenen Personengesellschaft auch **73** Anteile an einer Kapitalgesellschaft enthalten, gehen diese Anteile im Zuge der Verschmelzung auf die aufnehmende Kapitalgesellschaft über. Veräußert nun die aufnehmende Kapitalgesellschaft diese betreffenden Gesellschaftsanteile, ist ein eventueller Veräußerungsgewinn grundsätzlich nach § 8b Abs. 2 KStG steuerfrei. Erfolgt diese Veräußerung innerhalb eines Zeitraums von 7 Jahren nach dem Einbringung- bzw. Verschmelzungsvorgang, wird auch insoweit rückwirkend der Einbringungsvorgang korrigiert. In diesem Fall entsteht hinsichtlich der übergehenden Anteile an einer Kapitalgesellschaft nach § 22 Abs. 2 UmwStG nachträglich ein **Einbringungsgewinn II**. Auch insoweit erfolgt auf Ebene des Gesellschafters ein gleitender Übergang von der Besteuerungskonzeption der Personengesellschaft auf eine Kapitalgesellschaft.

Beispiel: B ist alleiniger Gesellschafter der B GmbH & Co. KG. Zum 1.1.01 wird die Kommanditgesellschaft auf die Komplementärgesellschaft verschmolzen. Es wir ein Antrag auf Buchwertansatz gemäß § 20 Abs. 2 Satz 2, § 21 Abs. 2 Satz 2 UmwStG gestellt. Im Betriebsvermögen der B GmbH & Co. KG werden Anteile an der X GmbH gehalten im Buchwert von T-EUR 500. Die Beteiligung hat zum Zeitpunkt 1.1.01 einen gemeinen Wert von T-EUR 1.200. Zum 31.12.05 verkauft B GmbH die Anteile der X GmbH zum Kaufpreis von T-EUR 1.500.

Lösungshinweis: Zum 1.1.01 erfolgt die Verschmelzung zu Buchwert, stille Reserven werden nicht aufgelöst. Die Anteile der X GmbH gehen auf B GmbH über mit einem Buchwert von T-EUR 500.

Aus dem Verkauf der Gesellschaftsanteile entsteht ein Einbringungsgewinn II

in Höhe von (T-EUR 700 x 2/7) T-EUR 200.

Der Einbringungsgewinn II ist von B im Jahr 00 nach dem Teileinkünfteverfahren zu versteuern.

Der Gewinn aus der Veräußerung der Anteile der X GmbH ermittelt sich wie folgt:

Veräußerungspreis	1500
Anschaffungskosten zum 1.1.01	500
Erhöhung gemäß § 22 Abs. 2 Satz 3 UmwStG	200
	700
Veräußerungsgewinn also	800

Dieser Gewinn ist auf Ebene der B GmbH nach Maßgabe des § 8b KStG steuerfrei.

Der Gesellschafter der übertragenen Personengesellschaft muss auch nach **74** der Verschmelzung weitere **Meldepflichten** erfüllen. § 22 Abs. 3 UmwStG sieht vor, dass innerhalb des Überwachungszeitraum von 7 Jahren nach der Einbringung bzw. Verschmelzung jeweils bis zum 31.5. des Folgejahres nachzuweisen ist, wenn zum Jahresende jeweils die im Zuge der Verschmelzung ausgereichten Anteile der Kapitalgesellschaft zuzurechnen sind. Werden die geforderten Nachweise nicht erbracht, fingiert § 22 Abs. 3 Satz 2 UmwStG eine Veräußerung der erhaltenen Gesellschaftsanteile mit den bereits geschilderten Konsequenzen. Auch diesen Verpflichtungen ist nach dem Verschmelzungsvorgang peinlich genau nachzukommen, um eine nachträgliche Auflösung von stillen Reserven zu vermeiden.

75 **d) Rückwirkungsfiktion des Verschmelzungsvorgangs.** Die Verschmelzung setzt nach § 17 Abs. 2 UmwG voraus, dass die Bilanz des übertragenden Rechtsträgers auf einen Zeitpunkt aufgestellt ist, der höchstens 8 Monate zurückliegt. Die 8-Monats-Frist ist auch in § 20 Abs. 6 UmwStG enthalten. Die Verschmelzung einer GmbH & Co. KG auf eine Kapitalgesellschaft kann also **auf Antrag** auch mit steuerlicher Rückwirkung auf einen Zeitraum von 8 Monaten erfolgen. Der **steuerliche Übertragungsstichtag** ist hierbei der Tag, auf den die Schlussbilanz des übertragenden Rechtsträgers aufgestellt ist.

Beispiel:

Schlussbilanz der GmbH & Co. KG	31.12.01
Verschmelzungsstichtag	01.01.02
Steuerlicher Übertragungsstichtag	31.12.01[63]

Sofern im Zuge der Verschmelzung ganz oder teilweise stille Reserven aufgelöst werden, entsteht der Gewinn aus der Auflösung der stillen Reserven im Beispielsfall im Veranlagungszeitraum 01. Ab dem Zeitpunkt des Verschmelzungsstichtages erfolgt die Besteuerung als Kapitalgesellschaft.

76 Auf Antrag nach § 20 Abs. 6 UmwStG wird der Übergang des Vermögens der übertragenden Personengesellschaft mit dem Verschmelzungsstichtag auf die übernehmende Kapitalgesellschaft fingiert. Die nach dem Verschmelzungsstichtag und vor Eintragung der Verschmelzung im Handelsregister vorgenommenen **Rechtshandlungen der Personengesellschaft** gelten auf Rechnung der übernehmenden Kapitalgesellschaft ausgeführt, so dass alle Geschäftsvorfälle in der Zeit nach dem Verschmelzungsstichtag der Kapitalgesellschaft zugerechnet werden.

77 Die Rückwirkungsfiktion in § 20 Abs. 6 UmwStG erfasst lediglich die **erfolgswirksamen Geschäftsvorfälle**, die in die Einkommensermittlung einzubeziehen sind. Sie gilt nicht für Entnahmen und Einlagen.[64] Nach § 20 Abs. 5 S. 3 UmwStG sind die Anschaffungskosten der mit der Verschmelzung entstehenden Anteile der Kapitalgesellschaft um die Entnahmen im Rückwirkungszeitraum zu vermindern. Sie sind nicht als verdeckte Gewinnausschüttung zu behandeln.[65] Wird das Reinvermögen der Personengesellschaft durch die Entnahmen im Rückwirkungszeitraum negativ, stellt sich die Frage, wie dieser Unterschiedsbetrag zu behandeln ist.[66] Die Finanzverwaltung vertritt die Auffassung, dass insoweit mit der Verschmelzung stille Reserven aufzulösen sind.[67] Demgegenüber wird mit überzeugenden Gründen

---

[63] BMF v. 11.11.2011 BStBl. I 2011, 1334 Rn. 02.02.
[64] § 20 Abs. 5 Satz 2 UmwStG; BFH v. 29.4.1987, BStBl. II 1987, 797.
[65] Schmitt/Hörtnagl/Stratz/*Schmitt* § 20 UmwStG Rn. 246; DPPM/*Patt* UmwStR § 20 Rn. 321.
[66] Schmitt/Hörtnagl/Stratz/*Schmitt* § 20 UmwStG Rn. 249.
[67] BMF v. 11.11.2011, BStBl. I 2011, 1377 Rn. 20.19.

vorgetragen, dass § 20 Abs. 6 UmwStG eine Regelungslücke enthält, so dass ein negativer Unterschiedsbetrag nicht zu erfassen wäre.[68]

Mit der Verschmelzung geht das Vermögen der Personengesellschaft zum Verschmelzungsstichtag auf die Kapitalgesellschaft über. Dies ist auch insofern von Bedeutung, als sich die Besteuerungskonzeption der Mitunternehmerschaft grundlegend von der Besteuerungskonzeption der Kapitalgesellschaft unterscheidet. Für die Zeit nach dem Verschmelzungsstichtag und vor Abschluss des Verschmelzungsvertrages bzw. vor Eintragung im Handelsregister agiert die GmbH & Co. KG als Personengesellschaft, obwohl die Rechtshandlungen mit dem Wirksamwerden der Verschmelzung (nachträglich) der übernehmenden Kapitalgesellschaft zugerechnet werden. 78

Bestehen zwischen Gesellschaft und den Gesellschaftern Leistungsvereinbarungen, wie zB Arbeitsvertrag, Darlehensvertrag, Geschäftsführer-Anstellungsvertrag usw., werden die Vergütungen bei einer Mitunternehmerschaft in der zweiten Gewinnermittlungsstufe als **Sondervergütung** dem Gewinn der Personengesellschaft hinzugerechnet. Die steuerliche Rückwirkung nach § 20 Abs. 6 UmwStG bedingt, dass im Rückwirkungszeitraum die Rechtshandlungen der Personengesellschaft auf Rechnung der Kapitalgesellschaft ausgeübt gelten. Dies soll auch für bestehende Vertragsbeziehungen zwischen Gesellschaft und Gesellschafter gelten. Die Vergütungen an einen Gesellschafter im Rückwirkungszeitraum sind also auf Ebene der (Kapital-)Gesellschaft steuerlich abzugsfähig, wenn diese zum Verschmelzungsstichtag zivilrechtlich wirksam begründet sind und im Übrigen keine weiteren Gründe gegen die steuerliche Anerkennung der Vertragsbeziehungen sprechen, wie zB Unangemessenheit der Vergütungen.[69] Zu beachten ist allerdings, dass die Rückwirkungsfiktion nicht für die Geltung der Verträge Anwendung findet. Ein Vertragsverhältnis kann also erst ab Vertragsabschluss steuerlich anerkannt werden.[70] 79

Wird ein Vertrag zwischen Kapitalgesellschaft und Gesellschafter erst nach Abschluss des Verschmelzungsvertrages vereinbart, können Vergütungen erst ab dem Zeitpunkt des Vertragsabschlusses mit steuerlicher Wirkung geltend gemacht werden. Auch hier gilt bereits das **Nachzahlungsverbot für Leistungsbeziehungen** zwischen einer Kapitalgesellschaft und ihrem Gesellschafter. 80

Scheidet ein **Gesellschafter** zwischen dem Verschmelzungsstichtag und vor Abschluss des Verschmelzungsvertrages **aus der Gesellschaft aus**, gilt insoweit die Fiktion der steuerlichen Rückwirkung nicht.[71] Für diesen Gesellschafter ist das Ausscheiden nach allgemeinen Grundsätzen über das Ausscheiden aus einer Personengesellschaft zu beurteilen (vgl. → § 32 Rn. 5 ff.). 81

e) Vorherige Einlage eines Einzelwirtschaftsgutes zum Buchwert in das Betriebsvermögen der GmbH & Co. KG. Nach § 6 Abs. 5 S. 3 82

---

[68] Rödder DStR 1996, 862; krit. Schmitt/Hörtnagl/Stratz/ *Schmitt* § 20 UmwStG Rn. 249; aA DPPM/*Patt* UmwStR § 20 Rn. 223 u. 325.
[69] BMF v. 11.11.2011, BStBl. I 2011, 1376 Rn. 20.16.
[70] DPPM/*Patt* UmwStR § 20 Rn. 313; Schmitt/Hörtnagl/Stratz/*Schmitt* § 20 UmwStG Rn. 24.
[71] BMF v. 11.11.2011, BStBl. I 2011, 1376 Rn. 20.16.

EStG können unter bestimmten Bedingungen **Einzelwirtschaftsgüter zum Buchwert in** das Betriebsvermögen einer Personengesellschaft **eingelegt** werden. Gehen innerhalb eines Zeitraums von 7 Jahren nach der Einlage mittelbar oder unmittelbar anteilige stille Reserven des betreffenden Wirtschaftsgutes auf eine Kapitalgesellschaft über, wird die Buchwertübertragung nach § 6 Abs. 5 S. 6 EStG insoweit rückwirkend versagt, dh es ergibt sich nachträglich eine anteilige Auflösung von stillen Reserven aus dem Einlagevorgang (vgl. → § 5 Rn. 117).

83 Fraglich ist, welchen Einfluss Verschmelzungsvorgänge innerhalb des Siebenjahreszeitraums haben. Wird beispielsweise die Mitunternehmerschaft im Anschluss an die Übertragung eines Einzelwirtschaftsgutes nach § 6 Abs. 5 Satz 3 EStG innerhalb des Siebenjahreszeitraums auf eine Kapitalgesellschaft verschmolzen, kann dies nach § 20 UmwStG zum Buchwert erfolgen. Mit der Verschmelzung auf die Kapitalgesellschaft wird nach dem Wortlaut des § 6 Abs. 5 Satz 6 EStG ein **ideeller Anteil** der Kapitalgesellschaft an dem eingelegten Wirtschaftsgut neu begründet. Nach Auffassung der Finanzverwaltung wirkt die Verschmelzung auf den Übertragungsvorgang zurück und führt zu einer (rückwirkenden) Realisierung von stillen Reserven im Übertragungszeitpunkt.[72]

84 **f) Nachversteuerung von tarifermäßigt besteuerten Thesaurierungsbeträgen.** Die Gesellschafter einer Personengesellschaft haben nach § 34a Abs. 1 EStG die Möglichkeit, nicht entnommenen Gewinne aus der Gesellschaft mit einem Steuersatz von lediglich 28,25 % zu versteuern. Dieser Begünstigungsbetrag ist für jeden Betrieb und für jeden Mitunternehmer gesondert festzustellen. Die Tarifermäßigung für den nicht entnommenen Gewinn bleibt für den Mitunternehmer solange erhalten, wie die betreffenden Gewinnanteile auf Ebene der Personengesellschaft thesauriert, also nicht entnommen werden. Erfolgt dennoch eine Entnahme des thesaurischen Betrages zu einem späteren Zeitpunkt, wird der Entnahmebetrag mit einem Sondersteuersatz von 25 % nachversteuert (vgl. → § 6 Rn. 31 ff.).

85 Die Systematik der Tarifermäßig für thesaurierte Gewinnanteile bei einer Personengesellschaft und der anschließenden Nachversteuerung im Falle der Entnahme hat im Kontext der Verschmelzung einer Personengesellschaft auf eine Kapitalgesellschaft eine besondere Bedeutung. In § 34a Abs. 6 Nr. 2 EStG wird die Nachversteuerung thesaurierter Beträge auch für den Fall angeordnet, dass der Betrieb oder Mitunternehmeranteil in eine Kapitalgesellschaft eingebracht wird. Da die Verschmelzung einer Personengesellschaft auf eine Kapitalgesellschaft nach § 20 UmwStG einer Einbringung gleichgesetzt wird, wird in diesem Fall die Nachversteuerung ausgelöst. Es kann in diesem Fall daher ein regelrechtes Umwandlungshindernis entstehen.[73] Der Nachversteuerungsbetrag trifft den jeweiligen Mitunternehmer.

---

[72] BMF v. 8.12.2011, BStBl. I 2011, 1285 Rn. 34.
[73] Schmidt/*Wacker* EStG § 34a Rn. 77.

2. Ersatzgestaltungen außerhalb des handelsrechtlichen Umwandlungsgesetzes

Vor der Neufassung des handelsrechtlichen Umwandlungsgesetzes musste die Verschmelzung einer Personengesellschaft auf eine Kapitalgesellschaft durch Ersatzgestaltungen vorgenommen werden. Diese Ersatzgestaltungen haben auch nach Änderung des handelsrechtlichen Umwandlungsgesetzes im Jahr 1995 teilweise noch ihre Existenzberechtigung, da in diesem Fall die besonderen Formvorschriften des Umwandlungsgesetzes nicht eingehalten werden brauchten. Teilweise haben die Ersatzgestaltungen jedoch ihre praktische Relevanz verloren. Sie sollen deshalb im Folgenden nur kurz dargestellt werden. 86

a) Einlage des Geschäftsbetriebes in die Kapitalgesellschaft. Die Vermögensübertragung einer Personengesellschaft auf eine Kapitalgesellschaft kann auch dadurch erfolgen, dass der Geschäftsbetrieb der Personengesellschaft durch die Gesellschafter aus der Personengesellschaft entnommen und im Wege der Sachkapitalerhöhung bei der Kapitalgesellschaft eingelegt wird. Die **Entnahme** des gesamten **Geschäftsbetriebes** erfolgt durch alle Gesellschafter. Bezogen auf den einzelnen Gesellschafter liegt demnach **kein** Betrieb oder Teilbetrieb vor. Betrachtet man jedoch die Gesamtheit der Gesellschafter, ist die Qualifikation als Betrieb oder Teilbetrieb gegeben, so dass dieser Vorgang in analoger Anwendung von § 20 UmwStG gelöst werden kann.[74] 87

Problematisch ist dieses Umwandlungsmodell dann, wenn die **Komplementär-GmbH am Kapital der Personengesellschaft beteiligt ist.** Die Entnahme des Geschäftsbetriebes aus der Personengesellschaft bei gleichzeitiger Einlage in eine Kapitalgesellschaft kann unter Anwendung von § 20 UmwStG nur dann ohne Realisierung von stillen Reserven erfolgen, wenn die Komplementärgesellschaft auch Gesellschafterin der empfangenen Kapitalgesellschaft wird. Erhält die Komplementärgesellschaft einen wertmäßigen Ausgleich für die Beteiligung am Geschäftsbetrieb der Kommanditgesellschaft, werden die stillen Reserven anteilig aufgelöst. Erfolgt die Entnahme des gesamten Geschäftsbetriebes durch die Kommanditisten ohne Wertausgleich für die Komplementärgesellschaft, führt dies zu einer **verdeckten Gewinnausschüttung** und damit ebenfalls zu einer anteiligen Auflösung von stillen Reserven. Zu beachten ist ferner, dass Gegenstand der Sacheinlage nicht nur die Wirtschaftsgüter des Gesamthandsvermögens, sondern auch die des Sonderbetriebsvermögens sein müssen. Sonderbetriebsvermögen liegt dabei zumindest bei den Anteilen an der Komplementärgesellschaft vor. Diese Anteile müssen daher auch auf die Kapitalgesellschaft übertragen werden. 88

Soll die Verschmelzung auf die Komplementär-GmbH erfolgen, ist die Verschmelzung mit dem „Einlagemodell" problematisch, wenn die Komplementärin am Kapital der Kommanditgesellschaft beteiligt ist. Durch die vermögensmäßige Beteiligung der Komplementärgesellschaft scheidet die Einlage des gesamten Geschäftsbetriebes durch die Kommanditisten aus. Es 89

---

[74] Glade/Steinfeld § 20 UmwStG Rn. 955.

ergibt sich damit die **Gefahr der Realisierung von stillen Reserven**, da die formalen Voraussetzungen des § 20 UmwStG definitiv nicht vorliegen. In diesem Fall sollte deshalb die Umstrukturierung nicht durch die Einlage des Geschäftsbetriebes, sondern entweder durch eine Verschmelzung nach den Regelungen des Umwandlungsgesetzes oder als Anwachsungsmodell durch Sacheinlage der Kommanditanteile in die Komplementärgesellschaft erfolgen.[75]

90 **b) Anwachsungsmodell durch Ausscheiden der Kommanditisten aus der GmbH & Co. KG.** Soll Empfänger der Vermögensübertragung die Komplementär-GmbH sein, könnte die Vermögensübertragung auch durch eine Anwachsung dergestalt erreicht werden, dass alle Kommanditisten entschädigungslos aus der Personengesellschaft ausscheiden. Mit dem Austritt der Kommanditisten aus der Personengesellschaft wächst das Vermögen der Gesellschaft dem verbleibenden Gesellschafter zu, ohne dass es einer besonderen Einzelübertragung der Vermögensgegenstände und Schulden bedarf.

Diese Anwachsung kann **nicht** in analoger Anwendung von § 20 UmwStG gelöst werden, da es sich bei dieser Form der Anwachsung nicht um eine Einlage eines Geschäftsbetriebes gegen Gewährung von Gesellschaftsrechten handelt.[76]

91 Im Regelfall sind die Kommanditisten der GmbH & Co. KG ganz oder teilweise auch Gesellschafter der Komplementär-GmbH. Das Ausscheiden aus der Kommanditgesellschaft bei gleichzeitigem Verzicht auf den Abfindungsanspruch führt zu einer Vermögenszuwendung der Gesellschafter in die Komplementär-GmbH. Da diese Zuwendung auf dem Gesellschaftsverhältnissen beruht, ist sie als **verdeckte Einlage** zu werten.[77] Dies ist auf Ebene der empfangenden Komplementärgesellschaft steuerlich neutral. Auf Ebene der übertragenden Kommanditisten werden die stillen Reserven in den Anteilen der Kommanditgesellschaft aufgelöst. Im Ergebnis führt diese Form des Anwachsungsmodells deshalb zu einer **vollständigen Auflösung der stillen Reserven** der Kommanditgesellschaft, die auf der Ebene der Gesellschafter zu steuerpflichtigem Einkommen führt.

92 **c) Einlage aller Mitunternehmeranteile in die Komplementärgesellschaft.** § 20 UmwStG begünstigt die Einlage eines Betriebes, Teilbetriebes oder eines Mitunternehmeranteils in eine Kapitalgesellschaft, wenn diese gegen Gewährung von Gesellschaftsrechten erfolgt. Auch in diesem Fall kann die Einlage steuerlich zum Buchwert, gemeinen Wert oder einem Zwischenwert erfolgen. Auf die Quote des eingelegten Mitunternehmeranteils kommt es hierbei nicht an.

93 Die Besonderheit dieser Form des **Anwachsungsmodells** besteht darin, dass alle Gesellschaftsanteile einer Personengesellschaft im Wege der Sacheinlage in eine Kapitalgesellschaft eingelegt werden. Da dann die Personen-

---

[75] *Hesselmann/Tillmann/Mueller-Tums* Handbuch der GmbH & Co., Rn. 1467.
[76] BMF v. 11.11.2011, BStBl. I 2011, 1373 Rn. E 20.10; Schmitt/Hörtnagl/Stratz/*Schmitt* § 20 UmwStG Rn. 194; Widmann/Mayer/*Widmann* § 20 UmwStG Rn. R 106.
[77] Schmidt/*Wacker* § 16 EStG Rn. 513.

gesellschaft nur noch einen Gesellschafter hat, geht das Vermögen im Wege der Anwachsung auf die Kapitalgesellschaft über. Da Gegenstand der Sacheinlage in die Kapitalgesellschaft ein Mitunternehmeranteil ist, kann dieser Vorgang unter Anwendung von § 20 UmwStG erfolgen. Die Sacheinlage ist also zu Buchwerten, **ohne Realisierung von stillen Reserven** möglich.

Dieses Modell erfordert nicht die strengen Formerfordernisse wie die Verschmelzung nach dem handelsrechtlichen Umwandlungsgesetz. Diese Form der Vermögensübertragung bildet deshalb eine **realistische Alternative** zur Verschmelzung. 94

Bestandteil des Mitunternehmeranteils ist auch das **Sonderbetriebsvermögen** eines Gesellschafters. Handelt es sich bei dem Sonderbetriebsvermögen um eine **wesentliche Betriebsgrundlage**, setzt die Sacheinlage des Mitunternehmeranteils nach den Regelungen des § 20 UmwStG voraus, dass auch das Sonderbetriebsvermögen in die Kapitalgesellschaft mit eingebracht wird.[78] Für die grundsätzliche Anwendung des § 20 UmwStG ist es allerdings unbeachtlich, wenn Sonderbetriebsvermögen zurückbehalten wird, das nicht zu den wesentlichen Betriebsgrundlagen gehört[79]. Eine wesentliche Betriebsgrundlage liegt dann vor, wenn das betreffende Wirtschaftsgut, trotzdem es im Eigentum des Gesellschafters steht, für die Gesellschaft ein besonderes wirtschaftliches Gewicht hat.[80] 95

Die vorherige **Überführung des Sonderbetriebsvermögens** zu **Buchwerten in ein anderes Betriebsvermögen** des Steuerpflichtigen nach § 6 Abs. 5 S. 3 EStG könnte die Anwendung des § 20 UmwStG gefährden. Der BFH hat beispielsweise die Anwendung der Tarifvergünstigung in §§ 16, 34 EStG für den Fall versagt, dass Vermögensgegenstände vor der Verschmelzung zu Buchwerten in ein anderes Betriebsvermögen überführt wurden.[81] Die Einlage des Sonderbetriebsvermögens in ein anderes Betriebsvermögen des Steuerpflichtigen berührt zwar nicht die Qualifikation des Kommanditanteils als Mitunternehmeranteil. Es handelt sich jedoch um eine substanzmäßige Schmälerung des Mitunternehmeranteils im unmittelbaren zeitlichen Zusammenhang mit der Sacheinlage in eine Kapitalgesellschaft.[82] Die vorgenannte Entscheidung des BFH betraf allerdings lediglich die Frage der Gewährung der Tarifermäßigung auf aufgelöste stille Reserven. UE kann hieraus nicht geschlossen werden, dass auch die Begünstigung entfallen soll, den Mitunternehmeranteil zum Buchwert in eine Kapitalgesellschaft einlegen zu können. In diesem Fall werden gerade keine stillen Reserven aufgelöst, so dass sich die Frage einer möglichen Tarifermäßigung nicht stellt. 96

Die Anteile der Komplementär-GmbH bilden bei den Gesellschaftern in der Regel **Sonderbetriebsvermögen II**. Die Anteile müssten nach den vorstehend beschriebenen Grundsätzen gleichzeitig mit der Sacheinlage der Mitunternehmeranteile in das Betriebsvermögen der Kapitalgesellschaft 97

---

[78] BMF v. 11.11.2011, BStBl. I 2011, 1376 Rn. 20.10 iVm 20.06; BFH v. 16.2.1996, BStBl. II 1996, 342; DPPM/*Patt* UmwStR § 20 Rn. 124.
[79] DPPM/Patt: UmwStR § 20 Rn. 124.
[80] Rödder/Herlinghaus/*van Lishaut* UmwStG § 20 Rn. 110.
[81] BFH v. 19.3.1991, BStBl. II 1991, 635.
[82] *Hesselmann/Tillmann/Mueller-Tums* Handbuch der GmbH & Co., Rn. 1474.

eingelegt werden, wenn diese Anteile aus funktionalem Recht eine wesentliche Betriebsgrundlage bilden[83]. Da insoweit eigene Anteile der Komplementärin entstehen würden, wird durch die Finanzverwaltung aus Vereinfachungsgründen zugelassen, die Gesellschaftsanteile auf ausdrücklichem Antrag der Steuerpflichtigen nicht einzubringen.[84] Nach Auffassung der Finanzverwaltung muss sich der Steuerpflichtige im Zuge dieses Antrags unwiderruflich bereit erklären, die zurückbehaltenen Anteile in vollem Umfang als Anteile zu behandeln, die durch eine Sacheinlage erworben worden sind.[85] Damit sind auch die Anteile an der Komplementärgesellschaft, die der Einbringende bereits bei der Verschmelzung gehalten hat, sperrfristbehaftet.[86]

3. Steuerliche Verlustvorträge im Rahmen der Verschmelzung

98 **a) Gewerbesteuerliche Verlustvorträge.** Verfügt die Personengesellschaft, deren Vermögen im Wege der Verschmelzung auf die Kapitalgesellschaft übergeht, über gewerbesteuerliche Verlustvorträge, stellt sich die Frage, ob diese durch die aufnehmende Kapitalgesellschaft im Anschluss an die Verschmelzung mit eigenen Einkünften verrechnet werden können.

99 Die Verrechnung gewerbesteuerlicher Verlustvorträge einer Personengesellschaft setzt neben der **Unternehmensidentität**[87] **auch die Unternehmeridentität** voraus.[88] Unabhängig davon, ob die Verschmelzung der Personengesellschaft auf die Kapitalgesellschaft nach den Regelungen von §§ 2, 3 UmwStG oder durch eine Ersatzgestaltung erfolgt, beispielsweise durch das Anwachsungsmodell durch Einlage der Mitunternehmeranteile in die Kapitalgesellschaft, ist zumindest die von der Rechtsprechung geforderte Unternehmeridentität nicht mehr gegebenen.[89] Die Personengesellschaft wird im Zuge der Verschmelzung aufgelöst. Neuer Rechtsträger des übertragenen Vermögens ist die aufnehmende Kapitalgesellschaft. Die **gewerbesteuerlichen Verlustvorträge** der Personengesellschaft **gehen** damit **vollständig unter** und können nach der Verschmelzung nicht mehr verrechnet werden.

100 Eine Ausnutzung der gewerbesteuerlichen Verlustvorträge kann auch nicht dadurch erreicht werden, dass im Zuge der Verschmelzung auf die Kapitalgesellschaft die übertragenen Vermögensgegenstände in der Übernahmebilanz mit einem über dem Buchwert liegenden Wert angesetzt werden, mithin also stille Reserven aufgelöst werden. Die ganze oder teilweise Auflösung der stillen Reserven im Zuge der Verschmelzung führt zum einen dazu, dass der Übertragungsgewinn auf der Ebene der Gesellschafter zu steuerpflichtigen Einkünften führt, zum anderen ist der Übertragungsgewinn als

---

[83] BFH v. 25.11.2009, BStBl. II 2010, 471; *Schwedhelm/Talaska* DStR 2010, 1505.
[84] BMF v. 11.11.2011, BStBl. I 2011, 1375 Rn. 20.09.
[85] Ebenda.
[86] aA Rödder/Herlinghaus/*van Lishaut* UmwStG § 20 Rn. 66.
[87] BFH v. 5.9.1990, BStBl. II 1991, 25.
[88] BFH v. 3.5.1993, BStBl. II 1993, 616.
[89] R 10a.3 (3) S. 9 Nr. 5 Satz 4 GewStR.

außerordentlicher Geschäftsvorfall ohnehin grundsätzlich **nicht** Bestandteil des Gewerbeertrages.[90]

b) Verrechenbare Verluste im Sinne des § 15a EStG. Verrechenbare Verluste im Sinne des § 15a EStG entstehen dann, wenn die anteiligen Verlustzuweisungen aus einer Personengesellschaft den Stand des steuerlichen Kapitalkontos der einzelnen Gesellschafter übersteigen. Obschon die verrechenbaren Verluste auf der Ebene des Gesellschafters nicht mit anderen positiven Einkünften ausgeglichen werden können, mindern sie doch den Stand des steuerlichen Kapitalkontos des Gesellschafters. Verrechenbare Verluste im Sinne des § 15a EStG können nur mit späteren Gewinnen aus der Personengesellschaft verrechnet werden.

101

Im Zuge der Verschmelzung geht das Vermögen der Personengesellschaft als Ganzes auf die Kapitalgesellschaft über. Die Gesellschafter sind nach der Verschmelzung Anteilseigner einer Kapitalgesellschaft. Eine **Verlustverrechnung** im Sinne des **§ 15a EStG** scheidet deshalb zunächst aus.[91]

102

Im Hinblick auf die Verlustverrechnung im Sinne des § 15a EStG muss jedoch die Wirkungsweise des Verschmelzungsvorgangs beachtet werden. Den verrechenbaren Verlusten im Sinne des § 15a EStG liegen operative Verluste der Personengesellschaft zugrunde, die auf der Ebene des Gesellschafters nicht mit anderen positiven Einkünften verrechnet werden konnten. Gleichwohl mindern die Verluste den Stand des steuerlichen Kapitalkontos bei der Personengesellschaft. Bei der Verschmelzung der Personengesellschaft auf eine Kapitalgesellschaft besteht die Möglichkeit nach § 20 UmwStG, die Vermögensgegenstände zum Buchwert, gemeiner Wert oder einem Zwischenwert anzusetzen. Sollen im Zuge des Verschmelzungsvorgangs keine stillen Reserven aufgelöst werden, ist **der Stand des steuerlichen Kapitalkontos im Regelfall negativ**, falls ein Gesellschafter verrechenbare Verluste im Sinne des § 15a EStG hat. § 20 Abs. 2 Nr. 2 UmwStG verlangt indes, dass die Vermögensgegenstände zumindest mit dem Wert angesetzt werden müssen, der dem Betrag der übertragenen Schulden entspricht. Es ergibt sich deshalb **zwingend** eine **teilweise Auflösung** von stillen Reserven. Der hieraus entstehende Gewinn kann mit dem Bestand an verrechenbaren Verlusten nach § 15a EStG verrechnet werden.

103

Es kann jedoch nicht schlechthin davon ausgegangen werden, dass einem Bestand an verrechenbaren Verlusten nach § 15a EStG auch zwingend ein negatives steuerliches Kapitalkonto in der gleichen Höhe gegenübersteht. Verrechenbare Verluste nach § 15a EStG können beispielsweise durch **spätere Einlagen** nicht in ausgleichsfähige Verluste umgewandelt werden.[92] Spätere Einlagen erhöhen demnach den Stand des steuerlichen Kapitalkontos, reduzieren allerdings nicht den Bestand an verrechenbaren Verlusten im Sinne des § 15a EStG. Die zwingende Realisierung von stillen Reserven nach § 20 Abs. 2 Nr. 2 UmwStG richtet sich ausschließlich nach dem Stand des steuerlichen Kapitalkontos der einzelnen Gesellschafter zum Verschmel-

104

---

[90] H 7.1 (4) GewStH.
[91] Schmidt/*Wacker* § 15a EStG Rn. 237.
[92] § 15a Abs. 1a EStG; BFH v. 14.12.1995, BStBl. II 1996, 226; Schmidt/*Wacker* § 15a EStG Rn. 180.

16. Kapitel. Umwandlungssituationen: Verschmelzung, Spaltung und Formwechsel

zungszeitpunkt, so dass in diesem Fall also keine Auflösung von stillen Reserven erfolgt. Insoweit könnte daran gedacht werden, mit der Verschmelzung gezielt stille Reserven aufzulösen, beispielsweise durch Ansatz der Vermögensgegenstände mit einem Zwischenwert. Erfolgt die Verschmelzung nach den Regelungen des Umwandlungsgesetzes, dürfte die ganze oder teilweise Auflösung von stillen Reserven wohl nur **einheitlich** erfolgen. Problematisch ist dies dann, wenn innerhalb des Gesellschafterkreises ein von der Beteiligungsquote abweichender Bestand an verrechenbaren Verlusten nach § 15a EStG besteht.

105 Erfolgt dagegen die Verschmelzung nach dem Anwachsungsmodell durch Einlage aller Mitunternehmeranteile iVm dem Ausscheiden der Komplementärin, kann der **Einlagewert** für den Mitunternehmeranteil für jeden Gesellschafter **individuell** bestimmt werden, so dass eine gezielte Ausnutzung der verrechenbaren Verluste nach § 15a EStG möglich ist.

106 Gemessen an der Zwecksetzung des § 15a EStG, eine Verrechnung der anteiligen Verluste der Gesellschaft insoweit zu gestatten, wie der Gesellschaft jeweils steuerliches Eigenkapital zur Verfügung gestellt worden ist bzw. soweit eine Haftung für Gesellschaftsschulden besteht, erscheint es sachgerecht, mit der Verschmelzung einen eventuellen Bestand an verrechenbaren Verlusten als ausgleichsfähige Verluste zu qualifizieren, soweit der Gesellschafter nachträgliche Einlagen geleistet hat.[93]

4. Verkehrssteuerliche Konsequenzen

107 **a) Umsatzsteuerliche Behandlung.** Bei der Verschmelzung einer Personengesellschaft auf eine Kapitalgesellschaft geht das Vermögen der Personengesellschaft als Ganzes auf die Kapitalgesellschaft über. Die Personengesellschaft selbst erhält keine Gegenleistung für das übertragene Vermögen. Lediglich die Gesellschafter der Personengesellschaft erhalten als Gegenleistung Gesellschaftsanteile an der Kapitalgesellschaft. Es könnte sich insoweit um einen entgeltlichen Vorgang handeln. Bei dem Vermögensübergang handelt es sich jedoch begrifflich um den Geschäftsbetrieb der Personengesellschaft. Der Verschmelzungsvorgang ist dann nach § 1 Abs. 1a UStG **nicht steuerbar**, da es sich um eine **Geschäftsveräußerung im Ganzen** handelt.[94] Der Vermögensübergang unterliegt also nicht der Besteuerung mit Umsatzsteuer. Die übernehmende Kapitalgesellschaft tritt nach § 1 Abs. 1a UStG umsatzsteuerlich in die Unternehmerstellung der übertragenden Personengesellschaft ein.

108 Erfolgt die Verschmelzung der Personengesellschaft auf die Kapitalgesellschaft nicht nach den Regelungen des Umwandlungsgesetzes, sondern durch eine **Ersatzgestaltung**, müssen die einzelnen Umstrukturierungsschritte im Hinblick auf ihre umsatzsteuerliche Relevanz hin überprüft werden. Die Umwandlung nach dem **Anwachsungsmodell** setzt voraus, dass vorab die Mitunternehmeranteile im Wege der Sacheinlage in eine Kapitalgesellschaft

---

[93] Zur Vollbeendigung der Gesellschaft BFH v. 14.12.1995, BStBl. II 1996, 226.
[94] Bunjes/*Robisch* § 1 UStG Rn. 74; Plückebaum/Widmann/*Radeisen* § 1 UStG Rn. 454 ff.; Rau/Dürrwächter/*Hausmann* § 1 UmwStG Rn. 286.

überführt werden. Unter Bezugnahme auf die Entscheidung des EuGH[95] wird allerdings in der Literatur die Auffassung vertreten, dass die Vergabe von Gesellschaftsrechten keine steuerbare Tätigkeit sei, so dass der Sachanlage auch kein steuerbarer Leistungsaustausch zu Grunde liegen könne.[96] Selbst wenn von einer Steuerbarkeit ausgegangen wird, wäre der Vorgang nach § 4 Nr. 8f UStG steuerfrei. Der Anwachsungsvorgang durch Austritt der Komplementär-GmbH ist wiederum nicht steuerbar, da es sich insoweit nicht um einen Leistungsaustausch handelt.[97]

b) Grunderwerbsteuerliche Behandlung. Unabhängig von dem zugrunde liegenden gesellschaftsrechtlichen Umwandlungsmodell geht im Zuge der Verschmelzung das Vermögen der Personengesellschaft auf eine Kapitalgesellschaft über. Dies gilt gleichermaßen für die Verschmelzung nach den Regelungen des UmwG sowie für Ersatzgestaltungen der Verschmelzung. Befindet sich im Betriebsvermögen der Personengesellschaft ein Grundstück, ist der Vermögensübergang ein grunderwerbsteuerbarer Vorgang nach § 1 Abs. 1 Nr. 3 GrEStG.[98] **Bemessungsgrundlage** ist nach § 8 Abs. 2 Nr. 2 GrEStG Bedarfswert des Grundstücks, da es sich um einen gesellschaftsrechtlichen Umstrukturierungsvorgang handelt. Die entstehende Grunderwerbsteuer ist auf Ebene der Kapitalgesellschaft auf das Grundstück zu aktivieren.[99] 109

Ist die aufnehmende Kapitalgesellschaft bereits vor der Verschmelzung an der übertragenden Kommanditgesellschaft beteiligt, kommt unter Umständen die Steuervergünstigung bei Umstrukturierungen im Konzern nach § 6a GrEStG zur Anwendung. Hiernach unterliegt die Übertragung eines Grundstücks dann nicht der Besteuerung mit Grunderwerbsteuer, wenn an den Umwandlungsvorgang ausschließlich ein herrschendes Unternehmen und ein oder mehrere von diesem abhängige Gesellschaften beteiligt sind. Ein herrschendes Unternehmen liegt dabei vor, wenn eine Gesellschaft an der übertragenden Einheit innerhalb 5 Jahre vor der Verschmelzung zu mindestens 95% mittelbar oder unmittelbar beteiligt war. Voraussetzung ist ferner die Beibehaltung von 5 Jahren nach dem Verschmelzungsvorgang, was sich wohl auf das übergehende Grundstück bezieht. Fraglich ist allerdings, ob die besondere Befreiungsvorschrift des § 6a GrEStG bei der Verschmelzung einer Personengesellschaft auf eine Kapitalgesellschaft eine große praktische Relevanz hat. Liegen die von § 6a GrEStG geforderten Beteiligungsverhältnisse vor, ergibt sich eine weitgehende Steuerbefreiung bereits § 6 Abs. 2 GrEStG, ohne dass die besonderen zusätzlichen Voraussetzungen des § 6a GrEStG erfüllt zu werden brauchen. 110

Erfolgt die Umstrukturierung nach dem sog. **Anwachsungsmodell**, werden vorab alle Mitunternehmeranteile in eine Kapitalgesellschaft eingelegt. Die Einlage der Mitunternehmeranteile ist grunderwerbsteuerbar nach § 1 Abs. 2a GrEStG, da mehr als 95% der Gesellschaftsanteile einer grundbesitz- 111

---

[95] EuGH v. 26.6.2003, UR 2003, 443.
[96] Rau/Dürrwächter/*Hausmann*, UStG § 1 Rn. 256.
[97] Rau/Dürrwächter/*Hausmann* § 1 UmwStG Rn. 266 ff.
[98] Boruttau/*Fischer* § 1 GrEStG Rn. 527 ff.
[99] BFH v. 17.9.2003, BStBl. II 2004, 686.

haltenden Personengesellschaft übertragen werden. Ist die aufnehmende Gesellschaft nicht die Komplementärin, führt der Austritt der Komplementärin aus der Personengesellschaft zu einem Anwachsungsvorgang, der steuerbar nach § 1 Abs. 1 Nr. 3 GrEStG ist. Da die 5-Jahres-Frist nach § 6 Abs. 4 GrEStG im Regelfall nicht eingehalten ist, bleibt die Grunderwerbsteuer insoweit auch nicht unerhoben. Im Grunde entstehen also durch den Umstrukturierungsvorgang **zwei getrennte grunderwerbsteuerbare Tatbestände**. Problematisch ist hierbei, dass § 1 Abs. 2a GrEStG, anders als § 1 Abs. 3 GrEStG, nicht den Übergang eines Grundstücks, sondern den Wechsel auf einen anderen Rechtsträger[100] fingiert. Unter Berücksichtigung dieser Fiktion verbleibt es demnach bei zwei grunderwerbsteuerlich relevanten Vorgängen. Sachgerecht ist allerdings, die Umstrukturierung nach § 1 Abs. 6 S. 2 GrEStG als einheitlichen Vorgang zu werten.[101]

III. Verschmelzung einer Kapitalgesellschaft auf eine GmbH & Co. KG

1. Allgemeines

112 Im Gegensatz zu der Verschmelzung einer Personengesellschaft auf eine Kapitalgesellschaft ist der umgekehrte Fall der Verschmelzung einer Kapitalgesellschaft auf eine Personengesellschaft in den §§ 3 ff. UmwStG explizit geregelt. Auch diese Verschmelzungsform ist durch den Wechsel der Besteuerungskonzeption der Kapitalgesellschaft auf eine Personengesellschaft geprägt. Dies gilt sowohl für die steuerlichen Konsequenzen auf Ebene der Gesellschaft als auch auf Ebene der Gesellschafter.

113 Mit der Verschmelzung geht eine Kapitalgesellschaft mit eigener Rechtspersönlichkeit über auf eine Personengesellschaft, die nach dem Mitunternehmerkonzept steuerlich grundsätzlich transparent ist. Waren vor der Verschmelzung die von der Gesellschaft erwirtschafteten Ergebnisse auf Ebene des Gesellschafters erst im Falle von Gewinnausschüttungen relevant, werden nach der Verschmelzung die steuerlichen Ergebnisse dem Gesellschafter unmittelbar zugerechnet. Die steuerlichen Folgen des Verschmelzungsvorgangs sind im Wesentlichen auf diesen Besteuerungsunterschied auf Ebene des Gesellschafters zurückzuführen.

2. Wertansatz der Vermögensgegenstände und Schulden in der Übertragungs- und Übernahmebilanz

114 **a) Wertansatz in der Handelsbilanz.** Im Gegensatz zu den sonstigen Verschmelzungsformen sind die steuerlichen Konsequenzen der Verschmelzung einer Kapitalgesellschaft auf eine Personengesellschaft in den §§ 3 ff. UmwStG ausdrücklich geregelt. § 3 UmwStG lässt zu, dass die übertragende Kapitalgesellschaft die Vermögensgegenstände mit dem Buchwert, dem ge-

---

[100] Boruttau/*Fischer* § 1 GrEStG Rn. 819.
[101] a.A. *Hesselmann/Tillmann* Handbuch der GmbH & Co., Rn. 1477.

meinen Wert oder einem Zwischenwert ansetzt.¹⁰² Die Verschmelzung ist also zu Buchwerten, ohne Realisierung von stillen Reserven möglich.

Die übertragende Kapitalgesellschaft hat eine steuerliche Schlussbilanz zu erstellen. Diese Schlussbilanz wird nach § 5 Abs. 1 Nr. 6 UmwStG zwingend auf den Tag vor dem Verschmelzungsstichtag aufgestellt. Die handelsrechtliche Schlussbilanz des **übertragenden Rechtsträgers** ist nach § 17 Abs. 2 S. 2 UmwG unter Anwendung der gängigen Bilanzierungsregeln aufzustellen, insbesondere unter Berücksichtigung des Anschaffungswertprinzips. In dieser Schlussbilanz sind die Vermögensgegenstände und Schulden mit ihren **Buchwerten** anzusetzen. Eine Auflösung von stillen Reserven auf Ebene der übertragenden Kapitalgesellschaft ist damit nur in den Grenzen möglich, in denen handelsrechtlich eine Zuschreibung erfolgen kann, dh bis zur Höhe der ursprünglichen Anschaffungskosten, vermindert nur durch planmäßige Abschreibungen.¹⁰³ **115**

Das handelsrechtliche UmwG geht von der Vorstellung aus, dass die Vermögensübertragung durch Verschmelzung aus Sicht der aufnehmenden Gesellschaft als Anschaffungsvorgang zu werten ist, bei dem die Anschaffungskosten für die Gesellschaftsanteile an der übertragenden Gesellschaft auf die Vermögensgegenstände des Gesellschaftsvermögens projiziert werden.¹⁰⁴ Die Übernehmerin ist also handelsrechtlich nicht an die Buchwerte der übertragenden Kapitalgesellschaft gebunden. In der Handelsbilanz der übernehmenden Gesellschaft kann daher eine Aufstockung der Buchwerte der übernommenen Vermögensgegenstände über die ursprünglichen Anschaffungskosten hinaus erfolgen. **116**

In § 24 UmwG wird jedoch zugelassen, dass abweichend von § 255 Abs. 1 HGB im Zuge der Verschmelzung die Buchwerte der übertragenden Gesellschaft in der Übertragungs-/Schlussbilanz als Anschaffungskosten der übergehenden Vermögensgegenstände zugrunde gelegt werden. Das in § 24 UmwG eingeräumte **Wahlrecht zur Buchwertverknüpfung** kann allerdings nur einheitlich für alle übergehenden Vermögensgegenstände ausgeübt werden. Liegen die Anschaffungskosten für die Gesellschaftsanteile über dem Stand des bilanziellen Eigenkapitals der übertragenden Gesellschaft, ergibt sich bei einer Verschmelzung unter Buchwertansatz handelsrechtlich ein **Verschmelzungsverlust**, der erfolgswirksam in der Gewinn- und Verlustrechnung der aufnehmenden Gesellschaft zu erfassen ist.¹⁰⁵ **117**

Zu der ursprünglichen Fassung des UmwStG vertrat die Finanzverwaltung die Auffassung, dass der Grundsatz der **Maßgeblichkeit der Handelsbilanz für die Steuerbilanz** auch für die Beurteilung des Verschmelzungsvorgangs gelten würde. Hatte die übernehmende Gesellschaft in Übereinstimmung mit der mit § 24 UmwG die stillen Reserven in den übergehenden Vermögensgegenständen aufgelöst, sollte dies nach § 3 UmwStG – alt – **diagonal** auch in die Steuerbilanz der übertragenden Ge- **118**

---

¹⁰² *Schulz* DStR 1998 Beil. 17, 13.
¹⁰³ Rödder/Herlinghaus/*van Lishaut* UmwStG § 3 Rn. 60.
¹⁰⁴ IDW RS HFA 42, FN-IDW 12/2012, 708 Rn. 41 f.
¹⁰⁵ IDW RS HFA 42, FN-IDW 12/2012, 711 Rn. 70.

sellschaft gelten.[106] Dieser Betrachtungsweise ist der BFH entgegen getreten.[107]

119 Mit der Änderung des UmwStG durch das SEStEG ist auch für den Bereich des Umwandlungssteuerrechts der **Grundsatz der Maßgeblichkeit der Handelsbilanz für die Steuerbilanz** aufgegeben worden.[108] Dies gilt damit auch für die Bewertungsvorschriften §§ 3 und 11 UmwStG[109]. Nach § 3 Abs. 1 UmwStG sind bei einer Verschmelzung einer Kapitalgesellschaft auf eine Personengesellschaft die übergehenden Wirtschaftsgüter, einschließlich nicht entgeltlich erworbener und selbst geschaffener immaterieller Wirtschaftsgüter, in der steuerlichen Schlussbilanz der **übertragenen Körperschaft** mit dem gemeinen Wert anzusetzen. Damit ist auch für die Fallgestaltung der Verschmelzung einer Kapitalgesellschaft auf eine Personengesellschaft die Grundwertung des UmwStG in der Fassung des SEStEG beibehalten worden, dass jegliche Vermögensübertragung als veräußerungsähnlichen Vorgang gilt und grundsätzlich zu einer Auflösung von stillen Reserven führt.

120 Gegenüber der ursprünglichen Fassung des Umwandlungssteuergesetzes ist nunmehr auch durch die eindeutige Bestimmung in § 3 Abs. 1 S. 1 UmwStG geklärt, dass auch **selbstgeschaffene immaterielle Wirtschaftsgüter** in der Schlussbilanz des übertragenden Rechtsträgers angesetzt werden können, auch wenn nach § 5 Abs. 2 EStG hierfür in der Steuerbilanz ein Aktivierungsverbot besteht. Nach § 255 Abs. 2a HGB besteht ohnehin die Möglichkeit, in der Handelsbilanz unter bestimmten Voraussetzungen selbstgeschaffene immaterielle Vermögensgegenstände zu aktivieren.[110] Dieser handelsrechtliche Wertansatz wird wegen § 5 Abs. 2 EStG nicht in die Steuerbilanz übernommen. Ist also in der Handelsbilanz des übertragenden Rechtsträgers eine Position „selbsterstellte immaterielle Vermögensgegenstände" enthalten, besteht zumindest insoweit eine Abweichung zu der Steuerbilanz. Ungeachtet dessen führt die Grundwertung des § 3 Abs. 1 S. 1 UmwStG dazu, dass zum Zeitpunkt der Verschmelzung für selbstgeschaffene immaterielle Vermögensgegenstände auch ein Wert in der steuerlichen Schlussbilanz der übertragenden Kapitalgesellschaft anzusetzen ist, so dass sich insoweit grundsätzlich eine Auflösung von stillen Reserven ergibt. Da der Wertansatz in der Handelsbilanz durch den Herstellungskostenbegriff nach oben begrenzt ist, kann sich in einer Verschmelzungssituation sogar ein noch höherer Wert für diese Wirtschaftsgüter ergeben, da der gemeine Wert auch über deren Herstellungskosten liegen kann.

121 **b) Antrag auf Buchwertansatz.** Nach § 3 Abs. 2 UmwStG besteht die Möglichkeit, auf **Antrag** die übergehenden Wirtschaftsgüter in der steuerli-

---

[106] BMF v. 25.3.1998, BStBl. I 1998, 284 Rn. 3.01.
[107] BFH v. 19.10.2005, BStBl. II 2006, 568; ablehnend DPPM/*Dötsch* UmwStG § 3 Rn. 25.
[108] DPPM/*Dötsch* UmwStG § 3 Rn. 26.
[109] *Rödder/Schumacher* DStR 2007, 372.
[110] Rödder/Herlinghaus/van Lishaut/*Birkemeier* UmwStG § 3 Rn. 58.

chen Schlussbilanz mit dem Buchwert oder einem **Zwischenwert** anzusetzen. **Voraussetzung für den Buchwertantrag** ist, dass
- die betreffenden Wirtschaftsgüter zum Betriebsvermögen der übernehmenden Personengesellschaft werden und deren spätere Besteuerung sichergestellt ist;
- das Recht der Bundesrepublik Deutschland hinsichtlich der Besteuerung des Gewinns aus der Auflösung der stillen Reserven bei der übernehmenden Personengesellschaft nicht ausgeschlossen oder beschränkt wird und
- eine Gegenleistung nicht gewährt wird oder in Gesellschaftsrechten besteht.

Eine **Aufstockung der Wertansätze** der Vermögensgegenstände in der steuerlichen Schlussbilanz kommt insbesondere dann in Betracht, wenn die übertragende Kapitalgesellschaft noch über nennenswerte körperschaftsteuerliche und gewerbesteuerliche **Verlustvorträge** verfügt. Durch die Aufstockung der Buchwerte können einerseits die bestehenden steuerlichen Verlustvorträge verrechnet werden, andererseits kann ein erhöhtes Abschreibungspotential in das Betriebsvermögen der aufnehmenden Personengesellschaft übertragen werden.[111] Dabei sind jedoch die Auswirkungen der sog. **Mindestbesteuerung** in § 10d EStG zu beachten. 122

Der Ansatz der übergehenden Vermögensgegenstände an Schulden in der steuerlichen Schlussbilanz der übertragenden Kapitalgesellschaft führt dort zu einem **Gewinn**, falls der Wertansatz über dem steuerlichen Buchwert liegt. Das gleiche gilt für den Ansatz eines originären Geschäfts- oder Firmenwerts bzw. für den Ansatz von **selbst geschaffenen immateriellen Vermögensgegenständen**[112]. Der Ansatz der Vermögensgegenstände und Schulden dem Grunde und der Höhe nach in der steuerlichen Schlussbilanz beeinflusst darüber hinaus auch die Ermittlung des Übernahmeergebnisses nach § 4 Abs. 4 UmwStG. Das Übernahmeergebnis errechnet sich aus der Gegenüberstellung des Wertansatzes der übergehenden Vermögensgegenstände und Schulden Anschaffungskosten für die Gesellschaftsanteile. Je höher danach das übergehende Nettovermögen bewertet wird, umso höher ist auch das **Übernahmeergebnis**. 123

Insbesondere vor dem Hintergrund des Wegfalls der diagonalen Maßgeblichkeit der Handelsbilanz für die Steuerbilanz könnte daher daran gedacht werden, im Zuge des Verschmelzungsvorgangs **gezielt stille Reserven aufzulösen**, um auf Ebene der aufnehmenden Personengesellschaft steuerliches Abschreibungspotential zu generieren. Dies kann unter Umständen dann von Vorteil sein, wenn der über dem Buchwert liegende Wertansatz auf Ebene der übertragenden Kapitalgesellschaft mit bestehenden steuerlichen Verlustvorträgen verrechnet werden kann. Verfügt die übertragende Kapitalgesellschaft nicht über steuerliche Verlustvorträge, dürfte eine gezielte Auflösung von stillen Reserven auch nicht von Vorteil sein. 124

Der Wertansatz der übergehenden Vermögensgegenstände und Schulden ist darüber hinaus auch noch bedeutsam für die **Höhe der Kapitalkonten der Mitunternehmer** bei der aufnehmenden Personengesellschaft. Dies gilt 125

---

[111] Streck/Posdziech GmbHR 1995, 276; Knopf/Söffing DB 1995, 854.
[112] BMF v. 11.11.2011, BStBl. I 2011, 1349 Rn. 04.15.

unabhängig davon, ob für die betreffenden Mitunternehmer ein Übernahmegewinn nach § 4 Abs. 4 UmwStG ermittelt wird oder die Besteuerung nach § 7 UmwStG erfolgt. Auf Ebene der aufnehmenden Personengesellschaft müssen daher die übergehenden Vermögensgegenstände und Schulden so abgebildet werden, dass sich zwischen den Gesellschaftern der aufnehmenden Personengesellschaft keine Vermögensverschiebungen ergeben. Gegebenenfalls ist unter Einsatz von Ergänzungsbilanzen sicherzustellen, dass dennoch kein steuerpflichtiger Übernahmegewinn entsteht.[113]

Beispiel: Die AB GmbH mit den Gesellschaftern A und B wird auf die CD GmbH & Co. KG mit den Gesellschaftern C und D verschmolzen. Die AB GmbH hat ein bilanzielles Eigenkapital von 2.000. Der gemeine Wert beträgt 4.000. Die CD GmbH & Co. KG hat ein bilanzielles Eigenkapital von 3.000, auf C und D entfallen jeweils Kapitalkonten vom 1.500. Auch die CD GmbH & Co. KG hat einen gemeinen Wert von 4.000. Die AB GmbH soll auf die CD GmbH & Co. KG verschmolzen werden. Die Verschmelzung soll steuerlich zu Buchwerten erfolgen. Die Gesellschafter AB sowie CD sollen an der CD GmbH & Co. KG (nach Verschmelzung) zu gleichen Teilen beteiligt sein.

Lösungshinweis: Im Zuge der Verschmelzung können die stillen Reserven und Vermögensgegenstände und Schulden der AB GmbH für handelsrechtliche Zwecke teilweise aufgelöst werden. Die Vermögensgegenstände und Schulden können mit einem Zwischenwert von 3.000 angesetzt werden, um für die Kapitalkonten für A und B ein Aufstockungspotential zu gestalten. Die Vermögensgegenstände und Schulden der aufnehmenden CD GmbH & Co. KG brauchen nicht verändert zu werden. Um steuerlich eine Aufdeckung von stillen Reserven zu vermeiden, können für A und B die aufgestockten Buchwerte im Rahmen einer steuerlichen Ergänzungsbilanz wieder abgestockt werden. Es ergibt sich dabei folgendes Bild:

Bilanz CD GmbH & Co. KG (nach Verschmelzung)

Vermögen CD KG	3.000		
Vermögen von AB GmbH	3.000	Kapital C	1.500
		Kapital D	1.500
		Kapital A	1.500
		Kapital B	1.500
	6.000		6.000

Ergänzungsbilanz A

Minderkapital	500	Abstockungswert AB	500

Ergänzungsbilanz B

Minderkapital	500	Abstockungswert AB	500

126 Mit dem Einsatz von steuerlichen Ergänzungsbilanzen kann also das gewünschte handelsrechtliche Ergebnis erreicht werde. Alternativ könnte daran gedacht werden, bei der CD GmbH & Co. KG in einer Vorstufe der Verschmelzung das Festkapital von C und D zu reduzieren und in eine ge-

---

[113] Rödder/Herlinghaus/*van Lishaut* UmwStG § 4 Rn. 11.

samthänderisch gebundene Rücklage einzustellen. Im Zuge der Verschmelzung der AB GmbH auf die CD GmbH & Co. KG könnte dann der Gleichklang der Kapitalkonten auch mit dem Ansatz der steuerlichen Buchwerte der AB GmbH dargestellt werden.[114]

Die Personengesellschaft **tritt** hinsichtlich der übernommenen Vermögensgegenstände und Schulden nach § 4 Abs. 2 UmwStG **in die Rechtsstellung** der übertragenden Kapitalgesellschaft ein.[115] Dies gilt insbesondere hinsichtlich der Abschreibungen auf die übernommenen Vermögensgegenstände oder hinsichtlich evtl. bestehender steuerfreier Rücklagen gem. § 6b EStG. Die Abschreibungen ermitteln sich unter Zugrundelegung der bisherigen angenommenen Methodik. Der Eintritt in die Rechtsstellung des übertragenden Rechtsträgers hat außerdem Konsequenzen für sonstige Rechtsfolgen, wie zB die Einhaltung der Behaltefrist für erhaltene Investitionszulagen, für die Ermittlung der Vorbesitzzeiten bei der Möglichkeit der Bildung einer steuerfreien Rücklage nach § 6b EStG[116] sowie das Wertaufholungsgebot nach § 6 Abs. 1 Nr. 1 S. 4 EStG.[117] Ist im Zuge der Verschmelzung ein selbstgeschaffener immaterieller Vermögenswert angesetzt worden, gilt dieser als im Zuge der Umwandlung angeschafft und ist von der aufnehmenden Personengesellschaft in der Steuerbilanz anzusetzen und abzuschreiben.[118] 127

Werden handelsrechtlich nach dem Anschaffungskostenprinzip die Buchwerte der Vermögensgegenstände aufgestockt, sind die **Abschreibungsbeträge** der betroffenen Vermögensgegenstände **neu zu ermitteln**. Dies kann anhand der Restnutzungsdauer zum Verschmelzungsstichtag erfolgen. 128

Im Zuge der Verschmelzung gehen auch die **Verbindlichkeiten** und **Rückstellungen** der übertragenden Körperschaft auf die Personengesellschaft über. Alle Wertänderungen der übernommenen Verbindlichkeiten und Rückstellungen nach dem Verschmelzungsstichtag werden deshalb erfolgswirksam bei der Personengesellschaft erfasst. Eine eventuelle Auflösung einer durch die Kapitalgesellschaft zu hoch bemessenen Rückstellung führt damit also zu einem steuerlichen Ertrag der übernehmenden Personengesellschaft. Eine rückwirkende Korrektur des Übernahmeergebnisses erfolgt insoweit nicht. 129

c) Besteuerungsrecht der Bundesrepublik Deutschland. Der Antrag auf Buchwertansatz nach § 3 Abs. 2 UmwStG setzt voraus, dass die Bundesrepublik Deutschland das Besteuerungsrecht hinsichtlich der auf die Personengesellschaft übergehenden stillen Reserven nicht verliert. Ein Verlust des Besteuerungsrechts an den stillen Reserven ist nur möglich, wenn ein **ausländischer Anteilseigner** an der Personengesellschaft beteiligt ist. Verfügt die übertragende Kapitalgesellschaft ausschließlich über Inlandsvermögen und ist die Gesellschaft gewerblich tätig, ist die Vorgabe des § 3 Abs. 2 UmwStG in jedem Fall erfüllt, auch wenn an der aufnehmenden Personengesell- 130

---

[114] Rödder/Herlinghaus/*van Lishaut* UmwStG § 4 Rn. 11.
[115] BMF v. 11.11.2012, BStBl. I 2011, 1349 Rn. 04.09.
[116] BMF v. 11.11.2011, BStBl. I 2011, 1349 Rn. 04.16.
[117] DPPM/*Pung* Umwandlungssteuerrecht § 4 Rn. 18.
[118] Vgl. BMF v. 11.11.2011, BStBl. I 2011, 1349 Rn. 04.16.

schaft ein beschränkt steuerpflichtiger Anteilseigner beteiligt ist. Hinsichtlich der Mitunternehmeranteile besteht eine beschränkte Steuerpflicht aus § 49 Abs. 1 Nr. 2 EStG, die im Regelfall auch durch die bestehenden Doppelbesteuerungsabkommen nicht eingeschränkt wird.

131 Eine Ausnahme gilt dann, wenn die **übertragende Kapitalgesellschaft vermögensverwaltend** tätig ist. Deutschland verliert hier nach der Verschmelzung auf der Grundlage der aktuellen Rechtsprechung das Besteuerungsrecht, auch wenn die Verschmelzung auf eine gewerbliche Gesellschaft nach § 15 Abs. 3 Nr. 2 EStG erfolgt.

132 Unterhält die übertragende Kapitalgesellschaft **eine Betriebsstätte in einem Nicht-DBA-Land**, besteht auf Ebene der Kapitalgesellschaft kein Abkommensschutz, Deutschland hat also das grundsätzliche Besteuerungsrecht auch für die ausländische Betriebsstätte. Geht die betreffende Betriebsstätte im Zuge der Verschmelzung auf die Personengesellschaft über, lebt das Besteuerungsrecht Deutschlands uneingeschränkt fort, soweit die Gesellschafter der aufnehmenden Personengesellschaft unbeschränkt steuerpflichtig sind. Ist dagegen ein Gesellschafter der Personengesellschaft lediglich beschränkt steuerpflichtig, wird diesem das Betriebsstättenergebnis anteilig zugerechnet. Hierauf hat Deutschland allerdings grundsätzlich kein Besteuerungsrecht. Aus diesem Grund sollen im Zuge der Verschmelzung die anteiligen stillen Reserven der Auslandsbetriebsstätte aufgelöst werden soweit diese auf den beschränkt steuerpflichtigen Gesellschafter entfallen.[119] Da die Aufstockung der stillen Reserven in der Schlussbilanz des übertragenden Rechtsträgers erfolgt, sollte der Aufstockungsbetrag auf Ebene aller Gesellschafter der aufnehmenden Personengesellschaft durch positive und negative Ergänzungsbilanzen ausgeglichen werden. Für die inländischen unbeschränkt steuerpflichtigen Gesellschafter der Personengesellschaft soll also eine negative Ergänzungsbilanz erstellt werden, wohingegen dem ausländischen Gesellschafter eine positive Ergänzungsbilanz zugewiesen wird. Im Ergebnis erhält der ausländische Gesellschafter steuerlich die anteiligen stillen Reserven der Betriebsstätte zugewiesen.[120] In der Literatur wird die Vorgehensweise der Finanzverwaltung im Umwandlungssteuererlass zu Recht kritisiert, weil § 3 UmwStG ausschließlich den Wertansatz der Wirtschaftsgüter des übertragenden Rechtsträgers regelt. Eine weitere Differenzierung auf Ebene der Gesellschafter der übernehmenden Personengesellschaft ist durch das Gesetz nicht gedeckt, da sich sowohl die Ermittlung des Übernahmeergebnisses nach § 4 Abs. 4 UmwStG als auch die Zurechnung der fiktiven Kapitaleinkünfte nach § 7 Abs. 1 UmwStG ausschließlich an der Beteiligungsquote der Gesellschafter orientiert.[121]

---

[119] BMF v. 11.11.2011, BStBl. I 2011, 1314 Rn. 03.19; Rn. 04.24.
[120] BMF v. 11.11.2011, BStBl. I 2011, 1314 Rn. 04.24.
[121] DPPM/Pung, UmwStG § 4 Rn. 13a; *Schmitt*/Hörtnagl/Stratz, UmwStG § 4 Rn. 24; Rödder/Herlinghaus/*van Lishaut*, UmwStG § 4 Rn. 80.

3. Ermittlung des Übernahmeergebnisses auf der Ebene der Personengesellschaft

a) Einlagefiktion für die Gesellschaftsanteile. Bei der Verschmelzung 133
einer Kapitalgesellschaft auf eine GmbH & Co. KG muss danach unterschieden werden, ob die aufnehmende Personengesellschaft bereits Anteilseignerin der Kapitalgesellschaft ist oder ob das Vermögen im Wege der übertragenden Verschmelzung auf die Personengesellschaft übergeht. Im letzteren Fall fingiert § 5 Abs. 2, dass die Anteile der Kapitalgesellschaft grundsätzlich zum Verschmelzungsstichtag in das Betriebsvermögen der Personengesellschaft eingelegt gelten. Die **Einlagefiktion** gilt für **wesentliche Anteile** an Kapitalgesellschaften iSd § 17 EStG unabhängig davon, ob diese Anteile einem unbeschränkt oder beschränkt Steuerpflichtigen Anteilseigner gehören.[122] Unbeachtlich ist dabei, ob Deutschland nach dem zugrundeliegenden Doppelbesteuerungsabkommen das Besteuerungsrecht auf Gewinne aus der Veräußerung der betreffenden Anteile hatte oder nicht.[123] Insoweit hat sich gegenüber dem UmwStG 1995 eine Änderung ergeben.

Schafft die Personengesellschaft **Anteile nach dem steuerlichen Über-** 134
tragungsstichtag, jedoch vor dem Zeitpunkt des Verschmelzungsbeschlusses **an**, gelten diese zum Zeitpunkt des Verschmelzungsstichtages angeschafft.

Entgegen der bisherigen Auffassung des vorangegangenen Umwand- 135
lungssteuererlasses[124] vertritt die Finanzverwaltung nun die Auffassung, dass der **unentgeltliche** Erwerb von Anteilen durch die Personengesellschaft dem tatsächlichen (entgeltlichen) Erwerb gleichgestellt ist.[125] Ein unentgeltlicher Erwerb kann etwa durch eine verdeckte Einlage auf der Grundlage des § 6 Abs. 5 Satz 3 EStG erfolgen, wenn die betreffenden Gesellschaftsanteile unentgeltlich in die Personengesellschaft eingelegt worden sind und die Gutschrift auf einem gesamthänderisch gebundenen Rücklagekonto erfolgt.[126] Diese eher pauschale Aussage der Finanzverwaltung im Umwandlungssteuererlass wird kritisiert. Systematisch richtiger sei die Behandlung entsprechend § 5 Abs. 3 UmwStG[127]. Werden die verdeckt eingelegten Anteile an der Kapitalgesellschaft mit dem (niedrigen) Einlagewert angesetzt, erhöht sich entsprechend das Umwandlungsergebnis, so dass sich in der Gesamtschau auf Ebene der Gesellschafter grundsätzlich das gleiche steuerliche Ergebnis einstellt. Je nach Ausgangssituation können sich allerdings Abweichungen ergeben. Die Zuordnung der verdeckten Einlage nach § 5 Abs. 3 UmwStG kann anders als nach § 7 Abs. 1 UmwStG für die Gesellschafter zu einem höheren steuerlichen Gewinn aus der Verschmelzung führen.[128] Aus systematischer Sicht ist die geäußerte Kritik jedoch zutreffend. Systematisch ist es eher sachgerecht, den Vorgang der verdeckten Einlage von Anteilen der

---

[122] BMF v. 11.11.2011, BStBl. I, 1330, Rn. 5.07.
[123] DPPM/Pung UmwStG, § 5 Rn. 26; Lippros, UmwStG, § 5 Rn. 22.
[124] BMF v. 25.3.1998, BStBl. I 1998, 291 Rn. 0501.
[125] BMF v. 11.11.2011, BStBl. I 2011 Rn. 1349.
[126] BMF v. 11.7.2011, BStBl. I 2011, 713.
[127] vgl. *Schmitt*/Hörtnagl/Stratz, § 5 Rn. 9; DPPM/*Pung*, UmwStG § 5 Rn. 11; Haritz/Männer/*Haritz*, UmwStG § 5 Rn. 25.
[128] *Schmitt*/Hörtnagl/Stratz, UmwStG § 5 Rn. 9.

übertragenden Kapitalgesellschaft im Rückwirkungszeitraum nach § 5 Abs. 3 UmwStG zu erfassen.

136 **b) Fiktive Ausschüttung der offenen Reserven.** Mit der Neufassung des Umwandlungssteuergesetz durch das SEStEG wurde auch die Konzeption der Besteuerung des Umwandlungsvorgangs auf **Ebene des Anteilseigners** geändert. In § 7 UmwStG ist eine Regelung aufgenommen worden, durch die im Falle einer Verschmelzung einer Kapitalgesellschaft auf eine Personengesellschaft eine fiktive Totalausschüttung der übertragenden Kapitalgesellschaft unterstellt wird. Diese fiktive Gewinnausschüttung ist den Anteilseignern entsprechend ihrer Beteiligungsquote zuzurechnen. Der Anteilseigner muss die auf ihn entfallende fiktive Gewinnausschüttung als Einkünfte aus Kapitalvermögen nach § 20 Abs. 1 Nr. 1 EStG besteuern. Im Regelfall erfolgt die Versteuerung mit dem Sondersteuersatz für Kapitaleinkünfte (Abgeltungssteuer). Durch das Konzept der fiktiven Totalausschüttung wird das Umwandlungsergebnis aufgeteilt, in einen Dividenden- und einen Verschmelzungsteil.[129]

137 Nach § 7 Satz 1 UmwStG gilt als Betrag der **fiktiven Gewinnausschüttung** das in der Steuerbilanz der übertragenden Körperschaft zum Übertragungsstichtag ausgewiesene Eigenkapital abzüglich des Bestandes des steuerlichen Einlagekontos gemäß § 27 KStG. Werden also im Zuge der Verschmelzung stille Reserven in übertragenen Vermögensgegenständen und Schulden aufgelöst oder wird ein selbst geschaffener Geschäfts- oder Firmenwert angesetzt, erhöht sich der Betrag der fiktiven Gewinnausschüttung nach § 7 S. 1 UmwStG.

138 Der Bezug auf das steuerliche Eigenkapital in der steuerlichen Schlussbilanz des übertragenen Rechtsträgers bedeutet aber auch, dass **Pensionsverpflichtungen** mit dem Wert nach § 6a EStG angesetzt werden. Die tatsächliche wirtschaftliche Belastung aus den Pensionsverpflichtungen ist umso höher, je geringer das allgemeine Zinsniveau ist. Im Regelfall bestehen hier negative stille Reserven, dh also stille Lasten. Bestehende stille Lasten aus Pensionsverpflichtungen werden bei der Ermittlung dieser fiktiven Gewinnausschüttung nicht berücksichtigt bzw führen zu einem entsprechenden erhöhten Dividendenansatz. Aus diesem Grund wird zu Recht gefordert, die Folgen der fiktiven Besteuerung im Wege einer Billigkeitsregelung abzumildern.[130] Die Finanzverwaltung lässt diese Überlegungen unberücksichtigt und geht davon aus, dass Pensionsverpflichtungen in der steuerlichen Schlussbilanz mit dem Wert anzusetzen sind, wie er sich nach § 6a EStG ergibt.[131] Die Folgen der Umwandlung ergeben sich dann automatisch wie geschildert.

139 Sind im Rückwirkungszeitraum von der übertragenden Kapitalgesellschaft **Gewinnausschüttungen beschlossen** worden, werden diese von der Rückwirkungsfiktion des § 2 UmwStG erfasst. Sie gelten also von der übernehmenden Personengesellschaft ausgeführt. Im Ergebnis bedeutet dies, dass es sich insoweit um Entnahmen aus der aufnehmenden Personengesellschaft handelt. Dies gilt zumindest insoweit, als die Gewinnausschüttung an Anteilseigner erfolgen, die Gesellschafter der aufnehmenden Personengesellschaft werden.

---

[129] Vgl Rödder/Herlinghaus/van Lishaut/*Birkemeier* UmwStG § 7 Rn. 1.
[130] Vgl *Rödder* DStR 2011, 1059.
[131] BMF v. 11.11.2011, BStBl. I 2011, 1314 Rn. 3.07.

Scheidet im Zuge der Verschmelzung ein **Gesellschafter aus** der Ge- 140
sellschaft aus, werden diese weder von der fiktiven Gewinnausschüttung gemäß § 7 UmwStG noch von der Ermittlung des Übernahmeergebnisses
gemäß § 4 Abs. 4 ff. UmwStG erfasst. Für die vorgenommenen Gewinnausschüttungen im Eigenkapital der übertragenen Gesellschaft ein passiver
Korrekturposten abzusetzen.[132]

Mit der Neufassung des § 7 UmwStG sollte eine bestehende Regelungslü- 141
cke des bisherigen Umwandlungssteuerrechts geschlossen werden, soweit **ausländische Anteilseigner** an der übertragenen Kapitalgesellschaft beteiligt
waren. Durch die Neuregelung soll das deutsche Besteuerungsrecht an den
offenen Rücklagen der übertragenen Kapitalgesellschaft gesichert werden.[133]
Damit sind in einer Verschmelzungssituation die fiktiven Dividenden auch an
ausländische Anteilseigner zuzurechnen. Die konkreten Steuerfolgen richten
sich danach, ob mit dem Sitzstaat des Anteilseigners ein Doppelbesteuerungsabkommen besteht oder nicht. Im Regelfall dürfte Deutschland zumindest
das Recht auf Erhebung der Kapitalertragsteuer auf die Dividenden zufallen.

Durch die gesetzliche Fiktion einer Gewinnausschüttung durch § 7 Satz 1 142
UmwStG werden auf Ebene des Gesellschafters Einnahmen im Sinne des
§ 20 Abs. 1 Nr. 1 EStG unterstellt. Fraglich ist, ob auf diese fiktive Gewinnausschüttung auch Kapitalertragsteuer zu erheben ist. Die **Verpflichtung
zum Kapitalertragssteuerabzug** wird vereinzelt in Zweifel gezogen, weil
keine echte Gewinnausschüttung vorliegt, es also keinen Schuldner von Bezügen gibt[134]. Es spricht jedoch einiges dafür, dass die gesetzliche Fiktion mit
allen Konsequenzen umzusetzen ist, mithin also auch Kapitalertragsteuer zu
erheben ist. Die Verpflichtung zum Kapitalertragssteuerabzug dürfte auf die
aufnehmende Personengesellschaft übergehen.[135] Der Kapitalertragssteuerabzug trifft damit auch im Regelfall den ausländischen Anteilseigner der übertragenden Kapitalgesellschaft.

c) Ermittlung des Verschmelzungsergebnisses. *aa) Grundstruktur der* 143
Berechnung. Das **Übernahmeergebnis** errechnet sich nach § 4 Abs. 4 ff.
UmwStG nach folgendem Schema:

    Wert des übergehenden Vermögens
./. Kosten für den Vermögensübergang
./. Buchwert der Anteile der übertragenden Körperschaft

= Übernahmegewinn/-verlust erste Stufe iSd § 4 Abs. 4 S. 1 UmwStG
+ Zuschlag für neutrales (Auslands-) Vermögen
+ Sperrbetrag nach § 50c EStG[136]
./. Bezüge gem. § 7 UmwStG

= Übernahmegewinn/-verlust iSd § 4 Abs. 4 und 5 UmwStG

---

[132] BMF v. 11.11.2011, BStBl. I 2011, 1314 Rn. 02.33; DPPM/*Pung* UmwStR § 7 Rn. 13.
[133] Rödder/*Herlinghaus*/van Lishaut/*Birkemeier* UmwStG § 7 Rn. 2.
[134] HHR/*Harenberg*/*Irmer* EStG § 43 Rn. 9.
[135] Rödder/Herlinghaus/van Lishaut/*Birkemeier* UmwStG § 7 Rn. 25.
[136] § 50c EStG ist mittlerweile weggefallen, zu der weiteren Anwendung § 52 Abs. 59 EStG.

16. Kapitel. Umwandlungssituationen: Verschmelzung, Spaltung und Formwechsel

144 Erfolgt hiernach die Verschmelzung der Kapitalgesellschaft auf die Personengesellschaft handelsrechtlich **ohne Auflösung von stillen Reserven**, gehen die Buchwerte des übertragenen Vermögens unverändert auf die Personengesellschaft über. Der Buchwert des übergehenden Reinvermögens entspricht deshalb der Summe des bilanziellen Eigenkapitals der übertragenden Kapitalgesellschaft. Dieser Buchwert wird dem Buchwert der Gesellschaftsanteile bei der Personengesellschaft gegenübergestellt, wie er sich unter Berücksichtigung der Einlagefiktion in § 5 Abs. 2 UmwStG ergibt.

145 Nach der Konzeption des UmwStG in der Fassung des SEStEG können die Steuerfolgen der Verschmelzung einer Kapitalgesellschaft auf eine Personengesellschaft an folgendem vereinfachten **Beispiel** dargestellt werden:

146 Die X GmbH hat ein Stammkapital von 1.000, eine Kapitalrücklage von 500 und einen Gewinnvortrag von 600. Im Betriebsvermögen der X GmbH sind stille Reserven von 900 enthalten. Das steuerliche Einlagekonto beträgt 500. Die Anteile der X GmbH werden vollständig von der Y GmbH & Co. KG gehalten. Y GmbH & Co. KG hat die Anteile der X GmbH zum Kaufpreis von 1.500 erworben. Die X GmbH soll auf die Y GmbH & Co. KG verschmolzen werden. Die Verschmelzung soll zu Buchwerten erfolgen. Verschmelzungskosten entstehen nicht.

Lösungshinweis: Das verwendbare Eigenkapital errechnet sich wie folgt:

Eigenkapital lt. Steuerbilanz	2.100
abzüglich Nennkapital	−1.000
abzüglich steuerliches Einlagekonto gem. § 27 Abs. 1 KStG	−500
Ausschüttbarer Gewinn also	600

§ 7 Satz 1 UmwStG fingiert eine Gewinnausschüttung der X GmbH. Die fiktive Dividende von 600 wird den Gesellschaftern der Y GmbH & Co. KG als Einkünfte aus Kapitalvermögen zugerechnet.

Das Übernahmeergebnis errechnet sich im Beispielsfall wie folgt:

Wert des übergehenden Vermögens	2.100
− Kosten für den Vermögensübergang	0
− Buchwert der Anteile der übertragenden Körperschaft	−1.500
Übernahmegewinn erste Stufe	600
− Bezüge der Gesellschafter gemäß § 7 UmwStG	−600
Übernahmegewinn	0

147 Für die Gesellschafter der Y GmbH & Co. KG ergibt sich also keine weitere Folge durch die Verschmelzung.

148 Werden einzelne Anteile der Kapitalgesellschaft wegen eines besonderen Status der Anteile, etwa als nicht wesentliche Beteiligung im Privatvermögen, nicht in die Ermittlung des Übernahmeergebnisses einbezogen, erfolgt die vorstehend beschriebene **Berechnung des Übernahmegewinns** lediglich **quotal**.

149 *bb) Einzelheiten der Berechnung.* § 4 Abs. 4 Satz 1 UmwStG ordnet ferner an, dass bei der Ermittlung des Übernahmeergebnisses die **Kosten des Vermö-**

gensübergangs abzuziehen sind. Grundsätzlich gilt dabei, dass die übertragende Kapitalgesellschaft einerseits sowie die übernehmende Personengesellschaft andererseits jeweils die auf sie entfallenden Kosten der Verschmelzung zu tragen haben.[137] Die betreffenden Kosten sind also bei der Ermittlung der Übernahmeergebnisses anzusetzen, nicht dagegen bei der Ermittlung der fiktiven Kapitaleinkünfte nach § 7 Abs. 1 UmwStG. Ohne diese gesetzliche Vorgabe wäre es durchaus vertretbar, die Kosten des Verschmelzungsvorgangs der fiktiven Gewinnausschüttung zuzurechnen. Ist Gesellschafter der aufnehmenden Personengesellschaft eine Kapitalgesellschaft, wären die entsprechenden Kosten in vollem Umfang steuerlich abzugsfähig. Ist Gesellschafter der aufnehmenden Personengesellschaft eine natürliche Person, wären die entsprechenden Kosten zumindest im Rahmen des Teileinkünfteverfahrens anzusetzen. Wegen der eindeutigen gesetzlichen Bestimmung dürfte die vorrangige Zuordnung der entsprechenden Kosten bei der Ermittlung des Übernahmeergebnisses jedoch wohl zwingend sein.[138]

Der Ansatz der im Zuge der Verschmelzung übergehenden Wirtschaftsgüter mit ihrem bisherigen steuerlichen Buchwert setzt nach § 3 Abs. 2 Nr. 2 UmwStG voraus, dass das **Recht der Bundesrepublik Deutschland hinsichtlich der Besteuerung des Gewinns** aus der Veräußerung der übergehenden Wirtschaftsgüter bei der übernehmenden Personengesellschaft bzw bei deren Gesellschaftern **nicht ausgeschlossen oder beschränkt** wird. Folgerichtig sieht § 4 Abs. 4 Satz 2 UmwStG vor, dass im Zuge der Ermittlung des Übernahmegewinns oder Übernahmeverlustes in diesem Fall die übergehenden Wirtschaftsgüter der übertragenen Kapitalgesellschaft mit dem gemeinen Wert anzusetzen sind. **150**

Unterhält die Kapitalgesellschaft eine **Betriebsstätte in einem DBA-Staat**, hat Deutschland im Regelfall kein Besteuerungsrecht für das Betriebsstättenvermögen sowie die betreffenden Einkünfte, da in den Doppelbesteuerungsabkommen für die Betriebsstätteneinkünfte üblicherweise die Freistellungsmethode vereinbart ist. Das Gleiche gilt für im Ausland belegenes Grundvermögen. Da insoweit Deutschland kein Besteuerungsrecht hat, kann die übertragende Kapitalgesellschaft die betreffenden Werte nach § 3 Abs. 2 UmwStG mit dem Buchwert oder einem Zwischenwert ansetzen. Allerdings sieht § 4 Abs. 4 Satz 2 UmwStG auch für diesen Fall vor, dass für Zwecke der Ermittlung des Übernahmegewinns eine **anteilige Auflösung von stillen Reserven** erfolgt. Hintergrund dieser Regelung ist offensichtlich die Befürchtung einer Regelungslücke.[139] Ausgangspunkt ist die Überlegung, dass sich die stillen Reserven in dem Auslandsvermögen auch auf den Wert des Gesellschaftsanteils auswirken. Im Falle der Veräußerung der Anteile an der Kapitalgesellschaft hätte Deutschland Anspruch auf Besteuerung des Veräußerungsgewinns auf Ebene der Gesellschafter, auch soweit dieser auf die stillen Reserven der ausländischen Betriebsstätte entfällt. Wird dagegen die betreffende Kapitalgesellschaft auf eine Personengesellschaft verschmolzen, ist im Falle einer späteren Veräußerung der Gesellschaftsanteile **151**

---

[137] BMF v. 11.11.2011, BStBl. I 2011, 1314 Rn. 04.43.
[138] Rödder/Herlinghaus/*van Lishaut*, UmwStG § 4 Rn. 91.
[139] Regierungsbegründung des SEStEG v. 12.7.2006, DTDrucks 16/2710, 39.

16. Kapitel. Umwandlungssituationen: Verschmelzung, Spaltung und Formwechsel

der Personengesellschaft der Veräußerungsgewinn in Deutschland von der Besteuerung freigestellt, soweit dieser auf die (Freistellungs-)Betriebsstätte bzw auf das im Ausland belegene Grundvermögen entfällt. Aus diesem Grund ordnet § 4 Abs. 4 Satz 2 UmwStG an, dass die stillen Reserven in dem sog. neutralen Vermögen in die Ermittlung des Übernahmegewinnes einzubeziehen sind.[140]

Beispiel: An der X GmbH & Co. KG sind die Gesellschafter A mit 60% und B mit 40% beteiligt. Die X GmbH & Co. KG hält sämtliche Anteile der X GmbH. Die Anteile sind zum Kaufpreis von 1.800 erworben worden. Die Bilanz der X GmbH & Co. KG zeigt folgendes Bild:

Beteiligung X GmbH	1.800	Kapital A	2.880
Sonstiges Vermögen	3.000	Kapital B	1.920
	4.800		4.800

Die X GmbH hat ein Stammkapital von 1.500 und ein gesamtes Eigenkapital von 2.500. Die Buchwerte des inländischen Vermögens betragen 1.500 (gemeiner Wert 2.000).

Die Buchwerte einer ausländischen Betriebsstätte betragen 1.000 (gemeiner Wert 1.400). Die X GmbH soll auf die X GmbH & Co. KG verschmolzen werden. Das übergehende Vermögen soll mit dem Buchwert angesetzt werden.

Lösungshinweis: In der steuerlichen Schlussbilanz der X GmbH können die Wirtschaftsgüter nach § 3 Abs. 2 UmwStG mit dem Buchwert angesetzt werden. Die steuerlichen Buchwerte sind nach § 4 Abs. 1 Satz 1 UmwStG von der GmbH & Co. KG zu übernehmen. Das Übernahmeergebnis wird wie folgt ermittelt:

Eigenkapital lt Steuerbilanz	2.500
abzüglich Nennkapital	−1.500
abzüglich steuerliches Einlagekonto	0
Ausschüttbarer Gewinn also	1.000

Die fiktive Dividende wird den Gesellschaftern der X GmbH & Co. KG zugerechnet und wird dort als Einkünfte aus Kapitalvermögen versteuert.

Im Zuge der Ermittlung des Übernahmeergebnisses ist ein Zuschlag für neutrales Vermögen gemäß § 4 Abs. 4 Satz 2 UmwStG vorzunehmen. Das Übernahmeergebnis errechnet sich danach wie folgt:

	A	B
Wert des übergehenden Vermögens	1.500	1.000
./. Kosten für den Vermögensübergang	0	0
Buchwert der Anteile der übertragenden Körperschaft	−1.080	−720
Übernahmegewinn erste Stufe	420	280
Zuschlag für neutrales Vermögen	240	160
Sperrbetrag nach § 50c EStG	0	0
Bezüge der Gesellschafter gemäß § 7 UmwStG	−600	−400
Übernahmegewinn	60	40

---

[140] Rödder/Herlinghaus/*van Lishaut*, UmwStG § 4 Rn. 93.

§ 4 Abs. 4 S. 2 UmwStG erfasst nach dem Wortlaut auch die Fallgestaltung, dass die übertragende Kapitalgesellschaft eine Betriebsstätte in einem nicht DBA-Land unterhält. Mangels eines DBAs besteht für diese Betriebsstätte kein Abkommensschutz, dh Deutschland hat für das Vermögen und die Einkünfte grundsätzlich das Besteuerungsrecht. Da Deutschland nach der Verschmelzung auf dieses Auslandsvermögen bzw deren Einkünfte zugreifen kann wird mit überzeugenden Gründen vorgetragen, dass § 4 Abs. 4 S. 2 UmwStG teleologisch zu reduzieren ist, mithin nicht greifen soll.[141]

cc) Besteuerung des Verschmelzungsergebnisses. Ergibt sich aus der Berechnung des Übernahmeergebnisses nach § 4 Abs. 4 UmwStG ein **Übernahmegewinn**, richten sich die Steuerfolgen nach § 4 Abs. 7 UmwStG. Hiernach bleibt ein anteiliger Übernahmegewinn, soweit er auf eine **Körperschaft** als Mitunternehmerin der übernehmenden Personengesellschaft entfällt, in voller Höhe **steuerfrei**. Soweit dieser auf eine **natürliche Person** als Mitunternehmerin entfällt, ist der Übernahmegewinn lediglich zu 60 % (Teileinkünfteverfahren) steuerpflichtig. Ist eine Kapitalgesellschaft mittelbar beteiligt, gilt nicht die teilweise, sondern die vollständige Freistellung, dh § 4 Abs. 7 UmwStG wird bei mehrstöckigen Personengesellschaften auf der obersten Ebene angewendet.[142] 152

Die Konsequenzen aus der Ermittlung des Übernahmeergebnisses nach § 4 UmwStG im Falle einer Verschmelzung lassen sich wie folgt zusammenfassen: 153

	Übernahmeverlust	Übernahmegewinn
Anteilseigner ist eine natürliche Person	bleibt außer Ansatz	zu 60% steuerpflichtig (Teileinkünfteverfahren)
Anteilseigner ist eine Kapitalgesellschaft	bleibt außer Ansatz	steuerfrei
Anteilseigner ist eine Personengesellschaft	bleibt außer Ansatz	zu 60% steuerpflichtig (Teileinkünfteverfahren) bzw. steuerfrei, je nach Gesellschafterstruktur der Obergesellschaft

Ergibt sich aus der Berechnung des Übernahmeergebnisses nach § 4 Abs. 4 UmwStG ein **Verlust**, bleibt dieser nach § 4 Abs. 6 UmwStG außer Ansatz. Nach der ursprünglichen Fassung des § 4 Abs. 6 UmwStG konnte ein eventueller anteiliger Übernahmeverlust im Rahmen einer Ergänzungsbilanz abgebildet werden, führte mithin für den Gesellschafter zu einem zusätzlichen Abschreibungspotential. Mit der Systemumstellung des Körperschaftsteuerrechts wurde jedoch auch insoweit eine grundlegende Änderung der Ermittlung des Umwandlungsergebnisses vorgenommen. Ein eventueller **Übernahmeverlust bleibt nunmehr stets außer Betracht.** Dies führt letztlich dazu, dass der Erwerber der Gesellschaftsanteile in Höhe der im Kaufpreis 154

---

[141] Vgl. DPPM/*Pung* Umwandlungsrecht § 4 Rn. 60; *Bogenschütz* Ubg 2011, 393 aA BMF v. 11.11.2011, BStBl. II 2011, 1314 Rn. 04.29.

[142] *Prinz/Ley* GmbHR 2002, 842; BMF v. 16.12.2003 BStBl. I 2003, 786 Rn. 3.

abgebildeten stillen Reserven der Gesellschaftsanteile in der Folgezeit keine Abschreibungen geltend machen kann.[143] Die Nichtberücksichtigung eines Übernahmeverlustes gilt unabhängig davon, ob und inwieweit auf Ebene des veräußernden Gesellschafters ein steuerpflichtiger Veräußerungsgewinn entstanden ist, ob dieser nach § 8b KStG steuerfrei, ob dieser in voller Höhe steuerpflichtig oder lediglich nach dem Teileinkünfteverfahren nach § 3 Nr. 40 EStG besteuert worden ist.

155 Die Nichtberücksichtigung eines Übernahmeverlustes führt dazu, dass auf Seiten des Erwerbers nunmehr **keine Gestaltungsmöglichkeit** mehr besteht, auf einem relativ einfachen Wege einen sog step-up zu gestalten, um für die Folgezeit steuerliches Abschreibungspotential zu generieren.[144] Damit wird bei Unternehmensverkäufen von Seiten des Erwerbers verstärkt darauf gedrungen werden, die Akquisition in Form eines asset deals durchzuführen, damit dieser in den Genuss von steuerlichem Abschreibungspotential gelangt.[145] Auf Veräußererseite ist ein Veräußerungsgewinn zwar durch den Einbezug in das Teileinkünfteverfahren bzw. der Steuerfreiheit nach § 8b Abs. 1 KStG begünstigt, benachteiligt wird jedoch der Erwerber, so dass hieraus grundsätzlich ein Einfluss auf die Festlegung des Kaufpreises erwartet werden kann. Tendenziell wird wohl der steuerliche Nachteil des Erwerbers in Verbindung mit der Begünstigung des Veräußerers zu einer Minderung des Kaufpreises für die Gesellschaftsanteile führen.

Beispiel: A und B sind zu je 50% Gesellschafter der G-GmbH & Co. KG; A hat im Jahr 01 50%-Anteile an der H-GmbH zum Kaufpreis von 2.500 T-EUR erworben. B war an der H-GmbH seit ihrer Gründung mit 50% beteiligt. Die H-GmbH hat im Jahr 06 folgendes Bilanzbild:

H-GmbH

Anlagevermögen	2.000	Stammkapital	1.000
Umlaufvermögen	3.800	Bilanzgewinn	1.800
		Verbindlichkeiten	3.000
	5.800		5.800

Die H-GmbH soll zum 1.1.07 auf die G-GmbH & Co. KG ohne Aufdeckung von stillen Reserven verschmolzen werden. Es ergeben sich folgende Auswirkungen:

Lösungshinweis: Die Anteile der H-GmbH gelten nach § 5 Abs. 2 UmwStG eingelegt. Der ausschüttbare Gewinn errechnet sich wie folgt

	T-EUR
Eigenkapital lt. Steuerbilanz	2.800
abzüglich Nennkapital	−1.000
abzüglich steuerliches Einlagekonto gem. § 27 Abs. 1 KStG	0
ausschüttbarer Gewinn also	1.800

Für A und B erfolgt gem. § 7 UmwStG eine fiktive Gewinnausschüttung in Höhe von 1.800, die als Einkünfte aus Kapitalvermögen zu versteuern sind.

---

[143] *Rödder/Schumacher* DStR 2000, 368; *Winkeljohann/Stegemann* DStR 2004, 544.
[144] *Schumacher* DStR 2004, 590.
[145] *Rödder/Schumacher* DStR 2000, 368.

§ 53 *Steuerliche Konsequenzen der Verschmelzung*

Das Verschmelzungsergebnis errechnet sich wie folgt:

	A T-EUR	B T-EUR
Buchwert des Vermögens	1.400	1.400
./. Anschaffungskosten der Anteile	−2.500	−500
Verschmelzungsergebnis erste Stufe	−1.100	900
+ Sperrbetrag § 50c EStG	0	0
./. Bezüge gem. § 7 UmwStG	−900	−900
Verschmelzungsergebnis	−2.000	0

156 Im Beispielsfall ergibt sich für A ein Übernahmeverlust von 2.000. Dieser ist maßgeblich geprägt durch die fiktive Gewinnausschüttung nach § 7 UmwStG. A hat im Zuge des Erwerbs der Gesellschaftsanteile die offenen und stillen Rücklagen der Gesellschaft im Kaufpreis abgegolten. Durch die Systematik der Ermittlung des Übernahmeergebnisses ergeben sich auf Ebene des A zunächst positive Einkünfte aus Kapitalvermögen, obschon diese im Grunde durch den Kaufpreis bezahlt worden sind. § 4 Abs. 6 Satz 3 UmwStG sieht daher vor, dass abweichend von der Generalklausel des § 4 Abs. 6 Satz 1, nach der ein Übernahmeverlust grundsätzlich außer Ansatz bleibt, dieser insoweit zu berücksichtigen sind, als Bezüge im Sinne des § 7 UmwStG entstehen. Auf Ebene des B werden die anteiligen fiktiven Kapitalerträge durch einen gleich hohen Übernahmeverlust wieder ausgeglichen.

157 Anders stellt sich die Situation dar, wenn der Erwerb der Gesellschaftsanteile zu einem Kaufpreis erfolgt, der unter dem Nominalwert des Eigenkapitals lag. In diesem Fall ergibt sich durch die Verschmelzung ein positives Verschmelzungsergebnis.

Beispiel: Wie vorstehend, die Anschaffungskosten der Gesellschaftsanteile durch A betragen 400, weil sich die Gesellschaft zu diesem Zeitpunkt in der Krise befand.

Der ausschüttbare Gewinn errechnet sich wie folgt

	T-EUR
Eigenkapital lt. Steuerbilanz	2.800
abzüglich Nennkapital	−1.000
abzüglich steuerliches Einlagekonto gem. § 27 Abs. 1 KStG	0
ausschüttbarer Gewinn also	1.800

Für A und B erfolgt gem. § 7 UmwStG eine fiktive Gewinnausschüttung in Höhe von 1.800, die als Einkünfte aus Kapitalvermögen zu versteuern sind.

Das Verschmelzungsergebnis errechnet sich wie folgt:

	A T-EUR	B T-EUR
Buchwert des Vermögens	1.400	1.400
./. Anschaffungskosten der Anteile	−400	−500
Verschmelzungsergebnis erste Stufe	1.000	900
+ Sperrbetrag § 50c EStG	0	0
./. Bezüge gem. § 7 UmwStG	−900	−900
Verschmelzungsergebnis	100	0

Düll

Auf A entfällt bei dieser Konstellation ein Verschmelzungsgewinn, der nach dem Teileinkünfteverfahren zu versteuern ist.

158 d) Nicht in die Ermittlung des Übernahmeergebnisses einzubeziehende Anteile. *aa) Nicht wesentliche Beteiligung im Privatvermögen.* § 5 Abs. 2 UmwStG fungiert die Einlage von Anteilen an einer Kapitalgesellschaft in das Betriebsvermögen der aufnehmenden Personengesellschaft, wenn die Anteile von dem Gesellschafter im Privatvermögen gehalten werden und wenn es sich um eine wesentliche Beteiligung iSd. § 17 EStG handelt. Nicht wesentliche Beteiligungen, die von dem Gesellschafter im Privatvermögen gehalten werden, werden durch die **Einlagefiktion nicht erfasst.** Für die Anwendung des § 5 Abs. 2 UmwStG spielt es dabei keine Rolle, ob die wesentliche Beteiligung von einem unbeschränkt oder lediglich beschränkt Steuerpflichtigen gehalten werden, ob sich die steuerliche Verhaftung also aus § 17 EStG oder aus § 49 Abs. 1 Nr. 2 EStG ergibt.[146]

159 Nach der Struktur des UmwStG erfolgt in allen Fällen, in denen ein Übernahmeergebnis nach § 4 Abs. 4 ff. UmwStG zu ermitteln ist, eine Aufteilung in Einkünfte aus Kapitalvermögen aus der fiktiven Gewinnausschüttung nach § 7 Abs. 1 UmwStG und der Ermittlung des eigentlichen Übernahmeergebnisses als Übernahmegewinn oder -verlust nach § 4 Abs. 4 ff. UmwStG. Durch die Einlagefiktion in § 5 Abs. 2 UmwStG wird erreicht, dass eine **wesentliche Beteiligung** an einer Kapitalgesellschaft im Sinne des § 17 EStG in die Ermittlung des Übernahmeergebnisses einbezogen wird. Sind Anteile an der Kapitalgesellschaft, die vom Gesellschafter im Privatvermögen gehalten werden, nicht nach § 17 EStG steuerverstrickt, werden diese mithin auch nicht in die Ermittlung des Übernahmeergebnisses einbezogen. Bei diesen Gesellschafter verbleibt es bei der fiktiven Dividendenhinzurechnung nach § 7 Abs. 1 UmwStG. Der betreffende Anteilseigner kann seine Anschaffungskosten steuerlich nicht geltend machen.[147] Da es für Zwecke des § 5 Abs. 2 UmwStG allein auf die Qualifikation als wesentliche Beteiligung im Sinne des § 17 EStG ankommt, ist die Beteiligungshöhe innerhalb des 5-Jahreszeitraums des § 17 EStG für die Anwendung des § 5 Abs. 2 UmwStG unbeachtlich.[148]

Beispiel: C und D haben im Jahr 01 Gesellschaftsanteile der Y-GmbH erworben. Auf C entfallen 99,5 % auf D 0,5 % der Anteile. Im Jahr 04 wurde die Rücklage um 800 erhöht.

	%	Anteiliges Nennkapital EUR	Anteiliger Kaufpreis EUR
C	99,5	995	2.985
D	0,5	5	15
		1.000	3.000

C und D sind außerdem an der C D GmbH & Co. KG beteiligt. Die Y-GmbH hat folgendes Bilanzbild:

---
[146] DPPM/*Pung* UmwStG § 5 Rn. 26.
[147] *Bogenschütz* Ubg 2009, 612.
[148] Rödder/Herlinghaus/*van Lishaut*, UmwStG § 5 Rn. 18.

Y-GmbH

Anlagevermögen	3.600	Stammkapital	1.000
Umlaufvermögen	2.800	Kapitalrücklage	800
		Bilanzgewinn	2.000
		Verbindlichkeiten	2.600
	6.400		6.400

Daten zum 31.12.06:

Steuerliches Einlagekonto	T-EUR	800
Sonderausweis gem. § 28 Abs. 1 S. 3 KStG	T-EUR	0

Die Y-GmbH soll zum 1.1.07 auf die C D GmbH & Co. KG ohne Aufdeckung von stillen Reserven verschmolzen werden. Es ergeben sich folgende Auswirkungen:

Fiktive Gewinnausschüttung gem. § 7 Abs. 1 UmwStG

	T-EUR
Steuerliches Eigenkapital	3.800
abzüglich Nennkapital	−1.000
abzüglich steuerliches Einlagekonto gem. § 27 Abs. 1 KStG	−800
ausschüttbarer Gewinn also	2.000

Diese fiktive Gewinnausschüttung wird den Gesellschaftern als Einkünfte aus Kapitalvermögen zugerechnet

	C T-EUR	D T-EUR
Fiktive Gewinnausschüttung gem. § 7 UmwStG	1.990	10

Das Verschmelzungsergebnis errechnet sich wie folgt:

	C T-EUR	D T-EUR
Buchwert des übergehenden Vermögens	3.781	0
./. Anschaffungskosten der Anteile	−1.791	0
Verschmelzungsergebnis erste Stufe	1.990	0
+ Sperrbetrag § 50c EStG	0	0
./. Bezüge gem. § 7 UmwStG	−1.990	0
Verschmelzungsergebnis	0	0

bb) Einbringungsgeborene Anteile gem. § 21 UmwStG 1995 (alt). Einbringungsgeborene Anteile nach § 21 UmwStG in der bis zum Jahr 2008 geltenden Fassung 1995 entstanden dann, wenn ein Betrieb, Teilbetrieb oder Mitunternehmeranteil nach § 20 UmwStG 1995 gegen Gewährung von Gesellschaftsrechten in eine Kapitalgesellschaft eingebracht worden war. Für diese Anteile gilt nach § 27 Abs. 3 Nr. 1 UmwStG eine Sonderregelung.[149] **160**

Diese **einbringungsgeborene Anteile** gelten nach § 5 Abs. 4 UmwStG **161** 1995 als am Umwandlungsstichtag an das Betriebsvermögen der Personengesellschaft **eingelegt**, so dass auch diese Gesellschaftergruppe an dem Über-

---

[149] BMF v. 11.11.2011, BStBl. I 2011, 1358 Rn. 05.12.

nahmeergebnis teilnimmt, obschon es sich unter Umständen **nicht** um eine wesentliche Beteiligung handelt. Auch für das anteilige Übernahmeergebnis aus diesen Anteilen gilt § 4 Abs. 7 UmwStG, so dass das Übernahmeergebnis außer Ansatz bleibt, soweit es auf eine Körperschaft entfällt. Entsteht es anteilig bei einer natürlichen Person, bleibt es zu 40 % steuerfrei.

162 **e) Vereinigung von Forderungen und Verbindlichkeiten.** Bestehen zwischen einer Personengesellschaft und einer Kapitalgesellschaft Leistungsbeziehungen, entstehen zwangsläufig Forderungen auf der einen Seite und Verbindlichkeiten auf der anderen Seite. Je nach Situation der beteiligten Gesellschaften ist es möglich, dass auf Seiten des Gläubigers und auf Seiten des Schuldners die betreffende Forderung einen unterschiedlichen Buchwert hat.

163 Je nach Situation der beteiligten Gesellschaften ist es möglich, dass die betreffende Forderung auf Seiten des Gläubigers und auf Seiten des Schuldners in unterschiedlicher Höhe ausgewiesen wird. Ein **unterschiedlich hoher Bilanzausweis** kann dabei auf verschiedene Ursachen zurückzuführen sein:
– Der Schuldner hat eine geringe Bonität, so dass der Gläubiger der Forderung eine Wertberichtigung vorgenommen hat.
– Die betreffende Forderung ist unverzinslich. Wegen der Unverzinslichkeit hat der Gläubiger die Forderung auf den Barwert abgezinst, wohingegen der Schuldner die Verbindlichkeit in der Steuerbilanz nach § 6 Abs. 1 Nr. 3 EStG abgezinst hat. Abzinsungsbeträge beim Gläubiger und Schuldner müssen nicht notwendigerweise übereinstimmen.
– Der Gläubiger der Forderung hat diese zu einem Kaufpreis unter Nominalwert erworben.
– Passivierung einer Rückstellung bei dem Schuldner, der noch keine aktivierungsfähige Forderung auf Seiten des Gläubigers gegenübersteht[150].
– Unterschiedlicher Wertansatz bei Fremdwährungsforderungen durch Ansatz eines abweichenden Wechselkurses.

164 Mit der Verschmelzung einer Kapitalgesellschaft auf eine Personengesellschaft erlöschen eventuell **gegenseitig bestehende Forderungen und Verbindlichkeiten** durch Konfusion. Wird die betreffende Forderung auf Seiten des Schuldners und auf Seiten des Gläubigers mit einem unterschiedlichen Wert bilanziert, ergibt sich durch das Erlöschen der Forderung im Regelfall ein Ertrag. In Einzelfällen kann sich auch ein Verlust ergeben. § 6 Abs. 1 UmwStG sieht vor, dass der Gewinn oder Verlust aus der Vereinigung von Forderungen und Verbindlichkeiten mit Ablauf des steuerlichen Übertragungsstichtages als laufender Gewinn oder Verlust der übernehmenden Personengesellschaft zu erfassen ist und allen Gesellschaftern entsprechend dem Gewinnverteilungsschlüssel zugerechnet wird.[151]

165 Der **Übernahmefolgegewinn** ist ein laufender Gewinn der übernehmenden Personengesellschaft.[152] Er wird also nicht in die Ermittlung des Übernahmegewinns nach § 4 Abs. 4 UmwStG einbezogen. Der Übernah-

---

[150] Rödder/Herlinghaus/van Lishaut/*Birkemeier* § 6 Rn. 33.
[151] DPPM/*Pung* UmwStG § 6 Rn. 22.
[152] BMF v. 11.11.2011, BStBl. I 2011, 1314 Rn. 0602.

mefolgegewinn bzw -verlust ist auch in voller Höhe anzusetzen, wenn nicht alle Anteile der übertragenden Kapitalgesellschaft in die Ermittlung des Übernahmeergebnisses einzubeziehen sind. Dies ist letztlich die Konsequenz aus der gesetzlichen Vorgabe, dass es sich bei dem Übernahmefolgegewinn um einen laufenden Geschäftsvorfall der übernehmenden Personengesellschaft handelt.[153]

Ist die Ursache für einen unterschiedlichen Wertansatz von Forderungen und Verbindlichkeiten eine auf Seiten des Gläubigers der Forderung vorgenommene Abwertung, hat diese unter Umständen wegen § 3c Abs. 2 EStG bzw § 8b Abs. 3 Satz 4 KStG das steuerliche Ergebnis des Gläubigers nicht gemindert. Die Finanzverwaltung vertritt die Auffassung, dass ungeachtet der steuerlichen Be- oder Entlastung des Gläubigers der **Übernahmefolgegewinn** in vollem Umfang als steuerlicher Ertrag der übernehmenden Personengesellschaft anzusetzen ist.[154] Diese Auffassung wird zu Recht kritisiert.[155] § 6 Abs. 1 UmwStG soll lediglich die Folgen einer vorangegangenen Abwertung rückgängig machen. Wird beispielsweise in der Steuerbilanz des Gläubigers eine in der Handelsbilanz vorgenommene Abwertung rückgängig gemacht, ergeben sich exakt die gleichen steuerlichen Auswirkungen, es entsteht also kein steuerlich unwirksamer Aufwand. Ein entsprechender unterschiedlicher Wertansatz in Handels- und Steuerbilanz ist spätestens mit der Aufgabe der Maßgeblichkeit der Handelsbilanz für die Steuerbilanz durch das BilMoG möglich.[156] Durch die Anwendung des § 6 Abs. 1 UmwStG kann sich daher kein abweichendes Ergebnis einstellen. **166**

Ergibt sich dennoch durch § 6 Abs. 1 ein Übernahmefolgegewinn auf Ebene der aufnehmenden Personengesellschaft, kann nach § 6 Abs. 1 Satz 1 UmwStG eine **steuerfreie Rücklage** gebildet werden, um die Auswirkungen der Umwandlung abzumildern. Diese steuerfreie Rücklage ist in den auf ihre Bildung folgenden drei Wirtschaftsjahren mit mindestens je einem Drittel gewinnerhöhend aufzulösen. **167**

§ 6 Abs. 2 UmwStG behandelt den Übernahmefolgegewinn, der auf **Ebene des Gesellschafters** der übernehmenden Personengesellschaft entsteht. Besteht zwischen der übertragenden Kapitalgesellschaft und dem Gesellschafter der übernehmenden Personengesellschaft eine Forderung/Verbindlichkeit, geht diese im Zuge der Verschmelzung der Kapitalgesellschaft auf die Personengesellschaft nicht unter, da sich die Vertragspartner nicht vereinigen. Hat der Gesellschafter der Personengesellschaft eine Forderung gegenüber der Kapitalgesellschaft, besteht diese nach der Verschmelzung gegenüber der Personengesellschaft fort, wird jedoch zwangsläufig zum Sonderbetriebsvermögen und ist mit ihrem Teilwert in das Sonderbetriebsvermögen einzulegen. Dabei dürfte sich nur in einer Sondersituation ein Übernahmefolgegewinn ergeben. **168**

---

[153] DPPM/*Pung* UmwStR § 6 Rn. 25.
[154] BMF v. 11.11.2011, BStBl. I 2011, 1314 Rn. 0602.
[155] Vgl. *Schmitt*/Hörtnagl/Stratz UmwStG § 6 Rn. 28; Widmann/*Mayer* UmwStG § 6 Rn. 205.1; Rödder/Herlinghaus/*van Lishaut* UmwStG § 6 Rn. 40a; aA DPPM/*Pung* UmwStR § 6 Rn. 16.
[156] Vgl. DPPM/*Pung* UmwStR § 6 Rn. 14.

16. Kapitel. Umwandlungssituationen: Verschmelzung, Spaltung und Formwechsel

169 **f) Gewerbesteuerliche Behandlung des Übertragungsgewinnes bzw. -verlustes.** Erfolgt die Verschmelzung der Kapitalgesellschaft auf eine Personengesellschaft zu Buchwerten, werden für Ertragsteuerzwecke die stillen Reserven nicht aufgelöst. Diese Rechtsfolge überträgt sich nach § 18 UmwStG auch für den Bereich der Gewerbesteuer vom Ertrag, wenn auf Ebene des übernehmenden Rechtsträgers eine Besteuerung der stillen Reserven gewährleistet ist. Dies ist in der Regel der Fall, so dass auch für den Bereich der Gewerbesteuer vom Ertrag **keine Auflösung von stillen Reserven** erfolgt.

170 Die Nachversteuerung kann nach ihrem Sinn und Zweck nur diejenigen Vermögensteile erfassen, die durch die Verschmelzung übergegangen sind. In § 18 Abs. 3 Satz 1 UmwStG wird allerdings ausdrücklich hervorgehoben, dass von der nachträglichen Gewerbesteuerpflicht auch diejenigen Vermögensteile erfasst werden, die zum Zeitpunkt der Verschmelzung bereits bei der Personengesellschaft vorhanden waren. Gegenüber der vorangegangenen Regelung in § 18 Abs. 4 UmwStG 1995 wurde deren Anwendungsbereich erweitert.[157] Die Neuregelung ist daher zu Recht als systemwidrig und rechtsprechungsbrechend bezeichnet worden.[158] Die Kritik umfasst nicht nur die Ausdehnung der Gewerbesteuerpflicht auf bereits zum Zeitpunkt der Verschmelzung vorhandenes Betriebsvermögen, sondern auch auf stille Reserven, die erst nach der Verschmelzung entstanden sind.[159]

171 Wird innerhalb eines Zeitraums von 5 Jahren nach der Verschmelzung entweder der Betrieb der Personengesellschaft aufgegeben oder ein Mitunternehmeranteil veräußert, unterliegt der Gewinn hieraus nach § 18 Abs. 3 UmwStG der Besteuerung mit Gewerbesteuer vom Ertrag.[160] Diese Nachversteuerung erfasst nach ihrem Sinn und Zweck allerdings nur diejenigen Vermögensteile, die durch die Verschmelzung übergegangen sind.[161] Die hierdurch entstehende GewSt-Belastung wird durch § 18 Abs. 3 S. 3 UmwStG von der Anrechnung auf die Einkommensteuer des Gesellschafters nach § 35 EStG ausgenommen. Daher ergibt sich im Falle einer Gewerbesteuerpflicht insoweit keine Entlastungswirkung im Bereich der ESt. Fraglich ist, ob die Einschränkung in § 18 Abs. 3 S. 3 UmwStG auch dann anzuwenden ist, wenn der Veräußerungsgewinn bereits als laufender Gewinn nach § 7 GewStG erfasst wird. Die Finanzverwaltung geht dabei von einem Vorrang des § 18 Abs. 3 S. 3 UmwStG aus,[162] dass also die GewSt von der Anrechnung ausgeschlossen ist.

172 Nach der Wertung des UmwStG idF der SEStEG gilt jegliche Übertragung eines Betriebes, Teilbetriebes oder Mitunternehmeranteils nach den §§ 20, 24 UmwStG grundsätzlich als Veräußerung. Eine entsprechende Übertragung innerhalb des Fünfjahreszeitraums des § 18 Abs. 3 UmwStG

---

[157] zB BFH v. 11.12.2001, BStBl. II 2004, 474; BFH v. 26.6.2007, DStRE 2007, 1261.
[158] *Neu/Hamacher* GmbHR 2012, 286.
[159] *Fernsmann/Desens* DStR 2008, 208.
[160] BFH v. 11.12.2001, BStBl. II 2004, 474 zu der Fallgestaltung des Formwechsels.
[161] BMF v. 11.11.2011, BStBl. I 2011, 1330 Rn. 18.08.
[162] BMF v. 16.12.2003, BStBl. I 2003, 788 Rn. 14; *Dötsch/Pung* DB 2004, 210; *Rödder* DStR 2002, 943.

könnte daher auch grundsätzlich als ein **Verstoß gegen die Missbrauchsregelung** zu werten sein. Die Finanzverwaltung gestattet in diesem Fall jedoch, dass die übernehmende Gesellschaft in die Rechtsstellung des übertragenden Rechtsträgers eintritt. Der übernehmende Rechtsträger ist allerdings für den Rest der Fünfjahresfrist den Vorgaben des § 18 Abs. 3 UmwStG unterworfen.[163]

Ergibt sich dagegen im Zuge der Verschmelzung der Kapitalgesellschaft auf die Personengesellschaft ein **Verschmelzungsverlust**, stellt sich auch nicht die Frage der Steuerpflicht. 173

4. Steuerliche Verlustvorträge im Rahmen der Verschmelzung

Mit der Verschmelzung geht das Vermögen der Kapitalgesellschaft auf die Personengesellschaft über, es wechselt mithin die Besteuerungskonzeption des Rechtsträgers. Wegen der Steuerrechtssubjektfähigkeit einer Kapitalgesellschaft unterliegt diese eigenständig der Besteuerung mit Körperschaftsteuer und Gewerbesteuer. Es ist deshalb durchaus möglich, dass die übertragende Kapitalgesellschaft über körperschaftsteuerliche und gewerbesteuerliche Verlustvorträge verfügt. Da die aufnehmende Personengesellschaft nur eine eingeschränkte Steuerrechtssubjektfähigkeit hat, unterliegt sie nicht eigenständig der Besteuerung mit Einkommensteuer bzw. Körperschaftsteuer. Die **körperschaftsteuerlichen Verlustvorträge** gehen im Zuge der Verschmelzung der Kapitalgesellschaft auf die Personengesellschaft daher nach § 4 Abs. 2 S. 2 UmwStG verloren.[164] Da sich ein Übernahmeverlust nach § 4 Abs. 6 UmwStG steuerlich nicht auswirkt, auch wenn im Gesellschaftsvermögen keine entsprechenden stillen Reserven vorhanden sind, entfällt die weiterführende Fragestellung, ob ein Übernahmeverlust auf Ebene der Personengesellschaft möglicherweise durch die Verlustausgleichsbeschränkung nach § 15a EStG aufgefangen wird.[165] 174

Die Personengesellschaft unterliegt eigenständig der Besteuerung mit Gewerbesteuer vom Ertrag. Es könnte deshalb daran gedacht werden, dass zumindest **gewerbesteuerliche Verlustvorträge** einer Kapitalgesellschaft im Zuge der Verschmelzung auf die Personengesellschaft übergehen. Die Verrechnung gewerbesteuerlicher Verlustvorträge einer Kapitalgesellschaft auf der Ebene der Personengesellschaft setzt neben Unternehmensidentität jedoch auch eine Unternehmeridentität[166] voraus. Insbesondere die Unternehmeridentität ist bei der Verschmelzung einer Kapitalgesellschaft auf eine Personengesellschaft nicht gegeben, da der übertragende Rechtsträger des Unternehmens eine Kapitalgesellschaft war. Außerdem bestimmt § 18 Abs. 1 S. 2 UmwStG eindeutig, dass der Gewerbeertrag der übernehmenden Personengesellschaft nicht um die gewerbesteuerlichen Verlustvorträge der Kapitalgesellschaft gemindert werden darf. Ein eventueller Bestand an gewerbesteuerlichen Verlustvorträgen des übertragenden Rechtsträgers geht im Zuge der Verschmelzung **daher unter**. 175

---

[163] BMF v. 11.11.2011, BStBl. I 2011, 1330 Rn. 1807.
[164] DPPM/*Pung* Umwandlungssteuerrecht § 4 Rn. 22.
[165] Zur Diskussion *Breuninger/Prinz* DStR 1996, 1761; *Prinz* FR 1996, 474.
[166] BFH v. 7.12.1993, BStBl. II 1994, 331; BFH v. 3.5.1993, BStBl. II 1993, 616.

16. Kapitel. Umwandlungssituationen: Verschmelzung, Spaltung und Formwechsel

176 Verfügt die Kapitalgesellschaft über steuerliche Verlustvorträge, könnte daran gedacht werden, die im Zuge der Verschmelzung übergehenden Vermögensgegenstände mit einem über dem Buchwert liegenden Wert zu bewerten, dh mit dem gemeinen Wert oder einem Zwischenwert. Diese Auflösung von stillen Reserven wird auf der Ebene der übertragenden Kapitalgesellschaft mit einem Bestand an **steuerlichen Verlustvorträgen verrechnet**. Allerdings ist hier die sog Mindestbesteuerung zu beachten, dh die eingeschränkte Verrechnungsmöglichkeit von Verlustvorträgen nach § 10d EStG. Auf der Ebene der aufnehmenden Personengesellschaft ergibt sich durch die Auflösung der stillen Reserven ein **erhöhtes Abschreibungspotential** in der Gesamthandsbilanz, das allen Gesellschaftern unabhängig davon zugute kommt, ob diese nach der Qualifikation ihrer Anteile in die Ermittlung des Übernahmeergebnisses einzubeziehen wären oder nicht. Das erhöhte Abschreibungspotential der Gesamthandsbilanz wirkt sich erfolgswirksam aus und mindert in der Folgezeit die Bemessungsgrundlage für die Einkommensteuer sowie die Gewerbesteuer vom Ertrag.

5. Rückwirkungsfiktion des Verschmelzungsvorgangs

177 **a) Allgemeines.** Nach § 5 Abs. 1 Nr. 6 UmwG besteht handelsrechtlich die Möglichkeit einen **Verschmelzungsstichtag** zu bestimmen, ab dem die Handlungen der übertragenden Kapitalgesellschaft dem übernehmenden Rechtsträger zugerechnet werden. Dem Verschmelzungsstichtag darf eine Bilanz zugrunde gelegt werden, die nicht länger als 8 Monate zurückliegt.

178 Das Umwandlungssteuerrecht hat in § 2 UmwStG die **Rückwirkungsfiktion** des handelsrechtlichen Umwandlungsgesetzes grundsätzlich nachgebildet, wobei jedoch der handelsrechtliche Verschmelzungsstichtag und der steuerliche Übertragungsstichtag nach § 2 UmwStG nicht identisch sind.[167] Der steuerliche Übertragungsstichtag entspricht vielmehr dem Tag, auf den die handelsrechtliche Schlussbilanz des übertragenden Rechtsträgers aufzustellen ist.

Beispiel: Erfolgt beispielsweise eine Verschmelzung rückwirkend zum 01.01. des Jahres 02, stellt sich die Situation wie folgt dar:

– Schlussbilanz zum 31.12.01
– Umwandlungsstichtag 1.1.02
– Steuerlicher Übertragungsstichtag 31.12.01.

179 Die Rückwirkungsfiktion in § 2 UmwStG bedingt, dass das Einkommen und das Vermögen der übertragenden Körperschaft so zu ermitteln ist, als ob es mit Ablauf des steuerlichen Übertragungsstichtages auf die Personengesellschaft übergegangen wäre. Dies hat zur Folge, dass das Übernahmeergebnis im Beispielsfall im Jahr 01 zu erfassen ist. Zu beachten ist dabei allerdings, dass § 2 UmwStG einen entsprechenden **Antrag** des Steuerpflichtigen voraussetzt. Dieser Antrag muss spätestens mit der Abgabe der steuerlichen Schlussbilanz des übertragenden Rechtsträgers gestellt werden.

---

[167] BMF v. 11.11.2011, BStBl. I 2011, 1333 Rn. 02.01.

Durch die Rückwirkungsfiktion wird davon ausgegangen, dass die übertragende Körperschaft mit Ablauf des steuerlichen Übertragungsstichtages nicht mehr besteht. Die **Steuerpflicht der Kapitalgesellschaft endet** mit Ablauf des steuerlichen Übertragungsstichtages.[168] Obschon die übertragende Kapitalgesellschaft bis zum Zeitpunkt der Eintragung der Verschmelzung in das Handelsregister zivilrechtlich fortbesteht, folglich auch weiterhin Rechtshandlungen vornehmen kann, werden diese voll umfänglich dem übernehmenden Rechtsträger, also der Personengesellschaft zugerechnet.[169] Es ist hierbei nicht erforderlich, dass die übernehmende Personengesellschaft zum steuerlichen Übertragungsstichtag bereits besteht.[170] 180

Die Rückwirkungsfiktion nach § 2 UmwStG auf das Ende des Wirtschaftsjahres der übertragenden Gesellschaft hat weitere mittelbare Auswirkungen, die unbedingt zu beachten sind. Der **Antrag auf Ansatz eines Buchwertes** oder eines Zwischenwertes muss nach § 3 Abs. 2 S. 2 UmwStG spätestens mit der Abgabe der steuerlichen Schlussbilanz des übertragenden Rechtsträgers gestellt werden.[171] 181

b) Ausscheiden eines Gesellschafters im Rückwirkungszeitraum. Scheidet ein Gesellschafter der Kapitalgesellschaft nach dem steuerlichen Übertragungsstichtag, jedoch vor dem Verschmelzungsbeschluss, aus der Kapitalgesellschaft aus, ist die Rückwirkungsfiktion in § 2 UmwStG insoweit ausgeschlossen. Der ausgeschiedene Gesellschafter ist durchgängig an einer Kapitalgesellschaft beteiligt. Veräußert dieser innerhalb des Rückwirkungszeitraums Anteile der Kapitalgesellschaft, führt die Rückwirkungsfiktion des § 2 UmwStG **nicht** dazu, dass ihm Anteile an einer Mitunternehmerschaft zugerechnet werden. Wurde die betreffende Beteiligung vor dem 31.12.2008 erworben, ist diese insgesamt nicht steuerlich verhaftet, sofern es sich nicht um eine wesentliche Beteiligung iSd § 17 EStG handelt. Der Gewinn aus einer möglichen Veräußerung des Anteils bleibt in diesem Fall steuerfrei. 182

Durch die Absenkung der Grenze für wesentliche Beteiligungen in § 17 EStG auf 1 % einerseits und die Qualifikation der Gewinne aus der Veräußerung von Wertpapieren als Einkünfte aus Kapitalvermögen andererseits hat diese Bestimmung an **praktischer Relevanz verloren**, soweit dies die steuerliche Erfassung des Veräußerungsgewinns betrifft. Von weit größerer Relevanz ist, dass der Gewinn aus der Veräußerung von Anteilen einer Kapitalgesellschaft gem. § 3 Nr. 40 EStG nach dem Teileinkünfteverfahren bestimmt wird, wohingegen der Gewinn aus der Veräußerung eines Mitunternehmeranteils gem. § 16 EStG in vollem Umfang steuerpflichtig ist. 183

Für den **Veräußerer** wird der Vorgang so behandelt, als ob er Anteile an einer Kapitalgesellschaft veräußert. Gegebenenfalls ist der Gewinn aus der Veräußerung steuerfrei. Das Übernahmeergebnis der Personengesellschaft im Zuge der Verschmelzung ist nach § 5 Abs. 1 UmwStG so zu ermitteln, als ob 184

---

[168] Schmitt/Hörtnagl/Stratz/*Hörtnagl* § 2 UmwStG Rn. 43.
[169] Missverständlich IDW RS HFA 42, FN-IDW 12/2012, 706 Rn. 31: Zurechnung originärer Aufwendungen und Erträge der übertragenden Körperschaft bis zum Übergang des wirtschaftlichen Eigentums.
[170] BMF v. 11.11.2011, BStBl. I 2011, 1335 Rn. 02.11.
[171] BMF v. 11.11.2011, BStBl. I 2011, 1346 Rn. 03.28.

der **Erwerber** die Gesellschaftsanteile am **steuerlichen Übertragungsstichtag** angeschafft hätte. Erwirbt ein Gesellschafter die Anteile der Kapitalgesellschaft, gelten diese unter den weiteren Voraussetzungen des § 5 Abs. 2 und 3 UmwStG als in das Betriebsvermögen der Personengesellschaft eingelegt. Erfolgt der Erwerb von einem wesentlich beteiligten Anteilseigner, nehmen die erworbenen Anteile nach § 5 Abs. 2 S. 2 UmwStG innerhalb des 5-Jahres-Zeitraums nicht an der Ermittlung des Übernahmeergebnisses teil, wenn die Anteile von dem Erwerber im Privatvermögen gehalten werden.

185 **c) Leistungsvergütungen zwischen Verschmelzungsstichtag und Verschmelzungsbeschluss.** Leistungsbeziehungen zwischen einer Kapitalgesellschaft und dem Gesellschafter werden grundsätzlich auch mit steuerlicher Wirkung anerkannt. Vergütungen aus diesem Leistungsverhältnis mindern den steuerlichen Gewinn der Gesellschaft. Demgegenüber wird bei einer Mitunternehmerschaft das Entgelt für eine Dienstleistung des Gesellschafters gegenüber der Gesellschaft nach § 15 Abs. 1 Nr. 2 EStG dem steuerlichen Gewinn der Gesellschaft als Sondervergütung in der zweiten Gewinnermittlungsstufe wieder hinzugerechnet. Im Ergebnis wird also der steuerliche Gewinn der Gesellschaft nicht um das betreffende Entgelt gemindert.

186 Nach § 2 UmwStG besteht die Möglichkeit, als Verschmelzungsstichtag einen Zeitpunkt zu bestimmen, der höchstens 8 Monate zurückliegt. Bis zum Verschmelzungsbeschluss bzw. bis zur Eintragung der Verschmelzung im Handelsregister existiert die Kapitalgesellschaft zivilrechtlich fort, so dass im Grunde **Leistungsbeziehungen** auch mit steuerlicher Wirkung anzuerkennen wären, wenn im Übrigen die Voraussetzungen hierfür vorliegen. § 2 UmwStG enthält jedoch eine **Fiktion**, durch die sich rückwirkend auf den Verschmelzungsstichtag die Rechtsform ändert. Diese Fiktion schlägt auch auf das Rechtsverhältnis zwischen Gesellschaft und Gesellschafter durch. Das **Entgelt** für Leistungsbeziehungen für den Zeitraum zwischen Verschmelzungsstichtag und Verschmelzungsbeschluss werden als Sondervergütung qualifiziert und erhöhen den Gewinn der aufnehmenden Personengesellschaft nach § 15 Abs. 1 Nr. 2 EStG,[172] soweit diese nicht an einen Gesellschafter geleistet werden, der aus der Gesellschaft ausscheidet.[173] Scheidet zwischen Verschmelzungsstichtag und Verschmelzungsbeschluss ein **Gesellschafter** aus der Gesellschaft **aus**, etwa durch Verkauf der Gesellschaftsanteile, greift insoweit die **Rückwirkungsfiktion** nach § 2 UmwStG **nicht**, dh insoweit werden Leistungsbeziehungen zwischen der Gesellschaft und dem Gesellschafter auch mit steuerlicher Wirkung anerkannt.[174]

187 **d) Gewinnausschüttungen der übertragenden Kapitalgesellschaft nach dem Verschmelzungsstichtag.** Die steuerliche Behandlung der Gewinnausschüttungen der übertragenden Kapitalgesellschaft nach dem Ver-

---

[172] BMF v. 11.11.2011, BStBl. I 2011, 1340 Rn. 02.36; DPPM/*Dötsch* UmwStR § 2 Rn. 46; Schmitt/Hörtnagl/Stratz/*Hörtnagl* § 2 UmwStG Rn. 48.
[173] DPPM/*Dötsch* UmwStR § 2 Rn. 46.
[174] Schmitt/Hörtnagl/Stratz/*Hörtnagl* § 2 UmwStG Rn. 104 f.

schmelzungsstichtag ist davon abhängig, ob der Beschluss über die Gewinnausschüttung vor oder nach dem Verschmelzungsstichtag gefasst worden ist.

Ist der **Beschluss** über die Gewinnausschüttung bereits **vor dem Verschmelzungsstichtag** gefasst worden, besteht zum Verschmelzungsstichtag eine Verbindlichkeit der Kapitalgesellschaft, die als solche in der Verschmelzungsbilanz auszuweisen ist. Dies gilt selbst dann, wenn die Auszahlung der Dividende erst zu einem Zeitpunkt nach dem steuerlichen Verschmelzungsstichtag erfolgt, also in einen Zeitraum fällt, der im Rückwirkungszeitraum des § 2 UmwStG liegt. 188

Für den **Empfänger** der Dividende gilt grundsätzlich das **Zuflussprinzip**, nach der die Dividende erst im Veranlagungsjahr des Zuflusses steuerlich zu erfassen ist. Da der Gesellschafter im Rückwirkungszeitraum jedoch Empfänger der Dividende einer Gesellschaft ist, die auch durch die Fiktion rückwirkend als Personengesellschaft gilt, bestimmt § 2 Abs. 1 UmwStG, dass die Dividende als mit dem Vermögensübergang am steuerlichen Übertragungsstichtag zugeflossen gilt. Die Dividende wird also dem **Veranlagungszeitraum** vor dem steuerlichen Übertragungsstichtag **zugerechnet**. Für Zwecke der Kapitalertragsteuer wird der Zufluss spätestens mit Eintragung der Umwandlung im Handelsregister unterstellt.[175] 189

Werden einzelne Gesellschafter **nicht von** der **Rückwirkungsfiktion** in § 2 UmwStG **erfasst**, etwa weil die Anteile nach dem Verschmelzungsstichtag verkauft worden sind, gelten hinsichtlich der Gewinnausschüttung allgemeine Grundsätze.[176] Die Gewinnausschüttung ist danach steuerlich im Zuflusszeitpunkt zu erfassen. Wird im Rückwirkungszeitraum eine Gewinnausschüttung beschlossen, ist in der steuerlichen Übertragungsbilanz ein **passiver Korrekturposten** einzustellen, der wie eine Ausschüttungsverbindlichkeit zu behandeln ist, soweit einzelne Anteile nicht von der Rückwirkungsfiktion erfasst werden.[177] Der passive Korrekturposten wird von der aufnehmenden Personengesellschaft übernommen und zum Zeitpunkt der Gewinnausschüttung aufgelöst. 190

Wird die Gewinnausschüttung dagegen erst **nach** dem **steuerlichen Verschmelzungsstichtag beschlossen**, wird die Dividende so behandelt, als ob sie bereits durch die aufnehmende Personengesellschaft vorgenommen worden sei. In der Verschmelzungsbilanz ist für die Gewinnausschüttung keine Verbindlichkeit einzustellen, da diese erst nach dem Verschmelzungsstichtag begründet worden ist. Die Gewinnausschüttung ist deshalb bei der aufnehmenden Personengesellschaft wie eine **Entnahme** zu behandeln.[178] Auf der Ebene des Gesellschafters entsteht durch die Gewinnausschüttung **kein erfolgswirksamer Vorgang**. Die Gewinnausschüttung wird vielmehr wie eine Entnahme behandelt. 191

---

[175] BMF v. 11.11.2011, BStBl. I 2011, 1338 Rn. 02.30.; BMF v. 16.12.2003, BStBl. I 2003, 789 Rn. 25; Lippross/*Raab* Basiskommentar Steuerrecht § 2 UmwStG Rn. 54.
[176] DPPM/*Dötsch* UmwStR § 2 Rn. 58.
[177] BMF v. 11.11.2011, BStBl. I 2011, 1338 Rn. 02.31.; BMF v. 16.12.2003, BStBl. I 2003, 789 Rn. 26.
[178] *Weber* GmbHR 1996, 273.

16. Kapitel. Umwandlungssituationen: Verschmelzung, Spaltung und Formwechsel

6. Verkehrssteuerliche Konsequenzen

192 **a) Umsatzsteuerliche Behandlung.** Mit der Verschmelzung geht das Vermögen der Kapitalgesellschaft als Ganzes auf die GmbH & Co. KG über. Erfolgt die Verschmelzung auf eine Personengesellschaft, die nicht am Kapital der übertragenden Kapitalgesellschaft beteiligt ist, werden Gesellschaftsanteile der Personengesellschaft als **Gegenleistung** für die Vermögensübertragung neu ausgegeben. Erfolgt dagegen die Verschmelzung auf eine Mutterpersonengesellschaft, ist die Gegenleistung für die Vermögensübertragung die Aufgabe der Gesellschaftsanteile der übertragenden Kapitalgesellschaft.

193 Die Verschmelzung einer Kapitalgesellschaft auf eine Personengesellschaft gilt also unabhängig von dem zugrundeliegenden Sachverhalt als tauschähnlicher Vorgang und wäre daher im Grunde umsatzsteuerbar. Ungeachtet hiervon unterliegt die im Zuge der Verschmelzung erfolgende Übertragung des Geschäftsbetriebes der Qualifikation als **Geschäftsveräußerung im Ganzen** nach § 1 Abs. 1a UStG, ist mithin **nicht umsatzsteuerbar**.[179] Die Verschmelzung unterliegt also nicht der Besteuerung mit Umsatzsteuer.

194 Zu beachten ist allerdings, dass die **Rückwirkungsfiktion** in § 2 UmwStG **lediglich für Ertragssteuerzwecke** gilt. Für den Bereich der Umsatzsteuer bleibt die übertragende Kapitalgesellschaft so lange existent, bis die Kapitalgesellschaft zivilrechtlich untergeht. Dies ist der Zeitpunkt der Eintragung der Verschmelzung ins Handelsregister. Die übertragende Kapitalgesellschaft bleibt also so lange **Unternehmer** im Sinne des Umsatzsteuerrechts, bis die **Eintragung der Verschmelzung im Handelsregister** erfolgt ist.[180] Dies hat zur Folge, dass die Kapitalgesellschaft bis zu diesem Zeitpunkt noch umsatzsteuerliche Pflichten wahrnehmen muss. Sobald die Eintragung der Verschmelzung in das Handelsregister erfolgt ist, entfallen diese Pflichten für die Kapitalgesellschaft und gehen auf die Personengesellschaft über. Wichtig ist deshalb, den Stichtag der Handelsregistereintragung genau zu bestimmen. Hier sollte eine Abklärung mit der Finanzverwaltung und insbesondere mit der Finanzkasse erfolgen, damit eine reibungslose Überleitung erfolgen kann.

195 **b) Grunderwerbsteuerliche Behandlung.** Befindet sich im Betriebsvermögen der übertragenden Kapitalgesellschaft ein Grundstück, geht dieses im Zuge der Verschmelzung auf die GmbH & Co. KG über. Hinsichtlich dieses Grundstücks erfolgt demgemäß ein **Rechtsträgerwechsel**. Dieser unterliegt nach § 1 Abs. 1 Nr. 3 GrEStG grundsätzlich der Besteuerung mit Grunderwerbsteuer.

196 Unter Umständen kommt bei dem Verschmelzungsvorgang die Sondervorschrift des § 6a GrEStG zur Anwendung, die die Grundstücksübertragungen innerhalb eines Konzerns unter bestimmten Bedingungen grunderwerbsteuerfrei stellt. § 6a GrEStG stellt an die Grunderwerbsteuerfreiheit folgende Bedingungen:
– der Rechtsträgerwechsel muss auf der Grundlage eines Vorgangs erfolgen, der unter das handelsrechtliche UmwG fällt,

---

[179] Bunjes/*Robisch* § 1 UStG Rn. 74; Rau/Dürrwächter/*Husmann* § 1 UStG Rn. 286.
[180] Rau/Dürrwächter/*Stadie* § 2 UStG Rn. 735.

– die Grundstücksübertragung muss zwischen Konzerngesellschaften erfolgen – das sind solche Gesellschaften an der eine Muttergesellschaft seit mehr als 5 Jahren mit mehr als 95 % am Grund- oder Stammkapital beteiligt ist und
– die Beteiligung muss weitere 5 Jahre unverändert bestehen.

Bei einer Verschmelzung handelt es sich um einen Vorgang auf der Grundlage des handelsrechtlichen UmwG. Die übrigen Bedingungen müssen im Einzelfall geprüft werden. Sind diese erfüllt, unterliegt die Verschmelzung nicht der Besteuerung mit GrESt. **197**

§ 54 Umwandlungsrechtliche Grundlagen der Spaltung

Übersicht

	Rn.
I. Einführung	1
1. Anwendungsbereich	1
2. Grundprinzipien der Spaltung	2
a) Die Spaltungsformen	2
b) Spaltung zur Aufnahme und zur Neugründung	3
c) Aufspaltung	4
d) Abspaltung	5
e) Ausgliederung	6
f) Kombinationen	7
3. Verhältniswahrende und nicht verhältniswahrende Spaltung	8
4. Sonstige	10
II. Spaltungsvertrag und Spaltungsplan	13
1. Überblick	13
2. Notwendiger Inhalt	14
a) Parallele zur Verschmelzung	14
b) Name, Firma, Sitz	15
c) Spaltungsform	16
d) Umtauschverhältnis, bare Zuzahlung	17
e) Anteilsübertragung	19
f) Gewinnberechtigung	20
g) Spaltungsstichtag	21
h) Sonderrechte	22
i) Vorteilsgewährung	23
j) Vermögensabgrenzung	24
k) Anteilsaufteilung	26
l) Folgen für Arbeitnehmer	27
III. Spaltungsbericht und Spaltungsprüfung	28
1. Spaltungsbericht	28
2. Prüfung	29
IV. Zustimmungsbeschlüsse der Anteilsinhaber	32
V. Wirksamwerden der Spaltung	34
1. Anmeldung	34
2. Eintragung	36
VI. Kommanditistenhaftung bei der Spaltung	37

Schrifttum: *Bayer/Wirth*, Eintragung der Spaltung und Eintragung der neuen Rechtsträger, ZIP 1996, 817; *Bungert*, Die Übertragung beschränkter persönlicher Dienstbarkeiten bei der Spaltung, BB 1997, 897; *Fuhrmann/Simon*, Praktische Probleme der umwandlungsrechtlichen Ausgliederung, AG 2000, 49; *Ganske*, Reform des Umwandlungsrechts, WM 1993, 1117; *Habersack* ua (Hrsg.), Die Spaltung im neuen Umwandlungsrecht und ihre Rechtsfolgen, ZHR-Beiheft Nr. 68, 1998; *Heckschen*, Das Umwandlungsrecht unter Berücksichtigung registerrechtlicher Problembereiche, RPfleger 1999, 357; *Heidenhain*, Sonderrechtsnachfolge bei der Spaltung, ZIP 1995, 801; *Heidenhain*, Spaltungsvertrag und Spaltungsplan, NJW 1995, 2873; *Hennrichs*, Zum Formwechsel und zur Spaltung nach dem neuen Umwandlungsgesetz, ZIP 1995, 794; *Ihrig*, Verschmelzung und Spaltung ohne Gewährung neuer Anteile, ZHR 160 (1996), 317; *Ihrig*, Gläubigerschutz durch Kapitalaufbringung bei Verschmelzung und Spaltung nach neuem Umwandlungsrecht, GmbHR 1995, 622; *Ihrig/Kranz*, Zur Nachhaftung für Pensionsverbindlichkeiten bei der Spaltung – Zugleich ein Beitrag zu den Grenzen der zeitlichen Rückwirkung von Gesetzen, ZIP 2012, 749; *Ittner*, Die Spaltung nach dem neuen Umwandlungsrecht, MittRhNotK 1997, 105; *Kallmeyer*, Der Einsatz von Spaltung und Formwechsel nach dem UmwG 1995 für die Zukunftssicherung von Familienunternehmen, DB 1996, 28; *Kallmeyer*, Kombination von Spaltungsarten nach dem neuen Umwandlungsgesetz, DB 1995, 81; *Neye*, BB-Gesetzgebungsreport: Bundestag beschließt neues Umwandlungsrecht, BB 2007, 389; *Pickhardt*, Die Abgrenzung des spaltungsrelevanten Vermögensteils als Kernproblem bei der Spaltung, DB 1999, 729; *Schulze zur Wiesche*, Die GmbH & Co. KG im neuen Umwandlungsrecht, DB 1996, 1539; *Wilken*, Zur Gründungsphase bei der Spaltung zur Neugründung, DStR 1999, 677; *Wirth*, Auseinanderspaltung als Mittel zur Trennung von Familienstämmen und zur Filialabspaltung, AG 1997, 455.

I. Einführung

1. Anwendungsbereich

Als Personengesellschaft kann die GmbH & Co. KG als Rechtsträger an Spaltungen nach Maßgabe der §§ 125 ff. UmwG beteiligt sein, und zwar sowohl als **übertragender** als auch als **übernehmender Rechtsträger**. Als übertragender Rechtsträger begegnet die GmbH & Co. KG bei Spaltungen (zur Aufnahme oder Neugründung) mit der Maßgabe, dass der übernehmende oder neue Rechtsträger eine andere Personenhandelsgesellschaft oder Partnerschaftsgesellschaft (§§ 125, 135 UmwG), eine GmbH, AG oder KGaA (§§ 125, 135, 138 bis 140, 141 bis 146 UmwG) oder eine eingetragene Genossenschaft ist (§§ 125, 135, 147 f. UmwG). Umgekehrt kann die GmbH & Co. KG übernehmender oder neuer Rechtsträger sein bei der Spaltung einer anderen Personenhandelsgesellschaft oder Partnerschaftsgesellschaft (§§ 125, 135 UmwG), einer GmbH, AG oder KGaA (§§ 125, 135, 138 bis 140, 141 bis 146 UmwG), einer eingetragenen Genossenschaft (§§ 125, 135, 147 f. UmwG), einem eingetragenen Idealverein oder wirtschaftlichen Verein (§§ 125, 135, 149) oder im Falle der Ausgliederung aus dem Vermögen eines Einzelkaufmanns, eines eingetragenen Idealvereins oder wirtschaftlichen Vereins, einer Stiftung oder einer Gebietskörperschaft als übertragender Rechtsträger (§§ 125, 152 bis 157 bzw. 161 bis 167, 168 bis 173 UmwG). 1

2. Grundprinzipien der Spaltung

a) Die Spaltungsformen. Mit dem UmwG 1995 hat der Gesetzgeber erstmals die Möglichkeit der Spaltung von Unternehmensträgern gesetzlich geregelt. Eröffnet sind nunmehr drei Möglichkeiten der Spaltung, nämlich die **Aufspaltung**, die **Abspaltung** und die **Ausgliederung**. Dabei kommen alle drei Spaltungsformen jeweils zur Neugründung wie zur Aufnahme in Betracht, § 123 UmwG. Systematisch lehnt sich das Recht der Spaltung an die Regelungen zur Verschmelzung an. Ebenso wie im Verschmelzungsrecht sehen die umwandlungsrechtlichen Regelungen einen allgemeinen Teil (§§ 123 bis 137 UmwG) vor, dem rechtsformspezifische Sonderregelungen nachfolgen. § 125 UmwG bestimmt für die Spaltung eine entsprechende Anwendung des Verschmelzungsrechts. Dies ist systematisch insofern folgerichtig, als die Spaltung mit der Verschmelzung eine Reihe von Gemeinsamkeiten verbindet.[1] Allerdings setzt die Spaltung – anders als die Verschmelzung und auch anders als der Formwechsel – voraus, dass die 2

---

[1] Vgl. Lutter/*Teichmann* § 123 UmwG Rn. 5; Übersicht über anwendbare Vorschriften im Fall der Abspaltung, Abspaltung und Ausgliederung, bei *Stengel* in Semler/*Stengel* UmwG § 125 Rn. 11.

beteiligten Rechtsträger das zu spaltende Teilvermögen rechtsgeschäftlich definieren.

3   b) Spaltung zur Aufnahme und zur Neugründung. Spaltungen können, wie bei der Verschmelzung, im Wege der Vermögensübertragung auf Rechtsträger erfolgen, die bereits bestehen (Spaltung zur Aufnahme). Ebenso kommt eine Spaltung in Betracht, bei der der übernehmende Rechtsträger im Zuge der Vermögensübertragung neu gegründet wird (Spaltung zur Neugründung). Da bei der Spaltung zur Neugründung der übernehmende Rechtsträger erst mit der Spaltung entsteht, sieht das UmwG in § 136 S. 2 vor, dass an die Stelle des Spaltungs- und Übernahmevertrages ein **Spaltungsplan** tritt. Die Bestimmung zum Spaltungsvertrag, insbesondere über die im Spaltungsvertrag zu machenden Angaben (§ 126 UmwG), gelten für den Spaltungsplan gleichermaßen. Der im Zuge der Spaltung neu gegründete Rechtsträger entsteht mit Wirksamwerden der Spaltung durch Eintragung der Spaltung in das Handelsregister des übertragenden Rechtsträgers. Das gilt unabhängig davon, dass nach § 130 Abs. 1 S. 1 UmwG zunächst die Spaltung in das Register des übernehmenden Rechtsträgers einzutragen ist, bevor die Spaltung in das Register des Sitzes des übertragenden Rechtsträgers eingetragen werden darf. Nach § 130 Abs. 1 S. 2 UmwG ist die Eintragung im Register des übernehmenden Rechtsträgers nämlich mit dem Vermerk zu versehen, dass die **Spaltung** erst mit der Eintragung im Register des Sitzes des übertragenden Rechtsträgers **wirksam** wird. Rechtsbegründende Wirkung hat die Eintragung im Register des übernehmenden Rechtsträgers also erst dann, wenn die Spaltung mit Eintragung am Sitz des übertragenden Rechtsträgers wirksam wird; auf Letzteres kommt es nach § 131 Abs. 1 UmwG an. Damit will das Gesetz sicherstellen, dass die Spaltung insgesamt bei allen beteiligten Rechtsträgern gleichzeitige Wirksamkeit entfaltet.[2] Für die Spaltung zur Neugründung zu beachten ist schließlich noch der Verweis auf die Gründungsvorschriften für Rechtsträger der jeweiligen Rechtsform, § 135 Abs. 2 UmwG. Bei der Gestaltung des Gesellschaftsvertrages des neuen Rechtsträgers ist stets zu berücksichtigen, dass es sich um eine Sachgründung handelt.[3]

4   c) Aufspaltung. Die Aufspaltung, § 123 Abs. 1 UmwG, ist die Übertragung des gesamten Vermögens eines Rechtsträgers auf zwei oder mehr bestehende Rechtsträger (Spaltung zur Aufnahme) oder dadurch neu gegründete Rechtsträger (Spaltung zur Neugründung) gegen Gewährung von Anteilen an den übernehmenden oder neuen Rechtsträgern an die Gesellschafter des übertragenden Rechtsträgers mit der Folge, dass der übertragende Rechtsträger erlischt und sein Vermögen jeweils als Gesamtheit im Wege der partiellen Gesamtrechtsnachfolge auf die übernehmenden Rechtsträger übergeht. Die zum liquidationslosen Erlöschen des sich aufspaltenden Rechtsträgers führende Aufspaltung kann danach mit Recht als die **Umkehrung der Verschmelzung** (zur Neugründung) verstanden werden. Die

---

[2] Vgl. RegBegr. zu § 130 UmwG bei *Schaumburg/Rödder* § 131 UmwG Rn. 2.
[3] Vgl. Kallmeyer/*Kallmeyer/Sickinger* § 125 UmwG Rn. 40; *Bärwaldt* in *Semler/Stengel* UmwG § 135 Rn. 16.

Aufspaltung zur Aufnahme entspricht der Verschmelzung zur Aufnahme mit dem einzigen Unterschied, dass nicht ein aufnehmender Rechtsträger, sondern mindestens zwei aufnehmende Rechtsträger die Rechtsnachfolge des übertragenden Rechtsträgers antreten.

d) Abspaltung. Die Abspaltung, § 123 Abs. 2 UmwG, ist die Übertragung eines Teils oder mehrerer Teile des Vermögens eines Rechtsträgers im Ganzen, also im Wege der partiellen Gesamtrechtsnachfolge, auf einen oder mehrere bestehende Rechtsträger (Abspaltung zur Aufnahme) oder infolge der Abspaltung errichtete Rechtsträger (Abspaltung zur Neugründung) gegen Gewährung von Anteilen an den aufnehmenden oder neuen Rechtsträgern an die Anteilsinhaber des abspaltenden Rechtsträgers. Von der Aufspaltung sondert sich die Abspaltung dadurch, dass sich die partielle Gesamtrechtsnachfolge auf einen **Teil des Vermögens** des übertragenden Rechtsträgers **beschränkt** und dieser – mit dem nicht abgespaltenen Vermögensteil – als Rechtsträger fortbesteht.

e) Ausgliederung. Die Ausgliederung als dritte Spaltungsform, § 123 Abs. 3 UmwG,[4] entspricht der Abspaltung, doch ist bei ihr Destinatär der zu gewährenden Anteile an dem aufnehmenden oder neuen Rechtsträger der **ausgliedernde Rechtsträger** selbst; auf der Ebene der Anteilsinhaber des ausgliedernden Rechtsträgers ändert sich nichts. Weil bei der Ausgliederung die Beteiligung an dem übernehmenden oder neuen Rechtsträger dem ausgliedernden Rechtsträger zu gewähren ist, ist es denkbar, dass sich die Ausgliederung – anders als die Abspaltung – auf das gesamte Vermögen des ausgliedernden Rechtsträgers bezieht. Die Ausgliederung führt dann zu einem kompletten Übergang des Vermögens des ausgliedernden Rechtsträgers auf einen fortan ihm als Tochtergesellschaft zugeordneten neuen Rechtsträger.[5]

f) Kombinationen. Nach § 123 Abs. 3 UmwG kann die Spaltung auch durch gleichzeitige Vermögensübertragung **auf bestehende und neue Rechtsträger** erfolgen. Darüber hinaus ist es denkbar, die Spaltungsarten miteinander zu verbinden, namentlich kann also ein Rechtsträger in ein und demselben Vorgang Vermögensteile sowohl abspalten als auch ausgliedern.[6]

3. Verhältniswahrende und nicht verhältniswahrende Spaltung

Im Regelfall richtet sich das Verhältnis, an dem Anteilsinhaber des übertragenden Rechtsträgers an dem oder den übernehmenden Rechtsträgern beteiligt werden, nach dem Maßstab ihrer **Beteiligungsquoten am übertragenden Rechtsträger**. Zwingend ist dies indessen nicht. Nach § 128 UmwG ist die so genannte nichtverhältniswahrende Spaltung zulässig. Sie setzt aber voraus, dass die Anteilsinhaber des übertragenden Rechtsträgers

---

[4] Zum Vergleich mit der Ausgliederung durch Einzelrechtsnachfolge vgl. *Engelmeyer* AG 1999, 263.
[5] Vgl. *Schulze zur Wiesche* DB 1996, 1542; *Stengel* in *Semler/Stengel* UmwG § 123 Rn. 17.
[6] Vgl. dazu *Kallmeyer* DB 1995, 83; *Mayer* DB 1995, 861; zurückhaltend dagegen *Karollus* in *Lutter*, Kölner Umwandlungsrechtstage, 157, 162.

zustimmen. Zweifelhaft ist, ob eine nichtverhältniswahrende Spaltung durch bare Zuzahlungen an einzelne Anteilsinhaber vermieden werden kann.[7]

9   Zulässig ist auch die so genannte **Spaltung „zu null"**.[8] So kann etwa eine GmbH & Co. KG mit zwei Kommanditisten dergestalt aufgespalten werden, dass der Kommanditist A nur an der einen aufnehmenden Gesellschaft und der Kommanditist B nur an der anderen aufnehmenden Gesellschaft Anteile erhält.[9] Weitergehend ist es auch zulässig, dass bei einer Spaltung einzelnen Gesellschaftern überhaupt keine Anteile als Gegenleistung zugewiesen werden.[10] Das Prinzip der Identität der Mitgliedschaft ist bei der Spaltung nicht einschlägig.[11]

4. Sonstiges

10   Das Spaltungsrecht ist vom Grundprinzip der Spaltungsfreiheit bestimmt. Danach ist es den Rechtsträgern im Grundsatz freigestellt, welches Teilvermögen sie im Wege der Spaltung übertragen wollen. Im Extremfall kann deshalb auch ein einziger Vermögensgegenstand oder eine Verbindlichkeit alleiniger Spaltungsgegenstand sein.[12] Grenzen findet die **Spaltungsfreiheit** in § 613a BGB. Die früher als „Spaltungsbremse" bekannte Vorschrift des § 132 UmwG aF, wonach allgemeine Vorschriften, welche die Übertragbarkeit eines bestimmten Gegenstandes ausschließen oder an bestimmte Voraussetzungen knüpfen, vom Spaltungsrecht nicht überlagert wurden, hat der Gesetzgeber mit Gesetz v. 19.4.2007 (BGBl. I 542) ersatzlos gestrichen und damit zugleich auf die fast einhellige Kritik aus dem Schrifttum an den damit zusammenhängenden Unsicherheiten reagiert.[13] Die Gesamtrechtsnachfolge unterliegt nunmehr bei der Spaltung im Ausgangspunkt denselben Grundsätzen wie bei der Verschmelzung.[14]

11   Mit dem Prinzip der Spaltungsfreiheit korreliert der spezifische **Gläubigerschutz** nach § 133 UmwG. Danach haften die an der Spaltung beteilig-

---

[7] Dafür *Widmann/Mayer* § 128 UmwG Rn. 34; *Schröer* in *Semler/Stengel* UmwG § 128 Rn. 9; *Kallmeyer/Kallmeyer/Sickinger* § 128 UmwG Rn. 2; mit Recht zweifelnd *Lutter/Priester* § 128 UmwG Rn. 11.

[8] So jetzt auch OLG München, Beschl. v. 10.7.2013 – 31 Wx 131/13, ZIP 2013, 1468.

[9] Vgl. dazu *Schröer* in *Semler*/Stengel UmwG § 128 Rn. 6; *Lutter/Priester* § 128 UmwG Rn. 13 mwN.

[10] ZB bei der Aufspaltung einer GmbH & Co. auf Kapitalgesellschaften; vgl. OLG München, Beschl. v. 10.7.2013 – 31 Wx 131/13, ZIP 2013, 1468: von Wortlaut und Normzweck des § 128 UmwG gedeckt; siehe auch *Kallmeyer/Kallmeyer/Sickinger* § 124 UmwG Rn. 10.

[11] Vgl. *Lutter/Priester* § 128 UmwG Rn. 15. Die Frage ist allerdings str., zum Meinungstand *Sagasser/Bula/Brünger* Umwandlungen Rn. N 31.

[12] Vgl. *Lutter/Teichmann* § 123 UmwG Rn. 23; *Stengel* in *Semler/Stengel* UmwG § 123 Rn. 6.

[13] Vgl. dazu *Neye*, BB 2007, 389. Im Gegenzug wurde die Nachhaftungsfrist für Pensionsverbindlichkeiten nach dem BetrAVG in § 133 Abs. 3 S. 2 UmwG von bisher fünf auf nunmehr zehn Jahre angehoben. Ausf. zur damit aufgeworfenen Rückwirkungsproblematik *Ihrig/Kranz* ZIP 2012, 749.

[14] *Hörtnagel* in *Schmitt/Hörtnagel/Stratz* UmwG § 131 Rn. 11.

ten Rechtsträger als Gesamtschuldner für die Verbindlichkeiten des übertragenden Rechtsträgers, die vor dem Wirksamwerden der Spaltung begründet worden sind. Diese gesamtschuldnerische Haftung ist berechtigt, weil die Verteilung von Aktiva der übertragenden Rechtsträger auf andere, aufnehmende Rechtsträger ohne Gläubigermitwirkung erfolgt.[15]

Der **Ablauf** der Spaltung folgt im Grundsatz denselben Regeln wie die Verschmelzung (s. → § 52 Rn. 8 ff.). Wie bei der Verschmelzung und beim Formwechsel stellt sich auch bei der Spaltung die Frage, ob einzelne Gesellschafter des übertragenden Rechtsträgers anlässlich der Spaltung ausscheiden können, ob also etwa bei der Aufspaltung einzelne Gesellschafter an keinem der übernehmenden Rechtsträger beteiligt werden. Dies ist, sofern der betroffene Gesellschafter zustimmt, richtigerweise zu bejahen. Umgekehrt stellt sich insbesondere im Hinblick auf die GmbH & Co. KG die Frage, ob an der Spaltung zur Neugründung einer GmbH & Co. KG die Komplementär-GmbH auf den Zeitpunkt des Wirksamwerdens der Spaltung dem mit der Spaltung entstehenden neuen Rechtsträger beitreten kann. Auch dies ist zu bejahen (vgl. auch → § 57 Rn. 68). 12

II. Spaltungsvertrag und Spaltungsplan

1. Überblick

Kern jeder Spaltung ist der Spaltungs- und Übernahmevertrag, der alle rechtsgeschäftlichen Festlegungen für die Durchführung der Spaltung enthält. Er entspricht funktional dem Verschmelzungsvertrag bei der Verschmelzung. An die Stelle des Spaltungs- und Übernahmevertrags tritt bei Spaltung zur Neugründung der **Spaltungsplan**, § 136 UmwG. Ebenso wie bei der Verschmelzung kann anstelle des Vertrages oder Plans ein Entwurf treten, auf den sich die Spaltungsbeschlüsse beziehen. Rechtzeitig vor der Anmeldung der Spaltung ist der Spaltungsvertrag oder -plan dann entsprechend dem Entwurf ordnungsgemäß abzuschließen bzw. aufzustellen,[16] vgl. § 125 S. 1 iVm § 4 Abs. 2 UmwG. Der Abschluss des Spaltungsvertrags obliegt den Vertretungsorganen der beteiligten Rechtsträger in vertretungsberechtigter Anzahl;[17] Entsprechendes gilt für die Aufstellung des Spaltungsplans. Spaltungsvertrag und Spaltungsplan sind **notariell** zu beurkunden, §§ 125 S. 1 iVm 6 UmwG bzw. § 136 S. 2 UmwG. Der Spaltungsvertrag ist dem zuständigen Betriebsrat jedes der beteiligten Rechtsträger spätestens einen Monat vor dem Tag der Gesellschafterversammlung der Gesellschafter des betreffenden Rechtsträgers, in der die Zustimmung zur Spaltung beschlossen werden soll, zuzuleiten, § 126 Abs. 3 UmwG. 13

---

[15] Vgl. RegBegr. bei *Schaumburg/Rödder* § 133 UmwG; zur Frage, ob die zeitliche Befristung richtlinienkonform ist, vgl. *Maier-Reimer* in *Semler/Stengel* UmwG § 133 Rn. 1, 8 f.
[16] Vgl. *Widmann/Mayer* § 126 UmwG Rn. 9–16.
[17] Vgl. *Heidenhain* NJW 1995, 2873.

2. Notwendiger Inhalt

14 **a) Parallele zur Verschmelzung.** Ebenso wie für den Verschmelzungsvertrag bestimmt das Umwandlungsgesetz enumerativ den **notwendigen Mindestinhalt** des Spaltungs- und Übernahmevertrags bzw. des Spaltungsplans, § 126 UmwG.[18] Die meisten Festlegungen entsprechen jenen in dem Verschmelzungsvertrag (dazu → § 52 Rn. 13 ff.). Im Einzelnen haben der Spaltungsplan und der Spaltungsvertrag zu enthalten:

15 **b) Name, Firma, Sitz.** In dem Vertrag bzw. Plan oder den Entwürfen hierfür sind anzugeben der Name oder die Firma und der Sitz jedes der an der Spaltung beteiligten Rechtsträger, § 126 Abs. 1 Nr. 1 UmwG.[19]

16 **c) Spaltungsform.** Es ist weiter die Vereinbarung aufzunehmen über die **Übertragung** der Teile des **Vermögens** des übertragenden Rechtsträgers, jeweils als Gesamtheit im Wege der partiellen Gesamtrechtsnachfolge von dem übertragenden auf den übernehmenden Rechtsträger im Austausch gegen Anteile an diesen, § 126 Abs. 1 Nr. 2 UmwG.[20]

17 **d) Umtauschverhältnis, bare Zuzahlung.** Bei der Auf- oder Abspaltung sind das Umtauschverhältnis der **zu gewährenden Anteile** und ggf. die Gewährung einer baren Zuzahlung oder Angaben über die Mitgliedschaft bei dem übernehmenden Rechtsträger festzustellen, § 126 Abs. 1 Nr. 3 UmwG.

18 Da auch bei der **Ausgliederung** nach § 123 Abs. 3 eine Gegenleistung in Gestalt der Gewährung von Anteilen oder Mitgliedschaften des übernehmenden Rechtsträgers an den übertragenden Rechtsträger erforderlich ist, bedarf es auch im Falle der Ausgliederung einer entsprechenden Bestimmung im Spaltungsvertrag bzw. -plan.[21]

19 **e) Anteilsübertragung.** Bei der Auf- und Abspaltung[22] sind die Einzelheiten für die Übertragung der Anteile des übernehmenden Rechtsträgers oder über den **Erwerb der Mitgliedschaft** bei dem übernehmenden Rechtsträger anzugeben, § 126 Abs. 1 Nr. 4 UmwG. Bei der GmbH & Co. KG als übernehmender Rechtsträger entfällt in der Regel diese Angabe.[23] Dabei ist insbesondere festzustellen, ob die als Gegenleistung an die Gesellschafter des übertragenden Rechtsträgers zu gewährenden Anteile als neue Anteile im Wege einer Kapitalerhöhung geschaffen werden oder ob bestehende Anteile gewährt werden.

---

[18] Zum fakultativen Inhalt vgl. Kallmeyer/*Kallmeyer/Sickinger* § 126 UmwG Rn. 44 ff.; Schröer in *Semler/Stengel* UmwG § 126 Rn. 26 ff.

[19] Zum Firmenrecht bei der Spaltung vgl. *Kögel* GmbHR 1996, 172.

[20] Zum Wegfall dieser Angabe vgl. Kallmeyer/*Kallmeyer/Sickinger* § 126 UmwG Rn. 6.

[21] Dazu im Einzelnen *Ittner* MittRhNotK 1997, 113.

[22] Zum Wegfall dieser Angabe bei der Ausgliederung vgl. Lutter/*Priester* § 126 UmwG Rn. 36; Schröer in *Semler/Stengel* UmwG § 126 Rn. 36, 44.

[23] Vgl. Kallmeyer/*Kallmeyer/Sickinger* § 126 UmwG Rn. 13.

f) Gewinnberechtigung. Es ist der Zeitpunkt festzulegen, von dem an 20
dieser Anteil oder die Mitgliedschaft einen **Anspruch** auf einen Anteil **am
Bilanzgewinn** gewähren, sowie alle Besonderheiten in Bezug auf diesen
Anspruch, § 126 Abs. 1 Nr. 5 UmwG. Dieser Stichtag muss nicht mit dem
Spaltungsstichtag übereinstimmen.[24]

g) Spaltungsstichtag. Der Spaltungsvertrag oder -plan müssen den Spal- 21
tungsstichtag bestimmen, von dem ab **Handlungen** des übertragenden
Rechtsträgers als **für Rechnung** des oder der übernehmenden Rechtsträger
vorgenommen gelten, § 126 Abs. 1 Nr. 6 UmwG.

h) Sonderrechte. Rechte, die die übernehmenden Rechtsträger einzel- 22
nen Anteilsinhabern oder Inhabern besonderer Rechte gewähren, sind anzugeben, ebenso die für diese Personen vorgesehenen Maßnahmen, § 126
Abs. 1 Nr. 7 UmwG. Auch ein Nichtbestehen solcher Rechte ist ausdrücklich festzustellen.[25]

i) Vorteilsgewährung. Es sind im Spaltungsvertrag bzw. -plan alle Vor- 23
teile zu benennen, die einem Mitglied eines Vertretungsorgans oder eines
Aufsichtsorgans der an der Spaltung beteiligten Rechtsträger, einem geschäftsführenden Gesellschafter, einem Partner, einem Abschlussprüfer oder
einem Spaltungsprüfer gewährt werden, § 126 Abs. 1 Nr. 8 UmwG. Auch
hier ist ein Nichtbestehen von besonderen Vorteilen ausdrücklich festzustellen.[26]

j) Vermögensabgrenzung. Als Kernstück muss der Spaltungsvertrag 24
bzw. -plan die genaue **Bezeichnung** und Aufteilung der Gegenstände des
Aktiv- und Passivvermögens enthalten, die an jeden der übernehmenden
Rechtsträger übertragen werden, sowie der übergehende Betrieb und Be-
triebsteil unter Zuordnung zu den übernehmenden Rechtsträgern, § 126
Abs. 1 Nr. 9 UmwG.

Der Bestimmung des im Zuge der Spaltung zu übertragenden Vermögens 25
ist besondere Aufmerksamkeit zu widmen.[27] Da es zu einer Aufteilung des
Vermögens des übertragenden Rechtsträgers im Wege einer nur partiellen
Gesamtrechtsnachfolge kommt, müssen die Festsetzungen zur Bezeichnung
und Aufteilung der Gegenstände des Aktiv- und Passivvermögens so genau
erfolgen, dass dem **Bestimmtheitsgrundsatz** Rechnung getragen wird.[28]
Die Vermögensgegenstände müssen also bestimmbar sein.[29] Dabei ist eine
Bezugnahme auf Bilanzen ebenso zulässig wie eine nach betriebswirtschaft-
licher Betrachtungsweise erfolgende **Zuordnung** von Vermögensgegenständen an hinreichend identifizierbare **Teilbetriebe**. Soweit es um bewegliche

---

[24] Vgl. Kallmeyer/*Kallmeyer/Sickinger* § 126 UmwG Rn. 14.
[25] Vgl. *Heidenhain* NJW 1995, 2875; jedenfalls empfehlenswert *Schröer* in Semler/
Stengel UmwG § 126 Rn. 52.
[26] Vgl. Kallmeyer/*Kallmeyer/Sickinger* § 126 UmwG Rn. 18; *Schröer* in Semler/Sten-
gel UmwG § 126 Rn. 53 (Fn. 103).
[27] Vgl. *Pickhardt* DB 1999, 729; *Schröer* in Semler/Stengel UmwG § 126 Rn. 55 ff.
[28] Bei der Ausgliederung vgl. *Fuhrmann/Simon* AG 2000, 54.
[29] Vgl. Kallmeyer/*Kallmeyer/Sickinger* § 126 UmwG Rn. 19 ff.; *Lutter/Priester* § 126
UmwG Rn. 50; so nun auch BGH AG 2004, 98 (99).

16. Kapitel. Umwandlungssituationen: Verschmelzung, Spaltung und Formwechsel

Gegenstände wie Warenbestände, Betriebsausstattungen und anderes geht, können die Grundsätze, wie sie für Raumsicherungsverträge entwickelt worden sindhrangezogen werden. Eine Besonderheit gilt für **Grundstücke** und an Grundstücken bestehende Rechte. Sie sind so genau zu bezeichnen, wie dies für die mit Wirksamwerden der Spaltung gebotene Grundbuchberichtigung erforderlich ist; § 126 Abs. 2 S. 2 UmwG nimmt § 28 Abs. 1 GBO ausdrücklich in Bezug. Im Übrigen empfiehlt sich eine Auffangklausel, die das Schicksal „vergessener" Vermögensgegenstände regelt, und eine Auslegungsvorschrift, wie bei Zuordnungszweifeln zu entscheiden ist.

26 **k) Anteilsaufteilung.** Unverzichtbarer Bestandteil des Spaltungsvertrages bzw. -plans ist bei der Aufspaltung und Abspaltung weiter die Aufteilung der Anteile oder Mitgliedschaften jedes übernehmenden Rechtsträgers auf die Anteilsinhaber des übertragenden Rechtsträgers sowie der Maßstab für die Aufteilung, § 126 Abs. 1 Nr. 10 UmwG.

27 **l) Folgen für Arbeitnehmer.** Der Spaltungsvertrag bzw. -plan hat schließlich die Folgen der Spaltung für die Arbeitnehmer und ihre Vertretungsorgane sowie die insoweit vorgesehenen **Maßnahmen** zu erläutern, § 126 Abs. 1 Nr. 11 UmwG. Da es sich um eine Parallelvorschrift zu § 5 Abs. 1 Nr. 9 UmwG handelt, kann auf die Erläuterungen im Rahmen der Verschmelzung verwiesen werden.[30]

III. Spaltungsbericht und Spaltungsprüfung

1. Spaltungsbericht

28 Ebenso wie bei der Verschmelzung und dem Formwechsel ist die Spaltung durch einen Spaltungsbericht vorzubereiten, § 127 UmwG. Der Spaltungsbericht ist von den Vertretungsorganen jedes der an der Spaltung beteiligten Rechtsträger zu erstatten und von jedem einzelnen Organmitglied zu unterzeichnen.[31] Darin sind die Spaltung und der Spaltungsvertrag bzw. -plan im Einzelnen ausführlich rechtlich und wirtschsaftlich zu erläutern und zu begründen. Der Spaltungsbericht soll den Anteilsinhabern eine **Plausibilitätskontrolle** ermöglichen. Bei der Aufspaltung und Abspaltung sind insbesondere das Umtauschverhältnis der Anteile darzutun und die Angaben über die Mitgliedschaften bei den übernehmenden Rechtsträgern zu machen; dasselbe gilt für den Maßstab der Anteilsaufteilung und die Höhe einer etwa anzubietenden Barabfindung. Die Erstattung eines **gemeinsamen Spaltungsberichts** ist zulässig. Die Regeln in § 8 Abs. 1 S. 2 bis 4, Abs. 2 und 3 UmwG zum Verschmelzungsbericht gelten für den Spaltungsbericht entsprechend. Demgemäß ist der Spaltungsbericht insbesondere dann entbehrlich, (a) wenn eine Verzichtserklärung aller Anteilsinhaber der beteiligten Rechtsträger, die der notariellen Form bedarf, vorliegt, (b) bei einer Abspaltung von einer 100%igen Tochtergesellschaft auf die Mutter

---

[30] Ausf. zur Ausgliederung *Fuhrmann/Simon* AG 2000, 51 f.
[31] Vgl. Kallmeyer/*Kallmeyer/Sickinger* § 127 UmwG Rn. 4.

und (c) bei der Ausgliederung, wenn ausschließlich auf 100%ige Tochtergesellschaften ausgegliedert wird.[32] Für die inhaltliche Gestaltung des Spaltungsberichts kann auf die Ausführungen zum Umwandlungsbericht beim Formwechsel (→ § 56 Rn. 10 ff.) und zum Verschmelzungsbericht (→ § 52 Rn. 26) verwiesen werden.

2. Prüfung

Eine Spaltungsprüfung nach § 125 S. 1 iVm § 9 Abs. 1 kommt in Aufspaltungs- und Abspaltungsfällen in Betracht. Demgegenüber gibt es keine Spaltungsprüfung bei der Ausgliederung, § 125 S. 2 UmwG. Für die an einer Auf- oder Abspaltung beteiligte GmbH & Co. KG führt der Verweis von § 125 S. 1 UmwG auf die Verschmelzungsregeln zu § 44 UmwG. Danach erfolgt die Spaltungsprüfung **nur auf Verlangen** eines Gesellschafters, das nur unter der Voraussetzung gestellt werden kann, dass der Gesellschaftsvertrag eine Mehrheitsentscheidung für den Spaltungsbeschluss vorsieht. Die Möglichkeit des allseitigen Verzichts auf die Spaltungsprüfung nach § 125 S. 1 iVm § 9 Abs. 3 iVm § 8 Abs. 3 S. 1 1. Fall, S. 2 UmwG ist deshalb für die Personengesellschaft nicht einschlägig. Die Verzichtsmöglichkeit ist aber für die Spaltung unter Beteiligung einer GmbH & Co. KG dann relevant, wenn eine Barabfindung erfolgt und die Spaltungsprüfung nach § 125 S. 1 iVm § 30 Abs. 2 S. 3 UmwG obligatorisch ist. 29

Nicht folgerichtig erscheint der **Ausschluss** von § 9 Abs. 2 UmwG in § 125 S. 1 UmwG, wonach keine Prüfung zu erfolgen hat, wenn die aufnehmende Muttergesellschaft alle Anteile an der übertragenden Tochtergesellschaft hält.[33] Soweit Vermögen im Wege der Spaltung von der 100%igen Tochtergesellschaft auf die Muttergesellschaft übertragen wird, kommt eine Gewährung von Anteilen durch die Muttergesellschaft an sie selbst gerade nicht in Betracht.[34] Zumindest in **Abspaltungsfällen**, bei denen eine 100%ige Tochtergesellschaft einen Teil ihres Vermögens auf ihre Muttergesellschaft abspaltet, ist die Notwendigkeit einer Spaltungsprüfung nicht verständlich.[35] 30

Soweit danach eine Spaltungsprüfung zu erfolgen hat, bezieht sie sich wie bei der Verschmelzungsprüfung auf die **Vollständigkeit und Richtigkeit** des Spaltungsvertrages bzw. des Spaltungsplanes, auf die Angemessenheit der vereinbarten Umtauschverhältnisse und ggf. die **Angemessenheit** einer baren Zuzahlung und auf die Prüfung eines etwaigen Barabfindungsangebots. Wegen der Einzelheiten kann auf die Verschmelzungsprüfung (→ § 52 Rn. 28) verwiesen werden. 31

---

[32] Vgl. *Gehling* in *Semler/Stengel* UmwG § 127 Rn. 51; Kallmeyer/*Kallmeyer/Sickinger* § 127 UmwG Rn. 16.

[33] Die RegBegr., es komme bei der Auf- oder Abspaltung stets zu einem Anteilstausch, weshalb eine Prüfung unverzichtbar sei (abgedr. bei *Schaumburg/Rödder* § 125 UmwG Rn. 4), ist nicht zutr.

[34] Zutr. Beck Hdb. Personengesellschaften/*Haritz/Bärwaldt* § 9 Rn. 477 mN.

[35] Ebenso Beck Hdb. Personengesellschaften/*Haritz/Bärwaldt* § 9 Rn. 74, 177, dort – weitergehend – auch für Aufspaltungsfälle, soweit es um den Vermögensübergang auf die Muttergesellschaft geht; enger demgegenüber Kallmeyer/*Kallmeyer/Sickinger* § 125 UmwG Rn. 9 (generell für Spaltungsprüfungen).

IV. Zustimmungsbeschlüsse der Anteilsinhaber

32 Der Spaltungs- bzw. Ausgliederungs- und Übernahmevertrag bedarf nach § 125 iVm § 13 UmwG der **Zustimmung** der Anteilsinhaber jedes der an der Spaltung beteiligten Rechtsträger.

33 Der Zustimmungsbeschluss muss wie bei der Verschmelzung in einer **Gesellschafterversammlung** gefasst werden, § 13 Abs. 1 S. 2 UmwG.[36] Auch bei der Spaltung ist nach §§ 125, 42 UmwG spätestens mit der Einladung zur Gesellschafterversammlung der Spaltungs- bzw. Ausgliederungsbericht zusammen mit dem Spaltungs- und Übernahmevertrag bzw. Spaltungsplan den Kommanditisten zu übersenden. Ist ein Spaltungsprüfungsbericht erstellt worden, so ist auch er den Kommanditisten zu übersenden (vgl. die Ausführungen zur Verschmelzung → § 52 Rn. 30 ff.).[37]

V. Wirksamwerden der Spaltung

1. Anmeldung

34 Die Spaltung ist ebenso wie die Verschmelzung zur Eintragung in das jeweils zuständige Register der beteiligten Rechtsträger anzumelden. Bei der **Spaltung zur Aufnahme** ist zur Anmeldung der Spaltung bei dem Registergericht des übertragenden Rechtsträgers auch das Vertretungsorgan jedes der **übernehmenden Rechtsträger** berechtigt, § 129 UmwG. Der übernehmende Rechtsträger kann also auch die Spaltung bei dem übertragenden Rechtsträger anmelden. Die Anmeldung obliegt den vertretungsberechtigten Personen in vertretungsberechtigter Zahl, unechte Gesamtvertretung ist nach herrschender Auffassung zulässig.[38]

35 Anzumelden ist die **Spaltung** selbst, nicht also der Spaltungsvertrag oder die Zustimmungsbeschlüsse zu diesem.[39] Dabei ist die Art der Spaltung anzugeben, dh Auf- oder Abspaltung oder Ausgliederung zur Aufnahme oder zur Neugründung. Weiter sind Firma und Sitz der beteiligten Rechtsträger zu bezeichnen. **Beizufügen** sind der Anmeldung der Spaltungs- und Übernahmevertrag bzw. -plan, die notariellen Niederschriften über die Zustimmungsbeschlüsse hierzu, die notariellen Urkunden der etwaigen Zustimmungs- oder Verzichtserklärungen einzelner Gesellschafter, der Spaltungsbericht und der Spaltungsprüfungsbericht, die Negativerklärung gemäß § 16 Abs. 2 UmwG und, sofern erforderlich, der Nachweis über die rechtzeitige Zuleitung des Spaltungs- und Übernahmevertrages bzw. -plans an den Betriebsrat.[40] Darüber hinaus ist eine **Schlussbilanz** des übertragenden Rechtsträgers vorzulegen, deren Stichtag maximal acht Monate vor der Anmeldung der Spal-

---

[36] Zur Individualzustimmung bei der Ausgliederung vgl. *Veil* ZIP 1998, 363.
[37] Vgl. Kallmeyer/*Kallmeyer/Sickinger* § 125 UmwG Rn. 47.
[38] Vgl. Lutter/*Priester* § 129 UmwG Rn. 3 mwN; *Schwanna* in *Semler/Stengel* UmwG § 129 Rn. 3.
[39] Vgl. Kallmeyer/*Zimmermann* § 129 UmwG Rn. 6.
[40] Zu den Einzelheiten vgl. insb. *Ittner* MittRhNotK 1997, 123.

tung bei dem übertragenden Rechtsträger liegen darf, § 125 bzw. § 135 iVm § 17 Abs. 2 S. 4 UmwG.[41] Eine **Reihenfolge** für die Anmeldungen bei den beteiligten Rechtsträgern sieht, anders als für die Eintragung, das Gesetz nicht vor.

2. Eintragung

Nach § 130 Abs. 1 S. 1 UmwG ist zunächst die Spaltung im Register des Sitzes des übernehmenden Rechtsträgers einzutragen, bevor die Eintragung in das Register des Sitzes des übertragenden Rechtsträgers erfolgt. Haben Kapitalmaßnahmen stattgefunden, so sind diese vor der Spaltung einzutragen. Es empfiehlt sich, dies auch in der Anmeldung ausdrücklich zum Ausdruck zu bringen. Mit der Eintragung der Spaltung im Register des Sitzes des **übertragenden Rechtsträgers** treten die Wirkungen nach § 131 UmwG ein, insbesondere: Das Vermögen des sich aufspaltenden Rechtsträgers bzw. der zu übertragende Vermögensteil des übertragenden Rechtsträgers bei der Abspaltung oder Ausgliederung geht auf den übernehmenden bzw. neuen Rechtsträger „als Ganzes", dh im Wege der so genannten partiellen Gesamtrechtsnachfolge, über. Der Eigentumsübergang ist bei Grundstücken nicht von der Umschreibung im Grundbuch abhängig; das Grundbuch ist lediglich zu berichtigen. Der sich aufspaltende Rechtsträger **erlischt** abwicklungslos. Die Anteilsinhaber des übertragenden Rechtsträgers sind nach Maßgabe des Aufspaltungs- bzw. Abspaltungsvertrages Anteilsinhaber des oder der übernehmenden bzw. neuen Rechtsträger. Im Falle der Ausgliederung wird der übertragende Rechtsträger selbst Anteilsinhaber des übernehmenden bzw. neuen Rechtsträgers. Soweit Rechte Dritter an den Anteilen bestehen, setzen sich diese Rechte an den als Gegenleistung gewährten Anteilen am übernehmenden Rechtsträger fort. **Mängel** in der notariellen Beurkundung des Spaltungs- oder Übernahmevertrages bzw. -plans und das Fehlen ggf. erforderliche Zustimmungs- oder Verzichtserklärungen einzelner Anteilsinhaber werden mit der Eintragung **geheilt**. Darüber hinaus lassen Mängel der Spaltung die Wirkung der Eintragung grundsätzlich unberührt, § 131 Abs. 2 UmwG.

VI. Kommanditistenhaftung bei der Spaltung

Bei der Spaltung einer GmbH & Co. KG stellt sich die Frage, ob es zu einem **Wiederaufleben** der Kommanditistenhaftung nach § 172 Abs. 4 HGB deshalb kommt, weil den Kommanditisten als Gesellschaftern des übertragenden Rechtsträgers als **Gegenleistung** für die Vermögensübertragung Anteile an dem übernehmenden Rechtsträger gewährt werden. Die herrschende Auffassung verneint dies.[42] Es bleibt bei den umwandlungsspezifischen Gläubigerregeln von § 133 UmwG in Verbindung mit dem An-

---

[41] Vgl. Kallmeyer/*Sickinger* § 125 UmwG Rn. 23.
[42] Vgl. Lutter/*Schwab* § 133 UmwG Rn. 99; Kallmeyer/*Kallmeyer/Sickinger* § 133 UmwG Rn. 23; *Maier-Reimer* in Semler/Stengel UmwG § 133 Rn. 116. Enger demgegenüber *Naraschewski* DB 1995, 1266.

16. Kapitel. Umwandlungssituationen: Verschmelzung, Spaltung und Formwechsel

spruch auf Sicherheitsleistung nach § 22 UmwG. Für einen weitergehenden Gläubigerschutz ist kein Raum.

38 Erlischt die GmbH & Co. KG, indem sie aufgespalten wirdhften einerseits die aufnehmenden Rechtsträger nach § 133 Abs. 1 UmwG als **Gesamtschuldner** für die Verbindlichkeiten der sich aufspaltenden GmbH & Co. KG. Darüber hinaus haften die Kommanditisten nach § 125 S. 1 iVm § 45 UmwG als Kommanditisten für die Zeitdauer von fünf Jahren für die Verbindlichkeiten des sich aufspaltenden Rechtsträgers fort. Die Haftung setzt voraus, dass die Verbindlichkeit vor Ablauf von fünf Jahren nach dem Wirksamwerden der Spaltung fällig geworden ist und daraus Ansprüche gegen die Kommanditisten gerichtlich geltend gemacht sind; bei öffentlich-rechtlichen Verbindlichkeiten genügt zur Geltendmachung der Erlass eines Verwaltungsakts.[43]

---

[43] Wegen der Einzelheiten vgl. Lutter/*H.Schmidt* § 45 UmwG Rn. 16 ff. (zum Parallelfall der Verschmelzung); *Ihrig* in *Semler/Stengel* UmwG § 45 Rn. 22.

§ 55 Steuerliche Konsequenzen der Spaltung einer Personengesellschaft

Übersicht

	Rn.		Rn.
I. Steuerliche Behandlung der Aufspaltung einer Mitunternehmerschaft	7	4. Behandlung des Sonderbetriebsvermögens im Rahmen der Realteilung	38
1. Allgemeines	7	II. Abspaltung aus dem Vermögen einer Personengesellschaft	44
2. Realteilung ohne Spitzenausgleich	11	1. Abspaltung eines Einzelwirtschaftsguts	44
a) Allgemeines	11	2. Abspaltung eines Betriebes, Teilbetriebes oder Mitunternehmeranteils	47
b) Aufteilung des Betriebsvermögens der GmbH & Co. KG	15		
c) Realteilung mit Einzelwirtschaftsgütern	20	III. Verkehrssteuerliche Konsequenzen der Realteilung	50
d) Technische Umsetzung der Realteilung	24	1. Umsatzsteuerliche Folgen der Realteilung	50
3. Realteilung mit Spitzenausgleich	26	2. Grunderwerbsteuerliche Folgen	53

Schrifttum: *Bordewin,* Neues von der Realteilung, DStZ 1992, 354; *Brandenberg,* Personengesellschaftsbesteuerung nach dem Unternehmenssteuerfortentwicklungsgesetz, DStZ 2002, 594; *Carlé/Bauschatz,* Die neue Realteilung nach § 16 Abs. 2 EStG, KÖSDI 2002, 13133; *Düll,* Übertragung von Vermögen bei Personengesellschaften – Alternativen, Rechtsfolgen, Normkonkurrenzen, StbJb 2002/03, 118; *Groh,* Realteilung von Personengesellschaften, WPg 1991, 622; *Handzig,* Grundsätzliche Gewinnrealisierung beim Tausch von Mitunternehmeranteilen, DStZ 1993, 142; *Märkle,* Die Erbauseinandersetzung über Betriebsvermögen und die vorweggenommene Erbfolge. Praktische Anwendung der Beschlüsse des Großen Senats des Bundesfinanzhofs vom 5.7.1990 – Grs 2/89, Grs 4–6/89, BB 1991 Beil. 5, 6; *Meyer-Scharenberg,* Zweifelsfragen bei der Realteilung von Personengesellschaften, StKongRep 1994, 253; *Reiß,* Die einkommensteuerliche Behandlung der Realteilung gewerblich tätiger Personengesellschaften, StuW 1995, 199; *Reiß,* Zweifelsfragen zur Realteilung mit Spitzenausgleich, DStR 1995, 1129; *Rödder,* Steuerorientierte Gestaltung von Umstrukturierungen bei Personengesellschaften, StbJb 1994/95, 295; *Sauter,* Probleme bei der Realteilung nach der Neuregelung durch das Unternehmenssteuerreform, FR 2002, 1101; *Schulze zur Wiesche,* Die steuerliche Behandlung von Spaltungs- und Ausgliederungsvorgängen im Rahmen von Personengesellschaften, DStZ 2004, 366; *Stahl,* Spaltung von Personengesellschaften und Kapitalgesellschaften, KÖSDI 1998, 11 424; *Wacker,* Realteilung im Ertragsteuerrecht, NWB F. 3, 10670; *Wacker,* Die Realteilung von Personengesellschaften nach dem Steuerentlastungsgesetz 1999/2000/2002, BB 1999 Beil. 5; *Wendt,* Übertragung von Wirtschaftsgütern zwischen Mitunternehmerschaft und Mitunternehmer § 6 Abs. 5 EStG in der Fassung des UntStFG als zweiter Versuch zur „Wiedereinführung des Mitunternehmer-Erlasses", FR 2002, 53; *Winkemann,* Die Realteilung – Eine Zwischenbilanz, BB 2004, 130; *Niehus/Wilke,* Konkretisierung des Anwendungsbereichs steuerneutraler Realteilungen, FR 2012, 1093; *Hidien/Kirchner,* Umsatzsteuerrechtliche Folgen der

16. Kapitel. Umwandlungssituationen: Verschmelzung, Spaltung und Formwechsel

ertragssteuerlichen Realteilung eines Betriebs- und Unternehmensvermögens, StuB 2009, S. 96; *Ley*, Die Übertragung von Betrieben, Teilbetrieben und Mitunternehmeranteilen auf eine und aus einer Personengesellschaft, KÖSDI 2010, 16814; *Heß*, Die Realteilung einer Personengesellschaft – Anmerkungen zum BMF-Schreiben vom 28.2.2006, DStR 2006, 777; *Heß*, Formwechsel und Realteilung einer grundstücksverwaltenden GmbH, NWB 2013, 1588; *Rogall*, Ertragsteuerliche Implikationen der nicht verhältniswahrenden Teilung von Personengesellschaften, DStR 2005, 992; *Niehus*, Zur Anwendung von Realteilungsgrundsätzen und § 6b EStG auf die Übertragung von Wirtschaftsgütern bei Schwesterpersonengesellschaften, FR 2005, 278.

1 Wie auch bei den anderen handelsrechtlichen Umwandlungsformen des Formwechsels und der Verschmelzung ist auch die steuerliche Behandlung der Spaltung einer Personengesellschaft nicht auf die Regelung des handelsrechtlichen UmwG abgestimmt. Der Begriff der „Spaltung" wird im UmwStG nur für Kapitalgesellschaften verwendet, nicht jedoch für Personengesellschaften. Die steuerliche Behandlung von Spaltungsvorgängen muss demnach auf verschiedene im Einkommensteuergesetz bzw. UmwStG vorgegebene Instrumentarien zurückgreifen, teilweise auch in analoger Anwendung. Es kann nicht ausbleiben, dass die **analoge Anwendung** dieser Vorschriften auf Spaltungsvorgänge bei einer Personenhandelsgesellschaft zu offenen Auslegungs- und Zweifelsfragen führt.

2 Nach § 123 UmwG kann ein Rechtsträger sein Vermögen ohne Abwicklung aufspalten und auf andere Rechtsträger übertragen, wobei die Gesellschafter des aufspaltenden Rechtsträgers Gesellschaftsanteile der aufnehmenden Gesellschaften erhalten. Handelsrechtlich kann die Spaltung in Form einer **Aufspaltung** erfolgen, in der das Vermögen des übertragenden Rechtsträgers auf zwei oder mehrere Rechtsträger übertragen wird, wobei der übertragende Rechtsträger untergeht. Demgegenüber ist jedoch auch ein Spaltungsvorgang im Form einer **Abspaltung** möglich, bei der ein übertragender Rechtsträger einen Teil seines Vermögens auf einen anderen Rechtsträger überträgt, er selbst jedoch mit einem Restvermögen erhalten bleibt.

3 Personenhandelsgesellschaften können nach § 124 UmwG Beteiligte eines Spaltungsvorgangs sein, entweder als übertragende oder als aufnehmender Rechtsträger. Damit kann eine Personengesellschaft in eine oder mehrere Personengesellschaften auf- bzw. abgespalten werden. **Aufnehmender Rechtsträger** bei der Spaltung einer Personengesellschaft kann jedoch auch eine oder mehrere **Kapitalgesellschaften** sein. Geht im Zuge der Spaltung einer Personengesellschaft ein Teil des Betriebsvermögens auf eine Kapitalgesellschaft über, orientieren sich die steuerlichen Konsequenzen in analoger Anwendung des § 20 UmwStG.[1] Da die Auf- bzw. Abspaltung eines Teils des Betriebsvermögens auf eine Kapitalgesellschaft eher einen Sonderfall darstellt, soll diese Form der Spaltung im Folgenden nicht näher behandelt werden.

4 Von dem handelsrechtlichen Begriff der Spaltung ist die Fallgestaltung nicht erfasst, dass das Gesellschaftsvermögen unter den Gesellschaftern der

---

[1] BMF v. 11.11.2011, BStBl. I 2011, 1331 Rn. 01.44.

Personengesellschaft aufgeteilt wird, unter Umständen auch in jeweils für sich lebensfähigen betrieblichen Einheiten in Form von Einzelunternehmen. Diese Aufteilungsform erfolgt **außerhalb des handelsrechtlichen UmwG** im Wege der Einzelübertragung.

Unabhängigkeit von der Begriffswahl und der Entstehung des handels- 5
rechtlichen Umwandlungsgesetzes wurde von der Rechtsprechung für den Anwendungsbereich der Mitunternehmerschaften zunächst der steuerliche Begriff der **Realteilung** geschaffen.[2] Die Realteilung einer Personengesellschaft wurde ursprünglich vorrangig auf die **analoge Anwendung der Rechtsgrundsätze des § 24 UmwStG** gestützt. Mittlerweile wird vor allem von Vertretern der Finanzverwaltung die Auffassung vorgetragen, dass der Regelungsbereich in § 24 UmwStG abschließend erfasst ist. Eine Erweiterung des Anwendungsbereichs im Wege der Analogie sei nicht zulässig.[3] Eine analoge Anwendung des § 24 UmwStG kommt allerdings noch in den Fällen in Betracht, in denen eine Auf- und Abspaltung auf eine Personenhandelsgesellschaft erfolgt.[4] Abgesehen von diesen Sondersituationen sind Anwendungsmöglichkeiten und Folgen einer Realteilung in § 16 Abs. 3 S. 2 EStG abschließend gesetzlich geregelt.[5] Ungeachtet der Entwicklung des § 16 EStG bzw. den Grundsätzen zur Realteilung ist versäumt worden, rechtzeitig mit der Konzeption des handelsrechtlichen UmwG eine Anpassung der Grundsätze der steuerlichen Behandlung der Realteilung vorzunehmen.

Der steuerliche Begriff der **Realteilung** deckt sich zwar weitgehend mit 6
dem handelsrechtlichen Begriff der **Spaltung** einer Personenhandelsgesellschaft. Er ist jedoch nicht deckungsgleich.[6] Einerseits erfasst der steuerliche Begriff der Realteilung auch Übertragungsvorgänge außerhalb des handelsrechtlichen UmwG, etwa besondere Formen der Einzelrechtsübertragung. Andererseits setzt die Anwendung der Grundsätze der Realteilung voraus, dass der übertragende Rechtsträger aufgelöst wird.[7] Eine **Abspaltung** von Vermögen einer Mitunternehmerschaft kann damit nicht nach den Grundsätzen der Realteilung gelöst werden; uU muss auf die analoge Anwendung der Grundsätze des § 24 UmwStG zurückgegriffen werden.[8] Problematisch ist dies insoweit, als Voraussetzungen aber auch Rechtsfolgen von § 16 Abs. 3 S. 2 EStG und § 24 UmwStG nicht übereinstimmen.

---

[2] zB BFH v. 10.12.1991, BStBl. II 1992, 385.
[3] DPPM/*Patt* § 24 UmwStR Rn. 83.
[4] *Ley* KÖSDI 2010, 16817.
[5] Übersicht über die Rechtsentwicklung Schmidt/*Wacker* § 16 EStG Rn. 530 ff.
[6] *Heß* DStR 2006, 777.
[7] Schmidt/*Wacker* § 16 EStG Rn. 535; BFH v. 19.1.1982, BStBl. II 1982, 456.
[8] *Haritz/Wisniewski* in Beck'sches Handbuch der Personengesellschaften, 4. Aufl. 2014, § 10 Rn. 516 ff.

I. Steuerliche Behandlung der Aufspaltung einer Mitunternehmerschaft

1. Allgemeines

7   Ungeachtet der handelsrechtlichen Qualifikation als Gesamt- bzw. Teilrechtsnachfolge bildet die Realteilung einer Mitunternehmerschaft eine **Sonderform der Beendigung und Auflösung** einer Personengesellschaft.[9] Die Beendigung und Auflösung einer Mitunternehmerschaft führt grundsätzlich zu einer vollständigen Auflösung der im Gesellschaftsvermögen enthaltenen stillen Reserven. Liegen die Voraussetzungen einer Realteilung nach § 16 Abs. 3 S. 2 EStG vor, wird der gesamte Vorgang **zwingend zu Buchwerten**, also ohne Realisierung von stillen Reserven, abgewickelt.

8   Der Grundgedanke der Steuerneutralität der Realteilung wird aus analoger Anwendung der §§ 24 ff. UmwStG abgeleitet,[10] obwohl diese in § 16 Abs. 3 S. 2 EStG ausdrücklich angesprochen ist. Die Steuerneutralität einer Personengesellschaft basiert auf der **finalen Entnahmetheorie**, wonach eine realisierende Entnahme eines Wirtschaftsgutes dann nicht vorliegt, wenn das Wirtschaftsgut von einem Betriebsvermögen des Steuerpflichtigen in ein anderes Betriebsvermögens des gleichen Steuerpflichtigen überführt wird, mithin sich die Zuordnung der stillen Reserven nicht ändert.[11] Da die Realteilung einer Personengesellschaft nunmehr in § 16 Abs. 3 EStG ausdrücklich geregelt ist, bedarf es allerdings nicht mehr der analogen Anwendung von § 24 UmwStG.

9   Da der Begriff der Realteilung eine Sonderform der Beendigung und Auflösung einer Personengesellschaft bildet, muss die Realteilung einerseits abgegrenzt werden zu der **Liquidation/Vollbeendigung** der Gesellschaft[12] und andererseits zu dem Ausscheiden eines Gesellschafters aus der Personengesellschaft iVm einer **Sachwertabfindung**.[13] In beiden Fällen würde sich eine ganze oder teilweise Realisierung von stillen Reserven im Gesellschaftsvermögen ergeben.

10   Nach der ursprünglichen Rechtslage zur Realteilung bestanden **Abgrenzungsprobleme** zu dem Sachverhalt der **Aufgabe eines Mitunternehmeranteils gegen Sachwertabfindung**. Ab der Rechtslage 2001 ist die Minderung der Gesellschaftsrechte gegen Übertragung eines einzelnen Wirtschaftsgutes nach § 6 Abs. 5 S. 3 EStG zwingend zum Buchwert durchzuführen. Ein Wahlrecht zu einer Auflösung von stillen Reserven besteht insoweit nicht.

2. Realteilung ohne Spitzenausgleich

11   a) **Allgemeines.** Die Realteilung einer Personengesellschaft ist in § 16 Abs. 3 S. 2 EStG geregelt. Anders als bei der Realteilung mit Betrieben, Teil-

---

[9] Littmann/*Hörger* § 16 EStG Rn. 188b; Kirchhof/*Reiß* § 16 EStG Rn. 235.
[10] BFH v. 10.12.1991, BStBl. II 1992, 385; BGH v. 11.5.2009 DStR 2009, 1655; Schmidt/*Wacker* § 16 EStG Rn. 530 ff.; krit. *Wacker* NWB F. 3, 10670.
[11] BFH v. 19.1.1982, BStBl. II 1982, 456; BFH v. 5.7.1990, BStBl. II 1990, 843.
[12] BFH v. 10.12.1991, BStBl. II 1992, 385.
[13] BMF v. 28.2.2006, BStBl. I 2006, 228 Abschn. II; *Niehus/Wilke* FR 2012, 1099 ff.

betrieben oder Mitunternehmensanteilen besteht bei der Realteilung eines Einzelwirtschaftsguts die Besonderheit der Abgrenzung zu der Aufgabe eines Mitunternehmeranteils gegen Sachwertabfindung die grundsätzlich zu einer Auflösung von stillen Reserven führt.[14] Ein Einzelwirtschaftsgut hat nicht zwingend aus sich heraus die Betriebsvermögenseigenschaft. Wird das Wirtschaftsgut in das Privatvermögen des ausscheidenden Gesellschafters überführt, handelt es sich um eine gewinnrealisierende Sachwertabfindung außerhalb des Anwendungsbereichs des § 16 Abs. 3 S. 2 EStG.[15] Wird das Wirtschaftsgut in ein (Sonder-)Betriebsvermögen des ausscheidenden Gesellschafters überführt, ist strittig, ob dieser Vorgang durch § 16 Abs. 3 S. 2 EStG oder durch § 6 Abs. 5 S. 3 EStG erfasst wird. Da die Anwendung der Realteilungsgrundsätze die Auflösung der Gesellschaft voraussetzt, dürfte wohl § 6 Abs. 5 S. 3 EStG der Vorrang zu geben sein.[16]

Eine Realteilung **ohne** Auflösung von stillen Reserven ist nach diesen 12 Rechtsgrundsätzen dann möglich, wenn sich die Aufteilung einer GmbH & Co. KG in der Weise vollzieht, dass das
– Gesamthandsvermögen der Personengesellschaft aufgeteilt wird in
  – einzelne Teilbetriebe,
  – Mitunternehmeranteile oder
  – einzelne Wirtschaftsgüter;
– die Vermögensgegenstände weiterhin in einem betrieblichen Bereich gebunden sind
  – durch eine Personengesellschaft,
  – in einem Einzelunternehmen und
– ein Wertausgleich zwischen den Gesellschaftern nicht gewährt wird.

Wie bereits erwähnt, ist der steuerliche Begriff der Realteilung nicht de- 13 ckungsgleich mit dem handelsrechtlichen Begriff der Auf- bzw. Abspaltung. Die Anwendung der steuerlichen Grundsätze der Realteilung sind **dabei unabhängig von der eigentlichen Rechtsgrundlage**, dh Einzelübertragung der Wirtschaftsgüter oder Spaltung nach dem UmwG.[17] Anders als der handelsrechtliche Begriff der Spaltung setzt die Anwendung der steuerlichen Grundsätze der Realteilung wohl voraus, dass die **aufgeteilte Personengesellschaft** im Zuge der Teilung auch **beendet** wird.[18]

Die Anwendung der Grundsätze der Realteilung geht weiterhin davon 14 aus, dass die realgeteilten Einzelwirtschaftsgüter, Teilbetriebe oder Mitunternehmeranteile **in ein Betriebsvermögen überführt werden**, um künftig die steuerliche Erfassung der stillen Reserven zu gewährleisten. Ist Gegenstand der Realteilung ein Teilbetrieb oder ein Mitunternehmeranteil, ist die Betriebsvermögenseigenschaft bereits begrifflich gegeben, nicht jedoch bei der Übertragung von einzelnen Wirtschaftsgütern. Hier stellt sich die Frage, wie die Bedingung in § 16 Abs. 3 S. 2 EStG zu verstehen ist, nach der eine

---

[14] *Niehus/Wilke* FR 2012, 1094 f.
[15] Schmidt/*Wacker* § 16 EStG Rn. 536.
[16] *Niehus/Wilke* FR 2012, 1100.
[17] Schmidt/*Wacker* § 16 EStG Rn. 542.
[18] Schmidt/*Wacker* § 16 EStG Rn. 535; Kirchhof/*Reiß* § 16 EStG Rn. 235; *Schulze zur Wiesche* DStZ 2004, 368.

16. Kapitel. Umwandlungssituationen: Verschmelzung, Spaltung und Formwechsel

Übertragung in ein **eigenes Betriebsvermögen** des Gesellschafters zu erfolgen hat, ob dies beispielsweise als Einzelunternehmen bzw. ein eigenes Sonderbetriebsvermögen des Gesellschafters zu verstehen ist.[19] Eine Buchwertübertragung in eine neu errichtete GmbH & Co. KG, die uU ihre **gewerbliche Prägung** durch § 15 Abs. 3 Nr. 2 EStG erhält, wäre bei einem engen Verständnis wohl **nicht** möglich. Abgeleitet wird diese einschränkende Betrachtungsweise aus dem inneren Zusammenhang zu § 6 Abs. 5 S. 3 EStG, nach der eine Buchwertübertragung von einzelnen Wirtschaftsgütern auf eine **Schwesterpersonengesellschaft** nicht möglich sein soll, selbst wenn es sich um eine personenidentische Schwestergesellschaft handelt.[20] (→ § 5 Rn. 114 ff.)

15 **b) Aufteilung des Betriebsvermögens der GmbH & Co. KG.** Das Gesamthandsvermögen der real zu teilenden Personengesellschaft ist darauf hin zu untersuchen, ob **Teilbetriebe** (→ § 13 Rn. 47 ff.) vorliegen bzw. welchem Teilbetrieb jeweils die einzelnen Vermögensgegenstände des Gesamthandsvermögens zuzuweisen sind. Hierbei gilt, dass alle wesentlichen Betriebsgrundlagen eines Teilbetriebes diesem auch nach der Realteilung zugeordnet bleiben. Wird ein Teilbetrieb auf einem **Grundstück** betrieben, ist das Grundstück zwingend wesentliche Betriebsgrundlage,[21] so dass es diesem Teilbetrieb zugeordnet werden muss. Problematisch ist dies dann, wenn die Personengesellschaft zwar mehrere Teilbetriebe unterhält, die jedoch auf einem Betriebsgrundstück betrieben werden. Das Betriebsgrundstück kann einheitlich nur einem der Teilbetriebe zugeordnet werden, was zwingend zur Folge hat, dass die Teilbetriebseigenschaft für den weiteren Betriebsteil verloren geht. Eine Lösung kann darin bestehen, dass das Betriebsgrundstück in Miteigentumsanteile aufgeteilt wird, wobei die einzelnen Teilbetriebe jeweils einen Miteigentumsanteil zugeordnet bekommen.[22]

16 Durch § 16 Abs. 1 Nr. 1 EStG wird die **100%ige Beteiligung** an **einer Kapitalgesellschaft** einem Teilbetrieb gleichgestellt. Befindet sich im Gesamthandsvermögen der Personengesellschaft eine 100%ige Beteiligung an einer Kapitalgesellschaft, dürfte damit eine steuerneutrale Realteilung der Personengesellschaft unter Zuweisung der betreffenden Beteiligung an einen Gesellschafter möglich sein.[23]

17 Gegenstand der Realteilung muss jeweils die Aufteilung in verschiedene Einzelwirtschaftsgüter, Teilbetriebe oder Mitunternehmeranteile sein. Der **Tausch von Mitunternehmeranteilen** von Schwesterpersonengesellschaften kann hiernach nicht steuerneutral nach den Grundsätzen der Realteilung erfolgen. Der Tausch von Mitunternehmeranteilen bildet einen **veräußerungsähnlichen Vorgang**. Da die engen Voraussetzungen der Realteilung nicht vorliegen, führt dies nach allgemeinen Grundsätzen zu einer Auflösung

---

[19] *Carlé/Bauschatz* KÖSDI 2002, 13142; *Wendt* FR 2002, 53.
[20] BMF v. 28.2.2006, BStBl. I 2006, 228 Abschn. IV 1.
[21] BFH v. 13.2.1996, BStBl. II 1996, 409.
[22] Alternativ Überführung des Grundstücks in eine Objektgesellschaft gem. § 6 Abs. 5 S. 3 EStG.
[23] BMF v. 28.2.2006, BStBl. I 2006, 229 Abschn. III; *Wacker* NWB F. 3, 10671; krit. *Heß* DStR 2006, 779.

von stillen Reserven.²⁴ Eine analoge Anwendung des § 24 UmwStG dürfte dabei ausscheiden.²⁵

Durch den **Übergang von stillen Reserven** sind die Gesellschafter in unterschiedlichem Maß durch spätere Steuerzahlungen infolge der Auflösung von stillen Reserven belastet. Die **latente Steuerbelastung** entfällt auf den Gesellschafter, auf den im Zuge der Realteilung stille Reserven übergehen. Dieser Umstand muss bei der Durchführung der Realteilung der Personengesellschaft beachtet und gegebenenfalls bei der Zuordnung der Vermögensgegenstände berücksichtigt werden.²⁶ Ein eventueller Ausgleich für die latente Steuerbelastung erfolgt **nicht** im steuerlich irrelevanten Vermögensbereich.²⁷ Erfolgt also ein Spitzenausgleich, führt dies als eine Sonderform der Ausgleichszahlung anteilig zu einer Realisierung von stillen Reserven.²⁸ **18**

Eine gewisse Flexibilität besteht darin, die unterschiedlichen Wertverhältnisse durch die Zuordnung von sonstigen Vermögensgegenständen wie Bankguthaben, sonstigen Forderungen sowie durch die Zuordnung von Verbindlichkeiten, wie zB Bankverbindlichkeiten auszugleichen. Solange sich der Wertausgleich im Rahmen des Betriebsvermögens der Gesellschaft vollzieht, verbleibt es grundsätzlich bei dem Charakter der Realteilung ohne Spitzenausgleich.²⁹ Allerdings muss beachtet werden, dass nach neuerem Verständnis auch direkt zurechenbare Verbindlichkeiten wesentlicher Bestandteil eines Teilbetriebs sein können.³⁰ Reichen dagegen die betrieblichen Vermögensgegenstände und Schulden nicht aus, die unterschiedlichen Wertverhältnisse der real zu teilenden Vermögensgegenstände aufzuteilen, muss ein **Spitzenausgleich** gezahlt werden, der zu einer teilweisen Auflösung von stillen Reserven führt. Dieses Problem kann uU dadurch umgangen werden, dass einer der Gesellschafter unmittelbar vor der Realteilung eine Einlage in das Gesellschaftsvermögen leistet, bzw. die Gesellschaft kurzfristig Fremdkapital aufnimmt, um für die Durchführung der Realteilung entsprechende Teilungsmasse zu erhalten. Da jedoch der wirtschaftliche Zusammenhang zwischen Einlage bzw. Fremdmittelaufnahme und Realteilung besteht, könnte dies unter Umständen als verdeckte Form eines Spitzenausgleiches gewertet werden.³¹ **19**

c) Realteilung mit Einzelwirtschaftsgütern. Ab dem Jahr 2001 ist eine Realteilung steuerneutral auch mit Einzelwirtschaftsgütern möglich. Es ist also nicht erforderlich, dass im Zuge der Aufteilung des Betriebsvermögens der GmbH & Co. KG ein Betrieb, Teilbetrieb oder Mitunternehmeranteil übertragen wird. Beim Einzelwirtschaftsgut besteht Besonderheit, dass **20**

---

[24] BFH v. 8.7.1992, BStBl. II 1992, 946; *Wacker* NWB F. 3, 10689; krit. Schmidt/*Wacker* § 16 EStG Rn. 560; *Handzig* DStZ 1993, 142.
[25] Keine Ausweitung des Regelungsbereichs des § 24 UmwStG, vgl. DPPM/*Patt* § 24 UmwStG Rn. 83.
[26] BFH v. 10.12.1991, BStBl. II 1992, 385.
[27] Evtl. BFH v. 10.2.1972, BStBl. II 1972, 419.
[28] BFH v. 1.12.1992, BStBl. II 1994, 607; *Reiß* StuW 1995, 209; *Wacker* NWB F. 3, 10683.
[29] BMF v. 14.3.2006, BStBl. I 2006, 253 Rn. 18 zur Erbauseinandersetzung; Kirchhof/*Reiß* § 16 EStG Rn. 244; *Bordewin* DStZ 1992, 354; krit. *Wacker* NWB F. 3, 10682.
[30] BMF v. 11.11.2011, BStBl. I 2011, 1365f. Rn. 15.02f., 15.07.
[31] Evtl. Qualifikation als „Scheineinlage", Schmidt/*Wacker* § 16 EStG Rn. 550; aA *Groh* WPg 1991, 624; *Winkemann* BB 2004, 135.

dieses per se nicht als Betriebsvermögen gilt. Die Vorgabe des § 16 Abs. 3 S. 2 EStG, nach der die Übertragung in ein anderes Betriebsvermögen des Mitunternehmers zu erfolgen hat, gewinnt hierdurch eine besondere Bedeutung. Die Finanzverwaltung schließt hieraus, dass eine erfolgsneutrale Übertragung eines einzelnen Wirtschaftsgutes in das **Betriebsvermögen einer Schwesterpersonengesellschaft** erfolgsneutral nicht möglich sein, da es sich formal nicht um das Betriebsvermögen eines Realteilers handelt. Die soll selbst dann gelten, wenn die Schwesterpersonengesellschaft personenidentisch ist.[32] Diese restriktive Auffassung der Finanzverwaltung ist in der Fachliteratur heftig kritisiert worden.[33]

Ausgehend von der restriktiven Haltung der Finanzverwaltung für den Übertragungsmöglichkeiten von Einzelwirtschaftsgütern im Rahmen einer Realteilung werden in der Fachliteratur verschiedene **Gestaltungsmöglichkeiten** diskutiert, um die Realteilung mit Einzelwirtschaftsgütern trotzdem erfolgsneutral zu ermöglichen.[34] Alle diese Gestaltungsmodelle stehen allerdings unter dem Vorbehalt der Gesamtplanrechtsprechung.[35] Als Gestaltungsmodelle werden hierbei vorgeschlagen[36]

Modell 1:[37]	Kommentar:
Einbringung der Gesellschaftsanteile der GmbH & Co. KG in mehrere neugegründete GmbH & Co. KGs der Mitunternehmer. Diese werden zu Mitunternehmer der Ursprungsgesellschaft. Im nächsten Schritt erfolgt die Realteilung der Ursprungsgesellschaft	Die Einlage der Mitunternehmeranteile in eine andere Mitunternehmerschaft kann gem. § 24 UmwStG zu Buchwerten erfolgen. Die GmbH & Co. KGs werden zu Mitunternehmer der Ursprungsgesellschaft. Die Realteilung der Ursprungsgesellschaft kann dann auf der Grundlage des § 16 Abs. 3 S. 2 EStG erfolgsneutral durchgeführt werden.
Modell 2:	
Die Ursprungsgesellschaft überträgt Einzelwirtschaftsgüter auf mehrere Untergesellschaften, an der sie zunächst zu 100 % beteiligt ist. Im nächsten Schritt werden die Mitunternehmeranteile der Untergesellschaft unter Auflösung der Obergesellschaft an die Mitunternehmer ausgereicht.	Die Übertragung von Einzelwirtschaftsgütern auf 100 %ige Tochterpersonengesellschaften kann nach § 6 Abs. 5 S. 3 Nr. 1 EStG erfolgsneutral erfolgen. Die Auflösung der Ursprungsmitunternehmerschaft und der Übertragung der Mitunternehmeranteile der neugegründeten Tochtergesellschaften wird allerdings nicht von § 16 Abs. 3 S. 2 EStG erfasst. Dies soll in analoger Anwendung von § 24 UmwStG erfolgen.[38]

---

[32] BMF v. 28.2.2006, BStBl. I 2006, 229 Abschn. IV 1.
[33] *Heß* DStR 2006, 779; *Wacker* NWB F. 3, 10682; ablehnend FG Düsseldorf v. 9.2.2012, EFG 2012, 1256.
[34] *Niehus/Wilke* FR 2012, 1094.
[35] Schmidt/*Wacker* § 16 EStG Rn. 546.
[36] *Niehus/Wilke* FR 2012, 1094.
[37] Schmidt/*Wacker* § 16 EStG Rn. 546; *Rogall* DStR 2005, 992.
[38] Ablehnend: DPPM/*Patt* § 24 UmwStG Rn. 83.

Modell 3:[39]

Die Mitunternehmer der Ursprungsgesellschaft gründen zunächst Nachfolgegesellschaften. Im nächsten Schritt werden die Wirtschaftsgüter aus dem Gesamthandsvermögen der Ursprungsgesellschaft in das Sonderbetriebsvermögen bei der neugegründeten Gesellschaft übertragen. Im nächsten Schritt erfolgt die Übertragung aus dem Sonderbetriebsvermögen der Nachfolgegesellschaft in deren Gesamthandsvermögen.	Die Auflösung der Ursprungsgesellschaft kann nach der wörtlichen Auslegung des § 16 Abs. 3 S. 2 EStG erfolgsneutral erfolgen, da die Übertragung in ein Sonderbetriebsvermögen ausreichend ist. Die anschließende Übertragung aus dem Sonderbetriebsvermögen in das Gesamthandsvermögen der Nachfolgegesellschaft kann nach § 6 Abs. 5 S. 3 Nr. 2 EStG zu Buchwerten erfolgen.

Modell 4:[40]

Die Mitunternehmer gründen eine Nachfolgegesellschaft. Die Ursprungsgesellschaft veräußert Einzelwirtschaftsgüter an die Nachfolgegesellschaft unter Aufdeckung von stillen Reserven. Die aufgelösten stillen Reserven werden gem. § 6b EStG anteilig übertragen.	Die Vorgehensweise umgeht die Regelungen des § 16 Abs. 3 S. 2 EStG. Diese Gestaltung ist nur dann möglich, wenn Einzelwirtschaftsgüter übertragen werden, auf die § 6b EStG anzuwenden ist, beispielsweise einzelne Grundstücke. Die Übertragung einer steuerfreien Rücklage gem. § 6b EStG ist zudem nur insoweit möglich, als die Mitunternehmer auch an der Nachfolgegesellschaft beteiligt sind.

Die Realteilung mit Einzelwirtschaftsgütern ist – entsprechend der wertungsähnlichen Vorschrift in § 6 Abs. 5 S. 3 EStG – mit Restriktionen verknüpft. Wird das betreffende Einzelwirtschaftsgut innerhalb einer **Sperrfrist veräußert**, erfolgt gem. § 16 Abs. 3 S. 3 EStG rückwirkend auf den Zeitpunkt der Realteilung eine **anteilige Auflösung von stillen Reserven**. Die **Sperrfrist** beträgt 3 Jahre und beginnt mit Abgabe der Steuererklärung der real geteilten Mitunternehmerschaft. Die Sperrfrist greift jedoch nur für wesentliche Betriebsgrundlagen. Im Regelfall wird das Merkmal der wesentlichen Betriebsgrundlage wohl zu bejahen sein, da dem betreffenden Wirtschaftsgut wertmäßig oder funktional eine gewisse Bedeutung für die Mitunternehmerschaft zukommt, wenn dieses Grundlage einer Realteilung ist. 21

Ist dagegen Gegenstand der Realteilung nicht ein Einzelwirtschaftsgut, sondern ein Teilbetrieb oder ein Mitunternehmeranteil greift die Sperrfrist nicht.[41] Dies gilt wohl auch für die Zuordnung einer 100%igen **Beteiligung an einer Kapitalgesellschaft** bzw. bei **Teil- Mitunternehmeranteilen**.[42] Insoweit ist die konkrete Bestimmung unbedingt erforderlich, ob Gegen- 22

---

[39] Korn/*Stahl* § 16 EStG Rn. 318.
[40] Korn/*Stahl* § 16 EStG Rn. 318; *Niehus* FR 2005, 283.
[41] BMF v. 28.2.2006, BStBl. I 2006, 228 ff., Abschn. III und VIII; *Brandenberg* DStZ 2002, 595.
[42] Schmidt/*Wacker* § 16 EStG Rn. 553; BMF v. 28.2.2006, BStBl. I 2006, 229 f. Abschn. III und VIII.

stand der Realteilung eine betriebliche Einheit oder lediglich ein Einzelwirtschaftsgut ist.

23 Ähnlich der Vorschrift in § 6 Abs. 5 S. 5 EStG ist auch in § 16 Abs. 3 S. 4 EStG eine **Körperschaftsteuerklausel** enthalten, nach der eine anteilige Realisierung von stillen Reserven erfolgt, falls im Zuge der Realteilung einzelne Wirtschaftsgüter unmittelbar oder mittelbar auf eine Körperschaft, Personenvereinigung oder Vermögensmasse übertragen werden, mithin **stille Reserven in einem Einzelwirtschaftsgut auf eine Körperschaft** „überspringen". Ist also eine Kapitalgesellschaft Mitunternehmerin der zu spaltenden GmbH & Co. KG, kann die Realteilung zu einer anteiligen Auflösung von stillen Reserven führen, falls Gegenstand der Realteilung lediglich ein einzelnes Wirtschaftsgut ist. Eine Realisierung kann sich beispielsweise dann ergeben, wenn die Überführung in das Betriebsvermögen der Mitunternehmer-Kapitalgesellschaft erfolgt oder in eine (neu gegründete) GmbH & Co. KG, an der die Mitunternehmer-Kapitalgesellschaft wiederum beteiligt ist. Ist dagegen Gegenstand der Realteilung eine betriebliche Einheit, wie zB ein Teilbetrieb, Mitunternehmeranteil oder eine 100%ige Beteiligung an einer Kapitalgesellschaft, dürfte die Körperschaftsteuerklausel ins Leere gehen.[43]

24 **d) Technische Umsetzung der Realteilung.** Für die technische Umsetzung der Realteilung werden unterschiedliche **Methoden** diskutiert:

Buchwertanpassung	Anpassung der Buchwerte (Aufstockung/Abstockung) der Vermögensgegenstände an die Kapitalkonten der Gesellschafter[44]
Kapitalkontenausgleich	Fortführung der Buchwerte der Vermögensgegenstände. Die Kapitalkonten werden durch positive und negative Ergänzungsbilanzen angepasst[45]
Kapitalkontenanpassung	Fortführung der Buchwerte der Vermögensgegenstände und erfolgsneutrale Anpassung der Kapitalkonten

25 Der BFH und die Finanzverwaltung gehen davon aus, dass eine steuerneutrale Realteilung auf der Grundlage der **Kapitalkontenanpassungsmethode** abgewickelt werden muss.[46] Stimmt die Summe der Buchwerte der aufzuteilenden Vermögensgegenstände und Schulden nicht mit den Kapitalkonten der übernehmenden Gesellschafter überein, werden die Kapitalkonten der Gesamthandsbilanz jeweils erfolgsneutral an den Buchwert der übernommenen Vermögensgegenstände angepasst. Zum gleichen Ergebnis führt jedoch auch die Kapitalkontenausgleichsmethode, bei der durch Einsatz von positiven oder negativen Ergänzungsbilanzen eine Anpassung der Kapitalkonten erfolgen kann.

---

[43] Schmidt/*Wacker* § 16 EStG Rn. 555; krit. Kirchhof/*Reiß* § 16 EStG Rn. 242.
[44] Nach BFH v. 10.12.1991, BStBl. II 1992, 385 nicht zulässig.
[45] *Rödder* StbJb 19994/95, 318.
[46] BFH v. 1.12.1992, BStBl. II 1994, 607; BMF v. 28.2.2006, BStBl. 2006, 229 Abschn. VI.

Beispiel: Die XY GmbH & Co. KG hat folgende Bilanz:

Aktiva		Passiva	
Beteiligung A GmbH & Co. KG	100	Kapital X	150
Verschiedene Aktiva	400	Kapital Y	150
		Verbindlichkeiten	200
	500		500

Die Beteiligung an der A-GmbH & Co. KG hat einen Verkehrswert von 500. Das Gleiche gilt für den operativen Geschäftsbetrieb, bestehend aus den sonstigen Vermögensgegenständen und Schulden. X und Y verständigen sich dahin gehend, dass die XY GmbH & Co. KG in der Weise real geteilt wird, dass der Gesellschafter X die Beteiligung an der A GmbH & Co. KG erhält. Y erhält den operativen Geschäftsbetrieb.

Lösungshinweis: Die Realteilung soll ohne Auflösung von stillen Reserven durchgeführt werden. Dies kann nur durch die Kapitalkontenanpassungsmethode erfolgen. Das Kapitalkonto von X wird erfolgsneutral an den Buchwert der Beteiligung angepasst, beträgt mithin also 100. Das Kapitalkonto von Y in der bisherigen Gesellschaft wird erfolgsneutral um 50 an die Buchwerte der verbleibenden Vermögensgegenstände angepasst. Im Zuge der Realteilung sind damit stille Reserven in Höhe von 50 von dem Gesellschafter Y auf den Gesellschafter X übergangen. Nach der Realteilung zeigen die Bilanzen folgendes Bild:

Aktiva	Y-GmbH & Co. KG	Passiva	
Sonstige	400	Kapital Y	200
Vermögensgegenstände		Verbindlichkeiten	200
	400		400

Aktiva	A-GmbH & Co. KG	Passiva	
Verschiedene Aktiva	100	Kapital X	100
	100		100

3. Realteilung mit Spitzenausgleich

Werden im Zuge der Realteilung einer Personengesellschaft Vermögenswerte zugeteilt, die nicht dem Wertverhältnis der Gesellschaftsanteile entsprechen, ist zwischen den Gesellschaftern ein **Wertausgleich** erforderlich. Die Auszahlung eines Spitzenausgleichs durch denjenigen Gesellschafter, der im Zuge der Realteilung mehr erhält als es seiner Beteiligungsquote entspricht, beeinträchtigt grundsätzlich **nicht** den Charakter der Realteilung als erfolgsneutralen Vorgang.[47] Die herrschende Lehre geht davon aus, dass die Zahlung eines Spitzenausgleiches eine **teilweise Realisierung von stillen Reserven** nach sich zieht.[48] Eine Realteilung ist zwingend zu

26

---

[47] BMF v. 28.2.2006, BStBl. I 2006, 228 Abschn. I.
[48] BMF v. 28.2.2006, BStBl. I 2006, 228 Abschn. I; *Märkle* BB 1991 Beil. 5, 6; *Groh* WPg 1991, 622; *Reiß* DStR 1995, 1129; BFH v. 1.12.1992, BStBl. II 1994, 607; Schmidt/*Wacker* § 16 EStG Rn. 548; Kirchhof/*Reiß* § 16 EStG Rn. 249.

Buchwerten abzuwickeln. Die Zahlung eines Spitzenausgleiches ändert hieran nichts.[49]

27 Die Realteilung einer Personengesellschaft unter Einbezug einer Ausgleichszahlung zwischen den Gesellschaftern muss systematisch in zwei Schritte geteilt werden.[50]
– Eigentlicher Realteilungsvorgang und
– Leistung des Spitzenausgleichs.

28 Obschon beide Vorgänge gleichzeitig erfolgen, muss zunächst das Gesamthandsvermögen der Personengesellschaft unter Anpassung der Kapitalkonten auf die beteiligten Gesellschafter aufgeteilt werden. Im Anschluss daran muss dann die vereinbarte Ausgleichszahlung berücksichtigt werden.

29 Nicht eindeutig geklärt ist die Frage, in **welchem Umfang** ein Spitzenausgleich zu einer **Gewinnrealisierung** führt. Diese Frage ist davon abhängig, wie ein gewährter Spitzenausgleich systematisch zugeordnet wird. Die Realisierung von stillen Reserven kann sich aus der Sicht des empfangenden Gesellschafters ergeben aus
– der anteiligen Veräußerung des Kommanditanteils im Zuge der Realteilung oder
– der anteiligen Veräußerung von Vermögensgegenständen des Gesamthandsvermögens.

30 Der Unterschied zwischen beiden Betrachtungsweisen besteht in der Frage, ob bei der Ermittlung des steuerpflichtigen Realteilungsgewinns für den empfangenen Gesellschafter bzw. der Ermittlung der Anschaffungskosten für den zahlenden Gesellschafter die anteiligen Buchwerte der Vermögensgegenstände zu berücksichtigen sind. Wird der Ursprung der stillen Reserven im Kommanditanteil gesehen, wird die **Ausgleichszahlung in vollem Umfang als Betriebseinnahme** gewertet, so dass der Spitzenausgleich in **vollem Umfang steuerpflichtig** ist.[51]

31 Geht man dagegen davon aus, dass die Realisierung der stillen Reserven auf eine **anteilige Veräußerung von Vermögensgegenständen** zurückgeht ergibt sich ein Veräußerungsgewinn im Verhältnis des Spitzenausgleichs zum Gesamtwert der übernommenen Vermögensgegenstände.[52] Da der Spitzenausgleich sich lediglich auf den Gesamtwert der im Zuge der Realteilung zugewiesenen Vermögensgegenstände bezieht, also nicht in Abhängigkeit von deren stillen Reserven steht,[53] ist die Berücksichtigung der anteiligen Buchwerte der Vermögensgegenstände insgesamt sachgerecht.[54]

32 Die unterschiedlichen Auswirkungen beider Betrachtungsweisen lassen sich an folgendem Beispiel verdeutlichen:

---

[49] Schmidt/*Wacker* § 16 EStG Rn. 548.
[50] BFH v. 1.12.1992, BStBl. II 1994, 607; *Wacker* NWB F. 3, 10678.
[51] zur Rechtslage bis 1998: BFH v. 1.12.1992, BStBl. II 1994, 607; BMF v. 11.8.1994, BStBl. I 1994, 601 ab 1999 *Heß* DStR 2006, 777.
[52] *Groh* WPg 1991, 622; *Hörger* DStR 1993, 41; *Meyer-Scharenberg* StKongRep 1994. 263; BMF v. 28.2.2006, BStBl. I 2006, 229 Abschn. VI.
[53] *Wacker* NWB F. 3, 10679.
[54] Schmidt/*Wacker* § 16 EStG Rn. 549.

Beispiel: Die Z-GmbH & Co. KG hat folgende Bilanz:

Teilbetrieb A	200	Kapital Y	400
Teilbetrieb B	600	Kapital Z	400
	800		800

Der Teilbetrieb A hat einen gemeinen Wert von 400, der Teilbetrieb B hat einen gemeinen Wert von 1000. Die Gesellschafter kommen überein, dass eine Realteilung dergestalt vorgenommen werden soll, dass Z den Teilbetrieb A und Y den Teilbetrieb B übernimmt. Y zahlt einen Wertausgleich an Z von 300.

Je nach **systematischer Einordnung** der Realteilung mit Spitzenausgleich ergeben sich folgende Ergebnisse:

Anteiliger Verkauf von Vermögensgegenständen	Berücksichtigung der Buchwerte des Teilbetriebs B im Verhältnis des Spitzenausgleichs zum Verkehrswert der übernommenen Vermögensgegenstände. Der anteilige Buchwert beträgt im vorliegenden Fall 300/1000 von 600, also 180. Es ergibt sich eine Gewinnrealisierung von 120 (Spitzenausgleich 300 ./. anteiliger Buchwert 180)
Anteilige Auflösung von stillen Reserven im Kapitalanteil	Spitzenausgleich in Höhe von 300 führte in voller Höhe zu einem steuerpflichtigen Gewinn

Die Finanzverwaltung[55] und die herrschende Lehre gehen davon aus, dass bei Zahlung eines Spitzenausgleichs die anteiligen Buchwerte der übernommenen Vermögensgegenstände zu berücksichtigen sind. Der Einbezug der anteiligen Buchwerte der Vermögensgegenstände führt dazu, dass in der Realteilungsbilanz die Kapitalkonten der Gesellschafter zu korrigieren sind, da der Spitzenausgleich anteilig als Veräußerung zu qualifizieren ist. Die Zahlung des Spitzenausgleiches ist hiernach in einer Vorstufe zur eigentlichen Realteilung zu berücksichtigen.

Unter Zugrundelegung der von der herrschenden Lehre vertretenen Rechtsauffassung ergibt sich für das Beispiel folgende Realteilungs(schluss)bilanz:[56]

Realteilungsschlussbilanz					
Teilbetrieb A		200	**Kapital Z**	400	
Teilbetrieb B		600	Kapitalanpassung Buchwert	−20	
Anteil Spitzenausgleich	−180	420	Spitzenausgleich	−180	200
			Kapital Y	400	
			Kapitalanpassung	+20	420
		620			620

Hieraus ergibt sich unter Berücksichtigung des Spitzenausgleichs folgende Eröffnungsbilanz für X und Y:

---

[55] BMF v. 28.2.2006, BStBl. I 2006, 229 Abschn. VI.
[56] *Wacker* NWB F. 3, 10680.

Eröffnungsbilanz Z

Teilbetrieb A	200	Kapital Z		
		aus Realteilung	200	
Forderung gegen Y	300	+ anteiliger Buchwert/		
		Spitzenausgleich	180	
		+ Gewinn	120	500
	500			500

Eröffnungsbilanz Y

Teilbetrieb B			Kapital Y	420
Aus Realteilung	420		aus Realteilung	
Zusätzliche AK	300	720	Verbindlichkeit gegen Z	300
		720		720

37 Die systematische Einordnung der Realteilung mit Spitzenausgleich beeinflusst weiterhin die Frage nach dem **Umfang der Besteuerung** des Spitzenausgleiches, ob es sich hier beispielsweise um einen laufenden Realisierungsvorgang oder um eine tarifbegünstigte Veräußerung handelt. Der BFH geht davon aus, dass es sich bei dem Spitzenausgleich um einen **laufenden**, nicht begünstigten Gewinn handelt, der jedoch **nicht** der Besteuerung mit Gewerbesteuer vom Ertrag unterliegt.[57]

4. Behandlung des Sonderbetriebsvermögens im Rahmen einer Realteilung

38 Werden der GmbH & Co. KG Vermögensgegenstände zur Nutzung überlassen, wie zB ein Betriebsgrundstück, das sich im Eigentum eines Gesellschafters befindet, handelt es sich um Sonderbetriebsvermögen I des Gesellschafters. Die Spaltung der Personengesellschaft nach dem handelsrechtlichen UmwG erfasst naturgemäß nur das Gesamthandsvermögen und nicht eventuell vorhandenes Sonderbetriebsvermögen. Wird das Sonderbetriebsvermögen eines Gesellschafters nach der Realteilung weiterhin von einer Personengesellschaft genutzt, an der der betreffende Gesellschafter beteiligt ist, verbleibt es bei der Qualifikation als Sonderbetriebsvermögen. Eine **Auflösung von stillen Reserven** im Sonderbetriebsvermögen erfolgt damit **nicht**.

39 Die Aufspaltung einer GmbH & Co. KG erfasst zunächst nur das Gesamthandsvermögen der Kommanditgesellschaft, nicht jedoch das Sonderbetriebsvermögen. Ist Gegenstand der Realteilung ein Betrieb oder Teilbetrieb, muss auch **eventuell vorhandenes Sonderbetriebsvermögen** mitübertragen werden, falls es sich um eine wesentliche Betriebsgrundlage handelt.[58] Ist das nicht der Fall, hindert dies zwar nicht die Buchwertübertragung des Vorgangs. Es handelt sich dann jedoch um eine Realteilung mit Einzelwirtschaftsgütern, die zu weiteren Einschränkungen führt (Sperrfrist, Körperschaftsteuerklausel).

---

[57] BFH v. 17.2.1994, BStBl. III 1994, 809; jedoch § 7 S. 2 GewStG; aA *Sauter* FR 2002, 1106.

[58] Littmann/*Hörger* § 16 EStG Rn. 189a.

Stellt sich die Notwendigkeit einer Trennung von Gesellschafterstämmen, **40** müssen die zugeordneten Vermögensgegenstände bzw. Betriebsteile nicht zwingend in sachlichem Zusammenhang zum Sonderbetriebsvermögen stehen. Es kann also unter Umständen erforderlich sein, auch das Sonderbetriebsvermögen in die Realteilung einzubeziehen. Erfolgt die Nutzung des betreffenden Vermögensgegenstandes im Anschluss an die Realteilung durch eine Personengesellschaft, an der der Eigentümer des Vermögensgegenstandes nicht beteiligt ist, verliert der Vermögensgegenstand die Betriebsvermögenseigenschaft, so dass insoweit eine **Entnahme** vorliegt, die zu einer **Auflösung der stillen Reserven** in dem betreffenden Vermögensgegenstand führt. Denkbar ist jedoch auch, im Zuge der Realteilung des Gesamthandsvermögens auch Vermögensgegenstände des Sonderbetriebsvermögens zwischen den Gesellschaftern zu übertragen.

Die **Übertragung von Sonderbetriebsvermögen** bedingt, dass ein **41** Gesellschafter im Rahmen der Realteilung Vermögensgegenstände einsetzt, die sich in seinem Eigentum befinden, so dass eine wirtschaftliche Vergleichbarkeit zu der Zahlung eines Spitzenausgleichs vorliegt. Dennoch soll die Übertragung von Sonderbetriebsvermögen nicht gleichzusetzen sein mit der Gewährung eines Spitzenausgleichs, soll also **nicht** zu einem (teil-)entgeltlichen Vorgang führen. Es bleibt auch unter eventuellem Einbezug von Sonderbetriebsvermögen grundsätzlich bei der Qualifikation als **voll unentgeltliche** Transaktion.[59]

Nach § 6 Abs. 5 S. 3 EStG kann die **Überführung eines einzelnen Ver-** **42** **mögensgegenstandes zu Buchwerten** aus dem Sonderbetriebsvermögen in das Gesamthandsvermögen einer Personengesellschaft und umgekehrt sowie von einem Sonderbetriebsvermögen in das Sonderbetriebsvermögen eines anderen Gesellschafters erfolgen. Je nach Fallgestaltung kann deshalb ein eventuell vorhandenes Sonderbetriebsvermögen entweder vorab in das Gesamthandsvermögen der Personengesellschaft oder in das Sonderbetriebsvermögen eines Mitgesellschafters überführt werden. Dies kann auf der Grundlage des § 6 Abs. 5 S. 3 EStG zu Buchwerten geschehen. Wird jedoch im Zusammenhang mit der Übertragung von Sonderbetriebsvermögen eine Ausgleichszahlung geleistet, kann sich insoweit allerdings eine Auflösung von stillen Reserven ergeben.

Von erheblicher praktischer Relevanz sind im Zuge der Realteilung die **43** **Konten der Gesellschafter.** Haben die Gesellschafterkonten den Charakter von Forderungen und Verbindlichkeiten, handelt es sich um Sonderbetriebsvermögen, unabhängig von der Bezeichnung als Kapitalkonto I, II oder III. Die Auseinandersetzung von Gesellschafterstämmen führt im Regelfall auch dazu, dass auch Gesellschafterkonten aufgegeben/ausgeglichen werden. Insoweit handelt es sich wohl um die Übertragung von Sonderbetriebsvermögen. Eine Qualifikation als Spitzenausgleich, der zu einer anteiligen Realisierung von stillen Reserven führen würde, scheidet nach den vorstehend beschriebenen Grundsätzen insoweit aus.

---

[59] *Groh* WPg 1991, 622; *Bordewin* DStZ 1992, 354; wohl auch BFH v. 23.3.1995, BStBl. II 1995, 700.

II. Abspaltung aus dem Vermögen einer Personengesellschaft

1. Abspaltung eines Einzelwirtschaftsguts

44 Wie bereits eingangs erwähnt, ist der handelsrechtliche Begriff der Spaltung nach dem UmwG nicht deckungsgleich mit dem steuerrechtlichen Begriff der Realteilung. Dies zeigt sich insbesondere für die Fallgestaltung der handelsrechtlichen Abspaltung gem. § 123 UmwG auf eine bereits existierende bzw. eine erst im Zuge der Realteilung neu entstehende Personengesellschaft.

45 Der in § 16 Abs. 3 S. 2 EStG enthaltene Grundgedanke der steuerneutralen Aufteilung des Betriebsvermögens einer Personengesellschaft in mehrere betriebliche Einheiten kann ohne weiteres sowohl auf die handelsrechtliche Form der Auf- wie auch der Abspaltung übertragen werden. Die Steuerneutralität der Realteilung wurde in der Rechtslage bis 1998 aus der sinngemäßen Anwendung der Grundsätze des § 24 UmwStG abgeleitet.[60] Die analoge Anwendung von § 24 UmwStG erlaubte ohne weiteres die Steuerneutralität auf beide Formen der Spaltung, dh sowohl auf die Auf- wie auch auf die Abspaltung. Durch die gesonderte Regelung der Realteilung in § 16 Abs. 3 S. 2 EStG kann nicht mehr ohne weiteres auf die Analogie des § 24 UmwStG abgestellt werden.[61] Dies gilt sowohl hinsichtlich des **Anwendungsbereiches** der Realteilung, da auch einzelne Wirtschaftsgüter Gegenstand einer Realteilung sein können, als auch hinsichtlich der **Rechtsfolgen**. Eine Realteilung muss grundsätzlich zwingend zu Buchwerten erfolgen, wohingegen § 24 UmwStG ein Wertansatzwahlrecht zum Buchwert, Teilwert oder Zwischenwert vorgibt. Auch die in § 16 Abs. 3 S. 3 vorgegebene Sperrfrist bzw. die Körperschaftsteuerklausel ist dem Grundgedanken und dem Anwendungsbereich des § 24 UmwStG fremd.

46 Im Gegensatz zu der Aufspaltung einer Personengesellschaft bleibt die zu spaltende Personengesellschaft im Falle der Abspaltung als solche erhalten. Lediglich die Rechtsträgerschaft für das abzuspaltende Vermögen wechselt. Für die Anwendung der steuerneutralen Realteilung in § 16 Abs. 3 S. 2 EStG wird im Allgemeinen davon ausgegangen, dass die zu spaltende Personengesellschaft **aufgelöst** werden muss. Dies ist naturgemäß bei einer Aufspaltung gegeben. Im Falle der **Abspaltung bleibt der übertragende Rechtsträger jedoch erhalten**, so dass die Grundvoraussetzung des § 16 Abs. 3 S. 2 EStG wohl **nicht** vorliegt. Hieran scheitert zunächst die Anwendung der Grundsätze der Realteilung.[62] Im Falle der Abspaltung besteht damit die Gefahr, dass die gesamte Transaktion nicht als steuerneutrale Realteilung, sondern als **Aufgabe eines Mitunternehmeranteils gegen Sachwertabfindung** qualifiziert wird, die zu einer vollständigen Auflösung von stillen Reserven in dem aufgegebenen Mitunternehmeranteil und evtl. in dem übertragenen Vermögensgegenstand führt.

---

[60] BMF v. 25.3.1998, BStBl. I 1998, 342 Rn. 24.18.
[61] Schmidt/*Wacker* § 16 EStG Rn. 532; *Ley* KÖSDI 2010, 16817; DPPM/*Patt* § 24 UmwStG Rn. 83.
[62] BMF v. 28.2.2006, BStBl. I 2006, 228.

2. Abspaltung eines Betriebes, Teilbetriebes oder Mitunternehmeranteils

Gem. § 123 Abs. 2 UmwG kann ein Rechtsträger von seinem Vermögen einen Teil oder mehrere Teile abspalten, ohne dass er aufgelöst wird. Die „Nichtauflösung" führt dazu, dass die Realteilungsgrundsätze in § 16 Abs. 3 S. 2 EStG wohl nicht greifen. Die steuerneutrale Realteilung wurde ursprünglich aus der sinngemäßen (reziproken) Anwendung des § 24 UmwStG abgeleitet. Mit der Aufnahme der Realteilungsgrundsätze in § 16 Abs. 3 S. 2 EStG ist die wertungsähnliche analoge Anwendung des **§ 24 UmwStG** weitgehend überflüssig geworden, ist jedoch **nicht zwangsläufig entfallen**. Dies gilt insbesondere für die Anwendungsbereiche einer Spaltung, die nicht ausschließlich von § 16 Abs. 3 S. 2 EStG erfasst wird, wie zB eine **Abspaltung**. Handelt es sich bei dem abgespaltenen Vermögensteil hiernach um einen Teilbetrieb, Mitunternehmeranteil oder um eine 100%ige Beteiligung an einer Kapitalgesellschaft, dürfte die Abspaltung gem. § 123 Abs. 2 UmwG auf eine Personengesellschaft weiterhin in analoger (reziproker) Anwendung der Grundsätze gem. § 24 UmwStG zum Buchwert abzuwickeln sein. Handelt es sich bei dem abgespaltenen Vermögen dagegen nicht um einen Teilbetrieb, sondern um ein **Einzelwirtschaftsgut**, ist die analoge Anwendung des § 24 UmwStG wohl nicht möglich, da die Anwendung des § 24 UmwStG eine betriebliche Einheit voraussetzt.

47

Eine Abspaltung aus dem Vermögen einer GmbH & Co. KG soll auch ohne die aus der analogen Anwendung von § 24 UmwStG abgeleiteten Realteilungsgrundsätze steuerneutral möglich sein.[63] Dabei sind jedoch **Umstrukturierungen in mehreren Schritten** erforderlich. Das abzuspaltende Vermögen kann vorab in eine neu zu gründende Personengesellschaft ausgegliedert werden. Handelt es sich um ein einzelnes Wirtschaftsgut kann die Einlage gem. § 6 Abs. 5 S. 3 EStG zu Buchwerten erfolgen. Handelt es sich dagegen um einen Teilbetrieb oder um eine 100%ige Beteiligung an einer Kapitalgesellschaft, kann dieser gem. § 24 UmwStG zum Buchwert, dem Teilwert oder einem Zwischenwert in das Betriebsvermögen einer neugegründeten Personengesellschaft übertragen werden. Gesellschafter der neu gegründeten Gesellschaft ist zunächst die zu spaltende Personengesellschaft, die zu diesem Zeitpunkt anstelle des einzelnen Wirtschaftsgutes bzw. anstelle des Teilbetriebes den Anteil an einer Tochter-Personengesellschaft hält.[64]

48

Beispiel: An der XYZ-GmbH & Co. KG sind die Gesellschafter X, Y, Z mit je 1/3 beteiligt. Die XYZ-GmbH & Co. KG hat zwei Teilbetriebe. Die Gesellschafter kommen überein, dass X und Y die Gesellschaft mit dem Teilbetrieb 1 weiterführen und Z gegen Abspaltung des Teilbetriebes 2 aus der Gesellschaft ausscheidet.

Lösungshinweis: Die Gesellschafter X und Y gründen zunächst eine XYZ-GmbH & Co. KG – neu – in dem ihre Gesellschaftsanteile an der XYZ-GmbH & Co. KG – alt – eingebracht werden. Die Einlage der Mitunternehmeranteile durch x und y kann gem. § 24 UmwStG zum Buchwert erfolgen.

---

[63] *Ley* KÖSDI 2010, 16817.
[64] *Schulze zur Wiesche* DStZ 2004, 369.

Im nächsten Schritt gründet die XYZ GmbH & Co. KG eine Z-GmbH & Co. KG durch Einlage des Teilbetriebs 2. Auch dies kann gem. § 24 UmwStG zum Buchwert erfolgen.

Im nächsten Schritt wird die XYZ GmbH & Co. KG – alt – aufgelöst, in dem die Mitunternehmeranteile der neugegründeten Z-GmbH & Co. KG an Z ausgekehrt werden und der Teilbetrieb 1 von der XYZ-GmbH & Co. KG – neu – übernommen wird. Die XYZ GmbH & Co. KG – alt – geht im Zuge der Aufspaltung unter. Die Realteilung der XYZ GmbH & Co. KG – alt – erfolgt gem. § 16 Abs. 3 S. 2 EStG zwingend zum Buchwert.

49 Das Beispiel zeigt, mit welchen Schwierigkeiten die Spaltung einer Personengesellschaft in der Form einer (wirtschaftlichen) Abspaltung verbunden ist, falls dies nicht in analoger Anwendung von § 24 UmwStG erfolgen kann. Die Steuerneutralität kann dann nur durch mehrere Umstrukturierungsschritte unter Zwischenschaltung des Instruments der Aufspaltung (XYZ-GmbH & Co. KG – alt –) erreicht werden. Dabei besteht regelmäßig die Gefahr, dass die Finanzverwaltung die Gesamtplangrundsätze anwenden möchte. Gemessen an der Zielsetzung der Grundsätze der Realteilung, nämlich die steuerneutrale Aufteilung des Betriebsvermögens einer Personengesellschaft und Fortführung in getrennten rechtlichen Einheiten ist diese „Verkomplizierung" nicht nachzuvollziehen,[65] zumal diese auf die Unterstellung zurückzuführen ist, dass die Anwendung der Realteilungsgrundsätze die Auflösung der zu spaltenden Personengesellschaft voraussetzt. Im Übrigen muss beachtet werden, dass die Abspaltung in mehreren Schritten uU erhebliche Transaktionskosten wie zB auch grunderwerbsteuerliche Konsequenzen nach sich zieht.

III. Verkehrssteuerliche Konsequenzen der Realteilung

1. Umsatzsteuerliche Folgen der Realteilung

50 Im Zuge der Realteilung wird das Gesellschaftsvermögen einer GmbH & Co. KG aufgeteilt. Im umsatzsteuerlichen Sinne gilt als Gegenleistung für die Übertragung der Vermögensgegenstände die Aufgabe der Gesellschaftsrechte. Es handelt sich mithin also um einen **Leistungsaustausch** zwischen Gesellschaft und Gesellschafter. Dieser Vorgang ist grundsätzlich umsatzsteuerbar gemäß § 1 Abs. 1 UStG.[66]

51 Ist Gegenstand der Realteilung ein Unternehmen oder ein in der Gliederung des Unternehmens gesondert geführter Betrieb, kommt die Spezialvorschrift des § 1 Abs. 1 a UStG zum Tragen. Es handelt sich in diesem Fall um eine **Geschäftsveräußerung im Ganzen**, die ausdrücklich von der Steuerbarkeit ausgenommen ist.[67] Der übernehmende Gesellschafter tritt für umsatzsteuerliche Zwecke in vollem Umfang in die Rechtsstellung der übertra-

---

[65] *Bärwaldt/Wisniewski* in Beck'sches Handbuch der Personengesellschaften, 4. Aufl. 2014, § 10 Rn. 515 ff.

[66] *Hidien/Kirchner* StuB 2009, 98 f.; *Birkenfeld* USt-Handbuch I § 34 Rn. 372; zur Erbauseinandersetzung Offerhaus/*Meyer* § 1 UStG Rn. 290.

[67] *Birkenfeld* USt-Handbuch I § 34 Rn. 372; zur Erbauseinandersetzung Offerhaus/*Meyer* § 1 UStG Rn. 291.

genden GmbH & Co. KG ein. Dies betrifft insbesondere die Frage einer möglichen Vorsteuerkorrektur gemäß § 15a UStG im Falle der Änderung der (Vorsteuerrelevanten) unternehmerischen Nutzung der Vermögensgegenstände innerhalb des Berichtigungszeitraums.

Wird im Zuge der Realteilung lediglich ein **einzelnes Wirtschaftsgut** übertragen, kommt § 1 Abs. 1a UStG begrifflich **nicht** zur Anwendung. In diesem Fall muss auf die allgemeinen Grundsätze des Umsatzsteuerrechts zurückgegriffen werden. Da die Übertragung eines Vermögensgegenstandes im Zuge der Realteilung grundsätzlich einen umsatzsteuerbaren Vorgang bildet, muss im nächsten Schritt geprüft werden, ob möglicherweise eine Befreiungsvorschrift greift. Ist Gegenstand der Realteilung ein Mitunternehmeranteil, kommt beispielsweise die Befreiungsvorschrift nach § 4 Nr. 8f UStG zur Anwendung. Ist Gegenstand der Realteilung ein Grundstück, greift § 4 Nr. 9a UStG. Es besteht hier jedoch die Möglichkeit zur Option gemäß § 9 UStG, um umsatzsteuerliche Nachteile aus einer Vorsteuerberichtigung nach § 15a UStG für die GmbH & Co. KG zu vermeiden. Greift keine Befreiungsvorschrift, ist die Realteilung umsatzsteuerbar und steuerpflichtig. Es ist hier darauf zu achten, dass die Transaktion unter Ausweis von Umsatzsteuer abgewickelt wird, insbesondere dass die formellen Voraussetzung für einen Vorsteuerabzug vorliegen. 52

2. Grunderwerbsteuerliche Folgen

Die Realteilung einer Personengesellschaft führt zwingend zu einer Veränderung im Gesellschafterkreis. Der Übergang eines Anteils an einer grundbesitzhaltenden Personengesellschaft ist allein noch kein Vorgang, der der Besteuerung mit Grunderwerbsteuer unterliegt. Eine Ausnahme besteht dann, wenn innerhalb eines Zeitraums von 5 Jahren mindestens 95% der Anteile auf einen Erwerber übergehen. Es liegt dann ein grunderwerbsteuerbarer Vorgang gemäß § 1 Abs. 2a GrEStG vor. 53

Die Realteilung einer GmbH & Co. KG führt **nicht** zu einer Übertragung von Gesellschaftsanteilen. Sie führt vielmehr zu der **Aufteilung des Gesellschaftsvermögens** auf die Gesellschafter bzw. diesen zuzurechnenden Personengesellschaften. Für grunderwerbsteuerliche Zwecke ist deshalb auf das Gesamthandsvermögen und nicht auf die Anteile der Gesellschaft abzustellen. Ist ein Grundstück im Gesamthandsvermögen der Gesellschaft enthalten, handelt es sich um eine anteilige Grundstücksübertragung, mithin um einen Vorgang gemäß § 1 Abs. 1 GrEStG. Auf den Vorgang ist jedoch grundsätzlich die Befreiungsvorschrift nach § 6 GrEStG anzuwenden. Soweit also der übernehmende Gesellschafter zuvor am Kapital der GmbH & Co. KG beteiligt war, ist der Übergang eines Grundstücks von der Besteuerung mit Grunderwerbsteuer befreit. Es entsteht damit eine Grunderwerbsteuerbelastung in dem Verhältnis, in dem die Gesellschafter **nicht** mehr am Kapital derjenigen Gesellschaft beteiligt sind, die nach der Realteilung das Grundstück hält.[68] Zu beachten ist in diesem Zusammenhang weiterhin die 5-Jahresfrist gemäß § 6 Abs. 4 GrEStG. 54

---

[68] Zur Berechnung *Boruttau/Viskorf* § 6 GrEStG Rn. 2 ff.

55 Für Zwecke der Grunderwerbsteuer ist die Frage von erheblicher Bedeutung, ob die Realteilung der Personengesellschaft in handelsrechtlicher Form einer **Abspaltung** oder in einer **Aufspaltung** erfolgt. Das Grunderwerbsteuerrecht knüpft im Wesentlichen an zivilrechtliche Grundlagen an. Erfolgt die Spaltung der Gesellschaft durch eine **Abspaltung**, erfolgt ein Rechtsträgerwechsel hinsichtlich des abgespaltenen Teiles. Unter grunderwerbsteuerlichem Blickwinkel sollte deshalb darauf geachtet werden, dass eventuell vorhandenes Grundvermögen bei dem bisherigen Rechtsträger verbleibt, wohingegen diejenigen Vermögensgegenstände abgespalten werden, die über kein bzw. lediglich ein geringes Grundvermögen verfügen. Aus ertragsteuerlicher Sicht ist im Falle der Abspaltung uU eine Umstrukturierung in mehreren Schritten erforderlich. Sind Grundstücke in dem abzuspaltenden Betrieb oder Betriebsteil enthalten, können sich dabei je nach Fallgestaltung grunderwerbsteuerbare Tatbestände gem. § 1 Abs. 2a GrEStG ergeben. Erfolgt danach die Auf- bzw. Abspaltung in einem mehrstufigen Vorgang kann sich uU auch für grunderwerbsteuerliche Zwecke bei jedem (fiktiven) Umstrukturierungsschritt eine Grunderwerbsteuerrelevanz ergeben.

Erfolgt die Spaltung in Form einer **Aufspaltung**, geht das gesamte bisherige Gesellschaftsvermögen des ursprünglichen Rechtsträgers auf zwei neue Rechtsträger über. Für grunderwerbsteuerliche Zwecke hat dies zur Folge, dass jeweils ein Übertragungsvorgang vorliegt, der grundsätzlich zu einer Grunderwerbsteuerpflicht führt. Auch insoweit kommt die anteilige Befreiungsvorschrift nach § 6 GrEStG zur Anwendung. Auch hier ist die 5-Jahres-Frist gem. § 6 Abs. 4 GrEStG zu beachten.

§ 56 Umwandlungsrechtliche Grundlagen des Formwechsels

Übersicht

	Rn.		Rn.
I. Einführung.	1	1. Befristung von Klagen gegen den Umwandlungsbeschluss	59
1. Anwendungsbereich.	1	a) Ausschlussfrist.	59
2. Identitätsgrundsatz.	4	b) Anwendungsbereich	60
3. Minderheitenschutz	6	c) Berechnung der Monatsfrist	61
4. Praxisrelevanz	7		
5. Ablauf.	8	2. Materielle Einschränkung der Klagmöglichkeit	62
II. Umwandlungsbericht	10	a) Keine Rüge unangemessen bestimmter Beteiligungsverhältnisse	62
1. Zweck	10		
2. Inhalt	12		
a) Erläuterungs- und Begründungsteil des Umwandlungsberichts	15	b) Geltendmachung anderer Beschlussmängel	63
b) Entwurf des Umwandlungsbeschlusses	24	V. Barabfindung	67
		1. Grundlagen	67
c) Keine Vermögensaufstellung mehr	25	a) Anwendungsbereich	67
		b) Adressat	68
3. Sachgründungsbericht, Gründungsprüfung	31	c) Verzicht auf das Angebot einer Barabfindung	69
III. Der formwechselnde Beschluss	34	d) Gesetzlicher Anspruch	70
1. Grundlagen- und Strukturentscheidung	34	e) Ausnahmen	71
2. Beschlussinhalt.	35	f) Anspruchsvoraussetzungen	72
a) Zwingender Mindestkatalog	35	g) Abgabe des Angebots	74
		h) Angebotsinhalt	76
b) Rechtsform	39	i) Barabfindung gegen Anteilsabtretung oder Ausscheiden	79
c) Firma	40		
d) Beteiligung der Anteilsinhaber und Zahl, Art und Umfang der Anteile	41	VI. Der Formwechsel der GmbH in die GmbH & Co. KG	80
		1. Grundlagen	80
e) Rechte einzelner Anteilsinhaber, Inhaber besonderer Rechte	43	2. Voraussetzungen	81
		a) Handelsgewerbe	81
f) Abfindungsangebot	44	b) Beteiligung der Komplementär-GmbH	82
g) Folgen für die Arbeitnehmer und Arbeitnehmervertretungen	45	3. Umwandlungsbeschluss	89
		a) Grundlagen	89
h) Sonstige Angaben	50	b) Beschlussquorum	90
3. Notarielle Form	53	c) Zustimmungsvorbehalte	91
4. Beschlussfassung	54	4. Umwandlungsbericht.	98
5. Beteiligung des Betriebsrats	55	5. Keine Vermögensaufstellung mehr	102
6. Auswirkungen des Formwechsels auf die Organe der formwechselnden Gesellschaft	57	6. Rechtsschutz	103
		VII. Der Formwechsel der (Publikums-)Aktiengesellschaft in die GmbH & Co. KG	105
a) Aufsichtsrat	57		
b) Geschäftsführung	58		
IV. Rechtsschutz	59	1. Grundlagen	105

Ihrig

16. Kapitel. Umwandlungssituationen: Verschmelzung, Spaltung und Formwechsel

	Rn.		Rn.
2. Sachliche Rechtfertigung?	107	b) Einladungsbekanntmachung	111
3. Vorbereitung der Beschlussfassung über den Formwechsel	108	4. Bezeichnung des Kommanditisten	112
a) Auslage und Übersendung des Umwandlungsberichts	109		

Schrifttum: *Bärwaldt/Schabacker*, Der Formwechsel als modifizierte Neugründung, ZIP 1998, 1293; Bayer, 1000 Tage neues Umwandlungsrecht – eine Zwischenbilanz, ZIP 1997, 1613; *Boecken*, Unternehmensumwandlungen und Arbeitsrecht, 1996; *Bork*, Beschlußverfahren und Beschlußkontrolle nach dem Referentenentwurf eines Gesetzes zur Bereinigung des Umwandlungsrechts, ZGR 1993, 343; *Bungert*, Darstellungsweise und Überprüfbarkeit der Angaben über Arbeitnehmerfolgen im Umwandlungsvertrag, DB 1997, 2209; *Carlé/Bauschatz*, Vermeidbares Haftungsrisiko bei der Umwandlung einer GmbH in eine GmbH & Co. KG, ZIP 2002, 2072; *Drygala*, Die Reichweite der arbeitsrechtlichen Angaben im Verschmelzungsvertrag, ZIP 1996, 1365; *Eckert*, Der Formwechsel einer Kapitalgesellschaft in eine Personengesellschaft und seine Auswirkungen auf öffentlich-rechtliche Erlaubnisse, ZIP 1998, 1950; *Fischer*, Formwechsel zwischen GmbH und GmbH & Co. KG, BB 1995, 2173; *Ganske*, Umwandlungsrecht, 2. Aufl. 1995; *Grunewald/Winter*, Die Verschmelzung von Kapitalgesellschaften, in Lutter, Kölner Umwandlungsrechtstage, 19; *Happ*, Formwechsel von Kapitalgesellschaften, in Lutter, Kölner Umwandlungsrechtstage, 223; *Heckschen*, Die Entwicklung des Umwandlungsrechts aus Sicht der Rechtsprechung und Praxis, DB 1998, 1385; *Hennrichs*, Formwechsel und Gesamtrechtsnachfolge bei Umwandlungen, 1995; *Hennrichs*, Zum Formwechsel und zur Spaltung nach dem neuen Umwandlungsgesetz, ZIP 1995, 794; *Joost*, Formwechsel von Personenhandelsgesellschaften, in Lutter, Kölner Umwandlungsrechtstage, 245; *Joost*, Arbeitsrechtliche Angaben im Umwandlungsvertrag, ZIP 1995, 976; *Kallmeyer*, Das neue Umwandlungsgesetz, ZIP 1994, 1746; *Kallmeyer*, Der Ein- und Austritt der Komplementär-GmbH einer GmbH & Co. KG bei Verschmelzung, Spaltung und Formwechsel nach dem UmwG 1995, GmbHR 1996, 80; *Kallmeyer*, Der Einsatz von Spaltung und Formwechsel nach dem UmwG 1995 für die Zukunftssicherung von Familienunternehmen, DB 1996, 28; *Kallmeyer*, Der Ein- und Austritt der Komplementär-GmbH einer GmbH & Co. KG bei Verschmelzung, Spaltung und Formwechsel nach dem UmwG 1995, GmbHR 1996, 80; *Kallmeyer*, Die GmbH & Co. KG im Umwandlungsrecht, GmbHR 2000, 418; *Kallmeyer*, Gläubigerschutz bei Umwandlung beteiligungsidentischer GmbH & Co. KG, GmbHR 2000, 541; *Lutter* (Hg.), Verschmelzung – Spaltung- Formwechsel nach neuem Umwandlungsrecht und Umwandlungssteuerrecht, Kölner Umwandlungsrechtstage, 1995; *Meyer-Landrut/Kiem*, Der Formwechsel einer Publikums-AG – Erste Erfahrungen nach der Praxis, WM 1997, 1361 (1413); *von der Osten*, Die Umwandlung einer GmbH in eine GmbH & Co., GmbHR 1995, 438; *Priester*, Gründungsrecht kontra Identitätsprinzip – Kapitalausstattung beim Formwechsel, FS Zöllner, Bd. 1, 1999, 449; *Priester*, Mitgliederwechsel im Umwandlungszeitpunkt – Die Identität des Gesellschafterkreises – ein zwingender Grundsatz?, DB 1997, 560; *Reichert*, in *Habersack/Koch/Winter* (Hrsg.), Die Spaltung im neuen Umwandlungsrecht und ihre Rechtsfolgen, ZHR-Sonderheft Bd. 68, 25 ff. *Schmalz-Brüggemann*, Die Auswirkung der Umwandlung von Kapitalgesellschaften auf die Rechtsverhältnisse zwischen der Gesellschaft und den Gesellschaftsorganen, 1993; *K. Schmidt*, Formwechsel von Personenhandelsgesellschaften, in Lutter, Kölner Umwandlungsrechtstage, 59; *K. Schmidt*, Zur gesetzlichen Befristung der Nichtigkeitsklage gegen Verschmelzungs- und Umwandlungsbeschlüsse, DB 1995, 1849; *K. Schmidt*, Formwechsel zwischen GmbH und GmbH & Co. KG, GmbHR 1995, 693; *Schöne*, Das Aktienrecht als „Maß aller Dinge" im neuen Umwandlungsrecht, GmbHR 1995, 325; *Schulze zur Wiesche,* Die GmbH & Co. KG im neuen Umwandlungssteuerrecht, DB 1996, 1539; *Schwedhelm,* Umwandlung einer GmbH & Co. KG, GmbH-StB 2002, 77; *Strohlmeyer,* Zuleitung der Umwandlungsdokumentation und Einhaltung der Monatsfrist: Verzicht des Betriebsrats?, BB 1999, 1394; *Veil,* Der nicht-verhältniswahrende Formwechsel von Kapitalgesellschaften – eröffnet das neue Umwandlungsgesetz den partiellen Ausschluß von Anteilsinhabern? DB 1996, 2529; *Wiedemann,* Identität beim Rechtsformwechsel, ZGR 1999, 568; *Zöllner,* Grundsatzüberlegungen zur umfassenden Umstrukturierbarkeit der Gesellschaft vor und nach dem Umwandlungsgesetz, FS Claussen, 1997, 423; *Zürbig,* Der Formwechsel einer Personengesellschaft in eine Kapitalgesellschaft, 1999.

I. Einführung

1. Anwendungsbereich

Die GmbH & Co. KG ist als **Personenhandelsgesellschaft** in den Kreis 1 der Rechtsträger einbezogen, denen nach Maßgabe des fünften Buchs des Umwandlungsgesetzes (UmwG) ein Formwechsel offen steht; sie kann nach § 191 Abs. 1 Nr. 1 und Abs. 2 Nr. 2 UmwG sowohl formwechselnder Rechtsträger als auch Rechtsträger neuer Rechtsform sein. Das Umwandlungsrecht stellt demgemäß die besonderen Regeln des Formwechsels für den Weg **aus der GmbH & Co. KG** und für den Weg **in die GmbH & Co. KG** zur Verfügung. Maßgeblich sind neben den allgemeinen Bestimmungen (§§ 190 bis 213 UmwG) für den Formwechsel aus der GmbH & Co. KG in einen Rechtsträger anderer Rechtsform die besonderen Vorschriften der §§ 214 bis 225 UmwG betr. den Formwechsel von Personengesellschaften, und für den Formwechsel in die GmbH & Co. KG diejenigen der §§ 228 bis 237 UmwG, sofern der formwechselnde Rechtsträger eine Kapitalgesellschaft ist.

Für den Formwechsel aus der GmbH & Co. KG stehen als Rechtsträger 2 neuer Rechtsform zur Verfügung die GmbH, die AG und KGaA sowie die eingetragene Genossenschaft; ausgeschlossen ist demgegenüber der Formwechsel aus der GmbH & Co. KG in die GbR, die OHG und die Partnerschaftsgesellschaft, § 191 Abs. 2 iVm § 214 Abs. 1 UmwG.[1] Den Formwechsel in die GmbH & Co. KG können vollziehen die AG, GmbH und KGaA; ausgeschlossen vom Formwechsel in die GmbH & Co. KG sind dagegen OHG, Partnerschaftsgesellschaft, eingetragene Genossenschaft, rechtsfähiger Verein, Versicherungsverein auf Gegenseitigkeit sowie Körperschaften und Anstalten des öffentlichen Rechts, die nach § 191 Abs. 1 UmwG zwar zum Kreis der formwechselnden Rechtsträger gehören, durch jeweilige beson-

---

[1] Der Übergang von der OHG zur KG wird durch Änderung des Gesellschaftsvertrags unter Eintritt von Kommanditisten oder Umwandlung von Komplementärbeteiligungen in Kommanditbeteiligungen und umgekehrt bewirkt, vgl. dazu *K. Schmidt* ZGR 1990, 590 ff.; die Umwandlung von der GbR in eine Personenhandelsgesellschaft oder umgekehrt durch Aufnahme bzw. Aufgabe eines Handelsgewerbes oder Ein- bzw. Austrag aus dem Handelsregister gemäß § 105 Abs. 2 HGB, dazu → § 10 Rn. 2 ff.

dere Vorschriften im zweiten Teil des Fünften Buches des UmwG jedoch vom Formwechsel in die Personengesellschaft ausgeschlossen sind.[2]

3   Die Möglichkeiten des Formwechsels sind durch das UmwG 1995 danach deutlich **erweitert** worden. Namentlich stand bis zum Inkrafttreten des UmwG 1995 dem Formwechsel aus der Kapitalgesellschaft in die GmbH & Co. KG § 1 Abs. 2 UmwG 1969 entgegen.

2. Identitätsgrundsatz

4   Der Formwechsel ist die Änderung der Rechtsform eines Rechtsträgers unter Aufrechterhaltung seiner Identität und grundsätzlicher Kontinuität des an dem Rechtsträger beteiligten Personenkreises.[3] § 202 Abs. 1 UmwG sagt zur Wirkung des Formwechsels, die mit Eintragung der neuen Rechtsform in das Register eintritt, in aller Deutlichkeit: „Der formwechselnde Rechtsträger besteht in der im Umwandlungsbeschluss bestimmten Rechtsform weiter" (§ 202 Abs. 1 Nr. 1 UmwG) und „Die Anteilsinhaber des formwechselnden Rechtsträgers sind an dem Rechtsträger nach den für die neue Rechtsform geltenden Vorschriften beteiligt, soweit ihre Beteiligung nicht nach diesem Buch entfällt" (§ 202 Abs. 1 Nr. 2 UmwG).

5   Das darin zum Ausdruck kommende Prinzip der **Rechtsträgeridentität** bedeutet, dass alle bei dem formwechselnden Rechtsträger begründeten Rechte und Rechtspositionen grundsätzlich unverändert und unberührt vom Rechtsformwechsel bei dem Rechtsträger neuer Rechtsform fortbestehen; der formwechselnde Rechtsträger als Subjekt von Rechten und Pflichten wechselt lediglich das Rechtskleid.[4] Das gilt auch für den Fall des Formwechsels von der Personen- in die Kapitalgesellschaft und umgekehrt. Anders als in den anderen Umwandlungsfällen, also bei der Verschmelzung, der Spaltung und der Vermögensübertragung, gibt es beim Formwechsel also **keinen Vermögensübergang** von einem Rechtsträger auf einen anderen;[5] vielmehr ist nur ein Rechtsträger am Formwechsel beteiligt.

3. Minderheitenschutz

6   Das Prinzip der rechtlichen und wirtschaftlichen Identität des formwechselnden Rechtsträgers ändert nichts daran, dass sich die Beziehungen der Gesellschafter im Verhältnis zueinander und zur Gesellschaft wie auch im Verhältnis zu Dritten durch den Formwechsel im Regelfall nachhaltig än-

---

[2] Vgl. für die OHG § 214 Abs. 1 UmwG, für die Partnerschaftsgesellschaft § 225 a UmwG, für die e. G. § 258 Abs. 1 UmwG, für den rechtsfähigen Verein § 272 Abs. 1 UmwG, für den Versicherungsverein auf Gegenseitigkeit § 291 Abs. 1 UmwG und für Körperschaften und Anstalten des öffentlichen Rechts § 301 Abs. 1 UmwG.

[3] *Laumann* in *Goutier/Knopf/Tulloch* § 190 UmwG Rn. 37; *Lutter/Decher* § 190 UmwG Rn. 1.

[4] Vgl. *Stengel/Schwanna* in *Semler/Stengel* UmwG § 190 Rn. 4 unter Hinweis auf die kritische Bestandsaufnahme bei *Bärwaldt/Schabacker*, ZIP 1998, 1293 ff.; das Rechtskleid ändert sich: *Laumann* in *Goutier/Knopf/Tulloch* § 202 UmwG Rn. 3.

[5] *Stratz* in *Schmitt/Hörtnagl/Stratz* UmwG Vor §§ 190–213 UmwG Rn. 2; *Kallmeyer/Meister/Klöcker* § 190 UmwG Rn. 6; *Laumann* in *Goutier/Knopf/Tulloch* § 202 UmwG Rn. 3.

dern.⁶ Gerade die Fälle des Wechsels von der GmbH & Co. KG in die Kapitalgesellschaft und umgekehrt machen dies deutlich. Der Gesetzgeber hat deshalb mit Recht die Bestimmungen zum Schutz der Anteilsinhaber wie der Gläubiger erweitert und das **Schutzniveau** demjenigen bei der Verschmelzung gleichgestellt.⁷ Insoweit ist insbesondere zu verweisen auf die Notwendigkeit der Erstattung eines Umwandlungsberichts, § 192 Abs. 1 UmwG, auf den Mindestkatalog für den Inhalt des Umwandlungsbeschlusses, § 194 Abs. 1 UmwG, auf die Registersperre nach § 198 Abs. 3 iVm § 16 Abs. 2 UmwG bei Klagen gegen den Formwechsel, auf die Gewährung eines Barabfindungsangebots und dessen Überprüfung auf Angemessenheit nach §§ 207, 208 UmwG sowie auf die Schadensersatzpflicht der Verwaltungsträger des formwechselnden Rechtsträgers nach § 205 UmwG. Die früher in § 192 Abs. 2 UmwG enthaltene zusätzliche Verpflichtung, dem Umwandlungsbericht eine Vermögensaufstellung beizufügen, ist durch das 2. UmwÄndG vom 19.4.2007 (BGBl. I 542) auf Empfehlung der ganz überwiegenden Literatur vom Gesetzgeber zu Recht ersatzlos gestrichen worden.⁸ Wegen der in § 197 S. 1 UmwG verpflichtend vorgesehenen Anwendung der Gründungsvorschriften kommt es ohnehin zu einer detaillierten Werthaltigkeitsprüfung. Eine umwandlungsrechtliche Vermögensaufstellung ist daher in der Tat entbehrlich.⁹ Sofern kein allseitiges Einvernehmen der Gesellschafter über den Formwechsel besteht, sondern dissentierende Minderheitsgesellschafter beteiligt sind, erweist sich vor diesem Hintergrund der Weg in oder aus der GmbH & Co. KG durch Formwechsel deshalb als dornenreich.¹⁰

4. Praxisrelevanz

Der Formwechsel unter Beteiligung einer GmbH & Co. KG ist von erheblicher Praxisrelevanz.¹¹ Für den Formwechsel aus der Kapitalgesellschaft in die GmbH & Co. KG streiten namentlich **steuerliche Gründe** (dazu → § 57). Für den Formwechsel aus der Kapitalgesellschaft in die GmbH & Co. KG können aber auch **Strukturüberlegungen** maßgebend sein. Das kann insbesondere für solche AG gelten, deren Realtypus sich nicht mehr in der Rechtsform der AG widerspiegelt. Selbst börsennotierte Aktiengesellschaften haben deshalb seit In-Kraft-Treten des UmwG in nicht zu vernachlässigender Zahl den Weg von der AG in die GmbH & Co. KG gesucht.¹² In

7

---

⁶ Vgl. Lutter/*Decher* § 190 UmwG Rn. 2.
⁷ Vgl. Lutter/*Decher* § 190 UmwG Rn. 2 und *Bärwaldt* in *Semler/Stengel* UmwG § 197 Rn. 2 f.
⁸ *Stratz* in Schmitt/Hörtnagel/Stratz, § 192 UmwG Rn. 18 ff, mit umf. Nachw. z. Meinungsstand vor der Ändg. in Rn. 20.
⁹ RegBegr. zum 2. UmwÄndG, BT-Drs. 16/2919, 19.
¹⁰ Vgl. *Bärwaldt* in *Semler/Stengel* UmwG § 197 Rn. 13; zur Ausstrahlungswirkung der umwandlungsrechtlichen Schutzvorschriften auf andere Fälle der Umstrukturierung eingeh. *Reichert* ZHR-Sonderheft Bd. 68, 25 ff.
¹¹ Vgl. Lutter/*Decher* vor § 190 Rn. 23 f.
¹² Eingehend *Mayer-Landrut/Kiem* WM 1997, 1361 ff.; siehe auch *Stengel* in Semler/Stengel UmwG § 190 Rn. 8.

umgekehrter Richtung, also beim Formwechsel aus der GmbH & Co. KG in die Kapitalgesellschaft, geht es häufig um die Vorbereitung von noch personalistisch verfassten Gesellschaften, die am organisierten Kapitalmarkt Eigenkapital aufnehmen wollen und sich deshalb auf den **Weg an die Börse** machen.

5. Ablauf

8   Der Formwechsel vollzieht sich typischerweise in drei Phasen: Vorbereitungsphase, Beschlussfassung der Anteilsinhaber und Vollzug durch Anmeldung und Eintragung im Handelsregister. Im Wesentlichen lassen sich die folgenden Schritte feststellen:
 – Konzeption des Umwandlungsbeschlusses
 – Erstellung des Umwandlungsberichts
 – Zuleitung des Entwurfs des Umwandlungsbeschlusses an den zuständigen Betriebsrat
 – Einladung und Durchführung der Anteilseignerversammlung und Fassung des Umwandlungsbeschlusses
 – Anmeldung des Formwechsels zum Register
 – Eintragung.

9   Mit Eintragung im Handelsregister wird der Formwechsel wirksam mit der Folge (§ 202 Abs. 1 Nr. 1 und 2 UmwG), dass (1) der formwechselnde Rechtsträger in Rechtsträger neuer Rechtsform fortbesteht (Rechtsträgeridentität und Vermögenskontinuität) und (2) die Gesellschafter des formwechselnden Rechtsträgers auch fortan Gesellschafter desselben sind.[13]

II. Umwandlungsbericht

1. Zweck

10   Die Beschlussfassung über den Formwechsel ist nach § 192 UmwG durch einen Umwandlungsbericht vorzubereiten. Der Umwandlungsbericht dient dem **Schutz der Anteilsinhaber**, die über die Angaben im Umwandlungsbeschluss hinaus mit weitergehenden Informationen über die vorgesehene Strukturmaßnahme ausgestattet werden sollen. Dem liegt die zutreffende Auffassung des Gesetzgebers zugrunde, dass die allgemeinen Unterrichtungs- und Einsichtsrechte der Anteilsinhaber keine hinreichende Information zur Vorbereitung ihrer Entscheidung über die Umwandlung sicherstellen können.[14] Der Umwandlungsbericht stellt sicher, dass den Anteilsinhabern die erforderlichen Informationen zeitlich schon mit Einberufung der Gesellschafterversammlungen gegeben werden. Sie können sich damit bereits im Vorfeld der Beschlussfassung eine fundierte Meinung über den Formwechsel bilden und ihr Abstimmungsverhalten in Kenntnis aller maßgeblichen Um-

---

[13] Vgl. *Stratz* in *Schmitt/Hörtnagl/Stratz*, § 202 UmwG Rn. 5 ff.; Kallmeyer/*Meister/ Klöcker* § 202 UmwG Rn. 13 ff., 28 ff.
[14] Vgl. *Stratz* in *Schmitt/Hörtnagl/Stratz*, § 192 UmwG Rn. 1 f.; Lutter/*Decher* § 192 UmwG Rn. 2; *Bärwaldt* in *Semler/Stengel* UmwG § 192 Rn. 2.

stände festlegen.[15] Der Bericht ist **schriftlich** von dem Vertretungsorgan des formwechselnden Rechtsträgers zu erstatten und von allen seinen Mitgliedern zu unterschreiben.[16]

Die Vorlage des Umwandlungsberichts ist **zwingend**. Entbehrlich ist er nur unter den in § 192 Abs. 2 UmwG genannten Voraussetzungen: Verzichten alle Gesellschafter auf den Bericht oder ist an dem formwechselnden Rechtsträger nur ein Anteilsinhaber beteiligt, so ist kein Umwandlungsbericht aufzustellen. 11

2. Inhalt

Der notwendige Inhalt des Berichts über den Formwechsel ist zwingend in § 192 Abs. 1 UmwG geregelt. Weder durch Beschluss noch durch Satzung oder Gesellschaftsvertrag können Erleichterungen von der Berichtspflicht vorgesehen werden. Demgegenüber sind ergänzende Regelungen in Gesellschaftsvertrag oder Satzung denkbar, da § 192 UmwG keine abschließende Regelung enthält,[17] praktisch aber bislang nicht anzutreffen. 12

§ 192 Abs. 1 S. 2 UmwG erklärt die Bestimmungen in § 8 Abs. 1 S. 2 bis 4 und Abs. 2 UmwG betreffend den Verschmelzungsbericht für entsprechend anwendbar. Diese lehnen sich ihrerseits an die Regelungen des alten Rechts zum Verschmelzungsbericht in § 340 a AktG an, so dass sich für die Konkretisierung von § 192 UmwG auch die Erkenntnisse in Rechtsprechung und Literatur zum Verschmelzungsbericht des § 340a AktG (alte Fassung) heranziehen lassen;[18] heranziehbar sind außerdem die Grundsätze zum Bericht über den Ausschluss des Bezugsrechts gemäß § 186 Abs. 4 S. 2 AktG.[19] 13

Der Umwandlungsbericht besteht regelmäßig aus zwei Teilen, nämlich einem Erläuterungs- und Begründungsteil sowie dem Entwurf des Umwandlungsbeschlusses. 14

a) Erläuterungs- und Begründungsteil des Umwandlungsberichts. 15
Nach § 192 Abs. 1 S. 1, 2 UmwG ist der Formwechsel in dem Bericht ausführlich rechtlich und wirtschaftlich zu erläutern und zu begründen. Es reicht nicht, wenn ein lückenhafter Bericht erst auf entsprechende Fragen der Anteilsinhaber in der Gesellschafterversammlung ergänzt wird.[20] Zur

---

[15] BGHZ 107, 296 (302); Lutter/*Decher* § 192 UmwG Rn. 2; Kallmeyer/*Meister*/ *Klöcker* § 192 Rn. 2; Laumann in *Goutier/Knopf/Tulloch* § 192 UmwG Rn. 2.
[16] Vgl. *Stratz* in *Schmitt/Hörtnagl/Stratz*, § 192 UmwG Rn. 4; Laumann in *Goutier/ Knopf/Tulloch* § 192 UmwG Rn. 8.
[17] Vgl. Kallmeyer/*Meister*/*Klöcker* § 192 UmwG Rn. 3.
[18] Vgl. *Decher* in *Semler/Stengel* UmwG § 192 Rn. 15 unter Verweis auf § 8 Rn. 13 ff.; *Laumann* in *Goutier/Knopf/Tulloch* § 192 UmwG Rn. 9.
[19] Vgl. Lutter/*Decher* § 192 UmwG Rn. 8.
[20] Vgl. *Bärwaldt* in *Semler/Stengel* UmwG § 192 Rn. 37.; Kallmeyer/*Marsch-Barner*, § 8 UmwG Rn. 35; Lutter/*Decher* § 192 UmwG Rn. 15 uH auf BGH ZIP 1990, 1560 (1562): SEN; OLG München ZIP 1991, 729: PWA; LG München AG 2000, 86 (87); LG München AG 2000, 87 (88); Vgl. *Stratz* in *Schmitt/Hörtnagl/Stratz*, § 8 UmwG Rn. 31; LG Mainz DB 2001, 1136 (1137) („Keine Heilungsmöglichkeit abgesehen von nebensächlichen Punkten"); aA für eine Nachbesserungsmöglichkeit LG Frankenthal ZIP 1990, 232 (235); *Martens* ZIP 1992, 1677 (1685); *Mertens* AG 1990, 20 (31).

16. Kapitel. Umwandlungssituationen: Verschmelzung, Spaltung und Formwechsel

Vermeidung von Anfechtungsrisiken ist deshalb im Zweifel besser ein zu ausführlicher als ein möglicherweise unzureichender Umwandlungsbericht zu erstatten.[21]

16 In dem Umwandlungsbericht sind die **rechtlichen und wirtschaftlichen Gründe** für den Formwechsel ausführlich darzulegen.[22] Insbesondere müssen die Zweckmäßigkeit des Formwechsels und seine Vorteile dargestellt werden. Aber auch auf etwaige Nachteile ist hinzuweisen. Es muss dargelegt werden, warum die Vorteile die Nachteile überwiegen. Es ist zu erläutern, ob und wenn ja welche **Alternativen** zum vorgeschlagenen Formwechsel in Betracht kommen und warum der vorgeschlagene Formwechsel vorzugswürdig ist.[23] Das heißt aber nicht, dass der Formwechsel im Sinne einer materiellen Inhaltskontrolle einer sachlichen Rechtfertigung bedürfte.[24]

17 Die Erläuterung der **rechtlichen und wirtschaftlichen Folgen** muss insbesondere beinhalten: Die künftige Beteiligung der Anteilsinhaber an dem Rechtsträger neuer Rechtsform, mit einer Darstellung der sich für die Anteilsinhaber ergebenden rechtlichen, wirtschaftlichen und steuerlichen Folgen des Formwechsels, eine Erläuterung über die qualitative Änderung der Anteils- und Mitgliedschaftsrechte, Klärungen zum Firmenrecht, Verschiebungen im Kompetenzgefüge im Verhältnis der Gesellschaftsorgane zu den Gesellschaftern, Abweichungen im Gesellschaftsvertrag oder in der Satzung vom gesetzlichen Normalstatut, Übertragbarkeit und Beleihbarkeit der Anteile, künftige Beteiligungsverhältnisse (einer besonderen Begründung bedarf der nicht verhältniswahrende Formwechsel), Informations- und sonstige Minderheitenrechte, Veränderungen der Rechte und Pflichten im Verhältnis des herrschenden Mehrheitsgesellschafters zu den Minderheitsgesellschaftern, Haftungsfragen, Geschäftsführungsbefugnisse. Einer besonderen Begründung bedarf die Gewährung zusätzlicher Anteile zur Abgeltung von Sonderrechten. Erforderlich ist weiter eine Stellungnahme dazu, ob die Voraussetzungen für **bare Zuzahlungen** im Sinne von § 196 UmwG vorliegen. Schließlich sind auch etwa geplante bilanzielle Maßnahmen im Zuge der Umwandlung darzustellen.

18 Es müssen weiter die **steuerlichen Folgen** des Formwechsels sowie die eintretenden Veränderungen hinsichtlich der Besteuerung der Gesellschaft und der Anteilsinhaber erläutert werden. Die Darstellung muss auf den konkreten Einzelfall zugeschnitten werden.[25] Soweit sich durch die Umwandlung oder die damit verbundene Änderung der Gesellschaftsverfassung nicht ganz unwesentliche Nachteile für die Anteilseigner ergeben, die nicht allge-

---

[21] Vgl. *Decher* in *Lutter*, Kölner Umwandlungsrechtstage, 201 (209).

[22] Vgl. *Stratz* in *Schmitt/Hörtnagl/Stratz*, § 192 UmwG Rn. 9; *Bermel* in *Goutier/Knopf/Tulloch* § 8 UmwG Rn. 14; LG Wiesbaden AG 1999, 47 (48) Anforderungen sind nicht zu hoch anzusetzen im Hinblick auf Eigentumsfreiheit des Mehrheitsaktionärs.

[23] Vgl. wie *Goutier/Knopf/Tulloch* § 8 UmwG Rn. 14 uH auf LG Stuttgart ZIP 1994, 631 (632); *Lutter/Decher* § 192 UmwG Rn. 19 f.

[24] Dazu näher *Lutter/Decher* § 192 UmwG Rn. 19 f. und *Bärwaldt* in *Semler/Stengel* UmwG § 193 Rn. 17 mwN.

[25] Vgl. *Lutter/Decher* § 192 UmwG Rn. 21 ff.; *Kallmeyer/Meister/Klöcker* § 192 UmwG Rn. 8 f.

mein bekannt sind oder sich unmittelbar aus dem für die jeweiligen Gesellschaftsverfassungen einschlägigen Fachgesetz ergeben, sind diese im Umwandlungsbericht näher auszuführen.[26]

Die Höhe einer anzubietenden **Barabfindung** ist darzulegen.[27] Dafür ist eine Bewertung des Rechtsträgers notwendig. Hier ist nach § 192 Abs. 1 S. 2 iVm § 8 Abs. 2 UmwG auf besondere Schwierigkeiten bei der Bewertung hinzuweisen.[28] Gemeint sind Schwierigkeiten bei der Festsetzung der in der beizufügenden Vermögensaufstellung anzugebenden wirklichen Werte der Aktiva und Passiva des formwechselnden Rechtsträgers sowie bei der Bestimmung der angebotenen Barabfindung.[29] Es ist auch anzugeben, in welcher Weise man den Schwierigkeiten Rechnung getragen hat.[30] Zunächst sind die Grundsätze darzulegen, die für die der Ermittlung der Abfindung zugrunde liegende Bewertung des Rechtsträgers maßgeblich waren. Wurde von der Ertragswertmethode ausgegangen, so reicht der Hinweis auf ihre Üblichkeit als Rechtfertigung. Wird eine andere Bewertungsmethode angewendet, so ist das besonders zu begründen.[31] Der Bericht muss aber auch Angaben und Zahlen enthalten, die eine **Plausibilitätskontrolle** ermöglichen, eine Darlegung der Bewertungsgrundsätze reicht nicht.[32] 19

Die Bewertung des nicht betriebsnotwendigen Vermögens erfolgt außerhalb der Ertragsbewertung gesondert nach den erzielbaren Überschüssen aus der Einzelveräußerung. Bewertungsstichtag ist der Zeitpunkt der Beschlussfassung über den Formwechsel. Ausnahmsweise sind auch Angaben über alle für den Formwechsel wesentlichen Angelegenheiten verbundener Unternehmen erforderlich.[33] Im Regelfall gilt das nicht, weil sich die Rechtsverhältnisse des formwechselnden Rechtsträgers zu verbundenen Unternehmen infolge des Formwechsels nicht ändern.[34] 20

Im Umwandlungsbericht brauchen Tatsachen, deren Bekanntwerden geeignet ist, dem Rechtsträger oder einem mit ihm verbundenen Unternehmen einen nicht unerheblichen Nachteil zuzufügen, nicht aufgenommen zu 21

---

[26] Vgl. LG Heidelberg DB 1996, 1768 (1670); *Bärwaldt* in *Semler/Stengel* UmwG § 192 Rn. 10.
[27] BGH DB 2001, 471 (allerdings kein Anfechtungsgrund); KG AG 1999, 127; dazu *Zeidler* NZG 1999, 508 (511); *Bärwaldt* in *Semler/Stengel* UmwG § 192 Rn. 12; aA noch die Vorinstanz LG Berlin DB 1997, 969 (970), das nur eine beschränkte Aufklärung für erforderlich hält.
[28] Vgl. *Bermel* in *Goutier/Knopf/Tulloch* § 8 UmwG Rn. 22; *Bärwaldt* in *Semler/Stengel* UmwG § 192 Rn. 15.
[29] Vgl. *Stratz* in *Schmitt/Hörtnagl/Stratz*, § 8 UmwG Rn. 20 ff.
[30] *Kallmeyer/Meister/Klöcker* § 192 UmwG Rn. 13.
[31] Vgl. *Stratz* in *Schmitt/Hörtnagl/Stratz*, § 8 UmwG Rn. 22; *Goutier/Knopf/Tulloch* § 8 UmwG Rn. 17, zit. LG Mannheim AG 1988, 248 (249); OLG Karlsruhe ZIP 1989, 988 (990).
[32] Vgl. *Lutter/Decher* § 192 UmwG Rn. 31; *Stratz* in *Schmitt/Hörtnagl/Stratz*, § 8 UmwG Rn. 22; *Goutier/Knopf/Tulloch* § 8 UmwG Rn. 18; BGHZ 107, 296 (302); dazu auch LG Mainz AG 2002, 247 (248).
[33] *Kallmeyer/Meister/Klöcker* § 192 UmwG Rn. 15; *Stratz* in *Schmitt/Hörtnagl/Stratz*, § 192 UmwG Rn. 16; *Goutier/Knopf/Tulloch* § 8 UmwG Rn. 25 ff.
[34] Vgl. *Lutter/Decher* § 192 UmwG Rn. 40; *Bärwaldt* in *Semler/Stengel* UmwG § 192 Rn. 16 aE.

16. Kapitel. Umwandlungssituationen: Verschmelzung, Spaltung und Formwechsel

werden: zB einzelne Planzahlen bei den künftigen **Ertragsprognosen** im Rahmen der Unternehmensbewertung zur Ermittlung des Abfindungsangebots.[35] Die Gründe für die Nichtaufnahme dieser Tatsachen sind nach dem BGH im Bericht derart darzulegen, dass aus der Sicht der Anteilsinhaber eine Plausibilitätskontrolle möglich ist.[36] Der BGH hat auch zugelassen, dass Tatsachen, für die sich der Vorstand auf das Auskunftsverweigerungsrecht des § 131 Abs. 3 AktG stützen könnte, nicht offen gelegt werden müssen.[37] Ein Teil des Schrifttums vertritt die Auffassung, dass für GmbHs ein Gesellschafterbeschluss die Auskunftsverweigerung gemäß § 51a Abs. 2 S. 2 GmbHG rechtfertigt.[38]

22 Der Bericht muss auch die ungefähre Gesamthöhe der **Kosten** des Formwechsels beinhalten.[39]

23 Der Bericht muss insgesamt eine schlüssige und plausible Darstellung der wesentlichen Umstände und Gründe enthalten, welche einem verständigen Anteilsinhaber unter Berücksichtigung der beigefügten Unterlagen eine ausreichende Entscheidungsgrundlage bietet. Der Bericht muss einem verständigen Anteilsinhaber eine **Plausibilitätskontrolle** ermöglichen, aber auch nicht mehr. In den Bericht gehören nur Aussagen, die zum Verständnis des Zusammenhangs erforderlich sind oder bei deren Fehlen die Entscheidung eines vernünftigen Anteilsinhabers möglicherweise anders ausfallen würde.[40] Es empfiehlt sich, mit dem Umwandlungsbericht einen Zeitplan vorzulegen, in dem alle Beschlüsse, Zustimmungen und Abstimmungen aufgeführt sind.[41]

24 **b) Entwurf des Umwandlungsbeschlusses.** Das Vertretungsorgan muss den Beschluss mit dem in § 194 Abs. 1 UmwG vorgeschriebenen Mindestinhalt entwerfen. Der Beschluss ist einen Monat vor dem Tag der Beschlussfassung dem zuständigen Betriebsrat zuzuleiten, § 194 Abs. 2 UmwG.

25 **c) Keine Vermögensaufstellung mehr.** Die gemäß § 192 Abs. 2 UmwG aF erforderliche Vermögensaufstellung ist seit dem 2. Gesetz zur Änderung des UmwG vom 25.4.2007 (BGBl. I 2007, S. 542 entfallen.

26–30 *Nicht belegt.*

---

[35] Zu § 131 Abs. 3 AktG zit. bei *Stratz* in *Schmitt/Hörtnagl/Stratz*, § 8 UmwG Rn. 29; ausf. *Ebenroth/Koos* BB 1995, Beilage 8, 2; *Bärwaldt* in *Semler/Stengel* UmwG § 192 Rn. 17 ff.; *Lutter/Decher* § 192 UmwG, Rn. 41 ff.; *Goutier/Knopf/Tulloch* § 8 UmwG Rn. 38.

[36] Vgl. *Stratz* in *Schmitt/Hörtnagl/Stratz* UmwG 3. Aufl., § 8 UmwG Rn. 1, § 192 UmwG Rn. 8; *Kallmeyer/Meister/Klöcker* § 192 UmwG Rn. 34; BGH ZIP 1990, 1560 (1562): SEN; *Goutier/Knopf/Tulloch* § 8 UmwG Rn. 40.

[37] Vgl. BGH ZIP 1990, 168 (169): DAT/Altana II; *Bärwaldt* in *Semler/Stengel* UmwG § 192 Rn. 17 ff.

[38] Vgl. *Stratz* in *Schmitt/Hörtnagl/Stratz*, § 8 UmwG Rn. 1; *Goutier/Knopf/Tulloch* § 8 UmwG Rn. 12, 41; aA *Schöne* GmbHR 1995, 335.

[39] Vgl. *Lutter/Decher* § 192 UmwG Rn. 27.

[40] Vgl. *Kallmeyer/Meister/Klöcker* § 192 UmwG Rn. 12; *Lutter/Decher*, § 192 UmwG Rn. 10.

[41] Vgl. *Lutter/Decher* § 192 UmwG Rn. 20; *Goutier/Knopf/Tulloch* § 192 UmwG Rn. 9.

3. Sachgründungsbericht, Gründungsprüfung

Soweit die Gründungvorschriften für die Rechtsform des neuen Rechts- 31
trägers es verlangen, ist ein Sachgründungsbericht zu erstellen. Der Begründungs- und Erläuterungsteil des Umwandlungsberichts muss dann in der Darstellung der Folgen des Formwechsels die Feststellung des Sachgründungsberichts und dessen Ergebnisse miteinbeziehen.

Für den Fall, dass die für den Rechtsträger neuer Rechtsform geltenden 32
Gründungsvorschriften einen Sachgründungsbericht und eine Gründungsprüfung vorsehen, zwingt dies zur Prüfung des Formwechsels. Das Ergebnis der Gründungsprüfung hat auch der Darstellungs- und Begründungsteil des Umwandlungsberichts darzustellen.

Die Angemessenheit einer Barabfindung, welche widersprechenden An- 33
teilsinhabern anzubieten und Inhalt des Umwandlungsbeschlusses ist, muss durch Prüfer geprüft werden. Über das Ergebnis der Prüfung ist auch im Darstellungs- und Begründungsteil des Umwandlungsberichts zu berichten.[42]

III. Der formwechselnde Beschluss

1. Grundlagen- und Strukturentscheidung

Der Formwechsel zielt auf Änderung der rechtlichen Verfassung des 34
Rechtsträgers und ist deshalb eine Grundlagen- und Strukturentscheidung, die dem Bereich **der Geschäftsführung** der Vertretungsorgane **entzogen** ist.[43] Die Entscheidung über den Formwechsel ist vielmehr zwingend den Anteilsinhabern vorbehalten. Im Mittelpunkt jedes Formwechsels steht deshalb der von den Anteilsinhabern des formwechselnden Rechtsträgers zu fassende Umwandlungsbeschluss. Das Gesetz bestätigt dies in § 193 Abs. 1 S. 1 UmwG ausdrücklich und bestimmt im Folgesatz, dass der Umwandlungsbeschluss nur in einer Versammlung der Anteilsinhaber gefasst werden kann. Die allgemeinen Bestimmungen über den Formwechsel in den §§ 192 bis 213 UmwG enthalten weitere **formelle und materielle Vorgaben** für den Umwandlungsbeschluss, die rechtsformspezifisch durch Bestimmungen der besonderen Vorschriften über den Formwechsel in den §§ 214 ff. UmwG ergänzt werden. Diese Regelungen sind unvollständig. Hinzu treten die Vorschriften, die das Recht des jeweiligen Rechtsträgers allgemein für die Abhaltung und Durchführung von Anteilseignerversammlungen statuiert, soweit nicht das Umwandlungsrecht hierzu eine abschließende andere Regelung trifft.[44] Schließlich sind im Rahmen des je nach Rechtsform un-

---

[42] Vgl. Kallmeyer/*Meister/Klöcker* § 192 UmwG Rn. 50 f.; *Bärwaldt* in *Semler/Stengel* UmwG § 192 Rn. 12.
[43] Vgl. *Stratz* in *Schmitt/Hörtnagl/Stratz*, § 193 UmwG Rn. 7; Kallmeyer/*Zimmermann* § 193 UmwG Rn. 2; *Goutier/Knopf/Tulloch* § 193 Rn. 6; Lutter/*Decher* § 193 UmwG Rn. 3.
[44] Vgl. Lutter/*Decher* § 193 UmwG Rn. 7 f.; *Bärwaldt* in *Semler/Stengel* UmwG § 193 Rn. 7.

16. Kapitel. Umwandlungssituationen: Verschmelzung, Spaltung und Formwechsel

terschiedlichen privatautonomen Gestaltungsspielraums gegebenenfalls gesellschaftsvertragliche Regelungen bei der Vorbereitung und Fassung des Umwandlungsbeschlusses zu beachten.[45]

2. Beschlussinhalt

35 a) **Zwingender Mindestkatalog.** Das UmwG hat dem Inhalt des Umwandlungsbeschlusses besondere Aufmerksamkeit gewidmet und in § 194 UmwG diejenigen Festlegungen, die jeder Umwandlungsbeschluss mindestens treffen muss, **enumerativ** aufgeführt. Die Bestimmung entspricht funktional den Parallelvorschriften in § 5 UmwG über den Mindestinhalt des Verschmelzungsvertrags und § 126 UmwG über den Inhalt des Spaltungs- und Übernahmevertrags bei der Spaltung zur Aufnahme bzw. § 136 UmwG iVm § 126 UmwG über den Spaltungsplan bei der Spaltung zur Neugründung.[46] Konstruktiv – und systemkonformer – hätte das Gesetz deshalb auch einen Umwandlungsplan vorsehen können, dem die Anteilsinhaber des formwechselnden Rechtsträgers zustimmen müssen.

36 Mit Ausnahme der Angaben zu den Folgen des Formwechsels für die Arbeitnehmer und ihre Vertretungen nach § 194 Abs. 1 Nr. 7 UmwG umreißt das Gesetz mit dem Mindestkatalog nach § 194 Abs. 1 UmwG die **Essentialia der erforderlichen rechtsgeschäftlichen Festlegung**, ohne die ein Formwechsel nicht zustande kommen kann. Aus dem Gesetz ergibt sich nicht eindeutig, was in den Umwandlungsbeschluss aufzunehmen ist, wenn zu einzelnen Elementen des gesetzlichen Beschlusspunktekatalogs keine positiven Angaben zu machen sind, wie etwa, wenn Rechte im Sinne von § 194 Abs. 1 Nr. 5 UmwG nicht gewährt werden. Die Antwort ist aus dem Zweck der gesetzlichen Vorgabe abzuleiten. Richtigerweise zielt die Bestimmung über den notwendigen Mindestinhalt des formwechselnden Beschlusses auch auf die Sicherstellung einer ausreichenden Unterrichtung und Mindestinformation der Gesellschafter; ihnen sollen der Gegenstand und die Bedeutung ihrer Beschlussfassung deutlich vor Augen geführt werden.[47] Das spricht dafür, dass dem Mindestinhalt des formwechselnden Beschlusses gegebenenfalls durch **ausdrückliche Negativerklärungen** im Beschluss Rechnung getragen werden muss.[48] Jedenfalls sollte sich die Praxis hierauf bis zu einer etwaigen höchstrichterlichen Klärung der Frage vorsorglich einstellen.

37 Die Bestimmungen über den Mindestinhalt des Umwandlungsbeschlusses sind **zwingend** und auch bei Verzicht sämtlicher Anteilsinhaber nicht entbehrlich, weil der Umwandlungsbeschluss auch Unterrichtungsfunktion für Dritte, namentlich für Arbeitnehmer und Gläubiger, hat.[49]

---

[45] ZB Mehrheit, *Stratz* in *Schmitt/Hörtnagl/Stratz*, § 193 UmwG Rn. 12; *Kallmeyer/Zimmermann* § 193 UmwG Rn. 5, 9; hierzu der tabellarische Überblick bei *Bärwaldt* in *Semler/Stengel* UmwG § 193 Rn. 11.
[46] Vgl. Kallmeyer/*Meister/Klöcker* § 194 UmwG Rn. 7.
[47] Zutr. Lutter/*Decher* § 194 UmwG Rn. 1.
[48] *Bärwaldt* in *Semler/Stengel* UmwG § 194 Rn. 1; Lutter/*Decher* § 194 UmwG Rn. 2.
[49] Vgl. Kallmeyer/*Meister/Klöcker* § 194 UmwG Rn. 4; Lutter/*Decher* § 194 UmwG Rn. 43; *Bärwaldt* in *Semler/Stengel* UmwG § 194 Rn. 1.

Der Inhaltskatalog in § 194 UmwG ist **nicht abschließend**. Einerseits 38 kommen Inhaltsvorgaben aus den besonderen umwandlungsrechtlichen Vorschriften hinzu, andererseits schließt § 194 UmwG die freiwillige Aufnahme weiterer Regelungen in den Umwandlungsbeschluss nicht aus, sofern das Gesetz dem nicht entgegensteht.[50]

b) Rechtsform. Kern des Umwandlungsbeschlusses ist die Entscheidung 39 über den Wechsel der Rechtsform, in der der Rechtsträger verfasst ist. § 194 Abs. 1 Nr. 1 UmwG schreibt deshalb ausdrücklich vor, dass der Beschluss die neue Rechtsform bestimmen muss, die der Rechtsträger durch den Formwechsel erlangen soll.[51]

c) Firma. Der Umwandlungsbeschluss muss weiter den Namen oder die 40 Firma des Rechtsträgers neuer Rechtsform bestimmen, § 194 Abs. 1 Nr. 2 UmwG. Der Bestimmung bedarf es auch dann, wenn, wie außer bei dem Formwechsel in die Personengesellschaft zwingend, der mit dem Beschluss festzustellende neue Gesellschaftsvertrag seinerseits die Firma bestimmt.[52]

d) Beteiligung der Anteilsinhaber und Zahl, Art und Umfang der 41 **Anteile.** Nach § 194 Abs. 1 Nr. 3 UmwG muss der Umwandlungsbeschluss „eine Beteiligung der bisherigen Anteilsinhaber an dem Rechtsträger nach den für die neue Rechtsform geltenden Vorschriften" bestimmen, sofern ihre Beteiligung nicht nach den gesetzlichen Bestimmungen über den Formwechsel entfällt.[53] Damit bestätigt das Gesetz den ua auch in § 202 Abs. 1 Nr. 2 UmwG zum Ausdruck kommenden Grundsatz der **Identität der Anteilsinhaber**[54] vor und nach dem Formwechsel und stellt klar, dass der Formwechsel zwar in die rechtliche Struktur der Mitgliedschaft eingreifen, nicht aber die Mitgliedschaft selbst berühren kann, sofern das Gesetz nicht ausnahmsweise anderes bestimmt.[55] Ein Herausdrängen von Gesellschaftern gegen deren Willen (squeeze out), wie es nach dem UmwG 1969 beim Formwechsel der Kapitalgesellschaft in die Personengesellschaft noch möglich war, ist danach also ausgeschlossen.[56] Die Bestimmung über die zukünftige Beteiligung der Gesellschafter nach Maßgabe der für die neue Rechtsform geltenden Vorschriften kann mit den nach § 194 Abs. 1 Nr. 4 UmwG zu machen-

---

[50] Vgl. Kallmeyer/*Meister/Klöcker* § 194 UmwG Rn. 5 f.; *Laumann* in *Goutier/ Knopf/Tulloch* § 194 UmwG Rn. 4; *Bärwaldt* in *Semler/Stengel* UmwG § 194 Rn. 34 ff.
[51] Vgl. Kallmeyer/*Meister/Klöcker* § 194 UmwG Rn. 5 f.; *Laumann* in *Goutier/ Knopf/Tulloch* § 194 UmwG Rn. 5.
[52] Vgl. Kallmeyer/*Meister/Klöcker* § 194 UmwG Rn. 16.
[53] Das ist vorgesehen für den Komplementär einer KGaA, vgl. §§ 233, 247 Abs. 3, 255 Abs. 3 UmwG, und für bestimmte Mitglieder eines formwechselnden Versicherungsvereins auf Gegenseitigkeit von der Beteiligung an der AG, vgl. § 294 Abs. 1 UmwG, dazu außerdem RegBegr. bei *Schaumburg/Rödder* § 194 UmwG Rn. 5.
[54] Vgl. *Laumann* in *Goutier/Knopf/Tulloch* § 194 UmwG Rn. 7; *Lutter/Decher* § 194 UmwG Rn. 6; abweichend *Bärwaldt* in *Semler/Stengel* UmwG § 194 Rn. 10.
[55] Vgl. Kallmeyer/*Meister/Klöcker* § 202 UmwG Rn. 29 ff.; *Kübler* in *Semler/Stengel* UmwG § 202 Rn. 19 ff. unter Hinweis auf Besonderheiten bei der GmbH & Co. KG.
[56] Zum nichtverhältniswahrenden Formwechsel und zur Frage eines Formwechsels „zu Null" vgl. *Lutter/Decher* § 202 UmwG Rn. 14 f.

16. Kapitel. Umwandlungssituationen: Verschmelzung, Spaltung und Formwechsel

den Angaben über Zahl, Art und Umfang der Anteile oder Mitgliedschaften, welche die Anteilsinhaber durch den Formwechsel erlangen sollen oder die einem beitretenden persönlich haftenden Gesellschafter eingeräumt werden sollen, verbunden werden.[57] Eine abkürzende Bezugnahme auf den im Umwandlungsbeschluss enthaltenen neuen Gesellschaftsvertrag ist zulässig.[58]

42   Die Vorschrift entspricht den Anforderungen an den Verschmelzungsvertrag zu den Angaben über die den Gesellschaftern der übertragenden Rechtsträger zu gewährenden Mitgliedschaften, die dortigen Grundsätze können herangezogen werden (vgl. → § 52).

43   **e) Rechte einzelner Anteilsinhaber, Inhaber besonderer Rechte.**[59] Nach § 194 Abs. 1 Nr. 5 UmwG sind im Umwandlungsbeschluss Bestimmungen über Rechte, die einzelnen Anteilsinhabern oder Inhabern besonderer Rechte wie Anteile ohne Stimmrecht, Vorzugsaktien, Mehrstimmrechtsaktien, Schuldverschreibungen und Genussrechte gewährt werden sollen, zu treffen, oder die an deren Stelle tretenden Maßnahmen, die für diese Personen vorgesehen sind. Fehlt es, wie meistens, an der Gewährung besonderer Rechte, empfiehlt es sich, in den Umwandlungsbeschluss eine entsprechende **Negativfeststellung** aufzunehmen. Die Bestimmung entspricht im Übrigen § 5 Abs. 1 Nr. 7 UmwG zum Inhalt des Verschmelzungsvertrags, so dass auf die Ausführungen hierzu verwiesen werden kann (s. → § 52).

44   **f) Abfindungsangebot.** Nach § 194 Abs. 1 Nr. 6 UmwG muss der Umwandlungsbeschluss ein Abfindungsangebot nach Maßgabe von § 207 UmwG enthalten, sofern ein solches zu machen ist.[60] Das Barabfindungsangebot ist vollständig in den Beschluss aufzunehmen, ein Verweis auf andere Unterlagen, etwa den Umwandlungsbericht, ist unzulässig. Zu den Einzelheiten des Barabfindungsangebots siehe unten → Rn. 67.

45   **g) Folgen für die Arbeitnehmer und Arbeitnehmervertretungen.** Nach § 194 Abs. 1 Nr. 7 UmwG sind in den Umwandlungsbeschluss auch die Folgen des Formwechsels für die Arbeitnehmer und ihre Vertretungen sowie die insoweit vorgesehenen Maßnahmen aufzunehmen. Die Gesetzesformulierung („müssen **bestimmt** werden") ist missglückt. Der Sache nach geht es dabei nämlich nicht um die inhaltliche Festlegung einer Rechtsfolgenbestimmung qua Umwandlungsbeschluss, sondern um eine – systematisch verfehlte[61] – Unterrichtung der Arbeitnehmer über die arbeitnehmerbezogenen Auswirkungen des Formwechsels im Umwandlungsbeschluss.[62]

---

[57] Vgl. Lutter/*Decher* § 194 UmwG Rn. 5.
[58] Vgl. RegBegr. bei *Schaumburg/Rödder* § 194 UmwG Rn. 6 (freilich zu eng nur für die Fälle, in denen der neue Vertrag im Beschluss enthalten sein muss); Kallmeyer/*Meister/Klöcker* § 194 UmwG Rn. 32; Lutter/*Decher* § 194 UmwG Rn. 9.
[59] Vgl. Kallmeyer/*Meister/Klöcker* § 194 UmwG Rn. 36 ff.; *Bärwaldt* in Semler/*Stengel* UmwG § 194 Rn. 21 ff.
[60] Vgl. Kallmeyer/*Meister/Klöcker* § 194 UmwG Rn. 44 ff.; Lutter/*Decher* § 199 UmwG Rn. 20 ff.
[61] Vgl. nur Lutter/*Lutter/Drygala* § 5 UmwG Rn. 39.
[62] Vgl. *Laumann* in Goutier/*Knopf/Tulloch* § 194 UmwG Rn. 25.

Die entsprechenden Angaben sind nach richtiger Auffassung auch dann **46** zu machen, wenn bei dem formwechselnden Rechtsträger **kein Betriebsrat** besteht und demgemäß eine Zuleitung des Beschlussentwurfs nach § 194 Abs. 2 UmwG nicht in Betracht kommt.[63]

Hinzuweisen ist im Beschluss nur auf die **unmittelbaren** Folgen des **47** Formwechsels, nicht auf lediglich mittelbare. Angaben über etwa im Zusammenhang mit dem Formwechsel beabsichtigte Umstrukturierungs- oder Rationalisierungsmaßnahmen sind deshalb nicht in den Umwandlungsbeschluss aufzunehmen.[64]

Da der Formwechsel sämtliche Rechtsbeziehungen des formwechselnden **48** Rechtsträgers unverändert lässt, hat er **auf** die bestehenden **Anstellungsverhältnisse** mit Arbeitnehmern **keine unmittelbaren Auswirkungen**.[65] Ebenso wenig ergeben sich Änderungen für die nach dem BetrVG 1992 errichteten Betriebsratsgremien. Insbesondere führt der Formwechsel nicht zu einem Übergang von Arbeitsverhältnissen gemäß §§ 324 UmwG, 613 a BGB auf einen anderen Rechtsträger, einer Änderung oder Beendigung der Zugehörigkeit des Rechtsträgers als Arbeitgeber zu einem Arbeitgeberverband oder einer Änderung der Organisation der Betriebe des formwechselnden Unternehmens.

Der Formwechsel kann aber auf die **Mitbestimmung** Auswirkung haben.[66] **49** Bei dem Formwechsel von einer mitbestimmten Kapitalgesellschaft in eine Personenhandelsgesellschaft entfällt idR die Mitbestimmung[67], da Personengesellschaften in § 1 Abs. 1 MitbestG, § 1 Abs. 1 DrittelbG nicht aufgeführt sind, es sei denn, sie wird freiwillig beibehalten.[68] Aus § 325 UmwG folgt nichts anderes. Die dort getroffene Regelung über die Mitbestimmungsbeibehaltung ist für den Formwechsel nicht einschlägig und auch nicht entsprechend anwendbar.[69] Sofern, wie häufig in der Praxis anzutreffen, die Mitbestimmungskontinuität auf freiwilliger Basis verwirklicht werden soll,[70] kommt ein Hinweis hierauf im Umwandlungsbeschluss aber in Betracht. Dabei ist auch auf die Diskontinuität der Aufsichtsratsmandate (dazu

---

[63] Zutr. *Bärwaldt* in *Semler/Stengel* UmwG § 194 Rn. 33 unter Verweis auf § 5 Rn. 76 ff.; Lutter/*Lutter/Drygala* § 5 UmwG Rn. 87 zur Parallelvorschrift in § 5 Abs. 1 Nr. 9 betr. die Verschmelzung; zur Gegenansicht – gegen Angabepflicht – vgl. *Joost* ZIP 1995 976 (983); Lutter/*Decher* § 194 Rn. 31; *Stratz* in *Schmitt/Hörtnagl/Stratz*, § 194 UmwG Rn. 12 f.

[64] Zutr. *Laumann* in *Goutier/Knopf/Tulloch*, § 194 UmwG Rn. 7; Lutter/*Lutter/Drygala* § 5 UmwG Rn. 53 ff. mit umf. Auseinandersetzung mit der weitergehenden Gegenauffassung; für diese vgl. zB *Wlotzke* DB 1995, 45; *Simon* in *Semler/Stengel* UmwG § 5 Rn. 82 ff.

[65] Vgl. *Kallmeyer/Willemsen* § 194 UmwG Rn. 58; *Laumann* in *Goutier/Knopf/Tulloch* § 194 UmwG Rn. 27; Lutter/*Decher* § 194 UmwG Rn. 25.

[66] Vgl. *Laumann* in *Goutier/Knopf/Tulloch* § 194 UmwG Rn. 28; Lutter/*Decher* § 194 UmwG Rn. 26; *Bärwaldt* in *Semler/Stengel* UmwG § 194 Rn. 31.

[67] *Bärwaldt* in Semler/Stengel UmwG § 194 Rn. 31; Lutter/*Decher* § 194 UmwG Rn. 26.

[68] Vgl. dazu *Ihrig/Schlitt* NZG 1999, 333 mwN.

[69] Zutreffend *Boecken*, Unternehmensumwandlungen, Rn. 443; *Kallmeyer/Willemsen* § 194 UmwG Rn. 58; *Laumann* in *Goutier/Knopf/Tulloch* § 194 UmwG Rn. 28.

[70] Vgl. *Ihrig/Schlitt* NZG 1999, 333 mwN.

→ Rn. 45) hinzuweisen.[71] Bei der GmbH & Co. KG als Rechtsträger neuer Rechtsform ergeben sich jedoch mit Blick auf die Komplementär-GmbH Besonderheiten. Hat sie keinen eigenen Geschäftsbetrieb mit in der Regel mehr als 500 Arbeitnehmern (vgl. § 1 Abs. 1 Nr. 3 DrittelbG), werden ihr unter Umständen die in der KG beschäftigten Arbeitnehmer zugerechnet (§ 4 Abs. 1 S. 1 MitbestG). Die GmbH kann somit alleine durch die Zurechnung in die Mitbestimmung „hineinrutschen".[72]

50 **h) Sonstige Angaben.** § 194 Abs. 1 UmwG enthält die Mindestanforderungen an den Inhalt des Umwandlungsbeschlusses. Ergänzende Vorgaben finden sich in den besonderen gesetzlichen Bestimmungen über den Formwechsel. Darüber hinaus kommen nicht obligatorische, ergänzende Feststellungen in Betracht.

51 Sofern nicht ein Formwechsel in die Personenhandelsgesellschaft gegeben ist, ist in dem Umwandlungsbeschluss der **Gesellschaftsvertrag** des formwechselnden Rechtsträgers aufzunehmen, vgl. §§ 218 Abs. 1, 243 Abs. 1 S. 1, 253 Abs. 1 S. 1, 263 Abs. 1, 276 Abs. 1, 285 Abs. 1, 294 Abs. 1 UmwG.

52 Darüber hinaus empfiehlt es sich, in den Umwandlungsbeschluss die Angabe des Sitzes des Rechtsträgers neuer Rechtsform und die Feststellung über den **Umwandlungsstichtag**, zu dem mit wirtschaftlicher Wirkung im Verhältnis der Anteilsinhaber zueinander und mit steuerlicher Wirkung der Wechsel der Rechtsform erfolgen soll, aufzunehmen. Zudem kann es sinnvoll sein, Festsetzung über die Kosten des Formwechsels zu treffen.

3. Notarielle Form

53 Der Umwandlungsbeschluss ist notariell zu beurkunden, § 193 Abs. 3 S. 1 UmwG. Maßgeblich sind die §§ 36 ff. BeurkG. Der Mangel der notariellen Form führt zur Nichtigkeit des Beschlusses[73] und begründet ein **Eintragungshindernis**. Trägt das Registergericht gleichwohl ein, wird der Mangel geheilt, § 202 Abs. 1 Nr. 3 UmwG. Jedem Anteilsinhaber ist auf Verlangen und auf dessen Kosten unverzüglich eine Abschrift der notariellen Niederschrift des Beschlusses zu erteilen.[74]

4. Beschlussfassung

54 Der Beschluss über den Formwechsel erfolgt zwingend in einer Gesellschafterversammlung, die Beschlussfassung im Umlaufverfahren ist ausgeschlossen, § 193 Abs. 1 S. 2 UmwG. Maßgeblich für die Vorbereitung und Durchführung der beschließenden Anteilseignerversammlung sind die besonderen Vorschriften des UmwG sowie die allgemeinen für den formwechselnden Rechtsträger geltenden Bestimmungen in Gesetz und Gesellschafts-

---

[71] Vgl. Lutter/*Decher* § 194 UmwG Rn. 27.
[72] Vgl. Lutter/*Decher* § 194 UmwG Rn. 26.
[73] Vgl BayObLG MittRhNotK 1996, 421; *Kallmeyer/Zimmermann* § 193 UmwG Rn. 28.
[74] § 193 Abs. 3 S. 2 UmwG; *Bärwaldt* in *Semler/Stengel* UmwG § 193 Rn. 29. Verpflichtet ist der Rechtsträger des Anteilsinhabers, nicht der beurkundende Notar, *Kallmeyer/Zimmermann* § 193 UmwG Rn. 30.

vertrag. Im **Regelfall** bedarf der Beschluss über den Formwechsel mindestens einer Mehrheit von ¾ der bei der Versammlung der Anteilsinhaber abgegebenen Stimmen. Beim Formwechsel von Personengesellschaften ist Einstimmigkeit erforderlich, sofern nicht der Gesellschaftsvertrag eine eindeutige Regelung über eine Mehrheitsentscheidung enthält, die mindestens aber eine ¾-Mehrheit verlangen muss.[75] Eine **materielle Kontrolle** des Umwandlungsbeschlusses auf seine sachliche Rechtfertigung findet nach richtiger Auffassung nicht statt.[76]

5. Beteiligung des Betriebsrats

Der Entwurf des Beschlusses über den Formwechsel ist dem zuständigen Betriebsrat des formwechselnden Rechtsträgers spätestens **einen Monat** vor dem Tag der Hauptversammlung der Anteilsinhaber **zuzuleiten**, § 194 Abs. 2 UmwG. Welches Betriebsratsgremium zuständig ist, richtet sich nach dem BetrVG. Sofern ein Gesamtbetriebsrat existiert, ist dieser zuständig, da der Formwechsel das gesamte Unternehmen betrifft.[77] Zur Entgegennahme des Entwurfs des Umwandlungsbeschlusses ist gemäß § 51 Abs. 1, § 26 Abs. 2 BetrVG der Vorsitzende des Betriebsrats bzw. im Falle seiner Verhinderung sein Stellvertreter berechtigt.[78] Es empfiehlt sich für das geschäftsführende Organ, sich den **Empfang** des Beschlussentwurfs unter Datumsangabe schriftlich bestätigen zu lassen, damit gegenüber dem Registergericht der erforderliche Nachweis der rechtzeitigen Zuleitung des Beschlussentwurfs an den Betriebsrat unmittelbar mit Vorlage des Eintragungsantrags erbracht werden kann.[79]

55

Da der reine Formwechsel keine Auswirkungen auf die Arbeitnehmer oder die betriebliche Organisation hat, bestehen regelmäßig keine weiteren Unterrichtungsrechte der Arbeitnehmerseite, insbesondere keine des Betriebsrats/Gesamtbetriebsrats aus § 80 Abs. 2 BetrVG oder des Wirtschaftsausschusses aus § 106 Abs. 1 BetrVG.[80]

56

6. Auswirkungen des Formwechsels auf die Organe der formwechselnden Gesellschaft

a) Aufsichtsrat. Auch bei Umwandlungsfällen ist grundsätzlich nicht von einer Amtskontinuität eines existierenden Aufsichtsrats oder vergleich-

57

---

[75] Zur Zustimmung einzelner Anteilsinhaber vgl. *Reichert* GmbHR 1995, 176; *Grunewald/Winter*, Formwechsel, 42.

[76] Vgl. *Bayer* ZIP 1997, 1613 (1624); Lutter/*Decher* § 193 UmwG Rn. 9; *Bärwaldt* in *Semler/Stengel* UmwG § 193 Rn. 17.

[77] Vgl. Lutter/*Lutter/Drygala* § 5 UmwG Rn. 106; Kallmeyer/*Willemsen* § 5 UmwG Rn. 75, zit. *Boecken*, Unternehmensumwandlungen, Rn. 333; *Engelmeyer* DB 1996, 2542; aA *Wlotzke* DB 1995, 40 (45).

[78] Vgl. *Laumann* in *Goutier/Knopf/Tulloch*, § 194 Rn. 31.

[79] Vgl. Kallmeyer/*Willemsen* § 5 UmwG Rn. 74; Lutter/*Decher* § 194 UmwG Rn. 41.

[80] Vgl. *Gaul* DB 1995, 2655; Kallmeyer/*Willemsen* § 194 UmwG Rn. 60, zit. *Decher* in *Lutter*, Kölner Umwandlungsrechtstage, 201 (212); Lutter/*Decher* § 194 UmwG Rn. 43.

baren Aufsichtsgremiums auszugehen. Vielmehr endet das Mandat des Aufsichtsrats mit Eintragung des Formwechsels. Hiervon macht § 203 Satz 1 UmwG eine Ausnahme. Danach besteht der Aufsichtsrat fort, sofern bei dem Rechtsträger neuer Rechtsform in gleicher Weise wie bei dem formwechselnden Rechtsträger ein Aufsichtsrat gebildet wird (Amtskontinuität). Gegebenenfalls ist ein neuer Aufsichtsrat zu wählen, wenn der Umwandlungsbeschluss die Beendigung des Amtes vorsieht (§ 203 Satz 2 UmwG).[81]

58 **b) Geschäftsführung.** Bis zur Eintragung des Formwechsels amtieren noch die Mitglieder des bisherigen geschäftsführenden Organs. Insbesondere haben etwa die Geschäftsführer der formwechselnden GmbH bzw. die Mitglieder des Vorstands der formwechselnden AG die Anmeldung des Formwechsels in eine Kapitalgesellschaft anderer Rechtsform vorzunehmen (§ 246 UmwG). Ihr Amt erlischt mit der Eintragung des Formwechsels.[82] Demgegenüber bleiben Prokuren und Handlungsvollmachten bestehen.[83]

IV. Rechtsschutz

1. Befristung von Klagen gegen den Umwandlungsbeschluss

59 **a) Ausschlussfrist.** Entsprechend § 14 Abs. 1 UmwG für die Verschmelzung bestimmt § 195 Abs. 1 UmwG auch für den Formwechsel eine Ausschlussfrist für die gerichtliche Geltendmachung von Mängeln des Umwandlungsbeschlusses; danach muss eine Klage gegen die Wirksamkeit des Umwandlungsbeschlusses binnen eines **Monats** nach der Beschlussfassung erhoben werden. Die Bestimmung, die dem Vorbild der Monatsfrist für die aktienrechtliche Anfechtungsklage in § 246 Abs. 1 AktG folgt, gilt rechtsformübergreifend auch für den Umwandlungsbeschluss einer formwechselnden Personengesellschaft, also auch für die GmbH & Co. KG.[84] Das ist für das Personengesellschaftsrecht ein Novum, das seine Rechtfertigung allenfalls in dem Anliegen des Gesetzgebers finden kann, Unternehmensumstrukturierungen zu erleichtern und für deren Bestand sichere Grundlagen zu schaffen. Die Bestimmung steht in unmittelbarem Zusammenhang mit der **Registersperre** nach § 198 Abs. 3 iVm § 16 Abs. 2 UmwG, wonach der Formwechsel erst eingetragen werden kann, wenn die Vertretungsorgane des formwechselnden Rechtsträger erklärt haben, dass eine Klage gegen die Wirksamkeit des Umwandlungsbeschlusses nicht oder nicht fristgemäß erhoben ist und, wie sinngemäß zu ergänzen ist, wegen Fristablaufs auch nicht mehr erhoben werden kann. Das setzt notwendig die Bestimmung einer

---

[81] Vgl. Lutter/*Decher* § 203 UmwG Rn. 24 ff.; *Simon* in *Semler/Stengel* UmwG § 203 Rn. 3, 8; *Laumann* in *Goutier/Knopf/Tulloch* § 203 UmwG Rn. 10 und 11; vgl. aber Rn. 23.
[82] *Laumann* in *Goutier/Knopf/Tulloch* § 202 UmwG Rn. 8; *Kübler* in *Semler/Stengel* UmwG § 202 Rn. 14; *Schmalz-Brüggemann*, Auswirkung der Umwandlung, 55 ff.
[83] Vgl. *Kübler* in *Semler/Stengel*, § 202 UmwG Rn. 10.
[84] Vgl. Lutter/*Decher* § 195 UmwG Rn. 3; *Laumann* in *Goutier/Knopf/Tulloch* § 195 UmwG Rn. 8; *Stratz* in *Schmitt/Hörtnagl/Stratz* § 195 UmwG Rn. 4 f. und § 14 UmwG Rn. 13; aA Kallmeyer/*Meister/Klöcker* § 195 UmwG Rn. 8.

Ausschlussfrist für die Erhebung von Klagen voraus. Dem steht es gleich, wenn die Erklärung abgegeben wird und abgegeben werden kann, dass sich erhobene Klagen durch rechtskräftige Klagabweisung oder anderweit insbesondere durch Klagrücknahme oder übereinstimmende Erledigungserklärung erledigt haben.

b) Anwendungsbereich. Die Ausschlussfrist von einem Monat für die Erhebung von Klagen gegen die Wirksamkeit des Umwandlungsbeschlusses erfasst **alle denkbaren Klagen** gegen den Umwandlungsbeschluss. Damit greift die Bestimmung deutlich über die Monatsfrist nach § 246 AktG für die Erhebung von Anfechtungsklagen hinaus, weil auch die Geltendmachung von gravierenden Beschlussmängeln, die nach den aktienrechtlichen Beschlussmängelkategorien als Nichtigkeitsgründe einzuordnen wären, von der Ausschlussfrist erfasst sind.[85] Nicht von der Ausschlussfrist erfasst ist aber die gerichtliche Geltendmachung, dass es an einem – wenn auch mangelbehafteten – Umwandlungsbeschluss überhaupt fehlt. 60

c) Berechnung der Monatsfrist. Für die Berechnung der Monatsfrist gelten die §§ 186 ff. BGB. Demgemäß wird der Tag der Beschlussfassung gemäß § 187 Abs. 1 BGB nicht mitgerechnet.[86] Entscheidend ist der *Tag der Beschlussfassung*, nicht derjenige, an dem der Anteilsinhaber Kenntnis von der Beschlussfassung erlangt oder gar eine Abschrift der Niederschrift über den Beschluss erhält. Für das Fristende gelten die Bestimmungen der §§ 188 Abs. 2, 3, § 193 BGB. Wird die Klage verfristet erhoben, ist diese nicht als unzulässig, sondern als unbegründet abzuweisen.[87] 61

2. Materielle Einschränkung der Klagemöglichkeit

a) Keine Rüge unangemessen bestimmter Beteiligungsverhältnisse. Das UmwG schränkt die gerichtliche Geltendmachung von Mängeln des Umwandlungsbeschlusses auch materiell ein. Nach § 195 Abs. 2 UmwG, der wiederum für formwechselnde Rechtsträger jeder Rechtsform gilt, kann eine Klage gegen die Wirksamkeit des Umwandlungsbeschlusses nicht darauf gestützt werden, dass die in dem Beschluss bestimmten Anteile an dem Rechtsträger neuer Rechtsform zu niedrig bemessen sind oder dass die Mitgliedschaft kein ausreichender Gegenwert für die Anteile der Mitgliedschaft bei dem formwechselnden Rechtsträger ist. Die Bestimmung folgt wiederum dem Vorbild des Verschmelzungsrechts, vgl. § 14 Abs. 2 UmwG. Mit dem Verweis des in seiner Mitgliedschaft beeinträchtigten Anteilsinhabers auf Ausgleich in bar kann sie auf einen **schwer erträglichen Eingriff** in die Rechtsposition von Gesellschaftern hinauslaufen. Das ist hinnehmbar, sofern der Umwandlungsbeschluss der Zustimmung aller Gesellschafter bedarf, weil der einzelne Gesellschafter sich dann vor einem unangemessenen Betei- 62

---

[85] Vgl. Lutter/*Decher* § 195 AktG Rn. 3; RegBegr. bei *Ganske*, Umwandlungsrecht, 63 ff.; krit. dazu *Bork* ZGR 1993, 355; *Schöne* DB 1995, 1319.
[86] Vgl. nur *Hüffer* 11. Aufl. 2014, § 246 AktG Rn. 22.
[87] Vgl. zum Parallelfall bei der Verschmelzung Lutter/*Bork* § 14 UmwG Rn. 11; *Bermel* in *Goutier/Knopf/Tulloch* § 14 UmwG Rn. 13.

ligungsansatz im Rechtsträger neuer Rechtsform durch Verweigerung der Zustimmung schützen kann. Wo der Umwandlungsbeschluss jedoch einer Entscheidung durch Mehrheitsbeschluss zugänglich ist, lässt sich der Ausschluss der Geltendmachung von Mängeln des Beteiligungsverhältnisses nur dann rechtfertigen, wenn man – entgegen dem Gesetzeswortlaut – eine Klage gegen die Wirksamkeit des Umwandlungsbeschlusses zumindest in den Fällen für nicht ausgeschlossen ansieht, in denen die Beteiligungsverhältnisse **willkürlich** unangemessen bestimmt worden sind.[88]

63 **b) Geltendmachung anderer Beschlussmängel.** Der Ausschluss der Klagemöglichkeit gegen den Umwandlungsbeschluss wegen unangemessener Festsetzung der Beteiligungsverhältnisse schließt es nicht aus, den Umwandlungsbeschluss in vollem Umfang auf **Verfahrensfehler** hin zur gerichtlichen Überprüfung zu stellen.[89] Insbesondere hat der Gesetzgeber entgegen berechtigten, kritischen Stimmen im Schrifttum[90] an der Möglichkeit festgehalten, die Klage auf eine unzureichende Erläuterung der Beteiligungsverhältnisse im Umwandlungsbericht zu stützen. Darin liegt ein kaum schlüssig zu rechtfertigender Wertungswiderspruch. Dass sich beim Formwechsel die Problematik nicht in derselben Schärfe stellen soll wie bei der Verschmelzung, weil sich das Beteiligungsverhältnis vielfach unproblematisch aus den bisherigen Verhältnissen ableiten lasse,[91] entschärft die Problematik nicht, im Gegenteil: Wenn gleichwohl eine unangemessene Bestimmung der Beteiligungsverhältnisse erfolgt, wiegt der Ausschluss der Klagemöglichkeit und der Verweis auf das Spruchverfahren um so schwerer. Verletzungen von Informations- und Aufklärungspflichten hinsichtlich der Barabfindung nach § 207 UmwG begründen nach der Rechtsprechung des BGH keinen Anfechtungsgrund im Sinne von § 243 AktG; stattdessen steht das Spruchverfahren entsprechend §§ 210, 212 UmwG zur Verfügung.[92] Diese Einschränkung der Geltendmachung von Beschlussmängeln ist konsequenterweise auf Informationsmängel hinsichtlich der Bewertung der Anteile zu erstrecken; auch insoweit folgt aus § 195 Abs. 2 UmwG ein Verweis der betroffenen Anteilsinhaber auf das Spruchverfahren.[93]

64 Wird die Klage auf Verfahrensfehler gestützt, muss die **Kausalität des Verfahrensverstoßes** für das Ergebnis der Beschlussfassung dargetan werden. Entscheidend hierfür ist nach der Rechtsprechung des BGH, ob auch

---

[88] Vgl. dafür mit Recht Lutter/*Decher* § 195 Rn. 13 mN zum Meinungsstand in Fn. 4; *Bärwaldt* in *Semler/Stengel* UmwG § 195 Rn. 25; *Laumann* in *Goutier/Knopf/Tulloch* § 195 UmwG Rn. 13; Kallmeyer/*Meister/Klöcker* § 195 UmwG Rn. 24.
[89] Vgl. Kallmeyer/*Meister/Klöcker* § 195 UmwG Rn. 29; Lutter/*Decher* § 195 UmwG Rn. 15.
[90] Vgl. eingehend *Hommelhoff* ZGR 1990, 447 (474).
[91] So Lutter/*Decher* § 195 UmwG Rn. 17.
[92] BGH NJW 2001, 1425 (zu §§ 192, 207, 210 UmwG); bestätigt durch BGH DB 2001, 471; aus der Lit. Kallmeyer/*Meister/Klöcker* § 195 UmwG Rn. 30; hierzu krit. *Kalss* in *Semler/Stengel* UmwG § 210 Rn. 4 f.
[93] Zutreffend *Bärwaldt* in *Semler/Stengel* UmwG § 195 Rn. 28; Kallmeyer/*Meister/Klöcker*, § 195 UmwG Rn. 30; aA wohl *Stratz* in *Schmitt/Hörtnagl/Stratz* UmwG § 196, Rn. 4.

ein objektiv urteilender Gesellschafter den Mangel als so erheblich angesehen hätte, dass er deshalb den Formwechsel abgelehnt hätte.[94]

Die Klage kann auch auf **inhaltliche Mängel** des Umwandlungsbeschlusses gestützt werden. Insbesondere kommt eine Klage in Betracht, wenn der Umwandlungsbeschluss nicht den Mindestkatalog der Angaben nach § 194 Abs. 1 UmwG erfüllt. Anderes gilt nur bei fehlenden oder unzureichenden Angaben nach § 194 Abs. 1 Nr. 7 UmwG, denn richtigerweise dient diese Bestimmung primär dem Schutz der Arbeitnehmer, nicht aber demjenigen der Anteilsinhaber.[95] 65

Auf eine behauptete mangelnde **sachliche Rechtfertigung** des Umwandlungsbeschlusses kann eine Klage nicht gestützt werden.[96] 66

V. Barabfindung

1. Grundlagen

a) **Anwendungsbereich.** Nach § 207 Abs. 1 UmwG hat der formwechselnde Rechtsträger jedem Anteilsinhaber, der gegen den Umwandlungsbeschluss Widerspruch zur Niederschrift erklärt, den Erwerb seiner umgewandelten Anteile oder Mitgliedschaften gegen angemessene Barabfindung anzubieten. Die Folgebestimmungen in §§ 208 bis 212 UmwG regeln Näheres zum Inhalt und zur gerichtlichen Überprüfung des Angebots, zur Annahme des Angebots, zum Ausschluss von Klagen gegen den Umwandlungsbeschluss wegen fehlendem oder unzureichendem Barabfindungsangebot, zur Zulässigkeit der anderweitigen Verfügung über die Beteiligung und zur gerichtlichen Nachprüfung der Barabfindung. Die Bestimmungen folgen dem Regelungsvorbild der §§ 29 bis 34 UmwG für die Verschmelzung. Sie gelten rechtsformübergreifend für formwechselnde Rechtsträger jedweder Rechtsform, also auch für die GmbH & Co. KG.[97] 67

b) **Adressat.** Die Verpflichtung zum Angebot einer Barabfindung besteht gegenüber jedem Anteilsinhaber, sofern er gegen den Umwandlungsbeschluss Widerspruch zu Protokoll erklärt oder, wie sich aus dem Verweis in § 207 Abs. 2 UmwG auf § 29 Abs. 2 UmwG ergibt, an der Einlegung des Widerspruchs gehindert worden ist, weil er zu Unrecht nicht zu der Versammlung der Anteilsinhaber zugelassen worden oder die Versammlung nicht ordnungsgemäß einberufen oder der Gegenstand der Beschlussfassung 68

---

[94] Vgl. BGHZ 107, 296 (307); 119, 1 (19); 122, 211 (239); aus dem Schrifttum *Hüffer*, 11. Aufl. 2014, § 243 AktG Rn. 12 f.; KöKoAktG/*Zöllner* § 243 AktG Rn. 81 eingehend GK/*K. Schmidt* § 243 AktG Rn. 25.

[95] Vgl. Lutter/*Decher* § 195 UmwG Rn. 19 mN zum Meinungsstand in Fn. 1, auch zur abweichenden Auffassung, für diese etwa *Grunewald/Winter* in Lutter, Kölner Umwandlungsrechtstage, 19, 22.

[96] Vgl. Lutter/*Decher* § 195 UmwG Rn. 20 und § 193 Rn. 9; *Obermüller/Werner/Winden*, die Hauptversammlung der Aktiengesellschaft, L 73 (allgemein zu Strukturmaßnahmen).

[97] Zu den Ausnahmen vgl. Kallmeyer/*Meister/Klöcker* § 207 UmwG Rn. 1; *Stratz* in *Schmitt/Hörtnagl/Stratz*, § 207 UmwG Rn. 1; Lutter/*Decher* § 207 UmwG Rn. 5 ff.

nicht ordnungsgemäß bekannt gemacht worden ist.[98] Erscheint ein Anteilsinhaber aber trotz nicht ordnungsgemäßer Einberufung der Versammlung oder Bekanntmachung der Beschlussfassung in der Versammlung, muss er, um seinen Anspruch auf Barabfindungsangebot zu erhalten, Widerspruch zu Protokoll erklären.

69 **c) Verzicht auf das Angebot einer Barabfindung.** Verzichten sämtliche Anteilsinhaber auf das Angebot einer Barabfindung, bedarf es der Aufnahme eines Barabfindungsangebots in den Umwandlungsbeschluss nicht.[99] Daneben kommt auch in Betracht, dass ein einzelner Anteilsinhaber sich seines Rechts auf Geltendmachung des Anspruchs auf Barabfindung durch Verzichtsabrede mit dem zur Abgabe des Angebots verpflichteten Rechtsträger begibt.

70 **d) Gesetzlicher Anspruch.** Der Anspruch auf Barabfindung besteht kraft Gesetzes unabhängig davon, ob der formwechselnde Rechtsträger das Barabfindungsangebot entsprechend § 194 Abs. 1 Nr. 6 UmwG in den Umwandlungsbeschluss aufnimmt oder nicht.[100] Das folgt aus dem Schutzzweck der Barabfindung und findet Bestätigung in § 212 S. 2 UmwG. Danach hat das Gericht, wenn die Barabfindung nicht oder nicht ordnungsgemäß angeboten worden ist, auf Antrag eines Anteilsinhabers die angemessene Barabfindung ebenso zu bestimmen, wie wenn diese zu niedrig bemessen ist. Weil der Anteilsinhaber auch insoweit auf das **Spruchstellenverfahren** verwiesen ist, ist folgerichtig eine Klage gegen den Umwandlungsbeschluss, die darauf gestützt ist, dass die Barabfindung im Umwandlungsbeschluss nicht oder nicht angemessen angeboten worden ist, ebenso ausgeschlossen, wie eine Klage, die sich auf eine zu niedrige Bemessung des Abfindungsangebots stützt, § 210 UmwG.

Der Anspruch auf Barabfindung und der Anspruch auf bare Zuzahlung nach § 196 UmwG stehen alternativ nebeneinander. Liegen die Voraussetzungen für beide Ansprüche vor, muss sich der Anteilsinhaber entscheiden, ob er gegen angemessene **Barabfindung** ausscheiden oder bei Verbleiben in der Gesellschaft Ausgleich durch **bare Zuzahlung** verlangen will.[101]

71 **e) Ausnahmen.** Eines Barabfindungsangebots bedarf es – abgesehen von der Verzichtsmöglichkeit (oben → Rn. 69) – nicht, wenn an dem formwechselnden Rechtsträger nur ein Anteilsinhaber beteiligt ist, § 194 Abs. 1 Nr. 6, 2. Alt. UmwG. Das kommt beim Formwechsel **aus** der GmbH & Co. KG nicht in Betracht, beim Formwechsel **in** die GmbH & Co. KG nur dann, wenn man einen Beitritt zum Verband auf den Zeitpunkt der Eintragung des Formwechsels für zulässig erachtet. Für die GmbH & Co. KG gewichtiger ist der zweite Ausnahmetatbestand, wenn der Umwandlungsbeschluss zu seiner Wirksamkeit der Zustimmung aller Anteilsinhaber bedarf, § 194 Abs. 1 Nr. 6,

---

[98] Vgl. *Stratz* in *Schmitt/Hörtnagl/Stratz*, § 207 UmwG Rn. 3; *Goutier/Knopf/Tulloch* § 29 UmwG Rn. 20; *Lutter/Decher* § 207 UmwG Rn. 10 f.
[99] Zutr. *Kallmeyer/Meister/Klöcker* § 207 UmwG Rn. 45; *Lutter/Decher* § 207 UmwG Rn. 22 f.
[100] Vgl. *Kallmeyer/Meister/Klöcker* § 207 UmwG Rn. 4.
[101] Vgl. *Kallmeyer/Meister/Klöcker* § 207 UmwG Rn. 8.

1. Alt. UmwG. Das ist beim Formwechsel aus der GmbH & Co. KG regelmäßig der Fall, es sei denn, der Gesellschaftsvertrag lässt nach § 217 Abs. 1 S. 2 UmwG für den Formwechsel eine Mehrheitsentscheidung zu.

f) Anspruchsvoraussetzungen. Der Anspruch auf Barabfindung steht nur denjenigen Anteilsinhabern zu, die Widerspruch zur Niederschrift gegen den Umwandlungsbeschluss erklärt haben oder ohne Verschulden daran gehindert waren, **Widerspruch** zu erklären. Wer zu Unrecht zur Versammlung der Anteilsinhaber nicht zugelassen worden ist oder nicht ordnungsgemäß geladen war oder wenn der Gegenstand der Beschlussfassung nicht ordnungsgemäß bekannt gemacht worden ist. Dasselbe gilt über den Gesetzeswortlaut hinaus für andere Fälle unverschuldeter Verhinderung am Widerspruch.[102] 72

Von der Stimmabgabe ist der Widerspruch zu trennen; es reicht nicht aus, die Stimme gegen den Umwandlungsbeschluss abzugeben. Vielmehr muss der Anteilsinhaber durch **Protokollerklärung** zum Ausdruck bringen, sich alle Rechte vorzubehalten einschließlich des Rechts, unter Verzicht auf seine Beteiligung aus dem Rechtsträger gegen Barabfindung auszuscheiden. Einer Begründung bedarf es nicht. Auch wer für den Formwechsel gestimmt hat, kann im Anschluss Widerspruch zur Niederschrift erklären und sich so den Anspruch auf Barabfindung offen halten.[103] 73

g) Abgabe des Angebots. Das Barabfindungsangebot ist nach § 194 Abs. 1 Nr. 6 UmwG in den Umwandlungsbeschluss aufzunehmen. Mit dem Entwurf des Umwandlungsbeschlusses wird es deshalb Bestandteil des Umwandlungsberichts, der zusammen mit der Einladung zur Versammlung, die den Umwandlungsbeschluss fassen soll, den Anteilsinhabern zugänglich zu machen ist.[104] Das Barabfindungsangebot ist durch **externe Prüfer** auf seine Angemessenheit zu prüfen; über die Prüfung ist zu berichten, §§ 208, 30 Abs. 2, 10 ff. UmwG. 74

Mit dem Entwurf des Umwandlungsbeschlusses wird das Abfindungsangebot auch dem Betriebsrat nach § 194 Abs. 2 UmwG zugänglich. Es ist mit dem Umwandlungsbeschluss bei Anmeldung des Formwechsels zur Eintragung in das Handelsregister zum Handelsregister einzureichen, § 199 UmwG. Sofern kein Anteilseigner das Barabfindungsangebot annehmen will, sollte zur Vermeidung dieser **Publizität** auf das Barabfindungsangebot verzichtet werden, damit seine Aufnahme in den Umwandlungsbeschluss entfallen kann. 75

h) Angebotsinhalt. Der formwechselnde Rechtsträger ist verpflichtet, den anspruchsberechtigten Anteilsinhabern gegen Abtretung ihrer Beteiligung (§ 207 Abs. 1 S. 1 Halbs. 1 UmwG) oder gegen die Erklärung des Aus- 76

---

[102] Zutreffend Lutter/*Decher* § 207 UmwG Rn. 11; enger Kallmeyer/*Meister/Klöcker* § 207 UmwG Rn. 17; *Kalss* in *Semler/Stengel* UmwG § 207 Rn. 7 aE.

[103] Vgl. Lutter/*Decher* § 207 UmwG Rn. 8 f.; Kallmeyer/*Meister/Klöcker* § 207 UmwG Rn. 15; *Veil*, Formwechsel, 114; aA *Goutier/Knopf/Tulloch* § 29 UmwG Rn. 18; *Stratz* in *Schmitt/Hörtnagl/Stratz* § 207 UmwG Rn. 4; Kallmeyer/*Zimmermann* § 193 UmwG Rn. 15; *Kalss* in *Semler/Stengel* UmwG § 207 Rn. 7.

[104] Einzelheiten bei Kallmeyer/*Meister/Klöcker* § 207 UmwG Rn. 20.

scheidens aus dem Rechtsträger (§ 207 Abs. 1 S. 2 UmwG) eine angemessene Barabfindung anzubieten.

77 Über die Angemessenheit der Barabfindung entscheiden die Vermögensverhältnisse des formwechselnden Rechtsträgers im **Zeitpunkt** der Beschlussfassung über den Formwechsel.[105] Fälligkeit, Verzinsung und die Geltendmachung eines weiteren Schadens bestimmen sich nach § 208 Abs. 30 Abs. 2 S. 2 iVm § 15 Abs. 2 S. 1 UmwG.

78 Das Barabfindungsangebot muss so hinreichend bestimmt sein, dass es nach § 209 UmwG ohne weitere Erklärung angenommen werden kann. Es bedarf deshalb des Angebots eines **festen Geldbetrags**.[106] Das Angebot eines noch, etwa durch einen Dritten, festzustellenden angemessenen Betrags reicht nicht aus. Auch die Angabe von Ableitungskriterien, aus denen sich eine Barabfindung errechnen lässt, ist unzureichend.

79 **i) Barabfindung gegen Anteilsabtretung oder Ausscheiden.** Da der Personengesellschaft der Erwerb eigener Anteile unmöglich ist, kommt beim Formwechsel in die GmbH & Co. KG nur die Alternative nach § 207 Abs. 1 S. 2 UmwG in Betracht; der formwechselnde Rechtsträger hat also die Barabfindung gegen Ausscheiden aus dem Rechtsträger zu erklären.[107] Beim Formwechsel aus der GmbH & Co. KG in die Kapitalgesellschaft sind die Kapitalaufbringungsvorschriften und die Vorschriften über den Erwerb eigener Anteile zu beachten.[108]

VI. Der Formwechsel der GmbH in die GmbH & Co. KG

1. Grundlagen

80 Das UmwG erlaubt den **direkten Weg** von der GmbH in die GmbH & Co. im Wege des Formwechsels. Alternativen dazu sind neben der gewöhnlichen Gründung durch Abschluss eines KG-Vertrages unter Beteiligung einer GmbH als Komplementärin die Verschmelzung auf eine schon bestehende GmbH & Co. Demgegenüber stand bis zum In-Kraft-Treten des neuen Umwandlungsrechts 1995 § 1 Abs. 2 S. 1 UmwG 1969 dem direkten Formwechsel in die GmbH & Co. entgegen.[109]

---

[105] LG Heidelberg DB 1996, 1768 (1769); Kallmeyer/*Meister/Klöcker* § 207 UmwG Rn. 26; Lutter/*Decher* § 208 UmwG Rn. 8; *Zeidler* in *Semler/Stengel* UmwG § 208 Rn. 3.

[106] Vgl. *Bermel* in *Goutier/Knopf/Tulloch* § 29 Rn. 23; Lutter/*Decher* § 207 UmwG Rn. 15.

[107] Vgl. *Bermel* in *Goutier/Knopf/Tulloch* § 29 UmwG Rn. 25; *Kalss* in *Semler/Stengel* UmwG § 29 Rn. 36.

[108] Dazu näher Kallmeyer/*Meister/Klöcker* § 207 UmwG Rn. 33 ff.; *Goutier/Knopf/Tulloch* § 29 Rn. 28; zum Verhältnis des § 207 UmwG zu den Kapitalerhaltungsregeln vgl. *Ihrig* GmbHR 1995, 622 (631).

[109] Vgl. dazu *Jäger* in *Sudhoff*, Personengesellschaften, 278; *Laumann* in *Goutier/Knopf/Tulloch* § 191 UmwG Rn. 2.

2. Voraussetzungen

a) Handelsgewerbe. Nach § 228 Abs. 1 UmwG kann eine Kapitalgesell- **81** schaft durch den Formwechsel die Rechtsform einer Personenhandelsgesellschaft nur erlangen, wenn der Unternehmensgegenstand im Zeitpunkt des Wirksamwerdens des Formwechsels den Vorschriften über die Gründung einer offenen Handelsgesellschaft, § 105 Abs. 1 und 2 des HGB, genügt. Die GmbH ist Kaufmann kraft Rechtsform, ohne dass es auf die Art des betriebenen Geschäftsbetriebs ankommt. Nach der Änderung von § 105 HGB durch das Handelsrechtsreformgesetz (dazu → § 10 Rn. 3) ist Kaufmann nunmehr jeder, der ein Handelsgewerbe betreibt. Darüber hinaus können auch Gesellschaften, die nicht über einen Gewerbebetrieb verfügen, aber eigenes Vermögen verwalten, die Eintragung als Personenhandelsgesellschaft erlangen, § 105 Abs. 2 HGB. § 228 Abs. 1 UmwG steht demgemäß regelmäßig einem Formwechsel der Kapitalgesellschaft in die Rechtsform der GmbH & Co. KG nicht entgegen.

b) Beteiligung der Komplementär-GmbH. In der GmbH & Co. soll **82** die Komplementär-GmbH die Rolle des **Vollhafters** übernehmen. Das zwingt zu vorbereitendem Gestaltungsaufwand, wenn die GmbH noch nicht Gesellschafterin der formwechselnden GmbH ist, und führt zu Anschlussfragen, wenn die GmbH am Gesellschaftsvermögen der GmbH & Co. KG nicht beteiligt sein soll.

Nach § 202 Abs. 1 Nr. 2 S. 1 UmwG sind die Anteilsinhaber des form- **83** wechselnden Rechtsträgers mit Wirksamwerden des Formwechsels, also bei Eintragung der neuen Rechtsform in das Register, nach den für die neue Rechtsform geltenden Vorschriften an dem Rechtsträger beteiligt.[110] Diese **Identität des Gesellschafterkreises** entspricht dem Prinzip der rechtlichen Kontinuität und Identität, das den Formwechsel auch im Falle der Umwandlung von der Kapitalgesellschaft in die GmbH & Co. KG prägt.[111] Ohne Hinzutreten weiterer rechtsgestaltender Akte muss die Komplementär-GmbH deshalb im Zeitpunkt des Wirksamwerdens des Formwechsels an der formwechselnden GmbH beteiligt sein, damit uno actu die GmbH & Co. KG entstehen kann.

Richtigerweise ist es aber zulässig, wenn die Komplementär-GmbH auf **84** den Zeitpunkt des Wirksamwerdens des Formwechsels ihren **Beitritt** zur Gesellschaft erklärt und in der mit Eintragung der neuen Rechtsform als GmbH & Co. KG fortbestehenden Gesellschaft die Komplementärrolle übernimmt, ohne zuvor eine GmbH-Beteiligung gehalten zu haben.[112] Die

---

[110] Sofern nicht die Beteiligung nach den Bestimmungen des UmwG entfällt.
[111] Vgl. RegBegr. in *Schaumburg/Rödder* vor § 190 UmwG Rn. 4, wo von „fast ausnahmsloser Identität des Personenenkreises, der vor und nach dem Formwechsel an dem Rechtsträger beteiligt ist", gesprochen und eine Ausnahme nur für den Komplementär der KGaA und für bestimmte Mitglieder eines formwechselnden Versicherungsvereins auf Gegenseitigkeit zugelassen wird.
[112] BGH, v. 9.5.2005 – II ZR 29/03, ZIP 2005, 1318 (1319); wegweisend bereits *K. Schmidt* GmbHR 1995, 693; außerdem Lutter/*Decher* § 202 UmwG Rn. 11; Lutter/ Happ/*Göthel* § 228 UmwG Rn. 25; Kallmeyer/*Meister/Klöcker* § 191 UmwG Rn. 14;

16. Kapitel. Umwandlungssituationen: Verschmelzung, Spaltung und Formwechsel

früher vorherrschende Auffassung[113] im Schrifttum hielt es demgegenüber für erforderlich, dass die Komplementär-GmbH zunächst eine Beteiligung an der GmbH erwirbt, bevor der Formwechsel in die GmbH & Co. KG eingetragen und damit wirksam werden kann. In der Sache sollte nicht mehr ernstlich streitig sein, dass das Umwandlungsrecht es nicht ausschließt, wenn Gesellschafter auf den Zeitpunkt des Wirksamwerdens einer Umwandlung ihr Ausscheiden aus dem Rechtsträger erklären oder umgekehrt nichtbeteiligte Dritte ihren Beitritt erklären.[114] Das gilt für den Formwechsel ebenso wie für die Verschmelzung und die Spaltung.[115]

85 Mit der Zulassung einer Kombination von Gesellschafterwechsel und Umwandlung erledigt sich die Frage der Beteiligung der Komplementär-GmbH allerdings noch nicht vollständig. Weil diese nur an der GmbH & Co. KG, nicht aber an der formwechselnden GmbH beteiligt sein soll, Letztere in der im Umwandlungsbeschluss bestimmten personellen Zusammensetzung aber nur unter Hinzutreten der Komplementär-GmbH zur Entstehung kommen kann, spitzt sich das Problem auf die Frage zu, ob das Registergericht bei Eintragung des Formwechsels den auf diesen Zeitpunkt erklärten Beitritt der Komplementär-GmbH bereits berücksichtigen darf bzw. muss. Dafür spricht im Ergebnis das Umwandlungsrecht selbst. Wie sich aus § 194 Abs. 1 Nr. 4, 2. Alt. UmwG und § 218 Abs. 2 UmwG für den parallel liegenden Fall des Formwechsels in eine KGaA ergibt, ist dem Umwandlungsrecht der Beitritt eines persönlich haftenden Gesellschafters auf den Zeitpunkt des Wirksamwerdens des Formwechsels und als Voraussetzung für denselben nicht fremd. Einer **entsprechenden Anwendung** auf den Formwechsel in die GmbH & Co. KG steht das Schweigen des UmwG nicht entgegen. Der Gesetzgeber hat die GmbH & Co. KG nämlich insgesamt – gerade anders als die KGaA – nicht als spezifischen Regelungsgegenstand des Umwandlungsrechts behandelt.

86 Angesichts des kontroversen Meinungsstands empfiehlt es sich aber dringend, die vorgesehene Gestaltung vorab mit dem **Registergericht** abzustimmen. Verbleiben Zweifel, so sollte, sofern dem nicht unüberwindliche

---

Widmann/Mayer § 228 UmwG Rn. 99 ff.; *Kallmeyer* GmbHR 1996, 80; *Priester* DB 1997, 566; vgl. nur BayObLG ZIP 2000, 230; dazu Anm. *Bungert* NZG 2000, 167.

[113] Vgl. *Lutter/Decher* § 202 UmwG Rn. 11 mit Hinw. auf die Aufgabe der noch in der Voraufl. vertretenen Ansicht; ausführl. Auseinandersetzung mit der Entwicklung des Meinungsstands auch bei *Stratz* in *Schmitt/Hörtnagl*/Stratz § 226 UmwG Rn. 3; *Happ* in *Lutter*, Kölner Umwandlungsrechtstage, 223 (225); *Buyer*, Änderungen der Unternehmensform, 124 Rn. 213; *Heckschen* BB 1998, 1397; *Kallmeyer* ZIP 1994, 1751; *Sagasser/Bula/Brünger* Umwandlungsrecht Rn. 106.

[114] Vgl. *Ihrig* ZHR 160 (1996), 317; *Priester* DB 1997, 560; *K. Schmidt* GmbHR 1995, 693.

[115] Zu entscheiden ist allerdings, nach welchen Regeln sich Ein- und Austritt oder eine an ihre Stelle tretende Übertragung der Mitgliedschaft richten. Es liegt nahe, vorbehaltlich abweichender Bestimmung der Beteiligten den Austritt nach den Regeln des übertragenden, spaltenden oder formwechselnden Rechtsträgers zu behandeln und den Eintritt dem Regelungsregime zu unterstellen, das ab Wirksamwerden der Umwandlung gilt, doch zeigt der Fall der Übertragung der Mitgliedschaft, dass entschieden werden muss, ob der Mitgliederwechsel nach altem oder neuem Recht zu vollziehen ist.

Schwierigkeiten entgegenstehen, die Komplementär-GmbH zunächst an der GmbH beteiligt werden. Es bietet sich an, dies durch eine Minimalbeteiligung im Nominalbetrag von EUR 50,– zu tun. Diese Beteiligung kann von einem Gesellschafter zur Verfügung gestellt oder im Wege der Kapitalerhöhung geschaffen werden: Ersteres ist einfacher und auch deshalb vorzugswürdig, weil die vermögensmäßige Beteiligung der Komplementär-GmbH im Regelfall in der KG wieder entfallen soll und die alten Beteiligungsproportionen fortzuführen sind. Es ist zulässig, im Umwandlungsbeschluss dem Gesellschafter, der der Komplementär-GmbH die Minimalbeteiligung zur Verfügung gestellt hat, den abgetretenen Nennbetragsanteil als Kommanditbeteiligung wieder einzuräumen und die vermögensmäßige Beteiligung der Komplementär-GmbH mit Null festzusetzen.[116] Voraussetzung für einen solchen **nicht verhältniswahrenden** Formwechsel ist aber entsprechend § 128 S. 1 UmwG die **Zustimmung aller Gesellschafter** oder zumindest dieselbe Zustimmung, die zur Übertragung vinkulierter GmbH-Anteile erforderlich ist.[117]

Wenn, wie vorzugswürdig, zwischen GmbH und GmbH & Co. KG Beteiligungsidentität bestehen soll, können die Gesellschafter pro rata ihrer Beteiligung an der formwechselnden GmbH auch an der Komplementär-GmbH beteiligt sein.

Die Beteiligung an der Komplementär-GmbH kann auch aufschiebend bedingt mit der Eintragung des Formwechsels an den formwechselnden Rechtsträger übertragen werden, damit die GmbH & Co. KG sogleich als Einheitsgesellschaft entsteht.[118] Denkbar ist auch, dass die Komplementär-GmbH die Beteiligung an der GmbH nur treuhänderisch von einem GmbH-Gesellschafter eingeräumt wird mit der Maßgabe, dass der Anteil mit Eintragung des Formwechsels wieder an den Treugeber zurückfällt.[119] Gesellschaftsrechtliche Bedenken bestehen nicht. Abzusichern ist allerdings die steuerliche Akzeptanz. Außerdem ist durch entsprechende Gestaltung des Treuhandverhältnisses sicherzustellen, dass über § 670 BGB nicht die Vollhaftung, in die die Komplementär-GmbH eintritt, auf den treugebenden Gesellschafter durchschlägt.

3. Umwandlungsbeschluss

a) Grundlagen. Kern jedes Formwechsels ist der Umwandlungsbeschluss (zum Inhalt nach § 194 UmwG s. → Rn. 34 ff.). Der Beschluss ist nach § 193

---

[116] Vgl. *Priester* DB 1997, 561; Lutter/*Decher* § 202 UmwG Rn. 14 mwN; Kallmeyer/*Dirksen* § 226 UmwG Rn. 6.

[117] Vgl. zum nicht verhältniswahrenden Formwechsel auch LG Bonn MitRhNotK 1998, 288 (Einverständnis der sich verschlechternden Aktionäre); *Veil* DB 1996, 2529; vgl. aber Kallmeyer/*Meister*/*Klöcker* § 194 UmwG Rn. 34: Zustimmung der betroffenen Anteilsinhaber; so auch *Bärwaldt* in Semler/*Stengel* UmwG § 194 Rn. 18; Goutier/*Knopf*/*Tulloch* § 194 UmwG Rn. 16.

[118] Vgl. Kallmeyer/*Dirksen* § 226 UmwG Rn. 8; Lutter/*Happ*/*Göthel* § 228 Rn. 25 ff.

[119] Vgl. Lutter/*Decher* § 202 UmwG Rn. 11; Kallmeyer/*Dirksen* § 226 UmwG Rn. 8.

Abs. 1 S. 2 UmwG in einer Gesellschafterversammlung zu fassen; Umlaufbeschlüsse sind ausgeschlossen.[120]

90 **b) Beschlussquorum.** Dem Beschluss müssen die Gesellschafter der GmbH nach § 233 Abs. 2 S. 1 UmwG mit einer Mehrheit von mindestens ¾ der in der beschlussfassenden Versammlung abgegebenen Stimmen zustimmen. Geringere Beschlussquoten können auch in der GmbH-Satzung nicht bestimmt werden, § 233 Abs. 2 S. 2 UmwG.

91 **c) Zustimmungsvorbehalte.** Die Komplementär-GmbH muss ebenso wie andere Gesellschafter, die etwa in der GmbH & Co. KG die persönliche Haftung übernehmen sollen, dem Formwechsel nach § 233 Abs. 2 S. 3 UmwG zustimmen.[121]

92 Zu beachten ist des Weiteren § 233 Abs. 2 S. 1 iVm § 50 Abs. 2 UmwG: Führt der Formwechsel zu einer Beeinträchtigung von auf der GmbH-Satzung beruhenden **Minderheitsrechten** eines einzelnen Gesellschafters oder einzelnen Gesellschaftern kraft Satzung zustehenden Sonderrechten in der Geschäftsführung der Gesellschaft, bei der Bestellung der Geschäftsführers oder eines Vorschlagsrechts für die Geschäftsführung, so bedarf der Formwechsel außerdem der Zustimmung auch dieser Gesellschafter. Die Bestimmung trägt dem Umstand Rechnung, dass Vorzugsrechte nicht ohne Zustimmung des Berechtigten beeinträchtigt oder entzogen werden können. Geschützt werden dabei nur **statutarische Vorzugsrechte**, nicht solche, die auf Konsortialvertrag oder sonstiger schuldrechtlicher Abrede beruhen. Gesetzliche Individualrechte oder gesetzlich an bestimmte Quoten geknüpfte Minderheitsrechte fallen ebenfalls nicht unter § 233 Abs. 2 S. 1 UmwG. Gleichgültig ist, ob die Vorzugsrechte ad personam oder den Inhabern bestimmter Geschäftsanteile zugewiesen sind.[122] Es reicht entgegen dem missverständlichen Wortlaut des Gesetzes auch aus, wenn die Vorzugsrechte statutarisch allen Gesellschaftern zustehen.[123] Vermögensrechtliche Vorzugspositionen wie ein bestimmter Gewinnvorzug oder ein Vorzugsrecht bei der Verteilung des Liquidationserlöses sind von der Bestimmung nicht umfasst. Erfasst sind Individualrechte wie Mehrstimmrechte, Zustimmungs- bzw. Vetorechte gegenüber Gesellschafterbeschlüssen, Weisungsrechte gegenüber der Geschäftsführung, Bestellungs- oder Bestimmungsrechte für den Aufsichtsrat oder ähnlicher GmbH-Gremien, sowie Vorkaufs- und Vorerwerbsrechte und Options- und Andienungsrechte betreffend Geschäftsanteile. Ausdrücklich nennt § 50 Abs. 2 UmwG Geschäftsführungssonderrechte auf Bestellung und Benennung von Geschäftsführern und Präsentationsrechte. Diese beispielhafte Aufzählung ist nicht abschließend, weil andere die Geschäftsführung betreffende Sonderrechte, zB das statutarische Individualrecht

---

[120] Vgl. Lutter/*Decher* § 193 UmwG Rn. 3; Kallmeyer/*Zimmermann* § 193 UmwG Rn. 8.
[121] Lutter/*Happ/Göthel* § 233 UmwG Rn. 3; Kallmeyer/*Dirksen* § 233 UmwG Rn. 11.
[122] Vgl. *Ihrig* in Semler/Stengel UmwG § 233 Rn. 27; Lutter/*Winter* § 50 UmwG Rn. 13; *Stratz* in Schmitt/Hörtnagl/Stratz, § 50 UmwG Rn. 12.
[123] Vgl. Lutter/*Winter* § 50 UmwG Rn. 15; Kallmeyer/*Zimmermann* § 50 UmwG Rn. 21.

auf Abberufung von Geschäftsführern, richtigerweise unter den Sammelbegriff der auf Gesellschaftsvertrag beruhenden Minderheitsrechte zu subsumieren sind.

An einer Beeinträchtigung des Vorzugsrechts fehlt es, wenn den Berechtigten auch nach Wirksamwerden des Formwechsels in dem formwechselnden Rechtsträger nach Maßgabe des für die neue Rechtsform anzuwendenden Rechts **funktional-äquivalente Rechte** eingeräumt sind.[124] Das führt bei dem Formwechsel von der GmbH in die GmbH & Co. KG zu nicht unerheblichen Abgrenzungsfragen. Relativ unproblematisch ist die Gewährung wertgleicher Rechtspositionen bei Vorzugsrechten, die die Willensbildung in der Gesellschafterversammlung betreffen: Mehrstimmrechte, Zustimmungs- bzw. Vetorechte gegenüber Gesellschafterbeschlüssen und Benennungsrechte für Aufsichtsräte oder aufsichtsratsähnliche Gremien können regelmäßig auch in der GmbH & Co. KG durch entsprechende Fassung des KG-Vertrages zugunsten der Rechtsinhaber geschaffen werden. 93

Dabei fragt sich, ob im Einzelfall die gebotene **Perpetuierung** des Vorzugsrechts zur Notwendigkeit einer Fortführung des bisherigen **Gesellschaftsstrukturen** führt, wenn der Begünstigte dem Formwechsel andernfalls nicht zustimmt: hat etwa eine GmbH einen drittelparitätisch besetzten Aufsichtsrat nach § 1 Abs. 1 Nr. 3 DrittelbG und steht einem Gesellschafter ein Entsendungsrecht in diesen Aufsichtsrat zu, muss dann auch in der GmbH & Co. KG, obwohl diese nicht mehr der Mitbestimmung unterliegt, ein entsprechendes Aufsichtsgremium geschaffen und im Rahmen des in der KG Zulässigen mit entsprechenden Kompetenzen ausgestaltet werden? Das ist nicht anzunehmen, weil die Auslegung regelmäßig ergeben wird, dass das Sonderrecht keinen Anspruch auf Bildung des Aufsichtsgremiums gibt, sondern lediglich dann ein Entsenderecht begründet, wenn ein Aufsichtsrat nach gesetzlicher Bestimmung zu bilden ist. Unterfällt der Rechtsträger nicht mehr der Mitbestimmung, entfällt die Notwendigkeit eines Aufsichtsrats und damit auch die Grundlage für das Sonderrecht. 94

Relativ unproblematisch ist auch die Gewährung gleichwertiger Vorerwerbs- oder Andienungsrechte betreffend die Gesellschaftsanteile. Demgegenüber bereitet die Gewährung gleichwertiger Vorzugsrechte, die die Geschäftsführung betreffen, in der GmbH & Co. KG Schwierigkeiten. Steht einem GmbH-Gesellschafter in der GmbH ein Sonderrecht auf Geschäftsführung zu, kann ihm dieses in der GmbH & Co. KG nur im Rahmen der GmbH, nicht aber der KG gewährt werden; es ist als Sonderrecht auf Geschäftsführung in der Komplementär-GmbH auszugestalten. Dasselbe gilt für Benennungs- und Weisungsrechte etc.; sie sind auf die Ebene der Komplementär-GmbH zu etablieren. 95

Schließlich bedarf, wenn die **Abtretung** der GmbH-Anteile von der Genehmigung einzelner Anteilsinhaber abhängig ist, der formwechselnde Beschluss auch der Zustimmung dieser Gesellschafter, § 193 Abs. 2 UmwG. Damit sind nicht nur Vinkulierungsbestimmungen gemeint, die die Zustim- 96

---

[124] Vgl. *Ihrig* in *Semler/Stengel* UmwG § 233 Rn. 27; *Lutter/Winter* § 50 UmwG Rn. 21; *Reichert* GmbHR 1995, 181; *Kallmeyer/Zimmermann* § 50 UmwG Rn. 23, *Stratz* in *Schmitt/Hörtnagl/Stratz*, § 50 UmwG Rn. 10.

mung eines namentlich benannten Gesellschafters zur Übertragung von Anteilen verlangen. Es reicht aus, wenn entsprechende Zustimmungskompetenzen dem Inhaber eines bestimmten Geschäftsanteils zuzurechnen sind. § 193 Abs. 2 UmwG greift nach richtiger Ansicht auch ein, wenn die Anteilsübertragung der Zustimmung aller Gesellschafter bedarf.[125] Nicht ausreichend ist es, wenn einzelne GmbH-Anteile nur mit Zustimmung einzelner Gesellschafter übertragen werden können, wenn sich die Notwendigkeit der Zustimmung einzelner Gesellschafter nur faktisch aufgrund der bestehenden Beteiligungsverhältnisse ergibt oder Gesellschaftsorgane bzw. die Gesellschaft selbst einer Anteilsübertragung zuzustimmen hat.[126] § 193 Abs. 2 UmwG greift auch nicht bei nur **konsortialvertraglich** vereinbarten Zustimmungsvorbehalten. Das Zustimmungserfordernis nach § 193 Abs. 2 UmwG besteht unabhängig davon, ob die Geschäftsanteile auch in dem Rechtsträger neuer Rechtsform einer funktional-äquivalenten Vinkulierung unterliegen. Freilich wird in diesem Fall die Verweigerung der Zustimmung zum Formwechsel regelmäßig treuwidrig sein.

97 Die erforderlichen Zustimmungserklärungen bedürfen ebenso wie der Beschluss über den Formwechsel der notariellen **Beurkundung**, § 193 Abs. 3 S. 1 UmwG. Sie sind nicht Teil des Umwandlungsbeschlusses, sondern können im Vorhinein oder auch nachträglich erteilt werden.[127] Schon wegen des Erfordernisses der notariellen Beurkundung empfiehlt sich indessen, die Zustimmungserklärungen in der beschlussfassenden Gesellschafterversammlung abzugeben und dann einheitlich zusammen mit dem Beschluss über den Formwechsel zu beurkunden.[128]

4. Umwandlungsbericht

98 Die Beschlussfassung der Anteilseigner der GmbH ist durch einen Umwandlungsbericht vorzubereiten, der ausführlich sein muss und schriftlich zu erstatten ist.

99 Die Erstattung der Umwandlungsberichts obliegt dem Vertretungsorgan des formwechselnden Rechtsträgers, also den Geschäftsführern der GmbH.

100 In dem Bericht ist der Formwechsel rechtlich und wirtschaftlich zu erläutern und zu begründen, dabei ist insbesondere über die künftige Beteiligung der Anteilsinhaber an dem Rechtsträger zu berichten (hierzu → Rn. 17).

101 Der Bericht ist **entbehrlich**, wenn an dem formwechselnden Rechtsträger nur ein Gesellschafter beteiligt ist oder alle Gesellschafter auf seine Erstattung **verzichten**. Ersteres kommt bei dem Formwechsel der GmbH in die GmbH & Co. KG nur in Betracht, wenn man zutreffend den Beitritt eines weiteren Gesellschafters auf den Zeitpunkt der Eintragung des Form-

---

[125] Vgl. eingeh. *Reichert* GmbHR 1995, 176 (179); außerdem *Bärwaldt* in *Semler/Stengel* UmwG § 193 Rn. 20; *Lutter/Decher* § 193 UmwG Rn. 12 mwN; *Kallmeyer/Zimmermann* § 193 UmwG Rn. 17.
[126] Vgl. *Kallmeyer/Zimmermann* § 193 UmwG Rn. 18; *Bärwaldt* in *Semler/Stengel* UmwG § 193 Rn. 24.
[127] Vgl. *Lutter/Decher* § 193 UmwG Rn. 22; *Kallmeyer/Zimmermann* § 193 UmwG Rn. 20; *Stratz* in *Schmitt/Hörtnagl/Stratz* § 193 UmwG Rn. 19.
[128] Vgl. *Lutter/Decher* § 193 UmwG Rn. 22.

wechsels für zulässig hält (dazu s. → Rn. 84). Der Verzicht auf den Bericht bedarf der notariellen Beurkundung; er kann zweckmäßigerweise mit dem formwechselnden Beschluss selbst verbunden werden.[129] Spätestens aber muss der Verzicht auf den Bericht bis zur Eintragung des Formwechsels vorliegen, weil das Registergericht die formelle Ordnungsmäßigkeit des Formwechsels einschließlich der erfolgten Berichterstattung zu prüfen hat.[130]

5. Keine Vermögensaufstellung mehr

Das Erfordernis einer Vermögensaufstellung besteht nicht mehr (→ Rn. 25). **102**

6. Rechtsschutz

Der formwechselnde Beschluss der GmbH-Gesellschafterversammlung **103** obliegt der **gerichtlichen Kontrolle** wie jeder andere Beschluss der Gesellschafterversammlung. Allerdings bestimmt § 195 Abs. 1 UmwG, dass eine Klage gegen die Wirksamkeit des Umwandlungsbeschluss binnen einer Frist von einem Monat nach der Beschlussfassung erhoben werden muss. Diese Ausschlussfrist beschränkt sich nach hM nicht auf die Geltendmachung von Anfechtungsgründen, sondern erstreckt sich auf die klagweise Geltendmachung von Form- oder Inhaltsfehlern gleich welcher Art.[131] Eine nach Fristablauf erhobene Klage ist unbegründet, eine Wiedereinsetzung in den vorigen Stand scheidet aus. Indessen tritt durch Fristablauf keine materielle Heilung des Beschlussmangels ein.[132]

Die Klage kann nicht darauf gestützt werden, dass Anteile in dem Rechts- **104** träger neuer Rechtsform zu **niedrig bemessen** oder die Mitgliedschaft in dem Rechtsträger neuer Rechtsform **kein ausreichender Gegenwert** für die bisherige Beteiligung ist, § 195 Abs. 2 UmwG.

VII. Zum Formwechsel der (Publikums-)Aktiengesellschaft in die GmbH & Co. KG

1. Grundlagen

Der Formwechsel der Aktiengesellschaft in die GmbH & Co. KG hat sich **105** nach In-Kraft-Treten des neuen Umwandlungsrechts als für die Praxis interessante Gestaltungsvariante erwiesen. Die Gründherfür sind vielschichtig. Sie

---

[129] Vgl. Lutter/*Decher* § 192 UmwG Rn. 46.
[130] Vgl. *Bärwaldt* in *Semler*/Stengel UmwG § 192 Rn. 27; Kallmeyer/*Meister*/*Klöcker* § 192 UmwG Rn. 60.
[131] Vgl. Lutter/*Decher* § 195 UmwG Rn. 3, 7; Kallmeyer/*Meister*/*Klöcker* § 195 UmwG Rn. 14; LG Wiesbaden AG 1999, 47 (48) Verstoß gegen § 192 UmwG, weil die zukünftige Komplementär-GmbH in der Einladung zur Hauptversammlung fehlerhaft bezeichnet war.
[132] Dazu *Bärwaldt* in *Semler/Stengel* UmwG § 195 Rn. 13, 19 f.; außerdem, insbesondere zur Wiedereinsetzung und zum Nachschieben von Gründen, OLG Düsseldorf AG 2002, 47 (48).

liegen einerseits im steuerlichen Bereich. Doch kommt häufig der Wunsch nach einer Anpassung der Unternehmensverfassung an die tatsächlichen gesellschaftlichen Verhältnisse hinzu. Hinzutreten kann die Zielvorgabe, die Erstellung eines Abhängigkeitsberichts und das Mitbestimmungsrecht[133] zu vermeiden. Schließlich kommt in Betracht, dass die mit den Ad-hoc-Publizitätspflichten nach WpHG verbundenen Lasten vermieden werden sollen. Namentlich Aktiengesellschaften mit einem dominierenden Mehrheitsaktionär und einigen wenigen verbliebenen Minderheitsaktionären haben den Weg in die Personenhandelsgesellschaft gewählt, um sich der Kosten und Lästigkeiten einer Hauptversammlung zu entziehen und die strikten Formalvorgaben des Aktienrechts abzustreifen.[134] Inzwischen ist mit der Möglichkeit des Squeeze-out nach § 327a AktG unter den dort bestimmten Voraussetzungen indessen ein klar vorzugswürdiger Weg eröffnet.

106 Wegen der praktischen Relevanz werden im Folgenden einige ausgewählte Einzelfragen des Formwechsels aus der AG in die GmbH & Co. KG behandelt. Wegen aller Einzelheiten im Übrigen ist auf das spezielle Schrifttum zu verweisen.

2. Sachliche Rechtfertigung?

107 Der Formwechsel von der AG in die GmbH & Co. KG ist eine grundlegende Strukturmaßnahme. Es fragt sich deshalb, ob die Beschlussfassung einer **materiellen Inhaltskontrolle** unterliegt und an den Maßstäben der sachlichen Rechtfertigung zu messen ist. Bekanntlich wird in der Literatur teilweise die Auffassung vertreten, Mehrheitsentscheidungen über Strukturänderungen seien immer sachlich zu rechtfertigen, müssten also geeignet, erforderlich und verhältnismäßig sein.[135] Der Gesetzgeber des Umwandlungsgesetzes hat die Frage ausdrücklich offen gelassen.[136] Sicher ist, dass der Beschluss über den Formwechsel ebenso wie andere Hauptversammlungsbeschlüsse auch der **allgemeinen Missbrauchskontrolle** unterliegt und den Gleichbehandlungsgrundsatz und das Verbot der Verfolgung von Sondervorteilen nicht verletzen darf.[137] Einer weitergehenden Inhaltskontrolle unter dem Gesichtspunkt der sachlichen Rechtfertigung ist demgegenüber nicht das Wort zu reden. Der Gesetzgeber hat den Formwechsel explizit zugelassen und ein ausgewogenes System an formellen und materiellen Minderheitsschutzbestimmungen etabliert. Diese Regelungen sind als abschließend anzusehen. Für eine materielle Inhaltskontrolle des formwechselnden Beschlusses ist daneben kein Raum.[138] Er bedarf deshalb, sofern seine gesetz-

---

[133] Das gilt nicht für AG mit mehr als 2.000 Mitarbeitern, vgl. § 4 Abs. 1 MitbestG.
[134] *Meyer-Landrut/Kiem* WM 1997, 1362 m. Fn. 5.
[135] Vgl. namentlich *Martens* FS Fischer, 437 (446); *Wiedemann* ZGR 1980, 145 (157).
[136] Vgl. *Ganske*, Umwandlungsrecht, 61.
[137] Vgl. dazu statt aller *Hüffer* § 243 AktG Rn. 26; *Laumann* in *Goutier/Knopf/Tulloch* § 233 UmwG Rn. 27; zum Umfang der Missbrauchskontrolle OLG Düsseldorf AG 2003, 578 (579).
[138] Zutr. die hM zum UmwG, vgl. *Lutter/Decher* § 192 UmwG Rn. 10; *Bärwaldt* in *Semler/Stengel* UmwG § 193 Rn. 17; *Meyer-Landrut/Kiem* WM 1997, 1365 f. OLG

lichen Voraussetzungen im Übrigen eingehalten sind, keiner sachlichen Rechtfertigung. Der Schutz einer etwa überstimmten Minderheit ist im Umwandlungsrecht abschließend geregelt.

3. Vorbereitung der Beschlussfassung über den Formwechsel

Zur Hauptversammlung, die über den Formwechsel beschließen soll, ist nach Maßgabe von Aktiengesetz und etwaiger Satzungsbestimmungen einzuladen. 108

a) Auslage und Übersendung des Umwandlungsberichts. Vom Tag der Einberufung der Hauptversammlung, die über den Formwechsel beschließen soll, ist der Umwandlungsbericht im Geschäftsraum der Gesellschaft zur Einsicht der Aktionäre auszulegen und auf Verlangen jedem Aktionär unverzüglich und kostenfrei in Abschrift zu übersenden, § 230 Abs. 2 UmwG. 109

Das Umwandlungsgesetz schreibt für den Formwechsel von der Kapitalgesellschaft in die Personengesellschaft nicht vor, dass der vorgesehene **Gesellschaftsvertrag** Bestandteil des Umwandlungsbeschlusses sein muss und mit diesem dann notwendig auch Bestandteil des Umwandlungsberichtes würde.[139] 110

b) Einladungsbekanntmachung. In der Einladung ist der Vorschlag von Vorstand und Aufsichtsrat zur Beschlussfassung über den Formwechsel jedenfalls seinem wesentlichen Inhalt nach zu veröffentlichen, § 124 Abs. 2 S. 2 2. Alt. AktG analog;[140] der Umstand, dass der Entwurf des Umwandlungsbeschlusses nach § 192 Abs. 1 S. 3 UmwG auch in den Umwandlungsbericht aufzunehmen ist, ändert hieran nichts, da der Umwandlungsbericht nicht mit der Einladung im Bundesanzeiger zu veröffentlichen ist, sondern nur ausliegt und auf Verlangen zu übersenden ist. Gute Gründe sprechen dafür, noch weitergehend den Umwandlungsbeschluss einer **Satzungsänderung** gleichzustellen mit der Folge, dass analog § 124 Abs. 2 S. 2, 1. Alt. AktG der Beschlussvorschlag im Wortlaut zu veröffentlichen ist; bis zu einer höchstrichterlichen Klärung der Frage empfiehlt es sich in der Praxis deshalb 111

Düsseldorf AG 2003, 578 (579); vgl. oben → Rn. 42 (zum Formwechsel); Lutter/*Lutter/Drygala* § 13 UmwG Rn. 33 ff.; Kallmeyer/*Zimmermann* § 13 UmwG Rn. 12 (zur Verschmelzung – mit einer Ausnahme für die abhängigkeitsbegründende Verschmelzung im Anschluss an BGHZ 80, 69: Süssen); und allgemein für Strukturmaßnahmen vgl. *Obermüller/Werner/Winden*, Die Hauptversammlung der Aktiengesellschaft, 4. Aufl., L 73; diff. *Grunewald/Winter* in Lutter, Kölner Umwandlungsrechtstage, 19 (41), zur Verschmelzung: materielle Inhaltskontrolle bei der aufnehmenden Gesellschaft wegen der Parallele zur Kapitalerhöhung mit Bezugsrechtsausschluss.

[139] Vgl. *Ihrig* in Semler/Stengel UmwG § 230 Rn. 15. Dies gilt nur für den Fall des Formwechsels in die Kapitalgesellschaft. Zutr. deshalb *Meyer-Landrut/Kiem* WM 1997, 1413; Kallmeyer/*Dirksen* § 230 UmwG Rn. 6.

[140] Anders offenbar *Meyer-Landrut/Kiem* WM 1997, 143 f. (Aufnahme des Beschlussentwurfs in den Umwandlungsbericht ausreichend?); ausf. Lutter/*Happ/Göthel* § 230 UmwG Rn. 31 (Bekanntmachung des wesentlichen Inhalts des Beschlusses entsprechend § 124 Abs, 2 S. 2 AktG).

dringend, den Beschlussvorschlag im Wortlaut zu veröffentlichen.[141] Der Gesellschaftsvertrag der GmbH & Co. KG ist nicht notwendig Gegenstand des Umwandlungsbeschlusses und insofern nach der Konzeption des UmwG nicht Gegenstand der Bekanntmachung. Danach reicht die Aufnahme der Vertrags-Essentialia nach Maßgabe des Mindestkatalogs in § 194 Abs. 1 UmwG (Rechtsform, Firma, Beteiligungen)in den Umwandlungsbeschluss aus. Im Übrigen folgt die Gesellschaftsverfassung, wenn sich die Beschlussfassung der formwechselnden AG hierauf beschränkt, dem dispositiven Gesetzesrecht, weil auch aus § 197 UmwG und dem Verweis auf das allgemeine rechtsformspezifische Gründungsrecht keine weitergehende Beschlussnotwendigkeiten folgen. Es liegt auf der Hand, dass dies kein praktikables Verfahren ist, zumal jede Änderung der gesellschaftsvertraglichen Verfassung aus dem dispositiven Gesetzesrecht heraus fortan, nach Wirksamwerden des Formwechsels, der Zustimmung aller Gesellschafter bedarf. Es ist deshalb dringend anzuraten, zusammen mit dem Formwechsel auch über die neue Gesellschaftsvertragsfassung zu beschließen, sei es, dass der **Vertrag** zum **Inhalt des Umwandlungsbeschlusses** selbst gemacht wird, sei es, dass zusammen mit diesem auch über den Gesellschaftsvertrag Beschluss gefasst wird. Wird das zweite Verfahren gewählt, fragt sich, was Inhalt der Bekanntmachung über die Beschlussfassung sein muss. Wegweisend ist insoweit § 124 Abs. 2 S. 2 AktG: Soll in der AG über eine Satzungsänderung Beschluss gefasst werden, so ist in der Bekanntmachung der Einladung zur Hauptversammlung auch der Wortlaut der vorgeschlagenen Satzungsänderung bekannt zu machen. Für die vollständige Ersetzung der Satzung durch einen KG-Vertrag im Zuge des Formwechsels kann dann nichts anderes gelten; der vorgesehene Gesellschaftsvertrag ist im Wortlaut bekannt zu machen.[142] Im Gesellschaftsvertrag der KG kann die geschäftsführende Gesellschafterin zur Vornahme von Handelsregisteranmeldungen im Namen aller Gesellschafter bevollmächtigt werden. Dies kann auch im Rahmen des Umwandlungsbeschlusses durch Mehrheitsbeschluss festgesetzt werden.[143]

4. Bezeichnung der Kommanditisten

112   Im Umwandlungsbeschluss sind die Kommanditisten grundsätzlich unter Angabe ihres Namens, Vornamens, Geburtsdatum und Wohnorts zu benennen, §§ 162 Abs. 2, 106 Abs. 2 Nr. 1 HGB iVm § 197 UmwG. Das ist dann

---

[141] Ihrig in *Semler/Stengel* UmwG § 230 Rn. 16; Kallmeyer/*Dirksen* § 230 UmwG Rn. 7.
[142] Im Ergebnis zutr. deshalb *Ihrig* in *Semler/Stengel* UmwG § 230 Rn. 10, 16 aE; Kallmeyer/*Dirksen* § 230 UmwG Rn. 7; Lutter/*Happ/Göthel* § 230 UmwG Rn. 31 ff.; unklar *Meyer-Landrut/Kiem* WM 1997, 1413; richtig, aber in diesem Zusammenhang unerheblich, ist die Feststellung in der RegBegr. (zu § 234) *Ganske*, Umwandlungsrecht, 253, der Gesellschaftsvertrag der Personengesellschaft bedürfe keiner notariellen Form und sei deshalb nicht notwendig Gegenstand des Umwandlungsbeschlusses; für die Beschlussfassung über den Gesellschaftsvertrag bei dem Formwechsel einer AG folgt die Beurkundungsnotwendigkeit aus § 130 Abs. 1 S. 1 AktG, und zwar auch bei der nicht börsennotierten Gesellschaft, vgl. § 130 Abs. 1 S. 3 AktG.
[143] OLG Schleswig DStR 2003, 1891.

für die formwechselnde AG praktikabel, wenn sie **Namensaktien** ausgegeben hat. Die Legitimationswirkung von § 67 Abs. 2 AktG gilt dann auch für den Formwechsel, als Aktionär ist nur derjenige zu behandeln, der im Aktienbuch eingetragen ist.

Probleme bereitet die Angabe der Kommanditisten aber dann, wenn **Inhaberaktien** ausgegeben sind. Die Gesellschaft muss dann bis zur beschlussfassenden Hauptversammlung versuchen, ihre Aktionäre zu ermitteln und aufzufordern, sich unter Angabe der erforderlichen Daten unter Benennung der von ihnen gehaltenen Aktien zu legitimieren. Bleiben Aktionäre unbekannt, ist nach § 35 UmwG zu verfahren: die unbekannten Aktionäre sind mit ihrer Aktienurkunde aufzuführen.[144] Inzwischen setzt sich bei den Registergerichten zunehmend die Bereitschaft durch, auf diese Weise die Eintragung des Formwechsels zu ermöglichen.

113

---

[144] Zu den damit verbundenen Problemen, namentlich bei girosammelverwahrten Aktien, vgl. *Meyer-Landrut/Kiem* WM 1997, 1414; *Ihrig* in *Semler/Stengel* UmwG § 234 Rn. 10ff.; Kallmeyer/*Dirksen* § 234 UmwG Rn. 3; Lutter/*Happ/Göthel* § 234 UmwG Rn. 17ff. Dabei ist die Anwendbarkeit von § 35 UmwG nicht von der Darlegung ernsthafter Ermittlungsbemühungen durch die Gesellschaft abhängig, vgl. BayObLG ZIP 1996, 1467 (1469); dazu die vorgenannten Fundstellen; aA noch die Vorinstanz LG Augsburg ZIP 1996, 1011.

§ 57 Steuerrechtliche Konsequenzen der formwechselnden Umwandlung

Übersicht

	Rn.		Rn.

I. Formwechselnde Umwandlung einer GmbH & Co. KG in eine Kapitalgesellschaft 6
 1. Wertansätze der Vermögensgegenstände und Schulden 6
  a) Antrag auf Buchwertansatz 8
  b) Begrenzung durch ein negatives Eigenkapital 16
  c) Besteuerungsrecht der Bundesrepublik Deutschland 18
  d) Ausgabe von Gesellschaftsrechten 22
 2. Schicksal des Sonderbetriebsvermögens 25
 3. Status der Gesellschaftsanteile der Kapitalgesellschaft 31
 4. Schicksal der steuerlichen Verlustvorträge 36
  a) Gewerbesteuerliche Verlustvorträge der Personengesellschaft 36
  b) Verrechenbare Verluste im Sinne des § 15a EStG 39
 5. Nachversteuerung der Thesaurierungsbeträge 42
 6. Rückwirkung der formwechselnden Umwandlung 44
 7. Verkehrsteuerliche Konsequenzen 51
  a) Umsatzsteuerliche Behandlung 51
  b) Grunderwerbsteuerliche Konsequenzen 54

II. Formwechselnde Umwandlung einer Kapitalgesellschaft in eine Personengesellschaft 58
 1. Wertansätze der Vermögensgegenstände und Schulden .. 58
 2. Ermittlung des Übernahmeergebnisses auf der Ebene der Personengesellschaft 71
  a) fiktive Ausschüttung der offenen Reserven 71
  b) Grundstruktur der Berechnung 76
  c) Nicht in die Ermittlung des Übernahmeergebnisses einzubeziehende Anteile .. 88
  d) Ermittlung des Sperrbetrages gemäß § 50c EStG 91
  e) Gewerbesteuerliche Behandlung des Umwandlungsergebnisses 92
 3. Steuerliche Verlustvorträge der formgewechselten Kapitalgesellschaft 97
 4. Rückwirkungsfiktion der formwechselnden Umwandlung 99
 5. Verkehrsteuerliche Konsequenzen 110
  a) Umsatzsteuerliche Behandlung 110
  b) Grunderwerbsteuerliche Konsequenzen 113

Schrifttum: *Bauschatz,* Formwechselnde Umwandlung einer vermögensverwaltenden GmbH in eine GmbH & Co. KG – Gefahren bei der Durchführung des Treuhandmodells, FR 2003, 1116; *Birkenfeld,* Das große Umsatzsteuer-Handbuch, Kommentar, *Bogenschütz,* Umwandlung von Kapital in Personengesellschaften, Ubg 2011, 393; *Dötsch/Patt/Pung/Möhlenbrock,* Umwandlungssteuerrecht, 7. Aufl. 2012 *Günkel,* Umwandlung einer Kapitalgesellschaft in eine Personengesellschaft bei beschränkt steuerpflichtigen Gesellschaftern, IWB F. 3, G. 1, 1505; *Jakobsen/Hildebrand,* Wirtschaftliche Beteiligungs- und Beteiligtenidentität iSd § 15a EStG bei Unternehmensumwandlungen, DStR 2013, 433; *Hörger,* Gewerbesteuer, DStR 1998 Beil. 17,

33; *Hörger/Endres,* Gewerbesteuerfalle bei Umwandlung einer Kapitalgesellschaft auf eine bestehende Personengesellschaft, DB 1998, 2235; *Hünnekens,* Änderung des Umsatzsteuergesetzes durch das Mißbrauchsbekämpfungs- und Steuerbereinigungsgesetz, NWB F. 7, 4309; *Kempf/Hillringhaus,* § 15a als Hemmschuh bei Unternehmensreorganisationen und Unternehmensverkäufen? DB 1996, 12; *Korn,* Grunderwerbsteuer bei Verschmelzung von Personengesellschaften durch Anwachsung, KÖSDI 2/2010, 16841; *Prinz,* Besteuerungsfragen inländischer Vertriebsmodelle bei international tätigen Unternehmen, FR 1996, 479; *Neu/Haumacher,* Die Gewerbesteuerfalle des § 18 Abs. 3 UmwStG nach dem UmwSt-Erlass 2011, GmbHR 2012, 280; *Prinz/Ley,* Missverständnisse zur Übernahmegewinnbesteuerung durch § 4 Abs. 7 UmwStG – Anwendung bei mehrstufigen Mitunternehmerschaften, GmbHR 2002, 842; *Rau/Dürrwächter,* UStG, Köln Stand 2013; *Rödder,* Die Umwandlung von Kapitalgesellschaft in bzw. auf Personengesellschaft im Umwandlungssteuerrecht, Stbg 1997, 145; *Rödder,* Pauschalierte Gewerbesteueranrechnung – eine komprimierte Bestandsaufnahme, DStR 2002, 939; *Rödder/Herlinghaus/van Lishaut,* UmwStG, 2. Aufl. 2013; *Rödder/Schumacher,* Das SEStEG – Überblick über die endgültige Fassung und Änderung gegenüber dem Regierungsentwurf, DStR 2007, 369; *Rödder/Schumacher,* Verschmelzung von Kommanditgesellschaften und § 15a EStG, DB 1998, 99; *Schiffers* Änderung der §§ 16 EStG und 24 UmwStG durch das Missbrauchsbekämpfungs- und Steuerbereinigungsgesetz, BB 1994, 1469; *Schiffers,* Steuervergünstigungsabbaugesetz: Geänderte Rahmenbedingungen für die Ausschüttungspolitik der GmbH, GmbHR 2003, 673; *Schmitt/Hörtnagl/Stratz,* UmwG/UmwStG, 6. Aufl. 2013; *Schulz,* Verschmelzung und Spaltung auf eine Personengesellschaft, Formwechsel in eine Personengesellschaft oder Verschmelzung auf eine natürliche Person, §§ 3 bis 10, 14, 16 UmwStG, DStR 1998 Beil. 17, 13; *Schulze zur Wiesche,* Verdeckte Gewinnausschüttungen im Zusammenhang mit Umwandlungsvorgängen, BB 1992, 1686; *Schwedhelm/Talaska,* Wann ist der Anteil des Kommanditisten an der Komplementär GmbH wesentliche Betriebsgrundlage iSd § 20 UmwStG, DStR 2010, 1505; *Seithel,* Ertragsteuerliche Probleme der „Umwandlung" einer GmbH & Co. KG auf die Komlementär-GmbH im Wege der Anwachsung, GmbHR 1978, 65; *Stadler/Elser/Bindl,* Vermögensübergang bei Verschmelzungen auf eine Personengesellschaft, DB-Beil. 1/2012; *Stimpel,* Behandlung von Umwandlungskosten bei Verschmelzungen und Spaltungen von Kapitalgesellschaften, GmbHR 2012, 199; *Wacker,* Veräußerung von Anteilen an einer durch Formwechsel entstandenen Personengesellschaft, DStZ 2002, 457; *Wernsmann/Desens,* Gleichheitswidrige Gewerbesteuernachbelastung durch ein Nichtanwendungsgesetz, DStR 2005, 221.

Mit der Einführung des handelsrechtlichen UmwG im Jahr 1995 ist es **1** erstmals möglich geworden, eine Kapitalgesellschaft formwechselnd in eine Personengesellschaft bzw. eine **Personengesellschaft** formwechselnd **in eine Kapitalgesellschaft** umzuwandeln.[1] Für den Fall einer formwechselnden Umwandlung einer Kapitalgesellschaft in eine Personengesellschaft sind im UmwStG keine besonderen Vorschriften enthalten. Lediglich in § 9 UmwStG wird bestimmt, dass die formwechselnde Umwandlung einer Kapitalgesellschaft in eine Personengesellschaft analog nach den Vorschriften der Verschmelzung einer Kapitalgesellschaft auf eine Personengesellschaft (§§ 3 ff. UmwStG) behandelt werden soll.

Auch die formwechselnde Umwandlung einer Personengesellschaft in **2** eine Kapitalgesellschaft ist im UmwStG nicht explizit geregelt. Die ertrag-

---

[1] *Schulze zur Wiesche* DB 1996, 1539.

steuerlichen Konsequenzen dieser Umwandlungsform richten sich nach § 25 UmwStG vielmehr in analoger Anwendung von § 20 UmwStG.[2]

3 Insgesamt ist festzustellen, dass der Formwechsel einer Personengesellschaft in eine Kapitalgesellschaft bzw. umgekehrt sich **nicht** in einer **geschlossenen Systematik** vollzieht, so dass sich zwangsläufig Widersprüche ergeben. Die Besonderheiten der Besteuerungskonzeption der Mitunternehmerschaft sowie der Besteuerungskonzeption der Kapitalgesellschaft können nicht ohne Systembrüche durch eine formwechselnde Umwandlung umgestellt werden.

4 Die steuerlichen Konsequenzen der formwechselnden Umwandlung einer Personengesellschaft in eine Kapitalgesellschaft bzw. umgekehrt entsprechen jeweils im Wesentlichen den Steuerfolgen der Verschmelzung einer Personengesellschaft auf eine Kapitalgesellschaft bzw. umgekehrt. Aus diesem Grund sollen im Folgenden die steuerlichen Konsequenzen der formwechselnden Umwandlung nicht mit dem gleichen Detaillierungsgrad dargestellt werden, wie die Verschmelzung. Um Wiederholungen zu vermeiden, kann vielmehr hinsichtlich einzelner Detailprobleme auf die Ausführungen zur Verschmelzung verwiesen werden (vgl. → § 53 Rn. 44 ff., Rn. 112 ff.).

5 Die formwechselnde Umwandlung einer **Personengesellschaft** in eine **andere Personengesellschaft**, beispielsweise die Umwandlung einer offenen Handelsgesellschaft in eine GmbH & Co. KG ist ohne Wechsel der rechtlichen Identität möglich. Auch das Steuerrecht hat sich dieser zivilrechtlichen Wertung angeschlossen, dh die formwechselnde Umwandlung einer Personengesellschaft in eine andere Personengesellschaft hat keinerlei steuerliche Konsequenzen, weder im Bereich der Ertragsteuern, noch im Bereich der Verkehrssteuern.[3]

I. Formwechselnde Umwandlung einer GmbH & Co. KG in eine Kapitalgesellschaft

1. Wertansätze der Vermögensgegenstände und Schulden

6 Die formwechselnde Umwandlung einer Personengesellschaft in eine Kapitalgesellschaft ist im UmwStG nicht explizit geregelt. Die ertragsteuerlichen Konsequenzen ergeben sich nach § 25 UmwStG vielmehr in **analoger Anwendung** von **§§ 20 ff. UmwStG**.[4] Im Gegensatz zu dem handelsrechtlichen Konzept des Formwechsels kann dieser steuerlich nicht vollständig identitätswahrend erfolgen, da sich die Besteuerungskonzeption der Mitunternehmerschaft und der Kapitalgesellschaft grundlegend unterscheidet. Ohne den Verweis in § 25 UmwStG würde der Formwechsel damit grundsätzlich zu einer Schlussbesteuerung der Personengesellschaft und damit zu einer Auflösung von stillen Reserven führen.[5]

---

[2] BMF v. 11.11.2011, BStBl. I 2011, 1349 Rn. 20.02.
[3] DPPM/*Patt* UmwStG § 25 Rn. 5 ff.
[4] BMF v. 11.11.2011, BStBl. I 2011, 1349 Rn. 20.02.
[5] DPPM/*Patt* UmwStG § 25 Rn. 11.

§ 25 UmwStG verweist hinsichtlich der steuerlichen Konsequenzen des 7
Formwechsels einer GmbH & Co. KG auf eine Kapitalgesellschaft auf die
§§ 20 ff. UmwStG, mithin also auf die Fallgestaltung, dass ein Betrieb, Teilbetrieb oder Mitunternehmeranteil gegen Gewährung von Gesellschaftsrechten in eine Kapitalgesellschaft eingebracht wird. Im Falle des Formwechsels erfolgt allerdings keine Einbringung. Zivilrechtlich bleibt vielmehr die rechtliche Identität der Gesellschaft mit dem Formwechsel erhalten. Durch den Verweis in § 25 UmwStG handelt es sich mithin um eine Fiktion einer Einbringung. Bei dieser fiktiven Einbringung ist Einbringender nicht die umgewandelte Personengesellschaft, sondern die Gesellschafter der Personengesellschaft.[6] Dies hat wiederum zur Konsequenz, dass die Steuerfolgen des Formwechsels für jeden einzelnen Mitunternehmer gesondert zu beurteilen sind.[7]

a) Antrag auf Buchwertansatz. Die Konzeption des Umwandlungs- 8
steuerrechts ist durch das SEStEG mit Wirkung ab dem 13.12.2006 grundlegend geändert worden. Das Umwandlungssteuerrecht geht nunmehr grundsätzlich davon aus, dass in Umwandlungsvorgängen wie Verschmelzung, Spaltung und Einbringung ein **veräußerungsähnlicher Vorgang** zu sehen ist, der zu einer Auflösung von stillen Reserven führt. Für die einzelnen Umwandlungsvorgänge wird jedoch im Regelfall zugelassen, die Umwandlung zum Buchwert, einem Zwischenwert oder dem gemeinen Wert durchzuführen, die stillen Reserven in den Vermögensgegenständen mithin beizubehalten oder ganz bzw teilweise aufzulösen. Die Beibehaltung der stillen Reserven wird allerdings regelmäßig an bestimmte Bedingungen geknüpft.

Der Formwechsel einer GmbH & Co. KG in eine Kapitalgesellschaft er- 9
folgt zivilrechtlich identitätswahrend, es findet also zivilrechtlich kein Rechtsträgerwechsel statt, der als Anknüpfungspunkt für eine Gewinnrealisierung dienen könnte. Durch den Verweis in § 25 UmwStG auf die §§ 20 ff. UmwStG wird jedoch ein **Vermögensübergang fingiert**, so dass auch für den Fall des Formwechsels zunächst die Grundwertung des UmwStG zur Anwendung kommt, nach der ein Umwandlungsvorgang als veräußerungsähnlicher Vorgang zu einer Auflösung von stillen Reserven führt.[8] Mit dem Formwechsel wird die Personengesellschaft beendet. § 25 UmwStG verweist hinsichtlich der steuerlichen Konsequenzen auf die §§ 20 ff. UmwStG, es wird für steuerliche Zwecke also eine Einbringung fingiert. Bei einem Formwechsel gilt als Einbringender allerdings nicht die Personengesellschaft selbst, sondern deren Gesellschafter.[9] Die steuerlichen Konsequenzen müssen daher für jeden Gesellschafter selbst beurteilt werden.

Durch das SEStEG wurde die **Maßgeblichkeit der Handelsbilanz** for- 10
mal **für die Steuerbilanz** aufgegeben. Die Steuerbilanz ist ab dem Jahr 2007 grundsätzlich unabhängig von der Handelsbilanz. Dies bedeutet, dass Bewertungswahlrechte in beiden Rechenwerken grundsätzlich unabhängig

---

[6] Rödder/Herlinghaus/van Lishaut/*Rabback* UmwStG § 25 Rn. 46.
[7] DPPM/*Patt* UmwStR § 25 Rn. 45.
[8] DPPM/*Patt* UmwStR § 25 Rn. 25.
[9] Rödder/Herlinghaus/von Lishaut/*Rabback* UmwStG, § 25 Rn. 46.

voneinander ausgeübt werden können. Dies bedeutet konsequenterweise auch, dass im Falle des Formwechsels einer GmbH & Co. KG in eine Kapitalgesellschaft bei der Erstellung der Eröffnungsbilanz der Kapitalgesellschaft der Maßgeblichkeitsgrundsatz unbeachtlich bleiben kann. Der Ansatz zum steuerlichen Buchwert in der steuerlichen Eröffnungsbilanz ist also auch dann zulässig, wenn die betreffenden Vermögenswerte in der Handelsbilanz mit einem höheren Wert angesetzt werden.[10] Allerdings besteht im Falle des Formwechsels die Besonderheit, dass es sich handelsrechtlich gerade nicht um einen Übertragungsvorgang handelt, der eine Änderung der Buchwerte in der Handelsbilanz rechtfertigt.

11 Nach § 190 UmwG ist die formwechselnde Umwandlung einer Personengesellschaft in eine Kapitalgesellschaft möglich. Obschon ertragsteuerlich nach § 25 UmwStG von einem Rechtsträgerwechsel ausgegangen wird, verbleibt es gesellschaftsrechtlich bei der **gleichen juristischen Identität** der Gesellschaft. Dies hat zur Folge, dass die formwechselnde Umwandlung handelsrechtlich **nicht** als Anschaffungsvorgang verstanden werden kann, so dass die **Handelsbilanz** der Personengesellschaft durch die Kapitalgesellschaft mit unveränderten Wertansätzen **fortgeführt** wird.[11] Für die Personengesellschaft wird handelsrechtlich keine Schlussbilanz, für die Kapitalgesellschaft wird keine Eröffnungsbilanz erstellt.[12] Nach dem Anschaffungswertprinzip kommt in der Handelsbilanz ein Ansatz der Vermögensgegenstände und Schulden lediglich mit den fortgeführten Anschaffungskosten in Betracht.[13] Gegebenenfalls ist es möglich, eine ursprünglich vorgenommene Abschreibung auf den niedrigen beizulegenden Wert durch eine Zuschreibung rückgängig zu machen. Es verbleibt jedoch bei der Bewertungsobergrenze der fortgeführten Anschaffungskosten.

12 Die formwechselnde Umwandlung in eine Kapitalgesellschaft setzt nach § 220 UmwG voraus, dass in der **Handelsbilanz** der Wert der Vermögensgegenstände abzüglich der Schulden die Höhe des Grund- oder Stammkapitals erreicht. Sind im Unternehmensvermögen erhebliche stille Reserven vorhanden, wird es teilweise für zulässig erachtet, in der Handelsbilanz analog § 24 UmwG eine **Buchwertaufstockung** vorzunehmen.[14] Bislang hat sich diese Rechtsauffassung allerdings noch nicht durchgesetzt. Obschon nach der handelsrechtlichen Konzeption des Umwandlungsgesetzes kein Rechtsträgerwechsel vorliegt, mithin handelsrechtlich keine Schlussbilanz der Personengesellschaft bzw. keine Eröffnungsbilanz der Kapitalgesellschaft erstellt werden muss, wird der Formwechsel wegen der Verweisung in § 25 UmwStG auf § 20 UmwStG für **steuerliche Zwecke wie ein Übertragungsvorgang** angesehen.

13 Die steuerlichen Wertansätze der Vermögensgegenstände und Schulden einer Personengesellschaft setzen sich zusammen aus den Werten der Gesamthandsbilanz sowie aus einer evtl. bestehenden **Ergänzungsbilanz**. Eine

---

[10] Vgl. *Rödder/Schumacher* DStR 2007, 372.
[11] *Rödder* DStR 1997, 1353.
[12] *Kallmeyer/Meister/Klöcker* § 192 UmwG Rn. 21.
[13] *Lutter/Decher* § 192 UmwG Rn. 65.
[14] *Priester* DB 1995, 911.

Ergänzungsbilanz entsteht beispielsweise dann, wenn Gesellschaftsanteile der Personengesellschaft zu einem Preis erworben wurden, der über dem Nominalwert des Eigenkapitals lag. Auch die Behandlung einer eventuell bestehenden Ergänzungsbilanz im Rahmen des Formwechsels ist von der grundsätzlichen Einschätzung der Verweisung des § 25 UmwStG auf § 20 UmwStG abhängig. Geht man davon aus, dass im Falle des Formwechsels einer Personengesellschaft in eine Kapitalgesellschaft kein Rechtsträgerwechsel erfolgt, wären durch die Buchwertverknüpfung lediglich die Werte der Gesamthandsbilanz erfasst, nicht dagegen die Werte einer eventuell bestehenden Ergänzungsbilanz. Die Handelsbilanz der umgewandelten Gesellschaft bleibt von den Werten der Ergänzungsbilanz unberührt, da es sich lediglich um Mehrbeträge handelt, die im Rahmen einer Anteilsveräußerung gezahlt worden sind. Im Ergebnis würden die Buchwerte der Ergänzungsbilanz im Falle eines Formwechsels für steuerliche Zwecke verloren gehen. Die Situation wäre vergleichbar mit der Kaufpreiszahlung für Anteile an einer Kapitalgesellschaft. Auch insoweit bleibt ein gezahlter Kaufpreis über dem anteiligen Kapital außer Betracht. Geht man jedoch entsprechend der hier vertretenen Auffassung davon aus, dass durch den Verweis in § 25 UmwStG in der Eröffnungsbilanz der Kapitalgesellschaft ein allein für steuerliche Zwecke aufzustellendes Rechenwerk gesehen wird, sind in dieses Rechenwerk entsprechend § 20 UmwStG alle Komponenten des steuerlichen Buchwertes aufzunehmen, mithin auch die Buchwerte einer eventuell bestehenden Ergänzungsbilanz.[15] Im Übrigen ist darauf zu verweisen, dass die ursprünglich bestehende Maßgeblichkeit der Handelsbilanz für die Steuerbilanz spätestens seit dem SEStEG formal nicht mehr besteht.

In § 20 UmwStG ist für den Fall der Einbringung eines Betriebes, Teilbetriebes oder Mitunternehmeranteils auf eine Kapitalgesellschaft das **Wahlrecht** angelegt, trotz der Qualifikation als veräußerungsähnlicher Vorgang die übergehenden Vermögensgegenstände und Schulden mit dem **Buchwert** oder einem **Zwischenwert** anzusetzen.[16] Diese Möglichkeit ist allerdings an bestimmte **Bedingungen** geknüpft, die auch im Falle eines Formwechsels vorliegen müssen. Zunächst setzt der Ansatz der Vermögensgegenstände und Schulden in der steuerlichen Schlussbilanz der Personengesellschaft voraus, dass ein entsprechender **Antrag** nach § 20 Abs. 2 UmwStG gestellt wird. Dieser Antrag ist nur dann zulässig, wenn
- die spätere Besteuerung der stillen Reserven sichergestellt ist,
- der Buchwert der Verbindlichkeiten den Buchwert des Vermögens nicht übersteigt, die Personengesellschaft also kein negatives Eigenkapital aufweist und
- das Besteuerungsrecht der Bundesrepublik Deutschland hinsichtlich der stillen Reserven nicht ausgeschlossen oder beschränkt wird.

Der **Antrag auf Buchwertansatz** ist nach § 20 Abs. 2 S. 3 UmwStG spätestens bis zur **erstmaligen Einreichung der Eröffnungsbilanz** bei dem Finanzamt zu stellen, das für die umgewandelte Kapitalgesellschaft zuständig ist. Da im Falle des Formwechsels einer GmbH & Co. KG in eine

---

[15] Rödder/Herlinghaus/van Lishaut/*Rabback* UmwStG § 25 Rn. 84.
[16] DPPM/*Patt* UmwStR § 25 Rn. 34.

16. Kapitel. Umwandlungssituationen: Verschmelzung, Spaltung und Formwechsel

Kapitalgesellschaft als (fiktiv) Einbringender die einzelnen Mitunternehmer der Personengesellschaft angesehen werden und nicht die Personengesellschaft selbst, kann das Bewertungswahlrecht grundsätzlich durch jeden Mitunternehmer eigenständig ausgeübt werden.[17] Ein einmal gestellter Antrag auf Buchwertansatz kann nicht mehr zurückgenommen werden.[18]

16 **b) Begrenzung durch ein negatives Eigenkapital.** Weist die Handelsbilanz der GmbH & Co. KG zum Zeitpunkt des Formwechsels eine **Unterbilanz** aus, übersteigt also der Buchwert der Schulden den Buchwert der Vermögensgegenstände, ist ein Formwechsel handelsrechtlich nicht zulässig. Auch § 22 UmwG setzt voraus, dass in der Handelsbilanz der Wert der Vermögensgegenstände abzüglich der Schulden die Höhe des Grund- oder Stammkapitals erreicht. Allerdings bezieht sich diese Vorgabe auf den tatsächlichen Wert der Vermögensgegenstände und Schulden, nicht auf den handelsrechtlichen Buchwert. Solange entsprechende stille Reserven im Betriebsvermögen vorhanden sind, kann für handelsrechtliche Zwecke nach § 24 UmwG eine Aufstockung vorgenommen werden.

17 Auch für **steuerliche Zwecke** setzt der Antrag auf Buchwertansatz nach §§ 25 iVm § 20 Abs. 2 UmwStG voraus, dass keine Unterbilanz besteht, dass also der Buchwert der Vermögensgegenstände den Buchwert der Schulden mindestens erreicht. Dabei ist auf das steuerliche Kapitalkonto jedes einzelnen Mitunternehmers abzustellen.[19] Ist dies nicht der Fall, erfolgt insoweit eine anteilige Auflösung von stillen Reserven auch im Fall der formwechselnden Umwandlung.

18 **c) Besteuerungsrecht der Bundesrepublik Deutschland.** Der Antrag auf Buchwertansatz gemäß § 20 Abs. 2 UmwStG ist ferner nur dann möglich, wenn das **Besteuerungsrecht der Bundesrepublik Deutschland** insoweit nicht verloren geht. Die Einschränkung in § 20 Abs. 2 betrifft allerdings nur die Sicherstellung des Besteuerungsrechts auf die stillen Reserven im Gesellschaftsvermögen.[20] Auf die steuerliche Verhaftung der stillen Reserven in den Gesellschaftsanteilen der umgewandelten Kapitalgesellschaft kommt es zunächst nicht an. Da im Falle des Formwechsels hinsichtlich des Betriebsvermögens der GmbH & Co. KG die Bundesrepublik Deutschland ein uneingeschränktes Besteuerungsrecht hat, wird dieses durch den Formwechsel in eine Kapitalgesellschaft nicht eingeschränkt. Damit dürfte sich zunächst keine Auswirkung auf die Möglichkeit eines Antrags auf Buchwertfortführung ergeben.

19 Ist ein **ausländischer Anteilseigner** Gesellschafter der GmbH & Co. KG, besteht hinsichtlich des Anteils an der Mitunternehmerschaft eine beschränkte Steuerpflicht aus § 49 Abs. 1 Nr. 2 EStG. Dieses Besteuerungsrecht wird im Regelfall durch die bestehenden Doppelbesteuerungsabkommen auch nicht eingeschränkt. Dies gilt allerdings nicht für vermögensverwal-

---

[17] vgl. Rödder/Herlinghaus/van Lishaut/*Rabback* UmwStG § 25 Rn. 65.
[18] BMF v. 11.11.2011, BStBl. I 2011, 1374 Rn. 20.24.
[19] DPPM/*Patt* UmwStR § 25 Rn. 37.
[20] *Schmitt*/Hörtnagl/Stratz UmwStG § 20 Rn. 326; DPPM/*Patt* UmwStR § 20 Rn. 229.

tende Personengesellschaften, die ihre gewerbliche Prägung aus § 15 Abs. 3 Nr. 2 EStG erhalten.[21]

Hinsichtlich des Formwechsels einer Personengesellschaft wird in § 25 UmwStG auf den 6. Teil des UmwStG, also auf §§ 20 ff. UmwStG verwiesen. Aus einer komplizierten Verweisungstechnik in § 1 Abs. 3 und Abs. 4 UmwStG ergibt sich, dass der 6. Teil des UmwStG nur dann anzuwenden ist, wenn der Gesellschafter des übernehmenden Rechtsträgers seinen Sitz oder gewöhnlichen Aufenthalt innerhalb der EU hat.[22] Ist danach ein Gesellschafter der formwechselnden Mitunternehmerschaft in einem **Drittstaat** ansässig, kommt das UmwStG insoweit **nicht** zur Anwendung, so dass die Möglichkeit für einen Buchwertantrag nach § 20 Abs. 2 UmwStG nicht besteht. Da der Formwechsel einer Mitunternehmerschaft in eine Kapitalgesellschaft als Übertragungsvorgang fingiert wird, führt der Formwechsel in diesem Fall zu einer **anteiligen Auflösung von stillen Reserven**, soweit diese auf den ausländischen Anteilseigner entfallen. 20

Ist der Gesellschafter der GmbH & Co. KG ein beschränkt steuerpflichtiger Anteilseigner mit einem **Wohnsitz in einem EU-Staat**, verliert Deutschland nach dem Formwechsel in eine Kapitalgesellschaft grundsätzlich das Besteuerungsrecht für die stillen Reserven in den Anteilen der Kapitalgesellschaft, da die bestehenden Doppelbesteuerungsabkommen das Besteuerungsrecht für eventuelle Gewinne aus der Veräußerung von Gesellschaftsanteilen dem Wohnsitzstaat zuweisen. Dies gilt zumindest nach Ablauf der Sperrfrist aus § 22 Abs. 2 UmwStG. Dieser Verlust des Besteuerungsrechts hat allerdings keine Bedeutung für die Möglichkeit der Antragstellung nach § 20 Abs. 2 UmwStG. 21

d) Ausgabe von Gesellschaftsrechten. Mit dem Formwechsel geben die Gesellschafter der Personengesellschaft ihre Pflichteinlage auf und erhalten im Gegenzug Anteile der Kapitalgesellschaft. Dabei muss der **Betrag der Pflichteinlage laut Gesellschaftsvertrag** der Personengesellschaft nicht identisch sein mit dem Betrag des Stamm- oder Grundkapitals der umgewandelten Kapitalgesellschaft. Dies gilt auch für eventuell bestehende gesellschaftsvertragliche Rücklagen der Personengesellschaft. Die Gesellschafter sind vielmehr frei, im Zuge des Formwechsels die Höhe des gezeichneten Kapitals neu zu bestimmen. 22

Durch den Verweis in § 25 UmwStG auf die §§ 20 ff. UmwStG kommt auch im Falle des Formwechsels § 20 Abs. 3 Satz 3 UmwStG zur Anwendung, wonach im Falle einer Einbringung einer Sachgesamtheit neben **Gesellschaftsrechten auch andere Wirtschaftsgüter** gewährt werden können. Diese weitere Gegenleistung mindert dann den Wert des übergehenden Vermögens. Durch die Gegenleistung vermindert sich der Wert des übergehenden Vermögens, mithin auch der (fiktive) Anschaffungswert für die Gesellschaftsanteile. Ohne diese Bestimmung würde sich im Falle einer Gegenleistung eine anteilige Auflösung von stillen Reserven ergeben. 23

Neben der Ausgabe von Gesellschaftsrechten kann eine Gegenleistung in Darlehen, Verrechnungskonten, stillen Beteiligungen oder sonstigen Vermö- 24

---

[21] BFH v. 28.4.2010, DStR 2010, 1220; BFH v. 4.5.2011, BFH/NV 2011, 1637.
[22] DPPM/*Möhlenbrock* UmwStR § 1 Rn. 159.

gensgegenständen bestehen. Wird im Rahmen eines Formwechsels daher ein Antrag auf Buchwertansatz gemäß § 20 Abs. 2 UmwStG gestellt, überträgt sich das **Eigenkapital in der Steuerbilanz** der Personalgesellschaft, bestehend aus der Gesamthandsbilanz und der Ergänzungsbilanz, auf das (steuer-) bilanzielle Eigenkapital der Kapitalgesellschaft. Dieses bilanzielle Eigenkapital mindert sich allerdings um den Betrag, um den im Zuge des Formwechsels der oder die Gesellschafter neben den Gesellschaftsrechten an der Kapitalgesellschaft auch andere Vermögenswerte erhalten.

2. Schicksal des Sonderbetriebsvermögens

25   Nach der Besteuerungskonzeption einer Mitunternehmerschaft gehören Vermögensgegenstände, die im unmittelbaren Eigentum eines Gesellschafters stehen und die der Personengesellschaft zur Nutzung überlassen werden, als Sonderbetriebsvermögen zur steuerlichen Sphäre der Personengesellschaft. Die formwechselnde Umwandlung einer Personengesellschaft in eine Kapitalgesellschaft erfasst lediglich das Gesamthandsvermögen, **nicht** dagegen Vermögensgegenstände, die im Eigentum eines Gesellschafters stehen.

26   Der Formwechsel einer Personengesellschaft in eine Kapitalgesellschaft erfasst begrifflich nur das **Gesamthandsvermögen der Personengesellschaft**, so dass eventuell vorhandenes **Sonderbetriebsvermögen** durch den Formwechsel nicht berührt wird.[23] Durch den Verweis in § 25 UmwStG auf die §§ 20 ff. UmwStG stellt sich die Frage, welches Schicksal eventuell vorhandenes Sonderbetriebsvermögen im Rahmen eines Formwechsels hat. Der Verweis in § 25 UmwStG auf die §§ 20 ff. UmwStG wird im Allgemeinen als **Rechtsgrund- und nicht als Rechtsfolgeverweis** verstanden.[24] Die Anwendung der §§ 20 ff. UmwStG auf die Fälle der Einbringung setzt voraus, dass alle wesentlichen Betriebsgrundlagen der Personengesellschaft auf die Kapitalgesellschaft übergehen[25], alle für den Betrieb der Personengesellschaft funktional wesentlichen Wirtschaftsgüter[26] sind im Zuge des Einbringungsvorgangs in die Kapitalgesellschaft zu überführen. Dies gilt unabhängig davon, ob es sich um Gesamthandsvermögen oder Sonderbetriebsvermögen der Personengesellschaft handelt.[27] Würde im Rahmen eines Formwechsels die Übertragung einer wesentlichen Betriebsgrundlage des Sonderbetriebsvermögens in das Betriebsvermögen der Kapitalgesellschaft nicht erforderlich sein, würden sich im Vergleich zu den Einbringungsfällen der §§ 20 ff. UmwStG **Widersprüche** ergeben. Es ist daher davon auszugehen, dass auch im Falle einer formwechselnden Umwandlung einer Personengesellschaft in eine Kapitalgesellschaft auch Sonderbetriebsvermögen auf die Kapitalgesellschaft zu übertragen ist, sofern es sich um eine **wesentliche Betriebsgrundlage** handelt.

---

[23] *Borberg/Borberg* DB 2007, 1777.
[24] Rödder/Herlinghaus/van Lishaut/*Rabback* § 25 Rn. 50.
[25] BFH v. 25.11.2009, BStBl. II 2010, 471; BFH v. 7.4.2010, BStBl. II 2011, 467.
[26] Vgl. Schmitt/Hörtnagl/*Stratz* UmwStG § 20 Rn. 24; DPPM/*Patt* UmwStR § 20 Rn. 40.
[27] BFH v. 16.2.1996, BStBl. II 1996, 342.

Handelt es sich bei dem Sonderbetriebsvermögen um eine **wesentliche** 27
Betriebsgrundlage der Mitunternehmerschaft, setzt die Anwendung der
§§ 25, 20 ff. UmwStG also voraus, dass das betreffende Wirtschaftsgut in zeitlichem und sachlichem Zusammenhang auf die Kapitalgesellschaft übergeht.[28] Da im Gegensatz zu einem Einbringungsvorgang bei einem Formwechsel zivilrechtlich kein Rechtsträgerwechsel vorliegt, kann eventuell vorhandenes Sonderbetriebsvermögen auch nicht gemeinsam mit einem Mitunternehmeranteil durch einen **einheitlichen Einlagevorgang** in die Kapitalgesellschaft übertragen werden. Es wird allerdings mit guten Gründen vorgetragen, dass in diesem Fall der fiktive Einlagevorgang nach § 20 UmwStG ergänzt werden kann um einen vorgeschalteten tatsächlichen Einlagevorgang in die Personengesellschaft, soweit dies Vermögensgegenstände des Sonderbetriebsvermögens betrifft.[29] Erfolgt also in zeitlichem Zusammenhang mit dem Formwechsel eine Einlage von Vermögensgegenständen des Sonderbetriebsvermögen in das Gesamthandsvermögen der Personengesellschaft, geht § 25 UmwStG als Spezialvorschrift den Einlagevorschriften des § 6 Abs. 5 Satz 3 vor.[30] Wäre dies nicht der Fall, wäre die Einlage eines Vermögensgegenstandes des Sonderbetriebsvermögens auf der Grundlage des § 6 Abs. 5 Satz 3 EStG zwar zum Buchwert möglich. Der anschließende Formwechsel in eine Kapitalgesellschaft würde allerdings nach § 6 Abs. 5 Satz 6 EStG **nachträglich zu einer Auflösung von stillen Reserven** führen, da mit dem Formwechsel innerhalb der **Sperrfrist** von drei Jahren der Anteil einer Kapitalgesellschaft an dem betreffenden Wirtschaftsgut begründet wird.[31] Sachgerecht ist dabei, dies durch einen Antrag auf Erteilung einer verbindlichen Auskunft abzusichern.

Empfohlen wird daher, eventuell vorhandenes Sonderbetriebsvermögen 28
bereits im Formwechselbeschluss explizit zu nennen und vorzusehen, dieses mit der Eintragung des Formwechsels auf die Kapitalgesellschaft (aufschiebend bedingt) zu übertragen.[32] Da dieser **Einlagevorgang** im Kontext des § 20 UmwStG steht, dürfte es dabei unerheblich sein, ob die Einlage des Sonderbetriebsvermögens gegen Gewährung von Gesellschaftsrechten oder unentgeltlich, dh gegen Einstellung in Rücklagen, erfolgt. Zu beachten ist allerdings, dass sich im Zuge dieses Einlagevorgangs zwischen den Gesellschaftern keine Vermögensverschiebungen ergeben.

Befindet sich im Sonderbetriebsvermögen des Gesellschafters eine **we-** 29
sentliche Betriebsgrundlage der Personengesellschaft, ist nach den vorstehenden Ausführungen die Überführung in die Kapitalgesellschaft **zwingend**, wenn der Formwechsel auf der Grundlage der §§ 25, 20 ff. UmwStG zu Buchwerten erfolgen soll. Unterbleibt die Überführung des betreffenden Sonderbetriebsvermögens in zeitlichem und sachlichem Zusammenhang mit dem Beschluss über den Formwechsel, ist davon auszugehen, dass dies zu ei-

---

[28] DPPM/*Patt* UmwStR § 25 Rn. 23.
[29] Rödder/Herlinghaus/van Lishaut/*Rabback* § 25 Rn. 51.
[30] Haritz/Menner/Bilitewski UmwStG 3 25 Rn. 31; strittig DPPM/*Patt* UmwStR § 25 Rn. 49.
[31] DPPM/*Patt* UmwStR § 25 Rn. 49.
[32] Rödder/Herlingshaus/van Lishaut/*Rabback* § 25 Rn. 51; DPPM/*Patt* UmwStR § 25 Rn. 23.

ner vollständigen Auflösung von stillen Reserven im Gesamthandsvermögen führt, da in diesem Fall der Antrag auf Ansatz der Buchwerte oder eines Zwischenwertes wohl nicht möglich ist. Da mit dem Formwechsel in eine Kapitalgesellschaft gleichzeitig auch die Grundlage für den Ausweis von Sonderbetriebsvermögen entfällt, dürfte von der Realisierung der stillen Reserven darüber hinaus auch das Sonderbetriebsvermögen erfasst sein. Allenfalls dann, wenn es sich bei dem Sonderbetriebsvermögen um den **Sonderfall einer Betriebsaufspaltung** handelt, kann unter Umständen eine Auflösung von stillen Reserven bei den Wirtschaftsgütern des Sonderbetriebsvermögens unterbleiben, da dieses mit dem Formwechsel zum Betriebsvermögen einer Besitzgesellschaft im Rahmen einer Betriebsaufspaltung wird. In diesem Fall bleibt es lediglich bei der Auflösung der stillen Reserven im Gesamthandsvermögen der Personengesellschaft.

30   Handelt es sich bei dem Sonderbetriebsvermögen **nicht um eine wesentliche Betriebsgrundlage**, muss dieses **nicht** auf die Kapitalgesellschaft übertragen werden. Mit der formwechselnden Umwandlung verliert das betreffende Wirtschaftsgut allerdings den Status des Sonderbetriebsvermögens, weil die Mitunternehmerschaft untergeht. Es handelt sich insoweit um einen **Entnahmevorgang**, der auf Ebene des Gesellschafters zu einer Realisierung von stillen Reserven führt.

3. Status der Gesellschaftsanteile der Kapitalgesellschaft

31   Mit der formwechselnden Umwandlung entsteht aus der GmbH & Co. KG eine Kapitalgesellschaft. Die ertragsteuerlichen Folgen ergeben sich in analoger Anwendung von § 20 UmwStG. Diskutiert wird in diesem Zusammenhang, ob es sich bei diesem Verweis um einen **Rechtsfolgen-**[33] oder um einen **Rechtsgrundverweis**[34] handelt. Die herrschende Lehre geht dabei wohl von letzterer Auffassung aus. Dies hat zur Konsequenz, dass auf den Formwechsel sämtliche Elemente der Einbringung gem. § 20 UmwStG analog anzuwenden sind. Dies betrifft zum einen die Verpflichtung einen formalen Antrag auf Buchwertansatz gem. § 20 Abs. 2 UmwStG zu stellen, der Verpflichtung zum Nachweis über die Zuordnung der Anteile gem. § 22 Abs. 3 UmwStG nachzukommen und zum anderen den Einschränkungen innerhalb der Überwachungsfrist von 7 Jahren gem. § 22 Abs. 1 UmwStG zu unterliegen.

32   Anteile an einer Kapitalgesellschaft, die im Zuge einer Einbringung einer Sachgesamtheit nach § 20 UmwStG ausgegeben worden sind, unterliegen nach § 22 UmwStG einer **Sperrfrist von sieben Jahren** nach der Sacheinlage. Durch die Verweisung in § 25 auf die §§ 20 ff. UmwStG gilt diese besondere Sperrfrist auch für Anteile an der Kapitalgesellschaft, die im Zuge eines Formwechsels einer Personengesellschaft entstehen. Werden die betreffenden Gesellschaftsanteile innerhalb der 7-Jahres-Frist veräußert, wird der ursprüngliche Buchwertansatz zum Zeitpunkt der Umwandlung rückwir-

---

[33] *Lademann/Jakobs* § 25 UmwStG Rn. 11.
[34] BFH v. 8.6.2011, BFH/NV 2011, 1748; DPPM/*Patt* UmwStR § 25 Rn. 17; *Widmann/Meyer* UmwStR § 25 Rn. 3; *Rödder/Herlinghaus/van Lishaut/Rabback* UmwStG § 25 Rn. 2.

kend geändert. Durch die Gleichsetzung eines Formwechsels mit einem Einbringungsvorgang lebt bei einem Verstoß gegen die Haltefrist nachträglich die Grundwertung des UmwStG auf, dass jeglicher Umwandlungsvorgang, also auch der Formwechsel, als veräußerungsähnlicher Vorgang gewertet wird. Rückwirkend auf den Zeitpunkt des Formwechsels entsteht in diesem Fall ein **Einbringungsgewinn I**, der zum Zeitpunkt des Formwechsels von den Gesellschaftern zu versteuern ist. Die Veräußerung innerhalb des 7-Jahres-Zeitraums gilt nach der gesetzlichen Fiktion in § 22 Abs. 1 Satz 2 UmwStG als **rückwirkendes Ereignis** im Sinne des § 175 Abs. 1 Satz 1 Nr. 2 AO.

Innerhalb des 7-Jahres-Zeitraums erfolgt allerdings ein allmählicher **Übergang** von der **Besteuerungskonzeption einer Personengesellschaft** auf die **Besteuerungskonzeption der Kapitalgesellschaft**. Der Einbringungsgewinn I mindert sich also nach § 22 Abs. 1 Satz 3 UmwStG um jeweils 1/7 für jedes seit dem Zeitpunkt des Formwechsels abgelaufene Zeitjahr. In gleicher Höhe erhöhen sich auf Ebene des Gesellschafters die Anschaffungskosten für die Gesellschaftsanteile.

33

Beispiel: A ist alleiniger Gesellschafter der A GmbH & Co. KG. Die Komplementärin ist nicht am Kapital beteiligt. Zum 1.1.01 soll die Kommanditgesellschaft formwechselnd in eine GmbH umgewandelt werden. Zum Zeitpunkt des Formwechsels hatte die Gesellschaft ein steuerliches Eigenkapital von T-EUR 2.000. Der gemeine Wert in den Gesellschaftsanteilen betrug zu diesem Zeitpunkt T-EUR 3.400. Bei dem Formwechsel wird ein Antrag auf Buchwertansatz nach §§ 25, 20 Abs. 2 Satz 2 UmwStG gestellt. Zum 31.12.03 verkauft A die Anteile der Kapitalgesellschaft zum Preis von T-EUR 4.800.

Lösungshinweis: Der Formwechsel zum 1.1.01 erfolgt zum Buchwert, die stillen Reserven werden nicht aufgelöst. Als Anschaffungskosten für die Gesellschaftsanteile gilt der Buchwert des übertragenen Vermögens, dh T-EUR 2.000

Der Verkauf erfolgt innerhalb des 7-Jahres-Zeitraums. Es entsteht hierdurch nachträglich ein Einbringungsgewinn I nach § 22 Abs. 1 Satz 2 UmwStG in Höhe von (T-EUR 1.400 x 2/7) T-EUR 400

Dieser (nachträgliche) Einbringungsgewinn I ist von A in Geschäftsjahr 00 zu versteuern.

Der Gewinn aus der Veräußerung errechnet sich anschließend wie folgt:

Veräußerungspreis		4.800
abzgl. Anschaffungskosten der Anteile zum 1.1.01	2.000	
Erhöhung gemäß § 22 Abs. 2 Satz 3 UmwStG	400	
		2.400
Veräußerungsgewinn also		2.400

Dieser Veräußerungsgewinn ist von A im Jahr 03 gemäß § 17 iVm § 3 Nr. 40 EStG nach dem Teileinkünfteverfahren zu versteuern.

Hierdurch wird erreicht, dass auf Ebene des Gesellschafters ein **gleitender Übergang** von der Besteuerungskonzeption der Mitunternehmerschaft hin zu der Besteuerungskonzeption einer Kapitalgesellschaft erfolgt. Nach Abschluss des 7-Jahres-Zeitraums wirken sich **spätere Anteilsverkäufe** nicht mehr auf den ursprünglichen

Vorgang des Formwechsels aus. Auf Ebene des Gesellschafters wird ein möglicher Gewinn aus der Veräußerung der Anteile danach ausschließlich nach § 17 iVm § 3 Nr. 40 EStG nach dem Teileinkünfteverfahren versteuert.

34 Eine Nachversteuerung findet allerdings nicht nur für den Fall einer Anteilsveräußerung statt. § 22 Abs. 1 Satz 6 UmwStG nennt darüber hinaus auch noch **Ersatztatbestände**, bei denen die gleiche Rechtsfolge eintritt wie im Falle einer Veräußerung sperrfristverhafteter Anteile. Diese Ersatztatbestände beinhalten im Wesentlichen gesellschaftsrechtliche Vorgänge im Zusammenhang mit den Anteilen an der Kapitalgesellschaft wie folgt:
– Unentgeltliche Übertragung auf eine Kapitalgesellschaft oder eine Genossenschaft,
– Sacheinlage in eine andere Gesellschaft, es sei denn, dass es sich um eine Buchwertübertragung nach § 20 Abs. 1 oder § 21 Abs. 1 UmwStG handelt,
– Auflösung oder Abwicklung der Kapitalgesellschaft, Kapitalherabsetzung und Ähnliches,
– Einbringung in eine ausländische Kapitalgesellschaft, es sei denn, es handelt sich um eine Buchwerteinbringung nach § 20 Abs. 1 oder § 21 Abs. 1 UmwStG oder einen vergleichbaren ausländischen Vorgang sowie
– Veräußerung im Anschluss an die Einbringung der erhaltenen Anteile.

35 Sind im Gesamthandsvermögen der Personengesellschaft zum Zeitpunkt des Formwechsels **Anteile an einer Kapitalgesellschaft** enthalten, bleiben diese Bestandteil des Betriebsvermögens. Veräußert die im Zuge des Formwechsels entstandene Kapitalgesellschaft die Anteile der Tochterkapitalgesellschaft, ist ein eventueller Veräußerungsgewinn grundsätzlich nach § 8b Abs. 2 KStG steuerfrei. Erfolgt diese Veräußerung innerhalb des 7-Jahres-Zeitraums nach dem Formwechsel, erfolgt auch insoweit nachträglich eine Korrektur des (fiktiven) Einbringungsvorgangs zum Zeitpunkt des Formwechsels. In diesem Fall entsteht hinsichtlich der Anteile der Tochterkapitalgesellschaft nach § 22 Abs. 2 UmwStG nachträglich ein **Einbringungsgewinn II**.

Beispiel: B ist alleiniger Gesellschafter der B GmbH & Co. KG. Die Komplementärin ist nicht am Kapital beteiligt. Zum 1.1.01 wird die Kommanditgesellschaft formwechselnd in eine GmbH umgewandelt. Im Betriebsvermögen der B GmbH & Co. KG werden Anteile an der Y GmbH gehalten mit einem Buchwert von T-EUR 800. Die Beteiligung hat zum Zeitpunkt 1.1.01 einen gemeinen Wert von T-EUR 1.500. Es wird ein Antrag auf Buchwertansatz nach §§ 25, 20 Abs. 2 Satz 2, § 21 Abs. 2 Satz UmwStG gestellt. Zum 31.12.04 verkauft die B GmbH die Anteile der Y GmbH zum Kaufpreis von T-EUR 2.000.

Lösungshinweis: Zum 1.1.01 erfolgt der Formwechsel zum Buchwert, stille Reserven werden nicht aufgelöst. Die Anteile der Y GmbH gehen auf die B GmbH über mit einem Buchwert von T-EUR 800.

Aus dem Verkauf der Gesellschaftsanteile entsteht ein Einbringungsgewinn II in Höhe von (T-EUR 700 x 3/7) T-EUR 300.

Der Einbringungsgewinn II ist von B im Jahr 00 nach dem Teileinkünfteverfahren zu versteuern.

Der Gewinn aus der Veräußerung der Anteile der Y GmbH ermittelt sich wie folgt:

Veräußerungspreis	2.000
Anschaffungskosten zum 1.1.01	800
Erhöhung gemäß § 22 Abs. 2 Satz 3 UmwStG	300
	1.100
Veräußerungsgewinn also	900

Dieser Gewinn ist auf Ebene der B GmbH nach Maßgabe des § 8b KStG steuerfrei.

4. Schicksal der steuerlichen Verlustvorträge

a) Gewerbesteuerliche Verlustvorträge der Personengesellschaft. 36
Verfügt die Personengesellschaft zum Zeitpunkt der formwechselnden Umwandlung noch über gewerbesteuerliche Verlustvorträge, ist fraglich, ob diese später von der umgewandelten Kapitalgesellschaft verrechnet werden können. Merkmal der formwechselnden Umwandlung ist, dass die Personengesellschaft vor bzw. die Kapitalgesellschaft nach der formwechselnden Umwandlung die gleiche rechtliche Identität hat. Dies spricht zunächst dafür, dass durch die formwechselnde Umwandlung der Bestand der gewerbesteuerlichen Verlustvorträge nicht beeinflusst wird, diese mithin erhalten bleiben.

Die Erhaltung der gewerbesteuerlichen Verlustvorträge einer Personen- 37
gesellschaft setzt zum einen **Unternehmensidentität**[35] voraus. Nur das Unternehmen, das die Verluste erlitten hat, kann die gewerbesteuerlichen Verlustvorträge verrechnen. Daneben muss jedoch auch die **Unternehmeridentität**[36] vorliegen. Die Gewerbeverluste bleiben nur insoweit erhalten, als der Mitunternehmer zum Zeitpunkt des Eintritts der Verluste an der Gesellschaft beteiligt war. Die Unternehmeridentität wird personenbezogen betrachtet, so dass auch eine Form der Gesamtrechtsnachfolge etwa durch Tod eines Gesellschafters zu dem anteiligen Verlust der gewerbesteuerlichen Verlustvorträge führt.[37] Wegen der eigenständigen Steuerrechtssubjekteigenschaft der Kapitalgesellschaft ist eine Mitunternehmerstellung der Gesellschafter naturgemäß nicht gegeben, so dass insoweit nach der formwechselnden Umwandlung die Unternehmeridentität im engeren Sinn nicht mehr vorliegt.

Es kommt hinzu, dass in § 25 UmwStG bei einer formwechselnden Um- 38
wandlung ein Rechtsträgerwechsel unterstellt wird, so dass auch dies gegen eine Unternehmeridentität spricht. In § 25 UmwStG wird auf den VIII. Teil des UmwStG verwiesen, so dass auch § 22 UmwStG erfasst wird. Da § 22 UmwStG seinerseits nicht auf § 10a GmbHG verweist, muss davon ausgegangen werden, dass ein **gewerbesteuerlicher Verlustvortrag untergeht**.[38]

---

[35] BFH v. 5.9.1990, BStBl. II 1991, 25.
[36] BFH v. 3.5.1993, BStBl. II 1993, 616; BFH v. 16. 2. 1994, BStBl. II 1994, 364.
[37] BFH v. 7.12.1993, BStBl. II 1994, 331.
[38] DPPM/*Patt* UmwStR § 25 Rn. 38.

39 **b) Verrechenbare Verluste im Sinne des § 15a EStG.** Die formwechselnde Umwandlung einer Personengesellschaft in eine Kapitalgesellschaft setzt voraus, dass das Nominalkapital der Gesellschaft zum Zeitpunkt der formwechselnden Umwandlung erhalten ist (§ 220 Abs. 1 UmwG). Verrechenbare Verluste im Sinne des § 15a EStG entstehen dann, wenn ein Gesellschafter der Gesellschaft kein ausreichendes Eigenkapital zur Verfügung gestellt hat, um anteilige Verluste der Gesellschaft abzudecken. Die **bilanzielle Unterdeckung** verhindert daher eine formwechselnde Umwandlung der Personengesellschaft in eine Kapitalgesellschaft.

40 Es ist jedoch durchaus möglich, dass der Gesellschaft nach Entstehen der **verrechenbaren Verluste im Sinne des § 15a EStG** neues Eigenkapital zur Verfügung gestellt hat. Diese Kapitalzuführung führt nicht zur Umqualifikation der verrechenbaren Verluste in ausgleichsfähige Verluste,[39] so dass der Bestand der verrechenbaren Verluste auch nach der Kapitalzufuhr erhalten bleibt. Die gesellschaftsrechtlichen Voraussetzungen für den Erhalt des Nominalkapitals und damit für eine formwechselnde Umwandlung der Personengesellschaft in eine Kapitalgesellschaft können daher durchaus gegeben sein, bei einem gleichzeitigen Bestand an verrechenbaren Verlusten nach § 15a EStG.

41 Nach der formwechselnden Umwandlung der Personengesellschaft in eine Kapitalgesellschaft ist ein **Ausgleich der verrechenbaren Verluste** über § 15a EStG naturgemäß **nicht** mehr **möglich**. Die formwechselnde Umwandlung kann nach dem Sinn und Zweck des § 15a EStG jedoch nicht schlechthin dazu führen, dass ein eventueller Bestand an verrechenbaren Verlust mit der formwechselnden Umwandlung ersatzlos entfällt, sofern Verluste einer Kommanditgesellschaft durch spätere Einlagen des Gesellschafters gesellschaftsrechtlich ausgeglichen worden sind, ohne dass aus verrechenbaren Verlusten ausgleichsfähige Verluste geworden sind. Es muss vielmehr davon ausgegangen werden, dass mit dem Wirksamwerden der formwechselnden Umwandlung die gegebenenfalls vorhandenen **verrechenbaren Verluste in ausgleichsfähige Verluste umgewandelt** werden, zumal auch in § 25 UmwStG für steuerliche Zwecke ein Rechtsträgerwechsel fingiert wird. Der betreffende Gesellschafter erhält also mit Wirksamwerden des Formwechsels Verluste der Mitunternehmerschaft zugewiesen, falls zu diesem Zeitpunkt noch verrechenbare Verluste gem. § 15a EStG bestehen sollten.

5. Nachversteuerung der Thesaurierungsbeträge

42 Die Gesellschafter einer Personengesellschaft haben nach § 34 Abs. 1 EStG die Möglichkeit, **nicht entnommene Gewinne** aus der Gesellschaft mit einem gesonderten Steuersatz von lediglich 28,5 % zu versteuern. Dieser Begünstigungsbetrag ist für jeden Betrieb und für jeden Mitunternehmer gesondert festzustellen. Die Tarifermäßigung für den nicht entnommenen Gewinn bleibt für den Mitunternehmer solange erhalten, wie die betreffenden Gewinnanteile auf Ebene der Personengesellschaft thesauriert, also nicht entnommen, werden. Erfolgt dennoch eine Entnahme des thesaurischen Betra-

---

[39] BFH v. 14.12.1995, BStBl. II 1996, 226; Schmidt/*Wacker* § 15a EStG Rn. 180.

ges zu einem späteren Zeitpunkt, wird der **Entnahmebetrag** mit einem Sondersteuersatz von 25% **nachversteuert** (vgl. → § 6 Rn. 31 ff.)

Die Systematik der Tarifermäßigung für thesaurierte Gewinnanteile bei einer Personengesellschaft und der anschließenden Nachversteuerung im Falle der Entnahme hat im Kontext des Formwechsels einer Personengesellschaft in eine Kapitalgesellschaft eine besondere Bedeutung. In § 34a Abs. 6 Nr. 2 EStG wird die **Nachversteuerung thesaurierter Beträge** auch für den Fall angeordnet, dass der Betrieb oder Mitunternehmeranteil in eine Kapitalgesellschaft eingebracht wird. Da der Formwechsel einer Personengesellschaft in eine Kapitalgesellschaft nach §§ 25, 20 UmwStG einer Einbringung gleichgesetzt wird, wird in diesem Fall die Nachversteuerung ausgelöst. Es kann in diesem Fall daher ein regelrechtes Umwandlungshindernis entstehen.[40] 43

6. Rückwirkung der formwechselnden Umwandlung

Bei einer formwechselnden Umwandlung bleibt die **rechtliche Identität** der Gesellschaft erhalten. Aus diesem Grund bedarf es grundsätzlich keiner genauen **Bestimmung** eines **Stichtages** im Umwandlungsbeschluss, vergleichbar einer Verschmelzung, ab dem die Rechtshandlung des übertragenden Rechtsträgers auf Rechnung des übernehmenden Rechtsträgers ausgeübt gilt. Gesellschaftsrechtlich wirkt der Formwechsel ab dem Tag der Eintragung in das Handelsregister (§ 202 Abs. 1 UmwG). Ab diesem Zeitpunkt ist die Gesellschaft eine Kapitalgesellschaft und die Gesellschafter halten Anteile an einer Kapitalgesellschaft. 44

In § 20 Abs. 6 UmwStG ist bestimmt, dass mit steuerlicher Wirkung eine „Sacheinlage durch Verschmelzung" auf **Antrag** höchstens 8 Monate rückwirkend erfolgen kann. Die formwechselnde Umwandlung einer Personengesellschaft in eine Kapitalgesellschaft ist gesellschaftsrechtlich keine Einlage. Im **handelsrechtlichen UmwG** ist **keine Rückbeziehung** des Formwechsels vorgesehen. Die Gesellschafter können lediglich im Innenverhältnis vereinbaren, sich so zu stellen, als habe der Formwechsel zu einem früheren Zeitpunkt stattgefunden.[41] Durch den Verweis in § 25 UmwStG auf §§ 20 ff. UmwStG wird allerdings auch § 20 Abs. 6 UmwStG erfasst, so dass die Möglichkeit der Rückbeziehung für steuerliche Zwecke auch für den Fall des Formwechsels gelten dürfte.[42] Besonders deutlich wird dies durch den Verweis in § 25 S. 2 UmwStG auf § 9 S. 3 UmwStG, der eine eigenständige steuerliche Rückwirkungsregelung beinhaltet.[43] 45

Da es sich bei der formwechselnden Umwandlung einer Personengesellschaft auf eine Kapitalgesellschaft handelsrechtlich nicht um eine Vermögensübertragung handelt, stellt sich das Problem, welcher **Zeitpunkt** für die Anwendung der **rückwirkenden 8-Monats-Frist** anzunehmen ist. Nach dem Sinn und Zweck der Regelung dürfte dabei davon auszugehen sein, dass sich die analoge Anwendung der 8-Monats-Frist gem. § 20 Abs. 6 46

---

[40] Schmidt/*Wacker* EStG § 34a Rn. 77.
[41] Widmann/*Mayer* UmwG § 202 Rn. 26.
[42] DPPM/*Patt* § 25 Rn. 28.
[43] BMF v. 11.11.2011, BStBl. I 2011, 1314 Rn. 02.05.

UmwStG auf den Zeitpunkt der Anmeldung des Formwechsels bei dem Registergericht bezieht.[44]

47 Die Rückwirkungsfiktion gilt zunächst für alle Geschäftsvorfälle, nicht jedoch für **Entnahmen und Einlagen**.[45] Nach § 20 Abs. 5 S. 2 UmwStG sind die Anschaffungskosten der mit der Verschmelzung bzw. dem Formwechsel entstehenden Anteile der Kapitalgesellschaft um die Entnahmen im Rückwirkungszeitraum zu verringern. Sie sind nicht als verdeckte Gewinnausschüttung zu behandeln.

48 Aus der Rückwirkungsfiktion ergeben sich weiterhin Konsequenzen für die **Leistungsbeziehungen zwischen Gesellschaft und Gesellschafter**. Vergütungen für Leistungsbeziehungen, wie zB Miet- und Pachtentgelte, Zinsen für Darlehen, Geschäftsführervergütungen usw. werden nach dem Besteuerungskonzept der Mitunternehmerschaften in der zweiten Gewinnermittlungsstufe als **Sondervergütung** dem Gewinn der Personengesellschaft hinzugerechnet. Die Rückwirkungsfiktion bedeutet, dass die Gesellschaft rückwirkend mit dem Umwandlungszeitpunkt als Kapitalgesellschaft gilt, so dass insoweit auch Vergütungen aus Leistungsbeziehungen den steuerlichen Gewinn der (Kapital-)Gesellschaft mindern. Zu beachten ist jedoch, dass die Rückwirkungsfiktion nicht für die Geltung der Verträge Anwendung findet. Ein Vertragsverhältnis kann also erst ab Vertragsabschluss steuerlich anerkannt werden.[46]

49 Der **Anspruch auf das** anteilige **Jahresergebnis** entsteht bei einer Personengesellschaft mit Ablauf des betreffenden Wirtschaftsjahres. Gewinnausschüttungen brauchen deshalb nicht explizit beschlossen zu werden, es sei denn, dass im Gesellschaftsvertrag eine Entnahmebeschränkung enthalten ist bzw. der Umfang der Entnahme in die Kompetenz der Gesellschafterversammlung gestellt wird. Entsprechende Entnahmen innerhalb des Rückwirkungszeitraums können jedoch **nicht als Dividenden einer Kapitalgesellschaft** qualifiziert werden. Sie werden jedoch auf den Umwandlungsstichtag zurückbezogen.

50 Erfolgen innerhalb des Rückwirkungszeitraums **Anteilsübertragungen**, werden die ausscheidenden Anteilseigner durch die Rückwirkungsfiktion in § 20 Abs. 6 UmwStG nicht erfasst. Die entgeltliche Veräußerung eines Mitunternehmeranteils wird also bei diesen Anteilseignern als Vorgang behandelt, der unter § 16 EStG fällt.[47]

7. Verkehrsteuerliche Konsequenzen

51 **a) Umsatzsteuerliche Behandlung.** Das UmwStG regelt ausschließlich die Steuerfolgen im Bereich der Ertragsteuern, nicht jedoch andere Steuerarten wie zB der Umsatzsteuer oder der Grunderwerbsteuer. Die Beurteilung richtet sich insoweit nach den jeweiligen Einzelsteuergesetzen. Das

---

[44] *Rödder/Herlinghaus/van Lishaut/Rabback* UmwStG § 25 Rn. 90; DPPM/*Patt* UmwStR § 25 Rn. 39.
[45] BFH v. 29.4.1987, BStBl. II 1987, 797.
[46] *Widmann/Mayer* § 20 UmwStG Rn. 636; *Haritz/Benkert/Friedrichs* § 20 UmwStG Rn. 288; *H/H/R* § 20 UmwStG Rn. 236.
[47] BMF v. 11.11.2011, BStBl. I 2011, 1314 Rn. 02.18.

Umsatzsteuerrecht orientiert sich in der rechtlichen Beurteilung an den juristischen Gegebenheiten. Da bei der formwechselnden Umwandlung einer Personengesellschaft in eine Kapitalgesellschaft die rechtliche Identität der Gesellschaft unverändert bleibt, handelt es sich auch nicht um einen Rechtsträgerwechsel, so dass kein umsatzsteuerbarer Vorgang vorliegt.[48]

Durch die formwechselnde Umwandlung bleibt auch der **Unternehmer** 52 im umsatzsteuerlichen Sinne unverändert bestehen. Eingangsrechnungen, adressiert an die umgewandelte Personengesellschaft führen deshalb nicht zu der Versagung des Vorsteuerabzugs, da die Rechnung an den identischen Unternehmer ausgestellt ist.

Im Regelfall unterscheidet sich die **Steuernummer** einer Kapitalgesell- 53 schaft von der Steuernummer einer Personengesellschaft. Mit der formwechselnden Umwandlung ändert sich deshalb im Regelfall auch die Steuernummer der Gesellschaft, was jedoch keine Rückschlüsse auf das Umsatzsteuersubjekt gibt, ggf. ist eine Änderung der Rechnungsformulare vorzunehmen. Um Irritationen und Missverständnisse zu vermeiden bietet sich jedoch an, den Umwandlungsvorgang mit der Finanzverwaltung abzustimmen.

b) Grunderwerbsteuerliche Konsequenzen. Das GrEStG erfasst 54 Rechtsvorgänge, die auf die Übertragung von Grundstücken gerichtet sind. Ob im Falle eines Formwechsels einer Personengesellschaft in eine Kapitalgesellschaft ein grunderwerbsteuerlich relevanter Rechtsträgerwechsel vorliegt war ursprünglich umstritten. Schließlich hat sich der BFH[49] der herrschenden Auffassung der Literatur angeschlossen, und bei der formwechselnden Umwandlung einer Kapitalgesellschaft in eine Personengesellschaft einen **grunderwerbsteuerbaren Vorgang verneint.** Dies hat letztlich die Finanzverwaltung dazu bewogen, sich dieser Auffassung anzuschließen,[50] so dass davon ausgegangen werden kann, dass eine formwechselnde Umwandlung nicht zu einem grunderwerbsteuerbaren Vorgang führt.

Entschieden ist dies zwar lediglich für den Fall der formwechselnden Um- 55 wandlung einer Kapitalgesellschaft in eine Personengesellschaft. Es kann jedoch davon ausgegangen werden, dass dies auch für den umgekehrten Fall der formwechselnden Umwandlung einer Personengesellschaft in eine Kapitalgesellschaft gilt.[51]

Die formwechselnde Umwandlung umfasst allerdings lediglich Grundstü- 56 cke, die sich im Gesamthandsvermögen der Personengesellschaft befinden, nicht um **Grundstücke des Sonderbetriebsvermögens**. Werden diese auf die Kapitalgesellschaft übertragen, handelt es sich um einen grunderwerbsteuerbaren Vorgang nach § 1 Abs. 1 GrEStG. Denkbar ist jedoch, dass ein Grundstück unmittelbar vor der formwechselnden Umwandlung in das Gesamthandsvermögen der Personengesellschaft eingelegt wird. Der Einlagevorgang ist zwar zunächst grunderwerbsteuerbar gemäß § 1 Abs. 1 GrEStG.

---

[48] *Birkenfeld* USt-Handbuch I Rn. 563.2; Rau/*Husmann* § 1 UStG Rn. 297.
[49] BFH v. 4.12.1996, BStBl. II 1997, 661.
[50] FM Bad.-Württ. v. 18.9.1997, DB 1997, 2002; FM Bad.-Württ. v. 19.12.1997, DB 1998, 166.
[51] DPPM/*Patt* UmwStG § 25 Rn. 40.

16. Kapitel. Umwandlungssituationen: Verschmelzung, Spaltung und Formwechsel

Die Grunderwerbsteuer bleibt jedoch § 5 Abs. 2 GrEStG insoweit unerhoben, als der einlegende Gesellschafter am Kapital der Gesellschaft beteiligt ist.
57 § 5 Abs. 3 GrEStG schränkt die Befreiungsvorschrift in § 5 Abs. 2 GrEStG allerdings insoweit ein, als gefordert wird, dass der einlegende Gesellschafter mindestens 5 Jahre nach der Einlage als Gesamthänder beteiligt bleibt. Eine formwechselnde Umwandlung innerhalb des 5-Jahreszeitraums nach der Einlage führt damit **nachträglich zu einer Belastung mit Grunderwerbsteuer**.

II. Formwechselnde Umwandlung einer Kapitalgesellschaft in eine Personengesellschaft

1. Wertansätze der Vermögensgegenstände und Schulden

58 Die formwechselnde Umwandlung einer Kapitalgesellschaft in eine Personengesellschaft vollzieht sich nach § 9 UmwStG in **analoger Anwendung** der Vorschriften des Vermögensübergangs einer Kapitalgesellschaft auf eine Personengesellschaft im Wege der **Verschmelzung** (§§ 3 bis 8 UmwStG). Mit dem Formwechsel ändert sich lediglich das Rechtskleid der Gesellschaft, ihre rechtliche Identität bleibt unverändert. Da kein Rechtsträgerwechsel vorliegt, bleiben die Wertansätze der Vermögensgegenstände und Schulden in der Handelsbilanz unberührt. Dies hat zur Folge, dass in der **Handelsbilanz** der formgewechselten Kapitalgesellschaft die Vermögensgegenstände und Schulden lediglich mit den **fortgeführten Anschaffungs- und Herstellungskosten** anzusetzen sind.[52] Ein über den Anschaffungs- bzw. Herstellungskosten liegender Wertansatz ist handelsrechtlich **nicht** möglich. Für handelsrechtliche Zwecke ist kein Zwischenabschluss, etwa auf den Zeitpunkt der Eintragung des Rechtsformwechsels im Handelsregister erforderlich.

59 Diese Betrachtungsweise kann jedoch nicht für die steuerliche Behandlung übertragen werden. Da sich die Besteuerungskonzeption einer Kapitalgesellschaft grundlegend von der Besteuerungskonzeption einer Mitunternehmerschaft unterscheidet, sieht § 9 S. 2 UmwStG vor, **für steuerliche Zwecke** auf den Zeitpunkt der formwechselnden Umwandlung für die Kapitalgesellschaft eine „Übertragungsbilanz", für die Personengesellschaft eine „Eröffnungsbilanz" zu erstellen.[53] Da keine Verbindung zu den Handelsbilanzen besteht, folgt deren Erstellung eigenen Regeln.[54]

60 § 9 UmwStG verweist hinsichtlich der steuerlichen Behandlung auf die §§ 3 bis 8 UmwStG. Dieser Teil des UmwStG behandelt die Verschmelzung einer Kapitalgesellschaft auf eine Personengesellschaft, also letztlich eine Vermögensübertragung. Durch den Verweis auf die entsprechende Anwendung der §§ 3 bis 8 UmwStG wird ähnlich wie für den umgekehrten Fall des Formwechsels in § 25 UmwStG ein **Vermögensübergang fingiert**.[55]

---

[52] Thiel GmbHR 1997, 145; Rödder DStR 1997, 1353.
[53] BMF v. 11.11.2011, BStBl. I 2011, 1341 Rn. 09.01.
[54] DPPM/Möhlenbrock UmwStR § 9 Rn. 14.
[55] DPPM/Möhlenbrock UmwStR § 9 Rn. 12.

§ 9 S. 2 UmwStG verwendet darüber hinaus auch noch den Begriff der 61
Übertragungsbilanz für den letzten Zeitpunkt der Kapitalgesellschaft und
den Begriff der Eröffnungsbilanz für den ersten Zeitpunkt der Personengesellschaft. Hierdurch wird deutlich, dass auch für den Fall des Formwechsels einer Kapitalgesellschaft in eine Personengesellschaft die allgemeine Grundwertung des Umwandlungssteuerrechts in der Fassung SEStEG zur Anwendung kommen soll, dass **jegliche Umwandlung als veräußerungsähnlicher Vorgang** zu werten ist, der grundsätzlich zu einer Auflösung von stillen Reserven führt. Die Auflösung der stillen Reserven kann nur dann unterbleiben, wenn dies explizit durch das UmwStG zugelassen wird bzw. wenn die entsprechenden Voraussetzungen vorliegen.

Entsprechend der **Fiktion eines Vermögensübergangs** hat die Kapital- 62
gesellschaft zum Zeitpunkt des Formwechsels in der Übertragungs(schluss-)bilanz nach § 9 S. 1 iVm § 3 Abs. 1 S. 1 UmwStG die Vermögensgegenstände und Schulden inklusive des selbst geschaffenen Geschäfts- oder Firmenwerts mit dem **gemeinen Wert** anzusetzen.

Wie bereits erwähnt, führt handelsrechtlich ein Formwechsel nicht zu ei- 63
nem Vermögensübergang, da die rechtliche Identität der Gesellschaft erhalten bleibt. In der Handelsbilanz der Gesellschaft werden die bilanziellen Buchwerte daher unverändert fortgeführt. Mit der Änderung des UmwStG durch das SEStEG ist auch für den Bereich des UmwStG der **Grundsatz der Maßgeblichkeit der Handelsbilanz für die Steuerbilanz** aufgegeben worden.[56] Dies gilt damit auch für die Fiktion eines Vermögensübergangs nach § 9 S. 1 UmwStG iVm § 3 UmwStG. Aus diesem Grund kann sich aus dieser gesetzlichen Fiktion eines Vermögensübergangs durch die Vorgabe in § 3 Abs. 1 UmwStG für den Ansatz des gemeinen Werts eine **Auflösung von stillen Reserven** ergeben.

Nach § 3 Abs. 2 UmwStG besteht allerdings die Möglichkeit, auf **Antrag** 64
die übergehenden Wirtschaftsgüter in der steuerlichen Schlussbilanz mit dem **Buchwert** oder einem **Zwischenwert** anzusetzen. **Voraussetzung** für den Buchwertantrag ist, dass
– die betreffenden Wirtschaftsgüter zum Betriebsvermögen der übernehmenden Personengesellschaft werden und deren spätere Besteuerung sichergestellt ist,
– das Recht der Bundesrepublik Deutschland hinsichtlich der Besteuerung des Gewinns aus der Auflösung der stillen Reserven bei der übernehmenden Personengesellschaft nicht ausgeschlossen oder beschränkt wird und
– eine Gegenleistung nicht gewährt wird oder in Gesellschaftsrechten besteht.

Der Antrag auf Buchwertansatz ist spätestens mit der Abgabe der Steuer- 65
erklärung für die umgewandelte Kapitalgesellschaft zu stellen.

Der Buchwertantrag nach § 3 Abs. 2 UmwStG bietet die Möglichkeit, im 66
Falle des Formwechsels einer Kapitalgesellschaft in eine Personengesellschaft den Vorgang insgesamt zu Buchwerten abzuwickeln oder gezielt die stillen Reserven im Betriebsvermögen der Kapitalgesellschaft ganz oder teilweise aufzulösen. Handels- und Steuerbilanz sind dabei grundsätzlich als unabhängige Rechenwerke zu betrachten. Die **ganze oder teilweise Auflösung**

---

[56] DPPM/Dötsch UmwStR § 3 Rn. 26.

von stillen Reserven bietet sich beispielsweise dann an, wenn die Kapitalgesellschaft noch über einen Bestand an steuerlichen Verlustvorträgen verfügt. Diese könnten im Zuge des Formwechsels gezielt aufgebraucht werden. Mit der Auflösung von stillen Reserven erhöht sich der steuerliche Buchwert der Vermögensgegenstände und schafft damit künftiges Abschreibungspotenzial, das von der Gesellschaft nach dem Formwechsel genutzt werden kann. Dabei sind allerdings die Auswirkungen der sog. Mindestbesteuerung in § 10d EStG zu beachten.

67 Die Personengesellschaft tritt hinsichtlich der Vermögensgegenstände und Schulden nach § 4 Abs. 2 UmwStG in der Steuerbilanz in die **Rechtsstellung** der Kapitalgesellschaft ein.[57] Dies gilt insbesondere im Hinblick auf die Abschreibung der übernommenen Vermögenswerte und eventuell bestehende steuerfreie Rücklagen nach § 6b EStG. Die Abschreibung ermittelt sich unter Zugrundelegung der bisherigen Methodik. Ist im Zuge des Formwechsels ein selbst geschaffener immaterieller Vermögenswert angesetzt worden, gilt dieser als im Zuge der Umwandlung angeschafft und ist von der aufnehmenden Personengesellschaft in der Steuerbilanz anzusetzen und abzuschreiben.

68 Der Buchwertantrag nach § 3 Abs. 2 UmwStG setzt voraus, dass das **Besteuerungsrecht der Bundesrepublik Deutschland** hinsichtlich der stillen Reserven im Betriebsvermögen nicht ausgeschlossen oder beschränkt wird. Ein Verlust des Besteuerungsrechts an den stillen Reserven ist nur dann möglich, wenn ein ausländischer Anteilseigner an der Gesellschaft beteiligt ist und nach dem Formwechsel zum Gesellschafter einer Personengesellschaft wird. Verfügt die formgewechselte Kapitalgesellschaft ausschließlich über Inlandsvermögen und ist sie gewerblich tätig, ist die Bedingung in § 3 Abs. 2 UmwStG erfüllt, da ein ausländischer Anteilseigner über § 49 Abs. 2 Nr. 2 EStG mit der Beteiligung an der Mitunternehmerschaft in Deutschland beschränkt steuerpflichtig wird.

69 Ist die Kapitalgesellschaft allerdings nur **vermögensverwaltend** tätig, kann Deutschland mit dem Formwechsel in eine Personengesellschaft das Besteuerungsrecht verlieren, falls an der Kapitalgesellschaft ein ausländischer Gesellschafter beteiligt ist.[58] Dies gilt selbst dann, wenn der Formwechsel in eine GmbH & Co. KG erfolgt, für die sich nach nationalem Recht eine gewerbliche Prägung aus § 15 Abs. 3 Nr. 2 EStG ergibt.

70 Unterhält die Kapitalgesellschaft eine **Betriebsstätte in einem Nicht-DBA-Land,** erhebt Deutschland auf Ebene der Kapitalgesellschaft über die unbeschränkte Steuerpflicht auch den Anspruch auf die Besteuerung des Einkommens und des Vermögens dieser Betriebsstätte. Im Falle des Formwechsels in eine Personengesellschaft gilt diese jedoch im Verhältnis zu ihren Gesellschaftern als transparent. Die Gesellschafter der Personengesellschaft bekommen das steuerliche Ergebnis der Gesellschaft inklusive des Betriebsstättenergebnisses zugerechnet. Handelt es sich um einen lediglich beschränkt steuerpflichtigen Anteilseigner, richtet sich die Besteuerung des anteiligen Betriebsstättenergebnisses nach dem Verhältnis des Wohnsitzstaates zu dem

---

[57] BMF v. 11.11.2011, BStBl. I 2011, 1349 Rn. 04.09.
[58] BFH v. 28.4.2010, DStR 2010, 1220; BFH v. 4.5.2011, BFH/NV 2011, 1637.

Belegenheitsstaat der Betriebsstätte. In dieser Konstellation kann sich unter Umständen für Deutschland ein Verlust des Besteuerungsrechts ergeben. Für diesen Fall sieht § 3 Abs. 2 UmwStG vor, dass eine anteilige Auflösung von stillen Reserven zu erfolgen hat.[59]

2. Ermittlung des Übernahmeergebnisses auf der Ebene der Personengesellschaft

a) fiktive Ausschüttung der offenen Reserven. Mit der grundlegenden Umgestaltung des UmwStG durch das SEStEG hat sich auch das Zusammenspiel zwischen der Ermittlung des Umwandlungsergebnisses auf Ebene der Gesellschaft und den Steuerfolgen auf Ebene des Gesellschafters geändert. In § 7 UmwStG ist für den Fall der Verschmelzung einer Kapitalgesellschaft auf eine Personengesellschaft eine **fiktive Gesamtausschüttung** durch die übertragende Kapitalgesellschaft vorgesehen. Diese fiktive Gewinnausschüttung wird den Anteilseignern entsprechend ihrer Beteiligungsquote zugerechnet. Der Anteilseigner muss die auf ihn entfallende fiktive Gewinnausschüttung als Einkünfte aus Kapitalvermögen nach § 20 Abs. 1 Nr. 1 EStG versteuern. Im Regelfall erfolgt dies mit dem Sondersteuersatz für Kapitaleinkünfte (Abgeltungssteuer). Durch das Konzept der fiktiven Totalausschüttung wird das Umwandlungsergebnis aufgeteilt in einen Dividenden- und einen Verschmelzungsteil.[60] 71

Die formwechselnde Umwandlung einer Kapitalgesellschaft in eine GmbH & Co. KG richtet sich nach § 9 UmwStG in analoger Anwendung der §§ 3 ff. UmwStG. Damit gilt der in § 7 UmwStG enthaltene Gesetzesbefehl zu einer **fiktiven Gesamtgewinnausschüttung auch für den Fall der formwechselnden Umwandlung.** Nach § 7 S. 1 UmwStG errechnet sich die fiktive Gewinnausschüttung aus dem in der Steuerbilanz der Kapitalgesellschaft zum Umwandlungsstichtag ausgewiesenen Eigenkapital abzüglich des Bestandes des steuerlichen Einlagekontos nach § 27 KStG. Werden also im Zuge des Formwechsels stille Reserven aufgelöst oder wird ein selbst geschaffener Geschäfts- oder Firmenwert angesetzt, erhöht sich der Betrag der fiktiven Gewinnausschüttung nach § 7 S. 1 UmwStG. 72

Die Bezugnahme auf den Bestand des Eigenkapitals in der Steuerbilanz zum Umwandlungsstichtag bewirkt, dass auch die **Pensionsverpflichtungen** lediglich mit dem Wert nach § 6a EStG anzusetzen sind. Gerade in einer Phase mit einem niedrigen Zinsniveau führt dies dazu, dass in den Pensionsverpflichtungen nicht stille Reserven, sondern stille Lasten enthalten sind, weil die tatsächliche Pensionsverpflichtung deutlich höher ist, als dies dem Wert nach § 6a EStG entspricht. Diese stillen Lasten bleiben bei der Ermittlung der fiktiven Gewinnausschüttung unbeachtlich bzw. führen zu einem entsprechend erhöhten Dividendenansatz. Aus diesem Grund wird zu Recht gefordert, die Folgen der fiktiven Besteuerung im Wege einer Billigkeitsregelung abzumildern.[61] Die Finanzverwaltung lässt diese berechtigten Einwände allerdings unberücksichtigt und geht davon aus, dass in der steuerli- 73

---

[59] BMF v. 11.11.2011, BStBl. I 2011, 1314 Rn. 04.24.
[60] Vgl. Rödder/Herlinghaus/van Lishaut/*Birkemeier* UmwStG § 8 Rn. 1.
[61] Vgl. *Rödder* DStR 2011, 1059.

chen Schlussbilanz die Pensionsverpflichtungen mit dem Wert nach § 6a EStG anzusetzen sind.[62]

74 Ist zum Zeitpunkt des Formwechsels ein **ausländischer Anteilseigner** an der Kapitalgesellschaft beteiligt, erhält auch dieser einen anteiligen Betrag der fiktiven Gewinnausschüttung zugerechnet.[63] Die konkreten Steuerfolgen richten sich danach, ob mit dem Wohnsitzstaat des Anteilseigners ein Doppelbesteuerungsabkommen geschlossen ist oder nicht. Im Regelfall dürfte Deutschland zumindest das Recht auf Erhebung der Kapitalertragsteuer auf die Dividende zufallen.

75 Durch die gesetzliche Fiktion einer Gewinnausschüttung in § 7 S. 1 UmwStG entstehen auf Ebene des Gesellschafters **Einkünfte aus Kapitalvermögen**. Fraglich ist, ob auf diese fiktive Gewinnausschüttung auch Kapitalertragsteuer zu erheben ist. Die Verpflichtung zum Kapitalertragsteuerabzug wird vereinzelt in Zweifel gezogen, weil es wegen der Dividendenfiktion im Falle einer Verschmelzung bzw. eines Formwechsels keinen echten Schuldner der Bezüge gibt.[64] Die Finanzverwaltung geht jedoch davon aus, dass die gesetzliche Dividendenfiktion mit allen Konsequenzen umzusetzen ist, mithin also auch Kapitalertragsteuer zu erheben ist.[65] Wegen des Formwechsels muss dann die Personengesellschaft der Verpflichtung zum **Kapitalertragsteuerabzug** nachkommen.

76 **b) Grundstruktur der Berechnung.** Das **Übernahmeergebnis** errechnet sich nach § 4 Abs. 4 ff. UmwStG nach folgendem Schema:

	Wert des übergehenden Vermögens
./.	Kosten für den Vermögensübergang
./.	Buchwert der Anteile der übertragenden Körperschaft
=	Übernahmegewinn/-verlust erste Stufe iSd § 4 Abs. 4 S. 1 UmwStG
+	Zuschlag für neutrales (Auslands-)Vermögen
+	Sperrbetrag nach § 50c EStG[66]
./.	Bezüge gem. § 7 UmwStG
=	Übernahmegewinn/-verlust iSd § 4 Abs. 4 und 5 UmwStG

77 Der Formwechsel erfolgt handelsrechtlich **ohne Auflösung von stillen Reserven**, die Buchwerte des Vermögens werden daher unverändert durch die Personengesellschaft fortgeführt. Für steuerliche Zwecke erfolgt der Ansatz der Wirtschaftsgüter in der Schlussbilanz der Kapitalgesellschaft mit dem gemeinen Wert, evtl. mit dem Buchwert oder einem Zwischenwert. Dieser Wert überträgt sich in die Eröffnungsbilanz der Personengesellschaft. Der Buchwert des übergehenden Reinvermögens entspricht deshalb der Summe des bilanziellen Eigenkapitals der formgewechselten Kapitalgesellschaft. Dieser Buchwert wird Anschaffungskosten der Gesellschaftsanteile gegenübergestellt.

---

[62] BMF v. 11.11.2011, BStBl. I 2011, 1314 Rn. 3.07.
[63] Rödder/Herlinghaus/van Lishaut/*Birkemeier*, UmwStG § 7 Rn. 2.
[64] HHR/*Harrenberg/Irmer* § 43 EStG Rn. 9.
[65] BMF v. 11.11.2011, BStBl. I 2011, 1314 Rn. 07.08.
[66] § 50c EStG ist mittlerweile weggefallen, zu der weiteren Anwendung § 52 Abs. 59 EStG.

§ 57 Steuerrechtliche Konsequenzen der formwechselnden Umwandlung

Nach der Konzeption des UmwStG in der Fassung des SEStEG können die Steuerfolgen des Formwechsels einer Kapitalgesellschaft in eine Personengesellschaft an folgendem vereinfachten Beispiel dargestellt werden: **78**

Beispiel: Die X GmbH hat ein Stammkapital von 2.000, eine Kapitalrücklage von 500 und einen Gewinnvortrag von 800. Im Betriebsvermögen der X GmbH sind stille Reserven von 1.200 enthalten. Das steuerliche Einlagekonto beträgt 500. Die Anteile der X GmbH werden vollständig von A gehalten, der die Anteile zum Kaufpreis von 2.000 erworben hat. Anschließend hat er eine Einstellung in die Rücklagen von 500 vorgenommen. Die X GmbH soll formwechselnd in eine GmbH & Co. KG umgewandelt werden. Der Formwechsel soll zu Buchwerten erfolgen. Verschmelzungskosten entstehen nicht.

Lösungshinweis: Das verwendbare Eigenkapital errechnet sich wie folgt:

Eigenkapital lt. Steuerbilanz	3.300
abzüglich Nennkapital	−2.000
abzüglich steuerliches Einlagekonto gem. § 27 Abs. 1 KStG	−500
Ausschüttbarer Gewinn also	800

§ 7 Satz 1 UmwStG fingiert eine Gewinnausschüttung der X GmbH. Die fiktive Dividende von 800 wird A als Einkünfte aus Kapitalvermögen zugerechnet.

Das Übernahmeergebnis errechnet sich im Beispielsfall wie folgt:

Wert des übergehenden Vermögens	3.300
− Kosten für den Vermögensübergang	0
− Anschaffungskosten der Anteile der übertragenden Körperschaft	−2.500
Übernahmegewinn erste Stufe	800
− Bezüge der Gesellschafter gemäß § 7 UmwStG	−800
Übernahmegewinn	0

Für A ergibt sich also keine weitere Folge durch den Formwechsel. **79**

Werden einzelne Anteile der Kapitalgesellschaft wegen eines besonderen Status der Anteile, etwa als nicht wesentliche Beteiligung im Privatvermögen, nicht in die Ermittlung des Übernahmeergebnisses einbezogen, erfolgt die vorstehend beschriebene **Berechnung des Übernahmegewinns** lediglich **quotal**. **80**

Nach § 4 Abs. 4 S. 1 UmwStG sind bei der Ermittlung des Übernahmeergebnisses die **Kosten des Vermögensübergangs** abzuziehen. Grundsätzlich gilt dabei, dass die anteiligen Kosten der Umwandlung aufzuteilen sind in einen Teil, der den Zeitraum der Kapitalgesellschaft betrifft und einen Teil, der nach dem Formwechsel entsteht, mithin die Zeit als Personengesellschaft.[67] Die betreffenden Kosten sind also bei der Ermittlung des Übernahmeergebnisses anzusetzen, nicht dagegen bei der Ermittlung der fiktiven Kapitaleinkünfte nach § 7 Abs. 1 UmwStG. **81**

In dem in § 4 Abs. 4 UmwStG vorgegebenen Berechnungsschema ist weiterhin vorgesehen, dass der Übernahmegewinn/-verlust der 1. Stufe erhöht wird um einen **Zuschlag für neutrales (Auslands-)Vermögen**. Verfügt die Kapitalgesellschaft über eine ausländische Betriebsstätte in einem DBA-Staat, hat Deutschland im Regelfall kein Besteuerungsrecht für das Betriebsstättenvermögen bzw. die entsprechenden Einkünfte, da in den Doppelbesteuerungsabkom-

---

[67] BMF v. 11.11.2011, BStBl. I 2011, 1314 Rn. 04.43.

men üblicherweise die Freistellungsmethode vereinbart ist. Das Gleiche gilt für im Ausland belegenes Grundvermögen. Da Deutschland in diesem Fall kein Besteuerungsrecht hat, können in der steuerlichen Schlussbilanz der Kapitalgesellschaft die Vermögenswerte nach § 3 Abs. 2 UmwStG mit dem Buchwert oder einem Zwischenwert angesetzt werden. § 4 Abs. 4 S. 2 UmwStG sieht für diesen Fall jedoch im Rahmen der Ermittlung des Umwandlungsergebnisses eine **anteilige Auflösung von stillen Reserven** vor. Ausgangspunkt hierfür ist die Überlegung, dass sich die stillen Reserven in dem Auslandsvermögen auch auf den Wert des Gesellschaftsanteils auswirken. Im Falle der Veräußerung der Anteile an der Kapitalgesellschaft hätte Deutschland Anspruch auf Besteuerung des Veräußerungsgewinns auf Ebene der Gesellschafter, auch soweit dieser auf die anteiligen stillen Reserven der ausländischen Betriebsstätte entfällt. Erfolgt eine formwechselnde Umwandlung in eine Personengesellschaft, ist im Falle einer späteren Veräußerung der Gesellschaftsanteile der Personengesellschaft der Veräußerungsgewinn in Deutschland von der Besteuerung freigestellt.[68]

Beispiel: An der X GmbH sind die Gesellschafter A mit 60% und B mit 40% beteiligt. Die Anteile sind zum Kaufpreis von 1.600 erworben worden. Die X GmbH hat ein Stammkapital von 1.000 und ein gesamtes Eigenkapital von 2.500. Die Buchwerte des inländischen Vermögens betragen 2.500 (gemeiner Wert 3.000). Die Buchwerte einer ausländischen Betriebsstätte betragen 1.000 (gemeiner Wert 1.500). Die X GmbH soll formwechselnd in eine GmbH & Co. KG umgewandelt werden. Das Vermögen soll mit dem Buchwert angesetzt werden.

Lösungshinweis: In der steuerlichen Schlussbilanz der X GmbH können die Wirtschaftsgüter nach § 3 Abs. 2 UmwStG mit dem Buchwert angesetzt werden. Die steuerlichen Buchwerte sind nach § 4 Abs. 1 Satz 1 UmwStG von der GmbH & Co. KG zu übernehmen. Das Übernahmeergebnis wird wie folgt ermittelt:

Eigenkapital lt Steuerbilanz	2.500
abzüglich Nennkapital	−1.000
abzüglich steuerliches Einlagekonto gem. § 27 KStG	0
Ausschüttbarer Gewinn also	1.500

Die fiktive Dividende wird den Gesellschaftern der X GmbH zugerechnet und wird dort als Einkünfte aus Kapitalvermögen versteuert.

Im Zuge der Ermittlung des Übernahmeergebnisses ist ein Zuschlag für neutrales Vermögen gemäß § 4 Abs. 4 Satz 2 UmwStG vorzunehmen. Das Übernahmeergebnis errechnet sich danach wie folgt:

	A	B
Wert des übergehenden Vermögens	1.800	1.200
./. Kosten für den Vermögensübergang	0	0
Buchwert der Anteile der übertragenden Körperschaft	−960	−640
Übernahmegewinn erste Stufe	840	560
Zuschlag für neutrales Vermögen	300	200
Sperrbetrag nach § 50c EStG	0	0
Bezüge der Gesellschafter gemäß § 7 UmwStG	−900	−600
Übernahmegewinn	240	160

---

[68] Vgl. Rödder/Herlinghus/*van Lishaut* UmwStG § 4 Rn. 93.

§ 4 Abs. 4 S. 2 UmwStG unterscheidet dem Wortlaut nach nicht danach, **82** ob die ausländische Betriebsstätte in einem Land belegen ist, mit dem ein Doppelbesteuerungsabkommen abgeschlossen ist oder nicht. Bei der zweiten Alternative hat Deutschland mangels eines DBA das uneingeschränkte Besteuerungsrecht auch für das Betriebsstättenvermögen bzw. die Betriebsstätteneinkünfte. Aus diesem Grund wird mit überzeugenden Gründen vorgetragen, dass § 4 Abs. 4 S. 2 UmwStG teleologisch zu reduzieren ist, für den Fall einer **Betriebsstätte in einem Nicht-DBA-Land** also nicht greifen soll.[69]

Nach der ursprünglichen Fassung des § 4 Abs. 6 UmwStG war vorgesehen, einen im Zuge der Ermittlung des Übernahmeergebnisses sich ergebenden Verlust in einer **Ergänzungsbilanz** abzubilden. Die Abschreibungen aus dieser Ergänzungsbilanz konnten in der Folgezeit mit steuerlicher Wirkung abgeschrieben werden. Diese Möglichkeit besteht **nicht** mehr. § 4 Abs. 6 UmwStG sieht vor, dass ein eventueller **Übernahmeverlust** nach § 4 Abs. 4 UmwStG **außer Ansatz** bleibt. Der Gesellschafter kann diesen Differenzbetrag demnach steuerlich nicht mehr geltend machen.[70] Die ausdrückliche Nichtberücksichtigung eines Übernahmeverlustes führt dazu, dass künftig keine Gestaltungsmöglichkeit mehr besteht, auf einem relativ einfachen Weg mit steuerlicher Wirkung einen sog. Step-up zu gestalten um für die Folgezeit steuerliches Abschreibungspotential zu generieren, falls die Anschaffungskosten für Anteile an einer Kapitalgesellschaft über dem anteiligen Eigenkapital liegen.[71] **83**

Ergibt sich aus der Ermittlung des Übernahmeergebnisses nach § 4 Abs. 4 **84** UmwStG ein **Übernahmegewinn**, richten sich die Steuerfolgen nach § 4 Abs. 7 UmwStG. Danach bleibt ein anteiliger Übernahmegewinn in voller Höhe steuerfrei, soweit er auf eine Körperschaft als Mitunternehmerin der übernehmenden Personengesellschaft entfällt. Soweit dieser auf eine natürliche Person als Mitunternehmerin entfällt, unterliegt der Übernahmegewinn der Besteuerung nach dem Teileinkünfteverfahren. Ist eine Kapitalgesellschaft mittelbar beteiligt, gilt nicht das Teileinkünfteverfahren sondern § 8b KStG dh § 4 Abs. 7 UmwStG wird bei mehrstöckigen Personengesellschaften auf der obersten Ebene angewendet.[72]

Bei § 4 Abs. 7 UmwStG handelt es sich um eine Spezialnorm, die auch **85** den anteiligen **Übernahmegewinn II** innerhalb der 7-Jahres-Frist erfasst. Damit ist ein anteiliger Übernahmegewinn auch dann lediglich zu 60% steuerpflichtig, wenn im Falle einer eventuellen Veräußerung der Veräußerungsgewinn in vollem Umfang einkommensteuerpflichtig gewesen wäre.[73]

Die Konsequenzen aus der Ermittlung des Übernahmeergebnisses gem. **86** § 4 UmwStG im Falle eines Formwechsels lassen sich wie folgt zusammenfassen:

---

[69] DPPM/*Pung* UmwStR § 4 Rn. 60; *Bogenschütz* UGB 2011, 393; aA BMF v. 11.11.2011, BStBl. I 2011, 1314 Rn. 04.29.
[70] *Rödder/Schumacher* DStR 2000, 368; *Winkeljohann/Stegemann* DStR 2004, 544.
[71] *Schumacher* DStR 2004, 590.
[72] BMF v. 16.12.2003, DB 2004, 220 Rn. 3.
[73] *Dötsch/Pung* DB 2004, 208.

16. Kapitel. Umwandlungssituationen: Verschmelzung, Spaltung und Formwechsel

	Umwandlungsverlust	**Umwandlungsgewinn**
Anteilseigner ist eine natürliche Person	bleibt außer Ansatz	Zu 60% steuerpflichtig
Anteilseigner ist eine Kapitalgesellschaft	bleibt außer Ansatz	Steuerfrei nach § 8b KStG
Anteilseigner ist eine Personengesellschaft	bleibt außer Ansatz	Zu 60% steuerpflichtig bzw. steuerfrei, je nach Gesellschafterstruktur der Obergesellschaft

Beispiel: A und B sind zu je 50% Gesellschafter der G-GmbH; A hat im Jahr 01 50%-Anteile zum Kaufpreis von 1.500 T-EUR erworben. B war an der G-GmbH seit ihrer Gründung mit 50% beteiligt. Die G-GmbH hat im Jahr 04 folgendes Bilanzbild:

H-GmbH			
Anlagevermögen	1.000	Stammkapital	1.000
Umlaufvermögen	2.800	Bilanzgewinn	800
		Verbindlichkeiten	2.000
	3.800		3.800

Die G-GmbH soll zum 1.1.05 ohne Aufdeckung von stillen Reserven formwechselnd in eine GmbH & Co. KG umgewandelt werden. Es ergeben sich folgende Auswirkungen:

Lösungshinweis: Der ausschüttbare Gewinn errechnet sich wie folgt

	T-EUR
Eigenkapital lt. Steuerbilanz	1.800
abzüglich Nennkapital	−1.000
abzüglich steuerliches Einlagekonto gem. § 27 Abs. 1 KStG	0
ausschüttbarer Gewinn also	800

Für A und B erfolgt gem. § 7 UmwStG eine fiktive Gewinnausschüttung in Höhe von 800, die als Einkünfte aus Kapitalvermögen zu versteuern sind.

Das Umwandlungsergebnis errechnet sich wie folgt:

	A T-EUR	B T-EUR
Buchwert des Vermögens	900	900
./. Anschaffungskosten der Anteile	−1.500	−500
Umwandlungsergebnis erste Stufe	-600	400
+ Sperrbetrag § 50c EStG	0	0
./. Bezüge gem. § 7 UmwStG	-400	-400
Umwandlungsergebnis	−1.000	0

87 Im Beispielsfall ergibt sich für A ein Umwandlungsverlust von 1.000. Dieser ist maßgeblich geprägt durch die fiktive Gewinnausschüttung nach § 7 UmwStG. A hat im Zuge des Erwerbs der Gesellschaftsanteile die offenen und stillen Rücklagen der Gesellschaft im Kaufpreis abgegolten. Durch die

Systematik der Ermittlung des Übernahmeergebnisses ergeben sich auf Ebene des A positive Einkünfte aus Kapitalvermögen, obschon diese im Grunde durch den Kaufpreis bezahlt worden sind. § 4 Abs. 6 Satz 3 UmwStG sieht daher vor, dass abweichend von der Generalklausel des § 4 Abs. 6 Satz 1, nach der ein Übernahmeverlust grundsätzlich außer Ansatz bleibt, dieser insoweit zu berücksichtigen sind, als Bezüge im Sinne des § 7 UmwStG entstehen. Die Bezüge nach § 7 UmwStG werden bei A also neutralisiert Auf Ebene des B wird der Übernahmegewinn der ersten Stufe durch die vorgezogenen Kapitalerträge ausgeglichen.

c) Nicht in die Ermittlung des Übernahmeergebnisses einzubeziehende Anteile. Im Falle der Verschmelzung einer Kapitalgesellschaft auf eine Personengesellschaft fingiert § 5 UmwStG, dass die Anteile der übertragenden Kapitalgesellschaft zum Verschmelzungsstichtag in das Betriebsvermögen der aufnehmenden Personengesellschaft eingelegt gelten. Bei der formwechselnden Umwandlung erfolgt demgegenüber jedoch kein Übertragungsvorgang bzw. kein Rechtsträgerwechsel. Die **Fiktion der Einlage** der Anteile der Kapitalgesellschaft in das Betriebsvermögen der aufnehmenden Personengesellschaft entspricht deshalb **nicht** der Grundstruktur des Umwandlungsvorgangs. 88

§ 9 S. 1 UmwStG verweist allerdings auf die **analoge Anwendung** der Vorschriften über die Verschmelzung, so dass nicht zwangsläufig alle Anteile an der Kapitalgesellschaft in die Berechnung des Übernahmeergebnisses gemäß § 4 Abs. 6 UmwStG einzubeziehen sind. 89

Nach der Konzeption des UmwStG erfolgt in allen Fällen, in denen ein Übernahmeergebnis nach dem § 4 Abs. 4ff. UmwStG zu ermitteln ist, eine Aufteilung des Umwandlungsergebnisses in Einkünfte aus Kapitalvermögen aus der fiktiven Gewinnausschüttung nach § 7 S. 1 UmwStG und der Ermittlung des eigentlichen Übernahmeergebnisses als Übernahmegewinn oder -verlust nach § 4 Abs. 4ff. UmwStG. Mit der Einlagefiktion wird erreicht, dass **steuerverhaftete Anteile an einer Kapitalgesellschaft iSd § 17 EStG** in die Ermittlung des Übernahmeergebnisses einbezogen werden. **Nicht wesentliche Anteile** an einer Kapitalgesellschaft bleiben hiervon unberührt. Bei diesen Gesellschaftern verbleibt es bei der fiktiven Dividendenzurechnung nach § 7 S. 1 UmwStG. Da es für Zwecke des § 5 Abs. 2 UmwStG allein auf die Qualifikation als wesentliche Beteiligung iSd § 17 EStG ankommt, ist die Beteiligungshöhe innerhalb des 5-Jahres-Zeitraums des § 17 EStG für die Anwendung des § 5 Abs. 2 UmwStG unbeachtlich.[74] 90

d) Ermittlung des Sperrbetrages gemäß § 50c EStG. § 4 Abs. 5 Satz 1 UmwStG sieht vor, dass im Zuge der Ermittlung des Übernahmeergebnisses ein Sperrbetrag iSd § 50c EStG hinzuzurechnen ist. Der Sperrbetrag nach § 50c EStG hat allerdings keine große praktische Relevanz mehr. Er ist noch auf die Zeit des körperschaftsteuerlichen Anrechnungsverfahrens zurückzuführen. Sperrbeträge nach § 50c EStG konnten entstehen, wenn Anteile an einer Kapitalgesellschaft von einem beschränkt steuerpflichtigen Anteilseigner oder von einem inländischen, nicht iSd § 17 EStG wesentlich 91

---

[74] Rödder/Herlinghaus/*van Lishaut* UmwStG § 5 Rn. 18.

beteiligten Anteilseigner erworben worden sind. § 50c sollte lediglich sicherstellen, dass offene Rücklagen der Kapitalgesellschaft auf Ebene der Gesellschafter wenigstens einmal besteuert werden. Ein Sperrbetrag gemäß § 50c EStG konnte letztmals zum 31.12.2001 gebildet werden. Er wirkte über einen Zeitraum von zehn Jahren. Der Sperrbetrag nach § 50c ist also im Regelfall mit Ablauf des Jahres 2011 entfallen.[75]

92 **e) Gewerbesteuerliche Behandlung des Umwandlungsergebnisses.** Erfolgt die formwechselnde Umwandlung einer Kapitalgesellschaft in eine Personengesellschaft steuerlich zu Buchwerten, werden die **stillen Reserven im Gesellschaftsvermögen nicht aufgelöst**. Dies gilt nach § 18 UmwStG auch für den Bereich der Gewerbesteuer.

93 Nach den Wertungen des UmwStG idF des SEStEG gilt jegliche Übertragung eines Betriebes, Teilbetriebes oder Mitunternehmeranteils nach §§ 20, 24 grundsätzlich als veräußerungsähnlicher Vorgang. Eine entsprechende Umwandlung innerhalb des 5-Jahres-Zeitraums des § 18 Abs. 3 UmwStG könnte daher auch grundsätzlich als ein **Verstoß gegen die Missbrauchsregelung** zu werten sein. Die Finanzverwaltung gestattet in diesem Fall jedoch, dass die übernehmende Gesellschaft in die Rechtsstellung des übertragenden Rechtsträgers eintritt, wobei der übernehmende Rechtsträger allerdings für den Rest der 5-Jahres-Frist den Vorgaben des § 18 Abs. 3 UmwStG unterworfen ist.[76]

94 Nach § 18 Abs. 3 UmwStG unterliegt ein **Gewinn aus der Auflösung oder der Veräußerung des Betriebes** einer Personengesellschaft bzw. aus der Veräußerung eines Mitunternehmeranteils dann der Besteuerung mit Gewerbesteuer vom Ertrag, wenn diese Auflösung der stillen Reserven innerhalb eines Zeitraums von 5 Jahren nach der Vermögensübertragung in eine Personengesellschaft erfolgt. Die Formulierung des § 18 Abs. 3 UmwStG ist zwar auf den Fall der Verschmelzung einer Kapitalgesellschaft auf eine Personengesellschaft gerichtet. Über die analoge Anwendung gemäß § 9 S. 2 UmwStG gilt sie jedoch auch für den Fall der formwechselnden Umwandlung einer Kapitalgesellschaft in eine Personengesellschaft. Der Gewinn aus dem Verkauf bzw. der Auflösung einer Kapitalgesellschaft unterliegt grundsätzlich der Besteuerung mit Gewerbesteuer vom Ertrag.[77]

95 Die Gewerbesteuerbelastung wird durch § 18 Abs. 3 S. 3 UmwStG von der **Anrechnung auf die Einkommensteuerschuld** des Gesellschafters gem. § 35 EStG ausgenommen. Im Falle der Gewerbesteuerpflicht ergibt sich also keine Entlastung bei der Einkommensteuer. Falls der Veräußerungsgewinn bereits als laufender Gewinn gem. § 7 GewStG erfasst wird, wäre eine Anrechnungsmöglichkeit gem. § 35 EStG gegeben. Die Finanzverwaltung geht dabei von einem Vorrang des § 18 Abs. 3 S. 3 UmwStG aus.[78]

96 Werden die Anteile der formgewechselten GmbH & Co. KG durch eine **Kapitalgesellschaft als Anteilseignerin** veräußert, ist der Veräußerungsgewinn ohnehin Bestandteil des Gewerbeertrages, unterliegt also der Besteu-

---

[75] Rödder/Herlinghaus/*van Lishaut* UmwStG § 4 Rn. 97.
[76] BMF v. 11.11.2011, BStBl. I 2011, 1349 Rn. 18.07.
[77] Abschn. 41 GewStR; BFH v. 11.12.2001, BFH/NV 2002, 600.
[78] BMV v. 16.12.2003, DB 2004, 200 Rn. 14; *Dötsch/Pung* DB 2004, 210.

erung mit Gewerbesteuer vom Ertrag. § 18 Abs. 3 UmwStG führt allerdings nicht zu einer doppelten Belastung des Veräußerungsgewinns mit Gewerbesteuer.

3. Steuerliche ‚Verlustvorträge der formgewechselten Kapitalgesellschaft

Verfügt die Kapitalgesellschaft über **körperschaftsteuerliche Verlustvorträge**, können diese von der formgewechselten GmbH & Co. KG nicht fortgeführt werden. Nach der Besteuerungskonzeption einer Kapitalgesellschaft gilt diese eigenständig als Steuersubjekt und unterliegt eigenständig der Besteuerung mit Körperschaftsteuer. Aus diesem Grund sind die körperschaftsteuerlichen Verlustvorträge personenbezogen und können nicht etwa auf die Gesellschafter der GmbH & Co. KG übertragen werden.[79]

Im Gegensatz zu der Besteuerung im Bereich der Einkommensteuer/ Körperschaftsteuer ist eine GmbH & Co. KG für die Gewerbesteuer vom Ertrag ein eigenes Steuersubjekt. Aus diesem Grund könnte daran gedacht werden, eventuell **bestehende gewerbesteuerliche Verlustvorträge** der Kapitalgesellschaft im Zuge des Formwechsels zu erhalten und durch die GmbH & Co. KG in der Folgezeit zu verrechnen. § 18 Abs. 1 S. 2 UmwStG bestimmt jedoch eindeutig, dass der Gewerbeertrag der „übernehmenden" Personengesellschaft nicht um die gewerbesteuerlichen Verlustvorträge der Kapitalgesellschaft gemindert werden darf.[80] Dies gilt auch für den Formwechsel, so dass wohl davon ausgegangen werden muss, dass eventuell bestehende gewerbesteuerliche Verlustvorträge im Zuge des Formwechsels verloren gehen.

4. Rückwirkungsfiktion der formwechselnden Umwandlung

Für den Fall der formwechselnden Umwandlung einer Kapitalgesellschaft in eine GmbH & Co. KG enthält das handelsrechtliche UmwG keine Rückwirkungsmöglichkeit. § 9 S. 3 UmwStG bestimmt jedoch, dass die formwechselnde Umwandlung für steuerliche Zwecke auf einen Stichtag bezogen werden kann, der höchstens 8 Monate vor dem Umwandlungsbeschluss liegt. Bei der formwechselnden Umwandlung bleibt die rechtliche Identität der Gesellschaft erhalten. Für **handelsrechtliche Zwecke** ist deshalb ein Zwischenabschluss auf den Zeitpunkt des Formwechsels nicht erforderlich.

Für **steuerliche Zwecke** bestimmt dagegen § 9 S. 2 UmwStG, dass die Kapitalgesellschaft auf den Zeitpunkt, in dem der Formwechsel wirksam wird, eine **Übertragungsbilanz**, die Personengesellschaft eine **Eröffnungsbilanz** aufzustellen hat. Da sich die Besteuerungskonzeption einer Kapitalgesellschaft grundlegend von der Besteuerungskonzeption einer Mitunternehmerschaft unterscheidet, ist die Abgrenzung beider Phasen durch einen formellen Zwischenabschluss sachgerecht, um die Phase der Kapitalgesellschaft von der Phase der Mitunternehmerschaft abzugrenzen. Durch

---

[79] DPPM/*Pung* UmwStR § 4 Rn. 134.
[80] DPPM/*Pung* UmwStR § 18 Rn. 25.

16. Kapitel. Umwandlungssituationen: Verschmelzung, Spaltung und Formwechsel

den Verweis in § 9 S. 3 UmwStG auf § 2 Abs. 3, 4 UmwStG ist klargestellt, dass die Rückwirkung auch für den Fall des Formwechsels gilt.[81]

101　Ähnlich dem Fall der Verschmelzung ergeben sich die Rechtsfolgen bei der formwechselnden Umwandlung in Abhängigkeit von der **Bestimmung des Umwandlungsstichtages**.

Beispiel: Schlussbilanz der Kapitalgesellschaft zum 31.12.01
Umwandlungsstichtag 1.1.02
Steuerlicher Übertragungsstichtag 31.12.01
Das Übernahmeergebnis gemäß § 4 Abs. 6 UmwStG wird im Beispielsfall also dem Veranlagungszeitraum 01 zugerechnet.

102　Die Rechtsform der GmbH & Co. KG setzt voraus, dass die Komplementär-GmbH Gesellschafterin der Personengesellschaft wird. Fraglich ist, ob die formwechselnde Umwandlung einer Kapitalgesellschaft in eine GmbH & Co. KG auch dann rückwirkend möglich ist, wenn die Komplementär-GmbH erst im Rückwirkungszeitraum entsteht, sie also zum Umwandlungsstichtag noch nicht Gesellschafterin der Kapitalgesellschaft ist. Die konsequente Anwendung der Rückwirkungsfiktion in § 9 S. 3 UmwStG bedingt jedoch, dass die Rückwirkung auch dann greift, wenn die **gesellschaftsrechtlichen Voraussetzungen** erst im Rückwirkungszeitraum entstehen.[82] Durch die Rückwirkungsfiktion enden mit dem Umwandlungsstichtag die steuerlichen Pflichten der Kapitalgesellschaft. Bis zu diesem Stichtag sind von der Kapitalgesellschaft Steuererklärungen abzugeben.

103　**Scheidet ein Gesellschafter** nach dem Umwandlungsstichtag, jedoch vor dem Umwandlungsbeschluss aus der Gesellschaft **aus**, ist insoweit die Rückwirkungsfiktion in § 9 S. 3 im Sinne des § 2 UmwStG ausgeschlossen. Veräußert der betreffende Gesellschafter im Rückwirkungszeitraum die Gesellschaftsanteile, bestimmen sich die Rechtsfolgen für diesen Gesellschafter wie bei dem Verkauf von Anteilen an einer Kapitalgesellschaft. Der Gewinn aus der Veräußerung der Gesellschaftsanteile im Privatvermögen wird steuerlich danach nur dann erfasst, wenn es sich um eine wesentliche Beteiligung im Sinne des § 17 EStG, um einbringungsgeborene Anteile im Sinne des § 21 UmwStG handelt oder die Beteiligung nach dem 31.12.2008 erworben worden ist. Der **Erwerber der Gesellschaftsanteile** wird nach § 5 Abs. 1 UmwStG so gestellt, als ob er die Gesellschaftsanteile am steuerlichen Umwandlungsstichtag angeschafft hätte.

104　Die Rückwirkungsfiktion in §§ 9 S. 3, 2 Abs. 1 UmwStG betrifft auch die **Leistungsbeziehungen zwischen Gesellschaft und Gesellschafter**. Nach der Besteuerungskonzeption einer Kapitalgesellschaft gilt grundsätzlich das Trennungsprinzip. Leistungsbeziehungen zwischen Gesellschaft und Gesellschafter werden also auch mit steuerlicher Wirkung grundsätzlich anerkannt. Bei der Besteuerungskonzeption einer Mitunternehmerschaft erfolgt in der zweiten Gewinnermittlungsstufe eine Hinzurechnung der Leistungsvergütungen zu dem steuerlichen Gewinn der Personengesellschaft. Eine Minderung des steuerlichen Ergebnisses findet also nicht statt. Werden

---

[81] DPPM/*Möhlenbrock* UmwStR § 9 Rn. 27.
[82] BMF v. 11.11.2011, BStBl. I 2011, 1314 Rn. 02.11.

im Rückwirkungszeitraum durch die noch existierende Kapitalgesellschaft Leistungsvergütungen an den Gesellschafter gezahlt, wie zB Geschäftsführergehalt, Zinsen für Darlehen, Pacht usw., wird das Entgelt für steuerliche Zwecke so behandelt, als ob im Rückwirkungszeitraum die betreffenden Vergütungen durch eine Personengesellschaft gewährt worden seien. Die Vergütungen sind damit in vollem Umfang dem steuerlichen Gewinn der GmbH & Co. KG hinzuzurechnen,[83] soweit diese an Gesellschafter geleistet werden, die nicht aus der Gesellschaft ausscheiden.[84]

Scheidet im Rückwirkungszeitraum ein Gesellschafter aus der Kapitalgesellschaft **aus**, greift insoweit nicht die Rückwirkungsfiktion in § 9 S. 3 i.S.v. § 2 Abs. 1 UmwStG. Dies hat zur Folge, dass auch Vergütungen für Leistungsbeziehungen insoweit auch mit steuerlicher Wirkung grundsätzlich anerkannt bleiben.[85] 105

Die steuerliche Behandlung der **Gewinnausschüttungen** der formgewechselten Kapitalgesellschaft ist davon abhängig, ob der Beschluss über die Gewinnverwendung vor oder nach dem Umwandlungsstichtag erfolgt ist. Liegt der Beschluss über die Gewinnverwendung vor dem Umwandlungsstichtag, richtet sich die steuerliche Behandlung nach den allgemeinen Kriterien. Auf Ebene der Gesellschafter handelt es sich um Einkünfte aus Kapitalvermögen, für die grundsätzlich das Zuflussprinzip gilt. § 2 Abs. 1 UmwStG bestimmt jedoch, dass die Dividende als mit dem Vermögensübergang am steuerlichen Übertragungsstichtag zugeflossen gilt. Der Dividendenertrag wird also zwingend dem Veranlagungszeitraum zugeordnet, der vor dem Umwandlungsstichtag liegt. Die Steuerpflicht der Dividende, dh Besteuerung nach dem Halbeinkünfteverfahren gem. § 3 Nr. 40 EStG bzw. Steuerfreiheit gem. § 8 b Abs. 1 KStG richtet sich nach dem Status des Gesellschafters. 106

Werden einzelne Gesellschafter **nicht** durch die **Rückwirkungsfiktion** in § 2 Abs. 1 UmwStG erfasst, erfolgt die steuerliche Behandlung der Dividende nach allgemeinen Kriterien. Die Dividende ist in diesem Fall also erst in dem Veranlagungszeitraum zu erfassen, in dem sie dem Gesellschafter zufließt.[86] 107

Liegt der **Beschluss über die Gewinnverwendung** dagegen im Rückwirkungszeitraum, wird die Dividende einer **Entnahme** gleichgestellt.[87] Auf Ebene der Gesellschafter führt die Gewinnausschüttung damit nicht zu einem steuerpflichtigen Ertrag. Es ergibt sich allerdings eine mittelbare Auswirkung für den Gesellschafter, da die Entnahme auf den Umwandlungsstichtag zurückbezogen wird. Damit reduziert sich bei der Ermittlung des Übernahmeergebnisses der Buchwert der Gesellschaftsanteile. 108

Für diejenigen Gesellschafter, für die die **Rückwirkungsfiktion** nach § 9 S. 3 iVm § 2 Abs. 1 UmwStG **nicht** greift, ist für den Fall, dass im Rückwirkungszeitraum eine Gewinnausschüttung beschlossen wird, anteilig ein pas- 109

---

[83] *Haritz/Menner* § 2 UmwStG Rn. 71.
[84] DPPM/*Dötsch* § 2 Rn. 48.
[85] BMF v. 11.11.2011, BStBl. I 2011, 1314 Rn. 02.36.
[86] *Widmann/Mayer* § 2 UmwStG Rn. 493; *Haritz/Menner* § 2 UmwStG Rn. 68.
[87] *Weber* GmbHR 1996, 273.

siver Korrekturposten in die Stichtagsbilanz einzustellen, die vergleichbar einer Ausschüttungsverbindlichkeit ist.[88] Der passiver Korrekturposten wird von der GmbH & Co. KG fortgeführt und zum Zeitpunkt der Gewinnausschüttung aufgelöst.

5. Verkehrsteuerliche Konsequenzen

110 **a) Umsatzsteuerliche Behandlung.** Die formwechselnde Umwandlung einer Kapitalgesellschaft in eine Personengesellschaft führt gesellschaftsrechtlich nicht zu einem Rechtsträgerwechsel. Damit fehlt im Grunde auch der Anknüpfungspunkt für die Besteuerung mit Umsatzsteuer. Die formwechselnde Umwandlung ist weder eine Lieferung noch eine Leistung der formgewechselten Gesellschaft und ist damit nicht umsatzsteuerbar.[89] Die Fiktion eines Vermögensübergangs nach der Konzeption des UmwStG für Ertragsteuerzwecke überträgt sich nicht auf den Bereich der Umsatzsteuer. Selbst wenn in dem Vorgang ein Rechtsträgerwechsel gesehen würde, wäre dieser dennoch gemäß § 1 Abs. 1a UStG nicht umsatzsteuerbar, da das gesamte Gesellschaftsvermögen unverändert bestehen bleibt. Obwohl also nach § 9 S. 2 UmwStG eine Schlussbilanz der Kapitalgesellschaft und eine Eröffnungsbilanz der Personengesellschaft zu erstellen ist, brauchen daher für umsatzsteuerliche Zwecke keine Schlussfolgerungen gezogen werden.

111 Da die Gesellschaft in ihrer rechtlichen Identität erhalten bleibt, bleibt die umsatzsteuerliche **Unternehmereigenschaft** unverändert bestehen. Die Personengesellschaft führt umsatzsteuerlich die Position der Kapitalgesellschaft fort. Dies betrifft beispielsweise die Erfüllung der Verbleibensvoraussetzungen bei Ausübung einer Option zur Umsatzbesteuerung gemäß § 9 UStG. Da es sich um den gleichen umsatzsteuerlichen Unternehmer handelt, ergeben sich keine negativen Konsequenzen, wenn auch nach dem Formwechsel Eingangsrechnung mit der Bezeichnung der Kapitalgesellschaft als Rechnungsempfänger ausgestellt werden. Dies dürfte die **Berechtigung zum Vorsteuerabzug** nicht berühren.

112 Im Regelfall wird für die umgewandelte Gesellschaft allerdings eine andere **Steuernummer** erteilt werden. Dies berührt jedoch nicht die Steuersubjekteigenschaft der Gesellschaft für umsatzsteuerliche Zwecke. Um Schwierigkeiten und Missverständnisse bei der Verwaltung der Steuerabrechnungen durch die Finanzkasse zu vermeiden bietet sich allerdings an, die technische Umsetzung der formwechselnden Umwandlung vorab mit der Finanzverwaltung abzustimmen. Außerdem müssen die Rechnungsformulare umgestellt werden, damit alle erforderlichen Angaben aufgenommen werden können.

113 **b) Grunderwerbsteuerliche Konsequenzen.** Die formwechselnde Umwandlung einer Kapitalgesellschaft in eine Personengesellschaft lässt die rechtliche Identität der Gesellschaft unberührt. Unmittelbar nach Einführung des handelsrechtlichen UmwG wurde zunächst von Seiten der Finanzverwaltung die Auffassung vertreten, dass für grunderwerbsteuerliche Zwecke ein

---

[88] BMF v. 11.11.2011, BStBl. I 2011, 1314 Rn. 02.30.
[89] *Birkenfeld* USt-Handbuch I Rn. 563.2; *Rau/Husmann* § 1 UStG Rn. 297.

Rechtsträgerwechsel zu unterstellen sei, mithin ein grunderwerbsteuerbarer Tatbestand vorläge.[90] Auch die Finanzgerichte haben die Frage der Grunderwerbsteuerbarkeit der formwechselnden Umwandlung einer Kapitalgesellschaft in eine Personengesellschaft unterschiedlich beurteilt.[91] Schließlich hat der BFH in einem Vorverfahren entschieden, es sei nicht ernstlich zweifelhaft, dass die formwechselnde Umwandlung einer Kapitalgesellschaft in eine Personengesellschaft **nicht** der **Grunderwerbsteuer** unterliegt. In der Entscheidung wird klar herausgearbeitet, dass der Formwechsel weder ein zur Übereignung begründetes Rechtsgeschäft ist, noch es einer Auflassung im Grundbuch bedarf.[92] Die Finanzverwaltung hat schließlich ihre abweichende Rechtsauffassung zu diesem Problemkreis aufgegeben und akzeptiert, dass die formwechselnde Umwandlung einer Kapitalgesellschaft in eine Personengesellschaft kein grunderwerbsteuerbarer Tatbestand ist.[93]

---

[90] FM Bad.-Württ. v. 12.12.1994. BB 1995, 82; *Thiel* DB 1995, 1196.
[91] FG Münster v. 23.7.1997. EFG 1998, 227; FG Köln v. 27.9.1996. EFG 1997, 252.
[92] BFH v. 4.12.1996, BStBl. II 1997, 661.
[93] FM Bad.-Württ. v. 18.9.1997. DB 1997, 2002; FM Bad.-Württ. v. 19.12.1997, DB 1998, 166.

17. Kapitel. Formulare

§ 58 Einfacher Gesellschaftsvertrag einer GmbH & Co. KG und der zugehörigen Komplementär-GmbH

I. Sachverhalt

Den nachstehenden Vertragsformularen liegt folgende Konstellation zugrunde: A, B, C und D sind – mit gleichen Einlagen – Kommanditisten einer kleineren GmbH & Co. KG. Die Gesellschaft betreibt ein Autohaus. Komplementärin ist die A Verwaltungs GmbH, deren Stammkapital EUR 50.000,– beträgt und deren alleiniger Gesellschafter und Geschäftsführer A ist. Die Geschäftsführungsbefugnis der GmbH soll durch einen in der KG verankerten Katalog von Maßnahmen, die der Zustimmung der Gesellschafterversammlung mit qualifizierter Mehrheit bedürfen, beschränkt werden. Die Anteile sollen vererblich sein, jedoch rechtsgeschäftlich nur mit Zustimmung aller Gesellschafter übertragbar sein, sofern die Übertragung nicht auf Mitgesellschafter oder deren Abkömmlinge erfolgt.

II. Gesellschaftsvertrag der GmbH & Co. KG

Inhaltsverzeichnis

§ 1 Firma und Sitz
§ 2 Gegenstand
§ 3 Dauer der Gesellschaft
§ 4 Geschäftsjahr
§ 5 Gesellschafter
§ 6 Gesellschafterkonten
§ 7 Ergebnisverteilung und Verbuchung
§ 8 Geschäftsführung und Vertretung
§ 9 Einschränkung der Geschäftsführungsbefugnis
§ 10 Gesellschafterversammlung; Beschlussfassung
§ 11 Jahresabschluss
§ 12 Aufnahme neuer Gesellschafter; Übertragung von Gesellschaftsanteilen
§ 13 Tod eines Gesellschafters
§ 14 Ausschließung
§ 15 Abfindung
§ 16 Salvatorische Klausel

17. Kapitel. Formulare

**§ 1
Firma und Sitz**

(1) Die Firma der Gesellschaft lautet:
Autohaus A, B, C & D GmbH & Co. KG.[1]
(2) Die Gesellschaft hat ihren Sitz[2] in .... (Ort)

**§ 2
Gegenstand**[3]

(1) Gegenstand des Unternehmens ist der Handel mit und die Reparatur von Fahrzeugen aller Art, die Vermietung von Fahrzeugen, der Betrieb einer Tankstelle sowie der Handel mit sonstigen industriellen Erzeugnissen und Rohstoffen.
(2) Die Gesellschaft kann alle Geschäfte betreiben, die dem Gesellschaftszweck unmittelbar oder mittelbar zu dienen geeignet sind. Sie kann sich insbesondere an anderen Unternehmen, auch wenn sie einen anderen Unternehmensgegenstand haben, beteiligen, sie erwerben, die Geschäftsführung für solche Unternehmen übernehmen sowie Zweigniederlassungen errichten.

**§ 3
Dauer der Gesellschaft**

(1) Die Gesellschaft ist auf unbestimmte Zeit errichtet.[4] Sie kann mit einer Frist von 24 Monaten auf den Schluss eines Geschäftsjahres gekündigt werden.[5] Das Recht zur Kündigung aus wichtigem Grund bleibt unberührt.[6]

---

[1] Zum Firmenrecht der GmbH & Co. KG vgl. Baumbach/*Hopt* HGB § 19 Rn. 24 ff.; GK/*Burgard* HGB § 19 Rn. 11 ff.; → § 14 Rn. 8 ff.
[2] → § 15 Rn. 9 ff.
[3] Die Festlegung des Unternehmensgegenstands im Gesellschaftsvertrag ist nicht zwingend erforderlich. Dessen Festlegung im Gesellschaftsvertrag dient vor allem dazu, den Umfang der Geschäftsführungsbefugnis der Komplementärin (§§ 161 Abs. 2, 116 Abs. 1 und 2 HGB) zu bestimmen. Im Übrigen ist der Unternehmensgegenstand für das Wettbewerbsverbot der Komplementärin gemäß §§ 161 Abs. 2, 112 HGB relevant.
[4] Denkbar ist auch eine bestimmte Dauer der Gesellschaft. Zu den Rechtsfolgen, wenn eine bestimmte Dauer vorgesehen ist → § 46 Rn. 12 ff. Ist die Gesellschaft – wie hier – auf unbestimmte Zeit eingegangen, steht den Gesellschaftern ein Kündigungsrecht zu, §§ 161 Abs. 2, 105 Abs. 3 HGB, 723 Abs. 1 S. 1 BGB.
[5] Ein dauerhafter Ausschluss des Rechts zur ordentlichen Kündigung ist in der Personengesellschaft unzulässig; vgl. BGHZ 23, 10 (14 f.). Hier wurde eine recht lange Kündigungsfrist gewählt. Möglich ist auch, die ordentliche Kündigung für eine bestimmte Phase insgesamt auszuschließen, vgl. Baumbach/*Hopt* HGB § 132 Rn. 9.
[6] Das Recht zur Kündigung aus wichtigem Grund ist unbeschränkbar.

(2) Die Kündigung hat durch eingeschriebenen Brief zu erfolgen. Sie führt nicht zur Auflösung der Gesellschaft.[7] Diese wird unter den übrigen Gesellschaftern fortgesetzt. Der Kündigende scheidet aus der Gesellschaft aus.

§ 4
Geschäftsjahr

Geschäftsjahr ist das Kalenderjahr.[8]

§ 5
Gesellschafter

(1) Persönlich haftende Gesellschafterin ist die A Verwaltungs GmbH. Sie ist am Kapital nicht beteiligt.[9]
(2) Kommanditisten sind:
 a) Herr A mit einem Festkapital von EUR 50.000,–, das der Hafteinlage[10] entspricht;
 b) Herr B mit einem Festkapital von EUR 50.000,–, das der Hafteinlage entspricht.

§ 6
Gesellschafterkonten[11]

Für die Gesellschafter werden je ein Kapitalkonto I, auf dem die feste Einlage gebucht wird,[12] ein Kapitalkonto II,[13] auf dem Verluste gebucht werden, sowie ein Verrechnungskonto,[14] auf dem der Kapitalverkehr zwischen den Gesellschaftern gebucht wird, geführt. Das Verrechnungskonto ist im Soll und Haben mit ... % p.a. verzinslich.

---

[7] Diese Regelung hat lediglich klarstellende Bedeutung, vgl. §§ 161 Abs. 2, 131 Abs. 3 S. 1 Nr. 3 HGB.

[8] Das Geschäftsjahr bei einer KG darf zwölf Monate nicht überschreiten, § 240 Abs. 2 S. 2 HGB. Beginnt die Gesellschaft nicht zum 1.1. eines Jahres, so ist das erste Geschäftsjahr ein Rumpfwirtschaftsjahr.

[9] Zur Unterscheidung zwischen Gesamthandsberechtigung und Beteiligung am Gesellschaftsvermögen → § 20 Rn. 8f.

[10] Zum Begriff der Hafteinlage → § 20 Rn. 2.

[11] → § 21 Rn. 28 (sog. Dreikontenmodell); vgl. hierzu auch *Sommer* Gesellschaftsverträge der GmbH & Co. KG, 17ff.

[12] Ein festes Kapitalkonto I hat gegenüber dem im Gesetz vorgesehenen variablen Kapitalkonto den Vorteil, dass konstante Berechnungsmaßstäbe für die Gewinn- und Verlustbeteiligung der Gesellschafter (§ 7) und für ihre Stimmrechtsausübung bestehen.

[13] Das Kapitalkonto II, das häufig auch als Verlustkonto bezeichnet wird, ist ein Unterkonto des Kapitalkontos I. Ist auf dem Konto ein Verlust ausgewiesen und entnimmt ein Kommanditist Gewinn, bevor er das Verlustkonto ausgeglichen hat, so lebt seine Haftung gemäß § 172 Abs. 4 S. 2 HGB wieder auf.

[14] Das Verrechnungskonto ist ein reines Forderungskonto, das im Falle des Ausscheidens des Gesellschafters vorweg ausbezahlt wird.

§ 7
Ergebnisverteilung und Verbuchung

(1) Aus dem Ergebnis erhält die A Verwaltungs GmbH vorweg eine Haftungsvergütung[15] von ... % ihres Eigenkapitals, mindestens aber EUR ...[16] Sie erhält ferner Ersatz der Aufwendungen, die ihr durch ihre Tätigkeit als Geschäftsführerin entstehen.
(2) Der Restgewinn ist auf sämtliche Gesellschafter entsprechend dem Verhältnis ihrer Festeinlagen zu verteilen.[17] Die Gewinnanteile der Kommanditisten werden zunächst zum Ausgleich eines etwaigen negativen Kapitalkontos II verwendet.[18] Im Übrigen erfolgen Gewinngutschriften auf dem Verrechnungskonto. Sie können entnommen werden, sofern die Gesellschafter nicht mit einer Mehrheit von ¾ der abgegebenen Stimmen anderweitiges beschließen. Entnahmen, die zu einem negativen Saldo auf dem Verrechnungskonto führen, sind unzulässig.
(3) Ein Verlust wird auf die Kommanditisten im Verhältnis ihrer Kommanditeinlagen verteilt und auf dem Kapitalkonto II verbucht.[19] Die GmbH nimmt am Verlust nicht teil.[20]

§ 8
Geschäftsführung und Vertretung

Zur Geschäftsführung und Vertretung der Gesellschaft ist die A Verwaltungs GmbH allein berechtigt und verpflichtet. Die Komplementärin und ihre Geschäftsführer sind von den Beschränkungen des § 181 BGB befreit.[21]

§ 9
Einschränkung der Geschäftsführungsbefugnis

(1) Die geschäftsführende Gesellschafterin bedarf zu Rechtsgeschäften, die über den gewöhnlichen Betrieb des Unternehmens hinausgehen, der Zustimmung der Gesellschafterversammlung.[22] Das Widerspruchsrecht der

---

[15] Die Haftungsvergütung muss so bemessen sein, dass sich auch eine aus gesellschaftsfremden Personen bestehende GmbH mit ihr zufrieden gegeben hätte, sonst droht eine Qualifikation als verdeckte Gewinnausschüttung der GmbH, vgl. BeckFormB WirtschR/*Blaum/Scholz* VIII. D. 6. Anm. 33, 1727. Als angemessene Haftungsvergütung wird – je nach Gewicht des Risikos im Einzelfall – eine Avalprovision zwischen 2 % und 6 % des Stammkapitals der Komplementär-GmbH angesehen, vgl. ZHKSS/*Hottmann* Personengesellschaft im Steuerrecht, Kap. R. Rn. 77, 1233 mwN.
[16] Zur alternativen Gestaltung → § 24 Rn. 13.
[17] Zu dieser Bestimmung → § 24 Rn. 11.
[18] Dadurch wird verhindert, dass auf dem Verrechnungskonto entnahmefähige und nicht entnahmefähige Gewinne gemeinsam verbucht werden.
[19] Die Verbuchung auf dem Kapitalkonto II dient der Transparenz; die Kapitalaufzehrung durch Verluste wird dadurch von Kapitalentnahmen, die zum Wiederaufleben der Haftung führen können, getrennt, vgl. hierzu *Sommer* Gesellschaftsverträge der GmbH & Co. KG, 18.
[20] Der Ausschluss der Teilnahme an Verlusten für die Komplementärin ist in der Vertragspraxis der Regelfall → § 24 Rn. 15.
[21] → § 16 Rn. 23.
[22] → § 16 Rn. 14.

Kommanditisten gemäß § 164 S. 1 Hs. 2 HGB ist durch die Bestimmungen dieses § 9 des vorliegenden Vertrages ersetzt.[23]

(2) Zustimmungsbedürftig sind insbesondere folgende Rechtsgeschäfte und Maßnahmen:
a) Aufstellung des jährlichen Investitions- und Finanzplans für die Gesellschaft sowie ihre Beteiligungsgesellschaften,[24]
b) Investitionen, die im Investitionsplan nicht vorgesehen sind oder zu einer Überschreitung der jeweils vorgesehenen Einzelposition um mehr als 20 % oder zur Überschreitung der insgesamt geplanten Investitionen um mehr als 10 % führen,
c) Investitionen, auch wenn sie im Investitionsplan vorgesehen sind, wenn sie im Einzelfall EUR 150.000,– überschreiten,
d) Abschluss von Verträgen mit einer Laufzeit von mehr als drei Jahren, sofern sie zu einer Zahlung von mehr als EUR 50.000,– p.a. verpflichten,
e) Abschluss von Anstellungsverträgen mit Bruttobezügen von über EUR 60.000,– im Jahr,
f) Gewährung von Altersruhegeldern,
g) Erwerb und Veräußerung, Pacht und Verpachtung von Unternehmen jeder Art oder Teilen davon,
h) Beteiligung an anderen Unternehmen,
i) Errichtung und Auflösung von Zweigniederlassungen,
j) Rechtsgeschäfte über den Erwerb und die Veräußerung von Grundstücken,
k) Belastung von Grundstücken und grundstücksgleichen Rechten,
l) Übernahme von Bürgschaften und Eingehen von Haftungen jeder Art, soweit diese nicht mit dem laufenden Geschäftsverkehr zusammenhängen,
m) Aufnahme von Krediten außerhalb des gewöhnlichen Geschäftsverkehrs,
n) Maßnahmen, deren Entscheidungen sich die Gesellschafter generell oder im Einzelfall vorbehalten, und
o) die Beteiligung an Maßnahmen in Beteiligungsgesellschaften, soweit sie Angelegenheiten gemäß lit. a) bis n) betreffen, sei es durch Ausübung des Stimmrechts, sei es durch Wahrnehmung der Geschäftsführung, sowie die Ausübung des Stimmrechts bei Änderungen der Gesellschaftsverträge von Beteiligungsgesellschaften.

§ 10
Gesellschafterversammlung; Beschlussfassung[25]

(1) Beschlüsse der Gesellschafter werden in ordentlichen oder außerordentlichen Gesellschafterversammlungen oder in sonstiger Weise gefasst.
(2) Je EUR 1,– Beteiligung am Festkapital der Gesellschaft gewähren eine Stimme.[26]

---

[23] → § 16 Rn. 16.
[24] Die Verabschiedung von Investitionsplänen und deren Zustimmungsbedürftigkeit ist sinnvoll; sie ermöglicht im Zusammenwirken mit einer Bestimmung, wie sie in lit. b) vorgesehen ist, von allzu engmaschigen Zustimmungskatalogen abzusehen, entlastet damit die Gesellschafterversammlung und gibt der Geschäftsführung Planungssicherheit.
[25] Allgemein hierzu → § 17.
[26] Zur Notwendigkeit dieser Regelung → § 17 Rn. 175 f.

(3) Die Gesellschafterversammlung wird durch die geschäftsführende Gesellschafterin einberufen. Die Einberufung erfolgt durch eingeschriebenen Brief[27] an die Gesellschafter unter Mitteilung der Tagesordnung. Zwischen der Absendung und der Gesellschafterversammlung muss eine Frist von mindestens zwei Wochen liegen; der Tag der Absendung und der Tag der Gesellschafterversammlung werden nicht mitgerechnet.[28]

(4) Ein Gesellschafter kann sich in der Gesellschafterversammlung durch einen mit schriftlicher Vollmacht versehenen Dritten vertreten lassen.[29] Beschlussfassungen erfolgen mit einer Mehrheit von ¾ der abgegebenen Stimmen, wenn nicht der Gesellschaftsvertrag etwas anderes bestimmt;[30] Änderungen des Gesellschaftsvertrags bedürfen der Zustimmung jedes einzelnen Gesellschafters.[31]

(5) Beschlussfassungen können auch schriftlich oder per Telefax erfolgen, sofern alle Gesellschafter damit einverstanden sind.[32]

§ 11
Jahresabschluss[33]

Der Jahresabschluss ist von der geschäftsführenden Gesellschafterin aufzustellen[34] und von der Gesellschafterversammlung festzustellen.[35]

---

[27] Ein Formerfordernis für die Einberufung besteht für die KG normalerweise nicht. Im Hinblick darauf, dass eine Einladung durch gewöhnlichen Brief – im Unterschied zu einer mündlichen, telefonischen oder mittels moderner Kommunikationsmittel erfolgenden Einladung – in der GmbH nach verbreiteter Auffassung auch durch entsprechende statutarische Bestimmung nicht vorgesehen werden kann, vgl. Baumbach/Hueck/*Zöllner* GmbHG § 51 Rn. 39 mwN auch zur aA, erscheint eine Harmonisierung mit den für die GmbH geltenden Erfordernissen für die Gesellschafterversammlung der GmbH & Co. KG empfehlenswert; dies gilt auch für die weiteren Erfordernisse, durch die eine sinnvolle Vorbereitung der Gesellschafterversammlung ermöglicht werden soll.

[28] Es besteht keine gesetzliche Regelung über die Frist zur Einberufung einer Gesellschafterversammlung in der KG. Ohne ausdrückliche vertragliche Regelung muss eine angemessene Frist eingehalten werden → § 17 Rn. 109. Diese Rechtsunsicherheit vermeidet das Formular, indem es eine Regelung zur Einberufungsfrist parallel zur Komplementär-GmbH trifft → § 58 III, § 6 Abs. 1 S. 2.

[29] Dazu → § 17 Rn. 116, 127.

[30] Der nach dispositivem Gesetzesrecht geltende Einstimmigkeitsgrundsatz erweist sich nur selten als interessengerecht → § 17 Rn. 183 ff.

[31] Zur Möglichkeit abweichender Regelungen unter Beachtung des Bestimmtheitsgrundsatzes → § 17 Rn. 186 f.

[32] Als Vorbild dient die Regelung in § 48 Abs. 2 GmbHG.

[33] § 23. Seit dem Inkrafttreten des Kapitalgesellschaften- und Co.-Richtlinie-Gesetzes (KapCoRiLiG, BGBl. I 2000, 154) trifft die GmbH & Co. KG, sofern keiner ihrer Komplementäre eine natürliche Person ist (vgl. § 264a Abs. 1 Nr. 1 HGB), die größenabhängige Pflicht zur Aufstellung des Lageberichts und zur Prüfung und Offenlegung des Jahresabschlusses nach den Bestimmungen des Zweiten Abschnitts des Dritten Buchs des HGB; vgl. dazu den Formulierungsvorschlag in MVHdB GesR/*Götze* III. 6. § 8 Abs. 2, 271.

[34] Die Aufstellung eines Jahresabschlusses bedeutet dessen Ableitung aus dem Zahlenverkehr der Buchführung unter Vornahme erforderlicher Abschlussbuchungen.

[35] Die Feststellung bedeutet Billigung als verbindlich für die Gesellschaft und die Gesellschafter.

§ 12
Aufnahme neuer Gesellschafter; Übertragung von Gesellschaftsanteilen

(1) Die Aufnahme neuer Gesellschafter[36] sowie die Übertragung von Gesellschaftsanteilen oder Teilen davon ist nur mit Zustimmung[37] aller Gesellschafter zulässig.
(2) Der Zustimmung nach Abs. 1 bedarf es nicht für die Übertragung eines Gesellschaftsanteils oder Teilen davon auf einen Kommanditisten oder Abkömmlinge eines Kommanditisten.[38]

§ 13
Tod eines Gesellschafters[39]

Im Falle des Todes eines Gesellschafters wird die Gesellschaft mit den Erben fortgesetzt.

§ 14
Ausschließung[40]

Ein Gesellschafter kann durch Beschluss der Gesellschafterversammlung ausgeschlossen werden, wenn in seiner Person ein wichtiger Grund vorliegt, der den übrigen Gesellschaftern die Fortsetzung der Gesellschaft unzumutbar macht.[41]

§ 15
Abfindung[42]

(1) Scheidet ein Gesellschafter, gleich aus welchem Grund, aus der Gesellschaft aus, steht ihm eine seiner Beteiligungsquote am Festkapital entsprechende Quote des Unternehmenswerts als Abfindung[43] zu.
(2) Der Unternehmenswert wird nach den allgemein anerkannten Grundsätzen der Unternehmensbewertung ermittelt und ist im Nichteinigungsfalle durch einen auf Antrag eines Gesellschafters durch den Präsidenten der

---

[36] Allgemein zur Aufnahme neuer Gesellschafter → § 28 Rn. 2 ff., 11. Zur Auslegung solcher Klauseln siehe BGH BB 1976, 154.
[37] → § 29 Rn. 26.
[38] Diese Bestimmung entspricht der üblichen Vertragspraxis → § 29 Rn. 22, auch zu alternativen Gestaltungsmöglichkeiten.
[39] → §§ 34, 35; zu den steuerlichen Folgen → § 37.
[40] → § 31.
[41] Der betroffene Gesellschafter scheidet mit Zugang des Ausschließungsbeschlusses aus der Gesellschaft aus, vgl. BGH NZG 2005, 722 (725); MüKoHGB/*K. Schmidt* § 140 Rn. 91.
[42] → § 32.
[43] Eine solche Regelung liegt im Interesse des ausscheidenden Gesellschafters; möglich ist aber auch, durch Regelungen, die die Abfindung beschränken, stärker dem Interesse der Gesellschaft Rechnung zu tragen → § 32 Rn. 18 ff.

für die Gesellschaft zuständigen Industrie- und Handelskammer zu benennenden Schiedsgutachter festzusetzen.[44]

(3) Das Abfindungsguthaben ist in fünf gleichen Jahresraten zu Beginn jedes Geschäftsjahres auszuzahlen;[45] die erste Rate ist zu Beginn des auf den Tag des Ausscheidens folgenden Geschäftsjahres fällig.[46] Das Abfindungsguthaben ist ab dem Tag des Ausscheidens mit . . . Prozentpunkten über dem jeweiligen Basiszinssatz (§ 247 BGB) p.a. zu verzinsen. Die angelaufenen Zinsen sind mit der jeweiligen Rate zu zahlen. Die Bestellung einer Sicherheit kann nicht verlangt werden.

§ 16
Salvatorische Klausel[47]

Sollten Bestimmungen dieses Vertrags oder eine künftig in ihn aufgenommene Bestimmung ganz oder teilweise unwirksam oder undurchführbar sein oder werden, so bleibt die Gültigkeit der übrigen Bestimmungen hiervon unberührt. Das Gleiche gilt, falls sich herausstellen sollte, dass der Vertrag eine Regelungslücke enthält. Anstelle der unwirksamen oder undurchführbaren Bestimmungen oder zur Ausfüllung der Regelungslücke soll dann eine angemessene Regelung gelten, die dem am nächsten kommt, was die Gesellschafter gewollt hätten, wenn sie die Unwirksamkeit, Undurchführbarkeit oder Lückenhaftigkeit gekannt hätten. Das Gleiche gilt, wenn die Unwirksamkeit einer Bestimmung auf einem im Vertrag vorgeschriebenen Maß der Leistung oder Zeit (Frist oder Termin) beruht. In diesem Fall soll das Maß der Leistung oder Zeit (Frist oder Termin) als vereinbart gelten, das rechtlich zulässig ist und dem Gewollten möglichst nahe kommt.

---

[44] Zur Schiedsgutachterklausel → § 32 Rn. 31. Diese Regelung soll einer lang andauernden gerichtlichen Auseinandersetzung über die Abfindungshöhe vorbeugen.

[45] Zur Zulässigkeit von Stundungs- und Ratenzahlungsvereinbarungen → § 32 Rn. 32 ff.

[46] Ohne eine solche Bestimmung wäre der Abfindungsanspruch des ausscheidenden Gesellschafters sofort fällig.

[47] Gemäß § 139 BGB führt die Nichtigkeit eines Teils eines Rechtsgeschäfts zur Nichtigkeit des ganzen Rechtsgeschäfts, sofern nach dem Parteiwillen das Rechtsgeschäft nicht auch ohne den nichtigen Teil vorgenommen worden wäre. Die ersten beiden Sätze der salvatorischen Klausel enthalten den Willen der Gesellschafter, im Fall der Teilnichtigkeit von der Wirksamkeit des restlichen Rechtsgeschäfts auszugehen. Eine Gesamtnichtigkeit des Vertrags kommt erst dann in Betracht, wenn die nichtige Vereinbarung von zentraler Bedeutung für das Zusammenwirken der Gesellschafter ist, vgl. MVHdB GesR/ Götze III. 1. Anm. 33, 232. Zudem sieht Satz 3 der Klausel vor, dass bestimmte Vertragsbestimmungen durch solche ersetzt werden, die weitestgehend dem Parteiwillen entsprechen. Schließlich enthält die salvatorische Klausel eine Anpassungsvorschrift für den Fall der Unwirksamkeit einer Bestimmung aufgrund des Leistungs- oder Zeitumfangs.

III. Satzung der Komplementär-GmbH

Inhaltsverzeichnis
§ 1 Firma, Sitz
§ 2 Gegenstand
§ 3 Stammkapital
§ 4 Geschäftsführung
§ 5 Vertretung
§ 6 Gesellschafterversammlung
§ 7 Jahresabschluss
§ 8 Dauer
§ 9 Geschäftsjahr
§ 10 Salvatorische Klausel

§ 1
Firma, Sitz

(1) Die Firma der Gesellschaft lautet:
A Verwaltungs GmbH.[48]
(2) Die Gesellschaft hat ihren Sitz in .... (Ort)[49]

§ 2
Gegenstand[50]

Gegenstand des Unternehmens ist die Beteiligung als persönlich haftende, geschäftsführende Gesellschafterin an der Autohaus A, B, C & D GmbH & Co. KG, die den Handel mit und die Reparaturen von Fahrzeugen aller Art zum Gegenstand hat.[51]

§ 3
Stammkapital[52]

Das Stammkapital der Gesellschaft beträgt EUR 50.000,–. Das Stammkapital ist von Herrn A übernommen und voll eingezahlt.[53]

---

[48] Zum Firmenrecht der GmbH vgl. MüKoGmbHG/*J. Mayer* § 4 Rn. 5 ff.; → § 14 Rn. 18.
[49] → § 15 Rn. 9 ff.
[50] Der Unternehmensgegenstand ist notwendiger Satzungsbestandteil gemäß § 3 Abs. 1 Nr. 2 GmbHG. Dieser kennzeichnet den Bereich und die Art der Gesellschaftstätigkeit. Zum einen soll er die Erkennbarkeit der Schwerpunkte der Betätigung der Gesellschaft nach außen gewährleisten, zum anderen vor einer Ausweitung bzw. Einschränkung der Gesellschaftstätigkeit ohne entsprechende Änderung der Satzung schützen.
[51] Diese Präzisierung unter Wiedergabe des Unternehmensgegenstands der KG trägt der Entscheidung BayObLG NJW 1976, 1694 Rechnung, obwohl sie nach zutreffender Auffassung entbehrlich ist, vgl. BayObLG GmbHR 1995, 722 (723); HTM/*Lüke* GmbH & Co. KG § 3 Rn. 11.
[52] Vgl. dazu *Reichert/Harbarth* GmbH-Vertrag, 76.
[53] Die Geschäftsanteile müssen in der Satzung – anders als in der Gesellschafterliste – nicht laufend nummeriert werden, MüKoGmbHG/*Wicke* § 3 Rn. 52; Baumbach/Hueck/ *Fastrich* GmbHG § 3 Rn. 16.

§ 4
Geschäftsführung

Die Gesellschaft hat einen oder mehrere Geschäftsführer.[54]

§ 5
Vertretung[55]

Die Gesellschaft wird, wenn nur ein Geschäftsführer bestellt ist, durch diesen vertreten. Sind mehrere Geschäftsführer bestellt, wird sie durch zwei Geschäftsführer gemeinschaftlich oder durch einen Geschäftsführer gemeinsam mit einem Prokuristen vertreten. Durch Beschluss der Gesellschafterversammlung kann, wenn mehrere Geschäftsführer bestellt sind, einzelnen oder allen von ihnen die Befugnis zur Einzelvertretung erteilt werden und, wenn nur ein Geschäftsführer bestellt ist, diesem, oder wenn mehrere Geschäftsführer bestellt sind, einzeln oder allen von ihnen, Befreiung von den Beschränkungen des § 181 BGB erteilt werden. Die Geschäftsführer sind für Geschäfte mit der Autohaus A, B, C & D GmbH & Co. KG von den Beschränkungen des § 181 BGB befreit.[56]

§ 6
Gesellschafterversammlung

(1) Die Gesellschafterversammlung wird durch einen Geschäftsführer einberufen.[57] Die Einberufung erfolgt durch eingeschriebenen Brief mit einer Frist von mindestens zwei Wochen unter Beifügung der Tagesordnung.[58] Die Frist beginnt mit der Absendung des Briefs.[59] Der Tag der Absendung und der Tag der Gesellschafterversammlung werden bei der Fristberechnung nicht mitgerechnet.[60]

(2) Über jede Gesellschafterversammlung muss eine Niederschrift errichtet werden.[61]

---

[54] Sind mehrere Geschäftsführer bestellt, so ist in Ermangelung einer anderen Regelung von einer Gesamtgeschäftsführungsbefugnis auszugehen → § 16 Rn. 67.

[55] → § 16 Rn. 70.

[56] Zur Befreiung vom Verbot des Selbstkontrahierens → § 16 Rn. 23.

[57] Die Satzungsbestimmung dient der Klarstellung. Bei Mehrheitsgeschäftsführung reicht die Einberufung durch einen einzelnen Geschäftsführer aus. Zur Frage der Einberufungsbefugnis → § 17 Rn. 76f.

[58] Die gesetzlich vorgesehene Einladungsfrist von einer Woche gemäß § 51 Abs. 1 S. 2 GmbHG dürfte in der Regel zu kurz sein. Deswegen bestimmt das Formular eine längere Frist.

[59] Zum Fristbeginn → § 17 Rn. 96.

[60] Zur Fristberechnung → § 17 Rn. 96f.

[61] Zum Zweck dieser Regelung → § 17 Rn. 121.

§ 7
Jahresabschluss[62]

Die Gesellschafterversammlung stellt den Jahresabschluss fest. Sie entscheidet über die Gewinnverwendung. Der Gewinn kann ausgeschüttet, auf neue Rechnung vorgetragen oder in die Rücklage eingestellt werden.

§ 8
Dauer

Die Dauer der Gesellschaft ist unbestimmt.[63]

§ 9
Geschäftsjahr

Geschäftsjahr ist das Kalenderjahr.

§ 10
Salvatorische Klausel[64]

Sollten Bestimmungen dieses Vertrags oder eine künftig in ihn aufgenommene Bestimmung ganz oder teilweise unwirksam oder undurchführbar sein oder werden, so bleibt die Gültigkeit der übrigen Bestimmungen hiervon unberührt. Das Gleiche gilt, falls sich herausstellen sollte, dass der Vertrag eine Regelungslücke enthält. Anstelle der unwirksamen oder undurchführbaren Bestimmungen oder zur Ausfüllung der Regelungslücke soll dann eine angemessene Regelung gelten, die dem am nächsten kommt, was die Gesellschafter gewollt hätten, wenn sie die Unwirksamkeit, Undurchführbarkeit oder Lückenhaftigkeit gekannt hätten. Das Gleiche gilt, wenn die Unwirksamkeit einer Bestimmung auf einem im Vertrag vorgeschriebenen Maß der Leistung oder Zeit (Frist oder Termin) beruht. In diesem Fall soll das Maß der Leistung oder Zeit (Frist oder Termin) als vereinbart gelten, das rechtlich zulässig ist und dem Gewollten möglichst nahe kommt.

§ 11
Gründungskosten

Die Gesellschaft trägt die Gründungskosten bis zur Höhe von EUR . . .

---

[62] → § 23 Rn. 4 ff.

[63] Das Formular wiederholt lediglich die gesetzliche Regelung; ein ordentliches Kündigungsrecht besteht nicht. Möglich ist indes ein Austritt aus wichtigem Grund, ein Ausschluss aus wichtigem Grund sowie die Auflösung durch Urteil, vgl. *Reichert/Harbarth* GmbH-Vertrag, 151 ff.

[64] → § 58 Fn. 47.

IV. Anmeldung der GmbH & Co. KG zum Handelsregister[65]

Amtsgericht .... (Ort)
– Handelsregister –
.... (Straße)
.... (Ort)
Ersteintragung einer Kommanditgesellschaft
Wir melden zur Eintragung in das Handelsregister das Folgende an:[66]
Zum Zwecke des Betriebs eines Autohauses haben wir eine Kommanditgesellschaft mit folgender Firma errichtet:
    Autohaus A, B, C & D GmbH & Co. KG.
An der Gesellschaft sind beteiligt:
a) Die A Verwaltungs GmbH mit Sitz in .... (Ort), eingetragen beim Handelsregister des Amtsgerichts .... (Ort) unter HRB ... – beglaubigter Handelsregisterauszug ist beigefügt –, als persönlich haftende Gesellschafterin;[67]
b) A, geboren am ...., wohnhaft in ....,[68] als Kommanditist mit einer Hafteinlage von EUR 50.000,–;
c) B, geboren am ...., wohnhaft in ....,[69] als Kommanditist mit einer Hafteinlage von EUR 50.000,–;
d) C, geboren am ...., wohnhaft in ....,[70] als Kommanditist mit einer Hafteinlage von EUR 50.000,–;
e) D, geboren am ...., wohnhaft in ...., als Kommanditist mit einer Hafteinlage von EUR 50.000,–.
Die A Verwaltungs GmbH als einzig vertretungsberechtigte Gesellschafterin und ihre jeweiligen Geschäftsführer sind vom Verbot des Selbstkontrahierens gemäß § 181 BGB befreit.[71]
Die Gesellschaft hat ihren Sitz in .... (Ort). Die inländische Geschäftsanschrift der Gesellschaft lautet: .... (Ort, Straße).[72]

       A
    ....
  (Geschäftsführer der A Verwaltungs GmbH)[73]
       A
    ....
       (A)

---

[65] Zur Handelsregisteranmeldung allgemein → § 10 Rn. 32 f.
[66] Zu den anzumeldenden Tatsachen → § 10 Rn. 34 f.
[67] → § 10 Rn. 34.
[68] Vgl. §§ 162 Abs. 1 S. 1, 106 Abs. 2 Nr. 1 HGB sowie § 24 Abs. 1 HRV.
[69] Vgl. §§ 162 Abs. 1 S. 1, 106 Abs. 2 Nr. 1 HGB sowie § 24 Abs. 1 HRV.
[70] Vgl. §§ 162 Abs. 1 S. 1, 106 Abs. 2 Nr. 1 HGB sowie § 24 Abs. 1 HRV.
[71] → § 10 Rn. 35.
[72] §§ 161 Abs. 2, 106 Abs. 2 Nr. 2 HGB; vgl. hierzu *Krafka*/Willer/*Kühn* Registerrecht Rn. 340 f.
[73] Bei der Anmeldungserklärung der Komplementärin reicht die Mitwirkung von Geschäftsführern in vertretungsberechtigter Zahl aus, vgl. GK/*Schäfer* HGB § 108 Rn. 11 mit weiteren Hinweisen zur GmbH & Co. KG.

B

....

(B)

C

....

(C)

D

....

(D)

(Ort, Datum)

(Beglaubigungsvermerk)[74]

V. Anmeldung der GmbH zum Handelsregister

Amtsgericht .... (Ort)[75]
- Handelsregister -
.... (Straße)
.... (Ort)

Neugründung der Firma A Verwaltungs GmbH mit Sitz in .... **(Ort)**
Ich, der unterzeichnete und alleinige Geschäftsführer der A Verwaltungs GmbH, melde hiermit die Gesellschaft und meine Bestellung zum Geschäftsführer zur Eintragung in das Handelsregister an. Ich bin alleinvertretungsbefugt und von den Beschränkungen des § 181 BGB befreit.[76] Die abstrakte Vertretungsbefugnis der Gesellschaft ist wie folgt geregelt:[77]
Die Gesellschaft hat einen oder mehrere Geschäftsführer. Ist nur ein Geschäftsführer bestellt, so vertritt er die Gesellschaft allein. Sind mehrere Geschäftsführer bestellt, so wird die Gesellschaft von zwei Geschäftsführern gemeinschaftlich oder von einem Geschäftsführer gemeinsam mit einem Prokuristen vertreten. Die Gesellschafterversammlung kann, wenn mehrere Geschäftsführer bestellt sind, einzelnen oder allen von ihnen Alleinvertretungsbefugnis erteilen und, wenn nur ein Geschäftsführer bestellt ist, diesem, oder wenn mehrere Geschäftsführer bestellt sind, einzelnen oder allen von ihnen, Befreiung von den Beschränkungen des § 181 BGB erteilen. Die Geschäftsführer sind für Geschäfte mit der Autohaus A, B, C & D GmbH & Co. KG von den Beschränkungen des § 181 BGB befreit.

---

[74] Die Anmeldung zur Eintragung in das Handelsregister ist elektronisch in öffentlich beglaubigter Form einzureichen, § 12 Abs. 1 S. 1 HGB.

[75] Die Anmeldung zur Eintragung ins Handelsregister hat bei dem Gericht zu erfolgen, in dessen Bezirk die Gesellschaft ihren Sitz hat, § 7 Abs. 1 GmbHG.

[76] Zu den Anforderungen einer Befreiung des alleinigen Gesellschafters und Geschäftsführers einer GmbH vom Selbstkontrahierungsverbot vgl. BGH DStR 2000, 697 m. Anm. *Goette*.

[77] Die Angaben zur Vertretungsbefugnis gehören zum zwingenden Inhalt der Anmeldung gemäß § 8 Abs. 4 Nr. 2 GmbHG.

Ich versichere,[78] dass keine Umstände vorliegen, die meiner Bestellung zum Geschäftsführer nach § 6 Abs. 2 S. 2 Nr. 2 und 3 sowie S. 3 GmbHG entgegenstehen, namentlich dass[79]
a) mir weder durch ein gerichtliches Urteil noch durch eine vollziehbare Entscheidung einer Verwaltungsbehörde die Ausübung eines Berufs, Berufszweigs, Gewerbes oder Gewerbezweigs untersagt worden ist, sofern der Unternehmensgegenstand der Gesellschaft ganz oder teilweise mit dem Gegenstand des Verbots übereinstimmt, und
b) während der letzten fünf Jahre gegen mich keine rechtskräftige Verurteilung[80] im Inland oder wegen einer vergleichbaren Tat im Ausland erfolgt ist wegen einer oder mehrerer vorsätzlich begangener Straftaten
  – des Unterlassens der Stellung des Antrags auf Eröffnung des Insolvenzverfahrens (Insolvenzverschleppung),
  – nach den §§ 283 bis 283d StGB (Insolvenzstraftaten),
  – der falschen Angaben nach § 82 GmbHG oder § 399 AktG,
  – der unrichtigen Darstellung nach § 400 AktG, § 331 HGB, § 313 UmwG oder § 17 PublG oder
  – nach den §§ 263 bis 264a oder den §§ 265b bis 266a StGB zu einer Freiheitsstrafe von mindestens einem Jahr,
  und ich nicht auf behördliche Anordnung in einer Anstalt verwahrt worden bin.[81]

Ich versichere, dass ich von dem beglaubigenden Notar über meine unbeschränkte Auskunftspflicht gegenüber dem Gericht belehrt worden bin.[82]

---

[78] Alle nachstehenden Versicherungen müssen vom Geschäftsführer höchstpersönlich abgegeben werden, d.h. eine Bevollmächtigung ist unzulässig.

[79] In der obergerichtlichen Rspr. und der Literatur wird die Ansicht vertreten, dass in der Versicherung nach § 8 Abs. 3 S. 1 GmbHG die dort in Bezug genommenen Bestellungshindernisse des § 6 Abs. 2 S. 2 Nr. 2 u. 3, 3 GmbHG einzeln zu verneinen sind (vgl. OLG München NZG 2009, 717 (718); Lutter/Hommelhoff/*Bayer* GmbHG § 8 Rn. 16), wohingegen insbesondere die jüngste obergerichtliche Rspr. eine dem Wortlaut des § 8 Abs. 3 S. 1 GmbHG entsprechende pauschale Versicherung, dass keine Umstände vorliegen, die einer Bestellung nach § 6 Abs. 2 S. 2 Nr. 2 u. 3, 3 GmbHG entgegenstehen, genügen lässt (vgl. OLG Stuttgart GmbHR 2013, 91 m. Anm. *Oppenländer*; OLG Hamm NZG 2011, 710; siehe aber OLG Frankfurt a. M. GmbHR 2011, 1156 (1158) bzgl. § 6 Abs. 2 S. 2 Nr. 2 GmbHG, wonach die Versicherung umfassend und eindeutig formuliert sein muss). Diese obergerichtliche Rspr. stützt sich auf den BGH, der mit Beschluss vom 17.5.2010 hinsichtlich § 6 Abs. 2 S. 2 Nr. 3 GmbHG entschieden hat, dass die Versicherung des Geschäftsführers, er sei „noch nie, weder im Inland noch im Ausland, wegen einer Straftat verurteilt worden", „den gesetzlichen Anforderungen genügt und es der Benennung der einzelnen Straftatbestände nicht bedarf, vgl. BGH NZG 2010, 829 (830). Angesichts der verbleibenden Unklarheiten und des damit verbundenen Risikos einer registerrechtlichen Beanstandung empfiehlt es sich gleichwohl, die Bestellungshindernisse des § 6 Abs. 2 S. 2 Nr. 2 u. 3, 3 GmbHG, wie im Formular vorgeschlagen, einzeln zu verneinen.

[80] Die Vorschrift in § 6 Abs. 2 S. 2 Nr. 3 Hs. 2 GmbHG knüpft das Bestellungshindernis zeitlich an die Rechtskraft der Verurteilung an, weshalb eine Versicherung, die sich nur auf den Zeitpunkt der Verurteilung selbst bezieht, nicht den gesetzlichen Anforderungen genügt, vgl. BGH NZG 2011, 871 (872).

[81] Vgl. insbesondere hierzu *Krafka*/Willer/*Kühn* Registerrecht Rn. 953.

[82] Die Belehrungspflicht folgt aus § 8 Abs. 3 S. 1 GmbHG.

§ 58 Einfacher Gesellschaftsvertrag einer GmbH & Co. KG

Ich versichere, dass die Stammeinlage von EUR 50.000,– in voller Höhe auf dem Geschäftskonto der Gesellschaft bar eingezahlt ist und der eingezahlte Betrag sich endgültig in der freien Verfügung der Geschäftsführung der Gesellschaft befindet.[83] Ich versichere ferner, dass das Anfangskapital der Gesellschaft nur durch den Gründungsaufwand vorbelastet ist und keine sonstigen Verbindlichkeiten bestehen.[84]

Die inländische Geschäftsanschrift der Gesellschaft lautet: . . . . (Ort, Straße)[85]

Als Anlagen füge ich bei:
a) Elektronisch beglaubigte Abschrift der Gründungsurkunde vom . . . ., UR-Nr. . . . . des Notars . . . ., die auch den Beschluss über meine Geschäftsführerbestellung enthält;
b) Liste der Gesellschafter in elektronischer Form.[86]

. . . .
(Ort, Datum)

. . . .
(Unterschrift)
(Beglaubigungsvermerk)[87]

---

[83] § 8 Abs. 2 S. 1 GmbHG.

[84] Das Gesetz schreibt diese Versicherung zwar nicht ausdrücklich vor. Der BGH erstreckt jedoch die Pflicht des Geschäftsführers zur Abgabe der Versicherung nach § 8 Abs. 2 GmbHG und die entsprechende Prüfungspflicht der Registergerichte nach § 9c GmbHG auch darauf, inwieweit das Anfangskapital der Gesellschaft bereits durch Verbindlichkeiten vorbelastet ist, vgl. BGHZ 80, 129 (143). Die Registergerichte verlangen seitdem diese Versicherung. Zur sog. Unterbilanz- bzw. Vorbelastungshaftung → § 12 Rn. 18 f.

[85] Die inländische Geschäftsanschrift iSd § 8 Abs. 4 Nr. 1 GmbHG ist bei der Anmeldung der Gesellschaft zum Handelsregister zwingend anzugeben und wird idR mit dem satzungsmäßigen Sitz und/oder dem Sitz der Hauptverwaltung, dh der Lage der Geschäftsräume iSd § 24 Abs. 2 HRV, übereinstimmen; sie kann hiervon aber auch abweichen, vgl. *Krafka*/Willer/*Kühn* Registerrecht Rn. 947a. Weicht die inländische Geschäftsanschrift von der Lage der Geschäftsräume ab, ist diese bei der Anmeldung zum Handelsregister gesondert anzugeben (§ 24 Abs. 2 HRV), vgl. BeckOK/C. *Jaeger* GmbHG § 8 Rn. 21.

[86] Vgl. § 8 Abs. 1 Nr. 3, Abs. 5 GmbHG iVm § 12 Abs. 2 S. 2 Hs. 1 HGB.

[87] Die Anmeldung zur Eintragung in das Handelsregister ist elektronisch in öffentlich beglaubigter Form einzureichen, § 12 Abs. 1 S. 1 HGB.

§ 59 Ausführlicher Gesellschaftsvertrag einer GmbH & Co. KG und der zugehörigen Komplementär-GmbH

I. Sachverhalt

Dem nachstehenden Gesellschaftsvertrag einer GmbH & Co. KG sowie der Satzung der zugehörigen Komplementär-GmbH liegt folgender Sachverhalt zugrunde: Die A-AG – ein Nahrungsmittelkonzern – hat sich mit 90 % an der A & F Süßwarenfabrik GmbH & Co. KG beteiligt, die auf dem Gebiet der Herstellung von Süßwaren tätig ist. Die Gesellschaft befand sich bis dahin in Familienbesitz; ein Familiengesellschafter (F) hält nach dem Erwerb der restlichen Anteile durch die A-AG eine Minderheitsbeteiligung von 10 %.

Der Gesellschaftsvertrag soll die industrielle Führung des Unternehmens durch die A-AG sicherstellen. Andererseits soll die Tätigkeit der in der Komplementär-GmbH eingesetzten Fremdgeschäftsführer überwacht und Fragen, die von wesentlicher Bedeutung sind, einem Zustimmungserfordernis unterworfen werden. Für einfache Geschäftsführungsmaßnahmen soll die einfache Mehrheit, für die Änderung des Gesellschaftsvertrags eine qualifizierte Mehrheit ausreichen, so dass sich die A-AG jeweils durchsetzen kann, soweit der Zulässigkeit eines Mehrheitsbeschlusses keine zwingenden Bestimmungen entgegenstehen. Die Verfügung über Gesellschaftsanteile soll einem Zustimmungserfordernis, für das ebenfalls die einfache Mehrheit ausreicht, unterliegen; darüber hinaus sollen gegenseitige Vorkaufsrechte begründet werden.

Entsprechende Regelungen sind in der Komplementär-GmbH (A & F Verwaltungsgesellschaft mbH) vorzusehen. An der Komplementär-GmbH sind die A-AG und F in gleichem Verhältnis wie an der GmbH & Co. KG beteiligt. Im Vertrag soll indessen nicht ausgeschlossen werden, dass die Beteiligungsverhältnisse in der Komplementär-GmbH und in der KG voneinander abweichen können.

II. Gesellschaftsvertrag der GmbH & Co. KG

Inhaltsverzeichnis

§ 1   Firma und Sitz
§ 2   Gegenstand des Unternehmens
§ 3   Dauer der Gesellschaft
§ 4   Geschäftsjahr
§ 5   Gesellschafter
§ 6   Kapital, Einlagen, Haftsummen
§ 7   Gesellschafterkonten
§ 8   Ergebnisverteilung und Verbuchung
§ 9   Entnahmerecht
§ 10 Organe
§ 11 Geschäftsführung und Vertretung

§ 12 Einschränkung der Geschäftsführungsbefugnis
§ 13 Gesellschafterbeschlüsse
§ 14 Gesellschafterversammlung
§ 15 Beschlussfassung in sonstiger Weise
§ 16 Jahresabschluss
§ 17 Verfügung über Gesellschaftsanteile und Ansprüche aus dem Gesellschaftsverhältnis
§ 18 Vorkaufsrecht
§ 19 Vererbung von Gesellschaftsanteilen
§ 20 Kündigung der Gesellschaft
§ 21 Ausschluss von Gesellschaftern
§ 22 Insolvenz, Zwangsvollstreckung
§ 23 Abfindung
§ 24 Gesellschafterpflichten
§ 25 Leistungsverkehr mit der Gesellschaft
§ 26 Liquidation
§ 27 Schriftform
§ 28 Salvatorische Klausel

§ 1
Firma und Sitz

(1) Die Firma der Gesellschaft lautet:
    A & F Süßwarenfabrik GmbH & Co. KG.[1]
(2) Sitz der Gesellschaft ist . . . . (Ort)[2]

§ 2
Gegenstand des Unternehmens[3]

(1) Gegenstand des Unternehmens ist die Herstellung und der Vertrieb von Nahrungsmitteln, insbesondere von Süßwaren.
(2) Die Gesellschaft ist berechtigt, andere Erzeugnisse herzustellen, zu bearbeiten, zu kaufen und zu vertreiben. Sie darf Dienstleistungen jeder Art ausführen, Zweigniederlassungen im In- und Ausland errichten, unmittelbare oder mittelbare Beteiligungen gleicher oder ähnlicher Art im In- und Ausland erwerben oder pachten, gleiche oder ähnliche Unternehmen im In- und Ausland vertreten und/oder deren Geschäfte führen, mit gleichartigen oder ähnlichen Unternehmen im In- und Ausland kooperieren, sowie alle Maßnahmen und Geschäfte vornehmen, die den Gegenstand des Unternehmens unmittelbar oder mittelbar zu fördern geeignet sind.

---

[1] Zum Firmenrecht der GmbH & Co. KG vgl. Baumbach/*Hopt* HGB § 19 Rn. 24 ff.; GK/*Burgard* HGB § 19 Rn. 11 ff.; → § 14 Rn. 8 ff.
[2] → § 15 Rn. 9 ff.
[3] Zur Bestimmung über den Unternehmensgegenstand → Formular § 58 Fn. 3.

17. Kapitel. Formulare

**§ 3
Dauer der Gesellschaft**

Die Gesellschaft ist auf unbestimmte Zeit errichtet.[4] Die Kündigung richtet sich nach § 20.

**§ 4
Geschäftsjahr**

Das Geschäftsjahr ist das Kalenderjahr.[5]

**§ 5
Gesellschafter**

(1) Persönlich haftende Gesellschafterin (Komplementärin) ist die A & F Verwaltungsgesellschaft mbH mit Sitz in . . . . . (Ort)
(2) Kommanditisten sind:
  a) die A-AG;
  b) Herr F.

**§ 6
Kapital, Einlagen, Haftsummen[6]**

(1) Das Festkapital der Gesellschaft beträgt EUR 500.000,– (in Worten: fünfhunderttausend Euro).
(2) Die persönlich haftende A & F Verwaltungsgesellschaft mbH ist am Kapital nicht beteiligt.[7]
(3) Die Kommanditistin A-AG ist mit einem Kommanditanteil von EUR 450.000,– (in Worten: vierhundertfünfzigtausend Euro) beteiligt. Die Kommanditeinlage entspricht der Haftsumme.
(4) Der Kommanditist F ist mit einem Kommanditanteil von EUR 50.000,– (in Worten: fünfzigtausend Euro) beteiligt. Die Kommanditeinlage entspricht der Haftsumme.

**§ 7
Gesellschafterkonten**

In der Gesellschaft werden folgende Gesellschafterkonten,[8] und zwar für jeden Gesellschafter gesondert, geführt:

---

[4] Zur vergleichbaren Regelung → § 58 Fn. 4.
[5] Zur entsprechenden Bestimmung → Anmerkung in § 58 Fn. 8.
[6] → § 20 Rn. 1 ff.
[7] Zur Unterscheidung zwischen Gesamthandsberechtigung und Beteiligung am Gesellschaftsvermögen → § 20 Rn. 8.
[8] Dem Gesellschaftsvertrag liegt das modifizierte Dreikontenmodell mit Rücklagenkonto zugrunde. Zu den verschiedenen Gestaltungsvarianten → § 21 Rn. 26 ff.; zum modifizierten Dreikontenmodell mit Rücklagenkonto → § 21 Rn. 30.

a) Das Kapitalkonto[9]
Auf diesem Konto wird für jeden Gesellschafter der in § 6 festgelegte Einlagebetrag gebucht. Die Kapitalkonten werden als im Verhältnis zueinander unveränderliche Festkonten geführt, mit welchen die mitgliedschaftlichen Rechte und Pflichten der Gesellschafter, insbesondere die Anteile am Ergebnis und an den stillen Reserven bei einem etwaigen Geschäftswert des Unternehmens, ausschließlich verbunden sind. Das Kapitalkonto ist unverzinslich. Verlustanteile und Entnahmen vermindern im Verhältnis der Kommanditisten untereinander nicht die Höhe der Kapitalkonten.

b) Das Kapitalverlustkonto[10]
Auf diesem Konto werden – als Kapitalgegenkonto zum Kapitalkonto – für jeden Gesellschafter etwaige Verlustanteile gebucht. Dieses Konto wird nicht verzinst. Spätere Gewinnanteile sind diesem Konto solange gutzuschreiben, bis dieses Konto wieder ausgeglichen ist.[11] Die Kommanditisten sind verpflichtet, das Kapitalverlustkonto zu Lasten vorhandener Rücklagen auszugleichen, wenn die Gesellschafterversammlung dies anlässlich der Beschlussfassung über die Bilanzfeststellung mit einfacher Mehrheit beschließt.

c) Das Rücklagenkonto[12]
Auf dem Rücklagenkonto werden Zuzahlungen eines Gesellschafters in das Eigenkapital gebucht, die nicht auf einer Erhöhung des festen Kapitalkontos beruhen. Die Rücklagenkonten dienen der Stärkung des Eigenkapitals der Gesellschaft durch Pflichteinlagen und weisen keine Forderungen der Gesellschafter aus. Rücklagen werden auf die Kommanditisten im Verhältnis ihrer Kapitalkonten verteilt. Zuzahlungen auf das Rücklagenkonto bedürfen eines Gesellschafterbeschlusses. Über die Verzinsung des Rücklagenkontos und deren Höhe entscheidet die Gesellschafterversammlung durch Beschluss. Die Zinsen werden wie Aufwand behandelt.

d) Das Verrechnungskonto (Privatkonto)[13]
Auf diesem Konto werden alle sonstigen Forderungen und Verbindlichkeiten zwischen der Gesellschaft und den Gesellschaftern gebucht. Dies gilt insbesondere für Gewinngutschriften, soweit diese nicht zum Ausgleich eines Kapitalverlustkontos benötigt werden oder auf dem Rücklagenkonto zu verbuchen sind, für Zinsen aus den Darlehenskonten und sonstige Einlagen, sofern es sich dabei nicht um Zuzahlungen auf das Rücklagenkonto oder Gewährung von Darlehen handelt, sowie für Steuerentnahmen und sonstige Entnahmen nach Maßgabe der nachstehenden Bestimmungen.

---

[9] Zu Sinn und Zweck dieser Gestaltung → § 21 Rn. 32 f.
[10] Zum Kapitalverlustkonto vgl. MHdB KG/v. Falkenhausen/C. Schneider § 22 Rn. 55 ff.
[11] Durch diese Regelung werden die Kommanditisten vor einem Wiederaufleben ihrer Haftung nach § 172 Abs. 4 S. 2 HGB geschützt.
[12] Auf dem Rücklagenkonto werden nicht entnahmefähige Gewinne gutgeschrieben → § 21 Rn. 59 f.
[13] → § 21 Rn. 42 f.; dieses Konto wird dort als „Darlehenskonto" bezeichnet. Das Verrechnungskonto hat rein schuldrechtlichen Charakter, vgl. BGH WM 1977, 1022; BB 1978, 630. Scheidet ein Kommanditist zu einem Zeitpunkt aus der Gesellschaft aus, in dem auf dem Kapitalkonto ein negativer Saldo ausgewiesen ist, so findet eine Verrechnung mit den Verrechnungskonten nicht statt.

Das Verrechnungskonto wird im Soll und im Haben mit . . . % p.a. verzinst. Bemessungsgrundlage für die Zinsen ist der Stand der Verrechnungskonten zum Ende eines jeden Kalendermonats. Die Zinsen auf den Verrechnungskonten stellen im Verhältnis zu den Gesellschaftern Aufwand bzw. Ertrag dar. Die Gesellschaft ist zur Rückzahlung von Guthaben auf den Verrechnungskonten an die Gesellschafter jederzeit berechtigt.

e) Das Darlehenskonto[14]

Auf diesem Konto werden die von den Gesellschaftern gewährten Darlehen verbucht. Die Verzinsung der Gesellschafterdarlehen wird im Einzelfall durch einen mit einfacher Mehrheit zu fassenden Beschluss der Gesellschafterversammlung festgelegt. Die Zinsen werden wie Aufwand behandelt und dem Verrechnungskonto gutgeschrieben. Guthaben vom Darlehenskonto sind unter Einhaltung einer Frist von . . . Monaten zum Ende des Geschäftsjahres kündbar; die Gesellschaft ist indessen berechtigt, die Rückzahlung in gleichen Raten in einem Zeitraum von bis zu fünf Jahren vorzunehmen, soweit die finanzielle Lage der Gesellschaft dies erfordert.

§ 8
Ergebnisverteilung und Verbuchung

(1) Das Ergebnis der Gesellschaft wird wie folgt verteilt:
a) Aus dem Ergebnis erhält die Komplementärin vorweg eine Haftungsvergütung[15] in Höhe von . . . % ihres am Ende eines jeweiligen Geschäftsjahres vorhandenen Stammkapitals.
b) Das restliche Ergebnis wird unter den Kommanditisten im Verhältnis ihrer festen Kapitalkonten verteilt.[16]

(2) Gewinnanteile der Kommanditisten werden vorrangig zum Ausgleich eines auf den Kapitalverlustkonten (§ 7 lit. b) verbuchten Verlustes verwendet.[17] Die verbleibenden Gewinnanteile werden zunächst jeweils zu . . . % den Rücklagenkonten und der danach verbleibende Gewinn ihren Verrechnungskonten gutgeschrieben.[18] Die Gewinngutschriften erfolgen im Anschluss an die ordentliche Gesellschafterversammlung (§ 14 Abs. 4). Die

---

[14] Hierbei handelt es sich nicht um eine eigene Kontoart, sondern um ein besonderes Verrechnungskonto.

[15] Die Haftungsvergütung muss so bemessen sein, dass sich auch eine aus gesellschaftsfremden Personen bestehende GmbH mit ihr zufrieden gegeben hätte, sonst droht eine Qualifikation als verdeckte Gewinnausschüttung der GmbH, vgl. BeckFormB WirtschR/*Blaum/Scholz* VIII. D. 6. Anm. 33, 1727. Als angemessene Haftungsvergütung wird – je nach Gewicht des Risikos im Einzelfall – eine Avalprovision zwischen 2 % und 6 % des Stammkapitals der Komplementär-GmbH angesehen, vgl. ZHKSS/*Hottmann* Personengesellschaft im Steuerrecht, Kap. R. Rn. 77, 1233 mwN.

[16] → § 24 Rn. 11.

[17] Zur Erläuterung → Formular § 58 Fn. 18.

[18] Durch diese Bestimmung soll eine kontinuierliche Stärkung des Eigenkapitals als Regelfall sichergestellt werden, sie lässt aber durch die Regelung in § 8 Abs. 2 S. 4 auch Abweichungen aufgrund Gesellschafterbeschlusses zu. Die Bestimmung ist im Zusammenhang mit dem in § 9 Abs. 3 geregelten Entnahmerecht zu sehen, das entsprechend positive Verrechnungskonten voraussetzt.

Gesellschafterversammlung kann mit einfacher Mehrheit der abgegebenen Stimmen eine abweichende Aufteilung zwischen Rücklagenkonto und Verrechnungskonto beschließen; § 13 Abs. 3 lit. g) bleibt unberührt.

§ 9
Entnahmerecht[19]

(1) Die Kosten der Geschäftsführung, die Vergütung für die Geschäftsführung und die Haftungsvergütung für die Komplementärin können von dieser zum jeweiligen Fälligkeitszeitpunkt entnommen werden.

(2) Jeder Gesellschafter ist berechtigt, Entnahmen in Höhe der auf ihn entfallenden Personensteuern zu tätigen,[20] soweit sie aufgrund der Beteiligung des Gesellschafters an der Gesellschaft entstanden sind, und sofern auf dem Verrechnungskonto entsprechende Guthaben[21] zur Verfügung stehen und das Kapitalverlustkonto ausgeglichen ist.[22] Liegen diese Voraussetzungen nicht vor, verfügt der Gesellschafter aber über ein entsprechendes Guthaben auf dem Darlehenskonto, so kann die Entnahme durch Umbuchung eines entsprechenden Betrags vom Darlehenskonto auf das Verrechnungskonto erfolgen, ohne dass es der Einhaltung der Frist gemäß § 7 lit. e) bedarf. Werden einem Gesellschafter Steuern, die er aufgrund der Beteiligung entrichtet hat, zurückerstattet, so sind die Rückerstattungen dem Verrechnungskonto gutzuschreiben.[23]

(3) Jeder Gesellschafter ist über das Entnahmerecht nach Abs. 2 hinaus berechtigt, Entnahmen in Höhe von . . . % des auf ihn entfallenden Gewinnanteils zu verlangen.[24] Voraussetzung für den Entnahmeanspruch ist, dass entsprechende Guthaben auf dem Verrechnungskonto zur Verfügung stehen und das Kapitalverlustkonto ausgeglichen ist. Liegen diese Voraussetzungen nicht vor, verfügt der Gesellschafter aber über ein entsprechendes Guthaben auf dem Darlehenskonto, so kann die Entnahme durch Umbuchung eines entsprechenden Betrags vom Darlehenskonto auf das Verrechnungskonto erfolgen, ohne dass es der Einhaltung der Frist gemäß § 7 lit. e) bedarf.

---

[19] Zum Entnahmerecht → § 24 Rn. 19 ff.

[20] Zur Erläuterung dieser Bestimmung → § 24 Rn. 20, 40. Das Formular weicht von der gesetzlichen Regelung des § 169 Abs. 1 HGB ab, indem es auch den Kommanditisten Entnahmerechte zuerkennt. Allgemein zum Steuerentnahmerecht MüKoHGB/*Priester* § 122 Rn. 58 ff.; MHdB KG/v. *Falkenhausen/C. Schneider* § 24 Rn. 59 ff.

[21] Diese Bestimmung entspricht dem Auszahlungsverbot bei einem negativen Kapitalanteil gemäß § 169 Abs. 1 S. 2 Hs. 2 HGB.

[22] Die Berechnung und die dafür erforderliche Informationserteilung führen in der Praxis bisweilen zum Streit. Eine Alternative liegt darin, die hypothetischen Steuern zum jeweils gültigen Höchststeuersatz zugrunde zu legen.

[23] Eine solche Klarstellung ist zur Vermeidung von Auslegungsstreitigkeiten empfehlenswert.

[24] Bei der Festlegung des Prozentsatzes ist zu berücksichtigen, dass die auf den Gewinn zu entrichtenden Steuern bereits vorab entnommen werden.

**§ 10
Organe**

Organe der Gesellschaft sind die Komplementärin und die Gesellschafterversammlung.

**§ 11
Geschäftsführung und Vertretung**[25]

(1) Die persönlich haftende Gesellschafterin ist zur Geschäftsführung und Vertretung der Gesellschaft allein berechtigt und verpflichtet.
(2) Die Komplementärin und ihre Geschäftsführer sind bei allen Rechtshandlungen, welche die persönlich haftende Gesellschafterin mit oder gegenüber der Gesellschaft vornimmt, von den Beschränkungen des § 181 BGB befreit.[26]
(3) Die Komplementärin führt die Geschäfte der Gesellschaft nach Maßgabe der Gesetze und dieses Gesellschaftsvertrags und vertritt die Gesellschaft gerichtlich und außergerichtlich; sie hat insbesondere die Gesellschafterbeschlüsse auszuführen.[27]
(4) Neben ihrer Haftungsvergütung gemäß § 8 Abs. 1 lit. a) erhält die Komplementärin Ersatz aller Aufwendungen, die ihr durch ihre Tätigkeit entstehen. Sie erhält Entgelt für die Geschäftsführung, dessen Höhe und Fälligkeit durch mit einfacher Mehrheit zu fassenden Beschluss der Gesellschafterversammlung festgelegt wird.[28] Aufwendungsersatz und die Vergütung für die Geschäftsführung stellen im Verhältnis der Gesellschafter zueinander Aufwand dar.

**§ 12
Einschränkung der Geschäftsführungsbefugnis**

(1) Die Komplementärin bedarf zu allen Maßnahmen und Geschäften, die über den gewöhnlichen Geschäftsbetrieb der Gesellschaft hinausgehen oder mit denen ein außergewöhnliches wirtschaftliches Risiko verbunden ist, der vorherigen Zustimmung der Gesellschafterversammlung.[29] Das Widerspruchsrecht der Kommanditisten gemäß § 164 S. 1 Hs. 2 HGB ist durch die Bestimmungen dieses § 12 des vorliegenden Vertrages ersetzt.[30]
(2) Zustimmungsbedürftige Geschäfte und Maßnahmen sind insbesondere:

---

[25] → § 16 Rn. 5.
[26] → § 16 Rn. 23.
[27] Allgemein zum Umfang der Geschäftsführungsbefugnis → § 16 Rn. 13 ff.
[28] Wegen der Rechtsnatur der Geschäftsführung als gesellschafterliche Pflicht besteht von Gesetzes wegen kein Anspruch auf Vergütung, vgl. MVHdB GesR/*Götze* III. 1. Anm. 10, 223.
[29] → § 16 Rn. 16 f.
[30] Zur Zulässigkeit des Ausschlusses des Zustimmungserfordernisses von Kommanditisten → § 17 Rn. 67. Im Formular wird das Zustimmungserfordernis der Kommanditisten durch ein Zustimmungserfordernis der Gesellschafterversammlung ersetzt → § 17 Rn. 69.

a) Erwerb und Veräußerung, Pacht und Verpachtung von Unternehmen jeder Art oder Teilen davon,
b) Beteiligung an anderen Unternehmen,
c) Errichtung und Auflösung von Zweigniederlassungen,
d) Rechtsgeschäfte über den Erwerb und die Veräußerung von Grundstücken,
e) Belastung von Grundstücken und grundstücksgleichen Rechten,
f) Übernahme von Bürgschaften und Eingehen von Haftungen jeder Art, soweit diese nicht mit dem laufenden Geschäftsverkehr zusammenhängen,
g) Aufnahme von Krediten außerhalb des gewöhnlichen Geschäftsverkehrs,
h) Abschluss, Änderung und Beendigung von Organschaftsverträgen sowie Betriebsübernahme- und Betriebsüberlassungsverträgen jeder Art,
i) Investitionen ab einem Betrag von EUR . . . (ohne MwSt.) im Einzelfall, wenn sie in dem genehmigten jährlichen Investitionsplan nicht enthalten sind, und
j) die Beteiligung an Maßnahmen in Beteiligungsgesellschaften, soweit sie Angelegenheiten gemäß lit. a) bis i) betreffen, sei es durch Ausübung des Stimmrechts, sei es durch Wahrnehmung der Geschäftsführung, sowie die Ausübung des Stimmrechts bei Änderungen der Gesellschaftsverträge von Beteiligungsgesellschaften.

(3) Kann die Komplementärin die Zustimmung nicht vor der Durchführung des Rechtsgeschäfts oder einer Maßnahme einholen, ohne dass diese versagt worden ist, darf sie das Rechtsgeschäft oder die Maßnahme vornehmen, wenn von einer Nichtvornahme erhebliche Nachteile für die Gesellschaft zu befürchten sind. In diesem Zusammenhang ist unverzüglich die Genehmigung einzuholen.

(4) Die Gesellschafterversammlung kann durch Beschluss eine Geschäftsordnung für die persönlich haftende Gesellschafterin und deren Geschäftsführer errichten, ändern und ergänzen, in der Organisation und Zuständigkeiten der Geschäftsführung sowie ein Katalog zustimmungsbedürftiger Geschäfte bestimmt werden.

§ 13
Gesellschafterbeschlüsse[31]

(1) Die Willensbildung der Gesellschafter erfolgt durch Gesellschafterbeschluss. Die Gesellschafter können in allen Angelegenheiten der Gesellschaft Beschlüsse fassen.
(2) Gesellschafterbeschlüsse werden mit einfacher Mehrheit der anwesenden und vertretenen Stimmen gefasst, soweit der Vertrag oder das Gesetz[32] nicht eine andere Mehrheit zwingend vorschreibt.

---

[31] → § 17.
[32] Nach der sog. Kernbereichslehre (vgl. BGH NZG 2007, 259 (260); NJW 1995, 194 (195)) hängen Beschlüsse, die den Kernbereich der Mitgliedschaft berühren, von der Zustimmung des betroffenen Gesellschafters ab. Zum Kernbereich gehören: Gewinnverteilung, Beitragspflicht, Informationsrecht (§ 118 HGB, vgl. BGH NJW 1995, 194 (195)), Auflösungsklage (§ 133 HGB), Sonderrechte (§ 35 BGB), Abfindung, Liquidationserlös; vgl. daher auch die Einschränkungen in § 13 Abs. 3, insb. in lit. a).

(3) Mit einer Mehrheit von 75 % der anwesenden und vertretenen Stimmen beschließt die Gesellschafterversammlung über folgende Angelegenheiten:
   a) Änderungen des Gesellschaftsvertrags, insbesondere Änderungen der Rechtsform, der Firma, des Sitzes, des Unternehmensgegenstands sowie der Geschäftsführung und Vertretung,
   b) Aufnahme von neuen Gesellschaftern[33] oder stillen Gesellschaftern,
   c) Erhöhung oder Herabsetzung des Festkapitals,[34] wobei überstimmte Gesellschafter nicht zu einer Erhöhung ihrer Kapitaleinlage verpflichtet werden können,
   d) Entziehung der Geschäftsführungs- und Vertretungsbefugnis,
   e) Auflösung der Gesellschaft,
   f) Feststellung des Jahresabschlusses,
   g) Erhöhung der Rücklagendotierung gemäß § 8 Abs. 2 S. 4 Hs. 1,
   h) Entlastung der geschäftsführenden Gesellschafterin wegen ihrer Tätigkeit für die Gesellschaft,
   i) Veräußerung des Unternehmens im Ganzen,
   j) Einbringung des gesamten Vermögens der Gesellschaft in ein anderes Unternehmen, und
   k) Erwerb oder Veräußerung von Unternehmen oder Unternehmensbeteiligungen durch die Gesellschaft oder durch ein mit ihr verbundenes Unternehmen.

(4) Je EUR 1,– eines Gesellschaftsanteils gewähren eine Stimme.[35] Stimmenthaltungen gelten als nicht abgegebene Stimmen.

(5) Die Gesellschafter sind, soweit gesetzlich zulässig, auch in den Fällen des § 47 Abs. 4 GmbHG stimmberechtigt.[36]

(6) Einwendungen gegen die Wirksamkeit eines Gesellschafterbeschlusses können nur innerhalb einer Ausschlussfrist von einem Monat[37] seit Zugang des betreffenden Protokolls durch gerichtliche Feststellungsklage[38]

---

[33] → § 28 Rn. 11, dort auch zu sonstigen Gestaltungsalternativen.

[34] → § 28 Rn. 37 f.: die Beschlussmehrheiten in der GmbH und KG werden dadurch harmonisiert.

[35] → § 17 Rn. 175. Da die Komplementär-GmbH am Kapital der KG nicht beteiligt ist, ist sie aufgrund dieser Bestimmung nicht stimmberechtigt. Ein Ausschluss der Komplementär-GmbH vom Stimmrecht ist angesichts identischer Beteiligungsquoten der Gesellschafter in beiden Gesellschaften zulässig, vgl. BGH DStR 1993, 1341 (1342) m. Anm. *Goette*, und in der Praxis zur Herstellung gleicher Stimmenverhältnisse häufig erwünscht, vgl. BeckFormB WirtschR/*Blaum/Scholz* VIII. D. 6. Anm. 26, 1726; *Sommer* Gesellschaftsverträge der GmbH & Co. KG, 169.

[36] Es empfiehlt sich, im Gesellschaftsvertrag klarstellend zu regeln, ob das Stimmrecht in den Fällen des § 47 Abs. 4 GmbHG bzw. § 136 Abs. 1 AktG entfällt oder nicht, da dies bei den Personengesellschaften streitig ist, vgl. *Sommer* Gesellschaftsverträge der GmbH & Co. KG, 168 mit weiteren Hinweisen.

[37] Eine solche Regelung ist zulässig. Die Frist ist in diesem Fall von Amts wegen als materielle Klagevoraussetzung zu beachten, vgl. zur GmbH: BGH NZG 1998, 679; → § 18 Rn. 98.

[38] Es handelt sich um eine Klage iSv § 256 ZPO. Eine Anfechtungsklage mit Gestaltungswirkung entsprechend § 246 AktG ist dem Recht der Personengesellschaften fremd.

geltend gemacht werden. Die Klage ist gegen die Gesellschaft[39] zu richten.

(7) Die Beschlüsse der Gesellschafter werden in ordentlicher oder außerordentlicher Gesellschafterversammlung oder in sonstiger Weise gemäß § 15 gefasst.

§ 14
Gesellschafterversammlung[40]

(1) Die Gesellschafterversammlung wird durch die Komplementärin einberufen. Jeder Geschäftsführer der Komplementärin ist zur Einberufung berechtigt.[41] Die Einberufung erfolgt durch eingeschriebenen Brief[42] an die Gesellschafter unter Mitteilung der Tagesordnung und des Tagungsorts. Zwischen dem Tag der Absendung und dem Tag der Gesellschafterversammlung muss eine Frist von mindestens zwei Wochen liegen.[43] Die Einladung ist mit ihrer Aufgabe zur Post bewirkt. Bei der Berechnung der Frist werden der Tag der Absendung der Einladung und der Tag der Versammlung nicht mitgerechnet. Ist der Aufenthalt eines Gesellschafters unbekannt oder kann er aus anderen Gründen nicht ordnungsgemäß geladen werden, so ruht sein Stimmrecht bis zur Beseitigung dieses Zustands.

(2) Gesellschafter, die allein oder zusammen über mindestens 10 % der Stimmrechte aller Gesellschafter verfügen, sind berechtigt, unter Angabe der Gründe und der Gegenstände der Tagesordnung die Einberufung einer Gesellschafterversammlung zu verlangen.[44] Kommt die persönlich haftende Gesellschafterin diesem Verlangen nicht innerhalb von zwei Wochen nach, so können sie die Einberufung selbst bewirken.[45] Für Form und Frist der Einberufung gilt Abs. 1 entsprechend. Gesellschafter, die allein oder zusammen über mindestens 10 % der Stimmrechte aller Gesellschafter verfügen, sind auch berechtigt, unter Angabe des Gegenstands der Beschlussfassung die Ergänzung der Tagesordnung zu verlangen, wobei jedoch zwischen der Ankündigung der ergänzenden Tagesordnungspunkte und der Gesellschafterversammlung eine Frist von mindestens einer Woche liegen muss.

---

[39] Zur Zulässigkeit dieser Bestimmung vgl. BGH NZG 2011, 544 (545); ohne diese Bestimmung wäre die Klage gegen die Mitgesellschafter zu richten, da der Streit über die Wirksamkeit von Gesellschafterbeschlüssen in Personengesellschaften grundsätzlich zwischen den Gesellschaftern selbst auszutragen ist, vgl. BGH NZG 2009, 707 (709).

[40] Die Bestimmungen über die Gesellschafterversammlung sollten in der KG und in der GmbH weitgehend identisch sein, da die Gesellschafterversammlungen beider Gesellschaften idR zusammengefasst werden.

[41] Für den Fall, dass mehrere Geschäftsführer der Komplementärin nur gemeinschaftlich vertretungsberechtigt sind → § 17 Rn. 76.

[42] → Erläuterung in Formular § 58 Fn. 27.

[43] → Formular § 58 Fn. 28.

[44] Es ist empfehlenswert, die Bestimmungen über die Gesellschafterversammlung in der KG und in der GmbH weitgehend zu harmonisieren. Für die GmbH ergibt sich die vorstehende Regelung aus § 50 Abs. 1 GmbHG.

[45] → § 17 Rn. 100 ff.

(3) Gesellschafterversammlungen finden jeweils grundsätzlich am Sitz der Gesellschaft statt. Sie können jedoch in Einzelfällen an einem anderen Ort innerhalb der Bundesrepublik Deutschland stattfinden.[46] Mehrkosten, die den Gesellschaftern durch die Teilnahme an einer nicht am Sitz der Gesellschaft stattfindenden Gesellschafterversammlung entstehen, hat die Gesellschaft zu ersetzen.

(4) Eine ordentliche Gesellschafterversammlung findet alljährlich nach Aufstellung des Jahresabschlusses in den ersten neun Monaten nach dem Ende eines Geschäftsjahres statt. In dieser hat die Komplementärin über das vergangene Geschäftsjahr zu berichten und den Jahresabschluss und den Prüfungsbericht des Abschlussprüfers[47] zu erläutern. Die ordentliche Gesellschafterversammlung beschließt über die Feststellung des Jahresabschlusses, die Wahl des Abschlussprüfers sowie die Entlastung der Komplementärin. Jedem Gesellschafter ist auf Verlangen Auskunft über die Angelegenheiten der Gesellschaft zu geben, soweit es zur sachgemäßen Beurteilung des Gegenstands der Tagesordnung erforderlich ist.

(5) Eine außerordentliche Gesellschafterversammlung hat stattzufinden, wenn eine wichtige Angelegenheit es erfordert oder ein Gesellschafter gemäß Abs. 2 darauf anträgt.

(6) Den Vorsitz in der Gesellschafterversammlung führt der Vertreter des Gesellschafters mit der höchsten Kapitalbeteiligung.[48] Bei gleicher Kapitalbeteiligung zweier Gesellschafter alterniert der Vorsitz.

(7) Die Gesellschafterversammlung ist beschlussfähig, wenn mindestens so viele Gesellschafter anwesend oder vertreten sind, dass 75 % aller nach dem Gesellschaftsvertrag vorhandenen Stimmen abgegeben werden können. Erweist sich eine Gesellschafterversammlung als nicht beschlussfähig, ist innerhalb von zwei Wochen eine neue Gesellschafterversammlung gemäß Abs. 1 einzuberufen. Diese ist hinsichtlich der Gegenstände, die auf der Tagesordnung der beschlussunfähigen Gesellschafterversammlung standen, ohne Rücksicht auf die Zahl der anwesenden und vertretenen Gesellschafter beschlussfähig; darauf ist in der Einladung hinzuweisen.[49]

(8) Jeder Gesellschafter kann sich in der Gesellschafterversammlung durch einen anderen Gesellschafter oder einen zur Berufsverschwiegenheit verpflichteten, sachverständigen Dritten vertreten lassen.[50] Jeder Gesell-

---

[46] → § 17 Rn. 108.

[47] Die Bestellung eines Abschlussprüfers ist für die KG nur dann zwingend, wenn die Schwellenwerte des Publizitätsgesetzes (§ 1 Abs. 1 u. 2 PublG) überschritten sind.

[48] Mangels gesetzlicher Regelung ist es häufig zweckmäßig, Regelungen über den Vorsitz in der Gesellschafterversammlung zu treffen.

[49] Das Quorum für die Beschlussfähigkeit wird in der zweiten Gesellschafterversammlung im Hinblick auf die Abstimmungspunkte der ersten Versammlung aufgehoben. In diesem Fall verdient die Mehrheit keinen Schutz mehr. Auf die Konsequenzen für die Beschlussfähigkeit der zweiten Gesellschafterversammlung wird der Mehrheitsgesellschafter hingewiesen.

[50] Grundsätzlich ist die Teilnahme an der Gesellschafterversammlung ein höchstpersönliches Recht, welches die Stellvertretung nicht zulässt. Der Gesellschaftsvertrag darf jedoch eine Vertretung zulassen, vgl. *Veltins* Der Gesellschaftsvertrag der Kommanditge-

schafter kann ferner einen zur Berufsverschwiegenheit verpflichteten, sachverständigen Dritten zu seiner Beratung hinzuziehen, wenn er dies den anderen Gesellschaftern mit einer Frist von mindestens acht Tagen vorher schriftlich mitgeteilt hat.[51] Der Dritte unterliegt der Schweigepflicht wie ein Gesellschafter.

(9) Über den Verlauf der Gesellschafterversammlung ist eine Niederschrift anzufertigen, die vom Vorsitzenden zu unterzeichnen und unverzüglich allen Gesellschaftern zu übermitteln ist. In der Niederschrift sind der Ort und der Tag der Versammlung, die erschienenen Gesellschafter mit Angabe der Zahl der vertretenen Stimmen sowie die Beschlüsse anzugeben. Die Niederschrift gilt als genehmigt, wenn kein Gesellschafter, der an der Gesellschafterversammlung teilgenommen hat, innerhalb eines Monats ab Zugang des Protokolls schriftlich beim Vorsitzenden der Richtigkeit widersprochen hat.[52]

§ 15
Beschlussfassung in sonstiger Weise

(1) Beschlüsse können auch außerhalb einer Gesellschafterversammlung schriftlich, per Telefax oder fernmündlich gefasst werden, wenn alle Gesellschafter damit einverstanden sind oder sich an der Abstimmung beteiligen.[53]
(2) Die nach Abs. 1 gefassten Beschlüsse werden vom Vorsitzenden der Gesellschafterversammlung in einer Niederschrift festgestellt. Die Niederschrift ist allen Gesellschaftern unverzüglich zu übermitteln. § 14 Abs. 9 gilt entsprechend mit der Maßgabe, dass in der Niederschrift festgehalten wird, wer wie abgestimmt hat.

§ 16
Jahresabschluss[54]

(1) Die Komplementärin hat innerhalb der gesetzlichen Frist den Jahresabschluss für das abgelaufene Geschäftsjahr aufzustellen.
(2) Der Jahresabschluss ist durch einen von der Gesellschafterversammlung gewählten Abschlussprüfer (Wirtschaftsprüfer oder Wirtschaftsprüfungsgesellschaft) zu prüfen. Eine Abschrift des Jahresabschlusses und auf Aufforderung des Prüfungsberichts ist den Gesellschaftern unverzüglich zuzuleiten.

---

sellschaft, 2. Aufl. 2002, 91; → § 17 Rn. 127, 116. Um für die Situation, dass bei einem Gesellschafter, der eine natürliche Person ist, ein Betreuungsfall eintritt, vorzusorgen, kann der Gesellschaftsvertrag auch die Pflicht zur Erteilung einer sog. Vorsorgevollmacht anordnen. Eingehend hierzu *Sommer* Gesellschaftsverträge der GmbH & Co. KG, 170ff.

[51] → § 17 Rn. 127, 116.
[52] Danach ist der protokollierte Beschlussinhalt verbindlich. Diese Vorschrift dient dazu, Streitigkeiten um den Beschlussinhalt zwischen den Gesellschaftern auszuschließen → § 17 Rn. 134.
[53] Die Abhaltung einer Gesellschafterversammlung ist weder bei der KG noch bei der GmbH (§ 48 Abs. 2 GmbHG) zwingend. Zur Gesellschafterversammlung im Internet vgl. *Zwissler* GmbHR 2000, 28.
[54] → § 23.

17. Kapitel. Formulare

(3) Der Jahresabschluss wird von der Gesellschafterversammlung festgestellt. Der Entwurf des Jahresabschlusses ist den Gesellschaftern rechtzeitig vor der Beschlussfassung, jedoch mindestens zwei Wochen vorher, zuzuleiten.
(4) Mitteilungen über die einheitliche Feststellung des Gewinns der Gesellschaft und des Vermögens in der Gesellschaft sowie etwaige Änderungen dieser Feststellungen sind den Gesellschaftern unverzüglich zu übersenden. Auf Verlangen ist den Gesellschaftern vertrauliche Einsicht in die Berichte über die steuerliche Außenprüfung zu geben.

§ 17
Verfügung über Gesellschaftsanteile und Ansprüche aus dem Gesellschaftsverhältnis

(1) Entgeltliche oder unentgeltliche Verfügungen über Gesellschaftsanteile, Teile von Gesellschaftsanteilen oder Ansprüche des Gesellschafters aus dem Gesellschaftsvertrag bedürfen der vorherigen Zustimmung[55] der Gesellschafterversammlung. Diese beschließt mit einfacher Mehrheit der anwesenden und vertretenen Stimmen.[56]
(2) Abs. 1 gilt entsprechend für Belastungen des Gesellschaftsanteils.

§ 18
Vorkaufsrecht[57]

(1) Für den Fall des Verkaufs eines Gesellschaftsanteils durch einen Gesellschafter sind die übrigen Gesellschafter zum Vorkauf berechtigt. Das Vorkaufsrecht steht den Vorkaufsberechtigten in dem Verhältnis zu, in welchem die Nennbeträge der von ihnen gehaltenen Kommanditanteile zueinander stehen. Soweit ein Vorkaufsberechtigter von seinem Vorkaufsrecht nicht fristgerecht Gebrauch macht oder auf sein Vorkaufsrecht verzichtet, steht dieses den übrigen zum Vorkauf Berechtigten in dem Verhältnis zu, in welchem die Nennbeträge der von ihnen gehaltenen Kommanditanteile zueinander stehen.
(2) Der Verkäufer hat den mit dem Käufer schriftlich abgeschlossenen Vertrag sämtlichen Vorkaufsberechtigten in öffentlich beglaubigter Abschrift unverzüglich vorzulegen. Das Vorkaufsrecht kann nur bis zum Ablauf von drei Monaten nach Empfang dieser Mitteilung und nur durch schriftliche Annahmeerklärung gegenüber dem Verkäufer unter Mitteilung an die übrigen Vorkaufsberechtigten ausgeübt werden. Soweit einzelne Vorkaufsberechtigte ihr Vorkaufsrecht nicht ausüben, sind die übrigen Vorkaufsberechtigten unverzüglich zu unterrichten. Sie können innerhalb einer Frist von einem Monat das auf sie nach Abs. 1 übergegangene Vorkaufsrecht aus-

---

[55] Die Anteilsübertragung bleibt bis zur Erteilung der Zustimmung schwebend unwirksam → § 29 Rn. 26.
[56] Zu den Anforderungen an die Mehrheitsklausel beim Zustimmungserfordernis → § 29 Rn. 23.
[57] → § 29 Rn. 38 ff.; zur entsprechenden Regelung im Gesellschaftsvertrag der Komplementär-GmbH → § 59 III., § 12; zur Harmonisierung der vertraglichen Regelungen → § 29 Rn. 47 ff.

üben, sofern sie dies nicht im Rahmen ihrer Ausübungserklärung bereits vorsorglich getan haben.

(3) Jeder Vorkaufsberechtigte kann das Vorkaufsrecht hinsichtlich des ihm zustehenden Teils des zum Verkauf stehenden Kommanditanteils geltend machen, ohne dass es darauf ankommt, dass der Kommanditanteil infolge der Ausübung weiterer Vorkaufsrechte erschöpft wird.[58] Für den Vorkauf gelten der Preis und die Bedingungen des vorgelegten Vertrags. Ist der Preis jedoch höher als der nach § 23 Abs. 2 zu bestimmende Wert des Kommanditanteils, gilt letzterer.[59]

(4) Soweit der zum Verkauf stehende Kommanditanteil aufgrund des Vorkaufsrechts an einen Vorkaufsberechtigten verkauft wird, sind die Gesellschafter verpflichtet, die gemäß § 17 Abs. 1 für die Teilung gegebenenfalls erforderliche Zustimmung zu erteilen.

§ 19
Vererbung von Gesellschaftsanteilen[60]

(1) Durch den Tod eines Kommanditisten wird die Gesellschaft nicht aufgelöst, sondern mit den Erben des verstorbenen Gesellschafters fortgesetzt.

(2) Sind mehrere Erben vorhanden, so ist ihnen die Ausübung sämtlicher Gesellschafterrechte nur durch einen Bevollmächtigten gestattet,[61] ausgenommen das Recht zur Kündigung der Gesellschaft. Dieser Bevollmächtigte ist von der Erbengemeinschaft gegenüber der Gesellschaft innerhalb von drei Monaten nach dem Tod des Gesellschafters zu benennen. Das Stimmrecht der Erben ruht, bis sie einen Bevollmächtigten benannt haben und der Bevollmächtigte eine von allen Erben unterzeichnete Vollmacht vorlegt, die ihn zur einheitlichen Wahrnehmung der Mitgliedschaftsrechte der Erben, ausgenommen das Recht zur Kündigung, ermächtigt. Satz 1 und 3 gelten im Falle des Widerrufs der Vollmacht entsprechend, bis ein neuer Bevollmächtigter ernannt ist und seine Vollmacht vorgelegt hat.

---

[58] In dieser Regelung liegt eine erhebliche Begünstigung des Vorkaufsberechtigten. Sie ist für den Belasteten nicht ungefährlich, weil der Rest des Anteils uU nur schwer verwertbar sein wird.

[59] Auch diese Regelung privilegiert den Vorkaufsberechtigten, weil sie den Erwerbspreis limitiert. Darin liegt zugleich eine erhebliche Beschränkung des „Belasteten", zumal die in § 23 Abs. 2 festgelegte Methode nicht notwendigerweise zu einem dem Verkehrswert entsprechenden Ergebnis führt. Gleichwohl kann die Regelung im Einzelfall interessengerecht sein, wenn es dem Einzelnen erleichtert werden soll, das Eindringen Dritter zu verhindern bzw. seine Beteiligung uU zu erhöhen. Zugleich wird verhindert, dass Dritte im Vertrauen auf die Ausübung des Vorkaufsrechts „Mondpreise" bieten und so der Vorkaufspreis in die Höhe getrieben wird. Eine Alternative besteht darin, statt Vorkaufsrechten sog. Vorerwerbsrechte vorzusehen → § 29 Rn. 38.

[60] → §§ 34, 35; zu den steuerlichen Folgen → § 37.

[61] Entgegen § 2032 Abs. 1 BGB geht die Mitgliedschaft bei mehreren Erben nicht auf die Erbengemeinschaft über, sondern jeder Erbe erwirbt im Wege der Sonderrechtsnachfolge entsprechend seiner Erbquote einen Teil des Gesellschaftsanteils; st. Rspr., vgl. nur BGH NZG 2012, 385 (386); Baumbach/*Hopt* HGB § 177 Rn. 3. Der Gesellschaftsvertrag kann aber die gemeinsame Vertretung anordnen, vgl. GK/*Schilling* HGB § 177 Rn. 7.

§ 20
Kündigung der Gesellschaft[62]

(1) Die Gesellschaft kann mit einer Frist von sechs Monaten auf den Schluss eines Geschäftsjahres gekündigt werden, erstmals jedoch zum 31.12.20 ... Das Recht zur Kündigung aus wichtigem Grund bleibt unberührt.[63]

(2) Die Kündigung hat durch eingeschriebenen Brief an die Komplementärin zu erfolgen, die die übrigen Gesellschafter hiervon unverzüglich zu unterrichten hat.[64] Kündigt die Komplementärin, ist die Kündigung an alle übrigen Gesellschafter zu richten. Für die Wirksamkeit der Kündigung ist der Tag der Zustellung maßgebend.

(3) Wenn ein Gesellschafter die Gesellschaft fristgerecht gekündigt hat, kann sich jeder andere Gesellschafter der Kündigung innerhalb der ersten zwei Monate der Kündigungsfrist anschließen.[65] Abs. 2 gilt entsprechend. Die Anschlusskündigung löst nicht die Möglichkeit zu einer weiteren Anschlusskündigung aus.

(4) Die Kündigung führt nicht zur Auflösung der Gesellschaft. Diese wird mit den übrigen Gesellschaftern unter der bisherigen Firma fortgesetzt. Der Kündigende scheidet aus der Gesellschaft aus.

(5) Abs. 4 gilt entsprechend, wenn ein Privatgläubiger eines Gesellschafters das Gesellschaftsverhältnis gemäß § 135 HGB kündigt.[66]

§ 21
Ausschluss von Gesellschaftern[67]

(1) Die anderen Gesellschafter sind aufgrund eines von ihnen mit einfacher Mehrheit aller Stimmen gefassten Beschlusses berechtigt, einen Gesellschafter aus der Gesellschaft auszuschließen,
   a) wenn in seiner Person ein wichtiger Grund vorliegt, der nach den Vorschriften der §§ 161 Abs. 2, 140 Abs. 1 S. 1, 133 HGB seinen Ausschluss aus der Gesellschaft ermöglichen würde, insbesondere wenn eine Auflösungsklage eines Gesellschafters gemäß §§ 161 Abs. 2, 133 HGB rechtskräftig abgewiesen wurde,[68] oder
   b) wenn ein Gesellschafter geheiratet hat, ohne mit seinem Ehegatten rechtswirksam zu vereinbaren, dass bei Beendigung des Güterstands die Beteiligung an der Gesellschaft für die Berechnung des Zugewinn-

---

[62] → § 30 Rn. 28 ff.

[63] Ein Ausschluss des ordentlichen Kündigungsrechts wäre unzulässig, BGHZ 23, 10 (15); das Recht zur Kündigung aus wichtigem Grund ist unverzichtbar, vgl. nur MüKoHGB/*K. Schmidt* § 132 Rn. 37.

[64] → § 30 Rn. 40.

[65] → § 30 Rn. 40.

[66] → § 30 Rn. 44 ff.

[67] → § 31.

[68] Zur Zulässigkeit einer solchen vertraglichen Festlegung eines wichtigen Grundes iSd §§ 140 Abs. 1 S. 1, 133 HGB vgl. MüKoHGB/*K. Schmidt* § 133 Rn. 67 mit weiteren Hinweisen.

ausgleichs außer Betracht bleiben soll, oder wenn er eine solche Vereinbarung mit seinem Ehegatten rückgängig macht; dies gilt entsprechend für Lebenspartnerschaften nach dem Gesetz über die Eingetragene Lebenspartnerschaft.[69]
(2) Der betroffene Gesellschafter ist vom Stimmrecht ausgeschlossen.[70]
(3) Statt des Ausschlusses können die anderen Gesellschafter beschließen, dass der Gesellschaftsanteil des betroffenen Gesellschafters ganz oder teilweise auf einen oder mehrere Gesellschafter und/oder Dritte abzutreten ist. In diesen Fällen ist der betroffene Gesellschafter verpflichtet, seinen Gesellschaftsanteil unverzüglich gemäß dem gefassten Beschluss abzutreten. Die Komplementärin wird bevollmächtigt, die Abtretung vorzunehmen. Das Recht zum Ausschluss des betroffenen Gesellschafters bleibt unberührt.
(4) Von dem Gesellschafterbeschluss an, der den Ausschluss oder die Verpflichtung zur Abtretung des Gesellschaftsanteils anordnet, ruht – soweit rechtlich zulässig – das Stimmrecht des betroffenen Gesellschafters.
(5) Die Gesellschaft wird von den übrigen Gesellschaftern unter der bisherigen Firma fortgeführt.

§ 22
Insolvenz, Zwangsvollstreckung[71]

(1) Wird über das Vermögen eines Gesellschafters ein Insolvenzverfahren eröffnet oder mangels Masse abgewiesen, scheidet er zum Zeitpunkt der Verfahrenseröffnung oder zum Zeitpunkt der Abweisung des Eröffnungsantrags aus der Gesellschaft aus. Die Gesellschaft wird unter den übrigen Gesellschaftern unter der bisherigen Firma fortgesetzt.
(2) Abs. 1 gilt entsprechend, wenn die Rechte eines Gesellschafters aus seiner Beteiligung an der Gesellschaft gepfändet werden und es dem Gesellschafter nicht gelingt, innerhalb einer Frist von drei Monaten seit Zustellung des Pfändungs- und Überweisungsbeschlusses die Aufhebung der Pfändung zu erreichen.

§ 23
Abfindung[72]

(1) In den Fällen des Ausscheidens hat der ausscheidende Gesellschafter Anspruch auf eine Abfindung nach Maßgabe der Bestimmungen dieses Ver-

---

[69] Solche Klauseln sollen den Gesellschafter vor hohen Zugewinnausgleichsforderungen, denen keine entsprechende Liquidität gegenübersteht, schützen; durch diesen Schutz soll – und darin liegt die Rechtfertigung dieser Klauseln – zugleich die Gesellschaft davor geschützt werden, dass der Gesellschafter seine Liquidität durch erhöhte Entnahmen, Darlehenskündigungen etc. herstellen oder die Anteile gar veräußern muss. Als Alternative kommt das noch strengere (im Einzelfall aber steuerungünstigere, vgl. § 5 ErbStG) Erfordernis einer Gütertrennung in Betracht, vgl. hierzu *Reichert/Harbarth* GmbH-Vertrag, 174 ff.
[70] → § 31 Rn. 43.
[71] § 131 Abs. 3 S. 1 Nr. 2 u. 5 HGB.
[72] → § 32.

trags. Zum Zwecke der Ermittlung des Abfindungsguthabens ist von der Komplementärin eine Abfindungsbilanz nach Maßgabe der nachfolgenden Vorschriften aufzustellen.

(2) Scheidet ein Gesellschafter durch Kündigung gemäß § 20 aus der Gesellschaft aus,[73] erhält er als Abfindung den Verkehrswert der Beteiligung. Dieser ist nach dem sogenannten Ertragswertverfahren[74] zu ermitteln. Dabei ist der Durchschnitt der handelsrechtlichen Jahresüberschüsse der letzten drei vollen Geschäftsjahre vor dem Ausscheiden mit dem Faktor 10 zu multiplizieren.[75] Eine Änderung des Jahresabschlusses nach dem Ausscheiden hat auf die Abfindung keinen Einfluss. Werden dem Ausgeschiedenen aufgrund der Abweichung der einkommensteuerlichen gesonderten Gewinnfeststellung von der Handelsbilanz nach seinem Ausscheiden steuerlich Mehrgewinne zugerechnet, hat die Gesellschaft den Ausgeschiedenen von den auf diese Mehrgewinne entfallenden Steuerverbindlichkeiten freizustellen, es sei denn, diese Steuerverbindlichkeiten sind darauf zurückzuführen, dass persönliche Aufwendungen des Ausgeschiedenen oder Aufwendungen für den Ausgeschiedenen nicht als Betriebsausgaben steuerlich anerkannt werden.

(3) Kommt eine Einigung über den Abfindungswert nicht zustande, so haben sich die Parteien auf einen Sachverständigen zu einigen, der als Schiedsgutachter mit bindender Wirkung für sie entscheidet. Können sich die Parteien nicht über die Person des Schiedsgutachters einigen, wird dieser auf Antrag einer Partei durch das Institut der Wirtschaftsprüfer e.V., Düsseldorf, oder dessen Nachfolgeorganisation bestimmt und von der beantragenden Partei zu üblichen Bedingungen beauftragt. Die Kosten des Schiedsgutachtens tragen der ausscheidende Gesellschafter und die Gesellschaft je zur Hälfte.

(4) In allen anderen Fällen des Ausscheidens, mit Ausnahme des Ausscheidens durch die Ausübung von Vorkaufsrechten, erhält der Gesellschafter als Abfindung den Saldo seiner Konten (Kapitalkonto, Kapitalverlustkonto und Rücklagenkonto)[76] in der letzten ordentlichen Jahresbilanz, die sei-

---

[73] In allen anderen Fällen ist eine stärkere Beschränkung der Abfindung vorgesehen.
[74] → § 29 Rn. 41 ff.
[75] Es handelt sich hierbei um eine Alternative zur gängigen Ertragswertmethode nach IDW S 1, die nicht auf die Vergangenheitserfolge, sondern auf die Zukunftserfolge abstellt und den Kapitalisierungsfaktor von individuell zu bestimmenden Voraussetzungen abhängig macht. Die Klausel soll die Berechnung stark vereinfachen, nimmt dabei aber in Kauf, dass ihr Ergebnis vom tatsächlichen Beteiligungswert nicht mehrheitlich nach oben oder nach unten abweichen kann.
[76] Die Abfindungsklausel differenziert zwischen den Fällen des Ausscheidens aufgrund Kündigung, bei denen sich die Abfindung aus einer vereinfachten Ertragswertberechnung (im Gegensatz zur gängigen Methode allerdings nicht auf die Zukunft, sondern auf die Vergangenheit projiziert) ergeben soll und anderen Fällen des Ausscheidens, bei denen die Abfindung auf den Buchwert beschränkt ist. Selbst wenn man in der Tendenz wohl davon ausgehen kann, dass für Ausschlussfälle die Gefahr einer Kassation einer Buchwertklausel geringer ist, lassen sich auch insoweit bei erheblichen Abweichungen Risiken nicht ausschließen. Zum einen kommt das Risiko nach § 138 BGB in Betracht, wobei allerdings der Aspekt einer Gläubigerbenachteiligung hier wohl ausscheidet, da die Klausel auch andere Fälle erfasst. Daneben ist allerdings auch zu besorgen, dass die

nem Ausscheiden vorangeht oder auf den Stichtag des Ausscheidens aufgestellt wird. Ein Kapitalverlustkonto kann dabei nur mit positiven Beständen auf dem Kapitalkonto und/oder Rücklagenkonto verrechnet werden. Sollte diese Bestimmung unwirksam oder unanwendbar sein, erhält der betreffende Gesellschafter 50 % der Abfindung gemäß Abs. 2.

(5) Die Abfindung und ein etwaiges Guthaben auf dem Verrechnungs- und Darlehenskonto (Abfindungsguthaben) sind in drei gleichen Jahresraten auszuzahlen, wobei die erste Rate ein Jahr nach dem Ausscheiden fällig wird. Das Abfindungsguthaben ist in seiner jeweiligen Höhe vom Tag des Ausscheidens an mit . . . % p.a. zu verzinsen.[77] Die angelaufenen Zinsen sind mit der jeweiligen Rate zu zahlen. Das Abfindungsguthaben kann ganz oder teilweise vorzeitig ausgezahlt werden. Die vorzeitig gezahlten Beträge werden auf die nächstfälligen Raten angerechnet. Die Bestellung einer Sicherheit kann nicht verlangt werden, ebenso wenig die Befreiung von schwebenden Verbindlichkeiten.

(6) Sollte die Einhaltung der Jahresraten nicht ohne schweren Schaden für die Gesellschaft möglich sein, ermäßigt sich die Höhe der Jahresraten auf den Betrag, der für die Gesellschaft ohne schwere Schädigung tragbar ist, wobei sich die Zahl der Jahresraten entsprechend erhöht. Entsteht darüber, ob die Einhaltung der Jahresraten ohne schweren Schaden für die Gesellschaft möglich ist und/oder um welche Zahl sich die Raten erhöhen, Streit zwischen den Beteiligten, so wird dieser von einem Schiedsgutachter nach billigem Ermessen entschieden. Abs. 3 S. 2 gilt entsprechend. Der Schiedsgutachter entscheidet auch über die Tragung seiner Kosten nach billigem Ermessen.

(7) Weitere Ansprüche des ausscheidenden Gesellschafters bestehen nicht. Insbesondere nimmt er am Gewinn und Verlust aus bei seinem Ausscheiden noch schwebenden Geschäften nicht teil, soweit diese nicht zu bilanzieren sind.

§ 24
Gesellschafterpflichten

(1) Die Gesellschafter haben in allen Angelegenheiten der Gesellschaft Stillschweigen zu bewahren.[78] Dies gilt auch nach einem etwaigen Ausscheiden aus der Gesellschaft.

(2) Die Gesellschafter sind zur Gesellschaftstreue[79] verpflichtet. Sie haben den Gesellschaftszweck zu fördern, dürfen die Gesellschaft in keiner Weise schädigen und sind insbesondere gehalten, Geschäftsgeheimnisse oder ge-

---

Rspr. die Klausel im Einzelfall nicht anwendet, wenn sich im Laufe der Zeit ein erhebliches Missverhältnis zwischen Buchwert und vollem Anteilswert ergibt; zu den Einzelheiten → § 32 Rn. 22 ff. Um diesen Risiken Rechnung zu tragen, ist die Beschränkung auf den Buchwert hier insoweit eingeschränkt, als jedenfalls eine Abfindung von 50 % des modifizierten Ertragswerts gemäß § 23 Abs. 2 zur Anwendung kommt.

[77] Zu den Grenzen der rechtlichen Gestaltung bei Zahlungsmodalitäten für eine Abfindung → § 32 Rn. 32 ff.
[78] → § 26 Rn. 8.
[79] Zur Treuepflicht → § 26.

schäftliche Beziehungen nicht zu deren Nachteil oder zum eigenen Vorteil auszunutzen. Den Gesellschaftern obliegt es, untereinander und zu den Mitarbeitern der Gesellschaft ein gutes Verhältnis herzustellen und zu wahren.
(3) Die Gesellschafter unterliegen keinem Wettbewerbsverbot.[80]

§ 25
Leistungsverkehr mit der Gesellschaft

Im Leistungsverkehr zwischen der Gesellschaft und ihren Gesellschaftern ist es untersagt, einem Gesellschafter oder einer ihm nahe stehenden Person unangemessene Vorteile irgendwelcher Art vertragsgemäß oder durch einseitige Handlung zuzuwenden oder die Gewährung solcher Vorteile stillschweigend zuzulassen.

§ 26
Liquidation[81]

(1) Tritt die Gesellschaft in Liquidation, so ist die zu diesem Zeitpunkt zur Geschäftsführung berechtigte Komplementärin alleinige Liquidatorin.
(2) Das Liquidationsergebnis ist nach dem Verhältnis der Kapitalkonten zu verteilen.

§ 27
Schriftform

Nebenabreden zu diesem Vertrag sind nicht getroffen. Änderungen oder Ergänzungen bedürfen zu ihrer Rechtswirksamkeit der Schriftform. Das Gleiche gilt für den Verzicht auf dieses Schriftformerfordernis.

§ 28
Salvatorische Klausel

Sollten Bestimmungen dieses Vertrags oder eine künftig in ihn aufgenommene Bestimmung ganz oder teilweise unwirksam oder undurchführbar sein oder werden, so bleibt die Gültigkeit der übrigen Bestimmungen hiervon unberührt. Das Gleiche gilt, falls sich herausstellen sollte, dass der Vertrag eine Regelungslücke enthält. Anstelle der unwirksamen oder undurchführbaren Bestimmungen oder zur Ausfüllung der Regelungslücke soll dann eine angemessene Regelung gelten, die dem am nächsten kommt, was die Gesellschafter gewollt hätten, wenn sie die Unwirksamkeit, Undurchführbarkeit oder Lückenhaftigkeit gekannt hätten. Das Gleiche gilt, wenn die Unwirksamkeit einer Bestimmung auf einem im Vertrag vorgeschriebenen Maß der Leistung oder Zeit (Frist oder Termin) beruht. In diesem Fall soll das Maß der Leistung oder Zeit (Frist oder Termin) als vereinbart gelten, das rechtlich zulässig ist und dem Gewollten möglichst nahe kommt.

---

[80] Zu vertraglichen Gestaltungsmöglichkeiten bzgl. Wettbewerbsverboten → § 27 Rn. 52 ff.
[81] → § 47.

III. Satzung der Komplementär-GmbH

Satzung der A & F Verwaltungsgesellschaft mbH

Inhaltsverzeichnis

§ 1 Firma
§ 2 Sitz
§ 3 Gegenstand der Gesellschaft
§ 4 Stammkapital, Stammeinlagen
§ 5 Geschäftsführer
§ 6 Geschäftsführung
§ 7 Vertretung
§ 8 Gesellschafterversammlung
§ 9 Beschlussfassung
§ 10 Geschäftsjahr, Jahresabschluss
§ 11 Verfügungen über Geschäftsanteile
§ 12 Vorkaufsrecht
§ 13 Vererbung von Geschäftsanteilen
§ 14 Einziehung
§ 15 Dauer
§ 16 Salvatorische Klausel

§ 1
Firma

Die Firma der Gesellschaft lautet:
A & F Verwaltungsgesellschaft mbH.[82]

§ 2
Sitz[83]

Der Sitz der Gesellschaft ist .... (Ort)

§ 3
Gegenstand der Gesellschaft[84]

Gegenstand der Gesellschaft ist die Beteiligung als persönlich haftende, geschäftsführende Gesellschafterin an Gesellschaften, die sich mit der Herstellung und dem Vertrieb von Nahrungsmitteln, insbesondere von Süßwaren, befassen.[85]

---

[82] Zum Firmenrecht der GmbH vgl. MüKoGmbHG/*J. Mayer* § 4 Rn. 5 ff.; → § 14 Rn. 18.
[83] → § 15 Rn. 9 ff.
[84] → Erläuterungen zu § 58 III., § 2.
[85] Diese Präzisierung unter Benennung des Unternehmensgegenstands der Gesellschaften empfiehlt sich im Hinblick auf BayObLG NJW 1976, 1694, obwohl sie nach richtiger Auffassung entbehrlich ist, vgl. BayObLG GmbHR 1995, 722 (723); HTM/*Lüke* GmbH & Co. KG § 3 Rn. 11.

§ 4
Stammkapital, Stammeinlagen[86]

(1) Das Stammkapital der Gesellschaft beträgt EUR 100.000,–. Die Stammeinlagen wurden in Höhe von EUR 90.000,– von der A-AG und in Höhe von EUR 10.000,– von F übernommen.[87]
(2) Die Stammeinlagen sind voll erbracht.

§ 5
Geschäftsführer

Die Gesellschaft hat einen oder mehrere Geschäftsführer, die von der Gesellschafterversammlung bestellt und abberufen werden.

§ 6
Geschäftsführung[88]

(1) Die Geschäftsführer sind verpflichtet, die Geschäfte der Gesellschaft in Übereinstimmung mit dem Gesetz, mit diesem Gesellschaftsvertrag sowie den Beschlüssen der Gesellschafter zu führen.
(2) Sind zwei oder mehrere Geschäftsführer bestellt, sind sie, unbeschadet ihrer Vertretungsmacht nach außen, nur gemeinschaftlich zur Geschäftsführung befugt, soweit nicht in einer von der Gesellschafterversammlung zu beschließenden Geschäftsordnung Abweichendes festgelegt ist.[89]
(3) Die Geschäftsführung bedarf zu allen Maßnahmen und Geschäften, die über den gewöhnlichen Geschäftsbetrieb der Gesellschaft hinausgehen, oder mit denen ein außergewöhnliches wirtschaftliches Risiko verbunden ist, der vorherigen Zustimmung der Gesellschafterversammlung. Zustimmungsbedürftige Geschäfte und Maßnahmen sind insbesondere:[90]
 a) Erwerb und Veräußerung, Pacht und Verpachtung von Unternehmen jeglicher Art oder Teilen davon,
 b) Beteiligung an anderen Unternehmen,
 c) Errichtung und Auflösung von Zweigniederlassungen,
 d) Rechtsgeschäfte über den Erwerb und die Veräußerung von Grundstücken,

---

[86] Vgl. dazu *Reichert/Harbarth* GmbH-Vertrag, 76.

[87] Die Geschäftsanteile müssen in der Satzung – anders als in der Gesellschafterliste – nicht laufend nummeriert werden, MüKoGmbHG/*Wicke* § 3 Rn. 52; Baumbach/Hueck/*Fastrich* GmbHG § 3 Rn. 16.

[88] → § 16 Rn. 60 ff.

[89] Vgl. dazu *Reichert/Harbarth* GmbH-Vertrag, 88 f.

[90] Das Recht der Gesellschafter, auch andere Geschäfte und Maßnahmen an sich zu ziehen und den Geschäftsführern diesbezügliche Weisungen zu erteilen, wird durch den Katalog nicht berührt, vgl. auch Scholz/*U.H. Schneider* GmbHG § 37 Rn. 30. Der Zustimmungskatalog ist mit demjenigen in der GmbH & Co. KG harmonisiert. An sich würde es genügen, ihn entweder nur in der GmbH oder nur in der GmbH & Co. KG anzusiedeln. Die hier vorgesehene „Doppelung" macht nur Sinn, falls der Gesellschafterkreis auseinanderfallen sollte und nicht bewusst nur einer der Gesellschaften die Zustimmungskompetenz eingeräumt werden soll.

e) Belastung von Grundstücken und grundstücksgleichen Rechten,
f) Übernahme von Bürgschaften und Eingehen von Haftungen jeglicher Art, soweit diese nicht mit dem laufenden Geschäftsverkehr zusammenhängen,
g) Aufnahme von Krediten außerhalb des gewöhnlichen Geschäftsverkehrs,
h) Abschluss, Änderung und Beendigung von Organschaftsverträgen sowie Betriebsübernahme- und Betriebsüberlassungsverträgen jeglicher Art,
i) Investitionen ab einem Betrag von EUR . . . (ohne USt.) im Einzelfall, wenn sie in dem genehmigten jährlichen Investitionsplan nicht enthalten sind, und
j) die Beteiligung an Maßnahmen in Beteiligungsgesellschaften, soweit sie Angelegenheiten gemäß lit. a) bis i) betreffen, sei es durch Ausübung des Stimmrechts, sei es durch Wahrnehmung der Geschäftsführung, sowie die Ausübung des Stimmrechts bei Änderungen der Gesellschaftsverträge von Beteiligungsgesellschaften.

(4) Die Geschäftsführer haben unverzüglich nach Wirksamwerden jeder Veränderung in den Personen der Gesellschafter oder des Umfangs ihrer Beteiligung eine von ihnen unterschriebene Liste der Gesellschafter zum Handelsregister einzureichen, aus welcher Name, Vorname, Geburtsdatum und Wohnort der letzteren sowie die Nennbeträge und die laufenden Nummern der von einem jeden derselben übernommenen Geschäftsanteile zu entnehmen sind. Die Veränderungen sind den Geschäftsführern schriftlich mitzuteilen und nachzuweisen, wobei als Nachweis Urkunden entweder in Urschrift oder in beglaubigter Abschrift vorzulegen sind. Für den Nachweis der Erbfolge gilt § 35 der Grundbuchordnung entsprechend. Nach Aufnahme der geänderten Gesellschafterliste in das Handelsregister müssen die Geschäftsführer allen Gesellschaftern unverzüglich eine Abschrift der geänderten Gesellschafterliste übersenden. Überdies sind sie dazu verpflichtet, allen Gesellschaftern mindestens einmal pro Jahr einen aktuellen Auszug der im Handelsregister aufgenommenen Gesellschafterliste zur Kenntnis zu geben.[91]

§ 7
Vertretung[92]

Die Gesellschaft wird, wenn nur ein Geschäftsführer bestellt ist, durch diesen vertreten. Sind mehrere Geschäftsführer bestellt, wird sie durch zwei Geschäftsführer gemeinschaftlich oder durch einen Geschäftsführer gemeinsam

---

[91] Die Pflicht, Änderungen im Gesellschafterbestand zum Handelsregister anzumelden, ergibt sich bereits aus § 40 Abs. 1 S. 1 GmbHG, sodass die hier vorgeschlagene Regelung teilweise deklaratorisch ist. Sie ist jedoch empfehlenswert, weil so einerseits die Anforderungen an Mitteilung und Nachweis, § 40 Abs. 1 S. 2 GmbHG, konkretisiert werden, und andererseits die regelmäßige Informationspflicht über die Gesellschafterliste für einen besseren Schutz der Gesellschafter vor einem gutgläubigen Anteilserwerb nach § 16 Abs. 3 GmbHG sorgt; wie hier *Sommer*, Gesellschaftsverträge der GmbH & Co. KG, 265 f. und 268 f.

[92] → § 16 Rn. 70 ff.

mit einem Prokuristen vertreten. Durch Beschluss der Gesellschafterversammlung kann, wenn mehrere Geschäftsführer bestellt sind, einzelnen oder allen von ihnen die Befugnis zur Einzelvertretung erteilt werden und, wenn nur ein Geschäftsführer bestellt ist, diesem, oder wenn mehrere Geschäftsführer bestellt sind, einzelnen oder allen von ihnen Befreiung von den Beschränkungen des § 181 BGB erteilt werden. Für Geschäfte mit der A & F Süßwarenfabrik GmbH & Co. KG sind die Geschäftsführer von den Beschränkungen des § 181 BGB befreit.[93]

§ 8
Gesellschafterversammlung[94]

(1) Die Gesellschafterversammlung wird durch die Geschäftsführer einberufen. Jeder Geschäftsführer ist zur Einberufung berechtigt.[95] Die Einberufung erfolgt durch eingeschriebenen Brief an die Gesellschafter unter Mitteilung der Tagesordnung und des Tagungsorts. Zwischen dem Tag der Absendung und dem Tag der Gesellschafterversammlung muss eine Frist von mindestens zwei Wochen liegen.[96] Die Einladung ist mit ihrer Aufgabe zur Post bewirkt. Bei der Berechnung der Frist werden der Tag der Absendung der Einladung und der Tag der Versammlung nicht mitgerechnet. Ist der Aufenthalt eines Gesellschafters unbekannt oder kann er aus anderen Gründen nicht ordnungsgemäß geladen werden, so ruht sein Stimmrecht bis zur Beseitigung dieses Zustands.

(2) Gesellschafterversammlungen finden jeweils grundsätzlich am Sitz der Gesellschaft statt. Sie können jedoch in Einzelfällen an einem anderen Ort innerhalb der Bundesrepublik Deutschland stattfinden.[97] Mehrkosten, die den Gesellschaftern durch die Teilnahme an einer nicht am Sitz der Gesellschaft stattfindenden Gesellschafterversammlung entstehen, hat die Gesellschaft zu ersetzen.

(3) Den Vorsitz in der Gesellschafterversammlung führt der Vertreter des Gesellschafters mit der höchsten Kapitalbeteiligung.[98] Bei gleicher Kapitalbeteiligung zweier Gesellschafter alterniert der Vorsitz.

(4) Die Gesellschafterversammlung ist beschlussfähig, wenn mindestens so viele Gesellschafter anwesend oder vertreten sind, dass 75 % aller nach dem Gesellschaftsvertrag vorhandenen Stimmen abgegeben werden können. Erweist sich eine Gesellschafterversammlung als nicht beschlussfähig, ist innerhalb von zwei Wochen eine neue Gesellschafterversammlung gemäß Abs. 1 einzuberufen. Diese ist hinsichtlich der Gegenstände, die

---

[93] Zur Befreiung vom Verbot des Selbstkontrahierens → § 16 Rn. 23.

[94] Die Bestimmungen über die Gesellschafterversammlung sollten in der KG und in der GmbH weitgehend identisch sein, da die Gesellschafterversammlungen beider Gesellschaften idR zusammengefasst werden.

[95] Enthält eine Klarstellung, die der zu § 49 Abs. 1 GmbHG ergangenen Rspr. entspricht, vgl. OLG Düsseldorf NZG 2004, 916 (921); BayObLG NZG 1999, 1063; Lutter/Hommelhoff/*Bayer* GmbHG § 49 Rn. 2.

[96] Zum gesetzlichen Regelungsmodell → § 17 Rn. 96f.

[97] Zu den Schranken dieser Regelung → § 17 Rn. 91.

[98] → § 17 Rn. 132f., dort auch zum Vorgehen, wenn eine solche Regelung fehlt.

auf der Tagesordnung der beschlussunfähigen Gesellschafterversammlung standen, ohne Rücksicht auf die Zahl der anwesenden und vertretenen Gesellschafter beschlussfähig; darauf ist in der Einladung hinzuweisen.

(5) Jeder Gesellschafter kann sich in der Gesellschafterversammlung durch einen anderen Gesellschafter oder einen zur Berufsverschwiegenheit verpflichteten, sachverständigen Dritten vertreten lassen. Die Vollmacht bedarf der Schriftform.[99] Durch andere Personen kann sich ein Gesellschafter nicht vertreten lassen.[100] Jeder Gesellschafter kann ferner einen zur Berufsverschwiegenheit verpflichteten, sachverständigen Dritten zu seiner Beratung hinzuziehen, wenn er dies den anderen Gesellschaftern mit einer Frist von mindestens acht Tagen vorher schriftlich mitgeteilt hat.[101] Der Dritte unterliegt der Schweigepflicht wie ein Gesellschafter.

(6) Über den Verlauf der Gesellschafterversammlung ist eine Niederschrift anzufertigen, die vom Vorsitzenden der Gesellschafterversammlung zu unterzeichnen und unverzüglich allen Gesellschaftern zu übermitteln ist. In der Niederschrift sind der Ort und der Tag der Versammlung, die erschienenen Gesellschafter mit Angabe der Zahl der vertretenen Stimmen sowie die Beschlüsse anzugeben. Die Niederschrift gilt als genehmigt, wenn kein Gesellschafter, der an der Gesellschafterversammlung teilgenommen hat, innerhalb eines Monats nach Zugang des Protokolls schriftlich beim Vorsitzenden der Richtigkeit des Protokolls widersprochen hat.[102]

§ 9
Beschlussfassung

(1) Gesellschafterbeschlüsse werden in der Gesellschafterversammlung gefasst.

(2) Je EUR 1,– eines Geschäftsanteils gewähren eine Stimme. Stimmenthaltungen gelten als nicht abgegebene Stimme. Die Gesellschafter sind, soweit gesetzlich zulässig, abweichend von § 47 Abs. 4 GmbHG stimmberechtigt.[103]

---

[99] Demgegenüber genügt nach der dispositiven Gesetzesregelung die Textform, vgl. § 47 Abs. 3 GmbHG iVm § 126b BGB.

[100] Im Interesse der Vertraulichkeit begrenzt diese Satzungsbestimmung den Kreis der Vertretungsberechtigten im Vergleich zur gesetzlichen Regelung nach § 47 Abs. 3 GmbHG.

[101] Zum Recht der Gesellschafter, einen Berater beizuziehen → § 17 Rn. 116.

[102] Zu Sinn und Zweck dieser Regelung → § 17 Rn. 121.

[103] § 47 Abs. 4 GmbHG soll das Gesellschaftsvermögen gegenüber einem einzelnen Gesellschafter im Interesse der Gesamtheit der Gesellschafter schützen. Diese Bestimmung steht in gewissem Umfang zur Disposition der Gesellschaftergesamtheit und kann insoweit im Gesellschaftsvertrag eingeschränkt oder abbedungen werden, vgl. Lutter/Hommelhoff/*Bayer* GmbHG § 47 Rn. 33. Dies gilt allerdings nicht für das Verbot, als „Richter in eigener Sache" mitzuentscheiden, vgl. BGH NZG 2009, 707 (709); DStR 1994, 869 (870). Allgemein zur Befreiung vom Stimmverbot des § 47 Abs. 4 GmbHG vgl. *Reichert/Harbarth* GmbH-Vertrag, 110 f.; → § 17 Rn. 159.

(3) Gesellschafterbeschlüsse werden mit einfacher Mehrheit der Stimmen der anwesenden und vertretenen Gesellschafter gefasst,[104] soweit der Vertrag oder das Gesetz nicht eine andere Mehrheit zwingend vorschreibt.[105]
(4) Einwendungen gegen die Wirksamkeit eines Gesellschafterbeschlusses können nur innerhalb einer Ausschlussfrist von einem Monat ab Zugang des betreffenden Protokolls durch Nichtigkeits- bzw. Anfechtungsklage geltend gemacht werden.[106]
(5) Beschlüsse können auch außerhalb einer Gesellschafterversammlung schriftlich, per Telefax oder fernmündlich gefasst werden, wenn alle Gesellschafter damit einverstanden sind oder sich an der Abstimmung beteiligen.[107]
(6) Die nach Abs. 5 gefassten Beschlüsse werden vom Vorsitzenden der Gesellschafterversammlung in einer Niederschrift festgestellt. Die Niederschrift ist allen Gesellschaftern unverzüglich zu übermitteln. § 8 Abs. 6 gilt entsprechend mit der Maßgabe, dass in der Niederschrift festgehalten wird, wer wie abgestimmt hat.[108]

§ 10
Geschäftsjahr, Jahresabschluss

(1) Das Geschäftsjahr entspricht dem Kalenderjahr.
(2) Nach Ablauf eines Geschäftsjahres sind der Jahresabschluss[109] und der Lagebericht[110] für das abgelaufene Geschäftsjahr innerhalb der gesetzlichen Fristen[111] aufzustellen. Bei der Aufstellung des Jahresabschlusses sind die handels- und steuerrechtlichen Vorschriften zu beachten.
(3) Der Jahresabschluss und die zugrunde liegenden Geschäftsbücher sind durch einen aufgrund eines Beschlusses der Gesellschafterversammlung zu beauftragenden Wirtschaftsprüfer oder eine Wirtschaftsprüfungsgesell-

---

[104] Um für die Situation, dass bei einem Gesellschafter, der eine natürliche Person ist, ein Betreuungsfall eintritt, vorzusorgen, kann der Gesellschaftsvertrag auch die Pflicht zur Erteilung einer sog. Vorsorgevollmacht anordnen. Eingehend hierzu *Sommer* Gesellschaftsverträge der GmbH & Co. KG, 277 ff.

[105] Zu den gesetzlich vorgeschriebenen höheren Mehrheitserfordernissen → § 17 Rn. 169.

[106] Zwar ist die Monatsfrist in § 246 Abs. 1 AktG auf die GmbH nicht strikt analog anwendbar; allerdings können die Gesellschafter Ausschlussfristen vertraglich vereinbaren. Diese sollten nicht kürzer bemessen sein als die Monatsfrist in § 246 Abs. 1 AktG (vgl. auch §§ 14 Abs. 1, 36 Abs. 1 S. 1, 125 S. 1, 195 Abs. 1 UmwG). Bei Fehlen einer vertraglichen Regelung ist die Klage in „angemessener Frist" zu erheben, für die die Monatsfrist gleichwohl als Leitbild dienen kann; zum Ganzen Lutter/Hommelhoff/*Bayer* GmbHG Anh zu § 47 Rn. 62.

[107] Zu den zwingenden Fällen der Beschlussfassung in der Gesellschafterversammlung → § 17 Rn. 125.

[108] Zum Zweck dieser Regelung → § 17 Rn. 121.

[109] → § 23.

[110] Zum Lagebericht → § 23 Rn. 16.

[111] Die gesetzlichen Fristen für die Aufstellung enthält § 264 Abs. 1 S. 3, 4 HGB. Individuelle Gestaltungen über die Aufstellungsfrist geben oft Anlass zu Zwischenverfügungen des Registergerichts, vgl. MHdB GmbH/*D. Mayer* § 20 Rn. 61.

schaft zu prüfen, sofern dies gesetzlich vorgeschrieben[112] ist oder die Gesellschafterversammlung eine Prüfung beschließt.[113] Der Prüfungsbericht ist allen Gesellschaftern unverzüglich zuzuleiten.

(4) Die Gesellschafterversammlung entscheidet über die Feststellung des Jahresabschlusses[114] und beschließt nach ihrem Ermessen über die Verwendung des Ergebnisses, die Entnahmen aus Rücklagen und die Einstellung in Rücklagen. Sie kann den Jahresüberschuss zuzüglich eines Gewinnvortrags und abzüglich eines Verlustvortrags bzw. den Bilanzgewinn, sofern die Bilanz unter Berücksichtigung der teilweisen Ergebnisverwendung aufgestellt wird oder Rücklagen aufgelöst werden, ausschütten, vortragen oder in andere Gewinnrücklagen einstellen.[115] Vorabausschüttungen auf den zu erwartenden Gewinn des Geschäftsjahres können bereits vor dessen Ablauf beschlossen werden.[116]

(5) Wird die Steuerbilanz nachträglich bei der Veranlagung oder durch eine Betriebsprüfung geändert, so sind die Handelsbilanzen für die betreffenden Jahre durch Beschluss der Gesellschafterversammlung an die geänderten Steuerbilanzen anzupassen, soweit nicht zwingendhndelsrechtliche Vorschriften dem entgegenstehen.

§ 11
Verfügungen über Geschäftsanteile

Verfügungen über Geschäftsanteile oder Teile von Geschäftsanteilen,[117] insbesondere die Abtretung, Verpfändung, Nießbrauchsbestellung oder sonstige Belastung von Geschäftsanteilen, bedürfen zu ihrer Wirksamkeit der Zustimmung durch die Gesellschafterversammlung.[118] Die Gesellschafterversammlung hat über die Zustimmung durch Beschluss zu entscheiden.[119] Erfolgt die Verfügung aufgrund einer Veräußerung, bei der Vorkaufsrechte nach § 12 zu beachten sind, kann die Zustimmung erst wirksam erteilt werden, nachdem die Vorkaufsrechte ausgeübt oder die Vorkaufsfristen verstrichen sind, oder die Vorkaufsberechtigten auf ihr Vorkaufsrecht verzichtet haben.[120]

---

[112] Die obligatorische Abschlussprüfung für mittelgroße und große Kapitalgesellschaften (§ 267 Abs. 2 u. 3 HGB) folgt aus § 316 Abs. 1 S. 1 HGB.
[113] Die Entscheidung über eine freiwillige Prüfung liegt bei den Gesellschaftern, vgl. MHdB GmbH/*D. Mayer* § 20 Rn. 64.
[114] Zur Unterscheidung zwischen der Aufstellung und der Feststellung des Jahresabschlusses vgl. MHdB GmbH/*D. Mayer* § 20 Rn. 63, 60.
[115] Zur dieser Regelung vgl. *Reichert/Harbarth* GmbH-Vertrag, 160 f.
[116] Vgl. Lutter/*Hommelhoff* GmbHG § 29 Rn. 45 f.
[117] Zur Übertragung eines Teilgeschäftsanteils → § 29 Rn. 4, 37.
[118] Die Anteilsübertragung bleibt bis zur Erteilung der Zustimmung schwebend unwirksam → § 29 Rn. 30.
[119] → § 29 Rn. 29.
[120] Diese Bestimmung kombiniert das Zustimmungserfordernis mit den Regelungen über das Vorkaufsrecht und dient dazu, das Eindringen Dritter in die Gesellschaft zu verhindern → § 29 Rn. 38; *Reichert/Harbarth* GmbH-Vertrag, 135 f.

§ 12
Vorkaufsrecht[121]

(1) Für den Fall des Verkaufs eines Geschäftsanteils durch einen Gesellschafter sind die übrigen Gesellschafter zum Vorkauf berechtigt. Das Vorkaufsrecht steht den Vorkaufsberechtigten in dem Verhältnis zu, in welchem die Nennbeträge der von ihnen gehaltenen Geschäftsanteile zueinander stehen. Soweit ein Vorkaufsberechtigter von seinem Vorkaufsrecht nicht fristgerecht Gebrauch macht oder auf sein Vorkaufsrecht verzichtet, steht dieses den übrigen Vorkaufsberechtigten in dem Verhältnis zu, in welchem die Nennbeträge der von ihnen gehaltenen Geschäftsanteile zueinander stehen.
(2) Der Verkäufer hat den mit dem Käufer abgeschlossenen notariellen Vertrag sämtlichen Vorkaufsberechtigten unverzüglich vorzulegen. Das Vorkaufsrecht kann nur bis zum Ablauf von drei Monaten nach Empfang dieser Mitteilung und nur durch notarielle Annahmeerklärung gegenüber dem Verkäufer unter Mitteilung an die übrigen Vorkaufsberechtigten ausgeübt werden. Soweit einzelne Vorkaufsberechtigte ihr Vorkaufsrecht nicht ausüben, sind die übrigen Vorkaufsberechtigten unverzüglich zu unterrichten. In diesem Fall verlängert sich die Frist um einen Monat zur Ausübung des übergegangenen Vorkaufsrechts nach Satz 2.
(3) Jeder Vorkaufsberechtigte kann sein Vorkaufsrecht hinsichtlich des ihm zustehenden Teils des zum Verkauf stehenden Geschäftsanteils allein geltend machen. Für den Vorkauf gelten der Preis und die Bedingungen des vorgelegten Vertrags. Ist der Preis jedoch höher als der nach § 14 Abs. 6 zu bestimmende Wert des Geschäftsanteils, gilt letzterer.[122]
(4) Soweit der zum Verkauf stehende Geschäftsanteil aufgrund des Vorkaufsrechts an einen Vorkaufsberechtigten verkauft wird, sind die Gesellschafter verpflichtet, die gemäß § 11 für die Teilung gegebenenfalls erforderliche Zustimmung zu erteilen.

§ 13
Vererbung von Geschäftsanteilen[123]

(1) Die Geschäftsanteile gehen im Todesfall auf die Erben über.
(2) Gehen die Geschäftsanteile auf mehrere Erben oder auf eine Erbengemeinschaft über, so ruht das Stimmrecht der Erben, bis sie einen Bevollmächtigten benannt haben und der Bevollmächtigte eine von allen Erben unterzeichnete Vollmacht vorlegt, die ihn zur einheitlichen Wahrnehmung der Mitgliedschaftsrechte der Erben ermächtigt.

---

[121] → § 29 Rn. 38.
[122] Diese Regelung weicht von dem klassischen Vorkaufsrecht ab, indem sie eine Obergrenze für den Erwerbspreis festlegt → § 29 Rn. 39.
[123] → § 35 Rn. 16 ff. sowie → § 59 II., § 19.

§ 14
Einziehung

(1) Die Einziehung von Geschäftsanteilen durch Gesellschafterbeschluss ist mit Zustimmung des betroffenen Gesellschafters zulässig.[124]
(2) Der Zustimmung des betroffenen Gesellschafters zur Einziehung von Geschäftsanteilen durch Gesellschafterbeschluss bedarf es nicht,[125] wenn
  a) über das Vermögen des Gesellschafters das Insolvenzverfahren[126] eröffnet wird oder die Eröffnung des Insolvenzverfahrens mangels Masse abgelehnt wird; dies gilt nicht, wenn die Eröffnung des Insolvenzverfahrens binnen drei Monaten wieder aufgehoben wird,
  b) von Seiten eines Gläubigers des Gesellschafters Zwangsvollstreckungsmaßnahmen in den Geschäftsanteil des Gesellschafters vorgenommen werden und es den Inhabern des Geschäftsanteils nicht binnen drei Monaten seit Beginn dieser Maßnahmen gelungen ist, ihre Aufhebung zu erreichen,
  c) in der Person des Gesellschafters ein wichtiger, seinen Ausschluss rechtfertigender Grund vorliegt,[127] oder
  d) der Gesellschafter seinen Austritt aus der Gesellschaft erklärt.
  Die Einziehung des Geschäftsanteils wird mit Zugang des Beschlusses beim betroffenen Gesellschafter wirksam; zu diesem Zeitpunkt scheidet er aus der Gesellschaft aus.[128]
(3) Bei den Beschlüssen gemäß Abs. 2 S. 1 ist der betroffene Gesellschafter vom Stimmrecht ausgeschlossen.[129]
(4) Statt der Einziehung[130] kann in den Fällen des Abs. 1 und Abs. 2 S. 1 die Gesellschafterversammlung in notariell beurkundeter Form die Übertragung des Geschäftsanteils oder Teilen davon auf die Gesellschaft, auf zur

---

[124] Diese Regelung ist eine sog. Zustimmungsklausel → § 31 Rn. 57; zur freiwilligen Einziehung allgemein → § 31.
[125] Diese Bestimmung enthält eine sog. Einziehungsklausel → § 31 Rn. 59; zur zwangsweisen Einziehung → § 31 Rn. 51 ff.
[126] Vgl. hierzu auch OLG Frankfurt a. M. NZG 1998, 595 m. Anm. *Eckhardt*; *van Venrooy* GmbHR 1995, 339.
[127] Vgl. § 133 Abs. 2 HGB; hierzu *Lutter*/*Hommelhoff* GmbHG § 34 Rn. 31.
[128] Enthält die Satzung keine Regelung über den Zeitpunkt der Wirksamkeit der Einziehung des Geschäftsanteils und damit des Ausscheidens des betroffenen Gesellschafters aus der Gesellschaft, wird die Einziehung gleichwohl mit der Mitteilung des rechtmäßigen Einziehungsbeschlusses an ihn und nicht erst – wie von der sog. Bedingungslösung angenommen – mit der Leistung der Abfindung wirksam, vgl. BGH NZG 2012, 259; weiterführend *Schockenhoff* NZG 2012, 449 (450) mit weiteren Hinweisen zu offen gebliebenen Fragen. Dennoch empfiehlt es sich, dies in der Satzung klarstellend zu regeln. Nach Rechtsauffassung des BGH haften „die Gesellschafter, die den Einziehungsbeschluss gefasst haben, dem ausgeschiedenen Gesellschafter anteilig [...], wenn sie nicht anderweitig dafür sorgen, dass die Abfindung aus dem ungebundenen Vermögen der Gesellschaft geleistet werden kann, oder sie die Gesellschaft nicht auflösen", sog. Haftungslösung, vgl. BGH NZG 2012, 259 (261). Die Haftungsgrundlage sieht der BGH in der gesellschafterlichen Treuepflicht.
[129] Dies ergibt sich aus dem Rechtsgedanken des § 47 Abs. 4 GmbHG → § 31 Rn. 46.
[130] BGH WM 1983, 956; *Lutter*/*Hommelhoff* GmbHG § 34 Rn. 67.

Übernahme bereite Gesellschafter im Verhältnis ihrer Beteiligung oder, falls kein Gesellschafter zur Übernahme bereit ist, auf einen Dritten beschließen.[131] Abs. 3, § 9 Abs. 4 sowie etwaige darüber hinausgehende Zustimmungserfordernisse nach § 11 gelten entsprechend; die Vorkaufsrechtsbestimmungen gemäß § 12 finden keine Anwendung. Im Falle einer Übertragung auf Gesellschafter oder Dritte gelten ferner Abs. 6 und 7 mit der Maßgabe, dass die Abfindung im Ganzen und die Hälfte der Kosten eines erforderlichen Schiedsgutachtens nicht von der Gesellschaft, sondern vom Erwerber geschuldet werden. Die Übertragung wird wirksam, sobald die Abfindung gezahlt oder für die noch nicht fällige Abfindung eine selbstschuldnerische und unwiderrufliche Bankbürgschaft gestellt ist.[132]

(5) Von dem Gesellschafterbeschluss an, der die Einziehung oder die Übertragung des Geschäftsanteils anordnet, ruht – soweit rechtlich zulässig – das Stimmrecht des betroffenen Gesellschafters.

(6) Dem betroffenen Gesellschafter steht der Buchwert seiner Beteiligung[133] als Abfindung zu.[134] Bleibt der anteilige Buchwert hinter dem auf seine Beteiligung entfallenden Unternehmenswert, der sich aus dem mit dem Faktor 10 multiplizierten Jahresüberschuss der letzten drei vollen Geschäftsjahre ergibt, zurück, gilt letzterer.[135] Eine Änderung des Jahresabschlusses nach dem Ausscheiden hat auf die Abfindung keinen Einfluss. Kommt eine Einigung über den Abfindungswert nicht zustande, so haben sich die Parteien auf einen Sachverständigen zu einigen, der als Schiedsgutachter mit bindender Wirkung für sie entscheidet.[136] Können sich die Parteien nicht über die Person des Schiedsgutachters einigen, wird dieser auf Antrag einer Partei durch das Institut der Wirtschaftsprüfer e.V., Düsseldorf, oder dessen Nachfolgeorganisation bestimmt und von der beantragenden Partei zu üblichen Bedingungen beauftragt. Die Kosten des Schiedsgutachtens tragen der ausscheidende Gesellschafter und die Gesellschaft je zur Hälfte.

(7) Die Abfindung ist von dem Tag des Beschlusses an mit ... % p.a. zu verzinsen und in zehn gleichen Jahresraten, die erste unverzüglich nach Bekanntgabe des Einziehungsbeschlusses bzw. nach erfolgter Anteilsübertragung, zu zahlen. Solange die zu leistende Abfindung noch nicht festgestellt ist, sind angemessene Abschlagszahlungen entsprechend den festgelegten Raten zu leisten. Der zur Zahlung der Abfindung Verpflichtete

---

[131] Es handelt sich um eine sog. Ausschlussklausel → § 31 Rn. 62; von der Einziehungsklausel unterscheidet sich diese Bestimmung durch die Art und Weise der Umsetzung des Einziehungsbeschlusses.

[132] Diese Regelung dient dem Schutz des betroffenen Gesellschafters, vgl. *Reichert/Harbarth* GmbH-Vertrag, 151.

[133] Allgemein zu Buchwertklauseln MHdB GbR/*Piehler/Schulte* § 76 Rn. 4 ff.; *Olbing* GmbH-StB 2008, 300.

[134] Zu den sog. Bewertungsklauseln → § 32 Rn. 22 ff.

[135] Durch diese Bestimmung wird der Fall erfasst, dass der Buchwert der Komplementär-GmbH hinter ihrem – sehr vereinfacht ermittelten – Ertragswert (→ § 32 Rn. 23 f.) zurückbleibt.

[136] Das Formular enthält eine Schiedsgutachterklausel für den Fall, dass eine Einigung über den Abfindungswert nicht gelingt → § 32 Rn. 31.

ist zu einer früheren vollständigen oder teilweisen Zahlung berechtigt. Die Zinszahlung erfolgt zusammen mit der jeweiligen Jahresrate. Wird zur Durchführung der Einziehung eine Herabsetzung des Stammkapitals beschlossen, kann die Zahlung der Abfindung nicht vor Ablauf des Sperrjahres gefordert werden.

§ 15
Dauer

Die Dauer der Gesellschaft ist unbestimmt.[137]

§ 16
Salvatorische Klausel[138]

Sollten Bestimmungen dieses Vertrags oder eine künftig in ihn aufgenommene Bestimmung ganz oder teilweise unwirksam oder undurchführbar sein oder werden, so bleibt die Gültigkeit der übrigen Bestimmungen hiervon unberührt. Das Gleiche gilt, falls sich herausstellen sollte, dass der Vertrag eine Regelungslücke enthält. Anstelle der unwirksamen oder undurchführbaren Bestimmungen oder zur Ausfüllung der Regelungslücke soll dann eine angemessene Regelung gelten, die dem am nächsten kommt, was die Gesellschafter gewollt hätten, wenn sie die Unwirksamkeit, Undurchführbarkeit oder Lückenhaftigkeit gekannt hätten. Das Gleiche gilt, wenn die Unwirksamkeit einer Bestimmung auf einem im Vertrag vorgeschriebenen Maß der Leistung oder Zeit (Frist oder Termin) beruht. In diesem Fall soll das Maß der Leistung oder Zeit (Frist oder Termin) als vereinbart gelten, das rechtlich zulässig ist und dem Gewollten möglichst nahe kommt.

---

[137] → Anmerkungen in § 58 III. Fn. 63.
[138] → Anmerkungen in § 58 II. Fn. 47.

§ 60 Ausführlicher Gesellschaftsvertrag einer Familien-GmbH & Co. KG und Satzung der zugehörigen Komplementär-GmbH

I. Sachverhalt

Der nachfolgende Gesellschaftsvertrag einer GmbH & Co. KG regelt die Rechtsbeziehungen von vier Familiengesellschaftern, die die Beteiligung an dem Unternehmen als Erben des Gründungsgesellschafters übernommen haben. Das Unternehmen befasst sich mit Spezialmaschinenbau; es ist teils operativ tätig, teils entfaltet es seine Tätigkeit über Tochter- und Beteiligungsunternehmen.

Der Gesellschaftsvertrag soll den Familieneinfluss auf das Unternehmen sicherstellen. Die vier Familiengesellschafter, die mit je 25 % beteiligt sind, sollen je einen Familienstamm bilden. Sie sollen jeweils gleichberechtigt sein und ihre Gesellschafterinteressen durch je einen Stammesvertreter wahrnehmen. Die Familienmitglieder sind nicht (notwendig) in der Geschäftsführung tätig, wollen aber insbesondere über einen Beirat, dem sie oder Personen ihres Vertrauens (ggf. verstärkt durch kooptierte Berater) angehören, Kontroll- und Mitwirkungsbefugnisse ausüben.

Der Charakter des Unternehmens als Familiengesellschaft soll auch durch Vinkulierungsbestimmungen und gegenseitige Vorkaufsrechte gesichert werden. Die Rechtsnachfolge durch Personen, die weder Abkömmlinge des Firmengründers noch Ehegatten von Abkömmlingen sind, soll im Ergebnis ausgeschlossen werden können.

Das Organisationsgefüge der Komplementär-GmbH, an der die Gesellschafter in gleicher Weise beteiligt sind und deren Funktion sich nicht notwendigerweise auf die Geschäftsführungs- und Verwaltungstätigkeit in der GmbH & Co. KG beschränken soll, soll den für die GmbH & Co. KG getroffenen Bestimmungen entsprechen. Es soll ferner sichergestellt werden, dass sich die Beteiligungsverhältnisse an beiden Gesellschaften jeweils entsprechen.

Gegenseitige Streitigkeiten sollen – unter Ausschluss des ordentlichen Rechtswegs – vor Schiedsgerichten ausgetragen werden.

II. Gesellschaftsvertrag der GmbH & Co. KG

**Gesellschaftsvertrag der
XYZ Spezialmaschinen GmbH & Co. KG**

Inhaltsverzeichnis

§ 1 Firma und Sitz
§ 2 Gegenstand des Unternehmens
§ 3 Dauer der Gesellschaft
§ 4 Geschäftsjahr
§ 5 Gesellschafter
§ 6 Kapital, Einlagen, Haftsummen
§ 7 Gesellschafterstämme
§ 8 Gesellschafterkonten
§ 9 Ergebnisverteilung und Verbuchung
§ 10 Entnahmerecht
§ 11 Geschäftsführung, Vertretung
§ 12 Gesellschafterversammlung
§ 13 Gesellschafterbeschlüsse
§ 14 Beirat
§ 15 Jahresabschluss
§ 16 Erhöhung des Festkapitals
§ 17 Verfügung über Gesellschaftsanteile, Vorkaufsrechte
§ 18 Rechtsnachfolge
§ 19 Kündigung der Gesellschaft
§ 20 Ausschließung
§ 21 Abfindung
§ 22 Gesellschafterpflichten
§ 23 Leistungsverkehr mit der Gesellschaft
§ 24 Liquidation
§ 25 Schriftform
§ 26 Schiedsgericht
§ 27 Salvatorische Klausel

§ 1
Firma und Sitz

(1) Firma
   Die Firma der Gesellschaft lautet:
       XYZ Spezialmaschinen GmbH & Co. KG.[1]
(2) Sitz[2]
   Sitz der Gesellschaft ist . . . . (Ort)

---

[1] Zum Firmenrecht der GmbH & Co. KG vgl. Baumbach/*Hopt* HGB § 19 Rn. 24 ff.; GK/*Burgard* HGB § 19 Rn. 11 ff.; → § 14 Rn. 8 ff.
[2] → § 15 Rn. 9 ff. zum Sitz der GmbH & Co. KG im Allgemeinen.

17. Kapitel. Formulare

§ 2
Gegenstand des Unternehmens[3]

(1) Gegenstand des Unternehmens ist die Herstellung und der Vertrieb von Maschinen, insbesondere von Spezialmaschinen. Die Gesellschaft ist berechtigt, auch andere Erzeugnisse herzustellen, zu bearbeiten, zu kaufen und zu vertreiben. Sie darf Dienstleistungen jeder Art ausführen.
(2) Die Gesellschaft entfaltet ihre Tätigkeit entweder unmittelbar oder mittelbar über Tochter- oder Beteiligungsgesellschaften.[4] Sie ist berechtigt, Zweigniederlassungen im In- und Ausland zu errichten, unmittelbare oder mittelbare Beteiligungen an Unternehmen, die in dem in Abs. 1 bezeichneten Tätigkeitsbereich oder einem ähnlichen Tätigkeitsbereich im In- und Ausland tätig sind, zu erwerben, zu pachten, sie zu vertreten, ihre Geschäfte zu führen oder mit ihnen zu kooperieren. Sie ist insbesondere auch berechtigt, Aktivitäten in Beteiligungsgesellschaften auszugliedern und Unternehmensverträge mit ihnen abzuschließen.[5]
(3) Die Gesellschaft ist berechtigt, alle Maßnahmen und Geschäfte vorzunehmen, die den Gegenstand des Unternehmens unmittelbar oder mittelbar zu fördern geeignet sind.

§ 3
Dauer der Gesellschaft

Die Gesellschaft ist auf unbestimmte Zeit errichtet.[6] Bestimmungen über einen Ausschluss des Kündigungsrechts sowie die Kündigungsfrist sind in § 19 getroffen.

---

[3] Zum Unternehmensgegenstand → Erläuterung unter Formular § 58 II. Fn. 3.

[4] Mit dieser Bestimmung wird dem Unternehmen größtmögliche Flexibilität eingeräumt, auf den in § 2 Abs. 1 definierten Tätigkeitsbereichen operativ tätig zu sein, oder ggf. auch nur als Holding zu fungieren. Zwar legt die Konkretisierung der Tätigkeitsbereiche nach richtiger Auffassung nicht fest, ob sie unmittelbar oder mittelbar betrieben werden. Im Hinblick auf gegenteilige – indessen für Kapitalgesellschaften entwickelte – Auffassungen im Schrifttum, wonach es zur mittelbaren Tätigkeit einer entsprechenden Vorsehung im Gesellschaftsvertrag bedarf (vgl. etwa *Tieves* Der Unternehmensgegenstand der Kapitalgesellschaft, 1998, 502) empfiehlt sich jedoch die vorgeschlagene Formulierung.

[5] Diese Bestimmung ändert nichts daran, dass die Gesellschafter dem Abschluss eines Unternehmensvertrags bzw. einer Ausgliederungsmaßnahme nach den maßgebenden Bestimmungen zuzustimmen haben. Sie beugt jedoch dem (denkbaren, wenngleich unzutreffenden) Einwand vor, es bedürfe zu solchen Maßnahmen einer statutarischen Ermächtigung im Sinne einer sogenannten Konzernklausel, vgl. dazu *Seydel* Konzernbildungskontrolle bei der Aktiengesellschaft, 1995, 411 ff.; *Liebscher* Konzernbildungskontrolle, 1995, 65 ff.

[6] → Formular § 58 II. Fn. 4.

§ 4
Geschäftsjahr

Geschäftsjahr ist das Kalenderjahr.[7]

§ 5
Gesellschafter

(1) Persönlich haftende Gesellschafterin
Persönlich haftende Gesellschafterin ist die XYZ GmbH.
(2) Kommanditisten
Kommanditisten sind:
a) AX (Anschrift),
b) BX (Anschrift),
c) Y (Anschrift),
d) Z (Anschrift).

§ 6
Kapital, Einlagen, Haftsummen[8]

(1) Festkapital
Das Festkapital der Gesellschaft beträgt EUR 10.000.000,– (in Worten: zehn Millionen Euro).
(2) Persönlich haftende Gesellschafterin
Die persönlich haftende Gesellschafterin XYZ GmbH hat keine Kapitaleinlage geleistet. Sie ist am Vermögen der Gesellschaft nicht beteiligt.[9]
(3) Kommanditisten
Die Kommanditisten sind mit den folgenden festen Kapitalanteilen beteiligt:
a) AX ist mit einer festen Kommanditeinlage (Kapitaleinlage und zugleich Haftsumme) von EUR 2.500.000,– (in Worten: zwei Millionen fünfhunderttausend Euro) beteiligt.
b BX ist mit einer festen Kommanditeinlage (Kapitaleinlage und zugleich Haftsumme) von EUR 2.500.000,– (in Worten: zwei Millionen fünfhunderttausend Euro) beteiligt.
c) Y ist mit einer festen Kommanditeinlage (Kapitaleinlage und zugleich Haftsumme) von EUR 2.500.000,– (in Worten: zwei Millionen fünfhunderttausend Euro) beteiligt.
d) Z ist mit einer festen Kommanditeinlage (Kapitaleinlage und zugleich Haftsumme) von EUR 2.500.000,– (in Worten: zwei Millionen fünfhunderttausend Euro) beteiligt.

---

[7] → Formular § 58 II. Fn. 8.
[8] → § 20 Rn. 1 ff.
[9] Zur Unterscheidung zwischen Gesamthandsberechtigung und Beteiligung am Gesellschaftsvermögen → § 20 Rn. 8.

§ 7
Gesellschafterstämme

(1) Gesellschafterstämme[10]
Die Kommanditisten bilden die folgenden Gesellschafterstämme:
a) Gesellschafterstamm AX
Diesem Stamm gehört AX an. Ihm gehören ferner Personen an, mit denen sie in gerader Linie verwandt ist, ihr Ehegatte sowie Ehegatten (einschließlich verwitweter Ehegatten) von Personen, mit denen sie in gerader Linie verwandt ist, sofern auf diese Gesellschaftsanteile übertragen werden oder in sonstiger Weise in Übereinstimmung mit diesem Gesellschaftsvertrag auf sie übergehen.
b) Gesellschafterstamm BX
Diesem Stamm gehört BX an. Ihm gehören ferner Personen an, mit denen sie in gerader Linie verwandt ist, ein etwaiger künftiger Ehegatte sowie Ehegatten (einschließlich verwitweter Ehegatten) von Personen, mit denen sie in gerader Linie verwandt ist, sofern auf diese Gesellschaftsanteile übertragen werden oder in sonstiger Weise in Übereinstimmung mit diesem Gesellschaftsvertrag auf sie übergehen.
c) Gesellschafterstamm Y
Diesem Stamm gehört Y an. Ihm gehören ferner Personen an, mit denen er in gerader Linie verwandt ist, seine Ehegattin sowie Ehegatten (einschließlich verwitweter Ehegatten) von Personen, mit denen er in gerader Linie verwandt ist, sofern auf diese Gesellschaftsanteile übertragen werden oder in sonstiger Weise in Übereinstimmung mit diesem Gesellschaftsvertrag auf sie übergehen.
d) Gesellschafterstamm Z
Diesem Stamm gehört Z an. Ihm gehören ferner Personen an, mit denen sie in gerader Linie verwandt ist, ihr Ehegatte sowie Ehegatten (einschließlich verwitweter Ehegatten) von Personen, mit denen sie in gerader Linie verwandt ist, sofern auf diese Gesellschaftsanteile übertragen werden oder in sonstiger Weise in Übereinstimmung mit diesem Gesellschaftsvertrag auf sie übergehen.
(2) Ausscheidensgrund[11]
Ehegatten, betreffend deren Ehe ein Scheidungsantrag gestellt ist oder deren Ehe geschieden ist, sind nicht Ehegatten im Sinne der vorstehenden und nachstehenden Bestimmungen. Gehören sie gemäß Abs. 1 deswegen einem der dort aufgeführten Gesellschafterstämme an, weil sie Ehegatten

---

[10] Die Gliederung einer Familiengesellschaft nach Stämmen ist in der Praxis beliebt. Dahinter steht idR der Wunsch der Vertragsschließenden, das Beteiligungsverhältnis der Stämme und ihre Einflussnahme auf die Geschäftsführung auch für die Zukunft festzuschreiben. Diesem Zweck dienen die Bestimmungen in den §§ 16–18 sowie die Bestimmungen über die Zusammensetzung des Beirats, § 14 Abs. 1 iVm § 9 der Satzung der Komplementär-GmbH (→ Formular § 60 IV.). Zu den identischen Regelungen in der Satzung der Komplementär-GmbH → Formular § 60 IV., § 4.

[11] Zu den Ausscheidensgründen allgemein → § 30 Rn. 11 ff., dort auch jeweils mit Hinweisen zu gesellschaftsvertraglichen Gestaltungsmöglichkeiten.

der den Gesellschafterstamm begründenden Personen oder Ehegatten von Personen sind, die mit den den Gesellschafterstamm begründenden Personen in gerader Linie verwandt sind, so scheiden sie zu dem Zeitpunkt, zu dem ein Scheidungsantrag gestellt wird, aus dem Gesellschafterstamm aus.

(3) Auf Lebenspartner im Sinne des Gesetzes über die Eingetragene Lebenspartnerschaft finden die für Ehegatten geltenden Bestimmungen dieses Gesellschaftsvertrags entsprechende Anwendung.

(4) Keine Gesellschafterstämme
Werden Personen Gesellschafter, die nach Abs. 1 keinem der dort näher bezeichneten Stämme angehören, bilden diese keinen Stamm; die einem Stamm oder den Angehörigen eines Stammes zustehenden Rechte stehen ihnen nicht zu. Gleiches gilt für Gesellschafter, die aus dem Gesellschafterstamm ausgeschieden sind.

(5) Stammesvertreter
Soweit dieser Gesellschaftsvertrag vorsieht, dass Erklärungen nicht durch die Angehörigen eines Stammes, sondern durch den Stamm selbst abzugeben sind, ist die Erklärung durch den jeweils Stammesältesten oder einen von ihm gegenüber der Gesellschaft benannten Stammesvertreter nach Maßgabe der Entscheidung des Stammes abzugeben. Soweit innerhalb des Stammes keine abweichende Vereinbarung getroffen ist, haben Beschlussfassungen innerhalb des Stammes in entsprechender Anwendung der für Gesellschafterbeschlüsse getroffenen Bestimmungen zu erfolgen, wobei jedoch jeweils die einfache Stimmenmehrheit genügt.

§ 8
Gesellschafterkonten

In der Gesellschaft werden folgende Gesellschafterkonten,[12] und zwar für jeden Gesellschafter gesondert, geführt:

a) Das Kapitalkonto
Auf diesem Konto wird für jeden Gesellschafter der in § 6 Abs. 3 festgelegte Einlagebetrag gebucht.[13] Die Kapitalkonten werden als im Verhältnis zueinander unveränderliche Festkonten geführt, mit welchen die mitgliedschaftlichen Rechte und Pflichten der Gesellschafter, insbesondere die Anteile am Ergebnis und an den stillen Reserven bei einem etwaigen Geschäftswert des Unternehmens, ausschließlich verbunden sind. Das Kapitalkonto ist unverzinslich. Verlustanteile und Entnahmen vermindern im Verhältnis der Kommanditisten untereinander nicht die Höhe der Kapitalkonten.

---

[12] Dem Gesellschaftsvertrag liegt das modifizierte Dreikontenmodell mit Rücklagenkonto zugrunde. Zu den verschiedenen Gestaltungsvarianten → § 21 Rn. 26 ff.; zum modifizierten Dreikontenmodell mit Rücklagenkonto → § 21 Rn. 30.
[13] Zum Vorteil eines festen Kapitalkontos → § 21 Rn. 32 f. sowie → Formular § 58 II., § 6.

b) Das Kapitalverlustkonto[14]
Auf diesem Konto werden – als Kapitalgegenkonto zum Kapitalkonto – für jeden Gesellschafter etwaige Verlustanteile gebucht.[15] Dieses Konto wird nicht verzinst. Spätere Gewinnanteile sind diesem Konto solange gutzuschreiben, bis dieses Konto wieder ausgeglichen ist.[16] Die Kommanditisten sind verpflichtet, das Kapitalverlustkonto zu Lasten vorhandener Rücklagen auszugleichen, wenn die Gesellschafterversammlung dies anlässlich der Beschlussfassung über die Bilanzfeststellung mit einfacher Mehrheit beschließt.

c) Das Rücklagenkonto[17]
Auf dem Rücklagenkonto werden Zuzahlungen eines Gesellschafters in das Eigenkapital gebucht, die nicht auf einer Erhöhung des festen Kapitalkontos beruhen. Die Rücklagenkonten dienen der Stärkung des Eigenkapitals der Gesellschaft durch Pflichteinlagen und weisen keine Forderungen der Gesellschafter aus. Rücklagen werden auf die Kommanditisten im Verhältnis ihrer Kapitalkonten verteilt. Zuzahlungen auf das Rücklagenkonto bedürfen eines Gesellschafterbeschlusses. Über die Verzinsung des Rücklagenkontos und deren Höhe entscheidet die Gesellschafterversammlung durch Beschluss. Die Zinsen werden wie Aufwand behandelt.[18]

d) Das Verrechnungskonto (Privatkonto)[19]
Auf diesem Konto werden alle sonstigen Forderungen und Verbindlichkeiten zwischen der Gesellschaft und den Gesellschaftern gebucht. Dies gilt insbesondere für Gewinngutschriften, soweit diese nicht zum Ausgleich eines Kapitalverlustkontos benötigt werden oder auf dem Rücklagenkonto zu verbuchen sind, für Zinsen aus den Darlehenskonten und sonstige Einlagen, sofern es sich dabei nicht um Zuzahlungen auf das Rücklagenkonto oder Gewährung von Darlehen handelt, sowie für Steuerentnahmen und sonstige Entnahmen nach Maßgabe der nachstehenden Bestimmungen. Das Verrechnungskonto wird im Soll und im Haben mit . . . % p.a. verzinst. Bemessungsgrundlage für die Zinsen ist der Stand der Verrechnungskonten zum Ende eines jeden Kalendermonats. Die Zinsen auf den Verrechnungskonten stellen im Verhältnis zu den Gesellschaftern Aufwand bzw. Ertrag dar. Die Gesellschaft ist zur Rückzahlung von Guthaben auf den Verrechnungskonten an die Gesellschafter jederzeit berechtigt.

e) Das Darlehenskonto[20]
Auf diesem Konto werden die von den Gesellschaftern gewährten Darlehen verbucht. Die Verzinsung der Gesellschafterdarlehen wird im Einzelfall

---

[14] Allgemein zum Kapitalverlustkonto vgl. MHdB KG/v. Falkenhausen/C. Schneider § 22 Rn. 55 ff.
[15] → Formular § 58 II., § 6.
[16] Durch diese Regelung werden die Kommanditisten vor einem Wiederaufleben ihrer Haftung nach § 172 Abs. 4 S. 2 HGB geschützt.
[17] → § 21 Rn. 59 f.
[18] Diese Bestimmung führt zur Minderung des Gewinnvoraus der Komplementärin, vgl. MVHdB GesR/*Götze* III. 3. Anm. 6, 246.
[19] → § 21 Rn. 42 f.; dieses Konto wird dort als „Darlehenskonto" bezeichnet.
[20] Hierbei handelt es sich nicht um eine eigene Kontoart, sondern um ein besonderes Verrechnungskonto, das – ebenso wie das allgemeine Verrechnungskonto – rein schuld-

durch einen mit einfacher Mehrheit zu fassenden Beschluss der Gesellschafterversammlung festgelegt. Die Zinsen werden wie Aufwand behandelt und dem Verrechnungskonto gutgeschrieben. Guthaben vom Darlehenskonto sind unter Einhaltung einer Frist von . . . Monaten zum Ende des Geschäftsjahres kündbar; die Gesellschaft ist indessen berechtigt, die Rückzahlung in gleichen Raten in einem Zeitraum von bis zu fünf Jahren vorzunehmen, soweit die finanzielle Lage der Gesellschaft dies erfordert.

f) Verzinsung
Verzinsungen erfolgen nach der Zinsstaffelmethode.

§ 9
Ergebnisverteilung und Verbuchung

(1) Das Ergebnis der Gesellschaft wird wie folgt verteilt:
    a) Aus dem Ergebnis erhält die Komplementärin vorweg eine Haftungsvergütung[21] in Höhe von 2 % ihres am jeweiligen Ende eines Geschäftsjahres vorhandenen Stammkapitals. Sie erhält ferner Ersatz aller ihr durch die Geschäftsführung entstandenen Aufwendungen einschließlich der Vergütungen an ihre Geschäftsführer.
    b) Das restliche Ergebnis wird unter den Kommanditisten im Verhältnis ihrer festen Kapitalkonten verteilt.[22]
(2) Gewinnanteile der Kommanditisten werden vorrangig zum Ausgleich eines auf den Kapitalverlustkonten (§ 8 lit. b) verbuchten Verlustes verwendet.[23] Die verbleibenden Gewinnanteile werden den Rücklagenkonten der Gesellschafter gutgeschrieben, soweit diese nicht mit EUR . . . dotiert sind. Mindestens werden den Rücklagenkonten jedoch . . . % des Jahresgewinns zugeführt, soweit die Gesellschafter nicht einstimmig eine höhere oder geringere Zuführung beschließen.[24] Der Restgewinn wird den Verrechnungskonten der Gesellschaft gutgeschrieben und steht ihnen nach Maßgabe von § 10 zu Entnahmezwecken zur Verfügung. Die Gewinngutschriften erfolgen im Anschluss an die ordentliche Gesellschafterversammlung (§ 12 Abs. 2).

---

rechtlichen Charakter hat, vgl. BGH WM 1977, 1022; BB 1978, 630. Scheidet ein Kommanditist zu einem Zeitpunkt aus der Gesellschaft aus, in dem auf dem Kapitalkonto ein negativer Saldo ausgewiesen ist, so findet eine Verrechnung mit den Verrechnungskonten nicht statt. Scheidet dagegen die Komplementärin aus, muss sie gemäß §§ 735, 738 BGB das Kapitalverlustkonto ausgleichen.

[21] Die Haftungsvergütung muss so bemessen sein, dass sich auch eine aus gesellschaftsfremden Personen bestehende GmbH mit ihr zufrieden gegeben hätte, sonst droht eine Qualifikation als verdeckte Gewinnausschüttung der GmbH, vgl. BeckFormB WirtschR/*Blaum/Scholz* VIII. D. 6. Anm. 33, 1727. Als angemessene Haftungsvergütung wird – je nach Gewicht des Risikos im Einzelfall – eine Avalprovision zwischen 2 % und 6 % des Stammkapitals der Komplementär-GmbH angesehen, vgl. ZHKSS/*Hottmann* Personengesellschaft im Steuerrecht, Kap. R. Rn. 77, 1233 mwN.

[22] → § 24 Rn. 11.

[23] Zur Erläuterung → Formular § 58 II. Fn. 18.

[24] Durch diese Bestimmung soll eine kontinuierliche Stärkung des Eigenkapitals als Regelfall sichergestellt werden.

§ 10
Entnahmerecht[25]

(1) Guthaben auf Verrechnungskonto
Jeder Gesellschafter ist berechtigt, Guthaben auf seinem Verrechnungskonto zu entnehmen.[26] Es steht jedem Gesellschafter frei, die Gesellschaft damit zu beauftragen, aus den entnahmefähigen Gewinnen Steuerverbindlichkeiten in seinem Auftrag zu erfüllen.

(2) Sonstiges
Jeder Gesellschafter ist darüber hinaus berechtigt, mit Zustimmung der übrigen Gesellschafter Entnahmen aus dem Rücklagenkonto zu tätigen. Die Zustimmung soll insbesondere erteilt werden, wenn die auf dem Verrechnungskonto gutgeschriebenen Gewinne nicht ausreichen, um die auf die Gesellschafterbeteiligung entfallenden Personensteuern zu entrichten[27] oder die Guthaben benötigt werden, um die auf einen Gesellschafter entfallende Erbschaftssteuer zu entrichten.

§ 11
Geschäftsführung, Vertretung

(1) Geschäftsführung[28]
Die persönlich haftende Gesellschafterin ist zur Geschäftsführung allein berechtigt und verpflichtet.[29]

(2) Vertretung
Die Komplementärin vertritt die Gesellschaft allein und ist von den Beschränkungen des § 181 BGB befreit.[30]

§ 12
Gesellschafterversammlung[31]

(1) Ladung
Gesellschafterversammlungen werden durch die geschäftsführende Gesellschafterin einberufen. Jeder Geschäftsführer der Komplementärin ist zur Einberufung berechtigt.[32] Zur Gesellschafterversammlung sind alle Ge-

---

[25] Zum Entnahmerecht im Allgemeinen → § 24 Rn. 19 ff.

[26] Hiermit stellt der Gesellschaftsvertrag die Kommanditisten der Komplementärin gleich. Denn nach der gesetzlichen Regelung steht den Kommanditisten kein Entnahmerecht zu → § 24 Rn. 34 f.

[27] Vgl. zum Steuerentnahmerecht MüKoHGB/*Priester* § 122 Rn. 58 ff.; MHdB KG/v. *Falkenhausen/C. Schneider* § 24 Rn. 59 ff.

[28] Zum Begriff → § 16 Rn. 5.

[29] Allgemein zum Umfang der Geschäftsführungsbefugnis → § 16 Rn. 13 ff.

[30] → § 16 Rn. 23.

[31] Zum gesetzlichen Regelfall → § 17 Rn. 7 f.

[32] Diese Klarstellung empfiehlt sich, wenn in der Komplementär-GmbH mehrere Geschäftsführer nur gemeinschaftlich vertretungsberechtigt sind → § 60 IV., § 7 Abs. 1 S. 1.

sellschafter durch eingeschriebenen Brief,[33] der die Tagesordnung und den Tagungsort zu enthalten hat, einzuladen. Zwischen der Absendung des Briefs und der Gesellschafterversammlung muss ein Zeitraum von mindestens zwei Wochen liegen;[34] diese Frist kann bei der Einberufung außerordentlicher Gesellschafterversammlungen auf eine Frist von acht Tagen verkürzt werden.
(2) Ordentliche Gesellschafterversammlung
Die ordentliche Gesellschafterversammlung, in der über die Feststellung des Jahresabschlusses beschlossen wird, findet innerhalb von acht Monaten nach Abschluss eines Geschäftsjahres statt.
(3) Außerordentliche Gesellschafterversammlung
Außerordentliche Gesellschafterversammlungen finden statt, wenn die geschäftsführende Gesellschafterin es für notwendig erachtet, oder wenn Gesellschafter, die allein oder gemeinsam über 10% der Beteiligung am Festkapital verfügen,[35] einen dahingehenden Antrag stellen.
(4) Vorsitz
Den Vorsitz in der Gesellschafterversammlung führt der Vorsitzende des Beirats oder ein von ihm bestimmter Vertreter.[36] Ist ein Vertreter nicht bestimmt, beschließt die Gesellschafterversammlung über den Vorsitz mit einfacher Mehrheit.
(5) Vertretung
Die Gesellschafter können sich in der Gesellschafterversammlung durch einen anderen Gesellschafter, durch ihren Ehegatten, durch eine zur Berufsverschwiegenheit verpflichtete Person oder einen sonstigen Dritten, der sich schriftlich zur Verschwiegenheit verpflichtet hat, vertreten lassen.[37] Die Vertreter haben sich durch schriftliche Vollmacht auszuweisen. Jeder Gesellschafter ist berechtigt, zu seiner Beratung einen zur Berufsverschwiegenheit verpflichteten Dritten hinzuzuziehen.[38]

§ 13
Gesellschafterbeschlüsse

(1) Versammlung
Gesellschafterbeschlüsse werden grundsätzlich in Versammlungen gefasst. Jedoch können Gesellschafterbeschlüsse auch brieflich, telegrafisch, fernschriftlich, per Telefax oder telefonisch gefasst werden, wenn alle Gesellschafter mit dieser Art der Beschlussfassung einverstanden sind.[39]

---

[33] Zum Formerfordernis bei der Einberufung der Gesellschafterversammlung → Formular § 58 II. Fn. 27.
[34] Zu dieser Regelung → Formular § 58 II. Fn. 28.
[35] Diese Bestimmung dient der Harmonisierung mit der aufgrund von § 50 Abs. 1 GmbHG zwingenden Regelung im Gesellschaftsvertrag der Komplementär-GmbH → § 60 IV., § 7 Abs. 3.
[36] Diese Regelung ist mangels gesetzlicher Bestimmungen über den Vorsitz in der Gesellschafterversammlung erforderlich.
[37] → § 17 Rn. 127, 116 u. → Formular § 59 II. Fn. 50.
[38] → § 17 Rn. 127, 116.
[39] → Formular § 59 II. Fn. 53.

(2) Stimmrecht
Je EUR 1,– Anteil am Festkapital gewähren eine Stimme.[40]

(3) Kein Stimmverbot
Die Gesellschafter sind auch dann stimmberechtigt, wenn es um den Abschluss von Rechtsgeschäften mit ihnen selbst oder mit Gesellschaften, an denen sie beteiligt sind, geht.[41]

(4) Beschlussmehrheit[42]
Änderungen des Gesellschaftsvertrags bedürfen der Einstimmigkeit. Für sonstige Beschlüsse bedarf es der einfachen Mehrheit und zusätzlich der Zustimmung der persönlich haftenden geschäftsführenden Gesellschafterin, wenn nicht der Gesellschaftsvertrag etwas anderes bestimmt.

(5) Zustimmungserfordernisse
Beschlüsse, für die der Gesellschaftsvertrag die Einstimmigkeit erfordert, bedürfen der Zustimmung aller stimmberechtigten Gesellschafter. Kommt eine gültige Beschlussfassung deshalb nicht zustande, weil nicht alle stimmberechtigten Gesellschafter in der Gesellschafterversammlung anwesend oder vertreten sind, kann in einer neuen unverzüglich nach den Bestimmungen des § 12 einberufenen Gesellschafterversammlung ein Beschluss mit Zustimmung der persönlich haftenden Gesellschafterin sowie des gesamten in der neuen Gesellschafterversammlung vertretenen Festkapitals gefasst werden.[43] Auf diese Möglichkeit ist in den Einladungen zu den Gesellschafterversammlungen hinzuweisen.

(6) Protokoll[44]
Die in der Gesellschafterversammlung gefassten Beschlüsse sind in einem Protokoll niederzuschreiben, das von dem Vorsitzenden der Gesellschafterversammlung zu unterschreiben ist. Eine Abschrift des Protokolls ist allen Gesellschaftern zuzuleiten.

(7) Klagen
Klagen auf Feststellung der Nichtigkeit von Gesellschafterbeschlüssen müssen binnen zwei Monaten[45] nach Zugang der Abschrift des Protokolls erhoben werden. Die Klage ist gegen die Gesellschaft zu richten.

---

[40] Die Notwendigkeit dieser Regelung folgt aus dem Bestimmtheitsgrundsatz bei Mehrheitsbeschlüssen → § 17 Rn. 186.

[41] Das RG ist in einem solchen Fall in analoger Anwendung der §§ 34 BGB, 47 Abs. 4 GmbHG von einem Stimmrechtsausschluss ausgegangen, vgl. RGZ 136, 236 (245); offen gelassen in BGHZ 48, 251 (256); iE str., vgl. MüKoHGB/*Enzinger* § 119 Rn. 30 ff.; Einigkeit herrscht zumindest darüber, dass der gesetzliche Stimmrechtsausschluss grundsätzlich dispositiv ist. Im Kern zwingend ist lediglich das Verbot des „Richtens in eigener Sache", vgl. BGH NZG 2009, 707 (709); DStR 1994, 869 (870); Baumbach/*Hopt* HGB § 119 Rn. 12.

[42] Zu den Beschlussmehrheiten allgemein → § 17 Rn. 183 ff.

[43] Dadurch werden etwaige Probleme hinsichtlich der Funktionsfähigkeit der Gesellschafterversammlung infolge des Einstimmigkeitserfordernisses gelöst.

[44] Diese Regelung dient dazu, Streitigkeiten über den Beschlussinhalt zu verhindern.

[45] Eine solche Regelung ist zulässig. Die Frist ist in diesem Fall von Amts wegen als materielle Klagevoraussetzung zu beachten, vgl. zur GmbH: BGH NZG 1998, 679.

§ 14
Beirat

(1) Bestimmungen über den Beirat
Die Gesellschaft hat einen Beirat. Wer ordentliches, stellvertretendes oder kooptiertes Mitglied des Beirats der persönlich haftenden Gesellschafterin ist, ist zugleich ordentliches, stellvertretendes bzw. kooptiertes Mitglied des Beirats der Gesellschaft. Die Bestimmungen der Satzung der persönlich haftenden Gesellschafterin über die Zusammensetzung, die Aufgaben und Befugnisse sowie die innere Ordnung des Beirats gelten für die Gesellschaft entsprechend.[46]

(2) Wahrnehmung der Kontrollbefugnis gemäß § 164 HGB[47]
Dem Beirat wird insbesondere anstelle des Zustimmungsrechts der Kommanditisten gemäß § 164 HGB die Kontrollfunktion gegenüber der Geschäftsführung übertragen.

§ 15
Jahresabschluss[48]

(1) Aufstellung des Jahresabschlusses[49]
Nach Ablauf des Geschäftsjahres sind der Jahresabschluss und der Lagebericht für das abgelaufene Geschäftsjahr innerhalb der gesetzlichen Frist von der Komplementärin aufzustellen. Bei der Aufstellung des Jahresabschlusses sind die handels- und steuerrechtlichen Vorschriften zu beachten.

(2) Prüfung des Jahresabschlusses
Ist der Jahresabschluss nicht nach gesetzlichen Vorschriften prüfungspflichtig,[50] ist dieser nur dann durch einen Wirtschaftsprüfer oder eine Wirtschaftsprüfungsgesellschaft zu prüfen, sofern der Beirat dies beschließt.

(3) Feststellung[51]
Die Feststellung des Jahresabschlusses obliegt der Gesellschafterversammlung.

---

[46] Der Kern der Beiratstätigkeit wird hier in der Kontrolle der Geschäftsführung der Komplementärin liegen. Hier ist der Beirat auch angesiedelt. Um jedoch ein Auseinanderfallen von Zuständigkeiten zu verhindern, ist ein identischer Beirat bei der GmbH & Co. KG vorgesehen. Aufgrund der vorgesehenen Personenidentität kann der Beirat jeweils gleichzeitig tagen; zum Nebeneinander von Beiräten in der Komplementär-GmbH und der GmbH & Co. KG → § 19 Rn. 53 ff.
[47] → § 19 Rn. 77.
[48] Allgemein zum Jahresabschluss einer GmbH & Co. KG → § 23 Rn. 17 ff.
[49] Zum Begriff → Formular § 58 II. Fn. 34.
[50] Zur Prüfungspflicht → § 23 Rn. 77 ff.
[51] Zum Begriff → Formular § 58 II. Fn. 36.

§ 16
Erhöhung des Festkapitals[52]

(1) Bezugsrecht der Gesellschafter[53]
Bei der Erhöhung des Festkapitals hat jeder Gesellschafter Anspruch darauf, sich in Höhe des seinem Anteil am Festkapital entsprechenden Teils zu beteiligen. Er kann dieses Recht auf Personen übertragen, die Angehörige seines Stammes sind oder im Falle des Erwerbs eines Gesellschaftsanteils Angehörige seines Stammes werden.

(2) Bezugsrecht Dritter
Die Zulassung Dritter zur Übernahme eines Gesellschaftsanteils durch Leistung einer Festeinlage ist nur mit Zustimmung sämtlicher Gesellschafter zulässig.[54]

§ 17
Verfügung über Gesellschaftsanteile, Vorkaufsrechte

(1) Zustimmungserfordernis bei Verfügungen der Komplementärin
Verfügungen der geschäftsführenden, persönlich haftenden Gesellschafterin über einen Gesellschaftsanteil oder einen Teil[55] davon, insbesondere die Abtretung, Verpfändung, Nießbrauchsbestellung oder sonstige Belastung von Gesellschaftsanteilen, sind nur mit Zustimmung aller stimmberechtigten Gesellschafter zulässig.

(2) Zustimmungserfordernis bei Verfügungen der Kommanditisten
Verfügungen der nicht zur Geschäftsführung berechtigten Gesellschafter über einen Gesellschaftsanteil oder einen Teil davon, insbesondere die Abtretung, Verpfändung, Nießbrauchsbestellung oder sonstige Belastung von Gesellschaftsanteilen, sind nur mit Zustimmung der Gesellschafterversammlung zulässig. Die Zustimmung bedarf eines einstimmigen Beschlusses der Gesellschafterversammlung. Erfolgt die Verfügung aufgrund einer Veräußerung, bei der Vorkaufsrechte gemäß Abs. 4 bis 6 zu beachten sind, kann die Zustimmung erst wirksam erteilt werden, nachdem die Vorkaufsrechte ausgeübt oder die Vorkaufsfristen verstrichen sind, oder die Vorkaufsberechtigten auf ihr Vorkaufsrecht verzichtet haben.[56]

(3) Anspruch auf Zustimmungserteilung[57]
Die Zustimmung zu Verfügungen gemäß Abs. 2 muss erteilt werden, wenn die Verfügung

---

[52] Durch diese Regelung soll sichergestellt werden, dass die Beteiligungsverhältnisse zwischen den Stämmen gewahrt bleiben, wenn das Kommanditkapital erhöht wird.

[53] → § 22 Rn. 4.

[54] Diese Regelung verhindert den Eintritt unliebsamer Dritter in die KG. Die Regelung ist im Zusammenhang mit sonstigen Beschränkungen des Eindringens Dritter in die Gesellschaft – wie Vinkulierungsbestimmungen bei Anteilsübertragungen – zu sehen.

[55] Zur Übertragung von Teilgeschäftsanteilen → § 29 Rn. 4, 37.

[56] Diese Regelung bietet ein Beispiel für die Kombination zwischen Zustimmungserfordernis und Vorkaufsrecht → Formular § 60 IV., § 14.

[57] → § 29 Rn. 22.

a) zugunsten von Personen erfolgt, die sowohl mit dem verfügenden Gesellschafter als auch mit dem Gesellschaftsgründer (Vater von AX, BX, Y und Z) in gerader Linie verwandt sind,[58]
b) zugunsten von Personen erfolgt, die zwar mit dem Gesellschaftsgründer (Vater von AX, BX, Y und Z), nicht aber mit dem verfügenden Gesellschafter in gerader Linie verwandt sind, sofern die Vorkaufsbestimmungen gemäß Abs. 4 bis 6 beachtet sind,[59]
c) zugunsten von sonstigen Gesellschaftern erfolgt, die einem der Gesellschafterstämme angehören, sofern die Vorkaufsbestimmungen gemäß Abs. 4 bis 6 beachtet sind,[60] oder
d) in Vollzug eines Vermächtnisses oder einer testamentarischen Teilungsanordnung oder sonst im Rahmen einer Erbauseinandersetzung zugunsten eines nach § 18 nachfolgeberechtigten Erben oder eines nach § 18 nachfolgeberechtigten Vermächtnisnehmers erfolgt.[61]

Die Verpflichtung zur Erteilung der Zustimmung setzt weiterhin in jedem Fall voraus, dass

a) sofern der oder die Begünstigten verheiratet sind, diese im Güterstand der Gütertrennung[62] leben, und
b) der oder die Begünstigten gleichzeitig eine Beteiligung an der XYZ GmbH erhalten, deren Beteiligungsquote der an der Gesellschaft übertragenen Beteiligungsquote entspricht.[63]

In allen sonstigen Fällen einer Verfügung steht es im Ermessen jedes einzelnen Gesellschafters, für oder gegen die Erteilung der Zustimmung zu stimmen.

(4) Vorkaufsrecht

Ein veräußerungswilliger Gesellschafter ist, sofern die Veräußerung nicht an Personen erfolgt, die – spätestens mit Erwerb des Gesellschaftsanteils – Angehörige seines Gesellschafterstammes sind, verpflichtet, seinen Gesellschaftsanteil oder den Teil desselben, den er zu übertragen beabsichtigt, zunächst den Angehörigen seines Stammes und danach den Angehörigen der übrigen Familienstämme in schriftlicher Form unter Vorlage des schriftlich abgeschlossenen Kaufvertrags unverzüglich zum Vorkauf anzubieten.[64]

---

[58] In diesem Fall erfolgt keine Veränderung der Beteiligungsverhältnisse zwischen den Stämmen.

[59] In diesem Fall werden die Mitglieder des Stammes, dem der verkaufswillige Gesellschafter angehört, bereits durch das Vorkaufsrecht angemessen vor einer nachteiligen Veränderung der Beteiligungsverhältnisse zwischen den Stämmen geschützt.

[60] Die Anmerkungen in Fn. 59 gelten hier entsprechend.

[61] Die Anmerkungen in Fn. 58 gelten hier entsprechend.

[62] → Fn. 83.

[63] → § 60 II., § 20 Abs. 1 lit. f).

[64] Durch diese Bestimmung wird die Möglichkeit eingeräumt, den Anteil zunächst durch Ausübung des Vorkaufsrechts im Stamm zu halten und, falls von dieser Möglichkeit nicht Gebrauch gemacht wird, den Anteil zumindest im Bereich der Familie zu halten. Erfolgt keine Ausübung des Vorkaufsrechts, greift der Zustimmungsvorbehalt.

(5) Vorkaufsrecht der Stammesangehörigen
Die Angehörigen des eigenen Stammes sind berechtigt, das Vorkaufsrecht binnen zwei Monaten nach Zugang des Vorkaufsangebots auszuüben; die Ausübung bedarf der Schriftform. Üben mehrere Vorkaufsberechtigte das Vorkaufsrecht aus, so erwerben sie den Anteil pro rata ihrer Beteiligung. Mehrere Vorkaufsberechtigte sind auch berechtigt, das Vorkaufsrecht nur wegen eines Bruchteils des Gesellschaftsanteils auszuüben. In diesem Fall liegt jedoch nur dann eine wirksame Ausübung des Vorkaufsrechts vor, wenn die Summe der Gesellschaftsanteile zusammengefasst den zum Vorkauf angebotenen Gesellschaftsanteil unter Berücksichtigung der Erklärungen der übrigen Vorkaufsberechtigten, ggf. auch solcher, die nachrangig vorkaufsberechtigt sind, insgesamt erfasst. Ergibt sich bei einer Zusammenfassung der Bruchteile eine höhere Quote als 100 % des veräußerten Anteils, erwerben in erster Linie die vorrangig und erst in zweiter Linie die nachrangig Berechtigten; innerhalb dieser Gruppe erfolgen ggf. Kürzungen der Quoten pro rata der Beteiligung.

(6) Vorkaufsrecht der Gesellschafter eines anderen Stammes
Erst wenn die gemäß Abs. 5 vorrangig vorkaufsberechtigten Gesellschafter des eigenen Stammes ihr Vorkaufsrecht nicht oder nicht in vollem Umfang ausgeübt haben, ist der Gesellschaftsanteil bzw. sind die verbleibenden Quoten des Gesellschaftsanteils den nachrangig vorkaufsberechtigten Mitgliedern der übrigen Familienstämme unverzüglich zum Vorkauf anzubieten. Das Vorkaufsrecht ist binnen zwei Monaten nach Zugang des Vorkaufsangebots auszuüben. Im Übrigen gelten die obigen Bestimmungen entsprechend, jedoch mit der Maßgabe, dass, soweit Angehörige eines Familienstammes die pro rata ihrer Beteiligung auf sie entfallende Quote durch Ausübung ihres Vorkaufsrechts nicht ausschöpfen, das Vorkaufsrecht insoweit zunächst den Mitgliedern dieses Familienstammes zusteht, ehe es auf die Mitglieder der übrigen Familienstämme übergeht.

(7) Konnex der Vorkaufsrechte
Das Vorkaufsrecht nach Abs. 5 und 6 kann nur gleichzeitig und im gleichen Verhältnis mit dem Vorkaufsrecht bezüglich des Geschäftsanteils des veräußerungswilligen Gesellschafters an der XYZ GmbH ausgeübt werden.[65]

(8) Andienungspflicht Nichtstammesangehöriger
Gehört ein veräußerungswilliger Gesellschafter keinem Stamm an, so hat er den Gesellschaftsanteil zunächst den Mitgliedern sämtlicher Familienstämme nach Maßgabe vorstehender Bestimmungen zum Kauf anzubieten.[66]

---

[65] Vgl. *Sommer* Gesellschaftsverträge der GmbH & Co. KG, 201, 283; diese Vorschrift soll iVm der entsprechenden Klausel in der Satzung der Komplementär-GmbH (→ Formular § 60 IV., § 14 Abs. 6) der Beibehaltung identischer Beteiligungsverhältnisse an beiden Gesellschaften dienen.

[66] Dadurch haben die Mitglieder der Familienstämme sog. Vorerwerbsrechte → § 29 Rn. 38.

§ 18
Rechtsnachfolge

(1) Nachfolgeberechtigte Erben und Vermächtnisnehmer
Im Falle des Todes eines Gesellschafters wird die Gesellschaft mit nachfolgeberechtigten Erben oder Vermächtnisnehmern fortgesetzt. Nachfolgeberechtigt sind Erben und Vermächtnisnehmer, die
a) mit AX, BX, Y oder Z in gerader Linie verwandt sind[67] und, sofern sie verheiratet sind, im Güterstand der Gütertrennung[68] leben oder
b) mit dem Erblasser, der mit AX, BX, Y oder Z in gerader Linie verwandt war, bis zu dessen Tod verheiratet waren, ohne dass bis zu diesem Zeitpunkt ein Scheidungsantrag gestellt war.[69]
(2) Nicht nachfolgeberechtigte Erben und Vermächtnisnehmer[70]
Verstirbt ein Gesellschafter, ohne Personen als Erben oder Vermächtnisnehmer zu hinterlassen, die nachfolgeberechtigt sind, so wächst der Gesellschaftsanteil des Verstorbenen den übrigen Gesellschaftern pro rata ihrer Beteiligung an. Der sich nach § 21 ermittelnde Abfindungsanspruch fällt in den Nachlass.[71]
(3) Testamentsvollstreckung
Die Anordnung der Testamentsvollstreckung an Kommanditanteilen ist zulässig.[72]

§ 19
Kündigung der Gesellschaft

(1) Kündigungsfrist
Jeder Gesellschafter kann die Gesellschaft unter Einhaltung einer Frist von einem Jahr jeweils zum Ablauf jedes fünften Kalenderjahres kündigen, erstmals jedoch zum 31.12.20 . . .[73] Das Recht zur Kündigung aus wichtigem Grund bleibt unberührt.[74]

---

[67] Diese Regelung gestattet es, auch Familienmitglieder, die einem anderen Stamm angehören, von Todes wegen zu bedenken. Eine Verschiebung der Beteiligungsverhältnisse zwischen den Stämmen wird insoweit in Kauf genommen.

[68] → Fn. 83.

[69] Durch diese Regelung werden Ehegatten den privilegierten „Blutsverwandten" gleichgestellt; sie korrespondiert insoweit mit der Stammesdefinition in § 7.

[70] Dadurch soll der Eintritt von Nicht-Familienmitgliedern verhindert werden.

[71] De facto scheidet der Erblasser damit mit seinem Tod aus der Gesellschaft aus.

[72] Die Anordnung der Testamentsvollstreckung für einen Kommanditanteil setzt stets die Zustimmung der übrigen Gesellschafter voraus, vgl. BGH NZG 2012, 385 (386); NJW 1989, 3152 (3153). Allgemein dazu → § 35 Rn. 29.

[73] Die gesetzliche Kündigungsfrist beträgt sechs Monate zum Schluss des Geschäftsjahres, § 132 HGB. Diese Frist erscheint wegen des damit verbundenen Abflusses an Liquidität aus der Gesellschaft oft unangemessen. Eine zu lange Bindungsdauer kann umgekehrt gegen § 138 BGB verstoßen bzw. der Wertung in § 723 Abs. 3 BGB entgegenstehen. Zur Problematik vgl. MüKoHGB/*K. Schmidt* § 132 Rn. 33 mwN.

[74] Ein Ausschluss des ordentlichen Kündigungsrechts wäre unzulässig, BGHZ 23, 10 (15); das Recht zur Kündigung aus wichtigem Grund ist unverzichtbar, vgl. nur MüKoHGB/ *K. Schmidt* § 132 Rn. 37.

17. Kapitel. Formulare

(2) Form der Kündigung
Die Kündigung hat durch eingeschriebenen Brief an die geschäftsführende Gesellschafterin zu erfolgen; diese hat die übrigen Gesellschafter unverzüglich von der Kündigung zu unterrichten.[75] Kündigt die geschäftsführende Gesellschafterin, ist die Kündigung an alle übrigen Gesellschafter zu richten. Für die Wirksamkeit der Kündigung ist der Tag der Zustellung maßgebend.

(3) Keine Auflösung[76]
Die Kündigung führt nicht zur Auflösung der Gesellschaft. Diese wird mit den übrigen Gesellschaftern fortgesetzt. Der Kündigende scheidet aus der Gesellschaft aus.

(4) Anschlusskündigung[77]
Kündigt ein Gesellschafter fristgerecht, so sind die übrigen Gesellschafter berechtigt, sich der Kündigung innerhalb eines Monats nach Zugang der Kündigungserklärung oder der Unterrichtung über die Kündigung anzuschließen; die Kündigungsfrist gemäß Abs. 1 wird für die Anschlusskündigung entsprechend verkürzt;[78] im Übrigen gilt Abs. 2 entsprechend.

(5) Übernahmerecht
Ist außer dem kündigenden Gesellschafter bzw. den kündigenden Gesellschaftern und der geschäftsführenden Gesellschafterin kein weiterer Gesellschafter mehr vorhanden, hat die geschäftsführende Gesellschafterin das Recht, das Geschäft mit allen Aktiva und Passiva zu übernehmen.[79]

(6) Auflösung
Kündigen sämtliche Gesellschafter, so wird die Gesellschaft aufgelöst; die geschäftsführende Gesellschafterin ist alleinvertretungsberechtigte Liquidatorin[80] und von den Beschränkungen des § 181 BGB befreit. Die Liquidation ist in der Weise durchzuführen, dass das gesamte Vermögen der Gesellschaft auf die persönlich haftende Gesellschafterin im Rahmen einer Sachkapitalerhöhung unter Einbringung zum Buchwert übertragen wird und den übrigen Gesellschaftern die im Rahmen dieser Kapitalerhöhung ausgegebenen neuen Geschäftsanteile an der persönlich haftenden Gesellschafterin im Verhältnis ihrer bisherigen Beteiligungsquote an der XYZ

---

[75] Grundsätzlich sind alle übrigen Gesellschafter Adressaten der Kündigung. Es genügt jedoch der Zugang bei einem Gesellschafter, wenn dieser die anderen Gesellschafter über die Kündigung in Kenntnis setzt, vgl. HTM/*Hannes* GmbH & Co. KG § 9 Rn. 190.

[76] Wegen §§ 161 Abs. 2, 131 Abs. 3 S. 1 Nr. 3, 2 HGB hat diese Klausel lediglich deklaratorische Bedeutung → § 31 Rn. 11.

[77] → § 31 Rn. 14 bei außerordentlicher Kündigung.

[78] Dies bedeutet, dass für den Anschlusskündigenden der Kündigungszeitpunkt des zunächst kündigenden Gesellschafters gilt. Eine andere Ausgestaltung der Anschlusskündigung findet sich bei *Veltins* Der Gesellschaftsvertrag der Kommanditgesellschaft, 2. Aufl. 2002, 111 f.

[79] Dies ist der Fall der sog. „Geschäftsübernahme": der letztverbleibende Gesellschafter wird Gesamtrechtsnachfolger der Gesellschaft, die GmbH & Co. KG erlischt ohne Auseinandersetzung, vgl. BGH NZG 2008, 704; *K. Schmidt* Gesellschaftsrecht § 8 IV 2 b, 209.

[80] Die Regelung in § 146 Abs. 1 S. 1 HGB (iVm § 161 Abs. 2 HGB) sieht ansonsten alle Gesellschafter als Liquidatoren vor.

GmbH als Gegenleistung gewährt werden. Die Kommanditisten verpflichten sich bereits jetzt, die danach auf sie entfallenden Geschäftsanteile zu zeichnen. Sie verpflichten sich ferner, einer entsprechenden Kapitalerhöhung bei der XYZ GmbH zuzustimmen. Die Verpflichtung gilt zugleich für etwaige Rechtsnachfolger.

§ 20
Ausschließung[81]

(1) Gründe[82]

Ein Gesellschafter kann durch Gesellschafterbeschluss aus der Gesellschaft ausgeschlossen werden, wenn
- a) der betreffende Gesellschafter zustimmt,
- b) über das Vermögen eines Gesellschafters das Insolvenzverfahren eröffnet und nicht binnen acht Wochen wieder aufgehoben wird oder die Eröffnung des Insolvenzverfahrens mangels Masse abgelehnt wird,
- c) von Seiten eines Gläubigers eines Gesellschafters Zwangsvollstreckungsmaßnahmen in den Gesellschaftsanteil des Gesellschafters vorgenommen werden und es den Inhabern des Gesellschaftsanteils nicht binnen acht Wochen gelungen ist, ihre Aufhebung zu erreichen,
- d) in der Person des Gesellschafters ein wichtiger, seinen Ausschluss rechtfertigender Grund vorliegt,
- e) ein verheirateter Gesellschafter oder ein Gesellschafter, der heiratet, nicht auf Aufforderung der geschäftsführenden Gesellschafterin oder eines Mitgesellschafters unverzüglich nachweist, dass er Gütertrennung vereinbart hat;[83]
- f) ein Gesellschafter an der persönlich haftenden Gesellschafterin nicht mindestens im gleichen Verhältnis beteiligt ist, in dem er an der Gesellschaft beteiligt ist.[84] Er kann in diesem Fall mit seinem Gesellschaftsanteil insoweit ausgeschlossen werden, als dies notwendig ist, um das gleiche Beteiligungsverhältnis an beiden Gesellschaften herzustellen;[85] oder

---

[81] Dazu allgemein → § 31.

[82] → § 31 Rn. 41 ff.

[83] Hintergrund ist, dass der Wert der Unternehmensbeteiligung während der Ehe erheblich an Wert gewinnen kann und damit zu außergewöhnlich hohen Zugewinnausgleichsansprüchen führt. Da der Zugewinn idR nicht im flüssigen Vermögen liegt, sind Gesellschafter unter solchen Umständen häufig gezwungen, der Gesellschaft erhebliche Mittel zu entziehen oder ihre Beteiligung ganz oder teilweise zu veräußern, um die Zugewinnausgleichsansprüche erfüllen zu können, vgl. hierzu *Reichert/Harbarth* GmbH-Vertrag, 176 f. Zur Herbeiführung dieses Zwecks würde freilich bereits der Ausschluss des Zugewinns im Scheidungsfall ausreichen → § 59 II., § 21 Abs. 1 lit. b). Im vorliegenden Fall sollen die Gesellschafter veranlasst werden, die weitergehende Wirkung der Gütertrennung auch in Bezug auf das sonstige, nicht die Beteiligung betreffende Vermögen herbeizuführen.

[84] Die vertragliche Vereinbarung eines „wichtigen Grundes" iSd §§ 140 Abs. 1 S. 1, 133 HGB ist zulässig, vgl. MüKoHGB/*K. Schmidt* § 133 Rn. 67 mit weiteren Hinweisen.

[85] Vgl. MVHdB GesR/*Götze* III. 6. § 12 Abs. 2, 272.

g) die Ehe eines Gesellschafters mit einer Person, die mit dem Gesellschaftsgründer (Vater von AX, BX, Y und Z) in gerader Linie verwandt ist, rechtskräftig geschieden worden ist.

(2) Beschluss
Der Ausschluss erfordert eine Mehrheit von ¾ der abgegebenen Stimmen; der betroffene Gesellschafter ist nicht stimmberechtigt.[86] Der Ausschließungsbeschluss muss innerhalb eines Jahres, nachdem alle Gesellschafter von dem Ausschließungsgrund Kenntnis erlangt haben, gefasst werden. Die Ausschließung wird wirksam mit Zugang des Beschlusses.[87]

(3) Mehrere Gesellschafter
Steht ein Gesellschaftsanteil mehreren Mitberechtigten ungeteilt zu, ist der Ausschluss gemäß Abs. 1 lit. b) bis g) auch dann zulässig, wenn die Ausschließungsvoraussetzungen nur in der Person eines Mitberechtigten vorliegen.

(4) Übertragung
Statt des Ausschlusses kann die Gesellschafterversammlung beschließen, dass der Gesellschaftsanteil auf zur Übernahme bereite Gesellschafter im Verhältnis ihrer Beteiligung oder in einem anderen von den übernahmeberechtigten Gesellschaftern gewünschten Verhältnis oder, falls kein Gesellschafter zur Übernahme bereit ist, auf einen Dritten zu übertragen ist.[88] Der Beschluss bedarf – unter Stimmrechtsausschluss des betroffenen Gesellschafters – der Einstimmigkeit. Im Falle der Übertragung auf Gesellschafter oder Dritte gilt § 21 mit der Maßgabe, dass die Abfindung nicht von der Gesellschaft, sondern vom Erwerber geschuldet wird. Die Übertragung wird wirksam, sobald die Abfindung gezahlt oder für die noch nicht fällige Abfindung eine selbstschuldnerische und unwiderrufliche Bankbürgschaft gestellt ist.

(5) Ruhen des Stimmrechts
Von dem Gesellschafterbeschluss an, der den Ausschluss oder die Verpflichtung zur Abtretung des Gesellschaftsanteils anordnet, ruht – soweit rechtlich zulässig – das Stimmrecht des betroffenen Gesellschafters.

**§ 21
Abfindung[89]**

(1) Auseinandersetzungsguthaben
Scheidet ein Gesellschafter infolge Kündigung oder aus einem sonstigen Grund aus der Gesellschaft aus, steht ihm ein Auseinandersetzungsguthaben, das dem Verhältnis seiner Beteiligung am Festkapital entspricht, zu. Das Auseinandersetzungsguthaben ist auf den letzten, dem Ausscheiden des Gesellschafters vorausgegangenen Bilanzstichtag anhand einer Aus-

---

[86] → § 31 Rn. 43.
[87] Allein die Beschlussfassung über den Ausschluss genügt nicht, es sei denn, der betroffene Gesellschafter war dabei anwesend, vgl. BGH NZG 2011, 901.
[88] Diese Regelung dient in erster Linie der Kontrolle über die Beteiligungsverhältnisse.
[89] Hierzu allgemein → § 32.

einandersetzungsbilanz nach Maßgabe der folgenden Vorschriften zu ermitteln. Ein Gewinnanspruch für die Zeit zwischen dem Bilanzstichtag und dem Ausscheiden steht dem Gesellschafter nicht zu.

(2) Wertansätze
Für die Zwecke der Auseinandersetzung werden die Wertansätze für Aktiva und Passiva entsprechend den Bilanzansätzen angesetzt.[90] Die Abfindung muss jedoch mindestens 75 % der Abfindung betragen, die pro rata auf die Beteiligung entfiele, wenn die Gesellschaft auf den vorausgegangenen Bilanzstichtag nach den allgemein anerkannten Bewertungsregeln bewertet würde.[91]

(3) Auszahlungsmodalitäten
Die Abfindung ist von dem Tag des Beschlusses an mit . . . % p.a. zu verzinsen und in zehn gleichen Jahresraten, die erste am ersten Werktag des dritten, auf das Ausscheiden folgenden Monats zu zahlen.[92] Solange die zu leistende Abfindung noch nicht festgestellt ist, sind angemessene Abschlagszahlungen entsprechend den festgelegten Raten zu leisten. Der zur Zahlung der Abfindung Verpflichtete ist zu einer früheren vollständigen oder teilweisen Zahlung berechtigt. Die Zinszahlung erfolgt zusammen mit der jeweiligen Jahresrate.

§ 22
Gesellschafterpflichten

(1) Die Gesellschafter haben in allen Angelegenheiten der Gesellschaft Stillschweigen zu bewahren. Dies gilt auch nach einem etwaigen Ausscheiden aus der Gesellschaft.

(2) Die Gesellschafter sind zur Gesellschaftstreue[93] verpflichtet. Sie haben den Gesellschaftszweck zu fördern, dürfen die Gesellschaft in keiner Weise schädigen und sind insbesondere gehalten, Geschäftsgeheimnisse oder geschäftliche Beziehungen nicht zu deren Nachteil oder zum eigenen Vorteil auszunutzen. Den Gesellschaftern obliegt es, untereinander und zu den Mitarbeitern der Gesellschaft ein gutes Verhältnis herzustellen und zu wahren.

(3) Die Gesellschafter unterliegen keinem Wettbewerbsverbot.[94]

(4) Nennung einer zustellungsfähigen Anschrift
Jeder Gesellschafter ist verpflichtet, der Gesellschaft eine aktuelle zustellungsfähige Anschrift oder einen Zustellungsbevollmächtigten mitzuteilen.

---

[90] Allgemein zu Buchwertklauseln MHdB GbR/*Piehler*/*Schulte* § 76 Rn. 4 ff.; *Olbing* GmbH-StB 2008, 300.

[91] Hierdurch soll ein nachträgliches, unangemessenes Missverhältnis zwischen Abfindung und wahrem Anteilswert vermieden werden. Den Abschlag von 25 % wird man wohl für zulässig halten können; vgl. im Einzelnen *Lutter*/Hommelhoff GmbHG § 34 Rn. 90; *Ulmer*/*Schäfer* ZGR 1995, 134 (153).

[92] Die Ratenzahlung soll etwaige Liquiditätsprobleme der Gesellschaft verringern.

[93] Zur Treuepflicht → § 26.

[94] Zu vertraglichen Gestaltungsmöglichkeiten bzgl. Wettbewerbsverboten → § 27 Rn. 52 ff.

Der Zugang eines an diese Adresse übersandten Schriftstücks wird nach Ablauf einer Frist von vier Wochen fingiert.

§ 23
Leistungsverkehr mit der Gesellschaft

Im Leistungsverkehr zwischen der Gesellschaft und ihren Gesellschaftern ist es untersagt, einem Gesellschafter oder einer ihm nahe stehenden Person unangemessene Vorteile irgendwelcher Art vertragsgemäß oder durch einseitige Handlung zuzuwenden oder die Gewährung solcher Vorteile stillschweigend zuzulassen.

§ 24
Liquidation[95]

(1) Tritt die Gesellschaft in Liquidation, so ist die zu diesem Zeitpunkt zur Geschäftsführung berechtigte Komplementärin alleinige Liquidatorin.
(2) Das Liquidationsergebnis ist nach dem Verhältnis der Kapitalkonten zu verteilen.

§ 25
Schriftform

Nebenabreden zu diesem Vertrag sind nicht getroffen. Änderungen oder Ergänzungen bedürfen zu ihrer Rechtswirksamkeit der Schriftform.[96] Das Gleiche gilt für den Verzicht auf dieses Schriftformerfordernis.

§ 26
Schiedsgericht

Über alle Streitigkeiten zwischen den Gesellschaftern und zwischen der Gesellschaft und den Gesellschaftern, welche diesen Vertrag, das Gesellschaftsverhältnis oder die Gesellschaft betreffen, entscheidet, soweit nicht zwingendes Recht entgegensteht, unter Ausschluss des ordentlichen Rechtswegs ein Schiedsgericht. Das Schiedsgericht entscheidet auch, soweit dem zwingenden Recht nicht entgegensteht, über Beschlussfeststellungs- und Beschlussnichtigkeitsklagen. Die Schiedsvereinbarung ist Bestandteil dieses Gesellschaftsvertrags und in gesonderter Urkunde niedergelegt.[97]

---

[95] Hierzu allgemein → § 47.
[96] Zur statutarischen Schriftformabrede vgl. MüKoHGB/*K. Schmidt* § 105 Rn. 162 mwN.
[97] → Formular § 60 III.; soweit Verbraucher beteiligt sind, ist die Formvorschrift des § 1031 Abs. 5 ZPO zu beachten.

§ 27
Salvatorische Klausel[98]

Sollten Bestimmungen dieses Vertrags oder eine künftig in ihn aufgenommene Bestimmung ganz oder teilweise unwirksam oder undurchführbar sein oder werden, so bleibt die Gültigkeit der übrigen Bestimmungen hiervon unberührt. Das Gleiche gilt, falls sich herausstellen sollte, dass der Vertrag eine Regelungslücke enthält. Anstelle der unwirksamen oder undurchführbaren Bestimmungen oder zur Ausfüllung der Regelungslücke soll dann eine angemessene Regelung gelten, die dem am nächsten kommt, was die Gesellschafter gewollt hätten, wenn sie die Unwirksamkeit, Undurchführbarkeit oder Lückenhaftigkeit gekannt hätten. Das Gleiche gilt, wenn die Unwirksamkeit einer Bestimmung auf einem im Vertrag vorgeschriebenen Maß der Leistung oder Zeit (Frist oder Termin) beruht. In diesem Fall soll das Maß der Leistung oder Zeit (Frist oder Termin) als vereinbart gelten, das rechtlich zulässig ist und dem Gewollten möglichst nahe kommt.

III. Schiedsvertrag[99]

Schiedsvertrag

zwischen

1. XYZ Spezialmaschinen GmbH & Co. KG
2. XYZ GmbH
3. AX
4. BX
5. Y
6. Z

zum Gesellschaftsvertrag der XYZ Spezialmaschinen GmbH & Co. KG

§ 1
Zuständigkeit des Schiedsgerichts

(1) Alle Streitigkeiten[100] zwischen Gesellschaftern der XYZ Spezialmaschinen GmbH & Co. KG oder zwischen der XYZ Spezialmaschinen GmbH & Co. KG und ihren Gesellschaftern im Zusammenhang mit dem Gesellschaftsvertrag der XYZ Spezialmaschinen GmbH & Co. KG oder über seine Gültigkeit werden nach der Schiedsgerichtsordnung (DIS-SchO) und den Ergänzenden Regeln für gesellschaftsrechtliche Streitigkeiten (DIS-ERGeS) der Deutschen Institution für Schiedsgerichtsbarkeit e.V. (DIS) unter Ausschluss des ordentlichen Rechtswegs endgültig entschieden.[101]

---

[98] → § 58 II. Fn. 47.
[99] Zu den Vorteilen einer Schiedsvereinbarung → § 18 Rn. 104 ff.
[100] Die Schiedsfähigkeit von Beschlussfeststellungs- und Beschlussnichtigkeitsklagen steht bei der Personengesellschaft außer Zweifel, → § 18 Rn. 109 ff.
[101] Der Entwurf sieht ein institutionelles Schiedsverfahren vor und nimmt hierzu die Regelungen der Deutschen Institution für Schiedsgerichtsbarkeit (DIS) in Bezug. Damit

(2) Streitigkeiten zwischen Gesellschaftern, die keinen unmittelbaren gesellschaftsrechtlichen Bezug haben, aber mit der Gesellschafterstellung in Zusammenhang stehen, werden durch ein Schiedsgericht nach der Schiedsgerichtsordnung (DIS-SchO) der Deutschen Institution für Schiedsgerichtsbarkeit e.V. (DIS) entschieden.

§ 2
Wirkungen des Schiedsspruchs

Die Wirkungen des Schiedsspruchs erstrecken sich auch auf die Gesellschafter, die fristgemäß als Betroffene benannt werden, unabhängig davon, ob sie von der ihnen eingeräumten Möglichkeit, dem schiedsrichterlichen Verfahren als Partei oder Nebenintervenient beizutreten, Gebrauch gemacht haben (§ 11 DIS-ERGeS). Die fristgemäß als Betroffene benannten Gesellschafter verpflichten sich, die Wirkungen eines nach Maßgabe der Bestimmungen in den DIS-ERGeS ergangenen Schiedsspruchs anzuerkennen.

§ 3
Bindung an die Schiedsvereinbarung

Ausgeschiedene Gesellschafter bleiben an diese Schiedsvereinbarung gebunden.

§ 4
Pflicht zur Einredeerhebung

Die Gesellschaft hat gegenüber Klagen, die gegen sie vor einem staatlichen Gericht anhängig gemacht werden und Streitigkeiten betreffen, die gemäß § 1 der Schiedsvereinbarung unterfallen, stets die Einrede der Schiedsvereinbarung zu erheben.

§ 5
Besetzung des Schiedsgerichts

Die Anzahl der Schiedsrichter beträgt drei.

§ 6
Gerichtsort

Der Ort des schiedsrichterlichen Verfahrens ist der Sitz der Gesellschaft.

---

soll die Harmonisierung zum Schiedsverfahren für die Komplementär-GmbH gewährleistet werden, → § 60 IV. § 22.

§ 7
Verfahrenssprache

Die Verfahrenssprache ist deutsch.

§ 8
Salvatorische Klausel

Sollten Bestimmungen dieses Vertrags oder eine künftig in ihn aufgenommene Bestimmung ganz oder teilweise unwirksam oder undurchführbar sein oder werden, so bleibt die Gültigkeit der übrigen Bestimmungen hiervon unberührt. Das Gleiche gilt, falls sich herausstellen sollte, dass der Vertrag eine Regelungslücke enthält. Anstelle der unwirksamen oder undurchführbaren Bestimmungen oder zur Ausfüllung der Regelungslücke soll dann eine angemessene Regelung gelten, die dem am nächsten kommt, was die Gesellschafter gewollt hätten, wenn sie die Unwirksamkeit, Undurchführbarkeit oder Lückenhaftigkeit gekannt hätten.

XYZ Spezialmaschinen GmbH & Co. KG	BX
XYZ GmbH	Y
AX	Z

IV. Satzung der Komplementär-GmbH

Satzung der XYZ GmbH

Inhaltsverzeichnis

§ 1 Firma, Sitz
§ 2 Gegenstand
§ 3 Stammkapital
§ 4 Gesellschafterstämme
§ 5 Geschäftsführer
§ 6 Vertretung
§ 7 Gesellschafterversammlung
§ 8 Gesellschafterbeschlüsse
§ 9 Beirat
§ 10 Aufgaben und Befugnisse des Beirats
§ 11 Einberufung von Beiratssitzungen
§ 12 Beschlussfassungen im Beirat
§ 13 Auslagenersatz, Vergütung
§ 14 Verfügungen über Geschäftsanteile, Vorkaufsrechte

§ 15 Rechtsnachfolge
§ 16 Einziehung
§ 17 Kapitalerhöhung
§ 18 Jahresabschluss, Gewinnverwendung
§ 19 Gesellschafterpflichten
§ 20 Leistungsverkehr mit der Gesellschaft
§ 21 Bekanntmachungen
§ 22 Schiedsgericht
§ 23 Salvatorische Klausel

§ 1
Firma, Sitz

(1) Firma
Die Firma der Gesellschaft lautet:
XYZ GmbH.[102]
(2) Sitz[103]
Die Gesellschaft hat ihren Sitz in . . . . (Ort)

§ 2
Gegenstand

Gegenstand des Unternehmens ist die Verwaltung von Beteiligungen an Gesellschaften und anderen Vermögensgegenständen, insbesondere die Übernahme der Geschäftsführung als persönlich haftende Gesellschafterin. Die Gesellschaft ist jedoch auch berechtigt, unmittelbar auf dem Gebiet des Maschinenbaus, insbesondere auf dem Gebiet des Spezialmaschinenbaus, tätig zu werden, und Maschinen und Gegenstände sonstiger Art herzustellen und zu vertreiben.

§ 3
Stammkapital

(1) Stammkapital[104]
Das Stammkapital der Gesellschaft beträgt EUR 500.000,- (in Worten: fünfhunderttausend Euro).
(2) Stammeinlagen[105]
Von den Stammeinlagen haben übernommen:[106]
   a) AX EUR 125.000,- (in Worten: einhundertfünfundzwanzigtausend Euro),
   b) BX EUR 125.000,- (in Worten: einhundertfünfundzwanzigtausend Euro),

---

[102] Es handelt sich um eine Personenfirma; allgemein zum Firmenrecht der GmbH vgl. MüKoGmbHG/*J. Mayer* § 4 Rn. 5ff.; → § 14 Rn. 18.
[103] → § 15 Rn. 9ff.
[104] Vgl. dazu *Reichert/Harbarth* GmbH-Vertrag, 76.
[105] Vgl. dazu *Reichert/Harbarth* GmbH-Vertrag, 76ff.
[106] Die Geschäftsanteile müssen in der Satzung – anders als in der Gesellschafterliste – nicht laufend nummeriert werden, MüKoGmbHG/*Wicke* § 3 Rn. 52; Baumbach/Hueck/*Fastrich* GmbHG § 3 Rn. 16.

c) Y EUR 125.000,- (in Worten: einhundertfünfundzwanzigtausend Euro),
d) Z EUR 125.000,- (in Worten: einhundertfünfundzwanzigtausend Euro).
(3) Volleinzahlung
Die Stammeinlagen sind voll erbracht.
(4) Zusammenlegung
Die Zusammenlegung in einer Hand befindlicher Anteile ist zulässig.

§ 4
Gesellschafterstämme

(1) Gesellschafterstämme
Die Gesellschafter bilden folgende Gesellschafterstämme:[107]
a) Gesellschafterstamm AX
Diesem Stamm gehört AX an. Ihm gehören ferner Personen an, mit denen sie in gerader Linie verwandt ist, ihr Ehegatte sowie Ehegatten (einschließlich verwitweter Ehegatten) von Personen, mit denen sie in gerader Linie verwandt ist, sofern auf diese Geschäftsanteile übertragen werden oder in sonstiger Weise in Übereinstimmung mit diesem Gesellschaftsvertrag auf sie übergehen.
b) Gesellschafterstamm BX
Diesem Stamm gehört BX an. Ihm gehören ferner Personen an, mit denen sie in gerader Linie verwandt ist, ein etwaiger künftiger Ehegatte sowie Ehegatten (einschließlich verwitweter Ehegatten) von Personen, mit denen sie in gerader Linie verwandt ist, sofern auf diese Geschäftsanteile übertragen werden oder in sonstiger Weise in Übereinstimmung mit diesem Gesellschaftsvertrag auf sie übergehen.
c) Gesellschafterstamm Y
Diesem Stamm gehört Y an. Ihm gehören ferner Personen an, mit denen er in gerader Linie verwandt ist, seine Ehegattin sowie Ehegatten (einschließlich verwitweter Ehegatten) von Personen, mit denen er in gerader Linie verwandt ist, sofern auf diese Geschäftsanteile übertragen werden oder in sonstiger Weise in Übereinstimmung mit diesem Gesellschaftsvertrag auf sie übergehen.
d) Gesellschafterstamm Z
Diesem Stamm gehört Z an. Ihm gehören ferner Personen an, mit denen sie in gerader Linie verwandt ist, ihr Ehegatte sowie Ehegatten (einschließlich verwitweter Ehegatten) von Personen, mit denen sie in gerader Linie verwandt ist, sofern Geschäftsanteile auf diese übertragen werden oder in sonstiger Weise in Übereinstimmung mit diesem Gesellschaftsvertrag auf sie übergehen.
(2) Ausscheidensgrund
Ehegatten, betreffend deren Ehe ein Scheidungsantrag gestellt ist oder deren Ehe geschieden ist, sind nicht Ehegatten im Sinne der vorstehenden und nachstehenden Bestimmungen. Gehören sie gemäß Abs. 1 deswegen einem der dort aufgeführten Gesellschafterstämme an, weil sie Ehegatten

---

[107] Zur entsprechenden Regelung im Gesellschaftsvertrag der GmbH & Co. KG → Formular § 60 II., § 7.

17. Kapitel. Formulare

der den Gesellschafterstamm begründenden Personen oder Ehegatten von Personen sind, die mit den den Gesellschafterstamm begründenden Personen in gerader Linie verwandt sind, so scheiden sie zu dem Zeitpunkt, zu dem ein Scheidungsantrag gestellt wird, aus dem Gesellschafterstamm aus.

(3) Auf Lebenspartner im Sinne des Gesetzes über die Eingetragene Lebenspartnerschaft finden die für Ehegatten geltenden Bestimmungen dieses Gesellschaftsvertrags entsprechende Anwendung.

(4) Keine Gesellschafterstämme
Werden Personen Gesellschafter, die nach Abs. 1 keinem der dort näher bezeichneten Stämme angehören, bilden diese keinen Stamm; die einem Stamm oder den Angehörigen eines Stammes zustehenden Rechte stehen ihnen nicht zu. Gleiches gilt für Gesellschafter, die aus einem Gesellschafterstamm ausgeschieden sind.

(5) Stammesvertreter
Soweit dieser Gesellschaftsvertrag vorsieht, dass Erklärungen nicht durch die Angehörigen eines Stammes, sondern durch den Stamm selbst abzugeben sind, ist die Erklärung durch den jeweils Stammesältesten oder einen von ihm gegenüber der Gesellschaft benannten Stammesvertreter nach Maßgabe der Entscheidung des Stammes abzugeben. Soweit innerhalb des Stammes keine abweichende Vereinbarung getroffen ist, haben Beschlussfassungen innerhalb eines Stammes in entsprechender Anwendung der für Gesellschafterbeschlüsse getroffenen Bestimmungen zu erfolgen, wobei jedoch jeweils die einfache Stimmenmehrheit genügt.

**§ 5
Geschäftsführer[108]**

(1) Anzahl
Die Gesellschaft hat einen oder mehrere Geschäftsführer, die von der Gesellschafterversammlung bestellt und abberufen werden.[109]

(2) Geschäftsführungsbefugnis
Mehrere Geschäftsführer sind gemeinschaftlich geschäftsführungsbefugt. Im Innenverhältnis entscheiden sie mit einfacher Mehrheit.[110] Bei Stimmengleichheit entscheiden die Stimmen derjenigen Geschäftsführer, die als Gesellschafter einem Stamm angehören.[111]

(3) Liste der Gesellschafter
Die Geschäftsführer haben unverzüglich nach Wirksamwerden jeder Veränderung in den Personen der Gesellschafter oder des Umfangs ihrer Beteiligung eine von ihnen unterschriebene Liste der Gesellschafter zum

---

[108] Zum Geschäftsführer der Komplementär-GmbH allgemein → § 16 Rn. 25 ff.
[109] Diese Regelung wird in der Praxis häufig gewählt. Die Bestellung und Abberufung durch die Gesellschafterversammlung entspricht der gesetzlichen Regelung, § 46 Nr. 5 GmbHG.
[110] Diese Bestimmung soll verhindern, dass Entscheidungen des Geschäftsführungsgremiums durch das ansonsten geltende Einstimmigkeitsprinzip gelähmt werden.
[111] Diese Regelung sieht die Entscheidung durch Familienmitglieder bei Pattsituationen vor.

Handelsregister einzureichen, aus welcher Name, Vorname, Geburtsdatum und Wohnort der letzteren sowie die Nennbeträge und die laufenden Nummern der von einem jeden derselben übernommenen Geschäftsanteile zu entnehmen sind. Die Veränderungen sind den Geschäftsführern schriftlich mitzuteilen und nachzuweisen, wobei als Nachweis Urkunden entweder in Urschrift oder in beglaubigter Abschrift vorzulegen sind. Für den Nachweis der Erbfolge gilt § 35 der Grundbuchordnung entsprechend. Nach Aufnahme der geänderten Gesellschafterliste in das Handelsregister müssen die Geschäftsführer allen Gesellschaftern unverzüglich eine Abschrift der geänderten Gesellschafterliste übersenden. Überdies sind sie dazu verpflichtet, allen Gesellschaftern mindestens einmal pro Jahr einen aktuellen Auszug der im Handelsregister aufgenommenen Gesellschafterliste zur Kenntnis zu geben.[112]

§ 6
Vertretung[113]

(1) Vertretungsbefugnis
Die Gesellschaft wird, wenn nur ein Geschäftsführer bestellt ist, durch diesen vertreten. Sind mehrere Geschäftsführer bestellt, wird sie durch zwei Geschäftsführer gemeinschaftlich vertreten.

(2) Erweiterung der Vertretungsbefugnis
Durch Beschluss der Gesellschafterversammlung kann, wenn mehrere Geschäftsführer bestellt sind, einzelnen oder allen von ihnen die Befugnis zur Einzelvertretung erteilt werden und, wenn nur ein Geschäftsführer bestellt ist, diesem, oder wenn mehrere Geschäftsführer bestellt sind, einzelnen oder allen von ihnen, Befreiung von den Beschränkungen des § 181 BGB erteilt werden.[114] Die Geschäftsführer sind für Geschäfte mit der XYZ Spezialmaschinen GmbH & Co. KG von den Beschränkungen des § 181 BGB befreit.

---

[112] Die Pflicht, Änderungen im Gesellschafterbestand zum Handelsregister anzumelden, ergibt sich bereits aus § 40 Abs. 1 S. 1 GmbHG, sodass die hier vorgeschlagene Regelung teilweise deklaratorisch ist. Sie ist jedoch empfehlenswert, weil so einerseits die Anforderungen an Mitteilung und Nachweis, § 40 Abs. 1 S. 2 GmbHG, konkretisiert werden, und andererseits die regelmäßige Informationspflicht über die Gesellschafterliste für einen besseren Schutz der Gesellschafter vor einem gutgläubigen Anteilserwerb nach § 16 Abs. 3 GmbHG sorgt; wie hier *Sommer*, Gesellschaftsverträge der GmbH & Co. KG, 265f. und 268f.

[113] Zur Vertretung bei der Komplementär-GmbH → § 16 Rn. 70f.

[114] Das Selbstkontrahierungsverbot des § 181 BGB führt zur schwebenden Unwirksamkeit von Rechtsgeschäften des Geschäftsführers mit sich selbst bzw. mit einem durch ihn vertretenen Dritten. Diese Bestimmung sieht von der generellen Befreiung vom Verbot des § 181 ab. Stattdessen räumt sie der Gesellschafterversammlung eine generelle bzw. einzelne Befreiungsermächtigung ein.

17. Kapitel. Formulare

§ 7
Gesellschafterversammlung[115]

(1) Ladung
Die Gesellschafterversammlung wird durch einen Geschäftsführer einberufen.[116] Zur Gesellschafterversammlung sind alle Gesellschafter durch eingeschriebenen Brief, der die Tagesordnung und den Tagungsort zu enthalten hat, einzuladen. Zwischen der Absendung des Briefs und der Gesellschafterversammlung muss ein Zeitraum von mindestens zwei Wochen liegen; diese Frist kann bei der Einberufung außerordentlicher Gesellschafterversammlungen auf eine Frist von acht Tagen verkürzt werden.[117]

(2) Ordentliche Gesellschafterversammlung
Die ordentliche Gesellschafterversammlung, in der über die Feststellung des Jahresabschlusses und die Verwendung des Gewinns beschlossen wird, findet innerhalb von acht Monaten nach Abschluss eines Geschäftsjahres statt.

(3) Außerordentliche Gesellschafterversammlung
Außerordentliche Gesellschafterversammlungen finden statt, wenn ein Geschäftsführer es für notwendig erachtet, oder wenn Gesellschafter, die allein oder gemeinsam über 10 % des Stammkapitals verfügen, einen dahingehenden Antrag stellen.

(4) Vorsitz
Den Vorsitz in der Gesellschafterversammlung führt der Vorsitzende des Beirats oder ein von ihm bestimmter Vertreter.[118] Ist ein Vertreter nicht bestimmt, beschließt die Gesellschafterversammlung über den Vorsitz mit einfacher Mehrheit.

(5) Vertretung
Die Gesellschafter können sich in der Gesellschafterversammlung durch einen anderen Gesellschafter, durch ihren Ehegatten, durch eine zur Berufsverschwiegenheit verpflichtete Person oder einen sonstigen Dritten, der sich schriftlich zur Verschwiegenheit verpflichtet hat, vertreten lassen.[119] Die Vertreter haben sich durch schriftliche Vollmacht auszuweisen. Jeder Gesellschafter ist berechtigt, zu seiner Beratung einen zur Berufsverschwiegenheit verpflichteten Dritten hinzuzuziehen.

---

[115] Die Bestimmungen über die Gesellschafterversammlung sollten in der KG und in der GmbH weitgehend identisch sein, da die Gesellschafterversammlungen beider Gesellschaften idR zusammengefasst werden.

[116] Zur entsprechenden Regelung im Gesellschaftsvertrag der GmbH & Co. KG → § 60 II., § 12 Abs. 1 S. 2.

[117] Die gesetzliche Mindestfrist beträgt eine Woche, § 51 Abs. 1 S. 2 GmbHG.

[118] Mangels einer Regelung im GmbHG über die Leitung der Gesellschafterversammlung ist es sinnvoll, eine solche Klausel in den Gesellschaftsvertrag aufzunehmen.

[119] Vgl. → § 59 II. Fn. 51.

§ 8
Gesellschafterbeschlüsse

(1) Versammlung
Gesellschafterbeschlüsse werden grundsätzlich in Versammlungen gefasst. Jedoch können Gesellschafterbeschlüsse auch brieflich, telegrafisch, fernschriftlich, per Telefax oder telefonisch gefasst werden, wenn alle Gesellschafter mit dieser Art der Beschlussfassung einverstanden sind.

(2) Stimmrecht
Je EUR 1,– eines Geschäftsanteils gewähren eine Stimme.

(3) Befreiung vom Stimmrechtsverbot
Die Gesellschafter sind, soweit gesetzlich zulässig, abweichend von § 47 Abs. 4 GmbHG stimmberechtigt.[120]

(4) Mehrheitserfordernisse
Soweit die Satzung nichts anderes bestimmt, müssen Gesellschafterbeschlüsse, die nach zwingenden oder dispositiven Bestimmungen der Einstimmigkeit, einer Mehrheit von ¾ der abgegebenen Stimmen (zB Satzungsänderungen) oder einer darüber hinausreichenden Mehrheit bedürfen, einstimmig gefasst werden.[121] Alle sonstigen Gesellschafterbeschlüsse sind, soweit die Satzung nichts anderes bestimmt, mit einer Mehrheit von ¾ der abgegebenen Stimmen zu fassen.

(5) Einstimmigkeit
Beschlüsse, für die die Satzung die Einstimmigkeit erfordert, bedürfen der Zustimmung aller Gesellschafter. Kommt eine gültige Beschlussfassung deshalb nicht zustande, weil nicht alle Gesellschafter in der Gesellschafterversammlung anwesend oder vertreten sind, kann in einer nach den Bestimmungen des § 7 unverzüglich neu einberufenen Gesellschafterversammlung ein Beschluss mit Zustimmung des gesamten in der neuen Gesellschafterversammlung anwesenden und vertretenen Stammkapitals gefasst werden. Auf diese Möglichkeit ist in den Einladungen zu den Gesellschafterversammlungen hinzuweisen.

(6) Protokoll
Die in der Gesellschafterversammlung gefassten Beschlüsse sind in einem Protokoll niederzuschreiben, das von dem Vorsitzenden der Gesellschaf-

---

[120] Normzweck des § 47 Abs. 4 GmbHG ist der Schutz des Gesellschaftsvermögens gegenüber einzelnen Gesellschaftern im Interesse der Gesamtheit der Gesellschafter. Die Bestimmung steht in gewissem Umfang zur Disposition der Gesellschaftergesamtheit und kann insoweit im Gesellschaftsvertrag eingeschränkt oder abbedungen werden, vgl. Lutter/Hommelhoff/*Bayer* GmbHG § 47 Rn. 33. Dies gilt allerdings nicht für das Verbot, als „Richter in eigener Sache" mitzuentscheiden, vgl. BGH NZG 2009, 707 (709); DStR 1994, 869 (870).

[121] Die Verschärfung des gesetzlich vorgeschriebenen Quorums ist zulässig, arg. § 53 Abs. 2 S. 2 GmbHG. Ebenso wie in der KG (→ § 60 II., § 13 Abs. 4 S. 1) sollen strukturverändernde Maßnahmen auch in der Komplementär-GmbH nur einstimmig vorgenommen werden dürfen.

terversammlung zu unterschreiben ist. Eine Abschrift dieses Protokolls ist allen Gesellschaftern zuzuleiten.

(7) Anfechtung
Klagen auf Anfechtung von Gesellschafterbeschlüssen müssen binnen zwei Monaten nach Zugang der Abschrift des Protokolls erhoben werden.[122]

§ 9
Beirat[123]

Weiteres Organ der Gesellschaft ist ein nach Maßgabe der folgenden Bestimmungen zu bildender Beirat.

(1) Mitglieder
Dem Beirat gehören vier Mitglieder an.

(2) Entsendungsrecht
Jeder Gesellschafterstamm hat das Recht, ein Mitglied in den Beirat (ordentliches Beiratsmitglied) zu entsenden.[124] Das Entsendungsrecht kann zugunsten eines Stammesmitglieds oder zugunsten eines für die Aufgabe des Beirats qualifizierten Dritten ausgeübt werden.

(3) Amtszeit[125]
Die Amtszeit eines Mitglieds endet spätestens mit dem Ende der vierten ordentlichen Gesellschafterversammlung, die auf die erste Beiratssitzung nach der Bestellung oder Wahl des betreffenden Mitglieds folgt. Wiederbestellung und Wiederwahl sind zulässig.

(4) Abberufung
Der entsendungsberechtigte Stamm ist berechtigt, das entsandte Mitglied jederzeit vorzeitig abzuberufen[126] und sein Entsendungsrecht erneut auszuüben. Gleiches gilt, wenn der Entsandte seine Beiratstätigkeit aus einem anderen Grund nicht mehr ausübt oder ausüben kann. Der Entsandte ist auch berechtigt, das Amt unter Einhaltung einer Frist von einem Monat niederzulegen.[127] Entsprechendes gilt für gewählte Mitglieder, wobei die Abberufung durch Neuwahl des Nachfolgers erfolgt.

(5) Stimmbotschaft
Im Verhinderungsfalle kann jedes Beiratsmitglied für ein anderes Beiratsmitglied Stimmbotschaften[128] übermitteln.

---

[122] → Erläuterungen in § 59 III. Fn. 104.
[123] Hierzu allgemein → § 19; zu den Gründen für die Errichtung eines Beirats → § 19 Rn. 45 ff.
[124] → § 19 Rn. 111.
[125] → § 19 Rn. 113 ff.
[126] Dadurch wird eine enge Bindung des Beiratsmitglieds an den jeweiligen Familienstamm erreicht. Verstärken ließe sich diese Bindung noch, wenn man dem Stamm ein durch den jeweiligen Stammvertreter auszuübendes Weisungsrecht einräumt → § 19 Rn. 120; zur umgekehrten Lösung eines weitgehend unabhängigen Beirats → § 19 Rn. 121.
[127] Es ist nicht sinnvoll, ein amtsmüdes Beiratsmitglied an seinem Amt festzuhalten; zu den Konsequenzen bei Fehlen einer entsprechenden Regelung → § 19 Rn. 98.
[128] MHdB KG/*Mutter* § 8 Rn. 62; → § 19 Rn. 127.

(6) Erklärungen
Erklärungen eines Stammes i.S.v. §4 Abs. 1 erfolgen gegenüber der Gesellschaft gemäß §4 Abs. 5 durch den jeweils Stammesältesten oder durch einen von ihm benannten Stammesvertreter nach Maßgabe der Entscheidung des Stammes.
(7) Außerordentliche Beiratsmitglieder
Die Beiratsmitglieder haben das Recht, durch Mehrheitsbeschluss bis zu drei weitere Personen zu bestimmen, die an Beiratssitzungen mit beratender Stimme teilnehmen (außerordentliche Beiratsmitglieder). Sie sind nicht stimmberechtigt.[129]
(8) Vorsitz
Der Vorsitzende des Beirats wird aus dem Kreis der Beiratsmitglieder mit einfacher Stimmenmehrheit für eine Amtszeit von einem Jahr gewählt; darüber hinaus wird mit gleicher Mehrheit und für die gleiche Amtszeit ein stellvertretender Vorsitzender bestimmt. AX übernimmt in der ersten Amtsperiode den Vorsitz des Beirats.
(9) Geschäftsführung
Die Mitgliedschaft in der Geschäftsführung schließt eine Mitgliedschaft im Beirat aus.[130]

§10
Aufgaben und Befugnisse des Beirats

(1) Informationsrechte
Dem Beirat stehen die einem Aufsichtsrat in der Aktiengesellschaft zustehenden Informationsrechte zu.[131]
(2) Weisungen[132]
Der Beirat ist berechtigt, die Weisungskompetenz der Gesellschafterversammlung wahrzunehmen, soweit diese nicht durch Beschluss mit 100% der abgegebenen Stimmen festlegt, dass sie die Weisungsbefugnis – im Einzelfall oder allgemein – selbst ausübt.
(3) Unternehmensplanung
Die Geschäftsführung hat dem Beirat jeweils rechtzeitig vor Beginn eines Geschäftsjahres eine Unternehmensplanung vorzulegen, die die Umsatz-, Ertrags-, Investitions- und Finanzplanung der Gesellschaft sowie sämtlicher Gesellschaften, die zu der von ihr geleiteten Unternehmensgruppe gehören, festlegt. Die Investitions- und Finanzplanung bedarf der Zustimmung des Beirats.
(4) Zustimmung zu Geschäftsführungsmaßnahmen sowie zur Wahrnehmung der Geschäftsführung als geschäftsführende Gesellschafterin[133]

---

[129] → §19 Rn. 107.
[130] Diese Klausel empfiehlt sich im Hinblick auf das Verbot des „Richtens in eigener Sache".
[131] → §19 Rn. 73ff.
[132] → §19 Rn. 67, 82ff.
[133] → §19 Rn. 67, 77ff.

Die nachfolgenden Maßnahmen, auch soweit sie in der Wahrnehmung der Geschäftsführungsfunktion für Gesellschaften erfolgen, deren geschäftsführende, persönlich haftende Gesellschafterin die Gesellschaft ist, bedürfen der Zustimmung des Beirats:
a) Investitionen, die im Investitionsplan nicht vorgesehen sind, sofern sie entweder EUR . . . im Einzelfall überschreiten oder zu einer Überschreitung des Investitionsplans von mehr als 5 % führen,
b) sonstige Investitionen, auch wenn sie im Investitionsplan bereits berücksichtigt sind, soweit sie EUR . . . im Einzelfall überschreiten und auf das konkrete Zustimmungserfordernis nicht im Rahmen des Zustimmungsbeschlusses zum Investitionsplan verzichtet wurde,
c) Aufnahme oder Erhöhung von Krediten, soweit sie nicht im genehmigten Finanzplan vorgesehen sind oder der Betrag der Aufnahme oder Erhöhung mehr als EUR . . . beträgt,
d) Abschluss von Leasing-, Pacht-, Miet- und Beratungsverträgen mit einer Laufzeit von mehr als drei Jahren, sofern sie zu einer Zahlung von mehr als EUR . . . im Jahr verpflichten,
e) Abschluss von Anstellungsverträgen mit Bruttojahresbezügen von über EUR . . .,
f) Bestellung von Prokuristen,
g) Gewährung von Altersruhegeldern,
h) Beteiligung an Maßnahmen in Beteiligungsgesellschaften, soweit sie Angelegenheiten gemäß lit. a) bis g) betreffen, sei es durch Ausübung des Stimmrechts, sei es durch Wahrnehmung der Geschäftsführung.

§ 11
Einberufung von Beiratssitzungen[134]

(1) Ladung
Beiratssitzungen werden vom Vorsitzenden schriftlich unter Bekanntgabe der Tagesordnung und des Tagungsorts einberufen. Zwischen der Absendung des Briefs und der Beiratssitzung muss ein Zeitraum von mindestens zwei Wochen liegen.

(2) Sitzung
Die Beiratssitzungen finden mindestens halbjährlich statt; weitere Beiratssitzungen finden nach Bedarf statt. Eine Beiratssitzung ist auch einzuberufen, wenn dies von einem Beiratsmitglied verlangt wird. Kommt der Vorsitzende dem Einberufungsbegehren nicht unverzüglich nach, steht dem betreffenden Beiratsmitglied ein Selbsteinberufungsrecht nach Maßgabe von Abs. 1 zu.

(3) Niederschrift
Für Beiratssitzungen ist eine Niederschrift zu errichten. Sie soll enthalten: Ort, Tag und Uhrzeit der Beiratssitzung, Namen der anwesenden Beiratsmitglieder sowie sonstiger Teilnehmer, Tagesordnung und Anträge (Wortlaut), Ergebnisse der Abstimmung (mit Wortlaut der gefassten Beschlüsse) und Angaben über sonstige Erledigung von Anträgen. Die Niederschrift ist

---

[134] Hierzu allgemein → § 19 Rn. 125.

vom Beiratsvorsitzenden und von einem von ihm bestimmten Protokollführer zu unterzeichnen. Die Niederschrift ist allen Beiratsmitgliedern unverzüglich zu übermitteln.

(4) Geschäftsführung
Die Geschäftsführung soll an den Sitzungen des Beirats teilnehmen, soweit dem nicht mindestens zwei Mitglieder des Beirats widersprechen.

(5) Geschäftsordnung
Der Beirat kann weitere Einzelheiten in einer Geschäftsordnung regeln.

§ 12
Beschlussfassungen im Beirat

(1) Quorum
Der Beirat ist beschlussfähig, wenn die Hälfte der Stimmen vertreten ist.

(2) Einfache Mehrheit
Beschlussfassungen des Beirats erfolgen, soweit in diesem Gesellschaftsvertrag nichts anderes bestimmt ist, mit einfacher Mehrheit der abgegebenen Stimmen. Die Abstimmung erfolgt nach Köpfen.[135]

(3) Schriftliches Verfahren
Beschlussfassungen erfolgen in Beiratssitzungen, in dringenden Fällen jedoch auch schriftlich, per Telefax oder telefonisch. Sie können auch in anderen Fällen in dieser Weise erfolgen, wenn kein Beiratsmitglied widerspricht. Telefonische Beschlüsse sind von dem Vorsitzenden oder einem von ihm beauftragten Schriftführer schriftlich festzuhalten. Sie sind den Beiratsmitgliedern zuzuleiten. Auch Ausfertigungen der schriftlichen oder per Telefax gefassten Beschlüsse sind den Beiratsmitgliedern vom Vorsitzenden oder Schriftführer zuzuleiten.

§ 13
Auslagenersatz, Vergütung

Die Beiratsmitglieder erhalten Ersatz ihrer Auslagen. Eine etwaige darüber hinausgehende Vergütung wird durch Beschluss der Gesellschafterversammlung festgelegt.

§ 14
Verfügungen über Geschäftsanteile, Vorkaufsrechte[136]

(1) Zustimmungserfordernis
Verfügungen über einen Geschäftsanteil oder einen Teil davon, insbesondere die Abtretung, Verpfändung, Nießbrauchsbestellung oder sonstige Belastung von Geschäftsanteilen bedürfen zu ihrer Wirksamkeit der Zustimmung durch die Gesellschafterversammlung. Die Gesellschafterversammlung hat über die Zustimmung durch einstimmigen Beschluss zu

---

[135] → § 19 Rn. 128.
[136] Zur entsprechenden Regelung im Gesellschaftsvertrag der GmbH & Co. KG → § 60 II., § 17 mitsamt den dortigen Anmerkungen.

entscheiden. Erfolgt die Verfügung aufgrund einer Veräußerung, bei der Vorkaufsrechte gemäß Abs. 3 bis 5 zu beachten sind, kann die Zustimmung erst wirksam erteilt werden, nachdem die Vorkaufsrechte ausgeübt oder die Vorkaufsfristen verstrichen sind, oder die Vorkaufsberechtigten auf ihr Vorkaufsrecht verzichtet haben.

(2) Anspruch auf Zustimmungserteilung
Die Zustimmung zu Verfügungen gemäß Abs. 1 muss erteilt werden, wenn die Verfügung

a) zugunsten von Personen erfolgt, die sowohl mit dem verfügenden Gesellschafter als auch mit dem Gesellschaftsgründer (Vater von AX, BX, Y und Z) in gerader Linie verwandt sind,

b) zugunsten von Personen erfolgt, die zwar mit dem Gesellschaftsgründer (Vater von AX, BX, Y und Z), nicht aber mit dem verfügenden Gesellschafter in gerader Linie verwandt sind, sofern die Vorkaufsrechtsbestimmungen der nachfolgenden Abs. 3 bis 5 beachtet sind,

c) zugunsten von sonstigen Gesellschaftern erfolgt, die einem der Gesellschafterstämme angehören, sofern die Vorkaufsrechtsbestimmungen gemäß Abs. 3 bis 5 beachtet sind, oder

d) in Vollzug eines Vermächtnisses oder einer testamentarischen Teilungsanordnung oder sonst im Rahmen einer Erbauseinandersetzung zugunsten eines nach § 15 nachfolgeberechtigten Erben oder eines nach § 15 nachfolgeberechtigten Vermächtnisnehmers erfolgt.

Die Verpflichtung zur Erteilung der Zustimmung setzt weiterhin voraus, dass

a) sofern der oder die Begünstigten verheiratet sind, diese im Güterstand der Gütertrennung leben, und

b) der oder die Begünstigten gleichzeitig eine Beteiligung an der XYZ Spezialmaschinen GmbH & Co. KG erhalten, deren Beteiligungsquote der an der Gesellschaft übertragenen Beteiligungsquote entspricht.

In allen sonstigen Fällen einer Verfügung steht es im Ermessen jedes einzelnen Gesellschafters, für oder gegen die Erteilung der Zustimmung zu stimmen.

(3) Vorkaufsrecht
Ein veräußerungswilliger Gesellschafter ist, sofern die Veräußerung nicht an Personen erfolgt, die – spätestens mit Erwerb des Geschäftsanteils – Angehörige seines Gesellschafterstammes sind, verpflichtet, seinen Geschäftsanteil oder den Teil desselben, den er zu übertragen beabsichtigt, zunächst den Angehörigen seines Stammes und danach den Angehörigen der übrigen Familienstämme in notarieller Form unter Vorlage des notariellen Kaufvertrags unverzüglich zum Vorkauf anzubieten.

(4) Vorkaufsrecht der Stammesangehörigen
Die Angehörigen des eigenen Stammes sind berechtigt, das Vorkaufsrecht binnen zwei Monaten nach Zugang des Vorkaufsangebots auszuüben; die Ausübung bedarf der notariellen Beurkundung. Für die Fristwahrung genügt die notarielle Beurkundung der Ausübungserklärung (§ 152 BGB). Üben mehrere Vorkaufsberechtigte das Vorkaufsrecht aus, so erwerben sie den Anteil pro rata ihrer Beteiligung, wobei die einzelnen Anteile durch eins teilbar sein müssen und Spitzenbeträge demjenigen

zufallen, der die geringste Nominalbeteiligung hält. Mehrere Vorkaufsberechtigte sind auch berechtigt, das Vorkaufsrecht nur wegen eines Bruchteils des Geschäftsanteils auszuüben, wobei der Einzelanteil jedoch durch eins teilbar sein muss. In diesem Fall liegt jedoch nur dann eine wirksame Ausübung des Vorkaufsrechts vor, wenn die Summe der Geschäftsanteile zusammengefasst den zum Verkauf angebotenen Geschäftsanteil unter Berücksichtigung der Erklärungen der übrigen Vorkaufsberechtigten, ggf. auch solcher, die nachrangig vorkaufsberechtigt sind, insgesamt erfasst. Ergibt sich bei einer Zusammenfassung der Bruchteile eine höhere Quote als 100 % des veräußerten Anteils, erwerben in erster Linie die vorrangig und erst in zweiter Linie die nachrangig Berechtigten; innerhalb dieser Gruppe erfolgen ggf. Kürzungen der Quoten pro rata der Beteiligung.

(5) Vorkaufsrecht der Gesellschafter eines anderen Stammes
Erst wenn die gemäß Abs. 4 vorrangig vorkaufsberechtigten Gesellschafter des eigenen Stammes ihr Vorkaufsrecht nicht oder nicht in vollem Umfang ausgeübt haben, ist der Geschäftsanteil bzw. sind die verbleibenden Quoten des Geschäftsanteils den nachrangig vorkaufsberechtigten Mitgliedern der übrigen Familienstämme unverzüglich zum Vorkauf anzubieten. Das Vorkaufsrecht ist binnen zwei Monaten nach Zugang des Vorkaufsangebots auszuüben. Im Übrigen gelten die obigen Bestimmungen entsprechend, jedoch mit der Maßgabe, dass, soweit Angehörige eines Familienstammes die pro rata ihrer Beteiligung auf sie entfallende Quote durch Ausübung ihres Vorkaufsrechts nicht ausschöpfen, das Vorkaufsrecht insoweit zunächst den Mitgliedern dieses Familienstammes zusteht, ehe es auf die Mitglieder der übrigen Familienstämme übergeht.

(6) Konnex der Vorkaufsrechte
Das Vorkaufsrecht nach Abs. 4 und 5 kann nur gleichzeitig und im gleichen Verhältnis mit dem Vorkaufsrecht bezüglich des Gesellschaftsanteils des veräußerungswilligen Gesellschafters an der XYZ Spezialmaschinen GmbH & Co. KG ausgeübt werden.[137]

(7) Andienungspflicht Nichtstammesangehöriger
Gehört ein veräußerungswilliger Gesellschafter keinem Stamm an, so hat er den Geschäftsanteil zunächst den Mitgliedern sämtlicher Familienstämme nach Maßgabe vorstehender Bestimmungen zum Kauf anzubieten.

---

[137] Vgl. *Sommer* Gesellschaftsverträge der GmbH & Co. KG, 201, 283; diese Vorschrift soll iVm der entsprechenden Klausel im Gesellschaftsvertrag der GmbH & Co. KG (→ Formular § 60 II., § 17 Abs. 7) der Beibehaltung identischer Beteiligungsverhältnisse an beiden Gesellschaften dienen.

§ 15
Rechtsnachfolge

(1) Nachfolgeberechtigte[138]
Nachfolgeberechtigt sind Erben und Vermächtnisnehmer, die
  a) mit AX, BX, Y oder Z in gerader Linie verwandt sind und, sofern sie verheiratet sind, im Güterstand der Gütertrennung leben, oder
  b) mit dem Erblasser, der mit AX, BX, Y oder Z in gerader Linie verwandt war, bis zu dessen Tod verheiratet waren, ohne dass bis zu diesem Zeitpunkt ein Scheidungsantrag gestellt war.
(2) Nicht Nachfolgeberechtigte
Gehen Geschäftsanteile von Todes wegen auf eine oder mehrere Personen als Erben oder Vermächtnisnehmer über, die nicht nachfolgeberechtigt im Sinne des Abs. 1 sind, kann die Gesellschafterversammlung unter Ausschluss des Stimmrechts des Erben oder Vermächtnisnehmers innerhalb von drei Monaten, gerechnet ab dem Zeitpunkt, zu dem der letzte Gesellschafter Kenntnis von dem Erbfall erhalten hat, die Einziehung des Geschäftsanteils beschließen. Der Einziehungsbeschluss bedarf der einfachen Stimmenmehrheit. Im Übrigen gelten die Regelungen des § 16 Abs. 2 bis 8 entsprechend.
(3) Testamentsvollstreckung
Die Anordnung der Testamentsvollstreckung an Geschäftsanteilen ist zulässig.

§ 16
Einziehung

(1) Gründe
Die Gesellschaft kann in ihrer Gesellschafterversammlung die Einziehung eines Geschäftsanteils oder des Teils eines Geschäftsanteils beschließen, wenn
  a) der betreffende Gesellschafter zustimmt,
  b) über das Vermögen eines Gesellschafters das Insolvenzverfahren[139] eröffnet und nicht binnen acht Wochen wieder aufgehoben wird oder die Eröffnung des Insolvenzverfahrens mangels Masse abgelehnt wird,
  c) von Seiten eines Gläubigers eines Gesellschafters Zwangsvollstreckungsmaßnahmen in den Geschäftsanteil des Gesellschafters vorgenommen werden und es den Inhabern des Geschäftsanteils nicht binnen acht Wochen gelungen ist, ihre Aufhebung zu erreichen,

---

[138] Zur entsprechenden Regelung im Gesellschaftsvertrag der GmbH & Co. KG → § 60 II., § 18 mitsamt den dortigen Anmerkungen. Die Regelungstechnik unterscheidet sich jedoch insofern, als sich der Übergang der Anteile auf andere als die in § 15 Abs. 1 genannten Personen in der GmbH nicht ausschließen lässt, sodass auf das Institut der Einziehung zurückzugreifen ist.
[139] Vgl. auch OLG Frankfurt a.M. NZG 1998, 595 m. Anm. *Eckhardt*; *van Venrooy* GmbHR 1995, 339.

d) in der Person des Gesellschafters ein wichtiger, seinen Ausschluss rechtfertigender Grund vorliegt,[140]
e) die Voraussetzungen für eine Einziehung nach § 15 Abs. 2 vorliegen,
f) ein Gesellschafter, der heiratet, nicht auf Aufforderung der Geschäftsführung oder eines Mitgesellschafters unverzüglich nachweist, dass er Gütertrennung vereinbart hat,[141]
g) eine verheiratete Person, die Gesellschafter wird, nicht auf Aufforderung der Geschäftsführung oder eines Mitgesellschafters unverzüglich nachweist, dass sie Gütertrennung vereinbart hat,
h) ein Gesellschafter – unter Einschluss seiner mittelbaren Beteiligung, die durch seine Gesellschafterstellung in der Gesellschaft begründet wird – an der XYZ Spezialmaschinen GmbH & Co. KG nicht mindestens im gleichen Verhältnis beteiligt ist, in dem er an der Gesellschaft beteiligt ist. In diesem Fall kann sein Geschäftsanteil insoweit eingezogen werden, als dies notwendig ist, um das gleiche Beteiligungsverhältnis an beiden Gesellschaften herzustellen; oder
i) die Ehe eines Gesellschafters mit einer Person, die mit dem Gesellschaftsgründer (Vater von AX, BX, Y und Z) in gerader Linie verwandt ist, rechtskräftig geschieden worden ist.

Die Einziehung des Geschäftsanteils wird mit Zugang des Beschlusses beim betroffenen Gesellschafter wirksam; zu diesem Zeitpunkt scheidet er aus der Gesellschaft aus.[142]

(2) Beschluss
Der Einziehungsbeschluss erfordert eine Mehrheit von ¾ der abgegebenen Stimmen; § 15 Abs. 2 S. 2 bleibt unberührt. Der betroffene Gesellschafter ist nicht stimmberechtigt.

(3) Mehrere Gesellschafter
Steht ein Geschäftsanteil mehreren Mitberechtigten ungeteilt zu, ist die Einziehung gemäß Abs. 1 lit. b) bis lit. i) auch dann zulässig, wenn die Einziehungsvoraussetzungen nur in der Person eines Mitberechtigten vorliegen.

---

[140] Vgl. § 133 Abs. 2 HGB; hierzu *Lutter/Hommelhoff* GmbHG § 34 Rn. 31.

[141] Zur entsprechenden Regelung im Gesellschaftsvertrag der GmbH & Co. KG → Formular § 60 II., § 20 Abs. 1 lit. e) mit Erläuterungen in Fn. 83.

[142] Enthält die Satzung keine Regelung über den Zeitpunkt der Wirksamkeit der Einziehung des Geschäftsanteils und damit des Ausscheidens des betroffenen Gesellschafters aus der Gesellschaft, wird die Einziehung gleichwohl mit der Mitteilung des rechtmäßigen Einziehungsbeschlusses an ihn und nicht erst – wie von der sog. Bedingungslösung angenommen – mit der Leistung der Abfindung wirksam, vgl. BGH NZG 2012, 259; weiterführend *Schockenhoff* NZG 2012, 449 (450) mit weiteren Hinweisen zu offen gebliebenen Fragen. Dennoch empfiehlt es sich, dies in der Satzung klarstellend zu regeln. Nach Rechtsauffassung des BGH haften „die Gesellschafter, die den Einziehungsbeschluss gefasst haben, dem ausgeschiedenen Gesellschafter anteilig [...], wenn sie nicht anderweitig dafür sorgen, dass die Abfindung aus dem ungebundenen Vermögen der Gesellschaft geleistet werden kann, oder sie die Gesellschaft nicht auflösen", sog. Haftungslösung, vgl. BGH NZG 2012, 259 (261). Die Haftungsgrundlage sieht der BGH in der gesellschafterlichen Treuepflicht.

(4) Abtretungsverpflichtung
Statt der Einziehung[143] kann, wenn die Einziehungsvoraussetzungen gemäß Abs. 1 S. 1 vorliegen, die Gesellschafterversammlung in notariell beurkundeter Form die Übertragung des Geschäftsanteils oder Teilen davon auf die Gesellschaft, auf zur Übernahme bereite Gesellschafter im Verhältnis ihrer Beteiligung oder einem anderen von den übernahmeberechtigten Gesellschaftern gewünschten Verhältnis, oder, falls kein Gesellschafter zur Übernahme bereit ist, auf einen Dritten beschließen; ein solcher Beschluss bedarf – unter Stimmrechtsausschluss des betroffenen Gesellschafters – der Einstimmigkeit. Im Falle einer Übertragung auf Gesellschafter oder Dritte gelten die Abs. 6 bis 8 mit der Maßgabe, dass die Abfindung nicht von der Gesellschaft, sondern vom Erwerber geschuldet wird. Die Übertragung wird wirksam, sobald die Abfindung gezahlt oder für die noch nicht fällige Abfindung eine selbstschuldnerische und unwiderrufliche Bankbürgschaft gestellt ist.

(5) Ruhen des Stimmrechts
Von dem Gesellschafterbeschluss an, der die Einziehung oder die Übertragung des Geschäftsanteils anordnet, ruht – soweit rechtlich zulässig – das Stimmrecht des betroffenen Gesellschafters.

(6) Abfindung
Dem betroffenen Gesellschafter steht eine auf den Einziehungsstichtag zu ermittelnde Abfindung zu. Sie ist auf den letzten, dem Ausscheiden des Gesellschafters vorausgegangenen Bilanzstichtag anhand einer Auseinandersetzungsbilanz nach Maßgabe des Abs. 7 zu ermitteln. Ein Gewinnanspruch für die Zeit zwischen dem Bilanzstichtag und dem Ausscheiden steht dem Gesellschafter nicht zu.

(7) Wertansätze
Für die Zwecke der Auseinandersetzung werden die Wertansätze für Aktiva und Passiva entsprechend den Bilanzansätzen angesetzt.[144] Die Abfindung muss jedoch mindestens 60 % der Abfindung betragen, die pro rata auf die Beteiligung entfiele, wenn die Gesellschaft auf den vorausgegangenen Bilanzstichtag nach den allgemein anerkannten Bewertungsregeln bewertet würde.[145]

(8) Auszahlungsmodalitäten
Die Abfindung ist von dem Tag des Beschlusses an mit ... % p.a. zu verzinsen und in zehn gleichen Jahresraten, die erste unverzüglich nach Bekanntgabe des Einziehungsbeschlusses bzw. nach erfolgter Anteilsübertragung, zu zahlen. Solange die zu leistende Abfindung noch nicht festgestellt ist, sind angemessene Abschlagszahlungen entsprechend den festgelegten Raten zu leisten. Der zur Zahlung der Abfindung Verpflichtete ist zu einer früheren vollständigen oder teilweisen Zahlung berechtigt. Die

---

[143] BGH WM 1983, 956; *Lutter*/Hommelhoff GmbHG § 34 Rn. 67.
[144] Allgemein zu Buchwertklauseln MHdB GbR/*Piehler/Schulte* § 76 Rn. 4 ff.; *Olbing* GmbH-StB 2008, 300.
[145] Hierdurch soll ein nachträgliches, unangemessenes Missverhältnis zwischen Abfindung und wahrem Anteilswert vermieden werden. Den Abschlag von 40 % wird man wohl für zulässig halten können; vgl. im Einzelnen *Lutter*/Hommelhoff GmbHG § 34 Rn. 90; *Ulmer/Schäfer* ZGR 1995, 134 (153).

Zinszahlung erfolgt zusammen mit der jeweiligen Jahresrate. Wird zur Durchführung der Einziehung eine Herabsetzung des Stammkapitals beschlossen, kann die Zahlung der Abfindung nicht vor Ablauf des Sperrjahres gefordert werden.

(9) Neuer Geschäftsanteil
Anstelle eines eingezogenen Geschäftsanteils kann durch einstimmigen Gesellschafterbeschluss ein neuer gebildet werden.

§ 17
Kapitalerhöhung

(1) Bezugsrecht
Bei einer Kapitalerhöhung hat jeder Gesellschafter Anspruch darauf, dass ihm ein seinem bisherigen Anteil am Stammkapital entsprechender Teil am erhöhten Kapital zugeteilt wird.

(2) Ausübungsfrist
Für die Ausübung des Bezugsrechts ist eine Frist von mindestens zwei Wochen zu bestimmen.

(3) Übernahme von Geschäftsanteilen durch Dritte
Die Zulassung von Personen zur Übernahme von Geschäftsanteilen, die nicht bereits Gesellschafter sind, ist zulässig, wenn die Voraussetzungen vorliegen, unter denen gemäß § 14 Abs. 2 die Zustimmung zur Verfügung über Geschäftsanteile zu ihren Gunsten erteilt werden müsste. Ansonsten ist die Übernahme von Geschäftsanteilen aus der Kapitalerhöhung durch Dritte nur zulässig, wenn der Bezug der Geschäftsanteile in entsprechender Anwendung der Bestimmungen über die Vorkaufsrechte zunächst den Gesellschaftern zur Übernahme angeboten worden ist.

§ 18
Jahresabschluss, Gewinnverwendung

(1) Aufstellung
Nach Ablauf eines Geschäftsjahres sind der Jahresabschluss[146] und der Lagebericht für das abgelaufene Geschäftsjahr innerhalb der gesetzlichen Fristen aufzustellen. Bei der Aufstellung des Jahresabschlusses sind die handels- und steuerrechtlichen Vorschriften zu beachten.

(2) Prüfung
Der Jahresabschluss und die zugrunde liegenden Geschäftsbücher sind durch einen aufgrund eines Beschlusses der Gesellschafterversammlung zu beauftragenden Wirtschaftsprüfer oder eine Wirtschaftsprüfungsgesellschaft zu prüfen. Der Prüfungsbericht ist allen Gesellschaftern sowie den Mitgliedern des Beirats unverzüglich und rechtzeitig vor der ordentlichen Gesellschafterversammlung zuzuleiten.

(3) Feststellung und Ergebnisverwendung
Die Gesellschafterversammlung entscheidet über die Feststellung des Jahresabschlusses und beschließt nach ihrem Ermessen über die Verwen-

---

[146] → § 23.

dung des Ergebnisses, die Entnahmen aus Rücklagen und die Einstellung in Rücklagen. Sie kann den Jahresüberschuss zuzüglich eines Gewinnvortrags und abzüglich eines Verlustvortrags bzw. den Bilanzgewinn, sofern die Bilanz unter Berücksichtigung der teilweisen Ergebnisverwendung aufgestellt wird oder Rücklagen aufgelöst werden, ausschütten, vortragen oder in andere Gewinnrücklagen einstellen. Vorabausschüttungen auf den zu erwartenden Gewinn des Geschäftsjahres können bereits vor dessen Ablauf beschlossen werden.

(4) Anpassung
Wird die Steuerbilanz nachträglich bei der Veranlagung oder durch eine Betriebsprüfung geändert, so sind die Handelsbilanzen für die betreffenden Jahre durch Beschluss der Gesellschafterversammlung an die geänderten Steuerbilanzen anzupassen, soweit nicht zwingendhndelsrechtliche Vorschriften dem entgegenstehen.

§ 19
Gesellschafterpflichten

(1) Verschwiegenheit
Die Gesellschafter haben in allen Angelegenheiten der Gesellschaft Stillschweigen zu bewahren. Dies gilt auch nach einem etwaigen Ausscheiden aus der Gesellschaft.

(2) Treuepflicht
Die Gesellschafter sind zur Gesellschaftstreue[147] verpflichtet. Sie haben den Gesellschaftszweck zu fördern, dürfen die Gesellschaft in keiner Weise schädigen und sind insbesondere gehalten, Geschäftsgeheimnisse oder geschäftliche Beziehungen nicht zu deren Nachteil oder zum eigenen Vorteil auszunutzen. Den Gesellschaftern obliegt es, untereinander und zu den Mitarbeitern der Gesellschaft ein gutes Verhältnis herzustellen und zu wahren.

(3) Wettbewerbsverbot
Die Gesellschafter unterliegen keinem Wettbewerbsverbot.[148]

(4) Nennung einer zustellungsfähigen Anschrift
Jeder Gesellschafter ist verpflichtet, der Gesellschaft eine aktuelle zustellungsfähige Anschrift oder einen Zustellungsbevollmächtigten mitzuteilen. Der Zugang eines an diese Adresse übersandten Schriftstücks wird nach Ablauf einer Frist von vier Wochen fingiert.

§ 20
Leistungsverkehr mit der Gesellschaft

Im Leistungsverkehr zwischen der Gesellschaft und ihren Gesellschaftern ist es untersagt, einem Gesellschafter oder einer ihm nahe stehenden Person unangemessene Vorteile irgendwelcher Art vertragsgemäß oder durch einseitige

---

[147] Zur Treuepflicht → § 26.
[148] Zu vertraglichen Gestaltungsmöglichkeiten bzgl. Wettbewerbsverboten → § 27 Rn. 52 ff.

Handlung zuzuwenden oder die Gewährung solcher Vorteile stillschweigend zuzulassen.

§ 21
Bekanntmachungen

Bekanntmachungen der Gesellschaft erfolgen im Bundesanzeiger.[149]

§ 22
Schiedsgericht[150]

(1) Über alle Streitigkeiten zwischen Gesellschaftern oder zwischen der Gesellschaft und Gesellschaftern, welche diesen Gesellschaftsvertrag, das Gesellschaftsverhältnis oder die Gesellschaft betreffen, entscheidet, soweit nicht zwingendes Recht entgegensteht, unter Ausschluss des ordentlichen Rechtsweges ein Schiedsgericht. Das gilt auch für Beschlussanfechtungs-, Beschlussfeststellungs- und Beschlussnichtigkeitsklagen und für Streitigkeiten über die Gültigkeit dieses Gesellschaftsvertrages oder einzelner seiner Bestimmungen oder des Schiedsvertrages.

(2) Die Schiedsvereinbarung ist Bestandteil dieser Satzung und als Anlage zugleich Bestandteil dieser Satzungsurkunde. Sie ist darüber hinaus in gesonderter Urkunde niedergelegt.[151]

§ 23
Salvatorische Klausel

Sollten Bestimmungen dieses Vertrags oder eine künftig in ihn aufgenommene Bestimmung ganz oder teilweise unwirksam oder undurchführbar sein oder werden, so bleibt die Gültigkeit der übrigen Bestimmungen hiervon unberührt. Das Gleiche gilt, falls sich herausstellen sollte, dass der Vertrag eine Regelungslücke enthält. Anstelle der unwirksamen oder undurchführbaren Bestimmungen oder zur Ausfüllung der Regelungslücke soll dann eine angemessene Regelung gelten, die dem am nächsten kommt, was die Gesellschafter gewollt hätten, wenn sie die Unwirksamkeit, Undurchführbarkeit oder Lückenhaftigkeit gekannt hätten. Das Gleiche gilt, wenn die Unwirksamkeit einer Bestimmung auf einem im Vertrag vorgeschriebenen Maß der Leistung oder Zeit (Frist oder Termin) beruht. In diesem Fall soll das Maß der Leistung oder Zeit (Frist oder Termin) als vereinbart gelten, das rechtlich zulässig ist und dem Gewollten möglichst nahe kommt.

---

[149] Vgl. § 12 S. 1 GmbHG. Seit dem 1.4.2012 wird der Bundesanzeiger vom BMJ nur noch elektronisch herausgegeben, vgl. BeckOK/*C. Jaeger* GmbHG § 12 Rn. 2.

[150] Zu statutarischen Schiedsklauseln vgl. *Reichert/Harbarth* NZG 2003, 379.

[151] → Formular § 60 III.; hier gilt § 1066 ZPO, so dass die Formerfordernisse des § 1031 ZPO nicht gelten. Ein eigenständiger Schiedsvertrag wurde gewählt, damit sämtliche Streitigkeiten mit Bezug zur Gesellschaft unter die Zuständigkeit des Schiedsgerichts fallen, vgl. BeckFormB WirtschR/*Risse* XII. 4.

V. Schiedsvertrag zur Satzung der Komplementär-GmbH[152]

**Schiedsvertrag
zwischen**

1. XYZ GmbH
2. AX
3. BX
4. Y
5. Z

zum Gesellschaftsvertrag der XYZ GmbH

§ 1
Zuständigkeit des Schiedsgerichts

(1) Alle Streitigkeiten[153] zwischen Gesellschaftern der XYZ GmbH oder zwischen der XYZ GmbH und ihren Gesellschaftern im Zusammenhang mit dem Gesellschaftsvertrag der XYZ GmbH oder über seine Gültigkeit werden nach der Schiedsgerichtsordnung (DIS-SchO) und den Ergänzenden Regeln für gesellschaftsrechtliche Streitigkeiten (DIS-ERGeS) der Deutschen Institution für Schiedsgerichtsbarkeit e.V. (DIS) unter Ausschluss des ordentlichen Rechtswegs endgültig entschieden.[154]

(2) Streitigkeiten zwischen Gesellschaftern, die keinen unmittelbaren gesellschaftsrechtlichen Bezug haben, aber mit der Gesellschafterstellung in Zusammenhang stehen, werden durch ein Schiedsgericht nach der Schiedsgerichtsordnung (DIS-SchO) der Deutschen Institution für Schiedsgerichtsbarkeit e.V. (DIS) entschieden.

§ 2
Wirkungen des Schiedsspruchs

Die Wirkungen des Schiedsspruchs erstrecken sich auch auf die Gesellschafter, die fristgemäß als Betroffene benannt werden, unabhängig davon, ob sie von der ihnen eingeräumten Möglichkeit, dem schiedsrichterlichen Verfahren als Partei oder Nebenintervenient beizutreten, Gebrauch gemacht haben (§ 11 DIS-ERGeS). Die fristgemäß als Betroffene benannten Gesellschafter ver-

---

[152] Zu den Vorteilen einer Schiedsvereinbarung → § 18 Rn. 104 ff.

[153] In einer jüngeren Entscheidung hat der BGH Beschlussmängelstreitigkeiten betreffend GmbH-Gesellschafterbeschlüsse unter Aufgabe seines früheren, in BGHZ 132, 278 (285 ff.) vertretenen ablehnenden Standpunkts als grundsätzlich schiedsfähig eingestuft, BGH NJW 2009, 1962 Rn. 10 ff.; vgl. auch OLG Bremen NZG 2010, 230 ff.; OLG Frankfurt a. M. NZG 2011, 629; eingehend, auch zu den Anforderungen an entsprechende Schiedsvereinbarungen → § 18 Rn. 109 ff.

[154] Der Entwurf sieht ein institutionelles Schiedsverfahren vor und nimmt hierzu die Regelungen der Deutschen Institution für Schiedsgerichtsbarkeit (DIS) in Bezug. Vgl. zu dieser Vorgehensweise BeckFormB WirtschR/*Risse* XII. 4.; BeckFormB GmbH-Recht/ *Rombach* C. II. 3.

pflichten sich, die Wirkungen eines nach Maßgabe der Bestimmungen in den DIS-ERGeS ergangenen Schiedsspruchs anzuerkennen.

§ 3
Bindung an die Schiedsvereinbarung

Ausgeschiedene Gesellschafter bleiben an diese Schiedsvereinbarung gebunden.

§ 4
Pflicht zur Einredeerhebung

Die Gesellschaft hat gegenüber Klagen, die gegen sie vor einem staatlichen Gericht anhängig gemacht werden und Streitigkeiten betreffen, die gemäß § 1 der Schiedsvereinbarung unterfallen, stets die Einrede der Schiedsvereinbarung zu erheben.

§ 5
Besetzung des Schiedsgerichts

Die Anzahl der Schiedsrichter beträgt drei.

§ 6
Gerichtsort

Der Ort des schiedsrichterlichen Verfahrens ist der Sitz der Gesellschaft.

§ 7
Verfahrenssprache

Die Verfahrenssprache ist deutsch.

§ 8
Salvatorische Klausel

Sollten Bestimmungen dieses Vertrags oder eine künftig in ihn aufgenommene Bestimmung ganz oder teilweise unwirksam oder undurchführbar sein oder werden, so bleibt die Gültigkeit der übrigen Bestimmungen hiervon unberührt. Das Gleiche gilt, falls sich herausstellen sollte, dass der Vertrag eine Regelungslücke enthält. Anstelle der unwirksamen oder undurchführbaren Bestimmungen oder zur Ausfüllung der Regelungslücke soll dann eine angemessene Regelung gelten, die dem am nächsten kommt, was die Vertragsparteien gewollt hätten, wenn sie die Unwirksamkeit, Undurchführbarkeit oder Lückenhaftigkeit gekannt hätten.

17. Kapitel. Formulare

_____   _____
XYZ GmbH & Co. KG   BX
_____   _____
X   Y
                                   _____
                                   Z

§ 61 Gesellschaftsvertrag einer GmbH & Co. KG als Einheitsgesellschaft[1]

I. Sachverhalt

Den nachstehenden Gesellschaftsverträgen einer GmbH & Co. KG sowie der zugehörigen Komplementär-GmbH liegt folgender Sachverhalt zugrunde: L will gemeinsam mit seinen Berufskollegen B, W und F eine Beratungsgesellschaft gründen. L soll eine dominierende Stellung in der Gesellschaft einnehmen. Es soll sichergestellt sein, dass der Gesellschafterkreis und die Höhe der Beteiligungen in beiden Gesellschaften identisch bleiben. Die Gründer legen Wert darauf, dass die Gesellschaftsverträge der KG und der Komplementär-GmbH möglichst eng miteinander verzahnt werden, damit die Willensbildung möglichst einfach gestaltet wird.

II. Gesellschaftsvertrag der GmbH & Co. KG[2]

Verhandelt zu _____[3]
am _____
Vor mir, dem unterzeichnenden Notar _____
mit dem Amtssitz in _____
erschienen heute:
1. L, geboren am _____, wohnhaft in _____, handelnd im eigenen Namen sowie als alleinvertretungsberechtigter Geschäftsführer der XY Verwaltungs GmbH mit Sitz in _____, eingetragen im Handelsregister des Amtsgerichts _____ unter HRB _____,
2. B, geboren am _____, wohnhaft in _____, handelnd im eigenen Namen,
3. W, geboren am _____, wohnhaft in _____, handelnd im eigenen Namen,
4. F, geboren am _____, wohnhaft in _____, handelnd im eigenen Namen,

---

[1] Zur Einheitsgesellschaft eingehend → § 3; vgl. auch *Schilling* FS Barz, 67.

[2] Die Gründung der Einheitsgesellschaft erfolgt regelmäßig in der Weise, dass die späteren Kommanditisten zunächst die Komplementär-GmbH errichten, sodann den KG-Vertrag gemeinsam mit der GmbH abschließen und im Anschluss ihre Geschäftsanteile an der GmbH auf die KG übertragen. Die Gründung der KG kann bereits unmittelbar nach Protokollierung des GmbH-Gesellschaftsvertrags erfolgen, da die Vor-GmbH bereits Gesellschafterin einer KG sein kann.

[3] Aufgrund der im Gesellschaftsvertrag enthaltenen Verpflichtung, die Geschäftsanteile an der Komplementär-GmbH an die KG abzutreten, ist die Gründung beurkundungspflichtig (§ 15 Abs. 4 S. 1 GmbHG). Wird nur der GmbH-Gesellschaftsvertrag beurkundet, wird der Formmangel durch die Übertragung der Anteile auf die KG geheilt (§ 15 Abs. 4 S. 2 GmbHG). Auf die Heilungswirkung sollte man sich indessen allenfalls dann verlassen, wenn die Abtretung der Geschäftsanteile in zeitlich nahem Zusammenhang mit dem Abschluss des KG-Vertrages vorgenommen wird.

17. Kapitel. Formulare

Die Erschienenen wiesen sich zur Gewissheit des beurkundenden Notars durch Vorlage ihres amtlichen Personalausweises aus. Der Notar fragte die Erschienenen nach einer Vorbefassung iSv § 3 Abs. 1 Nr. 7 BUrkG. Sie wurde von den Erschienenen verneint.

Die Erschienenen baten um Beurkundung des nachstehenden

Gesellschaftsvertrages

§ 1
Firma und Sitz

(1) Die Firma der Gesellschaft lautet:
XY Umweltberatungs GmbH & Co. KG.
(2) Sitz der Gesellschaft ist Frankfurt am Main.

§ 2
Gegenstand des Unternehmens

(1) Gegenstand des Unternehmens ist die planungsbezogene Umwelt- und Landschaftsberatung, angewandte Ökologie, Umweltplanung und Öffentlichkeitsarbeit auf den genannten Gebieten.
(2) Die Gesellschaft kann alle Geschäfte betreiben, die dem Gesellschaftszweck unmittelbar oder mittelbar zu dienen geeignet sind. Sie kann sich insbesondere auch an anderen Unternehmen im In- und Ausland beteiligen, sie erwerben, die Geschäftsführung für solche Unternehmen übernehmen, Zweigniederlassungen errichten sowie Teile des Unternehmens auf Tochtergesellschaften ausgliedern.

§ 3
Dauer der Gesellschaft

wie § 59 II. (§ 3)

§ 4
Geschäftsjahr

wie § 59 II. (§ 4)

§ 5
Gesellschafter

(1) Persönlich haftende Gesellschafterin ist die XY Verwaltungs GmbH.
(2) Kommanditisten sind:
 a) L,
 b) B,
 c) W und
 d) F.

§ 6
Kapital, Einlagen, Haftsummen

(1) Das Festkapital der Gesellschaft beträgt EUR 300.000,–.
(2) Die persönlich haftende Gesellschafterin ist am Kapital der Gesellschaft nicht beteiligt. Zur Erbringung einer Einlage ist die persönlich haftende Gesellschafterin weder berechtigt noch verpflichtet.
(3) Als Kommanditisten sind beteiligt[4]
 a) L mit einem Kommanditanteil von EUR 150.000,–,
 b) B mit einem Kommanditanteil von EUR 50.000,–,
 c) W mit einem Kommanditanteil von EUR 50.000,– sowie
 d) F mit einem Kommanditanteil von EUR 50.000,–.
Die Kommanditeinlagen entsprechen der im Handelsregister eingetragenen Haftsumme. Sie sind sofort fällig.
(4) Zusätzlich zu seiner Geldeinlage gem. Abs. 3 verpflichtet sich jeder Kommanditist, der Gesellschaft nach ihrer Eintragung in das Handelsregister als Sacheinlage seinen Geschäftsanteil an der persönlich haftenden Gesellschafterin,[5] nämlich
 a) L seinen Geschäftsanteil im Nennbetrag von EUR 30.000,–,
 b) B seinen Geschäftsanteil im Nennbetrag von EUR 10.000,–,
 c) W seinen Geschäftsanteil im Nennbetrag von EUR 10.000,– und
 d) F seinen Geschäftsanteil im Nennbetrag von EUR 10.000,–,
voll einbezahlt und frei von Rechten Dritter in der gesetzlich vorgeschriebenen Form abzutreten.

---

[4] Da die KG alleinige Gesellschafterin ihrer Komplementär-GmbH ist, sind die Kommanditisten an der Komplementärin wirtschaftlich stets im gleichen Verhältnis beteiligt wie an der KG. Bestimmungen, die eine Beteiligungsgleichheit bei KG und GmbH sicherstellen, sind damit entbehrlich.

[5] Das Formular sieht vor, dass die Kommanditisten verpflichtet sind, ihre Beteiligung an der Komplementär-GmbH im Wege einer Sondereinlage unentgeltlich auf die KG zu übertragen. Dadurch wird eine Beeinträchtigung des Kommanditkapitals und des Stammkapitals der GmbH vermieden. Erbringen die Kommanditisten ihre Einlage in Geld und erwirbt die KG sodann mit diesen Mitteln die Geschäftsanteile an ihrer persönlich haftenden Gesellschafterin, stellt dies eine Rückgewähr der Hafteinlagen zugunsten der Kommanditisten dar (§ 172 Abs. 4 HGB), vgl. *Schilling* FS Barz, 67 (75). Zum Fall einer unzulässigen mittelbaren Rückzahlung aus dem Stammkapital der Komplementär-GmbH vgl. BGH NJW 1973, 1036 (1037). Unbedenklich ist hingegen eine Gestaltung, nach der die Kommanditisten zusätzlich zu ihrer Einlage ein Aufgeld zahlen, das zum Erwerb der Geschäftsanteile verwendet wird.

17. Kapitel. Formulare

§ 7
Gesellschafterkonten

In der Gesellschaft werden folgende Gesellschafterkonten, und zwar für jeden Gesellschafter gesondert, geführt:
a) Kapitalkonto
    wie § 59 II. (§ 7 lit. a)
b) Kapitalverlustkonto
    wie § 59 II. (§ 7 lit. b)
c) Rücklagenkonto
    wie § 59 II. (§ 7 lit. c)
d) Sonderrücklagenkonto[6]
    Auf diesem Konto wird der Nennbetrag des als Sacheinlage der Gesellschaft zu übertragenden Geschäftsanteils an der persönlich haftenden Gesellschafterin (§ 6 Abs. 4) gebucht. Das Sonderrücklagenkonto wird nicht verzinst.
e) Verrechnungskonto (Privatkonto)
    wie § 59 II. (§ 7 lit. d)
f) Darlehenskonto
    wie § 59 II. (§ 7 lit. e)

§ 8
Ergebnisverteilung und Verbuchung

wie § 59 II. (§ 8)

§ 9
Entnahmerecht

wie § 59 II. (§ 9)

§ 10
Organe

Organe der Gesellschaft sind die persönlich haftende Gesellschafterin, die Kommanditistenversammlung und die Gesellschafterversammlung.

§ 11
Geschäftsführung und Vertretung

(1) Die persönlich haftende Gesellschafterin ist vorbehaltlich der Regelungen in § 12 und in § 13 zur Geschäftsführung berechtigt und verpflichtet.
(2) – (4) wie (§ 11 Abs. 2–4)

---

[6] Die zusätzliche Pflichteinlage in Gestalt einer Sacheinlage ist auf einem gesonderten Konto zu verbuchen. Dieses Konto muss nicht notwendigerweise für jeden einzelnen Kommanditisten geführt werden; es kann auch ein gemeinsames Rücklagenkonto vorgesehen werden, vgl. dazu etwa *Huber* ZGR 1988, 1 (94 f.).

§ 12
Einschränkung der Geschäftsführungsbefugnis[7]

wie § 59 II. (§ 12)
zusätzlich in Abs. 2:
( ) Verfügungen über die Geschäftsanteile an der persönlich haftenden Gesellschafterin.[8]

§ 13
Geschäftsführung und Vertretung durch die Kommanditisten

(1) Soweit es um die Wahrnehmung der Rechte aus oder an den Geschäftsanteilen an der persönlich haftenden Gesellschafterin durch die Gesellschaft geht, ist die persönlich haftende Gesellschafterin von der Geschäftsführung und Vertretung ausgeschlossen. Anstelle der persönlich haftenden Gesellschafterin sind die Kommanditisten nach näherer Maßgabe der folgenden Absätze zur Geschäftsführung und Vertretung befugt.

(2) Die Kommanditisten üben ihre Gesellschafterrechte an der persönlich haftenden Gesellschafterin aus, indem sie über die jeweilige Maßnahme Beschluss fassen. Die Ausführung des Beschlusses erfolgt durch einen oder mehrere von der Kommanditistenversammlung[9] beauftragte Kommanditisten im Namen der Gesellschaft. Zum Zwecke der Ausführung der Beschlüsse der Kommanditistenversammlung wird jedem Kommanditist hiermit Vollmacht zur Vertretung der Gesellschaft erteilt, von der jedoch nur nach Maßgabe des Beschlusses der Kommanditistenversammlung Gebrauch gemacht werden darf. Alle Kommanditisten werden insoweit von den Beschränkungen des § 181 BGB befreit.

(3) Die Kommanditisten fassen ihre Beschlüsse in einer Kommanditistenversammlung. Die Kommanditistenversammlung findet am Sitz der Gesellschaft statt. Für ihre Einberufung, ihre Beschlussfähigkeit, die Versamm-

---

[7] Die Wahrnehmung der Rechte der Gesellschafterversammlung in der GmbH erfolgt am geeignetsten in der Weise, dass den Kommanditisten zur Ausübung der Rechte im Gesellschaftsvertrag eine Vollmacht erteilt und gleichzeitig den Geschäftsführern der GmbH im Innenverhältnis untersagt wird, insoweit von ihren Kompetenzen Gebrauch zu machen. Die Vollmacht ist durch ihre Aufnahme in den Gesellschaftsvertrag vor einem freien Widerruf durch einzelne Kommanditisten geschützt; vgl. dazu etwa *Fleck* FS Semler, 115. Die Einräumung einer organschaftlichen Vertretungsbefugnis zugunsten der Kommanditisten kommt im Hinblick auf § 170 HGB nicht in Betracht. Ist in der KG ein Beirat oder ein Aufsichtsrat installiert, kann anstelle der Kommanditisten auch dieses Gremium im Grundsatz mit der Wahrnehmung der Rechte beauftragt werden. Diese Konstruktion stößt jedoch insoweit auf Grenzen, als einem Kontrollorgan nicht alle der Gesellschafterversammlung obliegenden Kompetenzen übertragen werden können.

[8] Das Formular stellt klar, dass die Veräußerung nicht von der Geschäftsführungsbefugnis der persönlich haftenden Gesellschafterin umfasst ist; zum Streitstand vgl. etwa *Schilling* FS Barz, 1974, 73 f.

[9] Da die persönlich haftende Gesellschafterin nicht an der Kommanditistenversammlung teilnimmt, ist diese nicht mit der Gesellschafterversammlung der KG identisch.

lungsleitung, die Vertretung durch und die Hinzuziehung von Dritten, die Beschlussfassung sowie die Protokollierung der gefassten Beschlüsse gelten § 14 und § 15 entsprechend.
(4) Beschlüsse der Kommanditisten werden grundsätzlich mit einfacher Mehrheit der abgegebenen Stimmen gefasst.
Folgende Beschlüsse bedürfen einer Mehrheit von drei Vierteln aller abgegebenen Stimmen:
a) Erteilung von Weisungen an die Geschäftsführer der persönlich haftenden Gesellschafterin, soweit es um die Unternehmensführung der Gesellschaft geht,
b) Bestellung und Abberufung von Geschäftsführern der persönlich haftenden Gesellschafterin,
c) Änderungen des Gesellschaftsvertrags der persönlich haftenden Gesellschafterin,
d) Verfügung über Geschäftsanteile an der persönlich haftenden Gesellschafterin,
e) Auflösung der persönlich haftenden Gesellschafterin.
(5) Je EUR 100,– des Kapitalkontos (§ 7 lit. a) eines Kommanditisten gewähren eine Stimme.
(6) Ein Kommanditist hat in der Kommanditistenversammlung kein Stimmrecht, wenn
a) er entlastet oder von einer Verbindlichkeit befreit werden soll,
b) er ganz oder teilweise vom Wettbewerbsverbot befreit werden soll,
c) ein Rechtsgeschäft mit ihm vorgenommen oder ein Rechtsstreit gegen ihn eingeleitet oder beendet werden soll,
d) es um seine Abberufung als Geschäftsführer der persönlich haftenden Gesellschafterin geht oder
e) der Gesellschafter oder dessen Privatgläubiger die Gesellschaft gekündigt hat.

§ 14
Gesellschafterversammlung

wie § 59 II. (§ 14)

§ 15
Gesellschafterbeschlüsse

(1) – (3) wie § 59 II. (§ 13)
Zusätzlich in Abs. 3:
n) die Befreiung von Gesellschaftern vom Wettbewerbsverbot gem. § 22 Abs. 2.

§ 16
Beschlussfassung in sonstiger Weise

wie § 59 II. (§ 15)

§ 17
Jahresabschluss

wie § 59 II. (§ 16)

§ 18
Verfügung über Gesellschaftsanteile und Ansprüche aus dem Gesellschaftsverhältnis

wie § 59 II. (§ 17)

§ 19
Vorkaufsrecht

wie § 59 II. (§ 18)

§ 20
Vererbung von Gesellschaftsanteilen

wie § 59 II. (§ 19)

§ 21
Informationsrechte

(1) Jedem Kommanditisten steht das Einsichtsrecht nach § 166 HGB zu.
(2) Die persönlich haftende Gesellschafterin hat jedem Kommanditisten auf Verlangen Einsicht in ihre Bücher und Papiere zu gestatten sowie Auskunft über ihre Angelegenheiten zu geben, falls ein Kommanditist dies verlangt.

§ 22
Wettbewerbsverbot

(1) Soweit gesetzlich zulässig, darf kein Gesellschafter während der Dauer seiner Zugehörigkeit zur Gesellschaft auf eigene oder fremde Rechnung, unmittelbar oder mittelbar, auf dem Tätigkeitsgebiet der Gesellschaft Geschäfte machen oder sich an einer konkurrierenden Gesellschaft beteiligen.
(2) Die Gesellschafterversammlung kann einzelne oder alle Gesellschafter durch Beschluss vom Wettbewerbsverbot ganz oder teilweise befreien.

§ 23
Kündigung der Gesellschaft

wie § 59 II. (§ 20)

§ 24
Ausschluss von Gesellschaftern

(1) wie § 59 II. (§ 21)
zusätzlich am Ende von Abs. 1:
Ein wichtiger, zum Ausschluss der persönlich haftenden Gesellschafterin berechtigender Grund liegt insbesondere dann vor, wenn an ihr eine andere Person als die KG beteiligt wird, ohne dass die Kommanditistenversammlung einer solchen Beteiligung nach Maßgabe von § 13 Abs. 4 zugestimmt hat.[10]

§ 25
Insolvenz, Zwangsvollstreckung

wie § 59 II. (§ 22)

§ 26
Abfindung

wie § 59 II. (§ 23)

§ 27
Gesellschafterpflichten

wie § 59 II. (§ 24)
Abs. 3 entfällt.

§ 28
Leistungsverkehr mit der Gesellschaft

wie § 59 II. (§ 25)

§ 29
Liquidation

wie § 59 II. (§ 26)

---

[10] Diese Regelung soll sicherstellen, dass gegen den Willen der Kommanditisten keine weiteren Gesellschafter an der persönlich haftenden Gesellschafterin beteiligt sind oder Rechte an ihren Geschäftsanteilen erwerben, wie es etwa bei Pfändung eines Geschäftsanteils durch einen Privatgläubiger eines Gesellschafters der Fall ist. Tritt dieser Fall ein, wird die KG mit dem Ausschluss der persönlich haftenden Gesellschafterin aufgelöst, sofern die Kommanditisten nicht einen neuen persönlich haftenden Gesellschafter in die Gesellschaft aufnehmen; vgl. → § 29 Rn. 56 ff.

§ 30
Schriftform

wie § 59 II. (§ 27)

§ 31
Salvatorische Klausel

wie § 59 II. (§ 28)

III. Gesellschaftsvertrag der Komplementär-GmbH

Urkundeneingang wie II.

§ 1
Firma; Sitz

(1) Die Firma der Gesellschaft lautet:
 XY Verwaltungs GmbH.
(2) Der Sitz der Gesellschaft ist Frankfurt am Main.

§ 2
Gegenstand

(1) Gegenstand der Gesellschaft ist die Beteiligung an sowie die Übernahme von Geschäftsführung und Vertretung von Gesellschaften, die sich mit der Umweltplanung und Umweltberatung befassen, insbesondere von der XY Umweltberatungs GmbH & Co. KG, Frankfurt am Main. Gegenstand der XY Umweltberatungs GmbH & Co. KG ist die planungsbezogene Umwelt- und Landschaftsberatung, angewandte Ökologie, Umweltplanung und Öffentlichkeitsarbeit auf den genannten Gebieten.
(2) Die Gesellschaft kann alle Geschäfte betreiben, die dem Gesellschaftszweck unmittelbar oder mittelbar zu dienen geeignet sind. Sie kann sich insbesondere auch an anderen Unternehmen im In- und Ausland beteiligen, sie erwerben, die Geschäftsführung für solche Unternehmen übernehmen, Zweigniederlassungen errichten sowie Teile des Unternehmens auf Tochtergesellschaften ausgliedern.

§3
Stammkapital, Stammeinlage[11]

(1) Das Stammkapital[12] der Gesellschaft beträgt EUR 60.000,–.
(2) Vom Stammkapital übernehmen
   a) L einen Geschäftsanteil im Nennbetrag von EUR 30.000,–,
   b) B einen Geschäftsanteil im Nennbetrag von EUR 10.000,–,
   c) W einen Geschäftsanteil im Nennbetrag von EUR 10.000,– und
   d) F einen Geschäftsanteil im Nennbetrag von EUR 10.000,–.
(3) Die Stammeinlagen, die auf die Geschäftsanteile einzuzahlen sind, sind in voller Höhe sofort fällig.

§4
Geschäftsführer

wie § 59 II. (§ 5)

§5
Geschäftsführung

(1) – (3) wie § 59 II. (§ 6)
   zusätzlich in Abs. 3:
   l) der Abschluss, die Änderung des Gesellschaftsvertrages an einer Kommanditgesellschaft, an der die Gesellschaft als persönlich haftende Gesellschafterin beteiligt ist oder sein wird, insbesondere der XY Umweltberatungs GmbH & Co. KG.

§6
Wahrnehmung der Gesellschafterrechte

(1) Gehören die Geschäftsanteile an der Gesellschaft einer Kommanditgesellschaft, an der die Gesellschaft als persönlich haftende Gesellschafterin beteiligt ist, so werden die Rechte der Gesellschafter aus den Geschäftsanteilen von der Kommanditistenversammlung der Kommanditgesellschaft ausgeübt. Die Geschäftsführer der Gesellschaft sind zu einer Wahrnehmung dieser Rechte nicht befugt.[13] Die Geschäftsführungsbefugnis umfasst namentlich nicht

---

[11] Da die KG erst nach Übertragung der Geschäftsanteile alleinige Gesellschafterin ihrer persönlich haftenden Gesellschaftern wird, sind die Gründungsgesellschafter im Gesellschaftsvertrag namentlich zu bezeichnen (§ 3 Abs. 1 GmbHG).

[12] Zur Erhöhung des Stammkapitals der Komplementär-GmbH vgl. LG Berlin ZIP 1986, 1564 f.

[13] Die in § 13 Abs. 2 des KG-Vertrages den Kommanditisten erteilte Vollmacht hat keine verdrängende Wirkung, so dass die Geschäftsführer der Komplementär-GmbH im Außenverhältnis zur Stimmabgabe berechtigt bleiben. Im Innenverhältnis sind sie jedoch verpflichtet, sich einer Stimmabgabe zu enthalten.

a) die Bestellung, Abberufung und Entlastung von Geschäftsführern sowie den Abschluss, die Änderung und die Beendigung von Anstellungsverträgen mit Geschäftsführern,
b) die Erteilung von Weisungen an die Geschäftsführung,
c) die Erteilung der Zustimmung zu Geschäftsführungsmaßnahmen nach § 5,
d) die Feststellung des Jahresergebnisses und die Verwendung des Ergebnisses,
e) die Erteilung der Zustimmung über die Verfügung von Geschäftsanteilen gemäß § 11,
f) die Erteilung der Befreiung vom Wettbewerbsverbot für Geschäftsführer und Gesellschafter sowie
g) die Auflösung der Gesellschaft.

(2) Die Ausübung der Gesellschafterrechte erfolgt durch einen oder mehrere Kommanditisten nach näherer Maßgabe des Gesellschaftsvertrages der GmbH & Co. KG.

§ 7
Vertretung

wie § 59 II. (§ 7)

§ 8
Gesellschafterversammlung

wie § 59 II. (§ 8)

§ 9
Beschlussfassung[14]

wie § 59 II. (§ 9)

§ 10
Geschäftsjahr, Jahresabschluss

wie § 59 II. (§ 10)

§ 11
Verfügungen über Geschäftsanteile

wie § 59 II. (§ 11)

---

[14] Die Beschlussfassung in der Gesellschafterversammlung der KG wird durch die Beschlussfassung in der Kommanditistenversammlung vorbereitet. Die in der Kommanditistenversammlung gefassten Beschlüsse werden sodann durch den oder die beauftragten Kommanditisten in der Gesellschafterversammlung der GmbH umgesetzt. Da die KG alleinige Gesellschafterin der GmbH ist, muss § 48 Abs. 3 GmbHG gewahrt werden. Zur Frage der Nichteinhaltung des Formerfordernisses vgl. BGH GmbHR 1995, 373 (376).

17. Kapitel. Formulare

§ 12
Vorkaufsrechte

wie § 59 II. (§ 12)

§ 13
Informationsrechte[15]

Gehören die Geschäftsanteile an der Gesellschaft einer Kommanditgesellschaft, an der die Gesellschaft als persönlich haftende Gesellschafterin beteiligt ist, so hat jeder Kommanditist ein Recht zur Einsichtnahme in die Bücher und Papiere der Gesellschaft und auf Auskunft über die Angelegenheiten der Gesellschaft.

§ 14
Wettbewerbsverbot

(1) Soweit gesetzlich zulässig, darf kein Gesellschafter während der Dauer seiner Zugehörigkeit zur Gesellschaft auf eigene oder fremde Rechnung, unmittelbar oder mittelbar, auf dem Tätigkeitsgebiet der Gesellschaft Geschäfte machen oder sich an einer konkurrierenden Gesellschaft beteiligen.
(2) Die Gesellschafterversammlung kann einzelne oder alle Gesellschafter durch Beschluss vom Wettbewerbsverbot ganz oder teilweise befreien. Der Beschluss bedarf einer Mehrheit von drei Vierteln der abgegebenen Stimmen.

§ 15
Vererbung von Gesellschaftsanteilen

wie § 59 II. (§ 13)

§ 16
Einziehung

wie § 59 II. (§ 14)

§ 17
Dauer

wie § 59 II. (§ 15)

§ 18
Salvatorische Klausel

wie § 59 II. (§ 16).

---

[15] In der Einheitsgesellschaft stehen die Informationsrechte in der Komplementär-GmbH nur der KG zu (vgl. auch → § 25). Durch die im Formular vorgeschlagene Regelung wird erreicht, dass auch die Kommanditisten zu einer Ausübung von Informationsrechten innerhalb der GmbH berechtigt sind.

§ 62 Übertragung von Gesellschaftsanteilen; Beitritt eines Gesellschafters

I. Sachverhalt

Dem nachstehenden Vertrag über die Übertragung von Kommanditanteilen und der Vereinbarung über den Beitritt eines Kommanditisten liegt folgender Sachverhalt zugrunde:

A, B, C und D sind mit gleichen Kapitalanteilen als Kommanditisten an der XY GmbH & Co. KG beteiligt. Im gleichen Verhältnis sind sie an der als persönlich haftende Gesellschafterin fungierenden XY Verwaltungs GmbH beteiligt. Geschäftsführer der Komplementär-GmbH sind A, C und D.

Wegen unüberbrückbarer Meinungsverschiedenheiten mit ihren Mitgesellschaftern über die zukünftige Ausrichtung des Unternehmens wollen C und D ihre Beteiligungen an der KG und der Komplementär-GmbH an E veräußern. Geschäftsführer der Gesellschaft sollen A und E fortan sein (II.).

Kurze Zeit später wollen A, B und E zur Deckung des erhöhten Kapitalbedarfs der Gesellschaft F als weiteren Kommanditisten aufnehmen. Um die Beteiligungsgleichheit in beiden Gesellschaften aufrechtzuerhalten, soll F sowohl an der KG als auch an ihrer Komplementär-GmbH eine Beteiligung übernehmen (III.).

II. Vertrag über die rechtsgeschäftliche Übertragung von Kommanditanteilen und GmbH-Geschäftsanteilen

I. Kauf- und Abtretungsvertrag[1]

Verhandelt zu _____ [2]
am _____
Vor mir, dem unterzeichnenden Notar _____
mit dem Amtssitz in _____
erschienen heute:

---

[1] Zur Übertragung eines Kommanditanteils im Wege der Sonderrechtsnachfolge vgl. eingehend → § 29 sowie *Michalski* NZG 1998, 95. Das Formular berücksichtigt tendenziell die Interessen der Käuferseite.

[2] Die Verpflichtung, die Geschäftsanteile an der Komplementär-GmbH an den Käufer abzutreten, ist notariell zu beurkunden (§ 15 Abs. 4 S. 1 GmbHG). Die Abtretung eines Kommanditanteils unterliegt an sich keiner besonderen Form; bei einer gleichzeitigen Veräußerung von Kommanditanteilen und Geschäftsanteilen an der Komplementär-GmbH ist die Veräußerung des Kommanditanteils jedoch Teil eines einheitlichen Geschäfts, so dass sich, will man sich nicht auf die Heilungswirkung verlassen, eine notarielle Beurkundung des gesamten Anteilsveräußerungsvertrages empfiehlt, vgl. BGH WM 1986, 823.

(1) C, geboren am _____, wohnhaft in _____
– im Folgenden auch „Verkäufer zu 1)" genannt –;
(2) D, geboren am _____, wohnhaft in _____
– im Folgenden auch „Verkäufer zu 2)" genannt –;
– die Verkäufer zu 1) und zu 2) gemeinsam im Folgenden auch „die Verkäufer" genannt –;
(3) E, geboren am _____, wohnhaft in _____
– im Folgenden auch „Käufer" genannt –.

Die Erschienenen wiesen sich zur Gewissheit des beurkundenden Notars durch Vorlage ihres amtlichen Personalausweises aus. Der Notar fragte die Erschienenen nach einer Vorbefassung iSv § 3 Abs. 1 Nr. 7 BUrkG. Sie wurde von den Erschienenen verneint.

Die Verkäufer sind als Kommanditisten an der XY GmbH & Co. KG (im Folgenden auch „Gesellschaft" oder „GmbH & Co. KG" genannt) sowie an der XY Verwaltungs GmbH, der persönlich haftenden Gesellschafterin der XY GmbH & Co. KG (im Folgenden auch „Komplementär-GmbH" oder die „GmbH") genannt, beteiligt (die GmbH & Co. KG und die GmbH gemeinsam im Folgenden auch als „die Gesellschaften" bezeichnet).

Der Käufer erwirbt mit diesem Vertrag von den Verkäufern deren Kommanditanteile an der XY GmbH & Co. KG sowie deren Geschäftsanteile an der Komplementär-GmbH (im Folgenden zusammen auch als „die Anteile" oder „die Beteiligungen" bezeichnet).

Dies vorausgeschickt, schließen die Parteien den folgenden

Kauf- und Abtretungsvertrag über Kommanditanteile und GmbH-Geschäftsanteile

§ 1
Gesellschaftsverhältnisse

(1) Die XY GmbH & Co. KG mit Sitz in _____ ist im Handelsregister des Amtsgerichts _____ unter HRA _____ eingetragen. An ihr sind beteiligt[3]
a) als persönlich haftende Gesellschafterin
   die XY Verwaltungs GmbH,
b) als Kommanditisten
   A mit einem Kommanditanteil von EUR 50.000,–,
   B mit einem Kommanditanteil von EUR 50.000,–,
   C mit einem Kommanditanteil von EUR 50.000,–,
   D mit einem Kommanditanteil von EUR 50.000,–.
Der Nominalbetrag der Kommanditeinlagen ist als Haftsumme der Kommanditisten im Handelsregister eingetragen.[4] Die Kommanditeinlagen sind vollständig erbracht; eine Rückzahlung der Einlagen ist nicht erfolgt. Der

---

[3] Das Muster geht davon aus, dass in der KG – wie zumeist – der Umfang des Stimmrechts und die Gewinn- und Verlustbeteiligung an einen unveränderlichen Kapitalanteil gebunden ist.

[4] Zur Differenzierung zwischen Kommanditeinlage und Hafteinlage vgl. → § 43.

geltende Gesellschaftsvertrag der GmbH & Co. KG ist der Urkunde als Anlage 1 beigefügt.

(2) Die XY Verwaltungs GmbH mit Sitz in _____ ist im Handelsregister des Amtsgerichts _____ unter HRB _____ eingetragen. Am Stammkapital der Gesellschaft in Höhe von EUR 40.000,– sind beteiligt:
A mit einem Geschäftsanteil im Nennbetrag von EUR 10.000,–, laufende Nummer ___,
B mit einem Geschäftsanteil im Nennbetrag von EUR 10.000,–, laufende Nummer ___,
C mit einem Geschäftsanteil im Nennbetrag von EUR 10.000,–, laufende Nummer ___,
D mit einem Geschäftsanteil im Nennbetrag von EUR 10.000,–. laufende Nummer ___.
Das Stammkapital der Gesellschaft ist voll eingezahlt und durch Rückzahlungen nicht geschmälert; eine Nachschusspflicht der Gesellschafter besteht nicht. Der geltende Gesellschaftsvertrag der GmbH ist der Urkunde als Anlage 2 beigefügt.

§ 2
Verkauf und Abtretung von Geschäftsanteilen an der Komplementär-GmbH

(1) Die Verkäufer verkaufen dem Käufer hiermit ihre Geschäftsanteile an der Komplementär-GmbH im Nennbetrag von jeweils EUR 10.000,– (laufende Nummern ___ und ___) mit allen damit verbundenen Gewinnbezugsrechten und sonstigen Nebenrechten und treten diese an den Käufer ab.
(2) Der Käufer nimmt den Verkauf und die Abtretung an.
(3) Die Abtretung der Geschäftsanteile steht unter der aufschiebenden Bedingung der Zahlung der ersten Kaufpreisrate gemäß § 5 Abs. 3 lit. a).
(4) Die Gesellschafterversammlung der GmbH hat mit der dieser Urkunde als Anlage 3 beigeschlossenen Erklärung vom _____ der Übertragung der Geschäftsanteile auf den Käufer zugestimmt.

§ 3
Verkauf und Abtretung von Kommanditanteilen an der GmbH & Co. KG

(1) Die Verkäufer verkaufen dem Käufer hiermit ihre gesamte Kommanditbeteiligung an der XY GmbH & Co. KG im Nominalbetrag von jeweils EUR 50.000,– und treten diese im Wege der Sonderrechtsnachfolge an den Käufer ab.[5]

---

[5] Die Zulässigkeit der im Formular vorgesehenen gleichzeitigen Übertragung mehrerer Anteile auf einen Erwerber steht außer Frage, vgl. BGHZ 71, 296 (299). Der Grundsatz der Einheitlichkeit der Beteiligung an einer Personengesellschaft führt dazu, dass der Käufer – anders als bei Geschäftsanteilen an einer GmbH – nur einen einheitlichen Anteil besitzt. Buchhalterisch wird der Gesellschafterwechsel bei der KG durch Umbuchung der Guthaben auf den Kapitalkonten nachvollzogen.

(2) Der Käufer nimmt den Verkauf und die Abtretung an.
(3) Verkauf und Übertragung der Kommanditanteile erfolgen einschließlich der jeweiligen Kapitalkonten, der Rücklagenkonten sowie der Kapitalverlustkonten gem. § ___ des Vertrages der GmbH & Co. KG (Anlage 1).[6] Die anderen Gesellschafterkonten (Verrechnungskonto und Darlehenskonto gem. § ___ des Vertrages der GmbH & Co. KG) sind nicht Gegenstand des Verkaufs und der Übertragung; Salden hierauf sind nach Maßgabe von § 6 dieses Vertrages unter den Parteien auszugleichen.[7]
(4) Die Abtretung der Kommanditanteile steht unter der aufschiebenden Bedingung der Zahlung der ersten Kaufpreisrate gem. § 5 Abs. 3 lit. a). Die Abtretung der Kommanditanteile erfolgt im Außenverhältnis jeweils unter der weiteren aufschiebenden Bedingung der Eintragung des Ausscheidens der Verkäufer und des Eintritts des Käufers als Kommanditist im Wege der Sonderrechtsnachfolge in das Handelsregister.[8] Bis dahin halten die Verkäufer die Kommanditanteile unentgeltlich als Treuhänder für den Käufer; Rechte aus den verkauften Kommanditanteilen üben die Verkäufer nur noch in Abstimmung mit dem Käufer aus. Die Verkäufer erteilen dem Käufer die in der Anlage 4 zu dieser Urkunde beigeschlossene Vollmacht zur Ausübung aller Rechte aus den Kommanditanteilen.
(5) Eine Gegenleistung für die Übertragung der Kommanditanteile wird nicht aus dem Vermögen der GmbH & Co. KG geleistet.
(6) Die Parteien melden den Übergang der Kommanditanteile nach Maßgabe der Anlage 5 zu dieser Urkunde zur Eintragung in das Handelsregister an.
(7) Die XY Verwaltungs GmbH sowie die Kommanditisten A und B haben der Übertragung der Kommanditanteile mit der dieser Urkunde als Anlage 6 beigefügten Erklärung zugestimmt.[9]

---

[6] Das Formular geht davon aus, dass der Gesellschaftsvertrag der KG neben der Bildung eines festen Kapitalkontos die Einrichtung verschiedener variabler Konten vorsieht, vgl. → § 21.

[7] Bei Fehlen einer solchen Regelung geht die Rechtsprechung davon aus, dass im Zweifel sämtliche Ansprüche und Verbindlichkeiten auf den Erwerber übergehen, die im Rechenwerk der Gesellschaft aufgeführt sind. Hierzu gehören auch Verrechnungs- und Darlehenskonten des Gesellschafters. Vgl. BGHZ 45, 221 ff.; BGH WM 1988, 265 f.; krit. MHdB GesR II/*Piehler/Schulte* KG § 35 Rn. 22 ff.

[8] § 176 Abs. 2 HGB findet auch bei Eintritt eines Kommanditisten im Wege der Sonderrechtsnachfolge Anwendung. Die Regelung soll eine persönliche Haftung des eintretenden Kommanditisten ausschließen. Der Erwerber des Kommanditanteils kann sich auf die von seinem Rechtsvorgänger erbrachte und nicht zurückgewährte Einlage berufen, vgl. BGHZ 81, 82 (85). Das Wiederaufleben der Haftung der ausscheidenden Gesellschafter nach § 172 Abs. 4 HGB wird dadurch vermieden, dass die Übertragung der Anteile erst mit Eintragung des Sonderrechtsnachfolgevermerks im Handelsregister vorgesehen wird, vgl. BGHZ 81, 82 888f.).

[9] Die Übertragung eines Kommanditanteils ist nur möglich, wenn der Gesellschaftsvertrag die Anteile veräußerlich stellt oder wenn – wie hier – die übrigen Gesellschafter der Übertragung der Anteile zugestimmt haben. Räumt der Gesellschaftsvertrag, was häufig bei Familiengesellschaften der Fall ist, den Mitgesellschaftern ein Vorkaufsrecht ein, muss die Übertragung unter die Bedingung gestellt werden, dass die Berechtigten von einem solchen Vorkaufsrecht keinen Gebrauch machen.

§ 4
Stichtag; Gewinn

(1) Der Verkauf und die Abtretung der Geschäftsanteile und der Kommanditanteile erfolgt unabhängig davon, zu welchem Zeitpunkt die Abtretungen dinglich wirksam werden, mit schuldrechtlicher Wirkung zum 31.12.2013, 24.00 Uhr/1.1.2014, 0.00 Uhr (Stichtag).

(2) Das gesamte auf die Beteiligungen entfallende Jahresergebnis für das Geschäftsjahr 2014 steht in voller Höhe dem Käufer zu.[10] Ein nicht unter den Gesellschaftern verteilter Gewinn früherer Geschäftsjahre (dh vorgetragener Gewinn und/oder Gewinn, für den noch kein Beschluss über die Ergebnisverwendung gefasst wurde) steht ebenfalls dem Käufer zu.

§ 5
Kaufpreis[11]

(1) Der Kaufpreis für Geschäftsanteile an der Komplementär-GmbH beträgt jeweils EUR 10.000,–.

(2) Der Kaufpreis für die Kommanditanteile beträgt jeweils EUR 500.000,–.

(3) Der Kaufpreis ist durch Überweisung auf das Konto des Verkäufers zu 1) bei der _____-Bank (IBAN _____, BIC _____) und durch Überweisung auf das Konto des Verkäufers zu 2) bei der _____-Bank (IBAN _____, BIC _____) wie folgt zu zahlen:[12]

a) Ein erster Teilbetrag des Kaufpreises in Höhe von jeweils EUR 250.000,– ist am _____ zur Zahlung fällig.

b) Der Restbetrag des Kaufpreises in Höhe von jeweils EUR 260.000,– ist am _____ zur Zahlung fällig.

Der Kaufpreis ist, soweit er noch nicht gezahlt ist, mit ___ % p.a. zu verzinsen; angefallene Zinsen sind gemeinsam mit der Kaufpreisrate zu zahlen.[13] E ist befugt, den Kaufpreis ganz oder teilweise auch vor Fälligkeit zu entrichten. Gerät der Käufer mit der Zahlung der Kaufpreisraten in Verzug, ist der ausstehende Kaufpreis mit ___ % p.a. zu verzinsen. Die Geltendmachung eines höheren Verzugsschadens bleibt vorbehalten.

---

[10] Fehlt es an einer solchen Bestimmung, gebührt das Jahresergebnis Veräußerer und Erwerber pro rata temporis ihrer Beteiligung an der Gesellschaft (§ 101 Nr. 2 BGB). Der Erwerber hat dem Veräußerer nach Feststellung des Jahresabschlusses den auf ihn entfallenden Anteil auszukehren.

[11] Zuweilen wird – anders als im Formular – kein fester Kaufpreis vereinbart, sondern ein Anpassungsmechanismus im Kaufvertrag etabliert. Anknüpfungspunkte für eine solche Kaufpreisanpassung können etwa die Umsatzerlöse, der Ertrag oder das Eigenkapital der Gesellschaft sein.

[12] Häufig wird die Bestellung von Sicherheiten für den Kaufpreisanspruch (zB Bankbürgschaft) zugunsten des Verkäufers vereinbart.

[13] Aus Verkäufersicht ist zudem an die Aufnahme einer Restfälligkeitsklausel oder eines Rücktrittsrechts zu denken für den Fall, dass der Käufer mit der Zahlung des Kaufpreises in Verzug gerät.

17. Kapitel. Formulare

(4) Die Verkäufer haben dem Käufer den Empfang der Kaufpreiszahlung unverzüglich schriftlich zu bestätigen.

§ 6
Ausgleich der Gesellschafterkonten

(1) Salden auf den Verrechnungs- und Darlehenskonten der Verkäufer werden per _____ festgestellt und ausgeglichen. Der Käufer verpflichtet sich, Sorge dafür zu tragen, dass ein etwaiger Guthabensbetrag den Verkäufern abweichend von den Regelungen im Gesellschaftsvertrag unverzüglich ausgezahlt wird.[14]

(2) Sollte über den Stand der danach auszugleichenden Gesellschafterkonten zwischen den Parteien keine Einigkeit bestehen, soll hierüber eine von den beiden Parteien einvernehmlich benannte Wirtschaftsprüfungsgesellschaft entscheiden. Können sich die Parteien nicht bis zum _____ auf die Benennung einer Wirtschaftsprüfungsgesellschaft einigen, so ist der Schiedsgutachter auf Antrag einer der Parteien durch die für den Sitz der Gesellschaft zuständige Industrie- und Handelskammer zu benennen. Die Kosten des Schiedsgutachters tragen beide Parteien je zur Hälfte.

(3) Die Verzinsung der Verrechnungs- und Darlehenskonten des Verkäufers richtet sich nach den Bestimmungen des Gesellschaftsvertrages.

§ 7
Gewährleistung; Garantien[15]

(1) Die Verkäufer sichern dem Käufer zu und gewährleisten ihm in Form eines selbständigen Garantieversprechens gemäß § 311 Abs. 1 BGB, dass die nachfolgenden Aussagen im Zeitpunkt der Vertragsunterzeichnung[16] richtig sind:

(2) Im Hinblick auf die Anteile und die Gesellschaften garantieren die Verkäufer und stehen dafür ein, dass das Folgende zutreffend ist:
   (a) Die GmbH und die GmbH & Co. KG wurden ordnungsgemäß errichtet und sind gemäß den dieser Urkunde als Anlagen 7 und 8 beigefügten

---

[14] Einer solchen Regelung bedarf es, wenn die Entnahmemöglichkeit von Guthabensbeträgen auf den Darlehenskonten und Verrechnungskonten gesellschaftsvertraglich eingeschränkt ist.

[15] Vgl. zu Leistungsstörungen beim Unternehmenskauf allg. *Beisel/Klumpp*, Unternehmenskauf, 365 ff. Aus Gründen der Rechtssicherheit sollte die Gewährleistungsfrage im Vertrag ausdrücklich geregelt werden. Der Umfang des Garantiekataloges hängt von der jeweiligen Interessenlage der Vertragsparteien ab. Das Formular sieht weitreichende Zusicherungen und Garantien zugunsten des Erwerbers vor, die je nach Bedarf gekürzt, aber auch noch weiter ergänzt werden können. Weitere Garantiekataloge enthalten die Formulare von MVH/*von Hoyenberg* Bd. 2, IV. 4; Hopt/*Fabritius*, Vertrags- und Formularbuch I. K. 16.

[16] Es ist genau darauf zu achten, auf welchen Zeitpunkt die Zusagen der Veräußerer bezogen werden (Übertragungsstichtag, Vertragsdatum etc.). Liegt der Übertragungsstichtag – wie hier – vor dem Vertragsdatum, werden die Garantien idR auf den Zeitpunkt des Vertragsschlusses abgegeben.

Handelsregisterauszügen im Handelsregister des Amtsgerichts _____ eingetragen. Sie bestehen ordnungsgemäß. Die in § 1 enthaltenen Angaben zu den Gesellschaftsverhältnissen treffen zu.
(b) Die Gesellschaftsverträge der GmbH & Co. KG und der GmbH gelten unverändert in den diesem Vertrag als Anlagen 1 und 2 beigefügten Fassungen.[17] Es gelten im Zusammenhang mit den Gesellschaftsverhältnissen keine sonstigen Vereinbarungen zwischen den Verkäufern und der GmbH und/oder GmbH & Co. KG.
(c) Die GmbH und die GmbH & Co. KG halten keine Beteiligungen an anderen Unternehmen und sind nicht verpflichtet, solche Beteiligungen einzugehen.
(d) Die GmbH und die GmbH & Co. KG sind nicht Partei eines Unternehmensvertrages oder eines Vertrages über die Begründung einer stillen Gesellschaft. Gegen die Gesellschaft und/oder die Verkäufer ist weder ein Insolvenzverfahren eingeleitet noch sind Umstände ersichtlich, die die Einleitung eines solchen Verfahrens in Zukunft zulässig oder erforderlich machen.
(e) Das für die GmbH & Co. KG und die GmbH im Handelsregister eingetragene Kapital ist in voller Höhe rechtswirksam erbracht und nicht durch Verlust und/oder Entnahmen ganz oder teilweise, auch nicht verdeckt, gemindert.[18]
f) Die verkauften und abgetretenen Gesellschaftsanteile sind frei von Rechten Dritter. Die Verkäufer sind über die Anteile uneingeschränkt verfügungsberechtigt. Die Anteile unterliegen insbesondere keinen Pfandrechten oder Nießbrauchsrechten. Es bestehen keine Treuhandvereinbarungen, Vereinbarungen über die Begründung von Unterbeteiligungen oder sonstige mittelbare Unternehmensbeteiligungen. Es gibt auch keine Vereinbarungen über die künftige Einräumung solcher Rechte. Die Anteile stellen nicht das gesamte oder nahezu das gesamte Vermögen der Verkäufer dar.
(g) Die verkauften und abgetretenen Gesellschaftsanteile unterliegen keinen Stimmrechtsbindungen oder anderen Bindungen, durch die die Verfügungen über die Geschäftsanteile und die Kommanditanteile beschränkt sein könnten. Es gibt keine Gewinnbezugsrechte Dritter und/oder Optionen oder Vorkaufsrechte, nach denen die GmbH, die GmbH & Co. KG oder der Käufer jetzt oder künftig verpflichtet sein könnte, Geschäftsanteile und/oder Kommanditanteile auszugeben, zu verkaufen, zu kaufen, zurückzugeben und/oder einzuziehen.
(h) Die Durchführung dieses Vertrages verletzt keine Verpflichtungen der Verkäufer und/oder der GmbH und/oder der GmbH & Co. KG.

---

[17] Diese Klausel ist aus Käufersicht wichtig, da der Käufer eines Minderheitsanteils keine Möglichkeit hat, eine Änderung des Gesellschaftsvertrages durchzusetzen. Er ist mithin darauf angewiesen, dass die ihm bekannte und von ihm akzeptierte Fassung des Gesellschaftsvertrages tatsächlich in Kraft ist.
[18] Werden vom Käufer – anders als im Formular – auch die Darlehens- und Verrechnungskonten übernommen, empfiehlt sich aus Käufersicht die Aufnahme einer Versicherung über die Kontenstände.

(i) Rechte Dritter, die Firmennamen von GmbH und GmbH & Co. KG ganz oder teilweise als Bestandteil der eigenen Firma oder sonst im Geschäftsverkehr zu gebrauchen, bestehen nicht.

(3) Im Hinblick auf die Bilanzen garantieren die Verkäufer und stehen dafür ein:

(a) Die Jahresabschlüsse der Komplementär-GmbH und der GmbH & Co. KG per 31. 12. 2012 und 31. 12. 2013 sind unter Beachtung der Grundsätze ordnungsgemäßer Buchführung sowie unter Wahrung der Bilanzierungs- und Bewertungskontinuität erstellt und vermitteln ein den tatsächlichen Verhältnissen entsprechendes Bild der Vermögens-, Finanz- und Ertragslage der Gesellschaften. Es wurden alle gesetzlich zulässigen Rückstellungen gebildet. Die Gesellschaft hat keine Verbindlichkeiten außer den in der Einbringungsbilanz ausgewiesenen und den durch Rückstellungen gedeckten. Alle Verbindlichkeiten, die nicht auf der Passivseite ausgewiesen sind, sind unter der Bilanz ausgewiesen.

(b) Das Nettoreinvermögen der Komplementär-GmbH zu Buchwerten per 31.12.2013 beträgt EUR 40.000,–. Das Nettoreinvermögen errechnet sich aus den in der Bilanz per 31.12.2013 auf der Passivseite gem. § 266 Abs. 3 HGB unter A. Eigenkapital ausgewiesenen Bilanzpositionen „Gezeichnetes Kapital" + „Kapitalrücklage" +/– „Gewinnvortrag"/ „Verlustvortrag" +/– „Jahresüberschuss/Jahresfehlbetrag".

(c) Das Nettoreinvermögen der GmbH & Co. KG zu Buchwerten per 31.12.2013 beträgt EUR _____. Das Nettoreinvermögen errechnet sich aus der auf der Passivseite unter A. Eigenkapital ausgewiesenen Bilanzpositionen „Kapitalkonten/Kommanditeinlagen" + „Kapitalrücklagen" – „Kapitalverlustkonten".

(4) Im Hinblick auf den Geschäftsbetrieb garantieren die Verkäufer und stehen dafür ein:

(a) Der Geschäftsbetrieb der GmbH und der GmbH & Co. KG wurde in der Zeit nach dem 31.12.2013 ordnungsgemäß und im für die Gesellschaften gewöhnlichen Rahmen geführt; Verbindlichkeiten haben die Gesellschaften nur im Rahmen des laufenden ordentlichen Geschäftsbetriebes begründet oder übernommen; außergewöhnliche Vorfälle, Vermögenszugänge oder -abgänge oder Umstände, die auf das Ergebnis der Geschäftstätigkeit, die Finanz-, Eigentums-, Vermögens- oder Ertragslage im Vergleich zum Geschäftsjahr 2013 besonderen Einfluss haben könnten, sind nicht eingetreten.

(b) Die GmbH und die GmbH & Co. KG waren und sind zum Zeitpunkt des Vertragsschlusses Eigentümer der in den Jahresabschlüssen per 31.12.2013 ausgewiesenen Vermögensgegenstände, ausgenommen Eigentumsvorbehalte und sonstige Sicherungsabreden im normalen Geschäftsbetrieb und ausgenommen diejenigen Veränderungen, die sich aus der Fortsetzung der normalen Geschäftstätigkeit seit dem 31.12.2013 ergeben.

(c) Es liegen keine Gesellschafterbeschlüsse vor, aus denen den Gesellschaften oder dem Käufer finanzielle Nachteile entstehen könnten.

(d) Es sind keine Rechtsstreitigkeiten oder Verwaltungsverfahren anhängig und es sind keine Umstände bekannt, die eine Klageerhebung oder Einleitung eines Verwaltungsverfahrens erwarten lassen oder die eine Klageerhebung oder die Einleitung eines Verwaltungsverfahrens durch die GmbH und/oder die GmbH & Co. KG als ratsam oder notwendig erscheinen lassen.

(e) Die zur Fortsetzung des Geschäftsbetriebes durch die GmbH und die GmbH & Co. KG erforderlichen Genehmigungen, Konzessionen, Erlaubnisse etc. sind unangefochten vorhanden; ggf. vorhandene Auflagen sind erfüllt.

(f) Der Geschäftsbetrieb der GmbH & Co. KG verstößt nicht gegen derzeit geltende Vorschriften, insbesondere des Umweltschutzes.

(g) Den Gesellschaften gehören die in Anlage 9 aufgeführten Patente, Marken und anderen gewerblichen Schutzrechte; vertraglich eingeräumte Rechte Dritter an diesen Schutzrechten bestehen nicht.

(h) Den Gesellschaften gehören die in Anlage 10 aufgeführten Domains; vertraglich eingeräumte Rechte Dritter an diesen Domains bestehen nicht.

(i) Die Gesellschaften haben mit der Verwendung der ihnen gehörenden Marken, Schutzrechte, Namen und Domains nach Kenntnis der Verkäufer keine Rechte Dritter verletzt.

(5) Im Hinblick auf die Vertragsverhältnisse garantieren die Verkäufer und stehen dafür ein:

(a) Die in den Abschlussbilanzen ausgewiesenen Forderungen sind bei Fälligkeit abzüglich des Betrages der zum Stichtag vorgenommenen Einzel- und Pauschalwertberichtigung voll einbringlich.

(b) Die in den Abschlussbilanzen ausgewiesenen Vorräte sind im gewöhnlichen Geschäftsbetrieb der Gesellschaft verwendbar.

(c) Weder bei der GmbH noch bei der GmbH & Co. KG bestehen Eventualverbindlichkeiten, insbesondere Bürgschaften, Patronatserklärungen und Garantien außer den in Anlage 11 genannten.

(d) Es liegen keine Umstände vor, wonach die Fortsetzung der Geschäftsbeziehungen mit den in der Anlage 12 genannten, als wichtig gekennzeichneten Kunden in dem bisherigen Umfang und zu den bisherigen Preisen und Konditionen gefährdet sein könnte; es existieren weder bei der GmbH noch bei der GmbH & Co. KG Verträge oder Vertragsverhältnisse, die der Vertragspartner wegen eines Anteilseignerwechsels ("change of control") kündigen oder sonst vorzeitig beenden kann.

(e) Es besteht weder bei der GmbH noch bei der GmbH & Co. KG ein vertragliches Wettbewerbsverbot mit Dritten. Ausschließliche Bezugs- oder Lieferbedingungen mit Ausnahme der in Anlage 13 genannten existieren nicht.

(6) Im Hinblick auf die Arbeitnehmer garantieren die Verkäufer und stehen dafür ein:

(a) Die dieser Urkunde als Anlage 14 beigefügte anonymisierte Liste aller Mitarbeiter der GmbH und GmbH & Co. KG mit allen für die arbeitsrechtliche Beurteilung maßgeblichen Daten, insbesondere Geburtsdatum, Einstellungstag, tarifliche Einordnung bzw. einzelvertraglich vereinbarte

Vergütungen und Zusatzleistungen, Schwerbehinderten-Eigenschaft und Kinder, ist vollständig und zutreffend.
(b) Andere als die in Anlage 14 anonymisiert aufgelisteten Arbeitnehmer werden von den Gesellschaften nicht beschäftigt.
(c) Außer den in Anlage 15 aufgelisteten Betriebsvereinbarungen haben die Gesellschaften keine Betriebsvereinbarungen geschlossen oder generelle Zusagen an die Arbeitnehmer direkt oder durch betriebliche Übung gemacht.
(d) Die Kündigungsfristen bei Arbeits- und Anstellungsverträgen überschreiten nur in den Fällen die gesetzlichen und tarifvertraglichen Kündigungsfristen, bei denen dies in Anlage 14 ausdrücklich vermerkt ist; die Bezüge von Mitarbeitern überschreiten nur in den Fällen die tariflichen Bezüge, in denen dies in Anlage 14 ausdrücklich vermerkt ist.
(e) Es gibt keine Pensionsverbindlichkeiten gegenüber Gesellschaftern, ehemaligen Geschäftsführern und Mitarbeitern sowie keine Versorgungszusagen gegenüber derzeitigen Gesellschaftern, Geschäftsführern und Mitarbeitern mit Ausnahme der in Anlage 14 genannten.
(f) Sämtliche Steuern und Sozialleistungen für die von den Gesellschaften beschäftigten Arbeitnehmer sind abgeführt und sämtliche vertraglichen Verpflichtungen gegenüber den Arbeitnehmern sind ordnungsgemäß und vollständig erfüllt.
(7) Schließlich garantieren die Verkäufer und stehen dafür ein:
(a) Es liegen keine Umstände vor, von denen negative Einflüsse auf den Geschäftsverlauf, sowohl hinsichtlich der Umsätze als auch des Ertrags, ausgehen könnten.
(b) Alle von den Verkäufern und den von ihnen eingeschalteten Personen im Laufe der Vertragsverhandlungen gemachten Angaben und zur Verfügung gestellten Informationen und Unterlagen sind richtig und nach bestem Wissen der Verkäufer vollständig; es wurden keine Tatsachen verschwiegen, die für den Abschluss dieses Vertrages und die Bestimmung des vereinbarten Kaufpreises aus Sicht eines objektiven Dritten von Bedeutung sein könnten.
(8) Soweit in den vorstehenden Zusicherungen auf die Kenntnis oder Nichtkenntnis der Verkäufer abgestellt wird, ist ihnen die Kenntnis oder Nichtkenntnis von organschaftlichen Vertretern der Komplementär-GmbH und der Kommanditgesellschaft zuzurechnen.

§ 8
Steuern und Abgaben

(1) Die Verkäufer gewährleisten, dass die GmbH und die GmbH & Co. KG alle für den Geschäftsbetrieb der Gesellschaften erforderlichen Steuererklärungen rechtzeitig abgegeben und alle bis zum Vertragsschluss fälligen oder entstandenen Steuern, Zölle und öffentlichen Abgaben gezahlt und entsprechende Rückstellungen in den Jahresabschlüssen per 31.12.2013 gebildet haben.
(2) Die Verkäufer übernehmen die Haftung für alle Steuern und steuerlichen Nebenleistungen, Zölle, Sozialabgaben und andere öffentliche Abgaben,

die gegen die GmbH und/oder die GmbH & Co. KG aus bis zum 31.12.2013 verwirklichten Sachverhalten festgesetzt werden, soweit hierzu in den Abschlüssen per 31.12.2013 keine ausreichenden Rückstellungen gebildet worden sind, und stellen die GmbH und GmbH & Co. KG von diesen Forderungen frei. Sollte die GmbH wegen verdeckter Gewinnausschüttungen an die Verkäufer, die im Zeitraum bis zum Vertragsschluss erfolgt sind, zur Herstellung der Ausschüttungsbelastung verpflichtet sein, stellen die Verkäufer die GmbH von den hiermit verbundenen Lasten frei.

(3) Die Festsetzung von Steuererstattungsansprüchen zugunsten der Gesellschaft, sei es aufgrund steuerlicher Außenprüfung oder in sonstiger Weise, die den Zeitraum bis zum 31.12.2013 betreffen und die nicht in den Jahresabschlüssen per 31.12.2013 zu berücksichtigen sind, ist dergestalt zwischen den Parteien auszugleichen, dass sich der Kaufpreis um 50 % des zugunsten der Gesellschaft festgesetzten Erstattungsanspruchs erhöht. Der Käufer wird die Verkäufer unverzüglich über den Erlass eines Steuerbescheides für den Zeitraum bis zum 31.12.2013 unterrichten. Die Gesellschaften und/oder der Käufer sind auf Verlangen der Verkäufer verpflichtet, gegen den Steuerbescheid Rechtsmittel einzulegen. Kosten und Auslagen im Zusammenhang mit dem Rechtsmittel tragen die Verkäufer.

§ 9
Verstöße gegen die Garantien und Zusicherungen

(1) Im Falle der Unrichtigkeit von Zusicherungen oder der Nichterfüllung von Garantien nach diesem Vertrag stellen die Verkäufer nach Wahl des Käufers die GmbH oder die GmbH & Co. KG oder den Käufer so, wie sie stehen würden, wenn die Garantien oder Zusicherungen zutreffen würden (Naturalrestitution). Beseitigen die Verkäufer die Vertragsverletzung nicht innerhalb einer angemessenen Frist, die 30 Tage ab Erhalt einer Mitteilung in Textform über die Vertragsverletzung nicht überschreiten darf, sind die Verkäufer verpflichtet, Schadensersatz in der Höhe des aufgrund der Unrichtigkeit der Zusicherung oder der Nichterfüllung der Garantie entstandenen Schadens zu bezahlen.[19]

(2) Ansprüche aus der Unrichtigkeit von Zusicherungen und der Nichterfüllung von Garantien sind ausgeschlossen, soweit sie nicht binnen einer Ausschlussfrist von zwei Jahren nach Abschluss dieses Vertrages schriftlich und mit Gründen versehen gegenüber den Verkäufern geltend gemacht werden.[20] Erfolgt eine solche Mitteilung rechtzeitig, verjährt der darauf bezogene Anspruch mit Ablauf des _____, soweit der Käufer nicht zuvor Klage zur Durchsetzung des dargelegten Anspruchs erhoben

---

[19] Aus Verkäufersicht empfiehlt es sich, die Möglichkeit des Rücktritts bei Nichtzutreffen von Zusicherungen ganz auszuschließen oder zumindest auf bestimmte Fälle zu beschränken.

[20] Häufig finden sich den Verkäufer schützende Klauseln, wonach der Käufer Gewährleistungsansprüche erst bei Überschreiten eines bestimmten Betrages geltend machen kann, sowie Bestimmungen, die eine etwaige Haftung des Veräußerers auf einen bestimmten Betrag begrenzen. Der Verkäufer wird zudem auf die Aufnahme einer Regelung bedacht sein, die klarstellt, dass der Kaufvertrag seine Haftung abschließend regelt.

hat. Im Falle von Zoll-, Steuer- und sonstigen Abgabenrisiken beginnt die Frist zur Geltendmachung abweichend von Satz 1 mit der Bestandskraft des entsprechenden Bescheids. Solchermaßen geltend gemachte Ansprüche verjähren sodann acht Monate nach Ablauf dieser Ausschlussfrist.

(3) Soweit in diesem Vertrag nicht ausdrücklich etwas anderes bestimmt ist, sind das Recht des Käufers von diesem Vertrag zurückzutreten, ihn anzufechten oder auf andere Weise zu beenden, sowie alle Schadensersatzansprüche ausgeschlossen, insbesondere, aber nicht abschließend:
(a) alle Rechte wegen der Verletzung vorvertraglicher Pflichten (culpa in contrahendo, insbesondere – aber nicht beschränkt auf – Ansprüche aus den §§ 241 Abs. 2, 311 Abs. 2 und 3 BGB);
(b) alle Rechte wegen positiver Forderungsverletzung, einschließlich – aber nicht beschränkt auf – Ansprüche aus den §§ 280, 282 BGB;
(c) alle Rechte wegen des Wegfalls der Geschäftsgrundlage gemäß § 313 BGB;
(d) alle Rechte des Käufers aufgrund eines Mangels des Kaufobjekts gemäß den §§ 437 bis 441 BGB.

Dies gilt nicht für Rechte des Käufers, die in diesem Vertrag ausdrücklich festgelegt worden sind und für Ansprüche aufgrund einer arglistigen Täuschung und sonstiger vorsätzlicher Vertragsverletzungen der Verkäufer.

§ 10
Geschäftsführung

Die Verkäufer legen ihr Amt als Geschäftsführer der XY Verwaltungs GmbH mit Wirkung auf den Tag der Zahlung der ersten Rate des Kaufpreises gem. § 5 Abs. 3 lit. a) nieder und stimmen der Beendigung ihres Anstellungsverhältnisses mit der XY Verwaltungs GmbH auf diesen Zeitpunkt zu. Eine gesonderte Abfindung für die Beendigung des Anstellungsverhältnisses erfolgt nicht.

§ 11
Vertraulichkeit

Die Parteien stimmen darüber ein, dass sie den Abschluss und den Inhalt dieses Vertrages gegenüber Dritten vertraulich behandeln werden, es sei denn, sie sind kraft Gesetzes zur Offenlegung verpflichtet. Über etwaige Pressemitteilungen oder Mitteilungen an Kunden oder sonstige Dritte werden sich die Vertragsparteien jeweils zuvor abstimmen.

§ 12
Haftungsfreistellung

(1) Der Käufer wird die Verkäufer von jeder persönlichen Haftung als Gesellschafter aus und im Zusammenhang mit Maßnahmen nach der Übertragung der Kommanditanteile, die gemäß § 172 Abs. 4 HGB zu einer Haftung der Verkäufer führen oder eine Haftung der Verkäufer für andere Verbind-

lichkeiten der Gesellschaften (§§ 128, 172 HGB) begründen könnten, freistellen.[21]

(2) Die Verkäufer werden den Käufer von jeder persönlichen Haftung als Gesellschafter aus und im Zusammenhang mit Maßnahmen bis zur Übertragung der Kommanditanteile, die gemäß § 172 Abs. 4 HGB zu einer Haftung führen oder eine Haftung für andere Verbindlichkeiten der Gesellschaft (§§ 128, 172 HGB) begründen könnten, freistellen. Für diese Freistellungsverpflichtung haften die Veräußerer als Gesamtschuldner, jedoch nur bis zur Höhe des von ihnen veräußerten Kommanditanteils.

§ 13
Wettbewerbsverbot

(1) Die Verkäufer verpflichten sich gegenüber dem Käufer und stehen dafür ein, dass sie während eines Zeitraumes von zwei Jahren nach Abschluss dieses Vertrages weder direkt noch indirekt mit den Gesellschaften in den geographischen Bereichen, in denen die Gesellschaften das Geschäft zum Abschluss dieses Vertrages aktiv betrieben haben, in Wettbewerb treten.[22] Die Verkäufer verpflichten sich außerdem und stehen dafür ein, dass sie keine geschäftlichen Informationen, Kenntnisse und kein Know-how, gleich zu welchem Zweck, nutzen werden, und auch nicht, gleich zu welchem Zweck, Dritten überlassen oder sonst zugänglich machen oder machen werden.

(2) Verletzen die Verkäufer die in Abs. 1 vereinbarten Verpflichtungen, so haben sie dem Käufer für jeden Einzelfall eine Vertragsstrafe von EUR 50.000,– zu zahlen. Dauert die Verletzungshandlung an, haben die Verkäufer für jeden weiteren Monat, in dem die Verletzung erfolgt, eine Vertragsstrafe von EUR 50.000,– zu zahlen. Das Recht des Käufers, einen entstehenden weiteren Schaden geltend zu machen und die Einstellung des verbotenen Verhaltens zu fordern, bleibt hiervon unberührt.

§ 14
Kosten

(1) Die Kosten der notariellen Beurkundung und des Vollzuges dieses Vertrages, insbesondere der Registeranmeldung und der Registereintragung, trägt der Käufer.

(2) Im Übrigen trägt jeder Vertragsteil seine Kosten selbst.

---

[21] Nach Ansicht der Rspr. wirkt die Rückgewähr der Einlage auch zu Lasten des Veräußerers, vgl. BGH NJW 1976, 751 (752). Dies wird im Schrifttum zu Recht bestritten, da nur der Erwerber für das Schicksal des Anteils verantwortlich sein kann, dazu grundlegend *K. Schmidt*, Einlage und Haftung des Kommanditisten, 112.

[22] Vgl. auch → § 27 Rn. 94.

§ 15
Schiedsklausel

Für alle Streitigkeiten aus diesem Vertrag vereinbaren die Parteien die ausschließliche Zuständigkeit eines Schiedsgerichts in gesonderter Schiedsabrede, die als Anlage 16 auch Gegenstand dieses Vertrages ist.

§ 16
Salvatorische Klausel

Sollten Bestimmungen dieses Vertrages oder eine künftig in ihn aufgenommene Bestimmung ganz oder teilweise nicht rechtswirksam sein oder ihre Rechtswirksamkeit oder Durchführbarkeit zu einem späteren Zeitpunkt verlieren, soll hierdurch die Gültigkeit der übrigen Bestimmungen des Vertrages nicht berührt werden. Das Gleiche gilt, falls sich herausstellen sollte, dass der Vertrag eine Regelungslücke enthält. Anstelle der unwirksamen oder undurchführbaren Bestimmung oder zur Ausfüllung der Lücke soll eine angemessene Regelung gelten, die, soweit rechtlich möglich, dem am nächsten kommt, was die Vertragsparteien gewollt hätten oder nach dem Sinn und Zweck des Vertrages gewollt haben würden, soweit sie bei Abschluss dieses Vertrages oder bei der späteren Aufnahme einer Bestimmung den Punkt bedacht hätten. Dies gilt auch, wenn die Unwirksamkeit einer Bestimmung etwa auf einem in dem Vertrag vorgeschriebenen Maß der Leistung oder Zeit (Frist oder Termin) beruht; es soll dann ein dem Gewollten möglichst nahe kommendes, rechtlich zulässiges Maß der Leistung oder Zeit (Frist oder Termin) als vereinbart gelten.

§ 17
Formerfordernis, Anlagen

(1) Änderungen oder Ergänzungen dieses Vertrages bedürfen der notariellen Beurkundung.
(2) Die Anlagen sind wesentlicher Bestandteil des Vertrages.
(3) Die Vertragsparteien verpflichten sich, auf Verlangen der anderen Partei ohne besondere Gegenleistung alle Erklärungen in der gehörigen Form abzugeben und alle Maßnahmen zu treffen, die etwa noch erforderlich sind, diesen Vertrag zu erfüllen und seine Ziele und Zwecke voll zur Durchführung zu bringen.

II. Anmeldung der Übertragung der Kommanditanteile zum Handelsregister der KG

An das
Amtsgericht
– Handelsregister –

_____

XY GmbH & Co. KG
HRA _____

§ 62 Übertragung von Gesellschaftsanteilen; Beitritt eines Gesellschafters

Die XY GmbH & Co. KG mit Sitz in _____ ist im Handelsregister des Amtsgerichts _____ unter HRA _____ eingetragen. Die persönlich haftende Gesellschafterin XY Verwaltungs GmbH, die Kommanditisten A, B, C und D sowie E melden zur Eintragung in das Handelsregister an:[23]
Die Kommanditisten C und D haben ihre jeweilige Kommanditbeteiligung im Wege der Sonderrechtsnachfolge auf E (Geburtsdatum; Wohnort) übertragen. Die Übertragung steht unter der aufschiebenden Bedingung der Eintragung des Sonderrechtsnachfolgevermerks im Handelsregister. C und D scheiden mit Eintragung des Rechtsnachfolgevermerks aus der Gesellschaft aus; E nimmt ihre Stellung als Kommanditist in der Gesellschaft mit der Einlage von insgesamt EUR 100.000,– ein.
Die persönlich haftende Gesellschafterin, die XY Verwaltungs GmbH, und die ausscheidenden Kommanditisten C und D versichern, dass den ausscheidenden Gesellschaftern C und D von Seiten der Gesellschaft keinerlei Zahlung aus dem Vermögen der Gesellschaft gewährt oder versprochen worden ist.[24]

(Ort, Datum)

_____ _____
XY Verwaltungs GmbH   A

_____ _____
B   C

_____ _____
D   E

(Beglaubigungsvermerk)[25]

**Anmeldung zum Handelsregister
der Komplementär-GmbH**[26]

An das
Amtsgericht
– Handelsregister –

_____

XY Verwaltungs GmbH
HRB _____

---

[23] Die Abtretung der Kommanditbeteiligung ist von allen Gesellschaftern, unter Einschluss der Veräußerer und des Erwerbers, zum Handelsregister anzumelden, §§ 161 Abs. 2, 107, 143 Abs. 2, 162 HGB. Stellvertretung bei der Anmeldung ist möglich.

[24] Nach hM bedarf es der Abgabe einer entsprechenden Versicherung, um die Eintragung des Sonderrechtsnachfolgevermerks sicherzustellen, vgl. OLG Köln BB 1992, 1742. Der Erwerber der Kommanditbeteiligung muss eine entsprechende Versicherung jedoch nicht abgeben, vgl. E/B/J/S/*Weipert* § 162 HGB Rn. 40.

[25] Die Anmeldung ist in öffentlich beglaubigter Form einzureichen (§ 12 Abs. 1 HGB).

[26] Nach § 40 Abs. 2 GmbHG hat der beurkundende Notar eine neue Liste der Gesellschafter der Gesellschaft zum Handelsregister einzureichen.

Als alleinvertretungsberechtigter Geschäftsführer der Gesellschaft überreiche ich anliegend einen Auszug aus dem Kauf- und Abtretungsvertrag vom _____ und melde zur Eintragung in das Handelsregister an:
C und D sind nicht mehr Geschäftsführer der Gesellschaft.

(Ort, Datum)

_____

A

(Beglaubigungsvermerk[27])

III. Vertrag über den Beitritt eines Gesellschafters[28]

1. Gesellschafterbeschluss der XY Verwaltungs GmbH; Beitrittsvertrag

Verhandelt zu _____
am _____

Vor mir, dem unterzeichnenden Notar _____
mit dem Amtssitz in _____

erschienen heute:
(1) A, geboren am _____, wohnhaft in _____, handelnd im eigenen Namen sowie als Geschäftsführer der XY Verwaltungs GmbH;
(2) B, geboren am _____, wohnhaft in _____;
(3) E, geboren am _____, wohnhaft in _____, handelnd im eigenen Namen sowie als Geschäftsführer der XY Verwaltungs-GmbH;
(4) F, geboren am _____, wohnhaft in _____

Die Erschienenen wiesen sich zur Gewissheit des beurkundenden Notars durch Vorlage ihres amtlichen Personalausweises aus. Der Notar fragte die Erschienenen nach einer Vorbefassung iSv § 3 Abs. 1 Nr. 7 BUrkG. Sie wurde von den Erschienenen verneint.

Die Erschienenen erklären:
Die Erschienenen zu 1) bis 3) sind die alleinigen Gesellschafter der XY Verwaltungs GmbH, eingetragen im Handelsregister des Amtsgerichts _____ unter HRB _____ (im Folgenden auch „GmbH" genannt). An dem voll einbezahlten Stammkapital von EUR 40.000,– sind die Erschienenen zu 1) und 2) jeweils mit einem Geschäftsanteil und der Erschienene zu 3) mit zwei Geschäftsanteilen im Nennbetrag von jeweils EUR 10.000,– beteiligt. Damit ist das gesamte Stammkapital vertreten. Diese Beteiligungsverhältnisse werden

---

[27] Die Unterschrift des Geschäftsführers ist notariell zu beglaubigen, § 12 Abs. 1 GmbHG.
[28] Zum Beitritt eines neuen Gesellschafters vgl. ausf. → § 28.

auch durch die aktuelle, in das Handelsregister aufgenommene Gesellschafterliste der GmbH vom _____ reflektiert, die zu Beweiszwecken dieser Urkunde als Anlage 1 beigefügt ist.

Die Erschienenen zu 1) bis 3) und die von den Erschienenen zu 1) und 3) vertretene XY Verwaltungs -GmbH sind ferner die alleinigen Gesellschafter der im Handelsregister des Amtsgerichts _____ unter HRA _____ eingetragenen XY GmbH & Co. KG (im Folgenden auch „KG" genannt). An der KG sind die XY Verwaltungs GmbH als persönlich haftende Gesellschafterin ohne Kapitalanteil, die Erschienenen zu 1) und 2) mit einem Kommanditanteil von je EUR 50.000,– und der Erschienene zu 3) mit einem Kommanditanteil von EUR 100.000,– beteiligt.

Die Erschienenen zu 1) bis 3) beabsichtigen, den Erschienenen zu 4) als weiteren Gesellschafter der GmbH, und gemeinsam mit der von den Erschienenen zu 1) und 3) vertretenen GmbH als weiteren Kommanditisten der XY GmbH & Co. KG aufzunehmen.

A. Gesellschafterbeschluss der XY Verwaltungs GmbH

Das Stammkapital der XY Verwaltungs GmbH soll von EUR 40.000,– um EUR 10.000,– auf EUR 50.000,– erhöht werden.[29] Die Erschienenen zu 1) bis 3) erklären:

Unter Verzicht auf die Einhaltung aller durch Gesetz oder Gesellschaftsvertrag vorgeschriebenen Formen und Fristen der Einberufung, Ankündigung und Durchführung einer Gesellschafterversammlung halten wir hiermit eine außerordentliche Gesellschafterversammlung der XY Verwaltungs GmbH ab und beschließen einstimmig:[30]

§ 1
Kapitalerhöhung

Das Stammkapital der Gesellschaft wird von EUR 40.000,– um EUR 10.000,– auf EUR 50.000,– gegen Bareinlage erhöht.

§ 2
Ausgabe des neuen Geschäftsanteils

(1) Die Kapitalerhöhung erfolgt durch Ausgabe eines neuen Geschäftsanteils an der Gesellschaft im Nennbetrag von EUR 10.000,– (laufende Nummer 5) gegen Zahlung des Nennbetrags in bar.

---

[29] Wollen die bisherigen Gesellschafter keine Geschäftsanteile abgeben, muss der neue Geschäftsanteil durch eine Kapitalerhöhung gegen Einlagen geschaffen werden. Eine Kapitalerhöhung aus Gesellschaftsvermögen scheidet im Hinblick auf § 57j GmbHG aus.

[30] Der Beschluss über die Kapitalerhöhung bedarf einer Mehrheit von drei Vierteln der abgegebenen Stimmen (§ 53 Abs. 2 GmbHG).

(2) Die Stammeinlage auf den neuen Geschäftsanteil ist sofort in bar auf das Konto der Gesellschaft bei der _____-Bank (IBAN _____, BIC _____) einzuzahlen.[31]

§ 3
Änderung des Gesellschaftsvertrags

§ __ des Gesellschaftsvertrags wird wie folgt geändert:[32]
„Das Stammkapital der Gesellschaft beträgt EUR 50.000,–."

§ 4
Zulassung zur Übernahme des neuen Geschäftsanteils

Zur Übernahme des neuen Geschäftsanteils im Nennbetrag von EUR 10.000,– wird der Erschienene zu 4) zugelassen.[33] Die Erschienenen zu 1) bis 3) verzichten bezüglich des neu gebildeten Geschäftsanteils auf ein ihnen zustehendes vertragliches oder gesetzliches Bezugsrecht.[34] Die Geschäftsführer der Gesellschaft werden mit der Durchführung der Kapitalerhöhung beauftragt.[35]

§ 5
Gewinnberechtigung

Der neue Geschäftsanteil nimmt ab Beginn des laufenden Geschäftsjahres, in dem die Kapitalerhöhung in das Handelsregister eingetragen wird, am Gewinn teil.

§ 6
Kosten

Die Kosten dieser Urkunde und ihrer Durchführung trägt die Gesellschaft bis zu einem Betrag von EUR _____.

---

[31] Auf die neue Stammeinlage ist mindestens ein Viertel zur endgültig freien Verfügung der Geschäftsführer einzuzahlen, §§ 56a, 57, 7 Abs. 2 S. 1 GmbHG.

[32] Nach § 3 Abs. 1 Nr. 4 GmbHG müssen die Übernehmer der ursprünglichen Geschäftsanteile im Gesellschaftsvertrag namentlich bezeichnet werden. Diese Angaben können bei einer Bareinlage im Rahmen der Kapitalerhöhung ersatzlos gestrichen werden, sofern die Einlagen vollständig erbracht wurden. Auch der Übernehmer des neuen Geschäftsanteils muss nicht namentlich bezeichnet werden. Angaben über die Erbringung von Sacheinlagen können erst nach 5 Jahren nach Eintragung der Gesellschaft in das Handelsregister gestrichen werden.

[33] Der Zulassungsbeschluss nach § 55 Abs. 2 S. 1 GmbHG bedarf keiner besonderen Form. In der Praxis wird der Zulassungsbeschluss, der den Geschäftsanteil und den Übernehmer festlegt, zumeist mit dem Kapitalerhöhungsbeschluss verbunden.

[34] Die Gesellschafter einer GmbH haben nach hM ein gesetzliches Bezugsrecht auf die neu gebildeten Geschäftsanteile, vgl. Scholz/*Priester* § 55 GmbHG Rn. 42 ff.

[35] Hat die Gesellschafterversammlung bestimmte Personen zur Übernahme der neu gebildeten Geschäftsanteile zugelassen, ist dies als konkludente Ermächtigung der Geschäftsführer zum Abschluss der Übernahmevereinbarung anzusehen. Das Formular stellt dies klar.

§ 62 Übertragung von Gesellschaftsanteilen; Beitritt eines Gesellschafters

Die Erschienenen zu 1) bis 3) erklärten damit die Gesellschafterversammlung der XY Verwaltungs GmbH für beendet.

B. Vereinbarung über den Beitritt zur XY GmbH & Co. KG[36]

Sodann vereinbaren die Erschienenen was folgt:

§ 1
Beitritt

(1) Der Erschienene zu 4) tritt der KG als weiterer Kommanditist mit einem Kapitalanteil von EUR 50.000,– bei, der als Haftsumme in das Handelsregister einzutragen ist.

(2) Der Beitritt erfolgt aufschiebend bedingt auf die Eintragung des Erschienenen zu 4) als Kommanditist in das Handelsregister der KG.[37]

§ 2
Einlage

(1) Der Erschienene zu 4) verpflichtet sich gegenüber der KG zur Erbringung einer Bareinlage in Höhe von EUR 500.000,–. Die Einlage ist durch Überweisung auf das Konto der Gesellschaft bei der _____-Bank (IBAN _____, BIC _____) so zu zahlen, dass das Geld der KG am _____ zur Verfügung steht.

(2) Der den festen Kapitalanteil übersteigende Betrag[38] in Höhe von EUR 450.000,– ist zum Ausgleich vorhandener stiller Reserven in die Rücklagenkonten der Gesellschafter im Verhältnis ihrer Kapitalanteile einzustellen.

(3) Zur Wahrung der Beteiligungsidentität verpflichtet sich der Erschienene zu 4), den durch heutigen Beschluss der Gesellschafterversammlung der XY Verwaltungs GmbH neu geschaffenen Geschäftsanteil im Nennbetrag von EUR 10.000,– zu übernehmen.

---

[36] Der Beitrittsvertrag kann grundsätzlich formfrei geschlossen werden. Ein Beurkundungserfordernis kann sich ergeben, wenn die Erbringung einer bestimmten Sacheinlage vereinbart ist (§ 311b BGB, § 15 Abs. 4 GmbHG) oder – wie hier in § 2 Abs. 3 – die Verpflichtung zur Übernahme eines GmbH-Anteils begründet wird, vgl. MHdB GesR II/*Piehler/Schulte* KG § 34 Rn. 10. Da es sich bei der gleichzeitigen Veräußerung von Anteilen an der KG und der Komplementär-GmbH um einen einheitlichen Vorgang handelt, empfiehlt es sich, die Beitrittsvereinbarung notariell beurkunden zu lassen.

[37] Nach § 176 Abs. 2 HGB haftet der Kommanditist für die in der Zeit zwischen seinem Eintritt und dessen Eintragung in das Handelsregister begründeten Verbindlichkeiten der Gesellschaft unbeschränkt. Um eine solche unbeschränkte Haftung zu vermeiden, wird der Beitritt in der Praxis aufschiebend bedingt auf die Eintragung in das Handelsregister erklärt.

[38] Hat die Gesellschaft stille Reserven gebildet, an denen der Gesellschafter bei seinem Ausscheiden oder im Fall der Liquidation partizipiert, wird regelmäßig ein vom beitretenden Gesellschafter zu zahlendes Agio vereinbart, das anteilig auf den Rücklagenkonten der Gesellschafter gutgebracht wird.

§ 3
Gewinn

F nimmt am Ergebnis der Gesellschaft ab Beginn des laufenden Geschäftsjahres, in dem er als Kommanditist in das Handelsregister der KG eingetragen wird, am Gewinn teil.

§ 4
Gesellschaftsvertrag

Die Vertragsschließenden heben den bisherigen Gesellschaftsvertrag in der Fassung vom _____ auf und regeln das Gesellschaftsverhältnis durch den dieser Vereinbarung als Anlage 2 beigeschlossenen Gesellschaftsvertrag neu.

§ 5
Wirksamwerden

Die Änderungen werden nach erfolgter Eintragung in das Handelsregister im Innenverhältnis mit Wirkung vom _____ wirksam.[39]

§ 6
Salvatorische Klausel

wie II. (§ 16)

§ 7
Kosten

Die Kosten der Anmeldung des Beitritts zum Handelsregister trägt die Gesellschaft.

Der Notar wies die Erschienenen darauf hin, dass
- alle Gesellschafter für die Leistung für übernommene, aber nicht einbezahlte Stammeinlagen haften,
- die Kapitalerhöhung erst mit der Eintragung in das Handelsregister wirksam wird.

Die Niederschrift wurde den Erschienenen vorgelesen, von ihnen genehmigt und sodann mit dem beurkundenden Notar unterzeichnet.

---

[39] Der Beitritt eines Gesellschafters wird im Außenverhältnis nicht bereits durch Abschluss des Beitrittsvertrages, sondern erst mit Eintragung des beitretenden Gesellschafters in das Handelsregister oder Fortsetzung der Geschäfte mit Zustimmung des Beitretenden wirksam; vgl. Baumbach/Hopt/*Hopt* § 123 HGB Rn. 4. Schuldrechtlich kann die Vertragsänderung mit rückwirkender Kraft bezogen werden, Schlegelberger/*K. Schmidt* § 105 HGB Rn. 110.

2. Übernahme des Geschäftsanteils[40]

Übernahmeerklärung[41]

Die Gesellschafterversammlung der XY Verwaltungs GmbH mit Sitz in _____, eingetragen im Handelsregister des Amtsgerichts _____ unter HRB _____, hat durch notarielle Urkunde vom _____ (UR. Nr. _____ des Notars _____) beschlossen, das Stammkapital von EUR 40.000,– um EUR 10.000,– auf EUR 50.000,– gegen Bareinlage zu erhöhen. Zur Übernahme des neuen Geschäftsanteils im Nennbetrag von EUR 10.000,– mit der laufenden Nummer 5 wurde ich zugelassen. Die Gesellschafter haben auf ein ihnen zustehendes Bezugsrecht verzichtet. Die Ausgabe des neuen Geschäftsanteils erfolgt zum Nennwert.

Hiermit übernehme ich nach Maßgabe der Bedingungen in § 2 des Kapitalerhöhungsbeschlusses vom _____ den neuen Geschäftsanteil im Nennbetrag von EUR 10.000,– mit der laufenden Nummer 5 zum Ausgabebetrag in gleicher Höhe.[42]

Zu sonstigen Leistungen bin ich nach dem Gesellschaftsvertrag der XY Verwaltungs GmbH nicht verpflichtet.[43]

(Ort, Datum)   _____
                  Unterschrift F

(Beglaubigungsvermerk)

3. Anmeldung der Kapitalerhöhung zum Handelsregister[44]

An das
Amtsgericht
– Handelsregister –

_____

---

[40] Der Übernahme des neuen Geschäftsanteils liegt eine Vereinbarung zwischen der Gesellschaft und dem Übernehmer zugrunde, vgl. BGHZ 49, 117 (119). Die Annahme der Übernahmeerklärung des neuen Gesellschafters kann konkludent durch die Anmeldung der Kapitalerhöhung zum Handelsregister erfolgen, vgl. BGHZ 49, 117 (121).

[41] Da bei der Beglaubigung der Übernahmeerklärung keine Beurkundungsgebühr nach Teil 2, Hauptabschnitt 1 des Kostenverzeichnisses zum GNotVG, sondern nur eine Beglaubigungsgebühr nach Teil 2, Hauptabschnitt 5 des Kostenverzeichnisses zum GNotVG anfällt, kann eine Trennung vom Kapitalerhöhungsbeschluss kostenmäßige Vorteile bringen.

[42] Es ist zulässig, die Übernahmeerklärung unter einer Befristung (etwa in der Form „Die Übernahmeerklärung wird unwirksam, wenn die Kapitalerhöhung am _____ nicht in das Handelsregister eingetragen ist.") zu stellen; vgl. Baumbach/Hueck/*Zöllner*/*Fastrich* § 55 GmbHG Rn. 33 ff.

[43] Vgl. § 55 Abs. 2 S. 2 GmbHG.

[44] Zum Inhalt der Anmeldung und den beizufügenden Unterlagen vgl. § 57 GmbHG. Die Kapitalerhöhung wird erst mit Eintragung in das Handelsregister wirksam, § 54 Abs. 3 GmbHG.

17. Kapitel. Formulare

XY Verwaltungs-GmbH
HRB _____

Wir, die alleinigen Geschäftsführer der XY Verwaltungs-GmbH, überreichen anliegend
(1) beglaubigte Ausfertigung der notariellen Niederschrift der außerordentlichen Gesellschafterversammlung vom _____ (UR. Nr. _____ des Notars _____) mit den Beschlüssen über
 – die Erhöhung des Stammkapitals der Gesellschaft von EUR 40.000,– um EUR 10.000,– auf EUR 50.000,–,
 – die Änderung von § ___ des Gesellschaftsvertrags der Gesellschaft sowie
 – die Zulassung von F zur Übernahme des neuen Geschäftsanteils;
(2) beglaubigte Abschrift der Übernahmeerklärung des F (Wohnort) vom _____ (UR. Nr. _____ des Notars _____) über die Übernahme des neuen Geschäftsanteils im Nennbetrag von EUR 10.000,–;
(3) Liste des Übernehmers des neuen Geschäftsanteils vom _____;
(4) den vollständigen Wortlaut des Gesellschaftsvertrags der Gesellschaft mit der Notarbescheinigung nach § 54 Abs. 1 Satz 2 GmbHG.

Wir versichern, dass die neue Stammeinlage – ebenso wie die bereits übernommenen – voll einbezahlt ist[45] und sich endgültig zu unserer freien Verfügung befindet.

Zur Eintragung in das Handelsregister melden wir an:[46]
Das Stammkapital der Gesellschaft ist von EUR 40.000,– um EUR 10.000,– auf EUR 50.000,– erhöht und § ___ des Gesellschaftsvertrags (Stammkapital) entsprechend geändert worden. Weitere Angaben im Sinne von § 10 Abs. 1 und 2 GmbHG sind von der Änderung des Gesellschaftsvertrags nicht betroffen.

(Ort, Datum) _____   _____
                A   B

(Beglaubigungsvermerk[47])

Liste der Übernehmer neuer Geschäftsanteile[48]

Anlässlich der Erhöhung des Stammkapitals der XY Verwaltungs GmbH haben übernommen:

---

[45] Sofern die Stammeinlage nicht in voller Höhe einzuzahlen ist, muss dies in der Versicherung angegeben werden.
[46] Die Anmeldung ist von allen Geschäftsführern zu bewirken, § 78 GmbHG.
[47] Die Unterschriften der Geschäftsführer sind notariell zu beglaubigen, § 12 Abs. 1 GmbHG.
[48] Nach § 40 Abs. 2 GmbHG hat der den Kapitalerhöhungsbeschluss beurkundende Notar nach dem Wirksamwerden der Kapitalerhöhung eine neue Liste der Gesellschafter der Gesellschaft zum Handelsregister einzureichen.

§ 62 Übertragung von Gesellschaftsanteilen; Beitritt eines Gesellschafters

lfd. Nr.	Übernehmer	Anzahl	Nennbetrag des Geschäftsanteils	Geschäftsanteile gesamt
5	F Geburtsdatum Wohnort	1	EUR 10.000,–	EUR 10.000,–

(Ort, Datum) _____ _____
                   A   E[49]

4. Anmeldung des Beitritts zum Handelsregister der KG[50]

An das
Amtsgericht
– Handelsregister –

_____

XY GmbH & Co. KG
HRA _____

Die XY GmbH & Co. KG mit Sitz in _____ ist im Handelsregister des Amtsgerichts _____ unter HRA _____ eingetragen. Wir, die XY Verwaltungs GmbH als persönlich haftende Gesellschafterin sowie A, B und E als Kommanditisten und F, melden zur Eintragung in das Handelsregister an:

F (Name, Vorname, Geburtsdatum, Wohnort)[51] ist mit einer Einlage[52] von EUR 50.000,– als Kommanditist der Gesellschaft beigetreten.

(Ort, Datum)

_____   _____
XY Verwaltungs GmbH   Unterschrift A

_____   _____
Unterschrift B   Unterschrift E

_____
Unterschrift F

(Beglaubigungsvermerk)[53]

---

[49] Die Liste der Übernehmer ist von allen Geschäftsführern zu unterzeichnen; eine Beglaubigung der Unterschriften ist nicht erforderlich.

[50] Der Beitritt ist von allen Gesellschaftern zum Handelsregister anzumelden, §§ 161 Abs. 2, 107, 162 HGB.

[51] Vgl. § 106 Abs. 2 Nr. 1 HGB.

[52] Sofern § 162 Abs. 1 HGB von der Einlage spricht, ist damit nicht die intern versprochene Pflichteinlage, sondern die im Handelsregister einzutragende Haftsumme gemeint, vgl. Baumbach/Hopt/*Hopt* § 162 HGB Rn. 2. Die Haftsumme wird im Handelsregister eingetragen, eine Bekanntmachung erfolgt nicht, § 162 Abs. 2 HGB.

[53] Die Anmeldung bedarf der öffentlichen Beglaubigung.

§ 63 Geschäftsführung

I. Sachverhalt

Die A & B GmbH & Co. KG betreibt ein florierendes Bauunternehmen. Da A und B, die beiden Gesellschafter-Geschäftsführer der A & B Verwaltungs-GmbH und Kommanditisten der KG, sich mehr um das operative Geschäft kümmern möchten, beabsichtigen sie, die Position eines kaufmännischen Geschäftsführers zu schaffen. Sie möchten den weder an der GmbH noch der KG beteiligten Herrn C als kaufmännischen Geschäftsführer bestellen und mit ihm einen Anstellungsvertrag schließen.

II. Geschäftsführer-Anstellungsvertrag

zwischen

der A & B Verwaltungs-GmbH,
– nachfolgend „Gesellschaft" –

und

Herrn Dipl.-Kfm. C,
– nachfolgend „Geschäftsführer" –

Herr C wurde durch Beschluss der Gesellschafter vom _____ zum gesamtvertretungsberechtigten Geschäftsführer der A & B Verwaltungs-GmbH bestellt. Aus diesem Grund schließen die Parteien den nachfolgenden Anstellungsvertrag[1]:

§ 1
Aufgaben und Verantwortlichkeit

1. Der Geschäftsführer vertritt die Gesellschaft gemeinsam mit einem weiteren Geschäftsführer gerichtlich und außergerichtlich.

2. Der Geschäftsführer führt gemeinsam mit den weiteren Geschäftsführern die Geschäfte der Gesellschaft nach Maßgabe der Gesetze, des Gesell-

---

[1] Sollte Herr C schon zuvor in einem Anstellungsverhältnis mit der Gesellschaft gestanden haben, empfiehlt sich der folgender Zusatz „..., der alle vorhergehenden Dienst- oder Arbeitsverträge ersetzt". Gab es zuvor Verträge mit anderen Gruppengesellschaften, insbesondere mit der KG, muss die Aufhebung dieses Vertrags ausdrücklich mit der KG vereinbart werden, entweder in einem separaten Dokument oder indem die KG dem Vertrag im Hinblick auf diese Regelung beitritt und der gesetzliche Vertreter der KG (dh die GmbH, vertreten durch ihren Geschäftsführer – bzw. wenn ein anderer Geschäftsführer nicht vorhanden ist, vertreten durch ihre Gesellschafter) zustimmt.

schaftsvertrags und dieses Anstellungsvertrags mit der Sorgfalt eines ordentlichen Geschäftsführers. Hierbei wird er insbesondere auch die der Gesellschaft als Komplementärin der A & B GmbH & Co. KG obliegenden Verpflichtungen beachten.

3. Vorbehaltlich einer abweichenden Festlegung seitens der Gesellschafter obliegt dem Geschäftsführer die kaufmännische Geschäftsführung.

4. Die Befugnis zur Geschäftsführung umfasst nach näherer Bestimmung durch den Gesellschaftsvertrag oder durch Gesellschafterbeschluss alle im Rahmen des gewöhnlichen Geschäftsbetriebes der Gesellschaft anfallenden Maßnahmen[2].

5. Der Geschäftsführer hat den Weisungen der Gesellschafter Folge zu leisten.

6. Der Geschäftsführer ist von den Beschränkungen des § 181 BGB befreit.

§ 2
Arbeitszeit, Nebenbeschäftigung

1. Der Geschäftsführer hat seine volle Arbeitskraft sowie seine gesamten Kenntnisse und Erfahrungen in die Dienste der Gesellschaft zu stellen. Er ist in der Bestimmung seiner Arbeitszeit frei, hat jedoch jederzeit, wenn das Wohl der Gesellschaft dies erfordert, zur Verfügung zu stehen.

2. Die Übernahme jeder entgeltlichen oder unentgeltlichen Nebenbeschäftigung bedarf der vorherigen schriftlichen Zustimmung der Gesellschafter. Gleiches gilt für Veröffentlichungen und Vorträge, welche die Interessen der Gesellschaft oder der A & B GmbH & Co. KG berühren könnten, sowie für die Übernahme von Ämtern in Aufsichtsgremien anderer Unternehmen. Wird ein solches Amt dem Geschäftsführer aufgrund seiner Funktion als Geschäftsführer übertragen, ist er verpflichtet, es im Fall seiner Abberufung unverzüglich niederzulegen.

§ 3
Vergütung[3]

1. Der Geschäftsführer erhält für seine Tätigkeit ein Jahresgrundgehalt in Höhe von EUR _____ brutto, welches in 12 gleichen Beträgen jeweils am Monatsende auf ein von ihm benanntes Konto gezahlt wird.

---

[2] Alternativ können hier die einschlägigen Regelungen des Gesellschaftsvertrags wiederholt werden. Eine weitergehende Einschränkung eines Geschäftsführers als im Gesellschaftsvertrag vorgesehen ist möglich.

[3] Eine Regelung zur Sozialversicherungspflicht ist entbehrlich, da der Geschäftsführer im vorliegenden Fall sozialversicherungspflichtig beschäftigt ist, s.o. → § 16 Rn. 85.

17. Kapitel. Formulare

2. Der Geschäftsführer erhält darüber hinaus ein variables Jahresgehalt von maximal EUR _____ brutto. Dessen konkrete Höhe ist abhängig von der Erreichung von Zielen, die von den Gesellschaft nach vorheriger Erörterung mit dem Geschäftsführer vor Beginn des Jahres, auf das sich das variable Jahresgehalt bezieht, festgelegt werden. Der vom Geschäftsführer erreichte Betrag des variablen Jahresgehalts wird von der Gesellschaft mit der nächst erreichbaren Gehaltsabrechnung nach Feststellung des Jahresabschlusses der A & B GmbH & Co. KG für das Jahr, auf das sich das variable Jahresgehalt bezieht, ausgezahlt. Im Jahr des Eintritts und des Ausscheidens des Geschäftsführers aus den Diensten der Gesellschaft wird das variable Jahresgehalt anteilig entsprechend der Dauer des Anstellungsverhältnisses gezahlt. Dies gilt nicht bei einer außerordentlichen Kündigung; in diesem Fall besteht kein Anspruch auf Zahlung des variablen Jahresgehalts.

3. Die Vergütung des Geschäftsführers wird in angemessenen Zeitabständen überprüft. Es besteht jedoch kein Anspruch auf Gehaltserhöhung.

§ 4
Sonstige Leistungen

1. Die Gesellschaft schließt zu Gunsten des Geschäftsführers eine Direktversicherung mit monatlichen Beiträgen in Höhe von EUR _____ brutto ab. Auf die Direktversicherungsbeiträge etwa anfallende Steuern oder Sozialabgaben trägt der Geschäftsführer.

2. Die Gesellschaft stellt dem Geschäftsführer einen Dienstwagen der gehobenen Mittelklasse zur Verfügung, der auch privat genutzt werden darf. Die für Fahrzeughaltung und -nutzung anfallenden Kosten trägt die Gesellschaft. Der in der Privatnutzung liegende geldwerte Vorteil ist vom Geschäftsführer zu versteuern. Die Gesellschaft ist berechtigt, den Dienstwagen herauszuverlangen, wenn der Geschäftsführer von seinen Dienstpflichten freigestellt ist. Ein Anspruch auf Nutzungsersatz besteht in diesem Fall nicht. In jedem Fall ist der Dienstwagen zum Vertragsende in einem ordnungsgemäßen Zustand am Sitz der Gesellschaft an diese zurückzugeben.

3. Die Gesellschaft bezieht den Geschäftsführer in eine Unfallversicherung mit Versicherungssummen von EUR _____ bei Invalidität und EUR _____ bei Tod ein.

4. Die Gesellschaft bezieht den Geschäftsführer in die bestehende Vermögensschadenshaftpflichtversicherung ein.

§ 5
Dienstverhinderung

1. Der Geschäftsführer wird den weiteren Geschäftsführern eine Dienstverhinderung unter Angabe des Grundes und der voraussichtlichen Dauer un-

verzüglich anzeigen. Dauert die Dienstverhinderung infolge Erkrankung über drei Tage hinaus an, wird der Geschäftsführer spätestens am folgenden Tag ein ärztliches Attest über die Arbeitsunfähigkeit und deren voraussichtliche Dauer vorlegen. Vorstehende Sätze 1 und 2 gelten entsprechend, wenn die Dienstunfähigkeit über den ursprünglich bescheinigten Zeitraum hinaus fortdauert.

2. Ist der Geschäftsführer durch Arbeitsunfähigkeit infolge Krankheit an seiner Dienstleistung gehindert, ohne dass ihn ein Verschulden trifft, zahlt die Gesellschaft seine Vergütung für die Dauer von 3 Monaten fort. Für weitere 3 Monate erhält der Geschäftsführer einen Zuschuss zum Krankengeld in Höhe der Differenz zwischen Krankengeld und seinem Nettoentgelt. Hinsichtlich des Betrags des Krankengeldes wird der vom Geschäftsführer tatsächlich bezogene Betrag, mindestens jedoch ein Betrag angesetzt, den der Geschäftsführer im Fall einer Versicherung in der gesetzlichen Krankenversicherung erhalten würde. Bei einer länger als 6 Monate andauernden Erkrankung wird das variable Jahresgehalt anteilig gekürzt.

§ 6
Urlaub

1. Der Geschäftsführer hat Anspruch auf einen jährlichen Erholungsurlaub von 30 Arbeitstagen, wobei Arbeitstage die Tage Montag bis Freitag mit Ausnahme der gesetzlichen Feiertage sind. Die zeitliche Lage des Urlaubs ist in Abstimmung mit den übrigen Geschäftsführern und unter Berücksichtigung der geschäftlichen Belange der Gesellschaft festzulegen. Im Jahr des Eintritts und des Austritts aus dem Dienstverhältnis wird der Urlaub anteilig pro vollem Kalendermonat des Bestands des Dienstverhältnisses gewährt.

2. Kann der Geschäftsführer in einem Kalenderjahr seinen Urlaub aus persönlichen oder geschäftlichen Gründen nicht antreten, kann er diesen noch bis zum 30.6. des Folgejahres in Anspruch nehmen; anschließend verfällt der Urlaub entschädigungslos. Kann Urlaub wegen krankheitsbedingter Arbeitsunfähigkeit nicht bis zum 30.06. des Folgejahres in Anspruch genommen werden, verfällt lediglich derjenige Urlaubsanspruch, der über 20 Tage hinausgeht. Der danach verbleibende Urlaub kann nach Ablauf des 30.06. des Folgejahres noch für einen Zeitraum von weiteren 12 Monaten in Anspruch genommen werden. Nach Ablauf dieses Zeitraums verfällt auch dieser Urlaubsanspruch.

§ 7
Wettbewerbsverbot, Stillschweigen

1. Während der Laufzeit dieses Vertrags ist es dem Geschäftsführer untersagt, in selbständiger, unselbständiger oder sonstiger Weise für ein Unternehmen tätig zu werden, welches mit der Gesellschaft oder der A & B

GmbH & Co. KG in direktem oder indirektem Wettbewerb steht. Ebenso ist ihm während dieser Zeit untersagt, ein solches Unternehmen zu errichten, zu erwerben oder sich hieran unmittelbar oder mittelbar zu beteiligen. Ausgenommen von diesem Verbot ist der Erwerb öffentlich gehandelter Aktien von Unternehmen, vorausgesetzt dieser Erwerb gewährt keinen erheblichen Einfluss auf dieses Unternehmen. Als erheblicher Einfluss wird insbesondere ein Anteilsbesitz von mehr als 5 % angesehen.

2. Der Geschäftsführer ist verpflichtet, über alle geschäftlichen und betrieblichen Angelegenheiten der Gesellschaft und der A & B GmbH & Co. KG unbefugten Dritten gegenüber striktes Stillschweigen zu bewahren, es sei denn, es handelt sich ihrer Natur nach nicht um vertrauliche Angelegenheiten oder sie sind bereits öffentlich bekannt. Diese Verpflichtung gilt auch nach Beendigung des Anstellungsvertrags fort.

§ 8
Nachvertragliches Wettbewerbsverbot

1. Für die Dauer von 1 Jahr nach Beendigung dieses Vertrags ist es dem Geschäftsführer untersagt, in selbständiger, unselbständiger oder sonstiger Weise für ein Unternehmen tätig zu werden, welches mit der Gesellschaft oder der A & B GmbH & Co. KG in direktem oder indirektem Wettbewerb steht. Ebenso ist ihm während dieser Zeit untersagt, ein solches Unternehmen zu errichten, zu erwerben oder sich hieran unmittelbar oder mittelbar zu beteiligen. Ausgenommen von diesem Verbot ist der Erwerb öffentlich gehandelter Aktien von Unternehmen, vorausgesetzt dieser Erwerb gewährt keinen erheblichen Einfluss auf dieses Unternehmen. Als erheblicher Einfluss wird insbesondere ein Anteilsbesitz von mehr als 5 % angesehen.

2. Während der Dauer des nachvertraglichen Wettbewerbsverbots erhält der Geschäftsführer eine Entschädigung, die für jedes Jahr des Verbots die Hälfte des von dem Geschäftsführer zuletzt bezogenen vertraglichen Jahresgrundgehalts beträgt. Die Entschädigung wird in zwölf gleichen Raten zum Ende eines jeden Monats ausgezahlt.

3. Der Geschäftsführer muss sich auf die fällige Entschädigung anrechnen lassen, was er während des Zeitraums, für den die Entschädigung gezahlt wird, durch anderweitige Verwertung seiner Arbeitskraft erwirbt oder zu erwerben böswillig unterlässt, soweit die Entschädigung unter Hinzurechnung des anderweitigen tatsächlichen oder hypothetischen Erwerbseinkommens den Betrag des zuletzt von ihm bezogenen Jahresgrundgehalts übersteigen würde. Der Geschäftsführer hat zu Beginn eines jeden Quartals der Gesellschaft unaufgefordert mitzuteilen, ob und in welcher Höhe er anderweitige Einkünfte bezieht. Solange diese Auskunft nicht vorliegt, hat die Gesellschaft ein Zurückbehaltungsrecht an der Karenzentschädigung. Sollten sich im Lauf des Quartals hinsichtlich der anderweitigen Einkünfte Änderungen ergeben, wird der Geschäftsführer diese unverzüglich mittei-

len. Auf Verlangen muss der Geschäftsführer seine Angaben zu anderweitigem Einkommen belegen.

4. Für jeden Fall der schuldhaften Zuwiderhandlung gegen das Wettbewerbsverbot wird die monatliche Entschädigung nicht ausbezahlt und der Geschäftsführer hat eine Vertragsstrafe in Höhe von einem Zwölftel des Jahresgrundgehalts zu zahlen.
Besteht die Verletzungshandlung in der kapitalmäßigen Beteiligung an einem Wettbewerbsunternehmen oder der Eingehung eines Dauerschuldverhältnisses (z.B. Arbeits-, Dienst-, Handelsvertreter- oder Beraterverhältnis), wird die Vertragsstrafe für jeden angefangenen Monat, in dem die kapitalmäßige Beteiligung oder das Dauerschuldverhältnis besteht, neu verwirkt (Dauerverletzung).
Mehrere Verletzungshandlungen lösen jeweils gesonderte Vertragsstrafen aus, gegebenenfalls auch wenn sie innerhalb eines Monats erfolgen. Erfolgen die Verletzungshandlungen jedoch im Rahmen einer Dauerverletzung, sind sie von der für die Dauerverletzung verwirkten Vertragsstrafe mit umfasst.
Die Geltendmachung von Schäden, die über die verwirkte Vertragsstrafe hinausgehen, bleibt vorenthalten, desgleichen die Geltendmachung aller sonstigen gesetzlichen Ansprüche und Rechtsfolgen aus einer Verletzung (zB Unterlassungsansprüche, Wegfall des Anspruchs auf Karenzentschädigung für die Dauer des Verstoßes, etc.).

5. Die Gesellschaft kann vor der Beendigung dieses Vertrags durch schriftliche Erklärung auf dieses Wettbewerbsverbot mit der Wirkung verzichten, dass sie nach Ablauf von 6 Monaten nach dem Zugang der Verzichtserklärung von der Verpflichtung zur Zahlung der Karenzentschädigung frei wird, während der Geschäftsführer bereits mit Beendigung dieses Vertrags nicht mehr an das Wettbewerbsverbot gebunden ist.

6. Das Wettbewerbsverbot tritt nicht in Kraft, wenn der Geschäftsführer im Anschluss an die Beendigung dieses Vertrags eine gesetzliche Rente in Anspruch nimmt oder wenn der Vertrag auf Grund des Erreichens der Altersgrenze endet. Gleiches gilt, wenn dieser Vertrag innerhalb von 6 Monaten nach Vertragsbeginn gekündigt oder einvernehmlich aufgehoben wird.

§9
Arbeitsergebnisse, Erfindungen

1. Alle aus der Erfüllung seiner Pflichten und Zuständigkeiten resultierenden Arbeitsergebnisse des Geschäftsführers sind das alleinige Eigentum der Gesellschaft. Soweit diese Arbeitsergebnisse durch Urheberrechte geschützt sind, gewährt der Geschäftsführer der Gesellschaft das exklusive und uneingeschränkte Recht zur Nutzung dieser Arbeitsergebnisse in jeder jetzt oder später denkbaren Form. Dieses Exklusivrecht besteht nach Beendigung dieses Anstellungsvertrags fort. Die in diesem Vertrag festgelegte Vergütung gilt als vollständige Abgeltung für das der Gesellschaft

eingeräumte Exklusivrecht, der Geschäftsführer hat keinen Anspruch auf eine zusätzliche Vergütung.

2. Für Erfindungen und technische Verbesserungsvorschläge gilt das Arbeitnehmererfindergesetz entsprechend.

§ 10
Vertragsdauer und Kündigung

1. Der Vertrag tritt mit Wirkung zum _____ in Kraft.

2. Er kann von beiden Seiten mit einer Frist von 6 Monaten gekündigt werden. Eine Abberufung des Geschäftsführers gilt zugleich als Kündigung durch die Gesellschaft zu dem nächst zulässigen Termin.

3. Das Recht zur Kündigung aus wichtigem Grund bleibt unberührt.

4. Jede Kündigung bedarf der Schriftform. Eine Kündigung des Geschäftsführers kann an jeden einzelnen der Gesellschafter gerichtet werden.

5. Im Fall einer Kündigung, gleich von welcher Seite diese ausgesprochen wird, ist die Gesellschaft berechtigt, den Geschäftsführer unter Fortzahlung seiner vertragsgemäßen Vergütung und unter Anrechnung auf offenen Urlaub von der Dienstleistung freizustellen.

6. Der Anstellungsvertrag endet spätestens mit Ablauf des Monats, in welchem der Geschäftsführer die für ihn maßgebliche gesetzliche Altersgrenze für den Bezug von Regelaltersrente erreicht. Ferner endet der Anstellungsvertrag automatisch mit Ablauf des Monats, der dem Monat vorangeht, ab dem der Geschäftsführer eine unbefristete Rente wegen vollständiger Erwerbsminderung bezieht.

§ 11
Rückgabeverpflichtung

Bei Beendigung des Vertrags oder im Fall einer Freistellung von den Dienstpflichten ist der Geschäftsführer verpflichtet, alle im Eigentum der Gesellschaft oder der A & B GmbH & Co. KG stehenden Gegenstände, die sich in seinem Besitz befinden, insbesondere Mobiltelefon, Laptop, Schlüssel, Aufzeichnungen jeder Art sowie Kopien (Hard- und Softcopys) hiervon, herauszugeben. Ein Zurückbehaltungsrecht ist ausgeschlossen.

§ 12
Schlussbestimmungen

1. Änderungen und Ergänzungen dieses Vertrags, einschließlich dieser Klausel, bedürfen zu ihrer Rechtswirksamkeit der Schriftform.

2. Sollte eine Bestimmung dieses Vertrags rechtsunwirksam sein oder werden, so wird hierdurch die Geltung der übrigen Vertragsbestimmungen nicht berührt. An die Stelle der unwirksamen Regelung tritt eine Bestimmung, die dem wirtschaftlichen Zweck der unwirksamen Regelung am nächsten kommt.

Sachverzeichnis

Die fetten Zahlen bezeichnen die Paragrafen, die mageren die Randnummern.

Abandon 31 19
Abberufung
- Beiratsmitglied **19** 114
- Fremdgeschäftsführer **16** 51
- Geschäftsführer durch Aufsichtsrat **19** 28
- Geschäftsführer Komplementär-GmbH **16** 44 f.
- Gesellschafter-Geschäftsführer **16** 47, 49, 52, 53
- Liquidator **47** 41
- Mitteilung an abwesenden Geschäftsführer **16** 50
- Rechtsfolgen **16** 51
- Zuständigkeit **16** 48

Abfindung
- Abfindungsklauseln **32** 21 f.
- Abtretung **32** 10
- Ausschlussklausel **32** 21
- Auszahlungsverbot **32** 13
- Bedingungslösung **32** 14
- Begriff **32** 1
- Berechnungsmethoden **32** 7
- Beschränkung bei Kündigung **30** 41
- Bewertungsklausel **32** 22
- durch Insolvenz ausgeschiedener Gesellschafter **30** 24, 26
- Ermittlung Abfindungshöhe **32** 5, 12
- Fälligkeit **32** 10
- Gesellschafter, ausscheidender **30** 65
- GmbH-Gesellschafter **32** 11 f.
- Grundsatz der Kapitalerhaltung **32** 13
- Haftungslösung **32** 14
- KG-Gesellschafter **32** 2 f.
- Nennwertklausel **32** 30
- Pfändung Anspruch auf **45** 23, 26, 39
- Ratenzahlung **32** 18, 32
- Regelung im Gesellschaftsvertrag **32** 18 f.
- Schiedsgutachterklausel **32** 31
- Schwebende Geschäfte **32** 9
- Zahlungsmodalitäten **32** 32
- Zeitpunkt Wertfeststellung **32** 6

Abfindungsanspruch
- bei Treuhand **40** 50
- Nießbrauch **39** 60

- Verpfändbarkeit **38** 37, 42

Abfindungsausschluss
- bei GmbH & Co. KG **36** 1 f.
- bei Komplementär-GmbH **36** 6

Abfindungsbeschränkung
- bei GmbH & Co. KG **36** 1 f.
- bei Komplementär-GmbH **36** 6

Abfindungsgewinn
- steuerliche Behandlung **33** 5

Abfindungsklausel 32 18 f.
- Fallgruppen **32** 21 f.
- Inhaltskontrolle **32** 20
- Ratenzahlung **32** 32
- Stundung **32** 32
- Wertermittlung **32** 19

Abgabe
- Steuererklärung im Insolvenzverfahren **50** 19

Abgeltungssteuer 2 13

Abhängigkeit
- Begriff, konzernrechtlicher **51** 12 f.
- Beschlussfassung Abhängigkeitsbegründung **51** 51
- faktische **51** 76 f.
- Geschäftsführungs-/Vertretungsbefugnis, alleinige **51** 18
- Gesellschaftsrechtliche Gestaltung **51** 17
- Konzernbildungskontrolle **51** 49 f.
- nachträglich eintretende **51** 51
- Regelfall, gesetzlicher **51** 14

Ablauf
- Gesellschafterversammlung GmbH & Co. KG **17** 110, 126 f.
- Gesellschafterversammlung Komplementär-GmbH **17** 110, 113 f.

Ablösungsrecht
- bei Pfandverwertung **38** 35

Abschichtungsbilanz
- Abfindungshöhe **32** 5

Abschlussmängel
- Gesellschaftsvertrag **10** 17

Abspaltung 54 2, 5
- Betrieb **55** 47
- Einzelwirtschaftsgut **55** 44
- Grunderwerbsteuer **55** 55

Hagen 1673

- Gründung GmbH & Co. KG durch **10** 39 f., 41
- Mitunternehmeranteil **55** 47
- steuerliche Behandlung **55** 44 f.
- Teilbetrieb **55** 47

Abspaltungsverbot
- Stimmrecht **17** 150

Abtretung
- Kapitalaufbringung **20** 19, 22

Abtretungsklausel 35 18
Abwachsung 20 7
Abwicklungsgesellschaft 47 1
actio pro socio 20 39; **44** 30
AG
- Formwechsel in GmbH & Co. KG **56** 105 f.
- als Komplementär **3** 49
- steuerliche Behandlung Formwechsel in GmbH & Co. KG **57** 58 f.

AG & Co. KG 3 49
Agio
- Haftung bei **43** 9

Aktivlegitimation
- Schadensersatzanspruch gegen Beiratsmitglied **19** 157

Akzessorietät
- Grundsatz der **42** 4

Altergrenze
- Ausscheiden des Gesellschafters **31** 1

Amortisation
- GmbH-Gesellschaftsanteil **31** 47 f.

Amtsniederlegung
- Beiratsmitglied **19** 118
- Geschäftsführer Komplementär-GmbH **16** 54
- Liquidator **47** 46
- rechtsmissbräuchliche **49** 34

Andienpflichten/-rechte
- Geschäftsanteil **29** 46

Anerkennung
- handelsrechtliche **1** 10
- rechtliche **1** 9 f.
- steuerrechtliche **1** 16

Anfechtung
- Beschlussfassung **18** 32 f.
- Beschlussfassung Komplementär-GmbH **18** 8
- Insolvenzanfechtung **49** 84

Anfechtungsklage
- Anfechtungsbefugnis **18** 71
- Anfechtungsfrist **18** 76
- Beschlussfassung Komplementär-GmbH **18** 68

- Beschlussmängel **18** 19
- Freigabeverfahren (§ 246a AktG analog) **18** 90
- missbräuchliche **18** 90
- räuberische **18** 73

Anhang
- Ergebnisverwendung **23** 68, 75
- GmbH & Co. KG **23** 72
- Hafteinlagen, nicht geleistete **23** 73
- Kommanditgesellschaft **23** 18
- Komplementär-GmbH **23** 15
- Organbezüge **23** 76

Anhörung
- bei Insolvenzantrag **49** 43

Ankaufsrecht
- Anteilsübertragung **29** 35

Anlegerschutz
- Publikums-KG **3** 31

Anordnung
- Verfügungsverbot durch Insolvenzgericht **49** 59

Anscheinshaftung
- Firma **14** 60

Anschlusskündigung 30 40
- Gesellschaftsvertrag **31** 14

Anstellungsvertrag Geschäftsführer Komplementär-GmbH
- Abschluss **16** 74 f.
- Form **16** 88
- Formulierungsmuster **63** II
- Inhalt **16** 88 f.
- Koppelung mit Abberufung **16** 129
- Kündigung, ordentliche **16** 117
- Kündigung, außerordentliche **16** 121
- Kündigungskompetenz **16** 130
- Laufzeit **16** 116
- Rechtsnatur **16** 82
- Rechtsweg **16** 137
- Sozialversicherungspflicht **16** 85
- Vergütung **16** 90
- Verhältnis zu bisherigem Arbeitsverhältnis **16** 133
- Wettbewerbsverbot **16** 105

Anteile, einbringungsgeborene
- bei Verschmelzung Kapitalgesellschaft auf GmbH & Co. KG **53** 160
- Ermittlung Übernahmeergebnis **53** 160

Anteilsaufteilung
- Spaltung **54** 26

Anteilseigner, ausländischer
- bei Verschmelzung GmbH & Co. KG auf Kapitalgesellschaft **53** 55

Sachverzeichnis

- bei Verschmelzung Kapitalgesellschaft auf GmbH & Co. KG **53** 130
- Formwechsel GmbH & Co. KG in Kapitalgesellschaft **57** 19
- Gewinnausschüttung, fiktive bei Formwechsel **57** 74

Anteilübertragung 29 1 f.
- Abgrenzung **29** 1
- Andienrechte/-pflichten **29** 38 f.
- Ankaufsrecht **29** 35
- Ausschluss **29** 33
- Ausschlussklausel **29** 35
- Buchwertklausel **29** 40
- GmbH & Co. KG **29** 2, 47
- Haftung bei Übertragung Kommandit-Beteiligung **29** 72
- Haftung bei Übertragung Komplementär-Beteiligung **29** 68
- Haftung bei Übertragung Komplementär-GmbH **29** 77
- Handelsregisteranmeldung Gesellschafterwechsel **29** 79
- Harmonisierung **29** 47 f.
- Komplementär-GmbH **29** 3, 47
- Mehrheitsklausel **29** 23
- sämtliche Anteile **29** 25
- Spaltung **54** 19
- Stuttgarter Verfahren **29** 45
- Teilgeschäftsanteil **29** 4, 24
- Treuepflicht **29** 27
- Übertragungsverbot, partielles **29** 36
- Übertragungsvertrag **29** 51 f.
- Umgehung **29** 32
- Unternehmensbewertung nach Ertragswert **29** 41
- Vertragsgestaltung bei GmbH & Co. KG **29** 22, 47
- Vertragsgestaltung bei Komplementär-GmbH **29** 28, 47
- Vinkulierung, mittelbare **29** 32
- Vorkaufsklausel **29** 35
- Vorkaufsrecht **29** 38 f.
- Zustimmung bei GmbH & Co. KG **29** 22, 24, 26
- Zustimmung bei Komplementär-GmbH **29** 29

Anwachsung 20 7
Arbeitnehmer
- Rechtsfolgen bei Verschmelzung **52** 23
- Rechtsfolgen Spaltung **54** 27
- Rechtsfolgen Umwandlung **56** 45

Arbeitnehmervertretung
- Rechtsfolgen Umwandlung **56** 45

Arbeitnehmerzurechnung
- Beteiligungen, mittelbare **19** 11
- Einheitsgesellschaft **19** 16
- gem § 4 MitbestG **19** 2 f.
- gem § 5 MitbestG **19** 18 f.
- GmbH & Co. KG als Konzern **19** 19
- GmbH & Co. KG als Konzernspitze **19** 24
- GmbH & Co. KG, mehrstöckige **19** 17
- KG als abhängiges Unternehmen einer Drittgesellschaft **19** 23
- Komplementär-GmbH **19** 3
- Komplementär-Kapitalgesellschaft, ausländische **19** 5
- Komplementäre, weitere **19** 8
- Mehrheitsidentität **19** 9
- Mitbestimmungsrecht **19** 2 f.

Arbeitsdirektor
- Aufgaben **19** 31
- Komplementär-GmbH **19** 31

Arbeitsunfähigkeit
- Gesellschafter **46** 38

Arbeitsverhältnis
- Verhältnis zu Anstellungsvertrag Geschäftsführer **16** 133

Arbeitsvertrag
- Verhältnis zu Anstellungsvertrag Geschäftsführer **16** 133

Atypisch Stille Beteiligung 2 59
Atypisch stille Gesellschaft 40 91 f.
- Beteiligung am Gesellschaftsvermögen **40** 92
- Beteiligung an Geschäftsführung **40** 93
- mehrgliedrige stille Gesellschaft **40** 94
- Motive **40** 91
- Poolvertrag **40** 95

Aufbewahrung von Unterlagen
- bei Liquidation **47** 70

Aufbringung
- Gesellschaftsvermögen **20** 10

Auffanggesellschaft
- Einbringung in **47** 95

Aufgabe Geschäftsbetrieb
- steuerliche Behandlung **48** 18 f.

Aufgreifschwellen 51 137
Auflage
- Abgrenzung zu Vermächtnis **35** 25

Auflösung
- Abgrenzung **46** 4

Hagen 1675

Sachverzeichnis

- Abwicklungsgesellschaft **47** 1
- Auflösungsbeschluss **46** 17
- Auflösungsgründe **46** 8 f.
- Auswirkung auf Komplementär-GmbH **46** 64
- Auswirkung, prozessuale **44** 13
- fehlerhafte **46** 79
- Fortsetzung der GmbH & Co. KG **46** 67 f.
- GmbH & Co. KG **46** 1 f.
- GmbH & Co. KG bei Insolvenzeröffnung **49** 65
- Handelsrechtsreformgesetz **46** 7
- Handelsregisteranmeldung **46** 53
- Handelsregistereintragung **46** 56
- Komplementär-GmbH **30** 14; **47** 97 f.
- Liquidationsgesellschaft **46** 57
- Rechtsbeziehungen zu Dritten bei **46** 60
- Rechtsfolgen **46** 52 f.
- Rechtskraft Auflösungsklage **46** 47
- Rechtsstellung Gesellschafter bei **46** 63
- Regelung, gesellschaftsvertragliche **46** 22
- Stille Beteiligung **40** 99
- Verfügung, einstweilige **46** 45
- Zeitablauf **46** 12

Auflösungsanspruch
- bei Wettbewerbsverbotsverletzung **27** 73

Auflösungsbeschluss 46 17
- Beschlussfassung **46** 19
- Form **46** 20
- konkludenter **46** 17
- Minderjährige **46** 21

Auflösungsgrund 46 8 f.
- Ablehnung Insolvenzverfahren mangels Masse **46** 25
- Auflösungsbeschluss **46** 17
- Auflösungsklage **46** 30 f.
- Entscheidung, gerichtliche **46** 30 f.
- fehlender **46** 82
- Insolvenz **46** 23 f.
- Löschung wegen Vermögenslosigkeit **46** 26
- Unkenntnis vom Eintritt **46** 85
- Zeitablauf **46** 12

Auflösungsklage 46 30 f.
- Arbeitsunfähigkeit Gesellschafter **46** 38
- Ertragslosigkeit **46** 34
- Fehlerhafter Gesellschaftsvertrag **46** 34

- Frist **46** 39
- Gesellschafter **30** 36
- Gestaltung, gesellschaftsvertragliche **46** 30, 48
- GmbH & Co. KG **31** 12
- Grund, gesellschafterbezogener **46** 35
- Grund, gesellschaftsbezogener **46** 34
- Grund, wichtiger **46** 32
- Klagebefugnis **46** 42
- Komplementär-GmbH **31** 19
- Pflichtverletzung **46** 35
- Schadensersatzklage **46** 45
- Schiedsgericht **46** 50
- Streitgenossenschaft **46** 43
- ultima ratio **46** 40
- Unrentabilität **46** 34
- Unterwerfungserklärung **46** 43
- Verhältnis zu Ausschließungsklage **46** 41
- Verhältnis zu außerordentlicher Kündigung **46** 30, 51
- Verwirkung **46** 39
- Widerklage **46** 44
- Zerwürfnis, unheilbares **46** 37
- Zuständigkeit, örtliche **46** 46

Auflösungsklausel
- Gesellschaftsvertrag **31** 11

Auflösungskündigung
- GmbH & Co. KG **31** 4
- Komplementär-GmbH **31** 22

Aufnahme
- Spaltung zur **54** 3
- Verschmelzung zur **52** 4

Aufnahmevertrag
- Beurkundung **28** 5
- Form **28** 4
- Gesellschaftereintritt **28** 3
- Inhalt **28** 10
- Minderjährige **28** 9

Aufrechnung
- Kapitalaufbringung **20** 19

Aufsichtsrat
- Abberufung Geschäftsführer **19** 28
- Aufsichtsratsmitglieder **19** 25
- Beschlussfassung **19** 27
- Bestellung Geschäftsführer **19** 28
- Bestellung Geschäftsführer Komplementär-GmbH **16** 34
- fakultativer **19** 42
- GmbH & Co. KG **19** 1
- Komplementär-GmbH **19** 1
- Kontrollrecht **19** 33
- Mitgliederzahl **19** 25

- Ordnung, innere **19** 26
- Rechtsfolgen Formwechsel **56** 57
- Rechtsstellung im Insolvenzverfahren **49** 77
- Zusammensetzung **19** 25
- Zustimmungsvorbehalt **19** 25
- Zustimmungsvorbehalt bei Geschäftsführungsmaßnahmen der KG **19** 35

Aufsichtsratsmitglied
- Gesellschafterversammlung Komplementär-GmbH **19** 37

Aufsichtsratsvorsitzender
- Wahl **19** 26

Aufspaltung 54 2, 4
- Beendigung Geschäftsführeramt **16** 57
- Grunderwerbsteuer **55** 55
- Gründung GmbH & Co. KG durch **10** 39 f., 41
- Mitunternehmerschaft **55** 7 f.
- Realteilung Betriebsvermögen **55** 15
- Realteilung Einzelwirtschaftsgüter **55** 20
- Realteilung mit Spitzenausgleich **55** 26 f.
- Realteilung ohne Spitzenausgleich **55** 11 f.
- Realteilung Sonderbetriebsvermögen **55** 38
- steuerliche Behandlung **55** 7 f.
- Umsetzung Realteilung **55** 24

Aufwendungen, private
- Gewinn- und Verlustrechnung **23** 23

Aufwendungsersatz
- bei Treuhand **40** 51, 58
- Komplementär-GmbH **5** 86; **23** 14

Auseinandersetzung
- Einbringung in Auffanggesellschaft **47** 95
- GmbH & Co. KG **47** 92
- Liquidationsvergleich **47** 96
- Realteilung **47** 96
- Regelung, gesellschaftsvertragliche **47** 92
- Übernahme durch Gesellschafter **47** 95
- Veräußerung an Dritten **47** 95

Auseinandersetzungsanspruch
- bei Treuhand **40** 50
- Nießbrauch **39** 60
- Verpfändbarkeit **38** 37, 42

Auseinandersetzungsguthaben
- Pfändung **45** 26

Ausgleichszahlung
- steuerliche Behandlung bei Realteilung **55** 26

Ausgliederung 54 2, 6
- Gründung GmbH & Co. KG durch **10** 39 f., 41
- Komplementär-GmbH **30** 17
- konzernrechtliche Relevanz **51** 31
- Umtauschverhältnis **54** 18

Auskunftsanspruch
- Beschränkung, gesellschaftsvertragliche **25** 39
- Erweiterung **25** 40
- Form der Auskunftserteilung **25** 37
- Gegenstand des **25** 35
- Gesellschafter Komplementär-GmbH **25** 64, 69
- Kommanditist **25** 32 f.
- Komplementär-GmbH **25** 61
- stiller Gesellschafter **40** 86
- Umfang **25** 34
- Vollstreckung **25** 57
- Wettbewerbsverbotsverletzung **27** 72

Auskunftspflicht
- Beiratsmitglied **19** 135

Auskunftsrecht
- bei Nießbrauch **39** 24
- Gesellschafter **25** 5

Auslandsbezug
- Einbringung **13** 40

Ausscheiden
- Gesellschafter **30** 1 f.
- Gesellschaftsvertragliche Regelung **30** 18
- Treuhänder **40** 69

Ausschließungsklage
- Ausschließungsgrund **31** 66
- Ausschlussgrund **31** 35 f.
- Bedingungslösung **31** 72
- Beschlussfassung **31** 34, 40 f.
- Gesellschafter **44** 29
- Gesellschafterbeschluss **31** 69
- GmbH & Co. KG **31** 6
- GmbH-Gesellschafter **31** 65, 82
- Interessenabwägung **31** 36
- KG-Gesellschafter **31** 32, 82
- Klagebefugnis **31** 70
- Mitwirkung **31** 33
- Treuepflicht **26** 42
- Verhältnis zu Auflösungsklage **31** 37
- Verletzung Gesellschafterpflicht **31** 67
- Verwirkung **31** 39
- Zweipersonen-GmbH **31** 65 f., 68, 70

Ausschluss
- Anteilsübertragung **29** 33
- Gewinnbeteiligung **20** 9
- GmbH-Gesellschafter **31** 47 f.
- KG-Gesellschafter **31** 32 f.
- Regelung im Gesellschaftsvertrag **31** 41
- Vererblichkeit Gesellschaftsanteil **35** 1, 16

Ausschlussklausel
- Abfindung **32** 21
- Anteilsübertragung **29** 35
- Einziehung GmbH-Gesellschaftsanteil **31** 62

Ausschüttung
- Existenzvernichtungshaftung **51** 115

Außenhaftung
- Verlustausgleichsvolumen **7** 27 f.

Aussonderungsrecht
- Treugeber bei Insolvenz der GmbH & Co. KG **40** 65

Austrittskündigung
- Gesellschafter **30** 28
- GmbH & Co. KG **31** 4
- Komplementär-GmbH **31** 22

Austrittsrecht
- außerordentliches bei GmbH & Co. KG **31** 12, 81
- außerordentliches bei Komplementär-GmbH **31** 25, 81
- bei GmbH & Co. KG **31** 5, 8 f., 79
- bei Komplementär-GmbH **31** 4, 7, 19 f.
- ordentliches bei GmbH & Co. KG **31** 8, 79
- ordentliches bei Komplementär-GmbH **31** 19, 79
- Verhältnis zu Auflösungsklage **31** 29

Austrittsvereinbarung
- GmbH & Co. KG **31** 18
- Komplementär-GmbH **31** 31

Auswechslung
- Treugeber **40** 71
- Treuhänder **40** 70

Auszahlungsverbot
- Abfindung **32** 13

Barabfindungsangebot
- Abgabe **56** 74
- Adressat **56** 68
- Anspruch, gesetzlicher **56** 70
- Anspruchsvoraussetzungen **56** 72
- Entbehrlichkeit **56** 71

- Formwechsel **56** 67 f., 79
- gegen Anteilsabtretung **56** 79
- Inhalt **56** 76
- Spruchstellenverfahren **56** 70
- Verzicht auf **56** 69
- Widerspruch gegen Umwandlungsbeschluss **56** 72

Barleistung
- Einlagen **20** 16

Bedeutung
- Rechtsformwahl **2** 4
- rechtstatsächliche **2** 1

Bedingung
- Gesellschaftereintritt **28** 3
- Gesellschaftsvertrag **10** 16
- Kapitalaufbringung **20** 24
- Übernahmevertrag **28** 27
- Verpfändung **38** 5

Beendigung
- Insolvenzverfahren **49** 111

Beendigung der Tätigkeit
- Grunderwerbsteuer **48** 38
- Nachversteuerung Thesaurierungsbetrag **48** 29
- Sonderbetriebsvermögen **48** 32
- steuerliche Behandlung **48** 1 f.

Befristung
- Gesellschaftereintritt **28** 3
- Gesellschaftsvertrag **10** 16
- Kapitalaufbringung **20** 24

Begriff
- GmbH & Co. KG **1** 1

Begründung
- Vertragskonzern **51** 139

Beherrschender Einfluss 51 12 f.

Beherrschung, mittelbare
- Unternehmen, abhängiges **51** 39

Beherrschungsvertrag
- Form **51** 93
- Gesellschafterversammlung **51** 139
- Handelsregister **51** 94

Beirat
- Abgrenzung Gesellschafter-/Beiratskompetenzen **19** 79
- Amtszeit **19** 106, 113
- Aufnahme Gesellschafter **19** 90
- Aufsichtsfunktion **19** 72
- Ausschließung Gesellschafter **19** 90
- Ausschluss Gesellschafter **19** 90
- Befugnisse bei Publikumsgesellschaft **19** 76
- Begriff **19** 42
- bei Fremdgeschäftsführung **19** 50

- bei Gemeinschaftsunternehmen **19** 50
- bei GmbH & Co. KG **19** 54, 56
- bei Komplementär-GmbH **19** 53, 55, 56, 88
- bei Komplementär-GmbH und GmbH & Co. KG **19** 56
- Beiratssitzung **19** 125
- Beratungsfunktion **19** 47, 59, 70
- Berichtspflicht **25** 43
- Berichtspflicht in Gesellschafterversammlung **19** 135
- Beschlussdokumentation **19** 126
- Beschlussfassung **19** 126, 128
- Besetzung **19** 52
- Bestellung Geschäftsführer Komplementär-GmbH **16** 34
- Bestellung/Abberufung Geschäftsführer **19** 88
- Bezeichnung **19** 42
- Bilanzfeststellung **19** 89
- Eingriff in Kernrechte **19** 66
- Einziehung Geschäftsanteil **19** 92
- Entnahmen **19** 89
- Entscheidungsbefugnisse **19** 67, 85
- Entscheidungsermessen **19** 81
- Entsenderecht **19** 97, 111
- Ergebnisverwendung **19** 89
- Ersatzmitglied **19** 106
- Ersatzzuständigkeit **19** 51, 93
- fakultativer **19** 42 f.
- Finanzplan **19** 78
- Geschäftsführung **19** 67
- Geschäftsordnung **19** 124 f.
- Gläubigerbeirat **19** 59
- GmbH & Co. KG **19** 42
- Grenzen der Gestaltungsfreiheit **19** 62 f.
- Grundlage, gesellschaftsvertragliche **19** 57
- Grundlage, schuldrechtliche **19** 58
- Grundlagengeschäfte **19** 65
- Gruppenbeirat **19** 61, 130
- Haftung **19** 138 f.
- Informationspflicht Gesellschafter **25** 43
- Investitionsplan **19** 78
- Kompetenzübertragung auf **19** 62
- Komplementär-GmbH **19** 42
- Kontrollinstanz **19** 48, 72
- Mehrheitsklausel **19** 128
- Mitgliederanzahl **19** 98
- Ordnung, innere **19** 124 f.
- Personalentscheidungen **19** 87
- Prominentenbeirat **19** 46
- Publikumspersonengesellschaft **19** 44
- Repräsentativorgan **19** 50
- Satzungsänderungskompetenz **19** 64
- Schiedsfunktion **19** 51, 93, 103
- Schiedsgutachter **19** 95
- Schlichter **19** 94
- Treuepflicht, gesellschaftliche **19** 81
- Überwachung der Geschäftsführung **19** 48, 72
- Veränderung Gesellschafterkreis **19** 90
- Verankerung **19** 53
- Verbandssouveränität **19** 63
- Vergütung **19** 137
- Vernehmung im Prozess **44** 12
- Vertretung **19** 67
- Voraussetzungen, persönliche **19** 98
- Vorschlagsrecht **19** 97, 110
- Vorsitzender **19** 125
- Weisungsbefugnis **19** 67, 69, 82
- zu Repräsentationszwecken **19** 46, 59
- Zusammensetzung **19** 97 f.
- Zustimmungsvorbehalt **19** 77
- Zustimmungsvorbehalt bei außergewöhnlichen Geschäften **19** 78

Beirat, fakultativer 19 42 f.
- Rechtsstellung im Insolvenzverfahren **49** 77

Beiratsbeschluss 19 126
- Dokumentation **19** 126
- fehlerhafter **19** 165 f.
- fehlerhafter bei GmbH & Co. KG **19** 170
- fehlerhafter bei Komplementär-GmbH **19** 172
- Mehrheitserfordernisse **19** 128
- Rechtsfolgen fehlerhafter **19** 169

Beiratsmitglied 19 98
- Abberufung **19** 114
- Amtsniederlegung **19** 118
- Amtszeit **19** 106, 113
- Anforderungen, gesellschaftsvertragliche **19** 102, 108
- Auskunftspflicht **19** 135
- Benennung im Gesellschaftsvertrag **19** 106
- Beschränkung der Bestellung **19** 112
- Bestellung **19** 105 f.
- Beweislast bei Haftung **19** 150
- business judgement rule **19** 143
- D&O-Versicherung **19** 154

- Enthaftung **19** 156
- Entsenderecht **19** 111
- Ernennung durch Beiratsmitglied **19** 122
- Ersatzmitglied **19** 106
- geborenes **19** 106
- Haftung **19** 138 f.
- Haftung bei Publikums-KG **19** 160
- Haftung Beirat Gesellschaftergruppe **19** 163
- Haftungsausschluss/-begrenzung **19** 154
- Inkombatibilitätsregeln **19** 100
- Interessenkollision **19** 136, 143
- Person, juristische **19** 99
- Person, natürliche **19** 99
- Pflichtverletzung **19** 142
- Rechte/Pflichten **19** 129 f.
- Sorgfaltspflichten **19** 130
- Stimmrechtsausschluss **19** 128
- Treuepflicht **19** 130
- Unabhängigkeit **19** 120
- Vergütung **19** 137
- Verhältnis zur Gesellschaft **19** 129
- Verjährung Schadensersatzanspruch gegen **19** 151
- Verschulden **19** 147
- Verschwiegenheitspflicht **19** 131
- Vertretung **19** 127
- Vorschlagsrecht **19** 110
- Wahl **19** 107
- Wahrnehmung eigener Chancen **19** 133
- Wahrnehmung Gesellschaftsinteresse **19** 130
- Weisungen **19** 121
- Wettbewerber
- Wettbewerbsverbot **19** 134

Beiratssitzung
- Einberufung **19** 125
- Tagesordnung **19** 125
- Teilnahmerecht **19** 127

Bekanntmachung
- Handelsregistereintragung **10** 38

Belastung
- Kommanditanteil **41** 1 f.

Belastungsunterscheide 2 12
Belastungsvergleich 2 5, 50
- Steuerrecht **2** 16

Bemessungsgrundlage
- Erbschaftsteuer **37** 50 f.

Berichtspflicht
- Beirat **19** 135; **25** 43

Berufsverbot
- Bestellungshindernis Geschäftsführer **16** 37

Beschlussfassung 17 1 ff.
- Anfechtung **18** 8
- Anfechtungsgründe **18** 32 f.
- Anfechtungsklage **18** 19
- Aufsichtsrat **19** 27
- Beirat **19** 126, 128
- Beschluss, (schwebend) unwirksamer **18** 22
- Beschlussergebnis, nicht feststehendes **18** 21
- Beschlusskontrolle **18** 44
- Bestätigung bei Verfahrensverstoß **18** 42
- Beurkundungsmängel **18** 27
- Ergebnisermittlungsfehler **18** 39
- Feststellungsklage **18** 9, 78, 94
- Freigabeverfahren **18** 90
- Geltendmachung von Ansprüchen bei Wettbewerbsverbotsverletzung **27** 74
- gerichtliche Geltendmachung Beschlussmängel **18** 62 f.
- Gesetzesverstöße **18** 33
- Gestaltungsfreiheit **17** 9 f.
- Gestaltungsklage, aktienrechtliche **18** 8
- GmbH & Co. KG **17** 14
- Grundsätze fehlerhafter Gesellschaft **18** 53
- Heilung bei Verfahrensverstoß **18** 42
- Heilung Beschlussmängel **18** 31
- Inhaltsmangel, schwerer **18** 28
- Inhaltsverstöße **18** 43 f., 57
- Kapitalerhöhung GmbH & Co. KG **22** 3
- Kapitalherabsetzung GmbH & Co. KG **22** 11
- Klagefrist **18** 11
- Klagefrist Feststellungsklage **18** 9
- Klagefrist Gestaltungsklage **18** 8
- Komplementär-GmbH **17** 11
- Missachtung Ordnungsvorschrift **18** 33
- Neuvornahme bei Verfahrensverstoß **18** 42
- Nichtbeschluss **18** 23
- Nichtigkeit **18** 9
- Nichtigkeitsgründe **18** 25 f.
- Nichtigkeitsklage **18** 18
- Rechtsverstöße Beschlussvorbereitung **18** 37

- Relevanz Verfahrensverstoß **18** 40
- Satzungsverstöße **18** 33
- Scheinbeschluss **18** 23
- Schiedsvereinbarung **18** 102 f.
- trotz Beschlussunfähigkeit **18** 38
- Verfahrensverstöße **18** 35 f., 56
- Verletzung schuldrechtlicher Nebenabreden **18** 49
- Vollversammlung **17** 74, 87

Beschlussfassung Gesellschafterversammlung 17 140 f.
- GmbH & Co. KG **17** 140, 174 f.
- Komplementär-GmbH **17** 140, 143 f.

Beschlussfeststellungsklage, positive 18 81

Beschlusskontrolle
- materielle **18** 44

Beschlussmängel 18 1 ff.
- Anfechtungsklage **18** 19
- Anfechtungsklage **18** 34
- bei GmbH & Co. KG **18** 9
- bei Komplementär-GmbH **18** 8, 17 f.
- Durchsetzung, prozessuale **18** 7
- Feststellungsklage **18** 78, 94
- Geltendmachung **18** 30
- Geltendmachung, gerichtliche **18** 62 f.
- Gesellschaftsvertragsänderung **18** 53
- Gestaltungsmöglichkeiten, gesellschaftsvertragliche **18** 12
- GmbH & Co. KG **18** 52 f.
- Heilung **18** 31
- Komplementär-GmbH **18** 17 f.
- Nichtigkeitsklage **18** 18
- Rechtsschutz **18** 1
- Rechtsschutz, vorläufiger **18** 82
- Regelungsmodelle **18** 8
- Schiedsgerichtsklausel **18** 15
- Schiedsvereinbarung **18** 102 f.

Beschlussmängelrechtsstreit
- Anfechtungsklage **18** 68
- Feststellungsklage **18** 78, 94
- Freigabeverfahren **18** 90
- Gestaltungsklage **18** 99
- GmbH & Co. KG **18** 62, 94 f.
- Komplementär-GmbH **18** 63 f.
- Nichtigkeitsklage **18** 64
- Rechtsschutz, vorläufiger **18** 82
- Schiedsfähigkeit **18** 109 f.
- Verfügung, einstweilige **18** 101

Beschränkt Geschäftsfähiger
- Übertragungsvertrag **29** 60, 66

Beschwerde, sofortige
- Eröffnungsbeschluss **49** 63

Bestellung
- Beiratsmitglied **19** 105 f.
- Geschäftsführer durch Aufsichtsrat **19** 28
- Geschäftsführer Komplementär-GmbH **16** 30 f.
- Handelsregistereintragung **16** 42
- Liquidator **47** 18
- Nichtigkeit **16** 39
- Notgeschäftsführer **16** 34
- Schiedsrichter **44** 42
- Widerruf **16** 44

Bestellungsdauer
- Geschäftsführer Komplementär-GmbH **16** 35

Bestellungswiderruf
- Geschäftsführer durch Aufsichtsrat **19** 28

Besteuerungskonzeption 2 10
- Grundlagen **4** 1 ff.

Bestimmtheitsgrundsatz
- Publikums-KG **3** 34

Beteiligung
- Auslegung **27** 16
- sternförmige **27** 14

Beteiligung, atypisch stille 2 59

Beteiligung, mittelbare
- Mitbestimmungsrecht **19** 11

Beteiligung, stille 2 59

Beteiligung, wesentliche
- Einlage aus Privatvermögen **13** 5

Beteiligungsdauer
- Gesellschafterausscheiden bei Ablauf der **31** 1

Beteiligungsentscheidung
- GmbH & Co. KG, herrschende **51** 132

Beteiligungserträge
- Gewinn- und Verlustrechnung **23** 58

Beteiligungserwerb
- Ertragswertbetrachtung **33** 65
- Firmenwert **33** 66
- Gesellschaftereintritt mittels **33** 64 f.
- konzernrechtliche Relevanz **51** 28
- lucky buy **33** 68
- Substanzwertbetrachtung **33** 65

Beteiligungskonto 21 24

Beteiligungsverbot
- Markt, räumlich relevanter **27** 24
- Markt, sachlich relevanter **27** 17
- Wettbewerbsverbot **27** 14 f.

Sachverzeichnis

Betreuung
– Übertragungsvertrag **29** 60, 66
Betrieb
– Abspaltung **55** 47
– Begriff **13** 45
– Einbringung **13** 45
– Ertragsteuer bei Einbringung **13** 23 f.
Betriebsaufgabe
– Grunderwerbsteuer **48** 38
– steuerliche Behandlung **48** 18 f.
Betriebsaufspaltung 2 55
– mitunternehmerische **2** 58; **5** 70
Betriebsausgabenabzug
– eingeschränkt **5** 13
– Über-/Unterentnahmen **13** 21, 41
– Zinsaufwand **5** 34
Betriebsrat
– Umwandlungsbeschluss **56** 55
Betriebsveräußerung
– steuerliche Behandlung **48** 4 f.
Betriebsvermögen
– Einlage Vermögensgegenstand aus **13** 9
– Einlagewert **13** 9
– Ertragsteuer bei Einlage aus **13** 9
– Realteilung bei Aufspaltung **55** 15
– Sperrfristen bei Übertragung **13** 16
– Stundung Erbschaftsteuer **37** 110
– Subsidiaritätsthese **5** 50
– Übertragung Einzelwirtschaftgut in Gesamthandsvermögen **5** 108
Betrug
– Verantwortlichkeit Geschäftsführer **16** 190
Beurkundung
– fehlende bei gesetzlich vorgeschriebener **18** 27
– Übertragungsvertrag Komplementär-GmbH **29** 65
– Umwandlungsbeschluss **56** 53
– Verpfändung Geschäftsanteil Komplementär-GmbH **38** 23
Beweislast
– Haftung Beiratsmitglied **19** 150
Bewertung
– aus zurückliegenden Verkäufen **37** 51
– Einlagen **20** 17, 20
– Gesellschaftsanteil **37** 50
– Grundstück **37** 53
– Kapitalaufbringung **20** 15
– Schätzung **37** 51
Bewertungsklausel
– Abfindung **32** 22

Bewertungsmethode 37 51
– Unternehmensbewertung nach IDW S1 **37** 54
Bewertungsrüge
– Umwandlungsrecht **18** 34
Bewirtungen
– Betriebsausgabenabzug, eingeschränkter **5** 13
Bezugsrecht
– bei Kapitalerhöhung **28** 22
Bilanz
– Anteile an Komplementär-GmbH **23** 25
– Eigenkapital **23** 38
– Ergebnisverwendung **23** 66
– Gesellschafterkonten **23** 28 f.
– Inhalt **23** 19
– Prüfungs-/Offenlegungspflicht **23** 77
– Prüfungspflicht **23** 4, 17
– Steuerbilanz **23** 20
– Verantwortlichkeit Geschäftsführer **16** 190
– Verbindlichkeiten **23** 19
– Vermögensgegenstände **23** 19
Bilanzbündeltheorie 5 1, 47
Bilanzfeststellung
– Beirat **19** 89
– Gewinn- und Verlustbeteiligung **24** 16
– Mitwirkung Kommanditist an Beschlussfassung **17** 63
Bilanzierung
– Darlehensgewährung **23** 8
– Darlehenszinsen **23** 13
– Eigenkapital **23** 10
– fehlerhafte **23** 20
– Gewinnanspruch **23** 7, 11
– in Liquidationsphase **47** 75 f., 109
– Komplementär-GmbH **23** 4
– Passiva **23** 10
– Spiegelbildmethode **23** 6
– Verbindlichkeiten **23** 10, 22
– verbundene Unternehmen **23** 9
– Verlust **23** 10
Briefkopf
– Firma **14** 49
Buchführung
– in Insolvenz **50** 6
Buchgeldleistung
– Einlagen **20** 16
Buchwert
– bei Einbringung Betrieb/Teilbetrieb/Mitunternehmeranteil **13** 26

- bei Übertragung Vermögensgegenstand **13** 13
Buchwertansatz
- Antrag bei Formwechsel GmbH & Co. KG in Kapitalgesellschaft **57** 8
- Verschmelzung GmbH & Co. KG auf Kapitalgesellschaft **53** 46
- Verschmelzung Kapitalgesellschaft auf GmbH & Co. KG **53** 121
Buchwertklausel 29 40
- modifizierte **29** 40
business judgement rule 16 150
- Beiratsmitglied **19** 143
Bußgeld
- Ausgaben, nichtabzugsfähige **5** 13

cash-pooling
- Existenzvernichtungshaftung **51** 116

D&O-Versicherung 16 161
- Beiratsmitglied **19** 154
Darlehen
- Abgrenzung zu Kapitalrückfluss **43** 18
- eigenkapitalersetzendes **7** 17
- Finanzplandarlehen **7** 18
- Haftung bei **43** 9
- Kapitalkonto **7** 15
- nicht fremdübliches **5** 65
- Rangrücktrittsvereinbarung **49** 22
Darlehensforderung
- Wertberichtigung **5** 61
Darlehensgewährung
- Bilanzierung **23** 8
Darlehenskonto
- Dreikontenmodell **21** 42, 52
Darlehenszinsen
- Ausweis **23** 13
Dauer
- GmbH & Co. KG **46** 12
Dauerschuldverhältnis
- Haftung ausscheidende Komplementär-GmbH **42** 23
debt-equity-swap 49 93
Dienstleistungen
- Einbringung **20** 14
- Mängelgewährleistung **20** 38
Dienstwagen
- Geschäftsführer Komplementär-GmbH **16** 93
Direktversicherung
- Geschäftsführer Komplementär-GmbH **16** 95

Direktzusage
- Geschäftsführer Komplementär-GmbH **16** 95
Discounted Cash Flow-Methode 37 51
Dividenden
- Kapitalertragsteuer **23** 60
- steuerliche Behandlung **23** 54
- Tochtergesellschaft **23** 54
Doppelinsolvenz 30 58
Doppelmandat
- Wettbewerbsverbot **51** 56a
Dreikontenmodell 21 28, 42 f.
- Abtretung **21** 53
- Darlehenskonto **21** 42, 52
- Debet **21** 47
- Gewinn, entnahmefähiger **21** 44
- modifiziertes **21** 30, 59
- Übertragung Guthaben **21** 53
- vertragliches **23** 36
- Verzinsung **21** 51
Drittorganschaft 2 71
Drittwiderspruchsklage 45 11
Duldungspflichten
- Haftung Komplementär-GmbH **42** 15
Durchsetzung
- Informationsrecht **25** 55, 80
- Informationsrecht Gesellschafter Komplementär-GmbH **25** 80
- Informationsrecht, außerordentliches **25** 58
- Kapitalaufbringung **20** 39

EBITDA-Vortrag 5 34
Ehegatte
- Zustimmung Übertragungsvertrag Geschäftsanteil **29** 62, 67
Eigenkapital
- Bilanz der KG **23** 38
- Bilanzierung **23** 10
- Einzahlungsverpflichtung **23** 49
- Entnahmen **23** 52
- Gewinnvortrag **23** 44
- Gliederung **23** 38 f.
- Jahresüberschuss/-fehlbetrag **23** 44
- Kapitalanteil **23** 38
- negatives **23** 48
- Rücklagen **23** 39, 42, 45
Eigenkapitalausweis
- Spiegelbildmethode **33** 35
Eigenkapitalbeschaffung
- Genehmigtes Kapital **28** 36

Eigenverwaltung
– Insolvenzverfahren **49** 64
Ein-Unternehmer-Personengesellschaft 41 13
Einberufung Gesellschafterversammlung
– Einberufungsgründe **17** 80
– Einberufungsmängel, schwerwiegende **18** 26
– Einberufungsschreiben **17** 90, 105
– Gesellschaftsinteresse **17** 84
– GmbH & Co. KG **17** 72, 98 f.
– Komplementär-GmbH **17** 72, 75 f.
– Ladung, förmliche **17** 87 f., 90
– Ladungsanschrift **17** 89, 105
– Ladungsfrist **17** 96, 109
– Minderheitsverlangen **17** 78
– Modalitäten **17** 87, 104
– Stammkapitalverzehr, hälftiger **17** 81
– Tagesordnung **17** 92, 106
– Verhältnis zu schriftlicher Gesellschafterentscheidung **17** 85
Einbringung
– Ausgabe von Gesellschaftsrechten **13** 31
– Beitritt weiterer Gesellschafter **13** 60 f.
– Besteuerungsrecht der BRD **13** 39
– Betrieb **13** 45
– Buchwert **13** 26
– Gegenstand **13** 45 f.
– Kapitalgesellschaftsbeteiligung **13** 57
– Mitunternehmeranteil **13** 53
– Stille Reserven bei **13** 26
– Teilbetrieb **13** 47
– Über-/Unterentnahmen **13** 41
– Wertansatz Vermögensgegenstände/Schulden bei **13** 26
Einbringung in Auffanggesellschaft 47 95
Einbringungswert
– Sacheinlage **20** 41
Einbuchung
– Einlageleistung **43** 13
Einfluss, beherrschender 51 12 f.
– Kommanditist **27** 35
– Zwischenholding **27** 38
Einflussnahmemöglichkeit
– gesellschaftsrechtlich bedingte **51** 13
Einheitliche Leitung 51 21
– Beschlussfassung, legitimierende **51** 57, 61
– Konzernbildungskontrolle **51** 57 f.

Einheits-GmbH & Co. KG
– Haftung bei **43** 14
Einheitsbilanz
– Steuer-/Handelsbilanz **5** 55
Einheitsgesellschaft 3 9 f., 19
– Gesellschafterversammlung **17** 136
– Haftung **3** 13
– Konzernabschluss **23** 89
– Mitbestimmungsrecht **19** 16
– Willensbildung, gesellschaftsinterne **3** 11
Einheitsgesellschafterversammlung 17 137
Einkommensermittlung
– in Insolvenz **50** 11
Einkommensteuer
– Anrechnung Gewerbesteuer **6** 8
– Besteuerung KG-Gesellschafter **6** 1, 25 f.
– verrechenbare Verluste nach § 15a EStG bei Formwechsel GmbH & Co. KG in Kapitalgesellschaft **57** 39
– verrechenbare Verluste nach § 15a EStG bei Verschmelzung Personengesellschaft auf GmbH & Co. KG **53** 29
– verrechenbare Verluste nach § 15a EStG bei Verschmelzung GmbH & Co. KG auf Kapitalgesellschaft **53** 101
Einkommensteuerschulden
– im Insolvenzverfahren **50** 22
Einladung
– Gesellschafterversammlung Komplementär-GmbH **17** 87 f., 90
Einlage
– Abtretung **20** 19, 22
– Aufrechnung **20** 19
– Barleistung **20** 16
– Begriff **20** 2
– Beteiligung an Kapitalgesellschaft **13** 57
– Bewertung **20** 17, 20
– Buchgeldleistung **20** 16
– Dienstleistungen **20** 14
– Einbringung Anteil an Komplementär-GmbH **43** 14
– Einbuchung **43** 13
– Einzelwirtschaftsgut in GmbH & Co. KG vor Verschmelzung auf Kapitalgesellschaft **53** 82
– Forderung **20** 18
– Geldleistung **20** 10

- gesplittete **40** 74; **43** 9
- Gewinnanteil, stehengelassener **43** 10
- Gewinnermittlung **5** 14
- Grunderwerbsteuer **9** 6
- Hafteinlage **20** 2
- Haftung bei gesplitteter **43** 9
- Haftungsbefreiung durch Einlageleistung **43** 6 f.
- Mängelgewährleistung **20** 34
- Pflichteinlage **20** 2
- Sachbeitrag **20** 11
- Sachgesamtheiten **20** 14
- Sachleistung **20** 16
- Überbewertung **20** 21
- Umbuchung **20** 18; **43** 13
- Unterbewertung **20** 21
- verdeckte **5** 14
- Verfügung über Einlageanspruch **20** 22
- Verlustausgleichsvolumen **7** 21
- Vermögensgegenstand aus Betriebsvermögen **13** 9
- Vermögensgegenstand aus Privatvermögen **13** 4
- Verrechnung **20** 18
- Wertdeckung **43** 11
- Wirtschaftsgüter, immaterielle **20** 14

Einlage, stille
- Haftung bei **43** 9

Einlagengeschäft
- Gesellschafterkonten als **21** 61

Einlagenrückgewähr
- bei Gesellschafterausscheiden **43** 21
- Haftung Kommanditist bei **43** 15 f.
- Rückzahlung zu Lasten Vermögen Komplementär-GmbH **43** 24

Einlagepflicht
- Insolvenzmasse **49** 69

Einlagewert
- Begrenzung **13** 6
- Betriebsvermögen **13** 9
- Buchwert **13** 13
- Teilwert **13** 4, 6, 17
- Übertragung zwischen Schwester-Personengesellschaften **13** 14
- unterhalb Verkehrswert **13** 8
- Vermögensgegenstand **13** 4

Einmann-GmbH & Co. KG 3 7

Einmann-Gründung
- Haftung bei **12** 32

Einrede
- Komplementär-GmbH **42** 28
- Schiedsvertrag **44** 39

Einsichtnahme
- Kommanditist **25** 22

Einsichtsrecht
- bei Nießbrauch **39** 24
- Gesellschafter **25** 4
- Gesellschafter bei Liquidation **47** 71
- Gesellschafter Komplementär-GmbH **25** 64, 69
- Kommanditist **25** 16, 17 f.
- Komplementär-GmbH **25** 61

Einstellung
- Zwangsvollstreckung durch Insolvenzgericht **49** 60

Eintragungsverfahren
- GmbH & Co. KG **10** 30 f.

Eintrittsklausel 35 13

Eintrittsrecht
- bei Wettbewerbsverbotsverletzung **27** 61
- Gesellschaft in treuewidrige Geschäfte des Beiratsmitglieds **19** 133

Einwendungen
- Komplementär-GmbH **42** 27

Einwilligung
- zu konkurrierender Tätigkeit/Beteiligung bei Wettbewerbsverbot **27** 25, 43

Einzahlungsverpflichtung
- Eigenkapital, negatives **23** 49

Einzelanspruch
- Pfändung **45** 26, 39
- Verpfändung bei GmbH & Co. KG **38** 37 f.
- Verpfändung bei Komplementär-GmbH **38** 42

Einzelkaufmann
- GmbH & Co. KG durch Eintritt in Geschäft des **10** 47

Einzelunternehmen
- Motive für Umwandlung in GmbH & Co. KG **2** 100

Einzelwirtschaftsgut
- Körperschaftsteuerklausel bei Realteilung **55** 23
- Realteilung bei Aufspaltung **55** 20
- Sperrfrist bei Realteilung **55** 21
- steuerliche Behandlung Abspaltung **55** 44
- Umsatzsteuer bei Realteilung **55** 52

Einziehung
- Ausschlussklausel **31** 62
- Einziehungsklausel **31** 59
- Generalklausel **31** 58

Sachverzeichnis

- GmbH-Gesellschaftsanteil **31** 47f.
- Hinauskündigungsklausel **31** 63, 84
- Regelungen im GmbH-Gesellschaftsvertrag **31** 56f.
- Zustimmungsklausel **31** 57

Einziehung Geschäftsanteil
- Beirat **19** 92

Einziehungsbeschluss 31 53

Einziehungsklausel 35 17
- GmbH-Gesellschaftsanteil **31** 59; **45** 38

Enterprise Value 37 56

Entgeltfortzahlung
- im Krankheitsfall **16** 94

Enthaftung
- Beiratsmitglied **19** 156

Entlastung
- Geschäftsführer **17** 29, 37
- Geschäftsführer Komplementär-GmbH **16** 152

Entnahmeanspruch
- Verpfändbarkeit **38** 37

Entnahmen 23 52
- Beirat **19** 89
- Beschränkung **24** 35
- Darlehenskonto **24** 36
- Durchsetzung **24** 41
- Entnahmepflicht **24** 40
- Existenzvernichtungshaftung **51** 115
- Gewinnermittlung **5** 14
- Gewinnzurechnung, fiktive **7** 34f.
- Kommanditist **21** 13
- Regelung, gesellschaftsvertragliche **24** 34f.
- Regelung, gesetzliche **24** 19f.
- Rückzahlung unzulässiger **24** 42
- Steuervorauszahlungen **24** 39
- verdeckte **5** 14
- Verfall Entnahmerecht **24** 32, 33

Entscheidung, gerichtliche
- Auflösung der GmbH & Co. KG **46** 30f.

Entscheidungsbefugnis
- Beirat **19** 67, 85

Entsenderecht
- Beirat **19** 97, 111

Entstehung
- GmbH & Co. KG **10** 1f.

Entziehung
- Geschäftsführungsbefugnis **16** 10
- Informationsrecht Kommanditist **25** 41
- Vertretungsmacht **16** 11

Erbauseinandersetzung
- Nachfolgeklausel, einfache **37** 41
- Nachfolgeklausel, qualifizierte **37** 42
- Sonderbetriebsvermögen **37** 43
- steuerliche Behandlung **37** 35f.

Erbengemeinschaft 35 7
- Überführung in GmbH & Co. KG **10** 52
- Unternehmensfortführung durch **10** 52

Erbfolge, vorweggenommene
- Sonderbetriebsvermögen **37** 34

Erbschaftsteuer
- Bemessungsgrundlage **37** 50f.
- Fortsetzungsklausel **37** 62
- Gesellschaftsanteilsübertragung **37** 45f.
- Nachfolgeklausel, einfache **37** 64
- Nachfolgeklausel, qualifizierte **37** 65
- Nachfolgeregelung, gesellschaftsrechtliche **37** 62
- Nießbrauch **41** 73f.
- Rechtsformwahl **2** 44f.
- Schädlichkeitstatbestände **37** 89f., 91
- Stundung auf Betriebsvermögen **37** 110
- Tarifbegrenzung Steuersatz **37** 88
- Treuhand **41** 16
- Überentnahmen **37** 97
- Vermächtnisnießbrauch **41** 73f.
- Vermögen, begünstigtes **37** 46
- Verschonungsabschlag **2** 46; **37** 66f.
- Verstoß gegen Behaltefrist **37** 89, 109
- Verstoß gegen Lohnsummenregelung **37** 103f., 109
- Vorbehaltsnießbrauch **41** 88
- Zuwendungsnießbrauch **41** 73f.

Erfüllungstheorie
- Haftung Komplementär-GmbH **42** 12

Ergänzungsbeteiligung 40 74

Ergänzungsbilanz 13 18
- Gesellschafter **5** 6, 41f.
- negative **5** 43

Ergebnisfeststellungsklage 18 78

Ergebnisverwendung 23 66
- Anhang **23** 68, 75
- Beirat **19** 89
- Darstellung **23** 69
- Ertragsteuerbelastung **23** 69
- Überleitungsrechnung **23** 66

Ergebnisverwendungsrechnung 23 67

Ermächtigungstreuhand 40 31
Eröffnungsantrag
- Abweisung mangels Masse 49 62
- Insolvenzverfahren 49 33
- Schadensersatz bei Verstoß gegen Antragspflicht 49 49
- strafrechtliche Ahndung des Unterlassung 49 54
- unzulässiger 49 61
- Zuständigkeit 49 43
Eröffnungsbeschluss 49 63
- Beschwerde, sofortige 49 63
Eröffnungsgrund
- fehlender 49 61
Erscheinungsformen 3 1 ff.
Erstattungsanspruch
- bei Verstoß gegen Zahlungsverbot 49 52
Ertragbesteuerung 2 17, 27
Ertragslosigkeit
- Auflösungsklage 46 34
Ertragsnießbrauch 41 37
Ertragsteuer
- bei Einbringung Betrieb/Teilbetrieb/Mitunternehmeranteil 13 23 f.
- Einlage Vermögensgegenstand aus Betriebsvermögen 13 9
- Einlage Vermögensgegenstand aus Privatvermögen 13 4
- Gesellschafterwechsel, entgeltlicher 33 76 f.
- Gesellschaftsanteilsübertragung durch Schenkung/von Todes wegen 37 5 f.
Ertragsteuerbelastung
- Darstellung 23 69
Ertragswert
- Stuttgarter Verfahren 29 45
- Unternehmensbewertung nach 29 41
Ertragswertbetrachtung
- Beteiligungserwerb 33 65
Ertragswertmethode 37 51
Ertragswertverfahren, vereinfachtes 37 51, 57
Erwerbspreis
- Festschreibung 29 39
Erwerbstreuhand 40 41, 44
Euro/-umstellung 20 41 f.
Existenzvernichtungshaftung 51 104 f.
- Adressat 51 124
- Anspruchsberechtigung 51 123
- Ausschüttungen 51 115
- bei GmbH & Co. KG 51 128

- bei Umstrukturierung 51 117
- Beweislast 51 126
- cash-pooling 51 116
- Eingriff in Gesellschaftsvermögen 51 108
- Eingriffe ohne unmittelbare Bilanzwirksamkeit 51 119
- Entnahmen 51 115
- Existenzvernichtung 51 109
- Geschäftsführungsmitglied Obergesellschaft 51 125
- GmbH-Stafette 51 115
- Grundsätze 51 106
- Haftungsvoraussetzungen 51 107
- Kausalität 51 110
- Rechtsfolgen 51 122
- Risikoüberbürdung 51 118
- Sittenwidrigkeit 51 111
- Spekulationsgeschäfte 51 118
- Unterkapitalisierung 51 120
- upstream-loans 51 116
- Verjährung 51 127
Fälligkeit
- Kapitalaufbringung 20 24
Familien-GmbH & Co. KG
- Formulierungsmuster Gesellschaftsvertrag 60 II
- Formulierungsmuster Schiedsvertrag 60 III
- Geschäftsführervergütung Komplementär-GmbH 5 75
Familien-Komplementär-GmbH
- Formulierungsmuster Satzung 60 IV
- Formulierungsmuster Schiedsvertrag 60 V
Familiengesellschaft
- Rechtsformwahl 2 87
Familienkonzern 51 5
Familienrat 19 42
Familienstiftung
- als Komplementär 3 53
Festschreibung
- Erwerbspreis bei Vorkaufsrecht 29 39
- Wertermittlung Geschäftsanteil 29 39
Feststellungsklage
- Beschluss, ablehnender 18 79
- Beschlussfassung GmbH & Co. KG 18 94
- Beschlussfassung Komplementär-GmbH 18 78
- Beschlussfeststellungsklage, positive 18 81

Sachverzeichnis

- Beschlussunwirksamkeit **18** 9
- Gesellschafterbeschluss, fehlerhafter **44** 28
- Klagefrist **18** 98

Feststellungsprinzip 7 1

Finanzplan
- Mitwirkungserfordernis Beirat **19** 78

Finanzplandarlehen 7 18

Firma 14 1 ff.
- Allerweltsnamen **14** 27
- Bedeutung, wirtschaftliche **14** 5
- Begriff **14** 3
- Bezeichnung, haftungsbeschränkende **14** 17
- Bezeichnungen, fremdsprachliche **14** 28
- Bildzeichen **14** 31
- Branchenbezeichnung **14** 29
- Buchstabenfolgen **14** 30
- Firmenausschließlichkeit **14** 4
- Firmenbeständigkeit **14** 4
- Firmenbildung **14** 8 f., 24 f.
- Firmenfortführung **14** 19
- Firmenklarheit **14** 4
- Firmenkontinuität **14** 19
- Firmenname **14** 8 f.
- Firmenwahrheit **14** 4
- Firmenzeichnung **14** 54
- Freihaltebedürfnis **14** 26, 34
- Gattungsbezeichnung **14** 26
- Geschäftsbrief **14** 49 f.
- GmbH & Co. KG **10** 12; **14** 3
- im Insolvenzfall **14** 7
- Irreführungsverbot **14** 10
- Kennzeichnungseignung **14** 25
- Kennzeichnungskraft **14** 9, 25
- Komplementär-GmbH **14** 18
- Kürzel **14** 29
- Liquidationszusatz **47** 3
- Namen Verstorbener **14** 46
- Neugründung **14** 12
- Phantasiebezeichnung **14** 30
- Rechtsformzusatz **14** 15
- Rechtsscheinhaftung **14** 60
- Sachbezeichnung **14** 26, 47
- Schranken zulässiger Firmenbildung **14** 24 f.
- Schranken, wettbewerbsrechtliche **14** 39
- Schriftzeichen, nicht-lateinische **14** 31
- Schutz **14** 56
- Täuschungsprüfung **14** 36
- Täuschungsverbot **14** 35 f.
- Unternehmensträger **14** 43, 44
- Unterscheidbarkeit **14** 32
- Unterscheidungskraft **14** 9, 32
- Vermögenswert **14** 6
- Werbeslogan **14** 29

Firmenwert
- steuerliche Behandlung bei Beteiligungserwerb **33** 66

Firmenzeichnung 14 54

Forderung
- Einlage **20** 18
- Vereinigung bei Verschmelzung Kapitalgesellschaft auf GmbH & Co. KG **53** 162

Forderungsanmeldung 49 79

Forderungskonto 21 24

Form
- Gesellschaftsvertrag **10** 19

Formulierungsmuster
- Anstellungsvertrag Geschäftsführer **63** II
- Gesellschafterbeschluss Gesellschaftereintritt **62** III 1
- Gesellschaftsvertrag Familien-GmbH & Co. KG **60** II
- Gesellschaftsvertrag GmbH & Co. KG (ausführlich) **59** II
- Gesellschaftsvertrag GmbH & Co. KG (einfach) **58** II
- Gesellschaftsvertrag GmbH & Co. KG (Einheitsgesellschaft) **61** II
- Handelsregisteranmeldung Komplementär-GmbH **58** V
- Handelsregisteranmeldung Eintritt Kommanditist **62** III 4
- Handelsregisteranmeldung GmbH & Co. KG **58** IV
- Handelsregisteranmeldung GmbH-Kapitalerhöhung **62** III 3
- Handelsregisteranmeldung Übertragung Kommanditanteil **62** II 2
- Kauf-/Abtretungsvertrag Kommanditanteil/ Komplementär-GmbH-Geschäftsanteil **62** II 1
- Satzung Familien-Komplementär-GmbH **60** IV
- Satzung Komplementär-GmbH (ausführlich) **59** III
- Satzung Komplementär-GmbH (einfach) **58** III
- Satzung Komplementär-GmbH (Einheitsgesellschaft) **61** III

Sachverzeichnis

- Schiedsvertrag Familien-GmbH & Co. KG **60** III
- Schiedsvertrag Familien-Komplementär-GmbH **60** V
- Übernahmeerklärung Geschäftsanteil Komplementär-GmbH **62** III 2

Formwechsel 56 1 ff.
- Ablauf **56** 8
- AG in GmbH & Co. KG **56** 105 f.
- Ausschlussfrist Rechtsmängel Umwandlungsbeschluss **56** 59, 61
- Auswirkung, prozessuale **44** 15
- Barabfindungsangebot **56** 67 f., 79
- Beendigung Geschäftsführeramt **16** 57
- Entstehung GmbH & Co. KG außerhalb UmwG **11** 1 f.
- GbR in GmbH & Co. KG **11** 2 f.
- GmbH in GmbH & Co. KG **56** 80 f.
- Gründung GmbH & Co. KG durch **10** 3
- Gründungsprüfung **56** 32
- Handelsregistereintragung **56** 9
- Identitätsgrundsatz **56** 4
- Komplementär-GmbH **30** 17
- Minderheitenschutz **56** 6
- Mitbestimmungsrecht bei **56** 49
- Partnerschaft in GmbH & Co. KG **11** 8
- Rechtsfolgen Arbeitnehmer/-vertreter **56** 45
- Rechtsfolgen Aufsichtsrat **56** 57
- Rechtsfolgen Geschäftsführung **56** 58
- Rechtsschutz gegen Umwandlungsbeschluss **56** 59 f.
- Rechtsträgeridentität **56** 5
- Sachgründungsbericht **56** 31
- steuerliche Behandlung **57** 1 ff.
- Strukturüberlegungen **56** 7
- Umwandlungsbericht **56** 10 f.
- Umwandlungsbeschluss **56** 34 f.

Formwechsel AG in GmbH & Co. KG 56 105 f.
- Auslage Umwandlungsbericht **56** 109
- Besteuerungsrecht **57** 68
- Betriebsstätte in Nicht-DBA-Land **57** 70
- Bezeichnung Kommanditisten **56** 112
- Einladung Hauptversammlung **56** 108, 111
- Ermittlung Übernahmeergebnis der Ebene der Personengesellschaft **57** 71 f.
- gewerbesteuerliche Behandlung **57** 92
- Grunderwerbsteuer **57** 113
- Inhaberaktien **56** 113
- Missbrauchskontrolle **56** 107
- Namensaktien **56** 112
- Pensionsverpflichtungen **57** 73
- Rechtfertigung, sachliche **56** 107
- Rückwirkung **57** 99
- steuerliche Behandlung **57** 58 f.
- steuerliche Behandlung Gewinnausschüttung **57** 106
- steuerliche Behandlung Übernahmegewinn **57** 84
- steuerliche Rückwirkung **57** 99
- Stille Reserven **57** 63, 66, 77
- Übernahmeverlust **57** 83
- Umsatzsteuer **57** 110
- Verlustvorträge, steuerliche **57** 97
- Vorbereitung Beschlussfassung **56** 108
- Wertansätze Vermögensgegenstände/Schulden **57** 58

Formwechsel GmbH & Co. KG in Kapitalgesellschaft
- Anteilseigner, ausländischer **57** 19
- Antrag auf Buchwertansatz **57** 8
- Ausgabe Gesellschaftsrechte **57** 22
- Besteuerungsrecht **57** 18
- ertragsteuerliche Behandlung **57** 31
- Grunderwerbsteuer **57** 54
- Nachversteuerung Thesaurierungsbeträge **57** 42
- Rückwirkung **57** 44
- Sonderbetriebsvermögen **57** 25
- Sperrfrist **57** 32
- steuerliche Behandlung **57** 6 f.
- steuerliche Rückwirkung **57** 44
- Steuerpflicht, beschränkte **57** 19
- Stichtag **57** 44
- Übergang Besteuerungskonzeption **57** 33
- Umsatzsteuer **57** 51
- Unterbilanz **57** 16
- Verlustvortrag, gewerbesteuerlicher **57** 36
- verrechenbare Verluste nach § 15a EStG **57** 39
- Wertansätze Vermögensgegenstände/Schulden **57** 6 f.

Formwechsel GmbH in GmbH & Co. KG 56 80 f.
- Beschlussfassung **56** 89
- Beschlussquorum **56** 90
- Besteuerungsrecht **57** 68

Sachverzeichnis

- Beteiligung Komplementär-GmbH **56** 82
- Betriebsstätte in Nicht-DBA-Land **57** 70
- Beurkundung **56** 97
- Ermittlung Übernahmeergebnis der Ebene der Personengesellschaft **57** 71 f.
- Genehmigung Abtretung **56** 96
- gewerbesteuerliche Behandlung **57** 92
- Gewinnausschüttung **57** 106
- Grunderwerbsteuer **57** 113
- Handelsgewerbe **56** 81
- Pensionsverpflichtungen **57** 73
- Rechtsschutz **56** 103
- Rückwirkung **57** 99
- steuerliche Behandlung **57** 58 f.
- steuerliche Rückwirkung **57** 99
- Stille Reserven **57** 63, 66, 77
- Übernahmegewinn **57** 84
- Übernahmeverlust **57** 83
- Umsatzsteuer **57** 110
- Umwandlungsbericht **56** 98
- Umwandlungsbeschluss **56** 89
- Verlustvorträge, steuerliche **57** 97
- Vermögensaufstellung **57** 102
- Vorzugsrechte **56** 92
- Wertansätze Vermögensgegenstände/ Schulden **57** 58
- Zustimmungsvorbehalte **56** 91

Fortführung
- Firma **14** 19

Fortführungsprognose
- bei Überschuldung **49** 23

Fortsetzung
- fehlerhafte **46** 84
- Fortsetzungsklausel **46** 77
- GmbH & Co. KG **46** 67 f.; **49** 112
- Handelsregisteranmeldung **46** 76
- Komplementär-GmbH **47** 107
- Rechtsfolgen **46** 74
- stillschweigende nach Zeitablauf **46** 16

Fortsetzungsbeschluss 46 67 f.
- Beschlussfassung **46** 70
- Treuepflicht **46** 71

Fortsetzungsklausel
- erbschaftsteuerliche Behandlung **37** 62
- Gesellschaftsvertrag **31** 11
- Nachfolgeregelung **35** 2
- Sonderbetriebsvermögen **37** 25
- steuerliche Behandlung **37** 7

Freigabe
- aus Insolvenzmasse **49** 70

Freigabeverfahren
- bei Anfechtungsklage wegen Beschlussmängel **18** 90

Freihändiger Verkauf
- Gesellschaftsanteil **45** 34

Fremdgeschäftsführer
- Abberufung **16** 51
- Komplementär-GmbH **16** 36

Fremdgeschäftsführung 2 74
- Beirat bei **19** 50

Führungsnachfolge
- Rechtsformwahl **2** 72

GbR
- Rechtsformwechsel in GmbH & Co. KG **11** 2 f.

Geheimhaltungspflicht
- Verantwortlichkeit Geschäftsführer **16** 190

Geldleistung 20 10

Geltendmachung
- Kapitalaufbringung **20** 26

Gemeiner Wert
- Nießbrauchsrecht **41** 78

Gemeinschaftsunternehmen
- Beirat bei **19** 50

Genehmigtes Kapital 28 36

Genehmigung, betreuungsgerichtliche
- Aufnahmevertrag mit Minderjährigen **28** 9

Genehmigung, familiengerichtliche
- Aufnahmevertrag mit Minderjährigen **28** 9

Generalbevollmächtigter 16 19

Generalklausel
- Einziehung GmbH-Gesellschaftsanteil **31** 58

Gerichtsstand
- Gesellschafter **44** 19, 32
- Passivprozess GmbH & Co. KG **44** 8

Gesamthandsbilanz 5 5, 10 f.
- Zurechnung des anteiligen Ergebnisses **5** 18

Gesamthandsvermögen 20 4

Gesamtrechtsnachfolge
- Verschmelzung **52** 6

Geschäfte, außergewöhnliche
- Zustimmungsvorbehalt Beirat **19** 78

Geschäfte, schwebende
- Beteiligungsanspruch des ausscheidenden Gesellschafters **30** 69

1690 *Hagen*

Sachverzeichnis

Geschäftsanteil *sa Gesellschaftsanteil*
- Abtretungsklausel **35** 18
- Einziehungsklausel **35** 17
- Nießbrauch **39** 47 f.
- Vermächtnis **35** 25
- Verpfändung **38** 1 f.
- Vinkulierung **3** 36
- Vinkulierungsklausel **35** 38

Geschäftsanteil Komplementär-GmbH
- Formulierungsmuster Handelsregisteranmeldung **62** II 2
- Formulierungsmuster Kauf-/Abtretungsvertrag **62** II 1
- Formulierungsmuster Übernahmeerklärung **62** III 2
- Treuhand **40** 39
- Verpfändung **38** 20

Geschäftsanteilsübertragung
- Umsatzsteuer **8** 39

Geschäftsanteilsveräußerung
- Sonderbetriebsvermögen Mitunternehmer **33** 17
- steuerliche Behandlung **33** 5 f.

Geschäftsaufgabe
- Umsatzsteuer **48** 41

Geschäftsbetrieb, eigenständiger
- Komplementär-GmbH **19** 13

Geschäftsbetriebsaufgabe
- Grunderwerbsteuer **48** 38
- steuerliche Behandlung **48** 18 f.

Geschäftsbetriebsveräußerung
- Grunderwerbsteuer **48** 38
- Umsatzsteuer **48** 39
- steuerliche Behandlung **48** 4 f.
- steuerliche Behandlung Teilbetriebsveräußerung **48** 13 f.

Geschäftsbrief
- Angabe Firma **14** 49 f.
- Pflichtangaben **14** 50
- Rechtsscheinhaftung **14** 53

Geschäftsführer
- Abberufung durch Aufsichtsrat **19** 28
- Bestellung durch Aufsichtsrat **19** 28
- Entlastung **17** 29, 37
- Formulierungsmuster Anstellungsvertrag **63** II

Geschäftsführer Komplementär-GmbH 16 25 f.
- Abberufung **16** 44 f.
- AGG **16** 32
- Amtsniederlegung **16** 54
- Anstellungsvertrag **16** 74 f.
- Anstellungsvertrag mit Dritten **16** 80
- Anstellungsvertrag mit GmbH **16** 75, 83
- Anstellungsvertrag mit KG **16** 78, 84
- Anstellungsvertrag mit Konzerngesellschaft **16** 79
- Anstellungsvertrag, faktischer **16** 81
- Antragspflicht Insolvenzeröffnung **49** 34
- Anzahl **16** 26
- Ausschlussgründe **16** 37
- Bestellung **16** 30 f.
- Bestellungsdauer **16** 35
- business judgement rule **16** 150
- D&O-Versicherung **16** 161
- Dienstwagen **16** 93
- Doppelstellung **16** 28
- Eignungsvoraussetzungen **16** 37 f.
- Einberufung Gesellschafterversammlung **17** 76
- Einzelgeschäftsführungsbefugnis **16** 67
- Entgeltfortzahlung im Krankheitsfall **16** 94
- Entlastung **16** 152
- Erstattungsanspruch bei Inanspruchnahme aus Handelndenhaftung **12** 29
- faktischer **16** 414
- Fremdgeschäftsführer **16** 36
- Gesamtgeschäftsführungsbefugnis **16** 67
- Geschäftsfähigkeitsverlust **16** 58
- Geschäftsführungsbefugnis **16** 61 f.
- Gesellschafter-Geschäftsführer **16** 36
- Gewinnausschüttung, verdeckte **16** 91
- Haftung **12** 12; **16** 145 f.
- Haftung bei Obliegenheitspflichtverletzung **16** 150
- Haftung gegenüber Gesellschaftsgläubigern **16** 168 f.
- Haftung gegenüber KG **16** 147 f.
- Haftung gegenüber KG-/GmbH-Gesellschaftern **16** 165
- Haftung in der Krise **16** 181, 182
- Haftung, deliktische **16** 176
- Haftung, gesamtschuldnerische **16** 163
- Haftung, sozialversicherungsrechtliche **16** 180
- Haftung, steuerliche **16** 179
- Haftung, vertragliche **16** 148
- Haftungsausschluss **16** 158
- Haftungsminderung **16** 160

Hagen 1691

- Handelsregistereintragung Bestellung **16** 42
- Handelsregistereintragung Beendigung **16** 59
- Insolvenzantrag **16** 183; **49** 38
- Koppelung Kündigung/Abberufung **16** 129
- Kündigung, außerordentliche **16** 121
- Kündigung, ordentliche **16** 117
- Liquidator **47** 100
- Nicht-EU-Ausländer **16** 36
- Pensionszusage **5** 76 f.
- Person, natürliche geschäftsfähige **16** 36
- Rechtsscheinhaftung **16** 170
- Rechtsstellung im Insolvenzverfahren **49** 74
- Schadensersatzpflicht bei Insolvenzeröffnung **49** 48
- Sozialversicherungspflicht **16** 85
- Stellung, dienstvertragliche **16** 73 f.
- Stellung im Insolvenzeröffnungsverfahren **49** 55
- stellvertretender **16** 27
- Treuepflicht bei Auswahl **26** 32
- Verantwortlichkeit, strafrechtliche **16** 189
- Vergütung **16** 90
- Verhältnis Kartell-/Wettbewerbsverbot **27** 100
- Verjährung Ersatzansprüche **16** 164
- Vernehmung im Prozess **44** 12
- Verschulden bei Vertragsschluss **16** 172
- Versorgungszusage **16** 95
- Verstoß gegen Zahlungsverbot **49** 52
- Vertretung der GmbH **16** 70
- Weisungen **16** 64
- Wettbewerbsverbot **16** 105; **27** 49
- Wettbewerbsverbot, nachvertragliches **16** 109

Geschäftsführer, faktischer
- Insolvenzeröffnungsantrag **49** 35

Geschäftsführeramt
- Abberufung **16** 44 f.
- Ablauf Amtszeit **16** 56
- Beendigung bei Formwechsel **16** 57
- bei Verlust der Geschäftsfähigkeit **16** 58
- Handelsregistereintragung der Beendigung **16** 59

Geschäftsführervergütung
- Komplementär-GmbH **5** 71
- Treuepflicht zur Anpassung **26** 42

Geschäftsführung 16 1 ff.
- Auskunftserteilung gegenüber Kommanditist **25** 37
- Begriff **16** 5
- Einfluss des Kommanditisten auf **27** 39
- Niederlegung **16** 12
- Rechtsfolgen Formwechsel **56** 58

Geschäftsführung, unrechtmäßige
- Informationsrecht Kommanditist **25** 28

Geschäftsführungsbefugnis
- Einzelgeschäftsführungsbefugnis **16** 13
- Entziehung **16** 10
- Entzug bei Wettbewerbsverbotsverletzung **27** 73
- Geschäfte, außergewöhnliche **16** 16
- Geschäfte, gewöhnliche **16** 14
- Geschäftsführer Komplementär-GmbH **16** 61 f.
- GmbH & Co. KG **19** 39
- Grundlagengeschäfte **16** 17
- Klageerhebung **44** 27
- Komplementär-GmbH **16** 7
- Liquidator **47** 31
- Umfang **16** 13

Geschäftsgeheimnis
- Einbringung **20** 14

Geschäftsordnung
- Beirat **19** 124 f.

Geschäftstätigkeit
- nach Handelsregistereintragung **12** 3
- vor Handelsregistereintragung **12** 1

Geschäftsunterlagen
- Einsichtsrecht Kommanditist **25** 17

Geschäftsverbot
- Wettbewerbsverbot **27** 11

Geschäftswertsteigerung
- Partizipation stiller Gesellschafter **40** 87, 92

Geschäftunfähiger
- Übertragungsvertrag **29** 60, 66

Geschenke
- Betriebsausgabenabzug, eingeschränkter **5** 13

Gesellschaft
- Vermögensträger **20** 4

Gesellschafter
- Abgrenzung Gesellschafter-/Beiratskompetenzen **19** 79
- actio pro socio **44** 30
- als Insolvenzgläubiger **49** 81

Sachverzeichnis

- Arbeitsunfähigkeit **46** 38
- atypisch stiller **40** 91 f.
- Aufbewahrung von Unterlagen bei Liquidation **47** 70
- Auflösungsklage **30** 36
- Auskunftsrecht **25** 5
- Ausscheiden **30** 1 f.
- Ausschließungsklage **44** 29
- Ausschließungsklage GmbH-Gesellschafter **31** 65, 82
- Ausschließungsklage KG-Gesellschafter **31** 32, 82
- Ausschluss Gewinnbeteiligung **20** 9
- Ausschluss GmbH-Gesellschafter **31** 1, 47 f.
- Ausschluss KG-Gesellschafter **31** 1, 32 f.
- Austritt **31** 1, 8 f.
- Austrittskündigung **30** 28
- Begründung von Pflichten **26** 4 f.
- Beitritt eines weiteren bei Einbringung Betrieb/Teil- **13** 60 f.
- Beschränkung von Rechten **26** 9
- Besteuerung KG-Gesellschafter **6** 1, 25 f.
- Beteiligung ohne Kapitalanteil **20** 8
- Drittwiderspruchsklage **45** 11
- Einkommensteuerschulden im Insolvenzverfahren **50** 22
- Einsichtsrecht **25** 4
- Einsichtsrechte bei Liquidation **47** 71
- Eintritt **28** 1 f.
- Ergänzungsbilanz **5** 6, 41 f.
- Gestaltungsklage **44** 31
- Gewinn- und Verlustbeteiligung, gesellschaftsvertragliche **24** 7
- Gewinn- und Verlustbeteiligung, gesetzliche **24** 1
- GmbH & Co. KG **10** 22 f.
- Haftung, akzessorische **42** 2
- Haftung des eintretenden **28** 33
- Handlungspflicht **26** 5
- Hinauskündigungsklausel **31** 41, 44, 63, 84
- Informationsrecht **25** 1 f.
- Insolvenzeröffnung über Vermögen des **30** 20
- Kapitalanteil **21** 2
- Kündigung, außerordentliche **30** 36
- Kündigung, ordentliche **30** 29
- Liquidator **47** 10
- Lösungsrecht **31** 2
- Mitunternehmer **4** 2
- Mitunternehmerinitiative **4** 7
- Mitunternehmerrisiko **4** 16
- Nachlassinsolvenzverfahren **30** 22
- Nachversteuerung Thesaurierungsbeträge bei Formwechsel GmbH & Co. KG in Kapitalgesellschaft **57** 42
- Nachversteuerung Thesaurierungsbeträge bei Verschmelzung GmbH & Co. KG auf Kapitalgesellschaft **53** 84
- Prozess mit GmbH & Co. KG **44** 25
- Prozessrecht **44** 19 f.
- Rechtsfolgen des Ausscheidens **30** 56 f.
- Rechtsstellung bei Auflösung **46** 63
- Regress des ausgeschiedenen **42** 26
- Rückgriff gegenüber Mitgesellschafter **42** 19
- Schutz konzernfreier **51** 82
- Sonderbilanz **5** 7, 49 f.
- Steuerentnahmerecht **6** 43
- stiller **40** 83
- Thesaurierungsbegünstigung **6** 26, 31
- Tod des **30** 11 f.
- Tod des Komplementärs **34** 1, 3 f.
- Treuepflicht **26** 1 f.
- Treuepflicht gegenüber Gesellschaft **26** 26 f.
- Treuepflichten untereinander **26** 32
- Unterlassungspflicht **26** 7
- Unternehmereigenschaft **8** 7
- Unterwerfungserklärung bei Auflösungsklage **46** 43
- Verlustausgleichsbeschränkung **7** 1 f.
- Verlustausgleichsbeschränkung bei Wechsel der Rechtsstellung **7** 47 f.
- Verlustausgleichsbeschränkung bei Wechsel im Gesellschafterbestand **7** 51 f.
- Vermögensbeteiligung **20** 8
- Vernehmung im Prozess **44** 12
- Vollstreckungsgegenklage **45** 12
- Wettbewerbsverbot **26** 28
- Wettbewerbsverbot **27** 1 f.
- Zwangsvollstreckung gegen **45** 10, 14 f., 30 f.

Gesellschafter Komplementär-GmbH
- Auskunftsanspruch **25** 64, 69
- Durchsetzung Informationsrecht **25** 80
- Einsichtsrecht **25** 64, 69
- Informationserzwingungsverfahren **25** 80
- Informationsrecht **25** 64 f.

- Informationsrecht, vertragliches **25** 79
- Informationsverweigerung gegenüber **25** 73
- Verhältnis Kartell-/Wettbewerbsverbot **27** 99
- Wettbewerbsverbot **27** 44

Gesellschafter-Geschäftsführer
- Abberufung **16** 47, 49, 52
- Abberufung bei Sonderrecht **16** 53
- Komplementär-GmbH **16** 36

Gesellschafter, ausscheidender
- Abfindung **30** 65
- Befreiung von Verbindlichkeiten **30** 68
- Geschäfte, schwebende **30** 69
- Gestaltungsmöglichkeiten Rechtsfolgen **30** 70
- Mitgliedschaftsrechte **30** 64
- Nachschusspflicht **30** 66
- Rechtsstellung **30** 64
- Rückgabe von Gegenständen **30** 67

Gesellschafteraufnahme
- Beirat **19** 90

Gesellschafterausscheiden 30 1 f.
- Abfindung **32** 1 f.
- Ablauf Beteiligungsdauer **31** 1
- Altergrenze **31** 1
- Anwachsungsmodell bei Verschmelzung GmbH & Co. KG auf Kapitalgesellschaft **53** 90
- Auflösung Komplementär-GmbH **30** 14
- Ausscheidensgründe **30** 11
- Ausschluss des GmbH-Gesellschafter **31** 1, 47 f.
- Ausschluss des KG-Gesellschafter **31** 1, 32 f.
- Austritt des Gesellschafters **31** 1, 8 f.
- Besteuerung Veräußerungsgewinn **33** 5 f.
- Einlagenrückgewähr bei **43** 21
- Gesellschafterbeschluss **30** 54
- Gesellschaftsvertragliche Regelung **30** 18
- Gründe, gesellschaftsvertragliche **30** 52
- Haftung Komplementär-GmbH **42** 21
- HandelsrechtsreformG **30** 2
- Handelsregisteranmeldung **30** 63
- im Rückwirkungszeitraum bei Verschmelzung Kapitalgesellschaft auf GmbH & Co. KG **53** 182
- Insolvenzeröffnung **30** 20
- Kapitalkonto, negatives **33** 29
- Kündigung durch Gesellschafter **30** 28
- Löschung Komplementär-GmbH **30** 16
- Rechtsfolgen **30** 56 f.
- Rechtsstellung des ausscheidenden Gesellschafters **30** 64
- Sachwertabfindung ins Betriebsvermögen **33** 27
- Sachwertabfindung ins Privatvermögen **33** 22
- Sonderbetriebsvermögen Mitunternehmer **33** 17
- steuerliche Behandlung bei Formwechsel Kapitalgesellschaft in GmbH & Co. KG **57** 103
- Tod des Kommanditisten **30** 11
- Tod des Komplementärs **30** 12
- Übergangsregelung **30** 5, 7
- Umwandlung Komplementär-GmbH **30** 17
- Veräußerung Gesellschaftsanteil an doppelstöckiger Personengesellschaft **33** 35
- Veräußerungszeitpunkt Geschäftsanteil **33** 7
- Vertrag über **30** 55
- Verzahnung Gesellschaftsverträge **31** 78
- Vollbeendigung Komplementär-GmbH **30** 13

Gesellschafterausschluss
- bei Wettbewerbsverbotsverletzung **27** 73
- Beirat **19** 90
- Gesellschaftsvertrag **31** 41
- Hinauskündigungsklausel **31** 41, 44, 63, 84

Gesellschafterausschuss 19 42, 120

Gesellschafteraustritt
- Gewinnverteilungsabrede **5** 19

Gesellschafterbeschluss
- Ausscheiden eines Gesellschafters **30** 54
- Formulierungsmuster Gesellschaftereintritt **62** III 1

Gesellschafterbeschluss, fehlerhafter
- Feststellungsklage **44** 28

Gesellschafterbestand
- Grunderwerbsteuer bei wesentlicher Veränderung **9** 38
- steuerliche Behandlung bei Wechsel **2** 40

Sachverzeichnis

- Treuepflicht bei Wechsel **26** 42
- Wechsel unter Lebenden **28** 1 f.
Gesellschafterdarlehen
- Anfechtung Rückgewähr **49** 84
- im Insolvenzverfahren **49** 82
- Passivierung Rückgewähranspruch **49** 21
Gesellschaftereinfluss
- Rechtsformwahl **2** 81
Gesellschaftereintritt 28 1 f.
- Abgrenzung zu Anteilsübertragung **29** 1
- Änderung Gesellschaftsvertrag **28** 2
- Aufnahmevertrag **28** 3
- Bedingung **28** 3
- Befristung **28** 3
- durch Beteiligungserwerb **33** 64 f.
- durch Kapitalerhöhung **28** 19; **33** 71 f.
- Formulierungsmuster Gesellschafterbeschluss **62** III 1
- Gewinnverteilungsabrede **5** 19
- GmbH & Co. KG **28** 1, 2 f.
- GmbH & Co. KG/Komplementär-GmbH **28** 1
- Haftung des Eintretenden **28** 13
- Handelsregisteranmeldung **28** 18
- Harmonisierung Eintrittsregelung **28** 37
- Komplementär-GmbH **28** 1, 19 f.
- Minderjährige **28** 9
- Regelung im Gesellschaftsvertrag **28** 11
- steuerliche Behandlung **33** 63 f.
Gesellschafterforderung 5 59
Gesellschaftergruppe
- Haftung Beiratsmitglied **19** 163
Gesellschafterkonten 5 59; **21** 1 f.
- Ausweis Kapitalanteil **23** 27 f.
- Bilanzierung **23** 28 f.
- Dreikontenmodell, vertragliches **23** 36
- Publikumsgesellschaft **23** 31
- Verlustdeckungspotential **23** 29
- Verzinsung **23** 32
- Vierkontenmodell, vertragliches **23** 37
- Zweikontenmodell, gesetzliches **23** 34
- Zweikontenmodell, vertragliches **23** 35
Gesellschafterkreisänderung
- Zustimmung/Mitwirkung Beirat **19** 90
Gesellschafterliste
- Bedeutung **29** 6

- Widerspruch **29** 16
Gesellschafterstellung
- Grundsatz der Einheit der **35** 6
- Umwandlung **29** 1 f., 82
Gesellschafterversammlung 17 1 ff.
- Abberufung Geschäftsführer **16** 48
- Ablauf **17** 110 f.
- Aussprache, unzureichende **18** 38
- Beherrschungs-/Gewinnabführungsvertrag **51** 139
- Berichtspflicht Beirat **19** 135
- Beschlussmängelrechtsstreit **18** 62 f.
- Bestellung Geschäftsführer Komplementär-GmbH **16** 31
- Einberufung **17** 72 f.
- Einheitsgesellschaft **17** 135 f.
- Freigabeverfahren Beschlussfassung **18** 90
- Gestaltungsfreiheit **17** 9 f.
- GmbH & Co. KG **17** 7, 14
- Komplementär-GmbH **17** 4, 11
- Mitwirkung bei Gruppenaufbau **51** 135
- Ordnungsmaßnahmen, unberechtigte **18** 90
- Protokoll **17** 121, 134
- Rechtsstellung im Insolvenzverfahren **49** 76
- Teilnahme Nichtgesellschafter **17** 117, 127
- Teilnahmerecht **17** 114, 127
- Verschmelzungsbeschluss **52** 34
- Vertreter, gesetzliche **17** 116, 127
- Verzahnungsprobleme **17** 135
- Wahl Beiratsmitglied **19** 107
- Zuständigkeit **17** 24 f.
Gesellschafterversammlung GmbH & Co. KG
- Ablauf **17** 110, 126 f.
- Beschlussfassung **17** 140, 174 f.
- Beschlussmängel **18** 52 f.
- Beschlussmehrheiten **17** 183
- Bestimmtheitsgrundsatz **17** 186
- Einberufungsgründe **17** 103
- Einheitsgesellschaft **17** 135 f.
- Einschränkung Kommanditistenrechte **17** 67
- Gang der **17** 132
- gerichtliche Geltendmachung Beschlussmängel **18** 62, 94 f.
- Geschäftsführungsmaßnahmen, außergewöhnliche **17** 62
- Geschäftsführungsregelung **17** 65

Hagen 1695

Sachverzeichnis

- Gesellschaftsvertragsänderung **17** 57
- Kommanditistenversammlung, reine **17** 130
- Kompetenzeinschränkung **17** 67
- Kompetenzerweiterung **17** 70
- Kompetenzordnung **17** 69
- Kompetenzverteilung, interne **17** 66
- Komplementär-GmbH **17** 129
- Ladung **17** 104, 107
- Ladungsfrist **17** 109
- Mitwirkung Kommanditisten an Bilanzfeststellungsbeschluss **17** 63
- Nichtigkeitsgründe **18** 52
- Sitzungsniederschrift **17** 134
- Stimmpflicht **17** 182
- Stimmrecht **17** 175
- Stimmrechtsmissbrauch **17** 182
- Stimmverbot **17** 180
- Strukturänderung **17** 57
- Tagesordnung **17** 106
- Teilnahmerecht **17** 127
- Versammlungsleiter **17** 133
- Zuständigkeit **17** 56 f., 59
- Zuständigkeit Einberufung **17** 72, 98 f.
- Zuständigkeit Einberufung **17** 100
- Zuständigkeitsregelung, gesellschaftsvertragliche **17** 64

Gesellschafterversammlung Komplementär-GmbH
- Abbedingung Zuständigkeiten **17** 54
- Abberufung Geschäftsführer **17** 29, 34
- Ablauf **17** 110, 113 f.
- Absage **17** 79
- Anfechtungsgründe **18** 32 f.
- Anfechtungsklage **18** 68
- Ausgestaltung Organzuständigkeit **17** 49
- Ausgestaltung Verwaltungsrechte **17** 49
- Beherrschungsvertrag mit Drittunternehmen **17** 46
- Beschlussfähigkeit **17** 167
- Beschlussfassung **17** 140, 143 f.
- Beschlussmängel **18** 17 f.
- Beschlussmehrheiten **17** 169
- Bestellung Geschäftsführer **17** 29, 34
- Bestellung Prokurist/Generalbevollmächtigter **17** 29, 36
- Einberufung durch Geschäftsführer **17** 76
- Einberufung durch Gesellschafter **17** 78
- Einberufungsgründe **17** 80

- Einheitsgesellschaft **17** 135 f.
- Einzahlungen, ausstehende **17** 29
- Einziehung Geschäftsanteil **17** 29
- Entlastung Geschäftsführung **17** 29, 37
- Ergebnisverwendung **17** 29, 43
- Feststellung Jahresabschluss **17** 29, 43
- Gang der **17** 119
- Geltendmachung Ersatzansprüche gegen Geschäftsführer/Gesellschafter **17** 29, 40
- gerichtliche Geltendmachung Beschlussmängel **18** 63 f.
- Geschäfte, außergewöhnliche **17** 31
- Geschäftsführungsmaßnahmen, außergewöhnliche **17** 51
- Kompetenzverlagerung auf Geschäftsführer **17** 54
- Kompetenzverlagerung auf andere Organe **17** 55
- Ladung **17** 87 f., 90
- Ladungsfrist **17** 96
- Minderheitsverlangen **17** 78
- Nichtigkeitsgründe **18** 25 f.
- Nichtigkeitsklage **18** 64
- Omnipotenz der **17** 30
- Prüfung/Überwachung Geschäftsführung **17** 45
- Reflexwirkung **17** 27, 32 f.
- Regelungen, statutarische **17** 49 f.
- Rückzahlung Nachschüsse **17** 29
- Satzungsänderung **17** 26
- Sitzungsniederschrift **17** 121
- Stimmpflicht **17** 165
- Stimmrecht **17** 144
- Stimmrecht Minderjähriger **17** 148
- Stimmrechtsmissbrauch **17** 160
- Stimmverbot **17** 152
- Strukturänderung **17** 26
- Tagesordnung **17** 92
- Teilnahme Aufsichtsratsmitglied **19** 37
- Teilnahmerecht **17** 114
- Teilung Geschäftsanteil **17** 29
- Unternehmenspolitik **17** 31
- Verfahren, schriftliches **17** 124
- Versammlungsleiter **17** 120
- Zuständigkeit **17** 25 f., 29, 54
- Zuständigkeit Einberufung **17** 72, 75 f.
- Zustimmungsvorbehalt **17** 50

Gesellschaftervertrag
- innere Ordnung Beirat **19** 124 f.

Gesellschafterwechsel
- Abfindung durch Gesellschaft **33** 79

- Anrechnung anteiliger Gewerbesteuermessbetrag bei Veräußerung Kommanditanteil **33** 80
- Grunderwerbsteuer **33** 98
- Rechtsfolgen für GmbH & Co. KG **33** 76 f.
- steuerliche Behandlung **33** 1 f.
- Verkauf von Geschäftsanteilen **33** 76
- Verlustvortrag, gewerbesteuerlicher **33** 90

Gesellschaftsangelegenheiten
- Auskunftsanspruch Kommanditist **25** 32
- Einsichtsrecht Kommanditist **25** 19
- Komplementär-GmbH **25** 67

Gesellschaftsanteil sa *Geschäftsanteil*
- Amortisation **31** 47 f.
- Andienrechte/-pflichten **29** 46
- Besteuerung Veräußerungsgewinn **33** 5 f.
- Bewertung Grundstück **37** 53
- Einziehungsklausel **45** 38
- Freihändiger Verkauf **45** 34
- Gutgläubiger Erwerb **29** 5 f.
- Kommanditist **21** 1
- Komplementär-GmbH **21** 1
- mehrere Unterbeteiligungen an **40** 10
- Nachfolgeregelung bei GmbH & Co. KG **35** 1 f.
- Nachfolgeregelung bei Komplementär-GmbH **35** 16
- Nießbrauch **39** 1, 8 f.
- Pfändung **45** 14, 30
- steuerliche Behandlung Erbauseinandersetzung **37** 35 f.
- Übernahmevertrag **28** 23 f.
- Übertragung **29** 1 f.
- Übertragung Teilgeschäftsanteil **29** 4
- Übertragungsvertrag **29** 51 f.
- Umwandlungsbeschluss **56** 41
- Veräußerungszeitpunkt **33** 7
- Verkauf, freihändiger **31** 77
- Vermächtnis **35** 25
- Verpfändung **38** 1 f.
- Versteigerung **45** 34
- Vertragsgestaltung Übertragung bei GmbH & Co. KG **29** 22 f., 47
- Vertragsgestaltung Übertragung bei Komplementär-GmbH **29** 28, 47
- Verwertung GmbH & Co. KG-Anteil **45** 20
- Verwertung Komplementär-Anteil **45** 34
- Vinkulierung bei GmbH & Co. KG **29** 22, 47
- Vinkulierung bei Komplementär-GmbH **29** 28, 47
- Vorerwerbsrecht **29** 38 f.
- Vorkaufsrecht **29** 38 f.
- Vorkaufsrecht **45** 37
- Wert/Bewertung **37** 50
- Zwangseinziehung **31** 51 f.

Gesellschaftsanteilsübertragung
- bei Verpfändung **38** 12
- Erbschaftsteuer **37** 45 f.
- gegen Versorgungsleistung **33** 50 f.
- Gleichstellungsgelder **33** 43
- Grunderwerbsteuer **9** 32 f., 49
- Kommanditanteil zwischen Angehörigen **33** 42 f.
- steuerliche Behandlung bei Schenkung/von Todes wegen **37** 1 f.
- Übernahme von Verbindlichkeiten **33** 43

Gesellschaftsanteilsveräußerung
- Anrechnung anteiliger Gewerbesteuermessbetrag **33** 80
- ertragsteuerliche Behandlung bei GmbH & Co. KG **33** 76
- Grunderwerbsteuer **9** 53

Gesellschaftsforderung 5 64

Gesellschaftsgläubiger
- Haftungsdurchgriff **51** 88
- Schutz **51** 88

Gesellschaftsrecht
- Rechtsformwahl **2** 62 f.

Gesellschaftsrechte
- Ausgabe bei Einbringung Betrieb/Teilbetrieb/Mitunternehmeranteil **13** 31

Gesellschaftsrechte, neue
- bei Formwechsel GmbH & Co. KG in Kapitalgesellschaft **57** 22
- bei Verschmelzung GmbH & Co. KG auf Kapitalgesellschaft **53** 58

Gesellschaftssitz 15 10
- Ortswahl **15** 13
- Sitzverlegung **15** 18

Gesellschaftsvermögen
- An-/Abwachsung **20** 7
- Aufbringung **20** 10
- Beteiligung ohne Kapitalanteil **20** 8
- Dienstleistungen **20** 14
- Geldleistung **20** 10
- Gesamthandsvermögen **20** 4
- Gestaltungsfreiheit **20** 15
- Sachbeitrag **20** 11

Sachverzeichnis

- Sachgesamtheiten **20** 14
- Träger **20** 4
- Wirtschaftsgüter, immaterielle **20** 14

Gesellschaftsvertrag
- Abberufung Geschäftsführer **16** 46, 48
- Abfindungsklauseln/-regelungen **32** 18 f.
- Abgrenzung Gesellschafter-/Beiratskompentenzen **19** 79
- Abschlussmängel **10** 17
- Abstimmung mit letztwilliger Verfügung **35** 37 f.
- Amortisation GmbH-Gesellschaftsanteil **31** 47 f.
- Anforderungen an Beiratsmitglied **19** 102, 108
- Anschlusskündigung **31** 14
- Auflösung der Gesellschaft **46** 22
- Auflösungsklage **46** 30, 48
- Auflösungsklausel **31** 11
- Ausscheidensgründe **30** 52
- Ausschließung Gesellschafter **31** 41
- Ausschlussgründe **31** 46
- Austrittsrecht, außerordentliches **31** 15, 81
- Bedingung **10** 16
- Befristung **10** 16
- Beirat **19** 57
- Benennung Beiratsmitglied **19** 106
- Bestellung Geschäftsführer Komplementär-GmbH **16** 31
- Dauer der Gesellschaft **46** 12
- Eintrittsklausel **35** 13
- Einziehungsregelungen **31** 56 f.
- Festschreibung Erwerbspreis/Wertermittlung **29** 39
- Form **10** 19
- Formulierungsmuster Familien-GmbH & Co. KG **60** II
- Formulierungsmuster GmbH & Co. KG (ausführlich) **59** II
- Formulierungsmuster GmbH & Co. KG (einfach) **58** II
- Formulierungsmuster GmbH & Co. KG (Einheitsgesellschaft) **61** II
- Fortsetzungsklausel **31** 11
- Gesellschaftereintritt **28** 11
- GmbH & Co. KG **10** 11, 13 f.
- Haftungsregelung **42** 20
- Kapitalerhöhung **22** 3; **28** 31
- Kapitalherabsetzung **22** 10
- Kapitalkonto-Regelungen **21** 15 f.
- Konzernklausel **51** 138
- Kündigungsrecht Privatgläubiger **45** 23
- Liquidator **47** 13
- Nachfolgeklausel, einfache **35** 4
- Nachfolgeklausel, qualifizierte **35** 9
- Nachfolgeregelung **35** 1 f.
- Pfandrecht **38** 3
- Regelung der Auseinandersetzung **47** 92
- Regelung Gesellschafterausscheiden **30** 18
- Regelungen bei Tod eines Gesellschafters **35** 1 f.
- Schiedsvereinbarung **44** 47, 49, 50
- Selbstkontrahieren **16** 23
- Steuerentnahmerecht **6** 43
- Treuepflicht bei Auslegung **26** 13
- Überarbeitung **28** 32
- Übertragbarkeit Geschäftsanteil GmbH & Co. KG **29** 22 f., 47
- Übertragbarkeit Geschäftsanteil Komplementär-GmbH **29** 28 f., 47
- Übertragbarkeit Teilgeschäftsanteil **29** 24
- Vertragsabschluss **10** 14
- Verzahnung bei Gesellschafterausscheiden **31** 78
- Wettbewerbsverbot **27** 52 f.

Gesellschaftsvertrag Publikums-KG
- Inhaltskontrolle **3** 32

Gesellschaftsvertragsänderung
- Beschlussmängel **18** 53
- Treuepflicht zur Zustimmung **26** 38

Gesellschaftszweckänderung
- Treuepflicht **26** 42

Gestaltung, gesellschaftsvertragliche **46** 48

Gestaltungsfreiheit
- Beschlussfassung **17** 9 f.
- Gesellschafterversammlung **17** 9 f.
- Kapitalaufbringung **20** 15

Gestaltungsklage
- Beschlussfassung GmbH & Co. KG **18** 99
- Grundlagengeschäft **44** 31
- Treuepflichtverletzung **26** 47

Gestaltungsklage, aktienrechtliche
- Gesellschafterbeschluss, fehlerhafter **18** 8

Gewerbesteuer 23 63
- Anrechnung anteiliger Gewerbesteuermessbetrag bei Veräußerung Kommanditanteil **33** 80

- Anrechnung auf Einkommensteuer
  6 8; **57** 95
- Aufteilung Ermäßigungsbetrag **6** 14
- Ausgaben, nichtabzugsfähige **5** 13
- Formwechsel Kapitalgesellschaft in
  GmbH & Co. KG **57** 92
- Freibetrag **2** 26; **6** 5
- gesellschafterspezifische Faktoren **6** 19
- Gewerbeertrag **6** 4
- Gewerbesteuermessbetrag **6** 7
- GmbH & Co. KG **6** 4f.
- Hebesatz **6** 7
- Leistungsbeziehungen Gesellschaft/
  Gesellschafter **2** 30
- Steuermesszahl **6** 6
- Übertragungsgewinn/-verlust bei
  Verschmelzung Kapitalgesellschaft auf
  GmbH & Co. KG **53** 169
- Veräußerung Gesellschaftsanteil an
  doppelstöckiger Personengesellschaft
  33 41
- Veräußerung Mitunternehmeranteil
  33 85
- Verlustvortrag **33** 90
- Verlustvortrag bei Formwechsel
  GmbH & Co. KG in Kapitalgesellschaft **57** 36
- Verlustvortrag bei Formwechsel
  Kapitalgesellschaft in GmbH & Co.
  KG **57** 98
- Verlustvortrag bei Verschmelzung
  GmbH & Co. KG auf Kapitalgesellschaft **53** 98
- Verlustvortrag bei Verschmelzung
  Kapitalgesellschaft auf GmbH & Co.
  KG **53** 175
- Verlustvortrag bei Verschmelzung
  Personengesellschaft auf GmbH &
  Co. KG **53** 24
- Verlustvortrag im Insolvenzverfahren
  50 33
- Verlustvortragsverrechnung **37** 20

Gewerbesteuermessbetrag
- Anrechnung anteiliger **33** 80
- Aufteilung, unterjährige **33** 81

Gewerbeverbot
- Bestellungshindernis Geschäftsführer
  16 37

Gewinn- und Verlustbeteiligung
- Angemessenheit **24** 3
- Bilanzfeststellung **24** 16
- gesellschaftsvertragliche **24** 7
- gesetzliche **24** 1 f.

- Gestaltungsalternativen **24** 9
- Gewinnverteilungsabrede **24** 10
- Kapitalanteil, negativer **24** 12
- Kommanditist **24** 1, 5
- Komplementär-GmbH **24** 4
- Maßstab **24** 3
- Mindestverteilung **24** 2
- Streit über **24** 18
- Tätigkeitsvergütung **24** 13
- Verlustverteilung **24** 6, 15
- Vorabdividende **24** 2

Gewinn- und Verlustrechnung 23 54f.
- Aufwendungen, private **23** 23
- Beteiligungserträge **23** 58
- Dividenden **23** 54
- Ergebnisverwendung **23** 66
- Kommanditgesellschaft **23** 23
- Komplementär-GmbH **23** 11
- Vergütung Komplementär-GmbH
  23 61

Gewinnabführungsvertrag
- Gesellschafterversammlung **51** 139

Gewinnanspruch
- Bilanzierung **23** 7, 11
- Nießbrauch **39** 60
- Verpfändbarkeit **38** 37, 42

Gewinnanteile, ausgeschüttete 2 19

Gewinnausschüttung
- nach Verschmelzungsstichtag bei
  Verschmelzung Kapitalgesellschaft auf
  GmbH & Co. KG **53** 187
- steuerliche Behandlung bei Formwechsel Kapitalgesellschaft in GmbH
  & Co. KG **57** 106
- Tochterunternehmen **23** 54

Gewinnausschüttung, fiktive
- Anteilseigner, ausländischer **57** 74
- Formwechsel Kapitalgesellschaft in
  GmbH & Co. KG **57** 71
- Verschmelzung Kapitalgesellschaft auf
  GmbH & Co. KG **53** 136

Gewinnausschüttung, verdeckte
2 25; **5** 15
- Vergütung Geschäftsführer **16** 91

Gewinnauszahlung
- Durchsetzung **24** 41
- Regelung, gesellschaftsvertragliche
  24 34f.
- Regelung, gesetzliche **24** 19f.

Gewinnberechtigung
- bei Spaltung **54** 20

Gewinnbeteiligung
- Ausschluss **20** 9

Sachverzeichnis

- Stille Beteiligung **40** 87
Gewinnentnahme
- haftungsrelevante **43** 22
- Scheingewinn **43** 23
Gewinnermittlung 5 1 ff.
- Abzug Zinsaufwand **5** 34
- additive **5** 9
- Aufwendungsersatzanspruch Komplementär-GmbH **5** 86
- Berechnung, zweistufige **5** 5
- Betriebsausgabenabzug, eingeschränkter **5** 13
- Dogmatik **5** 3
- Einlagen **5** 14
- Entnahmen **5** 14
- Ergänzungsbilanz Gesellschafter **5** 6, 41 f.
- Gesamthandsbilanz **5** 5, 10 f.
- Geschäftsführervergütung **5** 71
- Gewerbesteueraufwand **5** 13
- Gewinnausschüttung, verdeckte **5** 15
- Gewinnverteilungsabrede **5** 18
- Korrekturvorschriften **5** 10
- Leistungsbeziehungen Gesellschaft/Gesellschafter **5** 59 f.
- Pensionszusage Geschäftsführer Komplementär-GmbH **5** 76 f.
- Schuldzinsenabzug bei Überentnahme **5** 21
- Sonderbetriebsvermögen **5** 49 f.
- Sonderbilanz Gesellschafter **5** 7, 49 f.
- Übertragung Wirtschaftsgut zwischen Gesellschaft/Gesellschafter **5** 90 f.
- Verpachtung Vermögensgegenstand **5** 68
- Zinsschranke **5** 34
- Zurechnung des anteiligen Ergebnisses **5** 18
Gewinnkonto 21 8, 12
- Bilanzierung **21** 12
- Entnahmen **21** 13
- negatives **21** 14
Gewinnthesaurierung
- Kapitalgesellschaft **2** 18
- Personengesellschaft **2** 14, 18
Gewinnverteilungsabrede 5 18; **24** 10
- Ein-/Austritt Gesellschafter **5** 19
Gewinnverwendungsklausel
- Konzern **51** 141a
Gewinnvortrag
- Eigenkapitalgliederung **23** 44
Gewinnzurechnung, fiktive
- durch Entnahmen **7** 34

Gläubiger
- Gesellschafter als Insolvenzgläubiger **49** 81
- Insolvenzantrag **49** 37
- Leistungsklage im Insolvenzverfahren **49** 110
- Rechtsstellung im Insolvenzverfahren **49** 78
Gläubigerausschuss
- vorläufiger **49** 58
Gläubigerbeirat 19 59
Gläubigerkündigung 30 44
Gläubigerschutz
- Liquidation **47** 67
- Spaltung **54** 11
Gleichstellungsgelder
- Übertragung Kommanditanteil zwischen Angehörigen **33** 43
GmbH
- Formwechsel in GmbH & Co. KG **56** 80 f.
- Motive für Umwandlung in GmbH & Co. KG **2** 105
- steuerliche Behandlung Formwechsel in GmbH & Co. KG **57** 58 f.
GmbH & Co. KG
- Rechtsträger übernehmender **52** 39
- Abfindung **32** 2 f.
- Abfindungsbeschränkung/-ausschluss **36** 1 f.
- als Komplementär **3** 20
- Andienrechte/-pflichten Geschäftsanteil **29** 46
- Anhang **23** 18
- Anhang **23** 72
- Anteilsübertragung **29** 2, 47
- Arbeitnehmerzurechnung als Konzern **19** 19
- Arbeitnehmerzurechnung als Konzernspitze **19** 24
- atypische **3** 35
- Auflösung **46** 1 f.
- Auflösungsbeschluss **46** 17
- Auflösungsklage **31** 12
- Auflösungskündigung **31** 4
- Aufsichtsrat **19** 1
- Auseinandersetzungsregelung, gesellschaftsvertragliche **47** 92
- Ausschließungsklage Gesellschafter **31** 32, 82
- Ausschluss der Vererblichkeit Gesellschaftsanteil **35** 1
- Austrittskündigung **31** 4

Sachverzeichnis

- Austrittsrecht, außerordentliches **31** 12, 81
- Austrittsrecht, ordentliches **31** 8, 79
- Austrittsvereinbarung **31** 18
- Ausweis Kapitalanteil **23** 27 f.
- Bedeutung **2** 1 f.
- Begriff **1** 1
- beherrschte **51** 45 f.
- Beirat bei **19** 54, 56
- Beirat, fakultativer **19** 42
- Beiratsbeschluss, fehlerhafter **19** 170
- Beschlussfassung **17** 14
- Beschlussfassung Gesellschafterversammlung **17** 140, 174 f.
- Beschlussmängel **18** 52 f.
- Beschlussmängel **18** 9
- Besteuerung der Gesellschafter **6** 1, 25 f.
- Besteuerung der KG **6** 1, 4 f.
- Bilanzierung Anteile an Komplementär-GmbH **23** 25
- Bilanzierung in Liquidationsphase **47** 75 f.
- Dauer **46** 12
- Doppelinsolvenz **30** 58
- doppelstöckige **3** 20
- durch Eintritt in Einzelunternehmen **10** 47
- durch Formwechsel **10** 3
- durch Formwechsel GbR **11** 2 f.
- durch Neugründung **10** 2
- durch Formwechsel außerhalb UmwG **11** 1 f.
- durch Formwechsel OHG **11** 2 f., 10
- durch Formwechsel Partnerschaft **11** 8
- durch Formwechsel Personenvereinigung **11** 11
- durch Spaltung **10** 39 f., 41
- durch Überführung Erbengemeinschaft in **10** 52
- durch Verschmelzung **10** 39 f., 40
- echte **3** 3
- Eigenkapitalgliederung **23** 38
- Einberufung Gesellschafterversammlung **17** 72, 98 f.
- Einheitsgesellschaft **3** 9 f., 19
- Einlage Einzelwirtschaftsgut vor Verschmelzung auf Kapitalgesellschaft **53** 82
- Einmann **3** 7
- einstweilige Verfügung im Beschlussmängelrechtsstreit **18** 101

- Eintragungsverfahren Handelsregister **10** 30 f.
- Eintrittsklausel **35** 13
- Entstehung **10** 1 f.
- Entstehung im Außenverhältnis **10** 28
- Entstehung im Innenverhältnis **10** 27
- Ergebnisverwendung **23** 66
- Erscheinungsformen **3** 1 ff.
- Ertragsteuer bei Einbringung Betrieb/Teilbetrieb/Mitunternehmeranteil **13** 23 f.
- Ertragsteuer bei Einlage Vermögensgegenstand **13** 4 f.
- Existenzvernichtungshaftung bei **51** 128
- Feststellungsklage Beschlussfassung **18** 94
- Firma **10** 12
- Firmenbildung **14** 13
- Formulierungsmuster Gesellschafterbeschluss Gesellschaftereintritt **62** III 1
- Formwechsel **56** 1 ff.
- Fortsetzung **46** 67 f.; **49** 112
- Fortsetzungsbeschluss **46** 67 f., 70
- Fortsetzungsklausel **46** 77
- gerichtliche Geltendmachung Beschlussmängel **18** 62, 94 f.
- Geschäftsführungsbefugnis **19** 39
- Gesellschafter der **10** 22 f.
- Gesellschafterausschluss **31** 32 f.
- Gesellschaftereintritt **28** 1, 2 f.
- Gesellschafterversammlung **17** 7, 14
- Gesellschafterversammlung Einheitsgesellschaft **17** 135 f.
- Gesellschaftsanteil **21** 1
- Gesellschaftstyp **1** 3
- Gesellschaftsvertrag **10** 11, 13 f.
- Gestaltungsklage Beschlussfassung **18** 99
- Gewerbesteuer **6** 4 f.
- Gewinn- und Verlustrechnung **23** 23, 54 f.
- Grunderwerbsteuer **9** 1 f.
- Grunderwerbsteuer bei Gesellschafterwechsel **33** 98
- Grunderwerbsteuer bei Gründung **13** 77
- Haftung bei Anteilsübertragung **29** 68 f.
- Haftung bei Aufnahme Geschäftstätigkeit vor Handelsregistereintragung **12** 1

Sachverzeichnis

- Haftung Geschäftsführer Komplementär-GmbH **16** 147 f.
- Haftung im Gründungsstadium **12** 1 f.
- Haftung während Gründungsphase **12** 4 f.
- Handelsgewerbe **10** 10
- Handelsregisteranmeldung **10** 30, 32
- Handelsregisteranmeldung Gesellschafterwechsel **29** 79
- Handelsregistereintragung **10** 11, 31, 37
- Harmonisierung Eintrittsregelung **28** 37
- herrschende **51** 130 f.
- Hinauskündigungsklausel **31** 41, 44
- Insolvenz **49** 1 ff.
- Insolvenzeröffnung **46** 23
- Insolvenzfähigkeit **49** 4
- Interessengemeinschaft **2** 107
- Jahresabschluss **23** 17 f.
- Kapitalanteil **23** 38
- Kapitalerhöhung **22** 1 f.
- kapitalgesellschaftsähnliche **3** 27 f.
- Kapitalherabsetzung **22** 9
- KG-Vertrag **10** 6, 8
- Kommanditist **10** 25
- Kommanditist, herrschender **51** 41
- Kompetenzordnung **17** 16 f.
- Komplementär-GmbH **10** 22
- Konzernabschluss **23** 83
- Konzernbaustein **51** 1 f.
- Konzernunternehmen **51** 3
- Ladung zur Gesellschafterversammlung **17** 104, 107
- Lagebericht **23** 18
- Liquidation **47** 1, 4 f.
- Löschung wegen Vermögenslosigkeit **46** 26
- Masselosigkeit **49** 25
- Masseunzulänglichkeit **49** 27
- mehrstufige **3** 20
- Nachfolgeklausel, einfache **35** 4
- Nachfolgeklausel, qualifizierte **35** 9
- Nachfolgeregelung, gesellschaftsvertragliche **35** 1 f.
- nicht personengleiche **2** 83
- Nießbrauch Gesellschaftsanteil **39** 8 f.
- Offenlegungspflicht **23** 79
- Parteifähigkeit **44** 1
- personengleiche **2** 82
- Pfändung Einzelansprüche **45** 26
- Pfändung Gesellschaftsanteil **45** 14 f.
- Prozess mit Gesellschafter **44** 25

- Prozessfähigkeit **44** 6
- Prozesskostenhilfe **44** 17
- Prozessrecht **44** 1 f.
- Prüfungspflicht **23** 17, 77
- Publikums-KG **3** 29
- Publizität **23** 17
- Realteilung mit Spitzenausgleich **55** 26 f.
- Realteilung ohne Spitzenausgleich **55** 11 f.
- Rechnungslegung **23** 3, 17 f.
- Rechtsfolgen der Auflösung **46** 52 f.
- Rechtsformwahl **2** 68
- Rechtsträger, übertragender **52** 33
- Repräsentativverfassung **17** 138
- Sanierungsfähigkeit **49** 8
- Schiedsfähigkeit Beschlussmängelstreitigkeit **18** 103, 109
- Schiedsvereinbarung **18** 102 f., 121
- Schiedsvereinbarung im Gesellschaftsvertrag **44** 47, 50
- Sitz **15** 9 f., 16
- Sitzverlegung **15** 26
- Spaltung **54** 1 ff.
- Sperrminorität **3** 36
- Steueraufwand **23** 63
- steuerliche Behandlung **23** 63
- steuerliche Behandlung Betriebsveräußerung **48** 4 f.
- steuerliche Behandlung entgeltlicher Gesellschafterwechsel **33** 76 f.
- steuerliche Behandlung Formwechsel in Kapitalgesellschaft **57** 6 f.
- steuerliche Behandlung Spaltung **55** 1 f.
- steuerliche Behandlung Teilbetriebsveräußerung **48** 13 f.
- steuerliche Konsequenzen der Gründung **13** 1 f.
- Stille Beteiligung an **40** 74
- Tagesordnung Gesellschafterversammlung **17** 106
- Testamentsvollstreckung **35** 26
- Tod eines Kommanditisten **34** 9
- Tod eines Komplementärs **34** 3
- Treuepflicht gegenüber **26** 26 f.
- Überschuldung **49** 18 f.
- Übertragungsvertrag **29** 52 f.
- Umsatzsteuer **8** 1, 5 f.
- Umsatzsteuer bei Gründung **13** 73
- unechte **3** 5
- Unterbeteiligung an **40** 3
- Unternehmensgegenstand **15** 2

Sachverzeichnis

- Vergütung Komplementär-GmbH **23** 61
- Vermögenslosigkeit **49** 28
- Verpfändung Einzelanspruch **38** 37
- Verpfändung Gesellschaftsanteil **38** 3 f.
- Verpfändung Kommanditanteil **41** 4
- Verrechnungskonto Komplementär-GmbH **23** 53
- Verschmelzung auf Kapitalgesellschaft **53** 44 f.
- Vertragsgestaltung Übertragung Geschäftsanteil **29** 22 f.
- Vinkulierung Geschäftsanteil **29** 22, 47
- Vollversammlung **17** 74
- Vor-/Nacherbfolge **35** 20
- Vorkaufsrecht Geschäftsanteil **29** 38 f.
- Vorvertrag **10** 29
- Willensbildung, innere **17** 16 f.
- Zeitablauf **46** 12
- Zuständigkeit Gesellschafterversammlung **17** 56 f.
- Zustellung an **44** 7
- Zustimmung Anteilsübertragung **29** 22, 24, 26
- Zwangsvollstreckung gegen **45** 1 f.

GmbH & Co. KG, beherrschte 51 45 f.
- Zulässigkeit Konzernierung **51** 46

GmbH & Co. KG, herrschende 51 130 f.
- Aufgreifschwellen **51** 137
- Begründung Vertragskonzern **51** 139
- Beteiligungsentscheidung **51** 132
- Gestaltung, gesellschaftsvertragliche **51** 133
- Gewinnverwendungsklausel **51** 141a
- Informationsrechte bei **51** 142
- Konzernbildungskontrolle **51** 131 f.
- Konzernklausel **51** 138
- Konzernleitungskontrolle **51** 140
- Mitwirkung Gesellschafterversammlung **51** 135
- Thesaurierungsklausel **51** 141a
- Zustimmungsbeschluss Gesellschafter **51** 132

GmbH & Co. KG, mehrstöckige
- Mitbestimmungsrecht **19** 17

GmbH & Co. KGaA 3 55 f.
- Schutz der Kommanditaktionäre **3** 61
- steuerliche Behandlung **3** 58
- Struktur **3** 56

- Verhältnis zu AG **3** 63
- Zulässigkeit **3** 59

GmbH & Still 2 59; **40** 75

GmbH-Kapitalerhöhung
- Formulierungsmuster Handelsregisteranmeldung **62** III 3

GmbH-Mantel
- Haftung bei **12** 31

GmbH-Satzung
- Kündigungsklausel **31** 21

GmbH-Stafette
- Existenzvernichtungshaftung **51** 115

good will
- Einbringung **20** 14

Grundbesitz
- Stille Reserven bei Umstrukturierung **2** 34

Gründerhaftung
- Vorgesellschaft **12** 16

Grunderwerbsteuer 9 1 f.
- Abspaltung **55** 55
- Anteilseignerwechsel, mittelbarer **9** 43
- Anteilserwerb von Todes wegen **9** 23, 45
- Anteilsübertragung an GmbH & Co. KG **9** 32 f., 49
- Aufspaltung **55** 55
- Beendigung der Tätigkeit **48** 38
- Befreiung **9** 7, 16
- bei Gründung GmbH & Co. KG **13** 77
- Bemessungsgrundlage **9** 4
- Bemessungsgrundlage Ersatztatbestände **9** 69
- Ersatztatbestände **9** 32 f., 69
- Formwechsel GmbH & Co. KG in Kapitalgesellschaft **57** 54
- Formwechsel Kapitalgesellschaft in GmbH & Co. KG **57** 113
- Geschäftsbetriebsveräußerung **48** 38
- Grundstücksübertragung Gesellschafter in GmbH & Co. KG **9** 6 f.
- Grundstücksübertragung GmbH & Co. KG auf Gesellschafter **9** 16 f.
- Innehaben Beteiligung von mind. 95 % der Anteile **9** 61
- mind. 95 %iger Anteilsübergang **9** 49
- Objektgesellschaft **9** 40
- Realteilung **55** 53
- Schenkung **9** 45
- Sperrfrist Befreiung **9** 14, 21
- Steuerbefreiungen, personenbezogene **9** 28

Sachverzeichnis

- steuerliche Behandlung bei Gesellschafterwechsel **33** 98
- Steuersatz **9** 4
- Steuerschuldner **9** 13, 48, 52, 60, 68
- Steuertatbestände **9** 3
- Treuhand **41** 18
- Umwandlung, formwechselnde **9** 26
- Vereinigung von mind. 95% der Anteile **9** 53
- Verschmelzung GmbH & Co. KG auf Kapitalgesellschaft **53** 109
- Verschmelzung Kapitalgesellschaft auf GmbH & Co. KG **53** 195
- Verschmelzung Personengesellschaft auf GmbH & Co. KG **53** 38
- wesentliche Veränderung im Gesellschafterbestand **9** 38

Grundlagengeschäft
- Gestaltungsklage **44** 31

Grundstück
- Bewertung **37** 53

Grundstücksübertragung
- Gesellschafter auf GmbH & Co. KG **9** 6 f.
- GmbH & Co. KG auf Gesellschafter **9** 16 f.
- Grunderwerbsteuer **9** 1 f., 6
- Steuerbefreiungen, personenbezogene **9** 28

Grundtypenvermischung 1 3

Gründung
- Abgrenzung zu Unternehmensgründung **10** 5
- Ertragsteuer **13** 4 f.
- GmbH & Co. KG **10** 1
- Grunderwerbsteuer **13** 73
- steuerliche Konsequenzen **13** 1 f.
- Umsatzsteuer **13** 73

Gründungsprüfung
- Formwechsel **56** 32

Gründungsstadium
- Haftung im **12** 1 f.

Gründungstheorie
- Komplementär-Kapitalgesellschaft, ausländische **19** 5

Gruppenbeirat 19 61, 130

Gutgläubiger Erwerb
- Dauer der Unrichtigkeit **29** 14
- Due Diligence, unterlassene **29** 11
- Geschäftsanteil **29** 5 f.
- Gesellschafterliste **29** 6
- Grenzen **29** 17
- Gutgläubigkeit **29** 11

- Kenntnis, positive **29** 11
- Unkenntnis, grob fahrlässige **29** 11
- Voraussetzungen **29** 7
- Widerspruch gegen Gesellschafterliste **29** 16

Hafteinlagen 20 2
- Anhang **23** 73

Haftung
- Abgrenzung Vorgesellschaft zu Vorgründungsgesellschaft **12** 15
- Akzessorietät **42** 4
- Anteilsübertragung GmbH & Co. KG **29** 68 f.
- Anteilsübertragung Kommandit-Beteiligung **29** 72
- Anteilsübertragung Komplementär-GmbH **29** 77
- Anteilsübertragung Komplementärbeteiligung **29** 68
- Aufnahme Geschäftstätigkeit nach Handelsregistereintragung **12** 3
- Aufnahme Geschäftstätigkeit vor Handelsregistereintragung **12** 1
- Ausfallhaftung herrschendes Unternehmen **51** 99
- Außenhaftung nach § 171 HGB **7** 27 f.
- bei Abgabe Willenserklärung **42** 14
- bei Betrieb Handelsgewerbe **12** 4
- bei Betrieb Kleingewerbe **12** 7
- bei Einlagenrückgewähr **43** 15 f.
- bei Einmann-Gründung **12** 32
- bei Eintritt in Einzelunternehmen **10** 47
- bei GmbH-Mantel **12** 31
- bei Nießbrauch **39** 26
- bei Treuhand **40** 51
- bei Umwandlung Kapitalkonto **43** 17
- bei Verwaltung eigenen Vermögens **12** 7
- Beiratsmitglied **19** 138 f.
- Beiratsmitglied Gesellschaftergruppe **19** 163
- Beiratsmitglied Publikums-KG **19** 160
- Duldungspflichten **42** 15
- Einbuchung Einlage **43** 13
- Einheits-GmbH & Co. KG bei **43** 14
- Einheitsgesellschaft **3** 13
- Einlage, gesplittete **43** 9
- Einlagenrückgewähr bei Gesellschafterausscheiden **43** 21

- Einreden Komplementär-GmbH **42** 28
- Einwendungen Komplementär-GmbH **42** 27
- Erfüllungstheorie **42** 12
- Existenzvernichtungshaftung **51** 104 f.
- Geschäftsführer Komplementär-GmbH **12** 12
- Geschäftsführer Komplementär-GmbH **16** 145 f., 163
- Gesellschafter bei Eintritt **28** 13
- Gesellschafter bei Insolvenzplan **49** 108, 109
- Gesellschafter, eintretender **28** 33
- Gewinnentnahme, haftungsrelevante **43** 22
- GmbH & Co. KG während Gründungsphase **12** 4 f.
- Gründung GmbH & Co. KG **12** 1 f.
- Handelndenhaftung **12** 22 f.
- Kommanditist **43** 1 f.
- Kommanditist bei Gesellschaftseintritt **28** 16
- Kommanditist bei Spaltung **54** 37
- Kommanditist in der Insolvenz **49** 103
- Kommanditist während Gründungsphase **12** 6, 10
- Komplementär **42** 1 f.
- Komplementär bei Gesellschaftseintritt **28** 15
- Komplementär-GmbH in der Insolvenz **49** 99
- Komplementär-GmbH nach Ausscheiden aus GmbH & Co. KG **42** 21
- Komplementär-GmbH während Gründungsphase **12** 5, 9.14 f.
- Liquidator **47** 37
- Rechtsscheinhaftung **12** 11
- Regelung, gesellschaftsvertragliche **42** 20
- Regress **42** 18
- Schiedsgerichtsklausel **42** 8
- stiller Gesellschafter **40** 89
- Treuhänder **40** 51
- Umbuchung Einlage **43** 13
- unbeschränkte des Kommanditisten **43** 25
- Unterbilanzhaftung **12** 18
- Unterlassungspflichten **42** 15
- Verjährung **42** 30
- Verjährung Schadensersatzanspruch gegen Beiratsmitglied **19** 151
- Verlustdeckungshaftung **12** 20
- Wertdeckung der Einlage **43** 11

Haftung, deliktische
- Geschäftsführer Komplementär-GmbH **16** 176

Haftungsausschluss
- Beiratsmitglied **19** 154

Haftungsbefreiung
- Kommanditist durch Einlageleistung **43** 6 f.

Haftungsbegrenzung
- Beiratsmitglied **19** 154

Haftungsdurchgriff
- Gesellschaftsgläubiger **51** 88
- Schutz abhängiges Unternehmen **51** 81

Haftungsvergütung
- Komplementär-GmbH **23** 12

Haftungsverschärfung
- Beiratsmitglied **19** 155

Handelndenhaftung 12 22 f.
- Erstattungsanspruch Geschäftsführer **12** 29
- Handelnde **12** 26
- Umfang **12** 28
- Voraussetzungen **12** 27

Handelsbilanz
- Einheitsbilanz **5** 55
- Maßgeblichkeit für Steuerbilanz **5** 10

Handelsgewerbe 10 10
- bei Umwandlung **10** 44
- Haftung bei Betrieb **12** 4
- Komplementär-GmbH & Co. KG **3** 23

Handelsrechtsreform 1998 10 7

Handelsregister
- Beherrschungsvertrag **51** 94
- Eintragung Nießbrauchsbestellung **39** 27
- Eintragungsverfahren GmbH & Co. KG **10** 30 f.
- elektronisches **10** 36
- Registerpublizität **10** 33
- Tatsachen, anzumeldende **10** 34
- Testamentsvollstreckervermerk **35** 34

Handelsregisteranmeldung
- Anteilsübertragung **29** 79, 81
- Auflösung **46** 53
- Auflösung Komplementär-GmbH **47** 98
- Ausscheiden Kommanditist **30** 63
- Erlöschen der Firma **47** 69
- Eröffnungsbeschluss **49** 63

Sachverzeichnis

- Formulierungsmuster Eintritt Kommanditist **62** III 4
- Formulierungsmuster GmbH & Co. KG **58** IV
- Formulierungsmuster Kapitalerhöhung GmbH **62** III 3
- Formulierungsmuster Komplementär-GmbH **58** V
- Formulierungsmuster Übertragung Kommanditanteil/Komplementär-GmbH-Geschäftsanteil **62** II 2
- Fortsetzung der Gesellschaft **46** 76
- Gesellschaftereintritt **28** 18
- Gesellschafterwechsel bei GmbH & Co. KG **29** 79
- Gesellschafterwechsel bei Komplementär-GmbH **29** 81
- GmbH & Co. KG **10** 30, 32
- Inhalt **10** 34
- Kapitalerhöhung Komplementär-GmbH **28** 34
- Liquidator **47** 25
- Spaltung **54** 34
- Verschmelzung **52** 42

Handelsregistereintragung
- Auflösung **46** 56
- Beendigung Geschäftsführeramt **16** 59
- Bekanntmachung **10** 38
- Bestellung Geschäftsführer Komplementär-GmbH **16** 42
- Formwechsel **56** 9
- GmbH & Co. KG **10** 11, 31, 37
- Haftung bei Aufnahme der Geschäftstätigkeit vor **12** 1
- Haftung bei Aufnahme der Geschäftstätigkeit nach **12** 3
- Spaltung **54** 36
- Verschmelzung **52** 47

Handlungspflicht
- Gesellschafter **26** 5

Heilung
- Beschlussmängel **18** 31

Hinauskündigungsklausel 31 41, 44, 63, 84
- Einziehung GmbH-Gesellschaftsanteil **31** 63, 84
- Russian-Roulette-Klausel **31** 45
- Shoot out-Klausel **31** 45

Holding 51 4
- konzernrechtliche Relevanz **51** 28
- Vinkulierung, mittelbare **29** 32

Identitätsgrundsatz
- Formwechsel **56** 4

Immanenztheorie
- Wettbewerbsverbot **27** 90

Informationserzwingungsverfahren 25 80

Informationsrecht 25 1 f.
- Auskunftsrecht **25** 5
- außerordentliches **25** 27 f., 29
- bei herrschender GmbH & Co. KG **51** 142
- bei Nießbrauch **39** 25, 55
- bei Treuhand **40** 47
- bei Unterbeteiligung **40** 17
- Beschränkung/Ausschluss gegenüber Kommanditist **35** 24, 31
- Bevollmächtigung Dritter **25** 49
- Durchsetzung, prozessuale **25** 55, 80
- Einsichtsrecht **25** 4
- Entzug **25** 41
- Erweiterung **25** 40
- Geschäftsführung, unrechtmäßige **25** 28
- Gesellschafter Komplementär-GmbH **25** 64 f.
- Gesellschafter, konzernfreier **51** 82
- Grenzen **25** 9
- Hinzuziehung Dritter **25** 48
- Höchstpersönlichkeit **25** 47
- individuelles **25** 7
- Informationsarten **25** 4
- kollektives **25** 7, 42 f.
- Kommanditist **25** 13 f., 27 f.
- Komplementär **25** 60
- Komplementär-GmbH **25** 60
- Missbrauchsverbot **25** 11
- Pflicht zur Einschaltung Dritter **25** 52
- Schuldner **25** 8
- stiller Gesellschafter **40** 86
- Umfang, persönlicher **25** 47
- Umfang, zeitlicher **25** 54
- Verfügung, einstweilige **25** 59

Informationsrecht, kollektives 25 7, 42 f.
- Ausschluss **25** 46
- Geltendmachung **25** 45
- Regelung, vertragliche **25** 46
- Umfang **25** 44

Informationsverweigerung
- gegenüber Gesellschafter Komplementär-GmbH **25** 73

Informationsverwendung, gesellschaftsfremde 25 74

Sachverzeichnis

Inhaltsverstoß
- Beschlussfassung **18** 43 f., 57

Inkombatibilitätsregeln
- Beiratsmitglied **19** 100

Innengesellschaft
- Mitunternehmerschaft **4** 24
- verdeckte **4** 28

Insider
- Kreis der **49** 85

Insolvenz
- des Treugebers **40** 64
- des Treuhänders **40** 62
- Ablehnung mangels Masse **46** 25
- Auflösung der Gesellschaft **49** 65
- Auflösung der GmbH & Co. KG **46** 23 f.
- Auswirkung der Insolvenz der GmbH & Co. KG auf Komplementär-GmbH **49** 29
- Doppelinsolvenz **30** 58
- Einkommen, steuerpflichtiges **50** 11
- Fortsetzung der Gesellschaft **46** 68
- Fortsetzung GmbH & Co. KG **49** 112
- Frist Eröffnungsantrag **49** 40
- GmbH & Co. KG **49** 1 ff.
- Haftung Kommanditist **49** 103
- Haftung Komplementär-GmbH **49** 99
- Insolvenzfähigkeit **49** 4
- Kapitalkonto **21** 38
- Rechnungslegungspflicht in der **50** 6
- Schadensersatzpflicht Geschäftsführer **49** 48
- steuerliche Behandlung in der **50** 1
- steuerliche Behandlung Vergleich **50** 18
- Trennungsprinzip **49** 6
- Verlustverrechnung **50** 12

Insolvenzanfechtung 49 84

Insolvenzantrag 49 33
- Anhörung **49** 43
- Antragspflicht **49** 34
- Frist **49** 40
- Geschäftsführer Komplementär-GmbH **16** 183; **49** 38
- Gläubiger **49** 37
- Rücknahme **49** 45
- Unterlassen **16** 190
- Zuständigkeit **49** 43

Insolvenzeröffnung
- Ablehnung **49** 61
- Abweisung mangels Masse **49** 62
- Antrag **49** 33
- Antrag, unzulässiger **49** 61
- Antragsberechtigter **49** 37
- Antragsfrist **49** 40
- Antragsverpflichteter **49** 34
- Auflösung der Gesellschaft **46** 23; **49** 65
- Auflösung der Gesellschaft bei Gesellschafterinsolvenz **30** 25
- Auswirkung, prozessuale **44** 14
- Eigenverwaltung **49** 64
- Eröffnungsbeschluss **49** 63
- ertragsteuerliche Konsequenzen **50** 11
- Fortsetzung der Gesellschaft bei **30** 24
- Gestaltungsmöglichkeiten Ausscheidensregelung bei **30** 25
- Handelsregisteranmeldung Beschluss **49** 63
- Komplementär-GmbH **49** 32
- Liquidator bei **47** 45
- Maßnahmen, vorläufige **49** 56
- Schadensersatzpflicht Geschäftsführer **49** 48
- Stellung Geschäftsführer Komplementär-GmbH **49** 55
- strafrechtliche Ahndung der Unterlassung **49** 54
- Überschuldung **49** 18 f.
- Verfahren **49** 33 f.
- Vermögen des Gesellschafters **30** 20
- Zahlungsunfähigkeit **49** 12
- Zahlungsunfähigkeit, drohende **49** 16
- Zuständigkeit Insolvenzantrag **49** 43

Insolvenzgericht
- Anordnung Eigenverwaltung **49** 64
- Anordnung Verfügungsverbot **49** 59
- Bestätigung Insolvenzplan **49** 96
- Einstellung Zwangsvollstreckung **49** 60
- Gläubigerausschuss, vorläufiger **49** 58
- Insolvenzverwalter, vorläufiger **49** 57
- Maßnahmen, vorläufige **49** 56
- Untersagung Zwangsvollstreckung **49** 60
- Zuständigkeit **49** 43

Insolvenzgläubiger
- Gesellschafter als **49** 81
- Rechtsstellung **49** 78

Insolvenzgrund
- Eröffnungsgründe **49** 12 f.
- Zahlungsverbot **49** 46

Insolvenzmasse 49 68
- Freigabe aus **49** 70

Hagen   1707

Sachverzeichnis

Insolvenzplan 49 86 f.
- Annahme **49** 94
- Aufstellung **49** 87
- Bestätigung Insolvenzgericht **49** 96
- darstellender Teil **49** 93
- debt-equity-swap **49** 93
- gestaltender Teil **49** 93
- Haftung der Gesellschafter bei **49** 108, 109
- Inhalt **49** 93
- Liquidation der Gesellschaft **49** 92
- Planziel **49** 89
- Reorganisation **49** 93, 97
- Sanierung Unternehmensträger **49** 91
- Sanierung, übertragende **49** 90
- Wirkung **49** 98
- Zustimmung der Gesellschaft **49** 95

Insolvenzrechtsreform 49 2

Insolvenzreife
- Amtsniederlegung, rechtsmissbräuchliche **49** 34

Insolvenzschutz
- Versorgungszusage **16** 99

Insolvenzstraftat
- Bestellungshindernis Geschäftsführer **16** 37
- Verantwortlichkeit Geschäftsführer **16** 190

Insolvenzverfahren
- Ablehnung mangels Masse **30** 21
- Beendigung **49** 111
- Eigenverwaltung **49** 64
- Einkommensteuerschulden des Gesellschafters **50** 22
- Eröffnung über Vermögen des Gesellschafters **30** 20
- Eröffnungsbeschluss **49** 63
- Forderungsanmeldung **49** 79
- Gesellschafter als Gläubiger **49** 81
- Gesellschafterdarlehen **49** 82
- Kapitalertragsteuer **50** 29
- Leistungsklage Gläubiger **49** 110
- Nachversteuerung Thesaurierungsbetrag **50** 26
- Rechtsstellung Aufsichtsrat/Beirat, fakultativer **49** 77
- Rechtsstellung Geschäftsführer **49** 74
- Rechtsstellung Gesellschafterversammlung **49** 76
- Rechtsstellung Gläubiger **49** 78
- Rechtsstellung Insolvenzverwalter **49** 66

- Schutzschirmverfahren **49** 64
- simultanes **49** 67
- Sonderbetriebsvermögen **50** 20
- Umsatzsteuerabrechnung **50** 36 f.
- Verlustvortrag, gewerbesteuerlicher **50** 33
- Zinsabschlagsteuer **50** 29

Insolvenzverschleppung
- Bestellungshindernis Geschäftsführer **16** 37

Insolvenzverwalter 49 66
- Abgabe Steuererklärung **50** 19
- Freigabe aus Insolvenzmasse **49** 70
- Insolvenzmasse **49** 68
- Insolvenzplan **49** 86 f.
- Rechtsbeziehungen zur Gesellschaft **49** 67
- Rechtshandlungen des **49** 71
- Rechtsstellung **49** 66
- vorläufiger **49** 57

Interessengemeinschaft
- GmbH & Co. KG **2** 107

Interessenkollision
- Beiratsmitglied **19** 136, 143

Investitionsplan
- Mitwirkungserfordernis Beirat **19** 78

Irreführungsverbot
- Firma **14** 10

Jahresabschluss
- Anhang **23** 15, 18
- Anhang GmbH & Co. KG **23** 72
- Gewinn- und Verlustbeteiligung, gesellschaftsvertragliche **24** 7
- Gewinn- und Verlustbeteiligung, gesetzliche **24** 1
- Gewinnanspruch **23** 7, 11
- Informationsrecht Kommanditist **25** 15
- Kommanditgesellschaft **23** 17 f.
- Komplementär-GmbH **23** 4 f.
- Konzernabschluss **23** 83
- Lagebericht **23** 16, 18
- Prüfungs-/Offenlegungspflicht **23** 77
- Prüfungspflicht **23** 4, 17
- Publizität **23** 4, 17

Jahresfehlbetrag
- Eigenkapitalgliederung **23** 44

Jahresüberschuss
- Eigenkapitalgliederung **23** 44

Juristische Person, ausländische
- als Komplementär **3** 43

Kaduzierung
− Zwangseinziehung bei **31** 51 f.
Kapitalanteil 20 2; **21** 1 f.
− Begriff **21** 2
− Bilanzierung **21** 6
− Eigenkapital **23** 38
− fehlender **20** 8
− fester **21** 4, 15 f., 19
− Gewinn- und Verlustbeteiligung **24** 1
− variabler **21** 5, 15
Kapitalaufbringung 20 1 f.
− Abgrenzung **20** 3
− Abtretung **20** 19, 22
− actio pro socio **20** 39
− Aufrechnung **20** 19
− Barleistung **20** 16
− Bedingung **20** 24
− Befristung **20** 24
− Begriffe **20** 1
− Bewertung **20** 15
− Bewertung der Einlagen **20** 17, 20
− Buchgeldleistung **20** 16
− Dienstleistungen **20** 14
− Durchsetzung **20** 39
− Einheits-GmbH & Co. KG **43** 14
− Einlagen **20** 2
− Euro/-umstellung **20** 41 f.
− Fälligkeit **20** 24
− Forderung **20** 18
− Gegenstand **20** 16
− Geldleistung **20** 10
− Geltendmachung **20** 26
− Gestaltungsfreiheit **20** 15
− kumulative **43** 14
− Leistungsstörung **20** 27 f.
− Leistungsverweigerung **20** 29
− Mängelgewährleistung **20** 34
− Nominalwertprinzip **20** 17
− Sachbeitrag **20** 11
− Sachgesamtheiten **20** 14
− Sachleistung **20** 16
− Überbewertung **20** 21
− Unterbewertung **20** 21
− Verfügung über Einlageanspruch **20** 22
− Verrechnung **20** 18
− Vertragsgestaltung **20** 40
− Verzug **20** 25, 33
− Währung **20** 41
− Wegfall der Geschäftsgrundlage **20** 30
− Wirtschaftsgüter, immaterielle **20** 14
Kapitalbeschaffung
− Neugründung **2** 97
− Rechtsformwahl **2** 76

Kapitalerhaltung
− Rückzahlung zu Lasten Vermögen Komplementär-GmbH **43** 24
Kapitalerhöhung
− Beschlussfassung **22** 3
− Bezugsrecht bei **28** 22
− disquotale **13** 72
− effektive **28** 19, 21
− Genehmigtes Kapital **28** 36
− Gesellschaftereintritt durch **28** 19
− Gesellschaftereintritt mittels **33** 71 f.
− Gesellschaftsvertrag **28** 31
− Gesellschaftsvertragsänderung **22** 3
− Gleichbehandlungsgrundsatz **22** 5
− GmbH & Co. KG **22** 1 f.
− Handelsregisteranmeldung **28** 34
− Komplementär-GmbH **28** 19 f.
− Nießbrauch bei **39** 37, 57
− nominelle **28** 19, 20
− Rechtsfolgen **22** 7
− Scheitern der **28** 30
− Treuepflicht **22** 6
− Übernahmevertrag **28** 23
Kapitalertragsteuer 23 60
− im Insolvenzverfahren **50** 29
Kapitalgesellschaft
− Besteuerungskonzeption **2** 10
− Gewinnthesaurierung **2** 18
− Verschmelzung auf GmbH & Co. KG **53** 112 f.
Kapitalgesellschaftsanteil
− Sperrfrist bei Verschmelzung GmbH & Co. KG auf Kapitalgesellschaft **53** 68
Kapitalgesellschaftsbeteiligung
− Einbringung **13** 57
Kapitalherabsetzung
− Beschlussfassung **22** 11
− Gesellschaftsvertragsänderung **22** 10
− GmbH & Co. KG **22** 9
Kapitalkonto
− Abgrenzungskriterien **7** 13
− Beteiligungskonto **21** 24
− Darlehen **7** 15
− Dreikontenmodell **21** 28, 42 f.
− Dreikontenmodell, modifiziertes **21** 30, 59
− Ein-/Umbuchung Einlage **43** 13
− Entnahme **21** 22, 35
− festes **21** 4, 15 f., 19
− Forderungskonto **21** 24
− Gesellschafterkonten als Einlagengeschäft iS KWG **21** 61
− Gestaltungsvarianten **21** 26 f.

Hagen   1709

- Gestaltungsvorgaben **21** 18f.
- Gewinn-/Verlustverrechnung **21** 20, 32
- Gewinn, nichtentnahmefähiger **21** 21, 23
- Gewinnkonto **21** 8, 12
- Insolvenz **21** 38
- Kapitalkonto I **21** 34; **23** 27
- Kapitalkonto II **21** 21, 35, 39; **23** 27
- Kommanditist **21** 7 f., 10
- Komplementär-GmbH **21** 5
- Kontoguthaben **21** 34
- Kontokorrent **21** 25
- negatives **21** 9
- Regelungen, gesellschaftsvertragliche **21** 15 f.
- Rücklagenkonto **21** 23, 30
- steuerliches gem. § 15a EStG **7** 12
- Umwandlung **43** 17
- variables **21** 5, 15 f.
- Verlustausgleich **21** 39
- Verzinsung **21** 22, 37, 51
- Vierkontenmodell **21** 29, 56
- Zweikontenmodell **21** 27, 32 f.

Kapitalkonto I 21 34; **23** 27
Kapitalkonto II 21 21, 35, 39; **23** 27
Kapitalkonto, negatives 21 9
- Gesellschafterausscheiden **33** 29

Kartellrecht
- Anwendungsbereich § 1 GWB **27** 86
- Wettbewerbsverbot **27** 86 f.

Kartellverbot
- Verhältnis zu Wettbewerbsverbot **27** 86 f., 89
- Wettbewerbsverbot, funktionsförderndes **27** 90

Kauf-/Abtretungsvertrag Kommanditanteil
- Formulierungsmuster **62** II 1

Kauf-/Abtretungsvertrag Komplementär-GmbH-Geschäftsanteil
- Formulierungsmuster **62** II 1

Kaufpreis
- Festschreibung **29** 39

Kaufvertrag
- Grunderwerbsteuer **9** 6

KG-Vertrag 10 6
- Form **10** 19
- Kommanditist **10** 8
- Komplementär-GmbH **10** 8
- Spaltungsvertrag **10** 45
- Verschmelzungsvertrag **10** 45
- Vertragsabschluss **10** 14

Klageerhebung
- Geschäftsführungsbefugnis **44** 27

Klageschrift 44 9
Klageverfahren 44 8
Kleingewerbe
- Haftung bei **12** 7
- Rechtsformwechsel in GmbH & Co. KG **11** 2f., 5

Know-How
- Einbringung **20** 14

Kommandit-Beteiligung
- Haftung bei Übertragung **29** 72

Kommanditanteil
- Anrechnung anteiliger Gewerbesteuermessbetrag bei Veräußerung **33** 80
- Belastung **41** 1 f.
- Formulierungsmuster Handelsregisteranmeldung **62** II 2
- Formulierungsmuster Kauf-/Abtretungsvertrag **62** II 1
- Nießbrauch **39** 9; **41** 29 f.
- steuerliche Behandlung Übertragung zwischen Angehörigen **33** 42 f.
- Testamentsvollstreckung **35** 28, 32
- Treuhand **40** 39
- Treuhandschaft **41** 6 f.
- Unterbeteiligung **41** 19 f.
- Vereinbarungstreuhand **41** 9
- Vererblichkeit **34** 9
- Verpfändung **38** 3 f.; **41** 4

Kommanditgesellschaft
- werbende **35** 8

Kommanditist 10 25
- Abschlussprüferbericht **25** 16
- als Erbe Komplementäranteil **35** 6
- Auskunftsanspruch **25** 32 f.
- Ausschließungsklage **31** 32, 82
- Ausweis Kapitalanteil **23** 27
- Beschränkung/Ausschluss Informationsrecht **25** 24, 31
- Betriebsprüfungsbericht **25** 16
- Bevollmächtigung Dritter **25** 49
- Einfluss auf Geschäftsführung **27** 39
- Einfluss, beherrschender **27** 35
- Einlage, gesplittete **40** 74; **43** 9
- Einlageleistung, Wirkung der **43** 6 f.
- Einlageverpflichtung **43** 3
- Einsichtnahme **25** 22
- Einsichtsrecht **25** 16, 17 f.
- Entnahme, gesetzliche **24** 24
- Entnahmen **21** 13
- Entzug Informationsrecht **25** 41

- Formulierungsmuster Handelsregisteranmeldung Eintritt **62** III 4
- Geschäftsunterlagen **25** 17
- Gesellschaftsangelegenheiten **25** 19
- Gesellschaftsanteil **21** 1
- Gewinn- und Verlustbeteiligung **24** 1, 5
- Gewinnentnahme, haftungsrelevante **43** 22
- Gewinnkonto **21** 8, 12
- Haftsumme **43** 3
- Haftung **43** 1 f.
- Haftung bei Einlagenrückgewähr **43** 15 f.
- Haftung bei Insolvenzplan **49** 109
- Haftung bei Liquidation der GmbH & Co. KG **47** 87
- Haftung bei Spaltung **54** 37
- Haftung des eintretenden **28** 16
- Haftung in der Insolvenz **49** 103
- Haftung nach Ausscheiden **43** 30
- Haftung während Gründungsphase **12** 6, 10
- Haftung, unbeschränkte **43** 25
- Haftungsbefreiung durch Einlageleistung **43** 6 f.
- Handelsbilanz **25** 15
- herrschender **51** 41
- Hinzuziehung Dritter **25** 48
- Informationsrecht, außerordentliches **25** 27 f.
- Informationsrechte **25** 13, 14 f.
- Insolvenzantrag **49** 39
- Insolvenzeröffnung über Vermögen des **30** 20
- Jahresabschluss **25** 15
- Kapitalkonto **21** 7 f., 10
- Kapitalkonto, negatives **21** 9
- KG-Vertrag **10** 8
- Kontroll-/Informationsrechte, erweiterte **27** 40
- Kontrollrecht **25** 13
- Mitwirkung Bilanzfeststellungsbeschluss **17** 63
- Pflicht zur Zuziehung Dritter **25** 52
- Prokura **16** 20
- Steuerbilanz **25** 15
- Tod eines **30** 11; **34** 9
- Verfall Entnahmerecht **24** 33
- Verhältnis Kartell-/Wettbewerbsverbot **27** 95
- Vernehmung im Prozess **44** 12

- Wettbewerbsverbot **27** 1, 32 f., 35, 39, 40
- Zuweisung bei Umwandlung **10** 46
- Zwischenbilanzen **25** 16

Kompetenzordnung
- Ausgestaltung **17** 16 f.
- personengleiche GmbH & Co. KG **17** 18
- personenverschiedene GmbH & Co. KG **17** 21

Kompetenzübertragung
- auf Beirat **19** 62

Komplementär 3 39 f.
- AG als **3** 49
- Ausschließungsklage **31** 32, 82
- Ausweis Kapitalanteil **23** 27
- Entnahme, gesetzliche **24** 21
- GmbH & Co. KG als **3** 20
- Haftung **42** 1 f.
- Haftung des eintretenden **28** 15
- Informationsrecht **25** 60
- Juristische Person, ausländische als **3** 43
- Publizitätspflichten **3** 47
- Stiftung als **3** 53
- Tod eines **30** 12; **34** 3
- Unternehmergesellschaft als **3** 40
- Verfall Entnahmerecht **24** 32
- Vor-GmbH **10** 23
- Wettbewerbsverbot **27** 1, 4 f.
- Zuweisung bei Umwandlung **10** 46

Komplementär-Beteiligung
- Haftung bei Übertragung **29** 68

Komplementär-GmbH 10 22
- Abfindung **32** 11 f.
- Abfindungsbeschränkung/-ausschluss **36** 6
- Abgrenzung Vorgesellschaft zu Vorgründungsgesellschaft **12** 15
- Abtretungsklausel Geschäftsanteil **35** 18
- Akzessorietät der Haftung **42** 4
- Amortisation Gesellschaftsanteil **31** 47 f.
- Andienrechte/-pflichten Geschäftsanteil **29** 46
- Anfechtungsgründe Beschlussfassung **18** 32 f.
- Anfechtungsklage Beschlussfassung **18** 68
- Anhang **23** 15
- Anteilsübertragung **29** 3, 47
- Arbeitnehmerzurechnung **19** 3

Sachverzeichnis

- Arbeitsdirektor **19** 31
- Auflösung **30** 14; **47** 97 f.
- Auflösungskündigung **31** 22
- Aufsichtsrat **19** 1
- Aufwendungsersatz **23** 14
- Aufwendungsersatzanspruch **5** 86
- Auskunftsrecht **25** 61
- Ausscheiden der einzigen **30** 57
- Ausschließungsklage Gesellschafter **31** 65, 82
- Ausschluss der Vererblichkeit Gesellschaftsanteil **35** 16
- Austrittskündigung **31** 22
- Austrittsrecht **31** 4
- Austrittsrecht, außerordentliches **31** 25, 81
- Austrittsrecht, ordentliches **31** 19, 79
- Austrittsvereinbarung **31** 31
- Auswirkung Insolvenz der GmbH & Co. KG auf Komplementär-GmbH **49** 29
- bei Auflösung GmbH & Co. KG **46** 64
- bei Verschmelzung **52** 38
- Beirat bei **19** 53, 55, 56, 88
- Beirat, fakultativer **19** 42
- Beiratsbeschluss, fehlerhafter **19** 172
- Beschlussfassung **17** 11
- Beschlussfassung Gesellschafterversammlung **17** 140, 143 f.
- Beschlussmängel **18** 8, 17 f.
- Beteiligung bei Formwechsel GmbH in GmbH & Co. KG **56** 82
- Bilanzierung **23** 4
- Bilanzierung Darlehensgewährung **23** 8
- Bilanzierung der Anteile bei KG **23** 25
- Bilanzierung Gewinnanspruch **23** 7
- Bilanzierung in Liquidationsphase **47** 109
- Doppelinsolvenz **30** 58
- Durchführung Liquidation **47** 104
- Einberufung Gesellschafterversammlung **17** 72, 75 f.
- Einsichtsrecht **25** 61
- einstweiliger Rechtsschutz Beschlussmängelrechtsstreit **18** 82
- Einwendungen, persönliche **42** 31
- Einwendungen/Einreden **42** 27
- Einziehungsklausel Geschäftsanteil **35** 17
- Einziehungsklausel Gesellschaftsanteil **45** 38
- Einziehungsregelungen im Gesellschaftsvertrag **31** 56 f.
- Feststellungsklage Beschlussfassung **18** 78
- Firmenbildung **14** 18
- Formulierungsmuster Gesellschafterbeschluss Gesellschaftereintritt **62** III 1
- Formulierungsmuster Satzung (ausführlich) **59** III
- Formulierungsmuster Satzung (einfach) **58** III
- Formulierungsmuster Satzung (Einheitsgesellschaft) **61** III
- Fortsetzung **47** 107
- gerichtliche Geltendmachung Beschlussmängel **18** 62 f.
- Geschäftsbetrieb, eigenständiger **19** 13
- Geschäftsführer **16** 25 f.
- Geschäftsführer als Liquidator **47** 100
- Geschäftsführervergütung **5** 71
- Geschäftsführungsbefugnis **16** 7
- Gesellschafterausschluss **31** 47 f.
- Gesellschaftereintritt **28** 1, 19 f.
- Gesellschafterversammlung **17** 4, 11
- Gesellschafterversammlung Einheitsgesellschaft **17** 135 f.
- Gesellschafterversammlung GmbH & Co. KG **17** 129
- Gesellschaftsangelegenheiten **25** 67
- Gesellschaftsanteil **21** 1
- Gewinn- und Verlustbeteiligung **24** 4
- Gewinn- und Verlustrechnung **23** 11
- Gründerhaftung Vorgesellschaft **12** 16
- Haftung **42** 1 f.
- Haftung bei Abgabe Willenserklärung **42** 14
- Haftung bei Anteilsübertragung **29** 77
- Haftung bei Aufnahme Geschäftstätigkeit vor Handelsregistereintragung **12** 2
- Haftung bei Duldungspflichten **42** 15
- Haftung bei Einmann-Gründung **12** 32
- Haftung bei Insolvenzplan **49** 108
- Haftung bei Liquidation der GmbH & Co. KG **47** 86
- Haftung bei Unterlassungspflichten **42** 15
- Haftung bei Verwendung GmbH-Mantel **12** 31
- Haftung für Altverbindlichkeiten **42** 10

Sachverzeichnis

- Haftung Geschäftsführer **12** 12
- Haftung in der Insolvenz **49** 99
- Haftung nach Ausscheiden aus GmbH & Co. KG **42** 21
- Haftung während Gründungsphase **12** 5, 9, 14 f.
- Haftungsinhalt **42** 12
- Haftungsregelung, gesellschaftsvertragliche **42** 20
- Haftungsvergütung **23** 12
- Handelndenhaftung **12** 22 f.
- Handelsregisteranmeldung Gesellschafterwechsel **29** 81
- Handelsregisteranmeldung Kapitalerhöhung **28** 34
- Harmonisierung Eintrittsregelung **28** 37
- Informationsgegenstand **25** 67
- Informationsrecht **25** 60
- Informationsrecht der Gesellschafter **25** 64 f.
- Insolvenzeröffnung **30** 20; **49** 32
- Jahresabschluss **23** 4 f.
- Kapitalerhöhung **28** 19 f.
- Kapitalerhöhung aus genehmigtem Kapital **28** 36
- Kapitalkonto **21** 5
- KG-Vertrag **10** 8
- Kompetenzordnung **17** 16 f.
- Kontrollrecht Aufsichtsrat **19** 33
- Konzernbildungskontrolle **51** 67 f.
- Ladung zur Gesellschafterversammlung **17** 87 f., 90
- Lagebericht **23** 16
- Liquidation **47** 97 f.
- Liquidationszusatz **47** 99
- Löschung **30** 16
- Nachfolgeklausel **35** 17
- Nachfolgeregelung **35** 16 f.
- Nichtigkeitsgründe Beschlussfassung **18** 25 f.
- Nichtigkeitsklage Beschlussfassung **18** 64
- Nießbrauch an Beteiligung **41** 29
- Nießbrauch Geschäftsanteil **39** 47 f.
- Pensionszusage Geschäftsführer **5** 76 f.
- Pfändung Einzelansprüche **45** 39
- Pfändung Gesellschaftsanteil **45** 30 f.
- Prozessrecht **44** 19 f.
- Prüfungspflicht **23** 4
- Publizität **23** 4
- Rechnungslegung **23** 2, 4 f.
- Regress **42** 18

- Satzungsgestaltung Pfändung Gesellschaftsanteil **45** 37
- Schiedsfähigkeit Beschlussmängelstreitigkeit **18** 103, 110 f.
- Schiedsvereinbarung **18** 102 f., 121
- Schiedsvereinbarung in Satzung **44** 49, 50
- Sitz **15** 9 f., 14
- Sitzverlegung **15** 19
- Tagesordnung Gesellschafterversammlung **17** 92
- Tätigkeit, anderweitige unternehmerische **35** 37
- Testamentsvollstreckung **35** 36
- Tod eines Gesellschafters **34** 10
- Treuhand an Geschäftsanteil **40** 39
- Übertragung Teilgeschäftsanteil **29** 4
- Übertragungsverbot, partielles **29** 36, 37
- Übertragungsvertrag **29** 63 f.
- Umwandlung **30** 17
- Unterbeteiligung an **40** 3
- Unternehmen, abhängiges **51** 35
- Unternehmensgegenstand **15** 6
- Unternehmereigenschaft **8** 12
- Veräußerungsverbot **29** 36
- Vergütung **23** 61
- Verhältnis Kartell-/Wettbewerbsverbot **27** 91
- Verhältnis Kartell-/Wettbewerbsverbot, nachvertragliches **27** 94
- Verjährungseinrede **42** 30
- Verpfändung Einzelanspruch **38** 42
- Verpfändung Geschäftsanteil **38** 20
- Verrechnungskonto **23** 53
- Vertragsgestaltung Übertragung Geschäftsanteil **29** 28 f., 47
- Vertretung **16** 70
- Vertretungsbefugnis **16** 7, 18
- Vinkulierung Geschäftsanteil **29** 28, 47
- Vinkulierung, mittelbare **29** 32
- Vollbeendigung **30** 13
- Vollversammlung **17** 74, 87
- Vor-/Nacherbfolge **35** 23
- Vorkaufsrecht Geschäftsanteil **29** 38 f.
- Wegzugsfälle **19** 6
- Wettbewerbsverbot **27** 4 f.
- Wettbewerbsverbot der Gesellschafter **27** 44
- Wettbewerbsverbot des Geschäftsführers **27** 49
- Willensbildung, innere **17** 16 f.

Hagen

Sachverzeichnis

- Zuständigkeit Einberufung Gesellschafterversammlung **17** 76
- Zuständigkeit Gesellschafterversammlung **17** 25 f.
- Zustimmung Anteilsübertragung **29** 29
- Zwangseinziehung Gesellschaftsanteil **31** 51 f.

Komplementär-GmbH & Co. KG 3 20
- Handelsgewerbe **3** 23

Komplementär-Kapitalgesellschaft, ausländische
- Mitbestimmungsrecht **19** 4
- Zuzug **19** 5

Komplementäranteil
- Testamentsvollstreckung **35** 29, 31
- Treuhandmodell **35** 35
- Vollmachtsmodell **35** 35

Kontrahierungsschaden 49 49

Kontrollrecht
- Aufsichtsrat **19** 33
- Kommanditist **25** 13
- bei Unterbeteiligung **40** 17

Konzern
- Arbeitnehmerzurechnung **19** 19
- Existenzvernichtungshaftung **51** 104 f.
- faktischer **51** 76 f.
- Familienkonzern **51** 5
- Gewinnverwendungsklausel **51** 141a
- GmbH & Co. KG als Baustein **51** 1 f.
- GmbH & Co. KG, beherrschte **51** 45 f.
- GmbH & Co. KG, herrschende **51** 130 f.
- Holding **51** 4
- Konzernbildung **51** 32
- Konzernkonflikt **51** 43
- Konzernleitung **51** 32
- mittelbare Beherrschung abhängiges Unternehmen **51** 39
- qualifiziert faktischer **51** 104
- Rückwirkungen **51** 34
- Thesaurierungsklausel **51** 141a
- Treuepflicht **26** 36
- Unternehmen, abhängiges **51** 35
- Unternehmen, herrschendes **51** 27 f.
- Vertragskonzern **51** 6, 63

Konzern, faktischer 51 76 f.
- Haftungsdurchgriff **51** 81, 88
- Informationsrechte konzernfreier Gesellschafter **51** 82
- Mitspracherecht konzernfreier Gesellschafter **51** 82

- Schädigungsverbot **51** 77, 82, 88
- Schutz des abhängigen Unternehmens **51** 77
- Schutz Gesellschaftsgläubiger **51** 88
- Schutz konzernfreier Gesellschafter **51** 82
- Widerspruchsrechte **51** 85
- Zustimmungsrechte **51** 85

Konzernabschluss
- GmbH & Co. KG **23** 83

Konzernbildungskontrolle 51 48 f.
- Abhängigkeit, schlichte **51** 49 f.
- GmbH & Co. KG, herrschende **51** 131 f.
- Komplementär-GmbH **51** 67 f.
- Konzernierung, qualifizierte **51** 63 f.
- Leitung, einheitliche **51** 57 f.
- Vertragskonzern **51** 63
- Wettbewerbsverbot **51** 54
- Zustimmungsvorbehalte **51** 52

Konzernierung
- faktische **51** 76 f.
- Gesellschafterzustimmung, fehlende **51** 66
- qualifizierte **51** 63
- Zulässigkeit **51** 46

Konzernierungsbeschluss
- Begründung Abhängigkeit **51** 51
- Begründung Abhängigkeit **51** 57, 62

Konzernierungsgrade 51 23

Konzernklausel
- Gesellschaftsvertrag **51** 138

Konzernkonflikt 51 43

Konzernleitungskontrolle 51 140

Konzernrechnungslegungspflicht 23 83

Konzernrecht 51 2
- Abhängigkeit iS § 17 AktG **51** 12 f.
- Aufgreifschwellen **51** 137
- Begrifflichkeiten **51** 8 f.
- Konzernbildungskontrolle **51** 48 f.
- Konzernierungsgrade **51** 23
- Leitung, einheitliche iS § 18 AktG **51** 21
- Unternehmensbegriff **51** 9

Konzernunternehmen
- GmbH & Co. KG **51** 3

Körperschaftsteuer
- Besteuerung KG-Gesellschafter **6** 1, 25 f.
- Verlustvortrag bei Formwechsel Kapitalgesellschaft in GmbH & Co. KG **57** 97

- Verlustvortrag bei Verschmelzung Kapitalgesellschaft auf GmbH & Co. KG **53** 174

Körperschaftsteuerklausel
- Realteilung Einzelwirtschaftsgüter **55** 23

Krankheit
- Entgeltfortzahlung im Krankheitsfall **16** 94

Krisensituation
- Treuepflicht **26** 43

Kündigung
- Abfindungsbeschränkung bei **30** 41
- Anschlusskündigung **30** 40
- Austrittskündigung Gesellschafter **30** 28
- durch Privatgläubiger **30** 44
- Einschränkung **30** 41
- Gestaltungsmöglichkeiten Ausscheidensregelung bei **30** 39
- Gestaltungsmöglichkeiten Rechtsfolgen **30** 42
- Gläubigerkündigung **30** 44
- Minderjährige bei Eintritt der Volljährigkeit **30** 38
- Privatgläubiger **45** 23
- Stille Beteiligung **40** 98

Kündigung, außerordentliche
- Anstellungsvertrag Geschäftsführer Komplementär-GmbH **16** 121
- Gesellschafter **30** 36
- KG-Gesellschafter **31** 12
- Kündigungsfrist **16** 126
- Verhältnis zu Auflösungsklage **46** 30, 51

Kündigung, ordentliche
- Anstellungsvertrag Geschäftsführer Komplementär-GmbH **16** 117
- Gesellschafter **30** 29
- KG-Gesellschafter **31** 8

Kündigungsfrist
- überlange **30** 41

Kündigungsklausel
- GmbH-Satzung **31** 21

Ladung
- Gesellschafterversammlung GmbH & Co. KG **17** 104, 107
- Gesellschafterversammlung Komplementär-GmbH **17** 87 f., 90

Lagebericht
- Kommanditgesellschaft **23** 18
- Komplementär-GmbH **23** 16

Leistungsbeziehung
- Abgrenzung zu Kapitalaufbringung **20** 3

Leistungsbeziehungen Gesellschaft/ Gesellschafter
- steuerliche Behandlung **2** 30

Leistungsklage
- bei Treuepflichtverletzung **26** 46

Leistungsstörung
- Kapitalaufbringung **20** 27 f.

Leistungsverweigerung 20 29

Leitung, einheitliche 51 21
- Beschlussfassung, legitimierende **51** 57, 61
- Konzernbildungskontrolle **51** 57 f.

Limited & Co. KG 3 45

Liquidation
- Abgrenzung **47** 6
- Abschluss der **47** 69 f.
- Aufbewahrung von Unterlagen **47** 70
- Ausgleich zwischen Gesellschaftern **47** 65
- Aussetzung der Verteilung **47** 68
- Beendigung laufender Geschäfte **47** 48
- Begleichung Verbindlichkeiten **47** 59
- Bilanzierung bei GmbH & Co. KG **47** 75 f.
- Bilanzierung bei Komplementär-GmbH **47** 109
- Durchführung bei GmbH & Co. KG **47** 48 f.
- Durchführung bei Komplementär-GmbH **47** 104
- Einlageneinziehung **47** 53
- Einsichtsrechte Gesellschafter **47** 71
- Eröffnungsbilanz **47** 79, 109
- Forderungseinzug **47** 51
- Gläubigerbefriedigung **47** 59
- Gläubigerschutz **47** 67
- GmbH & Co. KG **47** 1, 4 f.
- Haftung Kommanditist **47** 87
- Haftung Komplementär-GmbH **47** 86
- Handelsregisteranmeldung Erlöschen der Firma **47** 69
- Jahresbilanz **47** 82 110
- Komplementär-GmbH **47** 97 f.
- Liquidationsvergleich **47** 96
- Nachschusspflicht **47** 60
- Nachtragsliquidation **47** 72
- neue Geschäfte **47** 49
- Rechnungslegung **47** 75 f.
- Schlussbilanz **47** 84, 111

Sachverzeichnis

- Schlussbilanz werbende Gesellschaft **47** 78, 109
- Schlussverteilung **47** 63
- Stille Beteiligung **40** 100
- Veräußerung an Gesellschafter **47** 58, 95
- Veräußerung Gesamtunternehmen **47** 57, 95
- Verjährung Ansprüche an Gesellschafter **47** 89
- Verteilung Restvermögen **47** 63
- Verteilung, vorläufige **47** 66
- Verwertung Vermögensgegenstände **47** 56
- Zwischenbilanz **47** 82

Liquidationsgesellschaft 46 57
Liquidationsvergleich 47 96
Liquidationszusatz 46 57; **47** 3
- Komplementär-GmbH **47** 99

Liquidator
- Abberufung **47** 41
- Amtsbeendigung **47** 41
- Amtsniederlegung **47** 46
- Auswahl **47** 16
- Beendigung Dienstverhältnis **47** 47
- Berufung **47** 10
- Bestellung, gerichtliche **47** 18
- Geschäftsführer Komplementär-GmbH **47** 100
- Geschäftsführungsbefugnis **47** 31
- Gesellschafter **47** 10
- Haftung **47** 37
- Handelsregisteranmeldung **46** 58; **47** 25
- Insolvenzeröffnung **47** 45
- Nichtgesellschafter **47** 16
- Rechtsstellung **47** 28
- Tod des **47** 44
- Vereinbarung **47** 13
- Vergütung **47** 38
- Vertretungsbefugnis **47** 31
- Weisungen **47** 35
- Zeitablauf **47** 44

Liquidität
- Abstimmung Gesellschaftsvertrag/ Verfügung, letztwillige **35** 41

Löschung
- Komplementär-GmbH **30** 16
- wegen Vermögenslosigkeit **46** 26

Lösungsrecht
- Gesellschafter **31** 2

lucky buy
- steuerliche Behandlung **33** 68

Mangel
- Verpflichtungserklärung **20** 27

Mängelgewährleistung
- bei Dienstleistung **20** 38
- bei Nutzungsüberlassung **20** 36
- bei Sacheinlage **20** 34

Markt, relevanter
- Beteiligungsverbot **27** 17 f.

Masselosigkeit 49 25
Masseunzulänglichkeit 49 27
Mehrheitsidentität
- Mitbestimmungsrecht **19** 9

Meldepflichten
- Verschmelzung GmbH & Co. KG auf Kapitalgesellschaft **53** 74

Minderheitenschutz
- Formwechsel **56** 6

Minderheitsverlangen
- Einberufung Gesellschafterversammlung **17** 78

Minderjährige
- Aufnahmevertrag **28** 9
- Begründung Stiller Beteiligung **40** 80
- Bestellung Unterbeteiligung **40** 9
- Bestellung/Erwerb Nießbrauch **39** 13
- Gesellschaftseintritt **28** 9
- Kündigungsrecht bei Eintritt der Volljährigkeit **30** 38
- Stimmrecht Gesellschafterversammlung **17** 148

Missbrauchskontrolle
- Formwechsel AG in GmbH & Co. KG **56** 107

Missbrauchsregelung
- bei Übertragung von Betriebsvermögen **13** 16

Missbrauchsverbot
- Informationsrecht **25** 11

Mitbestimmung
- Abberufung Geschäftsführer Komplementär-GmbH **16** 45
- Anstellungsvertrag Geschäftsführer Komplementär-GmbH **16** 74 f.
- Bestellung Geschäftsführer Komplementär-GmbH **16** 34, 36
- Komplementär-GmbH **19** 1
- Zurechnung Arbeitnehmer der KG zur GmbH **19** 1, 2 f.

Mitbestimmungsrecht
- Arbeitnehmerzurechnung **19** 2 f.
- Arbeitsdirektor **19** 31
- bei Formwechsel **56** 49
- Beteiligungen, mittelbare **19** 11

1716   *Hagen*

- eigenständiger Geschäftsbetrieb der Komplementär-GmbH **19** 13
- Einheitsgesellschaft **19** 16
- GmbH & Co. KG, mehrstöckige **19** 17
- Komplementär-Kapitalgesellschaft, ausländische **19** 4
- Komplementäre, weitere **19** 8
- Mehrheitsidentität **19** 9
- Rechtsformwahl **2** 91
- Rechtsformwechsel, grenzüberschreitender **19** 6
- Wegzugsfälle **19** 6
- Zusammensetzung Aufsichtsrat **19** 25
- Zuzugsfälle **19** 5

Mitgliedschaftsrechte
- Gesellschafter, ausscheidender **30** 64
- bei Treuhand **40** 46, 60
- Zuordnung bei Nießbrauch **39** 15, 53
- Zuordnung bei Unterbeteiligung **40** 15

Mitspracherecht
- Gesellschafter, konzernfreier **51** 82

Mitunternehmer
- bei Nießbrauch **41** 31
- Gewinnermittlung **5** 1 ff.
- Nachversteuerung Thesaurierungsbeträge bei Formwechsel GmbH & Co. KG in Kapitalgesellschaft **57** 42
- Nachversteuerung Thesaurierungsbeträge bei Verschmelzung GmbH & Co. KG auf Kapitalgesellschaft **53** 84
- steuerliche Behandlung Entnahme Sonderbetriebsvermögen **33** 17
- steuerlicher Begriff **41** 2
- Treugeber **41** 8
- Treuhänder **41** 11
- Treuhandmodell **41** 13
- Unterbeteiligung **41** 19
- Verlustausgleichsbeschränkung **7** 1

Mitunternehmeranteil
- Abspaltung **55** 47
- Aufgabe gegen Sachwertabfindung **55** 46
- Einbringung **13** 53
- erbschaftsteuerliche Behandlung unentgeltliche Übertragung **37** 45 f.
- Ertragsteuer bei Einbringung **13** 23 f.
- steuerliche Behandlung Übertragung **37** 16
- Verlustvortrag, gewerbesteuerlicher **37** 20

Mitunternehmerinitiative 4 7; **41** 3
- Nießbrauchbesteller **41** 35, 38
- Nießbraucher **41** 35, 37
- Unterbeteiligung **41** 21

Mitunternehmerrisiko 4 16; **41** 3
- Nießbrauchbesteller **41** 34
- Nießbraucher **41** 32
- Unterbeteiligung **41** 20

Mitunternehmerschaft
- faktische **4** 24; **5** 75
- gewerblich geprägte **4** 30
- Innengesellschaft **4** 24
- Personengesellschaft, doppelstöckige **4** 43
- steuerliche Behandlung **2** 11
- steuerliche Behandlung Aufspaltung **55** 7 f.
- verdeckte **4** 24
- Vermögensverwaltung **4** 31

Mitunternehmerstellung
- bei Innengesellschaft **4** 24
- Gesamtbild **4** 21
- GmbH & Co. KG-Gesellschafter **4** 2
- Merkmale, steuerrechtliche **4** 5
- Mitunternehmerinitiative **4** 7
- Mitunternehmerrisiko **4** 16

Multiplikatormethode 37 51, 55

Nachfolgeklausel 35 4
- Erbauseinandersetzung **37** 41
- erbschaftsteuerliche Behandlung **37** 64
- Komplementär-GmbH **35** 17
- Sonderbetriebsvermögen **37** 27
- steuerliche Behandlung **37** 9

Nachfolgeklausel, qualifizierte 30 19; **35** 9
- Abstimmung Gesellschaftsvertrag/ Verfügung, letztwillige **35** 40
- Erbauseinandersetzung **37** 42
- erbschaftsteuerliche Behandlung **37** 65
- Sonderbetriebsvermögen **37** 28
- steuerliche Behandlung **37** 13
- Teilungsanordnung **35** 11
- Verzahnung Gesellschaftsverträge GmbH & Co. KG/Komplementär-GmbH **35** 44

Nachfolgeregelung
- Abfindungsbeschränkung/-ausschluss **36** 1 f.
- Abspaltungsthese **35** 7
- Abstimmung Gesellschaftsvertrag/ Verfügung, letztwillige **35** 37 f.

Sachverzeichnis

- Abtretungsklausel **35** 18
- Eintrittsklausel **35** 13
- Einziehungsklausel **35** 17
- Erbe ist bereits Gesellschafter **35** 6
- Erbenmehrheit **35** 7
- Erbschaftsteuer **37** 62
- Fortsetzungsklausel **35** 2
- Gesellschaftsvertrag **35** 1 f.
- GmbH & Co. KG **35** 1 f.
- Komplementär-GmbH **35** 16 f.
- Nachfolgeklausel, einfache **35** 4
- Nachfolgeklausel, qualifizierte **35** 9
- Sonderzuordnung **35** 7
- steuerliche Behandlung **37** 1 f.
- steuerliche Behandlung Sonderbetriebsvermögen **37** 24 f., 29
- Testamentsvollstreckung **35** 26
- Testierfreiheit **35** 43
- Übernahmerecht eines Gesellschafters **35** 3
- Vermächtnis **35** 25
- Verzahnung Gesellschaftsverträge GmbH & Co. KG/Komplementär-GmbH **35** 44
- Vor-/Nacherbfolge **35** 20 f.
- Vorweggenommene Erbfolge **35** 42

Nachlassinsolvenzverfahren
- Gesellschafter **30** 22

Nachschuss
- Insolvenzmasse **49** 69

Nachschusspflicht
- Gesellschafter, ausscheidender **30** 66
- Liquidation **47** 30

Nachtragsliquidation 47 72

Nachversteuerung
- Thesaurierungsbetrag **48** 29; **50** 26
- Thesaurierungsbeträge bei Formwechsel GmbH & Co. KG in Kapitalgesellschaft **57** 42
- Thesaurierungsbeträge bei Verschmelzung GmbH & Co. KG auf Kapitalgesellschaft **53** 84

Nebenintervention 44 10

Negativerklärungen
- Umwandlungsbeschluss **56** 36, 43

Nennwertklausel
- Abfindung **32** 30

Nettoprinzip 13 27

Neugründung
- Firma **10** 12
- Firmenbildung **14** 12
- Gesellschaftsvertrag **10** 13
- GmbH & Co. KG **10** 2

- GmbH & Co. KG durch Eintritt in Einzelunternehmen **10** 47
- Haftung im Gründungsstadium **12** 1 f.
- Handelsgewerbe **10** 10
- Kapitalbeschaffung **2** 97
- KG-Vertrag **10** 8
- Motivation **2** 95
- Spaltung zur **54** 3
- Umwandlung zur **10** 3, 39 f., 43
- Verschmelzung im Wege der **52** 3
- Vertragsabschluss **10** 13 f.

Nichtbeschluss 18 23

Nichtigkeit
- Beschlussfassung **18** 25 f., 52
- Beschlussfassung GmbH & Co. KG **18** 9
- Bestellung Geschäftsführer Komplementär-GmbH **16** 39

Nichtigkeitsklage
- Beschlussfassung Komplementär-GmbH **18** 64
- Beschlussmängel **18** 18
- Klagefrist **18** 67

Niederlegung
- Geschäftsführung **16** 12

Nießbrauch
- Abfindungsanspruch **39** 60
- Abgrenzungen **39** 5
- auf durch Kapitalerhöhung erhöhten Gesellschaftsanteil **39** 38
- Auflösung Gewinnrücklage **41** 40
- Auseinandersetzungsguthaben **39** 60
- Auskunfts-/Einsichtsrechte bei **39** 24
- Beendigung **39** 14
- Begriff **39** 1
- Beteiligung an Komplementär-GmbH **41** 29
- Bezugsrecht bei Kapitalerhöhung **39** 37, 42, 57
- Erbschaftsteuer **41** 73 f.
- Ergebnis, negatives steuerliches **41** 42
- Ertragsbesteuerung aperiodischer Vorgänge **41** 49 f.
- Ertragsnießbrauch **41** 37
- Gemeiner Wert **41** 78
- Geschäftsanteil Komplementär-GmbH **39** 47 f.
- Gesellschaftsanteil **39** 1, 8 f., 47 f.
- Gesellschaftsanteil GmbH & Co. KG **39** 8 f.
- Gewinnanspruch **39** 60
- Handelsregistereintragung **39** 27
- Informationsrechte bei **39** 25, 55

1718   *Hagen*

- Jahreswert **41** 79
- Kapitalerhöhung aus Gesellschaftsmitteln **39** 37, 38
- Kapitalerhöhung gegen Einlage **39** 37, 39
- Kommanditanteil **39** 9; **41** 29 f.
- Lasten **39** 34
- Mitunternehmerrisiko **41** 32
- Nutzungen **39** 28, 62
- Rechtsstellung Nießbraucher **39** 15, 52
- Rechtsstellung Nießbrauchsbesteller **39** 15, 52
- Regelung Mitgliedschaftsrechte **39** 21
- steuerliche Behandlung **41** 39 f.
- steuerliche Behandlung bei Wegfall des **41** 66
- Stimmbindungsvereinbarung **39** 22
- Stimmrecht bei **39** 22, 53
- Stimmrechtsregelung **39** 22
- Stimmrechtsübertragung bei **39** 23, 54
- Surrogate **39** 35, 41
- Übertragung Gesellschaftsanteil bei **39** 43, 59
- Umfang **39** 28 f., 56
- Umfangsregelung **39** 41
- Untergang Geschäftsanteil bei **39** 58
- Unternehmensnachfolge **39** 2
- Verfügung über Gesellschaftsgegenstand bei **39** 45
- Verlustzuweisung **41** 43
- Vermächtnisnießbrauch **39** 3
- Vermögensgegenstand **39** 60
- Verzicht, entgeltlicher **41** 69
- Verzicht, unentgeltlicher **41** 68
- Vorbehaltsnießbrauch **39** 2; **41** 29, 50
- Zuordnung Mitgliedschaftsrechte **39** 15, 53
- Zuwendungsnießbrauch **39** 4
- Zuwendungsnießbrauch **41** 29, 48, 63

Nießbrauchbesteller
- Mitunternehmer **41** 31, 34, 38
- steuerliche Behandlung **41** 39

Nießbraucher
- Mitunternehmer **41** 31
- Mitunternehmerinitiative **41** 35, 37
- steuerliche Behandlung **41** 39, 46

Nießbrauchsbestellung
- Anzeige der **39** 51
- Beteiligung Minderjähriger **39** 13
- Form **39** 11, 49
- Haftung bei **39** 26
- Handelsregistereintragung **39** 27

- Umfang **29** 28 f.
- unterjährige **39** 31
- Verfügung, letztwillige **39** 12
- Vermögensgegenstand **39** 60
- Zulässigkeit **39** 10, 47

Nominalwertprinzip 20 17

Notgeschäftsführer
- Bestellung **16** 34

Nutzungsüberlassung
- Mängelgewährleistung **20** 36

Objektgesellschaft
- Grunderwerbsteuer **9** 40

Obliegenheitspflichtverletzung
- Haftung Geschäftsführer Komplementär-GmbH **16** 150

Offenlegungspflicht
- Jahresabschluss GmbH & Co. KG **23** 79
- Prüfungspflicht **23** 79

OHG
- Rechtsformwechsel in GmbH & Co. KG **11** 2 f., 10

Ordnungsmaßnahmen, unberechtigte
- Gesellschafterversammlung **18** 38

Organ
- Bestellung Geschäftsführer Komplementär-GmbH **16** 34

Organbezüge
- Anhang **23** 76

Organschaft
- Umsatzsteuer **8** 16

Parteifähigkeit
- GmbH & Co. KG **44** 1

Partiarisches Darlehen
- Abgrenzung zu Stiller Beteiligung **40** 37
- Abgrenzung zu Treuhand **40** 37

Partnerschaft
- Rechtsformwechsel in GmbH & Co. KG **11** 8

Passivlegitimation
- Schadensersatzanspruch gegen Beiratsmitglied **19** 159

Pensionsfonds
- Versorgungszusage **16** 95

Pensionskasse
- Versorgungszusage **16** 95

Pensionsverpflichtungen
- bei Formwechsel Kapitalgesellschaft in GmbH & Co. KG **57** 73

Pensionszusage
- Geschäftsführer Komplementär-GmbH **5** 76 f.

Personalentscheidung
- Beirat **19** 87

Personengesellschaft
- abhängige **51** 5
- Gewinnthesaurierung **2** 14, 18
- herrschende **51** 4
- Konzernunternehmen **51** 3
- Motive für Umwandlung in GmbH & Co. KG **2** 100
- Verschmelzung auf GmbH & Co. KG **53** 5 f.
- Zulässigkeit Konzernierung **51** 46

Personengesellschaft, doppelstöckige
- Mitunternehmerstellung **4** 43
- steuerliche Behandlung Veräußerung Gesellschaftsanteil an **33** 35
- Verlustverrechnung **7** 66

Personenvereinigung
- Rechtsformwechsel in GmbH & Co. KG **11** 11

Pfandrecht
- Ablösungsrecht bei Pfandverwertung **38** 35
- Einzelanspruch bei GmbH & Co. KG **38** 37 f.
- Einzelanspruch bei Komplementär-GmbH **38** 42
- Gesellschaftsanteil **38** 1 f.
- Übertragung **38** 14
- Umfang **38** 15, 31
- Verwertung **38** 16, 34
- Verwertungsvereinbarung **38** 19, 36

Pfändung
- Abfindungsanspruch **45** 23, 26, 39
- Auseinandersetzungsguthaben **45** 26
- Einzelanspruch **45** 26, 39
- Gesellschaftsanteil GmbH & Co. KG **45** 14 f.
- Gesellschaftsanteil Komplementär-GmbH **45** 30 f.
- Gewinnanspruch Komplementär-GmbH **45** 39
- Rechtsstellung der Beteiligten **45** 18, 33
- Satzungsgestaltung Pfändung Gesellschaftsanteil Komplementär-GmbH **45** 37
- Umfang **45** 16, 32
- Verfahren **45** 15, 28, 31

- Verwertung Gesellschaftsanteil GmbH & Co. KG **45** 20
- Verwertung Gesellschaftsanteil Komplementär-GmbH **45** 34

Pflichteinlage 20 2

Pflichtteil
- Abstimmung Gesellschaftsvertrag/Verfügung, letztwillige **35** 41

Pflichtteilsverzichtsvertrag 35 41

Pflichtverletzung
- Abberufung Geschäftsführer **16** 45
- Auflösungsklage **46** 35
- Beiratsmitglied **19** 142

Poolbildung
- konzernrechtliche Relevanz **51** 31

Poolvertrag 40 95

Privatgläubiger
- Gestaltungsmöglichkeiten bei Kündigung durch **30** 50
- Kündigung der Gesellschaft durch **30** 44
- Kündigungsrecht **45** 23

Privatvermögen
- bei Verschmelzung Kapitalgesellschaft auf GmbH & Co. KG **53** 158
- Einlage Vermögensgegenstand aus **13** 4
- Einlagewert **13** 4
- Ertragsteuer bei Einlage aus **13** 4
- Übertragung Einzelwirtschaftsgut in Gesamthandsvermögen **5** 100

Prokura 16 19, 20
- bei Auflösung der Gesellschaft **46** 59
- Widerruf **16** 21

Prominentenbeirat 19 46

Prospekthaftung
- Publikums-KG **3** 33

Protokoll
- Gesellschafterversammlung **17** 121, 134

Prozess
- Abgrenzung Gesellschafts-/Gesellschafterprozess **44** 4
- Auflösung der GmbH & Co. KG **44** 13
- Einreden/Einwendungen/Verjährung **44** 21
- Formwechsel **44** 15
- Gerichtsstand Gesellschafter **44** 19, 32
- Gerichtsstand GmbH & Co. KG **44** 8
- Geschäftsführungsbefugnis Klageerhebung **44** 27
- Gesellschafter im **44** 19 f.

Sachverzeichnis

- GmbH & Co. KG im **44** 1 f.
- GmbH & Co. KG/Gesellschafter **44** 25 f.
- Insolvenz der GmbH & Co. KG **44** 14
- Klageschrift **44** 9
- Klageverfahren **44** 8
- Kosten **44** 16
- Nebenintervention **44** 10
- Partei **44** 12
- Parteiwechsel, gewillkürter **44** 5
- Prozesskostenhilfe **44** 17
- Rechtskraftwirkung **44** 18
- Spaltung **44** 15
- Streitgenossenschaft **44** 5
- Streitverkündung **44** 22
- Unterbrechung **44** 13, 20
- Vermögensübernahme **44** 15
- Vernehmungen **44** 12
- Verschmelzung **44** 15
- Zeugen **44** 12

Prozessfähigkeit
- GmbH & Co. KG **44** 6

Prozesskostenhilfe 44 17
Prozesspfleger 44 33
Prüfungspflicht 23 77
- Jahresabschluss GmbH & Co. KG **23** 77
- Kommanditgesellschaft **23** 17
- Komplementär-GmbH **23** 4

Publikums-AG
- Formwechsel in GmbH & Co. KG **56** 105 f.

Publikums-KG 3 29
- Anlegerschutz **3** 31
- Beschlusskontrolle, materielle **3** 34
- Bestimmtheitsgrundsatz **3** 34
- Gewinnverteilungsabrede **5** 18
- Haftung Beiratsmitglied **19** 160
- Inhaltskontrolle Gesellschaftsvertrag **3** 32
- Mehrheitsklausel, gesellschaftsvertragliche **3** 34
- Mitwirkungsrechte **3** 30
- Prospekthaftung **3** 33
- Sonderrechte **3** 31

Publikumsgesellschaft
- Auswechslung Treuhänder **40** 70
- Beendigung Treuhandverhältnis bei **40** 67
- Beschlussfassung Konzernierung **51** 103
- Beschränkung Informationsrecht Kommanditist **25** 25

- Einlage, gesplittete **43** 9
- Gesellschafterkonten **23** 31
- Schiedsvereinbarung **44** 48
- Treuepflicht **26** 17
- Treuhand **40** 34

Publikumspersonengesellschaft
- Beirat **19** 44

Publizität 23 1 f.
- Kommanditgesellschaft **23** 17
- Komplementär-GmbH **23** 4
- Rechtsformwahl **2** 90

Publizitätspflichten
- Komplementär, ausländischer **3** 47

Rangrücktrittsvereinbarung 49 20, 22
Realteilung 47 96
- Begriff, steuerlicher **55** 5, 6
- Betriebsvermögen GmbH & Co. KG **55** 15
- Buchwertanpassung **55** 24
- Einzelwirtschaftsgüter **55** 20
- Grunderwerbsteuer **55** 53
- Kapitalkontenanpassung **55** 24, 25
- Kapitalkontenausgleich **55** 24
- Körperschaftsteuerklausel bei R. Einzelwirtschaftsgüter **55** 23
- Personengesellschaft mit Spitzenausgleich **55** 26 f.
- Personengesellschaft ohne Spitzenausgleich **55** 11 f.
- Sonderbetriebsvermögen **55** 38
- Sperrfrist bei Einzelwirtschaftsgut **55** 21
- Übergang Stiller Reserven **55** 18
- Umsatzsteuer **55** 50
- Umsetzung **55** 24

Rechnungslegung 23 1 f.
- bei Liquidation **47** 75 f.
- bei Wettbewerbsverbotsverletzung **27** 72
- in Insolvenz **50** 6
- Kommanditgesellschaft **23** 3, 17 f.
- Komplementär-GmbH **23** 2, 4 f.
- Konzernrechnungslegungspflicht **23** 83
- Rechtsformwahl **2** 90

Rechtsformwahl
- Belastungsvergleich, steuerlicher **2** 5, 50
- Drittorganschaft **2** 71
- Erbschaftsteuer **2** 44 f.
- Ertragsbesteuerung **2** 17

Hagen 1721

Sachverzeichnis

- Familiengesellschaft **2** 87
- Fremdgeschäftsführung **2** 74
- Führungsnachfolge **2** 72
- Gesellschaftereinfluss **2** 81
- gesellschaftsrechtliche Überlegungen **2** 62 f.
- Gestaltungen, alternative **2** 54
- GmbH & Co. KG **2** 68
- Grundbesitz **2** 34
- Kapitalbeschaffung **2** 76
- Leistungsbeziehungen Gesellschaft/ Gesellschafter **2** 30
- Mitbestimmung **2** 91
- Motive **2** 95 f.
- Publizität **2** 90
- Rechnungslegung **2** 90
- Schenkung **2** 44 f.
- steuerrechtliche Überlegungen **2** 4, 8 f.
- Substanzbesteuerung **2** 28
- Unternehmenskontinuität **2** 92
- Unternehmensnachfolge **2** 87
- Wechsel im Gesellschafterbestand **2** 40

Rechtsformwechsel *sa Formwechsel*
- außerhalb UmwG **11** 1 f.
- grenzüberschreitender **19** 6

Rechtsformzusatz
- Firma **14** 15

Rechtskraftwirkung 44 18

Rechtsnachfolgervermerk 29 79

Rechtsscheinhaftung 12 11
- Firma **14** 60
- Geschäftsbrief **14** 53
- Geschäftsführer Komplementär-GmbH **16** 170

Rechtsschutz
- Beschlussmängel **18** 1
- Formwechsel GmbH in GmbH & Co. KG **56** 103
- Umwandlungsbeschluss **56** 59 f.

Rechtsschutz, vorläufiger
- Beschlussmängel **18** 82

Rechtsstellung
- Verlustausgleichsbeschränkung bei Wechsel der **7** 47 f.

Rechtsstreitigkeit
- GmbH/Geschäftsführer **16** 137

Rechtsträgerwechsel
- bei Übertragung Wirtschaftsgut zwischen Gesellschaft/Gesellschafter **5** 93

Rechtsweg
- Anstellungsvertrag Geschäftsführer Komplementär-GmbH **16** 137

- Vorabentscheidungsverfahren **16** 142

Reflexschaden
- Treuepflichtverletzung **26** 52

Registerpublizität 10 33

Regress 42 18
- Gesellschafter, ausgeschiedener **42** 26

Repräsentativverfassung 17 138

Risikoüberbürdung
- Existenzvernichtungshaftung **51** 118

Rückfallklausel
- bei Treuhand **40** 53

Rückgabe von Gegenständen
- Gesellschafter, ausscheidender **30** 67

Rückgriff
- gegenüber Mitgesellschafter **42** 19

Rücklagen
- Eigenkapitalgliederung **23** 39, 42, 45

Rücklagenkonto
- Kapitalkonto **21** 23, 30

Rückwirkung
- Formwechsel GmbH & Co. KG in Kapitalgesellschaft **57** 44

Rückwirkungsfiktion
- Formwechsel Kapitalgesellschaft in GmbH & Co. KG **57** 99
- Gesellschafterausscheiden im Rückwirkungszeitraum **53** 182
- Verschmelzung GmbH & Co. KG auf Kapitalgesellschaft **53** 75
- Verschmelzung Kapitalgesellschaft auf GmbH & Co. KG **53** 177

Rückzahlung
- Einlage Kommanditist **43** 15 f.
- zu Lasten Vermögen Komplementär-GmbH **43** 24

Ruhegeldzusage
- Geschäftsführer Komplementär-GmbH **16** 95

Russian-Roulette-Klausel 31 45

Sachbeitrag 20 11
- quoad dominum **20** 11
- quoad sortem **20** 12
- quoad usum **20** 13

Sacheinlage
- Einbringungswert **20** 41
- Mängelgewährleistung **20** 34

Sachgesamtheiten
- Einbringung **20** 14

Sachgründungsbericht
- Formwechsel **56** 31

Sachleistung
- Einlagen **20** 16

Sachverständiger
– Hinzuziehung durch Kommanditist **25** 48
– Pflicht zur Einschaltung **25** 52
Sachwertabfindung
– ins Betriebsvermögen **33** 27
– ins Privatvermögen **33** 22
– Kapitalkonto, negatives **33** 29
Saldierungsverbot
– Verlust **7** 9
Sanierung
– außergerichtliche **49** 7
– Insolvenzplan **49** 90, 91
– Treuepflicht **26** 43
Sanierungsfähigkeit
– GmbH & Co. KG **49** 8
Sanierungsfall
– Motive für Umwandlung in GmbH & Co. KG **2** 106
Sanierungspflicht
– interne **49** 8
Satzung
– Schiedsvereinbarung **44** 49
Satzung Familien-Komplementär-GmbH
– Formulierungsmuster **60** IV
Satzung Komplementär-GmbH
– Formulierungsmuster (ausführlich) **59** III
– Formulierungsmuster (einfach) **58** III
– Formulierungsmuster (Einheitsgesellschaft) **61** III
Schadensersatz
– bei Insolvenzeröffnung **49** 48
– bei Verstoß gegen Zahlungsverbot **49** 52
– Übernahmevertrag **28** 30
– Verstoß gegen Antragspflicht Insolvenzeröffnung **49** 49
– Verstoß gegen Wettbewerbsverbot **16** 114
Schadensersatzanspruch
– Aktivlegitimation **19** 157
– bei Treuepflichtverletzung **26** 51
– bei Wettbewerbsverbotsverletzung **27** 59
– Passivlegitimation **19** 159
– Verhältnis zu Anfechtungsklage **19** 164
Schadensersatzklage
– Auflösungsklage **46** 45
Schädigungsverbot
– Konzern, faktischer **51** 77, 82, 88

Schädlichkeitstatbestände
– Anteilsaustausch **37** 93
– Einbringung unentgeltlich gewährter Personengesellschaftsanteil in Kapitalgesellschaft **37** 92
– Erbschaftsteuer **37** 89 f., 91
– Reinvestition **37** 94
– Sacheinlage **37** 93
– Überentnahme **37** 97
– Umwandlung Personen- in Kapitalgesellschaft **37** 95
Schätzung
– Wert Gesellschaftsanteil **37** 51
Scheinbeschluss 18 23
Scheingewinn
– Gewinnentnahme **43** 23
Schenkung 35 41
– Rechtsformwahl **2** 44 f.
– steuerliche Behandlung Gesellschaftsanteilsübertragung **37** 1 f.
– unter Nutzungsauflage **41** 88
Schenkungsteuer *s Erbschaftsteuer*
Schiedsabrede 44 34
Schiedsfunktion
– Beirat **19** 51, 93, 103
Schiedsgerichtsklausel
– Beschlussmängel **18** 15
– Haftung Komplementär-GmbH **42** 8
Schiedsgutachtenvereinbarung 44 41
Schiedsgutachter
– Beirat **19** 95
Schiedsgutachterklausel
– Abfindung **32** 31
Schiedsklausel 44 34
Schiedsrichter
– Anzahl **44** 37
– Bestellung **44** 42
Schiedsrichterbenennung
– Schiedsvereinbarung **18** 121, 122
Schiedsrichtervertrag 44 40
Schiedsspruch 44 44
Schiedsvereinbarung 44 34 f.
– Abgrenzung zu Schiedsgutachtenvereinbarung **44** 41
– Abgrenzung zu Schiedsrichtervertrag **44** 40
– Anfechtung Gesellschafterbeschluss **44** 52
– bei Übertragung Gesellschaftsanteil **44** 55
– Beschlussmängel **18** 102 f.
– Dreier-Schiedsgericht **18** 122
– Einrede **44** 39

Sachverzeichnis

- Form **18** 126; **44** 36
- Gegenstand **44** 51
- Gesellschaftsvertrag GmbH & Co. KG **44** 47, 50
- Gesellschaftsvertrag Komplementär-GmbH **44** 49, 50
- Gestaltung **18** 124
- Inhalt **18** 121
- Kompetenz Schiedsgericht **44** 43
- mit Drittem **44** 45
- mit Verbraucher **44** 36
- nachträgliche **18** 125; **44** 47
- Schiedsort **44** 38
- Schiedsrichter **44** 37
- Schiedsrichterbenennung **18** 121, 122
- Sprache **44** 38
- Verknüpfung GmbH & Co. KG/Komplementär-GmbH **44** 50
- Vorteile Schiedsgerichtsbarkeit **18** 104
- Zulässigkeit **44** 34

Schiedsverfahren 44 42

Schiedsvertrag
- Formulierungsmuster Familien-GmbH & Co. KG **60** III
- Formulierungsmuster Familien-Komplementär-GmbH **60** V

Schlichter
- Beirat **19** 94

Schulden s *Verbindlichkeiten*

Schuldzinsenabzug
- Überentnahme **5** 21

Schütt-aus/Hol-zurück-Verfahren 2 61

Schutzschirmverfahren 49 64

Schwebende Geschäfte
- Berücksichtigung bei Abfindung **32** 9

Selbstkontrahieren 16 23

Shoot out-Klausel 31 45

Sicherungstreuhand 40 30

Sitz
- GmbH & Co. KG **15** 9f., 16
- Komplementär-GmbH **15** 9f., 14

Sitztheorie
- Komplementär-Kapitalgesellschaft, ausländische **19** 5

Sitzverlegung 15 18
- GmbH & Co. KG **15** 26
- Komplementär-GmbH **15** 19

Sonderbetriebsvermögen 5 49f.; I **5** 52; II **5** 52
- bei Beendigung der Tätigkeit **48** 32
- Erbauseinandersetzung **37** 43

- Erbfolge, vorweggenommene **37** 34
- Forderung Gesellschaft an Gesellschafter **5** 64
- Forderung Gesellschafter an Gesellschaft **5** 59
- Formwechsel GmbH & Co. KG in Kapitalgesellschaft **57** 25
- Fortsetzungsklausel **37** 25
- Insolvenzverfahren **50** 20
- Komplementärgesellschaftsanteil **5** 58
- Leistungsbeziehungen Gesellschaft/Gesellschafter **5** 59f.
- Nachfolgeklausel, einfache **37** 27
- Nachfolgeklausel, qualifizierte **37** 28
- negatives **5** 56
- positives **5** 56
- steuerliche Behandlung bei Realteilung **55** 38
- steuerliche Behandlung Entnahme **33** 17
- steuerliche Behandlung im Erbfall **37** 24 f., 29
- Übernahmerecht gesellschaftsvertragliches **37** 26
- Übertragung Einzelwirtschaftgut in Gesamthandsvermögen **5** 108
- Verlustausgleichsbeschränkung **7** 8
- Verpachtung Vermögensgegenstand **5** 68
- Verschmelzung GmbH & Co. KG auf Kapitalgesellschaft **53** 61, 95
- Verschmelzung Personengesellschaft auf GmbH & Co. KG **53** 13

Sonderbilanz
- Ausweis Vermögensgegenstände/Schulden **5** 52
- Gesellschafter **5** 7, 49f.
- Wertberichtigung Darlehensforderung **5** 61

Sozialabgaben
- Haftung Geschäftsführer Komplementär-GmbH **16** 180

Sozialversicherungspflicht
- Geschäftsführer Komplementär-GmbH **16** 85

Spaltung 54 1 ff.
- Ablauf **54** 12
- Abspaltung **54** 2, 5
- Aufspaltung **54** 2, 4
- Ausgliederung **54** 2, 6
- Auswirkung, prozessuale **44** 15
- Begriff, steuerlicher **55** 1
- Gläubigerschutz **54** 11

- Gründung GmbH & Co. KG durch
  10 39 f., 41
- Haftung Kommanditist **54** 37
- Handelsregisteranmeldung **54** 34
- Handelsregistereintragung **54** 36
- Kombinationen **54** 7
- Komplementär-GmbH **30** 17
- nicht verhältniswahrende **54** 8
- Spaltungsfreiheit **54** 10
- steuerliche Behandlung **55** 1 f.
- verhältniswahrende **54** 8
- verkehrsteuerliche Behandlung **55** 50
- Wirksamwerden **54** 34
- zu null **54** 9
- zur Aufnahme **54** 3
- zur Neugründung **54** 3
- Zustimmung Anteilsinhaber **54** 32

Spaltungsbericht 54 28
Spaltungsplan 54 13 f.
- Anteilsaufteilung **54** 26
- Anteilsübertragung **54** 19
- Beurkundung **54** 13
- Gewinnberechtigung **54** 20
- Inhalt, notwendiger **54** 14
- Name, Firma, Sitz **54** 15
- Rechtsfolgen für Arbeitnehmer **54** 27
- Sonderrechte **54** 22
- Spaltungsform **54** 16
- Stichtag **54** 21
- Umtauschverhältnis **54** 17
- Vermögensabgrenzung **54** 24
- Vorteilsgewährung **54** 23

Spaltungsprüfung 54 29
Spaltungsvertrag 54 13 f.
- Anteilsaufteilung **54** 26
- Anteilsübertragung **54** 19
- Beurkundung **54** 13
- Gewinnberechtigung **54** 20
- Inhalt, notwendiger **54** 14
- KG-Vertrag **10** 45
- Name, Firma, Sitz **54** 15
- Rechtsfolgen für an für Arbeitnehmer **54** 27
- Sonderrechte **54** 22
- Spaltungsform **54** 16
- Stichtag **54** 21
- Umtauschverhältnis **54** 17
- Vermögensabgrenzung **54** 24
- Vorteilsgewährung **54** 23
- Zustimmung Anteilsinhaber **54** 32

Spekulationsgeschäft
- Existenzvernichtungshaftung **51** 118

Sperrfrist
- bei Realteilung Einzelwirtschaftsgut **55** 21
- Kapitalgesellschaftsanteil bei Formwechsel GmbH & Co. KG in Kapitalgesellschaft **57** 32
- Verschmelzung GmbH & Co. KG auf Kapitalgesellschaft **53** 68
- bei Übertragung Betriebsvermögen **13** 16

Sperrminorität
- GmbH & Co. KG **3** 36

Spiegelbildmethode 23 6; **33** 35
Spruchstellenverfahren 18 34
- Barabfindungsangebot **56** 70

Spruchverfahren 18 34
Stammkapitalverzehr, hälftiger
- Einberufung Gesellschafterversammlung **17** 81

Stellvertretung
- bei Vertragsabschluss **10** 15

Steueraufwand
- GmbH & Co. KG **23** 63

Steuerbilanz 23 20
- Einheitsbilanz **5** 55
- gesonderte **5** 12
- Maßgeblichkeit der Handelsbilanz für **5** 10

Steuerentnahmerecht
- Gesellschaftsvertrag **6** 43

Steuererklärung
- Abgabe im Insolvenzverfahren **50** 19

Steuern, latente 23 64
Steuerpflicht, beschränkte
- Formwechsel GmbH & Co. KG in Kapitalgesellschaft **57** 19
- Verschmelzung GmbH & Co. KG auf Kapitalgesellschaft **53** 55
- Verschmelzung Kapitalgesellschaft auf GmbH & Co. KG **53** 130

Steuerrecht
- Abgeltungsteuer **2** 13
- Abspaltung Einzelwirtschaftsgut **55** 44
- Anerkennung GmbH & Co. KG **1** 16
- Anrechnung anteiliger Gewerbesteuermessbetrag bei Veräußerung Kommanditanteil **33** 80
- Anteilsübertragung durch Schenkung **37** 1 f.
- Anteilsübertragung von Todes wegen **37** 1 f.
- Aufgabe Geschäftsbetrieb **48** 18 f.

Sachverzeichnis

- Aufspaltung Mitunternehmerschaft **55** 7 f.
- Auslandsbezug bei Einbringung **13** 40
- Ausübung Thesaurierungsbesteuerung **6** 31 f.
- Beendigung der Tätigkeit der GmbH & Co. KG **48** 1 f.
- Belastung Kommanditanteil **41** 1 f.
- Belastungsunterschiede **2** 12
- Belastungsvergleich **2** 16
- Besteuerung Veräußerungsgewinn Gesellschaftsanteil **33** 5 f.
- Einkommensermittlung in Insolvenz **50** 11
- Erbauseinandersetzung Gesellschaftsanteil **37** 35 f.
- Erbschaftsteuer Gesellschaftsanteilsübertragung **37** 45 f.
- Ertragbesteuerung **2** 17, 27
- Ertragsbesteuerung aperiodischer Vorgänge beim Nießbrauch **41** 49 f.
- Ertragsteuer bei Einbringung Betrieb/Teilbetrieb/Mitunternehmeranteil **13** 23 f.
- Ertragsteuer bei Einlage aus Betriebsvermögen **13** 9
- Ertragsteuer bei Einlage aus Privatvermögen **13** 4
- Ertragsteuer bei Gründung **13** 4 f.
- Formwechsel **57** 1 ff.
- Formwechsel GmbH & Co. KG in Kapitalgesellschaft **57** 6 f.
- Formwechsel Kapitalgesellschaft GmbH & Co. KG **57** 58 f.
- Fortsetzungsklausel **37** 7
- Gesellschafterwechsel mittels Abfindung durch Gesellschaft **33** 79
- Gesellschafterwechsel mittels Verkauf von Gesellschaftsanteilen **33** 76
- Gesellschafterwechsel, entgeltlicher **33** 1 f.
- Gestaltungen, alternative **2** 54
- Gewerbesteuerfreibetrag **2** 26
- Gewinnanteile, ausgeschüttete **2** 19
- Gewinnthesaurierung **2** 14, 18
- Gewinnzurechnung, fiktive durch Entnahmen **7** 34 f.
- GmbH & Co. KG **6** 1, 4 f.
- GmbH & Co. KG in der Insolvenz **50** 1
- Grundbesitz bei Umstrukturierung **2** 34
- Grunderwerbsteuer bei Gründung **13** 77
- Grunderwerbsteuer der GmbH & Co. KG **9** 1 f.
- Grundlagen **2** 9
- Haftung Geschäftsführer Komplementär-GmbH **16** 179
- Kapitalertragsteuer im Insolvenzverfahren **50** 29
- Kapitalgesellschaft **2** 10
- Kapitalkonto, negatives bei Gesellschafterausscheiden **33** 29
- KG-Gesellschafter **6** 1, 25 f.
- Leistungsbeziehungen Gesellschaft/Gesellschafter **2** 30
- Nachfolgeklausel, einfache **37** 9
- Nachfolgeklausel, qualifizierte **37** 13
- Nachfolgeregelung **37** 1 f.
- Nachversteuerung Thesaurierungsbetrag **48** 29
- Nachversteuerung Thesaurierungsbetrag **50** 26
- Nießbrauch am Kommanditanteil **41** 29 f., 39
- Personengesellschaft **2** 14
- Rechtsformwahl **2** 4, 8 f.
- Sachwertabfindung ins Betriebsvermögen **33** 27
- Sachwertabfindung ins Privatvermögen **33** 22
- Schenkung/Erbgang **2** 44
- Sonderbetriebsvermögen im Insolvenzverfahren **50** 20
- Sonderbetriebsvermögen im Nachlass **37** 24 f.
- Sonderbetriebsvermögen Mitunternehmer **33** 17
- Spaltung GmbH & Co. KG **55** 1 f.
- Spiegelbildmethode **33** 35
- steuerliche Behandlung Beitritt durch Kapitalerhöhung **33** 71 f.
- steuerliche Behandlung Beteiligungserwerb **33** 64 f.
- steuerliche Behandlung Gesellschafterausscheiden **33** 5 f.
- steuerliche Behandlung Gesellschaftereintritt **33** 63 f.
- Substanzbesteuerung **2** 28
- Teileinkünfteverfahren **2** 13
- Thesaurierungsbegünstigung **6** 26, 31
- Treuhandschaft am Kommanditanteil **41** 6 f., 12

- Übertragung Kommanditanteil zwischen Angehörigen **33** 42 f.
- Übertragung Mitunternehmeranteil **37** 16
- Umsatzsteuer bei Gründung **13** 73
- Umsatzsteuer der GmbH & Co. KG **8** 1 f.
- Umsatzsteuerabrechnung im Insolvenzverfahren **50** 36 f.
- Unterbeteiligung am Kommanditanteil **41** 19
- Unternehmensteuerreform 2008 **2** 13
- Veräußerung Geschäftsbetrieb **48** 4 f.
- Veräußerung Teilbetrieb **48** 13 f.
- verdeckte Gewinnausschüttung **2** 25
- Verlustausgleich bei Wechsel der Rechtsstellung des Gesellschafters **7** 47 f.
- Verlustausgleichsbeschränkung **7** 1 f.
- Verlustausgleichsvolumen **7** 12 f.
- Verlustverrechnung **2** 22
- Verlustvortrag, gewerbesteuerlicher **33** 90; **37** 20
- Verlustvortrag, gewerbesteuerlicher im Insolvenzverfahren **50** 33
- Vermögensübergabe gegen Versorgungsleistung **33** 54
- Verschmelzung **53** 1 f.
- Verschmelzung GmbH & Co. KG auf Kapitalgesellschaft **53** 44 f.
- Verschmelzung Kapitalgesellschaft auf GmbH & Co. KG **53** 112 f.
- Verschmelzung Personengesellschaft auf GmbH & Co. KG **53** 5 f.
- Wechsel Gesellschafterbestand **2** 40
- Zinsabschlagsteuer im Insolvenzverfahren **50** 29

Steuervorauszahlungen
- Entnahmen für **24** 39

Stiftung
- als Komplementär **3** 53

Stiftung & Co. KG 3 53
Stille Beteiligung 2 59; **40** 73 f.
- Abgrenzungen **40** 77
- an GmbH & Co. KG **40** 74
- atypische **40** 91 f.
- Auflösung **40** 99
- Auskunftsanspruch **40** 86
- Beendigung **40** 99
- Begründung **40** 79
- bei Insolvenz der GmbH & Co. KG **40** 99

- Beteiligung Minderjähriger **40** 80
- Eigenkapital **40** 78
- Form
- Fremdkapital **40** 78
- Gewinnbeteiligung **40** 87
- Grundsätze fehlerhafter Gesellschaft **40** 82
- Haftung **40** 89
- in Insolvenz der GmbH & Co. KG **40** 90
- Informationsrecht **40** 86
- Kündigung **40** 98
- Liquidation **40** 100
- mehrgliedrige **40** 94
- Motive **40** 75
- nachrangig haftende **40** 78
- Nachschusspflicht **40** 88
- Rechtsstellung der Beteiligten **40** 83
- Tod des stillen Gesellschafters **40** 97
- Treuepflicht **40** 85
- Übertragung **40** 96
- Verlustbeteiligung **40** 88
- Wettbewerbsverbot **40** 85
- Zustimmung der Gesellschafter **40** 81

Stille Reserven
- bei Auseinandersetzung Erbengemeinschaft **37** 4
- bei Beitritt eines weiteren Gesellschafters bei Einbringung Betrieb/Teil- **13** 60 f.
- bei Einbringung **13** 26
- bei Einlage aus Betriebsvermögen **13** 13
- bei Einlage aus Privatvermögen **13** 4
- bei Formwechsel GmbH & Co. KG in Kapitalgesellschaft **57** 8
- bei Formwechsel Kapitalgesellschaft in GmbH & Co. KG **57** 63, 66, 77
- bei Gesellschafterbeitritt mittels Kapitalerhöhung **33** 72
- bei Realteilung Sonderbetriebsvermögen **55** 38
- bei Übertragung Betriebsgrundstück **13** 15
- bei Übertragung Wirtschaftgut **5** 112
- bei Umwandlung **13** 26
- Erbauseinandersetzung **37** 36, 37
- Grundbesitz bei Umstrukturierung **2** 34
- Partizipation stiller Gesellschafter **40** 87, 92
- Sachwertabfindung ins Privatvermögen **33** 22

Sachverzeichnis

- steuerliche Behandlung Entnahme Sonderbetriebsvermögen **33** 17
- Übergang bei Realteilung **55** 18
- Überschuldungsbilanz **49** 20
- Überspringen von **13** 17
- Verschmelzung Kapitalgesellschaft auf GmbH & Co. KG **53** 144
- Verschmelzung Personengesellschaft auf GmbH & Co. KG **53** 6, 23

Stimmbindungsvereinbarung
- bei Nießbrauch **39** 22
- bei Unterbeteiligung **40** 16
- Treuhand **40** 57
- Verpfändung bei **38** 8, 27

Stimmbindungsvertrag 17 151

Stimmrecht
- Abspaltungsverbot **17** 150
- bei Nießbrauch **39** 22, 53
- bei Treuhand **40** 46, 60
- bei Verpfändung **38** 28
- Gesellschafterversammlung GmbH & Co. KG **17** 175
- Gesellschafterversammlung Komplementär-GmbH **17** 144
- Minderjährige **17** 148
- Regelung bei Nießbrauch **39** 22
- Stimmbindungsvertrag **17** 151
- Vertreter **17** 149

Stimmrechtsausschluss
- Beiratsmitglied **19** 128

Stimmrechtsschranke
- Verletzung **18** 43

Stimmrechtsvereinbarung
- Treuhand **40** 57

Stimmverbot
- Gesellschafterversammlung GmbH & Co. KG **17** 180
- Gesellschafterversammlung Komplementär-GmbH **17** 152

Strafen
- Ausgaben, nichtabzugsfähige **5** 13

Strafrecht
- Verantwortlichkeit Geschäftsführer **16** 189

Streitgenossenschaft 44 5
Streitverkündung 44 22
Strukturüberlegungen
- Formwechsel **56** 7

Stundung
- Einwendung **42** 31
- Erbschaftsteuer auf Betriebsvermögen **37** 110

Stuttgarter Verfahren 29 45

Subsidiaritätsthese 5 50
Substanzbesteuerung 2 28
Substanzwert
- Stuttgarter Verfahren **29** 45

Substanzwertbetrachtung
- Beteiligungserwerb **33** 65

Synallagma 20 28, 31

Tagesordnung
- Aussprache, unzureichende **18** 38
- Einladung Gesellschafterversammlung **17** 92, 106
- Nachschieben der **17** 92

Tätigkeit, gewerbliche
- Mitunternehmerschaft **4** 30

Tätigkeitsvergütung
- Gewinn- und Verlustbeteiligung **24** 13
- Haftung bei unangemessener **43** 18

Täuschungsprüfung
- Art des Geschäfts **14** 41
- Ersichtlichkeit **14** 38
- Geschäftsumfang/-größe **14** 42
- Namen von Nichtgesellschaftern **14** 44
- Verhältnisse Unternehmensträger **14** 43
- Vorstellung, unzutreffende **14** 40
- Wesentlichkeitserfordernis **14** 37
- Wettbewerbsrecht **14** 39

Täuschungsverbot
- Firmenbildung **14** 35 f.

Teilbetrieb
- Abspaltung **55** 47
- Begriff **13** 48
- Einbringung **13** 47
- Ertragsteuer bei Einbringung **13** 23 f.
- EU-Teilbetriebsbegriff **13** 49

Teilbetriebsveräußerung
- steuerliche Behandlung **48** 13 f.

Teileinkünfteverfahren 2 13; **23** 54
Teilgeschäftsanteil
- Übertragung **29** 4
- Übertragungsverbot, partielles **29** 37
- Vertragsgestaltung Übertragung **29** 24
- Zustimmungsvorbehalt **29** 37

Teilnahmerecht
- Beiratssitzung **19** 127
- Gesellschafterversammlung GmbH & Co. KG **17** 127
- Gesellschafterversammlung Komplementär-GmbH **17** 114

Teilungsanordnung
- Abgrenzung zu Vorausvermächtnis **35** 25
- letztwillige **35** 39
- Nachfolgeklausel, qualifizierte **35** 11

Testamentsvollstrecker
- Aufgabenbereich **35** 30

Testamentsvollstreckervermerk **35** 34

Testamentsvollstreckung 35 26
- GmbH & Co. KG **35** 26
- Kommanditanteil **35** 28, 32
- Komplementär-GmbH **35** 36
- Komplementäranteil **35** 29, 31

Testierfreiheit
- Nachfolgeregelung **35** 43

Thesaurierung 2 14, 18

Thesaurierungsbesteuerung
- Ausübung der Option **6** 31 f.
- Begünstigung **6** 27
- Gesellschaftsvertrag **6** 42
- Steuersatz **6** 26, 31

Thesaurierungsbetrag
- Nachversteuerung **48** 29; **50** 26; **53** 84
- Nachversteuerung bei Formwechsel **57** 42

Thesaurierungsklausel
- Konzern **51** 141a

Titel
- Umschreibung **45** 5, 10
- Zwangsvollstreckung **45** 1, 10

Tochtergesellschaft
- Dividenden **23** 54

Tod
- des Kommanditisten **30** 11
- des Komplementär **30** 12
- Liquidator **47** 44

Tod des Gesellschafters 34 1 f.
- gesellschaftsvertragliche Regelungen **35** 1 f.
- stiller Gesellschafter **40** 97

Treuepflicht 26 1 f.
- Änderung Geschäftsführervergütung **26** 42
- Änderung Gesellschaftszweck **26** 42
- Anteilsübertragung **29** 27
- Auslegung Gesellschaftsvertrag **26** 13
- Ausschlussklage **26** 42
- Auswahl Geschäftsführer Komplementär-GmbH **26** 32
- bei Treuhand **40** 49, 61
- Beiratsmitglied **19** 130

- Beschränkung von Rechten **26** 9
- Dispositivität **26** 24
- Fortsetzungsbeschluss **46** 71
- gegenüber Gesellschaft **26** 26 f.
- gegenüber Gesellschafter **26** 32
- Grenzen **26** 19
- Handlungen **26** 5
- Inhalt **26** 3
- Konzernsachverhalte **26** 36
- Krisensituation **26** 43
- nachwirkende **26** 23
- Publikumsgesellschaft **26** 17
- Realstruktur der Gesellschaft **26** 16
- Rechte, eigennützige **26** 15, 29
- Rechte, uneigennützige **26** 14, 26
- Sanierung **26** 43
- Stiller Gesellschafter **40** 85
- Umfang **26** 14 f.
- Umfang, zeitlicher **26** 22
- Unterlassungen **26** 7
- Wechsel Gesellschafterbestand **26** 42
- Zustimmung Gesellschaftsvertragsänderung **26** 38

Treuepflichtverletzung
- Gestaltungsklage **26** 47
- Leistungsklage **26** 46
- Rechtsfolgen **26** 44 f.
- Reflexschaden **26** 52
- Schadensersatz **26** 51
- Verfügung, einstweilige **26** 46
- Zustimmungsklage **26** 47

Treugeber
- Insolvenz **40** 64
- Mitunternehmer **41** 8
- Rechtsstellung **40** 45 f.
- Wechsel des **40** 71

Treuhand 40 30 f.
- Abfindungsanspruch bei **40** 50
- Abgrenzung zu Nießbrauch **39** 7
- Abgrenzung zu Unterbeteiligung **40** 35
- Abgrenzungen **40** 35
- Aufwendungsersatz **40** 51, 58
- Auseinandersetzungsanspruch **40** 50
- Beendigung **40** 66
- Begriff **40** 30
- Begründung **40** 39
- bei Insolvenz der GmbH & Co. KG **40** 65
- bei Umwandlung der Gesellschaft **40** 72
- bei Wettbewerbsverbot **40** 42
- Beweggründe **40** 34

Hagen 1729

Sachverzeichnis

- echte **40** 30
- erbschaftsteuerliche Behandlung **41** 16
- Freistellungsanspruch **40** 51
- Geschäftsanteil Komplementär-GmbH **40** 39
- grunderwerbsteuerliche Behandlung **41** 18
- Haftung bei **40** 51
- Informationsrecht **40** 47
- Inhaberschaft **40** 39
- Insolvenz des Treugebers **40** 64
- Insolvenz des Treuhänders **40** 62
- Kommanditanteil **40** 39
- Kommanditanteil **41** 6 f.
- mehrgliedrige **40** 33
- Mitgliedschaftsrechte **40** 46, 60
- offene **40** 32
- Publikumsgesellschaft **40** 34
- Rechtsstellung Treugeber **40** 45 f.
- Rechtsstellung Treuhänder **40** 45 f., 48
- Rückfallklausel **40** 53
- steuerliche Behandlung **41** 6 f., 12
- Stimmbindungsvereinbarung **40** 57
- Stimmrecht **40** 46, 60
- Stimmrechtsvereinbarung **40** 57
- Treuepflicht **40** 49, 61
- Treuhandvertrag **40** 43, 54
- unechte **40** 31
- verdeckte **40** 32
- Verfügungen bei **40** 52
- Verhältnis zu Nießbrauch **40** 38
- Verhältnis zu Verpfändung **40** 36
- Vollstreckung Privatgläubiger des Treuhänders **40** 32
- Vorschuss **40** 58
- Wettbewerbsverbot bei **40** 49

Treuhänder
- Auskunfts-/Rechenschaftspflicht **40** 56
- Ausscheiden des **40** 69
- Auswechslung des **40** 70
- Haftung **40** 51
- Insolvenz **40** 62
- Mitunternehmer **41** 11
- Rechtsstellung **40** 45 f., 48
- Rückübertragung **40** 68
- Vollstreckung Privatgläubiger des Treuhänders **40** 62
- Weisungen **40** 55

Treuhandmodell 41 13
- Komplementäranteil **35** 35

Treuhandvertrag 40 43, 54
- Beendigung **40** 66
- Form **40** 44
- Regelungen, vertragliche **40** 60

Überarbeitung
- Gesellschaftsvertrag bei Gesellschafteraufnahme **28** 32

Überbewertung
- Kapitalaufbringung **20** 21

Überentnahme 13 21, 41
- Ermittlung **5** 26
- Fortführung bei unentgeltlicher Übertragung **5** 33
- Schädlichkeitstatbestand ErbSt-Begünstigung **37** 97
- Schuldzinsenabzug **5** 21

Überführung
- Erbengemeinschaft in GmbH & Co. KG **10** 52

Überlassung
- Mängelgewährleistung **20** 36

Überleitungsrechnung
- Jahresergebnis **23** 66

Übernahme von Verbindlichkeiten
- Übertragung Kommanditanteil zwischen Angehörigen **33** 42

Übernahmebilanz
- Wertansatz Vermögensgegenstände/Schulden bei Verschmelzung **53** 45, 114

Übernahmeergebnis
- Anteile Auflösung Stiller Reserven **53** 151
- Anteile, einbringungsgeborene **53** 160
- anteilige Auflösung Stiller Reserven **53** 151
- Besteuerung **53** 152
- Besteuerungsrecht **53** 150; **57** 81
- Betriebsstätte in DBA-Staat **53** 151
- Betriebsstätte in Nicht-DBA-Staat **57** 82
- Ermittlung bei Formwechsel Kapitalgesellschaft in GmbH & Co. KG **57** 71 f.
- Ermittlung bei Verschmelzung Kapitalgesellschaft auf GmbH & Co. KG **53** 133 f., 143 f.
- fiktive Ausschüttung offener Reserven **57** 71
- gewerbesteuerliche Behandlung **57** 92
- Grundstruktur **53** 143; **57** 76

- Kosten Vermögensübergang **53** 149; **57** 81
- nicht einzubeziehende Anteile **57** 88
- nicht wesentliche Beteiligung im Privatvermögen **53** 158
- Sperrbetrag § 50c EStG **57** 91
- steuerliche Behandlung Übernahmegewinn **57** 84
- Übernahmegewinn II **57** 85
- Übernahmeverlust **57** 83
- Zuschlag für neutrales (Auslands-) Vermögen **57** 81

Übernahmeerklärung
- Formulierungsmuster **62** III 2

Übernahmefolgegewinn 53 165

Übernahmerecht, gesellschaftsvertragliches
- Sonderbetriebsvermögen **37** 26

Übernahmeverlust
- Formwechsel Kapitalgesellschaft in GmbH & Co. KG **57** 83
- Verschmelzung Kapitalgesellschaft auf GmbH & Co. KG **53** 154

Übernahmevertrag
- Bedingung **28** 27
- Bindung **28** 30
- Einlagepflicht **28** 29
- Geschäftsfähigkeit **28** 26
- Gesellschaftsanteil **28** 23 f.
- Schadensersatz **28** 30
- Übernehmer **28** 25
- Zuständigkeit **28** 24

Überschuldung 49 18 f.
- Abgrenzung zu Masselosigkeit **49** 25
- Abgrenzung zu Masseunzulänglichkeit **49** 27
- Abgrenzung zu Vermögenslosigkeit **49** 28
- Ermittlung **49** 19
- Fortführungsprognose **49** 23
- Frist Insolvenzantrag **49** 41
- Gesellschafterdarlehen **49** 21
- Prüfungsreihenfolge **49** 24
- Rangrücktrittsvereinbarung **49** 20, 22
- rechnerische **49** 20
- Unterlassen Insolvenzeröffnungsantrag **49** 54
- Verantwortlichkeit Geschäftsführer **16** 190

Überschuldungsbilanz 49 20

Übertragung
- Buchwert **13** 13
- Gesellschaftsanteil **29** 1 f.

- Pfandrecht **38** 14
- Sperrfristen **13** 16
- Stille Beteiligung **40** 96
- Über-/Unterentnahmen **13** 21
- Unterbeteiligung **40** 26
- Vermögensgegenstand **13** 4, 9
- zwischen Schwester-Personengesellschaften **13** 14

Übertragung Kommanditanteil
- Verlustausgleichsbeschränkung bei un-/teilentgeltlicher **7** 52
- Verlustausgleichsbeschränkung bei entgeltlicher **7** 57

Übertragung Wirtschaftsgut
- Auflösung stiller Reserven **5** 112
- aus Betriebs- in Gesamthandsvermögen **5** 108
- aus der GmbH & Co. KG **5** 127
- aus Privat- in Gesamthandsvermögen **5** 100
- Buchwertübertragung **5** 108
- entgeltliche **5** 98
- gegen Gewährung Gesellschaftsrecht **5** 96
- Missbrauch Buchwertansatz **5** 115
- unentgeltliche **5** 97
- Teilwertansatz **5** 118
- Umwandlung innerhalb 7-Jahres-Zeitraum **5** 117, 122
- Veräußerung innerhalb Sperrfrist **5** 116, 118
- zwischen Gesellschaft/Gesellschafter **5** 90 f.
- zwischen Schwester-Personengesellschaften **5** 114

Übertragung, unentgeltliche
- Fortführung Über-/Unterentnahme **5** 33

Übertragungsbilanz
- Wertansatz Vermögensgegenstände/Schulden bei Verschmelzung **53** 45, 114

Übertragungsergebnis
- gewerbesteuerliche Behandlung **53** 169

Übertragungstreuhand 40 39

Übertragungsverbot, partielles
- Komplementär-GmbH **29** 36, 37

Übertragungsvertrag
- Ansprüche, vermögensrechtliche **29** 56
- beschränkt Geschäftsfähige **29** 60, 66
- Betreuung **29** 60, 66

Hagen 1731

Sachverzeichnis

- Form **29** 58, 65
- Geschäftsanteil GmbH & Co. KG **29** 52 f.
- Geschäftsanteil Komplementär-GmbH **29** 63 f.
- Geschäftunfähige **29** 60, 66
- Gewährleistung **29** 54
- Inhalt **29** 52, 63
- Regelung Jahresergebnis **29** 57
- Sachmängel **29** 53
- Verbindlichkeiten **29** 56
- Vereinbarung **29** 52
- Verfügung **29** 55
- Zugewinngemeinschaft **29** 62, 67

Überwachungsfrist
- Verschonungsabschlag **37** 68

UG & Co. KG 3 40

Umbuchung
- Einlage **20** 18
- Einlageleistung **43** 13

Umgehung
- Anteilsübertragung **29** 32

Umsatzsteuer
- Abrechnung im Insolvenzverfahren **50** 36 f.
- bei Gründung GmbH & Co. KG **13** 73
- Formwechsel GmbH & Co. KG in Kapitalgesellschaft **57** 51
- Formwechsel Kapitalgesellschaft in GmbH & Co. KG **57** 110
- Geschäftsaufgabe **48** 41
- Geschäftsbetriebsveräußerung **48** 39
- GmbH & Co. KG **8** 1, 5 f.
- Haftungsvergütung an Komplementär-GmbH **8** 26
- Leistung, umsatzsteuerbare **8** 2
- Leistungen der GmbH & Co. KG an Gesellschafter **8** 28
- Leistungen Gesellschafter an GmbH & Co. KG **8** 22
- Organschaft **8** 16
- Realteilung **55** 50
- Übertragung Gesellschaftsanteil **8** 39
- Unternehmensveräußerung durch Personengesellschaft **8** 33
- Unternehmereigenschaft **8** 5
- Verschmelzung GmbH & Co. KG auf Kapitalgesellschaft **53** 107
- Verschmelzung Kapitalgesellschaft auf GmbH & Co. KG **53** 192
- Verschmelzung Personengesellschaft auf GmbH & Co. KG **53** 35
- Vorgänge, aperiodische **8** 32 f.

Umstrukturierung
- Existenzvernichtungshaftung bei **51** 117
- Stille Reserven bei Grundbesitz **2** 34

Umtauschverhältnis
- Spaltung **54** 17

Umwandlung 52 1 ff.
- Beendigung Geschäftsführeramt **16** 57
- Einzelunternehmen in GmbH & Co. KG **10** 47
- Ertragsteuer bei Einbringung Betrieb/Teilbetrieb/Mitunternehmeranteil **13** 23 f.
- Gesellschafterstellung **29** 1 f., 82
- Grunderwerbsteuer **9** 26
- Gründung GmbH & Co. KG durch **10** 3, 39 f.
- Handelsgewerbe **10** 44
- Kapitalkonto **43** 17
- Komplementär-GmbH **30** 17
- Motivation für Unternehmensumwandlung in GmbH & Co. KG **2** 99
- Stille Reserven bei **13** 26
- Treuhand bei **40** 72
- Verschmelzung **52** 2
- Zuweisung Komplementär-/Kommanditistenrolle **10** 46

Umwandlungsbericht 56 10 f.
- Barabfindung **56** 19
- Begründungsteil **56** 15
- Erläuterungsteil **56** 15
- Formwechsel GmbH in GmbH & Co. KG **56** 98
- Inhalt **56** 12 f.
- Kosten **56** 22
- Plausibilitätskontrolle **56** 19, 23
- rechtliche Folgen **56** 16, 17
- steuerliche Folgen **56** 18
- Umwandlungsbeschluss **56** 24
- Vermögensaufstellung **56** 25
- wirtschaftliche Folgen **56** 16, 17
- Zweck **56** 10

Umwandlungsbeschluss 56 34 f.
- Abfindungsangebot **56** 44, 67 f.
- Angaben, ergänzende **56** 50
- Anteilsinhaber **56** 41
- Ausschlussfrist Rechtsmängel **56** 59, 61
- Barabfindungsangebot **56** 67 f., 72
- Beschlussfassung **56** 54
- Beteiligung Betriebsrat **56** 55

- Beurkundung **56** 53
- Firma **56** 40
- Formwechsel GmbH in GmbH & Co. KG **56** 89
- Gesellschaftsanteile **56** 41
- Gesellschaftsvertrag **56** 51
- Inhalt **56** 35 f., 50
- Mitbestimmung bei Formwechsel **56** 49
- Negativerklärungen **56** 36, 43
- Rechte einzelner Anteilsinhaber **56** 43
- Rechtsfolgen für Arbeitnehmer **56** 45
- Rechtsfolgen für Arbeitnehmervertretung **56** 45
- Rechtsfolgen für Organe **56** 57
- Rechtsform **56** 39
- Rechtsschutz **56** 59 f.
- Rüge Beschlussmängel **56** 63
- Rüge unangemessen bestimmter Beteiligungsverhältnisse **56** 62
- Stichtag **56** 52
- Verfahrensfehler **56** 63
- Verzicht auf Barabfindungsangebot **56** 69

Umwandlungsgesetz
- Spaltung **54** 1 ff.
- Umwandlungsbeschluss **56** 35 f.
- Verschmelzung GmbH & Co. KG auf Kapitalgesellschaft **53** 44 f.
- Verschmelzung Personengesellschaft auf GmbH & Co. KG **53** 5 f.

Umwandlungsrecht
- Bewertungsrüge **18** 34

Umweltstraftat
- Verantwortlichkeit Geschäftsführer **16** 190

Unrentabilität
- Auflösungsklage **46** 34

Unterbeteiligung 40 1 f.
- Abgrenzung zu Nießbrauch **39** 6
- Abgrenzung zu Treuhand **40** 35
- an GmbH & Co. KG **40** 3
- an Komplementär-GmbH **40** 3
- atypische **40** 3, 23; **41** 27
- Auflösung **40** 29
- Auseinandersetzung **40** 29
- Beendigung **40** 28
- Begründung **40** 5
- bei Auflösung GmbH & Co. KG **40** 29
- Beteiligung Minderjähriger **40** 9
- Bezugsrecht Kapitalerhöhung **40** 22

- Dauer **40** 28
- Einlage **40** 20
- Form der Begründung **40** 4, 8
- Geschäftsführung **40** 18, 23
- Gewinnanteil **40** 21
- Informationsrechte bei **40** 17
- Innengesellschaft **40** 2
- Kommanditanteil **41** 19 f.
- Kontrollrechte bei **40** 17
- Kündigung **40** 28
- mehrgliedrige **40** 10
- mehrstufige **40** 10
- Mitunternehmerinitiative **41** 21
- Mitunternehmerrisiko **41** 20
- Mitunternehmerschaft, getrennte **41** 23
- Mitunternehmerstellung, fingierte **41** 24
- offene **40** 3
- Rechte/Pflichten bei **40** 18
- Rechtsstellung der Beteiligten **40** 11
- schwenkweise **41** 26
- steuerliche Behandlung **41** 19
- Stimmbindungsvereinbarung bei **40** 16
- typische **40** 3
- Übertragung **40** 26
- verdeckte **40** 3
- Verlustbeteiligung **40** 21
- Wettbewerbsverbot **40** 19
- Zuordnung Mitgliedschaftsrechte **40** 15
- zweigliedrige **40** 10

Unterbewertung
- Kapitalaufbringung **20** 21

Unterbilanz
- bei Verschmelzung GmbH & Co. KG auf Kapitalgesellschaft **53** 49
- Formwechsel GmbH & Co. KG in Kapitalgesellschaft **57** 16

Unterbilanzhaftung 12 18

Unterbrechung
- Prozess **44** 13, 20

Unterentnahme 13 21, 41
- Fortführung bei unentgeltlicher Übertragung **5** 33

Unterkapitalisierung
- Existenzvernichtungshaftung **51** 120

Unterlagen
- Aufbewahrung bei Liquidation **47** 70

Unterlassungsanspruch
- bei Verstoß gegen Wettbewerbsverbot **16** 114

- bei Wettbewerbsverbotsverletzung 27 69
Unterlassungspflichten
- Gesellschafter 26 7
- Haftung Komplementär-GmbH 42 15
Unternehmen
- Begriff, konzernrechtlicher 51 9
- Einbringung 20 14
Unternehmen, abhängiges 51 35
- Beherrschung, mittelbare 51 39
- Gefahrenpotential für 51 43
- Gläubigerschutz 51 44
- Kommanditist, herrschender 51 41
- Komplementär-GmbH 35 35
- Schutz 51 77
- Tätigkeit, anderweitige unternehmerische 35 37
Unternehmen, herrschendes 51 27 f.
- Ausfallhaftung 51 99
- bei Ausgliederung 51 31
- bei Beteiligungserwerb 51 31
- bei Poolbildung 51 31
- Gefahrenpotential für 51 32
- Gruppenbildung 51 28
- Kompetenzkonflikt 51 32
- Tätigkeit, unternehmerische 51 30
- Verlustübernahmepflicht 51 98
- Weisungsrecht 51 95
Unternehmen, verbundene
- Bilanzierung 23 9
Unternehmensbewertung 37 50
- Buchwertklausel 29 40
- nach Ertragswert 29 41
- nach IDW S1 37 54
- Stuttgarter Verfahren 29 45
Unternehmensfortführung
- durch Erbengemeinschaft 10 52
Unternehmensgegenstand
- GmbH & Co. KG 15 2
- Komplementär-GmbH 15 6
Unternehmensgründung 10 5
Unternehmenskontinuität
- Rechtsformwahl 2 92
Unternehmensnachfolge
- Nießbrauch 39 2
- Rechtsformwahl 2 87
Unternehmensnießbrauch
- Abgrenzung zu Nießbrauch 39 5
Unternehmensveräußerung
- Umsatzsteuer 8 33
Unternehmereigenschaft
- GmbH & Co. KG 8 5

- KG-Gesellschafter 8 7
- Komplementär-GmbH 8 12
Unternehmergesellschaft
- als Komplementär 3 40
Untersagung
- Zwangsvollstreckung durch Insolvenzgericht 49 60
Unterscheidbarkeit
- Firma 14 32
Unterstützungskasse
- Versorgungszusage 16 95
Unterwerfungserklärung
- Gesellschafter bei Auflösungsklage 46 43
Untreue
- Verantwortlichkeit Geschäftsführer 16 190
Unversehrtheitsgrundsatz 12 18
upstream-loans
- Existenzvernichtungshaftung 51 116

Verantwortlichkeit, strafrechtliche
- Geschäftsführer Komplementär-GmbH 16 189
Veräußerung Geschäftsbetrieb
- steuerliche Behandlung 48 4 f.
Veräußerung Teilbetrieb
- steuerliche Behandlung 48 13 f.
Veräußerungsgewinn Gesellschaftsanteil
- Personengesellschaft, doppelstöckige 33 35
- Rückbeziehung 33 8
- Sonderbetriebsvermögen Mitunternehmer 33 17
- steuerliche Behandlung 33 5 f.
- Veräußerungszeitpunkt 33 7
- Verkauf, unterjähriger 33 7
- Verluste, steuerliche der Untergesellschaft 33 36
- Wahlrecht Besteuerung im Zuflusszeitpunkt 33 12
- Wahlrecht Sofortbesteuerung 33 12
Veräußerungsverbot
- Komplementär-GmbH 29 36
Verbandssouveränität
- Grundsatz 19 63
Verbindlichkeiten
- Rangrücktrittsvereinbarung 49 20, 22
- Befreiung des ausscheidenden Gesellschafters 30 68
- Bilanzierung 23 10, 22

- Vereinigung bei Verschmelzung Kapitalgesellschaft auf GmbH & Co. KG **53** 162
- Wertansatz bei Einbringung **13** 26
- Wertansatz bei Verschmelzung **53** 45, 114
- Wertansatz bei Formwechsel **57** 6, 58

Verbraucher
- Schiedsvereinbarung mit **44** 36

Verdeckte Gewinnausschüttung
sa Gewinnausschüttung, verdeckte

Vereinbarungstreuhand 40 40, 44; **41** 9

Vererblichkeit
- Ausschluss **35** 1, 16
- Kommanditanteil **34** 9

Verfahren, schriftliches
- Gesellschafterversammlung Komplementär-GmbH **17** 124

Verfahrensverstoß
- Beschlussfassung **18** 35 f., 56
- Heilung **18** 42
- Neuvornahme bei **18** 42

Verfall
- Entnahmerecht **24** 32, 33

Verfügung
- Einlageanspruch **20** 22

Verfügung, einstweilige
- Auflösung **46** 45
- Informationsrecht **25** 59
- Treuepflichtverletzung **26** 46

Verfügung, letztwillige
- Abstimmung mit Gesellschaftsvertrag **35** 37 f.
- Nießbrauchsbestellung **39** 12
- steuerliche Behandlung Gesellschaftsanteilsübertragung **37** 1 f.
- Testamentsvollstreckung **35** 26
- Vermächtnis **35** 25
- Vor-/Nacherbfolge **35** 20 f.

Verfügungsverbot
- Anordnung **49** 59

Vergleich
- steuerliche Behandlung im Insolvenzverfahren **50** 18

Vergütung
- Beiratsmitglied **19** 137
- Komplementär-GmbH **23** 61
- verdeckte Gewinnausschüttung **16** 91

Vergütung Geschäftsführer Komplementär-GmbH 16 90
- Dienstwagen **16** 93

- Entgeltfortzahlung im Krankheitsfall **16** 94
- erfolgsabhängige variable **16** 92
- Festgehalt **16** 92
- verdeckte Gewinnausschüttung **16** 91

Verhaltensweisen, abgestimmte
- Verbot der **27** 86

Verjährung
- Ersatzansprüche gegen Geschäftsführer **16** 164
- Existenzvernichtungshaftung **51** 127
- Haftung **42** 30
- Haftung der Gesellschafter nach Auflösung der GmbH & Co. KG **47** 89
- Schadensersatzanspruch gegen Beiratsmitglied **19** 151
- Wettbewerbsverbotsverletzung **27** 80

Verjährungsunterbrechung
- Wirkung **42** 7

Verkauf, freihändiger
- Gesellschaftsanteil **31** 77
- Pfandverwertung **38** 16, 36

Verlust
- Bilanzierung **23** 10
- Saldierungsverbot **7** 9

Verlustanzeige
- Verantwortlichkeit Geschäftsführer **16** 190

Verlustausgleich
- Verluste, steuerliche der Untergesellschaft **33** 36

Verlustausgleichsbeschränkung 7 1 f.
- entgeltliche Übertragung Kommanditanteil **7** 57
- fiktive Gewinnzurechnung durch Entnahmen **7** 34 f.
- Sonderbetriebsvermögen **7** 8
- un-/teilentgeltliche Übertragung Kommanditanteil **7** 52
- Wechsel der Rechtsstellung **7** 47 f.
- Wechsel im Gesellschafterbestand **7** 51 f.
- Wechsel Kommanditist zum Komplementär **7** 48
- Wechsel Komplementär zum Kommanditisten **7** 50

Verlustausgleichsvolumen 7 12 f.
- Außenhaftung **7** 27 f.
- Einlage **7** 21

Verlustdeckungshaftung 12 20

Verlustdeckungspotential
- Gesellschafterkonten **23** 29

Verlustübernahme
– Pflicht des herrschenden Unternehmens **51** 98
Verlustverrechnung 2 22
– Formwechsel GmbH & Co. KG in Kapitalgesellschaft **57** 36
– Formwechsel Kapitalgesellschaft in GmbH & Co. KG **57** 97
– in Insolvenz **50** 12
– Personengesellschaft, doppelstöckige **7** 66
– Verschmelzung GmbH & Co. KG auf Kapitalgesellschaft **53** 98 f.
– Verschmelzung Kapitalgesellschaft auf GmbH & Co. KG **53** 174 f.
– Verschmelzung Personengesellschaft auf GmbH & Co. KG **53** 24 f.
Verlustvor-/rücktrag 2 22
Verlustvortrag
– gewerbesteuerlicher **33** 90
Verlustvortrag, gewerbesteuerlicher
– Formwechsel GmbH & Co. KG in Kapitalgesellschaft **57** 36
– Formwechsel GmbH & Co. KG **57** 98
– im Insolvenzverfahren **50** 33
– steuerliche Behandlung **37** 20
– Verschmelzung GmbH & Co. KG auf Kapitalgesellschaft **53** 98
– Verschmelzung Kapitalgesellschaft auf GmbH & Co. KG **53** 175
– Verschmelzung Personengesellschaft auf GmbH & Co. KG **53** 24
Verlustvortrag, körperschaftsteuerlicher
– Formwechsel GmbH & Co. KG **57** 97
– Verschmelzung Kapitalgesellschaft auf GmbH & Co. KG **53** 174
Verlustzuweisung
– Eigenkapital, negatives **23** 48
Vermächtnis 35 25
– Abgrenzungen **35** 25
Vermächtnisnießbrauch 39 3
– erbschaftsteuerliche Behandlung **41** 73
Vermögensabgrenzung
– bei Spaltung **54** 24
Vermögensbeteiligung
– dingliche **20** 6
– Gesellschafter **20** 6, 8
– wertmäßige **20** 8
Vermögensgegenstand
– Einlagewert **13** 4
– Ertragsteuer bei Einlage aus Betriebsvermögen **13** 9

– Ertragsteuer bei Einlage aus Privatvermögen **13** 4
– Nießbrauch an **39** 60
– Verpachtung **5** 68
– Wertansatz bei Einbringung **13** 26
– Wertansatz bei Verschmelzung **53** 45, 114
– Wertansatz bei Formwechsel **57** 6, 58
Vermögenslosigkeit 49 28
– Löschung GmbH & Co. KG **46** 26
Vermögensübergabe
– gegen Versorgungsleistung **33** 50 f.
Vermögensübernahme
– Auswirkung, prozessuale **44** 15
Vermögensverwaltung 4 31
Vermögensverwaltung, private
– Haftung bei **12** 7
– Rechtsformwechsel in GmbH & Co. KG **11** 7
Vermögensverwaltungsgesellschaft
– Rechtsformwechsel in GmbH & Co. KG **11** 2 f., 5
Vernehmung
– im Prozess **44** 12
Verpachtung
– Vermögensgegenstand **5** 68
Verpfändung
– Anzeige der **38** 6, 25
– Bedingung **38** 5
– Bestellung **38** 5, 20
– Beurkundung **38** 23
– Einzelanspruch bei GmbH & Co. KG **38** 37 f.
– Einzelanspruch bei Komplementär-GmbH **38** 42
– Form **38** 5
– Geschäftsanteil Komplementär-GmbH **38** 20
– Gesellschaftsanteil **38** 1 f.
– Gesellschaftsanteilsübertragung bei **38** 12
– Informations-/Kontrollrechte bei **38** 7
– Kommanditanteil **38** 3 f.; **41** 4
– Mitgliedschaftsrechte bei **38** 9
– Rechtsstellung der Beteiligten **38** 7, 27
– Stimmbindungsvereinbarung bei **38** 8, 27
– Stimmrecht bei **38** 28
– Teilgeschäftsanteil Komplementär-GmbH **38** 24
– teilweise **38** 5
– Umfang des Pfandrechts **38** 15, 31

Sachverzeichnis

- Verwertung des Pfandes **38** 16, 34
- Zulässigkeit **38** 3, 20
- Zustimmungserfordernisse **38** 11

Verpflichtungserklärung
- Mängel **20** 27

Verrechnung
- Kapitalaufbringung **20** 18

Verrechnungskonto
- Komplementär-GmbH **23** 53

Verschmelzung 52 2 *sa Verschmelzung GmbH & Co. KG auf Kapitalgesellschaft, sa Verschmelzung Kapitalgesellschaft auf GmbH & Co. KG, sa Verschmelzung Personengesellschaft auf GmbH & Co. KG*
- Ablauf **52** 8 f.
- Auswirkung, prozessuale **44** 15
- Beendigung Geschäftsführeramt **16** 57
- Beschlussphase **52** 11
- durch Neugründung **52** 3
- Erlöschen des übertragenden Rechtsträgers **52** 7
- Gesamtrechtsnachfolge **52** 6
- Gestaltungsschranken **52** 5
- GmbH & Co. KG als übernehmender Rechtsträger **52** 39
- GmbH & Co. KG als übertragender Rechtsträger **52** 33
- GmbH & Co. KG auf Kapitalgesellschaft **53** 44 f.
- Gründung GmbH & Co. KG durch **10** 39 f., 40
- Handelsregisteranmeldung **52** 42
- Handelsregistereintragung **52** 47
- Kapitalgesellschaft auf GmbH & Co. KG
- Kapitalgesellschaft auf GmbH & Co. KG **53** 112 f.
- Komplementär-GmbH **30** 17
- Komplementär-GmbH bei **52** 38
- Personengesellschaft auf GmbH & Co. KG **53** 5 f.
- Planungsphase **52** 9
- Stille Reserven **53** 144
- Steuerrecht **53** 1 f.
- Verschmelzungsbericht **52** 26
- Verschmelzungsbeschluss **52** 34
- Verschmelzungsprüfung **52** 28
- Verschmelzungsvertrag **52** 13 f.
- Vollzugsphase **52** 12
- Vorbereitungsphase **52** 10
- Wirksamwerden **52** 42

- zur Aufnahme **52** 4
- Zuzahlung **52** 5

Verschmelzung GmbH & Co. KG auf Kapitalgesellschaft 53 44 f.
- Antrag auf Buchwertansatz **53** 46
- Anwachsung bei Ausscheiden der Kommanditisten **53** 90
- Ausgabe neuer Gesellschaftsrechte **53** 58
- außerhalb Umwandlungsgesetz **53** 86 f.
- Einlage aller Mitunternehmeranteile in Komplementärgesellschaft **53** 92
- Einlage Geschäftsbetrieb in Kapitalgesellschaft **53** 87
- Grunderwerbsteuer **53** 109
- Meldepflichten **53** 74
- nach Umwandlungsgesetz **53** 44 f.
- Nachversteuerung Thesaurierungsbeträge **53** 84
- Rückwirkungsfiktion **53** 75
- Sonderbetriebsvermögen **53** 61, 95
- Sperrfrist Kapitalgesellschaftsanteile **53** 68
- steuerliche Behandlung **54** 44 f.
- steuerliche Rückwirkung **53** 75
- Steuerpflicht, beschränkte **53** 55
- Umsatzsteuer **53** 107
- Unterbilanz der übertragenden Personengesellschaft **53** 49
- Verlustverrechnung **53** 98 f.
- Verlustvortrag, gewerbesteuerlicher **53** 98
- verrechenbare Verluste nach § 15a EStG **53** 101
- vorherige Einlage Einzelwirtschaftsgut **53** 82
- Wertansätze in Übertragungs-/ Übernahmebilanz **53** 45

Verschmelzung Kapitalgesellschaft auf GmbH & Co. KG
- Anteile, einbringungsgeborene **53** 160
- Antrag auf Buchwertansatz **53** 121
- Besteuerungsrecht **53** 130
- Betriebsstätte in Nicht-DBA-Land **53** 132
- Einlagefiktion **53** 133
- Ermittlung Übernahmeergebnis **53** 133 f.
- Ermittlung Verschmelzungsergebnis **53** 143 f.
- fiktive Ausschüttung offener Reserven **53** 136

Hagen 1737

- Gesellschafterausscheiden im Rückwirkungszeitraum **53** 182
- gewerbesteuerliche Behandlung Übertragungsgewinn/-verlust **53** 169
- Gewinnausschüttung nach Verschmelzungsstichtag **53** 187
- Grunderwerbsteuer **53** 195
- Leistungsvergütung zwischen Verschmelzungsstichtag/-beschluss **53** 185
- Maßgeblichkeit der Handelsbilanz für Steuerbilanz **53** 118, 119
- Privatvermögen bei **53** 158
- Rückwirkungsfiktion **53** 177
- steuerliche Behandlung **53** 112 f.
- steuerliche Behandlung Verschmelzungsergebnis **53** 152
- steuerliche Rückwirkung **53** 177
- Steuerpflicht, beschränkte **53** 130
- Übernahmefolgegewinn **53** 165
- Übernahmeverlust **53** 154
- Umsatzsteuer **53** 192
- Vereinigung von Forderungen/Verbindlichkeiten **53** 162
- Verlustverrechnung **53** 174 f.
- Wertansätze in Übertragungs-/Übernahmebilanz **53** 114

Verschmelzung Personengesellschaft auf GmbH & Co. KG
- außerhalb Umwandlungsgesetz **53** 16 f.
- durch Anwachsung **53** 23
- durch Einbringung gegen Gesellschaftsrechte **53** 17
- durch Neugründung **53** 20
- Grunderwerbsteuer **53** 38
- nach Umwandlungsgesetz **53** 5 f.
- Neuordnung Beteiligungsverhältnisse **53** 12
- Sonderbetriebsvermögen **53** 13
- steuerliche Behandlung **53** 5 f.
- Stille Reserven **53** 6, 23
- Umsatzsteuer **53** 35
- Verlustverrechnung **53** 24 f.
- Verlustvortrag, gewerbesteuerlicher **53** 24
- verrechenbare Verluste nach § 15 a EStG **53** 29

Verschmelzungsbericht 52 26
Verschmelzungsbeschluss 52 34
Verschmelzungsergebnis
- Ermittlung bei Verschmelzung Kapitalgesellschaft auf GmbH & Co. KG **53** 143 f.

- steuerliche Behandlung **53** 152
- Stille Reserven **53** 144

Verschmelzungsprüfung 52 28
- Durchführung **52** 30
- Gegenstand **52** 32

Verschmelzungsvertrag 52 13 f.
- Anteilsübertragung **52** 18
- Barabfindung **52** 24
- Beurkundung **52** 13
- Gewinnbeteiligung **52** 19
- Inhalt **52** 14
- KG-Vertrag **10** 45
- Rechtsfolgen für Arbeitnehmer **52** 23
- Sonderrechte **52** 21
- Stichtag **52** 20
- Umtauschverhältnis **52** 17
- Vermögensübertragung **52** 16
- Vorteile, besondere **52** 22

Verschonungsabschlag 2 46; **37** 66 f.
- Behaltefrist **37** 68
- Behaltefristverstoß **37** 89, 109
- Lohnsummen **37** 68
- Lohnsummenverstoß **37** 103 f., 109
- Optionsverschonung **37** 66
- Regelverschonung **37** 66
- Überwachungsfrist **37** 68
- Verwaltungsvermögen, junges **37** 77, 85
- Verwaltungsvermögen, nachgelagertes **37** 78
- Verwaltungsvermögen, schädliches **37** 72 f.
- Verwaltungsvermögensgrenze **37** 72
- Wahlmöglichkeit **37** 70

Verschulden
- Beiratsmitglied **19** 147

Verschulden bei Vertragsschluss
- Haftung Geschäftsführer Komplementär-GmbH **16** 172

Verschwiegenheitspflicht
- Beiratsmitglied **19** 131

Versorgungsleistung
- Empfänger **33** 62
- Übertragung Wirtschaftseinheit gegen **33** 52
- Vermögensübergabe gegen **33** 50 f.

Versorgungszusage
- Anpassung **16** 99, 102
- BetrAVG **16** 98
- Geschäftsführer Komplementär-GmbH **16** 95
- Insolvenzschutz **16** 99

– steuerliche Behandlung **16** 103
– Unverfallbarkeit **16** 99
– Widerruf **16** 101
Versteigerung
– Gesellschaftsanteil **45** 34
Versteigerung, öffentliche
– Pfandverwertung **38** 16, 36
Vertragsabschluss
– KG-Vertrag **10** 14
– Stellvertretung bei **10** 15
Vertragsgestaltung
– Kapitalaufbringung **20** 40
Vertragskonzern 51 6, 63
– Ausfallhaftung **51** 99
– Begründung **51** 92, 139
– Beschlussfassung der Gesellschafter **51** 92
– Ergebnisverantwortung **51** 99
– Form Beherrschungsvertrag **51** 93
– Gesellschafterzustimmung Konzernierung **51** 102
– Gesellschafterzustimmung, fehlende **51** 66
– Konzernbildungskontrolle **51** 63
– personengesellschaftsrechtlicher **51** 91
– Verlustübernahmepflicht **51** 98
– Weisungsrecht **51** 95
– Zulässigkeit **51** 91
Vertragsstrafe
– Wettbewerbsverbotsverletzung **27** 71
Vertreter
– Stimmrecht **17** 149
Vertretung 16 1 ff.
– Begriff **16** 5
Vertretungsbefugnis
– Komplementär-GmbH **16** 7, 18
– Liquidator **47** 31
Vertretungsmacht
– Entziehung **16** 11
– Generalbevollmächtigter **16** 19
– Komplementär-GmbH **16** 7, 18
– Niederlegung **16** 12
– Prokura **16** 19, 20
– Umfang **16** 18
Verwaltungsrat 19 42
Verwaltungstreuhand 40 30
Verwaltungsvermögen, schädliches 37 72 f.
– Auslegung **37** 81
– Gesellschafterkonten **37** 81
Verwaltungsvermögensgrenze
– Verschonungsabschlag **37** 72

Verwertung
– Gesellschaftsanteil GmbH & Co. KG **45** 20
– Gesellschaftsanteil Komplementär-GmbH **45** 34
– Pfandrecht **38** 16, 34
Verwirkung
– Auflösungsklage **46** 39
– Ausschließungsklage **31** 39
Verzahnung 1 6
Verzicht
– auf Barabfindungsangebot **56** 69
– Nießbrauch **41** 66
Verzinsung
– Gesellschafterkonten **23** 32
– Kapitalkonto **21** 22, 37, 51
Verzug
– Kapitalaufbringung **20** 25, 33
Vierkontenmodell 21 29, 56
– vertragliches **23** 37
Vinkulierung
– Geschäftsanteil **3** 36
– Geschäftsanteil GmbH & Co. KG **29** 22, 47
– Geschäftsanteil Komplementär-GmbH **29** 28, 47
– mittelbare bei Komplementär-GmbH **29** 32
Vinkulierungsklausel 35 38
Vollbeendigung 46 1
– Komplementär-GmbH **30** 13
– Parteifähigkeit bei **44** 3
Volljährigkeit
– Kündigung des Minderjährigen bei Eintritt der **30** 38
Vollmachtsmodell
– Komplementäranteil **35** 35
Vollmachtstreuhand 40 31
– fiduziarische **40** 30
Vollstreckungsgegenklage 45 12
Vollstreckungsklausel 45 6
Vollversammlung
– Beschlussfassung **17** 74, 87
Vor-/Nacherbfolge 35 20 f.
– GmbH & Co. KG **35** 20
– Komplementär-GmbH **35** 23
Vor-GmbH
– Komplementärrolle **10** 23
Vorabdividende
– Gewinn- und Verlustbeteiligung **24** 2
Vorabentscheidungsverfahren
– Rechtsweg **16** 142

Sachverzeichnis

Vorausvermächtnis
- Abgrenzung zu Teilungsanordnung **35** 25

Vorbehaltsnießbrauch 39 2; **41** 29
- erbschaftsteuerliche Behandlung **41** 88
- Ertragsbesteuerung aperiodischer Vorgänge **41** 49, 50 f.

Vorbelastungshaftung 12 18

Vorerwerbsrecht
- Geschäftsanteil **29** 38 f.

Vorgesellschaft
- Abgrenzung zu Vorgründungsgesellschaft **12** 15

Vorgesellschaft
- Gründerhaftung **12** 16
- Unterbilanzhaftung **12** 18
- Verlustdeckungshaftung **12** 20

Vorgründungsgesellschaft
- Abgrenzung zu Vorgesellschaft **12** 15

Vorkaufsklausel
- Anteilsübertragung **29** 35

Vorkaufsrecht
- Buchwertklausel **29** 40
- Festschreibung Erwerbspreis **29** 39
- Festschreibung Wertermittlung **29** 39
- Geschäftsanteil **29** 38 f.
- Gesellschaftsanteil bei Pfändung **45** 37
- Stuttgarter Verfahren **29** 45
- Unternehmensbewertung nach Ertragswert **29** 41

Vorschlagsrecht
- Beirat **19** 97, 110

Vorsteuer 8 4

Vorvertrag
- GmbH & Co. KG **10** 29

Vorweggenommene Erbfolge 35 42

Wahl
- Beiratsmitglied **19** 107

Währung 20 41

Wegfall der Geschäftsgrundlage 20 30

Wegzugsfall
- Komplementär-GmbH **19** 6

Weisungen
- Beiratsmitglied **19** 121

Weisungsbefugnis
- Beirat **19** 67, 69, 82

Weisungsrecht
- Vertragskonzern **51** 95

Wertansatz
- bei Einbringung **13** 26

- Vermögensgegenstände/Schulden bei Formwechsel GmbH & Co. KG in Kapitalgesellschaft **57** 6 f.
- Vermögensgegenstände/Schulden bei Formwechsel Kapitalgesellschaft in GmbH & Co. KG **57** 58
- Vermögensgegenstände/Schulden bei Verschmelzung GmbH & Co. KG auf Kapitalgesellschaft **53** 45
- Vermögensgegenstände/Schulden bei Verschmelzung Kapitalgesellschaft auf GmbH & Co. KG **53** 114

Wertberichtigung
- Darlehensforderung **5** 61

Wertdeckung
- Einlage **43** 11

Wertermittlung
- Festschreibung **29** 39

Wettbewerbsabsprache
- Verbot der **27** 86

Wettbewerbsrecht
- Firma **14** 39

Wettbewerbsverbot 27 1 f.
- Befreiung von **27** 53
- bei Treuhand **40** 49
- bei Unterbeteiligung **40** 19
- Beiratsmitglied **19** 134
- Beteiligungsverbot **27** 14 f.
- Dauer **27** 7, 43
- Doppelmandat **51** 56a
- Einfluss auf Geschäftsführung durch Kommanditist **27** 39
- Einfluss, beherrschender des Kommanditisten **27** 35
- Einschränkung bestehendes **27** 53
- Einwilligung zu konkurrierender Tätigkeit/Beteiligung **27** 25, 43
- erweiterte Kontroll-/Informationsrechte des Kommanditisten **27** 40
- Erweiterung **27** 53
- funktionsförderndes **27** 90
- funktionsnotwendiges **27** 90
- Gefährdung, konkrete **27** 3
- Geschäftsführer Komplementär-GmbH **16** 105; **27** 49
- Geschäftsverbot **27** 11
- Gesellschafter **26** 28
- Gesellschafter Komplementär-GmbH **27** 44
- Immanenztheorie **27** 90
- Kartellrecht **27** 86 f.
- Kommanditist **27** 1, 32 f., 35, 39, 40
- Komplementär **27** 1, 4 f.

- Komplementär-GmbH **27** 4f.
- Konzernbildungskontrolle **51** 54
- Begründung **27** 56
- Rechtsfolgen bei Verstoß gegen § 1 GWB **27** 101
- Rechtsfolgen bei Verstoß/Verletzung **27** 59 f.
- Regelungen, gesellschaftsvertragliche **27** 52 f.
- stiller Gesellschafter **40** 85
- Umfang **27** 11 f., 43
- Verhältnis zu Kartellverbot **27** 86 f., 89
- Verstoß gegen **16** 114
- Zweck **27** 2

Wettbewerbsverbot, nachvertragliches 27 9, 56
- Geschäftsführer Komplementär-GmbH **16** 109

Wettbewerbsverbotsverletzung
- Auflösungsanspruch **27** 73
- Auskunftsanspruch **27** 72
- Ausschluss Gesellschafter **27** 73
- Beschlussfassung zur Geltendmachung von Ansprüchen **27** 74
- Eintrittsrecht bei **27** 61
- Entzug Geschäftsführungsbefugnis **27** 73
- Rechnungslegungsanspruch **27** 72
- Rechtsfolgen **27** 59 f.
- Schadensersatz **27** 59
- Unterlassungsanspruch **27** 69
- Verjährung **27** 80
- Vertragsstrafe **27** 71

Wettbewerbsverhalten, abgestimmtes
- Verbot **27** 86

Widerklage
- Auflösungsklage **46** 44

Widerruf
- Prokura **16** 21
- Versorgungszusage **16** 101

Widerspruchsrecht
- Gesellschafter, konzernfreier **51** 85

Willensbildung
- gesellschaftsinterne **3** 11

Willensbildung, innere
- Ausgestaltung **17** 16 f.
- personengleiche GmbH & Co. KG **17** 18
- personenverschiedene GmbH & Co. KG **17** 21

Willenserklärung
- Haftung Komplementär-GmbH **42** 14

Wirtschaftseinheit
- Übertragung gegen Versorgungsleistung **33** 52

Wirtschaftsgut
- Übertragung zwischen Gesellschaft/Gesellschafter **5** 90 f.

Wirtschaftsgüter, immaterielle
- Einbringung **20** 14

Wirtschaftsstraftat
- Bestellungshindernis Geschäftsführer **16** 37

Zahlungsstockung 49 14
Zahlungsunfähigkeit 49 12
- drohende **49** 9, 16
- Frist Insolvenzantrag **49** 41
- Unterlassen Insolvenzeröffnungsantrag **49** 54
- Verantwortlichkeit Geschäftsführer **16** 190

Zahlungsverbot
- Eintritt Insolvenzgrund **49** 46
- Verstoß gegen **49** 52

Zeitablauf
- Auflösungsgrund **46** 12
- Fortsetzung, stillschweigende nach **46** 16

Zerwürfnis, unheilbares
- Auflösungsklage **46** 37

Zinsabschlagsteuer
- im Insolvenzverfahren **50** 29

Zinsaufwand
- Betriebsausgabenabzug **5** 34

Zinsschranke 5 34
Zinsvortrag 5 35

Zivilgericht
- Zuständigkeit im Rechtsstreit GmbH/Geschäftsführer **16** 137, 139

Zugewinngemeinschaft
- Zustimmung Übertragungsvertrag Geschäftsanteil **29** 62, 67

Zulässigkeit 1 13

Zustellung
- an GmbH & Co. KG **44** 7

Zustimmung
- Anteilsübertragung GmbH & Co. KG **29** 22, 24, 26
- Anteilsübertragung Komplementär-GmbH **29** 29

Zustimmungserfordernisse
- bei Verpfändung **38** 11

Zustimmungsklage
- bei Treuepflichtverletzung **26** 47

Sachverzeichnis

Zustimmungsklausel
- Einziehung GmbH-Gesellschaftsanteil **31** 57

Zustimmungsrecht
- Gesellschafter, konzernfreier **51** 85

Zustimmungsvorbehalt
- Aufsichtsrat **19** 25
- Beirat **19** 77
- doppelter **19** 79
- Gesellschafterversammlung Komplementär-GmbH **17** 50
- Konzernbildungskontrolle **51** 52

Zuwendungsnießbrauch 39 4; **41** 29
- erbschaftsteuerliche Behandlung **41** 73
- Ertragsbesteuerung aperiodischer Vorgänge **41** 49, 63
- steuerliche Behandlung **41** 48

Zuzahlung
- bei Verschmelzung **52** 5

Zuzugsfall
- Komplementär-Kapitalgesellschaft, ausländische **19** 5

Zwangseinziehung
- GmbH-Gesellschaftsanteil **31** 51 f.

Zwangsvollstreckung
- Drittwiderspruchsklage **45** 11
- Einstellung durch Insolvenzgericht **49** 60
- gegen Gesellschafter GmbH & Co. KG **45** 10, 14 f.
- gegen Gesellschafter Komplementär-GmbH **45** 10, 30 f.
- gegen GmbH & Co. KG **45** 1 f.
- Pfandverwertung **38** 16, 34
- Titel **45** 1, 10
- Titelumschreibung **45** 5, 10
- Untersagung durch Insolvenzgericht **49** 60
- Verfahren **45** 6
- Verwertung Gesellschaftsanteil GmbH & Co. KG **45** 20
- Verwertung Gesellschaftsanteil Komplementär-GmbH **45** 34
- Vollstreckungsgegenklage **45** 12
- Vollstreckungsklausel **45** 6

Zweikontenmodell 21 27, 32 f.
- gesetzliches **23** 34
- vertragliches **23** 35

Zweipersonen-GmbH
- Ausschließungsklage **31** 65 f., 68, 70

Zwischenbilanz
- Stammkapitalverzehr, hälftiger **17** 83

Zwischenholding
- Einfluss, beherrschender **27** 38